湖北省地名志系列丛书
HUBEISHENG DIMINGZHI XILIE CONGSHU

湖北省枣阳市地名志
HUBEISHENG ZAOYANGSHI DIMINGZHI

枣阳市地名志编纂委员会
枣阳市民政局 ◎编

中国·武汉

图书在版编目（CIP）数据

湖北省枣阳市地名志/枣阳市地名志编纂委员会，枣阳市民政局编. —武汉：华中科技大学出版社，2023.1
（湖北省地名志系列丛书）
ISBN 978-7-5680-8197-9

Ⅰ.① 湖… Ⅱ.① 枣… ② 枣… Ⅲ.① 地名-枣阳 Ⅳ.① K926.34

中国版本图书馆 CIP 数据核字（2022）第 196918 号

湖北省枣阳市地名志
Hubeisheng Zaoyangshi Dimingzhi

枣阳市地名志编纂委员会　枣阳市民政局　编

策划编辑：张　凯　钱　坤	
责任编辑：刘　莹　李　鹏	
封面设计：赵慧萍	
责任校对：余晓亮	
责任监印：周治超	
出版发行：华中科技大学出版社（中国·武汉）	电话：（027）81321913
武汉市东湖新技术开发区华工科技园	邮编：430223
录　　排：华中科技大学出版社美编室	
印　　刷：湖北新华印务有限公司	
开　　本：899mm×1194mm　1/16	
印　　张：68.25　插页：16	
字　　数：1815 千字	
版　　次：2023 年 1 月第 1 版第 1 次印刷	
定　　价：398.00 元	

本书若有印装质量问题，请向出版社营销中心调换
全国免费服务热线：400-6679-118　竭诚为您服务
版权所有　侵权必究

《枣阳市地名志》编纂委员会(2017年)

主　　　任:何　飞
常务副主任:孟艳清
副　主　任:郭泽林　段永建　柯红勇　邢红丽
委　　　员:高东双　高锦华　付　波　白书军

《枣阳市地名志》编纂委员会(2018年)

主　　　任:何　飞
常务副主任:孟艳清
副　主　任:郭泽林　段永建　柯红勇　朱守强
委　　　员:王怀志　高锦华　杨海运　习心锋

《枣阳市地名志》编纂委员会(2019年)

主　　　任:孟艳清
常务副主任:武义泉
副　主　任:郭泽林　段永建　柯红勇　朱守强
委　　　员:王怀志　翟兴国　杨海运　习心锋

《枣阳市地名志》编纂委员会(2020年)

主　　　任：孟艳清
常务副主任：武义泉
副　主　任：郭泽林　段永建　谢正旺　朱守强
委　　　员：王怀志　翟兴国　杨海运　习心锋

《湖北省枣阳市地名志》编纂委员会(2021—2022年)

主　　　任：孟艳清
常务副主任：孔令波
副　主　任：谢正旺　孙襄林　张少卿　廖新安
委　　　员：王怀志　翟兴国　杨海运

《枣阳市地名志》编辑成员

主　　编：王怀志
副 主 编：翟兴国　杨海运
编　　辑：郭荣斌　张承明　杜本文　郑叶龙　马耀明　胡定清　惠　峰　杜建勇
　　　　　谢远才　王振华
供稿人员：叶大忠　郝敬伟　朱红斌　赵　晖　马福刚　王保群　刘传义　王立强
　　　　　雷　音　龚吉林　彭庆林　张建平　韩　涛　方安兵　彭光明　付进学
　　　　　卢祥元　周明海
摄　　影：童长宇　吉燕伍

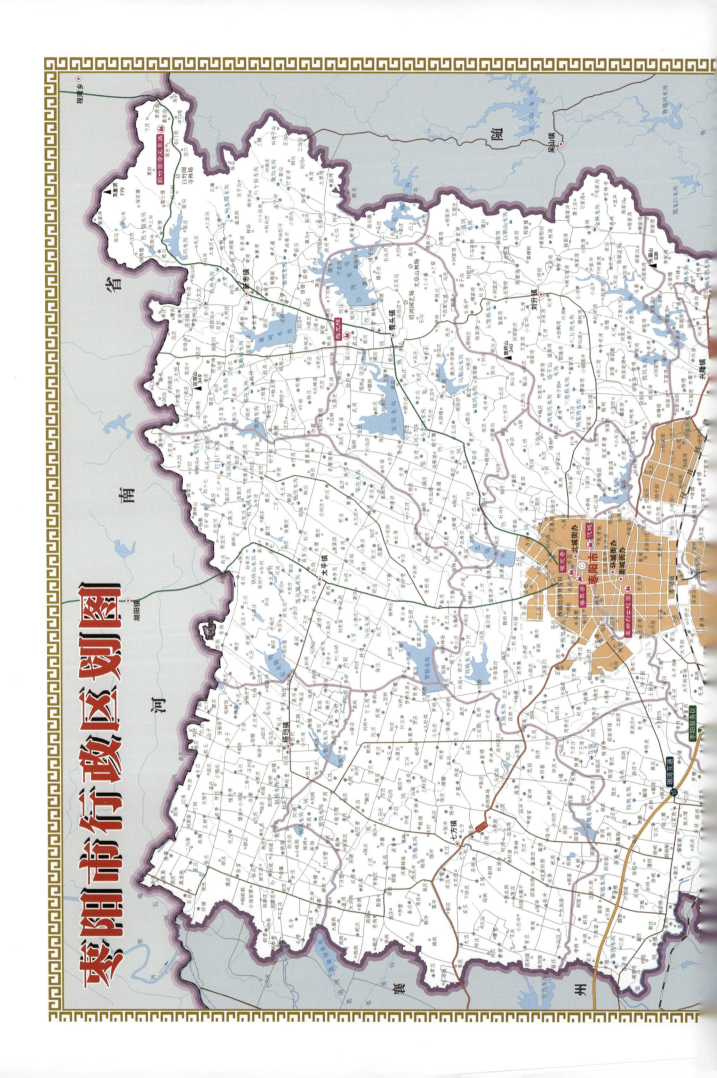

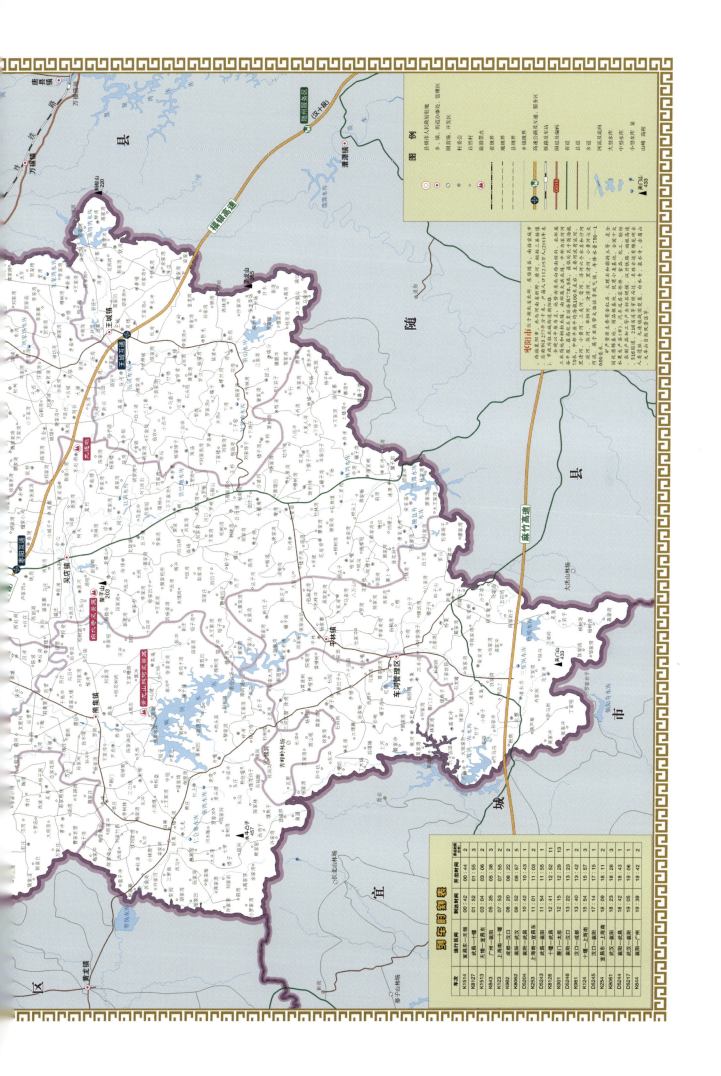

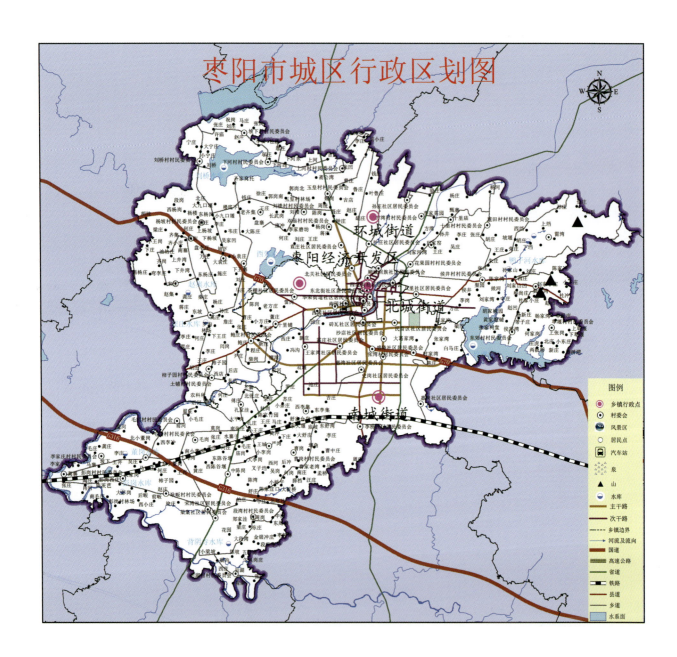

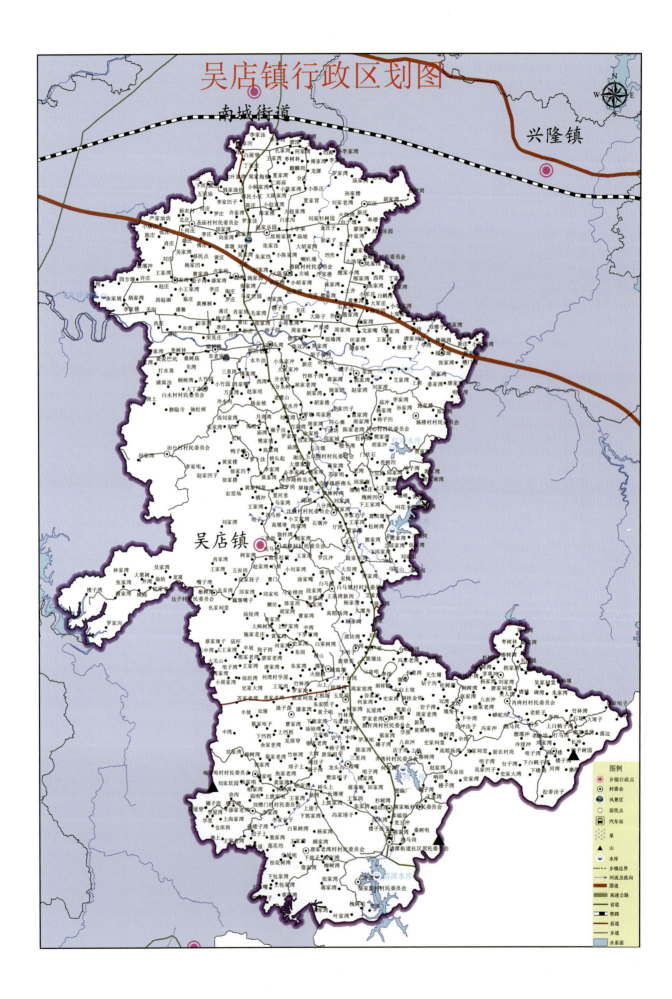

枣阳市区全景

枣阳高铁站

01/ 中国汉城（枣阳）
02/ 沙水公园

01/ 枣阳县古界碑
02/ 白水寺

01/ 翟家古城遗址
02/ 前湾古居落

01/ 舂陵

02/ 全国重点文物保护单位雕龙碑遗址

01/ 平林四井岗桃花

02/ 白竹园寺

01/ 鹿头黄酒
02/ 琚湾酸浆面

01/ 程克绳像
02/ 黄火青像

前　言

　　盛世修志。枣阳是东汉开国皇帝刘秀的故里，素有"古帝乡"之称。《湖北省枣阳市地名志》是对帝乡人文历史、自然景观、地域和机构变迁等以地名形式的科学真实记录，是人们工作、生活、交流不可缺少的专项志书和重要工具。地名是人们对具有特定方位、地域范围的地理实体赋予的一种语言文字代号，是一个地区历史演变、疆域变更、民族兴衰、迁徙拓展、文化起源、发展的见证和标志，真实地反映了地域风貌和社会文明进步的状况。地名为语言学、历史学、民族学等社会学科以及自然学科的研究提供宝贵资料。地名的命名是否规范、正确，书写是否统一，关系到维护国家领土和民族尊严；关系到对外交往、睦邻友好和民族团结；关系到人民群众生产生活、社会稳定和经济持续增长。随着我国经济社会的快速发展，人流、物流、信息流加速流动，对规范地名、科学管理提出了更高的要求。目前，国家正在推进人口、法人单位、自然资源和空间地理、宏观经济信息四大基础数据库建设，标准地名是实现数据库有机联系的纽带和基础。加强地名普查和成果转化，建立完善区划地名数据库，有利于协同推进国家信息化建设。我市按照国发〔2014〕3号文件《国务院关于开展第二次全国地名普查的通知》要求，从2016年3月到2018年12月，历时两年零九个月，开展了地名普查。全市广大地名工作者在省、市地名委员会和枣阳市政府的领导下，以1∶10000地图为基础，跋山涉水，对全市3277平方千米土地上的9920条地名进行核实，对部分行政区划名称进行了调整，使地名基本上达到法定的书写、标准的读音、健康的含义标准。

　　《湖北省枣阳市地名志》是在地名普查基础上整理汇编而成的，是枣阳史上第二部地名志。卷帙浩繁，规模宏大，系统地记载了枣阳市有史以来特别是1980年至2014年间的地名情况，全书共分10篇46章，计180多万字。书中收集了市、镇（办、区）、村（社区）、党政机关、企事业单位、自然地理实体、水利、交通、较出名的纪念地、名胜古迹和其他建筑物等标准名称万余条，并对镇以上行政区划的名称进行了概述，对其他各类地名含义、历史沿革、方位距离等都作了扼要解释。为使地名更集中，且清楚反映地貌地物，达到图文并茂的效果，故附有镇以上行政区划标准地图和各类具有代表性的图片。《湖北省枣阳市地名志》是一部较为详细介绍全市各类地名的资料书，也是科研工作者和普通读者的工具书。这部志书将与县志、市志、《枣阳县地名志》互为补充，相得益彰，是一部客观反映枣阳市情的重要志书。

　　《湖北省枣阳市地名志》的出版，是第二次全国地名普查成果的集中体现，标志着我市地名已逐步走向标准化、规范化轨道，为今后保持地名的严肃性、稳定性，实现地名标准化和管理科学化奠定了基础，有助于开展社会、自然学科的研究、利用工作，有利于更好地为建设富强、民主、文明、和谐、美丽的新枣阳服务。

凡 例

1. 以马列主义、毛泽东思想、邓小平理论、"三个代表"重要思想、科学发展观和习近平新时代中国特色社会主义思想为指导，坚持辩证唯物主义和历史唯物主义的立场、观点、方法，本着详近略远的原则，实事求是地记述改革开放以来枣阳境内地名变迁，突出时代特色和地方特点，旨在存史、资政、便民，为建设富强、民主、文明、和谐、美丽的新枣阳服务。

2. 行政区划以2014年为准。各类地名和历史时期的政权以当时正称为准。

3. 本志编修属续修（原《枣阳县地名志》下限断于1979年），相对断限为"1980年至2014年"，时间跨度34年。

4. 本志为纲目体，由总述、地名、人物、附录与索引等组成。地名分类，类为一篇，篇下分章、节、条，以地名条目为记述单位。

5. 编修采用述、记、志、传、图表、录等体裁，以志为主，述而不作，引而不论。文体以记述体、公报语体为主。

6. 语言文字以国家语言文字委员会1986年10月重新公布的《简化字总表》为准。常用词语以《现代汉语词典》（商务印书馆2012年6月修订，第6版）为准。标点符号使用以2011年12月30日国家质检总局和国家标准化管理委员会联合发布的《中华人民共和国国家标准——标点符号用法》（GB/T 15834—2011）为准。

7. 使用公元纪年。以中华人民共和国成立为界，之前采用旧纪年，括注公元纪年；之后采用公元纪年，对20世纪、21世纪、年代的表述，一般直书年代。

8. 计量单位以2011年7月29日由国家质检总局和国家标准化管理委员会联合发布的新标准《出版物上数字用法》（GB/T 15835—2011）为准。

9. 地名汉语拼音注音，按照《中国地名汉语拼音字母拼写规则（汉语地名部分）》要求注音。

10. 涉及两地间距离均指直线距离。

11. 词条中"上、下、前、后"等方位词组成的地名，按当地人习惯，以北为上或后、南为下或前。书中地名的"塆"字，现统一用"湾"。

12. 资料由相关部门和各镇（办、区）民政办供稿，参考《枣阳县志》《枣阳市志》《枣阳县地名志》《枣阳市年鉴》和相关刊物。

枣阳地名大事记

周
枣阳属唐国，楚之小国。

秦
前221年，枣阳地始设蔡阳县，属南阳郡。

汉
前45年，划蔡阳县的白水和上唐两个乡，设春陵侯国（治所在今吴店镇北的古城）。公元30年，改春陵乡为章陵县。后又划蔡阳县的东北地带设襄乡县。

三国
魏文帝黄初二年（221），改章陵县为安昌县。

北魏
道武帝登国年间（386—396），废襄乡县为广昌县。梁时，改安昌县为春陵县。

隋
文帝仁寿元年（601），改广昌县为枣阳县。

唐
高祖武德三年（620），蔡阳县并入枣阳县。高祖武德九年（626），清潭县并入枣阳县。太宗贞观元年（627），春陵县并入枣阳县。

宋
高宗绍兴十二年（1142），为抗金兵，升枣阳县为枣阳军。嘉定十年（1217），知随州吴柔胜和知枣阳军孟宗政始筑土城，挖城池。

I

元

至元二十七年（1290），建黉学宫大成殿。

至正三年（1343），乡民捐款修光武帝祠。

明

宪宗成化七年（1471），知县杨瑛始建枣阳城门，即东、南、西、北门和小东门。孝宗弘治十五年（1502），知县王显高建楼于五城门之上。武宗正德七年（1512），知县安邦改县城土城墙为砖城墙。万历元年（1573），知县王应宸辟建小南门，并在此门上建楼。

清

高宗乾隆十四年（1749），知县徐桂芳在县城小东门内修建春陵书院。

中华民国

1924年3月，境内第一条公路襄（阳）花（园）土公路竣工，东起随阳店，西至大店子，全长80千米。

1941年春，私立复兴中学和私立福安中学合并为枣阳县立中学，校址设在鹿头镇。1942年秋迁至县城，改称枣阳县立初级中学，为公办。

1947年12月17日，桐柏军区28旅解放枣阳县城，当晚成立中共枣阳县委、县政府，辖城关、七方、刘寨、太平、鹿头、新市、土铺7个区。

1947年12月，建立民主政权，河南省桐柏县的湘冲等13个自然村、耕地875亩划入本县新市区；原为两县分辖的枣、襄交界的耿集，枣、随交界的随阳店，枣、唐交界的湖河镇，全部划入枣阳。

1947年12月，耿集区的宋家咀、闫家太山庙、莲花堰等村划给襄阳县；莲花闹子冲划给宜城县。

1947年12月30日，江汉军区挺进枣南，成立襄枣宜县委会、县政府，辖境内的宋集、板桥、熊集、耿集、琚湾等区。

1948年1月，建立中共随枣县临时县委、县政府，辖境内吴店、乌金、万福、王城、资山等区。

1949年5月，撤销襄枣宜县和随枣县，隶属的枣南各区合并成立枣南县。8月6日，枣南县并入枣阳县，划为城关、鹿头、太平、杨垱、七方、刘升、琚湾、熊集、吴店、资山等10个区，同时划清潭、平林入洪山县。

中华人民共和国

1951年12月，划出城关区四周的行政村，增设城郊区，全县共11个区。

1952年，全县划为17个区（镇）：城关、王家湾、太平、刘寨、杨垱、徐寨、七方、琚湾、熊集、吴店、王城、兴隆、刘升、鹿头、新市和吴店镇、琚湾镇。

1953年，开始修建熊河水库，1955年竣工，1966年冬扩建为大型水库。

1954年9月，本县徐寨区的李安邦、廖庄、中营、李尚庄、郑坡、蔡洼等自然村划归襄阳县。襄阳县的蚂蚱郭、胡李营、柏树张、后廖庄划归本县。

1955年秋，洪山县撤销，所属平林区（含清潭）回归枣阳。同时撤销刘寨、刘升2个区和吴店、琚湾、杨垱3个镇，全县划为城关、城郊、太平、杨垱、徐寨、七方、琚湾、熊集、平林、吴店、资山、兴隆、鹿头、新市14个区。

1957年3月，徐寨乡的新建、七一、红卫、建新、联合、前进、同建7个农业社划给襄阳县。

1958年8月，实行政社合一，全县成立13个人民公社和1个国有农场。

1958年12月，修建沙河水库，1966年竣工。

1961年，改人民公社为区，全县设立14个区、1个镇、2个农场。

1964年1月，琚湾区的徐家窝大队的徐窝东、徐窝西、西陈庄3个自然村划给襄阳县。

1970年9月，始建大岗坡泵站，1975年12月竣工。

1973年2月，随阳农场直属襄阳地区行署。

1975年7月，撤区并社，全县为19个社（镇）：环城、鹿头、新市、姚岗、太平、杨垱、罗岗、七方、琚湾、梁集、熊集、耿集、吴店、平林、资山、清潭、兴隆、刘升公社和城关镇。

1976年底，于县城南岗建革命烈士陵园，建革命烈士纪念碑。

1979年3月，车河农场改称湖北省国营车河农场，隶属省农垦局，由地区行署领导，县代管。

1980年10月，枣阳和河南省桐柏县对有争议的地界进行实地勘察，双方同意将桐柏境内与枣阳白竹园寺林场邻近的龙咀、淘沙堰、草井子3处划归枣阳管辖。

1981年6月9日，资山公社更名为王城公社。

1981年10月6日，县政府对城关镇48条街、路、巷，11座桥梁重新命名。

1983年秋，修建书院桥，1985年竣工。

1984年3月，体制改革。政、社分开，全县划为20个区（镇）：环城区、新市区、姚岗区、罗岗区、梁集区、耿集区、平林区、清潭区、王城区、刘升区、城关镇、鹿头镇、太平镇、杨垱镇、七方镇、琚湾镇、吴店镇、兴隆镇、车河、随阳。撤销公社、生产大队，改为区（镇）人民政府、村民委员会。

1984年1月，《枣阳地名志》出版发行。该志书共收录标准地名7625条，约52万字。

1986年元月，县委、县政府办公大楼建成。

1987年9月，撤区并乡，全县划为26个乡、镇、场。5个乡：环城、吉河、钱岗、徐寨、蔡阳；19个镇：城关、琚湾、梁集、熊集、耿集、平林、清潭、吴店、兴隆、资山、王城、刘升、鹿头、新市、姚岗、太平、杨垱、罗岗、七方；2个农场：车河、随阳。

1988年元月，撤销枣阳县建立枣阳市。3月，撤销城关镇、环城乡，成立北城、南城、环城3个街道办事处。至此，市辖3个办事处、4个乡、18个镇、2个农场，623个村（居）民委员会，3997个村（居）民小组。

1988年12月，修建体长13米、高4米、重4吨的"龙飞白水"市标建筑，位于新华路、光武路、车站路交叉路口。

1990年4月20日，中国科学院考古研究所对枣阳鹿头镇武庄村南雕龙碑古文化遗址进行发掘。

1991年9月5日，石台寺一期工程竣工通水，枣北5300公顷耕地受益。1993年底全部工程竣工。

1992年12月6日，鄂政发〔1992〕166号文件，公布白水寺古建筑群、九连墩古墓群为湖北省第三批重点文物保护单位。

1993年4月，枣阳市西城经济技术开发区管理委员会成立，1995年1月，被认定为省管开发区。

1993年8月，白竹园寺森林公园成立。

1997年1月20日，雕龙碑遗址被国务院批准为国家级文物保护单位。

1997年10月，兴隆镇被国家建设部列为全国小城镇建设试点镇。

1998年1月，经省政府批准，枣阳市撤销徐寨乡，设立徐寨镇。

2000年2月，太平镇被省政府确定为全省25个省级边界"口子镇"中的10个重点"窗口镇"之一。

2001年4月，全市原有的26个乡镇、街道撤并为16个，梁集、耿集、钱岗、姚岗、吉河、罗岗、徐寨、蔡阳、清潭、资山10个乡镇被撤销。

2002年8月，湖北省考古队在吴店镇东赵湖村九连墩两座战国古墓中出土5133件（套）文物。

2002年10月，在平林镇开展村组撤并试点工作。至年底，全市原有592个村撤并为483个，3900个组撤并为3326个。

2002年，市民政局首次在城区开展标准地名标志设置工作，市区近60条街、路、巷设置标志牌266块。

2004年3月，襄樊市所属的国有车河、随阳农场的管理权移交枣阳。

2010年6月，市政府对城区66条道、路、街、巷和2座桥梁进行命名、更名。

2012年，武汉市天行健房地产开发有限责任公司投资22亿元兴建大型景区"中国汉城"。

2013年，市政府对城区14条道路进行了命名、更名。

2014年底，枣阳大型城市综合体"万象城"落成。该项目由北龙建设集团投资18亿元建成，总建筑面积36万平方米。

目 录

第一篇 总编

第一章 地名综述 ··· 3
第一节 政区概述 ··· 3
第二节 历史沿革 ··· 8

第二章 境域变迁 ··· 9
第一节 地名的起源与境域变动 ··· 9
第二节 地名形成规律与特点 ·· 10

第二篇 政区聚落区片类地名

第一章 北城街道办事处 ··· 17
第一节 北城街道办事处概况 ·· 17
第二节 城市社区、居民点 ··· 17

第二章 环城街道办事处 ··· 23
第一节 环城街道办事处概况 ·· 23
第二节 城市社区、居民点 ··· 23
第三节 农村社区(村)自然村、居民点 ··································· 31

第三章 南城街道办事处 ··· 64
第一节 南城街道办事处概况 ·· 64
第二节 城市社区、居民点 ··· 65
第三节 农村社区(村)自然村、居民点 ··································· 82

第四章　车河管理区 … 103
第一节　车河管理区概况 … 103
第二节　城市社区、居民点 … 104
第三节　农村社区(村)自然村、居民点 … 104

第五章　刘升镇 … 125
第一节　刘升镇概况 … 125
第二节　农村社区(村)自然村、居民点 … 125

第六章　鹿头镇 … 169
第一节　鹿头镇概况 … 169
第二节　城市社区、居民点 … 170
第三节　农村社区(村)自然村、居民点 … 172

第七章　平林镇 … 210
第一节　平林镇概况 … 210
第二节　城市社区、居民点 … 211
第三节　农村社区(村)自然村、居民点 … 211

第八章　七方镇 … 272
第一节　七方镇概况 … 272
第二节　城市社区、居民点 … 273
第三节　农村社区(村)自然村、居民点 … 275

第九章　琚湾镇 … 327
第一节　琚湾镇概况 … 327
第二节　城市社区、居民点 … 328
第三节　农村社区(村)自然村、居民点 … 328

第十章　随阳管理区 … 373
第一节　随阳管理区概况 … 373
第二节　城市社区、居民点 … 373
第三节　农村社区(村)自然村、居民点 … 374

第十一章 太平镇 ... 382
第一节 太平镇概况 ... 382
第二节 城市社区、居民点 ... 383
第三节 农村社区(村)自然村、居民点 ... 383

第十二章 王城镇 ... 441
第一节 王城镇概况 ... 441
第二节 城市社区、居民点 ... 441
第三节 农村社区(村)自然村、居民点 ... 446

第十三章 吴店镇 ... 528
第一节 吴店镇概况 ... 528
第二节 城市社区、居民点 ... 529
第三节 农村社区(村)自然村、居民点 ... 531

第十四章 枣阳经济开发区 ... 636
第一节 枣阳经济开发区概况 ... 636
第二节 城市社区、居民点 ... 637

第十五章 新市镇 ... 641
第一节 新市镇概况 ... 641
第二节 城市社区、居民点 ... 642
第三节 农村社区(村)自然村、居民点 ... 642

第十六章 兴隆镇 ... 687
第一节 兴隆镇概况 ... 687
第二节 城市社区、居民点 ... 688
第三节 农村社区(村)自然村、居民点 ... 694

第十七章 熊集镇 ... 750
第一节 熊集镇概况 ... 750
第二节 城市社区、居民点 ... 751
第三节 农村社区(村)自然村、居民点 ... 752

第十八章 杨垱镇 803
第一节 杨垱镇概况 803
第二节 城市社区、居民点 803
第三节 农村社区(村)自然村、居民点 807

第三篇 城镇街巷

第一章 城区街巷 835

第二章 乡镇街巷 840
第一节 琚湾镇街巷 840
第二节 刘升镇街巷 840
第三节 平林镇街巷 841
第四节 王城镇街巷 841
第五节 吴店镇街巷 842
第六节 兴隆镇街巷 843
第七节 熊集镇街巷 843
第八节 鹿头镇街巷 844
第九节 新市镇街巷 844
第十节 太平镇街巷 845
第十一节 七方镇街巷 845
第十二节 杨垱镇街巷 846
第十三节 车河管理区街巷 846
第十四节 随阳管理区街巷 846

第四篇 交通运输类地名

第一章 道路运输 851
第一节 公路运输 851
第二节 铁路运输 853

第二章 桥梁运输 854

第三章　火车站、汽车站、加油站……861
第一节　火车站……861
第二节　汽车站……861
第三节　加油站……861

第五篇　自然地理实体地名

第一章　陆地地形类——山峰……867

第二章　水系类……870
第一节　河流……870
第二节　泉……877

第六篇　纪念地、名胜古迹类地名

第一章　文化遗址古迹……881
第一节　国家级文物保护单位……881
第二节　省级文物保护单位……882
第三节　市级文物保护点……883

第二章　纪念地……885
第一节　人物纪念地……885
第二节　宗教纪念地……886
第三节　事件纪念地……887

第三章　旅游景区……888
第一节　公园……888
第二节　风景区（点）……888

第七篇　专业部门类地名

第一章　党政机关……893
第一节　党群机构……893

第二节　行政机构 ··· 898

第二章　事企业单位 ··· 906
　　第一节　事业单位 ··· 906
　　第二节　企业单位 ··· 913

第三章　民间组织 ··· 920
　　第一节　学术性组织 ··· 920
　　第二节　服务性组织 ··· 921

第四章　水利、电力设施 ··· 925
　　第一节　小(一)型水库 ··· 925
　　第二节　中型水库 ··· 932
　　第三节　大型水库 ··· 938
　　第四节　大型泵站 ··· 938

第五章　建筑物 ··· 940
　　第一节　大型标志性建筑物 ··· 940
　　第二节　亭、台、碑、塔 ··· 941
　　第三节　广场、体育场 ··· 942

第六章　经济开发区和工业功能区 ··· 943
　　第一节　经济开发区 ··· 943
　　第二节　工业功能区 ··· 944

第八篇　地域特色品牌

第一章　农林业品牌 ··· 947
　　第一节　果木 ··· 947
　　第二节　经济林 ··· 948
　　第三节　药材花卉 ··· 948
　　第四节　经济作物 ··· 949

第二章　禽畜业品牌 ······ 950
第一节　禽业 ······ 950
第二节　畜牧业 ······ 950

第三章　传统食品和产品 ······ 951
第一节　传统食品 ······ 951
第二节　传统产品 ······ 952

第四章　非物质品牌 ······ 953
第一节　民间手工艺 ······ 953
第二节　民间文艺 ······ 953

第九篇　地名艺文

第一章　地名诗词 ······ 957
第一节　古代诗词 ······ 957
第二节　现当代诗词 ······ 967

第二章　散文 ······ 980
第一节　古代散文 ······ 980
第二节　当代散文 ······ 984

第三章　地名掌故 ······ 995
第一节　地名史迹 ······ 995
第二节　古街风采 ······ 1007
第三节　地名传说 ······ 1013
第四节　著名历史人物（以出生时间为序） ······ 1021

第十篇　地名管理

第一章　地名管理实施 ······ 1029
第一节　地名法规 ······ 1029
第二节　地名管理工作 ······ 1042

第二章　地名普查 ·· 1044

第三章　管理机构职责 ·· 1047
第一节　机构设置 ·· 1047
第二节　职责范围 ·· 1047

第十一篇　附录篇

一、小（二）型水库列表 ·· 1051

二、历史地名一览表（消失地名） ·· 1057

编后记 ·· 1073

第一篇 总编
【zǒngbiān】

第一章 地名综述

第一节 政区概述

枣阳市位于北纬31°39′~32°25′，东经112°29′~113°06′。东邻随州市随县，南界宜城市，西至襄州区，北连河南省唐河县、桐柏县。在湖北省武汉市西北方向，距离武汉市245.8千米。总面积3277平方千米。辖区户籍人口114.7万。

地处中国第二阶梯的东部边缘，境内东北部为桐柏山余脉，南部为大洪山余脉。地形东北高西南低。桐柏山脉从桐柏县和随州市境伸向枣阳，呈东西走向，向西延伸至唐梓山，向西南延伸至霸山，主要有玉皇顶、歇马岭、牛心山、大阜山、唐梓山。大洪山余脉主要有光武山（狮子山）、摩棋山、黑石岭、梁家山、青峰岭。最高点是东北部鄂豫交界处的玉皇顶，海拔779米；最低点是枣阳西南部与襄州区交界的琚湾镇瓦子岗，海拔70米。因此，境内水的流向由东往西，与全国主要河流流向相比呈倒流特点。随着山河走向，自然形成低山丘陵、漫岗、河畈三种地貌，轮廓分明。

境内主要河流有178条，分为滚河、黑青河、小黄河、三夹河、莺河及淳河6个水系。滚河水系最大，全长90千米，流域面积2478平方千米。正源为随县万福店农场境内的油坊河。包括沙河、华阳河、优良河、熊河、昆河、伍河、英河、古板桥、官沟等9大支流。其中沙河为滚河最大支流，发源于随州市境内的七尖峰和柴家山，在三合店进入枣阳，经新市、鹿头、北城、环城，在琚湾集镇东汇入滚河，全长80千米，流域面积717平方千米，上游河床宽50多米，水流湍急，下游河床宽100米左右，流速相应变慢。沙河又有6条支流，26条小溪，上游山高坡陡，系太古纪片麻石岩及红砂砾岩，缺乏植被覆盖，风化和水土流失严重，致使河床逐年淤高。

枣阳属亚热带大陆性季风气候，冬冷夏热，冬干夏湿，春秋温和，四季分明，光照充足，雨量适中，年平均气温15.5℃，年平均无霜期为232天，年均降水量为500~1000毫米。地处温带和亚热带之间，属温带和亚热带植物过渡区，植物种类比较丰富，种子植物在千种以上，森林树种有300多种，以松科、壳斗科、杨科为主，伴有云参科、杨柳科、榆科、楝科、蝶形花科、胡桃科、大戟科、鼠李科、柿科、茶科等，组成亚热带针叶林和落叶林、常绿针叶混交林及常绿针叶纯林的木本类。

全市现有固定提水泵站1586处、1895台、8798kW，提水流量166.6立方米/秒，年均灌溉面积5.7万公顷。其中有石台寺、大岗坡两处大型泵站。石台寺泵站位于鄂豫两省枣阳、襄州、唐河、新野4县（市、区）交界处，是一座提唐河水与灌区水库调蓄结合的供水灌溉工程。大岗坡泵站是境内最早的1处大型电力提水泵站，提取唐河水，灌溉枣阳西北部的耕地。该站分为两级提水。一级站位于襄州区双沟镇北的大岗坡北，二级站位于枣阳七方镇小店子北。年均灌溉面积1.34万公顷。全市现有大中小型水库271座，总承雨面积2371平方千米，总库容12亿立方米。其中大型水库有熊河水库（襄阳市水利局直管）、华阳河水库（枣阳市管）2座，总承雨面积453平方千米，总库容3.77亿立方米；中型水库20座，总承雨面积1027平方千米，总库容5.79亿立方米；小型水库249座，其中小（一）型水库56座，小（二）型水库193座，总承雨面积891平方千米，总库容2.44亿立方米。

境内地质构造发育良好，矿产资源丰富。据现有地质资料表明主要有金、银、锆、铜、铅、锌、金红石、岩盐、芒硝、磷、硫、滑石、石膏、石棉、石灰石、石英石、变辉长辉绿岩、大理石、钾长石、萤石、重晶石、白云石、透灰石、石榴子石、河砂、膨润土、砖瓦黏土等30多种。其中金属类11种，非金属类20多种。大中小型矿床40多个，总储量130亿吨以上。金属资源储量最大的是金红石（钛），藏于鹿头镇大阜山，为世界稀有矿，金红石含量535.53万吨，居全国及亚洲首位；金红石伴生矿床石榴子石储量为2444.06万吨，居国内第一位。非金属资源藏于霸山的变辉长辉绿岩，储量2475.56万立方米，居全省第一位。

小麦和水稻是枣阳两大粮食作物，面积和产量在历年粮食结构中居首要地位。枣南是小麦和水稻的集中产区，枣北夏粮主要为小麦，秋季玉米、大豆有稳定的种植规模，红薯面积则逐年减少。经济作物主要有棉花、油菜、花生、芝麻、大豆、蔬菜。2011年，新认证"三品一标"（无公害农产品、绿色食品、有机农产品和农产品地理标志）农产品17个；已建成国家级畜禽标准化示范场3家，省级畜禽标准化示范场19家。

2014年，全市财政总收入45.27亿元，同比增长24.1%，其中税收收入21.06亿元，同比增长18.2%。地方财政总收入29.43亿元，同比增长20.9%。地方财政公共预算收入26.25亿元，同比增长24.9%，其中税收收入17.34亿元，同比增长25.2%。财政支出53.4亿元，同比增长12%。

全市工业企业以民营企业为主，涉及机械、化工、建材、纺织、粮油加工、食品、酿造、采掘等10余个行业。截至2014年，全市汽车配件注册商标180余件，其中有"隆中"驰名商标1种，"兴亚""神虎""久和""泰摩"等省著名商标6件；农产品商标478件，其中有"久哥""三杰"2件中国驰名商标，有"久哥""三杰""嘉瑞""恒康"4件湖北省著名商标。全市有10家工业入围襄阳市工业企业百强，立晋钢铁、三杰粮油荣登2014年"湖北省百强"。全市规模以上工业企业263家，完成总产值784.7亿元，比上年同期增长12.2%。汽车、纺织、食品、化工四大支柱产业累计实现产值612.4亿元，同比增长14.6%，占整个规模以上工业总产值的78%。刹车片产量803.62万千克，比上年增长9.1%；金银首饰产品产量4326千克，比上年增长2.7%。

2014年，全社会固定资产投资370.29亿元，同比增长23.4%。房地产开发完成投资45.69亿元，同比增长21%。房屋施工面积220.58万平方米，同比增长6.5%；房屋竣工面积71.38万平方米，同比减少

10.7%；商品房销售面积137.06万平方米，同比减少11.5%；建筑业总产值66.71亿元，同比增加19.6%。全市282家限额以上商贸企业（含个体大户）累计实现社会消费品零售总额152.97亿元，营业支出14.9亿元，营业利润4.16亿元；从业人数0.6万人，支付职工薪酬2.52亿元。全市完成出口创汇21649万美元，同比增长30.1%。枣阳拥有国家AAA级风景区6个。2014年接待国内外游客152万人次，同比增长3.3%；国内旅游收入13.17亿元，同比增长0.2%。

交通运输已形成由铁路、公路等运输方式构成的交通运输网络。汉丹（汉口—丹江口）铁路由东向西于K231+738处进入枣阳，枣阳辖区设兴隆集、董岗、琚湾3个分站。枣阳站中心位于K255+653处，往东汉口方向与兴隆集相邻，往西丹江口方向与董岗站相邻，至K278+400处进入襄州区。枣阳境内轨道全长46.6千米。2014年，全市拥有公路通车总里程4602.99千米。汉十、麻竹两条高速公路过境，总长67.65千米。其中汉十高速在枣阳境内55.46千米，分别设王城、吴店、琚湾3个互通区和王城停车区、董岗服务区共计5个附属设施区域。316国道和216省道、335省道、423省道穿境而过，合计长度202.31千米。列养县道13条，合计长度269.75千米，非列养农村公路4063.28千米。形成以汉十高速、高铁、国省道为轴线，以市区到各镇的县道为辅线，以环绕市区大小两个循环线为纬线的纵横贯通、干支配套、内畅外连的交通公路网。2014年，全市完成交通固定资产投资2亿元以上，完成316国道绕城公路建成通车以及县通乡公路46千米建设，新建通村公路148千米，占计划100千米的148%。

客货运输市场功能日臻完善。全市已拥有各类客、货营运车辆16602台，机动车维修业户110家，监测站1家，装卸搬运企业4家，车站一级1个、五级11个，运输服务信息部30家。拥有跨省客运线路23条、跨地市客运线路8条、农村客运线路102条。客运送达全国15个省区市，货运业务遍及全国。2014年，新开通枣阳至西安客运线路1条，新增货车1578台，完成道路客运量2587万人，客运周转量186872万人·千米，同比增长15%、18%；完成道路货运量2492万吨，货运周转量368676万吨·千米，同比增长25%、26%。全市有出租汽车公司4家，出租汽车300台，从业人员600名；城市营运线路12条，营运车辆107台，线路总里程168.4千米，日客运量2.5万人/次，年均营运里程达790万千米，万人拥有公交车3.6标台，居民出行分担率10.5%，线网密度3.37千米/平方千米，公交站台、站点280处。

2014年，全市邮政业务总量0.69亿元，同比增长10.27%；电信业务总量3.92亿元，同比增长8.62%，全市移动电话用户总数达59.71万户，比2013年增加0.44万户，增长0.74%。本地电话用户，8.8万户，比2013年增加0.92万户，增长22.7%。传输网以一干西式光缆环路为骨干，分别经襄阳方向的樊城中原路机房、随州方向的随州中兴机房。承载一千二千的业务，在樊城中原路机房与国家光缆干线。全市无线网络主要以4GFD-TDD+TD-LTE、3GCDMA系统为主，已建成3G基站140多个，信号覆盖全市城乡。在全省第一个建成全光网县市，全市多套OLT设备（光纤到户/到户中心网络接入设备）开通，所有镇、区和567个村（社区）都实现了宽带网络的光纤化升级，家庭用户逐步普及20M宽带，信息化技术惠及百万城乡居民。

2011年，全市有文化艺术团体56个，会员1050个，其中团体会员30个、个人会员1020个。创作完成的艺术作品有小戏《刘秀再还乡》《铺庄》，小品《幸福一家人》《一线侦察》，长篇小说《江山如此多娇》，电影文学剧本《珍珠山》等10余部。各类艺术表演团体40个，演职人员520人，剧院（场）8座，座位

8000个，每万人拥有7个，年演出100场次，观众达80万人次；电影公司1个，电影放映单位20个，电影院1座，座位200个，每万人拥有0.2个，年放映6000场次，观众达50万人次；文化馆（站）19个，建筑面积2万平方米；公共图书馆1个，建筑面积2857平方米，藏书9万册；博物馆1个，建筑面积2000平方米；文化行业从业人员1400余人，占全市社会从业人员的1‰，其中事业单位从业人员318人。主要文化艺术团体有枣阳曲剧团，演出的《小翻车》《一朵红花》在1981年全省青年演员会演中分别获一等奖和三等奖。1995年，国家级编辑孟兆田创作的新编历史剧《刘秀还乡》受文化部邀请进京演出后引起轰动，先后荣获中宣部精神文明建设"五个一工程"奖和文化部第六届文华奖。

地方特色民间艺术有绘画、雕刻、剪纸、皮影、泥塑、面塑、威风锣鼓等。1987年有9件民间艺术作品进京参加中国艺术节民间美术展。境内国家重点文物保护单位2处，省级重点文物保护单位18处。主要名胜古迹有皇村遗址，位于枣阳城东南20千米的白水村，又曰刘家壕，是汉光武帝刘秀的故居。后人为了纪念刘秀，将刘家壕改名皇村。墓子岗遗址，位于新市镇赵庄村，此处因坟墓多而得名。被文物专家定为夏代文化遗址，1992年被列为第三批湖北省重点文物保护单位。雕龙碑遗址，位于鹿头镇北1.5千米处武庄村南、沙河与水牛河交汇处的台地上。它是一处典型的、保存完整的原始氏族聚落遗址，对研究黄河流域、长江流域交汇地带的新石器时代文化的发展具有重要的科学价值。1996年11月20日，被国务院列为第四批全国重点文物保护单位。九连墩遗址，位于枣阳市东南21千米的吴店镇与兴隆镇乌金村交界处的一条土岗上，由九座南北走向的大中型墓藏封土堆组成，故名九连墩。2006年，被国务院定为全国重点文物保护单位。翟家古城遗址，因位于琚湾镇古城村翟家古城自然村而得名。1992年被命名为湖北省重点文物保护单位。蔡阳古城遗址，位于琚湾镇翟家古城村，城址地处一平缓坡地上，东、南、西为滚河所绕。1992年，被湖北省人民政府定为省级重点文物保护单位。黉学，又名文庙，是明、清时代县试之地。1992年，被湖北省政府定为省级重点文物保护单位。白竹园寺，是白果（寺门前两棵古银杏树，俗称"白果树"）、竹林、禅寺三者的合称，1984年被列为襄樊市重点文物保护单位。白水寺，位于枣阳城南19千米处吴店镇西南的狮子山上，1992年被列为湖北省文物重点保护单位。革命纪念地有黄火青故居、鄂北第一个党小组旧址、蔡阳铺起义旧址、中共鄂北特委旧址、中国工农革命军第九军鄂北总队总部旧址、枣阳革命烈士纪念碑等处。境内国家级风景名胜区6个，爱国教育基地1处。主要风景区有白水寺风景名胜区、白竹园寺风景区、熊河风景区、汉城汉宫景区、唐梓山风景区、无量台风景区等；另有景点枣阳玫瑰海、大仙山、前湾古居落、观音洞、楚天台、云峰寺、紫玉山休闲度假村等。有国内旅行社7家，星级饭店2家（其中四星级1家、三星级1家），床位616张。

2014年，全市有国家级企业技术中心1家，省级工程技术研究中心1家，省级校企共建研发中心5家，襄阳市工程技术研究中心2家，产学研合作基地2家，科研人员1200人。国有科研机构3所，市属科研机构10所，民营科研机构31所。国家高新技术企业12家，国家科技创新基金项目5项，湖北省创新基金3项，省科技重大专项2项，省级生产力促进中心1家，省级科技孵化器1个，省级小麦产业科技园1个，省级科技创新示范基地2家，省级创新示范企业1家，省级平台建设2家。共取得科研成果192项，6项成果处于国际先进水平，8项成果处于国内领先水平，7项成果获湖北省科技进步奖，69项成果获襄阳市科技进步奖，受国家部委表彰的科技工作者有40人。

2014年，全市金融机构本外币存款余额为277.68亿元，比2013年同期增长13.75%。其中居民储蓄存款209.7亿元，增长16.8%。银行各项贷款余额为124.79亿元，比2013年同期增长17.3%，其中中长期贷款63.24亿元，同比增长13.9%。

2014年全市有幼儿园2541所，在园幼儿3.07万人，专任教师1578人；小学105所，在校生6.88万人，专任教师3451人，小学适龄儿童入学率100%；初中34所，在校生3.18万人，专任教师3233人，初中适龄人口入学率100%，小升初升学率100%，九年义务教育覆盖率达99.5%；特殊教育学校1所，在校生97人，专任教师19人，8周岁至16周岁三类残疾儿童入学率达96.5%；普通高中5所，在校生1.84万人，专任教师1087人；成人中等专业学校5所，招生1511人，在校生7015人。各级各类学校举办的成人教育机构32所。2011年教育经费达7.7亿元，国家财政性教育经费6.4亿元，财政预算内教育经费6.3亿元，预算内教育事业费6.3亿元，分别比2013年增加21%、25%、25.1%、29.4%。预算内教育经费（包括城市教育附加费）占财政总支出的比例为42.1%，比2013年提高0.4个百分点。

2014年末，各级各类医疗卫生机构31个，其中疾病控制中心1个、卫生院26所，病床3071张，其中公立卫生机构床位2700张，每万人拥有医疗床位2.8张，固定资产总值2.9亿元。专业卫生人员3383人，其中执业医师1010人，执业助理医师305人，注册护士1193人，平均每千人拥有卫生技术人员3.1人，平均每千人拥有执业（助理）医师1.2人，平均每千人拥有注册护士1.1人。2011年医疗机构（门诊部以上）完成诊疗372.8万人次，住院手术84.5万台次，出院病人101.9万人次。重点医院有市第一人民医院、妇幼保健院、中医院等。其中枣阳市第一人民医院是国家级二级甲等医院、卫生部国际紧急救援中心网络医院、湖北省医疗卫生系统百强医院，医院占地4.9万平方米，开放病床520张，年门诊病人11万人次，年出院病人1.7万人次。

2014年法定报告传染病发病率324.6/10万，农村卫生厕所普及率24.8%，新型农村合作医疗参保人数85.4万人，参保率99.9%；居民人口平均期望寿命75岁，其中男性73岁，女性78岁。孕妇死亡率7.9/10万，5岁以下儿童死亡率、婴儿死亡率、新生儿死亡率分别为8.9‰、7.8‰、5.2‰。

2014年末有体育场地178处，体育社团7个，各级社会体育指导员397人。每年定期举办的体育活动有迎春长跑、拔河、篮球赛、乒乓球赛、羽毛球赛、老年门球赛等，其中篮球联赛已形成了特色品牌，利用每周四至周日的晚上进行比赛，历时数月。50%的城市社区和38%的农村安装了健身器材，经常参加体育活动的人员占常住人口的38%。1988年，枣阳荣膺"全国体育先进县"称号。1998年，被国家体委命名为"全国田径之乡"。

2014年，全市共保障城市低保对象5531户，9327人；农村低保对象19136户，27468人；农村五保对象871人，分散供养五保对象5358人。发放城市低保金4126.9万元，发放农村低保金4581.7万元，发放农村五保供养金1475.5万元；医疗救助实际支出1691.2万元，救助79.79万人次；临时救助3002人次，实际支出120万元。争取省厅救助补助资金10618万元，比2013年净增1752万元，其中，城市低保金4085万元、农村低保金4467万元、五保供养金631万元、农村福利院改造资金120万元、农村福利院公益服务费44万元，医疗救助金1094万元、临时救助金177万元。

第二节 历史沿革

枣阳历史悠久，周王朝时，枣阳地区属楚地小国唐国。春秋时期，唐国被楚国所灭。秦昭襄王三十五年（前272），始置蔡阳县，属南阳郡。前45年，西汉划蔡阳县的白水（今吴店镇）、上唐（今随州市唐县镇）两个乡置春陵侯国（治所在今吴店镇北的故城址），与蔡阳县同属荆州的南阳郡；东汉建武六年（30）改春陵乡为章陵县，后又分蔡阳县东北地带置襄乡县，同属南阳郡；北魏废襄乡县，置广昌县，属广昌郡；隋文帝仁寿元年（601），为避太子杨广讳，改广昌县为枣阳县（枣阳之名沿用至今），属春陵郡；唐时地属山南东道；宋属京西路；元属河南江北行中书省襄阳路；明属湖广布政使司襄阳府；清属湖北布政使司襄阳府；中华民国初属鄂北道，后改襄阳道；1927年，枣阳县直属湖北省；1932年，属湖北省第八行政督察专员公署；1937年，属第五行政督察专员公署。其间，1930年7月至1932年6月，建立县苏维埃政权，属鄂豫边革命委员会。1947年12月，枣阳解放。枣阳境内以襄花公路（316国道）为界，路北置枣阳县，属桐柏区行署三专署；路南置随枣县、襄枣宜县，同属江汉行署一专署。1949年8月，枣阳境内只设枣阳县，属襄阳专员公署。1981年，属襄阳地区行署。1983年10月，实行市管县体制，属襄樊市管辖。1988年1月，国务院批准撤销枣阳县，建立枣阳市，归襄樊市管辖。2010年12月，襄樊市改称襄阳市，枣阳市归襄阳市管辖。

第二章 境域变迁

第一节 地名的起源与境域变动

枣阳历史悠久，与中国数千年的文明史基本吻合。境内鹿头镇武庄村出土的雕龙牌遗址，是一处新石器时代遗址，距今6300—4800年；新市镇墓子岗（象弓河）遗址，经考古界考证定为襄阳市境内唯一的夏文化遗址。据史籍记载，枣阳地，唐虞夏商属豫州，周为唐国，属楚。秦置蔡阳县。西汉划蔡阳县的白水和上唐两个乡，置春陵侯国。东汉划蔡阳县的东北地带置襄乡县，魏改称广昌县，至隋仁寿元年（601）改广昌县为枣阳县。宋升为军，元以后复称县。明清及民国时期仍称县。1988年元月撤县建市。

1947年12月，桐柏军区和江汉军区解放枣阳，成立人民政府，原枣阳县境由枣阳、随枣、襄枣宜三县分治。在枣北建立枣阳县，辖城关、七方、刘寨、太平、刘升、鹿头、土铺7个区。1949年5月，撤销襄枣宜县和随枣县，除平林、清潭属洪山县外，其余原枣阳的区域合并属枣南县。8月，枣南县并入枣阳县，辖城关、鹿头、太平、杨垱、七方、刘升、琚湾、熊集、吴店、资山10个区。1951年12月，从城关区划出部分行政村，设城郊区（驻王家湾），全县共11个区、325个行政村（街）。1952年，全县划为17个区（镇）、240个乡（街）。1953年8月，区政府改称区公所，乡改称乡人民政府。1955年秋，洪山县撤销，所属平林区（含清潭）回归枣阳。1956年2月，精简行政机构，并为城关（镇）、琚湾、鹿头、太平、七方、吴店、兴隆、平林8个区（镇），66个乡（街），辖572个高级农业生产合作社。1958年，全县成立13个人民公社和1个国营农场，分别为国光公社（环城）、燎原公社（杨垱）、灯塔公社（太平）、幸福公社（七方）、英雄公社（琚湾）、飞跃公社（梁集）、和平公社（熊集）、卫星公社（吴店）、高峰公社（清潭）、伟大公社（资山）、钢铁公社（平林）、东风公社（兴隆）、火箭公社（新市）、红旗农场（鹿头），实行政社合一。1959年7月，城关从国光公社划出，成立城关镇。1959年秋，建立国营随阳农场，划钢铁公社的车河为第六分场（1966年升为国营车河农场）。1961年，改人民公社为区。全县设14个区、1个镇、2个农场、608个生产大队，4227个生产队。1961年7月，建立国营枣阳县姚岗农场。1975年7月，撤区并社，全县设19个社（镇）：环城、鹿头、新市、姚岗、太平、杨垱、罗岗、七方、琚湾、梁集、熊集、耿集、吴店、平林、资山、清潭、兴隆、刘升公社和城关镇。1984年3月，进行体制改革，政社分开，划为21个区（镇），即环城区、新市区、姚岗区、罗岗区、梁集区、熊集区、耿集区、平林区、清潭区、玉城区、刘升区、城关镇、鹿头镇、太平镇、杨垱镇、七方镇、琚湾镇、吴店镇、兴隆镇、车河区、随阳区（为区场合一）。1985年10月，取消车河、随阳区的名称，恢复国有农场，原辖乡改为分场。1985年全县为19个区（镇）、2个国有农场、辖12个办事处、81个乡（镇）、621个村、3957个村民小组。1987年9月，撤区并乡，划为26个乡、镇、场。其中有5个乡（环城、吉河、钱岗、徐寨、蔡阳），19个镇（城关、琚湾、梁集、熊集、耿集、平林、清潭、吴店、资山、王城、兴隆、刘升、鹿头、新市、姚岗、太平、杨垱、罗岗、七方），2个农场（车河、随阳）。1988年元月，枣阳撤县建市。1988年3月，撤销城关镇、环城乡，成立北城、南城、环城3个街道办事处。至此，市辖3个办事处、18个镇、2个农场、623个村（居）民委员会、3997个村（居）民小组。1996年4月，划出北城街道办事处所属的西园、靳庄和环城街道办事处所属的茶棚3个行政村，建西城开发区。2001年3月，对乡镇、街道办事处行政区划进行部分调整，撤销梁集镇，其行政区划划归南城街道办事处管辖；撤销耿集镇，其行政区划划归熊集镇管辖；撤销钱岗乡，其行政区划划归新市镇管辖；撤销吉河乡，其行政区划划归鹿头镇管辖；撤销徐寨镇（1998年乡改镇），其行政区划一分为二，有8个村（老街、秦庄、赵岗、洪寨、汪营、崔岗、胡庄、彭家）隶属七方镇，17个村（刘坡、余庄、桃园、光寺、长营、徐寨、龚营、薛场、胡营、郝店、张官、张庄、夏庄、陈寨、聂集、骆王、四铺）隶属杨垱镇；撤销罗岗镇，其行政区划划归七方镇管辖；撤销蔡阳镇（1998年乡改镇），其行政区划一分为二，有7个村（隆兴、梁家、祝岗、木桥、大房、张冲、胡坡）隶属七方镇，13个村（西街、东街、吴坡、余咀、胡岗、申畈、芦坡、瓦子岗、龚寨、刘岗、祝冲、尹寨、车站）隶属琚湾镇；撤销姚岗镇，其行政区划划归太平镇管辖；撤销清潭镇，其行政区划划归吴店镇管辖；撤销资山镇，其行政区划划归王城镇管辖。2004年2月，湖北省国营车河农场、随阳农场按照属地关系，交枣阳管理，更名为"枣阳市车河管理区委员会"和"枣阳市随阳管理区委员会"。至此，全市辖南城、北城、环城3个街道办事处，鹿头、新市、太平、杨垱、七方、琚湾、熊集、吴店、平林、王城、兴隆、刘升12个镇和1个开发区（西城经济技术开发区）、2个管理区（车河、随阳）。

第二节 地名形成规律与特点

地名是人类活动的产物。依据第一次、第二次全国地名普查资料综合分析，枣阳市境内地名的形成可得出三个规律、五个特点和两个趋势。

一、三个规律

农村自然村名称的形成多与人、物、山、水密切相关。其中以人的姓氏为主，约占60%；以物（动物、植物）而得名的次之，约占20%；以地形地貌而得名的再次之，约占10%。此类地名稳定性强，一旦形成，能延续数十年、上百年乃至数百年，直至自然消失。行政村村名的形成则以自然村名为专名，加通名（大队、村）形成。此类地名人为改变的因素较多，如重名的需要更名，两村合并需要取舍，村民议事需要改名等。乡镇的名称一般是以自然集镇为专名，加通名（区、社、乡、镇、街道）形成。此类地名专名稳定，通名易变。如环城区、环城公社、环城乡、环城街道。

二、五个特点

（一）历史性特点

秦统一中国后，置蔡阳县，枣阳设县已有2200多年历史，"四古"地名最能见证这一历史的进程。一是古寺庙。史书记载汉朝佛教由洛阳白马寺传入枣阳，唐朝时道教传入枣阳。境内以白水寺、白竹园寺为龙头的"寺、庙、庵"地名共92个（其中有总支、小公社、小乡、大队名称10多个），这些地名历史悠久。二是古遗址。初步查明境内有开发价值的古遗址32处，古墓群19处，寺观、道观16处，革命纪念旧址6处。其中九连墩被认定为楚国之墓，雕龙碑遗址为新石器时代氏族聚落遗址（距今6300—4800年）。三是古建筑古民居。有代表性的报恩寺，据传始建于西汉，建武年间（25—55）修缮，明成化十年设僧会于此；枣阳市政府于2011年重修。黉学始建于元世祖至元二十七年（1290），明清两朝数次重修。新市镇的前湾古居落为明清时期古民居，现被列为国家古民居保护单位。四是古地名。代表性古地名有蔡阳、枣阳、古城、春陵、章陵、白水、皇村、清潭、瀴源、丰良、滚河、㴔水、红沙河、莲花堰、白水寺、白竹园寺等，这些地名源远流长，有千年之久。

（二）人文性特点

第一次普查地名资料显示，境内聚落型（自然村）地名6204个，其中以方位而得名496个，以数字而得名143个，以地形而得名386个，以物（动物、植物）而得名1148个，以姓氏而得名3942个，以姓氏而得名的村落占总数的63.5%。在这些姓氏村落中，有多种类型可体现人文的特性。一是姓氏众多，和谐共处。不重复计算，境内有225个姓，其中以张氏而得名的村落86个，以王氏而得名的78个，以李氏而得名的60个，以赵氏而得名的22个，分别排前四位。姓氏村落中，有单姓的（如张庄、王湾、刘湾等），也有双姓的（如叶鲁庄、毛古龙、张梁庄、刘李河等），还有多姓聚居的（如阮杨王、袁杨周、魏朱刘等）。二是家族为系，亲情相依。姓氏地名中有17个以祠堂而得名（如史家祠、王家祠、刘家祠等），有以子女排序而得名（如李老湾村以九兄妹而得名大房湾至八房湾和姐姐湾，沈家大房至四房等），有以村落形态而得名的（如赵庙村分别有赵家咀、赵家崖、赵家巷、赵家湾、赵家寨、赵家庙等）。三是名人效应，弘扬正气。如王兴林、王明点、刘全章、李大瓜、钱会园等地名的传世，大多留下这些先民的美好故事和传说，让后人仰慕。这些具有人文特性的聚落，随着岁月的流逝和社会的发展，其主人不断更迭，村落不断变化，形态由团状变为散状，草屋变瓦房，土墙变砖墙，坡房变楼房，唯一不变的就是"名字"。因此说地名是文化，也是文化的载体。

（三）差异性特点

一是地名的差异。总体看枣北"庄子稠"，枣南"湾子密"；枣北多岗岭，枣南多沟洼。资料显示，聚落型地名中以"庄"而得名的有334个（如马庄、杨庄），以"湾"而得名的有1883个（如李家老湾、杨家老湾、姜湾、黄湾等），以"岗、岭"而得名的有159个，以"沟、洼、凹"而得名的有92个。以"庄"而得名的多分布于枣北，以"湾"而得名的多集中在枣南（枣北太平镇舒庄村9个自然村皆称"庄"；枣东南兴隆镇陈楼村33个自然村，有30个称"湾"）。二是地名字数差异。枣北多两字地名（如张庄、王岗），枣南多为三、四字地名（如刘家湾、刘家老湾）。三是地名密度差异。枣北多为平原，庄子稀而大，一个自然村可能就是一个行政村（如杨垱代庄村）；枣南多丘陵山区，村子小而密，一个行政村可辖20到30多个自然村（如熊集镇毛榨村辖46个自然村）。枣北杨垱镇面积190平方千米，辖146个自然村；枣南王城镇面积188平方千米，辖835个自然村。四是语言差异。在枣阳大街上听人讲话、拉家常，大可分清是枣北人还是枣南人（讲普通话者除外）。正是这些语音差异，才导致地名差异性的产生。产生语音差异除水土因素外，笔者认为与枣阳在历史中的隶属关系存在着密不可分的联系。秦设蔡阳县至隋仁寿元年（601）改枣阳县期间，有800多年隶属南阳郡；隋至唐宋（620—1279）时期，有600多年隶属京西路随州和荆州；元至元十九年（1282）改属襄阳路。可能受官方语音支配，枣阳南北语音、声调、生活习俗都有着明显差异。正因为有这些差异的存在，更为古县增色添彩。

（四）社会性特点

枣阳地名的社会性特点在五个方面体现显著。一是职业划分。聚落型地名中有60余个以职业或行业而得名，大体可分为加工业（如王家油坊、张家粉坊、糖坊湾、豆腐铺等），养殖业（如羊子湾、鹅湾等），服务业（如酒馆庄、盐店、当铺庄等），纺织业（如线台李、染坊庄等），小手工业（如张铁炉、生铁炉、缸罐窑等）。这些地名标志着社会的分工在逐步细化，农副产品初加工初具规模，小手工业初步兴起。二是防御功能。聚落型地名中有86个"楼"、75个"寨"、3个"壕"。尽管有的寨、楼已不复存在，但村落名称仍在延续，这些村落历史上大多担负着防匪防盗、保一方平安的社会功能。三是经贸的纽带。枣阳地名中称街、店、集、铺的地名有87个（如新集、唐店、十里铺、老街等），这些古老的集镇分布相对均匀，间隔大多在10~15里，这与旧时的交通条件和生产力水平相适应，人们肩挑背驮，早上去集市交易，午后回家。这些集镇作为物流中心，分设单双日子的逢集，便于农副产品交易。同时在枣阳最大河流滚河的支干流沿岸，依次分布70余个以河流而得名的村落（如拾河、吉河、刘河、冯河、董河、毛河等），这既说明农耕时代水源对农业的重要性，也有物流之功能。枣阳俗有"买不空的吴家店，填不满的琚家湾"之说，这些沿河村落既是通往水上丝绸之路的起点，又是物流的发源地，促进社会经济发展。第四是美丽的对称。建筑的对称性是中华文化的一大特点。在枣阳聚落地名中共有277组对称地名，可分为大小对称，如大陈寨、小陈寨，大吉岗、小吉岗；上下对称，如上周庄、下周庄，上刘沟、下刘沟；前后对称，如东牤牛寨、西牤牛寨，东黄坡、西黄坡；上中下或前中后对称，如上高庄、中高庄、下高庄，隗家前湾、隗家中湾、隗家后湾等（一般来说，位于南边的称"下"，位于北边的称"上"）。

（五）趣味性特点

地名源于民间，源于生产生活和劳动人民的感知能力。趣味性地名使人富于联想，闻之不忘。如簸箕沟、老鼠尾巴沟、千条磙、牯牛湾、母猪窝、鹌鹑笼、倒挂金钩等地名形象生动；再如一溜塝、二郎庙、三里桥、四支堂、五口堰、六亩地、七里冲、丈八寺、九里岗、十里铺等地名，读来朗朗上口，回味无穷。

三、两个趋势

一是聚落型地名呈消减趋势。以姓氏为主导的乡村聚落型地名，是农耕时代的产物。新时代随着农村改革的深入，农业产业化、集约化经营模式逐步替代分散的家庭经营方式，一些空壳村、交通闭塞村纷纷迁出、合并；小村并大村，拆迁腾地，农田水利建设，国家高铁、高速公路建设等，都导致自然村庄的消失。二是寓意型地名呈增加趋势。随着城镇化建设进程加快、户籍制度改革，农村人口大量进入城镇，出现了许多时尚、新颖、雅致的新名称，如春晖小区、幸福家园、东方明珠、碧水龙城、和谐路、复兴路、中兴大道等。

第二篇　政区聚落区片类地名
【Zhèngqūjùluò Qūpiàn Lèi Dìmíng】

第一章　北城街道办事处

第一节　北城街道办事处概况

北城街道办事处【Běichéng Jiēdào Bànshìchù】

1988年1月，枣阳撤县建市，将原城关镇一分为二以城区沙河为界，沙河以北为北城，故名。位于市政府东北400米。东邻环城街道办事处，南界南城街道办事处，西至开发区，北连太平镇。该地处城区繁华地带，是全市政治、经济、文化、交通、物流信息中心。总面积10.41平方千米，耕地面积30.39公顷。截至2014年，有13820户，6.6万人（含户籍人口）。辖9个社区（1个回民社区居委会）。办事处驻书院街13号。1953年设城关区；1956年为城关镇；1958年隶属国光公社；1962年复设城关镇；1988年成立北城街道办事处至今。工业以汽车配件、机电设备、纺织服装、印刷包装、塑料化工、金银首饰等为主。2014年有工业企业1316家，其中规模以上工业企业31家，职工13354人。年产值千万元以上企业31家、百万元以上企业818家、十万元以上企业467家。个体工商经营户4800户，实现经营总额2.4亿元。民营经济大户168户，新增个体工商户1500户，新增民营企业61家，新增固定资产6100万元。辖区内有文化站1个、影剧院2个，社区文化室9个、图书室34个，藏书3万册。有7所中心小学，1所初级中学。有各级医疗卫生机构14个。有学校体育运动场3个，9个社区居委会都配备了健身器材。有古城墙遗址、报恩寺、黉学、香草亭等古迹。交通便利，寺沙省道穿境而过，辖区内有5条城区公交线路。

第二节　城市社区、居民点

北园社区【Běiyuán Shèqū】

以方位和菜园综合命名。位于老城北门外，原以种菜为主，故名。1958年与顺城合并为新丰大队，隶属国光公社；1962年为北园大队，隶属城关镇；1984年为北园村；2002年为北园社区居委会，隶属北城街道办事处至今。位于北城街道办事处西北1.4千米。东邻东园社区，南界顺城回族社区，西至北关社区，北连环城街道办事处孙庄社区。辖4个自然村，总面积1.2平方千米，耕地面积5.2公顷。710户，2840人。经济形态以第三产业为主。居委会驻民族北路87号。

蔡庄【Càizhuāng】 以姓氏命名。因蔡姓聚居而得名。1958年隶属新丰大队；1962年隶属北园大队；1984年隶属北园村；2002年隶属北园社区居委会至今。位于居委会东南1.1千米。东邻王庄，南界枣阳市一中，西至顺城团结小区，北连时庄。总面积0.12平方千米，耕地面积0.6公顷。107户，420人。经济形态以第三产业，兼种果蔬。村落形态呈团状，房屋结构以平房和楼房为主。

时庄【Shízhuāng】 以姓氏命名。因时姓聚居而得名。1958年隶属新丰大队；1962年隶属北园大队；1984年隶属北园村；2002年隶属北园社区居委会至今。位于居委会东南1千米。东邻沙河，南界王庄，西至蔡庄，北连魏庄。总面积0.4平方千米，耕地面积1.6公顷。198户，789人。经济形态以第三产业，兼种果蔬。村落形态呈团状，房屋结构以平房和楼房为主。

王庄【Wángzhuāng】 以姓氏命名。因王姓聚居而得名。1958年隶属新丰大队；1962年隶属北园大队；1984年隶属北园村；2002年隶属北园社区居委会至今。位于居委会东南1.4千米。东邻沙河，南界顺城回族社区，西至顺城团结小区，北连时庄。总面积0.2平方千米，耕地面积1公顷。120户，485人。经济形态以第三产业，兼种果蔬。村落形态呈团状和线状，房屋结构以平房和楼房为主。

魏庄【Wèizhuāng】 以姓氏命名。因魏姓聚居而得名。1958年隶属新丰大队；1962年隶属北园大队；1984年隶属北园村；2002年隶属北园社区居委会至今。位于居委会东北1千米。东邻沙河，南界时庄，西至民族路，北连环城街道办事处花果园村蒋庄。总面积0.48平方千米，耕地面积2公顷。285户，1146人。经济形态以第三产业为主。村落形态呈团状，房屋结构以平房和楼房为主。

北关社区【Běiguān Shèqū】

以方位命名。枣阳县城形成后，以城墙为界，内设四大关口。该地位于城北的关口，故名。1958年为柿子园大队，隶属国光公社；1962年为北关大队，隶属城关镇；1984年为北关村；2002年为北关社区居委会，隶属北城街道办事处至今。位于北城街道办事处西北1.5千米。东邻顺城社区，南界西城经济开发区西园社区，西至环城街道办事处袁庄社区，北连环城街道袁庄社区。辖3个自然村，总面积0.21平方千米，含各大市场、科技孵化园。无耕地。3200户，1.2万人。其中户籍在社区的1294户，980人。农业主产小麦、玉米，居民经济来源以务工经商为主。寺沙路、新华路过境，居委会驻寺沙路53号。

时家小庄【Shíjiāxiǎozhuāng】 以姓氏和面积综合命名。因时姓聚居且面积较小而得名。1958年隶属柿子园大队；1962年隶属北关大队；1984年隶属北关村；2002年隶属北关社区居委会至今。位于居委会南1.6千米。东邻南阳路，南界西城开发区西园社区，西至新华路，北连书香苑。总面积0.05平方千米，无耕地。58户，190人。经济形态以第三产业为主。村落形态呈线状，房屋结构以楼房为主。

柿子园【Shìziyuán】 以植物命名。原植物村旁有个柿子园,故名。1958年隶属柿子园大队;1962年隶属北关大队;1984年隶属北关村;2002年隶属北关社区居委会至今。位于居委会南1.2千米。东邻南阳路,南界时家小庄,西至新华路,北连民族西路。总面积0.12平方千米,无耕地。178户,600人。经济形态以第三产业为主。村落形态呈散状,房屋结构以平房和楼房为主。

张庄【Zhāngzhuāng】 以姓氏命名。因张姓聚居而得名。1958年隶属柿子园大队;1962年隶属北关大队;1984年隶属北关村;2002年隶属北关社区居委会至今。位于居委会东南800米。东邻北园社区时庄,南界锦绣阳光城小区,西至市气象局,北连袁庄社区靳庄。总面积0.04平方千米,无耕地。58户,190人。经济形态以第三产业为主。村落形态呈线状,房屋结构以楼房为主。

东园社区【Dōngyuán Shèqū】

以方位和菜园综合命名。位于老城东门外,居民原以种菜为主,故名。1958年为联中大队,隶属国光公社;1962年为东园大队,隶属城关镇;1984年为东园村,隶属城关镇;1988年隶属北城街道办事处;2000年为东园居委会;2002年为东园社区居委会至今。位于北城街道办事处北200米。东邻环城街道办事处八里社区,南界南城街道办事处沙店社区,西至沙河,北连环城街道办事处花果园社区。辖9个自然村,总面积3平方千米,无耕地。2612户,1.6万人。经济形态以第三产业为主。居委会驻福星路。

大康庄【Dàkāngzhuāng】 以面积和姓氏综合命名。康姓聚居,村庄面积较大,故名。1958年隶属联中大队;1962年隶属东园大队;1984年隶属东园村;2000年隶属东园居委会;2002年隶属东园社区居委会至今。位于居委会东南250米。东邻中兴大道,南界李家花园,西至小康庄,北连赵庄。总面积0.28平方千米,无耕地。286户,1930人。经济形态以第三产业为主。村落形态呈散状,房屋结构以平房和楼房为主。

丁庄【Dīngzhuāng】 以姓氏命名。因丁姓聚居而得名。1958年隶属联中大队;1962年隶属东园大队;1984年隶属东园村;2000年隶属东园居委会;2002年隶属东园社区居委会至今。位于居委会南50米。东邻孙庄,南界赵庄,西至刘庄,北连钟庄。总面积0.38平方千米,无耕地。299户,1850人。经济形态以第三产业为主。村落形态呈线状,房屋结构以楼房为主。

李家花园【Lǐjiāhuāyuán】 以传说命名。据传,唐朝一李姓人家从山西大槐树逃荒至此,因不会农活便种植花卉。由于勤劳和水土适宜,所种的几百种花卉颜色鲜艳、花香四溢,故名。1958年隶属联中大队;1962年隶属东园大队;1984年隶属东园村;2000年隶属东园居委会;2002年隶属东园社区居委会至今。位于居委会南300米。东邻八里社区傅庄,南界小邓庄,西至人民路,北连大康庄。总面积0.29平方千米,无耕地。271户,1910人。经济形态以第三产业为主。村落形态呈团状,房屋结构以楼房为主。

刘庄【Liúzhuāng】 以姓氏命名。因刘姓聚居而得名。1958年隶属联中大队;1962年隶属东园大队;1984年隶属东园村;2000年隶属东园居委会;2002年隶属东园社区居委会至今。位于居委会南150米。东邻教育局,南界书院街,西至沙河,北连丁庄。总面积0.33平方千米,无耕地。296户,1660人。经济形态以第三产业为主。村落形态呈团状,房屋结构以楼房为主。

孙庄【Sūnzhuāng】 以姓氏命名。因孙姓聚居而得名。1958年隶属联中大队；1962年隶属东园大队；1984年隶属东园村；2000年隶属东园居委会；2002年隶属东园社区居委会至今。位于居委会东南130米。东邻中兴大道，南界书院街，西至丁庄，北连李庄。总面积0.39平方千米，无耕地。285户，1890人。经济形态以第三产业为主。村落形态呈团状，房屋结构以平房和楼房为主。

小邓庄【Xiǎodèngzhuāng】 以面积和姓氏综合命名。因邓姓聚居且村庄较小而得名。1958年隶属联中大队；1962年隶属东园大队；1984年隶属东园村；2000年隶属东园居委会；2002年隶属东园社区居委会至今。位于居委会西250米。东邻大康庄，南界朝阳路，西至沙河，北连大宋庄。总面积0.32平方千米，无耕地。303户，1690人。经济形态以第三产业为主。村落形态呈团状，房屋结构以平房和楼房为主。

许庄【Xǔzhuāng】 以姓氏命名。因许姓聚居而得名。1958年隶属联中大队；1962年隶属东园大队；1984年隶属东园村；2000年隶属东园居委会；2002年隶属东园社区居委会至今。位于居委会南450米。东邻小邓庄，南界南城街道沙店社区沙河店，西至沙河，北连北关社区张庄。总面积0.3平方千米，无耕地。287户，1600人。经济形态以第三产业为主。村落形态呈散状，房屋结构以平房和楼房为主。

赵庄【Zhàozhuāng】 以姓氏命名。因赵姓聚居而得名。1958年隶属联中大队；1962年隶属东园大队；1984年隶属东园村；2000年隶属东园居委会；2002年隶属东园社区居委会至今。位于居委会西南300米。东邻人民路，南界大康庄，西至沙河，北连刘庄。总面积0.36平方千米，无耕地。313户，1820人。经济形态以第三产业为主。村落形态呈散状，房屋结构以平房和楼房为主。

钟庄【Zhōngzhuāng】 以姓氏命名。因钟姓聚居而得名。1958年隶属联中大队；1962年隶属东园大队；1984年隶属东园村；2000年隶属东园居委会；2002年隶属东园社区居委会至今。位于居委会东北250米。东邻中兴大道，南界孙庄，西至沙河，北连环城街道花果园社区花果园。总面积0.35平方千米，无耕地。272户，1890人。经济形态以第三产业为主。村落形态呈散状，房屋结构以平房和楼房为主。

东北街社区【Dōngběijiē Shèqū】

以街道的方位命名。因位于老城区的东北而得名。1958年为东南街政府，隶属国光公社；1961年为东北街居委会；1962年隶属城关镇；2002年为东北街社区居委会，隶属北城街道办事处至今。位于北城街道办事处西南1千米。东邻东园社区，南界东南街社区，西至西北街社区，北连顺城社区。总面积0.8平方千米，无耕地。4512户，20260人。经济形态以第三产业为主。村落形态呈线状，房屋结构以楼房为主。居委会驻小北街44号。

东南街社区【Dōngnánjiē Shèqū】

以街道的方位命名。因位于老城区的东南而得名。1958年为东南街政府，隶属国光公社；1961年为东南街居委会；1962年隶属城关镇；2002年为东南街社区居委会，隶属北城街道办事处至今。位于北城街道办事处西南1.1千米。东邻东园社区，南界南园社区，西至西南街社区，北连东北街社区。总面积0.5平方千米，无耕地。733户，2779人。经济形态以第三产业为主。村落形态呈线状，房屋结构以楼房为主。居委会驻大东街22号。

南园社区【Nányuán Shèqū】

以南园居民点命名。1958年为远景大队，隶属国光公社；1962年为南园大队，隶属城关镇；1984年为南园村，隶属城关镇；2002年为南园社区居委会，隶属北城街道办事处至今。位于北城街道办事处西南2.8千米。东邻东园社区，南界南城街道办事处沙店社区，西至西城开发区靳庄社区，北连西南街社区。辖2个自然村，总面积1.2平方千米，无耕地。1230户，5320人。经济形态以第三产业为主。居委会驻南园。

姑娘村【Gūniángcūn】 因南园姑娘出嫁不出村而得名。1981年隶属南园大队；1984年隶属南园村；2002年隶属南园社区居委会至今。位于南园社区南1千米。东邻南城沙店社区沙河店，南界南城街道政法街社区，西至南城街道政法街社区，北连南城街道沙店社区宋庄。总面积0.5平方千米，无耕地。90户，340人。经济形态以第三产业为主。村落形态呈散状，房屋结构以平房和楼房为主。

南园【Nányuán】 以方位和菜园综合命名。因此村位于城南，居民原以种菜为生，故名。1958年隶属远景大队；1962年隶属南园大队；1984年隶属南园村；2002年隶属南园社区居委会至今。村委会驻地。东邻东园社区许庄，南界南城街道办事处沙店社区宋庄，西至西城开发区西园社区，北连西南街社区。总面积0.7平方千米，无耕地。1140户，4980人。经济形态以第三产业为主。村落形态呈散状，房屋结构以平房为主。

顺城回族社区【Shùnchéng Huízú Shèqū】

以地理位置和居民民族综合命名。此社区沿城东而建，回族人民较多，故名。1958年与北园合并为新丰大队，隶属国光公社；1962年为顺城大队，隶属城关镇；1984年为顺城村；1988年隶属北城街道办事处；2002年为顺城社区居民委员会；2008年为顺城回族社区居委会，隶属北城街道办事处至今。位于北城街道办事处西北1.2千米。东邻东园社区，南界东北街社区，西至北关社区，北连北园社区。总面积0.5平方千米，耕地面积3.8公顷。586户，1835人。经济形态以第三产业为主。村落形态呈线状，房屋结构以楼房为主。居委会驻民族北路36号。

西北街社区【Xīběijiē Shèqū】

以街道的方位命名。因位于老城区的西北而得名。1958年为西北街政府，隶属国光公社；1961年为西北街居委会，隶属城关镇；2002年为西北街社区居委会，隶属北城街道办事处至今。位于北城街道办事处西1.1千米。东邻东北街社区，南界西南街社区，西至西园社区，北连北关社区。总面积1.5平方千米，无耕地。896户，1503人。经济形态以第三产业为主。村落形态呈线状，房屋结构以楼房为主。居委会驻韦家巷2号。

西南街社区【Xīnánjiē Shèqū】

　　以街道的方位命名。因位于老城区的西南而得名。1958年为西南街政府,隶属国光公社；1961年为西南街居委会；1962年隶属城关镇；2002年为西南街居委会,隶属北城街道办事处至今。位于北城街道办事处西南1.5千米。东邻东南街社区,南界南园社区,西至西城开发区西园社区,北连西北街社区。总面积1.5平方千米,无耕地。2015户,3646人。经济形态以第三产业为主。村落形态呈线状,房屋结构以楼房为主。居委会驻大南街19号。

第二章 环城街道办事处

第一节 环城街道办事处概况

环城街道办事处【Huánchéng Jiēdào Bànshìchù】

因辖区环绕枣阳城一周而得名。位于市政府南2千米。东邻兴隆镇,南界南城街道办事处、吴店镇,西至七方镇,北连太平、鹿头镇。总面积154.35平方千米,耕地面积8587.55公顷。截至2014年,有13230户,53586万人。辖5个社区,26个村。办事处驻光武大道54号。1954年为城郊区;1958年为国光公社;1962年为环城区;1975年为环城公社;1987年为环城乡;1988年为环城街道办事处至今。农业主产水稻、小麦、玉米,土特产有葡萄、油桃等。工业以农副产品加工、纺织、建筑建材等为主。辖区内有工业企业549家,其中年产值千万元以上的企业41家、百万元以上企业78家、十万元以上企业507家。个体工商经营户360户,1080人。辖区有14所幼儿园,6所小学,2所初级中学。教师369人。各级医疗机构33个。文体活动丰富多彩。每年春节,各村群众以传统的舞狮、高跷、彩船、跪驴、龙灯等文艺节目迎新春庆佳节。赵挡村的舞狮、东郊村的旱船、二郎村的高跷、鲍庄村的龙灯较出名。辖区内有玫瑰海、大仙山等景点。交通便利,316国道、寺沙省道穿境而过,5条城区公交线路覆盖辖区。

第二节 城市社区、居民点

八里社区【Bālǐ Shèqū】

以距离命名。因该村最高点八里坡距离市中心八里而得名。1954年隶属城郊区;1958年为十里大队,隶属国光公社;1961年隶属环城区;1975年隶属环城公社;1984年为八里村,隶属环城区;1987年隶属环城乡;1988年隶属环城街道办事处;2012年为八里社区,隶属环城街道办事处至今。位于环城街道办事处东北4千米。东邻侯井村，南界南城张湾社区，西至北城街道办事处东园社区，北连孙井村。辖20个自然村，总面积6.6平方千米，耕地面积362.4公顷。962户，4080人。主产小麦、水稻。枣刘路过境，居委会办公室设在书院东街54号。

东张庄【Dōngzhāngzhuāng】 以姓氏和方位综合命名。因相邻有三个张庄，此村在东而得名。1958年隶属八里大队；1984年隶属八里村；2012年隶属八里社区至今。位于社区居委会东北3千米。东邻朱庄，南界宋庄，西至李庄，北连堰怀庄。总面积0.27平方千米，耕地面积17.8公顷。25户，90人。主产小麦、水稻，兼种蔬菜。村落形态呈散状，房屋结构以平房和坡房为主。

傅庄【Fùzhuāng】 以姓氏命名。因傅姓聚居而得名。1958年隶属八里大队；1984年隶属八里村；2012年隶属八里社区至今。位于社区居委会西200米。东邻侯家壕子，南界沙店社区杨庄，西至东园社区花园，北连官封楼。总面积0.18平方千米，耕地面积8公顷。40户，170人。主产小麦、水稻，兼种蔬菜。村落形态呈团状，房屋结构以平房和坡房为主。

官封楼【Guānfēnglóu】 以建筑物命名。早年村中有一周姓富户势力较大，在村周挖有壕沟，四门修有炮楼，官府下令不准叫花子到此乞讨，从而得名。1958年隶属八里大队；1984年隶属八里村；2012年隶属八里社区至今。位于八里社区北500米。东邻环城中心小学，南界傅庄，西至蒋庄，北连杨庄。总面积0.32平方千米，耕地面积20公顷。99户，440人。主产小麦、水稻，兼发展加工业。村落形态呈线状，房屋结构以平房和坡房为主。

龚庄【Gōngzhuāng】 以姓氏命名。因龚姓聚居而得名。1958年隶属八里大队；1984年隶属八里村；2012年隶属八里社区至今。位于居委会东北1.5千米。东邻侯井村宋庄，南界李庄，西至小庄，北连黑龙岗。总面积0.52平方千米，耕地面积26.4公顷。66户，230人。主产小麦、水稻，兼种蔬菜。村落形态呈线状，房屋结构以平房和坡房为主。

黑龙岗【Hēilónggǎng】 以地形和传说综合命名。地处岗上，传说从前岗上有口井，井内有条黑龙而得名。1958年隶属八里大队；1984年隶属八里村；2012年隶属八里社区至今。位于八里社区东500米。东邻侯井村李岗，南界林场，西至新庄，北连龚庄。总面积0.53平方千米，耕地面积24.8公顷。86户，330人。主产小麦、水稻，兼种植蔬菜。村落形态呈团状，房屋结构以平房和坡房为主。

侯家壕子【Hóujiāháozi】 以姓氏和地形综合命名。因侯姓居住村周挖有壕沟而得名。1958年隶属八里大队；1984年隶属八里村；2012年隶属八里社区至今。位于社区居委会西200米。东邻邱庄，南界南城沙店社区杨庄，西至傅庄，北连官封楼。总面积0.29平方千米，耕地面积15.3公顷。73户，300人。主产小麦、水稻，兼种植蔬菜。村落形态呈团状，房屋结构以平房和坡房为主。

蒋庄【Jiǎngzhuāng】 以姓氏命名。因蒋姓聚居而得名。1958年隶属八里大队；1984年隶属八里村；2012年隶属八里社区至今。位于八里社区北500米。东邻官封楼，南界傅庄，西至中心大道，北连花果园村陈庄。总面积0.18平方千米，耕地面积11.3公顷。27户，100人。主产小麦、水稻，兼发展磨豆腐等产业。村落形态呈团状，房屋结构以平房和坡房为主。

林场【Línchǎng】 因20世纪70年代修建林场而得名。1984年隶属八里村；2012年隶属八里社区至今。位于八里社区东500米。东邻侯井村方庄，南界张湾村陈家岗，西至新庄，北连黑龙岗。总面积0.13

平方千米，耕地面积8公顷。26户，110人。主产小麦、水稻，兼种蔬菜。村落形态呈线状，房屋结构以平房和坡房为主。

李庄【Lǐzhuāng】　以姓氏命名。因李姓聚居而得名。1958年隶属八里大队；1984年隶属八里村；2012年隶属八里社区至今。位于居委会东北1.7千米。东邻东张村，南界龚庄，西至马庄，北连西张庄。总面积0.42平方千米，耕地面积24.1公顷。46户，180人。主产小麦、水稻，兼种蔬菜。村落形态呈团状，房屋结构以平房和坡房为主。

马庄【Mǎzhuāng】　以姓氏命名。因马姓聚居而得名。1958年隶属八里大队；1984年隶属八里村；2012年隶属八里社区至今。位于居委会北800米。东邻李庄，南界农科所，西至宋庄，北连孙井村吴庄。总面积0.32平方千米，耕地面积10.2公顷。36户，130人。主产小麦、水稻，兼种蔬菜。村落形态呈团状，房屋结构以平房和坡房为主。

农科所【Nóngkēsuǒ】　因20世纪70年代建农科所而得名。1984年隶属八里村；2012年隶属八里社区至今。位于居委会北680米。东邻桑树庙，南界邱庄，西至环城中心小学，北连小庄。总面积0.11平方千米，耕地面积4.8公顷。8户，40人。主产小麦、水稻，兼种蔬菜。村落形态呈线状，房屋结构以平房和坡房为主。

邱庄【Qiūzhuāng】　以姓氏命名。因邱姓聚居而得名。1958年隶属八里大队；1984年隶属八里村；2012年隶属八里社区至今。位于八里社区东100米。东邻新庄，南界沙店社区小傅庄，西至官封楼，北连八里农科所。总面积0.48平方千米，耕地面积30.6公顷。92户，430人。主产小麦、水稻，兼种蔬菜。村落形态呈团状，房屋结构以平房和坡房为主。

荣庄【Róngzhuāng】　以姓氏命名。因荣姓聚居而得名。1958年隶属八里大队；1984年隶属八里村；2012年隶属八里社区至今。位于八里社区东南600米。东邻侯井村，南界张湾村东陈家岗，西至沙店社区小傅庄，北连新庄。总面积0.17平方千米，耕地面积8.6公顷。18户，70人。主产小麦、水稻，兼种蔬菜。村落形态呈团状，房屋结构以平房和坡房为主。

桑树庙【Sāngshùmiào】　以建筑物和植物综合命名。因原村内有座庙，庙前有棵大桑树而得名。1958年隶属八里大队；1984年隶属八里村；2012年隶属八里社区至今。位于居委会北800米。东邻龚庄，南界新庄，西至农科所，北连小庄。总面积0.25平方千米，耕地面积14公顷。24户，100人。主产小麦、水稻，兼种蔬菜。村落形态呈团状，房屋结构以平房和坡房为主。

宋庄【Sòngzhuāng】　以姓氏命名。因宋姓聚居而得名。1958年隶属八里大队；1984年隶属八里村；2012年隶属八里社区至今。位于居委会北800米。东邻马庄，南界环城中心小学，西至杨庄，北连花果园村陶庄。总面积0.33平方千米，耕地面积19.3公顷。40户，200人。主产小麦、水稻，兼种蔬菜。村落形态呈团状，房屋结构以平房和坡房为主。

西张庄【Xīzhāngzhuāng】　以姓氏和方位综合命名。因相邻有三个张庄，此村在西而得名。1958年隶属八里大队；1984年隶属八里村；2012年隶属八里社区至今。位于社区居委会东北3千米。东邻侯井村王庄，南界堰怀庄，西至花果园村陶庄，北连孙井村吴庄。总面积0.37平方千米，耕地面积18.4公顷。32户，180人。主产小麦、水稻，少量蔬菜种植。村落形态呈团状，房屋结构以平房和坡房为主。

新庄【Xīnzhuāng】 以建村时间命名。20世纪50年代有几户人家来此居住而得名。1958年隶属八里大队；1984年隶属八里村；2012年隶属八里社区至今。位于八里社区东300米。东邻黑龙岗，南界荣庄，西至邱庄，北连小庄。总面积0.51平方千米，耕地面积32公顷。55户，270人。主产小麦、水稻，兼种蔬菜。村落形态呈团状，房屋结构以平房和坡房为主。

小庄【Xiǎozhuāng】 以村子规模命名。因村内有三户李姓居住，因庄子小而得名。1958年隶属八里大队；1984年隶属八里村；2012年隶属八里社区至今。位于居委会北800米。东邻龚庄，南界新庄，西至环城中心小学，北连马庄。总面积0.48平方千米，耕地面积25.3公顷。68户，260人。主产小麦、水稻，兼种蔬菜。村落形态呈团状，房屋结构以平房和坡房为主。

杨庄【Yángzhuāng】 以姓氏命名。因杨姓聚居而得名。1958年隶属八里大队；1984年隶属八里村；2012年隶属八里社区至今。位于八里社区西北600米。东邻宋庄，南界官封楼，西至花果园社村蒋庄，北连花果园村王庄。总面积0.5平方千米，耕地面积32.3公顷。85户，380人。主产小麦、水稻、蔬菜。村落形态呈团状，房屋结构以平房和坡房为主。

堰怀庄【Yànhuáizhuāng】 以地形命名。因一口弯曲的堰塘包围庄子而得名。1958年隶属八里大队；1984年隶属八里村；2012年隶属八里社区至今。位于居委会东北3千米。东邻侯井村朱庄，南界李庄，西至马庄，北连张庄。总面积0.24平方千米，耕地面积11.2公顷。16户，70人。主产小麦、水稻，兼种蔬菜。村落形态呈团状，房屋结构以平房和坡房为主。

孙庄社区【Sūnzhuāng Shèqū】

以居民点孙庄命名。1958年为高潮大队，隶属国光公社；1961年隶属环城区；1966年为孙庄大队，隶属环城区；1975年隶属环城公社；1984年为孙庄村，隶属环城区；1987年隶属环城乡；1988年隶属环城街道办事处；2012年为孙庄社区居民委员会，隶属环城街道办事处至今。位于环城街道办事处东北6千米。东邻方湾村，南界北城街道办事处北园社区，西至叶庄社区，北连鹿头镇蒋庄。辖9个自然村，总面积3.82平方千米，耕地面积160.5公顷。557户，1931人。主产小麦、水稻、玉米和花生。东环路穿境而过，居委会驻龚庄。

东陈庄【Dōngchénzhuāng】 以方位和姓氏综合命名。因陈姓分居相邻的东、南、西、北四村，此村在东，故名东陈庄。1958年隶属高潮大队；1966年隶属孙庄大队；1984年隶属孙庄村；2012年隶属孙庄社区至今。位于居委会东南500米。东邻沙河，南界北园社区时庄，西至韦庄，北连龚庄。总面积0.26平方千米，耕地面积1公顷。70户，160人。主产油菜和花生。村落形态呈团状，房屋结构以楼房为主。

龚庄【Gōngzhuāng】 以姓氏命名。因龚姓聚居而得名。1958年隶属高潮大队；1966年隶属孙庄大队；1984年隶属孙庄村；2012年隶属孙庄社区至今。居委会驻地。东邻孙洼，南界韦庄，西至叶庄社区袁庄，北至梨园。总面积0.8平方千米，耕地面积4.8公顷。83户，330人。主产小麦、玉米和花生。村落形态呈散状，房屋结构以平房和楼房为主。

梨园【Líyuán】 以地理形态命名。因村前有一口大堰形似梨，故称"梨堰"，后称为"梨园"。1958年隶属高潮大队；1966年隶属孙庄大队；1984年隶属孙庄村；2012年隶属孙庄社区至今。位于居委会西北

1千米。东邻朱庄,南界龚庄,西至袁庄社区袁庄,北连孙庄。总面积0.3平方千米,耕地面积26.3公顷。63户,190人。主产小麦、水稻、玉米和花生。村落形态呈团状,房屋结构以平房和楼房为主。

南陈庄【Nánchénzhuāng】 以方位和姓氏综合命名。陈姓分居相邻的东、南、西、北四村,此村在南,故名南陈庄。1958年隶属高潮大队;1966年隶属孙庄大队;1984年隶属孙庄村;2012年隶属孙庄社区至今。位于居委会西南1千米。东邻东陈庄,南界北园社区魏庄,西至北关社区张庄,北连韦庄。总面积0.4平方千米,耕地面积2.3公顷。88户,280人。主产小麦和水稻。村落形态呈团状,房屋结构以平房和楼房为主。

孙洼【Sūnwā】 以姓氏和地形综合命名。因孙姓建村于低洼处而得名。1958年隶属高潮大队;1966年隶属孙庄大队;1984年隶属孙庄村;2012年隶属孙庄社区至今。位于居委会东北900米。东邻孙井村田家窑,南界龚庄,西至朱庄,北连孙庄。总面积0.9平方千米,耕地面积33公顷。42户,150人。主产小麦、水稻、玉米和花生。村落形态呈团状,房屋结构以平房和楼房为主。

孙庄【Sūnzhuāng】 以姓氏命名。因孙姓聚居而得名。1958年隶属高潮大队;1966年隶属孙庄大队;1984年隶属孙庄村;2012年隶属孙庄社区至今。位于居委会西北1.5千米。东邻方湾村周庄,南界梨园,西至叶庄社区唐桥,北连北郊水库。总面积0.3平方千米,耕地面积33公顷。65户,210人。主产小麦、水稻、玉米和花生。村落形态呈团状,房屋结构以平房和楼房为主。

时家小冲【Shíjiāxiǎochōng】 以姓氏命名。因时姓聚居而得名。1958年隶属高潮大队;1966年隶属孙庄大队;1984年隶属孙庄村;2012年隶属孙庄社区至今。位于居委会东北2千米。东邻方湾村骆庄,南界孙庄,西至北郊水库,北连方湾村骆庄。总面积0.3平方千米,耕地面积25.1公顷。38户,140人。主产小麦、水稻、玉米和花生。村落形态呈线状,房屋结构以平房和楼房为主。

韦庄【Wěizhuāng】 以姓氏命名。因韦姓聚居而得名。1958年隶属高潮大队;1966年隶属孙庄大队;1984年隶属孙庄村;2012年隶属孙庄社区至今。位于居委会西南500米。东邻东陈庄,南界南陈庄,西至叶庄社区彭庄,北连龚庄。总面积0.16平方千米,耕地面积2公顷。65户,290人。村落形态呈团状,房屋结构以平房和楼房为主。

朱庄【Zhūzhuāng】 以姓氏命名。因朱姓聚居而得名。1958年隶属高潮大队;1966年隶属孙庄大队;1984年隶属孙庄村;2012年隶属孙庄社区至今。位于居委会北900米。东邻孙洼,南界龚庄,西至梨园,北连孙庄。总面积0.4平方千米,耕地面积33公顷。43户,181人。主产小麦、水稻、玉米和花生。村落形态呈团状,房屋结构以平房和坡房为主。

西郊社区【Xījiāo Shèqū】

以地理位置命名。此地位于枣阳城西边的郊区,故名。1958年为西郊大队,隶属国光公社;1961年隶属环城区;1975年隶属环城公社;1984年为西郊村,隶属环城区;1987年隶属环城乡;1988年隶属环城街道办事处;2012年为西郊社区,隶属环城街道办事处至今。位于环城街道办事处西北7.5千米。东邻西城经济技术开发区茶棚社区,南界崔庄村,西至王寨村、杨坡村,北连二郎庙村、刘楼村。辖12个自然村,总面积5平方千米,耕地面积304.4公顷。739户,3050人。

主产小麦、玉米、水稻，兼种果蔬。新、旧316国道穿村而过，村委会驻新旧国道交会处路北50米。

丹江移民组【Dānjiāngyímínzǔ】 根据国家南水北调工程需要，2010年丹江口市均县镇关门岩村28户119人搬迁至西郊村居住，为移民组，隶属西郊村。2012年隶属西郊社区至今。位于居委会东南2.8千米。东邻西城开发区茶棚社区新庄，南界尹庄，西至吴庄，北连林场。总面积0.13平方千米，耕地面积10.7公顷。29户，120人。主产小麦、玉米、水稻，兼种果蔬。村落形态呈团状，房屋结构以楼房为主。

高庄【Gāozhuāng】 以姓氏命名。因高姓聚居而得名。1958年隶属西郊大队；1984年隶属西郊村；2012年隶属西郊社区至今。位于居委会北1.2千米。东邻赵胡子岗，南界湖北三杰农业产业化有限公司，西至小陈庄，北连二郎庙村大陈庄。总面积0.4平方千米，耕地面积26公顷。41户，180人。主产小麦、玉米、水稻，兼种果蔬。村落形态呈团状，房屋结构以平房和楼房为主。

蒋垱【Jiǎngdàng】 以姓氏和地理环境综合命名。早年，有一位皇帝叫蒋红胡子在此居住，庄前有一水垱，故名蒋垱。1958年隶属西郊大队；1984年隶属西郊村；2012年隶属西郊社区至今。位于居委会东1.5千米。东邻西郊水库，南界316国道，西至李庄，北连小王庄。总面积0.38平方千米，耕地面积27.9公顷。48户，250人。主产小麦、玉米、水稻，兼种果蔬。村落形态呈团状，房屋结构以平房和楼房为主。

林场【Línchǎng】 因此地曾建林场而得名。1958年为西郊林场，隶属国光公社；1962年隶属环城区；1987年隶属环城乡；1988年隶属环城街道办事处；2006年划归西郊村；2012年隶属西郊社区至今。位于居委会东南2.6千米。东邻西城开发区茶棚社区新庄，南界丹江移民组，西至吴庄，北连316国道。总面积0.59平方千米，耕地面积15.4公顷。99户，420人。主产小麦、玉米、水稻，兼种果蔬。村落形态呈团状，房屋结构以平房和楼房为主。

李岗【Lǐgǎng】 以姓氏和地名综合命名。因李姓建村于岗上而得名。1958年隶属西郊大队；1984年隶属西郊村；2012年隶属西郊社区至今。位于居委会北2.5千米。东邻西郊水库，南界赵胡子岗，西至小齐庄，北连二郎村王庄。总面积0.54平方千米，耕地面积46.7公顷。56户，220人。主产小麦、玉米、水稻，兼种果蔬。村落形态呈线状，房屋结构以平房和楼房为主。

李庄【Lǐzhuāng】 以姓氏命名。因李姓聚居而得名。1958年隶属西郊大队；1984年隶属西郊村；2012年隶属西郊社区至今。位于居委会东500米。东邻蒋垱，南界316国道，西至王寨村下王寨，北连小王庄。总面积0.41平方千米，耕地面积36.1公顷。135户，490人。主产小麦、玉米、水稻，兼种果蔬。村落形态呈团状，房屋结构以平房和楼房为主。

小陈庄【Xiǎochénzhuāng】 以面积和姓氏综合命名。因陈姓聚居且村庄面积较小而得名。1958年隶属西郊大队；1984年隶属西郊村；2012年隶属西郊社区至今。位于居委会西北2.3千米。东邻高庄，南界王寨村小袁庄，西至王寨村吴洼，北连二郎村大陈庄。总面积0.38平方千米，耕地面积34.1公顷。39户，160人。主产小麦、玉米、水稻，兼种果蔬。村落形态呈团状，房屋结构以平房和楼房为主。

小齐庄【Xiǎoqízhuāng】 以面积和姓氏综合命名。因齐姓聚居且村庄面积较小而得名。1958年隶属西郊大队；1984年隶属西郊村；2012年隶属西郊社区至今。位于居委会北2.6千米。东邻李岗，南界赵胡子岗，西至二郎庙村大陈庄，北连二郎庙村盘寨。总面积0.32平方千米，耕地面积21公顷。21户，70人。

主产小麦、玉米、水稻，兼种果蔬。村落形态呈团状，房屋结构以平房和楼房为主。

小王庄【Xiǎowángzhuāng】 以面积和姓氏综合命名。因王姓聚居且村庄面积较小而得名。1958年隶属西郊大队；1984年隶属西郊村；2012年隶属西郊社区至今。位于居委会东北1.2千米。东邻蒋挡，南界李庄，西至高庄，北连赵胡子岗。总面积0.31平方千米，耕地面积21.5公顷。46户，170人。主产小麦、玉米、水稻，兼种果蔬。村落形态呈团状，房屋结构以平房和楼房为主。

吴庄【Wúzhuāng】 以姓氏命名。因吴姓聚居而得名。1958年隶属西郊大队；1984年隶属西郊村；2012年隶属西郊社区至今。位于居委会南700米。东邻林场，南界尹庄，西至王寨村下王寨，北连316国道。总面积0.52平方千米，耕地面积31.6公顷。129户，590人。主产小麦、玉米、水稻，兼种果蔬。村落形态呈线状，房屋结构以平房和楼房为主。

尹庄【Yǐnzhuāng】 以姓氏命名。因尹姓聚居而得名。1958年隶属西郊大队；1964年隶属柏庙大队；1976年隶属西郊大队；1984年隶属西郊村；2012年隶属西郊社区至今。位于居委会南2千米。东邻林场，南界崔庄村高庄，西至王寨村下王寨，北连吴庄。总面积0.57平方千米，耕地面积36.6公顷。54户，210人。主产小麦、玉米、水稻，兼种果蔬。村落形态呈线状，房屋结构以平房和楼房为主。

赵胡子岗【Zhàohúzigǎng】 以人物命名。地处岗地，因村中过去有位绅士叫赵胡子而得名。1958年隶属西郊大队；1984年隶属西郊村；2012年隶属西郊社区至今。位于居委会东北1.3千米。东邻西郊水库，南界小王庄，西至小陈庄，北连李岗。总面积0.45平方千米，耕地面积28.4公顷。42户，170人。主产小麦、玉米、水稻，兼种果蔬。村落形态呈团状，房屋结构以平房和楼房为主。

叶庄社区【Yèzhuāng Shèqū】

以居民点叶庄（已消失）命名。1958年为中苏大队，隶属国光公社；1960年为中苏综合场；1962年为叶庄大队，隶属环城区；1975年隶属环城公社；1984年为叶庄村，隶属环城区；1988年隶属环城街道办事处；2012年为叶庄社区，隶属环城街道办事处至今。位于环城街道办事处北4千米。东邻孙庄社区，南界北城北关社区，西至玉皇村，北邻鹿头镇蒋庄村。辖5个自然村，总面积4.2平方千米，耕地面积143.5公顷。378户，1560人。主产小麦、杂粮，兼种果树、花卉。中兴大道横穿社区，社区居委会驻叶庄。

东袁庄【Dōngyuánzhuāng】 以方位和姓氏综合命名。相邻两个袁姓聚居的村，因此村位东而得名。1958年隶属中苏大队；1960年隶属中苏综合场；1962年隶属叶庄大队；1984年隶属叶庄村；2012年隶属叶庄社区至今。位于居委会北200米。东邻孙庄社区龚庄，南界彭庄，西至袁庄社区袁庄，北连叶庄。总面积1平方千米，耕地面积32.7公顷。86户，390人。主产小麦、玉米、花生等。村落形态呈团状，房屋结构以平房和楼房为主。

郭庄【Guōzhuāng】 以姓氏命名。因郭姓聚居而得名。1958年隶属中苏大队；1960年隶属中苏综合场；1962年隶属叶庄大队；1984年隶属叶庄村；2012年隶属叶庄社区至今。位于居委会北1千米。东邻唐桥，南界东袁庄，西至玉皇村赵庄，北连蒋庄。总面积1.2平方千米，耕地面积48.1公顷。86户，390人。主产小麦、玉米、花生等。村落形态呈团状，房屋结构以平房和楼房为主。

蒋庄【Jiǎngzhuāng】 以姓氏命名。因蒋姓聚居而得名。1958年隶属中苏大队;1960年隶属中苏综合场;1962年隶属叶庄大队;1984年隶属叶庄村;2012年隶属叶庄社区至今。位于居委会北2千米。东邻北郊水库,南界郭庄,西至玉皇村叶鲁庄,北连鹿头镇蒋庄村蒋庄。总面积0.7平方千米,耕地面积27.3公顷。34户,120人。主产小麦、旱稻、玉米、花生等。村落形态呈团状,房屋结构以平房和楼房为主。

彭庄【Péngzhuāng】 以姓氏命名。因彭姓聚居而得名。1958年隶属中苏大队;1960年隶属中苏综合场;1962年隶属叶庄大队;1984年隶属叶庄村;2012年隶属叶庄社区至今。位于居委会南100米。东邻孙庄社区韦庄,南界北关社区张庄,西至北关社区四方工业区,北连东袁庄。总面积0.5平方千米,耕地面积10.9公顷。120户,450人。主产小麦、水稻、花生等。村落形态呈团状,房屋结构以平房和楼房为主。

唐桥【Tángqiáo】 以姓氏和建筑物综合命名。因唐姓聚居且村前修有一座桥,因此而得名。1958年隶属中苏大队;1960年隶属中苏综合场;1962年隶属叶庄大队;1984年隶属叶庄村;2012年隶属叶庄社区至今。位于居委会北1千米。东邻孙庄社区孙庄,南界东袁庄,西至郭庄,北连北郊水库。总面积0.8平方千米,耕地面积24.5公顷。52户,210人。主产小麦、玉米、花生等。村落形态呈团状,房屋结构以平房和楼房为主。

袁庄社区【Yuánzhuāng Shèqū】

以袁庄自然村命名。1954年隶属环城区;1958年为中苏大队,隶属国光公社;1961年隶属环城区;1966年为袁庄大队;1975年隶属环城公社;1987年隶属环城乡;1988年隶属环城街道办事处;2012年为袁庄社区,隶属环城街道办事处至今。位于环城办事处北8千米。东邻叶庄社区,南界北城北关社区,西至双庙村,北连玉皇村。辖7个自然村,总面积1.23平方千米,耕地面积102.69公顷。746户,2980人。主产小麦、水稻,兼种果蔬。村落形态呈散状,房屋结构以平房和楼房为主。居委会位于阳光中学对面。

晋庄【Jìnzhuāng】 以姓氏命名。因晋姓聚居而得名。1958年隶属中苏大队;1966年隶属袁庄大队;1984年隶属袁庄村;2012年隶属袁庄社区至今。位于居委会东南100米。东邻叶庄社区叶庄,南界北城北关社区张庄,西至下唐庄,北连上唐庄。总面积0.04平方千米,耕地面积0.53公顷。301户,890人。主要种植蔬菜。村落形态呈散状,房屋结构以平房和楼房为主。

三里庙【Sānlǐmiào】 以距离和建筑物综合命名。因此村在枣阳西北三里处,村中修有一庙而得名。1958年隶属中苏大队;1966年隶属袁庄大队;1984年隶属袁庄村;2012年隶属袁庄社区至今。位于居委会西南1千米。东邻北城街道北关社区张庄,南界西城开发区茶棚社区孔庄,西至宋岗,北连下唐庄。总面积0.07平方千米,耕地面积6.7公顷。54户,350人。主产小麦、水稻,兼种果蔬。村落形态呈散状,房屋结构以平房和楼房为主。

上唐村【Shàngtángcūn】 以方位和姓氏综合命名。因相邻有两个唐庄,此村在东北,故名。1958年隶属中苏大队;1966年隶属袁庄大队;1984年隶属袁庄村;2012年隶属袁庄社区至今。位于居委会北800米。东邻袁庄,南界下唐庄,西至上双庙村何庄,北连双庙村王庄。总面积0.07平方千米,耕地面积6.7公顷。54户,350人。主产小麦、水稻,兼种蔬菜。村落形态呈散状,房屋结构以平房和坡房为主。

宋岗【Sònggǎng】 以姓氏和地形综合命名。因宋姓居住岗上而得名。1958年隶属中苏大队；1966年隶属袁庄大队；1984年隶属袁庄村；2012年隶属袁庄社区至今。位于居委会西南1.5千米。东邻三里庙，南界西城开发区茶棚社区孔庄，西至双庙村王庄，北连朱堰。总面积0.43平方千米，耕地面积38.76公顷。98户，330人。主产小麦、水稻，兼种果蔬。村落形态呈散状，房屋结构以平房和楼房为主。

下唐村【Xiàtángcūn】 以方位和姓氏综合命名。因相邻有两个唐庄，此村在南，故名。1958年隶属中苏大队；1966年隶属袁庄大队；1984年隶属袁庄村；2012年隶属袁庄社区至今。位于居委会南500米。东邻晋庄，南界三里庙，西至宋岗，北连上唐庄。总面积0.17平方千米，耕地面积15.7公顷。66户，250人。主产小麦、水稻，兼种果蔬。村落形态呈散状，房屋结构以平房和楼房为主。

袁庄【Yuánzhuāng】 以姓氏命名。因袁姓聚居而得名。1958年隶属中苏大队；1966年隶属袁庄大队；1984年隶属袁庄村；2012年隶属袁庄社区至今。位于居委会东北200米。东邻叶庄社区叶庄，南界晋庄，西至上唐庄，北连玉皇村胡庄。总面积0.08平方千米，耕地面积4.3公顷。92户，530人。主产小麦、水稻，兼种果蔬。村落形态呈散状，房屋结构以平房和楼房为主。

朱堰【Zhūyàn】 以姓氏和堰塘综合命名。因朱姓居住，村前有口大堰而得名。1958年隶属中苏大队；1966年隶属袁庄大队；1984年隶属袁庄村；2012年隶属袁庄社区至今。位于居委会西800米。东邻下唐庄，南界宋岗，西至双庙村王庄，北连双庙村何家凹。总面积0.37平方千米，耕地面积30公顷。81户，280人。主产小麦、水稻，兼种果蔬。村落形态呈散状，房屋结构以平房和楼房为主。

第三节 农村社区（村）自然村、居民点

鲍庄村【Bàozhuāngcūn】

以鲍庄自然村命名。1958年为国光大队，隶属国光公社；1961年为鲍庄大队，隶属环城区；1975年隶属环城公社；1984年为鲍庄村，隶属环城区；1987年隶属环城乡；1988年隶属环城街道办事处至今。位于环城街道办事处西2千米。东邻南城街道办事处王湾村，南界王寨村，西至琚湾镇二王村，北连崔庄村。辖10个自然村，总面积6.1平方千米，耕地面积500公顷。697户，2850人。主产水稻、小麦和杂粮，兼种果蔬。316国道和枣蔡路过境，村委会驻鲍庄。

鲍庄【Bàozhuāng】 以姓氏命名。因鲍姓聚居而得名。1958年隶属国光大队；1961年隶属鲍庄大队；1984年隶属鲍庄村至今。村委会驻地。东邻新庄，南界程庄，西至尹庄，北连十里铺村曹庄。总面积0.45平方千米，耕地面积32公顷。73户，330人。主产水稻、小麦等。村落形态呈团状，房屋结构以楼房为主。

柴岗【Cháigǎng】 以姓氏命名。因柴姓聚居而得名。1958年隶属国光大队；1961年隶属鲍庄大队；1984年隶属鲍庄村至今。位于村委会西南1千米。东邻檀湾，南界南城街道太平岗村王寨，西至环城街道柿子园村东店，北连程庄。总面积1.4平方千米，耕地面积113公顷。130户，530人。主产水稻、小麦等，兼种果蔬。村落形态呈团状，房屋结构以楼房为主。

程庄【Chéngzhuāng】 以姓氏命名。因程姓聚居而得名。1958年隶属国光大队；1961年隶属鲍庄大队；1984年隶属鲍庄村至今。位于村委会南400米。东邻新庄，南界檀湾，西至尹庄，北连鲍庄。总面积0.4平方千米，耕地面积32.33公顷。61户，250人。主产水稻、小麦和杂粮，兼发展水产养殖业。村落形态呈团状，房屋结构以楼房为主。

前河【Qiánhé】 以方位和河流综合命名。因村建于沙河南岸而得名。1958年隶属国光大队；1961年隶属鲍庄大队；1984年隶属鲍庄村至今。位于村委会东南1.3千米。东邻南城街道王家湾社区双堰，南界南城街道王家湾社区白鹤湾，西至檀湾，北连檀湾。总面积0.8平方千米，耕地面积53.6公顷。54户，200人。主产水稻、小麦和杂粮。村落形态呈团状，房屋结构以楼房为主。

檀湾【Tánwān】 以姓氏命名。因檀姓聚居而得名。1958年隶属国光大队；1961年鲍庄大队；1984年隶属鲍庄村至今。位于村委会南1千米。东邻南城街道王家湾社区靳庄，南界前河，西至柴岗，北连新庄。总面积0.8平方千米，耕地面积74公顷。123户，510人。主产小麦、水稻和杂粮等，兼种果蔬。村落形态呈团状，房屋结构以楼房为主。

新庄【Xīnzhuāng】 1958年新建此居民点，故名。1958年隶属国光大队；1961年隶属鲍庄大队；1984年隶属鲍庄村至今。位于村委会东500米。东邻沙河，南界檀湾，西至鲍庄，北连十里铺村十里铺。总面积0.41平方千米，耕地面积35.3公顷。60户，260人。主产水稻和小麦，兼种果蔬。村落形态呈团状，房屋结构以楼房为主。

闫岗【Yángǎng】 以姓氏和地形综合命名。因闫姓聚居岗地而得名。1958年隶属国光大队；1961年隶属鲍庄大队；1984年隶属鲍庄村至今。位于村委会西1千米。东邻张庄，南界尹庄，西至柿子园村西店，北连崔庄村罗沟。总面积0.6平方千米，耕地面积51公顷。63户，230人。主产水稻和小麦。村落形态呈散状，房屋结构以楼房为主。

尹庄【Yǐnzhuāng】 以姓氏命名。因尹姓聚居而得名。1958年隶属国光大队；1961年隶属鲍庄大队；1984年隶属鲍庄村至今。位于村委会西南1千米。东邻程庄，南界柴岗，西至闫岗，北连詹庄。总面积0.5平方千米，耕地面积46.7公顷。61户，250人。主产水稻和小麦等，村落形态呈团状，房屋结构以楼房为主。

张庄【Zhāngzhuāng】 以姓氏命名。因张姓聚居而得名。1958年隶属国光大队；1961年隶属鲍庄大队；1984年隶属鲍庄村至今。位于村委会西北800米。东邻鲍庄，南界尹庄，西至崔庄村罗沟，北连詹庄。总面积0.36平方千米，耕地面积30公顷。34户，130人。主产水稻、小麦和杂粮，兼种果蔬。村落形态呈团状，房屋结构以楼房为主。

詹庄【Zhānzhuāng】 以姓氏命名。因詹姓聚居而得名。1958年隶属国光大队；1961年隶属鲍庄大队；1984年隶属鲍庄村至今。位于村委会西北1千米。东邻张庄，南界闫岗，西至崔庄村罗沟，北连崔庄村高寨。总面积0.38平方千米，耕地面积32公顷。38户，160人。主产水稻和小麦。村落形态呈团状，房屋结构以楼房为主。

崔庄村【Cuīzhuāngcūn】

以崔庄自然村（已消失）命名。1958年为前进大队，隶属国光公社；1964年为柏庙大队，隶属环城区；1980年因重名以驻地崔庄更名为崔庄大队，隶属环城公社；1984年为崔庄村，隶属环城区；1987年隶属环城公社；1988年隶属环城街道办事处至今。位于环城街道办事处西北8千米。东邻鲍庄村，南界柿子园村，西至琚湾镇青龙村，北连赵集村。辖12个自然村，总面积5.3平方千米，耕地面积496.65公顷。447户，1810人。主产水稻、小麦和杂粮，兼种果蔬。环城路过境，村委会驻崔庄小学。

大李庄【Dàlǐzhuāng】 以姓氏和规模综合命名。因李姓聚居且村较大而得名。1958年隶属前进大队；1964年隶属柏庙大队；1980年隶属崔庄大队；1984年隶属崔庄村至今。位于村委会西南2千米。东邻何庄，南界翟庄，西至琚湾镇青龙村赵庄，北连西坡。总面积0.89平方千米，耕地面积85.86公顷。84户，350人。主产水稻、小麦和杂粮，兼种果蔬。村落形态呈团状，房屋结构以平房和楼房为主。

东坡【Dōngpō】 以方位和地形综合命名。因村建在岗坡的东边而得名。1958年隶属前进大队；1964年隶属柏庙大队；1980年隶属崔庄大队；1984年隶属崔庄村至今。位于村委会西1千米。东邻杨庄，南界大李庄，西至蒋庄，北连蒋庄。总面积0.4平方千米，耕地面积36.48公顷。29户，120人。主产水稻、小麦和杂粮，兼种果蔬。村落形态呈团状，房屋结构以坡房和楼房为主。

高庄【Gāozhuāng】 以姓氏命名。因高姓聚居而得名。1958年隶属前进大队；1964年隶属柏庙大队；1980年隶属崔庄大队；1984年隶属崔庄村至今。位于村委会东1千米。东邻鲍庄村詹庄，南界罗河，西至崔庄，北连杨庄。总面积0.6平方千米，耕地面积54.3公顷。46户，180人。主产水稻、小麦和杂粮，兼种果蔬。村落形态呈线状，房屋结构以坡房和楼房为主。

何庄【Hézhuāng】 以姓氏命名。因何姓聚居而得名。1958年隶属前进大队；1964年隶属柏庙大队；1980年隶属崔庄大队；1984年隶属崔庄村至今。位于村委会南1.1千米。东邻鲍庄村闫庄，南界柿子园村李庄，西至大李庄，北连罗沟。总面积0.6平方千米，耕地面积56.65公顷。63户，290人。主产水稻、小麦和杂粮，兼种果蔬。村落形态呈线状，房屋结构以坡房和楼房为主。

蒋庄【Jiǎngzhuāng】 以姓氏命名。因蒋姓聚居而得名。1958年隶属前进大队；1964年隶属柏庙大队；1980年隶属崔庄大队；1984年隶属崔庄村至今。位于村委会西北1.3千米。东邻东坡，南界东坡，西至琚湾镇程岗村肖庄，北连赵集村赵集。总面积0.31平方千米，耕地面积28.09公顷。26户，90人。主产水稻、小麦和杂粮，兼种果蔬。村落形态呈团状，房屋结构以坡房和楼房为主。

林场【Línchǎng】 以种植林木而得名。1958年隶属前进大队；1964年隶属柏庙大队；1980年隶属崔庄大队；1984年隶属崔庄村至今。位于村委会东北2千米。东邻农业局十里铺村曹庄，南界鲍庄村张庄，西至西郊村尹庄，北连西郊村尹庄。总面积0.05平方千米，耕地面积4.67公顷。3户，20人。主产水稻、小麦和杂粮，兼种果蔬。村落形态呈团状，房屋结构以坡房和楼房为主。

罗沟【Luógōu】 以姓氏和地形综合命名。因罗姓聚居河沟旁而得名。1958年隶属前进大队；1964年隶属柏庙大队；1980年隶属崔庄大队；1984年隶属崔庄村至今。位于村委会东南1千米。东邻鲍庄村詹庄，南界何庄，西至何庄，北连高庄。总面积0.46平方千米，耕地面积43.46公顷。48户，200人。主产水稻、小麦和杂粮，兼种果蔬。村落形态呈团状，房屋结构以坡房和楼房为主。

秦庄【Qínzhuāng】 以姓氏命名。因秦姓聚居而得名。1958年隶属前进大队；1964年隶属柏庙大队；

1980年隶属崔庄大队；1984年隶属崔庄村至今。位于村委会北1千米。东邻王庄，南界杨庄，西至东坡，北连王庄。总面积0.44平方千米，耕地面积41.29公顷。28户，110人。主产水稻、小麦和杂粮，兼种果蔬。村落形态呈线状，房屋结构以平房和楼房为主。

王庄【Wángzhuāng】 以姓氏命名。因王姓聚居而得名。1958年隶属前进大队；1964年隶属柏庙大队；1980年隶属崔庄大队；1984年隶属崔庄村至今。位于村委会东1.5千米。东邻王寨村马庄，南界杨庄，西至秦庄，北连赵集村杨庄。总面积0.62平方千米，耕地面积56.92公顷。44户，170人。主产水稻、小麦和杂粮，兼种果蔬。村落形态呈团状，房屋结构以坡房和楼房为主。

西坡【Xīpō】 以方位和地形综合命名。因村建在岗坡的西边而得名。1958年隶属前进大队；1964年隶属柏庙大队；1980年隶属崔庄大队；1984年隶属崔庄村至今。位于村委会西1.3千米。东邻东坡，南界大李庄，西至琚湾镇青龙村赵庄，北连东坡。总面积0.34平方千米，耕地面积33.55公顷。24户，80人。主产水稻、小麦和杂粮，兼种果蔬。村落形态呈团状，房屋结构以坡房和楼房为主。

杨庄【Yángzhuāng】 以姓氏命名。因杨姓聚居而得名。1958年隶属前进大队；1964年隶属柏庙大队；1980年隶属崔庄大队；1984年隶属崔庄村至今。位于村委会东北1千米。东邻王庄，南界高庄，西至东坡，北连王庄。总面积0.36平方千米，耕地面积35公顷。24户，100人。主产水稻、小麦和杂粮，兼种果蔬。村落形态呈散状，房屋结构以坡房和楼房为主。

翟庄【Zháizhuāng】 以姓氏命名。因翟姓聚居而得名。1958年隶属前进大队；1964年隶属柏庙大队；1980年隶属崔庄大队；1984年隶属崔庄村至今。位于村委会西南2.5千米。东邻柿子园村小李庄，南界柿子园村李庄，西至琚湾镇青龙村雷垱，北连大李庄。总面积0.23平方千米，耕地面积20.38公顷。28户，100人。主产水稻、小麦和杂粮，兼种果蔬。村落形态呈团状，房屋结构以坡房和楼房为主。

东郊村【Dōngjiāocūn】

以地理位置命名。因本村位于枣阳城的东边郊区而得名。1958年为祠堂大队，隶属国光公社；1969年为齐心大队，隶属环城区；1980年为东郊大队，隶属环城公社；1984年为东郊村，隶属环城区；1987年隶属环城乡；1988年隶属环城街道办事处至今。位于环城街道办事处东10千米。东邻张家草堰村，南界东郊水库，西至侯井村，北连赵垱村。辖10个自然村，总面积2.66平方千米，耕地面积152公顷。197户，770人。主产水稻、小麦和桃子。每年三月举办桃花节，村委会驻带子庄南。

带子庄【Dàizizhuāng】 以产品的名字命名。因居民以织带子为生而得名。1958年隶属祠堂大队；1969年隶属齐心大队；1980年隶属东郊大队；1984年隶属东郊村至今。位于村委会北1千米。东邻杨家湾，南界杨家湾，西至赵家凹，北连杨新庄。总面积0.42平方千米，耕地面积25公顷。38户，110人。主产水稻、小麦和桃子。村落形态呈散状，房屋结构以平房和楼房为主。

何家岗【Héjiāgǎng】 以姓氏和地形综合命名。因何姓人居住岗上而得名。1958年隶属祠堂大队；1969年隶属齐心大队；1980年隶属东郊大队；1984年隶属东郊村至今。位于村委会东南1千米。东邻张家草堰上张岗，南界东郊水库，西至居民点，北连杨家湾。总面积0.4平方千米，耕地面积17公顷。25户，

100人。主产水稻、小麦和桃子。村落形态呈散状，房屋结构以平房和楼房为主。

黄家炮铺【Huángjiāpàopù】 以姓氏和作坊综合命名。因黄姓人在此开过鞭炮铺子而得名。1958年隶属祠堂大队；1969年隶属齐心大队；1980年隶属东郊大队；1984年隶属东郊村至今。位于村委会西1千米。东邻带子庄，南界张家祠堂，西至东郊水库，北连赵湾。总面积0.23平方千米，耕地面积14公顷。22户，90人。主产水稻、小麦、玉米和桃子。村落形态呈散状，房屋结构以平房和楼房为主。

胡家桃园【Hújiātáoyuán】 以姓氏和植物综合命名。因胡姓人在此种植桃树而得名。1958年隶属祠堂大队；1969年隶属齐心大队；1980年隶属东郊大队；1984年隶属东郊村至今。位于村委会西1千米。东邻黄家炮铺，南界张家祠堂，西至东郊水库，北连赵湾。总面积0.1平方千米，耕地面积6公顷。8户，40人。主产水稻、小麦和桃子。村落形态呈散状，房屋结构以平房和楼房为主。

居民点【Jūmíndiǎn】 1959年修东郊水库，当时迁移的居民在此建新村，称为居民点。1969年隶属齐心大队；1980年隶属东郊大队；1984年隶属东郊村至今。位于村委会南1千米。东邻何家岗，南界东郊水库，西至张家祠堂，北连黄家炮铺。总面积0.24平方千米，耕地面积14公顷。10户，50人。主产水稻、小麦和桃子。村落形态呈散状，房屋结构以平房和楼房为主。

杨家湾【Yángjiāwān】 以姓氏命名。因杨姓聚居而得名。1958年隶属祠堂大队；1969年隶属齐心大队；1980年隶属东郊大队；1984年隶属东郊村至今。位于村委会东1千米。东邻张家草堰村大楼子湾，南界何家岗，西至带子庄，北连杨新庄。总面积0.25平方千米，耕地面积15公顷。10户，50人。主产水稻、小麦和桃子。村落形态呈散状，房屋结构以平房和楼房为主。

杨新庄【Yángxīnzhuāng】 以姓氏和建村时间综合命名。因杨姓人在此建村较晚而得名。1958年隶属祠堂大队；1969年隶属齐心大队；1980年隶属东郊大队；1984年隶属东郊村至今。位于村委会东北1.5千米。东邻杨家湾，南界带子庄，西至赵家湾，北连赵垱村黄庄。总面积0.24平方千米，耕地面积15公顷。15户，40人。主产水稻、小麦和桃子。村落形态呈散状，房屋结构以平房和坡房为主。

张家祠堂【Zhāngjiācítáng】 以姓氏和建筑物综合命名。因张姓聚居，村内修有祠堂而得名。1958年隶属祠堂大队；1969年隶属齐心大队；1980年隶属东郊大队；1984年隶属东郊村至今。位于村委会西南1千米。东邻居民点，南界东郊水库，西至东郊水库，北连黄家炮铺。总面积0.58平方千米，耕地面积34公顷。52户，210人。主产水稻、小麦和桃。村落形态呈散状，房屋结构以平房和楼房为主。

赵家凹【Zhàojiā'ào】 以姓氏和地形综合命名。因赵姓建村在山凹而得名。1958年隶属祠堂大队；1969年隶属齐心大队；1980年隶属东郊大队；1984年隶属东郊村至今。位于村委会西北1千米。东邻带子庄，南界黄家炮铺，西至侯井村候河庄，北连赵垱村侯家小庄。总面积0.1平方千米，耕地面积5公顷。7户，50人。主产水稻、小麦和桃子。村落形态呈散状，房屋结构以平房和楼房为主。

中庄【Zhōngzhuāng】 以地理位置命名。因此村庄在黄家炮铺和胡家桃园中间，故名。1958年隶属祠堂大队；1969年隶属齐心大队；1980年隶属东郊大队；1984年隶属东郊村至今。位于村委会西1千米。东邻黄家炮铺，南界张家祠堂，西至东郊水库，北连胡家桃园。总面积0.1平方千米，耕地面积7公顷。10户，30人。主产水稻、小麦和桃。村落形态呈散状，房屋结构以平房和楼房为主。

董田村【Dǒngtiáncūn】

以董田自然村命名。1958年为董田大队，隶属国光公社；1984年为董田村，隶属环城区；1987年隶属环城乡；1988年隶属环城街道办事处至今。位于环城街道办事处东北7.5千米。东邻上垱村，南界侯井村，西至十里村，北连鹿头镇邓店村。辖7个自然村，总面积4.14平方千米，耕地面积269.5公顷。472户，1520人。主产水稻、小麦、玉米，兼种果树。枣刘公路穿村而过，村委会驻唐凹。

董田【Dǒngtián】 以姓氏和田地综合命名。因董姓聚居村旁有冲良田而得名。1958年隶属董田大队；1984年隶属董田村至今。位于村委会东北1千米。东邻上垱村上垱庄，南界胡庄，西至十里村杜河，北连杨河。总面积1平方千米，耕地面积60公顷。116户，290人。主产水稻、小麦、玉米。村落形态呈团状，房屋结构以平房和楼房为主。

董庄【Dǒngzhuāng】 以姓氏命名。因董姓聚居而得名。1958年隶属董田大队；1984年隶属董田村至今。位于村委会西南1.5千米。东邻张庄，南界八里村西张庄，西至孙井村李庄，北连贺山。总面积0.24平方千米，耕地面积14.5公顷。20户，90人。主产水稻、小麦、玉米。村落形态呈团状，房屋结构以平房和楼房为主。

贺山【Hèshān】 以地形命名。因村建于贺山脚下而得名。1958年隶属董田大队；1984年隶属董田村至今。位于村委会西南1.4千米。东邻张庄，南界董庄，西至孙井村李庄，北连十里村十里庙。总面积0.8平方千米，耕地面积60公顷。70户，240人。主产水稻、小麦、玉米。村落形态呈线状，房屋结构以平房和楼房为主。

胡庄【Húzhuāng】 以姓氏命名。因胡姓聚居而得名。1958年隶属董田大队；1984年隶属董田村至今。位于村委会东南1千米。东邻上垱村坡堰，南界侯井村蔡庄，西至张庄，北连唐凹。总面积0.4平方千米，耕地面积30公顷。45户，130人。主产水稻、小麦、玉米。村落形态呈线状，房屋结构以平房和楼房为主。

唐凹【Táng'ào】 以姓氏和地形综合命名。因唐姓聚居山凹而得名。1958年隶属董田大队；1984年隶属董田村至今。位于村委会东150米。东邻胡庄，南界张庄，西至贺山，北连董田。总面积0.3平方千米，耕地面积20公顷。38户，110人。主产水稻、小麦、玉米。村落形态呈团状，房屋结构以平房和楼房为主。

杨河【Yánghé】 以姓氏命名。因杨姓聚居沙河边而得名。1958年隶属董田大队；1984年隶属董田村至今。位于村委会北2千米。东邻鹿头镇邓店村刘河，南界董田，西至十里村杜河，北连鹿头镇张河村冯河。总面积1平方千米，耕地面积60公顷。145户，540人。主产水稻、小麦、玉米。村落形态呈团状，房屋结构以平房和楼房为主。

张庄【Zhāngzhuāng】 以姓氏命名。因张姓聚居而得名。1958年隶属董田大队；1984年隶属董田村至今。位于村委会南600米。东邻胡庄，南界侯井村王庄，西至贺山，北连唐凹。总面积0.4平方千米，耕地面积25公顷。38户，120人。主产水稻、小麦、玉米。村落形态呈团状，房屋结构以平房和楼房为主。

二郎庙村【Èrlángmiàocūn】

以二郎庙自然村（已消失）命名。1954年隶属城郊区；1958年为二郎庙大队，隶属国光公社；1962年隶属环城区；1975年隶属环城公社；1984年为二郎庙村，隶属环城区；1987年隶属环城乡；1988年隶属环城街道办事处至今。位于环城街道办事处西北11千米。东邻刘楼村，南界西郊村，西至杨坡村，北连刘桥水库。辖8个自然村，总面积3.98平方千米，耕地面积348公顷。391户，1630人。主产水稻、小麦、玉米和杂粮，兼种果蔬。鄂北水资源配置工程过境，村委会驻楼底下。

陈庄【Chénzhuāng】 以姓氏命名。因陈姓聚居而得名。1958年隶属二郎庙大队；1984年隶属二郎庙村至今。位于村委会南500米。东邻西郊村小齐庄，南界西郊村陈庄，西至环城杨坡村李庄，北连二郎庙村盘寨。总面积0.5平方千米，耕地面积48公顷。46户，180人。主产水稻、小麦、玉米，兼种果蔬。村落形态呈散状，房屋结构以平房和楼房为主。

老齐集【Lǎoqíjí】 以建村时间和姓氏综合命名。因齐姓较早在此建村设集而得名。1958年隶属二郎庙大队；1984年隶属二郎庙村至今。位于村委会南200米。东邻楼底下，南界陈庄，西至环城杨坡村李庄，北连二郎庙村窝托。总面积0.35平方千米，耕地面积26公顷。33户，120人。主产水稻、小麦、玉米，兼种蔬菜。村落形态呈散状，房屋结构以平房和楼房为主。

楼底下【Lóudǐxià】 以建筑物命名。因过去村内一户有钱人建楼房其他人家围楼居住而得名。1958年隶属二郎庙大队；1984年隶属二郎庙村至今。村委会驻地。东邻盘寨，南界陈庄，西至老齐集，北连钱庄。总面积0.35平方千米，耕地面积33公顷。43户，220人。主产水稻、小麦、玉米，兼种蔬菜。村落形态呈散状，房屋结构以平房和楼房为主。

盘寨【Pánzhài】 以姓氏和建筑物综合命名。因盘姓聚居且村周围建有寨墙而得名。1958年隶属二郎庙大队；1984年隶属二郎庙村至今。位于村委会东南400米。东邻刘楼村康冲，南界陈庄，西至楼底下，北连王庄。总面积0.35平方千米，耕地面积32公顷。29户，130人。主产水稻、小麦、玉米，兼种蔬菜。村落形态呈散状，房屋结构以平房和楼房为主。

齐家窝托【Qíjiāwōtuō】 以姓氏和地名综合命名。因齐姓聚居在低洼处而得名。1958年隶属二郎庙大队；1984年隶属二郎庙村至今。位于村委会北500米。东邻钱庄，南界楼底下，西至杨坡村九口堰，北连刘桥水库。总面积0.72平方千米，耕地面积71公顷。82户，300人。主产水稻、小麦、玉米，兼种蔬菜。村落形态呈散状，房屋结构以平房和楼房为主。

钱庄【Qiánzhuāng】 以姓氏命名。因钱姓聚居而得名。1958年隶属二郎庙大队；1984年隶属二郎庙村至今。位于村委会东北300米。东邻王庄，南界楼底下，西至楼底下，北连刘桥水库。总面积0.7平方千米，耕地面积68公顷。54户，220人。主产水稻、小麦、玉米，兼种蔬菜。村落形态呈散状，房屋结构以平房和楼房为主。

王庄【Wángzhuāng】 以姓氏命名。因王姓聚居而得名。1958年隶属二郎庙大队；1984年隶属二郎庙村至今。位于村委会东400米。东邻刘楼村武岗，南界盘寨，西至钱庄，北连徐庄。总面积0.5平方千米，耕地面积 47 公顷。65 户，270 人。主产水稻、小麦、玉米，兼种蔬菜。村落形态呈散状，房屋结构以平房和楼房为主。

徐庄【Xúzhuāng】 以姓氏命名。因徐姓聚居而得名。1958 年隶属二郎庙大队；1984 年隶属二郎庙村至今。位于村委会东北 500 米。东邻刘楼村武岗，南界王庄，西至钱庄，北连刘桥水库。总面积 0.51 平方千米，耕地面积 47 公顷。39 户，190 人。主产水稻、小麦、玉米，兼种蔬菜。村落形态呈散状，房屋结构以平房和楼房为主。

方湾村【Fāngwāncūn】

以方湾自然村命名。1958 年为红专大队，隶属国光公社；1962 年为方湾大队，隶属环城区；1975 年隶属环城公社；1984 年为方湾村，隶属环城区；1987 年隶属环城乡；1988 年隶属环城街道办事处至今。位于环城街道办事处北 7 千米。东邻十里村，南界孙井村，西至孙庄社区，北连鹿头镇丁庄村。辖 4 个自然村，总面积 6.83 平方千米，耕地面积 120.5 公顷。470 户，1810 人。主产水稻、小麦、玉米、花生，兼种蔬菜。省道 S335、枣桐路过境，村委会驻周庄。

方湾【Fāngwān】 以姓氏命名。因方姓聚居而得名。1958 年隶属红专大队；1962 年隶属方湾大队；1984 年隶属方湾村至今。位于村委会南 1 千米。东邻沙河，南界孙井村田家窑，西至孙庄社区孙洼，北连周庄。总面积 0.99 平方千米，耕地面积 17.5 公顷。122 户，420 人。主产小麦、玉米和花生，兼种蔬菜。村落形态呈团状，房屋结构以平房和楼房为主。

李家菜园【Lǐjiācàiyuán】 以姓氏和菜地综合命名。因李姓聚居以种菜为生而得名。1958 年隶属红专大队；1962 年隶属方湾大队；1984 年隶属方湾村至今。位于村委会东北 100 米。东邻沙河，南界方湾庄，西至孙庄村小骆庄，北连骆庄。总面积 1.35 平方千米，耕地面积 24 公顷。92 户，370 人。主产水稻、小麦、玉米、花生，兼种蔬菜。村落形态呈团状，房屋结构以平房和楼房为主。

骆庄【Luòzhuāng】 以姓氏命名。因骆姓聚居而得名。1958 年隶属红专大队；1962 年隶属方湾大队；1984 年隶属方湾村至今。位于村委会北 1 千米。东邻沙河，南界李家菜园，西至小骆庄，北连鹿头镇丁庄村朱庄。总面积 3 平方千米，耕地面积 53 公顷。163 户，660 人。主产水稻、小麦、玉米、花生，兼种蔬菜。村落形态呈团状，房屋结构以平房和楼房为主。

周庄【Zhōuzhuāng】 以姓氏命名。因周姓聚居而得名。1958 年隶属红专大队；1962 年隶属方湾大队；1984 年隶属方湾村至今。村委会驻地。东邻李家菜园，南界方湾庄，西至北郊水库，北连李家菜园。总面积 1.49 平方千米，耕地面积 26 公顷。93 户，360 人。主产水稻、小麦、玉米、花生，兼种蔬菜。村落形态呈团状，房屋结构以平房和楼房为主。

刘楼村【Liúlóucūn】

以刘楼自然村命名。1954 年隶属城郊区；1958 年为刘楼大队，隶属国光公社；1962 年隶属环城区；1975 年隶属环城公社；1984 年为刘楼村，隶属环城区；1987 年隶属环城乡；1988 年隶属环城街道办事处至今。1993年刘庄划至环城双庙村。位于环城办事处西北12千米。东邻环城玉皇村、双庙村，南界西郊社区，西至二郎庙村，北连刘桥水库。辖8个自然村，总面积4.3平方千米，耕地面积338.7公顷。357户，1320人。主产水稻、小麦、玉米，兼种果蔬。鄂北水资源配置工程过境，村委会驻大武岗。

长武岗【Chángwǔgǎng】 以姓氏和地形综合命名。因武姓聚居在一条比较长的岗上而得名。1958年隶属刘楼大队；1984年隶属刘楼村至今。位于村委会西1.2千米。东邻刘楼，南界大武岗，西至二郎庙村王庄，北连郭岗南。总面积0.5平方千米，耕地面积43.4公顷。46户，190人。主产水稻、小麦、玉米，兼种果蔬。村落形态呈散状，房屋结构以平房、坡房和楼房为主。

大武岗【Dàwǔgǎng】 以姓氏、地形和规模综合命名。因武姓聚居岗上且村子较大而得名。1958年隶属刘楼大队；1984年隶属刘楼村至今。村委会驻地。东邻刘楼，南界康冲，西至长武岗，北连郭岗北。总面积0.5平方千米，耕地面积42.4公顷。49户，170人。主产水稻、小麦、玉米，兼种果蔬。村落形态呈散状，房屋结构以平房、坡房和楼房为主。

郭岗北【Guōgǎngběi】 以姓氏、地形和方位综合命名。因郭姓聚居岗北而得名。1958年隶属刘楼大队；1984年隶属刘楼村至今。位于村委会西北1.2千米。东邻玉皇村魏岗，南界郭岗南，西至长武岗，北连刘桥水库。总面积0.7平方千米，耕地面积52公顷。23户，90人。主产水稻、小麦、玉米，兼种果蔬。村落形态呈散状，房屋结构以平房、坡房和楼房为主。

郭岗南【Guōgǎngnán】 以姓氏、地形和方位综合命名。因郭姓聚居岗南而得名。1958年隶属刘楼大队；1984年隶属刘楼村至今。位于村委会西北1.1千米。东邻刘楼，南界长武岗，西至二郎庙村徐庄，北连郭岗北。总面积0.4平方千米，耕地面积33.3公顷。18户，60人。主产水稻、小麦、玉米，兼种果蔬。村落形态呈散状，房屋结构以平房、坡房和楼房为主。

何庄【Hézhuāng】 以姓氏命名。因何姓聚居而得名。1958年隶属刘楼大队；1984年隶属刘楼村至今。位于村委会东南1千米。东邻环城双庙村刘庄，南界西郊水库，西至康冲，北连李家磨坊。总面积0.6平方千米，耕地面积44.2公顷。50户，180人。主产水稻、小麦、玉米，兼种果蔬。村落形态呈散状，房屋结构以平房、坡房和楼房为主。

康冲【Kāngchōng】 以姓氏和地形综合命名。因康姓聚居冲口而得名。1958年隶属刘楼大队；1984年隶属刘楼村至今。位于村委会南1千米。东邻何庄，南界西郊水库，西至大武岗，北连李家磨坊。总面积0.5平方千米，耕地面积37.8公顷。43户，150人。主产水稻、小麦、玉米，兼种果蔬。村落形态呈散状，房屋结构以平房、坡房和楼房为主。

李家磨坊【Lǐjiāmòfáng】 以姓氏和作坊综合命名。因李姓在此开过磨坊而得名。1958年隶属刘楼大队；1984年隶属刘楼村至今。位于村委会东南800米。东邻双庙村杨岗，南界何庄，西至大武岗，北连刘楼。总面积0.5平方千米，耕地面积40.4公顷。55户，180人。主产水稻、小麦、玉米，兼种果蔬。村落形态呈散状，房屋结构以平房、坡房和楼房为主。

刘楼【Liúlóu】 以姓氏和建筑物综合命名。因刘姓聚居且村内有一炮楼而得名。1958年隶属刘楼大队；1984年隶属刘楼村至今。2011年由丹江口市均县镇迁入移民30户，120人，集中居住在刘楼。位于村委会东北 800 米。东邻玉皇村前楼子，南界李家磨坊，西至长武岗，北连玉皇村魏岗。总面积 0.6 平方千米，耕地面积 45.2 公顷。73 户，300 人。主产水稻、小麦、玉米，兼种果蔬。村落形态呈散状，房屋结构以平房、坡房和楼房为主。

刘桥村【Liúqiáocūn】

以刘桥自然村命名。1954 年隶属城郊区；1958 年为刘桥大队，隶属国光公社；1962 年隶属环城区；1975 年隶属环城公社；1984 年为刘桥村，隶属环城区；1987 年隶属环城乡；1988 年隶属环城街道办事处至今。位于环城街道办事处西北 20 千米。东邻刘桥水库，南界杨坡村，西至七方镇张桥村，北连坡下村。辖 4 个自然村，总面积 1.9 平方千米，耕地面积 178 公顷。168 户，690 人。主产水稻、小麦、玉米，兼种果蔬。吴刘路过境，村委会驻刘桥。

大宁庄【Dànínɡzhuānɡ】 以姓氏和规模综合命名。因宁姓聚居且村子较大而得名。1958 年隶属刘桥大队；1984 年隶属刘桥村至今。位于村委会北 1 千米。东邻范庄，南界小宁庄，西至七方镇张桥村马庄，北连七方镇张桥村盘庄。总面积 0.7 平方千米，耕地面积 64 公顷。56 户，250 人。主产水稻、小麦、玉米。村落形态呈线状，房屋结构以楼房为主。

范庄【Fànzhuānɡ】 以姓氏命名。因范姓聚居而得名。1958 年隶属刘桥大队；1984 年隶属刘桥村至今。位于村委会北 900 米。东邻刘桥水库，南界刘桥，西至大宁庄，北连坡下村许庙。总面积 0.3 平方千米，耕地面积 24 公顷。32 户，130 人。主产水稻、小麦、玉米。房屋结构以楼房为主。

刘桥【Liúqiáo】 以姓氏和建筑物综合命名。因刘姓聚居，村前有一座小桥而得名。1958 年隶属刘桥大队；1984 年隶属刘桥村至今。村委会驻地。东邻刘桥水库，南界杨坡村北庄，西至七方镇张桥，北连范庄。总面积 0.5 平方千米，耕地面积 49 公顷。50 户，180 人。主产水稻、小麦、玉米。村落形态呈线状，房屋结构以楼房为主。

小宁庄【Xiǎonínɡzhuānɡ】 以姓氏和规模综合命名。因宁姓聚居且村子较小而得名。1958 年隶属刘桥大队；1984 年隶属刘桥村至今。位于村委会北 800 米。东邻范庄，南界刘桥，西至七方镇张桥村马庄，北连大宁庄。总面积 0.4 平方千米，耕地面积 40 公顷。30 户，130 人。主产水稻、小麦、玉米。村落形态呈散状，村落房屋结构以楼房为主。

侯井村【Hóujǐnɡcūn】

以侯井自然村命名。1958 年为侯井大队，隶属国光公社；1962 年隶属环城区；1984 年为侯井村，隶属环城区；1987 年隶属环城乡；1988 年隶属环城街道办事处至今。位于环城街道办事处东 8 千米。东邻赵垱村，南界东郊水库，西至八里村，北连董田村。辖 13 个自然村，总面积 3.29 平方千米，耕地面积 298.2 公顷。595 户，2747 人。主产小麦、水稻、玉米。枣刘路过境，村委会驻陈家湾。

陈家湾【Chénjiāwān】 以姓氏命名。因陈姓聚居而得名。1958 年隶属侯井大队；1984 年隶属侯井村至今。村委会驻地。东邻侯河,南界东郊水库,西至宋庄,北连张庄。总面积 0.29 平方千米,耕地面积 26.7 公顷。60 户,307 人。主产小麦、玉米、水稻。村落形态呈团状,房屋结构以平房和楼房为主。

方庄【Fāngzhuāng】 以姓氏命名。因方姓聚居而得名。1958 年隶属侯井大队;1984 年隶属侯井村至今。位于村委会西 1 千米。东邻李岗,南界南城街道张湾村黄庄,西至八里村荣庄,北连李岗。总面积 0.29 平方千米,耕地面积 26.7 公顷。60 户,260 人。主产小麦、玉米、水稻。村落形态呈团状,房屋结构以平房和楼房为主。

侯河【Hóuhé】 以姓氏和河流综合命名。因侯姓聚居河边而得名。1958 年隶属侯井大队;1984 年隶属侯井村至今。位于村委会东 500 米。东邻赵挡村侯家小庄,南界东郊水库,西至陈家湾,北连枣刘路。总面积 0.54 平方千米,耕地面积 48.7 公顷。90 户,450 人。主产小麦、玉米、水稻。村落形态呈散状,房屋结构以平房和楼房为主。

侯井【Hóujǐng】 以姓氏和古井综合命名。因侯姓聚居且村中有口古井而得名。1958 年隶属侯井大队;1984 年隶属侯井村至今。位于村委会西 500 米。东邻刘家湾,南界李岗,西至李岗,北连宋庄。总面积 0.37 平方千米,耕地面积 33.3 公顷。81 户,360 人。主产小麦、玉米、水稻。村落形态呈团状,房屋结构以平房和楼房为主。

梨园【Líyuán】 以植物命名。因村旁有梨园而得名。1958 年隶属侯井大队;1984 年隶属侯井村至今。位于村委会西 200 米。东邻陈家湾,南界刘家湾,西至侯井,北连宋庄。总面积 0.16 平方千米,耕地面积 14.3 公顷。25 户,110 人。主产小麦、玉米、水稻。村落形态呈团状,房屋结构以平房和楼房为主。

刘家湾【Liújiāwān】 以姓氏命名。因刘姓聚居而得名。1958 年隶属侯井大队;1984 年隶属侯井村至今。位于村委会西 200 米。东邻侯河,南界东郊水库,西至侯井,北连宋庄。总面积 0.16 平方千米,耕地面积 15 公顷。20 户,90 人。主产小麦、玉米、水稻。村落形态呈团状,房屋结构以平房和楼房为主。

李岗【Lǐgǎng】 以姓氏和地形综合命名。因李姓聚居岗坡而得名。1958 年隶属侯井大队;1984 年隶属侯井村至今。位于村委会西 1 千米。东邻侯井,南界襄阳东路,西至八里村黑龙岗,北连侯井。总面积 0.29 平方千米,耕地面积 26.2 公顷。70 户,330 人。主产小麦、玉米、水稻。村落形态呈团状,房屋结构以平房和楼房为主。

庙子岗【Miàozigǎng】 以建筑和地形综合命名。因村建于有座庙的岗上而得名。1958 年隶属侯井大队;1984 年隶属侯井村至今。位于村委会南 1.2 千米。东邻红旭水库,南界张庄,西至宋庄,北连荣庄。总面积 0.17 平方千米,耕地面积 16 公顷。30 户,110 人。主产小麦、玉米、水稻。村落形态呈散状,房屋结构以平房和楼房为主。

荣庄【Róngzhuāng】 以姓氏命名。因荣姓聚居而得名。1958 年隶属侯井大队;1984 年隶属侯井村至今。位于村委会南 1.5 千米。东邻上挡村胡庄,南界庙子岗,西至王庄,北连上挡村胡庄。总面积 0.14 平方千米,耕地面积 12.2 公顷。10 户,60 人。主产小麦、玉米、水稻。村落形态呈团状,房屋结构以平房和楼房为主。

宋庄【Sòngzhuāng】 以姓氏命名。因宋姓聚居而得名。1958 年隶属侯井大队;1984 年隶属侯井村至今。位于村委会北 700 米。东邻张庄,南界梨园,西至八里村西张庄,北连八里村西张庄。总面积 0.21 平方千米，耕地面积 19.2 公顷。40 户，190 人。主产小麦、玉米、水稻。村落形态呈团状，房屋结构以平房和楼房为主。

王庄【Wángzhuāng】 以姓氏命名。因王姓聚居而得名。1958 年隶属侯井大队；1984 年隶属侯井村至今。位于村委会南 1.2 米。东邻荣庄，南界宋庄，西至董田村农科所，北连董田村胡庄。总面积 0.2 平方千米，耕地面积 17.5 公顷。38 户，150 人。主产小麦、玉米、水稻。村落形态呈团状，房屋结构以平房和楼房为主。

张庄【Zhāngzhuāng】 以姓氏命名。因张姓聚居而得名。1958 年隶属侯井大队；1984 年隶属侯井村至今。位于村委会北 600 米。东邻红旭水库，南界陈家湾，西至宋庄，北连朱庄。总面积 0.31 平方千米，耕地面积 28.4 公顷。59 户，260 人。主产小麦、玉米、水稻。村落形态呈团状，房屋结构以平房和楼房为主。

朱庄【Zhūzhuāng】 以姓氏命名。因朱姓聚居而得名。1958 年隶属侯井大队；1984 年隶属侯井村至今。位于村委会南 1.5 千米。东邻庙子岗，南界张庄，西至董田村农科所，北连王庄。总面积 0.16 平方千米，耕地面积 14 公顷。12 户，70 人。主产小麦、玉米、水稻。村落形态呈团状，房屋结构以平房和楼房为主。

花果园村【Huāguǒyuáncūn】

以植物命名。因种有一片梨、桃等果树而得名。1958 年为花果园大队，隶属国光公社；1961 年隶属环城区；1975 年隶属环城公社；1984 年为花果园村，隶属环城区；1987 年隶属环城乡；1988 年隶属环城街道办事处至今。位于环城街道办事处北 2.5 千米。东邻八里社区，南界北城街道办事处东园社区，西至沙河，北连孙井村。辖 4 个自然村，总面积 1.5 平方千米，耕地面积 36.87 公顷。350 户，1400 人。主产小麦、水稻、杂粮，兼种果树、蔬菜。中兴大道穿境而过，村委会驻中兴大道北 500 米。

车庄【Chēzhuāng】 以姓氏命名。因车姓聚居而得名。1958 年隶属花果园大队；1984 年隶属花果园村至今。位于村委会西 250 米。东邻陶庄，南界陈庄，西至沙河，北连陶庄。总面积 0.3 平方千米，耕地面积 6.6 公顷。70 户，300 人。主产小麦、水稻，兼种蔬菜。村落形态呈团状，房屋结构以坡房和楼房为主。

陈庄【Chénzhuāng】 以姓氏命名。因陈姓聚居而得名。1958 年隶属花果园大队；1984 年隶属花果园村至今。位于村委会西南 200 米。东邻八里社区杨庄，南界中兴大道，西至沙河，北连陶庄。总面积 0.4 平方千米，耕地面积 6.6 公顷。80 户，350 人。主产小麦、水稻、蔬菜。村落形态呈团状，房屋结构以平房和楼房为主。

蒋庄【Jiǎngzhuāng】 以姓氏命名。因蒋姓聚居而得名。1958 年隶属花果园大队；1984 年隶属花果园村至今。位于村委会南 500 米。东邻八里社区杨庄，南界北城街道东园社区李庄，西至沙河，北连陈庄。总面积 0.2 平方千米，耕地面积 5 公顷。70 户，250 人。主产小麦、水稻，兼种蔬菜。村落形态呈团状，房屋结构以坡房和楼房为主。

陶庄【Táozhuāng】 以姓氏命名。因陶姓聚居而得名。1958 年隶属花果园大队；1984 年隶属花果村至今。位于村委会北 100 米。东邻八里社区马庄，南界陈庄，西至沙河，北连孙井村王庄。总面积 0.6 平方千米，耕地面积 18.67 公顷。130 户，600 人。主产小麦、水稻，兼种蔬菜。村落形态呈线状，房屋结构以楼房为主。

坡下村【Pōxiàcūn】

以方位和地形综合命名。1954 年隶属城郊区；1958 年为建国大队，隶属国光公社；1961 年隶属环城区；1965 年为坡下大队，隶属环城区；1975 年隶属环城公社；1984 年为坡下村，隶属环城区；1987 年隶属环城乡；1988 年隶属环城街道办事处至今。位于环城街道办事处西北 15 千米。东邻下河村，南界刘桥水库，西至七方镇罗桥村，北连罗桥水库。辖 7 个自然村，总面积 8.75 平方千米，耕地面积 389.5 公顷。287 户，1220 人。主产小麦、水稻、玉米，兼种杂粮、水果，发展水产养殖。该村距寺沙省道西 5 千米，村委会驻马庄。

刘庄【Liúzhuāng】 以姓氏命名。因刘姓聚居而得名。1958 年隶属建国大队；1965 年隶属坡下大队；1984 年隶属坡下村至今。位于村委会南 500 米。东邻赵庄，南界许庙，西至张庄，北连罗桥水库。总面积 0.77 平方千米，耕地面积 34.3 公顷。23 户，90 人。主产小麦、水稻、玉米，兼种杂粮、果蔬。村落形态呈散状，房屋结构以平房和楼房为主。

马庄【Mǎzhuāng】 以姓氏命名。因马姓聚居而得名。1958 年隶属建国大队；1965 年隶属坡下大队；1984 年隶属坡下村至今。村委会驻地。东邻张岗，南界赵庄，西至祝岗，北连罗桥水库。总面积 1.42 平方千米，耕地面积 62.6 公顷。54 户，220 人。主产小麦、水稻、玉米，兼种果蔬。村落形态呈散状，房屋结构以平房和楼房为主。

许庙【Xǔmiào】 以姓氏和建筑物综合命名。因许姓聚居庙旁而得名。1958 年隶属建国大队；1965 年隶属坡下大队；1984 年隶属坡下村至今。位于村委会西南 1 千米。东邻赵庄，南界刘桥村范庄，西至张庄，北连刘庄。总面积 0.62 平方千米，耕地面积 27.4 公顷。24 户，90 人。主产小麦、水稻、玉米，兼种杂粮、果蔬。村落形态呈散状，房屋结构以平房和楼房为主。

张岗【Zhānggǎng】 以姓氏和地形综合命名。因张姓聚居岗上而得名。1958 年隶属建国大队；1965 年隶属坡下大队；1984 年隶属坡下村至今。位于村委会东 1 千米。东邻黄王庄村，南界赵庄，西至马庄，北连罗桥水库。总面积 1.77 平方千米，耕地面积 79 公顷。57 户，270 人。主产小麦、水稻、玉米，兼种果蔬、杂粮。村落形态呈散状，房屋结构以平房和楼房为主。

张庄【Zhāngzhuāng】 以姓氏命名。因张姓聚居而得名。1958 年隶属建国大队；1965 年隶属坡下大队；1984 年隶属坡下村至今。位于村委会西 1 千米。东邻刘庄，南界许庙，西至七方镇罗桥村小罗桥，北连罗桥水库。总面积 1.77 平方千米，耕地面积 79 公顷。46 户，180 人。主产小麦、水稻、玉米，兼种杂粮、果蔬。村落形态呈散状，房屋结构以平房和楼房为主。

赵庄【Zhàozhuāng】 以姓氏命名。因赵姓聚居而得名。1958 年隶属建国大队；1965 年隶属坡下大队；1984 年隶属坡下村至今。位于村委会东南 1 千米。东邻下河村李桥，南界刘桥水库，西至刘庄，北连张岗。总面积 1.43 平方千米，耕地面积 64 公顷。50 户，210 人。主产小麦、水稻、玉米，兼种杂粮、果蔬。村落形态呈散状，房屋结构以平房和楼房为主。

祝岗【Zhùgǎng】　　以姓氏和地形综合命名。因祝姓聚居岗上而得名。1958年隶属建国大队；1965年隶属坡下大队；1984年隶属坡下村至今。位于村委会西100米。东邻马庄，南界赵庄，西至刘庄，北连罗桥水库。总面积0.97平方千米，耕地面积43.2公顷。33户，160人。主产小麦、水稻、玉米，兼种杂粮、果蔬。村落形态呈散状，房屋结构以平房和楼房为主。

齐集村【Qíjícūn】

以齐集自然镇命名。1954年隶属城郊区；1958年为齐集大队，隶属国光公社；1962年隶属环城区；1984年为齐集村，隶属环城区；1987年隶属环城乡；1988年隶属环城街道办事处至今。位于环城街道办事处西15千米。东邻王寨村，南界赵集村，西至七方镇王岗村，北连杨坡村。辖10个自然村，总面积7.2平方千米，耕地面积341.9公顷。380户，1510人。主产小麦、玉米、水稻，兼种果蔬等。位于316国道南，公里碑在1368—1371之间，村委会驻何庄。

何庄【Hézhuāng】　　以姓氏命名。因何姓聚居而得名。1958年隶属齐集大队；1984年隶属齐集村至今。村委会驻地。东邻齐集街，南界齐小庄，西至梁庄，北连316国道。总面积0.7平方千米，耕地面积25.3公顷。39户，160人。主产小麦、水稻、杂粮。村落形态呈团状，房屋结构以平房和楼房为主。

胡坡【Húpō】　　以姓氏和地形综合命名。因胡姓聚居岗坡而得名。1958年隶属齐集大队；1984年隶属齐集村至今。位于村委会西2千米。东邻梁庄，西至七方镇王岗村张庄，南界小王岗，北连316国道。总面积1.3平方千米，耕地面积80公顷。72户，290人。主产小麦、水稻，兼种果蔬，发展养殖业。村落形态呈团状，房屋结构以平房和楼房为主。

梁庄【Liángzhuāng】　　以姓氏命名。因梁姓聚居而得名。1958年隶属齐集大队；1984年隶属齐集村至今。位于村委会西1千米。东邻何庄，西至胡坡，南界齐小庄，北连316国道。总面积0.5平方千米，耕地面积38公顷。30户，130人。主产小麦、水稻，兼发展养殖业。村落形态呈线状，房屋结构为平房或坡房。

南寨【Nánzhài】　　以方位和建筑物综合命名。因村子建在齐集之南，村周修有寨墙而得名。1958年隶属齐集大队；1984年隶属齐集村至今。位于村委会南1千米。东邻王寨村盘李庄，南界上井湾，西至齐小庄，北连齐集街。总面积0.4平方千米，耕地面积16.6公顷。10户，50人。主产小麦、水稻、杂粮。村落形态呈线状，房屋结构为平房或坡房。

齐集街【Qíjíjiē】　　以姓氏和集镇综合命名。因齐姓最初在此地设立集镇而得名。1958年隶属齐集大队；1984年隶属齐集村至今。位于村委会东南400米。东邻杨坡村下杨坡，南界南寨，西至何庄，北连316国道。总面积1.4平方千米，耕地面积40.3公顷。71户，290人。主产小麦、水稻，兼种果树。村落形态呈散状，房屋结构为平房或坡房。

齐小庄【Qíxiǎozhuāng】　　以姓氏和规模综合命名。因齐姓聚居且村子较小而得名。1958年隶属齐集大队；1984年隶属齐集村至今。位于村委会西南1.5千米。东邻南寨，南界油坊庄，西至小王岗，北连何庄。总面积0.4平方千米，耕地面积7.1公顷。33户，110人。主产小麦、水稻、杂粮。村落形态呈线状，房屋结构为平房或坡房。

上井湾【Shàngjǐngwān】 以方位和水井综合命名。因村子建在井北而得名。1958年隶属齐集大队；1984年隶属齐集村至今。位于村委会南2千米。东邻王寨村武家油坊，南界赵集村弯李庄，西至油坊庄，北连南寨。总面积0.5平方千米，耕地面积33.7公顷。40户，150人。主产小麦、水稻，兼种果蔬。村落形态呈线状，房屋结构为平房或坡房。

小王岗【Xiǎowánggǎng】 以规模、姓氏和地形综合命名。因王姓聚居岗地，村较小而得名。1958年隶属齐集大队；1984年隶属齐集村至今。位于村委会西南3千米。东邻齐小庄，南界下庄，西至七方镇王岗村张庄，北连梁庄。总面积0.4平方千米，耕地面积27.1公顷。15户，60人。主产小麦、水稻、果蔬。村落形态呈团状，房屋结构为平房或坡房。

下庄【Xiàzhuāng】 以方位命名。因建村于小王岗之南而得名。1958年隶属齐集大队；1984年隶属齐集村至今。位于村委会西南2千米。东邻油坊庄，南界马沟，西至七方镇王岗村张庄，北连小王岗。总面积0.9平方千米，耕地面积47.1公顷。18户，90人。主产小麦、水稻、杂粮。村落形态呈线状，房屋结构为平房或坡房。

油坊庄【Yóufángzhuāng】 以油坊命名。因村子过去开设过油坊而得名。1958年隶属齐集大队；1984年隶属齐集村至今。位于村委会南2千米。东邻上井湾，南界下庄，西至赵集村弯李庄，北连齐小庄。总面积0.7平方千米，耕地面积26.7公顷。52户，180人。主产小麦、水稻、玉米，兼种果蔬，发展养殖业。村落形态呈团状，房屋结构以平房和楼房为主。

上挡村【Shàngdàngcūn】

以上挡自然村命名。1954年隶属城郊区；1958年为张挡大队，隶属国光公社；1962年隶属环城区；1975年隶属环城公社；1980年因重名更名为上挡大队；1984年为上挡村，隶属环城区；1987年隶属环城乡；1988年隶属环城街道办事处至今。位于环城街道办事处东北9千米。东邻刘升镇谢湾村，南界侯井村，西至董田村，北连鹿头镇吉河村。辖8个自然村，总面积9平方千米，耕地面积447.2公顷。308户，970人。主产水稻、小麦和杂粮，兼种果树。枣潜路过境，村委会驻胡庄。

灿庄【Cànzhuāng】 以姓氏命名。因灿姓聚居而得名。1958年隶属张挡大队；1977年隶属环城公社银龙山石灰厂；2003年隶属上挡村至今。位于村委会东北2.5千米。东邻下齐沟，南界山后，西至孙庄，北连石灰厂。总面积1.3平方千米，耕地面积38.6公顷。21户，70人。主产水稻、小麦、玉米和杂粮，兼种果蔬。村落形态呈散状，房屋结构以平房为主。

东庄【Dōngzhuāng】 以方位命名。因建村于下挡之东而得名。1958年隶属张挡大队；1980年隶属上挡大队；1984年隶属上挡村至今。位于村委会东500米。东邻雷湾，南界赵挡，西至下挡，北连雷湾。总面积1.15平方千米，耕地面积71.1公顷。31户，120人。主产水稻、小麦、玉米和杂粮。村落形态呈线状，房屋结构以楼房为主。

胡庄【Húzhuāng】 以姓氏命名。因胡姓聚居而得名。1958年隶属张垱大队；1980年隶属上垱大队；1984年隶属上垱村至今。村委会驻地。东邻下垱，南界侯井村荣庄，西至侯井村荣庄，北连西垱。总面积0.9平方千米，耕地面积58.6公顷。49户，160人。主产水稻、小麦、玉米，兼种芝麻、花生等。村落形态呈散状，房屋结构以楼房为主。

雷湾【Léiwān】 以姓氏命名。因雷姓聚居而得名。1958年隶属张垱大队；1980年隶属上垱大队；1984年隶属上垱村至今。位于村委会东1千米。东邻畜牧场，南界东庄，西至西垱，北连上垱。总面积1.15平方千米，耕地面积32.5公顷。15户，50人。主产水稻、小麦、玉米。村落形态呈团状，房屋结构以楼房为主。

上垱【Shàngdàng】 以建筑物和方位综合命名。因村子建在垱坝之北而得名。1958年隶属张垱大队；1980年隶属上垱大队；1984年隶属上垱村至今。位于村委会东北1.28千米。东邻雷湾，南界下垱，西至九龙口茶场，北连孙庄。总面积1.15平方千米，耕地面积79.8公顷。57户，140人。主产水稻、小麦和杂粮，兼种果树。村落形态呈团状，房屋结构以楼房为主。

孙庄【Sūnzhuāng】 以姓氏命名。因孙姓聚居而得名。1958年隶属张垱大队；1977年隶属环城公社银龙山石灰厂；2003年隶属上垱村至今。位于村委会北2千米。东邻灿庄，南界上垱，西至九龙口茶场，北连石灰厂。总面积1.3平方千米，耕地面积54.6公顷。36户，120人。主产水稻、小麦和杂粮，兼种芝麻、花生等。村落形态呈线状，房屋结构以楼房为主。

西垱【Xīdàng】 以方位命名。因村位于张垱西而得名。1958年隶属张垱大队；1980年隶属上垱大队；1984年隶属上垱村至今。位于村委会北0.2千米。东邻下垱，南界胡庄，西至董田村董田，北连九龙口茶场。总面积0.9平方千米，耕地面积40.6公顷。36户，90人。主产玉米、小麦和杂粮，兼种果树。村落形态呈团状，房屋结构以楼房为主。

下垱【Xiàdàng】 以建筑物和方位综合命名。因村子建在垱坝之南而得名。1958年隶属张垱大队；1980年隶属上垱大队；1984年隶属上垱村至今。位于村委会东北800米。东邻东庄，南界水泥厂，西至胡庄，北连上垱。总面积1.15平方千米，耕地面积71.4公顷。63户，220人。主产水稻、小麦、玉米和杂粮。村落形态呈线状，房屋结构以楼房为主。

上河村【Shànghécūn】

以上河自然村命名。1958年为上河大队，隶属国光公社；1961年隶属环城区；1975年隶属环城公社；1984年为上河村，隶属环城区；1987年隶属环城乡；1988年隶属环城街道办事处至今。位于环城街道办事处北11千米。东邻鹿头镇桃园村，南界玉皇村，西至下河村，北连太平镇秦岗村。辖8个自然村，总面积6.15平方千米，耕地面积380公顷。326户，1190人。主产水稻、小麦和杂粮，兼种果蔬。寺沙路过境，村委会驻林场。

胡小庄【Húxiǎozhuāng】 以姓氏和规模综合命名。因胡姓聚居且村较小而得名。1958年隶属上河大队；1984年隶属上河村至今。位于村委会东北2.5千米。东邻太平镇张垱村尤岗，南界卢坡，西至莲花堰，北连太平镇张垱村张垱。总面积0.5平方千米，耕地面积14公顷。16户，50人。主产水稻、小麦、玉米，兼种果蔬。村落形态呈团状，房屋结构以平房为主。

吉庄【Jízhuāng】 以姓氏命名。因吉姓聚居而得名。1958年隶属上河大队；1984年隶属上河村至今。位于村委会北600米。东邻太平镇秦岗村庞庄，南界茶棚，西至上河，北连太平镇秦岗村周林庄。总面积0.61平方千米，耕地面积58公顷。65户，210人。主产水稻、小麦、玉米，兼种果蔬。村落形态呈团状，房屋结构以平房和坡房为主。

李庄【Lǐzhuāng】 以姓氏命名。因李姓聚居而得名。1958年隶属上河大队；1984年隶属上河村至今。位于村委会东北1.6千米。东邻卢坡，南界张凹，西至太平镇秦岗村庞庄，北连莲花堰。总面积0.8平方千米，耕地面积28公顷。26户，90人。主产水稻、小麦、玉米，兼种果蔬。村落形态呈团状，房屋结构以平房和楼房为主。

莲花堰【Liánhuāyàn】 以植物和堰塘综合命名。因夏季堰中开满莲花而得名。1958年隶属上河大队；1984年隶属上河村至今。位于村委会东北2千米。东邻胡小庄，南界李庄，西至太平镇张垱村水家油坊，北连张垱村张垱庄。总面积0.95平方千米，耕地面积30公顷。33户，130人。主产水稻、小麦、玉米，兼种果蔬。村落形态呈团状，房屋结构以平房和坡房为主。

卢坡【Lúpō】 以姓氏和地形综合命名。因卢姓建村坡上而得名。1958年隶属上河大队；1984年隶属上河村至今。位于村委会东2.5千米。东邻鹿头镇桃园村桃园，南界玉皇村曾庄，西至张凹，北连胡小庄。总面积0.76平方千米，耕地面积75公顷。55户，210人。主产水稻、小麦、玉米，兼种果蔬。村落形态呈团状，房屋结构以平房和楼房为主。

上河【Shànghé】 以地理位置命名。因村子位于河的上游而得名。1958年隶属上河大队；1984年隶属上河村至今。位于村委会西北1.3千米。东邻吉庄，南界斋公塆，西至下河村下河东，北连太平镇秦岗村秦岗庄。总面积1.05平方千米，耕地面积69公顷。58户，220人。主产水稻、小麦、玉米，兼种果蔬。村落形态呈团状，房屋结构以平房和楼房为主。

斋公塆【Zhāigōngwān】 以传说人物命名。因村中原有个出名的斋公而得名。1958年隶属上河大队；1984年隶属上河村至今。位于村委会西500米。东邻张凹，南界刘楼村郭岗北，西至刘桥水库，北连上河。总面积0.84平方千米，耕地面积38公顷。24户，100人。主产水稻、小麦、玉米，兼种果蔬。村落形态呈团状，房屋结构以平房和坡房为主。

张凹【Zhāng'ào】 以姓氏和地形综合命名。因张姓聚居凹地而得名。1958年隶属上河大队；1984年隶属上河村至今。位于村委会东400米。东邻卢坡，南界玉皇村曾庄，西至玉皇村曾庄，北连太平镇秦岗村庞庄。总面积0.64平方千米，耕地面积68公顷。49户，180人。主产水稻、小麦、玉米，兼种果蔬。村落形态呈团状，房屋结构以平房和楼房为主。

十里村【Shílǐcūn】

以十里庙自然村命名。1954年隶属城郊区；1958年为十里大队，隶属国光公社；1962年隶属环城区；1975年隶属环城公社；1984年为十里村，隶属环城区；1987年隶属环城乡；1988年隶属环城街道办事处至今。位于环城街道办事处东北5.3千米。东邻董田村，南界孙井村，西至方湾村，北连鹿头镇张河村。辖5个自然村，总面积2.65平方千米，耕地面积223.13公顷。468户，1940人。主产蔬菜、水稻、小麦。枣刘路穿村而过，村委会驻环村路中心处。

杜河【Dùhé】 以姓氏和河流综合命名。因杜姓聚居河边而得名。1958年隶属十里大队；1984年隶属十里村至今。位于村委会北800米。东邻董田村董田，南界村委会，西至杨庄，北连鹿头镇张河村张河。总面积1.4平方千米，耕地面积109公顷。234户，1050人。主产水稻、小麦、蔬菜。村落形态呈散状，房屋结构以楼房为主。

马家染房【Mǎjiārǎnfáng】 以姓氏和染坊综合命名。因马姓在此开过染坊而得名。1958年隶属十里大队；1984年隶属十里村至今。位于村委会西800米。东邻村委会，南界十里庙，西至方湾村骆庄，北连杨庄。总面积0.28平方千米，耕地面积27.5公顷。57户，200人。主产水稻、小麦、蔬菜。村落形态呈散状，房屋结构以楼房为主。

十里庙【Shílǐmiào】 以距离和建筑物综合命名。因村中修建了一座小庙，西南距枣阳十里而得名。1958年隶属十里大队；1984年隶属十里村至今。位于村委会西南800米。东邻董田村董田，南界孙井村孙井，西至方湾村李家菜园，北连甄家寨。总面积0.38平方千米，耕地面积32.73公顷。71户，270人。主产水稻、小麦、蔬菜。村落形态呈散状，房屋结构以楼房为主。

杨庄【Yángzhuāng】 以姓氏命名。因杨姓聚居而得名。1958年隶属十里大队；1984年隶属十里村至今。位于村委会西北800米。东邻杜河，南界马家染房，西至方湾村骆庄，北连鹿头镇丁庄村赵庄。总面积0.3平方千米，耕地面积25公顷。56户，210人。主产水稻、小麦，兼种蔬菜。村落形态呈散状，房屋结构以平房和楼房为主。

甄家寨【Zhēnjiāzhài】 以姓氏和建筑物综合命名。因甄姓在此建村筑寨而得名。1958年隶属十里大队；1984年隶属十里村至今。位于村委会西南800米。东邻董田村唐凹，南界十里庙，西至马家染房，北连马家染房。总面积0.29平方千米，耕地面积28.9公顷。50户，210人。主产水稻、小麦、蔬菜。村落形态呈散状，房屋结构以坡房和楼房为主。

十里铺村【Shílǐpùcūn】（隶属农业局）

以十里铺自然村命名。1958年为国光二大队，隶属国光公社；1961年为十里铺大队，隶属环城区；1962年隶属环城区；1975年隶属环城公社；1984年为十里铺村，隶属环城区；1986年10月隶属农业局吴庄粮种场至今。位于环城街道办事处西南5千米。东邻西城开发区靳庄社区，南界沙河，西至鲍庄村，北连西郊社区。辖8个自然村，总面积3.73平方千米，耕地面积202.71公顷。547户，2040人。主产小麦、水稻、玉米，兼种果蔬。枣琚公路过境，村委会驻十里铺。

曹庄【Cáozhuāng】 以姓氏命名。因曹姓聚居而得名。1958年隶属国光二队；1961年隶属十里铺大队；1984年隶属十里铺村至今。位于村委会西北400米。东邻小方庄，南界鲍庄村新庄，西至鲍庄村詹庄，北连陈岗。总面积0.8平方千米，耕地面积49公顷。87户，350人。主产小麦、水稻、玉米。村落形态呈团状，房屋结构以坡房和楼房为主。

岑庄【Cénzhuāng】 以姓氏命名。因岑姓聚居而得名。1958年隶属国光二大队；1961年隶属十里铺大队；1984年隶属十里铺村至今。位于村委会东50米。东邻雷岗，南界沙河，西至十里铺，北连董庄。总面积0.4平方千米，耕地面积14.4公顷。62户，150人。主产小麦、水稻，兼种桃子。村落形态呈线状，房屋结构以楼房为主。

陈岗【Chéngǎng】 以姓氏和地形综合命名。因陈姓聚居岗上而得名。1958年隶属国光二队；1961年隶属十里铺大队；1984年隶属十里铺村至今。位于村委会西北800米。东邻老方庄，南界曹庄，西至西郊社区尹庄，北连西郊林场。总面积0.55平方千米，耕地面积32.26公顷。62户，250人。主产小麦、水稻、玉米。村落形态呈团状，房屋结构以坡房和楼房为主。

董庄【Dǒngzhuāng】 以姓氏命名。因董姓聚居而得名。1958年隶属国光二队；1961年隶属十里铺大队；1984年隶属十里铺村至今。位于村委会西北500米。东邻岑庄，南界十里铺，西至曹庄，北连老方庄。总面积0.4平方千米，耕地面积26.86公顷。54户，200人。主产水稻、小麦、玉米，兼发展蘑菇种植业。村落形态呈散状，房屋结构以坡房和楼房为主。

老方庄【Lǎofāngzhuāng】 以姓氏和建村时间综合命名。因方姓最早建村居住而得名。1958年隶属国光二大队；1961年隶属十里铺大队；1984年隶属十里铺村至今。位于村委会北500米。东邻雷岗，南界董庄，西至陈岗，北连立晋钢铁公司。总面积0.2平方千米，耕地面积4.8公顷。61户，220人。主产小麦、水稻、玉米。村落形态呈线状，房屋结构以楼房为主。

雷岗【Léigǎng】 以姓氏和地形综合命名。因雷姓居住岗上而得名。1958年隶属国光二大队；1961年隶属十里铺大队；1984年隶属十里铺村至今。位于村委会东北800米。东邻西城开发区靳庄社区，南界沙河，西至老方庄，北连西城开发区茶棚社区茶棚。总面积0.65平方千米，耕地面积35.4公顷。114户，560人。主产小麦、水稻，种植桃6公顷。村落形态呈线状，房屋结构以楼房为主。

十里铺【Shílǐpù】 以距离和店铺综合命名。因东北距枣阳城十华里，村里开过茶馆、饭铺而得名。1958年隶属国光二大队；1961年隶属十里铺大队；1984年隶属十里铺村至今。村委会驻地。东邻岑庄，南界沙河，西至小方庄，北连董庄。总面积0.43平方千米，耕地面积19.73公顷。57户，310人。主产小麦、水稻。村落形态呈线状，房屋结构以楼房为主。

小方庄【Xiǎofāngzhuāng】 以姓氏和规模综合命名。因方姓聚居且村落较小而得名。1958年隶属国光二大队；1961年隶属十里铺大队；1984年隶属十里铺村至今。位于村委会西300米。东邻十里铺，南界鲍庄村新庄，西至鲍庄村张庄，北连曹庄。总面积0.3平方千米，耕地面积20.26公顷。50户，220人。主产小麦、水稻、玉米，兼发展养殖业。村落形态呈团状，房屋结构以坡房和楼房为主。

柿子园村【Shìziyuáncūn】

以柿子园自然村命名。1958年为土铺大队，隶属国光公社；1962年隶属环城区；1964年为柿子园大队；1975年隶属环城公社；1984年为柿子园村，隶属环城区；1987年隶属环城乡；1988年隶属环城街道办事处至今。位于环城街道办事处西南7.5千米。东邻鲍庄村，南界沙河，西至琚湾镇青龙堰村，北连崔庄村。辖7个自然村，总面积2.4平方千米，耕地面积165.4公顷。504户，1990人。主产小麦、水稻、棉花和玉米。枣琚路过境，村委会驻柿子园。

陈河【Chénhé】 以姓氏和河流综合命名。因陈姓聚居沙河北岸而得名。1958隶属土埔大队；1964隶属柿子园大队；1984年隶属柿子园村至今。位于村委会南1.5千米。东邻沙河，南界沙河，西至陈家河西沟，北连土铺村土铺。总面积0.5平方千米，耕地面积32.9公顷。86户，380人。主产小麦、水稻、棉花和玉米。村落形态呈团状，房屋结构以楼房为主。

后店【Hòudiàn】 以开店先后和店铺综合命名。因相近两村均开过饭店，此村开店较晚，故名。1958年隶属土铺大队；1964年隶属柿子园大队；1984年隶属柿子园村至今。位于村委会南2千米。东邻鲍庄村柴岗，南界前店，西至土铺村土铺，北连鲍庄村鲍庄。总面积0.3平方千米，耕地面积24公顷。66户，250人。主产小麦、水稻、棉花和玉米。村落形态呈团状，房屋结构以楼房为主。

胡庄【Húzhuāng】 以姓氏命名，因胡姓聚居而得名。1958年隶属土铺大队；1964年隶属柿子园大队；1984年隶属柿子园村至今。位于村委会西南1.5千米。东邻土铺街，南界二王村二王，西至琚湾青龙村青龙堰，北连王庄。总面积0.25平方千米，耕地面积15.4公顷。59户，220人。主产小麦、水稻、棉花和玉米。村落形态呈团状，房屋结构以平房和楼房为主。

李庄【Lǐzhuāng】 以姓氏命名，因李姓在此地聚居而得名。1958年隶属土铺大队；1964年隶属柿子园大队；1984年隶属柿子园村至今。位于村委会西北1.5千米。东邻鲍庄，南界王庄，西至琚湾青龙村青龙堰，北连崔庄村何庄。总面积0.3平方千米，耕地面积22公顷。61户，250人。主产小麦、水稻、棉花和玉米。村落形态呈团状，房屋结构以楼房为主。

前店【Qiándiàn】 以开店先后和店铺综合命名。因相邻两村均开过饭店，此村开店在先，故名。1958年隶属土铺大队；1964年隶属柿子园大队；1984年隶属柿子园村至今。位于村委会南2.2千米。东邻鲍庄村柴岗，南界陈河，西至土铺村土铺，北至后店。总面积0.5平方千米，耕地面积39.7公顷。110户，410人。主产小麦、水稻、棉花和玉米。村落形态呈团状，房屋结构以楼房为主。

柿子园【Shìziyuán】 以植物命名。因村里柿子树多而得名。1958年隶属土铺大队；1964年隶属柿子园大队；1984年隶属柿子园村至今。村委会驻地。东邻鲍庄村柴庄，南界土铺村土铺，西至胡庄，北连北沟。总面积0.3平方千米，耕地面积21.4公顷。81户，310人。主产小麦、水稻、棉花和玉米。村落形态呈线状。房屋结构以楼房为主。

王庄【Wángzhuāng】 以姓氏命名。因王姓聚居而得名。1958年隶属土铺大队；1964年隶属柿子园大队；1984年隶属柿子园村至今。位于村委会西1.5千米。东邻柿子园，南界胡庄，西至琚湾青龙村王庄，北连李庄。总面积0.25平方千米，耕地面积10公顷。41户，170人。主产小麦、水稻、棉花和玉米。村落形态呈团状，房屋结构以平房和楼房为主。

双庙村【Shuāngmiàocūn】

以双庙自然村命名，原名王家双庙，因王姓人在村后修有两座庙而得名。1954年隶属城郊区；1958年命名中苏一大队，隶属国光公社；1962年隶属环城区；1966年为新建大队，隶属环城区；

1980年因重名改为双庙大队，隶属环城公社；1984年为双庙村，隶属环城区；1987年隶属环城乡；1988年隶属环城街道办事处至今。位于环城街道办事处西北5千米。东邻袁庄社区，南界西郊水库，西至刘楼村，北至玉皇村。辖7个自然村，总面积5.84平方千米，耕地面积222.59公顷。397户，1515人。主产水稻、小麦、杂粮，兼种果蔬，发展养殖业。寺沙路过境，村委会驻蒋庄。

陈岗【Chéngǎng】 以姓氏和地形综合命名。因陈姓居住岗顶而得名。1958年隶属中苏一大队；1966年隶属新建大队；1980年隶属双庙大队；1984年隶属双庙村至今。位于村委会北1千米。东邻钟庄，南界蒋庄，西至刘楼村前刘楼，北至玉皇村周统。总面积0.61平方千米，耕地面积25.1公顷。54户，220人。主产小麦、玉米，兼有商贸业。村落形态呈散状，房屋结构以楼房为主。

何庄【Hézhuāng】 以姓氏命名。因何姓聚居而得名何家洼子，后改为何庄。1958年隶属中苏一大队；1966年隶属新建大队；1980年隶属双庙大队；1984年隶属双庙村至今。位于村委会东南1千米。东邻钟庄，南界王庄，西至杨岗，北至蒋庄。总面积0.65平方千米，耕地面积32.78公顷。49户，200人。主产水稻、小麦、杂粮，兼种果蔬，发展养殖业。村落形态呈线状，房屋结构以平房和楼房为主。

蒋庄【Jiǎngzhuāng】 以姓氏命名。因蒋姓聚居而得名。1958年隶属中苏一大队；1966年隶属新建大队；1980年隶属双庙大队；1984年隶属双庙村至今。村委会驻地。东邻袁庄社区袁庄，南界何庄，西至杨岗，北连钟庄。总面积0.2平方千米，耕地面积15.98公顷。48户，165人。主产小麦、水稻、杂粮，兼种莲藕、风景树。村中有休闲蒋家大堰农家饭庄，寺沙路过境。村落形态呈散状，房屋结构以平房和楼房为主。

刘庄【Liúzhuāng】 以姓氏命名。因刘姓聚居而得名。1958年隶属刘楼大队；1984年隶属刘楼村；1993年从刘楼村划出，并入双庙村至今。位于村委会西南4千米。东邻王庄，南界西郊水库，北连杨岗，西至刘楼村何庄。总面积1.61平方千米，耕地面积54.7公顷。59户，240人。主产水稻、小麦，兼种杂粮，发展养殖业。村落形态呈线状，房屋结构以平房和楼房为主。

王庄【Wángzhuāng】 以姓氏命名。因王姓聚居而得名，早年王庄后岗大路两旁建有两座小庙，当地百姓叫王家双庙，后因战乱庙毁，改称王庄。1958年隶属中苏一大队；1966年隶属新建大队；1980年隶属双庙大队；1984年隶属双庙村至今。位于村委会西南3千米。东邻袁庄社区袁庄，南界西郊水库，北连杨岗，西至刘庄。总面积1.66平方千米，耕地面积53.30公顷。91户，330人。主产水稻、小麦，兼发展水产养殖业。村落形态呈线状，房屋结构以平房和楼房为主。

杨岗【Yánggǎng】 以姓氏和地形综合命名。因杨姓居住岗上而得名。1958年隶属中苏一大队；1966年隶属新建大队；1980年隶属双庙大队；1984年隶属双庙村至今。位于村委会西1千米。东邻蒋庄，南界王庄，西至刘楼村毛堰，北连陈岗。总面积0.3平方千米，耕地面积24.68公顷。37户，150人。主产小麦、水稻，兼种果树。村落形态呈线状，房屋结构以平房和楼房为主。

钟庄【Zhōngzhuāng】 以姓氏命名。因钟姓聚居而得名。1958年隶属中苏一大队；1966年隶属新建大队；1980年隶属双庙大队；1984年隶属双庙村至今。位于村委会东北1.4千米。东邻袁庄社区袁庄，南界蒋庄，西至刘楼村毛堰，北连陈岗。总面积0.81平方千米，耕地面积16.05公顷。59户，210人。主产小麦、玉米、杂粮，兼种果树。村落形态呈线状，房屋结构以平房和楼房为主。

孙井村【Sūnjǐngcūn】

以孙井自然村命名。1958年为孙井大队，隶属国光公社；1962年隶属环城区；1975年隶属环城公社；1984年为孙井村，隶属环城区；1987年隶属环城乡；1988年隶属环城街道办事处。位于环城街道办事处东北4.8千米。东邻董田村，南界八里社区、花果园村，西至沙河，北连十里庙村。辖6个自然村，总面积4平方千米，耕地面积134.7公顷。437户，1830人。主产水稻、小麦、棉花，兼种蔬菜。村委会驻王庄。

李庄【Lǐzhuāng】 以姓氏命名。因李姓聚居而得名。1958年隶属孙井大队；1984年隶属孙井村至今。位于村委会东北1.5千米。东邻董田村董庄，南界吴庄，西至孙井，北连十里村十里庙。总面积0.5平方千米，耕地面积17公顷。55户，230人。主产水稻、小麦、棉花，兼种蔬菜。村落形态呈散状，房屋结构以平房和楼房为主。

刘家河湾【Liújiāhéwān】 以姓氏和河流综合命名。因刘姓聚居河湾边而得名。1958年隶属孙井大队；1984年隶属孙井村至今。位于村委会西南1千米。东邻王庄，南界花果园村陶庄，西至沙河，北连田家窑。总面积0.5平方千米，耕地面积20公顷。49户，230人。主产水稻、小麦、棉花，兼种蔬菜。村落形态呈散状，房屋结构以平房和楼房为主。

孙井【Sūnjǐng】 以姓氏和水井综合命名。因孙姓聚居且村中有一口水井而得名。1958年隶属孙井大队；1984年隶属孙井村至今。位于村委会北1千米。东邻李庄，南界田家窑，西至沙河，北连十里村南庄。总面积1平方千米，耕地面积34公顷。110户，460人。主产水稻、小麦、棉花，兼种蔬菜。村落形态呈散状，房屋结构以平房和楼房为主。

田家窑【Tiánjiāyáo】 以姓氏和砖瓦窑综合命名。因田姓聚居，附近修有砖瓦窑而得名。1958年隶属孙井大队；1984年隶属孙井村至今。位于村委会西500米。东邻王庄，南界刘家河湾，西至沙河，北连孙井。总面积0.5平方千米，耕地面积15公顷。58户，220人。主产水稻、小麦、棉花，兼种蔬菜。村落形态呈散状，房屋结构以平房和楼房为主。

王庄【Wángzhuāng】 以姓氏命名。因王姓聚居而得名。1958年隶属孙井大队；1984年隶属孙井村至今。村委会驻地。东邻吴庄，南界八里村李庄，西至刘家河湾，北连孙井。总面积0.5平方千米，耕地面积15公顷。56户，230人。主产水稻、小麦、棉花，兼种蔬菜。村落形态呈散状，房屋结构以平房和楼房为主。

吴庄【Wúzhuāng】 以姓氏命名。因吴姓聚居而得名。1958年隶属孙井大队；1984年隶属孙井村至今。位于村委会东1千米。东邻吴庄水库、吴家庙，南界八里，西至王庄，北连李庄。总面积1平方千米，耕地面积33.7公顷。109户，460人。主产水稻、小麦、棉花，兼种蔬菜。村落形态呈散状，房屋结构以平房和楼房为主。

土铺村【Tǔpùcūn】

以土铺自然村命名。1958年为土铺大队，隶属国光公社；1961年隶属环城区；1975年隶属环城公社；1984年为土铺村，隶属环城区；1987年隶属环城乡；1988年隶属环城街道办事处至今。位于环城街道办事处西南8.5千米。东邻南城街道办事处太平岗村，南界南城街道办事处毛河村，西至琚湾镇青龙村，北连柿子园村。辖1个自然村，总面积2.25平方千米，耕地面积59.2公顷。217户，900人。主产小麦、水稻、棉花和玉米，兼种蔬菜。枣琚路过境，村委会驻土铺村西端。

土铺【Tǔpù】 以建筑物和经济形态综合命名。因街西边有座土桥，街内开有杂货铺，故名。1958年隶属土铺大队；1984年隶属土铺村至今。村委会驻地。总面积2.25平方千米，耕地面积59.2公顷。217户，900人。主产小麦、水稻、棉花、玉米，兼种蔬菜。村落形态呈线状，房屋结构以楼房为主。

王寨村【Wángzhàicūn】

以下王寨自然村命名。1958年为王寨大队，隶属国光公社；1961年隶属环城区；1975年隶属环城公社；1984年为王寨村，隶属环城区；1987年隶属环城乡；1988年隶属环城街道办事处至今。位于环城街道办事处西北9千米。东邻西郊社区，南界崔庄村，西至赵集村，北连杨坡村。辖10个自然村，总面积5平方千米，耕地面积357.24公顷。470户，1776人。主产小麦、玉米、水稻，兼种果蔬。村委会驻大袁庄。

大袁庄【Dàyuánzhuāng】 以姓氏和规模综合命名。因袁姓聚居且村较大而得名。1958年隶属王寨大队；1984年隶属王寨村至今。村委会驻地。东邻小袁庄，南界下王寨，西至田家洼，北连吴家洼。总面积0.7平方千米，耕地面积45.6公顷。66户，230人。主产小麦、玉米、水稻，兼种果蔬。村落形态呈团状，房屋结构以平房和楼房为主。

刘庄【Liúzhuāng】 以姓氏命名。因刘姓聚居而得名。1958年隶属王寨大队；1984年隶属王寨村至今。位于村委会东南1.1千米。东邻西郊社区吴庄，南界马庄，西至施庄，北连下王庄。总面积0.5平方千米，耕地面积33.1公顷。43户，160人。主产小麦、玉米、水稻，兼种果蔬。村落形态呈团状，房屋结构以平房和楼房为主。

马庄【Mǎzhuāng】 以姓氏命名。因马姓聚居而得名。1958年隶属王寨大队；1984年隶属王寨村至今。位于村委会南1.5千米。东邻西郊社区尹庄，南界崔庄村罗沟庄，西至崔庄村王庄，北连刘庄。总面积0.6平方千米，耕地面积49.6公顷。55户，190人。主产小麦、玉米、水稻等。村落形态呈团状，房屋结构以平房和楼房为主。

盘李庄【Pánlǐzhuāng】 以姓氏命名。因盘、李两姓聚居而得名。1958年隶属王寨大队；1984年隶属王寨村至今。位于村委会西北1千米。东邻田家洼，南界武家油坊，西至齐集村油坊庄，北连齐集村南寨。总面积0.6平方千米，耕地面积39.1公顷。55户，220人。主产小麦、玉米、水稻。村落形态呈散状，房屋结构以平房和坡房为主。

施庄【Shīzhuāng】 以姓氏命名。因施姓聚居而得名。1958年隶属王寨大队；1984年隶属王寨村至今。位于村委会西南800米。东邻刘庄，南界崔庄村王庄，西至赵集村西杨庄，北连大袁庄。总面积0.6平方千米，耕地面积 50 公顷。44 户，160 人。主产小麦、玉米、水稻。村落形态呈团状和散状，房屋结构以楼房为主。

田家洼【Tiánjiāwā】 以姓氏和地形综合命名。因田姓聚居凹地而得名。1958 年隶属王寨大队；1984 年隶属王寨村至今。位于村委会西北 500 米。东邻大袁庄，南界万庄，西至盘李庄，北连吴家洼。总面积 0.35 平方千米，耕地面积 22.24 公顷。36 户，150 人。主产小麦、玉米、水稻等。村落形态呈团状，房屋结构以楼房为主。

万庄【Wànzhuāng】 以姓氏命名。因万姓聚居而得名。1958 年隶属王寨大队；1984 年隶属王寨村至今。位于村委会西 700 米。东邻田家洼，南界赵集村杨庄，西至赵集村西杨庄，北连盘李庄。总面积 0.6 平方千米，耕地面积 49.8 公顷。59 户，210 人。主产小麦、玉米、水稻。村落形态呈团状，房屋结构以平房和坡房为主。

吴家洼【Wújiāwā】 以姓氏和地形综合命名。因吴姓聚居凹地而得名。1958 年隶属王寨大队；1984 年隶属王寨村至今。位于村委会北部 800 米。东邻西郊社区小陈庄，南界大袁庄，西至盘李庄，北连杨坡村下杨坡。总面积 0.3 平方千米，耕地面积 19.5 公顷。26 户，110 人。主产小麦、水稻。村落形态呈团状，房屋结构以楼房为主。

下王寨【Xiàwángzhài】 以方位、姓氏和建筑物综合命名。王姓分居南北相邻两村，村周都修有寨墙，此村在南，故名。1958 年隶属王寨大队；1984 年隶属王寨村至今。位于村委会东南 700 米。东邻西郊社区吴庄，南界刘庄，西至施庄，北连小袁庄。总面积 0.4 平方千米，耕地面积 25.8 公顷。44 户，170 人。主产小麦、玉米、水稻。村落形态呈团状，房屋结构以楼房为主。

小袁庄【Xiǎoyuánzhuāng】 以姓氏和规模综合命名。因袁姓聚居且村较小而得名。1958 年隶属王寨大队；1984 年隶属王寨村至今。位于村委会东北 500 米。东邻三杰麦面集团，南界下王寨，西至大袁庄，北连西郊社区小陈庄。总面积 0.35 平方千米，耕地面积 22.5 公顷。42 户，176 人。主产小麦、玉米、水稻，兼种果蔬。村落形态呈团状，房屋结构以平房和楼房为主。

下河村【Xiàhécūn】

以东、西下河自然村命名。1958 年为下河大队，隶属国光公社；1961 年隶属环城区；1975 年隶属环城公社；1984 年为下河村，隶属环城区；1987 年隶属环城乡；1988 年隶属环城街道办事处至今。位于环城街道办事处北 8 千米。东邻上河村，南界刘桥水库，西至坡下村，北连太平镇黄王庄村。辖 5 个自然村，总面积 2.1 平方千米，耕地面积 180 公顷。144 户，690 人。主产小麦、水稻、杂粮，兼种果树、药材。村委会驻邬庄。

杜楼【Dùlóu】 以姓氏和建筑物综合命名。杜姓聚居，此处地势较高远看像楼，故名。1958 年隶属下河大队；1984 年隶属下河村至今。位于村委会东北 1.2 千米。东邻太平镇黄王庄村闵庄，南界下河西，西至李桥，北连太平镇黄王村黄王庄。总面积 0.4 平方千米，耕地面积 34 公顷。21 户，90 人。主产小麦、水稻、玉米，兼种果树。村落形态呈散状，房屋结构以坡房和楼房为主。

李桥【Lǐqiáo】 以姓氏和建筑物综合命名。因李姓聚居桥边而得名。1958 年隶属下河大队；1984 年隶属下河村至今。位于村委会西北部 1.2 千米。东邻杜楼，南界邬庄，西至坡下村赵庄，北连坡下村张岗。总面积 0.5 平方千米，耕地面积 30 公顷。22 户，110 人。主产小麦、水稻、玉米，兼种药材。村落形态呈散状，房屋结构以平房和楼房为主。

邬庄【Wūzhuāng】 以姓氏命名。因邬姓聚居而得名。1958 年隶属下河大队；1984 年隶属下河村至今。村委会驻地。东邻下河西，南界刘桥水库，西至刘桥水库，北连杜楼。总面积 0.4 平方千米，耕地面积 51 公顷。40 户，180 人。主产小麦、水稻、玉米。村落形态呈散状，房屋结构以平房和楼房为主。

下河西【Xiàhéxī】 以方位和河流综合命名。因地处十八里河下游西部而得名。1958 年隶属下河大队；1984 年隶属下河村至今。位于村委会东北 700 米。东邻下河东，南界刘桥水库，西至邬庄，北连杜楼。总面积 0.4 平方千米，耕地面积 37 公顷。29 户，150 人。主产小麦、水稻、玉米，兼种蔬菜。村落形态呈散状，房屋结构以平房和楼房为主。

下河东【Xiàhédōng】 以方位和河流综合命名。因建于十八里河下游东部而得名。1958 年隶属下河大队；1984 年隶属下河村至今。位于村委会东 800 米。东邻上河村上河，南界刘桥水库，西至下河西，北连太平镇黄王庄村闵庄。总面积 0.4 平方千米，耕地面积 28 公顷。32 户，160 人。主产小麦、水稻、玉米，兼种果树。村落形态呈散状，房屋结构以坡房和楼房为主。

杨坡村【Yángpōcūn】

以上、下杨坡自然村命名。1958 年为红峰大队，隶属国光公社；1961 年隶属环城区；1969 年为杨坡大队；1975 年隶属环城公社；1984 年为杨坡村，隶属环城区；1987 年隶属环城乡；1988 年隶属环城办事处至今。位于环城街道西北 13 千米。东邻二郎庙村，南界齐集村、王寨村，西至七方镇三官村，北连七方镇张桥村、环城街道办事处刘桥村。辖 12 个自然村，总面积 10.05 平方千米，耕地面积 447.4 公顷。476 户，1780 人。主产水稻、小麦、杂粮，兼种果蔬，发展养殖业。吴刘路过境，村委会设上杨坡与东杨岗之间。

北庄【Běizhuāng】 以方位命名。因建村于西杨岗北而得名。1958 年隶属红峰大队；1969 年隶属杨坡大队；1984 年隶属杨坡村至今。位于村委会东 1.5 千米。东邻九口堰，南界杨岗，西至杨楼，北连刘桥村刘桥。总面积 0.8 平方千米，耕地面积 27.7 公顷。20 户，70 人。主产水稻、小麦、杂粮。村落形态呈团状，房屋结构以平房和楼房为主。

东杨岗【Dōngyánggǎng】 以方位、姓氏和地形综合命名。因杨姓聚居岗东而得名。1958 年隶属红峰大队；1969 年隶属杨坡大队；1984 年隶属杨坡村至今。位于村委会北 100 米。东邻李庄，南界上杨坡，西至西杨岗，北连九口堰。总面积 1.2 平方千米，耕地面积 45 公顷。70 户，220 人。主产水稻、小麦、杂粮，兼发展水产养殖业。村落形态呈团状，房屋结构以平房和楼房为主。

段岗【Duàngǎng】 以姓氏和地形综合命名。因段姓聚居岗上而得名。1958 年隶属红峰大队；1969 年隶属杨坡大队；1984 年隶属杨坡村至今。位于村委会东 2 千米。东邻杨楼，南界齐集村胡坡，西至七方镇申冲村刘家洼，北连七方镇张桥村张桥庄。总面积 1.25 平方千米，耕地面积 55 公顷。35 户，110 人。主产水稻、小麦、杂粮。村落形态呈团状，房屋结构以平房和楼房为主。

九口堰【Jiǔkǒuyàn】 以堰塘数量命名。因村前有相连的九口堰而得名。1958年隶属红峰大队；1969年隶属杨坡大队；1984年隶属杨坡村至今。位于杨坡村委会东北1千米。东邻刘桥水库，南界李庄，西至北庄，北连二郎庙村齐家窝托。总面积1.1平方千米，耕地面积49公顷。40户，170人。主产水稻、小麦、杂粮。村落形态呈团状，房屋结构以平房和楼房为主。

李庄【Lǐzhuāng】 以姓氏命名。因李姓聚居而得名。1958年隶属红峰大队；1969年隶属杨坡大队；1984年隶属杨坡村至今。位于村委会东500米。东邻二郎庙村老齐集，南界杨庄，西至上杨坡，北连九口堰。总面积0.5平方千米，耕地面积21.5公顷。33户，130人。主产水稻、小麦、杂粮，兼种果树。村落形态呈团状，房屋结构以平房和楼房为主。

上杨坡【Shàngyángpō】 以方位、姓氏和地形综合命名。因杨姓聚居相邻二村，此村位北而得名。1958年隶属红峰大队；1969年隶属杨坡大队；1984年隶属杨坡村至今。位于村委会南100米。东邻李庄，南界下杨坡，西至唐庄，北连东杨岗。总面积0.8平方千米，耕地面积36公顷。61户，280人。主产水稻、小麦、杂粮。村落形态呈团状，房屋结构以平房和楼房为主。

唐庄【Tángzhuāng】 以姓氏命名。因唐姓聚居而得名。1958年隶属红峰大队；1969年隶属杨坡大队；1984年隶属杨坡村至今。位于村委会东800米。东邻上杨坡，南界齐集村齐集，西至钟庄，北连杨岗。总面积0.6平方千米，耕地面积26.5公顷。26户，80人。主产水稻、小麦、杂粮。村落形态呈团状，房屋结构以平房和楼房为主。

韦庄【Wěizhuāng】 以姓氏命名。因韦姓聚居而得名。1958年隶属红峰大队；1969年隶属杨坡大队；1984年隶属杨坡村至今。位于村委会东1千米。东邻二郎庙村大陈庄，南界西郊村小陈庄，西至下杨坡，北连李庄。总面积0.5平方千米，耕地面积26.1公顷。27户，100人。主产水稻、小麦、杂粮，兼种蔬菜。村落形态呈团状，房屋结构以平房和楼房为主。

西杨岗【Xīyánggǎng】 以方位、姓氏和地形综合命名。因杨姓聚居岗西而得名。1958年隶属红峰大队；1969年隶属杨坡大队；1984年隶属杨坡村至今。位于村委会东1千米。东邻东杨岗，南界唐庄，西至杨楼，北连北庄。总面积0.6平方千米，耕地面积33.2公顷。32户，110人。主产水稻、小麦、杂粮。村落形态呈团状，房屋结构以平房和楼房为主。

下杨坡【Xiàyángpō】 以方位、姓氏和地形综合命名。因杨姓聚居相邻二村，此村位南而得名。1958年隶属红峰大队；1969年隶属杨坡大队；1984年隶属杨坡村至今。位于村委会南700米。东邻韦庄，南界王寨村吴家洼，西至唐庄，北连上杨坡。总面积0.8平方千米，耕地面积32.5公顷。60户，240人。主产水稻、小麦、杂粮，兼发展养殖业。村落形态呈团状，房屋结构以平房和楼房为主。

杨楼【Yánglóu】 以姓氏和建筑物综合命名。因杨姓聚居且村内有一楼而得名。1958年隶属红峰大队；1969年隶属杨坡大队；1984年隶属杨坡村至今。位于村委会东1.5千米。东邻西杨岗，南界齐集村何庄，西至短岗，北连七方镇张桥村张桥。总面积1.2平方千米，耕地面积60.4公顷。40户，170人。主产水稻、小麦、杂粮，兼种果树。村落形态呈团状，房屋结构以平房和楼房为主。

钟庄【Zhōngzhuāng】 以姓氏命名。因钟姓聚居而得名。1958年隶属红峰大队；1969年隶属杨坡大队；1984年隶属杨坡村至今。位于村委会西1千米。东邻唐庄，南界齐集村齐集，西至杨楼，北连西杨岗。

总面积 0.7 平方千米，耕地面积 34.5 公顷。32 户，100 人。主产水稻、小麦、杂粮。村落形态呈团状，房屋结构以平房和楼房为主。

玉皇村【Yùhuángcūn】

以寺庙命名。在中华人民共和国成立前此地有一座玉皇大帝庙，每逢重大节日，临近的群众都来烧香拜佛，故名。1954 年隶属城郊区；1958 年为玉皇大队，隶属国光公社；1962 年隶属环城区；1975 年隶属环城公社；1984 年为玉皇村，隶属环城区；1987 年隶属环城乡；1988 年隶属环城街道办事处至今。位于环城街道办事处北 8.8 千米。东邻叶庄村、鹿头镇蒋庄村，南界袁庄村、双庙村，西至刘楼村，北连上河村。辖 10 个自然村，总面积 10.9 平方千米，耕地面积 368 公顷。456 户，1860 人。主产小麦、玉米、水稻，兼种果蔬。枣鹿公路过境，村委会驻玉皇加油站旁。

胡庄【Húzhuāng】 以姓氏命名。因胡姓聚居而得名。1958 年隶属玉皇大队；1984 年隶属玉皇村至今。位于村委会东南 2.5 千米。东邻叶庄村郭庄，南界袁庄村袁庄，西至赵庄，北连村中心水库。总面积 1.2 平方千米，耕地面积 30 公顷。44 户，190 人。主产小麦、玉米、水稻，兼种果蔬。村落形态呈散状，房屋结构以平房和楼房为主。

吉店【Jídiàn】 以姓氏和店铺综合命名。因吉姓聚居且开过饭店而得名。1958 年隶属玉皇大队；1984 年隶属玉皇村至今。位于村委会东南 800 米。东邻卢庄，南界中干渠，西至寺沙公路，北连曾庄。总面积 1.3 平方千米，耕地面积 50 公顷。64 户，260 人。主产小麦、水稻、玉米，兼种果蔬。村落形态呈散状，房屋结构以平房和楼房为主。

林场【Línchǎng】 原为村林场居住地，故以此命名。1958 年隶属玉皇大队；1984 年隶属玉皇村至今。位于村委会北 500 米。东邻寺沙公路，南界北干渠，西至刘楼村郭岗，北连上河村斋公湾。总面积 0.5 平方千米，耕地面积 6 公顷。15 户，70 人。主产小麦、玉米、水稻，兼种果蔬。村落形态呈散状，房屋结构以平房和楼房为主。

卢庄【Lúzhuāng】 以姓氏命名。因卢姓聚居而得名。1958 年隶属玉皇大队；1984 年隶属玉皇村至今。位于村委会东 1.5 千米。东邻叶卢庄，南界中干渠，西至吉店，北连曾庄。总面积 1 平方千米，耕地面积 35 公顷。40 户，150 人。主产小麦、玉米、水稻，兼种果蔬。村落形态呈散状，房屋结构以平房和楼房为主。

钱庄【Qiánzhuāng】 以姓氏命名。因钱姓聚居而得名。1958 年隶属玉皇大队；1984 年隶属玉皇村至今。位于村委会东北 3.5 千米。东邻鹿头镇蒋庄村新蒋庄，南界叶卢庄，西至曾庄，北连上河村卢坡。总面积 1.5 平方千米，耕地面积 50 公顷。45 户，180 人。主产小麦、玉米、水稻，兼种果蔬。村落形态呈散状，房屋结构以平房和楼房为主。

魏岗【Wèigǎng】 以姓氏和地形综合命名。因魏姓聚居岗地而得名。1958 年隶属玉皇大队；1984 年隶属玉皇村至今。位于村委会西 1 千米。东邻寺沙公路，南界中干渠，西至刘楼村郭岗，北连林场。总面积 1.2 平方千米，耕地面积 45 公顷。65 户，240 人。主产小麦、玉米、水稻，兼种果蔬。村落形态呈散状，房屋结构以平房和楼房为主。

叶卢庄【Yèlúzhuāng】 以姓氏命名。因叶、卢两姓聚居而得名。1958年隶属玉皇大队；1987年隶属玉皇村至今。位于村委会东3千米。东邻叶庄村老蒋庄，南界叶庄村郭庄，西至卢庄，北连钱庄。总面积1平方千米，耕地面积40公顷。36户，150人。主产小麦、玉米、水稻，兼种果蔬。村落形态呈散状，房屋结构以平房和楼房为主。

曾庄【Zēngzhuāng】 以姓氏命名。因曾姓聚居而得名。1958年隶属玉皇大队；1984年隶属玉皇村至今。位于村委会东北900米。东邻钱庄，南界卢庄，西至市殡仪馆，北连上河村张凹。总面积1.4平方千米，耕地面积55公顷。63户，260人。主产小麦、玉米、水稻，兼种果蔬。村落形态呈散状，房屋结构以平房和楼房为主。

赵庄【Zhàozhuāng】 以姓氏命名。因赵姓聚居而得名。1958年隶属玉皇大队；1984年隶属玉皇村至今。位于村委会东南2千米。东邻胡庄，南界袁庄村袁庄，西至双庙村聂庄，北连中干渠。总面积1平方千米，耕地面积22公顷。36户，180人。主产小麦、玉米、水稻，兼种果蔬。村落形态呈散状，房屋结构以平房和楼房为主。

周统【Zhōutǒng】 以人物命名。因周姓聚居且有一周姓人做过统制而得名。1958年隶属玉皇大队；1984年隶属玉皇村至今。位于村委会西800米。东邻寺沙公路，南界双庙村陈岗，西至魏岗，北连魏岗。总面积0.8平方千米，耕地面积35公顷。48户，180人。主产小麦、玉米、水稻，兼种蔬菜。村落形态呈散状，房屋结构以平房和楼房为主。

张家草堰村【Zhāngjiācǎoyàncūn】

以上、下草堰自然村命名。1954年隶属城郊区；1958年为张岗大队，隶属国光公社；1962年隶属环城区；1975年隶属环城公社；1980年因重名改为张家草堰大队，隶属环城公社；1984年为张家草堰村；1987年隶属环城乡；1988年隶属环城街道办事处至今。位于环城街道办事处东12千米。东邻刘升镇榆树村，南界兴隆镇白土村，西至东郊村，北连刘升镇谢湾村。辖13个自然村，总面积4.62平方千米，耕地面积258公顷。235户，890人。主产水稻、小麦、玉米，兼种果蔬、发展养殖业等。枣刘路过境，村委会驻上张岗。

北庄【Běizhuāng】 以方位命名。因村子建在一棵大黄楝树之北而得名。1958年隶属张岗大队；1980年隶属张家草堰大队；1984年隶属张家草堰村至今。位于村委会西南1.2千米。东邻聋子湾，南界庄虎，西至东郊村何家岗，北连上张岗。总面积0.4平方千米，耕地面积33公顷。30户，100人。主产水稻、小麦、玉米、花生，兼种果树。村落形态呈线状，房屋结构以平房和坡房为主。

草屋庄【Cǎowūzhuāng】 以建筑物命名。因初建村时草屋多而得名。1958年隶属张岗大队；1980年隶属张家草堰大队；1984年隶属张家草堰村至今。位于村委会北900米。东邻刘升镇榆树村孙家湾，南界大楼子湾，西至杨家湾，北连小楼子湾。总面积0.12平方千米，耕地面积10公顷。6户，30人。主产水稻、小麦、玉米、花生。村落形态呈散状，房屋结构以坡房为主。

椿树湾【Chūnshùwān】 以植物命名。因村里椿树多而得名。1958年隶属张岗大队；1980年隶属张家草堰大队；1984年隶属张家草堰村至今。位于村委会东南1.8千米。东邻刘升镇榆树村孙家湾，南界兴隆镇白土村胡家湾，西至枣树林，北连新庄。总面积0.3平方千米，耕地面积23公顷。16户，60人。主产水稻、小麦、玉米、花生。村落形态呈散状，房屋结构以坡房为主。

大楼子湾【Dàlóuziwān】 以村子规模和建筑物综合命名。因村子较大且村内有座楼而得名。1958年隶属张岗大队；1980年隶属张家草堰大队；1984年隶属张家草堰村至今。位于村委会北800米。东邻刘升镇榆树村大西湾，南界上张岗，西至杨家湾，北连小楼子湾。总面积0.2平方千米，耕地面积10公顷。12户，40人。主产水稻、小麦、玉米、花生。村落形态呈散状，房屋结构以坡房为主。

聋子湾【Lóngziwān】 以人物的特点命名。因该村过去代代都有聋人而得名。1958年隶属张岗大队；1980年隶属张家草堰大队；1984年隶属张家草堰村至今。位于村委会南1.5千米。东邻新庄，南界枣树林，西至庄虎，北连上张岗。总面积0.2平方千米，耕地面积10公顷。10户，40人。主产水稻、小麦、玉米，兼种蔬菜。村落形态呈散状，房屋结构以坡房为主。

上草堰【Shàngcǎoyàn】 以方位和植物综合命名。因相邻二村建在长满杂草的大堰上下，此村位北而得名。1958年隶属张岗大队；1980年隶属张家草堰大队；1984年隶属张家草堰村至今。位于村委会东1千米。东邻刘升镇榆树村张家湾，南界小东庄，西至上张岗，北连刘升镇谢湾村谢湾。总面积0.5平方千米，耕地面积40公顷。30户，110人。主产水稻、小麦、玉米，兼种桃树。村落形态呈散状，房屋结构以坡房为主。

上张岗【Shàngzhānggǎng】 以方位和地形综合命名。因张姓居住岗两头，此村位北而得名。1958年隶属张岗大队；1980年隶属张家草堰大队；1984年隶属张家草堰村至今。位于村委会东100米。东邻下草堰，南界聋子湾，西至东郊村何家岗，北连大楼子湾。总面积0.5平方千米，耕地面积33公顷。36户，150人。主产水稻、小麦、玉米，兼种桃树。村落形态呈线状，房屋结构以平房为主。

新庄【Xīnzhuāng】 以建村时间命名。1958年隶属张岗大队；1980年隶属张家草堰大队；1984年隶属张家草堰村至今。位于村委会东南1.6千米。东邻刘升镇榆树村孙家湾，南界椿树湾，西至聋子塆，北连小东庄。总面积0.2平方千米，耕地面积10公顷。10户，30人。主产水稻、小麦、玉米、花生。村落形态呈散状，房屋结构以平房为主。

下草堰【Xiàcǎoyàn】 以方位和植物综合命名。因相邻二村建在长有杂草的大堰上下，此村位南而得名。1958年隶属张岗大队；1980年隶属张家草堰大队；1984年隶属张家草堰村至今。位于村委会东900米。东邻刘升镇榆树村张家湾，南界小东庄，西至上张岗，北连上草堰。总面积0.5平方千米，耕地面积38公顷。36户，140人。主产水稻、小麦、玉米、花生。村落形态呈散状，房屋结构以平房为主。

小东庄【Xiǎodōngzhuāng】 以方位和面积综合命名。因村小且建在一棵黄楝树之东而得名。1958年隶属张岗大队；1980年隶属张家草堰大队；1984年隶属张家草堰村至今。位于村委会东南1.5千米。东邻刘升镇榆树村孙家湾，南界新庄，西至北庄，北连下草堰。总面积0.2平方千米，耕地面积10公顷。10户，30人。主产水稻、小麦、玉米、花生。村落形态呈散状，房屋结构以坡房为主。

小楼子湾【Xiǎolóuziwān】 以村子规模和建筑物综合命名。因村小且有座楼而得名。1958年隶属张岗大队；1980年隶属张家草堰大队；1984年隶属张家草堰村至今。位于村委会北1千米。东邻草屋庄，南界大楼子湾，西至杨新庄，北连下赵垱村下赵垱。总面积0.11平方千米，耕地面积10公顷。10户，30人。

主产水稻、小麦、玉米、花生。村落形态呈散状，房屋结构以平房为主。

枣树林【Zǎoshùlín】 以植物命名。因村内枣树多而得名。1958年隶属张岗大队；1980年隶属张家草堰大队；1984年隶属张家草堰村至今。位于村委会东南2千米。东邻刘升镇榆树村孙家湾，南界东郊水库，西至东郊水库，北连聋子湾。总面积0.1平方千米，耕地面积5公顷。2户，10人。主产水稻、小麦、玉米、花生，兼发展水产养殖。村落形态呈散状，房屋结构以平房为主。

庄虎【Zhuānghǔ】 以传说命名。因传说该村中曾卧过虎而得名。1958年隶属张岗大队；1980年隶属草堰大队；1984年隶属张家草堰村至今。位于村委会南1.5千米。东邻聋子湾，南界东郊水库，西至东郊水库，北连北庄。总面积0.3平方千米，耕地面积26公顷。27户，120人。主产水稻、小麦、玉米，兼种果蔬。村落形态呈散状，房屋结构以平房为主。

赵挡村【Zhàodàngcūn】

以上、下赵挡自然村命名。1954年隶属城郊区；1958年为赵挡大队，隶属国光公社；1962年隶属环城区；1975年隶属环城公社；1984年为赵挡村，隶属环城区；1987年隶属环城乡，1988年隶属环城街道办事处至今。位于环城街道办事处东7.6千米。东邻刘升镇谢湾村，南界东郊村，西至侯井村，北连上挡村。辖20个自然村，总面积5平方千米，耕地面积321.3公顷。366户，1387人。主产水稻、小麦、玉米、棉花、油料，兼种果蔬。辖区内驻有枣阳市金龙水泥有限公司。枣刘路过境，村委会驻龚家湾。

东庄【Dōngzhuāng】 以地理位置命名。因村建在上陈家冲的东边而得名。1958年隶属赵挡大队；1984年隶属赵挡村至今。位于村委会东北1.5千米。东邻谢湾村柏树庄，南界大仙山，西至上陈家冲，北连枣阳市畜牧场。总面积0.3平方千米，耕地面积22公顷。21户，80人。主产水稻、小麦、玉米，兼种果蔬、油料。村落形态呈团状，房屋结构以平房为主。

杜冲【Dùchōng】 以姓氏和地形综合命名。因杜姓聚居山冲旁而得名。1958年隶属赵挡大队；1984年隶属赵挡村至今。位于村委会东1.1千米。东邻刘升镇谢湾村倪家湾，南界刘枣公路，西至大仙山，北连西庄。总面积0.35千米，耕地面积30公顷。33户，130人。主产水稻、小麦、玉米，兼种果蔬、油料。村落形态呈线状，房屋结构以楼房为主。

龚家湾【Gōngjiāwān】 以姓氏命名。因龚姓聚居而得名。1958年隶属赵挡大队；1984年隶属赵挡村至今。村委会驻地。东邻大山坡，南界赵家小庄，西至刘家山洼，北连西庄。总面积0.3平方千米，耕地面积28.5公顷。32户，100人。主产水稻、小麦、玉米、棉花，兼种果蔬。村落形态呈散状，房屋结构以楼房为主。

和尚庄【Héshàngzhuāng】 以人物命名。因村子曾住过一个和尚而得名。1958年隶属赵挡大队；1984年隶属赵挡村至今。位于村委会西南1千米。东邻新庄，南界杨新庄，西至侯家小庄，北连杜家小庄。总面积0.2平方千米，耕地面积8公顷。5户，20人。主产水稻、小麦、玉米，兼种果蔬。村落形态呈散状，房屋结构以楼房为主。

侯家小庄【Hóujiāxiǎozhuāng】 以姓氏和规模综合命名。因侯姓聚居且村子较小而得名。1958年隶属赵垱大队；1958年隶属赵垱村至今。位于村委会西南900米。东邻和尚庄，南界东郊村杨新庄，西至侯井村侯河，北连下河水田。总面积0.16平方千米，耕地面积12公顷。11户，40人。主产水稻、小麦、玉米，兼种果蔬、油料。村落形态呈团状，房屋结构以楼房为主。

老西庄【Lǎoxīzhuāng】 以方位命名。因村建在柏树庄的西边而得名。1958年隶属赵垱大队；1984年隶属赵垱村至今。位于村委会东北1.6千米。东邻刘升镇谢湾村柏树庄，南界王庄，西至大仙山，北连枣阳市畜牧场。总面积0.1平方千米，耕地面积5公顷。5户，20人。主产水稻、小麦、玉米，兼种果蔬、油料。村落形态呈散状，房屋结构以坡房为主。

刘家山洼【Liújiāshānwā】 以姓氏和地形综合命名。因刘姓聚居山洼而得名。1958年隶属赵垱大队；1958年隶属赵垱村至今。位于村委会西600米。东邻龚家湾，南界侯家小庄，西至下河水田，北连下陈家冲。总面积0.16平方千米，耕地面积14公顷。2户，40人。主产水稻、小麦、玉米，兼种果蔬、油料。村落形态呈散状，房屋结构以平房为主。

刘庄【Liúzhuāng】 以姓氏命名。因刘姓聚居而而得名。1958年隶属赵垱大队；1984年隶属赵垱村至今。位于村委会东北1.2千米。东邻王庄，南界杜冲，西至大仙山，北连西庄。总面积0.35平方千米，耕地面积30公顷。32户，130人。主产水稻、小麦、玉米，兼种果蔬、油料。村落形态呈团状，房屋结构以楼房为主。

上陈家冲【Shàngchénjiāchōng】 以姓氏、方位和地形综合命名。因陈姓聚居一条冲的上部而得名。1958年隶属赵垱大队；1984年隶属赵垱村至今。位于村委会东北1.1千米。东邻东庄，南界老西庄，西至枣阳市金龙水泥有限公司，北连上垱村小董庄。总面积0.4平方千米，耕地面积22公顷。24户，90人。主产水稻、小麦、玉米，兼种果蔬、油料。村落形态呈散状，房屋结构以坡房为主。

上河水田【Shànghéshuǐtián】 以方位、河流和农田综合命名。因相邻三个村建在一条河的上、中、下游，农田靠河水灌溉，此村位北而得名。1958年隶属赵垱大队；1984年隶属赵垱村至今。位于村委会西北1千米。东邻下陈家冲，南界中河水田，西至红旭水库，北连孙家山。总面积0.2平方千米，耕地面积16公顷。19户，90人。主产水稻、小麦、玉米，兼种果蔬、油料。村落形态呈团状，房屋结构以楼房为主。

上赵垱【Shàngzhàodàng】 以方位、姓氏和地形综合命名。因赵姓聚居一条垱的相邻两村，此村位北而得名。1958年隶属赵垱大队；1984年隶属赵垱村至今。位于村委会东南900米。东邻北冲，南界下赵垱，西至赵家小庄，北连大仙山。总面积0.3平方千米，耕地面积20公顷。11户，50人。主产水稻、小麦、玉米，兼种果蔬、油料。村落形态呈团状，房屋结构以坡房为主。

孙家山【Sūnjiāshān】 以姓氏和地形综合命名。因孙姓聚居山坡而得名。1958年隶属赵垱大队；1984年隶属赵垱村至今。位于村委会西北1.2千米。东邻下陈家冲，南界上河水田，西至侯井村庙子岗，北连上垱村下河。总面积0.2平方千米，耕地面积10公顷。18户，60人。主产水稻、小麦、玉米，兼种果蔬、油料。村落形态呈线状，房屋结构以楼房为主。

王庄【Wángzhuāng】 以姓氏命名。因王姓聚居而得名。1958年隶属赵垱大队；1984年隶属赵垱村至今。位于村委会东1.2千米。东邻刘升镇谢湾村大罗庄，南界刘升镇谢湾村倪家湾，西至刘庄，北连西庄。总面积0.1平方千米，耕地面积3公顷。3户，10人。主产水稻、小麦、玉米，兼种果蔬、油料。村落形态呈散状，房屋结构以楼房为主。

西庄【Xīzhuāng】 以地理位置命名。因村建在中河水田的西边而得名。1958年隶属赵垱大队；1958年隶属赵垱村至今。位于村委会西1千米。东邻中河水田，南界下河水田，西至侯井村陈家湾，北连上河水田。总面积0.2平方千米，耕地面积10公顷。22户，100人。主产水稻、小麦、玉米，兼种果蔬、油料。村落形态呈团状，房屋结构以楼房为主。

下陈家冲【Xiàchénjiāchōng】 以姓氏、方位和地形综合命名。因陈姓聚居一条冲的下部而得名。1958年隶属赵垱大队；1984年隶属赵垱村至今。位于村委会北1.1千米。东邻西庄，南界龚家湾，西至上河水田，北连上垱村下垱。总面积0.3平方千米，耕地面积18.4公顷。24户，80人。主产水稻、小麦、玉米，兼种果蔬、油料。村落形态呈团状，房屋结构以楼房为主。

下河水田【Xiàhéshuǐtián】 以方位、河流和农田综合命名。因相邻三个村建在一条河的上、中、下游，农田靠河水灌溉，此村位南而得名。1958年隶属赵垱大队；1984年隶属赵垱村至今。位于村委会西700米。东邻刘家山洼，南界侯家小庄，西至侯井村侯河，北连中河水田。总面积0.18平方千米，耕地面积18.1公顷。15户，60人。主产水稻、小麦、玉米，兼种果蔬、油料。村落形态呈团状，房屋结构以楼房为主。

下赵垱【Xiàzhàodàng】 以方位、姓氏和地形综合命名。因赵姓聚居一条垱的相邻两村，此村位南而得名。1958年隶属赵垱大队；1984年隶属赵垱村至今。位于村委会东南1千米。东邻刘升镇谢湾村，南界东郊村何家岗，西至新庄，北连上赵垱。总面积0.5平方千米，耕地面积32.3公顷。38户，107人。主产水稻、小麦、玉米，兼种果蔬、油料。村落形态呈团状，房屋结构以平房为主。

新庄【Xīnzhuāng】 以建村时间命名。20世纪80年代，外来户和原北小庄住户迁居此地。1985年新建此庄，隶属赵垱村至今。位于村委会南600米。东邻赵家小庄，南界东郊村杨新庄，西至和尚庄，北连村小学。总面积0.2平方千米，耕地面积3公顷。9户，30人。主产水稻、小麦、玉米，兼种果蔬。村落形态呈散状，房屋结构以平房为主。

赵家小庄【Zhàojiāxiǎozhuāng】 以姓氏和规模综合命名。因赵姓聚居且村子较小而得名。1958年隶属赵垱大队；1984年隶属赵垱村至今。位于村委会东南500米。东邻上赵垱，南界下赵垱，西至新庄，北连龚家湾。总面积0.2平方千米，耕地面积5公顷。5户，20人。主产水稻、小麦、玉米，兼种果蔬。村落形态呈散状，房屋结构以坡房为主。

中河水田【Zhōnghéshuǐtián】 以方位、河流和农田综合命名。因相邻三个村建在一条河的上、中、下游，农田靠河水灌溉，此村居中而得名。1958年隶属赵垱大队；1984年隶属赵垱村至今。位于村委会西900米。东邻龚家湾，南界下河水田，西至西庄，北连上河水田。总面积0.3平方千米，耕地面积14公顷。37户，130人。主产水稻、小麦、玉米，兼种果蔬、油料。村落形态呈团状，房屋结构以楼房为主。

赵集村【Zhàojícūn】

以赵集自然村命名。1958年为赵集大队，隶属国光公社；1962年隶属环城区；1975年隶属环城公社；1984年为赵集村，隶属环城区；1987年隶属环城乡；1988年隶属环城街道办事处。位于环城街道办事处西10千米。东邻王寨村，南界崔庄村，西至琚湾镇程岗村，北连齐集村。辖7个自然村，总面积3.86平方千米，耕地面积277.37公顷。220户，840人。主产水稻、小麦、玉米。村委会驻赵集。

东杨庄【Dōngyángzhuāng】　以姓氏和方位综合命名。因杨姓分居相邻两村，此村位东而得名。1958年隶属赵集大队；1984年隶属赵集村至今。位于村委会东北1.1千米。东邻王寨村施庄，南界崔庄村秦庄，西至下井湾，北连王寨村万庄。总面积0.46平方千米，耕地面积31公顷。21户，90人。主产水稻、小麦、玉米，兼种果蔬、油料。村落形态呈团状，房屋结构以楼房为主。

齐岗【Qígǎng】　以姓氏和地形综合命名。因齐姓聚居岗上而得名。1958年隶属赵集大队；1984年隶属赵集村至今。位于村委会西北1.2千米。东邻齐集村油坊庄，南界弯李庄，西至齐集村马沟，北连齐集村下庄。总面积0.49平方千米，耕地面积34.67公顷。26户，100人。主产水稻、小麦、玉米，兼种果蔬、油料。村落形态呈团状，房屋结构以楼房为主。

宋庄【Sòngzhuāng】　以姓氏命名。因宋姓聚居而得名。1958年隶属赵集大队；1984年隶属赵集村至今。位于村委会西北300米。东邻东杨庄，南界赵集，西至西杨庄，北连弯李庄。总面积0.59平方千米，耕地面积41.3公顷。27户，110人。主产水稻、小麦、玉米，兼种果蔬、油料。村落形态呈团状，房屋结构以楼房为主。

弯李庄【Wānlǐzhuāng】　以姓氏和村落形状命名。因李姓聚居且村子布局呈弯曲状而得名。1958年隶属赵集大队；1984年隶属赵集村至今。位于村委会北600米。东邻下井湾，南界赵集，西至西杨庄，北连齐集村上井湾。总面积0.6平方千米，耕地面积46公顷。45户，130人。主产水稻、小麦、玉米，兼种果蔬、油料。村落形态呈团状，房屋结构以楼房为主。

西杨庄【Xīyángzhuāng】　以姓氏和方位综合命名。因杨姓分居相邻两村，此村位西而得名。1958年隶属赵集大队；1984年隶属赵集村至今。位于村委会西北900米。东邻弯李庄，南界宋庄，西至琚湾镇侯岗村汪庄，北连齐集村马沟。总面积0.62平方千米，耕地面积44.7公顷。30户，90人。主产水稻、小麦、玉米，兼种果蔬、油料。村落形态呈团状，房屋结构以楼房为主。

下井湾【Xiàjǐngwān】　以方位和水井综合命名。因村前有口水井，位于齐集村上井湾之南，故名。1958年隶属赵集大队；1984年隶属赵集村至今。位于村委会东北800米。东邻王寨村施庄，南界东杨庄，西至弯李庄，北连齐集村上井湾。总面积0.6平方千米，耕地面积45公顷。40户，190人。主产水稻、小麦、玉米，兼种果蔬、油料。村落形态呈团状，房屋结构以楼房为主。

赵集【Zhàojí】　以姓氏和集镇综合命名。因赵姓聚居且设集市，故名。1958年隶属赵集大队；1984年隶属赵集村至今。村委会驻地。东邻崔庄村秦庄，南界崔庄村蒋庄，西至琚湾镇程岗村黄庄，北连东杨庄。总面积0.5平方千米，耕地面积34.7公顷。31户，130人。主产水稻、小麦、玉米，兼种果蔬、油料。村落形态呈团状，房屋结构以楼房为主。

第三章　南城街道办事处

第一节　南城街道办事处概况

南城街道办事处【Nánchéng Jiēdào Bànshìchù】

1988年1月，枣阳撤县改市，将原城关镇一分为二以城区沙河为界，沙河以南为南城，故名。位于市政府南3千米。东邻兴隆镇，南界吴店镇，西至琚湾镇，北连北城街道办事处。总面积108.466平方千米，耕地面积5544.5公顷。截至2014年，有27065万户，辖区96324万人。辖13个社区，14个村，办事处驻光武大道83号。1988年1月成立；2011年4月乡镇机构改革，原梁集镇归属南城街道办事处至今。农业种植以水稻、小麦、玉米为主，随着种植结构不断调整，水果、蔬菜种植面积逐步扩张，畜禽和水产养殖户逐渐增多。工业以纺织服装、汽车配件、医药化工为主。2014年，有工业企业2467家，年产值千万元以上企业60家、百万元以上企业211家、十万元以上企业35家。个体工商经营户11000户，个体工业企业4020户。辖区内有45个农贸市场，20个金融网点。地方文化、乡土文化、民间传统文化丰富多样，威风锣鼓、舞龙灯、舞狮、划旱船、踩高跷等民间艺术形式广为流传。有41所幼儿园，专业幼师475人；11所村级小学、2所中心小学、2所初级中学，教师466人。1997年被省科学技术委员会批准为"省级星火计划密集区"，有科研机构18个，挂靠大专院校120所。先后组织实施星火计划项目31个，其中国家级14项，获省级星火计划一等奖1项。有卫生院9家、卫生所30个、村卫生室13个，专业医护人员673人，病床1063张。交通便利，汉丹铁路、316国道、寺沙省道穿境而过，5条城区公交线路。辖区内有枣阳汉城旅游风景区。

第二节 城市社区、居民点

惠岗社区【Huìgǎng Shèqū】

以惠岗居民点命名。1958年为惠岗大队,隶属国光公社;1984年为惠岗村,隶属环城区;1987年隶属城关镇,1988年隶属南城街道;2011年为惠岗社区,隶属南城街道办事处至今。位于南城街道办事处东4千米。东邻兴隆镇优良社区,南界吴店镇二郎社区,西至惠湾社区,北连张湾村。辖14个居民点,总面积4.5平方千米,耕地面积225.6公顷。561户,2290人。主产水稻、小麦,兼种油桃。汉丹铁路过境,居委会驻惠岗。

惠岗【Huìgǎng】 以姓氏和地形综合命名。因惠姓聚居岗地而得名。1958年隶属惠岗大队;1984年隶属惠岗村;2011年隶属惠岗社区至今。居委会驻地。东邻兴隆镇优良社区四方湾,南界竹园,西至西学,北连张湾村梁庄。总面积0.4平方千米,耕地面积26公顷。85户,400人。主产小麦、玉米、白桃和油桃。村落形态呈团状,房屋结构以平房和二三层楼房为主。

林场【Línchǎng】 以植物命名。因1966年建林场而得名。1966年隶属惠岗大队;1984年隶属惠岗村;2011年隶属惠岗社区至今。位于居委会西南1.8千米。东邻马家营,南界吴店镇二郎村李家岗,西至新庄,北连惠湾社区陈家湾。总面积0.3平方千米,耕地面积11公顷。22户,100人。主产小麦、杂粮、果蔬。村落形态呈散状,房屋结构以平房和坡房为主。

马家营【Mǎjiāyíng】 以姓氏命名。因马姓聚居而得名。1958年隶属惠岗大队;1984年隶属惠岗村;2011年隶属惠岗社区至今。位于居委会西南1.1千米。东邻碾盘庙,南界吴店镇二郎村大叶家湾,西至林场,北连余家湾。总面积1.3平方千米,耕地面积43公顷。110户,440人。主产小麦、杂粮、白桃和油桃。村落形态呈散状,房屋结构以平房和楼房为主。

梅家湾【Méijiāwān】 以姓氏命名。因梅姓聚居而得名。1958年隶属惠岗大队;1984年隶属惠岗村;2011年隶属惠岗社区至今。位于居委会南1.5千米。东邻兴隆镇李楼村西湾,南界吴店镇二郎村龚庄,西至文家井,北连西庄。总面积0.3平方千米,耕地面积22公顷。39户,160人。主产小麦、杂粮、水稻和桃子。村落形态呈团状,房屋结构以坡房和楼房为主。

南岗【Nángǎng】 以方位和地形综合命名。因村建于惠岗之南而得名。1958年隶属惠岗大队;1984年隶属惠岗村;2011年隶属惠岗社区至今。位于居委会西南400米。东邻竹园,南界竹园,西至余家湾,北连惠岗。总面积0.1平方千米,耕地面积13公顷。11户,40人。主产小麦、杂粮、水稻。村落形态呈散状,房屋结构以坡房和楼房为主。

碾盘庙【Niǎnpánmiào】 以建筑物命名。因村前有座小庙,庙前有个碾盘而得名。1958年隶属惠岗大队;1984年隶属惠岗村;2011年隶属惠岗社区至今。位于居委会南1千米。东邻西庄,南界向家湾,西至马家营,北连竹园。总面积0.3平方千米,耕地面积28.5公顷。56户,210人。主产小麦、杂粮、白桃和油桃。村落形态呈散状，房屋结构以平房和楼房为主。

王家畈【Wángjiāfàn】 以姓氏和地形综合命名。因王姓聚居平地而得名。1958年隶属惠岗大队；1984年隶属惠岗村；2011年隶属惠岗社区至今。位于居委会东南1.3千米。东邻兴隆镇李楼村施家湾，南界梅家湾，西至竹园，北连吴家湾。总面积0.5平方千米，耕地面积28公顷。55户，230人。主产小麦、杂粮和水稻。村落形态呈团状，房屋结构以坡房和楼房为主。

文家井【Wénjiājǐng】 以姓氏和建筑物综合命名。因文姓聚居且村前有口井而得名。1958年隶属惠岗大队；1984年隶属惠岗村；2011年隶属惠岗社区至今。位于居委会南1.5千米。东邻梅家湾，南界吴店镇二郎村龚庄，西至吴店镇二郎村丁家湾，北连向家湾。总面积0.4平方千米，耕地面积28公顷。49户，200人。主产小麦、杂粮、水稻和桃子。村落形态呈团状，房屋结构以坡房和楼房为主。

吴家湾【Wújiāwān】 以姓氏命名。因吴姓聚居而得名。1958年隶属惠岗大队；1984年隶属惠岗村；2011年隶属惠岗社区至今。位于居委会西南1.1千米。东邻兴隆镇李楼村施家湾，南界王家畈，西至竹园，北连兴隆镇优良社区四方湾。总面积0.3平方千米，耕地面积13.6公顷。39户，150人。主产小麦、杂粮、水稻。村落形态呈团状，房屋结构以坡房和楼房为主。

西学【Xīxué】 以方位和学校综合命名。因建于惠岗西，村中办过学校而得名。1958年隶属惠岗大队；1984年隶属惠岗村；2011年隶属惠岗社区至今。位于居委会西北800米。东邻惠岗，南界余家岗，西至惠井，北连陈家湾。总面积0.2平方千米，耕地面积1.1公顷。23户，70人。主要种植果树、绿化树。村落形态呈团状，房屋结构以平房和楼房为主。

向家湾【Xiàngjiāwān】 以姓氏命名。因向姓聚居而得名。1958年隶属惠岗大队；1984年隶属惠岗村；2011年隶属惠岗社区至今。位于居委会南1.1千米。东邻西庄，南界文家井，西至马家营，北连碾盘庄。总面积0.1平方千米，耕地面积5.5公顷。17户，70人。主产水稻、小麦、杂粮、白桃和油桃。村落形态呈散状，房屋结构以平房和楼房为主。

移民点【Yímíndiǎn】 因南水北调工程，2008年丹江口市钧县关门岩村村民迁移至该社区，隶属惠岗社区至今。位于居委会南900米。东邻碾盘庙，南界向家湾，西至马家营，北连南岗。总面积0.1平方千米，耕地面积2.4公顷。23户，110人。主产小麦、杂粮、白桃和油桃。村落形态呈线状，房屋结构以楼房为主。

余家湾【Yújiāwān】 以姓氏命名。因余姓聚居而得名。1958年隶属惠岗大队；1984年隶属惠岗村；2011年隶属惠岗社区至今。位于居委会西900米。东邻惠岗，南界马家营，西至惠湾社区陈家湾，北连西学。总面积0.1平方千米，耕地面积0.9公顷。22户，70人。主要种植果树、绿化树。村落形态呈线状，房屋结构以楼房为主。

竹园【Zhúyuán】 以植物命名。因原村中有个竹园而得名。1958年隶属惠岗大队；1984年隶属惠岗村；2011年隶属惠岗社区至今。位于居委会南600米。东邻吴家湾，南界碾盘庄，西至余家湾，北连惠岗。总面积0.1平方千米，耕地面积2.6公顷。10户，40人。主产小麦、杂粮、白桃和油桃。村落形态呈线状，房屋结构以平房和楼房为主。

惠湾社区【Huìwān Shèqū】

以姓氏命名。因惠姓聚居而得名。1958年为惠湾大队,隶属国光公社(环城);1984年为惠湾村,隶属环城区;1987年隶属城关镇;1988年隶属南城街道办事处;2005年为惠湾社区居民委员会,隶属南城街道办事处至今。位于南城街道办事处东1.5千米。东邻张湾村,南界惠岗社区,西至史岗社区,北连沙店社区。辖10个自然村,总面积0.99平方千米,耕地面积18.12公顷。556户,2400人。主产水稻、小麦、玉米。汉丹铁路、汉十高铁穿境而过,居委会驻余庄。

八里岔【Bālǐchà】 以距离命名。因距枣阳八里,此处有条岔路,故名。1958年隶属惠湾大队;1984年隶属惠湾村;2005年隶属惠湾社区居委会至今。位于居委会南1千米。东邻宋庄,南界茅蒌庄,西至惠庄,北连龚家湾。总面积0.2平方千米,耕地面积1公顷。18户,80人。主产水稻、小麦、玉米。村落形态呈团状,房屋结构以平房和楼房为主。

龚家湾【Gōngjiāwān】 以姓氏命名。因龚姓聚居而得名。1958年隶属惠湾大队;1984年隶属惠湾村;2005年隶属惠湾社区居委会至今。位于居委会东南150米。东邻吴家湾,南界八里岔,西至江家湾,北连丝源纺织厂。总面积0.2平方千米,耕地面积4.7公顷。47户,180人。主产水稻、小麦、玉米。村落形态呈线状,房屋结构以平房和坡房为主。

还建小区【Huánjiànxiǎoqū】 2011年因建设枣阳工业园,为安置拆迁户新建的小区,故名。隶属惠湾社区居委会至今。位于居委会西南3千米。东邻移民点,南界王家湾,西至张冲,北连惠岗还建小区。总面积0.12平方千米,无耕地。65户,320人。经济形态以第三产业为主。村落形态呈线状,房屋结构以楼房为主。

茅蒌庄【Máolǒuzhuāng】 以工艺品命名。因附近茅草多且村中编织茅蒌出名,故名。1958年隶属惠湾大队;1984年隶属惠湾村;2005年隶属惠湾社区居委会至今。位于居委会南1.1千米。东邻深宇机械公司,南界信达同兴建材制品厂,西至惠庄,北连八里岔。总面积0.05平方千米,耕地面积0.67公顷。20户,120人。主产水稻、小麦和油菜。村落形态呈团状,房屋结构以平房和楼房为主。

彭庄【Péngzhuāng】 以姓氏命名。因彭姓聚居而得名。1958年隶属惠湾大队;1984年隶属惠湾村;2005年隶属惠湾社区居委会至今。位于村委会南50米。东邻城南春天小区,南界龚家湾,西至史岗苹果园,北连余庄。总面积0.18平方千米,耕地面积0.11公顷。210户,900人。主产水稻、小麦、玉米。村落形态呈线状,房屋结构以平房和楼房为主。

宋庄【Sòngzhuāng】 以姓氏命名。因宋姓聚居而得名。1958年隶属惠湾大队;1984年隶属惠湾村;2005年隶属惠湾社区居委会至今。位于居委会南1.9千米。东邻惠井,南至陈家湾,西至八里岔,北连龚家湾。总面积0.03平方千米,耕地面积2.3公顷。9户,40人。主产水稻、小麦、玉米。村落形态呈线状,房屋结构以平房和坡房为主。

新庄【Xīnzhuāng】 1984年新建的村庄,故名。1984年隶属惠湾村;2005年隶属惠湾社区至今。位于居委会西南3.4千米。东邻惠岗林场,南界李桥村马庄,西至张冲,北连王家湾。总面积0.04平方千米,耕地面积3.34公顷。8户,40人。主产水稻、小麦和油菜。村落形态呈线状,房屋结构以坡房和楼房为主。

移民点【Yímíndiǎn】 因南水北调工程，2009年丹江口市均县关门岩村九组村民移居本社区，为此建的移民村，故名。2009年隶属惠湾社区至今。位于居委会南2.9千米。东邻海立美达汽车有限公司，南界陈家湾，西至惠岗还建小区，北连惠岗还建小区。总面积0.07平方千米，耕地面积6公顷。43户，140人。主产水稻、小麦和油菜。村落形态呈线状，房屋结构以平房和楼房为主。

余庄【Yúzhuāng】 以姓氏命名。因余姓聚居而得名。1958年隶属惠湾大队；1984年隶属惠湾村；2005年隶属惠湾社区居委会至今。村委会驻地。东邻小葛家湾，南界彭庄，西至余庄西，北连韩家岗。总面积0.05平方千米，无耕地。56户，220人。村民以经商务工为主。村落形态呈线状，房屋结构以平房和楼房为主。

余庄西【Yúzhuāngxī】 以方位和姓氏综合命名。因修人民路将余庄一分为二，该村在人民路西，故名。1958年隶属惠湾大队；1984年隶属惠湾村；2005年隶属惠湾社区居委会至今。位于居委会西北30米。东邻余庄，南界史岗社区苹果园，西至史岗社区苹果园，北连广播局。总面积0.05平方千米，无耕地。80户，360人。村民以经商务工为主。村落形态呈线状，房屋结构以平房和楼房为主。

霍庄社区【Huòzhuāng Shèqū】

以小霍庄、大霍庄居民点命名。1958年为七一大队，隶属国光公社；1959年为霍庄大队；1962年隶属环城区；1975年隶属城关镇；1984年为霍庄村，隶属城关镇；1988年隶属南城街道办事处；2003年为霍庄社区，隶属南城街道办事处至今。位于南城街道办事处西北1.2千米。东邻沙店社区，南界史岗社区，西至王家湾社区，北连砖瓦社区。辖8个居民点，总面积2.1平方千米，耕地面积4.13公顷。919户，4440人。经济形态以第三产业为主。建设西路、福田路、西环二路过境，居委会设宋庄。

大霍庄【Dàhuòzhuāng】 以规模和姓氏综合命名。因霍姓聚居且庄子较大而得名。1958年隶属七一大队；1959年隶属霍庄大队；1984年隶属霍庄村；2003年隶属霍庄社区至今。位于社区西北610米。东邻龙口，南界五房湾，西至王家湾社区东庄，北连施家坎。总面积0.38平方千米，耕地面积4.13公顷。172户，880人。经济形态以第三产业为主。村落形态呈散状，房屋结构以平房和楼房为主。

大转湾【Dàzhuànwān】 以地形命名。因该村建在枣阳至吴店大路边的大拐弯处而得名。1958年隶属七一大队；1959年隶属霍庄大队；1984年隶属霍庄村；2003年隶属霍庄社区至今。位于居委会东南700米。东邻南城街道办事处，南界史岗社区东园，西至施家桥，北连龙口。总面积0.27平方千米，无耕地。220户，600人。经济形态以第三产业为主。村落形态呈散状，房屋结构以平房和楼房为主。

龙口【Lóngkǒu】 以地形命名。因岗形似龙且建村岗口上而得名。1958年隶属七一大队；1959年隶属霍庄大队；1984年隶属霍庄村；2003年隶属霍庄社区至今。位于居委会东北700米。东邻大转湾，南界宋庄，西至大霍庄，北连砖瓦社区施家坎。总面积0.21平方千米，无耕地。88户，600人。经济形态以第三产业为主。村落形态呈散状，房屋结构以坡房和楼房为主。

施家桥【Shījiāqiáo】 以姓氏和桥综合命名。因施姓聚居村西有座石桥而得名。1958年隶属七一大队；1959年隶属霍庄大队；1984年隶属霍庄村；2003年隶属霍庄社区至今。位于居委会东南200米。东邻大转弯，南界张庄，西至五房湾，北连挖断岗。总面积 0.26 平方千米，无耕地。56 户，230 人。经济形态以第三产业为主。村落形态呈散状，房屋结构以坡房和楼房为主。

宋庄【Sòngzhuāng】 以姓氏命名。因宋姓聚居而得名。1958 年隶属七一大队；1959 年隶属霍庄大队；1984 年隶属霍庄村；2003 年隶属霍庄社区至今。居委会驻地。东邻大转湾，南界张庄，西至五房湾，北连龙口。总面积 0.13 平方千米，无耕地。100 户，690 人。经济形态以第三产业为主。村落形态呈散状，房屋结构以平房和楼房为主。

小霍庄【Xiǎohuòzhuāng】 以规模和姓氏综合命名。因霍姓聚居且庄子又小而得名。1958 年隶属七一大队；1959 年隶属霍庄大队；1984 年隶属霍庄村；2003 年隶属霍庄社区至今。位于社区西北 900 米。东邻大霍庄，南界五房湾，西至王湾社区五房湾，北连王家湾社区东庄。总面积 0.3 平方千米，无耕地。83 户，320 人。经济形态以第三产业主。村落形态呈散状，房屋结构以平房和楼房为主。

挖断岗【Wāduàngǎng】 以故事传说命名。据传说有一龙龙腰在此位置，由此挖断，故名。1958 年隶属七一大队；1959 年隶属霍庄大队；1984 年隶属霍庄村；2003 年隶属霍庄社区至今。位于居委会东北 500 米。东邻大转湾，南界施家桥，西至大霍庄，北连砖瓦社区施家巷。总面积 0.22 平方千米，无耕地。85 户，590 人。经济形态以商贸和第三产业为主。村落形态呈散状，房屋结构以平房和楼房为主。

五房湾【Wǔfángwān】 以家族排序命名。因一家兄弟五人，分家后立了五个门户，老五住此，故名。1958 年隶属七一大队；1959 年隶属霍庄大队；1984 年隶属霍庄村；2003 年隶属霍庄社区至今。位于社区西南 800 米。东邻宋庄，南界东山，西至王家湾社区王家湾，北连小霍庄。总面积 0.33 平方千米，无耕地。115 户，530 人。经济形态以第三产业为主。村落形态呈散状，房屋结构以平房和楼房为主。

李桥社区【Lǐqiáo Shèqū】

以李家桥居民点命名。1958 年为东明大队，隶属国光公社；1960 年为枣林大队；1962 年隶属环城区；1975 年隶属城关镇；1984 年因重名改为李桥村，隶属城关镇；1988 年隶属南城街道办事处；2005 年为李桥社区，隶属南城街道办事处至今。位于南城街道办事处南 2.5 千米。东邻惠湾社区，南界吴店二郎村，西至舒庙村，北连史岗社区。辖 19 个居民点，总面积 6.38 平方千米，耕地面积 151.33 公顷。1079 户，4107 人。经济形态以农业及商贸为主。汉丹铁路、寺沙省道过境，村委会驻陈庄。

曹楼【Cáolóu】 以姓氏和建筑物综合命名。因曹姓聚居且村内有三座土楼而得名。1958 年隶属东明大队；1960 年隶属枣林大队；1984 年隶属李桥村；2005 年隶属李桥社区至今。位于居委会西南 1.5 千米。东邻小孙家湾，南界王家湾，西至舒庙村上庄，北连刘家小冲。总面积 0.3 平方千米，耕地面积 6.67 公顷。37 户，100 人。主产小麦、水稻、玉米。村落形态呈散状，房屋结构以平房和坡房为主。

陈庄【Chénzhuāng】 以姓氏命名。因陈姓聚居而得名。1958 年隶属东明大队；1960 年隶属枣林大队；1984 年隶属李桥村；2005 年隶属李桥社区至今。位于居委会西南 300 米。东邻寺沙路，南界李庄，西至李庄，北连枣阳火车站。总面积 0.15 平方千米，耕地面积 1.4 公顷。62 户，180 人。主产小麦、水稻、玉米。村落形态呈散状，房屋结构以平房和楼房为主。

陈庄【Chénzhuāng】 以姓氏命名。因陈姓聚居而得名。1958年隶属东明大队；1960年隶属枣林大队；1984年隶属李桥村；2005年隶属李桥社区至今。居委会驻地。东邻吴店镇二郎村李家凹，南界张庄，西至李家桥，北连伍庄。总面积0.12平方千米，耕地面积1公顷。15户，51人。主产果蔬。村落形态呈散状，房屋结构以楼房为主。

杜家油坊【Dùjiāyóufáng】 以姓氏和作坊综合命名。因杜姓在此开过油坊而得名。1958年隶属东明大队；1960年隶属枣林大队；1984年隶属李桥村；2005年隶属李桥社区至今。位于居委会西1千米。东邻枣林岗，南界曹楼，西至丁庄，北连汉丹铁路。总面积0.45平方千米，耕地面积11.33公顷。40户，140人。主产小麦、水稻、玉米。村落形态呈散状，房屋结构以平房和坡房为主。

枯树【Kūshù】 以植物命名。因村子内有棵枯楸树而得名。1958年隶属东明大队；1960年隶属枣林大队；1984年隶属李桥村；2005年隶属李桥社区至今。位于居委会南700米。东邻孙家湾，南界伍庄，西至小孙家湾，北连李庄。总面积0.25平方千米，耕地面积21公顷。50户，180人。主产小麦和杂粮，兼种果蔬。村落形态呈散状，房屋结构以楼房为主。

李家桥【Lǐjiāqiáo】 以姓氏和桥综合命名。因李姓聚居，附近有一座小桥而得名。1958年隶属东明大队；1960年隶属枣林大队；1984年隶属李桥村；2005年隶属李桥社区至今。位于居委会西南1.5千米。东邻周庄，南界吴店镇圣庙村下河，西至王家湾，北连枯树。总面积0.85平方千米，耕地面积28.27公顷。74户，290人。主产小麦、水稻、玉米。村落形态呈散状，房屋结构以平房和坡房为主。

李庄【Lǐzhuāng】 以姓氏命名。因李姓聚居而得名。1958年隶属东明大队；1960年隶属枣林大队；1984年隶属李桥村；2005年隶属李桥社区至今。位于居委会西南500米。东邻枣林岗，南界孙家湾，西至枣林岗，北连李家桥。总面积0.19平方千米，耕地面积4.2公顷。40户，150人。主产小麦、水稻、玉米。村落形态呈散状，房屋结构以平房和楼房为主。

孙家湾【Sūnjiāwān】 以姓氏命名。因孙姓聚居而得名。1958年隶属东明大队；1960年隶属枣林大队；1984年隶属李桥村；2005年隶属李桥社区至今。位于居委会西南300米。东邻寺沙路，南界李桥水库，西至枯树，北连李庄。总面积0.2平方千米，耕地面积1.33公顷。62户，180人。主产小麦、水稻、玉米。村落形态呈散状，房屋结构以平房和楼房为主。

新庄【Xīnzhuāng】 因建村晚而得名。1972年隶属枣林大队；1984年隶属李桥村；2005年隶属李桥社区至今。位于居委会东600米。东邻李庄，南界吴店镇二郎村李家洼，西至寺沙公路，北连汉丹铁路。总面积0.7平方千米，耕地面积3.5公顷。142户，452人。主产蔬菜。村落形态呈散状，房屋结构以坡房和楼房为主。

王家湾【Wángjiāwān】 以姓氏命名。因王姓聚居而得名。1958年隶属东明大队；1960年隶属枣林大队；1984年隶属李桥村；2005年隶属李桥社区至今。位于居委会西南1.8千米。东邻李家桥，南界吴店镇圣庙村下河，西至曹岗村孟家桥，北连曹楼。总面积0.7平方千米，耕地面积8.37公顷。55户，170人。主产小麦、水稻、玉米。村落形态呈散状，房屋结构以平房和坡房为主。

伍庄【Wǔzhuāng】 以姓氏命名。因伍姓聚居而得名。1958年隶属东明大队；1960年隶属枣林大队；1984年隶属李桥村；2005年隶属李桥社区至今。位于居委会南800米。东邻孙家湾，南界李家桥，西至小孙家湾，北连枯树。总面积 0.12 平方千米，耕地面积 4.1 公顷。12 户，38 人。主产果蔬。村落形态呈散状，房屋结构以楼房为主。

小孙家湾【Xiǎosūnjiāwān】 以姓氏和规模综合命名。因孙姓聚居的村了较小而得名。1958 年隶属东明大队；1960 年隶属枣林大队；1984 年隶属李桥村；2005 年隶属李桥社区至今。位于居委会西南 1.8 千米。东邻枯树，南界王家湾，西至曹楼，北连杜家油坊。总面积 0.36 平方千米，耕地面积 12.33 公顷。45 户，190 人。主产小麦、水稻、玉米。村落形态呈散状，房屋结构以平房和坡房为主。

杨庄【Yángzhuāng】 以姓氏命名。因杨姓聚居而得名。1958 年隶属东明大队；1960 年隶属枣林大队；1984 年隶属李桥村；2005 年隶属李桥社区至今。位于居委会西北 1 千米。东邻李桥村张庄，南界庄口，西至舒庙村吉庄，北连史岗社区罗园。总面积 0.3 平方千米，耕地面积 11.33 公顷。50 户，230 人。主产小麦、水稻、玉米。村落形态呈散状，房屋结构以平房和坡房为主。

枣林岗【Zǎolíngǎng】 以植物、姓氏和地形综合命名。因林姓聚居岗上且村中枣树多而得名。1958 年隶属东明大队；1960 年隶属枣林大队；1984 年隶属李桥村；2005 年隶属李桥社区至今。位于居委会西南 500 米。东邻陈庄，南界枯树，西至李桥，北连汉丹铁路。总面积 0.19 平方千米，耕地面积 4.2 公顷。40 户，150 人。主产小麦、水稻、玉米。村落形态呈散状，房屋结构以平房和楼房为主。

张家油坊【Zhāngjiāyóufáng】 以姓氏和作坊综合命名。因张姓聚居且村内开有油坊而得名。1958 年隶属东明大队；1960 年隶属枣林大队；1984 年隶属李桥村；2005 年隶属李桥社区至今。张家油坊位于居委会西南 1 千米。东邻枯树，南界小孙家湾，西至曹楼，北连枣林岗。总面积 0.15 平方千米，耕地面积 10 公顷。20 户，75 人。主产杂粮、果蔬。村落形态呈散状，房屋结构以平房和楼房为主。

张庄【Zhāngzhuāng】 以姓氏命名。因张姓聚居而得名。1958 年隶属东明大队；1960 年隶属枣林大队；1984 年隶属李桥村；2005 年隶属李桥社区至今。位于居委会西北 600 米。东邻吴店二郎村叶家湾，南界周庄，西至王家湾，北连陈庄。总面积 0.2 平方千米，耕地面积 2.53 公顷。121 户，780 人。经济形态以种植和商贸。村落形态呈散状，房屋结构以平房和楼房为主。

周庄【Zhōuzhuāng】 以姓氏命名。因周姓聚居而得名。1958 年隶属东明大队；1960 年隶属枣林大队；1984 年隶属李桥村；2005 年隶属李桥社区至今。位于居委会东南 3 千米。东邻吴店二郎村叶家湾，南界吴店二郎村龚庄，西至寺沙路，北连汉丹铁路。总面积 0.19 平方千米，耕地面积 2.14 公顷。107 户，310 人。主产小麦、水稻、玉米。村落形态呈散状，房屋结构以平房和坡房为主。

庄口【Zhuāngkǒu】 以地理特征命名。因在庄子入口处有一口水井而得名。1958 年隶属东明大队；1960 年隶属枣林大队；1984 年隶属李桥村；2005 年隶属李桥社区至今。位于居委会西北 1 千米。东邻张庄，南界汉丹铁路，西至舒庙村东舒家湾，北连杨庄。总面积 0.31 平方千米，耕地面积 11.53 公顷。50 户，230 人。主产小麦、水稻、玉米。村落形态呈散状，房屋结构以平房和坡房为主。

刘家小冲【Liújiāxiǎochōng】 以姓氏和地形综合命名。因刘姓聚居山冲旁而得名。1958 年隶属东明大队；1960 年隶属枣林大队；1984 年隶属李桥村；2005 年隶属李桥社区至今。位于居委会西 1 千米。东邻枣林岗，南界曹楼，西至舒庙村庙坡，北连汉丹铁路。总面积 0.65 平方千米，耕地面积 6.1 公顷。57 户，211 人。主产水稻、小麦、玉米。村落形态呈散状，房屋结构以坡房和楼房为主。

梁集社区【Liángjí Shèqū】

以梁集自然镇命名。1958年为民主五大队,隶属飞跃公社;1960年为梁集大队,隶属梁集区;1975年隶属梁集公社;1984年为梁集村,隶属梁集区;1987年隶属梁集镇;2001年撤镇并入南城,隶属南城街道办事处;2003年为梁集社区,隶属南城街道办事处至今。位于南城街道办事处南16千米。东邻段湾村,南界熊集镇前营村,西至谢庄村,北连宋湾社区。辖4个自然村,总面积5.2平方千米,耕地面积199公顷。1560户,5820人。主产小麦、水稻和蔬菜,兼种棉花、果树。枣耿公路过境,社区居委会驻梁集。

梁畈【Liángfàn】 以姓氏和地形综合命名。因梁姓聚居畈地而得名。1958年隶属民主五大队;1960年隶属梁集大队;1984年隶属梁集村;2003年隶属梁集社区至今。位于居委会北500米。东邻小梁坡,南界梁集,西至枣耿路,北连梁坡。总面积0.6平方千米,耕地面积9.7公顷。46户,190人。主产小麦、水稻和蔬菜。村落形态呈团状,房屋结构以楼房为主。

梁集【Liángjí】 以姓氏和集镇综合命名。据传,早年这里是水陆交通要道,一户梁姓人家在此开设饭铺谋生,因生意兴隆,逐渐形成自然集镇,故名。1958年隶属民主五大队;1960年隶属梁集大队;1984年隶属梁集村;2003年隶属梁集社区至今。居委会驻地。东邻梁畈,南界熊集镇前营村孙家畈,西至宋庄,北连梁坡。总面积2.6平方千米,耕地面积123.6公顷。1087户,4280人。主产小麦、水稻和蔬菜,兼种棉花、果树。村落形态呈线状,房屋结构以楼房为主。

梁坡【Liángpō】 以姓氏和地形综合命名。因梁姓聚居岗坡而得名。1958年隶属民主五大队;1960年隶属梁集大队;1984年隶属梁集村;2003年隶属梁集社区至今。位于居委会北1.5千米。东邻段湾村花园,南界梁集,西至谢庄村梁寨,北连宋湾。总面积1.3平方千米,耕地面积35.7公顷。370户,1090人。主产小麦、水稻,兼种果蔬。村落形态呈团状,房屋结构以楼房为主。

宋庄【Sòngzhuāng】 以姓氏命名。因宋姓聚居而得名。1958年隶属民主五大队;1960年隶属梁集大队;1984年隶属梁集村;2003年隶属梁集社区至今。位于居委会西北1.2千米。东邻梁集,南界熊集镇前营村孙家畈,西至谢庄村谢庄,北连谢庄村梁寨。总面积0.7平方千米,耕地面积30公顷。57户,260人。主产小麦、水稻和蔬菜,兼种玉米、果树。村落形态呈团状,房屋结构以楼房为主。

民营区社区【Mínyíngqū Shèqū】

以社区属性命名。因该社区以前是民营经济试验区,故名。1984年为民营区村;1998年市政府为响应十五大号召发展民营经济,在此建立民营经济实验区,隶属南城街道办事处;2006年为民营区社区,隶属南城街道办事处至今。位于南城街道办事处东北2.8千米。东邻中国汉城,南界沙店社区,西至沙店社区,北连沙店社区。总面积1.1平方千米,无耕地。3130户,8980人。经济形态以第三产业为主。居委会驻枣阳市民主路58号。

沙店社区【Shādiàn Shèqū】

以沙店居民点命名。1958年为沙店大队，隶属国光公社；1960年沙店划归城关镇，1962年又重新划归环城区；1975年撤区并社划归城关镇；1984年为沙店村，隶属城关镇；1988年隶属南城街道办事处；2002年为沙店社区至今。位于南城街道办事处东北1千米。东邻张湾社区，南界惠湾社区，西至霍庄社区，北连北城街道办事处东园社区、环城街道办事处八里社区。辖11个居民点，总面积4.15平方千米，无耕地。3013户，1.05万人。经济形态以商贸业为主。辖区内有大汉文化产业中心（汉城）。新华路、人民路、光武路、建设路、民主路、沿河路、就业路、中兴大道纵横交错，居委会驻韩家岗。

傅庄【Fùzhuāng】 以姓氏命名。因傅姓聚居而得名。1958年隶属沙店大队；1984年隶属沙店村；2002年隶属沙店社区至今。位于居委会东北4千米。东邻环城街道八里社区侯家壕子，南界杨庄，西至吴庄，北连环城街道八里社区蒋庄。总面积0.39平方千米，无耕地。83户，220人。经济形态以第三产业为主。村落形态呈团状，房屋结构以平房和楼房为主。

韩家岗【Hánjiāgǎng】 以姓氏和地形综合命名。因韩姓聚居岗上而得名。1958年隶属沙店大队；1984年隶属沙店村；2002年隶属沙店社区至今。居委会驻地。东邻周庄，南界李家巷，西至马家堰堤，北连童庄。总面积0.33平方千米，无耕地，125户，390人。经济形态以第三产业为主。村落形态呈团状，房屋结构以平房和楼房为主。

李家湾【Lǐjiāwān】 以姓氏命名。因李姓聚居而得名。1958年隶属沙店大队；1984年隶属沙店村；2002年隶属沙店社区至今。位于居委会西北4千米。东邻周家湾，南界周家湾，西至砖瓦社区施家河坎，北连沙河。总面积0.25平方千米，无耕地。359户，1310人。经济形态以第三产业为主。村落形态呈团状，房屋结构以平房和楼房为主。

李家巷【Lǐjiāxiàng】 以姓氏和巷子综合命名。据传明初，由河南淮阳迁居于此的一支李氏族人，来时人少，只搭建窝棚而居，后人口繁衍兴盛，建房成巷，故名。1958年隶属沙店大队；1984年隶属沙店村；2002年隶属沙店社区至今。位于居委会东南2千米。东邻中兴大道，南界新华路，西至马家堰堤，北连韩家岗。总面积0.33平方千米，无耕地。120户，370人。经济形态以第三产业为主。村落形态呈团状，房屋结构以平房和楼房为主。

马家堰堤【Mǎjiāyàndī】 以姓氏和地形综合命名。因马姓聚居且村旁堰堤较高而得名。1958年隶属沙店大队；1984年隶属沙店村；2002年隶属沙店社区至今。位于居委会西1千米。东邻韩家岗，南界李家巷，西至李庄，北连周家湾。总面积0.65平方千米，无耕地。391户，1570人。经济形态以第三产业为主。村落形态呈团状，房屋结构以平房和楼房为主。

沙河店【Shāhédiàn】 以河流和店铺综合命名。地处枣阳古县城沙河东岸，原为从东关出行向东南的一条古驿道之起点地，设有驿站、渡口，称为沙河渡。后人前来搭棚开店设铺，生意红火，形成村落。因紧邻沙河渡口，故名沙河店。1958年隶属沙店大队；1984年隶属沙店村；2002年隶属沙店社区至今。位于居委会北3千米。东邻杨庄，南界童庄，西至沙河，北连北城街道办事处东园社区小邓庄。总面积0.25平方千米，无耕地。123 户，420 人。经济形态以第三产业为主。村落形态呈团状，房屋结构以平房和楼房为主。

童庄【Tóngzhuāng】 以姓氏命名。相传早年一姓童的与一姓宋的由鄂南逃荒结伴，交情甚好，定居于此地。到了子辈时，矛盾滋生，两族人以人数多少划分田地，并相距而住。故有童庄与宋庄之名。后宋庄拆迁并入童庄。1958 年隶属沙店大队；1984 年隶属沙店村；2002 年隶属沙店社区至今。位于居委会北 2 千米。东邻张庄，南界韩家岗，西至周家湾，北连沙河店。总面积 0.4 平方千米，无耕地。436 户，1490 人。经济形态以第三产业为主。村落形态呈团状，房屋结构以平房和楼房为主。

吴庄【Wúzhuāng】 以姓氏命名。因吴姓聚居而得名。1958 年隶属沙店大队；1984 年隶属沙店村；2002 年隶属沙店社区至今。位于居委会北 3 千米。东邻傅庄，南界沙河店，西至北城东园社区小邓庄，北连北城东园社区小邓庄。总面积 0.3 平方千米，无耕地。92 户，340 人。经济形态以第三产业为主。村落形态呈团状，房屋结构以平房和楼房为主。

杨庄【Yángzhuāng】 以姓氏命名。因杨姓聚居而得名。1958 年隶属沙店大队；1984 年隶属沙店村；2002 年隶属沙店社区至今。位于居委会东北 2 千米。东邻环城街道八里社区荣庄，南界童庄，西至沙河店，北连傅庄。总面积 0.41 平方千米，无耕地。98 户，400 人。经济形态以第三产业为主。村落形态呈团状，房屋结构以平房和楼房为主。

张家祠堂【Zhāngjiācítáng】 以姓氏和建筑物综合命名。据传有一张姓大户人家，于西立一祠堂，又于东二里处种一片竹园。后张姓后人分居两地，分别取名张家祠堂和张家竹园。1958 年隶属沙店大队；1984 年隶属沙店村；2002 年隶属沙店社区至今。位于居委会西 3 千米。东邻光武路，南界商圆市场，西至人和花园小区，北连周家湾。总面积 0.25 千米，无耕地。359 户，1310 人。经济形态以第三产业为主。村落形态呈团状，房屋结构以平房和楼房为主。

周家湾【Zhōujiāwān】 以姓氏命名。因周姓聚居而得名。1958 年隶属沙店大队；1984 年隶属沙店村；2002 年隶属沙店社区至今。位于居委会西北 2 千米。东邻童庄，南界马家堰堤，西至李家湾，北连李家湾。总面积 0.59 平方千米，无耕地。827 户，2680 人。经济形态以第三产业为主。村落形态呈团状，房屋结构以平房和楼房为主。

盛隆社区【Shènglóng Shèqū】

以盛隆公司企业名称命名。1970 年为石棉厂飞龙摩擦材料总厂，后来破产，1993 年成立湖北盛隆电器集团枣阳分公司，对当地的经济发展有十分重要的作用。2013 年 10 月 28 日，经枣阳市政府批准成立盛隆社区，隶属枣阳市南城街道办事处至今。位于南城街道办事处东 500 米。东邻惠湾社区，南界史岗社区，西至史岗社区，北连沙店社区。总面积 0.04 平方千米，无耕地。534 户，1390 人。经济形态以第三产业为主。新华路过境，居委会驻新华路 16 号。

史岗社区【Shǐgǎng Shèqū】

以史岗居民点（因拆迁消失）命名。1958 年为史岗大队，隶属国光公社；1962 年隶属环城区；1975 年隶属城关镇；1984 年为史岗村，隶属城关镇；1988 年隶属南城街道办事处；2003 年为史岗社区，隶属南城街道办事处至今。位于南城街道办事处南 1.5 千米。东邻惠湾社区，南界李桥社区，西至王湾社区，北连霍庄社区。辖 28 个自然村，总面积 1.506 平方千米，耕地面积 54.01 公顷。735 户，2850 人。主产小麦、杂粮，兼种果蔬。居委会驻史岗小学。

北凹【Běiwā】 以方位和地形综合命名。因村建于木梓树村北的低洼处而得名。1958 年隶属史岗大队；1984 年隶属史岗村；2003 年隶属史岗社区至今。村委会驻地。东邻大江家湾，南界木梓树，西至宋家树场，北连小江家湾。总面积 0.03 平方千米，无耕地。12 户，40 人。经济形态以第三产业为主。村落形态呈散状，房屋结构以平房和楼房为主。

大江家湾【Dàjiāngjiāwān】 以兄弟排序和姓氏综合命名。清道光年间，陕西江家寨有江家兄弟二人，因剿匪有功，哥哥封守备之职，弟弟封参将之职，共同带兵驻枣阳城，并在枣阳封地十亩，允许带家人建庄居住，哥哥选址枣阳城南岗山建庄居住，故名。1958 年隶属史岗大队；1984 年隶属史岗村；2003 年隶属史岗社区至今。位于居委会东 1 千米。东邻惠湾社区龚家湾，南界木梓树，西至北凹，北连小江家湾。总面积 0.2 平方千米，无耕地。93 户，280 人。经济形态以第三产业为主。村落形态呈散状，房屋结构以平房和楼房为主。

丁庄【Dīngzhuāng】 以姓氏命名。因丁姓聚居而得名。1958 年隶属史岗大队；1984 年隶属史岗村；2002 年隶属史岗社区至今。位于居委会东南 1 千米。东邻余庄，南界惠庄，西至花园，北连木梓树。总面积 0.02 平方千米，耕地面积 1 公顷。48 户，180 人。经济形态以第三产业为主，兼种果蔬。村落形态呈散状，房屋结构以平房和楼房为主。

东霍庄【Dōnghuòzhuāng】 以方位和姓氏综合命名。据传说，有霍姓兄弟二人游玩此地，见高岗东西土地肥沃，水绿草旺，很适合劳作耕种，便在岗东建一处庄园居住。而美中不足的是岗西的田地地离庄太远，收割播种极不方便。兄弟二人商议在岗西另建一处庄园。哥哥在东岗院居住，故名。1958 年隶属史岗大队；1984 年隶属史岗村；2003 年隶属史岗社区至今。位于居委会南 1.5 千米。东邻惠庄，南界刘家乐园，西至西霍庄，北连花园。总面积 0.27 平方千米，耕地面积 25.49 公顷。37 户，130 人。主产水稻、小麦、杂粮，兼种果蔬。村落形态呈散状，房屋结构以平房和楼房为主。

果园【Guǒyuán】 以植物命名。20 世纪 80 年代，村调整产业结构种植果树，果农居住在三边环水的地方，故名。1984 年隶属史岗村；2003 年隶属史岗社区至今。位于居委会南 2 千米。东邻李桥杨庄水库，南界杨庄水库，西至李桥杨庄水库，北连复兴大道。总面积 0.01 平方千米，无耕地。3 户，10 人。经济形态以第三产业为主。村落形态呈散状，房屋结构以平房和楼房为主。

和谐花园【Héxiéhuāyuán】 以理想和愿望综合命名。2009 年按市政府规划，新修发展大道，2010 年为拆迁而建。2009 年隶属史岗社区至今。位于居委会东北 1.2 千米。东邻廉租房，南界烨剑公司，西至安装公司，北连龙凤水库。总面积 0.002 平方千米，无耕地。11 户，50 人。经济形态以第三产业为主。村落形态呈线状，房屋结构以平房和楼房为主。

红瓦屋【Hóngwǎwū】 以建筑物命名。因建村时有一户是红瓦房而得名。1958 年隶属史岗大队；1984 年隶属史岗村；2003 年隶属史岗社区至今。位于居委会西 2.2 千米。东邻西环一路，南界和谐路，西至大卓激光，北连平林米厂。总面积 0.07 平方千米，耕地面积 5.78 公顷。52 户，220 人。主要作物有小麦、杂粮，兼种果蔬。村落形态呈散状，房屋结构以平房和楼房为主。

后庄【Hòuzhuāng】 以方位命名。因此庄建于刘家乐园庄后面而得名。1958年隶属史岗大队；1984年隶属史岗村；2003年隶属史岗社区至今。位于居委会西南1.8千米。东邻刘家乐园，南界李桥社区庄口，西至西霍庄，北连杨庄。总面积0.01平方千米，无耕地。12户，40人。经济形态以第三产业为主。村落形态呈散状，房屋结构以平房和楼房为主。

花园【Huāyuán】 以植物命名。传说村庄内原有一个花园而得名。1958年隶属史岗大队；1984年隶属史岗村；2002年隶属史岗社区至今。位于居委会东南1千米。东邻丁庄，南界东霍庄，西至西霍庄，北连木梓树。总面积0.01平方千米，无耕地。50户，190人。经济形态以第三产业为主。村落形态呈散状，房屋结构以平房和楼房为主。

惠庄【Huìzhuāng】 以姓氏命名。因惠姓聚居而得名。1958年隶属史岗大队；1984年隶属史岗村；2002年隶属史岗社区至今。位于居委会东南1.8千米。东邻余庄，南界复兴大道，西至丁庄，北连余庄。总面积0.01平方千米，无耕地。18户，60人。经济形态以第三产业为主。村落形态呈散状，房屋结构以平房和楼房为主。

老祠堂【Lǎocítáng】 以时间和建筑物综合命名。因相传很久前村内建有一祠堂而得名。1958年隶属史岗大队；1984年隶属史岗村；2003年隶属史岗社区至今。位于居委会西1千米。东邻桃园，南界牛坡，西至西环一路，北连南庄。总面积0.007平方千米，无耕地。20户，70人。经济形态以务工、经商和第三产业为主。村落形态呈散状，房屋结构以平房和楼房为主。

联建一【Liánjiànyī】 以建房模式命名。1994年，为解决本辖区企业职工和部分村民的住房需求，在一组境内联片建房，故名。1994年隶属史岗村；2003年隶属史岗社区至今。位于居委会东北1千米。东邻大江家湾，南界大江家湾，西至光武大道，北连发展大道。总面积0.01平方千米，无耕地。43户，150人。经济形态以第三产业为主。村落形态呈线状，房屋结构以平房和楼房为主。

联建二【Liánjiàn'èr】 以建房模式命名。1994年，为解决本辖区企业职工和部分村民的住房需求，在二组境内联片建房，故名。2003年隶属史岗社区至今。位于居委会东10米。东邻台渠，南界桃园路，西至二组路，北连发展大道。总面积0.004平方千米，无耕地。20户，90人。经济形态以第三产业为主。村落形态呈线状，房屋结构以平房和楼房为主。

联建三【Liánjiànsān】 以建房模式命名。1994年，为解决本辖区企业职工和部分村民的住房需求，在三组境内联片建房，故名。1994年隶属史岗村；2003年隶属史岗社区至今。位于居委会西南800米。东邻三组路，南界史岗还建点，西至南庄，北连西营。总面积0.012平方千米，无耕地。60户，200人。经济形态以第三产业为主。村落形态呈线状，房屋结构以平房和楼房为主。

刘家乐园【Liújiālèyuán】 以姓氏和故事传说综合命名。据传说，刘姓家族久住此地，世代会酿酒，后院有花园，栽有名花异草，且刘老酒师善交宾朋好友，每逢新酒酿成，便邀其好友在花园品酒观花。一友酒后道："此处世外桃源，其乐无穷。"故得此名。1958年隶属史岗大队；1984年隶属史岗村；2003年隶属史岗社区至今。位于居委会西南1.7千米。东邻东霍庄，南界后庄，西至西霍庄，北连西霍庄。总面积0.02平方千米，无耕地。59户，330人。经济形态以第三产业为主。村落形态呈散状，房屋结构以平房和楼房为主。

南庄【Nánzhuāng】 以方位命名。因此庄建在树场南边而得名。1958年隶属史岗大队；1984年隶属史岗村；2003年隶属史岗社区至今。位于居委会西南1千米。东邻联建，南界牛坡，西至史岗还建点，北连宋家树场。总面积0.004平方千米，无耕地。6户，20人。经济形态以第三产业为主。村落形态呈散状，房屋结构以平房和楼房为主。

木梓树【Mùzǐshù】 以传说命名。据传说，许多年前有一只神鸟飞过，丢下一粒木梓粒，经过发芽生长，最后长成一棵大木梓树，故名。1958年隶属史岗大队；1984年隶属史岗村；2003年隶属史岗社区至今。位于居委会南200米。东邻史岗粮站，南界花园，西至南庄，北连北凹。总面积0.002平方千米，无耕地。11户，50人。经济形态以务工、经商和第三产业为主。村落形态呈散状，房屋结构以平房和楼房为主。

牛坡【Niúpō】 以姓氏和地形综合命名。因牛姓聚居岗坡而得名。1958年隶属史岗大队；1984年隶属史岗村；2003年隶属史岗社区至今。位于居委会西南1千米。东邻桃园，南界西霍庄，西至西环一路，北连南庄。总面积0.004平方千米，无耕地。6户，20人。经济形态以第三产业为主。村落形态呈散状，房屋结构以平房和楼房为主。

苹果园【Píngguǒyuán】 以植物命名。1994年，按照村调整农业产业结构规划，从村外引进技术人才，种植苹果，果农在此新建村庄看管苹果树，故名。1994年隶属史岗村；2003年隶属史岗社区至今。位于居委会东北1.5千米。东邻人民路，南界发展大道，西至龙凤水库，北连惠湾村余庄。总面积0.05平方千米，耕地面积4.92公顷。11户，40人。主产苹果树，兼种小麦、杂粮和蔬菜。村落形态呈散状，房屋结构以平房和坡房为主。

宋家老庄【Sòngjiālǎozhuāng】 以姓氏和建村时间综合命名。早年宋姓家族在此建庄居住，因该庄大部分居民姓宋，后少数宋姓族人离庄在外建庄居住，故名。1958年隶属史岗大队；1984年隶属史岗村；2003年隶属史岗社区至今。位于居委会西南800米。东邻桃园，南界史岗还建点，西至牛坡，北连桃园。总面积0.002平方千米，无耕地。14户，50人。经济形态以第三产业为主。村落形态呈散状，房屋结构以平房和楼房为主。

宋家乐园【Sòngjiālèyuán】 以故事传说命名。据传说，庄内居民大都姓宋，夫妻和睦，尊老爱幼，人丁兴旺，十分繁荣，故名。1958年隶属史岗大队；1984年隶属史岗村；2003年隶属史岗社区至今。位于居委会西北2.2千米。东邻西环一路，南界宋家树场，西至王湾社区五房湾，北连霍庄社区施家桥。总面积0.003平方千米，无耕地。10户，40人。经济形态以第三产业为主。村落形态呈散状，房屋结构以平房和楼房为主。

宋家树场【Sòngjiāshùchǎng】 以传说命名。明初朱元璋称帝，军师刘伯温夜观天象说道："南京西北地面有帝王之气，速查之。湖北枣阳城南十里宋家庄有异，金牛山南有一竹林，紫雾翻腾，速除之。"太白金星闻之慈心大发，夜里托梦庄主宋公，大祸将临头，速灭竹林。宋家第二天连忙砍伐竹子，竹子流血，故金牛山有几处红土，太白金星将竹林改为树场，免去宋家一难，故名。1958年隶属史岗大队；1984年隶属史岗村；2003年隶属史岗社区至今。位于居委会西北1.5千米。东邻北凹，南界南庄，西至汉光酒厂，北连宋家乐园。总面积0.04平方千米，无耕地。14户，70人。经济形态以务工、经商和第三产业为主。村落形态呈散状，房屋结构以平房和楼房为主。

桃园【Táoyuán】 以植物命名。因村内有片桃园而得名。1958年隶属史岗大队；1984年隶属史岗村；2003年隶属史岗社区至今。位于居委会西南500米。东邻木梓树，南界宋家老庄，西至牛坡，北连南庄。总面积0.11平方千米，耕地面积10.46公顷。16户，60人。主产小麦，兼种果蔬。村落形态呈散状，房屋结构以平房和楼房为主。

西霍庄【Xīhuòzhuāng】 以方位和姓氏综合命名。据传说，有霍姓兄弟二人游玩此地，见高岗东西土地肥沃，水绿草旺，很适合劳作耕种，便在岗东建一处庄园居住耕种经营。而美中不足的是岗西之地离庄太远，收割播种极不方便。兄弟二人商议在岗西另建一处庄园。弟弟在西岗院居住，故名。1958年隶属史岗大队；1984年隶属史岗村；2003年隶属史岗社区至今。位于居委会西南2.2千米。东邻东霍庄，南界刘家乐园，西至王家湾社区彭庄，北连宋家老庄。总面积0.1平方千米，无耕地。10户，40人。经济形态以第三产业为主。村落形态呈散状，房屋结构以平房和楼房为主。

小江家湾【Xiǎojiāngjiāwān】 以兄弟排序和姓氏综合命名。清道光年间，陕西江家寨有江家兄弟二人，因剿匪有功，哥哥封守备之职，弟弟封参将之职，共同带兵驻枣阳城，并在枣阳封地十亩，允许带家人建庄居住，弟弟选址枣阳城南平地建庄居住，故名。1958年隶属史岗大队；1984年隶属史岗村；2003年隶属史岗社区至今。位于居委会东北1千米。东邻惠湾社区彭庄，南界大姜家湾，西至新庄，北连中医院。总面积0.04平方千米，耕地面积3.8公顷。10户，40人。经济形态以种植小麦、果蔬，兼发展养殖业。村落形态呈散状，房屋结构以平房和楼房为主。

新庄【Xīnzhuāng】 以建村时间命名。1988年撤县建市，为满足当时村民住房需求，新建此庄而得名。2003年隶属史岗社区至今。位于居委会东北800米。东邻小江家湾，南界北凹，西至宋家乐园，北连小江家湾。总面积0.003平方千米，无耕地。15户，60人。经济形态以第三产业为主。村落形态呈散状，房屋结构以平房和楼房为主。

鸭子场【Yāzichǎng】 以动物命名。1975年前后，环城供销社在此庄饲养大量鸭子，后撤走，故名。1975年隶属史岗大队；1984年隶属史岗村；2003年隶属史岗社区至今。位于居委会西北2千米。东邻汉光酒厂，南界汉光酒厂，西至西环一路，北连发展大道。总面积0.003平方千米，无耕地。11户，40人。经济形态以第三产业为主。村落形态呈散状，房屋结构以平房和楼房为主。

余庄【Yúzhuāng】 以姓氏命名。因余姓聚居而得名。1958年隶属史岗大队；1984年隶属史岗村；2002年隶属史岗社区至今。位于居委会东南1.9千米。东邻惠湾社区龚家湾，南界惠庄，西至丁庄，北连史岗。总面积0.46平方千米，耕地面积2.56公顷。63户，280人。主产小麦、杂粮，兼种果蔬。村落形态呈散状，房屋结构以平房和楼房为主。

宋湾社区【Sòngwān Shèqū】

以宋湾居民点命名。1958年为宋湾大队，隶属飞跃公社；1961年隶属梁集区；1975年隶属梁集公社；1984年为宋湾村，隶属梁集区；1987年隶属梁集镇；2001年原梁集镇划并至南城街道办事处，隶属南城街道办事处；2003年谢庄村并入宋湾村，谢庄村为宋湾村所辖；2005年为宋湾社区，隶属南城街道办事处至今。位于南城街道办事处西南14千米。东邻段湾村，南界梁集社区，西至耿畈村，北连中陈岗村。辖9个居民点，总面积5.87平方千米，耕地面积516.59公顷。813户，2950人，主产水稻、小麦，兼种果蔬、杂粮、香菇。枣耿路过境，居委会驻梁坡村西路1号。

梁寨【Liángzhài】 以姓氏和建筑物综合命名。因梁姓聚居村周修有寨墙而得名。1958年隶属谢庄大队；1984年隶属谢庄村；2003年隶属宋湾村；2005年隶属宋湾社区至今。位于村委会西1.5千米。东邻梁坡，南界梁集社区宋庄，西至谢庄，北连张家老堰。总面积0.54平方千米，耕地面积41.56公顷。87户，290人。主产小麦、水稻，兼种杂粮、桃子。村落形态呈线状，房屋结构以平房和楼房为主。

马湾【Mǎwān】 以姓氏命名。因马姓聚居而得名。1958年隶属宋湾大队；1984年隶属宋湾村；2005年隶属宋湾社区至今。位于村委会北1.5千米。东邻许湾，南界移民点，西至张湾，北连中陈岗村中陈岗。总面积1.1平方千米，耕地面积85.72公顷。128户，520人。主产小麦、水稻，兼种杂粮。村落形态呈线状，房屋结构以坡房和楼房为主。

宋湾【Sòngwān】 以姓氏命名。因宋姓聚居而得名。1958年隶属宋湾大队；1984年隶属宋湾村；2005年隶属宋湾社区至今。位于村委会北500米。东邻移民点，南界梁街社区梁坡，西至耿畈村东沟，北连张湾。总面积0.6平方千米，耕地面积55.55公顷。96户，320人。主产小麦、水稻，兼种杂粮、桃树。村落形态呈线状，房屋结构以平房和楼房为主。

谢庄【Xièzhuāng】 以姓氏命名。因谢姓聚居而得名。1958年隶属谢庄大队；1984年隶属谢庄村；2003年隶属宋湾村；2005年隶属宋湾社区至今。位于村委会西南2千米。东邻梁寨，南界姜营河，西至姜营河，北连张家老堰。总面积0.6平方千米，耕地面积58.7公顷。107户，350人。主产小麦、水稻，兼种杂粮。村落形态呈散状，房屋结构以平房和楼房为主。

许湾【Xǔwān】 以姓氏命名。因许姓聚居而得名。1958年隶属宋湾大队；1984年隶属宋湾村；2005年隶属宋湾社区至今。位于村委会东1.5千米。东邻中陈岗村中陈岗，南界梁集社区梁坡，西至移民点，北连中陈岗村柏庄。总面积1平方千米，耕地面积80.42公顷。108户，410人。主产小麦、水稻，兼种杂粮。村落形态呈散状，房屋结构以平房和楼房为主。

移民点【Yímíndiǎn】 因南水北调工程，2010年丹江移民移居于此，故名。隶属宋湾社区至今。位于村委会北500米。东邻许湾，南界宜居村庄，西至宋湾，北连马湾。总面积0.39平方千米，耕地面积26.35公顷。62户，260人。主产小麦、水稻、玉米，兼种果蔬。村落形态呈线状，房屋结构以坡房和楼房为主。

张店【Zhāngdiàn】 以姓氏和店铺综合命名。因张姓聚居且设过店而得名。1958年隶属谢庄大队；1984年隶属谢庄村；2003年隶属宋湾村；2005年隶属宋湾社区至今。位于村委会西南2千米。东邻张家老堰，南界滚河，西至耿畈村耿畈，北连耿畈村东沟。总面积0.52平方千米，耕地面积66.32公顷。105户，310人。主产小麦、水稻，兼种杂粮。村落形态呈散状，房屋结构以平房和楼房为主。

张家老堰【Zhāngjiālǎoyàn】 以姓氏和堰塘综合命名。因张姓建村时在村东挖了堰塘而得名。1958年隶属谢庄大队；1984年隶属谢庄村；2003年隶属宋湾村；2005年隶属宋湾社区至今。位于村委会西2千米。东邻梁集新农村，南界谢庄，西至张店，北连耿畈村徐庄。总面积0.32平方千米，耕地面积29.4公顷。45户，220人。主产小麦、水稻，兼种果蔬和油料作物。村落形态呈散状，房屋结构以坡房和楼房为主。

张湾【Zhāngwān】 以姓氏命名。因张姓聚居而得名。1958年隶属宋湾大队；1984年隶属宋湾村；

2005年隶属宋湾社区至今。位于村委会北2千米。东邻马湾，南界马湾，西至耿畈，北连中陈岗村中陈岗。总面积0.8平方千米，耕地面积72.57公顷。75户，270人。主产小麦、水稻，兼种杂粮。村落形态呈线状，房屋结构以平房和楼房为主。

王家湾社区【Wángjiāwān Shèqū】

以王家湾居民点命名。1958年为王湾大队，隶属国光公社；1980年因重名改为王家湾大队；1984年为王家湾村，隶属城关镇；1988年隶属南城街道办事处；2007年为王家湾社区，隶属南城街道办事处至今。位于南城街道办事处西3千米。东邻霍庄社区，南界舒庙村，西至环城街道鲍庄村，北连西城开发区茶棚社区。辖11个居民点，总面积6.18平方千米，耕地面积232.3公顷。909户，5140人。主产水稻、小麦，兼种果蔬。居委会驻西三环与福田路交会处。

池庄【Chízhuāng】 以姓氏命名。因池姓聚居而得名。1958年隶属王湾大队；1980年隶属王家湾大队；1984年隶属王家湾村；2007年隶属王家湾社区至今。位于居委会南3千米。东邻彭庄，南界彭庄，西至沙河，北连双堰。总面积2平方千米，耕地面积12公顷。47户，400人。主产小麦，兼种果蔬。村落形态呈线状，房屋结构以平房和楼房为主。

东庄【Dōngzhuāng】 以方位命名。因建于王家湾东而得名。1958年隶属王湾大队；1980年隶属王家湾大队；1984年隶属王家湾村；2007年隶属王家湾社区至今。位于村委会南3千米。东邻霍庄社区大霍庄，南界王家湾，西至沙河，北连马庄。总面积2平方千米，耕地面积44.4公顷。87户，400人。主产小麦、水稻，兼种果蔬。村落形态呈团状，房屋结构以平房和楼房为主。

冯沟【Fénggōu】 以姓氏和地形综合命名。因冯姓聚居河沟旁而得名。1958年隶属王湾大队；1980年隶属王家湾大队；1984年隶属王家湾村；2007年隶属王家湾社区至今。位于村委会西1千米。东邻王家湾，南界靳庄，西至沙河，北连西庄。总面积0.24平方千米，耕地面积23.1公顷。89户，490人。主产小麦、水稻，兼种果蔬，以务工。村落形态呈团状，房屋结构以平房和楼房为主。

罗庄【Luózhuāng】 以姓氏命名。因罗姓聚居而得名。1958年隶属王湾大队；1980年隶属王家湾大队；1984年隶属王家湾村；2007年隶属王家湾社区至今。位于村委会西南3千米。东邻池庄，南界舒庙村西李集，西至舒庙村苏庄，北连双堰。总面积0.31平方千米，耕地面积30.8公顷。90户，460人。主产小麦，兼种果蔬。村落形态呈散状，房屋结构以平房和楼房为主。

马庄【Mǎzhuāng】 以姓氏命名。因马姓聚居而得名。1958年隶属王湾大队；1980年隶属王家湾大队；1984年隶属王家湾村；2007年隶属王家湾社区至今。位于村委会东北1.5千米。东邻砖瓦社区施家河坎，南界霍庄社区大霍庄，西至邱庄，北连砖瓦社区施家河坎。总面积0.2平方千米，耕地面积18公顷。92户，600人。主产小麦，兼种果蔬。村落形态呈团状，房屋结构以平房和楼房为主。

彭庄【Péngzhuāng】 以姓氏命名。因彭姓聚居而得名。1958年隶属王湾大队；1980年隶属王家湾大队；1984年隶属王家湾村；2007年隶属王家湾社区至今。位于村委会南1.3千米。东邻史岗社区小霍庄，南界舒庙村吉庄，西至池庄，北连霍庄社区张庄。总面积0.4平方千米，耕地面积23.8公顷。73户，310人。主产小麦，兼种果蔬。村落形态呈团状，房屋结构以平房和楼房为主。

邱庄【Qiūzhuāng】 以姓氏命名。因邱姓聚居而得名。1958年隶属王湾大队；1980年隶属王家湾大队；1984年隶属王家湾村；2007年隶属王家湾社区至今。位于村委会东北1.5千米。东邻马庄，南界霍庄社区大霍庄，西至沙河，北连砖瓦社区施家河坎。总面积0.16平方千米，耕地面积15.3公顷。52户，320人。主产小麦、水稻，兼种果蔬。村落形态呈线状，房屋结构以平房和楼房为主。

双堰【Shuāngyàn】 以堰塘命名。因村建于相邻的两口堰旁而得名。1958年隶属王湾大队；1980年隶属王家湾大队；1984年隶属王家湾村；2007年隶属王家湾社区至今。位于村委会西南1.5千米。东邻三环路，南界罗庄，西至四环路，北连冯沟。总面积0.2平方千米，耕地面积18公顷。91户，520人。主产小麦，兼种果蔬，以务工。村落形态呈团状，房屋结构以平房和楼房为主。

王家湾【Wángjiāwān】 以姓氏命名。因王姓聚居而得名。1958年隶属王湾大队；1980年隶属王家湾大队；1984年隶属王家湾村；2007年隶属王家湾社区至今。村委会驻地。东邻霍庄社区小霍庄，南界新庄，西至西庄，北连东庄。总面积0.07平方千米，耕地面积6.4公顷。142户，820人。主产小麦，兼种果蔬。村落形态呈团状，房屋结构以平房和楼房为主。

西庄【Xīzhuāng】 以方位命名。因建村于王家湾西而得名。1958年隶属王湾大队；1980年隶属王家湾大队；1984年隶属王家湾村；2007年隶属王家湾社区至今。位于村委会西北800米。东邻王家湾，南界冯沟，西至沙河，北连还建小区。总面积0.4平方千米，耕地面积32公顷。65户，380人。主产小麦，兼种果蔬。村落形态呈团状，房屋结构以平房和楼房为主。

新庄【Xīnzhuāng】 以时间命名。因建村时间短而得名。1958年隶属王湾大队；1980年隶属王家湾大队；1984年隶属王家湾村；2007年隶属王家湾社区至今。位于村委会南400米。东邻霍庄社区张庄，南界双堰，西至新庄，北连王家湾。新庄已拆迁，被企业征用。总面积0.2平方千米，耕地面积8.5公顷。81户，440人。主产小麦，兼种果蔬。村落形态呈线状，房屋结构以平房和楼房为主。

政法街社区【Zhèngfǎjiē Shèqū】

以街道名称命名。1983年为政法街居委会，隶属城关镇；1988年隶属南城街道办事处；2002年为政法街社区，隶属南城街道办事处至今。位于南城街道办事处北800米。东邻沙店社区，南界沙店社区，西至砖瓦社区，北连南园社区。总面积0.5平方千米，无耕地。1452户，4800人。经济形态以第三产业为主。民主路、光武大道过境，居委会驻民主路16号（原称政法街）。

砖瓦社区【Zhuānwǎ Shèqū】

以工厂名称命名。因辖区内曾有县砖瓦厂而得名。1958年为砖瓦大队，隶属国光公社；1962年隶属环城区；1984年更名为砖瓦村，隶属城关镇；1988年隶属南城街道办事处；2002年为砖瓦社区，隶属南城街道办事处至今。位于南城街道办事处西北2千米。东邻新华路，南界霍庄社区，西至王家湾社区，北连沙河南岸。总面积1.5平方千米，无耕地。4518户，1.21万人。经济形态以经商务工为主。居委会驻施家巷36号。

第三节 农村社区（村）自然村、居民点

曹岗村【Cáogǎngcūn】

以曹岗自然村命名。1958年为红旗二大队，隶属飞跃公社；1960年为曹岗大队；1961年隶属梁集区；1975年隶属梁集公社；1984年为曹岗村，隶属梁集区；1987年隶属梁集镇；2001年梁集镇并入南城街道办事处，隶属南城街道办事处至今。位于南城街道办事处南3千米。东邻李桥社区，南界吴店镇圣庙村，西至严湾村，北连舒庙村。辖18个自然村，总面积4.73平方千米，耕地面积400.9公顷。365户，1580人。主产小麦、水稻，兼种桃树。村委会驻曹家老湾。

曹岗【Cáogǎng】 以姓氏命名。因曹姓聚居岗上而得名。1958年隶属红旗二大队；1960年隶属曹岗大队；1984年隶属曹岗村至今。位于村委会北400米。东邻堰角，南界李家湾，西至严湾村严湾，北连曹家堰。总面积0.4平方千米，耕地面积22公顷。19户，70人。主产小麦、水稻。村落形态呈散状，房屋结构以平房和楼房为主。

曹家老湾【Cáojiālǎowān】 以姓氏和建村时间综合命名。因曹姓最早在此居住而得名。1958年隶属红旗二大队；1960年隶属曹岗大队；1984年隶属曹岗村至今。村委会驻地。东邻小曹家湾，南界南庄，西至后冲，北连李家湾。总面积0.4平方千米，耕地面积36公顷。37户，190人。主产小麦、水稻。村落形态呈散状，房屋结构以平房和楼房为主。

曹家堰【Cáojiāyàn】 以姓氏和堰塘综合命名。因曹姓聚居且村内有大堰而得名。1958年隶属红旗二大队；1960年隶属曹岗大队；1984年隶属曹岗村至今。位于村委会北1千米。东邻堰角，南界李家湾，西至后洼，北连舒庙村大舒庄。总面积0.56平方千米，耕地面积50公顷。35户，120人。主产小麦、水稻。村落形态呈散状，房屋结构以平房和楼房为主。

陈家庄口【Chénjiāzhuāngkǒu】 以姓氏和位置综合命名。因陈姓聚居在梁集去吴店的路口上而得名。1958年隶属红旗二大队；1960年隶属曹岗大队；1984年隶属曹岗村至今。位于村委会西南800米。东邻大板桥，南界中陈岗村舒庄，西至中陈岗村陈湾，北连吴岗。总面积0.18平方千米，耕地面积15公顷。16户，80人。主产小麦、水稻。村落形态呈散状，房屋结构以平房和楼房为主。

大板桥【Dàbǎnqiáo】 以桥梁命名。因村前有一座大石板桥而得名。1958年隶属红旗二大队；1960年隶属曹岗大队；1984年隶属曹岗村至今。位于村委会南700米。东邻薛垱，南界吴店镇郑洼村郑洼，西至陈家庄口，北连吴岗。总面积0.3平方千米，耕地面积29公顷。30户，80人。主产小麦、水稻。村落形态呈散状，房屋结构以坡房和楼房为主。

何岗【Hégǎng】 以姓氏和地形综合命名。因何姓聚居岗上而得名。1958年隶属红旗二大队；1960年隶属曹岗大队；1984年隶属曹岗村至今。位于村委会南500米。东邻南庄，南界薛垱，西至吴岗，北连后冲。总面积0.27平方千米，耕地面积23公顷。21户，70人。主产小麦、水稻，兼种桃树。村落形态呈散

状，房屋结构以平房和楼房为主。

后冲【Hòuchōng】 以方位和地形综合命名。因建村在吴岗后面的冲旁而得名。1958年隶属红旗二大队；1960年隶属曹岗大队；1984年隶属曹岗村至今。位于村委会西400米。东邻曹家老湾，南界吴岗，西至下庄，北连李家湾。总面积0.17平方千米，耕地面积14公顷。17户，80人。主产小麦、水稻。村落形态呈散状，房屋结构以平房和楼房为主。

后洼【Hòuwā】 以方位和地形综合命名。因村子建在曹家堰后面的洼地而得名。1958年隶属红旗二大队；1960年隶属曹岗大队；1984年隶属曹岗村至今。位于村委会北2千米。东邻曹家老湾，南界李家湾，西至严湾村黄冲，北连舒庙村大舒庄。总面积0.06平方千米，耕地面积5.3公顷。7户，50人。主产小麦、水稻。村落形态呈散状，房屋结构以平房和楼房为主。

李家湾【Lǐjiāwān】 以姓氏命名。因李姓聚居而得名。1958年隶属红旗二大队；1960年隶属曹岗大队；1984年隶属曹岗村至今。位于村委会北500米。东邻曹岗，南界后冲，西至后洼，北连堰角。总面积0.17平方千米，耕地面积14公顷。10户，80人。主产小麦、水稻。村落形态呈散状，房屋结构以平房和楼房为主。

马庄【Mǎzhuāng】 以姓氏命名。因马姓聚居而得名。1958年隶属红旗二大队；1960年隶属曹岗大队；1984年隶属曹岗村至今。位于村委会东3千米。东邻李桥社区李桥，南界吴店镇圣庙村下河，西至曹岗，北连舒庙村曹中庄。总面积0.34平方千米，耕地面积30公顷。22户，110人。主产小麦、水稻。村落形态呈散状，房屋结构以平房和楼房为主。

孟桥【Mèngqiáo】 以姓氏和桥梁综合命名。因孟姓聚居且村口有座石桥而得名。1958年隶属红旗二大队；1960年隶属曹岗大队；1984年隶属曹岗村至今。位于村委会东1千米。东邻马庄，南界吴店镇圣庙村马庄，西至曹家老湾，北连舒庙村曹中庄。总面积0.46平方千米，耕地面积42公顷。28户，150人。主产小麦、水稻。村落形态呈散状，房屋结构以平房和楼房为主。

南庄【Nánzhuāng】 以方位命名。因村建于曹家老湾南边而得名。1958年隶属红旗二大队；1960年隶属曹岗大队；1984年隶属曹岗村至今。位于村委会南500米。东邻汪庄，南界薛挡，西至何岗，北连曹家老湾。总面积0.14平方千米，耕地面积12公顷。8户，50人。主产小麦、水稻。村落形态呈散状，房屋结构以平房和坡房为主。

汪庄【Wāngzhuāng】 以姓氏命名。因汪姓聚居而得名。1958年隶属红旗二大队；1960年隶属曹岗大队；1984年隶属曹岗村至今。位于村委会东1千米。东邻孟桥，南界吴店镇圣庙村马庄，西至南庄，北连小曹家湾。总面积0.28平方千米，耕地面积24公顷。23户，130人。主产小麦、水稻。村落形态呈散状，房屋结构以平房和楼房为主。

吴岗【Wúgǎng】 以姓氏和地形综合命名。因吴姓聚居岗上而得名。1958年隶属红旗二大队；1960年隶属曹岗大队；1984年隶属曹岗村至今。位于村委会西南500米。东邻何庄，南界陈家庄口，西至严湾村叉子挡，北连后冲。总面积0.26平方千米，耕地面积22公顷。23户，80人。主产小麦、水稻，兼种桃树。村落形态呈散状，房屋结构以平房和楼房为主。

下庄【Xiàzhuāng】 以方位命名。因位于上庄的下方而得名。1958 年隶属红旗二大队；1960 年隶属曹岗大队；1984 年隶属曹岗村至今。位于村委会西 600 米。东邻后冲，南界吴岗，西至严湾村严湾，北连严湾村严湾。总面积 0.06 平方千米，耕地面积 4.6 公顷。5 户，30 人。主产小麦、水稻。村落形态呈散状，房屋结构以坡房和楼房为主。

小桥子【Xiǎoqiáozi】 以桥梁命名。因村前有一座小石板桥而得名。1958 年隶属红旗二大队；1960 年隶属曹岗大队；1984 年隶属曹岗村至今。位于村委会南 900 米。东邻陈家庄口，南界陈岗村舒庄，西至陈岗村陈湾，北连吴岗。总面积 0.24 平方千米，耕地面积 20 公顷。30 户，80 人。主产小麦、水稻。村落形态呈散状，房屋结构以平房和楼房为主。

薛垱【Xuēdàng】 以姓氏和水垱综合命名。因薛姓聚居垱边而得名。1958 年隶属红旗二大队；1960 年隶属曹岗大队；1984 年隶属曹岗村至今。位于村委会南 500 米。东邻汪庄，南界吴店镇圣庙村马庄，西至大板桥，北连何岗。总面积 0.32 平方千米，耕地面积 28 公顷。22 户，70 人。主产小麦、水稻。村落形态呈散状，房屋结构以平房和楼房为主。

堰角【Yànjiǎo】 以地理位置命名。因村子坐落在一口大堰的角上而得名。1958 年隶属红旗二大队；1960 年隶属曹岗大队；1984 年隶属曹岗村至今。位于村委会北 900 米。东邻舒庄，南界曹家老湾，西至曹家堰，北连舒庙。总面积 0.12 平方千米，耕地面积 10 公顷。12 户，60 人。主产小麦、水稻，兼种桃树。村落形态呈散状，房屋结构以平房和楼房为主。

董岗村【Dǒnggǎngcūn】

以董岗自然村命名。1958 年为新联二社，隶属飞跃公社；1960 年为董岗大队；1961 年隶属梁集区；1975 年隶属梁集公社；1984 年为董岗村，隶属梁集区；1987 年隶属梁集镇；2001 年梁集镇并入南城街道办事处，隶属南城街道办事处至今；2010 年南水北调丹江移民移居本村。位于南城街道办事处西 11 千米。东邻毛岗村，南界彭岗村，西至李家庄村，北连琚湾镇罗棚村。辖 8 个自然村，总面积 3.35 平方千米，耕地面积 199.93 公顷。441 户，1910 人。主产小麦、水稻，兼种桃树。汉丹铁路过境，村委会驻董岗。

北小董岗【Běixiǎodǒnggǎng】 以方位、规模和姓氏综合命名。因董姓聚居大董岗村的北边而得名。1958 年隶属新联二社；1960 年隶属董岗大队；1984 年隶属董岗村至今。位于村委会北 1 千米。东邻毛河村李冲，南界董岗，西至董河，北连沙河。总面积 0.2 平方千米，耕地面积 8 公顷。27 户，110 人。主产小麦、水稻。村落形态呈散状，房屋结构以楼房为主。

东小董岗【Dōngxiǎodǒnggǎng】 以方位、规模和姓氏综合命名。因董姓聚居大董岗村的东边而得名。1958 年隶属新联二社；1960 年隶属董岗大队；1984 年隶属董岗村至今。位于村委会东 1 千米。东邻耿畈村上马湾，南界尹庄，西至董岗，北连毛河村李冲。总面积 0.2 平方千米，耕地面积 11.8 公顷。35 户，140 人。主产小麦、水稻。村落形态呈散状，房屋结构以楼房为主。

董河【Dǒnghé】 以姓氏和河流综合命名。因董姓聚居河南边而得名。1958 年隶属新联二社；1960 年隶属董岗大队；1984 年隶属董岗村至今。位于村委会北 1.5 千米。东邻北小董岗，南界董岗，西至李庄村龚庄，北连沙河。总面积1.5平方千米，耕地面积76.93公顷。200户，850人。主产小麦、水稻。村落形态呈散状，房屋结构以楼房为主。

董岗【Dǒnggǎng】 以姓氏和地形综合命名。因董姓聚居岗上而得名。1958年隶属新联二社；1960年隶属董岗大队；1984年隶属董岗村至今。村委会驻地。东邻东小董岗，南界汉丹铁路，西至李岗村邬庄，北连北小董岗。总面积0.65平方千米，耕地面积33.47公顷。82户，430人。主产小麦、水稻。村落形态呈线状，房屋结构以楼房为主。

何庄【Hézhuāng】 以姓氏命名。因何姓聚居而得名。1958年隶属新联二社；1960年隶属董岗大队；1984年隶属董岗村至今。位于村委会南1千米。东邻小董岗，南界尹庄，西至彭岗村马王庄，北连移民点。总面积0.18平方千米，耕地面积17.07公顷。17户，70人。主产小麦、水稻。村落形态呈散状，房屋结构以楼房为主。

王岗【Wánggǎng】 以姓氏和地形综合命名。因王姓聚居岗上而得名。1958年隶属新联二社；1960年隶属董岗大队；1984年隶属董岗村至今。位于村委会东南1.5千米。东邻耿畈村上马湾，南界耿畈村柿子园，西至尹庄，北连汉丹铁路。总面积0.22平方千米，耕地面积10.06公顷。32户，120人。主产小麦、水稻。村落形态呈散状，房屋结构以楼房为主。

移民点【Yímíndiǎn】 2010年，因南水北调工程，为丹江移民新建村而得名。隶属曹岗村至今。位于村委会东南1千米。东邻东小董岗，南界汉丹铁路，西至董岗，北连福银高速公路。总面积0.15平方千米，耕地面积11.2公顷。23户，90人。主产小麦、水稻。村落形态呈散状，房屋结构以楼房为主。

尹庄【Yǐnzhuāng】 以姓氏命名。因尹姓聚居而得名。1958年隶属新联二社；1960年隶属董岗大队；1984年隶属董岗村至今。位于村委会东南1.5千米。东邻王岗，南界耿畈村柿子园，西至何庄，北连汉丹铁路。总面积0.25平方千米，耕地面积20.4公顷。25户，100人。主产小麦、水稻。村落形态呈散状，房屋结构以楼房为主。

段湾村【Duànwāncūn】

以大段湾自然村命名。1958年为红旗六大队，隶属飞跃公社；1960年为段湾大队；1961年隶属梁集区；1984年为段湾村，隶属梁集区；1987年隶属梁集镇；2001年梁集镇并入南城街道办事处，隶属南城街道办事处至今。位于南城街道办事处南12千米。东邻吴店镇西赵湖村，南界后湖村，西至梁集社区，北连陈岗村。辖12个自然村，总面积7.28平方千米，耕地面积523.3公顷，林地16.6公顷。624户，2264人。主产小麦、水稻和杂粮。村内有毛狗洞文化遗址、凤凰山林场、600年的桂花树、形似凤凰双眼的凸子堰等景观。村委会驻大段湾东。

陈坡【Chénpō】 以姓氏和地形综合命名。因陈姓建村于岗坡而得名。1958年隶属红旗六大队；1960年隶属段湾大队；1984年隶属段湾村至今。位于村委会西南1.5千米。东邻五峰岗，南界后湖村西庄，西至梁沟，北连大段湾。总面积0.43平方千米，耕地面积36公顷。32户，110人。主产小麦、水稻、玉米。村落形态呈散状，房屋结构以坡房和楼房为主。

大段湾【Dàduànwān】 以规模和姓氏综合命名。因段姓聚居且村子较大而得名。1958年隶属红旗六大队;1960年隶属段湾大队;1984年隶属段湾村至今。村委会驻地。东邻移民点,南界陈坡,西至花园,北连梁庄。总面积0.63平方千米,耕地面积44.6公顷。58户,230人。主产小麦、水稻,兼种果树。村落形态呈散状,房屋结构以平房和楼房为主。

东周岗【Dōngzhōugǎng】 以方位和姓氏综合命名。因周姓聚居岗东而得名。1958年隶属红旗六大队;1960年隶属段湾大队;1984年隶属段湾村至今。位于村委会东北2千米。东邻吴店镇圣庙村唐庄,南界枣树林,西至西周岗,北连中陈岗村郑洼。总面积0.72平方千米,耕地面积62.5公顷。54户,210人。主产小麦、水稻、玉米、棉花,兼种果树。村落形态呈散状,房屋结构以坡房和楼房为主。

花园【Huāyuán】 以植物命名。因原村内有个花园而得名。1958年隶属红旗六大队;1960年隶属段湾大队;1970年隶属梁坡大队;2001年隶属段湾村至今。位于村委会西1千米。东邻大段湾,南界梁沟,西至梁集社区梁坡,北连郑洼。总面积0.71平方千米,耕地面积58.2公顷。88户,320人。主产小麦、水稻。村落形态呈散状,房屋结构以坡房和楼房为主。

东冲【Dōngchōng】 以方位命名。又名段家东冲,因建于大段湾东的田冲旁而得名。1958年隶属红旗六大队;1960年隶属段湾大队;1984年隶属段湾村至今。位于村委会东100米。东邻枣树林,南界吴店镇西赵湖村段岗,西至移民点,北连东周岗。总面积0.63平方千米,耕地面积24.6公顷。50户,120人。主产小麦、水稻,兼种果树。村落形态呈散状,房屋结构以坡房和楼房为主。

梁沟【Liánggōu】 以姓氏和地形综合命名。因梁姓聚居河沟旁而得名。1958年隶属红旗六大队;1960年隶属段湾大队;1984年隶属段湾村至今。位于村委会西南2千米。东邻陈坡,南界后湖村西庄,西至梁集社区梁畈,北连花园。总面积0.75平方千米,耕地面积47.1公顷。65户,220人。主产小麦、水稻、玉米、花生。村落形态呈散状,房屋结构以坡房和楼房为主。

五峰岗【Wǔfēnggǎng】 以地理环境命名。因村旁岗上有五个突出的山峰而得名。1958年隶属红旗六大队;1960年隶属段湾大队;1984年隶属段湾村至今。位于村委会南1.5千米。东邻吴店镇西赵湖村段岗,南界后湖村后湖庄,西至陈坡,北连大段湾。总面积0.56平方千米,耕地面积36.6公顷。34户,120人。主产小麦、水稻。村落形态呈散状,房屋结构以坡房和楼房为主。

西周岗【Xīzhōugǎng】 以方位、地形和姓氏综合命名。因周姓聚居岗西而得名。1958年隶属红旗六大队;1960年隶属段湾大队;1984年隶属段湾村至今。位于村委会西北2千米。东邻东周岗,南界金银冲,西至郑岗,北连中陈岗村郑洼。总面积0.63平方千米,耕地面积55.1公顷。49户,190人。主产小麦、水稻。村落形态呈散状,房屋结构以坡房和楼房为主。

移民点【Yímíndiǎn】 因南水北调工程,2010年为丹江移民新建居民点而得名,隶属段湾村至今。位于村委会东50米。东邻金银冲,南界五峰岗,西至大段湾,北连郑岗。总面积0.32平方千米,耕地面积14公顷。21户,80人。主产小麦、水稻。村落形态呈线状,房屋结构以楼房为主。

枣树林【Zǎoshùlín】 以植物命名。因村内枣树多而得名。1958年隶属红旗六大队;1960年隶属段湾大队;1984年隶属段湾村至今。位于村委会东700米。东邻吴店镇西赵湖村破扮庄,南界西赵湖村四方堰,西至金银冲,北连东周岗。总面积0.53平方千米,耕地面积55.1公顷。47户,180人。主产小麦、水稻,兼种果树。村落形态呈散状,房屋结构以坡房和楼房为主。

郑岗【Zhènggǎng】 以姓氏和地形综合命名。因郑姓聚居岗地而得名。1958年隶属红旗六大队；1960年隶属段湾大队；1984年隶属段湾村至今。位于村委会西北1.5千米。东邻西周岗，南界大段湾，西至郑洼，北连中陈岗村郑洼。总面积0.63平方千米，耕地面积45.5公顷。51户，190人。主产小麦、水稻，兼种果树，养殖小龙虾。村落形态呈散状，房屋结构以坡房和楼房为主。

郑洼【Zhèngwā】 以姓氏和地形综合命名。因郑姓聚居洼地而得名。1958年隶属红旗六大队；1960年隶属段湾大队；1970年隶属农科所；1984年隶属梁坡村；2001年隶属段湾村至今。位于村委会西北1.5千米。东邻郑岗，南界花园，西至梁集社区梁坡，北连宋湾社区许湾。总面积0.74平方千米，耕地面积44公顷。75户，294人。主产小麦、水稻，兼种果蔬。村落形态呈散状，房屋结构以坡房和楼房为主。

高寨村【Gāozhàicūn】

以高寨自然村命名。1958年为红光大队，隶属飞跃公社；1960年为高寨大队；1961年隶属梁集区；1975年隶属梁集公社；1984年为高寨村，隶属梁集区；1987年隶属梁集镇；2001年隶属南城街道办事处至今。位于南城街道办事处西南20千米。东邻彭岗村，南界琚湾镇闻庄村，西至琚湾镇闻庄村，北连琚湾镇罗棚村。辖7个自然村，总面积4.04平方千米，耕地面积137.33公顷。281户，1310人。主产小麦、水稻。村委会驻小高庄。

陈茨芭【Chéncíbā】 以姓氏和植物综合命名。因陈姓聚居且村周刺树多而得名。1958年隶属红光大队；1960年隶属高寨大队；1984年隶属高寨村；2001年隶属高寨村至今。位于村委会东南1千米。东邻彭岗村朱岗，南界琚湾镇闻庄村，西至陶庄，北连李家庄村马寨。总面积0.48平方千米，耕地面积10.56公顷。24户，120人。主产小麦、水稻、玉米、棉花、油菜、花生。村落形态呈散状，房屋结构以坡房和楼房为主。

高寨【Gāozhài】 以姓氏和建筑物综合命名。因高姓聚居且村周修有土寨而得名。1958年隶属红光大队；1960年隶属高寨大队；1984年隶属高寨村；2001年隶属高寨村至今。位于村委会西北1千米。东邻李家小店子，南界张庄，西至琚湾镇闻庄村，北连琚湾镇罗棚村。总面积1.14平方千米，耕地面积44.71公顷。79户，410人。主产小麦、水稻、玉米。村落形态呈线状，房屋结构以坡房和楼房为主。

李家小店子【Lǐjiāxiǎodiànzi】 以姓氏和店铺综合命名。因李姓在村里开过店铺而得名。1958年隶属红光大队；1960年隶属高寨大队；1984年隶属高寨村；2001年隶属高寨村至今。位于村委会东北2千米。东邻李家庄村马寨，南界小高庄，西至高寨，北连琚湾镇罗棚村。总面积0.52平方千米，耕地面积21.59公顷。42户，230人。主产小麦、水稻、玉米。村落形态呈团状，房屋结构以坡房和楼房为主。

陶庄【Táozhuāng】 以姓氏命名。因陶姓聚居而得名。1958年隶属红光大队；1960年隶属高寨大队；1984年隶属高寨村；2001年隶属高寨村至今。位于村委会东南150米。东邻陈茨芭，南界肖河，西至张庄，北连李家小店子。总面积0.58平方千米，耕地面积12.7公顷。30户，120人。主产小麦、水稻、玉米。村落形态呈线状，房屋结构以楼房为主。

肖河【Xiāohé】 以姓氏和河流综合命名。因肖姓聚居滚河旁边而得名。1958年隶属红光大队；1960年隶属高寨大队；1984年隶属高寨村；2001年隶属高寨村至今。位于村委会东南300米。东邻彭岗村南毛庄，南界琚湾镇闻庄村王湾，西至小高庄，北连陶庄。总面积 0.68 平方千米，耕地面积 25.13 公顷。64户，270 人。主产小麦、水稻、玉米。村落形态呈团状，房屋结构以坡房和楼房为主。

小高庄【Xiǎogāozhuāng】 以规模和姓氏综合命名。因高姓聚居且村子较小而得名。1958 年隶属红光大队；1960 年隶属高寨大队；1984 年隶属高寨村；2001 年隶属高寨村至今。村委会驻地。东邻陶庄，南界琚湾镇闻庄村，西至张庄，北连李家小店子。总面积 0.34 平方千米，耕地面积 9.31 公顷。19 户，70 人。主产小麦、水稻、玉米。村落形态呈散状，房屋结构以坡房和楼房为主。

张庄【Zhāngzhuāng】 以姓氏命名。因张姓聚居而得名。1958 年隶属红光大队；1960 年隶属高寨大队；1984 年隶属高寨村；2001 年隶属高寨村至今。位于村委会西 500 米。东邻小高庄，南界琚湾镇闻庄村，西至琚湾镇彭庄村，北连高寨。总面积 0.3 平方千米，耕地面积 13.33 公顷。23 户，90 人。主产小麦、水稻、玉米。村落形态呈团状，房屋结构以坡房和楼房为主。

耿畈村【Gěngfàncūn】

以耿姓居住的前畈、后畈自然村命名。1958 年为耿畈大队，隶属飞跃公社；1961 年隶属梁集区；1975 年隶属梁集公社；1984 年为耿畈村，隶属梁集区；1987 年隶属梁集镇；2001 年隶属南城街道办事处至今。位于南城街道办事处西南 10 千米。东邻宋湾社区，南界熊集镇杜岗村，西至彭岗村，北连董岗村相交。辖 7 个自然村，总面积 4.19 平方千米，耕地面积 344 公顷。450 户，1850 人。主产小麦、水稻、玉米，兼发展小龙虾养殖业，果树栽培业。村委会驻赵庄。

后畈【Hòufàn】 以方位和田地综合命名。因村建于畈地北而得名。1958 年隶属耿畈大队；1984 年隶属耿畈村至今。位于村委会西 1.2 千米。东邻赵庄，南界西小庄，西至彭岗村彭岗，北连董岗村尹庄。总面积 0.68 平方千米，耕地面积 57 公顷。96 户，390 人。主产小麦、水稻、玉米，兼发展小龙虾养殖业。村落形态呈团状，房屋结构以坡房和楼房为主。

前畈【Qiánfàn】 以方位和田地综合命名。因村建于畈地南而得名。1958 年隶属耿畈大队；1984 年隶属耿畈村至今。位于村委会西南 150 米。东邻徐庄，南界宋湾社区张店，西至西小庄，北连后畈。总面积 0.82 平方千米，耕地面积 71 公顷。84 户，350 人。主产小麦、水稻、玉米，兼种果树，发展小龙虾养殖业。村落形态呈团状，房屋结构以坡房和楼房为主。

上马湾【Shàngmǎwān】 以方位、姓氏和地形综合命名。因马姓居于地势较高处而得名。1958 年隶属耿畈大队；1984 年隶属耿畈村至今。位于村委会北 2.2 千米。东邻中陈岗村黄庄，南界柿子园，西至董岗村王岗，北连毛岗村李冲。总面积 0.62 平方千米，耕地面积 43 公顷。79 户，310 人。主产小麦、水稻、玉米，兼有小龙虾养殖。村落形态呈线状，房屋结构以楼房为主。

柿子园【Shìziyuán】 以植物命名。因柿子树多而得名。1958 年隶属耿畈大队；1984 年隶属耿畈村至今。位于村委会北 1.2 千米。东邻宋湾社区张湾，南界赵庄，西至董岗村尹庄，北连上马湾。总面积 0.82 平方千米，耕地面积 72 公顷。75 户，310 人。主产小麦、水稻、玉米，兼有小龙虾养殖。村落形态呈团状，房屋结构以坡房和楼房为主。

西小庄【Xīxiǎozhuāng】 以方位和面积综合命名。因村建于耿畈西且面积小而得名。1958年隶属耿畈大队；1984年隶属耿畈村至今。位于村委会西南1千米。东邻前畈，南界熊集镇杜岗村杜家河，西至彭岗村，北连后畈。总面积0.32平方千米，耕地面积25公顷。31户，130人。主产小麦、水稻、玉米，兼种果树，有1个小龙虾养殖基地。村落形态呈散状，房屋结构以坡房和楼房为主。

徐庄【Xúzhuāng】 以姓氏命名。因徐姓聚居而得名。1958年隶属耿畈大队；1984年隶属耿畈村至今。位于村委会东南1.5千米。东邻宋湾社区宋湾，南界宋湾社区梁寨，西至前畈，北连柿子园。总面积0.58平方千米，耕地面积49公顷。52户，210人。主产小麦、水稻、玉米，兼种果树，有小龙虾养殖。村落形态呈散状，房屋结构以坡房和楼房为主。

赵庄【Zhàozhuāng】 以姓氏命名，因赵姓聚居而得名。1958年隶属耿畈大队；1984年隶属耿畈村至今。村委会驻地。东邻徐庄，南界前畈，西至后畈，北连柿子园。总面积0.35平方千米，耕地面积27公顷。33户，150人。主产小麦、水稻、玉米，有1个小龙虾养殖基地。村落形态呈线状，房屋结构以坡房和楼房为主。

后湖村【Hòuhúcūn】

以后湖自然村命名。1956年隶属吴店区；1958年为红旗七大队，隶属飞跃公社；1960年为李湖大队；1961年隶属梁集区；1975年隶属梁集公社；1980年为后湖大队；1984年为后湖村，隶属梁集区；1987年隶属梁集镇；2001年撤镇并入南城街道办事处，隶属南城街道办事处至今。位于南城街道办事处南17千米。东邻吴店镇西赵湖村，南界熊集镇段营村，西至梁集社区，北连段湾村。辖4个自然村，总面积2.49平方千米，耕地面积156公顷。206户，840人。主产小麦、水稻、玉米，兼种果树。梁乌公路过境，村委会驻后湖。

后湖【Hòuhú】 以方位和湖泊综合命名。因村建在湖泊北边而得名。1958年隶属红旗七大队；1960年隶属李湖大队；1980年隶属后湖大队；1984年隶属后湖村至今。村委会驻地。东邻张庄，南界前湖，西至西庄，北连段湾村陈坡。总面积0.54平方千米，耕地面积33公顷。53户，210人。主产小麦、玉米、水稻，兼种果蔬。村落形态呈散状，房屋结构以平房和坡房为主。

前湖【Qiánhú】 以方位和湖泊综合命名。因村建在湖泊南边而得名。1958年隶属红旗七大队；1960年隶属李湖大队；1980年隶属后湖大队；1984年隶属后湖村至今。位于村委会南600米。东邻熊集镇段营村王河，南界熊集镇段营村沟沿，西至西庄，北连后湖。总面积0.57平方千米，耕地面积35公顷。42户，170人。主产小麦、玉米、水稻，兼种果蔬。村落形态呈散状，房屋结构以平房和坡房为主。

西庄【Xīzhuāng】 以方位命名。因村建在湖泊西边而得名。1958年隶属红旗七大队；1960年隶属李湖大队；1980年隶属后湖大队；1984年隶属后湖村至今。位于村委会西500米。东邻后湖，南界熊集镇前营村苏庄，西至熊集镇前营村孙家畈，北连段湾村陈坡。总面积0.53平方千米，耕地面积32公顷。50户，200人。主产小麦、玉米、水稻，兼种果蔬。村落形态呈散状，房屋结构以平房和坡房为主。

张庄【Zhāngzhuāng】 以姓氏命名。因张姓聚居而得名。1958年隶属红旗七大队；1960年隶属李湖大队；1980年隶属后湖大队；1984年隶属后湖村至今。位于村委会东1千米。东邻吴店镇西赵湖村李家楼，南界熊集镇段营村前李庄，西至后湖，北连吴店镇西赵湖村段岗。总面积0.85平方千米，耕地面积56公顷。61户，260人。主产小麦、玉米、水稻，兼种果蔬。村落形态呈散状，房屋结构以平房和坡房为主。

李家庄村【Lǐjiāzhuāngcūn】

以李家庄自然村命名。1958年为五星大队，隶属飞跃公社；1961年为李家庄大队，隶属梁集区；1975年隶属梁集公社；1984年为李家庄村，隶属梁集区；1987年隶属梁集镇；2001年梁集镇并入南城街道办事处，隶属南城街道办事处至今。位于南城街道办事处西15千米。东邻董岗村，南界汉丹铁路，西至高寨村，北连沙河。辖7个自然村，总面积2.14平方千米，耕地面积173.82公顷。425户，1660人。主产小麦、水稻，兼种玉米。太高公路过境，村委会东邻李家庄小学。

龚庄【Gōngzhuāng】 以姓氏命名。因龚姓聚居而得名。1958年隶属五星大队；1960年隶属李家庄大队；1984年隶属李家庄村至今。位于村委会西北1.6千米。东邻坡下，南界李家庄，西至毛庄，北连沙河。总面积0.3平方千米，耕地面积25.6公顷。60户，270人。主产小麦、水稻，兼种玉米。村落形态呈线状，房屋结构以坡房和平房为主。

李家庄【Lǐjiāzhuāng】 以姓氏命名。因李姓聚居而得名。1958年隶属五星大队；1960年隶属李家庄大队；1984年隶属李家庄村至今。位于村委会西1千米。东邻李庄小学，南界马寨，西至毛庄，北连龚庄。总面积0.3平方千米，耕地面积26公顷。79户，300人。主产小麦、水稻，兼种玉米。村落形态呈线状，房屋结构以坡房和平房为主。

毛庄【Máozhuāng】 以姓氏命名。因毛姓聚居而得名。1958年隶属五星大队；1960年隶属李家庄大队；1984年隶属李家庄村至今。位于村委会西1.5千米。东邻龚庄，南界李家庄，西至沙河，北连沙河。总面积0.3平方千米，耕地面积23.26公顷。65户，290人。主产小麦、水稻，兼种玉米。村落形态呈线状，房屋结构以坡房和平房为主。

马寨【Mǎzhài】 以姓氏和建筑物综合命名。因马姓聚居且村中修有寨墙而得名。1958年隶属五星大队；1960年隶属李家庄大队；1984年隶属李家庄村至今。位于村委会西南1.4千米。东邻王锦，南界汉丹铁路，西至高寨村高寨，北连李家庄。总面积0.28平方千米，耕地面积22.86公顷。48户，180人。主产小麦、水稻，兼种玉米。村落形态呈线状，房屋结构以坡房和平房为主。

坡下【Pōxià】 以地形和方位综合命名。因村初建于沙河坡，故名。1958年隶属五星大队；1960年隶属李家庄大队；1984年隶属李家庄村至今。位于村委会西北1.5千米。东邻董岗村，南界李家庄，西至龚庄，北连沙河。总面积0.28平方千米，耕地面积26公顷。82户，280人。主产小麦、水稻，兼种玉米。村落形态呈团状，房屋结构以坡房和平房为主。

王锦【Wángjǐn】 以人名命名。因最初定居于此的人叫王锦而得名。1958年隶属五星大队；1960年隶属李家庄大队；1984年隶属李家庄村至今。位于村委会南600米。东邻董岗村董岗，南界汉丹铁路，西至马寨，北连高太公路。总面积0.5平方千米，耕地面积35公顷。57户，230人。主产小麦、水稻，兼种少量玉米。村落形态呈线状，房屋结构以坡房和平房为主。

邬庄【Wūzhuāng】 以姓氏命名。因邬姓聚居而得名。1958年隶属五星大队；1960年隶属李家庄大队；1984年隶属李家庄村至今。位于村委会东500米。东邻董岗村董岗，南界高太公路，西至村委会，北连董岗村董河。总面积0.18平方千米，耕地面积15.1公顷。34户，110人。主产小麦、水稻，兼种少量玉米。村落形态呈线状，房屋结构以坡房和平房为主。

毛家岗村【Máojiāgǎngcūn】

以毛家岗自然村命名。1975年为园艺场，隶属梁集公社；1984年为毛岗村，隶属梁集区；1987年隶属梁集镇；2001年梁集镇并入南城街道办事处，隶属南城街道办事处至今。位于南城街道办事处西南10千米。东邻太平岗村，南界中陈岗村，西至董岗村，北连毛河村。辖5个自然村，总面积2.1平方千米，耕地面积169公顷。236户，970人。主产小麦、水稻、瓜果。董太路过境，村委会驻毛岗。

李冲【Lǐchōng】 以姓氏命名。因李姓聚居而得名。1958年隶属新联一社；1960年隶属毛河大队；1975年隶属园艺场；1984年隶属毛岗村至今。位于村委会西1千米。东邻毛岗，南界董岗火车站，西至毛河，北连毛河。总面积0.5平方千米，耕地面积40公顷。75户，300人。主产小麦、水稻。村落形态呈团状，房屋结构以平房和楼房为主。

毛岗【Máogǎng】 以姓氏命名。因毛姓聚居而得名。1958年隶属新联一社；1960年隶属毛河大队；1975年隶属园艺场；1984年隶属毛岗村至今。村委会驻地。东邻张庄，南界火车站，西至毛河，北连毛河。总面积0.5平方千米，耕地面积40公顷。55户，220人。主产小麦、水稻。村落形态呈团状，房屋结构以平房为主。

毛庄【Máozhuāng】 以姓氏命名。因毛姓聚居而得名。1958年隶属红旗四大队；1960年隶属太平岗大队；1975年隶属园艺场；1984年隶属毛岗村至今。位于村委会东南2千米。东邻张庄，南界中陈岗村中陈岗，西至毛岗，北连张庄。总面积0.3平方千米，耕地面积23公顷。28户，130人。主产小麦、水稻。村落形态呈团状，房屋结构以平房为主。

莫岗【Mògǎng】 以姓氏命名。因莫姓聚居而得名。1958年隶属红旗四大队；1960年隶属太平岗大队；1975年隶属园艺场；1984年隶属毛岗村至今。位于村委会东2千米。东邻太平岗村太平岗，南界水寨子，西至毛岗，北连毛岗。总面积0.5平方千米，耕地面积46公顷。57户，230人。主产小麦、水稻。村落形态呈团状，房屋结构以平房和楼房为主。

水寨子【Shuǐzhàizi】 以自然环境命名。原称张家水寨子，因张姓居住的村周环水而得名。1958年隶属红旗四大队；1960年隶属太平岗大队；1975年隶属园艺场；1984年隶属毛岗村至今。位于村委会东1.5千米。东邻汉丹铁路，南界毛河，西至张庄，北连毛岗。总面积0.3平方千米，耕地面积20公顷。21户，90人。主产小麦、水稻。村落形态呈团状，房屋结构以平房为主。

毛河村【Máohécūn】

以毛河自然村命名。1958年为新联一社，隶属飞跃公社；1960年为毛河大队，隶属飞跃公社；

1961年隶属梁集区；1975年隶属梁集公社；1984年为毛河村，隶属梁集区；1987年隶属梁集镇；2001年隶属南城街道办事处至今。位于南城街道办事处西南12千米。东邻太平岗村，南界毛岗村，西至琚湾镇三王村，北连环城街道办事处柿子园村。辖6个自然村，总面积4.5平方千米，耕地面积297.98公顷。525户，1913人。主产水稻、小麦。村委会驻小毛庄。

后河岸【Hòuhé'àn】 以方位和地形综合命名。因村后靠河岸而得名。1958年隶属新联一社；1960年隶属毛河大队；1984年隶属毛河村至今。位于村委会东北1.7千米。东邻太平岗村马庄，南界翟庄，西至琚湾镇三王村王庄，北连环城街道柿子园村陈家河。总面积0.55平方千米，耕地面积33.46公顷。44户，208人。主产水稻、小麦、玉米。村落形态呈线状，房屋结构以平房和坡房为主。

毛河【Máohé】 以姓氏和河流综合命名。因毛姓聚居沙河边而得名。1958年隶属新联一社；1960年隶属毛河大队；1984年隶属毛河村至今。位于村委会西500米。东邻小毛庄，南界毛岗村东李冲，西至琚湾镇三王村李河，北连琚湾镇三王村王庄。总面积1.74平方千米，耕地面积114.53公顷。238户，810人。主产水稻、小麦、玉米。村落形态呈线状，房屋结构以平房和坡房为主。

西岗【Xīgǎng】 以方位和地形综合命名。因在毛岗村东岗西侧而得名。1958年隶属新联一社，1960年隶属毛河大队；1984年隶属毛河村至今。位于村委会西南1.7千米。东邻毛岗村东岗，南界董岗村小董岗，西至董岗村小董岗，北连琚湾镇三王村李河。总面积0.73平方千米，耕地面积53.13公顷。85户，325人。主产水稻、小麦、玉米。村落形态呈团状，房屋结构以平房和楼房为主。

小毛庄【Xiǎomáozhuāng】 以姓氏和规模综合命名。因毛姓聚居且村庄较小而得名。1958年隶属新联一社；1960年隶属毛河大队；1984年隶属毛河村至今。村委会驻地。东邻翟庄，南界毛岗村毛岗，西至毛河，北连琚湾镇三王村王庄。总面积0.55平方千米，耕地面积35.06公顷。62户，185人。主产水稻、小麦、玉米。村落形态呈团状，房屋结构以平房和坡房为主。

移民点【Yímíndiǎn】 2010年为丹江口市均县镇关门岩村村民迁移新建，简称移民点。2010年隶属毛河村至今。位于村委会南1.2千米。东邻毛岗村毛岗，南界毛岗村东岗，西、北连毛岗村东岗。总面积0.22平方千米，耕地面积11公顷。21户，90人。主产水稻、小麦，兼种玉米、芝麻。村落形态呈团状，房屋结构以平房和楼房为主。

翟庄【Zháizhuāng】 以姓氏命名。因翟姓聚居而得名。1958年隶属新联一社；1960年隶属毛河大队；1984年隶属毛河村至今。位于村委会东北1.5千米。东邻太平岗村严家湾，南界毛岗村莫岗，西至小毛庄，北连后河岸。总面积0.71平方千米，耕地面积50.8公顷。75户，295人。主产水稻、小麦、棉花。村落形态呈线状，房屋结构以平房为主。

彭岗村【Pénggǎngcūn】

以大彭岗、小彭岗自然村命名。1958年为日光大队，隶属飞跃公社；1961年为彭岗大队，隶属梁集区；1975年隶属梁集公社；1984年为彭岗村，隶属梁集区；1987年隶属梁集镇；2001年梁集镇并入南城街道办事处，隶属南城街道办事处至今。位于南城街道办事处西南20千米。东邻耿畈村，南界熊集镇杜岗村，西至高寨村，北连董岗村、李家庄村。辖7个自然村，总面积4.2平方千米，耕地面积287公顷。371户，1180人。主产小麦、水稻，兼种玉米、芝麻、豆类，发展水产养殖业。汉丹铁路、汉十高铁穿境而过，村委会驻小彭岗。

大彭岗【Dàpénggǎng】 以姓氏、规模和地形综合命名。因邻近有两个彭岗，彭姓聚居岗上且村子大而得名。1958年隶属日光大队；1961年隶属彭岗大队；1984年隶属彭岗村至今。位于村委会东南500米。东邻耿畈村后畈，南界截断岗，西至小彭岗，北连马王庄。总面积0.8平方千米，耕地面积37公顷。34户，130人。主产水稻、小麦，兼种芝麻、玉米、花生。村落形态呈散状，房屋结构以坡房和楼房为主。

截断岗【Jiéduàngǎng】 古时人们在滚河北岸南北走向的土岗上建村，因滚河水截断山岗而得名。1958年隶属日光大队；1961年隶属彭岗大队；1984年隶属彭岗村至今。位于村委会南1.4千米。东邻耿畈村南畈，南界滚河，西至南毛庄，北连大彭岗。总面积0.6平方千米，耕地面积61公顷。60户，210人。主产水稻、小麦，兼种芝麻、玉米、花生。村落形态呈散状，房屋结构以坡房和平房为主。

马王庄【Mǎwángzhuāng】 以姓氏命名。因马、王二姓聚居而得名。1958年隶属日光大队；1961年隶属彭岗大队；1984年隶属彭岗村至今。位于村委会东北800米。东邻董岗村何庄，南界大彭岗，西至朱岗，北连汉丹线。总面积0.5平方千米，耕地面积31公顷。33户，110人。主产水稻、小麦，兼种芝麻、玉米、花生。村落形态呈散状，房屋结构以平房和坡房为主。

南毛庄【Nánmáozhuāng】 以姓氏和方位综合命名。此地有两个毛庄，因李庄村毛庄位北，此毛庄位南而得名。1958年隶属日光大队；1961年隶属彭岗大队；1984年隶属彭岗村至今。位于村委会西南1千米。东邻截断岗，南界滚河，西至滚河，北连朱岗。总面积1平方千米，耕地面积75公顷。94户，300人。主产水稻、小麦，兼种芝麻、玉米、花生。村落形态呈散状，房屋结构以坡房为主。

四口堰【Sìkǒuyàn】 以堰塘数量命名。因村前有四口大堰而得名。1958年隶属日光大队；1961年隶属彭岗大队；1984年隶属彭岗村至今。位于村委会北1千米。东邻董岗村何庄，南界汉丹铁路，西至李庄村王锦，北连董岗村董岗。总面积0.5平方千米，耕地面积34公顷。44户，110人。主产水稻、小麦、花生、玉米。村落形态呈散状，房屋结构以楼房和坡房为主。

小彭岗【Xiǎopénggǎng】 以姓氏、规模和地形综合命名。因邻近有两个彭岗，彭姓聚居岗上且村子小而得名。1958年隶属日光大队；1961年隶属彭岗大队；1984年隶属彭岗村至今。位于村委会西南200米。东邻高寨村陈茨芭，南界南毛庄，西至大彭岗，北连朱岗。总面积0.3平方千米，耕地面积21公顷。60户，140人。主产水稻、小麦，兼种芝麻、玉米、花生。村落形态呈散状，房屋结构以坡房和平房为主。

朱岗【Zhūgǎng】 以姓氏和地形综合命名。因朱姓聚居岗上而得名。1958年隶属日光大队；1961年隶属彭岗大队；1984年隶属彭岗村至今。位于村委会西北400米。东邻马王庄，南界小彭岗，西至高寨村陈茨芭，北连汉丹铁路。总面积0.5平方千米，耕地面积28公顷。46户，180人。主产水稻、小麦，兼种芝麻、玉米、花生。村落形态呈散状，房屋结构以平房和坡房为主。

舒庙村【Shūmiàocūn】

以大舒庄和庙坡综合命名。1958年为红旗大队，隶属飞跃公社；1960年为舒庙大队；1961年隶属梁集区；1975年隶属梁集公社；1984年为舒庙村，隶属梁集区；1987年隶属梁集镇；2001年梁集镇并入南城街道办事处，隶属南城街道办事处至今。位于南城街道办事处西南4千米。东邻李桥社区，南界曹岗村，西至太平岗村，北连王家湾社区。辖17个自然村，总面积3.97平方千米，耕地面积296.7公顷。348户，1450人。主产小麦、水稻，兼种果蔬、香菇。汉丹铁路穿境而过，村委会驻西李集。

北小庄【Běixiǎozhuāng】 以村庄规模和方位综合命名。因村建在大舒庄北而得名。1958年隶属红旗大队；1960年隶属舒庙大队；1984年隶属舒庙村至今。位于村委会西50米。东邻东李集，南界大舒庄，西至移民点，北连王家湾社区丁庄。总面积0.02平方千米，耕地面积1.3公顷。5户，20人。主产水稻、小麦，兼种桃树。村落形态呈线状，房屋结构以坡房和楼房为主。

东李集【Dōnglǐjí】 以方位和姓氏综合命名。因李姓聚居西李集东部而得名。1958年隶属红旗大队；1960年隶属舒庙大队；1984年隶属舒庙村至今。位于村委会东700米。东邻李桥社区杨庄，南界西舒湾，西至西李集，北连王家湾社区彭庄。总面积0.41平方千米，耕地面积36.7公顷。28户，130人。主产水稻、小麦、芝麻，兼种果蔬。村落形态呈散状，房屋结构以平房和楼房为主。

曹中庄【Cáozhōngzhuāng】 以方位和姓氏综合命名。因村建在曹楼和曹岗中间而得名。1958年隶属红旗大队；1960年隶属舒庙大队；1984年隶属舒庙村至今。位于村委会东南2.2千米。东邻李桥社区王家湾，南界曹岗村孟家桥，西至楼子庄，北连李庄。总面积0.21平方千米，耕地面积17.3公顷。18户，70人。主产水稻、小麦、玉米。村落形态呈散状，房屋结构以坡房和楼房为主。

大舒庄【Dàshūzhuāng】 以排行和姓氏综合命名。因舒姓老庄在此建村而得名。1958年隶属红旗大队；1960年隶属舒庙大队；1984年隶属舒庙村至今。位于村委会西南2千米。东邻曹岗村曹堰，南界曹岗村后洼，西至严湾村黄冲，北连舒家仓房。总面积0.15平方千米，耕地面积13.3公顷。17户，40人。主产水稻、小麦、玉米。村落形态呈线状，房屋结构以坡房和平房为主。

东舒湾【Dōngshūwān】 以方位和姓氏综合命名。因舒姓分居东西两地，此地在东，故名。1958年隶属红旗大队；1960年隶属舒庙大队；1984年隶属舒庙村至今。位于村委会东南1.1千米。东邻李桥社区刘家小冲，南界庙坡，西至西舒湾，北连东李集。总面积0.28平方千米，耕地面积12公顷。23户，90人。主产水稻、小麦、玉米、红薯，兼种果树。村落形态呈散状，房屋结构以坡房和楼房为主。

靳庄【Jìnzhuāng】 以姓氏命名。因靳姓聚居而得名。1958年隶属红旗大队；1960年隶属舒庙大队；1984年隶属舒庙村至今。位于村委会西北1.7千米。东邻柳树棚，南界王家大堰，西至严湾村杜岗，北连小余庄。总面积0.03平方千米，耕地面积2公顷。2户，10人。主产水稻、小麦、芝麻，兼种桃树。村落形态呈散状，房屋结构以坡房和楼房为主。

李庄【Lǐzhuāng】 以姓氏命名。因李姓聚居而得名。1958年隶属红旗大队；1960年隶属舒庙大队；1984年隶属舒庙村至今。位于村委会东南2千米。东邻李桥社区曹楼，南界曹东庄，西至庙坡，北连东舒湾。总面积0.2平方千米，耕地面积16.7公顷。17户，70人。主产水稻、小麦、玉米。村落形态呈散状，房屋结构以坡房和楼房为主。

柳树棚【Liǔshùpéng】 以植物命名。因村内堰塘周围的柳树长得像搭的棚子而得名。1958年隶属红旗大队；1960年隶属舒庙大队；1984年隶属舒庙村至今。位于村委会西北1.5千米。东邻西李集，南界舒家仓房,西至严湾村杜岗,北连小余庄。总面积0.17平方千米,耕地面积13.3公顷。9户,40人。主产水稻、小麦。村落形态呈散状,房屋结构以楼房为主。

楼子庄【Lóuzizhuāng】 以建筑物命名。因村内修有炮楼而得名。1958年隶属红旗大队;1960年隶属舒庙大队;1984年隶属舒庙村至今。位于村委会东南2千米。东邻曹中庄,南界曹岗村孟家桥,西至曹岗村曹堰,北连庙坡。总面积0.25平方千米,耕地面积20公顷。25户,100人。主产水稻、小麦、玉米。村落形态呈散状,房屋结构以坡房和楼房为主。

庙坡【Miàopō】 以建筑物和地形综合命名。因村建在有座小庙的岗坡上而得名。1958年隶属红旗大队;1960年隶属舒庙大队;1984年隶属舒庙村至今。位于村委会东南1.2千米。东邻李庄,南界楼子庄,西至西舒湾,北连东舒湾。总面积0.2平方千米,耕地面积16.7公顷。16户,70人。主产水稻、小麦、玉米。村落形态呈散状,房屋结构以坡房和楼房为主。

舒家仓房【Shūjiācāngfáng】 以姓氏和建筑物综合命名。因舒姓聚居且村中建有仓房而得名。1958年隶属红旗大队;1960年隶属舒庙大队;1984年隶属舒庙村至今。位于村委会西800米。东邻移民点,南界大舒庄,西至王家大堰,北连柳树棚。总面积0.3平方千米,耕地面积26.7公顷。24户,100人。主产水稻、小麦、芝麻,兼种桃树。村落形态呈散状,房屋结构以坡房和楼房为主。

苏庄【Sūzhuāng】 以姓氏命名。因苏姓聚居而得名。1958年隶属红旗大队;1960年隶属舒庙大队;1984年隶属舒庙村至今。位于村委会西北2.2千米。东邻小余庄,南界严湾村杜岗,西至严湾村杜岗,北连环城街道鲍庄村前河。总面积0.35平方千米,耕地面积30公顷。58户,250人。主产水稻、小麦、芝麻。村落形态呈散状,房屋结构以楼房为主。

王家大堰【Wángjiādàyàn】 以姓氏和堰塘综合命名。王姓聚居,因村前有口大堰而得名。1958年隶属红旗大队;1960年隶属舒庙大队;1984年隶属舒庙村至今。位于村委会西900米。东邻舒家仓房,南界严湾村黄冲,西至严湾村马庄,北连靳庄。总面积0.15平方千米,耕地面积13.3公顷。13户,60人。主产水稻、小麦、芝麻,兼种桃树。村落形态呈散状,房屋结构以坡房和楼房为主。

小余庄【Xiǎoyúzhuāng】 以面积和姓氏综合命名。因余姓聚居且村子较小而得名。1958年隶属红旗大队;1960年隶属舒庙大队;1984年隶属舒庙村至今。位于村委会西北1.6千米。东邻柳树棚,南界靳庄,西至苏庄,北连王湾社区丁庄。总面积0.1平方千米,耕地面积7.3公顷。9户,40人。主产水稻、小麦、芝麻。村落形态呈散状,房屋结构以坡房和楼房为主。

西李集【Xīlǐjí】 以方位和姓氏综合命名。因李姓聚居东李集西部而得名。1958年隶属红旗大队;1960年隶属舒庙大队;1984年隶属舒庙村至今。位于村委会东50米。东邻东李集,南界西舒湾,西至小余庄,北连王家湾社区丁庄。总面积0.43平方千米,耕地面积38公顷。21户,140人。主产水稻、小麦、玉米,兼种桃树。村落形态呈散状,房屋结构以平房和楼房为主。

西舒湾【Xīshūwān】 以方位和姓氏综合命名。因舒姓分居东西两村,此村位西故名。1958年隶属红旗大队;1960年隶属舒庙大队;1984年隶属舒庙村至今。位于村委会东南1千米。东邻东舒湾,南界曹岗村曹堰,西至大舒湾,北连西李集。总面积0.42平方千米,耕地面积18公顷。32户,110人。主产水稻、小麦、玉米、红薯,兼种果树。村落形态呈散状,房屋结构以坡房和楼房为主。

移民点【Yímíndiǎn】2010年因南水北调工程,为丹江口市均县关门岩村移民而建的村,故名。隶属舒庙村至今。位于村委会西100米。东邻北小庄,南界大舒庄,西至舒家仓房,北连王家湾社区丁庄。总面积0.3平方千米,耕地面积14.1公顷。31户,110人。主产水稻、小麦、芝麻、玉米、红薯,兼种果蔬。村落形态呈线状,房屋结构以坡房和楼房为主。

太平岗村【Tàipínggǎngcūn】

以太平岗自然村命名。1958年为红旗四大队,隶属飞跃公社;1960年为太平岗大队;1961年隶属梁集区;1975年隶属梁集公社;1984年为太平岗村,隶属梁集区;1987年隶属梁集镇;2001年梁集镇并入南城街道办事处,隶属南城街道办事处至今。位于南城街道办事处西南7千米。东邻舒庙村,南界中陈岗村,西至毛河村,北连沙河相交。辖11个自然村,总面积7.65平方千米,耕地面积257.9公顷。358户,1220人。主产小麦、玉米、水稻,兼种果蔬。村委会驻陈家竹园。

陈家竹园【Chénjiāzhúyuán】 以姓氏和植物综合命名。因陈姓居住的村内有片竹园而得名。1958年隶属红旗四大队;1960年隶属太平岗大队;1984年隶属太平岗村至今。村委会驻地。东邻严湾村付庄,南界孔庄,西至闫家洼,北连孔家洼。总面积0.8平方千米,耕地面积15公顷。19户,80人。主产小麦、水稻、玉米,兼种果蔬。村落形态呈散状,房屋结构以坡房和楼房为主。

付庄【Fùzhuāng】 以姓氏命名。因付姓聚居而得名。1958年隶属红旗四大队;1960年隶属太平岗大队;1984年隶属太平岗村至今。位于村委会西北1千米。东邻张庄,南界闫家洼,西至马庄,北连王寨。总面积0.8平方千米,耕地面积20公顷。35户,120人。主产小麦、水稻、玉米,兼种果蔬。村落形态呈散状,房屋结构以坡房为主。

何庄【Hézhuāng】 以姓氏命名。因何姓聚居而得名。1958年隶属红旗四大队;1960年隶属太平岗大队;1984年隶属太平岗村至今。位于村委会西北1.5千米。东邻张庄,南界马庄,西至沙河,北连王寨。总面积0.5平方千米,耕地面积4公顷。25户,60人。主产小麦、水稻、玉米,兼种果蔬。村落形态呈散状,房屋结构以坡房为主。

孔家洼【Kǒngjiāwā】 以姓氏和地形综合命名。因孔姓聚居低洼处而得名。1958年隶属红旗四大队;1960年隶属太平岗大队;1984年隶属太平岗村至今。位于村委会北800米。东邻枣耿路,南界陈家竹园,西至闫家洼,北连付庄。总面积0.5平方千米,耕地面积15公顷。3户,20人。主产小麦、水稻、玉米,兼种果蔬。村落形态呈散状,房屋结构以坡房为主。

孔庄【Kǒngzhuāng】 以姓氏命名。因孔姓聚居而得名。1958年隶属红旗四大队;1960年隶属太平岗大队;1984年隶属太平岗村至今。位于村委会南500米。东邻严湾村王庄,南界张庄,西至太平岗,北连陈家竹园。总面积1.1平方千米,耕地面积33公顷。55户,150人。主产小麦、水稻、玉米,兼种果蔬。村落形态呈散状,房屋结构以平房和坡房为主。

马庄【Mǎzhuāng】 以姓氏命名。因马姓聚居而得名。1958年隶属红旗四大队;1960年隶属太平岗大队;1984年隶属太平岗村至今。位于村委会西北1.2千米。东邻付庄,南界闫家洼,西至何庄,北连王寨。总面积0.8平方千米,耕地面积15公顷。30户,80人。主产小麦、水稻、玉米,兼种果蔬。村落形态呈散状，房屋结构以坡房和楼房为主。

南张庄【Nánzhāngzhuāng】 以方位和姓氏综合命名。因邻近有两张庄，此村位南而得名。1958年隶属红旗四大队；1960年隶属太平岗人队；1984年隶属太平岗村至今。位于村委会南800米。东邻孔庄，南界汉丹铁路，西至枣耿公路，北连孔庄。总面积0.8平方千米，耕地面积13公顷。30户，100人。主产小麦、水稻、玉米，兼种果蔬。村落形态呈线状，房屋结构以坡房为主。

太平岗【Tàipínggǎng】 以传说命名。据传，早年有土匪在枣阳一带从北往南抢粮，经过此地时由于内讧撤退，这里的人民未遭到蹂躏，故名。1958年隶属红旗四大队；1960年隶属太平岗大队；1984年隶属太平岗村至今。位于村委会西南500米。东邻孔庄，南界严湾村丁庄，西至闫家洼，北连陈家竹园。总面积0.4平方千米，耕地面积25公顷。25户，120人。主产小麦、水稻、玉米，兼种果蔬。村落形态呈线状，房屋结构以平房和楼房为主。

王寨【Wángzhài】 以姓氏和村寨综合命名。因王姓居住的村庄周围修有寨墙而得名。1958年隶属红旗四大队；1960年隶属太平岗大队；1984年隶属太平岗村至今。位于村委会北1.5千米。东邻张庄，南界付庄，西至何庄，北连沙河。总面积0.8平方千米，耕地面积50公顷。55户，160人。主产小麦、水稻、玉米，兼种果蔬。村落形态呈散状，房屋结构以坡房为主。

闫家洼【Yánjiāwā】 以姓氏和地形综合命名。因闫姓聚居低洼处而得名。1958年隶属红旗四大队；1960年隶属太平岗大队；1984年隶属太平岗村至今。位于村委会西1千米。东邻陈家竹园，南界太平岗，西至毛岗村莫岗，北连付庄。总面积0.5平方千米，耕地面积31.9公顷。34户，140人。主产小麦、水稻、玉米，兼种果蔬。村落形态呈散状，房屋结构以坡房为主。

张庄【Zhāngzhuāng】 以姓氏命名。因张姓聚居而得名。1958年隶属红旗四大队；1960年隶属太平岗大队；1984年隶属太平岗村至今。位于村委会北1千米。东邻严湾村，南界陈家竹园，西至付庄，北连王寨。总面积0.65平方千米，耕地面积36公顷。47户，190人。主产小麦、水稻、玉米，兼种果蔬。村落形态呈散状，房屋结构以坡房为主。

严湾村【Yánwāncūn】

以严湾自然村命名。1958年为红旗五大队，隶属飞跃公社；1960年改为严湾大队；1961年隶属梁集区；1975年隶属梁集公社；1984年改为严湾村，隶属梁集区；1987年隶属梁集镇；2001年梁集镇并入南城街道办事处，隶属南城街道办事处至今。位于南城街道办事处西南5千米。东邻舒庙村，南界曹岗村，西至中城岗村，北连太平岗村。辖15个自然村，总面积6.91平方千米，耕地面积350.11公顷。312户，1280人。主产小麦、水稻、玉米、花生、红薯，兼有果蔬。枣耿路过境，村委会驻庙岗。

叉子垱【Chāzidàng】 以地形命名。因村前有个叉子垱而得名。1958年隶属红旗五大队；1960年隶属严湾大队；1984年隶属严湾村至今。位于村委会南1.5千米。东邻西河，南界曹岗大板桥，西至中陈岗村陈庄，北连小李岗。总面积0.4平方千米，耕地面积20.06公顷。18户，90人。主产小麦、水稻、玉米，兼种红薯、芝麻。村落形态呈散状，房屋结构以平房和坡房为主。

杜岗【Dùgǎng】 以姓氏和地形综合命名。因杜姓聚居岗上而得名。1958年隶属红旗五大队；1960年隶属严湾大队；1984年隶属严湾村至今。位于村委会东北2千米。东邻舒庄村舒庄，南界王庄，西至付庄，北连余庄。总面积0.82平方千米，耕地面积37.8公顷。41户，140人。主产小麦、水稻、玉米，兼种花生、红薯、芝麻。村落形态呈散状，房屋结构以平房和坡房为主。

付庄【Fùzhuāng】 以姓氏命名。因付姓聚居而得名。1958年隶属红旗五大队；1960年隶属严湾大队，1984年隶属严湾村至今。位于村委会东北1.5千米。东邻杜岗，南界王庄，西至太平岗村竹园，北连枣耿路。总面积0.1平方千米，耕地面积2.66公顷。6户，20人。主产小麦、水稻、玉米。村落形态呈散状，房屋结构以平房和坡房为主。

胡坡【Húpō】 以姓氏和地形综合命名。因胡姓聚居岗坡而得名。1958年隶属红旗五大队；1960年隶属严湾大队；1984年隶属严湾村至今。位于村委会东500米。东邻王城，南界周庄，西至毛庄，北连汉丹铁路。总面积0.1平方千米，耕地面积4公顷。4户，20人。主产小麦、水稻，兼种玉米、芝麻。村落形态呈散状，房屋结构以平房和坡房为主。

黄冲【Huángchōng】 以姓氏和地形综合命名。因黄姓聚居冲旁而得名。1958年隶属红旗五大队；1960年隶属严湾大队；1984年隶属严湾村至今。位于村委会东1.5千米。东邻曹岗东洼子，南界曹岗林场，西至严湾，北连汉丹铁路。总面积0.8平方千米，耕地面积32.4公顷。23户，130人。主产小麦、水稻、玉米，兼种花生、红薯。村落形态呈散状，房屋结构以平房和坡房为主。

毛庄【Máozhuāng】 以姓氏命名。因毛姓聚居而得名。1958年隶属红旗五大队；1960年隶属严湾大队，1984年隶属严湾村至今。位于村委会东50米。东邻胡坡，南界周庄，西至庙岗，北连汉丹铁路。总面积0.1平方千米，耕地面积5.07公顷。6户，30人。主产小麦、水稻，兼种玉米、芝麻、桃树。村落形态呈散状，房屋结构以平房和坡房为主。

马庄【Mǎzhuāng】 以姓氏命名。马姓聚居而得名。1958年隶属红旗五大队；1960年隶属严湾大队；1984年隶属严湾村至今。位于村委会东1.5千米。东邻舒庄村王家大堰，南界汉丹铁路，西至王庄，北连杜岗。总面积0.12平方千米，耕地面积7.67公顷。10户，40人。主产小麦、水稻，兼种玉米、芝麻。村落形态呈散状，房屋结构以平房和坡房为主。

庙岗【Miàogǎng】 以建筑物和地形综合命名。因村建在有座小庙的岗上而得名。1958年隶属红旗五大队；1960年隶属严湾大队；1984年隶属严湾村至今。村委会驻地。东邻胡坡，南界中陈岗村大李岗，西至枣耿路，北连汉丹铁路。总面积0.2平方千米，耕地面积7公顷。8户，30人。主产小麦、水稻，兼种玉米、芝麻。村落形态呈散状，房屋结构以平房和坡房为主。

王城【Wángchéng】 以姓氏和功能综合命名。因王姓聚居，原有很多人在此做买卖而得名。1958年隶属红旗五大队；1960年隶属严湾大队；1984年隶属严湾村至今。位于村委会东1千米。东邻严湾，南界小李岗，西至周庄，北连汉丹铁路。总面积0.54平方千米，耕地面积34.4公顷。21户，120人。主产小麦、水稻、玉米，兼种红薯、芝麻、桃子。村落形态呈散状，房屋结构以平房和坡房为主。

王庄【Wángzhuāng】 以姓氏命名。因王姓聚居而得名。1958年隶属红旗五大队；1960年隶属严湾大队；1984年隶属严湾村至今。位于村委会东北1.4千米。东邻舒庙村王家大堰，南界汉丹铁路，西至太平岗孔庄，北连付庄。总面积0.92平方千米，耕地面积44.67公顷。45户，150人。主产小麦、水稻、玉米。村落形态呈散状，房屋结构以平房和坡房为主。

西河【Xīhé】 以方位和河流综合命名。因村坐落在河沟西边而得名。1958年隶属红旗五大队；1960年隶属严湾大队；1984年隶属严湾村至今。位于村委会东南2千米。东邻曹岗村小孟庄，南界曹岗村小孟庄，西至叉子垱，北连严湾。总面积0.26平方千米，耕地面积15.53公顷。12户，40人。主产小麦、水稻、玉米，兼种红薯、芝麻，发展海虾养殖业。村落形态呈散状，房屋结构以平房和坡房为主。

小李岗【Xiǎolǐgǎng】 以规模、姓氏和地形综合命名。因邻近有两个李岗，中陈岗村为大李岗，此李岗较小，故名。1958年隶属红旗五大队；1960年隶属严湾大队；1984年隶属严湾村至今。位于村委会南1千米。东邻严湾，南界严湾叉子垱，西至中陈岗村大李岗，北连王城。总面积0.74平方千米，耕地面积39.6公顷。33户，120人。主产小麦、水稻、玉米，兼种红薯、芝麻，发展海虾养殖业。村落形态呈散状，房屋结构以平房和坡房为主。

严湾【Yánwān】 以姓氏命名。因严姓聚居而得名。1958年隶属红旗五大队；1960年隶属严湾大队；1984年隶属严湾村至今。位于村委会东1千米。东邻黄冲，南界西河，西至王城，北连汉丹铁路。总面积1.34平方千米，耕地面积72.53公顷。63户，260人。主产小麦、水稻、玉米，兼种红薯、芝麻、果树。村落形态呈散状，房屋结构以平房和坡房为主。

余庄【Yúzhuāng】 以姓氏命名。因余姓聚居而得名。1958年隶属红旗五大队；1960年隶属严湾大队，1984年隶属严湾村至今。位于村委会东北2千米。东邻舒庙村舒庙，南界靳庄，西至杜岗，北连舒庙村苏庄。总面积0.12平方千米，耕地面积4.06公顷。9户，30人。主产小麦、水稻、玉米，兼种花生、红薯、芝麻，发展板材加工业和养殖业。村落形态呈散状，房屋结构以平房和坡房为主。

周庄【Zhōuzhuāng】 以姓氏命名。因周姓聚居而得名。1958年隶属红旗五大队；1960年隶属严湾大队；1984年隶属严湾村至今。位于村委会南500米。东邻小李岗，南界中陈岗村大李岗，西至庙岗，北连胡坡。总面积0.35平方千米，耕地面积22.66公顷。13户，60人。主产小麦、水稻、玉米，兼种红薯、芝麻、果树。村落形态呈散状，房屋结构以平房和坡房为主。

中陈岗村【Zhōngchéngǎngcūn】

以中陈岗自然村命名。1958年为红旗一大队，隶属飞跃公社；1960年为陈岗大队；1961年隶属梁集区；1975年隶属梁集公社；1980年为中陈岗大队；1984年为中陈岗村，隶属梁集区；1988年隶属梁集镇；2001年原郑洼村合并至中陈岗村；2001年梁集镇并入南城街道办事处，隶属南城街道办事处至今。位于南城街道办事处西南10千米。东邻吴店镇圣庙村，南界宋湾社区，西至耿畈村，北连毛岗村。辖13个自然村，总面积6.1平方千米，耕地面积309.71公顷。513户，1910人。主产小麦、水稻，兼种桃树。枣耿路过境，村委会驻中陈岗村。

柏庄【Bǎizhuāng】 以姓氏命名。因柏姓聚居而得名。1958年隶属红旗一大队；1960年隶属陈岗大队；1980年隶属中陈岗大队；1984年隶属中陈岗村至今。位于村委会东南2千米。东邻中庄，南界宋湾社区许湾，西至枣耿路，北连陈家湾。总面积0.1平方千米，耕地面积6亩。1户，10人。主产小麦、水稻。

村落形态呈散状，房屋结构以楼房为主。

北郑洼【Běizhèngwā】 以方位、姓氏和地形综合命名。因位于郑洼北而得名。1958年隶属梁集公社农场；1960年隶属郑洼大队；1984年隶属郑洼村；2001年隶属中陈岗村至今。位于村委会东南2.8千米。东邻吴店镇圣庙村窑坊，南界段湾村板桥寺，西至舒庄，北连曹岗村小桥子。总面积0.67平方千米，耕地面积21.53公顷。52户，190人。主产小麦、水稻。村落形态呈散状，房屋结构以平房和楼房为主。

陈家湾【Chénjiāwān】 以姓氏命名。因陈姓聚居而得名。1958年隶属红旗一大队；1960年隶属陈岗大队；1980年隶属中陈岗大队；1984年隶属中陈岗村至今。位于村委会东南1.5千米。东邻曹岗村小桥子，南界柏庄，西至枣耿路，北连东陈岗。总面积0.68平方千米，耕地面积35.66公顷。53户，190人。主产小麦、水稻。村落形态呈散状，房屋结构以平房和楼房为主。

大李岗【Dàlǐgǎng】 以规模、姓氏和地形综合命名。因邻近有两个李岗，此村较大而得名。1958年隶属红旗一大队；1960年隶属陈岗大队；1980年隶属中陈岗大队；1984年隶属中陈岗村至今。位于村委会东北1千米。东邻严湾村西河，南界东陈岗，西至移民点，北连严湾村大李岗。总面积0.67平方千米，耕地面积35.33公顷。53户，180人。主产小麦、水稻。村落形态呈散状，房屋结构以坡房和楼房为主。

东陈岗【Dōngchéngǎng】 以方位、姓氏和地形综合命名。因陈姓建村于陈岗东部而得名。1958年隶属红旗一大队；1960年隶属陈岗大队；1980年隶属中陈岗大队；1984年隶属中陈岗村至今。位于村委会东800米。东邻严湾村叉子垱，南界陈湾，西至中陈岗，北连大李岗。总面积0.82平方千米，耕地面积43公顷。67户，220人。主产小麦、水稻，兼种杂粮。村落形态呈散状，房屋结构以平房和楼房为主。

东陈谷堰【Dōngchéngǔyàn】 以方位、姓氏和堰塘综合命名。因陈姓每年靠村西边大堰浇灌水稻而得名。1958年隶属红旗一大队；1960年隶属陈岗大队；1980年隶属中陈岗大队；1984年隶属中陈岗村至今。位于村委会西北1千米。东邻大李岗，南界宋湾社区张湾，西至西陈谷堰，北连何庄。总面积0.41平方千米，耕地面积20.66公顷。32户，130人。主产小麦、水稻。村落形态呈散状，房屋结构以平房和楼房为主。

何庄【Hézhuāng】 以姓氏命名。因何姓聚居而得名。1958年隶属红旗一大队；1960年隶属陈岗大队；1980年隶属中陈岗大队；1984年隶属中陈岗村至今。位于村委会西北1千米。东邻移民点，南界中陈岗，西至东陈谷堰，北连汉丹铁路。总面积0.38平方千米，耕地面积19.8公顷。33户，130人。主产小麦、水稻。村落形态呈散状，房屋结构以坡房和楼房为主。

黄庄【Huángzhuāng】 以姓氏命名。因黄姓聚居而得名。1958年隶属红旗一大队；1960年隶属陈岗大队；1980年隶属中陈岗大队；1984年隶属中陈岗村至今。位于村委会西2千米。东邻西陈谷堰，南界宋湾社区张湾，西至董岗村王岗，北连耿畈村上马湾。总面积0.12平方千米，耕地面积5.33公顷。5户，20人。主产小麦、水稻。村落形态呈散状，房屋结构以平房和楼房为主。

舒庄【Shūzhuāng】 以姓氏命名。因舒姓聚居而得名。1958年隶属红旗一大队；1960年隶属陈岗大队；1980年隶属中陈岗大队；1984年隶属中陈岗村至今。位于村委会东南2.5千米。东邻郑洼，南界宋湾社区许湾，西至中庄，北连曹岗村小桥子。总面积0.08平方千米，耕地面积7公顷。8户，30人。主产小麦、水稻。村落形态呈散状，房屋结构以坡房和楼房为主。

西陈谷堰【Xīchénggǔyàn】 以方位、姓氏和堰塘综合命名。陈姓每年靠村东边大堰浇灌水稻而得名。1958年隶属红旗一大队；1960年隶属陈岗大队；1980年隶属中陈岗大队；1984年隶属中陈岗村至今。位于村委会西北1.5千米。东邻东陈谷堰，南界北冲，西至黄庄，北连汉丹铁路。总面积0.6平方千米，耕地面积30公顷。66户，260人。主产小麦、水稻。村落形态呈散状，房屋结构以平房和楼房为主。

移民点【Yímíndiǎn】 因2010年丹江口市移民迁入而得名。隶属中陈岗村至今。位于村委北1千米。东邻大李岗，南界中陈岗，西至何庄，北连严湾村庙娃岗。总面积0.15平方千米，耕地面积11公顷。26户，110人。主产桃子。村落形态呈散状，房屋结构以平房和楼房为主。

中陈岗【Zhōngchéngǎng】 以方位、姓氏和地形综合命名。因陈姓聚居岗上，且位于全村的中心而得名。1958年隶属红旗一大队；1960年隶属陈岗大队；1980年隶属中陈岗大队；1984年隶属中陈岗村至今。村委会驻地。东邻东陈岗，南界宋湾社区，西至西陈岗，北连何庄。总面积1.02平方千米，耕地面积52公顷。81户，280人。主产小麦、水稻，兼种杂粮。村落形态呈散状，房屋结构以平房和坡房为主。

中庄【Zhōngzhuāng】 以方位命名。因该村位于柏庄和舒庄中间而得名。1958年隶属红旗一大队；1960年隶属陈岗大队；1980年隶属中陈岗大队；1984年隶属中陈岗村至今。位于村委会东南2.3千米。东邻郑洼，南界宋湾社区许湾，西至柏庄，北连陈家湾。总面积0.4平方千米，耕地面积18.33公顷。36户，160人。主产小麦、水稻。村落形态呈散状，房屋结构以坡房和楼房为主。

张湾村（隶属农业局）【Zhāngwāncūn】

以张家湾自然村命名。1958年为张湾大队，隶属国光公社；1962年隶属环城区；1984年为张湾村，隶属环城乡；1987年隶属城关镇；1988年隶属南城街道办事处；1994年隶属市农业局至今。位于南城街道办事处东2千米。东邻兴隆镇优良社区，南界南城街道办事处惠岗社区，西至南城街道办事处沙店社区，北连环城街道办事处侯井村。辖11个自然村，总面积4.8平方千米，耕地面积240.45公顷。1831户，7220人。主产小麦、玉米、棉花，兼种果蔬。316国道过境，村委会设在老316国道与支八路交界处。

白毛庄【Báimáozhuāng】 以传说人物命名。传说村内曾住有一个姓施的白毛老人而得名。1958年隶属张湾大队；1984年隶属张湾村至今。位于村委会东2千米。东邻东郊水库，南界东郊水库管理处，西至张家湾，北连梁庄。总面积0.5平方千米，耕地面积30公顷。67户，280人。主产小麦、玉米、棉花，兼种桃子。村落形态呈散状，房屋结构以平房方和坡房为主。

陈家岗【Chénjiāgǎng】 以姓氏和地形综合命名。因陈姓居住岗上而得名。1958年隶属张湾大队；1984年隶属张湾村至今。位于村委会东北1千米。东邻梁庄，南界大葛家湾，西至南城街道沙店社区，北连环城街道侯井村方庄。总面积0.4平方千米，耕地面积18公顷。65户，260人。主产小麦、棉花、玉米，兼种果蔬。村落形态呈线状，房屋结构以楼房为主。

陈庄【Chénzhuāng】 以姓氏命名。因陈姓聚居而得名。1958年隶属张湾大队；1984年隶属张湾村至今。位于村委会东南1.6千米。东邻时家竹园，南界惠岗社区罗成店，西至惠湾社区王家油坊，北连时家湾。总面积0.6平方千米,耕地面积29.33公顷。120户,420人。主产小麦、玉米、棉花。村落形态呈线状,房屋结构以楼房为主。

大葛家湾【Dàgějiāwān】 以姓氏和规模综合命名。因葛姓居住相邻两村,此村较大而得名。1958年隶属张湾大队;1984年隶属张湾村至今。位于村委会东南700米。东邻时家湾,南界张家湾,西至张湾还建小区,北连张湾还建小区。总面积0.7平方千米,耕地面积26.66公顷。180户,670人。主产小麦、玉米、棉花。村落形态呈散状,房屋结构以坡房和楼房为主。

梁小庄【Liángxiǎozhuāng】 以姓氏和规模综合命名。因梁姓聚居村庄较小而得名。1958年隶属张湾大队;1984年隶属张湾村至今。位于村委会东南500米。东邻肖家垱,南界惠岗村罗家湾,西至惠湾村小吴家湾,北连陈庄。总面积0.2平方千米,耕地面积13公顷。10户,40人。主产小麦、玉米、棉花。村落形态呈散状,房屋结构以平房和坡房为主。

梁庄【liángzhuāng】 以姓氏命名。因梁姓聚居而得名。1958年隶属张湾大队;1984年隶属张湾村。位于村委会东3千米。东邻东郊水库,南界白马庄,西至陈家岗,北连侯井村方庄。总面积0.4平方千米,耕地面积17.8公顷。45户,170人。主产小麦、玉米、棉花,兼种桃树。村落形态呈散状,房屋结构以坡房和楼房为主。

时家湾【Shíjiāwān】 以姓氏命名。因时姓聚居而得名。1958年隶属张湾大队;1984年隶属张湾村至今。位于村委会东1千米。东邻肖家垱,南界陈庄,西至张湾还建小区,北连张家湾。总面积0.5平方千米,耕地面积40公顷。175户,630人。主产小麦、棉花、玉米。村落形态呈线状,房屋结构以楼房为主。

时家竹园【Shíjiāzhúyuán】 以姓氏和植物综合命名。因时姓居住,村内有竹园而得名。1958年隶属张湾大队;1984年隶属张湾村至今。位于村委会东南400米。东邻肖家垱,南界陈家岗,西至时家湾,北连新庄。总面积0.2平方千米,耕地面积2公顷。3户,10人。主产小麦、棉花、玉米。村落形态呈散状,房屋结构以平房和坡房为主。

肖家垱【Xiāojiādàng】 以姓氏和地理位置综合命名。因肖姓聚居水垱旁而得名。1958年隶属张湾大队;1984年隶属张湾村至今。位于村委会东1千米。东邻兴隆镇优良社区刘家山凹,南界优良社区小严庄,西至时家湾,北连白毛庄。总面积0.5平方千米,耕地面积30.66公顷。68户,290人。主产小麦、玉米、棉花。村落形态呈线状,房屋结构以楼房为主。

张家湾【Zhāngjiāwān】 以姓氏命名。因张姓聚居而得名。1958年隶属张湾大队;1984年隶属张湾村至今。位于村委会东1.3千米。东邻梁庄,南界时家湾,西至大葛家湾,北连陈家岗。总面积0.5平方千米,耕地面积33公顷。112户,430人。主产小麦、玉米、棉花。村落形态呈散状,房屋结构以坡房和楼房为主。

张湾还建小区【Zhāngwānhuánjiànxiǎoqū】 以还建地命名。2014年百盟集团征用张湾村小葛家湾、梁小庄土地,村民迁至此处,修建还建房,故名。2001年隶属张湾村至今。位于村委会北50米。东邻时家湾,南界陈庄,西至李家巷,北连陈家岗。总面积0.3平方千米,无耕地。986户,4020人。以务工、商贸。村落形态呈线状,房屋结构以楼房为主。

第四章 车河管理区

第一节 车河管理区概况

车河管理区【Chēhé Guǎnlǐqū】

据《枣阳县志》记载：车河原为车桥里。乾隆三十七年，又称车桥里为车家河。在车河场部南300米处有条人工小河，是当年车姓组织挖掘成的，故名。位于市政府南55千米。东、南与枣阳市平林镇接壤，西与宜城市板桥店镇相连，北连熊集镇毗邻。总面积76.61平方千米，耕地面积2158.6公顷。截至2014年，全区有3152户，10526万人。辖1个社区，11个村。管委会驻柳阳大道223号。1959年为随阳农场六分场；1960年为枣阳县国营车河农场；1979年1月枣阳县国营车河农场改称湖北省国营车河农场，实行省办、地县共同管理；1984年4月，设区公所，实行场区合一，一个机构，两块牌子；1985年1月，撤销区公所，只挂农场牌子，隶属枣阳县和襄樊市农垦公司双重领导；1989年12月隶属襄樊市农垦农工商联合公司直接领导；1996年6月升格为副县级单位；1999年8月为襄樊市车河管理区委员会，隶属襄樊市人民政府；2004年3月实行属地领导，为枣阳市车河管理区至今。农业以种植水稻、小麦、玉米、红薯为主。经济作物有油茶、芝麻、棉花，兼种蔬菜、水果。1992年被农业部定位国家"两杂"（杂交水稻、杂交油菜）商品种子生产基地。工业主要以粮油加工、砖瓦、水泥预制、食品加工、机械运输等为主。截至2014年全区有工业企业7家，其中年产值千万元以上企业3家、百万元以上企业4家。个体工商经营户588户、913人，实现经营总额3580万元。农贸市场1个，摊位156个，年成交额3010万元。注册工商经营户，96户，年经营总额650万元。辖区有1所区直幼儿园、1所小学，教师29人。有卫生院1家、村卫生室9个，专业医护人员32人，病床59张。交通便利，襄洪公路、枣宜公路穿境而过。

第二节　城市社区、居民点

车河社区【Chēhé Shèqū】

以管理区驻地命名。1984年成立车河农场居委会，隶属湖北省国营车河农场；1999年隶属襄樊市车河管理区；2004年隶属枣阳市车河管理区；2012年为车河社区居委会，隶属车河管理区至今。位于车河街道。东邻平林镇台子湾村，南界李集村，西至车河村，北连平林镇余咀村。总面积2平方千米，无耕地，1114户，2850人。以务工和第三产业为主。唐宋路过境，居委会驻车河街道柳阳路223号。

第三节　农村社区（村）自然村、居民点

车河村【Chēhécūn】

以车河自然村命名。1960年为老队，隶属枣阳县车河农场；1979年为车河大队，隶属省车河农场；1984年为车河村，隶属省车河农场；1994年红湾村、西冲村合并至车河村，隶属省车河农场，1999年隶属襄樊市车河农场；2004年隶属枣阳市车河管理区至今。位于车河农场东南部。东邻平林镇台子湾村，南界李集村，西至王畈村，北连平林镇余咀村。辖10个自然村，总面积4.64平方千米，耕地面积199.2公顷。276户，1080人。主产水稻、小麦、玉米，兼种果蔬。襄洪路过境，村委会驻西冲。

车河【Chēhé】　以姓氏和河流综合命名。因车姓聚居后开凿一条小河而得名。1960年隶属老队；1979年隶属车河大队；1984年隶属车河村至今。位于村委会东1千米。东邻平林镇台子湾村台子湾，南界李集村胡湾，西至西冲，北连林果茶业公司。总面积0.7平方千米，耕地面积5.2公顷。60户，240人。主产水稻、小麦、玉米，兼种果蔬。养鸡大户1户，年出栏1万只。水产养殖12公顷。村落形态呈线状，房屋结构以平房和坡房为主。

高头冲【Gāotóuchōng】　以地形命名。因村建在西山头的冲里，故名。1960年隶属西冲大队；1984年隶属西冲村；1994年隶属车河村至今。位于村委会北600米。东邻黄家老湾，南界西冲，西至堰角子，北连林果茶业公司。总面积0.54平方千米，耕地面积51公顷。49户，170人。主产水稻、小麦、玉米。村落形态呈散状，房屋结构以平房和坡房为主。

高屋脊【Gāowūjǐ】　以建筑物特点命名。因村里房屋脊很高，故名。1960年隶属老队；1979年隶属

车河大队；1984年隶属车河村至今。位于村委会东南1千米。东邻车河街道，南界李集村胡湾，西至李集村老庄子，北连梨园。总面积0.4平方千米，耕地面积19公顷。15户，70人。主产水稻、小麦、玉米。村落形态呈线状，房屋结构以平房和楼房为主。

红湾【Hóngwān】 第二次国内革命战争中该村发生农民暴动，成立赤卫队和苏维埃政府而得名。1958年隶属先锋三大队；1971年隶属柿子园大队；1980年隶属红湾大队；1984年隶属红湾村；1994年隶属车河村至今。位于村委会西1.2千米。东邻堰角子，南界李集村集岗，西至王畈村碾子湾，北连新瓦屋。总面积0.6平方千米，耕地面积10公顷。38户，140人。主产水稻、小麦、玉米，兼种桃树。村落形态呈散状，房屋结构以平房和坡房为主。

黄家老湾【Huángjiālǎowān】 以姓氏命名。因黄姓最早聚居而得名。1960年隶属西冲大队；1984年隶属西冲村；1994年隶属车河村至今。位于村委会东北800米。东邻平林镇大余咀村小余咀，西至高头冲，北连林果茶业公司。总面积0.1平方千米，耕地面积3公顷。3户，10人。主产水稻、小麦、玉米。村落形态呈散状，房屋结构以平房和坡房为主。

老财湾【Lǎocáiwān】 因村里曾有个老财主而得名。1960年隶属老队；1979年隶属车河大队；1984年隶属车河村至今。位于村委会东1千米。东邻车河，南界高屋脊，西至梨园，北连平林镇大余咀村西湾。总面积0.4平方千米，耕地面积17公顷。17户，70人。主产水稻、小麦、玉米。村落形态呈线状，房屋结构以平房和坡房为主。

梨园【Líyuán】 以植物命名。因村头有片梨园而得名。1960年隶属西冲大队；1984年隶属西冲村；1994年隶属车河村至今。位于村委会东800米。东邻老财湾，南界胡湾，西至西冲，北连黄家老湾。总面积0.3平方千米，耕地面积12公顷。10户，60人。主产水稻、小麦、玉米。村落形态呈散状，房屋结构以平房和坡房为主。

西冲【Xīchōng】 以方位和地形综合命名。因村建在车河西的田冲上而得名。1960年隶属西冲大队；1984年隶属西冲村；1994年隶属车河村至今。村委会驻地。东邻梨园，西、南界王家湾，北连高头冲。总面积0.7平方千米，耕地面积61公顷。61户，230人。主产水稻、小麦、玉米，兼种桃树。村落形态呈线状，房屋结构以平房和坡房为主。

新瓦屋【Xīnwǎwū】 以时间和建筑物综合命名。因村内中华人民共和国成立后新建很多瓦屋，故名。1958年隶属先锋三大队；1970年隶属柿子园大队；1980年隶属红湾大队；1984年隶属红湾村；1994年隶属车河村至今。位于村委会西1.3千米。东邻堰角子，南界红湾，西至王畈村碾子湾，北连林果茶业公司楸树湾。总面积0.5平方千米，耕地面积11公顷。11户，50人。主产水稻、小麦、玉米。村落形态呈散状，房屋结构以平房和坡房为主。

堰角子【Yànjiǎozi】 以堰角命名。因村建在堰角上而得名。1958年隶属先锋三大队；1970年隶属柿子园大队；1980年隶属红湾大队；1984年隶属红湾村；1994年隶属车河村至今。位于村委会西1千米。东邻高头冲，南界西冲水库，西至红湾，北连新瓦屋。总面积0.4平方千米，耕地面积10公顷。12户，40人。主产水稻、小麦、玉米。村落形态呈散状，房屋结构以平房和坡房为主。

李集村【Lǐjícūn】

　　以李集自然村命名。1958年为苏维埃二大队四小队；1960年为李集大队，隶属枣阳县车河农场；1984年为李集村，隶属省车河农场；1994年隶属省车河农场，陈湾村、胡湾村并入；1999年隶属襄樊市车河农场；2004年隶属枣阳市车河管理区至今。位于车河农场南1千米。东邻平林镇王湾村，南界平林镇高冲村，西至王畈村，北连车河村。辖13个自然村，总面积6.9平方千米，耕地面积260公顷。255户，1020人。主产水稻、小麦、玉米，另种植果树和养殖。莺河路过境，村委会驻李集。

陈家湾【Chénjiāwān】　　以姓氏命名。因陈姓聚居而得名。1960年隶属陈湾大队；1984年隶属陈湾村；1994年隶属李集村至今。位于村委会东南3.5千米。东邻平林镇四井岗村台子湾，南界桥头，西至杨家岗，北连松树湾。总面积0.87平方千米，耕地面积30公顷。42户，170人。主产水稻、小麦、玉米，兼种桃树13.5公顷，水面养殖4公顷。村落形态呈散状，房屋结构以坡房和楼房为主。

胡湾【Húwān】　　以姓氏命名。因胡姓聚居而得名。1960年隶属胡湾大队；1984年隶属胡湾村；1994年隶属李集村至今。位于村委会东1.5千米。东邻松树湾，南界陈湾，西至汪家湾，北连车河村车河。总面积0.72平方千米，耕地面积24公顷。27户，100人。主产水稻、小麦、玉米，种植桃树13.5公顷，养鸡大户1户，年出栏2万只，水面养殖5.5公顷，稻虾养殖13.4公顷。村落形态呈散状，房屋结构以平房和坡房为主。

黄家岗【Huángjiāgǎng】　　以姓氏和地形综合命名。因黄姓聚居岗上而得名。1960年隶属胡湾大队；1984年隶属胡湾村；1994年隶属李集村至今。位于村委会东3千米。东邻松树湾，南界杨家岗，西至易家湾，北连胡湾。总面积0.32平方千米，耕地面积10公顷。2户，10人。主产水稻、小麦、玉米。村落形态呈散状，房屋结构以平房和坡房为主。

集岗【Jígǎng】　　以集市和地形综合命名。因村建在岗上且开设过集市，故名。1960年隶属李集大队；1984年隶属李集村至今。位于村委会西500米。东邻李集，南界上湾，西至王畈村中湾，北连车河村堰角子。总面积0.55平方千米，耕地面积25公顷。20户，90人。主产水稻、小麦、玉米。村落形态呈散状，房屋结构以平房和坡房为主。

老庄子【Lǎozhuāngzi】　　以建村时间和风物综合命名。原名汪家湾，后被杜姓买下，改为杜家老庄，习惯称老庄子。1960年隶属胡湾大队；1984年隶属胡湾村；1994年隶属李集村至今。位于村委会东北2千米。东邻车河村车河，南界汪家湾，西至集岗，北连车河村王家湾。总面积0.6平方千米，耕地面积20公顷。26户，100人。主产水稻、小麦、玉米。村落形态呈散状，房屋结构以平房和楼房为主。

李集【Lǐjí】　　以姓氏和集市综合命名。因李姓聚居并在此设集市，故名。1960年隶属李集大队；1984年隶属李集村至今。村委会驻地。东邻胡湾，南界院墙湾，西至集岗，北连车河村王家湾。总面积0.59平方千米，耕地面积27公顷。37户，120人。主产水稻、小麦、玉米，兼种桃树13.5公顷，养殖虾10公顷，水面养殖4.8公顷。村落形态呈散状，房屋结构以坡房和楼房为主。

桥头【Qiáotóu】　　以桥的方位命名。因村建在桥头而得名。1960年隶属陈湾大队；1984年隶属陈湾村；1994年隶属李集村至今。位于村委会东南4.5千米。东邻平林镇四井岗村东冲，南界平林镇四井岗村王湾，西至杨家岗，北连陈家湾。总面积0.34平方千米，耕地面积11公顷。4户，20人。主产水稻、小麦、玉米。村落形态呈散状，房屋结构以平房和坡房为主。

上湾【Shàngwān】 以地形命名。因村建于地势较高处而得名。村建于李集的南边。1960年隶属李集大队；1984年隶属李集村至今。位于村委会西南600米。东邻院墙湾，南界平林镇高冲村老屋，西至王畈村何家湾，北连易家湾。总面积0.71平方千米，耕地面积30公顷。25户，110人。主产水稻、小麦、玉米。村落形态呈散状，房屋结构以平房和坡房为主。

松树湾【Sōngshùwān】 以植物命名。因村周围松树较多而得名。1960年隶属陈湾大队；1984年隶属陈湾村；1994年隶属李集村至今。位于村委会东3千米。东邻平林镇四井岗村台子湾，南界陈家湾，西至黄家岗，北连胡湾。总面积0.52平方千米，耕地面积18公顷。22户，70人。主产水稻、小麦、玉米。村落形态呈散状，房屋结构以平房和楼房为主。

汪家湾【Wāngjiāwān】 以姓氏命名。因汪姓聚居而得名。1960年隶属胡湾大队；1984年隶属胡湾村；1994年隶属李集村至今。位于村委会东1千米。东邻胡湾，南界黄家岗，西至李集，北连老庄子。总面积0.66平方千米，耕地面积22公顷。23户，100人。主产水稻、小麦、玉米。村落形态呈散状，房屋结构以坡房和楼房为主。

杨家岗【Yángjiāgǎng】 以姓氏和地形综合命名。因杨姓聚居山岗而得名。1960年隶属陈湾大队；1984年隶属陈湾村；1994年隶属李集村至今。位于村委会东南3千米。东邻陈家湾，南界平林镇四井岗村王湾，西至院墙湾，北连胡湾。总面积0.37平方千米，耕地面积13公顷。10户，40人。主产水稻、小麦、玉米。村落形态呈散状，房屋结构以平房和坡房为主。

易家湾【Yìjiāwān】 以姓氏命名。因易姓聚居而得名。1960年隶属李集大队；1984年隶属李集村至今。位于村委会西南100米。东邻李集，南界上湾，西至王畈村张家湾，北连集岗。总面积0.26平方千米，耕地面积12公顷。2户，10人。主产水稻、小麦、玉米。村落形态呈散状，房屋结构以平房和坡房为主。

院墙湾【Yuànqiángwān】 以建筑物命名。因村内院墙较多而得名。1960年隶属李集大队；1984年隶属李集村至今。位于村委会南1千米。东邻黄家岗，南界平林镇王湾村戴家巷，西至上湾，北连李集。总面积0.39平方千米，耕地面积18公顷。15户，80人。主产水稻、小麦、玉米。村落形态呈散状，房屋结构以平房和坡房为主。

李楼村【Lǐlóucūn】

以李楼自然村命名。1958年为先锋四大队，隶属钢铁公社；1961年隶属平林区；1964年为雷咀大队，隶属平林区；1979年为李楼分场四大队，隶属湖北省车河农场；1984年为李楼村，隶属省车河农场；1999年隶属襄樊市车河农场；2004年隶属枣阳市车河管理区至今。位于农场场部东北4千米。东邻平林镇余咀村，南界林果茶业公司，西至孙畈村，北连碾子台村。辖15个自然村，总面积7.9平方千米，耕地面积203.3公顷。193户，710人。主产水稻、小麦、玉米，兼种果树。襄洪公路过境，村委会驻李楼。

东湾【Dōngwān】 以方位命名。因村位于李楼东而得名。1958年隶属先锋四大队；1964年隶属雷咀大队；1979年隶属李楼分场四大队；1984年隶属李楼村至今。位于村委会东700米。东邻平林镇余咀村大堰角，南界林果茶业公司楸树湾，西至李楼，北连红土坡。总面积0.4平方千米，耕地面积6公顷。6户，20人。主产水稻、小麦、玉米，兼种果树。村落形态呈散状，房屋结构以坡房为主。

墩子垱【Dūnzidàng】 村前垱沟内垒了几个石墩子方便村民过河，故名。1958年隶属先锋四大队；1964年隶属雷咀大队；1979年隶属李楼分场四大队；1984年隶属李楼村至今。位于村委会东北2.7千米。东邻李家湾，南界檀咀，西至檀楼村楼子湾，北连檀楼村梁畈。总面积0.4平方千米，耕地面积12公顷。2户，10人。主产水稻、小麦、玉米，兼种果树。村落形态呈散状，房屋结构以坡房为主。

粉坊【Fěnfáng】 以作坊命名。因村内开过粉坊而得名。1958年隶属先锋四大队；1964年隶属雷咀大队；1979年隶属李楼分场四大队；1984年隶属李楼村至今。位于村委会西南500米。东邻岩子，南界荆树林湾，西至学屋湾，北连垱堰。总面积0.2平方千米，耕地面积3公顷。6户，20人。主产水稻、小麦、玉米，兼种果树。村落形态呈散状，房屋结构以坡房和楼房为主。

红土坡【Hóngtǔpō】 以土质颜色和地形综合命名。因村建在土是红色的山坡上而得名。1958年隶属先锋四大队；1964年隶属雷咀大队；1979年隶属李楼分场四大队；1984年隶属李楼村至今。位于村委会东600米。东邻平林镇余咀村大堰角，南界东湾，西至李楼，北连雷咀。总面积0.3平方千米，耕地面积4.5公顷。3户，10人。主产水稻、小麦、玉米，兼种果树。村落形态呈散状，房屋结构以坡房和楼房为主。

荆树林【Jīngshùlín】 以植物命名。因村子建在荆树丛边而得名。1958年隶属先锋四大队；1964年隶属雷咀大队；1979年隶属李楼分场四大队；1984年隶属李楼村至今。位于村委会西南1千米。东邻李楼，南界林果茶业公司桐树岗，西至学屋，北连粉坊湾。总面积0.6平方千米，耕地面积9公顷。6户，20人。主产水稻、小麦、玉米，兼种果树。村落形态呈散状，房屋结构以坡房为主。

雷咀【Léizuǐ】 以姓氏和地形综合命名。因雷姓聚居山咀旁而得名。1958年隶属先锋四大队；1964年隶属雷咀大队；1979年隶属李楼分场四大队；1984年隶属李楼村至今。位于村委会东北500米。东邻红土坡，南界李楼，西至垱堰，北连农堰。总面积0.9平方千米，耕地面积5公顷。38户，140人。主产水稻、小麦、玉米，兼种果树。村落形态呈散状，房屋结构以坡房为主。

李家湾【Lǐjiāwān】 以姓氏命名。因李姓聚居而得名。1958年隶属先锋四大队；1964年隶属雷咀大队；1979年隶属李楼分场四大队；1984年隶属李楼村至今。位于村委会东北2.6千米。东邻平林镇平林村张湾，南界茅草凹子，西至檀咀，北连檀楼村梁畈。总面积0.8平方千米，耕地面积37公顷。17户，60人。主产水稻、小麦、玉米，兼种果树。村落形态呈散状，房屋结构以坡房为主。

李楼【Lǐlóu】 以姓氏和建筑物综合命名。因李姓聚居且村内有座楼房而得名。1958年隶属先锋四大队；1964年隶属雷咀大队；1979年隶属李楼分场四大队；1984年隶属李楼村至今。村委会驻地。东邻红土坡，西、南界果林业公司，北连雷咀。总面积0.6平方千米，耕地面积9公顷。49户，190人。主产水稻、小麦、玉米，兼种果树。村落形态呈散状，房屋结构以楼房为主。

茅草凹子【Máocǎowāzi】 以植物和地形综合命名。因村建在山洼，周围茅草丛生而得名。1958年隶属先锋四大队；1964年隶属雷咀大队；1979年隶属李楼分场四大队；1984年隶属李楼村至今。位于村委会东北 1.8 千米。东邻平林村张湾，南界平林镇余咀村三只角，西至牌坊岗，北连李家湾。总面积 0.7 平方千米，耕地面积 30 公顷。6 户，20 人。主产水稻、小麦、玉米，兼种果树。村落形态呈散状，房屋结构以坡房为主。

农堰【Nóngyàn】 以堰塘命名。因村建在农田改成的大堰旁而得名。1958 年隶属先锋四大队；1964 年隶属雷咀大队；1979 年隶属李楼分场四大队；1984 年隶属李楼村至今。位于村委会东北 1.2 千米。东邻茅草凹子，南界雷咀，西至果业公司垱堰，北连碾子台村房家湾。总面积 0.4 平方千米，耕地面积 2 公顷。4 户，20 人。主产水稻、小麦、玉米，兼种果树。村落形态呈散状，房屋结构以坡房为主。

牌坊岗【Páifánggǎng】 以牌坊和地形综合命名。因建村于山岗上，村中修有牌坊而得名。1958 年隶属先锋四大队；1964 年隶属雷咀大队；1979 年隶属李楼分场四大队；1984 年隶属李楼村至今。位于村委会东北 1.5 千米。东邻茅草凹子，南界雷咀，西至碾子台村房家湾，北连碾子台村庙子湾。总面积 0.8 平方千米，耕地面积 51.3 公顷。22 户，70 人。主产水稻、小麦、玉米，兼种果树。村落形态呈散状，房屋结构以坡房为主。

檀咀【Tánzuǐ】 以姓氏和地形综合命名。因檀姓聚居山岗头而得名。1958 年隶属先锋四大队；1964 年隶属雷咀大队；1979 年隶属李楼分场四大队；1984 年隶属李楼村至今。位于村委会东北 2.1 千米。东邻李家湾，南界牌坊岗，西至檀楼村，北连墩子垱。总面积 0.6 平方千米，耕地面积 16.5 公顷。6 户，20 人。主产水稻、小麦、玉米，兼种果树。村落形态呈散状，房屋结构以坡房为主。

糖坊【Tángfáng】 以作坊命名。因村内开设过糖作坊而得名。1958 年隶属先锋四大队；1964 年隶属雷咀大队；1979 年隶属李楼分场四大队；1984 年隶属李楼村至今。位于村委会西 1.5 千米。东邻学屋，南界林果茶业公司桐树岗，西至孙畈村杨家老湾，北连垱堰。总面积 0.6 平方千米，耕地面积 9 公顷。15 户，60 人。主产水稻、小麦、玉米，兼种果树。村落形态呈散状，房屋结构以坡房为主。

学屋【Xuéwū】 因村中开办过私塾而得名。1958 年隶属先锋四大队；1964 年隶属雷咀大队；1979 年隶属李楼分场四大队；1984 年隶属李楼村至今。位于村委会西 600 米。东邻粉坊，南界桐树岗，西至糖坊，北连垱堰。总面积 0.3 平方千米，耕地面积 4.5 公顷。10 户，40 人。主产水稻、小麦、玉米，兼种果树。村落形态呈散状，房屋结构以坡房为主。

岩子【Yánzi】 以地形命名。因建在山岩下而得名。1958 年隶属先锋四大队；1964 年隶属雷咀大队；1979 年隶属李楼分场四大队；1984 年隶属李楼村至今。位于村委会南 600 米。东邻东湾，南界林果茶业公司楸树湾，西至李楼，北连雷咀。总面积 0.3 平方千米，耕地面积 4.5 公顷。3 户，10 人。主产水稻、小麦、玉米，兼种果树。村落形态呈散状，房屋结构以坡房为主。

林果茶业公司【Línguǒcháyè Gōngsī】

以产业命名。车河农场需进行林业管理，果业、茶业开发而成立。1994 年 4 月由原李楼村五组、楸树湾村、园艺场合并为果业开发公司，隶属省车河农场；1997 年与林业站、茶场合并为林果茶业公司；1999 年隶属襄樊市车河农场；2004 年隶属枣阳市车河管理区至今。位于车河农场场部北 2 千米。东邻平林镇余咀村，南界车河村，西至孙畈村，北连碾子台村。辖 2 个自然村，总面积 2 平方千米，耕地面积 54 公顷。70 户，250 人。主产水稻、小麦，兼种果树。襄洪路过境，公司驻楸树湾。

架子山【Jiàzishān】 以航标设施命名。因航空标架设在此山岗上而得名。1982 年隶属达康农场；1987 年隶属园艺场；1994 年并入果业开发公司；1997 年隶属林果茶业公司至今。位于公司西北 3 千米。东邻楸树湾，南界红湾，西至孙畈村孙畈，北连粉坊。总面积 1 平方千米，耕地面积 6 公顷。19 户，80 人。主产小麦、杂粮。村落形态呈散状，房屋结构以坡房为主。

楸树湾【Qiūshùwān】 以植物命名。因村内楸树多而得名。1980 年隶属楸树湾大队；1984 年隶属果业开发公司；1997 年隶属林果茶业公司至今。公司驻地。东邻平林镇余咀村庙娃岗，南界车河村西冲，西至架子山，北连李楼村岩子。总面积 1 平方千米，耕地面积 48 公顷。51 户，170 人。主产水稻、小麦、杂粮，兼种果树，桃树种植 30 公顷。村落形态呈散状，房屋结构以坡房为主。

碾子台村【Niǎnzitáicūn】

以碾子台自然村命名。1958 年为先锋五大队，隶属钢铁公社；1961 年隶属平林区；1964 年为碾子台大队；1975 年隶属平林公社；1979 年隶属省车河农场；1984 年为碾子台村；1999 年隶属襄樊市车河农场；2004 年隶属枣阳市车河管理区至今。位于管理区北 7 千米。东邻檀楼村，南界李楼村，西至孙畈村，北连青峰岭林场。辖 11 个自然村，总面积 4.2 平方千米，耕地面积 300.7 公顷。232 户，990 人。主产水稻、小麦、玉米，兼种果树。襄洪路过境，村委会驻碾子台。

陈家河【Chénjiāhé】 以姓氏和河流综合命名。因陈姓聚居小河边而得名。1958 年隶属先锋五大队；1964 年隶属碾子台大队；1984 年隶属碾子台村至今。位于村委会西 500 米。东邻碾子台村，南界梨包黄，西至孙畈村杨家老湾，北连桃园。总面积 0.3 平方千米，耕地面积 10 公顷。8 户，40 人。主产水稻、小麦、玉米，兼种果树。村落形态呈散状，房屋结构以平房和坡房为主。

房家湾【Fángjiāwān】 以姓氏命名。因房姓聚居而得名。1958 年隶属先锋五大队；1964 年隶属碾子台大队；1984 年隶属碾子台村至今。位于村委会南 500 米。东邻王家湾，南界林果茶业公司挡堰，西至梨包黄，北连碾子台。总面积 0.25 平方千米，耕地面积 20 公顷。10 户，40 人。主产水稻、小麦、玉米，兼种果树，桃树 2 公顷。村落形态呈线状，房屋结构以平房和坡房为主。

黄家湾【Huángjiāwān】 以姓氏命名。因黄姓聚居而得名。1958 年隶属先锋五大队；1964 年隶属碾子台大队；1984 年隶属碾子台村至今。位于村委会西北 500 米。东邻油坊湾，南界梨包黄，西至孙畈村石马岗，北连檀楼村梯子湾。总面积 0.5 平方千米，耕地面积 46.7 公顷。32 户，120 人。主产水稻、小麦、玉米，兼种果树，桃树 2 公顷。村落形态呈散状，房屋结构以平房和坡房为主。

梨包黄【Líbāohuáng】 以植物命名。因相传此地有一棵大梨树，中间空了一个大洞，后来从树洞中又长出一棵黄连树，梨树包着黄连树，故名。1958 年隶属先锋五大队；1964 年隶属碾子台大队；1984 年隶属碾子台村至今。位于村委会西南 500 米。东邻房家湾，南界林果茶业公司挡堰，西至杨家老湾，北连陈家河。总面积 0.25 平方千米，耕地面积 20 公顷。14 户，60 人。主产水稻、小麦、玉米，兼种果树，桃树 3

公顷。村落形态呈散状，房屋结构以平房和坡房为主。

六间屋【Liùjiānwū】 以建筑物数量命名。因建村时只有六间草屋而得名。1958年隶属先锋五大队；1964年隶属碾子台大队；1984年隶属碾子台村至今。位于村委会东500米。东邻檀楼村，南界王家湾，西至碾子台，北连上粉坊。总面积0.3平方千米，耕地面积20公顷。15户，70人。主产水稻、小麦、玉米，兼种果树。村落形态呈散状，房屋结构以平房和坡房为主。

楼子湾【Lóuziwān】 以建筑物命名。因村内修有炮楼而得名。1958年隶属先锋五大队；1964年隶属碾子台大队；1984年隶属碾子台村至今。位于村委会东南1千米。东邻檀楼村檀楼，南界李楼村牌坊岗，西至王家湾，北连檀楼村檀咀。总面积0.3平方千米，耕地面积20公顷。20户，120人。主产水稻、小麦、玉米，兼种果树，桃树15公顷。村落形态呈散状，房屋结构以平房和坡房为主。

碾子台【Niǎnzitái】 以碾子和地形综合命名。因村内有一盘红石碾子置于地势较高处而得名。1958年隶属先锋五大队；1964年隶属碾子台大队；1984年隶属碾子台村至今。村委会驻地。东邻王家湾，南界房家湾，西至梨包黄，北连西庄子。总面积0.75平方千米，耕地面积57公顷。45户，170人。主产水稻、小麦、玉米，兼种果树，桃树4公顷。村落形态呈线状，房屋结构以坡房和楼房为主。

上粉坊【Shàngfěnfáng】 以作坊和方位综合命名。因村内开过粉坊，位于六间屋北而得名。1958年隶属先锋五大队；1964年隶属碾子台大队；1984年隶属碾子台村至今。位于村委会北1千米。东邻檀楼村檀楼，南界六间屋，西至油坊湾，北连檀楼村周家老庄。总面积0.15平方千米，耕地面积10公顷。6户，40人。主产水稻、小麦、玉米，兼种果树，有水产养殖3公顷。村落形态呈散状，房屋结构以坡房为主。

桃园【Táoyuán】 以植物命名。因村内有桃园而得名。1958年隶属先锋五大队；1964年隶属碾子台大队；1984年隶属碾子台村至今。位于村委会西北800米。东邻西庄子，南界陈家河，西至马槽岭，北连黄家湾。总面积0.3平方千米，耕地面积25公顷。15户，60人。主产水稻、小麦、玉米，兼种果树，桃树10公顷。村落形态呈散状，房屋结构以平房和坡房为主。

王家湾【Wángjiāwān】 以姓氏命名。因王姓聚居而得名。1958年隶属先锋五大队；1964年隶属碾子台大队；1984年隶属碾子台村至今。位于村委会东1千米。东邻楼子湾，南界房家湾，西至碾子台，北连六间屋。总面积0.9平方千米，耕地面积70公顷。66户，260人。主产水稻、小麦、玉米，兼种果树。村落形态呈散状，房屋结构以平房和坡房为主。

西庄子【Xīzhuāngzi】 以方位命名。因此地位于襄洪路西边，故名。1958年隶属先锋五大队；1964年隶属碾子台大队；1984年隶属碾子台村至今。位于村委会北500米。东邻油坊湾，南界陈家河，西至黄家湾，北连檀楼村梯子塝。总面积0.2平方千米，耕地面积2公顷。1户，10人。主产水稻、小麦。村落形态呈散状，房屋结构以坡房为主。

顺河村【Shùnhécūn】

以辖区自然村布局命名。该村有4个村庄依次建在莺河边，故名。1958年为先锋二大队，隶属钢铁公社；1961年隶属平林区；1975年隶属平林公社；1979年隶属省车河农场；1989年隶属省车河农场吴湾分场；1993年为顺河林业大队，隶属省车河农场；1999年隶属襄樊市车河农场；

2005年为顺河村，隶属车河管理区至今。位于车河农场场部西8千米。东、南邻平林镇高冲村，西至宜城市肖云村，北连孙畈村。辖6个自然村，总面积7.19平方千米，耕地面积149公顷。127户，480人。主产水稻、小麦、玉米。莺河路过境，村委会驻王畈。

白土浅【Báitǔqiǎn】 以白土层命名。因村建在土层较浅的白土岗上而得名。1958年隶属先锋二大队；1964年隶属王畈大队；1979年隶属车河农场王畈大队；1989年隶属吴湾林场；1993年隶属顺河林业大队；2005年隶属顺河村至今。位于村委会西1.5千米。东邻王畈村东郭湾，南界李家岭，西至莺河水库，北连夏河。总面积0.98平方千米，耕地面积25公顷。25户，80人。主产水稻、小麦、玉米。村落形态呈散状，房屋结构以平房和坡房为主。

代家冲【Dàijiāchōng】 以姓氏和地形综合命名。因代姓建村冲内，故名。1958年隶属先锋二大队；1964年隶属王畈大队；1979年隶属车河农场王畈大队；1993年隶属顺河林业大队；2005年隶属顺河村至今。位于村委会西北2.1千米。东邻宋河村高家院，南界刘家湾，西至莺河水库，北连大凹子山。总面积0.5平方千米，耕地面积5公顷。13户，30人。主产水稻、小麦、玉米。村落形态呈散状，房屋结构以平房和坡房为主。

李家岭【Lǐjiāliǎng】 以姓氏和地形综合命名。因李姓建村在山岭旁而得名。1958年隶属先锋二大队；1964年隶属王畈大队；1979年隶属车河农场王畈大队；1989年隶属吴湾林场；1993年隶属顺河林业大队；2005年隶属顺河村至今。位于村委会西2.2千米。东邻余冲，西、南界莺河水库，北连白土浅。总面积1.41平方千米，耕地面积5公顷。5户，10人。主产水稻、小麦、玉米。村落形态呈散状，房屋结构以平房和坡房为主。

刘家湾【Liújiāwān】 以姓氏命名。因刘姓聚居而得名。1958年隶属先锋二大队；1964年隶属王畈大队；1979年隶属车河农场王畈大队；1989年隶属吴湾林场；1993年隶属顺河林业大队；2005年隶属顺河村至今。位于村委会西北2千米。东邻王畈村东郭湾，南界宋河村包家湾，西至莺河水库，北连代家冲。总面积0.6平方千米，耕地面积4公顷。8户，20人。主产水稻、小麦、玉米。村落形态呈散状，房屋结构以平房和坡房为主。

夏河【Xiàhé】 以姓氏和河流综合命名。因夏姓建村河边而得名。1958年隶属先锋二大队；1964年隶属王畈大队；1979年隶属车河农场王畈大队；1989年隶属吴湾林场；1993年隶属顺河林业大队；2005年隶属顺河村至今。位于村委会西北2.4千米。东邻王畈村东郭湾，南界白土浅，西至莺河水库，北连孙畈村赵湾。总面积2.2平方千米，耕地面积78公顷。31户，200人。主产水稻、小麦、玉米。村落形态呈团状，房屋结构以平房和坡房为主。

余冲【Yúchōng】 以姓氏和地形综合命名。因余姓建村冲内而得名。1958年隶属先锋二大队；1964年隶属王畈大队；1979年隶属车河农场王畈大队；1989年隶属吴湾林场；1993年隶属顺河林业大队；2005年隶属顺河村至今。位于村委会南500米，东、南邻平林镇高冲村黄冲，西至李家岭，北连王畈村教官湾。总面积1.5平方千米，耕地面积32公顷。45户，140人。主产水稻、小麦、玉米。村落形态呈线状，房屋结构以平房和坡房为主。

孙畈村【Sūnfàncūn】

以孙畈自然村命名。1958年为先锋一大队，隶属钢铁公社；1961年隶属平林区；1964年为孙畈大队；1975年隶属平林公社；1979年隶属省车河农场；1984年为孙畈村，1999年隶属襄樊市车河农场；2004年隶属枣阳市车河管理区至今。位于管理区西北6千米。东邻李楼村，南界王畈村，西至吴湾村，北连碾子台村。辖17个自然村，总面积6.73平方千米，耕地面积258.7公顷。201户，885人。主产小麦、杂粮。有果树栽培、蔬菜种植。车吴路过境，村委会驻孙畈。

白鹤湾【Báihèwān】 以动物命名。因白鹤常年在村内的树上栖息而得名。1958年隶属先锋一大队；1964年隶属孙畈大队；1984年隶属孙畈村至今。位于村委会西北600米。东邻桥岗，南界竹林子湾，西至吴湾村大堰撒，北连白鹤垱水库。总面积0.18平方千米，耕地面积4公顷。3户，20人。主产水稻、小麦。村落形态呈散状，房屋结构以坡房为主。

北冲【Běichōng】 以方位和地形综合命名。因村建于咀凹子北边的冲旁而得名。1958年隶属先锋一大队；1964年隶属孙畈大队；1984年隶属孙畈村至今。位于村委会东300米。东邻桐树岗，南界岩子，西至村委会，北连窑咀。总面积0.8平方千米，耕地面积40公顷。25户，140人。主产水稻、小麦、玉米。村落形态呈团状，房屋结构以坡房为主。

大堰凹子【Dàyànwāzi】 以堰塘和地形综合命名。因村建在大堰边的山洼中而得名。1958年隶属先锋一大队；1964年隶属孙畈大队；1984年隶属孙畈村至今。位于村委会北1.2千米。东邻榨树咀，南界桥岗，西至白鹤垱，北连老林场徐家湾。总面积0.3平方千米，耕地面积8公顷。4户，10人。主产水稻、小麦、玉米。村落形态呈散状，房屋结构以坡房为主。

粉坊【Fěnfáng】 以作坊命名。因村里开过粉坊而得名。1958年隶属先锋一大队；1964年隶属孙畈大队；1984年隶属孙畈村至今。位于村委会西南300米。东邻孙家畈，南界余家湾，西至甘家湾，北连竹林子湾。总面积0.15平方千米，耕地面积2公顷。6户，30人。主产水稻、小麦，种桃树0.7公顷。村落形态呈散状，房屋结构以楼房为主。

咀凹子【Zuǐwāzi】 以地形命名。因村建在岗咀旁的洼地里而得名。1958年隶属先锋一大队；1964年隶属孙畈大队；1984年隶属孙畈村至今。位于村委会东200米。东邻老营岗，南界岩子，西至孙畈，北连窑嘴子。总面积0.2平方千米，耕地面积7公顷。16户，70人。主产水稻、小麦，种桃树2公顷，水产养殖3公顷。村落形态呈散状，房屋结构以楼房为主。

前岗【Qiángǎng】 以方位和地形综合命名。因村前有一小山岗而得名。1958年隶属先锋一大队；1964年隶属孙畈大队；1984年隶属孙畈村至今。位于村委会北1.8千米。东邻碾子台村房家湾，南界毛草岗，西至杨家老湾，北连北大堰。总面积0.3平方千米，耕地面积12公顷。4户，10人。主产水稻、玉米。村落形态呈散状、房屋机构以坡房为主。

桥岗【Qiáogǎng】 以桥和地形综合命名。因村建于远望似桥的岗上而得名。1958年隶属先锋一大队；1964年隶属孙畈大队；1984年隶属孙畈村至今。位于村委会北800米。东邻赵家庙湾，南界孙畈，西至白鹤湾，北连白鹤垱水库。总面积0.5千米，耕地面积20公顷。14户，70人。主产水稻、小麦、玉米。

村落形态呈线状，房屋结构以坡房和楼房为主。

孙畈【Sūnfàn】 以姓氏和地形综合命名。因孙姓聚居河畈而得名。1958年隶属先锋一大队；1964年隶属孙畈大队；1984年隶属孙畈村至今。村委会驻地。东邻咀凹子，南界粉坊，西至竹林子湾，北连窑凹子。总面积0.15平方千米，耕地面积2公顷。3户，10人。主产水稻、小麦。村落形态呈散状，房屋结构以楼房为主。

孙家老湾【Sūnjiālǎowān】 以姓氏和时间综合命名。因孙姓聚居且建村较早而得名。1958年隶属先锋一大队；1964年隶属孙畈大队；1984年隶属孙畈村至今。位于村委会南1.2千米。东邻王畈村王家塝子，南界王畈村南冲，西至余家湾，北连岩子湾。总面积0.5平方千米，耕地面积10公顷。8户，30人。主产水稻、小麦、玉米。村落形态呈散状，房屋结构以坡房为主。

岩子湾【Yánziwān】 以地形命名。因紧靠山岩而得名。1958年隶属先锋一大队；1964年隶属孙畈大队；1984年隶属孙畈村至今。位于村委会东南300米。东邻王畈村，南界孙家老湾，西至余家湾，北连咀子湾。总面积0.2平方千米，耕地面积12公顷。7户，30人。主产水稻、小麦、玉米。村落形态呈散状，房屋结构以坡房为主。

杨家老湾【Yángjiālǎowān】 以姓氏和建村时间综合命名。因杨姓聚居且建村早而得名。1958年隶属先锋一大队；1964年隶属孙畈大队；1984年隶属孙畈村至今。位于村委会北1.5千米。东邻前岗，南界孙畈村孙畈，西至桥岗，北连石马岗水库。总面积0.6平方千米，耕地面积30公顷。20户，80人。主产水稻、小麦、玉米，桃树6公顷，稻虾养殖4公顷。村落形态呈线状，房屋结构以楼房为主。

窑咀【Yáozuǐ】 以窑和地形综合命名。因村建在设过窑厂的山咀旁而得名。1958年隶属先锋一大队；1964年隶属孙畈大队；1984年隶属孙畈村至今。位于村委会东北500米。东邻桐树岗，南界咀子，西至桥岗，北连榨树咀。总面积0.7平方千米，耕地面积20公顷。13户，50人。主产水稻、小麦、玉米。村落形态呈散状，房屋结构以坡房为主。

余家湾【Yújiāwān】 以姓氏命名。因余姓聚居而得名。1958年隶属先锋一大队；1964年隶属孙畈大队；1984年隶属孙畈村至今。位于村委会南600米。东邻孙家老湾，南界赵家湾，西至吴湾村小赵家湾，北连孙畈。总面积0.5平方千米，耕地面积25公顷。18户，65人。主产水稻、小麦、玉米。村落形态呈散状，房屋结构以坡房为主。

榨树咀【Zhàshùzuǐ】 以植物和地形综合命名。因村紧靠长有榨树林的山咀旁而得名。1958年隶属先锋一大队；1964年隶属孙畈大队；1984年隶属孙畈村至今。位于村委会北1.2千米。东邻黄家庙，南界孙畈村孙畈，西至大堰凹子，北连西岗。总面积0.5平方千米，耕地面积20公顷。10户，40人。主产水稻、小麦、玉米。村落形态呈散状，房屋结构以坡房为主。

赵家庙湾【Zhàojiāmiàowān】 以姓氏和建筑物综合命名。因赵姓聚居，村边有一座小山神庙而得名。1958年隶属先锋一大队；1964年隶属孙畈大队；1984年隶属孙畈村至今。位于村委会北1千米。东邻红土坡，南界孙畈，西至桥岗，北连大堰凹子。总面积0.5平方千米，耕地面积11公顷。9户，40人。主产水稻、小麦、玉米。村落形态呈散状，房屋结构以坡房为主。

赵家湾【Zhàojiāwān】 以姓氏命名。因赵姓聚居而得名。1958年隶属先锋一大队；1964年隶属孙畈大队；1984年隶属孙畈村至今。位于村委会南1千米。东邻王畈村南冲，南界顺河村代家湾，西至吴湾村小赵家湾，北连余家湾。总面积0.5平方千米，耕地面积35公顷。36户，170人。主产水稻、小麦、玉米，桃、李种植7公顷，稻虾养殖7公顷。村落形态呈散状，房屋结构以坡房为主。

竹林子湾【Zhúlínziwān】 以植物命名。因村中有片竹园而得名。1958年隶属先锋一大队；1964年隶属孙畈大队；1984年隶属孙畈村至今。位于村委会西300米。东邻孙家畈，南界粉坊，西至陈家庙，北连白鹤湾。总面积0.15平方千米，耕地面积0.7公顷。5户，20人。主产水稻、小麦、杂粮。村落形态呈散状，房屋结构以楼房为主。

檀楼村【Tánlóucūn】

以檀楼自然村命名。1958年为先锋六大队，隶属钢铁公社；1964年为檀楼大队，隶属平林区；1975年隶属平林公社；1979年隶属省车河农场；1984年为檀楼村；1999年隶属襄樊市车河农场；2004年隶属枣阳市车河管理区至今。位于管理区北7.5千米。东邻平林镇杜家老湾村，南界碾子台村，西至青峰岭林场，北连徐岗村。辖20个自然村，总面积8.74平方千米，耕地面积182.6公顷。217户，960人。主产水稻、小麦、玉米。襄洪路过境，村委会驻杨树湾。

白鹤湾【Báihèwān】 以鸟类命名。因村旁有一水库常年有白鹤栖息，故名。1958年隶属先锋六大队；1964年隶属檀楼大队；1984年隶属檀楼村至今。位于村委会东2.5千米。东邻东梁畈，南界雷家湾，西至榨树咀，北连背阴寺。总面积0.15平方千米，耕地面积4.6公顷。4户，10人。主产水稻、小麦、玉米。村落形态呈团状，房屋结构以平房和坡房为主。

背阴寺【Bèiyīnsì】 以寺庙和环境命名。因原村旁有座寺庙常年背阴而得名。1958年隶属先锋六大队；1964年隶属檀楼大队；1984年隶属檀楼村至今。位于村委会东2千米。东邻雷家湾，南界碾子台村楼子湾，西至檀咀，北连丁家老湾。总面积0.3平方千米，耕地面积8公顷。7户，30人。主产水稻、小麦、玉米。村落形态呈团状，房屋结构以平房和坡房为主。

仇咀【Qiúzuǐ】 以姓氏和地形综合命名。因仇姓聚居山咀而得名。1958年隶属先锋六大队；1964年隶属檀楼大队；1984年隶属檀楼村至今。位于村委会东3千米。东邻西梁畈，南界檀咀，西至新冲，北连徐岗村胡咀。总面积0.2平方千米，耕地面积2公顷。2户，10人。主产水稻、小麦、玉米。村落形态呈散状，房屋结构以平房和坡房为主。

丁家老湾【Dīngjiālǎowān】 以姓氏和建村时间综合命名。因丁姓聚居、建村早而得名。1958年隶属先锋六大队；1964年隶属檀楼大队；1984年隶属檀楼村至今。位于村委会东3.2千米。东邻榨树咀，南界西梁畈，西至仇咀，北连杨桥。总面积0.42平方千米，耕地面积3.5公顷。7户，40人。主产水稻、小麦、玉米。村落形态呈散状，房屋结构以平房和坡房为主。

东梁畈【Dōngliángfàn】 以方位和姓氏综合命名。因梁姓聚居于小河东边的畈上而得名。1958年隶属先锋六大队；1964年隶属檀楼大队；1984年隶属檀楼村至今。位于村委会东2千米。东邻平林镇杜湾村泉水坑，南界杨家祠堂，西至西梁畈，北连杨桥。总面积0.6平方千米，耕地面积8公顷。18户，70人。主产水稻、小麦、玉米，桃树种植24.8公顷。村落形态呈线状，房屋结构以平房和坡房为主。

付家湾【Fùjiāwān】 以姓氏命名。因付姓聚居而得名。1958年隶属先锋六大队；1964年隶属檀楼大队；1984年隶属檀楼村至今。位于村委会西北1.2千米。东邻徐岗村胡家老湾，南界高家湾，西至青峰岭林场，北连徐岗村柯家湾。总面积0.4平方千米，耕地面积6.9公顷。4户，20人。主产水稻、小麦、玉米。村落形态呈线状，房屋结构以坡房和楼房为主。

高家湾【Gāojiāwān】 以姓氏命名。因高姓聚居而得名。1958年隶属先锋六大队；1964年隶属檀楼大队；1984年隶属檀楼村至今。位于村委会北700米。东邻周家老庄，南界杨树湾，西至青峰岭林场，北连付家湾。总面积0.5平方千米，耕地面积7.3公顷。4户，20人。主产水稻、小麦、玉米。村落形态呈散状，房屋结构以坡房为主。

雷家湾【Léijiāwān】 以姓氏命名。因雷姓聚居而得名。1958年隶属先锋六大队；1964年隶属檀楼大队；1984年隶属檀楼村至今。位于村委会东1.6千米。东邻东梁畈，南界李楼村李家湾，西至背阴寺，北连西梁畈。总面积0.45平方千米，耕地面积5公顷。6户，30人。主产水稻、小麦、玉米。村落形态呈散状，房屋结构以平房和坡房为主。

宋家湾【Sòngjiāwān】 以姓氏命名。因宋姓聚居而得名。1958年隶属先锋六大队；1964年隶属檀楼大队；1984年隶属檀楼村至今。位于村委会东2.7千米。东邻雷家湾，南界牌坊岗，西至檀楼，北连背阴寺。总面积0.3平方千米，耕地面积9公顷。8户，30人。主产水稻、小麦、玉米。村落形态呈团状，房屋结构以平房和坡房为主。

檀楼【Tánlóu】 以姓氏和建筑物综合命名。因檀姓聚居的村内有座小楼，故名。1958年隶属先锋六大队；1964年隶属檀楼大队；1984年隶属檀楼村至今。位于村委会东1.3千米。东邻檀咀，南界碾子台村楼子湾，西至陶家老湾，北连五棵树。总面积0.32平方千米，耕地面积23公顷。16户，60人。主产水稻、小麦、玉米，水面养殖8.6公顷。村落形态呈团状，房屋结构以平房和坡房为主。

陶家老湾【Táojiālǎowān】 以姓氏和建村时间综合命名。因陶姓聚居且建村早而得名。1958年隶属先锋六大队；1964年隶属檀楼大队；1984年隶属檀楼村至今。位于村委会东1.1千米。东邻五棵树，南界碾子台村上粉坊，西至周家老庄，北连徐岗村胡家老湾。总面积0.7平方千米，耕地面积20公顷。17户，80人。主产水稻、小麦、玉米。村落形态呈线状，房屋结构以平房和坡房为主。

梯子塝【Tīzibàng】 以地形命名。因村旁的塝田形似梯子，故名。1958年隶属先锋六大队；1964年隶属檀楼大队；1984年隶属檀楼村至今。位于村委会南700米。东邻檀楼，南界碾子台村黄家湾，西至青峰岭林场，北连杨树湾。总面积0.4平方千米，耕地面积6.6公顷。6户，30人。主产水稻、小麦、玉米。村落形态呈线状，房屋结构以坡房和楼房为主。

五棵树【Wǔkēshù】 以植物数量命名。因原村内有五棵大黄楝树而得名。1958年隶属先锋六大队；1964年隶属檀楼大队；1984年隶属檀楼村至今。位于村委会东1.1千米。东邻西梁畈，南界檀咀，西至陶家老湾，北连徐岗村胡咀。总面积0.4平方千米，耕地面积6公顷。11户，40人。主产水稻、小麦、玉米。村落形态呈散状，房屋结构以平房和坡房为主。

西梁畈【Xīliángfàn】 以方位和姓氏综合命名。因梁姓聚居于小河西边的畈上而得名。1958年隶属先锋六大队；1964年隶属檀楼大队；1984年隶属檀楼村至今。位于村委会东1.8千米。东邻东梁畈，南界白鹤湾，西至背阴寺，北连丁家老湾。总面积0.6平方千米，耕地面积8.6公顷。8户，50人。主产水稻、小麦、玉米。村落形态呈线状，房屋结构以平房和坡房为主。

新冲【Xīnchōng】 以时间和地形综合命名。因中华人民共和国成立后建村在山冲旁而得名。1958年隶属先锋六大队；1964年隶属檀楼大队；1984年隶属檀楼村至今。位于村委会东1.4千米。东邻背阴寺，南界檀咀，西至五棵树，北连徐岗村胡咀。总面积0.4平方千米，耕地面积10公顷。13户，50人。主产水稻、小麦、玉米。村落形态呈散状，房屋结构以平房和坡房为主。

杨家祠堂【Yángjiācítáng】 以姓氏和建筑物综合命名。因杨姓聚居，村内建有祠堂而得名。1958年隶属先锋六大队；1964年隶属檀楼大队；1984年隶属檀楼村至今。位于村委会东2.5千米。东邻平林镇平林村大稻场，南界李楼村李家湾，西至雷家湾，北连东梁畈。总面积0.3平方千米，耕地面积4.5公顷。8户，40人。主产水稻、小麦、玉米。村落形态呈团状，房屋结构以平房和坡房为主。

杨桥【Yángqiáo】 以姓氏和小桥综合命名。因杨姓聚居小桥边而得名。1958年隶属先锋六大队；1964年隶属檀楼大队；1984年隶属檀楼村至今。位于村委会东北4.5千米。东邻平林镇杜家老湾村杜湾，南界榨树咀，西至徐岗村胡咀，北连黑虎山。总面积0.5平方千米，耕地面积21公顷。25户，100人。主产水稻、小麦、玉米。村落形态呈团状，房屋结构以平房和坡房为主。

杨树湾【Yángshùwān】 以植物命名。因村内杨树多，故名。1958年隶属先锋六大队；1964年隶属檀楼大队；1984年隶属檀楼村至今。村委会驻地。东邻周家老庄，南界梯子塝，西至青峰岭林场，北连高家湾。总面积1平方千米，耕地面积7.6公顷。29户，130人。主产水稻、小麦、玉米。村落形态呈线状，房屋结构以坡房和楼房为主。

榨树咀【Zhàshùzuǐ】 以植物命名。因村建在长满榨树的山咀旁而得名。1958年隶属先锋六大队；1964年隶属檀楼大队；1984年隶属檀楼村至今。位于村委会东3.5千米。东邻平林镇杜家老湾村杜湾，南界西梁畈，西至丁家老湾，北连杨桥。总面积0.2平方千米，耕地面积5公顷。5户，30人。主产水稻、小麦、玉米。村落形态呈散状，房屋结构以平房和坡房为主。

周家老庄【Zhōujiālǎozhuāng】 以姓氏和建村时间综合命名。因周姓聚居建村早，故名。1958年隶属先锋六大队；1964年隶属檀楼大队；1984年隶属檀楼村至今。位于村委会东500米。东邻陶家老湾，南界碾子台村上粉坊，西至杨树湾，北连付家湾。总面积0.6平方千米，耕地面积16公顷。19户，90人。主产水稻、小麦、玉米。村落形态呈线状，房屋结构以坡房为主。

王畈村【Wángfàncūn】

以王畈自然村命名。1958年为先锋二大队，隶属钢铁公社；1961年隶属平林区；1964年为王畈大队；1975年隶属平林公社；1979年隶属省车河农场；1984年为王畈村；1999年隶属襄樊市车河农场；2004年隶属枣阳市车河管理区至今。位于管理区西南8千米。东邻李集村，南界平林镇高家冲村，西至顺河村，北连孙畈村。辖17个自然村，总面积9.5平方千米，耕地面积267.4公顷。235户，940人。主产水稻、小麦，有果树栽培和水产养殖。莺河路过境，村委会驻教官湾（王畈）。

陈咀【Chénzuǐ】 以姓氏和地形综合命名。因陈姓聚居岗咀上而得名。1958年隶属先锋二大队；1964年隶属王畈大队；1984年隶属王畈村至今。位于村委会东2千米。东邻刘咀，南界顺河村王家湾，西至教官湾，北连杨树冲。总面积0.2平方千米，耕地面积10公顷。16户，50人。主产水稻、小麦、玉米，种桃树40公顷，稻田养虾8公顷。村落形态呈线状，房屋结构以坡房为主。

大堰角【Dàyànjiǎo】 以堰塘和地形综合命名。因村建在一口大堰的角落里而得名。1958年隶属先锋二大队；1964年隶属王畈大队；1984年隶属王畈村至今。位于村委会东北1.5千米。东邻榨树咀，南界杨树冲，西至跑马岗，北连孙畈村赵家湾。总面积0.5平方千米，耕地面积17公顷。23户，90人。主产水稻、小麦，有果树栽培、水产养殖。村落形态呈线状，房屋结构以坡房为主。

东郭家湾【Dōngguōjiāwān】 以姓氏和方位综合命名。因相邻有两个郭姓聚居的村，此村靠东，故名。1958年隶属先锋二大队；1964年隶属王畈大队；1984年隶属王畈村至今。位于村委会西北1.2千米。东邻梁家岗，南界顺河村余冲，西至顺河村白土浅，北连跑马岗。总面积0.5平方千米，耕地面积10公顷。11户，40人。主产水稻、小麦。稻田养虾8公顷。村落形态呈散状，房屋结构以坡房为主。

官田上【Guāntiánshàng】 以堰的所有权命名。因原村是四合院型，门口堰塘公用而得名。1958年隶属先锋二大队；1964年隶属王畈大队；1984年隶属王畈村至今。位于村委会东北3千米。东邻碾子湾，南界西柿子园，西至上大堰角，北连王家塝子。总面积0.2平方千米，耕地面积11公顷。9户，30人。主产水稻、小麦、玉米，兼种果树。村落形态呈散状，房屋结构以坡房为主。

教官湾【Jiàoguānwān】 以传说命名。据传，村内出过一个教官，故名。1958年隶属先锋二大队；1964年隶属王畈大队；1984年隶属王畈村至今。村委会驻地。东邻杨树冲，南界顺河村余冲，西至顺河村白土浅，北连上梁家岗。总面积0.7平方千米，耕地面积12公顷。11户，40人。主产水稻、小麦，有果树栽培、水产养殖。村落形态呈线状，房屋结构以坡房为主。

老庄子【Lǎozhuāngzi】 以建村时间命名。因建村早而得名。1958年隶属先锋二大队；1964年隶属王畈大队；1984年隶属王畈村至今。位于村委会北1.5千米。东邻车河村柿子园，南界陈咀，西至杨树冲，北连碾子湾。总面积0.5平方千米，耕地面积12公顷。17户，80人。主产水稻、小麦，有果树栽培、水产养殖。村落形态呈散状，房屋结构以坡房为主。

南冲【Nánchōng】 以方位和地形综合命名。因村建在孙家老湾南边的山冲旁而得名。1958年隶属先锋二大队；1964年隶属王畈大队；1984年隶属王畈村至今。位于村委会东北2千米。东邻榨树咀，南界杨树冲，西至跑马岗，北连孙畈村孙家老湾。总面积1.5平方千米，耕地面积33公顷。15户，60人。主产水稻、小麦。村落形态呈散状，房屋结构以坡房为主。

碾子湾【Niǎnziwān】 以碾子命名。因村内有盘材质好的碾子而得名。1958年隶属先锋二大队；1964年隶属王畈大队；1984年隶属王畈村至今。位于村委会东北2.8千米。东邻车河村红湾，南界官田上，西至南冲，北连王家塝子。总面积0.3平方千米，耕地面积23公顷。29户，140人。主产水稻、小麦、玉米，种桃树20公顷，稻田养虾6公顷。村落形态呈散状，房屋结构以坡房为主。

跑马岗【Pǎomǎgǎng】 民国初期此处有一条通往宜城市的路，平日车水马龙，故名。1958年隶属先锋二大队；1964年隶属王畈大队；1984年隶属王畈村至今。位于村委会北1.2千米。东邻叶家西湾，南界东郭家湾，西至顺河村白土浅，北连孙畈村赵家湾。总面积0.5平方千米，耕地面积14公顷。11户，40人。主产水稻、小麦，种植桃树13公顷，稻田养虾5公顷。村落形态呈线状，房屋结构以坡房为主。

上梁家岗【Shàngliángjiāgǎng】 以姓氏、地形和方位综合命名。因梁姓分居岗的两端，此村靠北而得名。1958年隶属先锋二大队；1964年隶属王畈大队；1984年隶属王畈村至今。位于村委会东北800米。东邻杨树冲，南界教官湾，西至东郭湾，北连叶家西湾。总面积0.75平方千米，耕地面积60公顷。8户，20人。主产水稻、小麦，有果树栽培、水产养殖。村落形态呈散状，房屋结构以坡房为主。

梯子湾【Tīziwān】 以建筑物排列形状命名。因村建在岗上，房屋排列形似梯子而得名。1958年隶属先锋二大队；1964年隶属王畈大队；1984年隶属王畈村至今。位于村委会东1.5千米。东邻中湾，南界陈咀，西至杨树冲，北连西柿子园。总面积0.15平方千米，耕地面积6公顷。1户，10人。主产水稻、小麦。村落形态呈散状，房屋结构以坡房为主。

王家塝子【Wángjiābàngzi】 以姓氏和地形综合命名。因王姓聚居田塝上而得名。1958年隶属先锋二大队；1964年隶属王畈大队；1984年隶属王畈村至今。位于村委会东北3千米。东邻车河村新瓦屋，南界碾子湾，西至孙畈村孙家老湾，北连林果茶业公司架子山。总面积0.22平方千米，耕地面积17公顷。12户，60人。主产水稻、小麦、玉米，兼种果树。村落形态呈散状，房屋结构以坡房为主。

西柿子园【Xīshìziyuán】 以植物和方位综合命名。因相邻有两个柿子园，该村靠西而得名。1958年隶属先锋二大队；1964年隶属王畈大队；1984年隶属王畈村至今。位于村委会东北1.5千米。东邻桃园，南界梯子湾，西至大树脚下，北连老塘子大堰。总面积0.2平方千米，耕地面积7.2公顷。19户，80人。主产水稻、小麦。村落形态呈散状，房屋结构以坡房为主。

杨树冲【Yángshùchōng】 以植物和地形综合命名。因村建在杨树较多的冲旁而得名。1958年隶属先锋二大队；1964年隶属王畈大队；1984年隶属王畈村至今。位于村委会东600米。东邻陈咀，南界顺河村余冲，西至教官湾，北连榨树咀。总面积0.5平方千米，耕地面积11公顷。21户，80人。主产水稻、小麦，稻田养虾10公顷。村落形态呈线状，房屋结构以坡房为主。

叶家西湾【Yèjiāxīwān】 以姓氏和方位综合命名。因叶姓聚居柿子园村西而得名。1958年隶属先锋二大队；1964年隶属王畈大队；1984年隶属王畈村至今。位于村委会北1.2千米。东邻杨树冲，南界梁家畈，西至跑马岗，北连孙畈村赵家湾。总面积0.3平方千米，耕地面积7公顷。7户，20人。主产水稻、小麦，有果树栽培、水产养殖。村落形态呈散状，房屋结构以坡房为主。

榨树咀【Zhàshùzuǐ】 以植物和地形综合命名。因村建在长有榨树的山咀旁而得名。1958年隶属先锋二大队；1964年隶属王畈大队；1984年隶属王畈村至今。位于村委会东北1.3千米。东邻老庄子，南界杨树冲，西至大堰角，北连孙畈村赵家湾。总面积0.2平方千米，耕地面积8公顷。9户，50人。主产水稻、小麦，有果树栽培、水产养殖。村落形态呈散状，房屋结构以坡房为主。

中湾【Zhōngwān】 以方位命名。因村建在刘咀和张家湾中间而得名。1958年隶属先锋二大队；1964年隶属王畈大队；1984年隶属王畈村至今。位于村委会东2.5千米。东邻李集村集岗，南界下林场，西至中岗，北连老庄子。总面积0.2平方千米，耕地面积9.2公顷。16户，50人。主产水稻、小麦、玉米，种桃树66公顷。村落形态呈线状，房屋结构以坡房为主。

吴湾村【Wúwāncūn】

以吴湾自然村命名。1958年为先锋八大队,隶属钢铁公社;1961年隶属平林区;1967年为吴湾大队,隶属平林区;1975年隶属平林公社;1979年隶属省车河农场;1984年为吴湾村;1993年为吴湾林业大队;1999年隶属襄樊市车河农场;2004年隶属枣阳市车河管理区;2005年为吴湾村至今。位于管理区西北7千米。东邻孙畈村,南界顺河村,西至宜城市肖云村,北连青峰岭林场。辖16个自然村,总面积14平方千米,耕地面积106.5公顷。82户,368人。主产水稻、小麦、杂粮,兼种果蔬,有水产养殖。村内有湖北省千业农业科技有限公司。村委会驻吴湾。

陈家庙湾【Chénjiāmiàowān】 以姓氏和建筑物综合命名。因陈姓聚居,村旁有座小庙而得名。1958年隶属先锋八大队;1967年隶属吴湾大队;1984年隶属吴湾村;1993年隶属吴湾林业大队;2005年隶属吴湾村至今。位于村委会西50米。东邻孙畈村孙畈,南界孙畈村赵家湾,西至甘家湾,北连孙畈村前岗。总面积0.4平方千米,耕地面积5公顷。2户,10人。主产水稻、小麦、玉米,桃树种植4.5公顷,稻田养虾2公顷。村落形态呈团状,房屋结构以坡房为主。

大堰撇【Dàyànpiě】 以堰塘的规模和深度综合命名。因建在一口大而浅的堰旁而得名。1958年隶属先锋八大队;1967年隶属吴湾大队;1984年隶属吴湾村;1993年隶属吴湾林业大队;2005年隶属吴湾村至今。位于村委会西北1.2千米。东邻孙畈村前岗,南界吴湾,西至上西冲,北连雷神观茶场。总面积0.5平方千米,耕地面积5公顷。2户,10人。主产水稻、小麦、玉米,兼种果蔬。村落形态呈散状,房屋结构以坡房为主。

丁木场【Dīngmùchǎng】 以姓氏和经营项目综合命名。因丁姓在此地开过木料交易市场而得名。1958年隶属先锋八大队;1967年隶属吴湾大队;1984年隶属吴湾村;1993年隶属吴湾林业大队;2005年隶属吴湾村至今。位于村委会西3千米。东邻后堰塘,南界宜城市板桥镇肖云村,西至宜城市板桥镇肖云村大冲,北连下槽坊。总面积2平方千米,耕地面积13公顷。8户,30人。主产水稻、小麦、玉米,兼种果蔬。村落形态呈散状,房屋结构以坡房为主。

甘家湾【Gānjiāwān】 以姓氏命名。因甘姓聚居而得名。1958年隶属先锋八大队;1967年隶属吴湾大队;1984年隶属吴湾村;1993年隶属吴湾林业大队;2005年隶属吴湾村至今。位于村委会西南300米。东邻陈家庙湾,南界孙畈村赵家湾,西至吴湾,北连孙畈村前岗。总面积0.6平方千米,耕地面积15公顷。28户,120人。主产水稻、小麦,桃树种植4公顷,稻田养虾2公顷。村落形态呈散状,房屋结构以坡房为主。

后堰塘【Hòuyàntáng】 以堰和方位综合命名。因村北有口堰塘而得名。1958年隶属先锋八大队;1967年隶属吴湾大队;1984年隶属吴湾村;1993年隶属吴湾林业大队;2005年隶属吴湾村至今。位于村委会西2千米。东邻吴湾,南界青龙水库,西至丁木场,北连黄楝树冲。总面积1平方千米,耕地面积3公顷。2户,10人。主产水稻、小麦、玉米,兼种果蔬。村落形态呈散状,房屋结构以坡房为主。

黄楝树冲【Huángliànshùchōng】 以植物和地形综合命名。因村建在一棵古黄楝树的山冲内而得名。1958年隶属先锋八大队;1967年隶属吴湾大队;1984年隶属吴湾村;1993年隶属吴湾林业大队;2005年隶属吴湾村至今。位于村委会西北 1.5 千米。东邻吴湾，南界后堰塘，西至李家老庄，北连雷神观茶场。总面积 1 平方千米，耕地面积 5 公顷。3 户，10 人。主产水稻、小麦、玉米，兼种果蔬。村落形态呈散状，房屋结构以坡房为主。

老鼠尾巴沟【Lǎoshǔwěibāgōu】 以地形命名。因村建在一条又窄又长的形似老鼠尾巴的山沟内而得名。1958 年隶属先锋八大队；1967 年隶属吴湾大队；1984 年隶属吴湾村；1993 年隶属吴湾林业大队；2005 年隶属吴湾村至今。位于村委会西北 5 千米。东邻雷神观茶场，南界上槽坊，西至院墙湾，北连青峰岭林场。总面积 1 平方千米，耕地面积 6 公顷。1 户，4 人。主产小麦、玉米。村落形态呈团状，房屋结构以坡房为主。

李家老庄【Lǐjiālǎozhuāng】 以姓氏和建村时间综合命名。因李姓聚居且建村较早而得名。1958 年隶属先锋八大队；1967 年隶属吴湾大队；1984 年隶属吴湾村；1993 年隶属吴湾林业大队；2005 年隶属吴湾村至今。位于村委会西北 2 千米。东邻黄棣树冲，南界丁木场，西至下槽坊，北连雷神观茶场。总面积 1 平方千米，耕地面积 5 公顷。2 户，10 人。主产水稻、小麦、玉米，兼种果蔬。村落形态呈团状，房屋结构以坡房为主。

麒麟阁【Qílíngé】 以建筑物命名。因村里修建有一座形似麒麟的阁楼而得名。1958 年隶属先锋八大队；1967 年隶属吴湾大队；1984 年隶属吴湾村；1993 年隶属吴湾林业大队；2005 年隶属吴湾村至今。位于村委会西北 6.5 千米。东邻老鼠尾巴沟，南界卧牛坑，西至宜城市板桥镇肖云村北丰脑，北连院墙湾。总面积 0.5 平方千米，耕地面积 4 公顷。1 户，4 人。主产水稻、小麦、玉米，兼种果蔬。村落形态呈团状，房屋结构以坡房为主。

三间瓦屋【Sānjiānwǎwū】 以房屋类型和数量综合命名。因建村时只有三间瓦屋而得名。1958 年隶属先锋八大队；1967 年隶属吴湾大队；1984 年隶属吴湾村；1993 年隶属吴湾林业大队；2005 年隶属吴湾村至今。位于村委会西北 8 千米。东邻青峰岭林场，南界院墙湾，西至宜城市板桥镇肖云村北丰脑，北连耿集梁家山。总面积 1.5 平方千米，耕地面积 8 公顷。2 户，10 人。主产小麦、玉米。村落形态呈团状，房屋结构以坡房为主。

上槽坊【Shàngcáofáng】 以方位和作坊综合命名。因相邻两村曾开过槽坊，此村位北而得名。1958 年隶属先锋八大队；1967 年隶属吴湾大队；1984 年隶属吴湾村；1993 年隶属吴湾林业大队；2005 年隶属吴湾村至今。位于村委会西北 3.2 千米。东邻李家老庄，南界下槽坊，西至宜城市板桥镇肖云村，北连卧牛坑。总面积 1 平方千米，耕地面积 6 公顷。1 户，10 人。主产水稻、小麦、玉米，兼种果蔬。村落形态呈团状，房屋结构以坡房为主。

卧牛坑【Wòniúkēng】 以风物命名。因村旁有一水坑，牛经常在此卧眠而得名。1958 年隶属先锋八大队；1967 年隶属吴湾大队；1984 年隶属吴湾村；1993 年隶属吴湾林业大队；2005 年隶属吴湾村至今。位于村委会西北 6 千米。东邻老鼠尾巴沟，南界上槽坊，西至宜城市板桥镇肖云村北丰脑，北连麒麟阁。总面积 0.5 平方千米，耕地面积 5 公顷。2 户，10 人。主产水稻、玉米。村落形态呈团状，房屋结构以坡房为主。

吴湾【Wúwān】 以姓氏命名。因吴姓聚居而得名。1958 年隶属先锋八大队；1967 年隶属吴湾大队；

1984年隶属吴湾村；1993年隶属吴湾林业大队；2005年隶属吴湾村至今。村委会驻地。东邻甘家湾，南界小赵湾，西至后堰塘，北连大堰撇。总面积0.5平方千米，耕地面积11公顷。20户，90人。主产水稻、小麦、玉米，稻田养虾2公顷，养鱼6公顷。村落形态呈散状，房屋结构以坡房为主。

下槽坊【Xiàcáofáng】 以方位和作坊综合命名。因相邻两村曾开过槽坊，此村靠南而得名。1958年隶属先锋八大队；1967年隶属吴湾大队；1984年隶属吴湾村；1993年隶属吴湾林业大队；2005年隶属吴湾村至今。位于村委会西北3千米。东邻李家老庄，南界丁木场，西至宜城市板桥镇肖云村，北连上槽坊。总面积1平方千米，耕地面积4公顷。3户，20人。主产水稻、小麦、玉米，兼种果蔬。村落形态呈散状，房屋结构以坡房为主。

小赵湾【Xiǎozhàowān】 以规模和姓氏综合命名。因赵姓聚居相邻两村，此村较小而得名。1958年隶属先锋八大队；1967年隶属吴湾大队；1984年隶属吴湾村；1993年隶属吴湾林业大队；2005年隶属吴湾村至今。位于村委会西1千米。东邻甘家湾，南界孙畈村赵湾，西至青龙水库，北连吴湾。总面积0.5平方千米，耕地面积5公顷。2户，10人。主产水稻、小麦、玉米，兼种果蔬，有水产养殖。村落形态呈团状，房屋结构以坡房为主。

院墙湾【Yuànqiángwān】 以建筑命名。因王姓在村周围修有院墙而得名。1958年隶属先锋八大队；1967年隶属吴湾大队；1984年隶属吴湾村；1993年隶属吴湾林业大队；2005年隶属吴湾村至今。位于村委会西北7千米。东邻青峰岭林场，南界麒麟阁，西至宜城市板桥镇肖云村北丰脑，北连三间瓦屋。总面积1平方千米，耕地面积6.5公顷。3户，10人。主产水稻、小麦、玉米，兼种果蔬。村落形态呈散状，房屋结构以坡房为主。

徐岗村【Xúgǎngcūn】

以徐岗自然村命名。1958年为先锋七大队，隶属钢铁公社；1961年隶属平林区；1975年隶属平林公社；1979年为徐岗大队，隶属省车河农场；1984年为徐岗村；1999年隶属襄樊市车河农场；2004年隶属枣阳市车河管理区至今。位于管理区北15千米。东邻平林镇杜湾村，南界檀楼村，西至青峰岭林场，北连熊集镇中湾村。辖13个自然村，总面积4.89平方千米，耕地面积177.2公顷。150户，790人。主产水稻、小麦、玉米，有桃、梨种植。襄洪路过境，村委会驻下周家老庄。

大堰角子【Dàyànjiǎozi】 以堰塘和方位综合命名。因村建在大堰角的一角而得名。1958年隶属先锋七大队；1979年隶属徐岗大队；1984年隶属徐岗村至今。位于村委会东南1.5千米。东邻檀楼村仇咀，南界檀楼村五棵树，西至傅家湾，北连胡咀。总面积0.3平方千米，耕地面积8公顷。3户，20人。主产水稻、小麦、玉米，兼种桃、梨。村落形态呈散状，房屋结构以平房和坡房为主。

后冲【Hòuchōng】 以地形和方位综合命名。因村建在三间瓦屋后的山冲旁而得名。1958年隶属先锋七大队；1979年隶属徐岗大队；1984年隶属徐岗村至今。位于村委会西北2千米。东邻学屋冲，南界柯家湾，西至青峰岭林场，北连熊集镇中湾村傅家老庄。总面积0.4平方千米，耕地面积18公顷。12户，50人。主产水稻、小麦、玉米，稻田养虾4公顷，桃树种植7公顷。村落形态呈线状，房屋结构以坡房为主。

胡家老湾【Hújiālǎowān】 以姓氏和建村时间综合命名。因胡姓聚居且建村早而得名。1958年隶属先锋七大队;1979年隶属徐岗大队;1984年隶属徐岗村至今。位于村委会南500米。东邻胡咀,南界大堰角子,西至学屋冲,北连下周家老庄。总面积0.5平方千米,耕地面积17公顷。18户,80人。主产水稻、小麦、玉米,兼种桃树3公顷。村落形态呈团状,房屋结构以坡房为主。

胡咀【Húzuǐ】 以姓氏和地形综合命名。因胡姓居住山咀旁而得名。1958年隶属先锋七大队;1979年隶属徐岗大队;1984年隶属徐岗村至今。位于村委会东南1.5千米。东邻平林镇杜湾村杜家老湾,南界檀楼村杨桥,西至胡家老湾,北连熊集镇中湾村胡家大湾。总面积0.7平方千米,耕地面积18公顷。17户,90人。主产水稻、小麦、玉米。村落形态呈线状,房屋结构以坡房为主。

柯家湾【Kējiāwān】 以姓氏命名。因柯姓聚居而得名。1958年隶属先锋七大队;1979年隶属徐岗大队;1984年隶属徐岗村至今。位于村委会西2千米。东邻桃园,南界檀楼村傅家湾,西至三间瓦屋,北连后冲。总面积0.4平方千米,耕地面积17公顷。20户,90人。主产水稻、小麦、玉米,兼种桃树4公顷。村落形态呈线状,房屋结构以坡房为主。

三间瓦屋【Sānjiānwǎwū】 以房屋类型和数量综合命名。因建村时只有三间瓦屋而得名。1958年隶属先锋七大队;1979年隶属徐岗大队;1984年隶属徐岗村至今。位于村委会西2.5千米。东邻柯家湾,南界小泉眼,西至青峰岭林场,北连徐岗。总面积0.2平方千米,耕地面积4公顷。20户,90人。主产水稻、小麦、玉米。村落形态呈团状,房屋结构以坡房为主。

上周家老庄【Shàngzhōujiālǎozhuāng】 以姓氏和方位综合命名。因周姓聚居相邻两村,此村位北而得名。1958年隶属先锋七大队;1979年隶属徐岗大队;1984年隶属徐岗村至今。位于村委会北500米。东邻西塝子,南界下周家老庄,西至后冲,北连熊集镇中湾村关冲。总面积0.5平方千米,耕地面积17公顷。4户,30人。主产水稻、小麦、玉米,兼种莲藕4公顷、桃树7公顷。村落形态呈团状,房屋结构以坡房为主。

下周家老庄【Xiàzhōujiālǎozhuāng】 以姓氏和方位综合命名。因周姓聚居相邻两村,此村位南而得名。1958年隶属先锋七大队;1979年隶属徐岗大队;1984年隶属徐岗村至今。村委会驻地。东邻西塝子,南界胡家老湾,西至桃园,北连上周家老庄。总面积0.3平方千米,耕地面积14公顷。10户,80人。主产水稻、小麦、玉米,兼种桃树3公顷。村落形态呈团状,房屋结构以坡房为主。

桃园【Táoyuán】 以植物命名。因村内有桃园而得名。1958年隶属先锋七大队;1979年隶属徐岗大队;1984年隶属徐岗村至今。位于村委会西南500米。东邻学屋冲,南界檀楼村傅家湾,西至柯家湾,北连后冲。总面积0.4平方千米,耕地面积16公顷。4户,10人。主产水稻、小麦、玉米,兼种桃树5公顷。村落形态呈散状,房屋结构以坡房为主。

西塝子【Xībàngzi】 以方位和地形综合命名。因村建于胡咀西侧的塝上而得名。1958年隶属先锋七大队;1979年隶属徐岗大队;1984年隶属徐岗村至今。位于村委会东500米。东邻胡咀,南界大堰角子,西至下周家老庄,北连熊集镇中湾村关冲。总面积0.4平方千米,耕地面积18公顷。9户,40人。主产水稻、小麦、玉米,兼种桃树4公顷。村落形态呈线状,房屋结构以坡房为主。

小泉眼【Xiǎoquányǎn】 以自然现象命名。因村南边有一口天然的山泉眼而得名。1958年隶属先锋七大队；1979年隶属徐岗大队；1984年隶属徐岗村至今。位于村委会西南3千米。东邻柯家湾，南界檀楼村杨树湾，西至青峰岭林场，北连三间瓦屋。总面积0.3平方千米，耕地面积14.5公顷。6户，30人。主产水稻、小麦、玉米，养鱼3公顷。村落形态呈散状，房屋结构以坡房为主。

徐岗【Xúgǎng】 以姓氏和地形综合命名。因徐姓聚居岗上而得名。1958年隶属先锋七大队；1979年隶属徐岗大队；1984年隶属徐岗村至今。位于村委会西北2千米。东邻柯家湾，南界小泉眼，西至青峰岭林场，北连熊集镇中湾村傅家老庄。总面积0.2平方千米，耕地面积8公顷。23户，160人。主产水稻、小麦、玉米。村落形态呈团状，房屋结构以坡房为主。

学屋冲【Xuéwūchōng】 以地形和私塾综合命名。因村建在山冲旁，村中曾开过私塾而得名。1958年隶属先锋七大队；1979年隶属徐岗大队；1984年隶属徐岗村至今。位于村委会南100米。东邻上周家老庄，南界胡家老湾，西至桃园，北连下周家老庄。总面积0.29平方千米，耕地面积7.7公顷。4户，20人。主产水稻、小麦、玉米。村落形态呈团状，房屋结构以坡房为主。

第五章 刘升镇

第一节 刘升镇概况

刘升镇【Liúshēngzhèn】

很久以前有个叫刘升的人到此开店,逐渐形成集镇,因此而得名。位于市政府东25千米。东邻随县吴山镇,南界兴隆镇,西至环城街道办事处,北连鹿头镇。总面积219.41平方千米,耕地面积7297.65公顷。截至2014年,有8455户,33458万人。辖27个村,镇政府驻西旺街1号。1956年归鹿头区管辖;1975年设刘升公社;1984年为刘升区;1987年为刘升镇至今。境内矿产丰富,主要有金、银、铜、铁、锡、大理石、花岗岩、石灰石、磨刀石等10多种。石材优良,畅销湖北、湖南等省市。农业主要以种植水稻、小麦、玉米、棉花、花生为主。土特产有优质小花生、大蒜,畅销全国各地。工业主要以食品加工、建材加工、铸造为主。2014年全镇有工业企业299家,其中年产值超千万元企业31家、百万元以上企业23家、十万元以上企业123家。个体工商经营户2872户、3188人,实现经营总额143452万元。有农贸市场3个,摊位373个,年成交额3521万元。注册工商经营户,603户,年经营额56638万元。有农商银行1家、邮政银行1家、辖区内有文化站1个,村级文化活动中心27个。民间传统文化活动以舞狮、龙灯、旱船为主。境内有7所幼儿园、6所小学、1所初中,教师231人。有卫生院1个、卫生所2个、村卫生室26个,病床100张。交通便利,市乡级公路5条,共长61千米。

第二节 农村社区(村)自然村、居民点

宝林寺村【Bǎolínsìcūn】

以宝林寺自然村命名。1958年为公社畜牧场,隶属东风公社(兴隆),1961年隶属兴隆区;

1975年改为刘升公社畜牧场，隶属刘升公社；1984年改为宝林寺村，隶属刘升区；1987年隶属刘升镇至今。位于镇政府东南13千米。东邻随县吴山镇星火村，南界枣林村，西至金峡村，北连随县吴山镇金成村。辖7个自然村，总面积8.25平方千米，耕地面积194.8公顷。195户，594人。主产水稻、小麦、杂粮，兼种果蔬。村委会驻新庄。

宝林寺【Bǎolínsì】 以寺庙命名。因该村建于宝林寺旁，故名。1958年隶属公社畜牧场；1984年隶属宝林寺村至今。位于村委会东北2.6千米。东邻随县吴山镇星火村六家窑，南界新庄，西至毛古龙，北连上毛家沟。总面积1.1平方千米，耕地面积15.6公顷。6户，30人。主产水稻、小麦、杂粮。村落形态呈团状，房屋结构以坡房为主。

毛古龙【Máogǔlóng】 以姓氏和地形综合命名。因毛、古两姓建村于一条形似龙的岗下，故名。1958年隶属土门大队；1975年隶属公社畜牧场；1984年隶属宝林寺村至今。位于村委会东北500米。东邻宝林寺，南界新庄，西至金峡水库，北连下毛家沟。总面积1.05平方千米，耕地面积30.5公顷。36户，120人。主产水稻、小麦、杂粮，兼种果树。村落形态呈团状，房屋结构以平房和坡房为主。

上毛家沟【Shàngmáojiāgōu】 以方位和姓氏综合命名。因毛姓在一山沟的上下两头建两村，此村在沟的上头，故名。1958年隶属公社畜牧场；1984年隶属宝林寺村至今。位于村委会西北2千米。东邻随县吴山镇金成村枣树湾，南界宝林寺，西至下毛家沟，北连随县吴山镇金成村南庄。总面积0.6平方千米，耕地面积33公顷。45户，122人。主产水稻、小麦、杂粮。村落形态呈散状，房屋结构以平房和坡房为主。

下毛家沟【Xiàmáojiāgōu】 以方位和姓氏综合命名。因毛姓在一山沟的上下两头建两个村，此村在沟的下头，故名。1958年隶属公社畜牧场；1984年隶属宝林寺村至今。位于村委会北1.8千米。东邻上毛家沟，南界毛古龙，西至郑家小湾，北连随县吴山镇金成村杜庄。总面积1.5平方千米，耕地面积34公顷。45户，112人。主产水稻、小麦、杂粮。村落形态呈散状，房屋结构以平房和坡房为主。

小王家湾【Xiǎowángjiāwān】 以人口和姓氏综合命名。因王姓聚居且人口较少而得名。1958年隶属枣林大队；1975年隶属公社畜牧场；1984年隶属宝林寺村至今。位于村委会西南600米。东邻随县唐县镇玉皇村华家湾，南界枣林村王家东湾，西至枣林村马庄，北连金峡水库。总面积1.8平方千米，耕地面积25.7公顷。21户，70人。主产水稻、小麦、杂粮，兼种果树。村落形态呈散状，房屋结构以平房和坡房为主。

新庄【Xīnzhuāng】 以建村时间命名。因建村晚，故名。1958年隶属公社畜牧场；1984年隶属宝林寺村至今。村委会驻地。东邻随县药山村水家台子，南界小王家湾，西至金峡水库，北连毛古龙。总面积0.5平方千米，耕地面积23.7公顷。18户，60人。主产水稻、小麦、杂粮，兼种果树。村落形态呈团状，房屋结构以坡房和楼房为主。

郑家小湾【Zhèngjiāxiǎowān】 以姓氏和人口综合命名。因郑姓聚居且人口较少而得名。1958年隶属土门大队；1975年隶属公社畜牧场；1984年隶属宝林寺村至今。位于村委会西北1千米。东邻毛古龙，南界金峡水库，西至金峡村李家老湾，北连随县吴山镇金成村王家独庄。总面积1.7平方千米，耕地面积32.3公顷。24户，80人。主产水稻、小麦、杂粮，兼种果树。村落形态呈散状，房屋结构以平房和坡房为主。

北河村【Běihécūn】

　　以北河自然村命名。1958年为北河大队，隶属东风公社；1961年隶属兴隆区；1975年隶属刘升公社；1984年改为北河村，隶属刘升区；1987年隶属刘升镇至今。位于镇政府东南6千米。东邻枣林村，南界马寨村，西至大河村，北连罗寨村。辖9个自然村，总面积3.24平方千米，耕地面积159公顷。165户，610人。主产水稻、小麦、玉米，兼种果蔬；另规模养鸡、猪、牛等。村委会驻猴子湾。

柏树扒【Bǎishùpá】　　以植物命名。因原村内柏树多而得名。1958年隶属北河大队；1984年隶属北河村至今。位于村委会西南1.5千米。东邻廖家湾，南界华阳河，西至华阳河，北连大河边。总面积0.23平方千米，耕地面积14公顷。22户，80人。主产水稻、小麦、玉米、花生，兼种棉花、果蔬等。村落形态呈团状，房屋结构以平房和坡房为主。

北河【Běihé】　　以方位和河流综合命名。因建于华阳河水库北岸而得名。1958年隶属北河大队；1984年隶属北河村至今。位于村委会西600米。东邻猴子湾，南界唐家湾，西至大河边，北连涂家庄。总面积0.5平方千米，耕地面积26公顷。30户，120人。主产水稻、小麦、玉米、花生，兼种棉花、果蔬。村落形态呈线状，房屋结构以平房和坡房为主。

大河边【Dàhébiān】　　以河流方位命名。因建于华阳河岸边而得名。1958年隶属北河大队；1984年隶属北河村至今。位于村委会西1.2千米。东邻北河，南界柏树扒，西至华阳河，北连华阳河。总面积0.2平方千米，耕地面积13公顷。10户，40人。主产水稻、小麦、玉米、花生，兼种棉花、果蔬。村落形态呈散状，房屋结构以平房和坡房为主。

猴子湾【Hóuziwān】　　以动物命名。因村内一户人家专以养猴耍戏谋生而得名。1958年隶属北河大队；1984年隶属北河村至今。村委会驻地。东邻小韦家湾，南与马寨村马家东湾相接，西至北河，北连刘家岗。总面积0.48平方千米，耕地面积24公顷。26户，100人。主产水稻、小麦、玉米、花生，兼种棉花、果蔬。村落形态呈团状，房屋结构以平房和坡房为主。

廖家湾【Liàojiāwān】　　以姓氏命名。因廖姓聚居而得名。1958年隶属北河大队；1984年隶属北河村至今。位于村委会西南1千米。东邻华阳河，南界华阳河，西至柏树扒，北连北河。总面积0.26平方千米，耕地面积9公顷。10户，30人。主产水稻、小麦、玉米、花生，兼种棉花、果蔬。有养牛大户1户。村落形态呈团状，房屋结构以平房和坡房为主。

刘家岗【Liújiāgǎng】　　以姓氏和地形综合命名。因刘姓聚居岗上而得名。1958年隶属北河大队；1984年隶属北河村至今。位于村委会东北1千米。东邻枣林村杨家湾，南界下叶家湾，西至华阳河，北连罗寨村许家冲。总面积0.5平方千米，耕地面积21公顷。19户，80人。主产水稻、小麦，兼种杂粮、果蔬。村落形态呈线状，房屋结构以平房和坡房为主。

涂家庄【Tújiāzhuāng】　　以姓氏命名。因涂姓聚居而得名。1958年隶属北河大队；1984年隶属北河村至今。位于村委会西500米。东邻小韦家湾，南界北河，西至华阳河，北连罗寨村许家冲。总面积0.23平方千米，耕地面积9公顷。10户，30人。主产水稻、小麦、玉米、花生，兼种棉花、果蔬。村落形态呈线状，房屋结构以平房和坡房为主。

下叶家湾【Xiàyèjiāwān】 以方位和姓氏综合命名。因叶姓聚居且建于另一叶家湾南面而得名。1958年隶属北河大队；1984年隶属北河村至今。位于村委会东900米。东邻枣林村胡家棚，南界小韦家湾，西至余家庄，北连刘家岗。总面积0.4平方千米，耕地面积20公顷。10户，40人。主产水稻、小麦，兼种棉花、花生、果蔬。村落形态呈团状，房屋结构以平房和坡房为主。

小韦家湾【Xiǎowéijiāwān】 以姓氏和地形综合命名。因韦姓聚居小河湾而得名。1958年隶属北河大队；1984年隶属北河村至今。位于村委会东800米。东邻枣林村大韦家湾，南界华阳河，西至猴子湾，北连下叶家湾。总面积0.44平方千米，耕地面积23公顷。28户，90人。主产水稻、小麦、玉米、花生，兼种棉花、果蔬，有规模养鸡、养猪7户。村落形态呈团状，房屋结构以平房和坡房为主。

大河村【Dàhécūn】

以王家大河自然村命名（俗称大河）。1958年为大河大队，隶属东风人民公社，1961年隶属兴隆区；1975年隶属刘升公社；1984年改为大河村，隶属刘升区；1987年隶属刘升镇至今。位于镇政府南4千米。东邻北河村，南界杨老湾村，西至李老湾村，北连赵老湾村。辖5个自然村，总面积6.9平方千米，耕地面积150.46公顷。231户，830人。主产小麦、水稻、杂粮为主。刘兴路过境，村委会驻三房湾。

大河【Dàhé】 以河流命名。因居民聚居华阳河西岸而得名。1958年隶属大河大队；1984年隶属大河村至今。位于村委会东1.5千米。东邻华阳河水库，南界杨老湾村王儿冲，西至郭家湾，北连赵老湾村赵老湾。总面积1.5平方千米，耕地面积23.6公顷。45户，190人。主产水稻、小麦。村落形态呈散状，房屋结构以坡房和楼房为主。

郭家湾【Guōjiāwān】 以姓氏命名。因郭姓聚居而得名。1958年隶属大河大队；1984年隶属大河村至今。位于村委会东1千米。东邻王家大河，南界杨老湾村王儿冲，西至三房湾，北连赵老湾村赵家老湾。总面积1.1平方千米，耕地面积40公顷。56户，200人。主产水稻、小麦。村落形态呈散状，房屋结构以平房和楼房为主。

马家湾【Mǎjiāwān】 以姓氏命名。因马姓聚居而得名。1958年隶属大河大队；1984年隶属大河村至今。位于村委会南1.2千米。东邻三房湾，南界杨老湾村二房湾，西至李老湾村汪家湾，北连赵老湾村张家楼。总面积1.2平方千米，耕地面积32.26公顷。56户，190人。主产水稻、小麦。村落形态呈散状，房屋结构以平房和楼房为主。

邱家楼【Qiūjiālóu】 以姓氏和建筑物综合命名。因邱姓聚居，村内修有一座高大的门楼，故名。1958年隶属大河大队；1984年隶属大河村至今。位于村委会东1.1千米。东邻北河村，南界郭家湾，西至赵老湾村雷家湾，北连赵老湾。总面积1.3平方千米，耕地面积6.6公顷。15户，30人。主产水稻、小麦。村落形态呈团状，房屋结构以平房为主。

三房湾【Sānfángwān】 以兄弟排序命名。因李姓兄弟数人分家，老三居于此而得名。1958年隶属大河大队；1984年隶属大河村至今。村委会驻地。东邻郭家湾，南界杨老湾村王儿冲，西至李老湾村前汪家塆，北连赵老湾村雷家湾。总面积1.8平方千米，耕地面积48公顷。59户，220人。主产水稻、小麦、杂粮。村落形态呈线状，房屋结构以坡房和楼房为主。

杜垱村【Dùdàngcūn】

以杜垱自然村命名。1958年为杜垱大队，隶属红旗公社；1961年隶属鹿头区；1975年隶属刘升公社；1984年改为杜垱村，隶属刘升区；1987年隶属刘升镇至今。位于镇政府北6千米。东邻姜湾村，南界王湾村，西至生炉村，北连鹿头镇晨光村。辖10个自然村，总面积14.97平方千米，耕地面积210.1公顷。218户，920人。主产水稻、小麦、杂粮，兼种花生、果蔬。刘鹿公路过境，村委会驻王家湾北500米处。

祠堂庄【Cítángzhuāng】 因村内有个较大的祠堂，故名。1958年隶属杜垱大队；1984年隶属杜垱村至今。位于村委会东南600米。东邻方家湾，南界王湾村五里桥，西至万家湾，北连杜垱。总面积0.87平方千米，耕地面积9.6公顷。9户，40人。主产水稻、小麦、玉米、花生，兼种果蔬。村落形态呈散状，房屋结构以平房和坡房为主。

杜垱【Dùdàng】 以姓氏和垱坝综合命名。因杜姓聚居垱坝旁而得名。1958年隶属杜垱大队；1984年隶属杜垱村至今。位于村委会东300米。东邻翻身庄，南界祠堂庄，西至万家湾，北连王家东湾。总面积0.9平方千米，耕地面积16公顷。21户，60人。主产水稻、小麦、花生、玉米。村落形态呈散状，房屋结构以平房和坡房为主。

杜家大堰【Dùjiādàyàn】 以姓氏和堰塘综合命名。因杜姓聚居大堰旁而得名。1958年隶属杜垱大队；1984年隶属杜垱村至今。位于村委会东北3千米。东邻姜湾村薛庄，南界刘前庄，西至杜家湾，北连寡妇山。总面积1.1平方千米，耕地面积9公顷。15户，50人。主产水稻、小麦、玉米、花生。村落形态呈团状，房屋结构以平房和坡房为主。

杜家湾【Dùjiāwān】 以姓氏命名。因杜姓聚居而得名。1958年隶属杜垱大队；1984年隶属杜垱村至今。位于村委会东北2千米。东邻刘前庄，南界翻身庄，西至王家东湾，北连鹿头镇晨光村娘子沟。总面积2.4平方千米，耕地面积40公顷。48户，170人。主产水稻、小麦、玉米、花生。村落形态呈散状，房屋结构以平房和坡房为主。

翻身庄【Fānshēnzhuāng】 原村内有一户大地主，取名"抬身庄"，中华人民共和国成立后人民翻了身，改为此名。1958年隶属杜垱大队；1984年隶属杜垱村至今。位于村委会东800米。东邻油坊庄，南界方家湾，西至杜垱，北连杜家湾。总面积1.2平方千米，耕地面积9.8公顷。7户，30人。主产水稻、小麦、杂粮。村落形态呈散状，房屋结构以坡房为主。

方家湾【Fāngjiāwān】 以姓氏命名。因方姓聚居而得名。1958年隶属杜垱大队；1984年隶属杜垱村至今。位于村委会东南2.8千米。东邻姜湾村李家湾，南界王湾村五里桥，西至祠堂庄，北连油坊庄。总面积2平方千米，耕地面积32公顷。29户，110人。主产水稻、小麦、玉米、花生。村落形态呈散状，房屋结构以平房和坡房为主。

刘前庄【Liúqiánzhuāng】 以姓氏和方位综合命名。因刘姓聚居且建于杜家湾前面，故名。1958年隶属杜垱大队；1984年隶属杜垱村至今。位于村委会东2.8千米。东邻姜湾村姜家湾，南界油坊庄，西至杜家湾，北连杜家大堰。总面积1.1平方千米，耕地面积17.7公顷。10户，40人。主产水稻、小麦、玉米、花生。村落形态呈散状，房屋结构以平房和坡房为主。

万家湾【Wànjiāwān】 以姓氏命名。因万姓聚居而得名。1958年隶属杜垱大队；1984年隶属杜垱村至今。位于村委会南500米。东邻杜垱，南界祠堂庄，西至五里桥水库，北连王家东湾。总面积1.8平方千米，耕地面积25公顷。22户，160人。主产水稻、小麦、花生，兼种果蔬。村落形态呈线状，房屋结构以平房和坡房为主。

王家东湾【Wángjiādōngwān】 以姓氏和方位综合命名。因王姓分居东、西两个村，该村位于东，故名。1958年隶属杜垱大队；1984年隶属杜垱村至今。位于村委会北2千米。东邻杜家湾，南界杜垱，西至生铁炉村王家西湾，北连鹿头镇晨光村娘子沟。总面积2.3平方千米，耕地面积33公顷。40户，190人。主产水稻、小麦、玉米、花生。村落形态呈散状，房屋结构以平房和坡房为主。

油坊庄【Yóufángzhuāng】 以作坊命名。因村内曾开过油坊而得名。1958年隶属杜垱大队；1984年隶属杜垱村至今。位于村委会东1.3千米。东邻姜湾村姜家湾，南界方家湾，西至翻身庄，北连刘前庄。总面积1.3平方千米，耕地面积18公顷。17户，70人。主产水稻、小麦、玉米、花生。村落形态呈散状，房屋结构以平房和坡房为主。

龚陈村【Gōngchéncūn】

以龚家湾、陈家老湾自然村命名。1958年为陈龚大队，隶属东风人民公社；1967年改为龚陈大队，隶属兴隆区；1975年隶属刘升公社；1984年改为龚陈村，隶属刘升区，1987年隶属刘升镇至今。位于镇政府西南7.5千米。东邻杨老湾村，南界兴隆镇陡坡村，西至田湾村，北连榆树村。辖17个自然村，总面积4.86平方千米，耕地面积390.2公顷。404户，1550人。主产水稻、小麦、杂粮、棉花、花生，兼种桃树。村委会驻胡家湾南500米。

八亩堰【Bāmǔyàn】 以堰塘的面积命名。因以村前有口八亩大堰而得名。1958年隶属陈龚大队；1967年隶属龚陈大队；1984年隶属龚陈村至今。位于村委会北1.5千米。东邻陈家老湾，南界汪家湾，西至炮铺，北连龙堰。总面积0.25平方千米，耕地面积21.3公顷。25户，100人。主产水稻、小麦、杂粮，兼种蔬菜。村落形态呈散状，房屋结构以平房和楼房为主。

陈家老湾【Chénjiālǎowān】 以姓氏和时间综合命名。因陈姓最早在此定居而得名。1958年隶属陈龚大队；1967年隶属龚陈大队；1984年隶属龚陈村至今。位于村委会东1.4千米。东邻四房湾，南界西河水库，西至八亩堰，北连李老湾村刘家湾。总面积0.9平方千米，耕地面积88.3公顷。82户，300人。主产水稻、小麦、杂粮，兼种果蔬。村落形态呈团状，房屋结构以平房和坡房为主。

凳子湾【Dèngziwān】 以地形命名。因建村处地形似凳子，故名。1958年隶属陈龚大队；1967年隶属龚陈大队；1984年隶属龚陈村至今。位于村委会东2.2千米。东邻杨老湾村蔡家湾，南界杨老湾村栗扒，西至西河水库，北连新庄。总面积0.25平方千米，耕地面积21.4公顷。25户，90人。主产水稻、小麦、杂粮，兼种果蔬。村落形态呈团状，房屋结构以平房和楼房为主。

方家湾【Fāngjiāwān】 以姓氏命名。因方姓聚居而得名。1958年隶属陈龚大队；1967年隶属龚陈大队；1984年隶属龚陈村至今。位于村委会南1.8千米。东邻王家湾，南界兴隆镇杨楼村汪家湾，西至田湾村徐家湾，北连刘家湾。总面积0.3平方千米，耕地面积24.4公顷。32户，80人。主产水稻、小麦、杂粮，兼种果蔬。村落形态呈散状，房屋结构以平房和楼房为主。

龚家湾【Gōngjiāwān】 以姓氏命名。因龚姓聚居而得名。1958年隶属陈龚大队；1967年隶属龚陈大队；1984年隶属龚陈村至今。位于村委会东南1千米。东邻西河水库，南界严家湾，西至蔡家湾，北连汪家湾。总面积0.3平方千米，耕地面积25公顷。25户，120人。主产水稻、小麦、杂粮，兼种果蔬。村落形态呈散状，房屋结构以平房和楼房为主。

郭家湾【Guōjiāwān】 以姓氏命名。因郭姓聚居而得名。1958年隶属陈龚大队；1967年隶属龚陈大队；1984年隶属龚陈村至今。位于村委会南2.2千米。东邻西河水库，南界西河水库，西至刘家湾，北连严家湾。总面积0.2平方千米，耕地面积20公顷。22户，80人。主产水稻、小麦、杂粮，兼种蔬菜。村落形态呈散状，房屋结构以楼房为主。

胡家湾【Hújiāwān】 以姓氏命名。因胡姓聚居而得名。1958年隶属陈龚大队；1967年隶属龚陈大队；1984年隶属龚陈村至今。位于村委会北500米。东邻西庄，南界村委会，西至榆树村潘家湾，北连炮铺。总面积0.2平方千米，耕地面积8公顷。13户，70人。主产水稻、小麦、玉米、棉花。村落形态呈散状，房屋结构以平房和楼房为主。

贾家湾【Jiǎjiāwān】 以姓氏命名。因贾姓聚居而得名。1958年隶属陈龚大队；1967年隶属龚陈大队；1984年隶属龚陈村至今。位于村委会东南900米。东邻龚家湾，南界严家湾，西至刘家湾，北连汪家湾。总面积0.2平方千米，耕地面积20公顷。15户，60人。主产水稻、小麦、杂粮，兼种果蔬。村落形态呈线状，房屋结构以平房和楼房为主。

刘家湾【Liújiāwān】 以姓氏命名。因刘姓聚居而得名。1958年隶属陈龚大队；1967年隶属龚陈大队；1984年隶属龚陈村至今。位于村委会南1.4千米。东邻严家湾，南界方家湾，西至田湾村乔家湾，北连田湾村蔡家湾。总面积0.4平方千米，耕地面积35.6公顷。30户，110人。主产水稻、小麦、玉米、棉花、花生，兼种蔬菜。村落形态呈散状，房屋结构以平房和楼房为主。

龙堰【Lóngyàn】 以神话和堰塘综合命名。相传，早年村后的堰塘曾飞起一条龙，故名。1958年隶属陈龚大队；1967年隶属龚陈大队；1984年隶属龚陈村至今。位于村委会北2千米。东邻贾家湾，南界汪家湾，西至潘家湾，北连榆树村油坊庄。总面积0.23平方千米，耕地面积20公顷。15户，60人。主产水稻、小麦、玉米、花生、棉花。村落形态呈散状，房屋结构以平房和坡房为主。

炮铺【Pàopù】 以作坊命名。因原村内开过炮铺而得名。1958年隶属陈龚大队；1967年隶属龚陈大队；1984年隶属龚陈村至今。位于村委会北1千米。东邻八亩堰，南界汪家湾，西至胡家湾，北连榆树村蒿子岗。总面积0.1平方千米，耕地面积6公顷。3户，10人。主产水稻、小麦、杂粮。村落形态呈线状，房屋结构以平房和坡房为主。

四房湾【Sìfángwān】 以兄弟排行命名。因李姓兄弟分家，排行老四居于此，故名。1958年隶属陈龚大队；1967年隶属龚陈大队；1984年隶属龚陈村至今。位于村委会东1.5千米。东邻李老湾村黄土凹，南界西河水库，西至陈家老湾，北连李老湾村贾家湾。总面积 0.25 平方千米，耕地面积 6 公顷。20 户，80 人。主产水稻、小麦、杂粮。村落形态呈线状，房屋结构以平房和楼房为主。

汪家湾【Wāngjiāwān】 以姓氏命名。因汪姓聚居而得名。1958 年隶属陈龚大队；1967 年隶属龚陈大队；1984 年隶属龚陈村至今。位于村委会东 1.2 千米。东邻陈家老湾，南界龚家湾，西至西庄，北连八亩堰。总面积 0.3 平方千米，耕地面积 24.1 公顷。30 户，110 人。主产水稻、小麦、玉米、棉花、花生，兼种果蔬。村落形态呈线状，房屋结构以平房和楼房为主。

王家湾【Wángjiāwān】 以姓氏命名。因王姓聚居而得名。1958 年隶属陈龚大队；1967 年隶属龚陈大队；1984 年隶属龚陈村至今。位于村委会南 2.1 千米。东邻西河水库，南界兴隆镇杨楼村汪家湾，西至方家湾，北连严家湾。总面积 0.3 平方千米，耕地面积 17 公顷。20 户，70 人。主产水稻、小麦、玉米、花生。村落形态呈散状，房屋结构以平房和楼房为主。

西庄【Xīzhuāng】 以方位命名。因村建在陈家老湾西而得名。1958 年隶属陈龚大队；1967 年隶属龚陈大队；1984 年隶属龚陈村至今。位于村委会北 1.2 千米。东邻汪家湾，南界龚家湾，西至胡家湾，北连八亩堰。总面积 0.2 平方千米，耕地面积 8.5 公顷。11 户，60 人。主产水稻、小麦、玉米、棉花、花生。村落形态呈散状，房屋结构以平房和坡房为主。

新庄【Xīnzhuāng】 以时间命名。因建村时间晚，故名。1958 年隶属陈龚大队；1967 年隶属龚陈大队；1984 年隶属龚陈村至今。位于村委会东 2 千米。东邻杨老湾村蔡家湾，南界凳子湾，西至西河水库，北连四房湾。总面积 0.2 平方千米，耕地面积 20.6 公顷。16 户，60 人。主产水稻、小麦、杂粮。村落形态呈线状，房屋结构以平房和楼房为主。

严家湾【Yánjiāwān】 以姓氏命名。因严姓聚居而得名。1958 年隶属陈龚大队；1967 年隶属龚陈大队；1984 年隶属龚陈村至今。位于村委会南 1.3 千米。东邻西河水库，南界西河水库，西至刘家湾，北连贾家湾。总面积 0.28 平方千米，耕地面积 24 公顷。20 户，90 人。主产水稻、小麦、玉米，兼种蔬菜。村落形态呈散状，房屋结构以平房和楼房为主。

高堰堤村【Gāoyàndīcūn】

以高堰堤自然村命名。1955 年为王岗大队，隶属红旗公社；1961 年隶属鹿头区；1975 年隶属刘升公社；1980 年更名为高堰堤大队；1984 年改为高堰堤村，隶属刘升区；1987 年隶属刘升镇至今。位于镇政府东北 1 千米。东邻油坊村，南界刘升村，西至王湾村，北连姜湾村。辖 10 个自然村，总面积 4.38 平方千米，耕地面积 317.5 公顷。335 户，1310 人。主产水稻、小麦，兼种花生、玉米、果蔬。刘吴公路过境，村委会驻下王岗。

北习家湾【Běixíjiāwān】 以姓氏和方位综合命名。因习姓聚居且位于刘升街北而得名。1958 年隶属王岗大队；1980 年隶属高堰堤大队；1984 年隶属高堰堤村至今。位于村委会西 1.5 千米。东邻后王岗，南界刘升街，西至王湾村王家湾，北连王湾村五里桥。总面积 0.6 平方千米，耕地面积 42 公顷。48 户，190 人。主产水稻、小麦，兼种果蔬。村落形态呈线状，房屋结构以平房和坡房为主。

大林庄【Dàlínzhuāng】 以植物命名。因村周边松木、杂木多且大而得名。1958年隶属王岗大队；1980年隶属高堰堤大队；1984年隶属高堰堤村至今。位于村委会东1千米。东邻油坊村谢家湾，南界张家湾，西至小林庄，北连姜湾村六房湾。总面积0.5平方千米，耕地面积25公顷。32户，100人。主产水稻、玉米，兼种果蔬。村落形态呈散状，房屋结构以平房和坡房为主。

大王岗【Dàwánggǎng】 以姓氏、地形和规模综合命名。因王姓聚居于岗上，村子较大而得名。1958年隶属王岗大队；1980年隶属高堰堤大队；1984年隶属高堰堤村至今。位于村委会北500米。东邻小林庄，南界下王岗，西至后王岗，北连姜湾村李家湾。总面积0.4平方千米，耕地面积33公顷。37户，120人。主产水稻、小麦。村落形态呈散状，房屋结构以平房和坡房为主。

高堰堤【Gāoyàndī】 以堰堤的特点命名。因村旁的堰堤高而得名。1958年隶属王岗大队；1980年隶属高堰堤大队；1984年隶属高堰堤村至今。位于村委会东南1千米。东邻张家湾，南界罗寨村大树湾，西至姜庄，北连下王岗。总面积0.7平方千米，耕地面积65公顷。44户，190人。主产水稻、小麦，兼种果蔬。村落形态呈散状，房屋结构以平房和坡房为主。

后王岗【Hòuwánggǎng】 以姓氏、地形和方位综合命名。因王姓聚居于岗后而得名。1958年隶属王岗大队；1980年隶属高堰堤大队；1984年隶属高堰堤村至今。位于村委会西北500米。东邻大王岗，南界下王岗，西至习家湾，北连姜湾村李家湾。总面积0.6平方千米，耕地面积40公顷。45户，190人。主产水稻、小麦。村落形态呈散状，房屋结构以平房和坡房为主。

姜庄【Jiāngzhuāng】 以姓氏命名。因姜姓聚居而得名。1958年隶属王岗大队；1980年隶属高堰堤大队；1984年隶属高堰堤村至今。位于村委会南1千米。东邻高堰堤，南界罗寨村独庄，西至刘升街，北连下王岗。总面积0.38平方千米，耕地面积35公顷。49户，200人。主产水稻、小麦。村落形态呈散状，房屋结构以平房和坡房为主。

下王岗【Xiàwánggǎng】 以姓氏、地形和方位综合命名。因王姓聚居于岗下而得名。1958年隶属王岗大队；1980年隶属高堰堤大队；1984年隶属高堰堤村至今。位于村委会南500米。东邻张家湾，南界新庄，西至北习家湾，北连后王岗。总面积0.25平方千米，耕地面积20公顷。5户，20人。主产水稻、小麦。村落形态呈散状，房屋结构以平房和坡房为主。

小林庄【Xiǎolínzhuāng】 以植物命名。因村周边树多且村小而得名。1958年隶属王岗大队；1980年隶属高堰堤大队；1984年隶属高堰堤村至今。位于村委会东1千米。东邻大林庄，南界张家湾，西至大王岗，北连姜湾村六房湾。总面积0.2平方千米，耕地面积7.5公顷。13户，50人。主产水稻、小麦。村落形态呈散状，房屋结构以平房和坡房为主。

新庄【Xīnzhuāng】 以建村时间命名。因建村较晚而得名。1958年隶属王岗大队；1980年隶属高堰堤大队；1984年隶属高堰堤村至今。位于村委会南700米。东邻高堰堤，南界刘升街，西至北习家湾，北连后王岗。总面积0.3平方千米，耕地面积15公顷。15户，80人。主产水稻、小麦。村落形态呈散状，房屋结构以平房和坡房为主。

张家湾【Zhāngjiāwān】 以姓氏命名。因张姓聚居而得名。1958年隶属王岗大队；1980年隶属高堰堤大队；1984年隶属高堰堤村至今。位于村委会南1千米。东邻小林庄，南界油坊村，西至高堰堤，北连大王岗。总面积 0.45 平方千米,耕地面积 35 公顷。47 户,170 人。主产水稻、小麦,兼种果蔬。村落形态呈散状,房屋结构以平房和坡房为主。

黄家湾村【Huángjiāwāncūn】

以黄家湾自然村命名。1958 年为黄河大队,隶属红旗公社;1961 年隶属鹿头区;1975 年隶属刘升公社;1980 年因重名改为黄湾大队;1984 年更名为黄家湾村,隶属刘升区;1987 年隶属刘升镇至今。位于镇政府东北 6 千米。东邻油坊村,南界姜湾村,西至姜湾村,北连鹿头镇简庄村。辖 16 个自然村,总面积 20 平方千米,耕地面积 143.5 公顷。228 户,1020 人。主产水稻、小麦、玉米,兼种果蔬。村委会驻肖家堰。

大冯家湾【Dàféngjiāwān】 以姓氏和规模综合命名。因冯姓居住相邻两村,此村较大而得名。1958 年隶属黄河大队;1980 年隶属黄湾大队;1984 年隶属黄家湾村至今。位于村委会西北 1.5 千米。东邻张家湾,南界肖家堰,西至姜湾村王冲,北连小冯家湾。总面积 1 平方千米,耕地面积 7.5 公顷。12 户,90 人。主产水稻、小麦、玉米,兼种果蔬。村落形态呈团状,房屋结构以平房和坡房为主。

斗谷棚【Dǒugǔpéng】 以传说命名。相传初到此地定居的一户人家,用一斗谷子换了间草棚,故而得名。1958 年隶属黄河大队;1980 年隶属黄湾大队;1984 年隶属黄家湾村至今。位于村委会北 2 千米。东邻柳树沟,南界何家洼,西至宋家湾,北连徐家冲。总面积 1 平方千米,耕地面积 7 公顷。7 户,30 人。主产水稻、小麦、玉米,兼种果蔬。村落形态呈散状,房屋结构以坡房为主。

何家洼【Héjiāwā】 以姓氏和地形综合命名。因何姓聚居山洼而得名。1958 年隶属黄河大队;1980 年隶属黄湾大队;1984 年隶属黄家湾村至今。位于村委会北 1.5 千米。东邻斗谷棚,南界张家湾,西至小冯家湾,北连宋家湾。总面积 1 平方千米,耕地面积 12 公顷。23 户,90 人。主产水稻、小麦、玉米,兼种果蔬。村落形态呈散状,房屋结构以平房和坡房为主。

黄家湾【Huángjiāwān】 以姓氏命名。因黄姓聚居而得名。1958 年隶属黄河大队;1980 年隶属黄湾大队;1984 年隶属黄家湾村至今。位于村委会北 2.7 千米。东邻徐家冲,南界宋家湾,西至鹿头镇简庄村簸箕沟,北连鹿头镇王庄村猫子沟。总面积 2 平方千米,耕地面积 8 公顷。10 户,40 人。主产水稻、小麦、玉米,兼种果蔬。村落形态呈散状,房屋结构以坡房为主。

老家湾【Lǎojiāwān】 以建村时间命名。因李姓最早建村居住而得名。1958 年隶属黄河大队;1980 年隶属黄湾大队;1984 年隶属黄家湾村至今。位于村委会南 1 千米。东邻杨家湾,南界姜湾村雷家湾,西至姜湾村胡家湾,北连肖家堰。总面积 1.9 平方千米,耕地面积 25 公顷。46 户,180 人。主产水稻、小麦、玉米,兼种果蔬。村落形态呈散状,房屋结构以平房和坡房为主。

柳树沟【Liǔshùgōu】 以植物和地形综合命名。因村前一条小水沟长满柳树而得名。1958 年隶属黄河大队;1980 年隶属黄湾大队;1984 年隶属黄家湾村至今。位于村委会东北 2.3 千米。东邻瓦屋庄,南界三道河水库,西至斗谷棚,北连徐家冲。总面积 2 平方千米,耕地面积 7.5 公顷。9 户,40 人。主产水稻、小麦、玉米,兼种果蔬。村落形态呈散状,房屋结构以坡房为主。

碾子湾【Niǎnziwān】 以碾子命名。因原村内有几盘石碾而得名。1958年隶属黄河大队；1980年隶属黄湾大队；1984年隶属黄家湾村至今。位于村委会东北3.5千米。东邻吴山镇秋河村七龙窝，南界瓦屋庄，西至梭头湾，北连西庄。总面积2平方千米，耕地面积6公顷。8户，40人。主产水稻、小麦、玉米，兼种果蔬。村落形态呈散状，房屋结构以坡房为主。

宋家湾【Sòngjiāwān】 以姓氏命名。因宋姓聚居而得名。1958年隶属黄河大队；1980年隶属黄湾大队；1984年隶属黄家湾村至今。位于村委会北2.5千米。东邻斗谷棚，南界何家洼，西至姜湾村刘家湾，北连黄湾。总面积2平方千米，耕地面积9公顷。11户，50人。主产水稻、小麦、玉米，兼种果蔬。村落形态呈散状，房屋结构以坡房为主。

梭头湾【Suōtóuwān】 以地形命名。因建村于形似梭头的山岗上而得名。1958年隶属黄河大队；1980年隶属黄湾大队；1984年隶属黄家湾村至今。位于村委会东北3千米。东邻碾子湾，南界柳树沟，西至徐家冲，北连鹿头镇王庄村万庄。总面积1平方千米，耕地面积3公顷。2户，10人。主产水稻、小麦、玉米，兼种果蔬。村落形态呈散状，房屋结构以坡房为主。

瓦屋庄【Wǎwūzhuāng】 以房屋类型命名。因村内有七间瓦房而得名。1958年隶属黄河大队；1980年隶属黄湾大队；1984年隶属黄家湾村至今。位于村委会东北3千米。东邻吴山镇秋河村草屋庄，南界三道河水库，西至柳树沟，北连碾子湾。总面积1平方千米，耕地面积5公顷。7户，30人。主产水稻、小麦、玉米，兼种果蔬。村落形态呈散状，房屋结构以坡房为主。

西庄【Xīzhuāng】 以方位和地界综合命名。因位于枣随边界线西而得名。1958年隶属黄河大队；1980年隶属黄湾大队；1984年隶属黄家湾村至今。位于村委会东北4千米。东邻吴山镇，南界碾子湾，西至梭头湾，北连鹿头镇卫庄村万庄。总面积0.5平方千米，耕地面积2公顷。5户，20人。主产水稻、小麦、玉米，兼种果蔬。村落形态呈散状，房屋结构以坡房为主。

肖家堰【Xiāojiāyàn】 以姓氏和堰塘综合命名。因肖姓聚居堰旁而得名。1958年隶属黄河大队；1980年隶属黄湾大队；1984年隶属黄家湾村至今。村委会驻地。东邻油坊村草堰冲，南界杨家湾，西至姜湾村胡家湾，北连张家湾。总面积1.5平方千米，耕地面积18公顷。45户，190人。主产水稻、小麦、玉米，兼种果蔬。村落形态呈散状，房屋结构以平房、坡房和楼房为主。

小冯家湾【Xiǎoféngjiāwān】 以姓氏和规模综合命名。因冯姓居住相邻两村，此村较小而得名。1958年隶属黄河大队；1980年隶属黄湾大队；1984年隶属黄家湾村至今。位于村委会偏北2千米。东邻何家洼，南界大冯家湾，西至姜湾村王冲，北连宋家湾。总面积0.5平方千米，耕地面积4.5公顷。6户，20人。主产水稻、小麦、玉米，兼种果蔬。村落形态呈散状，房屋结构以平房和坡房为主。

徐家冲【Xújiāchōng】 以姓氏和地形综合命名。因徐姓聚居冲旁而得名。1958年隶属黄河大队；1980年隶属黄湾大队；1984年隶属黄家湾村至今。位于村委会东北2.5千米。东邻梭头湾，南界柳树沟，西至黄湾，北连犁铧尖山。总面积1平方千米，耕地面积4公顷。4户，20人。主产水稻、小麦、玉米，兼种果蔬。村落形态呈散状，房屋结构以坡房为主。

杨家湾【Yángjiāwān】 以姓氏命名。因杨姓聚居而得名。1958年隶属黄河大队；1980年隶属黄湾大队；1984年隶属黄家湾村至今。位于村委会南1千米。东邻油坊村吴家坡，南界油坊村陈家湾，西至老家湾，北连肖家堰。总面积0.6平方千米，耕地面积6公顷。12户，50人。主产水稻、小麦、玉米，兼种果蔬。村落形态呈散状，房屋结构以平房和坡房为主。

张家湾【Zhāngjiāwān】 以姓氏命名。因张姓聚居而得名。1958年隶属黄河大队；1980年隶属黄湾大队；1984年隶属黄家湾村至今。位于村委会北500米。东邻油坊村草堰冲，南界肖家堰，西至大冯家湾，北连何家洼。总面积1平方千米，耕地面积19公顷。21户，120人。主产水稻、小麦、玉米，兼种果蔬。村落形态呈散状，房屋结构以平房和坡房为主。

金峡村【Jīnxiácūn】

以水库名称命名。原名土门村。1999年村民认为村名略俗气，商议取境内金峡水库的"金峡"为村名，故名。1958年为土门大队，隶属东风公社；1961年隶属兴隆区；1975年隶属刘升公社；1984年改为土门村，隶属刘升区；1999年更名金峡村，隶属刘升镇至今。位于镇政府东南5.5千米。东邻宝林寺村，南界枣林村，西至杨湾村，北连随县吴山镇金城村。辖5个自然村，总面积7.8平方千米，耕地面积191.6公顷。245户，1130人。主产水稻、小麦、花生，兼种桃树和养殖水产。刘枣（林）公路过境，村委会驻李家老湾西。

大西湾【Dàxīwān】 以人名命名。因一李姓人家生二子，长子取名大喜，次子小喜，大喜居于大西湾（谐音），小喜居于小西湾（枣林村）。1958年隶属土门大队；1984年隶属土门村；1999年隶属金峡村至今。位于村委会北1千米。东邻李家老湾东，南界李家老湾西，西至玉皇庙山，北连土门。总面积1.3平方千米，耕地面积38.5公顷。55户，230人。主产水稻、小麦，兼养殖水产。村落形态呈线状，房屋结构以平房和坡房为主。

高家冲【Gāojiāchōng】 以姓氏和地形综合命名。因高姓聚居山冲旁而得名。1958年隶属土门大队；1984年隶属土门村；1999年隶属金峡村至今。位于村委会北1.5千米。东邻宝林寺村郑家小湾，南界大西湾，西至土门，北连随县吴山镇金城村黄家湾。总面积1.5平方千米，耕地面积35.1公顷。35户，150人。主产水稻、小麦，兼种玉米、花生。村落形态呈散状，房屋结构以平房为主。

李家老湾东【Lǐjiālǎowāndōng】 以姓氏和方位综合命名。因相邻两个李家老湾，中间隔一田冲，此村位于东边而得名。1958年隶属土门大队；1984年隶属土门村；1999年隶属金峡村至今。位于村委会东500米。东邻宝林寺村郑家小湾，南界枣林街，西至李家老湾西，北连大西湾。总面积1.5平方千米，耕地面积32公顷。48户，210人。主产水稻、小麦，兼种玉米、花生，栽培桃树。村落形态呈线状，房屋结构以坡房和楼房为主。

李家老湾西【Lǐjiālǎowānxī】 以姓氏和方位综合命名。因相邻两个李家老湾，中间隔一田冲，此村位于西边而得名。1958年隶属土门大队；1984年隶属土门村；1999年隶属金峡村至今。村委会驻地。东邻李家老湾东，南界枣林街，西至枣林村小西湾，北连大西湾。总面积1.5平方千米，耕地面积42公顷。52户，280人。主产水稻、小麦，兼种玉米、花生，养殖水产。村落形态呈线状，房屋结构以坡房为主。

土门【Tǔmén】 以建筑物命名。因村西头围墙有个大土门而得名。1958年隶属土门大队；1984年隶属土门村；1999年隶属金峡村至今。位于村委会西北1.5千米。东邻大西湾，南界枣林村小西湾，西至杨湾村杨湾，北连杨湾村晏家湾。总面积2平方千米，耕地面积44公顷。55户，260人。主产水稻、小麦、玉米、花生。村落形态呈线状，房屋结构以坡房和楼房为主。

姜湾村【Jiāngwāncūn】

以姜家湾自然村命名。1958年为姜湾大队，隶属红旗公社；1961年隶属鹿头区；1975年隶属刘升公社；1984年改为姜湾村，隶属刘升区；1987年隶属刘升镇至今。位于镇政府东北4.8千米。东邻黄家湾村，南界油坊村、高堤村，西至杜垱村，北连鹿头镇简庄村。辖9个自然村，总面积8平方千米，耕地面积183.3公顷。202户，1030人。主产水稻、小麦、玉米，兼种花生、棉花、果蔬。刘鹿公路过境，村委会驻六房湾。

胡家湾【Hújiāwān】 以姓氏命名。因胡姓聚居而得名。1958年隶属姜湾大队；1984年隶属姜湾村至今。位于村委会东北2千米。东邻黄家湾村张家湾，南界雷家湾，西至姜家湾，北连王冲。总面积1平方千米，耕地面积14.8公顷。18户，90人。主产水稻、小麦、玉米，兼种果蔬、棉花、芝麻。村落形态呈散状，房屋结构以平房和坡房为主。

姜家湾【Jiāngjiāwān】 以姓氏命名。因姜姓聚居而得名。1958年隶属姜湾大队；1984年隶属姜湾村至今。位于村委会北1.5千米。东邻运户冲，南界罗家湾，西至杜垱村油坊庄，北连薛庄。总面积1.2平方千米，耕地面积31.4公顷。35户，170人。主产水稻、小麦、玉米，兼种果蔬、棉花、芝麻。村落形态呈散状，房屋结构以平房和坡房为主。

雷家湾【Léijiāwān】 以姓氏命名。因雷姓聚居而得名。1958年隶属姜湾大队；1984年隶属姜湾村至今。位于村委会东1千米。东邻黄家湾，南界油坊村陈家湾，西至六房湾，北连姜家湾。总面积1平方千米，耕地面积14.8公顷。19户，90人。主产水稻、小麦、玉米，兼种果蔬、棉花、芝麻。村落形态呈散状，房屋结构以平房和坡房为主。

李家湾【Lǐjiāwān】 以姓氏命名。因李姓聚居而得名。1958年隶属姜湾大队；1984年隶属姜湾村至今。位于村委会西1千米。东邻六房湾，南界高堤村大王岗，西至杜垱村方家湾，北连姜家湾。总面积1.2平方千米，耕地面积28.5公顷。33户，130人。主产水稻、小麦、玉米、花生，兼种果蔬、棉花、芝麻。村落形态呈散状，房屋结构以平房和坡房为主。

六房湾【Liùfángwān】 以家族内部排序命名。因张姓家族的六房居住此地而得名。1958年隶属姜湾大队；1984年隶属姜湾村至今。村委会驻地。东邻雷家湾，南界高堤村大林庄，西至李家湾，北连罗家湾。总面积1.2平方千米，耕地面积40公顷。46户，310人。主产水稻、小麦、玉米、花生，兼种果蔬、棉花、芝麻。村落形态呈散状，房屋结构以平房和楼房为主。

罗家湾【Luójiāwān】 以姓氏命名。因罗姓聚居而得名。1958年隶属姜湾大队；1984年隶属姜湾村至今。位于村委会北400米。东邻雷家湾，南界六房湾，西至李家湾，北连姜家湾。总面积0.3平方千米，耕地面积6.5公顷。8户，30人。主产水稻、小麦、玉米、花生，兼种果蔬、棉花。村落形态呈散状，房屋结构以平房和坡房为主。

王冲【Wángchōng】 以姓氏和地形综合命名。因王姓聚居山冲而得名。1958年隶属姜湾大队；1984年隶属姜湾村至今。位于村委会东北2.5千米。东邻黄湾村大冯家湾，南界胡家湾，西至运户冲，北连薛庄。总面积1.1平方千米，耕地面积26.5公顷。21户，130人。主产水稻、小麦、玉米，兼种果蔬、棉花、芝麻。村落形态呈散状，房屋结构以平房和坡房为主。

薛庄【Xuēzhuāng】 以姓氏命名。因薛姓聚居而得名。1958年隶属姜湾大队；1984年隶属姜湾村至今。位于村委会北2.7千米。东邻黄家湾村，南界王冲，西至杜垱村杜家大堰，北连鹿头镇简庄村新庄。总面积0.8平方千米，耕地面积16.8公顷。17户，60人。主产水稻、小麦、玉米、花生，兼种果蔬、芝麻。村落形态呈散状，房屋结构以平房和坡房为主。

运户冲【Yùnhùchōng】 以地形和财气综合命名。因地处山冲，初来此定居的一户人家发了财，人们认为此地有福运，故名。1958年隶属姜湾大队；1984年隶属姜湾村至今。位于村委会北1.5千米。东邻王冲，南界姜家湾，西至油坊庄，北连薛庄。总面积0.2平方千米，耕地面积4公顷。5户，20人。主产水稻、小麦、玉米、花生，兼种果蔬、棉花。村落形态呈散状，房屋结构以平房和坡房为主。

刘升村【Liúshēngcūn】

以刘升自然集镇命名。1958年为刘升大队，隶属红旗公社（鹿头）；1961年隶属鹿头区；1975年隶属刘升公社；1984年为刘升村，隶属刘升区；1987年隶属刘升镇至今。镇政府驻地。东邻高堤村，南界小店村，西至习湾村，北连王湾村。辖1个自然集镇，总面积1.8平方千米，耕地面积76.6公顷。856户，2800人。主产水稻、小麦、玉米、棉花，兼种蔬菜、香菇。刘枣公路过境，村委会驻刘升东街。

刘升街【Liúshēngjiē】 以传说命名。据传，数百年前有个叫刘升的外地人到此开店，生意兴隆，逐渐形成集镇，故而得名。1958年隶属刘升大队；1984年隶属刘升村至今。刘升街分东兴、西旺、北昌、南盛四条街道。东邻高堤村姜庄，南界刘湾村小习家湾，西至王家湾石板河，北连王湾村王家湾。总面积1.8平方千米，耕地面积76.6公顷。856户，2800人。主产水稻、小麦、玉米、棉花，兼种蔬菜、香菇。村落形态呈散状，房屋结构以平房、坡房和楼房为主。

刘湾村【Liúwāncūn】

以刘家湾自然村命名。1958年为刘湾大队，隶属红旗公社；1961年隶属鹿头区；1975年隶属刘升公社；1984年为刘湾村，隶属刘升区；1987年隶属刘升镇至今。位于镇政府南1.5千米。东邻小店村，南界赵老湾村，西至习湾村，北连刘升村。辖9个自然村，总面积7.59平方千米，耕地面积155.2公顷。191户，826人。主产水稻、小麦、玉米、花生、红薯，兼种果蔬。刘枣路过境，特产大黄桃，村委会驻小习家湾。

仓房庄【Cāngfángzhuāng】 以房屋的用途命名。因村内曾建有粮仓而得名。1958年隶属刘湾大队；1984年隶属刘湾村至今。位于村委会西1.3千米。东邻刘家湾，南界张家湾，西至习湾村白鹤湾，北连油坊庄。总面积 0.9 平方千米，耕地面积 23 公顷。18 户，80 人。主产水稻、小麦，兼种玉米、花生、桃子。村落形态呈团状，房屋结构以平房和坡房为主。

刘家湾【Liújiāwān】 以姓氏命名。因刘姓聚居而得名。1958 年隶属刘湾大队；1984 年隶属刘湾村至今。位于村委会西南 300 米。东邻秀东湾，南界楼子湾，西至张家湾，北连南龙王山。总面积 1.14 平方千米，耕地面积 50 公顷。51 户，200 人。主产水稻、小麦，兼种红薯、花生，有栽培果树。村落形态呈线状，房屋结构以平房和坡房为主。

楼子湾【Lóuziwān】 以建筑物命名。因村内有一座楼房而得名。1958 年隶属刘湾大队；1984 年隶属刘湾村至今。位于村委会西南 1.6 千米。东邻习秀东，南界刘枣路，西至罗汉山，北连刘家湾。总面积 0.95 平方千米，耕地面积 8 公顷。11 户，50 人。主产水稻、小麦，兼种杂粮、油料。村落形态呈散状，房屋结构以平房和楼房为主。

南龙王山【Nánlóngwángshān】 以方位和山名综合命名。因村建在龙王山南部而得名。1958 年隶属刘湾大队；1984 年隶属刘湾村至今。位于村委会西北 1.4 千米。东邻刘升村，南界刘家湾，西至油坊庄，北连中龙王山。总面积 0.9 平方千米，耕地面积 18 公顷。23 户，100 人。主产水稻、小麦，兼种花生、玉米、红薯。村落形态呈线状，房屋结构以平房为主。

习秀东【Xíxiùdōng】 以当地名人的姓名命名。因该村有一个名为习秀东的人德高望重，故名。1958 年隶属刘湾大队；1984 年隶属刘湾村至今。位于村委会南 200 米。东邻刘枣路，南界楼子湾，西至张家湾，北连刘升村。总面积 0.95 平方千米，耕地面积 16 公顷。32 户，130 人。主产水稻、小麦，兼种玉米、花生、红薯。村落形态呈线状，房屋结构以平房和坡房为主。

小习家【Xiǎoxíjiā】 以姓氏和村规模综合命名。因习姓聚居且村落较小而得名。1958 年隶属刘湾大队；1984 年隶属刘湾村至今。村委会驻地。东邻枣刘路，南界楼子湾，西至刘家湾耕地，北连刘升村。总面积 0.5 平方千米，耕地面积 1 公顷。2 户，6 人。主产水稻、小麦，兼种花生、红薯，有发展养殖牛。村落形态呈线状，房屋结构以平房为主。

油坊庄【Yóufángzhuāng】 以作坊命名。因村内曾开过油坊而得名。1958 年隶属刘湾大队；1984 年隶属刘湾村至今。位于村委会西北 1.5 千米。东邻南龙王山，南界仓房庄，西至习湾村张家湾，北连王湾村刘家湾。总面积 0.95 平方千米，耕地面积 18 公顷。26 户，120 人。主产水稻、小麦，兼种玉米、红薯、红桃。村落形态呈线状，房屋结构以平房和坡房为主。

张家湾【Zhāngjiāwān】 以姓氏命名。因张姓聚居而得名。1958 年隶属刘湾大队；1984 年隶属刘湾村至今。位于村委会西 1 千米。东邻刘家湾，南界楼子湾，西至仓房庄，北连油坊庄。总面积 0.8 平方千米，耕地面积 20 公顷。26 户，130 人。主产水稻、小麦，兼种红薯、花生、红桃。村落形态呈散状，房屋结构以平房、坡房和楼房为主。

中龙王山【Zhōnglóngwángshān】 以方位和山名综合命名。因村建在龙王山中部而得名。1958 年隶属刘湾大队；1984 年隶属刘湾村至今。位于村委会西北 1.5 千米。东邻刘升村，南界南龙王山，西至油坊庄，北连北龙王山。总面积 0.5 平方千米，耕地面积 1.2 公顷。2 户，10 人。主产水稻、小麦，兼种玉米、花生、红薯。村落形态呈散状，房屋结构以坡房为主。

李老湾村【Lǐlǎowāncūn】

以李老湾自然村命名。1958年为李老湾大队，隶属东风人民公社；1961年隶属兴隆区；1975年隶属刘升公社；1984年为李老湾村，隶属刘升区；1987年隶属刘升镇至今。位于镇政府西6千米。东邻赵老湾村，南界龚陈村，西至榆树村，北连八房湾水库。辖27个自然村，总面积21.05平方千米，耕地面积615公顷。756户，3310人。主产水稻、小麦、杂粮，兼种果蔬。枣刘公路过境，村委会驻七房湾。

安家湾【Ānjiāwān】 以姓氏命名。因安姓聚居而得名。1958年隶属李老湾大队；1984年隶属李老湾村至今。位于村委会东1.5千米。东邻赵老湾村褚家湾，南界黄土凹，西至大房湾，北连赵老湾村刁家湾。总面积1平方千米，耕地面积25公顷。40户，190人。主产水稻、小麦、玉米、花生、棉花，兼种果蔬。村落形态呈散状，房屋结构以平房、坡房和楼房为主。

裁缝湾【Cáiféngwān】 以专业店铺命名。因村内有一裁缝铺而得名。1958年隶属李老湾大队；1984年隶属李老湾村至今。位于村委会北3千米。东邻树林湾，南界六房湾，西至郑家湾，北连胡家湾。总面积1.4平方千米，耕地面积23公顷。18户，130人。主产水稻、小麦、玉米、花生、棉花，兼种果蔬。村落形态呈线状，房屋结构以楼房为主。

草独庄【Cǎodúzhuāng】 以植物和位置综合命名。因村周围杂草丛生，且距别村较远，故名。1958年隶属李老湾大队；1984年隶属李老湾村至今。位于村委会南2千米。东邻后汪家湾，南界龚陈村凳子湾，西至贾家湾，北连窑湾。总面积0.5平方千米，耕地面积15公顷。10户，40人。主产水稻、小麦、玉米、花生、棉花，兼种果蔬。村落形态呈散状，房屋结构以平房、坡房和楼房为主。

陈家湾【Chénjiāwān】 以姓氏命名。因陈姓聚居而得名。1958年隶属李老湾大队；1984年隶属李老湾村至今。位于村委会南3千米。东邻贾家湾，南界龚陈村，西至刘家湾，北连井二湾。总面积0.5平方千米，耕地面积10公顷。12户，50户。主产水稻、小麦、玉米、花生，兼种水果。村落形态呈散状，房屋结构以平房和坡房为主。

大房湾【Dàfángwān】 以兄弟排序命名。因李氏兄弟分家，排行老大居于此而得名。1958年隶属李老湾大队；1984年隶属李老湾村至今。位于村委会东1千米。东邻赵老湾村神仙坡，南界黄土凹，西至七房湾，北连林场。总面积1平方千米，耕地面积34公顷。51户，200人。主产水稻、小麦、玉米、花生、棉花，兼种果蔬。村落形态呈线状，房屋结构以平房、坡房和楼房为主。

官庄【Guānzhuāng】 以传说命名。相传有一家族买了此村的田地，以此收入作为办学费用，故名。1958年隶属李老湾大队；1984年隶属李老湾村至今。位于村委会北2千米。东邻六房湾，南界莲子山水库，西至郑家湾，北连裁缝湾。总面积0.6平方千米，耕地面积10公顷。17户，120人。主产水稻、小麦、玉米、花生、棉花，兼种果蔬。村落形态呈散状，房屋结构以平房、坡房和楼房为主。

后汪家湾【Hòuwāngjiāwān】 以姓氏和方位综合命名。因汪姓分别聚居岗东、西两村，此村居于西而得名。1958年隶属李老湾大队；1984年隶属李老湾村至今。位于村委会东南3千米。东邻前汪家湾，南界杨老湾村二房湾，西至黄家寨，北连窑湾。总面积0.7平方千米，耕地面积18公顷。40户，150

人。主产水稻、小麦、玉米、花生、棉花，兼种果蔬。村落形态呈散状，房屋结构以平房、坡房和楼房为主。

胡家湾【Hújiāwān】 以姓氏命名。因胡姓聚居而得名。1958年隶属李老湾大队；1984年隶属李老湾村至今。位于村委会北4千米。东邻习湾村王家湾，南界盛家湾，西至鹿头镇马冲村殷沟，北连旗杆山。总面积2平方千米，耕地面积40公顷。9户，40人。主产水稻、小麦、玉米、花生、棉花，兼种果蔬。村落形态呈散状，房屋结构以平房、坡房和楼房为主。

黄家寨【Huángjiāzhài】 以姓氏和建筑物综合命名。因黄姓聚居，村四周筑有土寨而得名。1958年隶属李老湾大队；1984年隶属李老湾村至今。位于村委会南1千米。东邻窑湾，南界贾家湾，西至刘家湾，北连七房湾。总面积1平方千米，耕地面积21公顷。23户，100人。主产水稻、小麦、玉米、花生、棉花，兼种果蔬。村落形态呈散状，房屋结构以平房、坡房和楼房为主。

黄土凹【Huángtǔwā】 以土质和地形综合命名。因土呈黄色，村建低洼处而得名。1958年隶属李老湾大队；1984年隶属李老湾村至今。位于村委会南2千米。东邻祝家湾，南界窑湾，西至七房湾，北连大房湾。总面积0.4平方千米，耕地面积16公顷。25户，100人。主产水稻、小麦、玉米、花生、棉花，兼种果蔬。村落形态呈散状，房屋结构以平房、坡房和楼房为主。

贾家湾【Jiǎjiāwān】 以姓氏命名。因贾姓聚居而得名。1958年隶属李老湾大队；1984年隶属李老湾村至今。位于村委会南1千米。东邻草独庄，南界龚陈村水寨子，西至刘家湾，北连黄家寨。总面积0.4平方千米，耕地面积20公顷。30户，90人。主产水稻、小麦、玉米、花生、棉花，兼种果蔬。村落形态呈散状，房屋结构以平房、坡房和楼房为主。

井二湾【Jǐng'èrwān】 以水井命名。因原村内有一口水井供两个村的村民吃水而得名。1958年隶属李老湾大队；1984年隶属李老湾村至今。位于村委会西2.2千米。东邻李老湾，南至油坊庄，西至榆树街，北连枣树林。总面积1平方千米，耕地面积19公顷。50户，220人。主产水稻、小麦、玉米、花生、棉花，兼种果蔬。村落形态呈线状，房屋结构以平房、坡房和楼房为主。

李老湾【Lǐlǎowān】 以姓氏和建村时间综合命名。因李姓最早聚居而得名。1958年隶属李老湾大队；1984年隶属李老湾村至今。位于村委会西1千米。东邻小老湾，南界刘家湾，西至井二湾，北连莲子山水库。总面积1.2平方千米，耕地面积50公顷。69户，300人。主产水稻、小麦、玉米、花生、棉花，兼种果蔬。村落形态呈线状，房屋结构以平房、坡房和楼房为主。

廖家湾【Liàojiāwān】 以姓氏命名。因廖姓聚居而得名。1958年隶属李老湾大队；1984年隶属李老湾村至今。位于村委会南3.3千米。东邻大河村马家湾，南界杨老湾村二房湾，西至草独庄，北连汪家湾。总面积0.5平方千米，耕地面积16公顷。6户，20人。主产水稻、小麦、玉米、花生、棉花，兼种果蔬。村落形态呈散状，房屋结构以平房、坡房和楼房为主。

刘家湾【Liújiāwān】 以姓氏命名。因刘姓聚居而得名。1958年隶属李老湾大队；1984年隶属李老湾村至今。位于村委会南3千米。东邻陈家湾，南界龚陈村，西至油坊庄，北连井二湾。总面积0.5平方千米，耕地面积12公顷。13户，50人。主产水稻、小麦、玉米、花生、棉花，兼种果蔬。村落形态呈散状，房屋结构以平房、坡房和楼房为主。

六房湾【Liùfángwān】 以兄弟排序命名。因李氏兄弟分家，排行老六居于此而得名。1958 年隶属李老湾大队；1984 年隶属李老湾村至今。位于村委会北 1 千米。东邻赵老湾，南界大房湾，西至枣树林，北连八房湾水库。总面积 1 平方千米，耕地面积 80 公顷。95 户，390 人。主产水稻、小麦、玉米、花生、棉花，兼种果蔬。村落形态呈散状，房屋结构以平房、坡房和楼房为主。

七房湾【Qīfángwān】 以兄弟排序命名。因李氏兄弟分家，排行老七居于此而得名。1958 年隶属李老湾大队；1984 年隶属李老湾村至今。村委会驻地。东邻大房湾，南界黄家寨，西至小老湾，北连六房湾。总面积 1 平方千米，耕地面积 33 公顷。35 户，260 人。主产水稻、小麦、玉米、花生、棉花，兼种果蔬。村落形态呈散状，房屋结构以平房、坡房和楼房为主。

前汪家湾【Qiánwāngjiāwān】 以姓氏和方位综合命名。因汪姓分别聚居岗东、西两村，此村居于东而得名。1958 年隶属李老湾大队；1984 年隶属李老湾村至今。位于村委会东南 3.2 千米。东邻大河村三房湾，南界杨老湾村二房湾，西至后汪家湾，北连窑湾。总面积 0.5 平方千米，耕地面积 20 公顷。38 户，150 人。主产水稻、小麦、玉米、花生、棉花，兼种果蔬。村落形态呈散状，房屋结构以平房、坡房和楼房为主。

盛家湾【Shèngjiāwān】 以姓氏命名。因盛姓聚居而得名。1958 年隶属李老湾大队；1984 年隶属李老湾村至今。位于村委会北 3.5 千米。东邻习湾村竹园，南界树林湾，西至胡家湾，北连习湾村黄家山。总面积 1 平方千米，耕地面积 8 公顷。9 户，30 人。主产水稻、小麦、玉米、花生、棉花，兼种果蔬。村落形态呈散状，房屋结构以平房、坡房和楼房为主。

树林湾【Shùlínwān】 以植物命名。因村内树木成林而得名。1958 年隶属李老湾大队；1984 年隶属李老湾村至今。位于村委会北 3.3 千米。东邻八房湾水，南界八房湾水库，西至裁缝湾，北连盛家湾。总面积 1 平方千米，耕地面积 9 公顷。10 户，40 人。主产水稻、小麦、玉米、花生、棉花，兼种果蔬。村落形态呈散状，房屋结构以平房、坡房和楼房为主。

桃园【Táoyuán】 以植物命名。因原村内有片桃树而得名。1958 年隶属李老湾大队；1984 年隶属李老湾村至今。位于村委会西 2 千米。东邻李老湾，南界刘家湾，西至井二湾，北连枣树林。总面积 0.7 平方千米，耕地面积 19 公顷。22 户，50 人。主产水稻、小麦、玉米、花生、棉花，兼种果蔬。村落形态呈散状，房屋结构以平房、坡房和楼房为主。

小老湾【Xiǎolǎowān】 以建村时间和规模综合命名。因相邻两个李姓村庄，此村建村较早且规模小而得名。1958 年隶属李老湾大队；1984 年隶属李老湾村至今。位于村委会西北 1 千米。东邻七房湾，南界刘家湾，西至李老湾，北连六房湾。总面积 0.4 平方千米，耕地面积 32 公顷。34 户，160 人。主产水稻、小麦、玉米、花生、棉花，兼种果蔬。村落形态呈散状，房屋结构以平房、坡房和楼房为主。

窑湾【Yáowān】 以窑命名。因原村内有砖瓦窑而得名。1958 年隶属李老湾大队；1984 年隶属李老湾村至今。位于村委会东南 2 千米。东邻前汪家湾，南界后汪家湾，西至黄家寨，北连黄土凹。总面积 0.2 平方千米，耕地面积 15 公顷。18 户，90 人。主产水稻、小麦、玉米、花生、棉花，兼种果蔬。村落形态呈散状，房屋结构以平房、坡房和楼房为主。

油坊庄【Yóufángzhuāng】 以作坊命名。因原村内开设的油坊而得名。1958 年隶属李老湾大队；

1984年隶属李老湾村至今。位于村委会南2千米。东邻刘家湾,南界龚陈村龙堰,西至蒿子岗,北连井二湾。总面积0.45平方千米,耕地面积12公顷。3户,20人。主产水稻、小麦、玉米、花生、棉花,兼种果蔬。村落形态呈散状,房屋结构以平房和坡房为主。

枣树林【Zǎoshùlín】 以植物命名。因村内枣树多而得名。1958年隶属李老湾大队;1984年隶属李老湾村至今。位于村委会西2千米。东邻李老湾,南界桃园,西至榆树村北河,北连官庄。总面积0.7平方千米,耕地面积33公顷。50户,190人。主产水稻、小麦、玉米、花生、棉花,兼种果蔬。村落形态呈散状,房屋结构以平房、坡房和楼房为主。

郑家湾【Zhèngjiāwān】 以姓氏命名。因郑姓聚居而得名。1958年隶属李老湾大队;1984年隶属李老湾村至今。位于村委会北3.3千米。东邻裁缝湾,南界官庄,西至谢湾村李家湾,北连习湾村黄家山。总面积1平方千米,耕地面积11公顷。12户,50人。主产水稻、小麦、杂粮,兼种果蔬。村落形态呈散状,房屋结构以平房为主。

祝家湾【Zhùjiāwān】 以姓氏命名。因祝姓聚居而得名。1958年隶属李老湾大队;1984年隶属李老湾村至今。位于村委会东南2.2千米。东邻赵老湾村刘家湾,南界后汪家湾,西至黄土凹,北连安家湾。总面积0.4平方千米,耕地面积14公顷。17户,80人。主产水稻、小麦、玉米、花生、棉花,兼种果蔬。村落形态呈散状,房屋结构以平房、坡房和楼房为主。

罗寨村【Luózhàicūn】

以罗家寨自然村命名。1958年为罗寨大队,隶属东风公社(兴隆);1961年隶属兴隆区;1975年隶属刘升公社;1984年为罗寨村,隶属刘升区;1987年隶属刘升镇至今。位于镇政府东南2.5千米。东邻杨湾村,南界北河村,西至小店村,北连高堤村。辖11个自然村,总面积4.3平方千米,耕地面积350.1公顷。436户,1820人。主产水稻、小麦、杂粮,兼种果蔬。刘枣(林)公路过境,村委会驻东罗家湾。

八字门楼【Bāzìménlóu】 以建筑物形状命名。因原村内房屋排列像八字形的门楼而得名。1958年隶属罗寨大队;1984年隶属罗寨村至今。位于村委会北2千米。东邻王家湾,南界罗寨湾,西至上平坦,北连油坊村大黄连树。总面积0.2平方千米,耕地面积6公顷。8户,40人。主产水稻、小麦、杂粮。村落形态呈散状,房屋结构以平房和坡房为主。

东罗家湾【Dōngluójiāwān】 以方位和姓氏综合命名。因东、西相邻有两个罗家湾,该村位东而得名。1958年隶属罗寨大队;1984年隶属罗寨村至今。村委会驻地。东邻杨湾村大东庄,南界罗家寨,西至张家坡,北连王家湾。总面积0.3平方千米,耕地面积38.2公顷。50户,240人。主产水稻、小麦、玉米、花生。村落形态呈散状,房屋结构以平房和坡房为主。

何家湾【Héjiāwān】 以姓氏命名。因何姓聚居而得名。1958年隶属罗寨大队;1984年隶属罗寨村至今。位于村委会东南600米。东邻枣林村小西湾,南界叶家湾,西至易家湾,北连杨湾村张家湾。总面积0.2平方千米,耕地面积12公顷。10户,40人。主产水稻、小麦、玉米、花生。村落形态呈散状,房屋结构以平房和坡房为主。

刘家岗【Liújiāgǎng】 以姓氏和地形综合命名。因刘姓聚居岗上而得名。1958年隶属罗寨大队；1984年隶属罗寨村至今。位于村委会南850米。东邻赵家河，南界易家湾，西至石板河，北连罗家寨。总面积0.25平方千米，耕地面积33公顷。25户，120人。主产水稻、小麦、杂粮，兼种果树。村落形态呈团状，房屋结构以平房和坡房为主。

罗家寨【Luójiāzhài】 以姓氏和建筑物综合命名。因罗姓聚居、村周筑有寨墙而得名。1958年隶属罗寨大队；1984年隶属罗寨村至今。位于村委会南100米。东邻杨湾村吕家湾，南界刘岗，西至石板河，北连东罗家湾。总面积0.95平方千米，耕地面积64公顷。90户，340人。主产水稻、小麦、杂粮，兼种果树。村落形态呈线状，房屋结构以平房和坡房为主。

上平坦【Shàngpíngtǎn】 以地形命名。因建在地势较高的平坦处而得名。1958年隶属罗寨大队；1984年隶属罗寨村至今。位于村委会西北1.2千米。东邻八字门楼，南界张家坡，西至石板河，北连高堤村姜庄。总面积0.5平方千米，耕地面积48.7公顷。70户，270人。主产水稻、小麦、玉米，兼种蔬菜。村落形态呈散状，房屋结构以平房和楼房为主。

王家湾【Wángjiāwān】 以姓氏命名。因王姓聚居而得名。1958年隶属罗寨大队；1984年隶属罗寨村至今。位于村委会北1千米。东邻杨湾村窑上，南界罗家湾，西至上平坦，北连油坊村大黄楝树。总面积0.7平方千米，耕地面积64.5公顷。70户，280人。主产水稻、小麦、玉米、花生，兼种果树。村落形态呈散状，房屋结构以平房和坡房为主。

许家冲【Xǔjiāchōng】 以姓氏和地形综合命名。因许姓聚居山冲而得名。1958年隶属罗寨大队；1984年隶属罗寨村至今。位于村委会南1千米。东邻叶家湾，南界北河村涂家庄，西至石板河，北连易家湾。总面积0.5平方千米，耕地面积26.5公顷。25户，120人。主产水稻、小麦、玉米、杂粮，兼种果树。村落形态呈散状，房屋结构以平房和坡房为主。

易家湾【Yìjiāwān】 以姓氏命名。因易姓聚居而得名。1958年隶属罗寨大队；1984年隶属罗寨村至今。位于村委会南900米。东邻何家湾，南界许家冲，西至石板河，北连赵家河。总面积0.3平方千米，耕地面积26.5公顷。25户，100人。主产水稻、小麦、玉米、花生。村落形态呈散状，房屋结构以平房和坡房为主。

张家坡【Zhāngjiāpō】 以姓氏和地形综合命名。因张姓聚居坡上而得名。1958年隶属罗寨大队；1984年隶属罗寨村至今。位于村委会西600米。东邻罗家湾，南界罗家寨，西至石板河，北连上平坦。总面积0.3平方千米，耕地面积28.7公顷。60户，260人。主产水稻、小麦、杂粮，兼种果树。村落形态呈团状，房屋结构以平房和坡房为主。

赵家河【Zhàojiāhé】 以姓氏和河流综合命名。因赵姓聚居河边而得名。1958年隶属罗寨大队；1984年隶属罗寨村至今。位于村委会南700米。东邻何家湾，南界易家湾，西至刘岗，北连罗家寨。总面积0.1平方千米，耕地面积2公顷。3户，10人。主产水稻、小麦、杂粮。村落形态呈散状，房屋结构以平房和坡房为主。

马寨村【Mǎzhàicūn】

以马寨自然村命名。马姓聚居，村周修有寨墙。1958年为修建华阳河水库拆迁。1958年为马寨大队，隶属东风公社；1961年隶属兴隆区；1975年隶属刘升公社；1984年为马寨村，隶属刘升区；1987年隶属刘升镇至今。位于镇政府南10千米。东邻枣林村，南界兴隆镇竹林村，西至兴隆镇草寺村，北连北河村。辖10个自然村，总面积5.2平方千米，耕地面积140公顷。154户，614人。主产水稻、小麦，兼种杂粮、水果。村委会驻原马寨小学。

何家湾【Héjiāwān】 以姓氏命名。因何姓聚居而得名。1958年隶属马寨大队；1984年隶属马寨村至今。位于村委会西2.5千米。东邻团堰角，南界高家湾，西、北至华阳河水库。总面积0.2平方千米，耕地面积6公顷。2户，10人。主产水稻、小麦，兼种杂粮。村落形态呈散状，房屋结构以平房和坡房为主。

胡家湾【Hújiāwān】 以姓氏命名。因胡姓聚居而得名。1958年隶属马寨大队；1984年隶属马寨村至今。位于村委会南500米。东邻新庄，南界上堰，西至兴隆镇草寺村梅园岗，北连村委会。总面积0.4平方千米，耕地面积10公顷。12户，60人。主产水稻、小麦、水果。村落形态呈散状，房屋结构以平房和楼房为主。

九亩地【Jiǔmǔdì】 因修建华阳河水库搬迁，部分居民迁九亩地，故名。1958年隶属马寨大队；1984年隶属马寨村至今。位于村委会东北2千米。东邻马家东湾，南、西、北以华阳河水库为界。总面积0.2平方千米，耕地面积10亩。1户，4人。主产水稻、小麦，兼种水果。房屋结构以坡房为主。

马家东湾【Mǎjiādōngwān】 以姓氏和方位综合命名。因马姓聚居且建于马寨东而得名。1958年隶属马寨大队；1984年隶属马寨村至今。位于村委会东2千米。东邻枣林村李家湾，南界马家南湾，西至九亩地，北连华阳河水库。总面积1.3平方千米，耕地面积35公顷。43户，160人。主产水稻、小麦，兼种杂粮、水果。村落形态呈散状，房屋结构以平房和楼房为主。

马家南湾【Mǎjiānánwān】 以姓氏和方位综合命名。因马姓聚居且建于马寨南而得名。1958年隶属马寨大队；1984年隶属马寨村至今。位于村委会东北1千米。东邻马家东湾，南界大霸山，西至汤家湾，北连九亩地。总面积1.1平方千米，耕地面积23公顷。28户，100人。主产水稻、小麦，兼种水果，有养殖。村落形态呈散状，房屋结构以平房和坡房为主。

上堰【Shàngyàn】 以方位和堰塘综合命名。因一口大堰南北有两村庄，该村靠北而得名。1958年隶属马寨大队；1984年隶属马寨村至今。位于村委会南1.5千米。东邻新庄，南界兴隆镇草寺村华家楼，西至兴隆镇草寺村北岗湾，北连胡家湾。总面积0.4平方千米，耕地面积12公顷。13户，70人。主产水稻、小麦、水果。村落形态呈散状，房屋结构以平房和坡房为主。

汤家湾【Tāngjiāwān】 以姓氏命名。因汤姓聚居而得名。1958年隶属马寨大队；1984年隶属马寨村至今。位于村委会西500米。东邻村委会，南界胡家湾，西至何家湾，北连团堰角。总面积0.4平方千米，耕地面积8公顷。9户，30人。主产水稻、小麦，兼种杂粮。村落形态呈散状，房屋结构以平房和坡房为主。

团堰角【Tuányànjiǎo】 以地形和堰塘综合命名。因村建于团堰角上而得名。1958年隶属马寨大队；1984年隶属马寨村至今。位于村委会西北1.2千米。东邻马家南湾，南界汤家湾，西至何家湾，北连华阳河水库。总面积0.4平方千米，耕地面积6公顷。15户，60人。主产水稻、小麦、杂粮。村落形态呈散状，房屋结构以平房和坡房为主。

新庄【Xīnzhuāng】 以建村时间命名。因建村于1970年后，故名。1970年后隶属马寨大队；1984年隶属马寨村至今。位于村委会南1.2千米。东邻大霸山，南界王家寺，西至上堰，北连村委会。总面积0.4平方千米，耕地面积15公顷。23户，80人。主产杂粮、水果。村落形态呈散状，房屋结构以平房和坡房为主。

玉泉寺【Yùquánsì】 以建筑物命名。因村建于玉泉寺旁而得名。1958年隶属马寨大队；1984年隶属马寨村至今。位于村委会南1.5千米。东邻大霸山，南界兴隆镇竹林村大石场，西至上堰，北连新庄。总面积0.4平方千米，耕地面积15公顷。8户，40人。主产水稻、杂粮、水果。村落形态呈散状，房屋结构以平房和坡房为主。

生铁炉村【Shēngtiělúcūn】

以生铁炉自然村命名。1958年为生铁炉大队，隶属红旗公社；1961年隶属鹿头区；1975年隶属刘升公社；1984年为生铁炉村，隶属刘升区；1987年隶属刘升镇至今。位于镇政府北6千米。东邻杜垱村，南界王湾村，西至鹿头镇马冲村，北连鹿头镇简庄村。辖14个自然村，总面积11.3平方千米，耕地面积217.5公顷。261户，997人。主产水稻、小麦、玉米，兼种桃子。刘鹿公路过境，村委会驻陈家湾。

草屋庄【Cǎowūzhuāng】 以建筑物特点命名。因原村内草屋较多而得名。1958年隶属生铁炉大队；1984年隶属生铁炉村至今。位于村委会西南1.9千米。东邻竹园，南界习湾村官冲，西至活水田，北连大董沟。总面积0.2平方千米，耕地面积3公顷。3户，10人。主产水稻、小麦、杂粮。村落形态呈散状，房屋结构以坡房为主。

陈家湾【Chénjiāwān】 以姓氏命名。因陈姓聚居而得名。1958年隶属生铁炉大队；1984年隶属生铁炉村至今。村委会驻地。东邻李家庄，南界猪头山水库，西至竹园，北连椿树庄。总面积1.6平方千米，耕地面积22公顷。38户，150人。主产水稻、小麦、玉米。村落形态呈团状，房屋结构以平房和坡房为主。

椿树庄【Chūnshùzhuāng】 以植物命名。因村内有棵大椿树而得名。1958年隶属生铁炉大队；1984年隶属生铁炉村至今。位于村委会北1千米。东邻上生铁炉，南界陈家湾，西至小董沟，北连鹿头镇简庄村下河。总面积0.2平方千米，耕地面积6公顷。2户，7人。主产水稻、小麦、玉米。村落形态呈散状，房屋结构以平房和坡房为主。

大董沟【Dàdǒnggōu】 以姓氏和地形综合命名。因董姓聚居山沟且村子较大而得名。1958年隶属生铁炉大队；1984年隶属生铁炉村至今。位于村委会西1千米。东邻陈家湾，南界竹园，西至肖庄，北连小董沟。总面积1.2平方千米，耕地面积21公顷。28户，110人。主产水稻、小麦、玉米，兼种桃树。村落形态呈线状，房屋结构以平房和坡房为主。

东岗【Dōnggǎng】 以方位和地形综合命名。因村建于山岗东边而得名。1958年隶属生铁炉大队；1984年隶属生铁炉村至今。位于村委会1.8千米。东邻杜垱村王家东湾，南界五里桥水库，西至王家西湾，北连广和寨。总面积0.9平方千米，耕地面积22公顷。16户，60人。主产水稻、小麦、杂粮，兼种果树。村落形态呈线状，房屋结构以平房和坡房为主。

付家湾【Fùjiāwān】 以姓氏命名。因付姓聚居而得名。1958年隶属生铁炉大队；1984年隶属生铁炉村至今。位于村委会东1.7千米。东邻王家西湾，南界五里桥水库，西至上生铁炉，北连广和寨。总面积0.8平方千米，耕地面积7公顷。7户，30人。主产水稻、小麦、玉米。村落形态呈散状，房屋结构以平房和坡房为主。

活水田【Huóshuǐtián】 以泉水特点命名。因村内有股常年涌流不断的泉水而得名。1958年隶属生铁炉大队；1984年隶属生铁炉村至今。位于村委会西南2千米。东邻草屋庄，南界习湾村官冲，西至马冲村，北连大董沟。总面积0.9平方千米，耕地面积17公顷。20户，80人。主产水稻、小麦、杂粮。村落形态呈散状，房屋结构以平房和坡房为主。

老庙【Lǎomiào】 以时间和建筑物综合命名。因此地早年有一座庙宇而得名。1958年隶属生铁炉大队；1984年隶属生铁炉村至今。位于村委会西北1.8千米。东邻椿树庄，南界大董沟，西至柳树庄，北连小董沟。总面积0.6平方千米，耕地面积28公顷。25户，90人。主产、水稻、小麦、玉米。村落形态呈散状，房屋结构以平房和坡房为主。

李家庄【Lǐjiāzhuāng】 以姓氏命名。因李姓聚居而得名。1958年隶属生铁炉大队；1984年隶属生铁炉村至今。位于村委会东800米。东邻付家湾，南界猪头山水库，西至陈家湾，北连上生铁炉。总面积0.8平方千米，耕地面积8.5公顷。18户，70人。主产水稻、小麦、杂粮，兼种果蔬。村落形态呈散状，房屋结构以平房和坡房为主。

柳树庄【Liǔshùzhuāng】 以植物命名。因原村内有几棵大柳树而得名。1958年隶属生铁炉大队；1984年隶属生铁炉村至今。位于村委会西北1.8千米。东邻小董沟，南界肖庄，西至马冲村张庄，北连马鞍山。总面积0.4平方千米，耕地面积8公顷。6户，10人。主产水稻、小麦、玉米，兼种桃树。村落形态呈散状，房屋结构以平房和坡房为主。

生铁炉【shēngtiělú】 因此地早年有铁矿，修有炼铁炉而得名。1958年隶属生铁炉大队；1984年隶属生铁炉村至今。位于村委会东北900米。东邻付家湾，南界李家庄，西至椿树庄，北连鹿头镇简庄村下河。总面积2.8平方千米，耕地面积35公顷。56户，220人。主产水稻、小麦、玉米，兼种桃树。村落形态呈线状，房屋结构以平房和坡房为主。

肖庄【Xiāozhuāng】 以姓氏命名。因肖姓聚居而得名。1958年隶属生铁炉大队；1984年隶属生铁炉村至今。位于村委会西1.4千米。东邻大董沟，南界窑沟，西至马冲村刘沟，北连柳树庄。总面积2.1平方千米，耕地面积30公顷。56户，220人。主产水稻、小麦、玉米，兼种桃树。村落形态呈散状，房屋结构以平房和坡房为主。

小董沟【Xiǎodǒnggōu】 以姓氏和地形综合命名。因董姓聚居山沟，且村子较小，故名。1958年隶属生铁炉大队；1984年隶属生铁炉村至今。位于村委会东北1.5千米。东邻椿树庄，南界大董沟，西至柳树庄，北连马鞍山水库。总面积0.9平方千米，耕地面积28公顷。25户，90人。主产水稻、小麦、玉米，兼种桃树。村落形态呈线状，房屋结构以平房和坡房为主。

竹园【Zhúyuán】 以村内植物命名。因原村内有大片竹林而得名。1958年隶属生铁炉大队；1984年隶属生铁炉村至今。位于村委会西800米。东邻陈家湾，南界长岭，西至活水田，北连大董沟。总面积1平方千米，耕地面积12公顷。17户，70人。主产水稻、小麦、玉米。村落形态呈散状，房屋结构以平房和坡房为主。

田家湾村【Tiánjiāwāncūn】

以田家湾自然村命名。1958年为田湾大队，隶属东风公社；1961年隶属兴隆区；1975年隶属刘升公社；1984年为田家湾村，隶属刘升区；1987年隶属刘升镇至今。位于镇政府西南12千米。东邻龚陈村，南界兴隆镇杨楼村，西至杉树林村，北连榆树村。辖9个自然村，总面积7.9平方千米，耕地面积451公顷。291户，1000人。主产水稻、小麦、玉米、棉花。榆杉公路过境，村委会驻王家老湾村北。

蔡家湾【Càijiāwān】 以姓氏命名。因蔡姓聚居而得名。1958年隶属田湾大队；1984年隶属田家湾村至今。位于村委会东1千米。东邻龚陈村龚家湾，南界刘家干冲，西至王家老湾，北连龚陈村办公室。总面积1平方千米，耕地面积73公顷。46户，130人。主产水稻、小麦、玉米、花生。村落形态呈散状，房屋结构以平房和坡房为主。

陈家湾【Chénjiāwān】 以姓氏命名。因陈姓聚居而得名。1958年隶属田湾大队；1984年隶属田家湾村至今。位于村委会西南1千米。东邻杨家干冲，南界兴隆镇杨楼村徐家老湾，西至柯家湾，北连田家湾。总面积1.2平方千米，耕地面积33公顷。16户，70人。主产水稻、小麦、玉米、花生。村落形态呈散状，房屋结构以平房和坡房为主。

岗儿湾【Gǎng'érwān】 以地形命名。因村庄建于一座小土岗而得名。1958年隶属田湾大队；1984年隶属田家湾村至今。位于村委会西300米。东邻村委会，南界田家湾，西至杉树林村叶家湾，北连杉树林村代家湾。总面积0.5平方千米，耕地面积33公顷。20户，80人。主产水稻、小麦、玉米、花生。村落形态呈散状，房屋结构以平房和坡房为主。

柯家湾【Kējiāwān】 以姓氏命名。因柯姓聚居而得名。1958年隶属田湾大队；1984年隶属田家湾村至今。位于村委会西南1.1千米。东邻乔家湾，南界兴隆镇杨楼村徐家湾，西至杉树林村徐家老湾，北连杉树林村毕家湾。总面积1.2平方千米，耕地面积80公顷。50户，210人。主产水稻、小麦、玉米、花生。村落形态呈散状，房屋结构以平房和坡房为主。

刘家干冲【Liújiāgànchōng】 以姓氏、地形和自然条件综合命名。因刘姓聚居冲旁，且常发旱灾而得名。1958年隶属田湾大队；1984年隶属田家湾村至今。位于村委会南1千米。东邻龚陈村刘家湾，南界兴隆镇杨楼村徐家湾，西至陈家湾，北连蔡家湾。总面积0.6平方千米，耕地面积40公顷。31户，80人。主产水稻、小麦、玉米、花生。村落形态呈散状，房屋结构以平房和坡房为主。

乔家湾【Qiáojiāwān】 以姓氏命名。因乔姓聚居而得名。1958年隶属田湾大队；1984年隶属田家湾村至今。位于村委会南800米。东邻刘家干冲，南界兴隆镇，西至柯家湾，北连王家老湾。总面积0.4平方千米，耕地面积19公顷。25户，70人。主产水稻、小麦、玉米、花生。村落形态呈散状，房屋结构以平房和坡房为主。

田家湾【Tiánjiāwān】 以姓氏命名。因田姓聚居而得名。1958年隶属田湾大队；1984年隶属田家湾村至今。位于村委会西600米。东邻王家老湾，南界乔家湾，西至杉树林村毕家湾，北连岗儿湾。总面积1平方千米，耕地面积46公顷。30户，100人。主产水稻、小麦、玉米、花生。村落形态呈散状，房屋结构以平房和坡房为主。

王家老湾【Wángjiālǎowān】 以姓氏和建村时间综合命名。因王姓聚居且建村较早而得名。1958年隶属田湾大队；1984年隶属田家湾村至今。位于村委会南300米。东邻蔡家湾，南界乔家湾，西至田家湾，北连榆树村潘家湾。总面积1.5平方千米，耕地面积120公顷。68户，240人。主产水稻、小麦、花生、玉米。村落形态呈散状，房屋结构以平房和坡房为主。

小田傅湾【Xiǎotiánfùwān】 以姓氏和规模综合命名。因田、傅二姓聚居且村落较小而得名。1958年隶属田湾大队；1984年隶属田家湾村至今。位于村委会西南1.2千米。东邻陈家湾，南界兴隆镇杨楼村徐家老湾，西至杉树林村袁家湾，北连杉树林村毕家湾。总面积0.5平方千米，耕地面积7公顷。5户，20人。主产果蔬、桃树。村落形态呈散状，房屋结构以平房和坡房为主。

王湾村【Wángwāncūn】

以王家湾自然村命名。1958年为王湾大队，隶属红旗公社；1961年隶属鹿头区；1975年隶属刘升公社；1984年为王湾村，隶属刘升区；1987年隶属刘升镇至今。位于镇政府西北1.5千米。东邻高堤村，南界刘升村，西至习湾村，北连生铁炉村。辖11个自然村，总面积4.1平方千米，耕地面积254公顷。390户，1460人。主产水稻、小麦、玉米，兼种果蔬。刘鹿公路过境，村委会驻王家湾。

大石滚河【Dàshígǔnhé】 以村规模与河流冲积物综合命名。因村旁河里有很多冲积的滚石，且村子较大而得名。1958年隶属王湾大队；1984年隶属王湾村至今。位于村委会西1.5千米。东邻王家湾，南界小石滚河，西至宋家湾，北连习湾村小官冲。总面积0.72平方千米，耕地面积44公顷。70户，250人。主产水稻、小麦、玉米，兼种果蔬。村落形态呈散状，房屋结构以平房、坡房和楼房为主。

胡家庄【Hújiāzhuāng】 以姓氏命名。因胡姓聚居而得名。1958年隶属王湾大队；1984年隶属王湾村至今。位于村委会西北1.1千米。东邻汪家湾，南界新庄，西至习湾村竹家老庄，北连杨家湾。总面积0.26平方千米，耕地面积16公顷。20户，60人。主产水稻、小麦、玉米，兼种果蔬。村落形态呈散状，房屋结构以平房和坡房为主。

刘家湾【Liújiāwān】 以姓氏命名。因刘姓聚居而得名。1958年隶属王湾大队；1984年隶属王湾村至今。位于村委会西南1.7千米。东邻小石滚河，南界刘湾村小龙王山，西至习湾村西习家湾，北连宋家湾。总面积0.28平方千米，耕地面积18公顷。30户，110人。主产水稻、小麦、玉米，兼种果蔬。村落形态呈散状，房屋结构以平房和坡房为主。

双庙【Shuāngmiào】 以建筑物数量命名。因此地并列修有两座小庙而得名。1958年隶属王湾大队；1984年隶属王湾村至今。位于村委会西南1.5千米。东邻刘升村，南界刘湾村小龙王山，西至刘家湾，北连小石滚河。总面积0.26平方千米，耕地面积15公顷。30户，150人。主产水稻、小麦、玉米，兼种果蔬。村落形态呈散状，房屋结构以平房和坡房为主。

宋家湾【Sòngjiāwān】 以姓氏命名。因宋姓聚居而得名。1958年隶属王湾大队；1984年隶属王湾村至今。位于村委会西南1.5千米。东邻大石滚河，南界刘家湾，西至习湾村西习家湾，北连习湾村小官冲。总面积0.3平方千米，耕地面积18公顷。20户，90人。主产水稻、小麦、玉米，兼种果蔬。村落形态呈散状，房屋结构以平房和坡房为主。

汪家湾【Wāngjiāwān】 以姓氏命名。因过去是汪氏家族的吊庄（多为长工、伙计居住）而得名。1958年隶属王湾大队；1984年隶属王湾村至今。位于村委会北500米。东邻五里桥，南界王家湾，西至胡家庄，北连生铁炉村陈家湾。总面积0.55平方千米，耕地面积34公顷。60户，210人。主产水稻、小麦、玉米，兼种果蔬。村落形态呈散状，房屋结构以平房和坡房为主。

王家湾【Wángjiāwān】 以姓氏命名。因王姓聚居而得名。1958年隶属王湾大队；1984年隶属王湾村至今。位于村委会北500米。东邻五里桥，南界刘升街，西至胡家庄，北连生铁炉村陈家湾。总面积0.55平方千米，耕地面积34公顷。60户，210人。主产水稻、小麦、玉米，兼种果蔬。村落形态呈散状，房屋结构以平房和坡房为主。

五里桥【Wǔlǐqiáo】 以距离和建筑物综合命名。因南距刘升街5里处有座小桥而得名。1958年隶属王湾大队；1984年隶属王湾村至今。位于村委会东北1千米。东邻高堤村习家湾，南界王家湾，西至汪家湾，北连杜垱村祠堂庄。总面积0.46平方千米，耕地面积28公顷。50户，200人。主产水稻、小麦、玉米，兼种果蔬。村落形态呈散状，房屋结构以平房和坡房为主，刘鹿公路过境。

小石滚河【Xiǎoshígǔnhé】 以村规模与河流冲积物综合命名。因村旁河里有很多冲积的滚石，且村子较小而得名。1958年隶属王湾大队；1984年隶属王湾村至今。位于村委会南1.6千米。东邻刘升村，南界北龙王山，西至刘家湾，北连双庙。总面积0.2平方千米，耕地面积14公顷。20户，60人。主产水稻、小麦、玉米，兼种果蔬。村落形态呈散状，房屋结构以平房和楼房为主。

新庄【Xīnzhuāng】 以建村时间命名。因建村于中华人民共和国成立后而得名。1958年隶属王湾大队；1984年隶属王湾村至今。位于村委会西北1千米。东邻汪家湾，南界王家湾，西至习湾村小官冲，北连胡家庄。总面积0.24平方千米，耕地面积15公顷。10户，30人。主产水稻、小麦、玉米，兼种果蔬。村落形态呈散状，房屋结构以平房和坡房为主。

杨家湾【Yángjiāwān】 以姓氏命名。因杨姓聚居而得名。1958年隶属王湾大队；1984年隶属王湾村至今。位于村委会西北1.2千米。东邻汪家湾，南界胡家庄，西至习湾村竹家老庄，北连生铁炉村草屋庄。总面积0.28平方千米，耕地面积18公顷。20户，90人。主产水稻、小麦、玉米，兼种果蔬。村落形态呈散状，房屋结构以平房和坡房为主。

谢湾村【Xièwāncūn】

以谢湾自然村命名。1958年为谢湾大队，隶属东风公社（兴隆）；1961年隶属兴隆区；1975年隶属刘升公社；1984年为谢湾村，隶属刘升区；1987年隶属刘升镇至今。位于镇政府西10千米。东邻榆树村，南界环城街道草堰村，西至环城街道赵垱村，北连鹿头镇马冲村。辖29个自然村，总面积7.69平方千米，耕地面积488.9公顷。326户，1407人。主产水稻、小麦、玉米。枣刘公路过境，村委会驻倪家湾。

柏树庄【Bǎishùzhuāng】 以植物命名。因原村内柏树多而得名。1958年隶属谢湾大队；1984年隶属谢湾村至今。位于村委会北1.2千米。东邻古罗庄，南界倪家湾，西至环城街道赵垱村西庄，北连刘老庄。总面积0.65平方千米，耕地面积48公顷。49户，190人。主产水稻、小麦、玉米。村落形态呈散状，房屋结构以平房和坡房为主。

蔡家洼【Càijiāwā】 以姓氏和地形综合命名。因蔡姓聚居山洼而得名。1958年隶属谢湾大队；1984年隶属谢湾村至今。位于村委会东500米。东邻水寨子，南界南庄，西至倪家湾，北连叶家老庄。总面积0.15平方千米，耕地面积8公顷。7户，50人。主产水稻、小麦、杂粮。村落形态呈团状，房屋结构以平房和坡房为主。

大罗庄【Dàluózhuāng】 以姓氏命名。因罗姓聚居且村较大而得名。1958年隶属谢湾大队；1984年隶属谢湾村至今。位于村委会北1千米。东邻李把氏，南界河南，西至柏树庄，北连刘老庄。总面积0.1平方千米，耕地面积4公顷。4户，20人。主产水稻、小麦、杂粮。村落形态呈散状，房屋结构以平房和坡房为主。

大西湾【Dàxīwān】 以姓氏和方位综合命名。因原村较大且建在小张庄西边而得名。1958年隶属谢湾大队；1984年隶属谢湾村至今。位于村委会南300米。东邻小张庄，南界楼子湾，西至环城街道赵垱村赵垱，北连环城街道赵垱村杜冲。总面积0.15平方千米，耕地面积14公顷。1户，4人。主产水稻、小麦、杂粮。村落形态呈散状，房屋结构以平房和坡房为主。

大张庄【Dàzhāngzhuāng】 以面积和姓氏综合命名。因张姓聚居且面积较大而得名。1958年隶属谢湾大队；1984年隶属谢湾村至今。位于村委会南500米。东邻山埂，南界环城街道草堰村草堰，西至小张庄，北连倪家湾。总面积0.25平方千米，耕地面积23公顷。17户，80人。主产水稻、小麦、杂粮。村落形态呈散状，房屋结构以平房和坡房为主。

董家湾【Dǒngjiāwān】 以姓氏命名。因董姓聚居而得名。1958年隶属谢湾大队；1984年隶属谢湾村至今。位于村委会东4.5千米。东邻李老湾村郑家湾，南界李老湾村枣树林，西至三里桥水库，北连二分沟。总面积0.2平方千米，耕地面积15公顷。5户，23人。主产水稻、小麦、杂粮。村落形态呈线状，房屋结构以平房和坡房为主。

杜家湾【Dùjiāwān】 以姓氏命名。因杜姓聚居而得名。1958年隶属谢湾大队；1984年隶属谢湾村至今。位于村委会东北4千米。东邻李家湾，南界谢家湾，西至北柿子园，北连鹿头镇马冲村滕家湾。总面积0.5平方千米，耕地面积28公顷。27户，120人。主产水稻、小麦、杂粮。村落形态呈散状，房屋结构以平房和坡房为主。

二分沟【Èrfēngōu】 以地形命名。因村建在山凸上，前后各有一条沟，故名。1958年隶属谢湾大队；1984年隶属谢湾村至今。位于村委会东4.5千米。东邻李老湾村郑家湾，南界董家湾，西至前柿子园，北连李家湾。总面积0.2平方千米，耕地面积11公顷。3户，20人。主产水稻、小麦、杂粮。村落形态呈线状，房屋结构以平房和坡房为主。

河南【Hénán】 以河流方位命名。因建村于小河南边而得名。1958年隶属谢湾大队；1984年隶属谢湾村至今。位于村委会北800米。东邻叶家老庄，南界倪家湾，西至柏树庄，北连罗庄。总面积0.3平方千米，耕地面积14公顷。11户，50人。主产水稻、小麦、杂粮。村落形态呈散状，房屋结构以平房和坡房为主。

后山东【Hòushāndōng】 以方位命名。因村西边有一座山，山在村后，故名。1958年隶属谢湾大队；1984年隶属谢湾村至今。位于村委会东北2.2千米。东临前山东，南界上水寨子和下水寨子，西至李把氏。耕地面积16公顷。5户，20人。主产水稻、小麦、杂粮。村落形态呈散状，房屋结构以平房和坡房为主。

后柿子园【Hòushìziyuán】 因相邻两村都以村内柿子树多而得名。该村在北，故名。1958年隶属谢湾大队；1984年隶属谢湾村至今。位于村委会东北2.3千米。东邻杜家湾，南界前柿子园，西至吴庄，北连鹿头镇马冲村滕家湾。总面积0.12平方千米，耕地面积7公顷。4户，20人。主产水稻、小麦、杂粮。村落形态呈散状，房屋结构以平房和坡房为主。

李把氏【Lǐbǎshì】 以姓氏和特长综合命名。因原村内有一精通拳术的李姓聚居而得名。1958年隶属谢湾大队；1984年隶属谢湾村至今。位于村委会北900米。东邻后山东，南界叶家湾，西至罗庄，北连梅庄。总面积0.3平方千米，耕地面积23公顷。9户，50人。主产水稻、小麦、杂粮。村落形态呈散状，房屋结构以平房和坡房为主。

李家湾【Lǐjiāwān】 以姓氏命名。因李姓聚居而得名。1958年隶属谢湾大队；1984年隶属谢湾村至今。位于村委会东北3.5千米。东邻李老湾村郑家湾，南界后柿子园，西至杜家湾，北连鹿头镇马冲村滕家湾。总面积0.6平方千米，耕地面积32公顷。24户，110人。主产水稻、小麦、杂粮。村落形态呈散状，房屋结构以平房和坡房为主。

刘家老庄【Liújiālǎozhuāng】 以姓氏和时间综合命名。因刘姓最早聚居而得名。1958年隶属谢湾大队；1984年隶属谢湾村至今。位于村委会北700米。东邻小罗庄，南界柏树庄，西至柏树庄，北连刘老庄水库。总面积0.35平方千米，耕地面积21公顷。7户，30人。主产水稻、小麦、杂粮。村落形态呈散状，房屋结构以平房和坡房为主。

梅庄【Méizhuāng】 以姓氏命名。因梅姓聚居而得名。1958年隶属谢湾大队；1984年隶属谢湾村至今。位于村委会北1.3千米。东邻北柿子园，南界李把氏，西至吴庄，北连鸭子山。总面积0.12平方千米，耕地面积6公顷。4户，10人。主产水稻、小麦、杂粮。村落形态呈散状，房屋结构以平房和坡房为主。

倪家湾【Níjiāwān】 以姓氏命名。因倪姓聚居而得名。1958年隶属谢湾大队；1984年隶属谢湾村至今。村委会驻地。东邻杨正伦，南界大张庄，西至环城街道赵垱村杜冲，北连河南。总面积0.5平方千米，耕地面积32公顷。32户，140人。主产水稻、小麦、玉米，兼种果蔬。村落形态呈散状，房屋结构以平房、坡房和楼房为主。

前山东【Qiánshāndōng】 以方位命名。因村东边有一座山，山在村前，故名。1958年隶属谢湾大队；1984年隶属谢湾村至今。位于村委会东北2.3千米。东邻小谢家湾，南界小王庄，西至后山东，北连北柿子园。总面积0.38平方千米，耕地面积21公顷。23户，90人。主产水稻、小麦、玉米、杂粮。村落形态呈散状，房屋结构以平房和坡房为主。

前柿子园【Qiánshìziyuán】 因相邻两村都以村内柿子树多而得名。因该村在南,故名。1958年隶属谢湾大队;1984年隶属谢湾村至今。位于村委会东北4千米。东邻二分沟,南界三里桥水库,西至小谢家湾,北连后柿子园。总面积0.2平方千米,耕地0.9公顷。5户,20人。主产水稻、小麦、杂粮。村落形态呈散状,房屋结构以平房和坡房为主。

前谢湾【Qiánxièwān】 以方位和姓氏综合命名。因谢姓聚居且地处山坡前而得名。1958年隶属谢湾大队;1984年隶属谢湾村至今。位于村委会东3.3千米。东邻柿子园,南界榆树村葵家湾,西至前山东,北连杜家湾。总面积0.45平方千米,耕地面积13公顷。8户,30人。主产水稻、小麦、杂粮。村落形态呈散状,房屋结构以平房和坡房为主。

山埂【Shāngěng】 以地形命名。因背靠一座山岗,远望像一条埂,故名。1958年隶属谢湾大队;1984年隶属谢湾村至今。位于村委会东南600米。东邻张家湾,南界环城街道草堰村草堰庄,西至大张庄,北连倪家湾。总面积0.25平方千米,耕地面积23公顷。18户,70人。主产水稻、小麦、杂粮。村落形态呈散状,房屋结构以平房和坡房为主。

上水寨子【Shàngshuǐzhàizi】 因相邻两村周围都有水寨,该村在北,故名。1958年隶属谢湾大队;1984年隶属谢湾村至今。位于村委会东2千米。东邻榆树村蔡家湾,南界周家湾,西至下水寨子,北连前山东。总面积0.09平方千米,耕地面积5公顷。7户,30人。主产水稻、小麦、杂粮。村落形态呈散状,房屋结构以平房和坡房为主。

吴庄【Wúzhuāng】 以姓氏命名。因吴姓聚居而得名。1958年隶属谢湾大队;1984年隶属谢湾村至今。位于村委会东北3千米。东邻北柿子园,南界李把氏,西至梅庄,北连鸭子山。总面积0.23平方千米,耕地面积12公顷。7户,30人。主产水稻、小麦、杂粮。村落形态呈散状,房屋结构以平房和坡房为主。

下水寨子【Xiàshuǐzhàizi】 因相邻两村周围都有水寨,该村在南,故名。1958年隶属谢湾大队;1984年隶属谢湾村至今。位于村委会东北1.5千米。东邻上水寨子,南界周家湾,西至叶家湾,北连前山东。总面积0.09平方千米,耕地面积4公顷。7户,20人。主产水稻、小麦、杂粮。村落形态呈散状,房屋结构以平房和坡房为主。

小刘庄【Xiǎoliúzhuāng】 以人口和姓氏综合命名。因刘姓聚居且人口较少而得名。1958年隶属谢湾大队;1984年隶属谢湾村至今。位于村委会北1.2千米。东邻梅庄,南界刘老庄水库,西至市畜牧局马庄,北连鸭子山。总面积0.35平方千米,耕地面积23公顷。16户,70人。主产水稻、小麦、杂粮。村落形态呈散状,房屋结构以平房和坡房为主。

小罗庄【Xiǎoluózhuāng】 以姓氏命名。因罗姓聚居且村较小而得名。1958年隶属谢湾大队;1984年隶属谢湾村至今。位于村委会北100米。东邻大罗庄,南界河南,西至柏树庄,北连刘老庄。总面积0.2平方千米,耕地面积8公顷。4户,20人。主产水稻、小麦、杂粮。村落形态呈散状,房屋结构以平房和坡房为主。

小王庄【Xiǎowángzhuāng】 以姓氏和人口综合命名。因王姓聚居且人口较少而得名。1958年隶属谢湾大队;1984年隶属谢湾村至今。位于村委会东北1.5千米。东邻上水寨子,南界下水寨子,西至叶家湾,北连后山东。总面积0.18平方千米,耕地面积10公顷。4户,20人。主产水稻、小麦、杂粮。村落形态呈散状，房屋结构以平房和坡房为主。

小张庄【Xiǎozhāngzhuāng】 以面积和姓氏综合命名。因张姓聚居且面积较小而得名。1958年隶属谢湾大队；1984年隶属谢湾村至今。位于村委会西南500米。东邻大张庄，南界环城街道草堰村楼子湾，西至大西湾，北连倪家湾。总面积0.3平方千米，耕地面积32公顷。12户，60人。主产水稻、小麦、杂粮。村落形态呈散状，房屋结构以平房和坡房为主。

杨正伦【Yángzhènglún】 以人名命名。因最初在此定居的杨正伦而得名。1958年隶属谢湾大队；1984年隶属谢湾村至今。位于村委会东1.3千米。东邻榆树村周家湾，南界凤凰山，西至倪家湾，北连蔡家洼。总面积0.3平方千米，耕地面积27公顷。6户，10人。主产水稻、小麦、杂粮等。村落形态呈散状，房屋结构以平房和坡房为主。

叶家老庄【Yèjiālǎozhuāng】 以姓氏和时间综合命名。因叶姓早年在此建村而得名。1958年隶属谢湾大队；1984年隶属谢湾村至今。位于村委会东北600米。东邻水寨子，南界杨正伦，西至河南，北连李把氏。总面积0.18平方千米，耕地面积8公顷。主产水稻、小麦、杂粮。村落形态呈散状，房屋结构以平房和坡房为主。

小店村【Xiǎodiàncūn】

以小店自然村命名。1958年为小店大队，隶属东风公社（兴隆）；1961年隶属兴隆区；1975年隶属刘升公社；1984年为小店村，隶属刘升区；1987年隶属刘升镇至今。位于镇政府南2千米。东邻罗寨村，南界北河村，西至赵老湾村，北连刘升村。辖5个自然村，总面积4.2平方千米，耕地面积240公顷。224户，860人。主产水稻、小麦、玉米、红薯、艾叶、花生，兼种果蔬。枣刘路过境，村委会驻杨桥。

南习家湾【Nánxíjiāwān】 以方位和姓氏综合命名。因习姓聚居刘升南边而得名。1958年隶属小店大队；1984年隶属小店村至今。位于村委会东600米。东邻石板河，南界杨家湾，西至杨桥，北连上庄。总面积1平方千米，耕地面积55公顷。58户，210人。主产水稻、小麦、玉米、艾叶。村落形态呈团状，房屋结构以平房和楼房为主。

小店【Xiǎodiàn】 以店的规模命名。初建时较小，且村内开过饭店，故名。1958年隶属小店大队；1984年隶属小店村至今。位于村委会东南1.2千米。东邻石板河，南界华阳河，西至赵老湾村陕西庄，北连杨家湾。总面积1.2平方千米，耕地面积70公顷。66户，220人。主产水稻、小麦、玉米、艾叶，兼种果蔬。村落形态呈线状，房屋结构以平房和楼房为主。

小习家湾【Xiǎoxíjiāwān】 以姓氏和规模综合命名。因习姓聚居且村子较小而得名。1958年隶属小店大队；1984年隶属小店村至今。位于村委会东北700米。东邻石板河，南界南习家湾，西至刘湾村自来水厂，北连刘升村。总面积0.5平方千米，耕地面积30公顷。22户，90人。主产水稻、小麦、红薯，兼种果蔬。村落形态呈团状，房屋结构以平房和楼房为主。

杨家湾【Yángjiāwān】 以姓氏命名。因杨姓聚居而得名。1958年隶属小店大队；1984年隶属小店村至今。位于村委会东南700米。东邻石板河，南界小店，西至赵老湾村陕西庄，北连南习家湾。总面积0.7

平方千米，耕地面积45公顷。37户，180人。主产水稻、小麦、玉米、花生、艾叶，兼种果蔬。村落形态呈线状，房屋结构以平房和楼房为主。

杨桥【Yángqiáo】 以姓氏和建筑物综合命名。因杨姓聚居且村西北有座石桥，故名。1958年隶属小店大队；1984年隶属小店村至今。位于村委会南200米。东邻南习家湾，南界杨家湾，西至刘湾村楼子湾，北连刘湾村上庄。总面积0.8平方千米，耕地面积40公顷。41户，160人。主产水稻、小麦、玉米、艾叶，兼种果蔬。村落形态呈散状，房屋结构以平房和坡房为主。

习湾村【Xíwāncūn】

以西习家湾自然村命名。1958年为习湾大队，隶属红旗公社；1961年隶属鹿头区；1975年隶属刘升公社；1984年为习湾村，隶属刘升区；1987年隶属刘升镇至今。位于镇政府西2.7千米。东邻王湾村，南界刘湾村，西至李老湾村，北连生铁炉村。辖11个自然村，总面积7.3平方千米，耕地面积325.8公顷。224户，1269人。主产水稻、小麦、玉米、杂粮，兼种果树，养殖土鸡、鱼、羊。村委会驻习家湾。

白鹤湾【Báihèwān】 以动物命名。因村内树木茂密，白鹤常年在此栖息而得名。1958年隶属习湾大队；1984年隶属习湾村至今。位于村委会西南1.4千米。东邻刘湾村油坊庄，南界八房湾水库，西至八方湾水库，北连张家湾。总面积0.3平方千米，耕地面积11.9公顷。1户，4人。主产水稻、小麦、玉米，兼种果树，养殖土鸡、鱼。村落形态呈散状，房屋结构以坡房为主。

大官冲【Dàguānchōng】 以地形和规模综合命名。因村子较大，建于一条官田的冲旁而得名。1958年隶属习湾大队；1984年隶属习湾村至今。位于村委会西北3千米。东邻小官冲，南界洼里，西至旗杆山，北连祝家老庄。总面积1平方千米，耕地面积45公顷。15户，90人。主产水稻、小麦、玉米，兼种桃树，养殖土鸡、水产。村落形态呈散状，房屋结构以平房和坡房为主。

黄家山【Huángjiāshān】 以姓氏和地形综合命名。因黄姓聚居旗杆山脚下而得名。1958年隶属习湾大队；1984年隶属习湾村至今。位于村委会西1.5千米。东邻王家湾，南界李老湾村树林湾，西至李老湾村胡家湾，北连旗杆山。总面积1.2平方千米，耕地面积30公顷。33户，180人。主产水稻、小麦、玉米，兼种果树。养殖鱼、鸡。村落形态呈散状，房屋结构以平房和楼房为主。

楼子湾【Lóuziwān】 以建筑物命名。因原村内修有炮楼而得名。1958年隶属习湾大队；1984年隶属习湾村至今。位于村委会西1千米。东邻习家湾，南界竹园，西至黄家山，北连王家湾。总面积0.3平方千米，耕地面积8.6公顷。10户，36人。主产水稻、小麦、玉米，兼种果蔬、香菇，养殖土鸡、水产。村落形态呈散状，房屋结构以平房和坡房为主。

洼里【Wālǐ】 以地形命名。因村建于低洼处而得名。1958年隶属习湾大队；1984年隶属习湾村至今。位于村委会北1.5千米。东邻王湾村石滚河，南界王湾村刘家湾，西至王家湾，北连小官冲。总面积0.5平方千米，耕地面积17公顷。14户，87人。主产水稻、小麦、玉米，兼种桃树，养殖土鸡、鸭、鱼。村落形态呈散状，房屋结构以平房和坡房为主。

王家湾【Wángjiāwān】 以姓氏命名。因王姓聚居而得名。1958年隶属习湾大队；1984年隶属习湾村至今。位于村委会西2千米。东邻大官冲,南界楼子湾,西至黄家山,北连旗杆山。总面积0.8平方千米,耕地面积31公顷。22户,142人。主产水稻、小麦、玉米,兼种果树、香菇,养殖土鸡、水产。村落形态呈散状,房屋结构以平房和坡房为主。

西习家湾【Xīxíjiāwān】 以方位和姓氏综合命名。因村位于刘升西且习姓聚居而得名。1958年隶属习湾大队;1984年隶属习湾村至今。村委会驻地。东邻王湾村刘家湾,南界张家湾,西至竹园,北连洼里。总面积0.8平方千米,耕地面积75公顷。56户,301人。主产水稻、小麦、玉米,兼种桃树,养殖土鸡、水产、牛。村落形态呈散状,房屋结构以平房、坡房和楼房为主。

小官冲【Xiǎoguānchōng】 以地形和规模综合命名。因村子较小,建于一条官田的冲旁而得名。1958年隶属习湾大队;1984年隶属习湾村至今。位于村委会北2.5千米。东邻王湾村石滚河,南界洼里,西至大官冲,北连祝家老庄。总面积0.5平方千米,耕地面积18.3公顷。18户,98人。主产水稻、小麦、玉米,兼种桃树,养殖土鸡、水产。村落形态呈散状,房屋结构以平房和坡房为主。

张家湾【Zhāngjiāwān】 以姓氏命名。因张姓聚居而得名。1958年隶属习湾大队;1984年隶属习湾村至今。位于村委会南1.3千米。东邻刘湾村油坊庄,南界白鹤湾,西至竹园,北连西习家湾。总面积0.7平方千米,耕地面积21公顷。23户,130人。主产水稻、小麦、玉米,兼种红薯、果树,养殖土鸡、牛。村落形态呈散状,房屋结构以平房、坡房和楼房为主。

竹园【Zhúyuán】 以植物命名。因原村内有片竹林而得名。1958年隶属习湾大队;1984年隶属习湾村至今。位于村委会西700米。东邻张家湾,南界白鹤湾,西至李老湾村刘家湾,北连楼子湾。总面积0.6平方千米,耕地面积29公顷。21户,125人。主产水稻、小麦、玉米,兼种果树,养殖土鸡、水产。村落形态呈散状,房屋结构以平房、坡房和楼房为主。

祝家老庄【Zhùjiālǎozhuāng】 以姓氏和建村时间综合命名。因祝姓聚居且建村早而得名。1958年隶属习湾大队;1984年隶属习湾村至今。位于村委会北3.5千米。东邻王湾村杨家湾,南界大官冲,西至旗杆山,北连生铁炉村活水田。总面积0.6平方千米,耕地面积39公顷。11户,76人。主产水稻、小麦、玉米,养殖山羊、土鸡、水产。村落形态呈散状,房屋结构以平房和坡房为主。

杨老湾村【Yánglǎowāncūn】

以杨老湾自然村命名。1958年为杨老湾大队,隶属东风公社(兴隆);1961年隶属兴隆区;1975年隶属刘升公社;1984年为杨老湾村,隶属刘升区;1987年隶属刘升镇至今。位于镇政府南9千米。东邻兴隆镇草寺村,南界兴隆镇陡坡,西至龚陈村,北连大河村。辖7个自然村,总面积4.28平方千米,耕地面积246.55公顷。247户,1040人。主产水稻、小麦、玉米、花生。272省道过境,村委会驻杨老湾村。

蔡家湾【Càijiāwān】 以姓氏命名。因蔡姓聚居而得名。1958年隶属杨老湾大队;1984年隶属杨老湾村至今。位于村委会西北1.8千米。东邻栗扒,南界壕沟,西至西河水库,北连龚陈村凳子湾。总面积0.3平方千米,耕地面积23.6公顷。19户,80人。主产水稻、小麦、玉米、花生。村落形态呈散状,房屋结构以平房和坡房为主。

二房湾【Èrfángwān】 以姓氏和排序综合命名。因李姓兄弟分家，老二住此而得名。1958年隶属杨老湾大队；1984年隶属杨老湾村至今。位于村委会北1.5千米。东邻王儿冲，南界杨老湾，西至蔡家湾，北连大河村马家湾。总面积0.7平方千米，耕地面积37.8公顷。38户，150人。主产水稻、小麦、玉米、花生。村落形态呈散状，房屋结构以平房和坡房为主。

壕沟【Háogōu】 以地形命名。因村旁有一条壕沟而得名。1958年隶属杨老湾大队；1984年隶属杨老湾村至今。位于村委会南1千米。东邻华阳河水库，南界兴隆镇兴隆村，西至西河水库，北连杨老湾。总面积0.6平方千米，耕地面积26公顷。28户，120人。主产水稻、小麦、玉米、花生。村落形态呈散状，房屋结构以平房和坡房为主。

栗扒【Lìpá】 以植物命名。因村内栗树多而得名。1958年隶属杨老湾大队；1984年隶属杨老湾村至今。位于村委会西1.5千米。东邻杨老湾，南界壕沟，西至蔡家湾，北连龚陈村凳子湾。总面积0.8平方千米，耕地面积48.53公顷。44户，180人。主产水稻、小麦、玉米、花生。村落形态呈散状，房屋结构以平房和坡房为主。

王儿冲【Wángrchōng】 以姓氏和地形综合命名。因王姓聚居冲旁而得名。1958年隶属杨老湾大队；1984年隶属杨老湾村至今。位于村委会东北2千米。东邻华阳河水库，南界谢家湾，西至二房湾，北连大河村龙登冲。总面积0.4平方千米，耕地面积30.5公顷。27户，120人。主产水稻、小麦、玉米、花生。村落形态呈线状，房屋结构以平房和坡房为主。

谢家湾【Xièjiāwān】 以姓氏命名。因谢姓聚居而得名。1958年隶属杨老湾大队；1984年隶属杨老湾村至今。位于村委会东北1.8千米。东邻华阳河水库，南界杨老湾，西至栗扒，北连王儿冲。总面积0.4平方千米，耕地面积23.5公顷。26户，110人。主产水稻、小麦、玉米、花生。村落形态呈散状，房屋结构以平房和坡房为主。

杨老湾【Yánglǎowān】 以姓氏和建村时间综合命名。因杨姓聚居且建村早而得名。1958年隶属杨老湾大队；1984年隶属杨老湾村至今。村委会驻地。东邻华阳河水库，南界壕沟，西至西河水库，北连谢家湾。总面积1.08平方千米，耕地面积56.62公顷。65户，280人。主产水稻、小麦、玉米、花生。村落形态呈散状，房屋结构以平房、坡房和楼房为主。

杨湾村【Yángwāncūn】

以杨家湾自然村命名。1958年为杨湾大队，隶属东风公社；1961年隶属兴隆区；1975年隶属刘升人民公社；1984年为杨湾村，隶属刘升区；1987年隶属刘升镇至今。位于镇政府东3千米。东邻金峡村，南界枣林村，西至罗寨村，北连油坊村。辖4个自然村，总面积7平方千米，耕地面积220公顷。225户，910人。主产水稻、小麦、玉米、杂粮，兼种桃树、李子、香菇，养殖鱼、虾。刘枣（枣林）公路过境，村委会驻杨家湾。

大东庄【Dàdōngzhuāng】 以方位和村规模综合命名。因在罗寨东有两个东庄，此村规模较大而得名。1958年隶属杨湾大队；1984年隶属杨湾村至今。位于村委会西1千米。东邻杨家湾，南界张家湾，西至罗寨村东罗家寨，北连姜家粉坊。总面积2平方千米，耕地面积66公顷。85户，290人。主产水稻、小麦；兼种杂粮，有桃、李、香菇栽培。村落形态呈散状，房屋结构以平房和楼房为主。

姜家粉坊【Jiāngjiāfěnfáng】 以姓氏和作坊综合命名。因姜姓聚居村内开过粉坊而得名。1958年隶属杨湾大队；1984年隶属杨湾村至今。位于村委会北2.5千米。东邻油坊村程家楼，南界大东庄，西至罗寨村汪家湾，北连油坊村汪家湾。总面积1.7平方千米，耕地面积45公顷。32户，140人。主产水稻、小麦，兼种杂粮、果蔬，亦有发展养殖业。村落形态呈散状，房屋结构以平房和坡房为主。

杨家湾【Yángjiāwān】 以姓氏命名。因杨姓聚居而得名。1958年隶属杨湾大队；1984年隶属杨湾村至今。村委会驻地。东邻金峡村土门，南界枣林村小西湾，西至东庄，北连姜家粉坊。总面积1.8平方千米，耕地面积65公顷。68户，260人。主产水稻、小麦、杂粮，兼种果蔬，发展养鱼业。村落形态呈散状，房屋结构以平房、坡房和楼房为主。

张家湾【Zhāngjiāwān】 以姓氏命名。因张姓聚居而得名。1958年隶属杨湾大队；1984年隶属杨湾村至今。位于村委会西南1千米。东邻杨家湾，南界枣林村小西湾，西至罗寨村罗家寨，北连东庄。总面积1.5平方千米，耕地面积44公顷。40户，220人。主产水稻、小麦、杂粮，兼种果蔬，养殖香菇、鱼。村落形态呈散状，房屋结构以平房和坡房为主。

杉树林村【Shānshùlíncūn】

原名为王寨大队；1980年因重名，以境内有千亩杉树林命名。1958年为王寨大队，隶属东风公社；1961年隶属兴隆区；1975年隶属刘升公社；1980年为杉树林大队；1984年为杉树林村，隶属刘升区；1987年隶属刘升镇至今。位于镇政府西南10.5千米。东邻田湾村，南界兴隆镇杨楼村，西至环城街道草堰村，北连榆树村。辖19个自然村，总面积7.99平方千米，耕地面积313.92公顷。416户，1662人。主产水稻、小麦、玉米。316国道过境，村委会驻榆杉路北50米处。

毕家湾【Bìjiāwān】 以姓氏命名。因毕姓聚居而得名。1958年隶属王寨大队；1980年隶属杉树林大队；1984年隶属杉树林村至今。位于村委会东南1千米。东邻田湾村田家湾，南界柯家湾，西至小袁家湾，北连榆杉路。总面积0.61平方千米，耕地面积24公顷。18户，80人。主产水稻、小麦、玉米。村落形态呈线状，房屋结构以平房和坡房为主。

戴家湾【Dàijiāwān】 以姓氏命名。因戴姓聚居而得名。1958年隶属王寨大队；1980年隶属杉树林大队；1984年隶属杉树林村至今。位于村委会东北1.03千米。东邻榆树村潘家湾，南界叶家湾，西至王家湾，北连榆树村柳庄。总面积0.47平方千米，耕地面积18.4公顷。18户，50人。主产水稻、小麦、玉米，兼种油料作物。村落形态呈线状，房屋结构以平房和坡房为主。

邓家湾【Dèngjiāwān】 以姓氏命名。因邓姓聚居而得名。1958年隶属王寨大队；1980年隶属杉树林大队；1984年隶属杉树林村至今。位于村委会西北1.5千米。东邻孙家湾，南界周家湾，西至环城街道草堰村小东庄，北连榆树村刘家新庄。总面积0.45平方千米，耕地面积14.5公顷。17户，60人。主产水稻、小麦、玉米。村落形态呈线状，房屋结构以平房和楼房为主。

韩家湾【Hánjiāwān】 以姓氏命名。因韩姓聚居而得名。1958年隶属王寨大队；1980年隶属杉树林大队；1984年隶属杉树林村至今。位于村委会西800米。东邻王北庄，南界小袁家湾，西至袁家湾，北连沈家窑。总面积0.88平方千米，耕地面积34.67公顷。28户，130人。主产水稻、小麦、玉米。村落形态呈线状，房屋结构以平房和坡房为主。

胡家湾【Hújiāwān】 以姓氏命名。因胡姓聚居而得名。1958年隶属王寨大队；1980年隶属杉树林大队；1984年隶属杉树林村至今。位于村委会西2千米。东邻小王家湾，南界王北庄，西至楼子湾，北连孙家湾。总面积0.8平方千米，耕地面积33.2公顷。42户，150人。主产水稻、小麦、玉米。村落形态呈线状，房屋结构以平房、坡房和楼房为主。

刘家湾【Liújiāwān】 以姓氏命名。因刘姓聚居而得名。1958年隶属王寨大队；1980年隶属杉树林大队；1984年隶属杉树林村至今。位于村委会西北500米。东邻张家湾，南界榆杉路，西至沈家窑，北连周家湾。总面积0.27平方千米，耕地面积11.33公顷。20户，90人。主产水稻、小麦、玉米。村落形态呈线状，房屋结构以平房、坡房和楼房为主。

楼子湾【Lóuziwān】 以建筑物命名。因村内修有楼子而得名。1958年隶属王寨大队；1980年隶属杉树林大队；1984年隶属杉树林村至今。位于村委会西1.5千米。东邻韩家湾，南界316国道，西至王家寨，北连东郊水库。总面积0.32平方千米，耕地面积13.33公顷。25户，130人。主产水稻、小麦、玉米。村落形态呈线状，房屋结构以平房和坡房为主。

沈家窑【Shěnjiāyáo】 以姓氏和窑场综合命名。因沈姓聚居且村内建有砖瓦窑而得名。1958年隶属王寨大队；1980年隶属杉树林大队；1984年隶属杉树林村至今。位于村委会西北850米。东邻王北庄，南界韩家湾，西至楼子湾，北连周家湾。总面积0.03平方千米，耕地面积1.33公顷。2户，10人。主产水稻、小麦、玉米。村落形态呈线状，房屋结构以平房为主。

孙家湾【Sūnjiāwān】 以姓氏命名。因孙姓聚居而得名。1958年隶属王寨大队；1980年隶属杉树林大队；1984年隶属杉树林村至今。位于村委会北1.5千米。东邻小王家湾，南界周家湾，西至邓家湾，北连榆树村刘家新庄。总面积0.45平方千米，耕地面积18.67公顷。16户，70人。主产水稻、小麦、玉米。村落形态呈团状，房屋结构以平房、坡房和楼房为主。

王北庄【Wángběizhuāng】 以姓氏和方位综合命名。因王姓聚居岗北而得名。1958年隶属王寨大队；1980年隶属杉树林大队；1984年隶属杉树林村至今。位于村委会北500米。东邻叶家湾，南界榆杉路，西至刘家湾，北连王家湾。总面积0.39平方千米，耕地面积15.33公顷。25户，100人。主产水稻、小麦、玉米。村落形态呈线状，房屋结构以平房和坡房为主。

王家湾【Wángjiāwān】 以姓氏命名。因王姓聚居而得名。1958年隶属王寨大队；1980年隶属杉树林大队；1984年隶属杉树林村至今。位于村委会北1千米。东邻戴家湾，南界刘家湾，西至小王家湾，北连刀把堰水库。总面积0.75平方千米，耕地面积31.33公顷。40户，170人。主产水稻、小麦、玉米，兼种油料作物。村落形态呈团状，房屋结构以平房和坡房为主。

王家寨【Wángjiāzhài】 以姓氏和建筑物综合命名。因王姓聚居且村周围修有寨墙而得名。1958年隶属王寨大队；1980年隶属杉树林大队；1984年隶属杉树林村至今。位于村委会西北1.51千米。东邻小楼子湾，南界316国道，西至胡家湾，北连东郊水库。总面积0.42平方千米，耕地面积17.53公顷。45户，

140人。主产水稻、小麦、玉米。村落形态呈团状,房屋结构以平房、坡房和楼房为主。

小王家湾【Xiǎowángjiāwān】 以姓氏和规模综合命名。因王姓聚居且村子较小而得名。1958年隶属王寨大队;1980年隶属杉树林大队;1984年隶属杉树林村至今。位于村委会北1千米。东邻王家湾,南界刘家湾,西至周家湾,北连刀把堰水库。总面积0.03平方千米,耕地面积1.27公顷。5户,20人。主产水稻、小麦、玉米。村落形态呈团状,房屋结构以平房、坡房和楼房为主。

小袁家湾【Xiǎoyuánjiāwān】 以姓氏和规模综合命名。因袁姓分居相邻两村,该村较小而得名。1958年隶属王寨大队;1980年隶属杉树林大队;1984年隶属杉树林村至今。位于村委会西南850米。东邻毕家湾,南界杨家油坊,西至杉树林小学,北连榆杉路。总面积0.41平方千米,耕地面积20公顷。43户,180人。主产水稻、小麦、玉米。村落形态呈线状,房屋结构以平房、坡房和楼房为主。

杨家油坊【Yángjiāyóufáng】 以姓氏和油坊综合命名。因杨姓聚居且曾开设过油坊而得名。1958年隶属王寨大队;1980年隶属杉树林大队;1984年隶属杉树林村至今。位于村委会西南1千米。东邻柯家湾,南界田家油坊,西至316国道,北连小袁家湾。总面积0.2平方千米,耕地面积4公顷。1户,2人。主产水稻、小麦、玉米。村落形态呈线状,房屋结构以平房为主。

叶家湾【Yèjiāwān】 以姓氏命名。因叶姓聚居而得名。1958年隶属王寨大队;1980年隶属杉树林大队;1984年隶属杉树林村至今。位于村委会东北1千米。东邻田湾村岗儿湾,南界榆杉路,西至刘家湾,北连戴家湾。总面积0.48平方千米,耕地面积20公顷。20户,90人。主产水稻、小麦、玉米。村落形态呈线状,房屋结构以平房和坡房为主。

袁家湾【Yuánjiāwān】 以姓氏命名。因袁姓聚居而得名。1958年隶属王寨大队;1980年隶属杉树林大队;1984年隶属杉树林村至今。位于村委会西810米。东邻韩家湾,南界榆杉路,西至316国道,北连沈家窑。总面积0.13平方千米,耕地面积1.33公顷。8户,30人。主产水稻、小麦、玉米。村落形态呈线状,房屋结构以平房和坡房为主。

张家湾【Zhāngjiāwān】 以姓氏命名。因张姓聚居而得名。1958年隶属王寨大队;1980年隶属杉树林大队;1984年隶属杉树林村至今。位于村委会北510米。东邻王北庄,南界村委会,西至刘家湾,北连周家湾。总面积0.1平方千米,耕地0.5公顷。1户,10人。主产水稻、小麦、玉米。村落形态呈散状,房屋结构以楼房为主。

周家湾【Zhōujiāwān】 以姓氏命名。因周姓聚居而得名。1958年隶属王寨大队;1980年隶属杉树林大队;1984年隶属杉树林村至今。位于村委会西北1.2千米。东邻小王家湾,南界王北庄,西至楼子湾,北连孙家湾。总面积0.8平方千米,耕地面积33.2公顷。42户,150人。主产水稻、小麦、玉米。村落形态呈线状,房屋结构以平房、坡房和楼房为主。

油坊村【Yóufángcūn】

以潘家油坊自然村命名。1958年为油坊大队,隶属红旗公社;1961年隶属鹿头区;1975年隶属刘升公社;1984年为油坊村,隶属刘升区;1987年隶属刘升镇至今。位于镇政府东5.5千米。东邻随县吴山镇联申村分水岭,南界罗寨村,西至高堤村,北连黄湾村。辖13个自然村,总面积

4.55平方千米，耕地面积305公顷。347户，1310人。主产水稻、小麦、杂粮，兼种果蔬。刘吴路过境，村委会驻潘家油坊。

草堰冲【Cǎoyànchōng】 以堰塘和地形综合命名。因建在草堰边，堰南边有条冲，故而得名。1958年隶属油坊大队；1984年隶属油坊村至今。位于村委会东北2千米。东邻林场，南界陈家油坊，西至吴家坡，北连黄湾村张家湾。总面积0.3平方千米，耕地面积16公顷。21户，70人。主产水稻、小麦、杂粮，兼种果蔬。村落形态呈团状，房屋结构以平房和坡房为主。

陈家湾【Chénjiāwān】 以姓氏命名。因陈姓聚居而得名。1958年隶属油坊大队；1984年隶属油坊村至今。位于村委会西北1千米。东邻吴家坡，南界杨湾村姜家粉坊，西至谢家湾，北连姜湾村雷家湾。总面积0.3平方千米，耕地面积19公顷。20户，80人。主产水稻、小麦、杂粮，兼种果蔬。村落形态呈线状，房屋结构以平房和楼房为主。

陈家油坊【Chénjiāyóufáng】 以姓氏和作坊综合命名。因陈姓在此开过油坊而得名。1958年隶属油坊大队；1984年隶属油坊村至今。位于村委会东2千米。东邻方家湾，南界百河山水库，西至新庄，北连草堰冲。总面积0.3平方千米，耕地面积12公顷。17户，60人。主产水稻、小麦、杂粮，兼种果蔬。村落形态呈团状，房屋结构以平房和坡房为主。

程家楼【Chéngjiālóu】 以姓氏和建筑物综合命名。因程姓聚居，村内修有楼房，故而得名。1958年隶属油坊大队；1984年隶属油坊村至今。位于村委会东南1.5千米。东邻随州市联城村分水岭，南界金峡村高洼冲，西至汪家湾，北连靳家庄。总面积0.85平方千米，耕地面积76公顷。83户，310人。主产水稻、小麦、杂粮，兼种果蔬。村落形态呈散状，房屋结构以坡房和楼房为主。

大黄楝树【Dàhuángliànshù】 以植物命名。因村内一棵大黄楝树而得名。1958年隶属油坊大队；1984年隶属油坊村至今。位于村委会西2千米。东邻谢家湾，南界罗寨村王家湾，西至高堤村张家湾，北连高堤村林庄。总面积0.5平方千米，耕地面积43公顷。43户，180人。主产水稻、小麦、杂粮，兼种果蔬。村落形态呈散状，房屋结构以平房和坡房为主。

靳家庄【Jìnjiāzhuāng】 以姓氏命名。因靳姓聚居而得名。1958年隶属油坊大队；1984年隶属油坊村至今。位于村委会东1.5千米。东邻百河山水库，南界程家楼，西至柿子园，北连新庄。总面积0.2平方千米，耕地面积12公顷。19户，60人。主产水稻、小麦、杂粮。村落形态呈散状，房屋结构以平房和坡房为主。

潘家油坊【Pānjiāyóufáng】 以姓氏和作坊综合命名。因潘姓在此开过油坊而得名。1958年隶属油坊大队；1984年隶属油坊村至今。村委会驻地。东邻汪家湾，南界杨湾村姜家粉坊，西至乔庄，北连吴家坡。总面积0.5平方千米，耕地面积30公顷。40户，140人。主产水稻、小麦、杂粮，兼种果蔬。村落形态呈散状，房屋结构以平房和楼房为主。

乔庄【Qiáozhuāng】 以姓氏命名。因乔姓聚居而得名。1958年隶属油坊大队；1984年隶属油坊村至今。位于村委会西500米。东邻潘家油坊，南界杨湾村姜家粉坊，西至谢家湾，北连黄湾村老家湾。总面积0.2平方千米，耕地面积13公顷。11户，40人。主产水稻、小麦、杂粮。村落形态呈团状，房屋结构以坡房为主。

柿子园【Shìziyuán】 以植物命名。因村内柿子树多而得名。1958年隶属油坊大队；1984年隶属油坊村至今。位于村委会东北1.2千米。东邻新庄，南界汪家湾，西至潘家油坊，北连吴家坡。总面积0.2平方千米，耕地面积14公顷。14户，50人。主产水稻、小麦、杂粮。村落形态呈线状，房屋结构以平房和坡房为主。

汪家湾【Wāngjiāwān】 以姓氏命名。因汪姓聚居而得名。1958年隶属油坊大队；1984年隶属油坊村至今。位于村委会东500米。东邻程家楼，南界杨湾村姜家粉坊，西至潘家油坊，北连吴家坡。总面积0.3平方千米，耕地面积18公顷。24户，100人。主产水稻、小麦、杂粮。村落形态呈散状，房屋结构以平房为主。

吴家坡【Wújiāpō】 以姓氏和地形综合命名。因吴姓聚居于坡上而得名。1958年隶属油坊大队；1984年隶属油坊村至今。位于村委会东北1千米。东邻草堰冲，南界盘家油坊，西至黄湾村老家湾，北连黄湾村肖家堰。总面积0.4平方千米，耕地面积25公顷。26户，100人。主产水稻、小麦、玉米，兼种果蔬。村落形态呈团状，房屋结构以平房和坡房为主。

谢家湾【Xièjiāwān】 以姓氏命名。因谢姓聚居而得名。1958年隶属油坊大队；1984年隶属油坊村至今。位于村委会西1千米。东邻陈家湾，南界杨湾村姜家粉坊，西至高堤村林庄，北连姜湾村雷家湾。总面积0.3平方千米，耕地面积13公顷。14户，60人。主产水稻、小麦、杂粮。村落形态呈团状，房屋结构以平房和坡房为主。

新庄【Xīnzhuāng】 以建村时间命名。因建村较晚而得名。1958年隶属油坊大队；1984年隶属油坊村至今。位于村委会东1.6千米。东邻陈家油坊，南界靳家庄，西至柿子园，北连吴家坡。总面积0.2平方千米，耕地面积14公顷。15户，60人。主产水稻、小麦、杂粮。村落形态呈散状，房屋结构以平房和坡房为主。

榆树村【Yúshùcūn】

以榆树岗自然集镇命名。1958年为榆树大队，隶属东风公社（兴隆）；1961年隶属兴隆区；1975年隶属刘升公社；1984年为榆树村，隶属刘升区；1987年隶属刘升镇至今。位于镇政府西南7.5千米。东邻李老湾村，南界田湾村，西至谢湾村，北连谢湾村。辖17个自然村，总面积12.18平方千米，耕地面积504公顷。782户，2910人。主产水稻、小麦、玉米、棉花，兼种花生、果蔬。枣刘路过境，村委会驻周家湾。

北河【Běihé】 以方位和河流综合命名。因建于小河北而得名。1958年隶属榆树大队；1984年隶属榆树村至今。位于村委会东北1千米。东邻李老湾村枣树林，南界中西堰，西至庙西庄，北连三里桥水库。总面积0.3平方千米，耕地面积25公顷。37户，170人。主产水稻、小麦、杂粮。村落形态呈团状，房屋结构以平房和坡房为主。

曹家湾【Cáojiāwān】 以姓氏命名。因曹姓聚居而得名。1958年隶属榆树大队；1984年隶属榆树村至今。位于村委会东900米。东邻北河，南界庙西庄，西至周家湾水库，北连连子山。总面积0.4平方千米，耕地面积30公顷。51户，140人。主产水稻、小麦、杂粮，兼种果蔬。村落形态呈团状，房屋结构以平房和坡房为主。

陈家湾【Chénjiāwān】 以姓氏命名。因陈姓聚居而得名。1958年隶属榆树大队；1984年隶属榆树村至今。位于村委会西南500米。东邻大水畈，南界杉树林村王家湾，西至张家湾，北连周家湾。总面积0.39平方千米，耕地面积30公顷。28户，110人。主产水稻、小麦、玉米，兼种果蔬。村落形态呈团状，房屋结构以平房和坡房为主。

大水畈【Dàshuǐfàn】 村东河两岸都是畈地，因河水泛滥成灾，故名。1958年隶属榆树大队；1984年隶属榆树村至今。位于村委会东南500米。东邻榆树岗，南界小王庄，西至陈家湾，北连周家湾。总面积0.39平方千米，耕地面积30公顷。30户，110人。主产水稻、小麦、杂粮，兼种果蔬。村落形态呈团状，房屋结构以平房和坡房为主。

店子湾【Diànziwān】 以店铺命名。因原村内开有饭店而得名。1958年隶属榆树大队；1984年隶属榆树村至今。位于村委会东北1.2千米。东邻李老湾村枣树林，南界谢家湾，西至庙西庄，北连连子山。总面积0.05平方千米，耕地面积5公顷。5户，20人。主产水稻、小麦、杂粮。村落形态呈团状，房屋结构以平房和坡房为主。

东岗【Dōnggǎng】 以方位和地形综合命名。因村建于榆树岗东而得名。1958年隶属榆树大队；1984年隶属榆树村至今。位于村委会东1.5千米。东邻李老湾村姐湾，南界蒿子湾，西至谢家湾，北连店子湾。总面积1.5平方千米，耕地面积43公顷。120户，460人。主产水稻、小麦、玉米、花生、棉花，兼种果蔬。村落形态呈线状，房屋结构以楼房为主。

蒿子岗【Hāozigǎng】 以植物和地形综合命名。因村建在一条长满蒿子的岗上而得名。1958年隶属榆树大队；1984年隶属榆树村至今。位于村委会东南2.2千米。东邻李老湾村刘家湾，南界田湾村王家老湾，西至潘家湾，北连东岗。总面积1.5平方千米，耕地面积43公顷。59户，250人。主产水稻、小麦、杂粮。村落形态呈线状，房屋结构以平房和楼房为主。

刘家新庄【Liújiāxīnzhuāng】 以姓氏和建村时间综合命名。因刘姓聚居于此且建村较晚而得名。1958年隶属榆树大队；1984年隶属榆树村至今。位于村委会西南900米。东邻小王庄，南界杉树林村孙家湾，西至环城街道赵垱村张家草堰，北连吴家湾。总面积0.3平方千米，耕地面积20公顷。20户，50人。主产水稻、小麦、杂粮。村落形态呈团状，房屋结构以平房和坡房为主。

柳庄【Liǔzhuāng】 以姓氏命名。因柳姓聚居而得名。1958年隶属榆树大队；1984年隶属榆树村至今。位于村委会东南2千米。东邻蒿子岗，南界杉树林村代家湾，西至柳庄，北连榆树岗。总面积0.83平方千米，耕地面积40公顷。45户，150人。主产水稻、小麦、玉米、花生、棉花，兼种果蔬。村落形态呈团状，房屋结构以平房和坡房为主。

庙西庄【Miàoxīzhuāng】 以方位和建筑物综合命名。因建村于太山庙西边而得名。1958年隶属榆树大队；1984年隶属榆树村至今。位于村委会东北500米。东邻北河，南界中西堰，西至周家湾，北连曹家湾。总面积0.6平方千米，耕地面积7公顷。9户，30人。主产水稻、小麦、杂粮。村落形态呈团状，房屋结构以平房和坡房为主。

潘家湾【Pānjiāwān】 以姓氏命名。因潘姓聚居而得名。1958年隶属榆树大队；1984年隶属榆树村至今。位于村委会东南2千米。东邻蒿子岗，南界杉树林村代家湾，西至柳庄，北连榆树岗。总面积0.83

平方千米，耕地面积 40 公顷。45 户，150 人。主产水稻、小麦、玉米、花生、棉花，兼种果蔬。村落形态呈团状，房屋结构以平房和坡房为主。

吴家湾【Wújiāwān】 以姓氏命名。因吴姓聚居而得名。1958 年隶属榆树大队；1984 年隶属榆树村至今。位于村委会西南 800 米。东邻大水畈，南界刘家新庄，西至环城街道赵挡村张家草堰，北连张家湾。总面积 0.2 平方千米，耕地面积 10 公顷。10 户，40 人。主产水稻、小麦、杂粮。村落形态呈团状，房屋结构以平房和坡房为主。

小王庄【Xiǎowángzhuāng】 以人口和姓氏综合命名。因王姓聚居且人口少而得名。1958 年隶属榆树大队；1984 年隶属榆树村至今。位于村委会东南 1.5 千米。东邻柳庄，南界杉树林村王家湾，西至刘家新庄，北连大水畈。总面积 0.67 平方千米，耕地面积 24 公顷。21 户，70 人。主产水稻、小麦、玉米、花生、棉花。村落形态呈团状，房屋结构以平房和坡房为主。

谢家湾【Xièjiāwān】 以姓氏命名。因谢姓聚居而得名。1958 年隶属榆树大队；1984 年隶属榆树村至今。位于村委会东 1.5 千米。东邻李老湾村姐湾，南界蒿子岗，西至中西堰，北连北河。总面积 0.5 平方千米，耕地面积 20 公顷。47 户，180 人。主产水稻、小麦、杂粮，兼种果蔬。村落形态呈团状，房屋结构以坡房和楼房为主。

榆树岗【Yúshùgǎng】 以自然集镇植物和地形综合命名。因村建于岗上且村内有许多榆树而得名。1958 年隶属榆树大队；1984 年隶属榆树村至今。位于村委会东南 2 千米。东邻东岗，南界潘家湾，西至大水畈，北连中西堰。总面积 1.72 平方千米，耕地面积 64 公顷。90 户，350 人。主产水稻、小麦、玉米、花生，兼种果蔬。村落形态呈团状，房屋结构以平房和坡房为主。

中西堰【Zhōngxīyàn】 以方位和堰塘综合命名。因榆树岗西有口大堰，堰附近有相邻三个村，此村建于其他两个村中间，故名。1958 年隶属榆树大队；1984 年隶属榆树村至今。位于村委会东南 500 米。东邻榆树西街，南界小王庄，西至大水畈，北连庙西庄。总面积 0.5 平方千米，耕地面积 30 公顷。45 户，170 人。主产水稻、小麦、杂粮，兼种果蔬。村落形态呈团状，房屋结构以平房和坡房为主。

周家湾【Zhōujiāwān】 以姓氏命名。因周姓聚居而得名。1958 年隶属榆树大队；1984 年隶属榆树村至今。位于村委会东 1.5 千米。东邻李老湾村姐湾，南界蒿子湾，西至谢家湾，北连店子湾。总面积 1.5 平方千米，耕地面积 43 公顷。120 户，460 人。主产水稻、小麦、玉米、花生、棉花，兼种果蔬。村落形态呈线状，房屋结构以楼房为主。

赵老湾村【Zhàolǎowāncūn】

以赵老湾自然村命名。1958 年为赵老湾大队，隶属东风公社（兴隆）；1961 年隶属兴隆区；1975 年隶属刘升公社；1984 年为赵老湾村，隶属刘升区；1987 年隶属刘升镇至今。位于镇政府南 3 千米。东邻小店村，南界大河村，西至李老湾村，北连刘湾村。辖 14 个自然村，总面积 4.55 平方千米，耕地面积 197 公顷。490 户，1600 人。主产水稻、小麦、玉米、花生。枣刘路过境，村委会设椿树湾南 500 米处。

褚家湾【Chǔjiāwān】 以姓氏命名。因褚姓聚居而得名。1958年隶属赵老湾大队；1984年隶属赵老湾村至今。位于村委会西900米。东邻简沟，南界张楼，西至李老湾村安家湾，北连刁家湾。总面积0.5平方千米，耕地面积8公顷。39户，150人。主产水稻、小麦、玉米、花生。村落形态呈散状，房屋结构以平房和坡房为主。

椿树湾【Chūnshùwān】 以植物命名。因原村内椿树多而得名。1958年隶属赵老湾大队；1984年隶属赵老湾村至今。位于村委会北500米。东邻陕西庄，南界简沟，西至罗家湾，北连杨井。总面积0.25平方千米，耕地面积16公顷。48户，160人。主产水稻、小麦、玉米、花生。村落形态呈团状，房屋结构以平房和坡房为主。

刁家湾【Diāojiāwān】 以姓氏命名。因刁姓聚居而得名。1958年隶属赵老湾大队；1984年隶属赵老湾村至今。位于村委会西北1.4千米。东邻竹园，南界褚家湾，西至神仙坡，北连习湾村张家湾。总面积0.3平方千米，耕地面积16公顷。56户，160人。主产水稻、小麦、玉米、花生，兼种果树。村落形态呈团状，房屋结构以平房和楼房为主。

简沟【Jiǎngōu】 以姓氏和地形综合命名。因简姓聚居沟旁而得名。1958年隶属赵老湾大队；1984年隶属赵老湾村至今。位于村委会西1千米。东邻老户凹，南界雷家湾，西至刘家湾，北连椿树湾。总面积0.25平方千米，耕地面积17公顷。31户，90人。主产水稻、小麦、玉米、花生。村落形态呈线状，房屋结构以平房和坡房为主。

老户凹【Lǎohùwā】 以时间和地形综合命名。因有户人家最早定居洼地而得名。1958年隶属赵老湾大队；1984年隶属赵老湾村至今。位于村委会东300米。东邻小店村胡家湾，南界赵老湾，西至简沟，北连杨井。总面积0.3平方千米，耕地面积10公顷。6户，20人。主产水稻、小麦、玉米、花生。村落形态呈散状，房屋结构以平房和坡房为主。

雷家湾【Léijiāwān】 以姓氏命名。因雷姓聚居而得名。1958年隶属赵老湾大队；1984年隶属赵老湾村至今。位于村委会西900米。东邻简沟，南界张楼，西至李老湾村安家湾，北连刁家湾。总面积0.25平方千米，耕地面积14公顷。36户，130人。主产水稻、小麦、玉米、花生。村落形态呈散状，房屋结构以平房和坡房为主。

刘家湾【Liújiāwān】 以姓氏命名。因刘姓聚居而得名。1958年隶属赵老湾大队；1984年隶属赵老湾村至今。位于村委会西1千米。东邻简沟，南界李老湾村汪家湾，西至李老湾村坊湾，北连褚家湾。总面积0.5平方千米，耕地面积9公顷。6户，20人。主产水稻、小麦、玉米、花生。村落形态呈散状，房屋结构以平房和坡房为主。

罗家湾【Luójiāwān】 以姓氏命名。因罗姓聚居而得名。1958年隶属赵老湾大队；1984年隶属赵老湾村至今。位于村委会西北700米。东邻椿树湾，南界褚家湾，西至李老湾村安家湾，北连习家湾。总面积0.3平方千米，耕地面积4公顷。6户，30人。主产水稻、小麦、玉米、花生。村落形态呈散状，房屋结构以平房和坡房为主。

陕西庄【Shǎnxīzhuāng】 因一家陕西商人定居于此，故名。1958年隶属赵老湾大队；1984年隶属赵老湾村至今。位于村委会东1.2千米。东邻胡家湾，南界赵老湾，西至椿树湾，北连杨井。总面积0.25平方千米，耕地面积18公顷。81户，260人。主产水稻、小麦、玉米、花生，兼种果蔬。村落形态呈散状，房屋结构以平房和坡房为主。

神仙坡【Shénxiānpō】 以神话命名。传说有个神仙下凡于此山坡上，故名。1958年隶属赵老湾大队；1984年隶属赵老湾村至今。位于村委会西北1.3千米。东邻刁家湾，南界李老湾村安家湾，西至李老湾村六房湾，北连习湾村白鹤湾。总面积0.5平方千米，耕地面积10公顷。12户，40人。主产水稻、小麦、玉米、花生，兼种果树。村落形态呈散状，房屋结构以平房和坡房为主。

杨井【Yángjǐng】 以姓氏和水井综合命名。因杨姓聚居，村前有口井，故名。1958年隶属赵老湾大队；1984年隶属赵老湾村至今。位于村委会西北1千米。东邻小店村杨家湾，南界老户凹，西至椿树湾，北连刘湾村楼子湾。总面积0.25平方千米，耕地面积15公顷。59户，180人。主产水稻、小麦、玉米、花生。村落形态呈散状，房屋结构以平房和楼房为主。

张楼【Zhānglóu】 以姓氏和建筑物综合命名。因张姓聚居，原村内修有小楼，故名。1958年隶属赵老湾大队；1984年隶属赵老湾村至今。位于村委会西南1千米。东邻赵老湾，南界大河村马家湾，西至李老湾村祝家湾，北连褚家湾。总面积0.25平方千米，耕地面积13公顷。34户，120人。主产水稻、小麦、玉米、花生，兼种果蔬。村落形态呈线状，房屋结构以平房和坡房为主。

赵老湾【Zhàolǎowān】 以姓氏命名。因赵姓最早聚居而得名。1958年隶属赵老湾大队；1984年隶属赵老湾村至今。位于村委会东南1千米。东邻华阳河，南界简沟，西至褚家湾，北连椿树湾。总面积0.55平方千米，耕地面积45公顷。72户，230人。主产水稻、小麦、玉米、花生。村落形态呈散状，房屋结构以平房和坡房为主。

竹园【Zhúyuán】 以植物命名。因原村内有竹林而得名。1958年隶属赵老湾大队；1984年隶属赵老湾村至今。位于村委会西北800米。东邻杨井，南界罗家湾，西至习家湾，北连罗汉山。总面积0.1平方千米，耕地面积2公顷。4户，10人。主产水稻、小麦、玉米、花生。村落形态呈散状，房屋结构以平房和坡房为主。

枣林村【Zǎolíncūn】

以枣林店自然集镇命名。1958年为枣林大队，隶属东风公社（兴隆）；1961年隶属兴隆区；1975年隶属刘升公社；1984年为枣林村，隶属刘升区；1987年隶属刘升镇至今。位于镇政府东南6千米。东邻宝林寺村，南界随县吴山镇群兴村，西至北河村，北连金峡村。辖18个自然村，总面积9.83平方千米，耕地面积333.22公顷。518户，1779人。主产水稻、小麦、杂粮。刘枣路过境，村委会驻老店下湾。

陈家湾【Chénjiāwān】 以姓氏命名。因陈姓聚居而得名。1958年隶属枣林大队；1984年隶属枣林村至今。位于村委会南2千米。东邻枣林茶场，南界林家湾，西至付家湾，北连南湾。总面积0.45平方千米，耕地面积15.6公顷。28户，99人。主产水稻、小麦、玉米、棉花。村落形态呈线状，房屋结构以平房和坡房为主。

大韦家湾【Dàwéijiāwān】 以人口和姓氏综合命名。因韦姓聚居且人口较多，故名。1958年隶属枣林大队；1984年隶属枣林村至今。位于村委会西4千米。东邻老店下湾，南界李家湾，西至北河村小韦家湾，北连胡家棚。总面积0.62平方千米，耕地面积22公顷。33户，100人。主产水稻、小麦、玉米。村落形态呈团状，房屋结构以平房和坡房为主。

付家湾【Fùjiāwān】 以姓氏命名。因付姓聚居而得名。1958年隶属枣林大队；1984年隶属枣林村至今。位于村委会南3.7千米。东邻林家湾，南界随县唐县镇群忠村，西至胡家沟，北连小霸山。总面积0.48平方千米，耕地面积19.2公顷。21户，70人。主产水稻、小麦、玉米。村落形态呈散状，房屋结构以平房和坡房为主。

高家湾【Gāojiāwān】 以姓氏命名。因高姓聚居而得名。1958年隶属枣林大队；1984年隶属枣林村至今。位于村委会东北1.5千米。东邻老店上湾，南界张家洼子，西至胡家棚，北连小西湾。总面积0.24平方千米，耕地面积9公顷。8户，34人。主产水稻、小麦、玉米、花生。村落形态呈散状，房屋结构以平房为主。

胡家沟【Hújiāgōu】 以姓氏和地形综合命名。因胡姓聚居山沟边而得名。1958年隶属枣林大队；1984年隶属枣林村至今。位于村委会西南3.2千米。东邻付家湾，西至马寨村马家南湾，北连刘家湾。总面积0.6平方千米，耕地面积21公顷。27户，90人。主产水稻、小麦、玉米。村落形态呈团状，房屋结构以平房和楼房为主。

胡家棚【Hújiāpéng】 以姓氏和建筑物综合命名。因胡姓聚居且初建时多为草棚而得名。1958年隶属枣林大队；1984年隶属枣林村至今。位于村委会东北2千米。东邻高家湾，南界韦家湾，西至北河村刘家岗，北连杨家湾。总面积0.68平方千米，耕地面积20.43公顷。24户，110人。主产水稻、小麦、玉米、花生。村落形态呈团状，房屋结构以平房和坡房为主。

老店上湾【Lǎodiànshàngwān】 以时间和店铺综合命名。因王姓最早在此开过饭店，此村在老店下湾北，故名。1958年隶属枣林大队；1984年隶属枣林村至今。位于村委会西北200米。东邻金峡水库，南界老店下湾，西至高家湾，北连杨家湾。总面积0.54平方千米，耕地面积14.6公顷。15户，61人。主产水稻、小麦、玉米、花生。村落形态呈线状，房屋结构以平房和坡房为主。

老店下湾【Lǎodiànxiàwān】 以时间和店铺综合命名。因王姓最早在此开过饭店，此村在老店上湾南，故名。1958年隶属枣林大队；1984年隶属枣林村至今。村委会驻地。东邻枣林店，南界张家洼子，西至韦家湾，北连老店上湾。总面积0.4平方千米，耕地面积20公顷。53户，170人。主产水稻、小麦、玉米、棉花。村落形态呈团状，房屋结构以平房和坡房为主。

李家湾【Lǐjiāwān】 以姓氏命名。因李姓聚居而得名。1958年隶属枣林大队；1984年隶属枣林村至今。位于村委会西南2.5千米。东邻小坝山，南界刘家湾，西至马寨村马家东湾，北连韦家湾。总面积0.49平方千米，耕地面积12.1公顷。24户，90人。主产水稻、小麦、玉米、花生。村落形态呈线状，房屋结构以平房和坡房为主。

林家湾【Línjiāwān】 以姓氏命名。因林姓聚居而得名。1958年隶属枣林大队；1984年隶属枣林村至今。位于村委会南2.5千米。东邻随县唐县镇群兴村华家湾，南界坝山，西至付家湾，北连陈家湾。总面积

0.49 平方千米，耕地面积 12.1 公顷。24 户，90 人。主产水稻、小麦、玉米、花生。村落形态呈线状，房屋结构以平房和坡房为主。

刘家湾【Liújiāwān】 以姓氏命名。因刘姓聚居而得名。1958 年隶属枣林大队；1984 年隶属枣林村至今。位于村委会西南 2.4 千米。东邻小坝山，南界胡家沟，西至马寨村南湾，北连李家湾。总面积 0.57 平方千米，耕地面积 19 公顷。29 户，110 人。主产水稻、小麦、玉米。村落形态呈散状，房屋结构以平房和坡房为主。

南湾【Nánwān】 以方位命名。因建于枣林店南而得名。1958 年隶属枣林大队；1984 年隶属枣林村至今。位于村委会东南 600 米。东邻马庄，南界陈家湾，西至张家洼子，北连枣林店。总面积 0.91 平方千米，耕地面积 29.3 公顷。71 户，200 人。主产水稻、小麦、玉米。村落形态呈散状，房屋结构以平房和坡房为主。

上叶家湾【Shàngyèjiāwān】 以方位和姓氏综合命名。因叶姓聚居且建于另一个叶家湾北边而得名。1958 年隶属枣林大队；1984 年隶属枣林村至今。位于村委会西北 2.5 千米。东邻小西湾，南界杨家湾，西至北河村许家冲，北连玉皇庙山。总面积 0.68 平方千米，耕地面积 21 公顷。27 户，100 人。主产水稻、小麦、玉米、花生。村落形态呈团状，房屋结构以平房和楼房为主。

王家东湾【Wángjiādōngwān】 以姓氏和方位综合命名。因王姓聚居且在小霸山东而得名。1958 年隶属枣林大队；1984 年隶属枣林村至今。位于村委会东 2.4 千米。东邻随州唐县镇群兴村水家台子，南界枣林茶场，西至南湾，北连宝林寺村小王家湾。总面积 0.57 平方千米，耕地面积 19 公顷。29 户，110 人。主产水稻、小麦、玉米。村落形态呈散状，房屋结构以平房和坡房为主。

小西湾【Xiǎoxīwān】 以人口和方位综合命名。因建于大西湾以西且人口较少而得名。1958 年隶属枣林大队；1984 年隶属枣林村至今。位于村委会北 3 千米。东邻金峡村大西湾，南界老店下湾，西至上叶家湾，北连杨湾村杨家湾。总面积 0.51 平方千米，耕地面积 23 公顷。20 户，65 人。主产水稻、小麦、玉米、棉花。村落形态呈团状，房屋结构以坡房为主。

杨家湾【Yángjiāwān】 以姓氏命名。因杨姓聚居而得名。1958 年隶属枣林大队；1984 年隶属枣林村至今。位于村委会西北 1.5 千米。东邻金峡村李家老湾，南界胡家棚，西至刘家岗，北连上叶家湾。总面积 0.34 平方千米，耕地面积 17.69 公顷。14 户，50 人。主产水稻、小麦、玉米、花生。村落形态呈线状，房屋结构以平房和坡房为主。

枣林店【Zǎolíndiàn】 以自然集镇、植物和店铺综合命名。因枣树较多且早年开过饭店而得名。1958 年隶属枣林大队；1984 年隶属枣林村至今。位于村委会东 50 米。东邻宝林寺村新庄，南界南湾，西至老店，北连金峡村李家老湾。总面积 0.87 平方千米，耕地面积 28.2 公顷。57 户，180 人。主产水稻、小麦、杂粮。村落形态呈团状，房屋结构以平房和楼房为主。

张家洼子【Zhāngjiāwāzi】 以地形和姓氏综合命名。因张姓聚居洼地而得名。1958 年隶属枣林大队；1984 年隶属枣林村至今。位于村委会西南 2 千米。东邻南湾，南界小坝山，西至马寨村马家东湾，北连高家湾。总面积 0.39 平方千米，耕地面积 10 公顷。14 户，50 人。主产水稻、小麦、玉米。村落形态呈团状，房屋结构以平房和坡房为主。

第六章 鹿头镇

第一节 鹿头镇概况

鹿头镇【Lùtóuzhèn】

相传旧时有一对石鹿,一日显灵,夜出踩躏庄稼被人破掉一只鹿头,后人仿刻一只石鹿与另一只成偶,该镇由此而得名。位于市政府东北23千米。东邻随州市随县吴山镇,南界刘升镇,西至太平镇,北连新市镇。总面积157.32平方千米,耕地面积7733.62公顷。截至2014年,有12468万户,52319万人。辖2个社区、29个村。镇政府驻人民大道2号。1956年为鹿头区;1958年为红旗公社;1961年复设鹿头区;1975年为鹿头公社;1984年为鹿头镇;2001年原吉河乡并入鹿头镇至今。该镇是"中国桃之乡""湖北省黄酒之乡",是商贾云集之地,素有"金鹿头"之称。境内矿产资源主要有金红石,地质储量2.5亿吨,居亚洲第一,集中分布在大埠山;盛产桔梗、丹参、柴胡、远志等60多种中药材;是枣阳优质水稻、小麦、棉花高产示范区,主要农作物有水稻、小麦、棉花、油菜、大豆、玉米、花生、芝麻等。工业以矿石开采、汽车配件、食品机械、黄酒酿造为主,地方特产"雕龙碑"黄酒驰名全国,被列入枣阳市非物质文化遗产名录。截至2014年,全镇有工业企业139家,职工1237人,年产值千万元以上企业32家、百万元以上企业48家、十万元以上企业59家。个体工商经营户1526户、5237人。有农贸市场2个,摊位330个,年成交额548万元,注册工商经营户,890户,年经营总额3.01亿元,有农行分理处1家、农商行1家、下辖1个分行和2个邮政储蓄所。辖区内2所镇直幼儿园、16所私立幼儿园、4所小学、2所初中,教师464人。有卫生院2家、村卫生室31个,专业医护人员111人,病床138张。境内有大埠山风景区和雕龙碑遗址。交通便利,枣桐公路贯穿全境,另有6条市乡交通主干线,全长78千米。

第二节　城市社区、居民点

吉河社区【Jíhé Shèqū】

以吉河街道命名。1958年吉河街南头为金星二大队，北头为金星三大队，隶属红旗公社；1961年隶属鹿头区；1975年隶属鹿头公社；1979年为吉河一大队、吉河二大队，隶属鹿头公社；1984年为吉河一村、吉河二村，隶属鹿头镇，1987年隶属吉河乡；2001年隶属鹿头镇；2002年两村合并，为吉河社区，隶属鹿头镇至今。位于镇政府西10千米。东邻董河村，南界邓店村，西至朱堰村，北连吉岗村。辖5个居民点，总面积3.07平方千米，耕地面积128.4公顷。1102户，4601人。主产小麦、水稻、玉米，兼种蔬菜，发展商业经营、粮食加工、汽车配件等产业。枣桐路过境，社区居委会驻雁翎街190号。

北邓庄【Běidèngzhuāng】 以姓氏和方位综合命名。因邓姓聚居吉河集镇北而得名。1958年隶属金星三大队；1979年隶属吉河二大队；1984年隶属吉河二村；2002年隶属吉河社区至今。位于社区居委会北1千米。东邻董河村孙庄，南界北园，西至吉岗村东楼，北连吉岗村鸿雁坡。总面积0.25平方千米，耕地面积16.2公顷。52户，310人。主产小麦、水稻、玉米。村落形态呈团状，房屋结构以楼房为主。

北园【Běiyuán】 以方位和植物园综合命名。因村建在老街北，村民以种菜园为主，故名。1958年隶属金星三大队；1979年隶属吉河二大队；1984年隶属吉河二村；2002年隶属吉河社区至今。位于社区居委会北800米。东邻董河村孙庄，南界老街，西至吉岗村东楼，北连北邓庄。总面积0.24平方千米，耕地面积14.2公顷。59户，300人。主产小麦、水稻、玉米，兼种蔬菜。村落形态呈线状，房屋结构以平房和楼房为主。

东小庄【Dōngxiǎozhuāng】 以方位和面积综合命名。因村建在吉河老街东，且村子面积小，故名。1958年隶属金星二大队；1979年隶属吉河一大队；1984年隶属吉河一村；2002年隶属吉河社区至今。位于社区居委会东1.2千米。东邻董河村新村，南界邓店村前店，西至邓店村后店，北连邓庄。总面积0.23平方千米，耕地面积7.2公顷。99户，320人。主产小麦、水稻、玉米。村落形态呈线状，房屋结构以楼房为主。

西李庄【Xīlǐzhuāng】 以方位和姓氏综合命名。因李姓聚居，村建在吉河街西，故名。1958年隶属金星三大队；1979年隶属吉河二大队；1984年隶属吉河二村；2002年隶属吉河社区至今。位于社区居委会西500米。东邻吉河街道，南界邓店村小朱堰，西至朱堰村陈庄，北连吉岗村吉岗庄。总面积0.32平方千米，耕地面积23.7公顷。52户，380人。主产小麦、水稻、玉米。村落形态呈团状，房屋结构以平房和坡房为主。

小街【Xiǎojiē】 在老街道南段，有一街道较狭窄，故名。1958年隶属金星二大队；1979年隶属吉河一大队；1984年隶属吉河一村；2002年隶属吉河社区至今。位于社区居委会东南1千米。东邻董河村董河庄，南界邓店村前店，西至邓店村后店，北连东小庄。总面积0.2平方千米，耕地面积4.7公顷。96户，390人。主产小麦、水稻、玉米，兼种蔬菜。村落形态呈线状，房屋结构以楼房为主。

鹿头社区【Lùtóu Shèqū】

以鹿头集镇命名。1958年命名旭光一大队，旭光二大队，隶属红旗公社；1961年隶属鹿头区；1984年郭营大队4个队建大桥村；1984年旭光一改名鹿头一村，旭光二大队改名为鹿头二村，隶属鹿头镇；2003年大桥村、鹿头一村、鹿头二村、三村合并为鹿头社区，隶属鹿头镇至今。东邻塔湾园艺场，南界简庄村，西至刘庄村，北连郭营村。辖6个居民点，总面积2.8平方千米，耕地面积81公顷。1808户，9400人。主产水稻、小麦、果蔬，居民以商贸和集镇服务业为主。枣桐路、枣新路过境，社区居委会驻文化街217号。

柏树坟【Bǎishùfén】 以植物和墓地综合命名。因村旁一块坟地上柏树较多而得名。1955年隶属曙光大队；1979年隶属塔湾园艺场；1984年隶属大桥村；2003年隶属鹿头社区至今。位于社区居委会东南3千米。东邻塔湾园艺场，南界南垱，西至社区居委会，北连郭营村枣庄。总面积0.6平方千米，耕地面积20公顷。60户，250人。主产小麦、水稻，兼种杂粮和桃树。村落形态呈线状，房屋结构以坡房和楼房为主。

南垱【Nándàng】 以方位和垱沟综合命名。因村位于鹿头街南，椒山西，印子山北，村中有一垱沟而得名。1955年隶属曙光大队；1979年隶属郭营大队；1984年隶属大桥村；2003年隶属鹿头社区至今。位于社区居委会南2千米。东邻塔湾园艺场，南界简庄村，西至鹿头街，北连柏树坟。总面积0.4平方千米，耕地面积18公顷。45户，200人。主产水稻、杂粮，兼种果蔬。村落形态呈团状，房屋结构以坡房和楼房为主。

南园【Nányuán】 以方位和职业综合命名。因村位于鹿头街南，以种菜为主而得名。1955年隶属曙光大队；1979年隶属郭营大队；1984年隶属大桥村；2003年隶属鹿头社区至今。位于社区居委会东南1千米。东邻赵庄，南界本社区十组，西至社区八组，北连杨大桥。总面积0.5平方千米，耕地面积10公顷。30户，120人。主产小麦、杂粮，兼种蔬菜。村落形态呈团状，房屋结构以坡房和楼房为主。

杨大桥【Yángdàqiáo】 以姓氏和桥综合命名。因杨姓聚居一石拱桥旁而得名。（原名绶林桥，据枣阳县志载：此桥是逯堂张绶林因无子继嗣施材修筑，后周边土地卖给了杨姓，改此名。）1955年隶属曙光大队；1979年隶属郭营大队；1984年隶属大桥村；2003年隶属鹿头社区至今。位于社区居委会东1千米。东邻郭营村小枣庄，南界南园，西至石板街（鹿头街一条路），北连鹿头社区。总面积0.6平方千米，耕地面积20公顷。100户，340人。主产小麦、水稻、蔬菜。村落形态呈团状，房屋结构以平房和坡房为主。

爷后庄【Yéhòuzhuāng】 以方位和佛综合命名。因村位于焦山寺后，寺内供有佛爷，故名。1955年隶属曙光大队；1979年隶属塔湾园艺场；1984年隶属大桥村；2003年隶属鹿头社区至今。位于社区居委会东4千米。东邻大阜山林场，南界塔湾园艺场，西至柏树坟，北连郭营村王庄。总面积0.3平方千米，耕地面积8公顷。20户，80人。主产小麦、杂粮，兼种果树。村落形态呈团状，房屋结构以平房和坡房为主。

赵庄【Zhàozhuāng】 以姓氏命名。因赵姓聚居而得名。1955年隶属曙光大队；1979年隶属郭营大队；1984年隶属大桥村；2003年隶属鹿头社区至今。位于社区居委会东南1.2千米。东邻柏树坟，南界鹿庄，西至南园，北连杨大桥。总面积 0.4 平方千米，耕地面积 5 公顷。5 户，10 人。主产小麦、杂粮，兼种蔬菜。村落形态呈团状，房屋结构以坡房为主。

第三节 农村社区（村）自然村、居民点

白庙村【Báimiàocūn】

以白庙自然村命名。1958 年为烽火大队，隶属红旗公社；1961 年隶属鹿头区；1975 年隶属鹿头公社；1979 年为白庙大队，隶属鹿头公社；1984 年为白庙村，隶属鹿头镇；1987 年隶属吉河乡；2001 年隶属鹿头镇至今。位于镇政府西北 6 千米。东邻张庄村，南界方湾村，西至太平镇莘庄村，北连太平镇袁寨南街村。辖 11 个自然村，总面积 5.8 平方千米，耕地面积 336.7 公顷。389 户，1780 人。主产水稻、小麦、杂粮，兼种果树。吉太路过境，村委会驻马家剪口。

上方湾【Shàngfāngwān】 以方位和姓氏综合命名。因附近有两个方姓居住的方湾，此村位北，故名。1958 年隶属烽火大队；1979 年隶属白庙大队；1984 年隶属白庙村至今。位于村委会南 1.5 千米。东邻罗庄，南界方湾村下方湾，西至太平镇清凉村吴庄，北连罗庄。总面积 0.5 平方千米，耕地面积 38 公顷。36 户，170 人。主产水稻、小麦、玉米、花生。村落形态呈线状，房屋结构以坡房和楼房为主。

罗庄【Luózhuāng】 以姓氏命名。因罗姓聚居而得名。1958 年隶属烽火大队；1979 年隶属白庙大队；1984 年隶属白庙村至今。位于村委会南 1.3 千米。东邻万庄，南界上方湾，西至太平镇莘庄村汪挡，北连小罗庄。总面积 0.5 平方千米，耕地面积 30.3 公顷。42 户，220 人。主产水稻、小麦、花生、玉米。村落形态呈线状，房屋结构以楼房和坡房为主。

小罗庄【Xiǎoluózhuāng】 以姓氏命名。因罗姓聚居且人少，故名。1958 年隶属烽火大队；1979 年隶属白庙大队；1984 年隶属白庙村至今。位于村委会南 900 米。东邻后张庄，南界罗庄，西至太平镇莘庄，北连白庙。总面积 0.2 平方千米，耕地面积 16.1 公顷。19 户，70 人。主产水稻、小麦、玉米、花生。村落形态呈散状，房屋结构以平房和坡房为主。

白庙【Báimiào】 以传说命名。相传，此村旁原有座庙，庙旁有一匹用白石雕成的马，故名。因建于岗上，人们亦称白庙岗。1958 年隶属烽火大队；1979 年隶属白庙大队；1984 年隶属白庙村至今。位于村委会西南 600 米。东邻姜庄，南界小罗庄，西至太平镇莘庄村张庄，北连马家剪口。总面积 0.6 平方千米，耕地面积 22.8 公顷。33 户，140 人。主产水稻、小麦、玉米、花生。村落形态呈散状，房屋结构以平房和坡房为主。

姜庄【Jiāngzhuāng】 以姓氏命名。因姜姓聚居而得名。1958 年隶属烽火大队；1979 年隶属白庙大队；1984 年隶属白庙村至今。位于村委会西南 500 米。东邻后张庄，南界小罗庄，西至白庙，北连后张庄。总面积 0.6 平方千米，耕地面积 22.8 公顷。33 户，140 人。主产水稻、小麦、玉米、花生。村落形态呈散状，房屋结构以平房和坡房为主。

马家剪口【Mǎjiājiǎnkǒu】 以姓氏和地形综合命名。因马姓聚居在形似剪子的大堰口旁而得名。1958年隶属烽火大队；1979年隶属白庙大队；1984年隶属白庙村至今。村委会驻地。东邻后张庄，南界姜庄，西至太平镇莘庄村张庄，北连王老庄。总面积0.6平方千米，耕地面积33公顷。41户，190人。主产水稻、小麦、玉米、花生。村落形态呈散状，房屋结构以平房和坡房为主。

后张庄【Hòuzhāngzhuāng】 以时间和姓氏综合命名。因该村晚建于附近另一个张庄而得名。1958年隶属烽火大队；1979年隶属白庙大队；1984年隶属白庙村至今。位于村委会北20米。东邻张庄村大段岗，南界万庄，西至马家剪口，北连楸树庄。总面积0.6平方千米，耕地面积29.6公顷。35户，130人。主产水稻、小麦、玉米、花生。村落形态呈线状，房屋结构以楼房为主。

王老庄【Wánglǎozhuāng】 以姓氏命名。因王姓聚居且建村较早而得名。1958年隶属烽火大队；1979年隶属白庙大队；1984年隶属白庙村至今。位于村委会北400米。东邻楸树庄，南界马家剪口，西至太平镇姜庄村刘垱，北连四支堂。总面积0.3平方千米，耕地面积19.4公顷。21户，90人。主产水稻、小麦、花生、玉米。村落形态呈线状，房屋结构以楼房和坡房为主。

四支堂【Sìzhītáng】 以排行命名。因堂兄弟分支，排行老四建村于此，故名。1958年隶属烽火大队；1979年隶属白庙大队；1984年隶属白庙村至今。位于村委会东北1.2千米。东邻陈庄村泉庄，南界王老庄，西至太平镇姜庄村刘垱，北连杨岗。总面积0.6平方千米，耕地面积30.1公顷。31户，130人。主产水稻、小麦、杂粮，兼种果蔬。村落形态呈散状，房屋结构以平房和坡房为主。

楸树庄【Qiūshùzhuāng】 以植物命名。因村中有棵大楸树，故名。1958年隶属烽火大队；1979年隶属白庙大队；1984年隶属白庙村至今。位于村委会西北1千米。东邻陈庄村万庄，南界后张庄，西至王老庄，北连杨岗。总面积0.3平方千米，耕地面积22.7公顷。22户，140人。主产水稻、小麦、玉米、花生。村落形态呈团状，房屋结构以平房和楼房为主。

杨岗【Yánggǎng】 以姓氏和地形综合命名。因杨姓聚居岗地而得名。1958年隶属烽火大队；1979年隶属白庙大队；1984年隶属白庙村至今。位于村委会西北1.5千米。东邻翟庙村王家林，南界四支堂，西至太平镇姜庄村姜庄，北连太平镇袁寨南街村袁寨南街。总面积1平方千米，耕地面积71.9公顷。75户，360人。主产水稻、小麦、玉米，兼种果蔬。村落形态呈团状，房屋结构以平房和楼房为主。

陈庄村【Chénzhuāngcūn】

以陈庄自然村命名。1958年为炬火四大队，隶属红旗公社；1961年隶属鹿头区；1975年隶属鹿头公社；1979年为陈庄大队；1980年因重名改为陈庄寨大队；1984年为陈庄村，隶属鹿头镇；1987年隶属吉河乡；2001年隶属鹿头镇至今。位于镇政府西6.4千米。东邻吉河水库，南界张庄村，西至新市镇白露村，北连翟庙村。辖4个自然村，总面积3平方千米，耕地面积240公顷。189户，990人。主产小麦、玉米、水稻，兼种果蔬。红卫路过境，村委会驻陈庄。

陈庄【Chénzhuāng】 以姓氏命名。因陈姓聚居而得名。原称陈庄寨，村周有寨墙。1958年隶属炬火四大队；1979年隶属陈庄大队；1980年隶属陈庄寨大队；1984年隶属陈庄村至今。村委会驻地。东邻吉河水库，南界贺庄，西至张庄村大段岗，北连全庄。总面积0.84平方千米，耕地面积48.4公顷。55户，270

人。主产小麦、玉米、水稻。村落形态呈团状，房屋结构以平房和楼房为主。

贺庄【Hèzhuāng】 以姓氏命名。因贺姓聚居而得名。1958年隶属炬火四大队；1979年隶属陈庄大队；1980年隶属陈庄寨大队；1984年隶属陈庄村至今。位于村委会南700米。东邻吉河水库，南界张庄村小周庄，西至张庄村小段岗，北连陈庄。总面积0.76平方千米，耕地面积41.5公顷。54户，250人。主产水稻、小麦、玉米，兼种果蔬。村落形态呈团状，房屋结构以平房和楼房为主。

全庄【Quánzhuāng】 以姓氏命名。因全姓聚居而得名。1958年隶属炬火四大队；1979年隶属陈庄大队；1980年隶属陈庄寨大队；1984年隶属陈庄村至今。位于村委会北700米。东邻吉河水库，南界陈庄，西至白庙村楸树庄，北连万庄。总面积0.95平方千米，耕地面积85.5公顷。66户，380人。主产小麦、玉米、水稻。村落形态呈团状，房屋结构以平房和楼房为主。

万庄【Wànzhuāng】 以姓氏命名。因万姓聚居而得名。1958年隶属炬火四大队；1979年隶属陈庄大队；1980年隶属陈庄寨大队；1984年隶属陈庄村至今。位于村委会北1.5千米。东邻吉河水库，南界全庄，西至白庙村杨岗，北连翟庙村汤庄。总面积0.5平方千米，耕地面积46.5公顷。37户，130人。主产小麦、玉米、水稻，兼种果蔬。村落形态呈团状，房屋结构以坡房和楼房为主。

丁庄村【Dīngzhuāngcūn】

以丁庄自然村命名。1958年为星星二大队，隶属红旗公社；1961年隶属鹿头区；1975年隶属鹿头公社；1979年为王岗大队；1984年为丁庄村，隶属鹿头镇；1987年隶属吉河乡；2001年隶属鹿头镇至今。位于镇政府西南12千米。东邻张河村，南界环城街道方湾村，西至蒋庄村，北连梁庄村。辖10个自然村，总面积4.5平方千米，耕地面积231.1公顷。393户，1670人。主产水稻、小麦、杂粮，兼种果蔬。枣桐路过境，村委会驻钟岗。

大朱庄【Dàzhūzhuāng】 以姓氏和规模综合命名。因朱姓分居相邻两村，此村大而得名。1958年隶属星星二大队；1979年隶属王岗大队；1984年隶属丁庄村至今。位于村委会西南1.5千米。东邻移民村，南界环城街道方湾村骆庄，西至北郊水库，北连小朱庄。总面积0.5平方千米，耕地面积36.52公顷。49户，180人。主产水稻、小麦，兼种杂粮、果蔬。村落形态呈散状，房屋结构以平房和坡房为主。

丁庄【Dīngzhuāng】 以姓氏命名。因丁姓聚居而得名。1958年隶属星星二大队；1979年隶属王岗大队；1984年隶属丁庄村至今。位于村委会东南1.2千米。东邻张庄村，南界环城街道十里村，西至赵庄，北连潘庄。总面积0.55平方千米，耕地面积25.5公顷。50户，190人。主产水稻、小麦、杂粮，兼种果蔬。村落形态呈散状，房屋结构以平房和坡房为主。

潘庄【Pānzhuāng】 以姓氏命名。因潘姓聚居而得名。1958年隶属星星二大队；1979年隶属王岗大队；1984年隶属丁庄村至今。位于村委会东800米。东邻张河村张河，南界丁庄，西至钟岗，北连梁庄村万庄。总面积0.48平方千米，耕地面积25.1公顷。44户，160人。主产水稻、小麦，兼种杂粮、果蔬。村落形态呈散状，房屋结构以平房和坡房为主。

钱庄【Qiánzhuāng】 以姓氏命名。因钱姓聚居而得名。1958年隶属星星二大队；1979年隶属王岗大队；1984年隶属丁庄村至今。位于村委会西1.1千米。东邻王岗，南界小朱庄，西至蒋庄村钱庄，北连高干渠。总面积 0.55 平方千米，耕地面积 28.2 公顷。38 户，140 人。主产水稻、小麦、玉米，兼种蔬菜。村落形态呈散状，房屋结构以平房和坡房为主。

钱庄寨【Qiánzhuāngzhài】 以姓氏和建筑物综合命名。因钱姓居住的村周筑有寨墙而得名。1958 年隶属星星二大队；1979 年隶属王岗大队；1984 年隶属丁庄村至今。位于村委会北 800 米。东邻梁庄村杨庄，南界钟岗，西至王岗，北连梁庄村谢楼。总面积 0.36 平方千米，耕地面积 17.5 公顷。25 户，100 人。主产水稻、小麦，兼种杂粮、果蔬。村落形态呈散状，房屋结构以平房和坡房为主。

王岗【Wánggǎng】 以姓氏和地形综合命名。因王姓聚居岗上而得名。1958 年隶属星星二大队；1979 年隶属王岗大队；1984 年隶属丁庄村至今。位于村委会西北 1 千米。东邻钟岗，南界赵庄，西至钱庄，北连梁庄村谢楼。总面积 0.71 平方千米，耕地面积 37.9 公顷。65 户，260 人。主产水稻、小麦、玉米，兼种果蔬。村落形态呈散状，房屋结构以平房和坡房为主。

小朱庄【Xiǎozhūzhuāng】 以姓氏和规模综合命名。因朱姓居住在相邻村，此村较小而得名。1958 年隶属星星二大队；1979 年隶属王岗大队；1984 年隶属丁庄村至今。位于村委会西南 1.6 千米。东邻移民村，南界大朱庄，西至北郊水库，北连钱庄。总面积 0.22 平方千米，耕地面积 6.38 公顷。9 户，30 人。主产水稻、小麦，兼种杂粮、果蔬。村落形态呈散状，房屋结构以平房和坡房为主。

移民村【Yímíncūn】 2010 年因南水北调工程，丹江库区居民移来此地，为移民新建的居民点，隶属丁庄村至今。位于村委会南 1.8 千米。东邻丁庄，南界环城街道方湾村骆庄，西至大朱庄，北连赵庄。总面积 0.44 平方千米，耕地面积 18.7 公顷。51 户，370 人。主产水稻、小麦，兼种杂粮、果蔬。村落形态呈线状，房屋结构以平房和楼房为主。

赵庄【Zhàozhuāng】 以姓氏命名。因赵姓聚居而得名。1958 年隶属星星二大队；1979 年隶属王岗大队；1984 年隶属丁庄村至今。位于村委会西南 500 米。东邻村委会，南界移民村，西至钱庄，北连王岗。总面积 0.31 平方千米，耕地面积 17.3 公顷。28 户，100 人。主产水稻、小麦，兼种果蔬。村落形态呈散状，房屋结构以平房和坡房为主。

钟岗【Zhōnggǎng】 以姓氏和地形综合命名。因钟姓聚居岗上而得名。1958 年隶属星星二大队；1979 年隶属王岗大队；1984 年隶属丁庄村至今。位于村委会北 350 米。东邻潘庄，南界赵庄，西至王岗，北连钱庄寨。总面积 0.38 平方千米，耕地面积 18 公顷。34 户，140 人。主产水稻、小麦，兼种杂粮、果蔬。村落形态呈散状，房屋结构以平房和坡房为主。

邓店村【Dèngdiàncūn】

以前、中、后三个邓店自然村命名。1958 年为群星一大队，隶属红旗公社；1961 年隶属鹿头区；1975 年隶属鹿头公社；1979 年为邓店大队；1984 年为邓店村，隶属鹿头镇；1987 年隶属吉河乡；2001 年隶属鹿头镇至今。位于镇政府西南 11 千米。东邻董河村，南界环城街道董田村，西至张河村，北连吉河社区。辖 7 个自然村，总面积 3.5 平方千米，耕地面积 237.7 公顷。522 户，2450 人。主产小麦、水稻、玉米，兼种水果。335 省道过境，村委会驻后邓店。

蔡庄【Càizhuāng】 以姓氏命名。因蔡姓聚居而得名。1958 年隶属群星一大队；1979 年隶属邓店大队；1984年隶属邓店村。位于村委会西1千米。东邻后中庄，南界张河村，西至张河村冯河，北连盛庄。总面积0.3平方千米，耕地面积15公顷。34户，150人。主产水稻、小麦。村落形态呈散状，房屋结构以坡房和楼房为主。335省道从南穿过。

后邓店【Hòudèngdiàn】 以姓氏、方位和店铺综合命名。因邓姓分居相邻三村，且都开过饭店，此村位北而得名。1958年隶属群星一大队；1979年隶属邓店大队；1984年隶属邓店村。村委会驻地。东邻中店，南界中店，西至张河村冯河，北连小朱堰。总面积0.6平方千米，耕地面积45公顷。180户，800人。主产水稻、小麦。村落形态呈线状，房屋结构以楼房为主。

刘河【Liúhé】 以姓氏和河流综合命名。因刘姓聚居沙河北岸而得名。1958年隶属群星一大队；1979年隶属邓店大队；1984年隶属邓店村。位于村委会南1千米。东邻董河村董河，南界环城街道董田村杨河，西至沙河，北连后店。总面积0.8平方千米，耕地面积40公顷。60户，380人。主产水稻、小麦、蔬菜。村落形态呈散状，房屋结构以平房和楼房为主。

前邓店【Qiándèngdiàn】 以姓氏、方位和店铺综合命名。因邓姓分居相邻三村，且都开过饭店，此村位南而得名。1958年隶属群星一大队；1979年隶属邓店大队；1984年隶属邓店村。位于村委会东1千米。东邻董河村董河，南界刘河，西至中店，北连中店。总面积0.8平方千米，耕地面积66.7公顷。100户，500人。主产水稻、小麦，兼种果杂。村落形态呈散状，房屋结构以平房和楼房为主。

盛庄【Shèngzhuāng】 以姓氏命名。因盛姓聚居而得名。1958年隶属群星一大队；1979年隶属邓店大队；1984年隶属邓店村。位于村委会西北1.8千米。东邻小朱庄，南界蔡庄，西至张河村下档，北连朱庄村胡小庄。总面积0.3平方千米，耕地面积15公顷。33户，140人。主产水稻、小麦。村落形态呈散状，房屋结构以平房和楼房为主。

小朱堰【Xiǎozhūyàn】 以姓氏、规模和堰综合命名。因朱姓建村与大堰旁，相对大朱堰，此村较小而得名。1958年隶属群星一大队；1979年隶属邓店大队；1984年隶属邓店村。位于村委会西北1.5千米。东邻枣新公路，南界蔡庄，西至盛庄，北连吉河社区西李庄。总面积0.2平方千米，耕地面积16公顷。30户，130人。主产水稻、小麦，兼种玉米、杂粮。村落形态呈线状，房屋结构以平房和坡房为主。

中邓店【Zhōngdèngdiàn】 以姓氏、方位和店铺综合命名。因邓姓分居相邻三村，且都开过饭店，此村位中而得名。1958年隶属群星一大队；1979年隶属邓店大队；1984年隶属邓店村。位于村委会东南1.3公里。东邻前邓店，南界刘河，西至张河村冯河，北连后店。总面积0.5平方千米，耕地面积40公顷。85户，350人。主产小麦、蔬菜。村落形态呈散状，房屋结构以平房和楼房为主。

董河村【Dǒnghécūn】

以董河自然村命名。1958年为星火四大队，隶属红旗公社；1961年隶属鹿头区；1979年为董河大队，隶属鹿头公社；1984年为董河村，隶属鹿头镇；1987年隶属吉河乡；2001年隶属鹿头镇至今。位于镇政府西南9千米。东邻小王庄村，南界邓店村，西至吉河社区，北连小王庄村。辖4个自然村，总面积9.08平方千米，耕地面积224.42公顷。416户，1730人。总产小麦、水稻、杂粮，兼种果蔬。335省道过境，村委会驻孙庄。

董河【Dǒnghé】 以姓氏和河流综合命名。因董姓聚居沙河边而得名。1958年隶属星火四大队；1979年隶属董河大队；1984年隶属董河村至今。位于村委会南3千米。东邻马冲村新庄，南界邓店村前店，西至吉河居委会吉河街，北连孙庄。总面积3.39平方千米，耕地面积93公顷。154户，670人。主产水稻、小麦、玉米，兼种果蔬。村落形态呈团状，房屋结构以平房和楼房为主。

李庄【Lǐzhuāng】 以姓氏命名。因李姓聚居而得名。1958年隶属星火四大队；1979年隶属董河大队；1984年隶属董河村至今。位于村委会东300米。东邻小王庄村胡庄，南界小吉庄，西至吉河社区吉河街，北连孙庄。总面积3.32平方千米，耕地面积74公顷。151户，550人。主产水稻、小麦、玉米，兼种果蔬。村落形态呈线状，房屋结构以平房和楼房为主。

孙庄【Sūnzhuāng】 以姓氏命名。因孙姓聚居而得名。1958年隶属星火四大队；1979年隶属董河大队；1984年隶属董河村至今。村委会驻地。东邻李庄，南界董河，西至邓店村前店，北连小王庄村小王庄。总面积1.58平方千米，耕地面积39.24公顷。75户，340人。主产水稻、小麦、杂粮，兼种果蔬。村落形态呈团状，房屋结构以平房和楼房为主。

小吉庄【Xiǎojízhuāng】 以姓氏命名。因吉姓聚居且村子较小，故名。1958年隶属星火四大队；1979年隶属董河大队；1984年隶属董河村至今。位于村委会东南2千米。东邻马冲村周庄，南界罐儿山，西至董河，北连李庄。总面积0.79平方千米，耕地面积18.18公顷。36户，170人。主产水稻、小麦、杂粮，兼种果蔬。村落形态呈散状，房屋结构以平房和坡房为主。

方湾村【Fāngwāncūn】

以方湾自然村命名。1958年为红星二大队，隶属红旗公社；1961年隶属鹿头区；1979年为方湾大队，隶属鹿头公社；1984年为下方湾村，隶属鹿头镇；1987年隶属吉河乡；2001年为方湾村，隶属鹿头镇至今。位于镇政府西12.3千米。东邻张庄村，南界吉岗村，西至太平镇清凉村，北连白庙村。辖6个自然村，总面积5.1平方米，耕地面积222.4公顷。241户，860人。主产小麦、水稻、杂粮，兼种果树。红卫路穿境而过，村委会驻魏庄。

方湾【Fāngwān】 以姓氏命名。因方姓聚居而得名。1958年隶属红星二大队；1979年隶属下方湾大队；1984年隶属下方湾村；2007年隶属方湾村至今。位于村委会西1千米。东邻赵庄，南界下郑庄，西至太平镇清凉村移民点，北连白庙村罗庄。总面积1.76平方千米，耕地面积74.4公顷。82户，280人。主产水稻、小麦、杂粮。村落形态呈线状，房屋结构以楼房和坡房为主。

李庄【Lǐzhuāng】 以姓氏命名。因李姓聚居而得名。1958年隶属红星二大队；1979年隶属下方湾大队；1984年隶属下方湾村；2007年隶属方湾村至今。位于村委会西950米。东邻赵庄，南界下郑庄，西至方湾，北连白庙村罗庄。总面积0.4平方千米，耕地面积14.3公顷。18户，80人。主产水稻、小麦、杂粮。村落形态呈团状，房屋结构以平房和坡房为主。

魏庄【Wèizhuāng】 以姓氏命名。因魏姓聚居而得名。1958年隶属红星二大队；1979年隶属下方湾大队；1984年隶属下方湾村；2007年隶属方湾村至今。位于村委会西南150米。东邻张庄村张庄，南界张庄，西至方湾，北连赵庄。总面积1.25平方千米，耕地面积59.6公顷。61户，210人。主产水稻、小麦、杂粮。村落形态呈线状，房屋结构以楼房和坡房为主。

下郑庄【Xiàzhèngzhuāng】 以方位和姓氏综合命名。因郑姓聚居岗坡下而得名。1958年隶属红星二大队；1979年隶属下方湾大队；1984年隶属下方湾村；2007年隶属方湾村至今。位于村委会西南2千米。东邻张庄，南界吉岗村梁垱，西至吉岗村骆庄，北连方湾。总面积0.48平方千米，耕地面积20.2公顷。21户，100人。主产水稻、小麦、杂粮。村落形态呈线状，房屋结构以坡房和楼房为主。

张庄【Zhāngzhuāng】 以姓氏命名。因张姓聚居而得名。1958年隶属红星二大队；1979年隶属下方湾大队；1984年隶属下方湾村；2007年隶属方湾村至今。位于村委会西1.5千米。东邻魏庄，南界吉岗村骆庄，西至吴庄，北连方湾。总面积0.91平方千米，耕地面积41.8公顷。46户，140人。主产小麦、杂粮。村落形态呈团状，房屋结构以坡房和楼房为主。

赵庄【Zhàozhuāng】 以姓氏命名。因赵姓聚居而得名。1958年隶属红星二大队；1979年隶属下方湾大队；1984年隶属下方湾村；2007年隶属方湾村至今。位于村委会西北800米。东邻张庄村周庄，南界魏庄，西至李庄，北连白村。总面积0.3平方千米，耕地面积12.1公顷。13户，50人。主产水稻、小麦、杂粮。村落形态呈散状，房屋结构以平房和坡房为主。

郭巷村【Guōxiàngcūn】

以前郭巷、中郭巷和后郭巷三个自然村命名。1958年为群星二大队，隶属红旗公社；1961年隶属鹿头区；1975年隶属鹿头公社；1979年为郭巷大队；1984年为郭巷村，隶属鹿头镇；1987年隶属吉河乡，2001年隶属鹿头镇至今。位于镇政府西南15千米。东邻梁庄村，南界蒋庄村，西至太平张垱村，北连太平镇清凉村。辖8个自然村，总面积2.92平方千米，耕地面积262.96公顷。221户，807人。主产小麦、水稻、玉米、果树，兼养殖、蔬菜。吉草路穿村而过，村办公地址设在吉草路南60米处。

后郭巷【Hòuguōxiàng】 以姓氏和方位综合命名。因郭姓居住相邻三个村，此村位西，故名。1958年隶属群星二大队；1979年隶属郭巷大队；1984年隶属郭巷村至今。位于村委会北800米。东邻北干渠，南界村委会，西至中郭巷，北连太平镇清凉村蒋庄。总面积0.42平方千米，耕地面积36.89公顷。24户，90人。主产小麦、水稻、玉米，兼种果蔬。村落形态呈散状，房屋结构以坡房为主。

黄庄【Huángzhuāng】 以姓氏命名。因黄姓聚居而得名。1958年隶属群星二大队；1979年隶属郭巷大队；1984年隶属郭巷村至今。位于村委会南400米。东邻谢楼，南界张庄，西至太平镇张垱村周庄，北连水庄。总面积0.5平方千米，耕地面积41.79公顷。37户，150人。主产小麦、水稻、玉米，兼种果蔬。村落形态呈线状，房屋结构以坡房和楼房为主。

鲁庄【Lǔzhuāng】 以姓氏命名。因鲁姓聚居而得名。1958年隶属群星二大队；1979年隶属郭巷大队；1984年隶属郭巷村至今。位于村委会南300米。东邻谢楼，南界黄庄，西至水庄，北连村委会。总面积0.2平方千米，耕地面积16公顷。12户，40人。主产小麦、水稻、玉米，兼种果蔬。村落形态呈散状，房屋结构以平房为主。

前郭巷【Qiánguōxiàng】 以姓氏和方位综合命名。因郭姓居住相邻三个村，此村位东而得名。1958年隶属群星二大队；1979年隶属郭巷大队；1984年隶属郭巷村至今。位于村委会西北400米。东邻北干渠，南界太平镇张垱村张庄，西至太平镇五房村赵庄，北连中郭巷。总面积0.6平方千米，耕地面积50.82公顷。42户，155人。主产小麦、水稻、玉米，兼种果蔬。村落形态呈散状，房屋结构以平房为主。

钱万何【Qiánwànhé】 以人名命名。因最早在此定居的人叫钱万何，故名。1958年隶属群星二大队；1979年隶属郭巷大队；1984年隶属郭巷村至今。位于村委会南200米。东邻谢楼，南界黄庄，西至水庄，北连村委会。总面积0.1平方千米，耕地面积18公顷。10户，30人。主产小麦、水稻、玉米，兼种果蔬。村落形态呈散状，房屋结构以坡房为主。

水庄【Shuǐzhuāng】 以姓氏命名。因水姓聚居而得名。1958年隶属群星二大队；1979年隶属郭巷大队；1984年隶属郭巷村至今。位于村委会南350米。东邻谢楼，南界黄庄，西至太平张庄，北连村委会。总面积0.2平方千米，耕地面积18.45公顷。13户，42人。主产小麦、水稻、玉米，兼种果蔬。村落形态呈线状，房屋结构以坡房为主。

张庄【Zhāngzhuāng】 以姓氏命名。因张姓聚居而得名。1958年隶属群星二大队；1979年隶属郭巷大队；1984年隶属郭巷村至今。位于村委会南600米。东邻谢楼，南界鹿头镇蒋庄村蒋庄，西至太平镇张垱村周庄，北连黄庄。总面积0.5平方千米，耕地面积41.93公顷。44户，160人。主产小麦、水稻、玉米，兼种果蔬。村落形态呈线状，房屋结构以平房和坡房为主。

中郭巷【Zhōngguōxiàng】 以姓氏和方位综合命名。因郭姓居住相邻三个村，此村位中而得名。1958年隶属群星二大队；1979年隶属郭巷大队；1984年隶属郭巷村至今。位于村委会北500米。东邻后郭巷，南界前郭巷，西至太平镇五房村赵庄，北连太平镇清凉村蒋庄。总面积0.4平方千米，耕地面积39.08公顷。39户，140人。主产小麦、水稻、玉米，兼种果蔬。村落形态呈线状，房屋结构以平房为主。

郭营村【Guōyíngcūn】

以郭营自然村命名。1958年为曙光一大队，隶属红旗公社；1961年隶属鹿头区；1979年为郭营大队，隶属鹿头公社；1984年为郭营村，隶属鹿头镇。位于镇政府北2千米。东邻沙河水库，南界鹿头社区，西至龙窝村，北连武庄村。辖13个自然村，总面积9.65平方千米，耕地面积373.37公顷。1099户，4500人。主产小麦、水稻、杂粮、果蔬。枣桐路过境，村委会驻郭营。

北窑【Běiyáo】 以方位和建筑物综合命名。因村建于鹿头北小河边的砖瓦窑旁而得名。1958年隶属曙光一大队；1979年隶属郭营大队；1984年隶属郭营村至今。位于村委会西南1.5千米。东邻枣庄，南界鹿头社区扬大桥，西至龙窝村龙窝，北连南河。总面积0.02平方千米，耕地面积1公顷。6户，20人。主产小麦、水稻、杂粮。村落形态呈散状，房屋结构以坡房和楼房为主。

郭营【Guōyíng】 以姓氏命名。因郭姓聚居而得名。1958年隶属曙光一大队；1979年隶属郭营大队；1984年隶属郭营村至今。位于村委会驻地50米。东邻小庄，南界枣庄，西至南河，北连武庄村陈坡。总面积1.75平方千米，耕地面积89公顷。304户，1310人。主产小麦、水稻、杂粮，兼种果蔬。村落形态呈线状，房屋结构以楼房为主。

侯河【Hóuhé】 以姓氏和河流综合命名。因侯姓聚居沙河边而得名。1958年隶属曙光一大队；1979年隶属郭营大队；1984年隶属郭营村至今。位于村委会东北1.5千米。东邻沙河水库，南界邱树湾，西至郭营，北连武庄村杨河。总面积0.84平方千米，耕地面积47.67公顷。93户，410人。主产小麦、水稻、杂粮，兼种果蔬。村落形态呈团状，房屋结构以坡房和楼房为主。

黄土【Huángtǔ】 以地理环境命名。因建村于黄土岗而得名。1958年为黄土大队，隶属红旗公社；1979年改为黄土洼大队，隶属鹿头公社；1984年改为黄土洼村，隶属鹿头镇；2002年与郭营村合并，隶属郭营村至今。位于村委会东南4.5千米。东邻新庄，南界大阜山，西至南坡，北连沙河水库。总面积0.11平方千米，耕地面积3.4公顷。11户，40人。主产小麦、水稻、杂粮。兼种果蔬。村落形态呈团状，房屋结构以坡房和楼房为主。

南河【Nánhé】 以方位和河流综合命名。因建于沙河之南而得名。1958年隶属曙光一大队；1979年隶属郭营大队；1984年隶属郭营村至今。位于村委会西1千米。东邻郭营，南界北窑，西至龙窝村龙窝，北连沙河。总面积0.85平方千米，耕地面积53.24公顷。130户，520人。主产小麦、水稻、杂粮、棉花，兼种果蔬。村落形态呈团状，房屋结构以坡房和楼房为主。

南坡【Nánpō】 以方位和地形综合命名。因村建在沙河南岸的山坡而得名。1958年隶属曙光一大队；1979年隶属郭营大队；1984年隶属郭营村至今。位于村委会东南4千米。东邻黄土，南界大阜山，西至王庄，北连沙河水库。总面积2.18平方千米，耕地面积35.1公顷。84户，360人。主产小麦、水稻、杂粮，兼种果蔬。村落形态呈团状，房屋结构以坡房和楼房为主。

邱树湾【Qiūshùwān】 以姓氏和植物综合命名。因邱姓聚居，树木较多，故名。1958年隶属曙光一大队；1979年隶属郭营大队；1984年隶属郭营村至今。位于村委会东1.5千米。东邻沙河水库，南界王庄，西至郭营，北连侯河。总面积0.4平方千米，耕地面积19.53公顷。68户，280人。主产小麦、水稻、杂粮，兼种果蔬。村落形态呈团状，房屋结构以坡房和楼房为主。

邱庄【Qiūzhuāng】 以姓氏命名。因邱姓聚居而得名。1958年隶属曙光一大队；1979年隶属郭营大队；1984年隶属郭营村至今。位于村委会西北1千米。东邻郭营，南界沙河，西至周庄龙碑，北连拾河村拾河。总面积0.35平方千米，耕地面积21公顷。52户，190人。主产小麦、水稻、杂粮，兼种果蔬。村落形态呈团状，房屋结构以坡房和楼房为主。

王庄【Wángzhuāng】 以姓氏命名。因王姓聚居而得名。1958年隶属曙光一大队；1979年隶属郭营大队；1984年隶属郭营村至今。位于村委会东南2千米。东邻沙河水库，南界鹿头社区后庄，西至枣庄，北连沙河水利管理处。总面积0.89平方千米，耕地面积25.13公顷。89户，360人。主产小麦、水稻、杂粮、棉花，兼种果蔬。村落形态呈团状，房屋结构以坡房和楼房为主。

小南庄【Xiǎonánzhuāng】 以面积和方位综合命名。因建村于郭营南且小而得名。1958年隶属曙光一大队；1979年隶属郭营大队；1984年隶属郭营村至今。位于村委会南2千米。东邻枣庄，南界邱庄，西至鹿头居委会杨大桥，北连枣庄。总面积0.02平方千米，耕地面积1.49公顷。4户，20人。主产小麦、水稻、杂粮、棉花。村落形态呈散状，房屋结构以坡房和楼房为主。

小庄【Xiǎozhuāng】 以面积和人口综合命名。因村子面积小、人口少，故名。1958年隶属曙光一大队；1979年隶属郭营大队；1984年隶属郭营村至今。位于村委会东600米。东邻侯河，南界枣庄，西至郭营，北连武庄村马庄。总面积0.02平方千米，耕地面积1公顷。3户，10人。主产小麦、水稻、杂粮。村落形态呈散状，房屋结构以坡房和楼房为主。

新庄【Xīnzhuāng】 以时间命名。因1959年修沙河水库移民建村，故名。1958年隶属黄土大队；1979年隶属黄土洼大队；1984年隶属黄土洼村；2002年隶属郭营村至今。位于村委会东南4.7千米。东邻楼子庄村付庄，南界大阜山，西至黄土，北连沙河水库。总面积0.65平方千米，耕地面积20.6公顷。74户，270人。主产小麦、水稻、杂粮，兼种果蔬。村落形态呈团状，房屋结构以坡房和楼房为主。

枣庄【Zǎozhuāng】 以植物命名。因村里枣树多而得名。1958年隶属曙光一大队；1979年隶属郭营大队；1984年隶属郭营村至今。位于村委会南1.5千米。东邻王庄，南界小南庄，西至鹿头社区杨大桥，北连郭营。总面积1.57平方千米，耕地面积55.21公顷。181户，710人。主产小麦、水稻、玉米，兼种果蔬。村落形态呈团状，房屋结构以坡房和楼房为主。

尚庄村【Shàngzhuāngcūn】

以尚庄自然村命名。1958年为炬火一大队，隶属红旗公社；1961年隶属鹿头区；1975年隶属鹿头公社；1979为周庄大队；1980年因重名改为尚庄大队；1984年为尚庄村，隶属鹿头镇；2002年与刘李河村合并，隶属鹿头镇至今。位于镇政府西北8千米。东邻拾河村，南界吉河水库，西至瞿庙村，北连武岗村。辖9个自然村，总面积2.25平方千米，耕地面积192.01公顷。559户，2350人。主产小麦、水稻，兼种花生、玉米、大豆，有果蔬栽培。村镇公路相通，村委会驻张李冲。

胡冲【Húchōng】 以姓氏和地形综合命名。因胡姓居住冲旁而得名。1958年隶属炬火一大队；1979年隶属周庄大队；1980年隶属尚庄大队；1984年隶属尚庄村至今。位于村委会南1千米。东邻刘李河，南界吉河水库，西至周庄，北连张李冲。总面积0.33平方千米，耕地面积29.4公顷。53户，290人。主产小麦、水稻、玉米、花生，有桃树种植。村落形态呈散状，房屋结构以坡房为主。

刘李河【Liúlǐhé】 以姓氏和河流综合命名。因刘姓、李姓聚居河边而得名。1958年隶属日光大队；1979年隶属魏岗大队；1980年因重名隶属刘李河大队；1984年隶属刘李河村；2002年刘李河村与尚庄村合并，隶属尚庄村至今。位于村委会东南1.75千米。东邻汤肖庄，南界吉河水库，西至胡冲，北连魏岗。总面积0.08平方千米，耕地面积5.83公顷。47户，180人。主产小麦、水稻、玉米、花生。村落形态呈线状，房屋结构以坡房为主。

桥庄【Qiáozhuāng】 以桥命名。因村建在一座小桥旁而得名。1958年隶属炬火一大队；1979年隶属周庄大队；1980年隶属尚庄大队；1984年隶属尚庄村至今。位于村委会西北1.2千米。东邻武岗村朱冲，南界张庄，西至吉河水库，北连武岗村汤庄。总面积0.39平方千米，耕地面积35.2公顷。68户，290人。主产小麦、水稻、玉米、花生，兼种桃树。村落形态呈线状，房屋结构以坡房为主。

汤肖庄【Tāngxiāozhuāng】 以姓氏命名。因汤姓、肖姓聚居而得名。1958年隶属日光大队；1979年隶属魏岗大队；1980年因重名隶属刘李河大队；1984年隶属刘李河村；2002年刘李河村与尚庄村合并，隶属尚庄村至今。位于村委会东南1.8千米。东邻吉河水库，南界吉河水库，西至刘李河，北连魏岗。总面积0.1平方千米，耕地面积2.88公顷。82户，360人。主产小麦、水稻、玉米、花生。村落形态呈线状，房屋结构以坡房为主。

王庵【Wáng'ān】 以姓氏和建筑物综合命名。因刚建村时，有一王姓住房似庵，故名。1958年隶属炬火一大队；1979年隶属周庄大队；1980年隶属尚庄大队；1984年隶属尚庄村至今。位于村委会西南1.5千米。东邻胡冲，南界吉河水库，西至吉河水库，北连周庄。总面积0.14平方千米，耕地面积11.2公顷。49户，210人。主产小麦、水稻、花生、玉米，兼种植桃树。村落形态呈线状，房屋结构以坡房为主。

魏岗【Wèigǎng】 以姓氏和地形综合命名。因魏姓聚居岗上而得名。1958年隶属日光大队；1979年隶属魏岗大队；1980年因重名隶属刘李河大队；1984年隶属刘李河村；2002年刘李河村与尚庄村合并，隶属尚庄村至今。位于村委会东南1.5千米。东邻拾河村简岗，南界汤肖庄，西至张李冲，北连武岗村陶庄。总面积0.74平方千米，耕地面积65.9公顷。110户，430人。主产小麦、水稻、玉米、花生，兼种桃树。村落形态呈散状，房屋结构以坡房为主。

张李冲【Zhānglǐchōng】 以姓氏命名。因张姓、李姓聚居而得名。1958年隶属炬火一大队；1979年隶属周庄大队；1980年隶属尚庄大队；1984年隶属尚庄村至今。村委会驻地。东邻魏岗，南界胡冲，西至周庄，北连吴岗村朱冲。总面积0.43平方千米，耕地面积39.2公顷。67户，250人。主产小麦、水稻、玉米、花生，兼种桃树。村落形态呈散状，房屋结构以坡房为主。

张庄【Zhāngzhuāng】 以姓氏命名。因张姓聚居而得名。1958年隶属炬火一大队；1979年隶属周庄大队；1980年隶属尚庄大队；1984年隶属尚庄村至今。位于村委会西800米。东邻张李庄，南界周庄，西至吉河水库，北连桥庄。总面积0.04平方千米，耕地面积2.4公顷。25户，90人。主产小麦、水稻、玉米、花生，兼种桃树。村落形态呈线状，房屋结构以坡房为主。

周庄【Zhōuzhuāng】 以姓氏命名。因周姓聚居而得名。1958年隶属炬火一大队；1979年隶属周庄大队；1980年隶属尚庄大队；1984年隶属尚庄村至今。位于村委会西南1千米。东邻胡冲，南界王庵，西至吉河水库，北连张庄。总面积0.25平方千米，耕地面积21.25公顷。58户，250人。主产小麦、水稻，兼种玉米、花生，兼有果蔬栽培。村落形态呈散状，房屋结构以坡房为主。

吉岗村【Jígǎngcūn】

以大吉岗、小吉岗自然村命名。1958年为红星一大队，隶属红旗公社；1961年隶属鹿头区；1975年隶属鹿头公社；1979年为吉岗大队；1984年为吉岗村，隶属鹿头镇；1987年隶属吉河乡；2001年隶属鹿头镇；2002年原北骆庄大队并入本村，隶属鹿头镇至今。位于镇政府西南13千米。东邻吉河社区，南界朱堰村，西至姚岗镇清凉村，北连方湾村。辖11个自然村，总面积8平方千米，耕地面积380.8公顷。733户，1976人。主产小麦、水稻、花生、玉米，有果树少许。红卫路横穿境内，村委会驻吉岗移民新村。

大吉岗【Dàjígǎng】 以姓氏、规模和地形综合命名。因吉姓居住岗上，村较大而得名。1958年隶属红星一大队；1979年隶属吉岗大队；1984年隶属吉岗村；2002年吉岗村与骆庄合并，隶属于吉岗村至今。

位于村委会东 500 米。东邻东楼，南界吉河社区，西至小吉岗，北连张庄。总面积 1 平方千米，耕地面积 57 公顷。120 户，400 人。主产小麦、水稻、花生，兼种玉米、果蔬。村落形态呈散状，房屋结构以坡房为主。

东楼【Dōnglóu】 以方位和建筑物综合命名。因村建于大吉岗东，修有拉车门楼而得名。1958 年隶属红星一大队；1979 年隶属吉岗大队；1984 年隶属吉岗村；2002 年吉岗村与骆庄合并，隶属于吉岗村至今。位于村委会东 1 千米。东邻鸿雁坡，南界吉河社区，西至大吉岗，北连张庄。总面积 0.5 平方千米，耕地面积 23 公顷。57 户，170 人。主产小麦、水稻、花生、玉米，兼种果蔬。村落形态呈散状，房屋结构以坡房和楼房为主。

鸿雁坡【Hóngyànpō】 以动物和地形综合命名。因村后的岗坡上冬季常有鸿雁栖息，故名。1958 年隶属红星一大队；1979 年隶属吉岗大队；1984 年隶属吉岗村；2002 年吉岗村与骆庄合并，隶属于吉岗村至今。位于村委会东 1.5 千米。东邻吉河水库，南界吉河社区，西至大吉岗，北连张庄村河上王庄。总面积 1 平方千米，耕地面积 50 公顷。117 户，320 人。主产小麦、水稻、玉米、花生。村落形态呈散状，房屋结构以坡房和楼房为主。

黄家油坊【Huángjiāyóufáng】 以姓氏和作坊综合命名。因黄姓居住村内开设过油坊而得名。1958 年隶属红星三大队；1979 年隶属骆庄大队；1980 年隶属北骆庄大队；1984 年隶属骆庄村；2002 年并入吉岗村，隶属于吉岗村至今。位于村委会西 1 千米。东邻小吉岗，南界朱堰村大朱堰，西至秦庄，北连梁挡。总面积 0.6 平方千米，耕地面积 21.2 公顷。42 户，120 人。主产小麦、水稻、花生、玉米。村落形态呈散状，房屋结构以坡房和楼房为主。

梁挡【Liángdàng】 以姓氏和地形综合命名。因梁姓居住在挡坝边而得名。1958 年隶属红星一大队；1979 年隶属吉岗大队；1984 年隶属吉岗村。位于村委会西北 1 千米。东邻张庄，西至骆庄，南界黄家油坊，北连方湾村郑庄。总面积 0.5 平方千米，耕地面积 24 公顷。47 户，156 人。主产小麦、水稻、花生、玉米，兼种果树。村落形态呈散状，房屋结构以坡房和楼房为主。

骆家老庄【Luòjiālǎozhuāng】 以建村时间和姓氏综合命名。因骆姓最早在此居住而得名。1958 年隶属红星三大队；1979 年隶属骆庄大队；1980 年隶属北骆庄大队；1984 年隶属骆庄村；2002 年并入吉岗村，隶属于吉岗村至今。位于村委会西北 2 千米。东邻梁挡，南界骆庄，西至清凉村，北连方湾村西张庄。总面积 0.6 平方千米，耕地面积 29.2 公顷。28 户，90 人。主产小麦、玉米、花生。村落形态呈散状，房屋结构以坡房和楼房为主。

骆庄【Luòzhuāng】 以姓氏命名。因骆姓聚居而得名。1958 年隶属红星三大队；1979 年隶属骆庄大队；1980 年隶属北骆庄大队；1984 年隶属骆庄村；2002 年并入吉岗村，隶属于吉岗村至今。位于村委会西北 1.1 千米。东邻梁挡，南界秦庄，西至清凉村骆岗，北连骆家老庄。总面积 0.6 平方千米，耕地面积 31.5 公顷。38 户，110 人。主产小麦、水稻、玉米、花生。村落形态呈散状，房屋结构以坡房和楼房为主。

秦庄【Qínzhuāng】 以姓氏命名。因秦姓聚居而得名。1958 年隶属红星三大队；1979 年隶属骆庄大队；1980 年隶属北骆庄大队；1984 年隶属骆庄村；2002 年并入吉岗村，隶属于吉岗村至今。位于村委会西北 1 千米。东邻黄家油坊，南界朱堰村大朱堰，西至太平镇清凉村骆岗，北连骆庄。总面积 0.6 平方千米，耕地面积 32.7 公顷。37 户，130 人。主产小麦、玉米、花生。村落形态呈散状，房屋结构以坡房和楼房为主。

小吉岗【Xiǎojígǎng】 以姓氏、规模和地形综合命名。因吉姓聚居岗上且村较小而得名。1958 年隶属红星一大队；1979 年隶属吉岗大队；1984 年隶属吉岗村；2002 年吉岗村与骆庄合并，隶属于吉岗村至今。位于村委会北 300 米。东邻大吉岗，南界村委会，西至黄家油坊，北连张庄。总面积 1.2 平方千米，耕地面积 43.5 公顷。97 户，320 人。主产小麦、水稻、花生，兼种玉米、果蔬。村落形态呈散状，房屋结构以坡房和楼房为主。

移民新村【Yímínxīncūn】 因南水北调工程，由丹江口移民整体搬迁而来形成的新村，故名。于 2010 年由丹江口、均县镇洪家沟村整体搬迁而来，隶属于鹿头镇吉岗村至今。村委会驻地。东邻村委会，南界朱堰村，西至黄家油坊，北连小吉岗。总面积 0.5 平方千米，耕地面积 26.8 公顷。62 户，230 人。主产小麦、花生、芝麻。村落形态呈团状，房屋结构以坡房和楼房为主。

张庄【Zhāngzhuāng】 以姓氏命名。因张姓聚居而得名。1958 年隶属红星一大队；1979 年隶属吉岗大队；1984 年隶属吉岗村；2002 年吉岗村与骆庄合并，隶属于吉岗村至今。位于村委会北 1 千米。东邻大吉岗，南界小吉岗，西至梁挡，北连方湾村魏庄。总面积 0.9 平方千米，耕地面积 41.9 公顷。88 户，290 人。主产小麦、水稻、玉米、花生，兼种果蔬。村落形态呈散状，房屋结构以坡房和楼房为主。

吉庄村【Jízhuāngcūn】

以吉庄自然村命名。1958 年为星火一大队，隶属红旗公社；1961 年隶属鹿头区；1978 年为吉庄大队，隶属鹿头公社；1984 年为吉庄村，隶属鹿头镇至今。位于镇政府西南 6.5 千米。东邻刘庄村，南界小王庄村，西至张庄村，北连吉河水库。辖 11 个自然村，总面积 6.15 平方千米，耕地面积 461.31 公顷。1007 户，4050 人。主产小麦、水稻、杂粮，兼发展养猪业。335 省道穿境而过，村委会设小胡楼北 400 米处。

陈庄【Chénzhuāng】 以姓氏命名。因陈姓聚居而得名。1958 年隶属星火一大队；1978 年隶属吉庄大队；1984 年隶属吉庄村至今。位于村委会南 300 米。东邻大胡楼，南界小王庄村大王庄，西至万庄，北连小胡楼。总面积 0.4 平方千米，耕地面积 35.3 公顷。55 户，230 人。主产小麦、水稻、杂粮。村落形态呈团状，房屋结构以坡房和楼房为主。

大胡楼【Dàhúlóu】 以姓氏和建筑物综合命名。因胡姓聚居，村庄较大，原村内修有炮楼，故名。1958 年隶属星火一大队；1978 年隶属吉庄大队；1984 年隶属吉庄村至今。位于村委会东南 3.5 千米。东邻九里岗村九里庄，南界小王庄村张铁炉，西至陈庄，北连罗畈。总面积 0.6 平方千米，耕地面积 50.6 公顷。91 户，340 人。主产小麦、水稻、杂粮。村落形态呈团状，房屋结构以坡房和楼房为主。

后王寨【Hòuwángzhài】 以方位、姓氏和建筑物综合命名。因王姓聚居的南、北两个村都修有土寨，该村在北，故名。1958 年隶属星火一大队；1978 年隶属吉庄大队；1984 年隶属吉庄村至今。位于村委会西 1.2 千米。东邻吉庄，南界前王寨，西至吉河水库，北连吉河水库。总面积 0.9 平方千米，耕地面积 61.22 公顷。116 户，520 人。主产小麦、水稻、杂粮，村内有养猪大户，年产 2000 多头。村落形态呈团状，房屋结构以平房和楼房为主。

吉庄【Jízhuāng】 以姓氏命名。因吉姓聚居而得名。1958年隶属星火一大队；1978年隶属吉庄大队；1984年隶属吉庄村至今。位于村委会西北1.2千米。东邻李楼，南界万庄，西至后王寨，北连吉河水库。总面积0.9平方千米，耕地面积55.29公顷。121户，550人。主产小麦、水稻、杂粮，村内有养猪大户，年产3000多头。村落形态呈团状，房屋结构以平房和楼房为主。

李楼【Lǐlóu】 以姓氏和建筑物综合命名。因李姓聚居，村内修有门楼，故名。1958年隶属星火一大队；1978年隶属吉庄大队；1984年隶属吉庄村至今。位于村委会北800米。东邻袁庄，南界罗畈，西至吉庄，北连柳树井。总面积0.45平方千米，耕地面积35.8公顷。93户，340人。主产小麦、水稻、杂粮。村落形态呈团状，房屋结构以坡房和楼房为主。

柳树井【Liǔshùjǐng】 以植物和水井综合命名。因村里有棵百年垂柳，且树旁有眼井，故名。1958年隶属星火一大队；1978年隶属吉庄大队；1984年隶属吉庄村至今。位于村委会北2千米。东邻刘庄村刘庄，南界李楼，西至吉庄，北连吉河水库。总面积0.5平方千米，耕地面积26.8公顷。82户，320人。主产小麦、水稻、杂粮。村落形态呈团状，房屋结构以平房和楼房为主。

罗畈【Luófàn】 以姓氏命名。因罗姓聚居平畈上而得名。1958年隶属星火一大队；1978年隶属吉庄大队；1984年隶属吉庄村至今。位于村委会东500米。东邻九里岗村关庄，南界大胡楼，西至吉庄，北连袁庄。总面积0.6平方千米，耕地面积55.8公顷。112户，410人。主产小麦、水稻、玉米、杂粮。村落形态呈团状，房屋结构以坡房和楼房为主。

前王寨【Qiánwángzhài】 以方位、姓氏和建筑物综合命名。因王姓聚居的南、北两个村都修有土寨，该村在南，故名。1958年隶属星火一大队；1978年隶属吉庄大队；1984年隶属吉庄村至今。位于村委会西南3千米。东邻万庄，南界小王庄村小王庄，西至吉河水库，北连后王寨。总面积0.6平方千米，耕地面积44.17公顷。114户，510人。主产小麦、水稻、杂粮，村内有养猪大户，年产1000多头。村落形态呈团状，房屋结构以平房和楼房为主。

万庄【Wànzhuāng】 以姓氏命名。因万姓聚居而得名。1958年隶属星火一大队；1978年隶属吉庄大队；1984年隶属吉庄村至今。位于村委会西南1.2千米。东邻小胡楼，南界小王庄村鲁庄，西至前王寨，北连吉庄。总面积0.4平方千米，耕地面积32.7公顷。86户，290人。主产小麦、水稻、杂粮。村落形态呈团状，房屋结构以坡房和楼房为主。

小胡楼【Xiǎohúlóu】 以姓氏和建筑物综合命名。因胡姓聚居村庄较小，原村内修有炮楼，故名。1958年隶属星火一大队；1978年隶属吉庄大队；1984年隶属吉庄村至今。位于村委会南400米。东邻罗畈，南界大胡楼，西至万庄，北连李楼。总面积0.4平方千米，耕地面积36.23公顷。75户，290人。主产小麦、水稻、杂粮。村落形态呈团状，房屋结构以坡房和楼房为主。

袁庄【Yuánzhuāng】 以姓氏命名。因袁姓聚居而得名。1958年隶属星火一大队；1978年隶属吉庄大队；1984年隶属吉庄村至今。位于村委会东北900米。东邻刘庄村刘庄，南界罗畈，西至李楼，北连柳树井。总面积0.4平方千米，耕地面积27.4公顷。62户，250人。主产小麦、稻谷、杂粮。村落形态呈团状，房屋结构以坡房和楼房为主。

简庄村【Jiǎnzhuāngcūn】

以简庄自然村命名。1958年命名晨光大队；1961年隶属鹿头区；1979年为简庄大队，隶属鹿头公社；1984年为简庄村，隶属鹿头镇至今。位于镇政府南4千米。东邻刘升镇姜湾村，南界刘升镇生铁炉村，西至松扒村，北连塔湾园艺场。辖26个自然村，总面积14.84平方千米，耕地面积452.45公顷。433户，1983人。主产小麦、玉米、水稻，兼种果树。鹿刘路过境，村委会驻柳树庄。

柏树坟【Bǎishùfén】 村旁有一块坟地上柏树较多，故名。1958年隶属晨光大队；1979年隶属简庄大队；1984年隶属简庄村至今。位于村委会西北800米。东邻五里桥，南界杨老庄，西至松扒村石头院墙，北连松扒村石头院墙。总面积0.3平方千米，耕地面积20公顷。22户，90人。主产小麦、水稻、杂粮。村落形态呈团状，房屋结构以平房和坡房为主。

簸箕沟【Bòjīgōu】 以地形命名。因村建在大阜山南脚下形似簸箕的山沟里而得名。1958年隶属晨光大队；1979年隶属简庄大队；1984年隶属简庄村至今。位于村委会西4.2千米。东邻上窑，南界新庄，西至小崖，北连大阜山。总面积1.6平方千米，耕地面积50.9公顷。56户，250人。主产小麦、水稻、玉米，兼种果树。村落形态呈团状，房屋结构以坡房为主。

陈家湾【Chénjiāwān】 以姓氏命名。因陈姓聚居而得名。1958年隶属晨光大队；1979年隶属简庄大队；1984年隶属简庄村至今。位于村委会西1.8千米。东邻梁子沟，南界刘升镇生铁炉村西湾，西至寨河，北连杨家湾。总面积0.77平方千米，耕地面积8.7公顷。17户，80人。主产小麦、水稻、玉米，兼种桃树。村落形态呈团状，房屋结构以坡房为主。

东黄土坡【Dōnghuángtǔpō】 以方位、土质和地形综合命名。因黄土坡上建三个村子，该村在东，故名。1958年隶属晨光大队；1979年隶属简庄大队；1984年隶属简庄村至今。位于村委会东2千米。东邻简庄，南界河北，西至柳树庄，北连塔湾园艺场。总面积0.23平方千米，耕地面积11.4公顷。16户，80人。主产小麦、水稻、玉米。村落形态呈散状，房屋结构以坡房和楼房为主。

河北【Héběi】 以河流和方位综合命名。因相邻两村中间有条小河，该村在河的北边，故名。1958年隶属晨光大队；1979年隶属简庄大队；1984年隶属简庄村至今。位于村委会东南1.4千米。东邻寨沟，南界刘升镇生铁炉庄，西至西庄，北连柳树庄。总面积0.48平方千米，耕地面积19.19公顷。19户，80人。主产水稻、小麦、玉米，兼种果树。村落形态呈团状，房屋结构以坡房为主。

河南【Hénán】 以河流和方位综合命名。因相邻两村中间有条小河，该村在河的南边，故名。1958年隶属晨光大队；1979年隶属简庄大队；1984年隶属简庄村至今。位于村委会东南1千米。东邻寨沟，南界马鞍山，西至杨老庄，北连河北。总面积0.48平方千米，耕地面积18公顷。19户，80人。主产小麦、水稻、玉米，兼种桃树。村落形态呈散状，房屋结构以坡房和楼房为主。

横冲【Héngchōng】 以地形命名。因村东有条南北大横冲塝，故名。1958年隶属晨光大队；1979年隶属简庄大队；1984年隶属简庄村至今。位于村委会东3千米。东邻陈家湾，南界寨河，西至西黄土坡，北连简庄。总面积1平方千米，耕地面积31.35公顷。24户，129人。主产小麦、玉米、水稻。村落形态呈团状,房屋结构以坡房为主。

简庄【Jiǎnzhuāng】 以姓氏命名。因简姓聚居而得名。1958年隶属晨光大队;1979年隶属简庄大队;1984年隶属简庄村至今。位于村委会西3.2千米。东邻杨家湾,南界横冲,西至西黄土坡,北连塔湾园林场。总面积1.67平方千米,耕地面积56.01公顷。45户,250人。主产小麦、水稻、玉米,兼种果树。村落形态呈团状,房屋结构以坡房和楼房为主。

梁子沟【Liángzigōu】 以地形命名。因村建于广鹤寨山的洞山梁脚下沟边而得名。1958年隶属晨光大队;1979年隶属简庄大队;1984年隶属简庄村至今。位于村委会南3.3千米。东邻刘升镇黄湾村刘家湾,南界刘升镇杜垱村,西至陈家湾,北连新庄。总面积0.61平方千米,耕地面积10公顷。7户,20人。主产小麦、玉米、红薯,兼种果树。村落形态呈线状,房屋结构以坡房为主。

柳树庄【Liǔshùzhuāng】 以植物命名。因村里有棵大柳树而得名。1958年隶属晨光大队;1979年隶属简庄大队;1984年隶属简庄村至今。村委会驻地。东邻东黄土坡,南界河北庄,西至五里桥,北连椒山。总面积0.84平方千米,耕地面积26公顷。32户,120人。主产小麦、水稻、玉米,兼种桃树、香菇。村落形态呈散状,房屋结构以坡房和楼房为主。

马庄【Mǎzhuāng】 以姓氏命名。因马姓聚居而得名。1958年隶属晨光大队;1979年隶属简庄大队;1984年隶属简庄村至今。位于村委会东4.5千米。东邻长冲,南界新庄,西至杨家湾,北连上窑。总面积0.33平方千米,耕地面积3.33公顷。2户,4人。主产小麦、水稻、玉米。村落形态呈团状,房屋结构以坡房为主。

上小崖【Shàngxiǎoyá】 以方位、面积和地形综合命名。因村建在小崖北面而得名。1958年隶属晨光大队;1979年隶属简庄大队;1984年隶属简庄村至今。位于村委会东4.2千米。东邻大阜山,南界上小崖水库,西至村林场,北连塔湾园艺场。总面积0.1平方千米,耕地面积1.3公顷。1户,3人。主产小麦、水稻、花生、玉米。村落形态呈团状,房屋结构以坡房为主。

上窑【Shàngyáo】 以方位和建筑物综合命名。因此地南北相邻两村都建有缸罐窑,该村位北,故名。1958年隶属晨光大队;1979年隶属简庄大队;1984年隶属简庄村至今。位于村委会东5千米。东邻饮水扒,南界刘升镇生铁炉村西湾,西至簸箕沟,北连大阜山。总面积0.33平方千米,耕地面积3.33公顷。4户,10人。主产小麦、水稻、玉米。村落形态呈散状,房屋结构以楼房为主。

五里桥【Wǔlǐqiáo】 以距离和建筑物综合命名。因村北有座石桥,距鹿头南门5华里,故名。1958年隶属晨光大队;1979年隶属简庄大队;1984年隶属简庄村至今。位于村委会西500米。东邻柳树庄,南界马鞍山水库,西至杨梧庄,北连松扒村石头院墙。总面积0.84平方千米,耕地面积27公顷。33户,130人。主产小麦、水稻、玉米,兼种桃树、香菇。村落形态呈散状,房屋结构以平房和坡房为主。

西黄土坡【Xīhuángtǔpō】 以方位、土质和地形综合命名。因黄土坡上建三个村子,该村在西,故名。1958年隶属晨光大队;1979年隶属简庄大队;1984年隶属简庄村至今。位于村委会东1.4千米。东邻简庄,南界河北,西至柳树庄,北连塔湾园艺场。总面积0.23平方千米,耕地面积12公顷。14户,50人。主产小麦、水稻、玉米。村落形态呈团状,房屋结构以坡房和楼房为主。

西庄【Xīzhuāng】 以方位命名。因建村于西黄土坡之西而得名。1958年隶属晨光大队;1979年隶属简庄大队；1984年隶属简庄村至今。位于村委会东南1.2千米。东邻寨沟，南界刘升镇生铁炉，西至杨老庄，北连三里桥。总面积0.48平方千米，耕地面积15公顷。20户，70人。主产小麦、水稻、玉米，兼种桃树。村落形态呈团状，房屋结构以坡房为主。

小崖【Xiǎoyá】 以面积和地形综合命名。因村位于小山崖而得名。1958年隶属晨光大队；1979年隶属简庄大队；1984年隶属简庄村至今。位于村委会东1.5千米。东邻簸箕沟，南界广鹤寨，西至村林场，北连塔湾园艺场。总面积0.3平方千米，耕地面积5.3公顷。6户，20人。主产小麦、水稻、玉米。村落形态呈团状，房屋结构以坡房为主。

新黄土坡【Xīnhuángtǔpō】 以方位、土质和地形综合命名。因西黄土坡部分居民迁此建村而得名。1958年隶属晨光大队；1979年隶属简庄大队；1984年隶属简庄村至今。位于村委会东1千米。东邻中黄土坡，南界河北，西至中黄土坡，北连东黄土坡。总面积0.2平方千米，耕地面积11公顷。18户，90人。主产小麦、水稻、玉米。村落形态呈线状，房屋结构以坡房和楼房为主。

新庄【Xīnzhuāng】 以时间命名。因中华人民共和国成立后新建的村，故名。1958年隶属晨光大队；1979年隶属简庄大队；1984年隶属简庄村至今。位于村委会东3千米。东邻长冲，南界梁子湾，西至杨家湾，北连簸箕沟。总面积0.33平方千米，耕地面积3.33公顷。1户，2人。主产小麦、水稻、玉米。村落形态呈团状，房屋结构以坡房为主。

杨家湾【Yángjiāwān】 以姓氏命名。因杨姓聚居而得名。1958年隶属晨光大队；1979年隶属简庄大队；1984年隶属简庄村至今。位于村委会西2千米。东邻新庄，南界陈家湾，西至简庄，北连小崖。总面积0.95平方千米，耕地面积18公顷。18户，80人。主产小麦、水稻、玉米，兼种桃树。村落形态呈团状，房屋结构以平房和坡房为主。

杨老庄【Yánglǎozhuāng】 以姓氏和时间综合命名。因杨姓最早建村，故名。1958年隶属晨光大队；1979年隶属简庄大队；1984年隶属简庄村至今。位于村委会西1千米。东邻五里桥，南界马鞍山水库，西至马鞍山水库，北连柏树坟。总面积1.32平方千米，耕地面积63.6公顷。19户，180人。主产小麦、水稻、玉米，兼种果树。村落形态呈团状，房屋结构以平房和坡房为主。

杨梧庄【Yángwúzhuāng】 以植物命名。因村里杨树、梧桐树多而得名。1958年隶属晨光大队；1979年隶属简庄大队；1984年隶属简庄村至今。位于村委会西北1千米。东邻五里桥，南界杨老庄，西至松扒村石头院墙，北连松扒村石头院墙。总面积0.25平方千米，耕地面积16.9公顷。18户，80人。主产小麦、水稻、玉米。村落形态呈线状，房屋结构以楼房为主。

饮水扒【Yǐnshuǐbā】 村旁有条小河，到松扒方向去的人经常在此饮水，故名。1958年隶属晨光大队；1979年隶属简庄大队；1984年隶属简庄村至今。位于村委会东5.6千米。东邻长冲，南界刘升镇杜垱村杜家湾，西至上窑，北连大阜山。总面积0.33平方千米，耕地面积3.33公顷。3户，10人。主产小麦、水稻、玉米。村落形态呈散状，房屋结构以坡房为主。

寨沟【Zhàigōu】 以建筑物和地形综合命名。因村建在广鹤寨山北坡下沟边，并筑有寨墙，故名。1958年隶属晨光大队；1979年隶属简庄大队；1984年隶属简庄村至今。位于村委会西3.3千米。东邻陈家湾，南界广鹤寨，西至河北，北连新黄土坡。总面积0.24平方千米，耕地面积4.18公顷。5户，10人。主产小麦、水稻、玉米。村落形态呈散状，房屋结构以坡房为主。

长冲【Chángchōng】 以地形命名。因村南有条较长的冲，故名。1958年隶属晨光大队；1979年隶属简庄大队；1984年隶属简庄村至今。位于村委会东6千米。东邻刘升镇姜湾村，南界刘升镇姜湾村黄湾，西至饮水扒，北连大阜山。总面积0.4平方千米，耕地面积3.3公顷。2户，5人。主产小麦、水稻、玉米。村落形态呈散状，房屋结构以坡房为主。

中黄土坡【Zhōnghuángtǔpō】 以方位、土质和地形综合命名。因黄土坡上建三个村子，该村在中间，故名。1958年隶属晨光大队；1979年隶属简庄大队；1984年隶属简庄村至今。位于村委会东1.5千米。东邻东黄土坡，南界寨沟，西至柳树庄，北连塔湾园艺场。总面积0.23平方千米，耕地面积10公顷。12户，60人。主产小麦、水稻、玉米。村落形态呈团状，房屋结构以坡房和楼房为主。

蒋庄村【Jiǎngzhuāngcūn】

以南、北蒋庄自然村命名。1958年命名星星一大队，隶属红旗公社；1961年隶属鹿头区；1975年隶属鹿头公社；1979年更名桃园大队；1980年因重名改为蒋庄大队；1984年为蒋庄村，隶属鹿头镇；1987年隶属吉河乡，2001年隶属鹿头镇至今。位于镇政府西南17千米。东邻丁庄村，南界环城街道叶庄村，西至环城街道玉皇村，北连郭巷村。辖8个自然村，总面积2.69平方千米，耕地面积164.8公顷。246户，990人。主产小麦、水稻、杂粮，兼种果蔬。北郊水库上游，有优质桃生产，村委会设小张庄。

北蒋庄【Běijiǎngzhuāng】 以姓氏和方位综合命名。因蒋姓分居相邻二村，此村位北而得名。1958年隶属星星一大队；1979年隶属桃园大队；1980年隶属蒋庄大队；1984年隶属蒋庄村至今。位于村委会北500米。东邻李庄，南界小张庄，西至太平镇张坡村，北连郭巷村张庄。总面积0.3平方千米，耕地面积30公顷。25户，100人。主产小麦、水稻、玉米，兼种果菜。村落形态呈散状，房屋结构以平房和坡房为主。

李庄【Lǐzhuāng】 以姓氏命名。因李姓聚居而得名。1958年隶属星星一大队；1979年隶属桃园大队；1980年隶属蒋庄大队；1984年隶属蒋庄村至今。位于村委会东北1千米。东邻丁庄村王岗，南界钱庄，西至北蒋庄，北连梁庄村谢楼。总面积0.31平方千米，耕地面积29公顷。58户，250人。主产小麦、水稻、玉米，兼种果菜。村落形态呈散状，房屋结构以平房和坡房为主。

南蒋庄【Nánjiǎngzhuāng】 以姓氏和方位综合命名。因蒋姓分居相邻二村，此村位南而得名。1958年隶属星星一大队；1979年隶属桃园大队；1980年隶属蒋庄大队；1984年隶属蒋庄村至今。位于村委会南2千米。东邻北郊水库，南界环城街道办事处叶庄村蒋庄，西至环城街道办事处玉皇村李小庄，北连张庄。总面积0.4平方千米，耕地面积16.4公顷。20户，110人。主产小麦、水稻、杂粮，兼种果菜。村落形态呈散状，房屋结构以平房和坡房为主。

钱庄【Qiánzhuāng】 以姓氏命名。因钱姓聚居而得名。1958年隶属星星一大队；1979年隶属桃园大队；1980年隶属蒋庄大队；1984年隶属蒋庄村至今。位于村委会东1.2千米。东邻丁庄村钱庄，南界吴庄，西至北郊水库，北连李庄。总面积0.28平方千米，耕地面积11.87公顷。24户，100人。主产小麦、水稻、玉米。村落形态呈散状，房屋结构以平房和坡房为主。

桃园【Táoyuán】 以植物命名。因村北原有一桃园而得名。1958年隶属星星一大队；1979年隶属桃园大队；1980年隶属蒋庄大队；1984年隶属蒋庄村至今。位于村委会西1千米。东邻小张庄，南界张庄，西至环城街道办事处芦坡，北连小张庄。总面积0.4平方千米，耕地面积28.1公顷。23户，80人。主产小麦、水稻、玉米，兼种果菜。村落形态呈散状，房屋结构以平房和坡房为主。

吴庄【Wúzhuāng】 以姓氏命名。因吴姓聚居而得名。1958年隶属星星一大队；1979年隶属桃园大队；1980年隶属蒋庄大队；1984年隶属蒋庄村至今。位于村委会东南2.5千米。东邻环城街道办事处孙庄村小冲，南界环城街道办事处孙庄村小冲，西至北郊水库，北连钱庄。总面积0.3平方千米，耕地面积19.4公顷。38户，140人。主产小麦、水稻、玉米，兼种果菜。村落形态呈散状，房屋结构以平房和坡房为主。

小张庄【Xiǎozhāngzhuāng】 以姓氏和村规模综合命名。因张姓聚居，村子较小而得名。1958年隶属星星一大队；1979年隶属桃园大队；1980年隶属蒋庄大队；1984年隶属蒋庄村至今。村委会驻地。东邻北郊水库，南界张庄，西至桃园，北连北蒋庄。总面积0.4平方千米，耕地面积14.5公顷。24户，80人。主产小麦、水稻、玉米，兼种果菜。村落形态呈散状，房屋结构以平房和坡房为主。

张庄【Zhāngzhuāng】 以姓氏命名。因张姓聚居而得名。1958年隶属星星一大队；1979年隶属桃园大队；1980年隶属蒋庄大队；1984年隶属蒋庄村至今。位于村委会南1千米。东邻北郊水库，南界南蒋庄，西至桃园，北连小张庄。总面积0.3平方千米，耕地面积25.53公顷。34户，130人。主产小麦、水稻、杂粮，兼种果菜。村落形态呈散状，房屋结构以平房和坡房为主。

九里岗村【Jiǔlǐgǎngcūn】

以九里岗自然村命名。1958年命名关庄大队，隶属红旗公社；1961年隶属鹿头区；1975年隶属鹿头公社；1984年为关庄村，隶属鹿头镇；2002年与九里岗村合并，隶属鹿头镇至今。位于镇政府西南3.5千米。东邻松扒村，西至吉庄村，北连刘庄村，南界小王庄村。辖4个自然村，总面积3.04平方千米，耕地面积63.1公顷。123户，490人。主产水稻、小麦、玉米，兼种果树。村委会驻郑庄。

关庄【Guānzhuāng】 以姓氏命名。因邬、吉、贺三姓聚居而得名。1958年隶属关庄大队；1984年隶属关庄村；2002年隶属九里岗村至今。位于村委会南100米。东邻松扒村新庄，南界九里岗，西至吉庄村罗畈，北连郑庄。总面积0.84平方千米，耕地面积20公顷。30户，150人。主产小麦、水稻、杂粮，兼种果树。村落形态呈线状，房屋结构以坡房和楼房为主。

九里岗【Jiǔlǐgǎng】 以距离和地形综合命名。因村距鹿头街九里，且全部是岗坡，故名。1958年隶属关庄大队；1984年隶属关庄村；2002年隶属九里岗村至今。位于村委会南1.6千米。东邻马鞍山水库，南界小王庄村张铁炉，西至吉庄村大胡楼，北连关庄。总面积1平方千米，耕地面积15.9公顷。38户，90人。主产小麦、水稻、杂粮。村落形态呈线状，房屋结构以坡房和楼房为主。

耙齿沟【Páchǐgōu】 以地形命名。因村建于形似耙齿的山沟旁而得名。1958年隶属关庄大队；1984年隶属关庄村；2002年隶属九里岗村至今。位于村委会北1.5千米。东邻鹿头居委会，南界陈庄，西至刘庄村吴店，北连刘庄村吴店。总面积0.7平方千米，耕地面积10.6公顷。28户，100人。主产小麦、水稻、杂粮。村落形态呈线状，房屋结构以坡房和楼房为主。

郑庄【Zhèngzhuāng】 以姓氏命名。因郑姓聚居而得名。1958年隶属关庄大队；1984年隶属关庄村；2002年隶属九里岗村至今。村委会驻地。东邻松扒村新庄，南界关庄，西至吉庄村下古城，北连陈庄。总面积0.5平方千米，耕地面积16.6公顷。27户，150人。主产小麦、水稻、杂粮。村落形态呈线状，房屋结构以坡房和楼房为主。

梁庄村【Liángzhuāngcūn】

以梁庄自然村自然村命名。1958年为群星一大队，隶属红旗公社；1961年隶属鹿头区；1980年为梁庄大队，隶属鹿头公社；1984年为梁庄村，隶属鹿头镇至今。位于镇政府西南15千米。东邻朱堰村，南界丁庄村，西至郭巷，北连姚岗村。辖9个自然村，总面积8.63平方千米，耕地面积750公顷。515户，1860人。主产小麦、水稻、玉米。村委会驻万家寨。

曾家糖坊【Zēngjiātángfáng】 以姓氏和作坊综合命名。因曾姓在此开过糖坊而得名。1958年隶属群星五大队；1979年隶属水家油坊大队；1984年隶属水家油坊村；2002年隶属梁庄村至今。位于村委会东南1.2千米。东邻朱堰村刘庄，南界杨万庄，西至曾庄，北连钱庄。总面积0.8平方千米，耕地面积70公顷。45户，130人。主产小麦、水稻、玉米，兼种果树。村落形态呈线状，房屋结构以平房和坡房为主。

曾庄【Zēngzhuāng】 以姓氏命名。因曾姓聚居而得名。1958年隶属群星一大队；1980年隶属梁庄大队；1984年隶属梁庄村至今。位于村委会南1.1千米。东邻曾家糖坊，南界谢楼，西至梁庄，北连万家寨。总面积0.9平方千米，耕地面积80公顷。50户，220人。主产小麦、水稻、玉米，兼种果树。村落形态呈线状，房屋结构以坡房和楼房为主。

赫岗【Hègǎng】 以姓氏和地形综合命名。因赫姓聚居岗上而得名。1958年隶属群星一大队；1980年隶属梁庄大队；1984年隶属梁庄村至今。位于村委会北1.2千米。东邻钱庄，南界万家寨，西至郭巷村鲁庄，北连姚岗村邓庄。总面积0.9平方千米，耕地面积70公顷。39户，170人。主产小麦、水稻、玉米，兼种果树。村落形态呈线状，房屋结构以坡房和楼房为主。

梁庄【Liángzhuāng】 以姓氏命名。因梁姓聚居而得名。1958年隶属群星一大队；1980年隶属梁庄大队；1984年隶属梁庄村至今。位于村委会西1千米。东邻村委会，南界谢楼，西至郭巷村黄庄，北连郭巷村。总面积0.7平方千米，耕地面积60公顷。36户，110人。主产小麦、水稻、玉米。村落形态呈散状，房屋结构以坡房和楼房为主。

钱庄【Qiánzhuāng】 以姓氏命名。因钱姓聚居而得名。1958年隶属群星一大队；1980年隶属梁庄大队；1984年隶属梁庄村至今。位于村委会东北1千米。东邻朱堰村大朱堰，南界刘庄，西至赫岗，北连吉岗村秦庄。总面积1.1平方千米，耕地面积90公顷。98户，250人。主产小麦、水稻、玉米，兼种果蔬。村落形态呈线状，房屋结构以坡房和楼房为主。

水家油坊【Shuǐjiāyóufáng】 以姓氏和作坊综合命名。因水姓在此开过油坊而得名。1958隶属群星五大队；1979年隶属水家油坊大队；1984年隶属水家油坊村；2002年隶属梁庄村至今。位于村委会东南1千米。东邻张河,南界丁庄村钱庄寨,西至曾家糖坊,北连朱堰村任庄。总面积0.9平方千米,耕地面积80公顷。46户,170人。主产小麦、水稻、玉米。村落形态呈线状,房屋结构以平房和楼房为主。

万家寨【Wànjiāzhài】 以姓氏和建筑物综合命名。因万姓聚居,村周围修有土寨,故名。1958年隶属群星一大队;1980年隶属梁庄大队;1984年隶属梁庄村至今。村委会驻地。东邻钱庄,南界曾庄,西至梁庄,北连赫岗。总面积0.6平方千米,耕地面积50公顷。35户,150人。主产小麦、水稻、玉米。村落形态呈线状,房屋结构以坡房和楼房为主。

谢楼【Xièlóu】 以姓氏和建筑物综合命名。相传,村里曾出过一位"谢天官",在此盖座高大的门楼,故名。1958年隶属群星一大队;1980年隶属梁庄大队;1984年隶属梁庄村至今。位于村委会西南2千米。东邻曾家糖坊,南界蒋庄村,西至郭巷村张庄,北连梁庄。总面积1.75平方千米,耕地面积160公顷。120户,510人。主产小麦、水稻、玉米,兼种果树。村落形态呈线状,房屋结构以坡房和楼房为主。

杨万庄【Yángwànzhuāng】 以姓氏命名。因杨万两姓聚居而得名。1958隶属群星五大队;1979年隶属水家油坊大队;1984年隶属水家油坊村;2002年隶属梁庄村至今。位于村委会东南1.5千米。东邻水家油坊,南界丁庄村钱庄寨,西至谢楼,北连曾家糖坊。总面积0.98平方千米,耕地面积90公顷。46户,150人。主产小麦、水稻、玉米。村落形态呈散状,房屋结构以坡房和楼房为主。

刘庄村【Liúzhuāngcūn】

以大、小刘庄命名。1958年为星火二大队,隶属红旗公社;1961年隶属鹿头区;1979年为刘庄大队,隶属鹿头公社;1984年为刘庄村,隶属鹿头镇;1987年隶属吉河乡;2001年隶属鹿头镇至今。位于镇政府西4千米。东邻鹿头居委会,南界九里岗,西至吉庄村,北连吉河水库。辖6个自然村,总面积1.89平方千米,耕地面积149.62公顷。325户,1450人。主产小麦、水稻、棉花、花生、玉米,兼种果树,有养殖业。枣桐路穿村而过,村委会驻大刘庄。

大刘庄【Dàliúzhuāng】 以姓氏命名。因刘姓聚居且村子较大,故名。1958年隶属星火二大队;1979年隶属刘庄大队;1984年隶属刘庄村至今。村委会驻地。东邻西吴庄,南界上古城,西至小刘庄,北连吉河水库。总面积0.27平方千米,耕地面积22.47公顷。36户,160人。主产小麦、水稻、杂粮、棉花。村落形态呈团状,房屋结构以坡房和楼房为主。

东吴庄【Dōngwúzhuāng】 以方位和姓氏综合命名。因东西相邻两个吴庄,此村在东,故名。1958年隶属星火二大队;1979年隶属刘庄大队;1984年隶属刘庄村至今。位于村委会东北3千米。东邻鹿头居委会,南界九里岗村耙齿沟,西至西吴庄,北连吉河水库。总面积0.48平方千米,耕地面积36.14公顷。115户,580人。主产小麦、水稻、杂粮、棉花。村落形态呈线状,房屋结构以平房和楼房为主。

上古城【Shànggǔchéng】 以传说命名。相传汉朝时,曾在此设过城镇,相邻两个村均取名古城,该村在北,故名。1958年隶属星火二大队;1979年隶属刘庄大队;1984年隶属刘庄村至今。位于村委会南1.5千米。东邻九里岗陈庄,南界下古城,西至小刘庄,北连西关庄。总面积0.27平方千米,耕地面积19.27公顷。37户,160人。主产小麦、水稻、杂粮、棉花,兼种果树。村落形态呈线状,房屋结构以坡房和楼房为主。

西吴庄【Xīwúzhuāng】 以方位和姓氏综合命名。因东西相邻两个吴庄，此村在西，故名。1958年隶属星火二大队；1979年隶属刘庄大队；1984年隶属刘庄村至今。位于村委会东1千米。东邻九里岗村陈庄村，南界上古城，西至大刘庄，北连吉河水库。总面积0.27平方千米，耕地面积22.2公顷。48户，170人。主产小麦、水稻、杂粮、棉花，兼种果树。有规模养猪大户1户，年产200头。村落形态呈团状，房屋结构以坡房和楼房为主。

下古城【Xiàgǔchéng】 以传说命名。相传汉朝时，曾在此设过城镇，相邻两个村均取名古城，该村在南，故名。1958年隶属星火二大队；1979年隶属刘庄大队；1984年隶属刘庄村至今。位于村委会西南2千米。东邻九里岗村关庄，南界吉庄村罗畈，西至吉庄村袁庄，北连上古城。总面积0.3平方千米，耕地面积24.74公顷。38户，160人。主产小麦、水稻、杂粮、棉花，兼种桃树。村落形态呈团状，房屋结构以坡房和楼房为主。

小刘庄【Xiǎoliúzhuāng】 以姓氏命名。因刘姓聚居且村子较小，故名。1958年隶属星火二大队；1979年隶属刘庄大队；1984年隶属刘庄村至今。位于村委会西1.5千米。东邻大刘庄，南界上古城，西至吉庄村袁庄，北连吉河水库。总面积0.3平方千米，耕地面积24.8公顷。51户，220人。主产小麦、水稻、杂粮、棉花。村落形态呈团状，房屋结构以坡房和楼房为主。

龙窝村【Lóngwōcūn】

以龙窝自然村命名。1958年命名曙光二大队，隶属红旗公社；1961年隶属鹿头区；1975年隶属鹿头公社；1979年为龙窝大队；1984年为龙窝村内，隶属鹿头镇至今。位于镇政府西北1千米。东邻鹿头社区，南界刘庄村，西至吉河水库，北连吉河水库。辖4个自然村，总面积1.84平方千米，耕地面积142.4公顷。303户，1270人。主产水稻、小麦、玉米，兼种杂粮、果蔬。村委会驻前邓庄。

后邓庄【Hòudèngzhuāng】 以姓氏和方位综合命名。因邓姓分居南北两村，此村位北而得名。1958年隶属曙光二大队；1979年隶属龙窝大队；1984年隶属龙窝村至今。位于村委会北400米。东邻龙窝，南界前邓庄，西至吉河水库，北连吉河水库。总面积0.35平方千米，耕地面积26.5公顷。45户，200人。主产小麦、水稻、玉米，兼种果蔬。村落形态呈散状，房屋结构以平房和坡房为主。

林庄【Línzhuāng】 以姓氏命名。因林姓聚居而得名。1958年隶属曙光二大队；1979年隶属龙窝大队；1984年隶属龙窝村至今。位于村委会南500米。东邻鹿头社区，南界刘庄村武庄，西至吉河水库，北连前邓庄。总面积0.25平方千米，耕地面积18.9公顷。48户，210人。主产小麦、水稻，兼种杂粮、果蔬。村落形态呈线状，房屋结构以平房和坡房为主。

龙窝【Lóngwō】 以传说命名。相传古时曾有一条龙从天而降于此，卧了一个窝，故得此名。1958年隶属曙光二大队；1979年隶属龙窝大队；1984年隶属龙窝村至今。位于村委会东北700米。东邻郭营村东沟，南界鹿头社区，西至后邓庄，北连吉河水库。总面积0.72平方千米，耕地面积62.9公顷。132户，520人。主产小麦、水稻、玉米，兼种果蔬、杂粮。村落形态呈线状，房屋结构以楼房为主。

前邓庄【Qiándèngzhuāng】 以姓氏和方位综合命名。因邓姓分居南北两村，此村位南而得名。1958

年隶属曙光二大队；1979年隶属龙窝大队；1984年隶属龙窝村至今。村委会驻地。东邻鹿头社区，南界林庄，西至吉河水库，北连后邓庄。总面积0.52平方千米，耕地面积34公顷。78户，340人。主产小麦、水稻，兼种玉米、花生、果蔬。村落形态呈散状，房屋结构以平房和坡房为主。

楼子庄村【Lóuzizhuāngcūn】

以楼子庄自然村命名。1958年命名王庄大队，隶属红旗公社；1961年隶属鹿头区；1980年因重名改为楼子庄大队；1984为楼子庄村，隶属鹿头镇；2002年石梯、尹沟并本村至今。位于镇政府东北7.5千米。东邻随县吴山镇，南界大阜山，西至郭营村，北连新市镇新集村。辖14个自然村，总面积20平方千米，耕地面积197.37公顷。437户，2120人。主产水稻、小麦、玉米、桃子，兼种花生、芝麻。村委会驻王庄。

富庄【fùzhuāng】 以村民的期盼命名。因1959年新建，群众期盼安居乐业、生活幸福，故名。1959年隶属王庄大队；1980年隶属楼子庄大队；1984年隶属楼子庄村至今。位于村委会西400米。东邻王庄，南界楼子庄，西至郭营村新庄，北连沙河水库。总面积0.35平方千米，耕地面积8.1公顷。28户，160人。主产小麦、水稻，兼种杂粮。村落形态呈团状，房屋结构以坡房为主。

河嘴【Hézuǐ】 以地形命名。因村建在河嘴上而得名。1958年隶属红旗一大队；1961年隶属石梯大队；1984年隶属鹿头镇石梯村；2002年隶属楼子庄村至今。位于村委会东1.9千米。东邻南沟，南界大阜山，西至张冲，北连沙河水库。总面积1.2平方千米，耕地面积17.9公顷。29户，140人。主产小麦、水稻，兼种杂粮。村落形态呈散状，房屋结构以坡房为主。

楼子庄【Lóuzizhuāng】 以建筑物命名。因村内有座炮楼而得名。1958年隶属王庄大队；1980年隶属楼子庄大队；1984年隶属楼子庄村至今。位于村委会西600米。东邻王庄，南界大阜山，西至郭营村新庄，北连富庄。总面积0.4平方千米，耕地面积16.5公顷。33户，140人。主产小麦、水稻，兼种杂粮。村落形态呈团状，房屋结构以坡房为主。

猫子沟【Māozigōu】 以地形命名。因村建在形似猫的山沟而得名。1958年隶属红旗二大队；1961年隶属新市尹沟大队；1984年隶属鹿头镇尹沟大队；2002年隶属楼子庄村至今。位于村委会东南5.7千米。东邻万庄，南界刘升镇黄湾村煤炭沟，西至大阜山，北连尹沟。总面积3.5平方千米，耕地面积14.7公顷。32户，150人。主产小麦、水稻，兼种杂粮。村落形态呈散状，房屋结构以坡房为主。

南沟【Nángōu】 以方位和地形综合命名。因村建在沙河南边的一条山沟内而得名。1958年隶属红旗一大队；1961年隶属石梯大队；1984年隶属鹿头镇石梯村；2002年隶属楼子庄村至今。位于村委会东南2.5千米。东邻石梯，南界大阜山，西至河咀，北连沙河水库。总面积1.5平方千米，耕地面积35.2公顷。52户，250人。主产小麦、水稻、杂粮、桃子等。村落形态呈线状，房屋结构以坡房为主。

石梯【Shítī】 以道路建筑命名。因在村旁河岸边的石头上建造石梯供人通行，故名。1958年隶属红旗一大队；1961年隶属石梯大队；1984年隶属鹿头镇石梯村；2002年隶属楼子庄村至今。位于村委会东南3千米。东邻熊坡，南界缶庄，西至南沟，北连新市镇新集村黄连庄。总面积1.45平方千米，耕地面积14.9公顷。25户，110人。主产小麦、水稻，兼种杂粮。村落形态呈散状，房屋结构以坡房为主。

万庄【Wànzhuāng】 以姓氏命名。因万姓聚居而得名。1958年隶属红旗二大队；1961年隶属新市尹沟大队；1984年隶属鹿头镇尹沟大队；2002年隶属楼子庄村至今。位于村委会东南6.5千米。东邻随县吴山镇，南界刘升黄湾村煤炭沟，西至尹沟，北连石梯水库。总面积2.9平方千米，耕地面积6.6公顷。18户，70人。主产小麦、水稻，兼种杂粮。村落形态呈团状，房屋结构以坡房为主。

王庄【Wángzhuāng】 以姓氏命名。因王姓聚居而得名。1958年隶属王庄大队；1980年隶属楼子庄大队；1984年隶属楼子庄村至今。村委会驻地。东邻张冲，南界大阜山，西至富庄，北连张店。总面积0.8平方千米，耕地面积22.2公顷。49户，260人。主产小麦、水稻，兼种杂粮。村落形态呈团状，房屋结构以坡房和楼房为主。

新张河【Xīnzhānghé】 以姓氏、河流和建村时间综合命名。因张姓居住沙河西岸称张河，后因修沙河水库迁至河东重建，故名。1958年隶属王庄大队；1980年隶属楼子庄大队；1984年隶属楼子庄村至今。位于村委会东北800米。东邻张冲，南界张店，西至张店，北连沙河水库。总面积0.3平方千米，耕地面积6.87公顷。19户，100人。主产小麦、水稻，兼种杂粮。村落形态呈散状，房屋结构以坡房为主。

熊坡【Xióngpō】 以姓氏和地形综合命名。因熊姓聚居山坡而得名。1958年隶属红旗一大队；1961年隶属石梯大队；1984年隶属鹿头镇石梯村；2002年隶属楼子庄村至今。位于村委会东3.9千米。东邻新市镇新集门路沟，南界石梯，西至石梯，北连新市镇新集村黄连庄。总面积1.6平方千米，耕地面积17.4公顷。36户，170人。主产小麦、水稻，兼种杂粮。村落形态呈散状，房屋结构以坡房为主。

尹沟【Yǐngōu】 以姓氏命名。因尹姓聚居山沟而得名。1958年隶属红旗二大队；1961年隶属新市尹沟大队；1984年隶属鹿头镇尹沟大队；2002年隶属楼子庄村至今。位于村委会南5.5千米。东邻万庄，南界猫子沟，西至缶庄，北连石梯水库。总面积3.1平方千米，耕地面积6.5公顷。21户，120人。主产小麦、水稻，兼种杂粮。村落形态呈散状，房屋结构以坡房为主。

岳庄【Yuèzhuāng】 以姓氏命名。因岳姓聚居而得名。1958年隶属红旗一大队；1961年隶属石梯大队；1984年隶属鹿头镇石梯村；2002年隶属楼子庄村至今。位于村委会东南3.8千米。东邻尹沟，南界大阜山，西至石梯，北连石梯。总面积1.8平方千米，耕地面积16.6公顷。41户，190人。主产小麦、水稻，兼种杂粮。村落形态呈散状，房屋结构以坡房为主。

张冲【Zhāngchōng】 以姓氏和地形综合命名。因张姓聚居冲口而得名。1958年隶属王庄大队；1980年隶属楼子庄大队；1984年隶属楼子庄村至今。位于村委会东1.3千米。东邻河嘴，南界大阜山，西至王庄，北连沙河水库。总面积0.8平方千米，耕地面积12.2公顷。36户，170人。主产小麦、水稻，兼种杂粮。村落形态呈团状，房屋结构以坡房为主。

张店【Zhāngdiàn】 以姓氏和店铺综合命名。因张姓聚居开过饭店而得名。1958年隶属王庄大队；1980年隶属楼子庄大队；1984年隶属楼子庄村至今。位于村委会东700米。东邻张冲，南界王庄，西至王庄，北连新张河。总面积0.3平方千米，耕地面积11.7公顷。18户，90人。主产小麦、水稻，兼种杂粮。村落形态呈团状，房屋结构以坡房为主。

马冲村【Mǎchōngcūn】

以马冲自然村命名。1958年命名星火五大队，隶属红旗公社；1961年隶属鹿头区；1979年为马冲大队，隶属鹿头公社；1984年为马冲村，隶属鹿头镇至今。位于镇政府西南12千米。东邻刘升镇生铁炉村，南界畜牧场，西至环城街道张垱村，北连鞍山水库。辖14个自然村，总面积3.21平方千米，耕地面积201公顷。189户，892人。主产小麦、水稻、玉米，有果蔬栽培，蔬菜种植。村委会驻马冲。

河东【Hédōng】 以河流和方位综合命名。因村建在小河东岸而得名。1958年隶属星火五大队；1979年隶属马冲大队；1984年隶属马冲村至今。位于村委会东南2千米。东邻藤家湾，南界殷沟，西至胡垱水库，北连马冲。总面积0.17平方千米，耕地面积10公顷。9户，40人。主产小麦、水稻、玉米。村落形态呈散状，房屋结构以平房和坡房为主。

马冲【Mǎchōng】 以姓氏和地形综合命名。因马姓聚居山冲而得名。1958年隶属星火五大队；1979年隶属马冲大队；1984年隶属马冲村至今。村委会驻地。东邻贺沟，南界河东，西至胡垱水库，北连寨沟。总面积0.46平方千米，耕地面积30公顷。31户，160人。主产小麦、水稻、玉米，兼种果蔬。村落形态呈线状，房屋结构以坡房和楼房为主。

塔湾【Tǎwān】 以地形命名。因村建在形似宝塔的山下而得名。1958年隶属星火五大队；1979年隶属马冲大队；1984年隶属马冲村至今。位于村委会东南5千米。东邻刘升镇生铁炉村窑沟，南界殷沟，西至马冲，北连张庄。总面积0.23平方千米，耕地面积15公顷。7户，30人。主产小麦、水稻、玉米。村落形态呈散状，房屋结构以坡房为主。

藤家湾【Téngjiāwān】 以植物命名。因村周藤条较多而得名。1958年隶属星火五大队；1979年隶属马冲大队；1984年隶属马冲村至今。位于村委会东南2.5千米。东邻贺沟，南界畜牧坊，西至下长冲，北连马冲。总面积0.19平方千米，耕地面积12公顷。10户，50人。主产小麦、水稻、玉米。村落形态呈散状，房屋结构以平房和坡房为主。

下刘沟【Xiàliúgōu】 以方位、姓氏和地形综合命名。因刘姓聚居河沟的下游而得名。1958年隶属星火五大队；1979年隶属马冲大队；1984年隶属马冲村至今。位于村委会东南5千米。东邻刘升镇生铁炉村肖庄，南界贺沟，西至杏树庄，北连张庄。总面积0.22平方千米，耕地面积13公顷。12户，60人。主产小麦、水稻、玉米。村落形态呈线状，房屋结构以平房和坡房为主。

下长冲【Xiàchángchōng】 以方位和地形综合命名。因村建在一条较长的山冲下而得名。1958年隶属星火五大队；1979年隶属马冲大队；1984年隶属马冲村至今。位于村委会西南1.6千米。东邻胡垱水库，南界环城街道孙垱村，西至邹庄，北连胡垱水库。总面积0.3平方千米，耕地面积20公顷。17户，70人。主产小麦、水稻、玉米。村落形态呈团状，房屋结构以平房和坡房为主。

新庄【Xīnzhuāng】 1985年新建村庄，故名。1985年隶属马冲村至今。位于村委会东南4.5千米。东邻刘升镇李老湾村胡家湾，南界刘升镇谢湾村李家湾，西至刘升镇谢湾村杜家湾，北连殷沟。总面积0.13平方千米，耕地面积8公顷。18户，70人。主产小麦、水稻、玉米。村落形态呈线状，房屋结构以平房和坡房为主。

杏树庄【Xìngshùzhuāng】 以植物命名。因村内杏树多而得名。1958年隶属星火五大队；1979年隶属马冲大队；1984年隶属马冲村至今。位于村委会东南4.5千米。东邻下刘沟，南界贺沟，西至马冲，北连马鞍山水库。总面积0.21平方千米，耕地面积12公顷。12户，60人。主产小麦、水稻、玉米。村落形态呈团状，房屋结构以平房和坡房为主。

殷沟【Yīngōu】 以姓氏命名。因殷姓聚居而得名。1958年隶属星火五大队；1979年隶属马冲大队；1984年隶属马冲村至今。位于村委会东南4千米。东邻刘升镇李老湾村胡家湾，南界刘升镇谢湾村李家湾，西至畜牧场，北连藤家湾。总面积0.12平方千米，耕地面积8公顷。1户，2人。主产小麦、水稻、玉米。村落形态呈散状，房屋结构以平房为主。

迎金洼【Yíngjīnwā】 村庄面相山洼，人们以迎进金银财宝的美好愿望命名。1958年隶属星火五大队；1979年隶属马冲大队；1984年隶属马冲村至今。位于村委会西南1.5千米。东邻胡垱水库，南界下长冲，西至邹庄，北连胡垱水库。总面积0.05平方千米，耕地面积2公顷。3户，10人。主产小麦、水稻、玉米。村落形态呈团状，房屋结构以平房和坡房为主。

翟庄【Zháizhuāng】 以姓氏命名。因翟姓聚居而得名。1958年隶属星火五大队；1979年隶属马冲大队；1984年隶属马冲村至今。位于村委会北2千米。东邻马鞍山水库，南界马冲，西至寨沟，北连马鞍山水库。总面积0.22平方千米，耕地面积13公顷。15户，70人。主产小麦、水稻、玉米。村落形态呈散状，房屋结构以坡房和楼房为主。

寨沟【Zhàigōu】 以建筑物和地形综合命名。因村建于有寨的山沟里而得名。1958年隶属星火五大队；1979年隶属马冲大队；1984年隶属马冲村至今。位于村委会西北1.5千米。东邻翟庄，南界马冲，西至小王庄村响水河，北连小王庄村张铁炉。总面积0.2平方千米，耕地面积14公顷。13户，70人。主产小麦、水稻、玉米，兼种果蔬。村落形态呈线状，房屋结构以楼房和坡房为主。

张庄【Zhāngzhuāng】 以姓氏命名。因张姓聚居而得名。1958年隶属星火五大队；1979年隶属马冲大队；1984年隶属马冲村至今。位于村委会东3千米。东邻刘升镇生铁炉村生铁炉庄，南界塔湾，西至杏树庄，北连市林科所。总面积0.22平方千米，耕地面积14公顷。13户，70人。主产小麦、水稻、玉米。村落形态呈散状，房屋结构以坡房和楼房为主。

邹庄【Zōuzhuāng】 以姓氏命名。因邹姓聚居而得名。1958年隶属星火五大队；1979年隶属马冲大队；1984年隶属马冲村至今。位于村委会西2千米。东邻中长冲，南界环城街道张垱村，西至董河村南吉庄，北连胡垱水库。总面积0.49平方千米，耕地面积30公顷。28户，130人。主产小麦、水稻、玉米，兼种果蔬。村落形态呈线状，房屋结构以平房和坡房为主。

拾河村【Shíhécūn】

以拾河自然村命名。1958年命名红光大队，隶属红旗公社；1961年隶属鹿头区；1979年为拾河大队，隶属鹿头公社；1984年为拾河村，隶属鹿头镇至今。位于镇政府北2千米。东邻郭营村，南界龙窝村，西至武岗村，北连新市镇任岗村。辖9个自然村，总面积5.15平方千米，耕地面积339.85公顷。519户，2127人。主产水稻、杂粮，兼种果树。鹿钱路、鹿寨路过境，村委会驻刘庄。

东任岗【Dōngrèngǎng】 以方位和姓氏综合命名。因相邻两个任岗，此村在东，故名。1958年隶属红光大队；1979年隶属拾河大队；1984年隶属拾河村至今。位于村委会东北1.2千米。东邻新市镇任岗村姜庄，南界马庄，西至西任岗，北连新市镇任岗村任肖庄。总面积0.5平方千米，耕地面积40公顷。65户，240人。主产小麦、水稻、杂粮，兼种果树。村落形态呈线状，房屋结构以坡房和楼房为主。

范河【Fànhé】 以姓氏和河流综合命名。因范姓聚居河边而得名。1958年隶属红光大队；1979年隶属拾河大队；1984年隶属拾河村至今。位于村委会南1.4千米。东邻吉河水库，南界吉河水库，西至简岗，北连刘庄。总面积1平方千米，耕地面积36.2公顷。84户，310人。主产小麦、水稻、杂粮，兼种果树。村落形态呈线状，房屋结构以平房和坡房为主。

简岗【Jiǎngǎng】 以姓氏和地形综合命名。因简姓聚居岗地，故名。1958年隶属红光大队；1979年隶属拾河大队；1984年隶属拾河村至今。位于村委会西1.2千米。东邻刘庄，南界吉河水库，西至武岗村李冲，北连熊楼。总面积1.4平方千米，耕地面积99.6公顷。132户，520人。主产小麦、水稻、杂粮，兼种果树。村落形态呈线状，房屋结构以楼房为主。

刘庄【Liúzhuāng】 以姓氏命名。因刘姓聚居而得名。1958年隶属红光大队；1979年隶属拾河大队；1984年隶属拾河村至今。村委会驻地。东邻马庄，南界范河，西至简岗，北连熊楼。总面积0.4平方千米，耕地面积36公顷。54户，220人。主产小麦、水稻、杂粮，兼种果树。村落形态呈散状，房屋结构以平房和楼房为主。

马庄【Mǎzhuāng】 以姓氏命名。因马姓聚居而得名。1958年隶属红光大队；1979年隶属拾河大队；1984年隶属拾河村至今。位于村委会东北1千米。东邻拾河，南界吉河水库，西至刘庄，北连洼里。总面积0.1平方千米，耕地面积0.65公顷。10户，20人。主产小麦、水稻、杂粮。村落形态呈线状，房屋结构以平房和坡房为主。

拾河【Shíhé】 以数量和河流综合命名。因村建于沙河、黄河等十条小河的汇合处而得名。1958年隶属红光大队；1979年隶属拾河大队；1984年隶属拾河村至今。位于村委会东1.5千米。东邻拾河，南界龙窝村龙窝，西至刘庄，北连洼里。总面积0.75平方千米，耕地面积65公顷。90户，457人。主产小麦、水稻、杂粮，兼种果树。村落形态呈线状，房屋结构以楼房为主。

洼里【Wālǐ】 以地形命名。因村建于低洼处而得名。1958年隶属红光大队；1979年隶属拾河大队；1984年隶属拾河村至今。位于村委会东北700米。东邻吴庄村莘庄，南界马庄，西至熊楼，北连新市镇任岗村姜庄。总面积0.2平方千米，耕地面积7.4公顷。9户，50人。主产小麦、水稻、杂粮。村落形态呈散状，房屋结构以平房和坡房为主。

西任岗【Xīrèngǎng】 以方位和姓氏综合命名。因相邻两个任岗，此村在西，故名。1958年隶属红光大队；1979年隶属拾河大队；1984年隶属拾河村至今。位于村委会北1千米。东邻东任岗，南界熊楼，西至武岗村陈庄，北连新市镇任岗庄。总面积0.6平方千米，耕地面积45公顷。55户，280人。主产小麦、水稻、杂粮，兼种果树。村落形态呈线状，房屋结构以楼房和坡房为主。

熊楼【Xiónglóu】 以姓氏和建筑物综合命名。因熊姓聚居，村里建有门楼，故名。1958年隶属红光大队；1979年隶属拾河大队；1984年隶属拾河村至今。位于村委会北600米。东邻洼里，南界刘庄，西至武岗村陈庄，北连西任岗。总面积 0.2 平方千米，耕地面积 10 公顷。20 户，30 人。主产小麦、水稻、杂粮，兼种果树。村落形态呈散状，房屋结构以坡房和楼房为主。

松扒村【Songbacun】

以松扒自然村命名。1958 年命名星光大队，隶属红旗公社；1961 年隶属鹿头区；1979 年为松扒大队，隶属鹿头公社；1984 年为松扒村，隶属鹿头镇至今。位于镇政府西南 2 千米。东邻简庄村，南界马鞍山水库，西至九里岗村，北连鹿头居委会。辖 9 个自然村，总面积 4.15 平方千米，耕地面积 183 公顷。316 户，1310 人。主产小麦、水稻、玉米、棉花，兼种果树。鹿刘路过境，村委会驻松扒。

东新庄【Dōngxīnzhuāng】 以方位和时间综合命名。因 1953 年修马鞍山水库时，为移民新建两个村庄，此村在东，故名。1958 年隶属星光大队；1979 年隶属松扒大队；1984 年隶属松扒村至今。位于村委会西南 1.2 千米。东邻盐店庄，南界马鞍山水库，西至西新庄，北连刘全章。总面积 0.5 平方千米，耕地面积 24 公顷。38 户，150 人。主产小麦、水稻、玉米，兼种桃树。村落形态呈线状，房屋结构以坡房和楼房为主。

刘全章【Liúquánzhāng】 以人名命名。因最早在此定居的人为刘全章而得名。1958 年隶属星光大队；1979 年隶属松扒大队；1984 年隶属松扒村至今。位于村委会西 1 千米。东邻松扒，南界东新庄，西至九里岗村关庄，北连宋庄。总面积 0.5 平方千米，耕地面积 23 公顷。29 户，130 人。主产小麦、水稻、玉米，兼种桃树。村落形态呈线状，房屋结构以楼房为主。

石头院墙【Shítóuyuànqiáng】 以建筑物命名。因村里石头院墙多而得名。1958 年隶属星光大队；1979 年隶属松扒大队；1984 年隶属松扒村至今。位于村委会东北 1.5 千米。东邻窑子山，南界简庄村杨吴庄，西至松扒，北连鹿头居委会。总面积 1.2 平方千米，耕地面积 38 公顷。95 户，420 人。主产小麦、水稻、玉米，兼种桃树。村落形态呈散状，房屋结构以坡房和楼房为主。

松扒【Sōngbā】 以植物和地形综合命名。因建村时，此地有松坡，故名。1958 年隶属星光大队；1979 年隶属松扒大队；1984 年隶属松扒村至今。村委会驻地。东邻石头院墙，南界盐店庄，西至刘全章，北连鹿头居委会。总面积 0.5 平方千米，耕地面积 23 公顷。43 户，140 人。主产小麦、水稻、玉米，兼种桃树。村落形态呈线状，房屋结构以坡房为主。

宋庄【Sòngzhuāng】 以姓氏命名。因宋姓聚居而得名。1958 年隶属星光大队；1979 年隶属松扒大队；1984 年隶属松扒村至今。位于村委会西北 1.7 千米。东邻松扒，南界刘全章，西至九里岗陈庄，北连鹿头居委会。总面积 0.4 平方千米，耕地面积 20 公顷。27 户，130 人。主产小麦、水稻、玉米，兼种桃树。村落形态呈散状，房屋结构以平房和坡房为主。

西新庄【Xīxīnzhuāng】 以方位和时间综合命名。因 1953 年修马鞍山水库时，为移民新建两个村庄，此村在西，故名。1958 年隶属星光大队；1979 年隶属松扒大队；1984 年隶属松扒村至今。位于村委会西南 2 千米。东邻东新庄，南界马鞍山水库，西至九里岗郑庄，北连九里岗村关庄。总面积 0.3 平方千米，耕地面积 16 公顷。22 户，80 人。主产小麦、水稻、玉米。村落形态呈散状，房屋结构以平房和坡房为主。

盐店庄【Yándiànzhuāng】 以店铺命名。因村中开过盐店而得名。1958年隶属星光大队；1979年隶属松扒大队；1984年隶属松扒村至今。位于村委会南800米。东邻简庄村杨老庄，南界马鞍山水库，西至东新庄，北连松扒。总面积0.5平方千米，耕地面积25公顷。47户，180人。主产小麦、水稻、玉米，兼种桃树。村落形态呈团状，房屋结构以坡房和楼房为主。

窑子山【Yáozishān】 以山名命名。因村建在窑子山旁，故名。1958年隶属星光大队；1979年隶属松扒大队；1984年隶属松扒村至今。位于村委会东北1.5千米。东邻窑子山，南界简庄村杨梧庄，西至石头院墙，北连鹿头社区。总面积0.15平方千米，耕地面积13公顷。13户，70人。主产小麦、水稻、杂粮。村落形态呈散状，房屋结构以平房和坡房为主。

竹园【Zhúyuán】 以植物命名。因村里有片竹园而得名。1958年隶属星光大队；1979年隶属松扒大队；1984年隶属松扒村至今。位于村委会北1千米。东邻窑子山，南界石头院墙，西至宋庄，北连鹿头社区。总面积0.1平方千米，耕地面积1公顷。2户，10人。主产小麦、水稻、杂粮。村落形态呈散状，房屋结构以坡房为主。

武岗村【Wǔgǎngcūn】

以武岗自然村命名。1958年命名炬火二大队，隶属红旗公社；1961年隶属鹿头区；1979年为武岗大队，隶属鹿头公社；1984年为武岗村，隶属鹿头镇至今。位于镇政府西北5千米。东邻拾河村，南界尚庄村，西至翟庙村，北连新市镇杨庄村。辖10个自然村，总面积3.47平方千米，耕地面积306公顷。450户，2120人。主产水稻、小麦、杂粮，兼种果蔬。村委会驻陶庄。

蔡冲【Càichōng】 以姓氏和地形综合命名。因蔡姓居住，地处田冲，故名。1958年隶属炬火二大队；1979年隶属武岗大队；1984年隶属武岗村至今。位于村委会西南800米。东邻陶庄，南界朱冲，西至李华修，北连蒋庄。总面积0.32平方千米，耕地面积29.67公顷。35户，170人。主产小麦、水稻、杂粮，兼种果蔬。村落形态呈线状，房屋结构以坡房和楼房为主。

陈庄【Chénzhuāng】 以姓氏命名。因陈姓聚居而得名。1958年隶属炬火二大队；1979年隶属武岗大队；1984年隶属武岗村至今。位于村委会东北1.2千米。东邻拾河村熊楼，南界陶庄，西至下武岗，北连新市镇任岗村汪庄。总面积0.73平方千米，耕地面积63.33公顷。73户，320人。主产小麦、水稻、杂粮，兼种果蔬。村落形态呈散状，房屋结构以坡房和楼房为主。

李华修【Lǐhuáxiū】 以人名命名。因最早在此定居的人叫李华修而得名。1958年隶属炬火二大队；1979年隶属武岗大队；1984年隶属武岗村至今。位于村委会西南1千米。东邻蔡冲，南界汤庄，西至翟庙村高庄，北连翟庙村水庄。总面积0.26平方千米，耕地面积24.1公顷。32户，170人。主产小麦、水稻、杂粮，兼种果蔬。村落形态呈线状，房屋结构以楼房为主。

上武岗【Shàngwǔgǎng】 以方位、姓氏和地形综合命名。因武姓聚居岗地，南北相邻两个武岗，该村在北，故名。1958年隶属炬火二大队；1979年隶属武岗大队；1984年隶属武岗村至今。位于村委会西北1.2千米。东邻陈庄，南界下武岗，西至小蒋庄，北连新市镇杨庄村火神庙。总面积0.46平方千米，耕地面积35.9公顷。44户，190人。主产小麦、水稻、杂粮，兼种果蔬。村落形态呈团状，房屋结构以坡房和楼房为主。

十组【Shízǔ】 2010年因南水北调工程，丹江口市均县镇蔡方沟村移民新建村，简称移民点。2010年隶属武岗村。位于村委会东北20米。东邻陈庄，南界陶庄，西至下武岗，北连陈庄。总面积0.21平方千米，耕地面积19.53公顷。43户，180人。主产小麦、水稻、杂粮，兼种果蔬。村落形态呈团状，房屋结构以平房和楼房为主。

汤庄【Tāngzhuāng】 以姓氏命名。因汤姓聚居而得名。1958年隶属炬火二大队；1979年隶属武岗大队；1984年隶属武岗村至今。位于村委会南1.3千米。东邻蔡冲，南界尚庄村桥庄，西至翟庙村仓房庄，北连李华修。总面积0.21平方千米，耕地面积20.67公顷。33户，160人。主产小麦、水稻、杂粮，兼种果蔬。村落形态呈线状，房屋结构以楼房为主。

陶庄【Táozhuāng】 以姓氏命名。因陶姓聚居而得名。1958年隶属炬火二大队；1979年隶属武岗大队；1984年隶属武岗村至今。村委会驻地。东邻拾河村简岗，南界尚庄村，西至蔡冲，北连陈庄。总面积0.24平方千米，耕地面积21.27公顷。50户，290人。主产小麦、水稻、杂粮，兼种果蔬。村落形态呈团状，房屋结构以坡房和楼房为主。

下武岗【Xiàwǔgǎng】 以方位、姓氏和地形综合命名。因武姓聚居岗地，南北相邻两个武岗，该村在南，故名。1958年隶属炬火二大队；1979年隶属武岗大队；1984年隶属武岗村至今。位于村委会西北700米。东邻陈庄，南界朱冲，西至小蒋庄，北连上武岗。总面积0.3平方千米，耕地面积22.54公顷。36户，180人。主产小麦、水稻、杂粮，兼种果蔬。村落形态呈散状，房屋结构以坡房和楼房为主。

小蒋庄【Xiǎojiǎngzhuāng】 以姓氏命名。因蒋姓聚居且村小而得名。1958年隶属炬火二大队；1979年隶属武岗大队；1984年隶属武岗村至今。位于村委会西北700米。东邻下武岗，南界蔡冲，西至李华修，北连新市镇杨庄村蒋庄。总面积0.27平方千米，耕地面积25.73公顷。44户，160人。主产小麦、水稻、杂粮。村落形态呈线状，房屋结构以楼房为主。

朱冲【Zhūchōng】 以姓氏和地形综合命名。因朱姓聚居田冲旁而得名。1958年隶属炬火二大队；1979年隶属武岗大队；1984年隶属武岗村至今。位于村委会西南1千米。东邻陶庄，南界尚庄村李冲，西至汤庄，北连蔡冲。总面积0.47平方千米，耕地面积43.26公顷。60户，300人。主产小麦、水稻、杂粮，兼种果蔬。村落形态呈散状，房屋结构以坡房和楼房为主。

武庄村【Wǔzhuāngcūn】

以武庄自然村命名。1958年命名永光大队，隶属红旗公社；1961年隶属鹿头区；1975年隶属鹿头公社；1977年更名武庄大队，隶属鹿头公社；1984年为武庄村，隶属鹿头镇；2002年杨河村并入，隶属鹿头镇至今。位于镇政府北2.5千米。东邻沙河水库，南界郭营村，西至拾河村，北连何庄村。辖9个自然村，总面积3.54平方千米，耕地面积310公顷。522户，2354人。主产小麦、水稻、杂粮、桃子等。枣桐路、鹿钱路过境，境内有雕龙碑遗址，村委会驻陈坡。

陈坡【Chénpō】 以姓氏和地形综合命名。因陈姓聚居山坡而得名。1958年隶属永光大队；1977年隶属武庄大队；1984年隶属武庄村至今。村委会驻地。东邻马庄，南界郭营村邱庄，西至莘庄，北连武庄。

总面积 0.3 平方千米，耕地面积 27 公顷。40 户，215 人。主产小麦、水稻、桃子等。村落形态呈散状，房屋结构以平房和坡房为主。

郭巷【Guōxiàng】 以姓氏和地形综合命名。因郭姓聚居形似巷道的村子而得名。1958 年隶属永光大队；1977 年隶属武庄大队；1984 年隶属武庄村至今。位于村委会北 2 千米。东邻何庄村下坡，南界武庄，西至骆庄，北连新市镇熊岗村熊岗。总面积 0.35 平方千米，耕地面积 30 公顷。115 户，450 人。主产小麦、水稻、果树。村落形态呈散状，房屋结构以坡房和楼房为主。

韩庄【Hánzhuāng】 以姓氏命名。因韩姓聚居而得名。1958 年隶属马庄大队；1980 年隶属杨河大队；1984 年隶属杨河村；2002 年隶属武庄村至今。位于村委会东北 500 米。东邻何庄村下甘畈，南界马庄，西至郭巷，北连何庄。总面积 0.35 平方千米，耕地面积 32.5 公顷。36 户，150 人。主产小麦、水稻、桃子等。村落形态呈散状，房屋结构以坡房和楼房为主。

骆庄【Luòzhuāng】 以姓氏命名。因骆姓聚居而得名。1958 年隶属永光大队；1977 年隶属武庄大队；1984 年隶属武庄村至今。位于村委会西 2.5 千米。东邻郭巷，南界莘庄，西至新市镇任岗村姜庄，北连新市镇熊岗村熊岗。总面积 0.5 平方千米，耕地面积 41.3 公顷。62 户，281 人。主产小麦、水稻、桃子等。村落形态呈散状，房屋结构以平房和坡房为主。

马庄【Mǎzhuāng】 以姓氏命名。因马姓聚居而得名。1958 年隶属马庄大队；1980 年隶属杨河大队；1984 年隶属杨河村；2002 年隶属武庄村至今。位于村委会东南 500 米。东邻杨河，南界郭营村邱庄，西至陈坡，北连韩庄。总面积 0.48 平方千米，耕地面积 42 公顷。63 户，310 人。主产小麦、水稻、桃子等。村落形态呈散状，房屋结构以平房和坡房为主。

莘庄【Shēnzhuāng】 以姓氏命名。因莘姓聚居而得名。1958 年隶属永光大队；1977 年隶属武庄大队；1984 年隶属武庄村至今。位于村委会西 1.5 千米。东邻武庄，南界小河，西至拾河村任岗，北连骆庄。总面积 0.49 平方千米，耕地面积 41 公顷。71 户，306 人。主产小麦、水稻、桃子等。村落形态呈散状，房屋结构以坡房和楼房为主。

武庄【Wǔzhuāng】 以姓氏命名。因武姓聚居而得名。1958 年隶属永光大队；1977 年隶属武庄大队；1984 年隶属武庄村至今。位于村委会西北 1.8 千米。东邻马庄，南界龙碑遗址，西至莘庄，北连郭巷。总面积 0.37 平方千米，耕地面积 32.7 公顷。47 户，230 人。主产小麦、水稻、桃子等。村落形态呈散状，房屋结构以坡房和楼房为主。

闫水河【Yánshuǐhé】 以姓氏和河流综合命名。因闫姓居住小河边而得名。1958 年隶属永光大队；1977 年隶属武庄大队；1984 年隶属武庄村至今。位于村委会西南 3 千米。东邻郭营村邱庄，南界郭营村南河，西至拾河村马庄，北连莘庄。总面积 0.35 平方千米，耕地面积 33.5 公顷。56 户，242 人。主产小麦、水稻、桃子等。村落形态呈散状，房屋结构以平房和坡房为主。

杨河【Yánghé】 以姓氏和河流综合命名。因杨姓居住沙河边而得名。1958 年隶属马庄大队；1980 年隶属杨河大队；1984 年隶属杨河村；2002 年隶属武庄村至今。位于村委会东 1.5 千米。东邻沙河水库，南界候河，西至马庄，北连何庄下甘畈。总面积 0.35 平方千米，耕地面积 30 公顷。32 户，170 人。主产小麦、水稻、桃子等。村落形态呈散状，房屋结构以坡房和楼房为主。

小王庄村【Xiǎowángzhuāngcūn】

以小王庄自然村命名。1958年命名星火三大队，隶属红旗公社；1961年隶属鹿头区；1975年隶属鹿头公社；1979年为胡庄大队，隶属鹿头公社；1980年因重名改为小王庄大队；1984年为小王庄村，隶属鹿头镇；1987年隶属吉河乡；2001年隶属鹿头镇；2002年张铁炉村并入本村。位于镇政府西南4千米。东邻马鞍山水库，南界董河村，西至吉河水库，北连吉庄村。辖7个自然村，总面积3.78平方千米，耕地面积282.9公顷。431户，1690人。主产小麦、水稻、玉米，规模养猪场4个。枣桐路穿境而过，村委会驻小王庄。

大王庄【Dàwángzhuāng】 以姓氏和规模综合命名。因王姓分居相邻二村，此村大而得名。1958年隶属星火三大队；1979年隶属胡庄大队；1980年隶属小王庄大队；1984年隶属小王庄村至今。位于村委会东600米。东邻胡庄小二型水库，南界胡庄，西至鲁庄，北连吉庄村陈庄。总面积0.3平方千米，耕地面积29.03公顷。55户，230人。主产小麦、水稻、玉米。村落形态呈团状，房屋结构以坡房和楼房为主。

董庄【Dǒngzhuāng】 以姓氏命名。因董姓聚居而得名。1958年隶属星火三大队；1979年隶属胡庄大队；1980年隶属小王庄大队；1984年隶属小王庄村至今。位于村委会东南500米。东邻张铁炉，南界董河村李庄，西至小王庄，北连吉庄村陈庄。总面积0.3平方千米，耕地面积23.7公顷。36户，150人。主产小麦、水稻。村落形态呈团状，房屋结构以楼房为主。

胡庄【Húzhuāng】 以姓氏命名。因胡姓聚居而得名。1958年隶属星火三大队；1979年隶属胡庄大队；1980年隶属小王庄大队；1984年隶属小王庄村至今。位于村委会东南2千米。东邻张铁炉，南界胡垱水库，西至董河村李庄，北连大王庄。总面积0.8平方千米，耕地面积59.1公顷。80户，310人。主产小麦、水稻，有桃树栽培。村落形态呈团状，房屋结构以坡房为主。

鲁庄【Lǔzhuāng】 以姓氏命名。因鲁姓聚居而得名。1958年隶属星火三大队；1979年隶属胡庄大队；1980年隶属小王庄大队；1984年隶属小王庄村至今。位于村委会西500米。东邻大王庄，南界董河村孙庄，西至小王庄，北连吉庄村万庄。总面积0.2平方千米，耕地面积15.2公顷。29户，80人。主产小麦、水稻。村落形态呈团状，房屋结构以坡房和楼房为主。

响水河【Xiǎngshuǐhé】 以河流和水声综合命名。因村前小河流水向下至深潭发出响声而得名。1958年隶属星火三大队；1979年隶属胡庄大队；1980年隶属小王庄大队；1984年隶属小王庄村至今。位于村委会东南2.5千米。东邻马冲村寨沟，南界胡垱水库，西至胡家老山，北连张铁炉。总面积0.18平方千米，耕地面积13.7公顷。13户，40人。主产小麦、水稻，桃树有栽培。村落形态呈团状，房屋结构以平房为主。

小王庄【Xiǎowángzhuāng】 以姓氏和规模综合命名。因王姓分居相邻二村，此村较小而得名。1958年隶属星火三大队；1979年隶属胡庄大队；1980年隶属小王庄大队；1984年隶属小王庄村至今。村委会驻地。东邻鲁庄，南界小王庄，西至吉河水库，北连吉庄村前王寨。总面积1平方千米，耕地面积67.4公顷。138户，560人。主产小麦、水稻。村落形态呈线状，房屋结构以楼房为主。

张铁炉【Zhāngtiělú】 以姓氏和职业综合命名。因张姓在此开过铁炉而得名。1958年隶属张铁炉大队；1984年隶属张铁炉村；2002年张铁炉村与小王庄村合并，隶属小王庄村至今。位于村委会东1.5千米。东邻马鞍山水库，南界马冲村翟庄，西至胡庄，北连吉庄村大胡楼。总面积1平方千米，耕地面积74.77公顷。80户，320人。主产小麦、水稻，兼种玉米，桃树有栽培。村落形态呈团状，房屋结构以坡房和楼房为主。

何庄村【Hézhuāngcūn】

以何庄自然村命名。1958年为金光大队，隶属红旗公社；1961年隶属鹿头区；1975年隶属鹿头公社；1977年更名何庄大队，隶属鹿头公社，1984年为何庄村，隶属鹿头镇至今。位于镇政府东北2.6千米。东邻沙河水库，南界武庄村，西至新市镇熊岗村，北连新市镇李楼村。辖9个自然村，总面积4平方千米，耕地面积342公顷。390户，1500人。主产小麦、杂粮、桃子等。枣桐路过境，村委会驻熊庄。

倒座刘【Dǎozuòliú】 以姓氏和方位综合命名。因刘姓居住岗北坡，门朝北（当地称门朝南为正座，门朝北为倒座），故名。1958年隶属金光大队；1977年隶属何庄大队；1984年隶属何庄村至今。位于村委会西北1.5千米。东邻熊庄，南界郑岗，西至龚庄，北连新市镇李楼村邱庄。总面积0.27平方千米，耕地面积23公顷。25户，120人。主产小麦、水稻、桃子等。村落形态呈线状，房屋结构以楼房为主。

龚庄【Gōngzhuāng】 以姓氏命名。因龚姓聚居而得名。1958年隶属金光大队；1977年隶属何庄大队；1984年隶属何庄村至今。位于村委会西北2千米。东邻倒座刘，南界倒座刘，西至熊岗村熊岗，北连新市镇李楼村刘庄。总面积0.42平方千米，耕地面积36公顷。57户，250人。主产小麦、水稻、桃子等。村落形态呈线状，房屋结构以平房和楼房为主。

何庄【Hézhuāng】 以姓氏命名。因何姓聚居而得名。1958年隶属金光大队；1977年隶属何庄大队；1984年隶属何庄村至今。位于村委会西南800米。东邻下甘畈，南界武庄村韩庄，西至武庄村郭巷，北连熊庄。总面积0.56平方千米，耕地面积48公顷。65户，265人。主产小麦、水稻、桃子等。村落形态呈线状，房屋结构以楼房为主。

林场【Línchǎng】 以培育和管理林业的职能综合命名。1958年隶属金光大队；1977年隶属何庄大队；1984年隶属何庄村至今。位于村委会东北1.5千米。东邻新市镇骆楼村蒋庄，南界上甘畈，西至熊庄，北连新市镇骆楼村骆楼。总面积平0.15方千米，耕地面积12公顷。6户，24人。主产小麦、桃子等。村落形态呈散状，房屋结构以平房和楼房为主。

上甘畈【Shànggānfàn】 以姓氏和方位综合命名。因甘姓分居相邻二村，此村位北而得名。1958年隶属金光大队；1977年隶属何庄大队；1984年隶属何庄村至今。位于村委会东北1千米。东邻新市镇骆楼村蒋庄，南界玉皇庙，西至熊庄，北连林坊。总面积0.42平方千米，耕地面积36公顷。30户，120人。主产小麦、水稻、桃子等。村落形态呈散状，房屋结构以平房和楼房为主。

下甘畈【Xiàgānfàn】 以姓氏和方位综合命名。因甘姓分居相邻二村，此村位南而得名。1958年隶属金光大队；1977年隶属何庄大队；1984年隶属何庄村至今。位于村委会东南1千米。东邻沙河水库，南界武庄村杨河，西至武庄村韩庄，北连玉皇庙。总面积 0.9 平方千米，耕地面积 77 公顷。80 户，290 人。主产小麦、水稻、桃子等。村落形态呈散状，房屋结构以平房和楼房为主。

熊庄【Xióngzhuāng】 以姓氏命名。因熊姓聚居而得名（原名熊家油坊）。1958 年隶属金光大队；1977 年隶属何庄大队；1984 年隶属何庄村至今。村委会驻地。东邻上甘畈，南界何庄，西至倒座刘，北连新市镇李楼村邱庄。总面积 0.54 平方千米，耕地面积 46 公顷。50 户，161 人。主产小麦、水稻、桃子等。村落形态呈散状，房屋结构以坡房和楼房为主。

玉皇庙【Yùhuángmiào】 以建筑物命名。因村旁有座"玉皇庙"而得名。1958 年隶属金光大队；1977 年隶属何庄大队；1984 年隶属何庄村至今。位于村委会东 500 米。东邻沙河水库，南界下甘畈，西至熊庄，北连上甘畈。总面积 0.5 平方千米，耕地面积 43 公顷。47 户，150 人。主产小麦、水稻、桃子等。村落形态呈散状，房屋结构以平房和坡房为主。

郑岗【Zhènggǎng】 以姓氏和地形综合命名。因郑姓聚居岗上而得名。1958 年隶属金光大队；1977 年隶属何庄大队；1984 年隶属何庄村至今。位于村委会西 1.5 千米。东邻何庄，南界武庄村，西至武庄村郭巷，北连倒座刘。总面积 0.24 平方千米，耕地面积 21 公顷。30 户，120 人。主产小麦、水稻、桃子等。村落形态呈线状，房屋结构以楼房为主。

张河村【Zhānghécūn】

以张河自然村命名。1958 年命名金星六大队，隶属红旗公社；1961 年隶属鹿头区；1975 年隶属鹿头公社；1979 年为张河大队；1984 年为张河村，隶属鹿头镇；1987 年隶属吉河乡；2001 年隶属鹿头镇至今。位于镇政府西南 13 千米。东邻邓店村，南界环城十里村，西至丁庄村，北连朱堰村。辖 3 个自然村，总面积 2.5 平方千米，耕地面积 107.4 公顷。242 户，1050 人。主产小麦、水稻，兼种玉米、水果。335 省道过境，村委会驻张河、冯河中间。

冯河【Fénghé】 以姓氏和河流综合命名。因冯姓聚居沙河边而得名。1958 年隶属金星六大队；1979 年隶属张河大队；1984 年隶属张河村至今。位于村委会东 100 米。东邻邓店村后邓店，南界环城街道董田村杨河，西至村委会，北连邓店村蔡庄。总面积 1.2 平方千米，耕地面积 39.53 公顷。112 户，480 人。主产小麦、水稻、玉米。村落形态呈散状，房屋结构以坡房和楼房为主。

下垱【Xiàdàng】 以地形和方位综合命名。因建村与垱沟的下游而得名。1958 年隶属金星六大队；1979 年隶属张河大队；1984 年隶属张河村至今。位于村委会北 700 米。东邻邓店村盛庄，南界 335 省道，西至梁庄村，北连朱堰村胡小庄。总面积 0.3 平方千米，耕地面积 16.67 公顷。24 户，100 人。主产小麦、水稻、玉米。村落形态呈散状，房屋结构以平房和楼房为主。

张河【Zhānghé】 以姓氏和河流综合命名。因张姓聚居沙河边而得名。1958 年隶属金星六大队；1979 年隶属张河大队；1984 年隶属张河村至今。位于村委会西 100 米。东邻村委会，南界环城街道十里村杜河，西至丁庄村潘庄，北连 335 省道。总面积 1 平方千米，耕地面积 51.2 公顷。106 户，470 人。主产小麦、水稻、玉米、桃子等。村落形态呈散状，房屋结构以平房和楼房为主。

张庄村【Zhāngzhuāngcūn】

以张庄寨自然村命名。1958年命名金火大队，隶属红旗公社；1961年隶属鹿头区；1979年为张庄寨大队，隶属鹿头公社；1984年为张庄村，隶属鹿头镇；1987年隶属吉河乡，2001年隶属鹿头镇至今。位于镇政府西7千米。东邻吉河水库，南界方湾村，西至白庙村，北连陈庄村。辖9个自然村，总面积6.15平方千米，耕地面积307.5公顷。387户，1620人。主产小麦、水稻、棉花、杂粮。吉太路穿村而过，村委会驻张庄寨。

大段岗【Dàduàngǎng】 以姓氏和地形综合命名。因段姓聚居岗上，此村较大，故名。1958年隶属金火大队；1979年隶属张庄寨大队；1984年隶属张庄村至今。位于村委会东北700米。东邻陈庄村陈庄，南界小段岗，西至白庙村杜庄，北连白庙村邱庄。总面积0.75平方千米，耕地面积50公顷。54户，180人。主产小麦、水稻、玉米，兼种果蔬。村落形态呈线状，房屋结构以坡房和楼房为主。

樊庄【Fánzhuāng】 以姓氏命名。因樊姓聚居而得名。1958年隶属金火大队；1979年隶属张庄寨大队；1984年隶属张庄村至今。位于村委会东400米。东邻吉河水库，南界河上王庄，西至张庄寨，北连周庄。总面积0.5平方千米，耕地面积15.3公顷。2户，10人。主产小麦、水稻、杂粮。村落形态呈散状，房屋结构以平房为主。

河上王庄【Héshàngwángzhuāng】 以河流、方位和姓氏综合命名。因王姓聚居两条河交汇处的上方而得名。1958年隶属金火大队；1979年隶属张庄寨大队；1984年隶属张庄村至今。位于村委会东南1.5千米。东邻吉河水库，南界鸿雁坡，西至方湾村魏庄，北连吉河水库管理处。总面积1.2平方千米，耕地面积70公顷。94户，490人。主产小麦、水稻、玉米，兼种果蔬。村落形态呈团状，房屋结构以平房和楼房为主。

万庄【Wànzhuāng】 以姓氏命名。因万姓聚居而得名。1958年隶属金火大队；1979年隶属张庄寨大队；1984年隶属张庄村至今。位于村委会西600米。东邻张庄寨，南界方湾村赵庄，西至白庙村罗庄，北连白庙村马家剪口。总面积0.7平方千米，耕地面积7.3公顷。10户，30人。主产小麦、水稻、杂粮、棉花。村落形态呈散状，房屋结构以坡房为主。

小段岗【Xiǎoduàngǎng】 以姓氏和地形综合命名。因段姓聚居岗上，村较小，故名。1958年隶属金火大队；1979年隶属张庄寨大队；1984年隶属张庄村至今。位于村委会北500米。东邻贺庄，南界张庄寨，西至张立怨，北连大段岗。总面积0.3平方千米，耕地面积3.6公顷。2户，10人。主产小麦、水稻、玉米。村落形态呈散状，房屋结构以平房为主。

张立怨【Zhānglìyuàn】 以人名命名。以最初在此定居的人张立怨命名。1958年隶属金火大队；1979年隶属张庄寨大队；1984年隶属张庄村至今。位于村委会西北800米。东邻小段岗，南界张庄寨，西至白庙村罗庄，北连白庙村后张庄。总面积0.8平方千米，耕地面积50公顷。54户，170人。主产小麦、水稻、棉花。村落形态呈散状，房屋结构以坡房和楼房为主。

张庄寨【Zhāngzhuāngzhài】 以姓氏和建筑物综合命名。因张姓聚居且村周筑有土寨，故名。1958年隶属金火大队；1979年隶属张庄寨大队；1984年隶属张庄村至今。位于村委会东300米。东邻周庄，南界方湾村魏庄，西至方湾村赵庄，北连小段岗。总面积0.85平方千米，耕地面积50公顷。75户，380人。主产小麦、水稻、棉花，兼种果蔬。村落形态呈团状，房屋结构以平房和楼房为主。吉太路、宏伟路穿村而过。

张庄寨路北【Zhāngzhuāngzhàilùběi】 以姓氏、建筑物和方位综合命名。位于张庄寨路北，故名。1958年隶属金火大队；1979年隶属张庄寨大队；1984年隶属张庄村至今。位于村委会东北500米。东邻吉河水库，南界张庄寨，西至万庄，北连小段岗。总面积0.75平方千米，耕地面积60公顷。80户，300人。主产小麦、水稻、玉米，兼种果蔬。村落形态呈团状，房屋结构以平房和楼房为主。

周庄【Zhōuzhuāng】 以姓氏命名。因周姓聚居而得名。1958年隶属金火大队；1979年隶属张庄寨大队；1984年隶属张庄村至今。位于村委会东北800米。东邻吉河水库，南界樊庄，西至张庄寨，北连贺庄。总面积0.3平方千米，耕地面积1.3公顷。16户，50人。主产小麦、水稻、玉米。村落形态呈散状，房屋结构以坡房和楼房为主。

翟庙村【Zháimiàocūn】

以翟庙自然村命名。1958年为炬火三大队，隶属红旗公社；1961年隶属鹿头区；1979年为翟庙大队，隶属鹿头公社；1984年为翟庙村，隶属鹿头镇至今。【原辖的杨岗，万庄两个自然村1987年分别划入白庙和陈庄村。】位于镇政府西北7千米。东邻武岗村，南界吉河水库，西至陈庄村，北连新市镇白露村。辖9个自然村，总面积6.51平方千米，耕地面积267.77公顷。429户，2007人。主产小麦、水稻，兼种杂粮、水果。拾翟路、水泥路通村，村委会驻翟庙。

仓房庄【Cāngfángzhuāng】 以建筑物命名。因曾设过仓房而得名。1958年隶属炬火三大队；1979年隶属翟庙大队；1984年隶属翟庙村至今。位于村委会北30米。东邻武岗村李华修，南界高庄，西至翟庙，北连王应林。总面积0.86平方千米，耕地面积37公顷。65户，260人。主产小麦、水稻，兼种杂粮、果树、蔬菜、养殖业有发展。村落形态呈散状，房屋结构以平房和楼房为主。

高庄【Gāozhuāng】 以姓氏命名。因高姓聚居而得名。1958年隶属炬火三大队；1979年隶属翟庙大队；1984年隶属翟庙村至今。位于村委会东50米。东邻武岗村李华修，南界吉河水库，西至翟庙，北连仓房庄。总面积0.06平方千米，耕地面积2.4公顷。4户，17人。主产小麦、水稻，兼种玉米、果树、蔬菜、养殖业有发展。村落形态呈散状，房屋结构以平房和楼房为主。

和庄【Hézhuāng】 以村风命名。因村邻之间和睦相处而得名。1958年隶属炬火三大队；1979年隶属翟庙大队；1984年隶属翟庙村至今。位于村委会西北2.5千米。东邻王应林，南界姜庄，西至太平镇袁寨南街村，北连黄庄。总面积0.45平方千米，耕地面积17.4公顷。34户，140人。主产小麦、水稻，兼种玉米、桃树。村落形态呈散状，房屋结构以平房和楼房为主。

黄庄【Huángzhuāng】 以姓氏命名。因黄姓聚居而得名。1958年隶属炬火三大队；1979年隶属翟庙大队；1984年隶属翟庙村至今。位于村委会北2千米。东邻王应林，南界翟庙，西至和庄，北连新市镇白露村。总面积1.35平方千米，耕地面积54公顷。87户，350人。主产小麦、水稻，兼种玉米、水果、蔬菜。村落形态呈散状，房屋结构以平房和楼房为主。

姜庄【Jiāngzhuāng】 以姓氏命名。因姜姓聚居而得名。1958年隶属炬火三大队；1979年隶属翟庙大队；1984年隶属翟庙村至今。位于村委会北1.5千米。东邻王应林，南界翟庙，西至汤庄，北连和庄。总面积0.55平方千米，耕地面积25公顷。40户，370人。主产小麦、水稻，兼种杂粮、果蔬，养殖业有发展。村落形态呈散状，房屋结构以平房和楼房为主。

水庄【Shuǐzhuāng】 以姓氏命名。因水姓聚居而得名。1958年隶属炬火三大队；1979年隶属翟庙大队；1984年隶属翟庙村至今。位于村委会东北2千米。东邻新市镇杨庄村蒋庄，南界武岗村李华修，西至仓房庄，北连王应林。总面积0.88平方千米，耕地面积37公顷。47户，200人。主产小麦、水稻，兼种杂粮、果蔬。村落形态呈散状，房屋结构以平房和楼房为主。

汤庄【Tāngzhuāng】 以姓氏命名。因汤姓聚居而得名。1958年隶属炬火三大队；1979年隶属翟庙大队；1984年隶属翟庙村至今。位于村委会西北2千米。东邻姜庄，南界翟庙，西至太平镇袁寨南街村，北连和庄。总面积0.28平方千米，耕地面积12.4公顷。20户，80人。主产小麦、水稻，兼种杂粮、果蔬，养殖业有发展。村落形态呈散状，房屋结构以坡房和楼房为主。

王应林【Wángyīnglín】 以人名命名。因最早在此定居人的名字得此名。1958年隶属炬火三大队；1979年隶属翟庙大队；1984年隶属翟庙村至今。位于村委会北1.2千米。东邻水庄，南界仓房庄，西至和庄，北连黄庄。总面积1.36平方千米，耕地面积54.7公顷。76户，350人。主产小麦、水稻，兼种水果、杂粮，有蔬菜和养殖业生产。村落形态呈散状，房屋结构以平房和楼房为主。

翟庙【Zháimiào】 以姓氏和建筑物综合命名。因翟姓聚居村旁有一小庙而得名。1958年隶属炬火三大队；1979年隶属翟庙大队；1984年隶属翟庙村至今。村委会驻地。东邻仓房庄，南界吉河水库，西至陈庄村万庄，北连姜庄。总面积0.72平方千米，耕地面积27.87公顷。56户，240人。主产小麦、水稻，兼种杂粮、果蔬，养殖业有发展。村落形态呈散状，房屋结构以平房和楼房为主。

朱堰村【Zhūyàncūn】

以大朱堰自然村命名。1958年命名金星四大队，隶属红旗公社；1961年隶属鹿头区；1975年隶属鹿头公社；1979年为大朱堰大队；1984年为朱堰村，隶属鹿头镇；1987年隶属吉河乡；2001年隶属鹿头镇至今。位于镇政府西南13千米。东邻吉河社区，南界张河村，西至梁庄村，北连吉岗村。辖7个自然村，总面积3.06平方千米，耕地面积214公顷。264户，1080人。主产小麦、水稻、玉米，兼种果蔬。吉草路、红卫路过境，村委会驻大朱堰东400米。

陈庄【Chénzhuāng】 以姓氏命名。因陈姓聚居而得名。1958年隶属金星四大队；1979年隶属大朱堰大队；1984年隶属朱堰村至今。位于村委会东800米。东邻吉河社区，南界邓店村小朱堰，西至小任庄，北连刘岗。总面积0.4平方千米，耕地面积28.5公顷。40户，160人。主产小麦、水稻、玉米，兼种红薯、豆类、果蔬。村落形态呈散状，房屋结构以楼房为主。

大任庄【Dàrénzhuāng】 以姓氏命名。因任姓分居相邻二村，此村较大而得名。1958年隶属金星四大队；1979年隶属大朱堰大队；1984年隶属朱堰村至今。位于村委会东北500米。东邻陈庄，南界小任庄，西至大朱堰，北连吉岗村移民点。总面积0.25平方千米，耕地面积18公顷。35户，130人。主产小麦、水稻、玉米，兼种果树、豆类、蔬菜。村落形态呈散状，房屋结构以楼房为主。

大朱堰【Dàzhūyàn】 以姓氏、规模和堰综合命名。因朱姓聚居堰旁，且村较大而得名。1958年隶属金星四大队；1979年隶属大朱堰大队；1984年隶属朱堰村至今。位于村委会西400米。东邻大小任庄，南界胡小庄，西至梁庄村钱庄，北连吉岗村黄家油坊。总面积1.2平方千米，耕地面积82.9公顷。93户，410人。主产小麦、水稻、玉米，兼种果树、豆类、蔬菜。村落形态呈散状，房屋结构以楼房为主。

胡小庄【Húxiǎozhuāng】 以姓氏和规模综合命名。因胡姓聚居村子较小而得名。1958年隶属金星四大队；1979年隶属大朱堰大队；1984年隶属朱堰村至今。位于村委会西南1.2千米。东邻邓店村盛庄，南界梁庄村水家油坊，西至刘庄，北连大朱堰。总面积0.33平方千米，耕地面积26.7公顷。26户，100人。主产小麦、水稻、玉米，兼种水果、豆类等。村落形态呈散状，房屋结构以楼房为主。

刘岗【Liúgǎng】 以姓氏和地形综合命名。因刘姓聚居岗上而得名。1958年隶属金星四大队；1979年隶属大朱堰大队；1984年隶属朱堰村至今。位于村委会东北1千米。东邻吉河社区，南界陈庄，西至大任庄，北连吉岗村大吉岗。总面积0.18平方千米，耕地面积8公顷。5户，30人。主产小麦、水稻、玉米，兼种红薯、豆类、果蔬。村落形态呈散状，房屋结构以坡房为主。

刘庄【Liúzhuāng】 以姓氏命名。因刘姓聚居而得名。1958年隶属金星四大队；1979年隶属大朱堰大队；1984年隶属朱堰村至今。位于村委会西南2千米。东邻胡小庄，南界梁庄村水家油坊，西至梁庄村曾家糖坊，北连梁庄村钱庄。总面积0.43平方千米，耕地面积29.9公顷。42户，150人。主产小麦、水稻、玉米，兼种水果、豆类等。村落形态呈散状，房屋结构以坡房为主。

小任庄【Xiǎorénzhuāng】 以姓氏命名。因任姓分居相邻二村，此村较小而得名。1958年隶属金星四大队；1979年隶属大朱堰大队；1984年隶属朱堰村至今。位于村委会东350米。东邻陈庄，南界邓店村盛庄，西至大朱堰，北连大任庄。总面积0.27平方千米，耕地面积20公顷。23户，100人。主产小麦、水稻、玉米，兼种杂粮、果树、蔬菜。村落形态呈散状，房屋结构以坡房为主。

第七章 平林镇

第一节 平林镇概况

平林镇【Pínglínzhèn】

当地四周青山环绕，树木茂密，中间地势平坦，有人在此开过饭店，故名平林店，后简称平林。位于市政府南45千米。东邻吴店镇，南界随县洪山镇，西至宜城市板桥镇，北连熊集镇。总面积216.01平方千米，耕地面积4894.46公顷。2014年，全镇5416户，21461人。辖1个居委会、18个村。镇政府驻平宋路215号。1949年为洪山县第八区；1955年划归枣阳县十四区；1958年为钢铁公社；1961年为平林区；1975年为平林公社；1984年为平林区；1987年为平林镇至今。平林镇是全国亿万农民健身活动先进乡镇、湖北省体育先进乡镇、湖北省科教兴农先进乡镇。该镇是革命老区，第一次国内革命战争时期著名的四井岗战役（亦称新集反击战）就发生在此地。农业以种植水稻、小麦、玉米、红薯为主，经济作物有芝麻、棉花、玫瑰、茶叶等，素有"枣阳粮仓"之称，特产"平林镇牌"大米、"四井岗牌"油桃。工业以石灰生产、农产品加工为主。截至2014年，全镇有工业企业58家，年产值千万元以上企业25家、百万元以上企业12家。个体工商经营户470户，实现经营总额4826万元。农贸市场3个，摊位190个，年成交额4700万元。注册工商经营户，1396户，年经营总额5338万元。境内有7所幼儿园、4所小学、1所初中，教师209人。卫生院1家、村卫生室18个，专业医护人员64人，病床158张。境内有千条磙、牛垦公司、乌龙观、青峰岭、新集战斗纪念碑等名胜。交通便利，G346国道、枣潜高速、麻竹高速穿境而过。2011年3月，"灵秀湖北"快乐乡村游·枣阳桃花行活动分会场——平林镇桃花节在四井岗成功举办；2017年3月19日，中央电视台《春天的中国》特别节目摄制组走进枣阳平林四井岗，以现场直播的方式为全国观众展示了枣阳平林桃花的秀美景致，2017年3月20日在CCTV-13新闻频道《新闻直播间》进行了现场直播，受到省内外游客好评。

第二节 城市社区、居民点

平林街道社区【Pínglín Jiēdào Shèqū】

以平林自然镇命名。1983年为平林街道居委会，隶属平林公社；1984年隶属平林区；1987年隶属平林镇；2012年为平林街道社区居委会，隶属平林镇至今。位于镇政府东北1500米。东邻方家湾村，南界大余咀村，西至檀楼村，北连杜家老湾村。辖平林、兴集、宋集3个街道。总面积5.3平方千米，无耕地。3120户，10920人。居民以第三产业、商贸和务工为主要经济来源。房屋结构以楼房为主。社区居委会驻沿河路92号。

第三节 农村社区（村）自然村、居民点

包家畈村【Bāojiāfàncūn】

以包家咀自然村命名。1958年为胜利三大队，隶属钢铁公社；1961年隶属平林区；1975年隶属平林公社；1980年为包家畈大队，隶属平林公社；1984年为包家畈村，隶属平林区；1987年隶属平林镇至今。位于镇政府东南11千米。东邻胡家湾村，南界范家湾村，西至四井岗村，北连新集街村。辖21个自然村，总面积5.6平方千米，耕地面积306.7公顷。271户，1070人。主产水稻、小麦、玉米、花生，兼种油桃。316国道、新吴路穿境而过，村委会驻楼子湾。

塝子【Bàngzi】 以地形命名。因村建在冲塝而得名。1958年隶属胜利三大队；1980年隶属包家畈大队；1984年隶属包家畈村至今。位于村委会西北600米。东邻上咀子，南界下陈家湾，西至张冲，北连高堰埂。总面积0.15平方千米，耕地面积10公顷。3户，10人。主产水稻、小麦、玉米。村落形态呈散状，房屋结构以坡房为主。

包家咀【Bāojiāzuǐ】 以姓氏和地形综合命名。因包姓聚居山咀旁而得名。1958年隶属胜利三大队；1980年隶属包家畈大队；1984年隶属包家畈村至今。位于村委会西南900米。东邻大梨树湾，南界挡口，西至羊皮岗，北连高家湾。总面积0.2平方千米，耕地面积10公顷。10户，40人。主产水稻、小麦、玉米。村落形态呈散状，房屋结构以坡房为主。

大梨树【Dàlíshù】 以植物命名。因村内有棵大梨树而得名。1958年隶属胜利三大队；1980年隶属包家畈大队；1984年隶属包家畈村至今。位于村委会西南1千米。东邻包家咀，南界范家湾村龚冲，西至新农村，北连张家湾。总面积0.2平方千米，耕地面积11公顷。10户，40人。主产水稻、小麦、玉米。村落

形态呈散状，房屋结构以坡房为主。

垱口【Dàngkǒu】 以建筑物命名。因村建在垱口旁而得名。1958年隶属胜利三大队；1980年隶属包家畈大队；1984年隶属包家畈村至今。位于村委会东南1.2千米。东邻胡家湾村学武湾，南界范家湾村陈家院子，西至羊皮岗，北连楼子湾。总面积0.2平方千米，耕地面积10.5公顷。10户，40人。主产水稻、小麦、玉米。村落形态呈散状，房屋结构以坡房为主。

高家湾【Gāojiāwān】 以姓氏命名。因高姓聚居而得名。1958年隶属胜利三大队；1980年隶属包家畈大队；1984年隶属包家畈村至今。位于村委会西南800米。东邻张家湾，南界羊皮岗，西至柴家湾村庙岩子，北连林家湾。总面积0.3平方千米，耕地面积20公顷。21户，80人。主产水稻、小麦、玉米，兼种油桃。村落形态呈散状，房屋结构以坡房为主。

高堰埂【Gāoyàngěng】 以堰塘命名。因村建在高堰埂旁，故名。1958年隶属胜利三大队；1980年隶属包家畈大队；1984年隶属包家畈村至今。位于村委会北1千米。东邻下咀子，南界下陈家湾，西至张家冲，北连田家凹子。总面积0.6平方千米，耕地面积15公顷。29户，120人。主产水稻、小麦、玉米，兼种油桃。村落形态呈散状，房屋结构以坡房为主。

林家湾【Línjiāwān】 以姓氏命名。因林姓聚居而得名。1958年隶属胜利三大队；1980年隶属包家畈大队；1984年隶属包家畈村至今。位于村委会西南800米。东邻楼子湾，南界朱家祠堂，西至柴家湾村庙岩子，北连陈家湾。总面积0.6平方千米，耕地面积32公顷。29户，130人。主产水稻、小麦、玉米，兼种油桃。村落形态呈散状，房屋结构以坡房为主。

楼子湾【Lóuziwān】 以建筑物命名。因原村内建有楼房而得名。1958年隶属胜利三大队；1980年隶属包家畈大队；1984年隶属包家畈村至今。村委会驻地。东邻杉树园，南界垱口，西至林家湾，北连叶家湾。总面积0.3平方千米，耕地面积22公顷。20户，70人。主产水稻、小麦、玉米、花生。村落形态呈散状，房屋结构以坡房为主。

杉树园【Shānshùyuán】 以植物命名。因村内杉树多而得名。1958年隶属胜利三大队；1980年隶属包家畈大队；1984年隶属包家畈村至今。位于村委会东300米。东邻胡家湾村五斗庙，南界垱口，西至楼子湾，北连叶家湾。总面积0.1平方千米，耕地面积15公顷。14户，50人。主产水稻、小麦、玉米、花生。村落形态呈散状，房屋结构以坡房为主。

上陈家湾【Shàngchénjiāwān】 以姓氏和方位综合命名。因陈姓居住在一条冲的上方而得名。1958年隶属胜利三大队；1980年隶属包家畈大队；1984年隶属包家畈村至今。位于村委会西1千米。东邻中陈家湾，南界林家湾，西至四井岗村唐冲，北连杨集村黄家岗。总面积0.5平方千米，耕地面积30公顷。37户，150人。主产水稻、小麦、玉米，兼种油桃。村落形态呈散状，房屋结构以坡房为主。

上咀子【Shàngzuǐzi】 以方位和地形综合命名。因村建在山咀上边，故名。1958年隶属胜利三大队；1980年隶属包家畈大队；1984年隶属包家畈村至今。位于村委会北900米。东邻下咀子，南界叶家湾，西至高堰埂，北连田家凹子。总面积0.2平方千米，耕地面积8公顷。4户，20人。主产水稻、小麦、玉米。村落形态呈散状，房屋结构以坡房为主。

田家凹子【Tiánjiāwāzi】 以姓氏和地形综合命名。因田姓居住山洼里而得名。1958年隶属胜利三大队；1980年隶属包家畈大队；1984年隶属包家畈村至今。位于村委会北1.8千米。东邻新集街村竹林湾，南界下咀子，西至张冲，北连新集街村杜家老湾。总面积0.1平方千米，耕地面积8公顷。2户，10人。主产水稻、小麦、玉米。村落形态呈散状，房屋结构以坡房为主。

下陈家湾【Xiàchénjiāwān】 以姓氏和方位综合命名。因陈姓居住在一条冲的下方而得名。1958年隶属胜利三大队；1980年隶属包家畈大队；1984年隶属包家畈村至今。位于村委会西北500米。东邻下咀子，南界张家湾，西至中陈家湾，北连塝子。总面积0.25平方千米，耕地面积18公顷。5户，20人。主产水稻、小麦、玉米。村落形态呈散状，房屋结构以坡房为主。

下咀子【Xiàzuǐzi】 以方位和地形综合命名。因村建在山咀下，故名。1958年隶属胜利三大队；1980年隶属包家畈大队；1984年隶属包家畈村至今。位于村委会东北800米。东邻胡家湾村燕家岗，南界叶家湾，西至上咀子，北连田家凹子。总面积0.25平方千米，耕地面积12公顷。8户，30人。主产水稻、小麦、玉米。村落形态呈散状，房屋结构以坡房为主。

新农村【Xīnnóngcūn】 以建村时间命名。因20世纪80年代部分居民在此建村居住，故名。1980年隶属包家畈大队；1984年隶属包家畈村至今。位于村委会西南1.2千米。东邻张家湾，南界大梨树，西至羊皮岗，北连高家湾。总面积0.3平方千米，耕地面积9公顷。10户，40人。主产水稻、小麦、玉米。村落形态呈散状，房屋结构以平房为主。

羊皮岗【Yángpígǎng】 以传说命名。据传，胡姓商人用羊皮换来一条岗，并建村于此，故名。1958年隶属胜利三大队；1980年隶属包家畈大队；1984年隶属包家畈村至今。位于村委会西南1.3千米。东邻新农村，南界范家湾村小王家湾，西至高家湾，北连朱家祠堂。总面积0.1平方千米，耕地面积8公顷。3户，10人。主产水稻、小麦、玉米。村落形态呈散状，房屋结构以坡房为主。

叶家湾【Yèjiāwān】 以姓氏命名。因叶姓聚居而得名。1958年隶属胜利三大队；1980年隶属包家畈大队；1984年隶属包家畈村至今。位于村委会东北300米。东邻胡家湾村五斗庙，南界杉树园，西至上咀子，北连朱家咀子。总面积0.3平方千米，耕地面积21公顷。24户，80人。主产水稻、小麦、玉米。村落形态呈散状，房屋结构以坡房为主。

张家冲【Zhāngjiāchōng】 以姓氏和地形综合命名。因张姓居住冲旁而得名。1958年隶属胜利三大队；1980年隶属包家畈大队；1984年隶属包家畈村至今。位于村委会西北1.3千米。东邻高堰埂，南界中陈家湾，西至四井岗村东冲，北连新集街村李冲。总面积0.2平方千米，耕地面积9.2公顷。12户，50人。主产水稻、小麦、玉米、花生。村落形态呈散状，房屋结构以坡房为主。

张家湾【Zhāngjiāwān】 以姓氏命名。因张姓聚居而得名。1958年隶属胜利三大队；1980年隶属包家畈大队；1984年隶属包家畈村至今。位于村委会南500米。东邻胡家湾村燕家岗，南界挡口，西至朱家祠堂，北连楼子湾。总面积0.4平方千米，耕地面积16公顷。11户，40人。主产水稻、小麦、玉米。村落形态呈散状，房屋结构以坡房为主。

中陈家湾【Zhōngchénjiāwān】 以姓氏和方位综合命名。因陈姓居住在一条冲的中间而得名。1958年隶属胜利三大队；1980年隶属包家畈大队；1984年隶属包家畈村至今。位于村委会西北600米。东邻下陈家湾，南界张家湾，西至上陈家湾，北连张家冲。总面积0.15平方千米，耕地面积12公顷。4户，20人。主产水稻、小麦、玉米。村落形态呈散状，房屋结构以坡房为主。

朱家祠堂【Zhūjiācítáng】 以姓氏和建筑物综合命名。因朱姓聚居，村内建有祠堂，故名。1958年隶属胜利三大队；1980年隶属包家畈大队；1984年隶属包家畈村至今。位于村委会西南700米。东邻张家湾，南界包家咀，西至陈家湾，北连林家湾。总面积0.2平方千米，耕地面积10公顷。5户，20人。主产水稻、小麦、玉米。村落形态呈散状，房屋结构以坡房为主。

北棚村【Běipéngcūn】

以北棚自然村命名。1958年为苏维五大队，隶属钢铁公社；1961年隶属平林区；1975年隶属平林公社；1980年为北棚大队，隶属平林公社；1984年为北棚村，隶属平林区；1987年隶属平林镇；2002年彭咀村与北棚村合并，隶属平林镇至今。位于镇政府西南16千米。东邻宋集村，南界清水店村，西至宜城市板桥镇东湾村，北连高家冲村。辖32个自然村，总面积19.31平方千米，耕地面积577.2公顷。303户，1270人。主产水稻、玉米、小麦，兼种油桃。枣宜路、麻竹高速、枣潜高速过境，村委会驻南棚。

鲍家湾【Bàojiāwān】 以姓氏命名。因鲍姓聚居而得名。1958年隶属苏维四大队；1980年隶属彭咀大队；2002年隶属北棚村至今。位于村委会西北2.5千米。东邻周家咀，南界上大冲，西至新屋场，北连下大冲。总面积0.4平方千米，耕地面积5公顷。4户，20人。主产水稻、玉米、小麦、花生，兼种油桃。村落形态呈线状，房屋结构以坡房为主。

北棚【Běipéng】 以方位和建筑物综合命名。因村建于小河北，初建时都是草棚，故名。1958年隶属苏维五大队；1980年隶属北棚大队；1984年隶属北棚村至今。位于村委会北500米。东邻清水店村千条碥，南界南棚，西至朱家湾，北连李家湾。总面积0.7平方千米，耕地面积11.8公顷。16户，60人。主产水稻、玉米、小麦、花生。村落形态呈团状，房屋结构以坡房为主。

柴家湾【Cháijiāwān】 以姓氏命名。因柴姓聚居而得名。1958年隶属苏维四大队；1980年隶属彭咀大队；2002年隶属北棚村至今。位于村委会西北2千米。东邻杨家湾，南界侯家咀，西至上大冲，北连龙头子。总面积0.62平方千米，耕地面积12公顷。8户，40人。主产水稻、玉米、小麦、花生。村落形态呈团状，房屋结构以坡房为主。

陈家老湾【Chénjiālǎowān】 以姓氏和时间综合命名。因陈姓聚居且建村较早，故名。1958年隶属苏维四大队；1980年隶属北棚大队；1984年隶属北棚村至今。位于村委会东1.5千米。东邻荫湾，南界下长冲，西至长冲，北连高庙山。总面积0.62平方千米，耕地面积11.5公顷。14户，60人。主产水稻、玉米、小麦、花生。村落形态呈散状，房屋结构以坡房为主。

大稻场【Dàdàochǎng】 以面积和场地综合命名。因村前有个大稻场而得名。1958年隶属苏维四大队；1980年隶属彭咀大队；2002年隶属北棚村至今。位于村委会西北5千米。东邻高家冲村陈家老湾，南界阴阳冲，西至莺河水库，北连莺河水库。总面积0.5平方千米，耕地面积11公顷。8户，30人。主产水稻、玉米、小麦、花生。村落形态呈散状，房屋结构以坡房为主。

垱边上【Dàngbiānshàng】 以垱坝和方位综合命名。因村建在垱坝边而得名。1958年隶属苏维五大队；1980年隶属北棚大队；1984年隶属北棚村至今。位于村委会东北2千米。东邻粉坊，南界荫湾，西至丁家咀，北连前尤家湾。总面积0.45平方千米，耕地面积10公顷。6户，20人。主产水稻、玉米、小麦、花生。村落形态呈散状，房屋结构以坡房为主。

丁家咀【Dīngjiāzuǐ】 以姓氏和地形综合命名。因丁姓居住山咀旁而得名。1958年隶属苏维五大队；1980年隶属北棚大队；1984年隶属北棚村至今。位于村委会北2.5千米。东邻罗家塝，南界杨家湾，西至小河沿，北连长岗。总面积0.5平方千米，耕地面积11.5公顷。9户，40人。主产水稻、玉米、小麦。村落形态呈散状，房屋结构以坡房为主。

粉坊【Fěnfáng】 以作坊命名。因村内开过生产粉条的作坊而得名。1958年隶属苏维五大队；1980年隶属北棚大队；1984年隶属北棚村至今。位于村委会东2.2千米。东邻宋集村干堰浅，南界荫湾，西至垱边上，北连宋集村长堰埂。总面积0.4平方千米，耕地面积10.2公顷。9户，40人。主产水稻、玉米、小麦。村落形态呈团状，房屋结构以坡房为主。

侯家咀【Hóujiāzuǐ】 以姓氏和地形综合命名。因侯姓聚居山咀而得名。1958年隶属苏维五大队；1980年隶属北棚大队；1984年隶属北棚村至今。位于村委会西1千米。东邻朱家湾，南界吴家垱，西至上大冲，北连柴家湾。总面积0.35平方千米，耕地面积8公顷。2户，10人。主产水稻、玉米、小麦。村落形态呈散状，房屋结构以坡房为主。

后尤家湾【Hòuyóujiāwān】 以方位和姓氏综合命名。因尤姓聚居山后而得名。1958年隶属苏维五大队；1980年隶属北棚大队；1984年隶属北棚村至今。位于村委会北3.1千米。东邻高家冲村刘家湾，南界前尤家湾，西至罗家塝，北连长岗。总面积0.62平方千米，耕地面积7公顷。4户，20人。主产水稻、玉米、小麦。村落形态呈散状，房屋结构以坡房为主。

李家湾【Lǐjiāwān】 以姓氏命名。因李姓聚居而得名。1958年隶属苏维五大队；1980年隶属北棚大队；1984年隶属北棚村至今。位于村委会北2千米。东邻陈家老湾，南界北棚，西至杨家湾，北连丁家咀。总面积0.52平方千米，耕地面积5公顷。2户，10人。主产水稻、玉米、小麦。村落形态呈散状，房屋结构以坡房为主。

龙头子【Lóngtóuzi】 以地形命名。因村建在形似龙头的山下而得名。1958年隶属苏维四大队；1980年隶属彭咀村；1984年隶属彭咀村；2002年隶属北棚村至今。位于村委会西北3.2千米。东邻小河沿，南界周家咀，西至下大冲，北连王家山。总面积0.45平方千米，耕地面积7公顷。4户，20人。主产水稻、玉米、小麦。村落形态呈散状，房屋结构以坡房为主。

罗家塝【Luójiābàng】 以姓氏和地形综合命名。因罗姓聚居山塝上而得名。1958年隶属苏维五大队；1980年隶属北棚大队；1984年隶属北棚村至今。位于村委会东北3.1千米。东邻后尤家湾，南界垱边上，西至丁家咀，北连长岗。总面积0.5平方千米，耕地面积8公顷。4户，20人。主产水稻、玉米、小麦。村落形态呈散状，房屋结构以坡房为主。

南棚【Nánpéng】 以方位和建筑物综合命名。因村建在小河南，初建时都是草棚，故名。1958年隶属苏维五大队；1980年隶属北棚大队；1984年隶属北棚村至今。村委会驻地。东邻桥上，南界清水店村王坡岭，西至朱家湾，北连北棚。总面积 0.62 平方千米，耕地面积 8 公顷。8 户，20 人。主产水稻、玉米、小麦。村落形态呈散状，房屋结构以坡房和楼房为主。

藕堰稍【Ǒuyànshāo】 以地理位置命名。因村建在藕堰梢而得名。1958 年隶属苏维五大队；1980 年隶属北棚大队；1984 年隶属北棚村至今。位于村委会西北 2.8 千米。东邻长岗，南界丁家咀，西至小河沿，北连高家冲村刘家湾。总面积 0.45 平方千米，耕地面积 6 公顷。2 户，10 人。主产水稻、玉米、小麦。村落形态呈散状，房屋结构以坡房为主。

前尤家湾【Qiányóujiāwān】 以方位和姓氏综合命名。因尤姓居住山前而得名。1958 年隶属苏维五大队；1980 年隶属北棚大队；1984 年隶属北棚村至今。位于村委会东北 4 千米。东邻宋集村铁家湾，南界粉坊，西至罗家塝，北连后尤家湾。总面积 0.62 平方千米，耕地面积 177.2 亩。7 户，20 人。主产水稻、玉米、小麦。村落形态呈散状，房屋结构以坡房为主。

桥上【Qiáoshàng】 以建筑物和方位综合命名。因村建在石桥北，故名。1958 年隶属苏维五大队；1980 年隶属北棚大队；1984 年隶属北棚村至今。位于村委会东 300 米。东邻清水店村千条磙，南界清水店村卧马岗，西至南棚，北连清水店村清水店。总面积 0.5 平方千米，耕地面积 9 公顷。4 户，20 人。主产水稻、玉米、小麦。村落形态呈散状，房屋结构以坡房为主。

上大冲【Shàngdàchōng】 以方位和地形综合命名。因村建在大冲的上头而得名。1958 年隶属苏维四大队；1980 年隶属彭咀大队；1984 年隶属彭咀村；2002 年隶属北棚村至今。位于村委会西北 2.3 千米。东邻柴家湾，南界粉坊冲，西至宜城市板桥店镇东湾村庙岗，北连鲍家湾。总面积 0.85 平方千米，耕地面积 20 公顷。14 户，60 人。主产水稻、玉米、小麦。村落形态呈散状，房屋结构以坡房和楼房为主。

上王家山【Shàngwángjiāshān】 以方位、姓氏和地形综合命名。因王姓分居在王家山脚相邻的两村，此村在上，故名。1958 年隶属苏维四大队；1980 年隶属彭咀大队；1984 年隶属彭咀村；2002 年隶属北棚村至今。位于村委会西北 3.8 千米。东邻后尤家湾，南界龙头子，西至新屋场，北连下王家山。总面积 0.8 平方千米，耕地面积 22 公顷。18 户，70 人。主产水稻、玉米、小麦，兼种油桃。村落形态呈散状，房屋结构以坡房和楼房为主。

吴家垱【Wújiādàng】 以姓氏和垱坝综合命名。因吴姓在聚居地前面修一挡坝，故名。1958 年隶属苏维五大队；1980 年隶属北棚大队；1984 年隶属北棚村至今。位于村委会西 1.5 千米。东邻朱家湾，南界清水店村吴家冲，西至粉坊冲，北连侯家咀。总面积 0.75 平方千米，耕地面积 19 公顷。18 户，60 人。主产水稻、玉米、小麦，兼种油桃。村落形态呈散状，房屋结构以坡房和楼房为主。

下大冲【Xiàdàchōng】 以方位和地形综合命名。因村建在大冲的下边而得名。1958 年隶属苏维四大队；1980 年隶属彭咀大队；1984 年隶属彭咀村；2002 年隶属北棚村至今。位于村委会西北 3 千米。东邻龙头子，南界鲍家湾，西至新屋场，北连莺河水库。总面积 0.62 平方千米，耕地面积 18 公顷。18 户，60 人。主产水稻、玉米、小麦。村落形态呈散状，房屋结构以坡房为主。

下王家山【Xiàwángjiāshān】 以方位、姓氏和地形综合命名。因王姓分居在王家山脚相邻的两村，此村在下，故名。1958 年隶属苏维四大队；1980 年隶属彭咀大队；1984 年隶属彭咀村；2002 年隶属北棚村至今。位于村委会西北 4 千米。东邻后尤家湾，南界上王家山，西至阴阳冲，北连高家冲村台子。总面积

0.7平方千米，耕地面积15公顷。11户，50人。主产水稻、玉米、小麦。村落形态呈散状，房屋结构以坡房为主。

小河沿【Xiǎohéyán】 以地理位置命名。因村建在小河边而得名。1958年隶属苏维五大队；1980年隶属北棚大队；1984年隶属北棚村至今。位于村委会西北2.3千米。东邻长岗，南界杨家湾，西至龙头子，北连藕堰梢。总面积0.62平方千米，耕地面积11公顷。6户，20人。主产水稻、玉米、小麦。村落形态呈散状，房屋结构以坡房为主。

新屋场【Xīnwūchǎng】 以地理位置命名。因村建在一块新平整的场地上而得名。1958年隶属苏维四大队；1980年隶属彭咀大队；1984年隶属彭咀村；2002年隶属北棚村至今。位于村委会西北3.5千米。东邻下大冲，南界宜城市板桥店镇东湾村王岗，西至井湾，北连莺河水库。总面积0.62平方千米，耕地面积8公顷。5户，20人。主产水稻、玉米、小麦。村落形态呈散状，房屋结构以坡房为主。

严家老湾【Yánjiālǎowān】 以姓氏和时间综合命名。因严姓聚居且建村较早，故名。1958年隶属苏维五大队；1980年隶属北棚大队；1984年隶属北棚村至今。位于村委会东北2.3千米。东邻挡边上，南界高庙山，西至小河沿，北连长岗。总面积0.62平方千米，耕地面积13公顷。7户，40人。主产水稻、玉米、小麦。村落形态呈散状，房屋结构以坡房为主。

杨家湾【Yángjiāwān】 以姓氏命名。因杨姓聚居而得名。1958年隶属苏维五大队；1980年隶属北棚大队；1984年隶属北棚村至今。位于村委会西北2千米。东邻丁家咀，南界李家湾，西至柴家湾，北连小河沿。总面积0.85平方千米，耕地面积30公顷。21户，110人。主产水稻、玉米、小麦，兼种油桃。村落形态呈散状，房屋结构以坡房为主。

阴阳冲【Yīnyángchōng】 以地形命名。因村建在山冲，山冲有向阳和背阳之分，故名。1958年隶属苏维四大队；1980年隶属彭咀大队；1984年隶属彭咀村；2002年隶属北棚村至今。位于村委会西北4.1千米。东邻下王家山，南界下大冲，西至莺河水库，北连大稻场。总面积0.62平方千米，耕地面积11公顷。8户，30人。主产水稻、玉米、小麦。村落形态呈散状，房屋结构以坡房为主。

荫湾【Yīnwān】 以自然环境命名。因地处山地，树林茂密，阳光照射不足，故名。1958年隶属苏维五大队；1980年隶属北棚大队；1984年隶属北棚村至今。位于村委会东北1.5千米。东邻粉坊，南界上长冲，西至陈家老湾，北连李家湾。总面积0.62平方千米，耕地面积13公顷。5户，30人。主产水稻、玉米、小麦。村落形态呈散状，房屋结构以坡房为主。

粘米冲【Zhānmǐchōng】 以特产和地形综合命名。因村建于适合种植粘谷的田冲边而得名。1958年隶属苏维四大队；1980年隶属彭咀大队；1984年隶属彭咀村；2002年隶属北棚村至今。位于村委会西北5.6千米。东邻大稻场，南界莺河水库，西至莺河水库，北连上马石。总面积0.62平方千米，耕地面积14公顷。11户，40人。主产水稻、玉米、小麦。村落形态呈散状，房屋结构以坡房为主。

长岗上【Chánggǎngshàng】 以地形和方位综合命名。因村建在条较长的岗上而得名。1958年隶属苏维五大队；1980年隶属北棚大队；1984年隶属北棚村至今。位于村委会北2.9千米。东邻丁家咀，南界严家老湾，西至小河沿，北连藕堰梢。总面积0.4平方千米，耕地面积7公顷。2户，10人。主产水稻、玉米、小麦。村落形态呈散状，房屋结构以坡房为主。

周家咀【Zhōujiāzuǐ】 以姓氏和地形综合命名。因周姓聚居山咀而得名。1958年隶属苏维四大队；1980年隶属彭咀大队；1984年隶属彭咀村；2002年隶属北棚村至今。位于村委会西北2.1千米。东邻杨家湾，南界侯家咀，西至鲍家湾，北连龙头子。总面积0.85平方千米，耕地面积30公顷。20户，110人。主产水稻、玉米、小麦，兼种油桃。村落形态呈散状，房屋结构以坡房为主。

朱家湾【Zhūjiāwān】 以姓氏命名。因朱姓聚居而得名。1958年隶属苏维五大队；1980年隶属北棚大队；1984年隶属北棚村至今。位于村委会西900米。东邻南棚，南界清水店村寨岩，西至吴家垱，北连杨家湾。总面积0.95平方千米，耕地面积28公顷。28户，100人。主产水稻、玉米、小麦，兼种油桃。村落形态呈散状，房屋结构以坡房和楼房为主。

柴家湾村【Cháijiāwāncūn】

以柴家湾自然村命名。1958年隶属苏维七大队，隶属钢铁公社；1961年隶属平林区；1975年隶属平林公社；1980年为柴家湾大队，隶属平林公社；1984年为柴家湾村，隶属平林区；1987年隶属平林镇；2002年马虎桥村合并到柴家湾村，隶属平林镇至今。位于镇政府南11千米。东邻包家畈村，南界清水店村，西至宋集村，北连四井岗村。辖30个自然村，总面积9.5平方千米，耕地面积246公顷。204户，782人（含迁平林街、枣阳的人口）。主产水稻、小麦、玉米，兼种油桃。随南路、枣宜路过境，村委会设宋集东100米。

柏树湾【Bǎishùwān】 以植物命名。因村内柏树多而得名。1958年隶属胜利一大队；1961年隶属苏维九大队；1980年隶属马虎桥大队；1984年隶属马虎桥村；2002年隶属柴家湾村至今。位于村委会南4.5千米。东邻范湾村龚家冲，南界符家楼子，西至下余家河沿，北连楸树咀。总面积0.5平方千米，耕地面积4公顷。5户，20人。主产水稻、小麦、玉米，兼种油桃。村落形态呈散状，房屋结构以坡房为主。

柴家湾【Cháijiāwān】 以姓氏命名。因柴姓聚居而得名。1958年隶属苏维七大队；1980年隶属柴家湾大队；1984年隶属柴家湾村至今。位于村委会东500米。东邻宋家湾，南界松林湾，西至黄楝树坡，北连张家湾。总面积0.5平方千米，耕地面积25公顷。37户，130人。主产水稻、小麦、玉米，兼种油桃。村落形态呈团状，房屋结构以平房和坡房为主。

陈家老湾【Chénjiālǎowān】 以姓氏和时间综合命名。因陈姓聚居建村较早，故名。1958年隶属胜利一大队；1961年隶属苏维九大队；1980年隶属马虎桥大队；1984年隶属马虎桥村；2002年隶属柴家湾村至今。位于村委会南3.2千米。东邻柏树湾，南界马虎桥，西至石板坑，北连三里岗水库。总面积0.5平方千米，耕地面积8公顷。4户，20人。主产水稻、小麦、玉米。村落形态呈散状，房屋结构以坡房为主。

杜家咀子【Dùjiāzuǐzi】 以姓氏和地形综合命名。因杜姓聚居山咀旁而得名。1958年隶属苏维七大队；1980年隶属柴家湾大队；1984年隶属柴家湾村至今。位于村委会东南1.5千米。东邻中陈家湾，南界余家堂子，西至宋集村宋家集，北连松林湾。总面积0.2平方千米，耕地面积5公顷。3户，10人。主产水稻、小麦、玉米。村落形态呈散状，房屋结构以坡房为主。

管家湾【Guǎnjiāwān】 以姓氏命名。因管姓聚居而得名。1958年隶属苏维七大队；1980年隶属柴家湾大队；1984年隶属柴家湾村至今。位于村委会东南1.8千米。东邻庙崖子，南界中陈家湾，西至宋家湾，北连牛角冲。总面积0.4平方千米，耕地面积6公顷。7户，20人。主产水稻、小麦、玉米，兼种油桃。村落形态呈散状，房屋结构以坡房为主。

胡家冲【Hújiāchōng】 以姓氏命名。因胡姓居住山冲而得名。1958年隶属胜利一大队；1961年隶属苏维九大队；1980年隶属马虎桥大队；1984年隶属马虎桥村；2002年隶属柴家湾村至今。位于村委会南3.8千米。东邻上余家河沿，南界小荆树林，西至北棚村荫湾，北连宋集村低屋基。总面积0.2平方千米，耕地面积2公顷。1户，2人。主产水稻、小麦、玉米。村落形态呈散状，房屋结构以坡房为主。

教官湾【Jiàoguānwān】 以称谓命名。因部队经过时教官住在村里，故名。1958年隶属苏维七大队；1980年隶属柴家湾大队；1984年隶属柴家湾村至今。位于村委会北500米。东邻牛角冲，南界柴家湾，西至张家湾，北连枯树湾。总面积0.3平方千米，耕地面积13公顷。7户，30人。主产水稻、小麦、玉米。村落形态呈散状，房屋结构以坡房为主。

枯树湾【Kūshùwān】 以植物命名。因村内有棵大枯皂角树而得名。1958年隶属苏维七大队；1980年隶属柴家湾大队；1984年隶属柴家湾村至今。位于村委会北600米。东邻杨集村赵家凹子，南界教官湾，西至宋集村曹家老湾，北连四井岗村沙子岗。总面积0.5平方千米，耕地面积8公顷。5户，20人。主产水稻、小麦、玉米。村落形态呈散状，房屋结构以坡房为主。

刘家湾【Liújiāwān】 以姓氏命名。因刘姓聚居而得名。1958年隶属胜利一大队；1961年隶属苏维九大队；1980年隶属马虎桥大队；1984年隶属马虎桥村；2002年隶属柴家湾村至今。位于村委会南5千米。东邻范湾村荒屋场，南界杉树林水库，西至孟家凹子，北连张家冲。总面积0.1平方千米，耕地面积2公顷。1户，10人。主产水稻、小麦、玉米。村落形态呈散状，房屋结构以坡房为主。

刘家岩子【Liújiāyánzi】 以姓氏和地形综合命名。因刘姓建村于山岩下而得名。1958年隶属苏维七大队；1980年隶属柴家湾大队；1984年隶属柴家湾村至今。位于村委会东北500米。东邻牛角冲，南界张家湾，西至宋集村石龙罐，北连枯树湾。总面积0.3平方千米，耕地面积15公顷。3户，10人。主产水稻、小麦、玉米，兼种油桃。村落形态呈散状，房屋结构以坡房为主。

马虎桥【Mǎhǔqiáo】 以建筑物命名。因陈姓居住在一河之隔的两村里，为了来往方便，于是在河上草率地修座小石桥，故名。1958年隶属胜利一大队；1961年隶属苏维九大队；1980年隶属马虎桥大队；1984年隶属马虎桥村；2002年隶属柴家湾村至今。位于村委会南3.8千米。东邻符家楼子，南界杉树林，西至西马虎桥，北连上余家河沿。总面积0.5平方千米，耕地面积7公顷。4户，20人。主产水稻、小麦、玉米。村落形态呈散状，房屋结构以坡房为主。

庙崖子【Miàoyázi】 以地理位置命名。因村建在太山庙旁的石崖前而得名。1958年隶属苏维七大队；1980年隶属柴家湾大队；1984年隶属柴家湾村至今。位于村委会东2.4千米。东邻包畈村塝子，南界陈家湾，西至管家湾，北连上陈家湾。总面积0.3平方千米，耕地面积5公顷。4户，10人。主产水稻、小麦、兼种油桃。村落形态呈线状，房屋结构以坡房为主。

牛角冲【Niújiǎochōng】 以地形命名。因村建在形似牛角的冲旁而得名。1958年隶属苏维七大队；1980年隶属柴家湾大队；1984年隶属柴家湾村至今。位于村委会东南1.5千米。东邻上陈家湾，南界下陈家湾，西至张家湾，北连四井岗村赵家凹子。总面积0.5平方千米，耕地面积3公顷。3户，10人。主产水稻、小麦、玉米，兼种油桃。村落形态呈散状，房屋结构以坡房为主。

楸树咀【Qiūshùzuǐ】 以植物和地形综合命名。因村建于有楸树的山咀下而得名。1958年隶属苏维七大队；1980年隶属柴家湾大队；1984年隶属柴家湾村至今。位于村委会东南3千米。东邻张家湾，南界柏树湾，西至三里岗水库，北连上陈家湾。总面积0.4平方千米，耕地面积18公顷。20户，80人。主产水稻、小麦、玉米，兼种油桃。村落形态呈散状，房屋结构以坡房为主。

杉树林【Shānshùlín】 以植物命名。因村周长满杉树而得名。1958年隶属胜利一大队；1961年隶属苏维九大队；1980年隶属马虎桥大队；1984年隶属马虎桥村；2002年隶属柴家湾村至今。位于村委会南5千米。东邻刘家湾，南界王家湾，西至清水店村唐家湾，北连柳树场。总面积0.2平方千米，耕地面积7公顷。4户，20人。主产水稻、小麦、玉米。村落形态呈散状，房屋结构以坡房为主。

上陈家湾【Shàngchénjiāwān】 以方位和姓氏综合命名。因陈姓居住一条冲的上方而得名。1958年隶属苏维七大队；1980年隶属柴家湾大队；1984年隶属柴家湾村至今。位于村委会东南1.2千米。东邻庙岩子，南界楸树咀，西至宋家湾，北连牛角冲。总面积0.3平方千米，耕地面积7公顷。6户，20人。主产水稻、小麦、玉米，兼种油桃。村落形态呈散状，房屋结构以坡房为主。

上余家河沿【Shàngyújiāhéyán】 以方位、姓氏和河流综合命名。因余姓聚居河上游的岸边而得名。1958年隶属胜利一大队；1961年隶属苏维九大队；1980年隶属马虎桥大队；1984年隶属马虎桥村；2002年隶属柴家湾村至今。位于村委会南3.2千米。东邻徐家楼子，南界马虎桥，西至胡家冲，北连石板坑。总面积0.4平方千米，耕地面积3公顷。3户，10人。主产水稻、小麦、玉米。村落形态呈散状，房屋结构以坡房为主。

上余家湾【Shàngyújiāwān】 以方位和姓氏综合命名。因余姓居住河上游而得名。1958年隶属胜利一大队；1961年隶属苏维九大队；1980年隶属马虎桥大队；1984年隶属马虎桥村；2002年隶属柴家湾村至今。位于村委会南3.1千米。东邻刘家湾，南界西马虎桥，西至胡家冲，北连石板坑。总面积0.3平方千米，耕地面积7公顷。5户，20人。主产水稻、小麦、玉米。村落形态呈散状，房屋结构以坡房为主。

石板坑【Shíbǎnkēng】 以地理特点和石板围堰综合命名。因村前一小堰坑的底是石板铺的而得名。1958年隶属胜利一大队；1961年隶属苏维九大队；1980年隶属马虎桥大队；1984年隶属马虎桥村；2002年隶属柴家湾村至今。位于村委会南2.5千米。东邻包家畈村羊皮岗，南界上余家河沿，西至宋集村下垱，北连下余家堂子。总面积0.2平方千米，耕地面积5公顷。2户，10人。主产水稻、小麦、玉米。村落形态呈散状，房屋结构以坡房为主。

松林湾【Sōnglínwān】 以植物命名。因村周松树多而得名。1958年隶属苏维七大队；1980年隶属柴家湾大队；1984年隶属柴家湾村至今。位于村委会东南1千米。东邻宋家湾，南界杜家咀，西至黄楝树坡，北连柴家湾。总面积0.2平方千米，耕地面积5公顷。5户，20人。主产水稻、小麦、玉米。村落形态呈散状，房屋结构以坡房为主。

弯堰埂【Wānyàngěng】 以地形命名。因村建在弯堰埂旁而得名。1958年隶属苏维七大队；1980年隶属柴家湾大队；1984年隶属柴家湾村至今。位于村委会南1千米。东邻松林湾，南界余家堂子，西至宋集街，北连宋集街。总面积0.1平方千米，耕地面积5公顷。4户，20人。主产水稻、小麦、玉米。村落形态呈散状，房屋结构以坡房为主。

西马虎桥【Xīmǎhǔqiáo】 以方位和建筑物综合命名。因村西河上修了座简陋的石板桥而得名。1958年隶属胜利一大队；1961年隶属苏维九大队；1980年隶属马虎桥大队；1984年隶属马虎桥村；2002年隶属柴家湾村至今。位于村委会南3.4千米。东邻马虎桥，南界上柳树场，西至胡家冲，北连下余家河沿。总面积0.2平方千米，耕地面积3公顷。3户，10人。主产水稻、小麦、玉米。村落形态呈散状，房屋结构以坡房为主。

下柳树场【Xiàliǔshùchǎng】 以方位和植物综合命名。因村建于山场下头，柳树较多，故名。1958年隶属胜利一大队；1961年隶属苏维九大队；1980年隶属马虎桥大队；1984年隶属马虎桥村；2002年隶属柴家湾村至今。位于村委会南3.7千米。东邻张家冲，南界孟家凹子，西至清水店村唐家湾，北连马虎桥。总面积0.3平方千米，耕地面积2公顷。1户，10人。主产水稻、小麦、玉米。村落形态呈散状，房屋结构以坡房为主。

下余家河沿【Xiàyújiāhéyán】 以方位、姓氏和河流综合命名。因余姓聚居河下游的岸边而得名。1958年隶属胜利一大队；1961年隶属苏维九大队；1980年隶属马虎桥大队；1984年隶属马虎桥村；2002年隶属柴家湾村至今。位于村委会南2.5千米。东邻柏树湾，南界西马虎桥，西至宋集村杨家岗，北连石板坑。总面积0.4平方千米，耕地面积3公顷。2户，10人。主产水稻、小麦、玉米。村落形态呈散状，房屋结构以坡房为主。

新湾【Xīnwān】 以建立时间命名。因1979年修三里岗水库为移民新建村庄，故名。1979年隶属苏维七大队；1980年隶属柴家湾大队；1984年隶属柴家湾村至今。位于村委会西250米。东邻宋集街，南界宋集街，西至宋集村石龙观，北连张家湾。总面积0.2平方千米，耕地面积8公顷。5户，20人。主产水稻、小麦、玉米。村落形态呈散状，房屋结构以坡房为主。

徐家楼子【Xújiālóuzi】 以姓氏和建筑物综合命名。因徐姓聚居的村内建座楼房而得名。1958年隶属胜利一大队；1961年隶属苏维九大队；1980年隶属马虎桥大队；1984年隶属马虎桥村；2002年隶属柴家湾村至今。位于村委会南4.2千米。东邻范湾村大王家湾，南界张家冲，西至新屋场，北连柏树湾。总面积0.3平方千米，耕地面积8公顷。8户，30人。主产水稻、小麦、玉米，兼种油桃。村落形态呈散状，房屋结构以坡房为主。

余家堂子【Yújiātángzi】 以姓氏和建筑物综合命名。因余姓聚居，村内建有祠堂，故名。1958年隶属苏维七大队；1980年隶属柴家湾大队；1984年隶属柴家湾村至今。位于村委会南2千米。东邻包畈村陈家湾，南界石板坑，西至柏树湾，北连杜家咀子。总面积0.2平方千米，耕地面积15公顷。14户，50人。主产水稻、小麦、玉米，兼种油桃。村落形态呈散状，房屋结构以坡房为主。

张家湾【Zhāngjiāwān】 以姓氏命名。因张姓聚居而得名。1958年隶属苏维七大队；1980年隶属柴家湾大队；1984年隶属柴家湾村至今。位于村委会东南2千米。东邻柴家林，南界三里岗水库，西至杜家咀，北连清水店村唐家湾。总面积0.3平方千米，耕地面积25公顷。21户，80人。主产水稻、小麦、玉米，兼种油桃。村落形态呈散状，房屋结构以平房和坡房为主。

张家湾【Zhāngjiāwān】 以姓氏命名。因张姓聚居而得名。1958年隶属苏维七大队；1980年隶属柴家湾大队；1984年隶属柴家湾村至今。位于村委会东南3千米。东邻范家湾村陈家湾，南界刘家湾，西至下柳树场，北连柏树湾。总面积0.2平方千米，耕地面积7公顷。3户，10人。主产水稻、小麦、玉米，兼种油桃。村落形态呈散状，房屋结构以坡房为主。

中陈家湾【Zhōngchénjiāwān】 以方位和姓氏综合命名。因村建在上、下陈家湾中间而得名。1958年隶属苏维七大队；1980年隶属柴家湾大队；1984年隶属柴家湾村至今。位于村委会东2千米。东邻包家畈村林家湾，南界楸树咀，西至杜家咀，北连管家湾。总面积0.5平方千米，耕地面积15公顷。14户，50人。主产水稻、小麦、玉米，兼种油桃。村落形态呈散状，房屋结构以平房和坡房为主。

大余嘴村【Dàyúzuǐcūn】

以余家嘴自然村命名。1958年为年丰二大队，隶属钢铁公社；1961年隶属平林区；1975年隶属平林公社；1980年为大余嘴大队，隶属平林公社；1984年为大余嘴村，隶属平林区；1987年隶属平林镇；2002年原洞尔山村合并到大余嘴村，隶属平林镇至今。位于镇政府西南3千米。东邻方家湾村，南界车河管理区车河社区，西至车河管理区李楼村，北连平林村。辖19个自然村，总面积11.1平方千米，耕地面积391.7公顷。379户，1490人。主产水稻、玉米、小麦，兼种果树。枣潜高速、枣宜公路过境，村委会驻杜家西湾。

大堰角【Dàyànjiǎo】 以堰塘面积和方位综合命名。因村建在大堰角旁，故名。1958年隶属年丰二大队；1980年隶属大余嘴大队；1984年隶属大余嘴村至今。位于村委会北700米。东邻洞尔山，南界余家嘴，西至马家湾，北连张家嘴。总面积0.3平方千米，耕地面积16公顷。15户，50人。主产水稻、玉米、小麦。村落形态呈线状，房屋结构以平房和坡房为主。

东湾【Dōngwān】 以方位命名。因建于河东岸而得名。1958年隶属年丰三大队；1980年隶属洞尔山大队；1984年隶属洞尔山村；2002年隶属大余嘴村至今。位于村委会东700米。东邻竹林湾，南界杜家前湾，西至杜家西湾，北连岩子。总面积0.7平方千米，耕地面积18公顷。13户，40人。主产水稻、小麦、玉米。村落形态呈线状，房屋结构以坡房和楼房为主。

杜家前湾【Dùjiāqiánwān】 以方位命名。因建于东湾之南，故名。1958年隶属年丰三大队；1980年隶属洞尔山大队；1984年隶属洞尔山村；2002年隶属大余嘴村至今。位于村委会东南800米。东邻方湾村方湾，南界四井岗村中湾，西至杜家西湾，北连中湾。总面积0.6平方千米，耕地面积15公顷。10户，30人。主产水稻、小麦、玉米。村落形态呈线状，房屋结构以坡房和楼房为主。

杜家西湾【Dùjiāxīwān】 以姓氏和方位综合命名。因相邻两个杜家湾，该村在西，故名。1958年隶属年丰二大队；1980年隶属大余嘴大队；1984年隶属大余嘴村至今。村委会驻地。东邻杜家东湾，南界车河社区，西至枣兴公路，北连余家嘴。总面积1平方千米，耕地面积43公顷。43户，210人。主产水稻、小麦、玉米。村落形态呈线状，房屋结构以坡房和楼房为主。

李家老湾【Lǐjiālǎowān】 以姓氏和时间综合命名。因李姓聚居且建村较早而得名。1958年隶属年丰三大队；1980年隶属洞尔山大队；1984年隶属洞尔山村；2002年隶属大余嘴村至今。位于村委会东2.2千米。东邻方湾村方湾,南界中岗,西至前湾,北连栗林洼子。总面积0.3平方千米,耕地面积2公顷。2户,10人。主产水稻、小麦、玉米。村落形态呈线状,房屋结构以平房和坡房为主。

栗林凹子【Lìlínwāzi】 以植物和地形综合命名。因村建在长满栗树的山洼中而得名。1958年隶属年丰三大队;1980年隶属洞尔山大队;1984年隶属洞尔山村;2002年隶属大余嘴村至今。位于村委会东1.5千米。东邻方湾村方湾,南界东湾,西至汪家湾,北连洞尔山。总面积0.4平方千米,耕地面积8公顷。7户,20人。主产水稻、小麦、玉米。村落形态呈散状,房屋结构以平房和坡房为主。

龙家塝子【Lóngjiābàngzi】 以姓氏和地形综合命名。因龙姓聚居在冲塝上而得名。1958年隶属年丰三大队;1980年隶属洞尔山大队;1984年隶属洞尔山村;2002年隶属大余嘴村至今。位于村委会东北1.2千米。东邻栗林洼子,南界岩子,西至大余嘴,北连新家湾。总面积0.1平方千米,耕地面积4.7公顷。6户,20人。主产水稻、玉米、小麦。村落形态呈散状,房屋结构以坡房为主。

马家湾【Mǎjiāwān】 以姓氏命名。因马姓聚居而得名。1958年隶属年丰二大队;1980年隶属大余嘴大队;1984年隶属大余嘴村至今。位于村委会西北1千米。东邻大堰角,南界余家嘴,西至车河农场李楼村李楼,北连三支角。总面积0.7平方千米,耕地面积31公顷。30户,120人。主产水稻、玉米、小麦,兼种果树。村落形态呈线状,房屋结构以坡房和楼房为主。

三支角【Sānzhījiǎo】 以堰塘形状命名。因村前有口三角形的堰而得名。1958年隶属年丰二大队;1980年隶属大余咀大队;1984年隶属大余嘴村至今。位于村委会北3千米。东邻张家嘴,南界马家湾,西至车河管理区李楼村李楼,北连平林村杨家坡。总面积0.8平方千米,耕地面积50公顷。28户,120人。主产水稻、玉米、小麦,兼种果树。村落形态呈线状,房屋结构以坡房和楼房为主。

上畈【Shàngfàn】 以方位和地形综合命名。因村建在小山岩上畈地里而得名。1958年隶属年丰三大队;1980年隶属洞尔山大队;1984年隶属洞尔山村;2002年隶属大余嘴村至今。位于村委会东北3千米。东邻方湾村罗家湾,南界洞尔山,西至王家湾,北连平林村杨家寨。总面积0.4平方千米,耕地面积18公顷。23户,80人。主产水稻、玉米、小麦。村落形态呈线状,房屋结构以坡房和楼房为主。

汪家湾【Wāngjiāwān】 以姓氏命名。因汪姓聚居而得名。1958年隶属年丰三大队;1980年隶属洞尔山大队;1984年隶属洞尔山村;2002年隶属大余嘴村至今。位于村委会东700米。东邻栗林洼子,南界洞尔山,西至大余嘴,北连新家湾。总面积0.8平方千米,耕地面积25公顷。31户,100人。主产水稻、玉米、小麦,兼种果树。村落形态呈线状,房屋结构以坡房和楼房为主。

王家湾【Wángjiāwān】 以姓氏命名。因王姓聚居而得名。1958年隶属年丰三大队;1980年隶属洞尔山大队;1984年隶属洞尔山村;2002年隶属大余嘴村至今。位于村委会东北2.5千米。东邻上畈,南界高速服务区,西至张家湾,北连平林村杨家坡。总面积0.6平方千米,耕地面积10公顷。18户,100人。主产水稻、小麦、玉米,兼种果树。村落形态呈散状,房屋结构以坡房和楼房为主。

新家湾【Xīnjiāwān】 以姓氏命名。因新姓聚居而得名。1958年隶属年丰三大队;1980年隶属洞尔山大队;1984年隶属洞尔山村;2002年隶属大余嘴村至今。位于村委会东北1.3千米。东邻栗林洼子,南界汪家湾,西至大余嘴,北连洞尔山。总面积0.3平方千米,耕地面积8公顷。5户,20人。主产水稻、小麦、玉米。村落形态呈线状,房屋结构以平房和坡房为主。

新庄子【Xīnzhuāngzi】 以时间命名。因建村较晚，故名。1958年隶属年丰三大队；1980年隶属洞尔山大队；1984年隶属洞尔山村；2002年隶属大余嘴村至今。位于村委会东北2.9千米。东邻方湾村新屋场，南界洞尔山，西至王家湾，北连上畈。总面积1平方千米，耕地面积30公顷。27户，110人。主产水稻、玉米、小麦，兼种果树。村落形态呈散状，房屋结构以坡房为主。

岩子【Yánzi】 以地形命名。因村建在山岩子旁而得名。1958年隶属年丰三大队；1980年隶属洞尔山大队；1984年隶属洞尔山村；2002年隶属大余嘴村至今。位于村委会东600米。东邻洞尔山，南界东湾，西至杜家西湾，北连洞尔山。总面积0.2平方千米，耕地面积2公顷。2户，10人。主产水稻、玉米、小麦，兼种果树。村落形态呈散状，房屋结构以坡房为主。

余家嘴【Yújiāzuǐ】 以姓氏和地形综合命名。因余姓聚居山咀旁而得名。1958年隶属年丰二大队；1980年隶属大余嘴大队；1984年隶属大余嘴村至今。位于村委会北500米。东邻洞尔山，南界杜家西湾，西至车河管理区西冲村柿子园，北连马家湾。总面积0.7平方千米，耕地面积38公顷。43户，140人。主产水稻、玉米、小麦。村落形态呈线状，房屋结构以坡房和楼房为主。

张家咀【Zhāngjiāzuǐ】 以姓氏和地形综合命名。因张姓聚居山咀旁而得名。1958年隶属年丰二大队；1980年隶属大余嘴大队；1984年隶属大余嘴村至今。位于村委会北2千米。东邻洞尔山，南界余家嘴，西至三支角，北连平林村杨家坡。总面积1平方千米，耕地面积30公顷。28户，120人。主产水稻、玉米、小麦，兼种果树。村落形态呈线状，房屋结构以坡房和楼房为主。

中湾【Zhōngwān】 以方位命名。因南、北、中相邻有三个自然村，该村在中间，故名。1958年隶属年丰三大队；1980年隶属洞尔山大队；1984年隶属洞尔山村；2002年隶属大余嘴村至今。位于村委会东1.2千米。东邻栗林洼子，南界前湾，西至杜家西湾，北连东湾。总面积0.8平方千米，耕地面积36公顷。40户，150人。主产水稻、小麦、玉米，兼种果树。村落形态呈线状，房屋结构以坡房和楼房为主。

竹林湾【Zhúlínwān】 以植物命名。因村里有片竹林，故名。1958年隶属年丰三大队；1980年隶属洞尔山大队；1984年隶属洞尔山村；2002年隶属大余嘴村至今。位于村委会东1.5千米。东邻中湾，南界前湾，西至东湾，北连栗村。总面积0.4平方千米，耕地面积7公顷。8户，40人。主产水稻、小麦、玉米。村落形态呈线状，房屋结构以坡房和楼房为主。

杜家老湾村【Dùjiālǎowāncūn】

以杜家老湾自然村命名。1958年为年丰八大队，隶属钢铁公社；1961年隶属平林区；1975年隶属平林公社；1980年为杜家老湾大队，隶属平林公社；1984年为杜家老湾村，隶属平林区；1987年隶属平林镇至今。位于镇政府西北3千米。东邻新庄子村，南界平林村，西至车河农场李楼村，北连吴店镇达子村。辖18个自然村，总面积9.7平方千米，耕地面积333公顷。203户，880人。主产水稻、小麦、杂粮，兼种果树，养鱼面积60公顷。枣宜公路过境，村委会驻邓家畈。

邓家畈【Dèngjiāfàn】 以姓氏和地形综合命名。因邓姓聚居在一大畈旁而得名。1958年隶属年丰八大队；1980年隶属杜家老湾大队；1984年隶属杜家老湾村至今。村委会驻地。东邻肖家湾，南界李家岗，西至杜家老湾，北连汤畈。总面积1.8平方千米，耕地面积50公顷。40户，180人。主产小麦、玉米、水稻，兼种桃树。村落形态呈散状，房屋结构以坡房为主。

杜家老湾【Dùjiālǎowān】 以姓氏和建村时间综合命名。因杜姓聚居且建村早而得名。1958年隶属年丰八大队；1980年隶属杜家老湾大队；1984年隶属杜家老湾村至今。位于村委会西北2千米。东邻黄楝树咀，南界王家湾，西至竹林湾，北连熊河水库。总面积1.5平方千米，耕地面积40公顷。28户，130人。主产小麦、玉米、水稻，兼养殖。村落形态呈散状，房屋结构以坡房为主。

荒冲【Huāngchōng】 以地形命名。因村建在一条长满杂草的冲内而得名。1958年隶属年丰八大队；1980年隶属杜家老湾大队；1984年隶属杜家老湾村至今。位于村委会西北4千米。东邻楼子湾，南界新屋脊，西至车河管理区杨桥村，北连黑虎山。总面积0.4平方千米，耕地面积20公顷。9户，40人。主产小麦、玉米、水稻，兼养鱼。村落形态呈散状，房屋结构以坡房为主。

黄家凹【Huángjiāwā】 以姓氏和地形综合命名。因黄姓聚居山洼而得名。1958年隶属年丰八大队；1980年隶属杜家老湾大队；1984年隶属杜家老湾村至今。位于村委会西北2千米。东邻中咀子，南界黄连树咀，西至赵家湾，北连苏家寨。总面积0.3平方千米，耕地面积10公顷。7户，30人。主产小麦、水稻、玉米，兼种桃树、养鱼。村落形态呈散状，房屋结构以坡房为主。

黄连树咀【Huángliánshùzuǐ】 以植物和地形综合命名。因村建在长有黄连树的山咀下而得名。1958年隶属年丰八大队；1980年隶属杜家老湾大队；1984年隶属杜家老湾村至今。位于村委会北500米。东邻肖家湾，南界邓家畈，西至杜家老湾，北连黄家凹子。总面积0.3平方千米，耕地面积12公顷。10户，40人。主产水稻、小麦、杂粮，兼种果树。村落形态呈散状，房屋结构以坡房为主。

李家岗【Lǐjiāgǎng】 以姓氏和地形综合命名。因李姓聚居岗上而得名。1958年隶属年丰八大队；1980年隶属杜家老湾大队；1984年隶属杜家老湾村至今。位于村委会西500米。东邻村委会，南界平林村杨家嘴子，西至王家湾，北连杜家老湾。总面积0.5平方千米，耕地面积12公顷。8户，40人。主产小麦、玉米、水稻，兼种桃树。村落形态呈线状，房屋结构以坡房为主。

楼子湾【Lóuziwān】 以建筑物命名。因村内有座楼房而得名。1958年隶属年丰八大队；1980年隶属杜家老湾大队；1984年隶属杜家老湾村至今。位于村委会西北4.1千米。东邻堰角子，南界杜家老湾，西至荒冲，北连黑虎山。总面积0.3平方千米，耕地面积18公顷。10户，30人。主产小麦、玉米、水稻。村落形态呈散状，房屋结构以坡房为主。

泉水坑【Quánshuǐkēng】 以自然特点命名。因村前有一泉眼，常年有泉水涌出，故名。1958年隶属年丰八大队；1980年隶属杜家老湾大队；1984年隶属杜家老湾村至今。位于村委会西3千米。东邻王家湾，南界院墙湾，西至车河管理区杨桥村杨桥，北连杜家老湾。总面积0.3平方千米，耕地面积5公顷。5户，20人。主产水稻、小麦、玉米，兼种桃树。村落形态呈散状，房屋结构以坡房为主。

双堰咀【Shuāngyànzuǐ】 以堰塘和地形综合命名。因地处山咀且村旁有两口堰而得名。1958年隶属年丰八大队；1980年隶属杜家老湾大队；1984年隶属杜家老湾村至今。位于村委会北2千米。东邻新庄子村仇家湾，南界汤畈，西至赵家湾，北连吴店镇达子村罗沟。总面积0.3平方千米，耕地面积20公顷。9户，40人。主产小麦、水稻、玉米，兼种桃树、养鱼。村落形态呈散状，房屋结构以坡房为主。

汤畈【Tāngfàn】 以姓氏和地形综合命名。因汤姓聚居一大畈边而得名。1958年隶属年丰八大队；1980年隶属杜家老湾大队；1984年隶属杜家老湾村至今。位于村委会北1.5千米。东邻肖家湾，南界邓家畈，西至杜家老湾，北连中咀子。总面积0.6平方千米，耕地面积9公顷。10户，40人。主产小麦、玉米、水稻，兼养鱼。村落形态呈散状，房屋结构以坡房为主。

王家湾【Wángjiāwān】 以姓氏命名。因王姓聚居而得名。1958年隶属年丰八大队；1980年隶属杜家老湾大队；1984年隶属杜家老湾村至今。位于村委会西2千米。东邻李家岗，南界院墙湾，西至泉水坑，北连杜家老湾。总面积0.3平方千米，耕地面积7公顷。7户，30人。主产水稻、小麦、杂粮。村落形态呈散状，房屋结构以坡房为主。

肖家湾【Xiāojiāwān】 以姓氏命名。因肖姓聚居而得名。1958年隶属年丰八大队；1980年隶属杜家老湾大队；1984年隶属杜家老湾村至今。位于村委会北1千米。东邻新庄子村张家湾，南界邓家畈，西至杜家老湾，北连汤畈。总面积1.1平方千米，耕地面积40公顷。22户，100人。主产小麦、玉米、水稻，兼种桃树。村落形态呈散状，房屋结构以坡房为主。

新屋脊【Xīnwūjǐ】 以建筑物的特点命名。因有户人家屋脊修饰得特别漂亮而得名。1958年隶属年丰八大队；1980年隶属杜家老湾大队；1984年隶属杜家老湾村至今。位于村委会西北4.2千米。东邻荒冲，南界竹林湾，西至车河管理区杨桥村杨桥，北连黑虎山。总面积0.4平方千米，耕地面积30公顷。8户，40人。主产小麦、玉米、水稻，兼养鱼。村落形态呈散状，房屋结构以坡房为主。

堰角子【Yànjiǎozi】 以地形和堰塘综合命名。因村建在一大堰的一角而得名。1958年隶属年丰八大队；1980年隶属杜家老湾大队；1984年隶属杜家老湾村至今。位于村委会西北3.1千米。东邻赵家湾，南界史家湾，西至楼子湾，北连苏家寨。总面积0.2平方千米，耕地面积10公顷。7户，30人。主产小麦、玉米、水稻，兼种桃树。村落形态呈散状，房屋结构以坡房为主。

院墙湾【Yuànqiángwān】 以建筑物命名。从前有一大户人家砌很大一片院墙而得名。1958年隶属年丰八大队；1980年隶属杜家老湾大队；1984年隶属杜家老湾村至今。位于村委会西南3千米。东邻架子山，南界平林村大稻场，西至泉水坑，北连王家湾。总面积0.4平方千米，耕地面积10公顷。6户，20人。主产小麦、玉米、水稻，兼养鱼。村落形态呈散状，房屋结构以坡房为主。

张家咀【Zhāngjiāzuǐ】 以姓氏命名。因张姓聚居山咀而得名。1958年隶属年丰八大队；1980年隶属杜家老湾大队；1984年隶属杜家老湾村至今。位于村委会北1千米。东邻新庄子村仇家湾，南界肖家湾，西至史家湾，北连汤畈。总面积0.2平方千米，耕地面积14公顷。2户，10人。主产小麦、玉米、水稻。村落形态呈散状，房屋结构以平房为主。

赵家湾【Zhàojiāwān】 以姓氏命名。因赵姓聚居而得名。1958年隶属年丰八大队；1980年隶属杜家老湾大队；1984年隶属杜家老湾村至今。位于村委会西北3千米。东邻黄家凹子，南界史家湾，西至楼子湾，北连苏家寨。总面积0.4平方千米，耕地面积20公顷。11户，40人。主产小麦、玉米、水稻，兼养鱼。村落形态呈散状，房屋结构以坡房为主。

竹林湾【Zhúlínwān】 以植物命名。因村边有一片竹林而得名。1958年隶属年丰八大队；1980年隶属杜家老湾大队；1984年隶属杜家老湾村至今。位于村委会西北4千米。东邻杜家老湾，南界泉水坑，西至本村小河沟，北连楼子湾。总面积0.4平方千米，耕地面积6公顷。4户，20人。主产小麦、玉米、水稻。村落形态呈散状，房屋结构以坡房为主。

范家湾村【Fànjiāwāncūn】

以范家湾自然村命名。1958年为胜利一大队，隶属钢铁公社；1961年隶属平林区；1975年隶属平林公社；1980年为范家湾大队，隶属平林公社；1984年为范家湾村，隶属平林区；1987年隶属平林镇至今。位于镇政府南17千米。东邻胡湾村，南界吴集村，西至柴湾村，北连包家畈村。辖25个自然村，总面积4.29平方千米，耕地面积159.5公顷。190户，741人。主产水稻、小麦、玉米，兼种油桃。村委会驻范家湾。

鹌鹑笼【Ānchūnlóng】 以地形命名。因村建在一条形似鹌鹑笼的山沟里而得名。1958年隶属胜利一大队；1980年隶属范家湾大队；1984年隶属范家湾村至今。位于村委会南1千米。东邻徐咀水库，南界陈家湾，西至中湾，北连荒屋场。总面积0.1平方千米，耕地面积5公顷。5户，20人。主产水稻、小麦、玉米，兼种果蔬。村落形态呈散状，房屋结构以平房和坡房为主。

仓库湾【Cāngkùwān】 以中华人民共和国成立后胜利一大队五小队建有仓库而得名。1958年隶属胜利一大队；1980年隶属范家湾大队；1984年隶属范家湾村至今。位于村委会北600米。东邻周家寨，南界罗家咀子，西至陈家大堰，北连郑家湾。总面积0.15平方千米，耕地面积3.5公顷。4户，10人。主产水稻、小麦、玉米。村落形态呈散状，房屋结构以坡房为主。

陈家大堰【Chénjiādàyàn】 以姓氏和堰塘综合命名。因陈姓聚居大堰旁而得名。1958年隶属胜利一大队；1980年隶属范家湾大队；1984年隶属范家湾村至今。位于村委会北600米。东邻王家湾，南界范家湾，西至冬青树湾，北连仓库湾。总面积0.12平方千米，耕地面积7公顷。5户，20人。主产水稻、小麦、玉米。村落形态呈散状，房屋结构以坡房为主。

陈家岗【Chénjiāgǎng】 以姓氏和地形综合命名。因陈姓聚居岗上而得名。1958年隶属胜利一大队；1980年隶属范家湾大队；1984年隶属范家湾村至今。位于村委会北1千米。东邻郑家湾，南界陈家大堰，西、北连四井岗。总面积0.22平方千米，耕地面积6.5公顷。7户，30人。主产水稻、小麦、玉米。村落形态呈散状，房屋结构以楼房为主。

陈家岩子【Chénjiāyánzi】 以姓氏和地形综合命名。因陈姓聚居在山岩下而得名。1958年隶属胜利一大队；1980年隶属范家湾大队；1984年隶属范家湾村至今。位于村委会东北2.2千米。东邻胡家湾村骆驼树，南界吴集村彭家咀，西至陈家院子，北连包畈村垱口。总面积0.12平方千米，耕地面积6公顷。5户，13人。主产水稻、小麦、玉米。村落形态呈散状，房屋结构以坡房为主。

陈家院子【Chénjiāyuànzi】 以姓氏和建筑物综合命名。因清朝时，陈姓富商在此建造了一个大宅子而得名。1958年隶属胜利一大队；1980年隶属范家湾大队；1984年隶属范家湾村至今。位于村委会东北2千米。东邻吴集村彭家咀，南界邹家寨，西至围墙湾，北连陈家岩子。总面积0.18平方千米，耕地面积10公顷。21户，80人。主产水稻、小麦，兼种果蔬。村落形态呈团状，房屋结构以平房和坡房为主。

冬青树湾【Dōngqīngshùwān】 以植物命名。因村中有棵大冬青树,故名。1958年隶属胜利一大队;1980年隶属范家湾大队;1984年隶属范家湾村至今。位于村委会西2千米。东邻范家湾,南界中湾,西至马虎桥村火石冲,北连大王家湾。总面积0.1平方千米,耕地面积2公顷。2户,10人。主产水稻、小麦、玉米。村落形态呈散状,房屋结构以坡房为主。

陡沟【Dǒugōu】 以地形命名。因村建在陡山下的沟边而得名。1958年隶属胜利一大队;1980年隶属范家湾大队;1984年隶属范家湾村至今。位于村委会西南2千米。东邻屏墙湾,南界藕堰湾,西至王家湾,北连马虎桥村刁家凹子。总面积0.3平方千米,耕地面积6公顷。28户,78人。主产水稻、小麦,兼种果蔬。村落形态呈散状,房屋结构以坡房为主。

范家湾【Fànjiāwān】 以姓氏命名。因范姓聚居而得名。1958年隶属胜利一大队;1980年隶属范家湾大队;1984年隶属范湾村至今。村委会驻地。东邻上挡咀,南界徐咀水库,西至新湾,北连陈家大堰。总面积0.12平方千米,耕地面积7公顷。4户,10人。主产水稻、小麦、玉米。村落形态呈散状,房屋结构以坡房为主。

荒屋场【Huāngwūchǎng】 因原屋场荒废而得名。1958年隶属胜利一大队;1980年隶属范家湾大队;1984年隶属范湾村至今。位于村委会西南700米。东邻新湾,南界中湾,西至四井岗,北连陈家湾。总面积0.25平方千米,耕地面积3公顷。5户,20人。主产水稻、小麦、玉米。村落形态呈散状,房屋结构以坡房为主。

孔家湾【Kǒngjiāwān】 以姓氏命名。因孔姓聚居而得名。1958年隶属胜利一大队;1980年隶属范家湾大队;1984年隶属范家湾村至今。位于村委会东北1.3千米。东邻围墙湾,南界罗家咀子,西至郑家湾,北连包家畈村羊皮岗。总面积0.1平方千米,耕地面积4.5公顷。1户,10人。主产水稻、小麦、玉米。村落形态呈散状,房屋结构以坡房为主。

罗家咀子【Luójiāzuǐzi】 以姓氏和地形综合命名。因罗姓聚居山咀,故名。1958年隶属胜利一大队;1980年隶属范家湾大队;1984年隶属范家湾村至今。位于村委会北300米。东邻周家寨,南界范家湾,西至陈家大堰,北连郑家湾。总面积0.25平方千米,耕地面积10公顷。10户,40人。主产水稻、小麦、玉米。村落形态呈散状,房屋结构以坡房为主。

藕堰湾【Ǒuyànwān】 以藕堰命名。因村内有口大藕堰,故名。1958年隶属胜利一大队;1980年隶属范家湾大队;1984年隶属范家湾村至今。位于村委会西南1.9千米。东邻屏墙湾,南界陡沟,西至柴湾村马虎桥,北连陈家湾。总面积0.7平方千米,耕地面积12公顷。16户,70人。主产水稻、小麦,兼种果蔬。村落形态呈散状,房屋结构以平房和坡房为主。

彭家台子【Péngjiātáizi】 以姓氏和地形综合命名。因彭姓聚居在台地上而得名。1958年隶属胜利一大队;1980年隶属范家湾大队;1984年隶属范家湾村至今。位于村委会东800米。东邻吴集村彭家咀,南界上河沿,西至陈家大堰,北连孔家湾。总面积0.1平方千米,耕地面积6公顷。4户,20人。主产水稻、小麦、玉米。村落形态呈散状,房屋结构以坡房为主。

屏墙湾【Píngqiángwān】 以建筑物命名。因村内建有一堵超过房屋高度的防火墙,故名。1958年隶属胜利一大队;1980年隶属范家湾大队;1984年隶属范家湾村至今。位于村委会西南1.2千米。东邻中湾,南界藕家湾，西至陡坡，北连柿子园。总面积 0.1 平方千米，耕地面积 7 公顷。2 户，10 人。主产水稻、小麦，兼种果蔬。村落形态呈散状，房屋结构以楼房为主。

上垱咀【Shàngdàngzuǐ】 以方位和垱坝综合命名。因村建在垱口上，故名。1958 年隶属胜利一大队；1980 年隶属范家湾大队；1984 年隶属范家湾村至今。位于村委会东南 100 米。东邻上河沿，南界徐咀水库，西至范家湾，北连罗家咀。总面积 0.11 平方千米，耕地面积 5 公顷。13 户，50 人。主产水稻、小麦，兼种果蔬。村落形态呈散状，房屋结构以坡房为主。

上河沿【Shànghéyán】 以方位和河流综合命名。因村建于小河上游而得名。1958 年隶属胜利一大队；1980 年隶属范家湾大队；1984 年隶属范家湾村至今。位于村委会东南 1 千米。东、南邻下河沿，西至上垱咀，北连彭家台子。总面积 0.1 平方千米，耕地面积 5 公顷。4 户，20 人。主产水稻、小麦、玉米。村落形态呈散状，房屋结构以楼房为主。

柿子园【Shìziyuán】 以植物命名。因村内柿子树多而得名。1958 年隶属胜利一大队；1980 年隶属范家湾大队；1984 年隶属范家湾村至今。位于村委会东南 1.8 千米。东邻中湾，南界陡沟，西至冬青树湾，北连四井岗。总面积 0.1 平方千米，耕地面积 2 公顷。4 户，20 人。主产水稻、小麦、玉米。村落形态呈散状，房屋结构以坡房为主。

围墙湾【Wéiqiángwān】 以建筑物命名。因村周砌有土围墙而得名。1958 年隶属胜利一大队；1980 年隶属范家湾大队；1984 年隶属范家湾村至今。位于村委会西北 2 千米。东邻垱口，南界周家寨，西至孔家湾，北连鲍家咀。总面积 0.15 平方千米，耕地面积 8 公顷。5 户，20 人。主产水稻、小麦、玉米。村落形态呈散状，房屋结构以坡房为主。

下河沿【Xiàhéyán】 以方位和河流综合命名。因村建于小河下游而得名。1958 年隶属胜利一大队；1980 年隶属范家湾大队；1984 年隶属范家湾村至今。位于村委会东 1 千米。东邻吴集村彭家咀子，南界徐咀水库，西至彭家台子，北连上河沿。总面积 0.12 平方千米，耕地面积 5 公顷。6 户，20 人。主产水稻、小麦、玉米。村落形态呈散状，房屋结构以楼房为主。

小王家湾【Xiǎowángjiāwān】 以规模和姓氏综合命名。因王姓聚居村子较小，故名。1958 年隶属胜利一大队；1980 年隶属范家湾大队；1984 年隶属范家湾村至今。位于村委会西 300 米。东邻上垱咀，南界新湾，西至四井岗，北连陈家大堰。总面积 0.05 平方千米，耕地面积 1 公顷。1 户，10 人。主产水稻、小麦、玉米。村落形态呈散状，房屋结构以坡房为主。

新湾【Xīnwān】 因建村时间较短，故名。1958 年隶属胜利一大队；1980 年隶属范家湾大队；1984 年隶属范家湾村至今。位于村委会南 900 米。东邻徐咀水库，南界荆树湾，西至荒屋场，北连小王家湾。总面积 0.21 平方千米，耕地面积 7 公顷。14 户，60 人。主产水稻、小麦、玉米。村落形态呈散状，房屋结构以坡房为主。

郑家湾【Zhèngjiāwān】 以姓氏命名。因郑姓聚居而得名。1958 年隶属胜利一大队；1980 年隶属范家湾大队；1984 年隶属范家湾村至今。位于村委会北 1.2 千米。东邻孔家湾，南界仓库湾，西至陈家岗，北连包家畈村羊皮岗。总面积 0.12 平方千米，耕地面积 5 公顷。4 户，20 人。主产水稻、小麦、玉米。村落形态呈散状，房屋结构以坡房为主。

中湾【Zhōngwān】 以方位命名。因村建在一条岗的中部而得名。1958年隶属胜利一大队；1980年隶属范家湾大队；1984年隶属范家湾村至今。位于村委会东南2千米。东邻鹌鹑笼，南界屏墙湾，西至四井岗，北连荒屋场。总面积0.3平方千米，耕地面积20公顷。13户，60人。主产水稻、小麦、玉米，兼种果蔬。村落形态呈散状，房屋结构以平房和坡房为主。

邹家寨【Zōujiāzhài】 以姓氏和建筑物综合命名。因邹姓聚居，村周围修有土寨，故名。1958年隶属胜利一大队；1980年隶属范家湾大队；1984年隶属范家湾村至今。位于村委会东北1.5千米。东邻陈家院子，南界彭家台子，西至围墙湾，北连包家畈村档口。总面积0.12平方千米，耕地面积6公顷。7户，20人。主产水稻、小麦、玉米。村落形态呈散状，房屋结构以坡房为主。

方家湾村【Fāngjiāwāncūn】

以方家湾自然村命名。1958年为年丰五大队，隶属钢铁公社；1961年隶属平林区；1975年隶属平林公社；1980年为方湾大队；1984年为方湾村，隶属平林区；1987年隶属平林镇；2002年11月与罗湾村、桐树湾村合并为方家湾村，隶属平林镇至今。位于镇政府东南2.5千米。东邻吴店镇何湾村，南界大余嘴村，西至平林村，北连新庄子村。辖40个自然村，336户，1470人。总面积16平方千米，耕地面积194.73公顷。主产水稻、小麦、玉米。村委会驻王家岗。

蔡家湾【Càijiāwān】 以姓氏命名。因蔡姓聚居而得名。1958年隶属年丰六大队；1980年隶属桐树塝大队；1984年隶属桐树塝村；2002年隶属方家湾村至今。位于村委会东北2千米。东邻堰角，南界老庄子，西至肖老庄，北连新庄子村新庄子。总面积0.2平方千米，耕地面积2.66公顷。3户，10人。主产水稻、小麦、玉米，兼种果蔬。村落形态呈散状，房屋结构以坡房为主。

仓库岗【Cāngkùgǎng】 以库房命名。1958年隶属年丰四大队；1980年隶属罗家湾大队；1984年隶属罗湾村；2002年隶属方家湾村至今。位于村委会东南6千米。东邻吴店镇双槽门村花屋脊，南界老庄子，西至东冲，北连陈家湾。总面积0.7平方千米，耕地面积8公顷。16户，50人。主产水稻、小麦、玉米，兼种果蔬。村落形态呈散状，房屋结构以坡房为主。

陈家岗【Chénjiāgǎng】 以姓氏和地形综合命名。因陈姓聚居岗上而得名。1958年隶属年丰六大队；1980年隶属桐树塝大队；1984年隶属桐树塝村；2002年隶属方家湾村至今。位于村委会西南1.2千米。东邻罗家湾，南界新屋场，西至平林村南园，北连平林村唐家湾。总面积0.2平方千米，耕地面积4公顷。15户，50人。主产水稻、小麦、玉米，兼种果蔬。村落形态呈散状，房屋结构以坡房为主。

陈家湾【Chénjiāwān】 以姓氏命名。因陈姓聚居而得名。1958年隶属年丰六大队；1980年隶属桐树塝大队；1984年隶属桐树塝村；2002年隶属方家湾村至今。位于村委会西南1千米。东邻施家湾，南界罗家湾，西至过路堰，北连小桐树岗。总面积0.4平方千米，耕地面积6公顷。10户，50人。主产水稻、小麦、玉米，兼种果蔬。村落形态呈散状，房屋结构以坡房为主。

店子上【Diànzishàng】 以饭店命名。因曾有户人家在村里开过饭店而得名。1958年隶属年丰四大队；1980年隶属罗家湾大队；1984年隶属罗湾村；2002年隶属方湾村至今。位于村委会西南3千米。东邻长冲，南界石板堰水库，西、北连柿子园。总面积0.3平方千米，耕地面积3.33公顷。7户，40人。主产水稻、小麦、玉米，兼种果蔬。村落形态呈散状，房屋结构以坡房为主。

东冲【Dōngchōng】 以方位和地形综合命名。因村建于一条冲的东边而得名。1958年隶属年丰四大队；1980年隶属罗家湾大队；1984年隶属罗湾村；2002年隶属方家湾村至今。位于村委会南5千米。东邻刘家老湾，南界杨集村上岗，西至上胡家老湾，北连梨树咀。总面积0.5平方千米，耕地面积7公顷。7户，30人。主产水稻、玉米、小麦，兼种果蔬。村落形态呈散状，房屋结构以坡房为主。

方家湾【Fāngjiāwān】 以姓氏命名。因方姓聚居而得名。1958年隶属年丰五大队；1980年隶属方家湾大队；1984年隶属方家湾村至今。位于村委会南1.5千米。东邻学湾，南界西坡岗，西至罗家湾，北连施家湾。总面积0.5平方千米，耕地面积5.33公顷。9户，60人。主产水稻、小麦、玉米，兼种果蔬。村落形态呈散状，房屋结构以坡房为主。

付家湾【Fùjiāwān】 以姓氏命名。因付姓聚居而得名。1958年隶属年丰四大队；1980年隶属罗家湾大队；1984年隶属罗湾村；2002年隶属方家湾村至今。位于村委会南4千米。东邻东冲，南界上胡家湾，西至下胡家湾，北连李咀。总面积0.3平方千米，耕地面积4.1公顷。7户，30人。主产水稻、小麦、玉米，兼种果蔬。村落形态呈散状，房屋结构以坡房为主。

岗头【Gǎngtóu】 以地形命名。因此处为通往吴店镇的九里岗的起点，故名。1958年隶属年丰六大队；1980年隶属桐树塝大队；1984年隶属桐树塝村；2002年隶属方家湾村至今。位于村委会西北1千米。东邻郑家湾，西、南界张家油坊，北连椿树湾。总面积0.3平方千米，耕地面积4.3公顷。5户，20人。主产水稻、小麦、玉米，兼种果蔬。村落形态呈散状，房屋结构以坡房为主。

高屋脊【Gāowūjǐ】 以地形和建筑物综合命名。因房屋建在地势较高处，屋脊显得格外高，故名。1958年隶属年丰五大队；1980年隶属方家湾大队；1984年隶属方家湾村至今。位于村委会东南2.5千米。东邻王家湾，南界象鼻子坡，西至弯堰埂，北连庄稼湾。总面积0.4平方千米，耕地面积5.34公顷。10户，40人。主产水稻、小麦、玉米，兼种果蔬。村落形态呈散状，房屋结构以坡房为主。

过路堰【Guòlùyàn】 以堰埂为路而得名。1958年隶属年丰六大队；1980年隶属桐树塝大队；1984年隶属桐树塝村；2002年隶属方家湾村至今。位于村委会西南400米。东邻陈家湾，南界陈家岗，西至平林村杨家寨，北连村委会。总面积0.5平方千米，耕地面积3公顷。5户，30人。主产水稻、小麦、玉米，兼种果蔬。村落形态呈散状，房屋结构以坡房为主。

黄家湾【Huángjiāwān】 以姓氏命名。因黄姓聚居而得名。1958年隶属年丰六大队；1980年隶属桐树塝大队；1984年隶属桐树塝村；2002年隶属方家湾村至今。位于村委会北1千米。东邻肖家老庄，南界高山，西至郑家湾，北连椿树湾。总面积0.2平方千米，耕地面积2.66公顷。6户，20人。主产水稻、小麦、玉米，兼种果蔬。村落形态呈散状，房屋结构以坡房为主。

黄家湾【Huángjiāwān】 以姓氏命名。因黄姓聚居而得名。1958年隶属年丰四大队；1980年隶属罗家湾大队；1984年隶属罗湾村；2002年隶属方家湾村至今。位于村委会南3.5千米。东邻李咀，南界石板堰水库，西至长冲，北连八亩冲岗。总面积0.3平方千米，耕地面积3.3公顷。4户，20人。主产水稻、小麦、玉米，兼种果蔬。村落形态呈散状，房屋结构以坡房为主。

老庄子【Lǎozhuāngzi】 苏家最早在此建造庄园，又在他处新建庄园，此处为老庄，故名。1958年隶属年丰六大队；1980年隶属桐树塝大队；1984年隶属桐树塝村；2002年隶属方家湾村至今。位于村委会东北1千米。东邻堰角子，南界刘家老湾，西至黄家湾，北连肖家老庄。总面积0.2平方千米，耕地面积2.67公顷。8户，30人。主产水稻、小麦、玉米，兼种果蔬。村落形态呈散状，房屋结构以坡房为主。

梨树咀【Líshùzuǐ】 以植物和地形综合命名。因村建山咀旁且梨树多而得名。1958年隶属年丰四大队；1980年隶属罗家湾大队；1984年隶属罗湾村；2002年隶属方家湾村至今。位于村委会南4.5千米。东邻吴店镇双槽门村花屋脊，南界杨集村上岗，西至上胡家老湾，北连马家湾。总面积0.3平方千米，耕地面积7公顷。8户，30人。主产水稻、小麦、玉米，兼种果蔬。村落形态呈散状，房屋结构以坡房为主。

李咀【Lǐzuǐ】 以姓氏和地形综合命名。因李姓聚居山咀下而得名。1958年隶属年丰四大队；1980年隶属罗家湾大队；1984年隶属罗湾村；2002年隶属方家湾村至今。位于村委会西南3.7千米。东邻罗家湾，南界付家湾，西至黄家湾，北连马家湾。总面积0.4平方千米，耕地面积5.34公顷。5户，20人。主产水稻、小麦、玉米，兼种果蔬。村落形态呈散状，房屋结构以坡房为主。

梁家老湾【Liángjiālǎowān】 以姓氏和建村时间综合命名。因梁姓聚居且建村早而得名。1958年隶属年丰六大队；1980年隶属桐树塝大队；1984年隶属桐树塝村；2002年隶属方家湾村至今。位于村委会东1.2千米。东邻吴店镇双槽门村花屋脊，南界吴家老湾，西至刘家老湾，北连堰角。总面积1平方千米，耕地面积10公顷。15户，80人。主产水稻、小麦、玉米，兼种果蔬。村落形态呈散状，房屋结构以坡房为主。

刘家老湾【Liújiālǎowān】 以姓氏和建村时间综合命名。因刘姓聚居且建村早而得名。1958年隶属年丰六大队；1980年隶属桐树塝大队；1984年隶属桐树塝村；2002年隶属方家湾村至今。位于村委会东1千米。东邻梁家老湾，南界吴家老湾，西至桐树湾，北连老庄子。总面积0.3平方千米，耕地面积4公顷。6户，30人。主产水稻、小麦、玉米，兼种果蔬。村落形态呈散状，房屋结构以坡房为主。

罗家湾【Luójiāwān】 以姓氏命名。因罗姓聚居而得名。1958年隶属年丰六大队；1980年隶属桐树塝大队；1984年隶属桐树塝村；2002年隶属方家湾村至今。位于村委会东西南1.5千米。东邻方家湾，南界新屋场，西、北连陈家岗。总面积0.4平方千米，耕地面积5.33公顷。15户，70人。主产水稻、小麦、玉米，兼种果蔬。村落形态呈散状，房屋结构以坡房为主。

罗家湾【Luójiāwān】 以姓氏命名。因罗姓聚居而得名。1958年隶属年丰四大队；1980年隶属罗家湾大队；1984年隶属罗湾村；2002年隶属方家湾村至今。位于村委会西南4.2千米。东邻望家庙，南界梨树咀，西至谭家老湾，北连李咀。总面积0.4平方千米，耕地面积6.1公顷。4户，20人。主产水稻、小麦、玉米，兼种果蔬。村落形态呈散状，房屋结构以坡房为主。

马家湾【Mǎjiāwān】 以姓氏命名。因马姓聚居而得名。1958年隶属年丰四大队；1980年隶属罗家湾大队；1984年隶属罗湾村；2002年隶属方家湾村至今。位于村委会南3.2千米。东邻象鼻子坡，南界李咀，西至罗家湾，北连西坡。总面积0.5平方千米，耕地面积4公顷。4户，20人。主产水稻、小麦、玉米，兼种果蔬。村落形态呈散状，房屋结构以坡房为主。

碾子岗【Niǎnzigǎng】 建村岗上，有碾子供周边村民共用，故名。1958年隶属年丰六大队；1980年隶属桐树塝大队；1984年隶属桐树塝村；2002年隶属方家湾村至今。位于村委会东南1.5千米。东邻上洼子，南界杉树园，西至堰角子，北连李家老湾。总面积0.2平方千米，耕地面积2.66公顷。4户，20人。主产水稻、小麦、玉米，兼种果蔬。村落形态呈散状，房屋结构以坡房为主。

上胡家老湾【Shànghújiālǎowān】 以姓氏、方位和建村时间综合命名。因胡姓最早分居上下两村，该村地势较高而得名。1958年隶属年丰四大队；1980年隶属罗家湾大队；1984年隶属罗湾村；2002年隶属方家湾村至今。位于村委会南5.5千米。东邻东冲，南界杨集村冲凸子，西至大余咀村上岩子，北连付家湾。总面积0.6平方千米，耕地面积6公顷。4户，20人。主产水稻、小麦、玉米，兼种果蔬。村落形态呈散状，房屋结构以坡房为主。

施家湾【Shījiāwān】 以姓氏命名。因施姓聚居而得名。1958年隶属年丰六大队；1980年隶属桐树塝大队；1984年隶属桐树塝村；2002年隶属方家湾村至今。位于村委会南1千米。东邻吴家老湾，南界罗家湾，西至陈家湾，北连小桐树岗。总面积0.4平方千米，耕地面积5公顷。8户，40人。主产水稻、小麦、玉米，兼种果蔬。村落形态呈散状，房屋结构以坡房为主。

史家湾【Shǐjiāwān】 以姓氏命名。因史姓聚居而得名。1958年隶属年丰六大队；1980年隶属桐树塝大队；1984年隶属桐树塝村；2002年隶属方家湾村至今。位于村委会东北2.5千米。东邻吴店镇何湾村史家大湾，南界堰角子，西至蔡家湾，北连新庄子村新庄子。总面积0.2平方千米，耕地面积3.33公顷。4户，10人。主产水稻、小麦、玉米，兼种果蔬。村落形态呈散状，房屋结构以坡房为主。

桐树塝【Tóngshùbàng】 以植物命名。因村内多桐树，故名。1958年隶属年丰六大队；1980年隶属桐树塝大队；1984年隶属桐树塝村；2002年隶属方家湾村至今。村委会驻地。东邻刘家老湾，南界施家湾，西、北连过路堰。总面积0.8平方千米，耕地面积6公顷。12户，60人。主产水稻、小麦、玉米，兼种果蔬。村落形态呈散状，房屋结构以坡房为主。

弯堰埂【Wānyàngěng】 以堰埂弯而得名。因村南一口堰埂是弯形，故名。1958年隶属年丰五大队；1980年隶属方家湾大队；1984年隶属方家湾村至今。位于村委会南2千米。东邻高屋脊，南界马家湾，西至学湾，北连吴家老湾。总面积0.7平方千米，耕地面积8公顷。20户，80人。主产水稻、小麦、玉米，兼种果蔬。村落形态呈散状，房屋结构以坡房为主。

王家湾【wángjiāwān】 以姓氏命名。因王姓聚居而得名。1958年隶属年丰四大队；1980年隶属罗家湾大队；1984年隶属罗湾村；2002年隶属方家湾村至今。位于村委会东南2千米。东邻吴店镇余咀村坟家湾，南界象鼻子坡，西至高屋脊，北连庄稼湾。总面积0.5平方千米，耕地面积6.67公顷。8户，40人。主产水稻、小麦、玉米，兼种果蔬。村落形态呈散状，房屋结构以坡房为主。

吴家老湾【Wújiālǎowān】 以姓氏和建村时间综合命名。因吴姓聚居且建村早而得名。1958年隶属年丰六大队；1980年隶属桐树塝大队；1984年隶属桐树塝村；2002年隶属方家湾村至今。位于村委会东1.5千米。东邻庄稼湾，南界弯堰埂，西至施家湾，北连梁家老湾。总面积0.4平方千米，耕地面积7公顷。10户，50人。主产水稻、小麦、玉米，兼种果蔬。村落形态呈散状，房屋结构以坡房为主。

西坡岗【Xīpōgǎng】 以方位和地形综合命名。因村建于马家湾西边的岗坡上而得名。1958年隶属年丰五大队；1980年隶属方家湾大队；1984年隶属方家湾村至今。位于村委会南2.5千米。东邻马家湾，南界黄家湾，西至罗家湾，北连方家湾。总面积0.5平方千米，耕地面积7.33公顷。15户，60人。主产水稻、小麦、玉米，兼种果蔬。村落形态呈散状，房屋结构以坡房为主。

下胡家老湾【Xiàhújiālǎowān】 以姓氏、方位和建村时间综合命名。因胡姓最早分居上下两村，该村地势较低而得名。1958年隶属年丰四大队；1980年隶属罗家湾大队；1984年隶属罗湾村；2002年隶属方家湾村至今。位于村委会南5千米。东邻付家湾，南界上胡家老湾，西至大余咀村上岩子，北连黄家湾。总面积0.6平方千米，耕地面积6.5公顷。7户，35人。主产水稻、小麦、玉米，兼种果蔬。村落形态呈散状，房屋结构以坡房为主。

象鼻子坡【Xiàngbízipō】 以地形命名。因村东小山坡形似象鼻而得名。1958年隶属年丰四大队；1980年隶属罗家湾大队；1984年隶属罗湾村；2002年隶属方家湾村至今。位于村委会东南3.8千米。东邻吴店镇双槽门村花屋脊，南界梨树咀子，西至马家湾，北连王家湾。总面积0.5平方千米，耕地面积7.33公顷。4户，20人。主产水稻、小麦、玉米，兼种果蔬。村落形态呈散状，房屋结构以坡房为主。

肖家老庄【Xiāojiālǎozhuāng】 以姓氏命名。因肖姓聚居而得名。1958年隶属年丰六大队；1980年隶属桐树塝大队；1984年隶属桐树塝村；2002年隶属方家湾村至今。位于村委会北1.2千米。东邻蔡家湾，南界老庄子，西至黄家湾，北连椿树湾。总面积0.2平方千米，耕地面积1.34公顷。4户，20人。主产水稻、小麦、玉米，兼种果蔬。村落形态呈散状，房屋结构以坡房为主。

小桐树塝【Xiǎotóngshùbàng】 以植物、地形和规模综合命名。因村子小、桐树多且建于塝上而得名。1958年隶属年丰六大队；1980年隶属桐树塝大队；1984年隶属桐树塝村；2002年隶属方家湾村至今。位于村委会东500米。东邻桐树湾，南界吴家老湾，西至村委会，北连郑家湾。总面积0.6平方千米，耕地面积4公顷。10户，50人。主产水稻、小麦、玉米，兼种果蔬。村落形态呈散状，房屋结构以坡房为主。

新屋场【Xīnwūchǎng】 因建村较晚得名。1958年隶属年丰五大队；1980年隶属方家湾大队；1984年隶属方家湾村至今。位于村委会西南1.5千米。东邻罗家湾，西、南界平林村岩子坡，北连陈家湾。总面积0.4平方千米，耕地面积6公顷。15户，60人。主产水稻、小麦、玉米，兼种果蔬。村落形态呈散状，房屋结构以坡房为主。

学湾【Xuéwān】 以私塾命名。因村内开设过私塾而得名。1958年隶属年丰五大队；1980年隶属方家湾大队；1984年隶属方家湾村至今。位于村委会南2千米。东邻弯堰梗，南界马家湾，西至方家湾，北连吴家老湾。总面积0.2平方千米，耕地面积3.33公顷。6户，20人。主产水稻、小麦、玉米，兼种果蔬。村落形态呈散状，房屋结构以坡房为主。

堰角子【Yànjiǎozi】 以地形命名。因村建于一大堰的一角而得名。1958年隶属年丰六大队；1980年隶属桐树塝大队；1984年隶属桐树塝村；2002年隶属方家湾村至今。位于村委会东北1.3千米。东邻碾子岗，南界树园，西至老庄子，北连史家湾。总面积0.4平方千米，耕地面积5.33公顷。15户，60人。主产水稻、小麦、玉米，兼种果蔬。村落形态呈散状，房屋结构以坡房为主。

长冲【Chángchōng】 以长度和地形综合命名。因村建在一条长冲里而得名。1958年隶属年丰四大队；1980年隶属罗家湾大队；1984年隶属罗湾村；2002年隶属方家湾村至今。位于村委会西南3.5千米。东邻黄家湾，南界石板堰水库，西至大余咀村柿子园，北连马家湾。总面积0.6平方千米，耕地面积8.61公顷。21户，80人。主产水稻、小麦、玉米，兼种果蔬。村落形态呈散状，房屋结构以坡房为主。

郑家湾【Zhèngjiāwān】　以姓氏命名。因郑姓聚居而得名。1958年隶属年丰六大队；1980年隶属桐树塝大队；1984年隶属桐树塝村；2002年隶属方家湾村至今。位于村委会西北1千米。东邻黄家湾，南界小桐树岗，西至岗头，北连张家油坊。总面积0.2平方千米，耕地面积2公顷。3户，10人。主产水稻、小麦、玉米，兼种果蔬。村落形态呈散状，房屋结构以坡房为主。

庄稼湾【Zhuāngjiāwān】　以农作物命名。因土质好，村口庄稼长势特别好，故名。1958年隶属年丰六大队；1980年隶属桐树塝大队；1984年隶属桐树塝村；2002年隶属方家湾村至今。位于村委会东南2.5千米。东邻王家湾，南界高屋脊，西至吴家老湾，北连梁家老湾。总面积0.3平方千米，耕地面积1.34公顷。4户，20人。主产水稻、小麦、玉米，兼种果蔬。村落形态呈散状，房屋结构以坡房为主。

高家冲村【Gāojiāchōngcūn】

以地名高家冲命名。1958年为苏维三大队，隶属钢铁公社；1961年隶属平林区；1975年隶属平林公社；1980南为高家冲大队，隶属平林公社；1984年为高家冲村，隶属平林区；1987年隶属平林镇至今。位于镇政府西南20千米。东邻宋集村，南界北棚村，西至莺河水库，北连车河农场。辖29个自然村，总面积11.8平方千米，耕地面积115.78公顷。185户，844人。主产水稻、小麦、玉米，兼种桃树。枣潜高速公路过境，村委会驻打石场。

陈祠【Chéncí】　以姓氏和祠堂综合命名。因陈姓在村内修有祠堂而得名。1958年隶属苏维三大队；1980年隶属高家冲大队；1984年隶属高家冲村至今。位于村委会西南2千米。东邻沙湾，南界刘家湾，西至陈家老湾，北连横冲。总面积0.9平方千米，耕地面积6公顷。12户，60人。主产水稻、小麦、玉米，兼种桃树。村落形态呈散状，房屋结构以坡房为主。

草堰角【Cǎoyànjiǎo】　以植物和堰塘综合命名。因村建于长满水草的堰塘西北角，故名。1958年隶属苏维三大队；1980年隶属高家冲大队；1984年隶属高家冲村至今。位于村委会西北4千米。东邻金家湾，南界枣树凹，西至莺河水库，北连车河管理区王畈社区。总面积0.6平方千米，耕地面积3公顷。7户，30人。主产水稻、玉米，兼种桃树。村落形态呈散状，房屋结构以坡房为主。

仓库湾【Cāngkùwān】　以建筑物命名。因村内建有粮仓而得名。1958年隶属苏维三大队；1980年隶属高家冲大队；1984年隶属高家冲村至今。位于村委会东北1千米。东邻台子湾村沙子岗，南界老庄子，西至车河管理区王畈社区王家湾，北连车河农场李集村李集。总面积0.8平方千米，耕地面积3.6公顷。11户，50人。主产水稻、玉米，兼种桃树。村落形态呈散状，房屋结构以坡房为主。

打石场【Dǎshíchǎng】　以自然资源命名。因村旁有个打凿碾子的石头场而得名。1958年隶属苏维三大队；1980年隶属高家冲大队；1984年隶属高家冲村至今。村委会驻地。东邻宋集村陈家湾，南界老窑上，西至藕堰，北连堰角子。总面积0.1平方千米，耕地面积1.8公顷。4户，10人。主产水稻、玉米，兼种果蔬。村落形态呈散状，房屋结构以坡房为主。

杜家凹子【Dùjiāwāzi】　以姓氏和地形综合命名。因杜姓聚居山洼中而得名。1958年隶属苏维三大队；1980年隶属高家冲大队；1984年隶属高家冲村至今。位于村委会西北3千米。东邻林场，南界老庄子岗，西至枣树凹子，北连黄家冲。总面积0.3平方千米，耕地面积1.8公顷。5户，20人。主产水稻、玉米，兼种桃树。村落形态呈散状，房屋结构以坡房为主。

关家湾【Guānjiāwān】 以姓氏命名。因关姓聚居而得名。1958年隶属苏维三大队；1980年隶属高家冲大队；1984年隶属高家冲村至今。位于村委会西南3千米。东邻陈祠，南界刘家湾，西至陈家老湾，北连中湾。总面积0.6平方千米，耕地面积7.2公顷。12户，60人。主产水稻、玉米，兼种桃树。村落形态呈散状，房屋结构以坡房为主。

关田【Guāntián】 以姓氏和田地综合命名。因关姓聚居且于此地种田而得名。1958年隶属苏维三大队；1980年隶属高家冲大队；1984年隶属高家冲村至今。位于村委会西4千米。东邻老庄子岗，南界新屋场，西至莺河水库，北连枣树凹。总面积0.2平方千米，耕地面积1.06公顷。4户，30人。主产水稻、玉米。村落形态呈散状，房屋结构以坡房为主。

黄家冲【Huángjiāchōng】 以姓氏和地形综合命名。因黄姓聚居田冲旁而得名。1958年隶属苏维三大队；1980年隶属高家冲大队；1984年隶属高家冲村至今。位于村委会西北3千米。东邻林场，南界杜家凹子，西至草堰角，北连车河管理区王畈社区王家湾。总面积1.2平方千米，耕地面积27公顷。18户，70人。主产水稻、玉米，兼种桃树。村落形态呈散状，房屋结构以坡房为主。

老窑上【Lǎoyáoshàng】 以窑和时间综合命名。因早年有座窑场而得名。1958年隶属苏维三大队；1980年隶属高家冲大队；1984年隶属高家冲村至今。位于村委会南2千米。东邻唐家湾，南界小崖子，西至陈祠，北连打石场。总面积0.4平方千米，耕地面积2.26公顷。6户，30人。主产水稻、玉米，兼种桃树。村落形态呈散状，房屋结构以坡房为主。

老屋湾【Lǎowūwān】 以建筑物时间命名。因最早只有一位居民，后有其他住户迁来此地，故名。1958年隶属苏维三大队；1980年隶属高家冲大队；1984年隶属高家冲村至今。位于村委会东北2千米。东邻台子湾村姚堰，南界仓库湾，西至宋集村余家冲，北连李集村李集。总面积0.3平方千米，耕地面积2.7公顷。5户，20人。主产水稻、玉米，兼种果蔬。村落形态呈散状，房屋结构以坡房为主。

老庄子【Lǎozhuāngzi】 以建村时间命名。因刘姓聚居建村较早而得名。1958年隶属苏维三大队；1980年隶属高家冲大队；1984年隶属高家冲村至今。位于村委会北2千米。东邻台子湾村，南界堰角子，西至黄家冲，北连车河管理区王畈社区王家湾。总面积0.6平方千米，耕地面积6公顷。9户，40人。主产水稻、玉米，兼种果蔬。村落形态呈散状，房屋结构以坡房为主。

老庄子岗【Lǎozhuāngzigǎng】 因位于山岗上且建村时间早，故名。1958年隶属苏维三大队；1980年隶属高家冲大队；1984年隶属高家冲村至今。位于村委会西4千米。东邻中湾，南界松树湾，西至关田，北连杜家凹。总面积0.6平方千米，耕地面积5.4公顷。7户，40人。主产水稻、玉米，兼种果蔬。村落形态呈散状，房屋结构以坡房为主。

林场【Línchǎng】 以工作职能命名。因为发展林业设立的管理单位，后形成村落，故名。1958年隶属苏维三大队；1980年隶属高家冲大队；1984年隶属高家冲村至今。位于村委会西1千米。东邻堰角子，南界藕堰，西至黄家冲，北连车河管理区王畈社区王家湾。总面积0.5平方千米，耕地面积4.8公顷。7户，40人。主产玉米，兼种桃树。村落形态呈散状，房屋结构以坡房为主。

刘家湾【Liújiāwān】 以姓氏命名。因刘姓聚居而得名。1958年隶属苏维三大队；1980年隶属高家冲大队；1984年隶属高家冲村至今。位于村委会南3千米。东邻崖子湾，南界北棚村小河园子，西至陈家老湾，北连陈祠。总面积0.6平方千米，耕地面积4.2公顷。7户，30人。主产水稻、玉米，兼种桃树。村落形态呈散状，房屋结构以坡房为主。

六十亩田【Liùshímǔtián】 以田地面积命名。因村前有六十亩水田而得名。1958年隶属苏维三大队；1980年隶属高家冲大队；1984年隶属高家冲村至今。位于村委会西7千米。东邻盐冲，南界北棚村大稻场，西、北连莺河水库。总面积0.4平方千米，耕地面积4公顷。4户，20人。主产水稻、玉米，兼种桃树。村落形态呈散状，房屋结构以坡房为主。

藕堰【Ǒuyàn】 以植物和堰塘综合命名。因村内有口藕堰而得名。1958年隶属苏维三大队；1980年隶属高家冲大队；1984年隶属高家冲村至今。位于村委会西2千米。东邻打石场，南界陈祠，西至小张台，北连老林场。总面积0.2平方千米，耕地面积6.2公顷。6户，30人。主产水稻、玉米，兼种桃树。村落形态呈散状，房屋结构以坡房为主。

炮铺【Pàopù】 以作坊命名。因村内有一制作鞭炮的铺子而得名。1958年隶属苏维三大队；1980年隶属高家冲大队；1984年隶属高家冲村至今。位于村委会西4千米。东邻张家台子，南界北棚村阴阳冲，西至彭家湾，北连新屋场。总面积0.2平方千米，耕地面积2.46公顷。5户，20人。主产水稻、玉米，兼种桃树。村落形态呈散状，房屋结构以坡房为主。

彭家湾【Péngjiāwān】 以姓氏命名。因彭姓聚居而得名。1958年隶属苏维三大队；1980年隶属高家冲大队；1984年隶属高家冲村至今。位于村委会西4.2千米。东邻炮铺，南界老棚村大稻场，西至莺河水库，北连关田。总面积0.1平方千米，耕地面积1.13公顷。1户，4人。主产水稻、玉米，兼种桃树。村落形态呈散状，房屋结构以坡房为主。

松树湾【Sōngshùwān】 以植物命名。因村内有许多松树而得名。1958年隶属苏维三大队；1980年隶属高家冲大队；1984年隶属高家冲村至今。位于村委会西4千米。东邻小张台，南界炮铺，西至新屋场，北连中湾。总面积0.2平方千米，耕地面积1.2公顷。3户，10人。主产水稻、玉米，兼种花生。村落形态呈散状，房屋结构以坡房为主。

沙湾【Shāwān】 以土质命名。因村内土壤含沙量大而得名。1958年隶属苏维三大队；1980年隶属高家冲大队；1984年隶属高家冲村至今。位于村委会南1千米。东邻宋集村唐家湾，南界小崖子，西至陈祠，北连老窑上。总面积0.4平方千米，耕地面积6.46公顷。8户，40人。主产水稻、玉米，兼种桃树。村落形态呈散状，房屋结构以坡房为主。

石盐冲【Shíyánchōng】 以土质和地形综合命名。因村建于山冲旁，地下水有咸味而得名。1958年隶属苏维三大队；1980年隶属高家冲大队；1984年隶属高家冲村至今。位于村委会西6千米。东邻彭家湾，南界北棚村大稻场，西至六十亩田，北连莺河水库。总面积0.2平方千米，耕地面积1.93公顷。3户，10人。主产水稻，兼种桃树。村落形态呈散状，房屋结构以坡房为主。

小崖子【Xiǎoyázi】 以地形命名。因村子小，建在山崖下而得名。1958年隶属苏维三大队；1980年隶属高家冲大队；1984年隶属高家冲村至今。位于村委会南3千米。东邻北棚村后尤家湾，南界严家湾，西至刘家湾，北连沙湾。总面积0.2平方千米，耕地面积1.8公顷。3户，10人。主产水稻，玉米，兼种桃树。村落形态呈散状，房屋结构以坡房为主。

小张台【Xiǎozhāngtái】 以姓氏和地形综合命名。因张姓聚居土台上且村较小而得名。1958年隶属苏维三大队；1980年隶属高家冲大队；1984年隶属高家冲村至今。位于村委会西3千米。东邻藕堰，南界关家湾，西至中湾，北连黄家冲。总面积0.6平方千米，耕地面积2.4公顷。6户，40人。主产水稻，玉米，兼种桃树。村落形态呈散状，房屋结构以坡房为主。

新屋场【Xīnwūchǎng】 以建村时间命名。因为1971年新建的移民村，故名。1971年隶属苏维三大队；1980年隶属高家冲大队；1984年隶属高家冲村至今。位于村委会西4千米。东邻张家台，南界炮铺，西至莺河水库，北连关田。总面积0.3平方千米，耕地面积1.2公顷。8户，30人。主产水稻，玉米，兼种桃树。村落形态呈散状，房屋结构以坡房为主。

堰角子【Yànjiǎozi】 以堰塘和地形综合命名。因村建在一大堰西北角而得名。1958年隶属苏维三大队；1980年隶属高家冲大队；1984年隶属高家冲村至今。位于村委会北1千米。东邻沙子岗，南界打石场，西至林场，北连老庄子。总面积0.4平方千米，耕地面积3公顷。8户，40人。主产水稻，玉米，兼种桃树。村落形态呈散状，房屋结构以坡房为主。

枣树凹子【Zǎoshùwāzi】 以植物和地形综合命名。因村建在枣树多的山洼里而得名。1958年隶属苏维三大队；1980年隶属高家冲大队；1984年隶属高家冲村至今。位于村委会西北4千米。东邻杜家凹子，南界老庄子岗，西至莺河水库，北连草鞋角。总面积0.2平方千米，耕地面积1.66公顷。4户，20人。主产果蔬，兼种水稻、玉米。村落形态呈散状，房屋结构以坡房为主。

大张家台子【Dàzhāngjiātáizi】 以姓氏、地形和村落规模综合命名。因张姓聚居在土台上村子较大而得名。1958年隶属苏维三大队；1980年隶属高家冲大队；1984年隶属高家冲村至今。位于村委会西3千米。东邻关家湾，南界炮铺，西至新屋场，北连松树湾。总面积0.4平方千米，耕地面积1.93公顷。5户，20人。主产水稻，玉米，兼种果蔬。村落形态呈散状，房屋结构以坡房为主。

中湾【Zhōngwān】 以方位命名。因村建于高家冲村的中心位置而得名。1958年隶属苏维三大队；1980年隶属高家冲大队；1984年隶属高家冲村至今。位于村委会西北3千米。东邻小张台，南界松树湾，西至老庄子岗，北连杜家凹子。总面积0.1平方千米，耕地面积1.86公顷。3户，10人。主产水稻，玉米，兼种果蔬。村落形态呈散状，房屋结构以坡房为主。

陈家老湾【Chénjiālǎowān】 以姓氏和建村时间综合命名。因陈姓聚居建村较早而得名。1958年隶属苏维三大队；1980年隶属高家冲大队；1984年隶属高家冲村至今。位于村委会西南3千米。东邻刘家湾，南界北棚村王家山，西至大张家台子，北连中湾。总面积0.2平方千米，耕地面积1.73公顷。4户，10人。主产水稻，玉米，兼种果蔬。村落形态呈散状，房屋结构以坡房为主。

胡家湾村【Hújiāwāncūn】

以胡家湾自然村命名。1958年为胜利四大队，隶属钢铁公社；1961年隶属平林区；1975年隶属平林公社；1980年为胡家湾大队；1984年为胡家湾村，隶属平林区；1987年隶属平林镇至今。

位于镇政府南26千米。东邻随县洪山镇观音堂村，南界随县洪山镇郭集村，西至包家畈村，北连新集街。辖25个自然村，总面积6.3平方千米，耕地面积231.4公顷。227户，873人。主产水稻、小麦、玉米，兼种油桃。随南路过境，村委会驻胡家湾。

仓库岗【Cāngkùgǎng】 以建筑物和地形综合命名。因生产队的集体仓库位于岗上而得名。1958年隶属胜利四大队；1980年隶属胡家湾大队；1984年隶属胡家湾村至今。位于村委会南2.4千米。东邻马槽湾，南界刘家老湾，西至范湾村陈家岩子，北连五亩垱。总面积0.4平方千米，耕地面积13公顷。20户，60人。主产水稻、小麦、玉米。村落形态呈散状，房屋结构以坡房为主。

灯笼嘴【Dēnglóngzuǐ】 以相似物和地形综合命名。因村建于山咀旁，村内有棵大黄楝树，形似灯笼，故名。1958年隶属胜利四大队；1980年隶属胡家湾大队；1984年隶属胡家湾村至今。位于村委会东北4千米。东邻随县洪山镇观音堂村观音堂，南界黄家岩子，西至罗家咀，北连新集街。总面积0.1平方千米，耕地面积7公顷。4户，10人。主产水稻、小麦、玉米，兼种油桃。村落形态呈散状，房屋结构以坡房为主。

邓家岗【Dèngjiāgǎng】 以姓氏和地形综合命名。因邓姓聚居岗上而得名。1958年隶属胜利四大队；1980年隶属胡家湾大队；1984年隶属胡家湾村至今。位于村委会东3.3千米。东邻随县洪山镇郭集村朱家湾，南界赵家湾，西至马家庙，北连马家庙。总面积0.1平方千米，耕地面积5公顷。4户，20人。主产水稻、小麦、玉米。村落形态呈散状，房屋结构以坡房为主。

胡家湾【Hújiāwān】 以姓氏命名。因胡姓聚居而得名。1958年隶属胜利四大队；1980年隶属胡家湾大队；1984年隶属胡家湾村至今。村委会驻地。东邻竹林湾，南界上老湾，西至燕家岗，北连下楼子。总面积0.5平方千米，耕地面积16公顷。15户，80人。主产水稻、小麦、玉米，兼种油桃。村落形态呈散状，房屋结构以坡房为主。

黄家岩子【Huángjiāyánzi】 以姓氏和地形综合命名。因黄姓聚居在山岩下而得名。1958年隶属胜利四大队；1980年隶属胡家湾大队；1984年隶属胡家湾村至今。位于村委会北3.5千米。东邻山体，南界胡家湾，西至大楼子，北连灯笼嘴。总面积0.1平方千米，耕地面积8公顷。1户，10人。主产水稻、小麦、玉米，兼种油桃。村落形态呈散状，房屋结构以坡房为主。

栗林湾【Lìlínwān】 以植物命名。因村旁有片栗树林而得名。1958年隶属胜利四大队；1980年隶属胡家湾大队；1984年隶属胡家湾村至今。位于村委会北2.3千米。东邻下楼子，南界胡家湾，西至包家畈村，北连罗家嘴。总面积0.4平方千米，耕地面积7.4公顷。16户，60人。主产水稻、小麦、玉米。村落形态呈散状，房屋结构以坡房为主。

刘家老湾【Liújiālǎowān】 以姓氏命名。因刘姓聚居而得名。1958年隶属胜利四大队；1980年隶属胡家湾大队；1984年隶属胡家湾村至今。位于村委会南4千米。东邻随县洪山镇郭集村张家老屋，南界随县洪山镇郭集村丁家湾，西至吴集村彭家咀，北连仓库岗。总面积0.1平方千米，耕地面积6公顷。2户，10人。主产水稻、小麦、玉米。村落形态呈散状，房屋结构以坡房为主。

罗家嘴【Luójiāzuǐ】 以姓氏和地形综合命名。因罗姓聚居山咀旁而得名。1958年隶属胜利四大队；1980年隶属胡家湾大队；1984年隶属胡家湾村至今。位于村委会北2.2千米。东邻灯笼嘴，南界栗林湾，西至五斗庙，北连新集街村跑马岗。总面积0.2平方千米，耕地面积5公顷。10户，28人。主产水稻、小麦、玉米。村落形态呈散状，房屋结构以坡房为主。

骆驼树【Luòtuoshù】 以植物形态命名。因村内有棵形似骆驼的大栗树，故名。1958年隶属胜利四大队；1980年隶属胡家湾大队；1984年隶属胡家湾村至今。位于村委会南1.4千米。东邻五亩垱，南界五亩墚，西至范湾村陈家岩子，北连上老湾。总面积0.3平方千米，耕地面积10公顷。8户，40人。主产水稻、小麦、玉米，兼种油桃。村落形态呈散状，房屋结构以坡房为主。

马槽湾【Mǎcáowān】 以马和喂马的器具综合命名。因村内开过骡马店，马槽多而得名。1958年隶属胜利四大队；1980年隶属胡家湾大队；1984年隶属胡家湾村至今。位于村委会东南2.5千米。东邻洪山镇郭集村，南界仓库岗，西至五门垱，北连赵家湾。总面积0.1平方千米，耕地面积8公顷。3户，10人。主产水稻、小麦、玉米。村落形态呈散状，房屋结构以坡房为主。

马家庙【Mǎjiāmiào】 以姓氏和建筑物综合命名。因马姓聚居庙旁而得名。1958年隶属胜利四大队；1980年隶属胡家湾大队；1984年隶属胡家湾村至今。位于村委会东3千米。东邻随县洪山镇观音堂村空屋脊，南界赵家湾，西至竹林湾，北连新瓦屋。总面积0.7平方千米，耕地面积15公顷。52户，170人。主产水稻、小麦、玉米，兼种油桃。村落形态呈散状，房屋结构以楼房为主。

沙家湾【Shājiāwān】 以自然特点命名。因村周沙子多而得名。1958年隶属胜利四大队；1980年隶属胡家湾大队；1984年隶属胡家湾村至今。位于村委会东3.4千米。东邻新瓦屋，南界马家庙，西至灯笼嘴，北连随县洪山镇观音堂村刘家岩。总面积0.2平方千米，耕地面积8公顷。5户，20人。主产水稻、小麦、玉米，兼种油桃。村落形态呈散状，房屋结构以楼房为主。

上老湾【Shànglǎowān】 以方位命名。因相邻两个老湾村，此村位于上方而得名。1958年隶属胜利四大队；1980年隶属胡家湾大队；1984年隶属胡家湾村至今。位于村委会南1千米。东邻下老湾，南界骆驼树，西至学武湾，北连迎风岗。总面积0.2平方千米，耕地面积10公顷。4户，10人。主产水稻、小麦、玉米。村落形态呈散状，房屋结构以坡房为主。

上楼子【Shànglóuzi】 以建筑物和方位综合命名。因相邻两村都修有土楼，该村位于上方而得名。1958年隶属胜利四大队；1980年隶属胡家湾大队；1984年隶属胡家湾村至今。位于村委会东南1千米。东邻赵家湾，南界五亩垱，西至下老湾，北连竹林湾。总面积0.3平方千米，耕地面积10公顷。10户，60人。主产水稻、小麦、玉米，兼种油桃。村落形态呈散状，房屋结构以坡房为主。

五斗庙【Wǔdǒumiào】 以建筑物命名。因村南有座庙，是每户居民捐五斗米修建而得名。1958年隶属胜利四大队；1980年隶属胡家湾大队；1984年隶属胡家湾村至今。位于村委会北2.2千米。东邻罗家嘴，南界栗林湾，西至新集街，北连跑马岗。总面积0.2平方千米，耕地面积4公顷。10户，20人。主产水稻、小麦、玉米，兼种油桃。村落形态呈散状，房屋结构以坡房为主。

五亩垱【Wǔmǔdàng】 以水垱的面积命名。因以村前五亩垱而得名。1958年隶属胜利四大队；1980年隶属胡家湾大队；1984年隶属胡家湾村至今。位于村委会东南2千米。东邻马槽湾，南界仓库岗，西至吴集村彭家咀，北连骆驼树。总面积0.2平方千米，耕地面积11公顷。8户，30人。主产水稻、小麦、玉米。村落形态呈散状，房屋结构以坡房为主。

下老湾【Xiàlǎowān】 以方位命名。因相邻两个老湾村，此村位于下方而得名。1958年隶属胜利四大队；1980年隶属胡家湾大队；1984年隶属胡家湾村至今。位于村委会南800米。东邻上楼子，南界骆驼树，西至上老湾，北连胡家湾。总面积0.2平方千米，耕地面积8公顷。3户，10人。主产水稻、小麦、玉米。村落形态呈散状，房屋结构以坡房为主。

下楼子【Xiàlóuzi】 以方位和建筑物综合命名。因村建在冲下，村中有两座土楼，故名。1958年隶属胜利四大队；1980年隶属胡家湾大队；1984年隶属胡家湾村至今。位于村委会北3千米。东邻黄家岩子，南界胡家湾，西至栗林湾，北连罗家嘴。总面积0.2平方千米，耕地面积10公顷。3户，10人。主产水稻、小麦、玉米。村落形态呈散状，房屋结构以坡房为主。

新瓦屋【Xīnwǎwū】 以建筑物命名。因村里全是草屋，后有一户新建了瓦屋而得名。1958年隶属胜利四大队；1980年隶属胡家湾大队；1984年隶属胡家湾村至今。位于村委会东3.3千米。东邻随县洪山镇观音堂村包家湾，南界马家庙，西至黄家岩，北连沙家湾。总面积0.2平方千米，耕地面积9公顷。3户，10人。主产水稻、小麦、玉米，兼种油桃。村落形态呈散状，房屋结构以楼房为主。

学武湾【Xuéwǔwān】 以学堂命名。因村里办过武学而得名。1958年隶属胜利四大队；1980年隶属胡家湾大队；1984年隶属胡家湾村至今。位于村委会西南1.2千米。东邻迎风岗，南界骆驼树，西至范湾，北连燕家岗。总面积0.3平方千米，耕地面积12公顷。6户，40人。主产水稻、小麦、玉米，兼种油桃。村落形态呈散状，房屋结构以坡房为主。

燕家岗【Yānjiāgǎng】 以姓氏和地形综合命名。因燕姓聚居岗上而得名。1958年隶属胜利四大队；1980年隶属胡家湾大队；1984年隶属胡家湾村至今。位于村委会西900米。东邻胡家湾，南界学武湾，西至包家畈村包家畈，北连栗林湾。总面积0.3平方千米，耕地面积10公顷。9户，20人。主产水稻、小麦、玉米，兼种油桃。村落形态呈散状，房屋结构以坡房为主。

迎风岗【Yíngfēnggǎng】 以地形命名。因建村于岗上，常年迎风而得名。1958年隶属胜利四大队；1980年隶属胡家湾大队；1984年隶属胡家湾村至今。位于村委会西南600米。东邻下老湾，南界上老湾，西至学武湾，北连胡家湾。总面积0.4平方千米，耕地面积11公顷。15户，70人。主产水稻、小麦、玉米，兼种油桃。村落形态呈线状，房屋结构以坡房为主。

枣树岗【Zǎoshùgǎng】 以植物和地形综合命名。因村建于生长枣树的岗上而得名。1958年隶属胜利四大队；1980年隶属胡家湾大队；1984年隶属胡家湾村至今。位于村委会东1.5千米。东、南邻赵家湾，西至上楼子，北连沙家湾。总面积0.1平方千米，耕地面积3公顷。1户，5人。主产水稻、小麦、玉米。村落形态呈散状，房屋结构以坡房为主。

赵家湾【Zhàojiāwān】 以姓氏命名。因赵姓聚居而得名。1958年隶属胜利四大队；1980年隶属胡家湾大队；1984年隶属胡家湾村至今。位于村委会东南2千米。东邻随县洪山镇郭集村朱家湾，南界马槽湾，西至上楼子，北连马家庙。总面积0.2平方千米，耕地面积10公顷。5户，20人。主产水稻、小麦、玉米，兼种油桃。村落形态呈散状，房屋结构以坡房为主。

竹林湾【Zhúlínwān】 以植物命名。因村旁有片竹林而得名。1958年隶属胜利四大队；1980年隶属胡家湾大队；1984年隶属胡家湾村至今。位于村委会东600米。东邻枣树岗，南界上楼子，西至胡家湾，北连黄家岩。总面积 0.3 平方千米，耕地面积 15 公顷。10 户，50 人。主产水稻、小麦、玉米，兼种油桃。村落形态呈散状，房屋结构以坡房为主。

雷山村【Léishāncūn】

以山命名。本村有座山，屡遭雷击，山名为雷打山，故名。1958 年为胜利八大队，隶属钢铁公社；1961 年隶属平林区；1975 年隶属平林公社；1980 年为雷山大队；1984 年为雷山村，隶属平林区；1987 年隶属平林镇；2002 年与中石桥村合并为雷山村，隶属平林镇至今。位于镇政府东南 21 千米。东邻随县洪山镇云林寺村，南界新集街，西至杨集村，北连吴店镇唐家老湾村。辖 43 个自然村，总面积 24.9 平方千米，耕地面积 332.1 公顷。279 户，1470 人。主产水稻、小麦、玉米、油菜，兼种果蔬。村委会驻桃花岗。

白土坡【Báitǔpō】 以土质和地形综合命名。因村建在白土山坡上而得名。1958 年隶属胜利七大队；1980 年隶属中石桥大队；1984 年隶属中石桥村；2002 年隶属雷山村至今。位于村委会北 1.8 千米。东邻草屋湾，西、南界刘家老湾，北连篾匠湾。总面积 0.6 平方千米，耕地面积 8.2 公顷。3 户，20 人。主产水稻、小麦、玉米、花生、油菜，兼种果蔬。村落形态呈散状，房屋结构以坡房为主。

鲍家湾【Bàojiāwān】 以姓氏命名。因鲍姓聚居而得名。1958 年隶属胜利七大队；1980 年隶属中石桥大队；1984 年隶属中石桥村；2002 年隶属雷山村至今。位于村委会西北 2 千米。东邻花湾，南界桥上，西至柳家湾，北连杨集村墩子湾。总面积 0.6 平方千米，耕地面积 8 公顷。9 户，50 人。主产水稻、小麦、玉米、花生、油菜，兼种果蔬。村落形态呈散状，房屋结构以坡房为主。

草屋湾【Cǎowūwān】 以建筑物特点命名。因中华人民共和国成立前当地居民多住草屋而得名。1958 年隶属胜利七大队；1980 年隶属中石桥大队；1984 年隶属中石桥村；2002 年隶属雷山村至今。位于村委会北 2.2 千米。东邻庙凹子，南界刘家老湾，西至白土坡，北连中心湾。总面积 0.3 平方千米，耕地面积 6 公顷。4 户，30 人。主产水稻、小麦、玉米、花生、油菜，兼种果蔬。村落形态呈散状，房屋结构以坡房为主。

后廖家湾【Hòuliàojiāwān】 以姓氏和方位综合命名。因廖姓建村于廖家祠堂后，故名。1958 年隶属胜利八大队；1980 年隶属雷山大队；1984 年隶属雷山村至今。位于村委会东南 3.6 千米。东邻中廖家湾，南界随县洪山镇观音堂村观音堂，西至吴家冲，北连下包家湾。总面积 0.7 平方千米，耕地面积 4.5 公顷。6 户，40 人。主产水稻、小麦、玉米、花生、油菜，兼种果蔬。村落形态呈散状，房屋结构以坡房为主。

后石冲【Hòushíchōng】 以方位、资源和地形综合命名。因村建在石头、沙子多的小山冲上，相邻有两个村，此村位于北而得名。1958 年隶属胜利七大队；1980 年隶属中石桥大队；1984 年隶属中石桥村；2002 年隶属雷山村至今。位于村委会北 2.5 千米。东邻白土坡，南界前石冲，西至黄栗树湾，北连杏桃屋脊。总面积 0.5 平方千米，耕地面积 7.2 公顷。7 户，40 人。主产水稻、小麦、玉米、花生、油菜，兼种果蔬。村落形态呈散状，房屋结构以坡房为主。

花湾【Huāwān】 以植物命名。因村里种植多种花卉而得名。1958 年隶属胜利七大队；1980 年隶属中石桥大队；1984 年隶属中石桥村；2002 年隶属雷山村至今。位于村委会西 1.5 千米。东邻竹林湾，南界狮子湾，西至鲍家湾，北连黄栗树湾。总面积1平方千米，耕地面积13公顷。5户，20人。主产水稻、小麦、玉米、花生、油菜，兼种果蔬。村落形态呈散状，房屋结构以坡房为主。

黄家湾【Huángjiāwān】 以姓氏命名。因黄姓聚居而得名。1958年隶属胜利八大队；1980年隶属雷山大队；1984年隶属雷山村至今。位于村委会东1.7千米。东邻老庄子岗，南界竹林湾，西至王家湾，北连榨书凹子。总面积0.6平方千米，耕地面积8公顷。5户，30人。主产水稻、小麦、玉米、花生、油菜，兼种果蔬。村落形态呈散状，房屋结构以坡房为主。

黄家湾【Huángjiāwān】 以姓氏命名。因黄姓聚居而得名。1958年隶属胜利七大队；1980年隶属中石桥大队；1984年隶属中石桥村；2002年隶属雷山村至今。位于村委会北3.6千米。东邻中心湾，南界后石冲，西至杏桃屋脊，北连秀才湾。总面积0.4平方千米，耕地面积7公顷。7户，50人。主产水稻、小麦、玉米、花生、油菜，兼种果蔬。村落形态呈散状，房屋结构以坡房为主。

黄栗树湾【Huánglìshùwān】 以植物命名。因村内长有一棵大黄栗树而得名。1958年隶属胜利七大队；1980年隶属中石桥大队；1984年隶属中石桥村；2002年隶属雷山村至今。位于村委会西北2.2千米。东邻后石冲，南界花湾，西至鲍家湾，北连糖场。总面积0.5平方千米，耕地面积7.5公顷。10户，50人。主产水稻、小麦、玉米、花生、油菜，兼种果蔬。村落形态呈散状，房屋结构以坡房为主。

老庄子【Lǎozhuāngzi】 以建村时间命名。因村庄历史悠久而得名。1958年隶属胜利七大队；1980年隶属中石桥大队；1984年隶属中石桥村；2002年隶属雷山村至今。位于村委会西北1.1千米。东邻刘家祠堂，南界桥上，西至狮子湾，北连后石冲。总面积0.8平方千米，耕地面积8公顷。8户，40人。主产水稻、小麦、玉米、花生、油菜，兼种果蔬。村落形态呈散状，房屋结构以坡房为主。

老庄子岗【Lǎozhuāngzigǎng】 以建村时间和地形综合命名。因村庄历史悠久建于岗上而得名。1958年隶属胜利八大队；1980年隶属雷山大队；1984年隶属雷山村至今。位于村委会东600米。东邻杨家咀，南界王家老庄，西至竹林湾，北连姜家祠堂。总面积0.7平方千米，耕地面积7公顷。19户，100人。主产水稻、小麦、玉米、花生、油菜，兼种果蔬。村落形态呈散状，房屋结构以坡房为主。

莲花垱【Liánhuādàng】 以植物和垱坝综合命名。因村建在长满莲藕的水垱旁而得名。1958年隶属胜利七大队；1980年隶属中石桥大队；1984年隶属中石桥村；2002年隶属雷山村至今。位于村委会北4.5千米。东邻吴店镇唐家老湾村，南界庙凹子，西至食堂湾，北连吴店镇双槽门村楼子屋。总面积0.5平方千米，耕地面积8公顷。3户，20人。主产水稻、小麦、玉米、花生、油菜，兼种果蔬。村落形态呈散状，房屋结构以坡房为主。

刘家祠堂【Liújiācítáng】 以姓氏和建筑物综合命名。因刘姓聚居且村内修有祠堂而得名。1958年隶属胜利八大队；1980年隶属雷山大队；1984年隶属雷山村至今。位于村委会西100米。东邻桃园，南界桥上，西至老庄子，北连桃花岗。总面积0.6平方千米，耕地面积10公顷。15户，70人。主产水稻、小麦、玉米、花生、油菜，兼种果蔬。村落形态呈散状，房屋结构以坡房为主。

刘家老湾【Liújiālǎowān】 以姓氏和建村时间综合命名。因刘姓聚居建村较早而得名。1958年隶属胜利八大队；1980年隶属雷山大队；1984年隶属雷山村至今。位于村委会北500米。东邻王家湾，南界桃花岗，西至桃家湾，北连白土坡。总面积0.4平方千米，耕地面积9公顷。13户，70人。主产水稻、小麦、玉米、花生、油菜，兼种果蔬。村落形态呈散状，房屋结构以坡房为主。

柳家湾【Liǔjiāwān】 以姓氏命名。因柳姓聚居而得名。1958年隶属胜利七大队；1980年隶属中石桥大队；1984年隶属中石桥村；2002年隶属雷山村至今。位于村委会西2.8千米。东邻鲍家湾，南界杨集村墩子湾，西至杨集村黄家崖子，北连中湾村罗家祠堂。总面积0.4平方千米，耕地面积7公顷。9户，40人。主产水稻、小麦、玉米、花生、油菜，兼种果蔬。村落形态呈散状，房屋结构以坡房为主。

罗家咀【Luójiāzuǐ】 以姓氏和地形综合命名。因罗姓聚居山咀旁而得名。1958年隶属胜利八大队；1980年隶属雷山大队；1984年隶属雷山村至今。位于村委会东南3.9千米。东邻藕堰埂，南界观音堂，西至中廖家湾，北连下包家湾。总面积0.5平方千米，耕地面积4.5公顷。5户，30人。主产水稻、小麦、玉米、花生、油菜，兼种果蔬。村落形态呈散状，房屋结构以坡房为主。

庙凹子【Miàowāzi】 以建筑物和地形综合命名。因村建在修有土地庙的山洼上而得名。1958年隶属胜利七大队；1980年隶属中石桥大队；1984年隶属中石桥村；2002年隶属雷山村至今。位于村委会北3千米。东邻吴店镇唐家老湾村学屋湾，南界垭子，西至草屋湾，北连莲花挡。总面积0.3平方千米，耕地面积6公顷。3户，20人。主产水稻、小麦、玉米、花生、油菜，兼种果蔬。村落形态呈散状，房屋结构以坡房为主。

篾匠湾【Mièjiàngwān】 以民间手工匠人命名。因村里有一篾匠，编制竹器手艺精湛而得名。1958年隶属胜利七大队；1980年隶属中石桥大队；1984年隶属中石桥村；2002年隶属雷山村至今。位于村委会北2.1千米。东邻草屋湾，南界白土坡，西至皂角树湾，北连后石冲。总面积0.4平方千米，耕地面积6.4公顷。3户，20人。主产水稻、小麦、玉米、花生、油菜，兼种果蔬。村落形态呈散状，房屋结构以坡房为主。

藕堰埂【Ǒuyàngěng】 以植物和堰埂综合命名。因村前一口大堰长有莲藕而得名。1958年隶属胜利八大队；1980年隶属雷山大队；1984年隶属雷山村至今。位于村委会东北3.9千米。东邻随县洪山镇云林村云林，南界观音堂，西至罗家咀，北连上包家湾。总面积0.5平方千米，耕地面积6公顷。9户，50人。主产水稻、小麦、玉米、花生、油菜，兼种果蔬。村落形态呈散状，房屋结构以坡房为主。

前石冲【Qiánshíchōng】 以方位、资源和地形综合命名。因村建在石头、沙子多的小山冲上，相邻两个村，此村位于南而得名。1958年隶属胜利七大队；1980年隶属中石桥大队；1984年隶属中石桥村；2002年隶属雷山村至今。位于村委会北2千米。东邻白土坡，南界老庄子，西至黄栗树湾，北连后石冲。总面积1平方千米，耕地面积13公顷。5户，20人。主产水稻、小麦、玉米、花生、油菜，兼种果蔬。村落形态呈散状，房屋结构以坡房为主。

桥上【Qiáoshàng】 以建筑物命名。因上石桥建于此地，故名。1958年隶属胜利八大队；1980年隶属雷山大队；1984年隶属雷山村至今。位于村委会西南700米。东邻岩子，南界随县洪山镇观音堂村，西至新集街两河口，北连刘家祠堂。总面积0.4平方千米，耕地面积7公顷。5户，30人。主产水稻、小麦、玉米、花生、油菜，兼种果蔬。村落形态呈散状，房屋结构以坡房为主。

桥上【Qiáoshàng】 以建筑物命名。因中石桥坐落此地而得名。1958年隶属胜利七大队；1980年隶属中石桥大队；1984年隶属中石桥村；2002年隶属雷山村至今。位于村委会西北1.5千米。东邻竹林湾，南界新集街西河口，西至黄家崖子，北连鲍家湾。总面积 0.7 平方千米，耕地面积 9 公顷。4 户，10 人。主产水稻、小麦、玉米、花生、油菜，兼种果蔬。村落形态呈散状，房屋结构以坡房为主。

上包家湾【Shàngbāojiāwān】 以方位和姓氏综合命名。因包姓聚居两村，该村位于北，故名。1958 年隶属胜利八大队；1980 年隶属雷山大队；1984 年隶属雷山村至今。位于村委会东 5.5 千米。东邻随县云林村云林，南界下包家湾，西至腰盆井水库，北连骨头凹子。总面积 0.5 平方千米，耕地面积 6 公顷。2 户，10 人。主产水稻、小麦、玉米、花生、油菜。村落形态呈散状，房屋结构以坡房为主。

狮子湾【Shīziwān】 以雕刻的动物命名。因村内有两个石雕狮子而得名。1958 年隶属胜利七大队；1980 年隶属中石桥大队；1984 年隶属中石桥村；2002 年隶属雷山村至今。位于村委会西北 1 千米。东邻刘家祠堂，南界新集街村围墙湾，西至新集街村两河口，北连竹林湾。总面积 0.6 平方千米，耕地面积 12 公顷。6 户，30 人。主产水稻、小麦、玉米、花生、油菜，兼种果蔬。村落形态呈散状，房屋结构以坡房为主。

食堂湾【Shítángwān】 以建筑物命名。因大跃进时期，村内建有食堂而得名。1958 年隶属胜利七大队；1980 年隶属中石桥大队；1984 年隶属中石桥村；2002 年隶属雷山村至今。位于村委会北 5.1 千米。东邻庙凹子，南界垭子，西至竹林湾，北连吴店镇双槽门村楼子屋。总面积 0.4 平方千米，耕地面积 7.2 公顷。2 户，10 人。主产水稻、小麦、玉米、花生、油菜，兼种果蔬。村落形态呈散状，房屋结构以坡房为主。

糖坊【Tángfáng】 以制糖作坊命名。因村内曾开设过糖坊而得名。1958 年隶属胜利七大队；1980 年隶属中石桥大队；1984 年隶属中石桥村；2002 年隶属雷山村至今。位于村委会西北 1.5 千米。东邻竹林湾，南界狮子湾，西至花湾，北连黄栗树湾。总面积 0.8 平方千米，耕地面积 9 公顷。5 户，20 人。主产水稻、小麦、玉米、花生、油菜，兼种果蔬。村落形态呈散状，房屋结构以坡房为主。

桃花岗【Táohuāgǎng】 以植物和地形综合命名。因岗地上遍布桃树，故名。1958 年隶属胜利八大队；1980 年隶属雷山大队；1984 年隶属雷山村至今。村委会驻地。东邻学屋湾，南界桃园，北连桃家湾。总面积 0.8 平方千米，耕地面积 12 公顷。20 户，90 人。主产水稻、小麦、玉米、花生、油菜，兼种果蔬。村落形态呈散状，房屋结构以坡房为主。

桃家湾【Táojiāwān】 以植物命名。因盛产桃子而得名。1958 年隶属胜利八大队；1980 年隶属雷山大队；1984 年隶属雷山村至今。位于村委会西北 500 米。东邻刘家老湾，南界桃花岗，西至老庄子，北连后石冲。总面积 0.3 平方千米，耕地面积 6 公顷。6 户，30 人。主产水稻、小麦、玉米、花生、油菜，兼种果蔬。村落形态呈散状，房屋结构以坡房为主。

桃园【Táoyuán】 以植物命名。因此地盛产桃子而得名。1958 年隶属胜利八大队；1980 年隶属雷山大队；1984 年隶属雷山村至今。位于村委会东 500 米。东邻学屋湾，南界岩子，西至村委会，北连桃花岗。总面积 0.5 平方千米，耕地面积 6 公顷。5 户，20 人。主产水稻、小麦、玉米、花生、油菜，兼种果蔬。村落形态呈散状，房屋结构以坡房为主。

王家湾【Wángjiāwān】 以姓氏命名。因王姓聚居而得名。1958 年隶属胜利八大队；1980 年隶属雷山大队；1984 年隶属雷山村至今。位于村委会东北 1.5 千米。东邻黄家湾，南界学屋湾，西至刘家老湾，北连荆树林子。总面积0.5平方千米,耕地面积4.86公顷。4户,20人。主产水稻、小麦、玉米、花生、油菜,兼种果蔬。村落形态呈散状,房屋结构以坡房为主。

吴家冲【Wújiāchōng】 以姓氏和地形综合命名。因吴姓聚居山冲,故名。1958年隶属胜利八大队;1980年隶属雷山大队;1984年隶属雷山村至今。位于村委会东南3千米。东邻后廖家湾,南界观音堂,西至杨家咀,北连下包家湾。总面积1.8平方千米,耕地面积21公顷。15户,90人。主产水稻、小麦、玉米、花生、油菜,兼种果蔬。村落形态呈散状,房屋结构以坡房为主。

下包家湾【Xiàbāojiāwān】 以方位和姓氏综合命名。因包姓聚居两村,该村位于南,故名。1958年隶属胜利八大队;1980年隶属雷山大队;1984年隶属雷山村至今。位于村委会东5.5千米。东邻随县云林村云林,西、南界腰盆井水库,北连上包家湾。总面积0.6平方千米,耕地面积4公顷。2户,10人。主产水稻、小麦、玉米、花生、油菜。村落形态呈散状,房屋结构以坡房为主。

杏桃屋脊【Xìngtáowūjǐ】 以特产和建筑物综合命名。因盛产杏桃房屋脊修得高而得名。1958年隶属胜利七大队;1980年隶属中石桥大队;1984年隶属中石桥村;2002年隶属雷山村至今。位于村委会北3.5千米。东邻黄家湾,南界后石冲,西至罗家湾,北连秀才湾。总面积0.3平方千米,耕地面积5.6公顷。2户,10人。主产水稻、小麦、玉米、花生、油菜,兼种果蔬。村落形态呈散状,房屋结构以坡房为主。

秀才湾【Xiùcáiwān】 以人才命名。因当地曾出过一名秀才,故名。1958年隶属胜利七大队;1980年隶属中石桥大队;1984年隶属中石桥村;2002年隶属雷山村至今。位于村委会北3.9千米。东邻竹林湾,西、南界黄家湾,北连吴店镇双槽门村杨堰梢。总面积0.3平方千米,耕地面积4公顷。2户,10人。主产水稻、小麦、玉米、花生、油菜,兼种果蔬。村落形态呈散状,房屋结构以坡房为主。

学屋湾【Xuéwūwān】 以学校命名。因村内有一座私塾学堂而得名。1958年隶属胜利八大队;1980年隶属雷山大队;1984年隶属雷山村至今。位于村委会东300米。东邻竹林湾,南界岩子,西至桃园,北连王家湾。总面积0.7平方千米,耕地面积10公顷。16户,90人。主产水稻、小麦、玉米、花生、油菜,兼种果蔬。村落形态呈散状,房屋结构以坡房为主。

垭子【Yāzi】 以地形命名。因村建于山垭里而得名。1958年隶属胜利七大队;1980年隶属中石桥大队;1984年隶属中石桥村;2002年隶属雷山村至今。位于村委会北3.1千米。东邻庙凹子,南界草屋湾,西至中心湾,北连食堂湾。总面积0.3平方千米,耕地面积6公顷。3户,20人。主产水稻、小麦、玉米、花生、油菜,兼种果蔬。村落形态呈散状,房屋结构以坡房为主。

岩子【Yánzi】 以地形命名。因村落背靠山岩而得名。1958年隶属胜利八大队;1980年隶属雷山大队;1984年隶属雷山村至今。位于村委会东南400米。东邻杨家咀,南界随县洪山镇观音堂村观音堂,西至桥上,北连学屋岗。总面积0.3平方千米,耕地面积5公顷。3户,10人。主产水稻、小麦、玉米、花生、油菜,兼种果蔬。村落形态呈散状,房屋结构以坡房为主。

杨家咀【Yángjiāzuǐ】 以姓氏和地形综合命名。因杨姓聚居山咀而得名。1958年隶属胜利八大队;1980年隶属雷山大队;1984年隶属雷山村至今。位于村委会东2.3千米。东邻垭子,南界吴家冲,西至王家老庄,北连大常家湾。总面积1平方千米,耕地面积11公顷。8户,50人。主产水稻、小麦、玉米、花生、油菜，兼种果蔬。村落形态呈散状，房屋结构以坡房为主。

皂角树湾【Zàojiǎoshùwān】 以植物命名。因村内有一棵大皂角树而得名。1958年隶属胜利七大队；1980年隶属中石桥大队；1984年隶属中石桥村；2002年隶属雷山村至今。位于村委会北2.7千米。东邻中心湾，南界草屋湾，西至后石冲，北连竹林湾，总面积0.3平方千米，耕地面积6公顷。3户，10人。主产水稻、小麦、玉米、花生、油菜，兼种果蔬。村落形态呈散状，房屋结构以坡房为主。

中廖家湾【Zhōngliàojiāwān】 以姓氏和方位综合命名。因廖姓建村三处，该村处在廖家老湾和后廖家湾中间，故名。1958年隶属胜利八大队；1980年隶属雷山大队；1984年隶属雷山村至今。位于村委会东南3.8千米。东邻罗家咀，南界随县洪山镇观音堂村，西至吴家冲，北连后廖家湾。总面积1.5平方千米，耕地面积9公顷。3户，20人。主产水稻、小麦、玉米、花生、油菜，兼种果蔬。村落形态呈散状，房屋结构以坡房为主。

中心湾【Zhōngxīnwān】 以地理位置命名。因该村建在相邻几个村的中间，故名。1958年隶属胜利七大队；1980年隶属中石桥大队；1984年隶属中石桥村；2002年隶属雷山村至今。位于村委会北2.9千米。东邻垭子，南界草屋湾，西、北连皂角树湾。总面积0.3平方千米，耕地面积5.54公顷。2户，10人。主产水稻、小麦、玉米、花生、油菜，兼种果蔬。村落形态呈散状，房屋结构以坡房为主。

竹林湾【Zhúlínwān】 以植物命名。因此地盛产竹子而得名。1958年隶属胜利七大队；1980年隶属中石桥大队；1984年隶属中石桥村；2002年隶属雷山村至今。位于村委会西北1.2千米。东邻老庄子，南界狮子湾，西至糖坊，北连前石冲。总面积0.3平方千米，耕地面积5公顷。9户，40人。主产水稻、小麦、玉米、花生、油菜，兼种果蔬。村落形态呈散状，房屋结构以坡房为主。

竹林湾【Zhúlínwān】 以植物命名。因村内有一竹园而得名。1958年隶属胜利七大队；1980年隶属中石桥大队；1984年隶属中石桥村；2002年隶属雷山村至今。位于村委会北4千米。东邻食堂湾，南界皂角树湾，西至黄家湾，北连绞子店。总面积0.4平方千米，耕地面积6.6公顷。4户，20人。主产水稻、小麦、玉米、花生、油菜，兼种果蔬。村落形态呈散状，房屋结构以坡房为主。

平林村【Pínglíncūn】

以平林自然集镇命名。1958年为年丰一大队，隶属钢铁公社；1961年隶属平林区；1975年隶属平林公社；1980年为平林大队，隶属平林公社；1984年为平林村，隶属平林区；1987年隶属平林镇至今。位于镇政府东700米。东邻方湾村，南界大余咀，西至车河农场檀楼村，北连杜家老湾村。辖25个自然村，总面积8.07平方千米，耕地面积184.3公顷。534户，2343人。主产水稻、小麦，兼种花生、玉米，有袋料香菇和水产养殖。唐宋路过境，村委会驻平林镇商业街1号。

白土坡【Báitǔpō】 以土质和地形综合命名。因建村于白色土质的山坡上而得名。1958年隶属年丰一大队；1980年隶属平林大队；1984年隶属平林村至今。位于村委会西南4千米。东邻杨家坡，南界大余咀村柿子园，西至车河管理区李楼村东湾，北连张家湾。总面积0.1平方千米，耕地面积4.5公顷。1户，3人。主产水稻、小麦。村落形态呈散状，房屋结构以坡房为主。

陈家岗【Chénjiāgǎng】 以姓氏和地形综合命名。因陈姓聚居山岗而得名。1958年隶属年丰一大队；

1980年隶属平林大队；1984年隶属平林村至今。位于村委会东南1.8千米。东邻方家湾，南界枣潜高速，西至南园，北连杨家寨。总面积0.2平方千米，耕地面积4公顷。12户，40人。主产水稻、小麦，兼种花生、玉米。村落形态呈散状，房屋结构以坡房为主。

大稻场【Dàdàochǎng】 以稻场规模命名。因村旁有一大稻场而得名。1958年隶属年丰一大队；1980年隶属平林大队；1984年隶属平林村至今。位于村委会西北2千米。东邻枣树湾，南界粉坊，西至车河管理区李楼村杨家祠堂，北连架子山。总面积0.32平方千米，耕地面积4.5公顷。11户，50人。主产水稻、小麦，兼种花生、玉米、玫瑰花、桃子，有水产养殖。村落形态呈散状，房屋结构以坡房为主。

大官田【Dàguāntián】 以土地和规模综合命名。因此地曾建过寺庙，周围有数公顷官田，村落较大，故名。1958年隶属年丰一大队；1980年隶属平林大队；1984年隶属平林村至今。位于村委会西南2.5千米。东邻李家湾，南界杨家坡，西至张古井，北连枣树湾。总面积0.25平方千米，耕地面积2.5公顷。15户，50人。主产水稻、小麦，兼种花生、玉米、玫瑰花、桃子，有水产养殖。村落形态呈散状，房屋结构以坡房为主。

粉坊【Fěnfáng】 以作坊命名。因吴姓曾在村内开过粉坊，故名。1958年隶属年丰一大队；1980年隶属平林大队；1984年隶属平林村至今。位于村委会西1.5千米。东邻枣树湾，南界大官田，西至车河农场李楼村杨家祠堂，北连大稻场。总面积0.2平方千米，耕地面积1.2公顷。11户，40人。主产水稻、小麦，兼种花生、玉米、玫瑰花、桃子，有水产养殖。村落形态呈散状，房屋结构以坡房为主。

高食堂【Gāoshítáng】 以建筑物命名。因在大跃进时期村内建有集体食堂而得名。1958年隶属年丰一大队；1980年隶属平林大队；1984年隶属平林村至今。位于村委会南700米。东邻小南街，南界邱家咀，西至李家湾，北连平林变电所。总面积0.25平方千米，耕地面积9公顷。32户，120人。主产水稻、小麦，兼种花生、玉米、玫瑰花、桃子，有水产养殖。村落形态呈线状，房屋结构以楼房为主。

李家湾【Lǐjiāwān】 以姓氏命名。因李姓聚居而得名。1958年隶属年丰一大队；1980年隶属平林大队；1984年隶属平林村至今。位于村委会西南1.5千米。东邻平林街道，南界杨家坡，西至大官田，北连枣树湾。总面积0.35平方千米，耕地面积4.7公顷。16户，70人。主产水稻、小麦，兼种花生、玉米、玫瑰花、桃子，兼水产养殖。村落形态呈散状，房屋结构以坡房为主。

庙湾【Miàowān】 以建筑物命名。因村内有座小庙而得名。1958年隶属年丰一大队；1980年隶属平林大队；1984年隶属平林村至今。位于村委会东北2.5千米。东邻牌坊湾，南界月亮堰，西至杨家咀，北连院墙湾。总面积0.35平方千米，耕地面积9公顷。44户，200人。主产水稻、小麦，兼种花生、玉米，兼水产养殖。村落形态呈团状，房屋结构以坡房为主。

南岗【Nángǎng】 以方位和地形综合命名。因建村杨家寨南部的山岗上而得名。1958年隶属年丰一大队；1980年隶属平林大队；1984年隶属平林村至今。位于村委会东2.5千米。东、南邻枣潜高速，西至平林街道，北连月亮堰。总面积0.32平方千米，耕地面积3.4公顷。11户，50人。主产水稻、小麦，兼种花生、玉米，有水产养殖。村落形态呈线状，房屋结构以坡房为主。

南园【Nányuán】 以方位和菜园综合命名。因建村于平林街道南，主要种植蔬菜而得名。1958年隶属年丰一大队；1980年隶属平林大队；1984年隶属平林村至今。位于村委会东南1千米。东邻枣潜高速,南界王家湾,西至平林街道,北连杨家寨。总面积0.48平方千米,耕地面积18公顷。46户,210人。主产水稻、小麦,兼种花生、玉米、玫瑰花、桃子,有水产养殖。村落形态呈团状,房屋结构以坡房为主。

邱家咀【Qiūjiāzuǐ】 以姓氏和地形综合命名。因邱姓聚居山咀下而得名。1958年隶属年丰一大队;1980年隶属平林大队;1984年隶属平林村至今。位于村委会东南2千米。东邻滚水坝,南界王家湾,西至杨家坡,北连高食堂。总面积0.25平方千米,耕地面积2.2公顷。12户,50人。主产水稻、小麦,兼种花生、玉米,有水产养殖。村落形态呈散状,房屋结构以坡房为主。

天主巷【Tiānzhǔxiàng】 以宗教建筑命名。因建有基督教堂而得名。1958年隶属年丰一大队;1980年隶属平林大队;1984年隶属平林村至今。位于村委会西南500米。东邻平林中学,南界邱家咀,西至高食堂,北连平林街道。总面积0.2平方千米,耕地面积8公顷。14户,60人。主产水稻、小麦,兼种花生、玉米、玫瑰花、桃子,有水产养殖。村落形态呈散状,房屋结构以楼房为主。

岩子坡【Yánzipō】 以地形命名。因村建在岩子坡上而得名。1958年隶属年丰一大队;1980年隶属平林大队;1984年隶属平林村至今。位于村委会东南250米。东邻罗家湾,南界王家湾,西至邱家咀,北连南园。总面积0.25平方千米,耕地面积3.6公顷。11户,40人。主产水稻、小麦,兼种花生、玉米、桃子。村落形态呈线状,房屋结构以坡房为主。

沿河街【Yánhéjiē】 沿河建村,形似街道,故名。1958年隶属年丰一大队;1980年隶属平林大队;1984年隶属平林村至今。位于村委会南700米。东邻南园,南界滚水坝,西至平林街道,北连杨家咀。总面积0.35平方千米,耕地面积1.7公顷。26户,120人。主产水稻、小麦,兼水产养殖。村落形态呈线状,房屋结构以楼房为主。

杨家塝子【Yángjiābàngzi】 以姓氏和地形综合命名。因杨姓聚居山岩旁而得名。1958年隶属年丰一大队;1980年隶属平林大队;1984年隶属平林村至今。位于村委会西北1千米。东邻窑湾,南界腰堰角,西至枣树湾,北连杨家咀。总面积0.25平方千米,耕地面积1.7公顷。16户,60人。主产水稻、小麦,兼种花生、玉米、玫瑰花、桃子,有水产养殖。村落形态呈散状,房屋结构以坡房为主。

杨家咀【Yángjiāzuǐ】 以姓氏和地形综合命名。因杨姓聚居山咀旁而得名。1958年隶属年丰一大队;1980年隶属平林大队;1984年隶属平林村至今。位于村委会北1.5千米。东邻窑湾,南界平林街道,西至杨家塝子,北连杜家老湾村邓家畈。总面积0.55平方千米,耕地面积17公顷。46户,200人。主产水稻、小麦,兼种花生、玉米、玫瑰花、桃子,有水产养殖。村落形态呈团状,房屋结构以坡房为主。

杨家坡【Yángjiāpō】 以姓氏和地形综合命名。因杨姓聚居山坡上而得名。1958年隶属年丰一大队;1980年隶属平林大队;1984年隶属平林村至今。位于村委会西南2.5千米。东邻李家湾,南界杜家西湾,西至张家湾,北连大官田。总面积0.55平方千米,耕地面积17公顷。52户,260人。主产水稻、小麦,兼种花生、玉米、玫瑰花、桃子,有水产养殖。村落形态呈团状,房屋结构以坡房为主。

杨家寨【Yángjiāzhài】 以姓氏和建筑物综合命名。因杨姓聚居,村周围建有寨墙,故名。1958年隶属年丰一大队;1980年隶属平林大队;1984年隶属平林村至今。位于村委会东2.5千米。东邻枣潜高速,南界南岗湾,西至平林街道,北连月亮堰。总面积0.55平方千米,耕地面积23公顷。51户,270人。主产水稻、小麦，兼种花生、玉米，有水产养殖。村落形态呈散状，房屋结构以坡房为主。

腰堰角【Yāoyànjiǎo】 以堰塘形状和方位综合命名。因村建在形似腰子的堰角旁而得名。1958年隶属年丰一大队；1980年隶属平林大队；1984年隶属平林村至今。位于村委会西北500米，东、南邻平林街道，西至杨家塝子，北连杨家咀。总面积0.35平方千米，耕地面积1.8公顷。28户，100人。主产水稻、小麦，兼种花生、玉米。村落形态呈团状，房屋结构以坡房为主。

窑湾【Yáowān】 以窑命名。因村内有砖瓦窑而得名。1958年隶属年丰一大队；1980年隶属平林大队；1984年隶属平林村至今。位于村委会北3千米。东邻庙湾，南界平林界，西至熊河库区，北连院墙湾。总面积0.4平方千米，耕地面积7亩。3户，10人。主产水稻、小麦，兼种花生、玉米，兼水产养殖。村落形态呈团状，房屋结构以坡房为主。

院墙湾【Yuànqiángwān】 以建筑物命名。因村周围修有围墙而得名。1958年隶属年丰一大队；1980年隶属平林大队；1984年隶属平林村至今。位于村委会东北3.5千米。东邻马家湾，南界庙湾，西至杨家咀，北连熊河水库。总面积0.25平方千米，耕地面积7公顷。15户，70人。主产水稻、小麦，兼种花生、玉米、玫瑰花、桃子，有水产养殖。村落形态呈散状，房屋结构以坡房为主。

月亮堰【Yuèliàngyàn】 以堰塘形状命名。因村建在形似月牙的堰塘旁而得名。1958年隶属年丰一大队；1980年隶属平林大队；1984年隶属平林村至今。位于村委会东北3千米。东邻枣潜高速，南界杨家寨，西至平林街道，北连庙湾。总面积0.3平方千米，耕地面积9公顷。3户，10人。主产水稻、小麦，兼种花生、玉米、玫瑰花、桃子，有水产养殖。村落形态呈散状，房屋结构以坡房为主。

枣树湾【Zǎoshùwān】 以植物命名。因村内枣树多而得名。1958年隶属年丰一大队；1980年隶属平林大队；1984年隶属平林村至今。位于村委会西北1.5千米。东邻平林山庄，南界平林广播站，西至大稻场，北连杨家咀。总面积0.35平方千米，耕地面积15公顷。19户，80人。主产水稻、小麦，兼种花生、玉米、玫瑰花、桃子，有水产养殖。村落形态呈线状，房屋结构以楼房为主。

张古井【Zhānggǔjǐng】 以姓氏和古井综合命名。因张姓聚居，村旁有口古井而得名。1958年隶属年丰一大队；1980年隶属平林大队；1984年隶属平林村至今。位于村委会西南2.5千米。东邻大官田，南界杨家坡，西至张家湾，北连枣树湾。总面积0.25平方千米，耕地面积1.5公顷。14户，60人。主产水稻、小麦，兼种花生、玉米、玫瑰花、桃子，有水产养殖。村落形态呈线状，房屋结构以坡房为主。

张家湾【Zhāngjiāwān】 以姓氏命名。因张姓聚居而得名。1958年隶属年丰一大队；1980年隶属平林大队；1984年隶属平林村至今。位于村委会西南3.5千米。东邻大官田，南界白土坡，西至车河管理区李楼村东湾，北连新屋脊。总面积0.4平方千米，耕地面积8公顷。25户，120人。主产水稻、小麦，兼种花生、玉米、玫瑰花、桃子，兼水产养殖。村落形态呈线状，房屋结构以坡房为主。

清水店村【Qīngshuǐdiàncūn】

以清水店自然村命名。1958年为苏维八大队，隶属钢铁公社；1961年隶属平林区；1975年隶属平林公社；1980年为清水店大队，隶属平林区；1984年为清水店村，隶属平林区；1987年隶属平林镇至今。位于镇政府南15千米。东邻范湾村，南界宜城市流水镇杨林村，西至宜城市板桥店镇东湾村，北连北棚村。辖 23 个自然村，总面积 17.6 平方千米，耕地面积 123.7 公顷。232 户，900 人。主产水稻、小麦、玉米，兼种油桃。随南路过境，村委会驻清水店。

柴家林【Cháijiālín】 以姓氏和树林综合命名。因柴姓聚居，村中树林茂密，故名。1958 年隶属苏维八大队；1980 年隶属清水店大队；1984 年隶属清水店村至今。位于村委会东 1.6 千米。东邻王家湾，南界新寨山，西至肖家园，北连荆树林。总面积 1.5 平方千米，耕地面积 10.9 公顷。25 户，110 人。主产水稻、小麦、玉米，兼种油桃。村落形态呈线状，房屋结构以平房和坡房为主。

大荆树林【Dàjīngshùlín】 以面积和植物综合命名。因村较大且长满荆树，故名。1958 年隶属苏维八大队；1980 年隶属清水店大队；1984 年隶属清水店村至今。位于村委会东 1 千米。东邻唐家湾，南界张家咀，西至新屋场，北连北棚村小南棚。总面积 1 平方千米，耕地面积 8 公顷。14 户，60 人。主产水稻、小麦、玉米。村落形态呈散状，房屋结构以平房和坡房为主。

丁家咀【Dīngjiāzuǐ】 以姓氏和地形综合命名。因丁姓聚居山咀旁而得名。1958 年隶属苏维八大队；1980 年隶属清水店大队；1984 年隶属清水店村至今。位于村委会东南 4.2 千米。东邻廖家湾，南界老户园，西至沙罐山，北连南瓜沟。总面积 0.5 平方千米，耕地面积 2.5 公顷。3 户，10 人。主产水稻、小麦、玉米。村落形态呈散状，房屋结构以坡房为主。

丁家湾【Dīngjiāwān】 以姓氏命名。因丁姓聚居而得名。1958 年隶属苏维八大队；1980 年隶属清水店大队；1984 年隶属清水店村至今。位于村委会南 4 千米。东邻卧马岗，南界宜城市板桥镇东湾村杜家园，西至吴家冲，北连老户园。总面积 1 平方千米，耕地面积 3.5 公顷。3 户，10 人。主产水稻、小麦、玉米。村落形态呈散状，房屋结构以坡房为主。

傅家湾【Fùjiāwān】 以姓氏命名。因傅姓聚居而得名。1958 年隶属苏维八大队；1980 年隶属清水店大队；1984 年隶属清水店村至今。位于村委会东南 4 千米。东邻老户园，南界丁家咀，西至丁家湾，北连千条磜。总面积 1.5 平方千米，耕地面积 5 公顷。11 户，50 人。主产水稻、小麦、玉米。村落形态呈散状，房屋结构以坡房为主。

龚家湾【Gōngjiāwān】 以姓氏命名。因龚姓聚居而得名。1958 年隶属苏维八大队；1980 年隶属清水店大队；1984 年隶属清水店村至今。位于村委会东南 800 米。东邻肖家园，南界小子山，西至下岩子湾，北连大荆树林。总面积 0.5 平方千米，耕地面积 5 公顷。5 户，10 人。主产水稻、小麦、玉米。村落形态呈散状，房屋结构以坡房为主。

葫芦畈【Húlúfàn】 以地形命名。因村建于形似葫芦的畈上而得名。1958 年隶属苏维八大队；1980 年隶属清水店大队；1984 年隶属清水店村至今。位于村委会西南 3.5 千米。东邻下岩子，南界老户园，西、北连北棚村吴家垱。总面积 0.5 平方千米，耕地面积 3 公顷。1 户，10 人。主产水稻、小麦、玉米。村落形态呈散状，房屋结构以坡房为主。

廖家湾【Liàojiāwān】 以姓氏命名。因廖姓聚居而得名。1958 年隶属苏维八大队；1980 年隶属清水店大队；1984 年隶属清水店村至今。位于村委会东南 4.5 千米。东、南邻宜城市流水镇杨棚村郭冲，西至傅家湾，北连龚家湾。总面积 0.2 平方千米，耕地面积 3 公顷。4 户，10 人。主产水稻、小麦、玉米。村落形态呈散状，房屋结构以坡房为主。

罗家湾【Luójiāwān】 以姓氏命名。因罗姓聚居而得名。1958年隶属苏维八大队；1980年隶属清水店大队；1984年隶属清水店村至今。位于村委会东2千米。东邻王家湾，南界大林子山，西至小荆树林，北连柴家湾村胡家冲。总面积1平方千米，耕地面积7公顷。5户，20人。主产水稻、小麦、玉米。村落形态呈散状，房屋结构以平房和坡房为主。

猫子园【Māoziyuán】 原名老虎园，村民认为名称攻击性太强，后改为猫子园。因村内居民全是早年从山西迁来的老住户，故名。1958年隶属苏维八大队；1980年隶属清水店大队；1984年隶属清水店村至今。位于村委会西南5千米。东邻卧马岗，西、南界太平寨山，北连千条磙。总面积2平方千米，耕地面积6公顷。25户，140人。主产水稻、小麦、玉米，兼种油桃。村落形态呈线状，房屋结构以平房和坡房为主。

千条磙【Qiāntiáogǔn】 以工具数量命名。据传村内有户陈姓居民，在清朝初期请石匠打了一千条石磙供傻儿子生活之资，故名。1958年隶属苏维八大队；1980年隶属清水店大队；1984年隶属清水店村至今。位于村委会西北800米。东邻上岩子，南界棋子山，西至北棚村小南棚，北连清水店。总面积0.5平方千米，耕地面积16公顷。5户，10人。主产水稻、小麦、玉米。村落形态呈散状，房屋结构以平房和坡房为主。

清水店【Qīngshuǐdiàn】 以水质和店铺综合命名。因村西头有一堰塘水深而清，且陈氏在此开过饭店而得名。1958年隶属苏维八大队；1980年隶属清水店大队；1984年隶属清水店村至今。村委会驻地。东邻张家咀，南界新屋场，西至北棚村小南棚，北连北棚村南春堰。总面积0.2平方千米，耕地面积3公顷。88户，300人。主产水稻、小麦、玉米，兼种油桃。村落形态呈团状，房屋结构以坡房和楼房为主。

上岩子【Shàngyánzi】 以方位和地形综合命名。因建于小河上游的山岩子旁而得名。1958年隶属苏维八大队；1980年隶属清水店大队；1984年隶属清水店村至今。位于村委会东南600米。东邻龚家湾，南界小子山，西至下岩子，北连张家咀。总面积0.6平方千米，耕地面积3公顷。4户，10人。主产水稻、小麦、玉米。村落形态呈散状，房屋结构以坡房为主。

唐家湾【Tángjiāwān】 以姓氏命名。因唐姓聚居而得名。1958年隶属苏维八大队；1980年隶属清水店大队；1984年隶属清水店村至今。位于村委会东1.5千米。东邻柴家林，南界小荆树林，西至大荆树林，北连架子山。总面积0.5平方千米，耕地面积3公顷。1户，10人。主产水稻、小麦、玉米。村落形态呈散状，房屋结构以坡房为主。

王家湾【Wángjiāwān】 以姓氏命名。因王姓聚居而得名。1958年隶属苏维八大队；1980年隶属清水店大队；1984年隶属清水店村至今。位于村委会东3千米。东邻杉树林水库，南界关门山，西至柴家林，北连柴家湾村孟家洼子。总面积2平方千米，耕地面积8公顷。3户，10人。主产水稻、小麦、玉米。村落形态呈散状，房屋结构以平房和坡房为主。

卧马岗【Wòmǎgǎng】 以石雕和地形综合命名。因村北岗上有匹卧着的石雕马而得名。1958年隶属苏维八大队；1980年隶属清水店大队；1984年隶属清水店村至今。位于村委会南2千米。东邻傅家湾，南界南罐寨山，西至老户园，北连千条磙。总面积1平方千米，耕地面积3.8公顷。2户，10人。主产水稻、小麦。村落形态呈散状，房屋结构以平房和坡房为主。

吴家冲【Wújiāchōng】 以姓氏和地形综合命名。1958年隶属苏维八大队；1980年隶属清水店大队；

1984年隶属清水店村至今。位于村委会西南3.2千米。东邻太平寨山，南界宜城市板桥镇东湾村杜家园，西至长岗山，北连北棚村吴家垱。总面积0.3平方千米，耕地面积5公顷。2户，10人。主产水稻、小麦、玉米。村落形态呈散状，房屋结构以坡房为主。

下岩子【Xiàyánzi】 以方位和地形综合命名。因建于小河下游的山岩子旁而得名。1958年隶属苏维八大队；1980年隶属清水店大队；1984年隶属清水店村至今。位于村委会西南700米。东邻上岩子，南界棋子山，西至千条磜，北连新屋场。总面积0.5平方千米，耕地面积8公顷。5户，20人。主产水稻、小麦、玉米。村落形态呈散状，房屋结构以平房和坡房为主。

肖家园【Xiāojiāyuán】 以姓氏命名。因肖姓聚居竹园旁而得名。1958年隶属苏维八大队；1980年隶属清水店大队；1984年隶属清水店村至今。位于村委会东南1.2千米。东邻柴家林，南界新寨山，西至龚家湾，北连唐家湾。总面积0.3平方千米，耕地面积8公顷。5户，10人。主产水稻、小麦、玉米。村落形态呈散状，房屋结构以坡房为主。

小荆树林【Xiǎojīngshùlín】 以面积和植物综合命名。因村落较小且周围长满荆树，故名。1958年隶属苏维八大队；1980年隶属清水店大队；1984年隶属清水店村至今。位于村委会东1.4千米。东邻罗家湾，南界肖家园，西至大荆树林，北连唐家湾。总面积0.5平方千米，耕地面积5公顷。1户，10人。主产水稻、小麦、玉米。村落形态呈散状，房屋结构以平房为主。

新屋场【Xīnwūchǎng】 以时间和房屋综合命名。因村建于张姓的房屋地基上而得名。1958年隶属苏维八大队；1980年隶属清水店大队；1984年隶属清水店村至今。位于村委会西南400米。东邻大荆树林，南界下岩子，西至千条磜，北连清水店。总面积0.5平方千米，耕地面积3公顷。5户，20人。主产水稻、小麦、玉米。村落形态呈散状，房屋结构以平房和坡房为主。

杨家湾【Yángjiāwān】 以姓氏命名。因杨姓聚居而得名。1958年隶属苏维八大队；1980年隶属清水店大队；1984年隶属清水店村至今。位于村委会东南3千米。东邻柴家林，南界新寨山，西至肖家园，北连小荆树林。总面积0.4平方千米，耕地面积1公顷。2户，10人。主产水稻、小麦、玉米。村落形态呈散状，房屋结构以平房和坡房为主。

张家咀【Zhāngjiāzuǐ】 以姓氏和地形综合命名。因张姓聚居山咀而得名。1958年隶属苏维八大队；1980年隶属清水店大队；1984年隶属清水店村至今。位于村委会东南500米。东邻上岩子，南界龚家湾，西至新屋场，北连大荆树林。总面积0.6平方千米，耕地面积3公顷。13户，40人。主产水稻、小麦、玉米。村落形态呈散状，房屋结构以坡房为主。

四井岗村【Sìjǐnggǎngcūn】

以地名四井岗命名。因一条长岗上有四口井而得名。1958年分别为苏维一、苏维二大队，隶属钢铁公社；1961年隶属平林区；1975年隶属平林公社；1980年分别为台子湾大队、王家老湾大队；1984年分别为台子湾村，王家老湾村，隶属平林区；1987年隶属平林镇；2002年两村合并为台子湾村，隶属平林镇；2006年为四井岗村，隶属平林镇至今。位于镇政府西南14千米。东邻杨集村，南界宋集村，西至高家冲村，北连大余咀村。辖22个自然村，总面积15.97平方千米，耕地面积 565 公顷。375 户，1270 人。主产水稻、小麦、玉米，兼种桃树。枣宜公路过境，村委会驻唐宋路西。

戴家湾【Dàijiāwān】 以姓氏命名。因戴姓聚居而得名。1958 年隶属苏维二大队；1980 年隶属王家湾大队；1984 年隶属王家湾村；2002 年隶属台子湾村；2006 年隶属四井岗村至今。位于村委会西南 3 千米。东邻李家湾，南界核桃树湾，西至沙子岗，北连楸树湾。总面积 0.5 平方千米，耕地面积 10 公顷。6 户，20 人。主产水稻、小麦、玉米，兼种桃树。村落形态呈散状，房屋结构以坡房为主。

戴家巷【Dàijiāxiàng】 以姓氏和地形综合命名。因戴姓聚居形成一条巷道而得名。1958 年隶属苏维二大队；1980 年隶属王家湾大队；1984 年隶属王家湾村；2002 年隶属台子湾村；2006 年隶属四井岗村至今。位于村委会西 3.5 千米。东、南界林场，西至姚堰，北连李集村老湾。总面积 1.5 平方千米，耕地面积 30 公顷。16 户，60 人。主产水稻、小麦、玉米，兼种桃树。村落形态呈散状，房屋结构以坡房为主。

东冲【Dōngchōng】 以方位和地形综合命名。因村建于枣宋公路东面的田冲旁，故名。1958 年隶属苏维二大队；1980 年隶属王家湾大队；1984 年隶属王家湾村；2002 年隶属台子湾村；2006 年隶属四井岗村至今。位于村委会南 2.5 千米。东邻新集街村李冲，南界随南路，西至李家湾，北连九口堰。总面积 0.5 平方千米，耕地面积 45 公顷。32 户，110 人。主产水稻、小麦、玉米，兼种桃树。村落形态呈散状，房屋结构以坡房为主。

丰家凹子【Fēngjiāwāzi】 以姓氏和地形综合命名。因丰姓聚居山洼，故名。1958 年隶属苏维二大队；1980 年隶属王家湾大队；1984 年隶属王家湾村；2002 年隶属台子湾村；2006 年隶属四井岗村至今。位于村委会南 1 千米。东邻新集街村李冲，南界双稻场，西至李集村陈湾，北连黄楝树咀。总面积 0.3 平方千米，耕地面积 10 公顷。7 户，20 人。主产水稻、小麦、玉米，兼种桃树。村落形态呈散状，房屋结构以坡房为主。

高屋脊【Gāowūjǐ】 以地势命名。因地势高，房屋建得高而得名。1958 年隶属苏维二大队；1980 年隶属王家湾大队；1984 年隶属王家湾村；2002 年隶属台子湾村；2006 年隶属四井岗村至今。位于村委会西 2.5 千米。东邻李家湾，南界戴家湾，西至楸树湾，北连李集村陈湾。总面积 0.4 平方千米，耕地面积 6 公顷。2 户，10 人。主产水稻、小麦、玉米。村落形态呈线状，房屋结构以坡房为主。

核桃树湾【Hétáoshùwān】 以植物命名。因村内核桃树多而得名。1958 年隶属苏维二大队；1980 年隶属王家湾大队；1984 年隶属王家湾村；2002 年隶属台子湾村；2006 年隶属四井岗村至今。位于村委会西南 3.2 千米。东邻东冲，南界糜马庄，西至老林场，北连李家湾。总面积 0.7 平方千米，耕地面积 14 公顷。18 户，50 人。主产水稻、小麦、玉米，兼种桃树。村落形态呈散状，房屋结构以坡房为主。

黄楝树咀【Huángliànshùzuǐ】 以植物和地形综合命名。因村建在长满黄楝树的山咀下而得名。1958 年隶属苏维二大队；1980 年隶属王家湾大队；1984 年隶属王家湾村；2002 年隶属台子湾村；2006 年隶属四井岗村至今。位于村委会南 800 米。东邻杨集村李冲，南界丰家凹子，西至李集村陈湾，北连叶家塝子。总面积 0.6 平方千米，耕地面积 22 公顷。22 户，110 人。主产水稻、小麦、玉米，兼种桃树。村落形态呈散状，房屋结构以坡房为主。

九口堰【Jiǔkǒuyàn】 以堰塘数量命名。因村前有九口堰塘相连而得名。1958年隶属苏维二大队；1980年隶属王家湾大队；1984年隶属王家湾村；2002年隶属台子湾村；2006年隶属四井岗村至今。位于村委会南2千米。东邻李冲，南界东冲，西至李家湾，北连双稻场。总面积0.5平方千米，耕地面积40公顷。19户，60人。主产水稻、小麦、玉米，兼种桃树。村落形态呈散状，房屋结构以坡房为主。

李家湾【Lǐjiāwān】 以姓氏命名。因李姓聚居而得名。1958年隶属苏维二大队；1980年隶属王家湾大队；1984年隶属王家湾村；2002年隶属台子湾村；2006年隶属四井岗村至今。位于村委会西南1.5千米。东邻双稻场，南界核桃树湾，西至戴家湾，北连李集村陈湾。总面积0.6平方千米，耕地面积16公顷。27户，90人。主产水稻、小麦、玉米，兼种桃树。村落形态呈散状，房屋结构以坡房为主。

糜马庄【Mímǎzhuāng】 以传说命名。因早年曾有朝廷官员在此拴马休憩而得名。1958年隶属苏维二大队；1980年隶属王家湾大队；1984年隶属王家湾村；2002年隶属台子湾村；2006年隶属四井岗村至今。位于村委会西南2.5千米。东邻王家老湾，南界柴家湾村枯树湾，西至沙子岗，北连核桃树湾。总面积0.5平方千米，耕地面积10公顷。9户，30人。主产水稻、小麦、玉米，兼种桃树。村落形态呈散状，房屋结构以坡房为主。

楸树湾【Qiūshùwān】 以植物命名。因村内楸树多而得名。1958年隶属苏维二大队；1980年隶属王家湾大队；1984年隶属王家湾村；2002年隶属台子湾村；2006年隶属四井岗村至今。位于村委会西3千米。东邻李家湾，南界戴家湾，西、北连李集村杨家岗。总面积0.4平方千米，耕地面积18公顷。9户，40人。主产水稻、小麦、玉米，兼种桃树。村落形态呈散状，房屋结构以坡房为主。

沙子岗【Shāzigǎng】 以沙子和地形综合命名。因村建于沙子多的岗上而得名。1958年隶属苏维二大队；1980年隶属王家湾大队；1984年隶属王家湾村；2002年隶属台子湾村；2006年隶属四井岗村至今。位于村委会西南4千米。东邻随南路，南界柴家湾村枯树湾，西至高冲村六冲，北连戴家湾。总面积2平方千米，耕地面积40公顷。12户，40人。主产水稻、小麦、玉米，兼种桃树。村落形态呈散状，房屋结构以坡房为主。

双稻场【Shuāngdàochǎng】 以稻场数量命名。因村内有两个稻场而得名。1958年隶属苏维二大队；1980年隶属王家湾大队；1984年隶属王家湾村；2002年隶属台子湾村；2006年隶属四井岗村至今。位于村委会南1.1千米。东邻新集街村李冲，南界九口堰，西至李家湾，北连丰家凹子。总面积0.4平方千米，耕地面积8公顷。9户，40人。主产水稻、小麦、玉米，兼种桃树。村落形态呈散状，房屋结构以坡房为主。

台子湾【Táiziwān】 以地形命名。因村建于河间的土台子上，故名。1958年隶属苏维二大队；1980年隶属王家湾大队；1984年隶属王家湾村；2002年隶属台子湾村；2006年隶属四井岗村至今。位于村委会北400米。东邻中湾，南界新农村，西至车河社区居委会，北连余咀村前湾。总面积1.2平方千米，耕地面积65公顷。36户，100人。主产水稻、小麦、玉米，兼种桃树。村落形态呈散状，房屋结构以平房和坡房为主。

王家老湾【Wángjiālǎowān】 以姓氏和建村时间综合命名。因王姓最早聚居而得名。1958年隶属苏维二大队；1980年隶属王家湾大队；1984年隶属王家湾村；2002年隶属台子湾村；2006年隶属四井岗村至今。位于村委会南2.5千米。东邻王家楼，南界柴家湾村柴家湾，西至糜马庄，北连李家湾。总面积0.8平方千米，耕地面积 30 公顷。34 户，100 人。主产水稻、小麦、玉米，兼种桃树。村落形态呈线状，房屋结构以坡房为主。

王家楼【Wángjiālóu】 以姓氏和建筑物综合命名。因王姓聚居且村内建有两座炮楼，故名。1958 年隶属苏维二大队；1980 年隶属王家湾大队；1984 年隶属王家湾村；2002 年隶属台子湾村；2006 年隶属四井岗村至今。位于村委会南 3 千米。东邻新集街村李冲，南界柴家湾村柴家湾，西至王家老湾，北连东冲。总面积 0.4 平方千米，耕地面积 35 公顷。14 户，50 人。主产水稻、小麦、玉米，兼种桃树。村落形态呈散状，房屋结构以坡房为主。

新农村【Xīnnóngcūn】 2000 年本村才开始建房居住，故名。2000 年隶属台子湾村；2006 年隶属四井岗村至今。位于村委会西北 600 米。东邻中湾，南界叶家塝子，西至车河社区居委会，北连台子湾。总面积 0.2 平方千米，耕地面积 6 公顷。27 户，70 人。主产水稻、小麦、玉米，兼种桃树。村落形态呈散状，房屋结构以坡房为主。

杨堰【Yángyàn】 以姓氏和堰塘综合命名。因杨姓聚居且村头有口小水堰，故名。1958 年隶属苏维二大队；1980 年隶属王家湾大队；1984 年隶属王家湾村；2002 年隶属台子湾村；2006 年隶属四井岗村至今。位于村委会西 3.7 千米。东邻戴家巷，南界沙子岗，西至高冲村六冲，北连李集村老湾。总面积 1.1 平方千米，耕地面积 36 公顷。10 户，40 人。主产水稻、小麦、玉米，兼种桃树。村落形态呈散状，房屋结构以坡房为主。

叶家塝子【Yèjiābàngzi】 以姓氏和地形综合命名。因叶姓聚居塝上而得名。1958 年隶属苏维一大队；1980 年隶属台子湾大队；1984 年隶属台子湾村；2002 年隶属台子湾村；2006 年隶属四井岗村至今。位于村委会西南 500 米。东邻杨集村杨家老湾，南界黄楝树咀，西至李集村陈湾，北连新农村。总面积 0.5 平方千米，耕地面积 17 公顷。11 户，40 人。主产水稻、小麦、玉米，兼种桃树。村落形态呈散状，房屋结构以坡房为主。

张家湾【Zhāngjiāwān】 以姓氏命名。因张姓聚居而得名。1958 年隶属苏维二大队；1980 年隶属王家湾大队；1984 年隶属王家湾村；2002 年隶属台子湾村；2006 年隶属四井岗村至今。位于村委会东 1 千米。东邻杨集村孔家湾，南界朱家湾，西至新农村，北连中湾。总面积 1.27 平方千米，耕地面积 45 公顷。8 户，30 人。主产水稻、小麦、玉米，兼种桃树。村落形态呈散状，房屋结构以坡房为主。

中湾【Zhōngwān】 以方位命名。因位于王家湾、台子湾中间而得名。1958 年隶属苏维二大队；1980 年隶属王家湾大队；1984 年隶属王家湾村；2002 年隶属台子湾村；2006 年隶属四井岗村至今。位于村委会东北 1 千米。东邻杨集村孙家湾，南界庙娃岗，西至台子湾，北连杨集村孔家湾。总面积 1.1 平方千米，耕地面积 45 公顷。21 户，80 人。主产水稻、小麦、玉米，兼种桃树。村落形态呈散状，房屋结构以坡房为主。

朱家湾【Zhūjiāwān】 以姓氏命名。因朱姓聚居而得名。1958 年隶属苏维一大队；1980 年隶属台子湾大队；1984 年隶属台子湾村；2002 年隶属台子湾村；2006 年隶属四井岗村至今。位于村委会东北 400 米。东邻中湾，南界叶家塝子，西至车河农场李集村松树湾，北连台子湾。总面积 0.5 平方千米，耕地面积 17 公顷。26 户，80 人。主产水稻、小麦、玉米，兼种桃树。村落形态呈散状，房屋结构以坡房为主。

宋集村【Sòngjícūn】

以宋集街自然集镇命名。1958年为苏维六大队，隶属钢铁公社；1961年隶属平林区；1975年隶属平林公社；1980年为宋集大队，隶属平林公社；1984年为宋集村，隶属平林区；1987年隶属平林镇至今。位于镇政府南10千米。东邻柴家湾村，南界北棚村，西至高家冲村，北连四井岗村。辖20个自然村，总面积12.3平方千米，耕地面积182公顷。467户，1523人。主产水稻、小麦、玉米，兼种油桃。随南公路过境，村委会驻干堰浅。

仓库岗【Cāngkùgǎng】 以建筑物和地形综合命名。因原生产队将仓库建在岗上，后形成村落而得名。1958年隶属苏维六大队；1980年隶属宋集大队；1984年隶属宋集村至今。位于村委会北800米。东邻五十亩田，南界大堰角，西至竹林湾，北连曹家老湾。总面积0.45平方千米，耕地面积15公顷。13户，50人。主产水稻、小麦、玉米，兼种油桃。村落形态呈线状，房屋结构以楼房为主。

曹家老湾【Cáojiālǎowān】 以姓氏和建村时间综合命名。因曹姓聚居且建村早而得名。1958年隶属苏维六大队；1980年隶属宋集大队；1984年隶属宋集村至今。位于村委会北1.5千米。东邻石龙罐，南界糖坊湾，西至老窑上，北连藕堰冲。总面积0.3平方千米，耕地面积3公顷。20户，70人。主产水稻、小麦、玉米，兼种油桃。村落形态呈散状，房屋结构以坡房为主。

大堰角【Dàyànjiǎo】 以堰塘和方位命名。因村建在大堰东北角而得名。1958年隶属苏维六大队；1980年隶属宋集大队；1984年隶属宋集村至今。位于村委会北1千米。东邻竹林子，南界长堰埂，西至沙子湾，北连竹林湾。总面积0.6平方千米，耕地面积5公顷。25户，90人。主产水稻、小麦、玉米，兼种油桃。村落形态呈散状，房屋结构以坡房为主。

低屋基【Dīwūjī】 以地形命名。因村建在地势低的地基上而得名。1958年隶属苏维六大队；1980年隶属宋集大队；1984年隶属宋集村至今。位于村委会南1.5千米。东邻上垱，南界马虎桥，西至陈家老湾，北连杨家湾。总面积0.8平方千米，耕地面积4公顷。15户，60人。主产水稻、小麦、玉米，兼种油桃。村落形态呈散状，房屋结构以坡房为主。

垛子屋【Duǒziwū】 以建筑物命名。因村内有户房屋修有垛子而得名。1958年隶属苏维六大队；1980年隶属宋集大队；1984年隶属宋集村至今。位于村委会东500米。东邻柴家湾村下余家堂子，南界下垱，西至枯树湾，北连宋集街。总面积0.3平方千米，耕地面积3公顷。20户，53人。主产水稻、小麦、玉米，兼种油桃。村落形态呈散状，房屋结构以坡房为主。

干堰浅【Gānyànqiǎn】 以堰塘特点命名。因村口有一堰又大又浅，经常无水而得名。1958年隶属苏维六大队；1980年隶属宋集大队；1984年隶属宋集村至今。村委会驻地。东邻柴家湾村窑湾，南界枯树湾，西至竹林子，北连长堰埂。总面积0.5平方千米，耕地面积4公顷。25户，70人。主产水稻、小麦、玉米，兼种油桃。村落形态呈散状，房屋结构以坡房为主。

枯树湾【Kūshùwān】 以植物命名。因村后有棵大黄楝树枯而不死而得名。1958年隶属苏维六大队；1980年隶属宋集大队；1984年隶属宋集村至今。位于村委会东南500米。东邻垛子屋，南界杨家岗，西至铁家湾，北连宋集街。总面积0.8平方千米，耕地面积6公顷。27户，80人。主产水稻、小麦、玉米，兼种油桃。村落形态呈散状，房屋结构以坡房为主。

藕堰冲【Ǒuyànchōng】 以地形、植物和堰塘综合命名。因村建于冲旁且村前有藕堰而得名。1958年隶属苏维六大队；1980年隶属宋集大队；1984年隶属宋集村至今。位于村委会东北1.5千米。东邻四井岗村沙子岗，南界石龙罐，西至高冲村打石场，北连高冲村刘家老屋。总面积0.5平方千米，耕地面积3公顷。13户，40人。主产水稻、小麦、玉米，兼种油桃。村落形态呈散状，房屋结构以坡房为主。

上垱【Shàngdàng】 以方位和水垱综合命名。因沿河垱有相邻两村，此村位于上方而得名。1958年隶属苏维六大队；1980年隶属宋集大队；1984年隶属宋集村至今。位于村委会东南1.3千米。东邻柴家湾村陈家老湾，南界杨家岗，西至史家冲，北连垛子屋。总面积0.5平方千米，耕地面积5公顷。20户，60人。主产水稻、小麦、玉米，兼种油桃。村落形态呈散状，房屋结构以坡房为主。

石龙罐【Shílóngguàn】 以地形命名。因村建在石头似龙，地形像罐子的山坳里而得名。1958年隶属苏维六大队；1980年隶属宋集大队；1984年隶属宋集村至今。位于村委会北1.2千米。东邻五十亩田，南界仓库岗，西至曹家老湾，北连藕堰冲。总面积0.5平方千米，耕地面积6公顷。23户，70人。主产水稻、小麦、玉米，兼种油桃。村落形态呈散状，房屋结构以坡房为主。

史家冲【Shǐjiāchōng】 以姓氏和地形综合命名。因史姓聚居山冲旁而得名。1958年隶属苏维六大队；1980年隶属宋集大队；1984年隶属宋集村至今。位于村委会南1.5千米。东邻杨家岗，南界低屋基，西至北棚村粉坊，北连麻竹高速。总面积0.3平方千米，耕地面积3公顷。20户，60人。主产水稻、小麦、玉米，兼种油桃。村落形态呈散状，房屋结构以坡房为主。

宋集街【Sòngjíjiē】 据传，元朝时，宋姓在此设立集市，农历单日进行集市贸易，故名。1958年隶属苏维六大队；1980年隶属宋集大队；1984年隶属宋集村至今。位于村委会东北100米。东邻柴家湾村黄楝树坡，南界铁家湾，西至长堰埂，北连五十亩田。总面积0.7平方千米，耕地面积30公顷。100户，350人。主产水稻、小麦、玉米，兼种油桃，集镇居民多以经贸为业。村落形态呈线状，房屋结构以楼房为主。

糖坊湾【Tángfángwān】 以作坊命名。因村内曾开过糖坊，故名。1958年隶属苏维六大队；1980年隶属宋集大队；1984年隶属宋集村至今。位于村委会北1.3千米。东邻曹家老湾，南界大堰角，西至高冲村老窑上，北连高冲村打石场。总面积0.3平方千米，耕地面积5公顷。17户，50人。主产水稻、小麦、玉米，兼种油桃。村落形态呈散状，房屋结构以坡房为主。

铁家湾【Tiějiāwān】 以职业和店铺综合命名。因村里有个铁匠铺而得名。1958年隶属苏维六大队；1980年隶属宋集大队；1984年隶属宋集村至今。位于村委会东南800米。东邻垛子屋，南界杨家岗，西至麻竹高速收费站，北连宋集街。总面积0.3平方千米，耕地面积4公顷。20户，60人。主产水稻、小麦、玉米，兼种油桃。村落形态呈散状，房屋结构以坡房为主。

五十亩田【Wǔshímǔtián】 以田亩数量命名。因村前有水田大约五十亩而得名。1958年隶属苏维六大队；1980年隶属宋集大队；1984年隶属宋集村至今。位于村委会北800米。东邻柴家湾村张家湾，南界竹林子，西至大堰角，北连石龙罐。总面积0.4平方千米，耕地面积3.5公顷。15户，50人。主产水稻、小麦、玉米，兼种油桃。村落形态呈散状，房屋结构以坡房为主。

杨家岗【Yángjiāgǎng】 以姓氏和地形综合命名。因杨姓聚居山岗而得名。1958年隶属苏维六大队；

1980年隶属宋集大队；1984年隶属宋集村至今。位于村委会南1.7千米。东邻上垱，南界低屋基，西至史家冲，北连杨树湾。总面积0.5平方千米，耕地面积6公顷。27户，90人。主产水稻、小麦、玉米，兼种油桃。村落形态呈散状，房屋结构以坡房为主。

杨树湾【Yángshùwān】 以植物命名。因村内杨树多而得名。1958年隶属苏维六大队；1980年隶属宋集大队；1984年隶属宋集村至今。位于村委会东南1.3千米。东邻垛子屋，南界杨家岗，西至铁家湾，北连枯树湾。总面积0.4平方千米，耕地面积4公顷。17户，50人。主产水稻、小麦、玉米，兼种油桃。村落形态呈散状，房屋结构以坡房为主。

长堰埂【Chángyàngěng】 因村前堰埂长而得名。1958年隶属苏维六大队；1980年隶属宋集大队；1984年隶属宋集村至今。位于村委会南100米。东邻随南路，南界枯树湾，西至北棚村后尤家湾，北连竹林子。总面积0.2平方千米，耕地面积4公顷。18户，60人。主产水稻、小麦、玉米，兼种油桃。村落形态呈散状，房屋结构以坡房为主。

竹林湾【Zhúlínwān】 以植物命名。因村后有一片竹林而得名。1958年隶属苏维六大队；1980年隶属宋集大队；1984年隶属宋集村至今。位于村委会西北1千米。东邻糖坊湾，南界大堰角，西至高冲村沙子湾，北连高冲村小窑上。总面积0.3平方千米，耕地面积4公顷。15户，50人。主产水稻、小麦、玉米，兼种油桃。村落形态呈散状，房屋结构以坡房为主。

竹林子【Zhúlínzi】 以植物命名。因村前有一片竹林而得名。1958年隶属苏维六大队；1980年隶属宋集大队；1984年隶属宋集村至今。位于村委会东北200米。东邻宋集街，南界铁家湾，西至长堰埂，北连五十亩田。总面积0.2平方千米，耕地面积3公顷。17户，60人。主产水稻、小麦、玉米，兼种油桃。村落形态呈散状，房屋结构以坡房为主。

吴集村【Wújícūn】

以吴家集自然集镇命名。1958年为胜利二大队，隶属钢铁公社；1961年隶属平林区；1975年隶属平林公社；1980年为吴集大队；1984年为吴集村，隶属平林区；1987年隶属平林镇至今。位于镇政府南15.4千米。东邻随县洪山镇郭集村，南界随县洪山镇界山冲村，西至范湾村，北连徐咀水库。辖19个自然村，总面积20.61平方千米，耕地面积186.6公顷。211户，753人。主产水稻、小麦、玉米。村委会驻吴集街。

陈家湾【Chénjiāwān】 以姓氏命名。因陈姓聚居而得名。1958年隶属胜利二大队；1980年隶属吴集大队；1984年隶属吴集村至今。位于村委会西南4千米。东邻干冲，南界洪山镇界山冲，西至范家湾村陡沟，北连余家岗。总面积6.6平方千米，耕地面积8.5公顷。4户，10人。主产小麦、玉米，兼种桃、李等果树。村落形态呈散状，房屋结构以坡房为主。

干冲【Gānchōng】 以自然条件和地形综合命名。因建村山冲内且水源少而得名。1958年隶属胜利二大队；1980年隶属吴集大队；1984年隶属吴集村至今。位于村委会南3千米。东、南邻洪山镇界山冲，西至马冲，北连吴集下甘冲水库。总面积4.35平方千米，耕地面积19.2公顷。12户，40人。主产水稻、小麦、玉米，兼种果蔬。村落形态呈散状，房屋结构以坡房为主。

高家湾【Gāojiāwān】 以姓氏命名。因高姓聚居而得名。1958年隶属胜利二大队；1980年隶属吴集大队；1984年隶属吴集村至今。位于村委会南4千米。东、南邻洪山镇界山冲，西至马冲，北连干冲。总面积1.2平方千米，耕地面积13.5公顷。4户，10人。主产水稻、小麦、玉米，兼种果蔬、香菇。村落形态呈散状，房屋结构以坡房为主。

桂花树湾【Guìhuāshùwān】 以植物命名。因村内有一棵大桂花树而得名。1958年隶属胜利二大队；1980年隶属吴集大队；1984年隶属吴集村至今。位于村委会东北1千米。东邻洪山镇郭集村大竹园，南界青龙咀子，西至徐咀水库，北连镶塘。总面积1.1平方千米，耕地面积12公顷。15户，40人。主产水稻、小麦、玉米，兼种果蔬。村落形态呈散状，房屋结构以坡房为主。

郭家台子【Guōjiātáizi】 以姓氏和地形综合命名。因郭姓建村在土台上而得名。1958年隶属胜利二大队；1980年隶属吴集大队；1984年隶属吴集村至今。位于村委会西2.2千米。东邻徐家湾，南界余家岗，西至范家湾村楼子湾，北连徐咀水库。总面积0.56平方千米，耕地面积6.1公顷。3户，10人。主产水稻、小麦、玉米，兼种油桃。村落形态呈散状，房屋结构以坡房为主。

黄龙岗【Huánglónggǎng】 以土质和地形综合命名。因村建在形似龙的黄土岗上而得名。1958年隶属胜利二大队；1980年隶属吴集大队；1984年隶属吴集村至今。位于村委会西200米。东邻吴集街，南界西河湾子，西至土围墙，北连徐咀水库。总面积0.25平方千米，耕地面积7.9公顷。7户，20人。主产水稻、小麦、玉米，兼种油桃。村落形态呈散状，房屋结构以坡房和楼房为主。

江踏子【Jiāngtàzi】 以河流和石道综合命名。因村建河边，河坡很陡，修石阶梯做道路，故名。1958年隶属胜利二大队；1980年隶属吴集大队；1984年隶属吴集村至今。位于村委会西南2千米。东邻土围墙，南界余家洼子，西至余家岗，北连郭家台子。总面积0.16平方千米，耕地面积6公顷。3户，10人。主产水稻、小麦、玉米，兼种油桃。村落形态呈散状，房屋结构以坡房为主。

刘家祠堂【Liújiācítáng】 以姓氏和建筑物综合命名。因刘姓在村内修有祠堂而得名。1958年隶属胜利二大队；1980年隶属吴集大队；1984年隶属吴集村至今。位于村委会东北2.2千米。东邻洪山镇郭集村杉园，南界镶塘，西至范湾村彭家台子，北连彭家咀。总面积0.35平方千米，耕地面积8公顷。5户，20人。主产水稻、小麦、玉米，兼种油桃。村落形态呈散状，房屋结构以坡房为主。

彭家咀【Péngjiāzuǐ】 以姓氏和地形综合命名。因彭姓聚居山咀旁而得名。1958年隶属胜利二大队；1980年隶属吴集大队；1984年隶属吴集村至今。位于村委会北2.5千米。东邻随县洪山镇郭集村杉园，南界刘家祠堂，西至范湾村陈家大堰，北连范湾村邹家寨。总面积0.36平方千米，耕地面积6.5公顷。6户，20人。主产水稻、小麦、玉米，兼种油桃。村落形态呈散状，房屋结构以坡房为主。

青龙咀子【Qīnglóngzuǐzi】 以地形命名。因村建在形似青龙的山咀旁而得名。1958年隶属胜利二大队；1980年隶属吴集大队；1984年隶属吴集村至今。位于村委会东600米。东邻随县洪山镇郭集村大竹园，南界洪山镇界山冲，西至吴家集，北连桂花树湾。总面积0.77平方千米，耕地面积8.7公顷。12户，40人。主产水稻、小麦、玉米。村落形态呈散状，房屋结构以坡房为主。

土围墙【Tǔwéiqiáng】 因此处原有很长一段土筑围墙而得名。1958年隶属胜利二大队；1980年隶属吴集大队；1984年隶属吴集村至今。位于村委会西500米。东邻黄龙岗，南界刀坡岭山，西、北连徐咀水库。总面积 0.35 平方千米，耕地面积 8.7 公顷。8 户，30 人。主产水稻、小麦、玉米，兼种油桃。村落形态呈散状，房屋结构以坡房为主。

吴家集【Wújiājí】 以姓氏和集镇综合命名。因吴姓明朝时开设集市至今而得名。1958 年隶属胜利二大队；1980 年隶属吴集大队；1984 年隶属吴集村至今。村委会驻地。东邻青龙咀子，南界干冲，西至黄龙岗，北连徐咀水库。总面积 1.4 平方千米，耕地面积 18.5 公顷。75 户，270 人。主产水稻、小麦、玉米。村落形态呈散状，房屋结构以楼房为主。

西河塝子【Xīhébàngzi】 以方位、河流和地形综合命名。因村建在河西岸的塝上而得名。1958 年隶属胜利二大队；1980 年隶属吴集大队；1984 年隶属吴集村至今。位于村委会南 200 米。东邻吴家集，南界干冲口，西至土围墙，北连黄龙岗。总面积 0.6 平方千米，耕地面积 7.5 公顷。15 户，80 人。主产水稻、小麦、玉米，兼种油桃。村落形态呈散状，房屋结构以坡房为主。

镶塘【Xiāngtáng】 以堰塘命名。因加固村内堰堤，在堤内坡镶砌护坡石而得名。1958 年隶属胜利二大队；1980 年隶属吴集大队；1984 年隶属吴集村至今。位于村委会东北 1 千米。东邻洪山镇郭集村杉园，南界桂花树湾，西至徐咀水库，北连刘家祠堂。总面积 0.32 平方千米，耕地面积 8.5 公顷。11 户，40 人。主产水稻、小麦、玉米。村落形态呈散状，房屋结构以坡房为主。

徐家湾【Xújiāwān】 以姓氏命名。因徐姓聚居而得名。1958 年隶属胜利二大队；1980 年隶属吴集大队；1984 年隶属吴集村至今。位于村委会西 800 米。东邻土围墙，南界刀坡岭山，西至郭家台子，北连徐咀水库。总面积 0.21 平方千米，耕地面积 14.2 公顷。15 户，60 人。主产水稻、小麦、玉米，兼种油桃。村落形态呈散状，房屋结构以坡房为主。

姚家湾【Yáojiāwān】 以姓氏命名。因姚姓聚居而得名。1958 年隶属胜利二大队；1980 年隶属吴集大队；1984 年隶属吴集村至今。位于村委会西南 4 千米。东邻干冲，南界界山冲，西至关门山，北连余家洼子。总面积 1.24 平方千米，耕地面积 17.1 公顷。1 户，3 人。主产水稻、小麦、玉米，兼种油桃。村落形态呈散状，房屋结构以坡房为主。

余家岗【Yújiāgǎng】 以姓氏和地形综合命名。因余姓建村于岗上而得名。1958 年隶属胜利二大队；1980 年隶属吴集大队；1984 年隶属吴集村至今。位于村委会西南 2.5 千米。东邻江踏子，南界余家洼子，西至余家老湾，北连郭家台子。总面积 0.27 平方千米，耕地面积 5.5 公顷。6 户，20 人。主产水稻、小麦、玉米。村落形态呈散状，房屋结构以坡房为主。

余家老湾【Yújiālǎowān】 以姓氏和建村时间综合命名。因余姓聚居且建村早而得名。1958 年隶属胜利二大队；1980 年隶属吴集大队；1984 年隶属吴集村至今。位于村委会西 2.5 千米。东邻余家岗，南界余家洼子，西至范湾村楼子湾，北连郭家台子。总面积 0.25 平方千米，耕地面积 5.1 公顷。3 户，10 人。主产水稻、小麦、玉米。村落形态呈散状，房屋结构以坡房为主。

余家洼子【Yújiāwāzi】 以姓氏和地形综合命名。因余姓聚居山洼而得名。1958 年隶属胜利二大队；1980 年隶属吴集大队；1984 年隶属吴集村至今。位于村委会西南 2.5 千米。东邻刀坡岭山边，南界马冲，西至余家岗，北连江踏子。总面积 0.27 平方千米，耕地面积 5.1 公顷。6 户，20 人。主产水稻、小麦、玉米。村落形态呈散状，房屋结构以坡房为主。

新集街村【Xīnjíjiēcūn】

以新集街自然集镇命名。1958年为胜利五大队，隶属钢铁公社；1961年隶属平林区；1975年隶属平林公社；1980年为新集街大队，隶属平林公社；1984年为新集街村，隶属平林区；1987年隶属平林镇至今。位于镇政府东南10千米。东邻随县洪山镇郭集村，南界包家畈村，西至杨集村，北连雷山村。辖13个自然村，总面积5.45平方千米，耕地面积294公顷。408户，1415人。主产水稻、小麦、杂粮，兼种油桃。随南路过境，村委会驻南门。

杜家老湾【Dùjiālǎowān】 以姓氏和时间综合命名。因杜姓聚居建村较早而得名。1958年隶属胜利五大队；1980年隶属新集街大队；1984年隶属新集街村至今。位于村委会西1.5千米。东邻西河，南界包家畈村田家湾，西至中心湾，北连杨集村李家湾。总面积0.4平方千米，耕地面积5公顷。5户，20人。主产水稻、小麦，兼种油桃。村落形态呈散状，房屋结构以坡房为主。

观音寺【Guānyīnsì】 以寺庙命名。因村内原有座观音寺而得名。1958年隶属胜利五大队；1980年隶属新集街大队；1984年隶属新集街村至今。位于村委会北1.5千米。东邻盘龙树，南界新集，西至两河口，北连雷山村中石桥。总面积0.7平方千米，耕地面积20公顷。16户，70人。主产水稻、小麦。村落形态呈散状，房屋结构以坡房为主。

黄家岗【Huángjiāgǎng】 以姓氏和地形综合命名。因黄姓聚居岗上而得名。1958年隶属胜利五大队；1980年隶属新集街大队；1984年隶属新集街村至今。位于村委会西2.4千米。东邻中心湾，南界包家畈村下陈家岗，西至四井岗村下九口堰，北连杨集村果园场。总面积0.3平方千米，耕地面积6公顷。2户，10人。主产水稻、小麦，兼种油桃。村落形态呈散状，房屋结构以坡房为主。

两河口【Liǎnghékǒu】 以河流数量和地形综合命名。因村建在新集东、西两河交汇处，故名。1958年隶属胜利五大队；1980年隶属新集街大队；1984年隶属新集街村至今。位于村委会西北2千米。东邻观音寺，南界西河，西至杨集村李家老湾，北连雷山村南凹子。总面积0.1平方千米，耕地面积6公顷。2户，10人。主产水稻、小麦，兼种油桃。村落形态呈散状，房屋结构以平房为主。

楼子湾【Lóuziwān】 以建筑物命名。因村内盖有两间楼房而得名。1958年隶属胜利五大队；1980年隶属新集街大队；1984年隶属新集街村至今。位于村委会东2.5千米。东邻随县洪山镇观音堂村柏树坟，南界松树洼子，西至盘龙树，北连雷山村刘家祠堂。总面积0.4平方千米，耕地面积20公顷。14户，50人。主产水稻、小麦，兼种油桃。村落形态呈散状，房屋结构以坡房为主。

麦斗湾【Màidǒuwān】 以植物谐音命名。因村周围田里长有许多俗称麦豆豌的野草而得名。1958年隶属胜利五大队；1980年隶属新集街大队；1984年隶属新集街村至今。位于村委会东800米。东邻随县洪山镇刘家崖子，南界跑马岗，西至南门，北连楼子湾。总面积0.15平方千米，耕地面积10公顷。5户，10人。主产水稻、小麦，兼种油桃。村落形态呈散状，房屋结构以坡房为主。

南门【Nánmén】 以方位命名。因村建在新集南门路口而得名。1958年隶属胜利五大队；1980年隶属新集街大队；1984年隶属新集街村至今。村委会驻地。东邻松树洼子，南界跑马岗，西至新集，北连观音寺。总面积0.3平方千米，耕地面积30公顷。51户，152人。主产水稻、小麦、杂粮。村落形态呈线状，房屋结构以楼房为主。

盘龙树【Pánlóngshù】 以植物形状命名。因村前有棵大黄楝树，葛藤像一条龙盘绕在树上而得名。1958年隶属胜利五大队；1980年隶属新集街大队；1984年隶属新集街村至今。位于村委会东北2千米。东邻楼子湾，南界新集街，西至观音寺，北连雷山村狮子湾。总面积面积0.9平方千米，耕地面积80公顷。35户，130人。主产水稻、小麦，兼种油桃。村落形态呈团状，房屋结构以坡房为主。

跑马岗【Pǎomǎgǎng】 以传说命名。据传，东汉时期光武帝刘秀在这一带住过，所率领的部下经常在此岗跑马练武，故名。1958年隶属胜利五大队；1980年隶属新集街大队；1984年隶属新集街村至今。位于村委会南500米。东邻麦斗湾，南界胡湾村五斗庙，西至西河，北连南门。总面积0.3平方千米，耕地面积20公顷。25户，80人。主产水稻、小麦，兼种油桃。村落形态呈散状，房屋结构以坡房为主。

松树洼子【Sōngshùwāzi】 以植物和地形综合命名。因村建在松树较多的山洼里而得名。1958年隶属胜利五大队；1980年隶属新集街大队；1984年隶属新集街村至今。位于村委会东1千米。东邻盘龙树，南界南门，西至观音寺，北连楼子湾。总面积0.1平方千米，耕地面积10公顷。2户，3人。主产水稻、小麦、玉米。村落形态呈散状，房屋结构以坡房为主。

西河【Xīhé】 以方位和河流综合命名。因村建在小河西岸，故名。1958年隶属胜利五大队；1980年隶属新集街大队；1984年隶属新集街村至今。位于村委会西1千米。东邻新集街，南界包家畈村叶家湾，西至杜家老湾，北连两河口。总面积0.2平方千米，耕地面积12公顷。40户，130人。主产水稻、小麦、杂粮。村落形态呈线状，房屋结构以坡房为主。

新集【Xīnjí】 以传说命名。相传早年跑马岗的刘集迁至此地而得名。1958年隶属胜利五大队；1980年隶属新集街大队；1984年隶属新集街村至今。位于村委会西北500米。东邻盘龙树，南界包家畈村杉树园，西至西河，北连观音寺。总面积1平方千米，耕地面积50公顷。180户，670人。主产水稻、小麦、杂粮。村落形态呈线状，房屋结构以平房为主。

中心湾【Zhōngxīnwān】 以方位命名。因村建于李家冲的中心处而得名。1958年隶属胜利五大队；1980年隶属新集街大队；1984年隶属新集街村至今。位于村委会西1.9千米。东邻杜家老湾，南界包家畈村张冲，西至黄家岗，北连杨集村杨集。总面积0.6平方千米，耕地面积25公顷。31户，80人。主产水稻、小麦，兼种油桃。村落形态呈团状，房屋结构以坡房为主。

新庄子村【Xīnzhuāngzicūn】

以新庄子自然村命名。1958年为年丰七大队，隶属钢铁公社；1961年隶属平林区；1975年隶属平林公社；1980年为新庄子大队，隶属平林公社；1984年为新庄子村，隶属平林区；1987年隶属平林镇至今。位于镇政府东北4.5千米。东邻吴店镇何湾村，南界方家湾村，西至杜家老湾村，北连吴店镇达子村。辖29个自然村，总面积13.3平方千米，耕地面积141.73公顷。228户，1117人。主产水稻、小麦，兼种优质桃树，另有养猪和水产养殖户。枣潜路过境，村委会驻张家油坊。

椿树湾【Chūnshùwān】 以植物命名。因村内有棵大椿树，故名。1958年隶属年丰七大队；1980年隶属新庄子大队；1984年隶属新庄子村至今。位于村委会南1.3千米。东邻新庄子，南界郑家湾，西至竹林湾，北连张家湾。总面积0.8平方千米，耕地面积7.7公顷。13户，60人。主产水稻、小麦、玉米。村落形态呈团状，房屋结构以平房和坡房为主。

撮箕洼【Cuōjīwā】 以地形命名。因村建于形似撮箕的山洼里而得名。1958年隶属年丰七大队；1980年隶属新庄子大队；1984年隶属新庄子村至今。位于村委会西北3.1千米。东邻楼子湾，南界郭家湾，西至杜家老湾村汤畈，北连皮家湾。总面积0.1平方千米，耕地面积1.9公顷。2户，10人。主产水稻、小麦、玉米。村落形态呈散状，房屋结构以坡房为主。

大稻场【Dàdàochǎng】 以稻场面积命名。因村建在大稻场旁，故名。1958年隶属年丰七大队；1980年隶属新庄子大队；1984年隶属新庄子村至今。位于村委会东900米。东邻干冲，南界新庄子，西至张家湾，北连堰角。总面积0.8平方千米，耕地面积7.2公顷。13户，60人。主产水稻、小麦、玉米。村落形态呈团状，房屋结构以平房和坡房为主。

大黄家湾【Dàhuángjiāwān】 以规模和姓氏综合命名。因黄姓聚居村子较大，故名。1958年隶属年丰七大队；1980年隶属新庄子大队；1984年隶属新庄子村至今。位于村委会北5.4千米。东邻吴店镇达子村楸树湾，南界小黄家湾，西至小莫家老湾，北连吴店镇达子村龙窝。总面积0.3平方千米，耕地面积3公顷。4户，20人。主产水稻、小麦、玉米。村落形态呈散状，房屋结构以平房和坡房为主。

大莫家老湾【Dàmòjiālǎowān】 以规模和姓氏综合命名。因莫姓聚居村子较大，故名。1958年隶属年丰七大队；1980年隶属新庄子大队；1984年隶属新庄子村至今。位于村委会北4.7千米。东邻小莫家老湾，南界台子湾，西至吴店镇达子村易仓，北连大黄家湾。总面积0.3平方千米，耕地面积2.9公顷。5户，20人。主产水稻、小麦、玉米。村落形态呈散状，房屋结构以平房和坡房为主。

杜家湾【Dùjiāwān】 以姓氏命名。因杜姓聚居而得名。1958年隶属年丰七大队；1980年隶属新庄子大队；1984年隶属新庄子村至今。位于村委会西2.7千米。东邻南湾，南界张家湾，西至郭家湾，北连吴店镇达子村易仓。总面积0.3平方千米，耕地面积2.8公顷。4户，30人。主产水稻、小麦、玉米。村落形态呈散状，房屋结构以坡房为主。

干冲【Gānchōng】 以地形命名。因村建于时常缺水的田冲旁，故名。1958年隶属年丰七大队；1980年隶属新庄子大队；1984年隶属新庄子村至今。位于村委会东1.9千米。东邻横冲洼子，南界新庄子，西至大稻场，北连杨树井。总面积0.4平方千米，耕地面积3.8公顷。7户，40人。主产水稻、小麦、玉米。村落形态呈散状，房屋结构以平房和坡房为主。

郭家湾【Guōjiāwān】 以姓氏命名。因郭姓聚居而得名。1958年隶属年丰七大队；1980年隶属新庄子大队；1984年隶属新庄子村至今。位于村委会西2.9千米。东邻杜家湾，南界碾子湾，西至杜家老湾村肖家湾，北连撮箕洼。总面积0.1平方千米，耕地面积1.8公顷。2户，10人。主产水稻、小麦、玉米。村落形态呈散状，房屋结构以坡房为主。

横冲洼子【Héngchōngwāzi】 以地形命名。因村建于横冲的洼里而得名。1958年隶属年丰七大队；1980年隶属新庄子大队；1984年隶属新庄子村至今。位于村委会东2千米。东邻吴店镇何湾村周家湾，南界史家湾，西至张家湾，北连干冲。总面积0.2平方千米，耕地面积1.9公顷。3户，20人。主产水稻、小麦、玉米。村落形态呈散状，房屋结构以坡房为主。

黄家湾【Huángjiāwān】 以姓氏命名。因黄姓聚居而得名。1958年隶属年丰七大队；1980年隶属新庄子大队；1984年隶属新庄子村至今。位于村委会北2.2千米。东邻窑沟，南界楼子湾，西至撮箕洼，北连皮家湾。总面积0.3平方千米，耕地面积4.33公顷。4户，20人。主产水稻、小麦、玉米。村落形态呈散状，房屋结构以坡房为主。

楼子湾【Lóuziwān】 以建筑物命名。因村内有个炮楼，故名。1958年隶属年丰七大队；1980年隶属新庄子大队；1984年隶属新庄子村至今。位于村委会西2.1千米。东邻窑沟，南界杜家湾，西至杜家老湾村白庙，北连马家湾。总面积0.4平方千米，耕地面积3.9公顷。7户，30人。主产水稻、小麦、玉米。村落形态呈散状，房屋结构以平房和坡房为主。

马家湾【Mǎjiāwān】 以姓氏命名。因马姓聚居而得名。1958年隶属年丰七大队；1980年隶属新庄子大队；1984年隶属新庄子村至今。位于村委会南2.1千米。东邻张家油坊，南界平林村月亮湾，西至平林村院墙湾，北连皮家坟茔。总面积0.5平方千米，耕地面积16公顷。26户，120人。主产水稻、小麦、玉米。村落形态呈团状，房屋结构以平房和坡房为主。

马家湾【Mǎjiāwān】 以姓氏命名。因马姓聚居而得名。1958年隶属年丰七大队；1980年隶属新庄子大队；1984年隶属新庄子村至今。位于村委会北3.5千米。东邻黄家湾，南界窑沟，西至撮箕洼，北连皮家湾。总面积0.3平方千米，耕地面积2.9公顷。3户，10人。主产水稻、小麦、玉米。村落形态呈散状，房屋结构以坡房为主。

南湾【Nánwān】 以方位命名。因村建在杜家湾南而得名。1958年隶属年丰七大队；1980年隶属新庄子大队；1984年隶属新庄子村至今。位于村委会西1.7千米。东邻中湾，南界张家湾，西至杜家湾，北连黄家湾。总面积0.3平方千米，耕地面积2.9公顷。4户，20人。主产水稻、小麦、玉米。村落形态呈散状，房屋结构以坡房为主。

碾子湾【Niǎnziwān】 以碾子命名。因村内有盘材质好的碾子而得名。1958年隶属年丰七大队；1980年隶属新庄子大队；1984年隶属新庄子村至今。位于村委会南2.4千米。东邻堰角，南界王家湾，西至南湾，北连中湾。总面积0.3平方千米，耕地面积2.9公顷。5户，30人。主产水稻、小麦、玉米。村落形态呈散状，房屋结构以坡房为主。

牌坊湾【Páifángwān】 以建筑物命名。因村内曾立过牌坊，故名。1958年隶属年丰七大队；1980年隶属新庄子大队；1984年隶属新庄子村至今。位于村委会南2.2千米。东邻郑家湾，南界平林村月亮湾，西至庙湾，北连张家油坊。总面积0.2平方千米，耕地面积2.1公顷。4户，20人。主产水稻、小麦、玉米。村落形态呈散状，房屋结构以坡房为主。

皮家坟茔【Píjiāfényíng】 以姓氏和坟墓综合命名。因村建于皮姓老坟地旁而得名。1958年隶属年丰七大队；1980年隶属新庄子大队；1984年隶属新庄子村至今。位于村委会南2.6千米。东邻竹林湾，南界马家湾，西至杜家老湾村邓家畈，北连张家湾。总面积0.5平方千米，耕地面积4.8公顷。7户，40人。主产水稻、小麦、玉米。村落形态呈散状，房屋结构以平房和坡房为主。

皮家湾【Píjiāwān】 以姓氏命名。因皮姓聚居而得名。1958年隶属年丰七大队；1980年隶属新庄子大队；1984年隶属新庄子村至今。位于村委会北4.2千米。东邻小莫家老湾，南界马家湾，西至吴店镇达子村易仓，北连台子湾。总面积0.4平方千米，耕地面积3.7公顷。6户，30人。主产水稻、小麦、玉米。村落形态呈散状，房屋结构以平房和坡房为主。

台子湾【Táiziwān】 以地形命名。因村建于高台子上，故名。1958年隶属年丰七大队；1980年隶属新庄子大队；1984年隶属新庄子村至今。位于村委会北4.4千米。东邻小莫家老湾，南界皮家湾，西至吴店镇达子村易仓，北连大莫家老湾。总面积0.1平方千米，耕地面积0.9公顷。1户，1人。主产水稻、小麦、玉米。村落形态呈散状，房屋结构以坡房为主。

小黄家湾【Xiǎohuángjiāwān】 以规模和姓氏综合命名。因黄姓聚居村子较小，故名。1958年隶属年丰七大队；1980年隶属新庄子大队；1984年隶属新庄子村至今。位于村委会北5.3千米。东邻吴店镇达子村仇家祠堂，南界小莫家老湾，西至大莫家老湾，北连大黄家湾。总面积0.2平方千米，耕地面积1.2公顷。3户，20人。主产水稻、小麦、玉米。村落形态呈散状，房屋结构以坡房为主。

小莫家老湾【Xiǎomòjiālǎowān】 以规模和姓氏综合命名。因莫姓聚居村子较小，故名。1958年隶属年丰七大队；1980年隶属新庄子大队；1984年隶属新庄子村至今。位于村委会北4.9千米。东邻吴店镇达子村仇家祠堂，南界张家老湾，西至台子湾，北连大黄家湾。总面积0.3平方千米，耕地面积2.8公顷。5户，20人。主产水稻、小麦、玉米。村落形态呈散状，房屋结构以平房和坡房为主。

新庄子【Xīnzhuāngzi】 清朝建村，当时人习惯称其新庄子。1958年隶属年丰七大队；1980年隶属新庄子大队；1984年隶属新庄子村至今。位于村委会东1.4千米。东邻横冲洼子，南界椿树湾，西至张家湾，北连干冲。总面积0.9平方千米，耕地面积8.3公顷。16户，70人。主产水稻、小麦、玉米。村落形态呈团状，房屋结构以平房和坡房为主。

堰角【Yànjiǎo】 以方位命名。因村建在堰塘南角而得名。1958年隶属年丰七大队；1980年隶属新庄子大队；1984年隶属新庄子村至今。位于村委会南800米。东邻干冲，南界椿树湾，西至中湾，北连杨树井。总面积0.1平方千米，耕地面积1公顷。2户，16人。主产水稻、小麦、玉米。村落形态呈散状，房屋结构以坡房为主。

杨树井【Yángshùjǐng】 以植物和水井综合命名。因村内的一棵大杨树下有口古井，故名。1958年隶属年丰七大队；1980年隶属新庄子大队；1984年隶属新庄子村至今。位于村委会东1.3千米。东邻吴店镇何湾村周家湾，南界干冲，西至大稻场，北连小黄家湾。总面积1.8平方千米，耕地面积17.3公顷。28户，150人。主产水稻、小麦、玉米。村落形态呈散状，房屋结构以平房和坡房为主。

窑沟【Yáogōu】 以炭窑和地形综合命名。因地处山沟且村旁有座炭窑而得名。1958年隶属年丰七大队；1980年隶属新庄子大队；1984年隶属新庄子村至今。位于村委会西1.5千米。东邻大稻场，南界中湾，西至楼子湾，北连黄家湾。总面积0.6平方千米，耕地面积5.8公顷。9户，40人。主产水稻、小麦、玉米。村落形态呈散状，房屋结构以平房和坡房为主。

张家湾【Zhāngjiāwān】 以姓氏命名。因张姓聚居而得名。1958年隶属年丰七大队；1980年隶属新庄子大队；1984年隶属新庄子村至今。位于村委会东600米。东邻大稻场，南界椿树湾，西至王家湾，北连堰角。总面积0.6平方千米，耕地面积5.1公顷。11户，50人。主产水稻、小麦、玉米。村落形态呈线状，房屋结构以平房和坡房为主。

张家油坊【Zhāngjiāyóufáng】 以姓氏和作坊综合命名。因张姓聚居，曾开设过油坊，故名。1958年隶属年丰七大队；1980年隶属新庄子大队；1984年隶属新庄子村至今。村委会驻地。东邻郑家湾，南界方家湾村小苏家冲，西至马家湾，北连竹林湾。总面积1.7平方千米，耕地面积16公顷。26户，120人。主产水稻、小麦、玉米。村落形态呈线状，房屋结构以坡房和楼房为主。

中湾【Zhōngwān】 以方位命名。因村建在南湾和张家老湾之间，故名。1958年隶属年丰七大队；1980年隶属新庄子大队；1984年隶属新庄子村至今。位于村委会南2.1千米。东邻张家老湾，南界碾子湾，西至南湾，北连窑沟。总面积0.2平方千米，耕地面积3.9公顷。3户，20人。主产水稻、小麦、玉米。村落形态呈散状，房屋结构以坡房为主。

竹林湾【Zhúlínwān】 以植物命名。因村旁有片竹林，故名。1958年隶属年丰七大队；1980年隶属新庄子大队；1984年隶属新庄子村至今。位于村委会南1.6千米。东邻椿树湾，南界苏家咀，西至皮家坟茔，北连张家湾。总面积0.3平方千米，耕地面积2.9公顷。5户，20人。主产水稻、小麦、玉米。村落形态呈散状，房屋结构以平房和坡房为主。

杨集村【Yángjícūn】

以杨家集自然村命名。1958年为胜利九大队，隶属钢铁公社；1961年隶属平林区；1975年隶属平林公社；1980年为杨集大队；1984年为杨集村，隶属平林区；1987年隶属平林镇；2002年原中湾村并入，隶属平林镇至今。位于镇政府东南10千米。东邻雷山村，南界新集街村，西至四井岗村，北连方家湾村。辖35个自然村，总面积7.66平方千米，耕地面积390.6公顷。384户，1250人。主产水稻、小麦、玉米、花生，兼种油桃。村委会驻杨家集。

白鹤湾【Báihèwān】 以动物命名。因村内树多，常有白鹤栖息而得名。1958年隶属胜利六大队；1980年隶属中湾大队；1984年隶属中湾村；2002年隶属杨集村至今。位于村委会北3千米。东邻陈家湾，南界四井岗村杨岗，西至四井岗村台子湾，北连余咀村中湾。总面积0.2平方千米，耕地面积10公顷。10户，30人。主产水稻、小麦、玉米，兼种油桃。村落形态呈散状，房屋结构以坡房为主。

鞭铺【Biānpù】 以鞭炮作坊命名。因村内开过鞭炮铺而得名。1958年隶属胜利九大队；1980年隶属杨集大队；1984年隶属杨集村至今。位于村委会东北2千米。东邻孔家湾，南界黄家凹子，西至刘家壕，北连白鹤湾。总面积0.28平方千米，耕地面积20公顷。17户，80人。主产水稻、小麦、玉米，兼种油桃。村落形态呈散状，房屋结构以坡房为主。

陈家湾【Chénjiāwān】 以姓氏命名。因陈姓聚居而得名。1958年隶属胜利六大队；1980年隶属中湾大队；1984年隶属中湾村；2002年隶属杨集村至今。位于村委会东北2千米。东邻魏家庄，南界鞭铺，西至四井岗村杨岗，北连方湾村上胡家老湾。总面积0.3平方千米，耕地面积10公顷。13户，40人。主产水稻、小麦、玉米，兼种油桃。村落形态呈散状，房屋结构以坡房为主。

顶湾【Dǐngwān】 以地形命名。因建村处地势高而得名。1958年隶属胜利六大队；1980年隶属中湾大队；1984年隶属中湾村；2002年隶属杨集村至今。位于村委会东北2.5千米。东邻余家湾，南界孔家湾，西至上榨，北连方湾村。总面积 0.35 平方千米，耕地面积 20 公顷。18 户，50 人。主产水稻、小麦、玉米，兼种油桃。村落形态呈散状，房屋结构以坡房为主。

墩子河【Dūnzihé】 以石墩和河流命名。因村前河里修有石墩子而得名。1958 年隶属胜利九大队；1980 年隶属杨集大队；1984 年隶属杨集村至今。位于村委会东南 1.5 千米。东邻老林场，南界新集街，西至后李家湾，北连黄家岩子。总面积 0.2 平方千米，耕地面积 10 公顷。7 户，20 人。主产水稻、小麦、玉米，兼种油桃。村落形态呈散状，房屋结构以坡房为主。

岗头【Gǎngtóu】 以地形命名。因村建在山岗的前端而得名。1958 年隶属胜利六大队；1980 年隶属中湾大队；1984 年隶属中湾村；2002 年隶属杨集村至今。位于村委会东北 2 千米。东邻雷山村前石冲，西至中湾，北连李家湾。总面积 0.1 平方千米，耕地面积 5 公顷。2 户，10 人。主产水稻、小麦、玉米，兼种油桃。村落形态呈散状，房屋结构以坡房为主。

高家庄【Gāojiāzhuāng】 以姓氏命名。因高姓聚居而得名。1958 年隶属胜利九大队；1980 年隶属杨集大队；1984 年隶属杨集村至今。位于村委会北 1.2 千米。东南邻刘家壕，西至李家塝子，北连四井岗村杨岗。总面积 0.2 平方千米，耕地面积 10 公顷。48 户，110 人。主产水稻、小麦、玉米，兼种油桃。村落形态呈散状，房屋结构以坡房为主。

后李家湾【Hòulǐjiāwān】 以姓氏和方位综合命名。因李姓分居两村，该村位于前李家湾西，故名。1958 年隶属胜利九大队；1980 年隶属杨集大队；1984 年隶属杨集村至今。位于村委会南 500 米。东邻前李家湾，南界胡家咀，西至里冲，北连杨家集。总面积 0.1 平方千米，耕地面积 6.6 公顷。5 户，10 人。主产水稻、小麦、玉米。村落形态呈散状，房屋结构以坡房为主。

胡家咀【Hújiāzuǐ】 以姓氏和地形综合命名。因胡姓建村山咀下而得名。1958 年隶属胜利九大队；1980 年隶属杨集大队；1984 年隶属杨集村至今。位于村委会南 200 米。东邻新集街村两河口，南界新集街，西至里冲，北连后李家湾。总面积 0.2 平方千米，耕地面积 8 公顷。8 户，30 人。主产水稻、小麦、玉米，兼种油桃。村落形态呈散状，房屋结构以坡房为主。

黄家岩子【Huángjiāyánzi】 以姓氏和地形综合命名。因黄姓聚居山崖子下而得名。1958 年隶属胜利九大队；1980 年隶属杨集大队；1984 年隶属杨集村至今。位于村委会东 1.5 千米。东邻孔家湾，南界墩子河，西至杨家集，北连鞭铺。总面积 0.3 平方千米，耕地面积 20 公顷。15 户，40 人。主产水稻、小麦、玉米，兼种油桃。村落形态呈散状，房屋结构以坡房为主。

荆树咀子【Jīngshùzuǐzi】 以植物和地形综合命名。因村建在长满荆棘的山咀下而得名。1958 年隶属胜利九大队；1980 年隶属杨集大队；1984 年隶属杨集村至今。位于村委会北 500 米。东邻黄家岩子，南界西坡，西至四井岗村台子湾，北连杨家老湾。总面积 0.2 平方千米，耕地面积 10 公顷。13 户，40 人。主产水稻、小麦、玉米，兼种油桃。村落形态呈散状，房屋结构以坡房为主。

孔家湾【Kǒngjiāwān】 以姓氏命名。因孔姓聚居而得名。1958 年隶属胜利六大队；1980 年隶属中湾大队；1984 年隶属中湾村；2002 年隶属杨集村至今。位于村委会东北 1.5 千米。东邻乌挡角，南界岩子，西至鞭铺，北连上榨。总面积 0.3 平方千米，耕地面积 10 公顷。15 户，40 人。主产水稻、小麦、玉米，兼种油桃。村落形态呈散状，房屋结构以坡房为主。

老学校【Lǎoxuéxiào】 以校址命名。因村旁曾建过学校而得名。1958年隶属胜利九大队；1980年隶属杨集大队；1984年隶属杨集村至今。位于村委会西100米。东邻村委会，西、南界里冲，北连赵家咀子。总面积0.18平方千米，耕地面积10公顷。7户，20人。主产水稻、小麦、玉米，兼种油桃。村落形态呈散状，房屋结构以坡房为主。

李家塝子【Lǐjiābàngzi】 以姓氏和地形综合命名。因李姓聚居田冲的塝子旁，故名。1958年隶属胜利九大队；1980年隶属杨集大队；1984年隶属杨集村至今。位于村委会西北900米。东邻鞭铺，南界杨家老湾，西至四井岗村台子湾，北连四井岗村杨岗。总面积0.3平方千米，耕地面积20公顷。12户，40人。主产水稻、小麦、玉米，兼种油桃。村落形态呈散状，房屋结构以坡房为主。

李家湾【Lǐjiāwān】 以姓氏命名。因李姓聚居而得名。1958年隶属胜利九大队；1980年隶属杨集大队；1984年隶属杨集村至今。位于村委会东北2.5千米。东邻雷山村竹林湾，南界岗头湾，西至罗家祠堂，北连罗家湾。总面积0.17平方千米，耕地面积11公顷。3户，10人。主产水稻、小麦、玉米，兼种油桃。村落形态呈散状，房屋结构以坡房为主。

李家湾【Lǐjiāwān】 以姓氏命名。因李姓聚居而得名。1958年隶属胜利六大队；1980年隶属中湾大队；1984年隶属中湾村；2002年隶属杨集村至今。位于村委会东北2千米。东邻雷山村竹林湾，南界岗头，西至罗家祠堂，北连罗家湾。总面积0.2平方千米，耕地面积5公顷。3户，10人。主产水稻、小麦、玉米，兼种油桃。村落形态呈散状，房屋结构以坡房为主。

刘家壕【Liújiāháo】 以姓氏和壕沟综合命名。因刘姓聚居的村周围挖有壕沟而得名。1958年隶属胜利九大队；1980年隶属杨集大队；1984年隶属杨集村至今。位于村委会西北1千米。东邻鞭铺，南界赵家咀，西至李家塝子，北连白鹤湾。总面积0.1平方千米，耕地面积3公顷。3户，10人。主产水稻、小麦、玉米，兼种油桃。村落形态呈散状，房屋结构以坡房为主。

罗家祠堂【Luójiācítáng】 以姓氏和建筑综合命名。因罗姓在村内修建有祠堂而得名。1958年隶属胜利六大队；1980年隶属中湾大队；2002年隶属杨集村至今。位于村委会东北1.7千米。东邻李家湾，南界岩子，西至孔家湾，北连李家湾。总面积0.3平方千米，耕地面积10公顷。13户，40人。主产水稻、小麦、玉米，兼种油桃。村落形态呈散状，房屋结构以坡房为主。

罗家咀【Luójiāzuǐ】 以姓氏和地形综合命名。因罗姓聚居山咀旁，故名。1958年隶属胜利六大队；1980年隶属中湾大队；1984年隶属中湾村；2002年隶属杨集村至今。位于村委会东北3千米。东邻雷山村秀才湾，西、南界罗家湾，北连王家庄。总面积0.2平方千米，耕地面积15公顷。7户，30人。主产水稻、小麦、玉米，兼种油桃。村落形态呈散状，房屋结构以坡房为主。

罗家湾【Luójiāwān】 以姓氏命名。因罗姓聚居而得名。1958年隶属胜利六大队；1980年隶属中湾大队；1984年隶属中湾村；2002年隶属杨集村至今。位于村委会东北2.5千米。东邻雷山村前石冲，南界岗头，西至中湾，北连罗家咀。总面积0.3平方千米，耕地面积10公顷。11户，40人。主产水稻、小麦、玉米，兼种油桃。村落形态呈散状，房屋结构以坡房为主。

前李家湾【Qiánlǐjiāwān】 以姓氏和方位综合命名。因李姓分居两村，该村位于后李家湾东，故名。1958年隶属胜利九大队；1980年隶属杨集大队；1984年隶属杨集村至今。位于村委会东南300米。东邻里冲，南界胡家咀，西至后李家湾，北连杨家集。总面积0.2平方千米，耕地面积20公顷。34户，130人。主产水稻、小麦、玉米，兼种油桃。村落形态呈散状，房屋结构以坡房为主。

上榨【Shàngzhà】 以植物和方位综合命名。因村旁榨树多地势较高而得名。1958年隶属胜利六大队；1980年隶属中湾大队；1984年隶属中湾村；2002年隶属杨集村至今。位于村委会东北2千米。东邻顶湾，南界白鹤湾，西至台子湾，北连上藕堰。总面积0.25平方千米，耕地面积15公顷。5户，20人。主产水稻、小麦、玉米，兼种油桃。村落形态呈散状，房屋结构以坡房为主。

台子【Táizi】 以地形命名。因村建在土台子上而得名。1958年隶属胜利六大队；1980年隶属中湾大队；1984年隶属中湾村；2002年隶属杨集村至今。位于村委会北1.5千米。东邻孔家湾，南界黄家岩子，西至鞭铺，北连下榨。总面积0.2平方千米，耕地面积5公顷。3户，10人。主产水稻、小麦、玉米，兼种油桃。村落形态呈散状，房屋结构以坡房为主。

王家庄【Wángjiāzhuāng】 以姓氏命名。因王姓聚居而得名。1958年隶属胜利六大队；1980年隶属中湾大队；1984年隶属中湾村；2002年隶属杨集村至今。位于村委会东北3.5千米。东邻雷山村秀才湾，南界中湾，西至新稻场，北连朱家湾。总面积0.2平方千米，耕地面积10公顷。5户，20人。主产水稻、小麦、玉米，兼种油桃。村落形态呈散状，房屋结构以坡房为主。

魏家老庄【Wèijiālǎozhuāng】 以姓氏和建村时间综合命名。因魏姓聚居且建村较早而得名。1958年隶属胜利六大队；1980年隶属中湾大队；1984年隶属中湾村；2002年隶属杨集村至今。位于村委会东北2千米。东邻上榨，南界孔家湾，西至刘家壕，北连方湾村上胡家老湾。总面积0.2平方千米，耕地面积9公顷。26户，80人。主产水稻、小麦、玉米，兼种油桃。村落形态呈散状，房屋结构以坡房为主。

乌挡角【Wūdǎngjiǎo】 以水色和方位综合命名。因村建挡坝角，挡水浑浊呈黑色，故名。1958年隶属胜利六大队；1980年隶属中湾大队；1984年隶属中湾村；2002年隶属杨集村至今。位于村委会东北1.5千米。东邻罗家祠堂，南界黄家岩子，西至孔家湾，北连中湾。总面积0.2平方千米，耕地面积5公顷。2户，10人。主产水稻、小麦、玉米，兼种油桃。村落形态呈散状，房屋结构以坡房为主。

西坡【Xīpō】 以方位和地形综合命名。因村建于山坡且位于杨家集西面而得名。1958年隶属胜利六大队；1980年隶属杨集大队；1984年隶属杨集村至今。位于村委会北200米。东邻杨家集，南界老学校，西至赵家咀，北连四井岗村台子湾。总面积0.2平方千米，耕地面积10公顷。9户，30人。主产水稻、小麦、玉米，兼种油桃。村落形态呈散状，房屋结构以坡房为主。

下榨【Xiàzhà】 以植物和方位综合命名。因村旁榨树多地势较低而得名。1958年隶属胜利六大队；1980年隶属中湾大队；1984年隶属中湾村；2002年隶属杨集村至今。位于村委会东北2.5千米。东邻顶湾，南界上榨，西至林家湾，北连方湾村刘家老湾。总面积0.2平方千米，耕地面积10公顷。7户，20人。主产水稻、小麦、玉米，兼种油桃。村落形态呈散状，房屋结构以坡房为主。

岩子【Yánzi】 以地形命名。因村建在山岩下而得名。1958年隶属胜利六大队；1980年隶属中湾大队；1984年隶属中湾村；2002年隶属杨集村至今。位于村委会东北1.5千米。东邻雷山村柳家湾，南界墩子河，西至黄家岩子，北连罗家祠堂。总面积0.1平方千米，耕地面积5公顷。3户，10人。主产水稻、小麦、玉米，兼种油桃。村落形态呈散状，房屋结构以坡房为主。

杨家冲【Yángjiāchōng】 以姓氏和地形综合命名。因杨姓聚居山冲旁而得名。1958年隶属胜利六大队；1980年隶属中湾大队；1984年隶属中湾村；2002年隶属杨集村至今。位于村委会东北2千米。东、南邻下王家庄，西至罗家咀，北连朱家湾。总面积0.2平方千米，耕地面积12公顷。3户，10人。主产水稻、小麦、玉米，兼种油桃。村落形态呈散状，房屋结构以坡房为主。

杨家集【Yángjiājí】 以姓氏和集市综合命名。因清朝时杨姓在此设集市，故名。1958年隶属胜利九大队；1980年隶属杨集大队；1984年隶属杨集村至今。村委会驻地。东邻黄家岩子，南界后李家湾，西至老学校，北连西坡。总面积0.45平方千米，耕地面积30公顷。37户，140人。主产水稻、小麦、玉米，兼种油桃。村落形态呈散状，房屋结构以坡房为主。

杨家老湾【Yángjiālǎowān】 以姓氏和建村时间综合命名。因杨姓聚居且建村早而得名。1958年隶属胜利九大队；1980年隶属杨集大队；1984年隶属杨集村至今。位于村委会北800米。东邻鞭铺，南界荆树咀子，西至四井岗村台子湾，北连赵家咀子。总面积0.2平方千米，耕地面积11公顷。5户，20人。主产水稻、小麦、玉米，兼种油桃。村落形态呈散状，房屋结构以坡房为主。

赵家咀【Zhàojiāzuǐ】 以姓氏和地形综合命名。因赵姓建村于山咀旁而得名。1958年隶属胜利九大队；1980年隶属杨集大队；1984年隶属杨集村至今。位于村委会北300米。东邻杨家集，南界老学校，西至里冲，北连蒿垫坡。总面积0.18平方千米，耕地面积10公顷。6户，20人。主产水稻、小麦、玉米，兼种油桃。村落形态呈散状，房屋结构以坡房为主。

赵家咀子【Zhàojiāzuǐzi】 以姓氏和地形综合命名。因赵姓聚居山咀旁而得名。1958年隶属胜利九大队；1980年隶属杨集大队；1984年隶属杨集村至今。位于村委会北1千米。东邻杨家老湾，南界刘家壕，西至四井岗村台子湾，北连四井岗村杨岗。总面积0.1平方千米，耕地面积5公顷。3户，10人。主产水稻、小麦、玉米，兼种油桃。村落形态呈散状，房屋结构以坡房为主。

朱家湾【Zhūjiāwān】 以姓氏命名。因朱姓聚居而得名。1958年隶属胜利六大队；1980年隶属中湾大队；1984年隶属中湾村；2002年隶属杨集村至今。位于村委会东北3千米。东邻上王家庄，南界王家庄，西至上榨，北连方湾村刘家老湾。总面积0.3平方千米，耕地面积10公顷。6户，20人。主产水稻、小麦、玉米，兼种油桃。村落形态呈散状，房屋结构以坡房为主。

第八章 七 方 镇

第一节 七方镇概况

七方镇【Qīfāngzhèn】

　　200多年前有个文姓人在此地居住,生七个儿子,娶七房媳妇,当地人将其宅邸称为"七房",后称"七方",故名。位于市政府西25千米。东邻北城街道,南界琚湾镇,西至襄州区双沟镇,北连杨垱镇。总面积261.54平方千米,耕地面积19738.85公顷。截至2014年,有21099户,96057万人。辖5个居委会、68个村。镇政府驻七方镇政府街36号。1951年为枣阳县第七区;1956年为七方区;1958年为幸福公社;1961年为七方区;1975年撤区并社为七方公社;1984年为七方镇。2001年原罗岗镇25个村、徐寨镇老街管理区8个村和蔡阳镇隆兴管理区7个村划归七方镇至今。2004年被评为"湖北省50强乡镇""襄樊市综合实力20强乡镇""襄樊明星镇"。七方镇是襄阳地区重要的畜禽商品生产基地,是枣阳市优质水稻、小麦、西瓜、油料生产区。该地种植的无籽西瓜、油桃远近遐迩。主要矿藏为膨润土和石膏石,其中膨润土藏量居全省首位。工业以纺织、化工、建材、农副产品加工为主。2014年,全镇有工业企业657家,其中年产值千万元以上的企业16家、百万元以上的企业72家、十万元以上企业569家。个体工商经营户2665户、7036人。农贸市场9个,年成交额超过2亿元,注册工商经营户,238户,年经营额超过1亿元。有农行分理处1个、信用社1家,下辖4个信用分社。全镇有21所幼儿园、1所镇直幼儿园、8所小学、2所初中,教师499人。拥有卫生院2家、村卫生室67个,专业医护人员162人,病床260张。316国道穿境而过,5条市乡级公路纵横交错。

第二节 城市社区、居民点

七方社区【Qīfāng Shèqū】

以七方集镇命名。1958年命名为七方大队,隶属幸福公社;1961年隶属七方区;1975年隶属七方公社;1984年为七方村,隶属七方镇;2003年与原居委会合并为七方社区,隶属七方镇至今。位于镇政府东南300米。东邻闫坡村,南界杜坡村,西至文庄村,北连文庄村。辖2个居民点,总面积2平方千米,耕地面积69.3公顷。710户,3120人。主产小麦、玉米,兼种蔬菜。居民经济形态以经商务工为主。316国道和423省道过境,居委会驻东风街市场。

新农村【Xīnnóngcūn】 1958年建村后称新农村。1958年隶属七方大队;1984年隶属七方村;2003年隶属七方社区。位于居委会西北400米。东邻镇卫生院,西至文庄村文庄,南界孙坡村小孙坡,北连文庄村小杨冲。总面积0.8平方千米,耕地面积40公顷。110户,420人。主产小麦、水稻,兼种蔬菜。居民经济形态以经商务工。村落形态呈线状,房屋结构以楼房为主。

周庄村【Zhōuzhuāngcūn】 以姓氏命名。因周姓聚居而得名。1958年隶属七方大队;1984年隶属七方村;2003年隶属七方社区至今。位于居委会北300米。东邻园林村园林,南界杜坡村杜坡,西至文庄村文庄,北连文庄村小杨冲。总面积1.2平方千米,耕地面积29.3公顷。600户,2700人。主产小麦、玉米,兼种蔬菜。居民经济形态以经商务工。村落形态呈团状,房屋结构以楼房为主。

大店社区【Dàdiàn Shèqū】

以大店居民点命名,1958年为大店大队,隶属幸福公社;1961年隶属七方区;1975年隶属七方公社,1984年隶属七方镇;2005年为大店社区,隶属七方镇至今。位于镇政府西6.5千米。东邻安庄村,南界郑庄村,西至常庄村,北连秦庄村。辖4个居民点,总面积5.5平方千米,耕地面积635.2公顷。653户,2770人。主产小麦、玉米、水稻。316国道过境,居委会驻大店。

大店【Dàdiàn】 以面积和店铺综合命名。因原有位姓王的在此开过饭店,村较大,故名。1958年隶属大店大队;1984年隶属大店村;2005年隶属大店居委会至今。社区居委会驻地。东邻小店,南界尚庄,西至常庄村常庄,北连路岗。总面积2.4平方千米,耕地面积318公顷。364户,1580人。主产小麦、玉米、水稻,兼种果蔬。另有养鸡大户1户,年出栏1万只。村落形态呈线状,房屋结构以楼房为主。

路岗【Lùgǎng】 以姓氏和地形综合命名。因路姓居住岗坡而得名。1958年隶属大店大队;1984年隶属大店村;2005年隶属大店居委会至今。位于社区居委会北2千米。东邻邓庄村黄冲,南界大店,西至常庄村常庄,北连秦庄村韩冲。总面积1.1平方千米,耕地面积117公顷。91户,350人。主产小麦、玉米、水稻,种植桃树100公顷。村落形态呈团状,房屋结构以平房和楼房为主。

尚庄【Shàngzhuāng】 以姓氏命名，因尚姓聚居而得名。1958年隶属大店大队；1984年隶属大店村；2005年隶属大店居委会至今。位于社区居委会南2千米。东邻曹营村曹营，南界襄州区双沟镇余营村里爬，西至襄州区双沟镇余营村余营，北连大店。总面积0.7平方千米，耕地面积82公顷。68户，280人。主产小麦、玉米、水稻。村落形态呈团状，房屋结构以平房为主。

小店【Xiǎodiàn】 原村较小，有位姓彭的在此开过饭店，故名。1958年隶属大店大队；1984年隶属大店村；2005年隶属大店居委会至今。位于社区居委会东1千米。东邻安庄村安庄，南界郑庄村郑庄，西至大店，北连路岗。总面积1.3平方千米，耕地面积118.2公顷。130户，560人。主产小麦、玉米、水稻。村落形态呈线状，房屋结构以楼房为主。

刘寨社区【Liúzhài Shèqū】

以刘寨居民点命名。1958年为恒一、恒二、恒三3个大队，隶属燎原公社；1961年隶属杨垱区；1963年3个大队合并为刘寨大队；1975年隶属罗岗公社；1984年为刘寨村，隶属罗岗区；1987年隶属罗岗镇；2001年隶属七方镇；2005年为刘寨社区，隶属七方镇至今。位于镇政府东北20千米。东邻太平镇郭王村，南界肖巷村，西至西坡村，北连王岗村。辖3个居民点，总面积4.3平方千米，耕地面积322.42公顷。499户，1980人，主产小麦、水稻，兼种杂粮、果蔬，有养殖和农副产品加工。吴刘路过境，村委会驻刘寨。

冯桥【Féngqiáo】 以姓氏和桥综合命名。因冯姓居住在石桥北侧而得名。1958年隶属恒二大队；1963年隶属刘寨大队；1984年隶属刘寨村；2005年隶属刘寨社区至今。位于社区居委会西南200米。东邻刘寨，南界肖巷村肖巷，西至杜寨村罗庄，北连刘寨。总面积0.3平方千米，耕地面积18.86公顷。42户，200人。主产小麦、水稻，兼种杂粮、果蔬。村落形态呈线状，房屋结构以坡房为主。

刘寨【Liúzhài】 以姓氏和建筑物综合命名，因刘姓聚居，村周围筑有土寨，故名。1958年隶属恒一大队；1963年隶属刘寨大队；1984年隶属刘寨村；2005年隶属刘寨社区至今。社区居委会驻地。东邻太平镇郭王村高寨，南界肖巷村肖巷，西至杜寨村罗庄，北连于王岗村李岗。总面积3.5平方千米，耕地面积277.26公顷。386户，1480人。主产小麦、水稻、杂粮。有养鸡场3个，年出栏逾万只。村落形态呈线状，房屋结构以楼房为主。

吴小庄【Wúxiǎozhuāng】 以姓氏和规模综合命名。因吴姓居住村较小而得名。1958年隶属恒三大队；1963年隶属刘寨大队；1984年隶属刘寨村；2005年隶属刘寨社区至今。位于社区居委会东北200米。东邻太平镇马庄村赵岗，南界刘寨，西至于王岗李岗，北连于王岗。总面积0.5平方千米，耕地面积26.3公顷。71户，300人。主产小麦、水稻，兼种杂粮、果蔬。村落形态呈团状，房屋结构以坡房为主。

高集社区【Gāojí Shèqū】

以高聚居民点命名。1958年为高集大队，隶属幸福公社；1961年隶属七方区；1975年隶属七方公社；1984年为高集村，隶属七方镇；2003年为高集社区，隶属七方镇至今。位于镇政府东南

5千米。东邻花园村,南界梁冲村,西至闫岗村,北连套楼村。辖4个居民点,总面积2.3平方千米,耕地面积176.6公顷。381户,1720人。主产水果、水稻、小麦。316国道过境,居委会驻马武店。

高集【Gāojí】 以姓氏命名。因高姓聚居,原设过集市而得名。1958年隶属高集大队;1984年隶属高集村;2003年隶属高聚居委会至今。位于社区居委会南600米。东邻吴庄,南界花园村陈庄,西至侯家窑,北连马武店。总面积1.2平方千米,耕地面积85公顷。176户,730人。主产水稻、小麦,兼种棉花、西瓜、桃。村落形态呈散状,房屋结构以平房为主。

侯家窑【Hóujiāyáo】 以姓氏和窑综合命名。因侯姓聚居一座砖瓦窑旁而得名。1958年隶属高集大队;1984年隶属高集村;2003年隶属高聚居委会至今。位于社区居委会西南700米。东邻高集,南界梁冲村段冲,西至水库,北连闫岗村上场交界。总面积0.3平方千米,耕地面积23.3公顷。20户,100人。主产水稻、小麦。村落形态呈线状,房屋结构以平房为主。

马武店【Mǎwǔdiàn】 以传说命名。相传东汉武帝刘秀的大将马武率领农民起义军曾在此驻扎,后来马武被刘秀封为山都侯,今马武店属山都的疆域,后人为了纪念他,特修一座庙宇,供奉马武塑像名曰马武殿,后来演化为马武店,形成自然集镇。1958年隶属高集大队;1984年隶属高集村;2003年隶属高聚居委会至今。社区居委会驻地。东邻花园村麦庄,南界吴庄,西至闫岗村上场,北连套楼村大套楼。总面积0.3平方千米,耕地面积23.3公顷。100户,490人。以经营生意。村落形态呈线状,房屋结构以平房和楼房为主。

吴庄【Wúzhuāng】 以姓氏命名,因吴姓聚居而得名。1958年隶属高集大队;1984年隶属高集村;2003年隶属高集社区至今。位于社区居委会东南300米。东邻花园村花园,南界花园村陈庄,西至高集,北连马武店。总面积0.5平方千米,耕地面积45公顷。85户,400人。主产水果、水稻、小麦,兼种棉花、西瓜。村落形态呈线状,房屋结构以平房为主。

罗岗社区【Luógǎng Shèqū】

以罗岗自然集镇命名。1984年为罗岗街道居委会,隶属罗岗区;1987年隶属罗岗镇;2001年隶属七方镇;2006年为罗岗社区,隶属七方镇至今。总面积1.2平方千米,无耕地。常住人口4750人。以商贸、服务、加工业为主。太王路、杨七路过境,社区居委会驻罗岗街道。

第三节 农村社区(村)自然村、居民点

安庄村【Ānzhuāngcūn】

以安庄自然村命名。1958年为安庄大队,隶属幸福公社;1961年隶属七方区;1975年隶属七

方公社；1984年为安庄村，隶属七方镇至今。位于镇政府西4千米。东邻邓庄村，南界郑庄村，西至大店社区，北连邓庄村。辖3个自然村，总面积3.15平方千米，耕地面积305.2公顷。380户，1620人。主产小麦、玉米、水稻。316国道过境，村委会驻安庄。

安庄【Ānzhuāng】 以姓氏命名。因安姓聚居而得名。1958年隶属安庄大队；1984年隶属安庄村至今。村委会驻地。东邻下徐庄，南界郑庄村沟湾，西至大店社区小店，北连邓庄村邓庄。总面积1.35平方千米，耕地面积101.7公顷。148户，700人。主产小麦、玉米、水稻。村落形态呈线状，房屋结构以平房和楼房为主。

彭庄【Péngzhuāng】 以姓氏命名。因彭姓聚居而得名。1958年隶属安庄大队；1984年隶属安庄村至今。位于村委会西北500米。东邻邓庄村邓庄，南界安庄，西至大店社区小店，北连秦庄村韩冲。总面积0.8平方千米，耕地面积101.7公顷。102户，380人。主产小麦、玉米、水稻。村落形态呈线状，房屋结构以楼房为主。

下徐庄【Xiàxúzhuāng】 以姓氏命名。因原称夏徐庄，夏、徐二姓居住，后夏姓迁走，后把"夏"改成"下"，故名。1958年隶属安庄大队；1984年隶属安庄村至今。位于村委会东600米。东邻罗家村大文庄，南界王坡村王坡，西至安庄，北连邓庄村南徐寨。总面积1平方千米，耕地面积101.8公顷。130户，540人。主产小麦、玉米、水稻。房屋结构以平房和楼房为主。

敖坡村【Áopōcūn】

以敖坡自然村命名。1958年为敖坡大队，隶属幸福公社；1961年隶属七方区；1975年隶属七方公社；1984年为敖坡村，隶属七方镇至今。位于镇政府北3千米。东邻李湖村，南界杨冲村，西至洪寨水库，北连姜店。辖11个自然村，总面积4.69平方千米，耕地面积351公顷。351户，1440人。主产小麦、玉米、水稻，兼种果蔬。七罗路过境，村委会驻苏坡南100米。

敖坡【Áopō】 以姓氏命名。因敖姓聚居而得名。1958年隶属敖坡大队；1984年隶属敖坡村至今。位于村委会东南500米。东邻李湖村孙庄，南界杨冲村肖庄，西至果园，北连苏坡。总面积0.65平方千米，耕地面积48.7公顷。38户，180人。主产小麦、玉米、水稻，兼种蔬菜。村落形态呈线状，房屋结构以平房和楼房为主。

单岗【Shàngǎng】 以姓氏和地形综合命名。因单姓居住岗上而得名。1958年隶属敖坡大队；1984年隶属敖坡村至今。位于村委会西200米。东邻苏坡，南界靳庄，西至洪寨水库，北连庙坡。总面积0.38平方千米，耕地面积28.4公顷。28户，110人。主产小麦、玉米、水稻。村落形态呈线状，房屋结构以平房和楼房为主。

果园【Guǒyuán】 以植物园命名。因村建在果园旁而得名。1958年隶属敖坡大队；1984年隶属敖坡村至今。位于村委会南600米。东邻余冲，南界汪冲，西至单岗，北连苏坡。总面积0.79平方千米，耕地面积59.3公顷。48户，180人。主产小麦、玉米、水稻，水面养殖12公顷。村落形态呈线状，房屋结构以平房和楼房为主。

靳庄【Jìnzhuāng】 以姓氏命名。因靳姓聚居而得名。1958年隶属敖坡大队；1984年隶属敖坡村至今。位于村委会西南400米。东邻余冲，南界汪冲，西至洪寨水库，北连单岗。总面积0.22平方千米，耕地面积16.5公顷。30户，110人。主产小麦、玉米、水稻。村落形态呈线状，房屋结构以平房和楼房为主。

兰庄【Lánzhuāng】 以姓氏命名。因兰姓聚居而得名。1958年隶属敖坡大队；1984年隶属敖坡村至今。位于村委会西北700米。东邻庙坡，南界洪寨村洪岗，西至洪寨村洪寨，北连姜店村余头。总面积0.47平方千米，耕地面积35.2公顷。30户，130人。主产小麦、玉米、水稻，兼种蔬菜。村落形态呈线状，房屋结构以平房和楼房为主。

李庄【Lǐzhuāng】 以姓氏命名。因李姓聚居而得名。1958年隶属敖坡大队；1984年隶属敖坡村至今。位于村委会北800米。东邻李湖村李湖，南界许坡，西至庙坡，北连方庄村马庄。总面积0.3平方千米，耕地面积22.8公顷。28户，130人。主产小麦、玉米、水稻，兼种蔬菜。村落形态呈线状，房屋结构以平房和楼房为主。

庙坡【Miàopō】 以寺庙和地形综合命名。因建村坡上，村前原有座猫子庙，故名。1958年隶属敖坡大队；1984年隶属敖坡村至今。位于村委会西北600米。东邻李庄，南界单岗，西至兰庄，北连姜店村余头。总面积0.48平方千米，耕地面积35.9公顷。36户，160人。主产小麦、玉米、水稻，兼种蔬菜。村落形态呈线状，房屋结构以平房和楼房为主。

苏坡【Sūpō】 以姓氏命名。因苏姓聚居而得名。1958年隶属敖坡大队；1984年隶属敖坡村至今。位于村委会北100米。东邻李湖村李湖，南界敖坡，西至果园，北连许坡。总面积0.49平方千米，耕地面积36.5公顷。38户，150人。主产小麦、玉米、水稻，兼种蔬菜。村落形态呈线状，房屋结构以平房和楼房为主。

汪冲【Wāngchōng】 以姓氏和地形综合命名。因汪姓建村冲地而得名。1958年隶属敖坡大队；1984年隶属敖坡村至今。位于村委会南500米。东邻杨冲村肖庄，南界文庄村吴冲，西至洪寨水库，北连靳庄。总面积0.24平方千米，耕地面积17.6公顷。22户，100人。主产小麦、玉米、水稻。村落形态呈线状，房屋结构以平房和楼房为主。

许坡【Xǔpō】 以姓氏和地形综合命名。因许姓建村岗坡而得名。1958年隶属敖坡大队；1984年隶属敖坡村至今。位于村委会东300米。东邻李湖村李湖，南界苏坡，西至果园，北连李庄。总面积0.28平方千米，耕地面积20.8公顷。22户，90人。主产小麦、玉米、水稻。村落形态呈线状，房屋结构以平房和楼房为主。

余冲【Yúchōng】 以姓氏和地形综合命名。因余姓聚居在两岗之间冲地而得名。1958年隶属敖坡大队；1984年隶属敖坡村至今。位于村委会南450米。东邻李湖村孙庄，南界文庄村吴冲，西至果园，北连敖坡。总面积0.39平方千米，耕地面积29.3公顷。31户，100人。主产小麦、玉米、水稻，兼种蔬菜。村落形态呈线状，房屋结构以平房和楼房为主。

曹营村【Cáoyíngcūn】

以曹营自然村命名。1958年为王寨大队，隶属幸福公社；1961年隶属七方区；1975年隶属七方公社；1980年为曹营大队，隶属七方公社；1984年为曹营村，隶属七方镇至今。位于镇政府西南10千米。东邻陈店村，南界官庄村，西至襄州区双沟镇余营村，北连郑庄村。辖7个自然村，总面积11.73平方千米，耕地面积522公顷。396户，1570人。主产小麦、玉米、水稻。二蔡路过境，村委会驻王寨。

曹营【Cáoyíng】 以姓氏命名。因曹姓聚居而得名。1958年隶属王寨大队；1980年隶属曹营大队；1984年隶属曹营村至今。位于村委会北300米。东邻燃纸庵，南界王寨，西至大店居委会尚庄，北连郑庄村河沟。总面积1.84平方千米，耕地面积82公顷。66户，250人。主产小麦、玉米、水稻，养猪大户1户，年出栏4万头，水面养殖6公顷。村落形态呈线状，房屋结构以平房和坡房为主。

燃纸庵【Ránzhǐ'ān】 以传说命名。据传，庄后有座小庙，常年烟火不断，村里人到庙内用火纸燃火回家做饭，故名。1958年隶属王寨大队；1980年隶属曹营大队；1984年隶属曹营村至今。位于村委会东北1.5千米。东邻陈店村陈东庄，南界许家岗，西至曹营，北连余庄。总面积1.16平方千米，耕地面积52公顷。36户，140人。主产小麦、玉米、水稻，养猪大户1户，年出栏10万头。村落形态呈团状，房屋结构以平房和坡房为主。

王家庄【Wángjiāzhuāng】 以姓氏命名。因王姓聚居而得名。1958年隶属王寨大队；1980年隶属曹营大队；1984年隶属曹营村至今。位于村委会东800米。东邻许家岗，南界官庄村官庄，西至尹家老湾，北连郑庄村河沟。总面积1.23平方千米，耕地面积55公顷。53户，190人。主产小麦、玉米、水稻，兼种果蔬。村落形态呈团状，房屋结构以平房和坡房为主。

王寨【Wángzhài】 以姓氏和寨墙综合命名。因王姓居住，以前村周修有寨墙，故名。1958年隶属王寨大队；1980年隶属曹营大队；1984年隶属曹营村至今。位于村委会南250米。东邻尹家老湾，南界官庄村官庄，西至襄州区双沟镇余营村里爬，北连曹营。总面积4.27平方千米，耕地面积190公顷。151户，600人。主产小麦、玉米、水稻，种植葡萄3.4公顷。村落形态呈团状，房屋结构以平房和坡房为主。

许家岗【Xǔjiāgǎng】 以姓氏和地形综合命名。因许姓建村岗上而得名。1958年隶属王寨大队；1980年隶属曹营大队；1984年隶属曹营村至今。位于村委会东1.3千米。东邻陈店村陈北岗，南界箱庄村王巷，西至王家庄，北连燃纸庵。总面积1.23平方千米，耕地面积54公顷。25户，110人。主产小麦、玉米、水稻，兼种果蔬。村落形态呈团状，房屋结构以平房和坡房为主。

尹家老湾【Yǐnjiālǎowān】 以姓氏命名。因尹姓最早定居而得名。1958年隶属王寨大队；1980年隶属曹营大队；1984年隶属曹营村至今。位于村委会东250米。东邻王家庄，南界官庄村官庄，西至王寨，北连曹营。总面积0.76平方千米，耕地面积34公顷。35户，160人。主产小麦、玉米、水稻，兼种果蔬。村落形态呈线状，房屋结构以平房和坡房为主。

余庄【Yúzhuāng】 以姓氏命名。因余姓聚居而得名。1958年隶属王寨大队；1980年隶属曹营大队；1984年隶属曹营村至今。位于村委会东北2千米。东邻王坡村段岗，南界燃纸庵，西至郑庄村河沟，北连郑庄村沟湾。总面积1.24平方千米，耕地面积55公顷。30户，120人。主产小麦、玉米、水稻，兼种果蔬。村落形态呈线状，房屋结构以平房和坡房为主。

常庄村【Chángzhuāngcūn】

以常庄自然村命名。1958年为常庄大队，隶属幸福公社；1961年隶属七方区；1975年隶属七方公社；1984年为常庄村，隶属七方镇至今。位于镇政府西北8千米。东邻大店居委会，南界襄州区双河镇余营村，西至襄州区双沟镇王岗村，北连襄州区程河镇宋王村。辖3个自然村，总面积4.18平方千米，耕地面积369公顷。265户，1133人。主产水稻、小麦、玉米。316国道过境，村委会驻常庄。

常庄【Chángzhuāng】 以姓氏命名。因常姓聚居而得名。1958年隶属常庄大队；1984年隶属常庄村至今。村委会驻地。东邻大店居委会大店，南界襄州区双河镇余营村余营，西至襄州区双河镇王岗村王岗，北连大申岗。总面积1.17平方千米，耕地面积88公顷。88户，370人。主产水稻、小麦、玉米。村落形态呈团状，房屋结构以平房和楼房为主。

大申岗【Dàshēngǎng】 以排行、姓氏和地形综合命名。因申氏兄弟俩分家，老大住在岗上，故名。1958年隶属常庄大队；1984年隶属常庄村至今。位于村委会北600米。东邻大店居委会大店，南界常庄，西至小申岗，北连襄州区程河镇宋王村张冲。总面积1.75平方千米，耕地面积165公顷。93户，433人。主产水稻、小麦、玉米。村落形态呈线状，房屋结构以平房和楼房为主。

小申岗【Xiǎoshēngǎng】 以排行、姓氏和地形综合命名。因申氏兄弟俩分家，小的住在岗上，故名。1958年隶属常庄大队；1984年隶属常庄村至今。位于村委会西北1.5千米。东邻大申岗，南界常庄，西至襄州区双河镇王岗村王岗，北连襄州区程河镇宋王村张冲。总面积1.26平方千米，耕地面积116公顷。84户，330人。主产水稻、小麦、玉米。村落形态呈线状，房屋结构以平房和楼房为主。

陈店村【Chéndiàncūn】

以陈北店自然村简称陈店命名。1958年为陈店大队，隶属幸福公社；1961年隶属七方区；1975年隶属七方公社；1980年因重名改为陈里店大队，隶属七方公社；1984年为陈店村，隶属七方镇至今。位于镇政府西南4.5千米。东邻梁家村，南界大房村，西至曹营村，北连杜坡村。辖9个自然村，总面积6.25平方千米，耕地面积553公顷。330户，1254人。主产小麦、玉米、水稻，兼种蔬菜。村委会驻陈东庄。

柏家【Bǎijiā】 以姓氏命名。因柏姓聚居而得名。1958年隶属陈店大队；1980年隶属陈里店大队；1984年隶属陈店村至今。位于村委会西500米。东邻老余家，南界张冲村张冲，西至小方冲，北连王坡村段岗。总面积0.8平方千米，耕地面积70公顷。34户，140人。主产小麦、玉米、水稻，种植桃树30.6公顷。村落形态呈线状，房屋结构以平房和坡房为主。

陈北店【Chénběidiàn】 以姓氏、方位和店铺综合命名。因陈姓聚居，村北头曾开过店铺，故名。1958年隶属陈店大队；1980年隶属陈里店大队；1984年隶属陈店村至今。位于村委会东北1.2千米。东邻杜坡村南杜坡，南界南店，西至孙坡村赵岗，北连孙坡村赵岗。总面积1平方千米，耕地面积90公顷。40

户，150 人。主产小麦、玉米、水稻，兼种蔬菜。村落形态呈团状，房屋结构以平房和坡房为主。

陈东庄【Chéndōngzhuāng】 以姓氏和方位综合命名。因陈姓聚居且在陈老庄东侧，故名。1958 年隶属陈店大队；1980 年隶属陈里店大队；1984 年隶属陈店村至今。村委会驻地。东邻南店，南界老余家，西至柏家，北连王坡村段岗。总面积 1.05 平方千米，耕地面积 96 公顷。56 户，190 人。主产小麦、玉米、水稻，养鸡大户 1 户，年出栏 7000 只。村落形态呈线状，房屋结构以平房和坡房为主。

大方冲【Dàfāngchōng】 以排行、姓氏和地形综合命名。因方姓兄弟分家，老大定居冲旁而得名。1958 年隶属陈店大队；1980 年隶属陈里店大队；1984 年隶属陈店村至今。位于村委会西南 1.5 千米。东邻柏家，南界箱庄村王巷，西至官庄村汪岗，北连小方冲。总面积 0.4 平方千米，耕地面积 34 公顷。19 户，70 人。主产小麦、玉米、水稻。村落形态呈团状，房屋结构以平房和坡房为主。

郭坡【Guōpō】 以姓氏和地形综合命名。因郭姓聚居岗坡而得名。1958 年隶属陈店大队；1980 年隶属陈里店大队；1984 年隶属陈店村至今。位于村委会东 800 米。东邻邱五房，南界大房村邱家四房，西至陈东庄，北连南店。总面积 0.4 平方千米，耕地面积 34 公顷。27 户，90 人。主产小麦、玉米、水稻。村落形态呈线状，房屋结构以坡房和楼房为主。

老余家【Lǎoyújiā】 以姓氏命名。因余姓最早在此定居而得名。1958 年隶属陈店大队；1980 年隶属陈里店大队；1984 年隶属陈店村至今。位于村委会西南 100 米。东邻郭坡，南界张冲村张冲，西至柏家，北连陈东庄。总面积 0.6 平方千米，耕地面积 50 公顷。29 户，90 人。主产小麦、玉米、水稻。村落形态呈线状，房屋结构以平房和坡房为主。

南店【Nándiàn】 以方位命名。因村建在陈北店南而得名。1958 年隶属陈店大队；1980 年隶属陈里店大队；1984 年隶属陈店至今。位于村委会东北 800 米。东邻杜坡村小杜坡，南界郭坡，西至陈东庄，北连陈北店。总面积 0.55 平方千米，耕地面积 48 公顷。35 户，140 人。主产小麦、玉米、水稻，水面养殖 6.7 公顷。村落形态呈线状，房屋结构以平房和坡房为主。

邱五房【Qiūwǔfáng】 以姓氏和排行综合命名。因邱姓兄弟分家，老五在此定居，故名。1958 年隶属陈店大队；1980 年隶属陈里店大队；1984 年隶属陈店村至今。位于村委会东 1.2 千米。东邻梁家村董庄，南界大房村邱家四房，西至郭坡，北连杜坡村南杜坡。总面积 1.05 平方千米，耕地面积 98 公顷。74 户，324 人。主产小麦、玉米、水稻，养猪大户 1 户，年出栏千余头。村落形态呈线状，房屋结构以坡房和楼房为主。

小方冲【Xiǎofāngchōng】 以排行、姓氏和地形综合命名。因方姓兄弟分家，老二定居冲旁而得名。1958 年隶属陈店大队；1980 年隶属陈里店大队；1984 年隶属陈店村至今。位于村委会西南 1.2 千米。东邻柏家，南界大方冲，西至曹营村汪岗，北连曹营村许家岗。总面积 0.4 平方千米，耕地面积 33 公顷。16 户，60 人。主产小麦、玉米、水稻。村落形态呈团状，房屋结构以坡房和楼房为主。

祠堂村【Cítángcūn】

以陈家祠堂自然村命名。1956 年隶属罗岗区；1958 年为晨光大队，隶属幸福公社；1961 年为祠堂大队，隶属七方区；1975 年隶属罗岗公社；1984 年为祠堂村，隶属罗岗区；1987 年隶属罗岗镇；2001年隶属七方镇至今。位于镇政府东北9千米。东邻徐桥村，南界三官村，西至杨庙村，北连杜寨村。辖3个自然村，总面积2.7平方千米，耕地面积119.7公顷。250户，940人。主产小麦、水稻、玉米。太王路过境，村委会驻祠堂。

陈家祠堂【Chénjiācítáng】 以姓氏和建筑物综合命名。因陈姓在此修有祠堂而得名。1958年隶属晨光大队；1961年隶属祠堂大队；1984年隶属祠堂村至今。村委会驻地。东邻小东庄，南界三官村宁庄，西至杨庙村杨庙，北连杨庙村杨桥。总面积2.1平方千米，耕地面积70.5公顷。180户，660人。主产小麦、玉米、水稻。村落形态呈线状，房屋结构以楼房为主。

大东庄【Dàdōngzhuāng】 以方位和规模综合命名。因村坐落在陈家祠堂东且较大而得名。1958年隶属晨光大队；1961年隶属祠堂大队；1984年隶属祠堂村至今。位于村委会东1.5千米。东邻徐桥村下徐桥，南界张桥村马庄，西至小东庄，北连杜寨村杜岗。总面积0.3平方千米，耕地面积22.2公顷。30户，130人。主产小麦、玉米、水稻。村落形态呈线状，房屋结构以楼房为主。

小东庄【Xiǎodōngzhuāng】 以方位和规模综合命名。因村坐落在陈家祠堂东，且较小而得名。1958年隶属晨光大队；1961年隶属祠堂大队；1984年隶属祠堂村至今。位于村委会东1千米。东邻大东庄，南界张桥村马庄，西至陈家祠堂，北连杜寨村杜岗。总面积0.3平方千米，耕地面积27公顷。40户，150人。主产小麦、玉米、水稻。村落形态呈线状，房屋结构以楼房为主。

崔岗村【Cuīgǎngcūn】

以大崔岗自然村命名。1958年为崔岗大队，隶属幸福公社；1961年隶属七方区；1975年隶属七方公社；1984年为崔岗村，隶属七方镇；1987年隶属徐寨乡；2001年后隶属七方镇至今。位于镇政府西北9千米。东邻汪营村，南界彭家村，西至胡庄村，北连杨垱镇余庄社区。辖4个自然村，总面积5.07平方千米，耕地面积348公顷。335户，1523人。主产小麦、玉米，兼种芝麻、花生。李仓公路过境，村委会驻新岗。

大崔岗【Dàcuīgǎng】 以姓氏、地形和规模综合命名。因崔姓分居岗的两端，此村大而得名。1958年隶属崔岗大队；1984年隶属崔岗村至今。位于崔岗村委会西1千米。东邻大洪岗，南界胡庄村陈庄，西至胡庄村小崔岗，北连杨垱镇余庄社区徐寨。总面积1.6平方千米，耕地面积96公顷。88户，400人。主产小麦、玉米、水稻，兼种芝麻、花生。村落形态呈线状，房屋结构以平房和楼房为主。

大洪岗【Dàhónggǎng】 以姓氏、地形和排序综合命名。因洪姓兄弟分居后，老大最早建村于岗上而得名。1958年隶属崔岗大队；1984年隶属崔岗村至今。位于村委会西400米。东邻新岗，南界彭家村彭家，西至胡庄村小崔岗，北连大崔岗。总面积1.1平方千米，耕地面积82公顷。86户，390人。主产小麦、玉米、水稻、芝麻、花生，养猪场1个，年出栏1500头，葡萄种植2公顷。村落形态呈线状，房屋结构以平房和楼房为主。

刘坡【Liúpō】 以姓氏和地形综合命名。因刘姓聚居岗坡而得名。1958年隶属崔岗大队；1984年隶属崔岗村至今。位于村委会东600米。东邻汪营村孙坡，南界彭家村常家，西至新岗，北连杨垱镇余庄社区龚营。总面积1.37平方千米，耕地面积92公顷。84户，383人。主产小麦、玉米、水稻，兼种芝麻、花生。村落形态呈线状，房屋结构以平房和楼房为主。

新岗【Xīngǎng】 以建村时间和地形综合命名。因建村晚且地处岗地而得名。1958年隶属崔岗大队；1984年隶属崔岗村至今。村委会驻地。东邻刘坡，南界彭家村常家，西至大洪岗，北连杨垱镇余庄社区龚营。总面积1平方千米，耕地面积78公顷。77户，350人。主产小麦、水稻、玉米，兼种芝麻、花生，养猪场1个，年出栏2000头。村落形态呈线状，房屋结构以楼房为主。

大房村【Dàfángcūn】

以沈家大房自然村命名（原称沈家大房大队）。1958年为沈家大房大队，隶属幸福公社；1961年隶属七方区；1975年隶属七方公社；1984年为大房村，隶属七方镇；1987年隶属蔡阳乡；1988年隶属蔡阳镇；2001年隶属七方镇至今。位于镇政府南7.5千米。东邻祝岗村，南界琚湾镇余咀村，西至张冲村，北连陈店村。辖10个自然村，总面积5.36平方千米，耕地面积503公顷。466户，2430人。主产小麦、水稻、玉米，有果蔬栽培，规模养鸡场5个。七蔡路过境，村委会驻沈大房。

冯冲【Féngchōng】 以姓氏和地形综合命名。因冯姓居住在冲旁而得名。1958年隶属沈家大房大队；1984年隶属大房村至今。位于村委会西北3千米。东邻邱四房，南界李后湾，西至刘家水寨，北连陈店村郭坡。总面积0.45平方千米，耕地面积43公顷。38户，200人。主产小麦、玉米、水稻。村落形态呈散状，房屋结构以平房为主。

郭家【Guōjiā】 以姓氏命名。因郭姓聚居而得名。1958年隶属沈家大房大队；1984年隶属大房村至今。位于村委会南3千米。东邻舒湾，南界琚湾镇余咀村柯家，西至沈二房，北连沈大房。总面积0.53平方千米，耕地面积50公顷。36户，190人。主产小麦、玉米、水稻。村落形态呈团状，房屋结构以平房为主。

李后湾【Lǐhòuwān】 以姓氏和方位综合命名。因李姓聚居在路北而得名。1958年隶属沈家大房大队；1984年隶属大房村至今。位于村委会西南1千米。东邻沈大房，南界李前湾，西至张冲村张冲，北连冯冲。总面积0.45平方千米，耕地面积41公顷。33户，170人。主产小麦、玉米、水稻。村落形态呈散状，房屋结构以平房为主。

李前湾【Lǐqiánwān】 以姓氏和方位综合命名。因李姓聚居在路南而得名。1958年隶属沈家大房大队；1984年隶属大房村至今。位于村委会西南1.1千米。东邻沈大房，南界沈二房，西至张冲村周湾，北连李后湾。总面积0.35平方千米，耕地面积30公顷。31户，160人。主产小麦、玉米、水稻。村落形态呈团状，房屋结构以平房为主。

刘家水寨【Liújiāshuǐzhài】 以姓氏和水寨综合命名。因刘姓聚居村周有水壕而得名。1958年隶属沈家大房大队；1984年隶属大房村至今。位于村委会西北3千米。东邻冯冲，南界李后湾，西至陈店村老余家，北连陈店村陈店。总面积0.51平方千米，耕地面积48公顷。29户，150人。主产小麦、玉米、水稻。村落形态呈散状，房屋结构以平房为主。

邱四房【Qīusìfáng】 以姓氏和排序综合命名。因邱姓兄弟分家,老四在此定居而得名。1958年隶属沈家大房大队;1984年隶属大房村至今。位于村委会东北500米。东邻祝岗村邱大房,南界沈四房,西至冯冲,北连陈店村邱家五房。总面积0.42平方千米,耕地面积38公顷。30户,160人。主产小麦、水稻、玉米,有规模养鸡场1个,年产蛋鸡7000只。村落形态呈线状,房屋结构以平房和楼房为主。

沈大房【Shěndàfáng】 以姓氏和排序综合命名。因沈姓兄弟分家,老大在此定居而得名。1958年隶属沈家大房大队;1984年隶属大房村至今。村委会驻地。东邻祝岗村邱大房,南界郭家,西至李前湾,北连沈四房。总面积1.48平方千米,耕地面积145公顷。166户,860人。主产小麦、玉米、水稻,有规模养鸡场3个,年产蛋鸡2.5万只。村落形态呈线状,房屋结构以坡房和楼房为主。

沈二房【Shěn'èrfáng】 以姓氏和排序综合命名。因沈姓兄弟分家,老二在此定居而得名。1958年隶属沈家大房大队;1984年隶属大房村至今。位于村委会西南500米。东邻沈大房,南界郭家,西至李前湾,北连沈大房。总面积0.38平方千米,耕地面积35公顷。36户,190人。主产小麦、玉米、水稻。村落形态呈散状,房屋结构以平房和楼房为主。

沈四房【Shěnsìfáng】 以姓氏和排序综合命名。因沈姓兄弟分家,老四在此定居而得名。1958年隶属沈家大房大队;1984年隶属大房村至今。位于村委会东200米。东邻祝岗村邱大房,南界沈家大房,西至冯冲,北连邱四房。总面积0.31平方千米,耕地面积27公顷。28户,150人。主产小麦、水稻、玉米,有规模养鸡场1个,年产蛋鸡7000只。村落形态呈线状,房屋结构以楼房为主。

舒湾【Shūwān】 以姓氏命名。因舒姓聚居而得名。1958年隶属沈家大房大队;1984年隶属大房村至今。位于村委会东南3千米。东邻祝岗村祝岗,南界木桥村小大房,西至郭家,北连沈大房。总面积0.48平方千米,耕地面积46公顷。39户,200人。主产小麦、水稻、玉米。村落形态呈散状,房屋结构以平房为主。

大付庄村【Dàfùzhuāngcūn】

以大付庄、小付庄自然村命名。1958年为付庄大队,隶属燎原公社;1961年隶属杨垱区;1975年隶属罗岗公社;1980年因重名改为大付庄大队;1984年为大付庄村,隶属罗岗区;1987年隶属罗岗镇;2001年隶属七方镇至今。位于镇政府东北13千米。东邻刘寨居委会,南界杜寨村,西至宋王村,北连西坡村。辖2个自然村,总面积1.58平方千米,耕地面积106.2公顷。119户,430人。主产小麦、玉米、水稻,兼种果蔬。王罗路过境,村委会驻大付庄。

大付庄【Dàfùzhuāng】 以姓氏和规模综合命名。因付姓居住在相邻二村,此村较大而得名。1958年隶属付庄大队;1980年隶属大付庄大队;1984年隶属大付庄村至今。村委会驻地。东邻刘寨居委会刘寨,南界杜寨村梁庄,西至小付庄,北连西坡村唐庄。总面积1.08平方千米,耕地面积80.4公顷。89户,310人。主产小麦、玉米、水稻。村落形态呈散状,房屋结构以平房和坡房为主。

小付庄【Xiǎofùzhuāng】 以姓氏和规模综合命名。因付姓居住在相邻二村,此村较小而得名。1958年隶属付庄大队;1980年隶属大付庄大队;1984年隶属大付庄村至今。位于村委会西300米。东邻大付庄,南界宋王村潘庄,西至宋王村宋王,北连阮店村阮店。总面积0.5平方千米,耕地面积25.8公顷。30户,120人。主产小麦、玉米、水稻。村落形态呈线状,房屋结构以楼房为主。

大王庄村【Dàwángzhuāngcūn】

　　以王庄自然村命名。1958年为三合大队，隶属燎原公社；1961年为王庄大队，隶属杨垱区；1975年隶属罗岗公社；1980年因重名改为大王庄大队；1984年为大王庄村，隶属罗岗区；1987年隶属罗岗镇；2001年隶属七方镇至今。位于镇政府北10千米。东邻卫庄村，南界毛坡村，西至贾岗村，北连杨垱镇司庄村。辖5个自然村，总面积3.56平方千米，耕地面积313.1公顷。324户，1480人。主产小麦、水稻、玉米，部分养殖业。052省道过境，村委会驻王庄。

　　常庄【Chángzhuāng】　　以姓氏命名。因常姓聚居而得名。1958年隶属三合大队；1960年隶属王庄大队；1980年隶属大王庄大队；1984年隶属大王庄村至今。位于村委会西南1.5千米。东邻张家祠堂，南界姜店村薛庄，西至罗岗村杨庄，北连吴庄。总面积0.2平方千米，耕地面积15.7公顷。17户，60人。主产小麦、水稻、玉米。村落形态呈散状，房屋结构以坡房为主。

　　傅棚【Fùpéng】　　以姓氏命名。因傅姓定居时住的是草棚而得名。1958年隶属三合大队；1960年隶属王庄大队；1980年隶属大王庄大队；1984年隶属大王庄村至今。位于村委会西北1.5千米。东邻杨垱镇司庄村司庄，南界王庄，西至贾岗村贾岗，北连杨垱镇孙岗村任庄。总面积1.6平方千米，耕地面积136.7公顷。106户，410人。主产小麦、水稻、玉米。村落形态呈线状，房屋结构以平房和楼房为主。

　　王庄【Wángzhuāng】　　以姓氏命名。因王姓聚居而得名。1958年隶属三合大队；1960年隶属王庄大队；1980年隶属大王庄大队；1984年隶属大王庄村至今。村委会驻地。东邻卫庄村卫庄，南界吴庄，西至罗岗社区，北连傅棚。总面积0.73平方千米，耕地面积70公顷。98户，400人。主产小麦、水稻、玉米。村落形态呈线状，房屋结构以平房和楼房为主。

　　吴庄【Wúzhuāng】　　以姓氏命名。因吴姓聚居而得名。1958年隶属三合大队；1960年隶属王庄大队；1980年隶属大王庄大队；1984年隶属大王庄村至今。位于村委会南1千米。东邻张家祠堂，南界常庄，西至罗岗村杨庄，北连王庄。总面积0.53平方千米，耕地面积46.7公顷。45户，290人。主产小麦、水稻、玉米。村落形态呈散状，房屋结构以平房和楼房为主。

　　张家祠堂【Zhāngjiācítáng】　　以姓氏和建筑物综合命名。因张姓居住修有祠堂而得名。1958年隶属三合大队；1960年隶属王庄大队；1980年隶属大王庄大队；1984年隶属大王庄村至今。位于村委会东南1千米。东邻卫庄村孙庄，南界毛坡村罗庄，西至吴庄，北连王庄。总面积0.5平方千米，耕地面积44公顷。58户，320人。主产小麦、水稻、玉米。村落形态呈线状，房屋结构以平房和楼房为主。

邓寨村【Dèngzhàicūn】

　　以邓寨自然村命名。1958年为邓寨大队，隶属幸福公社；1961年隶属七方区；1975年隶属七方公社；1984年为邓寨村，隶属七方镇至今。位于镇政府东南7.5千米。东邻王岗村，南界张楼村，西至梁冲村，北连花园村。辖3个自然村，总面积3.1平方千米，耕地面积220公顷。152户，720人。主产小麦、水稻，兼种杂粮，有果树栽培，蔬菜种植。村委会驻邓寨。

邓寨【Dèngzhài】 以姓氏和建筑物综合命名。因邓姓聚居且村周修有寨墙而得名。1958年隶属邓寨大队；1984年隶属邓寨村至今。村委会驻地。东邻高庄，南界张楼村上楼，西至王家老湾，北连花园村陈庄村。总面积1.3平方千米，耕地面积100公顷。80户，300人。主产小麦、水稻、玉米，兼种花生、水果、蔬菜。村落形态呈散状，房屋结构以平房和楼房为主。

高庄【Gāozhuāng】 以姓氏命名。因高姓聚居而得名。1958年隶属邓寨大队；1984年隶属邓寨村至今。位于村委会东1.5千米。东邻琚湾镇候岗村马庄，南界张楼村鲁班庄，西至邓寨，北连王岗村张庄。总面积1平方千米，耕地面积65公顷。40户，310人。村落形态呈散状，房屋结构以平房和坡房为主。

王家老湾【Wángjiālǎowān】 以姓氏和建村时间综合命名。因王姓聚居且建村早而得名。1958年隶属邓寨大队；1984年隶属邓寨村至今。位于村委会西2千米。东邻邓寨，南界张楼村西岗上，西至梁冲村刘庄，北连花园村陈庄。总面积0.8平方千米，耕地面积55公顷。32户，110人。主产小麦、水稻、玉米，兼种花生、水果、蔬菜。村落形态呈散状，房屋结构以平房和楼房为主。

邓庄村【Dèngzhuāngcūn】

以邓庄自然村命名。1958年为邓庄大队，隶属幸福公社；1961年隶属七方区；1975年隶属七方公社；1984年为邓庄村，隶属七方镇至今。位于镇政府西4千米。东邻罗咀村，南界安庄村，西至大店居委会，北连秦庄村。辖5个自然村，总面积3.07平方千米，耕地面积266公顷。269户，1020人。主产水稻、小麦、玉米。316国道过境，村委会驻邓庄。

邓庄【Dèngzhuāng】 以姓氏命名。因邓姓聚居而得名。1958年隶属邓庄大队；1984年隶属邓庄村至今。村委会驻地。东邻南徐寨，南界安庄村夏庄，西至安庄村彭庄，北连黄冲。总面积0.6平方千米，耕地面积51公顷。58户，220人。主产水稻、小麦、玉米，兼种果蔬。村落形态呈线状，房屋结构以楼房为主。

黄冲【Huángchōng】 以姓氏和地形综合命名。因黄姓聚居冲地上而得名。1958年隶属邓庄大队；1984年隶属邓庄村至今。位于村委会西1.8千米。东邻李巷，南界邓庄，西至徐冲，北连秦庄村赵庄。总面积0.45平方千米，耕地面积36公顷。17户，80人。主产水稻、小麦、玉米，兼种果蔬。村落形态呈团状，房屋结构以平房和楼房为主。

李巷【Lǐxiàng】 以姓氏命名。因李姓聚居，村中有一条南北巷道，故名。1958年隶属邓庄大队；1984年隶属邓庄村至今。位于村委会东1.5千米。东邻罗咀村罗咀，南界安庄村夏庄，西至黄冲，北连秦庄村吴庄。总面积0.7平方千米，耕地面积62公顷。68户，210人。主产水稻、小麦、玉米，兼种果蔬。村落形态呈团状，房屋结构以楼房为主。

南徐寨【Nánxúzhài】 以方位和姓氏综合命名。因南北相邻有两个徐寨，该村在南，故名。1958年隶属邓庄大队；1984年隶属邓庄村至今。位于村委会东150米。东邻李巷，南界安庄村夏庄，西至邓庄，北连秦庄村常庄。总面积0.97平方千米，耕地面积87公顷。111户，440人。主产水稻、小麦、玉米，兼种果蔬。村落形态呈团状，房屋结构以楼房为主。

徐冲【Xúchōng】 以姓氏和地形综合命名。因徐姓聚居在两岗之间的冲里而得名。1958年隶属邓庄大队；1984年隶属邓庄村至今。位于村委会西北1.8千米。东邻黄冲，南界安庄村彭庄，西至秦庄村韩冲，北连秦庄村赵庄。总面积0.35平方千米，耕地面积30公顷。15户，70人。主产水稻、小麦、玉米，种植吊瓜23.1公顷。村落形态呈团状，房屋结构以平房和楼房为主。

东汪营村【Dōngwāngyíngcūn】

以东汪营自然村命名。1958年为联久大队，隶属燎原公社；1961年为汪营大队，隶属杨垱区；1975年隶属罗岗公社；1980年因重名改为东汪营大队；1984年为东汪营村，隶属罗岗区；1987年隶属罗岗镇；2001年隶属七方镇至今。位于镇政府西北7千米。东邻姜店村，南界洪寨村，西至朱寨村，北连贾岗村。辖2个自然村，总面积2.6平方千米，耕地面积228.67公顷。275户，1180人。主产小麦、水稻、玉米。村委会驻东汪营。

东汪营【Dōngwāngyíng】 以姓氏和方位综合命名。因汪姓聚居，位于汪营东而得名。1958年隶属联久大队；1960年隶属汪营大队；1980年隶属东汪营大队；1984年隶属东汪营村至今。村委会驻地。东邻姜店村南高庄，南界洪寨村洪寨，西至朱寨张唐庄，北连贾岗村蛮子营。总面积1.9平方千米，耕地面积173.4公顷。212户，910人。主产小麦、水稻、玉米。村落形态呈散状，房屋结构以平房和坡房为主。

姜庄【Jiāngzhuāng】 以姓氏命名。因姜姓聚居而得名。1958年隶属联久大队；1960年隶属汪营大队；1980年隶属东汪营大队；1984年隶属东汪营村至今。位于村委会东北1千米。东邻王庄村吴庄，南界东汪营，西至贾岗村蛮子营，北连罗港村罗集。总面积0.7平方千米，耕地面积55.27公顷。63户，270人。主产小麦、水稻、玉米。村落形态呈散状，房屋结构以平房和坡房为主。

杜坡村【Dùpōcūn】

以大、小杜坡自然村简称命名。1958年为七方大队，隶属幸福公社；1961年为杜坡大队，隶属七方区；1975年隶属七方公社；1984年为杜坡村，隶属七方镇至今。位于镇政府东南2千米。东邻梁家村，南界陈店村，西至孙坡村，北连七方居委会。辖3个自然村，总面积4平方千米，耕地面积200公顷。245户，871人。423省道过境，村委会驻大杜坡。

大杜坡【Dàdùpō】 以姓氏和地形综合命名。因杜姓建村岗坡，村较大，故名。1958年隶属七方大队；1961年隶属杜坡大队；1984年隶属杜坡村至今。村委会驻地。东邻闫岗村叶湾，南界小杜坡，西至孙坡村刘庄，北连七方居委会。总面积1.5平方千米，耕地面积100公顷。140户，461人。主产小麦、玉米、水稻。养鸡大户2户，年出栏2万只。村落形态呈线状，房屋结构以楼房为主。

田湾【Tiánwān】 以姓氏命名。因田姓聚居而得名。1958年隶属七方大队；1961年隶属杜坡大队；1984年隶属杜坡村至今。位于村委会东南1千米。东邻梁家村王庄，南界陈店村邱家五房，西至小杜坡，北连闫岗村叶湾。总面积1.5平方千米，耕地面积60公顷。60户，240人。主产小麦、玉米、水稻。村落形态呈线状，房屋结构以平房和坡房为主。

小杜坡【Xiǎodùpō】 以姓氏和地形综合命名。因杜姓建村岗坡，村较小，故名。1958年隶属七方大队；1961年隶属杜坡大队；1984年隶属杜坡村至今。位于村委会南500米。东邻田湾，南界陈店村邱家五房，西至陈店村北陈店，北连大杜坡。总面积 1 平方千米，耕地面积 40 公顷。45 户，170 人。主产小麦、玉米、水稻。养猪大户 1 户，年出栏 2000 头。村落形态呈线状，房屋结构以平房和坡房为主。

杜寨村【Dùzhàicūn】

以杜寨自然村命名。1958 年为杜寨大队，隶属幸福公社；1961 年隶属七方区；1975 年隶属罗岗公社；1984 年为杜寨村，隶属罗岗区；1987 年隶属罗岗镇；2001 年隶属七方镇至今。位于镇政府东北 10 千米。东邻肖巷村，南界祠堂村，西至宋王村，北连付庄村。辖 4 个自然村，总面积 2.2 平方千米，耕地面积 194 公顷。285 户，1170 人。主产小麦、玉米、水稻，兼种花生及其他经济作物。村委会驻原村小学。

杜岗【Dùgǎng】 以姓氏和地形综合命名。因杜姓聚居岗上而得名。1958 年隶属杜寨大队；1984 年隶属杜寨村至今。位于村委会南 500 米。东邻罗桥村大罗桥，南界祠堂村小东庄，西至大杜岗，北连杜寨。总面积 0.4 平方千米，耕地面积 30 公顷。50 户，200 人。主产小麦、玉米、水稻，兼种花生及其他经济作物。村落形态呈线状，房屋结构以楼房为主。

杜寨【Dùzhài】 以姓氏和建筑物综合命名。因杜姓居民聚居，村庄周围筑有寨墙而得名。1958 年隶属杜寨大队；1984 年隶属杜寨村至今。位于村委会北 500 米。东邻罗庄，南界大杜岗，西至宋王村袁杨周，北连付庄村大付庄。总面积 0.8 平方千米，耕地面积 78 公顷。128 户，550 人。主产小麦、玉米、水稻，兼种花生及其他经济作物。村落形态呈团状，房屋结构以楼房为主。

梁庄【Liángzhuāng】 以姓氏命名。因梁姓聚居而得名。1958 年隶属杜寨大队；1984 年隶属杜寨村至今。位于村委会东北 800 米。东邻罗庄，南界小杜岗，西至杜寨，北连罗庄。总面积 0.3 平方千米，耕地面积 26 公顷。27 户，100 人。主产小麦、玉米、水稻，兼种花生及其他经济作物。村落形态呈团状，房屋结构以楼房为主。

罗庄【Luózhuāng】 以姓氏命名。因罗姓聚居而得名。1958 年隶属杜寨大队；1984 年隶属杜寨村至今。位于村委会东北 500 米。东邻肖巷村肖巷，南界梁庄，西至杜寨，北连付庄村大付庄。总面积 0.7 平方千米，耕地面积 60 公顷。80 户，320 人。主产小麦、玉米、水稻，兼种花生及其他经济作物。村落形态呈团状，房屋结构以楼房为主。

方寨村【Fāngzhàicūn】

以方寨自然村命名。1958 年为方寨大队，隶属幸福公社；1961 年隶属七方区；1975 年隶属七方公社；1984 年为方寨村，隶属七方镇至今。位于镇政府东 4 千米。东邻三官村，南界闫岗村，西至杨冲村，北连潘岗村。辖 1 个自然村，总面积 3.6 平方千米，耕地面积 168 公顷。140 户，480 人。主产小麦、玉米、水稻。村委会驻方寨。

方寨【Fāngzhài】 以姓氏和寨墙综合命名。因方姓居住，原村周修有土寨墙，故名。1958 年隶属方寨大队；1984 年隶属方寨村至今。村委会驻地。东邻三官村肖坡，南界闫岗村新庄，西至杨冲村孙岗，北连潘岗村柯庄。总面积3.6平方千米,耕地面积168公顷。140户,480人。主产小麦、玉米、水稻。村落形态呈线状,房屋结构以坡房和楼房为主。

方庄村【Fāngzhuāngcūn】

以前、后方庄自然村命名。1958年为方庄大队,隶属燎原公社;1961年隶属杨垱镇;1975年隶属罗岗公社;1984年为方庄村,隶属罗岗区;1987年隶属罗岗镇;2001年隶属七方镇至今。位于镇政府东北6.7千米。东邻周庄村,南界李湖村,西至姜店村,北连毛坡村。辖6个自然村,总面积2.3平方千米,耕地面积196.43公顷。281户,1280人。主产小麦、玉米、水稻,兼种杂粮。村委会驻小马庄。

大马庄【Dàmǎzhuāng】 以姓氏和规模综合命名。因马姓分布相邻二村,此村较大而得名。1958年隶属方庄大队;1984年隶属方庄村至今。位于村委会西900米。东邻小马庄,南界敖坡村李庄,西至姜店村余头,北连姜店村姜店。总面积0.38平方千米,耕地面积32.6公顷。45户,210人。主产小麦、玉米、水稻,兼种杂粮。村落形态呈散状,房屋结构以坡房和楼房为主。

后方庄【Hòufāngzhuāng】 以姓氏命名。因方姓聚居而得名。因有两个方庄自然村,此村住北,故名。1958年隶属方庄大队;1984年隶属方庄村至今。位于村委会东北800米。东邻周庄村中周庄,南界前方庄,西至汪窑,北连毛坡村小上周庄。总面积0.28平方千米,耕地面积23公顷。38户,150人。主产小麦、玉米、水稻,兼种杂粮。村落形态呈线状,房屋结构以坡房和楼房为主。

马垱【Mǎdàng】 以姓氏和水垱综合命名。因马姓聚居村旁有一水垱而得名。1958年隶属方庄大队;1984年隶属方庄村至今。位于村委会东南1千米。东邻李湖村杨庄,南界李湖村李湖,西至大马庄,北连前方庄。总面积0.43平方千米,耕地面积36公顷。51户,240人。主产小麦、玉米、水稻,兼种杂粮。村落形态呈散状,房屋结构以坡房和楼房为主。

前方庄【Qiánfāngzhuāng】 以姓氏命名。因方姓聚居而得名,因有两个方庄自然村,此村位南,故名。1958年隶属方庄大队;1984年隶属方庄村至今。位于村委东南800米。东邻周庄村下周庄,南界马垱,西至小马庄,北连后方庄。总面积0.54平方千米,耕地面积46.9公顷。62户,300人。主产小麦、玉米、水稻,兼种杂粮。村落形态呈散状,房屋结构以坡房和楼房为主。

汪窑【Wāngyáo】 以姓氏和窑综合命名。因汪姓人居住并开过窑场而得名。1958年隶属方庄大队;1984年隶属方庄村至今。位于村委会北950米。东邻后方庄,南界小马庄,西至姜店村姜店,北连姜店村薛庄。总面积0.34平方千米,耕地面积29.3公顷。40户,160人。主产小麦、玉米、水稻,兼种杂粮。村落形态呈线状,房屋结构以楼房为主。

小马庄【Xiǎomǎzhuāng】 以姓氏和规模综合命名。因马姓分布相邻二村,此村较小而得名。1958年隶属方庄大队;1984年隶属方庄村至今。村委会驻地。东邻前方庄,南界马垱,西至大马庄,北连汪窑。总面积0.33平方千米,耕地面积28.63公顷。45户,220人。主产小麦、玉米、水稻,兼种杂粮。村落形态呈散状,房屋结构以坡房和楼房为主。

官庄村【Guānzhuāngcūn】

以官庄自然村命名。1958年为官庄大队，隶属幸福公社；1961年隶属七方区；1975年隶属七方公社；1984年为官庄村，隶属七方镇至今。位于镇政府西南14千米。东邻箱庄村，南界襄州区张集镇中营村，西至襄州区双沟镇杜沟村，北连曹营村。辖5个自然村，总面积6.2平方千米，耕地面积371.4公顷。406户，1870人。主产小麦、玉米、水稻。二蔡路过境，村委会驻官庄集。

陈家沟【Chénjiāgōu】 以姓氏和地形综合命名。因陈姓聚居沟旁而得名。1958年隶属官庄大队；1984年隶属官庄村至今。位于村委会南1千米。东邻箱庄村曾家湾，南界襄州区张集镇中营村杨庄，西至襄州区双沟镇杜沟村张庄，北连南刘家。总面积0.8平方千米，耕地面积55.8公顷。58户，250人。主产小麦、玉米、水稻。村落形态呈团状，房屋结构以平房和坡房为主。

官庄集【Guānzhuāngjí】 以传说命名。据传，汉朝此地叫伍龙镇，街西归襄阳县所辖，街东归蔡阳县所辖，双方经常为争地盘发生械斗，朝廷为调节矛盾，就把伍龙镇改为官庄集。1958年隶属官庄大队；1984年隶属官庄村至今。村委会驻地。东邻上陆冲，南界陈家沟，西至西刘家，北连曹营村王寨。总面积2.4平方千米，耕地面积96.3公顷。126户，630人。主产小麦、玉米、水稻。村落形态呈线状，房屋结构以坡房和楼房为主。

南刘家【Nánliújiā】 以方位和姓氏综合命名。因刘姓建村在官庄集南而得名。1958年隶属官庄大队；1984年隶属官庄村至今。位于村委会南700米。东邻下陆冲，南界陈家沟，西至襄州区双沟镇杜沟村张庄，北连官庄村西刘家。总面积1.6平方千米，耕地面积139.2公顷。126户，490人。主产小麦、玉米、水稻。村落形态呈线状，房屋结构以平房和坡房为主。

上陆冲【Shànglùchōng】 以方位、姓氏和地形综合命名。因陆姓聚居在一条冲的上部而得名。1958年隶属官庄大队；1984年隶属官庄村至今。位于村委会东500米。东邻箱庄村王巷，南界下陆冲，西至官庄集，北连曹营村王庄。总面积0.7平方千米，耕地面积39.2公顷。48户，250人。主产小麦、玉米、水稻。村落形态呈线状，房屋结构以坡房为主。

下陆冲【Xiàlùchōng】 以方位、姓氏和地形综合命名。因陆姓聚居在一条冲的下部而得名。1958年隶属官庄大队；1984年隶属官庄村至今。位于村委会东南500米。东邻箱庄村周庄，南界箱庄村常湾，西至官庄集，北连上陆冲。总面积0.7平方千米，耕地面积40.9公顷。48户，250人。主产小麦、玉米、水稻，水面养殖6.7公顷。村落形态呈团状，房屋结构以平房和坡房为主。

何湾村【Héwāncūn】

以何湾自然村命名。1958年为五星大队隶属燎原公社；1961年为何湾大队隶属杨垱区；1975年隶属罗岗公社；1984年为何湾村，隶属罗岗区；1987年隶属罗岗镇；2001年隶属七方镇至今。位于镇政府西北12.2千米。东邻杨垱镇赵堂村，南界贾岗村，西至杨垱镇桃园村，北连杨垱镇樊庄村。辖两个自然村，总面积 2.2 平方千米，耕地面积 196.7 公顷。216 户，830 人。主产小麦、玉米、旱稻，兼种杂粮。杨徐路过境，村委会驻何湾。

何湾【Héwān】 以姓氏和地形综合命名。因何姓聚居小河的拐弯处而得名。1958 年隶属五星大队；1961 年隶属何湾大队；1984 年隶属何湾村至今。村委会驻地。东邻杨垱镇赵堂村赵堂，南界贾岗村刘岗、西至王桥，北连杨垱镇赵堂村夏庄。总面积 1.56 平方千米，耕地面积 133 公顷。151 户，570 人。主产小麦、玉米、旱稻，兼种杂粮。村落形态呈散状，房屋结构以平房和坡房为主。

王桥【Wángqiáo】 以姓氏和桥综合命名。因王姓聚居村口有座小石桥而得名。1958 年隶属五星大队；1961 年隶属何湾大队；1984 年隶属何湾村至今。位于村委会西 500 米。东邻何湾，南界杨垱镇薛厂村杨岗、西至桃园村四方庄，北连杨垱镇樊庄村张庄。总面积 0.64 平方千米，耕地面积 63.7 公顷。65 户，260 人。主产小麦、玉米、旱稻，兼种杂粮。村落形态呈线状，房屋结构以楼房为主。

洪寨村【Hóngzhàicūn】

以洪寨自然村命名。1958 年为洪寨大队，隶属幸福公社；1961 年隶属七方区；1975 年隶属七方公社；1984 年为洪寨村，隶属七方镇；1987 年隶属徐寨乡；2001 年隶属七方镇至今。位于七方镇政府北 8 千米。东邻敖坡村，南界文庄村，西至赵岗村，北连东汪营村。辖 3 个自然村，总面积 3.18 平方千米，耕地面积 294 公顷。238 户，1110 人。主产小麦、玉米、水稻，兼种果蔬。通镇村公路，村委会驻汪寨。

洪岗【Hónggǎng】 以姓氏和地形综合命名。因洪姓聚居岗上而得名。1958 年隶属洪寨大队；1984 年隶属洪寨村至今。位于村委会南 800 米。东邻敖坡村单岗，南界洪寨水库，西至赵岗村东关冲，北连汪寨。总面积 0.98 平方千米，耕地面积 88 公顷。33 户，200 人。主产小麦、玉米、水稻，兼种果蔬。村落形态呈散状，房屋结构以平房和坡房为主。

洪寨【Hóngzhài】 以姓氏和建筑物综合命名。因洪姓聚居且村周修有寨墙而得名。1958 年隶属洪寨大队；1984 年隶属洪寨村至今。位于村委会北 1 千米。东邻敖坡村兰庄，南界汪寨，西至西汪营村陈庄，北连东汪营村东汪营。总面积 1.2 平方千米，耕地面积 117 公顷。121 户，600 人。主产小麦、玉米、水稻，兼种果蔬。村落形态呈团状，房屋结构以平房和坡房为主。

汪寨【Wāngzhài】 以姓氏和建筑物综合命名。因汪姓聚居村周修有寨墙而得名。1958 年隶属洪寨大队；1984 年隶属洪寨村至今。村委会驻地。东邻敖坡村兰庄，南界洪岗，西至赵岗村邱赵岗，北连洪寨。总面积 1 平方千米，耕地面积 89 公顷。84 户，310 人。主产小麦、玉米、水稻，兼种桃树，养鸡场 1 个，年产 2000 只。村落形态呈线状，房屋结构以楼房为主。

胡坡村【Húpōcūn】

以胡坡自然村命名。1958 年为胡坡大队，隶属幸福公社；1961 年隶属七方区；1975 年隶属七方公社；1984 年为胡坡村，隶属七方镇；1987 年隶属蔡阳乡；1998 年隶属蔡阳镇；2001 年隶属七方镇至今。位于镇政府东南 8 千米。东邻张楼村，南界琚湾镇高庵水库，西至隆兴村，北连梁冲村。辖 4 个自然村，总面积 2.5 平方千米，耕地面积 93.8 公顷。115 户，507 人。主产小麦、水稻、玉米，兼种桃树。村委会驻胡坡。

胡坡【Húpō】 以姓氏和地形综合命名。因胡姓居住在岗坡上而得名。1958 年隶属胡坡大队；1984 年隶属胡坡村至今。村委会驻地。东邻肖家，南界高庵水库，西至隆兴村徐坡，北连刘庄。总面积 1.2 平方千米，耕地面积 39 公顷。49 户，240 人。主产小麦、水稻、玉米。村落形态呈线状，房屋结构以坡房和楼房为主。

刘庄【Liúzhuāng】 以姓氏命名。因刘姓聚居而得名。1958 年隶属胡坡大队；1984 年隶属胡坡村至今。位于村委会北 500 米。东邻梁冲村大刘庄，南界胡坡，西至隆兴村上李坡，北连梁冲村大刘庄。总面积 0.55 平方千米，耕地面积 28.3 公顷。30 户，130 人。主产小麦、水稻、玉米，有鱼塘 4 公顷。村落形态呈线状，房屋结构以楼房为主。

农科所【Nóngkēsuǒ】 以科技种植果树命名。1975 年以高庵水库搬迁的部分移民为主体组建一个果树专业村，应用推广新科技栽培果树，故名。1984 年隶属胡坡村至今。位于村委会东南 1.5 千米。东邻琚湾镇高庵水库，南界琚湾镇高庵水库，西至隆兴村徐坡，北连胡坡。总面积 0.38 平方千米，耕地面积 15.8 公顷。17 户，67 人。主产小麦、水稻、玉米。村落形态呈线状，房屋结构以平房和坡房为主。

肖家【Xiāojiā】 以姓氏命名。因肖姓聚居而得名。1958 年隶属胡坡大队；1984 年隶属胡坡村至今。位于村委会东南 1.5 千米。东邻张楼村新庄子，南界琚湾镇高庵水库，西至高庵水库，北连胡坡。总面积 0.37 平方千米，耕地面积 10.7 公顷。19 户，70 人。主产小麦、水稻、玉米，有桃树 18 公顷。村落形态呈线状，房屋结构以坡房和楼房为主。

胡庄村【Húzhuāngcūn】

以胡庄自然村命名。1958 年为胡庄大队，隶属幸福公社；1961 年隶属七方区；1975 年隶属七方公社；1984 年为胡庄村，隶属七方镇；1987 年隶属徐寨乡；2001 年隶属七方镇至今。位于镇政府西北 9 千米。东邻彭家村，南界老街村，西至襄州区程河镇赵坡村，北连崔岗村。辖 6 个自然村，总面积 3.5 平方千米，耕地面积 265 公顷。356 户，1570 人。主产小麦、杂粮，兼水产养殖。镇公路相通，村委会驻胡庄。

陈岗【Chéngǎng】 以姓氏和地形综合命名。因陈姓聚居岗上而得名。1958 年隶属胡庄大队；1984 年隶属胡庄村至今。位于村委会西 2 千米。东邻胡庄，南界襄州区老街姚庄，西至襄州区程河镇赵坡村，北连周岗。总面积 0.72 平方千米，耕地面积 46 公顷。66 户，320 人。主产小麦、棉花、玉米、水稻。村落形态呈线状，房屋结构以平房和楼房为主。

陈庄【Chénzhuāng】 以姓氏命名。因陈姓聚居而得名。1958 年隶属胡庄大队；1984 年隶属胡庄村至今。位于村委会东北 500 米。东邻崔庄，南界崔庄，西至胡庄，北连崔岗村小崔岗。总面积 0.3 平方千米，耕地面积 29 公顷。28 户，120 人。主产小麦、棉花、玉米、水稻。村落形态呈线状，房屋结构以平房和楼房为主。

崔庄【Cuīzhuāng】 以姓氏命名。因崔姓聚居而得名。1958年隶属胡庄大队；1984年隶属胡庄村至今。位于村委会东350米。东邻彭家村庙坡，南界老街村老街，西至陈庄，北连崔岗村洪岗。总面积0.32平方千米，耕地面积28公顷。48户，220人。主产小麦、棉花、玉米、水稻。村落形态呈线状，房屋结构以平房和楼房为主。

胡庄【Húzhuāng】 以姓氏命名。因胡姓聚居而得名。1958年隶属胡庄大队；1984年隶属胡庄村至今。村委会驻地。东邻崔庄，南界老街村老街，西至陈岗，北连小崔岗。总面积0.88平方千米，耕地面积63公顷。86户，360人。主产小麦、棉花、玉米、水稻。村落形态呈线状，房屋结构以平房和楼房为主。

小崔岗【Xiǎocuīgǎng】 以姓氏、地形和规模综合命名。因崔姓居住在岗的两端，此村较小而得名。1958年隶属胡庄大队；1984年隶属胡庄村至今。位于村委会北1.6千米。东邻崔岗村大崔岗，南界胡庄，西至周岗，北连黑清河。总面积0.83平方千米，耕地面积76公顷。87户，360人。主产小麦、棉花、玉米、水稻。村落形态呈线状，房屋结构以平房和楼房为主。

周岗【Zhōugǎng】 以姓氏和地形综合命名。因周姓居住在岗上而得名。1958年隶属胡庄大队；1984年隶属胡庄村至今。位于村委会西北1.5千米。东邻小崔岗，南界陈岗，西至黑清河，北连黑清河。总面积0.45平方千米，耕地面积23公顷。41户，190人。主产小麦、棉花、玉米、水稻。村落形态呈线状，房屋结构以楼房为主。

花园村【Huāyuáncūn】

以花园自然村命名。1958年为花园大队，隶属幸福公社；1961年隶属七方区；1975年隶属七方公社；1984年为花园村，隶属七方镇至今。位于镇政府东南6.5千米。东邻王岗村，南界邓寨村，西至高集村，北连申冲村。辖4个自然村，总面积4.67平方千米，耕地面积302公顷。250户，1100人。主产小麦、水稻、水果。316国道过境，村委会驻花园。

陈庄【Chénzhuāng】 以姓氏命名。因陈姓聚居而得名。1958年隶属花园大队；1984年隶属花园村至今。位于村委会西南1千米。东邻小王庄，南界邓寨村王家老湾，西至梁冲村王冢子岗，北连高集村敬老院。总面积1.2平方千米，耕地面积52公顷。75户，280人。主产玉米、小麦、水稻。村落形态呈散状，房屋结构以平房和楼房为主。

花园【Huāyuán】 以传说命名。据传原有一王姓大户住此，后院修有一花园，故名。1958年隶属花园大队；1984年隶属花园村至今。村委会驻地。东邻王岗村张庄，南界邓寨村邓寨，西至小王庄，北连申冲村申冲。总面积2平方千米，耕地面积180公顷。80户，310人。主产玉米、小麦、水稻，兼种果树、西瓜。村落形态呈散状，房屋结构以平房和楼房为主。

李万庄【Lǐwànzhuāng】 以姓氏命名。因李姓、万姓聚居而得名。1958年隶属花园大队；1984年隶属花园村至今。位于村委会西北800米。东邻花园，南界小王庄，西至高集村马武店，北连申冲村申冲。总面积0.4平方千米，耕地面积30公顷。45户，260人。主产小麦、水稻、玉米，兼种果蔬。村落形态呈线状，房屋结构以平房和楼房为主。

小王庄【Xiǎowángzhuāng】 以姓氏和规模综合命名。因王姓聚居住且村较小而得名。1958年隶属花园大队;1984年隶属花园村至今。位于村委会南800米。东邻王岗村张庄,南界邓寨村邓寨,西至梁冲村王冢子岗,北连李万庄。总面积1.07平方千米,耕地面积40公顷。50户,250人。主产玉米、小麦、水稻。村落形态呈散状,房屋结构以平房和楼房为主。

黄河村【Huánghécūn】

以水库命名。因位于黄河水库旁而得名。1958年为黄冈大队,隶属燎原公社;1961年隶属杨垱区;1975年隶属罗岗公社;1980年因重名改为黄河大队;1984年隶属罗岗区;1987年隶属罗岗镇;2001年隶属七方镇至今。位于镇政府东北23千米。东邻于王岗村,南界阮店村,西至黄河水库,北连黄河水库。辖5个自然村,总面积2.92平方千米,耕地面积222公顷。248户,1070人。主产小麦、玉米、水稻;油料以花生、芝麻、油菜为主。王罗路至村境,村委会驻黄岗。

杜庄【Dùzhuāng】 以姓氏命名。因杜姓聚居而得名。1958年隶属黄岗大队;1980年隶属黄河大队;1984年隶属黄河村至今。位于村委会东北1.4千米。东邻于王岗村刘岗,南界阮店村阮店,西至黄岗,北连坡下。总面积0.5平方千米,耕地面积39公顷。37户,170人。主产小麦、玉米、水稻,兼种花生、芝麻。村落形态呈线状,房屋结构以平房为主。

黄岗【Huánggǎng】 以地形和姓氏综合命名。因黄姓聚居岗上而得名。1958年隶属黄岗大队;1980年隶属黄河大队;1984年隶属黄河村至今。村委会驻地。东邻杜庄,南界卫庄村谭庄,西至黄河水库,北连坡下。总面积1.1平方千米,耕地面积86公顷。110户,460人。主产小麦、玉米、水稻,兼种花生、芝麻。村落形态呈线状,房屋结构以平房为主。

坡下【Pōxià】 以地形命名。因村建在一个大坡下而得名。1958年隶属黄岗大队;1980年隶属黄河大队;1984年隶属黄河村至今。位于村委会北1.2千米。东邻黄河水库,南界黄岗,西至阮杨王,北连黄河水库。总面积0.45平方千米,耕地面积32公顷。28户,130人。主产小麦、玉米、水稻,兼种花生、芝麻。村落形态呈线状,房屋结构以平房为主。

阮杨王【Ruǎnyángwáng】 以姓氏命名。因阮、杨、王三姓聚居而得名。1958年隶属黄岗大队;1980年隶属黄河大队;1984年隶属黄河村至今。位于村委会西北1.2千米。东邻坡下,西至黄河水库,南界黄岗,北连黄河水库。总面积0.45平方千米,耕地面积30公顷。34户,130人。主产小麦、玉米、水稻,兼种花生、芝麻。村落形态呈线状,房屋结构以平房为主。

薛岗【Xuēgǎng】 以姓氏和地形综合命名。因薛姓聚居岗上而得名。1958年隶属黄岗大队;1980年隶属黄河大队;1984年隶属黄河村至今。位于村委会东北1.5千米。东邻于王岗村刘岗,南界阮店村阮店,西至杜庄,北连杨垱镇黄庄村张桥。总面积0.42平方千米,耕地面积35公顷。39户,180人。主产小麦、玉米、水稻,兼种花生、芝麻。村落形态呈线状,房屋结构以平房为主。

贾岗村【Jiǎgǎngcūn】

以贾岗自然村命名。1958年为统一大队,隶属燎原公社;1961年为贾岗大队,隶属杨垱区;

1975年隶属罗岗公社；1984年为贾岗村，隶属罗岗区；1987年隶属罗岗镇；2001年隶属七方镇至今。位于镇政府西北12千米。东邻罗岗村，南界东汪营村，西至朱寨村，北连何湾村。辖4个自然村，总占地3.22平方千米，耕地面积273.44公顷。253户，980人。主产小麦、玉米、水稻、旱稻。罗徐路过境，村委会驻贾岗。

贾岗【Jiǎgǎng】 以姓氏和地形综合命名。因贾姓聚居岗上而得名。1958年隶属统一大队；1960年隶属贾岗大队；1984年隶属贾岗村至今。村委会驻地。东邻罗岗村罗岗，南界蛮子营，西至西高庄，北连刘岗。总面积0.9平方千米，耕地面积78.19公顷。89户，340人。主产小麦、水稻、玉米、旱稻。村落形态呈线状，房屋结构以楼房为主。

刘岗【Liúgǎng】 以姓氏和地形综合命名。因刘姓聚居岗上而得名。1958年隶属统一大队；1960年隶属贾岗大队；1984年隶属贾岗村至今。位于村委会北1千米。东邻王庄村付鹏，南界贾岗，西至何湾村何湾，北连何湾村砖厂。总面积0.82平方千米，耕地面积68.7公顷。46户，120人。主产小麦、水稻、玉米、旱稻。村落形态呈散状，房屋结构以楼房为主。

蛮子营【Mánziyíng】 因从南方迁来一户人家在此定居，当地人习称南方移民为蛮子，故名。1958年隶属统一大队；1960年隶属贾岗大队；1984年隶属贾岗村至今。位于村委会南1千米。东邻罗岗村罗集，南界东汪营，西至朱寨村刘庄，北连贾岗。总面积0.7平方千米，耕地面积59.9公顷。58户，290人。主产小麦、水稻、玉米、旱稻。村落形态呈散状，房屋结构以楼房为主。

西高庄【Xīgāozhuāng】 以姓氏和方位综合命名。因高姓聚居罗岗集镇西而得名。1958年隶属统一大队；1960年隶属贾岗大队；1984年隶属贾岗村至今。位于村委会西800米。东邻贾岗，南界朱寨村刘庄，西至朱寨村张庄，北连杨垱镇薛场村杨岗。总面积0.8平方千米，耕地面积66.65公顷。60户，230人。主产小麦、水稻、玉米、旱稻。村落形态呈线状，房屋结构以楼房为主。

姜店村【Jiāngdiàncūn】

以姜店自然村命名。1958年为姜店大队，隶属燎原公社；1961年隶属杨垱区；1975年隶属罗岗公社；1984年为姜店村，隶属罗岗区；1987年隶属罗岗镇；2001年隶属七方镇至今。位于镇政府北6千米。东邻方庄村，南界敖坡村，西至东汪营村，北连罗岗村。辖5个自然村，总面积4.2平方千米，耕地面积257.31公顷。308户，1420人。主产小麦、玉米、旱稻，兼种蔬菜。七罗路过境，村委会驻姜店。

方头【Fāngtóu】 以姓氏和地形综合命名。因方姓建村在岗头上而得名。1958年隶属姜店大队；1984年隶属姜店村至今。位于村委会西100米。东邻姜店，南界敖坡村兰庄，西至余头，北连南高庄。总面积0.4平方千米，耕地面积24.16公顷。35户，200人。主产小麦、玉米、旱稻，兼种蔬菜。村落形态呈线状，房屋结构以平房和楼房为主。

姜店【Jiāngdiàn】 以姓氏和店铺综合命名。因姜姓聚居村内开过饭店而得名。1958年隶属姜店大队；1984年隶属姜店村至今。位于村委会北200米。东邻汪窑，南界敖坡村庙坡，西至东汪营村汪营，北连南高庄。总面积1.28平方千米，耕地面积71.75公顷。81户，390人。主产小麦、玉米、旱稻，兼种蔬菜。村落形态呈线状，房屋结构以平房和楼房为主。

南高庄【Nángāozhuāng】 以姓氏和方位综合命名。因高姓聚居罗岗街南而得名。1958年隶属姜店大队；1984年隶属姜店村至今。位于村委会北500米。东邻薛庄，南界姜店，西至东汪营村汪营，北连罗岗村杨庄。总面积1.06平方千米，耕地面积70.9公顷。88户，380人。主产小麦、玉米、旱稻，兼种蔬菜。村落形态呈线状，房屋结构以平房和楼房为主。

薛庄【Xuēzhuāng】 以姓氏命名。因薛姓聚居而得名。1958年隶属姜店大队；1984年隶属姜店村至今。位于村委会东北900米。东邻周庄村小上周庄，南界方庄村汪窑，西至南高庄，北连王庄村常庄。总面积0.8平方千米，耕地面积46.7公顷。60户，250人。主产小麦、玉米、旱稻，兼种蔬菜。村落形态呈散状，房屋结构以平房和楼房为主。

余头【Yútóu】 以姓氏和地形综合命名。因余姓建村在岗头上而得名。1958年隶属姜店大队；1984年隶属姜店村至今。位于村委会西300米。东邻姜店，南界敖坡村庙坡，西至南泥河，北连东汪营村姜庄。总面积0.66平方千米，耕地面积43.8公顷。44户，200人。主产小麦、玉米、旱稻，兼种蔬菜。村落形态呈散状，房屋结构以平房和楼房为主。

老街村【Lǎojiēcūn】

以老街自然村命名。1958年为老街大队，隶属幸福公社；1961年隶属七方区；1975年隶属七方公社；1984年为老街村，隶属七方镇；1987年隶属徐寨乡；2001年隶属七方镇至今。位于镇政府西北7.6千米。东邻赵岗村，南界秦庄村，西至襄州区程河镇宋王村，北连胡庄村。辖9个自然村，总面积7.84平方千米，耕地面积600公顷。417户，2490人。主产小麦、玉米、水稻。李仓公路过境，村委会驻老街。

后营【Hòuyíng】 以方位命名。因建村于老街之后而得名。1958年隶属老街大队；1984年隶属老街村至今。位于村委会西南450米。东邻老街，南界李沟，西至姚庄，北连胡庄村胡庄。总面积0.8平方千米，耕地面积40公顷。30户，280人。主产小麦、玉米、水稻，兼种果蔬。村落形态呈散状，房屋结构以平房和坡房为主。

老街【Lǎojiē】 以传说命名。据传，初建村时叫李南集，后来朝廷在此修一座古顶山庙，来修庙的人很多，因监督不力而十分怠工。有一李姓老人向朝廷献计，把民工编成班排，这样修庙进度很快。事后朝廷把此村更名为"李老山集"。此后改朝换代，此地逐渐颓废，直到1960年此街才重建，为纪念李姓老头，故名。1958年隶属老街大队；1984年隶属老街村至今。村委会驻地。东邻袁庄，南界杨庄，西至李岗，北连胡庄村崔庄。总面积1.5平方千米，耕地面积95公顷。75户，500人。主产小麦、玉米、水稻，兼种果蔬。村落形态呈团状，房屋结构以平房和坡房为主。

李岗【Lǐgǎng】 以姓氏和地形综合命名。因李姓聚居岗上而得名。1958年隶属老街大队；1984年隶属老街村至今。位于村委会西700米。东邻老街，南界李沟，西至姚庄，北连后营。总面积0.7平方千米，耕地面积50公顷。61户，190人。主产小麦、玉米、水稻，兼种果蔬。村落形态呈散状，房屋结构以平房和坡房为主。

李沟【Lǐgōu】 以姓氏和地形综合命名。因李姓聚居在河沟旁而得名。1958年隶属老街大队；1984年隶属老街村至今。位于村委会西南1.5千米。东邻乔营，南界路岗村路岗，西至襄州区程河镇宋冲村王冲，北连老街。总面积0.99平方千米，耕地面积90公顷。80户，590人。主产小麦、玉米、水稻，兼种果蔬。村落形态呈线状，房屋结构以平房和坡房为主。

乔营【Qiáoyíng】 以姓氏命名。因乔姓聚居而得名。1958年隶属老街大队；1984年隶属老街村至今。位于村委会南300米。东邻赵岗村莫冲，南界秦庄村赵庄，西至杨庄，北连新庄。总面积0.7平方千米，耕地面积60公顷。22户，90人。主产小麦、玉米、水稻。村落形态呈线状，房屋结构以平房和坡房为主。

新庄【Xīnzhuāng】 以时间命名。因1977年王洼、杨庄迁此新建，故名。1958年隶属老街大队；1984年隶属老街村至今。位于村委会南400米。东邻袁庄，南界乔营，西至李沟，北连老街。总面积0.9平方千米，耕地面积70公顷。30户，130人。主产小麦、玉米、水稻，兼种果蔬。村落形态呈线状，房屋结构以平房和坡房为主。

杨庄【Yángzhuāng】 以姓氏命名。因杨姓聚居而得名。1958年隶属老街大队；1984年隶属老街村至今。位于村委会南500米。东邻乔营，南界秦庄村韩冲，西至襄州区程河镇宋庄村王冲，北连老街。总面积0.6平方千米，耕地面积58公顷。26户，130人。主产小麦、玉米、水稻，兼种果蔬。村落形态呈团状，房屋结构以平房和坡房为主。

姚庄【Yáozhuāng】 以姓氏命名。因姚姓聚居而得名。1958年隶属老街大队；1984年隶属老街村至今。位于村委会西980米。东邻后营，南界襄州区程河镇宋庄村王冲，西至襄州区程河镇代岗村代岗，北连胡庄村陈岗。总面积0.6平方千米，耕地面积57公顷。28户，30人。主产小麦、玉米、水稻。村落形态呈团状，房屋结构以平房和楼房为主。

袁庄【Yuánzhuāng】 以姓氏命名。因袁姓聚居而得名。1958年隶属老街大队；1984年隶属老街村至今。位于村委会东700米。东邻赵岗村柳家，南界乔营，西至新庄，北连彭家村庙坡。总面积1.05平方千米，耕地面积80公顷。65户，550人。主产小麦、玉米、水稻。养鸡大户1户，年出栏6000只。村落形态呈线状，房屋结构以平房和坡房为主。

李湖村【Lǐhúcūn】

以李湖自然村命名。1958年为李湖大队，隶属幸福公社；1961年隶属七方区；1975年隶属七方公社；1984年为李湖村，隶属七方镇至今。位于镇政府东北5.3千米。东邻潘岗村，南界杨冲村，西至敖坡村，北连周庄村。辖5个自然村，总面积4.31平方千米，耕地面积294.4公顷。330户，1660人。主产小麦、玉米、水稻。村委会驻李湖。

李湖【Lǐhú】 以姓氏和地形综合命名。因李姓聚居，村周的沟像湖，故名。1958年隶属李湖大队；1984年隶属李湖村至今。村委会驻地。东邻杨庄，南界李湖村孙庄，西至敖坡村苏坡，北连方庄村马挡。总面积0.88平方千米，耕地面积53.9公顷。81户，420人。主产小麦、玉米、水稻。村落形态呈线状，房屋结构以平房和坡房为主。

柳园【Liǔyuán】 以植物园命名。因此地柳树多而得名。1958年隶属李湖大队；1984年隶属李湖村至今。位于村委会北700米。东邻潘岗村张庄，南界马湖，西至杨庄，北连周庄村周庄。总面积0.62平方千米，耕地面积44.9公顷。45户，220人。主产小麦、玉米、水稻。村落形态呈散状，房屋结构以平房和坡房为主。

马湖【Mǎhú】 以姓氏和地形综合命名。因马姓聚居，村周的壕沟像湖而得名。1958年隶属李湖大队；1984年隶属李湖村至今。位于村委会东南1.3千米。东邻潘岗村古城，南界杨冲村孙岗，西至孙庄，北连杨庄。总面积1.38平方千米，耕地面积86.8公顷。124户，600人。主产小麦、玉米、水稻。村落形态呈团状，房屋结构以平房和坡房为主。

孙庄【Sūnzhuāng】 以姓氏命名。因孙姓聚居而得名。1958年隶属敖坡大队；1984年隶属李湖村至今。位于村委会东南1.5千米。东邻马湖，南界杨冲村杨冲，西至敖坡村敖坡，北连李湖。总面积0.9平方千米，耕地面积72.9公顷。43户，200人。主产小麦、玉米、水稻。村落形态呈散状，房屋结构以坡房和楼房为主。

杨庄【Yángzhuāng】 以姓氏命名。因杨姓聚居而得名。1958年隶属李湖大队；1984年隶属李湖村至今。位于村委会东北500米。东邻柳园，南界马湖，西至李湖，北连周庄村周庄。总面积0.53平方千米，耕地面积35.9公顷。37户，220人。主产小麦、玉米、水稻。村落形态呈线状，房屋结构以平房和坡房为主。

梁冲村【Liángchōngcūn】

以东梁冲和西梁冲自然村命名。1958年为梁冲大队，隶属幸福公社；1961年隶属七方区；1975年隶属七方公社；1984年为梁冲村，隶属七方镇至今。位于镇政府东南5.2千米。东邻花园村，南界胡坡村，西至梁家村，北连闫岗村。辖6个自然村，总面积4.3平方千米，耕地面积274.9公顷。316户，1220人。主产小麦、水稻、玉米，兼种烟叶、蔬菜、花生。张唐大渠过境，村委会驻东梁冲。

白鹤刘家【Báihèliújiā】 以姓氏和动物综合命名。因刘姓聚居，常有白鹤在村中栖息而得名。1958年隶属梁冲大队；1984年隶属梁冲村至今。位于村委会南1千米。东邻邓寨村王家老湾，南界胡坡村小刘庄，西至隆兴村上李坡，北连东梁冲。总面积1.1平方千米，耕地面积67公顷。79户，280人。主产小麦、水稻，兼种烟叶、花生。村落形态呈线状，房屋结构以平房和楼房为主。

大杨庄【Dàyángzhuāng】 以姓氏和规模综合命名。因杨姓分居相邻二村，此村较大而得名。1958年隶属梁冲大队；1984年隶属梁冲村至今。位于村委会西北1.5千米。东邻下段冲，南界西梁冲，西至梁家村下徐庄，北连闫岗村闫岗。总面积0.53平方千米，耕地面积26.6公顷。39户，140人。主产小麦、玉米，兼种水稻、花生。村落形态呈线状，房屋结构以平房和楼房为主。

东梁冲【Dōngliángchōng】 以姓氏、地形和方位综合命名。因梁姓分居冲的两边，此村位东而得名。1958年隶属梁冲大队；1984年隶属梁冲村至今。村委会驻地。东邻王冢子岗，南界白鹤刘家，西至西梁冲，北连闫岗村下段冲。总面积0.5平方千米，耕地面积25公顷。48户，190人。主产小麦、玉米，兼种水稻、花生。村落形态呈线状，房屋结构以平房和楼房为主。

王冢子岗【Wángzhǒngzigǎng】 以姓氏、地形和坟墓综合命名。因王姓聚居岗地，村头有一冢子包而得名。1958年隶属梁冲大队；1984年隶属梁冲村至今。位于村委会东500米。东邻花园村陈庄，南界胡坡村肖家，西至东梁冲，北连高聚居委会。总面积1平方千米，耕地面积66.6公顷。78户，280人。主产小麦、水稻，兼种烟叶、花生。村落形态呈散状，房屋结构以平房和楼房为主。

西梁冲【Xīliángchōng】 以姓氏、地形和方位综合命名。因梁姓分居冲的两边，此村位西而得名。1958年隶属梁冲大队；1984年隶属梁冲村至今。位于村委会西600米。东邻东梁冲，南界胡坡村小刘庄，西至梁家村王油坊，北连大杨庄。总面积0.42平方千米，耕地面积26.4公顷。36户，130人。主产小麦、玉米，兼种水稻、花生。村落形态呈线状，房屋结构以平房和楼房为主。

下段冲【Xiàduànchōng】 以姓氏、地形和方位综合命名。因段姓分局冲的两端，此村位南而得名。1958年隶属梁冲大队；1984年隶属梁冲村至今。位于村委会西北2千米。东邻高聚居委会，南界东梁冲，西至大杨庄，北连闫岗村上段冲。总面积0.75平方千米，耕地面积63.3公顷。36户，200人。主产小麦、玉米，兼种水稻、花生。村落形态呈线状，房屋结构以平房和楼房为主。

梁家村【Liángjiācūn】

以梁家自然村命名。1958年为徐庄大队，隶属幸福公社；1961年隶属七方镇；1975年隶属七方公社；1980年为梁家大队，隶属七方公社；1984年为梁家村，隶属七方镇；1987年隶属蔡阳乡；1998年隶属蔡阳镇；2001年隶属七方镇至今。位于镇政府东南6千米。东邻梁冲村，南界隆兴村，西至大房村，北连闫岗村。辖6个自然村，总面积4.5平方千米，耕地面积318.61公顷。295户，1290人。主产小麦、玉米、水稻。七古路过境，村委会驻梁家。

董庄【Dǒngzhuāng】 以姓氏命名。因董姓聚居而得名。1958年隶属徐庄大队；1980年隶属梁家大队；1984年隶属梁家村至今。位于村委会西南1.2千米。东邻梁家，南界隆兴村章湾，西至沈大房村邱家四房，北连万庄。总面积0.9平方千米，耕地面积72.01公顷。31户，140人。主产玉米、水稻、小麦，稻虾养殖20公顷，养猪大户1户，年出栏500头。村落形态呈团状，房屋结构以平房和坡房为主。

梁家【Liángjiā】 以姓氏命名。因梁姓聚居而得名。1958年隶属徐庄大队；1980年隶属梁家大队；1984年隶属梁家村至今。村委会驻地。东邻王油坊，南界隆兴村隆兴，西至董庄，北连万庄。总面积0.3平方千米，耕地面积23.3公顷。26户，110人。主产玉米、水稻、小麦。村落形态呈线状，房屋结构以楼房为主。

万庄【Wànzhuāng】 以姓氏命名。因万姓聚居而得名。1958年隶属徐庄大队；1980年隶属梁家大队；1984年隶属梁家村至今。位于村委会西北1千米。东邻徐庄，南界董庄，西至陈店村郭坡，北连王枣林。总面积0.35平方千米，耕地面积30公顷。24户，120人。主产玉米、水稻、小麦，养羊大户1户，年出栏1000只；养鸽大户1户，年养鸽1万只。村落形态呈团状，房屋结构以平房和坡房为主。

王油坊【Wángyóufáng】 以姓氏和作坊综合命名。王姓在此开过油坊而得名。1958年隶属徐庄大队；1980年隶属梁家大队；1984年隶属梁家村至今。位于村委会东500米。东邻梁冲村西梁冲，南界隆兴村上李坡，西至梁家，北连徐庄。总面积0.5平方千米，耕地面积39.7公顷。37户，190人。主产玉米、水稻、小麦，种植桃树10公顷，养鸡大户1户，年出栏10万只。村落形态呈线状，房屋结构以平房和坡房为主。

王枣林【Wángzǎolín】 以姓氏和植物林综合命名。因王姓聚居，村里枣树多，故名。1958年隶属徐庄大队；1980年隶属梁家大队；1984年隶属梁家村至今。位于村委会西北1.2千米。东邻徐庄，南界万庄，西至陈店村郭坡，北连闫岗村叶湾。总面积0.55平方千米，耕地面积50.3公顷。51户，210人。主产玉米、水稻、小麦，种植桃树10公顷。村落形态呈团状，房屋结构以平房和坡房为主。

徐庄【Xúzhuāng】 以姓氏命名。因徐姓聚居而得名。1958年隶属徐庄大队；1980年隶属梁家大队；1984年隶属梁家村至今。位于村委会东北2千米。东邻梁冲村西梁冲，南界王油坊，西至万庄，北连闫岗村闫岗。总面积1.9平方千米，耕地面积103.3公顷。126户，520人。主产玉米、水稻、小麦。村落形态呈线状，房屋结构以平房和坡房为主。

隆兴村【Lóngxīngcūn】

以隆兴寺命名。1958年为隆兴大队，隶属幸福公社；1961年隶属七方区；1975年隶属七方公社；1984年为隆兴村，隶属七方镇；1987年隶属蔡阳乡；1998年隶属蔡阳镇；2001年隶属七方镇至今。位于镇政府东南9千米。东邻胡坡村，南界琚湾镇高庵村，西至祝岗村，北连梁家村。辖7个自然村，总面积4.2平方千米，耕地面积374.04公顷。636户，2210人。主产小麦、水稻、玉米，兼种桃树10公顷，养鱼池13.33公顷，规模养猪场1个，养鸡场4个。李古路过境，村委会驻隆兴街。

胡家【Hújiā】 以姓氏命名。因胡姓聚居而得名。1958年隶属隆兴大队；1984年隶属隆兴村至今。位于村委南1千米。东邻高庵水库，南接木桥村木桥，西至隆兴街，北连隆兴街。总面积0.29平方千米，耕地面积25.23公顷。33户，80人。主产小麦、水稻、玉米。村落形态呈线状，房屋结构以楼房为主。

隆兴街【Lóngxīngjiē】 （自然集镇）原名"龙兴寺"。寺内碑文记：湖北省襄阳府崔家里舒家窑龙兴寺古刹，于大明天顺八年间重修，此寺位于四条街中央。后"龙"写为"隆"，意为生意兴隆，故名。1958年隶属隆兴大队；1984年隶属隆兴村。村委会驻地。东邻徐坡，南界胡家，西至舒庄，北连祝岗村章寨。总面积1.9平方千米，耕地面积173公顷。468户，1680人。主产水稻、小麦、玉米。村落形态呈线状，房屋结构以楼房为主。

上李坡【Shànglǐpō】 以姓氏、地形和方位综合命名。因李姓分住相邻二村，此村位北，且建在坡下而得名。1958年隶属隆兴大队；1984年隶属隆兴村至今。位于村委会东北1.8千米。东邻梁冲村大刘庄，南界下李坡，西至隆兴街，北连梁家村梁家。总面积0.35平方千米，耕地面积30.52公顷。16户，60人。主产小麦、水稻、玉米，规模养猪场1个，年出栏1000头以上。村落形态呈散状，房屋结构以平房和坡房为主。

舒庄【Shūzhuāng】 以姓氏命名。因舒姓聚居而得名。1958年隶属隆兴大队；1984年隶属隆兴村至今。位于村委会西南500米。东邻隆兴街，南界木桥村张庄，西至祝岗村祝岗，北连隆兴街。总面积0.22平方千米，耕地面积19.27公顷。21户，80人。主产小麦、水稻、玉米，养猪场1个，年出栏500头。村落形态呈线状，房屋结构以坡房和楼房为主。

下李坡【Xiàlǐpō】 以姓氏、地形和方位综合命名。因李姓分住相邻二村，此村位南，且建在坡下而得名。1958年隶属隆兴大队；1984年隶属隆兴村至今。位于村委会东北1千米。东邻胡坡村胡坡，南界徐坡，西至隆兴街，北连上李坡。总面积0.51平方千米，耕地面积44.78公顷。33户，90人。主产小麦、水稻、玉米，规模养猪场1个，年出栏1500头以上。村落形态呈散状，房屋结构以平房和坡房为主。

徐坡【Xúpō】 以姓氏和地形综合命名。因徐姓聚居坡下而得名。1958年隶属隆兴大队；1984年隶属隆兴村至今。位于村委会东800米。东邻胡坡村胡坡，南界高庵水库，西至隆兴街，北连下李坡。总面积0.67平方千米，耕地面积58.59公顷。55户，190人。主产小麦、水稻、玉米。村落形态呈散状，房屋结构以平房和坡房为主。

章湾【Zhāngwān】 以姓氏命名。因章姓聚居而得名。1958年隶属隆兴大队；1984年隶属隆兴村至今。位于村委会西北1千米。东邻隆兴街，南界祝岗村章寨，西至祝岗村章寨，北连梁家村董庄。总面积0.26平方千米，耕地面积22.65公顷。10户，30人。主产小麦、水稻、玉米，规模养猪场2个，年出栏1000头；养鸡场1个，年产蛋鸡5000只。村落形态呈线状，房屋结构以平房和坡房为主。

罗岗村【Luógǎngcūn】

以罗岗自然集镇命名。1958年为新民大队，隶属燎原公社；1961年为罗岗大队，隶属杨垱区；1975年隶属罗岗公社；1984年为罗岗村，隶属罗岗区；1987年隶属罗岗镇；2001年隶属七方镇至今。位于镇政府北10千米。东邻王庄村，南界东汪营村，西至贾岗村、姜店村，北连王庄村。辖2个自然村，总面积1.4平方千米，耕地面积94.3公顷。135户，570人。主产小麦、玉米、水稻。七杨路过境，村委会驻罗岗街。

罗集【Luójí】 以姓氏和集市综合命名。因罗姓聚居，设过集市而得名。1958年隶属新民大队；1984年隶属罗岗村至今。位于村委会西南1千米。东邻杨庄，南界东汪营村姜庄，西至贾岗村蛮子营，北连罗岗。总面积0.8平方千米，耕地面积53.3公顷。65户，250人。主产小麦、玉米、水稻。村落形态呈散状，房屋结构以平房和坡房为主。

杨庄【Yángzhuāng】 以姓氏命名。因杨姓聚居而得名。1958年隶属新民大队；1984年隶属罗岗村至今。位于村委会南400米。东邻王庄村吴庄，南界姜店村南高庄，西至罗集，北连罗岗街。总面积0.6平方千米，耕地面积41公顷。70户，320人。主产小麦、玉米、水稻，养猪场1个，年出栏2000头。村落形态呈散状，房屋结构以楼房为主。

罗桥村【Luóqiáocūn】

以大、小罗桥自然村命名。1958年为罗桥大队，隶属幸福公社。1961年隶属七方区；1975年隶属罗岗公社；1984年为罗桥村，隶属罗岗区；1987年隶属罗岗镇；2001年隶属七方镇至今。位于镇政府东北20千米。东邻太平镇郭王村，南界环城街道坡下村，西至徐桥村，北连肖巷村。辖

2个自然村，总面积3.5平方千米，耕地面积105公顷。107户，420人。主产小麦、水稻、杂粮，有养殖业。村委会驻小罗桥。

大罗桥【Dàluóqiáo】 以姓氏、桥和规模综合命名。因罗姓居住桥的两端，此村较大而得名。1958年隶属罗桥大队；1984年隶属罗桥村至今。位于村委会北500米。东邻罗桥水库，南界小罗桥，西至徐桥村上徐桥，北连肖巷村肖巷。总面积1.5平方千米，耕地面积45公顷。52户，220人。主产小麦、水稻、杂粮，兼种蔬菜、水果。村落形态呈线状，房屋结构以楼房为主。

小罗桥【Xiǎoluóqiáo】 以姓氏、桥和规模综合命名。因罗姓居住桥的两端，此村较小而得名。1958年隶属罗桥大队；1984年隶属罗桥村至今。村委会驻地。东邻罗桥水库，南界罗桥水库，西至徐桥村上徐桥，北连大罗桥。总面积2平方千米，耕地面积60公顷。55户，200人。主产小麦、水稻、杂粮，兼种蔬菜、水果。村落形态呈线状，房屋结构以楼房为主。

罗咀村【Luózuǐcūn】

以罗咀自然村命名。1958年为罗家大队，隶属幸福公社；1961年隶属七方区；1975年隶属七方公社；1984年为罗咀村，隶属七方镇至今。位于镇政府西2千米。东邻文庄村，南界王坡村，西至邓庄村，北连赵岗村。辖2个自然村，总面积2.25平方千米，耕地面积200公顷。253户，1095人。主产小麦、玉米、水稻。316国道过境，村委会驻罗咀。

大文庄【Dàwénzhuāng】 以姓氏和规模综合命名。因文姓聚居且村较大，故名。1958年隶属罗家大队；1984年隶属罗咀村至今。位于村委会南500米。东邻文庄村小文庄，南界孙坡村西孙坡，西至文庄村下徐庄，北连罗咀村。总面积1.35平方千米，耕地面积120公顷。143户，622人。主产小麦、玉米、水稻。村落形态呈散状，房屋结构以坡房和楼房为主。

罗咀【Luózuǐ】 以姓氏命名。因罗姓聚居而得名。1958年隶属罗家大队；1984年隶属罗咀村至今。村委会驻地。东邻文庄村吴冲，南界大文庄，西至邓庄村李巷，北连赵岗村关冲。总面积0.9平方千米，耕地面积80公顷。110户，473人。主产小麦、玉米、水稻。村落形态呈散状，房屋结构以坡房和楼房为主。

毛坡村【Máopōcūn】

以毛坡自然村命名。1958年为东合大队隶属燎原公社；1961年为毛坡大队隶属杨垱区；1975年隶属罗岗公社；1984年为毛坡村，隶属罗岗区；1987年隶属罗岗镇；2001年隶属七方镇至今。位于镇政府东北10千米。东邻卫庄村，南界周庄村，西至姜店村，北连王庄村。辖4个自然村，总面积2平方千米，耕地面积127.23公顷。165户，650人。主产小麦、玉米、旱稻，兼种杂粮。王石公路过境，村委会驻北周庄。

北周庄【Běizhōuzhuāng】 以姓氏和方位综合命名。因周姓分居相邻四村，此村驻北而得名。1958年隶属东合大队；1960年隶属毛坡大队；1984年隶属毛坡村至今。村委会驻地。东邻毛坡，南界小上周庄，西至姜店村薛庄，北连罗庄。总面积0.43平方千米，耕地面积30.15公顷。36户，140人。主产小麦、玉米、旱稻，兼种杂粮。村落形态呈散状，房屋结构以平房和坡房为主。

罗庄【Luózhuāng】 以姓氏命名。因罗姓聚居而得名。1958年隶属东合大队；1960年隶属毛坡大队；1984年隶属毛坡村至今。位于毛坡村西北300米。东邻毛坡，南界北周庄，西至王庄村常庄，北连王庄村张家祠堂。总面积0.52平方千米，耕地面积27.15公顷。44户，170人。主产小麦、玉米、旱稻，兼种杂粮。村落形态呈散状，房屋结构以平房和坡房为主。

毛坡【Máopō】 以姓氏和地形综合命名。因毛姓聚居岗坡而得名。1958年隶属东合大队；1960年隶属毛坡大队；1984年隶属毛坡村至今。位于村委会东1千米。东邻卫庄村卫庄，南界周庄村薛庄，西至北周庄，北连卫庄村孙庄。总面积0.74平方千米，耕地面积48.93公顷。62户，250人。主产小麦、玉米、旱稻，兼种杂粮。村落形态呈散状，房屋结构以平房和坡房为主。

小上周庄【Xiǎoshàngzhōuzhuāng】 以姓氏、方位和规模综合命名。因周姓分居上、中、下三村，此村住北较小而得名。1958年隶属东合大队；1960年隶属毛坡大队；1984年隶属毛坡村至今。位于村委会南600米。东邻周庄村薛庄，南界周庄村中周庄，西至方庄村后方庄，北连北周庄。总面积0.31平方千米，耕地面积21公顷。23户，90人。主产小麦、玉米、旱稻，兼种杂粮。村落形态呈散状，房屋结构以平房和坡房为主。

木桥村【Mùqiáocūn】

以木桥自然村命名。1958年为木桥大队，隶属幸福公社；1961年隶属七方区；1975年隶属七方公社；1984年为木桥村，隶属七方镇；1987年隶属蔡阳乡；1998年隶属蔡阳镇；2001年隶属七方镇至今。位于镇政府南10千米。东邻高庵水库，南界琚湾镇高庵村，西至大房村，北连祝岗村。辖7个自然村，总面积3.99平方千米，耕地面积384公顷。311户，1248人。主产小麦、玉米、水稻。423省道过境，村委会驻红毛朱家。

红毛朱家【Hóngmáozhūjiā】 以传说命名。据传，朱姓聚居的村北有眼水井，人饮后头发变红，故名。1958年隶属木桥大队；1984年隶属木桥村至今。村委会驻地。东邻木桥，南界黄岗，西至沈家小大房，北连祝岗村祝岗。总面积0.96平方千米，耕地面积93公顷。71户，310人。主产小麦、玉米、水稻。村落形态呈线状，房屋结构以平房和坡房为主。

后孙家【Hòusūnjiā】 以方位和姓氏综合命名。因孙姓聚居在另一孙家庄北而得名。1958年隶属木桥大队；1984年隶属木桥村至今。位于村委会东南1.1千米。东邻琚湾镇高庵村前孙家，南界张坡水库，西至黄岗，北连木桥。总面积0.32平方千米，耕地面积31公顷。30户，30人。主产小麦、玉米、水稻。村落形态呈线状，房屋结构以平房和坡房为主。

黄岗【Huánggǎng】 以姓氏和地形综合命名。因黄姓建村岗上而得名。1958年隶属木桥大队；1984年隶属木桥村至今。位于村委会南900米。东邻后孙家，南界琚湾镇高庵村吴坡，西至沈家六房，北连红毛朱家。总面积0.64平方千米，耕地面积60公顷。44户，180人。主产小麦、玉米、水稻。村落形态呈线状，房屋结构以平房和坡房为主。

木桥【Mùqiáo】 以建筑物命名。因村前有座木桥，故名。1958年隶属木桥大队；1984年隶属木桥村至今。位于村委会东 700 米。东邻高庵水库，南界后孙家，西至红毛朱家，北连张庄。总面积 0.4 平方千米，耕地面积 38 公顷。40 户，180 人。主产小麦、玉米、水稻。村落形态呈线状，房屋结构以平房和坡房为主。

沈家六房【Shěnjiāliùfáng】 以姓氏排行命名。因沈姓兄弟分家，老六在此定居，故名。1958 年隶属木桥大队；1984 年隶属木桥村至今。位于村委会西南 1.1 千米。东邻后孙家，南界宋坡水库，西至琚湾镇余咀村韩家，北连沈家小大房。总面积 0.38 平方千米，耕地面积 37 公顷。27 户，110 人。主产小麦、玉米、水稻。村落形态呈线状，房屋结构以平房和坡房为主。

沈家小大房【Shěnjiāxiǎodàfáng】 以姓氏和排序综合命名。因沈姓兄弟分家，小娘养的老大在此定居故名。1958 年隶属木桥大队；1984 年隶属木桥村至今。位于村委会西 700 米。东邻张庄，南界沈家六房，西至琚湾镇余咀村柯家，北连大房村郭家。总面积 0.82 平方千米，耕地面积 79 公顷。58 户，248 人。主产小麦、玉米、水稻。村落形态呈线状，房屋结构以平房和坡房为主。

张庄【Zhāngzhuāng】 以姓氏命名。因张姓聚居而得名。1958 年隶属木桥大队；1984 年隶属木桥村至今。位于村委会东 800 米。东邻高庵水库，南界木桥，西至沈家小大房，北连隆兴村舒庄。总面积 0.48 平方千米，耕地面积 46 公顷。41 户，190 人。主产小麦、玉米、水稻。村落形态呈线状，房屋结构以平房和坡房为主。

潘岗村【Pāngǎngcūn】

以潘岗自然村命名。1958 年为晨光大队，隶属幸福公社；1961 年为潘岗大队，隶属七方区；1975 年隶属罗岗公社；1984 年为潘岗村，隶属罗岗区；1987 年隶属罗岗镇；2001 年隶属七方镇至今。位于镇政府东北 7.5 千米。东邻杨庙村，南界方寨村，西至李湖村，北连周庄村。辖 8 个自然村，总面积 4.65 平方千米，耕地面积 313 公顷。390 户，1667 人。主产小麦、水稻、玉米，兼种花生、油菜。村委会驻上柯庄。

陈寨【Chénzhài】 以姓氏命名。因陈姓居多，且有寨而得名。1958 年隶属晨光大队；1961 年隶属潘岗大队；1984 年隶属潘岗村至今。位于村委会西南 1.2 千米。东邻下柯庄，南界方寨村方寨，西至杨冲村孙岗，北连张庄。总面积 0.7 平方千米，耕地面积 45 公顷。54 户，230 人。主产小麦、水稻、玉米，兼种花生、油菜。村落形态呈线状，房屋结构以楼房为主。

古城【Gǔchéng】 因原有古物，城是个小城市而得名。1958 年隶属晨光大队；1961 年隶属潘岗大队；1984 年隶属潘岗村至今。位于村委会西南 800 米。东邻下柯庄，南界陈寨，西至李湖村马湖，北连张庄。总面积 0.3 平方千米，耕地面积 19 公顷。32 户，130 人。主产小麦、水稻、玉米，兼种花生、油菜。村落形态呈团状，房屋结构以平房和坡房为主。

潘岗【Pāngǎng】 以姓氏和地形综合命名。因潘姓聚居岗上而得名。1958 年隶属晨光大队；1961 年隶属潘岗大队；1984 年隶属潘岗村至今。位于村委会东北 1.5 千米。东邻杨庙村杨庙，南界下柯庄，西至张庄，北连王河。总面积 1 平方千米，耕地面积 78 公顷。115 户，447 人。主产小麦、水稻、玉米，兼种花生、油菜。村落形态呈团状，房屋结构以平房和坡房为主。

上柯庄【Shàngkēzhuāng】 以姓氏和方位综合命名。因柯姓分居相邻二村，此村位北而得名。1958年隶属晨光大队；1961年隶属潘岗大队；1984年隶属潘岗村至今。位于村委会西北500米。东邻张庄，南界古城，西至李湖村马湖，北连张庄。总面积0.4平方千米，耕地面积21公顷。29户，130人。主产小麦、水稻、玉米，兼种花生、油菜。村落形态呈线状和散状，房屋结构以楼房为主。

王河【Wánghé】 以姓氏和河流综合命名。因王姓聚居河边而得名。1958年隶属晨光大队；1961年隶属潘岗大队；1984年隶属潘岗村至今。位于村委会北1.5千米。东邻宋王村袁杨周，南界潘岗，西至陈庄，北连周庄村小潘庄。总面积0.4平方千米，耕地面积23公顷。33户，130人。主产小麦、水稻、玉米，兼种花生、油菜。村落形态呈线状，房屋结构以楼房为主。

下柯庄【Xiàkēzhuāng】 以姓氏和方位综合命名。因柯姓分居相邻二村，此村位南而得名。1958年隶属晨光大队；1961年隶属潘岗大队；1984年隶属潘岗村至今。位于村委会西南1.3千米。东邻杨庙村杨庙，南界方寨村方寨，西至陈寨，北连张庄。总面积0.8平方千米，耕地面积53公顷。35户，210人。主产小麦、水稻、玉米，兼种花生、油菜。村落形态呈线状，房屋结构以楼房为主。

小陈庄【Xiǎochénzhuāng】 以姓氏和规模综合命名。因陈姓分居相邻二村，此村较小而得名。1958年隶属晨光大队；1961年隶属潘岗大队；1984年隶属潘岗村至今。位于村委会东北1千米。东邻潘岗，南界张庄，西至李湖村柳园，北连周庄村陈庄。总面积0.25平方千米，耕地面积21公顷。31户，130人。主产小麦、水稻、玉米，兼种花生、油菜。村落形态呈线状，房屋结构以楼房为主。

张庄【Zhāngzhuāng】 以姓氏命名。因张姓聚居而得名。1958年隶属晨光大队；1961年隶属潘岗大队；1984年隶属潘岗村至今。位于村委会北500米。东邻潘岗，南界下柯庄，西至上柯庄，北连陈庄。总面积0.8平方千米，耕地面积53公顷。61户，260人。主产小麦、水稻、玉米，兼种花生、油菜。村落形态呈团状和线状，房屋结构以楼房为主。

彭家村【Péngjiācūn】

以彭家自然村命名。1958年为彭岗大队，隶属幸福公社；1961年隶属七方区；1975年隶属七方公社；1980年为彭家大队；1984年为彭家村，隶属七方镇；1987年隶属徐寨乡；2001年隶属七方镇至今。位于镇政府西北6.5千米。东邻赵岗村，南界老街村，西至胡庄村，北连崔岗村。辖4个自然村，总面积3.85平方千米，耕地面积347.5公顷。279户，1092人。主产小麦、玉米、水稻。李仓公路过境，村委会驻常家。

常家【Chángjiā】 以姓氏命名。因常姓聚居而得名。1958年隶属彭岗大队；1980年隶属彭家大队；1984年隶属彭家村至今。村委会驻地。东邻赵岗村邱赵岗，南界赵岗村柳家，西至胡庄村崔庄，北连汪营村李兰。总面积1.45平方千米，耕地面积136公顷。106户，418人。主产小麦、玉米、旱稻。村落形态呈线状，房屋结构以平房和楼房为主。

庙坡【Miàopō】 以地形和建筑物综合命名。因村建在岗坡，村南有座古庙而得名。1958年隶属彭岗大队；1980年隶属彭家大队；1984年隶属彭家村至今。位于村委会1.2千米。东邻常家，南界老街村老街，西至胡庄村崔庄，北连崔岗村大洪岗。总面积0.8平方千米，耕地面积66公顷。54户，210人。主产小麦、玉米、旱稻。村落形态呈线状，房屋结构以平房和坡房为主。

彭岗【Pénggǎng】 以姓氏和地形综合命名。因彭姓居住岗上而得名。1958年隶属彭岗大队；1980年隶属彭家大队；1984年隶属彭家村至今。位于村委会西北1.5千米。东邻赵岗村赵岗、南界老街村老街、西至胡庄村崔庄，北连崔岗村大洪岗。总面积0.7平方千米，耕地面积62.5公顷。54户，210人。主产小麦、玉米、旱稻。村落形态呈线状，房屋结构以楼房为主。

彭家【Péngjiā】 以姓氏命名。因彭姓聚居而得名。1958年隶属彭岗大队；1980年隶属彭家大队；1984年隶属彭家村至今。位于村委会西200米。东邻赵岗村邱赵岗，南界老街村袁庄，西至胡庄村崔岗，北连彭岗村。总面积0.9平方千米，耕地面积83公顷。65户，254人。主产小麦、玉米、旱稻。村落形态呈线状，房屋结构以坡房和楼房为主。

秦庄村【Qínzhuāngcūn】

以秦庄自然村命名。1958年为秦庄大队，隶属幸福公社；1961年隶属七方区；1975年隶属七方公社；1984年为秦庄村，隶属七方镇；1987年隶属徐寨乡；2001年隶属七方镇至今。位于镇政府西北3千米。东邻赵岗村，南界邓庄村，西至老街村，北连彭家村。辖5个自然村，总面积4.68平方千米，耕地面积345公顷。304户，1230人。主产小麦、玉米、水稻。李仓公路过境，村委会驻赵庄。

常庄【Chángzhuāng】 以姓氏命名。因常姓聚居而得名。1958年隶属秦庄大队；1984年隶属秦庄村至今。位于村委会东800米。东邻吴庄，南界邓庄村南徐寨，西至赵庄，北连赵岗村莫冲。总面积1平方千米，耕地面积56公顷。40户，180人。主产小麦、玉米、水稻。村落形态呈线状，房屋结构以坡房和楼房为主。

韩冲【Hánchōng】 以姓氏和地形综合命名。因韩姓聚居冲旁而得名。1958年隶属秦庄大队；1984年隶属秦庄村至今。位于村委会西南1千米。东邻邓庄村徐冲，南界大店居委会刘岗，西至老街村李沟，北连赵老街村杨庄。总面积1.54平方千米，耕地面积126公顷。120户，520人。主产小麦、玉米、水稻。村落形态呈散状，房屋结构以坡房和楼房为主。

秦庄【Qínzhuāng】 以姓氏命名。因秦姓聚居而得名。1958年隶属秦庄大队；1984年隶属秦庄村至今。位于村委会北500米。东邻常庄，南界赵庄，西至老街村袁庄，北连赵岗村莫冲。总面积1平方千米，耕地面积66公顷。60户，250人。主产小麦、玉米、水稻。村落形态呈线状，房屋结构以楼房为主。

吴庄【Wúzhuāng】 以姓氏命名。因吴姓聚居而得名。1958年隶属秦庄大队；1984年隶属秦庄村至今。位于村委会东1千米。东邻文庄村饶冲，南界邓庄村李巷，西至常庄，北连赵岗村西关冲。总面积0.6平方千米，耕地面积56公顷。50户，130人。主产小麦、玉米、水稻。村落形态呈线状，房屋结构以平房和楼房为主。

赵庄【Zhàozhuāng】 以姓氏命名。因赵姓聚居而得名。1958年隶属秦庄大队；1984年隶属秦庄村至今。村委会驻地。东邻吴庄，南界邓庄村徐冲，西至老街村乔营，北连秦庄。总面积0.54平方千米，耕地面积41公顷。34户，150人。主产小麦、玉米、水稻。村落形态呈散状，房屋结构以坡房和楼房为主。

阮店村【Ruǎndiàncūn】

以阮店自然村命名。1958年为阮店大队，隶属燎原公社；1961年隶属杨垱区；1975年隶属罗岗公社；1984年为阮店村，隶属罗岗区；1987年隶属罗岗镇；2001年隶属七方镇至今。位于镇政府东北20千米。东邻西坡村，南界付庄村，西至宋王村，北连黄河村。辖2个自然村，总面积2.06平方千米，耕地面积175.9公顷。216户，850人。主产小麦、玉米、水稻。王罗路过境，村委会驻阮店。

阮店【Ruǎndiàn】 以姓氏和店铺综合命名。因阮姓在此开过饭店而得名。1958年隶属阮店大队；1984年隶属阮店村至今。村委会驻地。东邻西坡村西坡，南界付庄村小付庄，西至宋王村李庄，北连于王岗村刘岗。总面积1.76平方千米，耕地面积155.6公顷。194户，740人。主产小麦、玉米、水稻。村落形态呈线状，房屋结构以平房和楼房为主。

熊岗【Xiónggǎng】 以姓氏和地形综合命名。因熊姓建村在岗上而得名。1958年隶属朝阳大队；1960年隶属卫庄大队；1984年隶属卫庄村；1987年隶属阮店村至今。位于村委会西北1.2千米。东邻于王岗村刘岗，南界付庄村小付庄，西至卫庄村谭庄，北连黄河村黄岗。总面积0.3平方千米，耕地面积20.3公顷。22户，110人。主产小麦、玉米、水稻。村落形态呈线状，房屋结构以平房和楼房为主。

三官村【Sānguāncūn】

以三官自然村命名。1958年为三官大队，隶属幸福公社；1961年隶属七方区；1975年隶属七方公社；1984年为三官村，隶属七方镇；2012年原夹河村并入三官村，隶属七方镇至今。位于七方镇东8千米。东邻张桥村，南界申冲村，西至方寨村，北连潘岗村。辖8个自然村，总面积5.91平方千米，耕地面积373.67公顷。540户，2470人。主产小麦、水稻、玉米，兼种水果。七罗路过境，村委会驻三官。

夹河【Jiáhé】 以河流和地形综合命名。因村建在两条小河中间地带而得名。1958年隶属夹河大队；1984年隶属夹河村；2012年隶属三官村至今。位于村委会西北2千米。东邻西小马庄，南界套楼村小套楼，西至柳树套，北连杨庙村杨庙。总面积1.2平方千米，耕地面积71公顷。108户，460人。主产小麦、水稻、棉花、玉米。村落形态呈散状，房屋结构以平房和楼房为主。

柳树套【Liǔshùtào】 以植物命名。因村建在柳树多的河套旁而得名。1958年隶属夹河大队；1984年隶属夹河村；2012年隶属三官村至今。位于村委会西2千米。东邻夹河，南界套楼村小套楼，西至肖彭坡，北连杨庙村杨庙。总面积0.3平方千米，耕地面积25.17公顷。25户，110人。主产小麦、玉米，兼种果树、花生。村落形态呈散状，房屋结构以平房和坡房为主。

宁庄【Níngzhuāng】 以姓氏命名。因宁姓聚居而得名。1958年隶属三官大队；1984年隶属三官村至今。位于村委会西1.2千米。东邻肖庄，南界肖庄，西至西小马庄，北连祠堂村祠堂。总面积0.35平方千米，耕地面积30公顷。20户，70人。主产水稻、小麦，兼种杂粮、油料。村落形态呈散状，房屋结构以平房和坡房为主。

三官【Sānguān】 因此村历史上曾出过三个官员而得名。1958年隶属三官大队；1984年隶属三官村至今。村委会驻地。东邻张桥村胡庄，南界王坡，西至肖庄，北连张桥村马庄。总面积0.8平方千米，耕地面积57公顷。89户，480人。主产小麦、水稻，兼种果树、玉米。村落形态呈团状，房屋结构以平房和楼房为主。

王坡【Wángpō】 以姓氏和地形综合命名。因王姓聚居岗坡而得名。1958年隶属三官大队；1984年隶属三官村至今。位于村委会东南2.5千米。东邻环城办事处刘桥村刘桥，南界王坡水库，西至申冲村西刘家洼，北连张桥村胡庄。总面积0.7平方千米，耕地面积21.5公顷。48户，180人。主产小麦、水稻、果树、玉米。村落形态呈线状，房屋结构以平房和坡房为主。

西小马庄【Xīxiǎomǎzhuāng】 以姓氏、方位和规模综合命名。因马姓居住大马庄西，村较小而得名。1958年隶属三官大队；1984年隶属三官村至今。位于村委会西1.8千米。东邻宁庄，南界套楼村小套楼，西至夹河，北连祠堂村祠堂。总面积0.58平方千米，耕地面积48公顷。38户，180人。主产小麦、水稻、玉米，兼种花生、棉花。村落形态呈线状，房屋结构以平房和坡房为主。

肖彭坡【Xiāopéngpō】 以姓氏和地形综合命名。因肖姓、彭姓聚居山坡而得名（原为肖坡、彭坡）。1958年隶属夹河大队；1984年隶属夹河村；2012年隶属三官村至今。位于村委会西2.5千米。东邻柳树套，南界套楼村大套楼，西至方寨村方寨，北连杨庙村柯庄。总面积0.98平方千米，耕地面积89公顷。105户，510人。主产小麦、玉米，兼种果树、花生。村落形态呈团状，房屋结构以平房和坡房为主。

肖庄【Xiāozhuāng】 以姓氏命名。因肖姓聚居而得名。1958年隶属三官大队；1984年隶属三官村至今。位于村委会西500米。东邻三官，南界申冲村申冲，西至宁庄，北连祠堂村祠堂。总面积1平方千米，耕地面积52公顷。107户，480人。主产小麦、水稻、玉米，兼种花生、棉花。村落形态呈散状，房屋结构以坡房和楼房为主。

申冲村【Shēnchōngcūn】

以申冲自然村命名。1958年为申冲大队，隶属幸福公社；1961年隶属七方区；1975年隶属七方公社；1984年为申冲村，隶属七方镇至今。位于镇政府东南8千米。东邻环城齐集村，南界王岗村，西至套楼村，北连三关村。辖2个自然村，总面积2.5平方千米，耕地面积230公顷。154户，560人。主产小麦、杂粮，果蔬兼种，养殖业为辅。王罗路过境，村委会驻申冲。

申冲【Shēnchōng】 以姓氏和地形综合命名。因申姓聚居冲旁而得名。1958年隶属申冲大队；1984年隶属申冲村至今。村委会驻地。东邻三官村王坡，南界西刘家洼，西至套楼村小套楼，北连三官村肖庄。总面积1.64平方千米，耕地面积150公顷。103户，370人。主产小麦、玉米、水稻，兼种桃树、西瓜，养殖业有发展。村落形态呈散状，房屋结构以平房和楼房为主。

西刘家洼【Xīliújiāwā】 以姓氏和地形综合命名。因刘姓建村在洼地而得名。1958年隶属申冲大队；1984年隶属申冲村至今。位于村委会东南1千米。东邻环城街道齐集村胡坡，南界王岗村王岗，西至套楼村小套楼，北连三官村肖庄。总面积0.86平方千米，耕地面积80公顷。51户，190人。主产小麦、玉米、水稻，兼种桃树、西瓜，养殖业有发展。村落形态呈散状，房屋结构以平房和楼房为主。罗徐路过境。

宋王村【Sòngwángcūn】

以宋王自然村命名。1958年为宋王大队，隶属燎原公社；1961年隶属杨垱区；1975年隶属罗岗公社；1984年为宋王村，隶属罗岗区；1987年隶属罗岗镇；2001年隶属七方镇至今。位于镇政府东北19千米。东邻付庄村，南界杨庙村，西至周庄村，北连阮店村。辖4个自然村，总面积3.42平方千米，耕地面积285公顷。302户，1380人。主产小麦、玉米、水稻，兼种杂粮，有堰塘养殖、蔬菜种植和经济作物种植。王罗路过境，村委会驻宋王。

大潘庄【Dàpānzhuāng】 以姓氏和规模综合命名。因潘姓居住相邻二村，此村较大而得名。1958年隶属宋王大队；1984年隶属宋王村至今。位于村委会南400米。东邻付庄村大付庄，南界袁杨周，西至周庄村小潘庄，北连宋王。总面积0.9平方千米，耕地面积70公顷。70户，380人。主产小麦、玉米、水稻。村落形态呈团状，房屋结构以平房和楼房为主。

李庄【Lǐzhuāng】 以姓氏命名。因李姓聚居而得名。1958年隶属宋王大队；1984年隶属宋王村至今。位于村委会西800米。东邻宋王，南界周庄村周庄，西至卫庄村草堰，北连阮店村阮店。总面积1.15平方千米，耕地面积100公顷。102户，440人。主产小麦、玉米、水稻，兼种杂粮。经济作物。村落形态呈团状，房屋结构以平房和楼房为主。

宋王【Sòngwáng】 以姓氏命名。因宋姓和王姓在此居住而得名。1958年隶属宋王大队；1984年隶属宋王村至今。村委会驻地。东邻付庄村大付庄，南界大潘庄，西至李庄，北连阮店村阮店。总面积0.72平方千米，耕地面积60公顷。80户，300人。主产小麦、玉米、水稻，兼种经济作物。村落形态呈团状，房屋结构以平房和楼房为主。

袁杨周【Yuányángzhōu】 以姓氏命名。因袁姓、杨姓、周姓三姓聚居而得名。1958年隶属宋王大队；1984年隶属宋王村至今。位于村委会南900米。东邻杜寨村杜寨，南界杨庙村杨桥，西至潘岗村王河，北连大潘庄。总面积0.65平方千米，耕地面积55公顷。50户，260人。主产小麦、玉米、水稻。村落形态呈线状，房屋结构以平房和楼房为主。

孙坡村【Sūnpōcūn】

以孙坡自然村命名。1958年为七方大队，隶属幸福公社；1961年为孙坡大队，隶属七方区；1975年隶属七方公社；1984年为孙坡村，隶属七方镇至今。位于镇政府南1千米。东邻闫坡村，南界杜坡村，西至王坡村，北连七方居委会。辖4个自然村，总面积3平方千米，耕地面积265公顷。185户，922人。主产小麦、玉米、水稻。七蔡路过境，村委会驻曾岗。

曾岗【Zēnggǎng】 以姓氏和地形综合命名。因曾姓聚居岗上而得名。1958年隶属七方大队；1961年隶属孙坡大队；1984年隶属孙坡村至今。村委会驻地。东邻闫坡村闫坡，南界杜坡村大杜坡，西至西孙坡，北连七方社区新农村。总面积0.6平方千米，耕地面积56公顷。45户，240人。主产小麦、玉米、水稻。村落形态呈线状，房屋结构以楼房为主。

刘庄【Liúzhuāng】 以姓氏命名。因刘姓聚居而得名。1958年隶属七方大队；1961年隶属孙坡大队；1984年隶属孙坡村至今。位于村委会西南1千米。东邻杜坡村大杜坡，南界陈店村陈北店，西至赵岗，北连曾岗。总面积0.65平方千米，耕地面积55公顷。40户，220人。主产小麦、玉米、水稻。村落形态呈团状，房屋结构以平房和坡房为主。

西孙坡【Xīsūnpō】 以方位、姓氏和地形综合命名。孙姓聚居在一条岗的西坡上而得名。1958年隶属七方大队；1961年隶属孙坡大队；1984年隶属孙坡村至今。位于村委会西1千米。东邻曾岗，南界刘庄，西至王坡，北连罗咀村大文庄。总面积1.1平方千米，耕地面积100公顷。75户，380人。主产小麦、玉米、水稻。村落形态呈团状，房屋结构以平房和坡房为主。

赵岗【Zhàogǎng】 以姓氏和地形综合命名。因赵姓聚居岗上而得名。1958年隶属七方大队；1961年隶属孙坡大队；1984年隶属孙坡村至今。位于村委会西南1.5千米。东邻刘庄，南界陈店村陈北店，西至郑庄村余庄，北连王坡村王坡。总面积0.65平方千米，耕地面积54公顷。25户，82人。主产小麦、玉米、水稻。村落形态呈散状，房屋结构以平房和坡房为主。

套楼村【Tàolóucūn】

以大、小套楼两个自然村命名。1958年为套楼大队，隶属幸福公社；1961年隶属七方区；1975年隶属七方公社；1984年为套楼村，隶属七方镇至今。位于镇政府东南6.5千米。东邻申冲村，南界高集村，西至闫岗村，北连三官村。辖2个自然村，总面积1.6平方千米，耕地面积141.3公顷。148户，610人。主产小麦、玉米、水稻，兼种果蔬。村委会驻大套楼。

大套楼【Dàtàolóu】 以建筑特点命名。因很久前，兄弟俩分居两村，都是大房套小房的建筑结构，哥住此村而得名。1958年隶属套楼大队；1984年隶属套楼村至今。村委会驻地。东邻小套楼，南界高集村马武，西至闫岗村新庄，北连三官村肖彭坡。总面积1.2平方千米，耕地面积110.3公顷。122户，490人。主产小麦、玉米、水稻，兼种果蔬。村落形态呈散状，房屋结构以平房和坡房为主。

小套楼【Xiǎotàolóu】 以建筑特点命名。因很久前，兄弟俩分居两村，都是大房套小房的建筑结构，弟住此村而得名。1958年隶属套楼大队；1984年隶属套楼村至今。位于村委会东1千米。东邻申冲村申冲，南界花园村万庄，西至大套楼，北连夹河肖彭坡。总面积0.4平方千米，耕地面积31公顷。26户，120人。主产小麦、玉米、水稻，兼种果蔬。村落形态呈散状，房屋结构以平房和坡房为主。

王岗村【Wánggǎngcūn】

以王岗自然村命名。1958年为王岗大队，隶属幸福公社；1961年隶属七方区；1975年隶属七方公社；1984年为王岗村，隶属七方镇至今。位于镇政府东南9千米。东邻环城办事处齐集村，南界琚湾镇陈岗村，西至花园村，北连申冲村。辖2个自然村，总面积3.46平方千米，耕地面积260公顷。405户，1310人。主产小麦、玉米，有西瓜种植。村委会驻王岗。

王岗【Wánggǎng】 以姓氏和地形综合命名。因王姓聚居岗上而得名。1958年隶属王岗大队；1984

年隶属王岗村至今。村委会驻地。东邻环城办事处齐集村胡冲，南界琚湾镇陈岗村汪庄，西至张庄，北连申冲村西刘家洼。总面积3平方千米，耕地面积226.6公顷。353户，1030人。主产小麦、水稻、玉米，兼种棉花、花生、西瓜。村落形态呈散状，房屋结构以平房和楼房为主。

张庄【Zhāngzhuāng】　以姓氏命名。因张姓聚居而得名。1958年隶属王岗大队；1984年隶属王岗村至今。位于村委会西南1.5千米。东邻王岗，南界高庄，西至邓寨村高庄，北连花园村花园。总面积0.46平方千米，耕地面积33.4公顷。52户，280人。主产小麦、水稻、玉米，兼种棉花、花生、西瓜。村落形态呈散状，房屋结构以平房和楼房为主。

王坡村【Wángpōcūn】

以王坡自然村命名。1958年为王坡大队，隶属幸福公社；1961年隶属七方区；1975年隶属七方公社；1984年为王坡村，隶属七方镇至今。位于镇政府西3.5千米。东邻孙坡村，南界陈店村，西至郑庄村，北连罗咀村。辖3个自然村，总面积2.5平方千米，耕地面积213公顷。223户，875人。主产小麦、玉米、水稻。村委会驻王坡。

段岗【Duàngǎng】　以姓氏和地形综合命名。因段姓聚居岗上而得名。1958年隶属王坡大队；1984年隶属王坡村至今。位于村委会东北1千米。东邻王坡，南界陈店村陈北岗，西至郑庄村沟湾，北连王皮垱，总面积0.8平方千米，耕地面积70公顷。70户，120人。主产小麦、玉米、水稻。养鸭鹅大户1户，年出栏1万余只。村落形态呈团状，房屋结构以平房和坡房为主。

王坡【Wángpō】　以姓氏和地形综合命名。因王姓建村岗坡上而得名。1958年隶属王坡大队；1984年隶属王坡村至今。村委会驻地。东邻孙坡村孙坡，南界陈店村陈东庄，西至段岗，北连安庄村下徐庄。总面积1.3平方千米，耕地面积113公顷。123户，655人。主产小麦、玉米、水稻。村落形态呈团状，房屋结构以坡房和楼房为主。

王皮垱【Wángpídàng】　以姓氏和地形综合命名。因王、皮二姓建村水垱旁，故名。1958年隶属王坡大队；1984年隶属王坡村至今。位于村委会西900米。东邻王坡，南界段岗，西至郑庄村沟湾，北连安庄村安庄。总面积0.4平方千米，耕地面积30公顷。30户，100人。主产小麦、玉米、水稻。村落形态呈线状，房屋结构以平房和坡房为主。

汪营村【Wāngyíngcūn】

以下汪营自然村命名。1958年为孙坡大队，隶属幸福公社；1961年隶属七方区；1975年隶属七方公社；1978年为汪营大队；1984年为汪营村，隶属七方区；1987年隶属徐寨乡；2001年隶属七方镇至今。位于镇政府北8千米。东邻洪寨村，南界赵岗村，西至崔岗村，北连杨垱镇余庄社区。辖4个自然村，总面积3.92平方千米，耕地面积311.2公顷。281户，1430人。主产小麦、玉米、杂粮，兼有果树栽培、蔬菜种植。镇村公路相通，村委会驻下汪营。

曹桥【Cáoqiáo】　以姓氏和桥综合命名。因曹姓聚居，村旁河上架一石桥而得名。1958年隶属孙坡大队；1978年隶属汪营大队；1984年隶属汪营村至今。位于村委会东南1.5千米。东邻洪寨村洪寨，南界赵岗村李家兰，西至孙坡，北连朱寨村孙湖。总面积0.85平方千米，耕地面积78公顷。40户，260人。主产小麦、玉米、杂粮，种桃4公顷。村落形态呈线状，房屋结构以平房和坡房为主。

陈庄【Chénzhuāng】 以姓氏命名。因陈姓聚居而得名。1958年隶属孙坡大队；1978年隶属汪营大队；1984年隶属汪营村至今。位于村委会东南1.7千米。东邻东汪营村东汪营，南界赵岗村邱赵岗，西至曹桥，北连朱寨村孙湖。总面积0.75平方千米，耕地面积70公顷。75户，350人。主产小麦、玉米、杂粮。村落形态呈散状，房屋结构以平房和坡房为主。

孙坡【Sūnpō】 以姓氏和地形综合命名。因孙姓聚居岗坡而得名。1958年隶属孙坡大队；1978年隶属汪营大队；1984年隶属汪营村至今。位于村委会东南500米。东邻曹桥，南界赵岗村李家兰，西至崔岗村刘坡，北连汪营。总面积1.1平方千米，耕地面积100公顷。70户，300人。主产小麦、玉米、杂粮。村落形态呈散状，房屋结构以平房和坡房为主。

下汪营【Xiàwāngyíng】 以姓氏和方位综合命名。因汪营居住相邻二村，此村位南而得名。1958年隶属孙坡大队；1978年隶属汪营大队；1984年隶属汪营村至今。村委会驻地。东邻朱寨村孙湖，南界赵岗村孙坡，西至崔岗村刘坡，北连杨垱镇薛场村龚营。总面积1.22平方千米，耕地面积63.2公顷。96户，520人。主产小麦、玉米、杂粮，养猪场1个，年出栏300头。村落形态呈线状，房屋结构以楼房为主。

卫庄村【Wèizhuāngcūn】

以卫庄自然村命名。1958年为朝阳大队隶属燎原公社；1961年为卫庄大队隶属杨垱区；1975年隶属罗岗公社；1984年为卫庄村，隶属罗岗区；1987年隶属罗岗镇；2001年隶属七方镇至今。位于镇政府北12千米。东邻阮店村，南界周庄村，西至毛坡村，北连黄河水库。辖5个自然村，总面积2.17平方千米，耕地面积165公顷。221户，1110人。主产小麦、玉米、旱稻，兼种杂粮，养鸡场1个，年产蛋鸡2万只。052（太王路）县道过境，村委会驻孙庄。

草堰【Cǎoyàn】 以植物和堰塘综合命名。1958年隶属朝阳大队；1960年隶属卫庄大队；1984年隶属卫庄村至今。位于村委会南3千米。东邻宋王村李庄，南界周庄村下周庄，西至周庄村薛庄，北连毛坡村毛坡。总面积0.6平方千米，耕地面积19公顷。32户，130人。主产小麦、玉米、水稻，兼种花生、油菜。村落形态呈团状，房屋结构以坡房和楼房为主。

三赵庄【Sānzhàozhuāng】 以姓氏和户数综合命名。因三家赵姓最早定居而得名。1958年隶属朝阳大队；1960年隶属卫庄大队；1984年隶属卫庄村至今。位于村委会西500米。东邻孙庄，南界王庄村张家祠堂，西至王庄村王庄，北连小黄河水库。总面积0.25平方千米，耕地面积22公顷。30户，160人。主产小麦、玉米、旱稻，兼种杂粮。村落形态呈线状，房屋结构以平房和楼房为主。

孙庄【Sūnzhuāng】 以姓氏命名。因孙姓聚居而得名。1958年隶属朝阳大队；1960年隶属卫庄大队；1984年隶属卫庄村至今。位于村委会南500米。东邻谭庄，南界毛坡村毛坡，西至王庄村张家祠堂，北连小黄河水库。总面积0.26平方千米，耕地面积21公顷。66户，360人。主产小麦、玉米、旱稻，兼种杂粮，果园（李子，10公顷）。村落形态呈团状，房屋结构以坡房和楼房为主。

谭庄【Tánzhuāng】 以姓氏命名。因谭姓聚居而得名。1958年隶属朝阳大队；1960年隶属卫庄大队；1984年隶属卫庄村至今。位于村委会东1.5千米。东邻阮店村熊岗，南界卫庄，西至孙庄，北连黄河村黄岗。总面积0.46平方千米，耕地面积46公顷。42户，210人。主产小麦、玉米、旱稻，兼种杂粮。村落形态呈线状，房屋结构以楼房为主。

卫庄【Wèizhuāng】 以姓氏命名。因卫姓聚居而得名。1958年隶属朝阳大队；1960年隶属卫庄大队；1984年隶属卫庄村至今。位于村委会东南2.5千米。东邻阮店村熊岗，南界草堰，西至毛坡村毛坡，北连谭庄。总面积0.6平方千米，耕地面积57公顷。51户，250人。主产小麦、玉米、旱稻，兼种杂粮。村落形态呈团状，房屋结构以平房和坡房为主。

文庄村【Wénzhuāngcūn】

以文庄自然村命名。1958年为文庄大队，隶属幸福公社；1961年隶属七方区；1975年隶属七方公社；1984年为文庄村，隶属七方镇至今。位于镇政府西北500米。东邻七方社区居委会，南界孙坡村，西至罗咀村，北连敖坡村。辖6个自然村，总面积2.29平方千米，耕地面积153公顷。250户，1350人。主产小麦、玉米，兼种果蔬。316国道过境，村委会驻文庄。

饶冲【Ráochōng】 以姓氏和地形综合命名。因饶姓居住冲旁而得名。1958年隶属文庄大队；1984年隶属文庄村至今。位于村委会西北2.5千米。东邻敖坡村汪村，南界文庄，西至邓庄村吴庄，北连洪寨村东吴冲。总面积0.3平方千米，耕地面积18公顷。20户，190人。主产小麦、玉米，兼种果蔬。村落形态呈团状，房屋结构以平房和坡房为主。

文庄【Wénzhuāng】 以姓氏命名。因文姓聚居而得名。1958年隶属文庄大队；1984年隶属文庄村至今。位于村委会南300米。东邻姚庄，南界孙坡村新农村，西至罗咀村大文庄，北连饶冲。总面积0.6平方千米，耕地面积26公顷。72户，400人。主产小麦、玉米，兼种果蔬。村落形态呈团状，房屋结构以坡房和楼房为主。

吴冲【Wúchōng】 以姓氏和地形综合命名。因吴姓居住冲旁而得名。1958年隶属文庄大队；1984年隶属文庄村至今。位于村委会北2千米。东邻张冲，南界姚庄，西至饶冲，北连敖坡村汪村。总面积0.45平方千米，耕地面积40公顷。40户，200人。主产小麦、玉米，兼种果蔬。村落形态呈团状，房屋结构以坡房和楼房为主。

小杨冲【Xiǎoyángchōng】 以姓氏、地形和规模综合命名。因杨姓聚居冲旁，村庄较小，故名。1958年隶属文庄大队；1984年隶属文庄村至今。位于村委会东北1.5千米。东邻园林村王冲，南界七方社区周庄，西至姚庄，北连张冲。总面积0.34平方千米，耕地面积30公顷。40户，180人。主产小麦、玉米，兼种果蔬。村落形态呈团状，房屋结构以坡房和楼房为主。

姚庄【Yáozhuāng】 以姓氏命名。因姚姓聚居而得名。1958年隶属文庄大队；1984年隶属文庄村至今。位于村委会东北1千米。东邻小杨冲，南界七方社区文庄，西至文庄，北连吴冲。总面积0.3平方千米，耕地面积13公顷。45户，200人。主产小麦、玉米，兼种果蔬。村落形态呈团状，房屋结构以坡房和楼房为主。

张冲【Zhāngchōng】　以姓氏和地形综合命名。因张姓居住冲旁而得名。1958年隶属文庄大队；1984年隶属文庄村至今。位于村委会东北2千米。东邻杨冲村杨冲，南界小杨冲，西至吴冲，北连杨冲村肖庄。总面积0.3平方千米，耕地面积26公顷。33户，180人。主产小麦、玉米，兼种果蔬。村落形态呈团状，房屋结构以坡房和楼房为主。

西坡村【Xīpōcūn】

以西坡自然村命名。1958年为西坡大队，隶属燎原公社；1961年隶属杨垱区；1975年隶属罗岗公社；1984年为西坡村，隶属罗岗区；1987年隶属罗岗镇；2001年隶属七方镇至今。位于镇政府东北18千米。东邻刘寨居委会，南界付庄村，西至阮店村，北连于王岗村。辖2个自然村，总面积1.3平方千米，耕地面积76.6公顷。94户，390人。主产小麦、玉米、水稻。村委会驻西坡。

唐庄【Tángzhuāng】　以姓氏命名。因唐姓聚居而得名。1958年隶属西坡大队；1984年隶属西坡村至今。位于村委会南500米。东邻刘寨社区贺岗，南界付庄村大付庄，西至阮店村阮店，北连西坡。总面积0.7平方千米，耕地面积33.3公顷。48户，210人。主产小麦、玉米、水稻。村落形态呈团状和线状，房屋结构以平房和坡房为主。

西坡【Xīpō】　以方位和地形综合命名。因村建在贺岗的西坡而得名。1958年隶属西坡大队；1984年隶属西坡村至今。村委会驻地。东邻刘寨社区贺岗，南界唐庄，西至阮店村阮店，北连于王岗村小王庄。总面积0.6平方千米，耕地面积43.3公顷。46户，180人。主产小麦、玉米、水稻。村落形态呈线状，房屋结构以平房和坡房为主。

肖巷村【Xiāoxiàngcūn】

以肖巷自然村命名。1958年为肖巷大队，隶属燎原公社；1961年隶属杨垱区；1975年隶属罗岗公社；1984年为肖巷村，隶属罗岗区；1987年隶属罗岗镇；2001年隶属七方镇至今。位于镇政府东北20千米。东邻太平镇郭王村，南界罗桥村，西至杜寨村，北连刘寨居委会。辖2个自然村，总面积1.05平方千米，耕地面积93.2公顷。120户，500人。主产小麦、玉米、水稻杂粮，有果树栽培，蔬菜种植。吴刘路过境，村委会驻肖巷。

马庄【Mǎzhuāng】　以姓氏命名。因马姓聚居而得名。1958年隶属肖巷大队；1984年隶属肖巷村至今。位于村委会南50米。东邻罗桥村小罗桥，南界罗桥村大罗桥，西至杜寨村罗庄，北连肖巷。总面积0.5平方千米，耕地面积46.6公顷。70户，300人。主产小麦、玉米、水稻，兼种花生、果树、蔬菜。村落形态呈线状，房屋结构以平房和楼房为主。

肖巷【Xiāoxiàng】　以姓氏和村落特点综合命名。因肖姓聚居，村内建筑物形成巷道而得名。1958年隶属肖巷大队；1984年隶属肖巷村至今。村委会驻地。东邻太平镇郭王村高河，南界马庄，西至刘寨居委会冯桥，北连刘寨居委会刘寨。总面积0.55平方千米，耕地面积46.6公顷。50户，200人。主产小麦、玉米、水稻，兼种花生、果树、蔬菜。村落形态呈线状，房屋结构以平房和楼房为主。

箱庄村【Xiāngzhuāngcūn】

以箱庄自然村命名。1958年为箱庄大队,隶属幸福公社;1961年隶属七方区;1975年隶属七方公社;1984年为箱庄村,隶属七方镇至今。位于镇政府西南7.5千米。东邻张冲村,南界胡岗村,西至官庄村,北连陈店村。辖7个自然村,总面积4.05平方千米,耕地面积363.2公顷。408户,1670人。主产小麦、玉米、水稻。二蔡路过境,村委会驻箱庄。

曾家湾【Zēngjiāwān】 以姓氏命名。因曾姓聚居而得名。1958年隶属箱庄大队;1984年隶属箱庄村至今。位于村委会西南700米。东邻常湾,南界襄州区张集镇杨岗村杨岗,西至官庄村陈家沟,北连官庄村下陆冲。总面积0.5平方千米,耕地面积45公顷。40户,170人。主产小麦、玉米、水稻。村落形态呈线状,房屋结构以平房和坡房为主。

常湾【Chángwān】 以姓氏命名。因姓常聚居而得名。1958年隶属箱庄大队;1984年隶属箱庄村至今。位于村委会西南600米。东邻大沟沿,南界琚湾镇胡岗村李岗,西至官庄村陈家沟,北连箱庄。总面积0.6平方千米,耕地面积52公顷。50户,230人。主产小麦、玉米、水稻。村落形态呈线状,房屋结构以平房和坡房为主。

大沟沿【Dàgōuyán】 以排行和地形综合命名。因尹家兄弟分居,大的定居在沟的边沿部而得名。1958年隶属箱庄大队;1984年隶属箱庄村至今。位于村委会南200米。东邻张冲村张冲,南界琚湾镇胡岗村李岗,西至常湾,北连小沟沿。总面积0.8平方千米,耕地面积70公顷。89户,410人。主产小麦、玉米、水稻。村落形态呈线状,房屋结构以平房和坡房为主。

王巷【Wángxiàng】 以姓氏和巷道综合命名。因王姓居住,村里有条呈东西走向的巷道,故名。1958年隶属箱庄大队;1984年隶属箱庄村至今。位于村委会北300米。东邻张冲村张冲,南界周庄,西至官庄村上陆冲,北连陈店村方冲。总面积0.75平方千米,耕地面积69公顷。56户,210人。主产小麦、玉米、水稻,水面养殖11.3公顷。村落形态呈线状,房屋结构以平房和坡房为主。

箱庄【Xiāngzhuāng】 以传说命名。据传,过去唱戏的人背着戏箱在此建村,故名。1958年隶属箱庄大队;1984年隶属箱庄村至今。位于村委会北50米。东邻张冲村张冲,南界小沟沿,西至官庄村下陆冲,北连周庄。总面积0.45平方千米,耕地面积43.4公顷。49户,190人。主产小麦、玉米、水稻。村落形态呈线状,房屋结构以平房和坡房为主。

小沟沿【Xiǎogōuyán】 以排行和地形综合命名。因尹家兄弟分居,小的定居在沟的边沿部而得名。1958年隶属箱庄大队;1984年隶属箱庄村至今。位于村委会南100米。东邻张冲村张冲,南界大沟沿,西至官庄村陈家沟,北连箱庄。总面积0.25平方千米,耕地面积23.8公顷。35户,130人。主产小麦、玉米、水稻。村落形态呈线状,房屋结构以平房和坡房为主。

周庄【Zhōuzhuāng】 以姓氏命名。因周姓聚居而得名。1958年隶属箱庄大队;1984年隶属箱庄村至今。位于村委会北150米。东邻张冲村张冲,南界箱庄,西至官庄村下陆冲,北连王巷。总面积0.7平方千米,耕地面积60公顷。89户,330人。主产小麦、玉米、水稻。村落形态呈线状,房屋结构以平房和坡房为主。

徐桥村【Xúqiáocūn】

以上、下徐桥自然村命名。1958年为徐桥大队，隶属幸福公社；1961年隶属七方区；1975年隶属罗岗公社；1984年为徐桥村，隶属罗岗区；1987年隶属罗岗镇；2001年隶属七方镇至今。位于镇政府东北12千米。东邻罗桥村，南界张桥村，西至祠堂村，北连肖巷村。辖2个自然村，总面积1.53平方千米，耕地面积139.1公顷。140户，840人。主产小麦、水稻、玉米，兼种花生、油菜，有养殖业发展。村委会驻上徐桥。

上徐桥【Shàngxúqiáo】 以姓氏、桥和方位综合命名。因徐姓分居桥的两端，此村位桥北而得名。1958年隶属徐桥大队；1984年隶属徐桥村至今。村委会驻地。东邻罗桥村小罗桥，南界下徐桥，西至祠堂村大东庄，北连杜寨村罗庄。总面积0.69平方千米，耕地面积55.8公顷。61户，340人。主产小麦、水稻、玉米。村落形态呈散状，房屋结构以平房和楼房为主。

下徐桥【Xiàxúqiáo】 以姓氏、桥和方位综合命名。因徐姓分居桥的两端，此村位桥南而得名。1958年隶属徐桥大队；1984年隶属徐桥村至今。位于村委会南。东邻罗桥水库，南界张桥村张桥，西至祠堂村小东庄，北连上徐桥。总面积0.84平方千米，耕地面积83.3公顷。79户，500人。主产小麦、水稻、玉米。村落形态呈散状，房屋结构以平房和楼房为主。

闫岗村【Yángǎngcūn】

以闫岗自然村命名。1958年为李岗大队，隶属幸福公社；1961年隶属七方区；1975年隶属七方公社；1980年因重名改为闫岗大队，隶属七方公社；1984年为闫岗村，隶属七方镇至今。位于镇政府东南2千米。东邻高集村，南界梁冲村，西至闫坡村，北连方寨村。辖11个自然村，总面积5.65平方千米，耕地面积533公顷。470户，1970人。主产小麦、玉米、水稻，有养殖业、种植业。316国道过境，村委会驻徐庄东500米。

大李岗【Dàlǐgǎng】 以姓氏和地形综合命名。因李姓聚居岗上，村较大，故名。1958年隶属李岗大队；1980年隶属闫岗大队；1984年隶属闫岗村至今。位于村委会西800米。东邻徐庄，西至杜坡村李湾，南界沈湾，北连园林村王冲。总面积0.4平方千米，耕地面积36.4公顷。50户，180人。主产小麦、玉米、水稻。村落形态呈线状，房屋结构以平房和坡房为主。

上场【Shàngchǎng】 以传说命名。据传，原有姓尚的在此开过树场而得名"尚场"，后以"尚"和"上"谐音读成"上场"。1958年隶属李岗大队；1980年隶属闫岗大队；1984年隶属闫岗村至今。位于村委会东1千米。东邻套楼村马武店，南界段冲，西至小杨庄，北连塔湾。总面积0.5平方千米，耕地面积48公顷。40户，180人。主产小麦、玉米、水稻。村落形态呈线状，房屋结构以平房和坡房为主。

上段冲【Shàngduànchōng】 以姓氏和地形综合命名。因段姓聚居冲的北头而得名。1958年隶属李岗大队；1980年隶属闫岗大队；1984年隶属闫岗村至今。位于村委会东500米。东邻上场，南界段冲，西至小杨庄，北连塔湾。总面积0.72平方千米，耕地面积69公顷。50户，210人。主产小麦、玉米、水稻。村落形态呈线状，房屋结构以平房和坡房为主。

沈湾【Shěnwān】 以姓氏命名。因沈姓聚居而得名。1958年隶属李岗大队；1980年隶属闫岗大队；1984年隶属闫岗村至今。位于村委会西南1千米。东邻小杨庄，南界梁家村王庄，西至叶湾，北连大李岗。总面积0.65平方千米，耕地面积62公顷。60户，210人。主产小麦、玉米、水稻，养猪大户1户，年出栏1000头。村落形态呈线状，房屋结构以平房和坡房为主。

塔湾【Tǎwān】 以建筑物命名。因村西头有座塔，故名。1958年隶属李岗大队；1980年隶属闫岗大队；1984年隶属闫岗村至今。位于村委会东北1.5千米。东邻新庄，南界下场，西至徐庄，北连方寨村方寨。总面积0.92平方千米，耕地面积89公顷。60户，240人。主产小麦、玉米、水稻。村落形态呈线状，房屋结构以坡房和楼房为主。

小李岗【Xiǎolǐgǎng】 以姓氏和地形综合命名。因李姓聚居岗上，村较小，故名。1958年隶属李岗大队；1980年隶属闫岗大队；1984年隶属闫岗村至今。位于村委会西500米。东邻上场，南界闫岗，西至大李岗，北连徐庄。总面积0.5平方千米，耕地面积44公顷。50户，190人。主产小麦、玉米、水稻。村落形态呈散状，房屋结构以平房和坡房为主。

小杨庄【Xiǎoyángzhuāng】 以排行和姓氏综合命名。因杨姓兄弟分家，小的住此而得名。1958年隶属李岗大队；1980年隶属闫岗大队；1984年隶属闫岗村至今。位于村委会东100米。东邻段冲，南界闫岗，西至沈湾，北连徐庄。总面积0.23平方千米，耕地面积21公顷。17户，80人。主产小麦、玉米、水稻。村落形态呈散状，房屋结构以平房和楼房为主。

新庄【Xīnzhuāng】 李姓居住村子较大，分迁部分居民另建村庄，故名。1958年隶属李岗大队；1980年隶属闫岗大队；1984年隶属闫岗村至今。位于村委会东2千米。东邻套楼村小套楼，南界下场，西至塔湾，北连方寨村方寨。总面积0.46平方千米，耕地面积44公顷。20户，140人。主产小麦、玉米、水稻。村落形态呈散状，房屋结构以平房和坡房为主。

徐庄【Xúzhuāng】 以姓氏命名。因徐姓聚居而得名。1958年隶属李岗大队；1980年隶属闫岗大队；1984年隶属闫岗村至今。位于村委会西200米。东邻塔湾，南界小李岗，西至大李岗，北连园林村园林。总面积0.57平方千米，耕地面积55.2公顷。45户，200人。主产小麦、玉米、水稻。种植桃树33.3公顷。村落形态呈散状，房屋结构以坡房和楼房为主。

闫岗【Yángǎng】 以姓氏和地形综合命名。因闫姓聚居岗上而得名。1958年隶属李岗大队；1980年隶属闫岗大队；1984年隶属闫岗村至今。位于村委会南500米。东邻梁冲村，南界徐庄，西至沈湾，北连小李岗。总面积0.25平方千米，耕地面积24公顷。30户，150人。主产小麦、玉米、水稻。村落形态呈线状，房屋结构以平房和坡房为主。

叶湾【Yèwān】 以姓氏命名。因叶姓聚居而得名。1958年隶属李岗大队；1980年隶属闫岗大队；1984年隶属闫岗村至今。位于村委会西南1.5千米。东邻沈湾，西至杜坡村田湾，南界梁家村王庄，北连闫坡村闫坡。总面积0.45平方千米，耕地面积40.4公顷。48户，190人。主产小麦、玉米、水稻、花生。村落形态呈散状，房屋结构以平房和楼房为主。

闫坡村【Yánpōcūn】

以闫坡自然村命名。1958年为李湾大队,隶属幸福公社;1961年隶属七方区;1975年隶属七方公社;1980年因重名改为闫坡大队,隶属七方公社;1984年为闫坡村,隶属七方镇至今。位于镇政府东南500米。东邻闫岗村,南界闫岗村,西至杜坡村,北连七方社区。辖2个自然村,总面积1.55平方千米,耕地面积126公顷。270户,1200人。主产水稻、小麦、玉米,兼种果蔬。316国道过境,村委会驻李湾西200米。

李湾【Lǐwān】 以姓氏命名。因李姓聚居而得名。1958年隶属李湾大队;1980年隶属闫坡大队;1984年隶属闫坡村至今。位于村委会东200米。东邻闫岗村大李岗,南界闫岗村沈湾,西至闫坡,北连七方社区周庄。总面积0.6平方千米,耕地面积36公顷。90户,400人。主产水稻、小麦、玉米。村落形态呈线状,房屋结构以坡房为主。

闫坡【Yánpō】 以姓氏和地形综合命名。因闫姓聚居岗坡而得名。1958年隶属李湾大队;1980年隶属闫坡大队;1984年隶属闫坡村至今。位于村委会南1.5千米。东邻李湾,南界闫岗村叶湾,西至杜坡村杜坡,北连七方社区周庄。总面积0.95平方千米,耕地面积90公顷。180户,800人。主产水稻、小麦、玉米。村落形态呈团状,房屋结构以平房和楼房为主。

杨冲村【Yángchōngcūn】

以杨冲自然村命名。1958年为杨冲大队,隶属幸福公社;1961年隶属七方区;1975年隶属七方公社;1984年为杨冲村,隶属七方镇至今。位于镇政府东北3千米。东邻方寨村,南界园林村,西至文庄村,北连李湖村。辖3个自然村,总面积5.1平方千米,耕地面积331公顷。198户,1040人。主产小麦、玉米、水稻,种植风景树45.3公顷。村委会驻杨冲东200米。

孙岗【Sūngǎng】 以姓氏和地形综合命名。因孙姓居住岗上而得名。1958年隶属杨冲大队;1984年隶属杨冲村至今。位于村委会东200米。东邻潘岗村张庄,南界方寨村方寨,西至杨冲,北连李湖村马湖。总面积1.4平方千米,耕地面积122公顷。45户,190人。主产小麦、玉米、水稻。村落形态呈线状,房屋结构以坡房和楼房为主。

肖庄【Xiāozhuāng】 以姓氏命名。因肖姓聚居而得名。1958年隶属杨冲大队;1984年隶属杨冲村至今。位于村委会西1千米。东邻杨冲,南界文庄村张冲,西至文庄村汪村,北连敖坡村余冲。总面积1.2平方千米,耕地面积59公顷。55户,300人。主产小麦、玉米、水稻,养猪大户1户,年出栏2000头。村落形态呈线状,房屋结构以坡房和楼房为主。

杨冲【Yángchōng】 以姓氏和地形综合命名。因杨姓聚居住冲旁而得名。1958年隶属杨冲大队;1984年隶属杨冲村至今。位于村委会西200米。东邻方寨村孙庄,南界园林村王冲,西至文庄村吴冲,北连李湖村孙庄。总面积2.5平方千米,耕地面积150公顷。98户,550人。主产小麦、玉米、水稻。村落形态呈团状,房屋结构以坡房和楼房为主。

杨庙村【Yángmiàocūn】

以杨庙自然村命名。1958年为晨光大队，隶属幸福公社；1961年为杨庙大队，隶属七方区；1975年隶属罗岗公社；1984年为杨庙村，隶属罗岗区；1987年隶属罗岗镇；2001年隶属七方镇至今。位于镇政府东北7.5千米。东邻祠堂村，南界三官村，西至潘岗村，北连宋王村。辖2个自然村，总面积2.8平方千米，耕地面积224公顷。260户，1400人。主产小麦、水稻，兼种花生。王罗路过境，村委会驻杨庙。

杨庙【Yángmiào】 以姓氏和建筑物综合命名。因杨姓聚居村旁有小庙而得名。1958年隶属晨光大队；1961年隶属杨庙大队；1984年隶属杨庙村至今。位于村委会西500米。东邻祠堂村陈家祠堂，南界三官村夹河，西至潘岗村下柯庄，北连潘岗村潘岗。总面积2.3平方千米，耕地面积197公顷。220户，1210人。主产小麦、水稻，兼种花生，有牲畜养殖。村落形态呈线状，房屋结构以楼房为主。

杨桥【Yángqiáo】 以姓氏和桥综合命名。因杨姓住河边，河上修有桥而得名。1958年隶属晨光大队；1961年隶属杨庙大队；1984年隶属杨庙村至今。位于村委会东北2千米。东邻杜寨村杜寨，南界祠堂村陈家祠堂，西至潘庄村王河，北连宋王村袁杨周。总面积0.5平方千米，耕地面积27公顷。40户，190人。主产小麦、玉米、水稻。村落形态呈线状，房屋结构以楼房为主。

于王岗村【Yúwánggǎngcūn】

以于王岗自然村命名。1958年为王岗大队，隶属燎原公社；1961年隶属杨垱区；1975年隶属罗岗公社；1980年因重名改为于王岗大队，隶属不变；1984年为于王岗村，隶属罗岗区；1987年隶属罗岗镇；2001年隶属七方镇至今。位于镇政府东北23千米。东邻太平镇徐庄村，南界刘寨居委会，西至黄河村，北连杨垱镇孙田村。辖5个自然村，总面积4.37平方千米，耕地面积340公顷。278户，1510人。主产小麦，兼种杂粮。王韩路过境，村委会驻于王岗。

龚岗【Gōnggǎng】 以姓氏和地形综合命名。因龚姓聚居山岗而得名。1958年隶属王岗大队；1980年隶属于王岗大队；1984年隶属于王岗村至今。位于村委会西北180米。东邻于王岗，南界刘岗，西至黄河村薛岗，北连杨垱镇黄庄村张桥。总面积0.65平方千米，耕地面积47公顷。37户，200人。主产小麦，兼种玉米。村落形态呈团状，房屋结构以坡房为主。

李岗【Lǐgǎng】 以姓氏和地形综合命名。因李姓聚居岗上而得名。1958年隶属王岗大队；1980年隶属于王岗大队；1984年隶属于王岗村至今。位于村委会东南700米。东邻太平镇徐庄村寇马庄，南界刘寨居委会刘寨，西至西坡村西坡，北连于王岗。总面积0.92平方千米，耕地面积73公顷。73户，270人。主产小麦，兼种玉米。村落形态呈线状，房屋结构以楼房为主。

刘岗【Liúgǎng】 以姓氏和地形综合命名。因刘姓聚居岗上而得名。1958年隶属王岗大队；1980年隶属于王岗大队；1984年隶属于王岗村至今。位于村委会西1千米。东邻小王岗，南界西坡村西坡，西至黄河村薛岗，北连龚岗。总面积0.8平方千米，耕地面积68公顷。57户，310人。主产小麦，兼种玉米。

村落形态呈团状，房屋结构以坡房为主。

小王岗【Xiǎowánggǎng】　　以姓氏、地形和规模综合命名。因王姓聚居岗上且村较小而得名。1958年隶属王岗大队；1980年隶属于王岗大队；1984年隶属于王岗村至今。位于村委会西500米。东邻于王岗，南界西坡村西坡，西至刘岗，北连龚岗。总面积0.5平方千米，耕地面积40公顷。32户，150人。主产小麦，兼种玉米。村落形态呈团状，房屋结构以楼房为主。

于王岗【Yúwánggǎng】　　以姓氏和地形综合命名。因于、王二姓聚居岗上而得名。1958年隶属王岗大队；1980年隶属王岗大队；1984年隶属于王岗村至今。村委会驻地。东邻太平镇徐庄村寇马庄，南界李岗，西至小王岗，北连杨垱镇孙田村马桥。总面积1.5平方千米，耕地面积112公顷。79户，580人。主产小麦，兼种玉米。村落形态呈团状，房屋结构以平房为主。

园林村【Yuánlíncūn】

以园林自然村命名。1958年为园林场，隶属幸福公社；1961年隶属七方区；1969年为园林大队，隶属七方区；1975年隶属七方公社；1984年为园林村，隶属七方镇至今。位于镇政府东1千米。东邻方寨村，南界闫岗村，西至七方社区，北连杨冲村。辖2个自然村，总面积1.8平方千米，耕地面积153公顷。150户，680人。主产小麦、玉米、水稻。兼种果蔬。316国道过境，村委会驻园林。

王冲【Wángchōng】　　以姓氏和地形综合命名。因王姓聚居冲旁而得名。1958年隶属园林场；1969年隶属园林大队；1984年隶属园林村至今。位于村委会西北500米。东邻方寨村方寨，南界闫岗村李岗，西至七方社区周庄，北连杨冲村杨冲。总面积0.72平方千米，耕地面积60公顷。72户，320人。主产小麦、玉米、水稻，兼种果蔬。村落形态呈线状，房屋结构以楼房为主。

园林【Yuánlín】　　以植物园命名。因该村曾是果园场，树木茂盛，故名。1958年隶属园林场；1969年隶属园林大队；1984年隶属园林村至今。村委会驻地。东邻方寨村方寨，南界闫坡村李岗，西至闫坡村李湾，北连杨冲村杨冲。总面积1.08平方千米，耕地面积93公顷。78户，360人。主产小麦、玉米、水稻，水面养殖9.3公顷，养猪大户1户，年出栏1万头。村落形态呈线状，房屋结构以坡房和楼房为主。

张冲村【Zhāngchōngcūn】

以张冲自然村命名。1958年为张冲大队，隶属幸福公社；1961年隶属七方区；1975年隶属七方公社；1984年为张冲村，隶属七方镇；1987年隶属蔡阳乡；1998年隶属蔡阳镇；2001年隶属七方镇至今。位于镇政府西南9千米。东邻大房村，南界琚湾镇余咀村，西至箱庄村，北连陈店村。辖4个自然村，总面积3.25平方千米，耕地面积259公顷。221户，990人。主产小麦、水稻、玉米、芝麻，兼果树栽培、稻田养虾。镇村公路相通，村委会驻张冲。

大东湾【Dàdōngwān】　　以地形和规模综合命名。因坐落在河东边村较大而得名。1958年隶属张冲大队；1984年隶属张冲村至今。位于村委会西南1千米。东邻周湾，南界琚湾镇胡岗村胡岗，西至小东湾，北连张冲。总面积0.8平方千米，耕地面积72公顷。52户，220人。主产小麦、水稻、玉米、芝麻，兼种桃树4公顷，稻田养虾4公顷。村落形态呈散状，房屋结构以坡房为主。

小东湾【Xiǎodōngwān】 以地形和规模综合命名。因坐落在河东边且村较小而得名。1958年隶属张冲大队；1984年隶属张冲村至今。位于村委会西南1.5千米。东邻大东湾，南界琚湾镇胡岗村胡岗，西至箱庄村小沟沿，北连大东湾。总面积0.45平方千米，耕地面积42公顷。29户，150人。主产小麦、水稻，兼种玉米、芝麻。村落形态呈散状，房屋结构以坡房为主。

张冲【Zhāngchōng】 以姓氏和地形综合命名。因张姓居住冲旁而得名。1958年隶属张冲大队；1984年隶属张冲村至今。位于村委会南650米。东邻大房村前湾，南界大东湾村，西至箱庄村王巷，北连陈店村余家。总面积0.7平方千米，耕地面积63公顷。57户，270人。主产小麦、水稻、玉米，兼种果蔬。村落形态呈散状，房屋结构以平房为主和坡房。

周湾【Zhōuwān】 以姓氏命名。因周姓聚居而得名。1958年隶属张冲大队；1984年隶属张冲村至今。位于村委会东500米。东邻大房村沈二房，南界琚湾镇余咀村柯家，西至大东湾，北连张冲。总面积1.3平方千米，耕地面积82公顷。73户，350人。主产小麦、水稻，兼种玉米、芝麻。村落形态呈散状，房屋结构以坡房为主。

张楼村【Zhānglóucūn】

以中楼、上楼、下楼三个自然村命名。1958年为张楼大队，隶属幸福公社；1961年隶属七方区；1975年隶属七方公社；1984年为张楼村，隶属七方镇至今。位于镇政府东南8.5千米。东邻琚湾镇侯岗村，南界琚湾镇马岗村，西至胡坡村，北连邓寨村。辖8个自然村，总面积5.15平方千米，耕地面积421.2公顷。349户，1470人。主产水稻、小麦，兼种油料和水果。村委会驻中楼。

李岗【Lǐgǎng】 以姓氏和地形综合命名。因李姓聚居岗上而得名。1958年隶属张楼大队；1984年隶属张楼村至今。位于村委会东南2.5千米。东邻琚湾镇马岗村敖庄，南界琚湾镇马岗村马岗，西至李湾，北连琚湾镇侯岗村侯岗。总面积0.5平方千米，耕地面积40公顷。40户，160人。主产小麦、玉米、水稻，兼种果蔬。村落形态呈散状，房屋结构以平房和楼房为主。

李湾【Lǐwān】 以姓氏命名。因李姓聚居而得名。1958年隶属张楼大队；1984年隶属张楼村至今。位于村委会西南2千米。东邻李岗，南界琚湾镇马岗雷庄，西至刘庄，北连下楼。总面积0.85平方千米，耕地面积77公顷。50户，230人。主产小麦、玉米、水稻，兼种果蔬。村落形态呈散状，房屋结构以平房和楼房为主。

刘庄【Liúzhuāng】 以姓氏命名。因刘姓聚居而得名。1958年隶属张楼大队；1984年隶属张楼村至今。位于村委会西南2千米。东邻李湾，南界闫岗水库，西至琚湾镇谭湾村姚家，北连西岗。总面积0.95平方千米，耕地面积70公顷。78户，300人。主产小麦、玉米、水稻，有梨树种植。村落形态呈团状，房屋结构以平房和坡房为主。

鲁班庄【Lǔbānzhuāng】 以传说命名。据传，鲁班大师曾路过此地，该村会木工手艺的人多，故名。

1958年隶属张楼大队；1984年隶属张楼村至今。位于村委会东北2.2千米。东邻琚湾镇侯岗村中寨，南界下楼，西至上楼，北连邓寨村邓寨。总面积0.46平方千米，耕地面积40.6公顷。48户，120人。主产小麦、玉米、水稻，兼种果蔬。村落形态呈散状，房屋结构以平房和楼房为主。

上楼【Shànglóu】 以方位和建筑物综合命名。因张姓分居上、中、下三村，村中都修建有土楼，此村位北而得名。1958年隶属张楼大队；1984年隶属张楼村至今。位于村委会东北400米，南界中楼。东邻鲁班庄，西至西岗，北连邓寨村邓寨。总面积0.64平方千米，耕地面积53公顷。45户，190人。主产小麦、玉米、水稻，兼种果蔬。村落形态呈散状，房屋结构以平房和楼房为主。

西岗【Xīgǎng】 以方位和地形综合命名。因村建在中楼西边岗上而得名。1958年隶属张楼大队；1984年隶属张楼村至今。位于村委会西北550米。东邻上楼，南界刘庄，西至胡坡村肖家，北连邓寨村王家老湾。总面积0.81平方千米，耕地面积68公顷。40户，140人。主产小麦、玉米、水稻，兼种果蔬。村落形态呈散状，房屋结构以平房和楼房为主。

下楼【Xiàlóu】 以方位和建筑物综合命名。因张姓分居上、中、下三村，村中都修建有土楼，此村位南而得名。1958年隶属张楼大队；1984年隶属张楼村至今。位于村委会东南1.2千米。东邻琚湾镇侯岗村侯岗，南界李湾，西至刘庄，北连中楼。总面积0.42平方千米，耕地面积30.6公顷。30户，150人。主产小麦、玉米、水稻，兼种果蔬。村落形态呈散状，房屋结构以平房和楼房为主。

中楼【Zhōnglóu】 以方位和建筑物综合命名。因张姓分居上、中、下三村，村中都修建有土楼，此村位中而得名。1958年隶属张楼大队；1984年隶属张楼村至今。村委会驻地。东邻琚湾镇侯岗村侯岗，南界下楼，西至西岗，北连上楼。总面积0.52平方千米，耕地面积42公顷。38户，180人。主产小麦、玉米、水稻，兼种果蔬。村落形态呈散状，房屋结构以平房和楼房为主。

张桥村【Zhāngqiáocūn】

以张桥自然村命名。1958年为马庄大队，隶属幸福公社；1961年隶属七方区；1975年隶属七方公社；1980年因重名改为张桥大队；1984年为张桥村，隶属七方镇至今。位于镇政府东10千米。东邻环城街道刘桥村，南界环城街道杨坡村，西至三官村，北连徐桥村。辖4个自然村，总面积3.98平方千米，耕地面积310公顷。361户，1530人。主产小麦、水稻、杂粮，兼种果蔬，有养殖业。村委会驻严庄。

马庄【Mǎzhuāng】 以姓氏命名。因马姓聚居而得名。1958年隶属马庄大队；1980年隶属张桥大队；1984年隶属张桥村至今。位于村委会西1.5千米。东邻盘庄，南界三官村王坡，西至三官村肖庄，北连祠堂村东庄。总面积1.8平方千米，耕地面积150公顷。145户，640人。主产小麦、玉米、水稻。村落形态呈散状，房屋结构以平房和楼房为主。

盘庄【Pánzhuāng】 以姓氏命名。因盘姓聚居而得名。1958年隶属马庄大队；1980年隶属张桥大队；1984年隶属张桥村至今。位于村委会北800米。东邻环城街道刘桥村宁庄，南界严庄，西至马庄，北连七方镇徐桥村下徐桥。总面积0.45平方千米，耕地面积25公顷。32户，140人。主产小麦、玉米、水稻，兼种果蔬。村落形态呈散状，房屋结构以平房和楼房为主。

严庄【Yánzhuāng】 以姓氏命名。因严姓聚居而得名。原胡庄、郭庄于1986年拆迁并入严庄。1958年隶属马庄大队；1980年隶属张桥大队；1984年隶属张桥村至今。村委会驻地。东邻张桥，南界三官村王坡，西至马庄，北连盘庄。总面积0.53平方千米，耕地面积35公顷。48户，210人。主产小麦、玉米、水稻，兼种果蔬。村落形态呈散状，房屋结构以平房和楼房为主。

张桥【Zhāngqiáo】 以姓氏和桥综合命名。因张姓聚居，村前小河上修有小桥而得名。1958年隶属马庄大队；1980年隶属张桥大队；1984年隶属张桥村至今。位于村委会东1.2千米。东邻环城街道办事处刘桥村刘桥，南界环城街道办事处杨坡村北庄，西至严庄，北连环城街道办事处刘桥村宁庄。总面积1.2平方千米，耕地面积100公顷。136户，540人。主产小麦、玉米、水稻，兼种果蔬。村落形态呈散状，房屋结构以平房和楼房为主。

赵岗村【Zhàogǎngcūn】

以邱赵岗自然村的简称"赵岗"命名。1958年为赵岗大队，隶属幸福公社；1961年隶属七方区；1975年隶属七方公社；1984年为赵岗村，隶属七方镇；1987年隶属徐寨乡；2001年隶属七方镇至今。位于镇政府西北6千米。东邻洪寨村，南界罗咀村，西至老街村，北连汪营村。辖8个自然村，总面积6平方千米，耕地面积533.42公顷。304户，1110人。主产小麦、玉米、水稻。李仓公路过境，村委会驻莫冲。

东关冲【Dōngguānchōng】 以方位、姓氏和地形综合命名。因关姓建村在一条岗的东冲里而得名。1958年隶属赵岗大队；1984年隶属赵岗村至今。位于村委会东南1千米。东邻洪寨水库，南界罗咀村罗咀，西至西关冲，北连邱赵岗。总面积1平方千米，耕地面积94.16公顷。50户，210人。主产小麦、玉米、水稻。村落形态呈散状，房屋结构以平房为主。

李家兰【Lǐjiālán】 以姓名命名。因李姓老祖先的名字而得名。1958年隶属赵岗大队；1984年隶属赵岗村至今。位于村委会东北1.1千米。东邻汪营村张营，南界赵家，西至彭家村彭岗，北连汪营村孙坡。总面积0.46平方千米，耕地面积31公顷。25户，110人。主产小麦、玉米、水稻。村落形态呈团状，房屋结构以平房和坡房为主。

柳家【Liǔjiā】 以姓氏命名。因柳姓聚居而得名。1958年隶属赵岗大队；1984年隶属赵岗村至今。位于村委会东北500米。东邻邱赵岗，南界莫冲，西至老街村袁庄，北连赵家。总面积0.5平方千米，耕地面积48.85公顷。37户，100人。主产小麦、玉米、水稻。村落形态呈线状，房屋结构以楼房为主。

莫冲【Mòchōng】 以姓氏和地形综合命名。因莫姓建村冲地而得名。1958年隶属赵岗大队；1984年隶属赵岗村至今。村委会驻地。东邻邱赵岗，南界秦庄村吴庄，西至老街村袁庄，北连柳家。总面积0.89平方千米，耕地面积85.2公顷。48户，90人。主产小麦、玉米、红薯、水稻。水面养殖5.3公顷。村落形态呈线状，房屋结构以楼房为主。

邱赵岗【Qiūzhàogǎng】 以姓氏和地形综合命名。因邱、赵两姓居住岗上而得名。1958年隶属赵岗大队；1984年隶属赵岗村至今。位于村委会东北1千米。东邻洪寨村汪寨，南界西关冲，西至柳家，北连赵家。总面积1.1平方千米，耕地面积102.18公顷。77户，290人。主产小麦、玉米、水稻。养鸡大户1

户，年出栏 5 万只。村落形态呈团状，房屋结构以平房和楼房为主。

西关冲【Xīguānchōng】 以方位、姓氏和地形综合命名。因关姓建村在一条岗的西冲里而得名。1958 年隶属赵岗大队；1984 年隶属赵岗村至今。位于村委会东南 1 千米。东邻东关冲，南界罗咀村罗咀，西至秦庄村秦庄，北连邱赵岗。总面积 1.2 平方千米，耕地面积 113.28 公顷。30 户，150 人。主产小麦、玉米、水稻。村落形态呈团状，房屋结构以平房和楼房为主。

小崔岗【Xiǎocuīgǎng】 以姓氏和地形综合命名。因崔姓建村岗上，村较小，故名。1958 年隶属赵岗大队；1984 年隶属赵岗村至今。位于村委会东 1.5 千米。东邻洪寨村洪岗，南界东关冲，西至莫冲，北连邱赵岗。总面积 0.45 平方千米，耕地面积 28.75 公顷。12 户，40 人。主产小麦、玉米、水稻。村落形态呈散状，房屋结构以平房为主。

赵家【Zhàojiā】 以姓氏命名。因赵姓聚居而得名。1958 年隶属赵岗大队；1984 年隶属赵岗村至今。位于村委会东北 1 千米。东邻汪营村张营，南界柳家，西至彭家村常家，北连李家兰。总面积 0.4 平方千米，耕地面积 30 公顷。25 户，120 人。主产小麦、玉米、水稻。村落形态呈团状，房屋结构以平房和坡房为主。

郑庄村【Zhèngzhuāngcūn】

以郑庄自然村命名。1958 年为郑庄大队，隶属幸福公社；1961 年隶属七方区；1975 年隶属七方公社；1984 年隶属七方镇至今。位于镇政府西南 5.5 千米。东邻王坡村，南界曹营村，西至大店居委会，北连安庄村。辖 4 个自然村，总面积 2.57 平方千米，耕地面积 232.3 公顷。243 户，1020 人。主产水稻、小麦、玉米，另有养殖业。二蔡路过境，村委会驻郑庄。

沟湾【Gōuwān】 以地形命名。因村庄建在一条小沟的拐弯处，故名。1958 年隶属郑庄大队；1984 年隶属郑庄村至今。位于村委会东 1.8 千米。东邻王坡村段岗，南界曹营村余庄，西至郑庄，北连王坡村王皮垱。总面积 0.5 平方千米，耕地面积 36 公顷。45 户，170 人。主产小麦、玉米、水稻，水面养殖 4.7 公顷。村落形态呈线状，房屋结构以坡房和楼房为主。

河沟【Hégōu】 以河沟命名。因村前河沟而得名。1958 年隶属郑庄大队；1984 年隶属郑庄村至今。位于村委会东南 1.6 千米。东邻曹营村余庄，南界曹营村曹营，西至大店居委会大店，北连汪垱。总面积 0.6 平方千米，耕地面积 55 公顷。48 户，210 人。主产小麦、玉米、水稻。村落形态呈线状，房屋结构以平房和坡房为主。

汪垱【Wāngdàng】 以姓氏和垱坝综合命名。因汪姓聚居，村前有一水垱，故名。1958 年隶属郑庄大队；1984 年隶属郑庄村至今。位于村委会东 1.3 千米。东邻沟湾，南界河沟，西至郑庄，北连安庄村安庄。总面积 0.27 平方千米，耕地面积 25.3 公顷。19 户，80 人。主产小麦、玉米、水稻，稻虾养殖 3 公顷。村落形态呈团状，房屋结构以平房和坡房为主。

郑庄【Zhèngzhuāng】 以姓氏命名。因郑姓聚居而得名。1958 年隶属郑庄大队；1984 年隶属郑庄村至今。村委会驻地。东邻汪垱，南界河沟，西至大店居委会大店，北连大店居委会小店。总面积 1.2 平方千米，耕地面积 116 公顷。131 户，560 人。主产小麦、玉米、水稻，水面养殖 2.1 公顷。村落形态呈散状，房屋结构以坡房和楼房为主。

周庄村【Zhōuzhuāngcūn】

以下周庄、中周庄、上周庄三个自然村命名。1958年为东升大队,隶属燎原公社;1961年为周庄大队隶属杨垱区;1975年隶属罗岗公社;1984年为周庄村,隶属罗岗区;1987年隶属罗岗镇;2001年隶属七方镇至今。位于镇政府东北9千米。东邻宋王村,南界李湖村,西至方庄村,北连毛坡村。辖6个自然村,总面积3.2平方千米,耕地面积235.4公顷。334户,1540人。主产小麦、玉米、水稻,兼种杂粮。宋朱路过境,村委会驻下周庄。

陈庄【Chénzhuāng】 以姓氏命名。因陈姓聚居而得名。1958年隶属东升大队;1960年隶属周庄大队;1984年隶属周庄村至今。位于村委会东南1.2千米。东邻宋王村潘庄,南界潘岗村潘岗,西至郝庄,北连卫庄村草堰。总面积0.4平方千米,耕地面积24公顷。28户,150人。主产小麦、玉米、水稻,兼种杂粮。村落形态呈散状,房屋结构以平房和楼房为主。

郝庄【Hǎozhuāng】 以姓氏命名。因郝姓聚居而得名。1958年隶属东升大队;1960年隶属周庄大队;1984年隶属周庄村至今。位于村委会南1千米。东邻潘岗村陈庄,南界李湖村柳园,西至方庄村马垱,北连下周庄。总面积0.45平方千米,耕地面积29.3公顷。26户,140人。主产小麦、玉米、水稻,兼种杂粮。村落形态呈散状,房屋结构以平房和楼房为主。

下周庄【Xiàzhōuzhuāng】 以姓氏和方位综合命名。因周姓分居相邻三村,此村位南而得名。1958年隶属东升大队;1960年隶属周庄大队;1984年隶属周庄村至今。村委会驻地。东邻宋王村李庄,南界李湖村柳园,西至方庄村方庄,北连薛庄。总面积1平方千米,耕地面积86.1公顷。135户,660人。主产小麦、玉米、水稻,兼种杂粮。村落形态呈散状,房屋结构以平房和楼房为主。

小潘庄【Xiǎopānzhuāng】 以姓氏和规模综合命名。因潘姓分居相邻二村,此村较小而得名。1958年隶属东升大队;1960年隶属周庄大队;1984年隶属周庄村至今。位于村委会东南1.5千米。东邻宋王村大盘庄,南界潘岗村王河,西至陈庄,北连卫庄村小卫庄。总面积0.34平方千米,耕地面积24公顷。37户,150人。主产小麦、玉米、水稻,兼种杂粮。村落形态呈散状,房屋结构以平房和楼房为主。

薛庄【Xuēzhuāng】 以姓氏命名。因薛姓聚居而得名。1958年隶属东升大队;1960年隶属周庄大队;1984年隶属周庄村至今。位于村委会北200米。东邻卫庄村草堰,南界下周庄,西至中周庄,北连毛坡村毛坡。总面积0.5平方千米,耕地面积36公顷。60户,250人。主产小麦、玉米、水稻,兼种杂粮。村落形态呈线状,房屋结构以楼房为主。

中周庄【Zhōngzhōuzhuāng】 以姓氏和方位综合命名。因周姓分居相邻三村,此村位中而得名。1958年隶属东升大队;1960年隶属周庄大队;1984年隶属周庄村至今。位于村委会西500米。东邻薛庄,南界下周庄,西至方庄村方庄,北连毛坡村毛坡。总面积0.51平方千米,耕地面积36公顷。48户,190人。主产小麦、玉米、水稻,兼种杂粮。村落形态呈散状,房屋结构以平房和楼房为主。

朱寨村【Zhūzhàicūn】

以朱寨自然村命名。1958年为向联大队,隶属燎原公社;1961年为朱寨大队隶属杨垱区;

1975年隶属罗岗公社；1984年为朱寨村，隶属罗岗区；1987年隶属罗岗镇；2001年隶属七方镇至今。位于镇政府西北9千米。东邻贾岗村，南界汪营村，西至杨垱镇薛场村，北连杨垱镇杨岗村。辖6个自然村，总面积3.66平方千米，耕地面积330.71公顷。332户，1430人。主产小麦、玉米、水稻，兼种杂粮。罗徐路过境，村委会驻朱寨。

刘庄【Liúzhuāng】 以姓氏命名。因刘姓聚居而得名。1958年隶属向联大队；1960年隶属朱寨大队；1984年隶属朱寨村至今。位于村委会东北730米。东邻贾岗村蛮子营，南界张唐庄，西至朱寨，北连贾岗村西高庄。总面积0.51平方千米，耕地面积45.44公顷。48户，180人。主产小麦、玉米、水稻，兼种杂粮。村落形态呈团状，房屋结构以平房和坡房为主。

孙湖【Sūnhú】 以姓氏和地形综合命名。因孙姓聚居，村北有片洼地，涨水时似湖，故名。1958年隶属向联大队；1960年隶属朱寨大队；1984年隶属朱寨村至今。位于村委会西南1.1千米。东邻张唐庄，南界西汪营村孙坡，西至西汪营村下汪营，北连新孙湖。总面积0.33平方千米，耕地面积25.03公顷。20户，80人。主产小麦、玉米、水稻，兼种杂粮。村落形态呈团状，房屋结构以平房和坡房为主。

新孙湖【Xīnsūnhú】 以姓氏和建村时间综合命名。因部分村民从孙湖迁出新建村庄，故名。1958年隶属向联大队；1960年隶属朱寨大队；1984年隶属朱寨村至今。位于村委会西南400米。东邻张唐庄，南界孙湖，西至汪营村汪营，北连朱寨。总面积0.26平方千米，耕地面积24.72公顷。19户，90人。主产小麦、玉米、水稻，兼种杂粮。村落形态呈团状，房屋结构以平房和坡房为主。

张唐庄【Zhāngtángzhuāng】 以姓氏命名。因张姓、唐姓聚居而得名。1958年隶属向联大队；1960年隶属朱寨大队；1984年隶属朱寨村至今。位于村委会南550米。东邻东汪营村东汪营，南界汪营村陈庄，西至新孙湖，北连朱寨。总面积1.01平方千米，耕地面积91.4公顷。81户，390人。主产小麦、玉米、水稻，兼种杂粮，养猪场1个，年出栏2000头。村落形态呈散状，房屋结构以平房和坡房为主。

张庄【Zhāngzhuāng】 以姓氏命名。因张姓聚居而得名。1958年隶属向联大队；1960年隶属朱寨大队；1984年隶属朱寨村至今。位于村委会东北1千米。东邻贾岗村西高庄，南界朱寨，西至朱寨，北连杨垱镇薛场村杨岗。总面积0.7平方千米，耕地面积62.16公顷。78户，310人。主产小麦、玉米、水稻，兼种杂粮。村落形态呈线状，房屋结构以楼房为主。

朱寨【Zhūzhài】 因姓氏和建筑物综合命名。因朱姓聚居村周筑有寨墙而得名。1958年隶属向联大队；1960年隶属朱寨大队；1984年隶属朱寨村至今。村委会驻地。东邻刘庄，南界张唐庄，西至杨垱镇薛场村薛场，北连杨垱镇薛场村杨岗。总面积0.85平方千米，耕地面积81.96公顷。86户，380人。主产小麦、玉米、水稻，兼种杂粮。村落形态呈团状，房屋结构以平房和坡房为主。

祝岗村【Zhùgǎngcūn】

以祝岗自然村命名。1958年为祝岗大队，隶属幸福公社；1961年隶属七方区；1975年隶属七方公社；1984年为祝岗村，隶属七方镇；1987年隶属蔡阳乡；2001年隶属七方镇至今。位于镇政府南9千米。东邻隆兴村，南界木桥村，西至大房村，北连梁家村。辖3个自然村，总面积3.2平方千米，耕地面积224.2公顷。198户，720人。主产小麦、水稻、玉米，兼种果树。镇村公路相通，村委会驻章寨。

邱大房【Qiūdàfáng】 以姓氏和排序综合命名。因邱姓兄弟分家，老大住此而得名。1958年隶属祝岗大队；1984年隶属祝岗村至今。位于村委会西2千米。东邻章寨，南界大房村舒湾，西至大房村大房，北连梁家村董庄。总面积1.09平方千米，耕地面积74.5公顷。65户，240人。主产小麦、玉米、水稻，有桃树10公顷。村落形态呈线状，房屋结构以平房和坡房为主。

章寨【Zhāngzhài】 以姓氏和建筑物综合命名。因章姓居住，村周筑有寨墙而得名。1958年隶属祝岗大队；1984年隶属祝岗村至今。村委会驻地。东邻隆兴村隆兴，南界祝岗，西至邱大房，北连梁家村董庄。总面积0.98平方千米，耕地面积67.2公顷。63户，220人。主产小麦、水稻、玉米。村落形态呈散状，房屋结构以平房和坡房为主。

祝岗【Zhùgǎng】 以姓氏和地形综合命名。因祝姓聚居一高岗上而得名。1958年隶属祝岗大队；1984年隶属祝岗村至今。位于村委会西南1.5千米。东邻隆兴村舒庄，南界木桥村张庄，西至大房村舒湾，北连章寨。总面积1.13平方千米，耕地面积82.5公顷。70户，260人。主产小麦、玉米、水稻。村落形态呈线状，房屋结构以坡房为主。

第九章 琚 湾 镇

第一节 琚湾镇概况

琚湾镇【Jūwānzhèn】

以姓氏命名。因琚姓聚居在沙河、滚河交汇处的北岸而得名。位于市政府西南18千米。东邻环城、南城办事处，南界熊集镇，西至襄州区黄龙镇、张集镇，北连七方镇。总面积219.68平方千米，耕地面积12471.95公顷。截至2014年，有2万户，7.18万人。辖2个居委会、33个村，289个自然村（居民点）。镇政府驻琚湾镇朝阳街79号。1956年设琚湾区；1958年为英雄公社；1961年复设琚湾区；1975年为琚湾公社；1984年为琚湾镇；2001年，原蔡阳镇所辖的蔡阳、车站办事处并入琚湾镇至今。农业以种植水稻、小麦、马铃薯为主。工业以棉花、板材、酱料加工、制鞋、建材为主。2014年全镇有工业企业1663家，其中年产值千万元以上的企业24家、百万元以上的企业360家、十万元以上的企业1279家。个体工商经营户2431户、10331人。个体工业企业1663户、31010人。有农贸市场2个，摊位1000个，年成交额2亿元。注册工商户，652户，年经营额1.8亿元。有农行分理处1家、信用社2家。全镇有1所镇办幼儿园、8所村级小学、1所中心小学、3所初级中学，教师429人。有卫生院2家、村卫生室35个，有专业医护人员236人，病床1283张。该镇是"革命先驱、人民赤子"程克绳的故乡，是枣阳第一个党支部和党小组的诞生地。境内有程克绳故居和纪念馆，古文化遗址翟家古城等。独具特色的酸浆面是枣阳市饮食文化的重要代表，被列入枣阳市非物质文化遗产。民间文化活动以舞狮玩龙为主。交通便利，汉丹铁路、汉十高速公路穿境而过。

第二节 城市社区、居民点

琚湾街道社区【Jūwān Jiēdào Shèqū】

以自然集镇命名。因居民居住在琚湾街道而得名。1957年为居民委员会,隶属琚湾区企管会;1958年为红专社,隶属英雄公社;1961年为街道居民委员会,隶属琚湾区;1975年隶属琚湾公社;1984年隶属琚湾镇;2012年为琚湾街道社区居民委员会,隶属琚湾镇至今。街道社区位于琚湾镇中心。东邻琚东村,南界琚庄村,西至琚西村,北连闫岗村。辖1个居民点。总面积2.6平方千米,无耕地。3200户,6890人。经济形态以商业、加工业,兼发展饮食业,以特色产业酸浆面为主。街道社区居民委员会驻琚湾镇人民街151号。

琚西社区【Jūxī Shèqū】

以姓氏和方位综合命名。1958年为百胜大队,隶属英雄公社;1961年隶属琚湾区;1975年隶属琚湾公社;1980年为琚湾西街大队,隶属琚湾公社;1984年为西街村,隶属琚湾镇;2001年为琚西村,隶属琚湾镇;2012年为琚西社区,隶属琚湾镇至今。琚湾镇政府驻地,居委会位于镇政府西350米。东邻琚东村,南界琚庄村(以滚河为界),西至钱寨村,北连闫家岗村。辖区6个居民小组,无居民点,总面积1.28平方千米,耕地面积35公顷。1370户,4430人。主产果树,兼发展工业和饮食业,工业以板材加工为主,饮食业以特色酸浆面。村落形态呈团状,房屋结构以楼房为主。社区居委会驻人民路西段。

第三节 农村社区(村)自然村、居民点

蔡东村【Càidōngcūn】

以集镇方位命名。因位于蔡阳铺的东边而得名。1958年为新城大队,隶属英雄公社;1961年隶属琚湾区;1975年隶属琚湾公社;1981年以驻地改称蔡阳东街大队;1984年为蔡阳东街村,隶属琚湾镇;1987年隶属蔡阳乡;1998年隶属蔡阳镇;2001年为蔡东村,隶属琚湾镇;2006年龚寨村并入蔡东村,隶属琚湾镇至今。位于镇政府西北9.5千米。东邻徐畈村,南界刘岗村,西至蔡西村,北连余咀村。辖7个自然村,总面积5.45平方千米,耕地面积275.64公顷。540户,2310人。主产小麦、水稻,兼种芝麻等,发展工业,以棉花加工、棉花纺织等为主。枣蔡路终点

在此。村委会驻蔡阳集镇东侧。

东程庄【Dōngchéngzhuāng】 以姓氏和方位综合命名。因程姓建村于龚寨东而得名。1958年隶属工农大队；1961年隶属龚寨大队；1984年隶属龚寨村；2006年隶属蔡东村至今。位于村委会东南2.5千米。东邻刘岗村邵庄，南界刘岗村刘岗，西至龚寨，北连滚河。总面积0.7平方千米，耕地面积38.8公顷。70户，301人。主产小麦、水稻，兼种棉花、花生等。村落形态呈团状，房屋结构以平房和坡房为主。

龚寨【Gōngzhài】 以姓氏和建筑物综合命名。因龚姓聚居，村周修有寨墙而得名。1958年隶属工农大队；1961年隶属龚寨大队；1984年隶属龚寨村；2006年隶属蔡东村至今。位于村委会南2千米。东邻东程庄，南界刘岗村刘岗，西至襄州区张家集镇徐窝村西程庄，北连王庄。总面积1.5平方千米，耕地面积96.5公顷。120户，450人。主产小麦、水稻、玉米等，兼种棉花、花生、芝麻等。村落形态呈团状，房屋结构以坡房和楼房为主。

韩桥【Hánqiáo】 以姓氏和建筑物综合命名。因韩姓聚居的村旁有座小桥而得名。1958年隶属新城大队；1981年隶属蔡阳东街大队；1984年隶属蔡阳东街村；2001年隶属蔡阳东村至今。位于村委会北600米。东邻徐畈村邓寨，南界蔡阳集镇，西至前朱庄，北连吴坡村沈家小庄。总面积0.6平方千米，耕地面积32公顷。75户，380人。主产小麦、水稻等，兼种玉米、棉花、花生等。村落形态呈团状，房屋结构以楼房为主。

后朱庄【Hòuzhūzhuāng】 以姓氏和方位综合命名。因朱姓分居邻近南、北两村，此村位北而得名。1958年隶属新城大队；1981年隶属蔡阳东街大队；1984年隶属蔡阳东街村；2001年隶属蔡东村至今。位于村委会西北1.3千米。东邻韩桥，南界前朱庄，西至蔡西村郭庄，北连余咀村汪畈。总面积0.5平方千米，耕地面积19.2公顷。40户，160人。主产小麦、水稻、棉花等，兼种玉米、花生。村落形态呈团状，房屋结构以楼房为主。

前朱庄【Qiánzhūzhuāng】 以姓氏和方位综合命名。因朱姓分居邻近南北两村，此村位南而得名。1958年隶属新城大队；1981年隶属蔡阳东街大队；1984年隶属蔡阳东街村；2001年隶属蔡东村至今。位于村委会西北1.2千米。东邻韩桥，南界蔡阳集镇，西至蔡西村郭庄，北连后朱庄。总面积0.9平方千米，耕地面积33.6公顷。105户，510人。主产小麦、水稻、玉米等，兼种棉花、花生等。村落形态呈团状，房屋结构以楼房为主。

王庄【Wángzhuāng】 以姓氏命名。因王姓聚居而得名。1958年隶属工农大队；1961年隶属龚寨大队；1984年隶属龚寨村；2006年隶属蔡东村至今。位于村委会东南1.8千米。东邻古城村古城，南界襄州区张家集镇，西至徐窝村西程庄，北连西潘庄。总面积0.6平方千米，耕地面积32.27公顷。65户，209人。主产小麦、水稻等，兼种棉花、花生等。村落形态呈团状，房屋结构以平房和坡房为主。

西潘庄【Xīpānzhuāng】 以姓氏和方位综合命名。因潘姓分居在邻近两村，此村位西而得名。1958年隶属新城大队；1981年隶属蔡阳东街大队；1984年隶属蔡阳东街村；2001年隶属蔡阳东村至今。位于村委会东900米。东邻徐畈村章庄，南界襄州区张家集镇徐窝村西程庄，西至蔡阳集镇，北连韩桥。总面积0.65平方千米，耕地面积23.27公顷。65户，300人。主产小麦、水稻等，兼种玉米、棉花、花生等。村落形态呈团状，房屋结构以楼房为主。

蔡西村【Càixīcūn】

以集镇方位命名。"蔡西"指蔡阳集镇西边。1958年为新星大队,隶属英雄公社;1961年隶属琚湾区;1975年隶属琚湾公社;1981年因驻地西街,为蔡阳西街大队,隶属琚湾公社;1984年为蔡阳西街村,隶属琚湾镇;1987年隶属蔡阳乡;1998年隶属蔡阳镇;2001年为蔡西村,隶属琚湾镇;2006年申畈村并入蔡西村,隶属琚湾镇至今。位于镇政府西北10.5千米。东邻蔡东村,南界襄州区张家集镇徐窝村,西至瓦子岗村,北连胡岗村。辖14个自然村,总面积11.34平方千米,耕地面积663.4公顷。1724户,5604人。主产小麦、水稻、玉米,兼种花生、蔬菜、芥菜,兼发展工业、企业、养殖业,工业以棉花加工为主,企业以酱菜加工为主,养殖业以养牛、养鸡、养猪为主。土特产有酱制品。村委会驻蔡阳集镇西街。

董庄【Dǒngzhuāng】 以姓氏命名。因董姓聚居而得名。1958年隶属心爱二大队;1961年隶属申畈大队;1984年隶属申畈村;2006年隶属蔡西村至今。位于村委会西北2.15千米。东邻申畈,南界李楼,西至坡楼,北连张洼。总面积0.8平方千米,耕地面积33公顷。57户,200人。主产小麦、水稻、玉米,兼种花生、棉花。村落形态呈团状,房屋结构以平房和坡房为主。

顾湾【Gùwān】 以姓氏和地形综合命名。因顾姓建村与滚河拐弯处而得名。1958年隶属新星大队;1981年隶属蔡阳西街大队;1984年隶属蔡阳西街村;2001年隶属蔡西村至今。位于村委会西1千米。东邻刘家长屋,南界襄州区张家集镇刘寨村刘寨,西至何咀,北连李楼。总面积0.3平方千米,耕地面积15公顷。62户,170人。主产小麦、水稻、玉米,兼种花生、棉花。村落形态呈线状,房屋结构以平房和坡房为主。

郭庄【Guōzhuāng】 以姓氏命名。因郭姓聚居而得名。1958年隶属新星大队;1981年隶属蔡阳西街大队;1984年隶属蔡阳西街村;2001年隶属蔡西村至今。位于村委会北800米。东邻蔡东村朱庄,南界刘家长屋,西至李楼,北连申畈。总面积0.7平方千米,耕地面积52公顷。118户,390人。主产小麦、水稻,兼种玉米、花生。村落形态呈散状,房屋结构以平房和坡房为主。

何咀【Hézuǐ】 以姓氏和地形综合命名。因何姓居住岗咀而得名。1958年隶属心爱二大队;1961年隶属申畈大队;1984年隶属申畈村;2006年隶属蔡西村至今。位于村委会西北3千米。东邻李楼,南界襄州区张家集镇刘寨村刘寨,西至瓦子岗观音寺,北连破楼。总面积1.5平方千米,耕地面积130公顷。272户,690人。主产小麦、水稻、玉米,兼种花生、棉花、瓜果、蔬菜。村落形态呈团状,房屋结构以平房和坡房为主。

黄州【Huángzhōu】 以姓氏和地形综合命名。因黄姓聚居在滚河北的沙洲上而得名。1958年隶属新星大队;1981年隶属蔡阳西街大队;1984年隶属蔡阳西街村;2001年隶属蔡西村至今。位于村委会西南500米。东邻南园,南界襄州区张家集韩岗村邓湾,西至襄州区张家集刘寨村刘寨,北连刘家长屋。总面积1.05平方千米,耕地面积50公顷。312户,700人。主产小麦、水稻、玉米,兼种花生、棉花。村落形态呈散状,房屋结构以平房和坡房为主。

李楼【Lǐlóu】 以姓氏和建筑物综合命名。因李姓聚居的村内有座楼房,故名。1958年隶属心爱二大队；1961年隶属申畈大队；1984年隶属申畈村；2006年隶属蔡西村至今。位于村委会西北1.8千米。东邻郭庄，南界顾湾，西至何咀，北连申畈。总面积1.3平方千米，耕地面积93公顷。195户，780人。主产小麦、水稻、玉米，兼种花生、芥菜和瓜果。村落形态呈线状，房屋结构以平房和坡房为主。

刘家长屋【Liújiāchángwū】 以姓氏和建筑物综合命名。因刘姓居住的房屋连接较长而得名。1958年隶属新星大队；1981年隶属蔡阳西街大队；1984年隶属蔡阳西街村；2001年隶属蔡西村至今。位于村委会西500米。东邻蔡阳老街，南界黄州，西至王门，北连郭庄。总面积0.75平方千米，耕地面积45.4公顷。165户，785人。主产小麦、水稻、玉米，兼种蔬菜。村落形态呈线状，房屋结构以平房和坡房为主。

南园【Nányuán】 以方位和种植蔬菜综合命名。因村建在蔡阳铺南以种菜为业而得名。1958年隶属新星大队；1981年隶属蔡阳西街大队；1984年隶属蔡阳西街村；2001年隶属蔡西村至今。位于村委会南500米。东邻蔡东村集镇居民区，南界襄州区张家集镇徐窝村徐窝，西至刘家长屋，北连蔡西老街。总面积0.7平方千米，耕地面积13公顷。83户，385人。主产蔬菜，兼种水稻、玉米。村落形态呈散状，房屋结构以楼房为主。

破楼【Pòlóu】 以建筑物命名。原名破草楼，因村内盖的有一些破草楼房，风吹雨打后成了破楼，故名。1958年隶属心爱二大队；1961年隶属申畈大队；1984年隶属申畈村；2006年隶属蔡西村至今。位于村委会西北2.5千米。东邻李楼，南界何咀，西至瓦子岗村瓦子岗，北连芦坡村山庄。总面积0.7平方千米，耕地面积47公顷。53户，290人。主产小麦、水稻、玉米，兼种玉米、芥菜、瓜果。村落形态呈团状，房屋结构以平房和坡房为主。

申畈【Shēnfàn】 以姓氏和地形综合命名。因申姓聚居畈地而得名。1958年隶属心爱二大队；1961年隶属申畈大队；1984年隶属申畈村；2006年隶属蔡西村至今。位于村委会西北3千米。东邻余咀村魏朱刘，南邻郭庄，西至董庄，北连张洼。总面积1.5平方千米，耕地面积83公顷。226户，670人。主产小麦、水稻、玉米，兼种芥菜。村落形态呈团状，房屋结构以平房和坡房为主。

王门【Wángmén】 以姓氏和方位综合命名。因王姓居住在蔡阳古城西门外，故名。1958年隶属新星大队；1981年隶属蔡阳西街大队；1984年隶属蔡阳西街村；2001年隶属蔡西村至今。位于村委会西1千米。东邻刘家长屋，南界黄州，西至襄州区张家集镇刘寨村刘寨，北连顾湾。总面积0.3平方千米，耕地面积3公顷。5户，20人。主产小麦、水稻、玉米，兼种花生。村落形态呈团状，房屋结构以平房和坡房为主。

移民点【Yímíndiǎn】 以搬迁命名。因2010年，南水北调工程为丹江库区移民新建村，故名。2010年8月隶属蔡西村至今。位于村委会西2千米。东邻李楼，南界李楼，西至破楼，北连申畈。总面积0.14平方千米，耕地面积22公顷。13户，44人。主产小麦、水稻，兼种玉米、花生。村落形态呈线状，房屋结构以坡房和楼房为主。

翟庄【Zháizhuāng】 以姓氏命名。因翟姓聚居而得名。1958年隶属心爱二大队；1961年隶属申畈大队；1984年隶属申畈村；2006年隶属蔡西村至今。位于村委会西北2.16千米。东邻申畈，南界董庄，西至坡楼，北连张洼。总面积0.7平方千米，耕地面积32公顷。57户，200人。主产小麦、水稻、玉米，兼种花生、棉花。村落形态呈团状，房屋结构以平房和坡房为主。

张洼【Zhāngwā】 以姓氏和地形综合命名。因张姓聚居低洼处，故名。1958年隶属心爱二大队；1961年隶属申畈大队；1984年隶属申畈村；2006年隶属蔡西村至今。位于村委会西北3千米。东邻余咀村魏家，南界董庄，西至芦坡村赵岗，北连胡岗村王岗。总面积0.9平方千米，耕地面积45公顷。106户，280人。主产小麦、水稻，兼种玉米、棉花。村落形态呈线状，房屋结构以平房和楼房为主。

曹冲村【Cáochōngcūn】

以曹家楼、曹家老湾之间有条冲命名。1958年为合心大队，隶属和平公社（熊集）；1959年隶属英雄公社（琚湾）；1961年为曹冲大队，隶属琚湾区；1975年隶属琚湾公社；1984年为曹冲村，隶属琚湾镇至今。位于镇政府南6千米。东邻吴湾村，南界熊集镇李湾村，西至郭庄村，北连闻庄村。辖19个自然村，总面积12.45平方千米，耕地面积714.44公顷。459户，1820人。主产水稻、小麦，兼种果蔬。琚耿公路过境，村委会驻大房湾。

白果树【Báiguǒshù】 以植物命名。因村内白果树多而得名。1958年隶属合心大队；1961年隶属曹冲大队；1984年隶属曹冲村至今。位于村委会南2.6千米。东邻吴湾村魏家庄，南界熊集镇李湾村梅家凹子，西至熊集镇古桥村梅家大湾，北连梅冲。总面积0.19平方千米，耕地面积11.01公顷。4户，20人。主产小麦、玉米、水稻，兼种果蔬。村落形态呈散状，房屋结构以平房为主。

曹家老湾【Cáojiālǎowān】 以姓氏命名。因曹姓最早聚居而得名。1958年隶属合心大队；1961年隶属曹冲大队；1984年隶属曹冲村至今。位于村委会西南2.6千米。东邻建设湾，南界高凹梁，西至熊集镇古桥凹子湾，北连曹家楼。总面积0.61平方千米，耕地面积36.31公顷。15户，60人。主产小麦、玉米、水稻，兼种果蔬。村落形态呈散状，房屋结构以平房和坡房为主。

曹家楼【Cáojiālóu】 以姓氏和建筑物综合命名。因曹姓聚居，盖了一座高门楼，故名。1958年隶属合心大队；1961年隶属曹冲大队；1984年隶属曹冲村至今。位于村委会西南2.3千米。东邻曹家三房湾，南界曹家老湾，西至襄州区黄龙镇宋咀村竹园，北连郭庄村万庄。总面积0.72平方千米，耕地面积30公顷。40户，160人。主产小麦、玉米、水稻，兼种果蔬。村落形态呈散状，房屋结构以坡房和楼房为主。

曹家三房湾【Cáojiāsānfángwān】 以姓氏排行命名。因曹姓排行老三在此居住而得名。1958年隶属合心大队；1961年隶属曹冲大队；1984年隶属曹冲村至今。位于村委会西南1.7千米。东邻张家油坊，南至建设湾，西至曹楼，北连大房湾。总面积0.70平方千米，耕地面积30公顷。34户，150人。主产小麦、玉米、水稻，兼种果蔬。村落形态呈散状，房屋结构以坡房和平房为主。

大房湾【Dàfángwān】 以排行命名。因曹姓老大在此定居而得名。1958年隶属合心大队；1961年隶属曹冲大队；1984年隶属曹冲村至今。村委会驻地。东邻沁水塘，南界张家油坊，西至郭庄村万庄，北连十里庙。总面积0.72平方千米，耕地面积42.46公顷。34户，120人。主产小麦、玉米、水稻，兼种果蔬。村落形态呈线状，房屋结构以平房和坡房为主。

高凹梁【Gāowāliáng】 以地形命名。因此地地势在本地最高，村建在高处的洼地里而得名。1958年隶属合心大队；1961年隶属曹冲大队；1984年隶属曹冲村至今。位于村委会南3.5千米。东邻熊集镇李湾村庙岗，南界熊集镇古桥村汪家湾，西至熊集镇古桥村梅家大湾，北连白果树。总面积0.31平方千米，耕地面积18.21公顷。5户，20人。主产小麦、玉米、水稻，兼种果蔬。村落形态呈散状，房屋结构以平房和楼房为主。

河里【Hélǐ】　以小河地形命名。因村建于小河怀里而得名。1958年隶属合心大队；1961年隶属曹冲大队；1984年隶属曹冲村至今。位于村委会南1.9千米。东邻吴湾村钱当铺，南至梅冲，西至庙湾，北连李咀。总面积0.44平方千米，耕地面积21.98公顷。7户，30人。主产小麦、玉米、水稻，兼种果蔬。村落形态呈散状，房屋结构以平房和坡房为主。

槐树店【Huáishùdiàn】　以植物和店铺综合命名。因村内槐树多，且开过饭店，故名。1958年隶属合心大队；1961年隶属曹冲大队；1984年隶属曹冲村至今。位于村委会北1.9千米。东邻李家老湾，南界十里庙，西至郭庄村庙湾，北连闻庄村八里寨。总面积0.72平方千米，耕地面积42.8公顷。33户，120人。主产小麦、玉米、水稻，兼种果蔬。村落形态呈散状，房屋结构以平房和坡房为主。

建设湾【Jiànshèwān】　以新建设自然村命名。因1958年建设新农村时，新建村，故名。1958年隶属合心大队；1961年隶属曹冲大队；1984年隶属曹冲村至今。位于村委会西南2.1千米。东邻庙湾，南界梅冲，西至曹家老湾，北连曹家三房湾。总面积0.38平方千米，耕地面积22.22公顷。12户，50人。主产小麦、玉米、水稻，兼种果蔬。村落形态呈散状，房屋结构以平房和坡房为主。

李家老湾【Lǐjiālǎowān】　以姓氏命名。因李姓很早定居此地，故名。1958年隶属合心大队；1961年隶属曹冲大队；1984年隶属曹冲村至今。位于村委会东北900米。东邻吴湾村小东岗，南界沁水塘，西至槐树店，北连闻庄村八里寨。总面积0.85平方千米，耕地面积50.41公顷。33户，130人。主产小麦、玉米、水稻，兼种果蔬。村落形态呈散状，房屋结构以平房和楼房为主。

李咀【Lǐzuǐ】　以姓氏和地形综合命名。因李姓聚居河咀而得名。1958年隶属合心大队；1961年隶属曹冲大队；1984年隶属曹冲村至今。位于村委会东南1.8千米。东邻吴湾村小袁庄，南界河里，西至庙湾，北连藕堰。总面积0.44平方千米，耕地面积30公顷。30户，110人。主产小麦、玉米、水稻，兼种果蔬。村落形态呈散状，房屋结构以平房和坡房为主。

梅冲【Méichōng】　以姓氏和地形综合命名。因梅姓聚居冲旁而得名。1958年隶属合心大队；1961年隶属曹冲大队；1984年隶属曹冲村至今。位于村委会南2千米。东邻河里，南界白果树，西至熊集镇古桥村梅家大湾，北连庙湾。总面积1.3平方千米，耕地面积77.74公顷。31户，120人。主产小麦、玉米、水稻，兼种果蔬。村落形态呈线状，房屋结构以平房和坡房为主。

庙湾【Miàowān】　以建筑物命名。因村内修座庙宇而得名。1958年隶属合心大队；1961年隶属曹冲大队；1984年隶属曹冲村至今。位于村委会南1.3千米。东邻李咀，南界梅冲，西至建设湾，北连张家油坊。总面积1.17平方千米，耕地面积69.95公顷。36户，170人。主产小麦、玉米、水稻，兼种果蔬。村落形态呈散状，房屋结构以平房和坡房为主。

藕堰【Ǒuyàn】　以植物和堰塘综合命名。因村中间有口大藕堰而得名。1958年隶属合心大队；1961年隶属曹冲大队；1984年隶属曹冲村至今。位于村委会东南1.4千米。东邻吴湾村石庄，南界李咀，西至庙湾，北连叶庄。总面积0.13平方千米，耕地面积7.71公顷。6户，20人。主产小麦、玉米、水稻，兼种果蔬。村落形态呈散状，房屋结构以平房和坡房为主。

彭家粉坊【Péngjiāfěnfáng】 以姓氏和作坊综合命名。因彭姓聚居且开过粉坊而得名。1958年隶属合心大队；1961年隶属曹冲大队；1984年隶属曹冲村至今。位于村委会东南1千米。东邻吴湾村石庄，南界叶庄，西至张家油坊，北连沁水塘。总面积1.14平方千米，耕地面积67.79公顷。29户，120人。主产小麦、玉米、水稻。村落形态呈散状，房屋结构以平房和楼房为主。

沁水塘【Qìnshuǐtáng】 以自然现象命名。因村内地势低洼，地下水常向外沁出，故名。1958年隶属合心大队；1961年隶属曹冲大队；1984年隶属曹冲村至今。位于村委会东700米。东邻吴湾村李湾，南界彭家粉店，西至大房湾，北连李家老湾。总面积0.57平方千米，耕地面积33.65公顷。22户，90人。主产小麦、玉米、水稻。村落形态呈散状，房屋结构以平房和坡房为主。

十里庙【Shílǐmiào】 以距离和建筑物综合命名。因村旁有座庙，且距琚湾集镇南十华里，故名。1958年隶属合心大队；1961年隶属曹冲大队；1975年隶属琚湾公社综合场；1984年隶属曹冲村至今。位于村委会北800米。东邻沁水塘，南界大房湾，西至郭庄村龙头湾，北连槐树店。总面积1.26平方千米，耕地面积74.7公顷。48户，190人。主产小麦、玉米、水稻，兼种果蔬。村落形态呈散状，房屋结构以平房和坡房为主。

叶庄【Yèzhuāng】 以姓氏命名。因叶姓聚居而得名。1958年隶属合心大队；1961年隶属曹冲大队；1984年隶属曹冲村至今。位于村委会东南1.1千米。东邻吴湾村石庄，南界藕堰，西至张家油坊，北连彭家粉坊。总面积0.07平方千米，耕地面积4.39公顷。3户，10人。主产小麦、玉米、水稻。村落形态呈线状，房屋结构以平房为主。

张家油坊【Zhāngjiāyóufáng】 以姓氏和作坊综合命名。因张姓聚居且村内开过油坊，故名。1958年隶属合心大队；1961年隶属曹冲大队；1984年隶属曹冲村至今。位于村委会南1千米。东邻彭家粉坊，南界庙湾，西至曹家三房湾，北连大房湾。总面积0.73平方千米，耕地面积43.11公顷。37户，130人。主产小麦、玉米、水稻，兼种果蔬。村落形态呈散状，房屋结构以平房和坡房为主。

长堰村【Chángyàncūn】

以长堰自然村命名。1956年隶属琚湾区；1958年为光明大队，隶属英雄公社；1961年为黄岗大队，隶属琚湾区；1975年隶属琚湾公社；1981年为长堰大队，隶属琚湾公社；1984年为长堰村，隶属琚湾镇至今。位于镇政府东北4千米。东邻三王村，南界罗棚村，西至闫家岗村，北连郑岗村。辖9个自然村，总面积6.28平方千米，耕地面积361公顷。683户，2280人。主产小麦、水稻，兼种杂粮、果树，发展养殖业，以养猪为主。枣蔡公路过境，临福银高速进出口。村委会驻长堰埂。

高铺【Gāopù】 以姓氏和店铺综合命名。因高姓聚居，曾开过饭铺而得名。1958年隶属光明大队；1961年隶属黄岗大队；1981年隶属长堰大队；1984年隶属长堰村至今。位于村委会西南2千米。东邻黄岗，南界李庄，西至闫家岗村张庄，北连长堰埂。总面积0.5平方千米，耕地面积30公顷。49户，160人。主产小麦、水稻，兼种玉米、芝麻等。村落形态呈团状，房屋结构以平房为主。

黄岗【Huánggǎng】 以姓氏和地形综合命名。因黄姓聚居岗上而得名。1958年隶属光明大队；1961年隶属黄岗大队；1981年隶属长堰大队；1984年隶属长堰村至今。位于村委会南1.5千米。东邻毛岗，南界罗棚村上罗棚，西至高铺，北连毛岗。总面积0.84平方千米，耕地面积39公顷。57户，270人。主产小麦、水稻，兼种玉米、芝麻等。村落形态呈团状，房屋结构以平房为主。福银高速公路过境，从村庄南边穿过。

江庄【Jiāngzhuāng】 以姓氏命名。因江姓聚居而得名。1958年隶属光明大队；1961年隶属黄岗大队；1981年隶属长堰大队；1984年隶属长堰村至今。位于村委会南3千米。东邻罗棚村上罗棚，南界东街村东园，西至闫家岗村江寨，北连李庄。总面积0.6平方千米，耕地面积34公顷。73户，250人。主产小麦、水稻，兼种玉米、芝麻等。村落形态呈团状，房屋结构以平房为主。

李咀【Lǐzuǐ】 以姓氏和地形综合命名。因李姓聚居在岗咀而得名。1958年隶属光明大队；1961年隶属黄岗大队；1981年隶属长堰大队；1984年隶属长堰村至今。位于村委会东2千米。东邻三王村下雷垱，南界三王村雷家河坎，西至骚虎寨，北连郑岗村钱庄。总面积0.69平方千米，耕地面积52公顷。74户，270人。主产小麦、水稻，兼种杂粮等。村落形态呈团状，房屋结构以平房为主。

李庄【Lǐzhuāng】 以姓氏命名。因李姓聚居而得名。1958年隶属光明大队；1961年隶属黄岗大队；1981年隶属长堰大队；1984年隶属长堰村至今。位于村委会西南2.5千米。东邻黄岗，南界江庄，西至闫家岗村江庄，北连高铺。总面积0.7平方千米，耕地面积38公顷。67户，200人。主产小麦、水稻，兼种玉米、芝麻等。村落形态呈散状，房屋结构以平房和楼房为主。

毛岗【Máogǎng】 以姓氏命名。因毛姓居住岗上而得名。1958年隶属光明大队；1961年隶属黄岗大队；1981年隶属长堰大队；1984年隶属长堰村至今。位于村委会南1千米。东邻骚虎寨，南界罗棚村毛楼，西至黄岗，北连郑岗村黄庄。总面积0.9平方千米，耕地面积46公顷。79户，280人。主产小麦、水稻，兼种玉米、芝麻等。村落形态呈散状，房屋结构以平房为主。

骚虎寨【Sāohǔzhài】 以传说人物和建筑物综合命名。因传说有个外号叫骚虎的人最初在此定居，村周修有寨墙而得名。1958年隶属光明大队；1961年隶属黄岗大队；1981年隶属长堰大队；1984年隶属长堰村至今。位于村委会南1.5千米。东邻李咀，南界罗棚村毛楼，西至毛岗，北连郑岗村钱庄。总面积0.95平方千米，耕地面积70公顷。100户，380人。主产小麦、水稻，兼种杂粮等。村落形态呈散状，房屋结构以平房为主。

移民点【Yímíndiǎn】 以搬迁命名。因2008年南水北调工程，从丹江库区移民集中建设的新村，故名。2009年8月隶属长堰村至今。位于村委会西北500米。东邻毛岗，南界毛岗，西至长堰埂，北连郑岗村韩庄。总面积0.3平方千米，耕地面积8公顷。74户，90人。主产小麦、水稻、桃树，发展养殖业。村落形态呈线状，房屋结构以坡房和楼房为主。

长堰埂【Chángyàngěng】 以地理环境命名。因庄南有一长方形的堰塘而得名。1958年隶属光明大队；1961年隶属黄岗大队；1981年隶属长堰大队；1984年隶属长堰村至今。村委会驻地。东邻郑岗村韩庄，南界高铺，西至闫家岗村张庄，北连马岗村坡堰。总面积0.8平方千米，耕地面积44公顷。110户，380人。主产小麦、水稻，兼种玉米、芝麻等。村落形态呈线状，房屋结构以楼房为主。

车站村【Chēzhàncūn】

以境内的琚湾火车站命名。1987年为车站村，隶属蔡阳乡；1998年隶属蔡阳镇；2001年隶属琚湾镇；2004年，汤寨村、车站村合并为车站村，隶属琚湾镇至今。位于镇政府西南3千米。东邻琚庄村，南界郭庄村，西至刘岗村，北连钱寨村隔滚河相望。辖13个自然村，总面积8.56平方千米，耕地面积330.6公顷。466户，1835人。主产小麦、水稻，兼种玉米、棉花、果蔬等，发展优质桃产业、鱼塘养殖业。汉丹铁路、汉十高铁过境。有百亩蓝莓种植基地。村委会驻路沟。

八房湾【Bāfángwān】 以房头排序命名。因汤姓排行老八在此建村定居，故名。1958年隶属金刚二大队；1961年隶属汤寨大队；1984年隶属汤寨村；2004年隶属车站村至今。位于村委会西南2.1千米。东邻泉水湾，南界七房湾，西至尹寨村翟家湾，北连四房湾。总面积0.6平方千米，耕地面积32公顷。38户，140人。主产小麦、水稻，兼种果蔬等，发展种植业，以百亩优质桃种植。村落形态呈团状，房屋结构以平房和楼房为主。

狗头岗【Gǒutóugǎng】 以传说和地形综合命名。"狗头"指传说中的金狗娃，"岗"指岗地。相传很久以前，岗上出现个金狗娃，人们称之狗头岗。1958年隶属金刚二大队；1961年隶属汤寨大队；1984年隶属汤寨村；2004年隶属车站村至今。位于村委会南2千米。东邻泉水湾，南界八房湾，西至四房湾，北连路沟。总面积0.35平方千米，耕地面积10.1公顷。7户，30人。主产小麦、水稻，兼种杂粮、果蔬等。村落形态呈线状，房屋结构以平房和坡楼为主。

琚家小寨子【Jūjiāxiǎozhàizi】 以姓氏和建筑物综合命名。因琚姓居住的村周修有较矮的土寨墙而得名。1958年隶属红旗大队；1961年隶属琚庄大队；1984年隶属琚庄村；1987年隶属蔡阳乡车站村；2001年隶属琚湾镇车站村至今。位于村委会东南1.5千米。东邻琚庄村琚庄，南界泉水湾，西至路沟，北连史庄。总面积1.25平方千米，耕地面积34公顷。86户，320人。主产小麦、水稻，兼种芝麻、油菜、花生、果蔬等。村落形态呈团状，房屋结构以楼房为主。

楼子湾【Lóuziwān】 以建筑物命名。因村内修有一座炮楼而得名。1958年隶属金刚二大队；1961年隶属汤寨大队；1984年隶属汤寨村；2004年隶属车站村至今。位于村委会南3.8千米。东邻闻庄村六里庙，南界郭庄村邵庄，西至汤寨，北连八房湾。总面积0.7平方千米，耕地面积26公顷。18户，70人。主产小麦、水稻，兼种棉花、花生等，发展种植业，以百亩蓝莓种植、百亩优质桃种植。村落形态呈团状，房屋结构以平房和楼房为主。

路沟【Lùgōu】 以姓氏和地理位置综合命名。因路姓聚居于庄东的流水沟旁而得名。1958年隶属红旗大队；1961年隶属琚庄大队；1984年隶属琚庄村；1987年隶属蔡阳乡车站村；2001年隶属琚湾镇车站村至今。村委会驻地。东邻琚家小寨子，南界狗头岗，西至邵山根，北连史庄。总面积0.8平方千米，耕地面积25公顷。65户，250人。主产小麦、水稻，兼种花生、果蔬等。村落形态呈散状，房屋结构以平房和楼房为主。

前七房湾【Qiánqīfángwān】 以房头排序和方位综合命名。因汤姓排行老七分居相邻南北两村，此村位南而得名。1958年隶属金刚二大队；1961年隶属汤寨大队；1984年隶属汤寨村；2004年隶属车站村至今。位于村委会西南 3 千米。东邻八房湾,南界汤寨,西至尹寨村尹寨,北连八房湾。总面积 0.5 平方千米,耕地面积 30 公顷。15 户,60 人。主产小麦、水稻,兼种棉花、花生等。村落形态呈团状,房屋结构以平房和楼房为主。

泉水湾【Quánshuǐwān】 以自然水源命名。因村建在有很多小泉眼的地方而得名。1958 年隶属金刚二大队;1961 年隶属汤寨大队;1984 年隶属汤寨村;2004 年隶属车站村至今。位于村委会南 2.6 千米。东邻琚庄村西月儿岗,南界八房湾,西至狗头岗,北连琚家小寨子。总面积 0.15 平方千米,耕地面积 5.6 公顷。3 户,10 人。主产小麦、水稻,兼种果蔬等,发展养殖业,以百亩鱼塘。村落形态呈散状,房屋结构以平房和坡房为主。

三庄【Sānzhuāng】 以数字命名。因最早由三户人家在此定居,故名。1958 年隶属金刚二大队;1961 年隶属汤寨大队;1984 年隶属汤寨村;2004 年隶属车站村至今。位于村委会西南 4 千米。东邻楼子湾,南界郭庄村剪子沟,西至郭庄村西岗,北连汤寨。总面积 0.74 平方千米,耕地面积 25.3 公顷。19 户,70 人。主产小麦、水稻、玉米,兼种果蔬、棉花等,发展养殖业,以百亩鱼塘养殖。村落形态呈团状,房屋结构以平房和楼房为主。

邵沟【Shàogōu】 以姓氏和地理位置综合命名。因邵姓聚居在一条小河沟边而得名。1958 年隶属红旗大队;1961 年隶属琚庄大队;1984 年隶属琚庄村;1987 年隶属蔡阳乡车站村;2001 年隶属琚湾镇车站村至今。位于村委会西北 500 米。东邻史庄,南界邵山根,西至刘岗村前彭州,北连钱寨村钱寨。总面积 1 平方千米,耕地面积 33 公顷。90 户,410 人。主产小麦、水稻,兼种果蔬等。村落形态呈线状,房屋结构以楼房为主。

邵山根【Shàoshāngēn】 以姓氏和地形综合命名。因邵姓居住在山根脚下而得名。1958 年隶属红旗大队;1961 年隶属琚庄大队;1984 年隶属琚庄村;1987 年隶属蔡阳乡车站村;2001 年隶属琚湾镇车站村至今。位于村委会西 1 千米。东邻路沟,南界四方湾,西至刘岗村付湖,北连邵沟。总面积 0.35 平方千米,耕地面积 16 公顷。18 户,人口 80 人。主产小麦、水稻,兼种果蔬等。村落形态呈线状,房屋结构以楼房为主。

史庄【Shǐzhuāng】 以姓氏命名。因史姓聚居而得名。1958 年隶属红旗大队;1961 年隶属琚庄大队;1984 年隶属琚庄村;1987 年隶属蔡阳乡车站村;2001 年隶属琚湾镇车站村至今。位于村委会东 500 米。东邻琚庄村琚庄,南界路沟,西至邵沟,北连滚河。总面积 0.52 平方千米,耕地面积 20 公顷。41 户,170 人。主产小麦、水稻,兼种花生、果蔬等。村落形态呈散状,房屋结构以楼房为主。

四房湾【Sìfángwān】 以房头排序命名。因汤姓人家排行老四在此定居,故名。1958 年隶属金刚二大队;1961 年隶属汤寨大队;1984 年隶属汤寨村;2004 年隶属车站村至今。位于村委会西南 1.8 千米。东邻狗头岗,南界八房湾,西至尹寨村胡冲,北连邵山根。总面积 0.55 平方千米,耕地面积 14.6 公顷。21 户,65 人。主产小麦、水稻,兼种棉花、杂粮等。村落形态呈团状,房屋结构以楼房为主。

汤寨【Tāngzhài】 以姓氏和建筑物综合命名。因汤姓聚居,村周修有寨墙,故名。1958 年隶属金刚二大队;1961 年隶属汤寨大队;1984 年隶属汤寨村;2004 年隶属车站村至今。位于村委会西南 3.4 千米。东邻楼子湾,南界三庄,西至白龙岗,北连前七房湾。总面积 1.05 平方千米,耕地面积 59 公顷。45 户,160 人。主产小麦、水稻,兼种果蔬等。村落形态呈团状,房屋结构以平房和楼房为主。

程岗村【Chénggǎngcūn】

　　以程岗自然村命名。1958年为民主大队，隶属英雄公社；1961年为程岗大队，隶属琚湾区；1975年隶属琚湾公社；1984年为岗程村，隶属琚湾镇至今。位于镇政府东北10.3千米。东邻环城办事处赵集村、崔庄村，南界郑岗村，西至侯岗村，北连侯岗村。辖16个自然村，总面积10.4平方千米，耕地面积759.6公顷。556户，2000人。主产小麦、水稻、杂粮，兼种果树、蔬果等，发展养殖业，以养鸡、养猪、养羊、养牛等为主。村委会驻吴庄。

　　程岗【Chénggǎng】　以姓氏和地形综合命名。因程姓聚居岗上而得名。1958年隶属民主大队；1961年隶属程岗大队；1984年隶属程岗村至今。位于村委会西南1.5千米。东邻大张庄，南界郑岗村郑岗，西至侯岗村敖庄，北连小张庄。总面积1.97平方千米，耕地面积135.2公顷。138户，510人。主产小麦、水稻、杂粮，兼种果树、蔬菜等，发展养殖业，以养鸡、养猪、养羊等。村落形态呈散状，房屋结构以平房和坡房为主。

　　程家草堰【Chéngjiācǎoyàn】　以姓氏和堰塘综合命名。因程姓聚居，村边有口草堰而得名。1958年隶属民主大队；1961年隶属程岗大队；1984年隶属程岗村至今。位于村委会南1.4千米。东邻朱庄，南界毛洼，西至郑岗村郑岗，北连大张庄。总面积0.58平方千米，耕地面积39公顷。35户，110人。主产小麦、水稻、杂粮，兼种果蔬等，发展养殖业，以养鸡、养猪、养蜂等。村落形态呈团状，房屋结构以平房和坡房为主。

　　大张庄【Dàzhāngzhuāng】　以姓氏和规模综合命名。因邻近有两个张姓居住村子，本村较大而得名。1958年隶属民主大队；1961年隶属程岗大队；1984年隶属程岗村至今。位于村委会南800米。东邻堂子，南界程家草堰，西至程岗，北连吴庄。总面积0.53平方千米，耕地面积34.8公顷。29户，110人。主产小麦、水稻、杂粮，兼种果蔬等，发展养殖业，以养鸡、养猪等。村落形态呈散状，房屋结构以平房和坡房为主。

　　黄庄【Huángzhuāng】　以姓氏命名。因黄姓聚居而得名。1958年隶属民主大队；1961年隶属程岗大队；1984年隶属程岗村至今。位于村委会东北1.2千米。东邻环城办事处赵集村杨庄，南界吴庄，西至下王坡，北连上王坡。总面积1.33平方千米，耕地面积90.9公顷。49户，160人。主产小麦、水稻、杂粮，兼种果蔬等，发展养殖业，以养鸡、养猪等。村落形态呈线状，房屋结构以平房和坡房为主。

　　马庄【Mǎzhuāng】　以姓氏命名。因马姓聚居而得名。1958年隶属民主大队；1961年隶属程岗大队；1984年隶属程岗村至今。位于村委会东南1.2千米。东邻王庄，南界堂子，西至吴庄，北连黄庄。总面积0.1平方千米，耕地面积2.7公顷。2户，10人。主产小麦、水稻、杂粮，兼种果蔬等，发展养殖业，以养鸡、养猪等。村落形态呈散状，房屋结构以坡房为主。

　　蛮子冲【Mánzichōng】　以口音差异和地形综合命名。当地人称操南方口音人为"蛮子"，因一户人家从南方迁到此地定居，村旁有一冲而得名。1958年隶属民主大队；1961年隶属程岗大队；1984年隶属程岗村至今。位于村委会东南2.8千米。东邻青龙村北赵庄，南界申庄、朱庄，西至堂子，北连王庄。总面积0.1平方千米，耕地面积3.1公顷。2户，10人。主产小麦、水稻、杂粮，兼种果蔬等，发展养殖业，以养鸡、养猪、养羊等。村落形态呈线状，房屋结构以坡房为主。

毛洼【Máowā】 以姓氏和地形综合命名。因毛姓居低洼处而得名。1958年隶属民主大队；1961年隶属程岗大队；1984年隶属程岗村至今。位于村委会南2.2千米。东邻申庄，南界郑岗村毛寨，西至郑岗村郑岗，北连程家草堰。总面积0.59平方千米，耕地面积56.6公顷。30户，130人。主产小麦、水稻、杂粮，兼种果蔬等，发展养殖业，以养鸡、养猪。村落形态呈散状，房屋结构以平房和坡房为主。

上王坡【Shàngwángpō】 以姓氏和方位综合命名。因王姓在程岗两地聚居，此村位北，地势较高而得名。1958年隶属民主大队；1961年隶属程岗大队；1984年隶属程岗村至今。位于村委会西北1.9千米。东邻环城办事处赵集村宋庄，南界下王坡，西至侯岗村钟寨，北连侯岗村汪庄。总面积0.57平方千米，耕地面积38.4公顷。35户，120人。主产小麦、水稻、杂粮，兼种果蔬等，发展养殖业，以养鸡、养猪、养牛等。村落形态呈散状，房屋结构以平房和坡房为主。

申庄【Shēnzhuāng】 以姓氏命名。因申姓聚居而得名。1958年隶属民主大队；1961年隶属程岗大队；1984年隶属程岗村至今。位于村委会东南2.4千米。东邻青龙村上雷垱，南界郑岗村南赵庄，西至毛洼，北连堂子。总面积0.59平方千米，耕地面积45.2公顷。34户，120人。主产小麦、水稻、杂粮，兼种果蔬等，发展养殖业，以养鸡、养猪等。村落形态呈散状，房屋结构以平房和坡房为主。

堂子【Tángzi】 以建筑物命名。因村内建有祠堂而得名。1958年隶属民主大队；1961年隶属程岗大队；1984年隶属程岗村至今。位于村委会东南2.2千米。东邻蛮子冲，南界申庄，西至大张庄，北连王庄。总面积0.47平方千米，耕地面积38.7公顷。21户，70人。主产小麦、水稻、杂粮，兼种果蔬等，发展养殖业，以养鸡、养猪、养羊等。村落形态呈散状，房屋结构以平房和坡房为主。

王庄【Wángzhuāng】 以姓氏命名。因王姓聚居而得名。1958年隶属民主大队；1961年隶属程岗大队；1984年隶属程岗村至今。位于村委会东1.6千米。东邻肖李庄，南界堂子、蛮子冲，西至马庄，北连黄庄。总面积0.82平方千米，耕地面积55.2公顷。35户，130人。主产小麦、水稻、杂粮，兼种果蔬等，发展养殖业，以养鸡、养猪、养羊等。村落形态呈散状，房屋结构以平房和坡房为主。

吴庄【Wúzhuāng】 以姓氏命名。因吴姓聚居而得名。1958年隶属民主大队；1961年隶属程岗大队；1984年隶属程岗村至今。村委会驻地。东邻王庄，南界大张庄，西至小张庄，北连黄庄。总面积0.68平方千米，耕地面积52.6公顷。42户，140人。主产小麦、水稻、杂粮，兼种果蔬等，发展养殖业，以养鸡、养猪、养羊等。村落形态呈散状，房屋结构以平房和坡房为主。

下王坡【Xiàwángpō】 以姓氏和方位综合命名。因王姓在程岗两地聚居，此村位南，地势较低而得名。1958年隶属民主大队；1961年隶属程岗大队；1984年隶属程岗村至今。位于村委会西北1.5千米。东邻黄庄，南界小张庄，西至侯岗村、钟寨，北连上王坡。总面积0.75平方千米，耕地面积82.9公顷。39户，140人。主产小麦、水稻、杂粮，兼种果蔬等，发展养殖业，以养鸡、养猪等。村落形态呈团状，房屋结构以平房和坡房为主。

肖李庄【Xiāolǐzhuāng】 以姓氏命名。因肖、李两姓聚居而得名。1958年隶属民主大队；1961年隶属程岗大队；1984年隶属程岗村至今。位于村委会东2.3千米。东邻环城办事处崔庄村蒋庄，南界青龙村北赵庄，西至王庄，北连环城办事处赵集村赵集。总面积0.66平方千米，耕地面积44.9公顷。34户，110

人。主产小麦、水稻、杂粮，兼种果蔬等，发展养殖业，以养鸡、养猪、养羊等。村落形态呈散状，房屋结构以平房和坡房为主。

小张庄【Xiǎozhāngzhuāng】 以姓氏和规模综合命名。因邻近有两个张姓居住村子，本村较小而得名。1958年隶属民主大队；1961年隶属程岗大队；1984年隶属程岗村至今。位于村委会西800米。东邻吴庄，南界程岗，西至后岗村张梁庄，北连下王坡。总面积0.56平方千米，耕地面积37.2公顷。29户，120人。主产小麦、水稻、杂粮，兼种果蔬等，发展养殖业，以养鸡、养猪等。村落形态呈散状，房屋结构以平房和坡房为主。

朱庄【Zhūzhuāng】 以姓氏命名。因朱姓聚居而得名。1958年隶属民主大队；1961年隶属程岗大队；1984年隶属程岗村至今。位于村委会东南1.7千米。东邻青龙村上雷挡，南界郑岗村小王坡，西至申庄，北连堂子。总面积0.1平方千米，耕地面积2.2公顷。2户，10人。主产小麦、水稻、杂粮，兼种果蔬等，发展养殖业，以养鸡、养猪等。村落形态呈散状，房屋结构以平房和坡房为主。

高庵村【Gāo'āncūn】

以高庵自然村命名。1958年为经建一大队，隶属英雄公社；1961年为高庵大队，隶属琚湾区；1975年隶属琚湾公社；1984年为高庵村，隶属琚湾镇至今。位于镇政府西北9.8千米。东邻三房村，南界徐畈村，西至吴坡村，北连七方镇木桥村。辖8个自然村，总面积8.05平方千米，耕地面积542.8公顷。618户，2630人。主产小麦、水稻，兼种玉米、花生，发展养殖业和种植业，种植业以桃树栽培为主。程克绳将领故居位于村内程坡。汉十高速从本村穿过，又有李古公路过境，村委会驻高庵。

程坡【Chéngpō】 以姓氏和地形综合命名。因程姓聚居岗坡而得名。1958年隶属经建一大队；1961年隶属高庵大队；1984年隶属高庵村至今。位于村委会1.2千米。东邻三房村程家大三房，南界杨畈村石畈，西至张咀，北连高庵。总面积1.38平方千米，耕地面积99公顷。110户，460人。主产小麦、水稻、玉米，兼种果树、蔬菜。村落形态呈线状，房屋结构以平房和坡房为主。程克绳故居。汉十高速公路从村北侧而过。

高庵【Gāo'ān】 以姓氏和建筑物综合命名。因高姓聚居且村旁有座庙宇而得名。1958年隶属经建一大队；1961年隶属高庵大队；1984年隶属高庵村至今。村委会驻地。东邻三房村申岗，南界程坡，西至高傅家，北连徐桥。总面积1.38平方千米，耕地面积138.1公顷。154户，550人。主产小麦、水稻、玉米。村落形态呈线状，房屋结构以楼房为主。汉十高速公路从村南侧而过。

高傅家【Gāofùjiā】 以两个姓氏命名。因高姓和傅姓共同聚居而得名。1958年隶属经建一大队；1961年隶属高庵大队；1984年隶属高庵村至今。位于村委会北1千米。东邻高庵，南界张咀，西至七方镇木桥村后孙家，北连前孙家。总面积1.3平方千米，耕地面积83.2公顷。98户，440人。主产小麦、水稻，兼种玉米、花生，发展养殖业。村落形态呈线状，房屋结构以平房和坡房为主。

郭家【Guōjiā】 以姓氏命名。因郭姓聚居而得名。1962年前隶属七方区；1962年隶属高庵大队；1984年隶属高庵村至今。位于村委会北1.84千米。东邻高庵水库，南界徐桥，西至前孙家，北连七方镇木桥村木桥。总面积0.67平方千米，耕地面积36公顷。41户，190人。主产小麦、水稻、玉米。村落形态呈散状，房屋结构以平房和坡房为主。

潘垱【Pāndàng】 以姓氏和垱坝综合命名。因潘姓聚居垱旁，故名。1958年隶属经建一大队；1961年隶属高庵大队；1984年隶属高庵村至今。位于村委会南1.85千米。东邻程坡，南界徐畈村章畈，西至徐畈村沟东，北连张咀。总面积1.08平方千米，耕地面积57公顷。63户，330人。主产小麦、水稻、玉米。村落形态呈团状，房屋结构以平房和楼房为主。

前孙家【Qiánsūnjiā】 以姓氏和方位综合命名。因孙姓聚居，相邻有两个孙姓村庄，此村在前，故名。1976年前隶属现七方镇木桥村；1976年隶属高庵大队；1984年隶属高庵村至今。位于村委会北1.9千米。东邻徐桥，南界高傅家，西至七方镇木桥村后孙家，北连郭家。总面积0.44平方千米，耕地面积24公顷。30户，140人。主产小麦、水稻、玉米、花生，兼种桃树。村落形态呈团状，房屋结构以平房和坡房为主。

徐桥【Xúqiáo】 以姓氏和建筑物综合命名。因徐姓聚居一石桥旁而得名。1958年隶属经建一大队；1961年隶属高庵大队；1984年隶属高庵村至今。位于村委会北1.4千米。东邻三房村二房，南界高庵，西至前孙家，北连郭家。总面积0.6平方千米，耕地面积47.5公顷。42户，180人。主产小麦、水稻、玉米、花生，兼种果树。村落形态呈团状，房屋结构以平房和坡房为主。

张咀【Zhāngzuǐ】 以姓氏和地形综合命名。因张姓聚居岗咀而得名。1958年隶属经建一大队；1961年隶属高庵大队；1984年隶属高庵村至今。位于村委会西南1.7千米。东邻程坡，南界潘垱，西至吴坡村张坡，北连高傅家。总面积1.2平方千米，耕地面积58公顷。80户，340人。主产小麦、水稻、玉米、花生，兼种果树，发展养殖业。村落形态呈线状，房屋结构以平房和坡房为主。汉十高速公路从村北侧而过。

勾庄村【Gōuzhuāngcūn】

以勾庄自然村命名。1958年为经建三大队，隶属英雄公社；1961年为勾庄大队，隶属琚湾区；1975年隶属琚湾公社；1984年为勾庄村，隶属琚湾镇至今。位于镇政府西北8千米。东邻马岗村，南界闫家岗村，西至杨畈村，北连三房村。辖9个自然村，总面积4.85平方千米，耕地面积238.32公顷。310户，1315人。主产小麦、玉米、水稻，兼种油菜、花生。汉十高速公路穿境而过。村委会驻勾庄。

程庄【Chéngzhuāng】 以姓氏命名。因程姓聚居而得名。1958年隶属经建三大队；1961年隶属勾庄大队；1984年隶属勾庄村至今。位于村委会西南2千米。东邻马庄，南界杨畈村前杨畈，西至杨畈村石畈，北连枣林。总面积0.5平方千米，耕地面积24公顷。35户，140人。主产小麦、玉米、水稻，兼种油菜、花生。村落形态呈线状，房屋结构以坡房和平房为主。

勾庄【Gōuzhuāng】 以姓氏命名。因勾姓聚居而得名。1958年隶属经建三大队；1961年隶属勾庄大队；1984年隶属勾庄村至今。村委会驻地，东邻黄堰寺，南界王庄，西至枣林，北连张寨。总面积1.25平方千米，耕地面积59.33公顷。80户，320人。主产小麦、玉米、水稻，兼种油菜、花生。村落形态呈线状，房屋结构以平房和坡房为主。汉十高速过境。

黄堰寺【Huángyànsì】 以姓氏、建筑物和堰塘综合命名。因黄姓聚居于寺庙旁的堰边而得名。1958年隶属经建三大队；1961年隶属勾庄大队；1984年隶属勾庄村至今。位于村委会东北2.2千米。东邻闫家岗村闫北庄，南界闫家岗村小闫岗，西至勾庄，北连武岗。总面积0.13平方千米，耕地面积5.33公顷。12户，60人。主产小麦、玉米、水稻，兼种油菜、花生。村落形态呈线状，房屋结构以平房和坡房为主。

李庄【Lǐzhuāng】 以姓氏命名。因李姓聚居而得名。1958年隶属经建三大队；1961年隶属勾庄大队；1984年隶属勾庄村至今。位于村委会东北1.8千米。东邻武岗，南界勾庄，西至张寨，北连三房村下王岗。总面积0.17平方千米，耕地面积8公顷。15户，80人。主产小麦、玉米、水稻，兼种油菜、花生。村落形态呈线状，房屋结构以平房和坡房为主。

马庄【Mǎzhuāng】 以姓氏命名。因马姓聚居而得名。1958年隶属经建三大队；1961年隶属勾庄大队；1984年隶属勾庄村至今。位于村委会南1.5千米。东邻闫家岗村钱上寨，南界杨畈村解畈，西至程庄，北连勾庄。总面积0.22平方千米，耕地面积12公顷。20户，90人。主产小麦、玉米、水稻，兼种油菜、花生。村落形态呈线状，房屋结构以坡房和平房为主。

王庄【Wángzhuāng】 以姓氏命名。因王姓聚居而得名。1958年隶属经建三大队；1961年隶属勾庄大队；1984年隶属勾庄村至今。位于村委会南1千米。东邻闫家岗村钱上寨，南界马庄，西至程庄，北连勾庄。总面积0.3平方千米，耕地面积15.66公顷。30户，120人。主产小麦、玉米、水稻，兼种油菜、花生。村落形态呈线状，房屋结构以平房和坡房为主。

武岗【Wǔgǎng】 以姓氏和地形综合命名。因武姓聚居岗上而得名。1958年隶属经建三大队；1961年隶属勾庄大队；1984年隶属勾庄村至今。位于村委会东北2千米。东邻马岗村藕堰，南界黄堰寺，西至李庄，北连三房村下王岗。总面积0.88平方千米，耕地面积44.67公顷。43户，170人。主产小麦、玉米、水稻，兼种油菜、花生。村落形态呈线状，房屋结构以平房和坡房为主。北邻闫岗水库。汉十高速公路过境。

枣林【Zǎolín】 以植物命名。因村内枣树较多而得名。1958年隶属经建三大队；1961年隶属勾庄大队；1984年隶属勾庄村至今。位于村委会西1.5千米。东邻勾庄，南界程庄，西至杨畈村石畈，北连三房村程家大三房。总面积0.25平方千米，耕地面积14公顷。15户，75人。主产小麦、水稻，兼种油菜、花生。村落形态呈线状，房屋结构以平房和坡房为主。

张寨【Zhāngzhài】 以姓氏命名。因张姓聚居，村东、南、北三面地势较高，像个土寨，故名。1958年隶属经建三大队；1961年隶属勾庄大队；1984年隶属勾庄村至今。位于村委会北1千米。东邻李庄，南界勾庄，西至三房村杜庄，北连三房村程家小三房。总面积1.15平方千米，耕地面积55.33公顷。60户，260人。主产小麦、玉米、水稻，兼种油菜、花生。村落形态呈线状，房屋结构以平房和坡房为主。汉十高速公路从村南穿过。

古城村【Gǔchéngcūn】

以蔡阳古县城遗址命名。秦汉至唐初，此地为蔡阳县城，后世称为古城。1958年为红星一大队，隶属英雄公社；1961年为古城大队，隶属琚湾区；1975年隶属琚湾公社；1984年为古城村，隶属琚湾镇至今。位于镇政府西北6.7千米。东邻钱寨村，南界刘岗村，西至蔡东村，北连徐畈村。辖5个自然村，总面积5.83平方千米，耕地面积372公顷。636户，3150人。主产水稻、小麦、玉米，兼种蔬菜。滚河绕村而过。枣蔡路过境，村委会设古城。

东潘庄【Dōngpānzhuāng】 以方位和姓氏综合命名。因潘姓聚居于西潘庄东，故名。1958年隶属红星一大队；1961年隶属古城大队；1984年隶属古城村至今。位于村委会西南600米。东邻古城，南界古城，西至章庄，北连徐畈村章畈。总面积0.2平方千米，耕地面积13公顷。20户，100人。主产小麦、玉米、水稻，兼种花生、棉花。村落形态呈团状，房屋结构以平房和坡房为主。

古城【Gǔchéng】 以历史县城遗址命名。历史名称沿用，由翟家古城、蔡庄、郑庄、邹庄连成。1958年隶属红星一大队；1961年隶属古城大队；1984年隶属古城村至今。位于村委会南500米。东邻杨畈村前杨畈，南界刘岗村后孙庄和蔡东村东程庄，西至东潘庄，北连徐畈村徐畈和杨畈村后杨畈。总面积4.03平方千米，耕地面积246公顷。474户，2280人。主产小麦、玉米、水稻，兼种花生、土豆、蔬菜。村落形态呈线状，房屋结构以楼房为主。

关庄【Guānzhuāng】 以姓氏命名。因关姓聚居而得名。1958年隶属红星一大队；1961年隶属古城大队；1984年隶属古城村至今。位于村委会东南2千米。东邻钱寨村李寨，南界刘岗村后彭洲，西至古城，北连杨畈村前杨畈。总面积1平方千米，耕地面积80公顷。110户，580人。主产小麦、杂粮、水稻，兼种花生、果蔬。村落形态呈团状，房屋结构以平房和楼房为主。

彭州【Péngzhōu】 以姓氏和地形综合命名。因彭姓聚居沙滩而得名。1958年隶属红星一大队；1961年隶属古城大队；1984年隶属古城村至今。位于村委会东南2.1千米。东邻钱寨村李寨，南界钱寨村李寨，西至关庄，北连杨畈村解畈。总面积0.2平方千米，耕地面积10公顷。12户，40人。主产小麦、杂粮、水稻。村落形态呈团状，房屋结构以坡房和楼房为主。

章庄【Zhāngzhuāng】 以姓氏命名。因章姓聚居而得名。1958年隶属红星一大队；1961年隶属古城大队；1984年隶属古城村至今。位于村委会西700米。东邻东潘庄，南界古城，西至蔡东村西潘庄，北连徐畈村李湖。总面积0.4平方千米，耕地面积23公顷。20户，150人。主产小麦、杂粮、水稻。村落形态呈线状，房屋结构以平房和楼房为主。

郭庄村【Guōzhuāngcūn】

以郭庄自然村命名。1958年为金刚一大队，隶属和平公社（熊集）；1959年隶属英雄公社（琚湾）；1961年为郭庄大队，隶属琚湾区；1975年隶属琚湾公社；1984年为郭庄村，隶属琚湾镇至今。位于镇政府西南8千米。东邻闻庄村，南界熊集镇赵庙村，西至襄州区黄龙镇贾湾村，北连车站村。辖11个自然村，总面积8.6平方千米，耕地面积502.5公顷。210户，870人。主产小麦、水稻、玉米，兼种棉花。村委会驻剪子沟。

郭家台子【Guōjiātáizi】 以姓氏和地形综合命名。因郭姓聚居在地势较高处而得名。1958年隶属金刚一大队；1961年隶属郭庄大队；1984年隶属郭庄村至今。位于村委会西南1.7千米。东邻袁庄，南界襄州区黄龙镇井湾村张冲,西至襄州区黄龙镇井湾村张冲,北连迎水湾。总面积1.3平方千米,耕地面积77.5公顷。21户,140人。主产小麦、杂粮、水稻,兼种果树。村落形态呈线状,房屋结构以平房和楼房为主。

郭庄【Guōzhuāng】 以姓氏命名。因郭姓聚居而得名。1958年隶属金刚一大队;1961年隶属郭庄大队;1984年隶属郭庄村至今。位于村委会南700米。东邻龙头湾,南界郭家台子,西至迎水湾,北连剪子沟。总面积0.9平方千米,耕地面积60公顷。23户,90人。主产小麦、杂粮、水稻,兼种桃树。村落形态呈团状,房屋结构以坡房和楼房为主。

剪子沟【Jiǎnzigōu】 以地形命名。因所处地形两条沟相交像一把剪子而得名。1958年隶属金刚一大队;1961年隶属郭庄大队;1984年隶属郭庄村至今。村委会驻地。东邻庙湾,南界郭庄,西至西岗,北连车站村三庄。总面积1.2平方千米,耕地面积53.3公顷。40户,170人。主产小麦、杂粮、水稻。村落形态呈线状,房屋结构以平房和楼房为主。

李庄【Lǐzhuāng】 以姓氏命名。因李姓聚居而得名。1958年隶属金刚一大队;1961年隶属郭庄大队;1975年隶属琚湾公社综合场;1984年隶属郭庄村至今。位于村委会东南1.3千米。东邻曹冲村十里庙,南界曹冲村曹家三房湾,西至袁庄,北连龙头湾。总面积0.3平方千米,耕地面积20公顷。5户,10人。主产小麦、玉米、水稻。村落形态呈团状,房屋结构以平房和坡房为主。

龙头湾【Lóngtóuwān】 以地形命名。因村后有一条岗形似龙头,故名。1958年隶属金刚一大队;1961年隶属郭庄大队;1975年隶属琚湾公社综合场;1984年隶属郭庄村至今。位于村委会东南1千米。东邻曹冲村十里庙,南界李庄,西至郭庄,北连庙湾。总面积0.3平方千米,耕地面积15.3公顷。15户,40人。主产小麦、杂粮、水稻。村落形态呈散状,房屋结构以平房和楼房为主。

庙湾【Miàowān】 以建筑物命名。因村建于小庙旁而得名。1958年隶属金刚一大队;1961年隶属郭庄大队;1975年隶属琚湾公社综合场;1984年隶属郭庄村至今。位于村委会东1.5千米。东邻闻庄村八里寨,南界龙头湾,西至剪子沟,北连邵庄。总面积0.8平方千米,耕地面积53.3公顷。40户,110人。主产小麦、杂粮、水稻。村落形态呈线状,房屋结构以坡房和楼房为主。

邵庄【Shàozhuāng】 以姓氏命名。因邵姓聚居而得名。1958年隶属金刚一大队;1961年隶属郭庄大队;1975年隶属琚湾公社综合场;1984年隶属郭庄村至今。位于村委会东1.8千米。东邻闻庄村八里寨,南界庙湾,西至剪子沟,北连车站村楼子湾。总面积0.2平方千米,耕地面积13.3公顷。5户,20人。主产小麦、杂粮、水稻。村落形态呈团状,房屋结构以楼房为主。

万庄【Wànzhuāng】 以姓氏命名。因万姓聚居而得名。1958年隶属金刚一大队;1961年隶属郭庄大队;1975年隶属琚湾公社综合场;1984年隶属郭庄村至今。位于村委会南2千米。东邻曹冲村曹家三房湾,南界曹冲村曹家楼,西至襄州区黄龙镇罗冲村张冲,北连袁庄。总面积0.3平方千米,耕地面积16.6公顷。6户,20人。主产小麦、玉米、水稻。村落形态呈线状,房屋结构以平房和坡房为主。

西岗【Xīgǎng】 以方位和地形综合命名。因村建在岗西而得名。1958年隶属金刚一大队;1961年隶属郭庄大队;1984年隶属郭庄村至今。位于村委会西1.8千米。东邻剪子沟,南界迎水湾,西至尹寨村兰湾,北连车站村三庄。总面积1.2平方千米,耕地面积80公顷。20户,100人。主产小麦、杂粮、水稻、兼种桃树。村落形态呈团状，房屋结构以平房和楼房为主。

迎水湾【Yíngshuǐwān】 以方位和河沟综合命名。因村面向西边一条大河沟而得名。1958年隶属金刚一大队；1961年隶属郭庄大队；1984年隶属郭庄村至今。位于村委会西1.7千米。东邻剪子沟，南界郭家台子，西至襄州区黄龙镇贾湾村黄小竹园，北连西岗。总面积1.3平方千米，耕地面积60公顷。25户，120人。主产小麦、杂粮、水稻，兼种桃树。村落形态呈团状，房屋结构以平房和楼房为主。

袁庄【Yuánzhuāng】 以姓氏命名。因袁氏聚居而得名。1958年隶属金刚一大队；1961年隶属郭庄大队；1975年隶属琚湾公社综合场；1984年隶属郭庄村至今。位于村委会南1千米。东邻李庄、龙头湾，南界万庄，西至郭家台子，北连郭庄。总面积0.8平方千米，耕地面积53.3公顷。10户，50人。主产小麦、玉米、水稻，兼种棉花。村落形态呈散状，房屋结构以平房和坡房为主。

侯岗村【Hóugǎngcūn】

以侯岗自然村命名。1958年为日新大队，隶属英雄公社；1961年为侯岗大队，隶属琚湾区；1975年隶属琚湾公社；1984年为侯岗村，隶属琚湾镇至今。位于镇政府北9千米。东邻程岗村，南界马岗村，西至七方镇张楼村，北连七方镇王岗村。辖6个自然村，总面积5.88平方千米，耕地面积193.53公顷。269户，1100人。主产小麦、水稻、玉米，兼种果蔬。村委会驻侯岗。

汪庄【Wāngzhuāng】 以姓氏命名。因汪姓聚居而得名。1958年隶属日新大队；1961年隶属侯岗大队；1984年隶属侯岗村至今。位于村委会东北3千米。东邻环城街道赵集村杨庄，南界程岗村上工坡，西至马庄，北连七方镇王岗村王岗。总面积0.51平方千米，耕地面积26.7公顷。25户，110人。主产小麦、玉米、水稻，兼种果蔬。村落形态呈线状，房屋结构以平房和坡房为主。

马庄【Mǎzhuāng】 以姓氏命名。因马姓聚居而得名。1958年隶属日新大队；1961年隶属侯岗大队；1984年隶属侯岗村至今。位于村委会东北2.5千米。东邻汪庄，南界钟寨，西至七方镇邓寨村邓寨，北连七方镇邓寨村高庄。总面积1.53平方千米，耕地面积80公顷。78户，400人。主产小麦、玉米、水稻，兼种果蔬。村落形态呈散状，房屋结构以平房和楼房为主。

钟寨【Zhōngzhài】 以姓氏和建筑物综合命名。因钟姓聚居，村周修有寨墙，故名。1958年隶属日新大队；1961年隶属侯岗大队；1984年隶属侯岗村至今。位于村委会东北1.5千米。东邻程岗村下王坡，南界张梁庄，西至七方镇张楼村鲁班庄，北连马庄。总面积0.7平方千米，耕地面积36公顷。37户，140人。主产小麦、玉米、水稻，兼种果蔬。村落形态呈散状，房屋结构以平房和坡房为主。

侯岗【Hóugǎng】 以姓氏和地形综合命名。因侯姓聚居岗上而得名。1958年隶属日新大队；1961年隶属侯岗大队；1984年隶属侯岗村至今。村委会驻地。东邻张梁庄，南界七方镇张楼村李岗，西至七方镇张楼村下楼，北连七方镇张楼村中楼。总面积0.72平方千米，耕地面积38公顷。33户，110人。主产小麦、玉米、水稻。村落形态呈散状，房屋结构以平房和坡房为主。

张梁庄【Zhāngliángzhuāng】 以姓氏命名。因张、梁两姓同居此村而得名。1958年隶属日新大队；1961年隶属侯岗大队；1984年隶属侯岗村至今。位于村委会东1.2千米。东邻程岗村小张庄，南界敖庄，西至侯岗，北连钟寨。总面积1.26平方千米，耕地面积6.7公顷。50户，180人。主产小麦、水稻、杂粮，兼种果蔬。村落形态呈团状，房屋结构以平房和坡房为主。

敖庄【Áozhuāng】 以姓氏命名。因敖姓聚居而得名。1958年隶属日新大队；1961年隶属侯岗大队；1984年隶属侯岗村至今。位于村委会东南1.7千米。东邻程岗村程岗，南界马岗村马岗，西至七方镇张楼村李岗，北连张梁庄。总面积1.16平方千米，耕地面积6.13公顷。46户，160人。主产小麦、水稻、杂粮，兼种果蔬。村落形态呈团状，房屋结构以平房和楼房为主。

胡岗村【Húgǎngcūn】

以胡岗自然村命名。1958年为心爱一大队，隶属英雄公社；1961年为胡岗大队，隶属琚湾区；1975年隶属琚湾公社；1984年为胡岗村，隶属琚湾镇；1987年隶属蔡阳乡；1998年隶属蔡阳镇；2001年隶属琚湾镇至今。位于镇政府西北16千米。东邻余咀村，南界蔡西村，西至芦坡村，北连七方镇箱庄村相交。辖6个自然村，总面积5.8平方千米，耕地面积321公顷。252户，1150人。主产水稻、小麦、玉米，兼种果树。汉十高速公路穿境而过，村委会驻胡岗。

胡岗【Húgǎng】 以姓氏和地形综合命名。因胡姓聚居岗上而得名。1958年隶属心爱一大队；1961年隶属胡岗大队；1984年隶属胡岗村至今。村委会驻地。东邻余咀村上朱家，南界李窝，西至李岗，北连七方镇张冲村小李湾。总面积1.1平方千米，耕地面积60公顷。55户，230人。主产小麦、玉米、水稻，兼种花生、棉花。村落形态呈线状，房屋结构以楼房为主。村委会驻地位于南侧。

李岗【Lǐgǎng】 以姓氏和地形综合命名。因李姓聚居岗上而得名。1958年隶属心爱一大队；1961年隶属胡岗大队；1984年隶属胡岗村至今。位于村委会西北1千米。东邻胡岗，南界叶岗，西至芦坡村北乡，北连七方镇箱庄村大沟沿。总面积1.5平方千米，耕地面积80公顷。60户，240人。主产小麦、玉米、水稻，兼种花生、棉花。村落形态呈团状，房屋结构以平房和坡房为主。

李窝【Lǐwō】 以姓氏和地形综合命名。因李姓聚居地势低洼处而得名。1958年隶属心爱一大队；1961年隶属胡岗大队；1984年隶属胡岗村至今。位于村委会南300米。东邻下朱家，南界蔡西村申畈，西至叶岗，北连胡岗。总面积1.2平方千米，耕地面积66公顷。56户，270人。主产小麦、玉米、水稻，兼种棉花、花生。村落形态呈线状，房屋结构以楼房为主。

王岗【Wánggǎng】 以姓氏和地形综合命名。因王姓聚居岗地而得名。1958年隶属心爱一大队；1961年隶属胡岗大队；1984年隶属胡岗村至今。位于村委会东南1.5千米。东邻余咀村刘坡，南界蔡西村申畈，西至芦坡村赵岗，北连下朱家。总面积0.6平方千米，耕地面积30公顷。22户，130人。主产小麦、玉米、水稻，兼种棉花、红薯。村落形态呈团状，房屋结构以平房和坡房为主。汉十高速从居民点过境。

下朱家【Xiàzhūjiā】 以方位和姓氏综合命名。因朱姓聚居相邻二村，此村位南而得名。1958年隶属心爱一大队；1961年隶属胡岗大队；1984年隶属胡岗村至今。位于村委会东1千米。东邻余咀村袁家，南界王岗，西至李窝，北连胡岗。总面积0.6平方千米，耕地面积42公顷。29户，170人。主产小麦、玉米、水稻，兼种棉花、花生。村落形态呈线状，房屋结构以平房和坡房为主。

叶岗【Yègǎng】 以姓氏和地形综合命名。因叶姓聚居岗上而得名。1958年隶属心爱一大队；1961年隶属胡岗大队；1984年隶属胡岗村至今。位于村委会西南1千米。东邻李窝，南界芦坡村赵岗，西至芦坡村街上头，北连李岗。总面积0.8平方千米，耕地面积43公顷。30户，110人。主产小麦、玉米、水稻，兼种棉花、花生。村落形态呈团状，房屋结构以平房和坡房为主。

琚东村【Jūdōngcūn】

以方位命名。因位于琚湾镇（集镇）东边而得名。1958年为建强大队，隶属英雄公社；1961年隶属琚湾区；1980年为琚湾东街大队，隶属琚湾公社；1984年大队改为村，隶属琚湾镇；2001年为琚东村，隶属琚湾镇至今。位于镇政府东500米。东邻罗棚村，南界闻庄村，西至琚西社区，北连长堰村。辖区1个自然村，总面积0.4平方千米，耕地面积20公顷。130户，410人。主产蔬菜，兼种小麦、水稻等，发展工商业和饮食业，工商业以经商为主，饮食业以本村特色产业酸浆面为主。村委会驻沿河路。

东园【Dōngyuán】 以街道和方位综合命名。因位于琚湾镇东边，主产蔬菜而得名。1958年隶属建强大队；1980年隶属琚湾东街大队；1984年隶属琚东村至今。位于村委会东200米。东邻罗棚村靳寨，南界闻庄村彭庄，西至琚湾集镇，北连长堰村江庄。总面积0.4平方千米，耕地面积20公顷。130户，410人。主产小麦、水稻、蔬菜，兼种玉米、花生等。村落形态呈团状，房屋结构以楼房为主。

琚庄村【Jūzhuāngcūn】 以琚庄自然村命名。1958年为红旗大队，隶属和平公社（熊集）；1959年隶属英雄公社（琚湾）；1961年为琚庄大队，隶属琚湾区；1975年隶属琚湾公社；1984年为琚庄村，隶属琚湾镇至今。位于镇政府南2.1千米。东邻闻庄村，南界闻庄村，西至车站村，北连琚西社区。辖5个自然村，总面积2.77平方千米，耕地面积107公顷。320户，1360人。主产小麦、杂粮、水稻，兼种果蔬。琚熊路、汉丹铁路、汉十高铁穿境而过，村委会驻东月儿岗。

东月儿岗【Dōngyuè'érgǎng】 以方位和地形综合命名。因村建在月儿岗东而得名。1958年隶属红旗大队；1961年隶属琚庄大队；1984年隶属琚庄村至今。位于村委会北400米。东邻闻庄村彭庄，南界闻庄村闻庄，西至西月儿岗，北连檀庄。总面积0.3平方千米，耕地面积7公顷。21户，100人。主产小麦、杂粮、水稻。村落形态呈线状，房屋结构以楼房为主。

琚庄【Jūzhuāng】 以姓氏命名。因琚姓聚居而得名。原有大琚庄、小琚庄，在二十世纪八十年代合二为一。1958年隶属红旗大队；1961年隶属琚庄大队；1984年隶属琚庄村至今。位于村委会北1千米。东邻檀庄，南界西月儿岗，西至钱水，北连琚西社区西街。总面积0.57平方千米，耕地面积19公顷。97户，390人。主产小麦、杂粮、水稻，兼种果蔬。村落形态呈线状，房屋结构以平房和楼房为主。

钱水【Qiánshuǐ】 以姓氏和河流综合命名。因钱姓聚居在小河流水处而得名。1958年隶属红旗大队；1961年隶属琚庄大队；1984年隶属琚庄村至今。位于村委会西北1.2千米。东邻琚庄，南界琚庄，西至车站村史庄，北连钱水。总面积0.5平方千米，耕地面积18公顷。42户，130人。主产小麦、玉米、水稻，兼种果蔬等。村落形态呈线状，房屋结构以平房和楼房为主。

檀庄【Tánzhuāng】 以姓氏命名。因檀姓聚居而得名。1958年隶属红旗大队；1961年隶属琚庄大队；1984年隶属琚庄村至今。位于村委会北1.2千米。东邻闻庄村彭庄，南界东月儿岗，西至琚庄，北连西街社区西街。总面积0.7平方千米，耕地面积33公顷。128户，610人。主产小麦、杂粮，兼种果蔬。村落形态呈线状，房屋结构以楼房为主。

西月儿岗【Xīyuè'érgǎng】 以方位和地形综合命名。因村建在月儿岗西而得名。1958年隶属红旗大队；1961年隶属琚庄大队；1984年隶属琚庄村至今。位于村委会西500米。东邻东月儿岗，南界闻庄村张家古井，西至车站村泉水，北连琚庄。总面积0.7平方千米，耕地面积30公顷。32户，130人。主产小麦、杂粮、水稻。村落形态呈团状，房屋结构以楼房为主。

刘岗村【Liúgǎngcūn】

以刘岗自然村命名。1958年为团结大队，隶属英雄公社；1961年为刘岗大队，隶属琚湾区；1975年隶属琚湾公社；1984年为刘岗村，隶属琚湾镇；1987年隶属蔡阳乡；1998年隶属蔡阳镇；2001年隶属琚湾镇至今。位于镇政府西7千米。东邻车站村，南界尹寨，西至祝冲村，北连古城村隔滚河相望。辖11个自然村，总面积7.57平方千米，耕地面积335.3公顷。457户，1970人。主产水稻、小麦，兼种玉米、花生、芝麻。村委会驻刘岗。

付湖【Fùhú】 以姓氏和堰塘综合命名。因付姓聚居，村周边堰多、水广而得名。1958年隶属团结大队；1961年隶属刘岗大队；1984年隶属刘岗村至今。位于村委会东1.25千米。东邻车站村邵沟，南界尹寨村胡冲，西至刘岗，北连前孙庄。总面积1.05平方千米，耕地面积50.53公顷。92户，380人。主产小麦、水稻，兼种瓜果。村落形态呈团状，房屋结构以平房和楼房为主。

付家垭子【Fùjiāyāzi】 以姓氏和地形综合命名。因付姓聚居岗垭而得名。1958年隶属团结大队；1961年隶属刘岗大队；1984年隶属刘岗村至今。位于村委会东南1.3千米。东邻付湖，南界尹寨村胡冲，西至徐台，北连刘岗。总面积0.3平方千米，耕地面积10公顷。10户，40人。主产小麦、水稻，兼种玉米、芝麻。村落形态呈线状，房屋结构以平房和楼房为主。

后彭州【Hòupéngzhōu】 以姓氏、方位和地形综合命名。因彭姓分居在相邻的南、北两个沙洲上，此村位北而得名。1958年隶属团结大队；1961年隶属刘岗大队；1984年隶属刘岗村至今。位于村委会东北2.3千米。东邻钱寨村李寨，南界前彭州，西至前孙庄，北连后孙庄。总面积0.33平方千米，耕地面积16.8公顷。39户，150人。主产小麦、水稻，兼种玉米、花生。村落形态呈线状，房屋结构以平房和楼房为主。

后孙庄【Hòusūnzhuāng】 以姓氏和方位综合命名。因孙姓分居相邻的南、北两村，此村位北而得名。1958年隶属团结大队；1961年隶属刘岗大队；1984年隶属刘岗村至今。位于村委会东北1.7千米。东邻后彭州，南界前孙庄，西至邵庄，北连古城村古城交界。总面积0.75平方千米，耕地面积36.1公顷。43户，280人。主产小麦、水稻，兼种玉米、花生。村落形态呈团状，房屋结构以平房和坡楼为主。

刘岗【Liúgǎng】 以姓氏和地形综合命名。因刘姓聚居岗上而得名。1958年隶属团结大队；1961年隶属刘岗大队；1984年隶属刘岗村至今。村委会驻地。东邻前孙庄，南界徐台，西至马湾，北连邵庄。总面积0.95平方千米，耕地面积40.47公顷。27户，90人。主产小麦、水稻，兼种蔬菜。村落形态呈散状，房屋结构以平房和楼房为主。

马湾【Mǎwān】 以姓氏命名。因马姓聚居而得名。1958年隶属团结大队；1961年隶属刘岗大队；

1984年隶属刘岗村至今。位于村委会西北700米。东邻刘岗，南界裴湾，西至祝冲村小张湾，北连蔡东村龚寨。总面积0.96平方千米，耕地面积42.8公顷。51户，150人。主产小麦、水稻，兼种玉米、花生。村落形态呈线状，房屋结构以楼房为主。

裴湾【Péiwān】 以姓氏命名。因裴姓聚居而得名。1958年隶属团结大队；1961年隶属刘岗大队；1984年隶属刘岗村至今。位于村委会西南2.3千米。东邻徐台，南界尹寨村盘沟，西至祝冲村小裴湾，北连马湾。总面积1.2平方千米，耕地面积48.43公顷。52户，190人。主产小麦、水稻，兼种瓜果。村落形态呈散状，房屋结构以平房和坡楼为主。

前彭州【Qiánpéngzhōu】 以姓氏、方位和地形综合命名。因彭姓分居在相邻的南、北两个沙洲上，此村位南而得名。1958年隶属团结大队；1961年隶属刘岗大队；1984年隶属刘岗村至今。位于村委会东北2.64千米。东邻钱寨村李寨，南界车站村邵山根，西至前孙庄，北连后彭洲。总面积0.37平方千米，耕地面积18.82公顷。41户，160人。主产小麦、水稻，兼种玉米、芝麻。村落形态呈线状，房屋结构以平房和楼房为主。

前孙庄【Qiánsūnzhuāng】 以姓氏和方位综合命名。因孙姓分居相邻南、北两村，此村位南而得名。1958年隶属团结大队；1961年隶属刘岗大队；1984年隶属刘岗村至今。位于村委会东2.1千米。东邻前彭州，南界付湖，西至刘岗，北连后孙庄。总面积0.16平方千米，耕地面积8.05公顷。18户，70人。主产小麦、水稻，兼种花生、玉米、芝麻。村落形态呈散状，房屋结构以平房和楼房为主。

邵庄【Shàozhuāng】 以姓氏命名。因邵姓聚居而得名。1958年隶属团结大队；1961年隶属刘岗大队；1984年隶属刘岗村至今。位于村委会东北1.25千米。东邻后孙庄，南界刘岗，西至蔡东村龚寨，北连古城村古城。总面积0.83平方千米，耕地面积36.1公顷。52户，330人。主产小麦、水稻，兼种花生、玉米。村落形态呈团状，房屋结构以平房和坡房为主。

徐台【Xútái】 以姓氏和地形综合命名。因徐姓建村于地势较高的土台上而得名。1958年隶属团结大队；1961年隶属刘岗大队；1984年隶属刘岗村至今。位于村委会南1.4千米。东邻付家垭子，南界尹寨村刘咀，西至裴湾，北连刘岗。总面积0.67平方千米，耕地面积27.2公顷。32户，130人。主产小麦、水稻，兼种瓜果。村落形态呈线状，房屋结构以平房和楼房为主。

芦坡村【Lúpōcūn】

以植物和地形综合命名。过去此地岗坡上有口出名的长满芦苇的堰塘，故名。1958年为同裕一大队，隶属英雄公社；1961年为芦坡大队，隶属琚湾区；1975年隶属琚湾公社；1984年为芦坡村，隶属琚湾镇；1987年隶属蔡阳乡；1998年隶属蔡阳镇；2001年隶属琚湾镇至今。位于镇政府西北17千米。东邻胡岗村，南界蔡西村，西至襄州区张家集镇王岗村，北连七方镇官庄村。辖7个自然村，总面积5.29平方千米，耕地面积332公顷。343户，1380人。主产水稻、小麦、杂粮，兼种果蔬。汉十高速公路穿境而过，村委会驻东乡。

北乡【Běixiāng】 以方位命名。因建于原火龙集街北边而得名。1958年隶属同裕一大队；1961年隶属芦坡大队；1984年隶属芦坡村至今。位于村委会北700米。东邻胡岗村叶岗，南界街上头，西至襄州区张家集镇王岗村王庄，北连七方镇官庄村曾家湾。总面积0.7平方千米，耕地面积46公顷。33户，120人。主产小麦、水稻，兼种果蔬。村落形态呈散状，房屋结构以平房和坡房为主。汉十高速从庄南而过。

东乡【Dōngxiāng】 以方位命名。因建于原火龙集街东边而得名。1958年隶属同裕一大队；1961年隶属芦坡大队；1984年隶属芦坡村至今。村委会驻地。东邻赵岗，南界三庄，西至西乡，北连街上头。总面积1平方千米，耕地面积69公顷。56户，260人。主产小麦、水稻，兼种棉花、花生和果蔬。村落形态呈散状，房屋结构以平房和坡房为主。汉十高速公路从庄北侧而过。

街上头【Jiēshàngtóu】 以古集镇方位命名。因建于原火龙集街东头，地势较高，故名。1958年隶属同裕一大队；1961年隶属芦坡大队；1984年隶属芦坡村至今。位于村委会东北500米。东邻胡岗村叶岗，南界东乡，西至西乡，北连北乡。总面积0.59平方千米，耕地面积33公顷。36户，130人。主产小麦、水稻，兼种玉米、果蔬。村落形态呈散状，房屋结构以平房和坡房为主。汉十高速从村北而过。

南乡【Nánxiāng】 以方位命名。因建于原火龙集街南边而得名。1958年隶属同裕一大队；1961年隶属芦坡大队；1984年隶属芦坡村至今。位于村委会西南900米。东邻东乡，南界瓦子岗村瓦子岗，西至襄州区张家集王岗村周庄，北连西乡。总面积1平方千米，耕地面积57公顷。80户，320人。主产小麦、水稻，兼种果蔬。村落形态呈散状，房屋结构以平房和坡房为主。

三庄【Sānzhuāng】 以数词命名。因兄弟三人最早在此定居而得名。1958年隶属同裕一大队；1961年隶属芦坡大队；1984年隶属芦坡村至今。位于村委会东南1.3千米。东邻蔡西村张洼，南界蔡西村破楼，西至南乡，北连赵岗。总面积0.4平方千米，耕地面积21公顷。32户，130人。主产小麦、水稻，兼种果蔬。村落形态呈散状，房屋结构以平房和楼房为主。

西乡【Xīxiāng】 以方位命名。因建于原火龙集街西边而得名。1958年隶属同裕一大队；1961年隶属芦坡大队；1984年隶属芦坡村至今。位于村委会西北800米。东邻东乡，南界南乡，西至襄州区张家集镇王岗村周庄，北连北乡。总面积0.5平方千米，耕地面积33公顷。38户，150人。主产小麦、水稻，兼种果蔬。村落形态呈散状，房屋结构以平房和坡房为主。汉十高速从庄北而过。

赵岗【Zhàogǎng】 以姓氏和地形综合命名。因赵姓居住岗上而得名。1958年隶属同裕一大队；1961年隶属芦坡大队；1984年隶属芦坡村至今。位于村委会东900米。东邻蔡西村张洼，南界三庄，西至南乡，北连胡岗村叶岗。总面积1.1平方千米，耕地面积73公顷。68户，270人。主产小麦、水稻，兼种棉花、果蔬。村落形态呈散状，房屋结构以平房和楼房为主。高速公路从庄北而过。

罗棚村【Luópéngcūn】

以上下两个罗棚自然村命名。1958年为民全大队，隶属英雄公社；1961年为罗棚大队，隶属琚湾区；1975年隶属琚湾公社；1984年大队改为村，隶属琚湾镇至今。位于镇政府东北2.5千米。东邻南城街道办事处李家庄村，南界南城街道办事处高寨村，西至东街村，北连长堰村。辖4个自然村，总面积3.4平方千米，耕地面积189.03公顷。276户，1350人。主产小麦、水稻、玉米，兼种芝麻、花生、蔬菜等。汉十高速从村经过。村委会驻下罗棚、沙河沿岸。

靳寨【Jìnzhài】 以姓氏和建筑物综合命名。因靳姓聚居，村周修有寨墙而得名。1958年隶属全民大队；1961年隶属罗棚大队；1984年隶属罗棚村至今。位于村委会西1千米。东邻下罗棚，南界南城街道办事处高寨村李家小店子，西至琚东村东园，北连长堰村江庄。总面积1.07平方千米，耕地面积66.32公顷。100户，470人。主产小麦、玉米、水稻，兼种芝麻、花生、蔬菜。村落形态呈团状，房屋结构以平房和坡房为主。

毛楼【Máolóu】 以姓氏和建筑物综合命名。因毛姓聚居，村内盖有一座楼房而得名。1958年隶属全民大队；1961年隶属罗棚大队；1984年隶属罗棚村至今。位于村委会东北1.5千米。东邻南城街道办事处董岗村董河，南界上罗棚，西至长堰村黄岗，北连长堰村骚虎寨。总面积1.03平方千米，耕地面积56.03公顷。84户，430人。主产小麦、玉米、水稻，兼种芝麻、花生、蔬菜。村落形态呈团状，房屋结构以平房和坡房为主。汉十高速从村西南侧经过。

上罗棚【Shàngluópéng】 以姓氏方位和建筑物综合命名。因罗姓最初搭棚定居，邻近有两个罗棚，本村位北而得名。1958年隶属全民大队；1961年隶属罗棚大队；1984年隶属罗棚村至今。位于村委会北100米。东邻南城街道办事处李庄村龚庄，南界下罗棚，西至长堰村江庄，北连长堰村黄岗。总面积0.65平方千米，耕地面积29.78公顷。32户，200人。主产小麦、玉米、水稻，兼种芝麻、花生、蔬菜。村落形态呈团状，房屋结构以平房和坡房为主。

下罗棚【Xiàluópéng】 以姓氏方位和建筑物综合命名。因罗姓最初搭棚定居，邻近有两个罗棚，本村位南而得名。1958年隶属全民大队；1961年隶属罗棚大队；1984年隶属罗棚村至今。村委会驻地。东邻南城街道办事处李家庄村龚庄，南界南城街道办事处高寨村小店，西至靳寨，北连上罗棚。总面积0.65平方千米，耕地面积36.9公顷。60户，250人。主产小麦、玉米、水稻，兼种芝麻、花生、蔬菜。村落形态呈团状，房屋结构以平房和坡房为主。

马岗村【Mǎgǎngcūn】

以马岗自然村命名。1958年为联盟二大队，隶属英雄公社；1961年为马岗大队，隶属琚湾区；1975年隶属琚湾公社；1984年为马岗村，隶属琚湾镇至今。位于镇政府东北7千米。东邻郑岗村和程岗村，南界闫家岗村，西至闫岗水库和勾庄村，北连侯岗村。辖7个自然村，总面积6.26平方千米，耕地面积343.99公顷。444户，1580人。主产小麦、水稻，兼种果蔬。村委会驻马岗南。

雷庄【Léizhuāng】 以姓氏命名。因雷姓聚居而得名。1958年隶属联盟二大队；1961年隶属马岗大队；1984年隶属马岗村至今。位于村委会西北2千米。东邻马岗，南界草堰，西至三房村上王岗，北连七方镇张楼村李湾。总面积1.25平方千米，耕地面积63.05公顷。76户，280人。主产小麦、水稻，兼种花生、玉米。村落形态呈散状，房屋结构以平房和坡房为主。西邻闫岗水库。

马岗【Mǎgǎng】 以姓氏和地形综合命名。因马姓聚居岗上而得名。1958年隶属联盟二大队；1961年隶属马岗大队；1984年隶属马岗村至今。位于村委会北1千米。东邻马岗坡下，南界郑岗村观堂，西至雷庄，北连马岗坡下。总面积1.5平方千米，耕地面积104.82公顷。144户，530人。主产小麦、水稻，兼种花生、玉米。村落形态呈线状，房屋结构以平房和坡房为主。村委会驻村庄南侧。

马岗坡下【Mǎgǎngpōxià】 以姓氏地形和方位综合命名。因马姓聚居岗坡下而得名。1958年隶属联盟二大队；1961年隶属马岗大队；1984年隶属马岗村至今。位于村委会东北1.8千米。东邻程岗村程岗和郑岗村郑岗，南界马岗，西至雷庄，北连侯岗村敖庄。总面积0.5平方千米，耕地面积24.46公顷。42户，150人。主产小麦、水稻，兼种花生、玉米。村落形态呈散状，房屋结构以平房和坡房为主。

马家草堰【Mǎjiācǎoyàn】 以姓氏和堰塘综合命名。因马姓聚居草堰边而得名。1958年隶属联盟二大队；1961年隶属马岗大队；1984年隶属马岗村至今。位于村委会西900米。东邻马岗，南界藕堰，西至三房村下王岗，北连雷庄。总面积0.74平方千米，耕地面积34.74公顷。40户，140人。主产小麦、水稻，兼种花生、玉米。村落形态呈散状，房屋结构以平房和坡房为主。西邻闫岗水库。

藕堰【Ǒuyàn】 以植物和堰塘综合命名。因村边一口大堰长满了藕而得名。1958年隶属联盟二大队；1961年隶属马岗大队；1984年隶属马岗村至今。位于村委会北1千米。东邻郑岗村观堂，南界翟湾，西至勾庄村武岗，北连马家草堰。总面积1.12平方千米，耕地面积61.47公顷。79户，250人。主产小麦、水稻，兼种花生、玉米。村落形态呈散状，房屋结构以平房和坡房为主。

坡堰【Pōyàn】 以地形和堰塘综合命名。因村建在岗坡，旁边有堰而得名。1958年隶属联盟二大队；1961年隶属马岗大队；1984年隶属马岗村至今。位于村委会南1.8千米。东邻郑岗村观堂，南界闫家岗村闫北庄，西至翟湾，北连藕堰。总面积0.45平方千米，耕地面积25.75公顷。20户，80人。主产小麦、水稻，兼种果蔬。村落形态呈散状，房屋结构以平房和坡房为主。

翟湾【Zháiwān】 以姓氏命名。因翟姓聚居在此地而得名。1958年隶属联盟二大队；1961年隶属马岗大队；1984年隶属马岗村至今。位于村委会南1.7千米。东邻坡堰，南界闫家岗村闫北庄，西至勾庄村武岗，北连藕堰。总面积0.7平方千米，耕地面积29.7公顷。43户，150人。主产小麦、水稻，兼种果蔬。村落形态呈散状，房屋结构以平房和坡房为主。

钱寨村【Qiánzhàicūn】

以钱寨自然村命名。1958年为金明大队，隶属英雄公社；1961年为李寨大队，隶属琚湾区；1975年隶属琚湾公社；1981年为钱寨大队，隶属琚湾公社；1984年为钱寨村，隶属琚湾镇至今。位于镇政府西2.5千米。东邻琚西村，南界车站村，西至古城村，北连闫家岗村。辖3个自然村，总面积3.7平方千米，耕地面积184.67公顷。280户，1190人。主产小麦、水稻、花生，兼种果蔬，发展养殖业，以水产100亩为主。村委会驻李寨东侧、李庄西侧。

李庄【Lǐzhuāng】 以姓氏命名。因李姓聚居而得名。1958年隶属金明大队；1961年隶属李寨大队；1981年隶属钱寨大队；1984年隶属钱寨村至今。位于村委会东50米。东邻闫家岗村余庄，南界钱寨，西至李寨，北连闫家岗村钱中寨。总面积0.72平方千米，耕地面积36.17公顷。45户，200人。主产小麦、水稻、玉米，兼种果蔬，发展养殖业，以水产100余亩。村落形态呈散状，房屋结构以平房和坡房为主。

李寨【Lǐzhài】 以姓氏和建筑物综合命名。因李姓聚居，原村周围修有寨墙而得名。1958年隶属金明大队；1961年隶属李寨大队；1981年隶属钱寨大队；1984年隶属钱寨村至今。位于村委会西300米。东邻钱寨，南界车站村邵沟，西至古城村彭洲，北连古城村关庄。总面积1.59平方千米，耕地面积91.33公顷。127户，560人。主产小麦、水稻、花生，兼种果蔬。村落形态呈团状，房屋结构以平房和坡房为主。

钱寨【Qiánzhài】 以姓氏和建筑物综合命名。因钱姓聚居，原村周围修有寨墙而得名。又称下钱寨，位于上钱寨、中钱寨的正南方（下方）。1958年隶属金明大队；1961年隶属李寨大队；1981年隶属钱寨大队；1984年隶属钱寨村至今。位于村委会南250米。东邻李庄，南界车站村史庄，西至李寨，北连闫家岗村钱中寨。总面积1.39平方千米，耕地面积57.17公顷。108户，430人。主产小麦、水稻、花生，兼种果蔬。村落形态呈团状，房屋结构以平房和坡房为主。

青龙村【Qīnglóngcūn】

以青龙堰自然村命名。1958年为益民二大队，隶属英雄公社；1961年为青龙大队，隶属琚湾区；1975年隶属琚湾公社；1984年为青龙村，隶属琚湾镇至今。位于镇政府东北8千米。东邻环城街道办事处柿子园村，南界三王村，西至马岗村，北连程岗村。辖5个自然村，总面积4.95平方千米，耕地面积341.38公顷。390户，1710人。主产水稻、小麦、玉米，兼种油料、蔬菜、桃树等。枣蔡公路过境。青龙村号称琚湾东大门，交通便利，有闻名的乔家饭庄。村委会驻中雷垱。

北赵庄【Běizhàozhuāng】 以方位和姓氏综合命名。因相邻有两个赵姓居住村庄，此村位北而得名。1958年隶属益民二大队；1961年隶属青龙大队；1984年隶属青龙村至今。位于村委会北2千米。东邻环城崔庄村大李庄，南界上雷垱，西至程岗村申庄，北连程岗村肖李庄。总面积0.73平方千米，耕地面积48.58公顷。50户，170人。主产小麦、水稻，兼种油料、果蔬等。村落形态呈线状，房屋结构以平房和坡房为主。

青龙堰【Qīnglóngyàn】 以传说的大型动物青龙和水利设施综合命名。相传，村内有一口堰里，曾落过一条青龙，故名。1958年隶属益民二大队；1961年隶属青龙大队；1984年隶属青龙村至今。位于村委会东1.1千米。东邻环城街道办事处柿子园村胡庄，南界三王村二王庄，西至中雷垱，北连上雷垱。总面积1.2平方千米，耕地面积85公顷。130户，640人。主产水稻、小麦，兼种杂粮、果蔬等。村落形态呈团状，房屋结构以平房和坡房为主。枣蔡路过境。

上雷垱【Shàngléidàng】 以姓氏、方位和水利设施综合命名。因雷姓在垱边建有三个村子，此村位北而得名。1958年隶属益民二大队；1961年隶属青龙大队；1984年隶属青龙村至今。1998年后南赵庄、小马庄并入。位于村委会北800米。东邻环城街道办事处柿子园村何庄，南界中雷垱，西至程岗村申庄，北连北赵庄。总面积1.57平方千米，耕地面积107.6公顷。100户，420人。主产小麦、水稻，兼种油料、果蔬等。村落形态呈线状，房屋结构以平房和坡房为主。

移民点【Yímíndiǎn】 以搬迁命名。2008年因南水北调工程，为从丹江口库区移民集中建设的新村，故名。2009年8月隶属青龙村至今。位于村委会东北100米。东邻青龙堰，南界三王村二王，西至中雷垱，北连上雷垱。总面积0.15平方千米，耕地面积10.4公顷。20户，80人。主产桃树，兼种小麦、蔬菜等。村落形态呈线状，房屋结构以楼房为主。

中雷垱【Zhōngléidàng】 以方位、姓氏和水利设施综合命名。因雷姓在垱边建有三个村子，此村位中而得名。1958年隶属益民二大队；1961年隶属青龙大队；1984年隶属青龙村至今。村委会驻地。东邻移民点，南界三王村下雷垱，西至郑岗村小王坡，北连上雷垱。总面积 1.3 平方千米，耕地面积 89.8 公顷。90 户，400 人。主产小麦、水稻，兼种杂粮、果蔬等。村落形态呈线状，房屋结构以平房和坡房为主。

三房村【Sānfángcūn】

以程家三房自然村命名。习惯性称呼"三房"。1958 年为经建二大队，隶属英雄公社；1961 年为王岗大队，隶属琚湾区；1975 年隶属琚湾公社；1981 年隶属琚湾公社；1984 年 3 月为三房村，隶属琚湾镇；2003 年，谭湾村（辖 3 个自然村）、果园村合并三房村，隶属琚湾镇至今。位于镇政府北 8 千米。东邻马岗村，南界勾庄村，西至高庵村，北连七方镇张楼村。辖 11 个自然村，总面积 8.5 平方千米，耕地面积 511.1 公顷。368 户，1360 人。主产水稻、小麦、杂粮等，兼种果蔬。汉十高速过境，村委会驻下王岗。

程家三房【Chéngjiāsānfáng】 以姓氏和房头综合命名。因程姓兄弟的老三居住此村而得名。1958 年隶属经建二大队；1961 年隶属王岗大队；1981 年隶属三房大队；1984 年隶属三房村至今。位于村委会西南 2 千米。东邻杜庄，南界勾庄村枣林庄，西至高庵村程坡，北连申岗。总面积 0.65 平方千米，耕地面积 26 公顷。21 户，70 人。主产水稻、小麦、杂粮，兼种果蔬。村落形态呈散状，房屋结构以平房和坡房为主。汉十高速公路从庄南头过境。

程家小三房【Chéngjiāxiǎosānfáng】 以姓氏和房头综合命名。因此村较小于程家三房而得名。1958 年隶属经建二大队；1961 年隶属王岗大队；1981 年隶属三房大队；1984 年隶属三房村至今。位于村委会南 1 千米。东邻勾庄村张寨，南界杜庄，西至程家三房，北连下王岗。总面积 0.63 平方千米，耕地面积 27.3 公顷。22 户，70 人。主产水稻、小麦、杂粮，兼种果蔬。村落形态呈团状，房屋结构以平房和坡房为主。

杜庄【Dùzhuāng】 以姓氏命名。因杜姓聚居而得名。1958 年隶属经建二大队；1961 年隶属王岗大队；1981 年隶属三房大队；1984 年隶属三房村至今。位于村委会南 2 千米。东邻勾庄村张寨，南界勾庄村张寨，西至程家三房，北连程家小三房。总面积 0.62 平方千米，耕地面积 28 公顷。24 户，90 人。主产水稻、小麦、杂粮，兼种果蔬。村落形态呈团状，房屋结构以平房和坡房为主。

二房【Èrfáng】 以兄弟排序命名。因程家兄弟分居，老二住此而得名。1958 年隶属幸福公社（七方）彩霞大队；1961 年隶属谭湾大队；1964 年隶属谭湾大队；1984 年隶属谭湾村；2003 年隶属三房村至今。位于村委会北 1.8 千米。东邻上王岗，南界申岗，西至高庵村徐桥，北连谭湾。总面积 0.42 平方千米，耕地面积 32 公顷。26 户，70 人。主产水稻、小麦、杂粮，兼种果蔬。村落形态呈线状，房屋结构以平房和坡房为主。位于高庵水库东南 1 千米。

果园【Guǒyuán】 以植物命名。因种植果蔬为职业，故名。1984 年隶属三房村至今。位于村委会南 2 千米。东邻程家三房，南界杨畈村右畈，西至高庵村程坡，北连二房。总面积 1.1 平方千米，耕地面积 108 公顷。40 户，170 人。主产水稻、小麦、杂粮，兼种果蔬。村落形态呈线状，房屋结构以平房和坡房为主。

上王岗【Shàngwánggǎng】 以姓氏、方位和地势综合命名。因王姓分居岗的南、北两村，此村位北，故名。1958 年隶属经建二大队；1961 年隶属王岗大队；1981 年隶属三房大队；1984 年隶属三房村至今。位于村委会北 2 千米。东邻马岗村雷庄，南界下王岗，西至三房，北连杨庄。总面积 0.75 平方千米，耕地面积40.6公顷。26户，70人。主产水稻、小麦、杂粮，兼种果蔬。村落形态呈线状，房屋结构以平房和坡房为主。

申岗【Shēngǎng】 以姓氏和地势综合命名。因申姓聚居岗上而得名。1958年隶属经建二大队；1961年隶属王岗大队；1981年隶属三房大队；1984年隶属三房村至今。位于村委会西1千米。东邻下王岗，南界程家三房，西至高庵村高庵，北连二房。总面积0.58平方千米，耕地面积17.3公顷。18户，50人。主产水稻、小麦、杂粮，兼种果蔬。村落形态呈线状，房屋结构以平房和坡房为主。

谭湾【Tánwān】 以姓氏命名。因谭姓聚居而得名。1958年隶属幸福公社（七方）彩霞大队；1961年隶属谭湾大队；1964年隶属谭湾大队；1984年隶属谭湾村；2003年隶属三房村至今。位于村委会北3千米。东邻七方张楼村刘庄，南界二房庄，西至高庵村郭家，北连姚家。总面积0.76平方千米，耕地面积30公顷。28户，80人。主产水稻、小麦、杂粮，兼种果蔬。村落形态呈线状，房屋结构以平房和坡房为主。1958年至2003年为谭湾大队村部所在地。位于高庵水库东岸。

下王岗【Xiàwánggǎng】 以姓氏、方位和地势综合命名。因王姓分居岗的南、北两村，此村位南，故名。1958年隶属经建二大队；1961年隶属王岗大队；1981年隶属三房大队；1984年隶属三房村至今。村委会驻地。东邻马岗村雷庄，南界程家小三房，西至申岗，北连上王岗。总面积1.58平方千米，耕地面积137.3公顷。120户，570人。主产水稻、小麦、杂粮，兼种果蔬。村落形态呈线状，房屋结构以平房和坡房为主。位于闫岗水库西600米处。

杨庄【Yángzhuāng】 以姓氏命名。因杨姓聚居而得名。1958年隶属经建二大队；1961年隶属王岗大队；1981年隶属三房大队；1984年隶属三房村至今。位于村委会北2千米。东邻七方镇张楼村刘庄，南界上王岗，西至二房，北连七方镇张楼村刘庄。总面积0.55平方千米，耕地面积27.3公顷。21户，70人。主产水稻、小麦、杂粮，兼种果蔬。村落形态呈线状，房屋结构以平房和坡房为主。

姚家【Yáojiā】 以姓氏命名。因姚姓聚居而得名。1958年隶属幸福公社（七方）彩霞大队；1961年隶属谭湾大队；1964年隶属谭湾大队；1984年隶属谭湾村；2003年隶属三房村至今。位于村委会北3.4千米。东邻七方镇张楼村刘庄，南至谭湾，西界高庵村郭家，北界七方镇张楼村肖家。总面积0.86平方千米，耕地面积37.3公顷。22户，50人。主产水稻、小麦、杂粮，兼种果蔬。村落形态呈散状，房屋结构以平房和坡房为主。位于高庵水库东100米。

三王村【Sānwángcūn】

以三王自然村命名。1958年为益民一大队，隶属英雄公社；1961年隶属琚湾区；1975年隶属琚湾公社；1984年为三王村，隶属琚湾镇至今。位于镇政府东北9.5千米。东邻环城街道办事处柿子园村，南界南城街道办事处董岗村，西至长堰村，北连青龙村。辖7个自然村，总面积5.13平方千米，耕地面积303.2公顷。610户，2460人。主产小麦、玉米、水稻，兼种棉花、油菜。枣蔡路过境，村委会驻三王庄。

二王庄【Èrwángzhuāng】 以姓氏和排序综合命名。因王姓分居在相邻的三个村，该村以排序为第二，故名。1958年隶属三王大队；1961年隶属三王大队；1984年隶属三王村至今。位于村委会东北600米。东邻环城街道办事处毛河村胡庄，南界三王庄，西至下雷垱，北连青龙村青龙堰。总面积1.57平方千米，耕地面积96.8公顷。190户，780人。主产水稻、小麦、玉米，兼种棉花、油菜等。村落形态呈线状，房屋结构以平房和坡房为主。

雷家河坎【Léijiāhékǎn】 以姓氏和地形综合命名。因雷姓建村与沙河岸边而得名。1958年隶属三王大队；1961年隶属三王大队；1984年隶属三王村至今。位于村委会西南1.3千米。东邻小寨子，南界南城街道办事处董河村董河，西至长堰村李咀，北连下雷垱。总面积0.28平方千米，耕地面积16.2公顷。30户，120人。主产小麦、玉米、水稻，兼种棉花、油菜等。村落形态呈散状，房屋结构以平房为主。

李河【Lǐhé】 以姓氏和河流综合命名。因李姓聚居沙河边而得名。1958年隶属三王大队；1961年隶属三王大队；1984年隶属三王村至今。位于村委会南1千米。东邻南城街道办事处毛河村毛河，南界南城街道办事处毛河村李冲，西至小寨子，北连三王。总面积0.8平方千米，耕地面积49.8公顷。100户，410人。主产小麦、玉米、水稻，兼种棉花。村落形态呈线状，房屋结构以平房为主。

乔庄【Qiáozhuāng】 以姓氏命名。因乔姓聚居而得名。1958年隶属三王大队；1961年隶属三王大队；1984年隶属三王村至今。位于村委会西北2千米。东邻二王，南界下雷垱，西至郑岗村小王庄，北连青龙村上雷垱。总面积0.59平方千米，耕地面积34.8公顷。90户，350人。主产小麦、玉米、水稻，兼种棉花、油菜。村落形态呈线状，房屋结构以平房和楼房为主。

三王庄【Sānwángzhuāng】 以姓氏和排序综合命名。因王姓分居在相邻的三个村，该村以序数排为第三，故名。1958年隶属三王大队；1961年隶属三王大队；1984年隶属三王村至今。村委会驻地。东邻南城街道办事处毛河村毛河，南界李河，西至下雷垱，北连二王庄。总面积1.44平方千米，耕地面积79.3公顷。150户，600人。主产小麦、玉米、水稻，兼种油菜。村落形态呈散状，房屋结构以平房和坡房为主。

下雷垱【Xiàléidàng】 以姓氏、方位和水利设施综合命名。因雷姓在垱边建有三个村子，此村位南而得名。1958年隶属三王大队；1961年隶属三王大队；1984年隶属三王村至今。位于村委会西北700米。东邻二王，南界雷家河坎，西至长堰村李咀，北连青龙村中雷垱。总面积0.25平方千米，耕地面积14.7公顷。30户，120人。主产小麦、玉米、水稻，兼种棉花、芝麻、油菜。村落形态呈散状，房屋结构以平房为主。

小寨子【Xiǎozhàizi】 以村规模和建筑物综合命名。因村周筑有寨墙，且比邻近寨子小而得名。1958年隶属三王大队；1961年隶属三王大队；1984年隶属三王村至今。位于村委会西南1.25千米。东邻李河，南界南城街道办事处董河村董河，西至雷家河坎，北连下雷垱。总面积0.2平方千米，耕地面积11.6公顷。20户，80人。主产小麦、玉米、水稻，兼种棉花、油菜等。村落形态呈线状，房屋结构以平房和坡房为主。

瓦子岗村【Wǎzigǎngcūn】

以瓦子岗自然村命名。1958年为同裕二大队，隶属英雄公社；1961年为瓦子岗大队，隶属琚湾区；1975年隶属琚湾公社；1984年为瓦子岗村，隶属琚湾镇；1987年9月隶属蔡阳乡；1998年隶属蔡阳镇；2001年隶属琚湾镇至今。位于镇政府西北15.5千米。东邻蔡西村，南界襄州区张家集镇王营村，西至襄州区张家集镇杨榜村，北连芦坡村。辖2个自然村，总面积3.49平方千米，耕地面积243.37公顷。458户，1840人。主产小麦、水稻，兼种玉米、花生、棉花，发展种植业，以种植桃树为主。村委会驻瓦子岗。

观音寺【Guānyīnsì】 以建筑物命名。因村内有座观音寺的庙宇，故名。观音寺建于元代，抗日战争时期被破坏。1958年隶属同裕二大队；1961年隶属瓦子岗大队；1984年隶属瓦子岗村至今。位于村委会南1.5千米。东邻蔡西村何咀，南界襄州区张家集镇王营村王营，西至滚河，北连瓦子岗。总面积0.8平方千米，耕地面积57.03公顷。76户，420人。主产小麦、水稻，兼种玉米、花生、棉花。村落形态呈团状，房屋结构以平房和坡房为主。

瓦子岗【Wǎzigǎng】 以古建筑残片和地形综合命名。因村建于原是座小镇的岗上，村周围有几百亩瓦片地，故名。1958年隶属同裕二大队；1961年隶属瓦子岗大队；1984年隶属瓦子岗村至今。村委会驻地。东邻西街村何咀，南界观音寺，西至襄州区张家集镇杨榜村杨榜，北连芦坡村南乡。总面积2.69平方千米，耕地面积186.34公顷。382户，1420人。主产小麦、水稻，兼种玉米、花生、棉花，发展种植业，以种植桃树。村落形态呈线状，房屋结构以平房和楼房为主。此村位于枣阳最低点，海拔77.8米。市境内最大河流滚河水经此注入唐白河。

闻庄村【Wénzhuāngcūn】

以闻庄自然村命名。1958年为金星大队，隶属和平公社（熊集）；1959年隶属英雄公社（琚湾）；1961年为彭庄大队，隶属琚湾区；1975年隶属琚湾公社；1981年为闻庄大队，隶属琚湾公社；1984年为闻庄村，隶属琚湾镇至今。位于镇政府东南3.3千米。东邻熊集镇杜岗村，南界曹冲村，西至车站村，北连琚西村。辖11个自然村，总面积10.09平方千米，耕地面积586.16公顷。589户，2490人。主产小麦、水稻、玉米，兼种棉花、花生和瓜果。村委会驻闻庄。琚熊路、琚耿路穿境而过，汉丹铁路、汉十高铁过境。

八里寨【Bālǐzhài】 以距离和建筑物综合命名。因村周筑有土寨，距琚湾街8华里而得名。1958年隶属金星大队；1961年隶属彭庄大队；1975年隶属综合场；1984年隶属闻庄村至今。位于村委会南4千米。东邻吴湾村蛮子湾，南界曹冲村槐树店，西至郭庄村庙湾，北连六里庙。总面积1.28平方千米，耕地面积93.9公顷。71户，340人。主产小麦、水稻、玉米，兼种棉花。村落形态呈团状，房屋结构以平房和楼房为主。

北均地【Běijūndì】 以方位和历史名称沿用综合命名。"北"指位于八里寨北，"均地"指孙中山主张的解决中国土地问题的方针。因辛亥革命时期，该村农民得到土地而得名。1958年隶属金星大队；1961年隶属彭庄大队；1975年隶属综合场；1984年隶属闻庄村至今。位于村委会南3.3千米。东邻上陶庄，南界八里寨，西至六里庙，北连大闻庄。总面积0.12平方千米，耕地面积0.9公顷。6户，20人。主产小麦、水稻、玉米，兼种瓜果、桃树。村落形态呈团状，房屋结构以平房为主。

大闻庄【Dàwénzhuāng】 以姓氏和村规模综合命名。因闻姓分居邻近两村，此村比闻庄大而得名。1958年隶属金星大队；1961年隶属彭庄大队；1981年隶属闻庄大队；1984年隶属闻庄村至今。位于村委会南 800 米。东邻上陶庄，南界八里寨，西至张家古井，北连小闻庄。总面积 0.25 平方千米，耕地面积 18 公顷。14 户，50 人。主产小麦、水稻、玉米，兼种果树。村落形态呈线状，房屋结构以平房和坡房为主。

东岗【Dōnggǎng】 以地形和方位综合命名。因村建在岗的东侧而得名。1958 年隶属金星大队；1961 年隶属彭庄大队；1981 年隶属闻庄大队；1984 年隶属闻庄村至今。位于村委会东 900 米。东邻上陶庄，南界大闻庄，西至小闻庄，北连彭庄。总面积 1.36 平方千米，耕地面积 81.4 公顷。96 户，380 人。主产小麦、水稻，兼种玉米、棉花和瓜果。村落形态呈团状，房屋结构以平房和楼房为主。

六里庙【Liùlǐmiào】 以距离和建筑物综合命名。因村前有座小庙距琚湾街 6 里而得名。1958 年隶属金星大队；1961 年隶属彭庄大队；1981 年隶属闻庄大队；1984 年隶属闻庄村至今。位于村委会西南 2.7 千米。东邻北均地，南界八里寨，西至车站村楼子湾，北连张家古井。总面积 1.26 平方千米，耕地面积 80.2 公顷。71 户，330 人。主产小麦、水稻、玉米，兼种棉花、花生、瓜果。村落形态呈线状，房屋结构以平房和楼房为主。

彭庄【Péngzhuāng】 以姓氏命名。因彭姓聚居而得名。1958 年隶属金星大队；1961 年隶属彭庄大队；1981 年隶属闻庄大队；1984 年隶属闻庄村至今。位于村委会北 1 千米。东邻南城街道办事处高寨村张庄，南界闻庄，西至琚庄村檀庄，北连西街社区。总面积 1.01 平方千米，耕地面积 40 公顷。61 户，240 人。主产小麦、玉米、水稻，兼种果蔬。村落形态呈团状，房屋结构以平房和坡房为主。汉丹铁路、汉十高铁从村南侧而过。

上陶庄【Shàngtáozhuāng】 以姓氏和方位综合命名。因陶姓分居滚河南岸上、下游两村，此村地势较高而得名。1958 年隶属金星大队；1961 年隶属彭庄大队；1981 年隶属闻庄大队；1984 年隶属闻庄村至今。位于村委会东 1.4 千米。东邻王湾，南界吴湾村陶家湾，西至东岗，北连下陶庄。总面积 1.05 平方千米，耕地面积 63.5 公顷。46 户，190 人。主产小麦、玉米、水稻，兼种花生、芝麻。村落形态呈团状，房屋结构以平房和坡房为主。

王湾【Wángwān】 以姓氏命名。因王姓聚居而得名。1982 年前隶属熊集镇杜岗村；1982 年隶属琚湾公社闻庄大队管辖；1984 年隶属闻庄村至今。位于村委会东 2.5 千米。东邻杜岗村袁庄，南界吴湾村陶家湾，西至上陶庄，北连南城街道办事处高寨村肖河。总面积 1.4 平方千米，耕地面积 71.36 公顷。85 户，340 人。主产小麦、水稻、玉米，兼种花生、瓜果。村落为团状，房屋结构以平房和楼房为主。

闻庄【Wénzhuāng】 以姓氏命名。原称小闻庄，因闻姓聚居且比邻近大闻庄小而得名。后发展成中心庄，俗称闻庄。1958 年隶属金星大队；1961 年隶属彭庄大队；1981 年隶属闻庄大队；1984 年隶属闻庄村至今。村委会驻地。东邻东岗，南界古井，西至琚庄村西月儿岗，北连彭庄。总面积 1.16 平方千米，耕地面积 52 公顷。69 户，280 人。主产小麦、水稻、玉米。村落形态呈团状，房屋结构以坡房和楼房为主。

下陶庄【Xiàtáozhuāng】 以姓氏和方位综合命名。因陶姓分居滚河南岸上、下游两村，此村地势较低而得名。1958 年隶属金星大队；1961 年隶属彭庄大队；1981 年隶属闻庄大队；1984 年隶属闻庄村至今。位于村委会东 1.5 千米。东邻王湾，南界上陶庄，西至东岗，北连南城街道办事处高寨村张庄。总面积 0.15 平方千米，耕地面积 9.5 公顷。6 户，20 人。主产小麦、玉米、水稻，兼种瓜果。村落形态呈团状，房屋结构以平房和楼房为主。

张家古井【Zhāngjiāgǔjǐng】 以姓氏和水井综合命名。因张姓聚居古老的水井旁而得名。1958年隶属金星大队；1961年隶属彭庄大队；1981年隶属闻庄大队；1984年隶属闻庄村至今。位于村委会西南1.6千米。东邻大闻庄，南界六里庙，西至车站村楼子湾，北连琚庄村西月儿岗。总面积1.05平方千米，耕地面积75.4公顷。64户，300人。主产小麦、水稻、玉米，兼种花生、瓜果。村落形态呈团状，房屋结构以平房和楼房为主。

吴坡村【Wúpōcūn】

以吴坡自然村命名。1958年为永光大队，隶属英雄公社；1961年为吴坡大队，隶属琚湾区；1975年隶属琚湾公社；1984年为吴坡村，隶属琚湾镇；1987年隶属蔡阳乡；1998年隶属蔡阳镇；2001年隶属琚湾镇至今。位于镇政府西北12千米。东邻高庵村，南界蔡东村，西至余咀村，北连七方镇木桥村。辖4个自然村，总面积3.8平方千米，耕地面积253公顷。235户，1089人。主产水稻、小麦、玉米，兼种果蔬。福银高速公路过境，村委会驻地。

沈家小庄【Shěnjiāxiǎozhuāng】 以姓氏命名。因沈姓聚居且村子小，故名。1958年隶属永光大队；1961年隶属吴坡大队；1984年隶属吴坡村至今。位于村委会东南800米。东邻高庵村张咀，南界徐畈村孙挡，西至吴坡，北连张坡。总面积0.73平方千米，耕地面积50公顷。25户，140人。主产小麦、水稻、杂粮，兼种果树。村落形态呈散状，房屋结构以平房和坡房为主。

吴坡【Wúpō】 以姓氏和地形综合命名。因吴姓聚居岗坡而得名。1958年隶属永光大队；1961年隶属吴坡大队；1984年隶属吴坡村至今。村委会驻地。东邻高庵村张咀，南界沈家小庄，西至余咀村汪畈，北连小刘坡。总面积1.06平方千米，耕地面积70公顷。90户，410人。主产小麦、玉米、水稻，兼种果树。村落形态呈线状，房屋结构以平房和坡房为主。

小刘坡【Xiǎoliúpō】 以姓氏和地形综合命名。因刘姓聚居岗坡且村子小，故名。1958年隶属永光大队；1961年隶属吴坡大队；1984年隶属吴坡村至今。位于村委会北800米。东邻张坡，南界吴坡，西至余咀村余咀，北连七方镇木桥村黄岗。总面积0.78平方千米，耕地面积53公顷。20户，140人。主产小麦、玉米、水稻，兼种果树。村落形态呈线状，房屋结构以平房和坡房为主。福银高速过境。

张坡【Zhāngpō】 以姓氏和地形综合命名。因张姓聚居岗坡而得名。1958年隶属永光大队；1961年隶属吴坡大队；1984年隶属吴坡村至今。位于村委会东北1千米。东邻高庵村张咀，南界吴坡，西至小刘坡，北连七方镇木桥村黄岗。总面积1.23平方千米，耕地面积80公顷。100户，399人。主产小麦、玉米、水稻，兼种果树。村落形态呈线状，房屋结构以平房和坡房为主。

吴湾村【Wúwāncūn】

以吴湾自然村命名。1958年为同星大队，隶属和平公社；1959年隶属英雄公社；1961年为吴湾大队，隶属琚湾区；1975年隶属琚湾公社；1984年为吴湾村，隶属琚湾镇至今。位于镇政府东南8千米。东邻熊集镇杜岗村，南界熊集镇李湾村，西至曹冲村，北连闻庄村。辖22个自然村，总面积13.67平方千米，耕地面积788公顷。500户，1900人。主产小麦、水稻、玉米，兼种棉花、花生等，发展种植业，以栽植大面积桃树为主。村委会设肖湾西侧。

大程湾【Dàchéngwān】 以姓氏和村庄大小综合命名。因程姓分居邻近两村，此村大，故名。1958年隶属同星大队；1961年隶属吴湾大队；1984年隶属吴湾村至今。位于村委会东北3千米。东邻熊集镇杜岗村苗庄，南界檀湾，西至小程湾，北连熊集镇杜岗村李家乡。总面积0.85平方千米，耕地面积38公顷。30户，150人。主产小麦、水稻、玉米，兼种花生、棉花等。村落形态呈线状，房屋结构以平房为主。

东庄【Dōngzhuāng】 以方位命名。因建村范家花园东面而得名。1958年隶属同星大队；1961年隶属吴湾大队；1984年隶属吴湾村至今。位于村委会东南2.3千米。东邻范家老湾，南界熊集镇孙冲村邹家凹子，西至范家花园，北连柿子园。总面积0.7平方千米，耕地面积50公顷。15户，70人。主产小麦、水稻、桃树，兼种玉米、花生、棉花。村落形态呈散状，房屋结构以坡房为主。

范家花园【Fànjiāhuāyuán】 以姓氏和花园综合命名。因村内富贵人家种的花草较多，故名。1958年隶属同星大队；1961年隶属吴湾大队；1984年隶属吴湾村至今。位于村委会东南1.8千米。东邻东庄，南界熊集镇孙冲村邹家凹子，西至西庄，北连柿子园。总面积1平方千米，耕地面积50公顷。30户，100人。主产小麦、水稻，兼种玉米、杂粮，发展种植业，以栽植大面积桃树。村落形态呈团状，房屋结构以坡房为主。

范家老湾【Fànjiālǎowān】 以姓氏和建村时间综合命名。因范姓最早建村聚居，故名。1958年隶属同星大队；1961年隶属吴湾大队；1984年隶属吴湾村至今。位于村委会东南2千米。东邻熊集镇杜岗村西井，南界熊集镇湾堰村宋坡，西至范家花园，北连窑湾。总面积0.95平方千米，耕地面积48公顷。20户，130人。主产小麦、水稻、玉米、桃树，兼种花生、棉花等。村落形态呈团状，房屋结构以坡房为主。

李湾【Lǐwān】 以姓氏命名。因李姓聚居而得名。1958年隶属同星大队；1961年隶属吴湾大队；1984年隶属吴湾村至今。位于村委会西南700米。东邻柿子园，南界西庄和石庄，西至曹冲村沁水塘，北连潘家庙。总面积0.5平方千米，耕地面积25公顷。20户，100人。主产小麦、水稻，兼种棉花、玉米，发展种植业，以栽植大面积桃树。村落形态呈线状，房屋结构以坡房为主。

蛮子湾【Mánziwān】 以语音差异命名。因当地人称操南乡口音的人为"蛮子"。因村内有一户从南方搬来的人在此定居而得名。1958年隶属同星大队；1961年隶属吴湾大队；1984年隶属吴湾村至今。位于村委会北2千米。东邻陶家湾、吴湾，南界肖湾，西至闻庄村八里寨，北连闻庄村上陶庄。总面积0.5平方千米，耕地面积30公顷。50户，150人。主产小麦、水稻，兼种玉米、棉花、红薯，发展种植业，以栽植大面积桃树。村落形态呈散状，房屋结构以坡房为主。

潘家庙【Pānjiāmiào】 以姓氏和建筑物综合命名。因潘姓聚居，村后有座小庙而得名。1958年隶属同星大队；1961年隶属吴湾大队；1984年隶属吴湾村至今。位于村委会西南1千米。东邻肖湾，南界李湾，西至曹冲村李家老湾，北连小东岗。总面积0.45平方千米，耕地面积20公顷。15户，50人。主产小麦、水稻，兼种棉花。村落形态呈线状，房屋结构以坡房为主。

钱当铺【Qiándàngpù】 以姓氏和商业行为综合命名。因有户钱姓的人家在村内开过当铺而得名。1958年隶属同星大队；1961年隶属吴湾大队；1984年隶属吴湾村至今。位于村委会西南4千米。东邻杨庄子，南界魏家庄，西至曹冲村河里，北连小袁庄。总面积0.7平方千米，耕地面积38公顷。35户，100人。主产小麦、水稻、桃树，兼种花生、杂粮等。村落形态呈散状，房屋结构以坡房为主。

楸树咀【Qiūshùzuǐ】 以植物和地形综合命名。因建村于长有大楸树的岗咀而得名。1958年隶属同星大队；1961年隶属吴湾大队；1984年隶属吴湾村至今。位于村委会南4.2千米。东邻熊集镇孙冲村楼房湾，南界熊集镇李湾村李湾，西至魏家庄，北连杨庄子（大袁庄）。总面积0.4平方千米，耕地面积35公顷。20户，50人。主产小麦、水稻、桃树，兼种棉花。村落形态呈线状，房屋结构以坡房为主。

石庄【Shízhuāng】 以姓氏命名。因石姓聚居而得名。1958年隶属同星大队；1961年隶属吴湾大队；1984年隶属吴湾村至今。位于村委会西南2.7千米。东邻西庄，南界小袁庄，西至曹冲村李咀，北连李湾。总面积0.37平方千米，耕地面积35公顷。25户，90人。主产小麦、水稻、桃树，兼种棉花、花生。村落形态呈线状，房屋结构以坡房为主。

柿子园【Shìziyuán】 以果树林命名。因村内有片大柿子树而得名。1958年隶属同星大队；1961年隶属吴湾大队；1984年隶属吴湾村至今。位于村委会东南300米。东邻范家老湾，南界范家花园和东庄，西至李湾、潘家庙，北连肖湾。总面积0.5平方千米，耕地面积30公顷。15户，50人。主产小麦、水稻、玉米、桃树，兼种棉花、花生。村落形态呈线状，房屋结构以平房为主。

檀湾【Tánwān】 以姓氏命名。因檀姓聚居而得名。1958年隶属同星大队；1961年隶属吴湾大队；1984年隶属吴湾村至今。位于村委会东南2.8千米。东邻熊集镇杜岗村胡家湾和乌梢垱，南界范家老湾，西至窑湾，北连大程湾。总面积0.7平方千米，耕地面积38公顷。25户，90人。主产小麦、水稻、玉米，兼种棉花、花生。村落形态呈散状，房屋结构以坡房为主。

陶家湾【Táojiāwān】 以姓氏命名。因陶姓聚居而得名。1958年隶属同星大队；1961年隶属吴湾大队；1984年隶属吴湾村至今。位于村委会北2.5千米。东邻吴湾，南界吴湾，西至蛮子湾，北连闻庄村上陶庄。总面积0.9平方千米，耕地面积50公顷。30户，100人。主产小麦、水稻，兼种玉米、棉花。村落形态呈散状，房屋结构以坡房为主。

魏家庄【Wèijiāzhuāng】 以姓氏命名。因魏姓聚居而得名。1958年隶属同星大队；1961年隶属吴湾大队；1984年隶属吴湾村至今。位于村委会西南4.8千米。东邻楸树咀，南界熊集镇李湾村桦栎树，西至曹冲村白果树，北连钱当铺。总面积0.8平方千米，耕地面积38公顷。25户，70人。主产小麦、水稻、桃树，兼种棉花、花生。村落形态呈团状，房屋结构以坡房为主。

吴湾【Wúwān】 以姓氏命名。因吴姓聚居而得名。1958年隶属同星大队；1961年隶属吴湾大队；1984年隶属吴湾村至今。位于村委会东北2千米。东邻小程湾，南界肖湾，西至蛮子湾，北连陶家湾。总面积0.7平方千米，耕地面积35公顷。30户，110人。主产小麦、水稻、玉米、桃树，兼种棉花、花生。村落形态呈线状，房屋结构以坡房为主。

西庄【Xīzhuāng】 以方位命名。因村建于范家花园西面而得名。1958年隶属同星大队；1961年隶属吴湾大队；1984年隶属吴湾村至今。位于村委会南1.3千米。东邻范家花园，南界熊集镇孙冲村万庄，西至石庄，北连李湾。总面积0.8平方千米，耕地面积60公顷。25户，120人。主产小麦、水稻、桃树，兼种玉米、花生、棉花。村落形态呈散状，房屋结构以坡房为主。

肖湾【Xiāowān】 以姓氏命名。因肖姓聚居而得名。1958 年隶属同星大队；1961 年隶属吴湾大队；1984 年隶属吴湾村至今。村委会驻地。东邻窑湾，南界柿子园，西至小东岗，北连蛮子湾。总面积 0.65 平方千米，耕地面积 45 公顷。20 户，110 人。主产小麦、水稻，兼种玉米、棉花。村落形态呈线状，房屋结构以坡房为主。

小程湾【Xiǎochéngwān】 以姓氏和村庄大小综合命名。因程姓分居邻近两村，此村小，故名。1958 年隶属同星大队；1961 年隶属吴湾大队；1984 年隶属吴湾村至今。位于村委会东 2.5 千米。东邻大程湾，南界窑湾，西至吴湾，北连陶家湾。总面积 0.6 平方千米，耕地面积 25 公顷。20 户，80 人。主产小麦、水稻、玉米，兼种棉花、花生、红薯。村落形态呈线状，房屋结构以坡房为主。

小东岗【Xiǎodōnggǎng】 以规模、方位和地形综合命名。因建村于李家老湾东岗，村子小，故名。1958 年隶属同星大队；1961 年隶属吴湾大队；1984 年隶属吴湾村至今。位于村委会西 700 米。东邻肖湾，南界潘家庙，西至曹冲村李家老湾，北连蛮子湾。总面积 0.15 平方千米，耕地面积 8 公顷。5 户，20 人。主产小麦、水稻，兼种棉花、红薯，发展种植业，以栽植大面积桃树。村落形态呈线状，房屋结构以坡房为主。

小袁庄【Xiǎoyuánzhuāng】 以姓氏和村庄大小综合命名。因袁姓分居邻近两村，此村小而得名。1958 年隶属同星大队；1961 年隶属吴湾大队；1984 年隶属吴湾村至今。位于村委会南 3.4 千米。东邻熊集镇孙冲村万庄，南界大袁庄（杨庄子），西至钱当铺，北连石庄。总面积 0.4 平方千米，耕地面积 35 公顷。25 户，90 人。主产小麦、水稻、桃树，兼种棉花、花生。村落形态呈线状，房屋结构以坡房为主。

杨庄子【Yángzhuāngzi】 以姓氏命名。因杨姓聚居而得名。近年来与大袁庄连成一村。1958 年隶属同星大队；1961 年隶属吴湾大队；1984 年隶属吴湾村至今。位于村委会南 4 千米。东邻熊集镇孙冲村万庄，南界楸树咀，西至钱当铺，北连小袁庄。总面积 0.65 平方千米，耕地面积 35 公顷。15 户，50 人。主产小麦、水稻、桃树，兼种棉花。村落形态呈线状，房屋结构以坡房为主。

窑湾【Yáowān】 以建筑物和村庄综合命名。因村内开设过窑厂而得名。1958 年隶属同星大队；1961 年隶属吴湾大队；1984 年隶属吴湾村至今。位于村委会东北 3 千米。东邻檀湾，南界范家老湾，西至肖湾，北连小程湾。总面积 0.4 平方千米，耕地面积 20 公顷。5 户，20 人。主产小麦、水稻，兼种玉米、棉花。村落形态呈线状，房屋结构以楼房为主。

徐畈村【Xúfàncūn】

以徐畈自然村命名。1958 年为红星二大队，隶属英雄公社；1961 年为徐畈大队，隶属琚湾区；1975 年隶属琚湾公社；1984 年大队改村，隶属琚湾镇至今。位于镇政府西北 8 千米。东邻杨畈村，南界古城村，西至蔡东村，北连高庵村。辖 7 个自然村，总面积 3.33 平方千米，耕地面积 250.14 公顷。390 户，1900 人。主产小麦、水稻、玉米，兼种杂粮、棉花。枣蔡路过境，村委会驻徐畈沟西。

邓寨【Dèngzhài】 以姓氏和建筑物综合命名。因邓姓聚居，村周围修有寨墙而得名。1958 年隶属红星二大队；1961 年隶属徐畈大队；1984 年隶属徐畈村至今。位于村委会西南 2.5 千米。东邻李湖，南界蔡东村西潘庄，西至蔡东村韩桥，北连李庄。总面积0.6平方千米，耕地面积37.49公顷。73户，350人。主产小麦、水稻，兼种玉米、杂粮。村落形态呈散状，房屋结构以平房和坡房为主。

李湖【Lǐhú】 以姓氏和湖泊综合命名。因李姓聚居小湖旁而得名。1958年隶属红星二大队；1961年隶属徐畈大队；1984年隶属徐畈村至今。位于村委会西南2.2千米。东邻章畈和杨畈村后杨畈，南界古城村章庄，西至邓寨，北连孙垱。总面积0.42平方千米，耕地面积33.35公顷。52户，290人。主产小麦、水稻，兼种玉米、杂粮。村落形态呈散状，房屋结构以平房和坡房为主。

李庄【Lǐzhuāng】 以姓氏命名。因李姓聚居而得名。1958年隶属红星二大队；1961年隶属徐畈大队；1984年隶属徐畈村至今。位于村委会西1千米。东邻孙垱，南界邓寨，西至吴坡村吴坡，北连吴坡沈家小庄。总面积0.37平方千米，耕地面积29.04公顷。29户，140人。主产小麦、水稻，兼种玉米、杂粮。村落形态呈散状，房屋结构以平房和坡房为主。

孙垱【Sūndàng】 以姓氏和水利设施综合命名。因孙姓聚居垱坝旁而得名。1958年隶属红星二大队；1961年隶属徐畈大队；1984年隶属徐畈村至今。位于村委会西800米。东邻徐畈沟西，南界李湖，西至李庄，北连吴坡沈家小庄。总面积0.3平方千米，耕地面积24.37公顷。35户，180人。主产小麦、水稻，兼种玉米、杂粮。村落形态呈散状，房屋结构以平房和坡房为主。

徐畈沟东【Xúfàngōudōng】 以姓氏、地形和方位综合命名。因徐姓在一条大沟的东边建村而得名。1958年隶属红星二大队；1961年隶属徐畈大队；1984年隶属徐畈村至今。位于村委会东300米。东邻章畈，南界古城村章庄，西至徐畈沟西，北连高庵村潘垱。总面积0.34平方千米，耕地面积27.51公顷。35户，180人。主产小麦、水稻，兼种玉米、杂粮、果蔬，发展养殖业。村落形态呈散状，房屋结构以平房和坡房为主。

徐畈沟西【Xúfàngōuxī】 以姓氏、地形和方位综合命名。因徐姓建村于畈田中的一条大沟西边而得名。1958年隶属红星二大队；1961年隶属徐畈大队；1984年隶属徐畈村至今。村委会驻地。东邻徐畈沟东，南界李湖，西至孙垱，北连高庵村张咀。总面积0.69平方千米，耕地面积51.52公顷。91户，390人。主产小麦、水稻，兼种玉米、杂粮。村落形态呈散状，房屋结构以平房和坡房为主。

章畈【Zhāngfàn】 以姓氏和地形综合命名。因章姓聚居在畈地而得名。1958年隶属红星二大队；1961年隶属徐畈大队；1984年隶属徐畈村至今。位于村委会东1千米。东邻杨畈石畈，南界古城村东潘庄，西至徐畈沟东，北连高庵村潘垱。总面积0.61平方千米，耕地面积46.86公顷。75户，370人。主产小麦、水稻，兼种玉米、杂粮、果蔬，发展养殖业。村落形态呈散状，房屋结构以平房和坡房为主。

杨畈村【Yángfàncūn】

以前、后两个杨畈自然村综合命名。1958年前隶属徐畈；1958年为杨畈大队，隶属英雄公社；1961年隶属琚湾区；1975年隶属琚湾公社；1984年隶属琚湾镇至今。位于镇政府西北6.2千米。东邻闫家岗村，南界古城村，西至徐畈村，北连高庵村。辖4个自然村，总面积2.63平方千米，耕地面积164公顷。209户，860人。主产小麦、水稻，兼种棉花、花生。枣蔡路过境，村委会驻前杨畈（2018年从后杨畈迁入）。

后杨畈【Hòuyángfàn】 以姓氏和地形综合命名。因杨姓分居畈的南、北两村,此村位北,故名。1958年隶属杨畈大队;1984年隶属杨畈村至今。位于村委会西北1.5千米。东邻勾庄村程庄,南界前杨畈,西至徐畈村章畈,北连石畈。总面积0.69平方千米,耕地面积47.3公顷。61户,240人。主产小麦、水稻,兼种花生、芝麻。村落形态呈散状,房屋结构以平房和坡房为主。

解家畈【Xièjiāfàn】 以姓氏和地形综合命名。因解姓聚居畈地上而得名。1958年前隶属闫岗高级合作社;1958年隶属杨畈大队;1984年隶属杨畈村至今。位于村委会东500米。东邻闫家岗村中寨,南界钱寨村李寨,西至前杨畈,北连勾庄村马庄。总面积0.28平方千米,耕地面积15公顷。19户,80人。主产小麦、水稻,兼种油菜、花生。村落形态呈线状,房屋结构以平房和楼房为主。

前杨畈【Qiányángfàn】 以姓氏和地形综合命名。因杨姓分居畈的南、北两村,此村位南,故名。1958年隶属杨畈大队;1976年隶属杨畈大队;1984年隶属杨畈村至今。位于村委会西600米。东邻解畈和闫家岗村中寨,南界古城村关庄,西至古城村古城,北连后杨畈。总面积0.91平方千米,耕地面积48.3公顷。92户,390人。主产小麦、水稻,兼种花生、芝麻。村落形态呈线状,房屋结构以平房和楼房为主。

石畈【Shífàn】 以姓氏和地形综合命名。因石姓建村于田畈处而得名。1958年隶属杨畈大队;1984年隶属杨畈村至今。位于村委会西北2千米。东邻勾庄村程庄和枣林,南界后杨畈,西至徐畈村章畈,北连高庵村程坡。总面积0.75平方千米,耕地面积53.4公顷。37户,150人。主产小麦、水稻,兼种瓜果。村落形态呈散状,房屋结构以平房和坡房为主。

闫家岗村【Yánjiāgǎngcūn】

原以闫岗自然村命名。后因与七方镇闫岗同名,称为闫家岗村。1958年为照耀大队,隶属英雄公社;1961年隶属琚湾区;1975年隶属琚湾公社;1981年为闫家岗大队,隶属琚湾公社;1984年为闫家岗村,隶属琚湾镇至今。位于镇政府北1.75千米。东邻长堰村,南界西街社区,西至钱寨村,北连勾庄村。辖13个自然村,总面积6.96平方千米,耕地面积445.87公顷。1102户,3100人。主产小麦、水稻,兼种果蔬,发展工业和饮食业,工业以板材加工为主,饮食业以本地特产酸浆面和香鸡蛋。村落形态呈团状,房屋结构以平房和楼房为主。枣蔡路过境,汉十高速从村北侧而过。村委会驻文化街(江庄地段,2013年由闫岗迁入)。

陈家大堰【Chénjiādàyàn】 以姓氏和堰塘综合命名。因陈姓建村与大堰旁边而得名。1958年隶属照耀大队;1981年隶属闫家岗大队;1984年隶属闫家岗村至今。位于村委会西北1.5千米。东邻张庄,南界余庄,西至钱中寨,北连黄庄。总面积0.49平方千米,耕地面积32.48公顷。73户,230人。主产小麦、水稻,兼种玉米、花生,发展养殖业和工业,工业以板材加工。村落形态呈线状,房屋结构以平房和楼房为主。

沟北【Gōuběi】 以地形和方位综合命名。因村前有一条从东向西流水的大沟,村位于大沟北边,故名。1958年隶属照耀大队;1981年隶属闫家岗大队;1984年隶属闫家岗村至今。位于村委会西南1.5千米。东邻江寨,南界琚西社区,西至余庄,北连钟庄。总面积0.57平方千米,耕地面积24.39公顷。151

户，160 人。主产小麦、水稻、果蔬，发展养殖业和工业，工业以板材加工。村落形态呈线状，房屋结构以平房和楼房为主。

黄庄【Huángzhuāng】 以姓氏命名。因黄姓聚居而得名。1958 年隶属照耀大队；1981 年隶属闫家岗大队；1984 年隶属闫家岗村至今。位于村委会西北 1.5 千米。东邻闫岗，南界陈家大堰，西至钱上寨，北连小闫岗。总面积 0.62 平方千米，耕地面积 43.79 公顷。75 户，230 人。主产小麦、水稻，兼种玉米，发展养殖业和工业，工业以板材加工。村落形态呈散状，房屋结构以平房和楼房为主。

江寨【Jiāngzhài】 以姓氏和建筑物综合命名。因江姓聚居，村周建有寨子，故名。1958 年隶属照耀大队；1981 年隶属闫家岗大队；1984 年隶属闫家岗村至今。位于村委会南 600 米。东邻长堰村大江庄，南界琚西社区，西至沟北，北连江庄。总面积 0.56 平方千米，耕地面积 31.89 公顷。123 户，360 人。主产小麦、水稻，兼种果蔬，发展工业，以板材加工。村落形态呈团状，房屋结构以平房和楼房为主。

江庄【Jiāngzhuāng】 以姓氏命名。因江姓聚居而得名，比东面一门的大江庄小，亦称小江庄。1958 年隶属照耀大队；1981 年隶属闫家岗大队；1984 年隶属闫家岗村至今。位于村委会北 500 米。东邻长堰村大江庄，南界江寨，西至钟庄，北连张庄。总面积 0.38 平方千米，耕地面积 20.21 公顷。78 户，240 人。主产小麦、水稻，兼种果蔬，发展工业，以板材加工。村落形态呈散状，房屋结构以平房和楼房为主。村委会驻此地南的文化街中段。

钱上寨【Qiánshàngzhài】 以姓氏、方位和建筑物综合命名。因钱姓聚居，村周修有墙寨，且位处另两个钱寨之北而得名。1958 年隶属照耀大队；1981 年隶属闫家岗大队；1984 年隶属闫家岗村至今。位于村委会西北 2.5 千米。东邻小闫岗，南界钱中寨，西至勾庄村王庄，北连勾庄村勾庄。总面积 0.58 平方千米，耕地面积 36.09 公顷。42 户，140 人。主产小麦、水稻，兼种果蔬。村落形态呈线状，房屋结构以平房和楼房为主。

钱中寨【Qiánzhōngzhài】 以姓氏、方位和建筑物综合命名。因钱姓聚居，村周筑有寨墙，且位处钱上寨和钱下寨中间而得名。1958 年隶属照耀大队；1981 年隶属闫家岗大队；1984 年隶属闫家岗村至今。位于村委会西北 3 千米。东邻陈家大堰，南界钱寨村李庄，西至杨畈村解家畈，北连钱上寨。总面积 0.71 平方千米，耕地面积 52.5 公顷。71 户，240 人。主产小麦、水稻，兼发展养殖业和工业，工业以板材加工。村落形态呈线状，房屋结构以楼房为主。

小闫岗【Xiǎoyángǎng】 以姓氏、地形和规模综合命名。因闫姓聚居岗上且比邻村闫岗小而得名。1958 年隶属照耀大队；1981 年隶属闫家岗大队；1984 年隶属闫家岗村至今。位于村委会西北 2.5 千米。东邻闫北庄，南界闫岗，西至黄庄，北连勾庄村黄堰寺。总面积 0.06 平方千米，耕地面积 3.5 公顷。5 户，20 人。主产小麦、水稻，兼种玉米、花生。村落形态呈团状，房屋结构以平房和楼房为主。

闫北庄【Yánběizhuāng】 以姓氏和方位综合命名。因闫姓聚居且位处闫岗北而得名。1958 年隶属照耀大队；1981 年隶属闫家岗大队；1984 年隶属闫家岗村至今。位于村委会北 3.5 千米。东邻马岗村翟湾，南界张庄、闫岗，西至勾庄村黄堰寺，北连勾庄村武岗。总面积 0.81 平方千米，耕地面积 58.58 公顷。116 户，360 人。主产小麦、水稻，兼种玉米，发展养殖业和工业，工业以板材加工。村落形态呈散状，房屋结构以平房和楼房为主。

闫岗【Yángǎng】 以姓氏和地形综合命名。因闫姓聚居岗上而得名。1958年隶属照耀大队；1981年隶属闫家岗大队；1984年隶属闫家岗村至今。位于村委会北1.5千米。东邻张庄，南界张庄和陈家大堰，西至黄庄，北连小闫岗和闫北庄。总面积0.79平方千米，耕地面积49.34公顷。104户，320人。主产小麦、水稻，兼种玉米、杂粮，发展养殖业和工业，工业以板材加工。村落形态呈散状，房屋结构以平房和楼房为主。

余庄【Yúzhuāng】 以姓氏命名。因余姓聚居而得名。1958年隶属照耀大队；1981年隶属闫家岗大队；1984年隶属闫家岗村至今。位于村委会西南2千米。东邻沟北，南界琚西社区，西至钱寨村李庄，北连陈家大堰。总面积0.38平方千米，耕地面积24.39公顷。61户，160人。主产小麦、水稻，兼种果蔬，发展养殖业和工业，工业以板材加工。村落形态呈团状，房屋结构以平房和楼房为主。

张庄【Zhāngzhuāng】 以姓氏命名。因张姓聚居而得名。后闫油坊住户迁至张庄居住。1958年隶属照耀大队；1981年隶属闫家岗大队；1984年隶属闫家岗村至今。位于村委会北1千米。东邻长堰村高铺，南界江庄，西至闫岗，北连闫北庄。总面积0.32平方千米，耕地面积21.5公顷。118户，370人。主产小麦、水稻，兼种果蔬，发展养殖业和工业，工业以板材加工和搬运。村落形态呈散状，房屋结构以平房和楼房为主。

钟庄【Zhōngzhuāng】 以姓氏命名。因钟姓聚居而得名。1958年隶属照耀大队；1981年隶属闫家岗大队；1984年隶属闫家岗村至今。位于村委会西北500米。东邻江庄，南界沟北，西至陈家大堰，北连陈家大堰。总面积0.69平方千米，耕地面积47.21公顷。85户，270人。主产小麦、水稻，兼种果蔬，发展工业，以板材加工。村落形态呈线状，房屋结构以平房和楼房为主。

余咀村【Yúzuǐcūn】

以余咀自然村命名。1958年为永光一大队，隶属英雄公社；1961年为余咀大队，隶属琚湾区；1975年隶属琚湾公社；1984年大队改村，隶属琚湾镇；1987年隶属蔡阳乡；1998年隶属蔡阳镇；2001年隶属琚湾镇至今。位于镇政府西北15千米。东邻吴坡村，南界蔡东村，西至胡岗村和蔡西村，北连七方镇大房村。辖11个自然村，总面积9.5平方千米，耕地面积588.4公顷。580户，2410人。主产小麦、水稻，兼种玉米、花生、芝麻。汉十高速公路过境，蔡七公路穿越全村南北。村委会位于宋坡、刘坡、袁家之间（2013年从余咀迁入此地）。

东唐岗【Dōngtánggǎng】 以姓氏和地形综合命名。因唐姓分居岗的东、西两村，此村位东而得名。1958年隶属永光一大队；1961年隶属余咀大队；1984年隶属余咀村至今。位于村委会北1千米。东邻七方镇木桥村小大房，南界袁家，西至西唐岗，北连柯家。总面积0.7平方千米，耕地面积35.3公顷。35户，130人。主产小麦、水稻，兼种棉花、玉米、花生、芝麻。村落形态呈团状，房屋结构以楼房为主。

韩家【Hánjiā】 以姓氏命名。因韩姓聚居而得名。1958年隶属永光一大队；1961年隶属余咀大队；1984年隶属余咀村至今。位于村委会北800米。东邻七方镇木桥村六房，南界宋坡，西至袁家，北连七方镇木桥村小大房。总面积0.6平方千米，耕地面积33.3公顷。25户，110人。主产小麦、水稻，兼种棉花、玉米、花生、芝麻。村落形态呈散状，房屋结构以坡房为主。

柯家【Kējiā】 以姓氏命名。因柯姓聚居而得名。1958年隶属永光一大队；1961年隶属余咀大队；1984年隶属余咀村至今。位于村委会北1.2千米。东邻七方镇木桥村小大房，南界东唐岗，西至西唐岗，北连七方镇大房村沈家二房。总面积0.5平方千米，耕地面积21.7公顷。15户，80人。主产小麦、水稻，兼种棉花、玉米、花生、芝麻。村落形态呈散状，房屋结构以楼房为主。

刘坡【Liúpō】 以姓氏和地形综合命名。因刘姓聚居岗坡而得名。1958年隶属永光一大队；1961年隶属余咀大队；1984年隶属余咀村至今。位于村委会西1千米。东邻宋坡，南界魏朱刘，西至王岗，北连袁家。总面积1.1平方千米，耕地面积86.7公顷。70户，260人。主产小麦、水稻，兼种棉花、玉米、花生、芝麻。村落形态呈线状，房屋结构以坡房为主。汉十高速过境，蔡七公路从庄东穿过。

上朱家【Shàngzhūjiā】 以姓氏和方位综合命名。因朱姓分居邻近南、北两村，此村位北而得名。1958年隶属永光一大队；1961年隶属余咀大队；1984年隶属余咀村至今。位于村委会西北1.5千米。东邻东唐岗，南界胡岗村下朱家，西至胡岗村胡岗，北连西唐岗。总面积0.8平方千米，耕地面积56.7公顷。40户，130人。主产小麦、水稻，兼种棉花、玉米、花生、芝麻。村落形态呈散状，房屋结构以坡房为主。

宋坡【Sòngpō】 以姓氏和地形综合命名。因宋姓聚居岗坡而得名。1958年隶属永光一大队；1961年隶属余咀大队；1984年隶属余咀村至今。位于村委会东1千米。东邻吴坡村小刘坡，南界余咀，西至刘坡，北连韩家。总面积0.8平方千米，耕地面积56.7公顷。45户，170人。主产小麦、水稻，兼种棉花、玉米、花生、芝麻。村落形态呈散状，房屋结构以坡房和楼房为主。汉十高速过境。

汪畈【Wāngfàn】 以姓氏和地形综合命名。因汪姓建村与一块畈地上而得名。1958年隶属永光一大队；1961年隶属余咀大队；1984年隶属余咀村至今。位于村委会南2千米。东邻徐畈村李庄，南界蔡东村后朱家，西至蔡西村申畈，北连魏朱刘。总面积1.8平方千米，耕地面积86.7公顷。120户，480人。主产小麦、水稻，兼种玉米、花生、芝麻。村落形态呈线状，房屋结构以坡房和楼房为主。

魏朱刘【Wèizhūliú】 以姓氏命名。因魏、朱、刘三姓同居一村而得名。1958年隶属永光一大队；1961年隶属余咀大队；1984年隶属余咀村至今。位于村委会南1.5千米。东邻吴坡村吴坡，南界汪畈，西至蔡西村申畈，北连余咀。总面积1.2平方千米，耕地面积79.3公顷。110户，500人。主产小麦、水稻，兼种玉米、花生、芝麻。村落形态呈线状，房屋结构以坡房和楼房为主。

西唐岗【Xītánggǎng】 以姓氏和地形综合命名。因唐姓分居在岗的东、西两村，此村位西而得名。1958年隶属永光一大队；1961年隶属余咀大队；1984年隶属余咀村至今。位于村委会西北1.5千米。东邻东唐岗，南界刘坡，西至上朱家，北连七方镇张冲村周湾。总面积0.6平方千米，耕地面积38.7公顷。30户，100人。主产小麦、水稻，兼种棉花、玉米、花生、芝麻。村落形态呈线状，房屋结构以坡房为主。

余咀【Yúzuǐ】 以姓氏和地形综合命名。因余姓聚居岗咀而得名。1958年隶属永光一大队；1961年隶属余咀大队；1984年隶属余咀村至今。位于村委会南1千米。东邻吴坡村小刘坡，南界魏朱刘，西至蔡西村申畈，北连宋坡。总面积0.9平方千米，耕地面积60公顷。70户，350人。主产小麦、水稻，兼种玉米、花生、芝麻。村落形态呈散状，房屋结构以楼房为主。汉十高速过境。2013年前村委会驻地在此。

袁家【Yuánjiā】 以姓氏命名。因袁姓聚居而得名。1958年隶属永光一大队；1961年隶属余咀大队；1984年隶属余咀村至今。位于村委会西北500米。东邻韩家，南界刘坡，西至上朱家，北连东唐岗。总面积 0.5 平方千米，耕地面积 33.3 公顷。20 户，100 人。主产小麦、水稻，兼种棉花、玉米、花生、芝麻。村落形态呈散状，房屋结构以坡房为主。

尹寨村【Yǐnzhàicūn】

以尹寨自然村命名。1958 年为金刚三大队，隶属和平公社（熊集）；1959 年隶属英雄公社（琚湾）；1961 年为尹寨大队，隶属琚湾区；1975 年隶属琚湾公社；1984 年为尹寨村，隶属琚湾镇；1987 年隶属蔡阳乡；1998 年隶属蔡阳镇；2001 年隶属琚湾镇至今。位于镇政府西南 7 千米。东邻车站村，南界郭庄村，西至襄州区黄龙镇王门村，北连刘岗村。辖 8 个自然村，总面积 7.84 平方千米，耕地面积 435.92 公顷。230 户，1130 人。主产水稻、小麦，兼种杂粮，发展种植业和养殖业，种植业以果树栽培为主，养殖业以水产养殖为主。琚黄路过境，村委会驻尹寨。

单庄【Dānzhuāng】 以数量命名。因建村时只有一户刘姓住此而得名。1958 年隶属金刚三大队；1961 年隶属尹寨大队；1984 年隶属尹寨村至今。位于村委会西南 500 米。东邻尹寨，南界王家槽坊，西至盘沟，北连刘咀。总面积 0.38 平方千米，耕地面积 13.33 公顷。8 户，30 人。主产小麦、水稻、杂粮。村落形态呈线状，房屋结构以平房和坡房为主。

胡冲【Húchōng】 以姓氏和地形综合命名。因胡姓聚居，村旁有条大冲而得名。1958 年隶属金刚三大队；1961 年隶属尹寨大队；1984 年隶属尹寨村至今。位于村委会东北 1.1 千米。东邻车站村四房湾，南界翟家湾，西至尹寨，北连刘岗村付家垭子。总面积 2.1 平方千米，耕地面积 134.69 公顷。62 户，330 人。主产小麦、水稻、杂粮，兼种棉花。村落形态呈团状，房屋结构以平房和坡房为主。

兰湾【Lánwān】 以姓氏命名。因兰姓聚居而得名。原有大兰湾、小兰湾，后连建一体，称兰湾。1958 年隶属金刚三大队；1961 年隶属尹寨大队；1984 年隶属尹寨村至今。位于村委会南 1.2 千米。东邻郭庄村西岗，南界襄州区黄龙镇王门村王门，西至盘沟，北连王家槽坊。总面积 1.8 平方千米，耕地面积 124.48 公顷。75 户，300 人。主产小麦、水稻，兼种杂粮，发展种植业和养殖业，种植业以果树栽培为主，养殖业以水产养殖。村落形态呈线状，房屋结构以平房和坡房为主。琚黄路过境。

刘咀【Liúzuǐ】 以姓氏和地形综合命名。因刘姓聚居岗咀而得名。1958 年隶属金刚三大队；1961 年隶属尹寨大队；1984 年隶属尹寨村至今。位于村委会西 500 米。东邻尹寨，南界单庄，西至盘沟，北连刘岗村徐台。总面积 0.7 平方千米，耕地面积 37.33 公顷。23 户，200 人。主产小麦、水稻、杂粮，发展种植业和养殖业，种植业以果树栽培为主，养殖业以水产养殖。村落形态呈团状，房屋结构以平房和坡房为主。

盘沟【Pángōu】 以姓氏和地形综合命名。因盘姓聚居沟边而得名。1958 年隶属金刚三大队；1961 年隶属尹寨大队；1984 年隶属尹寨村至今。位于村委会西 1.75 千米。东邻兰湾，南界襄州区黄龙镇王门村黄湾，西至襄州区黄龙镇王门村黄湾，北连刘岗村裴湾。总面积 1.89 平方千米，耕地面积 77.5 公顷。40 户，160 人。主产小麦、水稻，兼种杂粮，发展种植业，以果树栽培。村落形态呈线状，房屋结构以平房和坡房为主。

王家槽坊【Wángjiācáofáng】 以姓氏和作坊综合命名。因王姓在此开过槽坊而得名。1958 年隶属金刚三大队；1961 年隶属尹寨大队；1984 年隶属尹寨村至今。位于村委会西南 800 米。东邻单庄，南界兰湾，西至襄州区黄龙镇黄龙湾村黄湾，北连刘咀。总面积0.1平方千米，耕地面积8.7公顷。10户，30人。主产小麦、水稻、杂粮。村落形态呈线状，房屋结构以平房和坡房为主。

尹寨【Yǐnzhài】 以姓氏和建筑物综合命名。因尹姓聚居，村周修有寨墙而得名。1958年隶属金刚三大队；1961年隶属尹寨大队；1984年隶属尹寨村至今。村委会驻地。东邻翟家湾，南界单庄，西至刘咀，北连刘岗村徐台和付家垭子。总面积0.5平方千米，耕地面积16.09公顷。5户，40人。主产小麦、水稻、杂粮。村落形态呈团状，房屋结构以平房和坡房为主。

翟家湾【Zháijiāwān】 以姓氏和地形综合命名。因翟姓聚居河湾处而得名。1958年隶属金刚三大队；1961年隶属尹寨大队；1984年隶属尹寨村至今。位于村委会东北800米。东邻车站村八房湾，南界尹寨，西至尹寨，北连胡冲。总面积0.37平方千米，耕地面积23.8公顷。7户，40人。主产小麦、水稻、杂粮。村落形态呈团状，房屋结构以坡房为主。

郑岗村【Zhènggǎngcūn】

以郑岗自然村命名。1958年为联盟一大队，隶属英雄公社；1961年为郑岗大队，隶属琚湾区；1975年隶属琚湾公社；1984年为郑岗村，隶属琚湾镇至今。位于镇政府东北6千米。东邻青龙村，南界长堰村，西至马岗村，北连程岗村。辖13个自然村，总面积7.76平方千米，耕地面积476.99公顷。516户，2102人。主产小麦、水稻、杂粮，兼种棉花、芝麻、花生等。枣蔡路穿村而过。村委会驻周庄。

大王坡【Dàwángpō】 以姓氏和地形综合命名。因王姓聚居岗坡，且村较大而得名。1958年隶属联盟一大队；1961年隶属郑岗大队；1984年隶属郑岗村至今。位于村委会东2千米。东邻小王坡，南界三王村乔庄，西至周庄，北连程岗村毛洼。总面积0.43平方千米，耕地面积26.41公顷。27户，100人。主产小麦、水稻、杂粮，兼种棉花、芝麻。村落形态呈散状，房屋结构以平房和坡房为主。

观堂【Guāntáng】 以建筑物命名。因村内有座观音庙而得名。1958年隶属联盟一大队；1961年隶属郑岗大队；1984年隶属郑岗村至今。位于村委会西南1千米。东邻黄庄，南界马岗村藕堰，西至韩庄，北连马庄。总面积0.84平方千米，耕地面积53.72公顷。45户，230人。主产小麦、水稻、杂粮，兼种棉花、芝麻等。村落形态呈散状，房屋结构以平房和坡房为主。

韩庄【Hánzhuāng】 以姓氏命名。因韩姓聚居而得名。1958年隶属联盟一大队；1961年隶属郑岗大队；1984年隶属郑岗村至今。位于村委会西南2.1千米。东邻黄庄，南界长堰村长堰埂，西至马岗村坡堰，北连观堂。总面积0.73平方千米，耕地面积44.84公顷。56户，270人。主产小麦、水稻、杂粮，兼种棉花、芝麻、花生。村落形态呈散状，房屋结构以平房和坡房为主。

黄庄【Huángzhuāng】 以姓氏命名。因黄姓聚居而得名。1958年隶属联盟一大队；1961年隶属郑岗大队；1984年隶属郑岗村至今。位于村委会南1.3千米。东邻十里碑，南界长堰村毛岗，西至韩庄，北连十里碑。总面积0.44平方千米，耕地面积26.68公顷。52户，190人。主产小麦、水稻、杂粮，兼种棉花、芝麻、花生。村落形态呈散状，房屋结构以平房和坡房为主。

马庄【Mǎzhuāng】 以姓氏命名。因马姓聚居而得名。1958年隶属联盟一大队；1961年隶属郑岗大队；1984年隶属郑岗村至今。位于村委会西600米。东邻周庄，南界观堂，西至马岗村藕堰，北连徐庄。总面积0.82平方千米，耕地面积50.28公顷。45户，150人。主产小麦、水稻、玉米，兼种棉花、芝麻等。村落形态呈散状，房屋结构以平房和坡房为主。

毛寨【Máozhài】 以姓氏和建筑物综合命名。因毛姓聚居，村周修有寨墙，故名。1958年隶属联盟一大队；1961年隶属郑岗大队；1984年隶属郑岗村至今。位于村委会东北900米。东邻程岗村毛洼，南界大王坡，西至周庄，北连郑岗。总面积0.61平方千米，耕地面积37.56公顷。32户，140人。主产小麦、水稻、杂粮，兼种棉花、芝麻、花生。村落形态呈散状，房屋结构以平房和坡房为主。

钱庄【Qiánzhuāng】 以姓氏命名。因钱姓聚居而得名。1958年隶属联盟一大队；1961年隶属郑岗大队；1984年隶属郑岗村至今。位于村委会东南900米。东邻大王坡和三王村乔庄，南界长堰村李咀，西至十里碑，北连毛寨。总面积0.55平方千米，耕地面积33.62公顷。40户，138人。主产小麦、水稻、杂粮，兼种棉花、芝麻、花生等。村落形态呈散状，房屋结构以平房和坡房为主。

十里碑【Shílǐbēi】 以距离和石碑综合命名。因村边有座石碑，以距琚湾镇东北十华里而得名。1958年隶属联盟一大队；1961年隶属郑岗大队；1984年隶属郑岗村至今。位于村委会东南600米。东邻钱庄，南界黄庄，西至黄庄，北连周庄。总面积0.44平方千米，耕地面积26.94公顷。30户，160人。主产小麦、水稻、杂粮，兼种棉花、芝麻、花生。村落形态呈散状，房屋结构以平房和坡房为主。

小王坡【Xiǎowángpō】 以姓氏和地形综合命名。因王姓聚居坡地，且村较小而得名。1958年隶属联盟一大队；1961年隶属郑岗大队；1984年隶属郑岗村至今。位于村委会东2.1千米。东邻青龙村中雷垱，南界青龙村中雷垱和乔庄，西至大王坡，北连程岗村毛洼。总面积0.21平方千米，耕地面积13.33公顷。14户，40人。主产小麦、水稻、杂粮，兼种棉花、花生等。村落形态呈散状，房屋结构以平房和坡房为主。

徐庄【Xúzhuāng】 以姓氏命名。因徐姓聚居而得名。1958年隶属联盟一大队；1961年隶属郑岗大队；1984年隶属郑岗村至今。位于村委会西660米。东邻周庄，南界马庄，西至马岗村马岗，北连郑岗。总面积0.78平方千米，耕地面积47.81公顷。44户，170人。主产小麦、水稻，兼种杂粮。村落形态呈散状，房屋结构以平房和坡房为主。

移民点【Yímíndiǎn】 以搬迁命名。因南水北调工程，2009年丹江均县移民迁入此地新建居民点，称之移民点，故名。2009年隶属郑岗村至今。位于村委会南1.4千米。东邻长堰村李咀，南界长堰村李咀，西至黄庄，北连十里碑。总面积0.25平方千米，耕地面积15.57公顷。35户，154人。主产小麦、水稻、杂粮，兼种棉花、芝麻、花生。村落形态呈团状，房屋结构以平房和楼房为主。

郑岗【Zhènggǎng】 以姓氏和地形综合命名。因郑姓聚居岗上而得名。1958年隶属联盟一大队；1961年隶属郑岗大队；1984年隶属郑岗村至今。位于村委会北1千米。东邻毛寨，南界徐庄、周庄，西至马岗村马岗，北连程岗村程岗。总面积1.27平方千米，耕地面积76.44公顷。71户，260人。主产小麦、水稻、杂粮，兼种棉花、芝麻。村落形态呈散状，房屋结构以平房和坡房为主。

周庄【Zhōuzhuāng】 以姓氏命名。因周姓聚居而得名。1958年隶属联盟一大队；1961年隶属郑岗大队；1984年隶属郑岗村至今。村委会驻地。东邻大王坡，南界十里碑，西至马庄，北连毛寨。总面积0.39

平方千米，耕地面积 23.79 公顷。25 户，100 人。主产小麦、水稻、杂粮，兼种棉花、芝麻、花生等。村落形态呈散状，房屋结构以平房和坡房为主。

祝冲村【Zhùchōngcūn】

以祝冲自然村命名。1958 年为友爱大队，隶属英雄公社；1961 年为张湾大队，隶属琚湾区；1981 年为祝冲大队，隶属琚湾公社；1984 年为祝冲村，隶属琚湾镇；1987 年隶属蔡阳乡；1998 年隶属蔡阳镇；2001 年隶属琚湾镇至今。位于镇政府西 9 千米。东邻刘岗村，南界襄州区黄龙镇陶巷村，西至襄州区张集镇韩岗村，北连襄州区张集镇徐窝村。辖 10 个自然村，总总面积 7.87 平方千米，耕地面积 262.5 公顷。233 户，810 人。主产水稻、小麦，兼种玉米、杂粮。村委会驻张湾。

黄家竹园【Huángjiāzhúyuán】 以姓氏和植物园地综合命名。因黄姓聚居，村内有一个竹园而得名。1958 年隶属友爱大队；1961 年隶属张湾大队；1981 年隶属祝冲大队；1984 年隶属祝冲村至今。位于村委会西北 1 千米。东邻猫子冲，南界祝冲，西至襄州区张家集镇韩岗村代湾，北连襄州区徐窝村徐窝。总面积 1.43 平方千米，耕地面积 45 公顷。45 户，120 人。主产小麦、玉米，兼种花生、棉花。村落形态呈团状，房屋结构以坡房为主。

黄湾【Huángwān】 以姓氏命名。因黄姓聚居而得名。1958 年隶属友爱大队；1961 年隶属张湾大队；1981 年隶属祝冲大队；1984 年隶属祝冲村至今。位于村委会西 1 千米。东邻张湾，南界李庄，西至祝冲，北连黄家竹园。总面积 0.75 平方千米，耕地面积 20 公顷。13 户，50 人。主产水稻、小麦，兼种玉米、花生。村落形态呈散状，房屋结构以坡房为主。

李家凹【Lǐjiāwā】 以姓氏和地形综合命名。因李姓聚居在低洼处而得名。1958 年隶属友爱大队；1961 年隶属张湾大队；1981 年隶属祝冲大队；1984 年隶属祝冲村至今。位于村委会西南 2 千米。东邻小裴湾，南界李庄，西至襄州区黄龙镇陶巷村兰湾，北连郑庄。总面积 0.68 平方千米，耕地面积 20 公顷。8 户，40 人。主产水稻、小麦，兼种玉米、棉花。村落形态呈线状，房屋结构以坡房为主。

李庄【Lǐzhuāng】 以姓氏命名。因李姓聚居而得名。1958 年隶属友爱大队；1961 年隶属张湾大队；1981 年隶属祝冲大队；1984 年隶属祝冲村至今。位于村委会西南 2.5 千米。东邻尹寨村盘沟，南界襄州区黄龙镇陶巷村老湾，西至李家凹，北连庙娃岗。总面积 1.05 平方千米，耕地面积 60 公顷。40 户，90 人。主产水稻、小麦，兼种玉米、杂粮。村落形态呈散状，房屋结构以坡房为主。

猫子冲【Māozichōng】 以传说和地形综合命名。地形似"猫子"，"冲"指山冲。相传此冲早年常有老虎出没，取名老虎冲，后以说老虎不吉利而改成此名。1958 年隶属友爱大队；1961 年隶属张湾大队；1981 年隶属祝冲大队；1984 年隶属祝冲村至今。位于村委会西北 1 千米。东邻刘岗村马湾，南界庙娃岗，西至黄湾，北连猫子洞。总面积 0.85 平方千米，耕地面积 19 公顷。35 户，150 人。主产水稻、小麦、杂粮，兼种果蔬。村落形态呈散状，房屋结构以坡房为主。

猫子洞【Māozidòng】 以传说和地形综合命名。地形似"猫子"，"洞"指洞口洞穴。相传此地早年常有老虎出没，在庄后挖有一洞穴，老虎常卧此洞，取名老虎洞，后说老虎不吉利改为猫子洞。1958 年隶属友爱大队；1961 年隶属张湾大队；1981 年隶属祝冲大队；1984 年隶属祝冲村至今。位于村委会西北 1.2 千米。东邻猫子冲，南界张湾，西至黄家竹园，北连襄州区张集镇徐窝村陈庄。总面积 0.54 平方千米，耕地面积 15 公顷。20 户，80 人。主产水稻、小麦、杂粮，兼种果蔬。村落形态呈团状，房屋结构以坡房为主。

庙娃岗【Miàowágǎng】 以建筑物和地形综合命名。因村建于有座小庙的岗上而得名。1958 年隶属友爱大队；1961 年隶属张湾大队；1981 年隶属祝冲大队；1984 年隶属祝冲村至今。位于村委会南 1 千米。东邻刘岗村裴湾，南界李庄，西至黄湾，北连猫子冲。总面积 0.37 平方千米，耕地面积 19.5 公顷。22 户，90 人。主产水稻、小麦、玉米，兼种果树。村落形态呈散状，房屋结构以坡房为主。

张湾【Zhāngwān】 以姓氏命名。因张姓聚居而得名。1958 年隶属友爱大队；1961 年隶属张湾大队；1981 年隶属祝冲大队；1984 年隶属祝冲村至今。村委会驻地。东邻刘岗村马湾，南界庙娃岗，西至黄湾，北连猫子冲。总面积 0.5 平方千米，耕地面积 19 公顷。15 户，60 人。主产水稻、小麦，兼种果蔬。村落形态呈散状，房屋结构以坡房为主。

郑庄【Zhèngzhuāng】 以姓氏命名。因郑姓聚居而得名。1958 年隶属友爱大队；1961 年隶属张湾大队；1981 年隶属祝冲大队；1984 年隶属祝冲村至今。位于村委会西南 1.8 千米。东邻黄湾，南界李家凹，西至襄州区黄龙镇陶巷村兰湾，北连祝冲。总面积 0.75 平方千米，耕地面积 25 公顷。27 户，90 人。主产水稻、小麦、玉米，兼种花生、棉花。村落形态呈散状，房屋结构以坡房为主。

祝冲【Zhùchōng】 以姓氏和地形综合命名。因祝姓聚居岗冲地而得名。1958 年隶属友爱大队；1961 年隶属张湾大队；1981 年隶属祝冲大队；1984 年隶属祝冲村至今。位于村委会西 1.5 千米。东邻黄湾，南界郑庄，西至襄州区黄龙镇陶巷村兰湾，北连黄家竹园。总面积 0.95 平方千米，耕地面积 20 公顷。8 户，40 人。主产水稻、小麦、玉米，兼种棉花。村落形态呈散状，房屋结构以坡房为主。

第十章 随阳管理区

第一节 随阳管理区概况

随阳管理区【Suíyáng Guǎnlǐqū】

原为随阳农场。1959年成立国营随阳农场时，因场部设在兴隆镇原随阳小乡境内而得名。位于市政府东南25千米。东邻随县万福店农场，南界王城镇，西至兴隆镇，北连刘升镇。总面积26.66平方千米，耕地面积944.6公顷。截至2014年，有2748户，9340人，辖1个社区、12个村。管委会驻杨岗社区。1954年为高堤农场；1958年为干部农场；1959年为湖北省国营随阳农场；隶属省农垦局；1973年隶属襄阳地区；1984年3月农场设区公所，与农场一套班子两块牌子，隶属枣阳县和襄樊市农垦局双重管理；1989年隶属襄樊市农垦公司；1999年为襄樊市随阳农场，副县级单位，为市政府派出机构，隶属襄樊市委、市政府；2004年实行属地领导，为枣阳市随阳管理区至今。农业以种植粮食。棉花、油料，兼种水果。工业以建材、食品加工、化工、制造业为主。截至2014年，全区有工业企业14家，职工390人。其中年产值500万元以上企业4家、百万元以上企业4家。个体工商经营户174户、448人，实现经营总额5410万元。农贸市场1个，摊位144个，年成交额2600万元。注册工商经营户，129户，年经营总额2450万元。辖区有1所区办幼儿园、2所小学，教师39人。有1家卫生院、1个村卫生室，专业医护人员25人，病床70张。交通便利，汉丹铁路、316国道、枣资公路过境。

第二节 城市社区、居民点

杨岗社区【Yánggǎng Shèqū】

以杨岗居民点命名。1954年为杨岗生产队，隶属高堤农场；1958年隶属干部农场；1959年隶属枣阳县随阳农场；1963年为杨岗大队；1973年隶属襄阳地区随阳农场；1984年为杨岗村，隶属枣阳县随阳区；1989年隶属襄樊市随阳农场；2004年隶属枣阳市随阳管理区；2005年为杨岗社区至今。位于管理区北1千米。东邻谢寨村，南界高堤村，西至董湾村，北连园艺村。辖3个居民点，总面积1.8平方千米，耕地面积36公顷。1059户，2950人。主产水稻、小麦，栽培果树。枣资路过境，居委会驻杨岗街道。

北新庄【Běixīnzhuāng】 为1954年在高堤农场北新建的村庄，故名。1954年隶属杨岗生产队；1963年隶属杨岗大队；1984年隶属杨岗村；2005年隶属杨岗社区至今。位于居委会东北500米。东邻李湾村李家湾，南界高堤村高堤，西至董湾村董家湾，北连园艺村王家洼。总面积0.5平方千米，耕地面积14公顷。191户，570人。主产水稻、小麦，栽培果树。村落形态呈散状，房屋结构以楼房为主。

杨岗街道【Yánggǎng Jiēdào】 为随阳管理区的商业街道、交易中心，故名。1963年隶属杨岗大队；1984年隶属杨岗村；2005年隶属杨岗社区至今。居委会驻地。东邻李湾村林家湾，南界高堤村旱城子，西至北新庄，北连园艺村王家洼。总面积0.8平方千米，耕地面积6公顷。782户，2090人。主产水稻、小麦。村落形态呈线状，房屋结构以楼房为主。

杨岗【Yánggǎng】 以姓氏和地形综合命名。杨姓聚居岗上而得名。1963年隶属杨岗大队；1984年隶属杨岗村；2005年隶属杨岗社区至今。位于居委会北1千米。东邻谢寨村谢家寨，南界李湾村程湾，西至杨岗街道，北连谢寨村杨家湾。总面积0.5平方千米，耕地面积16公顷。86户，290人。主产水稻、小麦。村落形态呈散状，房屋结构以平房和坡房为主。

第三节　农村社区（村）自然村、居民点

东岗村【Dōnggǎngcūn】

以东岗自然村而得名。1954年为东岗生产队，隶属高堤农场；1958年隶属干部农场；1959年隶属湖北省枣阳县随阳农场；1963年为东岗大队；1973年隶属襄阳地区随阳农场；1984年为东岗村，隶属枣阳县随阳区；1989年隶属襄樊市随阳农场；2004年隶属枣阳市随阳管理区至今。位于管理区东南1.5千米。东邻兴隆镇陈楼村，南界兴隆镇贺湾村，西至高堤村，北连李湾村。辖2个自然村，总面积1.2平方千米，耕地面积60.77公顷。50户，320人。主产水稻、小麦、玉米，种植桃树。邻051县道，村委会驻东岗。

东岗【Dōnggǎng】 以方位和地形综合命名。因村建在农场东边岗上而得名。1954年隶属东岗生产队；1963年隶属东岗大队；1984年隶属东岗村至今。村委会驻地。东邻兴隆镇贺湾村贺家西湾，南界南岗，西、北连李湾村。总面积0.7平方千米，耕地面积39.77公顷。46户，300人。主产水稻、小麦、玉米，兼种果树。村落形态呈散状，房屋结构以平房和坡房为主。

南岗【Nángǎng】 以方位和地形综合命名。因村建在农场南边岗上而得名。1954年隶属东岗生产队；1963年隶属东岗大队；1984年隶属东岗村至今。位于村委会南500米。东邻兴隆镇贺湾村贺家西湾，南界兴隆镇贺湾村小李家湾，西至刘垱沟水库，北连东岗。总面积0.5平方千米，耕地面积21公顷。4户，20人。主产水稻、小麦、玉米，兼种果树。村落形态呈散状，房屋结构以平房和坡房为主。

董湾村【Dǒngwāncūn】

以董家湾自然村命名。1954年为孙湾生产队，隶属高堤农场；1958年隶属干部农场；1959年隶属湖北省枣阳县随阳农场；1963年为孙湾大队；1973年隶属襄阳地区随阳农场；1984年与孙湾分开成董湾村，隶属枣阳县随阳区；1989年隶属襄樊市随阳农场；2004年隶属枣阳市随阳管理区至今。位于管理区西1千米。东邻杨岗社区，南界高堤村，西至兴隆镇亢老湾村，北连孙湾村。辖2个自然村，总面积0.77平方千米，耕地面积46.5公顷。108户，380人。主产水稻、小麦、杂粮，兼种果蔬。枣资路过境，村委会驻董湾。

董湾【Dǒngwān】 以姓氏命名。因董姓聚居而得名。1954年隶属孙湾生产队；1963年隶属孙湾大队；1984年隶属董湾村至今。村委会驻地。东邻杨岗社区，南界高堤村，西至兴隆镇亢老湾村，北连孙湾村小孙家湾。总面积0.69平方千米，耕地面积41.5公顷。103户，360人。主产水稻、小麦、玉米，兼种果蔬。村落形态呈线状，房屋结构以平房和楼房为主。

高堰堤【Gāoyàndī】 以水利设施命名。因村内的堰堤较高而得名。1954年隶属孙湾生产队；1963年隶属孙湾大队；1984年隶属董湾村至今。位于村委会东北250米。东邻杨岗社区，南界高堤村，西至黄家湾，北连砖瓦房。总面积0.08平方千米，耕地面积5公顷。5户，20人。主产水稻、小麦、玉米，兼种果蔬。村落形态呈线状，房屋结构以平房和楼房为主。

高堤村【Gāodīcūn】

以高堤自然村命名。1954年为高堤生产队，隶属高堤农场；1958年隶属干部农场；1959年隶属湖北省枣阳县随阳农场，1963年为高堤大队；1973年隶属襄阳地区随阳农场；1984年为高堤村，隶属枣阳县随阳区；1989年隶属襄樊市随阳农场；2004年隶属枣阳市随阳管理区至今。位于管理区西南1.5千米。东邻东岗村，南界兴隆镇贺湾村，西至兴隆镇亢老湾村，北连杨岗村。辖2个自然村，总面积1.81平方千米，耕地面积89.47公顷。137户，520人。主产水稻、小麦、杂粮，兼种果蔬。兴唐县道过境，村委会驻高堤。

高堤【Gāodī】 以水利设施命名。因村旁有口堰的堤较高而得名。1954年隶属高堤生产队；1963年隶属高堤大队；1984年隶属高堤村至今。村委会驻地。东邻东岗村东岗，南界兴隆镇贺湾村贾家湾，西至兴隆镇亢老湾村下畈上，北连杨岗村北新庄。总面积1.58平方千米，耕地面积65.47公顷。121户，460人。主产水稻、小麦、玉米，兼种果蔬。村落形态呈散状，房屋结构以平房和楼房为主。

旱城子【Hànchéngzi】 以地理位置命名。因村旁有个四面环水的小岛，称"水城子"，该村与之对照，故名。1954年隶属高堤生产队；1963年隶属高堤大队；1984年隶属高堤村至今。位于村委会东南360米。东邻东岗村东岗，南界刘垱沟水库，西至村委会，北连李湾村程家大湾。总面积0.23平方千米，耕地面积24公顷。16户，60人。主产水稻、小麦、玉米，兼种果蔬。村落形态呈散状，房屋结构以平房和楼房为主。

官庄村【Guānzhuāngcūn】

以王家官庄自然村命名。1954年为官庄生产队，隶属高堤农场；1958年隶属于干部农场；1959年隶属湖北省枣阳县随阳农场；1963年为官庄大队；1973年隶属襄阳地区随阳农场；1984年为官庄村，隶属枣阳县随阳区；1989年隶属襄樊市随阳农场；2004年隶属枣阳市随阳管理区至今。位于管理区东北3.5平方千米。东邻兴隆镇竹林村，南界兴隆镇陈楼村，西至王湾村，北连油坊村。辖3个自然村，总面积3.2平方千米，耕地面积113.4公顷。211户，740人。主产水稻、小麦，兼种果蔬。316国道过境，村委会驻新庄。

官庄【Guānzhuāng】 以姓氏命名。原名王家官庄，王姓聚居，早年有人当过官而得名。1954年隶属官庄生产队；1963年隶属官庄大队；1984年隶属官庄村至今。位于村委会西500米。东邻新庄，南、西界谢家湾，北连油坊湾。总面积0.7平方千米，耕地面积20公顷。41户，160人。主产水稻、小麦、玉米，兼种果蔬。村落形态呈散状，房屋结构以平房和楼房为主。

谢家湾【Xièjiāwān】 以姓氏命名。因谢姓聚居而得名。1954年隶属官庄生产队；1963年隶属官庄大队；1984年隶属官庄村至今。位于村委会西1.5千米。东邻王家官庄，南界汪家湾，西至冯家湾，北连刘家湾。总面积1.4平方千米，耕地面积56.7公顷。107户，370人。主产水稻、小麦、玉米，兼种果蔬。村落形态呈散状，房屋结构以平房和楼房为主。

新庄【Xīnzhuāng】 因1960年迁来移民建村而得名。1960年隶属官庄生产队；1963年隶属官庄大队；1984年隶属官庄村至今。村委会驻地。东邻兴隆镇竹林村小林家湾，南界兴隆镇陈楼村马家湾，西至官庄，北连油坊村杨家湾。总面积1.1平方千米，耕地面积36.7公顷。63户，210人。村落形态呈散状，房屋结构以平房和楼房为主。

亢湾村【Kàngwāncūn】

以亢湾自然村命名。1954年为亢湾生产队，隶属高堤农场；1958年隶属干部农场；1959年隶属湖北省枣阳县随阳农场；1963年为亢湾大队；1973年隶属襄阳地区随阳农场；1984年为亢湾村，隶属枣阳县随阳区；1989年隶属襄樊市随阳农场；2004年隶属枣阳市随阳管理区至今。位于管理区北2.5千米。东邻园艺村，南界孙湾村，西至兴隆镇亢老湾村，北连刘湾村。辖3个自然村，总面积2平方千米，耕地面积66.7公顷。190户，630人。主产水稻、小麦、杂粮，兼种果蔬和养殖。汉丹铁路过境，村委会驻郑家湾北500米。

井湾【Jǐngwān】 因村东头有口水井而得名。1954年隶属亢湾生产队；1963年隶属亢湾大队；1984年隶属亢湾村至今。位于村委会南1.5千米。东邻园艺村王家洼，南界孙湾村高堰堤，西至孙湾村小孙家湾，北连郑湾。总面积0.4平方千米，耕地面积13.4公顷。30户，120人。主产水稻、小麦、杂粮，兼种果蔬。村落形态呈散状，房屋结构以坡房和楼房为主。

亢湾【Kàngwān】 以姓氏命名。因亢姓聚居而得名。1954年隶属亢湾生产队；1963年隶属亢湾大队；1984年隶属亢湾村至今。位于村委会东南1千米。东邻郑家湾，南界左家湾，西至兴隆镇亢老湾村段家湾，北连刘湾村刘家湾。总面积0.8平方千米，耕地面积26.6公顷。75户，250人。主产水稻、小麦、杂粮，兼种果蔬、养殖。村落形态呈线状，房屋结构以坡房和楼房为主。

郑家湾【Zhèngjiāwān】 以姓氏命名。因郑姓聚居而得名。1954年隶属亢湾生产队；1963年隶属亢湾大队；1984年隶属亢湾村至今。位于村委会南500米。东邻园艺村，南界井湾，西至亢家湾，北连刘湾村刘家湾。总面积0.8平方千米，耕地面积26.7公顷。85户，260人。主产水稻、小麦、杂粮，兼种果蔬、养殖。村落形态呈线状，房屋结构以坡房和楼房为主。

李湾村【Lǐwāncūn】

以李湾自然村命名。1954年为李湾生产队，隶属高堤农场；1958年隶属干部农场；1959年隶属湖北省枣阳县随阳农场；1963年为李湾大队；1973年隶属襄阳地区随阳农场；1980年为程湾大队；1984年为李湾村，隶属枣阳县随阳区；1989年隶属襄樊市随阳农场；2004年隶属枣阳市随阳管理区至今。位于管理区东1千米。东邻兴隆镇陈楼村，南界东岗村，西至高堤村，北连杨岗村。辖4个自然村，总面积1.51平方千米，耕地面积88.63公顷。159户，570人。主产水稻、小麦、玉米，果树种植。枣资路过境，村委会驻程家大湾。

程家大湾【Chéngjiādàwān】 以姓氏和规模综合命名。因程姓聚居且村落较大而得名。1954年隶属李湾生产队；1963年隶属李湾大队；1980年隶属程湾大队；1984年隶属李湾村至今。村委会驻地。东邻程家湾，南界高堤村旱城子，西至枣资路，北连杨岗社区。总面积0.44平方千米，耕地面积28.3公顷。55户，180人。主产水稻、小麦、玉米，兼种果蔬。村落形态呈散状，房屋结构以平房和坡房为主。

程家湾【Chéngjiāwān】 以姓氏命名。因程姓聚居而得名。1954年隶属李湾生产队；1963年隶属李湾大队；1980年隶属程湾大队；1984年隶属李湾村至今。位于村委会东1千米。东邻林家湾，南界东岗村东岗，西至程家大湾，北连李湾。总面积0.3平方千米，耕地面积14公顷。25户，100人。主产水稻、小麦、玉米，兼种果蔬。村落形态呈散状，房屋结构以平房和楼房为主。

李湾【Lǐwān】 以姓氏命名。因李姓聚居而得名。1954年隶属李湾生产队；1963年隶属李湾大队；1980年隶属程湾大队；1984年隶属李湾村至今。位于村委会东北1千米。东邻林家湾，南界程家湾，西至杨岗社区，北连谢寨村谢家寨。总面积0.4平方千米，耕地面积25.93公顷。45户，160人。主产水稻、小麦、玉米，兼种果蔬，水产养殖。村落形态呈散状，房屋结构以平房、坡房和楼房为主。

林家湾【Línjiāwān】 以姓氏命名。因林姓聚居而得名。1954年隶属李湾生产队；1963年隶属李湾大队；1980年隶属程湾大队；1984年隶属李湾村至今。位于村委会东北1.2千米。东邻兴隆镇陈楼村陈家楼，南界程家湾，西至李湾，北连谢寨村谢家寨。总面积0.37平方千米，耕地面积20.4公顷。34户，130人。主产水稻、小麦、玉米，兼种果蔬。村落形态呈散状，房屋结构以平房、坡房和楼房为主。

刘湾村【Liúwāncūn】

以刘家湾自然村命名。1954年为刘家湾生产队，隶属高堤农场；1958年隶属干部农场；1959年隶属湖北省枣阳县随阳农场；1963年为刘家湾大队；1973年隶属襄阳地区随阳农场；1984年为刘湾村，隶属枣阳县随阳区；1989年隶属襄樊市随阳农场；2004年隶属枣阳市随阳管理区至今。位于管理区北3千米。东邻王湾村，南界亢湾村，西至兴隆镇兴隆街道社区，北连兴隆镇草寺村。辖3个自然村，总面积1.8平方千米，耕地面积54.26公顷。118户，610人。主产小麦、杂粮，兼种果蔬。316国道过境，村委会驻南湾。

刘家湾【Liújiāwān】 以姓氏命名。因刘姓聚居而得名。1954年隶属刘家湾生产队；1963年隶属刘家湾大队；1984年隶属刘湾村至今。位于村委会西600米。东邻南湾，南界亢家湾，西至兴隆镇幸福社区许家湾，北连兴隆镇草寺村聂家湾。总面积0.7平方千米，耕地面积23公顷。51户，260人。主产水稻、小麦、玉米，兼种果蔬。村落形态呈散状，房屋结构以平房和坡房为主。

南湾【Nánwān】 以方位命名。因位于草寺村刘家湾南边而得名。1954年隶属刘家湾生产队；1963年隶属刘家湾大队；1984年隶属刘湾村至今。村委会驻地。东邻小王湾，南界园艺村，西至刘家湾，北连兴隆镇草寺村刘家湾。总面积0.65平方千米，耕地面积22公顷。49户，250人。主产水稻、小麦、玉米，兼种果蔬。村落形态呈散状，房屋结构以平房和坡房为主。

小王湾【Xiǎowángwān】 以姓氏和规模综合命名。因王姓聚居且村子较小而得名。1954年隶属刘家湾生产队；1963年隶属刘家湾大队；1984年隶属刘湾村至今。位于村委会东800米。东邻王湾村大王家湾，南界园艺村，西至南湾，北连兴隆镇草寺村刘家湾。总面积0.45平方千米，耕地面积9.26公顷。18户，100人。主产水稻、小麦、玉米，兼种果蔬。村落形态呈散状，房屋结构以平房和坡房为主。

孙湾村【Sūnwāncūn】

以孙湾自然村命名。1954年为孙湾生产队，隶属高堤农场；1958年隶属干部农场；1959年隶属湖北省枣阳县随阳农场；1963年为孙湾大队；1973年隶属襄阳地区随阳农场；2004年隶属枣阳市随阳管理区至今。位于管理区西北1.2千米。东邻杨岗社区，南界董湾村，西至兴隆镇亢老湾村，北连亢湾村。辖2个自然村，总面积0.77平方千米，耕地面积46.6公顷。109户，430人。主产水稻、小麦、杂粮，兼种果蔬。村委会驻孙湾。

孙湾【Sūnwān】 以姓氏命名。因孙姓聚居而得名。1954年隶属孙湾生产队；1963年隶属孙湾大队；1984年隶属孙湾村至今。村委会驻地。东邻杨岗社区，南界董湾村董家湾，西至兴隆镇亢老湾村，北连小孙湾。总面积0.55平方千米，耕地面积32.6公顷。88户，340人。主产水稻、小麦、玉米，兼种果蔬。村落形态呈线状，房屋结构以平房为主。

小孙湾【Xiǎosūnwān】 以面积和姓氏综合命名。因孙姓聚居且村庄较小而得名。1954 年隶属孙湾生产队；1963 年隶属孙湾大队；1984 年隶属孙湾村至今。位于村委会北 200 米。东邻杨岗社区，南界孙家湾，西至兴隆镇亢老湾村，北连亢湾村左家湾。总面积 0.22 平方千米，耕地面积 14 公顷。21 户，90 人。主产水稻、小麦、玉米，兼种果蔬。村落形态呈线状，房屋结构以平房和楼房为主。

王湾村【Wángwāncūn】

以王家湾自然村命名。1954 年为王家湾生产队，隶属高堤农场；1958 年隶属于干部农场；1959 年隶属湖北省枣阳县随阳农场；1963 年为王湾大队；1973 年隶属襄阳地区随阳农场；1980 年更名为冯湾大队；1984 年为王湾村，隶属枣阳县随阳区；1989 年隶属襄樊市随阳农场；2004 年隶属枣阳市随阳管理区至今。位于管理区东北 3.8 千米。东邻官庄村，南界园艺村，西至刘湾村，北连油坊村。辖 3 个自然村，总面积 3.6 平方千米，耕地面积 114.6 公顷。245 户，840 人。主产水稻、小麦，兼种果蔬，养殖水产。316 国道过境，村委会驻王家湾。

冯家湾【Féngjiāwān】 以姓氏命名。因冯姓聚居而得名。1954 年隶属王家湾生产队；1963 年隶属王湾大队；1984 年隶属王湾村至今。位于村委会南 1 千米。东邻官庄村汪家湾，南界谢寨村马家湾，西至园艺村，北连王家湾。总面积 1 平方千米，耕地面积 28.7 公顷。27 户，110 人。主产水稻、小麦、玉米，兼种果蔬和水产养殖。村落形态呈散状，房屋结构以坡房和楼房为主。

王家湾【Wángjiāwān】 以姓氏命名。因王姓聚居而得名。1954 年隶属王家湾生产队；1963 年隶属王湾大队；1984 年隶属王湾村至今。村委会驻地。东邻官庄村刘家湾，南界冯家湾，西至刘湾村南湾，北连张湾村。总面积 1.2 平方千米，耕地面积 35 公顷。166 户，510 人。主产水稻、小麦、玉米，兼种果蔬。村落形态呈散状，房屋结构以坡房和楼房为主。

张家湾【Zhāngjiāwān】 以姓氏命名。因张姓聚居而得名。1954 年隶属王家湾生产队；1963 年隶属王湾大队；1984 年隶属王湾村至今。位于村委会北 1.2 千米。东邻华阳河水库，南界王家湾，西至兴隆镇草寺村刘家湾，北连兴隆镇草寺村陈家湾。总面积 1.6 平方千米，耕地面积 50.9 公顷。52 户，220 人。主产水稻、小麦、玉米，水产养殖，兼种果蔬。村落形态呈散状，房屋结构以坡房和楼房为主。

谢寨村【Xièzhàicūn】

以谢家寨自然村命名。1954 年为谢家寨生产队，隶属高堤农场；1959 年隶属湖北省枣阳县随阳农场；1963 年为谢家寨大队；1973 年隶属襄阳地区随阳农场；1984 年为谢寨村，隶属枣阳县随阳区；1989 年隶属襄樊市随阳农场；2004 年隶属枣阳市随阳管理区至今。位于管理区东北 2 千米。东邻兴隆镇陈楼村，南界李湾村，西至园艺村，北连官庄村。辖 3 个自然村，总面积 3.1 平方千米，耕地面积 110.9 公顷。136 户，610 人。主产水稻、小麦、玉米，有优质桃树种植。枣资路过境，村委会驻杨湾。

马湾【Mǎwān】 以姓氏命名。因马姓聚居而得名。1954年隶属谢家寨生产队；1963年隶属谢家寨大队；1984年隶属谢寨村至今。位于村委会东北1.3千米。东邻官庄村谢湾，南界杨湾，西至园艺村，北连王湾村冯家湾。总面积0.67平方千米，耕地面积23.8公顷。40户，200人。主产水稻、小麦、玉米。村落形态呈团状，房屋结构以坡房和楼房为主。

谢家寨【Xièjiāzhài】 以姓氏命名。因谢姓聚居而得名。1954年隶属谢家寨生产队；1963年隶属谢家寨大队；1984年隶属谢寨村至今。位于村委会东1.1千米。东邻兴隆镇陈楼村伍家湾，南界李湾村林家湾，西至杨湾村，北连马湾。总面积1.73平方千米，耕地面积62公顷。49户，200人。主产水稻、小麦、玉米，种植10公顷优质桃树。村落形态呈团状，房屋结构以坡房和楼房为主。

杨湾【Yángwān】 以姓氏命名。因杨姓聚居而得名。1954年隶属谢家寨生产队；1963年隶属谢家寨大队；1984年隶属谢寨村至今。村委会驻地。东邻谢家寨，南界杨岗社区杨家岗，西至园艺村，北连马湾。总面积0.7平方千米，耕地面积25.1公顷。47户，210人。主产水稻、小麦，种植优质桃树10公顷。村落形态呈团状，房屋结构以坡房和楼房为主。

油坊村【Yóufángcūn】

以油坊湾自然村命名。1954年为油坊湾生产队，隶属高堤农场；1958年隶属干部农场；1959年隶属湖北省枣阳县随阳农场；1963年为油坊湾大队；1973年隶属襄阳地区随阳农场；1984年为油坊村，隶属枣阳县随阳区；1989年隶属襄樊市随阳农场；2004年隶属枣阳市随阳管理区至今。位于管理区东北4.5千米。东邻兴隆镇竹林村，南界官庄村，西至华阳河水库，北连兴隆镇草寺村。辖3个自然村，总面积3.6平方千米，耕地面积54公顷。75户，310人。主产小麦、杂粮，兼种果树。村委会驻油坊湾。

廖家湾【Liàojiāwān】 以姓氏命名。因廖姓聚居而得名。1954年隶属油坊湾生产队；1963年隶属油坊湾大队；1984年隶属油坊村至今。位于村委会东北2千米。东邻兴隆镇竹林村流水沟，南界官庄村新庄，西至杨家湾，北连兴隆镇草寺村华家楼。总面积1平方千米，耕地面积16公顷。16户，90人。主产小麦、杂粮，种植果树。村落形态呈线状，房屋结构以平房为主。

杨家湾【Yángjiāwān】 以姓氏命名。因杨姓聚居而得名。1954年隶属油坊湾生产队；1963年隶属油坊湾大队；1984年隶属油坊村至今。位于村委会东500米。东邻兴隆镇竹林村关家湾，南界官庄村新庄，西至油坊湾，北连兴隆镇草寺村小庙。总面积1.1平方千米，耕地面积18公顷。20户，100人。主产小麦、杂粮，种桃2公顷。村落形态呈线状，房屋结构以平房为主。

油坊湾【Yóufángwān】 以作坊命名。因村里曾开过榨油的作坊而得名。1954年隶属油坊湾生产队；1963年隶属油坊湾大队；1984年隶属油坊村至今。村委会驻地。东邻杨家湾，南界官庄村刘家湾，西至华阳河水库，北连兴隆镇草寺村小庙。总面积1.5平方千米，耕地面积20公顷。39户，120人。主产小麦、杂粮，种桃、梨3公顷。村落形态呈线状，房屋结构以平房为主。

园艺村【Yuányìcūn】

以工作性质命名。因该村为农场种植果木花草场所而得名。1959年隶属湖北省枣阳县随阳农场;1963年为园艺大队;1973年隶属襄阳地区随阳农场;1984年为园艺村,隶属枣阳县随阳区;1989年隶属襄樊市随阳农场;2004年隶属枣阳市随阳管理区至今。位于管理区北2千米。东邻王湾村,南界杨岗社区,西至亢湾村,北连刘湾村。辖2个自然村,总面积1.3平方千米,耕地面积62.77公顷。151户,430人。主产水稻、玉米,兼种果蔬。枣资公路过境,村委会驻园艺。

王家洼【Wángjiāwā】 以姓氏和地形综合命名。因王姓聚居洼地而得名。1963年隶属园艺大队;1984年隶属园艺村至今。位于村委会西南1千米。东邻谢寨村杨家湾,南界畜牧场,西至亢湾村牛湾,北连园艺村。总面积0.3平方千米,耕地面积3.47公顷。4户,10人。主产水稻、小麦,兼种果树。村落形态呈线状,房屋结构以楼房为主。

园艺【Yuányì】 以工作性质命名。因此地有个园艺场而得名。1963年隶属园艺大队;1984年隶属园艺村至今。村委会驻地。东邻王湾村冯家湾,南界王家洼,西至亢湾村郑家湾,北连316国道。总面积1平方千米,耕地面积59.3公顷。147户,420人。主产水稻、小麦、玉米,兼种果蔬。村落形态呈散状,房屋结构以平房为主。

第十一章 太平镇

第一节 太平镇概况

太平镇【Tàipíngzhèn】

清末该镇筑有寨墙，修有炮楼，某年一股土匪到此，见寨门防守严密，便绕道而行，此地太平无事，故名。位于市政府北19千米。东邻鹿头镇，南界环城街道，西至杨垱镇，北连河南省唐河县湖阳镇。总面积254.51平方千米，耕地面积15039.29公顷。截至2014年，有2.38万户，9.88万人。辖2个居委会、63个村。镇政府驻太平大道3号。1956年成立太平区；1958年为灯塔公社；1961年为太平区；1975年为太平公社；1984年为太平镇；2011年原姚岗镇并入太平镇至今。太平镇是湖北省口子镇、国家重点镇。境内矿产资源主要有滑石、矾石、耐火石、大理石等。唐梓山大理石分布面积20平方千米，储量2亿立方米。农业以种植水稻、小麦、玉米，兼种植棉花、花生、芝麻、水果等作物。工业以食品、建材、加工、铸造、板材为主。2014年全镇有企业532家，其中年产值千万元以上的企业9家、百万元以上的企业131家、十万元以上的企业239家。农贸市场9个，摊位1163个，年成交额9100万元。个体工商经营户1200户，年经营总额5600万元。有农行分理处1家、邮政储蓄网点2家、信用社1家（下辖3个信用分社）。文化艺术历史悠久，历史文化、民间文化丰富多彩，有文化馆、文化服务中心、曲剧和豫剧剧团各一个，村级文化活动室、农家书屋65个。太平面塑、打老窝被列入襄阳市非物质文化遗产。全镇有幼儿园18所、小学11所、教学点2个、初中3所、教师185人。拥有卫生院2家、卫生所4个、村卫生室63个，专业医生80人，专业医护人员271人，病床318张。境内唐梓山风景区被评为"湖北省级旅游定点单位"和"襄阳市道教文化圣地"。交通畅达，寺沙省道穿境而过。

第二节　城市社区、居民点

太平社区【Tàipíng Shèqū】

以街道集镇名称命名。1983年为太平街道居委会，隶属太平区；2001年为太平社区居民委员会，隶属太平镇至今。位于镇政府北500米。东邻开发路，南界太平大道，西至寺沙路，北连教育路。总面积0.7平方千米，无耕地。465户，1180人。经济形态以经商为主。

姚岗街道社区【Yáogǎng Jiēdào Shèqū】

以姓氏和集镇综合命名。1992年为姚岗居委会，隶属姚岗镇；2001年隶属太平镇；2013年为姚岗社区居民委员会，隶属太平镇至今。位于镇政府东6千米。东邻清凉村，南界清凉村，西至荣庄村，北连黄岗村。辖4条街道，总面积1.5平方千米，无耕地。1050户，6450人。经济形态以经商、务工。村落形态呈线状，房屋结构以楼房为主。枣双路、吉太路穿境而过，居委会驻地兴华街119号。

姚岗【Yáogǎng】　以水库灌区、民间传说和治岗工程综合命名。姚岗没有具体村名，是一条呈东西走向、绵延数十里的一条山岗，因是姚棚水库的主灌区，又是东汉二十八宿之一的姚期墓地，姚期之子姚岗是汉代著名将领。1959年全县人民对此岗进行治理，县委文件正式命名为姚岗。1975年新建街道设姚岗公社；1992年隶属姚岗居委会；2013年隶属姚岗社区居民委员会至今。居委会驻地。东邻清凉村清凉寺，南界清凉村清凉寺，西至荣庄村荣庄，北连黄岗村黄岗。辖4条街道，总面积1.5平方千米，无耕地。1050户，6450人。以经商、务工。村落形态呈线状，房屋结构以楼房为主。

第三节　农村社区（村）自然村、居民点

北高庄村【Běigāozhuāngcūn】

以自然村高庄和方位综合命名。因高庄位于太平街北，故名。1951年隶属太平区；1958年为国庆大队，隶属灯塔公社；1964年为北高庄大队，隶属太平区；1975年隶属太平公社；1984年为北高庄村，隶属太平镇；1987年所辖的4个自然村划入石矿场，隶属太平镇至今。位于镇政府北8千米。东邻唐梓山村，南界北张庄村，西至北刘庄村，北连唐梓山村。辖4个自然村，总面积3.07平方千米，耕地面积22.6公顷。224户，930人。主产小麦、水稻和杂粮，兼种果蔬。

北巷【Běixiàng】 以方位命名。因村建在石匠巷北边而得名。1958 年隶属国庆大队；1964 年隶属北高庄大队；1984 年隶属北高庄村至今。位于村委会南 700 米。东邻唐梓山村染房庄，南界南巷，西至刘庄村刘庄，北连高庄。总面积 0.58 平方千米，耕地面积 4.13 公顷。48 户，180 人。主产水稻、小麦，兼种果蔬。村落形态呈散状，房屋结构以平房和楼房为主。

高庄【Gāozhuāng】 以姓氏命名。因高姓聚居而得名。1958 年隶属国庆大队；1964 年隶属北高庄大队；1984 年隶属北高庄村至今。位于村委会东 200 米。东邻唐梓山村染房庄，南界南巷，西至北巷，北连小高庄。总面积 1 平方千米，耕地面积 8 公顷。75 户，310 人。主产水稻、小麦，兼种果蔬。村落形态呈散状，房屋结构以平房和楼房为主。

南巷【Nánxiàng】 以方位命名。因村建在石匠巷南边而得名。1958 年隶属国庆大队；1964 年隶属北高庄大队；1984 年隶属北高庄村至今。位于村委会南 1 千米。东邻唐梓山村染房庄，南界北张庄，西至刘庄村刘庄，北连北巷。总面积 1.31 平方千米，耕地面积 10.34 公顷。98 户，430 人。主产水稻、小麦，兼种果蔬。村落形态呈散状，房屋结构以平房和楼房为主。

小高庄【Xiǎogāozhuāng】 以姓氏和规模综合命名。因高姓聚居且村子较小而得名。1958 年隶属国庆大队；1964 年隶属北高庄大队；1984 年隶属北高庄村至今。位于村委会东北 300 米。东邻郑庄，南界高庄，西至刘庄村粉坊庄，北连小周庄。总面积 0.18 平方千米，耕地面积 0.13 公顷。3 户，10 人。主产小麦，兼种蔬菜。村落形态呈散状，房屋结构以坡房为主。

北街村【Běijiēcūn】

以自然村北街命名。1958 年为建平大队，隶属灯塔公社；1961 年隶属太平区；1975 年为北街大队，隶属太平公社；1984 年为北街村，隶属太平镇至今；位于镇政府驻地。东邻李岗村，南界南街村，西至牛心堰，北连高夏庄村。辖 1 个自然村，总面积 1 平方千米，耕地面积 70 公顷。327 户，1380 人。主产小麦。寺沙路过境，村委会驻唐枣路北头。

北街【Běijiē】 以方位和街道综合命名。因村子位于太平镇北半部而得名。1958 年隶属建平大队；1975 年隶属北街大队；1984 年隶属北街村至今。村委会驻地。东邻李岗村李岗，南界南街村，西至卫岗村三里庙，北连高夏庄村高夏庄。总面积 1 平方千米，耕地面积 70 公顷。327 户，1380 人。主产小麦、杂粮。村落形态呈线状，房屋结构以平房和楼房为主。

北刘庄村【Běiliúzhuāngcūn】

以自然村刘庄和方位综合命名。因刘庄位于太平街北而得名。1958 年为国强大队，隶属灯塔公社；1964 年为刘庄大队，隶属太平区；1975 年隶属太平公社；1980 年因重名为北刘庄大队；1984 年为北刘庄村，隶属太平镇至今。位于镇政府北 18 千米。东邻北高庄村，南界唐梓山，西至紫玉山，北连河南省湖阳镇杨寨村。辖 8 个自然村，总面积 3.38 平方千米，耕地面积 169.1 公顷。385 户，1780 人。主产小麦和玉米，兼种果蔬，发展养殖业。村委会驻刘庄。

仓房庄【Cāngfángzhuāng】 以建筑物命名。因设过仓房而得名，"仓房"指储藏粮食的房屋。1958年隶属国强大队；1964年隶属刘庄大队；1980年隶属北刘庄大队；1984年隶属北刘庄村至今。位于村委会西北300米。东邻村办公室，南界郭全庄，西至河南省++湖阳镇杨寨村前进庄，北连杨寨。总面积0.44平方千米，耕地面积22.3公顷。44户，190人。主产玉米、小麦和花生。村落形态呈散状，房屋结构以平房和楼房为主。

粉坊庄【Fěnfángzhuāng】 以职业命名。因开过粉坊而得名，"粉坊"指加工粉条的作坊。1958年隶属国强大队；1964年隶属刘庄大队；1980年隶属北刘庄大队；1984年隶属北刘庄村至今。位于村委会西南700米。东邻刘庄，南界唐梓山，西至郭全庄，北连仓房庄。总面积0.24平方千米，耕地面积16.8公顷。20户，110人。主产玉米、小麦和花生。村落形态呈散状，房屋结构以平房和楼房为主。

郭全庄【Guōquánzhuāng】 以姓氏命名。因村子里居住的全是郭姓而得名。1958年隶属国强大队；1964年隶属刘庄大队；1980年隶属北刘庄大队；1984年隶属北刘庄村至今。位于村委会西1.5千米。东邻粉坊庄，南界唐梓山，西至紫玉山，北连湖阳镇杨寨村前进庄。总面积0.48平方千米，耕地面积24.6公顷。50户，230人。主产玉米、小麦和花生。村落形态呈散状，房屋结构以平房和楼房为主。

韩庄【Hánzhuāng】 以姓氏命名。因韩姓聚居而得名。1958年隶属国强大队；1964年隶属刘庄大队；1980年隶属北刘庄大队；1984年隶属北刘庄村至今。位于村委会东北1千米。东邻盐店，南界刘庄，西至杨寨，北连陈家山。总面积0.44平方千米，耕地面积21公顷。45户，170人。主产玉米、小麦和花生。村落形态呈散状，房屋结构以平房和楼房为主。

刘庄【Liúzhuāng】 以姓氏命名。因刘姓聚居而得名。1958年隶属国强大队；1964年隶属刘庄大队；1980年隶属北刘庄大队；1984年隶属北刘庄村至今。村委会驻地。东邻北高庄村北巷，南界唐梓山，西至粉坊，北连韩庄。总面积0.74平方千米，耕地面积35.2公顷。130户，610人。主产玉米、小麦和花生。村落形态呈团状，房屋结构以坡房为主。

小周庄【Xiǎozhōuzhuāng】 以规模和姓氏综合命名。因周姓聚居且村子较小而得名。1958年隶属国强大队；1964年隶属刘庄大队；1980年隶属北刘庄大队；1984年隶属北刘庄村至今。位于村委会东北2千米。东邻北高庄河坝，南界夜毛山，西至盐店，北连唐梓山村活水朋。总面积0.16平方千米，耕地面积5.9公顷。10户，40人。主产玉米、小麦和花生。村落形态呈散状，房屋结构以平房和楼房为主。

盐店【Yándiàn】 以职业命名。因最早在此居住的人开过盐店而得名。1958年隶属国强大队；1964年隶属刘庄大队；1980年隶属北刘庄大队；1984年隶属北刘庄村至今。位于村委会东北1.1千米。东邻北高庄村北巷，南界刘庄，西至韩庄，北连陈家山。总面积0.44平方千米，耕地面积19.9公顷。43户，220人。主产玉米、小麦和花生。村落形态呈散状，房屋结构以平房和楼房为主。

杨寨【Yángzhài】 以姓氏和建筑物综合命名。因杨姓聚居且村周修有寨墙而得名。1958年隶属国强大队；1964年隶属刘庄大队；1980年隶属北刘庄大队；1984年隶属北刘庄村至今。位于村委会北1千米。东邻陈家山，南界村委会办公室，西至河南省湖阳镇杨寨村西寨，北连河南省湖阳镇杨寨村八里岗。总面积0.44平方千米，耕地面积23.4公顷。43户，210人。主产玉米、小麦和花生。村落形态呈散状，房屋结构以平房和楼房为主。

北张庄村【Běizhāngzhuāngcūn】

以自然村张庄和方位综合命名。因张庄位于太平街北而得名。1958年为金星大队,隶属灯塔公社;1964年更名张庄大队,隶属太平区;1975年,重名为北张庄大队,隶属太平公社;1984年为北张庄村,隶属太平镇至今。位于镇政府北7千米。东邻双河村,南界瞿庄村,西至唐梓山,北连高庄村。辖3个自然村,总面积3.06平方千米,耕地面积218.1公顷。352户,1390人。主产小麦、玉米和花生,有养殖业。唐梓山风景旅游区在北张庄村境内,唐双路过境,村委会驻张庄。

牛庄【Niúzhuāng】 以姓氏命名。因牛姓聚居而得名。1958年隶属金星大队;1964年隶属张庄大队;1975年隶属北张庄大队;1984年隶属北张庄村至今。位于村委会东南2千米。东邻双河村聂庄,南界大王村二王,西至石头河,北连唐梓山村袁庄。总面积0.66平方千米,耕地面积58公顷。70户,280人。主产玉米、小麦和花生,有养殖业。村落形态呈散状,房屋结构以坡房和楼房为主。

石头河【Shítóuhé】 以河流命名。因村后有一条河且河底石头多而得名。1958年隶属金星大队;1964年隶属张庄大队;1975年隶属北张庄大队;1984年隶属北张庄村至今。位于村委会东南1千米。东邻牛庄,南界郭庄,西至张庄,北连石头河水库。总面积0.40平方千米,耕地面积37.1公顷。50户,170人。主产玉米、小麦和花生,兼种蔬菜。村落形态呈线状,房屋结构以平房和楼房为主。

张庄【Zhāngzhuāng】 以姓氏命名。因张姓聚居而得名。1958年隶属金星大队;1964年隶属张庄大队;1975年隶属北张庄大队;1984年隶属北张庄村至今。村委会驻地。东邻石头河,南界瞿庄村代庄,西至唐梓山,北连北高庄村南巷。总面积2平方千米,耕地面积123公顷。232户,940人。主产玉米、小麦和花生,兼种杂粮。村落形态呈团状,房屋结构以平房和楼房为主。

陈河村【Chénhécūn】

以姓氏和河流综合命名。"陈"指姓氏,"河"指村前的小河。1956年隶属太平区;1958年为国光大队,隶属灯塔公社;1964年为陈河大队,隶属太平区;1975年隶属太平公社;1984年为陈河村,隶属太平镇至今。位于镇政府西北12千米。东邻桃园村,南界杨垱镇杨洼村,西至付庄村,北连西街村。辖4个自然村,总面积1.49平方千米,耕地面积109公顷。277户,1390人。主产小麦和杂粮。杨湖路过境,村委会驻吕家庄。

孔庄【Kǒngzhuāng】 以姓氏命名。因孔姓聚居而得名。1958年隶属国光大队;1964年隶属陈河大队;1984年隶属陈河村至今。位于村委会东北500米。东邻桃园村桃园,南界闫庄,西至吴集,北连西街村张洼。总面积0.4平方千米,耕地面积30.4公顷。70户,270人。主产玉米、小麦。村落形态呈散状,房屋结构以平房和楼房为主。

吕家庄【Lǚjiāzhuāng】 以姓氏命名。因吕姓聚居而得名。1958年隶属国光大队;1964年隶属陈河大队;1984年隶属陈河村至今。村委会驻地。东邻闫庄,南界周桥水库,西至杨垱镇杜庙村杨森垱,北连吴集。总面积 0.5 平方千米，耕地面积 40 公顷。90 户，500 人。主产玉米、小麦。村落形态呈团状，房屋结构以平房和楼房为主。

吴集【Wújí】 以姓氏和集镇综合命名。因吴姓在此设过集镇而得名。1958 年隶属国光大队；1964 年隶属陈河大队；1984 年隶属陈河村至今。位于村委会北 130 米。东邻孔庄，南界吕家庄，西至杨垱镇杜庙村张杨庄，北连傅庄村韩庄。总面积 0.5 平方千米，耕地面积 30 公顷。92 户，490 人。主产玉米、小麦。村落形态呈团状，房屋结构以平房和楼房为主。

闫庄【Yánzhuāng】 以姓氏命名。因闫姓聚居而得名。1958 年隶属国光大队；1964 年隶属陈河大队；1984 年隶属陈河村至今。位于村委会东 300 米。东邻桃园村桃园，南界周桥水库，西至吕家庄，北连孔庄。总面积 0.09 平方千米，耕地面积 8.6 公顷。25 户，130 人。主产玉米、小麦。村落形态呈散状，房屋结构以平房和楼房为主。

崔垱村【Cuīdàngcūn】

以崔垱自然村命名。1958 年为光明大队，隶属灯塔公社；1961 年为崔垱大队，隶属太平区；1975 年隶属姚岗公社；1980 年因重名为北张庄大队；1984 年为崔垱村，隶属姚岗区；1987 年隶属姚岗镇；2001 年隶属太平镇至今。位于镇政府东北 21.5 千米。东邻新市镇山头李村，南界康河村，西至三户刘村，北连河南唐河县祁仪镇兴堂村。辖 13 个自然村，总面积 8.05 平方千米，耕地面积 293.32 公顷。266 户，1210 人。主产小麦、水稻、玉米。双祁路过境，村委会驻崔垱。

陈庄【Chénzhuāng】 以姓氏命名。因陈姓聚居而得名。1958 年隶属光明大队；1961 年隶属崔垱大队；1984 年隶属崔垱村至今。位于村委会南 2 千米。东邻新市镇泉沟村汪庄，南界康河村新庄，西至康河村仓房庄，北连万树店。总面积 0.8 平方千米，耕地面积 34.6 公顷。32 户，150 人。主产玉米、小麦和水稻，兼种油料花生。村落形态呈线状，房屋结构以坡房和楼房为主。

崔垱【Cuīdàng】 以姓氏和垱坝综合命名。因崔姓聚居且村前有一个水垱而得名。1958 年隶属光明大队；1961 年隶属崔垱大队；1984 年隶属崔垱村至今。村委会驻地。东邻堰田庄，南界下垱，西至大艾庄，北连扫帚沟。总面积 0.87 平方千米，耕地面积 28 公顷。27 户，130 人。主产玉米、小麦和水稻，兼种油料花生。村落形态呈团状，房屋结构以坡房和楼房为主。

大艾庄【Dààizhuāng】 以排行和姓氏综合命名。因艾姓老大居住而得名。1958 年隶属光明大队；1961 年隶属崔垱大队；1975 年隶属东沟大队；1980 年隶属崔垱大队；1984 年隶属崔垱村至今。位于村委会西北 600 米。东邻崔垱，南界东沟，西至小艾庄，北连唐河县湖阳镇活水杨村后河庄。总面积 0.66 平方千米，耕地面积 23.33 公顷。17 户，90 人。主产玉米、小麦和水稻，兼种油料花生。村落形态呈团状，房屋结构以坡房为主。

葛条冲【Gětiáochōng】 以姓氏、植物和地形综合命名。因葛姓居住在长了较多藤条的冲旁边而得名。1958 年隶属光明大队；1961 年隶属崔垱大队；1984 年隶属崔垱村至今。位于村委会东北 2 千米。东邻江口，南界扫帚沟，西至大艾庄，北连唐河县湖阳镇活水杨村后河庄。总面积 0.6 平方千米，耕地面积 30 公顷。18 户，60 人。主产玉米、小麦和水稻，兼种油料花生。村落形态呈散状，房屋结构以坡房为主。

江口【Jiāngkǒu】 原名疆口，以地理位置命名。因位于湖北、河南两省交界处，故名。1958年隶属光明大队；1961年隶属崔垱大队；1984年隶属崔垱村至今。位于村委会东北2千米。东邻唐河县兴堂村南王庄，南界桃园，西至葛条冲，北连唐河县兴堂村尤家庄。总面积0.9平方千米，耕地面积41.53公顷。32户，190人。主产玉米、小麦和水稻，兼种油料花生。村落形态呈散状，房屋结构以坡房为主。

迁民店【Qiānmíndiàn】 以居民的由来命名。因村内居住的都是搬迁来的居民且开过店铺而得名。1958年隶属光明大队；1961年隶属崔垱大队；1984年隶属崔垱村至今。位于村委会东南2千米。东邻新市镇周庄村汪庄，南界康河村越庄，西至万树店，北连堰田。总面积0.87平方千米，耕地面积36.53公顷。48户，210人。主产玉米、小麦和水稻，兼种油料花生。村落形态呈团状，房屋结构以坡房和楼房为主。

扫帚沟【Sàozhǒugōu】 以产品和地形综合命名。因村建于生产扫帚的山沟旁而得名。1958年隶属光明大队；1961年隶属崔垱大队；1984年隶属崔垱村至今。位于村委会北700米。东邻桃园，南界崔垱，西至大艾庄，北连葛条冲。总面积0.53平方千米，耕地面积13.33公顷。9户，30人。主产玉米、小麦和水稻，兼种油料花生。村落形态呈线状，房屋结构以坡房为主。

杉树扒【Shānshùbā】 以植物命名。因原村前杉树多而得名。1958年隶属光明大队；1961年隶属崔垱大队；1975年隶属东沟大队；1980年隶属崔垱大队；1984年隶属崔垱村至今。位于村委会西南1.5千米。东邻万树店，南界康河村仓房庄，西至东沟，北连崔垱。总面积0.46平方千米，耕地面积16公顷。16户，70人。主产玉米、小麦和水稻，兼种油料花生。村落形态呈散状，房屋结构以坡房为主。

桃园【Táoyuán】 以植物命名。因原村内桃树多而得名。1958年隶属光明大队；1961年隶属崔垱大队；1984年隶属崔垱村至今。位于村委会东北1.5千米。东邻新市镇山头里村镇金沟，南界堰田，西至扫帚沟，北连江口。总面积0.2平方千米，耕地面积5.33公顷。3户，10人。主产玉米、小麦和水稻，兼种油料花生。村落形态呈散状，房屋结构以坡房为主。

万树店【Wànshùdiàn】 以姓氏、植物和店铺综合命名。因万姓聚居，树木较多且开过小店而得名。1958年隶属光明大队；1961年隶属崔垱大队；1975年隶属东沟大队；1980年隶属崔垱大队；1984年隶属崔垱村至今。位于村委会东南1.5千米。东邻迁民店，南界陈庄，西至杉树扒，北连下垱。总面积0.43平方千米，耕地面积15.33公顷。23户，90人。主产玉米、小麦和水稻，兼种油料花生。村落形态呈团状，房屋结构以楼房为主。

下垱【Xiàdàng】 以方位和垱坝综合命名。因建村在崔垱下面而得名。1958年隶属光明大队；1961年隶属崔垱大队；1984年隶属崔垱村至今。位于村委会南500米。东邻迁民店，南界万树店，西至东沟水库，北连崔垱。总面积0.6平方千米，耕地面积16.67公顷。10户，50人。主产玉米、小麦和水稻。村落形态呈散状，房屋结构以坡房和楼房为主。

小艾庄【Xiǎo'àizhuāng】 以规模和姓氏综合命名。因艾姓聚居且村子较小而得名。1958年隶属光明大队；1961年隶属崔垱大队；1975年隶属东沟大队；1980年隶属崔垱大队；1984年隶属崔垱村至今。位于村委会西1.5千米。东邻大艾庄，南界东沟，西至三户刘村大凹，北连唐河县湖阳镇活水杨村后河庄。总面积0.6平方千米，耕地面积20.67公顷。23户，90人。主产玉米、小麦和水稻，兼种油料花生。村落形态呈线状，房屋结构以坡房为主。

堰田【Yàntián】 以堰塘和田地综合命名。因村前堰当田而得名。1958年隶属光明大队；1961年隶属崔挡大队；1984年隶属崔挡村至今。位于村委会东800米。东邻新市镇山头李村山头李庄，南界迁民店，西至崔挡，北连桃园。总面积0.53平方千米，耕地面积12公顷。8户，40人。主产玉米、小麦和水稻，兼种油料花生。村落形态呈散状，房屋结构以坡房和楼房为主。

大王村【Dàwángcūn】

以大王自然村命名。1958年为民和大队，隶属灯塔公社；1961年为大王大队，隶属太平区；1975年隶属姚岗公社；1984年为大王村，隶属姚岗区；1987年隶属姚岗镇；2001年隶属太平镇至今。位于镇政府东北8.5千米。东邻付岗村，南界舒庄村，西至翟庄村，北连双河村。辖4个自然村，总面积4.05平方千米，耕地面积289.91公顷。360户，1550人。主产小麦、花生、水稻和玉米，兼种果蔬。草双路过境，村委会驻大王。

大王【Dàwáng】 以排行和姓氏综合命名。因王姓老大居住而得名。1958年隶属民和大队；1961年隶属大王大队；1984年隶属大王村至今。村委会驻地。东邻付岗村付岗庄，南界舒庄村驼庄，西至二王，北连双河村。总面积1.63平方千米，耕地面积130公顷。164户，720人。主产小麦、花生、水稻和玉米，兼种果蔬。村落形态呈团状，房屋结构以坡房和楼房为主。

二王【Èrwáng】 以排行和姓氏综合命名。因王姓老二居住而得名。1958年隶属民和大队；1961年隶属二王大队；1984年隶属二王村；2001年隶属大王村至今。位于村委会西2千米。东邻大王，南界韩庄，西至翟庄村张王庄，北连双河村聂庄。总面积1.59平方千米，耕地面积108.91公顷。144户，610人。主产小麦、花生、水稻和玉米，兼种果蔬。村落形态呈团状，房屋结构以楼房为主。

郭楼【Guōlóu】 以姓氏和建筑物综合命名。因郭姓聚居且村内修有小楼而得名。1958年隶属建成大队；1961年隶属付岗大队；1984年隶属大王村至今。位于村委会东北1千米。东邻袁庄村沙子岗，南界付岗村付岗庄，西至大王，北连双河村齐湾。总面积0.63平方千米，耕地面积37公顷。29户，130人。主产小麦、花生、水稻和玉米，兼种果蔬。村落形态呈团状，房屋结构以平房和楼房为主。

韩庄【Hánzhuāng】 以姓氏命名。因韩姓聚居而得名。1958年隶属建国大队；1961年隶属杨庄大队；1981年隶属二王大队；1984年隶属二王村；2001年隶属大王村至今。位于村委会西南2.5千米。东邻杨庄水库，南界杨庄水库，西至翟庄村李双桥，北连二王。总面积0.2平方千米，耕地面积14公顷。23户，90人。主产小麦、花生、水稻和玉米，兼种果蔬。村落形态呈团状，房屋结构以平房为主。

东街村【Dōngjiēcūn】

以方位和街道综合命名，湖河街分东西两个村，位于东部的村叫东街村。1956年隶属太平区，1958年为金伟大队，隶属灯塔公社；1964年为东园大队，隶属太平区；1975年隶属太平公社；1980年因重名为湖河东街大队；1984年为东街村，隶属太平镇至今。位于镇政府西北9千米。东邻王庄村，南界桃园村，西至西街村，北连唐河县湖阳镇陈楼村。辖3个自然村，总面积9.04平方千米，耕地面积176.66公顷。800户，2900人。主产小麦和杂粮。东湖路过境，村委会驻湖河东街。

东园【Dōngyuán】 以方位和职业综合命名。因位于湖河街东，村民以种菜为主而得名。1958年隶属金伟大队；1964年隶属东园大队；1980年隶属湖河东街大队；1984年隶属东街村至今。位于村委会东南1千米。东邻王庄村吴家岗，南界桃园村南柳庄，西至西街村老高庄，北连唐河县湖阳镇陈楼村北刘庄。总面积0.9平方千米，耕地面积21.26公顷。60户，300人。主产小麦和杂粮。村落形态呈团状，房屋结构以平房和楼房为主。

湖河【Húhé】 以辖区地界命名。因中华人民共和国成立前为鄂豫两省分管（以戏楼为界），中华人民共和国成立后隶属湖北省而得名。"湖"指湖北省，"河"指河南省。1958年隶属金伟大队；1964年隶属东园大队；1980年隶属湖河东街大队；1984年隶属东街村至今。村委会驻地。东邻东园，南界桃园村南柳庄，西至西街村，北连唐河县湖阳镇陈楼村北刘庄。总面积7平方千米，耕地面积108.4公顷。650户，1880人。主产小麦和杂粮。村落形态呈团状，房屋结构以平房和楼房为主。

南柳庄【Nánliǔzhuāng】 以方位和姓氏综合命名。因柳姓聚居且位于湖河南而得名。1958年隶属金伟大队；1964年隶属东园大队；1980年隶属湖河东街大队；1984年隶属东街村至今。位于村委会南1千米。东邻王庄村孟庄，南界桃园村井盘高，西至西街村老高庄，北连东园。总面积1.14平方千米，耕地面积47公顷。90户，720人。主产小麦和杂粮。村落形态呈团状，房屋结构以坡房和楼房为主。

付岗村【Fùgǎngcūn】

以付岗自然村命名。1958年为建成大队，隶属灯塔公社；1961年为傅岗大队，隶属太平区；1975年隶属姚岗公社；1984年为付岗村，隶属姚岗区；1987年隶属姚岗镇；2001年隶属太平镇至今。位于镇政府东北19千米。东邻新市镇姚棚村，南界舒庄村，西至大王村，北连袁庄村。辖2个自然村，总面积2.27平方千米，耕地面积156公顷。236户，970人。主产小麦、玉米和水稻，兼种果树。

付岗【Fùgǎng】 以姓氏和地形综合命名。因付姓聚居岗地而得名。1958年隶属建成大队；1961年隶属付岗大队；1984年隶属付岗村至今。村委会驻地。东邻新市镇姚棚村东张湾，南界舒庄村刘庄，西至大王村大王庄，北连大王村郭楼。总面积1.29平方千米，耕地面积87公顷。127户，560人。主产小麦、花生、水稻和玉米，兼种果树。村落形态呈散状，房屋结构以平房和坡房为主。

西张湾【Xīzhāngwān】 以方位和姓氏综合命名。因张姓聚居而得名。1958年隶属建成大队；1961年隶属付岗大队；1984年隶属付岗村至今。位于村委会东1.1千米。东邻新市镇姚棚村东张湾，南界袁寨北街，西至付岗，北连袁庄村沙子岗。总面积0.98平方千米，耕地面积69公顷。109户，410人。主产小麦、花生、水稻和玉米，兼种果树。村落形态呈散状，房屋结构以平房和坡房为主。

付庄村【Fùzhuāngcūn】

以付庄自然村命名。1956年隶属太平区；1958年为同裕大队，隶属灯塔公社；1964年为付庄大队,隶属太平区;1975年隶属太平公社;1984年为付庄村,隶属太平镇至今。位于镇政府西北16千米。东邻西街村,南界杨垱镇北庙村,西至杨垱镇五房,北连唐河县湖阳镇王寨村。辖5个自然村,总面积3.4平方千米,耕地面积233.1公顷。336户,1460人。主产小麦、玉米,兼种杂粮。村委会驻付庄。

付庄【Fùzhuāng】 以姓氏命名。因付姓聚居而得名。1958年隶属同裕大队;1964年隶属付庄大队;1984年隶属付庄村至今。村委会驻地。东邻秦庄,南界张树庄,西至夏庄,北连唐河县湖阳镇亢寨。总面积1.2平方千米,耕地面积80公顷。103户,530人。主产小麦和玉米,兼种杂粮。村落形态呈散状,房屋结构以平房和楼房为主。

韩庄【Hánzhuāng】 以姓氏命名。因韩姓聚居而得名。1958年隶属同裕大队;1964年隶属付庄大队;1984年隶属付庄村至今。位于村委会南1.5千米。东邻陈河村孔庄,南界陈河村吴集,西至杨垱镇杜庙村张杨庄,北连张树庄。总面积0.4平方千米,耕地面积26.6公顷。42户,130人。主产小麦和玉米,兼种杂粮。村落形态呈团状,房屋结构以平房和楼房为主。

秦庄【Qínzhuāng】 以姓氏命名。因秦姓聚居而得名。1958年隶属同裕大队;1964年隶属付庄大队;1984年隶属付庄村至今。位于村委会东500米。东邻西街村老高庄,南界张树庄,西至付庄,北连张树庄。总面积1平方千米,耕地面积73.3公顷。115户,480人。主产小麦和玉米,兼种杂粮。村落形态呈散状,房屋结构以平房和楼房为主。

夏庄【Xiàzhuāng】 以姓氏命名。因夏姓聚居而得名。1958年隶属同裕大队;1964年隶属付庄大队;1984年隶属付庄村至今。位于村委会西南1千米。东邻张树庄,南界韩庄,西至杨垱镇红沙河村五房,北连付庄。总面积0.4平方千米,耕地面积26.6公顷。42户,160人。主产小麦和玉米,兼种杂粮。村落形态呈线状,房屋结构以平房和楼房为主。

张树庄【Zhāngshùzhuāng】 以姓氏和植物综合命名。因张姓聚居且村内有一颗古树而得名。1958年隶属同裕大队;1964年隶属付庄大队;1984年隶属付庄村至今。位于村委会南1千米。东邻西街村张洼,南界韩庄,西至夏庄,北连秦庄。总面积0.4平方千米,耕地面积26.6公顷。34户,160人。主产小麦和玉米,兼种杂粮。村落形态呈线状,房屋结构以平房和楼房为主。

高公村【Gāogōngcūn】

以高公桥自然村命名。1949年隶属太平区;1958年为警钟大队,隶属灯塔公社;1975年为高公大队,隶属太平公社;1984年为高公村,隶属太平镇至今。位于镇政府南4千米。东邻蛮子营村,南界黄王庄村,西至李石村,北连胡庄村。辖5个自然村,总面积1.94平方千米,耕地面积164.9公顷。252户,1326人。主产小麦、杂粮,兼种果树。寺沙路过境,村委会驻榆树店。

高公桥【Gāogōngqiáo】 以人名和桥综合命名。因村里有个叫高公的人,在村东南修有小桥而得名。1949年隶属太平区;1958年隶属警钟大队;1975年隶属高公大队;1984年隶属高公村至今。位于村委会南300米。东邻蛮子营村蛮子营,南界黄王庄村小张庄,西至刘庄,北连榆树店。总面积0.9平方千米,耕地面积 83.3 公顷。98 户，730 人。主产小麦、玉米和水稻，兼种果蔬。村落形态呈散状，房屋结构以平房和坡房为主。

韩庄【Hánzhuāng】 以姓氏命名。因韩姓聚居而得名。1958 年隶属警钟大队；1975 年隶属高公大队；1984 年隶属高公村至今。位于村委会西北 1 千米。东邻胡庄村胡庄，南界刘庄，西至胡庄村小刘庄，北连胡庄村东刘庄。总面积 0.3 平方千米，耕地面积 24.7 公顷。40 户，180 人。主产小麦、玉米和水稻。村落形态呈散状，房屋结构以平房和坡房为主。

刘庄【Liúzhuāng】 以姓氏命名。因刘姓聚居而得名。1958 年隶属警钟大队；1975 年隶属高公大队；1984 年隶属高公村至今。位于村委会西 1 千米。东邻高公桥，南界李石村邓庄，西至李石村安庄，北连韩庄。总面积 0.4 平方千米，耕地面积 32 公顷。52 户，186 人。主产小麦、玉米和水稻，兼种果树。村落形态呈散状，房屋结构以平房和坡房为主。

榆树店【Yúshùdiàn】 以植物和店铺综合命名。因村中有黄姓人家在大榆树下设过店铺而得名。1958 年隶属警钟大队；1975 年隶属高公大队；1984 年隶属高公村至今。位于村委会北 100 米。东邻蛮子营村蛮子营，南界高公桥，西至刘庄，北连胡庄村黄庄。总面积 0.1 平方千米，耕地面积 4.9 公顷。20 户，90 人。主产小麦、玉米和水稻。村落形态呈散状，房屋结构以平房和坡房为主。

张庄【Zhāngzhuāng】 以姓氏命名。因张姓聚居而得名。1958 年隶属警钟大队；1975 年隶属高公大队；1984 年隶属高公村至今。位于村委会西南 1 千米。东邻高公桥，南界黄王庄村小张庄，西至李石村邓庄，北连刘庄。总面积 0.24 平方千米，耕地面积 20 公顷。42 户，140 人。主产小麦、玉米和水稻。村落形态呈散状，房屋结构以平房和坡房为主。

高楼门村【Gāolóuméncūn】

以西楼门和东楼门自然村命名。1956 年隶属太平区；1958 年为高楼门大队，隶属灯塔公社；1975 年隶属太平公社；1984 年为高楼门村，隶属太平镇至今。位于镇政府西 2.2 千米。东邻南街村，南界李占岗村，西至桑园村，北连卫岗村。辖 3 个自然村，总面积 2.7 平方千米，耕地面积 215 公顷。363 户，1500 人。主产小麦。太杨路过境，村委会驻东楼门。

东楼门【Dōnglóumén】 以方位和建筑物综合命名。因高姓分居东西两村且在两村中间修建了大楼门，此村位东而得名。1958 年隶属高楼门大队；1984 年隶属高楼门村至今。村委会驻地。东邻北街村，南界杨太公路，西至王庄，北连卫岗村卫岗。总面积 1.05 平方千米，耕地面积 81.8 公顷。142 户，610 人。主产小麦和玉米，兼种花生芝麻。村落形态呈团状，房屋结构以平房和楼房为主。

王庄【Wángzhuāng】 以姓氏命名。因王姓聚居而得名。1958 年隶属高楼门大队；1984 年隶属高楼门村至今。位于村委会西 200 米。东邻东楼门，南界西楼门，西至桑园村桑园，北连卫岗村白庄。总面积 0.5 平方千米，耕地面积 41.6 公顷。65 户，260 人。主产小麦和玉米，兼种花生芝麻。村落形态呈团状，房屋结构以平房和楼房为主。

西楼门【Xīlóumén】 以方位和建筑物综合命名。因高姓分居东西两村且在中间修建了大楼门，此村位西而得名。1958 年隶属高楼门大队；1984 年隶属高楼门村至今。位于村委会南 100 米。东邻南街村，南界李占岗村李占岗，西至桑园村桑园，北连卫王庄。总面积1.15平方千米，耕地面积91.6公顷。156户，630人。主产小麦和玉米，兼种花生芝麻。村落形态呈团状，房屋结构以平房和楼房为主。

高夏庄村【Gāoxiàzhuāngcūn】

以高夏庄自然村命名。1958年为工农大队，隶属灯塔公社；1961年隶属太平区；1975年为高夏庄大队，隶属太平公社；1984年为高夏庄村，隶属太平镇至今。位于镇政府东北2.5千米。东邻赵河村，南界北街村，西至北省道，北连肖毛村。辖2个自然村，总面积1.84平方千米，耕地面积153.4公顷。325户，1340人。主产小麦、杂粮，有养殖业和加工业。太袁路过境，村委会驻学校旁边。

高夏庄【Gāoxiàzhuāng】 以姓氏命名。因高姓和夏姓聚居而得名。1958年隶属工农大队；1975年隶属高夏庄大队；1984年隶属高夏村至今。位于村委会南500米。东邻赵河村中赵河，南界太平北街，西至莲花堰，北连邢庄。总面积1.2平方千米，耕地面积90公顷。195户，810人。主产小麦，兼种杂粮、蔬菜，有加工业。村落形态呈散状，房屋结构以平房和坡房为主。

邢庄【Xíngzhuāng】 以姓氏命名。因邢姓聚居而得名。1958年隶属工农大队；1975年隶属高夏庄大队；1984年隶属高夏庄村至今。位于村委会北500米。东邻赵河村上赵河，南界高夏庄，西至司岗村司岗，北连肖毛村周庄。总面积0.64平方千米，耕地面积63.4公顷。130户，530人。主产小麦，兼种杂粮。村落形态呈散状，房屋结构以平房和坡房为主。

郭王村【Guōwángcūn】

以郭王自然村命名。1956年隶属太平区；1958年为光年大队，隶属灯塔公社；1961年隶属太平区；1975年为郭王大队，隶属太平公社；1984年为郭王村，隶属太平镇至今。位于镇政府西南18千米。东邻李石村，南界七方镇罗桥村，西至七方镇刘寨社区，北连徐庄村。辖7个自然村，总面积3.43平方千米，耕地面积279公顷。285户，1170人。主产小麦、水稻、玉米，兼种油料作物。韩郭路过境，村委会驻赵岗。

高河【Gāohé】 以姓氏和河流综合命名。因高姓聚居且村前有一条小河而得名。1958年隶属光年大队；1975年隶属郭王大队；1984年隶属郭王村至今。位于村委会西南2.5千米。东邻罗桥水库，南界罗桥水库，西至七方镇刘寨村刘寨，北连郭王。总面积0.4平方千米，耕地面积36公顷。33户，120人。主产小麦、水稻、玉米，兼种油料作物。村落形态呈线状，房屋结构以平房为主。

郭王【Guōwáng】 以姓氏命名。因郭姓和王姓聚居而得名，"郭"指姓氏，"王"指姓氏。1958年隶属光年大队；1975年隶属郭王大队；1984年隶属郭王村至今。位于村委会西南1千米。东邻徐庄，南界罗桥水库，西至高河，北连赵岗。总面积0.8平方千米，耕地面积60公顷。65户，240人。主产小麦、杂粮、水稻和玉米，兼种油料作物。村落形态呈团状，房屋结构以坡房为主。

雷垱【Léidàng】 以姓氏和垱坝综合命名。因雷姓聚居且村前修有垱坝而得名。1958年隶属光年大队；1975年隶属郭王大队；1984年隶属郭王村至今。位于村委会东600米。东邻罗桥水库，南界徐庄，西至赵岗，北连王棚。总面积0.35平方千米，耕地面积30公顷。26户，160人。主产小麦、水稻、玉米，兼种油料作物。村落形态呈线状，房屋结构以坡房为主。

鲁庄【Lǔzhuāng】 以姓氏命名。因鲁姓聚居而得名。1958年隶属光年大队；1975年隶属郭王大队；1984年隶属郭王村至今。位于村委会东北3.5千米。东邻李石村卞堰，南界王棚，西至赵岗，北连赵庄村高士衙。总面积0.2平方千米，耕地面积10公顷。23户，90人。主产小麦、水稻、玉米，兼种油料作物。村落形态呈团状，房屋结构以坡房为主。

王棚【Wángpéng】 以姓氏和建筑物综合命名。因王姓定居时建了一个草棚而得名。1958年隶属光年大队；1975年隶属郭王大队；1984年隶属郭王村至今。位于村委会东700米。东邻罗桥水库，南界雷垱，西至赵岗，北连鲁庄。总面积0.3平方千米，耕地面积23公顷。22户，130人。主产小麦、水稻、玉米，兼种油料作物。村落形态呈团状，房屋结构以坡房为主。

徐庄【Xúzhuāng】 以姓氏命名。因徐姓聚居而得名。1958年隶属光年大队；1975年隶属郭王大队；1984年隶属郭王村至今。位于村委会东南1.5千米。东邻雷垱，南界罗桥水库，西至郭王，北连赵岗。总面积0.45平方千米，耕地面积40公顷。45户，180人。主产小麦、水稻和杂粮，兼种油料作物。村落形态呈团状，房屋结构以坡房为主。

赵岗【Zhàogǎng】 以姓氏和地形综合命名。因赵姓聚居岗上而得名。1958年隶属光年大队；1975年隶属郭王大队；1984年隶属郭王村至今。村委会驻地。东邻王棚，南界郭王，西至徐庄村高寨，北连韩岗村万岗。总面积0.93平方千米，耕地面积80公顷。71户，250人。主产小麦、水稻、玉米，兼种油料作物。村落形态呈团状，房屋结构以平房为主。

韩岗村【Hángǎngcūn】

以自然村命名。1956年隶属太平区；1958年为旭光大队，隶属灯塔公社；1975年为韩岗大队，隶属太平公社；1984年为韩岗村，隶属太平区；1987年隶属太平镇至今。位于镇政府西南7千米。东邻赵庄村，南界郭王村，西至徐庄村，北连三官村。辖4个自然村，总面积4.13平方千米，耕地面积241.4公顷。282户，1140人。主产小麦、杂粮和玉米。太七路过境，村委会驻韩岗。

陈庄【Chénzhuāng】 以姓氏命名。因陈姓聚居而得名。1958年隶属旭光大队；1975年隶属韩岗大队；1984年隶属韩岗村至今。位于村委会西北1千米。东邻三官村宋庄，南界徐庄村龚岗，西至竹园村马岗，北连竹园村上马桥。总面积0.73平方千米，耕地面积42.9公顷。47户，140人。主产小麦、水稻和杂粮。村落形态呈散状，房屋结构以平房和楼房为主。

韩岗【Hángǎng】 以姓氏和地形综合命名。因韩姓聚居岗上而得名。1958年隶属旭光大队；1975年隶属韩岗大队；1984年隶属韩岗村至今。村委会驻地。东邻赵庄村赵庄，南界万岗，西至徐庄村龚岗，北连罗庄。总面积1.2平方千米，耕地面积76.3公顷。91户，370人。主产小麦、玉米和杂粮。村落形态呈散状，房屋结构以平房和楼房为主。

罗庄【Luózhuāng】 以姓氏命名。因罗姓聚居而得名。1958年隶属旭光大队；1975年隶属韩岗大队；1984年隶属韩岗村至今。位于村委会东北500米。东邻赵庄村三合一，南界村委会，西至竹园村陈庄，北连三官村金庄。总面积1平方千米，耕地面积44.2公顷。95户，360人。主产小麦、玉米和杂粮。村落形态呈散状，房屋结构以坡房为主。

万岗【Wàngǎng】 以姓氏和地形综合命名。因万姓聚居岗上而得名。1958年隶属旭光大队；1975年隶属韩岗大队；1984年隶属韩岗村至今。位于村委会南500米。东邻赵庄村高士衙，南界郭王村鲁庄，西至徐庄村高寨，北连韩岗村委会。总面积1.2平方千米，耕地面积78公顷。49户，270人。主产小麦、玉米和杂粮。村落形态呈散状，房屋结构以坡房和楼房为主。

胡庄村【Húzhuāngcūn】

以胡庄自然村命名。1949年隶属太平区；1958年为民刚大队，隶属灯塔公社；1975年为胡庄大队，隶属太平公社；1984年为胡庄村，隶属太平镇；2002年与余垱村合并为胡庄村，隶属太平镇至今。位于镇政府南3千米。东邻蒜园村，南界高公村，西至赵庄村，北连李岗村。辖9个自然村，总面积5.6平方千米，耕地面积266.6公顷。432户，1910人。主产小麦、杂粮，兼种果蔬。寺沙路过境，村委会驻胡庄。

东刘庄【Dōngliúzhuāng】 以姓氏和方位综合命名。因相邻有两个刘姓聚居的村，此村位东而得名。1958年隶属光红大队；1963年隶属魏庄大队；1975年隶属余垱大队；1984年隶属余垱村；2002年与胡庄村合并隶属于胡庄村至今。位于村委会西南1.2千米。东邻高公村韩庄，南界高公村农科所，西至郭庄，北连乾庄。总面积0.72平方千米，耕地面积36.2公顷。54户，220人。主产小麦、水稻和杂粮。村落形态呈散状，房屋结构以坡房和楼房为主。

郭庄【Guōzhuāng】 以姓氏命名。因郭姓聚居而得名。1958年隶属光红大队；1963年隶属魏庄大队；1975年隶属余垱大队；1984年隶属余垱村；2002年与胡庄村合并隶属于胡庄村至今。位于村委会西南2千米。东邻刘庄，南界李石村安庄，西至赵庄村赵庄，北连魏庄。总面积0.55平方千米，耕地面积24公顷。42户，190人。主产小麦、水稻和杂粮。村落形态呈散状，房屋结构以坡房和楼房为主。

胡庄【Húzhuāng】 以姓氏命名。因胡姓聚居而得名。1958年隶属民刚大队；1975年隶属胡庄大队；1984年隶属胡庄村至今。村委会驻地。东邻蒜园，南界黄庄，西至乾庄，北连王庄。总面积0.84平方千米，耕地面积44.6公顷。76户，350人。主产小麦、水稻和杂粮，兼种果蔬。村落形态呈散状，房屋结构以坡房和楼房为主。

黄庄【Huángzhuāng】 以姓氏命名。因黄姓聚居而得名。1958年隶属民刚大队；1975年隶属胡庄大队；1984年隶属胡庄村至今。位于村委会南1千米。东邻蛮子营村蛮子营，南界高公村高公桥，西至高公村韩庄，北连胡庄。总面积0.52平方千米，耕地面积40.6公顷。70户，310人。主产小麦、水稻和杂粮。村落形态呈散状，房屋结构以平房和楼房为主。

乾庄【Qiánzhuāng】 以姓氏命名。因乾姓聚居而得名。1958年隶属光红大队；1963年隶属魏庄大队；1975年隶属余垱大队；1984年隶属余垱村；2002年与胡庄村合并隶属于胡庄村至今。位于村委会西南

1 千米。东邻胡庄，南界刘庄，西至余垱，北连王庄。总面积 0.35 平方千米，耕地面积 12 公顷。6 户，70 人。主产小麦、水稻和杂粮。村落形态呈散状，房屋结构以坡房和楼房为主。

王庄【Wángzhuāng】 以姓氏命名。因王姓聚居而得名。1958 年隶属民刚大队；1975 年隶属胡庄大队；1984 年隶属胡庄村至今。位于村委会东 800 米。东邻蒜园村，南界胡庄，西至余垱，北连谢庄。总面积 0.75 平方千米，耕地面积 24.6 公顷。36 户，200 人。主产小麦、水稻和杂粮。村落形态呈散状，房屋结构以坡房和楼房为主。

魏庄【Wèizhuāng】 以姓氏命名。因魏姓聚居而得名。1958 年隶属光红大队；1963 年隶属魏庄大队；1975 年隶属余垱大队；1984 年隶属余垱村；2002 年与胡庄村合并隶属于胡庄村至今。位于村委会西南 1.5 千米。东邻东刘庄，南界郭庄，西至大赵庄村唐庄，北连余垱。总面积 0.46 平方千米，耕地面积 22 公顷。49 户，170 人。主产小麦、水稻和杂粮。村落形态呈散状，房屋结构以坡房和楼房为主。

谢庄【Xièzhuāng】 以姓氏命名。因谢姓聚居而得名。1958 年隶属民刚大队；1975 年隶属胡庄大队；1984 年隶属胡庄村至今。位于村委会北 700 米。东邻李岗村易家洼，南界王庄，西至李占岗村王庄，北连李岗村白杨树。总面积 0.56 平方千米，耕地面积 22 公顷。42 户，160 人。主产小麦、水稻和杂粮。村落形态呈散状，房屋结构以坡房和楼房为主。

余垱【Yúdàng】 以姓氏和垱坝综合命名。因余姓聚居且村旁有一个垱坝而得名。1958 年隶属光红大队；1963 年隶属魏庄大队；1975 年隶属余垱大队；1984 年隶属余垱村；2002 年与胡庄村合并隶属于胡庄村至今。位于村委会西 1.2 千米。东邻王庄，南界魏庄，西至赵庄村小唐庄，北连李占岗村王庄。总面积 0.85 平方千米，耕地面积 40.6 公顷。57 户，240 人。主产小麦、水稻和杂粮。村落形态呈散状，房屋结构以坡房和楼房为主。

黄岗村【Huánggǎngcūn】

以黄冈自然村命名。1958 年为红星二大队，隶属灯塔公社；1961 年为黄冈大队，隶属枣阳县姚岗农场；1975 年隶属姚岗公社；1984 年为黄岗村，隶属姚岗区；1987 年隶属姚岗镇；2001 年隶属太平镇至今。位于镇政府东北 6 千米。东邻莘庄村，南界张柏岗村，西至荣庄村，北连舒庄村。辖 7 个自然村，总面积 3.75 平方千米，耕地面积 257.1 公顷。325 户，1250 人。主产小麦、玉米、水稻。草双公路穿境而过，村委会驻黄岗。

北陈庄【Běichénzhuāng】 以方位和姓氏综合命名。因陈姓分居在南北相邻的两个村，该村位北，故名。1958 年隶属红星二大队；1961 年隶属黄岗大队；1984 年隶属黄岗村至今。位于村委会北 300 米。东邻孟庄，南界黄岗，西至舒庄，北连舒庄村马庄。总面积 0.44 平方千米，耕地面积 23.8 公顷。25 户，120 人。主产小麦、玉米、水稻，兼种果树。村落形态呈团状，房屋结构以坡房为主。

黄岗【Huánggǎng】 以姓氏和地形综合命名。因黄姓聚居岗地而得名。1958 年隶属红星二大队；1961 年隶属黄岗大队；1984 年隶属黄岗村至今。村委会驻地。东邻莘庄水库，南界南陈庄，西至贾洼村田庄，北连舒庄。总面积 0.69 平方千米，耕地面积 48.9 公顷。66 户，230 人。主产小麦、玉米、水稻，兼种果树。村落形态呈团状，房屋结构以楼房为主。

华岗【Huágǎng】 以姓氏和地形综合命名。因华姓聚居岗地而得名。1958年隶属红星二大队；1961年隶属黄岗大队；1984年隶属黄岗村至今。位于村委会南4千米。东邻孟集村孟集庄，南界五房村五房庄，西至荣庄村周寨，北连刘庄。总面积0.5平方千米，耕地面积46.6公顷。51户，210人。主产小麦、玉米、水稻。村落形态呈团状，房屋结构以坡房和楼房为主。

刘庄【Liúzhuāng】 以姓氏命名。因刘姓聚居而得名。1958年隶属红星二大队；1961年隶属黄岗大队；1984年隶属黄岗村至今。位于村委会南3千米。东邻孟集村孟集，南界华岗，西至荣庄村周寨，北连姚岗居委会南街。总面积0.4平方千米，耕地面积20公顷。28户，90人。主产小麦、玉米、水稻，兼种果树。村落形态呈团状，房屋结构以平房和坡房为主。

孟庄【Mèngzhuāng】 以姓氏命名。因孟姓聚居而得名。1958年隶属新建大队；1961年隶属马庄大队；1980年隶属舒庄大队；1984年隶属舒庄村；1985年隶属黄岗村至今。位于村委会东北1千米。东邻莘庄水库，南界黄岗村黄岗庄，西至北陈庄，北连舒庄村吉庄。总面积0.66平方千米，耕地面积45.2公顷。55户，210人。主产小麦、玉米、水稻。村落形态呈团状，房屋结构以平房和坡房为主。

南陈庄【Nánchénzhuāng】 以方位和姓氏综合命名。因陈姓分居在南北相邻的两村，该村位南，故名。1958年隶属红星二大队；1961年隶属黄岗大队；1984年隶属黄岗村至今。位于村委会南500米。东邻莘庄村莘庄，南界姚岗居委会东街，西至荣庄村王庄，北连黄岗。总面积0.62平方千米，耕地面积42公顷。65户，250人。主产小麦、玉米、水稻，兼种果树。村落形态呈团状，房屋结构以坡房和楼房为主。

舒庄【Shūzhuāng】 以姓氏命名。因舒姓聚居而得名。1958年隶属红星二大队；1961年隶属黄岗大队；1984年隶属黄岗村至今。位于村委会北200米。东邻北陈庄，南界黄岗，西至贾洼村贾洼庄，北连舒庄村北舒庄。总面积0.44平方千米，耕地面积30.6公顷。35户，140人。主产小麦、玉米、水稻，兼种果树。村落形态呈团状，房屋结构以坡房和楼房为主。

黄王庄村【Huángwángzhuāngcūn】

以自然村黄王庄命名。1958年为红旗大队，隶属灯塔公社；1961年为杨岗大队，隶属太平区；1980年因重名又以黄王庄命名，隶属姚岗区；1984年为黄王庄村，隶属姚岗区；1987年隶属姚岗镇；2001年隶属太平镇；2002年黄金谷村并入黄王庄村，隶属太平镇至今。位于镇政府南9千米。东邻秦岗村，南界环城下河村，西至高庄村，北连高公村。辖16个自然村，总面积5.48平方千米，耕地面积442.79公顷。360户，1689人。主产小麦、玉米、杂粮，兼种桃子；规模化养猪场1个。村委会驻杨岗。

艾庄【Àizhuāng】 以姓氏命名。因艾姓聚居而得名。1958年隶属红旗大队；1961年隶属杨岗大队；1980年隶属黄王庄大队；1984年隶属黄王庄村至今。位于村委会南200米。东邻秦岗村草店街，南界黄王庄，西至牛庄，北连牛庄。总面积0.2平方千米，耕地面积13公顷。10户，50人。主产小麦、玉米、水稻。村落形态呈团状，房屋结构以坡房和楼房为主。

北程李【Běichénglǐ】 以方位和姓氏综合命名。因程、李两姓聚居在南北两村，此村位北，故名。1958年隶属红旗大队；1980年隶属黄金谷大队；1984年隶属黄金谷村；2002年并归黄王庄村至今。位于村委会北 1.5 千米。东邻秦岗村草店街，南界小高庄，西至吴庄，北连新张庄。总面积 0.28 平方千米，耕地面积 23.3 公顷。23 户，90 人。主产小麦、玉米、水稻。村落形态呈团状，房屋结构以坡房和楼房为主。

郭庄【Guōzhuāng】 以姓氏命名。因郭姓聚居而得名。1958 年隶属红旗大队；1961 年隶属杨岗大队；1980 年隶属黄王庄大队；1984 年隶属黄王庄村至今。位于村委会西 1.5 千米。东邻杨岗，南界罗棚，西至罗桥水库，北连小高庄。总面积 0.4 平方千米，耕地面积 38 公顷。35 户，180 人。主产小麦、玉米、水稻。村落形态呈团状，房屋结构以坡房和楼房为主。

黄金谷【Huángjīngǔ】 以人名命名。1958 年隶属吴庄大队；1961 年至 1975 年隶属吴庄大队；1980 年为黄金谷大队；1984 年为黄金谷村；2002 年隶属黄王庄村至今。位于村委会西北 2.5 千米。东邻小高庄，南界郭庄，西至罗桥水库，北连小刘庄。总面积 0.31 平方千米，耕地面积 2.69 公顷。25 户，100 人。主产小麦、玉米、水稻。村落形态呈团状，房屋结构以坡房和楼房为主。

黄王庄【Huángwángzhuāng】 以姓氏命名。因黄、王两姓聚居而得名。1958 年隶属红旗大队；1961 年隶属杨岗大队；1980 年隶属黄王庄大队；1984 年隶属黄王庄村至今。位于村委会南 2.5 千米。东邻秦岗村闵庄，南界环城街道办事处下河村杜楼，西至南陈李，北连杨岗。总面积 0.4 平方千米，耕地面积 38 公顷。24 户，110 人。主产小麦、玉米、水稻。村落形态呈团状，房屋结构以坡房和楼房为主。

后坡【Hòupō】 以方位和地形综合命名。因村建在杨岗村后的岗坡上而得名。1958 年隶属红旗大队；1961 年隶属杨岗大队；1980 年隶属黄王庄大队；1984 年隶属黄王庄村至今。位于村委会西南 500 米。东邻杨岗，南界杨岗，西至郭庄，北连小高庄。总面积 0.2 平方千米，耕地面积 13 公顷。11 户，40 人。主产小麦、玉米、水稻。村落形态呈团状，房屋结构以坡房和楼房为主。

李小庄【Lǐxiǎozhuāng】 以姓氏和人口综合命名。因李姓聚居而得名。1958 年隶属红旗大队；1961 年隶属杨岗大队；1980 年隶属黄王庄大队；1984 年隶属黄王庄村至今。位于村委会西南 3.5 千米。东邻黄王庄，南界环城街道办事处下河村李桥，西至环城街道办事处张岗村张岗庄，北连南程李。总面积 0.17 平方千米，耕地面积 16 公顷。9 户，40 人。主产小麦、玉米、水稻。村落形态呈团状，房屋结构以坡房和楼房为主。

罗棚【Luópéng】 以姓氏和建筑物综合命名。因罗姓初居时搭棚而得名。1958 年隶属红旗大队；1961 年隶属杨岗大队；1980 年隶属黄王庄大队；1984 年隶属黄王庄村至今。位于村委会西南 1.7 千米。东邻杨岗，南界新庄，西至罗桥水库，北连郭庄。总面积 0.4 平方千米，耕地面积 36 公顷。24 户，150 人。主产小麦、玉米、水稻。村落形态呈团状，房屋结构以坡房和楼房为主。

南程李【Nánchénglǐ】 以方位和姓氏综合命名。因程、李两姓分居在南北两村，此村在南，故名。1958 年隶属红旗大队；1961 年隶属杨岗大队；1980 年隶属黄王庄大队；1984 年隶属黄王庄村至今。位于村委会西南 3.5 千米。东邻黄王庄，南界环城下河村李桥，西至环城街道张岗村张岗庄，北连新庄。总面积 0.2 平方千米，耕地面积 24 公顷。15 户，60 人。主产小麦、玉米、水稻。村落形态呈团状，房屋结构以坡房和楼房为主。

牛庄【Niúzhuāng】 以姓氏命名。因牛姓聚居而得名。1958 年隶属红旗大队；1961 年隶属杨岗大队；1980 年隶属黄王庄大队；1984 年隶属黄王庄村至今。位于村委会西 300 米。东邻杨岗，南界杨岗，西至郭庄，北连秦岗村草店街。总面积0.3平方千米，耕地面积27公顷。24户，100人。主产小麦、玉米、水稻，兼种桃子。村落形态呈团状，房屋结构以坡房和楼房为主。

吴庄【Wúzhuāng】 以姓氏命名。因吴姓聚居而得名。1958年隶属吴庄大队；1980年隶属黄金谷大队；1984年隶属黄金谷村；2002年隶属黄王庄村至今。位于村委会西北3千米。东邻北程李，南界黄金谷，西至罗桥水库，北连高公村老张庄。总面积0.06平方千米，耕地面积4.7公顷。6户，20人。主产小麦、玉米、水稻。村落形态呈团状，房屋结构以平房和坡房为主。

小高庄【Xiǎogāozhuāng】 以人口和姓氏综合命名。因高姓聚居人口较少而得名。1958年隶属吴庄大队；1980年隶属黄金谷大队；1984年隶属黄金谷村；2002年隶属黄王庄村至今。位于村委会西北1.5千米。东邻秦岗村草店街，南界郭庄，西至罗桥水库，北连北程李。总面积0.41平方千米，耕地面积35公顷。25户，100人。主产小麦、玉米、水稻。村落形态呈团状，房屋结构以坡房和楼房为主。

小刘庄【Xiǎoliúzhuāng】 以人口和姓氏综合命名。因刘姓聚居人口较少而得名。1958年隶属吴庄大队；1980年隶属黄金谷大队；1984年隶属黄金谷村；2002年隶属黄王庄村至今。位于村委会西北3千米。东邻北程李，南界黄金谷，西至罗桥水库，北连高公村老张庄。总面积0.15平方千米，耕地面积12.3公顷。8户，30人。主产小麦、玉米、水稻。村落形态呈团状，房屋结构以平房和坡房为主。

新庄【Xīnzhuāng】 1960年修建罗桥水库，为库区移民新建村庄而得名。1958年隶属红旗大队；1961年隶属杨岗大队；1980年隶属黄王庄大队；1984年隶属黄王庄村至今。位于村委会西南2.5千米。东邻杨岗，南界南程李，西至罗桥水库，北连罗棚。总面积0.5平方千米，耕地面积43公顷。34户，170人。主产小麦、玉米、水稻。村落形态呈团状，房屋结构以坡房和楼房为主。

新张庄【Xīnzhāngzhuāng】 以时间和姓氏综合命名。因1960年修建罗桥水库时，高公村西张庄迁此，故名。1958年隶属吴庄大队；1980年隶属黄金谷大队；1984年隶属黄金谷村；2002年隶属黄王庄村至今。位于村委会北2.5千米。东邻果园场，南界秦岗村草店街，西至吴庄，北连高公村老张庄。总面积0.3平方千米，耕地面积21.8公顷。17户，70人。主产小麦、玉米、水稻。村落形态呈线状，房屋结构以楼房为主。

杨岗【Yánggǎng】 以姓氏和地形综合命名。因杨姓聚居岗地而得名。1958年隶属红旗大队；1961年隶属杨岗大队；1980年隶属黄王庄大队；1984年隶属黄王庄村至今。村委会驻地。东邻秦岗村西秦岗，南界黄王庄，西至罗棚，北连牛庄。总面积1.2平方千米，耕地面积95公顷。70户，379人。主产小麦、玉米、水稻。村落形态呈团状，房屋结构以坡房和楼房为主。

贾洼村【Jiǎwācūn】

以贾洼自然村命名。1958年为建强大队，隶属灯塔公社；1961年为贾洼大队，隶属太平区；1975年隶属姚岗公社；1984年为贾洼村，隶属姚岗区；1987年隶属姚岗镇；2001年隶属太平镇至今。位于镇政府东北6千米。东邻黄岗村，南界荣庄村，西至姜岗村，北连杨庄村。辖7个自然村，总面积2.84平方千米，耕地面积231.8公顷。286户，1150人。主产小麦、水稻、玉米、花生。村委会驻贾洼村。

曹庄【Cáozhuāng】 以姓氏命名。因曹姓聚居而得名。1958年隶属建强大队；1961年隶属贾洼大队；1984年隶属贾洼村至今。位于村委会西北3千米。东邻杨庄村仓房庄，南界黄庄，西至姜岗村詹庄，北连杨庄村铁庙。总面积0.27平方千米，耕地面积23.1公顷。22户，80人。主产小麦、玉米、水稻、花生。村落形态呈团状，房屋结构以平房和坡房为主。

高庄【Gāozhuāng】 以姓氏命名。因高姓聚居而得名。1958年隶属建强大队；1961年隶属贾洼大队；1984年隶属贾洼村至今。位于村委会南50米。东邻田庄，南界荣庄村大高庄，西至姜岗村钟庄，北连施庄。总面积0.38平方千米，耕地面积31.8公顷。40户，150人。主产小麦、玉米、水稻。村落形态呈团状，房屋结构以平房和坡房为主。

黄庄【Huángzhuāng】 以姓氏命名。因黄姓聚居而得名。1958年隶属建强大队；1961年隶属贾洼大队；1984年隶属贾洼村至今。位于村委会东南2千米。东邻小贾洼，南界施庄，西至姜岗村钟庄，北连曹庄。总面积0.27平方千米，耕地面积23.9公顷。24户，90人。主产小麦、玉米、水稻。村落形态呈团状，房屋结构以平房和坡房为主。

贾洼【Jiǎwā】 以姓氏和地形综合命名。因贾姓居住低洼处而得名。1958年隶属建强大队；1961年隶属贾洼大队；1984年隶属贾洼村至今。村委会驻地。东邻黄岗村舒庄，南界荣庄村大高庄，西至施庄，北连杨庄村大邢庄。总面积0.71平方千米，耕地面积52.7公顷。101户，330人。主产小麦、玉米、水稻。村落形态呈线状，房屋结构以平房和楼房为主。

施庄【Shīzhuāng】 以姓氏命名。因施姓聚居而得名。1958年隶属建强大队；1961年隶属贾洼大队；1984年隶属贾洼村至今。位于村委会西1千米。东邻贾洼，南界荣庄村大高庄，西至姜岗村钟庄，北连黄庄。总面积0.51平方千米，耕地面积43公顷。38户，170人。主产小麦、玉米、水稻。村落形态呈团状，房屋结构以平房和楼房为主。

田庄【Tiánzhuāng】 以姓氏命名。因田姓聚居而得名。1958年隶属建强大队；1961年隶属贾洼大队；1984年隶属贾洼村至今。位于村委会东南3千米。东邻黄岗村舒庄，南界荣庄村大王庄，西至高庄，北连贾洼。总面积0.38平方千米，耕地面积31.2公顷。31户，170人。x主产小麦、玉米、水稻。村落形态呈线状，房屋结构以平房和坡房为主。

小贾洼【Xiǎojiǎwā】 以面积、姓氏和地形综合命名。因贾姓居住低洼处，村子较小，故名。1958年隶属建强大队；1961年隶属贾洼大队；1984年隶属贾洼村至今。位于村委会北1.5千米。东邻舒庄村舒庄，南界贾洼，西至黄庄，北连杨庄村仓房庄。总面积0.32平方千米，耕地面积26.1公顷。30户，160人。主产小麦、玉米、水稻。村落形态呈散状，房屋结构以平房和坡房为主。

姜岗村【Jiānggǎngcūn】

以姜岗自然村命名。1958年为新光大队，隶属灯塔公社；1961年为姜岗大队，隶属太平区；1975年隶属姚岗公社；1984年为姜岗村，隶属姚岗；1987年隶属姚岗镇；2001年姚岗镇并入太平镇，原钟庄村随之并入姜岗村，隶属太平镇至今。位于镇政府东4千米。东邻荣庄村，南界蛮子营村，西至秦河村，北连赵河村。辖5个自然村，总面积4.71平方千米，耕地面积 326 公顷。527 户，2050 人。主产小麦、水稻、玉米、杂粮，兼种果树。吉太路过境，村委会驻姜岗。

胡庄【Húzhuāng】 以姓氏命名。因胡姓聚居而得名。1958 年隶属革新一大队；1961 年隶属钟庄大队；1984 年隶属钟庄村；2001 年隶属姜岗村至今。位于村委会西北 1.2 千米。东邻杨庄，南界姜岗，西至李岗村姜菜园，北连赵河村赵河庄。总面积 0.3 平方千米，耕地面积 16 公顷。25 户，80 人。主产小麦、玉米、水稻，兼发展养殖。村落形态呈散状，房屋结构以平房和坡房为主。

姜岗【Jiānggǎng】 以姓氏和地形综合命名。1958 年隶属新光大队；1961 年隶属姜岗大队；1984 年隶属姜岗村至今。村委会驻地。东邻荣庄村荣庄，南界荣庄村肖庄，西至蒜园村秦河，北连杨庄。总面积 3 平方千米，耕地面积 200 公顷。320 户，1300 人。主产小麦、玉米、水稻。村落形态呈线状，房屋结构以平房和楼房为主。

杨庄【Yángzhuāng】 以姓氏命名。因杨姓聚居而得名。1958 年隶属新光大队；1961 年隶属姜岗大队；1984 年隶属姜岗村至今。位于村委会北 1 千米。东邻荣庄村高庄，南界姜岗，西至胡庄，北连钟庄。总面积 0.8 平方千米，耕地面积 70 公顷。100 户，350 人。主产小麦、玉米、水稻、杂粮，兼种果树。村落形态呈线状，房屋结构以坡房和楼房为主。

詹庄【Zhānzhuāng】 以姓氏命名。因詹姓聚居而得名。1958 年隶属革新一大队；1961 年隶属钟庄大队；1984 年隶属钟庄村；2001 年隶属姜岗村至今。位于村委会西北 1.8 千米。东邻贾洼村曹庄，南界钟庄，西至余堰村余堰，北连赵河村赵河。总面积 0.41 平方千米，耕地面积 38 公顷。52 户，220 人。主产小麦、玉米、水稻、杂粮，兼种果树。村落形态呈散状，房屋结构以平房和坡房为主。

钟庄【Zhōngzhuāng】 以姓氏命名。因钟姓聚居而得名。1958 年隶属革新一大队；1961 年隶属钟庄大队；1984 年隶属钟庄村；2001 年隶属姜岗村至今。位于村委会西北 1.5 千米。东邻贾洼村曹庄，南界胡庄，西至李岗村姜菜园，北连赵河村赵河。总面积 0.2 平方千米，耕地面积 2 公顷。30 户，100 人。主产小麦、玉米、水稻、杂粮。村落形态呈散状，房屋结构以平房和坡房为主。

姜庄村【Jiāngzhuāngcūn】

以姜庄自然村命名。1958 年为建群大队，隶属灯塔公社；1961 年为吴庄大队，隶属太平区；1975 年隶属姚岗公社；1980 年为北吴庄大队，隶属姚岗公社；1984 年因重名为姜庄村，隶属姚岗区；1987 年隶属姚岗镇；2001 年隶属太平镇至今。位于镇政府东北 10 千米。东邻鹿头镇白庙村，南界莘庄村，西至舒庄村，北连袁寨南街村。辖 4 个自然村，总面积 1.93 平方千米，耕地面积 131.33 公顷。182 户，670 人。主产小麦、花生、玉米、杂粮，兼种果蔬。村委会驻姜庄。

刘垱【Liúdàng】 以姓氏和地形综合命名。因刘姓建村于水垱边而得名。1958 年隶属建群大队；1961 年隶属吴庄大队；1980 年隶属北吴庄大队；1984 年隶属姜庄村至今。位于村委会南 500 米。东邻鹿头镇白庙村老王庄，南界莘庄村张庄，西至莘庄水库，北连姜庄村姜庄。总面积 0.4 平方千米，耕地面积 34.1 公顷。30 户，110 人。主产小麦、玉米、水稻、花生，兼种果蔬。村落形态呈线状，房屋结构以坡房和楼房为主。

姜庄【Jiāngzhuāng】 以姓氏命名。因姜姓聚居而得名。1958 年隶属建群大队；1961 年隶属吴庄大队；1980 年隶属北吴庄大队；1984 年隶属姜庄村至今。村委会驻地。东邻鹿头镇白庙村四支堂，南界刘垱，西至莘庄水库，北连小杨庄。总面积 0.57 平方千米，耕地面积 50.6 公顷。56 户，210 人。主产小麦、玉米、水稻、花生，兼种果蔬。村落形态呈线状，房屋结构以坡房和楼房为主。

吴庄【Wúzhuāng】 以姓氏命名。因吴姓聚居而得名。1958 年隶属建群大队；1961 年隶属吴庄大队；1980 年隶属北吴庄大队；1984 年隶属姜庄村至今。位于村委会北 1 千米。东邻小杨庄，南界莘庄水库，西至舒庄村吉庄，北连袁寨南街村龙头桥。总面积 0.56 平方千米，耕地面积 42.8 公顷。71 户，240 人。主产小麦、玉米、水稻、花生，兼种果蔬。村落形态呈团状，房屋结构以坡房和楼房为主。

小杨庄【Xiǎoyángzhuāng】 以面积和姓氏综合命名。因杨姓聚居而得名。1958 年隶属建群大队；1961 年隶属吴庄大队；1980 年隶属北吴庄大队；1984 年隶属姜庄村至今。位于村委会北 1.2 千米。东邻鹿头镇白庙村杨岗，南界姜庄，西至吴庄，北连袁寨南街村南街。总面积 0.4 平方千米，耕地面积 3.83 公顷。25 户，110 人。主产小麦、玉米、水稻、花生，兼种果蔬。村落形态呈散状，房屋结构以坡房和楼房为主。

康河村【Kānghécūn】

以康河自然村命名。1958 年为光华大队，隶属灯塔公社；1961 年为康河大队，隶属太平区；1975 年将仓房庄、冯庄划归东沟大队，隶属姚岗公社；1980 年又将仓房庄、冯庄划为康河大队，隶属姚岗公社；1984 年因为康河村，隶属姚岗区；1987 年隶属姚岗镇；2001 年隶属太平镇至今。位于镇政府东北 18.6 千米。东邻姚棚水库，南界袁庄村，西至三户刘村，北连崔垱村。辖 10 个自然村，总面积 4.9 平方千米，耕地面积 194.28 公顷。238 户，1040 人。主产小麦、玉米、水稻，兼种瓜果蔬菜。061 乡道双祁路穿境而过，村委会驻康河。

北新庄【Běixīnzhuāng】 以方位和时间综合命名。因 1958 年因修建姚棚水库，在康河北边新建移民点而得名。1958 年隶属光华大队；1961 年隶属康河大队；1984 年隶属康河村至今。位于村委会北 700 米。东邻韩庄，南界康河，西至仓房庄，北连崔垱村陈庄。总面积 0.35 平方千米，耕地面积 14.4 公顷。17 户，80 人。主产小麦、玉米、水稻，兼种瓜果蔬菜。村落形态呈线状，房屋结构以坡房和楼房为主。

仓房庄【Cāngfángzhuāng】 以建筑物命名。因原魏姓在此设过仓库而得名。1958 年隶属光华大队；1961 年隶属康河大队；1975 年隶属东沟大队；1980 年隶属康河大队；1984 年隶属康河村至今。位于村委会西北 2.2 千米。东邻康河，南界冯庄，西至三户刘村陈棚，北连崔垱村杉树扒。总面积 0.66 平方千米，耕地面积 20.08 公顷。24 户，110 人。主产小麦、玉米、水稻，兼种瓜果蔬菜。村落形态呈散状，房屋结构以坡房和楼房为主。

春山【Chūnshān】 以季节和地形综合命名。因村庄春天建于山上而得名。1958 年隶属光华大队；1961 年隶属康河大队；1984 年隶属康河村至今。位于村委会南 1.5 千米。东邻坡楼姚棚水库，南界袁庄村泉水庄，西至袁庄村袁庄，北连康沟。总面积 0.3 平方千米，耕地面积 13 公顷。10 户，50 人。主产小麦、玉米、水稻，兼种瓜果蔬菜。村落形态呈团状，房屋结构以坡房为主。

冯庄【Féngzhuāng】 以姓氏命名。因冯姓聚居而得名。1958 年隶属光华大队；1961 年隶属康河大队；1975 年隶属东沟大队；1980 年隶属康河大队；1984 年隶属康河村至今。位于村委会西 2.6 千米。东邻康河，南界泉水寺，西至三户刘村陈棚，北连仓房庄。总面积 0.4 平方千米，耕地面积 9 公顷。6 户，30 人。主产小麦、玉米、水稻，兼种瓜果蔬菜。村落形态呈散状，房屋结构以坡房为主。

韩庄【Hánzhuāng】 以姓氏命名。因韩姓聚居而得名。1958 年隶属光华大队；1961 年隶属康河大队；1984 年隶属康河村至今。位于村委会北 1.2 千米。东邻越庄，南界康河，西至北新庄，北连崔挡村陈庄。总面积 0.35 平方千米，耕地面积 14.6 公顷。18 户，80 人。主产小麦、玉米、水稻，兼种瓜果蔬菜。村落形态呈团状，房屋结构以坡房和楼房为主。

黄土坡【Huángtǔpō】 以土质和地形综合命名。因村庄建于黄土坡上而得名。1958 年隶属光华大队；1961 年隶属康河大队；1984 年隶属康河村至今。位于村委会东南 1.2 千米。东邻坡楼，南界袁庄村泉水庄，西至康沟庄，北连康沟。总面积 0.3 平方千米，耕地面积 13.6 公顷。17 户，70 人。主产小麦、玉米、水稻，兼种瓜果蔬菜。村落形态呈团状，房屋结构以坡房和楼房为主。

康沟【Kānggōu】 以姓氏和河沟综合命名。因康姓居住沟旁而得名。1958 年隶属光华大队；1961 年隶属康河大队；1984 年隶属康河村至今。位于村委会南 400 米。东邻黄土坡，南界春山，西至泉水寺，北连康河。总面积 0.5 平方千米，耕地面积 20.3 公顷。27 户，130 人。主产小麦、玉米、水稻，兼种瓜果蔬菜。村落形态呈线状，房屋结构以坡房和楼房为主。

康河【Kānghé】 以姓氏和河流综合命名。因康姓居住水边而得名。1958 年隶属光华大队；1961 年隶属康河大队；1984 年隶属康河村至今。位于村委会北 130 米。东邻姚棚水库，南界康沟，西至仓房庄，北连新庄。总面积 1 平方千米，耕地面积 51 公顷。70 户，290 人。主产小麦、玉米、水稻，兼种瓜果蔬菜。村落形态呈线状，房屋结构以坡房和楼房为主。

坡楼【Pōlóu】 以地形和建筑物综合命名。因村庄坐落山坡，并建有楼子，故名。1958 年隶属光华大队；1961 年隶属康河大队；1984 年隶属康河村至今。位于村委会东南 1 千米。东邻姚棚水库，南界袁庄村泉水庄，西至黄土坡，北连越庄。总面积 0.84 平方千米，耕地面积 29.3 公顷。30 户，120 人。主产小麦、玉米、水稻，兼种瓜果蔬菜。村落形态呈散状，房屋结构以坡房和楼房为主。

越庄【Yuèzhuāng】 以姓氏命名。因越姓聚居而得名。1958 年隶属光华大队；1961 年隶属康河大队；1984 年隶属康河村至今。位于村委会东北 1.7 千米。东邻姚棚水库，南界坡楼，西至韩庄，北连崔挡村陈庄。总面积 0.2 平方千米，耕地面积 9 公顷。19 户，80 人。主产小麦、玉米、水稻，兼种瓜果蔬菜。村落形态呈团状，房屋结构以坡房和楼房为主。

李岗村【Lǐgǎngcūn】

以李岗自然村命名。1958 年为建和大队，隶属灯塔公社；1975 年以驻地李岗为李岗大队，隶属太平公社；1984 年为李岗村，隶属太平镇至今。位于镇政府东 300 米。东邻姜岗村，南界胡庄村，西至李占岗，北连高夏庄村。辖6个自然村，总面积3.8平方千米，耕地面积188.27公顷。668户，2593人。主产小麦、杂粮、水稻，兼种果蔬。寺沙省道过境，村委会驻太平街工贸路。

白杨树【Báiyángshù】 以植物命名。因该村早年有棵大白杨树而得名。1958年隶属建和大队；1975年隶属李岗大队；1984年隶属李岗村至今。位于村委会西南800米。东邻李岗，南界易家洼，西至李占岗村罗庄，北连太平南街。总面积0.6平方千米，耕地面积18公顷。143户，343人。主产小麦、水稻、杂粮，兼种果蔬。村落形态呈散状，房屋结构以坡房和楼房为主。

姜菜园【Jiāngcàiyuán】 以姓氏和植物综合命名。因姜姓聚居以种菜为业而得名。1958年隶属建和大队；1975年隶属李岗大队；1984年隶属李岗村至今。位于村委会东1.5千米。东邻姜岗村姜岗，南界蒜园村秦河，西至李岗，北连余堰村余堰。总面积0.47平方千米，耕地面积28.57公顷。83户，320人。主产小麦、水稻、杂粮，兼种果蔬。村落形态呈散状，房屋结构以平房和坡房为主。

李菜园【Lǐcàiyuán】 以姓氏和植物综合命名。1958年隶属建和大队；1971年建和大队分离，隶属太平农科所；1984年隶属李岗村至今。位于村委会北1千米。东邻余堰村余堰，南界李岗，西至北街，北连高夏庄村高夏庄。总面积0.5平方千米，耕地面积26.6公顷。98户，320人。主产小麦、玉米、水稻、花生，兼种果蔬。村落形态呈散状，房屋结构以坡房和楼房为主。

李岗【Lǐgǎng】 以姓氏和地形综合命名。因李姓聚居岗地而得名。1958年隶属建和大队；1975年隶属李岗大队；1984年隶属李岗村至今。位于村委会东300米。东邻姜菜园，南界孙庄，西至南街，北连李菜园。总面积1.4平方千米，耕地面积66公顷。194户，1190人。主产小麦、水稻、杂粮，兼种果蔬。村落形态呈散状，房屋结构以平房和坡房为主。

孙庄【Sūnzhuāng】 以姓氏命名。因孙姓聚居而得名。1958年隶属建和大队；1975年隶属李岗大队；1984年，隶属李岗村至今。位于村委会东南1.2千米。东邻蒜园村秦河，南界胡庄村王庄，西至易家洼，北连李岗。总面积0.41平方千米，耕地面积20.5公顷。72户，210人。主产小麦、水稻、杂粮，兼种果蔬。村落形态呈散状，房屋结构以平房和坡房为主。

易家洼【Yìjiāwā】 以姓氏和地形综合命名。因易姓建村洼地而得名。1958年隶属建和大队；1975年隶属李岗大队；1984年，隶属李岗村至今。位于村委会南1.2千米。东邻孙庄，南界胡庄，西至李占岗村王庄，北连白杨树村。总面积0.42平方千米，耕地面积28.6公顷。78户，210人。主产水稻、杂粮，兼种果蔬。村落形态呈散状，房屋结构以坡房和楼房为主。

李石村【Lǐshícūn】

以李石桥自然村命名。1958年为警钟二大队，隶属灯塔公社；1961年隶属太平区；1975年以李石桥命名，隶属太平公社；1984年为李石村，隶属太平镇至今。位于镇政府西南7千米。东邻高公村，南界南高庄村，西至罗桥水库，北连大赵庄村。辖7个自然村，总面积7.1平方千米，耕地面积253公顷。227户，940人。主产小麦、杂粮、水稻。距216省道2.5千米，村委会驻地叶庄。

安庄【Ānzhuāng】 以姓氏命名。因安姓聚居而得名。1958年隶属警钟二大队；1975年隶属李石大队；1984年隶属李石村至今。位于村委会西北1千米。东邻吴庄，南界卞堰，西至赵庄村高世衙，北连余垱村西刘庄。总面积0.5平方千米，耕地面积20公顷。20户，90人。主产小麦、水稻、杂粮。村落形态呈散状，房屋结构以楼房为主。

卞堰【Biànyàn】 以姓氏和堰塘综合命名。因卞姓聚居，村前有口大堰而得名。1958年隶属警钟二大队；1975年隶属李石大队；1984年隶属李石村至今。位于村委会西600米。东邻叶庄，南界田庄，西至罗桥水库，北连安庄。总面积1.1平方千米，耕地面积39公顷。39户，150人。主产小麦、水稻、杂粮。村落形态呈散状，房屋结构以楼房为主。

程庄【Chéngzhuāng】 以姓氏命名。因程姓聚居而得名。1958年隶属警钟二大队；1975年隶属李石大队；1984年隶属李石村至今。位于村委会北200米。东邻刘庄，南界叶庄，西至卞堰，北连吴庄。总面积0.7平方千米，耕地面积29公顷。19户，80人。主产小麦、水稻、杂粮。村落形态呈散状，房屋结构以平房和坡房为主。

邓庄【Dèngzhuāng】 以姓氏命名。因邓姓聚居而得名。1958年隶属警钟二大队；1975年隶属李石大队；1984年隶属李石村至今。位于村委会东南800米。东邻高公村张庄，南界罗桥水库，西至叶庄，北连刘庄。总面积1.5平方千米，耕地面积42公顷。39户，170人。主产小麦、水稻、杂粮。村落形态呈散状，房屋结构以平房和坡房为主。

李石桥【Lǐshíqiáo】 以姓氏和石桥综合命名。因李姓聚居，村前小河上架有一座石桥而得名。1958年隶属警钟二大队；1975年隶属李石大队；1984年隶属李石村至今。位于村委会东南1千米。东邻邓庄，南界罗桥水库，西至田庄，北连叶庄。总面积1.5平方千米，耕地面积49公顷。48户，190人。主产小麦、水稻、杂粮。村落形态呈散状，房屋结构以平房和坡房为主。

吴庄【Wúzhuāng】 以姓氏命名。因吴姓聚居而得名。1958年隶属警钟二大队；1975年隶属李石大队；1984年隶属李石村至今。位于村委会北500米。东邻刘庄，南界程庄，西至卞堰，北连安庄。总面积0.5平方千米，耕地面积22公顷。22户，90人。主产小麦、水稻、杂粮。村落形态呈线状，房屋结构以平房和坡房为主。

叶庄【Yèzhuāng】 以姓氏命名。因叶姓聚居而得名。1958年隶属警钟二大队；1975年隶属李石大队；1984年隶属李石村至今。村委会驻地。东邻邓庄，南界李石桥，西至卞堰，北连程庄。总面积1.3平方千米，耕地面积52公顷。40户，170人。主产小麦、水稻、杂粮。村落形态呈散状，房屋结构以平房和坡房为主。

李占岗村【Lǐzhàngǎngcūn】

以李占岗自然村命名。1958年为光辉大队，隶属灯塔公社；1963年为罗庄大队，隶属太平区；1975年为李占岗大队，隶属太平公社；1984年为李占岗村，隶属太平镇至今。位于镇政府西南1.5千米。东邻南街村，南界胡庄村，西至荣光村，北连南街村。辖5个自然村，总面积4.1平方千米，耕地面积165公顷。238户，1060人。主产小麦、杂粮、水稻，兼种果蔬，养殖业并举。环形路过境，村委会驻地李占岗。

刘老家【Liúlǎojiā】 以姓氏和建村时间综合命名。因刘姓最早建村定居而得名。1958 年隶属光辉大队；1963 年隶属罗庄大队；1975 年隶属李占岗大队；1984 年隶属李占岗村至今。位于村委会西 200 米。东邻罗庄，南界赵庄村牤牛寨，西至荣光村大高庄，北连高楼门。总面积 1.3 平方千米，耕地面积 54 公顷。64 户，280 人。主产小麦、水稻、玉米，兼种果蔬。村落形态呈散状，房屋结构以平房和坡房为主。

李占岗【Lǐzhàngǎng】 以姓氏和地形综合命名。因李姓聚居岗上而得名。1958 年隶属光辉大队；1963 年隶属罗庄大队；1975 年隶属李占岗大队；1984 年隶属李占岗村至今。村委会驻地。东邻南街村，南界刘老家，西至高楼门，北连连卫岗村新高庄。总面积 1.2 平方千米，耕地面积 45 公顷。65 户，270 人。主产小麦、水稻、玉米，兼种果蔬，特产红薯。村落形态呈散状，房屋结构以平房和楼房为主。

罗庄【Luózhuāng】 以姓氏命名。因罗姓聚居而得名。1958 年隶属光辉大队；1963 年隶属罗庄大队；1975 年隶属李占岗大队；1984 年隶属李占岗村至今。位于村委会东南 500 米。东邻李岗村白杨树，南界胡庄村余垱，西至刘老家，北连南街。总面积 1.1 平方千米，耕地面积 40 公顷。60 户，270 人。主产小麦、水稻、玉米，兼种果蔬、养殖、水产并举。村落形态呈散状，房屋结构以平房和楼房为主。

王庄【Wángzhuāng】 以姓氏命名。因王姓聚居而得名。1958 年隶属光大队；1963 年隶属罗庄大队；1975 年隶属李占岗大队；1984 年隶属李占岗村至今。位于村委会东南 1.5 千米。东邻寺沙路，南界胡庄村谢庄，西至胡庄村余垱，北连李岗村白杨树。总面积 0.3 平方千米，耕地面积 14 公顷。28 户，130 人。主产小麦、水稻、玉米，兼种果蔬，发展养殖业。村落形态呈散状，房屋结构以平房和坡房为主。

新建点【Xīnjiàndiǎn】 以建村时间命名。1984 年村办企业因茶叶生产建房；2000 年已有 20 余户建房于主干道南北两侧，形成居民点，隶属李占岗村至今。村落位于村委会南北主干道两侧。总面积 0.2 平方千米，耕地面积 12 公顷。21 户，110 人。主产业为主，运输、加工业均有发展。村落形态呈线状，房屋结构以楼房为主。

蛮子营村【Mánziyíngcūn】

以蛮子营自然村命名。1958 年为民主大队，隶属灯塔公社；1961 年为蛮子营大队，隶属太平区；1975 年隶属姚岗公社；1984 年为蛮子营村，隶属姚岗区；1987 年隶属姚岗镇；2001 年隶属太平镇至今。位于镇政府东南 6 千米。东邻杨岗村，南界高公村，西至蒜园村，北连姜岗村。辖 2 个自然村，总面积 1.85 平方千米，耕地面积 161.26 公顷。205 户，1100 人。主产小麦、玉米、水稻，兼种果树。枣双路过境，村委会驻蛮子营三组。

蛮子营【Mánziyíng】 清代汉川黄姓人迁此定居，当地人称南方人为蛮子，故名。1958 年隶属民主大队；1961 年隶属蛮子营大队；1984 年隶属蛮子营村至今。村委会驻地。东邻杨岗村杨岗，南界高公村高公，西至蒜园村下营，北连姜岗村姜岗。总面积 1.32 平方千米，耕地面积 127.99 公顷。163 户，880 人。主产小麦、玉米，兼种果树。村落形态呈团状，房屋结构以平房和楼房为主。

张庙【Zhāngmiào】 以姓氏和寺庙综合命名。因张姓聚居的村里有座庙，故名。1958 年隶属民主大队；1961 年隶属蛮子营大队；1984 年隶属蛮子营村至今。位于村委会西南 1.3 千米。东邻杨岗村杨岗，南界蛮子营，西至蒜园村罗庄，北连荣庄村周寨。总面积0.53平方千米，耕地面积33.27公顷。42户，220人。主产小麦、玉米、水稻。村落形态呈团状，房屋结构以平房和坡房为主。

孟集村【Mèngjícūn】

以孟集自然村命名。1958年为新建大队，隶属灯塔公社；1961年为孟集大队，隶属太平区；1975年隶属姚岗公社；1984年为孟集村，隶属姚岗镇；2001年隶属太平镇至今。位于镇政府东南6千米。东邻清凉村，南界五房村，西至黄岗村，北连姚岗街。辖2个自然村，总面积2.4平方千米，耕地面积212.3公顷。218户，950人。主产小麦、玉米、杂粮，兼种果蔬。

孟集【Mèngjí】 以姓氏和集市综合命名。据传200年前，孟姓在此设集，故名。1958年隶属新建大队；1961年隶属孟集大队；1984年隶属孟集村至今。村委会驻地。东邻清凉村罗庄，南界孟桥，西至黄岗村化岗，北连姚岗社区南街。总面积1.6平方千米，耕地面积157.3公顷。196户，870人。主产小麦、玉米、杂粮，兼种果树蔬菜。村落形态呈线状，房屋结构以楼房为主。

孟桥【Mèngqiáo】 以姓氏和建筑物综合命名。因孟姓聚居，村东南有座石桥，故名。1958年隶属新建大队；1961年隶属孟集大队；1984年隶属孟集村至今。位于村委会南900米。东邻清凉村小艾庄，南界五房村小梁庄，西至五房村五房庄，北连孟集。总面积0.8平方千米，耕地面积55公顷。22户，80人。主产小麦、玉米、杂粮，兼种果蔬。村落形态呈线状，房屋结构以楼房为主。

南高庄村【Nángāozhuāngcūn】

以方位和高庄自然村综合命名。因高庄位于太平街南，故名。1956年隶属太平区；1958年为警钟三大队，隶属灯塔公社；1969年以驻地为高庄大队，隶属太平区；1975年为南高庄大队，隶属太平公社；1984年为南高庄村，隶属太平镇至今。东邻黄王庄村，南界黄王庄村，西至郭王村，北连李石村。辖2个自然村，总面积2.2平方千米，耕地面积65.7公顷。145户，540人。主产小麦、玉米、水稻。村委会驻高庄。

高庄【Gāozhuāng】 以姓氏命名。因高姓聚居而得名。1958年隶属警钟三大队；1969年隶属高庄大队；1975年隶属南高庄大队；1984年隶属南高庄村至今。村委会驻地。东邻罗桥水库，南界罗桥水库，西至罗桥水库，北连李石村李石桥。总面积1.95平方千米，耕地面积56公顷。131户，480人。主产小麦、玉米、水稻。村落形态呈团状，房屋结构以坡房和楼房为主。

田庄【Tiánzhuāng】 以姓氏命名。因田姓聚居而得名。1958年隶属警钟三大队；1969年隶属高庄大队；1975年隶属南高庄大队；1984年隶属南高庄村至今。位于村委会西北450米。东邻李石村李石桥，南界南高庄，西至罗桥水库，北连李石村下堰。总面积0.25平方千米，耕地面积9.7公顷。14户，60人。主产小麦、玉米、水稻。村落形态呈团状，房屋结构以坡房和楼房为主。

南街村【Nánjiēcūn】

以南街自然村命名。因位于太平镇街道南端而得名。1958年为健康大队，隶属灯塔公社；

1961年隶属太平区；1975年为南街大队，隶属太平公社；1984年为南街村，隶属太平镇至今。位于镇政府西1千米。东邻太平居委会，南界李岗村，西至李占岗村，北连北街村。辖1个自然村，总面积1.33平方千米，耕地面积118.3公顷。505户，2200人。主产小麦、玉米、水稻，兼种果树、蔬菜。寺沙路过境，村委会驻南街。

南街【Nánjiē】 以地理位置命名。因位于太平镇街道南端而得名。1958年隶属健康大队；1975年隶属南街大队；1984年隶属南街村至今。村委会驻地。东邻太平居委会，南界李岗村，西至李占岗村，北连北街村。总面积1.33平方千米，耕地面积118.3公顷。505户，2200人。主产小麦、玉米、水稻，兼种果树、蔬菜。村落形态呈线状，房屋结构以平房和楼房为主。

清凉村【Qīngliángcūn】

以清凉寺自然村命名。1958年为红光大队，隶属灯塔公社；1961年为清凉大队，隶属太平区；1975年隶属姚岗公社；1984年为清凉村，隶属姚岗区；1987年隶属姚岗镇；2001年隶属太平镇至今。位于镇政府东6千米。东邻鹿头镇方湾村，南界鹿头镇郭巷村，西至孟集村，北连莘庄村。辖13个自然村，总面积5.7平方千米，耕地面积431公顷。546户，2490人。主产小麦、玉米、水稻，兼种果蔬。枣双路、吉太路过境，村委会驻吴庄。

白河【Báihé】 以姓氏、土质和河流综合命名。白河又名张庄，因坐落小河北岸，河南人称之为北河，又因此地为白土，故又改称"北河"为"白河"。1958年隶属红光大队；1961年隶属清凉大队；1984年隶属清凉村至今。位于村委会南1.5千米。东邻涂庄，南界小艾庄，西至罗庄，北连李集。总面积0.4平方千米，耕地面积37公顷。35户，140人。主产小麦、玉米、水稻。村落形态呈线状，房屋结构以坡房和楼房为主。

大艾庄【Dà'àizhuāng】 以人口和姓氏综合命名。因艾姓聚居人多村大而得名。1958年隶属红光大队；1961年隶属清凉大队；1984年隶属清凉村至今。位于村委会南2.5千米。东邻邓庄，南界鹿头镇梁庄村赫岗，西至蒋庄，北连涂庄。总面积0.4平方千米，耕地面积31公顷。22户，100人。主产小麦、玉米、水稻，养殖业为辅。村落形态呈线状，房屋结构以坡房和楼房为主。

邓庄【Dèngzhuāng】 以姓氏命名。因邓姓聚居而得名。1958年隶属红光大队；1961年隶属清凉大队；1984年隶属清凉村至今。位于村委会东南3千米。东邻鹿头镇吉岗村秦庄，南界鹿头镇梁庄村赫岗，西至大艾庄，北连骆岗。总面积0.2平方千米，耕地面积14公顷。13户，50人。主产小麦、杂粮、水稻。村落形态呈线状，房屋结构以坡房和楼房为主。

蒋庄【Jiǎngzhuāng】 以姓氏命名。因蒋姓聚居而得名。1958年隶属红光大队；1961年隶属清凉大队；1984年隶属清凉村至今。位于村委会西南3千米。东邻大艾庄，南界鹿头镇郭巷村鲁庄，西至陕西庄，北连小艾庄。总面积0.4平方千米，耕地面积33公顷。30户，110人。主产小麦、杂粮、水稻。村落形态呈线状，房屋结构以坡房和楼房为主。

罗庄【Luózhuāng】 以姓氏命名。因罗姓聚居而得名。1958年隶属红光大队；1961年隶属清凉大队；

1984年隶属清凉村至今。位于村委会西南1千米。东邻白河，南界陕西庄，西至孟集村孟集，北连清凉寺。总面积0.2平方千米，耕地面积15公顷。23户，90人。主产小麦、杂粮、水稻，蔬菜为辅。村落形态呈团状，房屋结构以坡房和楼房为主。

李集【Lǐjí】 以姓氏和集镇综合命名。因李姓在此设集而得名。1958年隶属红光大队；1961年隶属清凉大队；1984年隶属清凉村至今。位于村委会南1千米。东邻鹿头镇张庄村张庄，南界白河，西至罗庄，北连吴庄。总面积0.8平方千米，耕地面积57公顷。64户，340人。主产小麦、玉米、水稻，兼种蔬菜。村落形态呈线状，房屋结构以坡房和楼房为主。

骆岗【Luògǎng】 以姓氏和地形综合命名。因骆姓建村岗上而得名。1958年隶属红光大队；1961年隶属清凉大队；1984年隶属清凉村至今。位于村委会东南3千米。东邻鹿头镇吉岗村郑庄，南界邓庄，西至涂庄，北连丹江移民点。总面积0.3平方千米，耕地面积25公顷。18户，90人。主产小麦、水稻、杂粮，兼种果蔬。村落形态呈团状，房屋结构以平房和坡房为主。

清凉寺【Qīngliángsì】 以水质和建筑物综合命名。据传，原街南头有一庙宇，建于西汉时期，庙旁有一口井，其水清凉，故名。1958年隶属红光大队；1961年隶属清凉大队；1984年隶属清凉村至今。位于村委会西500米。东邻吴庄，南界罗庄，西至姚岗社区南街，北连吉太路。总面积1平方千米，耕地面积68公顷。138户，630人。主产小麦、玉米、杂粮，兼种蔬菜。村落形态呈线状，房屋结构以坡房和楼房为主。

陕西庄【Shǎnxīzhuāng】 1986年为陕西移民专门建村，故名。1986年隶属清凉村至今。位于村委会西南3千米。东邻蒋庄，南界鹿头镇郭巷村郭巷，西至五房村梁庄，北连罗庄。总面积0.2平方千米，耕地面积15公顷。21户，100人。主产小麦、水稻、杂粮，兼种果蔬。村落形态呈团状，房屋结构以平房和楼房为主。

涂庄【Túzhuāng】 以姓氏命名。因涂姓聚居而得名。1958年隶属红光大队；1961年隶属清凉大队；1984年隶属清凉村至今。位于村委会东南2.5千米。东邻鹿头镇吉岗村郑庄，南界大艾庄，西至小艾庄，北连白河。总面积0.3平方千米，耕地面积24公顷。28户，100人。主产小麦、玉米、水稻。村落形态呈团状，房屋结构以坡房和楼房为主。

吴庄【Wúzhuāng】 以姓氏命名。因吴姓聚居而得名。1958年隶属红光大队；1961年隶属清凉大队；1984年隶属清凉村至今。村委会驻地。东邻丹江移民点，南界李集，西至清凉寺，北连莘庄村汪垱。总面积0.9平方千米，耕地面积65公顷。73户，370人。主产小麦、玉米、水稻，兼种蔬菜。村落形态呈线状，房屋结构以坡房和楼房为主。

小艾庄【Xiǎo'àizhuāng】 以人口和姓氏综合命名。因艾姓聚居而得名。1958年隶属红光大队；1961年隶属清凉大队；1984年隶属清凉村至今。位于村委会南2千米。东邻涂庄，南界蒋庄，西至孟集村孟集，北连白河。总面积0.2平方千米，耕地面积17公顷。18户，100人。主产小麦、玉米、水稻。村落形态呈线状，房屋结构以坡房和楼房为主。

移民点【Yímíndiǎn】 2011年为丹江移民专门建村，故名。2011年隶属清凉村至今。位于村委会东1.5千米。东邻鹿头镇白庙村方湾，南界骆岗，西至吴庄，北连鹿头镇白庙村白庙。总面积0.4平方千米，耕地面积 30 公顷。63 户，270 人。主产小麦、水稻、杂粮，兼种果蔬。村落形态呈团状，房屋结构以坡房和楼房为主。

秦岗村【Qíngǎngcūn】

以秦岗自然村命名。1958 年为五星大队，隶属灯塔公社；1961 年为秦岗大队，隶属太平区；1975 年隶属姚岗公社；1984 年为秦岗村，隶属姚岗区；1987 年隶属姚岗镇；2001 年隶属太平镇至今。位于镇政府南 9 千米。东邻张垱村，南界环城街道上河村，西至黄王庄村，北连张柏岗村。辖 13 个自然村，总面积 6.86 平方千米，耕地面积 606.3 公顷。735 户，3260 人。主产小麦、玉米、水稻，兼种桃子、葡萄，规模养猪场一个。寺沙省道过境，村委会驻草店街。

草店【Cǎodiàn】 以自然集镇命名。据传，1910 年有三户不同姓的人家，在此搭建草棚，开设饭店，故名。1958 年隶属五星大队；1961 年隶属秦岗大队；1984 年隶属秦岗村至今。村委会驻地。东邻上王寨，南界东秦岗，西至黄王庄村小高庄，北连黄王庄村小张庄。总面积 0.82 平方千米，耕地面积 73 公顷。185 户，690 人。主产小麦、玉米、水稻；兼经商办超市，建化工厂 1 个。村落形态呈线状，房屋结构以楼房为主。

大刘庄【Dàliúzhuāng】 以姓氏和规模综合命名。因刘姓聚居人多村大而得名。1958 年隶属星火二大队；1961 年隶属水垱大队；1984 年隶属水垱村；2002 年隶属秦岗村至今。位于村委会东 2.3 千米。东邻张垱村张垱，南界张垱村下油坊，西至上王寨，北连水垱。总面积 0.48 平方千米，耕地面积 42.7 公顷。35 户，160 人。主产小麦、玉米、水稻，兼种果树、风景树。村落形态呈团状，房屋结构以坡房为主。

东秦岗【Dōngqíngǎng】 以方位、姓氏和地形综合命名。因秦姓聚居岗东而得名。1958 年隶属五星大队；1961 年隶属秦岗大队；1984 年隶属秦岗村至今。位于村委会西南 1.1 千米。东邻林庄，南界环城街道上河村上河庄，西至西秦岗，北连草店街。总面积 0.58 平方千米，耕地面积 50 公顷。67 户，230 人。主产小麦、玉米、水稻，兼种果树。村落形态呈团状，房屋结构以坡房和楼房为主。

闵庄【Mǐnzhuāng】 以姓氏命名。因闵姓聚居岗西而得名。1958 年隶属五星大队；1961 年隶属秦岗大队；1984 年隶属秦岗村至今。位于村委会西南 2.7 千米。东邻林庄，南界环城街道上河村上河，西至环城街道下河村杜楼，北连西秦岗。总面积 0.38 平方千米，耕地面积 33 公顷。34 户，200 人。主产小麦、玉米、水稻。村落形态呈团状，房屋结构以坡房和楼房为主。

庞河【Pánghé】 以姓氏和自然河流综合命名。因庞姓聚居河边而得名。1958 年隶属五星大队；1961 年隶属秦岗大队；1984 年隶属秦岗村至今。位于村委会东南 2.7 千米。东邻环城街道上河村李庄，南界环城街道上河村张洼，西至林庄，北连大刘庄。总面积 0.51 平方千米，耕地面积 47 公顷。38 户，170 人。主产小麦、玉米、水稻。村落形态呈团状，房屋结构以坡房和楼房为主。

上王寨【Shàngwángzhài】 以方位、姓氏和建筑物综合命名。因王姓分居上下两个相邻村庄，村周修有土寨，此村在北，故名。1958 年隶属五星大队；1961 年隶属秦岗大队；1984 年隶属秦岗村至今。位于村委会东北 1.4 千米。东邻大刘庄，南界下王寨，西至草店街，北连张柏岗村张柏岗。总面积 0.67 平方千米，耕地面积 59 公顷。72 户，340 人。主产小麦、玉米、水稻。村落形态呈团状，房屋结构以坡房和楼房为主。

上王庄【Shàngwángzhuāng】 以方位和姓氏综合命名。因王姓聚居小河上游而得名。1958年隶属星火二大队；1961年隶属水垱大队；1984年隶属水垱村；2002年隶属秦岗村至今。位于村委会东北4.1千米。东邻张垱村毛庄，南界下王庄，西至张柏岗村孙岗，北连张柏岗村下杨岗。总面积0.54平方千米，耕地面积50公顷。35户，160人。主产小麦、玉米、水稻、旱稻。村落形态呈团状，房屋结构以坡房为主。

水垱【Shuǐdàng】 以姓氏和垱坝综合命名。因水姓聚居，村东北修有垱坝，故名。1958年隶属星火二大队；1961年隶属水垱大队；1984年隶属水垱村；2002年隶属秦岗村至今。位于村委会东北3千米。东邻张垱村老油坊，南界大刘庄，西至张柏岗村黄柏岗，北连下王庄。总面积0.33平方千米，耕地面积28公顷。31户，150人。主产小麦、玉米、水稻。村落形态呈团状，房屋结构以坡房和楼房为主。

西秦岗【Xīqíngǎng】 以方位、姓氏和地形综合命名。因秦姓聚居岗西而得名。1958年隶属五星大队；1961年隶属秦岗大队；1984年隶属秦岗村至今。位于村委会西南1.5千米。东邻东秦岗，南界闵庄，西至黄王庄村杨岗，北连草店街。总面积0.62平方千米，耕地面积55公顷。52户，250人。主产小麦、玉米、水稻。村落形态呈团状，房屋结构以坡房和楼房为主。

小刘庄【Xiǎoliúzhuāng】 以人口和姓氏综合命名。因刘姓聚居且人少村小而得名。1958年隶属星火二大队；1961年隶属水垱大队；1984年隶属水垱村；2002年隶属秦岗村至今。位于村委会东1.3千米。东邻张垱村下油坊，南界下王寨，西至草店街，北连张柏岗村小黄柏岗。总面积0.58平方千米，耕地面积50公顷。48户，230人。主产小麦、玉米、水稻。村落形态呈团状，房屋结构以坡房和楼房为主。

下王寨【Xiàwángzhài】 以方位、姓氏和建筑物综合命名。因王姓分居上下两个相邻村庄，村周修有土寨，此村在南，故名。1958年隶属五星大队；1961年隶属秦岗大队；1984年隶属秦岗村至今。位于村委会东南1.1千米。东邻环城街道上河村李庄，南界林庄，西至草店街，北连上王寨。总面积0.46平方千米，耕地面积41公顷。46户，220人。主产小麦、玉米、水稻，兼水面养鱼。村落形态呈团状，房屋结构以坡房为主。

下王庄【Xiàwángzhuāng】 以方位和姓氏综合命名。因王姓聚居小河下游而得名。1958年隶属星火二大队；1961年隶属水垱大队；1984年隶属水垱村；2002年隶属秦岗村至今。位于村委会东北3.5千米。东邻张垱村新庄，南界水垱，西至张柏岗村张柏岗，北连上王庄。总面积0.31平方千米，耕地面积27.6公顷。32户，170人。主产小麦、玉米、水稻。村落形态呈团状，房屋结构以坡房为主。

周林庄【Zhōulínzhuāng】 以姓氏命名。因周林两姓聚居而得名。1958年隶属五星大队；1961年隶属秦岗大队；1984年隶属秦岗村至今。位于村委会东南2.2千米。东邻庞河，南界环城街道上河村吉庄，西至东秦，北连下王寨。总面积0.58平方千米，耕地面积50公顷。60户，290人。主产小麦、玉米、水稻，规模养猪场一个，年产量3000头。村落形态呈团状，房屋结构以坡房和楼房为主。

荣光村【Róngguāngcūn】

取光荣之意命名。1958年为荣光大队，隶属灯塔公社；1975年为南张庄大队，隶属太平公社；1984年为荣光村，隶属太平镇至今。位于镇政府西4.5千米。东邻李占岗村，南界三官村，西至竹园村，北连桑园村。辖 5 个自然村，总面积 4.2 平方千米，耕地面积 390 公顷。482 户，1790 人。主产小麦、玉米，养殖业有发展，村内有荣光福利院。太杨路过境，村委会驻张庄。

大高庄【Dàgāozhuāng】 以姓氏和村子规模综合命名。因高姓聚居且村子较大而得名。1958 年隶属荣光大队；1975 年隶属南张庄大队；1984 年隶属荣光村至今。位于村委会东南 800 米。东邻李占岗村刘老家，南界三官村王庄，西至小高庄，北连高楼门村西楼门。总面积 1.7 平方千米，耕地面积 166.4 公顷。220 户，820 人。主产小麦、玉米。村落形态呈散状，房屋结构以平房和坡房为主。

河西【Héxī】 以河流和方位综合命名。因村东面有一条无名小河而得名。1958 年隶属荣光大队；1975 年隶属南张庄大队；1984 年隶属荣光村至今。位于村委会西 200 米。东邻村委会，南界三官村李庄，西至竹园村小周岗，北连周庄。总面积 0.6 平方千米，耕地面积 54.3 公顷。64 户，220 人。主产小麦、玉米。村落形态呈散状，房屋结构以平房和坡房为主。

孙岗【Sūngǎng】 以姓氏和地名综合命名。因孙姓聚居岗上而得名。1958 年隶属荣光大队；1975 年隶属南张庄大队；1984 年隶属荣光村至今。位于村委会西北 700 米。东邻周庄，南界河西，西至竹园村周岗，北连桑园村明水堰。总面积 0.7 平方千米，耕地面积 61 公顷。65 户，270 人。主产小麦、玉米、水稻，兼有养殖业。村落形态呈散状，房屋结构以平房和坡房为主。

小高庄【Xiǎogāozhuāng】 以姓氏和村子规模综合命名。因高姓聚居且村子较小而得名。1958 年隶属荣光大队；1975 年隶属南张庄大队；1984 年隶属荣光村至今。位于村委会东北 150 米。东邻大高庄，南界三官村李庄，西至周庄，北连桑园村桑园。总面积 0.58 平方千米，耕地面积 51.9 公顷。67 户，250 人。主产小麦、玉米。村落形态呈散状，房屋结构以平房和坡房为主。

周庄【Zhōuzhuāng】 以姓氏命名。因周姓聚居而得名。1958 年隶属荣光大队；1975 年隶属南张庄大队；1984 年隶属荣光村至今。位于村委会西北 250 米。东邻小高庄，南界河西，西至孙岗，北连桑园村桑园。总面积 0.62 平方千米，耕地面积 56.4 公顷。66 户，230 人。主产小麦、玉米，兼有养殖业。村落形态呈散状，房屋结构以平房和坡房为主。

荣庄村【Róngzhuāngcūn】

以荣庄自然村命名。1958 年命名银星大队，隶属灯塔公社；1961 年为肖庄大队，隶属太平区；1975 年隶属姚岗公社；1980 年为荣庄大队，隶属姚岗公社；1984 年为荣庄村，隶属姚岗区；1987 年隶属姚岗镇；2001 年隶属太平镇至今。位于镇政府东 6 千米。东邻姚岗社区，南界蛮子营村，西至姜岗村，北连贾洼村。辖 8 个自然村，总面积 3.9 平方千米，耕地面积 233.2 公顷。288 户，1163 人。主产小麦、水稻、玉米和杂粮。吉太路过境，村委会驻荣庄。

大高庄【Dàgāozhuāng】 以规模和姓氏综合命名。因高姓聚居且村庄较大而得名。1958 年隶属银星大队；1961 年隶属肖庄大队；1980 年隶属荣庄大队；1984 年隶属荣庄村至今。位于村委会西北 2 千米。东邻王庄，南界杜庄，西至杨庄，北连贾洼村小高庄。总面积 0.4 平方千米，耕地面积 21 公顷。20 户，70 人。主产小麦、水稻、玉米和杂粮。村落形态呈散状，房屋结构以坡房和楼房为主。

大王庄【Dàwángzhuāng】 以人口和姓氏综合命名。因王姓聚居而得名。1958年隶属银星大队；1961年隶属肖庄大队；1980年隶属荣庄大队；1984年隶属荣庄村至今。位于村委会北500米。东邻姚岗社区北街，南界杜庄，西至大高庄，北连贾洼村田庄。总面积0.4平方千米，耕地面积20公顷。32户，140人。主产小麦、水稻、玉米和杂粮。村落形态呈散状，房屋结构以坡房和楼房为主。

杜庄【Dùzhuāng】 以姓氏命名。因杜姓聚居而得名。1958年隶属银星大队；1961年隶属肖庄大队；1980年隶属荣庄大队；1984年隶属荣庄村至今。位于村委会北200米。东邻姚岗社区北街，南界荣庄，西至姜岗村姜岗，北连大王庄。总面积0.5平方千米，耕地面积25公顷。35户，140人。主产小麦、水稻、玉米和杂粮。村落形态呈散状，房屋结构以坡房和楼房为主。

彭庄【Péngzhuāng】 以姓氏命名。因彭姓聚居而得名。1958年隶属银星大队；1961年隶属肖庄大队；1980年隶属荣庄大队；1984年隶属荣庄村至今。位于村委会南1.8千米。东邻黄岗村刘庄，南界周寨，西至肖庄，北连荣庄。总面积0.3平方千米，耕地面积10公顷。5户，11人。主产小麦、水稻、玉米和杂粮。村落形态呈散状，房屋结构以坡房为主。

荣庄【Róngzhuāng】 以姓氏命名。因荣姓聚居而得名。1958年隶属银星大队；1961年隶属肖庄大队；1980年隶属荣庄大队；1984年隶属荣庄村至今。村委会驻地。东邻姚岗社区西街，南界肖庄，西至姜岗村姜岗，北连杜庄。总面积0.6平方千米，耕地面积39公顷。68户，280人。主产小麦、水稻、玉米，兼种果树。村落形态呈散状，房屋结构以坡房和楼房为主。

肖庄【Xiāozhuāng】 以姓氏命名。因肖姓聚居而得名。1958年隶属银星大队；1961年隶属肖庄大队；1980年隶属荣庄大队；1984年隶属荣庄村至今。位于村委会南1.5千米。东邻黄岗村刘庄，南界周寨，西至姜岗村姜岗庄，北连荣庄。总面积0.6平方千米，耕地面积50公顷。62户，270人。主产小麦、水稻、玉米。村落形态呈散状，房屋结构以坡房和楼房为主。

小王庄【Xiǎowángzhuāng】 以人口和姓氏综合命名。因王姓聚居人少村小而得名。1958年隶属银星大队；1961年隶属肖庄大队；1980年隶属荣庄大队；1984年隶属荣庄村至今。位于村委会西200米。东邻荣庄，南界肖庄，西至姜岗村姜岗，北连大高庄。总面积0.3平方千米，耕地面积1.5亩。1户，2人。主产小麦、水稻、玉米和杂粮。村落形态呈散状，房屋结构以坡房为主。

周寨【Zhōuzhài】 以姓氏和建筑物综合命名。因周姓聚居，村周修有土寨，故名。1958年隶属银星大队；1961年隶属肖庄大队；1980年隶属荣庄大队；1984年隶属荣庄村至今。位于村委会南3千米。东邻黄岗村刘庄，南界蛮子营张庙，西至蒜园村罗庄，北连肖庄。总面积0.8平方千米，耕地面积66.7公顷。65户，250人。主产水稻、小麦、玉米和杂粮。村落形态呈散状，房屋结构以坡房和楼房为主。

三官村【Sānguāncūn】

以三官（后名三官庙）自然村命名。1956年隶属太平区；1958年为胜利大队，隶属灯塔公社；1969年为三官庙大队，隶属太平区；1975年隶属太平公社；1984年为三官村，隶属太平镇至今。位于镇政府西南4千米。东邻马庄水库，南界大赵庄村，西至竹园村，北连荣光村。辖4个自然村，总面积 2.56 平方千米，耕地面积 220 公顷。250 户，960 人。主产小麦和杂粮，兼种棉花和蔬菜。村中高郭路过境，村委会驻三官。

金宋【Jīnsòng】 以姓氏命名。因金、宋两姓聚居而得名。1958 年隶属胜利大队；1969 年隶属三官庙大队；1984 年隶属三官村至今。位于村委会南 500 米。东邻罗庄，南界韩岗村韩岗，西至陈庄，北连王庄。总面积 0.45 平方千米，耕地面积 43 公顷。48 户，150 人。主产小麦、玉米和水稻，兼种蔬菜。村落形态呈散状，房屋结构以平房和坡房为主。

李庄【Lǐzhuāng】 以姓氏命名。因李姓聚居而得名。1958 年隶属胜利大队；1969 年隶属三官庙大队；1984 年隶属三官村至今。位于村委会西北 1.9 千米。东邻王庄，南界竹园村马桥，西至竹园村小周岗，北连荣光村小高庄。总面积 0.65 平方千米，耕地面积 60 公顷。58 户，280 人。主产小麦、玉米和水稻，兼种蔬菜。村落形态呈散状，房屋结构以平房和坡房为主。

三官【Sānguān】 以古庙命名。后名三官庙，据说从前有兄弟三人在此居住，村南有座小庙，后兄弟三人都做了官，得此名。1958 年隶属胜利大队；1969 年隶属三官庙大队；1984 年隶属三官村至今。位于村委会东 200 米。东邻赵庄村三合一，南界韩岗村罗庄，西至王庄，北连荣光村大高庄。总面积 1.06 平方千米，耕地面积 79 公顷。98 户，380 人。主产小麦、玉米和水稻，兼种蔬菜。村落形态呈散状，房屋结构以平房和坡房为主。

王庄【Wángzhuāng】 以姓氏命名。因王姓聚居而得名。1958 年隶属胜利大队；1969 年隶属三官庙大队；1984 年隶属三官村至今。位于村委会西北 1.4 千米。东邻三官庙，南界韩岗村陈庄，西至李庄，北连荣光村大高庄。总面积 0.4 平方千米，耕地面积 38 公顷。46 户，150 人。农作物小麦、玉米和水稻，兼种蔬菜。村落形态呈散状，房屋结构以平房和坡房为主。

三户刘村【Sānhùliúcūn】

以三户刘自然村命名。1958 年为金明大队，隶属灯塔公社；1961 年为三户刘大队，隶属太平区；1975 年隶属姚岗公社；1984 年为三户刘村，隶属姚岗区；1987 年隶属姚岗镇；2001 年里太平镇至今。位于镇政府北 18 千米。东邻康河村，南界双河村，西至唐梓山村，北连唐河县湖阳镇活水杨村。辖 9 个自然村，总面积 7.63 平方千米，耕地面积 319.6 公顷。320 户，1250 人。主产小麦、玉米和花生。双河至三户刘村委会主干道相通，村委会驻三户刘。

陈棚【Chénpéng】 以人物命名。据传，汉将岑彭曾率兵宿营此地，为纪念岑彭，故取名"岑彭"。后人误写为"陈棚"。1958 年隶属金明大队；1961 年隶属三户刘大队；1984 年隶属三户刘村至今。位于村委会北 400 米。东邻康河村仓房庄，南界三户刘，西至刘十七，北连小洼。总面积 1.04 平方千米，耕地面积 37.6 公顷。43 户，120 人。主产种植小麦、玉米和花生。村落形态呈团状，房屋结构以坡房和楼房为主。

大洼【Dàwā】 以地形命名。因村子坐落在大凹处而得名。1958 年隶属金明大队；1961 年隶属三户刘大队；1975 年隶属东沟大队；1980 年回归三户刘大队；1984 年隶属三户刘村至今。位于村委会北 3 千米。东邻崔垱村艾庄，南界小洼，西至唐河县湖阳镇活水杨村，北连唐河县湖阳镇活水杨村。总面积

0.7平方千米，耕地面积19公顷。21户，80人。主产种植小麦、玉米和花生。村落形态呈散状，房屋结构以平房和坡房为主。

老袁庄【Lǎoyuánzhuāng】 以时间和姓氏综合命名。因袁姓最早住此而得名。1958年隶属金明大队；1961年隶属三户刘大队；1984年隶属三户刘村至今。位于村委会西南1千米。东邻石匠庄，南界双河小刘庄，西至唐梓山村西袁庄，北连竹园。总面积0.83平方千米，耕地面积53公顷。51户，210人。主产小麦、玉米和花生。村落形态呈散状，房屋结构以坡房和楼房为主。

刘十七【Liúshíqī】 以姓氏和排行综合命名。因刘姓弟兄排行十七住此而得名。1958年隶属金明大队；1961年隶属三户刘大队；1984年隶属三户刘村至今。位于村委会西北1千米。东邻陈棚，南界周庄，西至唐梓山村石界山，北连小洼。总面积0.55平方千米，耕地面积15公顷。12户，40人。主产小麦、玉米和花生。村落形态呈团状，房屋结构以坡房为主。

三户刘【Sānhùliú】 以数量和姓氏综合命名。因三户刘姓住此而得名。1958年隶属金明大队；1961年隶属三户刘大队；1984年隶属三户刘村至今。村委会驻地。东邻康河村康河，南界竹园，西至唐梓山村龚冲，北连陈棚。总面积2.04平方千米，耕地面积104公顷。101户，410人。主产小麦、玉米和花生。村落形态呈团状，房屋结构以坡房和楼房为主。

石匠庄【Shíjiàngzhuāng】 以职业命名。因原来村里石匠多而得名。1958年隶属金明大队；1961年隶属三户刘大队；1984年隶属三户刘村至今。位于村委会东南1千米。东邻袁庄村赵庄，南界双河村东小庄，西至老袁庄，北连三户刘。总面积0.85平方千米，耕地面积24.5公顷。16户，80人。主产小麦、玉米和花生。村落形态呈团状，房屋结构以平房和楼房为主。

小洼【Xiǎowā】 以地形命名。因村庄坐落在小山凹处而得名。1958年隶属金明大队；1961年隶属三户刘大队；1975年隶属东沟大队；1980年回归三户刘大队；1984年隶属三户刘村至今。位于村委会北2.5千米。东邻崔垱村东沟，南界陈棚，西至刘十七，北连大洼。总面积0.36平方千米，耕地面积7公顷。7户，30人。主产小麦、玉米和花生。村落形态呈散状，房屋结构以平房和坡房为主。

周庄【Zhōuzhuāng】 以姓氏命名。因周姓聚居而得名。1958年隶属金明大队；1961年隶属三户刘大队；1984年隶属三户刘村至今。位于村委会西南400米。东邻竹园，南界老袁庄，西至唐梓山村龚冲，北连三户刘。总面积0.7平方千米，耕地面积29.5公顷。41户，170人。主产小麦、玉米和花生。村落形态呈散状，房屋结构以坡房和楼房为主。

竹园【Zhúyuán】 以植物命名。因原村内有片竹园而得名。1958年隶属金明大队；1961年隶属三户刘大队；1984年隶属三户刘村至今。位于村委会南500米。东邻石匠庄，南界老袁庄，西至周庄，北连三户刘。总面积0.56平方千米，耕地面积30公顷。28户，110人。主产小麦、玉米和花生。村落形态呈团状，房屋结构以坡房和楼房为主。

桑园村【Sāngyuáncūn】

以桑园自然村命名。1956年隶属太平区；1958年为红光大队，隶属灯塔公社；1964年为桑园大队，隶属太平区；1975年隶属太平公社；1984年为桑园村，隶属太平镇至今。位于镇政府西北

4.5千米。东邻西张庄村，南界南张庄村，西至杨垱镇高店社区，北连桃园村。辖3个自然村，辖区面积4.02平方千米，耕地面积307.7公顷。380户，1460人。经济形态以农业和养殖业为主。村委会驻桑园。

李庄【Lǐzhuāng】 以姓氏命名。因李姓聚居而得名。1958年隶属红光大队；1964年隶属桑园大队；1984年隶属桑园村至今。位于村委会北300米。东邻桑园，南界桑园，西至明水堰，北连周桥水库。总面积2平方千米，耕地面积129.4公顷。151户，470人。主产小麦、玉米和水稻。村落形态呈散状，房屋结构以平房为主。

明水堰【Míngshuǐyàn】 以堰塘和水质综合命名。因村东头有口大堰，水质清澈透明而得名。1958年隶属红光大队；1964年隶属桑园大队；1984年隶属桑园村至今。位于村委会西1千米。东邻李庄，南界竹园村孙岗，西至周桥水库，北连聂庄。总面积1平方千米，耕地面积82公顷。96户，360人。主产小麦、玉米和水稻。村落形态呈散状，房屋结构以平房为主。

桑园【Sāngyuán】 以植物命名。因早年村内有一块大桑园而得名。1949年隶属太平区；1958年隶属红光大队；1964年隶属桑园大队；1984年隶属桑园村至今。村委会驻地。东邻高楼门村王庄，南界荣光村周庄，西至明水堰，北连李庄。总面积1.02平方千米，耕地面积96.3公顷。133户，630人。主产小麦、玉米和水稻。村落形态呈散状，房屋结构以平房为主。

双河村【Shuānghécūn】

以双河自然集镇命名。1958年为民胜大队，隶属灯塔公社；1961年为双河大队。隶属太平区；1975年隶属姚岗公社；1984年为双河村，隶属姚岗区；1987年隶属姚岗镇；2001年隶属太平镇至今。位于镇政府东北10千米。东邻袁庄村，南界大王村，西至张庄村，北连三户刘村。辖5个自然村，总面积3.94平方千米，耕地面积303.8公顷。409户，1980人。主要农作物为小麦、玉米和花生。草双路过境，村委会驻双河。

东小庄【Dōngxiǎozhuāng】 以方位和面积综合命名。因村较小，建在双河集镇东边，故名。1958年隶属民胜大队；1961年隶属双河大队；1984年隶属双河村至今。位于村委会东北600米。东邻袁庄村李湾，南界双河街，西至双河街，北连袁庄村赵庄。总面积0.42平方千米，耕地面积31.8公顷。44户，190人。主产小麦、玉米和花生。村落形态呈散状，房屋结构以平房和楼房为主。

聂庄【Nièzhuāng】 以姓氏命名。因聂姓聚居而得名。1958年隶属民胜大队；1961年隶属双河大队；1984年隶属双河村至今。位于村委会西1.1千米。东邻双河街，南界大王村二王，西至北张村牛庄，北连唐梓山村袁庄。总面积0.84平方千米，耕地面积67.1公顷。69户，320人。主产小麦、玉米和花生。村落形态呈散状，房屋结构以平房和楼房为主。

齐湾【Qíwān】 以姓氏命名。因齐姓聚居而得名。1958年隶属民胜大队；1961年隶属双河大队；1984年隶属双河村至今。位于村委会东南1.2千米。东邻袁庄村沙子岗，南界大王村郭楼，西至双河街，北连双河街。总面积0.3平方千米，耕地面积23.8公顷。19户，80人。主产小麦、玉米和花生。村落形态呈散状，房屋结构以平房和楼房为主。

双河【Shuānghé】 以河流数量命名。因街东西各有一条河，故名。1958年隶属民胜大队；1961年隶属双河大队；1984年隶属双河村至今。位于村委会西200米。东邻东小庄，南界大王村大王庄，西至聂庄，北连三户刘村小刘庄。总面积2.14平方千米，耕地面积163.7公顷。257户，1300人。主产小麦、玉米和花生。村落形态呈散状，房屋结构以平房和楼房为主。

小刘庄【Xiǎoliúzhuāng】 以面积和姓氏综合命名。因刘姓聚居村子小而得名。1958年隶属民胜大队；1961年隶属双河大队；1984年隶属双河村至今。位于双河村委会南700米。东邻三户刘村石匠庄，南界双河街，西至唐梓山村袁庄，北连三户刘村竹园庄。总面积0.24平方千米，耕地面积17.4公顷。20户，90人。主产小麦、玉米和花生。村落形态呈散状，房屋结构以坡房和楼房为主。

舒庄村【Shūzhuāngcūn】

以舒庄自然村命名。1958年为新建大队，隶属灯塔公社；1961年以驻地马庄为马庄大队，隶属太平区；1975年隶属姚岗公社；1980年因重名更名为舒庄大队，隶属姚岗公社；1984年为舒庄村，隶属姚岗区；1987年隶属姚岗镇；2001年隶属太平镇至今。位于镇政府东北7千米。东邻袁寨南街村，南界黄岗村，西至杨庄村，北连大王村。辖8个自然村，总面积3.59平方千米，耕地面积298公顷。390户，1140人，主产小麦、水稻、杂粮，兼种桃、葡萄。枣双路穿境而过，村委会驻舒庄。

陈庄【Chénzhuāng】 以姓氏命名。因陈姓聚居而得名。1958年隶属新建大队；1961年隶属马庄大队；1980年隶属舒庄大队；1984年隶属舒庄村至今。位于村委会北1千米。东邻付岗村付岗，西至马庄，南界刘庄，北连大王村大王庄。总面积0.38平方千米，耕地面积32公顷。30户，120人。主产小麦、玉米和水稻，兼种果蔬。村落形态呈团状，房屋结构以楼房为主。

吉庄【Jízhuāng】 以姓氏命名。因吉姓聚居而得名。1958年隶属新建大队；1961年隶属马庄大队；1980年隶属舒庄大队；1984年隶属舒庄村至今。位于村委会南1千米。东邻姜庄村姜庄，南界黄岗村孟庄，西至舒庄，北连小马庄。总面积0.33平方千米，耕地面积26公顷。17户，80人。主产小麦、玉米和水稻，兼种果蔬。村落形态呈散状，房屋结构以平房和坡房为主。

刘庄【Liúzhuāng】 以姓氏命名。因刘姓聚居而得名。1958年隶属新建大队；1961年隶属马庄大队；1980年隶属舒庄大队；1984年隶属舒庄村至今。位于村委会东1千米。东邻袁寨村袁寨街，南界姜庄村吴庄，西至马庄，北连付岗村付岗。总面积1.04平方千米，耕地面积90公顷。100户，350人。主产小麦、玉米和水稻，兼种果蔬。村落形态呈散状，房屋结构以平房和楼房为主。

马庄【Mǎzhuāng】 以姓氏命名。因马姓聚居而得名。1958年隶属新建大队；1961年隶属马庄大队；1980年隶属舒庄大队；1984年隶属舒庄村至今。位于村委会西500米。东邻果园场，南界聂庄，西至杨庄村刘庄，北连涂庄。总面积0.45平方千米，耕地面积37公顷。45户，170人。主产小麦、玉米和水稻，兼种果蔬。村落形态呈散状，房屋结构以平房和坡房为主。

聂庄【Nièzhuāng】 以姓氏命名。因聂姓聚居而得名。1958年隶属新建大队；1961年隶属马庄大队；

1980年隶属舒庄大队；1984年隶属舒庄村至今。位于村委会西南500米。东邻刘庄，南界舒庄，西至杨庄村仓王庄，北连马庄。总面积0.34平方千米，耕地面积27公顷。22户，120人。主产小麦、玉米和水稻，兼种果蔬。村落形态呈散状，房屋结构以平房和楼房为主。

舒庄【Shūzhuāng】 以姓氏命名。因舒姓聚居而得名。1958年隶属新建大队；1961年隶属马庄大队；1980年隶属舒庄大队；1984年隶属舒庄村至今。位于村委会西南1千米。东邻吉庄，南界黄岗村南舒庄，西至贾洼村小贾洼，北连聂庄。总面积0.48平方千米，耕地面积40公顷。140户，160人。主产小麦、玉米和水稻，兼种果蔬。村落形态呈散状，房屋结构以楼房为主。

涂庄【Túzhuāng】 以姓氏命名。因涂姓聚居而得名。1958年隶属新建大队；1961年隶属马庄大队；1980年隶属舒庄大队；1984年隶属舒庄村至今。位于村委会西北1千米。东邻陈庄，南界马庄，西至杨庄村刘庄，北连大王村大王庄。总面积0.32平方千米，耕地面积26公顷。21户，80人。主产小麦、玉米和水稻，兼种果蔬。村落形态呈散状，房屋结构以平房和坡房为主。

小马庄【Xiǎomǎzhuāng】 以人口和姓氏综合命名。因马姓聚居而得名。1958年隶属新建大队；1961年隶属马庄大队；1980年隶属舒庄大队；1984年隶属舒庄村至今。位于村委会东南1千米。东邻袁寨村袁寨街，南界姜庄村姜庄，西至舒庄，北连刘庄。总面积0.25平方千米，耕地面积20公顷。15户，60人。主产小麦、玉米和水稻，兼种果蔬。村落形态呈线状，房屋结构以楼房为主。

司岗村【Sīgǎngcūn】

以司岗自然村命名。1958年为金河大队，隶属灯塔公社。1961年隶属太平区；1975年为司岗大队，隶属太平公社；1984年为司岗村，隶属太平镇至今。位于镇政府北3千米。东邻肖毛村，南界卫岗村，西至西张庄村，北连五里桥村。辖4个自然村，总面积3平方千米，耕地面积192公顷。262户，1060人。主产小麦、玉米和水稻。寺沙公路过境，村委会驻司岗。

靳庄【Jìnzhuāng】 以姓氏命名。因靳姓聚居而得名。1958年隶属金河大队；1975年隶属司岗大队；1984年隶属司岗村至今。位于村委会南500米。东邻夏庄村高夏庄，南界三里庙村魏岗，西至余河，北连肖毛村肖毛。总面积1平方千米，耕地面积55公顷。85户，360人。主产小麦，玉米，水稻。村落形态呈散状，房屋结构以平房和坡房为主。

司岗【Sīgǎng】 以姓氏和地形综合命名。因司姓聚居岗上而得名。1958年隶属金河大队；1975年隶属司岗大队；1984年隶属司岗村至今。位于村委会北500米。东邻肖毛村肖毛，南界靳庄，西至余河，北连五里桥村五里桥。总面积0.8平方千米，耕地面积56公顷。70户，260人。主产小麦、玉米和水稻，兼种果蔬。村落形态呈线状，房屋结构以平房和坡房为主。

涂庄【Túzhuāng】 以姓氏命名。因涂姓聚居而得名。1958年隶属金河大队；1975年隶属司岗大队；1984年隶属司岗村至今。位于村委会西南1.5千米。东邻靳庄，南界卫岗村刘庄，西至五里桥村柿园，北连余河。总面积0.4平方千米，耕地面积31公顷。32户，140人。主产小麦、水稻、玉米。村落形态呈团状，房屋结构以平房和坡房为主。

余河【Yúhé】 以姓氏和河流综合命名。因余姓在河边聚居而得名。1958年隶属金河大队；1975年隶属司岗大队；1984年隶属司岗村至今。位于村委会西1千米。东邻靳庄，南界涂庄，西至五里桥村柿园，北连五里桥村五里桥。总面积0.8平方千米，耕地面积50公顷。75户，300人。主产小麦、玉米和水稻。村落形态呈线状，房屋结构以平房和坡房为主。

寺庄村【Sìzhuāngcūn】

以寺庄自然村命名。1949年隶属太平区；1958年为五星大队，隶属灯塔公社；1964年为寺庄大队，隶属太平区；1975年隶属太平公社；1984年为寺庄村，隶属太平镇至今。位于镇政府北6.5千米。东邻瞿庄村，南界五里桥村，西至王庄村，北连唐河县湖阳镇。辖8自然村，总面积6.5平方千米，耕地面积383公顷。925户，3500人。主产小麦、玉米和油料。寺沙公路过境，村委会驻寺庄。

陈庄【Chénzhuāng】 以姓氏命名。因陈姓最早居住而得名。1949年隶属太平区；1958年隶属红星大队；1964年隶属陈庄大队；1984年隶属陈庄村；2002年隶属寺庄村至今。位于村委会西1千米。东邻寺庄，南界五里桥兽医庄，西至王庄村孟庄，北连王庄村王庄。总面积1.4平方千米，耕地面积83公顷。124户，490人。主产小麦、玉米和油料。村落形态呈团状，房屋结构以平房和楼房为主。

常菜园【Chángcàiyuán】 以姓氏和职业综合命名。因常姓聚居以种菜为业而得名。1958年隶属五星大队；1964年隶属寺庄大队；1984年隶属寺庄村至今。位于村委会东北1千米。东邻姬庄，南界吴庄，西至尚庄，北连北刘庄村郭全庄。总面积0.05平方千米，耕地面积1公顷。3户，10人。主产小麦、玉米和油料。村落形态呈团状，房屋结构以平房和坡房为主。

常姬庄【Chángjīzhuāng】 以姓氏命名。因常姓和姬姓聚居而得名。1958年隶属五星大队；1964年隶属寺庄大队；1984年隶属寺庄村至今。位于村委会东北1.2千米。东邻唐梓山，南界吴庄，西至常菜园，北连刘庄村。总面积0.36平方千米，耕地面积21公顷。56户，200人。主产小麦、玉米和油料。村落形态呈团状，房屋结构以平房和楼房为主。

姬庄【jīzhuāng】 以姓氏命名。因姬姓聚居而得名。1958年隶属五星大队；1964年隶属寺庄大队；1984年隶属寺庄村至今。位于村委会东1.2千米。东邻唐梓山，南界吴庄，西至常菜园，北连北刘庄村郭全庄。总面积0.03平方千米，耕地面积1公顷。2户，10人。主产小麦、玉米和油料。村落形态呈团状，房屋结构主要有坡房和平房。

寺庄【Sìzhuāng】 以历史故事和建筑物名称综合命名。因唐朝时为宜秋镇，后因紫玉山有一般若寺，宜秋镇毗邻般若寺庄，故称为寺庄。1958年隶属五星大队；1964年隶属寺庄大队；1984年隶属寺庄村至今。村委会驻地。东邻吴庄，南界五里桥村兽医庄，西至陈庄，北连寺沙公路。总面积2.64平方千米，耕地面积158公顷。360户，1300人。主产小麦、玉米和油料。村落形态呈团状，房屋结构以平房和楼房为主。

尚庄【Shàngzhuāng】 以姓氏命名。因尚姓聚居而得名，1958年隶属五星大队；1964年隶属寺庄大队；1984年隶属寺庄村至今。位于村委会东北700米。东邻常菜园，南界吴庄，西至寺庄，北连紫玉山。总面积0.48平方千米，耕地面积28公顷。118户，360人。主产小麦、玉米和油料。村落形态呈散状，房屋结构主要有坡房和平房。

孙李庄【Sūnlǐzhuāng】 以姓氏命名。因孙姓、李姓聚居而得名。1958年为新河大队；1964年隶属吴庄大队；1984年隶属吴庄村；2002年隶属寺庄村至今。位于村委会东1.5千米。东邻翟庄村代庄，南界唐梓山水库，西至吴庄，北靠唐梓山。总面积0.61平方千米，耕地面积36公顷。134户，640人。主产小麦、玉米和油料。村落形态呈线状，房屋结构以平房和楼房为主。

吴庄【Wúzhuāng】 以姓氏命名。因吴姓最早居住而得名。1958年隶属新河大队；1964年隶属吴庄大队；1984年隶属吴庄村；2002年隶属寺庄村至今。位于村委会东500米。东邻孙李庄，南界五里桥，西至寺庄，北连尚庄。总面积0.93平方千米，耕地面积55公顷。128户，490人。主产小麦、玉米和油料。村落形态呈团状，房屋结构以平房和楼房为主。

蒜园村【Suànyuáncūn】

以蒜园自然村命名。1958年为新民大队，隶属灯塔公社；1961年为蒜园大队，隶属太平区；1963年蒜园大队与秦河大队分开，隶属太平区；1975年隶属姚岗公社；1984年为蒜园村，隶属姚岗区；1987年隶属姚岗镇；2001年乡镇合并，秦河村并入蒜园合称蒜园村，隶属太平镇至今。位于镇政府东南4千米。东邻姜岗村，南界蛮子营村，西至胡庄村，北连李岗村。辖7个自然村，总面积4.45平方千米，耕地面积389公顷。422户，1600人。主产小麦、玉米、水稻和杂粮。位于太平吉太路南2千米，村委会驻程庄。

程庄【Chéngzhuāng】 以姓氏命名。因程姓聚居而得名。1958年隶属新民大队；1961年隶属蒜园大队；1984年隶属蒜园村至今。村委会驻地。东邻罗庄，南界后营子，西至胡庄村小王庄，北连蒜园。总面积0.61平方千米，耕地面积54.8公顷。65户，250人。主产小麦、玉米、水稻和杂粮。村落形态呈团状，房屋结构以平房和坡房为主。

后营子【Hòuyíngzi】 以方位命名。因从蛮子营分出，又在蛮子营后，故名。1958年隶属新民大队；1961年隶属蒜园大队；1984年隶属蒜园村至今。位于村委会南1千米。东邻蛮子营村蛮子营庄，南界下寨，西至胡庄村，北连高公桥村高公桥。总面积0.4平方千米，耕地面积35公顷。46户，140人。主产小麦、玉米、水稻和杂粮。村落形态呈团状，房屋结构以平房和坡房为主。

罗庄【Luózhuāng】 以姓氏命名。因罗姓聚居而得名。1958年隶属新民大队；1961年隶属蒜园大队；1984年隶属蒜园村至今。位于村委会东北800米。东邻荣庄村周寨，南界蛮子营村张庙，西至蒜园，北连姜岗村小姜岗。总面积0.6平方千米，耕地面积51公顷。51户，190人。主产小麦、玉米、水稻和杂粮。村落形态呈团状，房屋结构以平房和坡房为主。

上秦河【Shàngqínhé】 以方位、姓氏和河流综合命名。因秦姓聚居小河上游而得名。1958年隶属新民大队；1961年至1983年隶属秦河大队；1984年隶属秦河村；2002年隶属蒜园村至今。位于村委会北1.4千米。东邻姜岗村姜岗，南界蒜园，西与李岗村谢庄相望，北连上秦河。总面积0.72平方千米，耕地面积61.6公顷。62户，265人。主产小麦、玉米和水稻。村落形态呈团状，房屋结构以平房和坡房为主。

蒜园【Suànyuán】 以作物命名。因原来此地是菜园，主产大蒜，故名。1958年隶属新民大队；1961

年隶属蒜园大队；1984年隶属蒜园村至今。位于村委会北600米。东邻罗庄，西至胡庄村胡庄，南界程庄，北连秦河。总面积1.2平方千米，耕地面积107公顷。117户，420人。主产小麦、玉米、水稻和杂粮。村落形态呈团状，房屋结构以平房和坡房为主。

下秦河【Xiàqínhé】 以方位、姓氏和河流综合命名。因秦姓聚居小河下游而得名。1958年隶属新民大队；1961年至1983年隶属秦河大队；1984年隶属秦河村；2002年隶属蒜园村至今。位于村委会北1.4千米。东邻姜岗村姜岗，南界蒜园，西与李岗村谢庄相望，北连上秦河。总面积0.72平方千米，耕地面积61.6公顷。62户，265人。主产小麦、玉米和水稻。村落形态呈团状，房屋结构以平房和坡房为主。

下寨【Xiàzhài】 以方位和寨墙综合命名。因建村于小河下游，村周有土寨，故名。1958年隶属新民大队；1961年隶属蒜园大队；1984年隶属蒜园村至今。位于村委会南800米。东邻蛮子营村蛮子营，南界后寨，西至胡庄村，北连高公桥村高公桥。总面积0.2平方千米，耕地面积18公顷。19户，70人。主产小麦、玉米、水稻和杂粮。村落形态呈团状，房屋结构以平房和坡房为主。

唐梓山村【Tángzǐshāncūn】

以唐梓山命名。唐梓山位于太平镇北，属桐柏山脉，圆形孤峰，海拔382.7米，道教圣地。1987年太平镇政府从北高庄村和北张庄村划出部分耕地和村民，组建石矿厂；2013年为唐梓山村，隶属太平镇。位于镇政府北10千米。东邻三户刘村，南界双河村，西至唐梓山村，北连北高庄村。辖11个自然村，总面积19.5平方千米，耕地面积141公顷。270户，1420人。主产小麦、杂粮和油料，兼种果树，同时发展养殖业。主要土特产有芝麻、绿豆、花生、红桃、黄梨、黄牛。村庄正在进行绿色幸福村建设，将建成乡村旅游区。村委会设在唐梓山村小学。

龚冲【Gōngchōng】 以姓氏和地形综合命名。因公龚姓聚居山冲而得名。1958年隶属金星大队；1964年隶属张庄大队；1975年隶属北张庄大队；1984年隶属北张庄村；1987年隶属太平镇石矿场；2013年隶属唐梓山村至今。位于村委会东1千米。东邻三户刘村三户刘，南界袁庄，西至杨沟，北连史家油坊。总面积1.5平方千米，耕地面积13公顷。24户，110人。主产小麦、玉米、花生和果蔬，养殖山羊和土鸡。村落形态呈团状，房屋结构以坡房和楼房为主。

活水棚【Huóshuǐpéng】 以水和建筑物的特点综合命名。因初建村时盖的全是草棚，且村周泉水较多而得名。1958年隶属国庆大队；1964年隶属北高庄大队；1984年隶属北高庄村；1987年隶属太平石矿场；2013年后隶属唐梓山村。位于村委会北2千米。东邻三户刘村三户刘，南界史家山，西至下棚，北连唐河县活水杨村大河口。总面积2.5平方千米，耕地面积20公顷。45户，170人。主产小麦、玉米、油料和杂粮，兼种果树，同时养山羊、黄牛、土鸡和猪。村落形态呈散状，房屋结构以平房和坡房为主。

刘山【Liúshān】 以姓氏和地形综合命名。因刘姓建村山坡而得名。1958年隶属金星大队；1964年隶属张庄大队；1975年隶属北张庄大队；1984年隶属北张庄村；1987年隶属太平镇石矿场；2013年隶属唐梓山村至今。位于村委会西南1.2千米。东邻染房庄，南界北张庄村大张庄，西至唐梓山，北连杨沟。总面积1平方千米，耕地面积6公顷。12户，70人。主产小麦、玉米、花生，兼种果树。村落形态呈团状，房屋结构以坡房为主。

染坊庄【Rǎnfángzhuāng】 以职业特点命名。因马姓人家在此开过染坊而得名。1958年隶属金星大队；1964年隶属张庄大队；1975年隶属北张庄大队；1984年隶属北张庄村；1987年隶属太平镇石矿场；2013年隶属唐梓山村至今。位于村委会南1千米。东邻龚冲，南界袁庄，西至北高庄村北巷，北连郑庄。总面积2平方千米，耕地面积18公顷。12户，170人。主产小麦、玉米、花生和果树，养殖山羊和土鸡。村落形态呈线状，房屋结构以坡房和平房为主。

史家山【Shǐjiāshān】 以姓氏和地形综合命名。因史姓建村在山脚下而得名。1958年隶属国庆大队；1964年隶属北高庄大队；1984年隶属北高庄村；1987年隶属太平石矿场；2013年后隶属唐梓山村。位于村委会东北1.5千米。东邻三户刘村三户刘，南界史家油坊，西至余沟，北连活水棚。总面积1.5平方千米，耕地面积10公顷。18户，70人。主产小麦、玉米、油料，养殖山羊、黄牛、土鸡。村落形态呈线状，房屋结构以坡房为主。

史家油坊【Shǐjiāyóufáng】 以姓氏和职业特点综合命名。因史姓聚居且开过油坊而得名。1958年隶属国庆大队；1964年隶属北高庄大队；1984年隶属北高庄村；1987年隶属太平石矿场；2013年后隶属唐梓山村。位于村委会东北1.3千米。东邻三户刘村三户刘，南界龚冲，西至杨沟，北连史家山。总面积1.5平方千米，耕地面积10公顷。20户，80人。主产小麦、玉米、油料，同时养山羊，黄牛。村落形态呈团状，房屋结构以坡房和楼房为主。

下棚【Xiàpéng】 以地理位置命名。因居民最早在此搭棚而居而得名。1958年隶属国庆大队；1964年隶属北高庄大队；1984年隶属北高庄村；1987年隶属太平石矿场；2013年后隶属唐梓山村。位于村委会西北1.8千米。东邻活水棚，南界郑庄，西至北刘庄村盐店，北连唐河县活水杨村大河口。总面积3平方千米，耕地面积26公顷。77户，300人。主产小麦、玉米、油料和杂粮，养殖山羊、黄牛、鸡和猪。村落形态呈散状，房屋结构以平房和坡房为主。

杨沟【Yánggōu】 以姓氏和地形综合命名。因杨姓聚居山沟而得名。1958年隶属国庆大队；1964年隶属北高庄大队；1984年隶属北高庄村；1987年隶属太平石矿场；2013年后隶属唐梓山村。位于村委会东南700米。东邻龚冲，南界染坊庄，西至郑庄，北连余沟。总面积1平方千米，耕地面积5公顷。10户，50人。主产小麦、玉米、杂粮，养殖肉鸽和土鸡。村落形态呈线状，房屋结构以坡房为主。

余沟【Yúgōu】 以姓氏和地形综合命名。因余姓聚居山沟而得名。1958年隶属国庆大队；1964年隶属北高庄大队；1984年隶属北高庄村；1987年隶属太平石矿场；2013年后隶属唐梓山村。位于村委会东北700米。东邻史家山，南界杨沟，西至郑庄，北连下棚。总面积0.5平方千米，耕地面积1公顷。2户，10人。主产小麦、玉米、花生，养殖山羊和猪。村落形态呈线状，房屋结构以坡房为主。

袁庄【Yuánzhuāng】 以姓氏命名。因袁姓聚居而得名。1958年隶属金星大队；1964年隶属张庄大队；1975年隶属北张庄大队；1984年隶属北张庄村；1987年隶属太平镇石矿场；2013年隶属唐梓山村至今。位于村委会东南2千米。东邻三户刘村三户刘，南界双河村，西至北张庄村大张庄，北连染坊庄。总面积4平方千米，耕地面积22公顷。28户，310人。主产小麦、玉米、花生和果树，养殖黄牛、山羊和土鸡。村落形态呈团状，房屋结构以坡房和楼房为主。

郑庄【Zhèngzhuāng】 以姓氏命名。因郑姓聚居而得名。1958年隶属国庆大队；1964年隶属北高庄大队；1984年隶属北高庄村；1987年隶属太平石矿场；2013年隶属唐梓山村。位于村委会东500米。东邻杨沟，南界染坊庄，西至北高庄村，北连下棚。总面积1平方千米，耕地面积10公顷。22户，80人。主产小麦、玉米、油料，兼种果树，养殖山羊、土鸡。村落形态呈团状，房屋结构以平房和坡房为主。

桃园村【Táoyuáncūn】

以桃园自然村命名。1949年隶属太平区；1958年命名红旗大队，隶属灯塔公社；1961年为郭庄大队，隶属太平区；1965年修周桥水库，郭庄搬迁，更名为桃园大队；1984年为桃园村，隶属太平区；2002年与原井盘高村合并后称桃园村，隶属太平镇至今。位于镇政府西北6.5千米。东邻西张庄村，南界桑园村，西至陈河村，北连东街村。辖3个自然村，总面积2.48平方千米，耕地面积203.94公顷。315户，1330人。主产小麦、玉米，兼种花生、芝麻。村委会驻高庄。

高庄【Gāozhuāng】 以姓氏命名。因高姓聚居而得名。1949年隶属太平区；1958年隶属金塔大队；1964年隶属井盘高大队；1984年隶属井盘高村；2002年隶属桃园村至今。村委会驻地。东邻五里桥村韩岗，南界西张庄村杨庄，西至桃园村，北连小王庄。总面积1.02平方千米，耕地面积61公顷。80户，390人。主产小麦、玉米，兼种花生和芝麻。村落形态呈线状，房屋结构以楼房为主。

桃园【Táoyuán】 以历史故事命名。因原村西有座供奉刘关张三结义的庙，称之桃园庙，后此村而得名桃园。1949年隶属太平区；1958年隶属红旗大队；1961年隶属郭庄大队；1965年隶属桃园大队；1984年隶属桃园村至今；2006年整体搬迁至湖河东边。位于村委会西北2千米。东邻小王庄，南界周桥水库，西至东街村，北连东街九组。总面积1.2平方千米，耕地面积117公顷。203户，820人。主产小麦、玉米，兼种花生和芝麻。村落形态呈线状，房屋结构以楼房为主。

小王庄【Xiǎowángzhuāng】 以姓氏和规模综合命名。因王姓聚居村子较小而得名。1958年隶属金塔大队；1964年隶属井盘高大队；1984年隶属井盘高村；2002年隶属桃园村至今。位于村委会东2千米。东邻五里桥村兽医庄，南界高庄，西至桃园，北连王庄村孟庄。总面积0.26平方千米，耕地面积25.94公顷。32户，120人。主产小麦和玉米。村落形态呈线状，房屋结构以楼房为主。

王庄村【Wángzhuāngcūn】

以王庄自然村命名。1958年命名金塔大队，隶属灯塔公社；1961年隶属太平区；1964年为王庄大队，隶属太平区；1975年隶属太平公社；1984年为王庄村，隶属太平镇至今。位于镇政府西北20千米。东邻寺庄村，南界井盘高村，西至东街村，北连唐河县邢庄村。辖2个自然村，总面积1.99平方千米，耕地面积132.5公顷。218户，1110人。主产小麦、水稻和棉花。寺湖路过境，村委会驻两个自然村中间。

孟庄【Mèngzhuāng】 以姓氏命名。因孟姓聚居而得名。1958年隶属金塔大队；1964年隶属王庄大队；1984年隶属王庄村至今。位于村委会西南500米。东邻寺庄村陈庄，南界桃园村小王庄，西至桃园新村，北连王庄。总面积 0.79 平方千米，耕地面积 52.5 公顷。80 户，430 人。主产小麦、水稻和棉花。村落形态呈散状，房屋结构以平房和坡房为主。

王庄【Wángzhuāng】 以姓氏命名。因王姓聚居而得名。1958 年隶属金塔大队；1964 年隶属王庄大队；1984 年隶属王庄村至今。位于村委会东北 500 米。东邻寺庄村陈庄，南界孟庄，西至桃园新村，北连唐河县邢庄村管凹。总面积 1.2 平方千米，耕地面积 80 公顷。138 户，680 人。主产小麦、水稻和棉花。村落形态呈散状，房屋结构以平房和坡房为主。

卫岗村【Wèigǎngcūn】

以卫岗自然村命名。1949 年隶属太平区；1958 年为建岗大队，隶属灯塔公社；1975 年为卫岗大队，隶属太平公社；1984 年为卫岗村，隶属太平镇至今；位于镇政府西北 2.5 千米。东邻北街村，南界高楼门村，西至西张庄村，北连司岗村。辖 5 个自然村，总面积 2.4 平方千米，耕地面积 187.2 公顷。295 户，1140 人。主产小麦、玉米、水稻和杂粮，兼种蔬菜，同时发展养殖业。乡村公路过境，村委会驻卫岗。

刘庄【Liúzhuāng】 以姓氏命名。因刘姓聚居而得名。1958 年隶属建岗大队；1975 年隶属卫岗大队；1984 年隶属卫岗村至今。位于村委会东 500 米。东邻三里庙，南界新高庄，西至卫岗，北连司岗村涂庄。总面积 0.4 平方千米，耕地面积 26 公顷。46 户，190 人。主产小麦、玉米和水稻，兼种果蔬。村落形态呈散状，房屋结构以平房和楼房为主。

三里庙【Sānlǐmiào】 以距离和建筑物综合命名。因东南距太平街 3 华里，村南有座小庙而得名。1958 年隶属建岗大队；1975 年隶属卫岗大队；1984 年隶属卫岗村至今。位于村委会东 400 米。东邻莲花堰，南界寺沙路，西至刘庄，北连司岗村靳庄。总面积 0.4 平方千米，耕地面积 27.2 公顷。41 户，190 人。主产小麦、玉米和水稻，兼种果蔬。村落形态呈散状，房屋结构以平房和坡房为主。

卫岗【Wèigǎng】 以姓氏和地形综合命名。因卫姓聚居岗上而得名。1958 年隶属建岗大队；1975 年隶属卫岗大队；1984 年隶属卫岗村至今。村委会驻地。东邻刘庄，南界新高庄，西至西张庄村赵庄，北连司岗村涂庄。总面积 0.8 平方千米，耕地面积 78 公顷。110 户，370 人。主产小麦、玉米和水稻，兼种果蔬。村落形态呈散状，房屋结构以平房和楼房为主。

小赵庄【Xiǎozhàozhuāng】 以姓氏和面积综合命名。因赵姓居住村较小而得名。1958 年隶属建岗大队；1975 年隶属卫岗大队；1984 年隶属卫岗村至今。位于村委会西北 1 千米。东邻卫岗，南界高楼门村，西至西张庄村，北连司岗村。总面积 0.4 平方千米，耕地面积 35 公顷。58 户，230 人。主产小麦、玉米和水稻，兼种果蔬。村落形态呈团状，房屋结构以平房和楼房为主。

新高庄【Xīngāozhuāng】 以姓氏和时间综合命名。因该村原侯、高两姓居住叫侯庄，后因侯姓迁走，故改名新高庄。1958 年隶属建岗大队；1975 年隶属卫岗大队；1984 年隶属卫岗村至今。位于村委会南 1.3 千米。东邻北街村，南界南街村，西至高楼门，北连刘庄。总面积 0.4 平方千米，耕地面积 21 公顷。40 户，160 人。主产小麦、玉米和水稻，兼种果蔬。村落形态呈团状，房屋结构以平房和楼房为主。

五房村【Wǔfángcūn】

以五房自然村命名。1958年为新华大队，隶属灯塔公社；1961年为五房大队，隶属太平区；1975年隶属姚岗公社；1984年为五房村，隶属姚岗区；1987年隶属姚岗镇；2001年隶属太平镇至今。位于太平镇政府东南7.5千米。东邻孟集村，南界张垱村，西至张柏岗村，北连黄岗村。辖5个自然湾，总面积2.22平方千米，耕地面积188.3公顷。241户，840人。主产小麦、水稻、玉米，兼种果树和蔬菜。同时发展养殖业，有养牛场1个，养猪场1个。村委会驻王岗。

王岗【Wánggǎng】 以姓氏命名。因王姓聚居而得名。1958年隶属新华大队；1961年隶属五房大队；1984年隶属五房村至今。村委会驻地。东邻小梁庄，南界赵李庄，西至张柏岗村孙岗，北连五房。总面积0.55平方千米，耕地面积48.6公顷。77户，230人。主产小麦、水稻、玉米，兼种果树和蔬菜。村落形态呈线状，房屋结构以平房和坡房为主。

五房【Wǔfáng】 以数量词命名。据传原有周姓在此先后娶了五房老婆，故名。1958年隶属新华大队；1961年隶属五房大队；1984年隶属五房村至今。位于村委会北500米。东邻孟集村孟集，南界王岗，西至张柏岗村杨岗，北连黄岗村化岗。总面积0.55平方千米，耕地面积48.8公顷。62户，230人。主产小麦、水稻、玉米，兼种果树和蔬菜。村落形态呈团状，房屋结构以平房和楼房为主。

小梁庄【Xiǎoliángzhuāng】 以人口和姓氏综合命名。因梁姓聚居且人少村小而得名。1958年隶属新华大队；1961年隶属五房大队；1984年隶属五房村至今。位于村委会东1千米。东邻清凉村陕西庄，南界鹿头镇郭巷村郭巷，西至王岗，北连孟集村孟桥。总面积0.34平方千米，耕地面积27公顷。27户，100人。主产小麦、水稻、玉米，有规模养猪场一个。村落形态呈团状，房屋结构以平房和坡房为主。

赵李庄【Zhàolǐzhuāng】 以姓氏命名。因赵、李两姓聚居而得名。1958年隶属新华大队；1961年隶属五房大队；1984年隶属五房村至今。位于村委会南1千米。东邻鹿头镇郭巷村郭巷，南界张垱村宋岗，西至张垱村毛庄，北连王岗。总面积0.43平方千米，耕地面积36公顷。40户，150人。主产小麦、水稻、玉米，有规模养牛场1个。村落形态呈线状，房屋结构以平房和坡房为主。

周庄【Zhōuzhuāng】 以姓氏命名。因周姓聚居而得名。1958年隶属新华大队；1961年隶属五房大队；1984年隶属五房村至今。位于村委会西北1千米。东邻五房，南界张柏岗村杨岗，西至张柏岗村杨岗，北连黄岗村化岗。总面积0.35平方千米，耕地面积27.9公顷。35户，130人。主产种植小麦、水稻、玉米，兼种果树和蔬菜。村落形态呈线状，房屋结构以平房和坡房为主。

五里桥村【Wǔlǐqiáocūn】

以五里桥自然村命名。1958年为红伟大队，隶属灯塔公社；1964年为五里桥大队，隶属太平区；1975年隶属太平公社；1984年为五里桥村，隶属太平镇至今。位于镇政府西北4千米。东邻肖毛村，南界西张庄村，西至桃园村，北连寺庄村。辖7个自然村，总面积7.7平方千米，耕地面积401.13公顷。554户，2220人。主产小麦、玉米、花生和芝麻，同时发展养殖业，有规模养猪场1个。村委会驻五里桥。

东刘【Dōngliú】 以方位和姓氏综合命名。因刘姓分居东西两村，该村在东而得名。1958年隶属红伟大队；1964年隶属五里桥大队；1984年隶属五里桥村至今。位于村委会东北1千米。东邻肖毛村，南界司岗村司岗，西至西刘，北连寺庄村寺庄。总面积0.81平方千米，耕地面积28.7公顷。52户，210人。主产小麦、玉米，兼种花生和芝麻。村落形态呈线状，房屋结构以平房和楼房为主。

韩岗【Hángǎng】 以姓氏和地形综合命名。因韩姓聚居岗上而得名。1958年隶属红伟大队；1964年隶属五里桥大队；1984年隶属五里桥村至今。位于村委会西南1千米。东邻五里桥，南界西张庄村大张庄，西至桃园村井盘高，北连乔庄。总面积1.26平方千米，耕地面积91.3公顷。91户，360人。主产小麦、玉米，兼种花生和芝麻。村落形态呈线状，房屋结构以平房和楼房为主。

乔庄【Qiáozhuāng】 以姓氏命名。因乔姓聚居而得名。1958年隶属红伟大队；1964年隶属五里桥大队；1984年隶属五里桥村至今。位于村委会西1千米。东邻兽医庄，南界韩岗，西至桃园村小王庄，北连寺庄村寺庄。总面积0.41平方千米，耕地面积30公顷。35户，160人。主产小麦、玉米，兼种花生和芝麻。村落形态呈线状，房屋结构以平房和楼房为主。

柿园【Shìyuán】 以植物命名。因原村内柿子树多而得名。1958年隶属红伟大队；1964年隶属五里桥大队；1984年隶属五里桥村至今。位于村委会西南900米。东邻司岗村涂庄，南界司岗村涂庄，西至韩岗，北连五里桥。总面积0.82平方千米，耕地面积35.3公顷。54户，210人。主产小麦、玉米，兼种花生和芝麻。村落形态呈团状，房屋结构以平房和楼房为主。

兽医庄【Shòuyīzhuāng】 以职业命名。因该村最早是一名兽医居住而得名。1958年隶属红伟大队；1964年隶属五里桥大队；1984年隶属五里桥村至今。位于村委会东北800米。东邻西刘，南界五里桥，西至乔庄，北连寺庄村陈庄。总面积1.47平方千米，耕地面积37公顷。48户，230人。主产小麦、玉米，花生和芝麻。村落形态呈团状，房屋结构以平房和楼房为主。

五里桥【Wǔlǐqiáo】 以距离和建筑物综合命名。因村东有一座石桥距寺庄5华里而得名。1958年隶属红伟大队；1964年隶属五里桥大队；1984年隶属五里桥村至今。村委会驻地。东邻肖毛村，南界司岗村余河，西至韩岗，北连寺庄村陈庄。总面积2.47平方千米，耕地面积158.79公顷。226户，880人。主产小麦、玉米和花生。村落形态呈线状，房屋结构以坡房和楼房为主。

西刘【Xīliú】 以方位和姓氏综合命名。因刘姓分居东西两村，该村在西而得名。1958年隶属红伟大队；1964年隶属五里桥大队；1984年隶属五里桥村至今。位于村委会东北900米。东邻东刘，南界五里桥，西至兽医庄，北连寺庄村寺庄。总面积0.46平方千米，耕地面积20.04公顷。48户，170人。主产小麦、玉米，兼种花生和芝麻。村落形态呈线状，房屋结构以平房和楼房为主。

西街村【Xījiēcūn】

以方位和街道综合命名。湖河街分东、西两个村，位于街西部的村叫西街村。1956年隶属太平区；1958年命名新星大队，隶属灯塔公社；1964年为湖河西街大队，隶属太平区；1975年隶属太平公社；1984年为西街村，隶属太平镇至今。位于镇政府西北9千米。东邻东街村，南界陈河村，西至付庄村，北连唐河县湖阳镇陈楼村。辖2个自然村，总面积2.6平方千米，耕地面积199.3公顷。514户，1870人。主产小麦、杂粮。寺湖路相通，村委会驻湖河街。

湖河街【Húhéjiē】 以辖区地界命名。"湖"指湖北省，"河"指河南省，中华人民共和国成立前为鄂豫两省分管（以戏楼为界），故名。中华人民共和国成立后隶属湖北省。1949年后隶属太平区；1958年隶属新星大队；1964年隶属湖河西街大队；1984年隶属西街村至今。村委会驻地。东邻东街村，南界老高庄，西至付庄村秦庄，北连河南省唐河县湖阳镇陈楼村陈楼。总面积2平方千米，耕地面积118公顷。304户，970人。主产小麦和玉米。村落形态呈团状，房屋结构以楼房为主。

老高庄【Lǎogāozhuāng】 以建村时间和姓氏综合命名。因高姓聚居建村早，故名。1958年隶属新星大队；1964年隶属湖河西街大队；1984年隶属西街村至今。位于村委会南700米。东邻东街村东园，南界张洼，西至付庄村秦庄，北连唐河县湖阳镇陈楼村北刘庄。总面积0.6平方千米，耕地面积81.3公顷。210户，900人。主产小麦和杂粮。村落形态呈团状，房屋结构以平房和楼房为主。

西张庄村【Xīzhāngzhuāngcūn】

以方位和张庄自然村综合命名。1956年隶属太平区；1958年为旭光大队，隶属灯塔公社；1964年为张庄大队，隶属太平区；1975年为西张庄大队，隶属太平公社；1984年为西张庄村，隶属太平镇至今。位于镇政府西6.5千米。东邻司岗村，南界卫岗村，西至周桥水库，北连井盘高村相交。辖4个自然村，总面积3.63平方千米，耕地面积229公顷。315户，1100人。主产小麦、杂粮，发展果树栽培和蔬菜种植业。村委会驻朱庄。

白庄【Báizhuāng】 以姓氏命名。因白姓聚居而得名。1958年隶属旭光大队；1964年隶属张庄大队；1975年隶属西张庄大队；1984年隶属西张庄村至今。位于村委会东130米。东邻卫岗村小赵庄，南界高楼门村王庄，西至朱庄，北连张庄。总面积0.88平方千米，耕地面积47公顷。62户，210人。主产小麦、玉米和花生，兼种果蔬。村落形态呈团状，房屋结构以平房和坡房为主。

赵庄【Zhàozhuāng】 以姓氏命名。因赵姓聚居而得名。1958年隶属旭光大队；1964年隶属张庄大队；1975年隶属西张庄大队；1984年隶属西张庄村至今。位于村委会南150米。东邻白庄，南界高楼门村王庄，西至朱庄，北连张庄。总面积0.5平方千米，耕地面积33公顷。46户，140人。主产小麦、玉米和花生，兼种果蔬。村落形态呈团状，房屋结构以平房和坡房为主。

朱庄【Zhūzhuāng】 以姓氏命名。因朱姓聚居而得名。1958年隶属旭光大队；1964年隶属张庄大队；1975年隶属西张庄大队；1984年隶属西张庄村至今。村委会驻地。东邻张庄，南界桑园村李庄，西至周桥水库，北连桃园村井盘高。总面积1.45平方千米，耕地面积97公顷。127户，480人。主产小麦、玉米和花生，兼种果蔬。村落形态呈团状，房屋结构以平房和坡房为主。

张庄【Zhāngzhuāng】 以姓氏命名。因张姓聚居而得名。1958年隶属旭光大队；1964年隶属张庄大队；1975年隶属西张庄大队；1984年隶属西张庄村至今。位于村委会东北100米。东邻五里桥村柿园，南界白庄，西至桃园村井盘高，北连五里桥村韩岗。总面积0.8平方千米，耕地面积52公顷。80户，270人。主产小麦、玉米和花生，兼种果蔬。村落形态呈团状，房屋结构以平房和坡房为主。

肖毛村【Xiāomáocūn】

以肖毛自然村命名。1956年隶属太平区；1958年为联盟大队，隶属灯塔公社；1964年更名肖毛大队，隶属太平区；1975年隶属太平公社；1984年为肖毛村，隶属太平镇至今。位于镇政府东北4千米。东邻翟庄村，南界高夏庄村，西至五里桥村，北连孙李庄村。辖3个自然村，总面积2.4平方千米，耕地面积224.7公顷。414户，1440人。主产小麦、杂粮，有养殖业、加工业等。村委会驻肖毛小学。

肖毛【Xiāomáo】 以姓氏命名。因肖、毛两姓聚居而得名。1958年隶属联盟大队；1964年隶属肖毛大队；1984年隶属肖毛村至今。村委会驻地。东邻周庄，南界司岗村司岗，西至五里桥村五里桥，北连新农村。总面积1平方千米，耕地面积95.2公顷。153户，550人。主产小麦和玉米，兼种芝麻、花生等经济作物。村落形态呈散状。房屋结构以坡房和楼房为主。

新农村【Xīnnóngcūn】 以建村时间命名。因1958年建的村，故而得名。1958年隶属联盟大队；1964年隶属肖毛大队；1984年隶属肖毛村至今。位于村委会东北1千米。东邻翟庄村代庄，南界肖毛，西至唐梓山水库，北连吴庄村孙李庄。总面积0.5平方千米，耕地面积40公顷。89户，320人，主产小麦、玉米，兼种花生、芝麻等经济作物。村落形态呈线状，房屋结构以坡房和楼房为主。

周庄【Zhōuzhuāng】 以姓氏命名。因周姓聚居而得名。1958年隶属联盟大队；1964年隶属肖毛大队；1984年隶属肖毛村至今。位于村委会东700米。东邻工联坝水库，南界高夏庄村邢庄，西至肖毛，北连翟庄村翟庄。总面积0.9平方千米，耕地面积89.5公顷。172户，570人。主产小麦、玉米，兼种花生、芝麻、艾叶等经济作物。村落形态呈散状，房屋结构以坡房和楼房为主。

莘庄村【Xīnzhuāngcūn】

以莘庄自然村命名。1958年为红星大队，隶属灯塔公社；1961年为莘庄大队，隶属太平区；1975年隶属姚岗公社；1984年为莘庄村，隶属姚岗区；1987年隶属姚岗镇；2001年隶属太平镇至今。位于镇政府东9千米。东邻鹿头镇白庙村，南界清凉村，西至黄岗村，北连姜庄村。辖6个自然村，总面积1.88平方千米，耕地面积161公顷。228户，996人。主产小麦、水稻、玉米，兼种果树、蔬菜。村委会驻丁庄。

丁庄【Dīngzhuāng】 以姓氏命名。因丁姓聚居而得名。1958年隶属红星大队；1961年隶属莘庄大队；1984年隶属莘庄村至今。村委会驻地。东邻鹿头镇白庙村白庙，南界周庄，西至莘庄，北连张庄。总面积0.1平方千米，耕地面积3.5公顷。1户，3人。主产小麦、水稻、玉米，兼种花生。村落形态呈团状，房屋结构以平房和坡房为主。

南张庄【Nánzhāngzhuāng】 以姓氏和方位综合命名。因张姓聚居在莘庄南而得名。1958年隶属红星大队；1961年隶属莘庄大队；1984年隶属莘庄村至今。位于村委会南800米。东邻鹿头镇白庙村白庙，南界清凉村吴庄，西至姚岗，北连汪垱。总面积0.06平方千米，耕地面积5公顷。7户，20人。主产小麦、水稻、玉米，兼种花生。村落形态呈散状，房屋结构以坡房和楼房为主。

汪垱【Wāngdàng】 以姓氏命名。因汪姓聚居而得名。1958年隶属红星大队；1961年隶属莘庄大队；1984年隶属莘庄村至今。位于村委会南700米。东邻鹿头镇白庙村罗庄，南界清凉村吴庄，西至姚岗居委会，北连莘庄。总面积0.4平方千米，耕地面积30.7公顷。60户，280人。主产小麦、水稻、玉米，兼种花生、蔬菜。村落形态呈线状，房屋结构以坡房和楼房为主。

莘庄【Shēnzhuāng】 以姓氏命名。因莘姓聚居而得名。1958年隶属红星大队；1961年隶属莘庄大队；1984年隶属莘庄村至今。位于村委会西500米。东邻鹿头镇白庙村白庙，南界汪垱，西至黄岗村黄岗，北连莘庄水库。总面积0.92平方千米，耕地面积91公顷。127户，590人。主产小麦、水稻、玉米，兼种花生、蔬菜。村落形态呈线状，房屋结构以平房和坡房为主。

张庄【Zhāngzhuāng】 以姓氏命名。因张姓聚居而得名。1958年隶属红星大队；1961年隶属莘庄大队；1984年隶属莘庄村至今。位于村委会北300米。东邻鹿头镇白庙村白庙，南界丁庄，西至莘庄水库，北连姜庄村刘垱。总面积0.3平方千米，耕地面积27.5公顷。32户，100人。主产小麦、水稻、玉米，兼种花生。村落形态呈散状，房屋结构以平房和坡房为主。

周庄【Zhōuzhuāng】 以姓氏命名。因周姓聚居而得名。1958年隶属红星大队；1961年隶属莘庄大队；1984年隶属莘庄村至今。位于村委会南600米。东邻鹿头镇白庙村罗庄，南界清凉村吴庄，西至汪垱，北连丁庄。总面积0.1平方千米，耕地面积3.3公顷。1户，3人。主产小麦、水稻、玉米，兼种花生、蔬菜。村落形态呈散状，房屋结构以坡房为主。

徐庄村【Xúzhuāngcūn】

以徐庄自然村命名。1956年隶属太平区；1958年为金星大队，隶属灯塔公社；1961年隶属太平区；1975年为徐庄大队，隶属太平公社；1984年为徐庄村，隶属太平镇至今。位于镇政府西南10千米。东邻韩岗村，南界郭王村，西至七方镇于王岗村，北连竹园村。辖4个自然村，总面积5.4平方千米，耕地面积186公顷。327户，1340人。主产小麦、杂粮，兼种花生和芝麻。余王路过境，村委会驻徐庄。

高寨【Gāozhài】 以姓氏和寨墙综合命名。因高姓聚居，村周筑有寨墙而得名。1958年隶属金星大队；1975年隶属徐庄大队；1984年隶属徐庄村至今。位于村委会南300米。东邻韩岗村万岗，南界郭王村赵岗，西至寇马庄，北连徐庄。总面积2平方千米，耕地面积107.3公顷。146户，570人。主产小麦、杂粮，兼种花生、芝麻。村落形态呈散状，房屋结构以平房和楼房为主。

龚岗【Gōnggǎng】 以姓氏和地形综合命名。因龚姓聚居岗地而得名。1958年隶属金星大队；1975年隶属徐庄大队；1984年隶属徐庄村至今。位于村委会北500米。东邻韩岗村韩岗，南界徐庄，西至竹园村刘庄，北连竹园村马岗。总面积0.4平方千米，耕地面积26.1公顷。24户，120人。主产小麦、玉米，兼种花生和芝麻。村落形态呈散状，房屋结构以平房和楼房为主。

寇马庄【Kòumǎzhuāng】 以姓氏命名。因寇、马两姓聚居而得名。1958年隶属金星大队；1975年隶属徐庄大队；1984年隶属徐庄村至今。位于村委会西南400米。东邻高寨，南界七方镇吴小庄，西至于王岗村李岗，北连竹园村刘庄。总面积1.6平方千米，耕地面积95.5公顷。92户，400人。主产小麦、杂粮，兼种花生、芝麻。村落形态呈线状，房屋结构以平房和楼房为主。

徐庄【Xúzhuāng】 以姓氏命名。因徐姓聚居而得名。1958年隶属金星大队；1975年隶属徐庄大队；1984年隶属徐庄村至今。村委会驻地。东邻韩岗村万岗，南界高寨，西至寇马庄，北连龚岗。总面积1.4平方千米，耕地面积57.1公顷。65户，250人，主产小麦、杂粮，兼种花生、芝麻和早稻。村落形态呈线状，房屋结构以平房和楼房为主。

杨庄村【Yángzhuāngcūn】

以杨庄自然村命名。1958年为建国大队，隶属灯塔公社；1961年为杨庄大队，隶属太平区；1975年隶属姚岗公社；1984年为杨庄村，隶属姚岗区；1987年隶属姚岗镇；2001年隶属太平镇至今。位于镇政府东北6千米。东邻舒庄村，南界贾洼村，西至赵河村，北连大王村。辖5个自然村，总面积2.24平方千米，耕地面积186.84公顷。320户，1090人。主产小麦、水稻、玉米，村内有一小型养鸡场。316省道穿村而过，村委会驻杨庄。

仓房庄【Cāngfángzhuāng】 以建筑物命名。因原魏姓在此建有仓库而得名。1958年隶属建国大队；1961年隶属杨庄大队；1984年隶属杨庄村至今。位于村委会南900米。东邻舒庄村聂庄，南界贾洼村小贾洼，西至小邢庄，北连杨庄。总面积0.32平方千米，耕地面积17.65公顷。20户，60人，主产小麦、芝麻、玉米、花生，兼种水稻。村落形态呈团状，房屋结构以坡房为主。

大邢庄【Dàxíngzhuāng】 以姓氏命名。因邢姓聚居而得名。1958年隶属建国大队；1961年隶属杨庄大队；1984年隶属杨庄村至今。位于村委会西南50米。东邻杨庄，南界贾洼村曹庄，西至赵河村赵河，北连杨庄。总面积0.51平方千米，耕地面积45.16公顷。55户，150人。主产小麦、芝麻、玉米，兼种水稻。村落形态呈团状，房屋结构以坡房和楼房为主。

刘庄【Liúzhuāng】 以姓氏命名。因刘姓聚居而得名。1958年隶属建国大队；1961年隶属杨庄大队；1984年隶属杨庄村至今。位于村委会东北1千米。东邻舒庄村涂庄，南界仓房庄，西至杨庄，北连大王村大王庄。总面积0.63平方千米，耕地面积56.57公顷。74户，220人。主产小麦、花生、芝麻、玉米，兼种水稻。村落形态呈散状，房屋结构以楼房为主。

铁庙【Tiěmiào】 以建筑物命名。因原村旁有座庙宇，庙内有一个铁制小庙，故名。1958年隶属建国大队；1961年隶属杨庄大队；1984年隶属杨庄村至今。位于村委会西100米。东邻杨庄，南界大邢庄，西至赵河村赵河，北连赵河村陈家园。总面积0.35平方千米，耕地面积33.06公顷。49户，150人。主产小麦、芝麻、玉米，兼种水稻、芝麻。村落形态呈团状，房屋结构以坡房和楼房为主。

杨庄【Yángzhuāng】 以姓氏命名。因杨姓聚居而得名。1958年隶属建国大队；1961年隶属杨庄大队；1984年隶属杨庄村至今。村委会驻地。东邻刘庄，南界仓房庄，西至铁庙，北连大王庄村大王庄。总面积 0.43 平方千米，耕地面积 34.4 公顷。122 户，510 人。主产小麦、芝麻、玉米，兼种水稻。村落形态呈团状，房屋结构以坡房和楼房为主。

袁寨北街村【Yuánzhàiběijiēcūn】

以袁寨北街自然集镇命名。1958 年为建新大队，隶属灯塔公社；1961 年为北街大队，隶属太平区；1975 年隶属姚岗公社；1984 年为袁寨北街村，隶属姚岗区；1987 年隶属姚岗镇；2001 年隶属太平镇至今。位于镇政府东北 9 千米。东邻新市镇白露村，南界袁寨南街村，西至舒庄村，北连付岗村。辖 3 个自然村，总面积 2.3 平方千米，耕地面积 215 公顷。324 户，1280 人。主产小麦、玉米、水稻，兼种果树和蔬菜。316 省道过境，村委会驻袁寨北街。

河西庄【Héxīzhuāng】 以方位和河流综合命名。因建在小河西岸而得名。1958 年隶属建新大队；1961 年隶属袁寨北街村大队；1984 年隶属袁寨北街村至今。位于村委会东北 1.2 千米。东邻新市镇白露村白露，南界袁寨北街，西至祁岗，北连付岗村东张湾，总面积 0.3 平方千米，耕地面积 28 公顷。54 户，220 人。主产小麦、玉米和水稻，兼种果树、蔬菜。村落形态呈团状，房屋结构以坡房和楼房为主。

祁岗【Qígǎng】 以姓氏和地形综合命名。因祁姓建村岗上而得名。1958 年隶属建新大队；1961 年隶属袁寨北街村大队；1984 年隶属袁寨北街村至今。位于村委会北 1 千米。东邻河西庄，南界袁寨，西至付岗村付岗，北连付岗村付岗。总面积 0.5 平方千米，耕地面积 38 公顷。29 户，130 人。主产小麦、玉米、水稻，兼种果树、蔬菜。村落形态呈团状，房屋结构以坡房和楼房为主。

袁寨北街【Yuánzhàiběijiē】 以姓氏、建筑物、方位和集镇综合命名。因清朝年间，袁姓在此建镇，四面环水，筑有寨墙，集镇北边叫北街。1958 年隶属建新大队；1961 年隶属袁寨北街大队；1984 年隶属袁寨北街村至今。村委会驻地。东邻新市镇白露村白露，南界袁寨南街，西至舒庄，北连付岗村付岗。总面积 1.5 平方千米，耕地面积 149 公顷。241 户，930 人。主产小麦、玉米和杂粮，兼种果树、蔬菜。村落形态呈线状，房屋结构以楼房为主。

袁寨南街村【Yuánzhàinánjiēcūn】

以袁寨南街自然集镇命名。1958 年为建新大队，隶属灯塔公社；1961 年建新大队分为南街大队和北街大队，南街大队隶属太平区；1975 年隶属姚岗公社；1984 年为袁寨南街村，隶属姚岗区；1987 年隶属姚岗镇；2001 年隶属太平镇至今。位于镇政府驻地东北 15 千米。东邻新市镇白露村，西至舒庄村，南界姜庄村，北连袁寨北街村。辖 2 个自然村，总面积 2 平方千米，耕地面积 173.5 公顷。270 户，1250 人。主产小麦、玉米、水稻和杂粮。枣潜高速过境，村委会驻袁寨南街。

龙头桥【Lóngtóuqiáo】 以建筑物命名。因村前有座桥，桥上修有龙头，故名。1958 年隶属建新大队；1961 年隶属袁寨南街大队；1984 年隶属袁寨南街村至今。位于村委会西南 1 千米，南界姜庄村小马庄，西至舒庄村刘庄，北连袁寨南街。总面积 0.6 平方千米，耕地面积 37 公顷。57 户，240 人，主产小麦、玉米、水稻。村落形态呈团状，房屋结构以平房和楼房为主。

袁寨南街【Yuánzhàinánjiē】 以姓氏、建筑物、方位和集镇综合命名。因清朝年间，袁姓在此建镇，四面环水，筑有石寨，集镇南边叫南街。1958 年隶属建新大队；1961 年隶属袁寨南街大队；1984 年隶属袁寨南街村至今。村委会驻地。东邻新市镇白露村白露，南界姜庄村小杨庄，西至舒庄村刘庄，北连袁寨北街。总面积1.4平方千米，耕地面积136.5公顷。213户，1010人。主产小麦、玉米、水稻和杂粮，兼种果树、蔬菜。村落形态呈线状，房屋结构以平房和楼房为主。

袁庄村【Yuánzhuāngcūn】

以袁庄自然村命名。1958年为民强大队，隶属灯塔公社；1961年为袁庄大队，隶属太平区；1975年隶属姚岗公社；1984年为袁庄村，隶属姚岗区；1987年隶属姚岗镇；2001年隶属太平镇至今。位于镇政府东北12千米。东邻姚棚水库，南界付岗村，西至双河村，北连康河村。辖6个自然村，总面积3.91平方千米，耕地面积260.7公顷。357户，1414人。主产小麦、玉米、花生。双祁路过境，村委会驻李湾。

李湾【Lǐwān】 以姓氏命名。因李氏聚居而得名。1958年隶属民强大队；1961年隶属袁庄大队；1984年隶属袁庄村至今。村委会驻地。东邻姚棚水库，南界沙子岗，西至双河村东小庄，北连周庄。总面积0.76平方千米，耕地面积49公顷。75户，291人。主产小麦、玉米、花生。村落形态呈团状，房屋结构以平房为主。

泉水庄【Quánshuǐzhuāng】 以自然现象命名。因村旁有一泉水坑而得名。1958年隶属民强大队；1961年隶属袁庄大队；1984年隶属袁庄村至今。位于村委会东北1.5千米。东邻姚棚水库，南界周庄，西至袁庄，北连康河村春山庄。总面积0.45平方千米，耕地面积28.8公顷。37户，160人。主产小麦、玉米、花生。村落形态呈团状，房屋结构以平房为主。

沙子岗【Shāzigǎng】 以土质和地形综合命名。因村子建于沙子较多的岗上而得名。1958年隶属民强大队；1961年隶属袁庄大队；1984年隶属袁庄村至今。位于村委会东南1千米。东邻姚棚水库，南界付岗村张湾，西至双河村齐湾，北连李湾。总面积1.09平方千米，耕地面积82公顷。108户，390人。主产小麦、玉米、花生。村落形态呈团状，房屋结构以平房为主。

袁庄【Yuánzhuāng】 以姓氏命名。因袁姓聚居而得名。1958年隶属民强大队；1961年隶属袁庄大队；1984年隶属袁庄村至今。位于村委会西北1.3千米。东邻周庄，南界双河村东小庄，西至赵庄，北连康河村春山庄。总面积0.71平方千米，耕地面积44.7公顷。65户，283人。主产小麦、玉米、花生。村落形态呈线状，房屋结构以平房和楼房为主。

周庄【Zhōuzhuāng】 以姓氏命名。因周姓聚居而得名。1958年隶属民强大队；1961年隶属袁庄大队；1984年隶属袁庄村至今。位于村委会北1千米。东邻姚棚水库，南界李湾，西至袁庄，北连泉水庄。总面积0.47平方千米，耕地面积30公顷。37户，156人。主产小麦、玉米、花生。村落形态呈线状，房屋结构以平房为主。

赵庄【Zhàozhuāng】 以姓氏命名。因赵姓聚居而得名。1958年隶属民强大队；1961年隶属袁庄大队；1984年隶属袁庄村至今。位于村委会西北1.5千米。东邻袁庄，南界双河村东小庄，西至三户刘村石匠庄，北连泉水寺。总面积0.43平方千米，耕地面积26.2公顷。35户，134人。主产小麦、玉米、花生。村落形态呈线状，房屋结构以平房和楼房为主。

余堰村【Yúyàncūn】

以余堰自然村命名。1958年为建中大队，隶属灯塔公社；1961年隶属太平区；1975年为余堰大队，隶属太平公社；1984年为余堰村，隶属太平镇至今。位于镇政府东北1.5千米。东邻姜岗村，南界李岗村，西至李岗村，北连高夏庄村相交。辖4个自然庄，总面积1.64平方千米，耕地面积151.6公顷。248户，930人。主产小麦、水稻、杂粮和果蔬。亦发展养殖业、加工业、种植草坪产业。村委会驻余堰。

鲁庄【Lǔzhuāng】 以姓氏命名。因鲁姓聚居而得名。1958年隶属建中大队；1975年隶属余堰大队；1984年隶属余堰村至今。位于村委会西北7千米。东邻姜庄，南界余堰，西至李岗村李菜园，北连高夏庄村高夏庄相交。总面积0.3平方千米，耕地面积25.6公顷。45户，160人。主产小麦、水稻、玉米，兼种花生、芝麻、果蔬。村落形态呈团状，房屋结构以平房和楼房为主。

姜庄【Jiāngzhuāng】 以姓氏命名。因姜姓聚居而得名。1958年隶属建中大队；1975年隶属余堰大队；1984年隶属余堰村至今。位于村委会北1千米。东邻赵河村下赵河，南界余堰，西至高夏村河东寺沙路，北连高夏庄村高夏庄。总面积0.33平方千米，耕地面积32公顷。48户，180人。主产小麦、水稻、玉米，兼种花生、芝麻、果蔬。村落形态呈线状，房屋结构以平房和楼房为主。

蕲庄【Qízhuāng】 以姓氏命名。因蕲姓聚居而得名。1958年隶属建中大队；1975年隶属余堰大队；1984年隶属余堰村至今。位于村委会东500米。东邻钟庄，南界李岗村姜菜园，西至余堰，北连仓房庄。总面积0.21平方千米，耕地面积19公顷。31户，110人。主产小麦、水稻、玉米，兼种花生、芝麻、果蔬。村落形态呈线状，房屋结构以平房和楼房为主。

余堰【Yúyàn】 以姓氏和堰塘综合命名。因余姓聚居，村南边有口大堰而得名。1958年隶属建中大队；1975年隶属余堰大队；1984年隶属余堰村至今。村委会驻地。东邻蕲庄，南界李岗村姜菜园，西至李菜园，北连鲁庄，总面积0.8平方千米，耕地面积75公顷。124户，480人，主产小麦、水稻、玉米、果蔬，另发展养殖业、加工业、草坪种植业。村落形态呈线状，房屋结构以平房和楼房为主。

翟庄村【Zháizhuāngcūn】

以翟庄自然村命名。1958年为金华大队，隶属灯塔公社；1964年为翟庄大队，隶属太平区；1975年隶属太平公社；1984年为翟庄村，隶属太平镇至今。位于镇政府北12千米。东邻大王村，南界赵河村，西至肖毛村，北连北张庄村。辖5个自然村，总面积7.6平方千米，耕地面积260.92公顷。326户，1280人。主产小麦、杂粮。唐枣路、寺沙路过境，村委会驻翟庄。

崔庄【Cuīzhuāng】 以姓氏命名。因崔姓聚居而得名。1958年隶属金华大队；1964年隶属翟庄大队；1984年隶属翟庄村至今。位于村委会西500米。东邻翟庄，南界肖毛村周庄，西至肖毛新农村，北连代庄。总面积1.5平方千米，耕地面积30.6公顷。49户，190人。主产小麦、玉米，兼种果蔬。村落形态呈散状，房屋结构以平房和坡房为主。

代庄【Dàizhuāng】 以姓氏命名。因代姓聚居而得名。1958年隶属金华大队；1964年隶属翟庄大队；1984年隶属翟庄村至今。位于村委会北1千米。东邻郭庄，南界崔庄，西至吴庄村孙李庄，北连北张庄村大张庄。总面积1.4平方千米，耕地面积33.2公顷。47户，170人。主产小麦、玉米，兼种果蔬。村落形态呈散状，房屋结构以平房为主。

郭庄【Guōzhuāng】 以姓氏命名。因郭姓聚居而得名。1958年隶属金华大队；1964年隶属翟庄大队；1984年隶属翟庄村至今。位于村委会东北1.54千米。东邻大王村，南界张敖庄，西至翟庄，北连北张庄村石头河。总面积1.3平方千米，耕地面积38.13公顷。44户，170人。主产小麦、玉米，兼种果蔬。村落形态呈散状，房屋结构以平房为主。

翟庄【Zháizhuāng】 以姓氏命名。因翟姓聚居而得名。1958年隶属金华大队；1964年隶属翟庄大队；1984年隶属翟庄村至今。村委会驻地。东邻郭庄，南界敖庄，西至崔庄，北连北张庄村大张庄。总面积1.4平方千米，耕地面积40.9公顷。54户，210人。主产小麦、玉米，兼种果蔬。村落形态呈散状，房屋结构以平房为主。

张敖【Zhāng'áo】 以姓氏命名。因张、敖两姓聚居而得名。1958年隶属金华大队；1964年隶属翟庄大队；1984年隶属翟庄村至今。位于村委会东南1.5千米。东邻陈家园村陈家园，南界赵河村上赵河，西至工联坝水库，北连郭庄。总面积2平方千米，耕地面积118.09公顷。132户，540人，主产小麦、玉米，兼种果蔬。村落形态呈散状，房屋结构以平房为主。

张柏岗村【Zhāngbǎigǎngcūn】

以张柏岗自然村命名。1958年为新华一大队，隶属灯塔公社；1961年为孙岗大队，隶属太平区；1980年为杨岗大队，隶属姚岗公社；1984年为孙杨岗村，隶属姚岗区；1987年隶属姚岗镇；2001年隶属太平镇至今。位于镇政府南8千米。东邻五房村，南界秦岗村，西至蛮子营，北连黄岗村。辖8个自然村，总面积3.82平方千米，耕地面积324公顷。292户，1338人，主产小麦、水稻、玉米，兼种果树，另发展养猪、养虾等养殖业。草双路过境，村委会驻杨岗。

段柏岗【Duànbǎigǎng】 以姓氏和地形综合命名。因段、柏两姓聚居在岗上而得名。1958年隶属新火二大队；1961年隶属孙岗大队；1984年隶属张柏岗村至今。位于村委会南1.3千米。东邻张柏岗，南界秦岗村王寨，西至胡柏岗，北连高公村高公。总面积0.32平方千米，耕地面积27公顷。24户，90人。主产小麦、玉米、水稻。村落形态呈团状，房屋结构以坡房和楼房为主。

胡柏岗【Húbǎigǎng】 以姓氏和地形综合命名。因胡、柏两姓聚居在岗上而得名。1958年隶属新火二大队；1961年隶属孙岗大队；1984年隶属张柏岗村至今。位于村委会南1.4千米。东邻段柏岗，南界秦岗村王寨，西至秦岗村草店，北连果园场。总面积0.23平方千米，耕地面积20公顷。22户，105人。主产小麦、玉米、水稻。村落形态呈团状，房屋结构以坡房和楼房为主。

黄柏岗【Huángbǎigǎng】 以姓氏和地形综合命名。因黄、柏两姓聚居在岗上而得名。1958年隶属新火二大队；1961年隶属孙岗大队；1984年隶属张柏岗村至今。位于村委会南1.2千米。东邻孙岗，南界秦岗村水垱，西至小黄柏岗，北连张柏岗。总面积0.41平方千米，耕地面积39公顷。23户，150人。主产小麦、玉米、水稻。村落形态呈团状，房屋结构以坡房和楼房为主。

孙岗【Sūngǎng】 以姓氏和地形综合命名。因孙姓居住在岗上而得名。1958年隶属新火二大队；1961年隶属孙岗大队；1984年隶属张柏岗村至今。位于村委会南900米。东邻杨岗，南界黄柏岗，西至张柏岗，北连蛮子营村蛮子营。总面积0.38平方千米，耕地面积27.33公顷。28户，146人。主产小麦、玉米、水稻。村落形态呈团状，房屋结构以坡房和楼房为主。

上杨岗【Shàngyánggǎng】 以方位、姓氏和地形综合命名。因杨姓聚居在岗坡北而得名。1958年隶属新华一大队；1961年隶属杨岗大队；1984年隶属杨岗村；2002年与张柏岗村合并，隶属张柏岗村至今。位于村委会北300米。东邻五房村周庄，南界下杨岗，西至蛮子营村张庙，北连黄岗村化岗。总面积0.32平方千米，耕地面积30公顷。27户，90人。主产小麦、玉米、水稻。村落形态呈团状，房屋结构以坡房和楼房为主。

小黄柏岗【Xiǎohuángbǎigǎng】 以姓氏、规模和地形综合命名。因黄、柏两姓聚居在岗上，且村子较小而得名。1958年隶属新华新火二大队；1961年隶属孙岗大队；1984年隶属张柏岗村至今。位于村委会南1.3千米。东邻黄柏岗，南界秦岗村水垱，西至秦岗村王寨，北连张柏岗。总面积0.41平方千米，耕地面积11公顷。7户，28人。主产小麦、玉米、水稻。村落形态呈团状，房屋结构以坡房和楼房为主。

下杨岗【Xiàyánggǎng】 以方位、姓氏和地形综合命名。因杨姓聚居在岗坡南而得名。1958年隶属新华一大队；1961年隶属杨岗大队；1984年隶属杨岗村；2002年与张柏岗村合并，隶属张柏岗村至今。位于村委会南1.6千米。东邻五房村王岗，南界秦岗村王庄，西至蛮子营村蛮子营，北连上杨岗。总面积1.4平方千米，耕地面积135.53公顷。130户，595人，主产小麦、玉米、水稻。村落形态呈团状，房屋结构以坡房和楼房为主。

张柏岗【Zhāngbǎigǎng】 以姓氏和地形综合命名。因张、柏两姓聚居在岗坡而得名。1958年隶属新火二大队；1961年隶属孙岗大队；1984年隶属张柏岗村至今。位于村委会南1.1千米。东邻孙岗，南界黄柏岗，西至段柏岗，北连果园场。总面积0.35平方千米，耕地面积34公顷。31户，134人。村落形态呈团状，房屋结构以坡房和楼房为主。

张垱村【Zhāngdàngcūn】

以张垱自然村命名。1958年为星火一队，隶属灯塔公社；1961年为张垱大队，隶属太平区；1975年隶属姚岗公社；1984年为张垱村，隶属姚岗区；1987年隶属姚岗镇；2001年隶属太平镇至今。位于镇政府东南12千米。东邻鹿头镇桃园村，南界环城上河村，西至秦岗村，北连五房村。辖12个自然村，总面积4.1平方千米，耕地面积347.48公顷。310户，1301人。主产小麦、水稻、玉米、杂粮，兼种果树。村委会驻水庄。

老油坊【Lǎoyóufáng】 以时间和作坊综合命名。因水姓在此开设油坊时间较长而得名。1958年隶属星火一大队；1961年隶属张垱大队；1984年隶属张垱村至今。位于村委会北350米。东邻水庄，南界张垱，西至秦岗村水垱，北连新庄。总面积0.2平方千米，耕地面积16.3公顷。15户，62人。主产小麦、水稻、玉米。村落形态呈团状，房屋结构以坡房为主。

毛庄【Máozhuāng】 以姓氏命名。因毛姓聚居而得名。1958年隶属星火一大队；1961年隶属张垱大队；1984年隶属张垱村至今。位于村委会西北1千米。东邻宋岗，南界新庄，西至秦岗村上王庄，北连五房村王岗。总面积0.22平方千米，耕地面积16.1公顷。20户，77人。主产小麦、水稻、玉米，兼种水果。村落形态呈线状，房屋结构以平房为主。

盘庄【Pánzhuāng】 以姓氏命名。因盘姓聚居而得名。1958年隶属星火一大队；1961年隶属张垱大队；1984年隶属张垱村至今。位于村委会东1.6千米。东邻鹿头镇郭巷村郭黄庄，南界周庄，西至张垱，北连盘庄。总面积0.17平方千米，耕地面积14.7公顷。11户，38人。主产小麦、水稻、玉米。村落形态呈散状，房屋结构以坡房为主。

水庄【Shuǐzhuāng】 以姓氏命名。因水姓聚居而得名。1958年隶属星火一大队；1961年隶属张垱大队；1984年隶属张垱村至今。位于村委会东250米。东邻盘庄，南界张垱，西至老油坊，北连宋岗。总面积0.19平方千米，耕地面积15.1公顷。14户，55人。主产小麦、水稻、玉米。村落形态呈散状，房屋结构以平房为主。

宋岗【Sònggǎng】 以姓氏命名。因宋姓聚居岗地而得名。1958年隶属星火一大队；1961年隶属张垱大队；1984年隶属张垱村至今。位于村委会北900米。东邻鹿头镇郭巷村郭巷，南界水庄，西至毛庄，北连五房村赵庄。总面积0.47平方千米，耕地面积39.9公顷。44户，170人。主产小麦、水稻、玉米，兼种水果。村落形态呈团状，房屋结构以坡房和楼房为主。

新庄【Xīnzhuāng】 以时间命名。因该村建村时间较短，故名。1958年隶属星火一大队；1961年隶属张垱大队；1984年隶属张垱村至今。位于村委会西北700米。东邻宋岗，南界老油坊，西至秦岗村下王庄，北连毛庄。总面积0.22平方千米，耕地面积18.4公顷。20户，91人。主产小麦、水稻、玉米，兼种水果。村落形态呈线状，房屋结构以坡房和楼房为主。

下油坊【Xiàyóufáng】 以方位和作坊综合命名。因村内开过油坊，且位于老油坊的下边，故名。1958年隶属星火一大队；1961年隶属张垱大队；1984年隶属张垱村至今。位于村委会西南1.1千米。东邻尤岗，南界环城街道办事处上河村莲花堰，西至秦岗村小刘庄，北连老油坊。总面积0.24平方千米，耕地面积20.28公顷。24户，104人。主产小麦、水稻、玉米。村落形态呈线状，房屋结构以坡房和楼房为主。

尤岗【Yóugǎng】 以姓氏命名。因尤姓聚居在岗地上而得名。1958年隶属星火一大队；1961年隶属张垱大队；1984年隶属张垱村至今。位于村委会南2.2千米。东邻张林，南界环城街道办事处上河村卢坡，西至环城街道办事处上河村莲花堰，北连张垱。总面积0.8平方千米，耕地面积66.1公顷。53户，252人。主产小麦、水稻、玉米，兼种水果。村落形态呈团状，房屋结构以坡房和楼房为主。

周庄【Zhōuzhuāng】 以姓氏命名。因周姓聚居而得名。1958年隶属星火一大队；1961年隶属张垱大队；1984年隶属张垱村至今。位于村委会东2千米。东邻鹿头镇郭巷村张庄，南界张林，西至张垱，北连盘庄。总面积0.64平方千米，耕地面积55.2公顷。51户，217人。主产小麦、水稻、玉米，兼种水果。村落形态呈团状，房屋结构以平房和楼房为主。

张垱【Zhāngdàng】 以姓氏和建筑物综合命名。因张姓聚居且这里有修建有一垱坝而得名。1958年隶属星火一大队；1961年隶属张垱大队；1984年隶属张垱村至今。位于村委会南1千米。东邻周庄，南界尤岗，西至秦岗村水垱，北连水庄。总面积0.52平方千米，耕地面积51.1公顷。30户，94人。主产小麦、水稻、玉米，兼种水果。村落形态呈团状，房屋结构以坡房和楼房为主。

张林【Zhānglín】 以姓氏和植物综合命名。因张姓聚居此地，且树木较多，故名。1958年隶属星火一大队；1961年隶属张垱大队；1984年隶属张垱村至今。位于村委会东2.5千米。东邻鹿头镇桃园村蒋庄，南界鹿头镇桃园村桃园，西至尤岗，北连周庄。总面积0.21平方千米，耕地面积16公顷。9户，57人。主产小麦、水稻、玉米，兼种水果。村落形态呈散状，房屋结构以坡房为主。

张庄【Zhāngzhuāng】 以姓氏命名。因张姓聚居而得名。1958年隶属星火一大队；1961年隶属张垱大队；1984年隶属张垱村至今。位于村委会东北3千米。东邻鹿头镇郭巷村郭黄庄，南界盘庄，西至宋岗，北连鹿头镇郭巷村郭巷。总面积0.22平方千米，耕地面积18.3公顷。19户，84人。主产小麦、水稻、玉米，兼种水果。村落形态呈团状，房屋结构以平房为主。

赵河村【Zhàohécūn】

以赵河自然村命名。1958年为建华大队，隶属灯塔公社；1961年为赵河大队，隶属太平区；1975年隶属姚岗公社；1984年为赵河村，隶属姚岗区；1987年隶属姚岗镇；2001年隶属太平镇至今。位于镇政府东北5千米。东邻杨庄村，南界姜岗村，西至高夏庄村，北连翟庄村，辖3个自然村，总面积3.07平方千米，耕地面积283.1公顷。332户，1370人。主产小麦、玉米、水稻、杂粮，规模养猪场1个，养鸡场1个。316省道穿村而过，村委会驻赵河。

陈家园【Chénjiāyuán】 以姓氏命名。因陈姓聚居以种菜为生而得名。1958年隶属建华大队；1961年隶属赵河大队；1984年隶属赵河村至今。位于村委会东北1.5千米。东邻杨庄村铁庙，南界邢庄，西至赵河，北连翟庄村张王庄。总面积0.55平方千米，耕地面积50.1公顷。65户，270人，主产小麦、玉米、水稻、杂粮，兼种蔬菜。村落形态呈散状，房屋结构以坡房为主。

邢庄【Xíngzhuāng】 以姓氏命名。因邢姓聚居而得名。1958年隶属建华大队；1961年隶属赵河大队；1984年隶属赵河村至今。位于村委会东南700米。东邻贾洼村曹庄，南界姜岗村詹庄，西至赵河，北连赵河。总面积0.33平方千米，耕地面积29.1公顷。24户，110人。主产小麦、玉米、水稻、杂粮，兼种蔬菜。村落形态呈团状，房屋结构以平房为主。

赵河【Zhàohé】 以姓氏和河流综合命名。因赵姓聚居小河边，故名。1958年隶属建华大队；1961年隶属赵河大队；1984年隶属赵河村至今。村委会驻地。东邻杨庄村铁庙，南界姜岗村詹庄，西至高夏庄村夏庄，北连翟庄村张王庄。总面积2.19平方千米，耕地面积203.9公顷。243户，990人。主产小麦、玉米、水稻、杂粮，兼种蔬菜。村落形态呈线状，房屋结构以坡房和楼房为主。

赵庄村【Zhàozhuāngcūn】

以大赵庄自然村命名。1958年为和平大队，隶属灯塔公社；1961年隶属太平区；1975年为赵庄大队，隶属太平公社；1980年为大赵庄大队；1984年为赵庄村，隶属太平镇至今。位于镇政府北3.8千米。东邻胡庄村，南界郭王村，西至韩岗村，北连李占岗村。辖6个自然村，总面积3平方千米，耕地面积185.3公顷。306户，1110人。主产小麦、杂粮，兼种蔬菜。村委会驻高士衙。

东牤牛寨【Dōngmāngniúzhài】 以方位、优质牛和寨墙综合命名。因该村早年有头很出名的牤牛，且村周修有寨墙，名为牤牛寨。1975年修马庄水库时，分为东西两村，此村在东，故名。1958年隶属和平大队；1975年隶属赵庄大队；1980年隶属大赵庄大队；1984年隶属赵庄村至今。位于村委会北2千米。东邻李占岗村王庄，南界小唐庄，西至马庄水库，北连李占岗村李占岗。总面积0.7平方千米，耕地面积25公顷。30户，140人。主产小麦、玉米、水稻。村落形态呈散状，房屋结构以平房和坡房为主。

大赵庄【Dàzhàozhuāng】 以姓氏和规模综合命名。因赵姓聚居且村子较大而得名。1958年隶属和平大队；1975年隶属赵庄大队；1980年隶属大赵庄大队；1984年隶属赵庄村至今。位于村委会东北1千米。东邻胡庄村刘庄，南界高士衙，西至韩岗村韩岗，北连三合一。总面积0.4平方千米，耕地面积37.3公顷。68户，200人。主产小麦、玉米、水稻。村落形态呈散状，房屋结构以平房和坡房为主。

高士衙【Gāoshìyá】 以姓氏和传说综合命名。传说从前该地出了一个姓高的士衙官，故名。1958年隶属和平大队；1975年隶属赵庄大队；1980年隶属大赵庄大队；1984年隶属赵庄村至今。村委会驻地。东邻李石村，南界南高庄村南高庄，西至韩岗村，北连赵庄。总面积0.6平方千米，耕地面积30公顷。80户，250人。主产小麦、玉米、水稻。村落形态呈散状，房屋结构以平房和坡房为主。

三合一【Sānhéyī】 早年以修马庄水库为由将大唐庄、马庄、小赵庄三合一，由此而得名。1958年隶属和平大队；1975年隶属赵庄大队；1980年隶属大赵庄大队；1984年隶属赵庄村至今。位于村委会北1.1千米。东邻小唐庄，南界大赵庄，西至韩岗村韩岗，北连西牤牛寨。总面积0.5平方千米，耕地面积36公顷。60户，230人。主产小麦、玉米、水稻。村落形态呈散状，房屋结构以平房和坡房为主。

西牤牛寨【Xīmāngniúzhài】 以方位、优质牛和寨墙综合命名。该村早年有头很出名的牤牛，且村周修有寨墙，名为牤牛寨。1975年修马庄水库时，分为东西两村，此村在西，故名。1958年隶属和平大队；1975年隶属赵庄大队；1980年隶属大赵庄大队；1984年隶属赵庄村至今。位于村委会北1.9千米。东邻李占岗村刘老家，南界三合一，西至三官村三官，北连荣光村大高庄。总面积0.5平方千米，耕地面积35公顷。40户，180人。主产小麦、玉米、水稻。村落形态呈散状，房屋结构以平房和坡房为主。

小唐庄【Xiǎotángzhuāng】 以姓氏和规模综合命名。因唐姓聚居且村子较小而得名。1958年隶属和平大队；1975年隶属赵庄大队；1980年隶属大赵庄大队；1984年隶属赵庄村至今。位于村委会东北700米。东邻胡庄村余垱，南界大赵庄，西至三合一，北连东牤牛寨。总面积0.3平方千米，耕地面积22公顷。28户，110人。主产小麦、玉米、水稻。村落形态呈散状，房屋结构以平房和坡房为主。

竹园村【Zhúyuáncūn】

以竹园寨自然村命名。1956年隶属太平区；1958年为群联大队，隶属灯塔公社；1961年隶属太平区；1975年为竹园大队，隶属太平公社；1984年为竹园村，隶属太平镇；2001年原周岗村与竹园村合并，隶属太平镇至今。位于镇政府西南7千米。东邻三官村，南界徐庄村，西至杨垱镇孙田村，北连荣光村。辖 8 个自然村，总面积 5.24 平方千米，耕地面积 418.1 公顷。453 户，1770 人。主产小麦、玉米、水稻，兼种艾叶、桃树，有规模养猪场 1 个。村委会驻竹园寨。

大周岗【Dàzhōugǎng】 以姓氏、规模和地形综合命名。因周姓聚居岗上且村子较大而得名。1958 年隶属群星大队；1975 年隶属周岗大队；1984 年隶属周岗村；2001 年隶属竹园村至今。位于村委会西北 2 千米。东邻南张庄村孙岗，南界小周岗，西至杨垱高店村杨洼，北连太杨路。总面积 1.06 平方千米，耕地面积 92.7 公顷。114 户，420 人。主产小麦、玉米、水稻，兼种果蔬。村落形态呈线状和散状，房屋结构以楼房为主。

刘庄【Liúzhuāng】 以姓氏命名。因刘姓聚居而得名。1958 年隶属群联大队；1975 年隶属竹园大队；1984 年隶属竹园村；2001 年隶属竹园村至今。位于村委会南 2 千米。东邻徐庄村，南界徐庄村寇马庄，西至李庄，北连马岗。总面积 0.37 平方千米，耕地面积 33.7 公顷。21 户，40 人。主产小麦、玉米、水稻，兼种果蔬。村落形态呈团状，房屋结构以楼房为主。

李庄【Lǐzhuāng】 以姓氏命名。因李姓聚居而得名。1958 年隶属群联大队；1975 年隶属竹园大队；1984 年隶属竹园村；2001 年隶属竹园村至今。位于村委会 800 米。东邻竹园寨，南界刘庄，西至杨垱镇孙田村下马桥，北连杨岗。总面积 1.06 平方千米，耕地面积 92.7 公顷。114 户，420 人。主产小麦、玉米、水稻，兼种果蔬。村落形态呈散状，房屋结构以平房为主。

马岗【Mǎgǎng】 以姓氏命名。因马姓聚居岗地而得名。1958 年隶属群联大队；1975 年隶属竹园大队；1984 年隶属竹园村；2001 年隶属竹园村至今。位于村委会西南 1 千米。东邻陈庄，南界刘庄，西至竹园寨，北连上马桥。总面积 0.52 平方千米，耕地面积 45.2 公顷。37 户，170 人。主产小麦、玉米、水稻，兼种果蔬。村落形态呈团状，房屋结构以楼房为主。

上马桥【Shàngmǎqiáo】 以方位、姓氏和桥综合命名。因马姓聚居，村南有一座小桥，且村子建在小桥上方，故名。1958 年隶属群联大队；1975 年隶属竹园大队；1984 年隶属竹园村；2001 年隶属竹园村至今。位于村委会东 500 米。东邻三官村金庆，南界马岗，西至竹园寨，北连三官村李庄。总面积 0.93 平方千米，耕地面积 79.2 公顷。62 户，260 人。主产小麦、玉米、水稻，兼种果蔬。村落形态呈团状，房屋结构以楼房为主。

小周岗【Xiǎozhōugǎng】 以姓氏、规模和地形综合命名。因周姓聚居岗地且村子较小而得名。1958 年隶属群星大队；1975 年隶属周岗大队；1984 年隶属周岗村；2001 年隶属竹园村至今。位于村委会西北 1.5 千米。东邻三官村李庄，南界杨岗，西至杨垱镇孙田村孙田，北连大周岗。总面积 0.37 平方千米，耕地面积 1 公顷。32 户，150 人。主产小麦、玉米、水稻，兼种果蔬。村落形态呈线状，房屋结构以楼房为主。

杨岗【Yánggǎng】 以姓氏和地形综合命名。因杨姓聚居岗地而得名。1958 年隶属群联大队；1975 年隶属竹园大队；1984 年隶属竹园村；2001 年隶属竹园村至今。位于村委会西 1 千米。东邻竹园寨，南界李庄，西至杨垱镇孙田村，北连小周岗。总面积 0.41 平方千米，耕地面积 35 公顷。38 户，160 人。主产小麦、玉米、水稻，兼种果蔬。村落形态呈团状，房屋结构以楼房为主。

竹园寨【Zhúyuánzhài】 以姓氏命名。因原村内有一竹园，竹园四周修有寨墙，故名竹园寨。1958年隶属群联大队；1975年隶属竹园大队；1984年隶属竹园村；2001年隶属竹园村至今。村委会驻地。东邻上马桥，南界马岗，西至李庄，北连小周岗。总面积0.52平方千米，耕地面积38.6公顷。35户，150人。主产小麦、玉米、水稻，兼种果蔬。村落形态呈团状，房屋结构以楼房为主。

第十二章 王 城 镇

第一节 王城镇概况

王城镇【Wángchéngzhèn】

因王姓居住此地形成集镇而得名。位于市政府东南33千米。东邻随县唐县镇，南界随县涢阳乡，西至吴店镇，北连兴隆镇。总面积191.075平方千米，耕地面积7977.86公顷。10609户，41826万人。辖2个居委会，32个村。镇政府驻王城镇盛隆大道273号。1956年撤小乡并大乡，资山区合并到兴隆区；1958年命名为伟大公社；1961年为资山区；1975年为资山公社；1981年为王城公社；1984年为王城区；1987年撤区设镇，建立王城镇和资山镇；2001年原资山镇并入王城镇至今。境内矿产资源主要为重晶石、石灰石、铜。农业主要以种植水稻、小麦、玉米为主，经济作物有棉花、花生、茶叶、芝麻、黄桃等。工业主要以化工、铸造、建材工业为主。2014年，全镇有工业企业160家，职工8297人。其中年产值千万元以上企业14家、百万元以上企业26家、十万元以上企业80家。个体工商经营户795户、1698人，实现经营总额114036万元。农贸市场3个，摊位320个，年成交额5439万元。注册工商经营户796户，年经营额5984万元。民间传统文化以舞狮、龙灯、旱船、踩高跷为主。截至2014年，全镇有10所幼儿园，幼师238人；6所小学、2所初中，教师388人。有卫生院2家、村卫生室30个，专业医护人员60人，病床140张。交通便利，汉十高速、272省道、汉十高铁穿境而过。

第二节 城市社区、居民点

王城街道社区【Wángchéng Jiēdào Shèqū】

以自然镇王城命名。1958年为富裕大队，隶属伟大公社；1969年为王城大队，隶属资山区；

1975年隶属资山公社；1984年为王城村，隶属王城区；1987年隶属王城镇；2012年为王城街道社区，隶属王城镇至今。位于镇政府东南300米。东邻付寨村，南界双楼村，西至杜湾村，北连兴隆镇中楼村。辖19个居民点，总面积5.33平方千米，耕地面积290.1公顷。970户，3862人（另外集镇居住873户、3564人未计算）。主产水稻、小麦、杂粮，兼种果蔬，发展养殖业。兴唐公路、汉十高铁过境，街道社区驻建设路58号。

北家岗【Běijiāgǎng】 以方位和地形综合命名。因村建在官堰冲北面岗上而得名。1958年隶属富裕大队；1969年隶属王城大队；1984年隶属王城村；2012年隶属王城街道社区至今。位于街道社区东1千米。东邻黄家凹子，南界官堰冲，西至左家湾，北连棠梨树湾。总面积0.3平方千米，耕地面积17公顷。48户，180人。主产水稻、小麦、杂粮，兼种果蔬，发展加工业。村落形态呈散状，房屋结构以坡房和楼房为主。

草湾【Cǎowān】 以房屋类型命名。因建村时全是草屋而得名。1958年隶属富裕大队；1969年隶属王城大队；1984年隶属王城村；2012年隶属王城街道社区至今。位于街道社区西北3.5千米。东邻兴隆镇中楼村粉坊湾，南界长堰堤，西至周家楼，北连兴隆镇中楼村彭家湾。总面积0.1平方千米，耕地面积8.2公顷。23户，100人。主产水稻、小麦、杂粮，兼发展养殖业。村落形态呈线状，房屋结构以坡房为主。

大杨树湾【Dàyángshùwān】 以植物和规模综合命名。因相邻两个杨树湾，此湾较大而得名。1958年隶属富裕大队；1969年隶属王城大队；1984年隶属王城村；2012年隶属王城街道社区至今。位于街道社区东北2.1千米。东邻周家湾，南界谢家大湾，西至小杨树湾，北连兴隆镇中楼村粉坊湾。总面积0.2平方千米，耕地面积17.3公顷。58户，220人。主产水稻、小麦、杂粮，兼种果蔬及发展水产养殖。村落形态呈散状，房屋结构以平房和坡房为主。

官堰冲【Guānyànchōng】 以堰的属性命名。因村建在冲口，因共用一口堰的水而得名。1958年隶属富裕大队；1969年隶属王城大队；1984年隶属王城村；2012年隶属王城街道社区至今。位于街道社区东南1.5千米。东邻黄家凹子，南界双楼村枯树湾，西至建设大道，北连北家岗。总面积0.2平方千米，耕地面积14.6公顷。30户，120人。主产水稻、小麦、杂粮，兼种果蔬，发展水产养殖。村落形态呈散状，房屋结构以平房和坡房为主。

黄家凹子【Huángjiāwāzi】 以姓氏和地形综合命名。因黄姓聚居在山洼而得名。1958年隶属富裕大队；1969年隶属王城大队；1984年隶属王城村；2012年隶属王城街道社区至今。位于街道社区东1.2千米。东邻付寨村九口堰，南界黄楼村平家岗，西至北家岗，北连石家湾。总面积0.4平方千米，耕地面积23公顷。55户，220人。主产水稻、小麦、杂粮，兼发展养殖业。村落形态呈散状，房屋结构以坡房和楼房为主。

马道子【Mǎdàozi】 以传说命名。据传，此地是清朝皇帝后卫武官谢武奎幼时骑马习武之道，故名。1958年隶属富裕大队；1969年隶属王城大队；1984年隶属王城村；2012年隶属王城街道社区至今。位于街道社区西北4.3千米。东邻周家楼，南界兴隆镇李庙村莲花堰，西至兴隆镇李庙村草湾，北连兴隆镇中楼村彭家湾。总面积0.2平方千米，耕地面积13.2公顷。30户，122人。主产水稻、小麦、杂粮，兼发展水产养殖。村落形态呈散状，房屋结构以平房和坡房为主。

庙湾【Miàowān】 以建筑物命名。因村建在一土地庙旁而得名。1958年隶属富裕大队；1969年隶属王城大队；1984年隶属王城村；2012年隶属王城街道社区至今。位于街道社区西北3千米。东邻大杨树湾，南界小杨树湾，西至兴隆镇李庙村莲花堰，北连长堰堤。总面积0.43平方千米，耕地面积40.2公顷。136户，540人。主产水稻、小麦、杂粮，兼种果蔬，发展养殖业。村落形态呈散状，房屋结构以坡房和楼房为主。

石家湾【Shíjiāwān】 以姓氏命名。因石姓聚居而得名。1958年隶属富裕大队；1969年隶属王城大队；1984年隶属王城村；2012年隶属王城街道社区至今。位于街道社区东北1.5千米。东邻周湾村彭家院子，南界黄家凹子，西至左家南湾，北连棠梨树湾。总面积0.2平方千米，耕地面积15.1公顷。34户，140人。主产水稻、小麦、杂粮，兼种果蔬，发展水产养殖。村落形态呈散状，房屋结构以平房和坡房为主。

蔬菜队【Shūcàiduì】 以行业命名。因1997年集中建设温棚种蔬菜而得名。1997年隶属王城村；2012年隶属王城街道社区至今。位于街道社区西北2.1千米。东邻西园，南界盛隆大道，西至兴隆镇冯岗村马岭湾，北连庙湾。总面积0.4平方千米，耕地面积9.8公顷。71户，290人。主产蔬菜、小麦、杂粮，兼种果树。村落形态呈线状，房屋结构以平房和坡房为主。

棠梨树湾【Tánglíshùwān】 以植物命名。因村中有棵大棠梨树而得名。1958年隶属富裕大队；1969年隶属王城大队；1984年隶属王城村；2012年隶属王城街道社区至今。位于街道社区东北1.2千米。东邻周湾村彭家院子，南界北家岗，西至西寨，北连谢家大湾。总面积0.3平方千米，耕地面积21.2公顷。46户，180人。主产水稻、小麦、杂粮，兼种果蔬，发展水产养殖。村落形态呈散状，房屋结构以平房和坡房为主。

西园【Xīyuán】 以方位和生产特点综合命名。位于王城镇西，因村民以种菜为生而得名。1958年隶属富裕大队；1969年隶属王城大队；1984年隶属王城村；2012年隶属王城街道社区至今。位于街道社区西北1.9千米。东邻西寨，南界杜湾村陈家壕，西至蔬菜队，北连小杨树湾。总面积0.3平方千米，耕地面积8.5公顷。60户，240人。主产水稻、小麦，兼种果蔬，发展养殖业、水泥加工业。村落形态呈散状，房屋结构以坡房和楼房为主。

西寨【Xīzhài】 以方位和建筑物综合命名。位于王城集镇西，因村周筑有寨墙而得名。1958年隶属富裕大队；1969年隶属王城大队；1984年隶属王城村；2012年隶属王城街道社区至今。位于街道社区西1.5千米。东邻棠梨树湾，南界左家南湾，西至西园，北连小杨树湾。总面积0.2平方千米，耕地面积4.3公顷。38户，140人。主产水稻、小麦、玉米，兼种果蔬，发展养殖业。村落形态呈散状，房屋结构以坡房为主。

小杨树湾【Xiǎoyángshùwān】 以植物和规模综合命名。因相邻两个杨树湾，此湾较小而得名。1958年隶属富裕大队；1969年隶属王城大队；1984年隶属王城村；2012年隶属王城街道社区至今。位于街道社区北1.9千米。东邻谢家大湾，南界菜园子，西至兴隆镇李庙村莲花堰，北连庙湾。总面积0.3平方千米，耕地面积1.9公顷。82户，330人。主产水稻、小麦、杂粮，兼种果蔬。村落形态呈散状，房屋结构以坡房和楼房为主。

谢家大湾【Xièjiādàwān】 以姓氏和规模综合命名。因谢姓聚居村子较大而得名。1958年隶属富裕大队；1969年隶属王城大队；1984年隶属王城村；2012年隶属王城街道社区至今。位于街道社区居委会北1.7千米。东邻新湾，南界堂梨树湾，西至小杨树湾，北连大杨树湾。总面积0.3平方千米，耕地面积18.5公顷。39户，150人。主产水稻、小麦、杂粮，兼种果蔬，发展水产养殖。村落形态呈散状，房屋结构以平房和坡房为主。

新湾【Xīnwān】 以建村时间命名。因是1963年新建的村而得名。1963年为王城大队；1984年隶属王城村；2012年隶属王城街道社区至今。位于街道社区东北2.3千米。东邻周湾村西畈湾，南界石家湾，西至谢家大湾，北连周家湾。总面积0.3平方千米，耕地面积18公顷。64户，260人。主产水稻、小麦、杂粮，兼种果蔬及发展水产养殖。村落形态呈散状，房屋结构以坡房和楼房为主。

长堰堤【Chángyàndī】 以堤的长度命名。因村前大堰堤长而得名。1958年隶属富裕大队；1969年隶属王城大队；1984年隶属王城村；2012年隶属王城街道社区至今。位于街道社区西北3.2千米。东邻大杨树湾，南界庙湾，西至周家楼，北连草湾。总面积0.3平方千米，耕地面积14.8公顷。37户，150人。主产水稻、小麦、杂粮，兼种果蔬，发展养殖业。村落形态呈散状，房屋结构以平房和坡房为主。

周家楼【Zhōujiālóu】 以姓氏和建筑物综合命名。因周姓聚居村中有楼子而得名。1958年隶属富裕大队；1969年隶属王城大队；1984年隶属王城村；2012年隶属王城街道社区至今。位于街道社区西北4千米。东邻草湾，南界长堰堤，西至马道子，北连兴隆镇李庙村家鱼堰。总面积0.3平方千米，耕地面积16公顷。39户，160人。主产水稻、小麦、杂粮，兼种藕，发展养殖业。村落形态呈散状，房屋结构以平房和坡房为主。

周家湾【Zhōujiāwān】 以姓氏命名。因周姓聚居而得名。1958年隶属富裕大队；1969年隶属王城大队；1984年隶属王城村；2012年隶属王城街道社区至今。位于街道社区东北2.4千米。东邻周湾村刘家庄，南界新湾，西至大杨树湾，北连兴隆镇中楼村粉坊湾。总面积0.2平方千米，耕地面积12公顷。38户，150人。主产水稻、小麦、杂粮，兼发展水产养殖。村落形态呈散状，房屋结构以平房和坡房为主。

左家南湾【Zuǒjiānánwān】 以姓氏和方位综合命名。因左姓聚居，位于左家湾南而得名。1958年隶属富裕大队；1969年隶属王城大队；1984年隶属王城村；2012年隶属王城街道社区至今。位于街道社区东600米。东邻北家岗，南界官堰冲，西至王城街，北连棠梨树湾。总面积0.4平方千米，耕地面积16.5公顷。42户，170人。主产水稻、小麦、杂粮，兼种果蔬。村落形态呈散状，房屋结构以坡房和楼房为主。

资山街道社区【Zīshān Jiēdào Shèqū】

以自然集镇资山命名。1958年为新华大队，隶属伟大公社；1966年为资山大队，隶属资山区；1975年隶属资山公社；1981年隶属王城公社；1984年为资山村，隶属王城区；1987年隶属资山镇；2001年隶属王城镇；2012年为资山街道社区，隶属王城镇至今。位于镇政府南10千米。东邻松岗村，南界端公村，西至罗汉村，北连董楼村。辖14个居民点，总面积5.6平方千米，耕地面积204.6公顷。781户，2352人。主产小麦、水稻，兼种果蔬，发展水产养殖。兴唐路由北向南过境，社区居委会驻蛇神岗湾。

艾家湾【Àijiāwān】 以姓氏命名。因艾姓聚居而得名。1958年隶属新华大队；1966年隶属资山大队；1984年隶属资山村；2012年隶属资山街道社区至今。位于居委会北900米。东邻胜龙村桥头，南界资山街道，西至陈家湾，北连董楼村楼子湾。总面积0.4平方千米，耕地面积18.8公顷。47户，140人。主产小麦、水稻，兼种玉米、板栗，发展水产养殖。村落形态呈线状，房屋结构以坡房和楼房为主。

陈家湾【Chénjiāwān】 以姓氏命名。因陈姓聚居而得名。1958年隶属新华大队；1966年隶属资山大队；1984年隶属资山村；2012年隶属资山街道社区至今。位于居委会西北1.2千米。东邻艾家湾，南界东冲湾，西至罗汉村周家湾，北连沙坡凹湾。总面积0.5平方千米，耕地面积18.54公顷。12户，36人。主产小麦、水稻，兼种果蔬。村落形态呈散状，房屋结构以平房和坡房为主。

东冲【Dōngchōng】 以方位和地形综合命名。因村建在一条冲的东边而得名。1958年隶属新华大队；1966年隶属资山大队；1984年隶属资山村；2012年隶属资山街道社区至今。位于居委会西北1千米。东邻鸦雀湾，南界拱桥湾，西至罗汉村周家湾，北连陈家湾。总面积0.3平方千米，耕地面积10公顷。9户，27人。主产小麦、水稻，兼种果蔬。村落形态呈线状，房屋结构以坡房和楼房为主。

蜂子窝【Fēngziwō】 该村树林茂密，常有野蜂筑巢，故名。1958年隶属新华大队；1966年隶属资山大队；1984年隶属资山村；2012年隶属资山街道社区至今。位于居委会南2千米。东邻资山水库，南界端公村毛家湾，西至端公村东湾，北连油坊湾。总面积0.9平方千米，耕地面积52.64公顷。5户，15人。主产小麦、水稻，兼种玉米、板栗。村落形态呈散状，房屋结构以平房和楼房为主。

岗上湾【Gǎngshàngwān】 以地形和方位综合命名。因村建在岗上而得名。1958年隶属新华大队；1966年隶属资山大队；1984年隶属资山村；2012年隶属资山街道社区至今。位于居委会南100米。东邻松岗村李家岗，南界三亩冲，西至端公村上畈上，北连蛇神岗湾。总面积0.3平方千米，耕地面积10公顷。9户，20人。主产小麦、水稻，兼种果蔬。村落形态呈散状，房屋结构以坡房和楼房为主。

拱桥湾【Gǒngqiáowān】 以桥命名。因村建在一拱桥旁边而得名。1958年隶属新华大队；1966年隶属资山大队；1984年隶属资山村；2012年隶属资山街道社区至今。位于居委会西1千米。东邻资山街道，南界横冲凹湾，西至罗汉村周家湾，北连东冲湾。总面积0.4平方千米，耕地面积20公顷。15户，50人。主产小麦、水稻，兼种玉米、板栗，发展鱼虾养殖。村落形态呈散状，房屋结构以坡房和楼房为主。

横冲凹【Héngchōngwā】 以地形命名。因村建在大冲中间的小横冲洼里而得名。1958年隶属新华大队；1966年隶属资山大队；1984年隶属资山村；2012年隶属资山街道社区至今。位于居委会西1千米。东邻朱家湾，南界端公村上畈上，西至罗汉村周家湾，北连拱桥湾。总面积0.2平方千米，耕地面积10.53公顷。6户，24人。主产小麦、水稻，兼种果蔬。村落形态呈散状，房屋结构以平房和坡房为主。

三亩冲【Sānmǔchōng】 以地形和面积综合命名。因村旁有三亩小冲而得名。1958年隶属新华大队；1966年隶属资山大队；1984年隶属资山村；2012年隶属资山街道社区至今。位于居委会南900米。东邻松岗村，南界油坊湾，西至端公村食堂涯，北连岗上湾。总面积0.4平方千米，耕地面积3公顷。6户，21人。主产小麦、水稻，兼种果蔬。村落形态呈线状，房屋结构以平房为主。

沙坡凹【Shāpōwā】 以地名命名。因村建在沙坡洼旁而得名。1958年隶属新华大队；1966年隶属资山大队；1984年隶属资山村；2012年隶属资山街道社区至今。位于居委会北1.5千米。东邻艾家湾，南界陈家湾，西至罗汉村唐家湾，北连董楼村楼子湾。总面积0.4平方千米，耕地面积25.68公顷。40户，130人。主产小麦、水稻，兼种玉米、板栗，发展鱼虾养殖。村落形态呈散状，房屋结构以坡房和楼房为主。

蛇神岗湾【Shéshéngǎngwān】 以地形命名。因村建在形似蛇背的岗上而得名。1958年隶属新华大队；1966年隶属资山大队；1984年隶属资山村；2012年隶属资山街道社区至今。居委会驻地。东邻松岗村李家湾，南界岗上湾，西至资山街，北连资山街。总面积0.3平方千米，耕地面积8公顷。16户，51人。主产小麦、水稻，兼种板栗，发展鱼虾养殖。村落形态呈线状，房屋结构以平房和楼房为主。

鸦雀湾【Yāquèwān】 以动物命名。因鸦雀常年在村中筑巢栖息而得名。1958年隶属新华大队；1966年隶属资山大队；1984年隶属资山村；2012年隶属资山街道社区至今。位于居委会西北800米。东邻资山街道社区，南界拱桥湾，西至东冲湾，北连艾家湾。总面积0.3平方千米，耕地面积10.41公顷。10户，29人。主产小麦、水稻，兼种果蔬。村落形态呈散状，房屋结构以平房和坡房为主。

油坊湾【Yóufángwān】 以作坊命名。因村里曾开过油坊而得名。1958年隶属新华大队；1966年隶属资山大队；1984年隶属资山村；2012年隶属资山街道社区至今。位于居委会南1.2千米。东邻资山水库，南界蜂子窝，西至端公村小西湾，北连三亩冲。总面积0.3平方千米，耕地面积7公顷。2户，5人。主产小麦、水稻。村落形态呈散状，房屋结构以坡房为主。

朱家湾【Zhūjiāwān】 以姓氏命名。因朱姓聚居而得名。1958年隶属新华大队；1966年隶属资山大队；1984年隶属资山村；2012年隶属资山街道社区至今。位于居委会西500米。东邻资山街道社区，南界资山街道，西至横冲凹，北连鸦雀湾。总面积0.1平方千米，耕地面积3公顷。4户，15人。主产小麦、水稻，兼种果蔬。村落形态呈线状，房屋结构以坡房为主。

资山【Zīshān】 以人名命名。从前，有个叫姚资山的人在此定居开店营商，生意兴隆，逐渐形成集市，逢单日集，故名。1958年隶属新华大队；1966年隶属资山大队；1984年隶属资山村；2012年隶属资山街道社区至今。位于居委会东100米。东邻松岗村李家岗，南界蛇神湾，西至鸦雀湾，北连艾家湾。总面积0.8平方千米，耕地面积7公顷。600户，1789人。经济形态以第三产业为主，兼发展水产养殖。村落形态呈线状，房屋结构以坡房和楼房为主。

第三节　农村社区（村）自然村、居民点

白水村【Báishuǐcūn】

因村建在南水北流的发源地而得名"北水源"，因"北水源"谐音"白水"，故名。1958年为北水大队，隶属伟大公社；1961年隶属资山区；1976年为圣龙山大队，隶属资山公社；1981年隶属王城公社；1984年为白水村，隶属王城区；1987年隶属资山镇；2001年隶属王城镇至今。位于镇政府南15千米。东邻随县澴潭镇群益村，南界随县澴潭镇五一村，西至资山水库，北连圣龙山

茶场。辖19个自然村，总面积9.15平方千米，耕地面积62.97公顷。170户，670人。主产水稻、小麦、杂粮，兼种果蔬。村委会驻南阳沟。

白鹤湾【Báihèwān】 以动物命名。因白鹤常年在村内树上栖息而得名。1958年隶属北水大队；1976年隶属圣龙山大队；1984年隶属白水村至今。位于村委会东500米。东邻冲口，南界凤凰脑山，西至北水源，北连芄藤湾。总面积0.2平方千米，耕地面积2.7公顷。3户，10人。主产水稻、小麦、玉米。村落形态呈散状，房屋结构以平房和坡房为主。

北水源【Běishuǐyuán】 以方位和水源综合命名。因村建在南水北流的发源地而得名。1958年隶属北水大队；1976年隶属圣龙山大队；1984年隶属白水村至今。位于村委会南1千米。东邻白鹤湾，南界资山水库，西至资山水库，北连魏家湾。总面积1.1平方千米，耕地面积9公顷。28户，100人。主产水稻、小麦、玉米，兼种果蔬。村落形态呈团状，房屋结构以平房和坡房为主。

冲口【Chōngkǒu】 以地形和方位综合命名。因村建在冲口上而得名。1958年隶属北水大队；1976年隶属圣龙山大队；1984年隶属白水村至今。位于村委会东700米。东邻杨家新湾，南界高湾，西至白鹤湾，北连三家湾。总面积0.4平方千米，耕地面积3公顷。15户，60人。主产水稻、小麦、玉米。村落形态呈线状，房屋结构以平房和坡房为主。

椿树湾【Chūnshùwān】 以植物命名。因村内椿树多而得名。1958年隶属北水大队；1976年隶属圣龙山大队；1984年隶属白水村至今。位于村委会东600米。东邻三家湾，南界白鹤湾，西至魏家湾，北连南阳沟。总面积0.4平方千米，耕地面积3.3公顷。10户，30人。主产水稻、小麦、玉米。村落形态呈线状，房屋结构以平房和坡房为主。

畈上【Fànshàng】 以地形和方位综合命名。因村建在田畈上而得名。1958年隶属北水大队；1976年隶属圣龙山大队；1984年隶属白水村至今。位于村委会东南1.8千米。东邻中湾，南界凤凰脑山，西至古井冲，北连高湾。总面积1平方千米，耕地面积4.8公顷。11户，50人。村落形态呈线状，房屋结构以平房和坡房为主。

付家冲脑上【Fùjiāchōngnǎoshàng】 以姓氏、地形和方位综合命名。因付姓建村在冲头而得名。1958年隶属北水大队；1976年隶属圣龙山大队；1984年隶属白水村至今。位于村委会东2千米。东邻随县澴潭镇群益村四方寨，南界下斑竹园，西至杨家新湾，北连横冲。总面积0.4平方千米，耕地面积3公顷。7户，30人。主产水稻、小麦、玉米。村落形态呈线状，房屋结构以平房和坡房为主。

高湾【Gāowān】 以姓氏命名。因高姓聚居而得名。1958年隶属北水大队；1976年隶属圣龙山大队；1984年隶属白水村至今。位于村委会东南1.5千米。东邻楼子冲，南界畈上，西至北水源，北连冲口。总面积0.5平方千米，耕地面积4.4公顷。5户，10人。主产水稻、小麦、玉米。村落形态呈线状，房屋结构以平房和坡房为主。

横冲【Héngchōng】 以地形命名。因村建在条横冲旁而得名。1958年隶属北水大队；1976年隶属圣龙山大队；1984年隶属白水村至今。位于村委会东1.8千米。东邻付家冲脑上，南界中老湾，西至杨家新湾，北连圣龙山茶场。总面积0.2平方千米，耕地面积1公顷。2户，10人。主产水稻、小麦、玉米。村落形态呈线状，房屋结构以平房和坡房为主。

黄家岭【Huángjiālǐng】 以姓氏和地名综合命名。因黄姓聚居山岭而得名。1958年隶属北水大队；1976年隶属圣龙山大队；1984年隶属白水村至今。位于村委会北500米。东邻南阳沟，南界白鹤湾，西至魏家湾，北连圣龙山茶场。总面积0.35平方千米，耕地面积1公顷。2户，10人。主产水稻、小麦、玉米，兼种果蔬。村落形态呈团状，房屋结构以平房和坡房为主。

芁藤湾【Jiāoténgwān】 以植物命名。因村内长了许多芁藤而得名。1958年隶属北水大队；1976年隶属圣龙山大队；1984年隶属白水村至今。位于村委会北400米。东邻三家湾，南界白鹤湾，西至魏家湾，北连南阳沟。总面积0.5平方千米，耕地面积4公顷。14户，60人。主产水稻、小麦、玉米，兼种果蔬。村落形态呈线状，房屋结构以平房和坡房为主。

楼子冲【Lóuzichōng】 以建筑物和地形综合命名。因村建在田冲，且村子有土楼子，故名。1958年隶属北水大队；1976年隶属圣龙山大队；1984年隶属白水村至今。位于村委会东2.5千米。东邻付家冲脑上，南界中湾，西至高湾，北连杨家新湾。总面积0.3平方千米，耕地面积1.4公顷。2户，10人。主产水稻、小麦、玉米。村落形态呈线状，房屋结构以平房和坡房为主。

南阳沟【Nányánggōu】 以沟名命名。因村建在南阳沟旁而得名。1958年隶属北水大队；1976年隶属圣龙山大队；1984年隶属白水村至今。位于村委会北1千米。东邻圣龙山茶场二分场，南界三家湾，西至黄家岭，北连圣龙山茶场。总面积0.4平方千米，耕地面积3公顷。6户，30人。主产水稻、小麦、玉米，兼种果蔬。村落形态呈线状，房屋结构以平房和坡房为主。

三家湾【Sānjiāwān】 以数量命名。因最初三家在此定居而得名。1958年隶属北水大队；1976年隶属圣龙山大队；1984年隶属白水村至今。位于村委会东1千米。东邻圣龙山茶场二分场，南界冲口，西至芁藤湾，北连南阳沟。总面积0.3平方千米，耕地面积2.4公顷。4户，10人。主产水稻、小麦、玉米。村落形态呈散状，房屋结构以平房和坡房为主。

上斑竹园【Shàngbānzhúyuán】 以方位和植物综合命名。因村建在冲上，种有斑竹，故名。1958年隶属北水大队；1976年隶属圣龙山大队；1984年隶属白水村至今。位于村委会东3千米。东邻随县澴潭镇群益村四方寨，南界下杨家老湾，西至畈上，北连下斑竹园。总面积0.4平方千米，耕地面积2公顷。6户，20人。主产水稻、小麦、玉米。村落形态呈团状，房屋结构以平房和坡房为主。

魏家湾【Wèijiāwān】 以姓氏命名。因魏姓聚居而得名。1958年隶属北水大队；1976年隶属圣龙山大队；1984年隶属白水村至今。位于村委会北900米。东邻椿树湾，南界北水源，西至资山水库，北连茶场村何家冲。总面积0.9平方千米，耕地面积4.67公顷。23户，90人。主产水稻、小麦、玉米，兼种果蔬。村落形态呈线状，房屋结构以平房和坡房为主。

下斑竹园【Xiàbānzhúyuán】 以方位和植物综合命名。因村建在冲下，种有斑竹，故名。1958年隶属北水大队；1976年隶属圣龙山大队；1984年隶属白水村至今。位于村委会东2.8千米。东邻随县澴潭镇群益村四方寨，南界上斑竹园，西至楼子冲，北连付家冲脑上。总面积0.3平方千米，耕地面积2公顷。4户，20人。主产水稻、小麦、玉米。村落形态呈团状，房屋结构以平房和坡房为主。

下杨家老湾【Xiàyángjiālǎowān】 以姓氏和方位综合命名。因杨姓最早定居冲下而得名。1958年隶属北水大队；1976年隶属圣龙山大队；1984年隶属白水村至今。位于村委会东南2.5千米。东邻上斑竹园，南界随县澴潭镇群益村刘家老湾，西至畈上，北连中湾。总面积0.6平方千米，耕地面积4公顷。11户，50人。主产水稻、小麦、玉米。村落形态呈线状，房屋结构以平房和坡房为主。

杨家新湾【Yángjiāxīnwān】 以姓氏命名。因杨姓建村较晚而得名。1958年隶属北水大队；1976年隶属圣龙山大队；1984年隶属白水村至今。位于村委会东1.2千米。东邻横冲，南界楼子冲，西至白鹤湾，北连圣龙山茶场三分场。总面积0.4平方千米，耕地面积3.3公顷。10户，40人。主产水稻、小麦、玉米。村落形态呈团状，房屋结构以平房和坡房为主。

中湾【Zhōngwān】 以方位命名。因村建在冲中部而得名。1958年隶属北水大队；1976年隶属圣龙山大队；1984年隶属白水村至今。位于村委会东南2.3千米。东邻下斑竹园，南界下杨家老湾，西至畈上，北连楼子冲。总面积0.5平方千米，耕地面积4公顷。7户，30人。主产水稻、小麦、玉米。村落形态呈线状，房屋结构以平房和坡房为主。

长冲村【Chángchōngcūn】

以地形命名。因位于土楼子湾旁的一条长冲而得名。1958年为合心大队，隶属伟大公社；1966年为长冲大队，隶属资山区；1975年隶属于资山公社；1981年隶属王城公社；1984年为长冲村，隶属王城区；1987年隶属王城镇至今。位于镇政府东南4千米。东邻陈店村，南界古岭村，西至双楼村，北连黄楼村。辖17个自然村，总面积3.08平方千米，耕地面积229.31公顷。238户，1060人。主产小麦、水稻、玉米，兼种果蔬，发展鱼虾养殖。汉十高速过境，村委会驻王家湾。

崔家湾【Cuījiāwān】 以姓氏命名。因崔姓聚居而得名。1958年隶属合心大队；1966年隶属长冲大队；1984年隶属长冲村至今。位于村委会北200米。东邻二十亩地，南界王家湾，西至上庙湾，北连六亩地。总面积0.13平方千米，耕地面积6.8公顷。8户，40人。主产小麦、水稻，兼种果蔬。村落形态呈散状，房屋结构以坡房和楼房为主。

丁家湾【Dīngjiāwān】 以姓氏命名。因丁姓聚居而得名。1958年隶属合心大队；1966年隶属长冲大队；1984年隶属长冲村至今。位于村委会东500米。东邻陈店村余家湾，南界陈店村陈家店，西至王家湾，北连二十亩地。总面积0.17平方千米，耕地面积14公顷。11户，50人。主产小麦、水稻、玉米，兼种果蔬，发展鱼虾养殖。村落形态呈散状，房屋结构以坡房和楼房为主。

二十亩地【Èrshímǔdì】 以田地面积命名。因村建在一块二十亩地旁而得名。1958年隶属合心大队；1966年隶属长冲大队；1984年隶属长冲村至今。位于村委会东700米。东邻陈店村孙家官庄，南界丁家湾，西至崔家湾，北连食堂湾。总面积0.14平方千米，耕地面积12公顷。12户，50人。主产小麦、水稻、玉米，兼种果蔬，发展鱼虾养殖。村落形态呈散状，房屋结构以平房和坡房为主。

六亩地【Liùmǔdì】 以田地面积命名。因村建在一块六亩地旁而得名。1958年隶属合心大队；1966年隶属长冲大队；1984年隶属长冲村至今。位于村委会北300米。东邻马家湾，南界崔家湾，西至下庙湾，北连张家湾。总面积0.02平方千米，耕地面积1公顷。2户，10人。主产小麦、水稻、玉米，兼种果蔬。村落形态呈散状，房屋结构以平房和坡房为主。

吕家畈【Lǚjiāfàn】 以姓氏和地形综合命名。因吕姓建村于畈地而得名。1958年隶属合心大队；1966年隶属长冲大队；1984年隶属长冲村至今。位于村委会南200米。东邻丁家湾，南界吴家湾，西至王家湾，北连二十亩地。总面积0.25平方千米，耕地面积20.5公顷。18户，90人。主产小麦、水稻，兼种果蔬，发展水产养殖。村落形态呈线状，房屋结构以坡房和楼房为主。

马家湾【Mǎjiāwān】 以姓氏命名。因马姓聚居而得名。1958年隶属合心大队；1966年隶属长冲大队；1984年隶属长冲村至今。位于村委会东北500米。东邻张家湾，南界食堂湾，西至下庙湾，北连张家湾。总面积0.1平方千米，耕地面积8.7公顷。8户，30人。主产小麦、水稻，兼种果蔬。村落形态呈散状，房屋结构以坡房和楼房为主。

上老湾【Shànglǎowān】 以方位和建村时间综合命名。因建村较早、且在冲的上部而得名。1958年隶属合心大队；1966年隶属长冲大队；1984年隶属长冲村至今。位于村委会西500米。东邻王家湾，南界古岭村大杨树湾，西至窑湾，北连上庙湾。总面积0.02平方千米，耕地面积2公顷。3户，10人。主产小麦、水稻，兼种果蔬。村落形态呈散状，房屋结构以平房和坡房为主。

上庙湾【Shàngmiàowān】 以方位和建筑物综合命名。因村建岗上，因岗下有座小庙而得名。1958年隶属合心大队；1966年隶属长冲大队；1984年隶属长冲村至今。位于村委会西500米。东邻王家湾，南界上老湾，西至窑湾，北连下庙湾。总面积0.21平方千米，耕地面积5.75公顷。5户，30人。主产小麦、水稻，兼种果蔬。村落形态呈散状，房屋结构以坡房和楼房为主。

食堂湾【Shítángwān】 以食堂命名。因1958年村内办过集体食堂而得名。1958年隶属合心大队；1966年隶属长冲大队；1984年隶属长冲村至今。位于村委会东北1千米。东邻张家湾，南界二十亩地，西至六亩地，北连马家湾。总面积0.1平方千米，耕地面积9.5公顷。9户，40人。主产小麦、水稻，兼种果蔬，发展水产养殖。村落形态呈线状，房屋结构以坡房和楼房为主。

土楼子湾【Tǔlóuziwān】 以建筑物命名。因村内修有一座土楼子而得名。1958年隶属合心大队；1966年隶属长冲大队；1984年隶属长冲村至今。位于村委会西北1千米。东邻下庙湾，南界院墙湾，西至古岭村孙家湾，北连双楼村油坊湾。总面积0.35平方千米，耕地面积30公顷。32户，130人。主产小麦、水稻，兼种果蔬，发展水产养殖。村落形态呈散状，房屋结构以坡房和楼房为主。

王家湾【Wángjiāwān】 以姓氏命名。因王姓聚居而得名。1958年隶属合心大队；1966年隶属长冲大队；1984年隶属长冲村至今。村委会驻地。东邻丁家湾，南界胡家湾，西至上庙湾，北连崔家湾。总面积0.44平方千米，耕地面积37.5公顷。42户，210人。主产小麦、水稻，兼种果蔬，发展水产养殖。村落形态呈线状，房屋结构以坡房和楼房为主。

吴家湾【Wújiāwān】 以姓氏命名。因吴姓聚居而得名。1958年隶属合心大队；1966年隶属长冲大队；1984年隶属长冲村至今。位于村委会东南800米。东邻陈店村学屋湾，南界陈店村岗上湾，西至胡家湾，北连吕家畈。总面积0.38平方千米，耕地面积28.2公顷。39户，150人。主产小麦、水稻，兼种果蔬，发展水产养殖。村落形态呈散状，房屋结构以坡房和楼房为主。

下庙湾【Xiàmiàowān】 以方位和建筑物综合命名。因村后山有座庙，因村在庙下边而得名。1958年隶属合心大队；1966年隶属长冲大队；1984年隶属长冲村至今。位于村委会西北500米。东邻马家湾，南界六亩地，西至土楼子湾，北连王家湾。总面积0.09平方千米，耕地面积6.21公顷。6户，30人。主产小麦、水稻、玉米，兼种果蔬。村落形态呈散状，房屋结构以坡房和楼房为主。

徐家湾【Xújiāwān】 以姓氏命名。因徐姓聚居而得名。1958年隶属合心大队；1966年隶属长冲大队；1984年隶属长冲村至今。位于村委会东北1千米。东邻黄楼村庙庄，西、南至张家湾，北连黄楼村祝家庄。总面积0.15平方千米，耕地面积11.1公顷。11户，50人。主产小麦、水稻、玉米，兼种果蔬，发展鱼虾养殖。村落形态呈散状，房屋结构以平房和坡房为主。

窑湾【Yáowān】 以窑命名。因村建在砖瓦窑旁而得名。1958年隶属合心大队；1966年隶属长冲大队；1984年隶属长冲村至今。位于村委会西700米。东邻上庙湾，南界上老湾，西至古岭村楸树湾，北连古岭村咀子湾。总面积0.15平方千米，耕地面积12.95公顷。10户，50人。主产小麦、水稻、玉米，兼种果蔬，发展鱼虾养殖。村落形态呈散状，房屋结构以平房和坡房为主。

张家湾【Zhāngjiāwān】 以姓氏命名。因张姓聚居而得名。1958年隶属合心大队；1966年隶属长冲大队；1984年隶属长冲村至今。位于村委会东北1.2千米。东邻陈店村杨家湾，南界食堂湾，西至马家湾，北连徐家湾。总面积0.25平方千米，耕地面积15.2公顷。13户，50人。主产小麦、水稻，兼种果蔬，发展水产养殖。村落形态呈线状，房屋结构以坡房和楼房为主。

祝家庄【Zhùjiāzhuāng】 以姓氏命名。因祝姓聚居而得名。1958年隶属合心大队；1966年隶属长冲大队；1984年隶属长冲村至今。位于村委会东北1.2千米。东邻黄楼村庙庄，南界徐家湾，西至黄楼村谭家湾，北连黄楼村高门楼。总面积0.13平方千米，耕地面积7.9公顷。9户，40人。主产小麦、水稻，兼种果蔬。村落形态呈线状，房屋结构以坡房和楼房为主。

陈店村【Chéndiàncūn】

以陈家店自然村命名。1958年为金明大队，隶属伟大公社；1966年为陈店大队，隶属资山区；1975年隶属资山公社；1981年隶属王城公社；1984年为陈店村，隶属王城区；1987年隶属王城镇至今。位于镇政府东南6千米。东邻随县澴潭镇许庙村，南界随县澴潭镇刘庙村，西至古岭村，北连耿湾村。辖19个自然村，总面积6.33平方千米，耕地面积346公顷。359户，1400人。主产水稻、小麦、杂粮，兼种果蔬，发展水产养殖。汉十高速过境，村委会驻陈家店。

陈家店【Chénjiādiàn】 以姓氏和店铺综合命名。因陈姓在此开过饭店，后形成自然集镇而得名。1958年隶属金明大队；1966年隶属陈店大队；1984年隶属陈店村至今。村委会驻地。东邻杨家岗，南界犍子山，西至学屋湾，北连孙家官庄。总面积0.5平方千米，耕地面积16.64公顷。79户，310人。村落形态呈散状，房屋结构以平房、坡房和楼房为主。

岗上湾【Gǎngshàngwān】 以地形和方位综合命名。因建村在山岗上而得名。1958年隶属金明大队；1966年隶属陈店大队；1984年隶属陈店村至今。位于村委会南1.5千米。东邻犍子山，南界屏墙湾，西至楸树湾，北连吴家湾。总面积0.52平方千米，耕地面积21.6公顷。35户，150人。主产水稻、小麦、玉米，兼种果蔬，发展水产养殖。村落形态呈散状，房屋结构以平房、坡房和楼房为主。

胡家湾【Hújiāwān】 以姓氏命名。因胡姓聚居而得名。1958年隶属金明大队；1966年隶属陈店大队；1984 年隶属陈店村至今。位于村委会南 1.8 千米。东邻杨树湾，南界随县澴潭镇刘庙村，西至左家湾，北连黄家湾。总面积 0.43 平方千米，耕地面积 5.4 公顷。4 户，10 人。主产水稻、小麦、玉米，兼种果蔬，发展水产养殖。村落形态呈散状，房屋结构以平房和坡房为主。

黄家湾【Huángjiāwān】 以姓氏命名。因黄姓聚居而得名。1958 年隶属金明大队；1966 年隶属陈店大队；1984 年隶属陈店村至今。位于村委会南 1.7 千米。东邻梁家湾，南界胡家湾，西至左家湾，北连钟家湾。总面积 0.37 平方千米，耕地面积 10.66 公顷。20 户，60 人。主产水稻、小麦、玉米，兼种果蔬，发展水产养殖。村落形态呈散状，房屋结构以平房、坡房和楼房为主。

犍子山【Jiānzishān】 以动物和地形综合命名。因山下居住几户回民，以宰杀犍牛为生，故名。1958 年隶属金明大队；1966 年隶属陈店大队；1984 年隶属陈店村至今。位于村委会南 1.5 千米。东邻黄家湾，南界左家湾，西至岗上湾，北连陈家店。总面积 0.29 平方千米，耕地面积 16 公顷。6 户，30 人。主产水稻、小麦、玉米，兼种果蔬。村落形态呈散状，房屋结构以平房和坡房为主。

梁家湾【Liángjiāwān】 以姓氏命名。因梁姓聚居而得名。1958 年隶属金明大队；1966 年隶属陈店大队；1984 年隶属陈店村至今。位于村委会东南 2.5 千米。东邻随县许庙村许庙，南界杨树湾，西至黄家湾，北连周家湾。总面积 0.35 平方千米，耕地面积 26 公顷。20 户，90 人。主产水稻、小麦、玉米，兼种果蔬，发展水产养殖。村落形态呈散状，房屋结构以平房、坡房和楼房为主。

屏墙湾【Píngqiángwān】 以建筑物命名。因村内修建有防火墙而得名。1958 年隶属金明大队；1966 年隶属陈店大队；1984 年隶属陈店村至今。位于村委会西南 1.8 千米。东邻左家湾，南界左家湾，西至古岭村柯家湾，北连楸树湾。总面积 0.39 平方千米，耕地面积 16 公顷。15 户，60 人。主产水稻、小麦、玉米，兼种果蔬，发展水产养殖。村落形态呈散状，房屋结构以平房和坡房为主。

楸树湾【Qiūshùwān】 以植物命名。因村内楸树多而得名。1958 年隶属金明大队；1966 年隶属陈店大队；1984 年隶属陈店村至今。位于村委会西南 1.8 千米。东邻岗上湾，南界屏墙湾，西至古岭村千把银，北连长冲村胡家湾。总面积 0.19 平方千米，耕地面积 16 公顷。8 户，30 人。主产水稻、小麦、玉米，兼种果蔬。村落形态呈散状，房屋结构以平房和坡房为主。

任家湾【Rénjiāwān】 以姓氏命名。因任姓聚居而得名。1958 年隶属金明大队；1966 年隶属陈店大队；1984 年隶属陈店村至今。位于村委会东南 1.2 千米。东邻周家湾，南界钟家湾，西至陈店街，北连杨家岗。总面积 0.1 平方千米，耕地面积 9.3 公顷。13 户，30 人。主产水稻、小麦、玉米，兼种果蔬。村落形态呈散状，房屋结构以平房、坡房和楼房为主。

孙家官庄【Sūnjiāguānzhuāng】 以姓氏和官职综合命名。因村里有个孙姓的人考上了武秀才而得名。1958 年隶属金明大队；1966 年隶属陈店大队；1984 年隶属陈店村至今。位于村委会北 1 千米。东邻杨家湾，南界陈店街，西至长冲村丁家湾，北连长冲村张家湾。总面积 0.3 平方千米，耕地面积 13.2 公顷。15 户，50 人。主产水稻、小麦、玉米，兼种果蔬，发展水产养殖。村落形态呈散状，房屋结构以平房、坡房和楼房为主。

吴家湾【Wújiāwān】 以姓氏命名。因吴姓聚居而得名。1958 年隶属金明大队；1966 年隶属陈店大队；1984 年隶属陈店村至今。位于村委会西 1.8 千米。东邻学屋湾，南界岗上湾，西至长冲村胡家湾，北连长冲村吕家畈。总面积 0.19 平房千米，耕地面积 14 公顷。14 户，70 人。主产水稻、小麦、玉米，兼种果蔬，发展水产养殖。村落形态呈散状，房屋结构以平房和坡房为主。

学屋湾【Xuéwūwān】 以建筑物命名。因该村曾办过学校而得名。1958 年隶属金明大队；1966 年隶属陈店大队；1984 年隶属陈店村至今。位于村委会西 1 千米。东邻陈店街，南界岗上湾，西至吴家湾，北连长冲村丁家湾。总面积 0.2 平方千米，耕地面积 16 公顷。5 户，20 人。主产水稻、小麦、玉米，兼种果蔬。村落形态呈散状，房屋结构以坡房为主。

杨家岗【Yángjiāgǎng】 以姓氏和地形综合命名。因杨姓聚居岗上而得名。1958 年隶属金明大队；1966 年隶属陈店大队；1984 年隶属陈店村至今。位于村委会东 1.5 千米。东邻周家湾，南界钟家湾，西至任家湾，北连余家湾。总面积 0.42 平方千米，耕地面积 40 公顷。24 户，100 人。主产水稻、小麦、玉米，兼种果蔬，发展水产养殖。村落形态呈散状，房屋结构以平房和坡房为主。

杨家湾【Yángjiāwān】 以姓氏命名。因杨姓聚居而得名。1958 年隶属金明大队；1966 年隶属陈店大队；1984 年隶属陈店村至今。位于村委会北 1.5 千米。东邻耿湾村松树湾，南界孙家官庄，西至长冲村张家湾，北连黄楼村枯树湾。总面积 0.38 平方千米，耕地面积 10.6 公顷。8 户，40 人。主产水稻、小麦、玉米，兼种果蔬。村落形态呈散状，房屋结构以平房、坡房和楼房为主。

杨树湾【Yángshùwān】 以植物命名。因村子有棵大杨树而得名。1958 年隶属金明大队；1966 年隶属陈店大队；1984 年隶属陈店村至今。位于村委会东南 1.9 千米。东邻随县澴潭镇徐庙村，南界随县澴潭镇刘庙村窑湾，西至胡家湾，北连梁家湾。总面积 0.1 平方千米，耕地面积 8 公顷。8 户，20 人。主产水稻、小麦、玉米，兼种果蔬。村落形态呈散状，房屋结构以平房和坡房为主。

余家湾【Yújiāwān】 以姓氏命名。因余姓聚居而得名。1958 年隶属金明大队；1966 年隶属陈店大队；1984 年隶属陈店村至今。位于村委会东北 800 米。东邻耿湾村枣树林，南界杨家岗，西至陈店街，北连耿湾村松树湾。总面积 0.4 平方千米，耕地面积 36 公顷。15 户，60 人。主产水稻、小麦、玉米，兼种果蔬，发展水产养殖。村落形态呈散状，房屋结构以平房、坡房和楼房为主。

钟家湾【Zhōngjiāwān】 以姓氏命名。因钟姓聚居而得名。1958 年隶属金明大队；1966 年隶属陈店大队；1984 年隶属陈店村至今。位于村委会东南 1.5 千米。东邻周家湾，南界梁家湾，西至黄家湾，北连杨家岗。总面积 0.35 平方千米，耕地面积 27 公顷。20 户，100 人。主产水稻、小麦、玉米，兼种果蔬，发展水产养殖。村落形态呈散状，房屋结构以平房、坡房和楼房为主。

周家湾【Zhōujiāwān】 以姓氏命名。因周姓聚居而得名。1958 年隶属金明大队；1966 年隶属陈店大队；1984 年隶属陈店村至今。位于村委会东南 1.5 千米。东邻随县澴潭镇贺家庙村，南界梁家湾，西至钟家湾，北连耿湾村枣树林。总面积 0.48 平方千米，耕地面积 33 公顷。30 户，100 人。主产水稻、小麦、玉米，兼种果蔬，发展水产养殖。村落形态呈散状，房屋结构以平房、坡房和楼房为主。

左家湾【Zuǒjiāwān】 以姓氏命名。因左姓聚居而得名。1958 年隶属金明大队；1966 年隶属陈店大队；1984 年隶属陈店村至今。位于村委会南 2 千米。东邻黄家湾，南界胡家湾，西至屏墙湾，北连岗上湾。总面积 0.37 平方千米，耕地面积 10.6 公顷。20 户，70 人。主产水稻、小麦、玉米，兼种果蔬，发展水产养殖。村落形态呈散状，房屋结构以平房、坡房和楼房为主。

陈庙村【Chénmiàocūn】

以陈庙（陈姓修建的一座庙）命名。1958年为勇进大队，隶属伟大公社；1966年为陈庙大队，隶属资山区；1975年隶属资山公社；1981年隶属王城公社；1984年为陈庙村，隶属王城区；1987年隶属资山镇；2001年隶属王城镇至今。位于镇政府西南20千米。东邻石堰村，南界罗庙村，西至吴店镇李寨村，北连雨坛村。辖23个自然村，总面积6.22平方千米，耕地面积303.2公顷。233户，830人。主产水稻、小麦、玉米，兼种果蔬。村委会驻庙怀。

半乍林【Bànzhàlín】 以植物命名。因村后山半边有茂密树林而得名。1958年隶属勇进大队；1966年隶属陈庙大队；1984年隶属陈庙村至今。位于村委会东北2.5千米。东邻石堰村邓家湾，南界新湾，西至雨坛村杨家西湾，北连三门寨村西冲。总面积0.2平方千米，耕地面积13公顷。9户，30人。主产水稻、小麦、玉米，兼种果蔬。村落形态呈散状，房屋结构以坡房为主。

槽门湾【Cáoménwān】 以建筑物命名。因村里有两个大槽门而得名。1958年隶属勇进大队；1966年隶属陈庙大队；1984年隶属陈庙村至今。位于村委会东2千米。东邻柳垱水库，南界咀子湾，西至花园，北连罗家湾。总面积0.38平方千米，耕地面积14.2公顷。25户，90人。主产水稻、小麦、玉米，兼种果蔬。村落形态呈散状，房屋结构以平房和坡房为主。

陈家老湾【Chénjiālǎowān】 以姓氏和建村时间综合命名。因陈姓聚居且建村早而得名。1958年隶属勇进大队；1966年隶属陈庙大队；1984年隶属陈庙村至今。位于村委会东北2千米。东邻罗家湾，南界花园，西至孙家湾，北连下邓家湾。总面积0.2平方千米，耕地面积14亩。5户，20人。主产水稻、小麦、玉米，兼种果蔬。村落形态呈散状，房屋结构以平房和坡房为主。

陈家湾【Chénjiāwān】 以姓氏命名。因陈姓聚居而得名。1958年隶属勇进大队；1966年隶属陈庙大队；1984年隶属陈庙村至今。位于村委会东1千米。东邻耿家湾，南界温家湾，西至庙怀，北连严家湾。总面积0.3平方千米，耕地面积15公顷。12户，40人。主产水稻、小麦、玉米，兼种果蔬。村落形态呈散状，房屋结构以坡房为主。

耿家湾【Gěngjiāwān】 以姓氏命名。因耿姓聚居而得名。1958年隶属勇进大队；1966年隶属陈庙大队；1984年隶属陈庙村至今。位于村委会东2.2千米。东邻槽门湾，南界罗庙村王家湾，西至陈家湾，北连花园。总面积0.2平方千米，耕地面积13公顷。6户，20人。主产水稻、小麦、玉米，兼种果蔬。村落形态呈散状，房屋结构以坡房为主。

花园【Huāyuán】 以植物命名。早在清朝时，村中有一花园，故名。1958年隶属勇进大队；1966年隶属陈庙大队；1984年隶属陈庙村至今。位于村委会东北2千米。东邻槽门湾，南界耿家湾，西至严家湾，北连陈家老湾。总面积0.32平方千米，耕地面积15公顷。13户，80人。主产水稻、小麦、玉米，兼种果蔬。村落形态呈散状，房屋结构以坡房为主。

咀子湾【Zuǐziwān】 以地形命名。因村建在山咀子上而得名。1958年隶属勇进大队；1966年隶属陈庙大队；1984年隶属陈庙村至今。位于村委会东2.4千米。东邻石堰村十二亩田，南界罗庙村汪家湾，西至耿家湾，北连槽门湾。总面积0.3平方千米，耕地面积15公顷。15户，50人。主产水稻、小麦、玉米，兼种果蔬。村落形态呈散状，房屋结构以平房和坡房为主。

李家老湾【Lǐjiālǎowān】 以姓氏和建村时间综合命名。因李姓聚居且建村早而得名。1958年隶属勇进大队；1966年隶属陈庙大队；1984年隶属陈庙村至今。位于村委会西2千米。东邻庙怀，南界刘家西湾，西至吴店镇李寨村三里岗，北连堰梢。总面积0.3平方千米，耕地面积12公顷。9户，30人。主产水稻、小麦、玉米，兼种果蔬。村落形态呈散状，房屋结构以平房和坡房为主。

里头湾【Lǐtóuwān】 以地形命名。因村子偏僻闭塞、迎面不易被发现而得名。1958年隶属勇进大队；1966年隶属陈庙大队；1984年隶属陈庙村至今。位于村委会西2.5千米。东邻堰梢，南界吴店镇李寨村丙家湾，西至吴店镇李寨村孙家湾，北连徐家竹林。总面积0.2平方千米，耕地面积10公顷。8户，30人。主产水稻、小麦、玉米，兼种果蔬。村落形态呈散状，房屋结构以坡房为主。

刘家老湾【Liújiālǎowān】 以姓氏和建村时间综合命名。因刘姓聚居且建村较早而得名。1958年隶属勇进大队；1966年隶属陈庙大队；1984年隶属陈庙村至今。位于村委会南3千米。东邻九厅，南界吴店镇李寨村李家咀子，西至吴店镇李寨村三里岗，北连刘家西湾。总面积0.2平方千米，耕地面积15公顷。6户，20人。主产水稻、小麦、玉米，兼种果蔬。村落形态呈散状，房屋结构以平房和坡房为主。

刘家西湾【Liújiāxīwān】 以姓氏和方位综合命名。因刘姓聚居且位于橙刺塝西而得名。1958年隶属勇进大队；1966年隶属陈庙大队；1984年隶属陈庙村至今。位于村委会南2.5千米。东邻李家咀，南界刘家老湾，西至吴店镇李寨村三里岗，北连小刘家湾。总面积0.4平方千米，耕地面积14公顷。20户，60人。主产水稻、小麦、玉米，兼种果蔬。村落形态呈散状，房屋结构以坡房为主。

罗家湾【Luójiāwān】 以姓氏命名。因罗姓聚居而得名。1958年隶属勇进大队；1966年隶属陈庙大队；1984年隶属陈庙村至今。位于村委会东北2千米。东邻石堰村毛家湾，南界槽门湾，西至花园，北连新湾。总面积0.2平方千米，耕地面积9公顷。8户，20人。主产水稻、小麦、玉米，兼种果蔬。村落形态呈散状，房屋结构以坡房为主。

庙怀【Miàohuái】 以建筑和地形综合命名。因村建在陈家庙的前坡边上，看似在庙的怀抱中而得名。1958年隶属勇进大队；1966年隶属陈庙大队；1984年隶属陈庙村至今。村委会驻地。东邻陈家湾，南界温家湾，西至李家老湾，北连千工堰。总面积0.2平方千米，耕地面积15公顷。4户，10人。主产水稻、小麦、玉米，兼种果蔬。村落形态呈散状，房屋结构以坡房为主。

磨岗湾【Mógǎngwān】 以地形和石磨综合命名。因村建在岗上，村内有盘石磨而得名。1958年隶属勇进大队；1966年隶属陈庙大队；1984年隶属陈庙村至今。位于村委会西2.5千米。东邻堰梢，南界里头湾，西至李寨水库，北连徐家竹林。总面积0.3平方千米，耕地面积14公顷。10户，40人。主产水稻、小麦、玉米，兼种果蔬。村落形态呈散状，房屋结构以坡房为主。

千工堰【Qiāngōngyàn】 以挖堰工作命名。因村建大堰旁，挖此堰用工千余人而得名。1958年隶属勇进大队；1966年隶属陈庙大队；1984年隶属陈庙村至今。位于村委会西1千米。东邻陈家湾，南界庙怀，西至磨岗湾，北连徐家竹林。总面积0.4平方千米，耕地面积14公顷。11户，40人。主产水稻、小麦、玉米，兼种果蔬。村落形态呈散状，房屋结构以平房和坡房为主。

上邓家湾【Shàngdèngjiāwān】 以姓氏和方位综合命名。因邓姓聚居相邻两村，此村位北而得名。

1958年隶属勇进大队；1966年隶属陈庙大队；1984年隶属陈庙村至今。位于村委会东北2.5千米。东邻新湾，南界下邓家湾，西至杨家垭子，北连雨坛村杨家西湾。总面积0.2平方千米，耕地面积11公顷。4户，20人。主产水稻、小麦、玉米，兼种果蔬。村落形态呈散状，房屋结构以坡房为主。

下邓家湾【Xiàdèngjiāwān】 以姓氏和方位综合命名。因邓姓聚居相邻两村，此村位南而得名。1958年隶属勇进大队；1966年隶属陈庙大队；1984年隶属陈庙村至今。位于村委会东北2千米。东邻新湾，南界陈家老湾，西至杨堰，北连上邓家湾。总面积0.4平方千米，耕地面积14公顷。15户，50人。主产水稻、小麦、玉米，兼种果蔬。村落形态呈散状，房屋结构以坡房为主。

温家湾【Wēnjiāwān】 以姓氏命名。因温姓聚居而得名。1958年隶属勇进大队；1966年隶属陈庙大队；1984年隶属陈庙村至今。位于村委会南1千米。东邻汪家湾，南界橙刺旁，西至小刘家湾，北连庙怀。总面积0.4平方千米，耕地面积14公顷。23户，70人。主产水稻、小麦、玉米，兼种果蔬。村落形态呈散状，房屋结构以平房和坡房为主。

新湾【Xīnwān】 以建村时间命名。原没有房屋，后因有一农户家中分家在此建房而得名。1958年隶属勇进大队；1966年隶属陈庙大队；1984年隶属陈庙村至今。位于村委会北3.5千米。东邻石堰村樊家湾，南界罗家湾，西至下邓家湾，北连半乍林。总面积0.2平方千米，耕地面积12公顷。3户，10人。主产水稻、小麦、玉米，兼种果蔬。村落形态呈散状，房屋结构以平房和坡房为主。

徐家竹林【Xújiāzhúlín】 以姓氏和植物综合命名。因徐姓聚居且村旁有片竹林而得名。1958年隶属勇进大队；1966年隶属陈庙大队；1984年隶属陈庙村至今。位于村委会北2千米。东邻下邓家湾，南界杨堰，西至磨岗湾，北连雨坛村熊家林。总面积0.2平方千米，耕地面积15公顷。5户，20人。主产水稻、小麦、玉米，兼种果蔬。村落形态呈散状，房屋结构以坡房为主。

堰梢【Yànshāo】 以堰和方位综合命名。因村建在大堰上游梢旁而得名。1958年隶属勇进大队；1966年隶属陈庙大队；1984年隶属陈庙村至今。位于村委会西1千米。东邻千工堰，南界李家老湾，西至吴店镇李寨村三五水库，北连磨岗湾。总面积0.4平方千米，耕地面积14公顷。11户，40人。主产水稻、小麦、玉米，兼种果蔬。村落形态呈散状，房屋结构以坡房为主。

杨家垭子【Yángjiāyāzi】 以姓氏和地形综合命名。因杨姓在山垭子居住而得名。1958年隶属勇进大队；1966年隶属陈庙大队；1984年隶属陈庙村至今。位于村委会东北3.5千米。东邻上邓家湾，南界下邓家湾，西至徐家竹林，北连雨坛村杨家西湾。总面积0.2平方千米，耕地面积11公顷。5户，20人。主产水稻、小麦、玉米，兼种果蔬。村落形态呈散状，房屋结构以坡房为主。

杨堰【Yángyàn】 以姓氏和堰综合命名。因杨姓聚居堰边而得名。1958年隶属勇进大队；1966年隶属陈庙大队；1984年隶属陈庙村至今。位于村委会北2千米。东邻下邓家湾，南界孙家湾，西至徐家竹林，北连杨家垭子。总面积0.12平方千米，耕地面积10公顷。6户，20人。主产水稻、小麦、玉米，兼种果蔬。村落形态呈散状，房屋结构以坡房为主。

董楼村【Dǒnglóucūn】

以董家楼居自然村命名。1958年为建华大队，隶属伟大公社；1966年为董楼大队，隶属资山区；1975年隶属资山公社；1981年隶属王城公社；1984年为董楼村，隶属王城区；1987年隶属资山镇；2001年隶属王城镇至今。位于镇政府南4千米。东邻古岭村，南界胜龙村，西至官营村，北连双楼村。辖16个自然村，总面积5.25平方千米，耕地面积303.96公顷。313户，1060人。主产小麦、水稻、杂粮，兼种果蔬，有水产养殖。兴唐公路过境，村委会驻董家楼。

草屋湾【Cǎowūwān】 以房屋类型命名。因此村草房多而得名。1958年隶属建华大队；1966年隶属董楼大队；1984年隶属董楼村至今。位于村委会东南1.2千米。东邻古岭村崖子湾，南界松坡湾，西至上李家湾，北连桃园。总面积0.1平方千米，耕地面积3公顷。4户，10人。主产小麦、水稻。村落形态呈散状，房屋结构以平房和坡房为主。

大李家湾【Dàlǐjiāwān】 以姓氏和规模综合命名。因李姓聚居相邻二村，此村较大而得名。1958年隶属建华大队；1966年隶属董楼大队；1984年隶属董楼村至今。位于村委会北1千米。东邻古岭村彭家湾，南界西湾，西至侯家湾，北连杜湾村王家湾。总面积0.55平方千米，耕地面积41.31公顷。14户，60人。主产小麦、水稻、玉米，兼种果蔬，发展水产养殖。村落形态呈线状，房屋结构以平房和楼房为主。

董家楼【Dǒngjiālóu】 以姓氏和建筑物综合命名。因董姓聚居并建有土楼而得名。1958年隶属建华大队；1966年隶属董楼大队；1984年隶属董楼村至今。位于村委会南300米。东邻新湾，南界桃园，西至董家湾，北连村委会。总面积0.25平方千米，耕地面积11.41公顷。10户，40人。主产小麦、水稻、玉米，兼种果蔬。村落形态呈散状，房屋结构以平房和坡房为主。

董家湾【Dǒngjiāwān】 以姓氏命名。因董姓聚居而得名。1958年隶属建华大队；1966年隶属董楼大队；1984年隶属董楼村至今。村委会驻地。东邻董家楼，南界段家湾，西至官营下堰角，北连山边。总面积0.1平方千米，耕地面积1.4公顷。2户，10人。主产小麦、水稻。村落形态呈线状，房屋结构以平房和楼房为主。

段家湾【Duànjiāwān】 以姓氏命名。因段姓聚居而得名。1958年隶属建华大队；1966年隶属董楼大队；1984年隶属董楼村至今。位于村委会西南1千米。东邻草屋湾，南界赵家湾，西至官营村官庄，北连董家湾。总面积0.25平方千米，耕地面积16.33公顷。24户，70人。主产小麦、水稻、玉米，兼种果蔬，发展水产养殖。村落形态呈线状，房屋结构以平房和楼房为主。

侯家湾【Hóujiāwān】 以姓氏命名。因侯姓聚居而得名。1958年隶属建华大队；1966年隶属董楼大队；1984年隶属董楼村至今。位于村委会西北1千米。东邻大李家湾，南界董家湾，西至官营村院墙湾，北连杜湾村刘家湾。总面积0.82平方千米，耕地面积58.22公顷。92户，310人。主产小麦、水稻、玉米，兼种果蔬，发展水产养殖。村落形态呈线状，房屋结构以平房和楼房为主。

楼子湾【Lóuziwān】 以建筑物命名。因村中有土木结构二层楼房而得名。1958年隶属建华大队；1966年隶属董楼大队；1984年隶属董楼村至今。位于村委会东南2千米。东邻古岭村下孙家湾，南界资山社区艾家湾，西至兴唐路，北连李家湾。总面积0.5平方千米，耕地面积33.9公顷。8户，20人。主产小麦、水稻，兼种果蔬。村落形态呈线状，房屋结构以平房和楼房为主。

山边【Shānbiān】 以地形命名。因村建在山坡边而得名。1958年隶属建华大队；1966年隶属董楼大队；1984年隶属董楼村至今。位于村委会西300米。东邻西湾，南界董家湾，西至官营村北堰冲，北连侯家湾。总面积 0.3 平方千米，耕地面积 12.03 公顷。26 户，90 人。主产小麦、水稻、玉米，兼种果蔬，发展养殖业。村落形态呈散状，房屋结构以平房和坡房为主。

上李家湾【Shànglǐjiāwān】 以姓氏和方位综合命名。因李姓聚居相邻二村，此村位北而得名。1958 年隶属建华大队；1966 年隶属董楼大队；1984 年隶属董楼村至今。位于村委会东南 2 千米。东邻松坡湾，南界楼子湾，西至罗汉村方家湾，北连赵家湾。总面积 0.3 平方千米，耕地面积 3 公顷。3 户，10 人。主产小麦、水稻、玉米。村落形态呈散状，房屋结构以平房和坡房为主。

松坡湾【Sōngpōwān】 以植物和地形综合命名。因村建在长满松树的山坡下而得名。1958 年隶属建华大队；1966 年隶属董楼大队；1984 年隶属董楼村至今。位于村委会东南 2.5 千米。东邻古岭村田家湾，南界胜龙村跑马岗，西至上李家湾，北连下李家湾。总面积 0.15 平方千米，耕地面积 10.01 公顷。8 户，20 人。主产小麦、水稻，兼种果蔬。村落形态呈散状，房屋结构以平房和坡房为主。

桃园【Táoyuán】 以植物园命名。因村里有片桃园而得名。1958 年隶属建华大队；1966 年隶属董楼大队；1984 年隶属董楼村至今。位于村委会东南 1.2 千米。东邻古岭村张家湾，南界草屋湾，西至段家湾，北连董家楼。总面积 0.25 平方千米，耕地面积 19.21 公顷。29 户，110 人。主产小麦、水稻、玉米，兼种果蔬，发展水产养殖。村落形态呈散状，房屋结构以平房和坡房为主。

西湾【Xīwān】 以方位命名。因村内各家房门朝西开而得名。1958 年隶属建华大队；1966 年隶属董楼大队；1984 年隶属董楼村至今。位于村委会东 500 米。东邻古岭村楸树湾，南界新湾，西至侯家湾，北连古岭村彭家湾。总面积 0.42 平方千米，耕地面积 35.09 公顷。11 户，40 人。主产小麦、水稻、玉米，兼种果蔬。村落形态呈散状，房屋结构以平房和坡房为主。

下李家湾【Xiàlǐjiāwān】 以姓氏和方位综合命名。因李姓聚居相邻二村，此村位南而得名。1958 年隶属建华大队；1966 年隶属董楼大队；1984 年隶属董楼村至今。位于村委会东南 900 米。东邻古岭村娅子湾，南界松坡湾，西至陡坡湾，北连草屋湾。总面积 0.4 平方千米，耕地面积 4 公顷。4 户，20 人。主产小麦、水稻，兼种果蔬。村落形态呈散状，房屋结构以平房和坡房为主。

小李家湾【Xiǎolǐjiāwān】 以姓氏和规模综合命名。因李姓聚居相邻二村，此村较小而得名。1958 年隶属建华大队；1966 年隶属董楼大队；1984 年隶属董楼村至今。位于村委会东南 1.2 千米。东邻古岭村张家湾，南界古岭村垭子湾，西至草屋湾，北连桃园。总面积 0.2 平方千米，耕地面积 10 公顷。10 户，40 人。主产小麦、水稻、玉米，兼种果蔬，发展水产养殖。村落形态呈散状，房屋结构以平房和坡房为主。

新湾【Xīnwān】 以建村时间命名。于 20 世纪 60 年代建村，故名。1958 年隶属建华大队；1966 年隶属董楼大队；1984 年隶属董楼村至今。位于村委会南 500 米。东邻楼子湾，南界桃园，西至董家湾，北连西湾。总面积 0.3 平方千米，耕地面积 20.3 公顷。25 户，80 人。主产小麦、水稻、玉米，兼种果蔬，发展养殖业。村落形态呈散状，房屋结构以平房和坡房为主。

赵家湾【Zhàojiāwān】 以姓氏命名。因赵姓聚居而得名。1958 年隶属建华大队；1966 年隶属董楼大队；1984 年隶属董楼村至今。位于村委会南 1.5 千米。东邻古岭村小陈家湾，南界下李家湾，西至楼子湾，北连段家湾。总面积 0.36 平方千米，耕地面积 24.75 公顷。43 户，130 人。主产小麦、水稻、玉米，兼种果蔬，发展水产养殖。村落形态呈线状，房屋结构以平房和楼房为主。

杜湾村【Dùwāncūn】

以杜家庄自然村命名。1958年为联盟大队，隶属伟大公社；1966年为杜湾大队，隶属资山区；1975年隶属资山公社；1981年为杜湾大队，隶属王城公社；1984年为杜湾村，隶属王城区；1987年隶属王城镇至今。位于镇政府西南1.5千米。东邻双楼村，南界董楼村，西至伍河村，北连兴隆镇冯岗村。辖12个自然村，总面积4.06平方千米，耕地面积253.27公顷。408户，1800人。主产小麦、水稻，兼种果蔬，发展水产养殖。汉十高速公路过境，在王家湾设出入口和收费站，272省道由北向南过境，村委会驻吴家湾。

陈家壕【Chénjiāháo】 以姓氏和壕沟综合命名。因陈姓聚居，村周围挖有壕沟而得名。1958年隶属联盟大队；1966年隶属杜湾大队；1984年隶属杜湾村至今。位于村委会西北2千米。东邻枣资路，南界汪家湾，西至袁家畈，北连兴隆镇冯岗村张家湾。总面积0.29平方千米，耕地面积18公顷。33户，150人。主产小麦、水稻，兼种果蔬，发展水产养殖。村落形态呈团状，房屋结构以平房和坡房为主。

东壕【Dōngháo】 以壕沟和方位综合命名。因村周挖有壕沟，位于伍河村万家壕东而得名。1958年隶属联盟大队；1966年隶属杜湾大队；1984年隶属杜湾村至今。位于村委会西北1千米。东邻杜家庄，南界宁家大湾，西至伍河村万家壕，北连兴隆镇冯岗村韩家岗。总面积0.18平方千米，耕地面积5公顷。5户，20人。主产小麦、水稻，兼种果蔬。村落形态呈散状，房屋结构以平房和坡房为主。

杜家庄【Dùjiāzhuāng】 以姓氏命名。因杜姓聚居而得名。1958年隶属联盟大队；1966年隶属杜湾大队；1984年隶属杜湾村至今。位于村委会北1千米。东邻伍家楼，南界吴家湾，西至东壕，北连袁家畈。总面积0.83平方千米，耕地面积52公顷。74户，300人。主产小麦、水稻，兼种果蔬，发展水产养殖。村落形态呈线状，房屋结构以坡房和楼房为主。

蛤蟆垱【Hámádàng】 以动物和垱坝综合命名。因村旁有块地形似蛤蟆，附近有个水垱而得名。1958年隶属联盟大队；1966年隶属杜湾大队；1984年隶属杜湾村至今。位于村委会西500米。东邻吴家湾，南界李家湾，西至宁家湾，北连东壕。总面积0.29平方千米，耕地面积18公顷。24户，100人。主产小麦、水稻，兼种果蔬，有水产养殖。村落形态呈散状，房屋结构以平房、坡房和楼房为主。

李家湾【Lǐjiāwān】 以姓氏命名。因李姓聚居而得名。1958年隶属联盟大队；1966年隶属杜湾大队；1984年隶属杜湾村至今。位于村委会西南1千米。东邻刘家湾，南界伍河，西至宁家大湾，北连蛤蟆垱。总面积0.24平方千米，耕地面积15.17公顷。18户，90人。主产小麦、水稻，兼种果蔬，发展水产养殖。村落形态呈散状，房屋结构以平房、坡房和楼房为主。

刘家湾【Liújiāwān】 以姓氏命名。因刘姓聚居而得名。1958年隶属联盟大队；1966年隶属杜湾大队；1984年隶属杜湾村至今。位于村委会东南500米。东邻双楼村侯家湾，南界董楼村侯家湾，西至李家湾，北连吴家湾。总面积0.24平方千米，耕地面积15公顷。18户，90人。主产小麦、水稻，兼种果蔬，发展水产养殖。村落形态呈团状，房屋结构以平房、坡房和楼房为主。

宁家大湾【Níngjiādàwān】 以姓氏命名。因宁姓聚居而得名。1958年隶属联盟大队；1966年隶属杜湾大队；1984年隶属杜湾村至今。位于村委会西南1千米。东邻李家湾，南界伍河水库，西至伍河村伍家河，北连蛤蟆垱。总面积 0.68 平方千米，耕地面积 54.4 公顷。75 户，310 人。主产小麦、水稻，兼种果蔬，发展水产养殖。村落形态呈散状，房屋结构以平房和坡房为主。

汪家湾【Wāngjiāwān】 以姓氏命名。因汪姓聚居而得名。1958 年隶属联盟大队；1966 年隶属杜湾大队；1984 年隶属杜湾村至今。位于村委会北 1.5 千米。东邻双楼村谢家湾，南界双楼村椿树湾，西至东壕，北连陈家壕。总面积 0.31 平方千米，耕地面积 25.5 公顷。70 户，330 人。主产小麦、水稻，兼种果蔬，发展水产养殖。村落形态呈线状，房屋结构以坡房和楼房为主。

王家湾【Wángjiāwān】 以姓氏命名。因王姓聚居而得名。1958 年隶属联盟大队；1966 年隶属杜湾大队；1984 年隶属杜湾村至今。位于村委会北 400 米。东邻双楼村杨家湾，南界吴家湾，西至伍家湾，北连汪家湾。总面积 0.05 平方千米，耕地面积 2.3 公顷。5 户，20 人。主产小麦、水稻，兼种果蔬。村落形态呈团状，房屋结构以平房、坡房和楼房为主。

吴家湾【Wújiāwān】 以姓氏命名。因吴姓聚居而得名。1958 年隶属联盟大队；1966 年隶属杜湾大队；1984 年隶属杜湾村至今。村委会驻地。东邻双楼村曹家湾，南界刘家湾，西至蛤蟆垱，北连杜家庄。总面积 0.28 平方千米，耕地面积 17.7 公顷。20 户，90 人。主产小麦、水稻，兼种果蔬。村落形态呈团状，房屋结构以坡房和楼房为主。

伍家楼【Wǔjiālóu】 以姓氏和建筑物综合命名。因伍姓聚居，村内有座楼房而得名。1958 年隶属联盟大队；1966 年隶属杜湾大队；1984 年隶属杜湾村至今。位于村委会北 500 米。东邻双楼村王家湾，南界吴家湾，西至杜家庄，北连汪家湾。总面积 0.24 平方千米，耕地面积 15 公顷。36 户，160 人。主产小麦、水稻，兼种果蔬。村落形态呈团状，房屋结构以坡房和楼房为主。

袁家畈【Yuánjiāfàn】 以姓氏和地形综合命名。因袁姓聚居畈地而得名。1958 年隶属联盟大队；1966 年隶属杜湾大队；1984 年隶属杜湾村至今。位于村委会西北 2 千米。东邻陈家壕，南界伍家楼，西至伍河村万家壕，北连兴隆镇冯岗村张家湾。总面积 0.43 平方千米，耕地面积 15.2 公顷。30 户，140 人。主产小麦、水稻，兼种果蔬，发展水产养殖。村落形态呈团状，房屋结构以坡房和楼房为主。

端公村【Duāngōngcūn】

以自然实体"端公山"命名。1958 年为伟大大队，隶属伟大公社；1966 年为端公大队，隶属资山区；1975 年隶属资山公社；1981 年隶属王城公社；1984 年为端公村，隶属王城区；1987 年隶属资山镇；2001 年隶属王城镇至今。位于镇政府西南 9.5 千米。东邻资山水库、白水村，南界随县漂潭镇西湾村，西至团山村，北连资山街道社区。辖 25 个自然村，总面积 8.05 平方千米，耕地面积 227.64 公顷。325 户，1190 人。主产小麦、水稻、杂粮，兼种果蔬、茶。272 省道过境，村委会驻孙家西湾后岗。

草屋湾【Cǎowūwān】 以建筑物命名。因村中草房多而得名。1958 年隶属伟大大队；1966 年隶属端公大队；1984 年隶属端公村至今。位于村委会东南 1.5 千米。东邻资山水库，南界靳家湾，西至施家上湾，北连咀子湾。总面积 0.62 平方千米，耕地面积 17.22 公顷。23 户，90 人。主产小麦、水稻、玉米，兼种果蔬。村落形态呈散状，房屋结构以平房和坡房为主。

大冲【Dàchōng】 以地形命名。因村建在一条长约数公里的大冲里而得名。1958年隶属伟大大队；1966年隶属端公大队；1984年隶属端公村至今。位于村委会东南5千米。东邻土凹，南界随县环潭镇褚家上湾，西至上栗树湾，北连毛家湾。总面积0.65平方千米，耕地面积7.8公顷。3户，10人，有养羊户。主产小麦、水稻，兼种果蔬。村落形态呈散状，房屋结构以平房和坡房为主。

二里冲【Èrlǐchōng】 以冲的长度命名。因村建在一条二里长的冲内而得名。1958年隶属伟大大队；1966年隶属端公大队；1984年隶属端公村至今。位于村委会东南4千米。东邻上栗树湾，南界沙坡湾，西至桐树湾，北连靳家湾。总面积0.53平方千米，耕地面积7.83公顷。16户，60人。主产小麦、水稻、玉米，兼种香菇。村落形态呈散状，房屋结构以平房和坡房为主。

粉坊湾【Fěnfángwān】 以作坊命名。因村内曾开过粉坊而得名。1958年隶属伟大大队；1966年隶属端公大队；1984年隶属端公村至今。位于村委会南5.2千米。东邻随县环潭镇关门山村杨家湾，南界吴店镇西湾村唐家咀，西至团山村简家湾，北连郭家湾。总面积0.5平方千米，耕地面积7公顷。7户，20人。主产小麦、水稻，兼种果蔬。村落形态呈散状，房屋结构以平房和坡房为主。

桂花湾【Guìhuāwān】 以植物命名。因村内桂花树多而得名。1958年隶属伟大大队；1966年隶属端公大队；1984年隶属端公村至今。位于村委会东南5千米。东邻上董家冲，南界槐树湾，西至钟湾，北连卢堰湾。总面积0.3平方千米，耕地面积2.2公顷。4户，20人。主产小麦、水稻，兼种果蔬。村落形态呈散状，房屋结构以平房和坡房为主。

郭家湾【Guōjiāwān】 以姓氏命名。因郭姓聚居而得名。1958年隶属伟大大队；1966年隶属端公大队；1984年隶属端公村至今。位于村委会东南5千米。东邻随县环潭镇关门山村杨家湾，南界粉坊湾，西至团山村简家湾，北连杉树坡。总面积0.3平方千米，耕地面积5.5公顷。12户，30人。主产小麦、水稻、玉米，兼种果蔬。村落形态呈散状，房屋结构以坡房为主。

槐树湾【Huáishùwān】 以植物命名。因村内槐树多而得名。1958年隶属伟大大队；1966年隶属端公大队；1984年隶属端公村至今。位于村委会东南5.1千米。东邻上董家冲，南界随县环潭镇关门山村褚家老湾，西至黄土凹，北连桂花湾。总面积0.2平方千米，耕地面积2.4公顷。6户，30人。主产小麦、水稻、玉米，兼种果蔬。村落形态呈线状，房屋结构以坡房和楼房为主。

黄土凹【Huángtǔwā】 以土质和地形综合命名。因村建在黄土洼旁而得名。1958年隶属伟大大队；1966年隶属端公大队；1984年隶属端公村至今。位于村委会东南5千米。东邻桂花湾，南界槐树湾，西至钟湾，北连卢堰湾。总面积0.2平方千米，耕地面积4公顷。2户，10人。主产小麦、水稻。村落形态呈团状，房屋结构以平房为主。

靳家湾【Jìnjiāwān】 以姓氏命名。因靳姓聚居而得名。1958年隶属伟大大队；1966年隶属端公大队；1984年隶属端公村至今。位于村委会东南3.5千米。东邻毛家湾，南界二里冲，西至腰磨冲，北连草屋湾。总面积0.4平方千米，耕地面积11.1公顷。10户，30人。主产小麦、水稻、玉米，兼种果蔬。村落形态呈散状，房屋结构以坡房为主。

咀子湾【Zuǐziwān】 以地形命名。因村建在山咀，故名。1958年隶属伟大大队；1966年隶属端公大队；1984年隶属端公村至今。位于村委会东南400米。东邻资山水库，南界楼子湾，西至下施家湾，北连横冲凹。总面积 0.4 平方千米,耕地面积 7.41 公顷。12 户,40 人。主产小麦、水稻、玉米,兼种果蔬。村落形态呈散状,房屋结构以坡房和楼房为主。

楼子湾【Lóuziwān】 以建筑物命名。因村内有座楼子而得名。1958 年隶属伟大大队;1966 年隶属端公大队;1984 年隶属端公村至今。位于村委会西南 2 千米。东邻草屋湾,南界腰磨冲,西至施家老湾,北连咀子湾。总面积 0.15 平方千米,耕地面积 12.5 公顷。10 户,40 人。主产小麦、水稻、玉米,兼种果蔬。村落形态呈散状,房屋结构以坡房为主。

卢堰湾【Lúyànwān】 以姓氏和堰塘综合命名。卢姓在村口修了一口堰,故名。1958 年隶属伟大大队;1966 年隶属端公大队;1984 年隶属端公村至今。位于村委会东南 4.5 千米。东邻下董家冲,南界桂花湾,西至资山社区独亩冲,北连资山水库。总面积 0.2 平方千米,耕地面积 7.76 公顷。18 户,80 人。主产小麦、水稻、玉米,兼种果蔬。村落形态呈散状,房屋结构以坡房为主。

驴子坑【Lǘzikēng】 以传说命名。据传,很早前一老者牵头毛驴赶路,在此间歇,后在毛驴卧躺处留下一个形似毛驴的土坑,故名。1958 年隶属伟大大队;1966 年隶属端公大队;1984 年隶属端公村至今。位于村委会西北 300 米。东邻村委会,南界食堂洼,西至罗汉村花湾,北连资山街道社区鸦雀湾。总面积 0.8 平方千米,耕地面积 19.21 公顷。37 户,150 人。主产小麦、水稻、玉米,兼种果蔬。村落形态呈线状,房屋结构以坡房和楼房为主。

毛家湾【Máojiāwān】 以姓氏命名。因毛姓聚居而得名。1958 年隶属伟大大队;1966 年隶属端公大队;1984 年隶属端公村至今。位于村委会东南 3.5 千米。东邻资山社区独亩冲,南界马家湾,西至靳家湾,北连九亩冲湾。总面积 0.5 平方千米,耕地面积 13.64 公顷。39 户,130 人。主产小麦、水稻、玉米,兼种果蔬,种植板栗 6.7 公顷。村落形态呈散状,房屋结构以平房和坡房为主。

杉坡湾【Shānpōwān】 以植物和地形综合命名。因村旁山坡生长着茂密旺盛的杉树而得名。1958 年隶属伟大大队;1966 年隶属端公大队;1984 年隶属端公村至今。位于村委会东南 5 千米。东邻下栗树湾,南界郭家湾,西至团山村简家湾,北连二里冲。总面积 0.2 平方千米,耕地面积 13.5 公顷。9 户,30 人。主产小麦、水稻,兼种果蔬。村落形态呈散状,房屋结构以坡房和楼房为主。

上董家冲【Shàngdǒngjiāchōng】 以方位、姓氏和地形综合命名。因董姓聚居且此村位于冲的上部而得名。1958 年隶属伟大大队;1966 年隶属端公大队;1984 年隶属端公村至今。位于村委会东南 5.5 千米。东邻下董家冲,南界随县关门山村褚家老湾,西至桂花湾,北连资山水库。总面积 0.3 平方千米,耕地面积 9.23 公顷。17 户,60 人。主产小麦、水稻、玉米,兼种果蔬,发展水产养殖业。村落形态呈散状,房屋结构以坡房和楼房为主。

施家老湾【Shījiālǎowān】 以姓氏和建村时间综合命名。因施姓聚居且建村早而得名。1958 年隶属伟大大队;1966 年隶属端公大队;1984 年隶属端公村至今。位于村委会南 1.5 千米。东邻楼子湾,南界腰磨冲,西至施家上湾,北连石头咀。总面积 0.3 平方千米,耕地面积 14.36 公顷。13 户,40 人。主产小麦、水稻,兼种果蔬。村落形态呈散状,房屋结构以坡房和楼房为主。

施家上湾【Shījiāshàngwān】 以姓氏和方位综合命名。因施姓聚居坡上而得名。1958 年隶属伟大大队;1966 年隶属端公大队;1984 年隶属端公村至今。位于村委会西南 1.7 千米。东邻腰磨冲,南界垭子湾,西至胡家老湾，北连施家老湾。总面积0.3平方千米，耕地面积5.8公顷。14户，50人。主产小麦、水稻、玉米，兼种果蔬。村落形态呈散状，房屋结构以坡房和楼房为主。

石头咀【Shítóuzuǐ】 以石头和地形综合命名。因村建在有块大石头的山咀旁而得名。1958年隶属伟大大队；1966年隶属端公大队；1984年隶属端公村至今。位于村委会西南1.2千米。东邻楼子湾，南界施家老湾，西至下施家湾，北连咀子湾。总面积0.3平方千米，耕地面积4.2公顷。14户，50人。主产小麦、水稻、玉米，兼种果蔬。村落形态呈散状，房屋结构以平房和坡房为主。

食堂洼【Shítángwā】 以地形和食堂综合命名。因村建在山洼处，因1958年村里办过集体食堂而得名。1958年隶属伟大大队；1966年隶属端公大队；1984年隶属端公村至今。位于村委会西南200米。东邻横冲凹，南界孙家西湾，西至驴子坑畈，北连驴子坑。总面积0.2平方千米，耕地面积9.13公顷。12户，50人。主产小麦、水稻、玉米，兼种果蔬。村落形态呈散状，房屋结构以坡房和楼房为主。

孙家西湾【Sūnjiāxīwān】 以姓氏和方位综合命名。因孙姓聚居位于资山街西而得名。1958年隶属伟大大队；1966年隶属端公大队；1984年隶属端公村至今。村委会驻地。东邻资山街道油坊湾，南界下施家湾，西至团山村黄楝树湾，北连食堂洼。总面积0.2平方千米，耕地面积9.8公顷。13户，50人。主产小麦、水稻、玉米，兼种果蔬。村落形态呈散状，房屋结构以坡房和楼房为主。

下栗树湾【Xiàlìshùwān】 以地形和植物综合命名。因村建在冲下且栗树多而得名。1958年隶属伟大大队；1966年隶属端公大队；1984年隶属端公村至今。位于村委会东南4.8千米。东邻随县环潭镇关门山村褚家上湾，南界郭家湾，西至团山村简家湾，北连二里冲。总面积0.1平方千米，耕地面积9.55公顷。10户，30人。主产小麦、水稻，兼种果蔬。村落形态呈散状，房屋结构以坡房和楼房为主。

下施家湾【Xiàshījiāwān】 以姓氏和地形综合命名。因施姓聚居相邻二村，此村地势低而得名。1958年隶属伟大大队；1966年隶属端公大队；1984年隶属端公村至今。位于村委会南1千米。东邻横冲凹，南界石头咀，西至团山村姜家湾，北连孙家西湾。总面积0.2平方千米，耕地面积5公顷。6户，30人。主产小麦、水稻、玉米，兼种果蔬。村落形态呈散状，房屋结构以坡房和楼房为主。

腰磨冲【Yāomóchōng】 以地形命名。因村建在进冲的半山腰，道路坎坷崎岖，挑担的人如不小心就会磨腰，故名。1958年隶属伟大大队；1966年隶属端公大队；1984年隶属端公村至今。位于村委会南3.3千米。东邻靳家湾，南界桐树湾，西至横冲凹，北连楼子湾。总面积0.2平方千米，耕地面积12.5公顷。8户，30人。主产小麦、水稻、玉米，兼种果蔬。村落形态呈散状，房屋结构以平房和坡房为主。

钟湾【Zhōngwān】 以姓氏命名。因钟姓聚居而得名。1958年隶属伟大大队；1966年隶属端公大队；1984年隶属端公村至今。位于村委会东南4.8千米。东邻上董家冲，南界大冲，西至马家湾，北连芦堰湾。总面积0.2平方千米，耕地面积9公顷。10户，30人。主产小麦、水稻、玉米，兼种果蔬。村落形态呈散状，房屋结构以坡房为主。

付寨村【Fùzhàicūn】

以付家寨自然村命名。1958年为金罡大队，隶属伟大公社；1966年为傅寨大队，隶属资山区；1975年隶属资山公社；1981年隶属王城公社；1984年为付寨村，隶属王城区；1987年隶属王城镇至今。位于王城镇政府东 4 千米。东邻柳湾村，南界耿湾村，西至王城社区，北连周湾村。辖 14 个自然村，总面积 3.87 平方千米，耕地面积 266.7 公顷。275 户，1070 人。主产小麦、水稻、棉花、玉米，兼种果蔬，发展水产养殖。村落形态呈散状。王油路过村，村委会驻姜家湾。

槽门湾【Cáoménwān】 以建筑物命名。因村里修有九个槽门而得名。1958 年隶属金罡大队；1966 年隶属付寨大队；1984 年隶属付寨村至今。位于村委会西南 2 千米。东邻祠堂，南界耿湾村彭家湾，西至黄楼村庙娃湾，北连上九口堰。总面积 0.12 平方千米，耕地面积 10 公顷。6 户，30 人。主产小麦、水稻、棉花、玉米，兼种果蔬。村落形态呈散状，房屋结构以平房和坡房为主。

常家湾【Chángjiāwān】 以姓氏命名。因常姓聚居而得名。1958 年隶属金罡大队；1966 年隶属付寨大队；1984 年隶属付寨村至今。位于村委会东北 500 米。东邻油坊湾，南界郭家庙，西至姜家湾，北连周湾村曾家湾。总面积 0.48 平方千米，耕地面积 23 公顷。20 户，80 人。主产小麦、水稻、棉花、玉米，兼种果蔬，发展水产养殖。村落形态呈散状，房屋结构以平房和坡房为主。

祠堂【Cítáng】 以建筑物命名。因彭姓在村里建有祠堂而得名。1958 年隶属金罡大队；1966 年隶属付寨大队；1984 年隶属付寨村至今。位于村委会西南 1.4 千米。东邻付家小湾，南界耿湾村五房湾，西至槽门湾，北连西独庄。总面积 0.12 平方千米，耕地面积 10 公顷。8 户，30 人。主产小麦、水稻、棉花、玉米，兼种果蔬。村落形态呈散状，房屋结构以平房和坡房为主。

东独庄【Dōngdúzhuāng】 以方位命名。在楼子湾邻近建有三个独庄，因此村位东而得名。1958 年隶属金罡大队；1966 年隶属付寨大队；1984 年隶属付寨村至今。位于村委会西南 800 米。东邻傅家寨，南界付家小湾，西至楼子湾，北连周湾村谢家湾。总面积 0.15 平方千米，耕地面积 7 公顷。13 户，70 人。主产小麦、水稻、棉花、玉米，兼种果蔬，发展水产养殖。村落形态呈散状，房屋结构以坡房和楼房为主。

付家小湾【Fùjiāxiǎowān】 以姓氏和规模综合命名。因傅姓聚居而得名。1958 年隶属金罡大队；1966 年隶属付寨大队；1984 年隶属付寨村至今。位于村委会西南 1.2 千米。东邻花园岗，南界罗家湾，西至祠堂，北连东独庄。总面积 0.4 平方千米，耕地面积 38 公顷。42 户，170 人。主产小麦、水稻、棉花、玉米，兼种果蔬，发展水产养殖。村落形态呈散状，房屋结构以坡房和楼房为主。

付家寨【Fùjiāzhài】 以姓氏和建筑物综合命名。因傅姓聚居，村周修有寨墙而得名。1958 年隶属金罡大队；1966 年隶属付寨大队；1984 年隶属付寨村至今。位于村委会西南 700 米。东邻姜家湾，南界花园岗，西至付家小湾，北连东独庄。总面积 0.3 平方千米，耕地面积 26.3 公顷。28 户，100 人。主产小麦、水稻、棉花、玉米，兼种果蔬，发展水产养殖。村落形态呈散状，房屋结构以坡房和楼房为主。

花园岗【Huāyuángǎng】 以地形和花园综合命名。因有一傅姓人家居住岗上，且修有花园而得名。1958 年隶属金罡大队；1966 年隶属付寨大队；1984 年隶属付寨村至今。位于村委会东南 2 千米。东邻耿湾村蔡家冲，南界耿湾村柳家西湾，西至罗家湾，北连姜家湾。总面积 0.5 平方千米，耕地面积 41.4 公顷。30 户，100 人。主产小麦、水稻、棉花、玉米，兼种果蔬，发展水产养殖。村落形态呈散状，房屋结构以坡房和楼房为主。

姜家湾【Jiāngjiāwān】 以姓氏命名。因姜姓聚居而得名。1958 年隶属金罡大队；1966 年隶属付寨大队；1984 年隶属付寨村至今。村委会驻地。东邻常家湾，南界花园岗，西至付家寨，北连周湾村老鸹咀。

总面积 0.4 平方千米，耕地面积 21 公顷。19 户，70 人。主产小麦、水稻、棉花、玉米，兼种果蔬，发展水产养殖。村落形态呈线状，房屋结构以坡房和楼房为主。

楼子湾【Lóuziwān】 以建筑物命名。因村内修有楼子而得名。1958 年隶属金罡大队；1966 年隶属付寨大队；1984 年隶属付寨村至今。位于村委会西南 1 千米。东邻东独庄，南界付家小湾，西至西独庄，北连周湾村谢家湾。总面积 0.1 平方千米，耕地面积 9.8 公顷。9 户，30 人。主产小麦、水稻、棉花、玉米，兼种果蔬。村落形态呈散状，房屋结构以坡房和楼房为主。

罗家湾【Luójiāwān】 以姓氏命名。因罗姓聚居而得名。1958 年隶属金罡大队；1966 年隶属付寨大队；1984 年隶属付寨村至今。位于村委会南 2 千米。东邻付寨花园，南界耿湾村五房湾，西至祠堂，北连付家小湾。总面积 0.18 平方千米，耕地面积 15 公顷。14 户，60 人。主产小麦、水稻、棉花、玉米，兼种果蔬，发展水产养殖。村落形态呈散状，房屋结构以平房和坡房为主。

上九口堰【Shàngjiǔkǒuyàn】 以方位和堰的数量综合命名。因村建在九口堰上边而得名。1958 年隶属金罡大队；1966 年隶属付寨大队；1984 年隶属付寨村至今。位于村委会西南 1.7 千米。东邻罗家湾，南界黄楼村庙洼湾，西至王城社区黄家凹子，北连西独庄。总面积 0.12 平方千米，耕地面积 10.6 公顷。12 户，60 人。主产小麦、水稻、棉花、玉米，兼种果蔬，发展水产养殖。村落形态呈线状，房屋结构以坡房和楼房为主。

西独庄【Xīdúzhuāng】 以方位命名。在楼子湾邻近建有三个独庄，因此村位西而得名。南独庄消失。1958 年隶属金罡大队；1966 年隶属付寨大队；1984 年隶属付寨村至今。位于村委会西南 1.6 千米。东邻付家小湾，南界上九口堰，西至下九口堰，北连楼子湾。总面积 0.3 平方千米，耕地面积 13.4 公顷。27 户，100 人。主产小麦、水稻、棉花、玉米，兼种果蔬，发展水产养殖。村落形态呈散状，房屋结构以坡房和楼房为主。

下九口堰【Xiàjiǔkǒuyàn】 以方位和堰的数量综合命名。因村建在九口堰的下边而得名。1958 年隶属金罡大队；1966 年隶属付寨大队；1984 年隶属付寨村至今。位于村委会西南 2 千米。东邻西独庄，南界上九口堰，西至王城社区黄家凹子，北连周湾村周家湾。总面积 0.2 平方千米，耕地面积 13.3 公顷。11 户，40 人。主产小麦、水稻、棉花、玉米，兼种果蔬，发展水产养殖。村落形态呈线状，房屋结构以平房和坡房为主。

油坊湾【Yóufángwān】 以作坊命名。因村里曾开过油坊而得名。1958 年隶属金罡大队；1966 年隶属付寨大队；1984 年隶属付寨村至今。位于村委会东北 1 千米。东邻油坊湾水库，南界油坊湾南坝堤，西至常家湾，北连周湾村咀子湾。总面积 0.5 平方千米，耕地面积 27.9 公顷。36 户，130 人。主产小麦、水稻、棉花、玉米，兼种果蔬，发展水产养殖。村落形态呈线状，房屋结构以坡房和楼房为主。

付楼村【Fùlóucūn】

以付家楼自然村命名。1958 年为星火大队，隶属伟大公社；1966 年为付楼大队，隶属资山区；1975 年隶属资山公社；1981 年隶属王城公社；1984 年为付楼村，隶属王城区；1987 年隶属王城镇至今。位于镇政府西南 5 千米。东邻官营村，南界石堰村，西至三门寨村，北连伍河村。辖 23 个自然村，总面积3.16平方千米，耕地面积133.2公顷。226户，1010人。主产水稻、小麦、玉米，兼种果蔬。村委会驻南白土坡。

北白土坡【Běibáitǔpō】 以方位、土质和地形综合命名。原白土坡修路将其一分为二，此村在路北，故名。1980年隶属付楼大队；1984年隶属付楼村至今。位于村委会东50米。东邻官营村刘家湾，南界南白土坡，西至下袁家湾，北连邱家湾。总面积0.19平方千米，耕地面积9.4公顷。17户，70人。主产水稻、小麦，兼种玉米。村落形态呈线状，房屋结构以平房和楼房为主。

椿树岗【Chūnshùgǎng】 以植物和地形综合命名。因村建在椿树多的岗地上而得名。1958年隶属星火大队；1966年隶属付楼大队；1984年隶属付楼村至今。位于村委会北1.3千米。东邻伍河村伍家河，南界木梓坡，西至伍河村雷家岗，北连伍河村伍家河。总面积0.09平方千米，耕地面积4.1公顷。6户，30人。主产水稻、小麦、玉米。村落形态呈散状，房屋结构以平房和坡房为主。

大路湾【Dàlùwān】 以路命名。因村建在大路边而得名。1958年隶属星火大队；1966年隶属付楼大队；1984年隶属付楼村至今。位于村委会南700米。东邻刘家湾，南界官营村吴家湾，西至柯家湾，北连付家楼。总面积0.05平方千米，耕地面积2.3公顷。4户，20人。主产水稻、小麦、玉米。村落形态呈散状，房屋结构以平房和坡房为主。

豆腐馆【Dòufǔguǎn】 以作坊命名。因初建村时开过豆腐馆而得名。1958年隶属星火大队；1966年隶属付楼大队；1984年隶属付楼村至今。位于村委会南600米。东邻刘家湾，南界官营村吴家湾，西至柯家湾，北连大路湾。总面积0.08平方千米，耕地面积4.6公顷。7户，30人。主产水稻、小麦、玉米。村落形态呈团状，房屋结构以平房和坡房为主。

付家楼【Fùjiālóu】 以姓氏和建筑物综合命名。因付姓聚居的村中修有土楼而得名。1958年隶属星火大队；1966年隶属付楼大队；1984年隶属付楼村至今。位于村委会南500米。东邻大路湾，南界柯家湾，西至桐树湾，北连南白土坡。总面积0.06平方千米，耕地面积4.2公顷。7户，30人。主产水稻、小麦、玉米。村落形态呈散状，房屋结构以平房和坡房为主。

河边【Hébiān】 以河流命名。因村建在伍家河边而得名。1958年隶属星火大队；1966年隶属付楼大队；1984年隶属付楼村至今。位于村委会东北1.2千米。东邻伍河水库，南界官营村肖家湾，西至新湾，北连鲁家凸。总面积0.12平方千米，耕地面积6.1公顷。10户，50人。主产水稻、小麦、玉米。村落形态呈散状，房屋结构以平房和坡房为主。

柯家湾【Kējiāwān】 以姓氏命名。因柯姓聚居而得名。1958年隶属星火大队；1966年隶属付楼大队；1984年隶属付楼村至今。位于村委会南800米。东邻豆腐馆，南界牡丹冲，西至上陆挡，北连付家楼。总面积0.05平方千米，耕地面积4.4公顷。7户，30人。主产水稻、小麦、玉米。村落形态呈线状，房屋结构以平房和坡房为主。

枯树湾【Kūshùwān】 以枯树命名。因村中有棵古枯树而得名。1958年隶属星火大队；1966年隶属付楼大队；1984年隶属付楼村至今。位于村委会西500米。东邻南白土坡，南界付家楼，西至桐树湾，北连下袁家湾。总面积0.03平方千米，耕地面积2公顷。2户，10人。主产水稻、小麦、玉米。村落形态呈散状，房屋结构以平房和坡房为主。

刘家湾【Liújiāwān】 以姓氏命名。因刘姓聚居而得名。1958年隶属星火大队；1966年隶属付楼大队；1984年隶属付楼村至今。位于村委会南1千米。东邻官营村官营湾，南界西湾，西至豆腐馆，北连官营村油坊湾。总面积0.11平方千米，耕地面积6.1公顷。10户，50人。主产水稻、小麦、玉米。村落形态呈线状，房屋结构以平房和坡房为主。

鲁家凸【Lǔjiātū】 以姓氏和地形综合命名。因鲁姓聚居山凸上而得名。1958年隶属星火大队；1966年隶属付楼大队；1984年隶属付楼村至今。位于村委会北1.2千米。东邻伍河水库，南界新湾，西至木梓坡，北连伍河村伍家河。总面积0.11平方千米，耕地面积3.9公顷。7户，30人。主产水稻、小麦、玉米。村落形态呈团状，房屋结构以坡房和楼房为主。

罗家湾【Luójiāwān】 以姓氏命名。因罗姓聚居而得名。1958年隶属星火大队；1966年隶属付楼大队；1984年隶属付楼村至今。位于村委会西900米。东邻下袁家湾，南界上袁家湾，西至三门寨村唐家湾，北连竹林湾。总面积0.09平方千米，耕地面积4.8公顷。8户，40人。主产水稻、小麦、玉米。村落形态呈团状，房屋结构以平房和坡房为主。

牡丹冲【Mǔdānchōng】 以植物命名。因村里种植牡丹而得名。1958年隶属星火大队；1966年隶属付楼大队；1984年隶属付楼村至今。位于村委会南1千米。东邻豆腐馆，南界石堰村石头咀，西至上陡挡，北连柯家湾。总面积0.09平方千米，耕地面积4.3公顷。8户，30人。主产水稻、小麦、玉米。村落形态呈散状，房屋结构以平房和坡房为主。

木梓坡【Mùzǐpō】 以植物和地形综合命名。因村建在木梓树较多的岗坡上而得名。1958年隶属星火大队；1966年隶属付楼大队；1984年隶属付楼村至今。位于村委会北1千米。东邻鲁家凸，南界下陈家湾，西至伍河村谢家湾，北连椿树岗。总面积0.07平方千米，耕地面积3.8公顷。6户，30人。主产水稻、小麦、玉米。村落形态呈团状，房屋结构以坡房和楼房为主。

南白土坡【Nánbáitǔpō】 以方位、土质和地形综合命名。原白土坡修路将其一分为二，此村在路南，故名。1975年隶属付楼大队；1984年隶属付楼村至今。村委会驻地。东邻官营村油坊湾，南界付家楼，西至枯树湾，北连北白土坡。总面积0.10平方千米，耕地面积5.3公顷。5户，40人。主产水稻、小麦、玉米，兼发展养殖业。村落形态呈线状，房屋结构以坡房和楼房为主。

邱家湾【Qiūjiāwān】 以姓氏命名。因邱姓聚居而得名。1958年隶属星火大队；1966年隶属付楼大队；1984年隶属付楼村至今。位于村委会北100米。东邻官营村刘家湾，南界北白土坡，西至下袁家湾，北连下陈家湾。总面积0.16平方千米，耕地面积8公顷。14户，60人。主产水稻、小麦、玉米。村落形态呈散状，房屋结构以平房和坡房为主。

上陈家湾【Shàngchénjiāwān】 以方位和姓氏综合命名。因陈姓建村在冲上而得名。1958年隶属星火大队；1966年隶属付楼大队；1984年隶属付楼村至今。位于村委会东北900米。东邻河边，南界下陈家湾，西至伍河村小谢家湾，北连鲁家凸。总面积0.70平方千米，耕地面积8.4公顷。15户，60人。主产水稻、小麦、玉米。村落形态呈散状，房屋结构以平房和坡房为主。

上陡挡【Shàngdǒudàng】 以方位和挡坝综合命名。因村建在水库上游水挡边而得名。1958年隶属星火大队；1966年隶属付楼大队；1984年隶属付楼村至今。位于村委会西南1千米。东邻柯家湾，南界石堰村高道场湾，西至下陡挡，北连桐树湾。总面积0.19平方千米，耕地面积9.6公顷。17户，80人。主产水稻、小麦、玉米，兼发展水产养殖。村落形态呈团状，房屋结构以坡房和楼房为主。

上袁家湾【Shàngyuánjiāwān】 以姓氏和方位综合命名。因袁姓聚居在冲的上方而得名。1958年隶属星火大队；1966年隶属付楼大队；1984年隶属付楼村至今。位于村委会西1千米。东邻下袁家湾，南界下陡挡，西至三门寨村陈家湾，北连伍河村楸树湾。总面积0.23平方千米，耕地面积10.8公顷。20户，80人。主产水稻、小麦、玉米，兼种果树。村落形态呈团状，房屋结构以坡房和楼房为主。

桐树湾【Tóngshùwān】 以植物命名。因村里桐树多而得名。1958年隶属星火大队；1966年隶属付楼大队；1984年隶属付楼村至今。位于村委会西南800米。东邻付家楼，南界柯家湾，西至上陡挡，北连枯树湾。总面积0.03平方千米，耕地面积1.2公顷。2户，10人。主产水稻、小麦、玉米。村落形态呈散状，房屋结构以坡房为主。

下陈家湾【Xiàchénjiāwān】 以方位和姓氏综合命名。因陈姓建村在冲下而得名。1958年隶属星火大队；1966年隶属付楼大队；1984年隶属付楼村至今。位于村委会北900米。东邻河边，南界官营村肖家湾，西至邱家湾，北连上陈家湾。总面积0.22平方千米，耕地面积10.3公顷。19户，80人。主产水稻、小麦、玉米。村落形态呈线状，房屋结构以坡房和楼房为主。

下陡挡【Xiàdǒudàng】 以方位和挡坝综合命名。因村建在水库下游水挡边而得名。1958年隶属星火大队；1966年隶属付楼大队；1984年隶属付楼村至今。位于村委会西南1千米。东邻上陡挡，南界三门寨村谢家大湾，西至三门寨村张家洼子，北连上袁家湾。总面积0.10平方千米，耕地面积5公顷。9户，40人。主产水稻、小麦、玉米。村落形态呈散状，房屋结构以坡房和楼房为主。

下袁家湾【Xiàyuánjiāwān】 以姓氏和方位综合命名。因袁姓聚居在冲的下部而得名。1958年隶属星火大队；1966年隶属付楼大队；1984年隶属付楼村至今。位于村委会西700米。东邻北白土坡，南界下陡挡，西至上袁家湾，北连伍河村谢家湾。总面积0.26平方千米，耕地面积12.5公顷。23户，90人。主产水稻、小麦、玉米，兼种果树。村落形态呈团状，房屋结构以坡房和楼房为主。

新湾【Xīnwān】 以时间命名。1984年新建村，故名。1984年隶属付楼村至今。位于村委会北1.2千米。东邻河边，南界官营村肖家湾，西至上陈家湾，北连鲁家凸。总面积0.03平方千米，耕地面积2.1公顷。3户，20人。主产水稻、小麦、玉米。村落形态呈团状，房屋结构以平房和坡房为主。

耿湾村【Gěngwāncūn】

以耿家湾自然村命名。1958年为中心大队，隶属伟大公社；1966年为耿湾大队，隶属资山区；1975年隶属资山公社；1981年隶属王城公社；1984年为耿湾村，隶属王城区；1987年隶属王城镇至今。位于镇政府东南4千米。东邻随县金寨村，南界陈店村，西至黄楼村，北连付寨村。辖17自然村，总面积7.85平方千米，耕地面积512.86公顷。406户，1640人。主产水稻、小麦、玉米，兼种果蔬。村委会驻张家岗。

蔡家冲【Càijiāchōng】 以姓氏和地形综合命名。因蔡姓建村冲旁而得名。1958年隶属中心大队；1966年隶属耿湾大队；1984年隶属耿湾村至今。位于村委会东北2.2千米。东邻油坊湾水库，南界李家湾西至付寨村花园岗，北连油坊湾水库。总面积0.66平方千米，耕地面积30.38公顷。18户，80人。主产水稻、小麦、玉米，兼种果蔬。村落形态呈团状，房屋结构以平房和楼房为主。

陈家湾【Chénjiāwān】 以姓氏命名。因陈姓聚居而得名。1958年隶属中心大队；1966年隶属耿湾大队；1984年隶属耿湾村至今。位于村委会东南1.2千米。东邻随县唐县镇金寨村孙家冲，南界孔家大堰角，西至肖家湾，北连夜槐湾。总面积0.75平方千米，耕地面积42.1公顷。42户，180人。主产水稻、小麦、玉米，兼种果蔬。村落形态呈团状，房屋结构以平房和楼房为主。

耿家湾【Gěngjiāwān】 以姓氏命名。因耿姓聚居而得名。1958年隶属中心大队；1966年隶属耿湾大队；1984年隶属耿湾村至今。位于村委会西南500米。东邻张家岗，南界松树湾，西至黄楼村胡家湾，北连周家西湾。总面积0.38平方千米，耕地面积21.2公顷。20户，80人。主产水稻、小麦、玉米，兼种果蔬。村落形态呈线状，房屋结构以平房和楼房为主。

孔家大堰角【Kǒngjiādàyànjiǎo】 以姓氏和堰塘综合命名。因孔姓建村在大堰角边而得名。1958年隶属中心大队；1966年隶属耿湾大队；1984年隶属耿湾村至今。位于村委会东南1.7千米。东邻孙家东湾，南界陈店村周家湾，西至陈店村孙家官庄，北连松树湾。总面积0.57平方千米，耕地面积36.25公顷。25户，110人。主产水稻、小麦、玉米，兼种果蔬。村落形态呈散状，房屋结构以平房和楼房为主。

李家湾【Lǐjiāwān】 以姓氏命名。因李姓聚居而得名。1958年隶属中心大队；1966年隶属耿湾大队；1984年隶属耿湾村至今。位于村委会东北1.7千米。东邻随县唐县镇金寨村杨家湾，南界夜槐湾，西至柳家西湾，北连蔡家冲。总面积0.36平方千米，耕地面积27.35公顷。15户，60人。主产水稻、小麦、玉米。村落形态呈散状，房屋结构以平房和楼房为主。

柳家西湾【Liǔjiāxīwān】 以姓氏和方位综合命名。因柳姓聚居在李家湾西而得名。1958年隶属中心大队；1966年隶属耿湾大队；1984年隶属耿湾村至今。位于村委会东北1.5千米。东邻李家湾，南界柳家寨，西至五房湾，北连付寨村花园岗。总面积0.5平方千米，耕地面积38公顷。20户，80人。主产水稻、小麦、玉米，兼种果蔬。村落形态呈散状，房屋结构以平房和楼房为主。

柳家寨【Liǔjiāzhài】 以姓氏命名。因柳姓居住的村周修有土寨而得名。1958年隶属中心大队；1966年隶属耿湾大队；1984年隶属耿湾村至今。位于村委会东北800米。东邻柳家西湾，南界张家岗，西至彭家湾，北连付寨村花园岗。总面积0.4平方千米，耕地面积30.4公顷。26户，110人。主产水稻、小麦、玉米，兼种果蔬。村落形态呈线状，房屋结构以平房和楼房为主。

彭家湾【Péngjiāwān】 以姓氏命名。因彭姓聚居而得名。1958年隶属中心大队；1966年隶属耿湾大队；1984年隶属耿湾村至今。位于村委会西北1.1千米。东邻柳家寨，南界黄楼村胡家湾，西至黄楼村枣树湾，北连付寨村槽汀湾。总面积0.43平方千米，耕地面积29.19公顷。23户，80人。主产水稻、小麦、玉米，兼种果蔬。村落形态呈团状，房屋结构以平房和楼房为主。

松树湾【Sōngshùwān】 以植物命名。因村建在松树林旁而得名。1958年隶属中心大队；1966年隶属耿湾大队；1984年隶属耿湾村至今。位于村委会西南1.1千米。东邻肖家湾，南界陈店村余家湾，西至陈店村杨家湾，北连耿家湾。总面积0.46平方千米，耕地面积26公顷。25户，100人。主产水稻、小麦、玉米，兼种果蔬。村落形态呈散状，房屋结构以平房和楼房为主。

孙家大湾【Sūnjiādàwān】 以姓氏和规模综合命名。因孙姓聚居且人多村大而得名。1958年隶属中心大队；1966年隶属耿湾大队；1984年隶属耿湾村至今。位于村委会东南1.8千米。东邻孙家东湾，南界枣树林，西至松树湾，北连肖家湾。总面积0.54平方千米，耕地面积34.8公顷。24户，100人。主产水稻、小麦、玉米，兼种果蔬。村落形态呈团状，房屋结构以平房和楼房为主。

孙家东湾【Sūnjiādōngwān】 以姓氏和方位综合命名。因村建在孙家大湾东边而得名。1958年隶属中心大队；1966年隶属耿湾大队；1984年隶属耿湾村至今。位于村委会东南2千米。东邻随县环潭镇观音岩村峡湾，南界枣树林，西至孔家大堰角，北连孙家大湾。总面积0.23平方千米，耕地面积14.5公顷。10户，50人。主产水稻、小麦、玉米。房屋结构以平房和坡房为主。

五房湾【Wǔfángwān】 以兄弟排行命名。因原有兄弟五人分家，老五在此居住而得名。1958年隶属中心大队；1966年隶属耿湾大队；1984年隶属耿湾村至今。位于村委会西北1.3千米。东邻柳家西湾，南界周家西湾，西至付寨村槽汀湾，北连付寨村罗家湾。总面积0.35平方千米，耕地面积23.76公顷。22户，80人。主产水稻、小麦、玉米，兼种果蔬。村落形态呈线状，房屋结构以平房和楼房为主。

肖家湾【Xiāojiāwān】 以姓氏命名。因肖姓聚居而得名。1958年隶属中心大队；1966年隶属耿湾大队；1984年隶属耿湾村至今。位于村委会西南1.2千米。东邻陈家湾，南界孔家大堰角，西至松树湾，北连张家岗。总面积0.4平方千米，耕地面积25.23公顷。21户，80人。主产水稻、小麦、玉米，兼种果蔬。村落形态呈散状，房屋结构以平房和楼房为主。

夜槐湾【Yèhuáiwān】 以植物命名。因村内有大棵夜槐树而得名。1958年隶属中心大队；1966年隶属耿湾大队；1984年隶属耿湾村至今。位于村委会东南1.1千米。东邻随县唐县镇金寨村中湾，南界陈家湾，西至张家岗，北连柳家西湾。总面积0.33平方千米，耕地面积31.99公顷。19户，80人。主产水稻、小麦、玉米，兼种果蔬。村落形态呈团状，房屋结构以平房和楼房为主。

枣树林【Zǎoshùlín】 以植物命名。因村庄中枣树多而得名。1958年隶属中心大队；1966年隶属耿湾大队；1984年隶属耿湾村至今。位于村委会东南1.9千米。东邻孙家东湾，南界陈店村周家湾，西至陈店村余家湾，北连孙家大湾。总面积0.34平方千米，耕地面积21.8公顷。15户，70人。主产水稻、小麦、玉米，兼种果蔬。村落形态呈线状，房屋结构以平房和楼房为主。

张家岗【Zhāngjiāgǎng】 以姓氏和地形综合命名。因张姓聚居岗上而得名。1958年隶属中心大队；1966年隶属耿湾大队；1984年隶属耿湾村至今。位于村委会驻地。东邻夜槐湾，南界肖家湾，西至周家西湾，北连柳家寨。总面积0.7平方千米，耕地面积49.41公顷。55户，200人。主产水稻、小麦、玉米，兼种果蔬。村落形态呈线状，房屋结构以平房和楼房为主。

周家西湾【Zhōujiāxīwān】 以姓氏和方位综合命名。因周姓聚居在张家岗西而得名。1958年隶属中心大队；1966年隶属耿湾大队；1984年隶属耿湾村至今。位于村委会西500米。东邻张家岗，南界耿家湾，西至黄楼村胡家湾，北连五房湾。总面积0.45平方千米，耕地面积30.5公顷。26户，100人。主产水稻、小麦、玉米，兼种果蔬。村落形态呈团状，房屋结构以平房和楼房为主。

高庙村【Gāomiàocūn】

以姓氏和建筑物综合命名。高姓在后山上建座庙名高家庙。1958年隶属新展大队，隶属伟大公社；1966 年为张岗大队，隶属资山区；1975 年隶属资山公社；1981 年为高庙大队，隶属王城公社；1984 年为高庙村，隶属王城区；1987 年隶属王城镇至今。位于镇政府西 4.5 千米。东邻伍河村，南界三门寨，西至新店村，北连兴隆镇大堰村。辖 12 个自然村，总面积 3.88 平方千米，耕地面积 244.7 公顷。337 户，1290 人。主产水稻、小麦、玉米，兼种果蔬。王官路过境，村委会驻张岗街。

东郭家湾【Dōngguōjiāwān】　以方位和姓氏综合命名。郭姓在附近建东西两村，此村在东，故名。1958 年隶属新展大队；1966 年隶属张岗大队；1980 年隶属高庙大队；1984 年隶属高庙村至今。位于村委会东北 1 千米。东邻伍河村下湾，南界南瓜湾，西至西郭家湾，北连西畈上。总面积 0.4 平方千米，耕地面积 25 公顷。49 户，180 人。主产水稻、小麦、玉米，兼种果蔬。村落形态呈散状，房屋结构以坡房和楼房为主。

粉坊湾【Fěnfángwān】　以作坊命名。因初建村时开过粉坊而得名。1958 年隶属新展大队；1966 年隶属张岗大队；1980 年隶属高庙大队；1984 年隶属高庙村至今。位于村委会北 2.5 千米。东邻张家壕，南界肖家壕，西至新店村叶家湾，北连魏家壕。总面积 0.59 平方千米，耕地面积 37 公顷。35 户，130 人。主产水稻、小麦、玉米，兼种果蔬。村落形态呈散状，房屋结构以平房和坡房为主。

黄大伦【Huángdàlún】　以人名命名。最早在此建村的人叫黄大伦，故名。1958 年隶属新展大队；1966 年隶属张岗大队；1980 年隶属高庙大队；1984 年隶属高庙村至今。位于村委会东南 400 米。东邻付家湾，南界付楼村竹林湾，西至张家湾，北连东郭家湾。总面积 0.36 平方千米，耕地面积 20 公顷。15 户，80 人。主产水稻、小麦、玉米。村落形态呈散状，房屋结构以坡房和楼房为主。

黄金山【Huángjīnshān】　以山名命名。因村建在黄金山脚下而得名。1958 年隶属新展大队；1966 年隶属张岗大队；1980 年隶属高庙大队；1984 年隶属高庙村至今。位于村委会东 1.2 千米。东邻伍河村下湾，南界南瓜湾，西至张岗街，北连粉坊湾。总面积 0.16 平方千米，耕地面积 10 公顷。6 户，20 人。主产水稻、小麦、玉米。村落形态呈散状，房屋结构以平房和坡房为主。

廖家岗【Liàojiāgǎng】　以姓氏命名。因廖姓聚居而得名。1958 年隶属新展大队；1966 年隶属张岗大队；1980 年隶属高庙大队；1984 年隶属高庙村至今。位于村委会西北 500 米。东邻西郭家湾，南界张岗街，西至新店村雷家湾，北连瓦冲湾。总面积 0.19 平方千米，耕地面积 12 公顷。5 户，20 人。主产水稻、小麦、玉米。村落形态呈散状，房屋结构以平房和坡房为主。

南瓜湾【Nánguāwān】　以地形命名。因村建在像南瓜形的岗坡上而得名。1958 年隶属新展大队；1966 年隶属张岗大队；1980 年隶属高庙大队；1984 年隶属高庙村至今。位于村委会东 1 千米。东邻伍河村高堰堤，南界黄大伦，西至张岗街，北连东郭家湾。总面积 0.18 平方千米，耕地面积 11 公顷。49 户，180 人。主产水稻、小麦、玉米。村落形态呈散状，房屋结构以平房和坡房为主。

瓦冲湾【Wǎchōngwān】　以瓦片和地形综合命名。因村前一条冲里过去制瓦留下的碎瓦片很多，故名。1958 年隶属新展大队；1966 年隶属张岗大队；1980 年隶属高庙大队；1984 年隶属高庙村至今。位于村委会北 1 千米。东邻东郭家湾，南界三门寨村垭子湾，西至新店村橙刺旁，北连王家湾。总面积 0.42 平方千米，耕地面积 26 公顷。34 户，130 人。主产水稻、小麦、玉米，兼种果蔬。村落形态呈线状，房屋结构以平房和坡房为主。

王家湾【Wángjiāwān】 以姓氏命名。因王姓聚居而得名。1958年隶属新展大队；1966年隶属张岗大队；1980年隶属高庙大队；1984年隶属高庙村至今。位于村委会北1.2千米。东邻下老庄，南界瓦冲湾，西至新店村橙刺旁，北连郭家壕。总面积0.35平方千米，耕地面积21.8公顷。30户，130人。主产水稻、小麦、玉米，兼种果蔬。村落形态呈散状，房屋结构以平房和坡房为主。

西郭家湾【Xīguōjiāwān】 以方位和姓氏综合命名。郭姓在附近建东西两村，此村在西，故名。1958年隶属新展大队；1966年隶属张岗大队；1980年隶属高庙大队；1984年隶属高庙村至今。位于村委会北500米。东邻东郭家湾，南界张家湾，西至廖家岗，北连下老庄。总面积0.29平方千米，耕地面积17.1公顷。30户，100人。主产水稻、小麦、玉米，兼种果蔬。村落形态呈散状，房屋结构以平房和坡房为主。

下老庄【Xiàlǎozhuāng】 以姓氏和时间综合命名。因村建在肖家壕下边且早，故名。1958年隶属新展大队；1966年隶属张岗大队；1980年隶属高庙大队；1984年隶属高庙村至今。位于村委会北2.2千米。东邻伍河村西畈上，南界西郭家壕，西至王家湾，北连粉坊湾。总面积0.34平方千米，耕地面积27.5公顷。30户，130人。主产水稻、小麦、玉米，兼种果蔬。村落形态呈线状，房屋结构以平房和坡房为主。

张岗街【Zhānggǎngjiē】 以姓氏、地形和集市综合命名。张姓建村岗地，且形成集市，故名。1958年隶属新展大队；1966年隶属张岗大队；1980年隶属高庙大队；1984年隶属高庙村至今。村委会驻地。东邻东郭家湾，南界南瓜湾，西至廖家岗，北连瓦冲湾。总面积0.24平方千米，耕地面积15公顷。39户，120人。主产水稻、小麦、玉米，兼种果蔬，发展水产养殖。村落形态呈线状，房屋结构以楼房为主。

张家湾【Zhāngjiāwān】 以姓氏命名。因张姓聚居而得名。1958年隶属新展大队；1966年隶属张岗大队；1980年隶属高庙大队；1984年隶属高庙村至今。位于村委会南100米。东邻黄大伦，南界陈家湾，西至金银村白土坡，北连张岗街。总面积0.36平方千米，耕地面积22.3公顷。15户，70人。主产水稻、小麦、玉米。村落形态呈散状，房屋结构以平房和楼房为主。

官营村【Guānyíngcūn】

以官营湾自然村命名。1958年为全民大队，隶属伟大公社；1966年为官营大队，隶属资山区；1975年隶属资山公社；1981年隶属王城公社；1984年为官营村，隶属王城区；1987年隶属王城镇至今。位于镇政府西南7千米。东邻董楼村，南界罗汉村，西至付楼村，北连伍河村。辖24个自然村，总面积4.9平方千米，耕地面积195.38公顷。269户，900人。主产小麦、水稻、杂粮，兼种果蔬，发展水产养殖。村委会驻官营湾。

北堰冲【Běiyànchōng】 以方位、地形和堰综合命名。因村建在有堰的大冲北边而得名。1958年隶属全民大队；1966年隶属官营大队；1984年隶属官营村至今。位于村委会东北1千米。东邻华家湾，南界上堰角，西至官营湾，北连陷泥巴冲。总面积0.2平方千米，耕地面积8公顷。11户，40人。主产小麦、水稻、玉米，兼种果蔬。村落形态呈散状，房屋结构以坡房和楼房为主。

曹家湾【Cáojiāwān】 以姓氏命名。因曹姓聚居而得名。1958年隶属全民大队；1966年隶属官营大队；1984年隶属官营村至今。位于村委会南2千米。东邻楼子湾，南界罗汉村柿子园，西至小陈家湾，北连东湾。总面积0.21平方千米，耕地面积6.3公顷。20户，50人。主产小麦、水稻、玉米，兼种果蔬，发展水产养殖。村落形态呈散状，房屋结构以平房和坡房为主。

陈家湾【Chénjiāwān】 以姓氏命名。因陈姓聚居而得名。1958年隶属全民大队；1966年隶属官营大队；1984年隶属官营村至今。位于村委会东北1千米。东邻董楼村山边，南界陷泥巴冲，西至油坊湾，北连院墙湾。总面积0.21平方千米，耕地面积9.63公顷。11户，40人。主产小麦、水稻，兼种果蔬。村落形态呈散状，房屋结构以平房和坡房为主。

大刘家湾【Dàliújiāwān】 以姓氏和规模综合命名。因刘姓聚居相邻二村，此村较大而得名。1958年隶属全民大队；1966年隶属官营大队；1984年隶属官营村至今。位于村委会西北1.3千米。东邻陷泥巴湾，南界油坊湾，西至付楼村白土坡，北连肖家湾。总面积0.25平方千米，耕地面积10公顷。19户，50人。主产小麦、水稻，兼种果蔬，发展水产养殖。村落形态呈散状，房屋结构以平房和坡房为主。

大鲁家湾【Dàlǔjiāwān】 以姓氏和规模综合命名。因鲁姓聚居相邻二村，此村较大而得名。1958年隶属全民大队；1966年隶属官营大队；1984年隶属官营村至今。位于村委会西南1.5千米。东邻桥头，南界小鲁家湾，西至黄家湾，北连小西湾。总面积0.2平方千米，耕地面积8公顷。12户，40人。主产小麦、水稻、玉米，兼种果蔬，发展水产养殖。村落形态呈散状，房屋结构以平房和坡房为主。

东湾【Dōngwān】 以方位命名。因村建在冲的东边而得名。1958年隶属全民大队；1966年隶属官营大队；1984年隶属官营村至今。位于村委会南200米。东邻老湾，南界曹家湾，西至西湾，北连官营湾。总面积0.18平方千米，耕地面积6.45公顷。8户，30人。主产小麦、水稻、玉米，兼种果蔬。村落形态呈散状，房屋结构以平房和坡房为主。

官营湾【Guānyíngwān】 以姓氏命名。因官姓聚居而得名。1958年隶属全民大队；1966年隶属官营大队；1984年隶属官营村至今。位于村委会北200米。东邻北堰冲，南界老湾，西至付楼村刘家湾，北连陷泥巴冲。总面积0.2平方千米，耕地面积7公顷。8户，30人。主产小麦、水稻，兼种果蔬。村落形态呈散状，房屋结构以平房和坡房为主。

官庄【Guānzhuāng】 以房产权命名。因村内的房产属几户谢姓共有而得名。1958年隶属全民大队；1966年隶属官营大队；1984年隶属官营村至今。位于村委会东南1.1千米。东邻董楼村段家湾，南界桥头湾，西至东湾，北连老湾。总面积0.2平方千米，耕地面积8公顷。15户，40人。主产小麦、水稻、玉米，兼种果蔬。村落形态呈散状，房屋结构以平房和坡房为主。

华家湾【Huájiāwān】 以姓氏命名。因华姓聚居而得名。1958年隶属全民大队；1966年隶属官营大队；1984年隶属官营村至今。位于村委会东北700米。东邻董楼村山边，南界下堰角，西至北堰冲，北连陷泥巴冲。总面积0.22平方千米，耕地面积9公顷。11户，40人。主产小麦、水稻，兼种果蔬。村落形态呈散状，房屋结构以平房和坡房为主。

老湾【Lǎowān】 以建村时间命名。因建村早而得名。1958年隶属全民大队；1966年隶属官营大队；1984年隶属官营村至今。位于村委会东南200米。东邻董楼村段家湾，南界官庄，西至东湾，北连上堰角。总面积0.21平方千米，耕地面积9公顷。15户，40人。主产小麦、水稻、玉米，兼种果蔬，发展水产养殖。村落形态呈散状，房屋结构以平房和坡房为主。

楼子湾【Lóuziwān】 以建筑物命名。因村内建有小土楼而得名。1958年隶属全民大队；1966年隶属官营大队；1984年隶属官营村至今。位于村委会东南2千米。东邻桥头湾，南界罗汉村杨家湾，西至曹家湾，北连官庄。总面积0.19平方千米，耕地面积6公顷。4户，30人。主产小麦、水稻，兼种果蔬。村落形态呈散状，房屋结构以平房和坡房为主。

桥头【Qiáotóu】 以桥命名。因村建在桥头旁而得名。1958年隶属全民大队；1966年隶属官营大队；1984年隶属官营村至今。位于村委会东南1.8千米。东邻董楼村赵家湾，南界罗汉村井湾，西至楼子湾，北连官庄。总面积0.17平方千米，耕地面积6公顷。5户，20人。主产小麦、水稻，兼种果蔬。村落形态呈散状，房屋结构以平房和坡房为主。

上堰角【Shàngyànjiǎo】 以堰和方位综合命名。因村建在大清水堰南角上而得名。1958年隶属全民大队；1966年隶属官营大队；1984年隶属官营村至今。位于村委会东500米。东邻下堰角，南界老湾，西至官营湾，北连北堰冲。总面积0.21平方千米，耕地面积8.39公顷。15户，50人。主产小麦、水稻、玉米，兼种果蔬，发展水产养殖。村落形态呈散状，房屋结构以平房和坡房为主。

吴家湾【Wújiāwān】 以姓氏命名。因吴姓聚居而得名。1958年隶属全民大队；1966年隶属官营大队；1984年隶属官营村至今。位于村委会西南1.6千米。东邻小西湾，南界鲁家垱堰塘，西至石堰村石头咀，北连付楼村刘家湾。总面积0.2平方千米，耕地面积8公顷。12户，40人。主产小麦、水稻、玉米，兼种果蔬，发展水产养殖。村落形态呈散状，房屋结构以平房和坡房为主。

西湾【Xīwān】 以方位命名。因村建在冲的西边而得名。1958年隶属全民大队；1966年隶属官营大队；1984年隶属官营村至今。位于村委会西南500米。东邻东湾，南界大鲁家湾，西至付楼村刘家湾，北连官营湾。总面积0.2平方千米，耕地面积6公顷。7户，30人。主产小麦、水稻、玉米，兼种果蔬，发展养殖业。村落形态呈散状，房屋结构以平房和坡房为主。

下堰角【Xiàyànjiǎo】 以堰和方位综合命名。因村建在大清水堰南角下而得名。1958年隶属全民大队；1966年隶属官营大队；1984年隶属官营村至今。位于村委会东700米。东邻董楼段家湾，南界村公路，西至上堰角，北连华家湾。总面积0.21平方千米，耕地面积8公顷。11户，40人。主产小麦、水稻、玉米，兼种果蔬。村落形态呈散状，房屋结构以平房和坡房为主。

陷泥巴冲【Xiànníbāchōng】 以土质特点命名。因境内有条冲土质粘黏，雨雪天气泥泞难行而得名。1958年隶属全民大队；1966年隶属官营大队；1984年隶属官营村至今。位于村委会东北800米。东邻董楼村山边，南界北堰冲，西至小刘家湾，北连陈家湾。总面积0.24平方千米，耕地面积11公顷。13户，50人。主产小麦、水稻、玉米，兼种果蔬，发展水产养殖。村落形态呈散状，房屋结构以平房和坡房为主。

肖家湾【Xiāojiāwān】 以姓氏命名。因肖姓聚居而得名。1958年隶属全民大队；1966年隶属官营大队；1984年隶属官营村至今。位于村委会北1.5千米。东邻院墙湾，南界刘家湾，西至付楼村下陈家湾，北连付楼村下陈家湾。总面积0.2平方千米，耕地面积9公顷。9户，30人。主产小麦、水稻，兼种果蔬。村落形态呈散状，房屋结构以平房和坡房为主。

小陈家湾【Xiǎochénjiāwān】 以姓氏和规模综合命名。因陈姓聚居村小，故名。1958年隶属全民大队；1966年隶属官营大队；1984年隶属官营村至今；位于村委会西南2千米。东邻曹家湾，南界罗汉村董家湾，西至鲁家垱小二型水库，北连鲁家湾。总面积0.16平方千米，耕地面积6.02公顷。5户，20人。主产小麦、水稻、玉米。村落形态呈散状，房屋结构以平房和坡房为主。

小刘家湾【Xiǎoliújiāwān】　以姓氏和规模综合命名。因刘姓聚居相邻二村，此村较小而得名。1958年隶属全民大队；1966年隶属官营大队；1984年隶属官营村至今。位于村委会西北1千米。东邻陷泥巴湾，南界官营湾，西至付楼村付家楼，北连油坊湾。总面积0.23平方千米，耕地面积9.26公顷。10户，40人。主产小麦、水稻，兼种果蔬。村落形态呈散状，房屋结构以平房和坡房为主。

小鲁家湾【Xiǎolǔjiāwān】　以姓氏和规模综合命名。因鲁姓聚居相邻二村，此村较小而得名。1958年隶属全民大队；1966年隶属官营大队；1984年隶属官营村至今。位于村委会南1.9千米。东邻曹家湾，南界小陈家湾，西至小西湾，北连西湾。总面积0.18平方千米，耕地面积6.3公顷。6户，30人。主产小麦、水稻、玉米，兼种果蔬。村落形态呈散状，房屋结构以平房和坡房为主。

小西湾【Xiǎoxīwān】　以方位和规模综合命名。因村建在冲西且村子较小而得名。1958年隶属全民大队；1966年隶属官营大队；1984年隶属官营村至今。位于村委会西南1.4千米。东邻大鲁家湾，南界黄家湾，西至吴家湾，北连西湾。总面积0.21平方千米，耕地面积8.03公顷。13户，40人。主产小麦、水稻、玉米，兼种果蔬，发展水产养殖。村落形态呈散状，房屋结构以平房和坡房为主。

油坊湾【Yóufángwān】　以作坊命名。因村内开过油坊而得名。1958年隶属全民大队；1966年隶属官营大队；1984年隶属官营村至今。位于村委会西北1.2千米。东邻陷泥巴湾，南界小刘家湾，西至付楼村白土坡，北连大刘家湾。总面积0.18平方千米，耕地面积10公顷。10户，30人。主产小麦、水稻，兼种果蔬。村落形态呈散状，房屋结构以平房和坡房为主。

院墙湾【Yuànqiángwān】　以建筑物命名。因村内住户修建院墙多而得名。1958年隶属全民大队；1966年隶属官营大队；1984年隶属官营村至今。位于村委会东北1.5千米。东邻董楼村山边，南界陈家湾，西至付楼村陈家湾，北连付楼村河边。总面积0.25平方千米，耕地面积12公顷。19户，50人。主产小麦、水稻，兼种果蔬，发展水产养殖。房屋结构以坡房和楼房为主。

古岭村【Gǔlǐngcūn】

以地名古岭而得名。1958年为红云大队，隶属伟大公社；1966年为古岭大队，隶属资山区；1975年隶属资山公社；1981年隶属王城公社；1984年隶属王城区；1987年隶属资山镇；2001年隶属王城镇至今。位于镇政府东南8千米。东邻陈店村，南界胜龙村，西至董楼村，北连长冲村。辖25个自然村，总面积10.5平方千米，耕地面积266.6公顷。346户，1180人。主产水稻、小麦、玉米，兼种果蔬。村委会驻白杨树湾。

庵上【Ānshàng】　以建筑物命名。因村旁尼姑庵而得名。1958年隶属红云大队；1966年隶属古岭大队；1984年隶属古岭村至今。位于村委会西北500米。东邻大杨树湾，南界老公社，西至松坡湾，北连长冲村窑湾。总面积0.4平方千米，耕地面积10公顷。10户，40人。主产水稻、小麦、玉米。村落形态呈线状，房屋结构以坡房和楼房为主。

白杨树湾【Báiyángshùwān】　以植物命名。因村中有棵大白杨树而得名。1958年隶属红云大队；1966年隶属古岭大队；1984年隶属古岭村至今。村委会驻地。东邻千把银，南界大陈家湾，西至张家湾，北连庵上。总面积0.5平方千米,耕地面积15公顷。17户,50人。主产水稻、小麦、玉米,兼种果蔬。村落形态呈团状,房屋结构以坡房和楼房为主。

曾家楼【Zēngjiālóu】 以姓氏和建筑物综合命名。因曾姓聚居的村内修有楼而得名。1958年隶属红云大队;1966年隶属古岭大队;1984年隶属古岭村至今。位于村委会南1.5千米。东邻田家湾,南界胜龙村彭家楼,西至胜龙村跑马岗,北连大陈家湾。总面积0.6平方千米,耕地面积10公顷。5户,20人。主产水稻、小麦、玉米。村落形态呈团状,房屋结构以平房和坡房为主。

大陈家湾【Dàchénjiāwān】 以姓氏和规模综合命名。因陈姓聚居且人多村大而得名。1958年隶属红云大队;1966年隶属古岭大队;1984年隶属古岭村至今。位于村委会南500米。东邻柯家湾,南界小陈家湾,西至老公社,北连张家湾。总面积0.5平方千米,耕地面积15公顷。28户,80人。主产水稻、小麦、玉米,兼种果蔬。村落形态呈团状,房屋结构以坡房和楼房为主。

大杨树湾【Dàyángshùwān】 以植物命名。因村中有棵大杨树而得名。1958年隶属红云大队;1966年隶属古岭大队;1984年隶属古岭村至今。位于村委会北500米。东邻千把银,南界白杨树湾,西至庵上,北连长冲村上老湾。总面积0.2平方千米,耕地面积5公顷。5户,20人。主产水稻、小麦、玉米。村落形态呈团状,房屋结构以平房和坡房为主。

郭家湾【Guōjiāwān】 以姓氏命名。因郭姓聚居而得名。1958年隶属红云大队;1966年隶属古岭大队;1984年隶属古岭村至今。位于村委会东南2.5千米。东邻小陈家湾,南界圣龙山茶场,西至井湾,北连杨家湾。总面积0.5平方千米,耕地面积12公顷。22户,70人。主产水稻、小麦、玉米,兼种果蔬。村落形态呈团状,房屋结构以坡房和楼房为主。

井湾【Jǐngwān】 以水井命名。因村内有眼古井而得名。1958年隶属红云大队;1966年隶属古岭大队;1984年隶属古岭村至今。位于村委会东南2千米。东邻郭家湾,南界胜龙村老湾,西至胜龙村跑马岗,北连孙家湾。总面积0.4平方千米,耕地面积11公顷。11户,40人。主产水稻、小麦、玉米。村落形态呈线状,房屋结构以平房和楼房为主。

景阳岗【Jǐngyánggǎng】 以石碑命名。因20世纪50年代此村出土一石碑刻景阳岗而得名。1958年隶属红云大队;1966年隶属古岭大队;1984年隶属古岭村至今。位于村委会东南1千米。东邻三家村,南界井湾,西至夏家楼,北连千把银。总面积0.8平方千米,耕地面积12公顷。25户,80人。主产水稻、小麦、玉米,兼种果树。村落形态呈线状,房屋结构以平房和坡房为主。

咀子湾【Zuǐziwān】 以地形命名。因村建在山咀而得名。1958年隶属红云大队;1966年隶属古岭大队;1984年隶属古岭村至今。位于村委会北2.5千米。东邻长冲村院墙湾,南界楸树湾,西至老庄子,北连梅园。总面积0.3平方千米,耕地面积5公顷。4户,20人。主产水稻、小麦、玉米。村落形态呈团状,房屋结构以平房和坡房为主。

柯家湾【Kējiāwān】 以姓氏命名。因柯姓聚居而得名。1958年隶属红云大队;1966年隶属古岭大队;1984年隶属古岭村至今。位于村委会东南500米。东邻景阳岗,南界夏家楼,西至大陈家湾,北连千把银。总面积0.4平方千米,耕地面积10公顷。11户,40人。主产水稻、小麦、玉米。村落形态呈团状,房屋结构以平房和坡房为主。

老公社【Lǎogōngshè】 以行政机关旧址命名。因村建在中华人民共和国成立之初古岭公社旧址而得名。1958年隶属红云大队；1966年隶属古岭大队；1984年隶属古岭村至今。位于村委会西南500米。东邻大陈家湾，南界垭子湾，西至张家湾，北连庵上。总面积0.3平方千米，耕地面积8公顷。8户，30人。主产水稻、小麦、玉米。村落形态呈团状，房屋结构以坡房和楼房为主。

老庄子【Lǎozhuāngzi】 以时间命名。因建村早而得名。1958年隶属红云大队；1966年隶属古岭大队；1984年隶属古岭村至今。位于村委会西北2.5千米。东邻咀子湾，南界楸树湾，西至彭家湾，北连孙家湾。总面积0.4平方千米，耕地面积14公顷。29户，90人。主产水稻、小麦、玉米，兼种果蔬。村落形态呈团状，房屋结构以平房和楼房为主。

梅园【Méiyuán】 以植物园命名。因村中有片梅园而得名。1958年隶属红云大队；1966年隶属古岭大队；1984年隶属古岭村至今。位于村委会北3千米。东邻长冲村土楼子湾，南界咀子湾，西至老庄子，北连长冲村土楼子湾。总面积0.3平方千米，耕地面积12公顷。18户，80人。主产水稻、小麦、玉米，兼种果蔬。村落形态呈团状，房屋结构以坡房和楼房为主。

彭家湾【Péngjiāwān】 以姓氏命名。因彭姓聚居而得名。1958年隶属红云大队；1966年隶属古岭大队；1984年隶属古岭村至今。位于村委会西北3千米。东邻老庄子，南界楸树湾，西至董楼村李家湾，北连双楼村曹家湾。总面积0.5平方千米，耕地面积23公顷。31户，120人。主产水稻、小麦、玉米，兼种果蔬。村落形态呈散状，房屋结构以坡房和楼房为主。

千把银【Qiānbǎyín】 以数量词命名。相传，有个人用千把银子买了这块地，在此葺房盖屋，耕种田地，故名。1958年隶属红云大队；1966年隶属古岭大队；1984年隶属古岭村至今。位于村委会东北500米。东邻陈店村楸树湾，南界柯家湾，西至白杨树湾，北连大杨树湾。总面积0.3平方千米，耕地面积13.6公顷。7户，30人。主产水稻、小麦、玉米。村落形态呈线状，房屋结构以平房和坡房为主。

楸树湾【Qiūshùwān】 以植物命名。因村中有棵大楸树而得名。1958年隶属红云大队；1966年隶属古岭大队；1984年隶属古岭村至今。位于村委会西北2.4千米。东邻长冲村窑湾，南界张家湾，西至董楼村西湾，北连彭家湾。总面积0.4平方千米，耕地面积11公顷。20户，70人。主产水稻、小麦、玉米，兼种果蔬。村落形态呈团状，房屋结构以平房和坡房为主。

三家村【Sānjiācūn】 以数量词命名。因有三户人家最早在此建村而得名。1958年隶属红云大队；1966年隶属古岭大队；1984年隶属古岭村至今。位于村委会东1.2千米。东邻杨家湾，南界郭家湾，西至景阳岗，北连陈店村楸树湾。总面积0.3平方千米，耕地面积7公顷。5户，10人。主产水稻、小麦、玉米。村落形态呈线状，房屋结构以平房和坡房为主。

松坡湾【Sōngpōwān】 以植物和地形综合命名。因村建在长满松树的山坡上而得名。1958年隶属红云大队；1966年隶属古岭大队；1984年隶属古岭村至今。位于村委会西北1千米。东邻庵上，南界张家湾，西至董楼村西湾，北连楸树湾。总面积0.3平方千米，耕地面积8公顷。17户，40人。主产水稻、小麦、玉米。村落形态呈团状，房屋结构以坡房和楼房为主。

孙家湾【Sūnjiāwān】 以姓氏命名。因孙姓聚居而得名。1958年隶属红云大队；1966年隶属古岭大队；1984年隶属古岭村至今。位于村委会南1.5千米。东邻井湾，南界胜龙村彭家楼，西至田家湾，北连夏家楼。总面积 0.3 平方千米，耕地面积 5 公顷。3 户，10 人。主产水稻、小麦、玉米。村落形态呈团状，房屋结构以坡房和楼房为主。

田家湾【Tiánjiāwān】 以姓氏命名。因田姓聚居而得名。1958 年隶属红云大队；1966 年隶属古岭大队；1984 年隶属古岭村至今。位于村委会南 1.5 千米。东邻孙家湾，南界胜龙村彭家楼，西至曾家楼，北连夏家楼。总面积 0.4 平方千米，耕地面积 15 公顷。12 户，40 人。主产水稻、小麦、玉米。村落形态呈团状，房屋结构以坡房和楼房为主。

夏家楼【Xiàjiālóu】 以姓氏和建筑物综合命名。因夏姓聚居的村内修有门楼而得名。1958 年隶属红云大队；1966 年隶属古岭大队；1984 年隶属古岭村至今。位于村委会东南 900 米。东邻杨家湾，南界张家湾，西至小陈家湾，北连李家冲。总面积 0.8 平方千米，耕地面积 9 公顷。15 户，50 人。主产水稻、小麦、玉米。村落形态呈团状，房屋结构以平房和楼房为主。

小陈家湾【Xiǎochénjiāwān】 以姓氏和规模综合命名。因陈姓聚居人少村小，故名。1958 年隶属红云大队；1966 年隶属古岭大队；1984 年隶属古岭村至今。位于村委会东南 3 千米。东邻随县环潭镇双李桥村界岭，南界圣龙山茶场，西至郭家湾，北连杨家湾。总面积 0.5 平方千米，耕地面积 10 公顷。12 户，40 人。主产水稻、小麦、玉米。村落形态呈团状，房屋结构以平房和楼房为主。

垭子湾【Yāziwān】 以地形命名。因村建在山垭子处而得名。1958 年隶属红云大队；1966 年隶属古岭大队；1984 年隶属古岭村至今。位于村委会西南 1 千米。东邻曾家楼，南界胜龙村跑马岗，西至董楼村李家湾，北连张家湾。总面积 0.3 平方千米，耕地面积 10 公顷。12 户，50 人。主产水稻、小麦、玉米。村落形态呈团状，房屋结构以平房和坡房为主。

杨家湾【Yángjiāwān】 以姓氏命名。因杨姓聚居而得名。1958 年隶属红云大队；1966 年隶属古岭大队；1984 年隶属古岭村至今。位于村委会东 1.5 千米。东邻随县环潭镇双李桥村毛狗龙，南界张家湾，西至夏家楼，北连三家村。总面积 0.5 平方千米，耕地面积 9 公顷。13 户，30 人。主产水稻、小麦、玉米。村落形态呈团状，房屋结构以平房和坡房为主。

张家湾【Zhāngjiāwān】 以姓氏命名。因张姓聚居而得名。1958 年隶属红云大队；1966 年隶属古岭大队；1984 年隶属古岭村至今。位于村委会西 1 千米。东邻白杨树湾，南界老公社，西至董楼村桃园，北连松坡湾。总面积 0.3 平方千米，耕地面积 7 公顷。6 户，30 人。主产水稻、小麦、玉米。村落形态呈团状，房屋结构以平房和坡房为主。

黄楼村【Huánglóucūn】

以黄家楼自然村命名。1959 年为黄家楼果园场，隶属伟大公社；1963 年为黄楼大队，隶属资山区；1975 年隶属资山公社；1981 年隶属王城公社；1984 年为黄楼村，隶属王城区；1987 年隶属王城镇至今。位于镇政府东南 3 千米。东邻耿湾村，南界长冲村，西至双楼村，北连王城街道社区。辖 16 个自然村，总面积 4.87 平方千米，耕地面积 309.59 公顷。369 户，1090 人。主产水稻、小麦、玉米，兼种果蔬。汉十高铁过境，村委会驻黄楼。

陈家湾【Chénjiāwān】 以姓氏命名。因陈姓聚居而得名。1959 年隶属黄家楼果园场；1963 年隶属黄楼大队；1984年隶属黄楼村至今。位于村委会西北1.4千米。东邻小胡家湾，南界黄家楼，西至大平家岗，北连胡家岗。总面积0.24平方千米，耕地面积17.4公顷。19户，50人。主产水稻、小麦、玉米。村落形态呈线状，房屋结构以坡房和楼房为主。

大平家岗【Dàpíngjiāgǎng】 以姓氏和规模综合命名。因平姓聚居且人多村大而得名。1959年隶属黄家楼果园场；1963年隶属黄楼大队；1984年隶属黄楼村至今。位于村委会西北1.7千米。东邻枣树湾，南界小平家岗，西至桃园，北连庙洼湾。总面积0.56平方千米，耕地面积24.94公顷。31户，90人。主产水稻、小麦、玉米，兼种果蔬。村落形态呈散状，房屋结构以坡房和楼房为主。

冯家楼【Féngjiālóu】 以姓氏和建筑物综合命名。因冯姓聚居且村中有个楼子，故名。1959年隶属黄家楼果园场；1963年隶属黄楼大队；1984年隶属黄楼村至今。位于村委会西南2.2千米。东邻公社果园场，南界谭家湾，西至双楼村油坊湾，北连黄家楼。总面积0.44平方千米，耕地面积21.34公顷。38户，80人。主产水稻、小麦、玉米，兼种果蔬。村落形态呈线状，房屋结构以坡房和楼房为主。

高门楼【Gāoménlóu】 以建筑物命名。因村中原有户人家门楼较高而得名。1959年隶属黄家楼果园场；1963年隶属黄楼大队；1984年隶属黄楼村至今。位于村委会西200米。东邻庙庄，南界长冲村徐家湾，西至黄家楼，北连小胡家楼。总面积0.14平方千米，耕地面积10公顷。11户，40人。主产水稻、小麦、玉米。村落形态呈散状，房屋结构以坡房和楼房为主。

胡家岗【Hújiāgǎng】 以姓氏和地形综合命名。因胡姓聚居岗上而得名。1959年隶属黄家楼果园场；1963年隶属黄楼大队；1984年隶属黄楼村至今。位于村委会北1.1千米。东邻花轿岗，南界胡家湾，西至小平家岗，北连大平家岗。总面积0.12平方千米，耕地面积10.1公顷。12户，40人。主产水稻、小麦、玉米。村落形态呈散状，房屋结构以平房和坡房为主。

胡家湾【Hújiāwān】 以姓氏命名。因胡姓聚居而得名。1959年隶属黄家楼果园场；1963年隶属黄楼大队；1984年隶属黄楼村至今。位于村委会北120米。东邻耿湾村周家湾，南界庙庄，西至小胡家湾，北连枣树湾。总面积0.67平方千米，耕地面积39.55公顷。46户，140人。主产水稻、小麦、玉米，兼种果蔬。村落形态呈散状，房屋结构以坡房和楼房为主。

花轿岗【Huājiàogǎng】 以花轿和地形综合命名。因村建在岗上，村旁有条大路，过去娶亲花轿到此就要休息一下，故名。1959年隶属黄家楼果园场；1963年隶属黄楼大队；1984年隶属黄楼村至今。位于村委会北1.2千米。东邻枣树湾，南界胡家湾，西至胡家岗，北连庙娃湾。总面积0.15平方千米，耕地面积12公顷。19户，50人。主产水稻、小麦、玉米。村落形态呈线状，房屋结构以平房和坡房为主。

黄家楼【Huángjiālóu】 以姓氏和建筑物综合命名。因黄姓聚居的村内有座土楼而得名。1959年隶属黄家楼果园场；1963年隶属黄楼大队；1984年隶属黄楼村至今。位于村委会西1.7千米。东邻高门楼，南界冯家楼，西至双楼村夏家湾，北连陈家湾。总面积0.34平方千米，耕地面积20.45公顷。27户，60人。主产水稻、小麦、玉米。村落形态呈散状，房屋结构以坡房和楼房为主。

庙洼湾【Miàowāwān】 以寺庙命名。因原村里有座小庙而得名。1959年隶属黄家楼果园场；1963年隶属黄楼大队；1984年隶属黄楼村至今。位于村委会东北1.6千米。东邻付寨村南独庄，南界枣树湾，西至大平家岗，北连王城街道社区八字门楼。总面积0.28平方千米，耕地面积19公顷。22户，80人。主产水稻、小麦、玉米，兼种果蔬。村落形态呈散状，房屋结构以平房和坡房为主。

庙庄【Miàozhuāng】 以寺庙命名。因村建在土地庙旁而得名。1959年隶属黄家楼果园场；1963年隶属黄楼大队；1984年隶属黄楼村至今。位于村委会东南100米。东邻耿湾村常家湾，南界陈店村中湾，西至祝家庄，北连胡家湾。总面积0.78平方千米，耕地面积50.95公顷。60户，200人。主产水稻、小麦、玉米，兼种果蔬。村落形态呈散状，房屋结构以坡房和楼房为主。

谭家湾【Tánjiāwān】 以姓氏命名。因谭姓聚居而得名。1959年隶属黄家楼果园场；1963年隶属黄楼大队；1984年隶属黄楼村至今。位于村委会西南2.3千米。东邻张家湾，南界长冲村王家湾，西至双楼村油坊湾，北连冯家楼。总面积0.13平方千米，耕地面积10公顷。16户，40人。主产水稻、小麦、玉米。村落形态呈散状，房屋结构以平房和坡房为主。

桃园【Táoyuán】 以植物园命名。因村内有个桃园而得名。1959年隶属黄家楼果园场，1963年隶属黄楼大队；1984年隶属黄楼村至今。位于村委会西北2千米。东邻大平家岗，南界小平家岗，西至双楼村牌坊湾，北连黄家凹子。总面积0.2平方千米，耕地面积18公顷。6户，20人。主产水稻、小麦、玉米。村落形态呈散状，房屋结构以平房和坡房为主。

小胡家湾【Xiǎohújiāwān】 以姓氏和规模综合命名。因胡姓聚居村子小而得名。1959年隶属黄家楼果园场；1963年隶属黄楼大队；1984年隶属黄楼村至今。位于村委会西北300米。东邻大胡家湾，南界高门楼，西至陈家湾，北连胡家岗。总面积0.08平方千米，耕地面积0.62公顷。8户，30人。主产水稻、小麦、玉米。村落形态呈线状，房屋结构以坡房和楼房为主。

小平家岗【Xiǎopíngjiāgǎng】 以姓氏和规模综合命名。因平姓聚居且人少村小，故名。1959年隶属黄家楼果园场，1963年隶属黄楼大队；1984年隶属黄楼村至今。位于村委会西北1.8千米。东邻枣树湾，南界胡家岗，西至桃园，北连大平家岗。总面积0.21平方千米，耕地面积20公顷。14户，50人。主产水稻、小麦、玉米。村落形态呈线状，房屋结构以坡房和楼房为主。

枣树湾【Zǎoshùwān】 以植物命名。因村内枣树多而得名。1959年隶属黄家楼果园场；1963年隶属黄楼大队；1984年隶属黄楼村至今。位于村委会北1.3千米。东邻耿湾村彭家湾，南界胡家湾，西至花轿岗，北连庙洼湾。总面积0.27平方千米，耕地面积14.24公顷。20户，60人。主产水稻、小麦、玉米。村落形态呈线状，房屋结构以平房和坡房为主。

张家湾【Zhāngjiāwān】 以姓氏命名。因张姓聚居而得名。1959年隶属黄家楼果园场；1963年隶属黄楼大队；1984年隶属黄楼村至今。位于村委会西南2千米。东邻长冲村徐家湾，南界长冲村崔家湾，西至谭家湾，北连冯家楼。总面积0.26平方千米，耕地面积21公顷。20户，60人。主产水稻、小麦、玉米，兼种果蔬。村落形态呈散状，房屋结构以平房和坡房为主。

金银村【Jīnyíncūn】

以传说命名。据传，早时农民在地里干活，经常看到山岗有一对金牛和金人在农民田里耕地，还看到此山岗有一对银鸭子在此飞舞，故而得名金银岗。1958年为东升大队，隶属伟大公社；1966年为金银大队，隶属资山区；1975年隶属资山公社；1981年隶属王城公社；1984年为金银村，隶属王城区；1987年隶属王城镇至今。位于镇政府西10千米。东邻三门寨村，南界雨坛村，西至吴店镇同心村，北连新店村。辖17个自然村，总面积4.78平方千米，耕地面积128.7公顷。133户，620人。主产小麦、水稻、杂粮，兼种果蔬，发展水产养殖。村委会驻老湾。

艾家庙【Àijiāmiào】 以姓氏和建筑物综合命名。因艾姓聚居土地庙旁而得名。1958年隶属东升大队；1966年隶属金银大队；1984年隶属金银村至今。位于村委会北800米。东邻小王家湾，南界邹家老湾，西至吴店镇施楼村施家楼，北连大堰岗。总面积0.12平方千米，耕地面积5.6公顷。6户，30人。主产水稻、小麦。村落形态呈散状，房屋结构以楼房为主。

北湾【Běiwān】 以方位命名。因村建在岗北边而得名。1958年隶属东升大队；1966年隶属金银大队；1984年隶属金银村至今。位于村委会西1.3千米。东邻楼子湾，南界雨坛村乌家湾，西至吴店镇同心村胡家湾，北连吴店镇同心村胡家湾。总面积0.1平方千米，耕地面积4.3公顷。6户，20人。主产小麦、水稻、玉米，兼种果蔬。村落形态呈散状，房屋结构以坡房和楼房为主。

陈家湾【Chénjiāwān】 以姓氏命名。因陈姓聚居而得名。1958年隶属东升大队；1966年隶属金银大队；1984年隶属金银村至今。位于村委会西南1千米。东邻林场，南界王家湾，西至刘家楼，北连邹家老湾。总面积0.2平方千米，耕地面积12公顷。14户，60人。主产小麦、水稻、玉米，兼种果蔬，发展水产养殖。村落形态呈散状，房屋结构以坡房和楼房为主。

大堰岗【Dàyàngǎng】 以地形和堰塘综合命名。因村建在岗上，因村旁有大堰而得名。1958年隶属东升大队；1966年隶属金银大队；1984年隶属金银村至今。位于村委会西北1千米。东邻新店村枯树湾，南界艾家庙，西至吴店镇施楼村施家楼，北连新店村咀子湾。总面积1.4平方千米，耕地面积16公顷。18户，100人。主产小麦、水稻、玉米，兼种果蔬，发展水产养殖。村落形态呈散状，房屋结构以平房和坡房为主。

陡坡【Dǒupō】 以地形命名。因村旁有陡坡而得名。1958年隶属东升大队；1966年隶属金银大队；1984年隶属金银村至今。位于村委会北600米。东邻小王家湾，南界艾家庙，西至新湾，北连郑家湾。总面积0.1平方千米，耕地面积5.3公顷。3户，10人。主产小麦、水稻、玉米，兼种果蔬。村落形态呈散状，房屋结构以坡房和楼房为主。

郭家湾【Guōjiāwān】 以姓氏命名。因郭姓聚居而得名。1958年隶属东升大队；1966年隶属金银大队；1984年隶属金银村至今。位于村委会东北1.05千米。东邻新店村陷泥巴冲，南界新湾，西至艾家庙，北连新店村雷家湾。总面积0.2平方千米，耕地面积13.3公顷。8户，40人。主产小麦、水稻、玉米，兼种果蔬，发展水产养殖。村落形态呈散状，房屋结构以坡房和楼房为主。

咀子湾【Zuǐziwān】 以地形命名。因村建在山咀下而得名。1958年隶属东升大队；1966年隶属金银大队；1984年隶属金银村至今。位于村委会东1千米。东邻三门寨村廖家湾，南界三门寨村白土坡，西至李家湾，北连新店村陷泥巴冲。总面积0.1平方千米，耕地面积2.7公顷。3户，20人。主产小麦、水稻、玉米，兼种果蔬。村落形态呈散状，房屋结构以坡房和楼房为主。

老湾【Lǎowān】 以建村时间命名。因建村较早而得名。1958年隶属东升大队；1966年隶属金银大队；1984年隶属金银村至今。村委会驻地。东邻李家湾，南界庙娃湾，西至邹家老湾，北连艾家庙。总面积 0.22 平方千米，耕地面积 20 公顷。26 户，100 人。主产小麦、水稻、玉米，兼种果蔬，发展水产养殖。村落形态呈散状，房屋结构以平房和坡房为主。

李家湾【Lǐjiāwān】 以姓氏命名。因李姓聚居而得名。1958 年隶属东升大队；1966 年隶属金银大队；1984 年隶属金银村至今。位于村委会东 1 千米。东邻咀子湾，南界庙娃湾，西至老湾，北连新湾。总面积 0.3 平方千米，耕地面积 4.7 公顷。10 户，40 人。主产小麦、水稻、玉米，兼种果蔬，发展水产养殖。村落形态呈散状，房屋结构以坡房和楼房为主。

刘家楼【Liújiālóu】 以姓氏和建筑物综合命名。因刘姓聚居，村中有座楼子而得名。1958 年隶属东升大队；1966 年隶属金银大队；1984 年隶属金银村至今。位于村委会西南 1.1 千米。东邻茅蒌湾，南界陈家湾，西至庙娃湾，北连艾家庙。总面积 0.1 平方千米，耕地面积 3.5 公顷。1 户，10 人。主产小麦、水稻、玉米，兼种果蔬。村落形态呈散状，房屋结构以平房和坡房为主。

茅蒌湾【Máolóuwān】 以植物命名。因村旁山坡生长茅蒌草而得名。1958 年隶属东升大队；1966 年隶属金银大队；1984 年隶属金银村至今。位于村委会西 500 米。东邻邹家老湾，南界刘家楼，西至北湾，北连庙娃湾。总面积 0.1 平方千米，耕地面积 3.3 公顷。4 户，20 人。主产小麦、水稻、玉米，兼种果蔬。村落形态呈散状，房屋结构以坡房和楼房为主。

庙娃湾【Miàowáwān】 以建筑物命名。因村前有座小土地庙而得名。1958 年隶属东升大队；1966 年隶属金银大队；1984 年隶属金银村至今。位于村委会西 1.2 千米。东邻楼子湾，南界雨坛村八亩地，西至吴店镇同心村胡家湾，北连吴店镇施楼村施家楼。总面积 1.04 平方千米，耕地面积 6 公顷。11 户，50 人。主产小麦、水稻、玉米，兼种果蔬，发展水产养殖。村落形态呈散状，房屋结构以坡房和楼房为主。

王家湾【Wángjiāwān】 以姓氏命名。因王姓聚居而得名。1958 年隶属东升大队；1966 年隶属金银大队；1984 年隶属金银村至今。位于村委会南 800 米。东邻雨坛村魏家湾，南界雨坛村毛狗洞，西至雨坛村周家湾，北连陈家湾。总面积 0.2 平方千米，耕地面积 8.7 公顷。6 户，30 人。主产小麦、水稻、玉米，兼种果蔬。村落形态呈散状，房屋结构以平房和坡房为主。

小王家湾【Xiǎowángjiāwān】 以姓氏和规模综合命名。因王姓聚居村较小而得名。1958 年隶属东升大队；1966 年隶属金银大队；1984 年隶属金银村至今。位于村委会北 1 千米。东邻新店村雷家湾，南界陡坡，西至大堰岗，北连新店村枯树湾。总面积 0.1 平方千米，耕地面积 7.3 公顷。3 户，20 人。主产小麦、水稻、玉米，兼种果蔬。村落形态呈散状，房屋结构以楼房为主。

新湾【Xīnwān】 以建村时间命名。因此村建于中华人民共和国成立后，故名。1958 年隶属东升大队；1966 年隶属金银大队；1984 年隶属金银村至今。位于村委会东 700 米。东邻李家湾，南界老湾，西至陡坡，北连新店村雷家湾。总面积 0.1 平方千米，耕地面积 2 公顷。3 户，20 人。主产小麦、水稻、玉米，兼种果蔬。村落形态呈散状，房屋结构以平房和坡房为主。

郑家湾【Zhèngjiāwān】 以姓氏命名。因郑姓聚居而得名。1958 年隶属东升大队；1966 年隶属金银大队；1984 年隶属金银村至今。位于村委会西北 1 千米。东邻大堰岗，南界庙娃湾，西至吴店镇施楼村施家楼，北连新店村咀子湾。总面积 0.1 平方千米，耕地面积 7.3 公顷。3 户，20 人。主产小麦、水稻、玉米，兼种果蔬。村落形态呈散状，房屋结构以坡房和楼房为主。

邹家老湾【Zōujiālǎowān】 以姓氏和建村时间综合命名。因邹姓聚居且建村早而得名。1958年隶属东升大队；1966年隶属金银大队；1984年隶属金银村至今。位于村委会西300米。东邻老湾，南界陈家湾，西至茅蒌湾，北连艾家庙。总面积0.3平方千米，耕地面积6.7公顷。8户，30人。主产小麦、水稻、玉米，兼种果蔬。村落形态呈散状，房屋结构以坡房和楼房为主。

螺丝岗村【Luósīgǎngcūn】

以地名螺丝岗命名。1958年为星光大队，隶属伟大公社；1966年为螺丝岗大队，隶属资山区；1975年隶属资山公社；1981年隶属王城公社；1984年为螺丝岗村，隶属王城区；1987年隶属资山镇；2001年隶属王城镇至今。位于王城镇政府西南13千米。东邻罗汉村，南界团山村，西至罗庙村，北连石堰村。辖15个自然村，总面积3.82平方千米，耕地面积156.55公顷。134户，541人。主产小麦、水稻、杂粮，兼种果蔬，发展水产养殖。村委会驻杨家湾对面500米处。

陈家湾【Chénjiāwān】 以姓氏命名。因陈姓聚居而得名。1958年隶属星光大队；1966年隶属螺丝岗大队；1984年隶属螺丝岗村至今。位于村委会东北1.5千米。东邻罗汉村上艾家湾，南界杨家湾，西至罗家湾，北连石堰村徐家老湾。总面积0.36平方千米，耕地面积16.01公顷。17户，70人。主产小麦、水稻、玉米，兼种果蔬，发展水产养殖。村落形态呈散状，房屋结构以坡房和楼房为主。

祠堂湾【Cítángwān】 以建筑物命名。因村内建有祠堂而得名。1958年隶属星光大队；1966年隶属螺丝岗大队；1984年隶属螺丝岗村至今。位于村委会西北1.3千米。东邻上义家咀湾，南界姜家湾，西至罗庙村下文家咀，北连石堰村徐家老湾。总面积0.22平方千米，耕地面积4.55公顷。8户，40人。主产小麦、水稻、玉米，兼种果蔬。村落形态呈散状，房屋结构以坡房和楼房为主。

豆腐铺【Dòufupù】 以作坊命名。因村里开过豆腐作坊而得名。1958年隶属星光大队；1966年隶属螺丝岗大队；1984年隶属螺丝岗村至今。位于村委会北1.3千米。东邻罗汉村椿树湾，南界兴唐公路，西至上草堰冲，北连陈家湾。总面积0.22平方千米，耕地面积14.83公顷。5户，20人。主产小麦、水稻、玉米，兼种果蔬。村落形态呈散状，房屋结构以坡房和楼房为主。

姜家湾【Jiāngjiāwān】 以姓氏命名。因姜姓聚居而得名。1958年隶属星光大队；1966年隶属螺丝岗大队；1984年隶属螺丝岗村至今。位于村委会北1千米。东邻乌鬼凹，南界左家冲，西至罗庙村下文家咀，北连祠堂湾。总面积0.26平方千米，耕地面积8.55公顷。7户，30人。主产小麦、水稻、玉米，兼种果蔬。村落形态呈散状，房屋结构以坡房和楼房为主。

罗家湾【Luójiāwān】 以姓氏命名。因罗姓聚居而得名。1958年隶属星光大队；1966年隶属螺丝岗大队；1984年隶属螺丝岗村至今。位于村委会东北2千米。东邻陈家湾，南界杨家湾，西至上文家咀，北连石堰村东张岗。总面积0.3平方千米，耕地面积16.02公顷。15户，50人。主产小麦、水稻、玉米，兼种果蔬，发展水产养殖。村落形态呈散状，房屋结构以坡房和楼房为主。

庙儿岗【Miào'érgǎng】 以建筑物和地形综合命名。因村建岗上，村旁有小庙一座而得名。1958年隶属星光大队；1966年隶属螺丝岗大队；1984年隶属螺丝岗村至今。位于村委会南1.6千米。东邻原粉坊湾，南界甘家冲水库，西至新湾，北连中湾。总面积0.38平方千米，耕地面积9.17公顷。15户，60人。主产小麦、水稻、玉米，兼种果蔬，发展水产养殖。村落形态呈散状，房屋结构以坡房和楼房为主。

上草堰冲【Shàngcǎoyànchōng】 以方位、地形、植物和堰综合命名。相邻两村建在有草堰的冲旁，因此村位北而得名。1958 年隶属星光大队；1966 年隶属螺丝岗大队；1984 年隶属螺丝岗村至今。位于村委会西南 300 米。东邻村委会，南界下草堰冲，西至井湾，北连杨家湾。总面积 0.22 平方千米，耕地面积 8.8 公顷。9 户，40 人。主产小麦、水稻、玉米，兼种果蔬，发展水产养殖。村落形态呈散状，房屋结构以坡房和楼房为主。

上文家咀湾【Shàngwénjiāzuǐwān】 以姓氏和地形综合命名。因文姓居住在岗咀上而得名。1958 年隶属星光大队；1966 年隶属螺丝岗大队；1984 年隶属螺丝岗村至今。位于村委会北 1.3 千米。东邻罗家湾，南界杨家湾，西至祠堂湾，北连石堰村东张岗。总面积 0.32 平方千米，耕地面积 17.82 公顷。17 户，60 人。主产小麦、水稻、玉米，兼种果蔬，发展水产养殖。村落形态呈散状，房屋结构以坡房和楼房为主。

乌鬼凹【Wūguǐwā】 以姓氏和地形综合命名。因乌姓建村在偏僻的山洼而得名。1958 年隶属星光大队；1966 年隶属螺丝岗大队；1984 年隶属螺丝岗村至今。位于村委会东北 1.1 千米。东邻杨家湾，南界左家冲，西至姜家湾，北连上文家咀湾。总面积 0.23 平方千米，耕地面积 12.58 公顷。7 户，30 人。主产小麦、水稻、玉米，兼种果蔬，发展水产养殖。村落形态呈散状，房屋结构以坡房和楼房为主。

下草堰冲湾【Xiàcǎoyànchōngwān】 以方位、地形、植物和堰综合命名。相邻两村建在有草堰的冲旁，因此村位南而得名。1958 年隶属星光大队；1966 年隶属螺丝岗大队；1984 年隶属螺丝岗村至今。位于村委会西南 1 千米。东邻柏树湾，南界新湾，西至李家湾，北连上草堰冲。总面积 0.25 平方千米，耕地面积 7.98 公顷。8 户，40 人。主产小麦、水稻、玉米，兼种果蔬，发展水产养殖。村落形态呈散状，房屋结构以坡房和楼房为主。

新湾【Xīnwān】 以建村时间命名。因建村晚而得名。1958 年隶属星光大队；1966 年隶属螺丝岗大队；1984 年隶属螺丝岗村至今。位于村委会西南 1.8 千米。东邻庙儿岗，南界甘家冲水库，西至李桥村文家祠堂，北连下草堰冲。总面积 0.2 平方千米，耕地面积 8.33 公顷。4 户，20 人。主产小麦、水稻、玉米，兼种果蔬，发展水产养殖。村落形态呈散状，房屋结构以坡房和楼房为主。

学湾【Xuéwān】 以学堂命名。因村旁建有学校而得名。1958 年隶属星光大队；1966 年隶属螺丝岗大队；1984 年隶属螺丝岗村至今。位于村委会东南 2.1 千米。东邻豆腐铺，南团山村团山湾，西至中湾，北连罗汉村灵湾。总面积 0.24 平方千米，耕地面积 14.86 公顷。8 户，30 人。主产小麦、水稻、玉米，兼种果蔬，发展水产养殖。村落形态呈散状，房屋结构以坡房和楼房为主。

杨家湾【Yángjiāwān】 以姓氏命名。因杨姓聚居而得名。1958 年隶属星光大队；1966 年隶属螺丝岗大队；1984 年隶属螺丝岗村至今。位于村委会北 500 米。东邻罗汉村牛角湾，南界村委会，西至乌鬼凹，北连上文家咀湾。总面积 0.2 平方千米，耕地面积 5.3 公顷。4 户，10 人。主产小麦、水稻、玉米，兼种果蔬。村落形态呈散状，房屋结构以坡房和楼房为主。

中湾【Zhōngwān】 以方位命名。因此村位于上、下草堰冲中间而得名。1958 年隶属星光大队；1966 年隶属螺丝岗大队；1984 年隶属螺丝岗村至今。位于村委会西南 600 米。东邻上草堰冲，南界庙儿岗，西至井湾，北连左家湾。总面积 0.22 平方千米，耕地面积 7.55 公顷。8 户，30 人。主产小麦、水稻、玉米，兼种果蔬。村落形态呈散状，房屋结构以坡房和楼房为主。

左家冲【Zuǒjiāchōng】 以姓氏和地形综合命名。因左姓建村在冲旁而得名。1958 年隶属星光大队；1966 年隶属螺丝岗大队；1984 年隶属螺丝岗村至今。位于村委会西北 750 米。东邻杨家湾，南界罗庙村桐树凹，西至罗庙村文家老湾，北连姜家湾。总面积 0.2 平方千米，耕地面积 4.2 公顷。2 户，11 人。主产小麦、水稻、玉米，兼种果蔬。村落形态呈散状，房屋结构以坡房和楼房为主。

李桥村【Lǐqiáocūn】

李姓在此地河沟上建一座木桥，后又改建一座石拱桥，故而得名李桥。1958 年为农建大队，隶属伟大公社；1966 年为李桥大队，隶属资山区；1975 年隶属资山公社；1981 年隶属王城公社；1984 年为李桥村，隶属王城区；1987 年隶属资山镇；2001 年隶属王城镇至今。位于镇政府西南 20 千米。东邻吴店镇程湾村，南界吴店镇双湾村，西至王桥村，北连罗庙村。辖 31 个自然村，总面积 7.425 平方千米，耕地面积 340.6 公顷。302 户，1388 人。主产水稻、小麦、玉米，兼种果蔬。另发展水产养殖。资唐公路过境，村委会驻号召岗。

白果湾【Báiguǒwān】 以植物命名。因村内有棵大白果树而得名。1958 年隶属农建大队；1966 年隶属李桥大队；1984 年隶属李桥村至今。位于村委会南 1.4 千米。东邻岩子湾，南界袁家老湾，西至土井湾，北连楼子湾。总面积 0.21 平方千米，耕地面积 4.8 公顷。7 户，20 人。主产水稻、小麦、玉米。村落形态呈团状，房屋结构以平房和坡房为主。

柏树湾【Bǎishùwān】 以植物命名。因村里有很多柏树而得名。1958 年隶属农建大队；1966 年隶属李桥大队；1984 年隶属李桥村至今。位于村委会南 1.3 千米。东邻张家湾，南界吴店镇双湾村杨家湾，西至松树湾，北连史家湾。总面积 0.18 平方千米，耕地面积 10.2 公顷。8 户，40 人。主产水稻、小麦、玉米。村落形态呈散状，房屋结构以平房和坡房为主。

大松树湾【Dàsōngshùwān】 以植物命名。因村里有棵大松树而得名。1958 年隶属农建大队；1966 年隶属李桥大队；1984 年隶属李桥村至今。位于村委会南 1.9 千米。东邻枯树湾，南界吴店镇双湾村杨家湾，西至土井湾，北连白果湾。总面积 0.17 平方千米，耕地面积 11.8 公顷。3 户，10 人。主产水稻、小麦、玉米，兼种果蔬，发展水产养殖。村落形态呈散状，房屋结构以平房和楼房为主。

甘家湾【Gānjiāwān】 以姓氏命名。因甘姓聚居而得名。1958 年隶属农建大队；1966 年隶属李桥大队；1984 年隶属李桥村至今。位于村委会东北 1 千米。东邻螺丝岗村新湾，南界裤裆堰，西至中咀子，北连李家湾。总面积 0.3 平方千米，耕地面积 28.1 公顷。11 户，50 人。主产水稻、小麦、玉米。村落形态呈散状，房屋结构以平房和坡房为主。

号召岗【Hàozhàogǎng】 以行为命名。因 1974 年村里号召台子畈居民搬迁到桥头岗上而得名。1975 年隶属李桥大队；1984 年隶属李桥村至今。村委会驻地。东邻胡家湾，南界李家桥，西至小湾，北连姜家祠堂。总面积 0.45 平方千米，耕地面积 14.8 公顷。25 户，120 人。主产水稻、小麦、玉米，兼种果蔬。村落形态呈线状，房屋结构以坡房和楼房为主。

胡家湾【Hújiāwān】 以姓氏命名。因胡姓聚居而得名。1958年隶属农建大队；1966年隶属李桥大队；1984年隶属李桥村至今。位于村委会西800米。东邻新湾，南界姜家湾，西至号召岗，北连中咀子。总面积0.2平方千米，耕地面积9.2公顷。12户，60人。主产水稻、小麦、玉米。村落形态呈散状，房屋结构以平房和坡房为主。

姜家祠堂【Jiāngjiācítáng】 以姓氏和建筑物综合命名。因姜姓聚居，村内建有祠堂，故名。1958年隶属农建大队；1966年隶属李桥大队；1984年隶属李桥村至今。位于村委会东800米。东邻文家大湾，南界小湾，西至谢家咀，北连刘家老湾。总面积0.15平方千米，耕地面积7.6公顷。8户，30人。主产水稻、小麦、玉米。村落形态呈散状，房屋结构以平房和坡房为主。

姜家湾【Jiāngjiāwān】 以姓氏命名。因姜姓聚居而得名。1958年隶属农建大队；1966年隶属李桥大队；1984年隶属李桥村至今。位于村委会东900米。东邻栗树湾，南界李家桥，西至碾子湾，北连胡家湾。总面积0.13平方千米，耕地面积12.1公顷。5户，30人。主产水稻、小麦、玉米。村落形态呈散状，房屋结构以平房和坡房为主。

枯树湾【Kūshùwān】 以植物命名。因村里有棵大枯树而得名。1958年隶属农建大队；1966年隶属李桥大队；1984年隶属李桥村至今。位于村委会东600米。东邻吴店镇程湾村小甲子湾，南界栗树湾，西至胡家湾，北连裤裆堰。总面积0.26平方千米，耕地面积2.9公顷。8户，50人。主产水稻、小麦、玉米。村落形态呈散状，房屋结构以平房和坡房为主。

裤裆堰【Kùdāngyàn】 以堰塘形状命名。因村旁堰塘形似裤裆而得名。1958年隶属农建大队；1966年隶属李桥大队；1984年隶属李桥村至今。位于村委会东700米。东邻文家老湾，南界枯树湾，西至新湾，北连甘家湾。总面积0.2平方千米，耕地面积4.6公顷。7户，40人。主产水稻、小麦、玉米。村落形态呈散状，房屋结构以平房和坡房为主。

李家湾【Lǐjiāwān】 以姓氏命名。因李姓聚居而得名。1958年隶属农建大队；1966年隶属李桥大队；1984年隶属李桥村至今。位于村委会东北1.6千米。东邻螺丝岗村下草堰冲，南界甘家湾，西至文家大湾，北连罗庙村罐子窑。总面积0.15平方千米，耕地面积13.4公顷。5户，30人。主产水稻、小麦、玉米。村落形态呈散状，房屋结构以楼房为主。

栗树湾【Lìshùwān】 以植物命名。因村里有棵大栗树而得名。1958年隶属农建大队；1966年隶属李桥大队；1984年隶属李桥村至今。位于村委会东1.1千米。东邻吴店镇程湾村林场，南界张家湾，西至碾子湾，北连文家老湾。总面积0.28平方千米，耕地面积5.4公顷。10户，60人。主产水稻、小麦、玉米。村落形态呈散状，房屋结构以平房和坡房为主。

刘家老湾【Liújiālǎowān】 以姓氏和时间综合命名。因刘姓聚居且建村较早，故名。1958年隶属农建大队；1966年隶属李桥大队；1984年隶属李桥村至今。位于村委会北1.5千米。东邻文家大湾，南界谢家咀，西至王桥村庙娃湾，北连罗庙村屏墙湾。总面积0.28平方千米，耕地面积20.6公顷。17户，70人。主产水稻、小麦、玉米，兼种果蔬。村落形态呈线状，房屋结构以平房和楼房为主。

刘家垭子【Liújiāyāzi】 以姓氏和地形综合命名。因刘姓聚居山垭里而得名。1958年隶属农建大队；1966年隶属李桥大队；1984年隶属李桥村至今。位于村委会西1.2千米。东邻谢家咀，南界王桥村河口，西至王桥村王桥，北连王桥村庙娃湾。总面积0.35平方千米，耕地面积21.9公顷。20户，100人。主产水稻、小麦、玉米，兼种果蔬。村落形态呈线状，房屋结构以坡房和楼房为主。

楼子湾【Lóuziwān】 以建筑物命名。因建村时盖了座楼子而得名。1958年隶属农建大队；1966年隶属李桥大队；1984年隶属李桥村至今。位于村委会南1千米。东邻碾子湾，南界白果湾，西至王桥村李家老湾，北连谢家咀。总面积0.35平方千米，耕地面积22.7公顷。23户，100人。主产水稻、小麦、玉米，兼种果蔬。村落形态呈线状，房屋结构以平房和楼房为主。

碾子湾【Niǎnziwān】 以工具命名。因村里原有盘碾子而得名。1958年隶属农建大队；1966年隶属李桥大队；1984年隶属李桥村至今。位于村委会东1千米。东邻姜家湾，南界藕堰堤，西至楼子湾，北连胡家湾。总面积0.12平方千米，耕地面积11.5公顷。4户，10人。主产水稻、小麦、玉米。村落形态呈散状，房屋结构以平房和坡房为主。

藕堰堤【Ǒuyàndī】 以植物和堰堤综合命名。因村建在藕堰堤旁而得名。1958年隶属农建大队；1966年隶属李桥大队；1984年隶属李桥村至今。位于村委会南1千米。东邻张家湾，南界吴店镇双湾村杨家湾，西至史家祠堂，北连碾子湾。总面积0.23平方千米，耕地面积15.6公顷。15户，80人。主产水稻、小麦、玉米。村落形态呈散状，房屋结构以平房和坡房为主。

史家湾【Shǐjiāwān】 以姓氏命名。因史姓聚居而得名。1958年隶属农建大队；1966年隶属李桥大队；1984年隶属李桥村至今。位于村委会南1.1千米。东邻藕堰堤，南界吴店镇双湾村杨家湾，西至大松树湾，北连号召岗。总面积0.13平方千米，耕地面积7.8公顷。6户，20人。主产水稻、小麦、玉米。村落形态呈散状，房屋结构以平房和坡房为主。

松树湾【Sōngshùwān】 以植物命名。因村周松树多而得名。1958年隶属农建大队；1966年隶属李桥大队；1984年隶属李桥村至今。位于村委会南1.8千米。东邻柏树湾，南界吴店镇双湾村杨家湾，西至土井湾，北连白果湾。总面积0.11平方千米，耕地面积2.1公顷。4户，10人。主产水稻、小麦、玉米。村落形态呈散状，房屋结构以平房和坡房为主。

土井湾【Tǔjǐngwān】 以土井命名。因村里有眼土井而得名。1958年隶属农建大队；1966年隶属李桥大队；1984年隶属李桥村至今。位于村委会南1.7千米。东邻大松树湾，南界吴店镇双湾村牯牛湾，西至王桥村冬青树湾，北连王桥村胡家湾。总面积0.19平方千米，耕地面积7.2公顷。8户，30人。主产水稻、小麦、玉米。村落形态呈散状，房屋结构以平房和坡房为主。

文家大湾【Wénjiādàwān】 以姓氏和规模综合命名。因文姓聚居且人多村大，故名。1958年隶属农建大队；1966年隶属李桥大队；1984年隶属李桥村至今。位于村委会北1.6千米。东邻李家湾，南界姜家祠堂，西至刘家老湾，北连罗庙村东竹林湾。总面积0.32平方千米，耕地面积21.3公顷。21户，90人。主产水稻、小麦、玉米，兼种果蔬。村落形态呈线状，房屋结构以平房和楼房为主。

文家老湾【Wénjiālǎowān】 以姓氏和建村时间综合命名。因文姓聚居且建村较早，故名。1958年隶属农建大队；1966年隶属李桥大队；1984年隶属李桥村至今。位于村委会东1千米。东邻程湾村甲子湾，南界栗树湾，西至姜家祠堂，北连张家湾。总面积0.1平方千米，耕地面积7.6公顷。1户，4人。主产水稻、小麦、玉米。村落形态呈散状，房屋结构以平房和坡房为主。

肖家岗【Xiāojiāgǎng】 以姓氏和地形综合命名。因肖姓聚居岗地而得名。1958年隶属农建大队；1966年隶属李桥大队；1984年隶属李桥村至今。位于村委会西1.3千米。东邻刘家垭子，南界王桥村胡家湾，西至王桥村倒庙湾，北连王桥村糖坊。总面积0.15平方千米，耕地面积4.7公顷。4户，20人。主产水稻、小麦、玉米。村落形态呈线状，房屋结构以平房和楼房为主。

小老湾【Xiǎolǎowān】 以姓氏命名。因文姓聚居而得名。1958年隶属农建大队；1966年隶属李桥大队；1984年隶属李桥村至今。位于村委会东800米。东邻文家老湾，南界程湾村甲子湾，西至裤裆堰，北连甘家湾。总面积0.13平方千米，耕地面积12.1公顷。3户，14人。主产水稻、小麦、玉米。村落形态呈散状，房屋结构以平房和坡房为主。

小湾【Xiǎowān】 以村庄规模命名。因村子小而得名。1958年隶属农建大队；1966年隶属李桥大队；1984年隶属李桥村至今。位于村委会西500米。东邻号召岗，南界楼子湾，西至谢家咀，北连姜家祠堂。总面积0.13平方千米，耕地面积3.8公顷。7户，20人。主产水稻、小麦、玉米。村落形态呈线状，房屋结构以平房和坡房为主。

谢家咀【Xièjiāzuǐ】 以姓氏和地形综合命名。因谢姓建村山咀而得名。1958年隶属农建大队；1966年隶属李桥大队；1984年隶属李桥村至今。位于村委会东1.2千米。东邻小湾，南界楼子湾，西至刘家垭子，北连刘家老湾。总面积0.64平方千米，耕地面积27.6公顷。34户，150人。主产水稻、小麦、玉米，兼种果蔬。村落形态呈线状，房屋结构以平房和坡房为主。

新湾【Xīnwān】 以建村时间命名。因建村晚得名。1958年隶属农建大队；1966年隶属李桥大队；1984年隶属李桥村至今。位于村委会东500米。东邻裤裆堰，南界枯树湾，西至胡家湾，北连李家湾。总面积0.13平方千米，耕地面积2.5公顷。4户，20人。主产水稻、小麦、玉米。村落形态呈线状，房屋结构以平房和楼房为主。

岩子湾【Yánziwān】 以地形命名。因村建在山岩子上而得名。1958年隶属农建大队；1966年隶属李桥大队；1984年隶属李桥村至今。位于村委会东1.5千米。东邻栗树湾，南界张家湾，西至白果湾，北连碾子湾。总面积0.095平方千米，耕地面积2公顷。2户，10人。主产水稻、小麦、玉米。村落形态呈散状，房屋结构以平房和坡房为主。

袁家老湾【Yuánjiālǎowān】 以姓氏和建村时间综合命名。因袁姓聚居且建村较早，故名。1958年隶属农建大队；1966年隶属李桥大队；1984年隶属李桥村至今。位于村委会南1.6千米。东邻史家祠堂，南界土井湾，西至王桥村长里岗，北连白果湾。总面积0.13平方千米，耕地面积6.8公顷。4户，10人。主产水稻、小麦、玉米。村落形态呈散状，房屋结构以平房和坡房为主。

张家湾【Zhāngjiāwān】 以姓氏命名。因张姓聚居而得名。1958年隶属农建大队；1966年隶属李桥大队；1984年隶属李桥村至今。位于村委会东南1.5千米。东邻吴店镇程湾村学屋，南界柏树湾，西至藕堰堤，北连岩子湾。总面积1.0平方千米，耕地面积5.8公顷。8户，50人。主产水稻、小麦、玉米。村落形态呈散状，房屋结构以平房和坡房为主。

中咀子【zhōngzuǐzi】 以地形命名。因村建在山咀上而得名。1958年隶属农建大队；1966年隶属李桥大队；1984年隶属李桥村至今。位于村委会东北900米。东邻甘家湾，南界枯树湾，西至李家湾，北连罗庙村罐子窑。总面积 0.16 平方千米，耕地面积 12.1 公顷。8 户，40 人。主产水稻、小麦、玉米。村落形态呈散状，房屋结构以平房和坡房为主。

罗庙村【Luómiàocūn】

以建筑物和传说综合命名。1919 年，此地建了一座寺庙，总面积约六亩，墙高一丈二尺，房屋十余间，供有泥菩萨。据传泥菩萨是别处的菩萨自己跑来的，当地将它搬走，可是第二天一看又来了，这样往返很多次，最后在这里修建了庙宇，故称罗（挪）庙。1958 年为金辉大队，隶属伟大公社；1961 年隶属资山区；1966 年为罗庙大队；1975 年隶属资山公社；1981 年隶属王城公社；1984 年为罗庙村，隶属王城区；1987 年隶属资山镇；2001 年隶属王城镇至今。位于镇政府西南 13 千米。东邻螺丝岗村，南界李桥村，西至陈庙村，北连石堰村。辖 27 个自然村，总面积 7.51 平方千米，耕地面积 366.4 公顷。333 户，1420 人。主产小麦、水稻、杂粮，兼种果蔬，发展水产养殖。村委会驻上刘家湾。

蔽湾【Bìwān】 以方位命名。因村建在偏僻隐蔽的地方而得名。1958 年隶属金辉大队；1966 年隶属罗庙大队；1984 年隶属罗庙村至今。位于村委会西北 800 米。东邻汪家湾，南界王家湾，西至九厅，北连陈庙村耿家湾。总面积 0.2 平方千米，耕地面积 12 公顷。10 户，50 人。主产小麦、水稻、玉米，兼种果蔬，发展水产养殖。村落形态呈散状，房屋结构以平房和坡房为主。

柴坡【Cháipō】 以植物和地形综合命名。因村建在长满柴草的山坡而得名。1958 年隶属金辉大队；1966 年隶属罗庙大队；1984 年隶属罗庙村至今。位于村委会西南 800 米。东邻河口，南界王桥村三家村，西至胡家湾，北连王家湾。总面积 0.3 平方千米，耕地面积 11.4 公顷。15 户，60 人。主产小麦、水稻、玉米，兼种果蔬，发展水产养殖。村落形态呈散状，房屋结构以平房和坡房为主。

陈家湾【Chénjiāwān】 以姓氏命名。因陈姓聚居而得名。1958 年隶属金辉大队；1966 年隶属罗庙大队；1984 年隶属罗庙村至今。位于村委会西 1 千米。东邻上刘家湾，南界河口，西至胡家湾，北连王家湾。总面积 0.2 平方千米，耕地面积 12 公顷。10 户，50 人。主产小麦、水稻、玉米，兼种果蔬，发展水产养殖。村落形态呈散状，房屋结构以平房和坡房为主。

大南冲【Dànánchōng】 以方位和地形综合命名。因村建在大冲南边而得名。1958 年隶属金辉大队；1966 年隶属罗庙大队；1984 年隶属罗庙村至今。位于村委会东南 1.5 千米。东邻桐树凹，南界罐子窑，西至文家老湾，北连文家咀。总面积 0.3 平方千米，耕地面积 11.5 公顷。10 户，40 人。主产小麦、水稻、玉米，兼种果蔬，发展水产养殖。村落形态呈散状，房屋结构以平房和坡房为主。

丁家楼【Dīngjiālóu】 以姓氏和建筑物综合命名。因丁姓聚居并建有一座炮楼而得名。1958 年隶属金辉大队；1966 年隶属罗庙大队；1984 年隶属罗庙村至今。位于村委会西 1.3 千米。东邻胡家湾，南界王桥村枯树湾，西至廖家湾，北连九厅。总面积 0.4 平方千米，耕地面积 16.7 公顷。15 户，60 人。主产小麦、水稻、玉米，兼种果蔬，发展水产养殖。村落形态呈散状，房屋结构以平房和坡房为主。

粉坊寨【Fěnfángzhài】 以作坊和建筑物综合命名。因村周筑有寨墙，村内开过粉坊而得名。1958 年隶属金辉大队；1966 年隶属罗庙大队；1984 年隶属罗庙村至今。位于村委会东 300 米。东邻祠堂湾，南界上王家垱，西至陈家湾，北连庙后头。总面积0.3平方千米，耕地面积27.4公顷。17户，80人。主产小麦、水稻、玉米，兼种果蔬，发展水产养殖。村落形态呈散状，房屋结构以平房和坡房为主。

岗上【Gǎngshàng】 以地形命名。因村建在岗上而得名。1958年隶属金辉大队；1966年隶属罗庙大队；1984年隶属罗庙村至今。位于村委会东北1.1千米。东邻周家湾，南界文家咀，西至四方堰，北连马家湾。总面积0.3平方千米，耕地面积8公顷。10户，40人。主产小麦、水稻、玉米，兼种果蔬，发展水产养殖。村落形态呈散状，房屋结构以平房和坡房为主。

古堰冲【Gǔyànchōng】 以堰和地形综合命名。因村建在一口古堰旁，下有冲田而得名。1958年隶属金辉大队；1966年隶属罗庙大队；1984年隶属罗庙村至今。位于村委会东南1.3千米。东邻南冲，南界罐子窑，西至河口，北连文家老湾。总面积0.2平方千米，耕地面积9.6公顷。10户，40人。主产小麦、水稻、玉米，兼种果蔬。村落形态呈散状，房屋结构以平房和坡房为主。

河口【Hékǒu】 以河流命名。因村口有条小河流而得名。1958年隶属金辉大队；1966年隶属罗庙大队；1984年隶属罗庙村至今。位于村委会南1千米。东邻粉坊寨，南界下刘家湾，西至柴坡，北连陈家湾。总面积0.4平方千米，耕地面积11.4公顷。15户，60人。主产小麦、水稻、玉米，兼种果蔬，发展水产养殖。村落形态呈散状，房屋结构以平房和坡房为主。

胡家湾【Hújiāwān】 以姓氏命名。因胡姓聚居而得名。1958年隶属金辉大队；1966年隶属罗庙大队；1984年隶属罗庙村至今。位于村委会西南1千米。东邻柴坡，南界王桥村三家村，西至丁家楼，北连王家湾。总面积0.3平方千米，耕地面积11.4公顷。15户，60人。主产小麦、水稻、玉米，兼种果蔬，发展水产养殖。村落形态呈散状，房屋结构以平房和坡房为主。

井湾【Jǐngwān】 以井命名。因村内有口古井而得名。1958年隶属金辉大队；1966年隶属罗庙大队；1984年隶属罗庙村至今。位于村委会东南1.4千米。东邻南冲，南界古堰冲，西至文家老湾，北连文家咀。总面积0.1平方千米，耕地面积9.6公顷。10户，40人。主产小麦、水稻、玉米，兼种果蔬，发展水产养殖。村落形态呈散状，房屋结构以平房和坡房为主。

九厅【Jiǔtīng】 以建筑物和数量综合命名。因汪姓建九间正房和九间厅屋，故名。1958年隶属金辉大队；1966年隶属罗庙大队；1984年隶属罗庙村至今。位于村委会西1.3千米。东邻王家湾，南界丁家楼，西至陈庙村刘家老湾，北连陈庙村李家咀。总面积0.5平方千米，耕地面积37.9公顷。25户，100人。主产小麦、水稻、玉米，兼种果蔬，发展水产养殖。村落形态呈散状，房屋结构以平房和坡房为主。

李家祠堂【Lǐjiācítáng】 以姓氏和建筑物综合命名。因李姓聚居并建有祠堂而得名。1958年隶属金辉大队；1966年隶属罗庙大队；1984年隶属罗庙村至今。位于村委会北600米。东邻岗上，南界上刘家湾，西至汪家湾，北连四方堰。总面积0.1平方千米，耕地面积3.9公顷。5户，20人。主产小麦、水稻、玉米，兼种果蔬。村落形态呈散状，房屋结构以平房和坡房为主。

李家湾【Lǐjiāwān】 以姓氏命名。因李姓聚居而得名。1958年隶属金辉大队；1966年隶属罗庙大队；1984年隶属罗庙村至今。位于村委会北1千米。东邻王家湾，南界四方堰，西至汪家湾，北连石堰村毛家湾。总面积0.2平方千米，耕地面积9公顷。10户，40人。主产小麦、水稻、玉米，兼种果蔬。村落形态呈散状，房屋结构以平房和坡房为主。

廖家湾【Liàojiāwān】 以姓氏命名。因廖姓聚居而得名。1958年隶属金辉大队；1966年隶属罗庙大队；1984年隶属罗庙村至今。位于村委会西南1.5千米。东邻丁家楼，南界王桥村枯树湾，西至王桥村桥头，北连九厅。总面积0.3平方千米，耕地面积16.7公顷。10户，50人。主产小麦、水稻、玉米，兼种果蔬，发展水产养殖。村落形态呈散状，房屋结构以平房和坡房为主。

麻杆堰【Mágǎnyàn】 以植物和堰塘综合命名。因村旁堰塘渗水且常种麻而得名。1958年隶属金辉大队；1966年隶属罗庙大队；1984年隶属罗庙村至今。位于村委会西南1.4千米。东邻丁家楼，南界廖家湾，西至王桥村桥头，北连九厅。总面积0.3平方千米，耕地面积16.7公顷。10户，50人。主产小麦、水稻、玉米，兼种果蔬，发展水产养殖。村落形态呈散状，房屋结构以平房和坡房为主。

马家湾【Mǎjiāwān】 以姓氏命名。因马姓聚居而得名。1958年隶属金辉大队；1966年隶属罗庙大队；1984年隶属罗庙村至今。位于村委会东北1.1千米。东邻周家湾，南界李家湾，西至王家湾，北连石堰村蔡家湾。总面积0.2平方千米，耕地面积8.4公顷。10户，40人。主产小麦、水稻、玉米，兼种果蔬，发展水产养殖。村落形态呈散状，房屋结构以平房和坡房为主。

庙后头【Miàohòutóu】 以建筑物和方位综合命名。因村建在罗家庙后而得名。1958年隶属金辉大队；1966年隶属罗庙大队；1984年隶属罗庙村至今。位于村委会东400米。东邻祠堂湾，南界粉坊寨，西至上刘家湾，北连岗上。总面积0.21平方千米，耕地面积20公顷。16户，70人。主产小麦、水稻、玉米，兼种果蔬，发展水产养殖。村落形态呈散状，房屋结构以平房和坡房为主。

上刘家湾【Shàngliújiāwān】 以姓氏和方位综合命名。因刘姓聚居相邻二村，此村往北而得名。1958年隶属金辉大队；1966年隶属罗庙大队；1984年隶属罗庙村至今。村委会驻地。东邻粉坊寨，南界河口，西至王家湾，北连李家祠堂。总面积0.3平方千米，耕地面积12公顷。10户，50人。主产小麦、水稻、玉米，兼种果蔬，发展水产养殖。村落形态呈散状，房屋结构以平房和坡房为主。

四方堰【Sìfāngyàn】 以堰塘的形状命名。因村旁有一口大堰呈正方形而得名。1958年隶属金辉大队；1966年隶属罗庙大队；1984年隶属罗庙村至今。位于村委会北800米。东邻王家湾，南界李家祠堂，西至汪家湾，北连李家湾。总面积0.2平方千米，耕地面积9.4公顷。10户，50人。主产小麦、水稻、玉米，兼种果蔬。村落形态呈散状，房屋结构以平房和坡房为主。

桐树凹【Tóngshùwā】 以植物和地形综合命名。因村建在长有桐树的洼地而得名。1958年隶属金辉大队；1966年隶属罗庙大队；1984年隶属罗庙村至今。位于村委会东南1.6千米。东邻螺丝岗村上草堰冲，南界螺丝岗村中湾，西至大南冲，北连螺丝岗村姜家湾。总面积0.2平方千米，耕地面积11.5公顷。10户，40人。主产小麦、水稻、玉米，兼种果蔬。村落形态呈散状，房屋结构以平房和坡房为主。

汪家湾【Wāngjiāwān】 以姓氏命名。因汪姓聚居而得名。1958年隶属金辉大队；1966年隶属罗庙大队；1984年隶属罗庙村至今。位于村委会西北1.1千米。东邻李家湾，南界上刘家湾，西至蔽湾，北连石堰村毛家湾。总面积0.5平方千米，耕地面积16.2公顷。15户，70人。主产小麦、水稻、玉米，兼种果蔬，发展水产养殖。村落形态呈散状，房屋结构以平房和坡房为主。

王家湾【Wángjiāwān】 以姓氏命名。因王姓聚居而得名。1958年隶属金辉大队；1966年隶属罗庙大队；1984年隶属罗庙村至今。位于村委会东北1.2千米。东邻马家湾，南界四方堰，西至汪家湾，北连石堰村陡坡。总面积0.3平方千米，耕地面积13公顷。15户，60人。主产小麦、水稻、玉米，兼种果蔬，发展水产养殖。村落形态呈散状，房屋结构以平房和坡房为主。

王家湾【Wángjiāwān】 以姓氏命名。因王姓聚居而得名。1958年隶属金辉大队；1966年隶属罗庙大队；1984年隶属罗庙村至今。位于村委会西300米。东邻上刘家湾，南界陈家湾，西至九厅，北连蔽湾。总面积0.3平方千米，耕地面积12公顷。10户，50人。主产小麦、水稻、玉米，兼种果蔬，发展水产养殖。村落形态呈散状，房屋结构以平房和坡房为主。

文家咀【Wénjiāzuǐ】 以姓氏和地形综合命名。因文姓聚居岗咀旁而得名。1958年隶属金辉大队；1966年隶属罗庙大队；1984年隶属罗庙村至今。位于村委会东1.2千米。东邻螺丝岗村姜家湾，南界大南冲，西至粉坊寨，北连周家湾。总面积0.5平方千米，耕地面积23公顷。20户，80人。主产小麦、水稻、玉米，兼种果蔬，发展水产养殖。村落形态呈散状，房屋结构以平房和坡房为主。

文家老湾【Wénjiālǎowān】 以姓氏和建村时间综合命名。因文姓聚居且建村早而得名。1958年隶属金辉大队；1966年隶属罗庙大队；1984年隶属罗庙村至今。位于村委会东南1.2千米。东邻大南冲，南界古堰冲，西至粉坊寨，北连文家咀。总面积0.2平方千米，耕地面积9.7公顷。10户，40人。主产小麦、水稻、玉米，兼种果蔬，发展水产养殖。村落形态呈散状，房屋结构以平房和坡房为主。

周家湾【Zhōujiāwān】 以姓氏命名。因周姓聚居而得名。1958年隶属金辉大队；1966年隶属罗庙大队；1984年隶属罗庙村至今。位于村委会东北1.5千米。东邻石堰村孙家湾，南界文家咀，西至马家湾，北连石堰村蔡家湾。总面积0.2平方千米，耕地面积6公顷。10户，30人。主产小麦、水稻、玉米，兼种果蔬。村落形态呈散状，房屋结构以平房和坡房为主。

柳湾村【Liǔwāncūn】

以小柳湾自然村命名。1958年为远景大队，隶属伟大公社；1966年为柳湾大队，隶属资山区；1975年隶属资山公社；1981年隶属王城公社；1984年为柳湾村，隶属王城区；1987年隶属王城镇至今。位于镇政府东8千米。东邻随县万福农场凤凰村，南界随县唐县镇金寨村，西至付寨村，北连油坊湾水库。辖12个自然村，总面积5.31平方千米，耕地面积134.61公顷。167户，860人。主产水稻、小麦、玉米，兼种果蔬。村委会驻小柳湾。

白鹤湾【Báihèwān】 以动物命名。因村中树上常有白鹤栖息而得名。1958年隶属远景大队；1966年隶属柳湾大队；1984年隶属柳湾村至今。位于村委会南2千米。东邻梨园岗，南界油坊湾水库，西至油坊湾水库，北连乔家湾。总面积0.6平方千米，耕地面积8.46公顷。7户，70人。主产水稻、小麦、玉米，兼发展养殖业。村落形态呈团状，房屋结构以平房和坡房为主。

橙刺树湾【Chéngcìshùwān】 以植物命名。因村里橙刺树多而得名。1958年隶属远景大队；1966年隶属柳湾大队；1984年隶属柳湾村至今。位于村委会东200米。东邻随县万福农场凤凰山村梨坡湾，南界乔家井湾，西至小柳湾，北连雷家湾。总面积0.2平方千米，耕地面积8公顷。13户，80人。主产水稻、小麦、玉米。村落形态呈团状，房屋结构以坡房和楼房为主。

大新湾【Dàxīnwān】 以建村时间命名。1966年新建村且人数较多，故名。1958年隶属远景大队；1966年隶属柳湾大队；1984年隶属柳湾村至今。位于村委会西南200米。东邻乔家井湾，南界油坊湾水库，西至油坊湾水库，北连洼子湾。总面积0.5平方千米，耕地面积16公顷。21户，160人。主产水稻、小麦、玉米，兼种果树。村落形态呈散状，房屋结构以平房和坡房为主。

翻坡湾【Fānpōwān】 以地形命名。因村建在凹地且出入都要翻坡，故名。1958年隶属远景大队；1966年隶属柳湾大队；1984年隶属柳湾村至今。位于村委会东南1千米。东邻小新湾，南界梨园岗，西至乔家湾，北连乔家井湾。总面积0.4平方千米，耕地面积7.8公顷。9户，40人。主产水稻、小麦、玉米。村落形态呈散状，房屋结构以平房和坡房为主。

雷家湾【Léijiāwān】 以姓氏命名。因雷姓聚居而得名。1958年隶属远景大队；1966年隶属柳湾大队；1984年隶属柳湾村至今。位于村委会北500米。东邻随县万福农场凤凰村梨坡湾，南界小柳家湾，西至油坊湾水库，北连油坊湾水库。总面积0.6平方千米，耕地面积12公顷。22户，40人。主产水稻、小麦、玉米。村落形态呈散状，房屋结构以平房和坡房为主。

梨园岗【Líyuángǎng】 以植物和地形综合命名。因村建在岗上且村周梨树多，故名。1958年隶属远景大队；1966年隶属柳湾大队；1984年隶属柳湾村至今。位于村委会东南4千米。东邻寨湾，南界白鹤湾，西至乔家湾，北连翻坡湾。总面积0.5平方千米，耕地面积22.5公顷。23户，100人。主产水稻、小麦、玉米。村落形态呈团状，房屋结构以平房和坡房为主。

乔家井湾【Qiáojiājǐngwān】 以姓氏和水井综合命名。因乔姓聚居且村内有眼古井，故名。1958年隶属远景大队；1966年隶属柳湾大队；1984年隶属柳湾村至今。位于村委会东300米。东邻翻坡湾，南界乔家湾，西至大新湾，北连橙刺树湾。总面积0.7平方千米，耕地面积13.73公顷。20户，110人。主产水稻、小麦、玉米，兼种果树。村落形态呈散状，房屋结构以平房和坡房为主。

乔家湾【Qiáojiāwān】 以姓氏命名。因乔姓聚居而得名。1958年隶属远景大队；1966年隶属柳湾大队；1984年隶属柳湾村至今。位于村委会南1千米。东邻翻坡湾，南界白鹤湾，西至油坊湾水库，北连乔家井湾。总面积0.4平方千米，耕地面积6.7公顷。6户，40人。主产水稻、小麦、玉米。村落形态呈散状，房屋结构以平房和坡房为主。

洼子湾【Wāziwān】 以地形命名。因村建在洼地而得名。1958年隶属远景大队；1966年隶属柳湾大队；1984年隶属柳湾村至今。位于村委会西1千米。东邻小柳家湾，南界大新湾，西至油坊湾水库，北连雷家湾。总面积0.41平方千米，耕地面积11.3公顷。20户，70人。主产水稻、小麦、玉米，兼发展养殖业。村落形态呈散状，房屋结构以平房和坡房为主。

小柳湾【Xiǎoliǔwān】 以姓氏和规模综合命名。因柳姓聚居且人数较少，故名。1958年隶属远景大队；1966年隶属柳湾大队；1984年隶属柳湾村至今。位于村委会驻地。东邻乔家井湾，南界乔家湾，西至洼子湾，北连雷家湾。总面积0.3平方千米，耕地面积10公顷。8户，30人。主产水稻、小麦、玉米。村落形态呈散状，房屋结构以坡房和楼房为主。

小新湾【Xiǎoxīnwān】 以建村时间命名。因1971年建村且人数较少，故名。1971年隶属柳湾大队；1984年隶属柳湾村至今。位于村委会东南1.5千米。东邻寨湾，南界梨园湾，西至翻坡湾，北连橙子树湾。

总面积 0.3 平方千米，耕地面积 11.06 公顷。8 户，40 人。主产水稻、小麦、玉米。村落形态呈散状，房屋结构以平房和坡房为主。

寨湾【Zhàiwān】 以山寨命名。因村建在原山寨旁而得名。1958 年隶属远景大队；1966 年隶属柳湾大队；1984 年隶属柳湾村至今。位于村委会东南 3 千米。东邻随县凤凰山茶场，南界梨园湾，西至小新湾，北连随县万福农场凤凰山村梨坡湾。总面积 0.4 平方千米，耕地面积 7.06 公顷。10 户，80 人。主产水稻、小麦、玉米，兼发展养殖业。村落形态呈团状，房屋结构以平房和坡房为主。

罗汉村【Luóhàncūn】

以北罗汉寺自然村命名。1958 年为新华一大队，隶属伟大公社；1966 年为罗汉大队，隶属资山区；1975 年隶属资山公社；1981 年隶属王城公社；1984 年为罗汉村，隶属王城区；1987 年隶属资山镇；2001 年隶属王城镇至今。位于镇政府南 11 千米。东邻端公村，南界团山村，西至螺丝岗村，北连官营村。辖 34 个自然村，总面积 7.82 平方千米，耕地面积 351.81 公顷。372 户，1795 人。主产水稻、小麦、玉米，兼种果蔬。资兴路、资罗路过境，村委会驻唐家草湾。

半乍林【Bànzhàlín】 以数词和植物林综合命名。因村建在山旁，当年此山只绿化了一半，故名。1958 年隶属新华一大队；1966 年隶属罗汉大队；1984 年隶属罗汉村至今。位于村委会东北 4.6 千米。东邻上西河，南界双堰岗，西至董家湾，北连井湾。总面积 0.24 平方千米，耕地面积 10 公顷。11 户，80 人。主产水稻、小麦、玉米，兼种果蔬。村落形态呈团状，房屋结构以平房和坡房为主。

北罗汉寺【Běiluóhànsì】 以方位和寺庙综合命名。因村建在罗汉寺的北边而得名。1958 年隶属新华一大队；1966 年隶属罗汉大队；1984 年隶属罗汉村至今。位于村委会西北 1.1 千米。东邻横冲凹，南界灵庙，西至螺丝岗村楼子湾，北连堰梢。总面积 0.25 平方千米，耕地面积 3 公顷。4 户，20 人。主产水稻、小麦、玉米。村落形态呈线状，房屋结构以坡房为主。

仓库岗【Cāngkùgǎng】 以仓库和地形综合命名。因此村与原生产队的仓库同建在岗上而得名。1966 年隶属罗汉大队；1984 年隶属罗汉村至今。位于村委会北 3 千米。东邻双堰岗，南界胡家太山庙，西至上艾家湾，北连胡家湾。总面积 0.49 平方千米，耕地面积 13 公顷。18 户，80 人。主产水稻、小麦、玉米，兼种大红桃。村落形态呈线状，房屋结构以坡房和楼房为主。

椿树湾【Chūnshùwān】 以植物命名。因村内有棵大椿树而得名。1958 年隶属新华一大队；1966 年隶属罗汉大队；1984 年隶属罗汉村至今。位于村委会东北 1 千米。东邻端公村上畈上，南界团山村黄楝树湾，西至大白土坡，北连水城子。总面积 0.16 平方千米，耕地面积 6 公顷。9 户，40 人。主产水稻、小麦、玉米。村落形态呈线状，房屋结构以平房和坡房为主。

大白土坡【Dàbáitǔpō】 以面积、土质和地形综合命名。因村较大且建在白土坡上，故名。1958 年隶属新华一大队；1966 年隶属罗汉大队；1984 年隶属罗汉村至今。位于村委会东北 700 米。东邻花湾，南界东学屋湾，西至横冲凹，北连竹林湾。总面积 0.15 平方千米，耕地面积 10.69 公顷。14 户，60 人。主产水稻、小麦、玉米。村落形态呈线状，房屋结构以坡房和楼房为主。

大庙垭【Dàmiàoyā】 以寺庙和地形综合命名。因村建在胡家太山庙南山垭处而得名。1958 年隶属新华一大队；1966年隶属罗汉大队；1984年隶属罗汉村至今。位于村委会北1.8千米。东邻周家湾，南界竹林湾，西至花屋脊湾，北连胡家太山庙。总面积0.1平方千米，耕地面积6公顷。5户，20人。主产水稻、小麦、玉米。村落形态呈团状，房屋结构以平房和坡房为主。

东学湾【Dōngxuéwān】 以方位和学校综合命名。因村子建在学屋东边而得名。1958年隶属新华一大队；1966年隶属罗汉大队；1984年隶属罗汉村至今。位于村委会东500米。东邻花湾，南界团山村月池堰，西至灵庙，北连大白土坡。总面积0.14平方千米，耕地面积7公顷。9户，40人。主产水稻、小麦、玉米。村落形态呈线状，房屋结构以平房和坡房为主。

董家湾【Dǒngjiāwān】 以姓氏命名。因董姓聚居而得名。1958年隶属新华一大队；1966年隶属罗汉大队；1984年隶属罗汉村至今。位于村委会北5千米。东邻柿子园，南界下艾家湾，西至石堰村院墙湾，北连官营村曹家湾。总面积0.27平方千米，耕地面积12公顷。10户，40人。主产水稻、小麦、玉米。兼种大红桃，发展养殖业。村落形态呈线状，房屋结构以平房和坡房为主。

方家湾【Fāngjiāwān】 以姓氏命名。因方姓聚居而得名。1958年隶属新华一大队；1966年隶属罗汉大队；1984年隶属罗汉村至今。位于村委会东北4.7千米。东邻董楼村李家湾，南界梁家湾，西至半乍林，北连董楼村赵家湾。总面积0.22平方千米，耕地面积14公顷。10户，50人。主产水稻、小麦、玉米。村落形态呈线状，房屋结构以平房和坡房为主。

横冲凹【Héngchōngwā】 以地形命名。因村建在一条横冲的低洼处而得名。1958年隶属新华一大队；1966年隶属罗汉大队；1984年隶属罗汉村至今。位于村委会西北1千米。东邻大白土坡，南界灵庙，西至北罗汉寺，北连庙湾。总面积0.1平方千米，耕地面积4公顷。2户，10人。主产水稻、小麦、玉米。村落形态呈团状，房屋结构以坡房为主。

胡家岗【Hújiāgǎng】 以姓氏和地形综合命名。因胡姓聚居岗上而得名。1958年隶属新华一大队；1966年隶属罗汉大队；1984年隶属罗汉村至今。位于村委会北3.2千米。东邻长坡岗，南界唐家湾，西至上艾家湾，北连柿子园。总面积0.3平方千米，耕地面积13.46公顷。20户，100人。主产水稻、小麦、玉米，兼种果蔬。村落形态呈线状，房屋结构以平房和坡房为主。

胡家老湾【Hújiālǎowān】 以姓氏命名。因胡姓最早在此定居，故名。1958年隶属新华一大队；1966年隶属罗汉大队；1984年隶属罗汉村至今。位于村委会西北500米。东邻小白土坡，南界灵庙，西至螺丝岗村施家湾，北连北罗汉寺。总面积0.2平方千米，耕地面积1公顷。1户，5人。主产水稻、小麦、玉米。村落形态呈散状，房屋结构以坡房为主。

胡家太山庙【Hújiātàishānmiào】 以姓氏和寺庙综合命名。很久前，因胡姓在山顶修了座太山庙而得名。1958年隶属新华一大队；1966年隶属罗汉大队；1984年隶属罗汉村至今。位于村委会北2.3千米。东邻周家湾，南界大庙垭，西至花屋脊湾，北连仓屋岗。总面积0.1平方千米，耕地面积5公顷。4户，20人。主产水稻、小麦、玉米。村落形态呈团状，房屋结构以坡房为主。

花湾【Huāwān】 以建筑特点命名。因村中原有座房子和槽门都是雕龙画栋而得名。1958年隶属新华一大队；1966年隶属罗汉大队；1984年隶属罗汉村至今。位于村委会东北900米。东邻椿树湾，南界团山村月池堰，西至东学屋湾，北连大白土坡。总面积0.18平方千米，耕地面积6公顷。13户，50人。主产水稻、小麦、玉米。村落形态呈团状，房屋结构以平房和坡房为主。

花屋脊湾【Huāwūjǐwān】 以屋脊特点命名。因村内屋脊雕有花纹，故名。1958年隶属新华一大队；1966年隶属罗汉大队；1984年隶属罗汉村至今。位于村委会北2千米。东邻胡家太山庙，南界庙湾，西至牛角湾，北连下艾家湾。总面积0.35平方千米，耕地面积13.88公顷。16户，70人。主产水稻、小麦、玉米，兼种大红桃。村落形态呈团状，房屋结构以坡房和楼房为主。

井湾【Jǐngwān】 以水井命名。因村内有眼水井而得名。1958年隶属新华一大队；1966年隶属罗汉大队；1984年隶属罗汉村至今。位于村委会北5.7千米。东邻杨家湾，南界半乍林，西至柿子园，北连官营村楼子湾。总面积0.12平方千米，耕地面积10公顷。9户，40人。主产水稻、小麦、玉米。村落形态呈团状，房屋结构以平房和楼房为主。

梁家湾【Liángjiāwān】 以姓氏命名。因梁姓聚居而得名。1958年隶属新华一大队；1966年隶属罗汉大队；1984年隶属罗汉村至今。位于村委会东北4.2千米。东邻资山街道社区楼子湾，南界资山街道社区陈家湾，西至长坡岗，北连方家湾。总面积0.14平方千米，耕地面积6公顷。7户，30人。主产水稻、小麦、玉米。村落形态呈线状，房屋结构以平房和坡房为主。

灵庙【Língmiào】 以寺庙命名。据传，过去此村有座龙王庙，有年天旱，当地群众到此求雨，天时偶合，下了场大雨，人们就称之为"灵庙"。1958年隶属新华一大队；1966年隶属罗汉大队；1984年隶属罗汉村至今。位于村委会西400米。东邻唐家草湾，南界团山村靳家老湾，西至螺丝岗村施家湾，北连胡家老湾。总面积0.27平方千米，耕地面积25公顷。23户，120人。主产水稻、小麦、玉米，兼种果蔬。村落形态呈团状，房屋结构以坡房和楼房为主。

庙湾【Miàowān】 以寺庙命名。因村建在小庙旁而得名。1958年隶属新华一大队；1966年隶属罗汉大队；1984年隶属罗汉村至今。位于村委会北700米。东邻竹林湾，南界横冲凹，西至堰梢，北连花屋脊湾。总面积0.35平方千米，耕地面积20公顷。22户，90人。主产水稻、小麦、玉米，兼种果蔬。村落形态呈团状，房屋结构以坡房为主。

牛角湾【Niújiǎowān】 以地形命名。因此村地形像牛角一样而得名。1958年隶属新华一大队；1966年隶属罗汉大队；1984年隶属罗汉村至今。位于村委会西1.5千米。东邻花湾，南界唐家草湾，西至文家咀，北连庙湾。总面积0.26平方千米，耕地面积8.97公顷。6户，30人。主产水稻、小麦、玉米。村落形态呈团状，房屋结构以平房和楼房为主。

上西河【Shàngxīhé】 以方位和河流综合命名。因村建在西河上头而得名。1958年隶属新华一大队；1966年隶属罗汉大队；1984年隶属罗汉村至今。位于村委会东北4.5千米。东邻方家湾，南界梁家湾，西至半乍林，北连杨家湾。总面积0.22平方千米，耕地面积2.83公顷。2户，10人。主产水稻、小麦、玉米。村落形态呈线状，房屋结构以平房和坡房为主。

柿子园【Shìziyuán】 以植物命名。因村内柿子树多而得名。1958年隶属新华一大队；1966年隶属罗汉大队；1984年隶属罗汉村至今。位于村委会北5.5千米。东邻井湾，南界胡家岗，西至董家湾，北连官营村曹家湾。总面积0.27平方千米，耕地面积12.72公顷。10户，40人。主产水稻、小麦、玉米。村落形态呈线状，房屋结构以平房和坡房为主。

双堰岗【Shuāngyàngǎng】 以数词、堰塘和地形综合命名。因村建在两口堰的岗坡上而得名。1958年隶属新华一大队；1966年隶属罗汉大队；1984年隶属罗汉村至今。位于村委会东北3.7千米。东邻资山村沙坡涯，南界唐家湾，西至胡家湾，北连长坡岗。总面积0.26平方千米，耕地面积10公顷。8户，50人。主产水稻、小麦、玉米。村落形态呈团状，房屋结构以平房和坡房为主。

水城子【Shuǐchéngzi】 以护村水沟命名。因此村始建于河边，户主在村周挖了水沟，只留出入口，沟内放满水以防盗窃，故名。1958年隶属新华一大队；1966年隶属罗汉大队；1984年隶属罗汉村至今。位于村委会东北1.5千米。东邻端公村拱桥湾，南界椿树湾，西至小白土坡，北连周家湾。总面积0.27平方千米，耕地面积14公顷。15户，70人。主产水稻、小麦、玉米，兼种果蔬。村落形态呈团状，房屋结构以平房和楼房为主。

唐家草湾【Tángjiācǎowān】 以姓氏和房屋特点综合命名。因唐姓聚居草屋多而得名。1958年隶属新华一大队；1966年隶属罗汉大队；1984年隶属罗汉村至今。村委会驻地。东邻东学湾，南界团山村简家林，西至灵庙，北连胡家老湾。总面积0.2平方千米，耕地面积2公顷。3户，10人。主产水稻、小麦、玉米。兼发展养殖业。村落形态呈团状，房屋结构以坡房和楼房为主。

唐家湾【Tángjiāwān】 以姓氏命名。因唐姓聚居而得名。1958年隶属新华一大队；1966年隶属罗汉大队；1984年隶属罗汉村至今。位于村委会东北3.5千米。东邻资山村沙坡涯，南界周家湾，西至胡家太山庙，北连双堰岗。总面积0.26平方千米，耕地面积14.54公顷。16户，90人。主产水稻、小麦、玉米，兼种果蔬。村落形态呈团状，房屋结构以平房和坡房为主。

桃园【Táoyuán】 以植物命名。因村里有个大桃园而得名。1958年隶属新华一大队；1966年隶属罗汉大队；1984年隶属罗汉村至今。位于村委会西北1.5千米。东邻花湾，南界唐家草湾，西至螺丝岗村杨家湾，北连螺丝岗村文家湾。总面积0.24平方千米，耕地面积12公顷。11户，50人。主产水稻、小麦、玉米。村落形态呈线状，房屋结构以平房和坡房为主。

下艾家湾【Xià'àijiāwān】 以方位和姓氏综合命名。附近相邻两个艾家湾，此村在南，故名。1958年隶属新华一大队；1966年隶属罗汉大队；1984年隶属罗汉村至今。位于村委会西北2.5千米。东邻半午林，南界花屋脊湾，西至螺丝岗村杜家老湾，北连董家湾。总面积0.39平方千米，耕地面积14.92公顷。14户，70人。主产水稻、小麦、玉米，兼种果蔬。村落形态呈线状，房屋结构以平房和坡房为主。

小白土坡【Xiǎobáitǔpō】 以面积、土质和地形综合命名。因村较小且建在白土坡上，故名。1958年隶属新华一大队；1966年隶属罗汉大队；1984年隶属罗汉村至今。位于村委会东北900米。东邻水城子，南界大白土坡，西至横冲凹，北连竹林湾。总面积0.14平方千米，耕地面积4公顷。2户，10人。主产水稻、小麦、玉米。村落形态呈散状，房屋结构以坡房为主。

堰梢【Yànshāo】 以堰塘方位命名。因村建于堰梢旁而得名。1958年隶属新华一大队；1966年隶属罗汉大队；1984年隶属罗汉村至今。位于村委会西北1.8千米。东邻花湾，南界唐家草湾，西至螺丝岗村杨家湾，北连牛角湾。总面积0.25平方千米，耕地面积11公顷。9户，50人。主产水稻、小麦、玉米。兼种红桃。村落形态呈线状，房屋结构以平房和坡房为主。

杨家湾【Yángjiāwān】 以姓氏命名。因杨姓聚居而得名。1958年隶属新华一大队；1966年隶属罗汉大队；1984年隶属罗汉村至今。位于村委会东北5千米。东邻董楼村李家湾，南界梁家湾，西至井湾，北连官营村黄泥巴湾。总面积0.26平方千米，耕地面积16公顷。22户，140人。主产水稻、小麦、玉米，兼种果蔬。村落形态呈线状，房屋结构以平房和楼房为主。

长岗坡【Chánggǎngpō】 以地形命名。因村建在较长的岗坡上而得名。1958年隶属新华一大队；1966年隶属罗汉大队；1984年隶属罗汉村至今。位于村委会东北3.9千米。东邻梁家湾，南界双堰岗，西至胡家岗，北连半乍林。总面积0.14平方千米，耕地面积8公顷。6户，30人。主产水稻、小麦、玉米。村落形态呈团状，房屋结构以平房和坡房为主。

周家湾【Zhōujiāwān】 以姓氏命名。因周姓聚居而得名。1958年隶属新华一大队；1966年隶属罗汉大队；1984年隶属罗汉村至今。位于村委会东北1.8千米。东邻资山村东冲，南界水城子，西至胡家太山庙，北连唐家湾。总面积0.27平方千米，耕地面积20.8公顷。26户，120人。主产水稻、小麦、玉米，兼种果蔬。村落形态呈团状，房屋结构以平房和坡房为主。

竹林湾【Zhúlínwān】 以植物命名。因村建在竹林旁而得名。1958年隶属新华一大队；1966年隶属罗汉大队；1984年隶属罗汉村至今。位于村委会北600米。东邻周家湾，南界小白土坡，西至庙湾，北连大庙垭。总面积0.26平方千米，耕地面积14公顷。15户，60人。主产水稻、小麦、玉米，兼种果蔬。村落形态呈线状，房屋结构以平房和坡房为主。

双楼村【Shuānglóucūn】

以双楼子湾自然村命名。1958年为明星大队，隶属伟大公社；1966年为双楼大队，隶属资山区；1975年隶属资山公社；1981年隶属王城公社；1984年为双楼村，隶属王城区；1987年隶属王城镇至今。位于镇政府南2.6千米。东邻黄楼村，南界长冲、古岭、董楼村，西至杜湾村，北连王城街道社区。辖19个自然村，总面积4.08平方千米，耕地面积255.7公顷。265户，1280人。主产小麦、水稻、杂粮，兼种果蔬，发展水产养殖。汉十高速公路过境，在椿树湾村设有出入口收费站，兴唐公路由北向南过境，村委会驻双楼子湾。

北曹家湾【Běicáojiāwān】 以姓氏和方位综合命名。因曹姓聚居相邻二村，此村位北而得名。1958年隶属明星大队；1966年隶属双楼大队；1984年隶属双楼村至今。位于村委会西2.5千米。东邻老坟园，南界小侯家湾，西至杜湾村吴家湾，北连小曹家湾。总面积0.26平方千米，耕地面积10公顷。25户，120人。主产小麦、水稻、玉米，兼种果蔬，发展水产养殖。村落形态呈散状，房屋结构以平房和坡房为主。

曹家新岗【Cáojiāxīngǎng】 以姓氏、地形和时间综合命名。1998年后，原组部分曹姓村民迁至王九路组建新村庄，故名。1958年隶属明星大队；1966年隶属双楼大队；1984年隶属双楼村至今。位于村委会东北2.2千米。东邻黄楼村黄家湾，南界夏家湾，西至牌坊湾，北连黄楼村小平家岗。总面积0.22平方千米，耕地面积15.7公顷。18户，70人。主产小麦、水稻、玉米，兼种果蔬，发展鱼虾养殖。村落形态呈线状，房屋结构以楼房为主。

椿树湾【Chūnshùwān】 以植物命名。因村内有棵大椿树而得名。1958年隶属明星大队；1966年隶属双楼大队；1984年隶属双楼村至今。位于村委会西北3千米。东邻杨家湾，南界杜湾村王家湾，西至杜湾村杜家庄，北连杜湾村汪家湾。总面积0.1平方千米，耕地面积3公顷。4户，20人。主产小麦、水稻、玉米，兼种果蔬。村落形态呈散状，房屋结构以平房和坡房为主。

单楼子湾【Dānlóuziwān】 以建筑物命名。因邻双楼子湾，村中建有一座楼房而得名。1958年隶属明星大队；1966年隶属双楼大队；1984年隶属双楼村至今。位于村委会东1.2千米。东邻夏家湾，南界长冲村老庄子，西至双楼子湾，北连石坊湾。总面积0.18平方千米，耕地面积6公顷。4户，20人。主产小麦、水稻、玉米，兼种果蔬。村落形态呈散状，房屋结构以平房和坡房为主。

韩家岗【Hánjiāgǎng】 以姓氏和地形综合命名。因韩姓聚居岗上而得名。1958年隶属明星大队；1966年隶属双楼大队；1984年隶属双楼村至今。位于村委会西700米。东邻双楼子湾，南界南曹家湾，西至杜湾村刘家湾，北连老坟园。总面积0.25平方千米，耕地面积20公顷。15户，80人。主产小麦、水稻、玉米，兼种果蔬，发展水产养殖。村落形态呈散状，房屋结构以平房和坡房为主。

枯树湾【Kūshùwān】 以植物命名。因原村中有棵大枯树而得名。1958年隶属明星大队；1966年隶属双楼大队；1984年隶属双楼村至今。位于村委会东1.6千米。东邻黄楼村黄家湾，南界夏家湾，西至单楼子湾，北连曹家新岗。总面积0.2平方千米，耕地面积16公顷。10户，50人。主产小麦、水稻、玉米，兼种果蔬。村落形态呈散状，房屋结构以平房和坡房为主。

老坟园【Lǎofényuán】 以墓地命名。因村建在老坟地旁而得名。1958年隶属明星大队；1966年隶属双楼大队；1984年隶属双楼村至今。位于村委会西北1.8千米。东邻双楼子湾，南界韩家岗，西至曹家湾，北连杨家湾。总面积0.27平方千米，耕地面积18公顷。18户，90人。主产小麦、水稻、玉米，兼种果蔬，发展水产养殖。村落形态呈散状，房屋结构以平房和坡房为主。

南曹家湾【Náncáojiāwān】 以姓氏和方位综合命名。因曹姓聚居相邻二村，此村位南而得名。1958年隶属明星大队；1966年隶属双楼大队；1984年隶属双楼村至今。位于村委会西1.4千米。东邻油坊湾，南界古岭村老庄子，西至王家湾，北连韩家岗。总面积0.32平方千米，耕地面积20公顷。18户，80人。主产小麦、水稻、玉米，兼种果蔬，发展水产养殖。村落形态呈散状，房屋结构以平房和坡房为主。

牌坊湾【Páifángwān】 以牌坊命名。清乾隆年间，此地有个叫阮伍氏的年轻女子死了丈夫，她保持贞节守寡到老，阮家为她树一"贞洁女"的牌坊，故名。1958年隶属明星大队；1966年隶属双楼大队；1984年隶属双楼村至今。位于村委会西北1千米。东邻石坊湾，南界老坟园，西至吴家湾，北连谢家湾。总面积0.18平方千米，耕地面积10公顷。10户，50人。主产小麦、水稻、玉米，兼种果蔬。村落形态呈散状，房屋结构以平房和坡房为主。

石坊【Shífáng】 以建筑物命名。因村内有排石坊而得名。1958年隶属明星大队；1966年隶属双楼大队；1984年隶属双楼村至今。位于村委会东北1千米。东邻单楼子湾，南界双楼子湾，西至牌坊湾，北连曹家新岗。总面积0.2平方千米，耕地面积19公顷。5户，20人。主产小麦、水稻、玉米，兼种果蔬。村落形态呈散状，房屋结构以平房和坡房为主。

双楼子湾【Shuānglóuziwān】 以建筑物和数量综合命名。因原村中盖有两座楼而得名。1958年隶属明星大队；1966年隶属双楼大队；1984年隶属双楼村至今。村委会驻地。东邻单楼子湾，南界油坊湾，西至韩家岗，北连石坊湾。总面积0.3平方千米，耕地面积24公顷。20户，70人。主产小麦、水稻、玉米，兼种果蔬，发展水产养殖。村落形态呈散状，房屋结构以平房和坡房为主。

王家湾【Wángjiāwān】 以姓氏命名。因王姓聚居而得名。1958年隶属明星大队；1966年隶属双楼大队；1984年隶属双楼村至今。位于村委会西南1.5千米。东邻南曹家湾，南界古岭村老庄子，西至小侯家湾，北连韩家岗。总面积0.27平方千米，耕地面积18公顷。20户，130人。主产小麦、水稻、玉米，兼种果蔬，发展水产养殖。村落形态呈散状，房屋结构以平房和坡房为主。

吴家湾【Wújiāwān】 以姓氏命名。因吴姓聚居而得名。1958年隶属明星大队；1966年隶属双楼大队；1984年隶属双楼村至今。位于村委会西北1.5千米。东邻牌坊湾，南界老坟园，西至杨家湾，北连谢家湾。总面积0.26平方千米，耕地面积15公顷。23户，120人。主产小麦、水稻、玉米，兼种果蔬，发展水产养殖。村落形态呈散状，房屋结构以平房和坡房为主。

夏家湾【Xiàjiāwān】 以姓氏命名。因夏姓聚居而得名。1958年隶属明星大队；1966年隶属双楼大队；1984年隶属双楼村至今。位于村委会东1.8千米。东邻黄楼村黄家湾，南界长冲村老庄子，西至单楼子湾，北连枯树湾。总面积0.19平方千米，耕地面积15公顷。18户，90人。主产小麦、水稻、玉米，兼种果蔬，发展水产养殖。村落形态呈散状，房屋结构以平房和坡房为主。

小曹家湾【Xiǎocáojiāwān】 以姓氏和规模综合命名。因南连北曹家湾，曹姓聚居村子小而得名。1958年隶属明星大队；1966年隶属双楼大队；1984年隶属双楼村至今。位于村委会西2.2千米。东邻老坟园，南界北曹家湾，西至梨园，北连杨家湾。总面积0.09平方千米，耕地面积5公顷。3户，20人。主产小麦、水稻、玉米，兼种果蔬。村落形态呈散状，房屋结构以坡房为主。

小侯家湾【Xiǎohóujiāwān】 以姓氏和规模综合命名。因侯姓聚居村子较小而得名。1958年隶属明星大队；1966年隶属双楼大队；1984年隶属双楼村至今。位于村委会西南1.8千米。东邻王家湾，南界董楼村侯家湾，西至杜湾村刘家湾，北连北曹家湾。总面积0.2平方千米，耕地面积8公顷。14户，60人。主产小麦、水稻、玉米，兼种果蔬，发展水产养殖。村落形态呈散状，房屋结构以平房和坡房为主。

谢家湾【Xièjiāwān】 以姓氏命名。因谢姓聚居而得名。1958年隶属明星大队；1966年隶属双楼大队；1984年隶属双楼村至今。位于村委会西北1.4千米。东邻曹家新岗，南界吴家湾，西至杨家湾，北连王城街道社区。总面积0.12平方千米，耕地面积8公顷。4户，20人。主产小麦、水稻、玉米，兼种果蔬。村落形态呈线状，房屋结构以平房和坡房为主。

杨家湾【Yángjiāwān】 以姓氏命名。因杨姓聚居而得名。1958年隶属明星大队；1966年隶属双楼大队；1984年隶属双楼村至今。位于村委会西北2千米。东邻吴家湾，南界曹家湾，西至杜湾村王家湾，北连谢家湾。总面积0.25平方千米，耕地面积15公顷。21户，110人。主产小麦、水稻、玉米，兼种果蔬，发展水产养殖。村落形态呈散状，房屋结构以平房和坡房为主。

油坊湾【Yóufángwān】 以作坊命名。因村中开过油坊而得名。1958年隶属明星大队；1966年隶属双楼大队；1984年隶属双楼村至今。位于村委会南500米。东邻枯树湾，南界古岭村老庄子，西至南曹家湾，北连双楼子湾。总面积0.22平方千米，耕地面积10公顷。15户，60人。主产小麦、水稻、玉米，兼种果蔬，发展水产养殖。村落形态呈散状，房屋结构以平房和坡房为主。

松岗村【Sōnggǎngcūn】

以松树岗自然村命名。1958年为大星大队,隶属伟大公社;1966年为松岗大队,隶属资山区;1975年隶属资山公社;1981年隶属王城公社;1984年为松岗村,隶属王城区;1987年隶属资山镇;2001年隶属王城镇至今。位于镇政府南9千米。东邻茶场村,南界端公村,西至资山街道社区,北连胜龙村。辖16个自然村,总面积2.51平方千米,耕地面积49.08公顷。166户,940人。主产小麦、水稻、杂粮,兼种果蔬,发展鱼虾养殖。村委会驻李家岗。

艾家湾【Àijiāwān】 以姓氏命名。因艾姓聚居而得名。1958年隶属大星大队;1966年隶属松岗大队;1984年隶属松岗村至今。位于村委会东南1.5千米。东邻谢家湾,南界资山水库,西至小冲,北连草屋湾。总面积0.18平方千米,耕地面积2公顷。12户,50人。主产小麦、水稻、玉米,兼种果蔬,发展鱼虾养殖。村落形态呈散状,房屋结构以平房和坡房为主。

草屋湾【Cǎowūwān】 以建筑物命名。因村里全是草屋而得名。1958年隶属大星大队;1966年隶属松岗大队;1984年隶属松岗村至今。位于村委会东1千米。东邻下马家岗,南界资山水库,西至小冲,北连大堰冲。总面积0.17平方千米,耕地面积5.5公顷。13户,70人。主产小麦、水稻、玉米,兼种果蔬,发展鱼虾养殖。村落形态呈散状,房屋结构以平房和坡房为主。

陈家湾【Chénjiāwān】 以姓氏命名。因陈姓聚居而得名。1958年隶属大星大队;1966年隶属松岗大队;1984年隶属松岗村至今。位于村委会北200米。东邻小陈家湾,南界资山水库,西至高门楼,北连胜龙村万家湾。总面积0.12平方千米,耕地面积1.8公顷。6户,50人。主产小麦、水稻、玉米,兼种果蔬,发展鱼虾养殖。村落形态呈散状,房屋结构以平房和坡房为主。

大堰冲【Dàyànchōng】 以堰和地形综合命名。因村在大堰下的田冲旁而得名。1958年隶属大星大队;1966年隶属松岗大队;1984年隶属松岗村至今。位于村委会东1千米。东邻下马家岗,南界小冲,西至小大堰冲,北连圣龙山茶场。总面积0.13平方千米,耕地面积4.5公顷。13户,70人。主产小麦、水稻、玉米,兼种果蔬,发展鱼虾养殖。村落形态呈散状,房屋结构以平房和坡房为主。

高门楼【Gāoménlóu】 以建筑物命名。因村内有座门楼修得高而得名。1958年隶属大星大队;1966年隶属松岗大队;1984年隶属松岗村至今。位于村委会北300米。东邻陈家湾,南界李家岗,西至资山社区,北连竹林湾。总面积0.15平方千米,耕地面积2.94公顷。8户,50人。主产小麦、水稻、玉米,兼种果蔬,发展鱼虾养殖。村落形态呈散状,房屋结构以平房和坡房为主。

家鱼堰【Jiāyúyàn】 以堰塘命名。因堰塘养鱼,整村享用,多姓聚居而得名。1958年隶属大星大队;1966年隶属松岗大队;1984年隶属松岗村至今。位于村委会北300米。东邻李家岗,南界资山社区油坊湾,西至资山街道社区,北连高门楼。总面积0.2平方千米,耕地面积3.24公顷。18户,80人。主产小麦、水稻、玉米,兼种果蔬,发展鱼虾养殖。村落形态呈散状,房屋结构以平房和坡房为主。

黎家岗【Líjiāgǎng】 以姓氏命名。因黎姓聚居而得名。1958年隶属大星大队;1966年隶属松岗大队;1984年隶属松岗村至今。位于村委会北400米。东邻万家湾,南界李家岗,西至资山社区,北连胜龙村万家湾。总面积0.15平方千米,耕地面积2.5公顷。8户,50人。主产小麦、水稻、玉米,兼种果蔬,发展鱼虾养殖。村落形态呈散状，房屋结构以平房和坡房为主。

李家岗【Lǐjiāgǎng】 以姓氏和地形综合命名。因李姓聚居岗地而得名。1958 年隶属大星大队；1966 年隶属松岗大队；1984 年隶属松岗村至今。村委会驻地。东邻资山水库，南界资山水库，西至资山街道社区，北连高门楼。总面积 0.3 平方千米，耕地面积 3 公顷。20 户，100 人。主产小麦、水稻、玉米，兼种果蔬，发展鱼虾养殖。村落形态呈散状，房屋结构以平房和坡房为主。

松树岗【Sōngshùgǎng】 以植物和地形综合命名。因村建在松树较多的岗坡上而得名。1958 年隶属大星大队；1966 年隶属松岗大队；1984 年隶属松岗村至今。位于村委会东北 600 米。东邻大堰冲，南界小冲，西至陈家湾，北连小大堰冲。总面积 0.12 平方千米，耕地面积 2.5 公顷。6 户，50 人。主产小麦、水稻、玉米，兼种果蔬，发展鱼虾养殖。村落形态呈散状，房屋结构以平房和坡房为主。

万家湾【Wànjiāwān】 以姓氏命名。因万姓聚居而得名。1958 年隶属大星大队；1966 年隶属松岗大队；1984 年隶属松岗村至今。位于村委会北 500 米。东邻胜龙村万家湾，南界李家岗，西至黎家岗，北连胜龙村万家湾。总面积 0.15 平方千米，耕地面积 3.5 公顷。8 户，50 人。主产小麦、水稻、玉米，兼种果蔬，发展鱼虾养殖。村落形态呈散状，房屋结构以平房和坡房为主。

下马家岗【Xiàmǎjiāgǎng】 以姓氏、地形和方位综合命名。因马姓聚居岗下而得名。1958 年隶属大星大队；1966 年隶属松岗大队；1984 年隶属松岗村至今。位于村委会东 1.5 千米。东邻圣龙山茶场，南界资山水库，西至大堰冲，北连圣龙山茶场。总面积 0.14 平方千米，耕地面积 4.4 公顷。14 户，70 人。主产小麦、水稻、玉米，兼种果蔬，发展鱼虾养殖。村落形态呈散状，房屋结构以平房和坡房为主。

小陈家湾【Xiǎochénjiāwān】 以姓氏和规模综合命名。因陈姓聚居且村子较小而得名。1958 年隶属大星大队；1966 年隶属松岗大队；1984 年隶属松岗村至今。位于村委会北 300 米。东邻大堰冲，南界小冲，西至万家湾，北连胜龙村万家湾。总面积 0.12 平方千米，耕地面积 2.2 公顷。8 户，50 人。主产小麦、水稻、玉米，兼种果蔬，发展鱼虾养殖。村落形态呈散状，房屋结构以平房和坡房为主。

小冲【Xiǎochōng】 以地形命名。因村建在小冲旁边而得名。1958 年隶属大星大队；1966 年隶属松岗大队；1984 年隶属松岗村至今。位于村委会东 1 千米。东邻草屋湾，南界资山水库，西至陈家湾，北连小大堰冲。总面积 0.12 平方千米，耕地面积 2.5 公顷。6 户，50 人。主产小麦、水稻、玉米，兼种果蔬，发展鱼虾养殖。村落形态呈散状，房屋结构以平房和坡房为主。

小大堰冲【Xiǎodàyànchōng】 以村规模、堰塘和地形综合命名。因村小建在有口大堰的冲口而得名。1958 年隶属大星大队；1966 年隶属松岗大队；1984 年隶属松岗村至今。位于村委会东北 1 千米。东邻大堰冲，南界小冲，西至小陈家湾，北连茶场村宋家冲。总面积 0.12 平方千米，耕地面积 3 公顷。6 户，50 人。主产小麦、水稻、玉米，兼种果蔬，发展鱼虾养殖。村落形态呈散状，房屋结构以平房和坡房为主。

谢家湾【Xièjiāwān】 以姓氏命名。因谢姓聚居而得名。1958 年隶属大星大队；1966 年隶属松岗大队；1984 年隶属松岗村至今。位于村委会东南 2 千米。东邻圣龙山茶场，南界资山水库，西至草屋湾，北连圣龙山茶场。总面积 0.19 平方千米，耕地面积 2.5 公顷。12 户，50 人。主产小麦、水稻、玉米，兼种果蔬，发展鱼虾养殖。村落形态呈散状，房屋结构以平房和坡房为主。

竹林湾【Zhúlínwān】 以植物命名。因村前有片竹林而得名。1958 年隶属大星大队；1966 年隶属松岗大队；1984年隶属松岗村至今。位于村委会北500米。东邻万家湾，南界李家岗，西至资山社区，北连胜龙村万家湾。总面积0.15平方千米，耕地面积3公顷。8户，50人。主产小麦、水稻、玉米，兼种果蔬，发展鱼虾养殖。村落形态呈散状，房屋结构以平房和坡房为主。

圣龙山茶场村【Shènglóngshāncháchǎngcūn】

以山和茶场综合命名。1976年王城公社将圣龙山周围的三个生产大队的三个茶场组建为圣龙山茶场，故名。1958年为白水大队，隶属伟大公社；1961年隶属资山区；1976年为圣龙山大队，隶属资山公社；1981年为圣龙山茶场，隶属王城公社；1984年隶属王城区；1987年隶属资山镇；2001年为圣龙山茶场村，隶属王城镇至今。位于镇政府南15千米。东邻随县澴潭镇界岭村，南界北水村，西至松岗村，北连古岭村、胜龙村。辖10个自然村，总面积5平方千米，耕地面积21.61公顷。145户，560人。主产小麦、水稻，兼种果茶，发展鱼虾养殖。村委会驻桐树湾。

丁家楼【Dīngjiālóu】 以姓氏和建筑物综合命名。因丁姓聚居村中修有楼子而得名。1958年隶属白水大队；1976年隶属圣龙山大队；1981年隶属圣龙山茶场；2001年隶属圣龙山茶场村至今。位于村委会西南1.5千米。东邻白水村黄土岭，南界资山水库，西至下简家湾，北连新湾。总面积0.8平方千米，耕地面积2.11公顷。10户，30人。主产小麦、水稻、玉米，兼种果蔬。村落形态呈散状，房屋结构以平房和坡房为主。

粉坊湾【Fěnfángwān】 以作坊命名。因村内开过粉坊而得名。1958年隶属白水大队；1976年隶属圣龙山大队；1981年隶属圣龙山茶场；2001年隶属圣龙山茶场村至今。位于村委会北2千米。东邻随县澴潭镇界岭湾，南界圣龙峡水库，西至宋家大湾，北连老湾。总面积0.2平方千米，耕地面积1.5公顷。13户，50人。主产小麦、水稻、玉米，兼种果蔬，发展鱼虾养殖。村落形态呈散状，房屋结构以平房和坡房为主。

咀子湾【zuǐziwān】 以地形命名。因村建在山咀旁而得名。1958年隶属白水大队；1976年隶属圣龙山大队；1981年隶属圣龙山茶场；2001年隶属圣龙山茶场村至今。位于村委会西北2千米。东邻圣龙峡水库，南界松岗村徐家冲，西至松岗村大堰冲，北连宋家大湾。总面积0.3平方千米，耕地面积2公顷。6户，20人。主产小麦、水稻、玉米，兼种果蔬，发展鱼虾养殖。村落形态呈散状，房屋结构以平房和坡房为主。

老湾【Lǎowān】 以建村时间命名。因建村较早而得名。1958年隶属白水大队；1976年隶属圣龙山大队；1981年隶属圣龙山茶场；2001年隶属圣龙山茶场村至今。位于村委会北3千米。东邻随县澴潭镇界岭湾，南界圣龙山，西至宋家大湾，北连古岭村朱家湾。总面积0.5平方千米，耕地面积2公顷。16户，50人。主产小麦、水稻、玉米，兼种果蔬，发展鱼虾养殖。村落形态呈散状，房屋结构以平房和坡房为主。

上简家湾【Shàngjiǎnjiāwān】 以姓氏和方位综合命名。因简姓聚居相邻两村，此村位北而得名。1958年隶属白水大队；1976年隶属圣龙山大队；1981年隶属圣龙山茶场；2001年隶属圣龙山茶场村至今。位于村委会西1.6千米。东邻新湾，南界下简家湾，西至马家岗，北连圣龙峡水库。总面积0.4平方千米，耕地面积3公顷。18户，80人。主产小麦、水稻、玉米，兼种果蔬。村落形态呈散状，房屋结构以平房为主。

宋家大湾【Sòngjiādàwān】 以姓氏和规模综合命名。因宋姓聚居且村子大而得名。1958年隶属白水大队;1976年隶属圣龙山大队;1981年隶属圣龙山茶场;2001年隶属圣龙山茶场村至今。位于村委会西北2.5千米。东邻糖坊湾,南界咀子湾,西至胜龙村大姚家湾,北连胜龙村轿湾。总面积1平方千米,耕地面积4公顷。37户,150人。主产小麦、水稻、玉米,兼种果蔬,发展鱼虾养殖。村落形态呈散状,房屋结构以平房和坡房为主。

糖坊湾【Tángfángwān】 以作坊命名。因村内开过糖坊而得名。1958年隶属白水大队;1976年隶属圣龙山大队;1981年隶属圣龙山茶场;2001年隶属圣龙山茶场村至今。位于村委会北2.5千米。东邻随县澴潭镇界岭湾,南界圣龙峡水库,西至宋家大湾,北连胜龙村轿湾。总面积0.3平方千米,耕地面积1.5公顷。20户,80人。主产小麦、水稻、玉米,兼种果蔬,发展鱼虾养殖。村落形态呈散状,房屋结构以平房和坡房为主。

桐树湾【Tóngshùwān】 以植物命名。因村周边长有很多桐树而得名。1958年隶属白水大队;1976年隶属圣龙山大队;1981年隶属圣龙山茶场;2001年隶属圣龙山茶场村至今。村委会驻地。东邻圣龙山,南界白水村南阳沟,西至新湾,北连茶场。总面积1平方千米,耕地面积2公顷。8户,30人。主产小麦、水稻、玉米,兼种果蔬。村落形态呈散状,房屋结构以平房和坡房为主。

下简家湾【Xiàjiǎnjiāwān】 以姓氏和方位综合命名。因简姓聚居相邻两村,此村位南而得名。1958年隶属白水大队;1976年隶属圣龙山大队;1981年隶属圣龙山茶场;2001年隶属圣龙山茶场村至今。位于村委会西2千米。东邻丁家楼,南界谢家湾,西至松岗村草屋湾,北连上简家湾。总面积0.3平方千米,耕地面积1.5公顷。8户,30人。主产小麦、水稻、玉米,兼种果蔬。村落形态呈散状,房屋结构以平房和坡房为主。

新湾【Xīnwān】 以建村时间命名。1976年新建村,故名。1958年隶属白水大队;1976年隶属圣龙山大队;1981年隶属圣龙山茶场;2001年隶属圣龙山茶场村至今。位于村委会西1千米。东邻桐树湾,南界丁家楼,西至上简家湾,北连圣龙峡水库。总面积0.2平方千米,耕地面积2公顷。9户,40人。主产小麦、水稻、玉米,兼种果蔬。村落形态呈散状,房屋结构以平房和坡房为主。

石堰村【Shíyàncūn】

以石堰寨自然村命名。1958年为光辉大队,隶属伟大公社;1966年为石堰大队,隶属资山区;1975年隶属资山公社;1981年隶属王城公社;1984年为石堰村,隶属王城区;1987年隶属资山镇;2001年隶属王城镇至今。位于镇政府西南13千米。东邻罗汉村、官营村,南界螺丝岗村,西至陈庙村,北连三门寨村。辖23个自然村,总面积5.37平方千米,耕地面积203.5公顷。179户,730人。主产小麦、水稻、杂粮,兼种果蔬,发展鱼虾养殖。王罗镇级公路过境,村委会驻石堰寨。

草湾【Cǎowān】 以房屋材料命名。因村里全是草房而得名。1958年隶属光辉大队;1966年隶属石堰大队;1984年隶属石堰村至今。位于村委会南300米。东邻西岗,南界螺丝岗村罗家湾,西、北连石堰寨。总面积0.1平方千米,耕地面积1.5公顷。3户,10人。主产小麦、水稻。村落形态呈散状,房屋结构以平房和坡房为主。

草堰湾【Cǎoyànwān】 以植物和堰塘综合命名。因村旁堰塘长满水草而得名。1958年隶属光辉大队；1966年隶属石堰大队；1984年隶属石堰村至今。位于村委会北600米。东邻夜槐湾，南界石堰寨，西至郑家湾，北连西坡。总面积0.2平方千米，耕地面积8公顷。9户，40人。主产小麦、水稻、玉米，兼种果蔬，发展鱼虾养殖。村落形态呈散状，房屋结构以坡房和楼房为主。

大黄家湾【Dàhuángjiāwān】 以姓氏和规模综合命名。因黄姓聚居且村子较大而得名。1958年隶属光辉大队；1966年隶属石堰大队；1984年隶属石堰村至今。位于村委会西北1.3千米。东邻七亩冲，南界郑家湾，西至新湾，北连三门寨村马道子。总面积0.4平方千米，耕地面积12公顷。8户，30人。主产小麦、水稻、玉米，兼种果蔬，发展鱼虾养殖。村落形态呈散状，房屋结构以坡房和楼房为主。

东岗【Dōnggǎng】 以地形和方位综合命名。以大田冲为界，因村建在冲东岗上而得名。1958年隶属光辉大队；1966年隶属石堰大队；1984年隶属石堰村至今。位于村委会东南0.5千米。东邻浅子湾，南岗螺丝岗村罗家湾，西至西岗，北连夜槐湾。总面积0.24平方千米，耕地面积12公顷。9户，30人。主产小麦、水稻、玉米，兼种果蔬，发展鱼虾养殖。村落形态呈散状，房屋结构以坡房为主。

东湾【Dōngwān】 以方位命名。因村建在田冲的东面而得名。1958年隶属光辉大队；1966年隶属石堰大队；1984年隶属石堰村至今。位于村委会西2千米。东邻樊家湾，南界十二亩田，西至陈庙村罗家湾，北连三门寨村大西冲。总面积0.18平方千米，耕地面积7公顷。6户，20人。主产小麦、水稻、玉米，兼种果蔬。村落形态呈散状，房屋结构以坡房和楼房为主。

陡坡【Dǒupō】 以地形命名。因村建在一陡坡的前面而得名。1958年隶属光辉大队；1966年隶属石堰大队；1984年隶属石堰村至今。位于村委会西500米。东邻石堰寨，南界徐家老湾，西至郑家湾，北连草堰湾。总面积0.35平方千米，耕地面积7公顷。5户，20人。主产小麦、水稻、玉米，兼种果蔬。村落形态呈散状，房屋结构以坡房和楼房为主。

樊家湾【Fánjiāwān】 以姓氏命名。因樊姓聚居而得名。1958年隶属光辉大队；1966年隶属石堰大队；1984年隶属石堰村至今。位于村委会西1.9千米。东邻西湾，南界十二亩田，西至东湾，北连三门寨大西冲。总面积0.15平方千米，耕地面积8公顷。5户，20人。主产小麦、水稻、玉米，兼种果蔬。村落形态呈散状，房屋结构以坡房和楼房为主。

高稻场湾【Gāodàochǎngwān】 以地形命名。因稻场地势高且村在稻场下而得名。1958年隶属光辉大队；1966年隶属石堰大队；1984年隶属石堰村至今。位于村委会东北1.5千米。东邻石头咀，南界夜槐湾，西至雷家洼子，北连付楼村栗树湾。总面积0.18平方千米，耕地面积15公顷。13户，50人。主产小麦、水稻、玉米，兼种果蔬，发展鱼虾养殖。村落形态呈散状，房屋结构以坡房和楼房为主。

雷家洼子【Léijiāwāzi】 以姓氏和地形综合命名。因雷姓聚居在地势低洼处而得名。1958年隶属光辉大队；1966年隶属石堰大队；1984年隶属石堰村至今。位于村委会东北1.5千米。东邻高稻场湾，南界夜槐湾，西至三门寨村谢家大湾，北连付楼村柯家湾。总面积0.3平方千米，耕地面积8公顷。7户，30人。主产小麦、水稻、玉米，兼种果蔬。村落形态呈散状，房屋结构以坡房为主。

毛家岗【Máojiāgǎng】 以姓氏和地形综合命名。因原毛姓聚居岗上而得名。1958年隶属光辉大队；

1966年隶属石堰大队；1984年隶属石堰村至今。位于村委会西1.5千米。东邻郑家湾，南界十二亩田，西至新湾，北连三门寨村大西冲。总面积0.35平方千米，耕地面积13公顷。16户，70人。主产小麦、水稻、玉米，兼种果蔬，发展鱼虾养殖。村落形态呈散状，房屋结构以坡房和楼房为主。

木梓树塝【Mùzǐshùbàng】 以植物和地形综合命名。因村建在长有很多木梓树的冲塝上而得名。1958年隶属光辉大队；1966年隶属石堰大队；1984年隶属石堰村至今。位于村委会东1.2千米。东邻石头咀，南界浅子湾，西至夜槐湾，北连高稻场。总面积0.28平方千米，耕地面积9公顷。8户，40人。主产小麦、水稻、玉米，兼种果蔬，发展鱼虾养殖。村落形态呈散状，房屋结构以坡房和楼房为主。

七亩冲【Qīmǔchōng】 以地形和面积综合命名。因村建在一条七亩的田冲旁而得名。1958年隶属光辉大队；1966年隶属石堰大队；1984年隶属石堰村至今。位于村委会北1.2千米。东邻西坡湾，南界草堰湾，西至大黄家湾，北连三门寨村马道子。总面积0.21平方千米，耕地面积7公顷。5户，20人。主产小麦、水稻、玉米，兼种果蔬。村落形态呈散状，房屋结构以坡房和楼房为主。

浅子湾【Qiǎnziwān】 以地形命名。因村建在山坡的平坦处而得名。1958年隶属光辉大队；1966年隶属石堰大队；1984年隶属石堰村至今。位于村委会东1.8千米。东邻院墙湾，南界螺丝岗村罗家湾，西至东岗，北连木梓树塝。总面积0.25平方千米，耕地面积10公顷。14户，60人。主产小麦、水稻、玉米，兼种果蔬，发展鱼虾养殖。村落形态呈散状，房屋结构以坡房和楼房为主。

十二亩田【Shí'èrmǔtián】 以水田的面积命名。因村建在一块十二亩的大田边而得名。1958年隶属光辉大队；1966年隶属石堰大队；1984年隶属石堰村至今。位于村委会西1.6千米。东邻陡坡，南界罗庙村李家湾，西至陈庙村檀门湾，北连毛家岗湾。总面积0.23平方千米，耕地面积6公顷。5户，20人。主产小麦、水稻、玉米，兼种果蔬。村落形态呈散状，房屋结构以坡房和楼房为主。

石头咀【Shítóuzuǐ】 以地形命名。因村建在全是石头的山咀上而得名。1958年隶属光辉大队；1966年隶属石堰大队；1984年隶属石堰村至今。位于村委会东2.2千米。东邻官营村，南界院墙湾，西至高稻场湾，北连付楼村栗树湾。总面积0.2平方千米，耕地面积6公顷。5户，20人。主产小麦、水稻、玉米，兼种果蔬。村落形态呈散状，房屋结构以坡房为主。

石堰寨【shíyànzhài】 以堰和建筑物综合命名。因该村东有口十亩堰塘，村周围有寨墙而得名。1958年隶属光辉大队；1966年隶属石堰大队；1984年隶属石堰村至今。村委会驻地。东邻夜槐湾，南界西岗湾，西至陡坡湾，北连草堰湾。总面积0.23平方千米，耕地面积11公顷。5户，20人。主产小麦、水稻、玉米。村落形态呈散状，房屋结构以平房和坡房为主。

西岗【Xīgǎng】 以地形和方位综合命名。因村建在冲田的西岗坡上而得名。1958年隶属光辉大队；1966年隶属石堰大队；1984年隶属石堰村至今。位于村委会南0.3千米。东邻东岗湾，南界螺丝岗村罗家湾，西至徐家老湾，北连石堰寨。总面积0.25平方千米，耕地面积17公顷。12户，50人。主产小麦、水稻、玉米，兼种果蔬，发展鱼虾养殖。村落形态呈散状，房屋结构以坡房和楼房为主。

西坡【Xīpō】 以地形和方位综合命名。因村建在山岗西半坡而得名。1958年隶属光辉大队；1966年隶属石堰大队；1984年隶属石堰村至今。位于村委会北1千米。东邻高稻场湾，南界草堰，西至七亩冲，北连三门寨村谢家大湾。总面积0.17平方千米，耕地面积10公顷。12户，50人。主产小麦、水稻、玉米、兼种果蔬，发展鱼虾养殖。村落形态呈散状，房屋结构以坡房为主。

新湾【Xīnwān】 以建村时间命名。因是中华人民共和国成立后新建的居民点而得名。1958年隶属光辉大队；1966年隶属石堰大队；1984年隶属石堰村至今。位于村委会西1.7千米。东邻大黄家湾，南界十二亩田，西至樊家湾，北连三门寨村大西冲。总面积0.2平方千米，耕地面积5公顷。5户，20人。主产小麦、水稻、玉米，兼种果蔬。村落形态呈散状，房屋结构以坡房和楼房为主。

徐家老湾【Xújiālǎowān】 以姓氏和建村时间综合命名。因徐姓居住且建村早而得名。1958年隶属光辉大队；1966年隶属石堰大队；1984年隶属石堰村至今。位于村委会南1.1千米。东邻西岗湾，南界罗庙村周家湾，西至罗庙村周家湾，北连陡坡湾。总面积0.22平方千米，耕地面积8公顷。5户，20人。主产小麦、水稻、玉米，兼种果蔬。村落形态呈散状，房屋结构以坡房为主。

夜槐湾【Yèhuáiwān】 以植物命名。因村周边夜槐树多而得名。1958年隶属光辉大队；1966年隶属石堰大队；1984年隶属石堰村至今。位于村委会东1.1千米。东邻木梓树塝，南界浅子湾，西至石堰寨，北连高稻场湾。总面积0.18平方千米，耕地面积6公顷。8户，30人。主产小麦、水稻、玉米，兼种果蔬。村落形态呈散状，房屋结构以坡房和楼房为主。

院墙湾【Yuànqiángwān】 以建筑物命名。因村内修了较多院墙而得名。1958年隶属光辉大队；1966年隶属石堰大队；1984年隶属石堰村至今。位于村委会东2.5千米。东邻罗汉村董家湾，南界罗家村杜家老湾，西至浅子湾，北连石头咀。总面积0.2平方千米，耕地面积7公顷。7户，30人。主产小麦、水稻、玉米，兼种果蔬。村落形态呈散状，房屋结构以坡房和楼房为主。

郑家湾【Zhèngjiāwān】 以姓氏命名。因郑姓聚居而得名。1958年隶属光辉大队；1966年隶属石堰大队；1984年隶属石堰村至今。位于村委会西1千米。东邻陡坡，南界罗庙村王家湾，西至毛家岗，北连大黄家湾。总面积0.3平方千米，耕地面积10公顷。7户，30人。主产小麦、水稻、玉米，兼种果蔬，发展鱼虾养殖。村落形态呈散状，房屋结构以坡房和楼房为主。

三门寨村【Sānménzhàicūn】

以地形建筑物命名。中华人民共和国成立前村后山上有一座山寨，寨墙开有三个门，故名。1958年为日光大队，隶属伟大公社；1966年为西冲大队，隶属资山区；1975年隶属资山公社；1980年为三门寨大队；1981年隶属王城公社；1984年为三门寨村，隶属王城镇至今。位于镇政府西6千米。东邻付楼村，南界石堰村，西至雨坛村，北连高庙村。辖21个自然村，总面积3.54平方千米，耕地面积103.8公顷。199户，850人。主产小麦、水稻、杂粮，兼种果蔬，发展水产养殖。村委会驻乌家凹。

艾家湾【Àijiāwān】 以姓氏命名。因艾姓聚居而得名。1958年隶属日光大队；1966年隶属西冲大队；1980年隶属三门寨大队；1984年隶属三门寨村至今。位于村委会东南1.9千米。东邻谢家大湾，南界石堰村西坡，西至马道子，北连大金家湾。总面积0.16平方千米，耕地面积4公顷。9户，40人。主产小麦、水稻、玉米，兼种果蔬。村落形态呈散状，房屋结构以平房和坡房为主。

白土坡【Báitǔpō】 以土质和地形综合命名。因此村建在白土坡上而得名。1958年隶属日光大队；

1966年隶属西冲大队；1980年隶属三门寨大队；1984年隶属三门寨村至今。位于村委会西北2千米。东邻柳家冲，南界双堰，西至金银村庙娃湾，北连廖家湾。总面积0.19平方千米，耕地面积4.9公顷。10户，50人。主产小麦、水稻、玉米，兼种果蔬，发展鱼虾养殖。村落形态呈散状，房屋结构以平房和坡房为主。

陈家湾【Chénjiāwān】 以姓氏命名。因陈姓聚居而得名。1958年隶属日光大队；1966年隶属西冲大队；1980年隶属三门寨大队；1984年隶属三门寨村至今。位于村委会北1千米。东邻付楼村袁家湾，南界乌家凹，西至陈家油坊，北连高庙村黄大伦。总面积0.17平方千米，耕地面积4.9公顷。18户，50人。主产小麦、水稻、玉米，兼种果蔬，发展鱼虾养殖。村落形态呈散状，房屋结构以平房和坡房为主。

陈家油坊【Chénjiāyóufáng】 以姓氏和作坊综合命名。因陈姓聚居且村里开过油坊而得名。1958年隶属日光大队；1966年隶属西冲大队；1980年隶属三门寨大队；1984年隶属三门寨村至今。位于村委会西北1千米。东邻陈家湾，南界老坟坡，西至柳家冲，北连郭家湾。总面积0.15平方千米，耕地面积4.8公顷。7户，40人。主产小麦、水稻、玉米，兼种果蔬，发展鱼虾养殖。村落形态呈散状，房屋结构以平房和坡房为主。

大金家湾【Dàjīnjiāwān】 以姓氏和规模综合命名。因金姓聚居相邻两村，此村较大而得名。1958年隶属日光大队；1966年隶属西冲大队；1980年隶属三门寨大队；1984年隶属三门寨村至今。位于村委会南700米。东邻张家凹，南界马道子，西至耿家湾，北连小金家湾。总面积0.17平方千米，耕地面积4.2公顷。10户，50人。主产小麦、水稻、玉米，兼种果蔬，发展鱼虾养殖。村落形态呈散状，房屋结构以平房和坡房为主。

大西冲【Dàxīchōng】 以方位和地形综合命名。因村建在大金家湾西冲旁且村子较大而得名。1958年隶属日光大队；1966年隶属西冲大队；1980年隶属三门寨大队；1984年隶属三门寨村至今。位于村委会西南1千米。东邻老湾，南界石堰村毛家湾，西至雨坛村陈庙村半窄林，北连耿家湾。总面积0.15平方千米，耕地面积6公顷。11户，50人。主产小麦、水稻、玉米，兼种果蔬，发展鱼虾养殖。村落形态呈散状，房屋结构以平房和坡房为主。

坟园凹【Fényuánwā】 以墓地和地形综合命名。因村建在有片坟地的山洼旁而得名。1958年隶属日光大队；1966年隶属西冲大队；1980年隶属三门寨大队；1984年隶属三门寨村至今。位于村委会东600米。东邻付楼村罗家湾，南界小金家湾，西至乌家凹，北连唐家湾。总面积0.18平方千米，耕地面积2公顷。3户，20人。主产小麦、水稻，兼种果蔬。村落形态呈散状，房屋结构以平房和坡房为主。

耿家湾【Gěngjiāwān】 以姓氏命名。因耿姓聚居而得名。1958年隶属日光大队；1966年隶属西冲大队；1980年隶属三门寨大队；1984年隶属三门寨村至今。位于村委会西南800米。东邻小金家湾，南界大西冲，西至雨坛村庙坎，北连陈家湾。总面积0.18平方千米，耕地面积5.5公顷。15户，50人。主产小麦、水稻、玉米，兼种果蔬，发展鱼虾养殖。村落形态呈散状，房屋结构以平房和坡房为主。

郭家湾【Guōjiāwān】 以姓氏命名。因郭姓聚居而得名。1958年隶属日光大队；1966年隶属西冲大队；1980年隶属三门寨大队；1984年隶属三门寨村至今。位于村委会北1.5千米。东邻陈家湾，南界柳家冲，西至北土坡，北连新店村垭子湾。总面积0.15平方千米，耕地面积6公顷。9户，50人。主产小麦、水稻、玉米，兼种果蔬，发展水产养殖。村落形态呈散状，房屋结构以平房和坡房为主。

老坟坡【Lǎofénpō】 以墓地和地形综合命名。因村建在有老坟的山坡旁而得名。1958年隶属日光大队；1966年隶属西冲大队；1980年隶属三门寨大队；1984年隶属三门寨村至今。位于村委会西900米。东邻乌家凹，南界耿家湾，西至双堰，北连陈家油坊。总面积0.2平方千米，耕地面积7公顷。10户，50人。主产小麦、水稻、玉米，兼种果蔬，发展鱼虾养殖。村落形态呈散状，房屋结构以平房和坡房为主。

老湾【Lǎowān】 以建村时间命名。因建村早而得名。1958年隶属日光大队；1966年隶属西冲大队；1980年隶属三门寨大队；1984年隶属三门寨村至今。位于村委会南1.4千米。东邻马道子，南界石堰村大黄家湾，西至大西冲，北连耿家湾。总面积0.17平方千米，耕地面积4.5公顷。8户，40人。主产小麦、水稻、玉米，兼种果蔬。村落形态呈散状，房屋结构以平房和坡房为主。

廖家湾【Liàojiāwān】 以姓氏命名。因廖姓聚居而得名。1958年隶属日光大队；1966年隶属西冲大队；1980年隶属三门寨大队；1984年隶属三门寨村至今。位于村委会西北1.6千米。东邻高庙村张家岗，南界郭家湾，西至北土坡，北连新店村陷泥巴冲。总面积0.2平方千米，耕地面积5公顷。10户，50人。主产小麦、水稻、玉米，兼种果蔬，发展鱼虾养殖。村落形态呈散状，房屋结构以平房和坡房为主。

柳家冲【Liǔjiāchōng】 以植物和地形综合命名。因柳姓聚居在冲内而得名。1958年隶属日光大队；1966年隶属西冲大队；1980年隶属三门寨大队；1984年隶属三门寨村至今。位于村委会西北1.2千米。东邻陈家油坊，南界老坟坡，西至双堰，北连郭家湾。总面积0.13平方千米，耕地面积5公顷。7户，30人。主产小麦、水稻、玉米，兼种果蔬。村落形态呈散状，房屋结构以平房和坡房为主。

马道子【Mǎdàozi】 以传说命名。据传，明末此地是武举人跑马射箭的地方，故名。1958年隶属日光大队；1966年隶属西冲大队；1980年隶属三门寨大队；1984年隶属三门寨村至今。位于村委会南1.6千米。东邻艾家湾，南界石堰村大黄家湾，西至老湾，北连大金家湾。总面积0.16平方千米，耕地面积5公顷。9户，30人。主产小麦、水稻、玉米，兼种果蔬。村落形态呈散状，房屋结构以平房和坡房为主。

双堰【Shuāngyàn】 以堰的数量命名。因村旁有两口相连的堰而得名。1958年隶属日光大队；1966年隶属西冲大队；1980年隶属三门寨大队；1984年隶属三门寨村至今。位于村委会西1千米。东邻老坟坡，南界大西冲，西至雨坛村魏家湾，北连柳家冲。总面积0.17平方千米，耕地面积4公顷。8户，40人。主产小麦、水稻、玉米，兼种果蔬，发展鱼虾养殖。村落形态呈散状，房屋结构以平房和坡房为主。

唐家湾【Tángjiāwān】 以姓氏命名。因唐姓聚居而得名。1958年隶属日光大队；1966年隶属西冲大队；1980年隶属三门寨大队；1984年隶属三门寨村至今。位于村委会北800米。东邻付楼村罗家湾，南界乌家凹，西至油坊湾，北连高庙村黄大伦。总面积0.16平方千米，耕地面积5公顷。9户，40人。主产小麦、水稻、玉米，兼种果蔬，发展鱼虾养殖。村落形态呈散状，房屋结构以平房和坡房为主。

乌家凹【Wūjiāwā】 以姓氏和地名综合命名。因乌姓聚居在地势低洼处而得名。1958年隶属日光大队；1966年隶属西冲大队；1980年隶属三门寨大队；1984年隶属三门寨村至今。村委会驻地。东邻坟园凹，南界小金家湾，西至老坟坡，北连唐家湾。总面积0.16平方千米，耕地面积4公顷。3户，20人。主产小麦、水稻、玉米，兼种果蔬。村落形态呈散状，房屋结构以平房和坡房为主。

小金家湾【Xiǎojīnjiāwān】 以姓氏和规模综合命名。因金姓聚居相邻两村，此村较小而得名。1958

年隶属日光大队；1966年隶属西冲大队；1980年隶属三门寨大队；1984年隶属三门寨村至今。位于村委会南600米。东邻张家凹，南界大金家湾，西至耿家湾，北连乌家凹。总面积0.15平方千米，耕地面积4公顷。6户，30人。主产小麦、水稻、玉米，兼种果蔬，发展鱼虾养殖。村落形态呈散状，房屋结构以平房和坡房为主。

谢家大湾【Xièjiādàwān】 以姓氏和规模综合命名。因谢姓聚居且村子较大而得名。1958年隶属日光大队；1966年隶属西冲大队；1980年隶属三门寨大队；1984年隶属三门寨村至今。位于村委会东南2千米。东邻付楼村陡垱，南界石堰村雷家洼子，西至艾家湾，北连大金家湾。总面积0.18平方千米，耕地面积6公顷。18户，60人。主产小麦、水稻、玉米，兼种果蔬，发展鱼虾养殖。村落形态呈散状，房屋结构以平房和坡房为主。

张家凹【Zhāngjiāwā】 以姓氏和地形综合命名。因张姓聚居山洼而得名。1958年隶属日光大队；1966年隶属西冲大队；1980年隶属三门寨大队；1984年隶属三门寨村至今。位于村委会东南800米。东邻付楼村陡垱，南界长堰堤，西至大金家湾，北连坟园凹。总面积0.16平方千米，耕地面积4公顷。3户，10人。主产小麦、水稻，兼种果蔬。村落形态呈散状，房屋结构以平房和坡房为主。

长堰堤【Chángyàndī】 以堰堤命名。因村前的堰堤长而得名。1958年隶属日光大队；1966年隶属西冲大队；1980年隶属三门寨大队；1984年隶属三门寨村至今。位于村委会东南1.8千米。东邻付楼村陡垱，南界石堰村雷家洼子，西至艾家湾，北连张家凹。总面积0.2平方千米，耕地面积8公顷。16户，50人。主产小麦、水稻、玉米，兼种果蔬，发展鱼虾养殖。村落形态呈散状，房屋结构以平房和坡房为主。

胜龙村【Shènglóngcūn】 以圣龙山命名。重名，"圣"改为"胜"，故名。1958年为圣龙大队，隶属伟大公社；1966年为胜龙大队，隶属资山区；1975年隶属资山公社；1981隶属王成公社；1984年为胜龙村，隶属王城区；1987年隶属资山镇；2001年隶属王城镇至今。位于镇政府南10千米。东邻圣龙山茶场村，南界松岗村，西至资山街道社区，北连古岭村。辖13个自然村，总面积5.1平方千米，耕地面积67.5公顷。352户，1080人。主产水稻、小麦、玉米，兼种果蔬。枣随路过境，村委会驻赶猪坟。

艾家湾【Àijiāwān】 以姓氏命名。因艾姓聚居而得名。1958年隶属圣龙大队；1966年隶属胜龙大队；1984年隶属胜龙村至今。位于村委会东1.5千米。东邻方家湾，南界松岗村咀子湾，西至万家湾，北连彭家楼。总面积0.3平方千米，耕地面积4.7公顷。22户，70人。主产水稻、小麦、玉米，兼种果蔬。村落形态呈团状，房屋结构以平房和坡房为主。

半乍林【Bànzhàlín】 以数量和植物林综合命名。因村建在半乍树林的山坡旁而得名。1958年隶属圣龙大队；1966年隶属胜龙大队；1984年隶属胜龙村至今。位于村委会东北2千米。东邻古岭村郭家湾，南界圣龙山茶场村宋家大湾，西至彭家楼，北连古岭村田家湾。总面积0.4平方千米，耕地面积6.2公顷。30户，100人。主产水稻、小麦、玉米。村落形态呈线状，房屋结构以坡房和楼房为主。

方家湾【Fāngjiāwān】 以姓氏命名。因方姓聚居而得名。1958年隶属圣龙大队；1966年隶属胜龙大队；1984年隶属胜龙村至今。位于村委会东2千米。东邻圣龙山茶场村宋家大湾，南界圣龙山茶场村竹林湾，西至艾家湾，北连彭家楼。总面积0.2平方千米，耕地面积4.2公顷。18户，60人。主产水稻、小麦、玉米，兼种果蔬。村落形态呈团状，房屋结构以坡房和楼房为主。

赶猪坟【Gǎnzhūfén】 以老坟命名。据传,一个赶猪的死后埋在那里,村建在坟旁,故名。1958年隶属圣龙大队;1966年隶属胜龙大队;1984年隶属胜龙村至今。村委会驻地。东邻万家湾,南界松岗村高门楼,西至山坡湾,北连上孙家湾。总面积0.2平方千米,耕地面积4公顷。22户,80人。主产水稻、小麦、玉米,兼种果蔬。村落形态呈线状,房屋结构以平房和楼房为主。

龙头桥【Lóngtóuqiáo】 以雕龙头建筑物命名。因村建在雕有龙头的石桥旁而得名。1958年隶属圣龙大队;1966年隶属胜龙大队;1984年隶属胜龙村至今。位于村委会西北700米。东邻上孙家湾,南界赶猪坟,西至资山社区艾家湾,北连下孙家湾。总面积0.25平方千米,耕地面积3.9公顷。17户,40人。主产水稻、小麦、玉米。村落形态呈团状,房屋结构以平房和坡房为主。

跑马岗【Pǎomǎgǎng】 以训练场地命名。因村建于岗上,相传此岗原是跑马练武的地方,故名。1958年隶属圣龙大队;1966年隶属胜龙大队;1984年隶属胜龙村至今。位于村委会北1.5千米。东邻彭家楼,南界上孙家湾,西至下孙家湾,北连古岭村松波湾。总面积0.3平方千米,耕地面积4.6公顷。22户,60人。主产水稻、小麦、玉米。村落形态呈线状,房屋结构以平房和坡房为主。

彭家楼【Péngjiālóu】 以姓氏和建筑物综合命名。因彭姓聚居且村内修门楼而得名。1958年隶属圣龙大队;1966年隶属胜龙大队;1984年隶属胜龙村至今。位于村委会东北1.5千米。东邻半乍林,南界方家湾,西至跑马岗,北连古岭村田家湾。总面积0.45平方千米,耕地面积5.1公顷。39户,120人。主产水稻、小麦、玉米,兼种果蔬。村落形态呈团状,房屋结构以平房和楼房为主。

桥头湾【Qiáotóuwān】 以建筑物命名。因村建在桥头而得名。1958年隶属圣龙大队;1966年隶属胜龙大队;1984年隶属胜龙村至今。位于村委会西南1千米。东邻山坡湾,南界资山社区,西至资山社区,北连下孙家湾。总面积0.2平方千米,耕地面积4.6公顷。45户,140人。主产水稻、小麦、玉米,兼种果蔬。村落形态呈线状,房屋结构以坡房和楼房为主。

山坡湾【Shānpōwān】 以地形命名。因村建在山坡旁而得名。1958年隶属圣龙大队;1966年隶属胜龙大队;1984年隶属胜龙村至今。位于村委会西南500米。东邻赶猪坟,南界松岗村竹林湾,西至资山社区艾家湾,北连下孙家湾。总面积1.6平方千米,耕地面积5公顷。18户,70人。主产水稻、小麦、玉米,兼种果蔬。村落形态呈线状,房屋结构以平房和楼房为主。

上孙家湾【Shàngsūnjiāwān】 以方位和姓氏综合命名。因孙姓聚居在冲的上部而得名。1958年隶属圣龙大队;1966年隶属胜龙大队;1984年隶属胜龙村至今。位于村委会北1千米。东邻张家湾,南界万界湾,西至桥头湾,北连跑马岗。总面积0.3平方千米,耕地面积5.3公顷。30户,80人。主产水稻、小麦、玉米,兼发展水产养殖。村落形态呈线状,房屋结构以坡房和楼房为主。

万家湾【Wànjiāwān】 以姓氏命名。因万姓聚居而得名。1958年隶属圣龙大队;1966年隶属胜龙大队;1984年隶属胜龙村至今。位于村委会东300米。东邻艾家湾,南界松岗村,西至赶猪坟,北连上孙家湾。总面积0.35平方千米,耕地面积7.3公顷。32户,110人。主产水稻、小麦、玉米,兼种果蔬。村落形态呈线状,房屋结构以平房和坡房为主。

下孙家湾【Xiàsūnjiāwān】 以方位和姓氏综合命名。因孙姓聚居在冲的下部而得名。1958年隶属圣龙大队;1966年隶属胜龙大队;1984年隶属胜龙村至今。位于村委会西北1千米。东邻跑马岗,南界龙头桥，西至资山社区沙坡凹，北连董楼村松波湾。总面积0.3平方千米，耕地面积6.6公顷。37户，80人。主产水稻、小麦、玉米，兼种果蔬。村落形态呈线状，房屋结构以平房和坡房为主。

张家湾【Zhāngjiāwān】 以姓氏命名。因张姓聚居而得名。1958年隶属圣龙大队；1966年隶属胜龙大队；1984年隶属胜龙村至今。位于村委会东北1千米。东邻彭家楼，南界万家湾，西至上孙家湾，北连古岭村曾家楼。总面积0.25平方千米，耕地面积6公顷。20户，70人。主产水稻、小麦、玉米，兼发展养殖业。村落形态呈团状，房屋结构以坡房和楼房为主。

团山村【Tuánshāncūn】

以团山自然村命名。1958年为燎原大队，隶属伟大公社；1966年为团山大队，隶属资山区；1975年隶属资山公社；1981年隶属王城公社；1984年为团山村，隶属王城区；1987年隶属资山镇；2001年隶属王城镇至今。位于镇政府南16千米。东邻端公村，南界吴店镇徐寨村，西至吴店镇陈湾村，北连罗汉村。辖34个自然村，总面积8.41平方千米，耕地面积167.2公顷。426户，1810人。主产水稻、小麦、玉米，兼种黄桃等果蔬。兴唐公路过境，村委会驻垭子湾。

陈家湾【Chénjiāwān】 以姓氏命名。因陈姓聚居而得名。1958年隶属燎原大队；1966年隶属团山大队；1984年隶属团山村至今。位于村委会南1千米。东邻咀子湾，南界严家湾，西至韦家湾，北连垭子湾。总面积0.3平方千米，耕地面积5.8公顷。18户，80人。主产水稻、小麦、玉米，兼种果蔬。村落形态呈散状，房屋结构以平房和坡房为主。

横冲凹【Héngchōngwā】 以地形命名。因村建在一条横冲的山洼处而得名。1958年隶属燎原大队；1966年隶属团山大队；1984年隶属团山村至今。位于村委会东南600米。东邻庙怀，南界严家湾，西至韦家湾，北连垭子湾。总面积0.2平方千米，耕地面积4公顷。4户，20人。主产水稻、小麦、玉米。村落形态呈散状，房屋结构以坡房为主。

胡家老湾【Hújiālǎowān】 以姓氏和时间综合命名。因胡姓聚居且建村较早，故名。1958年隶属燎原大队；1966年隶属团山大队；1984年隶属团山村至今。位于村委会北700米。东邻端公村石头咀，南界垭子湾，西至团山湾，北连团堰。总面积0.23平方千米，耕地面积3.6公顷。8户，30人。主产水稻、小麦、玉米。村落形态呈团状，房屋结构以坡房为主。

胡家湾【Hújiāwān】 以姓氏命名。因胡姓聚居而得名。1958年隶属燎原大队；1966年隶属团山大队；1984年隶属团山村至今。位于村委会东南2千米。东邻端公村桐树湾，南界简家湾，西至汤家湾，北连庙怀。总面积0.28平方千米，耕地面积4.5公顷。10户，40人。主产水稻、小麦、玉米。村落形态呈散状，房屋结构以平房和坡房为主。

黄楝树湾【Huángliànshùwān】 以植物命名。因村内有棵黄楝树而得名。1958年隶属燎原大队；1966年隶属团山大队；1984年隶属团山村至今。位于村委会北1.5千米。东邻孙家西湾，南界团堰，西至罗汉村唐家草湾，北连罗汉村花湾。总面积0.53平方千米，耕地面积12.4公顷。29户，120人。主产水稻、小麦、玉米，兼种果蔬。村落形态呈团状，房屋结构以平房和坡房为主。

贾家湾【Jiǎjiāwān】 以姓氏命名。因贾姓聚居而得名。1958年隶属燎原大队；1966年隶属团山大队；1984年隶属团山村至今。位于村委会北1.9千米。东邻端公村下施家湾，南界姜家湾，西至月池堰，北连端公村上畈。总面积0.2平方千米，耕地面积4.2公顷。8户，40人。主产水稻、小麦、玉米。村落形态呈散状，房屋结构以坡房为主。

简家林【Jiǎnjiālín】 以姓氏命名。因简姓聚居而得名。1958年隶属燎原大队；1966年隶属团山大队；1984年隶属团山村至今。位于村委会西1.3千米。东邻院墙湾，南界团山湾，西至学屋湾，北连罗汉村唐家草湾。总面积0.3平方千米，耕地面积6公顷。17户，70人。主产水稻、小麦、玉米。村落形态呈散状，房屋结构以坡房和楼房为主。

简家桥【Jiǎnjiāqiáo】 以姓氏和建筑物综合命名。因简姓聚居小桥旁而得名。1958年隶属燎原大队；1966年隶属团山大队；1984年隶属团山村至今。位于村委会西南2.4千米。东邻韦家湾，南界吴店镇陈湾村付家湾，西至下鲁家湾，北连中鲁家湾。总面积0.23平方千米，耕地面积4公顷。13户，60人。主产水稻、小麦、玉米。村落形态呈散状，房屋结构以坡房和楼房为主。

简家湾【Jiǎnjiāwān】 以姓氏命名。因简姓聚居而得名。1958年隶属燎原大队；1966年隶属团山大队；1984年隶属团山村至今。位于村委会东南2.4千米。东邻端公村栗树湾，南界吴店镇徐寨村唐家咀子，西至楼子湾，北连胡家湾。总面积0.32平方千米，耕地面积6公顷。15户，60人。主产水稻、小麦、玉米，兼种黄桃等果蔬。村落形态呈散状，房屋结构以平房和坡房为主。

姜家湾【Jiāngjiāwān】 以姓氏命名。因姜姓聚居而得名。1958年隶属燎原大队；1966年隶属团山大队；1984年隶属团山村至今。位于村委会北2千米。东邻端公村下施家湾，南界端公村施家老湾，西至团堰，北连贾家湾。总面积0.06平方千米，耕地面积1.2公顷。2户，10人。主产水稻、小麦、玉米。村落形态呈散状，房屋结构以坡房为主。

靳家老湾【Jìnjiālǎowān】 以姓氏和建村时间综合命名。因靳姓聚居且建村较早，故名。1958年隶属燎原大队；1966年隶属团山大队；1984年隶属团山村至今。位于村委会西2千米。东邻学屋湾，南界下鲁家湾，西至螺丝岗村李家湾，北连螺丝岗村施家湾。总面积0.4平方千米，耕地面积8.2公顷。23户，90人。主产水稻、小麦、玉米，兼种果蔬。村落形态呈散状，房屋结构以平房和坡房为主。

咀子湾【Zuǐziwān】 以地形命名。因村建在山咀子上而得名。1958年隶属燎原大队；1966年隶属团山大队；1984年隶属团山村至今。位于村委会东南1千米。东邻庙怀，南界严家湾，西至陈家湾，北连横冲凹。总面积0.32平方千米，耕地面积8.5公顷。12户，50人。主产水稻、小麦、玉米。村落形态呈散状，房屋结构以平房和坡房为主。

楼子湾【Lóuziwān】 以建筑物命名。因村内土楼子而得名。1958年隶属燎原大队；1966年隶属团山大队；1984年隶属团山村至今。位于村委会东南2.2千米。东邻简家湾，南界吴店镇徐寨村象鼻子湾，西至汤家湾，北连胡家湾。总面积0.34平方千米，耕地面积7.6公顷。20户，90人。主产水稻、小麦、玉米，兼种果蔬。村落形态呈散状，房屋结构以平房和坡房为主。

鲁家湾【Lǔjiāwān】 以姓氏命名。因鲁姓聚居而得名。1958年隶属燎原大队；1966年隶属团山大队；1984年隶属团山村至今。位于村委会西南2.3千米。东邻团山湾，南界简家桥，西至赵家湾，北连学屋湾。总面积0.24平方千米，耕地面积4.8公顷。18户，70人。主产水稻、小麦、玉米，兼种果蔬。村落形态呈散状，房屋结构以坡房和楼房为主。

庙怀【Miàohuái】 以建筑物和地形综合命名。因村建在端公山的山怀里，村附近有座寺庙而得名。1958年隶属燎原大队；1966年隶属团山大队；1984年隶属团山村至今。位于村委会东南1.2千米。东邻端公村靳家湾，南界胡家湾，西至咀子湾，北连端公山。总面积0.08平方千米，耕地面积1.3公顷。3户，10人。主产水稻、小麦、玉米。村落形态呈散状，房屋结构以坡房为主。

上鲁家湾【Shànglǔjiāwān】 以地势和姓氏命名。因鲁姓聚居且村庄地势较高而得名。1958年隶属燎原大队；1966年隶属团山大队；1984年隶属团山村至今。位于村委会西南2.1千米。东邻团山，南界中鲁家湾，西至学田，北连学屋湾。总面积0.2平方千米，耕地面积4.5公顷。8户，30人。主产小麦、水稻、玉米。村落形态呈散状，房屋结构以坡房和楼房为主。

上岩子【Shàngyánzi】 以方位和地形综合命名。因村建于山岩的上部而得名。1958年隶属燎原大队；1966年隶属团山大队；1984年隶属团山村至今。位于村委会南2.1千米。东邻谢家湾，南界吴店镇陈湾村付家湾，西至中岩子，北连韦家湾。总面积0.2平方千米，耕地面积4.5公顷。9户，30人。主产水稻、小麦、玉米。村落形态呈散状，房屋结构以坡房和楼房为主。

孙家凹子【Sūnjiāwāzi】 以姓氏和地形综合命名。因孙姓聚居山洼而得名。1958年隶属燎原大队；1966年隶属团山大队；1984年隶属团山村至今。位于村委会西500米。东邻垭子湾，南界团山湾，西至简家林，北连月池堰。总面积0.2平方千米，耕地面积4公顷。11户，40人。主产水稻、小麦、玉米。村落形态呈散状，房屋结构以坡房为主。

汤家湾【Tāngjiāwān】 以姓氏命名。因汤姓聚居而得名。1958年隶属燎原大队；1966年隶属团山大队；1984年隶属团山村至今。位于村委会东南2.3千米。东邻楼子湾，南界吴店镇徐寨村象鼻子湾，西至严家湾，北连咀子湾。总面积0.3平方千米，耕地面积6.2公顷。10户，40人。主产水稻、小麦、玉米。村落形态呈散状，房屋结构以平房和坡房为主。

团山湾【Tuánshānwān】 以地形命名。因村建在团山附近而得名。1958年隶属燎原大队；1966年隶属团山大队；1984年隶属团山村至今。位于村委会西600米。东邻垭子湾，南界韦家湾，西至鲁家湾，北连简家林。总面积0.13平方千米，耕地面积2公顷。7户，30人。主产水稻、小麦、玉米。村落形态呈散状，房屋结构以坡房为主。

团堰【Tuányàn】 以堰塘形状命名。因村前有口圆形的堰塘而得名。1958年隶属燎原大队；1966年隶属团山大队；1984年隶属团山村至今。位于村委会北1.25千米。东邻端公村下施家湾，南界院墙湾，西至月池堰，北连黄楝树湾。总面积0.15平方千米，耕地面积2公顷。4户，20人。主产水稻、小麦、玉米。村落形态呈线状，房屋结构以坡房为主。

韦家湾【Wéijiāwān】 以姓氏命名。因韦姓聚居而得名。1958年隶属燎原大队；1966年隶属团山大队；1984年隶属团山村至今。位于村委会南2.1千米。东邻陈家湾，南界上岩子，西至简家桥，北连垭子湾。总面积0.3平方千米，耕地面积6.5公顷。18户，80人。主产水稻、小麦、玉米，兼种果蔬。村落形态呈散状，房屋结构以坡房和楼房为主。

下鲁家湾【Xiàlǔjiāwān】 以地势和姓氏综合命名。因鲁姓居住且村庄地势较低而得名。1958年隶属燎原大队；1966年隶属团山大队；1984年隶属团山村至今。位于村委会西南2.3千米。东邻中鲁家湾，南界长堰堤，西至赵家湾，北连中鲁家湾。总面积0.24平方千米，耕地面积4公顷。10户，50人。主产水稻、小麦、玉米。村落形态呈散状，房屋结构以平房和坡房为主。

谢家湾【Xièjiāwān】 以姓氏命名。因谢姓聚居而得名。1958年隶属燎原大队；1966年隶属团山大队；1984年隶属团山村至今。位于村委会南2千米。东邻陈家湾，南界上岩子，西至韦家湾，北连垭子湾。总面积0.2平方千米，耕地面积4公顷。8户，40人。主产水稻、小麦、玉米。村落形态呈散状，房屋结构以坡房和楼房为主。

学田【Xuétián】 以土地属性命名。从前，此村周围有二十四亩公田属于枣阳学会馆，故名。1958年隶属燎原大队；1966年隶属团山大队；1984年隶属团山村至今。位于村委会西2.8千米。东邻赵家湾，南界吴店镇陈湾村姚家畈，西至吴店镇陈湾村刺林湾，北连李家湾。总面积0.24平方千米，耕地面积4公顷。13户，60人。主产水稻、小麦、玉米。村落形态呈散状，房屋结构以坡房和楼房为主。

学屋湾【Xuéwūwān】 以学堂命名。因以前有人办过私学而得名。1958年隶属燎原大队；1966年隶属团山大队；1984年隶属团山村至今。位于村委会西1.8千米。东邻简家林，南界团山湾，西至靳家老湾，北连罗汉村灵庙。总面积0.32平方千米，耕地面积5.9公顷。16户，60人。主产水稻、小麦、玉米，兼种果蔬。村落形态呈散状，房屋结构以坡房和楼房为主。

垭子湾【Yāziwān】 以地形命名。因村建在山垭子里而得名。1958年隶属燎原大队；1966年隶属团山大队；1984年隶属团山村至今。村委会驻地。东邻端公山，南界陈家湾，西至团山湾，北连胡家老湾。总面积0.42平方千米，耕地面积8.4公顷。21户，100人。主产水稻、小麦、玉米，兼种果蔬。村落形态呈散状，房屋结构以坡房和楼房为主。

严家湾【Yánjiāwān】 以姓氏命名。因严姓聚居而得名。1958年隶属燎原大队；1966年隶属团山大队；1984年隶属团山村至今。位于村委会南1.5千米。东邻汤家湾，南界吴店镇徐寨村朱家湾，西至谢家湾，北连咀子湾。总面积0.22平方千米，耕地面积4.5公顷。15户，70人。主产水稻、小麦、玉米。村落形态呈散状，房屋结构以坡房和楼房为主。

院墙湾【Yuànqiángwān】 以建筑物命名。因村里多数人家有院墙而得名。1958年隶属燎原大队；1966年隶属团山大队；1984年隶属团山村至今。位于村委会北1.2千米。东邻胡家老湾，南界孙家凹子，西至简家林，北连月池堰。总面积0.21平方千米，耕地面积3.8公顷。13户，40人。主产水稻、小麦、玉米。村落形态呈线状，房屋结构以坡房和楼房为主。

月池堰【Yuèchíyàn】 以堰塘形状命名。因村前有口浅堰且形似月亮，故名。1958年隶属燎原大队；1966年隶属团山大队；1984年隶属团山村至今。位于村委会北1.3千米。东邻团堰，南界院墙湾，西至罗汉村唐家草湾，北连黄棟树湾。总面积0.2平方千米，耕地面积4.4公顷。14户，60人。主产水稻、小麦、玉米。村落形态呈散状，房屋结构以坡房和楼房为主。

长堰堤【Chángyàndī】 以堰堤命名。因村建在长堰堤旁而得名。1958年隶属燎原大队；1966年隶属团山大队；1984年隶属团山村至今。位于村委西南2.5千米。东邻简家桥，南界中岩子，西至赵家湾，北连中鲁家湾。总面积0.26平方千米，耕地面积4.6公顷。18户，80人。主产水稻、小麦、玉米，兼种果蔬。村落形态呈散状，房屋结构以平房和坡房为主。

赵家湾【Zhàojiāwān】 以姓氏命名。因赵姓聚居而得名。1958年隶属燎原大队；1966年隶属团山大队；1984年隶属团山村至今。位于村委会西2.5千米。东邻鲁家湾，南界吴店镇陈湾村下姚家畈，西至学田，北连陈家湾。总面积0.24平方千米，耕地面积4.8公顷。16户，70人。主产水稻、小麦、玉米，兼种果蔬。村落形态呈散状，房屋结构以平房和坡房为主。

中鲁家湾【Zhōnglǔjiāwān】 以方位和姓氏综合命名。因村建在上、下鲁家湾之间而得名。1958年隶属燎原大队；1966年隶属团山大队；1984年隶属团山村至今。位于村委会西南2.2千米。东邻垭子湾，南界简家桥，西至下鲁家湾，北连上鲁家湾。总面积0.2平方千米，耕地面积4.2公顷。11户，50人。主产水稻、小麦、玉米。村落形态呈散状，房屋结构以坡房和楼房为主。

中岩子【Zhōngyánzi】 以方位和地形综合命名。因村建于山岩的中部而得名。1958年隶属燎原大队；1966年隶属团山大队；1984年隶属团山村至今。位于村委会东南2.3千米。东邻上岩子，南界吴店镇肖湾村，西至吴店镇简家桥，北连长堰堤。总面积0.15平方千米，耕地面积2.8公顷。4户，20人。主产水稻、小麦、玉米。村落形态呈散状，房屋结构以坡房为主。

伍河村【Wǔhécūn】

以伍家河自然村命名。1958年为旭日大队，隶属伟大公社；1966年为王寨大队，隶属资山区；1975年隶属资山公社；1981年为伍河大队，隶属王城公社；1984年为伍河村，隶属王城镇至今。位于镇政府西南5千米。东邻杜湾村，南界付楼村，西至高庙村，北连兴隆镇大堰村。辖13个自然村，总面积5.12平方千米，耕地面积357.5公顷。468户，1890人。主产小麦、水稻，兼种棉花、果蔬，发展水产养殖。王官路过境，村委会驻伍河新村。

大谢家湾【Dàxièjiāwān】 以姓氏和规模综合命名。因谢姓聚居相邻两村，此村较大而得名。1958年隶属旭日大队；1966年隶属王寨大队；1981年隶属伍河大队；1984年隶属伍河村至今。位于村委会南1千米。东邻雷家岗，南界小谢家湾，西至高庙村黄大伦，北连付家湾。总面积0.39平方千米，耕地面积24.6公顷。29户，110人。主产小麦、水稻，兼种棉花、果蔬，发展水产养殖。村落形态呈散状，房屋结构以坡房和楼房为主。

付家湾【Fùjiāwān】 以姓氏命名。因付姓聚居而得名。1958年隶属旭日大队；1966年隶属王寨大队；1981年隶属伍河大队；1984年隶属伍河村至今。位于村委会西南1千米。东邻神石马，南界大谢家湾，西至高庙村黄大伦，北连伍河新村。总面积0.29平方千米，耕地面积13.2公顷。12户，50人。主产小麦、水稻，兼种棉花、果蔬。村落形态呈散状，房屋结构以坡房和楼房为主。

雷家湾【Léijiāwān】 以姓氏命名。因雷姓聚居而得名。1958年隶属旭日大队；1966年隶属王寨大队；1981年隶属伍河大队；1984年隶属伍河村至今。位于村委会东南1.5千米。东邻伍家河，南界付楼村椿树岗，西至大谢家湾，北连神石马。总面积0.38平方千米，耕地面积23.6公顷。31户，110人。主产小麦、水稻，兼种棉花、果蔬，发展水产养殖。村落形态呈散状，房屋结构以坡房和楼房为主。

楼子湾【Lóuziwān】 以建筑物命名。因村内有一座楼房而得名（原称沟田，20世纪90年代改现名）。

1958 年隶属旭日大队；1966 年隶属王寨大队；1981 年隶属伍河大队；1984 年隶属伍河村至今。位于村委会北 2.5 千米。东邻伍家湾，南界西畈，西至高庙村魏家壕，北连兴隆镇大堰村上岗。总面积 0.2 平方千米，耕地面积 15 公顷。15 户，60 人。主产小麦、水稻，兼种棉花、果蔬，发展水产养殖。村落形态呈散状，房屋结构以坡房和楼房为主。

庙庄【Miàozhuāng】 以庙和土地属性综合命名。因从前此村田地属大观庙的和尚管辖，故名。1958 年隶属旭日大队；1966 年隶属王寨大队；1981 年隶属伍河大队；1984 年隶属伍河村至今。位于村委会东北 2.4 千米。东邻兴隆镇冯岗村张家湾，南界神石马，西至王家寨，北连伍家湾。总面积 0.47 平方千米，耕地面积 37.3 公顷。17 户，60 人。主产小麦、水稻，兼种棉花、果蔬，发展水产养殖。村落形态呈散状，房屋结构以坡房和楼房为主。

神石马【Shénshímǎ】 以雕塑动物命名。因村中有一对石马而得名（原称田家壕，20 世纪 90 年代改现名）。1958 年隶属旭日大队；1966 年隶属王寨大队；1981 年隶属伍河大队；1984 年隶属伍河村至今。位于村委会东 1.14 千米。东邻杜湾村宁家大湾，南界伍家河，西至伍河新村，北连万家壕。总面积 0.49 平方千米，耕地面积 34.8 公顷。66 户，310 人。主产小麦、水稻，兼种棉花、果蔬，发展水产养殖。村落形态呈线状，房屋结构以坡房和楼房为主。

万家壕【Wànjiāháo】 以姓氏和壕沟综合命名。因万姓聚居且村周挖有壕沟而得名。1958 年隶属旭日大队；1966 年隶属王寨大队；1981 年隶属伍河大队；1984 年隶属伍河村至今。位于村委会东 1.6 千米。东邻杜湾村蛤蟆垱，南界神石马，西至庙庄，北连兴隆镇冯岗村张家湾。总面积 0.34 平方千米，耕地面积 26.9 公顷。37 户，150 人。主产小麦、水稻，兼种棉花、果蔬，发展水产养殖。村落形态呈散状，房屋结构以坡房和楼房为主。

王家寨【Wángjiāzhài】 以姓氏和建筑物综合命名。因王姓聚居村周围有寨墙而得名。1958 年隶属旭日大队；1966 年隶属王寨大队；1981 年隶属伍河大队；1984 年隶属伍河村至今。位于村委会北 1.5 千米。东邻庙庄，南界伍河新村，西至西畈，北连伍家湾。总面积 0.28 平方千米，耕地面积 20.1 公顷。23 户，90 人。主产小麦、水稻，兼种棉花、果蔬，发展水产养殖。村落形态呈散状，房屋结构以坡房和楼房为主。

伍河新村【Wǔhéxīncūn】 以河流和建村时间综合命名。2004 年土地平整，村辖的 7 个小居民点合并为一个自然村，故名。2004 年隶属伍河村至今。村委会驻地。东邻神石马，南界付家湾，西至高庙村郭家湾，北连王家寨。总面积 0.79 平方千米，耕地面积 58.7 公顷。131 户，530 人。主产小麦、水稻，兼种棉花、果蔬，发展水产养殖。村落形态呈线状，房屋结构以坡房和楼房为主。

伍家河【Wǔjiāhé】 以姓氏和河流综合命名。因伍姓聚居河边而得名。1958 年隶属旭日大队；1966 年隶属王寨大队；1981 年隶属伍河大队；1984 年隶属伍河村至今。位于村委会东南 2 千米。东邻杜湾村宁家大湾，南界付楼村椿树岗，西至雷家湾，北连神石马。总面积 0.4 平方千米，耕地面积 27.5 公顷。34 户，130 人。主产小麦、水稻，兼种棉花、果蔬，发展水产养殖。村落形态呈散状，房屋结构以坡房和楼房为主。

伍家湾【Wǔjiāwān】 以姓氏命名。因伍姓聚居而得名。1958 年隶属旭日大队；1966 年隶属王寨大队；1981 年隶属伍河大队；1984 年隶属伍河村至今。位于村委会北 2.5 千米。东邻兴隆镇冯岗村王家湾，南界王家寨，西至楼子湾，北连兴隆镇大堰村黄家岗。总面积 0.3 平方千米，耕地面积 22.6 公顷。20 户，80 人。主产小麦、水稻，兼种棉花、果蔬，发展水产养殖。村落形态呈散状，房屋结构以坡房和楼房为主。

西畈【Xīfàn】 以地形和方位综合命名。因村建在王家寨西边一平畈上而得名。1958 年隶属旭日大队；1966 年隶属王寨大队；1981 年隶属伍河大队；1984 年隶属伍河村至今。位于村委会北 1.8 千米。东邻王家寨，南界伍河新村，西至高庙村下老庄，北连楼子湾。总面积 0.33 平方千米，耕地面积 26.1 公顷。20 户，80 人。主产小麦、水稻，兼种棉花、果蔬，发展水产养殖。村落形态呈散状，房屋结构以坡房和楼房为主。

小谢家湾【Xiǎoxièjiāwān】 以姓氏和规模综合命名。因谢姓聚居相邻两村，此村较小而得名。1958 年隶属旭日大队；1966 年隶属王寨大队；1981 年隶属伍河大队；1984 年隶属伍河村至今。位于村委会南 1.6 千米。东邻付楼村伍家湾，南界付楼村袁家湾，西至高庙村黄大伦，北连大谢家湾。总面积 0.46 平方千米，耕地面积 27.1 公顷。33 户，130 人。主产小麦、水稻，兼种棉花、果蔬，发展水产养殖。村落形态呈散状，房屋结构以坡房和楼房为主。

王桥村【Wángqiáocūn】

以王桥自然村命名。1958 年为经建大队，隶属伟大公社；1966 年为王桥大队，隶属资山区；1975 年隶属资山公社；1981 年隶属王城公社；1984 年为王桥村，隶属王城区；1987 年隶属资山镇；2001 年隶属王城镇至今。位于镇政府西南 12.5 千米。东邻李桥村，南界吴店镇长里岗村，西至吴店镇大堰角村，北连陈庙村。辖 30 个自然村，总面积 9.07 平方千米，耕地面积 388 公顷。255 户，926 人。主产小麦、水稻，兼种果蔬。兴唐路穿村过境，村委会驻俞家坡。

撮箕湾【Cuōjīwān】 以地形命名。因村子地形似撮箕而得名。1958 年隶属经建大队；1966 年隶属王桥大队；1984 年隶属王桥村至今。位于村委会东南 1 千米。东邻李桥村楼子湾，南界李桥村土井湾，西至冬青树湾，北连李家老湾。总面积 0.2 平方千米，耕地面积 10 公顷。5 户，20 人。主产小麦、水稻，兼种果蔬。村落形态呈散状，房屋结构以平房和坡房为主。

大路冲【Dàlùchōng】 以路和地形综合命名。因村建在冲口，村旁有通往吴店的大路而得名。1958 年隶属经建大队；1966 年隶属王桥大队；1984 年隶属王桥村至今。位于村委会北 1.5 千米。东邻罗庙村丁家楼，南界万家湾，西至田家岗，北连陈庙村刘家老湾。总面积 0.12 平方千米，耕地面积 10 公顷。3 户，10 人。主产小麦、水稻，兼种果蔬。村落形态呈散状，房屋结构以平房和坡房为主。

倒庙湾【Dǎomiàowān】 以庙命名。因村前小庙年久失修倒塌而得名。1958 年隶属经建大队；1966 年隶属王桥大队；1984 年隶属王桥村至今。位于村委会东 1 千米。东邻李桥村刘家垭子，南界河口，西至俞家坡，北连石头咀。总面积 0.61 平方千米，耕地面积 25 公顷。38 户，140 人。主产小麦、水稻，兼种果蔬。村落形态呈散状，房屋结构以平房和坡房为主。

冬青树湾【Dōngqīngshùwān】 以植物命名。因村中间有一棵冬青树而得名。1958 年隶属经建大队；1966 年隶属王桥大队；1984 年隶属王桥村至今。位于村委会东南 1.5 千米。东邻撮箕湾，南界腊树井，西至岩子，北连孙家湾。总面积 0.2 平方千米，耕地面积 5 公顷。10 户，50 人。主产小麦、水稻，兼种果蔬。

村落形态呈散状，房屋结构以平房和坡房为主。

高家湾【Gāojiāwān】 以姓氏命名。因高姓聚居而得名。1958年隶属经建大队；1966年隶属王桥大队；1984年隶属王桥村至今。位于村委会西北1.3千米。东邻石头咀，南界张家油坊，西至堰梢，北连罗家咀子。总面积0.3平方千米，耕地面积15公顷。9户，40人。主产小麦、水稻，兼种果蔬。村落形态呈散状，房屋结构以平房和坡房为主。

河口【Hékǒu】 以河流方位命名。因村子出口处有一条河而得名。1958年隶属经建大队；1966年隶属王桥大队；1984年隶属王桥村至今。位于村委会东南1.2千米。东邻李桥村谢家咀，南界撮箕湾，西至王桥，北连倒庙湾。总面积0.3平方千米，耕地面积10公顷。6户，20人。主产小麦、水稻，兼种果蔬。村落形态呈散状，房屋结构以平房和坡房为主。

李家老湾【Lǐjiālǎowān】 以姓氏和建村时间综合命名。因李姓聚居且建村早而得名。1958年隶属经建大队；1966年隶属王桥大队；1984年隶属王桥村至今。位于村委会南1.2千米。东邻李桥村胡家湾，南界腊树井，西至冬青树湾，北连孙家湾。总面积0.2平方千米，耕地面积10公顷。6户，20人。主产小麦、水稻，兼种果蔬。村落形态呈散状，房屋结构以平房和坡房为主。

刘家湾【Liújiāwān】 以姓氏命名。因刘姓聚居而得名。1958年隶属经建大队；1966年隶属王桥大队；1984年隶属王桥村至今。位于村委会西北1.3千米。东邻万家湾，南界高家湾，西至罗家咀子，北连吴店镇李寨村刺林湾。总面积0.3平方千米，耕地面积10公顷。15户，66人。主产小麦、水稻，兼种果蔬。村落形态呈散状，房屋结构以平房和坡房为主。

罗家咀子【Luójiāzuǐzi】 以姓氏和地形综合命名。因罗姓聚居山咀旁而得名。1958年隶属经建大队；1966年隶属王桥大队；1984年隶属王桥村至今。位于村委会西北1.5千米。东邻刘家湾，南界高家湾，西至下高家湾，北连吴店镇李寨村刺林湾。总面积0.4平方千米，耕地面积10公顷。6户，20人。主产小麦、水稻，兼种果蔬。村落形态呈散状，房屋结构以平房和坡房为主。

桥头【Qiáotóu】 以桥和方位综合命名。因村建在桥头旁而得名。1958年隶属经建大队；1966年隶属王桥大队；1984年隶属王桥村至今。位于村委会东北1.7千米。东邻罗庙村廖家湾，南界石头咀，西至万家湾，北连大路冲。总面积0.3平方千米，耕地面积5公顷。8户，20人。主产小麦、水稻，兼种果蔬。村落形态呈散状，房屋结构以平房和坡房为主。

三家村【Sānjiācūn】 以村民户数命名。因1972年三家合建此村，故名。1958年隶属经建大队；1966年隶属王桥大队；1984年隶属王桥村至今。位于村委会东北1.5千米。东邻王家油坊，南界李桥村刘家垭子，西至倒庙湾，北连铁铺。总面积0.3平方千米，耕地面积10公顷。6户，20人。主产小麦、水稻，兼种果蔬。村落形态呈散状，房屋结构以平房和坡房为主。

沙母垱【Shāmǔdàng】 以水垱命名。因村旁有一沙石土筑成的水垱常漏水而得名。1958年隶属经建大队；1966年隶属王桥大队；1984年隶属王桥村至今。位于村委会西南1.3千米。东邻岩子，南界无量山，西至兴隆镇大堰村换金沟，北连张家油坊。总面积0.2平方千米，耕地面积8公顷。3户，20人。主产小麦、水稻，兼种果蔬。村落形态呈散状，房屋结构以平房和坡房为主。

石头咀【Shítóuzuǐ】 以地形命名。因村建在石头咀旁而得名。1958年隶属经建大队；1966年隶属王桥大队；1984年隶属王桥村至今。位于村委会东1千米。东邻三家湾，南界倒庙湾，西至俞家坡，北连万家湾。总面积0.3平方千米，耕地面积20公顷。18户，60人。主产小麦、水稻，兼种果蔬。村落形态呈散状，房屋结构以平房和坡房为主。

松坡【Sōngpō】 以植物和地形综合命名。因村建在长有松树的山坡旁而得名。1958年隶属经建大队；1966年隶属王桥大队；1984年隶属王桥村至今。位于村委会东北1.2千米。东邻三家湾，南界糖坊，西至倒庙湾，北连丁家楼。总面积0.3平方千米，耕地面积5公顷。4户，20人。主产小麦、水稻，兼种果蔬。村落形态呈散状，房屋结构以平房和坡房为主。

孙家湾【Sūnjiāwān】 以姓氏命名。因孙姓聚居而得名。1958年隶属经建大队；1966年隶属王桥大队；1984年隶属王桥村至今。位于村委会南1千米。东邻河口，南界冬青树湾，西至岩子，北连俞家坡。总面积0.4平方千米，耕地面积10公顷。5户，20人。主产小麦、水稻，兼种果蔬。村落形态呈散状，房屋结构以平房和坡房为主。

糖坊【Tángfáng】 以作坊命名。因村内开过糖坊而得名。1958年隶属经建大队；1966年隶属王桥大队；1984年隶属王桥村至今。位于村委会东1.5千米。东邻三家村，南界李桥村倒庙湾，西至三家村，北连松坡。总面积0.4平方千米，耕地面积10公顷。5户，20人。主产小麦、水稻，兼种果蔬。村落形态呈散状，房屋结构以平房和坡房为主。

田家岗【Tiánjiāgǎng】 以姓氏命名。因田姓聚居而得名。1958年隶属经建大队；1966年隶属王桥大队；1984年隶属王桥村至今。位于村委会西北1.5千米。东邻万家湾，南界高家湾，西至罗家咀子，北连陈庙村刘家老湾。总面积0.3平方千米，耕地面积18公顷。6户，20人。主产小麦、水稻，兼种果蔬。村落形态呈散状，房屋结构以平房和坡房为主。

铁铺【Tiěpù】 以作坊命名。因村里曾开过铁匠铺而得名。1958年隶属经建大队；1966年隶属王桥大队；1984年隶属王桥村至今。位于村委会东北1.7千米。东邻东竹林湾，南界屏墙湾，西至三家村，北连罗庙村下刘家湾。总面积0.4平方千米，耕地面积15公顷。8户，20人。主产小麦、水稻，兼种果蔬。村落形态呈散状，房屋结构以平房和坡房为主。

万家湾【Wànjiāwān】 以姓氏命名。因万姓聚居而得名。1958年隶属经建大队；1966年隶属王桥大队；1984年隶属王桥村至今。位于村委会北1.5千米。东邻桥头，南界石头咀，西至田家岗，北连大路冲。总面积0.4平方千米，耕地面积18公顷。16户，60人。主产小麦、水稻，兼种果蔬。村落形态呈散状，房屋结构以平房和坡房为主。

王家油坊【Wángjiāyóufáng】 以姓氏和作坊综合命名。因王姓聚居且村内开一家油坊而得名。1958年隶属经建大队；1966年隶属王桥大队；1984年隶属王桥村至今。位于村委会东1.7千米。东邻李桥村文家大湾，南界李桥村古堰冲，西至三家湾，北连罗庙村东竹林湾。总面积0.31平方千米，耕地面积14公顷。8户，20人。主产小麦、水稻，兼种果蔬。村落形态呈散状，房屋结构以平房和坡房为主。

王桥【Wángqiáo】 以姓氏和桥综合命名。因王姓聚居且村旁有座桥而得名。1958年隶属经建大队；1966年隶属王桥大队；1984年隶属王桥村至今。位于村委会东800米。东邻河口，南界孙家湾，西至俞家坡，北连倒庙湾。总面积0.4平方千米，耕地面积15公顷。8户，20人。主产小麦、水稻，兼种果蔬。村落形态呈散状，房屋结构以平房和坡房为主。

下高家湾【Xiàgāojiāwān】 以姓氏和方位综合命名。因高姓聚居位于高家湾下而得名。1958年隶属经建大队；1966年隶属王桥大队；1984年隶属王桥村至今。位于村委会西北1.5千米。东邻高家湾，南界堰梢，西至吴店镇李寨村刺林湾，北连罗家咀子。总面积0.3平方千米，耕地面积10公顷。11户，50人。主产小麦、水稻，兼种果蔬。村落形态呈散状，房屋结构以平房和坡房为主。

斜坡湾【Xiépōwān】 以地形命名。因村建在斜坡上而得名。1958年隶属经建大队；1966年隶属王桥大队；1984年隶属王桥村至今。位于村委会西南1.1千米。东邻岩子，南界沙母垱，西至张家油坊，北连院墙湾。总面积0.2平方千米，耕地面积7公顷。8户，40人。主产小麦、水稻，兼种果蔬。村落形态呈散状，房屋结构以平房和坡房为主。

岩子【Yánzi】 以地形命名。因村建在山岩子旁而得名。1958年隶属经建大队；1966年隶属王桥大队；1984年隶属王桥村至今。位于村委会南800米。东邻冬青树湾，南界无量山，西至沙母垱，北连院墙湾。总面积0.2平方千米，耕地面积10公顷。4户，20人。主产小麦、水稻，兼种果蔬。村落形态呈散状，房屋结构以平房和坡房为主。

堰梢【Yànshāo】 以堰和方位综合命名。因村建在大堰的堰梢而得名。1958年隶属经建大队；1966年隶属王桥大队；1984年隶属王桥村至今。位于村委会西1.8千米。东邻高家湾，南界张家油坊，西至吴店镇李寨村刺林湾，北连下高家湾。总面积0.2平方千米，耕地面积10公顷。2户，10人。主产小麦、水稻，兼种果蔬。村落形态呈散状，房屋结构以平房和坡房为主。

杨家湾【Yángjiāwān】 以姓氏命名。因杨姓聚居而得名。1958年隶属经建大队；1966年隶属王桥大队；1984年隶属王桥村至今。位于村委会北400米。东邻石头咀，南界院墙湾，西至高家湾，北连田家岗。总面积0.2平方千米，耕地面积12公顷。4户，10人。主产小麦、水稻，兼种果蔬。村落形态呈散状，房屋结构以平房和坡房为主。

俞家坡【Yújiāpō】 以姓氏和地形综合命名。因俞姓聚居岗坡而得名。1958年隶属经建大队；1966年隶属王桥大队；1984年隶属王桥村至今。村委会驻地。东邻王桥，南界孙家湾，西至院墙湾，北连杨家湾。总面积0.4平方千米，耕地面积15公顷。9户，20人。主产小麦、水稻，兼种果蔬。村落形态呈散状，房屋结构以平房和坡房为主。

院墙湾【Yuànqiángwān】 以建筑物命名。因村周围全由石头砌成院墙而得名。1958年隶属经建大队；1966年隶属王桥大队；1984年隶属王桥村至今。位于村委会西800米。东邻俞家坡，南界岩子，西至堰梢，北连高家湾。总面积0.3平方千米，耕地面积20公顷。4户，20人。主产小麦、水稻，兼种果蔬。村落形态呈散状，房屋结构以平房和坡房为主。

张家油坊【Zhāngjiāyóufáng】 以姓氏和作坊综合命名。因张姓聚居且村内开过油坊而得名。1958年隶属经建大队；1966年隶属王桥大队；1984年隶属王桥村至今。位于村委会西南1.8千米。东邻岩子，南界沙坡堤，西至吴店镇大堰角村金庄子，北连堰梢。总面积0.4平方千米，耕地面积30公顷。15户，30人。主产小麦、水稻，兼种果蔬。村落形态呈散状，房屋结构以平房和坡房为主。

竹林湾【Zhúlínwān】 以植物命名。因村旁有片竹林而得名。1958年隶属经建大队；1966年隶属王桥大队；1984年隶属王桥村至今。位于村委会南1.5千米。东邻李家老湾，南界冬青树湾，西至岩子，北连孙家湾。总面积0.23平方千米，耕地面积21公顷。5户，20人。主产小麦、水稻，兼种果蔬。村落形态呈散状，房屋结构以平房和坡房为主。

新店村【Xīndiàncūn】

以新店自然村命名。1958年为新展大队，隶属伟大公社；1961年为廖庙大队；1966年为新店大队，隶属资山区；1975年隶属资山公社；1981年隶属王城公社；1984年为新店村，隶属王城区；1987年隶属王城镇至今。位于镇政府西10千米。东邻高庙村，南界金银村，西至吴店镇施楼村，北连兴隆镇周台村。辖18个自然村，总面积3.87平方千米，耕地面积217.75公顷。228户，910人。主产小麦、水稻、杂粮，兼种果蔬，发展水产养殖。王官路过境，村委会驻八房湾。

八房湾【Bāfángwān】 以兄弟排序命名。因雷姓兄弟分家，老八住此而得名。1958年隶属新展大队；1961年隶属廖庙大队；1966年隶属新店大队；1984年隶属新店村至今。村委会驻地。东邻橙刺旁，南界陷泥巴冲，西至炮铺，北连贾家湾。总面积0.19平方千米，耕地面积12.7公顷。12户，50人。主产小麦、水稻、玉米，兼种果蔬，发展水产养殖。村落形态呈散状，房屋结构以坡房和楼房为主。

白鹤湾【Báihèwān】 以动物命名。因此村树上常落白鹤而得名。1958年隶属新展大队；1961年隶属廖庙大队；1966年隶属新店大队；1984年隶属新店村至今。位于村委会西800米。东邻贾家湾，南界胡家湾，西至咀子湾，北连油坊湾。总面积0.1平方千米，耕地面积7.1公顷。9户，20人。主产小麦、水稻、玉米，兼种果蔬。村落形态呈散状，房屋结构以坡房和楼房为主。

北湾【Běiwān】 以方位命名。因村建在八房湾北而得名。1958年隶属新展大队；1961年隶属廖庙大队；1966年隶属新店大队；1984年隶属新店村至今。位于村委会北300米。东邻新店子，南界八房湾，西至贾家湾，北连滚河。总面积0.1平方千米，耕地面积2.5公顷。5户，10人。主产水稻、小麦。村落形态呈散状，房屋结构以坡房和楼房为主。

草湾【Cǎowān】 以房屋类型命名。因建村时草屋多而得名。1958年隶属新展大队；1961年隶属廖庙大队；1966年隶属新店大队；1984年隶属新店村至今。位于村委会西北1.2千米。东邻油坊湾，南界白鹤湾，西至廖家老湾，北连兴隆镇周台村寨上。总面积0.3平方千米，耕地面积4.8公顷。3户，10人。主产小麦、水稻、玉米，兼种果蔬。村落形态呈散状，房屋结构以平房和坡房为主。

橙刺旁【Chéngcìpáng】 以植物命名。因村旁橙刺树多而得名。1958年隶属新展大队；1961年隶属廖庙大队；1966年隶属新店大队；1984年隶属新店村至今。位于村委会东南800米。东邻高庙村王家湾，南界垭子湾，西至八房湾，北连新店子。总面积0.27平方千米，耕地面积13.67公顷。17户，60人。主产小麦、水稻、玉米，兼种果蔬，发展水产养殖。村落形态呈散状，房屋结构以坡房和楼房为主。

胡家湾【Hújiāwān】 以姓氏命名。因胡姓聚居而得名。1958年隶属新展大队；1961年隶属廖庙大队；1966年隶属新店大队；1984年隶属新店村至今。位于村委会西500米。东邻村委会，南界炮铺湾，西至咀子湾，北连白鹤湾。总面积0.1平方千米，耕地面积8.1公顷。10户，30人。主产小麦、水稻、玉米，兼种果蔬，发展水产养殖。村落形态呈散状，房屋结构以坡房和楼房为主。

贾家湾【Jiǎjiāwān】 以姓氏命名。因贾姓聚居而得名。1958年隶属新展大队；1961年隶属廖庙大队；1966年隶属新店大队；1984年隶属新店村至今。位于村委会西北1千米。东邻北湾，南界村委会，西至草湾，北连兴隆镇周台村寨上。总面积0.1平方千米，耕地面积8.1公顷。4户，10人。主产小麦、水稻、玉米，兼种果蔬。村落形态呈散状，房屋结构以坡房和楼房为主。

咀子湾【Zuǐziwān】 以地形命名。因村建在坡咀旁而得名。1958年隶属新展大队；1961年隶属廖庙大队；1966年隶属新店大队；1984年隶属新店村至今。位于村委会西1.2千米。东邻白鹤湾，南界赵家湾，西至吴店镇施楼村施楼，北连廖家老湾。总面积0.2平方千米，耕地面积13公顷。23户，90人。主产小麦、水稻、玉米，兼种果蔬，发展水产养殖。村落形态呈散状，房屋结构以坡房和楼房为主。

枯树湾【Kūshùwān】 以植物命名。因村里有棵老古树，枯而不死，故名。1958年隶属新展大队；1961年隶属廖庙大队；1966年隶属新店大队；1984年隶属新店村至今。位于村委会西南1.2千米。东邻雷家湾，南界金银村小王家湾，西至金银村大堰岗，北连赵家湾。总面积0.15平方千米，耕地面积10.7公顷。3户，30人。主产小麦、水稻、玉米，兼种果蔬。村落形态呈散状，房屋结构以坡房和楼房为主。

雷家湾【Léijiāwān】 以姓氏命名。因雷姓聚居而得名。1958年隶属新展大队；1961年隶属廖庙大队；1966年隶属新店大队；1984年隶属新店村至今。位于村委会西南1千米。东邻炮铺湾，南界金银湾，西至枯树湾，北连胡家湾。总面积0.2平方千米，耕地面积12.4公顷。16户，90人。主产小麦、水稻、玉米，兼种果蔬，发展水产养殖。村落形态呈散状，房屋结构以坡房和楼房为主。

廖家老湾【Liàojiālǎowān】 以姓氏和建村时间综合命名。因廖姓聚居且建村早而得名。1958年隶属新展大队；1961年隶属廖庙大队；1966年隶属新店大队；1984年隶属新店村至今。位于村委会西北1.3千米。东邻草湾，南界咀子湾，西至吴店镇施楼村晏家湾，北连吴店镇东赵湖村东赵湖。总面积0.3平方千米，耕地面积21公顷。20户，50人。主产小麦、水稻、玉米，兼种果蔬，发展水产养殖。村落形态呈散状，房屋结构以坡房和楼房为主。

廖家湾【Liàojiāwān】 以姓氏命名。因廖姓聚居而得名。1958年隶属新展大队；1961年隶属廖庙大队；1966年隶属新店大队；1984年隶属新店村至今。位于村委会东南1千米。东邻高庙村廖家岗，南界三门村白土坡，西至垭子湾，北连橙刺旁。总面积0.2平方千米，耕地面积9.4公顷。3户，20人。主产小麦、水稻、玉米，兼种果蔬。村落形态呈散状，房屋结构以坡房为主。

炮铺【Pàopù】 以作坊命名。因村里开过鞭炮制作坊而得名。1958年隶属新展大队；1961年隶属廖庙大队；1966年隶属新店大队；1984年隶属新店村至今。位于村委会西600米。东邻八房湾，南界郭家湾，西至雷家湾，北连胡家湾。总面积0.19平方千米，耕地面积15.1公顷。13户，50人。主产小麦、水稻、玉米，兼种果蔬，发展水产养殖。村落形态呈散状，房屋结构以坡房和楼房为主。

陷泥巴冲【Xiànníbāchōng】 以自然环境命名。该湾的泥土粘，农田不好耕作，行人走路粘连，故名。1958年隶属新展大队；1961年隶属廖庙大队；1966年隶属新店大队；1984年隶属新店村至今。位于村委会南1千米。东邻垭子湾，南界白土坡，西至金银村小郭家湾，北连八房湾。总面积0.2平方千米，耕地面积11.3公顷。12户，60人。主产小麦、水稻、玉米，兼种果蔬，发展水产养殖。村落形态呈散状，房屋结构以平房和坡房为主。

新店子【Xīndiànzi】 以新开的店铺命名。因村中开饭店逐步形成小集镇，故名。1958 年隶属新展大队；1961 年隶属廖庙大队；1966 年隶属新店大队；1984 年隶属新店村至今。位于村委会东 1 千米。东邻高庙村王家湾，南界橙刺旁，西至村委会，北连兴隆镇周台村台子。总面积 0.8 平方千米，耕地面积 41 公顷。45 户，170 人。主产小麦、水稻、玉米，兼种果蔬，发展水产养殖。村落形态呈散状，房屋结构以坡房和楼房为主。

垭子湾【Yāziwān】 以地形命名。因村建在山垭子里而得名。1958 年隶属新展大队；1961 年隶属廖庙大队；1966 年隶属新店大队；1984 年隶属新店村至今。位于村委会东南 1 千米。东邻廖家老湾，南界三门寨村白土坡，西至陷泥巴冲，北连橙刺旁。总面积 0.2 平方千米，耕地面积 9.78 公顷。16 户，80 人。主产小麦、水稻、玉米，兼种果蔬，发展水产养殖。村落形态呈散状，房屋结构以坡房和楼房为主。

油坊湾【Yóufángwān】 以作坊命名。因村内开过油坊而得名。1958 年隶属新展大队；1961 年隶属廖庙大队；1966 年隶属新店大队；1984 年隶属新店村至今。位于村委会西北 1.1 千米。东邻贾家湾，南界白鹤湾，西至草湾，北连兴隆镇周台村寨上。总面积 0.1 平方千米，耕地面积 6.1 公顷。5 户，30 人。主产小麦、水稻、玉米，兼种果蔬。村落形态呈散状，房屋结构以平房和坡房为主。

赵家湾【Zhàojiāwān】 以姓氏命名。因赵姓聚居而得名。1958 年隶属新展大队；1961 年隶属廖庙大队；1966 年隶属新店大队；1984 年隶属新店村至今。位于村委会西南 1 千米。东邻炮铺湾，南界枯树湾，西至吴店镇施楼村竹林湾，北连胡家湾。总面积 0.17 平方千米，耕地面积 11 公顷。12 户，50 人。主产小麦、水稻、玉米，兼种果蔬，发展水产养殖。村落形态呈散状，房屋结构以坡房和楼房为主。

雨坛村【Yǔtáncūn】

以传说命名。据传，清朝时期此地建有一座山寨，寨中有一水潭常年不枯，天旱时农民上山寨求雨，有求必应，非常灵验，故名。1958 年为荣耀大队，隶属伟大公社；1966 年为雨坛大队，隶属资山区；1975 年隶属资山公社；1981 年隶属王城公社；1984 年为雨坛村，隶属王城区；1987 年隶属资山镇；2001 年隶属王城镇至今。位于镇政府西 15 千米。东邻三门寨村，南界陈庙村，西至吴店镇李寨村，北连金银村。辖 10 个自然村，总面积 3.9 平方千米，耕地面积 160 公顷。101 户，337 人。主产水稻、小麦、玉米，兼种果蔬。村委会驻东湾。

艾家湾【Àijiāwān】 以姓氏命名。因艾姓聚居而得名。1958 年隶属荣耀大队；1966 年隶属雨坛大队；1984 年隶属雨坛村至今。位于村委会西 1.5 千米。东邻龚家湾，南界陈庙村西湾，西至周家湾，北连吴店镇李寨村邓家湾。总面积 0.25 平方千米，耕地面积 3.01 公顷。8 户，20 人。主产水稻、小麦、玉米。村落形态呈线状，房屋结构以坡房和楼房为主。

程家湾【Chéngjiāwān】 以姓氏命名。因程姓聚居而得名。1958 年隶属荣耀大队；1966 年隶属雨坛大队；1984 年隶属雨坛村至今。位于村委会西 2.5 千米。东邻周家湾，南界吴店镇李寨村西湾，西至吴店镇李寨村袁家湾，北连吴店镇李寨村北湾。总面积 0.13 平方千米，耕地面积 4.12 公顷。5 户，20 人。主产水稻、小麦、玉米。村落形态呈团状，房屋结构以坡房和楼房为主。

东湾【Dōngwān】 以方位命名。1958年隶属荣耀大队；1966年隶属雨坛大队；1984年隶属雨坛村至今。村委会驻地。东邻赵家湾，南界熊家林，西至粉坊湾，北连金银村庙娃湾。总面积1.4平方千米，耕地面积55.77公顷。50户，130人。主产水稻、小麦、玉米，兼种果蔬。村落形态呈线状，房屋结构以坡房和楼房为主。

粉坊湾【Fěnfángwān】 以作坊命名。因村里开过粉坊而得名。1958年隶属荣耀大队；1966年隶属雨坛大队；1984年隶属雨坛村至今。位于村委会西1千米。东邻东湾，南界陈庙村里头湾，西至吴店镇李寨村西湾，北连龚家湾。总面积0.05平方千米，耕地面积3.9公顷。2户，7人。主产水稻、小麦、玉米。村落形态呈团状，房屋结构以平房和楼房为主。

龚家湾【Gōngjiāwān】 以姓氏命名。因龚姓聚居而得名。1958年隶属荣耀大队；1966年隶属雨坛大队；1984年隶属雨坛村至今。位于村委会西北1千米。东邻乌家湾，南界粉坊湾，西至艾家湾，北连吴店镇李寨村南湾。总面积0.1平方千米，耕地面积7.3公顷。5户，20人。主产水稻、小麦、玉米。村落形态呈线状，房屋结构以平房和楼房为主。

郭家湾【Guōjiāwān】 以姓氏命名。因郭姓聚居而得名。1958年隶属荣耀大队；1966年隶属雨坛大队；1984年隶属雨坛村至今。位于村委会西1.6千米。东邻艾家湾，南界吴店镇李寨村西湾，西至吴店镇李寨村程家湾，北连周家湾。总面积0.1平方千米，耕地面积8.2公顷。2户，10人。主产水稻、小麦、玉米。村落形态呈团状，房屋结构以坡房和楼房为主。

魏家湾【Wèijiāwān】 以姓氏命名。因魏姓聚居而得名。1958年隶属荣耀大队；1966年隶属雨坛大队；1984年隶属雨坛村至今。位于村委会东2.5千米。东邻三门寨村双堰湾，南界陈庙村半乍林，西至孙家湾，北连金银村杨树湾。总面积1.3平方千米，耕地面积52.19公顷。20户，90人。主产水稻、小麦、玉米，兼种果蔬。村落形态呈线状，房屋结构以坡房和楼房为主。

乌家湾【Wūjiāwān】 以姓氏命名。因乌姓聚居而得名。1958年隶属荣耀大队；1966年隶属雨坛大队；1984年隶属雨坛村至今。位于村委会西北300米。东邻东湾，南界东湾，西至龚家湾，北连金银村庙家湾。总面积0.15平方千米，耕地面积10公顷。2户，10人。主产水稻、小麦、玉米。村落形态呈团状，房屋结构以坡房和楼房为主。

熊家林【Xióngjiālín】 以姓氏和植物综合命名。因熊姓聚居且村中树林茂密，故名。1958年隶属荣耀大队；1966年隶属雨坛大队；1984年隶属雨坛村至今。位于村委会南300米。东邻杨家西湾，南界陈庙村徐家竹林，西至粉坊湾，北连东湾。总面积0.3平方千米，耕地面积5.3公顷。4户，10人。主产水稻、小麦、玉米。村落形态呈团状，房屋结构以平房和坡房为主。

周家湾【Zhōujiāwān】 以姓氏命名。因周姓聚居而得名。1958年隶属荣耀大队；1966年隶属雨坛大队；1984年隶属雨坛村至今。位于村委会西1.7千米。东邻艾家湾，南界郭家湾，西至程家湾，北连吴店镇李寨村邓家湾。总面积0.12平方千米，耕地面积10.21公顷。3户，20人。主产水稻、小麦、玉米。村落形态呈团状，房屋结构以坡房和楼房为主。

周湾村【Zhōuwāncūn】

以周家湾自然村命名。1958年为高潮大队，隶属伟大公社；1966年为周湾大队，隶属资山区；

1975 年隶属资山公社；1981 年隶属王城公社；1984 年为周湾村，隶属王城区；1987 年隶属王城镇至今。位于镇政府东北 3 千米。东邻油坊湾水库，南界付寨村，西至王城街道社区居委会，北连兴隆镇紫庙村。辖 16 个自然村，总面积 6.34 平方千米，耕地面积 357.47 公顷。359 户，1485 人。主产水稻、小麦、玉米，兼种果树，另有养殖业。村委会驻刘家庄。

曾家湾【Zēngjiāwān】 以姓氏命名。因曾姓聚居而得名。1958 年隶属高潮大队；1966 年隶属周湾大队；1984 年隶属周湾村至今。位于村委会东 2 千米。东邻中湾，南界付寨村姜家湾，西至老鸹咀，北连吴家湾。总面积 0.4 平方千米，耕地面积 25 公顷。24 户，100 人。主产水稻、小麦、玉米，兼种果蔬。村落形态呈散状，房屋结构以平房和坡房为主。

常家湾【Chángjiāwān】 以姓氏命名。因常姓聚居而得名。1958 年隶属高潮大队；1966 年隶属周湾大队；1984 年隶属周湾村至今。位于村委会东 200 米。东邻陈家岗，南界谢家湾，西至刘家庄，北连兴隆镇紫庙村吴家湾。总面积 0.32 平方千米，耕地面积 30 公顷。25 户，110 人。主产水稻、小麦、玉米，兼种果蔬。村落形态呈线状，房屋结构以平房和楼房为主。

陈家岗【Chénjiāgǎng】 以姓氏和地形综合命名。因陈姓聚居岗上而得名。1958 年隶属高潮大队；1966 年隶属周湾大队；1984 年隶属周湾村至今。位于村委会东北 500 米。东邻吴家湾，南界谢家湾，西至常家湾，北连兴隆镇紫庙村吴家湾。总面积 0.3 平方千米，耕地面积 16.71 公顷。20 户，100 人。主产水稻、小麦、玉米，兼种果蔬。村落形态呈散状，房屋结构以平房和坡房为主。

段家湾【Duànjiāwān】 以姓氏命名。因段姓聚居而得名。1958 年隶属高潮大队；1966 年隶属周湾大队；1984 年隶属周湾村至今。位于村委会西南 1.7 千米。东邻彭家院，南界王城社区石家庄，西至王城社区杨树湾，北连西畈湾。总面积 0.3 平方千米，耕地面积 20.1 公顷。17 户，70 人。主产水稻、小麦、玉米，兼种果蔬。村落形态呈散状，房屋结构以平房和楼房为主。

咀子湾【Zuǐziwān】 以地形命名。因村建在山咀上而得名。1958 年隶属高潮大队；1966 年隶属周湾大队；1984 年隶属周湾村至今。位于村委会东北 2.5 千米。东邻油坊湾水库，南界付寨村油坊湾，西至中湾，北连随县唐县镇杨寨村杨家壕。总面积 0.25 平方千米，耕地面积 11.6 公顷。13 户，30 人。主产水稻、小麦、玉米。村落形态呈散状，房屋结构以平房和坡房为主。

老鸹咀【Lǎoguāzuǐ】 以动物和地形综合命名。因村建在岗咀，树上常有老鸹（乌鸦）栖息，故名。1958 年隶属高潮大队；1966 年隶属周湾大队；1984 年隶属周湾村至今。位于村委会东 1.3 千米。东邻曾家湾，南界付寨村付家寨，西至谢家湾，北连吴家湾。总面积 0.4 平方千米，耕地面积 16 公顷。16 户，60 人。主产水稻、小麦、玉米。村落形态呈散状，房屋结构以平房和坡房为主。

刘家庄【Liújiāzhuāng】 以姓氏命名。因刘姓聚居而得名。1958 年隶属高潮大队；1966 年隶属周湾大队；1984 年隶属周湾村至今。村委会驻地。东邻常家湾，南界周家湾，西至西畈湾，北连兴隆镇紫庙村上王家湾。总面积 0.5 平方千米，耕地面积 31.57 公顷。34 户，150 人。主产水稻、小麦、玉米，兼种黄桃。村落形态呈线状，房屋结构以平房和楼房为主。

罗汉寺【Luóhànsì】 以寺庙命名。因村旁有个罗汉寺而得名。1958 年隶属高潮大队；1966 年隶属周湾大队；1984 年隶属周湾村至今。位于村委会东北 3.2 千米。东邻随县万福农场凤凰村罗家湾，南界油坊湾水库，西至咀子湾，北连随县唐县镇杨寨村陈家院。总面积0.12平方千米，耕地面积8公顷。3户，5人。主产水稻、小麦、玉米，兼发展水产养殖。村落形态呈散状，房屋结构以平房和坡房为主。

彭家院【Péngjiāyuàn】 以姓氏和建筑物综合命名。因彭姓建村且修有大院，故名。1958年隶属高潮大队；1966年隶属周湾大队；1984年隶属周湾村至今。位于村委会西2.3千米。东邻刘家庄，南界朱家庄，西至段家湾，北连西畈湾。总面积0.6平方千米，耕地面积31.8公顷。40户，130人。主产水稻、小麦、玉米。兼种果蔬，发展水产养殖。村落形态呈散状，房屋结构以平房和楼房为主。

吴家湾【Wújiāwān】 以姓氏命名。因吴姓聚居而得名。1958年隶属高潮大队；1966年隶属周湾大队；1984年隶属周湾村至今。位于村委会东北1千米。东邻新湾，南界老鸹咀，西至陈家岗，北连兴隆镇紫庙村朱家湾。总面积0.4平方千米，耕地面积38.2公顷。32户，130人。主产水稻、小麦、玉米，兼种果蔬。村落形态呈散状，房屋结构以平房和坡房为主。

西畈湾【Xīfànwān】 以方位和地形综合命名。因村西南有片畈地而得名。1958年隶属高潮大队；1966年隶属周湾大队；1984年隶属周湾村至今。位于村委会西北1.8千米。东邻刘家庄，南界彭家院，西至王城社区新湾，北连兴隆镇紫庙村王家湾。总面积0.6平方千米，耕地面积34.2公顷。40户，180人。主产水稻、小麦、玉米，兼种果蔬。村落形态呈散状，房屋结构以平房和坡房为主。

谢家湾【Xièjiāwān】 以姓氏命名。因谢姓聚居而得名。1958年隶属高潮大队；1966年隶属周湾大队；1984年隶属周湾村至今。位于村委会东南1千米。东邻老鸹咀，南界付寨村楼子湾，西至周家湾，北连陈家岗。总面积0.3平方千米，耕地面积16.38公顷。10户，40人。主产水稻、小麦、玉米。村落形态呈散状，房屋结构以平房和坡房为主。

新湾【Xīnwān】 以建村时间命名。因1973年拆迁大堰角居民点建新村庄而得名。1958年隶属高潮大队；1966年隶属周湾大队；1984年隶属周湾村至今。位于村委会东北1.3千米。东邻随县唐县镇杨寨村白鹤湾，南界中湾，西至吴家湾，北连兴隆镇紫庙村齐方湾。总面积0.3平方千米，耕地面积10.31公顷。8户，30人。主产水稻、小麦、玉米。村落形态呈线状，房屋结构以平房和坡房为主。

中湾【Zhōngwān】 以方位命名。因村建在咀子湾和曾家湾中间而得名。1958年隶属高潮大队；1966年隶属周湾大队；1984年隶属周湾村至今。位于村委会东2.1千米。东邻咀子湾，南界付寨村常家湾，西至曾家湾，北连新湾。总面积0.4平方千米，耕地面积15公顷。20户，100人。主产水稻、小麦、玉米，兼发展养殖业。村落形态呈散状，房屋结构以平房和坡房为主。

周家湾【Zhōujiāwān】 以姓氏命名。因周姓聚居而得名。1958年隶属高潮大队；1966年隶属周湾大队；1984年隶属周湾村至今。位于村委会南500米。东邻谢家湾，南界付寨村西刘庄，西至朱家庄，北连刘家庄。总面积0.95平方千米，耕地面积46.6公顷。52户，230人。主产水稻、小麦、玉米，兼种黄桃，发展水产养殖。村落形态呈线状，房屋结构以平房和坡房为主。

朱家庄【Zhūjiāzhuāng】 以姓氏命名。因朱姓聚居而得名。1958年隶属高潮大队；1966年隶属周湾大队；1984年隶属周湾村至今。位于村委会西南1.5千米。东邻周家湾，南界黄楼村庙湾，西至王城社区石家庄，北连彭家院。总面积0.2平方千米，耕地面积6公顷。5户，20人。主产水稻、小麦、玉米。村落形态呈散状，房屋结构以平房和坡房为主。

第十三章 吴 店 镇

第一节 吴店镇概况

吴店镇【Wúdiànzhèn】

因吴姓人家在此开店形成集镇而得名。位于市政府南15千米。东邻兴隆、王城镇，南界平林镇，西至熊集镇，北连南城街道办事处。总面积366平方千米，耕地面积8386公顷。3.16万户，9.76万人。辖2个居委会、44个村。镇政府驻政府街38号。1956年为吴店区；1958年为卫星公社；1961年为吴店区；1975年为吴店公社；1984年为吴店镇；2001年原清潭镇并入吴店镇至今，是东汉光武帝刘秀的故乡，"光武中兴"的发祥地，是全国精神文明先进镇、湖北省第一大盖砖布生产镇、"中国特色小镇"。境内中东部无量山蕴藏有正长石矿，储量约0.8亿吨，为中南五省最大矿源。农业以种植水稻、小麦、玉米为主，是枣阳市重要的粮、棉、油生产基地，被列为"全省农业现代化建设示范区"。工业以机械和汽车配件加工、纺织、塑编、米面加工为主。目前已初步形成了轻纺、机械、塑料化工、汽车配件、农副产品深加工等五大特色工业园区。截至2014年，全镇有工业企业1456家，职工5700人，其中产值千万元以上企业41家，百万元以上企业228家，十万元以上企业780家。农贸市场4个，摊位719个，年成交额6240万元。注册工商经营户，337户，年经营额5988万元。境内有幼儿园13所、小学4所、初中3所、高中1所，教师657人。卫生院2家、卫生所8个、村卫生室47个，专业医护人员235人，病床230张。主要历史人物有刘秀、刘玄、刘縯、史策先等。境内有九连墩战国古墓群、郭家庙曾国楚墓群、白水寺风景名胜区、无量台风景区、刘秀故乡皇村等景点。交通便利，汉丹铁路、汉十高速、216省道交错，建有鄂西北最大乡镇汽车站，四级以上公路24.5千米，乡村循环道31条共350千米，村村通公路。

第二节　城市社区、居民点

清潭街道社区【Qīngtán Jiēdào Shèqū】

以自然镇清潭命名。1955年隶属平林区；1958年称清潭街，隶属高峰公社；1961年隶属清潭区；1975年隶属清潭公社；1984年清潭街更名为清潭街道居委会，隶属清潭区；1987年隶属清潭镇；2001年清潭街道居委会与杨家祠村合并成立清潭社区，隶属吴店镇；2012年为清潭街道社区居民委员会，隶属吴店镇至今。位于镇政府南27千米。东邻东冲村，南界清潭水库，西至唐家老湾村，北连蒋家畈村。辖12个自然村，总面积7.99平方千米，耕地面积126.6公顷。2660户，7790人。主要从事工、商业、食品罐头、大米加工、塑编等。主产水稻、小麦，兼种果蔬，有畜禽水产养殖。国道G234穿境而过，土特产有板栗、茶叶、桃子，居委会驻清阳街96号。

大佛寺【Dàfósì】　以佛教建筑物命名。因村前有座大佛寺庙而得名。1958年隶属前进三大队；1980年隶属杨家祠大队；1984年隶属杨家祠村；2001年隶属清潭社区；2012年隶属清潭街道社区至今。位于社区居委会西南1千米。东邻清潭街道，南界清潭水库，西至唐家大湾，北连铜钱坡。总面积0.6平方千米，耕地面积14公顷。59户，190人。主产水稻、小麦，兼种果蔬。村落形态呈团状，房屋结构以平房、坡房和楼房为主。

顾家冲【Gùjiāchōng】　以姓氏和地形综合命名。因顾姓聚居山冲而得名。1958年隶属前进三大队；1980年隶属杨家祠大队；1984年隶属杨家祠村；2001年隶属清潭社区；2012年隶属清潭街道社区至今。位于社区居委会东南1千米。东邻随县洪山镇云丰山茶场，南界红茅草湾，西至清潭街道，北连东冲村长堰堤。总面积1.2平方千米，耕地面积10公顷。49户，150人。主产水稻、小麦，兼种果蔬、玉米。村落形态呈线状，房屋结构以坡房和楼房为主。

顾家老湾【Gùjiālǎowān】　以姓氏和建村时间综合命名。因顾姓最早建村居住而得名。1958年隶属前进三大队；1980年隶属杨家祠大队；1984年隶属杨家祠村；2001年隶属清潭社区；2012年隶属清潭街道社区至今。位于社区居委会东南2千米。东邻随县云丰山茶场，南界红茅草湾，西至东茶场，北连顾家冲。总面积0.02平方千米，耕地面积5公顷。1户，10人。种植经济作物。村落形态呈散状，房屋结构以坡房为主。

红茅草湾【Hóngmáocǎowān】　以草本植物命名。"红茅草"指一种优质天然草材。因村周山上长满红茅草而得名。1958年隶属前进三大队；1980年隶属杨家祠大队；1984年隶属杨家祠村；2001年隶属清潭社区；2012年隶属清潭街道社区至今。位于社区居委会东南2.2千米。东邻随县洪山镇云丰山茶场，南界杨家湾，西至清潭水库，北连顾家冲。总面积0.8平方千米，耕地面积11公顷。17户，40人。主产水稻、小麦，有板栗、油茶栽培，有山羊养殖。村落形态呈散状，房屋结构以坡房和楼房为主。

清潭街道【Qīngtán Jiēdào】　以古地名命名。据传，清潭在秦汉时已初具山镇雏形，时称清潭店。镇东侧一河，古称鹦鹉水，南北流向，沿河深潭颇多，河水四季清澈，故名清潭河。该镇靠河而建，即名清潭。隋初曾设清潭县。中华人民共和国成立后曾是清潭公社、区、镇所在地。1958年隶属高峰公社；1975年隶属清潭公社；1984年隶属清潭街道；2001年隶属清潭社区至今。社区居委会驻地。东邻东冲村长堰埂，南界清潭水库，西至杨家祠堂，北连新农村。总面积1.4平方千米，无耕地。2382户，6960人。以工、商业、食品罐头、大米加工、塑编等为主要经济来源。村落形态呈团状，房屋结构以平房、坡房和楼房为主。为古城、隋初清潭县故址。

上塝子【Shàngbàngzi】 以地形命名。塝子，指田冲两旁山坡相交地带。因村建在田冲旁边而得名。1958年隶属前进三大队；1980年隶属杨家祠大队；1984年隶属杨家祠村；2001年隶属清潭社区；2012年隶属清潭街道社区至今。位于社区居委会西北1千米。东邻清潭河，南界新农村，西至唐家老湾村上郭家湾，北连蒋畈村蒋家畈。总面积0.5平方千米，耕地面积19公顷。28户，90人。主产水稻、小麦，兼种果蔬。村落形态呈散状，房屋结构以平房和坡房为主。

柿子树园【Shìzishùyuán】 以植物命名。柿子树是一种落叶大乔木果树。因村内柿子树较多而得名。1958年隶属前进三大队；1980年隶属杨家祠大队；1984年隶属杨家祠村；2001年隶属清潭社区；2012年隶属清潭街道社区至今。位于社区居委会西北200米。东邻清潭街道，南界杨家祠，西至铜钱坡，北连新农村。总面积0.03平方千米，耕地面积1.2公顷。4户，10人。主产经济作物。村落形态呈散状，房屋结构以平房和坡房为主。

唐家大湾【Tángjiādàwān】 以姓氏和村规模综合命名。因唐姓聚居且村子较大而得名。1958年隶属前进三大队；1980年隶属杨家祠大队；1984年隶属杨家祠村；2001年隶属清潭社区；2012年隶属清潭街道社区至今。位于社区居委会西南1.2千米。东邻大佛寺，南界柴家村古井湾，西至唐家老湾村新湾，北连杉树湾。总面积1.2平方千米，耕地面积13公顷。29户，80人。主产水稻、小麦，有茶叶、桃栽培。村落形态呈线状，房屋结构以平房、坡房和楼房为主。

铜钱坡【Tóngqiánpō】 以古币和地形综合命名。铜钱指秦汉至民国期间各类方孔圆钱。因建村于制造古币的山坡而得名。1958年隶属前进三大队；1980年隶属杨家祠大队；1984年隶属杨家祠村；2001年隶属清潭社区；2012年隶属清潭街道社区至今。位于社区居委会西1.2千米。东邻杨家祠，南界大佛寺，西至唐家大湾，北连新农村。总面积0.8平方千米，耕地面积23公顷。26户，80人。主产水稻、小麦，有玉米、桃、油茶栽培。村落形态呈散状，房屋结构以平房、坡房和楼房为主。

新农村【Xīnnóngcūn】 以建村时间命名。20世纪70年代，因改田拆迁，新建村庄而得名。1958年隶属前进三大队；1980年隶属杨家祠大队；1984年隶属杨家祠村；2001年隶属清潭社区；2012年隶属清潭街道社区至今。位于村委会北200米。东邻清潭河，南界柿子树园，西至铜钱坡，北连上塝子。总面积0.04平方千米，耕地面积1.4公顷。11户，30人。主产水稻、小麦、杂粮。村落形态呈散状，房屋结构以平房和坡房为主。

杨家祠【Yángjiācí】 以姓氏和建筑物综合命名。因杨姓在村内建有祠堂而得名。1958年隶属前进三大队；1980年隶属杨家祠大队；1984年隶属杨家祠村；2001年隶属清潭社区；2012年隶属清潭街道社区至今。位于社区居委会西南700米。东邻清潭街道，南界大佛寺，西至铜钱坡，北连社区新农村。总面积0.4

平方千米，耕地面积15公顷。36户，110人。主产水稻、小麦，兼种果蔬。村落形态呈团状，房屋结构以坡房和楼房为主。

杨家湾【Yángjiāwān】 以姓氏命名。因杨姓聚居而得名。1958年隶属前进三大队；1980年隶属杨家祠大队；1984年隶属杨家祠村；2001年隶属清潭社区；2012年隶属清潭街道社区至今。位于社区居委会东南2.4千米。东邻随县洪山镇云丰山茶场，南界随县洪山镇云丰山茶场，西至清潭水库，北连红茅草湾。总面积1平方千米，耕地面积14公顷。22户，40人。主产水稻、小麦，兼种玉米。村落形态呈散状，房屋结构以坡房和楼房为主。

中心社区【Zhōngxīn Shèqū】

因位于镇集镇中心而得名。1958年为中心大队，隶属卫星公社；1961年隶属吴店区；1975年隶属吴店公社；1984年为中心村，隶属吴店镇；2002年中心村和街道居委会合并，成立中心社区居委会，隶属于吴店镇至今。位于镇政府东南700米。东邻树头村，南界凉水村，西至滚河村，北连肖湾村。辖3个自然村，总面积3.45平方千米，无耕地。7000户，2.1万人。以务工、经商为主。寺沙路穿境而过，辖区有省4A级白水寺风景区。居委会设白水东路。

何家湾【Héjiāwān】 以姓氏命名。因何姓聚居而得名。1958年隶属中心大队；1984年隶属中心村；2002年隶属中心社区至今。位于居委会北200米。东邻树头村陈双河，南界树头村树头湾，西至寺沙路，北连肖湾村码头。总面积2.55平方千米，无耕地。2950户，8850人。以务工、经商。村落形态呈团状，房屋结构以平房和楼房为主。

河咀上【Hézuǐshàng】 以河流和地形综合命名。因村建在河咀上而得名。1958年隶属中心大队；1984年隶属中心村；2002年隶属中心社区至今。位于居委会西北500米。东邻何家湾，南界门砍石山，西至窑湾，北连肖湾村彭庄。总面积1.68平方千米，无耕地，2130户，6390人。以务工、经商。村落形态呈团状，房屋结构以平房和楼房为主。

窑湾【Yáowān】 以建筑物命名。因村内建过窑场而得名。1958年隶属中心大队；1984年隶属中心村；2002年隶属中心社区至今。位于居委会西700米。东邻寺沙路，南界白水村付家湾，西至白水寺，北连肖湾村。总面积1.77平方千米，无耕地。1920户，5760人。以务工、经商。村落形态呈团状，房屋结构以平房和楼房为主。

第三节 农村社区（村）自然村、居民点

白水村【Báishuǐcūn】

以名胜古迹命名。因境内有白水寺而得名。1958年为白水大队，隶属卫星公社；1961年隶属

吴店区；1975年隶属吴店公社；1984年为白水村，隶属吴店镇至今。位于镇政府西南2.5千米。东邻凉水村，南界田台村、徐楼村，西至田台村、滚河村，北连中心社区。辖21个自然村，总面积2.91平方千米，耕地面积94.5公顷。104户，400人。主产小麦、水稻、玉米，兼种蔬菜、果树。精养盆地0.2公顷，规模养猪场5个，蛋鸡养殖5000羽，羊500只。境内有4A级白水寺风景区，村委会驻火烧湾。

大丁家湾【Dàdīngjiāwān】 以村规模和姓氏综合命名。因丁姓分居相邻两村，此村较大而得名。1958年隶属白水大队；1984年隶属白水村至今。位于村委会西1千米。东邻火烧湾，南界独松树，西至小丁家湾，北连桐树湾。总面积0.18平方千米，耕地面积10公顷。9户，40人。主产水稻、小麦，兼种果蔬，有养殖业。村落形态呈散状，房屋结构以坡房为主。

大堰咀【Dàyànzuǐ】 以堰塘和地形综合命名。因村建在修有大堰的山咀旁而得名。1958年隶属白水大队；1984年隶属白水村至今。位于村委会东南3.5千米。东邻窑洼子，南界凡家湾，西至杨家坡，北连凉水村周家湾。总面积0.13平方千米，耕地面积5公顷。3户，10人。主产水稻、小麦，有养殖业。村落形态呈散状，房屋结构以坡房为主。

大竹园【Dàzhúyuán】 以植物和村规模综合命名，又称张家竹园。因邻近有两个竹园，此村规模较大而得名。1958年隶属白水大队；1984年隶属白水村至今。位于村委会北1千米。东邻三里岗，南界小竹园，西至上东山，北连白云山茶场。总面积0.13平方千米，耕地面积5公顷。4户，10人。主产水稻、小麦。村落形态呈散状，房屋结构以坡房为主。

独松树【Dúsōngshù】 以植物命名。因村中唯有一棵大松树而得名。1958年隶属白水大队；1984年隶属白水村至今。位于村委会西南2.8千米。东邻田台村梅子冲，南界田台村段家湾，西至田台村静隐寺，北连大丁家湾。总面积0.1平方千米，耕地面积3公顷。2户，10人。主产水稻、小麦。村落形态呈散状，房屋结构以坡房为主。

碓窝洼【Duìwōwā】 以地形命名。因村建在一个像舂米用的碓窝洼而得名。1958年隶属白水大队；1984年隶属白水村至今。位于村委会西北3.5千米。东邻小丁家湾，南界田台村岭子，西至滚河村肖家湾，北连滚河村肖家湾。总面积0.13平方千米，耕地面积5公顷。2户，10人。主产水稻、小麦。村落形态呈散状，房屋结构以坡房为主。

樊家湾【Fánjiāwān】 以姓氏命名。因樊姓聚居而得名。1958年隶属白水大队；1984年隶属白水村至今。位于村委会东南4.5千米。东邻窑洼子，南界徐楼村月亮湾，西至岗上，北连大堰咀。总面积0.13平方千米，耕地面积3公顷。3户，10人。主产水稻、小麦。村落形态呈散状，房屋结构以坡房为主。

付家湾【Fùjiāwān】 以姓氏命名。因付姓聚居而得名。1958年隶属白水大队；1984年隶属白水村至今。位于村委会东北2.7千米。东邻白云水库，南界赵家咀，西至大竹园，北连中心社区。总面积0.4平方千米，耕地面积5公顷。14户，90人。主产水稻、小麦，兼有养殖业。村落形态呈散状，房屋结构以坡房为主。

岗上【Gǎngshàng】 以地形命名。因村建在岗顶上而得名。1958年隶属白水大队；1984年隶属白水村至今。位于村委会东南3.5千米。东邻凡家湾，南界徐楼村西刘家湾，西至田台村梅子冲，北连肖家咀。

总面积0.2平方千米，耕地面积3公顷。2户，10人。主产水稻、小麦。村落形态呈散状，房屋结构以坡房为主。

火烧湾【Huǒshāowān】 因火灾而得名。抗日战争时期，村内房屋被日本人烧光，后又重建，故名。1958年隶属白水大队；1984年隶属白水村至今。村委会驻地。东邻冷水沟，南界田台村梅子冲，西至大丁家湾，北连小竹园。总面积0.1平方千米，耕地面积6公顷。4户，10人。主产水稻、小麦，有养殖业。村落形态呈散状，房屋结构以坡房为主。

冷水沟【Lěngshuǐgōu】 因庄门前有一条冷浸沟而得名。1958年隶属白水大队；1984年隶属白水村至今。位于村委会东南2.5千米。东邻肖家咀，南界岗上，西至大丁家湾，北连三里岗。总面积0.13平方千米，耕地面积2公顷。3户，10人。主产水稻、小麦，有养殖业。村落形态呈散状，房屋结构以坡房为主。

三里岗【Sānlǐgǎng】 以地形命名。因村建在三里长的岗上而得名。1958年隶属白水大队；1984年隶属白水村至今。位于村委会东北2.4千米。东邻香隆山，南界冷水沟，西至大竹园，北连付家湾。总面积0.2平方千米，耕地面积4公顷。7户，20人。主产水稻、小麦，有养殖业。村落形态呈散状，房屋结构以坡房为主。

上东山【Shàngdōngshān】 以地形命名。因村建在一长岗东边而得名。1958年隶属白水大队；1984年隶属白水村至今。位于村委会西北4千米。东邻桐树湾，南界小丁家湾，西至滚河村下鱼冲，北连滚河村下鱼冲。总面积0.18平方千米，耕地面积9公顷。13户，40人。主产水稻、小麦，兼种果蔬。村落形态呈散状，房屋结构以坡房为主。

塔咀子【Tǎzuǐzi】 以建筑物和地形综合命名。因村建在白水寺南埋有和尚石塔的山咀上而得名。1958年隶属白水大队；1984年隶属白水村至今。位于村委会东北2.6千米。东邻付家湾，南界三里岗，西至大竹园，北连白水寺风景区。总面积0.12平方千米，耕地面积4公顷。3户，10人。主产水稻、小麦。村落形态呈散状，房屋结构以坡房为主。

桐树湾【Tóngshùwān】 以植物命名。因此处生长许多梧桐树而得名。1958年隶属白水大队；1984年隶属白水村至今。位于村委会西北1.5千米。东邻小竹园，南界火烧湾，西至上东山，北连大竹园。总面积0.1平方千米，耕地面积5公顷。5户，20人。主产水稻、小麦、果蔬，有养殖业。村落形态呈散状，房屋结构以坡房为主。

万家湾【Wànjiāwān】 以姓氏命名。因万姓聚居而得名。1958年隶属白水大队；1984年隶属白水村至今。位于村委会东3千米。东邻杨家坡，南界岗上，西至肖家咀，北连三里岗。总面积0.1平方千米，耕地面积1.5公顷。2户，10人。主产水稻、小麦、玉米，有养殖业。村落形态呈散状，房屋结构以坡房为主。

香隆山【Xiānglóngshān】 以地形命名。因村旁有座山形似香隆碗而得名。1958年隶属白水大队；1984年隶属白水村至今。位于村委会东北2.8千米。东邻白云水库，南界赵家咀，西至付家湾，北连中心社区。总面积0.12平方千米，耕地面积5公顷。6户，20人。主产水稻、小麦，兼种果蔬。村落形态呈散状，房屋结构以坡房为主。

肖家咀【Xiāojiāzuǐ】 以姓氏和地形综合命名。因肖姓聚居山咀而得名。1958年隶属白水大队；1984年隶属白水村至今。位于村委会东2.6千米。东邻万家湾，南界岗上，西至冷水沟，北连三里岗。总面积0.15平方千米，耕地面积5公顷。8户，30人。主产水稻、小麦、玉米。村落形态呈散状，房屋结构以坡房为主。

小丁家湾【Xiǎodīngjiāwān】 以村规模和姓氏综合命名。因丁姓分居邻近两个村，此村较小而得名。1958年隶属白水大队；1984年隶属白水村至今。位于村委会西1.5千米。东邻大丁家湾，南界独松树，西至田台村岭子，北连上东山。总面积0.15平方千米，耕地面积5公顷。6户，20人。主产水稻、小麦。村落形态呈散状，房屋结构以坡房为主。

小竹园【Xiǎozhúyuán】 以植物和村规模综合命名，又称赵家竹园。因相邻有两个竹园，此村规模较小而得名。1958年隶属白水大队；1984年隶属白水村至今。位于村委会北500米。东邻冷水沟，南界火烧湾，西至桐树湾，北连大竹园。总面积0.16平方千米，耕地面积4公顷。3户，10人。主产水稻、小麦，兼有养殖业。村落形态呈散状，房屋结构以坡房为主。

杨家坡【Yángjiāpō】 以姓氏和地形综合命名。因杨姓聚居山坡而得名。1958年隶属白水大队；1984年隶属白水村至今。位于村委会东3.5千米。东邻大堰咀，南界樊家湾，西至万家湾，北连白云水库。总面积0.13平方千米，耕地面积6公顷。5户，10人。主产水稻、小麦、玉米，有养殖业。村落形态呈散状，房屋结构以坡房为主。

窑洼子【Yáowāzi】 以窑和地形综合命名。因村建在凹地，曾有砖瓦窑而得名。1958年隶属白水大队；1984年隶属白水村至今。位于村委会东南4千米。东邻老鹰山，南界徐楼村月亮湾，西至大堰咀，北连凉水村、周家湾。总面积0.2平方千米，耕地面积4公顷。2户，10人。主产水稻、小麦，有养殖业。村落形态呈散状，房屋结构以坡房为主。

白马堰村【Báimǎyàncūn】

以白马堰命名。据传，村西大堰里淹死过一匹白马，故名。1958年为张湾大队，隶属卫星公社；1961年隶属吴店区；1975年隶属吴店公社；1980年因重名更名为白马堰大队，隶属吴店公社；1984年为白马堰村，隶属吴店镇至今。位于镇政府南15千米。东邻李寨村，南界大堰角村，西至史祠村，北连沈畈村。辖17个自然村，总面积5.26平方千米，耕地面积371.24公顷。311户，1112人。主产小麦、水稻、玉米，兼种果蔬。寺沙路过境，村委会驻但家湾。

北冲【Běichōng】 以方位和地形综合命名。因村建在一条山冲北边而得名。1958年隶属张湾大队；1980年隶属白马堰大队；1984年隶属白马堰村至今。位于村委会北4千米。东邻李寨村段家东湾，南界段家西湾，西至罗汉冲，北连沈畈村曹家湾。总面积0.1平方千米，耕地面积7公顷。4户，12人。主产小麦、水稻、玉米，兼种果蔬。村落形态呈散状，房屋结构以坡房为主。

刺林湾【Cìlínwān】 以植物命名。因村周围刺树成林而得名。1958年隶属张湾大队；1980年隶属白马堰大队；1984年隶属白马堰村至今。位于村委会西1千米。东邻邱家湾，南界史祠村曹家湾，西至幸福湾，北连陈家湾。总面积0.3平方千米，耕地面积22.9公顷。18户，70人。主产小麦、水稻、玉米，兼种果蔬。村落形态呈散状，房屋结构以坡房为主。

但家湾【Dànjiāwān】 以姓氏命名。因但姓聚居而得名。1958年隶属张湾大队；1980年隶属白马堰大队；1984年隶属白马堰村至今。村委会驻地。东邻李寨村魏畈，南界高稻场湾，西至刺林湾，北连碾子湾。总面积0.45平方千米，耕地面积33.9公顷。30户，80人。主产小麦、水稻、玉米，兼种果蔬。村落形态呈散状，房屋结构以坡房和楼房为主。

段家西湾【Duànjiāxīwān】 以姓氏和方位综合命名。因邻近有两个段姓居住村，本村位西而得名。1958年隶属张湾大队；1980年隶属白马堰大队；1984年隶属白马堰村至今。位于村委会北4千米。东邻李寨村段家东湾，南界碾子湾，西至罗汉冲，北连沈畈村曹家湾。总面积0.43平方千米，耕地面积33.9公顷。20户，80人。主产小麦、水稻、玉米，兼种果蔬。村落形态呈散状，房屋结构以坡房为主。

高稻场村【Gāodàochǎngcūn】 以地形和地势综合命名。因村南有一地势较高的大谷场而得名。1958年隶属张湾大队；1980年隶属白马堰大队；1984年隶属白马堰村至今。位于村委会南1.5千米。东邻李寨村杨家湾，南界耿家湾村，西至关堰稍，北连但家湾。总面积0.55平方千米，耕地面积54.9公顷。61户，220人。主产小麦、水稻、玉米，兼种果蔬。村落形态呈散状，房屋结构以坡房为主。

耿家湾村【Gěngjiāwāncūn】 以姓氏命名。因耿姓聚居而得名。1958年隶属张湾大队；1980年隶属白马堰大队；1984年隶属白马堰村至今。位于村委会南1.5千米。东邻高稻场湾，南界大堰角村金庄子，西至马金榜，北连张家湾。总面积0.42平方千米，耕地面积40.8公顷。29户，110人。主产小麦、水稻、玉米，兼种果蔬。村落形态呈散状，房屋结构以坡房为主。

关堰稍【Guānyànshāo】 以堰和位置综合命名。因建村于几家共用堰塘的堰稍而得名。1958年隶属张湾大队；1980年隶属白马堰大队；1984年隶属白马堰村至今。位于村委会南1.3千米。东邻耿家湾村，南界松树湾，西至张家湾，北连关堰稍。总面积0.3平方千米，耕地面积5公顷。7户，30人。主产小麦、水稻。村落形态呈散状，房屋结构以坡房为主。

罗汉冲【Luóhànchōng】 以建筑物和地形综合命名。因村建于修有一座罗汉庙的山冲里而得名。1958年隶属张湾大队；1980年隶属白马堰大队；1984年隶属白马堰村至今。位于村委会北3.4千米。东邻段家西湾，南界碾子湾，西至高峰村翟家湾，北连北冲。总面积0.4平方千米，耕地面积9.24公顷。18户，70人。主产小麦、水稻、玉米，兼种果蔬。村落形态呈线状，房屋结构以坡房为主。

罗家咀【Luójiāzuǐ】 以姓氏和地形综合命名。因罗姓居住山咀而得名。1958年隶属张湾大队；1980年隶属白马堰大队；1984年隶属白马堰村至今。位于村委会西1千米。东邻李寨村魏家畈，南界涂家湾，西至但家湾，北连碾子湾。总面积0.1平方千米，耕地面积4公顷。1户，10人。主产业，兼种果蔬。村落形态呈散状，房屋结构以坡房为主。

马金榜村【Mǎjīnbǎngcūn】 以骏马的故事命名。传说古人骑马打仗，一骏马累死此地而得名。1958年隶属张湾大队；1980年隶属白马堰大队；1984年隶属白马堰村至今。位于村委会南3千米。东邻耿家湾村，南界大堰角村罗家嘴子，西至史祠村曹家湾，北连张家湾。总面积0.3平方千米，耕地面积28.8公顷。20户，80人。主产小麦、水稻、玉米，兼种果蔬。村落形态呈线状，房屋结构以坡房为主。

碾子湾【Niǎnziwān】 以工具命名。"碾子"指用人力或畜力把谷物脱壳或把米碾成粉的石制工具。

因村内碾子多而得名。1958年隶属张湾大队；1980年隶属白马堰大队；1984年隶属白马堰村至今。位于村委会北1千米。东邻但家湾，南界邱家湾，西至刺林湾，北连高峰村翟家湾。总面积0.3平方千米，耕地面积32.4公顷。15户，40人。主产小麦、水稻、玉米，兼种果蔬。村落形态呈散状，房屋结构以坡房为主。

邱家湾【Qiūjiāwān】 以姓氏命名。因邱姓聚居而得名。1958年隶属张湾大队；1980年隶属白马堰大队；1984年隶属白马堰村至今。位于村委会东南1.6千米。东邻但家湾，南界高稻场湾，西至刺林湾，北连碾子湾。总面积0.39平方千米，耕地面积37.8公顷。36户，120人。主产小麦、水稻、玉米，兼种果蔬。村落形态呈线状，房屋结构以坡房和楼房为主。

松树湾【Sōngshùwān】 以植物命名。因村后山松树多而得名。1958年隶属张湾大队；1980年隶属白马堰大队；1984年隶属白马堰村至今。位于村委会南2千米。东邻耿家湾村，南界大堰角村罗家嘴，西至马金榜，北连关堰稍。总面积0.1平方千米，耕地面积4公顷。4户，20人。主产水稻、小麦，兼种果蔬。村落形态呈线状，房屋结构以坡房为主。

涂家咀【Tújiāzuǐ】 以姓氏命名。因涂姓聚居而得名。1958年隶属张湾大队；1980年隶属白马堰大队；1984年隶属白马堰村至今。位于村委会南1千米。东邻李寨村杨家湾，南界但家湾，西至邱家湾，北连罗家咀子。总面积0.5平方千米，耕地面积10公顷。15户，60人。主产小麦、水稻、玉米，兼种果蔬。村落形态呈散状，房屋结构以平房、坡房为主。

幸福湾【Xìngfúwān】 以美好愿望命名。因此村在中华人民共和国成立后由几个穷村合并新建，希望过上幸福生活，因此得名。1958年隶属张湾大队；1980年隶属白马堰大队；1984年隶属白马堰村至今。位于村委会西1.8千米。东邻刺林湾，南界史祠村曹家湾，西至史祠村李家岗，北连张家老湾。总面积0.27平方千米，耕地面积23.5公顷。15户，50人。主产小麦、水稻、玉米，兼种果蔬。村落形态呈散状，房屋结构以坡房为主。

张家老湾【Zhāngjiālǎowān】 以姓氏和建村时间综合命名。因张姓最早在此建村居住而得名。1958年隶属张湾大队；1980年隶属白马堰大队；1984年隶属白马堰村至今。位于村委会西1.8千米。东邻刺林湾，南界幸福湾，西至史祠村李家岗，北连高峰村翟家湾。总面积0.1平方千米，耕地面积3公顷。1户，10人。主产水稻、小麦。村落形态呈点状，房屋结构以坡房为主。

张家湾【Zhāngjiāwān】 以姓氏命名。因张姓聚居而得名。1958年隶属张湾大队；1980年隶属白马堰大队；1984年隶属白马堰村至今。位于村委会西南1.5千米。东邻邱家湾，南界高稻场湾，西至史祠村曹家湾，北连刺林湾。总面积0.25平方千米，耕地面积20.1公顷。17户，50人。主产小麦、水稻、玉米，兼种蔬菜。村落形态呈散状，房屋结构以坡房为主。

长里岗村【Chánglǐgǎngcūn】

以长里岗自然村命名。1958年为十月五大队，隶属高峰公社；1961年隶属清潭区；1975年隶属清潭公社；1980年为长里岗大队，隶属清潭公社；1984年为长里岗村，隶属清潭区；1988年隶属清潭镇；2001年隶属吴店镇至今。位于镇政府南15千米。东邻双湾村，南界旗杆湾村，西至大堰角村，北连王城镇王桥村。辖 18 个自然村，总面积 4.2 平方千米，耕地面积 141.5 公顷。214户，840 人。主产小麦、水稻，兼种玉米、花生、果蔬。村委会驻长里岗。

刺林湾【Cìlínwān】 以植物命名。因房前屋后长满长刺的荆棘而得名。1958 年隶属十月五大队；1981 年隶属长里岗大队；1984 年隶属长里岗村至今。位于村委会西 800 米。东邻村办公室，南界旗杆湾村何家湾，西至三亩咀，北连杨家老湾。总面积 0.3 平方千米，耕地面积 8 公顷。20 户，70 人。主产小麦、玉米、水稻，兼种果蔬。村落形态呈散状，房屋结构以平房和坡房为主。

大白土坡【Dàbáitǔpō】 以村规模和土质综合命名。因村后山坡土为白色，村较大而得名。1958 年隶属十月五大队；1981 年隶属长里岗大队；1984 年隶属长里岗村至今。位于村委会西南 600 米。东邻倒挂金钩，南界旗杆湾村长堰咀，西至小白土坡，北连村委会办公室。总面积 0.7 平方千米，耕地面积 8 公顷。17 户，60 人。主产小麦、玉米、水稻，兼种果蔬。村落形态呈团状，房屋结构以平房和坡房为主。

大王家湾【Dàwángjiāwān】 以姓氏和规模综合命名。因王姓分居在相邻两个王家湾，此村较大而得名。1958 年隶属十月五大队；1981 年隶属长里岗大队；1984 年隶属长里岗村至今。位于村委会东北 500 米。东邻天生堰，南界大白土坡，西至长里岗，北连线行。总面积 0.6 平方千米，耕地面积 8 公顷。13 户，50 人。主产小麦、玉米、水稻，兼有养殖业、种果蔬。村落形态呈散状，房屋结构以平房和坡房为主。

倒挂金钩【Dǎoguàjīngōu】 以地形命名。因村建于山咀，形似挂在龙角上，故名。1958 年隶属十月五大队；1981 年隶属长里岗大队；1984 年隶属长里岗村至今。位于村委会南 1 千米。东邻双湾村张家湾，南界旗杆湾村王家湾，西至旗杆湾村长堰湾，北连大白土坡。总面积 0.4 平方千米，耕地面积 10 公顷。18 户，70 人。主产小麦、玉米、水稻，兼种果蔬。村落形态呈团状，房屋结构以平房和坡房为主。

冯家老湾【Féngjiālǎowān】 以姓氏和建村时间综合命名。因冯姓聚居且建村早而得名。1958 年隶属十月五大队；1981 年隶属长里岗大队；1984 年隶属长里岗村至今。位于村委会北 800 米。东邻长里岗，南界村办公室，西至杨家老湾，北连无量山。总面积 0.4 平方千米，耕地面积 6 公顷。14 户，60 人。主产小麦、玉米、水稻，兼种果蔬。村落形态呈散状，房屋结构以平房和坡房为主。

李家祠堂【Lǐjiācítáng】 以姓氏和建筑物综合命名。因李家居住村内建有祠堂而得名。1958 年隶属十月五大队；1981 年隶属长里岗大队；1984 年隶属长里岗村至今。位于村委会东北 1 千米。东邻双湾村钻子沟，南界石牙岗，西至长里岗菜场，北连王城镇王桥村腊树井。总面积 0.5 平方千米，耕地面积 5 公顷。4 户，10 人。主产小麦、玉米、水稻。村落形态呈散状，房屋结构以坡房为主。

楼子湾【Lóuziwān】 以建筑物命名。因村内建有一座楼子而得名。1958 年隶属十月五大队；1981 年隶属长里岗大队；1984 年隶属长里岗村至今。位于村委会西北 1.7 千米。东邻三亩咀，南界旗杆湾村姚湾，西至大堰角村胡家冲，北连无量山。总面积 0.1 平方千米，耕地面积 10 公顷。1 户，10 人。主产小麦、玉米、水稻。村落形态呈散状，房屋结构以坡房为主。

三亩咀【Sānmǔzuǐ】 以地形和面积综合命名。因村建在三亩坡地咀上而得名。1958 年隶属十月五大队；1981 年隶属长里岗大队；1984 年隶属长里岗村至今。位于村委会西北 1.5 千米。东邻刺林湾，南界旗杆湾村何家湾，西至大堰角村胡家湾，北连无量山。总面积 0.3 平方千米，耕地面积 10 公顷。23 户，90 人。主产小麦、玉米、水稻，兼种果蔬。村落形态呈散状，房屋结构以平房和坡房为主。

唐家老湾【Tángjiālǎowān】 以姓氏和建村时间综合命名。因唐姓聚居且建村早而得名。1958年隶属十月五大队；1981年隶属长里岗大队；1984年隶属长里岗村至今。位于村委会北1千米。东邻长里岗，南界村办公室，西至杨家老湾，北连无量山。总面积0.4平方千米，耕地面积6公顷。14户，60人。主产小麦、玉米、水稻，兼种果蔬。村落形态呈散状，房屋结构以平房和坡房为主。

天生堰【Tiānshēngyàn】 以地形命名。因村旁一口小堰是两个山咀自然延伸形成的而得名。1958年隶属十月五大队；1981年隶属长里岗大队；1984年隶属长里岗村至今。位于村委会东北1.5千米。东邻双湾村钻子沟水库，南界大白土坡，西至王家湾，北连竹林湾。总面积0.5平方千米，耕地面积5公顷。9户，40人。主产小麦、玉米、水稻，兼种果蔬。村落形态呈散状，房屋结构以平房和坡房为主。

线行村【Xiànhángcūn】 以行业类型命名。因村内开过线铺而得名。1958年隶属十月五大队；1981年隶属长里岗大队；1984年隶属长里岗村至今。位于村委会东北1.8千米。东邻竹林湾，南界王家湾，西至长里岗，北连王城镇王桥村李家老湾。总面积0.3平方千米，耕地面积6公顷。7户，30人。主产小麦、玉米、水稻，兼种果蔬。村落形态呈散状，房屋结构以平房和坡房为主。

小白土坡【Xiǎobáitǔpō】 以村规模和土质综合命名。因村后山坡土为白色，村子较小而得名。1958年隶属十月五大队；1981年隶属长里岗大队；1984年隶属长里岗村至今。位于村委会西南500米。东邻大白土坡，南界旗杆湾村长堰堤，西至堰角，北连长里岗。总面积0.8平方千米，耕地面积10公顷。17户，60人。主产小麦、玉米、水稻，兼种果蔬。村落形态呈散状，房屋结构以平房和坡房为主。

小王家湾【Xiǎowángjiāwān】 以姓氏和规模综合命名。因王姓分居在相邻两个王家湾，此村较小而得名。1958年隶属十月五大队；1981年隶属长里岗大队；1984年隶属长里岗村至今。位于村委会北400米。东邻中长里岗，南界村委会，西至三亩咀，北连冯家老湾。总面积0.5平方千米，耕地面积10公顷。2户，10人。主产小麦、玉米、水稻，兼种果蔬。村落形态呈散状，房屋结构以坡房为主。

堰角【Yànjiǎo】 以堰和地形综合命名。因村建于堰角而得名。1958年隶属十月五大队；1981年隶属长里岗大队；1984年隶属长里岗村至今。位于村委会南500米。东邻小白土坡，南界旗杆湾村何家湾，西至刺林湾，北连下长里岗。总面积0.7平方千米，耕地面积12公顷。16户，60人。主产小麦、玉米、水稻，兼有果蔬、养殖。村落形态呈散状，房屋结构以平房和坡房为主。

杨家老湾【Yángjiālǎowān】 以姓氏和建村时间综合命名。因杨姓聚居且建村早而得名。1958年隶属十月五大队；1981年隶属长里岗大队；1984年隶属长里岗村至今。位于村委会西北1.5千米。东邻冯家老湾，南界刺林湾，西至大堰角村胡家冲，北连无量山。总面积0.3平方千米，耕地面积3.5公顷。10户，40人。主产小麦、玉米、水稻，兼种果蔬。村落形态呈散状，房屋结构以平房和坡房为主。

杨家窝托【Yángjiāwōtuō】 以姓氏和地形综合命名。因杨姓建村于形似窝头的山凹而得名。1958年隶属十月五大队；1981年隶属长里岗大队；1984年隶属长里岗村至今。位于村委会东南1.7千米。东邻双湾村牯牛湾，南界双湾村张家湾，西至石牙岗，北连大王家湾。总面积0.8平方千米，耕地面积6公顷。4户，20人。主产小麦、玉米、水稻。村落形态呈散状，房屋结构以坡房为主。

长里岗【Chánglǐgǎng】 以地形命名。因村建在一条长千米的岗上而得名。1958年隶属十月五大队；1981年隶属长里岗大队；1984年隶属长里岗村至今。村委会驻地。东邻王家湾，南界村委会办，西至冯家老湾，北连碑湾。总面积0.7平方千米，耕地面积10公顷。15户，60人。主产小麦、玉米、水稻，有养殖业、果蔬。村落形态呈线状，房屋结构以平房和坡房为主。

竹林湾【Zhúlínwān】 以植物命名。因湾子有竹林而得名。1958年隶属十月五大队；1981年隶属长里岗大队；1984年隶属长里岗村至今。位于村委会东北2千米。东邻双湾村三组钻子沟水库，南界天生堰，西至线行，北连王城镇王桥村竹林湾。总面积0.8平方千米，耕地面积8公顷。10户，40人。主产小麦、玉米、水稻，兼种果蔬。村落形态呈散状，房屋结构以平房和坡房为主。

程湾村【Chéngwāncūn】

以程家湾自然村命名。1958年为国庆五大队，隶属高峰公社；1961年隶属清潭区；1975年隶属清潭公社；1980年为程湾大队，隶属清潭公社；1984年为程湾村，隶属清潭区；1987年隶属清潭镇；2001年隶属吴店镇至今。位于镇政府东南17千米。东邻王城镇团山村，南界肖家湾村，西至双湾村，北连王城镇李桥村。辖16个自然村，总面积8.7平方千米，耕地面积333公顷。218户，1230人。主产水稻、小麦，兼种果杂。村委会驻程家湾自然村。

程家湾【Chéngjiāwān】 以姓氏命名。因程姓聚居而得名。1958年隶属国庆五大队；1981年隶属肖湾大队；1984年隶属肖湾村；2001年隶属程湾村。村委会驻地。东邻王城镇团山村，南界上肖家湾，西至茅草湾，北连椿树湾。总面积0.7平方千米，耕地面积27公顷。18户，150人。主产水稻、小麦、玉米。村落形态呈散状，房屋结构以平房和坡房为主。

椿树湾【Chūnshùwān】 以植物命名。因村内椿树多而得名。1958年隶属国庆五大队；1981年隶属肖湾大队；1984年隶属肖湾村；2001年隶属程湾村。位于村委会北1.5千米。东邻程家湾，南界草冲，西至刘家湾，北连王城镇李桥村栗树湾。总面积0.8平方千米，耕地面积25公顷。10户，80人。主产水稻、小麦、玉米。村落形态呈散状，房屋结构以平房和坡房为主。

刺林湾【Cìlínwān】 以植物命名。因村周荆棘丛生而得名。1958年隶属国庆五大队；1981年隶属肖湾大队；1984年隶属肖湾村；2001年隶属程湾村。位于村委会北2千米。东邻王城镇团山村，南界枣树林，西至架子湾，北连王城镇螺丝岗村李家冲。总面积0.4平方千米，耕地面积20公顷。8户，40人。主产水稻、小麦、玉米。村落形态呈散状，房屋结构以平房和坡房为主。

冯家祠堂【Féngjiācítáng】 以姓氏和建筑物综合命名。因冯姓聚居且修有宗祠而得名。1958年隶属国庆二大队；1981年隶属肖湾大队；1984年隶属肖湾村；2001年隶属程湾村。位于村委会南1.5千米。东邻唐城，南界双湾村冯家冲，西至双湾村堰角子，北连美人湾。总面积0.3平方千米，耕地面积20公顷。19户，80人。主产水稻、小麦、玉米。村落形态呈散状，房屋结构以平房和坡房为主。

付家湾【Fùjiāwān】 以姓氏命名。因付姓聚居而得名。1958年隶属国庆二大队；1981年隶属肖湾大队；1984年隶属肖湾村；2001年隶属程湾村。位于村委会北2.5千米。东邻刘行，南界吴家祠堂，西至程家湾，北连王城镇团山村上岩子。总面积0.4平方千米，耕地面积10公顷。17户，130人。主产水稻、小麦、玉米。村落形态呈散状，房屋结构以平房和坡房为主。

架子湾【Jiàziwān】 以房屋质量命名。原来村中有户穷人家，房顶塌了无钱维修，只有屋架立着而得名。1958年隶属国庆二大队；1981年隶属肖湾大队；1984年隶属肖湾村；2001年隶属程湾村。位于村委会北2.5千米。东邻姚家畈，南界椿树湾，西至王城镇李桥村裤裆堰，北连王城镇李桥村文家老湾。总面积0.7平方千米，耕地面积25公顷。18户，60人。主产水稻、小麦、玉米。村落形态呈散状，房屋结构以平房和坡房为主。

刘行【Liúháng】 以姓氏和行业综合命名。因早年刘姓在此居住且开过牛行而得名。1958年隶属国庆二大队；1981年隶属肖湾大队；1984年隶属肖湾村；2001年隶属程湾村。位于村委会东2.5千米。东邻王城镇团山村上岩子，南界徐寨村，西至吴家祠堂，北连付家湾。总面积0.4平方千米，耕地面积20公顷。15户，40人。主产水稻、小麦、玉米。村落形态呈散状，房屋结构以平房和坡房为主。

刘家湾【Liújiāwān】 以姓氏命名。因刘姓聚居而得名。1958年隶属国庆二大队；1981年隶属肖湾大队；1984年隶属肖湾村；2001年隶属程湾村。位于村委会西1.5千米。东邻下肖家湾，南界双湾村，西至杨家湾，北连茅草冲。总面积0.4平方千米，耕地面积20公顷。14户，80人。主产水稻、小麦、玉米。村落形态呈散状，房屋结构以平房和坡房为主。

楼子岗【Lóuzigǎng】 以地形命名。相传很久以前此岗的样子像炮楼子而得名。1958年隶属国庆二大队；1981年隶属肖湾大队；1984年隶属肖湾村；2001年隶属程湾村。位于村委会北2.5千米。东邻王城镇团山村，南界程家湾，西至枣树林，北连王城镇甘堰冲村。总面积0.6平方千米，耕地面积25公顷。12户，80人。主产水稻、小麦、玉米。村落形态呈散状，房屋结构以平房和坡房为主。

蟒蛇沟【Mǎngshégōu】 以动物和地形综合命名。因早年山沟曾出现过大蟒蛇而得名。1958年隶属国庆二大队；1981年隶属肖湾大队；1984年隶属肖湾村；2001年隶属程湾村。位于村委会南2千米。东邻程湾村唐城，南界双湾村冷浸冲，西至双湾村冯家冲，北连美人湾。总面积0.4平方千米，耕地面积15公顷。5户，40人。主产水稻、小麦、玉米。村落形态呈散状，房屋结构以平房和坡房为主。

茅草冲【Máocǎochōng】 以植物和地形综合命名。因村建在长满茅草的山冲上而得名。1958年隶属国庆五大队；1981年隶属肖湾大队；1984年隶属肖湾村；2001年隶属程湾村。位于村委会西北1.5千米。东邻程家湾，南界上肖家湾，西至刘家湾，北连椿树湾。总面积0.6平方千米，耕地面积25公顷。15户，60人。主产水稻、小麦、玉米。村落形态呈散状，房屋结构以平房和坡房为主。

美人湾【Měirénwān】 以传说命名。据传，此地自然环境优美，水土养人，村中常出美女而得名。1958年隶属国庆二大队；1981年隶属肖湾大队；1984年隶属肖湾村；2001年隶属程湾村。位于村委会南1.5千米。东邻唐城，南界徐寨村万家湾，西至双湾村冯家冲，北连上肖家湾。总面积0.5平方千米，耕地面积21公顷。8户，60人。主产水稻、小麦、玉米。村落形态呈散状，房屋结构以平房和坡房为主。

跑马场【Pǎomǎchǎng】 该村因为过去商人都牵着马到唐城去经商，马匹过往频繁，所以命名为跑马场。1958年隶属国庆二大队；1981年隶属肖湾大队；1984年隶属肖湾村；2001年隶属程湾村。位于村委会东1.5千米。东邻老庄子村，南界唐城，西至美人湾，北连上肖家湾。总面积0.7平方千米，耕地面积20公顷。12户，90人。主产水稻、小麦、玉米。村落形态呈散状，房屋结构以平房和坡房为主。

吴家祠堂【Wújiācítáng】 以姓氏和建筑物综合命名。因吴姓聚居村中且建有祠堂而得名。1958年隶属国庆二大队；1981年隶属肖湾大队；1984年隶属肖湾村；2001年隶属程湾村。位于村委会东北2千米。

东邻刘行，南界凳子堰，西至付家湾，北连刘行。总面积0.6平方千米，耕地面积20公顷。15户，70人。主产水稻、小麦、玉米。村落形态呈散状，房屋结构以平房和坡房为主。

烟袋子【Yāndàizi】 以地形命名。因此地形状像烟袋而得名。1958年隶属国庆二大队；1981年隶属肖湾大队；1984年隶属肖湾村；2001年隶属程湾村。位于村委会东南2千米。东邻徐寨村朱家湾，南界徐寨村东冲，西至唐城，北连凳子堰。总面积0.4平方千米，耕地面积20公顷。16户，90人。主产水稻、小麦、玉米。村落形态呈散状，房屋结构以平房和坡房为主。

枣树林【Zǎoshùlín】 以植物命名。因村内枣树多而得名。1958年隶属国庆二大队；1981年隶属肖湾大队；1984年隶属肖湾村；2001年隶属程湾村。位于村委会北2千米。东邻姚家湾，南界椿树湾，西至王城镇李桥村，北连刺林湾。总面积0.8平方千米，耕地面积20公顷。16户，80人。主产水稻、小麦、玉米。村落形态呈，房屋结构以平房和坡房为主。

柴家庙村【Cháijiāmiàocūn】

以山名和建筑物综合命名。境内柴家山，海拔244米，山上有山庙一座，故得此名。1958年为前进二大队，隶属高峰公社；1961年隶属清潭区；1975年隶属清潭公社；1980年为柴家庙大队，隶属清潭公社；1984年为柴家庙村，隶属清潭区；1987年隶属清潭镇；2001年隶属吴店镇至今。位于镇政府南26千米。东邻清潭水库，南界随州市洪山镇云岭村，西至唐家老湾村，北连清潭社区。辖8个自然村，总面积5.6平方千米，耕地面积49.9公顷。70户，240人。主产小麦、玉米、水稻。通村水泥路，村委会驻古井湾。

大王家湾【Dàwángjiāwān】 以姓氏和规模综合命名。因王姓聚居且邻近有两个王家湾，此湾较大而得名。1958年隶属前进二大队；1980年隶属柴家庙大队；1984年隶属柴家庙村至今。位于村委会西南2千米。东邻叶家湾，南界随县洪山镇云岭村陈家湾，西至平林镇雷山村龚家湾，北连柴家庙山。总面积0.5平方千米，耕地面积6公顷。7户，30人。主产小麦、玉米、水稻。村落形态呈散状，房屋结构以坡房为主。

古井湾【Gǔjǐngwān】 以水井的时间命名。因村中一口井修的年代久远而得名。1958年隶属前进二大队；1980年隶属柴家庙大队；1984年隶属柴家庙村至今。村委会驻地。东邻清潭水库，南界村老学校，西至椰树湾，北连清潭社区唐家大湾。总面积0.9平方千米，耕地面积9公顷。10户，30人。主产小麦、玉米、水稻。村落形态呈散状，房屋结构以坡房为主。

槐树咀【Huáishùzuǐ】 以植物和地形综合命名。因村建在生长有槐树的山咀上而得名。1958年隶属前进二大队；1980年隶属柴家庙大队；1984年隶属柴家庙村至今。位于村委会南2千米。东邻清潭水库，南界随县洪山镇云岭村清河店，西至叶家湾，北连十六亩冲。总面积0.5平方千米，耕地面积5公顷。4户，10人。主产小麦、玉米、水稻。村落形态呈散状，房屋结构以坡房为主。

荒湾【Huāngwān】 以传说命名。在清朝时期，此地无人居住，后逐渐形成村而得名。1958年隶属前进二大队；1980年隶属柴家庙大队；1984年隶属柴家庙村至今。位于村委会东南1.5千米。东邻十六冲，南界随县洪山镇云岭村清河店，西至叶家湾，北连老办公室。总面积0.6平方千米，耕地面积5公顷。6户，20人。主产小麦、玉米、水稻。村落形态呈散状，房屋结构以坡房为主。

蒋家湾【Jiǎngjiāwān】 以姓氏命名。因蒋姓聚居而得名。1958年隶属前进二大队；1980年隶属柴家庙大队；1984年隶属柴家庙村至今。位于村委会西南1千米。东邻古井湾，南界王家湾，西至张家湾，北连柳树湾。总面积0.8平方千米，耕地面积8公顷。8户，10人。主产小麦、玉米、水稻。村落形态呈散状，房屋结构以坡房为主。

柳树湾【Liǔshùwān】 以植物命名。因村内柳树多而得名。1958年隶属前进二大队；1980年隶属柴家庙大队；1984年隶属柴家庙村至今。位于村委会西1.5千米。东邻古井湾，南界蒋家湾，西至唐老湾村胡家湾，北连唐家老湾新湾。总面积0.8平方千米，耕地面积9公顷。13户，50人。主产小麦、玉米、水稻。村落形态呈散状，房屋结构以坡房为主。

叶家湾【Yèjiāwān】 以姓氏命名。因叶姓聚居而得名。1958年隶属前进二大队；1980年隶属柴家庙大队；1984年隶属柴家庙村至今。位于村委会南2千米。东邻槐树湾，南界随县洪山镇云岭清河店，西至王家湾，北连蒋家湾。总面积0.7平方千米，耕地面积7公顷。10户，40人。主产小麦、玉米、水稻。村落形态呈散状，房屋结构以坡房为主。

张家湾【Zhāngjiāwān】 以姓氏命名。因张姓聚居而得名。1958年隶属前进二大队；1980年隶属柴家庙大队；1984年隶属柴家庙村至今。位于村委会西2千米。东邻蒋家湾，南界阴湾，西至腰盆井水库，北连柳树湾。总面积0.8平方千米，耕地面积0.9公顷。12户，50人。主产小麦、玉米、水稻。村落形态呈散状，房屋结构以坡房为主。

春陵村【Chōnglíngcūn】

以历史地名命名。"春陵"指春陵古城。据史载，汉朝时此地设过春陵郡和春陵县，故得此名。1958年为胡湾大队，隶属飞跃公社；1962年隶属梁集区；1975年隶属吴店公社；1980年为春陵大队，隶属吴店公社；1984年为春陵村，隶属吴店镇至今。位于镇政府北3千米。东邻余畈村，南界肖湾村，西至姚岗村，北连二郎村。辖14个自然村，总面积16平方千米，耕地面积373公顷。649户，2380人。主产水稻、小麦、杂粮、果蔬，有养殖业、加工业等。福银高速公路从境内穿过，有祖师殿旅游区和建波农家乐、采摘园及景点。村委会驻小胡家湾。

大陈家湾【Dàchénjiāwān】 以姓氏和规模综合命名。因陈姓聚居且村子较大而得名。1958年隶属胡湾大队；1980年隶属春陵大队；1984年隶属春陵村至今。位于村委会北800米。东邻喇叭堰，南界李家湾，西至刘家湾，北连小陈家湾。总面积1.7平方千米，耕地面积48公顷。50户，180人。主产水稻、小麦、玉米，兼种果蔬，有养殖业。村落形态呈团状，房屋结构以平房和坡房为主。

大胡家湾【Dàhújiāwān】 以姓氏和规模综合命名。因胡姓聚居且村子较大而得名。1958年隶属胡湾大队；1980年隶属春陵大队；1984年隶属春陵村至今。位于村委会东北2.5千米。东邻优良河，南界严家楼，西至喇叭堰，北连二郎村庙坡。总面积1.6平方千米，耕地面积44公顷。51户，200人。主产水稻、小麦、玉米，兼种果蔬，有养殖业。村落形态呈团状，房屋结构以平房和坡房为主。

方庄【Fāngzhuāng】 以姓氏命名。因方姓聚居而得名。1958年隶属胡湾大队；1980年改为春陵大队；1984年改为春陵村至今。位于村委会东南2.5千米。东邻优良河，南界优良河，西至赵家湾，北连严家楼。总面积1.6平方千米，耕地面积38公顷。76户，270人。主产水稻、小麦、玉米，兼种果蔬，有养殖业。村落形态呈团状，房屋结构以平房和坡房为主。

古城【Gǔchéng】 以春陵古城命名。1958年隶属胡湾大队；1980年隶属春陵大队；1984年隶属春陵村至今。位于村委会东北1千米。东邻严家楼，南界方庄，西至胡家湾，北连喇叭堰。总面积0.6平方千米，耕地面积20公顷。25户，100人。主产水稻、小麦、玉米，兼种果蔬，有养殖业。村落形态呈团状，房屋结构以平房和坡房为主。

喇叭堰【Lǎbāyàn】 以堰塘的形状命名。因村前有口堰形状像喇叭而得名。1958年隶属胡湾大队；1980年隶属春陵大队；1984年隶属春陵村至今。位于村委会东北1.6千米。东邻大胡家湾，南界古城，西至大陈家湾，北连二郎村庙坡。总面积1平方千米，耕地面积22公顷。45户，170人。主产水稻、小麦、玉米，兼种果蔬，有养殖业。村落形态呈团状，房屋结构以平房和坡房为主。

李家湾【Lǐjiāwān】 以姓氏命名。因李姓聚居而得名。1958年隶属胡湾大队；1980年隶属春陵大队；1984年隶属春陵村至今。位于村委会西南1千米。东邻赵家湾，南界粮种场，西至张家湾，北连小胡家湾。总面积1.3平方千米，耕地面积29公顷。65户，150人。主产水稻、小麦、玉米，兼种果蔬，有养殖业。村落形态呈团状，房屋结构以平房、坡房和楼房为主。

刘家湾【Liújiāwān】 以姓氏命名。因刘姓聚居而得名。1958年隶属胡湾大队；1980年隶属春陵大队；1984年隶属春陵村至今。位于村委会西北0.8千米。东邻大陈家湾，南界马家竹园，西至姚岗村姚家湾，北连朱家湾。总面积1.2平方千米，耕地面积22公顷。32户，120人。主产水稻、小麦、玉米，兼种果蔬，有养殖业。村落形态呈团状，房屋结构以平房和坡房为主。

小陈家湾【Xiǎochénjiāwān】 以姓氏命名。因陈姓聚居且村子较小而得名。1958年隶属胡湾大队；1980年隶属春陵大队；1984年隶属春陵村至今。位于村委会西北2.5米。东邻大陈家湾，南界朱家湾，西至姚岗村吴家湾，北连二郎村张家洼子。总面积0.8平方千米，耕地面积15公顷。8户，90人。主产水稻、小麦、玉米，兼种果蔬，有养殖业。村落形态呈团状，房屋结构以平房、坡房和楼房为主。

小胡家湾【Xiǎohújiāwān】 以姓氏和规模综合命名。因胡姓聚居且村子较小而得名。1958年隶属胡湾大队；1980年隶属春陵大队；1984年隶属春陵村至今。村委会驻地。东邻古城，南界赵家湾，西至赵家湾，北连喇叭堰。总面积1平方千米，耕地面积15公顷。30户，100人。主产水稻、小麦、玉米，兼种果蔬，有养殖业。村落形态呈团状，房屋结构以平房和坡房为主。

严家楼【Yánjiālóu】 以姓氏和建筑物综合命名。因严姓聚居村中有炮楼而得名。1958年隶属胡湾大队；1980年隶属春陵大队；1984年隶属春陵村至今。位于村委会东2.5千米。东邻优良河，南界方庄，西至古城，北连大胡家湾。总面积1.6平方千米，耕地面积43公顷。82户，310人。主产水稻、小麦、玉米，兼种果蔬，有养殖业。村落形态呈团状，房屋结构以平房和坡房为主。

张家湾【Zhāngjiāwān】 以姓氏命名。因张姓聚居而得名。1958年隶属胡湾大队；1980年隶属春陵大队；1984年隶属春陵村至今。位于村委会西南2千米。东邻李家湾，南界肖家湾，西至寺沙路，北连刘家湾。总面积1.6平方千米，耕地面积38公顷。100户，400人。主产水稻、小麦、玉米，兼种果蔬，有养殖业。村落形态呈团状，房屋结构以平房和坡房为主。

赵家湾【Zhàojiāwān】 以姓氏命名。因赵姓聚居而得名。1958 年隶属胡湾大队；1980 年隶属春陵大队；1984 年隶属春陵村至今。位于村委会东南 600 米。东邻方庄，南界优良河，西至李家湾，北连小胡家湾。总面积 1.6 平方千米，耕地面积 31 公顷。70 户，250 人。主产水稻、小麦、玉米，兼种果蔬，有养殖业。村落形态呈团状，房屋结构以平房和坡房为主。

朱家湾【Zhūjiāwān】 以姓氏命名。因朱姓聚居而得名。1958 年隶属胡湾大队；1980 年隶属春陵大队；1984 年隶属春陵村至今。位于村委会西北 2 千米。东邻大陈家湾，南界刘家湾，西至姚岗村吴家湾，北连小陈家湾。总面积 0.4 平方千米，耕地面积 8 公顷。15 户，40 人。主产水稻、小麦、玉米，兼种果蔬，有养殖业。村落形态呈团状，房屋结构以平房和坡房为主。

达子村【Dázicūn】

以传说命名。传说此地古时有一"达子"，乐于助人，为纪念他而得名。1958 年为达子大队，隶属卫星公社；1961 年隶属吴店区；1975 年隶属吴店公社；1984 年为达子村，隶属吴店镇；2002 年易仓村并入达子村，隶属吴店镇至今。位于镇政府西南 15 千米。东邻高峰村，南界平林镇新庄子村，西至熊集镇彭冲村，北连田台村。辖 18 个自然村，总面积 19.25 平方千米，耕地面积 283 公顷。363 户，1340 人。主产水稻、小麦、杂粮，兼种果蔬。枣潜高速公路过境，村委会驻仇家湾。

仇家祠堂【Qiújiācítáng】 以姓氏和建筑物综合命名。因仇姓在村内修建祠堂而得名。1958 年隶属达子大队；1984 年隶属达子村至今。位于村委会南 2 千米。东邻河湾村，南界平林镇新庄村皮家湾，西至平林镇新庄村黄家湾，北连仇家湾。总面积 3.5 平方千米，耕地面积 32 公顷。45 户，140 人。主产水稻、小麦、玉米，兼种果蔬。村落形态呈散状，房屋结构以平房和坡房为主。

仇家湾【Qiújiāwān】 以姓氏命名。因仇姓聚居而得名。1958 年隶属达子大队；1984 年隶属达子村至今。村委会驻地。东邻五亩岗，南界仇家祠堂，西至平林镇新庄村黄家湾，北连咀子湾。总面积 0.5 平方千米，耕地面积 31 公顷。40 户，190 人。主产水稻、小麦、玉米，兼种果蔬。村落形态呈散状，房屋结构以平房和坡房为主。

大栗树【Dàlìshù】 以植物命名。因村中有棵大栗树而得名。1958 年隶属达子大队；1984 年隶属达子村至今。位于村委会西南 4.3 千米。东邻田老庄，南界张家湾，西至庙湾，北连井湾。总面积 0.2 平方千米，耕地面积 8 公顷。5 户，10 人。主产水稻、小麦、玉米，兼种果蔬。村落形态呈散状，房屋结构以平房和坡房为主。

大王家湾【Dàwángjiāwān】 以姓氏命名。因王姓老大居住此地而得名。1958 年隶属达子大队；1984 年隶属达子村至今。位于村委会西 7 千米。东邻田家老庄，南界谢家湾，西至小王家湾，北连张家岔子。总面积 1 平方千米，耕地面积 10 公顷。3 户，10 人。主产水稻、小麦、玉米，兼种果蔬。村落形态呈散状，房屋结构以平房和坡房为主。

井湾【Jǐngwān】 以水井命名。因村内有口水质好的井而得名。1958 年隶属达子大队；1984 年隶属达子村至今。位于村委会西南 3.1 千米。东邻平林镇新庄子村黄家湾，南界田家老庄，西至庙湾，北连龙窝。总面积1平方千米，耕地面积8公顷。2户，10人。主产水稻、小麦、玉米，兼种果蔬。村落形态呈散状，房屋结构以平房和坡房为主。

咀子湾【Zuǐziwān】 以地形命名。因村建在山咀上而得名。1958年隶属达子大队；1984年隶属达子村至今。位于村委会西1千米。东邻仇家湾，南界平林镇新庄村黄家湾，西至熊集镇彭冲村何家湾，北连田台村潘家湾。总面积2.4平方千米，耕地面积33公顷。49户，160人。主产水稻、小麦、玉米，兼种果蔬。村落形态呈散状，房屋结构以平房和坡房为主。

龙窝【Lóngwō】 以传说命名。相传，在村南曾有龙栖息而得名。1958年隶属达子大队；1984年隶属达子村至今。位于村委会西北2.8千米。东邻田家老庄，南界染坊，西至井湾，北连吴家湾。总面积0.25平方千米，耕地面积9公顷。10户，30人。主产水稻、小麦、玉米，兼种果蔬。村落形态呈散状，房屋结构以平房和坡房为主。

庙湾【Miàowān】 以建筑物命名。因村旁有座小庙而得名。1958年隶属达子大队；1984年隶属达子村至今。位于村委会西南4千米。东邻田家老庄，南界林家湾，西至王家湾，北连龙窝。总面积0.5平方千米，耕地面积4公顷。2户，10人。主产水稻、小麦、玉米，兼种果蔬。村落形态呈散状，房屋结构以平房和坡房为主。

楸树湾【Qiūshùwān】 以植物命名。因村内楸树多而得名。1958年隶属达子大队；1984年隶属达子村至今。位于村委会西200米。东邻仇家湾，南界仇家祠堂，西至平林新庄子村黄家湾，北连咀子湾相楼。总面积0.4平方千米，耕地面积15公顷。15户，50人。主产水稻、小麦、玉米，兼种果蔬。村落形态呈散状，房屋结构以平房和坡房为主。

染坊【Rǎnfáng】 以作坊命名。因村内曾开过染坊而得名。1958年隶属达子大队；1984年隶属达子村至今。位于村委会西南3千米。东邻平林镇新庄子村黄家湾，南界田家老庄，西至井湾，北连龙窝。总面积0.2平方千米，耕地面积2公顷。1户，10人。主产水稻、小麦、玉米，兼种果蔬。村落形态呈散状，房屋结构以坡房为主。

田家老庄【Tiánjiālǎozhuāng】 以姓氏和建村时间综合命名。因田姓聚居且建村早而得名。1958年隶属达子大队；1984年隶属达子村至今。位于村委会西3.5千米。东邻平林镇新庄村皮家冲，南界罗家沟，西至张家湾，北连庙湾。总面积0.8平方千米，耕地面积23公顷。45户，120人。主产水稻、小麦、玉米，兼种果蔬。村落形态呈散状，房屋结构以平房和坡房为主。

王家湾【Wángjiāwān】 以姓氏命名。因王姓聚居而得名。1958年隶属达子大队；1984年隶属达子村至今。位于村委会西北500米。东邻仇家湾，南界咀子湾，西至楸树湾，北连肖家湾。总面积0.1平方千米，耕地面积2公顷。2户，10人。主产水稻、小麦、玉米，兼种果蔬。村落形态呈散状，房屋结构以平房和坡房为主。

五亩岗【Wǔmǔgǎng】 以面积和地形综合命名。因村建在一个五亩面积的岗地上而得名。1958年隶属达子大队；1984年隶属达子村至今。位于村委会东2千米。东邻高峰村赵家湾，南界仇家湾，西至咀子湾，北连田台村杨家湾。总面积0.9平方千米，耕地面积41公顷。50户，210人。主产水稻、小麦、玉米，兼种果蔬。村落形态呈散状，房屋结构以平房和坡房为主。

肖家湾【Xiāojiāwān】 以姓氏命名。因肖姓聚居而得名。1958年隶属达子大队；1984年隶属达子村至今。位于村委会西北1.5千米。东邻五亩岗，南界田老庄，西至咀子湾，北连田台村潘家湾。总面积1平方千米，耕地面积10公顷。9户，30人。主产水稻、小麦、玉米，兼种果蔬。村落形态呈散状，房屋结构以平房和坡房为主。

小林家湾【Xiǎolínjiāwān】 以姓氏和规模综合命名。因林姓聚居村子较小而得名。1958年隶属达子大队；1984年隶属达子村至今。位于村委会西8千米。东邻田家老庄，南界张家湾，西至小胡家湾，北连大王家湾。总面积1平方千米，耕地面积10公顷。5户，10人。主产水稻、小麦、玉米，兼种果蔬。村落形态呈散状，房屋结构以平房和坡房为主。

谢家湾【Xièjiāwān】 以姓氏命名。因谢姓聚居而得名。1958年隶属达子大队；1984年隶属达子村至今。位于村委会西南7千米。东邻平林镇杜湾村，南界熊集镇熊河，西至熊集镇熊河，北连熊集镇茶庙。总面积3.4平方千米，耕地面积38公顷。38户，170人。主产水稻、小麦、玉米，兼种果蔬。村落形态呈散状，房屋结构以平房和坡房为主。

院墙湾【Yuànqiángwān】 以地形命名。因村子周围地势较高，形似院墙而得名。1958年隶属达子大队；1984年隶属达子村至今。位于村委会东南300米。东邻高峰村邱家湾，南界仇家祠堂，西至楸树湾，北连仇家湾相楼。总面积0.1平方千米，耕地面积5公顷。5户，20人。主产水稻、小麦、玉米，兼种果蔬。村落形态呈散状，房屋结构以平房和坡房为主。

张家湾【Zhāngjiāwān】 以姓氏命名。因张姓聚居而得名。1958年隶属达子大队；1984年隶属达子村至今。位于村委会西6千米。东邻田家老庄，南界新房基，西至新庄子，北连大栗树。总面积2平方千米，耕地面积2公顷。37户，150人。主产水稻、小麦、玉米，兼种果蔬。村落形态呈散状，房屋结构以平房和坡房为主。

大堰角村【Dàyànjiǎocūn】

以大堰角自然村命名。1958年为十月六大队，隶属高峰公社；1961年隶属清潭区；1975年隶属清潭公社；1980年为大堰角大队，隶属清潭公社；1984年为大堰角村，隶属清潭区；1987年隶属清潭镇；2001年并入吴店镇，隶属吴店镇至今。位于镇政府南13千米。东邻长里岗村，南界玉皇庙村，西至史家祠村，北连李寨村。辖10个自然村，总面积3.61平方千米，耕地面积111公顷。249户，1100人。主产小麦、水稻，兼种玉米、花生、果蔬等。G234国道过境，村委会驻原大角堰角小当。

刺林湾【Cìlínwān】 以植物命名。因村周围刺林稠密而得名。1958年隶属十月六大队；1980年隶属大堰角大队；1984年隶属大堰角村至今。位于村委会北1千米。东邻高家湾，南界涯子湾，西至大堰角，北连李寨村。总面积0.4平方千米，耕地面积10公顷。10户，50人。主产小麦、水稻，兼种玉米、花生、果蔬等。村落形态呈散状，房屋结构以坡房为主。

大黑堰凹【Dàhēiyànwā】 以自然环境和堰塘综合命名。因村前有口大堰，周围树木稠密，致光线阴暗而得名。1958年隶属十月六大队；1980年隶属大堰角大队；1984年隶属大堰角村至今。位于村委会南

900米。东邻长里岗村楼子湾,南界玉皇庙村十亩岗,西至唐店,北连小黑堰凹。总面积0.3平方千米,耕地面积15公顷。10户,40人。主产小麦、水稻,兼种玉米、花生、果蔬等。村落形态呈散状,房屋结构以坡房为主。

大堰角【Dàyànjiǎo】 以堰塘和地理位置综合命名。因村建在一口大堰角上而得名。1958年隶属十月六大队;1980年隶属大堰角大队;1984年隶属大堰角村至今。位于村委会西北1.3千米。东邻寺沙路,南界后岗,西至白马堰村高稻场,北连茨林湾。总面积0.3平方千米,耕地面积6公顷。10户,40人。主产小麦、水稻,兼种杂粮。村落形态呈散状,房屋结构以平房和坡房为主。

后岗【Hòugǎng】 以方位和地形综合命名。因邻近有三条岗,此岗位后而得名。1958年隶属十月六大队;1980年隶属大堰角大队;1984年隶属大堰角村至今。位于村委会西北800米。东邻胡家冲,南界下咀子,西至史祠村白果树湾,北连大堰角。总面积0.5平方千米,耕地面积10公顷。10户,40人。主产小麦、水稻,兼种玉米、花生、果蔬等。村落形态呈散状,房屋结构以坡房为主。

胡家冲【Hújiāchōng】 以姓氏和地形综合命名。因胡姓居住山冲而得名。1958年隶属十月六大队;1980年隶属大堰角大队;1984年隶属大堰角村至今。位于村委会东600米。东邻长里岗村林场,南界大黑堰凹,西至下咀子,北连大堰角小学。总面积0.6平方千米,耕地面积10公顷。10户,30人。主产小麦、水稻,兼种玉米、花生、果蔬等。村落形态呈散状,房屋结构以坡房为主。

前岗【Qiángǎng】 以方位和地形综合命名。因邻近有三条岗,此岗位前而得名。1958年隶属十月六大队;1980年隶属大堰角大队;1984年隶属大堰角村至今。位于村委会西600米。东邻胡家冲,南界下咀子,西至史祠村白果树湾,北连中岗。总面积0.4平方千米,耕地面积10公顷。10户,40人。主产小麦、水稻,兼种玉米、花生、果蔬等。村落形态呈散状,房屋结构以平房为主。

唐店【Tángdiàn】 以姓氏和店铺综合命名。因唐姓在此开过店铺而得名。1958年隶属十月六大队;1980年隶属大堰角大队;1984年隶属大堰角村至今。位于村委会西南1千米。东邻大黑堰凹,南界玉皇庙村十亩岗,西至何湾村何家湾,北连史祠村袁家湾。总面积0.5平方千米,耕地面积20公顷。159户,760人。村落形态呈散状,房屋结构以坡房和楼房为主。

下咀子【Xiàzuǐzi】 以方位和地形综合命名。因村建在山咀下而得名。1958年隶属十月六大队;1980年隶属大堰角大队;1984年隶属大堰角村至今。位于村委会南300米。东邻小黑堰凹,南界唐店,西至史祠村白果树湾,北连前岗。总面积0.11平方千米,耕地面积10公顷。10户,30人。主产水稻、小麦,兼种玉米、花生、果蔬等。村落形态呈散状,房屋结构以坡房为主。

小黑堰凹【Xiǎohēiyànwā】 以自然环境和堰塘综合命名。因村前有口小堰,周围树林稠密,光线阴暗而得名。1958年隶属十月六大队;1981年隶属大堰角大队;1984年隶属大堰角村至今。位于村委会东南700米。东邻长里岗村唐家湾,南界大黑堰凹,西至下咀子,北连无亮山。总面积0.2平方千米,耕地面积10公顷。10户,30人。主产小麦、水稻,兼种玉米、花生、果蔬等。村落形态呈散状,房屋结构以坡房为主。

中岗【Zhōnggǎng】 以方位和地形综合命名。因邻近有三条岗,此岗居中而得名。1958年隶属十月六大队;1980年隶属大堰角大队;1984年隶属大堰角村至今。位于村委会北700米。东邻胡家冲,南界下咀子，西至史祠村白果树湾，北连后岗。总面积 0.3 平方千米，耕地面积 10 公顷。10 户，40 人。主产小麦、水稻，兼种玉米、花生、果蔬等。村落形态呈散状，房屋结构以坡房为主。

东赵湖村【Dōngzhàohúcūn】

以东赵家湖自然村命名。1958 年为东赵湖大队，隶属卫星公社；1961 年隶属吴店区；1975 年隶属吴店公社；1984 年为东赵湖村，隶属吴店镇至今。位于镇政府东 9 千米。东邻兴隆镇陈岗村，南界王城镇新店村，西至黄家庙村，北连兴隆镇耿桥村。辖 12 个自然村，总面积 3.77 平方千米，耕地面积 282.6 公顷。236 户，790 人。主产水稻、小麦、玉米。村委会驻林场。

曹门湾【Cáoménwān】 以姓氏和建筑物综合命名。因曹姓聚居的村内修的门楼多而得名。1958 年隶属东赵湖大队；1984 年隶属东赵湖村至今。位于村委会东南 1.5 千米。东邻兴隆镇周台村郭家台子，南界王城镇新店村赵家冲，西至王家湾，北连郭家庙。总面积 0.4 平方千米，耕地面积 30 公顷。46 户，120 人。主产水稻、小麦、玉米。村落形态呈散状，房屋结构以平房和坡房为主。

椿树岗【Chūnshùgǎng】 以植物和地形综合命名。因村建于有较多椿树的岗上而得名。1958 年隶属东赵湖大队；1984 年隶属东赵湖村至今。位于村委会南 400 米。东邻小张家湾，南界王家湾，西至唐家祠堂，北连林场。总面积 0.17 平方千米，耕地面积 1.6 公顷。6 户，20 人。主产水稻、小麦、玉米。村落形态呈散状，房屋结构以平房和坡房为主。

东赵家湖【Dōngzhàojiāhú】 以方位和姓氏综合命名。因赵姓建村于湖东南而得名。1958 年隶属东赵湖大队；1984 年隶属东赵湖村至今。位于村委会西南 900 米。东邻王家湾，南界皇村皇家庄，西至黄家庙村孟家湾，北连唐家祠堂。总面积 0.67 平方千米，耕地面积 57 公顷。46 户，160 人。主产水稻、小麦、玉米。村落形态呈散状，房屋结构以平房和坡房为主。

郭家庙【Guōjiāmiào】 以姓氏和建筑物综合命名。因郭姓聚居的村中修有小庙而得名。1958 年隶属东赵湖大队；1984 年隶属东赵湖村至今。位于村委会东南 1.2 千米。东邻万家湾，南界曹门湾，西至王家湾，北连小张家湾。总面积 0.14 平方千米，耕地面积 2.7 公顷。2 户，10 人。主产水稻、小麦、玉米。村落形态呈散状，房屋结构以平房和楼房为主。

林场【Línchǎng】 以植物场地命名。1960 年大队为植树造林，培育树苗、果树建立林场。1960 年隶属东赵湖大队；1984 年隶属东赵湖村至今。村委会驻地。东邻兴隆镇陈岗村枣树林，南界椿树岗，西至严家湾，北连兴隆镇耿桥村耿家湾。总面积 0.23 平方千米，耕地面积 15 公顷。13 户，30 人。主产水稻、小麦、玉米。村落形态呈散状，房屋结构以平房和坡房为主。

唐家祠堂【Tángjiācítáng】 以姓氏和建筑物综合命名。因唐姓在村内修有祠堂而得名。1958 年隶属东赵湖大队；1984 年隶属东赵湖村至今。位于村委会西南 1.4 千米。东邻椿树岗，南界赵家湖，西至黄家庙村单楼子，北连兴隆镇耿桥村耿家湾。总面积 0.37 平方千米，耕地面积 32 公顷。7 户，30 人。主产水稻、小麦、玉米。村落形态呈散状，房屋结构以平房和坡房为主。

万家井湾【Wànjiājǐngwān】 以姓氏和水井综合命名。因万姓聚居，村前有眼水井，故名。1958 年隶属东赵湖大队；1984 年隶属东赵湖村至今。位于村委会东 1.35 千米。东邻兴隆镇陈岗村刘家湾，南界万家湾，西至张家湾，北连兴隆镇陈岗村枣树林。总面积0.5平方千米，耕地面积30公顷。30户，110人。主产水稻、小麦、玉米。村落形态呈散状，房屋结构以平房和坡房为主。

万家湾【Wànjiāwān】 以姓氏命名。因万姓聚居而得名。1958年隶属东赵湖大队；1984年隶属东赵湖村至今。位于村委会东南1.6千米。东邻兴隆镇周台村连棚湾，南界王城镇新店村赵家冲，西至曹门湾，北连万家井湾。总面积0.2平方千米，耕地面积20公顷。18户，70人。主产水稻、小麦、玉米。村落形态呈散状，房屋结构以平房和坡房为主。

王家湾【Wángjiāwān】 以姓氏命名。因王姓聚居而得名。1958年隶属东赵湖大队；1984年隶属东赵湖村至今。位于村委会南600米。东邻郭家庙，南界施楼村陈家湾，西至赵家湖，北连椿树岗。总面积0.57平方千米，耕地面积55公顷。40户，140人。主产水稻、小麦、玉米。村落形态呈散状，房屋结构以坡房和楼房为主。

小张家湾【Xiǎozhāngjiāwān】 以姓氏命名。因张姓聚居且人口少而得名。1958年隶属东赵湖大队；1984年隶属东赵湖村至今。位于村委会南1.3千米。东邻曹门湾，南界王城镇新店村赵家冲，西至王家湾，北连郭家庙。总面积0.12平方千米，耕地面积6.7公顷。5户，20人。主产水稻、小麦、玉米。村落形态呈线状，房屋结构以平房和坡房为主。

严家湾【Yánjiāwān】 以姓氏命名。因严姓聚居而得名。1949年隶属吴店区；1958年隶属赵湖大队；1975年隶属东赵湖大队；1984年隶属东赵湖村至今。位于村委会西200米。东邻林场，南界唐家祠堂，西至黄家庙村双楼子，北连兴隆镇耿桥村耿家湾。总面积0.27平方千米，耕地面积19.6公顷。13户，40人。主产水稻、小麦、玉米。村落形态呈散状，房屋结构以平房和坡房为主。

张家湾【Zhāngjiāwān】 以姓氏命名。因张姓聚居而得名。1958年隶属东赵湖大队；1984年隶属东赵湖村至今。位于村委会东1.1千米。东邻兴隆镇周台村连棚湾，南界郭家庙，西至椿树岗，北连兴隆镇陈岗村枣树林。总面积0.13平方千米，耕地面积13公顷。10户，40人。主产水稻、小麦、玉米。村落形态呈散状，房屋结构以平房和坡房为主。

东冲村【Dōngchōngcūn】

以方位和地形综合命名。东冲村地处清潭街东，因辖区内有两条岗夹一冲而得名。1958年为前进四大队，隶属高峰公社；1961年隶属清潭区；1975年隶属于清潭公社；1980年为东冲大队，隶属清潭公社；1984年为东冲村，隶属清潭区；1987年隶属清潭镇；2001年隶属吴店镇至今。位于镇政府南23千米。东邻随县环潭镇玉皇阁村，南界随县洪山镇云峰山茶场，西至清潭街道社区，北连井湾村。辖12个自然村，总面积2.25平方千米，耕地面积37.7公顷。200户，576人。主产水稻、玉米，兼种蔬菜、茶叶、板栗、香菇等。村委会驻清城街东。

北头咀子【Běitóuzuǐzi】 以方位和地形综合命名。因建在王家湾北的山咀上，故名。1958年隶属前进四大队；1980年隶属东冲大队；1984年隶属东冲村至今。位于村委会北2千米。东邻随县环潭镇玉皇阁村钟湾，南界王家湾，西至蒋畈村米家湾，北连井湾村谢家大湾。总面积0.1平方千米，耕地面积1.4公顷。4户，10人。主产水稻、玉米，兼种香菇、香菇。村落形态呈散状，房屋结构以坡房为主。

花湾【Huāwān】 以植物命名。因村中有很多花草树木而得名。1958年隶属前进四大队；1980年隶属东冲大队；1984年隶属东冲村至今。位于东冲村委会东北400米。东邻换子岩，南界桑树咀，西至跑马岗，北连熊家湾。总面积0.15平方千米，耕地面积2.4公顷。8户，30人，主产水稻、小麦、玉米，兼种香菇。村落形态呈散状，房屋结构以坡房和楼房为主。

换子岩【Huànziyán】 以传说命名。据传此地曾有两户人家，将孩子交换抚养，故名。1958年隶属前进四大队；1980年隶属东冲大队；1984年隶属东冲村至今。位于村委会东700米。东邻随县环潭镇玉皇阁村荒湾，南界桑树咀，西至花湾，北连咀子湾。总面积0.1平方千米，耕地面积2.4公顷。4户，20人。主产水稻、小麦，兼种香菇。村落形态呈散状，房屋结构以坡房为主。

黄梨树湾【Huánglíshùwān】 以植物命名。因村中种植大片黄梨树而得名。1958年隶属前进四大队；1980年隶属东冲大队；1984年隶属东冲村至今。位于村委会北1千米。东邻咀子湾，南界花湾，西至蒋畈村龙王冲，北连王家湾。总面积0.15平方千米，耕地面积2.5公顷。6户，20人。主产水稻、小麦、玉米，兼种板栗。村落形态呈散状，房屋结构以平房和坡房为主。

金鸡台子【Jīnjītáizi】 以地形命名。因村建在形似雄鸡的台子上而得名。1958年隶属前进四大队；1980年隶属东冲大队；1984年隶属东冲村至今。位于村委会西南800米。东邻桑树咀，南界清潭社区顾家河，西至清潭街道，北连跑马岗。总面积0.2平方千米，耕地面积4公顷。21户，68人。主产水稻、小麦，兼种蔬菜。村落形态呈散状，房屋结构以平房和坡房为主。

咀子湾【Zuǐziwān】 以地形命名，因村建在两个小山咀的中间而得名。1958年隶属前进四大队；1980年隶属东冲大队；1984年隶属东冲村至今。位于村委会东北1千米。东邻随县环潭镇玉皇阁村荒湾，南界换子岩，西至熊家湾，北连谢家湾。总面积0.1平方千米，耕地面积1公顷。3户，10人。主产水稻、小麦，兼种香菇、板栗。村落形态呈散状，房屋结构以坡房为主。

楼子湾【Lóuziwān】 以建筑物和地形综合命名。因原村中修有土楼子且地势低洼而得名。1958年隶属前进四大队；1980年隶属东冲大队；1984年隶属东冲村至今。位于村委会西北800米。东邻跑马岗，南界金鸡台子，西至清潭社区杨家祠堂，北连蒋畈村龙王冲。总面积0.5平方千米，耕地面积2公顷。84户，190人。主产蔬菜。村落形态呈散状，房屋结构以坡房和楼房为主。

跑马岗【Pǎomǎgǎng】 以训练地形命名。据传，古时曾有位将军在此岗练习跑马射箭，故名。1958年隶属前进四大队；1981年隶属东冲大队；1984年隶属东冲村至今。位于村委会西600米。东邻花湾，南界金鸡台子，西至楼子洼子，北连蒋畈村宋家湾。总面积0.2平方千米，耕地面积3公顷。25户，80人。主产水稻、小麦、玉米，兼种蔬菜。村落形态呈散状，房屋结构以平房和坡房为主。

桑树咀【Sāngshùzuǐ】 以植物和地形综合命名。因村建在有棵大桑树的山咀上而得名。1958年隶属前进四大队；1980年隶属东冲大队；1984年隶属东冲村至今。位于村委会东1.8千米。东邻随县环潭镇，南界随县云峰山茶场，西至清城路，北连熊家湾。总面积0.15平方千米，耕地面积2公顷。5户，10人。主产水稻、玉米，兼种香菇、板栗。村落形态呈散状，房屋结构以坡房为主。

王家湾【Wángjiāwān】 以姓氏命名。因王姓聚居而得名。1958年隶属前进四大队；1981年隶属东冲大队；1984年隶属东冲村至今。位于村委会北1.6千米。东邻谢家湾，南界黄梨树湾，西至蒋畈村朱家湾，北连北头咀子。总面积0.3平方千米，耕地面积11公顷。27户，98人。主产水稻、小麦、玉米，兼种香菇、板栗、花生。村落形态呈散状，房屋结构以坡房为主。

谢家湾【Xièjiāwān】 以姓氏命名。因谢姓聚居而得名。1958年隶属前进四大队；1980年隶属东冲大队；1984年隶属东冲村至今。位于村委会东北1.8千米。东邻随县环潭镇玉皇阁村钟湾，南界咀子湾，西至王家湾，北连北头咀子。总面积0.15平方千米，耕地面积2.8公顷。6户，20人。主产水稻、小麦、玉米，兼种香菇、板栗。村落形态呈散状，房屋结构以坡房为主。

熊家湾【Xióngjiāwān】 以姓氏命名。因熊姓聚居而得名。1958年隶属前进四大队；1980年隶属东冲大队；1984年隶属东冲村至今。位于村委会北800米。东邻咀子湾，南界花湾，西至清城路，北连黄梨树湾。总面积0.15平方千米，耕地面积3.2公顷。7户，20人。主产水稻、小麦，兼种玉米、花生。村落形态呈散状，房屋结构以坡房和楼房为主。

二郎村【Èrlángcūn】

以二郎庙自然村命名。1958年为二郎大队，隶属飞跃公社；1961年隶属梁集区；1975年隶属吴店公社；1984年为二郎村，隶属吴店镇；2004年原陈湾村合并到二郎村，隶属吴店镇至今。位于镇政府北7千米。东临兴隆镇李楼村，南界春陵村，西至圣庙村、枣阳市南城李桥村，北连南城街道惠湾社区。辖50个自然村，总面积6.75平方千米，耕地面积529.3公顷。1023户，3980人。以种植水稻、小麦、玉米为主，常种桃树；有渔业、养殖业等。境内有吴店工业园，主要有粮油加工、汽车零部件生产等行业。该村以"无量祖师殿"为依托发展旅游业，拥有4000余亩桃园发展种植业。村委会驻小杨家湾。

白家沟【Báijiāgōu】 以姓氏和地形综合命名。因白姓聚居沟旁而得名。1958年隶属二郎大队；1984年隶属二郎村至今。位于村委会东南1.5千米。东邻赵家湾，南界十字架，西至陈家楼，北连小陈庄。总面积0.33平方千米，耕地面积28公顷。47户，210人。主产玉米、小麦、水稻。村落形态呈线状，房屋结构以平房为主。

白屋脊【Báiwūjǐ】 以建筑物特点命名。因黄姓早年在此盖栋白屋脊房子而得名。1958年隶属二郎大队；1984年隶属二郎村至今。位于村委会北1.5千米。东邻王家湾，南界叶家湾，西至南城李桥村孙家湾，北连小惠庄。总面积0.2平方千米，耕地面积10公顷。30户，130人。主产玉米、小麦、水稻。村落形态呈团状，房屋结构以平房为主。

陈家楼【Chénjiālóu】 以姓氏和建筑物综合命名。因陈姓聚居的村内盖有楼房，故名。1958年隶属二郎大队；1984年隶属二郎村至今。位于村委会东南1千米。东邻白家沟，南界赵家乐园，西至张家湾，北连小杨家湾。总面积0.1平方千米，耕地面积5公顷。12户，60人。主产水稻、小麦、玉米。村落形态呈线状，房屋结构以平房为主。

陈家湾【Chénjiāwān】 以姓氏命名。因陈姓聚居而得名。1958年隶属二郎大队；1984年隶属二郎村至今。位于村委会东1千米。东邻小陈庄，南界小赵家湾，西至小陈家湾，北连麒麟岗。总面积0.1平方千米，耕地面积5.2公顷。7户，30人。主产水稻、小麦、玉米。村落形态呈团状，房屋结构以坡房为主。

大陈家湾【Dàchénjiāwān】 以人口和姓氏综合命名。因陈姓聚居且人口较多而得名。1958年隶属二郎大队；1984年隶属二郎村至今。位于村委会东2千米。东邻小陈庄，南界小赵家湾，西至小陈家湾，北连麒麟岗。总面积0.3平方千米，耕地面积18公顷。32户，120人。主产水稻、小麦、玉米。村落形态呈团状，房屋结构以平房和楼房为主。

大叶家湾【Dàyèjiāwān】 以人口和姓氏综合命名。因叶姓聚居且人口较多而得名。1958年隶属二郎大队；1984年隶属二郎村至今。位于村委会西北1千米。东邻陈湾，南界周庄，西至圣庙村龚庄，北连白屋脊。总面积0.2平方千米，耕地面积12公顷。58户，220人。主产水稻、小麦、玉米。村落形态呈线状，房屋结构以平房和楼房为主。

大赵家湾【Dàzhàojiāwān】 以人口和姓氏综合命名。因赵姓聚居且人口较多而得名。1958年隶属陈湾大队；1984年隶属陈湾村；2004年隶属二郎村至今。位于村委会东南3千米。东邻新庄村杉树园，南界庙坡，西至白家沟，北连夏家营。总面积0.53平方千米，耕地面积42公顷。56户，210人。主产水稻、小麦、玉米。村落形态呈团状，房屋结构以坡房和楼房为主。

挡南【Dǎngnán】 以方位和挡坝综合命名。因建于挡坝南而得名。1958年隶属陈湾大队；1984年隶属陈湾村；2004年隶属二郎村至今。位于村委会东北4千米。东邻李家湾，南界龙潭，西至文家井，北连南城惠湾社区向家湾。总面积0.05平方千米，耕地面积3.3公顷。4户，20人。主产水稻、小麦、玉米。村落形态呈散状，房屋结构以平房为主。

丁家湾【Dīngjiāwān】 以姓氏命名。因丁姓聚居而得名。1958年隶属陈湾大队；1984年隶属陈湾村；2004年隶属二郎村至今。位于村委会东北3.8千米。东邻挡南，南界酒馆，西至孔家岗，北连南城惠湾社区马家营。总面积0.13平方千米，耕地面积10公顷。20户，80人。主产桃树。村落形态呈团状，房屋结构以坡房和楼房为主。

二郎庙【Èrlángmiào】 以建筑物命名。因村内有座二郎庙而得名。1958年隶属二郎大队；1984年隶属二郎村至今。位于村委会东1.5千米。东邻小陈家湾，南界白家沟，西至小杨家湾，北连周家炮铺。总面积0.2平方千米，耕地面积17公顷。28户，90人。主产水稻、小麦、玉米。村落形态呈团状，房屋结构以平房和坡房为主。

傅家湾【Fùjiāwān】 以姓氏命名。因傅姓聚居而得名。1958年隶属陈湾大队；1984年隶属陈湾村；2004年隶属二郎村至今。位于村委会东3千米。东邻大马家湾，南界夏家营，西至陈家湾，北连麒麟岗。总面积0.27平方千米，耕地面积21公顷。26户，110人。主产水稻、小麦、玉米。村落形态呈团状，房屋结构以坡房和楼房为主。

合庄【Hézhuāng】 由斋公湾、北夏沟、南夏沟三个村合并而得名。1958年隶属陈湾大队；1984年隶属陈湾村；2004年隶属二郎村至今。位于村委会东3.5千米。东邻新庄村徐家湾，南界大马家湾，西至大陈家湾，北连龙潭。总面积0.08平方千米，耕地面积5.3公顷。11户，50人。主产水稻、小麦、玉米。村落形态呈团状，房屋结构以坡房和楼房为主。

何家湾【Héjiāwān】 以姓氏命名。因何姓聚居而得名。1958年隶属陈湾大队；1984年隶属陈湾村；2004年隶属二郎村至今。位于村委会东3.2千米。东邻马家湾，南界夏家营，西至陈家湾，北连麒麟岗。

总面积 0.08 平方千米，耕地面积 6.7 公顷。17 户，70 人。主产水稻、小麦、玉米。村落形态呈团状，房屋结构以平房和楼房为主。

黄家凹【Huángjiāwā】 以姓氏和地形综合命名。因黄姓聚居洼地而得名。1958 年隶属二郎大队；1984 年隶属二郎村至今。位于村委会西北 3 千米。东邻陈家湾，南界白屋脊，西至南城李桥村孙家湾，北连李家凹。总面积 0.1 平方千米，耕地面积 7.3 公顷。38 户，160 人。主产水稻、小麦、玉米。村落形态呈线状，房屋结构以楼房为主。

酒馆【Jiǔguǎn】 以店铺命名。因村内开过黄酒馆而得名。1958 年隶属陈湾大队；1984 年隶属陈湾村；2004 年隶属二郎村至今。位于村委会东北 3.5 千米。东邻文家井，南界小罗家湾，西至孔家岗，北连丁家湾。总面积 0.2 平方千米，耕地面积 13.3 公顷。19 户，70 人。主产桃树。村落形态呈团状，房屋结构以楼房为主。

孔家岗【Kǒngjiāgǎng】 以姓氏和地形综合命名。因孔姓聚居岗地而得名。1958 年隶属陈湾大队；1984 年隶属陈湾村；2004 年隶属二郎村至今。位于村委会东北 3.2 千米。东邻酒馆，南界小罗家湾，西至李家岗，北连南城惠湾社区马家营。总面积 0.17 平方千米，耕地面积 13.3 公顷。18 户，70 人。主产水稻、小麦、玉米。村落形态呈团状，房屋结构以坡房和楼房为主。

冷庄【Lěngzhuāng】 以姓氏命名。因冷姓聚居而得名。1958 年隶属二郎大队；1958 年隶属二郎村至今。位于村委会西南 2 千米。东邻王庄，南界姚岗村刘井，西至向家湾，北连大拐弯。总面积 0.12 平方千米，耕地面积 10 公顷。16 户，70 人。主产水稻、小麦、玉米。村落形态呈团状，房屋结构以坡房和楼房为主。

李家岗【Lǐjiāgǎng】 以姓氏和地形综合命名。因李姓聚居岗上而得名。1958 年隶属二郎大队；1984 年隶属二郎村至今。位于村委会北 2.5 千米。东邻孔家岗，南界王家湾，西至陈家湾，北连南城惠湾社区马家营。2016 年吴店工业园区征地，该村已拆除。

李家洼【Lǐjiāwā】 以姓氏和地形综合命名。因李姓聚居洼地而得名。1958 年隶属二郎大队；1984 年隶属二郎村至今。位于村委会北 3.5 千米。东邻小陈家湾，南界白屋脊，西至黄家洼，北连南城惠湾社区王家湾。总面积 0.08 平方千米，耕地面积 7 公顷。9 户，30 人。主产桃树。村落形态呈团状，房屋结构以坡房和楼房为主。

李家湾【Lǐjiāwān】 以姓氏命名。因李姓聚居而得名。1958 年隶属二郎大队；1984 年隶属二郎村至今。位于村委会东北 4.2 千米。东邻兴隆镇李楼村李家西湾，南界龙潭，西至小罗家湾，北连南城惠湾社区向家湾。总面积 0.34 平方千米，耕地面积 30 公顷。51 户，210 人。主产水稻、小麦、玉米。村落形态呈线状，房屋结构以平房和楼房为主。

龙潭【Lóngtán】 以动物和地形特点综合命名。因村前有个深坑且常年水源不断而得名。1958 年隶属陈湾大队；1984 年隶属陈湾村；2004 年隶属二郎村至今。位于村委会东北 3.8 千米。东邻李家湾，南界合庄，西至麒麟岗，北连小罗家湾。总面积 0.1 平方千米，耕地面积 8 公顷。19 户，70 人。主产桃树。村落形态呈团状，房屋结构以坡房和楼房为主。

罗家洼【Luójiāwā】 以姓氏和地形综合命名。因罗姓聚居洼地而得名。1958 年隶属二郎大队；1984

年隶属二郎村至今。位于村委会东南3.5千米。东邻庙坡，南界春陵村蔡家岗，西至杨家湾，北连张家洼。总面积0.07平方千米，耕地面积5.3公顷。11户，40人。主产水稻、小麦、玉米。村落形态呈团状，房屋结构以坡房和楼房为主。

庙坡【Miàopō】 以建筑物和地形综合命名。因建于庙东坡而得名。1958年隶属陈湾大队；1984年隶属陈湾村；2004年隶属二郎村至今。位于村委会东南3.3千米。东邻新庄村杉树园，南界春陵村余家湾，西至张家洼，北连赵家湾。总面积0.33平方千米，耕地面积27公顷。49户，150人。主产水稻、小麦、玉米。村落形态呈线状，房屋结构以坡房和楼房为主。

麒麟岗【Qílíngǎng】 以地形命名。因岗坡形似传说中的麒麟，故名。1958年隶属陈湾大队；1984年隶属陈湾村；2004年隶属二郎村至今。位于村委会东北2.5千米。东邻龙潭，南界陈家湾，西至枣树林，北连小罗家湾。总面积0.07平方千米，耕地面积6公顷。7户，30人。主产桃树。村落形态呈线状，房屋结构以平房和坡房为主。

十字架【Shízìjià】 20世纪90年代后，附近农户先后在十字路外建房，故名。1990年隶属陈湾村；2004年隶属二郎村至今。位于村委会东南2.8千米。东邻赵家湾，南界张家洼，西至杨家湾，北连白家沟。总面积0.1平方千米，耕地面积6.2公顷。60户，230人。主产水稻、小麦。村落形态呈线状，房屋结构以楼房为主。

王家湾【Wángjiāwān】 以姓氏命名。因王姓聚居而得名。1958年隶属二郎大队；1984年隶属二郎村至今。位于村委会东北1.7千米。东邻枣树林，南界夏家湾，西至陈庄，北连李家岗。总面积0.08平方千米，耕地面积6公顷。8户，30人。主产桃树。村落形态呈团状，房屋结构以坡房为主。

王庄【Wángzhuāng】 以姓氏命名。因王姓聚居而得名。1958年隶属二郎大队；1984年隶属二郎村至今。位于村委会东南1.8千米。东邻杨家湾，南界春陵村蔡家岗，西至冷庄，北连周庄。总面积0.07平方千米，耕地面积5.3公顷。7户，30人。主产水稻、小麦、玉米。村落形态呈团状，房屋结构以平房和楼房为主。

文家井【Wénjiājǐng】 以姓氏和水井综合命名。因文姓聚居的村头有眼水井而得名。1958年隶属陈湾大队；1984年隶属陈湾村；2004年隶属二郎村至今。位于村委会东北3.6千米。东邻挡南，南界小罗家湾，西至酒馆，北连丁家湾。总面积0.07平方千米，耕地面积5.4公顷。11户，40人。主产桃树。村落形态呈团状，房屋结构以坡房和楼房为主。

夏家湾【Xiàjiāwān】 以姓氏命名。因夏姓聚居而得名。1958年隶属二郎大队；1984年隶属二郎村至今。位于村委会东2.3千米。东邻王家湾，南界二郎庙，西至周家炮铺，北连王家湾。总面积0.09平方千米，耕地面积7.3公顷。14户，50人。主产水稻、小麦、玉米。村落形态呈团状，房屋结构以平房和楼房为主。

夏家营【Xiàjiāyíng】 以姓氏命名。因夏姓聚居而得名。1958年隶属陈湾大队；1984年隶属陈湾村；2004年隶属二郎村至今。位于村委会东南3千米。东邻新庄村杉树园，南界赵家湾，西至白家沟，北连马家湾。总面积0.47平方千米，耕地面积42公顷。61户，230人。主产水稻、小麦、玉米。村落形态呈团状，房屋结构以平房和坡房为主。

向家湾【Xiàngjiāwān】 以姓氏命名。因向姓聚居而得名。1958年隶属二郎大队；1984年隶属二郎村至今。位于村委会西南2.5千米。东邻冷庄，南界姚岗村刘井，西至圣庙村小邱庄，北连大拐弯。总面积0.07平方千米，耕地面积5.3公顷。11户，40人。主产水稻、小麦、玉米。村落形态呈线状，房屋结构以平房和楼房为主。

小陈家湾【Xiǎochénjiāwān】 以姓氏命名。因陈姓聚居且人口少而得名。1958年隶属二郎大队；1984年隶属二郎村至今。位于村委会北2.1千米。东邻李家岗，南界唐家湾，西至黄家凹，北连南城惠湾社区王家湾。总面积0.05平方千米，耕地面积3.3公顷。5户，20人。主产桃树。村落形态呈线状，房屋结构以坡房为主。

小陈庄【Xiǎochénzhuāng】 以姓氏和规模综合命名。因陈姓聚居且人口少而得名。1958年隶属二郎大队；1984年隶属二郎村至今。位于村委会东2.5千米。东邻马家湾，南界夏家营，西至大陈家湾，北连麒麟岗。总面积0.08平方千米，耕地面积6.7公顷。13户，60人。主产桃树。村落形态呈团状，房屋结构以平房和坡房为主。

小李家湾【Xiǎolǐjiāwān】 以姓氏和规模综合命名。因李姓聚居且人口少而得名。1958年隶属陈湾大队；1984年隶属陈湾村；2004年隶属二郎村至今。位于村委会东北3.2千米。东邻新庄村罗家湾，南界小赵家湾，西至龙潭，北连李家湾。总面积0.05平方千米，耕地面积4公顷。12户，40人。主产水稻、小麦、玉米。村落形态呈线状，房屋结构以平房和楼房为主。

小罗家湾【Xiǎoluójiāwān】 以姓氏和规模综合命名。因罗姓聚居且人口少而得名。1958年隶属陈湾大队；1984年隶属陈湾村；2004年隶属二郎村至今。位于村委会东北3千米。东邻小李家湾，南界龙潭，西至麒麟岗，北连酒馆。总面积0.08平方千米，耕地面积6公顷。19户，70人。主产桃树。村落形态呈团状，房屋结构以平房和楼房为主。

小杨家湾【Xiǎoyángjiāwān】 以姓氏和规模综合命名。因杨姓聚居且人口少而得名。1958年隶属二郎大队；1984年隶属二郎村至今。村委会驻地。东邻二郎庙，南界陈家楼，西至叶家湾，北连陈庄。总面积0.1平方千米，耕地面积6.7公顷。10户，40人。主产水稻、小麦、玉米。村落形态呈团状，房屋结构以平房和坡房为主。

小赵家湾【Xiǎozhàojiāwān】 以姓氏和规模综合命名。因赵姓聚居且人口少而得名。1958年隶属二郎大队；1984年隶属二郎村至今。位于村委会东南2.7千米。东邻十字架，南界张家洼，西至杨家湾，北连白家沟。总面积0.07平方千米，耕地面积5.3公顷。16户，70人。主产水稻、小麦、玉米。村落形态呈团状，房屋结构以平房和楼房为主。

杨家湾【Yángjiāwān】 以姓氏命名。因杨姓聚居而得名。1958年隶属二郎大队；1984年隶属二郎村至今。位于村委会南1.8千米。东邻小赵家湾，南界春陵村蔡家岗，西至王庄，北连陈家楼。总面积0.33平方千米，耕地面积28.6公顷。45户，190人。主产水稻、小麦、玉米。村落形态呈团状，房屋结构以坡房和楼房为主。

移民点【Yímíndiǎn】 2010年因南水北调工程为丹江口市移民建村，简称移民点。隶属二郎村至今。位于村委会西南400米。东邻小杨家湾，南界王庄，西至大许家湾，北连叶家湾。总面积0.13平方千米，耕地面积12公顷。28户，130人。主产水稻、小麦、玉米。村落形态呈团状，房屋结构以楼房为主。

枣树林【Zǎoshùlín】 以植物命名。因村内枣树多而得名。1958年隶属二郎大队；1984年隶属二郎村至今。位于村委会东北2.2千米。东邻小罗家湾，南界大陈家湾，西至王家湾，北连李家岗。总面积0.09平方千米，耕地面积7.3公顷。9户，30人。主产桃树。村落形态呈团状，房屋结构以平房和坡房为主。

张家洼【Zhāngjiāwā】 以姓氏和地形综合命名。因张姓聚居洼地而得名。1958年隶属二郎大队；1984年隶属二郎村至今。位于村委会东南2.5千米。东邻庙坡，南界罗家洼，西至杨家湾，北连小赵家湾。总面积0.07平方千米，耕地面积6公顷。16户，60人。主产水稻、小麦、玉米。村落形态呈团状，房屋结构以平房和坡房为主。

赵家乐园【Zhàojiālèyuán】 以姓氏和园地综合命名。因赵姓在此修建取乐园地而得名。1958年隶属二郎大队；1984年隶属二郎村至今。位于村委会东南2.3千米。东邻赵家湾，南界张家洼，西至杨家湾，北连白家沟。总面积0.05平方千米，耕地面积3.3公顷。9户，30人。主产水稻、小麦、玉米。村落形态呈团状，房屋结构以平房和楼房为主。

中庄【Zhōngzhuāng】 以方位命名。因建于其他几村中间而得名。1958年隶属二郎大队；1958年隶属陈湾大队；1984年隶属陈湾村；2004年隶属二郎村至今。位于村委会东北1.7千米。东邻夏家湾，南界二郎庙，西至小杨家湾，北连周家炮铺。总面积0.03平方千米，耕地面积2公顷。9户，40人。主产水稻、小麦、玉米。村落形态呈团状，房屋结构以平房和坡房为主。

周家炮铺【Zhōujiāpàopù】 以姓氏和店铺综合命名。因周姓在此开过炮铺而得名。1958年隶属二郎大队；1984年隶属二郎村至今。位于村委会北1.8千米。东邻夏家湾，南界中庄，西至小杨家湾，北连陈庄。总面积0.1平方千米，耕地面积7.3公顷。11户，40人。主产水稻、小麦、玉米。村落形态呈团状，房屋结构以平房和坡房为主。

大拐弯【Dàguǎiwān】 以地形命名。因此村建在通往市里的公路转弯处而得名。1958年隶属二郎大队；1984年隶属二郎村至今。位于村委会西南1.8千米。东邻王庄，南界冷庄，西至圣庙村邱家湾，北连小许家湾。总面积0.12平方千米，耕地面积9.3公顷。18户，60人。主产水稻、小麦、玉米。村落形态呈团状，房屋结构以楼房为主。

小许家湾【Xiǎoxǔjiāwān】 以姓氏和规模综合命名。因许姓聚居且人口少而得名。1958年隶属二郎大队；1984年隶属二郎村至今。位于村委会西南1.2千米。东邻陈家楼，南界大拐弯，西至圣庙村邱家湾，北连大许家湾。总面积0.09平方千米，耕地面积7.3公顷。11户，40人。主产水稻、小麦、玉米。村落形态呈线状，房屋结构以坡房为主。

大许家湾【Dàxǔjiāwān】 以姓氏和规模综合命名。因许姓聚居且人口较多而得名。1958年隶属二郎大队；1984年隶属二郎村至今。位于村委会西南1千米。东邻陈家楼，南界小许家湾，西至圣庙村邱家湾，北连叶家湾。总面积0.1平方千米，耕地面积8公顷。16户，50人。主产水稻、小麦、玉米。村落形态呈线状，房屋结构以楼房为主。

小叶家湾【Xiǎoyèjiāwān】 以姓氏和规模综合命名。因叶姓聚居且人口少而得名。1958年隶属二郎大队；1984年隶属二郎村至今。位于村委会东北1.9千米。东邻李家岗，南界叶家湾，西至小惠庄，北连陈家湾。总面积 0.02 平方千米，耕地面积 10 亩。4 户，10 人。主产水稻、小麦、玉米。村落形态呈散状，房屋结构以坡房为主。

小马家湾【Xiǎomǎjiāwān】 以姓氏和规模综合命名。因叶姓聚居且人口少而得名。1958 年隶属二郎大队；1958 年隶属陈湾大队；1984 年隶属陈湾村；2004 年隶属二郎村至今。位于村委会东南 700 米。东邻大马家湾，南界夏家营，西至大陈家湾，北连小陈庄。总面积 0.07 平方千米，耕地面积 7 亩。6 户，20 人。主产水稻、小麦、玉米。村落形态呈团状，房屋结构以平房为主。

小惠庄【Xiǎohuìzhuāng】 以姓氏和规模综合命名。因惠姓聚居且人口少而得名。1958 年隶属二郎大队；1984 年隶属二郎村至今。位于村委会西北 1.8 千米。东邻小叶家湾，南界白屋脊，西至南城李桥村孙家湾，北连李家洼。总面积 0.03 平方千米，耕地面积 1 公顷。9 户，30 人。主产水稻、小麦、玉米。村落形态呈团状，房屋结构以楼房为主。

高峰村【Gāofēngcūn】

以村里土质好，产量在当地较高命名。1958 年为高峰大队，隶属卫星公社；1961 年隶属吴店区；1975 年隶属吴店公社；1984 年为高峰村，隶属吴店镇至今。位于镇政府西南 10 千米。东临白马村，南界达子村，西至五口村，北连沈畈村。辖 17 个自然村，总面积 10.2 平方千米，耕地面积 133.97 公顷。253 户，820 人。主产小麦、水稻，兼种花生、油菜。村委会驻三里岗。

敖家松坡【Áojiāsōngpō】 以姓氏、植物和地形综合命名。因敖姓聚居松树多的山坡上而得名。1958 年隶属高峰大队；1984 年隶属高峰村至今。位于村委会西南 600 米。东邻白坡，南界柯家湾，西至五口村水寨子，北连七里冲。总面积 0.6 平方千米，耕地面积 8.3 公顷。8 户，30 人。主产水稻、小麦、玉米。兼种花生、油菜。村落形态呈散状，房屋结构以坡房为主。

白坡【Báipō】 以颜色和地形综合命名。因建于白石青山坡而得名。1958 年隶属高峰大队；1984 年隶属高峰村至今。位于村委会南 400 米。东邻刘家湾，南界曹门，西至敖家松坡，北连七里冲。总面积 0.3 平方千米，耕地面积 6 公顷。11 户，30 人。主产水稻、小麦、玉米。兼种花生、油菜。村落形态呈散状，房屋结构以坡房为主。

包家湾【Bāojiāwān】 以姓氏命名。因包姓聚居而得名。1958 年隶属高峰大队；1984 年隶属高峰村至今。位于村委会东北 1 千米。东邻白马村罗汉冲，南界王家湾，西至旗杆湾，北连尚家湾。总面积 0.5 平方千米，耕地面积 6 公顷。10 户，30 人。主产水稻、小麦、玉米。兼种花生、油菜。村落形态呈散状，房屋结构以坡房为主。

曹门湾【Cáoménwān】 以姓氏和建筑物综合命名。因曹姓聚居且村中门楼修得很讲究而得名。1958 年隶属高峰大队；1984 年隶属高峰村至今。位于村委会南 800 米。东邻史祠村史家祠堂，南界邱家湾，西至达子村仇家湾，北连白坡。总面积 0.7 平方千米，耕地面积 4.3 公顷。10 户，40 人。主产水稻、小麦、玉米。兼种花生、油菜。村落形态呈散状，房屋结构以坡房为主。

大刘家湾【Dàliújiāwān】 以姓氏和规模综合命名。因刘姓聚居村较大而得名。1958 年隶属高峰大队；1984 年隶属高峰村至今。位于村委会东南 220 米。东邻白马堰村罗汉冲，南界曹门，西至七里冲，北连左家湾。总面积0.5平方千米，耕地面积15公顷。30户，100人。主产水稻、小麦、玉米。兼种花生、油菜。村落形态呈散状，房屋结构以坡房为主。

高堰埂【Gāoyàngěng】 以地形命名。以此村一口古堰的堰埂高而得名。1958年隶属高峰大队；1984年隶属高峰村至今。位于村委会北800米。东邻旗杆湾，南界黄家庄，西至五口村艾家湾，北连小艾家湾。总面积0.7平方千米，耕地面积7.3公顷。8户，30人。主产水稻、小麦、玉米。兼种花生、油菜。村落形态呈散状，房屋结构以坡房为主。

黄庄【Huángzhuāng】 以姓氏命名。因黄姓聚居而得名。1958年隶属高峰大队；1984年隶属高峰村至今。位于村委会北300米。东邻旗杆湾，南界三里岗，西至五口村水寨子，北连高堰埂。总面积0.8平方千米，耕地面积8公顷。12户，50人。主产水稻、小麦、玉米。兼种花生、油菜。村落形态呈散状，房屋结构以坡房为主。

柯家湾【Kējiāwān】 以姓氏命名。因柯姓聚居而得名。1958年隶属高峰大队；1984年隶属高峰村至今。位于村委会南800米。东邻曹门，南界达子村张家洼子，北连敖家松坡，西与五口村水寨子相邻。总面积0.7平方千米，耕地面积9公顷。20户，80人。主产水稻、小麦、玉米。兼种花生、油菜。村落形态呈散状，房屋结构以坡房为主。

庙娃湾【Miàowáwān】 以建筑物命名。因村内有座小庙而得名。1958年隶属高峰大队；1984年隶属高峰村至今。位于村委会南3.5千米。东邻史祠村史家祠堂，南界达子村茶场，西至达子村仇家湾，北连印家湾。总面积0.5平方千米，耕地面积10公顷。20户，50人。主产水稻、小麦、玉米。兼种花生、油菜。村落形态呈散状，房屋结构以坡房为主。

七里冲【Qīlǐchōng】 以地形命名。因村建在一条7华里的长冲里而得名。1958年隶属高峰大队；1984年隶属高峰村至今。位于村委会南300米。东邻刘家湾，南界北坡，西至敖家松坡，北连三里岗。总面积0.6平方千米，耕地面积5公顷。9户，30人。主产水稻、小麦、玉米。兼种花生、油菜。村落形态呈散状，房屋结构以坡房为主。

旗杆湾【Qígānwān】 以风物命名。因古时在此插旗杆练兵而得名。1958年隶属高峰大队；1984年隶属高峰村至今。位于村委会东北700米。东邻包家湾，南界左家湾，西至黄家庄，北连尚家湾。总面积0.4平方千米，耕地面积8.7公顷。17户，50人。主产水稻、小麦、玉米。兼种花生、油菜。村落形态呈散状，房屋结构以坡房为主。

邱家湾【Qiūjiāwān】 以姓氏命名。因邱姓聚居而得名。1958年隶属高峰大队；1984年隶属高峰村至今。位于村委会南2千米。东邻史祠村史家祠堂，南界庙娃湾，西至蔡家湾，北连曹门。总面积0.8平方千米，耕地面积6.67公顷。15户，40人。主产水稻、小麦、玉米。兼种花生、油菜。村落形态呈散状，房屋结构以坡房为主。

三里岗【Sānlǐgǎng】 以数量和地形综合命名。因建于三华里的岗上而得名。1958年隶属高峰大队；1984年隶属高峰村至今。村委会驻地。东邻左家湾，南界七里冲，西至敖家松坡，北连五口村水寨子。总面积0.6平方千米，耕地面积3公顷。11户，50人。主产水稻、小麦、玉米。兼种花生、油菜。村落形态呈散状，房屋结构以平房和坡房为主。

尚家湾【Shàngjiāwān】 以姓氏命名。因尚姓聚居而得名。1958年隶属高峰大队；1984年隶属高峰村至今。位于村委会东北1千米。东邻沈畈村小王家湾，南界旗杆湾，西至高堰埂，北连沈畈村栗坡。总面积0.7平方千米，耕地面积14.4公顷。30户，90人。主产水稻、小麦、玉米。兼种花生、油菜。村落形态呈散状，房屋结构以坡房为主。

王家湾【Wángjiāwān】 以姓氏命名。因王姓聚居而得名。1958年隶属高峰大队；1984年隶属高峰村至今。位于村委会东800米。东邻白马村罗汉冲，南界王家湾，西至小刘家湾，北连包家湾。总面积0.5平方千米，耕地面积4公顷。10户，30人。主产水稻、小麦、玉米。兼种花生、油菜。村落形态呈散状，房屋结构以坡房为主。

小刘家湾【Xiǎoliújiāwān】 以姓氏和规模综合命名。因刘姓聚居且人口少村小而得名。1958年隶属高峰大队；1984年隶属高峰村至今。位于村委会东南1千米。东邻王家湾，南界白马村谢庄，西至白坡，北连王家湾。总面积0.5平方千米，耕地面积4公顷。7户，20人。主产水稻、小麦、玉米。兼种花生、油菜。村落形态呈散状，房屋结构以坡房为主。

左家湾【Zuǒjiāwān】 以姓氏命名。因左姓聚居而得名。1958年隶属高峰大队；1984年隶属高峰村至今。位于村委会东200米。东邻白马堰村谢庄，南界刘家湾，西至三里岗，北连旗杆湾。总面积0.8平方千米，耕地面积14.3公顷。25户，70人。主产水稻、小麦、玉米。兼种花生、油菜。村落形态呈散状，房屋结构以坡房为主。

滚河村【Gǔnhécūn】

以河流命名。因村子都沿滚河而建故得此名。1958年为盛寨大队，隶属卫星公社；1961年隶属吴店区；1979年为滚河大队，隶属吴店公社；1984年为滚河村，隶属吴店镇至今。位于镇政府西1.2千米。东邻中心社区，南界白水村，西至熊集镇段营村，北连肖湾村。辖8个自然村，总面积3.2平方千米，耕地面积97.63公顷。222户，820人。主产水稻、小麦、玉米，兼种果蔬，有养殖业。村落形态呈线状，房屋结构以楼房为主。吴熊路过境，村委会驻东老家畈。

椿树湾【Chūnshùwān】 以植物命名。因此湾椿树多且有一棵椿树特别大而得名。1958年隶属圣寨大队；1979年隶属滚河大队；1984年大队改村，隶属滚河村至今。位于村委会东250米。东邻中心社区，西至东老家畈，南至白水寺风景区，北连肖湾村吴庄交界。总面积0.16平方千米，耕地面积5.2公顷。19户，70人。主产水稻、小麦、玉米，兼种果蔬。村落形态呈团状，房屋结构以楼房为主。

打水窝【Dǎshuǐwō】 以自然条件命名。因此村位于段营水库坝边，过去经常作为抗旱取水点而得名。1958年隶属熊集段营大队；1979年隶属滚河大队；1984年隶属滚河村至今。位于村委会西1.2千米。东邻肖家湾，南界田台村金银寺，西至段营水库，北连段营坝。总面积0.14平方千米，耕地面积7.5公顷。11户，30人。主产水稻、小麦、玉米，兼种果蔬。村落形态呈团状，房屋结构以楼房为主。

东老家畈【Dōnglǎojiāfàn】 以方位和地形综合命名。因南边是山，北边是河，中间有一个大冲田，古人称山水畈田，邻近有两个老家畈，此村位东而得名。1958年隶属圣寨大队；1979年隶属滚河大队；1984年隶属滚河村至今。村委会驻地。东邻椿树湾，南界白水寺风景区，西至西老家畈，北连滚河。总面积 0.75 平方千米，耕地面积 20 公顷。48 户，150 人。主产水稻、小麦、玉米，兼种果蔬。村落形态呈线状，房屋结构以楼房为主。

黄泥坑【Huángníkēng】 以土质和地形综合命名。因村建在黄泥巴坑旁而得名。1958 年隶属盛寨大队；1979 年隶属滚河大队；1984 年隶属滚河村至今。位于村委会西 400 米。东邻桑树庙，南界白水村碓窝洼，西至枣树林，北连肖湾村盛庄。总面积 0.24 平方千米，耕地面积 6.5 公顷。17 户，50 人。主产水稻、小麦、玉米，兼种果蔬。村落形态呈团状，房屋结构以楼房为主。

桑树庙【Sāngshùmiào】 以植物命名。因该湾有棵大桑树而得名。1958 年隶属圣寨大队；1979 年隶属滚河大队；1984 年隶属滚河村至今。位于村委会西 350 米。东邻西老家畈，南界白云山茶场，西至黄泥巴坑，北连滚河。总面积 0.2 平方千米，耕地面积 1.53 公顷。6 户，20 人。主产水稻、小麦、玉米，兼种果蔬。村落形态呈团状，房屋结构以楼房为主。

西老家畈【Xīlǎojiāfàn】 以方位和地形综合命名。因南边是山，北边是河，中间有一个大冲田，古人称山水畈田，邻近有两个老家畈，此村位西而得名。1958 年隶属圣寨大队；1979 年隶属滚河大队；1984 年隶属滚河村至今。位于村委会西 250 米。东邻东老家畈，南界白云山茶场，西至桑树庙，北连滚河。总面积 0.6 平方千米，耕地面积 16 公顷。37 户，160 人。主产水稻、小麦、玉米，兼种果蔬。村落形态呈团状，房屋结构以楼房为主。

肖家湾【Xiāojiāwān】 以姓氏命名。因肖姓聚居而得名。1958 年隶属圣寨大队；1979 年隶属滚河大队；1984 年隶属滚河村至今。位于村委会西 1 千米。东邻枣树林，南界打水窝，西至熊集镇段营村吴庄，北连滚河村公路。总面积 0.56 平方千米，耕地面积 19.6 公顷。37 户，150 人。主产水稻、小麦、玉米，兼种果蔬。村落形态呈团状，房屋结构以楼房为主。

枣树林【Zǎoshùlín】 以植物命名。因此湾枣树较多而得名。1958 年隶属圣寨大队；1979 年隶属滚河大队；1984 年隶属滚河村至今。位于村委会西 500 米。东邻黄泥坑，南界白水村碓窝洼，西至肖家湾，北连滚河。总面积 0.55 平方千米，耕地面积 21.3 公顷。47 户，190 人。主产水稻、小麦、玉米，兼种果蔬。村落形态呈团状，房屋结构以楼房为主。

皇村【Huángcūn】

以皇村自然村命名。因此村为光武帝刘秀的故乡，20 世纪 70 年代迁至西岗，原村消失。1958 年为皇村大队，隶属卫星公社；1961 年隶属吴店区，1975 年隶属吴店公社，1984 年为皇村，隶属吴店镇至今。位于镇政府东 3 千米。东邻施楼村，南界同心村，西至树头村，北连周寨村。辖 10 个自然村，占地面积 4.9 平方千米，耕地面积 233.1 公顷。254 户，1115 人。主产水稻、小麦、玉米，有果树栽培，蔬菜种植，养殖牲畜、鱼、家禽。村落形态呈散状，房屋结构以平房和楼房为主。枣潜高速公路过境，村委会驻西岗。

艾家湾【Àijiāwān】 以姓氏命名。因艾姓聚居而得名。1958 年隶属皇村大队；1984 年隶属皇村村至今。位于村委会东南 1.7 千米。东邻唐家洼子，南界施楼村李家湾，西至黄楝树洼，北连大黄庄。总面积 0.5 平方千米，耕地面积 26.6 公顷。29 户，130 人。主产水稻、小麦、玉米，有果树栽培，蔬菜种植，养殖牲畜、鱼、家禽。村落形态呈散状，房屋结构以坡房为主。

大黄庄【Dàhuángzhuāng】 以姓氏和规模综合命名。因黄姓聚居且村子较大而得名。1958年隶属皇村大队；1984年隶属皇村村至今。位于村委会东1.5千米。东邻下岗，南界黄楝树洼，西至东岗，北连黄家庙村毛家湾。总面积0.3平方千米，耕地面积16公顷。10户，40人。主产水稻、小麦、玉米，有果树栽培，蔬菜种植，养殖牲畜、家禽。村落形态呈散状，房屋结构以坡房和楼房为主。

东岗【Dōnggǎng】 以方位和地形综合命名。因邻近两条岗，本村位东而得名。1975年始因平整土地将东庄自然村迁址于此，隶属皇村大队；1984年隶属皇村村至今。位于村委会东南1千米。东邻刘家湾，南界施楼村黄家湾，西至西岗，北连周寨村梁嘴。总面积0.4平方千米，耕地面积34.6公顷。42户，200人。主产水稻、小麦、玉米，有果树栽培，蔬菜种植，养殖牲畜、鱼、家禽。村落形态呈散状，房屋结构以坡房和楼房为主。

郭家湾【Guōjiāwān】 以姓氏命名。因郭姓聚居而得名。1958年隶属皇村大队；1984年隶属皇村村至今。位于村委会东南1千米。东邻赵家湾，南界同心村李家畈，西至皇村寺，北连西岗。总面积0.5平方千米，耕地面积20公顷。22户，95人。主产水稻、小麦、玉米，有果树栽培，蔬菜种植，养殖鱼、家禽。村落形态呈散状，房屋结构以坡房为主。

黄楝树洼【Huángliànshùwā】 以植物和地形综合命名。因该村黄楝树较多且地势低洼而得名。1958年隶属皇村大队；1984年隶属皇村村至今。位于村委会东南1.6千米。东邻艾家湾，南界施楼村赵家湾，西至刘家湾，北连大黄庄。总面积0.4平方千米，耕地面积13.3公顷。20户，80人。主产水稻、小麦、玉米，有蔬菜种植，养殖家禽。村落形态呈散状，房屋结构以坡房为主。

刘家湾【Liújiāwān】 以姓氏命名。因刘姓聚居而得名。1958年隶属皇村大队；1984年隶属皇村村至今。位于村委会东南1.5千米。东邻黄楝树洼，南界施楼村黄家湾，西至东岗，北连艾家湾。总面积0.4平方千米，耕地面积12公顷。18户，70人。主产水稻、小麦、玉米，有果树栽培，蔬菜种植，养殖家禽。村落形态呈散状，房屋结构以坡房和楼房为主。

上岗【shànggǎng】 以方位和地形综合命名。因村建于岗上且位于北边而得名。1949年隶属长湖乡，1958年隶属皇村大队；1984年隶属皇村村至今。位于村委会东1.8千米。东邻施楼村耿家湾，南界施楼村西湾，西至下岗，北连东赵湖村东赵家湖。总面积0.3平方千米，耕地面积14公顷。10户，40人。主产水稻、小麦、玉米，有果树栽培，蔬菜种植，养殖鱼、家禽。村落形态呈散状，房屋结构以坡房和楼房为主。

西岗【Xīgǎng】 以方位和地形综合命名。因邻近两条岗，本村住西岗而得名。1975年始因平整土地原皇村自然村迁址于此，隶属皇村大队；1984年隶属皇村村至今。村委会驻地。东邻五组东岗，南界一组郭家湾，西至树头村二组郭家湾，北连周寨村王家湾。总面积0.7平方千米，耕地面积38.6公顷。49户，210人。主产水稻、小麦、玉米，有果树栽培，蔬菜种植，养殖牲畜。村落形态呈散状，房屋结构以平房、坡房和二三层楼房为主。

下岗【xiàgǎng】 以方位和地形综合命名。因村建于岗上且位于南边而得名。1958年隶属皇村大队；1984年隶属皇村村至今。位于村委会东1.65千米。东邻上岗，南界施楼村李家湾，西至大黄庄，北连黄家庙村单楼子。总面积0.6平方千米，耕地面积36公顷。36户，160人。主产水稻、小麦、玉米，有果树栽培，蔬菜种植，养殖牲畜、鱼、家禽。村落形态呈散状，房屋结构以坡房和楼房为主。

赵家湾【Zhàojiāwān】 以姓氏命名。因赵姓聚居而得名。1958年隶属皇村大队；1984年隶属皇村村至今。位于村委会东南1.28千米。东邻施楼村黄家湾，南界同心村黄家湾，西至郭家湾，北连东岗。总面积0.8平方千米，耕地面积22公顷。18户，90人。主产水稻、小麦、玉米，有果树栽培，蔬菜种植，养殖牲鱼、家禽。村落形态呈线状，房屋结构以坡房为主。

黄家庙村【Huángjiāmiàocūn】

以姓氏和建筑物综合命名。因早年黄姓修小庙一座，故得此名。1958年命名唐湾大队隶属卫星公社；1961年隶属吴店区；1975年隶属吴店公社，1980年改为黄家庙大队，隶属吴店公社；1984年改为黄家庙村；1987年隶属吴店镇至今。位于镇政府东4千米。东邻东赵湖村，南界滚河，西至周寨村，北连余畈村。辖区19个自然村，总面积6.72平方千米，耕地面积266.7公顷。410户，1630人。主产小麦、水稻，有果蔬种植，猪鸡鸭养殖业。枣潜、汉十、梁乌路过境，村委会驻大李家湾。

蔡家湾【Càijiāwān】 以姓氏命名。因蔡姓聚居而得名。1958年隶属唐湾大队；1980年隶属黄家庙大队；1984年隶属黄家庙村至今。位于村委会东南500米。东邻孟家湾，南界单楼子，西至王家湾，北连大李家湾。总面积0.65平方千米，耕地面积22.6公顷。23户，80人。主产水稻、小麦、果蔬。村落形态呈散状，房屋结构以平房和坡房为主。

大军庄【Dàjūnzhuāng】 以村子规模和村史上发生过的事情综合命名。因早年该村住过军队，且村子较大而得名。1958年隶属唐湾大队；1980年隶属黄家庙大队；1984年隶属黄家庙村至今。位于村委会西北1.2千米。东邻李家湾，南界柿子园，西至小军庄，北连余畈村张家湾。总面积0.14平方千米，耕地面积6.3公顷。11户，50人。主产水稻、小麦、果蔬。村落形态呈散状，房屋结构以平房和坡房为主。

大李家湾【Dàlǐjiāwān】 以姓氏和规模综合命名。因李姓聚居且邻近有两个李家湾，此村较大而得名。1958年隶属唐湾大队；1980年隶属黄家庙大队；1984年隶属黄家庙村至今。村委会驻地。东邻下郑家湾，南界蔡家湾，西至颜家岗，北连小李家湾。总面积0.66平方千米，耕地面积22.7公顷。39户，120人。主产水稻、小麦、果蔬，兼养猪、牛以及配料加工。村落形态呈散状，房屋结构以平房和坡房为主。

单楼子【Dānlóuzi】 以建筑物"楼子"命名。因邻近有两个以楼子而得名的村，本村有一个楼子而得名。1958年隶属唐湾大队；1980年隶属黄家庙大队；1984年隶属黄家庙村至今。位于村委会南1.3千米。东邻孟家湾，南界滚河，西至王家湾，北连蔡家湾。总面积0.65平方千米，耕地面积22.6公顷。31户，90人。主产水稻、小麦、杂粮。村落形态呈团状，房屋结构以平房和坡房为主。

耿家湾【Gěngjiāwān】 以姓氏命名。因耿姓聚居而得名。1958年隶属唐湾大队；1980年隶属黄家庙大队；1984年隶属黄家庙村至今。位于村委会西北1.05千米。东邻颜家岗，南界周寨村郭家咀，西至周寨村井坡，北连聂家湾。总面积0.2平方千米，耕地面积5公顷。6户，20人。主产水稻、小麦、杂粮，兼养鱼类。村落形态呈散状，房屋结构以平房和坡房为主。

黄家湾【Huángjiāwān】 以姓氏命名。因黄姓聚居而得名。1949年后隶属吴店区，1958年隶属唐湾大队；1980年隶属黄家庙大队；1984年隶属黄家庙村至今。位于村委会西北1.3千米。东邻小李家湾，南界大军庄，西至小军庄，北连余畈村张家湾。总面积0.2平方千米，耕地面积6.3公顷。11户，50人。主产水稻、小麦、果蔬，兼养鱼。村落形态呈团状，房屋结构以平房和坡房为主。

李家湾【Lǐjiāwān】 以姓氏命名。因李姓聚居而得名。1958年隶属唐湾大队；1981年隶属黄家庙大队；1984年隶属黄家庙村至今。位于村委会北1.1千米。东邻郑家湾，南界大李家湾，西至黄家湾水库，北连小李家湾。总面积0.26平方千米，耕地面积6.3公顷。17户，70人。主产水稻、小麦、果蔬，养殖猪、鸡。村落形态呈散状，房屋结构以平房和坡房为主。

孟家湾【Mèngjiāwān】 以姓氏命名。因孟姓聚居而得名。1958年隶属唐湾大队；1980年隶属黄家庙大队；1984年隶属黄家庙村至今。位于村委会东南1.8千米。东邻东赵湖村唐家祠堂，南界滚河，西至单楼子，北连下郑家湾。总面积0.6平方千米，耕地面积27.6公顷。35户，180人。主产水稻、小麦、玉米，少量杂粮。村落形态呈散状，房屋结构以平房和坡房为主。

聂家湾【Nièjiāwān】 以姓氏命名。因聂姓聚居而得名。1958年隶属唐湾大队；1980年隶属黄家庙大队；1984年隶属黄家庙村至今。位于村委会西北1.4千米。东邻柿子园，南界耿家湾，西至时家湾，北连唐家湾。总面积0.22平方千米，耕地面积6公顷。13户，50人。主产水稻、小麦、杂粮。村落形态呈团状，房屋结构以平房和坡房为主。

时家湾【Shíjiāwān】 以姓氏命名。因时姓聚居而得名。1958年隶属唐湾大队；1980年隶属黄家庙大队；1984年隶属黄家庙村至今。位于村委会西北1.4千米。东邻聂家湾，南界周寨村东湖坝，西至周寨村进水崖，北连唐家湾。总面积0.12平方千米，耕地面积7公顷。13户，50人。主产水稻、小麦、果蔬。村落形态呈散状，房屋结构以平房和坡房为主。

柿子园【Shìziyuán】 以植物命名。因村子前后植有柿子树而得名。1958年隶属唐湾大队；1980年隶属黄家庙大队；1984年隶属黄家庙村至今。位于村委会西北1.1千米。东邻大李家湾，南界颜家岗，西至聂家湾，北连大军庄。总面积0.35平方千米，耕地面积18公顷。14户，60人。主产水稻、小麦、杂粮。村落形态呈团状，房屋结构以平房和坡房为主。

双楼子【Shuānglóuzi】 以建筑物"楼子"命名。因邻近有两个以楼子而得名的村，本村有两个楼子而得名。1958年隶属唐湾大队；1980年隶属黄家庙大队；1984年隶属黄家庙村至今。位于村委会东1.2千米。东邻东赵湖村严家湾，南界孟家湾，西至下郑家湾，北连兴隆镇耿桥村苏家湾。总面积0.85平方千米，耕地面积34.1公顷。56户，240人。主产水稻、小麦、杂粮。村落形态呈散状，房屋结构以平房和坡房为主。

唐家湾【Tángjiāwān】 以姓氏命名。因唐姓聚居而得名。1958年隶属唐湾大队；1980年隶属黄家庙大队；1984年隶属黄家庙村至今。位于村委会西北1.5千米。东邻小军庄，南界聂家湾，西至周寨村樊家湾，北连余畈村张家湾。总面积0.12平方千米，耕地面积8公顷。13户，50人。主产水稻、小麦、果蔬。村落形态呈团状，房屋结构以平房和坡房为主。

王家湾【Wángjiāwān】 以姓氏命名。因王姓聚居而得名。1958年隶属唐湾大队；1980年隶属黄家庙大队；1984年隶属黄家庙村至今。位于村委会南1千米。东邻单楼子，南界滚河，西至周寨村梁家咀，北连蔡家湾。总面积0.46平方千米，耕地面积25.4公顷。36户，160人。主产水稻、小麦，种植少量杂粮，兼养鱼类。村落形态呈散状，房屋结构以平房和坡房为主。

下郑家湾【Xiàzhèngjiāwān】 以姓氏和方位综合命名。因郑姓居住的村子位于郑家湾南边而得名。1958年隶属唐湾大队；1980年隶属黄家庙大队；1984年隶属黄家庙村至今。位于村委会东600米。东邻双楼子，南界孟家湾，西至大李家湾，北连郑家湾。总面积0.25平方千米，耕地面积11公顷。14户，60人。主产水稻、小麦、果蔬。兼种少量杂粮。村落形态呈散状，房屋结构以平房和坡房为主。

小军庄【Xiǎojūnzhuāng】 以村子规模和村史上发生过的事情综合命名。因早年该村住过军队，且村子小于大军庄而得名。1958年隶属唐湾大队；1980年隶属黄家庙大队；1984年隶属黄家庙村至今。位于村委会西北1.3千米。东邻大军庄，南界柿子园，西至唐家湾，北连余畈村张家湾。总面积0.14平方千米，耕地面积6.3公顷。11户，50人。主产水稻、小麦、果蔬。村落形态呈散状，房屋结构以平房和坡房为主。

小李家湾【Xiǎolǐjiāwān】 以姓氏和规模综合命名。因李姓聚居村子较小而得名。1958年隶属唐湾大队；1980年隶属黄家庙大队；1984年隶属黄家庙村至今。位于村委会北1.2千米。东邻余畈村李家湾，南界郑家湾，西至大军庄，北连余畈村李家湾。总面积0.2平方千米，耕地面积8公顷。15户，50人。主产水稻、小麦、果蔬，养殖猪、鸡。村落形态呈散状，房屋结构以平房和坡房为主。

颜家岗【Yánjiāgǎng】 以姓氏命名。因颜姓聚居而得名。1958年隶属唐湾大队；1980年隶属黄家庙大队；1984年隶属黄家庙村至今。位于村委会西北1千米。东邻大李家湾，南界耿家湾，西至聂家湾，北连柿子园。总面积0.4平方千米，耕地面积19.3公顷。46户，180人。主产水稻、小麦、杂粮，兼养鱼、鸭。村落形态呈散状，房屋结构以平房和坡房为主。

郑家湾【Zhèngjiāwān】 以姓氏命名。因郑姓聚居而得名。1958年隶属唐湾大队；1980年隶属黄家庙大队；1984年隶属黄家庙村至今。位于村委会东北900米。东邻兴隆镇耿桥村耿桥，南界下郑家湾，西至李家湾，北连小李家湾。总面积0.25平方千米，耕地面积4.2公顷。6户，20人。主产水稻、小麦、果蔬。村落形态呈散状，房屋结构以平房和坡房为主。

何家湾村【Héjiāwāncūn】

以何家湾自然村命名（1976年何家湾已撤并消失）。1958年命名十月一大队，隶属高峰公社；1961年隶属清潭区；1975年隶属清潭公社；1981年为何家湾大队，隶属清潭公社；1984年为何家湾村，隶属清潭区；1987年隶属清潭镇；2001年隶属吴店镇；2003年史湾村合并到何湾村，隶属吴店镇至今。位于镇政府南15千米。东邻玉皇庙村，南界花屋脊村，西至平林镇新庄村，北连史祠村。辖10个自然村，总面积3.62平方千米，耕地面积222公顷。447户，1640人。主产水稻、小麦、杂粮，兼种果蔬。唐平公路穿村而过，村委会驻何家湾。

狗子岗【Gǒuzigǎng】 以动物和地形综合命名。因建于岗上且养狗较多而得名。1958年隶属十月一大队；1981年隶属何家湾大队；1984年隶属何家湾村至今。位于村委会北2千米。东邻大堰角村唐店街，南界花盆岗，西至史祠村，北连大堰角村大堰角。总面积0.2平方千米，耕地面积15公顷。35户，140人。主产水稻、小麦、杂粮。村落形态呈散状，房屋结构以平房和楼房为主。

花盆岗【Huāpéngǎng】 以传说命名。相传，此处有一小姐能绣99种花，唯独不会绣荷花，后经神仙指点，才聚荷花于盆，故名。1958年隶属十月一大队；1981年隶属何家湾大队；1984年隶属何家湾村至今。位于村委会东北1.5千米。东邻玉皇庙村兑窝堰，南界花屋脊村林场，西至王家湾，北连狗子岗。总面积0.40平方千米，耕地面积30公顷。68户，270人。主产水稻、小麦、杂粮。村落形态呈散状，房屋结构以平房和楼房为主。

莫家老湾【Mòjiālǎowān】 以姓氏命名。因莫姓聚居且建村早而得名。1958年隶属十月一大队；1981年隶属何家湾大队；1984年隶属史家大湾村；2002年合并到何湾村，隶属何家湾村至今。位于村委会西南2千米。东邻渣子垱，南界花屋脊村双堰，西至平林镇方湾村桐树塝，北连史家大湾。总面积0.35平方千米，耕地面积20公顷。44户，130人。主产水稻、小麦、杂粮，兼种果蔬。村落形态呈散状，房屋结构以平房和楼房为主。

史家大湾【Shǐjiādàwān】 以姓氏和规模综合命名。因史姓聚居且人口多村子较大而得名。1958年隶属十月一大队；1981年隶属何家湾大队；1984年隶属史家大湾村；2002年合并到何湾村，隶属何家湾村至今。位于村委会西1.8千米。东邻竹林湾，南界莫家老湾，西至平林镇新庄村新庄子，北连唐家湾。总面积0.4平方千米，耕地面积25公顷。46户，170人。主产水稻、小麦、杂粮，兼种果蔬。村落形态呈散状，房屋结构以平房和楼房为主。

唐家湾【Tángjiāwān】 以姓氏命名。因唐姓聚居而得名。1958年隶属十月一大队；1981年隶属何家湾大队；1984年隶属史家大湾村；2002年合并到何湾村，隶属何家湾村至今。位于村委会西北2.5千米。东邻王家庄，南界史家大湾，西至熊家湾，北连史祠村桐树湾。总面积0.46平方千米，耕地面积26公顷。48户，180人。主产水稻、小麦、杂粮，兼种果蔬。村落形态呈散状，房屋结构以平房和楼房为主。

王家湾【Wángjiāwān】 以姓氏命名。因王姓聚居而得名。1958年隶属十月一大队；1981年隶属何家湾大队；1984年隶属何家湾村至今。位于村委会北2.5千米。东邻花盆岗，南界竹林湾，西至王家庄，北连史祠村黄家湾。总面积0.41平方千米，耕地面积26公顷。48户，170人。主产水稻、小麦、杂粮，兼种果蔬。村落形态呈散状，房屋结构以平房和楼房为主。

王家庄【Wángjiāzhuāng】 以姓氏命名。因王姓聚居而得名。1958年隶属十月一大队；1981年隶属何家湾大队；1984年隶属何家湾村至今。位于村委会西北1.5千米。东邻王家湾，南界竹林湾，西至唐家湾，北连史祠村桐树湾。总面积0.27平方千米，耕地面积17公顷。32户，130人。主产水稻、小麦、杂粮，兼种果蔬。村落形态呈散状，房屋结构以平房和楼房为主。

熊家湾【Xióngjiāwān】 以姓氏命名。因熊姓聚居而得名。1958年隶属十月一大队；1981年隶属何家湾大队；1984年隶属史家大湾村；2002年合并到何湾村，隶属何家湾村至今。位于村委会西2.5千米。东邻唐家湾，南界史家大湾，西至平林镇新庄村新庄，北连达子村蔡伢子。总面积0.5平方千米，耕地面积30公顷。55户，200人。主产水稻、小麦、杂粮，兼种果蔬。村落形态呈散状，房屋结构以平房和坡房为主。

渣子垱【Zhāzidàng】 以渣子和垱坝综合命名。因村东垱坝，每逢涨水山上渣子冲入垱内，故名。1958年隶属十月一大队；1981年隶属何家湾大队；1984年隶属何家湾村至今。位于村委会南1千米。东邻花屋脊村茶场，南界花屋脊村双堰，西至莫家老湾，北连竹林湾。总面积0.2平方千米，耕地面积10公顷。22户，70人。主产水稻、小麦、杂粮，兼种果蔬。村落形态呈散状，房屋结构以平房和坡房为主。

竹林湾【Zhúlínwān】 以植物命名。因村内有个竹园而得名。1958年隶属十月一大队；1981年隶属何家湾大队；1984年隶属何家湾村至今。位于村委会西200米。东邻王家湾，南界花屋脊村曹家湾，西至渣子垱，北连王家庄。总面积0.43平方千米，耕地面积23公顷。49户，180人。主产水稻、小麦、杂粮，兼种果蔬。村落形态呈散状，房屋结构以平房和楼房为主。

花屋脊村【Huāwūjǐcūn】

以花屋脊自然村命名。1958年成立十月二大队；隶属高峰公社；1961年隶属清潭区；1975年隶属清潭公社；1980年为花屋脊大队；隶属清潭公社；1984年为花屋脊村；隶属清潭区；1987年隶属清潭镇；2001年隶属吴店镇至今。位于镇政府南16千米。东邻玉皇庙村，南界喻咀村，西至平林镇方家湾村，北连何家湾村。辖17个自然湾，总面积6.45平方千米，耕地面积221.3公顷。278户，1110人。主产水稻、小麦，兼种玉米、花生、果蔬等作物。S050县道过境，村委会驻花屋脊村碗自山。

半坡【Bànpō】 以地形位置命名。因村建在半山坡上而得名。1958年隶属十月二大队；1980年隶属花屋脊大队；1984年隶属花屋脊村至今。位于村委会西南4.5千米。东邻双堰，南界余家老湾，西至中湾，北连何湾村黄家老湾。总面积0.5平方千米，耕地面积13公顷。15户，50人。主产水稻、小麦，兼种玉米、花生、果蔬等作物。村落形态呈散状，房屋结构以坡房为主。

蔡家祠堂【Càijiācítáng】 以姓氏和建筑物综合命名。因蔡姓在村内建有祠堂而得名。1958年隶属十月二大队；1981年隶属花屋脊大队；1984年隶属花屋脊村至今。位于村委会西南3.5千米。东邻蔡家咀子，南界余家老湾，西至双堰，北连何湾村莫家老湾。总面积0.3平方千米，耕地面积6公顷。10户，40人。主产水稻、小麦，兼种玉米、花生、果蔬等作物。村落形态呈散状，房屋结构以坡房为主。

蔡家咀子【Càijiāzuǐzi】 以姓氏和地形综合命名。因蔡姓聚居在山坡咀子上而得名。1958年成立十月二大队；1981年隶属花屋脊大队；1984年隶属花屋脊村至今。位于村委会西南3千米。东邻下垱拐，南界上垱拐，西至蔡家祠堂，北连何湾村莫家老湾。总面积0.4平方千米，耕地面积14公顷。15户，60人。主产水稻、小麦，兼种玉米、花生、果蔬等作物。村落形态呈散状，房屋结构以坡房为主。

曹家湾【Cáojiāwān】 以姓氏命名。因曹姓聚居而得名。1958年隶属十月二大队；1980年隶属花屋脊大队；1984年隶属花屋脊村至今。位于村委会南2.8千米。东邻下熊家湾，南界花屋脊，西至下拐垱，北连上熊家湾。总面积0.9平方千米，耕地面积33公顷。46户，180人。主产水稻、小麦，兼种玉米、花生、果蔬等作物。村落形态呈散状，房屋结构以平房和坡房为主。

花屋脊【Huāwūjǐ】 以建筑物的特点命名。因村内有一古老的房屋，屋脊上装饰精美的花纹，故得此名。1958年隶属十月二大队；1980年隶属花屋脊大队；1984年隶属花屋脊村至今。位于村委会南3千米。东邻三里岗村万家湾，南界喻咀村蔡家老湾，西至下垱拐，北连曹家湾。总面积0.95平方千米，耕地面积33公顷。46户，180人。主产水稻、小麦，兼种玉米、花生、果蔬等作物。村落形态呈散状，房屋结构以平房和坡房为主。

黄土咀【Huángtǔzuǐ】 以地形和地质综合命名。因村建在黄土坡的咀子上而得名。1958年隶属十月二大队；1980年隶属花屋脊大队；1984年隶属花屋脊村至今。位于村委会南1.4千米。东邻玉皇庙村朱家咀子，南界熊家湾，西至潘家湾，北连罗家冲。总面积0.2平方千米，耕地面积12公顷。15户，60人。主产水稻、小麦，兼种玉米、花生、果蔬等作物。村落形态呈散状，房屋结构以平房和坡房为主。

罗家冲【Luójiāchōng】 以姓氏和地形综合命名。因罗姓聚居山冲而得名。1958年隶属十月二大；1980年隶属花屋脊大队；1984年隶属花屋脊村至今。位于村委会南1千米。东邻玉皇庙村院墙湾，南界黄土咀，西至何湾村竹林岗，北连村委会。总面积0.2平方千米，耕地面积5公顷。5户，20人。主产水稻、小麦，兼种玉米、花生、果蔬等作物。村落形态呈散状，房屋结构以坡房为主。

潘家湾【Pānjiāwān】 以姓氏命名。因潘姓聚居而得名。1958年隶属十月二大队；1980年隶属花屋脊大队；1984年隶属花屋脊村至今。位于村委会南1.5千米。东邻黄土咀，南界上熊家湾，西至下熊家湾，北连花屋脊村委会。总面积0.4平方千米，耕地面积33公顷。55户，230人。主产水稻、小麦，兼种玉米、花生、果蔬等作物。村落形态呈散状，房屋结构以平房和坡房为主。

上挡拐【Shàngdǎngguǎi】 以地形位置命名。此地有一条挡，因村建在水挡的上边拐弯处而得名。1958年隶属十月二大队；1980年隶属花屋脊大队；1984年隶属花屋脊村至今。位于村委会西北3.5千米。东邻下挡拐，南界喻咀村蔡家老湾，西至余家老湾，北连蔡家咀子。总面积0.4平方千米，耕地面积16公顷。2户，10人。主产水稻、小麦，兼种玉米、花生、果蔬等作物。村落形态呈散状，房屋结构以坡房为主。

上熊家湾【Shàngxióngjiāwān】 以姓氏和地形综合命名，因相邻有两个熊家湾，此村地势较高而得名。1958年隶属十月二大队；1980年隶属花屋脊大队；1984年隶属花屋脊村至今。位于村委会东南2.6千米。东邻下熊家湾，南界曹家湾，西至村学校，北连潘家湾。总面积0.4平方千米，耕地面积9公顷。16户，80人。主产水稻、小麦，兼种玉米、花生、果蔬等作物。村落形态呈散状，房屋结构以坡房为主。

双堰【Shuāngyàn】 以堰的数量命名。因村旁有两口堰相连而得名。1958年隶属十月二大队；1980年隶属花屋脊大队；1984年隶属花屋脊村至今。位于村委会西南4千米。东邻蔡家祠堂，南界余家老湾，西至半坡，北连何湾村莫家老湾。总面积0.2平方千米，耕地面积6.4公顷。7户，30人。主产水稻、小麦，兼种玉米、花生、果蔬等作物。村落形态呈散状，房屋结构以坡房为主。

碗自山【Wǎnzìshān】 以传说故事命名。据传，此地曾挖出一金碗而得名。1958年隶属十月二大队；1980年隶属花屋脊大队；1984年隶属花屋脊村至今。位于村委会东800米。东邻窝堰桥，南界罗家冲，西至何湾村竹林湾，北连何湾村花盆湾。总面积0.5平方千米，耕地面积13公顷。5户，20人。主产水稻、小麦。村落形态呈线状，房屋结构以楼房为主。

下挡拐【Xiàdǎngguǎi】 以地形位置命名。此地有一条挡，因村建在水挡的下边拐弯处而得名。1958年隶属十月二大队；1980年隶属花屋脊大队；1984年隶属花屋脊村至今。位于村委会3千米。东邻花屋脊，南界喻咀村蔡家老湾，西至上挡拐，北连何湾村黑湾。总面积0.2平方千米，耕地面积2.8公顷。19户，70人。主产水稻、小麦，兼种玉米、花生、果蔬等作物。村落形态呈散状，房屋结构以平房和坡房为主。

下熊家湾【Xiàxióngjiāwān】 以姓氏命名。因熊姓聚居而得名。1958年隶属十月二大队；1980年隶属花屋脊大队；1984年隶属花屋脊村至今。位于村委会南2千米。东邻玉皇庙村朱家咀子，南界三里岗村庙洼湾，西至上熊家湾，北连潘家湾。总面积0.2平方千米，耕地面积8.6公顷。9户，30人。主产水稻、小麦，兼种玉米、花生、果蔬等作物。村落形态呈散状，房屋结构以平房和坡房为主。

向家祠堂【Xiàngjiācítáng】 以姓氏和建筑物综合命名。因向姓在村内建有祠堂而得名。1958年隶属十月二大队；1980年隶属花屋脊大队；1984年隶属花屋脊村至今。位于村委会东南800米。东邻玉皇庙村院墙湾，南界黄土咀，西至罗家冲，北连河湾村花盆湾。总面积0.2平方千米，耕地面积7.5公顷。3户，10人。主产水稻、小麦，兼种玉米、花生、果蔬等作物。村落形态呈散状，房屋结构以坡房为主。

余家老湾【Yújiālǎowān】 以姓氏和建村时间综合命名。因余姓最早聚居而得名。1958年隶属十月二大队；1980年隶属花屋脊大队；1984年隶属花屋脊村至今。位于村委会西南3.8千米。东邻上垱拐，南界喻咀村蔡家老湾，西至喻咀村坟家湾，北连蔡家祠堂。总面积0.3平方千米，耕地面积12公顷。15户，60人。主产水稻、小麦，兼种玉米、花生、果蔬等作物。村落形态呈散状，房屋结构以平房和坡房为主。

钟湾【Zhōngwān】 以姓氏命名。因钟姓聚居而得名。1958年隶属十月二大队；1981年隶属花屋脊大队；1984年隶属花屋脊村至今。位于村委会西南5千米。东邻半坡，南界喻咀村坟家湾，西至平林镇方家湾村罗家湾，北连平林镇方家湾村李家凹子。总面积0.4平方千米，耕地面积9公顷。10户，40人。主产水稻、小麦，兼种玉米、花生、果蔬等作物。村落形态呈散状，房屋结构以坡房为主。

蒋家畈村【Jiǎngjiāfàncūn】

以蒋家畈自然村命名。1958年为前进五大队，隶属高峰公社；1961年隶属清潭区；1975年后隶属清潭公社；1980年为蒋家畈大队；1984年为蒋家畈村，隶属清潭区；1987年隶属清潭镇；2001年隶属吴店镇至今。位于吴店镇政府南20.4千米。东邻井湾村，南界清潭街道社区，西至唐家老湾村，北连三里岗村。辖12个自然村，总面积3.3平方千米，耕地面积116.6公顷。310户，1360人。主产水稻、小麦、玉米，兼种果蔬。234国道贯穿全境，村委会驻村小学。

茶场岗【Cháchǎnggǎng】 以植物和地形综合命名。因村建在种有茶树的山岗上而得名。1958年隶属前进五大队；1980年隶属蒋家畈大队；1984年隶属蒋家畈村至今。位于村委会东北800米。东邻234国道，南界幸福岗，西至油坊湾，北连新农村。总面积0.1平方千米，耕地面积2.5公顷。19户，70人。主产水稻、小麦、玉米，兼种果蔬。村落形态呈散状，房屋结构以平房和坡房为主。

冯家塝子【Féngjiābàngzi】 以姓氏和地形综合命名。塝子指田冲两旁与山坡相连部位。因冯姓建村在田冲塝上而得名。1958年隶属前进五大队；1980年隶属蒋家畈大队；1984年隶属蒋家畈村至今。位于村委会西北140米。东邻清潭镇，南界青潭街道社区，西至唐家老湾村上郭家湾，北连王家岗。总面积0.2平方千米，耕地面积8.3公顷。23户，90人。主产水稻、小麦、玉米，兼种果蔬。村落形态呈散状，房屋结构以坡房和楼房为主。

蒋家畈【Jiǎngjiāfàn】 以姓氏和地形综合命名。因蒋姓建村在畈地而得名。1958年隶属前进五大队；1980年隶属蒋家畈大队；1984年隶属蒋家畈村至今。位于村委会北1.6千米。东邻三里岗村杨家湾，南界朱家湾，西至王家岗，北连三里岗村田家湾。总面积0.6平方千米，耕地面积32.5公顷。52户，230人。

主产水稻、小麦、玉米，兼种果蔬。村落形态呈散状，房屋结构以坡房和楼房为主。

龙王冲【Lóngwángchōng】 以山和冲综合命名。因村建在面对龙王山的田冲内而得名。1958年隶属前进五大队；1980年隶属蒋家畈大队；1984年隶属蒋家畈村至今。位于村委会南1千米。东邻东冲村熊家湾，南界清潭社区杨家祠，西至寺沙湾，北连浅水湾。总面积0.2平方千米，无耕地。20户，80人。村落形态呈线状，房屋结构以坡房和楼房为主。

浅水湾【Qiǎnshuǐwān】 以地表水层浅命名。2010年一开发商在前期清基工程中发现此地水层浅而得名。2010年至今隶属蒋畈村。位于村委会东南300米。东邻234国道，南界龙王冲，西至村委会，北连幸福岗。总面积0.3平方千米，耕地面积5.3公顷。31户，110人。主产水稻、小麦、玉米，兼种果蔬。村落形态呈散状，房屋结构以坡房和楼房为主。

杉树湾【Shānshùwān】 以植物命名。杉树脂松科的一种常绿乔木。因村内杉树多而得名。1958年隶属前进五大队；1980年隶属蒋家畈大队；1984年隶属蒋家畈村至今。位于村委会北200米。东邻油坊湾，南界村委会，西至朱家湾，北连三里岗村糖坊。总面积0.3平方千米，耕地面积7.8公顷。17户，100人。主产水稻、小麦、玉米，兼种果蔬。村落形态呈线状，房屋结构以坡房和楼房为主。

塑编厂【Sùbiānchǎng】 以塑编厂建在中湾和垭子湾中间，逐步形成一体而得名。1958年隶属前进五大队；1980年隶属蒋家畈大队；1984年隶属蒋家畈村至今。位于村委会东北1千米。东邻井湾村井湾，南界请资路，西至寺沙路，北连三里岗村林湾水库。总面积0.4平方千米，耕地面积16.6公顷。33户，120人。主产水稻、小麦、玉米，兼种果蔬。村落形态呈散状，房屋结构以坡房和楼房为主。

王家岗【Wángjiāgǎng】 以姓氏和地形综合命名。因王姓聚居在岗上而得名。1958年隶属前进五大队；1980年隶属蒋家畈大队；1984年隶属蒋家畈村至今。位于村委会西北1.2千米。东邻蒋家畈，南界冯家塝子，西至唐家老湾村长堰埂，北连喻咀村桥头上。总面积0.3平方千米，耕地面积15公顷。29户，130人。主产水稻、小麦、玉米，兼种果蔬。村落形态呈线状，房屋结构以坡房和楼房为主。

新农村【Xīnnóngcūn】 以新的含义综合命名。新指新农村住建标准，亦指新建不久的村子。2002年隶属蒋家畈村至今。位于村委会东北1.2千米。东邻234国道，南界茶场岗，西至油坊湾，北连三里岗村糖坊。总面积0.2平方千米，无耕地。27户，160人。村落形态呈线状，房屋结构以楼房为主。

幸福岗【Xìngfúgǎng】 20世纪70—80年代集体统一规制，集中建设，故名。1980年隶属蒋家畈大队；1984年隶属蒋家畈村至今。位于村委会东北600米。东邻234国道，南界浅水湾，西至油坊湾，北连茶场岗。总面积0.2平方千米，耕地面积6.7公顷。25户，110人。主产水稻、小麦、玉米，兼种果蔬。村落形态呈线状，房屋结构以坡房和楼房为主。

油坊湾【Yóufángwān】 以作坊命名。油坊指用传统方法加工食用油的地方。因村内开过油坊而得名。1958年隶属前进五大队；1980年隶属蒋家畈大队；1984年隶属蒋家畈村至今。位于村委会东北300米。东邻新农村，南界幸福岗，西至杉树湾，北连电视塔。总面积0.1平方千米，耕地面积4.8公顷。8户，30人。主产水稻、小麦、玉米，兼种果蔬。村落形态呈散状，房屋结构以平房和坡房为主。

朱家湾【Zhūjiāwān】 以姓氏命名。因朱姓聚居而得名。1958年隶属前进五大队；1980年隶属蒋家畈大队；1984年隶属蒋家畈村至今。位于村委会西南200米。东邻杉树湾，南界村委会，西至清潭街道社区，北连蒋家畈。总面积 0.4 平方千米，耕地面积 17.1 公顷。26 户，130 人。主产水稻、小麦、玉米，兼种果蔬。村落形态呈散状，房屋结构以坡房和楼房为主。

井湾村【Jǐngwāncūn】

以井湾自然村命名。1958 年为国庆四大队，隶属高峰公社；1961 年隶属清潭区；1975 年隶属清潭公社；1980 年为井湾大队；隶属清潭公社；1984 年为井湾村，隶属清潭区；1987 年隶属清潭镇；2001 年清潭镇合并到吴店镇，隶属吴店镇至今。位于镇政府南 24 千米。东邻随县环潭镇焦庙村，南界东冲村，西至三里岗村、蒋畈村，北连双湾村。辖 16 个自然村，总面积 9.5 平方千米，耕地面积 157 公顷。287 户，900 人。主产水稻、小麦、玉米，兼种蔬菜、果树、香菇等。清资路穿村而过，村委会驻楼子湾。

安家湾【Ānjiāwān】 以姓氏命名。因安姓聚居而得名。1958 年隶属国庆四大队；1980 年隶属井湾大队；1984 年隶属井湾村至今。位于村委会东 800 米。东邻史家大湾，南界随县环潭镇焦庙村焦庙，西至楼子湾，北连咀子湾。总面积 0.2 平方千米，耕地面积 10 公顷。12 户，40 人。主产水稻、小麦、玉米，兼种油菜、果蔬。村落形态呈散状，房屋结构以坡房为主。

椿树湾【Chūnshùwān】 以植物命名。因村内椿树多而得名。1958 年隶属国庆四大队；1980 年隶属井湾大队；1984 年隶属井湾村至今。位于村委会西北 2.5 千米。东邻赵家湾，南界谢家大湾，西至上场，北连新湾岗。总面积 0.9 平方千米，耕地面积 11 公顷。24 户，80 人。主产水稻、玉米、小麦、花生，兼种果蔬。村落形态呈散状，房屋结构以坡房为主。

高稻场湾【Gāodàochǎngwān】 以地形和稻场综合命名。因村旁的稻场高于屋脊而得名。1958 年隶属国庆四大队；1980 年隶属井湾大队；1984 年隶属井湾村至今。位于村委会北 1.2 千米。东邻井湾，南界赵家湾，西至椿树湾，北连史家祠堂。总面积 0.8 平方千米，耕地面积 11 公顷。20 户，60 人。主产水稻、玉米、小麦、花生，兼种香菇、果蔬。村落形态呈散状，房屋结构以坡房为主。

井湾【Jǐngwān】 以水井而得名。因村内有口古井，水质清澈，口感甘甜，从未干涸而得名。1958 年隶属国庆四大队；1981 年隶属井湾大队；1984 年隶属井湾村至今。位于村委会东北 1.3 千米。东邻新农村岗，南界安家湾，西至双湾村庙湾，北连双湾村冯家冲。总面积 2 平方千米，耕地面积 22 公顷。50 户，150 人。主产水稻、玉米、小麦，兼种果蔬。村落形态呈散状，房屋结构以坡房为主。

咀子湾【Zuǐziwān】 以地形命名。咀子指山坡的凸出部位。因村建在山咀上而得名。1958 年隶属国庆四大队；1980 年隶属井湾大队；1984 年隶属井湾村至今。位于村委会东北 1.3 千米。东邻吴家凹子，南界安家湾，西至井湾，北连新农村岗。总面积 0.2 平方千米，耕地面积 8 公顷。8 户，20 人。主产水稻、玉米、小麦，兼种果蔬。村落形态呈散状，房屋结构以坡房为主。

楼子湾【Lóuziwān】 以建筑物命名。因村内建有一座炮楼子而得名。1958 年隶属国庆四大队；1980 年隶属井湾大队；1984 年隶属井湾村至今。村委会驻地。东邻安家湾，南界随县环潭镇焦庙村焦庙，西至响坦，北连井湾。总面积 0.5 平方千米，耕地面积 8 公顷。26 户，80 人。主产水稻、玉米、小麦，兼种果蔬、花生等。村落形态呈散状，房屋结构以坡房为主。

碾子湾【Niǎnziwān】 以加工粮食的工具命名。"碾子"指一种传统的加工大米的石制工具。因村中的一盘青石碾子而得名。1958年隶属国庆四大队；1980年隶属井湾大队；1984年隶属井湾村至今。位于村委会西南1.2千米。东邻随县环潭镇焦庙，南界东冲村王家湾，西至谢家大湾，北连响坦。总面积0.2平方千米，耕地面积5公顷。8户，30人。主产水稻、玉米、小麦，兼种板栗、蔬菜。村落形态呈散状，房屋结构以坡房为主。

上场【Shàngchǎng】 以地势和加工坊综合命名。因村中过去办过草纸坊，且坊址地势高而得名。1958年隶属国庆四大队；1980年隶属井湾大队；1984年隶属井湾村至今。位于村委会西北2.5千米。东邻椿树湾，南界三里岗村何家湾，西至旗杆湾村店子湾，北连新湾岗。总面积0.7平方千米，耕地面积13公顷。20户，60人。主产水稻、玉米、小麦、花生，兼种果蔬。村落形态呈散状，房屋结构以坡房为主。

史家大湾【shǐjiādàwān】 以姓氏和规模综合命名。因史姓聚居且村子大而得名。1958年隶属国庆四大队；1980年隶属井湾大队；1984年隶属井湾村至今。位于村委会东3.3千米。东邻徐家寨村下王家湾，南界随县环潭镇焦庙村焦庙，西至安家湾，北连吴家凹子。总面积0.1平方千米，耕地面积5公顷。无居住户和人口。因2013年1月拆迁腾地房屋拆除。

吴家凹子【Wújiāwāzi】 以姓氏和地形综合命名。因吴姓建村于山洼里而得名。1958年隶属国庆四大队；1980年隶属井湾大队；1984年隶属井湾村至今。位于村委会东3.1千米。东邻徐家寨村台子湾，南界史家大湾，西至咀子湾，北连程湾村蟒蛇沟。总面积0.3平方千米，耕地面积10公顷。15户，50人。主产水稻、小麦、玉米，兼种果蔬。村落形态呈散状，房屋结构以坡房为主。

响坦【Xiǎngtǎn】 以地形地势命名。因村建在山岔路口，地势高且平，响亮显眼而得名。1958年隶属国庆四大队；1980年隶属井湾大队；1984年隶属井湾村至今。位于村委会西南500米。东邻楼子湾，南界碾子湾，西至谢家大湾，北连赵家湾。总面积1平方千米，耕地面积10公顷。15户，50人。主产水稻、小麦、玉米，兼种香菇、果蔬。村落形态呈散状，房屋结构以坡房为主。

谢家大湾【xièjiādàwān】 以姓氏和规模综合命名。因谢姓聚居且村子大而得名。1958年隶属国庆四大队；1980年隶属井湾大队；1984年隶属井湾村至今。位于村委会西1千米。东邻响坦，南界东冲村王家湾，西至蒋畈村垭子湾，北连赵家湾。总面积0.8平方千米，耕地面积10公顷。25户，70人。主产水稻、玉米、小麦，兼种花生、果蔬。村落形态呈散状，房屋结构以坡房为主。

新农村岗【Xīnnóngcūngǎng】 以村镇规划建设标准而得名。沿用至今。1958年隶属国庆四大队；1980年隶属井湾大队；1984年隶属井湾村至今。位于村委会东北3千米。东邻吴家凹子，南界咀子湾，西至井湾，北连程湾村蟒蛇沟。总面积0.6平方千米，耕地面积13公顷。30户，110人。主产水稻、玉米、小麦，兼种果蔬。村落形态呈散状，房屋结构以坡房为主。

新湾【Xīnwān】 以新建的湾子而命名。20世纪70年代丰家凹子逐渐迁至此地，形成新农村。1981年隶属井湾大队；1984年隶属井湾村至今。位于村委会北3千米。东邻双湾村旗鼓湾，南界上场，西至旗杆湾，北连周家老湾。总面积0.2平方千米，耕地面积6公顷。5户，10人。主产水稻、玉米、花生，兼种果蔬。村落形态呈散状，房屋结构以坡房为主。

赵家湾【Zhàojiāwān】 以姓氏命名。因赵姓聚居而得名。1958年隶属国庆四大队；1980年隶属井湾大队；1984年隶属井湾村至今。位于村委会西北1千米。东邻井湾，南界谢家大湾，西至椿树湾，北连高稻场湾。总面积0.7平方千米，耕地面积10公顷。23户，70人。主产水稻、玉米、小麦、花生，兼种香菇、果蔬。村落形态呈散状，房屋结构以坡房为主。

周家老湾【zhōujiālǎowān】 以姓氏和建村时间综合命名。因周姓最早在此建村而得名。1958年隶属国庆四大队；1980年隶属井湾大队；1984年隶属井湾村至今。位于村委会北3.5千米。东邻新湾岗，南界上场，西至旗杆湾村学屋，北连双湾村涂家老湾。总面积0.3平方千米，耕地面积5公顷。6户，20人。主产水稻、玉米、花生，兼种果蔬。村落形态呈散状，房屋结构以坡房为主。

凉水村【Liángshuǐcūn】

以凉水井自然村命名。1958年为凉水大队，隶属卫星公社；1961年隶属吴店区；1975年隶属吴店公社；1984年为凉水村，隶属吴店镇。位于镇政府南2千米。东邻皇村，南界五口村，西至徐楼村，北连树头村。辖19个自然村，总面积6平方千米，耕地面积160公顷。365户，1350人。主产小麦、玉米、水稻。234国道、枣潜高速路穿村而过。有白水源、凤凰休闲度假村、洪福水上乐园、平安行驶体验中心等旅游景点。盛产凉水猫牙、黄花粘等优质大米。村委会驻刘家湾。

邓家湾【Dèngjiāwān】 以姓氏命名。因邓姓聚居而得名。1958年隶属凉水大队；1984年隶属凉水村至今。位于村委会东600米。东邻同心村同心寨，南界同心村邱家城，西至凉水井，北连胡家楼。总面积0.1平方千米，耕地面积5公顷。2户，10人。主产小麦、玉米、水稻。村落形态呈散状，房屋结构以平房和坡房为主。

胡家楼【Hújiālóu】 以姓氏和建筑物综合命名。因胡姓聚居的村中建有楼子而得名。1958年隶属凉水大队；1984年隶属凉水村至今。位于村委会东北500米。东邻姚家湾，南界邓家湾，西至凉水井，北连林家老湾。总面积0.4平方千米，耕地面积9公顷。15户，50人。主产小麦、玉米、水稻。村落形态呈散状，房屋结构以坡房和楼房为主。

蒋家湾【Jiǎngjiāwān】 以姓氏命名。因蒋姓聚居而得名。1958年隶属凉水大队；1984年隶属凉水村至今。位于村委会东北1.8千米。东邻皇村郭家庄，南界姚家湾，西至林家老湾，北连树头村吴家畈。总面积0.2平方千米，耕地面积5公顷。3户，10人。主产小麦、玉米、水稻。村落形态呈散状，房屋结构以坡房和楼房为主。

老鹰山【Lǎoyīngshān】 以山名命名。因村建在老鹰山南麓而得名。1958年隶属凉水大队；1984年隶属凉水村至今。位于村委会西北1.2千米。东邻罗堰，南界叶家湾，西至白水村赵家嘴子，北连西湾。总面积0.2平方千米，耕地面积8公顷。7户，20人。主产小麦、玉米、水稻。村落形态呈散状，房屋结构以坡房为主。

凉水井【Liángshuǐjǐng】 以水井命名。因村建在一眼夏天水很凉的井旁而得名。1958年隶属凉水大队；1984年隶属凉水村至今。位于村委会东北300米。东邻胡家楼，南界周家湾，西至上分水岭，北连下分水岭。总面积0.3平方千米，耕地面积9公顷。14户，50人。主产小麦、玉米、水稻。村落形态呈散状，房屋结构以坡房和楼房为主。

林家老湾【Línjiālǎowān】 以姓氏和建村时间综合命名。因林姓聚居且建村早而得名。1958 年隶属凉水大队；1984 年隶属凉水村至今。位于村委会东北 1 千米。东邻蒋家岗，南界胡家楼，西至下分水岭，北连树头村刺林子湾。总面积 0.3 平方千米，耕地面积 9 公顷。6 户，20 人。主产小麦、玉米、水稻。村落形态呈散状，房屋结构以坡房和楼房为主。

刘家湾【Liújiāwān】 以姓氏命名。因刘姓聚居而得名。1958 年隶属凉水大队；1984 年隶属凉水村至今。村委会驻地。东邻凉水井，南界万家湾，西至叶家湾，北连上分水岭。总面积 0.3 平方千米，耕地面积 6 公顷。5 户，20 人。主产小麦、玉米、水稻。村落形态呈散状，房屋结构以坡房为主。

罗家湾【Luójiāwān】 以姓氏命名。因罗姓聚居而得名。1958 年隶属凉水大队；1984 年隶属凉水村；2005 年小叶家湾合并到罗家湾，隶属凉水村至今。位于村委会西 400 米。东邻余家桥，南界五口村谢庄，西至碾子凹，北连罗堰。总面积 0.3 平方千米，耕地面积 8 公顷。25 户，80 人。主产小麦、玉米、水稻。村落形态呈散状，房屋结构以坡房和楼房为主。

罗堰【Luóyàn】 位于罗堰水库旁而得名。1998 年隶属凉水村至今。位于村委会西北 900 米。东邻上分水岭，南界罗家湾，西至老鹰山，北连树头村门坎石。总面积 0.5 平方千米，耕地面积 8 公顷。57 户，290 人。主产小麦、玉米、水稻。村落形态呈线状，房屋结构以楼房为主。

碾子洼【Niǎnziwā】 以加工粮食的工具和地形综合命名。地处山洼，村中有盘大石碾，故名。1958 年隶属凉水大队；1984 年隶属凉水村至今。位于村委会西 500 米。东邻罗家湾，南界徐楼村樊家湾，西至徐楼村庙湾，北连叶家湾。总面积 0.2 平方千米，耕地面积 3 公顷。3 户，10 人。主产小麦、玉米、水稻。村落形态呈散状，房屋结构以平房和坡房为主。

上分水岭【Shàngfēnshuǐlǐng】 以方位和地形综合命名。因村建于小土山的分水岭之北而得名。1958 年隶属凉水大队；1984 年隶属凉水村至今。位于村委会西北 800 米。东邻下分水岭，南界凉水井，西至罗堰，北连树头村门坎石。总面积 0.3 平方千米，耕地面积 8 公顷。100 户，300 人。主产小麦、玉米、水稻。村落形态呈散状，房屋结构以坡房和楼房为主。

万家湾【Wànjiāwān】 以姓氏命名。因万姓聚居而得名。1958 年隶属凉水大队；1984 年隶属凉水村至今。位于村委会东南 200 米。东邻周家湾，南界余家桥，西至罗家湾，北连刘家湾。总面积 0.1 平方千米，耕地面积 2 公顷。3 户，10 人。主产小麦、玉米、水稻。村落形态呈散状，房屋结构以坡房为主。

西湾【Xīwān】 以方位命名。因村建在树头村的东冲西而得名。1958 年隶属凉水大队；1984 年隶属凉水村至今。位于村委会西北 1.8 千米。东邻罗堰，南界老鹰山，西至白水村付家湾，北连吴店二中。总面积 0.2 平方千米，耕地面积 8 公顷。5 户，20 人。主产小麦、玉米、水稻。村落形态呈散状，房屋结构以坡房为主。

下分水岭【Xiàfēnshuǐlǐng】 以方位和地形综合命名。因村建于小土山的分水岭之南而得名。1958 年隶属凉水大队；1984 年隶属凉水村至今。位于村委会北 1 千米。东邻林家老湾，南界凉水井，西至上分水岭，北连树头村朱家冲。总面积 0.3 平方千米，耕地面积 8 公顷。20 户，70 人。主产小麦、玉米、水稻。村落形态呈散状，房屋结构以坡房和楼房为主。

下油坊【Xiàyóufáng】 以方位和作坊综合命名。因村建于山脚下，曾开过油坊，故名。1958 年隶属凉水大队；1984年隶属凉水村至今。位于村委会东南700米。东邻同心村同心寨，南界同心村邱家城，西至周家湾，北连邓家湾。总面积0.3平方千米，耕地面积10公顷。3户，10人。主产小麦、玉米、水稻。村落形态呈散状，房屋结构以平房和坡房为主。

姚家湾【Yáojiāwān】 以姓氏命名。因姚姓聚居而得名。1958年隶属凉水大队；1984年隶属凉水村至今。位于村委会东北1.5千米。东邻皇村郭家庄，南界同心村李家畈，西至胡家楼，北连蒋家岗。总面积0.8平方千米，耕地面积20公顷。27户，90人。主产小麦、玉米、水稻。村落形态呈散状，房屋结构以平房、坡房和楼房为主。

叶家湾【Yèjiāwān】 以姓氏命名。因叶姓聚居而得名。1958年隶属凉水大队；1984年隶属凉水村至今。位于村委会西500米。东邻罗家湾，南界碾子凹，西至徐楼村东湾，北连老鹰山。总面积0.3平方千米，耕地面积3公顷。2户，10人。主产小麦、玉米、水稻。村落形态呈散状，房屋结构以坡房为主。

余家桥【Yújiāqiáo】 以姓氏和建筑物综合命名。因余姓聚居桥旁而得名。1958年隶属凉水大队；1984年隶属凉水村至今。位于村委会南400米。东邻周家湾，南界五口村谢庄，西至罗家湾，北连万家湾。总面积0.3平方千米，耕地面积11公顷。31户，90人。主产小麦、玉米、水稻。村落形态呈散状，房屋结构以坡房和楼房为主。

周家湾【Zhōujiāwān】 以姓氏命名。因周姓聚居而得名。1958年隶属凉水大队；1984年隶属凉水村至今。位于村委会东南500米。东邻下油坊，南界同心村邱家城，西至余家桥，北连凉水井。总面积0.6平方千米，耕地面积20公顷。37户，190人。主产小麦、玉米、水稻。村落形态呈散状，房屋结构以坡房为主。

李寨村【Lǐzhàicūn】

以大户人家李辉居住的李家寨子命名（原村已消失）。1958年为李寨大队，隶属卫星公社；1961年隶属吴店区；1975年隶属吴店公社；1984年为李寨村，隶属吴店镇；2004年罗畈村并入李寨村，隶属吴店镇至今。位于镇政府东南12千米。东邻王城镇雨坛村，南界大堰角村，西至沈畈村，北连同心村。辖48个自然村，总面积16.31平方千米，耕地面积845.5公顷。604户，2080人。主产水稻、小麦，兼种果蔬、桃树。216省道过境，村委会驻上王家湾。

三里岗【Sānlǐgǎng】 以山坡的长度命名。因村建在一条长三华里的岗上而得名。1958年隶属罗畈大队；1984年隶属罗畈村；2004年4月隶属李寨村至今。位于村委会南3千米。东邻王城镇陈庙村千工堰，南界李家咀，西至吴家湾，北连赵家湾。总面积0.3平方千米，耕地面积13公顷。15户，70人。主产水稻、小麦、玉米，兼种果蔬，养殖业也有发展。村落形态呈散状，房屋结构以平房和坡房为主。

马鞍山【Mǎ'ānshān】 以山的形态命名。因村建立在一形似马鞍的山坡上而得名。1958年隶属罗畈大队；1984年隶属罗畈村；2004年4月隶属李寨村至今。位于村委会西南4千米。东邻东河，南界王城镇王桥村高家湾，西至罗家湾，北连但家东湾。总面积0.2平方千米，耕地面积4.5公顷。3户，10人。主产水稻、小麦，兼种玉米、花生。村落形态呈散状，房屋结构以坡房为主。

段家东湾【Duànjiādōngwān】 以姓氏和方位综合命名。因邻近有两个段姓居住的村，本村位东而得名。1958年隶属罗畈大队；1984年隶属罗畈村；2004年4月隶属李寨村至今。位于村委会西南4千米。东邻段家东湾，南界魏家湾，西至白马堰村魏家湾，北连田家湾。总面积0.4平方千米，耕地面积4公顷。63户，230人。主产水稻、小麦。村落形态呈散状，房屋结构以平房和坡房为主。

大湾【Dàwān】 以村规模命名。以前一富裕人家居住，有学校，庄子大，因此而得名。1958年隶属罗畈大队；1984年隶属罗畈村；2004年4月隶属李寨村至今。位于村委会西南4.5千米。东邻罗家湾，南界艾家湾，西至白马村虱子河，北连但家东湾。总面积0.3平方千米，耕地面积9亩。9户，30人。主产水稻、小麦。村落形态呈团状，房屋结构以平房和坡房为主。

小熊家湾【Xiǎoxióngjiāwān】 以姓氏和规模综合命名。因邻近有两个熊姓居住的村，本村规模小而得名。1958年隶属罗畈大队；1984年隶属罗畈村；2004年4月隶属李寨村至今。位于村委会南1.5千米。东邻下邱家湾，南界山边，西至大熊家湾，北连松树湾。总面积0.3平方千米，耕地面积9公顷。7户，20人。主产水稻、小麦、玉米。村落形态呈散状，房屋结构以平房、坡房和楼房为主。

下邱家湾【Xiàqiūjiāwān】 以姓氏和方位综合命名。因邻近有两个邱姓居住的村，本村位南而得名。1958年隶属罗畈大队；1984年隶属罗畈村；2004年4月隶属李寨村至今。位于村委会南1.7千米。东邻伍家湾，南界三里岗，西至小熊家湾，北连上邱家湾。总面积0.3平方千米，耕地面积6公顷。7户，20人。主产水稻、小麦、玉米。村落形态呈散状，房屋结构以平房、坡房和楼房为主。

上邱家湾【Shàngqiūjiāwān】 以姓氏和方位综合命名。因邻近有两个邱姓居住的村，本村位北而得名。1958年隶属罗畈大队；1984年隶属罗畈村；2004年4月隶属李寨村至今。位于村委会南1.4千米。东邻王家湾，南界下邱家湾，西至小熊家湾，北连叫花子湾。总面积0.3平方千米，耕地面积8公顷。7户，20人。主产水稻、小麦、玉米，兼养殖。村落形态呈散状，房屋结构以平房、坡房和楼房为主。

大熊家湾【Dàxióngjiāwān】 以姓氏和规模综合命名。因邻近有两个熊姓居住的村，本村规模大而得名。1958年隶属罗畈大队；1984年隶属罗畈村；2004年4月隶属李寨村至今。位于村委会南1.6千米。东邻小熊家湾，南界山边，西至柳林道班，北连松树湾。总面积0.5平方千米，耕地面积20公顷。25户，110人。主产水稻、小麦、玉米，兼养殖。村落形态呈散状，房屋结构以平房、坡房和楼房为主。

邓家岗【Dèngjiāgǎng】 以姓氏和地形综合命名。因邓姓聚居岗上而得名。1958年隶属李寨大队；1984年隶属李寨村至今。位于村委会东北1.5千米。东邻贾家南湾，南界咀子湾，西至同心村杏子树凹，北连同心村贾家凹。总面积0.3平方千米，耕地面积25公顷。8户，30人。主产水稻、小麦、玉米，兼种果蔬。村落形态呈散状，房屋结构以坡房为主。

咀子湾【Zuǐziwān】 以地形命名。因村建在山咀上而得名。1958年隶属李寨大队；1984年隶属李寨村至今。位于村委会东北1千米。东邻邓家岗，南界王城镇雨坛村，西至普家湾，北连同心村三里庙。总面积0.3平方千米，耕地面积28公顷。8户，30人。主产水稻、小麦、玉米，兼种果蔬。村落形态呈散状，房屋结构以坡房为主。

三房湾【Sānfángwān】 以兄弟排序命名。邱氏三兄弟分家，因老三居住在此而得名。1958年隶属李寨大队；1984年隶属李寨村至今。位于村委会北1千米。东邻邱家湾，南界缸瓦堰，西至跑马岗，北连同心村杏子树凹。总面积0.25平方千米，耕地面积24公顷。6户，20人。主产水稻、小麦、玉米，兼种果蔬。村落形态呈散状，房屋结构以坡房为主。

贾家南湾【Jiǎjiānánwān】 以姓氏命名。因贾姓聚居而得名。1958年隶属李寨大队；1984年隶属李寨村至今。位于村委会东北1.5千米。东邻雨坛村乌家湾，南界雨坛村程家湾，西至雨坛村龚家湾，北连同心村何家冲。总面积0.3平方千米，耕地面积32公顷。7户，30人。主产水稻、小麦、玉米，兼种果蔬。村落形态呈散状，房屋结构以坡房为主。

上王家湾【Shàngwángjiāwān】 以姓氏和方位综合命名。因邻近有两个王姓居住的村，本村位北而得名。1958年隶属李寨大队；1984年隶属李寨村至今。村委会驻地。东邻雨坛村程家湾，南界下王家湾，西至庙庄，北连邱家湾。总面积0.5平方千米，耕地面积62公顷。10户，40人。主产水稻、小麦、玉米，兼种果蔬。村落形态呈散状，房屋结构以坡房为主。

孙家湾【Sūnjiāwān】 以姓氏命名。因孙姓聚居而得名。1958年隶属李寨大队；1984年隶属李寨村至今。位于村委会东2千米。东邻雨坛村戈家湾，南界蒿巴堰角，西至灰子沟，北连王城镇雨坛村程家湾。总面积0.4平方千米，耕地面积6公顷。12户，40人。主产水稻、小麦、玉米。村落形态呈散状，房屋结构以平房和坡房为主。

苏家咀【Sūjiāzuǐ】 以姓氏和地形综合命名。因苏姓聚居山咀而得名。1958年隶属李寨大队；1984年隶属李寨村至今。位于村委会西北2千米。东邻大房湾，南界沈畈村黄楝树湾，西至同心村邱家湾，北连同心村楼子湾。总面积0.8平方千米，耕地面积22公顷。17户，60人。主产水稻、小麦、玉米。村落形态呈散状，房屋结构以平房和坡房为主。

蒋家湾【Jiǎngjiāwān】 以姓氏命名。因蒋姓聚居而得名。1958年隶属李寨大队；1984年隶属李寨村至今。位于村委会西2.5千米。东邻西湾，南界黄楝树湾，西至蒋家湾，北连同心村楼子湾。总面积0.4平方千米，耕地面积12公顷。14户，50人。主产水稻、小麦、玉米。村落形态呈散状，房屋结构以平房和坡房为主。

邱家畈【Qiūjiāfàn】 以地形和姓氏综合命名。因建村于平畈且邱姓聚居而得名。1958年隶属李寨大队；1984年隶属李寨村至今。位于村委会西1千米。东邻堰梢，南界沈畈村周家湾，西至沈畈村，北连新庄。总面积0.35平方千米，耕地面积50公顷。20户，90人。主产水稻、小麦，兼种玉米、油菜。村落形态呈散状，房屋结构以平房和坡房为主。（此湾于1973年迁入邱家寨）

邱家寨【Qiūjiāzhài】 以姓氏和建筑物综合命名。因邱姓聚居且村周修有寨墙而得名。1958年隶属李寨大队；1984年隶属李寨村至今。位于村委会西1.2千米。东邻井湾，南界邱家畈，西至昆河，北连大房湾。总面积0.5平方千米，耕地面积120公顷。20户，100人。主产水稻、小麦、玉米，兼种果蔬。村落形态呈散状，房屋结构以平房和坡房为主。

堰梢【Yànshāo】 以地理位置命名。因村建在堰梢处而得名。1958年隶属李寨大队；1984年隶属李寨村至今。位于村委会西800米。东邻井湾，南界邱家畈，西至邱家寨，北连大房湾。总面积0.5平方千米，耕地面积10公顷。2户，10人。主产水稻、小麦、玉米。村落形态呈散状，房屋结构以坡房为主。

庙庄【Miàozhuāng】 以建筑物命名。因村旁有座土庙而得名。1958年隶属李寨大队；1984年隶属李寨村至今。位于村委会北1千米。东邻上王家湾，南界槐树凹，西至八卦嘴，北连三房湾。总面积0.31平方千米，耕地面积 30 公顷。3 户，10 人。主产水稻、小麦、玉米，兼养殖。村落形态呈散状，房屋结构以坡房为主。

松树湾【Sōngshùwān】 以植物命名。因村周围松树多而得名。1958 年隶属李寨大队；1984 年隶属李寨村至今。位于村委会南 1.5 千米。东邻堰角，南界熊家湾，西至沈畈村周家湾，北连盘龙咀。总面积 0.25 平方千米，耕地面积 8 公顷。7 户，30 人。主产水稻、小麦、玉米。村落形态呈散状，房屋结构以平房和坡房为主。

李家岩【Lǐjiāyán】 以姓氏和地形综合命名。因李姓建村在山岩子旁而得名。1958 年隶属李寨大队；1984 年隶属李寨村至今。位于村委会西南 1.2 千米。东邻堰角，南界大熊家湾，西至沈畈村沙子岗沟，北连盘龙咀。总面积 0.3 平方千米，耕地面积 8 公顷。81 户，30 人。主产水稻、小麦、玉米。村落形态呈散状，房屋结构以平房和坡房为主。

盘龙咀【Pánlóngzuǐ】 以地形命名。因村建在形似盘龙的山咀旁而得名。1958 年隶属李寨大队；1984 年隶属李寨村至今。位于村委会西南 1 千米。东邻堰角，南界小熊家湾，西至周家湾，北连下王家湾。总面积 0.5 平方千米，耕地面积 18 公顷。36 户，160 人。主产水稻、小麦、玉米。村落形态呈散状，房屋结构以平房和坡房为主。

叫花子湾【Jiàohuāziwān】 以经济条件命名。因该村穷人多，靠讨饭过日子，故得此名。1958 年隶属李寨大队；1984 年隶属李寨村至今。位于村委会南 400 米。东邻孙家湾，南界蒿巴堰角，西至下王家湾，北连灰子沟。总面积 0.3 平方千米，耕地面积 50 公顷。5 户，20 人。主产水稻、小麦、玉米，兼种果蔬。村落形态呈散状，房屋结构以平房和坡房为主。

下王家湾【Xiàwángjiāwān】 以姓氏和方位综合命名。因邻近有两个王姓居住的村，本村位南而得名。1958 年隶属李寨大队；1984 年隶属李寨村至今。位于村委会南 800 米。东邻灰子沟，南界叫花子湾，西至邱家畈，北连王家湾。总面积 0.5 平方千米，耕地面积 30 公顷。13 户，70 人。主产水稻、小麦，兼种玉米、油菜。村落形态呈散状，房屋结构以平房和坡房为主。

灰子沟【Huīzigōu】 以地形和标记命名。因沟为界打灰为而得名。1958 年隶属李寨大队；1984 年隶属李寨村至今。位于村委会东 200 米。东邻双堰，南界叫花子湾，西至下王家湾，北连王城镇程家湾。总面积 0.2 平方千米，耕地面积 1.5 公顷。3 户，10 人。主产水稻、小麦、玉米，兼养殖。村落形态呈散状，房屋结构以平房和坡房为主。

堰角【Yànjiǎo】 以堰塘和地形综合命名。因村建在蒿坝堰的梢角而得名。1958 年隶属李寨大队；1984 年隶属李寨村至今。位于村委会南 900 米。东邻叫花子湾，南界小熊家湾，西至沈畈村周家湾，北连盘龙咀。总面积 0.4 平方千米，耕地面积 8 公顷。7 户，30 人。主产水稻、小麦、玉米，兼种果蔬。村落形态呈散状，房屋结构以平房和坡房为主。

槐树凹【Huáishùwā】 以植物和地形综合命名。因村建于槐树较多的低洼处而得名。1958 年隶属李寨大队；1984 年隶属李寨村至今。位于村委会南 100 米。东邻上王家湾，南界下王家湾，西至邱家畈，北连堰梢。总面积 0.3 平方千米，耕地面积 15 公顷。6 户，20 人。主产水稻、小麦、玉米，兼养殖。村落形态呈散状，房屋结构以平房和坡房为主。

魏家畈【Wèijiāfàn】 以姓氏和地形综合命名。因魏姓聚居平畈处而得名。1958年隶属罗畈大队；1984年隶属罗畈村；2004年4月隶属李寨村至今。位于村委会西南4.7千米。东邻罗家湾，南界艾家湾，西至西河，北连柳林道班。总面积0.3平方千米，耕地面积5公顷。2户，30人。主产水稻、小麦，兼种油料。村落形态呈散状，房屋结构以平房和坡房为主。

大房湾【Dàfángwān】 以兄弟排序命名。因兄弟分家老大住此而得名。1958年隶属李寨大队；1984年隶属李寨村至今。位于村委会西北1千米。东邻西岗，南界邱家畈，西至新庄，北连老湾。总面积0.2平方千米，耕地面积4公顷。7户，30人。主产水稻、小麦，兼种果蔬。村落形态呈散状，房屋结构以平房和坡房为主。

西湾【Xīwān】 以方位命名。因建村于冲西边而得名。1958年隶属李寨大队；1984年隶属李寨村至今。位于村委会东2千米。东邻王城镇雨坛村徐家竹园，南界蒿坝，西至灰子沟，北连王城镇雨坛村熊家林。总面积0.3平方千米，耕地面积6公顷。5户，20人。主产水稻、小麦。村落形态呈散装，房屋结构以坡房为主。

熊家堰角【Xióngjiāyànjiǎo】 以姓氏和堰塘综合命名。因熊姓聚居于堰角而得名。1958年隶属李寨大队；1984年隶属李寨村至今。位于村委会南1.5千米。东邻蒿坝堰，南界熊家湾，西至新庄，北连下王家湾。总面积0.2平方千米，耕地面积7公顷。3户，10人。主产水稻、小麦。村落形态呈散装，房屋结构以坡房为主。

刘家咀【Liújiāzuǐ】 以姓氏和地形综合命名。因刘姓聚居山咀旁而得名。1958年隶属罗畈大队；1984年隶属罗畈村；2004年4月隶属李寨村至今。位于村委会南4千米。东邻竹林，南界王家庙，西至邱家湾，北连三里岗。总面积0.2平方千米，耕地面积1公顷。6户，30人。主产水稻、小麦、玉米，兼种果蔬、玉米。村落形态呈散状，房屋结构以平房和坡房为主。

李家咀【Lǐjiāzuǐ】 以姓氏和地形综合命名。因李姓聚居山咀下而得名。1958年隶属罗畈大队；1984年隶属罗畈村；2004年4月隶属李寨村至今。位于村委会东南4千米。东邻王城镇陈庙村千工堰，南界王城镇王桥村刘家老湾，西至竹林湾，北连三里岗。总面积0.3平方千米，耕地面积1.5公顷。9户，40人。主产水稻、小麦，兼养殖。村落形态呈散状，房屋结构以平房和坡房为主。

山边【Shānbiān】 以地理位置命名。因村建于山边而得名。1958年隶属罗畈大队；1984年隶属罗畈村；2004年4月隶属李寨村至今。位于村委会南3.8千米。东邻庙杯，南界大湾，西至段家东湾，北连熊家湾。总面积0.3平方千米，耕地面积10公顷。20户，90人。主产水稻、小麦，兼种玉米、花生。村落形态呈散状，房屋结构以坡房和楼房为主。

罗家湾【Luójiāwān】 以姓氏命名。因罗姓聚居而得名。1958年隶属罗畈大队；1984年隶属罗畈村；2004年4月隶属李寨村至今。位于村委会西南4.5千米。东邻马鞍山，南界艾家湾，西至魏家畈，北连但家东湾。总面积0.4平方千米，耕地面积2公顷。36户，100人。主产水稻、小麦。村落形态呈散状，房屋结构以平房和坡房为主。

伍家湾【Wǔjiāwān】 以姓氏命名。因伍姓聚居而得名。1958年隶属罗畈大队；1984年隶属罗畈村；2004年4月隶属李寨村至今。位于村委会东南1.4千米。东邻三里岗，南界下邱家湾，西至小熊家湾，北连叫花子湾。总面积 0.3 平方千米，耕地面积 18 公顷。15 户，50 人。主产水稻、小麦、玉米。村落形态呈散状，房屋结构以平房、坡房和楼房为主。

陈家湾【Chénjiāwān】 以姓氏命名。因陈姓聚居而得名。1958 年隶属罗畈大队；1984 年隶属罗畈村；2004 年 4 月隶属李寨村至今。位于村委会南 5.9 千米。东邻王城镇王桥村高家湾，南界沙坡，西至杨家湾，北连艾家湾。总面积 0.3 平方千米，耕地面积 7 公顷。6 户，20 人。主产水稻、小麦、玉米，兼种果蔬。村落形态呈散状，房屋结构以平房和坡房为主。

栗树湾【Lìshùwān】 以植物命名。因村周栗树多而得名。1958 年隶属罗畈大队；1984 年隶属罗畈村；2004 年 4 月隶属李寨村至今。位于村委会南 6 千米。东邻王城镇王桥村高家湾，南界大堰角村金庄子，西至白马堰村高稻场湾，北连杨家湾。总面积 0.45 平方千米，耕地面积 43 公顷。7 户，30 人。主产水稻、小麦、玉米。村落形态呈散状，房屋结构以平房和坡房为主。

杨家湾【Yángjiāwān】 以姓氏命名。因杨姓聚居而得名。1958 年隶属罗畈大队；1984 年隶属罗畈村；2004 年 4 月隶属李寨村至今。位于村委会南 6 千米。东邻陈家湾，南界梨树湾，西至白马堰村涂家嘴，北连艾家湾。总面积 0.8 平方千米，耕地面积 17 公顷。14 户，50 人。主产水稻、小麦、玉米，兼种果业。村落形态呈散状，房屋结构以平房、坡房和楼房为主。

沙坡【Shāpō】 以满山全是沙子，因此而得名。1958 年隶属罗畈大队；1984 年隶属罗畈村；2004 年 4 月隶属李寨村至今。位于村委会南 6.2 千米。东邻王城镇王桥村院墙湾，南界金庄子，西至栗树湾，北连陈家湾。总面积 0.4 平方千米，耕地面积 11 公顷。8 户，20 人。主产水稻、小麦、玉米。村落形态呈散状，房屋结构以平房、坡房和楼房为主。

艾家湾【Àijiāwān】 以姓氏命名。因艾姓聚居而得名。1958 年隶属罗畈大队；1984 年隶属罗畈村；2004 年 4 月隶属李寨村至今。位于村委会南 4.5 千米。东邻马鞍山，南界杨家湾，西至魏家畈，北连罗家湾。总面积 0.2 平方千米，耕地面积 10 公顷。11 户，40 人。主产水稻、小麦、玉米。村落形态呈散状，房屋结构以平房、坡房和楼房为主。

刺林湾【Cìlínwān】 以植物命名。因村周围刺树多而得名。1958 年隶属罗畈大队；1984 年隶属罗畈村；2004 年 4 月隶属李寨村至今。位于村委会南 5 千米。东邻王城镇王桥村下高家湾，南界王城镇王桥村罗家咀子，西至罗家畈，北连山边。总面积 0.2 平方千米，耕地面积 10 公顷。2 户，10 人。主产水稻、小麦。村落形态呈散状，房屋结构以平房和坡房为主。

栗树湾【Lìshùwān】 以植物命名。因村周围栗树多而得名。1958 年隶属罗畈大队；1984 年隶属李寨村；2004 年 4 月隶属李寨村至今。位于村委会南 2 千米。东邻下邱家湾，南界河沟垱，西至小熊家湾，北连上邱家湾。总面积 0.25 平方千米，耕地面积 10 公顷。5 户，10 人。主产水稻、小麦。村落形态呈散状，房屋结构以平房和坡房为主。

竹林湾【Zhúlínwān】 以植物命名。因村内有片竹林而得名。1958 年隶属罗畈大队；1984 年隶属罗畈村；2004 年 4 月隶属李寨村至今。位于村委会南 3 千米。东邻李家咀子，南界包子堰，西至周家湾，北连三里岗。总面积 0.3 平方千米，耕地面积 8 公顷。8 户，30 人。主产水稻、小麦。村落形态呈散状，房屋结构以平房和坡房为主。

井湾【Jǐngwān】 以水井命名。因村内有口水井而得名。1958年隶属李寨大队；1984年隶属李寨村至今。位于村委会西北1.2千米。东邻三房湾，南界八卦嘴，西至堰梢，北连跑马岗。总面积0.25平方千米，耕地面积30公顷。4户，20人。主产水稻、小麦、玉米。村落形态呈散状，房屋结构以平房和坡房为主。

老湾【Lǎowān】 以建村时间命名。因建村早而得名。1958年隶属李寨大队；1984年隶属李寨村至今。位于村委会西北1.5千米。东邻跑马岗，南界大房湾，西至新庄，北连同心村杏树凹。总面积0.4平方千米，耕地面积12公顷。15户，60人。主产水稻、小麦、玉米，兼种杂粮和油料。村落形态呈散状，房屋结构以平房和坡房为主。

旗杆湾村【Qígānwāncūn】

以旗杆湾自然村命名。1958年命名为十月四大队，隶属高峰公社；1961年隶属清潭区；1975年隶属清潭公社；1980年为旗杆湾大队，隶属清潭公社；1984年为旗杆湾村，隶属清潭区；1987年隶属清潭镇；2001年隶属吴店镇至今。位于镇政府南18千米。东邻双湾村，南界井湾村，西至玉皇庙村，北连大堰角村。辖18个自然村，总面积4.2平方千米，耕地面积82.36公顷。235户，980人。主产水稻、小麦、玉米，有果蔬及养殖业。村落形态呈散状，房屋结构以平房和坡房为主。216省道过境，村委会驻旗杆湾。

八亩冲【Bāmǔchōng】 以土地规模和地形综合命名。因村前有条8亩的田冲而得名。1958年隶属十月四大队；1980年隶属旗杆湾大队；1984年隶属旗杆湾村至今。位于村委会南2.7千米。东邻井湾村上丰家咀，南界店子湾，西至碾子湾，北连唐家老湾。总面积0.1平方千米，耕地面积1公顷。3户，10人。主产水稻、小麦，有玉米、果蔬。村落形态呈散状，房屋结构以坡房为主。

背阴寺【Bèiyīnsì】 以建筑物和朝向综合命名。因村内建有寺庙，门朝背阴而得名。1958年隶属十月四大队；1980年隶属旗杆湾大队；1984年隶属旗杆湾村至今。位于村委会东1.3千米。东邻王家湾，南界麻花铺，西至笔架山，北连长堰堤。总面积0.1平方千米，耕地面积2.47公顷。7户，30人。主产水稻、小麦、玉米，兼种果蔬。村落形态呈散状，房屋结构以平房和坡房为主。

笔架山【Bǐjiàshān】 以地形命名。因村后的山坡形似笔架而得名。1958年隶属十月四大队；1980年隶属旗杆湾大队；1984年隶属旗杆湾村至今。位于村委会东1.2千米。东邻王家湾，南界麻花铺，西至老屋湾，北连长堰堤。总面积0.3平方千米，耕地面积7.2公顷。20户，80人。主产水稻、小麦、玉米，兼种果蔬。村落形态呈散状，房屋结构以平房和坡房为主。

蔡家湾【Càijiāwān】 以姓氏命名。因蔡姓聚居而得名。1958年隶属十月四大队；1980年隶属旗杆湾大队；1984年隶属旗杆湾村至今。位于村委会南200米。东邻黄楝树嘴，南界唐家老湾，西至碾子湾，北连旗杆湾。总面积0.2平方千米，耕地面积4公顷。12户，50人。主产水稻、小麦、玉米，兼种果蔬。村落形态呈散状，房屋结构以平房和坡房为主。

椿树湾【Chūnshùwān】 以植物命名。因村内有棵大椿树而得名。1958年隶属十月四大队；1980年隶属旗杆湾大队；1984年隶属旗杆湾村至今。位于村委会北1千米。东邻长堰堤，南界村委会，西至何家湾，北连长里岗村小白土坡。总面积0.2平方千米，耕地面积4.33公顷。10户，60人。主产水稻、小麦，有养殖业。村落形态呈散状，房屋结构以坡房为主。

店子湾【Diànziwān】 以店铺命名。因村内曾开过茶水店而得名。1958年隶属十月四大队；1980年隶属旗杆湾大队；1984年隶属旗杆湾村至今。位于村委会南3千米。东邻井湾村上场，南界林湾水库，西至碾子湾，北连八亩冲。总面积0.3平方千米，耕地面积2.66公顷。5户，20人。主产水稻、小麦，有养殖业。村落形态呈散状，房屋结构以坡房为主。

何家湾【Héjiāwān】 以姓氏命名。因何姓聚居而得名。1958年隶属十月四大队；1980年隶属旗杆湾大队；1984年隶属旗杆湾村至今。位于村委会北500米。东邻长堰堤，南界村委会，西至玉皇庙村朱家咀子，北连周家窑湾。总面积0.2平方千米，耕地面积4.87公顷。15户，60人。主产水稻、小麦，有果蔬及养殖业。村落形态呈散状，房屋结构以坡房为主。

黄楝树嘴【Huángliànshùzuǐ】 以植物和地形综合命名。因村建在长有黄楝树的山嘴上而得名。1958年隶属十月四大队；1980年隶属旗杆湾大队；1984年隶属旗杆湾村至今。位于村委会东1千米。东邻井湾村唐家老湾，南界学屋，西至麻花铺，北连笔架山。总面积0.2平方千米，耕地面积4.33公顷。12户，50人。主产水稻、小麦，有果蔬及养殖业。村落形态呈散状，房屋结构以坡房为主。

麻花铺【Máhuāpù】 以食品和店铺综合命名。因村内开过店经营麻花而得名。1958年隶属十月四大队；1980年隶属旗杆湾大队；1984年隶属旗杆湾村至今。位于村委会东南1千米。东邻黄楝树嘴，南界蔡家湾，西至唐家老湾，北连笔架山。总面积0.2平方千米，耕地面积4公顷。11户，50人。主产水稻、小麦、玉米，兼种果蔬。村落形态呈散状，房屋结构以平房和坡房为主。

碾子湾【Niǎnziwān】 以碾子命名。因村内有一盘材质好的碾子而得名。1958年隶属十月四大队；1980年隶属旗杆湾大队；1984年隶属旗杆湾村至今。位于村委会南2千米。东邻唐家老湾，南界寺沙省道，西至何家湾，北连旗杆湾。总面积0.3平方千米，耕地面积3.7公顷。18户，60人。主产水稻、小麦，有玉米、果蔬及养殖业。村落形态呈散状，房屋结构以坡房为主。

旗杆湾【Qígānwān】 以传说故事命名。据传村内有户唐姓人家考上了举人，门前立有旗杆而得名。1958年隶属十月四大队；1980年隶属旗杆湾大队；1984年隶属旗杆湾村至今。村委会驻地。东邻麻花铺，南界蔡家湾，西至磨石堰水库，北连石屋湾。总面积0.2平方千米，耕地面积4.47公顷。12户，50人。主产水稻、小麦、玉米，兼种果蔬。村落形态呈散状，房屋结构以平房和坡房为主。

史家湾【Shǐjiāwān】 以姓氏命名。因史姓聚居而得名。1958年隶属十月四大队；1980年隶属旗杆湾大队；1984年隶属旗杆湾村至今。位于村委会北800米。东邻长堰堤，南界椿树湾，西至周家窑湾，北连椿树湾。总面积0.2平方千米，耕地面积4公顷。12户，60人。主产水稻、小麦，有果蔬及养殖业。村落形态呈散状，房屋结构以坡房为主。

唐家老湾【Tángjiālǎowān】 以姓氏和建村时间综合命名。因唐姓聚居且建村早而得名。1958年隶属十月四大队；1980年隶属旗杆湾大队；1984年隶属旗杆湾村至今。位于村委会南2.5千米。东邻井湾村下场，南界八亩冲，西至碾子湾，北连蔡家湾。总面积0.5平方千米，耕地面积9.33公顷。25户，100人。主产水稻、小麦，有果蔬及养殖业。村落形态呈散状，房屋结构以坡房为主。

瓦屋湾【Wǎwūwān】 以房屋类型命名。因村子内全是瓦屋而得名。1958年隶属十月四大队；1980年隶属旗杆湾大队；1984年隶属旗杆湾村至今。位于村委会北800米。东邻笔架山，南界旗杆湾，西至磨石堰水库，北连长堰堤。总面积0.1平方千米，耕地面积2.33公顷。6户，30人。主产水稻、小麦、玉米，兼种果蔬。村落形态呈散状，房屋结构以平房和坡房为主。

王家湾【Wángjiāwān】 以姓氏命名。因王姓聚居而得名。1958年隶属十月四大队；1980年隶属旗杆湾大队；1984年隶属旗杆湾村至今。位于村委会东1.5千米。东邻双湾村岩子湾，南界井湾村周家老湾，西至笔架山，北连长里岗村倒挂金钩。总面积0.1平方千米，耕地面积2.4公顷。7户，30人。主产水稻、小麦、玉米，兼种果蔬。村落形态呈散状，房屋结构以平房和坡房为主。

学屋【Xuéwū】 以学校命名。因村内办过学堂而得名。1958年隶属十月四大队；1980年隶属旗杆湾大队；1984年隶属旗杆湾村至今。位于村委会东南1.3千米。东邻井湾村新湾，南界井湾村新湾，西至蔡家湾，北连黄棣树嘴。总面积0.2平方千米，耕地面积3.67公顷。10户，50人。主产水稻、小麦、玉米，兼种果蔬。村落形态呈散状，房屋结构以平房和坡房为主。

长堰堤【Chángyàndī】 以堰堤的特点命名。因村前三口堰的堤相连较长而得名。1958年隶属十月四大队；1980年隶属旗杆湾大队；1984年隶属旗杆湾村至今。位于村委会东北1千米。东邻长里岗村倒挂金钩，南界笔架山，西至瓦屋湾。总面积0.4平方千米，耕地面积9.6公顷。28户，100人。主产水稻、小麦、玉米，兼种果蔬。村落形态呈散状，房屋结构以平房和坡房为主。

周家窑湾【Zhōujiāyáowān】 以姓氏和窑场综合命名。周姓把村建在一座窑旁而得名。1958年隶属十月四大队；1980年隶属旗杆湾大队；1984年隶属旗杆湾村至今。位于村委会西北1千米。东邻史家湾，南界何家湾，西至玉皇庙村院墙湾，北连大堰角村。总面积0.4平方千米，耕地面积8公顷。22户，90人。主产水稻、小麦，有养殖业。村落形态呈散状，房屋结构以坡房为主。

圣庙村【Shèngmiàocūn】

以建筑物命名。因此地修有小庙，人称圣庙而得名。1958年成立马庄大队，隶属飞跃公社；1961年隶属梁集区；1975年隶属吴店公社；1980年改为圣庙大队；1984年改为圣庙村，隶属吴店镇至今。位于镇政府东北5.7千米。东邻二郎村，南界西赵湖村，西至南城街道陈岗村，北连南城街道李桥村。辖21个自然村，总面积12平方千米，耕地面积542公顷。380户，1490人。主产水稻、小麦、玉米、桃树，兼种蔬菜。汉十高速横穿东西，村委会驻马庄。

北庄【Běizhuāng】 以方位命名。因建村于严家油坊北而得名。1958年隶属马庄大队；1980年隶属圣庙大队；1984年隶属圣庙村至今。位于村委会西北2千米。东邻何庄，南界严家油坊，西至严家油坊，北连南城街道南郊水库。总面积0.7平方千米，耕地面积25公顷。30户，110人。主产水稻、小麦、玉米，兼种桃树。村落形态呈散状，房屋结构以平房和坡房为主。

陈庄【Chénzhuāng】 以姓氏命名。因陈姓聚居而得名。1958年隶属马庄大队；1980年隶属圣庙大队；1984年隶属圣庙村至今。位于村委会西北3千米。东邻张庄，南界黄棣树，西至南城街道办事处郑洼村中岗，北连原大唐庄。总面积0.5平方千米，耕地面积20公顷。18户，70人。主产水稻、小麦、玉米，兼种桃树。村落形态呈散状，房屋结构以平房和坡房为主。

付庄【Fùzhuāng】 以姓氏命名。因付姓聚居而得名。1958年隶属马庄大队；1980年隶属圣庙大队；1984年隶属圣庙村至今。位于村委会东南2.2千米。东邻圣庄，南界西赵湖村曹家湾，西至李庄，北连邱家湾。总面积0.4平方千米，耕地面积20公顷。9户，30人。主产水稻、小麦、玉米，兼种桃树。村落形态呈散状，房屋结构以平房和坡房为主。

龚庄【Gōngzhuāng】 以姓氏命名。因龚姓聚居而得名。1958年隶属马庄大队；1980年隶属圣庙大队；1984年隶属圣庙村至今。位于村委会北2千米。东邻二郎村叶家湾，南界李家凹子，西至下河，北连陈庄。总面积0.3平方千米，耕地面积16公顷。8户，30人。主产水稻、小麦、玉米、桃子。村落形态呈散状，房屋结构以平房和坡房为主。

李家凹子【Lǐjiāwāzi】 以姓氏和地形综合命名。因李姓聚居低洼处而得名。1958年隶属马庄大队；1980年隶属圣庙大队；1984年隶属圣庙村至今。位于村委会东北2千米。东邻钱家油坊，南界罗庄，西至梧桐庙，北连龚庄。总面积0.4平方千米，耕地面积20公顷。13户，70人。主产水稻、小麦、玉米，兼种桃树。村落形态呈散状，房屋结构以平房和坡房为主。

李庄【Lǐzhuāng】 以姓氏命名。因李姓聚居而得名。1958年隶属马庄大队；1980年隶属圣庙大队；1984年隶属圣庙村至今。位于村委会东南2千米。东邻邱家湾，南界付庄，西至圣庄，北连罗庄。总面积0.3平方千米，耕地面积20公顷。6户，20人。主产水稻、小麦、玉米，兼种桃树。村落形态呈散状，房屋结构以平房和坡房为主。

罗庄【Luózhuāng】 以姓氏命名。因罗姓聚居而得名。1958年隶属马庄大队；1980年隶属圣庙大队；1984年隶属圣庙村至今。位于村委会东北1千米。东邻许家湾，南界邱家湾，西至马庄，北连李家凹子。总面积1平方千米，耕地面积46公顷。25户，90人。主产水稻、小麦、玉米，兼种桃树。村落形态呈散状，房屋结构以平房和坡房为主。

马庄【Mǎzhuāng】 以姓氏命名。因马姓聚居而得名。1958年隶属马庄大队；1980年隶属圣庙大队；1984年隶属圣庙村至今。村委会驻地。东邻邱家湾，南界西赵湖村圣家老湾，西至上何庄，北连何庄。总面积1.5平方千米，耕地面积74公顷。55户，190人。主产水稻、小麦、玉米，兼种桃树。村落形态呈散状，房屋结构以平房和坡房为主。

钱油坊【Qiányóufáng】 因以前钱姓在此开过油坊而得名。1958年隶属马庄大队；1980年隶属圣庙大队；1984年隶属圣庙村至今。位于村委会东北1千米。东邻二郎村大许家湾，南界罗庄，西至李家凹子，北连二郎村叶家湾。总面积0.2平方千米，耕地面积10公顷。8户，30人。主产水稻、小麦、玉米，兼种蔬菜。村落形态呈散状，房屋结构以平房和坡房为主。

邱家湾【Qiūjiāwān】 以姓氏命名。因邱姓聚居而得名。1958年隶属马庄大队；1980年隶属圣庙大队；1984年隶属圣庙村至今。位于村委会东2千米。东邻二郎村向家湾，南界圣庄，西至李庄，北连马庄。总面积1.1平方千米，耕地面积25公顷。31户，120人。主产水稻、小麦、玉米，兼种桃树。村落形态呈散状，房屋结构以平房和坡房为主。

上何庄【Shànghézhuāng】 以姓氏和方位综合命名。因邻近两个何姓聚居村庄，此村位北而得名。

1958年隶属马庄大队；1980年隶属圣庙大队；1984年隶属圣庙村至今。位于村委会西1千米。东邻马庄，南界下何庄，西至张庄，北连北庄。总面积0.5平方千米，耕地面积25公顷。6户，20人。主产水稻、小麦、玉米，兼种蔬菜。村落形态呈散状，房屋结构以平房和坡房为主。

圣庄【Shèngzhuāng】 以姓氏命名。因圣姓聚居而得名。1958年隶属马庄大队；1980年隶属圣庙大队；1984年隶属圣庙村至今。位于村委会东2.5千米。东邻姚岗村刘井，南界姚岗村黄庄，西至付庄，北连邱家湾。总面积0.5平方千米，耕地面积22公顷。19户，80人。主产水稻、小麦、玉米，兼种蔬菜。村落形态呈散状，房屋结构以平房和坡房为主。

盛庄【Shèngzhuāng】 以姓氏命名。因盛姓聚居而得名。1958年隶属马庄大队；1980年隶属圣庙大队；1984年隶属圣庙村至今。位于村委会南2千米。东邻西赵湖村移民点，南界西赵湖村刘庄，西至肖庄，北连下何店。总面积0.3平方千米，耕地面积15公顷。6户，20人。主产水稻、小麦、玉米。村落形态呈散状，房屋结构以平房和坡房为主。

梧桐庙【Wútóngmiào】 以植物和建筑物综合命名。因村内有座小庙，庙旁有棵梧桐树而得名。1958年隶属马庄大队；1980年隶属圣庙大队；1984年隶属圣庙村至今。位于村委会北2千米。东邻李家凹子，南界马庄，西至南城街道曹岗村孟家湾，北连下河。总面积0.2平方千米，耕地面积10公顷。4户，20人。主产水稻、小麦、玉米，兼种桃树。村落形态呈散状，房屋结构以平房和坡房为主。

下河【Xiàhé】 以河流命名。因建村于小河旁而得名。1958年隶属马庄大队；1980年隶属圣庙大队；1984年隶属圣庙村至今。位于村委会北2千米。东邻龚庄，南界马庄，西至南城街道曹岗村孟家桥，北连南城街道李桥镇李家桥。总面积1平方千米，耕地面积52公顷。30户，130人。主产水稻、小麦、玉米，兼种蔬菜。村落形态呈散状，房屋结构以平房和坡房为主。

肖庄【Xiāozhuāng】 以姓氏命名。因肖姓聚居而得名。1958年隶属马庄大队；1980年隶属圣庙大队；1984年隶属圣庙村至今。位于村委会西南2千米。东邻盛庄，南界西赵湖村破家冲，西至陈庄，北连小唐庄。总面积0.4平方千米，耕地面积8公顷。17户，70人。主产水稻、小麦、玉米，兼种蔬菜。村落形态呈散状，房屋结构以平房和坡房为主。

小唐庄【Xiǎotángzhuāng】 以姓氏和规模综合命名。因邻近有两个唐姓居住村庄，此村较小而得名。1958年隶属马庄大队；1980年隶属圣庙大队；1984年隶属圣庙村至今。位于村委会西3千米。东邻园艺场，南界张庄，西至南城街道陈岗村郑凹，北连南城街道南郊水库。总面积0.9平方千米，耕地面积50公顷。7户，20人。主产水稻、小麦、玉米，兼种蔬菜。村落形态呈散状，房屋结构以平房和坡房为主。

许家湾【Xǔjiāwān】 以姓氏命名。因许姓聚居而得名。1958年隶属马庄大队；1980年隶属圣庙大队；1984年隶属圣庙村至今。位于村委会东北2千米。东邻二郎村小许家湾，南界二郎村向家湾，西至罗庄，北连钱家油坊。总面积0.3平方千米，耕地面积13公顷。10户，30人。主产水稻、小麦、玉米，兼种蔬菜。村落形态呈散状，房屋结构以平房和坡房为主。

严家油坊【Yánjiāyóufáng】 以姓氏和作坊综合命名。因严姓聚居村内且曾开过油坊而得名。1958年隶属马庄大队；1980年隶属圣庙大队；1984年隶属圣庙村至今。位于村委会西1.5千米。东邻北庄，南界张庄，西至小唐庄，北连南城街道南郊水库。总面积0.6平方千米，耕地面积25公顷。22户，90人。主产水稻、小麦、玉米，兼种蔬菜。村落形态呈散状，房屋结构以平房和坡房为主。

移民点【Yímíndiǎn】 以居民特点命名。因 2010 年南水北调丹江库区移民新村而得名。1958 年隶属马庄大队；1980 年隶属圣庙大队；1984 年隶属圣庙村至今。位于村委会南 1.5 千米。东邻圣庄，南界肖庄，西至张庄，北连北庄。总面积 0.4 平方千米，耕地面积 26 公顷。38 户，180 人。主产水稻、小麦、玉米，兼种桃树。村落形态呈散状，房屋结构以平房和坡房为主。

张庄【Zhāngzhuāng】 以姓氏命名。因张姓聚居而得名。1958 年隶属马庄大队；1980 年隶属圣庙大队；1984 年隶属圣庙村至今。位于村委会西北 4 千米。东邻移民点，南界张庄，西至陈庄，北连小唐庄。总面积 0.5 平方千米，耕地面积 20 公顷。18 户，70 人。主产水稻、小麦、玉米，兼种蔬菜。村落形态呈散状，房屋结构以平房和坡房为主。

三里岗村【Sānlǐgǎngcūn】

以三里岗自然村命名。1958 年命名为十月三大队，隶属高峰公社；1961 年隶属清潭区；1975 年隶属清潭公社；1980 年为三里岗大队，隶属清潭公社；1984 年为三里岗村，隶属清潭区；1987 年隶属清潭镇；2001 年隶属吴店镇至今。位于镇政府南 18.9 千米。东邻旗杆湾村，南界蒋家畈村，西至喻家咀村，北连花屋脊村。辖 15 个自然村，总面积 5.84 平方千米，耕地面积 180.78 公顷。208 户，850 人。主产水稻、小麦、玉米，兼养殖和果蔬种植。寺沙路过境，村委会驻咀子湾。

陈家湾【Chénjiāwān】 以姓氏命名。因陈姓聚居而得名。1958 年隶属十月三大队；1980 年隶属三里岗大队；1984 年隶属三里岗村至今。位于村委会北 1 千米。东邻旗杆湾村碾子湾，南界咀子湾，西至三里岗，北连玉皇庙村罗家咀子。总面积 0.22 平方千米，耕地面积 6.9 公顷。8 户，30 人。主产水稻、小麦、玉米，兼种果蔬。村落形态呈线状，房屋结构以坡房为主。

何家湾【Héjiāwān】 以姓氏命名。因何姓聚居而得名。1958 年隶属十月三大队；1980 年隶属三里岗大队；1984 年隶属三里岗村至今。位于村委会东 1.5 千米。东邻林湾水库，南界蒋家畈村塑料厂，西至杨家湾，北连陈家湾。总面积 0.7 平方千米，耕地面积 23.32 公顷。25 户，100 人。主产水稻、小麦、玉米，兼种果蔬。村落形态呈线状，房屋结构以坡房和楼房为主。

咀子湾【Zuǐziwān】 以地形命名。因村建在山咀上而得名。1958 年隶属十月三大队；1980 年隶属三里岗大队；1984 年隶属三里岗村至今。位于村委会西 1 千米。东邻旗杆湾村碾子湾，南界蒋家畈村蒋家畈，西至松树湾，北连三里岗。总面积 0.34 平方千米，耕地面积 11.44 公顷。12 户，50 人。主产水稻、小麦、玉米，兼种果蔬。村落形态呈团状，房屋结构以坡房为主。

龙头山【Lóngtóushān】 以地形命名。因村建在形似龙头的山上而得名。1958 年隶属十月三大队；1980 年隶属三里岗大队；1984 年隶属三里岗村至今。位于村委会西 1.2 千米。东邻三里岗，南界蒋家畈村蒋家畈，西至唐家咀子，北连周家老湾。总面积 0.08 平方千米，耕地面积 3.1 公顷。3 户，10 人。主产水稻、小麦、玉米，兼种果蔬。村落形态呈散状，房屋结构以坡房为主。

庙娃湾【Miàowáwān】 以建筑物命名。因村旁的山咀上修座小庙而得名。1958 年隶属十月三大队；1980 年隶属三里岗大队；1984 年隶属三里岗村至今。位于村委会北 2 千米。东邻玉皇庙村马家榜子，南界岩子，西至万家畈，北连花屋脊村曹家湾。总面积0.14平方千米，耕地面积4.17公顷。5户，20人。主产水稻、小麦、玉米，兼种果蔬。村落形态呈线状，房屋结构以坡房为主。

三里岗【Sānlǐgǎng】 以长度和地形综合命名。因村建在三里长的岗上而得名。1958年隶属十月三大队；1980年隶属三里岗大队；1984年隶属三里岗村至今。位于村委会北1千米。东邻陈家湾，南界咀子湾，西至龙头山，北连梯子湾。总面积0.54平方千米，耕地面积17.29公顷。19户，70人。主产水稻、小麦、玉米，兼种果蔬。村落形态呈线状，房屋结构以坡房和楼房为主。

松树湾【Sōngshānwān】 以植物命名。因村周围松树多而得名。1958年隶属十月三大队；1980年隶属三里岗大队；1984年隶属三里岗村至今。位于村委会西1.5千米。东邻三里岗，南界蒋家畈村蒋家畈，西至喻家咀村桥上，北连周家老湾。总面积0.56平方千米，耕地面积20.65公顷。20户，90人。主产水稻、小麦、玉米，兼种果蔬。村落形态呈线状，房屋结构以坡房为主。

唐家咀子【Tángjiāzuǐzi】 以姓氏和地形综合命名。因唐姓建村山咀上而得名。1958年隶属十月三大队；1980年隶属三里岗大队；1984年隶属三里岗村至今。位于村委会西1.2千米。东邻三里岗，南界蒋家畈村蒋家畈，西至喻家咀村楼子畈，北连周家老湾。总面积0.23平方千米，耕地面积8.25公顷。8户，40人。主产水稻、小麦、玉米，兼种果蔬。村落形态呈团状，房屋结构以坡房为主。

梯子湾【Tīziwān】 以地形命名。因以村前的田块高地，形似梯子而得名。1958年隶属十月三大队；1980年隶属三里岗大队；1984年隶属三里岗村至今。位于村委会北1.2千米。东邻陈家湾，南界三里岗，西至庙上，北连周家老湾。总面积0.14平方千米，耕地面积4.11公顷。5户，20人。主产水稻、小麦、玉米，兼种果蔬。村落形态呈线状，房屋结构以坡房为主。

田家湾【Tiánjiāwān】 以姓氏命名。因田姓聚居而得名。1958年隶属十月三大队；1980年隶属三里岗大队；1984年隶属三里岗村至今。位于村委会南1.2千米。东邻杨家湾，南界蒋家畈村蒋家畈，西至松树湾，北连陈家湾。总面积0.42平方千米，耕地面积16.56公顷。15户，70人。主产水稻、小麦、玉米，兼种果蔬。村落形态呈线状，房屋结构以坡房为主。

万家畈【Wànjiāfàn】 以姓氏和地形综合命名。因万姓聚居畈地旁而得名。1958年隶属十月三大队；1980年隶属三里岗大队；1984年隶属三里岗村至今。位于村委会北1.1千米。东邻庙娃湾，南界周家老湾，西至谢家老湾，北连花屋脊村曹家湾。总面积0.95平方千米，耕地面积28.33公顷。34户，120人。主产水稻、小麦、玉米，兼种果蔬。村落形态呈团状，房屋结构以坡房和楼房为主。

谢家老湾【Xièjiālǎowān】 以姓氏和时间综合命名。因谢姓聚居且建村早而得名。1958年隶属十月三大队；1980年隶属三里岗大队；1984年隶属三里岗村至今。位于村委会北2.2千米。东邻万家畈，南界周家老湾，西至喻家咀村大湾，北连花屋脊村曹家湾。总面积0.25平方千米，耕地面积7.5公顷。9户，30人。主产水稻、小麦、玉米，兼种果蔬。村落形态呈线状，房屋结构以坡房和楼房为主。

岩子【Yánzi】 以地形命名。因村建在山岩处而得名。1958年隶属十月三大队；1980年隶属三里岗大队；1984年隶属三里岗村至今。位于村委会北1.8千米。东邻玉皇庙村楼子湾，南界庙上，西至周家老湾，北连庙娃湾。总面积0.23平方千米，耕地面积8.24公顷。8户，40人。主产水稻、小麦、玉米，兼种果蔬。村落形态呈散状，房屋结构以坡房为主。

杨家湾【Yángjiāwān】 以姓氏命名。因杨姓聚居而得名。1958年隶属十月三大队；1980年隶属三里岗大队；1984年隶属三里岗村至今。位于村委会南1千米。东邻何家湾，南界蒋家畈村蒋家畈，西至田家湾，北连陈家湾。总面积0.34平方千米，耕地面积12.68公顷。12户，50人。主产水稻、小麦、玉米，兼种果蔬。村落形态呈团状，房屋结构以坡房为主。

周家老湾【Zhōujiālǎowān】 以姓氏和时间综合命名。因周姓聚居且建村早而得名。1958年隶属十月三大队；1980年隶属三里岗大队；1984年隶属三里岗村；2008年堰角子合并到周家老湾，隶属三里岗村至今。位于村委会北1.5千米。东邻岩子，南界庙上，西至喻家咀村楼子畈，北连万家畈。总面积0.7平方千米，耕地面积8.24公顷。25户，110人。主产水稻、小麦、玉米，兼种果蔬。村落形态呈散状，房屋结构以坡房为主。

沈畈村【Shěnfàncūn】

以沈畈自然村命名。因沈姓居住一大畈上，该自然村在20世纪70年代并入黄楝树湾，村庄改田，名称沿用至今。1958年为沈畈大队，隶属卫星公社；1961年隶属吴店区；1975年隶属吴店公社；1984年为沈畈村，隶属吴店镇至今。位于镇政府南8千米。东邻李寨村，南界白马村，西至高峰村，北连五口村相交。辖10个自然村，总面积2.15平方千米，耕地面积115.92公顷。216户，790人。主产小麦、水稻。寺沙路至沙洋公路过境，村委会驻黄楝树湾。

八方湾【Bāfāngwān】 以方位命名。因八兄弟在中华人民共和国成立前居住在东南西北各方位而得名。1958年隶属沈畈大队；1984年隶属沈畈村至今。位于村委会北1千米。东邻李寨村邱家畈，南界栗坡，西至邴家湾，北连五口村杨家嘴。总面积0.19平方千米，耕地面积11.36公顷。40户，140人。主产小麦、水稻、玉米，兼种果蔬。村落形态呈散状，房屋结构以平房和坡房为主。

邴家湾【Bǐngjiāwān】 以姓氏命名。因邴姓聚居而得名。1958年隶属沈畈大队；1984年隶属沈畈村至今。位于村委会西北1千米。东邻八方湾，南界栗坡，西至祁家湾，北连五口村大凉冲湾。总面积0.15平方千米，耕地面积10公顷。7户，30人。主产小麦、水稻、玉米。村落形态呈散状，房屋结构以平房和坡房为主。

黄楝树湾【Huángliànshùwān】 以植物命名。因村内黄楝树多而得名。1958年隶属沈畈大队；1984年隶属沈畈村至今。村委会驻地。东邻李寨村邱家畈，南界刘家湾，西至栗坡，北连八方湾。总面积0.3平方千米，耕地面积24.2公顷。56户，200人。主产小麦、水稻、玉米，兼种果蔬。村落形态呈散状，房屋结构以平房和坡房为主。

栗坡【Lìpō】 以植物和地形综合命名。因村建在栗树多的山坡而得名。1958年隶属沈畈大队；1984年隶属沈畈村至今。位于村委会西600米。东邻黄楝树湾，南界高峰村高家湾，西至五口村艾家湾，北连五口村艾家湾。总面积0.21平方千米，耕地面积16.76公顷。20户，80人。主产小麦、水稻、玉米，兼种果蔬。村落形态呈散状，房屋结构以平房和坡房为主。

刘家湾【Liújiāwān】 以姓氏命名。因刘姓聚居而得名。1958年隶属沈畈大队；1984年隶属沈畈村至今。位于村委会南400米。东邻王家湾，南界厅湾，西至高峰村尚家湾，北连黄楝树湾。总面积0.2平方千米，耕地面积 17 公顷。29 户，100 人。主产小麦、水稻、玉米。村落形态呈散状，房屋结构以平房和坡房为主。

祁家湾【Qíjiāwān】 以姓氏命名。因祁姓聚居而得名。1958 年隶属沈畈大队；1984 年隶属沈畈村至今。位于村委会北 1.1 千米。东邻邴家湾，南界栗坡，西至五口村艾家湾，北连五口村大凉冲湾。总面积 0.1 平方千米，耕地面积 2.1 公顷。3 户，10 人。主产小麦、水稻、玉米，兼种果蔬。村落形态呈散状，房屋结构以平房和坡房为主。

厅湾【Tīngwān】 以建筑物命名。从前一富户人家居住，正屋搬走后，留下厅屋而得此名。1958 年隶属沈畈大队；1984 年隶属沈畈村至今。位于村委会南 1.2 千米。东邻王家湾，南界李寨村东湾，西至高峰村包家湾，北连刘家湾。总面积 0.2 平方千米，耕地面积 11 公顷。28 户，100 人。主产小麦、水稻、玉米，兼种果蔬。村落形态呈散状，房屋结构以平房和坡房为主。

王家湾【Wángjiāwān】 以姓氏命名。因王姓聚居而得名。1958 年隶属沈畈大队；1984 年隶属沈畈村至今。位于村委会南 1.2 千米。东邻李寨村邱家湾，南界王家湾，西至刘家湾，北连村委会。总面积 0.43 平方千米，耕地面积 4 公顷。5 户，20 人。主产小麦、水稻、玉米，兼种果蔬。村落形态呈散状，房屋结构以平房和坡房为主。

王家湾【Wángjiāwān】 以姓氏命名。因王姓聚居而得名。1958 年隶属沈畈大队；1984 年隶属沈畈村至今。位于村委会南 1 千米。东邻周家湾，南界李寨村东湾，西至厅湾，北连王家湾。总面积 0.15 平方千米，耕地面积 11 公顷。16 户，80 人。主产小麦、水稻、玉米，兼种果蔬。村落形态呈散状，房屋结构以平房和坡房为主。

周家湾【Zhōujiāwān】 以姓氏命名。因周姓聚居而得名。1958 年隶属沈畈大队；1984 年隶属沈畈村至今。位于村委会东南 1.1 千米。东邻李寨村邱家湾，南界李寨村松树湾，西至王家湾，北连王家湾。总面积 0.22 平方千米，耕地面积 8.5 公顷。12 户，30 人。主产小麦、水稻、玉米，兼种果蔬。村落形态呈散状，房屋结构以平房和坡房为主。

史家祠村【Shǐjiācícūn】

以史家祠堂自然村命名。1958 年为十月七大队，隶属高峰公社；1961 年隶属清潭区；1975 年隶属清潭公社；1980 年为史家祠大队，隶属清潭公社；1984 年为史家祠村，隶属清潭区；1987 年隶属清潭镇；2001 年隶属吴店镇至今。位于镇政府西南 20 千米。东邻大堰角村，南界何湾村，西至高峰村，北连白马村。辖 20 个自然村，总面积 13.9 平方千米，耕地面积 156 公顷。310 户，810 人。主产小麦、玉米、水稻，兼种果蔬。村委会驻史家老湾。

白果树湾【Báiguǒshùwān】 以植物命名。因村内有棵大白果树而得名。1958 年隶属十月七大队；1980 年隶属史家祠大队；1984 年隶属史家祠村至今。位于村委会东北 1 千米。东邻白马村，南界黄家湾，西至井湾，北连白马村。总面积 1 平方千米，耕地面积 13 公顷。32 户，80 人。主产小麦、玉米、水稻，兼种果蔬。村落形态呈线状，房屋结构以坡房和楼房为主。

曹家湾【Cáojiāwān】 以姓氏命名。因曹姓聚居而得名。1958 年隶属十月七大队；1980 年隶属史家祠大队；1984年隶属史家祠村至今。位于村委会北1千米。东邻中湾，南界史家祠堂，西至陈家岗，北连白马村刺林湾。总面积1平方千米，耕地面积14公顷。30户，70人。主产小麦、玉米、水稻，兼种果蔬。村落形态呈团状，房屋结构以坡房和楼房为主。

陈家岗【Chénjiāgǎng】 以姓氏和地形综合命名。因陈姓聚居岗上而得名。1958年隶属十月七大队；1980年隶属史家祠大队；1984年隶属史家祠村至今。位于村委会西北1千米。东邻曹家湾，南界史家祠堂，西至横山，北连白马村张家老湾。总面积1.1平方千米，耕地面积13公顷。20户，50人。主产小麦、玉米、水稻，兼种果蔬。村落形态呈线状，房屋结构以坡房和楼房为主。

大桐树湾【Dàtóngshùwān】 以植物命名。因村里桐树较多而得名。1958年隶属十月七大队；1980年隶属史家祠大队；1984年隶属史家祠村至今。位于村委会西1.5千米。东邻何家湾，南界小桐树湾，西至高峰村仇家湾，北连许家湾。总面积1平方千米，耕地面积11公顷。22户，60人。主产小麦、玉米、水稻，兼种果蔬。村落形态呈团状，房屋结构以坡房和楼房为主。

东岗【Dōnggǎng】 以方位和地形综合命名。因村建在山冲的东岗上而得名。1958年隶属十月七大队；1980年隶属史家祠大队；1984年隶属史家祠村至今。位于村委会南200米。东邻史家老湾，南界朱家湾，西至何家湾，北连上罗家湾。总面积0.7平方千米，耕地面积7公顷。12户，30人。主产小麦、玉米、水稻，兼种果蔬。村落形态呈线状，房屋结构以坡房和楼房为主。

何家湾【Héjiāwān】 以姓氏命名。因何姓聚居而得名。1958年隶属十月七大队；1980年隶属史家祠大队；1984年隶属史家祠村至今。位于村委会西700米。东邻东岗，南界竹林湾，西至大桐树湾，北连史家祠堂。总面积0.4平方千米，耕地面积3公顷。6户，10人。主产小麦、玉米、水稻，兼种果蔬。村落形态呈线状，房屋结构以坡房为主。

横山【Héngshān】 因有座长约400米的山横在村后，故名。1958年隶属十月七大队；1980年隶属史家祠大队；1984年隶属史家祠村至今。位于村委会西北1千米。东邻陈家岗，南界许家湾，西至高峰村楸树湾，北连白马村张家老湾。总面积0.9平方千米，耕地面积12公顷。32户，60人。主产小麦、玉米、水稻，兼种果蔬。村落形态呈散状，房屋结构以平房和坡房为主。

黄家湾【Huángjiāwān】 以姓氏命名。因黄姓聚居而得名。1958年隶属十月七大队；1980年隶属史家祠大队；1984年隶属史家祠村至今。位于村委会东1千米。东邻何湾村，南界何湾村王家湾，西至史家老湾，北连白果树湾。总面积1.2平方千米，耕地面积15公顷。32户，90人。主产小麦、玉米、水稻，兼种果蔬。村落形态呈团状，房屋结构以坡房和楼房为主。

井湾【Jǐngwān】 以水井命名。因村前有眼水井而得名。1958年隶属十月七大队；1980年隶属史家祠大队；1984年隶属史家祠村至今。位于村委会东北800米。东邻白果树湾，南界史家老湾，西至中湾，北连糖坊。总面积0.3平方千米，耕地面积3公顷。4户，10人。主产小麦、玉米、水稻，兼种果蔬。村落形态呈团状，房屋结构以坡房和楼房为主。

上罗家湾【Shàngluójiāwān】 以方位和姓氏综合命名。因罗姓聚居相邻二村，该村在北，故名。1958年隶属十月七大队；1980年隶属史家祠大队；1984年隶属史家祠村至今。位于村委会北300米。东邻中湾，南界东岗，西至史家祠堂，北连曹家湾。总面积0.2平方千米，耕地面积2公顷。2户，10人。主产小麦、玉米、水稻，兼种果蔬。村落形态呈团状，房屋结构以坡房为主。

史家祠堂【Shǐjiācítáng】 以姓氏和建筑物综合命名。因史姓聚居且修有祠堂而得名。1958年隶属十月七大队；1980年隶属史家祠大队；1984年隶属史家祠村至今。位于村委会西500米。东邻上罗家湾，南界何家湾，西至许家湾，北连曹家湾。总面积1平方千米，耕地面积12公顷。30户，80人。主产小麦、玉米、水稻，兼种果蔬。村落形态呈团状，房屋结构以坡房和楼房为主。

史家老湾【Shǐjiālǎowān】 以姓氏和时间综合命名。因史姓聚居而得名。1958年隶属十月七大队；1980年隶属史家祠大队；1984年隶属史家祠村至今。村委会驻地。东邻黄家湾，南界何湾村王家湾，西至东岗，北连下罗家湾。总面积1平方千米，耕地面积8公顷。12户，40人。主产小麦、玉米、水稻，兼种果蔬。村落形态呈散状，房屋结构以平房和坡房为主。

糖坊【Tángfáng】 以作坊命名。因村内开过糖坊而得名。1958年隶属十月七大队；1980年隶属史家祠大队；1984年隶属史家祠村至今。位于村委会东北800米。东邻白果树湾，南界中湾，西至曹家湾，北连刺林湾。总面积0.3平方千米，耕地面积3公顷。2户，10人。主产小麦、玉米、水稻，兼种果蔬。村落形态呈散状，房屋结构以坡房为主。

桐树湾【Tóngshùwān】 以植物命名。因桐树较多且村小而得名。1958年隶属十月七大队；1980年隶属史家祠大队；1984年隶属史家祠村至今。位于村委会西南1.2千米。东邻何湾村，南界杨家老湾，西至何家湾，北连大桐树湾。总面积0.4平方千米，耕地面积3公顷。2户，10人。主产小麦、玉米、水稻，兼种果蔬。村落形态呈散状，房屋结构以坡房为主。

西湾【Xīwān】 此村东北有一个村叫东湾，该村建于东湾西边，故名。1958年隶属十月七大队；1980年隶属史家祠大队；1984年隶属史家祠村至今。位于村委会西北600米。东邻上罗家湾，南界史家祠堂，西至横山，北连胡家湾。总面积0.3平方千米，耕地面积3公顷。2户，10人。主产小麦、玉米、水稻，兼种果蔬。村落形态呈散状，房屋结构以平房和坡房为主。

下罗家湾【Xiàluójiāwān】 以方位和姓氏综合命名。因罗姓聚居在另一村之南而得名。1958年隶属十月七大队；1980年隶属史家祠大队；1984年隶属史家祠村至今。位于村委会东200米。东邻史家老湾，南界史家湾，西至上罗家湾，北连中湾。总面积0.2平方千米，耕地面积3公顷。2户，10人。主产小麦、玉米、水稻，兼种果蔬。村落形态呈散状，房屋结构以坡房和楼房为主。

许家湾【Xǔjiāwān】 以姓氏命名。因许姓聚居而得名。1958年隶属十月七大队；1980年隶属史家祠大队；1984年隶属史家祠村至今。位于村委会西1千米。东邻史家祠堂，南界桐树湾，西至高峰村清水堰，北连胡家湾。总面积1平方千米，耕地面积12公顷。30户，70人。主产小麦、玉米、水稻，兼种果蔬。村落形态呈团状，房屋结构以坡房和楼房为主。

中湾【Zhōngwān】 以方位命名。因此地相邻有上、中、下三个村，此村居中，故名。1958年隶属十月七大队；1980年隶属史家祠大队；1984年隶属史家祠村至今。位于村委会东北700米。东邻井湾，南界下罗家湾，西至曹家湾，北连白马村刺林湾。总面积1平方千米，耕地面积10公顷。26户，70人。主产小麦、玉米、水稻，兼种果蔬。村落形态呈团状，房屋结构以坡房和楼房为主。

竹林湾【Zhúlínwān】 以植物命名。因村前有个竹园而得名。1958年隶属十月七大队；1980年隶属史家祠大队；1984年隶属史家祠村至今。位于村委会西南2千米。东邻东岗，南界何湾村朱家湾，西至何家湾，北连史家祠堂。总面积0.9平方千米，耕地面积9公顷。12户，40人。主产小麦、玉米、水稻，兼种果蔬。村落形态呈团状，房屋结构以平房和坡房为主。

施楼村【Shīlóucūn】

以施家楼自然村命名。1958年为施楼大队，隶属卫星公社；1961年隶属吴店区；1975年隶属吴店公社；1984年为施楼村，隶属吴店镇至今。位于镇政府东南7千米。东邻王城镇新店村，南界同心村，西至皇村，北连皇村东赵湖村。辖15个自然村，总面积5.65平方千米，耕地面积262.05公顷。178户，560人。主产小麦、水稻、玉米，有果树栽培，蔬菜种植，养鱼养猪。村委会驻孙家湾。

陈家湾【Chénjiāwān】 以姓氏命名。因陈姓聚居而得名。1958年隶属施楼大队；1984年隶属施楼村至今。位于村委会东北1.8千米。东邻唐家湾，南界晏家湾，西至耿家湾，北连滚河。总面积0.4平方千米，耕地面积6.4公顷。5户，20人。主产水稻、小麦、玉米，兼种果蔬。村落形态呈散状，房屋结构以平房和坡房为主。

耿家湾【Gěngjiāwān】 以姓氏命名。因耿姓聚居而得名。1958年隶属施楼大队；1984年隶属施楼村至今。位于村委会北1.9千米。东邻陈家湾，南界竹林湾，西至皇村上岗，北连滚河。总面积0.6平方千米，耕地面积22.1公顷。14户，40人。主产水稻、小麦、玉米，兼种养猪养鱼，种有部分蔬菜。村落形态呈散状，房屋结构以平房和坡房为主。

黄家湾【Huángjiāwān】 以姓氏命名。因黄姓聚居而得名。1958年隶属施楼大队；1984年隶属施楼村至今。位于村委会西1.5千米。东邻本村杨家湾，南界梅园，西至皇村赵家湾，北连刘家湾。总面积0.3平方千米，耕地面积5.5公顷。4户，10人。主产水稻、小麦、玉米，兼种果蔬。村落形态呈散状，房屋结构以平房和坡房为主。

柯家湾【Kējiāwān】 以姓氏命名。因柯姓聚居而得名。1958年隶属施楼大队；1984年隶属施楼村至今。位于村委会东1千米。东邻施家楼，南界石板堰水库，西至孙家湾，北连柿子园。总面积0.5平方千米，耕地面积47.5公顷。34户，100人。主产水稻、小麦、玉米，兼养鱼养猪产业。村落形态呈散状，房屋结构以平房和坡房为主。

李家湾【Lǐjiāwān】 以姓氏命名。因李姓聚居而得名。1958年隶属施楼大队；1984年隶属施楼村至今。位于村委会西1千米。东邻西湾，南界同心村杨家湾，西至杨家湾，北连皇村。总面积0.5平方千米，耕地面积25公顷。10户，30人。主产水稻、小麦、玉米，兼种果蔬，养猪养鱼，药材等。村落形态呈散状，房屋结构以平房和坡房为主。

梅园【Méiyuán】 以植物命名。在20世纪40—50年代有很多梅树种植，后改为居民住宅，故名。1958年隶属施楼大队；1984年隶属施楼村至今。位于村委会西1.5千米。东邻同心杨家湾，南界同心茶场，西至皇村赵家湾，北连本村黄家湾。总面积0.5平方千米，耕地面积16.7公顷。15户，50人。主产水稻、小麦、玉米，兼种果蔬，牲畜养殖。村落形态呈散状，房屋结构以平房和坡房为主。

柿子园【Shìziyuán】 以植物命名。因村内柿子树多而得名。1958年隶属施楼大队；1984年隶属施楼村至今。位于村委会东北1.2千米。东邻王城镇新店村，南界施家楼，西至竹林湾，北连田家湾。总面积0.3平方千米，耕地面积12.4公顷。10户，30人。主产水稻、小麦、玉米，兼养猪养鱼产业，种植有果蔬。村落形态呈散状，房屋结构以平房和坡房为主。

孙家湾【Sūnjiāwān】 以姓氏命名。因孙姓聚居而得名。1958年隶属施楼大队；1984年隶属施楼村至今。村委会驻地。东邻柯湾，南界同心村贾湾，西至西湾，北连竹林湾。总面积0.35平方千米，耕地面积32.5公顷。23户，50人。主产水稻、小麦、玉米，兼种果蔬，牲畜渔业养殖及家禽有发展。村落形态呈散状，房屋结构以平房和坡房为主。

唐家湾【Tángjiāwān】 以姓氏命名。因唐姓聚居而得名。1958年隶属施楼大队；1984年隶属施楼村至今。位于村委会东北1.7千米。东邻王城镇新店村新店小湾，南界晏家湾，西至陈家湾，北连滚河。总面积0.2平方千米，耕地面积3.8公顷。3户，20人。主产水稻、小麦、玉米，兼种果蔬。村落形态呈散状，房屋结构以平房和坡房为主。

田家湾【Tiánjiāwān】 以姓氏命名。因田姓聚居而得名。1958年隶属施楼大队；1984年隶属施楼村至今。位于村委会东北1.1千米。东邻王城镇新店村小店，南界柿子园，西至竹林湾，北连晏家湾。总面积0.2平方千米，耕地面积6.5公顷。5户，10人。主产水稻、小麦、玉米，兼种果蔬。村落形态呈散状，房屋结构以平房和坡房为主。

西湾【Xīwān】 以方位命名。因建村于孙家湾西而得名。1958年隶属施楼大队；1984年隶属施楼村至今。位于村委会西500米。东邻村委会，南界同心村胡家冲，西至李家湾，北连皇村上岗。总面积0.3平方千米，耕地面积3.29公顷。17户，60人。主产水稻、小麦、玉米，兼种果蔬。村落形态呈散状，房屋结构以平房和坡房为主。

晏家湾【Yànjiāwān】 以姓氏命名。因晏姓聚居而得名。1958年隶属施楼大队；1984年隶属施楼村至今。位于村委会东北1.5千米。东邻王城镇新店村小湾庄，南界施家楼，西至本村竹林湾，北连滚河。总面积0.3平方千米，耕地面积21.6公顷。17户，50人。主产水稻、小麦、玉米，兼种果蔬，有养猪养鱼等。村落形态呈散状，房屋结构以平房和坡房为主。

杨家湾【Yángjiāwān】 以姓氏命名。因杨姓聚居而得名。1958年隶属施楼大队；1984年隶属施楼村至今。位于村委会西1.2千米。东邻李家湾，南界同心村杨家湾，西至黄家湾，北连皇村黄庄。总面积0.3平方千米，耕地面积6.5公顷。4户，10人。主产水稻、小麦、玉米，兼种果蔬。村落形态呈散状，房屋结构以平房和坡房为主。

朱家湾【Zhūjiāwān】 以姓氏命名。因朱姓聚居而得名。1958年隶属施楼大队；1984年隶属施楼村至今。位于村委会西南1千米。东邻西湾，南界同心村胡家冲，西至同心村桥头湾，北连李家湾。总面积0.5平方千米，耕地面积23.9公顷。9户，20人。主产水稻、小麦、玉米，兼种果蔬。村落形态呈散状，房屋结构以平房和坡房为主。

竹林湾【Zhúlínwān】 以植物命名。因村内有片竹林而得名。1958年隶属施楼大队；1984年隶属施楼村至今。位于村委会北1.5千米。东邻晏家湾，南界孙家湾，西至皇村上岗，北连耿家湾。总面积0.4平方千米，耕地面积 28.4 公顷。8 户，60 人。主产水稻、小麦、玉米，兼种果蔬，养猪养鱼产业发展。村落形态呈散状，房屋结构以平房和坡房为主。

树头村【Shùtóucūn】

以树头自然村命名。1958 年为树头大队，隶属卫星公社；1961 年隶属吴店区；1975 年隶属吴店公社；1984 年为树头村，隶属吴店镇至今。位于镇政府东 1 千米。东邻皇村，南界凉水村，西至凉水村、中心社区，北连昆河。辖 13 个自然村，总面积 4.6 平方千米，耕地面积 60.7 公顷。376 户，1365 人。村委会驻陈双河。

陈双河【Chénshuānghé】　以姓名命名。因早年村中有个叫陈双河的人而得名。1958 年隶属树头大队；1984 年隶属树头村至今。村委会驻地。东邻罗家湾，南界大朱家冲，西至树头湾，北连宣城路。总面积 0.3 平方千米，耕地面积 1.6 公顷。50 户，130 人。主产水稻、蔬菜。村落形态呈线状，房屋结构以楼房为主。

刺树子湾【Cìshùziwān】　以植物命名。因村内长有很多刺树而得名。1958 年隶属树头大队；1984 年隶属树头村至今。位于村委会南 1 千米。东邻竹林子湾，南界梨子树湾，西至梨子树湾，北连刘家湾。总面积 0.3 平方千米，耕地面积 3.3 公顷。4 户，15 人。主产水稻、小麦、玉米。村落形态呈团状，房屋结构以坡房和楼房为主。

大洼子【Dàwāzi】　以面积和地形综合命名。因村建在面积较大的低洼处而得名。1958 年隶属树头大队；1984 年隶属树头村至今。位于村委会南 500 米。东邻陈双河，南界小朱家冲，西至树头湾，北连陈双河。总面积 0.6 平方千米，耕地面积 6.5 公顷。8 户，30 人。主产小麦、玉米、水稻。村落形态呈散状，房屋结构以坡房和楼房为主。

大朱家冲【Dàzhūjiāchōng】　以姓氏和地形综合命名。因朱姓聚居在冲旁且村大而得名。1958 年隶属树头大队；1984 年隶属树头村至今。位于村委会东南 1 千米。东邻刘家湾，南界下分水岭，西至小朱家冲，北连陈双河。总面积 0.6 平方千米，耕地面积 3.6 公顷。20 户，60 人。主产水稻、小麦。村落形态呈散状，房屋结构以坡房和楼房为主。

梨子树湾【Lízishùwān】　以植物命名。因村里梨子树多而得名。1958 年隶属树头大队；1984 年隶属树头村至今。位于村委会南 2.8 千米。东邻竹林子湾，南界凉水村宋庄，西至小朱家冲，北连刘家湾。总面积 0.7 平方千米，耕地面积 16.5 公顷。30 户，150 人。主产水稻、小麦。村落形态呈团状，房屋结构以坡房和楼房为主。

刘家湾【Liújiāwān】　以姓氏命名。因刘姓聚居而得名。1958 年隶属树头大队；1984 年隶属树头村至今。位于村委会东南 2 千米。东邻叶家湾，南界梨子树湾，西至梨子树湾，北连大朱家冲。总面积 0.3 平方千米，耕地面积 6 公顷。21 户，70 人。主产水稻、小麦、玉米。村落形态呈团状，房屋结构以坡房和楼房为主。

罗家湾【Luójiāwān】　以姓氏命名。因罗姓聚居而得名。1958 年隶属树头大队；1984 年隶属树头村至今。位于村委会东 1 千米。东邻皇城河，南界大朱家冲，西至陈双河，北连周寨村徐家壕。总面积 0.2 平方千米，耕地面积 6 公顷。35 户，120 人。主产水稻、小麦、玉米。村落形态呈团状，房屋结构以坡房为主。

树头湾【Shùtóuwān】 以植物命名。因村内树木较多而得名。1958 年隶属树头大队；1984 年隶属树头村至今。位于村委会西南 800 米。东邻陈双河，南界水牛洼，西至中心社区，北连中心社区。总面积 0.6 平方千米，耕地面积 5 公顷。123 户，490 人。主产水稻、蔬菜。村落形态呈团状，房屋结构以楼房为主。

水牛洼【Shuǐniúwā】 以动物命名。地处山洼，因村前两块大石头像对水牛角，故名。1958 年隶属树头大队；1984 年隶属树头村至今。位于村委会西南 1.6 千米。东邻陈双河，南界东冲水库，西至上分水岭，北连树头湾。总面积 0.3 平方千米，耕地面积 1.2 公顷。7 户，20 人。主产蔬菜。村落形态呈散状，房屋结构以楼房为主。

小朱家冲【Xiǎozhūjiāchōng】 以姓氏和地形综合命名。因朱姓聚居山冲且村小而得名。1958 年隶属树头大队；1984 年隶属树头村至今。位于村委会南 3.5 千米。东邻刘家湾，南界大朱家湾，西至凉水庄，北连陈双河。总面积 0.2 平方千米，耕地面积 4.2 公顷。15 户，60 人。主产水稻、小麦。村落形态呈散状，房屋结构以坡房和楼房为主。

新庄【Xīnzhuāng】 以时间命名。因 1954 年涨大水冲毁老庄，居民重建，故名。1958 年隶属树头大队；1984 年隶属树头村至今。位于村委会东南 1 千米。东邻叶家湾，南界刘家湾，西至陈双河，北连罗家湾。总面积 0.1 平方千米，耕地面积 3 公顷。25 户，90 人。主产水稻、玉米。村落形态呈团状，房屋结构以楼房为主。

叶家湾【Yèjiāwān】 以姓氏命名。因叶姓聚居而得名。1958 年隶属树头大队；1984 年隶属树头村至今。位于村委会东 2.9 千米。东邻宣城河，南界凉水村姚家湾，西至刘家湾，北连宣城河。总面积 0.1 平方千米，耕地面积 2.5 公顷。28 户，100 人。主产水稻、小麦。村落形态呈团状，房屋结构以楼房为主。

竹林子湾【Zhúlínziwān】 以植物命名。因村中竹子多而得名。1958 年隶属树头大队；1984 年隶属树头村至今。位于村委会东南 2.3 千米。东邻叶家湾，南界凉水村林家老湾，西至梨子树湾，北连刘家湾。总面积 0.3 平方千米，耕地面积 1.3 公顷。10 户，30 人。主产水稻、小麦。村落形态呈团状，房屋结构以楼房为主。

双湾村【Shuāngwāncūn】

以双湾村自然村命名。1958 年为国庆三大队，隶属高峰公社；1961 年隶属清潭区；1975 年隶属清潭公社；1980 年为双湾大队，隶属清潭公社；1984 年为双湾村，隶属清潭区；1987 年隶属清潭镇；2001 年隶属吴店镇至今。位于镇政府南 20 千米。东邻程湾村，南界井湾村，西至长里岗村，北连王城镇李桥村。辖 22 个自然村，总面积 3.43 平方千米，耕地面积 194 公顷。204 户，750 人。主产小麦、玉米、水稻，兼种果树。规模养猪场 1 个，年出栏 2000 头，茶叶种植 8 公顷。村委会驻双湾。

八亩冲【Bāmǔchōng】 以数量和地形综合命名。因村建在八亩田的山冲里而得名。1958 年隶属国庆三大队；1980 年隶属双湾大队；1984 年隶属双湾村至今。位于村委会东 1 千米。东邻屠家老湾，南界龙坑，西至张家湾，北连桐树湾。总面积0.1平方千米，耕地面积4公顷。2户，10人。主产小麦、玉米、水稻，兼种果蔬。村落形态呈散状，房屋结构以坡房为主。

北冲洼子【Běichōngwāzi】 以方位和地形综合命名。因村建在山冲北边洼地而得名。1958年隶属国庆三大队；1980年隶属双湾大队；1984年隶属双湾村至今。位于村委会北1.5千米。东邻新楼子湾，南界桐树湾，西至牯牛湾，北连王城镇资山社区屠家湾。总面积0.2平方千米，耕地面积10公顷。4户，10人。主产小麦、玉米、水稻，兼种果蔬。村落形态呈散状，房屋结构以坡房为主。

大张家湾【Dàzhāngjiāwān】 以姓氏命名。因张姓聚居而得名。1958年隶属国庆三大队；1980年隶属双湾大队；1984年隶属双湾村至今。位于村委会西南2千米。东邻月池堰，南界岩子湾，西至长里岗村倒挂金钩，北连钻子沟。总面积0.2平方千米，耕地面积12公顷。12户，40人。主产小麦、玉米、水稻，兼种果蔬。村落形态呈散状，房屋结构以坡房为主。

冯家冲【Féngjiāchōng】 以姓氏和地形综合命名。因冯姓聚居山冲而得名。1958年隶属国庆三大队；1980年隶属双湾大队；1984年隶属双湾村至今。位于村委会东南1千米。东邻程湾村冯家祠堂，南界庙湾，西至下中湾，北连龙坑。总面积0.1平方千米，耕地面积8公顷。7户，30人。主产小麦、玉米、水稻，兼种果蔬。村落形态呈散状，房屋结构以坡房为主。

牯牛湾【Gǔniúwān】 以动物命名。据传，有一小孩在深山放牛遇狼，牯牛护主，以头抵狼致死，后角挂狼肠奋奔而归，家中误认其子被牯牛所伤，怒宰之。小孩回家说明此事，主人方知误杀牯牛，故不食其肉而葬于村中，且命名此地以示纪念。1958年隶属国庆三大队；1980年隶属双湾大队；1984年隶属双湾村至今。位于村委会西北600米。东邻桐树湾，南界周家湾，西至钻子沟，北连王城镇李桥村屠家湾。总面积0.1平方千米，耕地面积8公顷。8户，30人。主产小麦、玉米、水稻，兼种果蔬。村落形态呈散状，房屋结构以坡房为主。

龙坑【Lóngkēng】 以动物和地形综合命名。据传，此地古时有条龙，一次暴雨中升天，从此留下一坑，故名。1958年隶属国庆三大队；1980年隶属双湾大队；1984年隶属双湾村至今。位于村委会东500米。东邻屠家老湾，南界下中湾，西至周家湾，北连八亩冲。总面积0.11平方千米，耕地面积10公顷。8户，30人。主产小麦、玉米、水稻，兼种果蔬。村落形态呈散状，房屋结构以坡房为主。

庙湾【Miàowān】 以建筑物命名。因村内建有山庙而得名。1958年隶属国庆三大队；1980年隶属双湾大队；1984年隶属双湾村至今。位于村委会南1.8千米。东邻井湾村井湾，南界井湾村白林场，西至中湾，北连冯家冲。总面积0.1平方千米，耕地面积5公顷。9户，40人。主产小麦、玉米、水稻，兼种果蔬。村落形态呈散状，房屋结构以坡房为主。

旗杆湾【Qígānwān】 以传说命名。据传，史姓家族曾得到皇帝封的一面旗帜，旗立在村中，故名。1958年隶属国庆三大队；1980年隶属双湾大队；1984年隶属双湾村至今。位于村委会南2千米。东邻中湾，南界井湾村高稻场，西至崖子湾，北连史家祠堂。总面积0.2平方千米，耕地面积10公顷。12户，40人。主产小麦、玉米、水稻，兼种果蔬。村落形态呈散状，房屋结构以坡房为主。

史家祠堂【Shǐjiācítáng】 以姓氏和建筑物综合命名。因史姓聚居且村内修有祠堂而得名。1958年隶属国庆三大队；1980年隶属双湾大队；1984年隶属双湾村至今。村委会南1.5千米。东邻下中湾，南界旗杆湾，西至岩子湾，北连双湾。总面积 0.2 平方千米，耕地面积 10 公顷。11 户，50 人。主产小麦、玉米、水稻，兼种果蔬。村落形态呈散状，房屋结构以坡房为主。

双湾【Shuāngwān】 以数量命名。因两个村子接近而得名。1958 年隶属国庆三大队；1980 年隶属双湾大队；1984 年隶属双湾村至今。村委会驻地。东邻龙坑，南界史家祠堂，西至大张家湾，北连周家湾。总面积 0.11 平方千米，耕地面积 10 公顷。12 户，50 人。主产小麦、玉米、水稻，兼种果蔬。村落形态呈散状，房屋结构以坡房为主。

桐树湾【Tóngshùwān】 以植物命名。因村周桐树多而得名。1958 年隶属国庆三大队；1980 年隶属双湾大队；1984 年隶属双湾村至今。位于村委会北 1 千米。东邻榨树湾，南界八亩冲，西至牯牛湾，北连北冲洼子。总面积 0.2 平方千米，耕地面积 7 公顷。5 户，20 人。主产小麦、玉米、水稻，兼种果蔬。村落形态呈散状，房屋结构以坡房为主。

屠家老湾【Tújiālǎowān】 以姓氏和时间综合命名。因屠姓聚居且建村早而得名。1958 年隶属国庆三大队；1980 年隶属双湾大队；1984 年隶属双湾村至今。位于村委会东 900 米。东邻程湾村瓦土地，南界龙坑，西至张家湾，北连八亩冲。总面积 0.2 平方千米，耕地面积 10 公顷。12 户，40 人。主产小麦、玉米、水稻，兼种果蔬。村落形态呈散状，房屋结构以坡房为主。

下中湾【Xiàzhōngwān】 以方位命名。因此地相邻有上、中、下三个村，此村居中湾下方，故名。1958 年隶属国庆三大队；1980 年隶属双湾大队；1984 年隶属双湾村至今。位于村委会南 1 千米。东邻冯家冲，南界旗杆湾，西至史家祠堂，北连龙坑。总面积 0.1 平方千米，耕地面积 5 公顷。11 户，40 人。主产小麦、玉米、水稻，兼种果蔬。村落形态呈散状，房屋结构以坡房为主。

新楼子湾【Xīnlóuziwān】 以时间和建筑物综合命名。因村新修两座炮楼而得名。1958 年隶属国庆三大队；1980 年隶属双湾大队；1984 年隶属双湾村至今。位于村委会东北 1.5 千米。东邻程湾村杨家湾，南界榨树湾，西至北冲洼子，北连王城镇李桥村白果树湾。总面积 0.2 平方千米，耕地面积 12 公顷。13 户，50 人。主产小麦、玉米、水稻。村落形态呈散状，房屋结构以坡房为主。

岩子湾【Yánziwān】 以地形命名。因村建在山岩子边而得名。1958 年隶属国庆三大队；1980 年隶属双湾大队；1984 年隶属双湾村至今。位于村委会西南 1.5 千米。东邻史家祠堂，南界旗杆湾，西至井湾村，北连大张家湾。总面积 0.11 平方千米，耕地面积 10 公顷。2 户，10 人。主产小麦、玉米、水稻，兼种果蔬。村落形态呈散状，房屋结构以坡房为主。

堰角子【Yànjiǎozi】 以堰塘和方位综合命名。因村建在堰角边而得名。1958 年隶属国庆三大队；1980 年隶属双湾大队；1984 年隶属双湾村至今。位于村委会西 1 千米。东邻牯牛湾，南界周家湾，西至月池堰，北连钻子沟。总面积 0.2 平方千米，耕地面积 10 公顷。15 户，50 人。主产小麦、玉米、水稻，兼种果蔬。村落形态呈散状，房屋结构以坡房为主。

月池堰【Yuèchíyàn】 以堰塘形状命名。因村前有口形似月牙的堰塘而得名。1958 年隶属国庆三大队；1980 年隶属双湾大队；1984 年隶属双湾村至今。位于村委会西南 1.5 千米。东邻周家湾，南界岩子湾，西至大张家湾，北连钻子沟湾。总面积 0.2 平方千米，耕地面积 10 公顷。11 户，40 人。主产小麦、玉米、水稻，兼种果蔬。村落形态呈散状，房屋结构以坡房为主。

榨树湾【Zhàshùwān】 以植物命名。因此村榨树多而得名。1958年隶属国庆三大队；1980年隶属双湾大队；1984年隶属双湾村至今。位于村委会北1.5千米。东邻程湾村瓦土地，南界屠家老湾，西至桐树湾，北连新楼子湾。总面积0.2平方千米，耕地面积12公顷。14户，40人。主产小麦、玉米、水稻，兼种果蔬。村落形态呈散状，房屋结构以坡房为主。

张家湾【Zhāngjiāwān】 以姓氏命名。因张姓聚居而得名。1958年隶属国庆三大队；1980年隶属双湾大队；1984年隶属双湾村至今。位于村委会东400米。东邻屠家老湾，南界龙坑，西至牯牛湾，北连桐树湾。总面积0.1平方千米，耕地面积8公顷。10户，50人。主产小麦、玉米、水稻，兼种果蔬。村落形态呈散状，房屋结构以坡房为主。

中湾【Zhōngwān】 以方位命名。因此地相连有三个村，此村居中，故名。1958年隶属国庆三大队；1980年隶属双湾大队；1984年隶属双湾村至今。位于村委会南2千米。东邻庙湾，南界井湾村井湾，西至旗杆湾，北连下中湾。总面积0.1平方千米，耕地面积7公顷。10户，30人。主产小麦、玉米、水稻，兼种果蔬。村落形态呈散状，房屋结构以坡房为主。

周家湾【Zhōujiāwān】 以姓氏命名。因周姓聚居而得名。1958年隶属国庆三大队；1980年隶属双湾大队；1984年隶属双湾村至今。位于村委会西600米。东邻张家湾，南界双湾，西至月池堰，北连牯牛湾。总面积0.2平方千米，耕地面积8公顷。12户，40人。主产小麦、玉米、水稻，兼种果蔬。村落形态呈散状，房屋结构以坡房为主。

钻子沟【Zuànzigōu】 以工具和地形综合命名。传说，此地古时有条龙，若能将它钉住，就会发财。有一人不慎用钻子将龙钉死，这块宝地塌陷成一条深沟，故名。1958年隶属国庆三大队；1980年隶属双湾大队；1984年隶属双湾村至今。位于村委会西北2千米。东邻牯牛湾，南界堰角子，西至桐树湾，北连长里岗村天池院。总面积0.2平方千米，耕地面积10公顷。12户，40人。主产小麦、玉米、水稻，兼种果蔬。村落形态呈散状，房屋结构以坡房为主。

双槽门村【Shuāngcáoméncūn】

以双槽门自然村命名。1958年为前进七大队，隶属高峰公社；1961年隶属清潭区；1975年隶属清潭公社；1980年为双槽门大队，隶属清潭公社；1984年为双槽门村，隶属清潭区；1987年隶属清潭镇；2001年隶属吴店镇至今。位于镇政府西南40千米。东邻唐家老湾村，南界唐家老湾村，西至平林镇罗家湾村，北连喻咀村。辖28个自然村（湾），总面积12.52平方千米，耕地面积249公顷。305户，1044人。主产水稻、小麦、玉米，兼种果蔬、香菇。村委会驻筲箕窝。

白果树湾【Báiguǒshùwān】 以植物命名。因村里有棵大白果树而得名。1958年隶属前进七大队；1980年隶属双槽门大队；1984年隶属双槽门村至今。位于村委会东1.5千米。东邻唐家老湾村楼子湾，南界李家台子，西至李家湾，北连王家湾。总面积0.4平方千米，耕地面积8公顷。6户，20人。主产水稻、小麦、玉米，兼种果蔬。村落形态呈散状，房屋结构以坡房为主。

长堰埂【Chángyàngěng】 以堰和埂综合命名。因村前有口大堰且堰埂长而得名。1958年隶属前进一大队；1980年隶属唐家老湾大队；1984年隶属唐家老湾村至今。位于村委会北1.8千米。东邻王家湾，南界上郭家湾，西至双槽门，北连陈崖子。总面积 0.45 平方千米，耕地面积 6 公顷。15 户，50 人。主产水稻、小麦、杂粮。村落形态呈散状，房屋结构以平房和坡房为主。

杜家湾【Dùjiāwān】 以姓氏命名。因杜姓聚居而得名。1958 年隶属前进七大队；1980 年隶属双槽门大队；1984 年隶属双槽门村至今。位于村委会北 2.5 千米。东邻新湾，南界庙咀，西至伏蛉窝，北连喻咀村八里庙。总面积 0.27 平方千米，耕地面积 4 公顷。11 户，40 人。主产水稻、小麦、玉米，兼种果蔬。村落形态呈散状，房屋结构以坡房为主。

伏蛉窝【Fúlíngwō】 以动物巢穴命名。因村周围树木稠密，伏蛉（蝉的别称）多而得名。1958 年隶属前进七大队；1980 年隶属双槽门大队；1984 年隶属双槽门村至今。位于村委会北 2 千米。东邻李家湾，南界黄家湾，西至喻咀村八里庙，北连喻咀村焦家老湾。总面积 0.4 平方千米，耕地面积 8 公顷。11 户，44 人。主产水稻、小麦、玉米，兼种果蔬。村落形态呈散状，房屋结构以坡房为主。

花屋脊【Huāwūjǐ】 以建筑物特点命名。因村内屋脊都雕有龙、凤、虎花纹装饰而得名。1958 年隶属前进七大队；1980 年隶属双槽门大队；1984 年隶属双槽门村至今。位于村委会西 3 千米。东邻楼子湾，南界学屋，西至平林镇方家湾村东冲洼子，北连平林镇八万山。总面积 0.4 平方千米，耕地面积 13 公顷。10 户，30 人。主产水稻、小麦、玉米，兼种果蔬。村落形态呈散状，房屋结构以坡房为主。

黄家湾【Huángjiāwān】 以姓氏命名。因黄姓聚居而得名。1958 年隶属前进七大队；1980 年隶属双槽门大队；1984 年隶属双槽门村至今。位于村委会北 1.5 千米。东邻王家湾，南界上唐家咀，西至喻咀村焦家老湾，北连伏蛉窝。总面积 0.4 平方千米，耕地面积 6 公顷。12 户，40 人。主产水稻、小麦、玉米，兼种果蔬。村落形态呈散状，房屋结构以坡房为主。

绞子上【Jiǎozishàng】 以轧花机命名。因原村内有架轧花机，俗称"轧花绞子"，且地势高，故名。1958 年隶属前进七大队；1980 年隶属双槽门大队；1984 年隶属双槽门村至今。位于村委会西 2 千米。东邻楼子屋，南界平林镇雷山村庙洼子，西至王家老湾，北连破楼子湾。总面积 0.3 平方千米，耕地面积 5 公顷。8 户，30 人。主产水稻、小麦、玉米，兼种果蔬。村落形态呈散状，房屋结构以坡房为主。

李家台子【Lǐjiātáizi】 以姓氏和地形综合命名。因李姓建村于一块较大的台地而得名。1958 年隶属前进七大队；1980 年隶属双槽门大队；1984 年隶属双槽门村至今。位于村委会东南 1.3 千米。东邻白果树湾，南界裴家湾，西至双槽门，北连李家湾。总面积 0.5 平方千米，耕地面积 10 公顷。18 户，70 人。主产水稻、小麦、玉米，兼种果蔬。村落形态呈散状，房屋结构以坡房为主。

李家湾【Lǐjiāwān】 以姓氏命名。因李姓聚居而得名。1958 年隶属前进七大队；1980 年隶属双槽门大队；1984 年隶属双槽门村至今。位于村委会东北 1 千米。东邻白果树湾，南界李家台子，西至双槽门，北连王家湾。总面积 0.6 平方千米，耕地面积 12 公顷。11 户，40 人。主产水稻、小麦、玉米，兼种果蔬。村落形态呈散状，房屋结构以坡房为主。

楼子湾【Lóuziwān】 以建筑文化命名。因原村内有座楼子而得名。1958 年隶属前进七大队；1980 年隶属双槽门大队；1984 年隶属双槽门村至今。位于村委会东南 2 千米。东邻屠家老湾，南界仓库岗，西至花屋脊，北连平林镇八万山。总面积 0.5 平方千米，耕地面积 18 公顷。16 户，60 人。主产水稻、小麦、玉米，兼种果蔬。村落形态呈散状，房屋结构以坡房为主。

楼子屋【Lóuziwū】 以建筑物命名。因村内盖有一座楼子而得名。1958年隶属前进七大队；1980年隶属双槽门大队；1984年隶属双槽门村至今。位于村委会东南1.5千米。东邻唐家老湾村桂花树湾，南界平林镇雷山村北斗坡，西至绞子上，北连裴家湾。总面积0.3平方千米，耕地面积10公顷。13户，40人。主产水稻、小麦、玉米，兼种果蔬。村落形态呈散状，房屋结构以坡房为主。

猫子冲【Māozichōng】 以地形命名。因1988年几户人家建村于地形似猫子的山冲而得名。1958年隶属前进七大队；1980年隶属双槽门大队；1984年隶属双槽门村至今。位于村委会东南1.5千米。东邻唐家老湾村花家湾，南界裴家湾，西至双槽门，北连白果树湾。总面积0.2平方千米，耕地面积3公顷。3户，10人。主产水稻、小麦、玉米。村落形态呈散状，房屋结构以坡房为主。

庙岗【Miàogǎng】 以建筑物和地形综合命名。因村建在有土地庙的岗坡上而得名。1958年隶属前进七大队；1980年隶属双槽门大队；1984年隶属双槽门村至今。位于村委会西南1.5千米。东邻破楼子湾，南界王家老湾，西至寨上，北连楼子湾。总面积0.6平方千米，耕地面积10公顷。18户，60人。主产水稻、小麦、玉米，兼种果蔬。村落形态呈散状，房屋结构以坡房为主。

庙咀【Miàozuǐ】 以建筑物和地形综合命名。因村建在有座土地庙的山咀上而得名。1958年隶属前进七大队；1980年隶属双槽门大队；1984年隶属双槽门村至今。位于村委会东北1.5千米。东邻唐家老湾村杨家湾，南界王家湾，西至伏岭窝，北连新湾。总面积0.3平方千米，耕地面积7公顷。9户，30人。主产水稻、小麦、玉米，兼种果蔬。村落形态呈散状，房屋结构以坡房为主。

裴家湾【Péijiāwān】 以姓名命名。因裴姓聚居而得名。1958年隶属前进七大队；1980年隶属双槽门大队；1984年隶属双槽门村至今。位于村委会南1.3千米。东邻唐家老湾村学屋咀子，南界楼子屋，西至破楼子湾，北连李家台子。总面积1.5平方千米，耕地面积20公顷。20户，60人。主产水稻、小麦、玉米，兼种果蔬。村落形态呈散状，房屋结构以坡房为主。

破楼子湾【Pòlóuziwān】 以建筑物命名。因村内有座楼，年久失修，破烂不堪，故名。1958年隶属前进七大队；1980年隶属双槽门大队；1984年隶属双槽门村至今。位于村委会南1.3千米。东邻裴家湾，南界绞子上，西至仓库岗，北连双槽门。总面积0.4平方千米，耕地面积8公顷。8户，30人。主产水稻、小麦、玉米。村落形态呈散状，房屋结构以坡房为主。

上尚家湾【Shàngshàngjiāwān】 以方位和姓氏综合命名。因相邻两个尚家湾，此村在北，故名。1958年隶属前进七大队；1980年隶属双槽门大队；1984年隶属双槽门村至今。位于村委会西2.8千米。东邻楼子湾，南界寨上，西至平林镇雷山村王家湾，北连学屋。总面积0.3平方千米，耕地面积4公顷。7户，30人。主产水稻、小麦、玉米，兼种果蔬。村落形态呈散状，房屋结构以坡房为主。

筲箕窝【Shāojīwō】 以地形命名。因村建在形似筲箕的凹地而得名。1958年隶属前进七大队；1980年隶属双槽门大队；1984年隶属双槽门村至今。村委会驻地。东邻李家台子，南界破楼子湾，西至庙咀子，北连杜家湾。总面积0.2平方千米，耕地面积6公顷。4户，10人。主产水稻、小麦、玉米，兼种果蔬。村落形态呈散状，房屋结构以坡房和楼房为主。

佘沟【Shégōu】 以姓氏和地形综合命名。因佘姓居住的沟里而得名。1958年隶属前进七大队；1980年隶属双槽门大队；1984年隶属双槽门村至今。位于村委会西北2千米。东邻喻咀村耿家咀子，南界屠家老湾,西至楼子湾,北连平林镇八万山。总面积0.2平方千米,耕地面积10公顷。3户,10人。主产水稻、小麦、玉米,兼种果蔬。村落形态呈散状,房屋结构以坡房为主。

双槽门【Shuāngcáomén】 以数量和建筑综合命名。因村内原建有两个槽门而得名。1958年隶属前进七大队;1980年隶属双槽门大队;1984年隶属双槽门村至今。位于村委会西南1千米。东邻李家台子,南界破楼子湾,西至唐家老湾,北连喻家咀村耿家咀子。总面积0.4平方千米,耕地面积6公顷。13户,50人。主产水稻、小麦、玉米,兼种果蔬。村落形态呈散状,房屋结构以坡房为主。

坛子独【Tánzidú】 以地形命名。因村子地形似坛子而得名。1958年隶属前进七大队;1980年隶属双槽门大队;1984年隶属双槽门村至今。位于村委会东北1.5千米。东邻唐家老湾村松鼠湾,南界李家湾,西至唐家湾,北连王家湾。总面积0.3平方千米,耕地面积8公顷。8户,30人。主产水稻、小麦、玉米。村落形态呈散状,房屋结构以坡房为主。

唐家咀【Tángjiāzuǐ】 以地形和姓氏综合命名。因唐姓聚居山咀而得名。1958年隶属前进七大队;1980年隶属双槽门大队;1984年隶属双槽门村至今。位于村委会西北1千米。东邻王家湾,南界双槽门,西至喻咀村耿家咀,北连黄家湾。总面积0.3平方千米,耕地面积5公顷。7户,30人。主产水稻、小麦、玉米,兼种果蔬。村落形态呈散状,房屋结构以坡房为主。

屠家老湾【Tújiālǎowān】 以姓氏和时间综合命名。因屠姓聚居且建村较早而得名。1958年隶属前进七大队;1980年隶属双槽门大队;1984年隶属双槽门村至今。位于村委会西1.5千米。东邻双槽门,南界破楼子湾,西至楼子湾,北连喻家咀村耿家咀子。总面积0.3平方千米,耕地面积6公顷。8户,30人。主产水稻、小麦、玉米,兼种果蔬。村落形态呈散状,房屋结构以坡房和楼房为主。

王家老湾【Wángjiālǎowān】 以姓氏和时间综合命名。因王姓聚居且建村较早而得名。1958年隶属前进七大队;1980年隶属双槽门大队;1984年隶属双槽门村至今。位于村委会西南2千米。东邻绞子上,南界平林镇雷山村莲花垱,西至寨上,北连仓库岗。总面积0.4平方千米,耕地面积12公顷。8户,30人。主产水稻、小麦、玉米,兼种果蔬。村落形态呈散状,房屋结构以坡房为主。

王家湾【Wángjiāwān】 以姓氏命名。因王姓聚居而得名。1958年隶属前进七大队;1980年隶属双槽门大队;1984年隶属双槽门村至今。位于村委会东北1.5千米。东邻唐家老湾村下崖子,南界李家湾,西至黄家湾,北连庙咀子。总面积0.6平方千米,耕地面积16公顷。18户,20人。主产水稻、小麦、玉米,兼种果蔬。村落形态呈散状,房屋结构以坡房和楼房为主。

下尚家湾【Xiàshàngjiāwān】 以方位和姓氏综合命名。因相邻两个尚家湾,此村在南,故名。1958年隶属前进七大队;1980年隶属双槽门大队;1984年隶属双槽门村至今。位于村委会西2.5千米。东邻楼子湾,南界屠家老湾,西至孙家湾,北连平林镇八万山。总面积0.6平方千米,耕地面积14公顷。17户,60人。主产水稻、小麦、玉米。村落形态呈散状,房屋结构以坡房为主。

新湾【Xīnwān】 以姓氏命名。因新姓聚居而得名。1958年隶属前进七大队;1980年隶属双槽门大队;1984年隶属双槽门村至今。位于村委会西北2千米。东邻喻咀村小王家湾,南界庙咀子,西至王家湾,北连下唐家咀。总面积0.4平方千米,耕地面积6公顷。10户,40人。主产水稻、小麦、玉米,兼种果蔬。村落形态呈散状,房屋结构以坡房为主。

学屋【Xuéwū】 以学堂命名。因此村曾办过学堂而得名。1958年隶属前进七大队；1980年隶属双槽门大队；1984年隶属双槽门村至今。位于村委会西南3千米。东邻楼子湾，南界尚家湾，西至平林镇雷山村柳堰，北连花屋脊。总面积0.7平方千米，耕地面积3公顷。6户，20人。主产水稻、小麦、玉米，兼种果蔬。村落形态呈散状，房屋结构以坡房为主。

寨上【Zhàishàng】 以建筑物命名。因村周修有寨墙而得名。1958年隶属前进七大队；1980年隶属双槽门大队；1984年隶属双槽门村至今。位于村委会西北1千米。东邻王家湾，南界双槽门，西至喻咀村耿家咀，北连黄家湾。总面积0.3平方千米，耕地面积5公顷。7户，30人。主产水稻、小麦、玉米，兼种果蔬。村落形态呈散状，房屋结构以坡房为主。

唐家老湾村【Tángjiālǎowāncūn】

以唐家老湾自然村命名。1958年为前进一大队，隶属高峰公社；1961年隶属清潭区；1975年隶属清潭公社；1980年为唐家老湾大队；1984年隶属清潭区；1987年隶属清潭镇；2001年隶属吴店镇至今。1985—1987年所辖的蒋家咀、柳树湾、阴湾、桃子湾、白果树湾划入柴家庙村。位于镇政府南22千米。东邻柴家庙村，南界平林镇雷山村，西至双槽门村，北连清潭街道社区。辖25个自然村，总面积10.66平方千米，耕地面积143公顷。258户，790人。主产水稻、小麦。村委会驻胡家湾。

陈家湾【Chénjiāwān】 以姓氏命名。因陈姓聚居而得名。1958年隶属前进一大队；1980年隶属唐家老湾大队；1984年隶属唐家老湾村至今。位于村委会北1千米。东邻柿子湾，南界杨家湾，西至松树湾，北连长堰埂。总面积0.42平方千米，耕地面积6公顷。10户，20人。主产水稻、小麦、杂粮。村落形态呈散状，房屋结构以平房和坡房为主。

垱埂【Dànggěng】 以水利设施命名。因村前筑有垱坝且堤宽而得名。1958隶属前进一大队；1980年隶属唐家老湾大队；1984年隶属唐家老湾村至今。位于村委会西北1.1千米。东邻楼子湾，南界王家湾，西至双槽门村李家台子，北连双槽门村白果树湾。总面积0.45平方千米，耕地面积6公顷。15户，50人。主产水稻、小麦、杂粮。村落形态呈散状，房屋结构以平房和坡房为主。

陡坡【Dǒupō】 以地形命名。因村前平且村后山陡而得名。1958年隶属前进一大队；1980年隶属唐家老湾大队；1984年隶属唐家老湾村至今。位于村委会东300米。东邻西茶场，南界新湾，西至村委会，北连顾家湾。总面积0.45平方千米，耕地面积6公顷。10户，30人。主产水稻、小麦和杂粮。村落形态呈散状，房屋结构以平房和坡房为主。

顾家湾【Gùjiāwān】 以姓氏命名。因顾姓聚居而得名。1958年隶属前进一大队；1980年隶属唐家老湾大队；1984年隶属唐家老湾村至今。位于村委会北1千米。东邻陡坡，南界西茶场，西至楼子湾，北连杨家湾。总面积0.46平方千米，耕地面积6公顷。5户，10人。主产水稻、小麦和杂粮。村落形态呈散状，房屋结构以平房和坡房为主。

桂花树湾【Guìhuāshùwān】 以植物命名。因村内有一棵百年桂花树而得名。1958年隶属前进一大队；1980年隶属唐家老湾大队；1984年隶属唐家老湾村至今。位于村委会西1.5千米。东邻唐家老湾，南界詹家湾，西至花椒湾，北连王家湾。总面积0.3平方千米，耕地面积4公顷。3户，10人。主产水稻、小麦、蔬菜和水果。村落形态呈散状，房屋结构以平房和坡房为主。

何家湾【Héjiāwān】 以姓氏命名。因何姓聚居而得名。1958隶属前进一大队；1980年隶属唐家老湾大队；1984年隶属唐家老湾村至今。位于村委会西南1.4千米。东邻腰盆井水库，南界平林镇雷山茶场，西至刘家咀，北连鲁湾。总面积0.38平方千米，耕地面积5公顷。10户，40人。主产水稻、小麦、杂粮。村落形态呈散状，房屋结构以平房和坡房为主。

胡家湾【Hújiāwān】 以姓氏命名。因胡姓聚居而得名。1958隶属前进一大队；1980年隶属唐家老湾大队；1984年隶属唐家老湾村至今。村委会驻地。东邻柴家庙村张家湾，南界上包家湾，西至詹家湾，北连唐家老湾村办公室。总面积0.35平方千米，耕地面积7公顷。20户，60人。主产水稻、小麦、杂粮。村落形态呈散状，房屋结构以平房和坡房为主。

花椒湾【Huājiāowān】 以植物命名。因此地花椒树大、多而得名。1958隶属前进一大队；1980年隶属唐家老湾大队；1984年隶属唐家老湾村至今。位于村委会西1千米。东邻桂花树湾，南界下包家湾，西至学屋咀，北连垱埂。总面积0.49平方千米，耕地面积7公顷。20户，60人。主产水稻、小麦、杂粮。村落形态呈散状，房屋结构以平房和坡房为主。

刘家咀【Liújiāzuǐ】 以姓氏和地形综合命名。因刘姓居住山咀而得名。1958隶属前进一大队；1980年隶属唐家老湾大队；1984年隶属唐家老湾村至今。位于村委会西南1.5千米。东邻何家湾，南界平林镇雷山办公室，西至平林镇雷山北陡坡，北连下包家湾。总面积0.46平方千米，耕地面积6公顷。20户，50人。主产水稻、小麦、杂粮。村落形态呈散状，房屋结构以平房和坡房为主。

楼子湾【Lóuziwān】 以建筑物命名。因村内有座二层楼房而得名。1958隶属前进一大队；1980年隶属唐家老湾大队；1984年隶属唐家老湾村至今。位于村委会西北800米。东邻顾家湾，南界唐家老湾，西至垱埂，北连杨家湾。总面积0.45平方千米，耕地面积6公顷。10户，20人。主产水稻、小麦、杂粮。村落形态呈散状，房屋结构以平房和坡房为主。

鲁湾【Lǔwān】 以姓氏命名。因鲁姓聚居而得名。1958隶属前进一大队；1980年隶属唐家老湾大队；1984年隶属唐家老湾村至今。位于村委会西南1.3千米。东邻腰盆井水库，南界何家湾，西至刘家咀，北连鲁湾。总面积0.38平方千米，耕地面积5公顷。10户，40人。主产水稻、小麦、杂粮。村落形态呈散状，房屋结构以平房和坡房为主。

上包家湾【Shàngbāojiāwān】 以方位和姓氏综合命名。因包姓居住相邻二村，此村位北，故名。1958隶属前进一大队；1980年隶属唐家老湾大队；1984年隶属唐家老湾村至今。位于村委会西南1.1千米。东邻胡家湾，南界下包家湾，西至平林镇雷山村庙洼子，北连学屋咀。总面积0.46平方千米，耕地面积6公顷。10户，40人。主产水稻、小麦、杂粮。村落形态呈散状，房屋结构以平房和坡房为主。

上郭家湾【Shàngguōjiāwān】 以方位和姓氏综合命名。因邻近有两个郭家湾，此村位北，故名。1958隶属前进一大队；1980年隶属唐家老湾大队；1984年隶属唐家老湾村至今。位于村委会北1.5千米。东邻蒋家畈村冯家榜子，南界下郭家湾，西至长堰埂，北连喻咀村新湾。总面积0.45平方千米，耕地面积6公顷。5户，10人。主产水稻、小麦和杂粮。村落形态呈散状，房屋结构以平房和坡房为主。

柿子湾【Shìziwān】 以植物命名。因村内柿子树多而得名。1958 隶属前进一大队；1980 年隶属唐家老湾大队；1984 年隶属唐家老湾村至今。位于村委会北 1.5 千米。东邻街道社区唐家大湾，南界顾家湾，西至陈家湾，北连下郭家湾。总面积 0.43 平方千米，耕地面积 6 公顷。10 户，30 人。主产水稻、小麦、杂粮。村落形态呈散状，房屋结构以平房和坡房为主。

松树湾【Sōngshùwān】 以植物命名。因湾前、湾后有大片松树而得名。1958 年隶属前进一大队；1980 年隶属唐家老湾大队；1984 年隶属唐家老湾村至今。位于村委会西 700 米。东邻陈家湾，南界楼子湾，西至双槽门村白果树湾，北连长堰埂。总面积 0.44 平方千米，耕地面积 7 公顷。5 户，10 人。主产水稻、小麦、杂粮。村落形态呈散状，房屋结构以平房和坡房为主。

唐家老湾【Tángjiālǎowān】 以姓氏和时间综合命名。因唐姓人在此居住建村早而得名。1958 隶属前进一大队；1980 年隶属唐家老湾大队；1984 年隶属唐家老湾村至今。位于村委会西北 800 米。东邻陡坡，南界胡家湾，西至桂花树湾，北连楼子湾。总面积 0.43 平方千米，耕地面积 6 公顷。10 户，30 人。主产水稻、小麦和杂粮。村落形态呈散状，房屋结构以坡房为主。

王家湾【Wángjiāwān】 以姓氏命名。因王姓聚居而得名。1958 隶属前进一大队；1980 年隶属唐家老湾大队；1984 年隶属唐家老湾村至今。位于村委会西北 1 千米。东邻唐家老湾，南界桂花树湾，西至双槽门裴家湾，北连垱埂。总面积 0.45 平方千米，耕地面积 6 公顷。15 户，50 人。主产水稻、小麦、杂粮。村落形态呈散状，房屋结构以平房和坡房为主。

下包家湾【Xiàbāojiāwān】 以方位和姓氏综合命名。因包姓居住相邻二村，此村位南，故名。1958 隶属前进一大队；1980 年隶属唐家老湾大队；1984 年隶属唐家老湾村至今。位于村委会西南 1.5 千米。东邻争光冲，南界刘家嘴，西至平林镇雷山村草屋湾，北连上包家湾。总面积 0.48 平方千米，耕地面积 6 公顷。10 户，30 人。主产水稻、小麦、杂粮。村落形态呈散状，房屋结构以平房和坡房为主。

下郭家湾【Xiàguōjiāwān】 以方位和姓氏综合命名。因邻近有两个郭家湾，此村位南，故名。1958 隶属前进一大队；1980 年隶属唐家老湾大队；1984 年隶属唐家老湾村至今。位于村委会北 1.3 千米。东邻蒋家畈村冯家榜子，南界下郭家湾，西至长堰埂，北连喻咀村新湾。总面积 0.45 平方千米，耕地面积 5 公顷。5 户，20 人。主产水稻、小麦和杂粮。村落形态呈散状，房屋结构以平房和坡房为主。

新湾【Xīnwān】 以建村时间命名。因村为中华人民共和国成立后新建而得名。1958 年隶属前进一大队；1980 年隶属唐家老湾大队；1984 年隶属唐家老湾村至今。位于村委会东 500 米。东邻清潭西茶场，南界柴家庙村张家湾，西至村委会，北连陡坡。总面积 0.45 平方千米，耕地面积 6 公顷。10 户，30 人。主产水稻、小麦和杂粮。村落形态呈散状，房屋结构以平房和坡房为主。

学屋咀【Xuéwūzuǐ】 以建筑物和地形综合命名。因村建在原办过学校的山咀上而得名。1958 隶属前进一大队；1980 年隶属唐家老湾大队；1984 年隶属唐家老湾村至今。位于村委会西 1 千米。东邻詹家湾，南界下包家湾，西至平林镇雷山村庙洼子，北连王家湾。总面积 0.49 平方千米，耕地面积 6 公顷。10 户，40 人。主产水稻、小麦、杂粮。村落形态呈散状，房屋结构以平房和坡房为主。

崖子【Yázi】 以地形命名。因村建在崖子下而得名。1958 年隶属前进一大队；1980 年隶属唐家老湾大队；1984 年隶属唐家老湾村至今。位于村委会北 1.6 千米。东邻长堰埂，南界陈家湾，西至双槽门村白果树湾，北连喻咀村新湾。总面积 0.45 平方千米，耕地面积 6 公顷。10 户，30 人。主产水稻、小麦和杂粮。村落形态呈散状，房屋结构以平房和坡房为主。

杨家湾【Yángjiāwān】 以姓氏命名。因杨姓聚居而得名。1958 隶属前进一大队；1980 年隶属唐家老湾大队；1984 年隶属唐家老湾村至今。位于村委会北 800 米。东邻柿子湾，南界顾家湾，西至楼子湾，北连陈家湾。总面积 0.6 平方千米，耕地面积 6 公顷。10 户，30 人。主产水稻、小麦、杂粮。村落形态呈散状，房屋结构以平房和坡房为主。

詹家湾【Zhānjiāwān】 以姓氏命名。因詹姓聚居而得名。1958 隶属前进一大队；1980 年隶属唐家老湾大队；1984 年隶属唐家老湾村至今。位于村委会西 200 米。东邻胡家湾，南界上包家湾，西至桂花树湾，北连唐家老湾。总面积 0.49 平方千米，耕地面积 7 公顷。15 户，50 人。主产水稻、小麦、杂粮。村落形态呈散状，房屋结构以平房和坡房为主。

同心村【Tóngxīncūn】

以同心寨自然村命名。1958 年为同心大队，隶属卫星公社，1961 年隶属吴店区，1975 年隶属吴店公社，1984 年为同心村，隶属吴店镇至今。位于镇政府东南 7.5 千米。东邻王城镇金银村，南界李寨村，西至凉水村，北连皇村村。辖 20 个自然村，总面积 9.85 平方千米，耕地面积 454 公顷。410 户，1785 人。主产水稻、小麦、杂粮、果蔬，兼养殖业。村委会驻黄家湾。

陈家老湾【Chénjiālǎowān】 以姓氏和建村时间综合命名。因邱姓聚居且建村早而得名。1958 年隶属同心大队；1984 年隶属同心村至今。位于村委会东北 400 米。东邻松树湾，南界同心村办公室，西至周家湾，北连杨家湾。总面积 0.5 平方千米，耕地面积 19 公顷。23 户，100 人。主产水稻、小麦、玉米。村落形态呈散状，房屋结构以坡房和楼房为主。

胡家冲【Hújiāchōng】 以姓氏和地形综合命名。因胡姓聚居在山冲旁而得名。1958 年隶属同心大队；1984 年隶属同心村至今。位于村委会东北 1 千米。东邻邱家湾，南界杏树洼，西至松树湾，北连杨家湾。总面积 0.5 平方千米，耕地面积 33 公顷。43 户，130 人。主产水稻、小麦，兼种果杂。村落形态呈散状，房屋结构以平房和楼房为主。

胡家湾【Hújiāwān】 以姓氏和地形综合命名。因胡姓聚居冲口旁而得名。1958 年隶属同心大队；1984 年隶属同心村至今。位于村委会东 1 千米。东邻邱家湾，南界杏子树洼，西至松树湾，北连杨家湾。总面积 1 平方千米，耕地面积 12 公顷。13 户，45 人。主产水稻、小麦、玉米，以养殖业。村落形态呈线状，房屋结构以坡房和楼房为主。

黄家湾【Huángjiāwān】 以姓氏命名。因黄姓聚居而得名。1958 年隶属同心大队；1984 年隶属同心村至今。村委会驻地。东邻胡家冲，南界庙冲，西至楼子湾，北连小黄家湾。总面积 0.5 平方千米，耕地面积 12 公顷。12 户，30 人。主产水稻、小麦，兼种果杂。村落形态呈散状，房屋结构以坡房和楼房为主。

贾家湾【Jiǎjiāwān】 以姓氏命名。因贾姓聚居而得名。1958 年隶属同心大队；1984 年隶属同心村至今。位于村委会东北 1.5 千米。东邻王城镇金银村大北湾，南界李寨村邓家岗，西至邱家湾，北连施楼村孙家湾。总面积0.2平方千米，耕地面积7公顷。14户，60人。主产水稻、小麦，兼种果杂。村落形态呈散状，房屋结构以坡房和楼房为主。

雷家湾【Léijiāwān】 以姓氏命名。因雷姓聚居而得名。1958年隶属同心大队；1984年隶属同心村至今。位于村委会北1千米。东邻杨家湾，南界周家湾，西至凉水村姚家湾，北连李家洼子。总面积0.4平方千米，耕地面积30公顷。25户，150人。主产水稻、小麦、玉米。村落形态呈散状，房屋结构以坡房和楼房为主。

李家凹子【Lǐjiāwāzi】 以姓氏和地形综合命名。因李姓聚居在低洼处而得名。1958年隶属同心大队；1984年隶属同心村至今。位于村委会北1千米。东邻杨家湾，南界周家湾，西至凉水村姚家湾，北连施楼村黄家湾。总面积0.4平方千米，耕地面积30公顷。15户，90人。主产水稻、小麦，兼种果杂。村落形态呈散状，房屋结构以坡房和平房为主。

楼子湾【Lóuziwān】 以建筑物命名。因村内建有一座炮楼而得名。1958年隶属同心大队；1984年隶属同心村至今。位于村委会西800米。东邻村办公室，南界李寨茶场，西至邱家城，北连周家湾。总面积0.55平方千米，耕地面积15公顷。21户，90人。主产水稻、小麦、玉米。村落形态呈散状，房屋结构以坡房和楼房为主。

门坎石【Ménkǎnshí】 以石头命名。因村口有块凹凸不平的大石头而得名。1958年隶属同心大队；1984年隶属同心村至今。位于村委会南600米。东邻杏树洼，南界李寨村井湾，西至庙冲，北连松树湾。总面积0.2平方千米，耕地面积11公顷。8户，30人。主产水稻、小麦，兼种杂粮和油料作物。村落形态呈散状，房屋结构以坡房和平房为主。

庙冲【Miàochōng】 以建筑物和地形综合命名。因村建在修有小庙的山冲旁而得名。1958年隶属同心大队；1984年隶属同心村至今。位于村委会南500米。东邻杏树洼，南界李寨村井湾，西至楼子湾，北连松树湾。总面积0.4平方千米，耕地面积30公顷。15户，90人。主产水稻、小麦，兼种果杂。村落形态呈散状，房屋结构以坡房为主。

桥头【Qiáotóu】 以桥和方位综合命名。因村建于桥的南头而得名。1958年隶属同心大队；1984年隶属同心村至今。位于村委会东北1千米。东邻施楼村李家湾，南界杨家湾，西至施楼村黄家湾，北连吴施路。总面积0.6平方千米，耕地面积41公顷。4户，20人。主产水稻、小麦，兼种杂粮。村落形态呈散状，房屋结构以坡房和楼房为主。

邱家城【Qiūjiāchéng】 以姓氏命名。因邱姓聚居而得名。1958年隶属同心大队；1984年隶属同心村至今。位于村委会西北1千米。东邻楼子湾，南界李寨村栗树凹，西至昆河，北连同心寨。总面积0.7平方千米，耕地面积27公顷。43户，180人。主产水稻、小麦、玉米。村落形态呈散状，房屋结构以坡房和平房为主。

邱家湾【Qiūjiāwān】 以姓氏命名。因邱姓聚居而得名。1958年隶属同心大队；1984年隶属同心村至今。位于村委会东1.5千米。东邻王城镇金银村北湾，南界李寨村邓家岗，西至胡家冲，北连施楼村施家湾。总面积0.5平方千米，耕地面积9公顷。15户，110人。主产水稻、小麦、玉米，以养殖业。村落形态呈散状，房屋结构以坡房为主。

柿子凹【Shìziwā】 以植物和地形综合命名。因村建在长有柿子树的山洼而得名。1958年隶属同心大队；1984年隶属同心村至今。位于村委会北900米。东邻杨家湾，南界松树湾，西至吴家洼子，北连桥头。总面积0.3平方千米，耕地面积14公顷。10户，30人。主产水稻、小麦，兼种果杂。村落形态呈散状，房屋结构以坡房和平房为主。

松树湾【Sōngshùwān】 以植物名命名。因村周松树成林而得名。1958年隶属同心大队；1984年隶属同心村至今。位于村委会东500米。东邻胡家冲，南界杏子树洼，西至陈家老湾，北连杨家湾。总面积0.5平方千米，耕地面积36公顷。42户，140人。主产水稻、小麦、玉米。村落形态呈线状，房屋结构以坡房和楼房为主。

同心寨【Tóngxīnzhài】 以建筑物命名。因李、邱、黄三姓同居一村共修筑村寨而得名。1958年隶属同心大队；1984年隶属同心村至今。位于村委会北500米。东邻周家湾，南界楼子湾，西至凉水村下油坊，北连雷家湾。总面积0.4平方千米，耕地面积28公顷。32户，130人。主产水稻、小麦。村落形态呈团状，房屋结构以坡房为主。

小黄家湾【Xiǎohuángjiāwān】 以姓氏和规模综合命名。因黄姓聚居且村小而得名。1958年隶属同心大队；1984年隶属同心村至今。位于村委会东北400米。东邻陈家老湾，南界村委会，西至周家湾，北连陈家老湾。总面积0.5平方千米，耕地面积5公顷。3户，10人。主产水稻、小麦。村落形态呈散状，房屋结构以坡房和平房为主。

杏子树洼【Xìngzishùwā】 以植物和地形综合命名。因村建在低洼处且杏树多而得名。1958年隶属同心大队；1984年隶属同心村至今。位于村委会南500米。东邻李寨村邓家岗，南界李寨村邱家湾，西至楼子湾，北连松树湾。总面积0.6平方千米，耕地面积31公顷。13户，100人。主产水稻、小麦、玉米、花生和芝麻。村落形态呈散状，房屋结构以坡房和平房为主。

杨家湾【Yángjiāwān】 以姓氏命名。因杨姓聚居而得名。1958年隶属同心大队；1984年隶属同心村至今。位于村委会北1千米。东邻施楼村李家湾，南界松树湾，西至雷家湾，北连施楼村李家湾。总面积0.6平方千米，耕地面积41公顷。29户，140人。主产水稻、小麦、玉米和果蔬。村落形态呈散状，房屋结构以坡房为主。

周家湾【Zhōujiāwān】 以姓氏命名。因周姓聚居而得名。1958年隶属同心大队；1984年隶属同心村至今。位于村委会北800米。东邻陈家老湾，南界楼子湾，西至同心寨，北连雷家湾。总面积0.5平方千米，耕地面积23公顷。30户，110人。主产水稻、小麦、玉米。村落形态呈团状，房屋结构以平房和坡房为主。

田台村【Tiántáicūn】

以田台子自然村命名。1958年为田台大队，隶属卫星公社；1961年隶属吴店区；1975年隶属吴店公社；1984年为田台村，隶属吴店镇；2003年田湾村并入田台村，隶属吴店镇至今。位于镇政府西南8千米。东邻徐楼村，南界高峰村，西至熊集镇彭冲村，北连滚河村、白水村。辖24个自然村，总面积19.88平方千米，耕地面积257.73公顷。352户，1002人。主产水稻、小麦、玉米，兼种蔬菜。优质桃园166.6公顷，养殖专业合作社15个（猪场），水产养殖面积53.3公顷，养羊2000只。村委会驻上台子。

椿树湾【Chūnshùwān】 以植物命名。因村内椿树多而大而得名。1958年隶属田台大队；1984年隶属田台村至今。位于村委会西北800米。东邻田台子，南界田家湾，西至熊集镇彭冲村，北连厓子。总面积0.9平方千米，耕地面积11亩，4户，10人。主产水稻、小麦、玉米，兼种果蔬和其他作物。村落形态呈散状，房屋结构以平房和坡房为主。

段家湾【Duànjiāwān】 以姓氏命名。因段姓聚居而得名。1958年隶属田台大队；1984年隶属田台村至今。位于村委会西北1.5千米。东邻田家湾，南界周家湾，西至静隐寺，北连白水村丁家湾。总面积0.5平方千米，耕地面积10公顷。25户，40人。主产水稻、小麦、玉米，兼种果蔬。村落形态呈散状，房屋结构以坡房为主。

段家屋脊【Duànjiāwūjǐ】 以姓氏和房屋特点综合命名。因段姓居住的房屋屋脊修饰得很美而得名。1958年隶属田台大队；1984年隶属田台村至今。位于村委会西北2.4千米。东邻段家湾，南界新房湾，西至竹园，北连岗上。总面积0.75平方千米，耕地面积16.9公顷。20户，60人。主产水稻、小麦、玉米，兼种果蔬。村落形态呈散状，房屋结构以平房和坡房为主。

河西【Héxī】 以方位和小河流综合命名。因建村于一条小河的西边而得名。1958年隶属田台大队；1984年隶属田台村至今。位于村委会西北2.4千米。东邻段家湾，南界新房湾，西至竹园，北连岗上。总面积0.75平方千米，耕地面积16.9公顷。20户，60人。主产水稻、小麦、玉米，兼种果蔬。村落形态呈散状，房屋结构以平房和坡房为主。

后杨家湾【Hòuyángjiāwān】 以姓氏和地形综合命名。因杨姓分居在南、北两村，此村位北，故名。1958年隶属田台大队；1984年隶属田台村至今。位于村委会南2.3千米。东邻卢家冲，南界前杨家湾，西至包家湾，北连田台子。总面积0.8平方千米，耕地面积6.2公顷。2户，10人。主产水稻、小麦、玉米，兼种果蔬和其他作物。村落形态呈散状，房屋结构以坡房为主。

静隐寺【Jìngyǐnsì】 以传说和建筑物综合命名。据传，早年村旁寺庙里住有一个静身修道的和尚，故名。1958年隶属田台大队；1984年隶属田台村至今。位于村委会北2.2千米。东邻白水村丁家湾，南界林场，西至熊集镇段营村白鹤湾，北连小丁家湾。总面积0.8平方千米，耕地面积20公顷。25户，80人。主产水稻、小麦、玉米，兼种果蔬。村落形态呈散状，房屋结构以平房和坡房为主。

李家咀【Lǐjiāzuǐ】 以姓氏和地形综合命名。因李姓建村在山咀而得名。1958年隶属田台大队；1984年隶属田台村至今。位于村委会南1.4千米。东邻茶场，南界后杨家湾，西至熊集镇彭冲村高树根，北连上台子。总面积0.95平方千米，耕地面积24公顷。28户，110人。主产水稻、小麦、玉米，兼种果蔬。村落形态呈散状，房屋结构以坡房为主。

李家湾【lǐjiāwān】 以姓氏命名。因李姓聚居而得名。1958年隶属田台大队；1984年隶属田台村至今。位于村委会东1.2千米。东邻徐楼村黄家楼，南界凤凰山，西至九里岗，北连田台上台子。总面积1平方千米，耕地面积2公顷。10户，21人。主产水稻、小麦、玉米，兼种果蔬和其他作物。村落形态呈散状，房屋结构以坡房为主。

林场湾【Línchǎngwān】 以林木和地形综合命名。因1962年大队在此岗植树建林场,后逐渐形成村落,故名。1958年隶属田台大队;1984年隶属田台村至今。位于村委会东南4千米。东邻张家湾,南界赵家湾,西至潘家湾,北连茶场。总面积1平方千米,耕地面积0.6公顷。20户,40人。主产水稻、小麦、玉米,兼种果蔬。村落形态呈散状,房屋结构以平房和坡房为主。

卢家冲【Lújiāchōng】 以姓氏和地形综合命名。因卢姓聚居山冲而得名。1958年隶属田台大队;1984年隶属田台村至今。位于村委会东南1千米。东邻徐楼村黄家楼,南界撮箕洼,西至熊集镇彭冲村罗家树林,北连小田家湾。总面积0.7平方千米,耕地面积2.2公顷。5户,10人。主产水稻、小麦、玉米,兼种果蔬和其他作物。村落形态呈散状,房屋结构以坡房为主。

梅子冲【Méizichōng】 以果树和地形综合命名。因建村于梅子树较多的山冲旁而得名。1958年隶属田台大队;1984年隶属田台村至今。位于村委会东北2千米。东邻白水村丁家湾,南界段家湾,西至静隐寺,北连白水村张家湾。总面积0.3平方千米,耕地面积3.4公顷。3户,10人。主产水稻、小麦、玉米,兼种果蔬。村落形态呈散状,房屋结构以平房和坡房为主。

前杨家湾【Qiányángjiāwān】 以姓氏和方位综合命名。因杨姓分居南北两村,此村位南,故名。1958年隶属田台大队;1984年隶属田台村至今。位于村委会东2.4千米。东邻刘家湾,南界彭冲村高树根,西至八字门楼,北连后杨家湾。总面积1.3平方千米,耕地面积6公顷。6户,20人。主产水稻、小麦、玉米,兼种果蔬和其他作物。村落形态呈散状,房屋结构以坡房为主。

上台子【Shàngtáizi】 以姓氏和地形综合命名。又称田台子,村东有一土台子,因田姓聚居,台子上常搭台唱戏,远近有名,故名。1958年隶属田台大队;1984年隶属田台村至今。村委会驻地。东邻周家湾,南界李家咀,西至十亩冲,北连林场。总面积0.89平方千米,耕地面积28公顷。30户,100人。主产水稻、小麦、玉米,兼种果蔬。村落形态呈散状,房屋结构以平房和坡房为主。

十亩冲【Shímǔchōng】 以面积和地形综合命名。因村建在有10亩田的一条冲旁而得名。1958年隶属田台大队;1984年隶属田台村至今。位于村委会西南1千米。东邻田家湾,南界鸡甲坡,西至熊集镇彭冲村罗家树林,北连小田家湾。总面积0.9平方千米,耕地面积10亩,6户,10人。主产水稻、小麦、玉米,兼种果蔬和其他作物。村落形态呈散状,房屋结构以平房和坡房为主。

田家湾【Tiánjiāwān】 以姓氏命名。因田姓聚居而得名。1958年隶属田台大队;1984年隶属田台村至今。位于村委会东2千米。东邻徐楼村肖家湾,南界徐楼村赵家湾,西至周家湾,北连白水村丁家湾。总面积0.8平方千米,耕地面积20公顷。20户,80人。主产水稻、小麦、玉米,兼种果蔬。村落形态呈散状,房屋结构以平房和坡房为主。

田家湾【Tiánjiāwān】 以姓氏命名。因田姓聚居而得名。1958年隶属田台大队;1984年隶属田台村至今。位于村委会东南6千米。东邻五口村长岗,南界后杨家湾,西至熊集镇彭冲村高树根,北连村上台子。总面积1.35平方千米,耕地面积20公顷。30户,100人。主产水稻、小麦、玉米,兼种果蔬。村落形态呈散状,房屋结构以平房和坡房为主。

瓦冲堰【Wǎchōngyàn】 以瓦砾、地形和堰塘综合命名。因村建在冲下瓦砾较多的堰塘旁而得名。1958年隶属田台大队;1984年隶属田台村至今。位于村委会北1千米。东邻九里岗,南界上台子,西至上台子，北连静隐寺。总面积 0.9 平方千米，耕地面积 3.8 公顷。21 户，30 人。主产水稻、小麦、玉米，兼种果蔬和其他作物。村落形态呈散状，房屋结构以平房和坡房为主。

王家湾【Wángjiāwān】 以姓氏命名。因王姓聚居而得名。1958 年隶属田台大队；1984 年隶属田台村至今。位于村委会西南 1 千米。东邻卢家冲，南界后杨家湾，西至后杨家湾，北连田台子。总面积 1 平方千米，耕地面积 2.8 公顷。5 户，10 人。主产水稻、小麦、玉米，兼种果蔬和其他作物。村落形态呈散状，房屋结构以坡房为主。

新农村【Xīnnóngcūn】 因此村建于 1966 年，故名。1958 年隶属田台大队；1984 年隶属田台村至今。位于村委会北 1 千米。东邻瓦砾堰，南界田家湾，西至田家湾，北连老林场。总面积 0.9 平方千米，耕地面积 3.2 公顷。9 户，21 人。主产水稻、小麦、玉米，兼种果蔬。村落形态呈散状，房屋结构以平房和坡房为主。

张家老庄【zhāngjiālǎozhuāng】 以姓氏和时间综合命名。因张姓聚居且建村时间早而得名。1958 年隶属田台大队；1984 年隶属田台村至今。位于村委会东南 5 千米。东邻田家湾，南界后刘家湾，西至李家咀，北连横冲。总面积 0.8 平方千米，耕地面积 19 公顷。13 户，50 人。主产水稻、小麦、玉米，兼种果蔬。村落形态呈散状，房屋结构以平房和坡房为主。

张家湾【Zhāngjiāwān】 以姓氏命名。因张姓聚居而得名。1958 年隶属田台大队；1984 年隶属田台村至今。位于村委会东北 2 千米。东邻徐楼村东冲，南界黄家楼，西至段家湾，北连清水堰。总面积 0.5 平方千米，耕地面积 3.33 公顷。6 户，20 人。主产水稻、小麦、玉米，兼种果蔬。村落形态呈散状，房屋结构以平房和坡房为主。

赵家湾【Zhàojiāwān】 以姓氏命名。因赵姓聚居而得名。1958 年隶属田台大队；1984 年隶属田台村至今。位于村委会东南 6.5 千米。东邻田家湾，南界段家湾，西至潘家湾，北连罗家冲。总面积 0.85 平方千米，耕地面积 16 公顷。24 户，60 人。主产水稻、小麦、玉米，兼种果蔬。村落形态呈散状，房屋结构以平房和坡房为主。

周家湾【Zhōujiāwān】 以姓氏命名。因周姓聚居而得名。1958 年隶属田台大队；1984 年隶属田台村至今。位于村委会东 1 千米。东邻长岗，南界茶场，西至上台子，北连段家湾。总面积 0.54 平方千米，耕地面积 10.2 公顷。12 户，30 人。主产水稻、小麦、玉米，兼种果蔬。村落形态呈散状，房屋结构以坡房为主。

竹园子【Zhúyuánzi】 以植物命名。因村内竹子多而得名。1958 年隶属田台大队；1984 年隶属田台村至今。位于村委会西北 2.3 千米。东邻岗上，南界段家屋脊，西至熊集镇段营村白鹤湾，北连段营村打石窝。总面积 0.7 平方千米，耕地面积 2.2 公顷。8 户，20 人。主产水稻、小麦、玉米，兼种果蔬。村落形态呈散状，房屋结构以平房和坡房为主。

五口堰村【Wǔkǒuyàncūn】

以五口堰自然村命名。1958 年为五口堰大队，隶属卫星公社；1961 年隶属吴店区；1975 年隶属吴店公社；1984 年为五口村，隶属吴店镇；2002 年四马村合并到五口村，隶属吴店镇至今。位于镇政府南 6 千米。东邻同心村，南界沈畈村，西至徐楼村，北连凉水村。辖 14 个自然村，总面积7.3平方千米,耕地面积142.31公顷。276户,976人。主产水稻、小麦、玉米,兼种杂粮蔬菜和果树。216国道、枣潜高速公路穿境而过,村委会驻谢庄。

廖家湾【Liàojiāwān】 以姓氏命名。因廖姓聚居而得名。1958年隶属四马大队;1984年隶属四马村;2002年隶属五口村至今。位于村委会南200米。东邻桥南头,南界沈畈村大八分湾,西至小李家湾,北连谢庄。总面积0.1平方千米,耕地面积1.06公顷。2户,10人。主产水稻、小麦兼种杂粮。村落形态呈散状,房屋结构以坡房为主。

马家湾【Mǎjiāwān】 以姓氏命名。因马姓聚居而得名。1958年隶属四马大队;1984年隶属四马村;2002年隶属五口村至今。位于村委会西南2.5千米。东邻夏河湾,南界四马桥,西至田台村田家湾,北连徐楼村大李家湾。总面积0.5平方千米,耕地面积10.5公顷。21户,60人。主产水稻、小麦、玉米。村落形态呈散状,房屋结构以平房和坡房为主。

桥南头村【Qiáonántóucūn】 以建筑物和方位综合命名。因建在一座桥的南边而得名。1958年隶属四马大队;1984年隶属四马村;2002年隶属五口村至今。位于村委会南200米。东邻杨家咀,南界沈畈村大八分湾,西至廖家冲,北连谢庄。总面积0.6平方千米,耕地面积14.07公顷。26户,70人。主产水稻、小麦和杂粮。村落形态呈线状,房屋结构以楼房为主。

沙子岗【Shāzigǎng】 以地形地质命名。因建于沙子较多的山岗上而得名。1958年隶属四马大队;1984年隶属四马村;2002年隶属五口村至今。位于村委会西1.5千米。东邻沈畈村祁家湾,南界夏河湾,西至徐楼村黄家祠堂,北连小李家湾。总面积0.6平方千米,耕地面积11.13公顷。32户,90人。主产水稻、小麦、玉米。村落形态呈散状,房屋结构以坡房和楼房为主。

四马桥【Sìmǎqiáo】 以传记命名。据传,早年村南小桥被水冲毁时,把从这里路过的四匹马淹死了,故名。1958年隶属四马大队;1984年隶属四马村;2002年隶属五口村至今。位于村委会南3千米。东邻小艾家湾,南界高峰村松坡湾,西至田台村田家湾,北连王家湾。总面积0.8平方千米,耕地面积6.2公顷。4户,20人。主产水稻、小麦、玉米,兼种果蔬和其他作物。村落形态呈线状,房屋结构以坡房为主。

田家湾【Tiánjiāwān】 以姓氏命名。因田姓聚居而得名。1958年隶属四马大队;1984年隶属四马村;2002年隶属五口村至今。位于村委会南2.4千米。东邻马家湾,南界王家湾,西至徐楼村缸窑湾,北连沙子岗。总面积0.2平方千米,耕地面积2.5公顷。3户,10人。主产水稻、小麦。村落形态呈散状,房屋结构以坡房为主。

王家湾【Wángjiāwān】 以姓氏命名。因王姓聚居而得名。1958年隶属四马大队;1984年隶属四马村;2002年隶属五口村至今。位于村委会南2.6千米。东邻夏河湾,南界四马桥,西至田台村田家湾,北连马家湾。总面积0.1平方千米,耕地面积0.93公顷。1户,6人。主产水稻、小麦。村落形态呈散状,房屋结构以楼房为主。

五口堰【Wǔkǒuyàn】 以数量和堰塘综合命名。因村旁有五口相连的方堰而得名。1958年隶属四马大队;1984年隶属四马村;2002年隶属五口村至今。位于村委会北1.2千米。东邻同心村乌金洼,南界杨家咀,西至谢庄,北连凉水村王家油坊。总面积0.5平方千米,耕地面积13.27公顷。24户,80人。主产水稻、小麦,兼种杂粮和果蔬。村落形态呈线状,房屋结构以坡房和楼房为主。

夏河湾【Xiàhéwān】　以姓氏和地形综合命名。因夏姓聚居小河湾而得名。1958年隶属四马大队；1984年隶属四马村；2002年隶属五口村至今。位于村委会南2.5千米。东邻小艾家湾，南界嘴子湾，西至马家湾，北连沙子岗。总面积0.5平方千米，耕地面积11.07公顷。27户，90人。主产水稻、小麦和杂粮。村落形态呈散状，房屋结构以坡房和楼房为主。

小艾家湾【Xiǎo'àijiāwān】　以姓氏和规模综合命名。因艾姓聚居且人口较少而得名。1958年隶属四马大队；1984年隶属四马村；2002年隶属五口村至今。位于村委会南2.8千米。东邻高峰村土家湾上家湾，南界高峰村高堰埂，西至嘴子湾，北连夏河湾。总面积0.5平方千米，耕地面积11.53公顷。19户，60人。主产水稻、小麦、玉米。村落形态呈散状，房屋结构以坡房和楼房为主。

小李家湾【Xiǎolǐjiāwān】　以姓氏和规模综合命名。因李姓聚居且村小人少而得名。1958年隶属四马大队；1984年隶属四马村；2002年隶属五口村至今。位于村委会西1千米。东邻廖家冲，南界沙子岗，西至徐楼村大黄家湾，北连徐楼村公鸡湾。总面积0.6平方千米，耕地面积13.2公顷。24户，90人。主产水稻、小麦、玉米。村落形态呈线状，房屋结构以坡房和楼房为主。

谢庄【Xièzhuāng】　以姓氏命名。因谢姓聚居而得名。1958年隶属四马大队；1984年隶属四马村；2002年隶属五口村至今。村委会驻地。东邻同心村乌金洼，南界桥南头，西至徐楼村公鸡湾，北连凉水村房湾。总面积0.8平方千米，耕地面积20.73公顷。40户，160人。主产水稻、小麦和杂粮。村落形态呈线状，房屋结构以平房和楼房为主。

杨家咀【Yángjiāzuǐ】　以姓氏和地形综合命名。因杨姓聚居山咀而得名。1958年隶属四马大队；1984年隶属四马村；2002年隶属五口村至今。位于村委会南700米。东邻茶场，南界沈畈村大八分湾，西至桥南头，北连谢庄。总面积0.7平方千米，耕地面积19.93公顷。48户，200人。主产水稻、小麦。村落形态呈团状，房屋结构以坡房和楼房为主。

嘴子湾【Zuǐziwān】　以地形命名。因村建于山嘴而得名。1958年隶属四马大队；1984年隶属四马村；2002年隶属五口村至今。位于村委会南3千米。东邻小艾家湾，南界高峰村松坡湾，西至田台村田家湾，北连四马桥。总面积0.8平方千米，耕地面积6.2公顷。5户，30人。主产水稻、小麦、玉米，兼种果蔬和其他作物。村落形态呈散状，房屋结构以坡房为主。

肖湾村【Xiāowāncūn】

以肖家湾自然村命名。1958年为肖湾大队，隶属卫星公社；1961年隶属吴店区；1975年隶属吴店公社；1984年为肖湾村，隶属吴店镇至今。位于镇政府西北1.5千米。东邻周寨村，南界滚河村，西至西赵湖村，北连姚岗村。辖14个自然村，总面积4.72平方千米，耕地面积389.8公顷。2077户，9440人。主产小麦、水稻和蔬菜。村委会驻蒋庄。

曹庄【Cáozhuāng】　以姓氏命名。因曹姓聚居而得名。1958年隶属肖湾大队；1984年隶属肖湾村至今。位于村委会东南500米。东邻张家湾，南界滚河村河湾，西至付庄，北连肖家湾。总面积0.32平方千米，耕地面积31公顷。158户，580人。主产小麦、水稻、玉米、蔬菜。村落形态呈团状，房屋结构以平房和楼房为主。

草堰【Cǎoyàn】　以植物和堰塘综合命名。因村旁堰塘长满杂草而得名。1958年隶属肖湾大队；1984年隶属肖湾村至今。位于村委会西2.5千米。东邻井湾，南界西庄，西至熊集镇段营，北连西赵湖村关沟。总面积0.33平方千米，耕地面积30公顷。15户，250人。主产小麦、水稻。村落形态呈线状，房屋结构以坡房和楼房为主。

付庄【Fùzhuāng】　以姓氏命名。因付姓聚居而得名。1958年隶属肖湾大队；1984年隶属肖湾村至今。位于村委会南500米。东邻曹庄，南界中心社区，西至李庄，北连蒋庄。总面积0.34平方千米，耕地面积33.3公顷。101户，320人。主产小麦、水稻、玉米，兼种果蔬。村落形态呈线状，房屋结构以平房和楼房为主。

蒋庄【Jiǎngzhuāng】　以姓氏命名。因蒋姓聚居而得名。1958年隶属肖湾大队；1984年隶属肖湾村至今。村委会驻地。东邻肖家湾，南界付庄，西至柿子园，北连姚岗村黄楝树。总面积0.27平方千米，耕地面积26.6公顷。36户，120人。主产小麦、水稻，兼种蔬菜。村落形态呈团状，房屋结构以坡房和楼房为主。

井湾【Jǐngwān】　以水井命名。因村中有眼水井水质好而得名。1958年隶属肖湾大队；1984年隶属肖湾村至今。位于村委会西南2千米。东邻万庄，南界滚河村老家畈，西至草堰，北连盛家寨。总面积0.38平方千米，耕地面积37公顷。100户，420人。主产小麦、水稻。村落形态呈团状，房屋结构以平房和楼房为主。

李庄【Lǐzhuāng】　以姓氏命名。因李姓聚居而得名。1958年隶属肖湾大队；1984年隶属湾村至今。位于村委会西南1千米。东邻付庄，南界滚河村椿树湾，西至吴庄，北连柿子园。总面积0.3平方千米，耕地面积29.3公顷。40户，150人。主产小麦、水稻，兼种果蔬。村落形态呈团状，房屋结构以平房和楼房为主。

马庄【Mǎzhuāng】　以姓氏命名。因马姓聚居而得名。1958年隶属肖湾大队；1984年隶属肖湾村至今。位于村委会西1千米。东邻蒋庄，南界柿子园，西至西赵湖村蔡庄，北连西赵湖村曹家湾。总面积0.1平方千米，耕地面积7公顷。6户，20人。主产水稻、小麦。村落形态呈线状，房屋结构以坡房和楼房为主。

盛家寨【Shèngjiāzhài】　以姓氏和建筑物综合命名。因盛姓聚居的村周围修有土寨而得名。1958年隶属肖湾大队；1984年隶属肖湾村至今。位于村委会西2千米。东邻王庄，南界井湾，西至西赵湖村沟沿，北连西赵湖村蔡庄。总面积0.41平方千米，耕地面积40公顷。79户，240人。主产小麦、水稻。村落形态呈线状，房屋结构以坡房和平房为主。

柿子园【Shìziyuán】　以植物命名。因村中柿子树较多而得名。1958年隶属肖湾大队；1984年隶属肖湾村至今。位于村委会西500米。东邻蒋庄，南界李庄，西至王庄，北连马庄。总面积0.32平方千米，耕地面积26公顷。60户，220人。主产小麦、水稻、玉米，兼种蔬菜。村落形态呈线状，房屋结构以坡房和楼房为主。

宋吴庄【Sòngwúzhuāng】　以姓氏命名。因宋、吴两姓聚居一村而得名。1958年隶属肖湾大队；1984年隶属肖湾村至今。位于村委会西南1.5千米。东邻李庄，南界滚河村老家畈，西至滚河村老家畈，北连王庄。总面积0.4平方千米，耕地面积38.6公顷。68户，290人。主产小麦、水稻，兼种果蔬。村落形态呈线状，房屋结构以平房为主。

王庄【Wángzhuāng】　以姓氏命名。因王姓聚居而得名。1958年隶属肖湾大队；1984年隶属肖湾村至今。位于村委会西1.5千米。东邻柿子园，南界吴庄，西至井湾，北连西赵湖村蔡庄。总面积0.46平方千米，耕地面积45公顷。98户，480人。主产小麦、水稻。村落形态呈团状，房屋结构以平房和楼房为主。

西庄【Xīzhuāng】　以方位命名。因村建于盛庄西而得名。1958年隶属肖湾大队；1984年隶属肖湾村至今。位于村委会西南2.5千米。东邻井湾，南界熊集镇段营村吴庄，西至熊集镇段营村段营，北连草堰。总面积0.4平方千米，耕地面积25公顷。20户，70人。主产水稻、杂粮。村落形态呈团状，房屋结构以平房和坡房为主。

肖家湾【Xiāojiāwān】　以姓氏命名。因肖姓聚居而得名。1958年隶属肖湾大队；1984年隶属肖湾村至今。位于村委会东500米。东邻李家湾，南界曹庄，西至蒋庄，北连姚岗村陶庄。总面积0.37平方千米，耕地面积20公顷。96户，480人。主产小麦、水稻、玉米、蔬菜。村落形态呈团状，房屋结构以坡房和楼房为主。

张家湾【Zhāngjiāwān】　以姓氏命名。因张姓聚居而得名。1958年隶属肖湾大队；1984年隶属肖湾村至今。位于村委会东南1千米。东邻周寨村新湾，南界中心街，西至曹庄，北连李家湾。总面积0.32平方千米，耕地面积1公顷。1200户，5800人。主产蔬菜。村落形态呈团状，房屋结构以楼房为主。

西赵湖村【Xīzhàohúcūn】

以西赵湖自然村命名。1959年为赵湖大队，隶属飞跃公社；1961年隶梁集区；1975年隶属吴店公社；1984年为西赵湖村，隶属吴店镇至今。位于镇政府西北6千米。东邻姚岗村，南界肖湾村，西至南城街道后湖村，北连圣庙村。辖19个自然村，总面积5.71平方千米，耕地面积357.07公顷。754户，2421人。主产小麦、水稻，有渔业及家禽养殖。村委会驻王家湾。

蔡庄【Càizhuāng】　以姓氏命名。因蔡姓聚居而得名。1958年隶属赵湖大队；1975年隶属西赵湖大队；1984年隶属西赵湖村至今。位于村委会南300米。东邻蛮子湾，南界肖湾村王庄，西至赵家湖，北连蛮子湾。总面积0.25平方千米，耕地面积20.47公顷。47户，150人。主产水稻、小麦、玉米。村落形态呈团状，房屋结构以坡房、楼房和平房为主。

曹家湾【Cáojiāwān】　以姓氏命名。因曹姓聚居而得名。1958年隶属赵湖大队；1975年隶属西赵湖大队；1984年隶属西赵湖村至今。位于村委会东1.2千米。东邻姚家岗村卢家荡，南界肖湾村柿子园，西至蛮子湾，北连杨家凹。总面积0.43平方千米，耕地面积29公顷。51户，190人。主产水稻、小麦、玉米。村落形态呈团状，房屋结构以坡房、楼房和平房为主。

段岗【Duàngǎng】　以姓氏和地形综合命名。因段姓聚居岗上而得名。1958年隶属赵湖大队；1975年隶属西赵湖大队；1984年隶属西赵湖村至今。位于村委会西2千米。东邻四方堰，南界南城街道后湖村张庄，西至南城街道段湾村陈坡，北连南城街道段湾村枣树林。总面积0.37平方千米，耕地面积23.81公顷。44户，160人。主产水稻、小麦、玉米。村落形态呈线状，房屋结构以坡房、楼房和平房为主。

关沟【Guāngōu】 以地形和地界综合命名。因村建在南北两村的界沟旁而得名。1958年隶属赵湖大队;1975年隶属西赵湖大队;1984年隶属西赵湖村至今。位于村委会西1.5千米。东邻肖湾村草堰,南界熊集镇段营村后营,西至李家楼,北连屏墙湾。总面积0.3平方千米,耕地面积29.45公顷。60户,150人。主产水稻、小麦、玉米。村落形态呈散状,房屋结构以坡房、楼房和平房为主。

李家楼【Lǐjiālóu】 以姓氏和建筑物综合命名。因李姓聚居村内建有楼子而得名。1958年隶属赵湖大队;1975年隶属西赵湖大队;1984年隶属西赵湖村至今。位于村委会南1.5千米。东邻屏墙湾,南界熊集镇段营村后营,西至南城街道后湖村张庄,北连余家坡。总面积0.45平方千米,耕地面积32.06公顷。58户,180人。主产水稻、小麦、玉米。村落形态呈团状,房屋结构以坡房、楼房和平房为主。

林场【Línchǎng】 以植物命名。因村集体建造果园而得名。1958年隶属赵湖大队;1975年隶属西赵湖大队;1984年隶属西赵湖村至今。位于村委会西1.8千米。东邻许庄,南界余家坡,西至四方堰,北连南城街道段湾村。总面积0.12平方千米,耕地面积5.11公顷。8户,33人。主产水稻、小麦、玉米。村落形态呈团状,房屋结构以坡房、楼房和平房为主。

刘庄【Liúzhuāng】 以姓氏命名。因刘姓聚居而得名。1958年隶属赵湖大队;1975年隶属西赵湖大队;1984年隶属西赵湖村至今。位于村委会北1.4千米。东邻吴家湾,南界王家湾,西至叉子树,北连圣庙村肖庄。总面积0.15平方千米,耕地面积7.04公顷。14户,60人。主产水稻、小麦、玉米。村落形态呈团状,房屋结构以坡房、楼房和平房为主。

蛮子湾【Mánziwān】 以移民的特点命名。因早年南方迁来的居民语音不同,当地人称蛮子,故名。1958年隶属赵湖大队;1975年隶属西赵湖大队;1984年隶属西赵湖村至今。位于村委会东300米。东邻曹家湾,南界蔡庄,西至王家湾,北连吴家湾。总面积0.46平方千米,耕地面积24.6公顷。42户,150人。主产水稻、小麦、玉米。村落形态呈散状,房屋结构以坡房、楼房和平房为主。

屏墙湾【Píngqiángwān】 以建筑物命名。因村前筑起一道挡风墙而得名。1958年隶属赵湖大队;1975年隶属西赵湖大队;1984年隶属西赵湖村至今。位于村委会西1.5千米。东邻肖湾村草堰,南界关沟,西至李家楼,北连赵庄。总面积0.13平方千米,耕地面积11.28公顷。26户,40人。主产水稻、小麦、玉米。村落形态呈散状,房屋结构以坡房、楼房和平房为主。

圣家老湾【Shèngjiālǎowān】 以姓氏和建村时间综合命名。因圣姓最早在此建村居住而得名。1958年隶属赵湖大队;1975年隶属西赵湖大队;1984年隶属西赵湖村至今。位于村委会东2.3千米。东邻吴家湾,南界吴家湾,西至移民点,北连圣庙村何庄。总面积0.1平方千米,耕地面积4.5公顷。11户,40人。主产水稻、小麦、玉米。村落形态呈散状,房屋结构以坡房和楼房为主。

四方堰【Sìfāngyàn】 以堰塘命名。因村内有口堰呈四方形而得名。1958年隶属赵湖大队;1975年隶属西赵湖大队;1984年隶属西赵湖村至今。位于村委会西1.8千米。东邻林场,南界南城街道办事处后湖村张庄,西至段岗,北连南城街道段湾村枣树林。总面积0.3平方千米,耕地面积21.3公顷。35户,110人。主产水稻、小麦、玉米。村落形态呈线状,房屋结构以坡房、楼房和平房为主。

王家湾【Wángjiāwān】 以姓氏命名。因王姓聚居而得名。1958年隶属赵湖大队;1975年隶属西赵湖大队;1984年隶属西赵湖村至今。村委会驻地。东邻蛮子湾,南界赵家湖,西至许庄,北连移民点。总面积0.37平方千米，耕地面积24.36公顷。40户，150人。主产水稻、小麦、玉米。村落形态呈团状，房屋结构以坡房、楼房和平房为主。

吴家湾【Wújiāwān】 以姓氏命名。因吴姓聚居而得名。1958年隶属赵湖大队；1975年隶属西赵湖大队；1984年隶属西赵湖村至今。位于村委会东1.11千米。东邻杨家凹，南界曹家湾，西至移民点，北连圣家老湾。总面积0.4平方千米，耕地面积26.26公顷。44户，150人。主产水稻、小麦、玉米。村落形态呈散状，房屋结构以坡房和楼房为主。

许庄【Xǔzhuāng】 以姓氏命名。因许姓聚居而得名。1958年隶属赵湖大队；1975年隶属西赵湖大队；1984年隶属西赵湖村至今。位于村委会西1.5千米。东邻刘庄，南界赵庄，西至林场，北连南城街道办事处段湾村段家东冲。总面积0.44平方千米，耕地面积30.57公顷。86户，180人。主产水稻、小麦、玉米。村落形态呈团状，房屋结构以坡房、楼房和平房为主。

杨家凹【Yángjiāwā】 以姓氏和地形综合命名。因杨姓聚居山洼而得名。1958年隶属赵湖大队；1975年隶属西赵湖大队；1984年隶属西赵湖村至今。位于村委会东1.1千米。东邻姚岗村黄庄，南界曹家湾，西至吴家湾，北连圣庙村傅湾。总面积0.17平方千米，耕地面积12公顷。19户，60人。主产水稻、小麦、玉米。村落形态呈散状，房屋结构以坡房、楼房和平房为主。

移民点【Yímíndiǎn】 以居民的特点命名。因2010年南水北调工程丹江库区移民在此村，故名。隶属西赵湖村至今。位于村委会北1.8千米。东邻圣家老湾，南界王家湾，西至圣庙村移民点，北连圣庙村移民点。总面积0.26平方千米，耕地面积17.4公顷。38户，168人。主产水稻、小麦、玉米。村落形态呈团状，房屋结构以坡房、楼房和平房为主。

余家坡【Yújiāpō】 以姓氏和地形综合命名。因余姓聚居岗坡而得名。1958年隶属赵湖大队；1975年隶属西赵湖大队；1984年隶属西赵湖村至今。位于村委会西南1.5千米。东邻屏墙湾，南界李家楼，西至四方堰，北连林场。总面积0.19平方千米，耕地面积13.74公顷。24户，80人。主产水稻、小麦、玉米。村落形态呈团状，房屋结构以坡房、楼房和平房为主。

赵家湖【Zhàojiāhú】 以姓氏和堰塘综合命名。因赵姓聚居村旁有口大堰，人们称之为湖，故名。1958年隶属赵湖大队；1975年隶属西赵湖大队；1984年隶属西赵湖村至今。位于村委会南300米。东邻蔡庄，南界肖湾村盛家寨，西至赵庄，北连王家湾。总面积0.5平方千米，耕地面积33.21公顷。61户，210人。主产水稻、小麦、玉米。村落形态呈团状，房屋结构以坡房、楼房和平房为主。

赵庄【Zhàozhuāng】 以姓氏命名。因赵姓聚居而得名。1958年隶属赵湖大队；1975年隶属西赵湖大队；1984年隶属西赵湖村至今。位于村委会西1千米。东邻赵家湖，南界关沟，西至林场，北连许庄。总面积0.32平方千米，耕地面积22.97公顷。46户，160人。主产水稻、小麦、玉米。村落形态呈团状，房屋结构以坡房、楼房和平房为主。

新庄村【Xīnzhuāngcūn】

以新庄村自然村命名。1958年为新庄大队，隶属飞跃公社；1961年隶属梁集区；1975年隶属吴店公社；1984年为新庄村，隶属吴店镇至今。位于镇政府东北13.8千米。东邻兴隆镇柏湾村，南界余畈村，西至二郎村，北连兴隆镇李楼村。辖17个自然村，总面积19.65平方千米，耕地面积621.46公顷。427户，1650人。主产小麦、水稻，有果树栽培，蔬菜种植。村委会驻万庄。

椿树湾【Chūnshùwān】 以植物命名。因村中有一古椿树而得名。1958年隶属新庄大队，1984年隶属新庄村至今。位于村委会东南1.8千米。东邻兴隆镇万楼村徐家湾，南界万楼村樊家湾，西至台子堰，北连槐树岗。总面积0.4平方千米，耕地面积15公顷。8户，20人。主产水稻、小麦、玉米，兼种果蔬。村落形态呈散状，房屋结构以平房和坡房为主。

单楼子【Dānlóuzi】 以姓氏和建筑物综合命名。因单姓聚居的村内有一小楼而得名。1958年隶属新庄大队，1984年隶属新庄村至今。位于村委会东南600米。东邻胡家湾，南界刘家乐园，西至台子堰，北连万庄。总面积0.2平方千米，耕地面积6公顷。3户，10人。主产水稻、小麦、玉米，兼种果蔬。村落形态呈散状，房屋结构以坡房和楼房为主。

胡家湾【Hújiāwān】 以姓氏命名。因胡姓聚居而得名。1958年隶属新庄大队，1984年隶属新庄村至今。位于村委会东1.2千米。东邻槐树岗，南界兴隆镇万楼村赵家湾，西至万庄，北连槐树岗。总面积0.36平方千米，耕地面积13.3公顷。10户，30人。主产水稻、小麦、玉米，兼种果蔬。村落形态呈散状，房屋结构以楼房和坡房为主。

槐树岗【Huáishùgǎng】 以古树命名。因村内有一古槐树而得名。1958年隶属新庄大队，1984年隶属新庄村至今。位于村委会东1.8千米。东邻柏湾村小王家湾，南界兴隆镇万楼村赵家湾，西至苏家湾，北连兴隆镇柏湾村王家湾。总面积1.25平方千米，耕地面积123公顷。68户，300人。主产水稻、小麦、玉米，兼种果蔬。村落形态呈散状，房屋结构以楼房和坡房为主。

火烧湾【Huǒshāowān】 因此村经常遭受火灾而得名。1958年隶属新庄大队，1984年隶属新庄村至今。位于村委会西南1.5千米。东邻新庄，南界余畈村叶家湾，西至刘家杉树园，北连孙家楼。总面积0.32平方千米，耕地面积16.8公顷。12户，50人。主产水稻、小麦、玉米，兼种果蔬。村落形态呈散状，房屋结构以平房和楼房为主。

金庄子【Jīnzhuāngzi】 以姓氏命名。因金姓聚居而得名。1958年隶属新庄大队，1984年隶属新庄村至今。位于村委会西南1.8千米。东邻台子堰，南界叶家湾，西至水管所，北连东庄。总面积0.25平方千米，耕地面积6.7公顷。8户，30人。主产水稻、小麦、玉米，兼种果蔬。村落形态呈线状，房屋结构以平房和楼房为主。

廖家湾【Liàojiāwān】 以姓氏命名。因廖姓聚居而得名。1958年隶属新庄大队，1984年隶属新庄村至今。位于村委会东南1.8千米。东邻兴隆镇万楼村赵家湾，南界谭家湾，西至台子堰，北连刘家乐园。总面积0.5平方千米，耕地面积27.8公顷。13户，60人。主产水稻、小麦、玉米，兼种果蔬。村落形态呈散状，房屋结构以楼房和坡房为主。

刘家老湾【Liújiālǎowān】 以姓氏和建村时间综合命名。因刘姓聚居且建村较早而得名。1958年隶属新庄大队；1984年隶属新庄村至今。位于村委会西南1.5千米。东邻火烧湾，南界杉树园，西至罗家湾，北连孙家楼。总面积0.65平方千米，耕地面积50.06公顷。44户，150人。主产水稻、小麦、玉米，兼种果蔬。村落形态呈散状，房屋结构以平房和坡房为主。

刘家乐园【Liújiālèyuán】 以传说命名。据传此地是清朝一个叫刘维霜武将的坟地,四周修有围墙,种有多种花草,故名。1958年隶属新庄大队,1984年隶属新庄村至今。位于村委会东南1.8千米。东邻兴隆镇万楼村徐家湾,南界廖家湾,西至台子堰,北连单楼子。总面积0.3平方千米,耕地面积15公顷。8户,30人。主产水稻、小麦、玉米,兼种果蔬。村落形态呈散状,房屋结构以平房和坡房为主。

刘家杉树园【Liújiāshānshùyuán】 以姓氏和植物综合命名。因刘姓聚居的村周围长有很多杉树而得名。1958年隶属新庄大队,1984年隶属新庄村至今。位于村委会西南2千米。东邻新庄,南界余畈村余家畈,西至赵家湾,北连刘家老湾。总面积0.65平方千米,耕地面积59.1公顷。52户,180人。主产水稻、小麦、玉米,兼种果蔬。村落形态呈线状,房屋结构以平房和楼房为主。

罗家湾【Luójiāwān】 以姓氏命名。因罗姓聚居而得名。1958年隶属新庄大队,1984年隶属新庄村至今。位于村委会西2.2千米。东邻汤家湾,南界益民河坝,西至益民河坝,北连二朗村李家湾。总面积0.65平方千米,耕地面积58.6公顷。36户,110人。主产水稻、小麦、玉米,兼种果蔬。村落形态呈散状,房屋结构以坡房和平房为主。

苏家湾【Sūjiāwān】 以姓氏命名。因苏姓聚居而得名。1958年隶属新庄大队,1984年隶属新庄村至今。位于村委会北1.5千米。东邻槐树岗,南界万庄,西至汤家湾,北连兴隆镇李楼村李家西庄。总面积0.48平方千米,耕地面积44.8公顷。30户,120人。主产水稻、小麦、玉米,兼种果蔬。村落形态呈散状,房屋结构以楼房和坡房为主。

孙家楼【Sūnjiālóu】 以姓氏和建筑物综合命名。因孙姓聚居且村内建有一座楼子而得名。1958年隶属新庄大队,1984年隶属新庄村至今。位于村委会西1.2千米。东邻万庄,南界刘家老湾,西至罗家湾,北连汤家湾。总面积0.59平方千米,耕地面积55.6公顷。39户,160人。主产水稻、小麦、玉米,兼种果蔬。村落形态呈散状,房屋结构以平房和楼房为主。

台子堰【Táiziyàn】 以地形和堰塘综合命名。因村内一堰塘中有一岛屿式土台子而得名。1958年隶属新庄大队,1984年隶属新庄村至今。位于村委会南1.2千米。东邻刘家乐园,南界余畈村叶家湾,西至新庄,北连万庄。总面积0.3平方千米,耕地面积24.2公顷。19户,100人。主产水稻、小麦、玉米,兼种果蔬。村落形态呈散状,房屋结构以坡房和平房为主。

汤家湾【Tāngjiāwān】 以姓氏命名。因汤姓聚居而得名。1958年隶属新庄大队,1984年隶属新庄村至今。位于村委会西北2.5千米。东邻苏家湾,南界孙家楼,西至罗家湾,北连兴隆镇李楼村楸树湾。总面积0.63平方千米,耕地面积57.6公顷。36户,150人。主产水稻、小麦、玉米,兼种果蔬。村落形态呈散状,房屋结构以楼房和平房为主。

万庄【Wànzhuāng】 以姓氏命名。因万姓聚居而得名。1958年隶属新庄大队,1984年隶属新庄村至今。村委会驻地。东邻槐树岗,南界单楼子,西至孙家楼,北连苏家湾。总面积0.39平方千米,耕地面积11.8公顷。12户,40人。主产水稻、小麦、玉米,兼种果蔬。村落形态呈线状,房屋结构以平房和楼房为主。

新庄【Xīnzhuāng】 以建村时间命名。因村为中华人民共和国成立后新建,故名。1958年隶属新庄大队,1984年隶属新庄村至今。位于村委会西南1.5千米。东邻台子堰,南界廖家湾,西至杉树园,北连苏家湾。总面积 0.48 平方千米，耕地面积 36.1 公顷。29 户，110 人。主产水稻、小麦、玉米，兼种果蔬。村落形态呈线状，房屋结构以平房和楼房为主。

徐楼村【Xúlóucūn】

以徐楼自然村命名。1958 年为杨庙大队，隶属卫星公社；1961 年隶属吴店区；1975 年隶属吴店公社；1980 为徐楼大队，隶属吴店公社；1984 年为徐楼村，隶属吴店镇至今。位于镇政府南 4 千米。东邻凉水村，南界五口村，西至田台村，北连白水村。辖 27 个自然村，总面积 19.2 平方千米，耕地面积 222.23 公顷。333 户，1074 人。主产小麦、水稻，有果树栽培。村委会驻周嘴。

北陡坡【Běidǒupō】 以方位和地形综合命名。因建于桥北的陡坡而得名。1958 年隶属杨庙大队；1980 年隶属徐楼大队；1984 年隶属徐楼村至今。位于村委会南 800 米。东邻樊家嘴，南界李家湾，西至杨家湾，北连庙湾。总面积 0.5 平方千米，耕地面积 7.6 公顷。4 户，10 人。主产水稻、小麦、玉米、杂粮。村落形态呈散状，房屋结构以坡房为主。

大黄家湾【Dàhuángjiāwān】 以姓氏和规模综合命名。因黄姓聚居且人口多村子大而得名。1958 年隶属杨庙大队；1980 年隶属徐楼大队；1984 年隶属徐楼村至今。位于村委会西南 1.3 千米。东邻李家湾，南界黄家祠堂，西至小黄家湾，北连高家湾。总面积 1 平方千米，耕地面积 15 公顷。25 户，80 人。主产水稻、小麦、玉米、杂粮，兼种果蔬。村落形态呈散状，房屋结构以坡房为主。

大路坡【Dàlùpō】 以地形命名。因地处山坡且有条大路穿村而过而得名。1958 年隶属杨庙大队；1980 年隶属徐楼大队；1984 年隶属徐楼村至今。位于村委会东 100 米。东邻庙湾，南界北陡坡，西至杨家湾，北连周嘴。总面积 0.6 平方千米，耕地面积 5.56 公顷。8 户，30 人。主产水稻、小麦、玉米、杂粮。村落形态呈散状，房屋结构以坡房为主。

东冲【Dōngchōng】 以方位和地形综合命名。因建于山之东的冲里而得名。1958 年隶属杨庙大队；1980 年隶属徐楼大队；1984 年隶属徐楼村至今。位于村委会西 1.5 千米。东邻刘家湾，南界长岗，西至田台村张家湾，北连田台村梅子冲。总面积 0.4 平方千米，耕地面积 8 公顷。9 户，20 人。主产水稻、小麦、玉米、杂粮。村落形态呈散状，房屋结构以坡房为主。

樊家嘴【Fánjiāzuǐ】 以姓氏和地形综合命名。因樊姓聚居山嘴而得名。1958 年隶属杨庙大队；1980 年隶属徐楼大队；1984 年隶属徐楼村至今。位于村委会东 500 米。东邻五房湾，南界李家湾，西至北陡坡，北连庙湾。总面积 1.05 平方千米，耕地面积 8.2 公顷。16 户，60 人。主产水稻、小麦、玉米、杂粮。村落形态呈散状，房屋结构以坡房为主。

缸窑场【Gāngyáochǎng】 以器物和建筑物综合命名。因村内曾建过烧缸窑盆的窑场而得名。1958 年隶属杨庙大队；1980 年隶属徐楼大队；1984 年隶属徐楼村至今。位于村委会西南 1.5 千米。东邻黄家祠堂，南界田湾李家咀，西至田湾村樊家抱房，北连徐家楼。总面积 0.6 平方千米，耕地面积 8 公顷。6 户，10 人。主产水稻、小麦、玉米、杂粮。村落形态呈散状，房屋结构以坡房为主。

高家湾【Gāojiāwān】 以姓氏命名。因高姓聚居而得名。1958 年隶属杨庙大队；1980 年隶属徐楼大队；1984 年隶属徐楼村至今。位于村委会西南 1 千米。东邻罗家湾，南界锣鼓洼，西至长岗，北连杨家湾。

总面积 0.7 平方千米，耕地面积 12.5 公顷。22 户，60 人。主产水稻、小麦、玉米、红薯。村落形态呈散状，房屋结构以坡房为主。

黄家祠堂【Huángjiācítáng】 以姓氏和祠堂综合命名。因黄修在此修有祠堂而得名。1958 年隶属杨庙大队；1980 年隶属徐楼大队；1984 年隶属徐楼村至今。位于村委会南 1.2 千米。东邻五口村沙子岗，南界田湾村田家湾，西至缸窑场，北连大黄家湾。总面积 0.7 平方千米，耕地面积 8 公顷。5 户，10 人。主产水稻、小麦、玉米。村落形态呈散状，房屋结构以坡房为主。

黄家楼【Hángjiālóu】 以姓氏和建筑物综合命名。因黄姓聚居的村内修有一小楼，故名。1958 年隶属杨庙大队；1980 年隶属徐楼大队；1984 年隶属徐楼村至今。位于村委会东 2 千米。东邻徐家楼，南界赵家洼子，西至田台村九里岗，北连长岗。总面积 0.7 平方千米，耕地面积 5.6 公顷。18 户，70 人。主产水稻、小麦、玉米。村落形态呈团状，房屋结构以坡房为主。

李家湾【Lǐjiāwān】 以姓氏命名。因李姓聚居而得名。1958 年隶属杨庙大队；1980 年隶属徐楼大队；1984 年隶属徐楼村至今。位于村委会南 1.5 千米。东邻桥头起，南界五口村沙子岗，西至黄家湾，北连北陡坡。总面积 1 平方千米，耕地面积 7.5 公顷。16 户，30 人。主产水稻、小麦、玉米、红薯。村落形态呈散状，房屋结构以坡房为主。

罗家湾【Luójiāwān】 以姓氏命名。因罗姓聚居而得名。1958 年隶属杨庙大队；1980 年隶属徐楼大队；1984 年隶属徐楼村至今。位于村委会南 1 千米。东邻樊家嘴，南界桥头起，西至高家湾，北连陡坡。总面积 0.9 平方千米，耕地面积 8.6 公顷。10 户，30 人。主产水稻、小麦、玉米，兼种果蔬。村落形态呈散状，房屋结构以坡房为主。

萝卜洼【Luóbowā】 以植物命名。因建于盛产萝卜的洼地而得名。1958 年隶属杨庙大队；1980 年隶属徐楼大队；1984 年隶属徐楼村至今。位于村委会西 1.9 千米。东邻高家湾，南界徐家楼，西至田台村鸭子嘴，北连西刘家湾。总面积 0.57 平方千米，耕地面积 10 公顷。8 户，20 人。主产水稻、小麦、玉米，兼种蔬菜。村落形态呈散状，房屋结构以坡房为主。

锣鼓洼【Luógǔwā】 以乐器和地形综合命名。因过去经常在这个洼子敲锣打鼓唱大戏而得名。1958 年隶属杨庙大队；1980 年隶属徐楼大队；1984 年隶属徐楼村至今。位于村委会南 2 千米。东邻小黄家湾，南界黄家楼，西至长岗，北连高家洼。总面积 0.6 平方千米，耕地面积 10.8 公顷。9 户，20 人。主产水稻、小麦、玉米。村落形态呈散状，房屋结构以平房为主。

庙湾【Miàowān】 以建筑物命名。因村中有座小庙而得名。1958 年隶属杨庙大队；1980 年隶属徐楼大队；1984 年隶属徐楼村至今。位于村委会东 250 米。东邻凉水村刘家湾，南界樊家嘴，西至杨家湾，北连凉水村罗堰水库。总面积 0.2 平方千米，耕地面积 5.4 公顷。8 户，24 人。主产水稻、小麦、玉米。村落形态呈散状，房屋结构以坡房为主。

跑马道【Pǎomǎdào】 以传说命名。据传说，汉光武帝刘秀起兵前在此路练习跑马射箭，故名。1958 年隶属杨庙大队；1980 年隶属徐楼大队；1984 年隶属徐楼村至今。位于村委会西南 1.5 千米。东邻黄家祠堂，南界田湾村，西至点兵场，北连黄家湾。总面积 0.6 平方千米，耕地面积 16 公顷。43 户，130 人。主产水稻、小麦、玉米，兼种香菇。村落形态呈散状，房屋结构以坡房为主。

桥头起【Qiáotóuqǐ】 以建筑物命名。因村建在小桥头而得名。1958年隶属杨庙大队；1980年隶属徐楼大队；1984年隶属徐楼村至今。位于村委会南1千米。东邻五口村谢家庄，南界小李家湾，西至李家湾，北连罗家湾。总面积0.7平方千米，耕地面积8公顷。5户，19人。主产水稻、小麦、玉米，还有养猪养鸡等。村落形态呈散状，房屋结构以坡房为主。

五房湾【Wǔfángwān】 以排行命名。因兄弟分家后，老五住此，故名。1958年隶属杨庙大队；1980年隶属徐楼大队；1984年隶属徐楼村至今。位于村委会东800米。东邻凉水村余家桥，南界李家湾，西至樊家湾，北连凉水村罗家湾。总面积0.68平方千米，耕地面积8公顷。8户，30人。主产水稻、小麦、玉米、红薯。村落形态呈散状，房屋结构以坡房为主。

西刘家湾【Xīliújiāwān】 以方位和姓氏综合命名。因刘姓建村于月亮湾西而得名。1958年隶属杨庙大队；1980年隶属徐楼大队；1984年隶属徐楼村至今。位于村委会西1.5千米。东邻杨家湾，南界高家湾，西至东冲，北连杨家坡。总面积0.8平方千米，耕地面积5.8公顷。35户，140人。主产水稻、小麦、玉米、红薯。村落形态呈散状，房屋结构以坡房为主。

小黄家湾【Xiǎohuángjiāwān】 以姓氏和规模综合命名。因黄姓聚居且人较少而得名。1958年隶属杨庙大队；1980年隶属徐楼大队；1984年隶属徐楼村至今。位于村委会西南1.5千米。东邻大黄家湾，南界月亮湾，西至徐家楼，北连锣鼓湾。总面积0.6平方千米，耕地面积7.4公顷。6户，20人。主产水稻、小麦、玉米、杂粮。村落形态呈散状，房屋结构以坡房为主。

徐家楼【Xújiālóu】 以姓氏和建筑物综合命名。因徐姓聚居的村内建有小楼而得名。1958年隶属杨庙大队；1980年隶属徐楼大队；1984年隶属徐楼村至今。位于村委会西南2.1千米。东邻兴隆镇万楼村黄家湾，南界跑马道，西至徐家洼子，北连锣鼓洼。总面积0.6平方千米，耕地面积6.67公顷。18户，71人。主产水稻、小麦、玉米，兼种果蔬。村落形态呈散状，房屋结构以平房和坡房为主。

徐家洼子【Xújiāwāzi】 以姓氏和地形综合命名。因徐姓聚居山洼处而得名。1958年隶属杨庙大队；1980年隶属徐楼大队；1984年隶属徐楼村至今。位于村委会西南2千米。东邻小黄家湾，南界缸窑场，西至黄家楼，北连黄家楼。总面积0.8平方千米，耕地面积8.6公顷。9户，50人。主产水稻、小麦、玉米、杂粮。村落形态呈散状，房屋结构以坡房为主。

徐家湾【Xújiāwān】 以姓氏命名。因徐姓聚居而得名。1958年隶属杨庙大队；1980年隶属徐楼大队；1984年隶属徐楼村至今。位于村委会北500米。东邻周嘴，南界杨家湾，西至刘家湾，北连白水村窑洼子。总面积0.2平方千米，耕地面积4.6公顷。3户，10人。主产水稻、小麦、玉米。村落形态呈散状，房屋结构以坡房为主。

杨家湾【Yángjiāwān】 以姓氏命名。因杨姓聚居而得名。1958年隶属杨庙大队；1980年隶属徐楼大队；1984年隶属徐楼村至今。位于村委会东北500米。东邻庙湾，南界高家湾，西至刘家湾，北连徐家湾。总面积0.7平方千米，耕地面积6.3公顷。9户，30人。主产水稻、小麦、玉米、杂粮。村落形态呈散状，房屋结构以坡房为主。

月亮湾【Yuèliàngwān】 以地形命名。因村建于形似月牙的土山上而得名。1958年隶属杨庙大队；1980年隶属徐楼大队；1984年隶属徐楼村至今。位于村委会北800米。东邻周嘴，南界杨家湾，西至刘家湾，北连白水村窑凹子。总面积0.8平方千米，耕地面积6.5公顷。10户，30人。主产水稻、小麦、玉米。村落形态呈散状，房屋结构以坡房为主。

长岗【Chánggǎng】 以地形命名。因建于长岗上而得名。1958年隶属杨庙大队；1980年隶属徐楼大队；1984年隶属徐楼村至今。位于村委会西2千米。东邻锣鼓湾，南界徐家洼子，西至田台村田家湾，北连东冲。总面积0.9平方千米，耕地面积6.6公顷。6户，20人。主产水稻、小麦、玉米、杂粮。村落形态呈散状，房屋结构以坡房为主。

赵家湾子【Zhàojiāwānzi】 以姓氏命名。因赵姓聚居而得名。1958年隶属杨庙大队；1980年隶属徐楼大队；1984年隶属徐楼村至今。位于村委会西南2.2千米。东邻徐家湾，南界田湾，西至田台村卢家冲，北连黄家楼。总面积1.5平方千米，耕地面积9.4公顷。10户，30人。主产水稻、小麦、玉米、杂粮。村落形态呈散状，房屋结构以坡房为主。

周嘴【Zhōuzuǐ】 以姓氏和地形综合命名。因周姓聚居山嘴而得名。1958年隶属杨庙大队；1980年隶属徐楼大队；1984年隶属徐楼村至今。位于村委会西北500米。东邻大路坡，南界杨家湾，西至余家湾，北连白水村窑洼子。总面积0.8平方千米，耕地面积7.6公顷。7户，20人。主产水稻、小麦、玉米。村落形态呈散状，房屋结构以坡房为主。

徐寨村【Xúzhàicūn】

以姓氏和山寨综合命名。因徐姓聚居的山庄周围筑有寨墙而得名。1958年为国庆一大队，隶属高峰公社；1961年隶属清潭区；1975年隶属清潭公社；1980年原国庆一大队分为西湾大队和徐家寨大队，隶属清潭公社；1984年为徐寨村，隶属清潭区；1987年隶属清潭镇；2001年清潭镇并入吴店镇隶属吴店镇；2002年西湾村并入徐寨村至今。位于镇政府东南35千米。东邻随县环潭镇油坊荡村，南界井湾村，西至程湾村，北连王城镇团山村。辖25个自然村，总面积16.3平方千米，耕地面积217公顷。141户，676人。主产小麦、水稻、玉米、花生和桃树，兼种蔬菜。村委会驻刘家湾。

槽坊湾【Cáofángwān】 以槽坊命名。因村内曾开过酿酒槽坊而得名。1958年隶属国庆一大队；1980年隶属徐寨大队；1984年隶属徐寨村；2002年隶属徐寨村至今。位于村委会东南1.5千米。东邻垭子湾，南界寨湾，西至槽后山，北连槽坊冲。总面积0.2平方千米，耕地面积12公顷。1户，6人。主产水稻、小麦、玉米，兼养殖业。村落形态呈散状，房屋结构以坡房为主。

冲梢【Chōngshāo】 以地理位置命名。因村建在大冲顶端而得名。1958年隶属国庆一大队；1980年隶属徐寨大队；1984年隶属徐寨村；2002年隶属徐寨村至今。位于村委会北1千米。东邻台子湾，南界井湾村新农村，西至程湾村清水堰，北连中湾堰。总面积0.4平方千米，耕地面积8公顷。2户，10人。主产水稻、小麦、玉米，兼种果蔬。村落形态呈散状，房屋结构以坡房为主。

打马岗【Dǎmǎgǎng】 以故事传说命名。据传说早年有人在此处打死了马，后有人认为马有灵气，便建村居住。故名。1958年隶属国庆一大队；1980年隶属西湾大队；1984年隶属西湾村；2002年隶属徐寨村至今。位于村委会北3千米。东邻长冲，南界咀子湾，西至红湾，北连凡家岗。总面积1.2平方千米，耕地面积10公顷。4户，20人。主产水稻、小麦、玉米，兼种果蔬。村落形态呈散状，房屋结构以坡房为主。

大垭子【Dàyāzi】 以地形命名。因村建于大山垭子里而得名。1958年隶属国庆一大队；1980年隶属西湾大队；1984年隶属西湾村；2002年隶属徐寨村至今。位于村委会东北6千米。东邻南家湾，南界麻子岭，西至白鹤湾，北连唐家咀子。总面积0.8平方千米，耕地面积10公顷。5户，20人。主产水稻、小麦、玉米，兼种果蔬。村落形态呈散状，房屋结构以坡房为主。

垱边【Dàngbiān】 以地形命名。因建村于一个水垱旁而得名。1958年隶属国庆一大队；1980年隶属徐寨大队；1984年隶属徐寨村；2002年隶属徐寨村至今。位于村委会南3千米。东邻象鼻子湾，南界猪窝，西至白鹤湾，北连寨湾。总面积0.8平方千米，耕地面积13公顷。2户，10人。主产水稻、小麦、玉米，兼种果蔬。村落形态呈散状，房屋结构以坡房为主。

东冲【Dōngchōng】 以方位和地形综合命名。因村建在老桩子东面的山冲而得名。1958年隶属国庆一大队；1980年隶属徐寨大队；1984年隶属徐寨村；2002年隶属徐寨村至今。位于村委会东北3千米。东邻象鼻子湾，南界下石场，西至程湾村下橙子湾，北连朱家湾。总面积0.9平方千米，耕地面积13公顷。7户，30人。主产水稻、小麦、玉米，兼种果蔬。村落形态呈散状，房屋结构以坡房为主。

高门楼【Gāoménlóu】 以建筑物命名。因村中有户人家将门修得很高而得名。1958年隶属国庆一大队；1980年隶属徐寨大队；1984年隶属徐寨村；2002年隶属徐寨村至今。位于村委西南200米。东邻楼子湾，南界白鹤湾，西至老油坊，北连高堰凹。总面积0.5平方千米，耕地面积3公顷。6户，20人。主产水稻、小麦、玉米，兼种果蔬。村落形态呈散状，房屋结构以坡房为主。

咀子湾【Zuǐziwān】 以地形命名。因村建于山咀而得名。1958年隶属国庆一大队；1980年隶属徐寨大队；1984年隶属徐寨村；2002年隶属徐寨村至今。位于村委会西300米。东邻高门楼，南界台子湾，西至冷浸冲，北连老油坊。总面积0.6平方千米，耕地面积9公顷。5户，25人。主产水稻、小麦、玉米，兼种果蔬。村落形态呈散状，房屋结构以坡房为主。

咀子湾【Zuǐziwān】 以地形命名。因村建在山咀而得名。1958年隶属国庆一大队；1980年隶属徐寨大队；1984年隶属徐寨村；2002年隶属徐寨村至今。位于村委会西南1千米。东邻徐家寨，南界白鹤湾，西至后山，北连高门楼。总面积0.2平方千米，耕地面积1公顷。2户，10人。主产水稻、小麦、玉米，兼种果蔬。村落形态呈散状，房屋结构以坡房和平房为主。

冷浸冲【Lěngjìnchōng】 以自然环境命名。因村建在冷浸田冲边而得名。1958年隶属国庆一大队；1980年隶属徐寨大队；1984年隶属徐寨村；2002年隶属徐寨村至今。位于村委会西400米。东邻白鹤湾，南界台子湾，西至井湾，北连腰堰冲。总面积0.8平方千米，耕地面积6公顷。29户，120人。主产水稻、小麦、玉米，兼种果蔬。村落形态呈散状，房屋结构以坡房为主。

刘家湾【Liújiāwān】 以姓氏命名。因刘姓聚居而得名。1958年隶属国庆一大队；1980年隶属徐寨大队；1984年隶属徐寨村；2002年隶属徐寨村至今。村委会驻地。东邻余家岗，南界泰山庙，西至高门楼，北连老油坊。总面积0.8平方千米，耕地面积8公顷。2户，10人。主产水稻、小麦、玉米，兼种果蔬。村落形态呈散状，房屋结构以坡房为主。

沁水井【Qìnshuǐjǐng】 以自然地理特征命名。因此地有口好泉水井而得名。1958年隶属国庆一大队；

1980年隶属徐寨大队；1984年隶属徐寨村；2002年隶属徐寨村至今。位于村委会东北5千米。东邻破梁山，南界小沙窝，西至大垭子，北连王城镇端拱村粉坊湾。总面积0.8平方千米，耕地面积10公顷。2户，10人。主产水稻、小麦、玉米，兼种果蔬。村落形态呈散状，房屋结构以坡房为主。

上白鹤湾【Shàngbáihèwān】 以方位和动物综合命名。因邻近有两个白鹤子湾，此村修在上，故名。1958年隶属国庆一大队；1980年隶属徐寨大队；1984年隶属徐寨村；2002年隶属徐寨村至今。位于村委会东北3千米。东邻凡家岗，南界上唐家湾，西至上石场，北连大垭子。总面积0.7平方千米，耕地面积11公顷。4户，20人。主产水稻、小麦、玉米，兼种果蔬。村落形态呈散状，房屋结构以坡房为主。

上石场【Shàngshíchǎng】 以方位和自然条件综合命名。因邻近有两个石场，此村建在上，故名。1958年隶属国庆一大队；1980年隶属徐寨大队；1984年隶属徐寨村；2002年隶属徐寨村至今。位于村委会北2千米。东邻白鹤湾，南界下唐家老湾，西至下石场，北连西湾。总面积0.8平方千米，耕地面积11公顷。5户，30人。主产水稻、小麦、玉米，兼种果蔬。村落形态呈散状，房屋结构以坡房为主。

松香洼子【Sōngxiāngwāzi】 以树脂和地形综合命名。1958年隶属国庆一大队；1980年隶属徐寨大队；1984年隶属徐寨村；2002年隶属徐寨村至今。位于村委会南3千米。东邻曹家垭子，南界黄土湾，西至白鹤湾，北连窑湾。总面积0.3平方千米，耕地面积5公顷。5户，25人。主产水稻、小麦、玉米，兼种果蔬。村落形态呈散状，房屋结构以坡房为主。

泰山庙【Tàishānmiào】 以传说命名。据传很早前村旁有座小庙，故名。1958年隶属国庆一大队；1980年隶属徐寨大队；1984年隶属徐寨村；2002年隶属徐寨村至今。位于村委会东300米。东邻中河，南界高门楼，西至刘家湾，北连刘家湾。总面积0.5平方千米，耕地面积3公顷。5户，20人。主产水稻、小麦、玉米，兼种果蔬。村落形态呈散状，房屋结构以坡房为主。

唐家咀子【Tángjiāzuǐzi】 以姓氏和地形综合命名。因唐姓居住山咀而得名。1958年隶属国庆一大队；1980年隶属徐寨大队；1984年隶属徐寨村；2002年隶属徐寨村至今。位于村委会东北5千米。东邻沁水井，南界大垭子，西至红茅湾，北连靳家湾。总面积0.3平方千米，耕地面积5公顷。7户，40人。主产水稻、小麦、玉米，兼种果蔬。村落形态呈散状，房屋结构以坡房为主。

唐家老湾【Tángjiālǎowān】 以姓氏命名。据传有位唐北祥，号称祥老爷，在国民党统治时期任西安县县太爷，回家建了一个庄园，为唐家老湾。1958年隶属国庆一大队；1980年隶属徐寨大队；1984年隶属徐寨村；2002年隶属徐寨村至今。位于村委会北2千米。东邻咀子湾，南界刘家湾，西至万家湾，北连横湾。总面积0.4平方千米，耕地面积5公顷。8户，50人。主产水稻、小麦、玉米。村落形态呈散状，房屋结构以坡房为主。

西湾【Xīwān】 以方位和地形综合命名。因村建在大垭子的西坡而得名。1958年隶属国庆一大队；1980年隶属徐寨大队；1984年隶属徐寨村；2002年隶属徐寨村至今。位于村委会东北3千米。东邻垭子场，南界上石湾，西至象鼻子湾，北连竹林湾。总面积0.6平方千米，耕地面积9公顷。4户，20人。主产水稻、小麦、玉米，兼种果蔬。村落形态呈散状，房屋结构以坡房为主。

下白鹤湾【Xiàbáihèwān】 以方位和动物综合命名。因邻近有两个白鹤子湾，此村修在下，故名。1958年隶属国庆一大队；1980年隶属徐寨大队；1984年隶属徐寨村；2002年隶属徐寨村至今。位于村委会北2千米。东邻寨湾，南界垱边，西至中河，北连木子树堰。总面积0.9平方千米，耕地面积12公顷。5户，20人。主产水稻、小麦、玉米，兼种果蔬。村落形态呈散状，房屋结构以坡房为主。

下唐家老湾【Xiàtángjiālǎowān】 以方位、姓氏和建村时间综合命名。因唐姓最早建村且位于唐家老湾下而得名。1958年隶属国庆一大队；1980年隶属西湾大队；1984年隶属西湾村；2002年隶属徐寨村至今。位于村委会北2千米。东邻杜家湾，南界徐家祠，西至程湾村高堰洼，北连东冲。总面积0.8平方千米，耕地面积12公顷。10户，50人。主产水稻、小麦、玉米，兼种果蔬。村落形态呈散状，房屋结构以坡房为主。

象鼻子湾【Xiàngbíziwān】 以动物的器官命名。因村建在形似大象鼻子的地方而得名。1958年隶属国庆一大队；1980年隶属徐寨大队；1984年隶属徐寨村；2002年隶属徐寨村至今。位于村委会北3千米。东邻竹林湾，南界上石场，西至东冲，北连朱家湾。总面积0.9平方千米，耕地面积15公顷。9户，50人。主产水稻、小麦、玉米，兼种果蔬。村落形态呈散状，房屋结构以坡房为主。

长冲【Chángchōng】 以地形和长短综合命名。因村建在一条约4千米的长冲旁而得名。1958年隶属国庆一大队；1980年隶属徐寨大队；1984年隶属徐寨村；2002年隶属徐寨村至今。位于村委会东北3千米。东邻随县环潭镇油坊荡油坊湾，南界一组猪场，西至唐家老湾，北连凡家岗。总面积0.7平方千米，耕地面积8公顷。4户，20人。主产水稻、小麦、玉米，兼种果蔬。村落形态呈散状，房屋结构以坡房为主。

朱家湾【Zhūjiāwān】 以姓氏命名。因朱姓聚居而得名。1958年隶属国庆一大队；1980年隶属徐寨大队；1984年隶属徐寨村；2002年隶属徐寨村至今。位于村委会北4千米。东邻象鼻子湾，南界上石场，西至东冲，北连程湾村吴家祠堂。总面积0.7平方千米，耕地面积8公顷。4户，20人。主产水稻、小麦、玉米，兼种果蔬。村落形态呈散状，房屋结构以坡房为主。

竹林湾【Zhúlínwān】 以植物命名。因村内有一片竹林而得名。1958年隶属国庆一大队；1980年隶属徐寨大队；1984年隶属徐寨村；2002年隶属徐寨村至今。位于村委会北4千米。东邻西湾，南界东冲，西至象鼻子湾，北连竹林湾。总面积0.7平方千米，耕地面积10公顷。4户，20人。主产水稻、小麦、玉米，兼种果蔬。村落形态呈散状，房屋结构以坡房为主。

姚岗村【Yáogǎngcūn】

以姚岗自然村命名。1958年为姚岗大队，隶属飞跃大队；1961年隶属梁集区；1975年隶属吴店公社；1984年为姚岗村，隶属吴店镇至今。位于镇政府西北2千米。东邻陵春村，南界肖家湾村，西至西赵湖村，北连二郎村。辖10个自然村，总面积4平方千米，耕地面积221.2公顷。713户，1763人。主产水稻、小麦、玉米，兼种果蔬。村委会驻姚家岗。

何湾【Héwān】 以姓氏命名。因吴姓聚居而得名。1958年隶属姚岗大队；1984年隶属姚岗村至今。位于村委会西400米。东邻姚家岗，南界陶庄，西至卢家湾，北连刘井。总面积0.25平方千米，耕地面积15公顷。97户，290人。主产水稻、小麦、玉米，兼种果蔬。村落形态呈散状，房屋结构以坡房和楼房为主。

黄楝树【Huángliànshù】　以植物命名。因村里黄楝树多而得名。1958年隶属姚岗大队；1984年隶属姚岗村至今。位于村委会西南1千米。东邻肖湾村蒋庄，南界柿子园，西至西赵湖村曹家湾，北连李庄。总面积0.6平方千米，耕地面积34.2公顷。57户，190人。主产水稻、小麦、玉米，兼种果蔬。村落形态呈散状，房屋结构以坡房和平房为主。

黄庄【Huángzhuāng】　以姓氏命名。因黄姓聚居而得名。1958年隶属姚岗大队；1984年隶属姚岗村至今。位于村委会西北1.5千米。东邻何湾，南界卢家垱，西至西赵湖村杨家凹，北连圣庙村圣庄。总面积0.2平方千米，耕地面积8公顷。12户，33人。主产水稻、小麦、玉米，兼种果蔬。村落形态呈散状，房屋结构以坡房和平房为主。

李庄【Lǐzhuāng】　以姓氏命名。因李姓聚居而得名。1958年隶属姚岗大队；1984年隶属姚岗村至今。位于村委会西南1.7千米。东邻陶庄，南界黄楝树，西至西赵湖村唐家湾，北连卢家垱。总面积0.5平方千米，耕地面积32公顷。58户，140人。主产水稻、小麦、玉米，兼种果蔬。村落形态呈散状，房屋结构以坡房和楼房为主。

刘井【Liújǐng】　以姓氏和水井综合命名。因刘姓聚居水井旁而得名。1958年隶属姚岗大队；1984年隶属姚岗村至今。位于村委会西北600米。东邻吴家湾，南界何湾，西至圣庙村圣庄，北连二朗村冷庄。总面积0.65平方千米，耕地面积36公顷。91户，250人。主产水稻、小麦、玉米，兼种果蔬。村落形态呈线状，房屋结构以坡房和楼房为主。

卢家垱【Lújiādàng】　以姓氏和垱坝综合命名。因卢姓聚居在垱坝边而得名。1958年隶属姚岗大队；1984年隶属姚岗村至今。位于村委会西1.2千米。东邻何湾，南界李庄，西至西赵湖村李家湾，北连黄庄。总面积0.45平方千米，耕地面积34公顷。74户，170人。主产水稻、小麦、玉米，兼种果蔬。村落形态呈散状，房屋结构以坡房和楼房为主。

罗庄【Luózhuāng】　以姓氏命名。因罗姓聚居而得名。1958年隶属姚岗大队；1984年隶属姚岗村至今。位于村委会南600米。东邻马家大院，南界黄楝树，西至陶庄，北连何湾。总面积0.4平方千米，耕地面积20公顷。104户，240人。主产水稻、小麦、玉米，兼种果蔬。村落形态呈线状，房屋结构以坡房和楼房为主。

陶庄【Táozhuāng】　以姓氏命名。因陶姓聚居而得名。1958年隶属姚岗大队；1984年隶属姚岗村至今。位于村委会西南800米。东邻罗庄，南界黄楝树，西至李庄，北连何湾。总面积0.3平方千米，耕地面积21公顷。86户，150人。主产水稻、小麦、玉米，兼种果蔬。村落形态呈线状，房屋结构以坡房和楼房为主。

吴家湾【Wújiāwān】　以姓氏命名。因吴姓聚居而得名。1958年隶属姚岗大队；1984年隶属姚岗村至今。位于村委会北500米。东邻陈家湾，南界姚家岗，西至刘井，北连二朗村杨家湾。总面积0.35平方千米，耕地面积18公顷。65户，130人。主产水稻、小麦、玉米，兼种果蔬。村落形态呈散状，房屋结构以坡房和楼房为主。

姚家岗【Yáojiāgǎng】　以姓氏和地形综合命名。因姚姓聚居岗上而得名。1958年隶属姚岗大队；1984年隶属姚岗村至今。村委会驻地。东邻刘家湾，南界马家大院，西至何湾，北连吴家湾。总面积0.3

平方千米，耕地面积13公顷。69户，170人。主产水稻、小麦、玉米，兼种果蔬。有纺织加工业，塑料制品。村落形态呈线状，房屋结构以楼房为主。

喻家嘴村【Yùjiāzuǐcūn】

以喻家嘴自然村命名。1958年为前进六大队，隶属高峰公社；1961年隶属清潭区；1975年隶属清潭公社；1980年为喻家嘴大队，隶属清潭区；1984年为喻家嘴村，隶属清潭区；1987年隶属清镇；2001年并入吴店镇，隶属吴店镇至今。位于镇政府南28千米。东邻三里岗村，南界唐家老湾村，西至平林镇方家湾村，北连花屋脊村。辖20个自然村，总面积7.54平方千米，耕地面积315公顷。213户，830人。主产水稻、小麦、玉米，兼种果蔬。村委会驻桥头上。

八里庙【Bālǐmiào】 以距离和建筑物综合命名。因村旁有座庙距清潭街八里而得名。1958年隶属前进六大队；1980年隶属喻家嘴大队；1984年隶属喻家嘴村至今。位于村委会西1.2千米。东邻小王家湾，南界是双槽门村，西至焦家老湾，北连塝子上。总面积0.3平方千米，耕地面积20公顷。24户，80人。主产水稻、小麦、玉米，兼种果蔬。村落形态呈团状，房屋结构以坡房和平房为主。

柏家湾【Bǎijiāwān】 以姓氏命名。因柏姓聚居而得名。1958年隶属前进六大队；1980年隶属喻家嘴大队；1984年隶属喻家嘴村至今。位于村委会西3.7千米。东邻耿家嘴，南界双槽门村涂家老湾，西至平林镇方湾村象鼻子坡，北连坟家湾。总面积0.28平方千米，耕地面积11公顷。9户，50人。主产水稻、小麦、玉米，兼种果蔬。村落形态呈团状，房屋结构以坡房为主。

塝子上【Bàngzishàng】 以地形命名。因村建在田冲塝上而得名。1958年隶属前进六大队；1980年隶属喻家嘴大队；1984年隶属喻家嘴村至今。位于村委会西北1千米。东邻碾子湾，南界八里庙，西至塘沟，北连大湾。总面积0.3平方千米，耕地面积5公顷。14户，40人。主产水稻、小麦、玉米，兼种果蔬。村落形态呈团状，房屋结构以坡房为主。

蔡家老湾【Càijiālǎowān】 以姓氏和建村时间综合命名。因蔡姓聚居且建村较早而得名。1958年隶属前进六大队；1980年隶属喻家嘴大队；1984年隶属喻家嘴村至今。位于村委会西北1.5千米。东邻竹林湾，南界焦家老湾，西至郭家湾，北连花屋脊村上挡拐。总面积0.5平方千米，耕地面积25公顷。10户，60人。主产水稻、小麦、玉米，兼种果蔬。村落形态呈团状，房屋结构以坡房和平房为主。

草堰岗【Cǎoyàngǎng】 以植物命名。因村建在岗上且村旁堰塘长满杂草而得名。1958年隶属前进六大队；1980年隶属喻家嘴大队；1984年隶属喻家嘴村至今。位于村委会西3千米。东邻李家湾，南界檀家湾，西至井湾水库，北连清平路。总面积0.3平方千米，耕地面积20公顷。8户，40人。主产水稻、小麦、玉米，兼种果蔬。村落形态呈散状，房屋结构以坡房和平房为主。

大湾【Dàwān】 以规模命名。因村子规模大而得名。1958年隶属前进六大队；1980年隶属喻家嘴大队；1984年隶属喻家嘴村至今。位于村委会西北1.5千米。东邻南凹子，南界塝子上，西至竹林湾，北连堰角子。总面积0.3平方千米，耕地面积10公顷。15户，50人。主产水稻、小麦、玉米，兼种果蔬。村落形态呈团状，房屋结构以平房、坡房和楼房为主。

樊家嘴子【Fánjiāzuǐzi】 以姓氏和地形综合命名。因樊姓聚居在山嘴上而得名。1958年隶属前进六大队；1980年隶属喻家嘴大队；1984年隶属喻家嘴村至今。位于村委会西北500米。东邻三里岗，南界桥头上，西至小王家湾，北连碾子湾。总面积0.4平方千米，耕地面积14公顷。20户，60人。主产水稻、小麦、玉米，兼种果蔬。村落形态呈团状，房屋结构以坡房和楼房为主。

坟家湾【Fénjiāwān】 以墓地命名。因村周围坟墓多而得名。1958年隶属前进六大队；1980年隶属喻家嘴大队；1984年隶属喻家嘴村至今。位于村委会西3.5千米。东邻清平路，南界草堰岗，西至朝王庙，北连花屋脊村余家老湾。总面积0.26平方千米，耕地面积25公顷。2户，20人。主产水稻、小麦、玉米，兼种果蔬。村落形态呈散状，房屋结构以坡房为主。

耿家咀【Gěngjiāzuǐ】 以姓氏和地形综合命名。因耿姓聚居在山咀上而得名。1958年隶属前进六大队；1980年隶属喻家嘴大队；1984年隶属喻家嘴村至今。位于村委会西2.2千米。东邻喻家嘴，南界双槽门村上唐家咀，西至柏家湾，北连李家湾。总面积0.3平方千米，耕地面积16公顷。12户，30人。主产水稻、小麦、玉米，兼种果蔬。村落形态呈线状，房屋结构以坡房为主。

郭家湾【Guōjiāwān】 以姓氏命名。郭姓聚居而得名。1958年隶属前进六大队；1980年隶属喻家嘴大队；1984年隶属喻家嘴村至今。位于村委会西北1.7千米。东邻蔡家老湾，南界焦家老湾，西至柳树湾，北连柳树湾。总面积0.4平方千米，耕地面积21公顷。7户，40人。主产水稻、小麦、玉米，兼种果蔬。村落形态呈团状，房屋结构以坡房和楼房为主。

焦家老湾【Jiāojiālǎowān】 以姓氏和建村时间综合命名。因焦姓聚居且建村较早而得名。1958年隶属前进六大队；1980年隶属喻家嘴大队；1984年隶属喻家嘴村至今。位于村委会西1.5千米。东邻八里庙，南界双槽门村黄家湾，西至金家湾，北连蔡家老湾。总面积0.8平方千米，耕地面积15公顷。22户，60人。主产水稻、小麦、玉米，兼种果蔬。村落形态呈团状，房屋结构以坡房和楼房为主。

金家湾【Jīnjiāwān】 以姓氏命名。因金姓聚居而得名。1958年隶属前进六大队；1980年隶属喻家嘴大队；1984年隶属喻家嘴村至今。位于村委会西2千米。东邻唐家沟，南界焦家老湾，西至喻家咀，北连郭家湾。总面积0.2平方千米，耕地面积16公顷。5户，30人。主产水稻、小麦、玉米，兼种果蔬。村落形态呈团状，房屋结构以坡房和平房为主。

李家湾【Lǐjiāwān】 以姓氏命名。因李姓聚居而得名。1958年隶属前进六大队；1980年隶属喻家嘴大队；1984年隶属喻家嘴村至今。位于村委会西2.6千米。东邻清平路，南界喻家嘴，西至曹堰岗，北连郭家湾。总面积1平方千米，耕地面积40公顷。8户，30人。主产水稻、小麦、玉米，兼种果蔬。村落形态呈散状，房屋结构以坡房和平房为主。

柳树湾【Liǔshùwān】 以植物命名。因村内种植柳树多而得名。1958年隶属前进六大队；1980年隶属喻家嘴大队；1984年隶属喻家嘴村至今。位于村委会西2千米。东邻郭家湾，南界金家湾，西至坟家湾，北连花屋脊村余家老湾。总面积0.5平方千米，耕地面积27公顷。6户，40人。主产水稻、小麦、玉米，兼种果蔬。村落形态呈团状，房屋结构以坡房和平房为主。

南凹子【Nánwāzi】 以方位和地形综合命名。因此湾建在山南边的洼子里而得名。1958年隶属前进六大队；1980年隶属喻家嘴大队；1984年隶属喻家嘴村至今。位于村委会北1千米。东邻三里岗村龙头山，南界樊家嘴子，西至大湾，北连周家老湾。总面积0.5平方千米，耕地面积5公顷。5户，20人。主产水稻、小麦、玉米，兼种果蔬。村落形态呈团状，房屋结构以坡房和楼房为主。

桥头上【Qiáotóushàng】 以桥命名。因村建在铜鼓桥东头，后更此名。1958年隶属前进六大队；1980年隶属喻家嘴大队；1984年隶属喻家嘴村至今。村委会驻地。东邻蒋家畈，南界唐家老湾村长堰埂，西至小王家湾，北连樊家咀子。总面积0.3平方千米，耕地面积15公顷。16户，50人。主产水稻、小麦、玉米，兼种果蔬。村落形态呈团状，房屋结构以坡房和二、三层楼房为主。

檀家湾【Tánjiāwān】 以姓氏命名。因檀姓聚居而得名。1958年隶属前进六大队；1980年隶属喻家嘴大队；1984年隶属喻家嘴村至今。位于村委会西3千米。东邻喻家嘴，南界仓湾，西至平林镇方湾村王家湾，北连坟家湾。总面积0.3平方千米，耕地面积12公顷。11户，50人。主产水稻、小麦、玉米，兼种果蔬。村落形态呈团状，房屋结构以坡房为主。

小王家湾【Xiǎowángjiāwān】 以姓氏和规模综合命名。因王姓聚居且人较少而得名。1958年隶属前进六大队；1980年隶属喻家嘴大队；1984年隶属喻家嘴村至今。位于村委会西1千米。东邻桥头上，南界双槽门村郭湾，西至八里庙，北连碾子湾。总面积0.1平方千米，耕地面积6公顷。5户，20人。主产水稻、小麦、玉米，兼种果蔬。村落形态呈团状，房屋结构以坡房为主。

喻家嘴【Yùjiāzuǐ】 以地形命名。因喻姓聚居在山嘴上而得名。1958年隶属前进六大队；1980年隶属喻家嘴大队；1984年隶属喻家嘴村至今。位于村委会西2千米。东邻金家湾，南界双槽门村上唐家咀，西至耿家咀，北连李家湾。总面积0.1平方千米，耕地面积2公顷。2户，10人。主产水稻、小麦、玉米，兼种果蔬。村落形态呈散状，房屋结构以坡房为主。

竹林湾【Zhúlínwān】 以植物命名。因村中有一片竹林而得名。1958年隶属前进六大队；1980年隶属喻家嘴大队；1984年隶属喻家嘴村至今。位于村委会西北2千米。东邻大湾，南界塝子上，西至蔡家老湾，北连花屋脊村花屋脊。总面积0.4平方千米，耕地面积10公顷。12户，50人。主产水稻、小麦、玉米，兼种果蔬。村落形态呈团状，房屋结构以坡房为主。

余畈村【Yúfàncūn】

以余家畈自然村命名。1958年为余畈大队，隶属卫星公社；1961年隶属吴店区；1975年隶属吴店公社；1984年为余畈村，隶属吴店镇；2003年解体；2007年恢复余畈村，隶属吴店镇至今。位于镇政府东北6千米。东邻兴隆镇万楼村，南界周寨村，西至春陵村，北连新庄村。辖16个自然村，总面积6.2平方千米，耕地面积401公顷。328户，1230人。主产水稻、小麦、玉米、杂粮。村委会驻檀家小湾。

邴家湾【Bǐngjiāwān】 以姓氏命名。因邴姓聚居而得名。1958年隶属余畈大队；1984年隶属余畈村；2003年隶属周寨村；2007年隶属余畈村至今。位于村委会东南1.6千米。东邻赵家湾，南界黄家庙村大金庄，西至张家湾，北连西岗。总面积0.28平方千米，耕地面积14公顷。13户，40人。主产水稻、小麦、玉米、杂粮。村落形态呈散状，房屋结构以坡房和楼房为主。

挡兜【Dàngdōu】 以挡坝方位命名。因村建于挡坝梢而得名。1958年隶属余畈大队；1984年隶属余畈村；2003年隶属周寨村；2007年隶属余畈村至今。位于村委会北300米。东邻檀家老湾，南界檀家小湾，西至春陵村胡家湾，北连东庄。总面积 0.41 平方千米，耕地面积 25 公顷。17 户，70 人。主产水稻、小麦、玉米、杂粮。村落形态呈散状，房屋结构以坡房和二、三层楼房为主。

丁家湾【Dīngjiāwān】 以姓氏命名。因丁姓聚居而得名。1958 年隶属余畈大队；1984 年隶属余畈村；2003 年隶属周寨村；2007 年隶属余畈村至今。位于村委会东南 2.2 千米。东邻兴隆镇万楼村西湾，南界赵家湾，西至杨家湾，北连兴隆镇万楼村西湾。总面积 0.31 平方千米，耕地面积 21 公顷。8 户，30 人。主产水稻、小麦、玉米、杂粮。村落形态呈散状，房屋结构以坡房和平房为主。

东庄【Dōngzhuāng】 以方位命名。因建在余家畈东而得名。1958 年隶属余畈大队；1984 年隶属余畈村；2003 年隶属周寨村；2007 年隶属余畈村至今。位于村委会北 1.2 千米。东邻檀家老湾，南界挡兜，西至余家畈，北连叶家湾。总面积 0.37 平方千米，耕地面积 17 公顷。12 户，40 人。主产水稻、小麦、玉米、杂粮。村落形态呈散状，房屋结构以坡房和楼房为主。

李家湾【Lǐjiāwān】 以姓氏命名。因李姓聚居而得名。1958 年隶属余畈大队；1984 年隶属余畈村；2003 年隶属周寨村；2007 年隶属余畈村至今。位于村委会东南 2.4 千米。东邻兴隆镇耿桥村耿家祠堂，南界黄家庙村，西至张家湾，北连赵家湾。总面积 0.27 平方千米，耕地面积 20 公顷。24 户，90 人。主产水稻、小麦、玉米、杂粮。村落形态呈散状，房屋结构以坡房和楼房为主。

李家油坊【Lǐjiāyóufáng】 以姓氏和作坊综合命名。因李姓开过油坊，故名。1958 年隶属余畈大队；1984 年隶属余畈村；2003 年隶属周寨村；2007 年隶属余畈村至今。位于村委会东北 1.1 千米。东邻兴隆镇万楼村西湾，南界吴家湾，西至檀家小湾，北连檀家老湾。总面积 0.21 平方千米，耕地面积 16 公顷。3 户，10 人。主产水稻、小麦、玉米、杂粮。村落形态呈散状，房屋结构以坡房和楼房为主。

上檀家湾【Shàngtánjiāwān】 以方位和姓氏综合命名。因檀姓聚居在檀家老湾上方而得名。1958 年隶属余畈大队；1984 年隶属余畈村；2003 年隶属周寨村；2007 年隶属余畈村至今。位于村委会东北 1.5 千米。东邻兴隆镇万楼村西湾，南界檀家老湾，西至东庄，北连新庄村罗家湾。总面积 0.31 平方千米，耕地面积 19 公顷。17 户，70 人。主产水稻、小麦、玉米、杂粮。村落形态呈线状，房屋结构以坡房和楼房为主。

檀家老湾【Tánjiālǎowān】 以姓氏和时间综合命名。因檀姓聚居且建村早而得名。1958 年隶属余畈大队；1984 年隶属余畈村；2003 年隶属周寨村；2007 年隶属余畈村至今。位于村委会东北 1 千米。东邻兴隆镇万楼村西湾，南界李家油坊，西至挡兜，北连上檀家湾。总面积 0.22 平方千米，耕地面积 15 公顷。16 户，60 人。主产水稻、小麦、玉米、杂粮。村落形态呈散状，房屋结构以坡房和楼房为主。

檀家小湾【Tánjiāxiǎowān】 以姓氏和规模综合命名。因檀姓聚居且人较少而得名。1958 年隶属余畈大队；1984 年隶属余畈村；2003 年隶属周寨村；2007 年隶属余畈村至今。村委会驻地。东邻吴家湾，南界周寨村李家河，西至春陵村严家楼，北连挡兜。总面积 0.91 平方千米，耕地面积 60 公顷。73 户，300 人。主产水稻、小麦、玉米、杂粮。村落形态呈线状，房屋结构以坡房和楼房为主。

吴家湾【Wújiāwān】 以姓氏命名。因吴姓聚居而得名。1958 年隶属余畈大队；1984 年隶属余畈村；2003 年隶属周寨村；2007 年隶属余畈村至今。位于村委会东 1 千米。东邻西岗，南界张家湾，西至檀家小湾，北连李家油坊。总面积 0.2 平方千米，耕地面积 13 公顷。5 户，20 人。主产水稻、小麦、玉米、杂粮。

村落形态呈散状，房屋结构以坡房和楼房为主。

西岗【Xīgǎng】 以方位命名。因村建于杨家湾西侧岗上而得名。1958年隶属余畈大队；1984年隶属余畈村；2003年隶属周寨村；2007年隶属余畈村至今。位于村委会东北1.7千米。东邻杨家湾，南界赵家湾，西至吴家湾，北连兴隆镇万楼村徐家湾。总面积0.32平方千米，耕地面积18公顷。17户，50人。主产水稻、小麦、玉米、杂粮。村落形态呈散状，房屋结构以坡房和楼房为主。

杨家湾【Yángjiāwān】 以姓氏命名。因杨姓聚居而得名。1958年隶属余畈大队；1984年隶属余畈村；2003年隶属周寨村；2007年隶属余畈村至今。位于村委会东1.5千米。东邻丁家湾，南界赵家湾，西至东岗，北连兴隆镇万楼村徐家老湾。总面积0.26平方千米，耕地面积20公顷。7户，30人。主产水稻、小麦、玉米、杂粮。村落形态呈散状，房屋结构以坡房和楼房为主。

叶家湾【Yèjiāwān】 以姓氏命名。因叶姓聚居而得名。1958年隶属余畈大队；1984年隶属余畈村；2003年隶属周寨村；2007年隶属余畈村至今。位于村委会北1.7千米。东邻兴隆镇万楼村西湾，南界东庄，西至余家畈，北连新庄村台子堰。总面积0.62平方千米，耕地面积38公顷。29户，90人。主产水稻、小麦、玉米、杂粮。村落形态呈散状，房屋结构以坡房和楼房为主。

余家畈【Yújiāfàn】 以姓氏和地形综合命名。因余姓聚居大畈上而得名。1958年隶属余畈大队；1984年隶属余畈村；2003年隶属周寨村；2007年隶属余畈村至今。位于村委会西北1.5千米。东邻东庄，南界挡兜，西至春陵村余家湾，北连新庄村杉树园。总面积0.91平方千米，耕地面积62公顷。67户，270人。主产水稻、小麦、玉米、杂粮。村落形态呈线状，房屋结构以坡房和楼房为主。

张家湾【Zhāngjiāwān】 以姓氏命名。因张姓聚居而得名。1958年隶属余畈大队；1984年隶属余畈村；2003年隶属周寨村；2007年隶属余畈村至今。位于村委会东南1.5千米。东邻赵家湾，南界黄家庙村大金庄，西至周寨村宋家凹，北连上吴家湾。总面积0.32平方千米，耕地面积26公顷。14户，40人。主产水稻、小麦、玉米、杂粮。村落形态呈散状，房屋结构以坡房和平房为主。

赵家湾【Zhàojiāwān】 以姓氏命名。因赵姓聚居而得名。1958年隶属余畈大队；1984年隶属余畈村；2003年隶属周寨村；2007年隶属余畈村至今。位于村委会东南2.4千米。东邻兴隆镇耿桥村耿家祠堂，南界李家湾，西至邴家湾，北连丁家湾。总面积0.28平方千米，耕地面积17公顷。6户，20人。主产水稻、小麦、玉米、杂粮。村落形态呈散状，房屋结构以坡房和楼房为主。

玉皇庙村【Yùhuángmiàocūn】

以玉皇庙自然村命名。1958年为十月九大队，隶属高峰公社；1961年隶属清潭区；1975年隶属清潭公社；1980年为玉皇庙大队，隶属清潭公社；1984年为玉皇庙村，隶属清潭区；1987年隶属清潭镇；2001年隶属吴店镇至今。位于镇政府南13千米。东邻旗杆湾村，南界三里岗村，西至花屋脊村，北连大堰角村。辖15个自然村，总面积5.8平方千米，耕地面积154公顷。254户，890人。主产水稻、小麦、玉米，兼种果蔬、玉米和花生。村委会驻玉皇庙。

大稻场【Dàdàochǎng】 以稻场规模命名。因本组的太神庙、蝗蚂堰共用此稻场而得名。1958年隶属十月九大队；1980年隶属玉皇庙大队；1984隶属玉皇庙村至今。位于村委会东北1.5千米。东邻旗杆湾村史家湾，南界中湾，西至唐店小学，北连唐店街道。总面积0.4平方千米，耕地面积7公顷。10户，40人。主产水稻、小麦、玉米，兼种玉米、花生和果蔬。村落形态呈散状，房屋结构以坡房和平房为主。

碓窝堰【Duìwōyàn】 以堰命名。因村旁有口堰形似碓窝而得名。1958年隶属十月九大队；1980年隶属玉皇庙大队；1984隶属玉皇庙村至今。位于村委会西北2千米。东邻唐店街道，南界十亩岗，西至何湾村花盆，北连大堰角村高堰埂。总面积0.2平方千米，耕地面积6公顷。8户，20人。主产水稻、小麦、玉米，兼种玉米、花生和果蔬。村落形态呈散状，房屋结构以坡房和平房为主。

谷家冲【Gǔjiāchōng】 以姓氏和地形综合命名。因谷姓聚居在上冲上而得名。1958年隶属十月九大队；1980年隶属玉皇庙大队；1984隶属玉皇庙村至今。位于村委会东南900米。东邻旗杆湾村窑湾，南界罗家老湾，西至朱家咀子，北连中湾。总面积0.3平方千米，耕地面积10公顷。9户，40人。主产水稻、小麦、玉米，兼种玉米、花生和果蔬。村落形态呈散状，房屋结构以坡房和平房为主。

何家湾【Héjiāwān】 以姓氏命名。因何姓聚居而得名。1958年隶属十月九大队；1980年隶属玉皇庙大队；1984隶属玉皇庙村至今。位于村委会东南2千米。东邻旗杆湾村碾子湾，南界三里岗村陈家湾，西至罗家咀子，北连清水堰。总面积0.2平方千米，耕地面积10公顷。9户，50人。主产水稻、小麦、玉米，兼种花生和果蔬。村落形态呈散状，房屋结构以坡房和平房为主。

楼子湾【Lóuziwān】 以建筑物命名。因村内建有楼子而得名。1958年隶属十月九大队；1980年隶属玉皇庙大队；1984隶属玉皇庙村至今。位于村委会南2.3千米。东邻清水堰，南界三里岗村中河寨，西至马家塝子，北连竹林湾。总面积0.3平方千米，耕地面积10公顷。10户，30人。主产水稻、小麦、玉米，兼种花生和果蔬。村落形态呈散状，房屋结构以坡房和平房为主。

罗家咀子【Luójiāzuǐzi】 以姓氏和地形综合命名。因罗姓居住在山坡咀子上而得名。1958年隶属十月九大队；1980年隶属玉皇庙大队；1984隶属玉皇庙村至今。位于村委会南2.7千米。东邻何家湾，南界三里岗村中湾，西至三里岗村中河寨，北连清水堰。总面积0.5平方千米，耕地面积10公顷。8户，40人。主产水稻、小麦、玉米，兼种花生和果蔬。村落形态呈散状，房屋结构以坡房和平房为主。

罗家老湾【Luójiālǎowān】 以姓氏和建村时间综合命名。因罗姓聚居且建村较早而得名。1958年隶属十月九大队；1980年隶属玉皇庙大队；1984隶属玉皇庙村至今。位于村委会东南1.2千米。东邻旗杆湾村碾子湾，南界何家湾，西至清水堰，北连谷家冲。总面积0.3平方千米，耕地面积6公顷。20户，30人。主产水稻、小麦、玉米，兼种玉米、花生和果蔬。村落形态呈散状，房屋结构以坡房和平房为主。

马家塝子【Mǎjiābàngzi】 以姓氏和地形综合命名。因马姓聚居田塝上而得名。1958年隶属十月九大队；1980年隶属玉皇庙大队；1984隶属玉皇庙村至今。位于村委会西南2.2千米。东邻竹林湾，南界三里岗村中湾，西至三里岗村万家畈，北连朱家咀子。总面积0.6平方千米，耕地面积10公顷。20户，70人。主产水稻、小麦、玉米，兼种花生和果蔬。村落形态呈散状，房屋结构以坡房和平房为主。

清水堰【Qīngshuǐyàn】 以水质命名。因村前大堰的水深而清而得名。1958年隶属十月九大队；1980年隶属玉皇庙大队；1984隶属玉皇庙村至今。位于村委会南2.1千米。东邻罗家老湾，南界罗家咀子，西至楼子湾，北连玉皇庙。总面积0.4平方千米，耕地面积10公顷。10户，50人。主产水稻、小麦、玉米，兼种花生和果蔬。村落形态呈散状，房屋结构以坡房和平房为主。

十亩岗【Shímǔgǎng】 以面积和地形综合命名。因村建在10亩的岗地上而得名。1958年隶属十月九大队；1980年隶属玉皇庙大队；1984隶属玉皇庙村至今。位于村委会西北1.3千米。东邻玉皇粮油公司，南界院墙湾，西至何湾村山上，北连碓窝堰。总面积0.6平方千米，耕地面积10公顷。10户，20人。主产水稻、小麦、玉米，兼种玉米、花生和果蔬。村落形态呈散状，房屋结构以坡房和平房为主。

玉皇庙【Yùhuángmiào】 以建筑物命名。因此地曾有一寺庙，庙内供奉一尊玉皇大帝的像，故名。1958年隶属十月九大队；1980年隶属玉皇庙大队；1984隶属玉皇庙村至今。村委会驻地。东邻谷家冲，南界朱家咀子，西至花屋脊村罗家冲，北连院墙湾。总面积0.3平方千米，耕地面积10公顷。10户，20人。主产水稻、小麦、玉米，兼种玉米、花生和果蔬。村落形态呈散状，房屋结构以坡房和平房为主。

院墙湾【Yuànqiángwān】 以建筑物命名。因村周围修有防护围墙而得名。1958年隶属十月九大队；1980年隶属玉皇庙大队；1984隶属玉皇庙村至今。位于村委会西北1千米。东邻大道场，南界玉皇庙，西至花屋脊村罗家冲，北连十亩岗。总面积0.6平方千米，耕地面积20公顷。35户，140人。主产水稻、小麦、玉米，兼种玉米、花生和果蔬。村落形态呈散状，房屋结构以坡房和平房为主。

中湾【Zhōngwān】 以方位命名。因此村位于全村中央区域而得名。1958年隶属十月九大队；1980年隶属玉皇庙大队；1984隶属玉皇庙村至今。位于村委会东600米。东邻旗杆湾村窑湾，南界罗家老湾，西至玉皇庙，北连大稻场。总面积0.5平方千米，耕地面积20公顷。40户，100人。主产水稻、小麦、玉米，兼种玉米、花生和果蔬。村落形态呈散状，房屋结构以坡房和平房为主

朱家咀子【Zhūjiāzuǐzi】 以姓氏和地形综合命名。因朱姓聚居山咀上而得名。1958年隶属十月九大队；1980年隶属玉皇庙大队；1984隶属玉皇庙村至今。位于村委会南500米。东邻何家湾村何家湾，南界马家塝子，西至花屋脊村潘家湾，北连玉皇庙。总面积0.5平方千米，耕地面积20公顷。45户，220人。主产水稻、小麦、玉米，兼种玉米、花生和果蔬。村落形态呈散状，房屋结构以坡房和平房为主。

竹林湾【Zhúlínwān】 以植物命名。因村内有一片竹林而得名。1958年隶属十月九大队；1980年隶属玉皇庙大队；1984隶属玉皇庙村至今。位于村委会南1.5千米。东邻谷家冲，南界楼子湾，西至马家塝子，北连朱家咀子。总面积0.1平方千米，耕地面积5公顷。10户，20人。主产水稻、小麦、玉米，兼种玉米、花生和果蔬。村落形态呈散状，房屋结构以坡房和平房为主。

周寨村【Zhōuzhàicūn】

以周家寨自然村命名。1958年为周寨大队，隶属卫星公社；1961年吴店区；1975年隶属吴店公社；1984年为周寨村，隶属吴店镇至今。位于镇政府北300米。东邻黄家庙村，南界树头村，西至肖湾村，北连春陵村。辖22个自然村，总面积9.5平方千米，耕地面积401.1公顷。852户，3390人。主产水稻、小麦、杂粮等。村委会驻严家楼。

大城子【Dàchéngzi】 以传说故事命名。据传村子原住兄弟俩，后分居，此村为大哥居住，故名。1958年隶属周寨大队；1984年隶属周寨村至今。位于村委会北400米。东邻小城子，南界戈庄，西至王家湾，北连春陵村方家庄。总面积0.75平方千米，耕地面积31公顷。64户，270人。主产水稻、小麦等杂粮。村落形态呈散状，房屋结构以楼房和平房为主。

樊家湾【Fánjiāwān】 以姓氏命名。因樊姓聚居而得名。1958年隶属周寨大队；1984年隶属周寨村至今。位于村委会东北1.5千米。东邻黄家庙村唐家湾，南界小城子，西至春陵村方庄，北连土井。总面积0.1平方千米，耕地面积3.1公顷。7户，30人。主产水稻、小麦等杂粮。村落形态呈散状，房屋结构以楼房和平房为主。

戈咀【Gēzuǐ】 以姓氏和地形综合命名。因戈姓建村于岗咀而得名。1958年隶属周寨大队；1984年隶属周寨村至今。位于村委会东2.5千米。东邻黄家庙村南庄，南界梁家咀，西至田家湾，北连黄家庙村颜家岗。总面积0.4平方千米，耕地面积17公顷。17户，70人。主产水稻、小麦等杂粮。村落形态呈散状，房屋结构以楼房和平房为主。

戈庄【Gēzhuāng】 以姓氏命名。因戈姓聚居而得名。1958年隶属周寨大队；1984年隶属周寨村至今。位于村委会西400米。东邻院墙湾，南界徐家壕，西至柿子园，北连大城子。总面积0.5平方千米，耕地面积20公顷。50户，240人。主产水稻、小麦等杂粮。村落形态呈散状，房屋结构以楼房和平房为主。

井坡【Jǐngpō】 以井和地形综合命名。因村内的水井修在山坡上而得名。1958年隶属周寨大队；1984年隶属周寨村至今。位于村委会东600米。东邻黄家庙村耿家湾，南界周家湾，西至大城子，北连小城子。总面积0.8平方千米，耕地面积35公顷。82户，290人。主产水稻、小麦等杂粮。村落形态呈散状，房屋结构以楼房和平房为主。

李家湾【Lǐjiāwān】 以姓氏命名。因李姓聚居而得名。1958年隶属周寨大队；1984年隶属周寨村至今。位于村委会西北1千米。东邻工家湾，南界柿子园，西至楼子湾，北连春陵村。总面积0.2平方千米，耕地面积13.3公顷。30户，120人。主产水稻、小麦等杂粮。村落形态呈散状，房屋结构以楼房和平房为主。

梁咀【Liángzuǐ】 以姓氏和地形综合命名。因梁姓聚居河咀而得名。1958年隶属周寨大队；1984年隶属周寨村至今。位于村委会东2千米。东邻黄家庙村东王家湾，南界皇村黄庄，西至田家湾，北连戈咀。总面积0.6平方千米，耕地面积25公顷。27户，150人。主产水稻、小麦等杂粮。村落形态呈散状，房屋结构以楼房和平房为主。

楼子湾【Lóuziwān】 以建筑物命名。因村内有座楼子而得名。1958年隶属周寨大队；1984年隶属周寨村至今。位于村委会西1.2千米。东邻李家湾，南界新庄，西至优良河，北连春陵村赵家湾。总面积0.75平方千米，耕地面积29公顷。77户，330人。主产水稻、小麦等杂粮。村落形态呈线状，房屋结构以楼房和平房为主。

柿子园【Shìziyuán】 以植物命名。因村内柿子树较多而得名。1958年隶属周寨大队；1984年隶属周寨村至今。位于村委会西1.5千米。东邻郭庄，南界吴店社区河咀子，西至优良河，北连李家湾。总面积0.42平方千米，耕地面积19公顷。71户，230人。主产水稻、小麦等杂粮。村落形态呈线状，房屋结构以楼房和平房为主。

田家湾【Tiánjiāwān】 以姓氏命名。因田姓聚居而得名。1958年隶属周寨大队；1984年隶属周寨村至今。位于村委会东南600米。东邻梁家咀，南界皇村罐子山，西至王家湾，北连戈咀。总面积0.6平方千米，耕地面积27公顷。43户，190人。主产水稻、小麦等杂粮。村落形态呈散状，房屋结构以楼房和平房为主。

土井【Tǔjǐng】 以井的特点命名。因村内有口土井且水质较好而得名。1958年隶属周寨大队；1984年隶属周寨村至今。位于村委会北1.2千米。东邻黄家庙村聂家湾，南界樊家湾，西至春陵村严家楼，北连张家湾。总面积0.23平方千米，耕地面积15.3公顷。20户，100人。主产水稻、小麦等杂粮。村落形态呈散状，房屋结构以楼房和平房为主。

王家湾【Wángjiāwān】 以姓氏命名。因王姓聚居而得名。1958年隶属周寨大队；1984年隶属周寨村至今。位于村委会西北1千米。东邻大城子，南界柿子园，西至李家湾，北连春陵村方庄。总面积0.3平方千米，耕地面积13公顷。28户，110人。主产水稻、小麦等杂粮。村落形态呈散状，房屋结构以楼房和平房为主。

西王家湾【Xīwángjiāwān】 以姓氏和方位综合命名。因邻近有两个王家湾，此村在西，故名。1958年隶属周寨大队；1984年隶属周寨村至今。位于村委会东南1.45千米。东邻田家湾，南界皇村罐子山，西至院墙湾，北连周家湾。总面积0.75平方千米，耕地面积27公顷。50户，200人。主产水稻、小麦等杂粮。村落形态呈散状，房屋结构以楼房和平房为主。

小城子【Xiǎochéngzi】 以传说故事命名。据传村子原住兄弟俩，后分居，此村为小弟居住，故名。1958年隶属周寨大队；1984年隶属周寨村至今。位于村委会东800米。东邻黄家庙村聂家湾，南界井坡，西至优良河，北连土井。总面积0.7平方千米，耕地面积30公顷。55户，230人。主产水稻、小麦等杂粮。村落形态呈散状，房屋结构以楼房和平房为主。

小周家湾【Xiǎozhōujiāwān】 以姓氏和规模综合命名。因周姓聚居且村子较小而得名。1958年隶属周寨大队；1984年隶属周寨村至今。位于村委会西600米。东邻周家寨，南界滚河，西至柿子园，北连新庄。总面积0.12平方千米，耕地面积5公顷。10户，50人。主产水稻、小麦等杂粮。村落形态呈散状，房屋结构以楼房和平房为主。

新庄【Xīnzhuāng】 以建村时间命名。因此村在1958年新建而得名。1958年隶属周寨大队；1984年隶属周寨村至今。位于村委会西1.2千米。东邻戈庄，南界小周家湾，西至柿子园，北连楼子湾。总面积0.4平方千米，耕地面积18公顷。59户，170人。主产水稻、小麦等杂粮。村落形态呈散状，房屋结构以楼房和平房为主。

徐家壕【Xújiāháo】 以姓氏和防御设施综合命名。因徐姓聚居的村周挖有壕沟而得名。1958年隶属周寨大队；1984年隶属周寨村至今。位于村委会西南1千米。东邻院墙湾，南界树头村罗家湾，西至柿子园，北连戈庄。总面积0.05平方千米，耕地面积1公顷。5户，10人。主产水稻、小麦等杂粮。村落形态呈散状，房屋结构以楼房和平房为主。

严家楼【Yánjiālóu】 以姓氏和建筑物综合命名。因严姓聚居的村内修有一座楼而得名。1958年隶属周寨大队；1984年隶属周寨村至今。村委会驻地。东邻周家湾，南界院墙湾，西至戈庄，北连井坡。总面积0.12平方千米，耕地面积4.8公顷。11户，40人。主产水稻、小麦等杂粮。村落形态呈散状，房屋结构以楼房和平房为主。

院墙湾【Yuànqiángwān】 以建筑物命名。因村周围有围墙而得名。1958年隶属周寨大队；1984年隶属周寨村至今。位于村委会南500米。东邻王家湾，南界树头村罗家湾，西至徐家壕，北连严家楼。总面积0.6平方千米，耕地面积18公顷。54户，230人。主产水稻、小麦等杂粮。村落形态呈散状，房屋结构以楼房和平房为主。

张家湾【Zhāngjiāwān】 以姓氏命名。因张姓聚居而得名。1958年隶属周寨大队；1984年隶属周寨村至今。位于村委会东北2千米。东邻余畈村张家湾，南界樊家湾，西至春陵村严家楼，北连余畈村檀家小湾。总面积0.46平方千米，耕地面积26公顷。40户，150人。主产水稻、小麦等杂粮。村落形态呈散状，房屋结构以楼房和平房为主。

周家湾【Zhōujiāwān】 以姓氏命名。因周姓聚居而得名。1958年隶属周寨大队；1984年隶属周寨村至今。位于村委会东700米。东邻田家湾，南界西王家湾，西至严家楼，北连井坡。总面积0.5平方千米，耕地面积21.6公顷。42户，150人。主产水稻、小麦等杂粮。村落形态呈散状，房屋结构以楼房和平房为主。

周家寨【Zhōujiāzhài】 以姓氏和建筑物综合命名。因周姓居住的村周围修有寨墙而得名。1958年隶属周寨大队；1984年隶属周寨村至今。位于村委会西南400米。东邻院墙湾，南界徐家湾，西至戈庄，北连大城子。总面积0.2平方千米，耕地面积2公顷。10户，30人。村落形态呈散状，房屋结构以二、三层楼房和平房为主。

第十四章　枣阳经济开发区

第一节　枣阳经济开发区概况

西城经济开发区【Xīchéng Jīngjì Kāifāqū】

因地处枣阳城区西部，以招商引资、技术开发为职责而得名。位于市政府西3千米。东邻北城街道，南界南城街道，西、北连环城街道。总面积10.3平方千米，耕地面积190.73公顷。截至2014年，有7436户，25014人。辖4个居委会。开发区管委会驻前进路42号。1993年4月，枣阳市西城经济技术开发区管理委员会成立，为正科级行政机构，隶属市政府领导。1995年1月经湖北省政府批准，晋升为省管开发区。1996年4月，市政府将北城街道所属的西园、靳庄两村和环城街道所属的茶棚村划归开发区管辖。1999年9月，经襄樊市编委批准升格为副处级。2004年7月，湖北省政府批准升格为省级开发区。截至2014年，全区工业以化工、纺织、服装、汽车配件、电子信息为主。有工业企业58家，其中区属工业企业26家，职工1.38万人，固定资产净增30亿元，年产值千万元以上企业31家、百万元以上企业58家。全区个体工商经营户926户、5435人，实现销售收入21000万元。新增民营经济大户12户，其中新增个体工商户6户，新增私营企业6家，新增固定资产投资1亿元。有农贸市场2个，占地3000平方米，摊位380个，年成交额7800万元。有中行分理处1家、建行分理处1家、农行分理处1家、工行分理处1家、邮政储蓄银行2家、信用社1家（辖3个储蓄所）。有2所村级小学、1所中心小学、1所中心幼儿园，在校学生3292人，教师131人。拥有卫生院1家，社区卫生服务中心1家，社区卫生服务站5个，专业医护人员65人，病床71张。4个居委会均有舞龙队、舞狮队、军乐队、剧团、电影院、旱船、唢呐班等。1999年开发区组队参加全市第四届运动会，获"精神文明代表队"称号和门球项目冠军。2002年参加全市农运会，获象棋项目冠军。2005年参加全市第五届运动会，获象棋项目、1000米赛跑项目和4×100接力项目冠军。交通便利，316国道、寺沙省道穿境而过。

第二节　城市社区、居民点

靳庄社区【Jìnzhuāng Shèqū】

以靳庄居民点命名。1951年建立吴庄良种场，隶属农业局；1958年为吴庄大队；1975年为吴庄农科所；1984年为吴庄村，隶属城关镇；1988年为靳庄村，隶属北城街道；1996年隶属开发区；2012年为靳庄社区居委会，隶属开发区至今。位于开发区管委会西南1千米。东邻西园社区，南界沙河，西北至茶棚社区。辖4个居民点，总面积4.68平方千米，耕地面积18公顷。518户，2740人。以蔬菜、加工业、服务业为主。316国道过境，居委会驻襄阳路96号。

靳庄【Jìnzhuāng】　以姓氏命名。因靳姓聚居而得名。1958年隶属吴庄大队；1975年隶属吴庄农科所；1984年隶属吴庄村；1988年隶属靳庄村；2012年隶属靳庄社区至今。位于居委会东400米。东邻公路，南界沙河，西至鱼种场，北连吴庄。总面积0.75平方千米，无耕地。80户，260人。以加工业、服务业、商业。村落形态呈团状，房屋结构以平房和楼房为主。

钱庄【Qiánzhuāng】　以姓氏命名。因钱姓聚居而得名。1958年隶属吴庄大队；1975年隶属吴庄农科所；1984年隶属吴庄村；1988年隶属靳庄村；2012年隶属靳庄社区至今。位于居委会西南350米。东邻鱼种场，南界沙河，西至鄂泰纺织有限公司，北连张庄。总面积1.03平方千米，耕地面积8公顷。100户，510人。以加工业、服务业、商业。村落形态呈团状，房屋结构以平房和楼房为主。

吴庄【Wúzhuāng】　以姓氏命名。因吴姓聚居而得名。1958年隶属吴庄大队；1975年隶属吴庄农科所；1984年隶属吴庄村；1988年隶属靳庄村；2012年隶属靳庄社区至今。位于居委会东北600米。东邻吴庄，南界靳庄，西至佳鑫宜家家园，北连吴庄。总面积1.75平方千米，无耕地。220户，1280人。以加工业、服务业、商业。村落形态呈团状，房屋结构以楼房为主。

张庄【Zhāngzhuāng】　以姓氏命名。因张姓聚居而得名。1958年隶属吴庄大队；1975年隶属吴庄农科所；1984年隶属吴庄村；1988年隶属靳庄村；2012年隶属靳庄社区至今。位于居委会西北350米。东邻金兰集团，南界钱庄，西至枣阳公共汽车公司液化气站，北连枣阳市第五中学。总面积1.15平方千米，耕地面积10公顷。118户，690人。以蔬菜、加工业、服务业。村落形态呈线状，房屋结构以平房和楼房为主。

茶棚社区【Chápéng Shèqū】

以茶棚居民点命名。1958年命名为火箭大队，隶属国光公社；1964年为茶棚大队，隶属环城区；1987年隶属环城乡；1988年隶属环城街道；1996年隶属开发区，2007年为茶棚社区，隶属开发区至今。位于开发区管委会西1.3千米。东邻靳庄社区，南界农业局十里铺村，西至环城街道西郊村，北连环城街道袁庄村。辖12个居民点，总面积4.33平方千米，耕地面积172.73公顷。1931户，8024人。主产小麦、杂粮，有纺织、汽配等工业。316国道及前进路、民族西路过境，居委会驻蔡庄。

蔡庄【Càizhuāng】 以姓氏命名。因蔡姓聚居而得名。1958年隶属火箭大队；1964年隶属茶棚大队；1984年隶属茶棚村；2002年隶属茶棚社区居委会至今。居委会驻地。东邻藕堰，南界靳庄社区，西至刘庄，北连陶岗。总面积0.24平方千米，耕地面积2公顷。296户，1140人。主产小麦，村民大多经商、务工。村落形态呈团状，房屋结构以楼房为主。

曹楼【Cáolóu】 以姓氏和建筑物综合命名。因曹姓聚居且村内有座楼房而得名。1958年隶属火箭大队；1964年隶属茶棚大队；1984年隶属茶棚村；2002年隶属茶棚社区居委会至今。位于居委会东300米。东邻砖厂小区，南界枣阳市第五中学，西至藕堰，北连唐庄。总面积0.32平方千米，耕地面积6.4公顷。238户，570人。主产水稻、小麦、杂粮。村落形态呈团状，房屋结构以楼房为主。

陈庄【Chénzhuāng】 以姓氏命名。因陈姓聚居而得名。1958年隶属火箭大队；1964年隶属茶棚大队；1984年隶属茶棚村；2002年隶属茶棚社区居委会至今。位于居委会西北1.2千米。东邻杨庄，南界王庄，西、北连西郊水库。总面积0.31平方千米，耕地面积14.9公顷。41户，240人。主产水稻、小麦、玉米。村落形态呈团状，房屋结构以楼房为主。

春阳小区【Chūnyángxiǎoqū】 因外来人口聚居于环城供电所（原春阳变电站）形成小区而得名。2005年形成小区，隶属茶棚社区。位于居委会东400米。东邻枣阳市第五中学，南界靳庄社区张庄，西至繁荣小区，北连春阳变电站。总面积0.11平方千米。无耕地，185户，640人。村落形态呈团状，房屋结构以楼房为主。

繁荣小区【Fánróngxiǎoqū】 2002年村办公室改建，后居民聚居于此，因对居民点的美好愿景命名为繁荣小区。2005年形成小区，隶属茶棚社区。位于居委会南50米。东邻春阳小区，南界十里铺村雷岗，西至蔡庄，北连藕堰。总面积0.12平方千米，无耕地。259户，780人。村落形态呈团状，房屋结构以楼房为主。

孔庄【Kǒngzhuāng】 以姓氏命名。因孔姓聚居而得名。1958年隶属火箭大队；1964年隶属茶棚大队；1984年隶属茶棚村；2002年隶属茶棚社区居委会至今。位于居委会东北1.6千米。东邻宁庄，南界砖厂小区，西至唐庄，北连环城街道袁庄村宋岗。总面积0.5平方千米，耕地面积25公顷。115户，640人。主产小麦、玉米。村落形态呈团状，房屋结构以楼房为主。

刘庄【Liúzhuāng】 以姓氏命名。因刘姓聚居而得名。1958年隶属火箭大队；1964年隶属茶棚大队；1984年隶属茶棚村；2002年隶属茶棚社区居委会至今。位于居委会西600米。东邻藕堰，南界蔡庄，西至新庄，北连陶庄。总面积0.2平方千米，耕地面积0.13公顷。159户，280人。主产蔬菜，村民大多经商、务工。村落形态呈团状，房屋结构以楼房为主。

宁庄【Níngzhuāng】 以姓氏命名。因宁姓聚居而得名。1958年隶属火箭大队；1964年隶属茶棚大队；1984年隶属茶棚村；2002年隶属茶棚社区居委会至今。位于居委会东1.3千米。东邻北关社区时家庄，南界西园社区宋庄，西至砖厂小区，北连孔庄。总面积0.32平方千米，耕地面积5.3公顷。88户，474人。

主产小麦。村落形态呈团状，房屋结构以楼房为主。

藕堰【Ǒuyàn】 以植物和堰塘综合命名。因村建于藕堰旁而得名。原有上、下藕堰，1998年因修前进路合并。1958年隶属火箭大队；1964年隶属茶棚大队；1984年隶属茶棚村；2002年隶属茶棚社区居委会至今。位于居委会东300米。东邻曹楼，南界繁荣小区，西至蔡庄，北连杨庄。总面积0.29平方千米，耕地面积14公顷。171户，490人。主产水稻、小麦、花生。村落形态呈散状，房屋结构以楼房为主。

唐庄【Tángzhuāng】 以姓氏命名。因唐姓聚居而得名。1958年隶属火箭大队；1964年隶属茶棚大队；1984年隶属茶棚村；2002年隶属茶棚社区居委会至今。位于居委会东北1.3千米。东邻孔庄，南界民族西路，西至杨庄，北连袁庄村宋岗。总面积0.58平方千米，耕地面积36公顷。117户，670人。主产小麦、玉米。村落形态呈团状，房屋结构以楼房为主。

陶岗【Táogǎng】 以姓氏和地形综合命名。因陶姓聚居地势较高处而得名。1958年隶属火箭大队；1964年隶属茶棚大队；1984年隶属茶棚村；2002年隶属茶棚社区居委会至今。位于居委会北700米。东邻杨庄，南界刘庄，西至新庄，北连王庄。总面积0.41平方千米，耕地面积26公顷。89户，430人。主产水稻、小麦、玉米。村落形态呈线状，房屋结构以楼房为主。

王庄【Wángzhuāng】 以姓氏命名。因王姓聚居而得名。1958年隶属火箭大队；1964年隶属茶棚大队；1984年隶属茶棚村；2002年隶属茶棚社区居委会至今。位于居委会西北1千米。东邻杨庄，南界陶岗，西至新庄，北连陈庄。总面积0.26平方千米，耕地面积13公顷。41户，240人。主产水稻、小麦。村落形态呈团状，房屋结构以楼房为主。

新庄【Xīnzhuāng】 因建村较晚而得名。1985年建立，隶属茶棚大队；2002年隶属茶棚社区居委会至今。位于居委会西900米。东邻陶庄，南界316国道，西、北连西郊水库。总面积0.22平方千米，耕地面积11公顷。43户，200人。主产水稻、小麦，兼种果树。村落形态呈团状，房屋结构以楼房为主。

杨庄【Yángzhuāng】 以姓氏命名。因杨姓聚居而得名。1958年隶属火箭大队；1964年隶属茶棚大队；1984年隶属茶棚村；2002年隶属茶棚社区居委会至今。位于居委会北900米。东邻唐庄，南界藕堰，西至陶岗，北连环城街道双庙村王家双庙。总面积0.3平方千米，耕地面积19公顷。53户，360人。主产水稻、小麦、花生。村落形态呈散状，房屋结构以楼房为主。

砖厂小区【Zhuānchǎngxiǎoqū】 原为茶棚村砖厂，后居民聚居形成小区，故名。1985年建砖厂，1999年破产，2002年形成小区，隶属茶棚社区。位于居委会东1.1千米。东邻宁庄，南界靳庄社区吴庄，西至曹楼，北连孔庄。总面积0.15平方千米，无耕地，253户，870人。村落形态呈团状，房屋结构以楼房为主。

华荣街道社区【Huáróng Jiēdào Shèqū】

以香烟品牌命名。2011年成立华荣街道社区居委会，隶属西城开发区至今。位于开发区管委会东1.5千米，西至西园社区，有两个生活区：华荣生活区、红宝花生活区。总面积0.09平方千米，无耕地。842户，3250人。居委会驻华荣生活区12号楼。

红宝花小区【Hóngbǎohuāxiǎoqū】 以香烟品牌命名。1984年枣阳卷烟厂建立红宝花生活区；2002

年枣阳卷烟厂与襄樊卷烟厂合并,隶属枣阳市;2011年成立华荣街道社区居委会后并入,隶属西城开发区至今。位于开发区管委会东1.9千米。东、西、北连西园社区,南界华荣小区。总面积0.04平方千米,无耕地。242户,600人。房屋结构以楼房为主。

华荣小区【Huáróngxiǎoqū】 以香烟品牌命名。1984年枣阳卷烟厂建立华荣生活区;2002年枣阳卷烟厂与襄樊卷烟厂合并,隶属枣阳市;2011年成立华荣街道社区居委会后并入,隶属西城开发区至今。位于开发区管委会东2千米。东、南、西三面接西园社区,北连红宝花小区。总面积0.05平方千米,无耕地。600户,1750人。房屋结构以楼房为主。

西园社区【Xīyuán Shèqū】

以原西园村命名。1958年为新民大队,隶属国光公社;1962年改为西园大队,隶属城关镇;1984年为西园村,隶属城关镇;1988年隶属北城街道;1996年隶属西城开发区;2000年为西园社区,隶属西城开发区至今。位于开发区管委会东南800米。东邻南阳路,南界沙河,西至靳庄社区,北连北城街道北关社区。总面积1.2平方千米,无耕地。4663户,1.1万人。主要以务工经商和第三产业为主。316国道过境,居委会驻上海路60号。

第十五章　新　市　镇

第一节　新市镇概况

新市镇【Xīnshìzhèn】

以庙宇命名。清末，驻地有"兴隆寺"旧庙，民国初重修后称之为新寺。1958年，因"寺"含宗教色彩，即改为"新市"。位于市政府东北33千米。是两省（湖北、河南）四县市（枣阳市、随州市、桐柏县、唐河县）的交接处，有"一脚踏两省，鸡鸣闻四县"之称。东邻随县吴山镇，南界鹿头镇，西至太平镇，北连河南省唐河县祁仪镇。总面积237.47平方千米，耕地面积8465.49公顷。截至2014年，有15746万户，59458万人。辖1个居委会、39个村。镇政府驻赤眉街204号。1956年归鹿头区管辖；1958年为火箭公社；1961年为新市区；1975年为新市公社；1984年为新市区；1987年为新市镇，同年钱岗分离设乡；2001年钱岗乡并入新市镇至今。境内矿产资源丰富，已开采的有硅石、钾长石、滑石、金、铜、铁等，其中赤眉山的硅石矿储量、品质均居省内第一。农业以种植水稻、小麦、玉米为主，主要经济作物为水果、芝麻、棉花等。该镇素有"水果之乡"之称，发展果业有300余年历史，种植的优质大白桃远销宁夏、河北、广东、广西等10多个省区市。中药材、山野菜特产资源丰富。工业以农副产品加工、矿产加工为主。2014年，全镇有工业企业143家，其中年产值千万元以上的企业14家、百万元以上企业18家、十万元以上企业42家。个体工商经营户1620户、4860人。农贸市场2个，摊位110个，年成交额超800万元，注册工商经营户1620户。全镇有11所幼儿园、6所小学、2所初中，教师337人。拥有卫生院2家、村卫生室36个，专业医护人员116人，病床186张。境内有西周时期的居住遗址象弓河、中国传统村落前湾古民居、国家3A级风景区白竹园寺、老一辈无产阶级革命家黄火青陵园、纪念馆。交通便利，省道枣桐公路穿境而过，6条交通主干线，全长78千米。

第二节 城市社区、居民点

新市街道社区【Xīnshì Jiēdào Shèqū】

以新市街命名。1997年为新市居委会，隶属新市镇；2014年为新市镇街道社区居民委员会，隶属新市镇至今。位于新市镇政府西南800米。东邻前井村，南界前井村，西至张巷村，北连赵庄村。总面积4平方千米，无耕地。2520户，8860人。经济形态以商业、工业为主。社区居委会设赤眉街。房屋结构以楼房为主。

第三节 农村社区（村）自然村、居民点

白露村【Báilùcūn】

以白露自然村命名。1958年为前锋二大队，隶属红旗公社；1979年为白露大队，隶属新市公社；1984年为白露村，隶属新市区；1987年隶属钱岗乡；2001年隶属新市镇至今。位于镇政府西南15千米。东邻杨庄村，南界鹿头镇翟庙村，西至太平镇袁寨北街村，北连姚棚村。辖1个自然村，总面积2.78平方千米，耕地面积161.5公顷。286户，1030人。主产小麦、玉米、棉花，兼种桃树，发展养殖业，以1个养虾场为主。316省道穿村而过，村委会驻白露村。

白露【Báilù】 以谐音命名。此地原有100多个铁匠炉，而得名"百炉"，后因"白露"与"百炉"谐音，故名。1958年隶属前锋二大队；1979年隶属白露大队；1984年隶属白露村至今。村委会驻地。东邻杨庄村下桥庄，南界鹿头镇翟庙村黄庄，西至太平镇袁寨北街村河西庄，北连姚棚村张湾。总面积2.78平方千米，耕地面积161.5公顷。286户，1030人。主产小麦、玉米，棉花，兼种桃树，发展养殖业，以1个养虾场。村落形态呈团状，房屋结构以坡房和楼房为主。

大堰村【Dàyàncūn】

以大堰自然村命名。原名刘家大堰。1958年为七一大队，隶属火箭公社；1961年为大堰大队，隶属新市区；1975年隶属新市公社；1980年因重名，以驻地刘家大堰命名；1984年为大堰村，隶属新市区；1987年隶属新市镇至今。位于镇政府东南2.5千米。东邻孟子坪村，南界红雁河村，西至前井村，北连东李湾村。辖7个自然村，总面积6平方千米，耕地面积104.16公顷。304户，1420人。主产小麦、水稻，兼种桃树。村内有香山寺庙。村委会驻大堰。新三路穿大堰隗家后湾而过。

褚庄【Chǔzhuāng】 以姓氏命名。因褚姓聚居而得名。1958年隶属七一大队；1961年隶属大堰大队；1980年隶属刘家大堰大队；1984年隶属大堰村至今。位于村委会东北1.5千米。东邻和尚庄，南界鸿雁河村张湾，西至王庄，北连白沙岗园艺场。总面积1平方千米，耕地面积14.33公顷。37户，170人。主产小麦、水稻，兼种桃树。村落形态呈线状，房屋结构以坡房和楼房为主。

大堰庄【Dàyànzhuāng】 以堰塘命名。因村前有口大堰，刘姓聚居而形成大的村庄，亦称刘家大堰。1958年隶属七一大队；1961年隶属大堰大队；1980年隶属刘家大堰大队；1984年隶属大堰村至今。村委会驻地。东邻褚庄，南界鸿雁河村张湾，西至前井村长坊，北连黄湾。总面积2.45平方千米，耕地面积31公顷。103户，460人。主产小麦、水稻，兼种桃树。村落形态呈线状，房屋结构以坡房和楼房为主。

和尚庄【Héshàngzhuāng】 以人物命名。该村以前有和尚居住，故名。1958年隶属七一大队；1961年隶属大堰大队；1980年隶属刘家大堰大队；1984年隶属大堰村至今。位于村委会东北1.5千米。东邻孟子坪村邱沟，南界骆庄村朱家湾，西至褚庄，北连白沙岗园艺场。总面积1平方千米，耕地面积7.7公顷。20户，100人。主产小麦、水稻，兼种桃树。村落形态呈线状，房屋结构以坡房和楼房为主。

黄湾【Huángwān】 以姓氏命名。因黄姓聚居而得名。1958年隶属七一大队；1961年隶属大堰大队；1980年隶属刘家大堰大队；1984年隶属大堰村至今。位于村委会东北1千米。东邻王庄，南界大堰，西至前井村长坊，北连东李湾村李湾。总面积0.5平方千米，耕地面积16.6公顷。50户，220人。主产小麦、水稻，兼种桃树。村落形态呈线状，房屋结构以坡房和楼房为主。

隗家后湾【Kuíjiāhòuwān】 以姓氏和方位综合命名。因此地有三个相邻的隗家湾，该村在另外两村之北而得名。1958年隶属七一大队；1961年隶属大堰大队；1980年隶属刘家大堰大队；1984年隶属大堰村至今。位于村委会西南1千米。东邻红雁河村中湾，南界前井村葡萄架，西至前井村长坊，北连大堰。总面积0.5平方千米，耕地面积17.2公顷。55户，240人。主产小麦、水稻，兼种桃树。村落形态呈线状，房屋结构以坡房和楼房为主。

王庄【Wángzhuāng】 以姓氏命名。因王姓聚居而得名。1958年隶属七一大队；1961年隶属大堰大队；1980年隶属刘家大堰大队；1984年隶属大堰村至今。位于村委会东北1千米。东邻褚庄，南界大堰，西至黄湾，北连东李湾村郭冲。总面积0.4平方千米，耕地面积13.33公顷。32户，200人。主产小麦、水稻，兼种桃树。村落形态呈线状，房屋结构以坡房和楼房为主。

新庄【Xīnzhuāng】 以建村时间命名。因新建村庄而得名。1958年隶属七一大队；1961年隶属大堰大队；1980年隶属刘家大堰大队；1984年隶属大堰村至今。位于村委会西北1.2千米。东邻黄湾，南界隗家后湾，西至前井村长坊，北连东李湾村李湾。总面积0.1平方千米，耕地面积4公顷。7户，30人。主产小麦、水稻，兼种桃树。村落形态呈线状，房屋结构以坡房和楼房为主。

邓棚村【Dèngpéngcūn】

以邓棚自然村命名。1958年为联盟一大队，隶属红旗农场；1978年为榆树大队；1980年为邓棚大队，隶属新市公社；1984年为邓棚村，隶属新市区；1987年隶属钱岗乡；2001年隶属新市镇至今。位于镇政府西南10千米。东邻钱岗一村，南界任岗村，西至杨庄村，北连钱岗一村。辖7

个居民点，总面积4.59平方千米，耕地面积281.2公顷。329户，1480人。主产小麦、玉米、棉花，兼种桃树，发展养殖业，以4个养猪场为主。316省道穿村而过，村委会驻杨大坊。

白马堰【Báimǎyàn】 以动物和堰塘综合命名。据传村西堰里常有一匹白马出没，故名。1958年隶属联盟一大队；1978年隶属榆树大队；1980年隶属邓棚大队；1984年隶属邓棚村至今。位于村委会东南1.9千米。东邻任岗村李庄，南界任岗村汪庄，西至杨庄村火神庙，北连小张庄。总面积0.62平方千米，耕地面积38.5公顷。39户，170人。主产小麦、玉米、棉花，兼种桃树，发展养殖业，以1个养猪场为主，年出栏600头。村落形态呈线状，房屋结构以坡房和楼房为主。

邓棚【Dèngpéng】 以姓氏和建筑物综合命名。因邓姓最早在此搭棚定居而得名。1958年隶属联盟一大队；1978年隶属榆树大队；1980年隶属邓棚大队；1984年隶属邓棚村至今。位于村委会东南1.8千米。东邻任岗村莘庄，南界任岗村李庄，西至白马堰，北连钱岗一村大张庄。总面积0.51平方千米，耕地面积31.2公顷。48户，180人。主产小麦、玉米、棉花，兼种桃树。村落形态呈团状，房屋结构以坡房和楼房为主。

马庄【Mǎzhuāng】 以姓氏命名。因马姓聚居而得名。1958年隶属联盟一大队；1978年隶属榆树大队；1980年隶属邓棚大队；1984年隶属邓棚村至今。位于村委会东北1千米。东邻钱岗一村三里桥，南界赵庄，西至榆树庄，北连钱岗一村下徐坡。总面积0.58平方千米，耕地面积38.3公顷。44户，200人。主产小麦、玉米、棉花，兼种桃树。村落形态呈团状，房屋结构以平房为主。

小张庄【Xiǎozhāngzhuāng】 以面积和姓氏综合命名。因张姓聚居且村子较小而得名。1958年隶属联盟一大队；1978年隶属榆树大队；1980年隶属邓棚大队；1984年隶属邓棚村至今。位于村委会东南900米。东邻钱岗一村大张庄，南界白马堰，西至杨大坊，北连赵庄。总面积0.73平方千米，耕地面积44.7公顷。67户，250人。主产小麦、玉米、棉花，兼种桃树，发展养殖业，以1个养猪场。村落形态呈散状，房屋结构以坡房和楼房为主。

杨大坊【Yángdàfáng】 以姓氏、排行和作坊综合命名。因姓杨的长子在此开过油坊而得名。1958年隶属联盟一大队；1978年隶属榆树大队；1980年隶属邓棚大队；1984年隶属邓棚村至今。位于村委会东北1千米。东邻钱岗一村三里桥，南界赵庄，西至榆树庄，北连钱岗一村下徐坡。总面积0.86平方千米，耕地面积52.7公顷。68户，260人。主产小麦、玉米、棉花，兼种桃树。村落形态呈散状，房屋结构以坡房和楼房为主。

榆树庄【Yúshùzhuāng】 以植物命名。因村中有棵大榆树而得名。1958年隶属联盟一大队；1978年隶属榆树大队；1980年隶属邓棚大队；1984年隶属邓棚村至今。位于村委会西北1千米。东邻马庄，南界赵庄，西至刘李庄，北连钱岗一村杨五庄。总面积0.74平方千米，耕地面积44.2公顷。51户，210人。主产小麦、玉米、棉花，兼种桃树。村落形态呈团状，房屋结构以平房为主。

赵庄【Zhàozhuāng】 以姓氏命名。因赵姓聚居而得名。1958年隶属联盟一大队；1978年隶属榆树大队；1980年隶属邓棚大队；1984年隶属邓棚村至今。位于村委会东北1.1千米。东邻钱岗一村大张庄，南界小张庄，西至杨大坊，北连钱岗一村三里桥。总面积0.55平方千米，耕地面积31.6公顷。51户，210人。主产小麦、玉米、棉花，兼种桃树。发展养殖业，以2个养猪场为主，年出栏1400头。村落形态呈散状，房屋结构以平房和楼房为主。

东李湾村【Dōnglǐwāncūn】

以李湾自然村和方位综合命名。因新市镇境内有两个李湾村，此村位东而得名。1958年为红星大队，隶属火箭公社；1961年为李湾大队，隶属新市区；1975年隶属新市公社；1980年为东李湾大队，隶属新市公社；1984年为东李湾村，隶属新市区；1987年隶属新市镇至今。位于镇政府东2.5千米。东邻谢棚村，南界大堰村，西至赵庄村，北连谢棚村。辖4个自然村，总面积4.5平方千米，耕地面积124.2公顷。179户，940人。主产小麦、水稻、玉米，兼种果树，发展养殖业，以1个养牛场为主。镇村公路相通，村委会驻姜庄。

付家小河【Fùjiāxiǎohé】 以姓氏和河流综合命名。因付姓聚居小河旁而得名。1958年隶属红星大队；1961年隶属李湾大队；1980年隶属东李湾大队；1984年隶属东李湾村至今。位于村委会西北300米。东邻姜庄，南界李湾，西至赵庄村相弓河，北连谢棚村洛河。总面积0.9平方千米，耕地面积30.8公顷。43户，230人。主产小麦、玉米、水稻，兼种桃树，发展养殖业，以2个养牛场。村落形态呈团状，房屋结构以坡房和平房为主。

郭冲【Guōchōng】 以姓氏和地形综合命名。因郭姓聚居冲口而得名。1958年隶属红星大队；1961年隶属李湾大队；1980年隶属东李湾大队；1984年隶属东李湾村至今。位于村委会东南80米。东邻谢棚村老鸹窝，南界李湾，西至付家小河，北连谢棚村谢棚。总面积1.9平方千米，耕地面积34.9公顷。49户，260人。主产小麦、玉米、水稻，兼种桃树，发展养殖业，以1个养牛场。村落形态呈团状，房屋结构以坡房和平房为主。

姜庄【Jiāngzhuāng】 以姓氏命名。因姜姓聚居而得名。1958年隶属红星大队；1961年隶属李湾大队；1980年隶属东李湾大队；1984年隶属东李湾村至今。位于村委会东南80米。东邻郭冲，南界李湾，西至付家小河，北连谢棚村谢棚。总面积0.6平方千米，耕地面积16.4公顷。29户，180人。主产小麦、玉米、水稻，兼种桃树，发展养殖业，以1个养牛场、1个养猪场。村落形态呈团状，房屋结构以坡房和平房为主。

李湾【Lǐwān】 以姓氏命名。因李姓聚居而得名。1958年隶属红星大队；1961年隶属李湾大队；1980年隶属东李湾大队；1984年隶属东李湾村至今。位于村委会西南1千米。东邻郭冲，南界大堰村黄湾，西至赵庄村相弓河，北连付家小河。总面积1.1平方千米，耕地面积42.1公顷。58户，270人。主产小麦、玉米、水稻，兼种桃树。村落形态呈团状，房屋结构以坡房和平房为主。

付家湾村【Fùjiāwāncūn】

以付家湾自然村命名。1958年为金星大队，隶属火箭公社；1961年为付家湾大队，隶属新市区；1975年隶属新市公社；1984年为付家湾村，隶属新市区；1987年隶属新市镇至今。位于镇政府东南13千米。东邻前湾村，南界郑家湾村，西至汤河村，北连孟子坪村。辖7个自然村，总面积2.7平方千米，耕地面积112.2公顷。215户，1280人。主产小麦、水稻、玉米，兼种桃树，发展养殖业，以1个养猪场为主。与新三路相通，村委会驻付家湾。

陈家门【Chénjiāmén】 以姓氏和建筑物综合命名。因陈姓聚居且修有高大的门楼而得名。1958年隶属金星大队；1961年隶属付家湾大队；1984年隶属付家湾村至今。位于村委会西南500米。东邻付家湾，南界罗冲，西至后河庄，北连孟子坪村付家小庄。总面积0.2平方千米，耕地面积8公顷。24户，90人。主产水稻、小麦、玉米，兼种桃树。村落形态呈团状，房屋结构以坡房为主。

冯家湾【Féngjiāwān】 以姓氏命名。因冯姓聚居而得名。1958年隶属金星大队；1961年隶属付家湾大队；1984年隶属付家湾村至今。位于村委会东北1千米。东邻罗家堰，南界付家湾，西至孟子坪村孟子坪，北连黄沟水库。总面积0.4平方千米，耕地面积17.3公顷。35户，180人。主产水稻、小麦、玉米，兼种桃树。村落形态呈团状，房屋结构以坡房为主。

付家湾【Fùjiāwān】 以姓氏命名。因付姓聚居而得名。1958年隶属金星大队；1961年隶属付家湾大队；1984年隶属付家湾村至今。村委会驻地。东邻郑家湾村老虎荡林场，南界郑家湾村郑家湾，西至陈家门，北连孟子坪村孟子坪。总面积1平方千米，耕地面积39.6公顷。86户，550人。主产水稻、小麦、玉米，兼种桃树。村落形态呈团状，房屋结构以坡房为主。

后河【Hòuhé】 以方位与河流综合命名。因村子建在陈家门后，村旁有条小河而得名。1958年隶属金星大队；1961年隶属付家湾大队；1984年隶属付家湾村至今。位于村委会西南1千米。东邻陈家门，南界付家湾村罗家堰，西至汤河村黑沟，北连孟子坪村付家小庄。总面积0.1平方千米，耕地面积4公顷。8户，50人。主产水稻、小麦、玉米，兼种桃树。村落形态呈团状，房屋结构以坡房为主。

黄沟【Huánggōu】 以姓氏和地形综合命名。因黄姓人在山沟里居住而得名。1958年隶属金星大队；1961年隶属付家湾大队；1984年隶属付家湾村至今。位于村委会东北2.5千米。东邻胡家寨山，南界罗家堰，西至黄沟水库，北连黄沟水库。总面积0.2平方千米，耕地面积9公顷。13户，70人。主产水稻、小麦、玉米，兼种桃树。村落形态呈团状，房屋结构以坡房为主。

胡家湾【Hújiāwān】 以姓氏命名。因胡姓聚居而得名。1958年隶属金星大队；1961年隶属付家湾大队；1984年隶属付家湾村至今。位于村委会东北2.5千米。东邻前湾村刘河，南界前湾村肖湾，西至罗家堰，北连黄沟。总面积0.6平方千米，耕地面积24.7公顷。37户，270人。主产水稻、小麦、玉米，兼种桃树。村落形态呈团状，房屋结构以坡房为主。

罗家堰【Luójiāyàn】 以姓氏和堰塘综合命名。因罗姓聚居大堰旁而得名。1958年隶属金星大队；1961年隶属付家湾大队；1984年隶属付家湾村至今。位于村委会东北1千米。东邻胡家湾，南界郑家湾老虎荡，西至冯家湾，北连黄沟。总面积0.2平方千米，耕地面积9.6公顷。12户，70人。主产水稻、小麦、玉米，兼种桃树。村落形态呈团状，房屋结构以坡房为主。

高庄村【Gāozhuāngcūn】

以高庄自然村命名。1958年为民生三大队，隶属红旗公社；1961年为杨庄大队，隶属鹿头区；1971年隶属新市区；1975年隶属新市公社；1980年为东高庄大队，隶属新市公社；1984年为高庄村，隶属新市区；1987年隶属钱岗乡；2001年隶属新市镇至今。位于镇政府西北9千米。东邻王大桥村，南界山头李村，西至唐河县祁仪乡李兴堂村，北连唐河县祁仪乡孙庄村。辖10个自然村，总面积 4.56 平方千米，耕地面积 123 公顷。155 户，680 人。主产小麦、水稻、花生、玉米，兼种桃树，发展养殖业，以 5 个养猪场为主。村委会驻高庄。

白庄【Báizhuāng】 以姓氏命名。因白姓聚居而得名。1958 年隶属民生三大队；1961 年隶属杨庄大队；1979 年隶属高庄大队；1980 年隶属东高庄大队；1984 年隶属高庄村至今。位于村委会东南 700 米。东邻唐河县赵庄村穴庄，南界王大桥村叶庄，西至高庄，北连瓦房庄。总面积 0.59 平方千米，耕地面积 16 公顷。16 户，60 人。主产水稻、小麦，兼种桃树。村落形态呈散状，房屋结构以平房和坡房为主。

丁庄【Dīngzhuāng】 以姓氏命名。因丁姓聚居而得名。1958 年隶属民生三大队；1961 年隶属杨庄大队；1979 年隶属高庄大队；1980 年隶属东高庄大队；1984 年隶属高庄村至今。位于村委会西北 1 千米。东邻杨庄，南界哑巴庄，西至唐河县李兴堂村山坡，北连唐河县李兴堂村李沟。总面积 0.6 平方千米，耕地面积 8 公顷。19 户，80 人。主产水稻、小麦。村落形态呈散状，房屋结构以平房和坡房为主。

高庄【Gāozhuāng】 以姓氏命名。因高姓聚居而得名。1958 年隶属民生三大队；1961 年隶属杨庄大队；1979 年隶属高庄大队；1980 年隶属东高庄大队；1984 年隶属高庄村至今。村委会驻地。东邻白庄，南界瓦房庄，西至杨庄，北连唐河县孙庄村邓庄。总面积 0.2 平方千米，耕地面积 15 公顷。20 户，80 人。主产水稻、小麦，兼种桃树，发展养殖业，以 1 个养猪场为主，年出栏 80 头。村落形态呈散状，房屋结构以平房和坡房为主。

黑石沟庄【Hēishígōuzhuāng】 以地形命名。因村建于黑石山脚下的山沟旁而得名。1958 年隶属民生三大队；1961 年隶属杨庄大队；1979 年隶属高庄大队；1980 年隶属东高庄大队；1984 年隶属高庄村至今。位于村委会西南 1.5 千米。东邻张新同庄，南界山头李村桑树沟，西至药铺庄，北连哑巴庄。总面积 0.55 平方千米，耕地面积 7.6 公顷。5 户，20 人。主产水稻、小麦，兼种桃树，发展养殖业，以 1 个养猪场为主，年出栏 60 头。村落形态呈散状，房屋结构以平房和坡房为主。

瓦房庄【Wǎfángzhuāng】 以建筑物命名。因过去该村瓦房较多而得名。1958 年隶属民生三大队；1961 年隶属杨庄大队；1979 年隶属高庄大队；1980 年隶属东高庄大队；1984 年隶属高庄村至今。位于村委会东南 300 米。东邻白庄，南界张新同庄，西至杨庄，北连高庄。总面积 0.4 平方千米，耕地面积 15 公顷。17 户，70 人。主产水稻、小麦，兼种桃树。村落形态呈散状，房屋结构以平房和坡房为主。

小刘沟【Xiǎoliúgōu】 以规模、姓氏和地形综合命名。因刘姓聚居山沟边且村子较小而得名。1958 年隶属民生三大队；1961 年隶属杨庄大队；1979 年隶属高庄大队；1980 年隶属东高庄大队；1984 年隶属高庄村至今。位于村委会西北 1.5 千米。东邻哑巴村，南界药铺庄，西至唐河县李兴堂村孟全庄，北连唐河县李兴堂村山坡庄。总面积 0.3 平方千米，耕地面积 10 公顷。9 户，60 人。主产水稻、小麦，兼种桃树。村落形态呈散状，房屋结构以平房和坡房为主。

杨庄【Yángzhuāng】 以姓氏命名。因杨姓聚居而得名。1958 年隶属民生三大队；1961 年隶属杨庄大队；1979 年隶属高庄大队；1980 年隶属东高庄大队；1984 年隶属高庄村至今。位于村委会西南 80 米。东邻高庄，南界黑石沟，西至哑巴庄，北连丁庄。总面积 0.25 平方千米，耕地面积 7 公顷。10 户，40 人。主产水稻、小麦。村落形态呈散状，房屋结构以平房和坡房为主。

哑巴庄【Yǎbāzhuāng】 以人物命名。因原村中有户人家三代都有哑巴而得名。1958年隶属民生三大队；1961年隶属杨庄大队；1979年隶属高庄大队；1980年隶属东高庄大队；1984年隶属高庄村至今。位于村委会西北1千米。东邻杨庄，南界黑石沟，西至小刘沟，北连丁庄。总面积0.77平方千米，耕地面积13.4公顷。33户，110人。主产水稻、小麦，兼种桃树，发展养殖业，以2个养猪场为主，年出栏100头。村落形态呈散状，房屋结构以平房和坡房为主。

药铺庄【Yàopùzhuāng】 以店铺命名。因原村中开过药铺而得名。1958年隶属民生三大队；1961年隶属杨庄大队；1979年隶属高庄大队；1980年隶属东高庄大队；1984年隶属高庄村至今。位于村委会西南1.5千米。东邻山头李村桑树沟，南界山头李村桑树沟，西至山头李村高冲，北连小刘沟。总面积0.5平方千米，耕地面积11公顷。11户，90人。主产水稻、小麦，兼种桃树。村落形态呈散状，房屋结构以平房和坡房为主。

张新同庄【Zhāngxīntóngzhuāng】 以人名命名。因张新同最早在此定居而得名。1958年隶属民生三大队；1961年隶属杨庄大队；1979年隶属高庄大队；1980年隶属东高庄大队；1984年隶属高庄村至今。位于村委会西南1.2千米。东邻王大桥村王大桥庄，南界王大桥村侯庄，西至黑石沟，北连瓦房庄。总面积0.4平方千米，耕地面积20公顷。15户，70人。主产水稻、小麦，兼种桃树，发展养殖业，以1个养猪场。村落形态呈散状，房屋结构以平房和坡房为主。

鸿雁河村【Hóngyànhécūn】

以鸿雁河自然村命名。1958年为建国大队，隶属火箭公社；1961年为张湾大队，隶属新市区；1980年为鸿雁河大队；1984年为鸿雁河村，隶属新市区；1987年隶属新市镇至今。位于镇政府东南6.5千米。东邻朱家湾村，南界骆庄村，西至前井村，北连大堰村。辖6个居民点，总面积8.5平方千米，耕地面积121.7公顷。266户，1120人。主产小麦、水稻、棉花、玉米，兼种桃树，发展养殖业和工业，养殖业以1个养牛场、1个养猪场为主，工业以3个钾长石粉场、1个预制板场为主。村委会驻前湾。

大张湾【Dàzhāngwān】 以面积和姓氏综合命名。因张姓聚居且村子较大而得名。1958年隶属建国大队；1961年隶属张湾大队；1980年隶属鸿雁河大队；1984年隶属鸿雁河村至今。位于村委会东北400米。东邻骆庄村朱家湾，南界鸿雁河，西至中湾，北连大堰村大堰庄。总面积1.5平方千米，耕地面积26公顷。56户，210人。主产小麦、水稻、棉花、玉米，兼种桃树。村落形态呈散状，房屋结构以坡房和楼房为主。

鸿雁河【Hóngyànhé】 以动物和河流综合命名。据传100多年前，此村河边常有鸿雁栖息，故名。1958年隶属建国大队；1961年隶属张湾大队；1980年隶属鸿雁河大队；1984年隶属鸿雁河村至今。位于村委会东500米。东邻骆庄村朱家湾，南界骆庄村骆庄，西至前湾，北连黄土洼。总面积1.5平方千米，耕地面积24.6公顷。35户，260人。主产小麦、水稻、棉花、玉米，兼种桃树。村落形态呈团状，房屋结构以平房和楼房为主。

黄土洼【Huángtǔwā】 以土质和地形综合命名。因该村建在黄土洼地而得名。1958年隶属建国大队；1961年隶属张湾大队；1980年隶属鸿雁河大队；1984年隶属鸿雁河村至今。位于村委会东北500米。东邻骆庄村朱家湾，南界鸿雁河，西至张湾，北连张湾。总面积1.5平方千米，耕地面积24.6公顷。65户，260人。主产小麦、水稻、棉花、玉米，兼种桃树。村落形态呈散状，房屋结构以楼房为主。

前湾【Qiánwān】 以方位命名。附近有三个隗家湾相邻，该村在南边，故名。1958年隶属建国大队；1961年隶属张湾大队；1980年隶属鸿雁河大队；1984年隶属鸿雁河村至今。村委会驻地。东邻黄土洼，南界骆庄村骆庄，西至前井村葡萄架，北连中湾。总面积1平方千米，耕地面积21公顷。48户，160人。主产小麦、水稻、棉花、玉米，兼种桃树，发展养殖业和工业，养殖业以1个年出栏60头的养牛场、1个年出栏200头的养猪场为主，工业以3个钾长石粉场。村落形态呈线状，房屋结构以楼房为主。

小张湾【Xiǎozhāngwān】 以面积和姓氏综合命名。因张姓聚居且村子较小而得名。1958年隶属建国大队；1961年隶属张湾大队；1980年隶属鸿雁河大队；1984年隶属鸿雁河村至今。位于村委会北300米。东邻大张湾，南界前湾，西至中湾，北连大堰村大堰庄。总面积0.5平方千米，耕地面积6.5公顷。11户，50人。主产小麦、水稻、棉花、玉米，兼种桃树。村落形态呈团状，房屋结构以坡房和楼房为主。

中湾【Zhōngwān】 以方位命名。附近有三个隗家湾相邻，该村位于中间而得名。1958年隶属建国大队；1961年隶属张湾大队；1980年隶属鸿雁河大队；1984年隶属鸿雁河村至今。位于村委会西北500米。东邻张湾，南界前井村葡萄架，西至大堰村后湾，北连大堰村大堰庄。总面积2.5平方千米，耕地面积19公顷。51户，180人。主产小麦、水稻、棉花、玉米，兼种桃树，发展养殖业和工业，养殖业以1个年出栏50头的养牛场为主，工业以1个钾长石粉场。村落形态呈散状，房屋结构以楼房为主。

黄湾村【Huángwāncūn】

以黄湾自然村命名。1956年隶属鹿头区；1958年为黄湾大队，隶属火箭公社；1961年隶属新市区；1975年隶属新市公社；1984年为黄湾村，隶属新市区；1987年隶属新市镇至今。位于镇政府西北5千米。东邻河南祁仪乡大张庄村，南界彭庄村，西至洛河北村，北连唐河县祁仪乡大张庄村。辖5个自然村，总面积12平方千米，耕地面积253.2公顷。283户，1140人。主产小麦、水稻，兼种桃树发展养殖业，以2个养猪场为主。村委会驻黄湾。

蔡湾【Càiwān】 以姓氏命名。因蔡姓聚居而得名。1958年隶属黄湾大队；1984年隶属黄湾村至今。位于村委会东南340米。东邻杜湾，南界洛河北村文庄，西至黄湾，北连河南祁仪乡大张庄村榆树岗。总面积2平方千米，耕地面积51.3公顷。42户，170人。主产水稻、小麦，兼种桃树。村落形态呈团状，房屋结构以平房和坡房为主。

杜湾【Dùwān】 以姓氏命名。因杜姓聚居而得名。1958年隶属黄湾大队；1984年隶属黄湾村至今。位于村委会东南430米。东邻彭庄村白山岭，南界洛河北村小文庄，西至蔡湾，北连河南祁仪乡大张庄村榆树岗。总面积3平方千米，耕地面积51.4公顷。68户，290人。主产水稻、小麦，兼种桃树。村落形态呈团状，房屋结构以平房和坡房为主。

黄湾【Huángwān】 以姓氏命名。因黄姓聚居而得名。1958年隶属黄湾大队；1984年隶属黄湾村至今。村委会驻地。东邻菜湾，南界洛河北村小文庄，西至洛河北村槽井，北连阎弓河。总面积3平方千米，耕地面积63.5公顷。80户，320人。主产水稻、小麦，兼种桃树。村落形态呈团状，房屋结构以平房和楼房为主。

阎弓河【Yángōnghé】 以姓氏、地形和河流综合命名。因阎姓聚居在形似弓的小河旁而得名。1958年隶属黄湾大队；1984年隶属黄湾村至今。位于村委会东北500米。东邻河南省唐河县祁仪乡张庄村小张庄，南界黄湾，西至洛河北村槽井，北连河南祁仪乡大张庄村大张庄。总面积2.3平方千米，耕地面积47.5公顷。56户，220人。主产水稻、小麦，兼种桃树，发展养殖业，以1个养猪场。村落形态呈团状，房屋结构以平房和楼房为主。

卓庄【Zhuózhuāng】 以姓氏命名。因卓姓聚居而得名。1958年隶属黄湾大队；1984年隶属黄湾村至今。位于村委会东北1千米。东邻阎弓河，南界黄湾，西至洛河北村槽井，北连河南祁仪乡大张庄村大张庄。总面积1.7平方千米，耕地面积39.5公顷。37户，140人。主产水稻、小麦，兼种桃树。村落形态呈团状，房屋结构以平房和楼房为主。

火青村【Huǒqīngcūn】

以人名命名。"火青"指黄火青。原名魏庄村，黄火青的故乡，因2003年经村民代表提议，村民大会通过，报上级批准改名为火青村，为纪念国家最高人民检察院原检察长黄火青而得名。1956年隶属鹿头区；1958年为魏庄大队，隶属火箭公社；1961年隶属新市区；1975年隶属新市公社；1984年为魏庄村，隶属新市区；1987年隶属新市镇；2003年为火青村，隶属新市镇至今。位于镇政府东北2千米。东邻谢棚村，南界国有白沙岗园艺场，西至彭庄村，北连邢川村。辖5个自然村，总面积4.5平方千米，耕地面积97.34公顷。223户，1100人。主产小麦、水稻，兼种桃树。村内有革命红色教育基地——黄火青故居。335省道穿村而过，村委会驻魏庄。

吕冲【Lǔchōng】 以姓氏和地形综合命名。因吕姓聚居在冲旁而得名。1958年隶属魏庄大队；1984年隶属魏庄村；2003年隶属火青村至今。位于村委会东北2千米。东邻吕冲水库，南界杨庄，西至彭庄村白山岭，北连邢川村河南。总面积0.57平方千米，耕地面积8.62公顷。29户，120人。主产小麦、水稻，兼种桃树。村落形态呈线状，房屋结构以坡房和楼房为主。

毛庄【Máozhuāng】 以姓氏命名。因毛姓聚居而得名。1958年隶属魏庄大队；1984年隶属魏庄村；2003年隶属火青村至今。位于村委会东北3千米。东邻谢棚村金庄，南界谢棚村塌桥，西至邢川村河南庄，北连周楼村新庄。总面积0.73平方千米，耕地面积15公顷。35户，170人。主产小麦、水稻，兼种桃树。村落形态呈散状，房屋结构以楼房为主。

新庄【Xīnzhuāng】 以建村时间命名。因1977年修建吕冲水库时从吕冲村搬迁新建村庄而得名。1977年隶属魏庄大队；1984年隶属魏庄村；2003年隶属火青村至今。位于村委会西南1千米。东邻赵庄村赵庄，南界赵庄村赵庄，西至彭庄村付庄，北连彭庄村彭庄。总面积0.35平方千米，耕地面积9.7公顷。19户，80人。主产小麦、水稻，兼种桃树。村落形态呈散状，房屋结构以楼房为主。

魏庄【Wèizhuāng】 以姓氏命名。因魏姓聚居而得名。1958年隶属魏庄大队；1984年隶属魏庄村；2003年隶属火青村至今。村委会驻地。东邻杨庄，南界白沙岗园艺场，西至彭庄村彭庄，北连吕冲。总面积2.3平方千米，耕地面积43.8公顷。86户，470人。主产小麦、水稻，兼种桃树。村落形态呈散状，房屋结构以楼房为主。

杨庄【Yángzhuāng】 以姓氏命名。因杨姓聚居而得名。1958年隶属魏庄大队；1984年隶属魏庄村；2003年隶属火青村至今。位于村委会东300米。东邻谢棚村洛河，南界国有白沙岗园艺场，西至魏庄，北连吕冲。总面积0.55平方千米，耕地面积20.22公顷。54户，260人。主产小麦、水稻，兼种桃树。村落形态呈散状，房屋结构以楼房为主。

李楼村【Lǐlóucūn】

以李楼自然村命名。1958年为先锋大队，隶属火箭公社；1961年为李楼大队，隶属新市区；1975年隶属新市公社；1980年为李楼岗大队，隶属新市公社；1984年为李楼村，隶属新市区至今。1987年隶属新市镇至今。位于镇政府东南3千米。东邻骆楼村，南界鹿头镇何庄村，西至大黄河水库，北连前井村。辖3个自然村，总面积3.6平方千米，耕地面积191.4公顷。412户，1720人。主产小麦、水稻、玉米、花生，发展养殖业和工业，养殖业以1个养羊场、1个养牛场、1个养猪场为主，工业以1个水泥制品厂、1个石料加工厂为主。335省道穿境而过。李楼村被誉为闻名全国的"桃之乡"。村委会驻李楼。

东风庄【Dōngfēngzhuāng】 以俗语命名。1966年修大黄河水库时，移民建村，以"东风压倒西风"一语而得名。1966年隶属李楼大队；1980年隶属李楼岗大队；1984年隶属李楼村至今。位于村委会西北1.1千米。东邻李楼，南界大黄河水库，西至张巷村胡庄，北连前井村刘畈。总面积0.37平方千米，耕地面积22.7公顷。35户，160人。主产水稻、小麦、玉米、花生，兼种桃树。村落形态呈散状，房屋结构以坡房和平房为主。

李楼【Lǐlóu】 以姓氏和建筑物综合命名。因李姓聚居且村中修有炮楼而得名。1958年隶属先锋大队；1961年隶属李楼大队；1980年隶属李楼岗大队；1984年隶属李楼村至今。村委会驻地。东邻前井村黄湾，南界骆楼村骆楼，西至东风庄，北连前井村刘畈。总面积2.43平方千米，耕地面积126公顷。293户，1230人。主产水稻、小麦、玉米、花生，兼种桃树，发展养殖业和工业，养殖业以1个年出栏200头的养猪场为主，工业以1个石料加工厂。村落形态呈散状，房屋结构以坡房和平房为主。

晋庄【Jìnzhuāng】 以姓氏命名。因晋姓聚居而得名。1958年隶属先锋大队；1961年隶属李楼大队；1980年隶属李楼岗大队；1984年隶属李楼村至今。位于村委会东南1.5千米。东邻骆楼村骆楼，南界鹿头镇何庄村熊家油坊，西至鹿头镇何庄村龚庄，北连李楼。总面积0.8平方千米，耕地面积42.7公顷。84户，330人。主产水稻、小麦、玉米、花生，兼种桃树，发展养殖业，以1个年出栏140头的养羊场、1个年出栏60头的养牛场。村落形态呈团状，房屋结构以坡房和楼房为主。

洛河北村【Luòhéběicūn】

以洛河北自然村命名。1958年为洛河北大队，隶属火箭公社；1961年隶属新市区；1975年隶属新市公社；1984年为洛河北村，隶属新市区；1987年隶属新市镇；2001年北崔庄村并入，隶属新市镇至今。位于镇政府西北6千米。东邻彭庄村，南界肖庄村，西至西李湾村，北连黄湾村。辖

17个自然村，总面积14.63平方千米，耕地面积526.1公顷。793户，2930人。主产小麦、水稻，兼种桃树、玉米，发展养殖业，以1个养猪场、1个养牛场为主。新张路穿境而过，村委会驻南头。

北头【Běitóu】 以地理位置命名。因村庄较大一分为二，该村处于北头而得名。1958年隶属洛河北大队；1984年隶属洛河北村至今。位于村委会西北200米。东邻小王楼庄，南界南头，西至学地庄，北连王明点。总面积1.05平方千米，耕地面积54公顷。87户，340人。主产小麦、水稻，兼种桃树、玉米。村落形态呈线状，房屋结构以坡房和楼房为主。

曹井【Cáojǐng】 以姓氏和水井综合命名。因曹姓聚居村旁且这里有口水质好的水井而得名。1958年隶属洛河北大队；1984年隶属洛河北村至今。位于村委会西北1.5千米。东邻黄湾村黄湾，南界卓岗，西至王明点，北连唐河县祁仪乡赵庄村成庄。总面积0.6平方千米，耕地面积22.8公顷。29户，90人。主产小麦、水稻，兼种桃树、玉米。村落形态呈散状，房屋结构以坡房和楼房为主。

崔庄【Cuīzhuāng】 以姓氏命名。因崔姓聚居而得名。1958年隶属永久大队；1961年隶属崔庄大队；1980年隶属北崔庄大队；1984年隶属北崔庄村；2001年隶属洛河北村至今。位于村委会西南2.8千米。东邻肖庄村小肖庄，南界肖庄村唐庄，西至胡家洼，北连杨庄。总面积1.2平方千米，耕地面积53.7公顷。61户，220人。主产小麦、水稻，兼种桃树、玉米。村落形态呈线状，房屋结构以坡房和楼房为主。

大王楼【Dàwánglóu】 以村子规模、姓氏和建筑物综合命名。因王姓聚居，村子较大，村中修有炮楼而得名。1958年隶属洛河北大队；1984年隶属洛河北村至今。位于村委会东南2千米。东邻大文庄，南界肖庄村大肖庄，西至杨庄，北连小王楼。总面积0.9平方千米，耕地面积24.7公顷。62户，250人。主产小麦、水稻，兼种桃树、玉米，发展养殖业，以2个养猪场。村落形态呈线状，房屋结构以坡房和楼房为主。

大文庄【Dàwénzhuāng】 以村子规模和姓氏综合命名。因文姓聚居且村子较大而得名。1958年隶属洛河北大队；1984年隶属洛河北村至今。位于村委会东南2.8千米。东邻彭庄村沈庄，南界肖庄村大肖庄，西至大王楼，北连黄湾村杜湾。总面积1.03平方千米，耕地面积34.7公顷。51户，240人。主产小麦、水稻，兼种桃树、玉米。境内有小学1所。村落形态呈线状，房屋结构以坡房和楼房为主。

方胡庄【Fānghúzhuāng】 以姓氏命名。因方姓和胡姓聚居而得名。1958年隶属洛河北大队；1984年隶属洛河北村至今。位于村委会西北1.5千米。东邻王明点，南界学地庄，西至王大桥村刘沟庄，北连唐河县祁仪乡赵庄村成庄。总面积1.08平方千米，耕地面积35.4公顷。20户，80人。主产小麦、水稻，兼种桃树、玉米。村落形态呈散状，房屋结构以坡房和楼房为主。

胡家洼【Hújiāwā】 以姓氏和地形综合命名。因胡姓聚居低洼处而得名。1961年隶属崔庄大队；1980年隶属北崔庄大队；1984年隶属北崔庄村；2001年隶属洛河北村至今。位于村委会西南3千米。东邻崔庄，南界王老庄村王老庄，西至王老庄村丁庄，北连杨庄。总面积0.7平方千米，耕地面积27.6公顷。32户，100人。主产小麦、水稻，兼种桃树、玉米。村落形态呈线状，房屋结构以坡房和楼房为主。

黄楝庄【Huángliànzhuāng】 以植物命名。因村内有棵黄楝树而得名。1958年隶属永久大队；1961年隶属崔庄大队；1980年隶属北崔庄大队；1984年隶属北崔庄村；2001年隶属洛河北村至今。位于村委会西南1.6千米。东邻南头，南界杨庄，西至学地庄，北连北头。总面积0.4平方千米，耕地面积12公顷。18户，70人。主产小麦、水稻，兼种桃树、玉米。村落形态呈线状，房屋结构以坡房为主。

洛河北【Luòhéběi】 以河流和方位综合命名。因村建于洛河的北岸而得名。1958年隶属洛河北大队；1984年隶属洛河北村至今。位于村委会西北50米。东邻小王楼，南界崔庄，西至学地主，北连王明点。总面积1.2平方千米，耕地面积65.2公顷。185户，600人。主产水稻、小麦、玉米，兼种桃树，发展养殖业，以2个养牛场。村落形态呈团状，房屋结构以坡房和楼房为主。

南头【Nántóu】 以地理位置命名。因村庄较大一分为二，该村处于南头而得名。1958年隶属洛河北大队；1984年隶属洛河北村至今。位于村委会西北1.1千米。东邻小王楼庄，南界北头，西至学地庄，北连王明点。总面积1.05平方千米，耕地面积51.2公顷。82户，280人。主产小麦、水稻，兼种桃树、玉米，发展养殖业，以1个养猪场。村落形态呈线状，房屋结构以坡房和楼房为主。

柿园【Shìyuán】 以植物命名。因村前种植柿子树多而得名。1958年隶属永久大队；1961年隶属崔庄大队；1980年隶属北崔庄大队；1984年隶属北崔庄村；2001年隶属洛河北村至今。位于村委会西南1.6千米。东邻南头，南界杨庄，西至学地庄，北连北头。总面积0.4平方千米，耕地面积12公顷。18户，70人。主产小麦、水稻，兼种桃树、玉米。村落形态呈线状，房屋结构以坡房为主。

王明点【Wángmíngdiǎn】 以人名命名。因有个叫王明点的人最早在此定居而得名。1958年隶属洛河北大队；1984年隶属洛河北村至今。位于村委会西北1千米。东邻曹井庄，南界北头，西至胡庄，北连黄湾村黄湾。总面积0.82平方千米，耕地面积28.4公顷。19户，90人。主产小麦、水稻，兼种桃树、玉米。村落形态呈散状，房屋结构以坡房和楼房为主。

小王楼【Xiǎowánglóu】 以村子规模、姓氏和建筑物综合命名。因王姓聚居，村子较小且村中修有炮楼而得名。1958年隶属洛河北大队；1984年隶属洛河北村至今。位于村委会东南1.8千米。东邻大文庄，南界大王楼，西至南头，北连卓岗。总面积0.8平方千米，耕地面积26.2公顷。49户，180人。主产小麦、水稻，兼种桃树、玉米，发展养殖业，以1个养猪场、1个养牛场。村落形态呈线状，房屋结构以坡房和楼房为主。

新岗【Xīngǎng】 以建村时间和地形综合命名。因在岗上新建的村子而得名。1958年隶属永久大队；1961年隶属崔庄大队；1980年隶属北崔庄大队；1984年隶属北崔庄村；2001年隶属洛河北村至今。位于村委会西南3.5千米。东邻崔庄，南界王老庄村王老庄，西至王老庄村丁庄，北连杨庄。总面积0.8平方千米，耕地面积14.2公顷。19户，90人。主产小麦、水稻，兼种桃树、玉米。村落形态呈线状，房屋结构以坡房和楼房为主。

学地庄【Xuédìzhuāng】 以土地属性命名。因村内土地原归枣阳黉学所有而得名。1958年隶属洛河北大队；1984年隶属洛河北村至今。位于村委会西北1.5千米。东邻南头，南界柿园，西至王大桥村廖庄，北连方胡庄。总面积1.02平方千米，耕地面积12.6公顷。17户，60人。主产小麦、水稻，兼种桃树、玉米。村落形态呈线状，房屋结构以坡房和楼房为主。

杨庄【Yángzhuāng】 以姓氏命名。因杨姓聚居而得名。1958年隶属永久大队；1961年隶属崔庄大队；1980年隶属北崔庄大队；1984年隶属北崔庄村；2001年隶属洛河北村至今。位于村委会西南2千米。

东邻崔庄，南界胡家洼，西至西李湾村黄土凹，北连黄棟庄。总面积0.5平方千米，耕地面积16公顷。24户，90人。主产小麦、水稻，兼种桃树、玉米。村落形态呈线状，房屋结构以坡房和楼房为主。

卓岗【Zhuógǎng】 以姓氏和地形综合命名。因卓姓聚居岗上而得名。1958年隶属洛河北大队；1984年隶属洛河北村至今。位于村委会西北1.5千米。东邻王明点，南界学地庄，西至王大桥村刘沟庄，北连唐河县祁仪乡赵庄村成庄。总面积1.08平方千米，耕地面积35.4公顷。20户，80人。主产小麦、水稻，兼种桃树、玉米。村落形态呈散状，房屋结构以坡房和楼房为主。

骆楼村【Luòlóucūn】

以骆楼自然村命名。1958年为建华大队，隶属火箭公社；1961年为陈庄大队，隶属新市区；1975年隶属新市公社；1980年为骆楼大队，隶属新市公社；1984年为骆楼村，隶属新市区；1987年隶属新市镇至今。位于镇政府东南5千米。东邻骆庄村，南界沙河水库，西至李楼村，北连前井村。辖6个居民点，总面积5.3平方千米，耕地面积242公顷。266户，1200人。主产水稻、小麦、玉米、花生，兼种桃树，发展养殖业，以1个养猪场为主。村委会驻陈庄。

陈庄【Chénzhuāng】 以姓氏命名。因陈姓聚居而得名。1958年隶属建华大队；1961年隶属陈庄大队；1980年隶属骆楼大队；1984年隶属骆楼村至今。村委会驻地。东邻河东，南界蒋店，西至骆楼，北连前井村葡萄架。总面积1.3平方千米，耕地面积50公顷。70户，300人。主产水稻、小麦，兼种桃树，发展养殖业，以1个养猪场。村落形态呈线状，房屋结构以坡房和楼房为主。

河东庄【Hédōngzhuāng】 以河流和方位综合命名。因村在沙河东岸而得名。1958年隶属建华大队；1961年隶属陈庄大队；1980年隶属骆楼大队；1984年隶属骆楼村至今。位于村委会东1千米。东邻骆庄，南界沙河水库，西至深沟，北连鸿雁河村前湾。总面积0.48平方千米，耕地面积21公顷。36户，170人。主产水稻、小麦，兼种桃树。村落形态呈团状，房屋结构以坡房和平房为主。

蒋庄【Jiǎngzhuāng】 以姓氏命名。因蒋姓聚居而得名。1958年隶属建华大队；1961年隶属陈庄大队；1980年隶属骆楼大队；1984年隶属骆楼村至今。位于村委会西南1千米。东邻陈庄，南界沙河水库，西至鹿头镇何庄村上甘畈，北连陈庄。总面积1.7平方千米，耕地面积88公顷。81户，350人。主产水稻、小麦、玉米、花生，兼种桃树。村落形态呈团状，房屋结构以坡房和楼房为主。

骆楼【Luòlóu】 以姓氏和建筑物综合命名。因骆姓聚居且村内原有炮楼而得名。1958年隶属建华大队；1961年隶属陈庄大队；1980年隶属骆楼大队；1984年隶属骆楼村至今。位于村委会西南500米。东邻陈庄，南界鹿头何庄村小庄林场，西至李楼村李楼，北连前井村黄湾。总面积1.6平方千米，耕地面积73公顷。62户，310人。主产水稻、小麦、玉米、花生，兼种桃树。村落形态呈团状，房屋结构以坡房和楼房为主。

深沟【Shēngōu】 以地形命名。因村建在深山沟而得名。1958年隶属建华大队；1961年隶属陈庄大队；1980年隶属骆楼大队；1984年隶属骆楼村至今。位于村委会西北1千米。东邻河东庄，南界丈八寺，西至陈庄，北连鸿雁河村前湾。总面积0.2平方千米，耕地面积9公顷。16户，60人。主产水稻、小麦和花生，兼种桃树。村落形态呈线状，房屋结构以坡房为主。

丈八寺【Zhàngbāsì】 以建筑物命名。因村旁过去建有一寺,正殿深一丈八尺,故名。1958年隶属建华大队;1961年隶属陈庄大队;1980年隶属骆楼大队;1984年隶属骆楼村至今。位于村委会东南1千米。东邻河东庄,南界沙河水库,西至陈庄,北连深沟。总面积0.02平方千米,耕地面积1公顷。1户,10人。主产水稻、小麦,兼种桃树。村落形态呈线状,房屋结构以坡房为主。

骆庄村【Luòzhuāngcūn】

以骆庄自然村命名。1956年隶属鹿头区;1958年为建设大队,隶属火箭公社(新市);1961年为骆庄大队,隶属新市区;1975年隶属新市公社;1984年为骆庄村,隶属新市区;1987年隶属新市镇;2001年朱家湾村合并到骆庄村,隶属新市镇至今。位于镇政府东南6千米。东邻孟子坪村,南界汤河村,西至骆楼村,北连鸿雁河村。辖6个自然村,总面积6.5平方千米,耕地面积150公顷。286户,1060人。主产水稻、小麦,兼种桃树、玉米,发展养殖业和工业,养殖业以2个养牛场、1个养猪场为主,工业以1个石材厂为主。新三公路穿村而过,村委会驻骆庄。

椿树庄【Chūnshùzhuāng】 以植物命名。因村内有一棵大椿树而得名。1958年隶属建设大队;1961年隶属骆庄大队;1984年隶属骆庄村至今。位于村委会西南500米。东邻王庄,南界沙河水库,西至骆楼村河东,北连骆庄。总面积0.5平方千米,耕地面积10公顷。30户,120人。主产水稻、小麦,兼种桃树、玉米。村落形态呈团状,房屋结构以坡房和楼房为主。

骆庄【Luòzhuāng】 以姓氏命名。因骆姓聚居而得名。1958年隶属建设大队;1961年隶属骆庄大队;1984年隶属骆庄村至今。位于村委会东南500米。东邻汤河村孟子场,南界白马山,西至椿树庄,北连朱家湾。总面积1.5平方千米,耕地面积40公顷。89户,270人。主产水稻、小麦,兼种桃树、玉米,发展养殖业,以1个养牛场、1个养猪场。村落形态呈团状,房屋结构以坡房和楼房为主。

汪庄【Wāngzhuāng】 以姓氏命名。因汪姓聚居而得名。1958年隶属建设大队;1961年隶属骆庄大队;1984年隶属骆庄村至今。位于村委会东南1千米。东邻汤河村孟子场,南界汤河村北沟,西至王庄,北连骆庄。总面积1平方千米,耕地面积10公顷。20户,40人。主产水稻、小麦,兼种桃树、玉米。村落形态呈团状,房屋结构以坡房和楼房为主。

王庄【Wángzhuāng】 以姓氏命名。因王姓聚居而得名。1958年隶属建设大队;1961年隶属骆庄大队;1984年隶属骆庄村至今。位于村委会西南500米。东邻汤河村孟子场,南界沙河水库,西至椿树庄,北连骆庄。总面积1.5平方千米,耕地面积40公顷。46户,200人。主产水稻、小麦,兼种桃树、玉米。村落形态呈团状,房屋结构以坡房和楼房为主。

油坊河【Yóufánghé】 以作坊和河流综合命名。因建村于河旁,并设有油坊而得名。1958年隶属建中大队;1961年隶属朱家湾大队;1984年隶属朱家湾村;2002年隶属骆庄村至今。位于村委会东北1千米。东邻朱家湾,南界鸿雁河村河庄,西至鸿雁河村张湾,北连大堰村和尚庄。总面积0.5平方千米,耕地面积10公顷。21户,80人。主产水稻、小麦,兼种桃树、玉米。村落形态呈团状,房屋结构以坡房和楼房为主。

朱家湾【Zhūjiāwān】 以姓氏命名。因朱姓聚居而得名。1958年隶属建中大队;1961年隶属朱家湾大队；1984年隶属朱家湾村；2002年隶属骆庄村至今。位于村委会东北1.5千米。东邻孟子坪村付家小庄，南界汤河村黑沟，西至油坊河，北连大堰村和尚庄。总面积1.5平方千米，耕地面积40公顷。80户，350人。主产水稻、小麦，兼种桃树、玉米，发展养殖业和工业，养殖业以1个养牛场，工业以1个石材厂。村落形态呈团状，房屋结构以坡房和楼房为主。

孟子坪村【Mèngzǐpíngcūn】

以孟子坪自然村命名。1956年隶属鹿头区；1958年为金华大队，隶属火箭公社（新市）；1961年为孟子坪大队，隶属新市区；1975年隶属新市公社；1984年为孟子坪村，隶属新市区；1987年隶属新市镇至今。位于镇政府东南12千米。东邻黄沟水库，南界付家湾村，西至朱家湾村，北连六十亩地水库。辖7个自然村，总面积10平方千米，耕地面积230.5公顷。280户，1210人。主产水稻、小麦，兼种桃树，发展养殖业，以1个养牛场、2个养猪场为主。村委会驻孟子坪。

傅家小庄【Fùjiāxiǎozhuāng】 以姓氏和规模综合命名。因傅姓聚居且村子较小而得名。1958年隶属金华大队；1961年隶属孟子坪大队；1984年隶属孟子坪村至今。位于村委会西北620米。东邻孟子坪，南界付家湾村陈家门，西至骆庄村朱家湾，北连邱沟。总面积0.83平方千米，耕地面积36.1公顷。38户，170人。主产水稻、小麦，兼种桃树，发展养殖业，以1个养牛场。村落形态呈散状，房屋结构以坡房和平房为主。

傅家新庄【Fùjiāxīnzhuāng】 以姓氏和建村时间综合命名。因傅姓聚居且建村晚而得名。1966年隶属孟子坪大队；1984年隶属孟子坪村至今。位于村委会西北1千米。东邻王庄，南界孟子坪，西至邱沟，北连六十亩地。总面积0.8平方千米，耕地面积35公顷。39户，190人。主产水稻、小麦，兼种桃树，发展养殖业，以1个养猪场。村落形态呈散状，房屋结构以坡房和平房为主。

老冯沟【Lǎofénggōu】 以姓氏和地形综合命名。原称"过风垭"，后冯姓聚居改称此名。1958年隶属金华大队；1961年隶属孟子坪大队；1984年隶属孟子坪村至今。位于村委会东北1.5千米。东邻黄沟水库，南界王庄，西至六十亩地，北连随县吴山镇三合村。总面积2.87平方千米，耕地面积24.1公顷。38户，120人。主产水稻、小麦，兼种桃树，发展养殖业，以1个养牛场。村落形态呈散状，房屋结构以坡房和楼房为主。

六十亩地【Liùshímǔdì】 以姓氏和面积综合命名。陆姓在此定居种有十亩地，后将"陆"简写成"六"而得名。1958年隶属金华大队；1961年隶属孟子坪大队；1984年隶属孟子坪村至今。位于村委会西北2千米。东邻老冯沟，南界付家新庄，西至大堰村和尚庄，北连六十亩地水库。总面积2.6平方千米，耕地面积24.1公顷。32户，130人。主产水稻、小麦，兼种桃树。村落形态呈散状，房屋结构以坡房和楼房为主。

孟子坪【Mèngzǐpíng】 以姓氏和地形综合命名。因孟姓聚居且此地地势平坦而得名。1958年隶属金华大队；1961年隶属孟子坪大队；1984年隶属孟子坪村至今。村委会驻地。东邻付家湾村冯家湾，南界付家湾村林场，西至付家小庄，北连王庄。总面积0.9平方千米，耕地面积40.6公顷。85户，370人。主产水稻、小麦，兼种桃树，发展养殖业，以1个养猪场。村落形态呈团状，房屋结构以平房和坡房为主。

邱沟【Qiūgōu】 以姓氏和地形综合命名。因邱姓建村沟旁而得名。1958年隶属金华大队；1961年隶属孟子坪大队；1984年隶属孟子坪村至今。位于村委会西北1.2千米。东邻付家新庄，南界付家湾村陈家门，西至骆庄村朱家湾，北连大堰村和尚庄。总面积1平方千米，耕地面积32公顷。30户，160人。主产水稻、小麦，兼种桃树，发展养殖业，以1个养牛场。村落形态呈散状，房屋结构以坡房和平房为主。

王庄【Wángzhuāng】 以姓氏命名。因王姓聚居而得名。1958年隶属金华大队；1961年隶属孟子坪大队；1984年隶属孟子坪村至今。位于村委会东北800米。东邻黄沟水库，南界孟子坪，西至付家新庄，北连老冯沟。总面积1平方千米，耕地面积11.6公顷。18户，70人。主产水稻、小麦，兼种桃树。村落形态呈散状，房屋结构以坡房和楼房为主。

彭庄村【Péngzhuāngcūn】

以彭庄自然村命名。1958年为黎明大队，隶属火箭公社；1961年为彭庄大队，隶属新市区；1975年隶属新市公社；1984年为彭庄村，隶属新市区；1987年隶属新市镇至今。位于镇政府西北3千米。东邻火青村，南界赵庄村，西至洛河北村，北连黄湾村。辖6个自然村，总面积4.1平方千米，耕地面积173.3公顷。254户，1230人。主产水稻、小麦、玉米，兼种桃树，发展养殖业和工业，养殖业以2个养猪场、1个养鸡场，工业以2个石英砂场、1个石英砂原矿场为主。村委会驻沈庄。

白山岭【Báishānlǐng】 以颜色和地形综合命名。因村子建在白山岭脚下而得名。1958年隶属黎明大队；1961年隶属彭庄大队；1984年隶属彭庄村至今。位于村委会西北1千米。东邻火青村李冲，南界彭庄，西至黄湾村杜湾，北连玉皇殿山。总面积1.5平方千米，耕地面积24.7公顷。38户，190人。主产水稻、小麦、玉米，兼种桃树，发展养殖业和工业，养殖业以2个养猪场、1个养鸡场，工业以2个石英砂场、1个石英砂原矿场。村落形态呈团状，房屋结构以坡房和平房为主。

付庄【Fùzhuāng】 以姓氏命名。因付姓聚居而得名。1958年隶属黎明大队；1961年隶属彭庄大队；1984年隶属彭庄村至今。位于村委会西北1千米。东邻赵庄村赵庄，南界赵庄村老店，西至夏庄，北连江庄。总面积0.5平方千米，耕地面积43.3公顷。60户，290人。主产水稻、小麦、玉米，兼种桃树。村落形态呈团状，房屋结构以平房和楼房为主。

江庄【Jiāngzhuāng】 以姓氏命名。因江姓聚居而得名。1958年隶属黎明大队；1961年隶属彭庄大队；1984年隶属彭庄村至今。位于村委会东南140米。东邻火青村新庄，南界付庄，西至夏庄，北连彭庄。总面积0.5平方千米，耕地面积22.7公顷。34户，180人。主产水稻、小麦、玉米，兼种桃树。村落形态呈团状，房屋结构以平房和楼房为主。

彭庄【Péngzhuāng】 以姓氏命名。因彭姓聚居而得名。1958年隶属黎明大队；1961年隶属彭庄大队；1984年隶属彭庄村至今。位于村委会东北500米。东邻火青村魏庄，南界江庄，西至沈庄，北连白山岭。总面积0.5平方千米，耕地面积30公顷。45户，190人。主产水稻、小麦、玉米，兼种桃树。村落形态呈团状，房屋结构以坡房和平房为主。

沈庄【Shěnzhuāng】 以姓氏命名。因沈姓聚居而得名。1958年隶属黎明大队；1961年隶属彭庄大队；1984年隶属彭庄村至今。村委会驻地。东邻彭庄，南界夏庄，西至洛河北村文庄，北连白山岭。总面积0.5平方千米，耕地面积29.3公顷。44户，200人。主产水稻、小麦、玉米，兼种桃树。村落形态呈团状，房屋结构以坡房和平房为主。

夏庄【Xiàzhuāng】 以姓氏命名。因夏姓聚居而得名。1958年隶属黎明大队；1961年隶属彭庄大队；1984年隶属彭庄村至今。位于村委会西南1千米。东邻江庄，南界付庄，西至肖庄村小肖庄，北连沈庄。总面积0.6平方千米，耕地面积23.3公顷。33户，180人。主产水稻、小麦、玉米，兼种桃树。村落形态呈团状，房屋结构以平房和楼房为主。

钱垱村【Qiándàngcūn】

以钱垱自然村命名。1958年为和平五大队，隶属鹿头红旗农场；1961年隶属鹿头区；1971年隶属新市区；1975年隶属新市公社；1979年为钱垱大队，隶属新市公社；1984年为钱垱村，隶属新市区；1987年隶属钱岗乡；2001年隶属新市镇至今。位于镇政府西南4千米。东邻王老庄村，南界钱岗一村，西至泉沟村，北连西李湾村。辖6个自然村，总面积8平方千米，耕地面积183.1公顷。203户，720人。主产水稻、小麦，兼种桃树。村委会驻龚付庄。

龚付庄【Gōngfùzhuāng】 以姓氏命名。因龚、付两姓聚居而得名。1958年隶属和平五大队；1979年隶属钱垱大队；1984年隶属钱垱村至今。村委会驻地。东邻王老庄村西老庄，南界钱岗二村北街，西至王明友庄，北连荆树庄。总面积1.6平方千米，耕地面积61.5公顷。70户，200人。主产水稻、小麦、玉米。村落形态呈线状，房屋结构以坡房和楼房为主。

荆树庄【Jīngshùzhuāng】 以植物命名。因村内荆树多而得名。1958年隶属和平五大队；1979年隶属钱垱大队；1984年隶属钱垱村至今。位于村委会西北1.1千米。东邻王老庄村西老庄，南界马庄，西至泉沟村周庄，北连西李湾村黄庄。总面积1.6平方千米，耕地面积20.5公顷。18户，100人。主产水稻、小麦、玉米。村落形态呈团状，房屋结构以坡房为主。

马庄【Mǎzhuāng】 以姓氏命名。因马姓聚居而得名。1958年隶属和平五大队；1979年隶属钱垱大队；1984年隶属钱垱村至今。位于村委会西北1千米。东邻王老庄村西老庄，南界钱垱，西至泉沟村周庄，北连西李湾村黄庄。总面积1.3平方千米，耕地面积16.3公顷。8户，50人。主产水稻、小麦。村落形态呈团状，房屋结构以坡房和楼房为主。

钱垱【Qiándàng】 以姓氏和垱坝综合命名。因钱姓聚居垱边而得名。1958年隶属和平五大队；1979年隶属钱垱大队；1984年隶属钱垱村至今。位于村委会西南1.1千米。东邻王明友庄，南界钱岗一村北街，西至郑庄，北连马庄。总面积1平方千米，耕地面积23公顷。25户，90人。主产水稻、小麦、玉米。村落形态呈团状，房屋结构以坡房和楼房为主。

王明友庄【Wángmíngyǒuzhuāng】 以人物命名。因王明友最早在此定居而得名。1958年隶属和平五大队；1979年隶属钱垱大队；1984年隶属钱垱村至今。位于村委会西南500米。东邻龚付庄，南界钱岗一村，西至钱垱，北连荆树庄。总面积1平方千米，耕地面积19.8公顷。27户，110人。主产水稻、小麦、玉米。村落形态呈团状，房屋结构以坡房和楼房为主。

郑庄【Zhèngzhuāng】 以姓氏命名。因郑姓聚居而得名。1958年隶属和平五大队；1979年隶属钱垱大队；1984年隶属钱垱村至今。位于村委会西北1.4千米。东邻钱垱，南界钱岗一村下西坡，西至泉沟村宋庄，北连马庄。总面积1.5平方千米，耕地面积42公顷。55户，170人。主产水稻、小麦。村落形态呈团状，房屋结构以坡房和楼房为主。

钱岗一村【Qiángǎngyīcūn】

以自然集镇命名。因钱岗自然集镇规模较大，后一分为二而得名。1958年为和平一大队，隶属红旗公社；1961年隶属鹿头区；1971年隶属新市区；1975年隶属新市公社；1979年为钱岗一大队，隶属新市公社；1984年为钱岗一村，隶属新市区；1987年隶属钱岗乡；2001年隶属新市镇至今。位于镇政府西南5千米。东邻钱岗二村，南界邓棚村，西至姚棚村，北连钱垱村。辖8个居民点，总面积5.45平方千米，耕地面积468公顷。734户，3590人。主产小麦、水稻、玉米，兼种桃树。钱鹿路、新316省道过境，村委会驻会馆路7号。

大张庄【Dàzhāngzhuāng】 以规模和姓氏综合命名。因张姓聚居且村落较大而得名。1958年隶属和平一大队；1979年隶属钱岗一大队；1984年隶属钱岗一村至今。位于村委会西南1千米。东邻熊岗村上熊岗，南界任岗村莘庄，西至邓棚村马庄，北连熊庄。总面积0.7平方千米，耕地面积35公顷。140户，680人。主产小麦、水稻、玉米，兼种桃树。村落形态呈团状，房屋结构以坡房和楼房为主。

钱岗【Qiángǎng】 以姓氏和地形综合命名。据传，因元朝初从陕西迁来一家姓钱的在此设集而得名。1958年隶属和平一大队；1979年隶属钱岗一大队；1984年隶属钱岗一村至今。位于村委会西北10米。东邻钱岗二村文化街，南界熊岗村上熊岗，西至三里桥，北连钱垱村王明友庄。总面积3.15平方千米，耕地面积286公顷。370户，1770人。主产小麦、水稻、玉米，兼种桃树。村落形态呈团状，房屋结构以楼房为主。

三里桥【Sānlǐqiáo】 以距离和建筑物综合命名。因村旁一座桥距钱岗街三华里而得名。1958年隶属和平一大队；1979年隶属钱岗一大队；1984年隶属钱岗一村至今。位于村委会西南1.5千米。东邻会馆路，南界邓棚村马庄，西至杨五坊，北连下徐坡。总面积0.3平方千米，耕地面积28公顷。37户，190人。主产小麦、水稻、玉米，兼种桃树。村落形态呈团状，房屋结构以坡房和平房为主。

上徐坡【Shàngxúpō】 以方位、姓氏和地形综合命名。因徐姓建村于山坡上而得名。1958年隶属和平一大队；1979年隶属钱岗一大队；1984年隶属钱岗一村至今。位于村委会西北2千米。东邻下徐坡，南界魏庄，西至泉沟村上角冲，北连泉沟村宋庄。总面积0.3平方千米，耕地面积28公顷。41户，230人。主产小麦、水稻、玉米，兼种桃树。村落形态呈团状，房屋结构以平房和楼房为主。

魏庄【Wèizhuāng】 以姓氏命名。因魏姓聚居而得名。1958年隶属和平一大队；1979年隶属钱岗一大队；1984年隶属钱岗一村至今。位于村委会西2千米。东邻下徐坡，南界杨五坊，西至泉沟村下角冲，北连泉沟村上徐坡。总面积0.1平方千米，耕地面积9公顷。15户，70人。主产小麦、水稻、玉米。村落形态呈团状，房屋结构以平房和坡房为主。

下徐坡【Xiàxúpō】 以方位、姓氏和地形综合命名。因徐姓建村于山坡下而得名。1958年隶属和平一大队；1979 年隶属钱岗一大队；1984 年隶属钱岗一村至今。位于村委会西北 1.5 千米。东邻会馆路，南界三里桥，西至魏庄，北连钱垱村。总面积 0.3 平方千米，耕地面积 28 公顷。41 户，230 人。主产小麦、水稻、玉米。村落形态呈团状，房屋结构以平房和楼房为主。

熊庄【Xióngzhuāng】 以姓氏命名。因熊姓聚居而得名。1958 年隶属和平一大队；1979 年隶属钱岗一大队；1984 年隶属钱岗一村至今。位于村委会西南 1 千米。东邻大张庄，南界大张庄，西至邓棚村马庄，北连新 316 省道。总面积 0.35 平方千米，耕地面积 33 公顷。52 户，230 人。主产小麦、水稻、玉米。村落形态呈团状，房屋结构以平房和坡房为主。

杨五坊【Yángwǔfáng】 以姓氏、排行和作坊综合命名。因杨姓的第五个儿子曾在此开过油坊而得名。1958 年隶属和平一大队；1979 年隶属钱岗一大队；1984 年隶属钱岗一村至今。位于村委会西 2.5 千米。东邻三里桥，南界邓棚村榆树庄，西至泉沟村枣树庄，北连魏庄。总面积 0.25 平方千米，耕地面积 21 公顷。38 户，190 人。主产小麦、水稻、玉米。村落形态呈团状，房屋结构以平房和楼房为主。

钱岗二村【Qiángǎng'èrcūn】

以自然集镇命名。因钱岗自然集镇规模较大，后一分为二而得名。1958 年为和平二大队，隶属红旗农场；1961 年隶属鹿头区；1971 年隶属新市区；1979 年为钱岗二大队，隶属新市公社；1984 年为钱岗二村，隶属新市区；1987 年隶属钱岗乡；2001 年隶属新市镇至今。位于镇政府西南 5 千米。东邻黄河水库，南界钱岗一村，西至钱垱村，北连王老庄村。辖 1 个居民点，总面积 1.5 平方千米，耕地面积 94.5 公顷。216 户，1000 人。主产小麦、水稻，兼种桃树。316 省道过境，村委会驻钱岗文化街 63 号。

钱岗街【Qiángǎngjiē】 以姓氏和地形综合命名。据传，因元朝初期从陕西迁来一家姓钱的在此设集而得名。1958 年隶属和平二大队；1979 年隶属钱岗二大队；1984 年隶属钱岗二村。村委会驻地。东邻黄河水库，南界钱岗一村街道，西至钱垱村龚庄，北连王老庄村王老庄。总面积 1.5 平方千米，耕地面积 94.5 公顷。216 户，1000 人。主产小麦、水稻，兼种桃树。村落形态呈线状，房屋结构以平房和楼房为主。

前井村【Qiánjǐngcūn】

以前井自然村命名。1958 年为跃进大队，隶属火箭公社；1961 年为前进大队，隶属新市区；1975 年隶属新市公社；1984 年为前井村，隶属新市区；1987 年隶属新市镇至今。位于镇政府东南 1.5 千米。东邻大堰村，南界骆楼村，西至张巷村，北连赵庄村。辖 5 个居民点，总面积 4.5 平方千米，耕地面积 162.9 公顷。452 户，1910 人。主产小麦、水稻，兼种桃树，发展养殖业和工业，养殖业以 4 个养猪场、1 个养牛场，工业以 3 个水泥制品厂、1 个面粉加工厂为主。335 省道过境，村委会驻前井。

黄湾【Huángwān】 以姓氏命名。因黄姓聚居而得名。1958 年隶属跃进大队；1961 年隶属前井大队；1984 年隶属前井村至今。位于村委会西南 1 千米。东邻葡萄架，南界骆楼村骆楼，西至李楼村东风，北连前井。总面积0.5平方千米，耕地面积19.2公顷。44户，200人。主产水稻、小麦，兼种桃树，发展养殖业，以3个养场猪。村落形态呈团状，房屋结构以平房和楼房为主。

刘畈【Liúfàn】 以姓氏和地形综合命名。因刘姓聚居畈地而得名。1958年隶属跃进大队；1961年隶属前井大队；1984年隶属前井村至今。位于村委会西500米。东邻前井，南界李楼村东风，西至张巷村胡庄，北连新市镇街道居委会赤眉街。总面积0.8平方千米，耕地面积23.2公顷。85户，320人。主产水稻、小麦，兼种桃树，发展工业，以1个水泥制品厂。村落形态呈线状，房屋结构以楼房为主。

刘家长坊【Liújiāchángfáng】 以姓氏、排行和建筑物综合命名。相传300年前，刘姓长子在此定居，并立有牌坊，故名。1958年隶属跃进大队；1961年隶属前井大队；1984年隶属前井村至今。位于村委会东600米。东邻大堰村大堰，南界葡萄架，西至前井，北连东李湾村李湾。总面积1平方千米，耕地面积58.3公顷。125户，670人。主产水稻、小麦、玉米，兼种桃树。村落形态呈散状，房屋结构以平房和楼房为主。

葡萄架庄【Pútáojiàzhuāng】 以植物棚架命名。因村中葡萄树多而得名。1958年隶属跃进大队；1961年隶属前井大队；1984年隶属前井村至今。位于村委会东南1.5千米。东邻鸿雁河村前湾，南界骆楼村骆楼，西至黄湾，北连前井。总面积1.2平方千米，耕地面积29公顷。111户，390人。主产小麦、水稻，兼种桃树，发展养殖业，以1个养牛场。村落形态呈团状，房屋结构以平房和楼房为主。

前井【Qiánjǐng】 以方位和水井综合命名。因村前有口水井而得名。1958年隶属跃进大队；1961年隶属前井大队；1984年隶属前井村至今。位于村委会西北600米。东邻刘家长坊，南界黄湾，西至刘畈，北连新一村斜坡。总面积1平方千米，耕地面积33.2公顷。87户，330人。主产水稻、小麦、玉米，兼种桃树，发展养殖业和工业，养殖业以1个养猪场，工业以2个水泥制品厂。村落形态呈散状，房屋结构以楼房为主。

前湾村【Qiánwāncūn】

以前湾自然村命名。1956年隶属鹿头区；1958年为建新大队，隶属火箭公社（新市）；1961年为前湾大队，隶属新市区；1975年隶属新市公社；1984年为前湾村，隶属新市区；1987年隶属新市镇；2002年原吕家湾村合并至前湾村，隶属新市镇至今。位于镇政府东南13千米。东邻随县吴山镇三合店村，南界随县吴山镇联光村，西至郑家湾村，北连付家湾村。辖10个自然村，总面积12.06平方千米，耕地面积177.15公顷。321户，1335人。主产水稻、小麦，发展工业和饮食业，工业以4个钾长石加工厂为主，饮食业以土特产山野白花菜和前湾古民居黄酒为主。境内有湖北省文物保护单位前湾古村落。村委会驻前湾。

陈冲【Chénchōng】 以姓氏和地形综合命名。因陈姓聚居冲旁而得名。1958年隶属建新大队；1961年隶属前湾大队；1984年隶属前湾村至今。位于村委会东北1.5千米。东邻大东湾，南界前湾，西至郑家湾村老虎荡，北连肖湾。总面积0.4平方千米，耕地面积6.4公顷。5户，20人。主产水稻、小麦、玉米。村落形态呈散状，房屋结构以坡房和楼房为主。

大东湾【Dàdōngwān】 以村子规模和方位综合命名。因建在前湾之东且比小东湾小，当时居民反取名大东湾，当地有"小东湾不小，大东湾不大"之说。位于村委会东北1.5千米。东邻小东湾，南界下洼，西至肖湾，北连付家湾村付家小庄。总面积 0.4 平方千米，耕地面积 2.86 公顷。8 户，40 人。主产水稻、小麦、玉米。村落形态呈散状，房屋结构以坡房和楼房为主。

后冲【Hòuchōng】 以方位和地形综合命名。因村建在吕家湾后边田冲旁而得名。1958 年隶属星火大队；1961 年隶属吕家湾大队；1984 年隶属吕家湾村；2002 年隶属前湾村至今。位于村委会东南 4 千米。东邻随县吴山镇三合店村新庄，南界随县吴山镇三合店街，西至正沟，北连随县吴山镇二合店村公庄。总面积 2.9 平方千米，耕地面积 24.9 公顷。49 户，210 人。主产水稻、小麦、玉米。村落形态呈散状，房屋结构以坡房和楼房为主。

老虎躺【Lǎohǔtǎng】 以动物命名。因过去常有老虎在村旁躺卧而得名。1958 年隶属星火大队；1961 年隶属吕家湾大队；1984 年隶属吕家湾村；2002 年隶属前湾村至今。位于村委会东北 6 千米。东邻吕家湾，南界小东湾，西至付家湾村胡家湾，北连正沟。总面积 1.2 平方千米，耕地面积 10 公顷。15 户，70 人。主产水稻、小麦、玉米。村落形态呈散状，房屋结构以坡房为主。

柳河【Liǔhé】 以植物和河流综合命名。因村建在小河旁，河边柳树多而得名。1958 年隶属星火大队；1961 年隶属吕家湾大队；1984 年隶属吕家湾村；2002 年隶属前湾村至今。位于村委会东南 6 千米。东邻大东湾，南界小东湾，西至付家湾村付湾，北连郑家湾老虎荡。总面积 1.7 平方千米，耕地面积 9.52 公顷。12 户，55 人。主产水稻、小麦、玉米。村落形态呈散状，房屋结构以坡房为主。

吕家湾【Lǔjiāwān】 以姓氏命名。因吕姓聚居而得名。1958 年隶属星火大队；1961 年隶属吕家湾大队；1984 年隶属吕家湾村；2002 年隶属前湾村至今。位于村委会东北 4 千米。东邻后冲，南界随县吴山镇三合店村新庄，西至柳河，北连合并的正沟（小庄并大庄时正沟并吕家湾）。总面积 1.1 平方千米，耕地面积 25.4 公顷。57 户，260 人。主产水稻、小麦、玉米。村落形态呈散状，房屋结构以坡房和楼房为主。

前湾【Qiánwān】 以方位、地形和河流综合命名。因此村亦称邱家前湾，邱姓聚居，因村前小河在此拐湾而得名。1958 年隶属建新大队；1961 年隶属前湾大队；1984 年隶属前湾村至今。村委会驻地。东邻下洼，南界随县吴山镇联光村黑石沟，西至郑家湾村坟扒，北连陈冲。总面积 1.46 平方千米，耕地面积 34.51 公顷。66 户，240 人。主产水稻、小麦、玉米。村落形态呈团状，房屋结构以坡房和楼房为主。该村古建筑是前湾邱氏人家祖屋，建筑面积 7500 平方米，依山而建，坐西朝东，由四排古建筑组成，体现晚清时期的民宅特色。2014 年国家文化部、国家文物局等联合公布第一批列入中央财政支持范围的中国传统村落名单。

下洼【Xiàwā】 以地形命名。因村子建在低洼处而得名。1958 年隶属建新大队；1961 年隶属前湾大队；1984 年隶属前湾村至今。位于村委会西南 500 米。东邻随县吴山镇菜冲，南界随县吴山镇联光村黑石沟，西至西洼，北连郑家湾村坟扒。总面积 1.6 平方千米，耕地面积 38.56 公顷。70 户，270 人。主产水稻、小麦、玉米。村落形态呈散状，房屋结构以坡房和楼房为主。

小东湾【Xiǎodōngwān】 以村子规模和方位综合命名。小东湾建在前湾之东比大东湾大，当时居民反取名小东湾，当地有"小东湾不小，大东湾不大"之说。位于村委会东北 1.5 千米。东邻正沟，南界下洼河，西至前湾，北连刘河。总面积 0.6 平方千米，耕地面积 15 公顷。24 户，110 人。主产水稻、小麦、玉米。村落形态呈散状，房屋结构以坡房和楼房为主。

肖湾【Xiāowān】 以姓氏命名。因肖姓聚居而得名。1958年隶属建新大队；1961年隶属前湾大队；1984年隶属前湾村至今。位于村委会东北1.5千米。东邻大东湾，南界陈冲，西至郑家湾村老虎荡，北连付家湾村胡家湾。总面积0.7平方千米，耕地面积10公顷。15户，60人。主产水稻、小麦、玉米。村落形态呈散状，房屋结构以坡房和楼房为主。

泉沟村【Quángōucūn】

以泉沟自然村命名。1958年为前锋四大队，隶属红旗农场；1961年隶属鹿头区；1971年隶属新市区；1975年隶属新市公社；1979年为周庄大队，隶属新市公社；1980年为泉沟大队，隶属新市公社；1984年为泉沟村，隶属新市区；1987年隶属钱岗乡；2001年隶属新市镇至今；2002年原龚庄村并入。位于新市镇政府西北15千米。东邻钱垱村，南界姚棚村，西至太平镇崔垱村，北连山头李村。辖18个居民点，总面积9.01平方千米，耕地面积210.14公顷。318户，1380人。主产水稻、小麦、玉米，兼种桃树，发展养殖业，以1个养猪场、1个养牛场为主。村委会驻宋庄。

大龚庄【Dàgōngzhuāng】 以排行和姓氏综合命名。因龚姓弟兄俩分居两庄老大居此而得名。1958年隶属前锋三大队；1979年隶属龚庄大队；1984年隶属龚庄村；2002年隶属泉沟村至今。位于村委会西北3千米。东邻抹角楼，南界天主堂，西至姚棚水库，北连石佛寺。总面积0.4平方千米，耕地面积9公顷。20户，90人。主产水稻、小麦、玉米，兼种桃树，发展养殖业，以1个年出栏1500头的养猪场。村落形态呈团状，房屋结构以平房和坡房为主。

当铺庄【Dàngpùzhuāng】 以店铺命名。因原村内开过当铺而得名。1958年隶属前锋三大队；1979年隶属龚庄大队；1984年隶属龚庄村；2002年隶属泉沟村至今。位于村委会西北4.5千米。东邻西李湾村黄庄，南界泉沟村任庄，西至石佛寺，北连山头李村候庄。总面积0.5平方千米，耕地面积13.6公顷。16户，80人。主产水稻、小麦、玉米，兼种桃树。村落形态呈散状，房屋结构以平房和坡房为主。

乱泉沟【Luànquángōu】 以泉眼和地形综合命名。因村建在泉眼较多的山沟而得名。1958年隶属前锋四大队；1979年隶属周庄大队；1980年隶属泉沟大队；1984年隶属泉沟村至今。位于村委会西北2千米。东邻周庄，南界上角冲，西至姚棚水库，北连抹角楼。总面积0.9平方千米，耕地面积15.5公顷。22户，130人。主产水稻、小麦、玉米，兼种桃树。村落形态呈团状，房屋结构以平房和坡房为主。

抹角楼【Mòjiǎolóu】 以建筑物命名。因原村中建有抹角楼而得名。1958年隶属前锋三大队；1979年隶属龚庄大队；1984年隶属龚庄村；2002年隶属泉沟村至今。位于村委会西北2.5千米。东邻西李湾村黄庄，南界乱泉沟，西至天主堂，北连当铺庄。总面积0.4平方千米，耕地面积9公顷。20户，90人。主产水稻、小麦、玉米，兼种桃树。村落形态呈散状，房屋结构以平房和坡房为主。

任庄【Rénzhuāng】 以姓氏命名。因任姓聚居而得名。1958年隶属前锋三大队；1979年隶属龚庄大队；1984年隶属龚庄村；2002年隶属泉沟村至今。位于村委会西北2.3千米。东邻西李湾村黄庄，南界乱泉沟，西至大龚庄，北连当铺庄。总面积0.3平方千米，耕地面积8.53公顷。7户，40人。主产水稻、小麦、玉米，兼种桃树。村落形态呈团状，房屋结构以坡房为主。

上角冲【Shàngjiǎochōng】 以方位和地形综合命名。早年有一过路人到此询问庄名，老人说，就以我的胡子叫撅胡子冲吧，后人误读为"角冲"，分为上下角冲，加之该村建在冲的上部，故名。1958年隶属前锋四大队；1979年隶属周庄大队；1980年隶属泉沟大队；1984年隶属泉沟村至今。位于村委会西南500米。东邻宋庄，南界下角冲，西至枣树庄，北连乱泉沟。总面积0.3平方千米，耕地面积8.4公顷。15户，60人。主产水稻、小麦、玉米，兼种桃树。村落形态呈团状，房屋结构以平房和楼房为主。

上周庄【Shàngzhōuzhuāng】 以方位和姓氏综合命名。因周姓聚居、地势较高且在下周庄北，故名。1958年隶属前锋大队；1979年隶属周庄大队；1980年隶属泉沟大队；1984年隶属泉沟村至今。位于村委会东北1.1千米。东邻钱垱村金马立，南界宋庄，西至乱泉沟，北连西李湾村黄庄。总面积0.6平方千米，耕地面积13.53公顷。22户，80人。主产水稻、小麦、玉米，兼种桃树。村落形态呈线状，房屋结构以平房和楼房为主。

石佛寺【Shífósì】 以建筑物命名。因很久以前村内有座寺庙叫石佛寺而得名。1958年隶属前锋三大队；1979年隶属龚庄大队；1984年隶属龚庄村；2002年隶属泉沟村至今。位于村委会西北5千米。东邻当铺庄，南界汪庄，西至太平镇崔垱村千门店，北连山头李村岗西。总面积0.4平方千米，耕地面积13公顷。10户，70人。主产水稻、小麦、玉米，兼种桃树。村落形态呈团状，房屋结构以平房和坡房为主。

宋庄【Sòngzhuāng】 以姓氏命名。因宋姓聚居而得名。1958年隶属前锋四大队；1979年隶属周庄大队；1980年隶属泉沟大队；1984年隶属泉沟村至今。村委会驻地。东邻钱岗一村上徐坡，南界姚棚村刘李庄，西至上角冲，北连上周庄。总面积0.3平方千米，耕地面积8公顷。13户，60人。主产水稻、小麦、玉米，兼种桃树，发展养殖业，以1个养牛场。村落形态呈团状，房屋结构以平房和楼房为主。

田庄【Tiánzhuāng】 以田地命名。因修姚棚水库，搬迁移民建村田里而得名。1958年隶属前锋三大队；1979年隶属龚庄大队；1984年隶属龚庄村；2002年隶属泉沟村至今。位于村委会西北3.5千米。东邻小龚庄，南界姚棚水库，西至汪庄，北连石佛寺。总面积0.3平方千米，耕地面积8.2公顷。10户，40人。主产水稻、小麦、玉米，兼种桃树。村落形态呈团状，房屋结构以平房和坡房为主。

天主堂【Tiānzhǔtáng】 以建筑物命名。因此地有一天主教教堂而得名。1958年隶属前锋三大队；1979年隶属龚庄大队；1984年隶属龚庄村；2002年隶属泉沟村至今。位于村委会西北3千米。东邻抹角楼，南界乱泉沟，西至姚棚水库，北连大龚庄。总面积0.3平方千米，耕地面积8公顷。13户，50人。主产水稻、小麦、玉米，兼种桃树。村落形态呈散状，房屋结构以平房和坡房为主。

汪庄【Wāngzhuāng】 以姓氏命名。因汪姓聚居而得名。1958年隶属前锋三大队；1979年隶属龚庄大队；1984年隶属龚庄村；2002年隶属泉沟村至今。位于村委会西北4.5千米。东邻田庄，南界一字号，西至太平镇崔垱村千门店，北连石佛寺。总面积0.5平方千米，耕地面积13.8公顷。12户，60人。主产水稻、小麦、玉米，兼种桃树。村落形态呈团状，房屋结构以平房和坡房为主。

小龚庄【Xiǎogōngzhuāng】 以排行和姓氏综合命名。因龚姓老二住的庄叫小龚庄而得名。1958年隶属前锋三大队；1979年隶属龚庄大队；1984年隶属龚庄村；2002年隶属泉沟村至今。位于村委会西北3.2千米。东邻大龚庄，南界天主堂，西至一字号，北连石佛寺。总面积0.3平方千米，耕地面积8公顷。15户，60人。主产水稻、小麦、玉米，兼种桃树。村落形态呈团状，房屋结构以平房和楼房为主。

下角冲【Xiàjiǎochōng】 以方位和地形综合命名。因该村建在冲的下部而得名。1958年隶属前锋四大队；1979年隶属周庄大队；1980年隶属泉沟大队；1984年隶属泉沟村至今。位于村委会西南1千米。东邻钱岗一村上徐坡，南界姚棚村刘李庄，西至枣树庄，北连上角冲。总面积0.51平方千米，耕地面积7公顷。14户，60人。主产水稻、小麦、玉米，兼种桃树。村落形态呈团状，房屋结构以平房和楼房为主。

下周庄【Xiàzhōuzhuāng】　以方位和姓氏综合命名。因周姓聚居、地势低洼处且在上周庄南而得名。1958年隶属前锋四大队；1979年隶属周庄大队；1980年隶属泉沟大队；1984年隶属泉沟村至今。位于村委会东北1千米。东邻钱垱村金马立，南界宋庄，西至乱泉沟，北连上周庄。总面积0.5平方千米，耕地面积13公顷。20户，70人。主产水稻、小麦、玉米，兼种桃树。村落形态呈线状，房屋结构以平房和楼房为主。

徐庄【Xúzhuāng】　以姓氏命名。因徐姓聚居而得名。1958年隶属前锋四大队；1979年隶属周庄大队；1980年隶属泉沟大队；1984年隶属泉沟村至今。位于村委会西北1.5千米。东邻上角冲，南界姚棚村北姚棚，西至姚棚水库，北连乱泉沟。总面积0.9平方千米，耕地面积15.25公顷。28户，100人。主产水稻、小麦、玉米，兼种桃树。村落形态呈团状，房屋结构以平房和楼房为主。

一字号【Yīzìhào】　以数字命名。很久以前从陕西迁来一些人，在此建了三个村，该村靠北为第一，故名。1958年隶属前锋三大队；1979年隶属龚庄大队；1984年隶属龚庄村；2002年隶属泉沟村至今。位于村委会西北4千米。东邻小龚庄，南界天主堂，西至姚棚水库，北连汪庄。总面积0.5平方千米，耕地面积12公顷。13户，70人。主产水稻、小麦、玉米，兼种桃树。村落形态呈团状，房屋结构以坡房和楼房为主。

枣树庄【Zǎoshùzhuāng】　以植物命名。因原村内枣树较多而得名。1958年隶属前锋四大队；1979年隶属周庄大队；1980年隶属泉沟大队；1984年隶属泉沟村至今。位于村委会西南1.5千米。东邻下角冲，南界姚棚村蛮子营，西至姚棚水库，北连上角冲。总面积1.1平方千米，耕地面积26.53公顷。45户，160人。主产水稻、小麦、玉米，兼种桃树。村落形态呈团状，房屋结构以平房和楼房为主。

任岗村【Réngǎngcūn】

以任岗自然村命名。1958年为联盟三大队，隶属红旗农场；1961年隶属鹿头区；1971年隶属新市区；1975年隶属新市公社；1979年为任岗大队，隶属新市公社；1984年为任岗村，隶属新市区；1987年隶属钱岗乡；2001年隶属新市镇至今。位于镇政府西南8千米。东邻熊岗村，南界鹿头镇拾河村，西至鹿头镇武岗村，北连钱岗一村。辖6个自然村，总面积3.87平方千米，耕地面积251.4公顷。370户，1470人。主产小麦、玉米、棉花，兼种桃树，发展养殖业，以2个养猪场为主。鹿钱路过境，村委会驻任岗。

姜庄【Jiāngzhuāng】　以姓氏命名。因姜姓聚居而得名。1958年隶属联盟三大队；1979年隶属任岗大队；1984年隶属任岗村至今。位于村委会东南700米。东邻鹿头镇吴庄村骆庄，南界鹿头镇拾河村前任岗，西至鹿头镇拾河村前任岗，北连唐李沟。总面积0.5平方千米，耕地面积28公顷。55户，230人。主产小麦、玉米、棉花，兼种桃树。村落形态呈散状，房屋结构以楼房为主。

李庄【Lǐzhuāng】　以姓氏命名。因李姓聚居而得名。1958年隶属联盟三大队；1979年隶属任岗大队；

1984年隶属任岗村至今。位于村委会西北800米。东邻莘庄，南界任岗庄，西至任岗村，北连邓棚村邓棚庄。总面积0.49平方千米，耕地面积26.7公顷。45户，170人。主产小麦、玉米、棉花，兼种桃树，发展养殖业，以1个养猪场。村落形态呈团状，房屋结构以平房和坡房为主。

任岗【Rèngǎng】 以姓氏和地形综合命名。因任姓聚居岗地而得名。1958年隶属联盟三大队；1979年隶属任岗大队；1984年隶属任岗村至今。村委会驻地。东邻唐李沟，南界鹿头镇拾河村前任岗，西至汪庄，北连邓棚村白马堰。总面积0.95平方千米，耕地面积73.3公顷。85户，400人。主产小麦、玉米、棉花，兼种桃树。村落形态呈团状，房屋结构以楼房为主。

唐李沟【Tánglǐgōu】 以姓氏和地形综合命名。因唐、李两姓聚居在一山沟旁而得名。1958年隶属联盟三大队；1979年隶属任岗大队；1984年隶属任岗村至今。位于村委会东北50米。东邻熊岗村竹园庄，南界姜庄，西至李庄，北连莘庄。总面积0.77平方千米，耕地面积52.7公顷。70户，270人。主产小麦、玉米、棉花，兼种桃树，发展养殖业，以1个年出栏300头的养猪场。村落形态呈散状，房屋结构以平房为主。

汪庄【Wāngzhuāng】 以姓氏命名。因汪姓聚居而得名。1958年隶属联盟三大队；1979年隶属任岗大队；1984年隶属任岗村至今。位于村委会西北600米。东邻任岗，南界鹿头镇吴庄村陈庄，西至鹿头镇武岗村吴岗，北连邓棚村白马堰。总面积0.52平方千米，耕地面积32公顷。50户，160人。主产小麦、玉米、棉花，兼种桃树。村落形态呈团状，房屋结构以楼房为主。

莘庄【Shēnzhuāng】 以姓氏命名。因莘姓聚居而得名。1958年隶属联盟三大队；1979年隶属任岗大队；1984年隶属任岗村至今。位于村委会东北1千米。东邻熊岗村竹园庄，南界唐李沟，西至邓棚村邓棚庄，北连钱岗一村大张庄。总面积0.64平方千米，耕地面积38.7公顷。65户，240人。主产小麦、玉米、棉花，兼种桃树。村落形态呈团状，房屋结构以楼房为主。

山头李村【Shāntóulǐcūn】

以山头李自然村命名。1958年为民四大队，隶属红旗农场；1961年隶属鹿头区；1970年为山头李大队；1971年新市区；1984年为山头李村，隶属新市区；1987年隶属钱岗乡；2001年隶属新市镇至今。村位于镇政府西北8千米。东邻西李湾村，南界西李湾村，西至太平镇崔垱村，北连高庄村。辖7个居民点，总面积12平方千米，耕地面积1114.6公顷。554户，812人。主产水稻、小麦，兼种桃树、玉米，发展养殖业，以2个养猪场、1个养牛场为主。村委会驻桑树沟。

高冲【Gāochōng】 以地形和姓氏综合命名。因高姓聚居在山冲而得名。1958年隶属民四大队；1970年隶属山头李大队；1984年隶属山头李村至今。位于村委会西北1.5千米。东邻侯庄，南界岗东，西至唐河县兴莹村小陈庄，北连唐河县兴莹村高庄村哑巴庄。总面积1.5平方千米，耕地面积13公顷。20户，110人。主产水稻、小麦，兼种桃树、玉米。村落形态呈团状，房屋结构以平房和坡房为主。

岗东【Gǎngdōng】 以地形和方位综合命名。因村子建在岗坡的东边而得名。1958年隶属民四大队；1970年隶属山头李大队；1984年隶属山头李村至今。位于村委会东北1千米。东邻侯庄，南界泉沟村一字号，西至岗西，北连唐河县兴莹村小陈庄。总面积3平方千米，耕地面积23.3公顷。432户，180人。主产水稻、小麦，兼种桃树、玉米，发展养殖业，以1个养牛场。村落形态呈团状，房屋结构以平房和坡房为主。

侯庄【Hóuzhuāng】 以姓氏命名。因侯姓聚居而得名。1958年隶属民四大队；1970年隶属山头李大队；1984年隶属山头李村至今。位于村委会西南1.5千米。东邻桑树沟，南界泉沟村当铺，西至岗西，北连高冲。总面积1.5平方千米，耕地面积13.4公顷。22户，110人。主产水稻、小麦，兼种桃树、玉米。村落形态呈团状，房屋结构以平房和坡房为主。

金钩【Jīngōu】 以物品命名。因村中有一位老人胡须很长，吃饭时需用金钩将胡须勾住，故名。1958年隶属民四大队；1970年隶属山头李大队；1984年隶属山头李村至今。位于村委会西北4.5千米。东邻岗西，南界太平镇崔挡村迁民店，西至太平镇崔挡村桃园，北连唐河县兴莹村小陈庄。总面积1平方千米，耕地面积13公顷。16户，100人。主产水稻、小麦，兼种桃树、玉米。村落形态呈团状，房屋结构以平房和坡房为主。

山头李【Shāntóulǐ】 以地形和姓氏综合命名。因李姓在几座山头之中建村而得名。1958年隶属民四大队；1970年隶属山头李大队；1984年隶属山头李村至今。位于村委会东北1千米。东邻岗东，南界泉沟村一字号，西至金钩，北连唐河县兴莹村小陈庄。总面积3平方千米，耕地面积27.1公顷。41户，190人。主产水稻、小麦，兼种桃树、玉米，发展养殖业，以1个养牛场。村落形态呈团状，房屋结构以平房和坡房为主。

桑树沟【Sāngshùgōu】 以地形和植物综合命名。因村子建在山沟旁，且村前有棵大桑树，故名。1958年隶属民四大队；1970年隶属山头李大队；1984年隶属山头李村至今。村委会驻地。东邻西李湾村丁庄，南界西李湾村江庄，西至侯庄，北连高冲。总面积1.5平方千米，耕地面积19.1公顷。20户，110人。主产稻、小麦，兼种桃树、玉米，发展养殖业，以1个养猪场。村落形态呈团状，房屋结构以平房和坡房为主。

杨庄【Yángzhuāng】 以姓氏命名。因杨姓聚居而得名。1958年隶属民四大队；1970年隶属山头李大队；1984年隶属山头李村至今。位于村委会西南1千米。东邻桑树沟，南界西李湾村黄庄，西至候庄，北连高冲。总面积0.5平方千米，耕地面积5.7公顷。3户，12人。主产水稻、小麦，兼种桃树、玉米。村落形态呈团状，房屋结构以平房和坡房为主。

汤河村【Tānghécūn】

以汤河自然村命名。1958年为建河大队，隶属火箭公社（新市）；1961年为汤河大队，隶属新市区；1975年隶属新市公社；1984年为汤河村，隶属新市区；1987年隶属新市镇至今。位于镇政府东南7千米。东邻郑家湾村，南界新集村，西至沙河水库，北连骆庄村。辖8个自然村，总面积5.6平方千米，耕地面积141.7公顷。323户，1400人。主产水稻、小麦，兼种桃树。有1个电子厂、1所小学。新三路过境，村委会驻汤河。

北沟【Běigōu】 以地形和方位综合命名。因村子建于河沟北边而得名。1958年隶属建河大队；1961年隶属汤河大队；1984年隶属汤河村至今。位于村委会西南1.5千米。东邻汤河，南界新集村下齐沟，西至逯湾，北连骆庄村涂家河。总面积2平方千米，耕地面积33.3公顷。70户，280人。主产水稻、小麦，兼种桃树、玉米。村落形态呈线状，房屋结构以楼房为主。

黑沟【Hēigōu】 以自然环境命名。因村子建在树林茂密光线暗淡的山沟而得名。1958年隶属建河大队；1961年隶属汤河大队；1984年隶属汤河村至今。位于村委会北500米。东邻付家湾村陈家门，南界汤河，西至孟子场，北连骆庄村骆庄。总面积0.6平方千米，耕地面积19.1公顷。42户，160人。主产水稻、小麦，兼种桃树、玉米。村落形态呈线状，房屋结构以楼房为主。

河嘴【Hézuǐ】 以地形和河流综合命名。因村建在河旁且村前是一山嘴而得名。1958年隶属建河大队；1961年隶属汤河大队；1984年隶属汤河村至今。位于村委会西南1千米。东邻汤河，南界骆庄村涂家河，西至孟子场，北连黑沟。总面积0.1平方千米，耕地面积3.3公顷。8户，30人。主产水稻、小麦，兼种桃树、玉米。村落形态呈线状，房屋结构以楼房为主。

逯湾【Lùwān】 以姓氏命名。因逯姓聚居而得名。1958年隶属建河大队；1961年隶属汤河大队；1984年隶属汤河村至今。位于村委会西南2千米。东邻北沟，南界沙河水库，西至沙河水库，北连沙河水库。总面积0.7平方千米，耕地面积6.7公顷。8户，20人。主产水稻、小麦，兼种桃树、玉米。村落形态呈线状，房屋结构以楼房为主。

孟子场【Mèngzichǎng】 以地形和姓氏综合命名。因孟姓聚居在地势平坦处而得名。1958年隶属建河大队；1961年隶属汤河大队；1984年隶属汤河村至今。位于村委会西北1千米。东邻汤河，南界河嘴，西至骆庄村汪庄，北连骆庄村骆庄。总面积0.7平方千米，耕地面积25.8公顷。51户，190人。主产水稻、小麦，兼种桃树、玉米。村落形态呈线状，房屋结构以楼房为主。

石屋岭【Shíwūlǐng】 以地形和建筑物综合命名。因村子建在有一间石屋的山岭上而得名。1958年隶属建河大队；1961年隶属汤河大队；1984年隶属汤河村至今。位于村委会东北1.5千米。东邻郑家湾小郑家湾庄，南界吴庄，西至汤河，北连付家湾村陈家门。总面积0.5平方千米，耕地面积17.3公顷。38户，150人。主产水稻、小麦，兼种桃树、玉米。村落形态呈线状，房屋结构以楼房为主。

汤河【Tānghé】 以姓氏和河流综合命名。因汤姓聚居在河边而得名。1958年隶属建河大队；1961年隶属汤河大队；1984年隶属汤河村至今。村委会驻地。东邻吴庄，南界新集村上齐沟，西至河嘴，北连黑沟。总面积0.5平方千米，耕地面积16.9公顷。50户，330人。主产水稻、小麦，兼种桃树、玉米。村落形态呈线状，房屋结构以楼房为主。

吴庄【Wúzhuāng】 以姓氏命名。因吴姓聚居而得名。1958年隶属建河大队；1961年隶属汤河大队；1984年隶属汤河村至今。位于村委会东南1千米。东邻郑家湾高家新庄，南界新集村刘冲，西至汤河，北连石屋岭。总面积0.5平方千米，耕地面积19.3公顷。56户，240人。主产水稻、小麦，兼种桃树、玉米。村落形态呈线状，房屋结构以楼房为主。

王大桥村【Wángdàqiáocūn】

以王大桥自然村命名。1958年为王大桥大队，隶属红旗农场；1961年隶属鹿头区；1971年隶属新市区；1975年隶属新市公社；1984年为王大桥村，隶属新市区；1987年隶属钱岗乡；2001年隶属新市镇至今。位于镇政府西北7.5千米。东邻洛河北村，南界西李湾村，西至山头李村，北连唐河县祁仪乡万庄村。辖6个居民点，总面积4.8平方千米，耕地面积129.2公顷。264户，1160

人。主产小麦、水稻、玉米、花生，兼种桃树，发展养殖业和工业，养殖业以3个养殖场为主，工业以1个砖瓦厂为主。钱界路穿境而过，村委会驻王大桥。

侯庄【Hóuzhuāng】 以姓氏命名。因侯姓聚居而得名。1958年隶属王大桥大队；1984年隶属王大桥村至今。位于村委会南500米。东邻廖庄，南界西李湾村丁庄，西至山头李村丁庄，北连王大桥。总面积0.3平方千米，耕地面积5.3公顷。10户，40人。主产水稻、小麦、玉米、花生，兼种桃树。村落形态呈团状，房屋结构以平房为主。

廖庄【Liàozhuāng】 以姓氏命名。因廖姓聚居而得名。1958年隶属王大桥大队；1984年隶属王大桥村至今。位于村委会东600米。东邻上侯庄，南界西李湾村侯庄，西至上刘沟，北连下刘沟。总面积0.8平方千米，耕地面积27.5公顷。60户，270人。主产水稻、小麦、玉米、花生，兼种桃树。村落形态呈团状，房屋结构以平房为主。

上刘沟【Shàngliúgōu】 以姓氏和方位综合命名。因刘姓聚居在河沟的上部而得名。1958年隶属王大桥大队；1984年隶属王大桥村至今。位于村委会东北1千米。东邻洛河北村洛河北，南界廖庄，西至王大桥，北连唐河县万庄村左家岗。总面积0.6平方千米，耕地面积22.6公顷。58户，260人。主产水稻、小麦、玉米、花生，兼种桃树，发展养殖业，以1个年出栏1000头的养猪场。村落形态呈团状，房屋结构以平房为主。

王大桥【Wángdàqiáo】 以姓氏和建筑物综合命名。因王姓聚居大桥旁而得名。1958年隶属王大桥大队；1984年隶属王大桥村至今。村委会驻地。东邻下刘沟，南界侯庄，西至高庄村张兴同，北连高庄村白庄。总面积0.6平方千米，耕地面积25.6公顷。41户，200人。主产水稻、小麦、玉米、花生，兼种桃树，发展养殖业，以1个年出栏300头的养猪场。村落形态呈团状，房屋结构以平房为主。

下刘沟【Xiàliúgōu】 以姓氏和方位综合命名。因刘姓聚居在河沟的下部而得名。1958年隶属王大桥大队；1984年隶属王大桥村至今。位于村委会东北800米。东邻上刘沟，南界廖庄，西至王大桥，北连唐河县万庄村左家岗。总面积1平方千米，耕地面积23公顷。60户，250人。主产水稻、小麦、玉米、花生，兼种桃树。村落形态呈团状，房屋结构以平房为主。

叶庄【Yèzhuāng】 以姓氏命名。因叶姓聚居而得名。1958年隶属王大桥大队；1984年隶属王大桥村至今。位于村委会西北1千米。东邻下刘沟，南界侯庄，西至高庄村张兴同，北连高庄村白庄。总面积1.5平方千米，耕地面积25.2公顷。35户，140人。主产水稻、小麦、玉米、花生，兼种桃树，发展养殖业，以1个年出栏1000头的养猪场。村落形态呈团状，房屋结构以平房为主。

王老庄村【Wánglǎozhuāngcūn】

以王老庄自然村命名。1958年为和平四大队，隶属红旗农场；1961年隶属鹿头区；1969年为王老庄大队，隶属鹿头区；1971年隶属新市区；1975年隶属新市公社；1984年为王老庄村，隶属新市区；1987年隶属钱岗乡；2001年隶属新市镇至今。位于镇政府西北3千米。东邻肖庄村，南界新市大黄河水库，西至钱埫村，北连西李湾村。辖7个自然庄，总面积5.2平方千米，耕地面积315公顷。314户，1277人。主产水稻、小麦，兼种桃树，发展养殖业，以1个养牛场、3个养猪场为主。316省道、钱界路穿境而过，村委会驻王老庄。

罗庄【Luózhuāng】 以姓氏命名。因罗姓聚居而得名。1958年隶属和平四大队；1969年隶属王老庄大队；1984年隶属王老庄村至今。位于村委会东南1.2米。东邻张巷村张巷，南界闵家小庄，西至王老庄，北连魏庄。总面积0.6平方千米，耕地面积45公顷。36户，150人。主产水稻、小麦，兼种桃树，发展养殖业，以1个养猪场为主。村落形态呈线状，房屋结构以楼房为主。

马湾【Mǎwān】 以姓氏命名。因马姓在环湾坡建村而得名。1958年隶属和平四大队；1969年隶属王老庄大队；1984年隶属王老庄村至今。位于村委会西北1.2千米。东邻洛河北村新岗，南界王老庄，西至西李湾村小孙庄，北连西李湾村李湾。总面积0.4平方千米，耕地面积37公顷。41户，158人。主产水稻、小麦，兼种桃树，发展养殖业，以1个年出栏50头的养牛场。村落形态呈线状，房屋结构以楼房为主。

闵家小庄【Mǐnjiāxiǎozhuāng】 以姓氏和面积综合命名。因闵姓聚居且村子面积较小而得名。1958年隶属和平四大队；1969年隶属王老庄大队；1984年隶属王老庄村至今。位于村委会东南1.3千米。东邻张巷村张巷，南界大黄河水库，西至钱岗二村东街，北连罗庄。总面积0.5平方千米，耕地面积22公顷。21户，100人。主产水稻、小麦，兼种桃树。村落形态呈团状，房屋结构以楼房为主。

王老庄【Wánglǎozhuāng】 以姓氏和时间综合命名。因王姓聚居且建村较早而得名。1958年隶属和平四大队；1969年隶属王老庄大队；1984年隶属王老庄村至今。村委会驻地。东邻罗庄，南界钱岗二村北街，西至西老庄，北连马湾。总面积2.4平方千米，耕地面积94公顷。106户，471人。主产水稻、小麦，兼种桃树。村落形态呈线状，房屋结构以楼房为主。

魏庄【Wèizhuāng】 以姓氏命名。因魏姓聚居而得名。1958年隶属和平四大队；1969年隶属王老庄大队；1984年隶属王老庄村至今。位于村委会东北1.6千米。东邻肖庄村瓦子岗，南界罗庄，西至东老庄，北连肖庄村唐庄。总面积0.5平方千米，耕地面积48公顷。44户，150人。主产水稻、小麦，兼种桃树，发展养殖业，以1个年出栏300头的养猪场为主。村落形态呈团状，房屋结构以楼房为主。

西老庄【Xīlǎozhuāng】 以方位和时间综合命名。因建村较早且位于王老庄西而得名。1958年隶属和平四大队；1969年隶属王老庄大队；1984年隶属王老庄村至今。位于村委会西北1千米。东邻王老庄，南界钱垱村付庄，西至钱垱村马庄，北连马湾。总面积0.5平方千米，耕地面积42公顷。47户，168人。主产水稻、小麦。村落形态呈团状，房屋结构以楼房为主。

小老庄【Xiǎolǎozhuāng】 以规模和建村时间综合命名。因建村较早且村子较小而得名。1958年隶属和平四大队；1969年隶属王老庄大队；1984年隶属王老庄村至今。位于村委会东北800米。东邻魏庄，南界王老庄，西至王老庄，北连洛河北村新岗。总面积0.3平方千米，耕地面积27公顷。19户，80人。主产水稻、小麦，兼种桃树。村落形态呈团状，房屋结构以楼房为主。

西李湾村【Xīlǐwāncūn】

以李湾自然村和方位综合命名。因新市镇境内有两个李湾村，此村位西，故名。1958年为民生二大队，隶属红旗农场；1961年隶属鹿头区；1971年隶属新市区；1975年隶属新市公社；1979年为李湾大队，隶属新市公社；1980年为西李湾大队，隶属新市公社；1984年为西李湾村，隶属新市区；1987年隶属钱岗乡；2001年隶属新市镇至今。位于镇政府西北12千米。东邻洛河北村，南界王老庄村,西至钱垱村,北连王大桥村。辖9个居民点,总面积5.7平方千米,耕地面积119.2公顷。214户,952人。主产水稻、小麦、玉米,兼种桃树,发展养殖业和工业,养殖业以6个养猪场为主,工业以1个木材加工厂为主。村委会驻李湾。

丁庄【Dīngzhuāng】 以姓氏命名。因丁姓聚居而得名。1958年隶属民生二大队;1979年隶属李湾大队;1980年隶属西李湾大队;1984年隶属西李湾村至今。位于村委会东北2千米。东邻姚庄,南界李湾,西至姜庄,北连王大桥村候庄。总面积0.3平方千米,耕地面积6.8公顷。15户,60人。主产水稻、小麦、玉米,兼种桃树。村落形态呈散状,房屋结构以平房为主。

大苏庄【Dàsūzhuāng】 以排行和姓氏综合命名。因苏姓老大最早在此居住而得名。1958年隶属民生二大队;1979年隶属李湾大队;1980年隶属西李湾大队;1984年隶属西李湾村至今。位于村委会西南1.5千米。东邻王老庄村马湾,南界王老庄村西老庄,西至新庄,北连丁庄。总面积0.2平方千米,耕地面积3.3公顷。3户,20人。主产水稻、小麦、玉米,兼种桃树。村落形态呈团状,房屋结构以平房为主。

范庄【Fànzhuāng】 以姓氏命名。因范姓聚居而得名。1958年隶属民生二大队;1979年隶属李湾大队;1980年隶属西李湾大队;1984年隶属西李湾村至今。位于村委会东北2千米。东邻洛河北村柿园,南界姚庄,西至山头李村桑树沟,北连王大桥村廖庄。总面积1.2平方千米,耕地面积25.3公顷。48户,182人。主产水稻、小麦、玉米,兼种桃树,发展工业,以1个木材加工厂。村落形态呈散状,房屋结构以楼房为主。

姜庄【Jiāngzhuāng】 以姓氏命名。因姜姓聚居而得名。1958年隶属民生二大队;1979年隶属李湾大队;1980年隶属西李湾大队;1984年隶属西李湾村至今。位于村委会西南1.3千米。东邻李湾,南界钱垱村荆树桩,西至新庄,北连山头李村桑树沟。总面积0.6平方千米,耕地面积10公顷。22户,200人。主产水稻、小麦、玉米,兼种桃树。村落形态呈散状,房屋结构以楼房为主。

李湾【Lǐwān】 以姓氏命名。因李姓聚居而得名。1958年隶属民生二大队;1979年隶属李湾大队;1980年隶属西李湾大队;1984年隶属西李湾村至今。村委会驻地。东邻洛河北村新岗,南界王老庄村马湾,西至姜庄,北连姚庄。总面积1平方千米,耕地面积8.6公顷。52户,220人。主产水稻、小麦、玉米,兼种桃树,发展工业,以1个木材加工厂。村落形态呈散状,房屋结构以楼房为主。

孙庄【Sūnzhuāng】 以姓氏命名。因孙姓聚居而得名。1958年隶属民生二大队;1979年隶属李湾大队;1980年隶属西李湾大队;1984年隶属西李湾村至今。位于村委会西南3.5千米。东邻王老庄村西老庄,南界钱垱村荆树桩,西至泉沟村一字号,北连新庄。总面积0.6平方千米,耕地面积18.1公顷。9户,40人。主产水稻、小麦、玉米。村落形态呈团状,房屋结构以平房为主。

新庄【Xīnzhuāng】 以建村时间命名。因建村较晚而得名。1958年隶属民生二大队;1979年隶属李湾大队;1980年隶属西李湾大队;1984年隶属西李湾村至今。位于村委会西南2.8千米。东邻姜庄,南界孙庄,西至龚庄村任庄,北连山头李村侯庄。总面积0.7平方千米,耕地面积18.5公顷。25户,100人。主产水稻、小麦、玉米。村落形态呈线状,房屋结构以楼房为主。

许庄【Xǔzhuāng】 以姓氏命名。因许姓聚居而得名。1958年隶属民生二大队;1979年隶属李湾大队;1980年隶属西李湾大队;1984年隶属西李湾村至今。位于村委会东北2千米。东邻洛河北村柿园,南界李湾，西至姚庄，北连王大桥村廖庄。总面积0.4平方千米，耕地面积13.3公顷。20户，60人。主产水稻、小麦、玉米，兼种桃树。村落形态呈团状，房屋结构以平房为主。

姚庄【Yáozhuāng】 以姓氏命名。因姚姓聚居而得名。1958年隶属民生二大队；1979年隶属李湾大队；1980年隶属西李湾大队；1984年隶属西李湾村至今。位于村委会东北1.8千米。东邻许庄，南界李湾，西至丁庄，北连范庄。总面积0.7平方千米，耕地面积15.3公顷。20户，70人。主产水稻、小麦、玉米，兼种桃树。村落形态呈团状，房屋结构以楼房为主。

新集村【Xīnjícūn】

以新集自然村命名。亦称邱家新集。1956年隶属鹿头区；1958年为红光大队，隶属火箭公社（新市）；1961年为新集大队，隶属新市区；1975年隶属新市公社；1984年为新集村，隶属新市区；1987年隶属新市镇至今。位于镇政府东南11千米。东邻随县吴山镇联光村，南界鹿头镇石梯村，西至沙河水库，北连汤河村。辖14个居民点，总面积5平方千米，耕地面积198公顷。336户，1510人。主产小麦、水稻、玉米，兼种桃树，发展养殖业，以4个养猪场为主。村委会驻汪庄。

橙刺河【Chéngcìhé】 以植物命名。因建村在河边且村周围橙刺多而得名。1958年隶属红光大队；1961年隶属新集大队；1984年隶属新集村至今。位于村委会西1.8千米。东邻小吴庄，南界沙河水库，西至沙河水库，北连下七沟。总面积0.1平方千米，耕地面积5公顷。7户，30人。主产水稻、小麦、玉米，兼种桃树。村落形态呈团状，房屋结构以坡房为主。

刘冲【Liúchōng】 以姓氏和地形综合命名。因刘姓聚居冲旁而得名。1958年隶属红光大队；1961年隶属新集大队；1984年隶属新集村至今。位于村委会东北1千米。东邻郑家湾村高家新庄，南界邱家新集，西至上七沟，北连郑家湾街道。总面积0.1平方千米，耕地面积6公顷。10户，40人。主产水稻、小麦、玉米，兼种桃树。村落形态呈线状，房屋结构以坡房为主。

门路沟【Ménlùgōu】 以地形命名。因村前路旁有条深沟而得名。1958年隶属红光大队；1961年隶属新集大队；1984年隶属新集村至今。位于村委会东南5千米。东邻随县吴山镇联光村门路沟，南界石梯水库，西至陡山寨，北连随州市吴山镇联光村光庄。总面积0.2平方千米，耕地面积13公顷。18户，40人。主产水稻、小麦、玉米，兼种桃树。村落形态呈散状，房屋结构以坡房为主。

彭庄【Péngzhuāng】 以姓氏命名。因彭姓聚居而得名。1958年隶属红光大队；1961年隶属新集大队；1984年隶属新集村至今。位于村委会西南800米。东邻山凸，南界鹿头镇楼子庄村十字湾，西至小华家庄，北连汪庄。总面积0.3平方千米，耕地面积10公顷。19户，80人。主产水稻、小麦、玉米，兼种桃树。村落形态呈散状，房屋结构以坡房为主。

邱家新集【Qiūjiāxīnjí】 以姓氏和集镇综合命名。因邱姓最早在此设集而得名。1958年隶属红光大队；1961年隶属新集大队；1984年隶属新集村至今。位于村委会东北500米。东邻吴山镇联光村下田铺，南界山凸，西至小冲，北连刘冲。总面积0.9平方千米，耕地面积40公顷。80户，380人。主产水稻、小麦、玉米，兼种桃树。村落形态呈团状，房屋结构以坡房为主。

山凸【Shāntū】 以地形命名。因建村在山的隆起的高处而得名。1958年隶属红光大队；1961年隶属新集大队；1984年隶属新集村至今。位于村委会东南500米。东邻随县吴山镇联光村下田铺，南界彭庄，西至大华家庄，北连小吴庄。总面积0.4平方千米，耕地面积4公顷。4户，20人。主产水稻、小麦、玉米，兼种桃树。村落形态呈散状，房屋结构以坡房为主。

上七沟【Shàngqīgōu】 以方位和地形综合命名。因建村于七条沟的上部而得名。1958年隶属红光大队；1961年隶属新集大队；1984年隶属新集村至今。位于村委会西北2.3千米。东邻刘冲，南界下七沟，西至北沟，北连汤河村汤河。总面积0.5平方千米，耕地面积30公顷。34户，240人。主产水稻、小麦、玉米，兼种桃树。村落形态呈团状，房屋结构以坡房为主。

汪庄【Wāngzhuāng】 以姓氏命名。因汪姓聚居而得名。1958年隶属红光大队；1961年隶属新集大队；1984年隶属新集村至今。村委会驻地。东邻邱家新集，南界大华家庄，西至小吴庄，北连小冲。总面积0.3平方千米，耕地面积10公顷。23户，90人。主产水稻、小麦、玉米，兼种桃树。村落形态呈散状，房屋结构以坡房为主。

新张河【Xīnzhānghé】 以建村时间、姓氏和河流综合命名。1958年修沙河水库时，张姓移居河旁建村。1958年隶属红光大队；1961年隶属新集大队；1984年隶属新集村至今。位于村委会西500米。东邻橙刺河，南界沙河水库，西至沙河水库，北连下七沟。总面积0.5平方千米，耕地面积11公顷。16户，80人。主产水稻、小麦、玉米，兼种桃树。村落形态呈团状，房屋结构以坡房为主。

小冲【Xiǎochōng】 以地形命名。因建村于一条小冲内而得名。1958年隶属红光大队；1961年隶属新集大队；1984年隶属新集村至今。位于村委会西北800米。东邻邱家新集，南界小吴庄，西至下七沟，北连汤河村吴庄。总面积0.3平方千米，耕地面积14公顷。16户，40人。主产水稻、小麦、玉米，兼种桃树。村落形态呈散状，房屋结构以坡房为主。

小吴庄【Xiǎowúzhuāng】 以规模和姓氏综合命名。因吴姓聚居村子较小而得名。1958年隶属红光大队；1961年隶属新集大队；1984年隶属新集村至今。位于村委会西南1千米。东邻汪庄，南界大华家庄，西至新张河，北连小冲。总面积0.2平方千米，耕地面积17公顷。20户，80人。主产水稻、小麦、玉米，兼种桃树。村落形态呈散状，房屋结构以平房为主。

小华家庄【Xiǎohuàjiāzhuāng】 以规模和姓氏综合命名。因华姓聚居且村子较小而得名。1958年隶属红光大队；1961年隶属新集大队；1984年隶属新集村至今。位于村委会西南1.5千米。东邻新集村彭庄，南界鹿头镇楼子庄村南沟庄，西至橙刺河，北连小吴庄。总面积0.5平方千米，耕地面积13公顷。40户，160人。主产水稻、小麦、玉米，兼种桃树。村落形态呈散状，房屋结构以坡房为主。

大华家庄【Dàhuàjiāzhuāng】 以规模和姓氏综合命名。因华姓聚居且村子较大而得名。1958年隶属红光大队；1961年隶属新集大队；1984年隶属新集村至今。位于村委会西南800米。东邻山凸，南界鹿头镇楼子村十字湾，西至小华家湾，北连汪庄。总面积0.3平方千米，耕地面积10公顷。19户，80人。主产水稻、小麦、玉米，兼种果树。村落形态呈散装，房屋结构以平房和坡房为主。

下七沟【Xiàqīgōu】 以方位和地形综合命名。因建村于七条沟的下部而得名。1958年隶属红光大队；1961年隶属新集大队；1984年隶属新集村至今。位于村委会西北2千米。东邻小冲庄，南界新张河，西至北沟，北连上七沟。总面积 0.4 平方千米，耕地面积 15 公顷。30 户，150 人。主产水稻、小麦、玉米，兼种桃树。村落形态呈散状，房屋结构以坡房为主。

新一村【Xīnyīcūn】

以时间和序号综合命名。1958 年为新一大队，隶属火箭公社；1961 年隶属新市区；1975 年隶属新市公社；1984 年为新一村，隶属新市区；1987 年隶属新市镇至今。位于镇政府南 100 米。东邻前井村，南界前井村，西至张巷村，北连赵庄村。辖 1 个居民点，总面积 2 平方千米，耕地面积 108 公顷。699 户，1910 人。主产小麦、玉米、水稻、花生，兼种优质桃树，发展养殖业，以 2 个养猪场、1 个养牛场为主。335 省道穿境而过，村委会驻赤眉街 296 号。

新一村【Xīnyīcūn】 以时间和序号综合命名。因村子为本地在中华人民共和国成立后新建的第一个村庄，故名。1958 年隶属新一大队；1984 年隶属新一村至今。村委会驻地。东邻前井村长房庄，南界前井村刘畈，西至张巷村陈庄，北连赵庄村老店。总面积 2 平方千米，耕地面积 108 公顷。699 户，1910 人。主产小麦、玉米、水稻、花生，兼种优质桃树，发展养殖业，以 2 个养猪场、1 个养牛场。村落形态呈团状，房屋结构以楼房为主。

邢川村【Xíngchuāncūn】

以邢川自然村命名。1958 年为邢川大队，隶属火箭公社（新市）；1961 年隶属新市区；1975 年隶属新市公社；1984 年为邢川村，隶属新市区；1987 年隶属新市镇；2002 年廖庄村合并到邢川村，隶属新市镇至今。位于镇政府东北 7 千米。东邻周楼村，南界火青村，西至唐河县祁仪乡大张庄村，北连黄家台林场。辖 9 个自然村，总面积 8.4 平方千米，耕地面积 169 公顷。238 户，1290 人。335 省道穿境而过，村委会驻河南。

河南【Hénán】 以河流和方位综合命名。因村子建在小河南岸而得名。1958 年隶属邢川大队；1979 年隶属邢川大队；1984 年隶属邢川村至今。村委会驻地。东邻邢川水库，南界火青村吕冲，西至河南省唐河县祁仪乡大张庄村张庄，北连邢川。总面积 2 平方千米，耕地面积 35 公顷。50 户，370 人。主产水稻、小麦、花生、玉米，兼种桃树，发展养殖业，以 1 个养猪场。村落形态呈团状，房屋结构以坡房为主。

李沟【Lǐgōu】 以姓氏和地形综合命名。因李姓聚居在山沟旁而得名。1958 年隶属廖庄大队；1984 年隶属廖庄村；2001 年隶属邢川村至今。位于村委会东北 1.5 千米。东邻烈士陵水库，南界上庄，西至邢川，北连黄家台林场。总面积 0.5 平方千米，耕地面积 6 公顷。13 户，60 人。主产水稻、小麦、兼种桃树、花生、玉米，发展养殖业，以 2 个养猪场。村落形态呈团状，房屋结构以平房为主。

廖庄【Liàozhuāng】 以姓氏命名。因廖姓聚居而得名。1958 年隶属廖庄大队；1984 年隶属廖庄村；2001 年隶属邢川村至今。位于村委会东北 2 千米。东邻烈士陵水库，南界烈士陵水库，西至邢川，北连李沟。总面积 1 平方千米，耕地面积 10 公顷。15 户，110 人。主产水稻、小麦，兼种桃树、花生、玉米，发展工业，以 1 个石材厂。村落形态呈团状，房屋结构以平房为主。

上庄【Shàngzhuāng】 以方位命名。因该村地势高于邢川而得名。1958年隶属廖庄大队；1984年隶属廖庄村；2001年隶属邢川村至今。位于村委会东北600米。东邻周楼村杨楼，南界邢川水库，西至邢川，北连邢川。总面积0.5平方千米，耕地面积10公顷。10户，30人。主产水稻、小麦、花生、玉米，兼种桃树。村落形态呈团状，房屋结构以坡房为主。

汪庄【Wāngzhuāng】 以姓氏命名。因汪姓聚居而得名。1958年隶属廖庄大队；1984年隶属廖庄村；2001年隶属邢川村至今。位于村委会东北2.5千米。东邻保安寨山，南界周楼村上沟，西至周楼村李沟，北连黄家台林场。总面积1平方千米，耕地面积15公顷。10户，40人。主产水稻、小麦、花生、玉米，兼种桃树。村落形态呈团状，房屋结构以平房为主。

小庄【Xiǎozhuāng】 以庄子规模命名。因村子较小而得名。1958年隶属廖庄大队；1984年隶属廖庄村；2001年隶属邢川村至今。位于村委会东南600米。东邻新庄，南界火青村吕冲，西至河南省唐河县祁仪乡大张庄村张庄，北连河南。总面积0.5平方千米，耕地面积17公顷。15户，50人。主产水稻、小麦、花生、玉米，兼种桃树。村落形态呈团状，房屋结构以坡房为主。

新庄【Xīnzhuāng】 以建村时间命名。1977年新建的村子，故名。1977年隶属邢川大队；1984年隶属邢川村至今。位于村委会西南1.6千米。东邻邢川水库，南界吕冲水库，西至小庄，北连河南。总面积0.2平方千米，耕地面积4公顷。5户，10人。主产水稻、小麦、花生、玉米，兼种杂粮。村落形态呈散状，房屋结构以坡房为主。

邢川【Xíngchuān】 以姓氏和地形综合命名。因邢姓建村于川地而得名。1958年隶属邢川大队；1984年隶属邢川村至今。位于村委会北600米。东邻上庄，南界河南，西至唐河县祁仪乡大张庄村张庄，北连烈士陵水库。总面积1.2平方千米，耕地面积66公顷。108户，580人。主产水稻、小麦、花生、玉米，兼种桃树。村落形态呈团状，房屋结构以坡房为主。

周庄【Zhōuzhuāng】 以姓氏命名。因周姓聚居而得名。1958年隶属廖庄大队；1984年隶属廖庄村；2001年隶属邢川村至今。位于村委会北2千米。东邻烈士陵水库，南界唐河县祁仪乡大张庄村张庄，西至四方山，北连抹角楼。总面积1.5平方千米，耕地面积6公顷。12户，40人。主产水稻、小麦、花生、玉米，兼种杂粮。村落形态呈团状，房屋结构以坡房为主。

肖庄村【Xiāozhuāngcūn】

以大、小肖庄自然村命名。1958年为肖庄大队，隶属火箭公社；1961年隶属新市区；1975年隶属新市公社；1984年为肖庄村，隶属新市区；1987年隶属新市镇至今。位于镇政府西北2千米。东邻彭庄村，南界张巷村，西至王老庄村，北连洛河北村。辖6个居民点，总面积2.24平方千米，耕地面积188公顷。309户，1210人。主产小麦、水稻、玉米、棉花，兼种桃树，发展养殖业，以3个养猪场为主。村委会驻大肖庄。

大肖庄【Dàxiāozhuāng】 以姓氏和村子规模综合命名。因肖姓聚居且村子较大而得名。1958年隶属肖庄大队；1984年隶属肖庄村至今。村委会驻地。东邻彭庄村付庄，南界聂庄，西至唐庄，北连小肖庄。总面积0.49平方千米，耕地面积43公顷。79户，310人。主产小麦、水稻、玉米、棉花，兼种桃树，发展养殖业，以 1 个养猪场。村落形态呈散状，房屋结构以平房和坡房为主。

李庄【Lǐzhuāng】 以姓氏命名。因李姓聚居而得名。1958 年隶属肖庄大队；1984 年隶属肖庄村至今。位于村委会东南 300 米。东邻彭庄村付庄，南界聂庄，西至瓦子岗，北连大肖庄。总面积 0.2 平方千米，耕地面积 12 公顷。20 户，100 人。主产小麦、水稻、玉米、棉花，兼种桃树。村落形态呈散状，房屋结构以平房和坡房为主。

聂庄【Nièzhuāng】 以姓氏命名。因聂姓聚居而得名。1958 年隶属肖庄大队；1984 年隶属肖庄村至今。位于村委会东南 500 米。东邻赵庄村老店，南界聂庄，西至李庄，北连大肖庄。总面积 0.18 平方千米，耕地面积 13 公顷。30 户，110 人。主产小麦、水稻、玉米、棉花，兼种桃树。村落形态呈散状，房屋结构以平房和坡房为主。

唐庄【Tángzhuāng】 以姓氏命名。因唐姓聚居而得名。1958 年隶属肖庄大队；1984 年隶属肖庄村至今。位于村委会西南 500 米。东邻大肖庄，南界瓦子岗，西至王老庄村西魏庄，北连洛河北村崔庄。总面积 0.55 平方千米，耕地面积 47 公顷。70 户，280 人。主产小麦、水稻、玉米、棉花，兼种桃树，发展养殖业，以 1 个养猪场为主。村落形态呈散状，房屋结构以平房和坡房为主。

瓦子岗【Wǎzigǎng】 以瓦片多命名。因村子建在瓦片较多的岗上而得名。1958 年隶属肖庄大队；1984 年隶属肖庄村至今。位于村委会西南 600 米。东邻聂庄，南界黄河水库，西至王老庄村西魏庄，北连唐庄。总面积 0.32 平方千米，耕地面积 28 公顷。40 户，120 人。主产小麦、水稻、玉米、棉花，兼种桃树，发展养殖业，以 1 个养猪场为主。村落形态呈散状，房屋结构以平房和坡房为主。

小肖庄【Xiǎoxiāozhuāng】 以姓氏和村子规模综合命名。因肖姓聚居且村子较小而得名。1958 年隶属肖庄大队；1984 年隶属肖庄村至今。位于村委会西北 1 千米。东邻彭庄村夏庄，南界大肖庄，西至洛河北村崔庄，北连洛河北村大王楼。总面积 0.5 平方千米，耕地面积 45 公顷。70 户，290 人。主产小麦、水稻、玉米、棉花，兼种桃树。村落形态呈散状，房屋结构以平房和坡房为主。

谢棚村【Xièpéngcūn】

以谢棚自然村命名。1958 年为谢棚大队，隶属火箭公社；1961 年隶属新市区；1975 年隶属新市公社；1984 年为谢棚村，隶属新市区；1987 年隶属新市镇至今。位于镇政府东北 3.5 千米。东邻黄家台林场，南界东李湾村，西至火青村，北连火青村。辖 13 个居民点，总面积 11 平方千米，耕地面积 113.47 公顷。324 户，1320 人。主产小麦、水稻、玉米，兼种桃树，发展养殖业，以 2 个养猪场、3 个养牛场、8 个养羊场、4 户养蜂户为主。村委会驻洛河。

北湾【Běiwān】 以方位和地形综合命名。因村建于河湾北而得名。1958 年隶属谢棚大队；1984 年隶属谢棚村至今。位于村委会东北 1.3 千米。东邻黄家台林场，南界舟湾，西至谢棚，北连下流沟。总面积 1 平方千米，耕地面积 13.8 公顷。34 户，180 人。主产水稻、小麦、玉米，发展养殖业，以 1 个养猪场、1 个养牛场、1 个养羊场为主。村落形态呈团状，房屋结构以坡房为主。

北新庄【Běixīnzhuāng】 以方位和时间综合命名。因建村于村委会北边且建村时间短而得名。1985 年隶属谢棚村至今。位于村委会东北 1.3 千米。东邻上流沟，南界下流沟，西至金庄，北连火青村毛庄。总面积 0.4 平方千米，耕地面积 3.3 公顷。15 户，50 人。主产水稻、小麦、玉米，兼种桃树。村落形态呈线状，房屋结构以坡房为主。

丁垱【Dīngdàng】 以姓氏和垱坝综合命名。因丁姓居住垱坝旁边而得名。1958 年隶属谢棚大队；1984 年隶属谢棚村至今。位于村委会北 500 米。东邻下流沟，南界洛河，西至塌桥，北连火青村毛庄。总面积 0.3 平方千米，耕地面积 5.33 公顷。10 户，30 人。主产水稻、小麦、玉米，兼种桃树。村落形态呈线状，房屋结构以坡房为主。

金庄【Jīnzhuāng】 以姓氏命名。因金姓聚居而得名。1958 年隶属谢棚大队；1984 年隶属谢棚村至今。位于村委会东北 1 千米。东邻北新庄，南界谢棚，西至塌桥，北连火青村毛庄。总面积 1.5 平方千米，耕地面积 17.7 公顷。43 户，200 人。主产水稻、小麦、玉米，兼种桃树，发展养殖业，以 2 个养牛场为主。村落形态呈团状，房屋结构以坡房和楼房为主。

老鸹窝【Lǎoguāwō】 以地形命名。因村地势低洼形似老鸹窝而得名。1958 年隶属谢棚大队；1984 年隶属谢棚村至今。位于村委会东南 1 千米。东邻舟湾，南界东李湾村郭冲，西至东李湾村姜庄，北连谢棚。总面积 1 平方千米，耕地面积 11 公顷。26 户，100 人。主产水稻、小麦、玉米，兼种桃树。村落形态呈散状，房屋结构以坡房为主。

洛河【Luòhé】 以姓氏和河流综合命名。因洛姓聚居河边而得名。1958 年隶属谢棚大队；1984 年隶属谢棚村至今。位于村委会西北 200 米。东邻谢棚，南界东李湾村姜庄，西至丁垱，北连火青村杨庄。总面积 0.4 平方千米，耕地面积 6.67 公顷。31 户，150 人。主产水稻、小麦、玉米，兼种桃树，发展养殖业，以 1 个养猪场、1 个养牛场、2 个养羊场为主。村落形态呈团状，房屋结构以楼房为主。

南新庄【Nánxīnzhuāng】 以方位和时间综合命名。因村子位于村委会南边且建村时间较短而得名。1985 年隶属谢棚村至今。位于村委会东南 1.5 千米。东邻黄家台林场，南界盘龙岗，西至舟湾，北连北湾。总面积 0.5 平方千米，耕地面积 2 公顷。8 户，20 人。主产水稻、小麦、玉米。村落形态呈团状，房屋结构以坡房为主。

盘龙岗【Pánlónggǎng】 以地形命名。因村前有条山岗形似盘龙而得名。1958 年隶属谢棚大队；1984 年隶属谢棚村至今。位于村委会东南 2 千米。东邻黄家台林场，南界孟子坪村独山顶，西至舟湾，北连南新庄。总面积 1.5 平方千米，耕地面积 4.4 公顷。10 户，30 人。主产水稻、小麦、玉米，兼种桃树，发展养殖业，以 1 个养羊场、2 户养蜂户为主。村落形态呈散状，房屋结构以坡房为主。

上流沟【Shàngliúgōu】 以方位和地形综合命名。因村中有条水沟且地势较高而得名。1958 年隶属谢棚大队；1984 年隶属谢棚村至今。位于村委会东北 3 千米。东邻黄家台林场，南界北湾，西至北新庄，北连火青村毛庄。总面积 0.4 平方千米，耕地面积 4.13 公顷。15 户，60 人。主产水稻、小麦、玉米，兼种桃树，发展养殖业，以 1 个养牛场、2 个养羊场为主。村落形态呈散状，房屋结构以坡房为主。

塌桥【Tāqiáo】 以建筑物命名。因村旁有座小桥被河水冲塌而得名。1958 年隶属谢棚大队；1984 年隶属谢棚村至今。位于村委会西北 300 米。东邻金庄，南界洛河，西至火青村杨庄，北连火青村毛庄。总面积 0.3 平方千米，耕地面积 5.8 公顷。11 户，30 人。主产水稻、小麦、玉米，兼种桃树。村落形态呈团状，房屋结构以坡房为主。

下流沟【Xiàliúgōu】 以方位和地形综合命名。因村中有条水沟且地势较低而得名。1958年隶属谢棚大队；1984年隶属谢棚村至今。位于村委会东北2千米。东邻上流沟，南界北湾，西至金庄，北连北新庄。总面积0.7平方千米，耕地面积6.67公顷。25户，110人。主产水稻、小麦、玉米，兼种桃树，发展养殖业，以1个养牛场、2个养羊场为主。村落形态呈线状，房屋结构以坡房为主。

谢棚【Xièpéng】 以姓氏和建筑物综合命名。因谢姓最初定居时全是草棚而得名。1958年隶属谢棚大队；1984年隶属谢棚村至今。位于村委会东南500米。东邻北湾，南界老鸹窝，西至洛河，北连金庄。总面积2平方千米，耕地面积28公顷。80户，300人。主产水稻、小麦、玉米，兼种桃树，发展养殖业，以1个养猪场、1个养羊场为主。村落形态呈线状，房屋结构以坡房为主。

舟湾【Zhōuwān】 以地形命名。因村靠近河湾，远看像舟而得名。1958年隶属谢棚大队；1984年隶属谢棚村至今。位于村委会东南1.1千米。东邻南新庄，南界孟子坪村六十亩地，西至老鸹窝，北连北湾。总面积1平方千米，耕地面积4.67公顷。16户，60人。主产水稻、小麦、玉米，兼种桃树，发展养殖业，以1个养牛场为主。村落形态呈散状，房屋结构以坡房为主。

熊岗村【Xiónggǎngcūn】

以上、下熊岗自然村命名。1958年为陈庄大队，隶属红旗农场；1961年隶属鹿头区；1971年隶属新市区；1975年隶属新市公社；1980年为熊岗大队，隶属新市公社；1984年为熊岗村，隶属新市区；1987年隶属钱岗乡；2001年隶属新市镇至今。位于镇政府东南5千米。东邻李楼村，南界鹿头镇何庄村，西至任岗村，北连钱岗一村。辖5个自然村，总面积2.4平方千米，耕地面积208.2公顷。306户，1480人。主产小麦、水稻、玉米，兼种桃树。钱鹿路过境，村委会驻竹园。

陈庄【Chénzhuāng】 以姓氏命名。因陈姓聚居而得名。1958年隶属陈庄大队；1980年隶属熊岗大队；1984年隶属熊岗村至今。位于村委会东南1千米。东邻李楼村刘庄，南界下熊岗，西至竹园，北连上熊岗。总面积0.5平方千米，耕地面积44.2公顷。103户，510人。主产水稻、小麦、玉米，兼种桃树，发展养殖业，以1个养牛场为主。村落形态呈线状，房屋结构以坡房和楼房为主。

上熊岗【Shàngxiónggǎng】 以方位、姓氏和地形综合命名。因熊姓聚居岗上而得名。1958年隶属陈庄大队；1980年隶属熊岗大队；1984年隶属熊岗村至今。位于村委会东北1.5千米。东邻大黄河水库，南界陈庄，西至钱岗一村大张庄，北连钱岗一村南街。总面积0.57平方千米，耕地面积50.1公顷。56户，250人。主产水稻、小麦，兼种桃树。村落形态呈散状，房屋结构以坡房和楼房为主。

下熊岗【Xiàxiónggǎng】 以方位、姓氏和地形综合命名。因熊姓聚居岗下而得名。1958年隶属陈庄大队；1980年隶属熊岗大队；1984年隶属熊岗村至今。位于村委会东南1千米。东邻鹿头镇何庄村刘庄，南界鹿头镇武庄村郭巷，西至陈庄，北连陈庄。总面积0.33平方千米，耕地面积26.7公顷。43户，190人。主产水稻、小麦，兼种桃树。村落形态呈散状，房屋结构以坡房和楼房为主。

学地庄【Xuédìzhuāng】 以属地命名。因村内的田地过去归枣阳黉学所有而得名。1958年隶属陈庄大队；1980年隶属熊岗大队；1984年隶属熊岗村至今。位于村委会东北1.2千米。东邻下熊岗，南界鹿头镇武庄村骆庄，西至竹园，北连下熊岗。总面积0.3平方千米，耕地面积23.7公顷。34户，170人。主产水稻、小麦，兼种桃树。村落形态呈散状，房屋结构以坡房和楼房为主。

竹园【Zhúyuán】 以植物命名。因村内有竹林而得名。1958年隶属陈庄大队；1980年隶属熊岗大队；1984年隶属熊岗村至今。村委会驻地。东邻学地庄，南界任岗村姜庄，西至任岗村莘庄，北连钱岗一村大张庄。总面积0.7平方千米，耕地面积63.5公顷。70户，360人。主产水稻、小麦，兼种桃树。村落形态呈线状，房屋结构以坡房和楼房为主。

姚棚村【Yáopéngcūn】

以南、北姚棚自然村命名。1958年为前锋一大队，隶属红旗农场；1961年隶属鹿头区；1971年隶属新市区；1975年隶属新市公社；1984年为姚棚村，隶属新市区；1987年隶属钱岗乡；2001年隶属新市镇至今。位于镇政府西南12千米。东邻邓棚村，南界白露村，西至太平镇付岗村、袁庄村，北连泉沟村。辖6个居民点，总面积3.66平方千米，耕地面积162.17公顷。395户，1740人。主产小麦、棉花和玉米，兼种桃树。村委会驻蛮子营。

北姚棚【Běiyáopéng】 以方位和姓氏综合命名。因历史上姚姓武官兵营马棚设在此地，1964年分建南北姚棚此村位北而得名。1958年隶属前锋一大队；1970年隶属姚棚大队；1984年隶属姚棚村至今。位于村委会西北1千米。东邻泉沟村枣树庄，南界南姚棚，西至太平镇袁庄村沙子岗，北连泉沟村斜庄。总面积0.57平方千米，耕地面积29.3公顷。67户，350人。主产小麦、玉米和棉花，兼种桃树。村落形态呈团状，房屋结构以坡房和楼房为主。

刘李庄【Liúlǐzhuāng】 以姓氏命名。因刘姓和李姓聚居而得名。1958年隶属前锋一大队；1970年隶属姚棚大队；1984年隶属姚棚村至今。位于村委会东南700米。东邻邓棚村榆树店，南界杨庄村上桥，西至蛮子营，北连钱岗一村杨五房。总面积0.73平方千米，耕地面积36.7公顷。58户，240人。主产小麦、玉米和棉花，兼种桃树。村落形态呈团状，房屋结构以坡房和楼房为主。

蛮子营【Mánziyíng】 以居民特点命名。因早年从孝感迁来的人在此建村而得名（本地人称操南方口音的人为蛮子）。1958年隶属前锋一大队；1970年隶属姚棚大队；1984年隶属姚棚村至今。村委会驻地。东邻刘李庄，南界沈庄，西至南姚棚，北连泉沟村枣树庄。总面积1平方千米，耕地面积47.3公顷。85户，360人。主产小麦、玉米和棉花，兼种桃树。村落形态呈团状，房屋结构以坡房为主。

南姚棚【Nányáopéng】 以方位和姓氏综合命名。因历史上姚姓武官兵营马棚设在此地，1964年分建南北姚棚此村位南而得名。1958年隶属前锋一大队；1970年隶属姚棚大队；1984年隶属姚棚村至今。位于村委会西南500米。东邻蛮子营，南界张湾，西至太平镇袁庄村沙子岗，北连北姚棚。总面积0.6平方千米，耕地面积32公顷。95户，380人。主产小麦、玉米和棉花，兼种桃树。村落形态呈团状，房屋结构以坡房和楼房为主。

沈庄【Shěnzhuāng】 以姓氏命名。因沈姓聚居而得名。1958年隶属前锋一大队；1970年隶属姚棚大队；1984年隶属姚棚村至今。位于村委会西南500米。东邻杨庄村上桥庄，南界白露村白露街，西至张湾，北连蛮子营。总面积0.23平方千米，耕地面积14公顷。30户，130人。主产小麦、玉米和棉花，兼种桃树。村落形态呈团状，房屋结构以坡房和楼房为主。

张湾【Zhāngwān】 以姓氏命名。因张姓聚居而得名。1958年隶属前锋一大队；1970年隶属姚棚大队；1984年隶属姚棚村至今。位于村委会西南1.5千米。东邻沈庄，南界白露村白露街，西至太平镇付岗村西张湾，北连南姚棚。总面积0.53平方千米，耕地面积2.87公顷。60户，280人。主产小麦、玉米和棉花，兼种桃树。村落形态呈团状，房屋结构以坡房和楼房为主。

杨庄村【Yángzhuāngcūn】

以杨庄自然村命名。1958年为连盟二大队，隶属红旗农场；1961年为蒋庄大队，隶属鹿头区；1971年隶属新市区；1975年隶属新市公社；1979年为杨庄大队，隶属新市公社；1984年名杨庄村，隶属新市区；1987年隶属钱岗乡；2001年隶属新市镇至今。位于镇政府西南13千米。东邻新市镇邓棚村，南界鹿头镇武岗村，西至新市镇白露村，北连邓棚村。辖6个自然村，总面积4.07平方千米，耕地面积314.74公顷。286户，1330人。主产小麦、棉花和玉米，兼种桃树。316省道过境，村委会驻湛庄。

火神庙【Huǒshénmiào】 以寺庙命名。因村东南方有一座火神庙而得名。1958年隶属连盟二大队；1961年隶属蒋庄大队；1979年隶属杨庄大队；1984年隶属杨庄村至今。位于村委会东1千米。东邻邓棚村白马堰，南界鹿头镇武岗村上武岗，西至湛庄，北连邓棚村杨大房。总面积0.87平方千米，耕地面积64.58公顷。55户，250人。主产小麦、玉米和棉花，兼种桃树。村落形态呈线状，房屋结构以坡房和楼房为主。

蒋庄【Jiǎngzhuāng】 以姓氏命名。因蒋姓聚居而得名。1958年隶属连盟二大队；1961年隶属蒋庄大队；1979年隶属杨庄大队；1984年隶属杨庄村至今。位于村委会东南1.5千米。东邻鹿头镇武岗村上武岗，南界鹿头镇武岗村黄莲树，西至鹿头镇翟庄村王家林，北连湛庄。总面积0.83平方千米，耕地面积63.38公顷。55户，260人。主产小麦、玉米和棉花，兼种桃树。村落形态呈团状，房屋结构以坡房和楼房为主。

上桥【Shàngqiáo】 以方位和建筑物综合命名。因桥南北各有一个村，该村位于北边而得名。1958年隶属连盟二大队；1961年隶属蒋庄大队；1979年隶属杨庄大队；1984年隶属杨庄村至今。位于村委会西北2.5千米。东邻邓棚村榆树店，南界下桥，西至新市镇白露村白露庄，北连姚棚村刘李庄。总面积0.65平方千米，耕地面积62.14公顷。58户，300人。主产小麦、玉米和棉花，兼种桃树。村落形态呈线状，房屋结构以坡房和楼房为主。

王庄【Wángzhuāng】 以姓氏命名。因王姓聚居而得名。1958年隶属连盟二大队；1961年隶属蒋庄大队；1979年隶属杨庄大队；1984年隶属杨庄村至今。位于村委会西南1.5千米。东邻湛庄，南界鹿头镇翟庙村王应林，西至新市镇白露村白露庄，北连下桥。总面积0.76平方千米，耕地面积61.17公顷。65户，270人。主产小麦、玉米和棉花，兼种桃树。村落形态呈线状，房屋结构以坡房和楼房为主。

下桥【Xiàqiáo】 以方位和建筑物综合命名。因桥南北各有一个村，该村位于南边而得名。1958年隶属连盟二大队；1961年隶属蒋庄大队；1979年隶属杨庄大队；1984年隶属杨庄村至今。位于村委会西北2千米。东邻邓棚村杨大房，南界王庄，西至新市镇白露村白露庄，北连上桥。总面积0.2平方千米，耕地面积 8 公顷。10 户，50 人。主产小麦、玉米和棉花，兼种桃树。村落形态呈线状，房屋结构以坡房和楼房为主。

湛庄【Zhànzhuāng】 以姓氏命名。因湛姓聚居而得名。1958 年隶属连盟二大队；1961 年隶属蒋庄大队；1979 年隶属杨庄大队；1984 年隶属杨庄村至今。村委会驻地。东邻火神庙，南界蒋庄，西至王庄，北连下桥。总面积 0.76 平方千米，耕地面积 55.47 公顷。43 户，200 人。主产小麦、玉米和棉花，兼种桃树。村落形态呈团状，房屋结构以坡房和楼房为主。

赵庄村【Zhàozhuāngcūn】

以赵庄自然村命名。1956 年隶属鹿头区；1958 年为持久大队，隶属火箭公社；1969 年为赵庄大队，隶属新市区；1975 隶属新市公社；1984 年为赵庄村，隶属新市区；1987 年隶属新市镇至今。位于镇政府东北 500 米。东邻白沙岗园艺场，南界新一村，西至肖庄村，北连彭庄村。辖 3 个自然村，总面积 2.5 平方千米，耕地面积 154 公顷。300 户，1240 人。主产小麦、水稻、玉米，兼种桃树，发展养殖业和工业，养殖业以 1 个养猪场、1 个养牛场、5 个养羊场为主，工业以 1 个压板场、3 个砖场为主。335 省道过境。境内有象弓河遗址。村委会驻赵庄。

老店【Lǎodiàn】 以设店时间命名。因此地有一个百年老店而得名。1958 年隶属持久大队；1969 年隶属赵庄大队；1984 年隶属赵庄村至今。位于村委会西北 500 米。东邻赵庄村赵庄，南界新一村新一，西至肖庄村聂庄，北连彭庄村彭庄。总面积 1.1 平方千米，耕地面积 72 公顷。145 户，670 人。主产小麦、玉米和水稻，兼种桃树，发展养殖业和工业，养殖业以 2 个养羊场为主，工业以 2 个砖场。村落形态呈团状，房屋结构以坡房和楼房为主。

象弓河【Xiànggōnghé】 以河流命名。因村旁有一条河形似弓形而得名。1958 年隶属持久大队；1969 年隶属赵庄大队；1984 年隶属赵庄村至今。位于村委会东南 600 米。东邻东李湾村小河庄，南界前井村长坊，西至赵庄村赵庄，北连白沙岗园艺场。总面积 0.5 平方千米，耕地面积 30 公顷。45 户，170 人。主产小麦、玉米和水稻，兼种桃树，发展养殖业，养殖业以 1 个养羊场、1 个养牛场为主。村落形态呈团状，房屋结构以坡房和楼房为主。

赵庄【Zhàozhuāng】 以姓氏命名。因赵姓聚居而得名。1958 年隶属持久大队；1969 年隶属赵庄大队；1984 年隶属赵庄村至今。村委会驻地。东邻白沙岗园艺场，南界新一村东小庄，西至赵庄村赵庄，北连火青村新庄。总面积 0.9 平方千米，耕地面积 52 公顷。110 户，400 人。主产小麦、玉米和水稻，兼种桃树，发展养殖业和工业，养殖业以 2 个养羊场、1 个养猪场为主，工业以 1 个砖场、1 个压板场为主。村落形态呈团状，房屋结构以坡房和楼房为主。

张巷村【Zhāngxiàngcūn】

以大、小张巷自然村命名。1958 年为张巷大队，隶属火箭公社；1961 年隶属新市区；1975 年隶属新市公社；1984 年为张巷村，隶属新市区；1987 年隶属新市镇至今。位于镇政府西 1 千米。

东邻新一村，南界黄河水库，西至罗庄村，北连肖庄村。辖6个自然村，总面积3.65平方千米，耕地面积186公顷。399户，1680人。主产小麦、水稻、玉米，兼种桃树。

大张巷【Dàzhāngxiàng】 以规模和姓氏综合命名。因张姓聚居且村庄较大，村内有条巷子而得名。1958年隶属张巷大队；1984年隶属张巷村至今。位于村委会西南1千米。东邻小张巷，南界黄河水库，西至黄河水库，北连肖庄村唐庄。总面积1.4平方千米，耕地面积41公顷。84户，370人。主产小麦、玉米和水稻，兼种桃树，发展养殖业，以1个养牛场为主。村落形态呈团状，房屋结构以楼房为主。

胡庄【Húzhuāng】 以姓氏命名。因胡姓聚居而得名。1958年隶属张巷大队；1984年隶属张巷村至今。位于村委会东南1.5千米。东邻李楼村东岗，南界黄河水库，西至黄河水库，北连詹陈庄。总面积0.4平方千米，耕地面积38公顷。102户，390人。主产小麦、玉米和水稻，兼种桃树。村落形态呈散状，房屋结构以平房和坡房为主。

肖庄【Xiāozhuāng】 以姓氏命名。因肖姓聚居而得名。1958年隶属张巷大队；1984年隶属张巷村至今。位于村委会西南700米。东邻詹陈庄，南界黄河水库，西至黄河水库，北连小张巷。总面积0.6平方千米，耕地面积16公顷。50户，190人。主产小麦、玉米和水稻，兼种桃树。村落形态呈团状，房屋结构以平房和坡房为主。

小张巷【Xiǎozhāngxiàng】 以规模和姓氏综合命名。因张姓聚居且村庄较小，村内有条巷子而得名。1958年隶属张巷大队；1984年隶属张巷村至今。位于村委会西北500米。东邻新一村杏山，南界肖庄村北肖庄，西至大张巷，北连大张巷。总面积0.5平方千米，耕地面积25公顷。55户，230人。主产小麦、玉米和水稻，兼种桃树。村落形态呈线状，房屋结构以楼房为主。

新张庄【Xīnzhāngzhuāng】 以时间和姓氏综合命名。因张姓聚居且建村时间较短而得名。1958年隶属张巷大队；1984年隶属张巷村至今。位于村委会西南500米。东邻胡庄，南界黄河水库，西至黄河水库，北连肖庄村唐庄。总面积0.4平方千米，耕地面积33公顷。54户，250人。主产小麦、玉米和水稻，兼种桃树。村落形态呈团状，房屋结构以平房和楼房为主。

詹陈庄【Zhānchénzhuāng】 以姓氏命名。因詹姓、陈姓聚居而得名。1958年隶属张巷大队；1984年隶属张巷村至今。位于村委会东南500米。东邻小张巷，南界胡庄，西至罗庄村罗庄，北连北肖庄村聂庄。总面积0.35平方千米，耕地面积33公顷。54户，250人。主产小麦、玉米和水稻，兼种桃树。村落形态呈团状，房屋结构以平房和楼房为主。

周楼村【Zhōulóucūn】

以周楼自然村命名。1958年为周楼大队，隶属火箭公社；1961年隶属新市区；1975年隶属新市公社，1979年为杨庄大队，隶属新市公社；1984年为周楼村，隶属新市区；1987年隶属新市镇；2002年湘冲村并入周楼村，隶属新市镇至今。位于镇政府东北10千米。东邻河南省桐柏县程湾乡姚何村，南界谢棚村，西至邢川村，北连黄家台林场。辖22个自然村，总面积12平方千米，耕地面积291.49公顷。451户，1852人。主产小麦、水稻，兼种桃树、栀子。335省道过境，村委会驻西赵庄。白竹园寺森林公园在周楼村姜老庄附近。

北小庄【Běixiǎozhuāng】 以方位和规模综合命名。因村建于周楼北方且规模较小而得名。1958年隶属周楼大队；1984年隶属周楼村至今。位于村委会东1千米。东邻黄土堰，南界周楼，西至西赵庄，北连中强山。总面积0.3平方千米，耕地面积2.2公顷。1户，2人。主产小麦、水稻。村落形态呈团状，房屋结构以坡房为主。

常庄【Chángzhuāng】 以姓氏命名。因常姓聚居而得名。1958年隶属湘冲大队；1984年隶属湘冲村；2002年隶属周楼村至今。位于村委会东北5.5千米。东邻南庄，南界赵庄，西至黄家台林场，北连黄家台林场。总面积0.5平方千米，耕地面积9.7公顷。24户，110人。主产小麦、水稻，兼种桃树、栀子。村落形态呈团状，房屋结构以平房和坡房为主。

冲口湾【Chōngkǒuwān】 以河流和地形综合命名。因村建于湘冲河口旁而得名。1958年隶属湘冲大队；1984年隶属湘冲村；2002年隶属周楼村至今。位于村委会东7.5千米。东邻关扒药厂，南界老寨山，西至南庄，北连姜老庄。总面积0.2平方千米，耕地面积6.5公顷。15户，60人。主产小麦、水稻，发展养殖业。村落形态呈散状，房屋结构以平房和坡房为主。

大庄【Dàzhuāng】 以规模命名。因面积较大而得名。1958年隶属湘冲大队；1984年隶属湘冲村；2002年隶属周楼村至今。位于村委会东7千米。东邻南庄，南界河南，西至常庄，北连东庄。总面积0.5平方千米，耕地面积4公顷。11户，60人。主产小麦、水稻。村落形态呈线状，房屋结构以坡房为主。

东赵庄【Dōngzhàozhuāng】 以方位和姓氏综合命名。因赵姓聚居周楼东边而得名。1958年隶属周楼大队；1984年隶属周楼村至今。位于村委会东北2千米。东邻黄家台林场，南界碾盘庄，西至桐树庄，北连黄家台林场。总面积0.5平方千米，耕地面积16.52公顷。26户，110人。主产小麦、水稻，兼种桃树、栀子。村落形态呈团状，房屋结构以平房和坡房为主。

东庄【Dōngzhuāng】 以方位命名。因位于大庄东而得名。1958年隶属湘冲大队；1984年隶属湘冲村；2002年隶属周楼村至今。位于村委会东7.5千米。东邻姜老庄，南界南庄，西至大庄，北连白竹园寺山。总面积0.5平方千米，耕地面积2公顷。5户，30人。主产小麦、水稻，发展养殖业。村落形态呈线状，房屋结构以坡房为主。

范口【Fànkǒu】 以姓氏和地形综合命名。因范姓居住在三岔路口而得名。1958年隶属湘冲大队；1984年隶属湘冲村；2002年隶属周楼村至今。位于村委会东北5千米。东邻吴山三合店村，南界十大尖山，西至黄家台林场，北连黄家台林场。总面积0.5平方千米，耕地面积5.5公顷。14户，70人。主产小麦、水稻，兼种桃树、栀子。村落形态呈团状，房屋结构以平房和坡房为主。

河南【Hénán】 以河流和方位综合命名。因村建于湘冲河的南岸而得名。1958年隶属湘冲大队；1984年隶属湘冲村；2002年隶属周楼村至今。位于村委会东6千米。东邻南庄，南界罗沟，西至赵庄，北连小沟。总面积0.7平方千米，耕地面积25.33公顷。9户，40人。主产小麦、水稻，发展养殖业。村落形态呈线状，房屋结构以平房为主。

花园寺【Huāyuánsì】 以寺庙和花草综合命名。因村中有一座寺庙，寺内花木较多而得名。1958年隶属周楼大队；1984年隶属周楼村至今。位于村委会西北2.5千米。东邻黄家台林场，南界杨楼，西至邢川水库，北连黄家台林场。总面积0.5平方千米，耕地面积13.89公顷。22户，90人。主产小麦、水稻，兼种桃树、栀子。村落形态呈团状，房屋结构以平房和坡房为主。

黄土堰【Huángtǔyàn】 以土质和堰塘综合命名。因村旁的大堰周围全是黄土而得名。1958年隶属周楼大队；1984年隶属周楼村至今。位于村委会东4千米。东邻东赵庄，南界桐树庄，西至北小庄，北连黄家台山界。总面积0.6平方千米，耕地面积7公顷。14户，50人。主产小麦、水稻，兼种桃树。村落形态呈散状，房屋结构以坡房为主。

姜老庄【Jiānglǎozhuāng】 以姓氏和时间综合命名。因姜姓最早聚居而得名。1958年隶属湘冲大队；1984年隶属湘冲村；2002年隶属周楼村至今。位于村委会东北5千米。东邻白竹园寺风景区，南界吴山镇三合店村，西至南庄，北连白竹园寺风景区。总面积0.5平方千米，耕地面积17.15公顷。36户，140人。主产小麦、水稻，兼种桃树、栀子。村落形态呈团状，房屋结构以平房和楼房为主。

南庄【Nánzhuāng】 以方位命名。因村建在河流南边而得名。1958年隶属湘冲大队；1984年隶属湘冲村；2002年隶属周楼村至今。位于村委会东北4千米。东邻姜老庄，南界吴山镇三合店村，西至赵庄，北连黄家台林场。总面积1平方千米，耕地面积31.6公顷。37户，130人。主产小麦、水稻，兼种桃树、栀子。村落形态呈团状，房屋结构以平房和楼房为主。

碾盘庄【Niǎnpánzhuāng】 以物品命名。因村前有一个巨大的碾盘而得名。1958年隶属周楼大队；1984年隶属周楼村至今。位于村委会东南2.5千米。东邻黄家台林场，南界谢棚村毛庄，西至后楼，北连东赵庄。总面积0.5平方千米，耕地面积13.24公顷。21户，80人。主产小麦、水稻，兼种桃树、栀子。村落形态呈团状，房屋结构以平房和坡房为主。

上沟【Shànggōu】 以方位和地形综合命名。因村建于山沟的上部而得名。1958年隶属周楼大队；1984年隶属周楼村至今。位于村委会西北3千米。东邻河沟，南界杨楼，西至花园寺，北连邢川村汪庄。总面积0.3平方千米，耕地面积1.4公顷。2户，10人。主产小麦、水稻，兼种果树。村落形态呈线状，房屋结构以坡房为主。

桐树庄【Tóngshùzhuāng】 以植物命名。因村庄上桐树多而得名。1958年隶属周楼大队；1984年隶属周楼村至今。位于村委会东北1.5千米。东邻东赵庄，南界碾盘庄，西至后楼，北连黄家台林场。总面积0.5平方千米，耕地面积25公顷。39户，170人。主产小麦、水稻，兼种桃树、栀子。村落形态呈团状，房屋结构以平房和坡房为主。

万庄【Wànzhuāng】 以姓氏命名。因万姓聚居而得名。1958年隶属湘冲大队；1984年隶属湘冲村；2002年隶属周楼村至今。位于村委会东9千米。东邻杨圈，南界小河沟，西至姜老庄，北连白竹园寺林场。总面积0.5平方千米，耕地面积3.3公顷。7户，40人。主产小麦、水稻。村落形态呈线状，房屋结构以楼房为主。

西赵庄【Xīzhàozhuāng】 以方位和姓氏综合命名。因赵姓聚居周楼西边而得名。1958年隶属周楼大队；1984年隶属周楼村至今。村委会驻地。东邻桐树庄，南界邢川水库，西至邢川水库，北连黄家台林场。总面积0.5平方千米，耕地面积12.3公顷。20户，90人。主产小麦、水稻，兼种桃树、栀子。村落形态呈团状，房屋结构以平房和坡房为主。

新庄【Xīnzhuāng】 以时间命名。因建村时间短而得名。1965年隶属周楼大队；1984年隶属周楼村至今。位于村委会南3千米。东邻窑沟,南界火青村毛庄,西至周大坡,北连邢川水库。总面积0.2平方千米,耕地面积3.7公顷。8户,20人。主产水稻,发展养殖业。村落形态呈散状,房屋结构以坡房为主。

杨圈【Yángjuàn】 以姓氏和地形综合命名。因杨姓聚居在周围地势高、中间地势低的地方而得名。1958年隶属湘冲大队;1984年隶属湘冲村;2002年隶属周楼村至今。位于村委会东9.5千米。东邻河南姚沟,南界湘冲河,西至万庄,北连白竹园寺。总面积0.2平方千米,耕地面积2.4公顷。1户,10人。主产小麦、水稻。村落形态呈散状,房屋结构以平房为主。

杨楼【Yánglóu】 以姓氏和建筑物综合命名。因杨姓聚居且村中修有炮楼而得名。1958年隶属周楼大队;1984年隶属周楼村至今。位于村委会西北1.5米。东邻西赵庄,南界邢川水库,西至邢川水库,北连花园寺。总面积0.5平方千米,耕地面积14.32公顷。24户,80人。主产小麦、水稻,兼种桃树、栀子。村落形态呈团状,房屋结构以平房和坡房为主。

赵庄【Zhàozhuāng】 以姓氏命名。因赵姓聚居而得名。1958年隶属湘冲大队;1984年隶属湘冲村;2002年隶属周楼村至今。位于村委会东北5.5千米。东邻南庄,南界吴山镇三合店村,西至黄家台林场,北连黄家台林场。总面积0.5平方千米,耕地面积10.6公顷。20户,80人。主产小麦、水稻,兼种桃树、栀子。村落形态呈团状,房屋结构以平房和坡房为主。

周楼【Zhōulóu】 以姓氏和建筑物综合命名。因周姓聚居且村中修有炮楼而得名。1958年隶属周楼大队;1984年隶属周楼村至今。位于村委会东800米。东邻黄土堰,南界邢川水库,西至西赵庄,北连北小庄。总面积2平方千米,耕地面积63.84公顷。95户,380人。主产小麦、水稻,兼种桃树、栀子。村落形态呈团状,房屋结构以平房和坡房为主。

郑家湾村【Zhèngjiāwāncūn】

以郑家湾自然村命名。1956年隶属鹿头区;1958年为新民大队,隶属火箭公社;1961年为郑家湾大队,隶属新市区;1975年隶属新市公社;1984年为郑家湾村,隶属新市区;1987年隶属新市镇至今。位于镇政府东南11千米。东邻前湾村,南界新集村,西至汤河村,北连付家湾村。辖8个居民点,总面积4.6平方千米,耕地面积110.73公顷。369户,1640人。主产小麦、水稻、玉米,兼种桃树,发展养殖业,以12个养猪场、2个养牛场、1个养虾场为主。新三公路过境,村委会驻高家新庄。

坟扒【Fénbā】 以四周环境命名。因村旁坟墓多而得名。1958年隶属新民大队;1961年隶属郑家湾大队;1984年隶属郑家湾村至今。位于村委会东北2.2千米。东邻前湾村前湾,南界后湾,西至西洼,北连老虎荡。总面积0.4平方千米,耕地面积4.3公顷。18户,50人。主产小麦、水稻、棉花和花生。村落形态呈散状,房屋结构以楼房为主。

高家新庄【Gāojiāxīnzhuāng】 以姓氏和时间综合命名。因高姓聚居且建村较晚而得名。1958年隶属新民大队;1961年隶属郑家湾大队;1984年隶属郑家湾村至今。村委会驻地。东邻邱家台子,南界新集村新集庄,西至汤河村吴庄,北连小郑家湾。总面积0.5平方千米,耕地面积12.93公顷。42户,170人。主产小麦、水稻、棉花和花生,兼种桃树,发展养殖业,以1个养猪场、1个养牛场为主。村落形态呈散状,房屋结构以楼房为主。

后湾【Hòuwān】 以方位命名。因村建在前湾之后而得名。1958年隶属新民大队；1961年隶属郑家湾大队；1984年隶属郑家湾村至今。位于村委会东北2千米。东邻前湾村前湾，南界随县吴山镇联光村上田铺，西至西洼，北连老虎荡。总面积0.4平方千米，耕地面积8.73公顷。20户，90人。主产小麦、水稻、棉花和花生，发展养殖业，以1个养猪场为主。村落形态呈散状，房屋结构以楼房为主。

老虎荡【Lǎohǔdàng】 以地形命名。因村前有片开阔地，过去有老虎出没而得名。1958年隶属新民大队；1961年隶属郑家湾大队；1984年隶属郑家湾村至今。位于村委会东北2.5千米。东邻前湾村肖湾，南界西洼，西至郑家湾，北连老虎荡山。总面积0.5平方千米，耕地面积7.3公顷。11户，60人。主产小麦、水稻、棉花和花生，发展养殖业，以1个养猪场为主。村落形态呈散状，房屋结构以楼房为主。

邱家台子【Qiūjiātáizi】 以姓氏和地形综合命名。因邱姓建村于土台子而得名。1958年隶属新民大队；1961年隶属郑家湾大队；1984年隶属郑家湾村至今。位于村委会东南500米。东邻随县吴山镇联光村上田铺，南界随县吴山镇联光村下田铺，西至高家新庄，北连西湾。总面积0.5平方千米，耕地面积16.4公顷。55户，270人。主产小麦、水稻、棉花和花生，发展养殖业，以1个养猪场、1个养虾场为主。村落形态呈散状，房屋结构以楼房为主。

西湾【Xīwān】 以方位命名。因村子建于前湾村的西边而得名。1958年隶属新民大队；1961年隶属郑家湾大队；1984年隶属郑家湾村至今。位于村委会东北1.5千米。东邻西洼，南界吴山镇联光村上田铺，西至郑家湾村郑家湾街，北连老虎荡。总面积0.5平方千米，耕地面积6.67公顷。32户，150人。主产小麦、水稻、棉花和花生，兼种桃树，发展养殖业和工业，以7个养猪场、1个养牛场为主，工业以1个矿场为主。村落形态呈散状，房屋结构以楼房为主。

小郑家湾【Xiǎozhèngjiāwān】 以规模和姓氏综合命名。因郑姓聚居且村子较小而得名。1958年隶属新民大队；1961年隶属郑家湾大队；1984年隶属郑家湾村至今。位于村委会西北2千米。东邻郑家湾，南界郑家湾村街道，西至汤河村石屋岭，北连付家湾村付家湾。总面积0.4平方千米，耕地面积14.4公顷。48户，230人。主产小麦、水稻、棉花和花生。村落形态呈散状，房屋结构以楼房为主。

郑家湾【Zhèngjiāwān】 以姓氏命名。因郑姓聚居而得名。1958年隶属新民大队；1961年隶属郑家湾大队；1984年隶属郑家湾村至今。位于村委会北1千米。东邻林场，南界高家新庄，西至小郑家湾，北连付家湾村付家湾。总面积1.4平方千米，耕地面积40公顷。143户，620人。主产小麦、水稻、棉花和花生，发展养殖业，以1个养猪场为主。村落形态呈散状，房屋结构以楼房为主。

第十六章 兴 隆 镇

第一节 兴隆镇概况

兴隆镇【Xīnglóngzhèn】

清末有李兴、李隆兄弟俩在路边开一茶馆,逐渐形成集镇,后来人将兄弟俩名连起来称之为"兴隆集",故名。位于市政府东南18千米。东邻随县石伏镇,南界王城镇,西至吴店镇,北连刘升镇。总面积164.96平方千米,耕地面积8769.73公顷。截至2014年,全镇有13454户,51987人。辖5个社区、29个村。镇政府驻发展大道325号。1956年设兴隆镇;1958年为东风公社;1961年复设兴隆区;1975年为兴隆公社;1984年为兴隆镇至今。兴隆镇是省级明星乡镇、省级卫生镇、全省第一汽车运输大镇。主要矿产资源有盐硝、铁道一级道轨石和花岗岩石等。农业以水稻、小麦、玉米、棉花为主。工业以化工、电子、锻压、机械加工、建筑材料为主。2014年,全镇有工业企业64家,其中千万元以上的企业24家、百万元以上的企业28家、十万元以上的企业12家。个体工商经营户1246户、3500人,实现经营总额16405万元。农贸市场4个,摊位1200多个,年成交额9800万元。注册工商经营户,2048户,年经营额15610万元。农行分理处1家、信用社1家(下辖1个储蓄所、1个信用分社)。全镇有1所镇直幼儿园、14所私立幼儿园,7所小学,2所初中,教师494人。有卫生院1家、卫生所1个、村卫生室34个,专业医护人员343人,病床262张。有文化站1个,村级文化活动中心39个,各类文化专业户,29个。民间文化活动以传统的舞龙、舞狮、旱船、踩高跷等为主。境内有华阳河风景区、柳永墓等景点。交通畅达,316国道、汉十高速、汉丹铁路穿境而过。

第二节 城市社区、居民点

白土社区【Báitǔ Shèqū】

以土质命名。因村内山坡处有片白土地，故名。1958年为白土坡大队，隶属东风公社；1961年隶属兴隆区；1976年为白土大队，隶属兴隆公社；1984年为白土村，隶属兴隆镇；2012年为白土社区，隶属兴隆镇至今。位于镇政府西7千米。东邻红花村，南界柏湾村，西至优良社区，北连东郊水库。辖15个居民点，总面积13.91平方千米，耕地面积284.28公顷。762户，2750人。主产水稻、小麦、玉米，兼种果蔬。316国道过境，居委会驻御湖小区。

陈家湾【Chénjiāwān】 以姓氏命名。因陈姓聚居而得名。1958年隶属白土坡大队；1984年隶属白土村；2012年隶属白土社区至今。位于居委会南1.3千米。东邻上河，南界西庄，西至粉坊，北连栗扒。总面积0.9平方千米，耕地面积53.5公顷。46户，180人。主产水稻、小麦、玉米，兼种桃树。村落形态呈散状，房屋结构以平房和坡房为主。

粉坊【Fěnfáng】 以作坊命名。因原村内开过粉坊而得名。1958年隶属白土坡大队；1984年隶属白土村；2012年隶属白土社区至今。位于居委会南1.2千米。东邻陈家湾，南界西庄，西至下河，北连李家湾。总面积0.3平方千米，耕地面积11.9公顷。11户，50人。主产水稻、小麦、玉米。村落形态呈散状，房屋结构以平房和坡房为主。

胡家湾【Hújiāwān】 以姓氏命名。因胡姓聚居而得名。1958年隶属白土坡大队；1984年隶属白土村；2012年隶属白土社区至今。位于居委会东300米。东邻森华小区，南界陈家湾，西至栗扒，北连东郊水库。总面积0.6平方千米，耕地面积10.5公顷。24户，90人。主产水稻、小麦、玉米，兼种桃树。村落形态呈团状，房屋结构以楼房和坡房为主。

枯树湾【Kūshùwān】 以植物命名。因村内有棵枯树而得名。1958年隶属白土坡大队；1984年隶属白土村；2012年隶属白土社区至今。位于居委会西200米。东邻御湖小区，南界李家湾，西至东郊道班，北连东郊水库。总面积0.4平方千米，耕地面积7.4公顷。11户，50人。主产水稻、小麦、玉米。村落形态呈线状，房屋结构以平房和坡房为主。

李家湾【Lǐjiāwān】 以姓氏命名。因李姓聚居而得名。1958年隶属白土坡大队；1984年隶属白土村；2012年隶属白土社区至今。位于居委会西300米。东邻御湖小区，南界新庄，西至优良社区张家湾，北连枯树湾。总面积0.6平方千米，耕地面积35.2公顷。41户，180人。主产水稻、小麦、玉米，兼种桃树。村落形态呈团状，房屋结构以楼房和坡房为主。

栗扒【Lìbā】 以植物命名。因村内栗树较多而得名。1958年隶属白土坡大队；1984年隶属白土村；2012年隶属白土社区至今。位于居委会东100米。东邻胡家湾，南界陈家湾，西至御湖小区，北接东郊水库。总面积0.5平方千米，耕地面积9.7公顷。25户，100人。主产水稻、小麦、玉米，兼种桃树。村落形态呈团状，房屋结构以楼房和坡房为主。

柳庄【Liǔzhuāng】 以姓氏命名。因柳姓聚居而得名。1958年隶属白土坡大队；1984年隶属白土村；2012年隶属白土社区至今。位于居委会东1.5千米。东邻红花村黄家湾，南界楼湾，西至森华小区，北连刘升镇杉树林村胡家湾。总面积0.81平方千米，耕地面积20.6公顷。35户，160人。主产水稻、小麦、玉米，兼种桃树。村落形态呈线状，房屋结构以楼房和坡房为主。

楼湾【Lóuwān】 以建筑物命名。因原村内有座炮楼而得名。1958年隶属白土坡大队；1984年隶属白土村；2012年隶属白土社区至今。位于居委会东南2千米。东邻红花村黄家湾，南界红花村李家湾，西至周家湾，北连柳庄。总面积5.8平方千米，耕地面积0.58公顷。30户，120人。主产水稻、小麦、玉米，兼种桃树。村落形态呈团状，房屋结构以平房和坡房为主。

森华小区【Sēnhuáxiǎoqū】 以企业命名。2013年新建原浆鲜啤酒厂，厂名森华啤酒，且新建小区，故名。2012年隶属白土社区至今。位于居委会东1千米。东邻柳庄，南界周家湾，西至胡家湾，北连东郊水库。总面积0.6平方千米，耕地面积13.5公顷。58户，230人。主产水稻、小麦、玉米，兼种桃树。村落形态呈团状，房屋结构以楼房为主。

上河【Shànghé】 以方位和河流综合命名。因村建在河上游而得名。1958年隶属白土坡大队；1984年隶属白土村；2012年隶属白土社区至今。位于居委会东南1.8千米。东邻周家湾，南界柏湾村李家老湾，西至西庄，北连陈家湾。总面积0.5平方千米，耕地面积29公顷。27户，110人。主产水稻、小麦、玉米，兼种桃树。村落形态呈团状，房屋结构以平房和坡房为主。

西庄【Xīzhuāng】 以方位命名。因村建在上河西而得名。1958年隶属白土坡大队；1984年隶属白土村；2012年隶属白土社区至今。位于居委会南2千米。东邻上河，南界柏湾村李家老湾，西至粉坊，北连陈家湾。总面积0.36平方千米，耕地面积16.8公顷。15户，70人。主产水稻、小麦、玉米。村落形态呈线状，房屋结构以平房和坡房为主。

下河【Xiàhé】 以方位和河流综合命名。因村建在河下游而得名。1958年隶属白土坡大队；1984年隶属白土村；2012年隶属白土社区至今。位于居委会南1.5千米。东邻粉坊，南界柏树村李家老湾，西至优良社区张家湾，北连新庄。总面积1.1平方千米，耕地面积54公顷。52户，210人。主产水稻、小麦、玉米，兼种桃树。村落形态呈团状，房屋结构以平房和坡房为主。

新庄【Xīnzhuāng】 以时间命名。因1986年新建而得名。1984年隶属白土村；2012年隶属白土社区至今。位于居委会南1.4千米。东邻粉坊，南界下河，西至优良社区张家湾，北连李家湾。总面积0.4平方千米，耕地面积15.8公顷。15户，60人。主产水稻、小麦、玉米。村落形态呈线状，房屋结构以楼房和坡房为主。

御湖小区【Yùhúxiǎoqū】 以堰命名。因2012年新建小区，内有一口大堰，像个小湖，故名。2012年隶属白土社区至今。居委会驻地。东邻栗扒，南界陈家湾，西至李家湾，北连东郊水库。总面积0.6平方千米，无耕地。350户，1050人。以经商、务工。村落形态呈线状，房屋结构以楼房为主。

周家湾【Zhōujiāwān】 以姓氏命名。因周姓聚居而得名。1958年隶属白土坡大队；1984年隶属白土村；2012年隶属白土社区至今。位于居委会东南1.9千米。东邻楼湾，南界红花村李家湾，西至上河，北连柳庄。总面积0.44平方千米，耕地面积5.8公顷。22户，90人。主产水稻、小麦、玉米，兼种桃树。村落形态呈散状，房屋结构以平房和坡房为主。

兴隆街道社区【Xīnglóng Jiēdào Shèqū】

以兴隆街道命名。20世纪90年代，进镇务工经商个体户增多，1992年为兴隆街道居委会，隶属兴隆镇；2012年为兴隆社区居委会，隶属兴隆镇至今。位于镇政府西1千米。东邻随阳管理区刘家湾村，南界刘畈村，西至新鑫社区，北连杨楼社区。总面积4.2平方千米，无耕地。1149户，3160人。以经商、务工、运输、第三产业。村落形态呈线状，房屋结构以楼房为主。

新鑫社区【Xīnxīn Shèqū】

以发展经济寓意命名。1958年由兴隆街居民及村民搬迁新建立的村，而得名新村大队，隶属东风公社；1961年隶属兴隆区；1975年隶属兴隆公社；1984年为新村村，隶属兴隆镇；2007年为新鑫社区，隶属兴隆镇至今。位于镇政府西500米。东邻兴隆村，南界汉丹铁路，西至红花村，北连杨楼社区。辖6个居民点，总面积3.8平方千米，耕地面积33.4公顷。1494户，5200人。主产水稻、杂粮。316国道贯穿东西。居委会驻兴隆镇便民服务大厅对面。

付家垱【Fùjiādàng】 以姓氏和地形综合命名。因付姓聚居沙垱旁而得名。1958年隶属大庙大队；1980年隶属新村大队；1984年隶属新村村；2007年隶属新鑫社区至今。位于居委会西南900米。东邻新村，南界孙家湾，西至黄家湾，北连316国道。总面积0.5平方千米，耕地面积10公顷。27户，110人。主产小麦、杂粮。村落形态呈团状，房屋结构以平房和坡房为主。

黄家湾【Huángjiāwān】 以前杂草丛生，荒无人烟，以荒字谐音命名。1958年隶属大庙大队；1980年隶属新村大队；1984年隶属新村村；2007年隶属新鑫社区至今。位于居委会西1千米。东邻付家垱，南界大庙村尚家湾，西至红花村文家湾，北连316国道。总面积0.6平方千米，耕地面积11.5公顷。29户，720人。主产小麦、杂粮。村落形态呈线状，房屋结构以平房和坡房为主。

刘家湾【Liújiāwān】 以姓氏命名。因刘姓聚居而得名。1958年隶属新村大队；1984年隶属新村村；2007年隶属新鑫社区至今。位于居委会西南900米。东邻盐硝厂，南界汉丹铁路，西至孙家湾，北连台子湾。总面积0.7平方千米，耕地面积3.4公顷。47户，190人。主产小麦、杂粮。村落形态呈线状，房屋结构以楼房为主。

孙家湾【Sūnjiāwān】 以姓氏命名。因孙姓聚居而得名。1958年隶属大庙大队；1980年隶属新村大队；1984年隶属新村村；2007年隶属新鑫社区至今。位于居委会西南950米。东邻刘家湾，南界汉丹铁路，西至台子湾，北连付家垱。总面积0.5平方千米，耕地面积6公顷。23户，90人。主产小麦、杂粮。村落形态呈线状，房屋结构以楼房为主。

台子湾【Táiziwān】 以地形命名。因村建在一个较高的台子地上而得名。1958年隶属大庙大队；1980年隶属新村大队；1984年隶属新村村；2007年隶属新鑫社区至今。位于居委会西1.5千米。东邻孙家湾，南界汉丹铁路，西至大庙村下李家湾，北连黄家湾。总面积0.2平方千米，耕地面积2.5公顷。8户，30人。主产小麦、杂粮。村落形态呈线状，房屋结构以平房为主。

新村【Xīncūn】 以建村时间命名。因1958年由兴隆街居民及村民搬迁新建立的村，故名。1958年隶属新村大队；1984年隶属新村村；2007年隶属新鑫社区至今。位于居委会西300米。东邻兴隆街，南界汉丹铁路，西至付家垱，北连杨楼社区水寨子。总面积1.3平方千米，无耕地。1360户，4060人。以经商、务工。村落形态呈线状，房屋结构以楼房为主。

杨楼社区【Yánglóu Shèqū】

以杨家楼居民点命名。1958年为杨楼大队，隶属东风公社；1961年隶属兴隆区；1975年隶属兴隆公社；1984年为杨楼村，隶属兴隆镇；2012年为杨楼社区，隶属兴隆镇至今。位于镇政府西北2.6千米。东邻刘升镇龚程村，南界新鑫社区，西至红花村，北连刘升镇田湾村。辖14个居民点，总面积6.46平方千米，耕地面积314.5公顷。476户，1902人。主产水稻、小麦、玉米，兼种桃树，养殖猪、鸡、鸽子，加工业有服装、汽车零部件、粮油等。316国道贯穿东西。居委会驻设在教育大道西397号（杨家楼对面）。

陈家湾【Chénjiāwān】 以姓氏命名。因陈姓聚居而得名。1958年隶属杨楼大队；1984年隶属杨楼村；2012年隶属杨楼社区至今。位于社区居委会东1.9千米。东邻汪家湾，南界新庄，西至新庄，北连王家湾。总面积0.5平方千米，耕地面积29公顷。35户，170人。主产水稻、小麦。村落形态呈团状，房屋结构以楼房、平房和坡房为主。

杜家湾【Dùjiāwān】 以姓氏命名。因杜姓聚居而得名。1958年隶属杨楼大队；1984年隶属杨楼村；2012年隶属杨楼社区至今。位于社区居委会东南1.5千米。东邻水寨子，南与西至兴隆镇街区，北连新庄。总面积0.12平方千米，耕地面积2.4公顷。7户，20人。主产水稻、小麦，兼养殖鱼、虾等。村落形态呈团状，房屋结构以平房和坡房为主。

胡家湾【Hújiāwān】 以姓氏命名。因胡姓聚居而得名。1958年隶属杨楼大队；1984年隶属杨楼村；2012年隶属杨楼社区至今。位于社区居委会北800米。东邻陈家湾，南界张家湾，西至吴家湾，北连徐家老湾。总面积0.5平方千米，耕地面积26公顷。44户，150人。主产水稻、小麦、玉米、花生，兼养殖鸡、猪。村落形态呈团状，房屋结构以楼房、平房和坡房为主。

李家老庄【Lǐjiālǎozhuāng】 以姓氏建村时间命名。因李姓聚居且建村时间早而得名。1958年隶属杨楼大队；1984年隶属杨楼村；2012年隶属杨楼社区至今。位于社区居委会东1.2千米。东邻陈家湾，南界新庄，西至杨楼湾，北连兴隆镇福利院。总面积0.32平方千米，耕地面积17.7公顷。24户，110人。主产水稻、小麦、玉米、花生。村落形态呈线状，房屋结构以楼房和平房为主。

水寨子【Shuǐzhàizi】 以水壕命名。因村周围挖有水壕用以防盗防匪而得名。1958年隶属杨楼大队；1984年隶属杨楼村；2012年隶属杨楼社区至今。位于社区居委会东南2千米。东与南界西河，西至杜家湾，北连新庄。总面积0.18平方千米，耕地面积5.7公顷。7户，20人。主产水稻、小麦，兼养殖鱼、虾。村落形态呈团状，房屋结构以平房和坡房为主。

汪家湾【Wāngjiāwān】 以姓氏命名。因汪姓聚居而得名。1958年隶属杨楼大队；1984年隶属杨楼村；2012年隶属杨楼社区至今。位于社区居委会东2.1千米。东与北邻刘升镇龚程村王家湾，南界新庄，西至陈家湾。总面积0.4平方千米，耕地面积29.3公顷。32户，170人。主产水稻、小麦、玉米。村落形态呈团状，房屋结构以平房、坡房和楼房为主。

王家湾【Wángjiāwān】 以姓氏命名。因王姓聚居而得名。1958年隶属杨楼大队；1984年隶属杨楼村；2012年隶属杨楼社区至今。位于社区居委会西600米。东邻社区居委会，南与西至316国道，北连吴家老湾。总面积0.4平方千米，耕地面积12公顷。18户，90人。主产水稻、小麦，兼养殖鱼、虾等。村落形态呈团状，房屋结构以楼房、平房和坡房为主。

吴家湾【Wújiāwān】 以姓氏命名。因吴姓聚居而得名。1958年隶属杨楼大队；1984年隶属杨楼村；2012年隶属杨楼社区至今。位于社区居委会西北800米。东邻张家湾，南界王家湾，西至红花村侯家湾，北连徐家老湾。总面积1.03平方千米，耕地面积45.4公顷。52户，210人。主产水稻、小麦，兼种桃树，养殖鱼、虾等。村落形态呈团状，房屋结构以楼房、平房和坡房为主。

新庄【Xīnzhuāng】 以建村时间命名。因1958年新建而得名。1958年隶属杨楼大队；1984年隶属杨楼村；2012年隶属杨楼社区至今。位于社区居委会东1.8千米。东邻汪家湾，南界水寨子，西至新庄，北连陈家湾。总面积0.52平方千米，耕地面积24.4公顷。42户，180人。主产水稻、小麦、玉米、花生，兼养殖鱼、虾、牛等。村落形态呈团状，房屋结构以楼房、平房和坡房为主。

新庄【Xīnzhuāng】 以建村时间命名。因1973年新建而得名。1973年隶属杨楼大队；1984年隶属杨楼村；2012年隶属杨楼社区至今。位于社区居委会东1.1千米。东邻新庄，南界兴隆镇街区，西至新鑫社区，北连杨楼湾。总面积0.28平方千米，耕地面积4.3公顷。35户，120人。主产水稻、小麦，兼种蔬菜，养殖鱼、虾。村落形态呈团状，房屋结构以楼房、平房和坡房为主。

徐家老湾【Xújiālǎowān】 以姓氏和建村时间综合命名。因徐姓聚居且建村早而得名。1958年隶属田湾大队；1982年隶属杨楼大队；1984年隶属杨楼村；2012年隶属杨楼社区至今。位于社区居委会北1.7千米。东邻徐家湾，南界吴家湾，西至红花村侯家湾，北连刘升镇田湾村田家油坊。总面积1.01平方千米，耕地面积49.9公顷。72户，260人。主产水稻、小麦，兼种果树，养殖鱼、虾等。村落形态呈团状，房屋结构以楼房、平房和坡房为主。

徐家湾【Xújiāwān】 以姓氏命名。因徐姓聚居而得名。1958年隶属田湾大队；1982年隶属杨楼大队；1984年隶属杨楼村；2012年隶属杨楼社区至今。位于社区居委会北1.4千米。东邻刘升镇田湾村，南界胡家湾，西至徐家老湾，北连刘升镇田湾村杨家干冲。总面积0.5平方千米，耕地面积41.8公顷。42户，160人。主产水稻、小麦，兼种风景树，养殖鸡、猪、鱼、虾、鸽子等。村落形态呈团状，房屋结构以楼房、平房和坡房为主。

杨楼湾【Yánglóuwān】 以姓氏和建筑物综合命名。因杨姓聚居且村内有座楼而得名。1958年隶属杨楼大队；1984年隶属杨楼村；2012年隶属杨楼社区至今。位于社区居委会东500米。东邻李老湾，南界316国道，西至教育大道，北连兴隆镇福利院。总面积0.3平方千米，耕地面积4.6公顷。35户，132人。主产水稻、小麦，兼养殖鸡、鱼、虾等。村落形态呈团状，房屋结构以楼房、平房和坡房为主。

张家湾【Zhāngjiāwān】 以姓氏命名。因张姓聚居而得名。1958年隶属杨楼大队；1984年隶属杨楼村；2012年隶属杨楼社区至今。位于社区居委会北700米。东邻兴隆镇福利院，南界社区居委会，西至吴家湾，北连胡家湾。总面积0.4平方千米，耕地面积22公顷。31户，110人。主产水稻、小麦、玉米、花生，兼养殖鸡、猪、鱼、虾等。村落形态呈团状，房屋结构以楼房、平房和坡房为主。

优良社区【Yōuliáng Shèqū】

以优良河居民点命名。1958年为优良大队，隶属东风公社；1961年隶属兴隆区；1975年隶属兴隆公社；1984年为优良村，隶属兴隆镇；2012年为优良社区，隶属兴隆镇至今。位于镇政府西北11千米。东邻白土社区，南界李楼村，西至张湾村，北连东郊水库。辖11个居民点，总面积6.38平方千米，耕地面积271.76公顷。550户，1990人。主产水稻、小麦、玉米，兼种果蔬，养殖猪、鸡。316国道贯穿东西，居委会驻优良河。

陈家湾【Chénjiāwān】 以姓氏命名。因陈姓聚居而得名。1958年隶属优良大队；1984年隶属优良村；2012年隶属优良社区至今。位于村委会东南500米。东邻白土社区李家湾，南界大张家湾，西至新庄，北连东郊水库。总面积0.16平方千米，耕地面积13.3公顷。17户，60人。主产水稻、小麦、玉米，兼种果蔬。村落形态呈散状，房屋结构以楼房和坡房为主。

大张家湾【Dàzhāngjiāwān】 以姓氏和规模综合命名。因张姓聚居且村子较大而得名。1958年隶属优良大队；1984年隶属优良村；2012年隶属优良社区至今。位于村委会东南1.5千米。东邻小张家湾，南界白土社区彭家湾，西至汪庄，北连陈家湾。总面积0.5平方千米，耕地面积46.7公顷。47户，220人。主产水稻、小麦、玉米，兼种果蔬。村落形态呈散状，房屋结构以楼房、平房和坡房为主。

刘家山凹【Liújiāshānwā】 以姓氏和地形综合命名。因刘姓聚居山洼而得名。1958年隶属优良大队；1984年隶属优良村；2012年隶属优良社区至今。位于村委会西300米。东邻优良河，南界小严庄，西至张湾村肖家垱，北连优良河。总面积0.87平方千米，耕地面积7.3公顷。32户，90人。主产水稻、小麦、玉米，兼种果蔬。村落形态呈散状，房屋结构以楼房、平房和坡房为主。

刘庄【Liúzhuāng】 以姓氏命名。因刘姓聚居而得名。1958年隶属优良大队；1984年隶属优良村；2012年隶属优良社区至今。位于村委会西南1.1千米。东邻汪庄，南界四方湾，西至南城街道惠岗社区张家湾，北连小严庄。总面积0.68平方千米，耕地面积60.9公顷。82户，320人。主产水稻、小麦、玉米，兼种果蔬。村落形态呈散状，房屋结构以楼房、平房和坡房为主。

六岭湾【Liùlǐngwān】 以地形命名。因村周围有六座山岭而得名。1958年隶属优良大队；1984年隶属优良村；2012年隶属优良社区至今。位于村委会南1.2千米。东邻白土社区下河，南界李楼村楸树湾，西至四方湾，北连汪庄。总面积0.52平方千米，耕地面积48.9公顷。44户，140人。主产水稻、小麦、玉米，兼种果蔬。村落形态呈散状，房屋结构以楼房、平房和坡房为主。

四方湾【Sìfāngwān】 以兄弟排序命名。因李姓四兄弟分家时，老四住此，为"四房湾"，后演化为现名。1958年隶属优良大队；1984年隶属优良村；2012年隶属优良社区至今。位于村委会西南1.5千米。东邻六岭湾，南界李楼村大施家湾，西至南城街道惠岗社区，北连刘庄。总面积0.93平方千米，耕地面积

3.86公顷。117户，460人。主产水稻、小麦、玉米，兼种果蔬。村落形态呈散状，房屋结构以楼房、平房和坡房为主。

汪庄【Wāngzhuāng】 以姓氏命名。因汪姓聚居而得名。1958年隶属优良大队；1984年隶属优良村；2012年隶属优良社区至今。位于村委会南500米。东邻新庄，南界六岭湾，西至刘庄，北连优良河。总面积0.93平方千米，耕地面积8公顷。33户，100人。主产水稻、小麦、玉米，兼种果蔬。村落形态呈散状，房屋结构以楼房、平房和坡房为主。

小严庄【Xiǎoyánzhuāng】 以姓氏和村规模综合命名。因严姓聚居且村较小而得名。1958年隶属优良大队；1984年隶属优良村；2012年隶属优良社区至今。位于村委会西南500米。东邻新庄，南界刘庄，西至张湾村肖家垱，北连刘家山凹。总面积0.93平方千米，耕地面积8公顷。33户，100人。主产水稻、小麦、玉米，兼种果蔬。村落形态呈散状，房屋结构以楼房、平房和坡房为主。

小张家湾【Xiǎozhāngjiāwān】 以姓氏和规模综合命名。因张姓聚居且村子较小而得名。1958年隶属优良大队；1984年隶属优良村；2012年隶属优良社区至今。位于村委会东南1.6千米。东邻白土社区彭家湾，南界白土社区彭家湾，西至小张家湾，北连陈家湾。总面积0.02平方千米，无耕地。4户，10人。主产水稻、小麦、玉米，兼种果蔬。村落形态呈散状，房屋结构以楼房、平房和坡房为主。

新庄【Xīnzhuāng】 以建村时间命名。因1958年新建村庄而得名。1958年隶属优良大队；1984年隶属优良村；2012年隶属优良社区至今。位于村委会东南200米。东邻陈家湾，南界大张家湾，西至汪庄，北连优良河。总面积0.63平方千米，耕地面积58.1公顷。62户，200人。主产水稻、小麦、玉米，兼种果蔬。村落形态呈散状，房屋结构以楼房、平房和坡房为主。

优良河【Yōuliánghé】 以河流命名。因村建在优良河岸边而得名。1958年隶属优良大队；1984年隶属优良村；2012年隶属优良社区至今。村委会驻地。东邻李家湾，南界新庄，西至刘家山凹，北连东郊水库。总面积0.21平方千米，耕地面积16.7公顷。79户，290人。主产水稻、小麦、玉米，兼种果蔬。村落形态呈散状，房屋结构以楼房、平房和坡房为主。

第三节 农村社区（村）自然村、居民点

柏树村【Bǎishùcūn】

以大、小柏树园自然村命名。1958年为柏树大队，隶属东风公社；1961年隶属兴隆区；1975年隶属兴隆公社；1984年为柏树村，隶属兴隆镇至今。位于镇政府南3.5千米。东邻亢老湾村，南界大西村，西至旗杆村，北连刘畈村。辖11个自然村，总面积4.89平方千米，耕地面积269公顷。462户，2010人。主产水稻、小麦、玉米。居委会驻张家湾。

北濠湾【Běiháowān】 以方位和地形综合命名。因村在濠沟的北边而得名。1958年隶属柏树大队；1984年隶属柏树村至今。位于村委会东南1.5米。东邻灵庙村陈家楼，南界南濠，西至张家西湾，北连庄

口湾。总面积0.4平方千米，耕地面积14公顷。52户，200人。主产水稻、小麦、玉米。村落形态呈团状，房屋结构以楼房和平房为主。

大柏树园【Dàbǎishùyuán】 以面积和植物综合命名。因村后有大片柏树园而得名。1958年隶属柏树大队；1984年隶属柏树村至今。位于村委会西700米。东邻下油坊店，南界粉坊，西至旗杆村叶家湾，北连张家东湾。总面积0.4平方千米，耕地面积33公顷。32户，210人。主产水稻、小麦、玉米等。村落形态呈线状，房屋结构以楼房和平房为主。

东旗杆湾【Dōngqígānwān】 以旗杆和方位综合命名。因孙姓分居东西两个村，此村在东，故名。1958年隶属柏树大队；1984年隶属柏树村至今。位于村委会南1.2千米。东邻南濠，南界大西村下油坊，西至粉坊，北连张家西湾。总面积0.4平方千米，耕地面积26公顷。38户，170人。主产水稻、小麦、玉米等。村落形态呈线状，房屋结构以楼房和平房为主。

粉坊【Fěnfáng】 以作坊命名。因村内开过粉坊而得名。1958年隶属柏树大队；1984年隶属柏树村至今。位于村委会西南1.4千米。东邻张家西湾，南界旗杆村艾家湾，西至旗杆村廖家湾，北连大柏树园。总面积0.5平方千米，耕地面积21公顷。56户，230人。主产水稻、小麦、玉米等。村落形态呈线状，房屋结构以楼房和平房为主。

南濠湾【Nánháowān】 以方位和地形综合命名。因村在濠沟的南边而得名。1958年隶属柏树大队；1984年隶属柏树村至今。位于村委会东南1.6米。东邻灵庙村陈家楼，南界大西村辛家湾，西至东旗杆湾，北连北濠。总面积0.2平方千米，耕地面积9公顷。22户，90人。主产水稻、小麦、玉米。村落形态呈团状，房屋结构以楼房和平房为主。

孙家巷【Sūnjiāxiàng】 以姓氏和村内房屋布局综合命名。因孙姓聚居且住房像街道排列而得名。1958年隶属柏树大队；1984年隶属柏树村至今。位于村委会东北1.5米。东邻亢老湾村下畈上，南界庄口湾，西至张家东湾，北连刘畈村方家湾。总面积0.6平方千米，耕地面积37公顷。60户，210人。主产水稻、小麦、玉米，兼种蔬菜。村落形态呈团状，房屋结构以楼房和平房为主。

下油坊店【Xiàyóufángdiàn】 以方位和作坊综合命名。因南北相邻两村都开过油坊，此村在南，故名。1958年隶属柏树大队；1984年隶属柏树村至今。位于村委会西50米。东邻张家湾，南界张家西湾，西至大柏树园，北连方家湾。总面积0.39平方千米，耕地面积12公顷。30户，150人。主产水稻、小麦、玉米，兼种果树。村落形态呈团状，房屋结构以楼房和平房为主。

小柏树园【Xiǎobǎishùyuán】 以面积和植物综合命名。因村后有一小片柏树园而得名。1958年隶属柏树大队；1984年隶属柏树村至今。位于村委会西北1.9千米。东邻张家东湾，南界大柏树园，西至旗杆村孙家楼，北连大庙村沙窝。总面积0.2平方千米，耕地面积6公顷。11户，50人。主产水稻、小麦、玉米等。村落形态呈团状，房屋结构以楼房和平房为主。

张家东湾【Zhāngjiādōngwān】 以姓氏和方位综合命名。因张姓聚居东西两个村，此村在东，故名。1958年隶属柏树大队；1984年隶属柏树村至今。位于村委会西北1.8千米。东邻刘畈村方家湾，南界大柏树园，西至小柏树园，北连刘畈村小方家湾。总面积0.6平方千米，耕地面积44公顷。70户，280人。主产水稻、小麦、玉米，兼种果树。村落形态呈线状，房屋结构以楼房和平房为主。

张家湾【Zhāngjiāwān】 以姓氏命名。因张姓聚居而得名。1958 年隶属柏树大队；1984 年隶属柏树村至今。村委会驻地。东邻庄口湾，南界张家西湾，西至大柏树园，北连孙家巷。总面积 0.4 平方千米，耕地面积 18 公顷。30 户，130 人。主产水稻、小麦、玉米等。村落形态呈线状，房屋结构以楼房和平房为主。

张家西湾【Zhāngjiāxīwān】 以姓氏和方位综合命名。因张姓聚居东西两个村，此村在西，故名。1958 年隶属柏树大队；1984 年隶属柏树村至今。位于村委会南 500 米。东邻北濠，南界东旗杆湾，西至粉坊，北连张家湾。总面积 0.4 平方千米，耕地面积 23 公顷。40 户，170 人。主产水稻、小麦、玉米等。村落形态呈线状，房屋结构以楼房和平房为主。

庄口湾【Zhuāngkǒuwān】 以地形命名。因村在两条河流的汇合口处而得名。1958 年隶属柏树大队；1984 年隶属柏树村至今。位于村委会东 1.5 千米。东邻亢老湾村下畈，南界北濠，西至张家湾，北连孙家巷。总面积 0.4 平方千米，耕地面积 26 公顷。21 户，120 人。主产水稻、小麦、玉米等。村落形态呈团状，房屋结构以楼房和平房为主。

柏湾村【Bǎiwāncūn】

以柏家湾自然村命名。1958 年为柏湾大队，隶属东风公社；1961 年隶属兴隆区；1975 年隶属兴隆公社；1984 年为柏湾村，隶属兴隆镇至今。位于镇政府西 7.5 千米。东邻大庙村，南界万楼村，西至新庄村，北连白土社区。辖 28 个自然村，总面积 5.12 平方千米，耕地面积 366.09 公顷。479 户，1920 人。主产水稻、小麦，兼种杂粮。汉丹铁路、汉十高铁、枣潜高速过境，村委会驻庙坡。

柏家湾【Bǎijiāwān】 以姓氏命名。因柏姓聚居而得名。1958 年隶属柏湾大队；1984 年隶属柏湾村至今。位于村委会东 2 千米。东邻红花村神仙凸，南界向家湾，西至堰梢里，北连白土社区上河。总面积 0.3 平方千米，耕地面积 25.44 公顷。41 户，130 人。主产水稻、小麦、玉米，兼种果蔬。村落形态呈散状，房屋结构以坡房和平房为主。

北竹园【Běizhúyuán】 以植物和方位综合命名。因相邻两个竹园村，此庄位北，故名。1958 年隶属柏湾大队；1984 年隶属柏湾村至今。位于村委会北 2.5 千米。东邻柏家湾，南界下竹园，西至李楼村五房湾，北连孙家湾。总面积 0.1 平方千米，耕地面积 4.2 公顷。5 户，20 人。主产水稻、小麦、玉米，兼种果蔬。村落形态呈散状，房屋结构以坡房和平房为主。

丁家湾【Dīngjiāwān】 以姓氏命名。因丁姓聚居而得名。1958 年隶属柏湾大队；1984 年隶属柏湾村至今。位于村委会西北 1.5 千米。东邻闵家湾，南界王家湾，西至李楼村雷家冲，北连下竹园河。总面积 0.11 平方千米，耕地面积 5.5 公顷。6 户，20 人。主产水稻、小麦、玉米，兼种果蔬。村落形态呈散状，房屋结构以坡房和平房为主。

杜家湾【Dùjiāwān】 以姓氏命名。因杜姓聚居而得名。1958 年隶属柏湾大队；1984 年隶属柏湾村至今。位于村委会东南 2.1 千米。东邻彭家湾，南界万楼村小耿家湾，西至庙坡，北连毛家湾。总面积 0.35 平方千米，耕地面积 31 公顷。45 户，200 人。主产水稻、小麦、玉米，兼种果蔬。村落形态呈散状，房屋结构以坡房和平房为主。

冯家湾【Féngjiāwān】 以姓氏命名。因冯姓聚居而得名。1958年隶属柏湾大队；1984年隶属柏湾村至今。位于村委会东南2千米。东邻彭家湾，南界杜家湾，西至叶家湾，北连毛家湾。总面积0.35平方千米，耕地面积32公顷。45户，200人。主产水稻、小麦、玉米，兼种果蔬。村落形态呈散状，房屋结构以坡房和平房为主。

黄家油坊【Huángjiāyóufáng】 以姓氏和作坊综合命名。因黄姓聚居且村内开设油坊而得名。1958年隶属柏湾大队；1984年隶属柏湾村至今。位于村委会东南2.5千米。东邻大庙村冯家湾，南界冯楼村柿子园，西至彭家湾，北连王家桃园。总面积0.18平方千米，耕地面积13.25公顷。10户，50人。主产水稻、小麦、玉米，兼种果蔬。村落形态呈散状，房屋结构以坡房和平房为主。

黄家寨【Huángjiāzhài】 以姓氏和建筑物综合命名。因黄姓聚居且村周围修有土寨而得名。1958年隶属柏湾大队；1984年隶属柏湾村至今。位于村委会东北2.5千米。东邻张家湾，南界殷家湾，西至周家湾，北连520国库。总面积0.2平方千米，耕地面积17公顷。32户，120人。主产水稻、小麦、玉米，兼种果蔬。村落形态呈散状，房屋结构以坡房和平房为主。

居民点【Jūmíndiǎn】 改革开放后，迁村腾地，因统一规划新建自然村，故名。1984年隶属柏湾村至今。位于村委会北100米。东邻叶家湾，南界庙坡，西至王家湾，北连闵家湾。总面积0.25平方千米，耕地面积20公顷。20户，80人。主产水稻、小麦、玉米，兼种果蔬。村落形态呈散状，房屋结构以坡房和平房为主。

老湾里【Lǎowānlǐ】 以姓氏和建村时间综合命名，亦称李家老湾。因李姓聚居且建村时间早而得名。1958年隶属柏湾大队；1984年隶属柏湾村至今。位于村委会南500米。东邻杜家湾，南界万楼村汪家湾，西至王家湾，北连居民点。总面积0.1平方千米，耕地面积4.5公顷。6户，20人。主产水稻、小麦、玉米，兼种果蔬。村落形态呈散状，房屋结构以坡房和平房为主。

李家岗【Lǐjiāgǎng】 以姓氏和地形综合命名。因李姓聚居且居住在岗上而得名。1958年隶属柏湾大队；1984年隶属柏湾村至今。位于村委会东北2.5千米。东邻大庙村抱扳堰，南界彭家湾，西至李家湾，北连红花村毛家湾。总面积0.25平方千米，耕地面积22公顷。11户，50人。主产水稻、小麦、玉米，兼种果蔬。村落形态呈散状，房屋结构以坡房和平房为主。

李家老湾【Lǐjiālǎowān】 以姓氏和建村时间综合命名。因李姓聚居且建村时间早而得名。1958年隶属柏湾大队；1984年隶属柏湾村至今。位于村委会西北2.5千米。东邻柏家湾，南界孙家湾，西至李楼村楸树湾，北连白土社区下河。总面积0.2平方千米，耕地面积15公顷。21户，80人。主产水稻、小麦、玉米，兼种果蔬。村落形态呈散状，房屋结构以坡房和平房为主。

李家湾【Lǐjiāwān】 以姓氏命名。因李姓聚居而得名。1958年隶属柏湾大队；1984年隶属柏湾村至今。位于村委会东北2.5千米。东邻李家岗，南界彭家湾，西至殷家湾，北连张家湾。总面积0.3平方千米，耕地面积22公顷。21户，70人。主产水稻、小麦、玉米，兼种果蔬。村落形态呈散状，房屋结构以坡房和平房为主。

马家湾【Mǎjiāwān】 以姓氏命名。因马姓聚居而得名。1958年隶属柏湾大队；1984年隶属柏湾村至今。位于村委会东北2千米。东邻红花村胡家湾，南界李家湾，西至张家湾，北连520国库。总面积0.1平方千米,耕地面积7公顷。22户,110人。主产水稻、小麦、玉米,兼种果蔬。村落形态呈散状,房屋结构以坡房和平房为主。

闵家湾【Mǐnjiāwān】 以姓氏命名。因闵姓聚居而得名。1958年隶属柏湾大队;1984年隶属柏湾村至今。位于村委会北500米。东邻张家湾,南界居民点,西至丁家湾,北连向家湾。总面积0.15平方千米,耕地面积11公顷。13户,50人。主产水稻、小麦、玉米,兼种果蔬。村落形态呈散状,房屋结构以坡房和平房为主。

彭家湾【Péngjiāwān】 以姓氏命名。因彭姓聚居而得名。1958年隶属柏湾大队;1984年隶属柏湾村至今。位于村委会东北2.5千米。东邻黄家油坊,南界冯楼村小冲湾,西至冯家湾,北连李家岗。总面积0.4平方千米,耕地面积36公顷。38户,130人。主产水稻、小麦、玉米,兼种果蔬。村落形态呈散状,房屋结构以坡房和平房为主。

上竹园【Shàngzhúyuán】 以植物和方位综合命名。因相邻两个竹园村,此村位路上,故名。1958年隶属柏湾大队;1984年隶属柏湾村至今。位于村委会北1.5千米。东邻下竹园,南界丁家湾,西至李楼村五房湾,北连北竹园。总面积0.13平方千米,耕地面积11公顷。13户,50人。主产水稻、小麦、玉米,兼种果蔬。村落形态呈散状,房屋结构以坡房和平房为主。

孙家湾【Sūnjiāwān】 以姓氏命名。因孙姓聚居而得名。1958年隶属柏湾大队;1984年隶属柏湾村至今。位于村委会北2千米。东邻堰梢口,南界北竹园,西至李楼村楸树湾,北连李家老湾。总面积0.1平方千米,耕地面积2公顷。3户,10人。主产水稻、小麦、玉米,兼种果蔬。村落形态呈散状,房屋结构以坡房和平房为主。

王家桃园【Wángjiātáoyuán】 以姓氏和植物综合命名。因王姓聚居且村前有片桃园,故名。1958年隶属柏湾大队;1984年隶属柏湾村至今。位于村委会东2.5千米。东邻大庙村冯家湾,南界黄家油坊,西至彭家湾,北连李家岗。总面积0.1平方千米,耕地面积3.2公顷。1户,20人。主产水稻、小麦、玉米,兼种果蔬。村落形态呈散状,房屋结构以坡房和平房为主。

王家湾【Wángjiāwān】 以姓氏命名。因王姓聚居而得名。1958年隶属柏湾大队;1984年隶属柏湾村至今。位于村委会西南1千米。东邻居民点,南界万楼村赵家湾,西至吴店镇新庄村槐树岗,北连丁家湾。总面积0.25平方千米,耕地面积20公顷。29户,120人。主产水稻、小麦、玉米,兼种果蔬。村落形态呈散状,房屋结构以坡房和平房为主。

下竹园【Xiàzhúyuán】 以植物和方位综合命名。因相邻两个竹园村,此村位路下,故名。1958年隶属柏湾大队;1984年隶属柏湾村至今。位于村委会北1.5千米。东邻上竹园,南界丁家湾,西至李楼村五房湾,北连北竹园。总面积0.1平方千米,耕地面积8公顷。11户,40人。主产水稻、小麦、玉米,兼种果蔬。村落形态呈散状,房屋结构以坡房和平房为主。

向家湾【Xiàngjiāwān】 以姓氏命名。因向姓聚居而得名。1958年隶属柏湾大队;1984年隶属柏湾村至今。位于村委会北1千米。东邻殷家湾,南界闵家湾,西至上竹园,北连柏家湾。总面积0.1平方千米,耕地面积7公顷。9户,30人。主产水稻、小麦、玉米,兼种果蔬。村落形态呈散状,房屋结构以坡房和平房为主。

堰梢里【Yànshāolǐ】 以堰和方位综合命名。因村建在大堰梢里而得名。1958年隶属柏湾大队；1984年隶属柏湾村至今。位于村委会北2.5千米。东邻柏家湾，南界北竹园，西至李家老湾，北连白土社区上河。总面积0.1平方千米，耕地面积4公顷。5户，20人。主产水稻、小麦、玉米，兼种果蔬。村落形态呈散状，房屋结构以坡房和平房为主。

叶家湾【Yèjiāwān】 以姓氏命名。因叶姓聚居而得名。1958年隶属柏湾大队；1984年隶属柏湾村至今。位于村委会东500米。东邻冯家湾，南界老湾里，西至居民点，北连闵家湾。总面积0.1平方千米，耕地面积2公顷。3户，10人。主产水稻、小麦、玉米，兼种果蔬。村落形态呈散状，房屋结构以坡房和平房为主。

张家湾【Zhāngjiāwān】 以姓氏命名。因张姓聚居而得名。1958年隶属柏湾大队；1984年隶属柏湾村至今。位于村委会东北300米。东邻殷家湾，南界冯家湾，西至闵家湾，北连向家湾。总面积0.15平方千米，耕地面积11公顷。18户，90人。主产水稻、小麦、玉米，兼种果蔬。村落形态呈散状，房屋结构以坡房和平房为主。

张家湾【Zhāngjiāwān】 以姓氏命名。因张姓聚居而得名。1958年隶属柏湾大队；1984年隶属柏湾村至今。位于村委会东北1千米。东邻马家湾，南界殷家湾，西至黄家寨，北连520水库。总面积0.2平方千米，耕地面积7公顷。8户，30人。主产水稻、小麦、玉米，兼种果蔬。村落形态呈散状，房屋结构以坡房和平房为主。

周家湾【Zhōujiāwān】 以姓氏命名。因周姓聚居而得名。1958年隶属柏湾大队；1984年隶属柏湾村至今。位于村委会北2.5千米。东邻黄家寨，南界向家湾，西至北竹园，北连柏家湾。总面积0.1平方千米，耕地面积5公顷。6户，20人。主产水稻、小麦、玉米，兼种果蔬。村落形态呈散状，房屋结构以坡房和平房为主。

庙坡【Miàopō】 以建筑物和地形综合命名。因村建在山坡下，村南有座小庙，故名。1958年隶属柏湾大队；1984年隶属柏湾村至今。村委会驻地。东邻毛家湾，南界汪家湾，西至王家湾，北连闵家湾。总面积0.25平方千米，耕地面积20公顷。37户，150人。主产水稻、小麦、玉米，兼种杂粮。村落形态呈散状，房屋结构以坡房和平房为主。

草寺村【Cǎosìcūn】

以植物和建筑物综合命名。因本地原有一寺庙，周边杂草丛生，故名。1958年为草寺大队，隶属东风公社；1961年隶属兴隆区；1975年隶属兴隆公社；1984年为草寺村，隶属兴隆镇至今。位于镇政府东北4千米。东邻竹林村，南界随阳管理区油坊湾村，西至兴隆村，北连华阳河水库。辖11个自然村，总面积7.45平方千米，耕地面积132.1公顷。146户，480人。主产水稻、小麦、玉米，兼种杂粮，兼有养殖业。村委会驻刘家湾。

北岗湾【Běigǎngwān】 以方位和地形综合命名。因村建在岗坡北而得名。1958年隶属草寺大队；1984年隶属草寺村至今。位于村委会东北4.5千米。东邻刘升镇马寨村上堰，南界许家桥，西至高家湾，北连刘升镇马寨村小胡家湾。总面积1平方千米，耕地面积17公顷。19户，60人。主产水稻、小麦、玉米，规模养猪场1个，年出栏4000头。村落形态呈线状，房屋结构以楼房和平房为主。

陈家湾【Chénjiāwān】 以姓氏命名。因陈姓聚居而得名。1958年隶属草寺大队；1984年隶属草寺村至今。位于村委会东北1.2千米。东邻华阳河水库，南界随阳管理区王湾村张家湾农场，西至美人湾，北连华阳河水库。总面积0.85平方千米，耕地面积14.6公顷。10户，30人。主产水稻、小麦、玉米。村落形态呈散状，房屋结构以平房和楼房为主。

高家湾【Gāojiāwān】 以姓氏命名。因高姓聚居而得名。1958年隶属草寺大队；1984年隶属草寺村至今。位于村委会东北5千米。东邻北岗湾，南界华阳河水库，西至华阳河水库，北连刘升镇马寨村何家湾。总面积0.6平方千米，耕地面积8公顷。9户，20人。主产水稻、小麦、玉米，兼种果蔬。村落形态呈散状，房屋结构以坡房和平房为主。

华家楼【Huájiālóu】 以姓氏和建筑物综合命名。因华姓聚居且村内原有楼房而得名。1958年隶属草寺大队；1984年隶属草寺村至今。位于村委会东4.2千米。东邻竹林村流水河，南界随阳管理区油坊湾村廖家湾，西至新湾，北连徐家桥。总面积0.9平方千米，耕地面积13.2公顷。21户，70人。主产水稻、小麦、玉米，有水面养殖场面积10亩，规模养牛场1个，年出栏100多头。村落形态呈散状，房屋结构以坡房和楼房为主。

刘家湾【Liújiāwān】 以姓氏命名。因刘姓聚居而得名。1958年隶属草寺大队；1984年隶属草寺村至今。位于村委会西南800米。东邻随阳农场王湾村张家湾，南界随阳农场刘湾村小王家湾，西至聂家湾，北连美人湾。总面积0.8平方千米，耕地面积10.6公顷。15户，50人。主产水稻、小麦、玉米。村落形态呈散状，房屋结构以平房和坡房为主。

美人湾【Měirénwān】 以传说命名。据传，该村从前出过一个绝色佳人，后人便称为"美人湾"。1958年隶属草寺大队；1984年隶属草寺村至今。位于村委会北1千米。东邻陈家湾，南界刘家湾，西至华阳河水库，北连华阳河水库。总面积0.8平方千米，耕地面积14.6公顷。18户，70人。主产水稻、小麦、玉米。村落形态呈散状，房屋结构以平房和楼房为主。

聂家湾【Nièjiāwān】 以姓氏命名。因聂姓聚居而得名。1958年隶属草寺大队；1984年隶属草寺村至今。位于村委会西2千米。东邻刘家湾，南界随阳管理区刘家湾村南家湾，西至滕家湾，北连华阳河水库。总面积0.9平方千米，耕地面积20公顷。25户，90人。主产水稻、小麦、玉米。村落形态呈散状，房屋结构以平房和楼房为主。

滕家湾【Téngjiāwān】 以姓氏命名。因滕姓聚居而得名。1958年隶属草寺大队；1984年隶属草寺村至今。位于村委会西南2.2千米。东邻聂家湾，南界兴隆村许家湾，西至兴隆村陡坡，北连华阳河水库。总面积0.6平方千米，耕地面积18公顷。8户，20人。主产水稻、小麦、玉米，规模养猪场1个，年出栏2000头。村落形态呈散状，房屋结构以平房和楼房为主。

小庙【Xiǎomiào】 以建筑物命名。因村前原有座小庙而得名。1958年隶属草寺大队；1984年隶属草寺村至今。位于村委会东3.5千米。东邻新湾，南界随阳管理区油坊湾村叶家湾，西至华阳河水库，北连华阳河水库。总面积0.8平方千米，耕地面积11.7公顷。22户，70人。主产水稻、小麦、玉米。村落形态呈散状，房屋结构以坡房和楼房为主。

新湾【Xīnwān】 以建筑时间命名。因1986年新建村庄而得名。1986年隶属草寺村至今。位于村委会东3.6千米。东邻华家楼，南界随阳管理区油坊湾村廖家湾，西至小庙，北连华阳河。总面积0.5平方千米，耕地面积6公顷。6户，20人。主产水稻、小麦、玉米。村落形态呈线状，房屋结构以平房和楼房为主。

许家桥【Xǔjiāqiáo】 以姓氏和建筑物综合命名。因许姓聚居且村内有座小桥而得名。1958年隶属草寺大队；1984年隶属草寺村至今。位于村委会东北4.4千米。东邻刘升镇马寨村上堰，南界华家楼，西至华阳河水库，北连北岗湾。总面积0.5平方千米，耕地面积9公顷。8户，30人。主产水稻、小麦、玉米，有水面养殖场面积8.6亩，规模养猪场1个，年出栏4000头。村落形态呈散状，房屋结构以坡房和平房为主。

陈岗村【Chéngǎngcūn】

以陈岗自然村命名。1958年为陈岗大队，隶属东风公社；1961年隶属兴隆区；1975年隶属兴隆公社；1984年为陈岗村，隶属兴隆镇至今。位于镇政府西南9千米。东邻大西村，南界周台村，西至吴店镇东赵湖村，北连乌金村。辖12个自然村，总面积3.04平方千米，耕地面积209公顷。283户，1240人。主产水稻、小麦、玉米，兼种果蔬。梁马路过境，村委会驻南街。

草庄【Cǎozhuāng】 以建筑特点命名。因建村时都是草房而得名。1958年隶属陈岗大队；1984年隶属陈岗村至今。位于村委会东南1.5千米。东邻大西村杜楼子湾，南界周台村周家湾，西至陈家岗，北连耿家湾。总面积0.07平方千米，耕地面积5公顷。4户，10人。主产水稻、小麦、玉米。村落形态呈散状，房屋结构以坡房和楼房为主。

陈家岗【Chénjiāgǎng】 以姓氏和地形综合命名。因陈姓聚居且建村岗上而得名。1958年隶属陈岗大队；1984年隶属陈岗村至今。位于村委会南800米。东邻耿家湾，南界周台村赵家湾，西至罗家岗，北连南街。总面积0.73平方千米，耕地面积50公顷。57户，250人。主产水稻、小麦、玉米，兼种蔬菜。村落形态呈线状，房屋结构以坡房和楼房为主。

耿家湾【Gěngjiāwān】 以姓氏命名。因耿姓聚居而得名。1958年隶属陈岗大队；1984年隶属陈岗村至今。位于村委会东南1千米。东邻大西村土楼湾，南界草庄，西至陈家岗，北连花行。总面积0.35平方千米，耕地面积24公顷。21户，100人。主产水稻、小麦、玉米，兼种蔬菜。村落形态呈线状，房屋结构以坡房和平房为主。

郭家湾【Guōjiāwān】 以姓氏命名。因郭姓聚居而得名。1958年隶属陈岗大队；1984年隶属陈岗村至今。位于村委会西北1.9千米。东邻乌金村刘王庄，南界罗家湾，西至耿桥村耿桥，北连乌金村梨树湾。总面积0.04平方千米，耕地面积3公顷。4户，20人。主产水稻、小麦、玉米。村落形态呈散状，房屋结构以坡房为主。

花行【Huāháng】 以店铺命名。因村建在原棉花交易行而得名。1958年隶属陈岗大队；1984年隶属陈岗村至今。位于村委会东北500米。东邻乌金村张家老湾，南界耿家湾，西至南街，北连乌金村北街。总面积0.3平方千米，耕地面积21公顷。34户，140人。主产水稻、小麦、玉米，兼种蔬菜。村落形态呈散状，房屋结构以坡房和楼房为主。

罗家岗【Luójiāgǎng】 以姓氏和地形综合命名。因罗姓聚居岗上而得名。1958 年隶属陈岗大队；1984 年隶属陈岗村至今。位于村委会西南 1.7 千米。东邻陈家岗，南界吴店镇东赵湖村小张家湾，西至枣树林，北连柿子园。总面积 0.28 平方千米，耕地面积 19 公顷。20 户，80 人。主产水稻、小麦、玉米。村落形态呈线状，房屋结构以坡房和楼房为主。

南街【Nánjiē】 以集市方位命名。因村建在乌金街南边而得名。1958 年隶属陈岗人队；1984 年隶属陈岗村至今。村委会驻地。东邻乌金村张家老湾，南界耿家湾，西至新庄，北连乌金街北街。总面积 0.2 平方千米，耕地面积 12 公顷。46 户，220 人。主产水稻、小麦、玉米，兼种果蔬。村落形态呈散状，房屋结构以坡房和楼房为主。

柿子园【Shìziyuán】 以植物命名。因村内柿子树较多而得名。1958 年隶属陈岗大队；1984 年隶属陈岗村至今。位于村委会西 1.6 千米。东邻杨家湾，南界罗家岗，西至罗家湾，北连郭家湾。总面积 0.07 平方千米，耕地面积 5 公顷。5 户，20 人。主产水稻、小麦、玉米。村落形态呈团状，房屋结构以楼房为主。

新庄【Xīnzhuāng】 以建村时间命名。因 20 世纪 80 年代初新建村庄，故名。1984 年隶属陈岗村至今。位于村委会北 200 米。东邻南街，南界陈家岗，西至杨家湾，北连乌金街钱家湾。总面积 0.37 平方千米，耕地面积 26 公顷。35 户，170 人。主产水稻、小麦、玉米，兼种果树。村落形态呈线状，房屋结构以坡房和楼房为主。

杨家湾【Yángjiāwān】 以姓氏命名。因杨姓聚居而得名。1958 年隶属陈岗大队；1984 年隶属陈岗村至今。位于村委会西 1 千米。东邻南街，南界吴店镇东赵湖村小张家湾，西至柿子园，北连乌金村刘王庄。总面积 0.36 平方千米，耕地面积 25 公顷。34 户，140 人。主产水稻、小麦、玉米，兼种果树。村落形态呈团状，房屋结构以坡房和楼房为主。

枣树林【Zǎoshùlín】 以植物命名。因村内枣树较多而得名。1958 年隶属陈岗大队；1984 年隶属陈岗村至今。位于村委会西南 1.7 千米。东邻罗家岗，南界吴店镇东赵湖村大张家湾，西至吴店镇东赵湖村林场，北连竹林湾。总面积 0.16 平方千米，耕地面积 11 公顷。12 户，50 人。主产水稻、小麦、玉米。村落形态呈散状，房屋结构以坡房为主。

竹林湾【Zhúlínwān】 以植物命名。因村内有片竹林而得名。1958 年隶属陈岗大队；1984 年隶属陈岗村至今。位于村委会西 1.8 千米。东邻罗家湾，南界吴店镇东赵湖村大张家湾，西至吴店镇东赵湖村林场，北连乌金村梨树湾。总面积 0.11 平方千米，耕地面积 8 公顷。11 户，40 人。主产水稻、小麦、玉米。村落形态呈团状，房屋结构以平房和坡房为主。

陈楼村【Chénlóucūn】

以陈家楼自然村命名。1958 年为陈楼大队，隶属东风公社；1961 年隶属兴隆区；1975 年隶属兴隆公社；1984 年为陈楼村，隶属兴隆镇至今。位于镇政府东南 8 千米。东邻池湾村，南界中楼村，西至谢寨村，北连竹林村。辖 26 个自然村，总面积 5.24 平方千米，耕地面积 321 公顷。341 户，1490 人。主产水稻、小麦、玉米，兼种桃树，另有养殖业。汉丹铁路、316 国道过境，村委会驻龚家湾。

柴家庄【Cháijiāzhuāng】 因湾子长有很多杂树，只能砍来当柴烧，故名。1958年隶属陈楼大队；1984年隶属陈楼村至今。位于村委会北2.5千米。东邻张家井湾，南界老鸹窝，西至龚家湾，北连杨家湾。总面积0.36平方千米，耕地面积23公顷。21户，80人。主产水稻、小麦、玉米，兼种果蔬。村落形态呈线状，房屋结构以平房和坡房为主。

车子湾【Chēziwān】 以机械命名。因原村内有台轧花车而得名。1958年隶属陈楼大队；1984年隶属陈楼村至今。位于村委会西北1.8千米。东邻康家湾，南界中楼村陈家湾，西至贺湾村窑湾，北连胡家湾。总面积0.13平方千米，耕地面积11公顷。10户，50人。主产水稻、小麦、玉米。村落形态呈散状，房屋结构以平房和楼房为主。

陈家楼【Chénjiālóu】 以姓氏和建筑物综合命名。因陈姓聚居而得名。1958年隶属陈楼大队；1984年隶属陈楼村至今。位于村委会西1.2千米。东邻龚家湾，南界陈家湾，西至随阳管理区李湾村程家湾，北连周家湾。总面积0.4平方千米，耕地面积31公顷。24户，80人。主产水稻、小麦、玉米。村落形态呈团状，房屋结构以楼房和坡房为主。

陈家湾【Chénjiāwān】 以姓氏命名。因陈姓聚居而得名。1958年隶属陈楼大队；1984年隶属陈楼村至今。位于村委会西南1千米。东邻老鸹窝，南界胡家湾，西至随阳管理区东岗村东岗，北连陈家楼。总面积0.12平方千米，耕地面积6公顷。6户，30人。主产水稻、小麦、玉米。村落形态呈线状，房屋结构以平房和坡房为主。

程家湾【Chéngjiāwān】 以姓氏命名。因程姓聚居而得名。1958年隶属陈楼大队；1984年隶属陈楼村至今。位于村委会北2千米。东邻随阳村随阳店，南界小黄家湾，西至小周家湾，北连马家湾。总面积0.31平方千米，耕地面积18公顷。20户，90人。主产水稻、小麦、玉米。村落形态呈散状，房屋结构以平房和楼房为主。

池家湾【Chíjiāwān】 以姓氏命名。因池姓聚居而得名。1958年隶属陈楼大队；1984年隶属陈楼村至今。位于村委会东北1.5千米。东邻池湾村黄家湾，南界张家湾，西至张家井湾，北连程家湾。总面积0.6平方千米，耕地面积38公顷。44户，210人。主产水稻、小麦、玉米，兼种果蔬。村落形态呈散状，房屋结构以平房和楼房为主。

大胡家湾【Dàhújiāwān】 以人口和姓氏综合命名。因胡姓聚居且人口较多而得名。1958年隶属陈楼大队；1984年隶属陈楼村至今。位于村委会东南1.5千米。东邻池湾村万家湾，南界张家湾，西至老鸹窝，北连张家湾。总面积0.2平方千米，耕地面积13公顷。15户，70人。主产水稻、小麦、玉米，兼种果蔬。村落形态呈散状，房屋结构以平房和坡房为主。

大黄家湾【Dàhuángjiāwān】 以面积和姓氏综合命名。因黄姓聚居且村庄面积较大而得名。1958年隶属陈楼大队；1984年隶属陈楼村至今。位于村委会北2.5千米。东邻马家湾，南界周家湾，西至糖坊湾，北连随阳管理区官庄村谢家湾。总面积0.2平方千米，耕地面积10公顷。11户，60人。主产水稻、小麦、玉米。村落形态呈团状，房屋结构以平房和坡房为主。

大周家湾【Dàzhōujiāwān】 以面积和姓氏综合命名。因周姓聚居且村庄较大而得名。1958年隶属陈楼大队；1984年隶属陈楼村至今。位于村委会北1.2千米。东邻小黄家湾，南界龚家湾，西至伍家湾，北连小周家湾。总面积 0.1 平方千米，耕地面积 9 公顷。9 户，40 人。主产水稻、小麦、玉米。村落形态呈散状，房屋结构以平房和楼房为主。

高家湾【Gāojiāwān】 以姓氏命名。因高姓聚居而得名。1958 年隶属陈楼大队；1984 年隶属陈楼村至今。位于村委会东南 2.8 千米。东邻堂湾村周家湾，南界堂湾村贺家井湾，西至车子湾，北连张家湾。总面积 0.15 平方千米，耕地面积 10 公顷。10 户，50 人。主产水稻、小麦、玉米。村落形态呈散状，房屋结构以坡房和楼房为主。

龚家湾【Gōngjiāwān】 以姓氏命名。因龚姓聚居而得名。1958 年隶属陈楼大队；1984 年隶属陈楼村至今。村委会驻地。东邻柴家庄，南界陈家湾，西至亢家湾，北连大周家湾。总面积 0.35 平方千米，耕地面积 20 公顷。19 户，80 人。主产水稻、小麦、玉米。村落形态呈线状，房屋结构以平房和坡房为主。

胡家湾【Hújiāwān】 以姓氏命名。因胡姓聚居而得名。1958 年隶属陈楼大队；1984 年隶属陈楼村至今。位于村委会西南 1.5 千米。东邻康家湾，南界车子湾，西至贺湾村贺家西湾，北连陈家湾。总面积 0.2 平方千米，耕地面积 12 公顷。15 户，70 人。主产水稻、小麦、玉米。村落形态呈散状，房屋结构以平房和坡房为主。

康家湾【Kāngjiāwān】 以姓氏命名。因康姓聚居而得名。1958 年隶属陈楼大队；1984 年隶属陈楼村至今。位于村委会东南 1.8 千米。东邻张家荡小库，南界张家湾，西至胡家湾，北连大胡家湾。总面积 0.15 平方千米，耕地面积 10 公顷。10 户，50 人。主产水稻、小麦、玉米。村落形态呈线状，房屋结构以平房和坡房为主。

亢家湾【Kàngjiāwān】 以姓氏命名。因亢姓聚居而得名。1958 年隶属陈楼大队；1984 年隶属陈楼村至今。位于村委会西北 1 千米。东邻张家井湾，南界周家湾，西至随阳管理区谢寨村谢家寨，北连伍家湾。总面积 0.3 平方千米，耕地面积 16 公顷。16 户，60 人。主产水稻、小麦、玉米。村落形态呈散状，房屋结构以平房和坡房为主。

老鸹窝【Lǎoguāwō】 以动物巢穴命名。因村里树多且老鸹常年在此栖息而得名。1958 年隶属陈楼大队；1984 年隶属陈楼村至今。位于村委会南 1 千米。东邻大胡家湾，南界胡家湾，西至陈家湾，北连柴家庄。总面积 0.15 平方千米，耕地面积 7 公顷。10 户，50 人。主产水稻、小麦、玉米。村落形态呈线状，房屋结构以平房和楼房为主。

马家湾【Mǎjiāwān】 以姓氏命名。因马姓聚居而得名。1958 年隶属陈楼大队；1984 年隶属陈楼村至今。位于村委会东北 3 千米。东邻随阳村新农村，南界程家湾，西至随阳管理区官庄村汪家湾，北连 316 国道。总面积 0.2 平方千米，耕地面积 15 公顷。17 户，70 人。主产水稻、小麦、玉米。村落形态呈散状，房屋结构以平房和楼房为主。

庙娃湾【Miàowáwān】 以建筑物命名。因原村内有座小庙而得名。1958 年隶属陈楼大队；1984 年隶属陈楼村至今。位于村委会西北 2.2 千米。东邻杨家湾，南界伍家湾，西至随阳农场谢寨村谢家寨，北连糖坊湾。总面积 0.1 平方千米，耕地面积 5 公顷。5 户，20 人。主产水稻、小麦、玉米。村落形态呈团状，房屋结构以平房和坡房为主。

糖坊湾【Tángfángwān】 以作坊命名。因原村内开过糖坊而得名。1958 年隶属陈楼大队；1984 年隶属陈楼村至今。位于村委会西北 2.2 千米。东邻小周家湾,南界庙娃湾,西至随阳管理区谢寨村马家湾,北连随阳管理区官庄村汪家湾。总面积 0.15 平方千米,耕地面积 10 公顷。10 户,50 人。主产水稻、小麦、玉米。村落形态呈散状,房屋结构以平房和坡房为主。

伍家湾【Wǔjiāwān】 以姓氏命名。因伍姓聚居而得名。1958 年隶属陈楼大队;1984 年隶属陈楼村至今。位于村委会西北 1.8 千米。东邻大周家湾,南界亢家湾,西至随阳管理区谢寨村谢家寨,北连庙娃湾。总面积 0.15 平方千米,耕地面积 11 公顷。11 户,50 人。主产水稻、小麦、玉米。村落形态呈团状,房屋结构以平房和楼房为主。

小黄家湾【Xiǎohuángjiāwān】 以面积和姓氏综合命名。因黄姓聚居且村庄面积较小而得名。1958 年隶属陈楼大队;1984 年隶属陈楼村至今。位于村委会东北 1.3 千米。东邻池家湾,南界张家井湾,西至杨家湾,北连程家湾。总面积 0.25 平方千米,耕地面积 12 公顷。13 户,50 人。主产水稻、小麦、玉米。村落形态呈散状,房屋结构以平房和坡房为主。

小周家湾【Xiǎozhōujiāwān】 以人口和姓氏综合命名。因周姓聚居且村子较小而得名。1958 年隶属陈楼大队;1984 年隶属陈楼村至今。位于村委会北 2 千米。东邻程家湾,南界杨家湾,西至糖坊湾,北连大黄家湾。总面积 0.1 平方千米,耕地面积 6 公顷。7 户,30 人。主产水稻、小麦、玉米。村落形态呈散状,房屋结构以平房和坡房为主。

杨家湾【Yángjiāwān】 以姓氏命名。因杨姓聚居而得名。1958 年隶属陈楼大队;1984 年隶属陈楼村至今。位于村委会北 1.4 千米。东邻小黄家湾,南界柴家庄,西至庙娃湾,北连大黄家湾。总面积 0.12 平方千米,耕地面积 8 公顷。9 户,40 人。主产水稻、小麦、玉米。村落形态呈散状,房屋结构以平房和坡房为主。

张家井湾【Zhāngjiājǐngwān】 以姓氏和井综合命名。因张姓聚居且村内有一眼水井而得名。1958 年隶属陈楼大队;1984 年隶属陈楼村至今。位于村委会东北 1.1 千米。东邻池家湾,南界柴家庄,西至大周家湾,北连小黄家湾。总面积 0.14 平方千米,耕地面积 13 公顷。13 户,50 人。主产水稻、小麦、玉米。村落形态呈团状,房屋结构以平房和楼房为主。

张家湾【Zhāngjiāwān】 以姓氏命名。因张姓聚居而得名。1958 年隶属陈楼大队;1984 年隶属陈楼村至今。位于村委会东南 1 千米。东邻池湾村李家湾,南界大胡家湾,西至陈家湾,北连池家湾。总面积 0.3 平方千米,耕地面积 15 公顷。22 户,100 人。主产水稻、小麦、玉米,兼种果蔬。村落形态呈散状,房屋结构以坡房和楼房为主。

张家湾【Zhāngjiāwān】 以姓氏命名。因张姓聚居而得名。1958 年隶属陈楼大队;1984 年隶属陈楼村至今。位于村委会东南 2.3 千米。东邻堂湾村夹湾,南界高家湾,西至车子湾,北连康家湾。总面积 0.3 平方千米,耕地面积 16 公顷。24 户,120 人。主产水稻、小麦、玉米。村落形态呈团状,房屋结构以平房和坡房为主。

周家湾【Zhōujiāwān】 以姓氏命名。因周姓聚居而得名。1958 年隶属陈楼大队;1984 年隶属陈楼村至今。位于村委会西 1.2 千米。东邻龚家湾,南界陈家楼,西至随阳管理区李湾村林家湾,北连亢家湾。总面积 0.3 平方千米,耕地面积 14 公顷。14 户,50 人。主产水稻、小麦、玉米。村落形态呈散状,房屋结构以平房和坡房为主。

池湾村【Chíwāncūn】

以池家井湾自然村命名。1958年为黄岗大队，隶属东风公社；1961年隶属兴隆区；1975年隶属兴隆公社；1980年为池湾大队，隶属兴隆公社；1984年为池湾村，隶属兴隆镇至今。位于镇政府东南15千米。东邻随县唐镇曾一村，南界堂湾村，西至陈楼村，北连随阳村。辖16个自然村，总面积3.02平方千米，耕地面积222.8公顷。181户，710人。主产水稻、小麦、杂粮，兼种果蔬，另有养殖业。村委会驻池湾移民点。

池家井湾【Chíjiājǐngwān】 以姓氏和井综合命名。因池姓聚居且村内有古井一口而得名。1958年隶属黄岗大队；1980年隶属池湾大队；1984年隶属池湾村至今。位于村委会南1千米。东邻夏家湾，南界太平村，西至李家湾，北连移民点。总面积0.18平方千米，耕地面积16公顷。12户，30人。主产水稻、小麦、玉米。村落形态呈散状，房屋结构以平房和坡房为主。

大杨家湾【Dàyángjiāwān】 以姓氏和规模综合命名。因杨姓聚居且村较大而得名。1958年隶属黄岗大队；1980年隶属池湾大队；1984年隶属池湾村至今。位于村委会东1.2千米。东邻随县曾一村杨家湾，南界黄家岗，西至廖家湾，北连随阳村火烧庄。总面积0.2平方千米，耕地面积15公顷。13户，40人。主产水稻、小麦、玉米。村落形态呈散状，房屋结构以平房、坡房和楼房为主。

黄家岗【Huángjiāgǎng】 以姓氏和地形综合命名。因黄姓聚居岗上而得名。1958年隶属黄岗大队；1980年隶属池湾大队；1984年隶属池湾村至今。位于村委会东南1.5千米。东邻大杨家湾，南界夏家湾，西至谢家湾，北连随阳村火烧庄。总面积0.16平方千米，耕地面积13.3公顷。12户，40人。主产水稻、小麦，兼种玉米、棉花、花生。村落形态呈散状，房屋结构以平房和坡房为主。

夹湾【Jiāwān】 以方位命名。因此湾位于堂湾和杨家湾之间而得名。1958年隶属黄岗大队；1980年隶属池湾大队；1984年隶属池湾村至今。位于村委会南2千米。东邻新湾，南界堂子湾，西至综合场，北连杨家湾。总面积0.52平方千米，耕地面积43公顷。30户，90人。主产水稻、小麦、杂粮。村落形态呈散状，房屋结构以平房和坡房为主。

康家湾【Kāngjiāwān】 以姓氏命名。因康姓聚居而得名。1958年隶属黄岗大队；1980年隶属池湾大队；1984年隶属池湾村至今。位于村委会南1.8千米。东邻随县曾一村李家湾，南界堂子湾，西至夹湾，北连夏家湾。总面积0.35平方千米，耕地面积29公顷。16户，90人。主产水稻、小麦、玉米。村落形态呈散状，房屋结构以平房和坡房为主。

李家湾【Lǐjiāwān】 以姓氏命名。因李姓聚居而得名。1958年隶属黄岗大队；1980年隶属池湾大队；1984年隶属池湾村至今。位于村委会东南1千米。东邻池家井湾，南界杨家湾，西至陈楼村陈家湾，北连移民点。总面积0.15平方千米，耕地面积9公顷。6户，20人。主产水稻、小麦、玉米。村落形态呈散状，房屋结构以平房和坡房为主。

廖家湾【Liàojiāwān】 以姓氏命名。因廖姓聚居而得名。1958年隶属黄岗大队；1980年隶属池湾大队；1984年隶属池湾村至今。位于村委会东南1千米。东邻杨家湾，南界小池家湾，西至谢家湾，北连桐子湾。总面积0.11平方千米，耕地面积3.6公顷。3户，10人。主产水稻、小麦、玉米。村落形态呈散状，房屋结构以平房和坡房为主。

太平村【Tàipíngcūn】 以社会秩序和民风综合命名。因村内居民团结和睦，一致对外，从未发生匪患，故名。1958年隶属黄岗大队；1980年隶属池湾大队；1984年隶属池湾村至今。位于村委会南1.2千米。东邻夏家湾，南界新湾，西至池家井湾，北连谢家湾。总面积0.1平方千米，耕地面积3公顷。3户，10人。主产水稻、小麦、玉米。村落形态呈散状，房屋结构以平房和坡房为主。

桐子湾【Tóngziwān】 以植物命名。因村内桐树较多而得名。1958年隶属黄岗大队；1980年隶属池湾大队；1984年隶属池湾村至今。位于村委会南1.8千米。东邻杨家湾，南界廖家湾，西至移民点，北连随阳村火烧庄。总面积0.25平方千米，耕地面积22.3公顷。14户，90人。主产水稻、小麦、玉米。村落形态呈散状，房屋结构以平房和坡房为主。

万家湾【Wànjiāwān】 以姓氏命名。因万姓聚居而得名。1958年隶属黄岗大队；1980年隶属池湾大队；1984年隶属池湾村至今。位于村委会南1千米。东邻池家井湾，南界杨家湾，西至李家湾，北连移民点。总面积0.18平方千米，耕地面积12公顷。10户，40人。主产水稻、小麦、玉米。村落形态呈散状，房屋结构以平房和坡房为主。

夏家湾【Xiàjiāwān】 以姓氏命名。因夏姓聚居而得名。1958年隶属黄岗大队；1980年隶属池湾大队；1984年隶属池湾村至今。位于村委会东南1.5千米。东邻随县唐镇曾一村李家湾，南界新湾，西至池家井湾，北连谢家湾。总面积0.12平方千米，耕地面积6.9公顷。4户，20人。主产水稻、小麦、玉米、棉花、花生。村落形态呈散状，房屋结构以平房和坡房为主。

小黄家湾【Xiǎohuángjiāwān】 以姓氏和规模综合命名。因黄姓聚居且村庄规模较小而得名。1958年隶属黄岗大队；1980年隶属池湾大队；1984年隶属池湾村至今。位于村委会北500米。东邻新湾，南界李家湾，西至陈楼村谢家湾，北连汉丹铁路。总面积0.15平方千米，耕地面积13公顷。8户，30人。主产水稻、小麦、玉米。村落形态呈散状，房屋结构以平房和坡房为主。

小杨家湾【Xiǎoyángjiāwān】 以姓氏和规模综合命名。因杨姓聚居且村庄规模较小而得名。1958年隶属黄岗大队；1980年隶属池湾大队；1984年隶属池湾村至今。位于村委会南1.5千米。东邻新湾，南界夹湾，西至杨家湾，北连太平村。总面积0.1平方千米，耕地面积5公顷。3户，10人。主产水稻、小麦、玉米，另有养殖业。村落形态呈散状，房屋结构以平房和坡房为主。

谢家湾【Xièjiāwān】 以姓氏命名。因谢姓聚居而得名。1958年隶属黄岗大队；1980年隶属池湾大队；1984年隶属池湾村至今。位于村委会东南1.2千米。东邻黄家岗，南界夏家湾，西至谢家湾，北连廖家湾。总面积0.1平方千米，耕地面积6.5公顷。6户，20人。主产水稻、小麦、玉米、棉花、花生。村落形态呈散状，房屋结构以平房和坡房为主。

新湾【Xīnwān】 原叫"抢饭湾"，说的是一家财主每次给长工送的饭少，长工们抢饭吃，故名。1980年改为新湾。1958年隶属黄岗大队；1980年隶属池湾大队；1984年隶属池湾村至今。位于村委会东南1.8千米。东邻随县唐镇曾一村李家湾，南界堂湾村堂子湾，西至夹湾，北连夏家湾。总面积0.2平方千米，耕地面积16.5公顷。17户，60人。主产水稻、小麦、玉米。村落形态呈散状，房屋结构以平房和坡房为主。

移民点【Yímíndiǎn】 2010年为南水北调丹江口市均县镇二房堰村移民新建,故名。2010年隶属池湾村至今。村委会驻地。东邻桐子湾,南界小池家湾,西至小黄家湾,北连新湾。总面积0.15平方千米,耕地面积8.7公顷。24户,110人。主产水稻、小麦、玉米、花生。村落形态呈散状,房屋结构以平房和坡房为主。

大庙村【Dàmiàocūn】

以建筑物命名。因原村委会驻地有座大庙而得名。1958年为大庙大队,隶属东风公社;1961年隶属兴隆区;1975年隶属兴隆公社;1984年为大庙村,隶属兴隆镇至今。位于镇政府西南3千米。东邻刘畈村,南界旗杆村,西至柏湾村,北连红花村。辖18个自然村,总面积5.26平方千米,耕地面积412公顷。347户,1510人。主产水稻、小麦、玉米,兼种桃树。汉丹铁路、汉十高速过境,村委会驻上方家湾。

抱板湾【Bàobǎnwān】 以地形命名。因村前有口形似抱板的堰而得名。1958年隶属大庙大队;1984年隶属大庙村至今。位于村委会北1.2千米。东邻尚家湾,南界大冯家湾,西至大柏湾村李家岗,北连红花村毛家湾。总面积0.2平方千米,耕地面积21公顷。16户,90人。主产水稻、小麦、玉米,兼种桃树。村落形态呈线状,房屋结构以平房和坡房为主。

大冯家湾【Dàféngjiāwān】 以姓氏和规模综合命名。因冯姓聚居且村内人口较多而得名。1958年隶属大庙大队;1984年隶属大庙村至今。位于村委会西北1.1千米。东邻上巷子湾,南界杨家湾,西至柏湾村王家桃园,北连尚家湾。总面积0.4平方千米,耕地面积30公顷。20户,100人。主产水稻、小麦、玉米,兼种桃树。村落形态呈线状,房屋结构以平房和坡房为主。

李家湾【Lǐjiāwān】 以姓氏命名。因李姓聚居而得名。1958年隶属大庙大队;1984年隶属大庙村至今。位于村委会北600米。东邻王家竹园,南界孙家湾,西至上巷子湾,北连兴隆集火车站。总面积0.6平方千米,耕地面积28公顷。20户,100人。主产水稻、小麦、玉米,兼种果树。村落形态呈线状,房屋结构以平房和坡房为主。

刘家湾【Liújiāwān】 以姓氏命名。因刘姓聚居而得名。1958年隶属大庙大队;1984年隶属大庙村至今。位于村委会西1.5千米。东邻杨家湾,南界旗杆村冬青树,西至冯楼村柿子园,北连王家竹园。总面积0.29平方千米,耕地面积28公顷。10户,60人。主产水稻、小麦、玉米。村落形态呈线状,房屋结构以平房和坡房为主。

沙窝【Shāwō】 以地形命名。因村建在沙窝旁而得名。1958年隶属大庙大队;1984年隶属大庙村至今。位于村委会东南1.5千米。东邻刘畈村上方家湾,南界柏树村小柏树园,西至桃园,北连孙家湾。总面积0.2平方千米,耕地面积18公顷。25户,90人。主产水稻、小麦、玉米。村落形态呈散状,房屋结构以平房和坡房为主。

上方家湾【Shàngfāngjiāwān】 以方位和姓氏综合命名。因南北相邻两个方家湾,此村在北,故名。1958年隶属大庙大队;1984年隶属大庙村至今。位于村委会南100米。东邻孙家湾,南界下方家湾,西至杨家湾,北连移民点。总面积0.3平方千米,耕地面积20公顷。21户,70人。主产水稻、小麦、玉米。村落形态呈线状，房屋结构以平房和坡房为主。

上巷子湾【Shàngxiàngziwān】 以方位和巷子综合命名。因南北相邻两村，中间夹一小巷，此村在北，故名。1958年隶属大庙大队；1984年隶属大庙村至今。位于村委会北1千米。东邻李家湾，南界下巷子湾，西至大冯家湾，北连尚家湾。总面积0.2平方千米，耕地面积10公顷。8户，30人。主产水稻、小麦、玉米。村落形态呈线状，房屋结构以平房和楼房为主。

尚家湾【Shàngjiāwān】 以姓氏命名。因尚姓聚居而得名。1958年隶属大庙大队；1984年隶属大庙村至今。位于村委会西北1.5千米。东邻新鑫社区刘家上湾，南界大冯家湾，西至报板堰，北连柏树村毛家湾。总面积0.3平方千米，耕地面积18公顷。13户，60人。主产水稻、小麦、玉米。村落形态呈线状，房屋结构以平房和坡房为主。

孙家湾【Sūnjiāwān】 以姓氏命名。因孙姓聚居而得名。1958年隶属大庙大队；1984年隶属大庙村至今。位于村委会北500米。东邻王家竹园，南界上巷子湾，西至大冯家湾，北连李家湾。总面积0.2平方千米，耕地面积10公顷。10户，40人。主产水稻、小麦、玉米。村落形态呈线状，房屋结构以平房和坡房为主。

孙家湾【Sūnjiāwān】 以姓氏命名。因孙姓聚居而得名。1958年隶属大庙大队；1984年隶属大庙村至今。位于村委会东700米。东邻刘畈村楼湾，南界沙窝湾，西至上方家湾，北连窑湾。总面积0.31平方千米，耕地面积30公顷。33户，160人。主产水稻、小麦、玉米，兼种果蔬。村落形态呈散状，房屋结构以平房和楼房为主。

桃园湾【Táoyuánwān】 以植物命名。原村内有片桃园而得名。1958年隶属大庙大队；1984年隶属大庙村至今。位于村委会南1.5千米。东邻下方家湾，南界旗杆村孙家楼，西至杨家湾，北连冯家湾。总面积0.21平方千米，耕地面积20公顷。16户，50人。主产水稻、小麦、玉米。村落形态呈散状，房屋结构以平房和坡房为主。

王家竹园【Wángjiāzhúyuán】 以姓氏和植物综合命名。因王姓聚居且村口有片竹园而得名。1958年隶属大庙大队；1984年隶属大庙村至今。位于村委会东北1千米。东临汉丹铁路，南界孙家湾，西至李家湾，北连汉丹铁路。总面积0.31平方千米，耕地面积30公顷。9户，50人。主产水稻、小麦、玉米、果树。村落形态呈线状，房屋结构以平房和坡房为主。

王家竹园【Wángjiāzhúyuán】 以植物和姓氏综合命名。因王姓聚居且村前有片竹园而得名。1958年隶属大庙大队；1984年隶属大庙村至今。位于村委会西北1.3千米。东邻大冯家湾，南界杨家湾，西至柏湾村新庄，北连抱板堰。总面积0.26平方千米，耕地面积25公顷。16户，70人。主产水稻、小麦、玉米。村落形态呈线状，房屋结构以平房和坡房为主。

下方家湾【Xiàfāngjiāwān】 以方位和姓氏综合命名。因南北相邻两个方家湾，此村在南，故名。1958年隶属大庙大队；1984年隶属大庙村至今。位于村委会南800米。东邻沙窝湾，南界旗杆村杨家湾，西至桃园，北连上方家湾。总面积0.44平方千米，耕地面积43公顷。40户，190人。主产水稻、小麦、玉米，兼种桃树。村落形态呈散状，房屋结构以平房和坡房为主。

下巷子湾【Xiàxiàngziwān】 以方位和巷子综合命名。南北相邻两村，中间夹一小巷，此村在南，故名。1958年隶属大庙大队；1984年隶属大庙村至今。位于村委会北50米。东邻窑湾，南界移民点，西至冯家湾，北连上巷子湾。总面积0.2平方千米，耕地面积12公顷。24户，90人。主产水稻、小麦、玉米，兼种桃树。村落形态呈散状，房屋结构以平房和坡房为主。

杨家湾【Yángjiāwān】 以姓氏命名。因杨姓聚居而得名。1958年隶属大庙大队；1984年隶属大庙村至今。位于村委会西1.2千米。东邻上方家湾，南界旗杆村冬青树，西至刘家湾，北连王家竹园。总面积0.4平方千米，耕地面积33公顷。36户，120人。主产水稻、小麦、玉米，兼种桃树。村落形态呈线状，房屋结构以平房和坡房为主。

窑湾【Yáowān】 以土窑命名。因村旁有座砖瓦窑而得名。1958年隶属大庙大队；1984年隶属大庙村至今。位于村委会东600米。东邻刘畈村刘家畈，南界孙家湾，西至上方家湾，北连王家竹园。总面积0.24平方千米，耕地面积23公顷。10户，50人。主产水稻、小麦、玉米。村落形态呈散状，房屋结构以平房和坡房为主。

移民点【Yímíndiǎn】 2010年因南水北调工程为丹江口市均县镇二房院村移民新建村庄，故名。2010年隶属大庙村至今。位于村委会南50米。东邻窑湾，南界下方家湾，西至杨家湾，北连上方家湾。总面积0.2平方千米，耕地面积13公顷。20户，90人。主产水稻、小麦、玉米，兼种桃树。村落形态呈线状，房屋结构以平房和楼房为主。

大堰村【Dàyàncūn】

以堰名命名（史料载，此堰隋前称昌平堰，后称大堰，面积200余亩，向南流入滚河）。1958年为大堰大队，隶属伟大公社；1961年隶属资山区；1975年隶属兴隆公社；1984年为大堰村，隶属兴隆镇至今。位于镇政府南8千米。东邻冯岗村，南界王城镇五河村，西至周台村，北连大西村。辖20个自然村，总面积4.79平方千米，耕地面积364.33公顷。374户，1386人。主产水稻、小麦、玉米，兼种果蔬。村委会驻井湾。

曹家湾【Cáojiāwān】 以姓氏命名。因曹姓聚居而得名。1958年隶属大堰大队；1984年隶属大堰村至今。位于村委会东南600米。东邻村林场，南界换金沟，西至施家湾，北连草湾。总面积0.15平方千米，耕地面积6.8公顷。11户，50人。主产水稻、小麦、玉米，兼种果蔬。村落形态呈散状，房屋结构以平房、坡房和楼房为主。

草房湾【Cǎofángwān】 以建筑物命名。因村内草房子多而得名。1958年隶属大堰大队；1984年隶属大堰村至今。位于村委会东南600米。东邻村林场，南界曹家湾，西至施家湾，北连麻杆堰。总面积0.20平方千米，耕地面积13.1公顷。15户，60人。主产水稻、小麦、玉米，兼种果蔬。村落形态呈散状，房屋结构以平房、坡房和楼房为主。

大吴家湾【Dàwújiāwān】 以姓氏和规模综合命名。吴姓聚居且村子较大而得名。1958年隶属大堰大队；1984年隶属大堰村至今。位于村委会西700米。东邻粉坊湾，南界西湾，西至滚河，北连小吴家湾。总面积0.25平方千米，耕地面积20.4公顷。32户，110人。主产水稻、小麦、玉米，兼种果蔬。村落形态呈散状，房屋结构以平房、坡房和楼房为主。

东湾【Dōngwān】 以方位命名。因村建在路东而得名。1958年隶属大堰大队；1984年隶属大堰村至今。位于村委会西南900米。东邻施家湾，南界王城镇伍河村沟田，西至西湾，北连吴家湾。总面积0.3平方千米，耕地面积28.4公顷。30户，100人。主产水稻、小麦、玉米，兼种果蔬。村落形态呈散状，房屋结构以平房、坡房和楼房为主。

粉坊湾【Fěnfángwān】 以作坊命名。原村内开过粉坊而得名。1958年隶属大堰大队；1984年隶属大堰村至今。位于村委会西400米。东邻井湾，南界伍河，西至大吴家湾，北连滚河。总面积0.15平方千米，耕地面积12.2公顷。18户，70人。主产水稻、小麦、玉米，兼种果蔬。村落形态呈散状，房屋结构以平房、坡房和楼房为主。

古城【Gǔchéng】 以建筑物命名。因建村早，房屋成古式建筑而得名。1958年隶属大堰大队；1984年隶属大堰村至今。位于村委会北500米。东邻柿子园，南界井湾，西至谢家河，北连滚河。总面积0.2平方千米，耕地面积13公顷。12户，40人。主产水稻、小麦、玉米，兼种果蔬。村落形态呈散状，房屋结构以平房、坡房和楼房为主。

换金沟【Huànjīngōu】 以传说命名。据说，此村原是一富人家用黄金兑换来的，故名。1958年隶属大堰大队；1984年隶属大堰村至今。位于村委会东南1千米。东邻冯岗村王家湾，南界伍河村凸子湾，西至上岗，北连桑树凹。总面积0.2平方千米，耕地面积16公顷。17户，70人。主产水稻、小麦、玉米，兼种果蔬。村落形态呈散状，房屋结构以平房、坡房和楼房为主。

井湾【Jǐngwān】 以井命名。因村里有口井而得名。1958年隶属大堰大队；1984年隶属大堰村至今。村委会驻地。东邻庙娃湾，南界灵庙村孙家湾，西至粉坊湾，北连谢家河。总面积0.32平方千米，耕地面积27.5公顷。20户，70人。主产水稻、小麦、玉米，兼种果蔬。村落形态呈散状，房屋结构以平房、坡房和楼房为主。

莲花堰【Liánhuāyàn】 以植物和堰塘综合命名。因村内有口藕堰而得名。1958年隶属大堰大队；1984年隶属大堰村至今。位于村委会东1千米。东邻麻杆堰水库，南界庙娃湾，西至柿子园，北连灵庙村姚湾。总面积0.2平方千米，耕地面积13.5公顷。9户，30人。主产水稻、小麦、玉米，兼种果蔬。村落形态呈散状，房屋结构以平房、坡房和楼房为主。

麻杆堰【Mágānyàn】 以植物和堰塘综合命名。因村内有口堰塘，渗漏不存水，多年在堰里种麻，故名。1958年隶属大堰大队；1984年隶属大堰村至今。位于村委会东1千米。东邻麻杆堰水库，南界庙娃湾，西至柿子园，北连灵庙村姚湾。总面积0.35平方千米，耕地面积27.4公顷。22户，80人。主产水稻、小麦、玉米，兼种果蔬。村落形态呈散状，房屋结构以平房、坡房和楼房为主。

庙娃湾【Miàowáwān】 以庙命名。因村内有座小土地庙而得名。1958年隶属大堰大队；1984年隶属大堰村至今。位于村委会东南800米。东邻冯岗村东湾，南界草湾，西至井湾，北连麻杆堰。总面积0.1平方千米，耕地面积5.5公顷。5户，20人。主产水稻、小麦、玉米，兼种果蔬。村落形态呈线状，房屋结构以平房和坡房为主。

桑树凹【Sāngshùwā】 以植物和地形综合命名。因村建在山洼且村旁有棵大桑树而得名。1958年隶属大堰大队；1984年隶属大堰村至今。位于村委会东南800米。东邻冯岗村王家湾，南界换金沟，西至曹家湾，北连灵庙村夹湾。总面积0.1平方千米，耕地面积1.53公顷。1户，6人。主产水稻、小麦、玉米，兼种果蔬。村落形态呈散状，房屋结构以平房、坡房和楼房为主。

上岗【Shànggǎng】 以方位和地形综合命名。因村建在岗上而得名。1958年隶属大堰大队；1984年隶属大堰村至今。位于村委会南600米。东邻换金沟，南界伍河村凸子湾，西至东湾，北连施家湾。总面积0.55平方千米，耕地面积44.2公顷。42户，140人。主产水稻、小麦、玉米，兼种果蔬。村落形态呈散状，房屋结构以平房、坡房和楼房为主。

施家湾【Shījiāwān】 以姓氏命名。因施姓聚居而得名。1958年隶属大堰大队；1984年隶属大堰村至今。位于村委会南300米。东邻曹家湾，南界上岗，西至粉坊湾，北连井湾。总面积0.21平方千米，耕地面积16.9公顷。16户，50人。主产水稻、小麦、玉米，兼种果蔬。村落形态呈散状，房屋结构以平房、坡房和楼房为主。

柿子园【Shìziyuán】 以植物命名。因村内柿子树多而得名。1958年隶属大堰大队；1984年隶属大堰村至今。位于村委会东北400米。东邻换金沟，南界施家湾，西至古城，北连灵庙村孙家湾。总面积0.25平方千米，耕地面积21.5公顷。21户，80人。主产水稻、小麦、玉米，兼种果蔬。村落形态呈散状，房屋结构以平房、坡房和楼房为主。

西湾【Xīwān】 以方位命名。因村建在路西而得名。1958年隶属大堰大队；1984年隶属大堰村至今。位于村委会东南900米。东邻东湾，南界伍河，西至滚河，北连吴家湾。总面积0.35平方千米，耕地面积33.8公顷。35户，140人。主产水稻、小麦、玉米，兼种果蔬。村落形态呈散状，房屋结构以平房、坡房和楼房为主。

小吴家湾【Xiǎowújiāwān】 以姓氏和规模综合命名。因吴姓聚居且村子较小而得名。1958年隶属大堰大队；1984年隶属大堰村至今。位于村委会西800米。东邻井湾，南界大吴家湾，西至滚河，北连谢家河。总面积0.1平方千米，耕地面积3.5公顷。6户，20人。主产水稻、小麦、玉米，兼种果蔬。村落形态呈散状，房屋结构以平房、坡房和楼房为主。

谢家河【Xièjiāhé】 以姓氏和河流综合命名。因谢姓聚居在河旁而得名。1958年隶属大堰大队；1984年隶属大堰村至今。位于村委会北400米。东邻古城，南界井湾，西至滚河，北连滚河。总面积0.45平方千米，耕地面积37.6公顷。34户，140人。主产水稻、小麦、玉米，兼种果蔬。村落形态呈散状，房屋结构以平房、坡房和楼房为主。

堰梢【Yànshāo】 以方位命名。因村建在灯塔水库库梢而得名。1958年隶属大堰大队；1984年隶属大堰村至今。位于村委会东南300米。东邻草湾，南界施家湾，西至井湾，北连柿子园。总面积0.15平方千米，耕地面积9.9顷。9户，30人。主产水稻、小麦、玉米，兼种果蔬。村落形态呈散状，房屋结构以平房、坡房和楼房为主。

移民点【Yímíndiǎn】 2010年为南水北调丹江口市均县镇朱家湾村移民新建，故名。2010年隶属大堰村至今。位于村委会东北200米。东邻麻杆堰，南界堰梢，西至古城，北连柿子园。总面积0.21平方千米，耕地面积11.6公顷。19户，80人。主产水稻、小麦、玉米，兼种果蔬。村落形态呈散状，房屋结构以平房、坡房和楼房为主。

大西村【Dàxīcūn】

以大西湾自然村命名。1958年为大西大队，隶属东风公社；1961年隶属兴隆区；1975年隶属兴隆公社；1984年为大西村，隶属兴隆镇至今。位于镇政府西南5.5千米。东邻贺湾村，南界大堰村，西至乌金村，北连柏树村。辖20个自然村，总面积5.07平方千米，耕地面积323.9公顷。425户，1640人。主产水稻、小麦，兼种杂粮。村委会驻辛家湾。

白鹤湾【Báihèwān】 以动物命名。因村里树木高大茂密，常有白鹤在此栖息，故名。1958年隶属大西大队；1984年隶属大西村至今。位于村委会西南2.1千米。东邻杨家湾，南界上寨，西至粉坊，北连砖厂湾。总面积0.33平方千米，耕地面积18公顷。27户，110人。主产水稻、小麦。村落形态呈散状，房屋结构以平房、坡房和楼房为主。

大西湾【Dàxīwān】 以方位和村规模综合命名。因村位于华阳河西且村子较大而得名。1958年隶属大西大队；1984年隶属大西村至今。位于村委会西1.5千米。东邻夹家湾，南界前畈湾，西至杨家湾，北连旗杆村崔家湾。总面积0.26平方千米，耕地面积25.8公顷。43户，200人。主产水稻、小麦。村落形态呈散状，房屋结构以平房、坡房和楼房为主。

粉坊湾【Fěnfángwān】 以作坊命名。因村内曾开过粉坊而得名。1958年隶属大西大队；1984年隶属大西村至今。位于村委会西南2.3千米。东邻白鹤湾，南界下寨，西至张家老湾，北连庙娃湾。总面积0.15平方千米，耕地面积7公顷。7户，20人。主产水稻、小麦。村落形态呈散状，房屋结构以平房、坡房和楼房为主。

甘家楼子【Gānjiālóuzi】 以姓氏和建筑物综合命名。因甘姓聚居且村内盖有楼子而得名。1958年隶属大西大队；1984年隶属大西村至今。位于村委会西南3千米。东邻徐家湾，南界大堰村古城，西至刘家铺，北连徐家湾。总面积0.44平方千米，耕地面积30.5公顷。41户，170人。主产水稻、小麦。村落形态呈散状，房屋结构以平房、坡房和楼房为主。

夹湾【Jiāwān】 以方位命名。因此湾位于上孙家油坊和大西湾之间而得名。1958年隶属大西大队；1984年隶属大西村至今。位于村委会西1.2千米。东邻上孙家油坊，南界前畈湾，西至大西湾，北连柏树村粉坊湾。总面积0.1平方千米，耕地面积6.4公顷。6户，10人。主产水稻、小麦。村落形态呈散状，房屋结构以平房、坡房和楼房为主。

刘家铺【Liújiāpù】 以姓氏和作坊综合命名。因刘姓在村内开过打铁铺而得名。1958年隶属大西大队；1984年隶属大西村至今。位于村委会西南3.3千米。东邻上徐家湾，南界唐家湾，西至乌金村南街，北连下寨。总面积0.32平方千米，耕地面积8.8公顷。12户，40人。主产水稻、小麦。村落形态呈散状，房屋结构以平房和楼房为主。

庙娃湾【Miàowáwān】 以建筑物命名。因村前有座小庙而得名。1958年隶属大西大队；1984年隶属大西村至今。位于村委会西南2.4千米。东邻粉坊湾，南界下寨，西至乌金村张家老湾，北连砖厂湾。总面积0.13平方千米，耕地面积4.6公顷。9户，30人。主产水稻、小麦。村落形态呈散状，房屋结构以平房和楼房为主。

前畈湾【Qiánfànwān】 以方位和地形综合命名。因村前有片平坦、土质好的畈地而得名。1958年隶属大西大队；1984年隶属大西村至今。位于村委会西南1.7千米。东邻吴家湾，南界吴家湾，西至杨家湾，北连大西湾。总面积0.2平方千米，耕地面积1.9公顷。8户，30人。主产水稻、小麦。村落形态呈散状，房屋结构以平房、坡房和楼房为主。

上孙家油坊湾【Shàngsūnjiāyóufángwān】 以姓氏、方位和作坊综合命名。因孙姓在相邻两个村内开过油坊，此村位北，故名。1958年隶属大西大队；1984年隶属大西村至今。位于村委会西800米。东邻孙家湾，南界下孙家油坊，西至夹湾，北连柏树村东旗杆湾。总面积0.3平方千米，耕地面积27.5公顷。31户，110人。主产水稻、小麦。村落形态呈散状，房屋结构以平房、楼房和坡房为主。

上寨【Shàngzhài】 以方位和建筑物综合命名。因相邻两个村都修有寨墙，此村位北，故名。1958年隶属大西大队；1984年隶属大西村至今。位于村委会西南2.5千米。东邻吴家湾，南界下寨，西至乌金村张家老湾，北连白鹤湾。总面积0.12平方千米，耕地面积6.8公顷。7户，40人。主产水稻、小麦。村落形态呈散状，房屋结构以平房和楼房为主。

唐家湾【Tángjiāwān】 以姓氏命名。因唐姓聚居而得名。1958年隶属大西大队；1984年隶属大西村至今。位于村委会西南3.5千米。东邻甘家楼子湾，南界土楼子湾，西至小河子，北连刘家铺。总面积0.31平方千米，耕地面积14.5公顷。9户，20人。主产水稻、小麦。村落形态呈散状，房屋结构以平房和楼房为主。

土楼子湾【Tǔlóuziwān】 以建筑物命名。因村内建有一座土楼而得名。1958年隶属大西大队；1984年隶属大西村至今。位于村委会西南4千米。东邻甘家楼子湾，南界周台村周家湾，西至陈岗村耿家湾，北连唐家湾。总面积0.19平方千米，耕地面积6.1公顷。5户，10人。主产水稻、小麦。村落形态呈散状，房屋结构以平房和楼房为主。

吴家湾【Wújiāwān】 以姓氏命名。因吴姓聚居而得名。1958年隶属大西大队；1984年隶属大西村至今。位于村委会西南1.3千米。东邻辛家湾，南界灵庙村孙家湾，西至徐家湾，北连上孙家油坊。总面积0.47平方千米，耕地面积40.4公顷。53户，200人。主产水稻、小麦。村落形态呈散状，房屋结构以平房、坡房和楼房为主。

下孙家油坊湾【Xiàsūnjiāyóufángwān】 以姓氏、方位和作坊综合命名。因孙姓在相邻两个村内开过油坊，此村位南，故名。1958年隶属大西大队；1984年隶属大西村至今。位于村委会西南300米。东邻辛家湾，南界吴家湾，西至杨家湾，北连上孙家油坊。总面积0.22平方千米，耕地面积21.7公顷。29户，110人。主产水稻、小麦。村落形态呈散状，房屋结构以平房、楼房和坡房为主。

下寨【Xiàzhài】 以方位和建筑物综合命名。因相邻两个村都修有寨墙，此村位南，故名。1958年隶属大西大队；1984年隶属大西村至今。位于村委会西南2.7千米。东邻刘家铺，南界唐家湾，西至乌金村张家老湾，北连上寨。总面积0.12平方千米，耕地面积6.8公顷。7户，40人。主产水稻、小麦。村落形态呈散状，房屋结构以平房和楼房为主。

小河子【Xiǎohézi】 以村规模和河流综合命名。因村小且一条小河从村前流过而得名。1958年隶属大西大队；1984年隶属大西村至今。位于村委会西南3.8千米。东邻唐家湾，南界楼子湾，西至乌金村南街，北连乌金街张家老湾。总面积 0.17 平方千米，耕地面积 5 公顷。7 户，20 人。主产水稻、小麦。村落形态呈散状，房屋结构以平房和楼房为主。

辛家湾【Xīnjiāwān】 以姓氏命名。因辛姓聚居而得名。1958 年隶属大西大队；1984 年隶属大西村至今。村委会驻地。东邻贺湾村陈家湾，南界吴家湾，西至上孙家油坊，北连柏树村旗杆湾。总面积 0.35 平方千米，耕地面积 30.1 公顷。41 户，170 人。主产水稻、小麦。村落形态呈散状，房屋结构以平房、坡房和楼房为主。

徐家湾【Xújiāwān】 以姓氏命名。因徐姓聚居而得名。1958 年隶属大西大队；1984 年隶属大西村至今。位于村委会西南 2.3 千米。东邻吴家湾，南界大堰村孙家湾，西至唐家湾，北连上寨。总面积 0.45 平方千米，耕地面积 34.1 公顷。50 户，180 人。主产水稻、小麦。村落形态呈散状，房屋结构以平房、坡房和楼房为主。

杨家湾【Yángjiāwān】 以姓氏命名。因杨姓聚居而得名。1958 年隶属大西大队；1984 年隶属大西村至今。位于村委会西 1.9 千米。东邻前畈湾，南界吴家湾，西至砖厂湾，北连大西湾。总面积 0.37 平方千米，耕地面积 25.6 公顷。31 户，120 人。主产水稻、小麦。村落形态呈散状，房屋结构以平房、坡房和楼房为主。

砖厂湾【Zhuānchǎngwān】 以砖厂命名。因村建在原砖厂旧址旁而得名。1958 年隶属大西大队；1984 年隶属大西村至今。位于村委会西南 2 千米。东邻杨家湾，南界庙娃湾，西至乌金村擂鼓台，北连旗杆村崔家湾。总面积 0.07 平方千米，耕地面积 2.3 公顷。2 户，10 人。主产水稻、小麦。村落形态呈散状，房屋结构以平房和楼房为主。

冯岗村【Fénggǎngcūn】

以冯家岗自然村命名。1958 年为王湾大队，隶属伟大公社；1961 年隶属资山区；1975 年隶属兴隆公社；1980 年为冯岗大队，隶属兴隆公社；1984 年为冯岗村，隶属兴隆镇至今。位于镇政府东南 15 千米。东邻李庙村，南界王城镇杜湾村，西至王城镇伍河村，北连灵庙村。辖 26 个自然村，总面积 3.76 平方千米，耕地面积 216.8 公顷。358 户，1680 人。主产水稻、小麦、杂粮，兼种果蔬，另有养殖业。枣资公路、汉十高速过境，村委会驻冯家岗。

蔡家湾【Càijiāwān】 以姓氏命名。因蔡姓聚居而得名。1958 年隶属王湾大队；1980 年隶属冯岗大队；1984 年隶属冯岗村至今。位于村委会东 1.2 千米。东邻杈子树，南界冯家岗，西至柿子园，北连李庙村小蔡家湾。总面积 0.16 平方千米，耕地面积 15 公顷。20 户，100 人。主产水稻、小麦、玉米。村落形态呈团状，房屋结构以楼房和坡房为主。

草湾【Cǎowān】 以建筑物特点命名。因建村时全是草房而得名。1958 年隶属王湾大队；1980 年隶属冯岗大队；1984 年隶属冯岗村至今。位于村委会北 1 千米。东邻唐家湾，南界大王家湾，西至大堰村曹家湾，北连西湾。总面积 0.2 平方千米，耕地面积 14 公顷。26 户，100 人。主产水稻、小麦、玉米。村落形态呈团状，房屋结构以楼房和坡房为主。

杈子树湾【Chāzishùwān】 以植物命名。因村内有棵大柏树长了许多杈子而得名。1958 年隶属王湾大队；1980年隶属冯岗大队；1984年隶属冯岗村至今。位于村委会东1.2千米。东邻李庙村小杈子树，南界大桥河，西至唐家湾，北连李庙村小蔡家湾。总面积0.15平方千米，耕地面积9公顷。14户，60人。主产水稻、小麦、玉米。村落形态呈散状，房屋结构以平房、坡房和楼房为主。

大桥河【Dàqiáohé】 以建筑物命名。因村建在滚河桥旁而得名。1958年隶属王湾大队；1980年隶属冯岗大队；1984年隶属冯岗村至今。位于村委会东2.1千米。东邻王城社区庙湾，南界小汪家湾，西至左家堰，北连南湾。总面积0.12平方千米，耕地面积11公顷。49户，100人。主产水稻、小麦、玉米。村落形态呈线状，房屋结构以楼房为主。

大王家湾【Dàwángjiāwān】 以人口和姓氏综合命名。因王姓聚居且人口较多而得名。1958年隶属王湾大队；1980年隶属冯岗大队；1984年隶属冯岗村至今。位于村委会北1千米。东邻冯家岗，南界屏墙湾，西至大堰村桑树湾，北连西湾。总面积0.4平方千米，耕地面积33公顷。60户，390人。主产水稻、小麦、玉米。村落形态呈散状，房屋结构以楼房和坡房为主。

大张家湾【Dàzhāngjiāwān】 以姓氏和人口综合命名。因张姓聚居且人口较多而得名。1958年隶属王湾大队；1980年隶属冯岗大队；1984年隶属冯岗村至今。位于村委会南1.1千米。东邻王城镇杜湾村河家湾，南界王城镇杜湾村杜湾，西至小张家湾，北连屏墙湾。总面积0.1平方千米，耕地面积9公顷。16户，90人。主产水稻、小麦、玉米。村落形态呈团状，房屋结构以平房和坡房为主。

冯家岗【Féngjiāgǎng】 以地形和姓氏综合命名。因冯姓聚居在岗地而得名。1958年隶属王湾大队；1980年隶属冯岗大队；1984年隶属冯岗村至今。村委会驻地。东邻楸树湾，南界屏墙湾，西至大王家湾，北连蔡家湾。总面积0.05平方千米，耕地面积2公顷。4户，20人。主产水稻、小麦、玉米。村落形态呈散状，房屋结构以平房和坡房为主。

蒋家湾【Jiǎngjiāwān】 以姓氏命名。因蒋姓聚居而得名。1958年隶属王湾大队；1980年隶属冯岗大队；1984年隶属冯岗村至今。位于村委会南1.2千米。东邻罗园，南界王城镇杜湾村西壕，西至王城镇杜湾村上壕，北连平家岗。总面积0.15平方千米，耕地面积14公顷。20户，80人。主产水稻、小麦、玉米。村落形态呈散状，房屋结构以平房和坡房为主。

老仓屋【Lǎocāngwū】 以建筑物命名。因村建在原生产队仓库处而得名。1958年隶属王湾大队；1980年隶属冯岗大队；1984年隶属冯岗村至今。位于村委会东北1千米。东邻杈子树湾，南界唐家湾，西至柿子树，北连李庙村小蔡家湾。总面积0.25平方千米，耕地面积2公顷。2户，10人。主产水稻、小麦、玉米。村落形态呈散状，房屋结构以平房和坡房为主。

罗园【Luóyuán】 以姓氏命名。因罗姓聚居而得名。1958年隶属王湾大队；1980年隶属冯岗大队；1984年隶属冯岗村至今。位于村委会南700米。东邻大张家湾，南界小张家湾，西至蒋家湾，北连肖家湾。总面积0.1平方千米，耕地面积3公顷。5户，30人。主产水稻、小麦、玉米。村落形态呈团状，房屋结构以楼房和坡房为主。

马铃湾【Mǎlíngwān】 以传说命名。据传，从前人们半夜偶然听到马铃响，故名。1958年隶属王湾大队；1980年隶属冯岗大队；1984年隶属冯岗村至今。位于村委会东南1千米。东邻小汪家湾，南界王城镇杜湾村杜湾，西至屏墙湾，北连楸树湾。总面积0.12平方千米，耕地面积11公顷。16户，100人。主产水稻、小麦、玉米。村落形态呈团状，房屋结构以平房和坡房为主。

南湾【Nánwān】 以方位命名。因村建在杈子树南而得名。1958年隶属王湾大队；1980年隶属冯岗大队；1984年隶属冯岗村至今。位于村委会东2千米。东邻李庙村井湾，南界小汪家湾，西至左家堰，北连杈子树。总面积0.1平方千米，耕地面积4公顷。9户，40人。主产水稻、小麦、玉米。村落形态呈散状，房屋结构以平房和坡房为主。

平家岗【Píngjiāgǎng】 以姓氏和地形综合命名。因平姓聚居岗上而得名。1958年隶属王湾大队；1980年隶属冯岗大队；1984年隶属冯岗村至今。位于村委会西南1千米。东邻肖家湾，南界蒋家湾，西至王城镇杜湾村上豪，北连食堂湾。总面积0.1平方千米，耕地面积6公顷。10户，40人。主产水稻、小麦、玉米。村落形态呈散状，房屋结构以平房和坡房为主。

屏墙湾【Píngqiángwān】 以建筑物命名。因村前堰边有道屏墙而得名。1958年隶属王湾大队；1980年隶属冯岗大队；1984年隶属冯岗村至今。位于村委会南500米。东邻马铃湾，南界大张家湾，西至肖家湾，北连冯家岗。总面积0.1平方千米，耕地面积4公顷。7户，40人。主产水稻、小麦、玉米。村落形态呈团状，房屋结构以坡房和楼房为主。

麒麟湾【Qílínwān】 以动物命名。因村建在形似麒麟的小山上而得名。1958年隶属王湾大队；1980年隶属冯岗大队；1984年隶属冯岗村至今。位于村委会东南500米。东邻左家堰，南界马铃湾，西至屏墙湾，北连唐家湾。总面积0.1平方千米，耕地面积2公顷。3户，20人。主产水稻、小麦、玉米。村落形态呈散状，房屋结构以平房和坡房为主。

楸树湾【Qiūshùwān】 以植物命名。因村内楸树较多而得名。1958年隶属王湾大队；1980年隶属冯岗大队；1984年隶属冯岗村至今。位于村委会东1千米。东邻左家堰，南界马铃湾，西至冯家岗，北连唐家湾。总面积0.35平方千米，耕地面积3公顷。5户，30人。主产水稻、小麦、玉米。村落形态呈散状，房屋结构以楼房和坡房为主。

食堂湾【Shítángwān】 以建筑物命名。因村建在老食堂的旧址而得名。1958年隶属王湾大队；1980年隶属冯岗大队；1984年隶属冯岗村至今。位于村委会西南800米。东邻肖家湾，南界平家岗，西至新庄，北连小王家湾。总面积0.15平方千米，耕地面积7公顷。10户，40人。主产水稻、小麦、玉米。村落形态呈散状，房屋结构以平房和坡房为主。

柿子园【Shìziyuán】 以植物命名。因村内柿子树较多而得名。1958年隶属王湾大队；1980年隶属冯岗大队；1984年隶属冯岗村至今。位于村委会北500米。东邻蔡家湾，南界冯家岗，西至草湾，北连灵庙村下老湾。总面积0.1平方千米，耕地面积7公顷。9户，50人。主产水稻、小麦、玉米。村落形态呈团状，房屋结构以平房和坡房为主。

唐家湾【Tángjiāwān】 以姓氏命名。因唐姓聚居而得名。1958年隶属王湾大队；1980年隶属冯岗大队；1984年隶属冯岗村至今。位于村委会东北1千米。东邻杈子树湾，南界楸树湾，西至草湾，北连李庙村蔡家湾。总面积0.06平方千米，耕地面积5公顷。7户，30人。主产水稻、小麦、玉米。村落形态呈团状，房屋结构以楼房和坡房为主。

西湾【Xīwān】 以方位命名。因村建在岗西而得名。1958年隶属王湾大队；1980年隶属冯岗大队；

1984年隶属冯岗村至今。位于村委会西北2.5千米。东邻蔡家湾，南界草湾，西至大堰村八里庙，北连东湾。总面积0.12平方千米，耕地面积10.1公顷。19户，70人。主产水稻、小麦、玉米。村落形态呈团状，房屋结构以平房和坡房为主。

小汪家湾【Xiǎowāngjiāwān】 以姓氏和规模综合命名。因汪姓聚居且村较小而得名。1958年隶属王湾大队；1980年隶属冯岗大队；1984年隶属冯岗村至今。位于村委会东南2.2千米。东邻王城社区西寨，南界王城镇杜湾村汪家湾，西至马铃湾，北连大桥河。总面积0.1平方千米，耕地面积2公顷。6户，20人。主产水稻、小麦、玉米。村落形态呈散状，房屋结构以楼房和坡房为主。

小王家湾【Xiǎowángjiāwān】 以姓氏和人口综合命名。因王姓聚居且人口较少而得名。1958年隶属王湾大队；1980年隶属冯岗大队；1984年隶属冯岗村至今。位于村委会西南600米。东邻谢家湾，南界食堂湾，西至大王家湾，北连草湾。总面积0.1平方千米，耕地面积4公顷。3户，20人。主产水稻、小麦、玉米。村落形态呈散状，房屋结构以平房和坡房为主。

小张家湾【Xiǎozhāngjiāwān】 以姓氏和人口综合命名。因张姓聚居且人口较少而得名。1958年隶属王湾大队；1980年隶属冯岗大队；1984年隶属冯岗村至今。位于村委会南800米。东邻大张家湾，南界王城镇杜湾村东壕，西至蒋家湾，北连罗园。总面积0.15平方千米，耕地面积8公顷。12户，80人。主产水稻、小麦、玉米。村落形态呈线状，房屋结构以平房和坡房为主。

谢家湾【Xièjiāwān】 以姓氏命名。因谢姓聚居而得名。1958年隶属王湾大队；1980年隶属冯岗大队；1984年隶属冯岗村至今。位于村委会南400米。东邻楸树湾，南界肖家湾，西至小王家湾，北连冯家岗。总面积0.13平方千米，耕地面积6公顷。6户，40人。主产水稻、小麦、玉米。村落形态呈散状，房屋结构以平房和坡房为主。

新庄【Xīnzhuāng】 以时间命名。因中华人民共和国成立后建村而得名。1958年隶属王湾大队；1980年隶属冯岗大队；1984年隶属冯岗村至今。位于村委会西2.5千米。东邻小王家湾，南界王城镇伍河村凸子湾，西至大堰村换金沟，北连大王家湾。总面积0.2平方千米，耕地面积18.7公顷。4户，20人。主产水稻、小麦、玉米。村落形态呈散状，房屋结构以楼房和坡房为主。

左家堰【Zuǒjiāyàn】 以姓氏和堰塘综合命名。因左姓聚居且村前有口堰而得名。1958年隶属王湾大队；1980年隶属冯岗大队；1984年隶属冯岗村至今。位于村委会东2千米。东邻大桥河，南界王城镇杜湾村陈家壕，西至麒麟湾，北连唐家湾。总面积0.1平方千米，耕地面积7公顷。16户，60人。主产水稻、小麦、玉米。村落形态呈散状，房屋结构以楼房和坡房为主。

冯楼村【Fénglóucūn】

以大、小冯家楼自然村命名。1958年为冯楼大队，隶属东风公社；1961年隶属兴隆区；1975年隶属兴隆公社；1984年为冯楼村，隶属兴隆镇至今。位于镇政府西南15千米。东邻旗杆村，南界乌金村，西至万楼村，北连柏湾村。辖19个自然村，总面积4.94平方千米，耕地面积290.09公顷。282户，1160人。主产水稻、小麦、杂粮，兼种果蔬。汉十高铁过境，村委会驻碾盘湾。

草湾【Cǎowān】 以建筑物特点命名。因初建时周围都是草房而得名。1958年隶属冯楼大队；1984年隶属冯楼村至今。位于村委会西南4千米。东邻谢家湾，南界惠家湾，西至舒家湾，北连王家湾。总面积0.3平方千米，耕地面积16.2公顷。15户，70人。主产水稻、小麦、玉米。村落形态呈散状，房屋结构以楼房和坡房为主。

大冯家楼【Dàféngjiālóu】 以姓氏、规模和建筑物综合命名。因冯姓聚居且村庄面积较大，盖有楼房，故名。1958年隶属冯楼大队；1984年隶属冯楼村至今。位于村委会西1.6千米。东邻大中湾，南界小冯家楼，西至耿家湾，北连柏湾村杜家湾。总面积0.3平方千米，耕地面积19.6公顷。15户，70人。主产水稻、小麦、玉米。村落形态呈线状，房屋结构以楼房和坡房为主。

大中湾【Dàzhōngwān】 以方位命名。因建在大小冯家楼中间而得名。1958年隶属冯楼大队；1984年隶属冯楼村至今。位于村委会西1.5千米。东邻柿子园，南界梅家楼，西至大冯家湾，北连黄家油坊。总面积0.18平方千米，耕地面积16.2公顷。12户，50人。主产水稻、小麦、玉米。村落形态呈线状，房屋结构以平房和坡房为主。

邓家湾【Dèngjiāwān】 以姓氏命名。因邓姓聚居而得名。1958年隶属冯楼大队；1984年隶属冯楼村至今。位于村委会西南3千米。东邻唐家老湾，南界舒家湾，西至耿桥村廖家湾，北连梅家湾。总面积0.3平方千米，耕地面积11.87公顷。10户，40人。主产水稻、小麦、玉米。村落形态呈散状，房屋结构以平房和坡房为主。

丁家湾【Dīngjiāwān】 以姓氏命名。因丁姓聚居而得名。1958年隶属冯楼大队；1984年隶属冯楼村至今。位于村委会东1千米。东邻旗杆村冬青树，南界碾盘湾，西至梅家湾，北连贾家湾。总面积0.2平方千米，耕地面积8公顷。6户，30人。主产水稻、小麦、玉米。村落形态呈散状，房屋结构以平房和坡房为主。

鹅湾【Éwān】 以动物命名。因村里养鹅多而得名。1958年隶属冯楼大队；1984年隶属冯楼村至今。位于村委会东南3.1千米。东邻旗杆村东湾，南界乌金村吴家湾，西至王家湾，北连耿家湾。总面积0.3平方千米，耕地面积24公顷。26户，80人。主产水稻、小麦、玉米。村落形态呈团状，房屋结构以平房和坡房为主。

耿家湾【Gěngjiāwān】 以姓氏命名。因耿姓聚居而得名。1958年隶属冯楼大队；1984年隶属冯楼村至今。位于村委会东南3千米。东邻旗杆村东湾，南界鹅湾，西至罗家湾，北连旗杆村冬青树。总面积0.3平方千米，耕地面积7.67公顷。15户，60人。主产水稻、小麦、玉米。村落形态呈线状，房屋结构以平房和坡房为主。

贾家湾【Jiǎjiāwān】 以姓氏命名。因贾姓聚居而得名。1958年隶属冯楼大队；1984年隶属冯楼村至今。位于村委会北2千米。东邻旗杆村冬青树，南界丁家湾，西至小贾家湾，北连柿子园。总面积0.5平方千米，耕地面积25.6公顷。41户，130人。主产水稻、小麦、玉米。村落形态呈散状，房屋结构以平房和坡房为主。

罗家湾【Luójiāwān】 以姓氏命名。因罗姓聚居而得名。1958年隶属冯楼大队；1984年隶属冯楼村至今。位于村委会南1千米。东邻耿家湾，南界王家湾，西至舒家湾，北连碾盘湾。总面积0.2平方千米，耕地面积 3.33 公顷。4 户,20 人。主产水稻、小麦、玉米。村落形态呈散状,房屋结构以楼房和坡房为主。

梅家湾【Méijiāwān】 以姓氏命名。因梅姓聚居而得名。1958 年隶属冯楼大队;1984 年隶属冯楼村至今。位于村委会西 500 米。东邻碾盘湾,南界唐家老湾,西至唐家老湾,北连大中湾。总面积 0.25 平方千米,耕地面积 18.8 公顷。20 户,70 人。主产水稻、小麦、玉米。村落形态呈散状,房屋结构以平房和坡房为主。

碾盘湾【Niǎnpánwān】 以器具命名。因村内有盘石碾而得名。1958 年隶属冯楼大队;1984 年隶属冯楼村至今。村委会驻地。东邻耿家湾,南界罗家湾,西至梅家湾,北连丁家湾。总面积 0.2 平方千米,耕地面积 14 公顷。9 户,50 人。主产水稻、小麦、玉米。村落形态呈散状,房屋结构以平房和坡房为主。

柿子园【Shìziyuán】 以植物命名。因村内有个柿子园而得名。1958 年隶属冯楼大队;1984 年隶属冯楼村至今。位于村委会北 3 千米。东邻大庙村刘家湾,南界贾家湾,西至大中湾,北连黄家油坊。总面积 0.16 平方千米,耕地面积 6.1 公顷。6 户,40 人。主产水稻、小麦、玉米。村落形态呈散状,房屋结构以平房和坡房为主。

舒家湾【Shūjiāwān】 以姓氏命名。因舒姓聚居而得名。1958 年隶属冯楼大队;1984 年隶属冯楼村至今。位于村委会西南 2.5 千米。东邻王家湾,南界惠家湾,西至耿桥村廖家湾,北连唐家老湾。总面积 0.5 平方千米,耕地面积 31.87 公顷。22 户,110 人。主产水稻、小麦、玉米。村落形态呈散状,房屋结构以楼房和坡房为主。

唐家老湾【Tángjiālǎowān】 以姓氏和时间综合命名。因唐姓聚居且建村较早而得名。1958 年隶属冯楼大队;1984 年隶属冯楼村至今。位于村委会西南 2.8 千米。东邻王家湾,南界舒家湾,西至邓家湾,北连梅家湾。总面积 0.3 平方千米,耕地面积 24.67 公顷。18 户,70 人。主产水稻、小麦、玉米。村落形态呈散状,房屋结构以平房和坡房为主。

王家湾【Wángjiāwān】 以姓氏命名。因王姓聚居而得名。1958 年隶属冯楼大队;1984 年隶属冯楼村至今。位于村委会南 3 千米。东邻鹅湾,南界草湾,西至舒家湾,北连罗家湾。总面积 0.35 平方千米,耕地面积 25.67 公顷。22 户,70 人。主产水稻、小麦、玉米。村落形态呈散状,房屋结构以楼房和坡房为主。

小冯家楼【Xiǎoféngjiālóu】 以姓氏、规模和建筑物综合命名。因冯姓聚居且村庄面积较小,盖有楼房,故名。1958 年隶属冯楼大队;1984 年隶属冯楼村至今。位于村委会西 1.2 千米。东邻小贾家湾,南界梅家楼,西至耿家湾,北连大冯家湾。总面积 0.2 平方千米,耕地面积 10.7 公顷。12 户,60 人。主产水稻、小麦、玉米。村落形态呈线状,房屋结构以平房和坡房为主。

小贾家湾【Xiǎojiǎjiāwān】 以姓氏和人口综合命名。因贾姓聚居且人口较少而得名。1958 年隶属冯楼大队;1984 年隶属冯楼村至今。位于村委会西 1 千米。东邻贾家湾,南界梅家楼,西至小冯家湾,北连大中湾。总面积 0.1 平方千米,耕地面积 6.1 公顷。5 户,30 人。主产水稻、小麦、玉米。村落形态呈线状,房屋结构以平房和坡房为主。

谢家寨【Xièjiāzhài】 以姓氏和建筑物综合命名。因谢姓聚居且村周修有寨墙而得名。1958 年隶属冯楼大队;1984 年隶属冯楼村至今。位于村委会西南 3.5 千米。东邻乌金村吴家湾,南界耿桥村惠家湾,西至草湾,北连王家湾。总面积 0.1 平方千米,耕地面积 4 公顷。3 户,20 人。主产水稻、小麦、玉米。村落形态呈团状，房屋结构以平房和坡房为主。

移民点【Yímíndiǎn】2010年为南水北调丹江口市均县镇二房院村移民新建，故名。2010年隶属冯楼村至今。位于村委会南100米。东邻碾盘湾，南界罗家湾，西至梅家湾，北连贾家湾。总面积0.2平方千米，耕地面积15.71公顷。21户，90人。主产水稻、小麦、玉米。村落形态呈线状，房屋结构以坡房和楼房为主。

耿桥村【Gěngqiáocūn】

以耿桥自然村命名。1958年为耿桥大队，隶属东风公社；1961年隶属兴隆区；1975年隶属兴隆公社；1984年为耿桥村，隶属兴隆镇至今。位于镇政府西南13千米。东邻乌金村，南界吴店镇赵湖村，西至吴店镇余畈村，北连万楼村。辖15个自然村，总面积5.19平方千米，耕地面积391公顷。232户，780人。主产水稻、小麦、杂粮，兼种果蔬。枣潜高速公路过境，村委会驻耿桥。

陈家湾【Chénjiāwān】 以姓氏命名。因陈姓聚居而得名。1958年隶属耿桥大队；1984年隶属耿桥村至今。位于村委会北300米。东邻乌金村樊家湾，南界耿桥湾，西至小王家湾，北连耿家湾。总面积0.34平方千米，耕地面积27公顷。12户，40人。主产水稻、小麦、玉米。村落形态呈线状，房屋结构以平房和楼房为主。

耿家湾【Gěngjiāwān】 以姓氏命名。因耿姓聚居而得名。1958年隶属耿桥大队；1984年隶属耿桥村至今。位于村委会北500米。东邻乌金村樊家湾，南界陈家湾，西至小王家湾，北连马家湾。总面积0.55平方千米，耕地面积49公顷。24户，90人。主产水稻、小麦、玉米，兼种果蔬。村落形态呈线状，房屋结构以平房和楼房为主。

耿桥【Gěngqiáo】 以姓氏和建筑物综合命名。因耿姓聚居且村前有座石桥而得名。1958年隶属耿桥大队；1984年隶属耿桥村至今。村委会驻地。东邻乌金村樊家湾，南界吴店镇赵湖村严家湾，西至苏家湾，北连陈家湾。总面积0.45平方千米，耕地面积42公顷。26户，90人。主产水稻、小麦、玉米，兼种果树。村落形态呈团状，房屋结构以平房和楼房为主。

惠家湾【Huìjiāwān】 以姓氏命名。因惠姓聚居而得名。1958年隶属耿桥大队；1984年隶属耿桥村至今。位于村委会北2.3千米。东邻乌金村刘家湾，南界马家湾，西至唐家老湾，北连冯楼村舒家湾。总面积0.36平方千米，耕地面积28公顷。13户，50人。主产水稻、小麦、玉米。村落形态呈线状，房屋结构以平房和楼房为主。

廖家湾【Liàojiāwān】 以姓氏命名。因廖姓聚居而得名。1958年隶属耿桥大队；1984年隶属耿桥村至今。位于村委会北3.2千米。东邻冯楼村唐家老湾，南界惠家湾，西至唐家老湾，北连万楼村耿家湾。总面积0.3平方千米，耕地面积26公顷。12户，50人。主产水稻、小麦、玉米。村落形态呈线状，房屋结构以平房和楼房为主。

马家湾【Mǎjiāwān】 以姓氏命名。因马姓聚居而得名。1958年隶属耿桥大队；1984年隶属耿桥村至今。位于村委会北2.6千米。东邻乌金村刘家湾，南界耿家湾，西至唐家老湾，北连惠家湾。总面积0.27平方千米，耕地面积25公顷。9户，30人。主产水稻、小麦、玉米。村落形态呈团状，房屋结构以平房和楼房为主。

上耿家祠堂【Shànggěngjiācítáng】 以方位、姓氏和建筑物综合命名。因该村从耿家祠堂分出，建在岗的上部，故名。1958年隶属耿桥大队；1984年隶属耿桥村至今。位于村委会西北2.4千米。东邻杨家湾，南界中耿家祠堂，西至吴店镇余畈村李家湾，北连万楼村徐家老湾。总面积0.35平方千米，耕地面积27公顷。21户，70人。主产水稻、小麦、玉米。村落形态呈线状，房屋结构以平房和楼房为主。

唐家老湾【Tángjiālǎowān】 以姓氏和时间综合命名。因唐姓聚居且建村较早而得名。1958年隶属耿桥大队；1984年隶属耿桥村至今。位于村委会北2千米。东邻廖家湾，南界耿家湾，西至徐家湾，北连万楼村万家湾。总面积0.4平方千米，耕地面积27公顷。17户，50人。主产水稻、小麦、玉米。村落形态呈线状，房屋结构以楼房和平房为主。

下耿家祠堂【Xiàgěngjiācítáng】 以方位、姓氏和建筑物综合命名。因该村从耿家祠堂分出，建在岗的下部，故名。1958年隶属耿桥大队；1984年隶属耿桥村至今。位于村委会西北2.2千米。东邻小王家湾，南界苏家湾，西至吴店镇余畈村李家湾，北连中耿家祠堂。总面积0.3平方千米，耕地面积22顷。17户，50人。主产水稻、小麦、玉米。村落形态呈线状，房屋结构以平房和坡房为主。

小王家湾【Xiǎowángjiāwān】 以人口和姓氏综合命名。因王姓聚居且人口较少而得名。1958年隶属耿桥大队；1984年隶属耿桥村至今。位于村委会北400米。东邻耿家湾，南界耿桥，西至下耿家祠堂，北连杨家湾。总面积0.2平方千米，耕地面积15公顷。10户，40人。主产水稻、小麦、玉米。村落形态呈团状，房屋结构以坡房和楼房为主。

徐家湾【Xújiāwān】 以姓氏命名。因徐姓聚居而得名。1958年隶属耿桥大队；1984年隶属耿桥村至今。位于村委会西北2.8千米。东邻唐家老湾，南界周庄，西至万楼村徐家老湾，北连万楼村万家湾。总面积0.35平方千米，耕地面积21公顷。16户，50人。主产水稻、小麦、玉米。村落形态呈团状，房屋结构以坡房和楼房为主。

堰角【Yànjiǎo】 以堰塘方位命名。因村建在堰角边而得名。1958年隶属耿桥大队；1984年隶属耿桥村至今。位于村委会北2.1千米。东邻惠家湾，南界唐家老湾，西至周庄，北连万楼村万家湾。总面积0.2平方千米，耕地面积10公顷。3户，10人。主产水稻、小麦、玉米。村落形态呈团状，房屋结构以坡房和楼房为主。

杨家湾【Yángjiāwān】 以姓氏命名。因杨姓聚居而得名。1958年隶属耿桥大队；1984年隶属耿桥村至今。位于村委会西北2.6千米。东邻耿桥村杨家老湾，南界小王家湾，西至上耿家祠堂，北连徐家湾。总面积0.4平方千米，耕地面积20公顷。17户，50人。主产水稻、小麦、玉米。村落形态呈团状，房屋结构以楼房和平房为主。

中耿家祠堂【Zhōnggěngjiācítáng】 以方位、姓氏和建筑物综合命名。因该村位于上、下耿家祠堂中间而得名。1958年隶属耿桥大队；1984年隶属耿桥村至今。位于村委会西北2.3千米。东邻小王家湾，南界下耿家祠堂，西至吴店镇余畈村李家湾，北连上耿家祠堂。总面积0.32平方千米，耕地面积30公顷。19户，60人。主产水稻、小麦、玉米。村落形态呈线状，房屋结构以平房和楼房为主。

周庄【Zhōuzhuāng】 以姓氏命名。因周姓聚居而得名。1958年隶属耿桥大队；1984年隶属耿桥村至今。位于村委会西北 2.7 千米。东邻堰角，南界杨家湾，西至万楼村徐家陈河，北连徐家湾。总面积 0.4 平方千米，耕地面积 22 公顷。16 户，50 人。主产水稻、小麦、玉米。村落形态呈线状，房屋结构以坡房和平房为主。

贺湾村【Hèwāncūn】

以贺家湾自然村命名。1958 年为贺湾大队，隶属东风公社；1961 年隶属兴隆区；1975 年隶属兴隆公社；1984 年为贺湾村，隶属兴隆镇至今。位于镇政府东南 10 千米。东邻陈楼村，南界贺庙村，西至大庙村，北连随阳管理区。辖 13 个自然村，总面积 5.41 平方千米，耕地面积 200.07 公顷。237 户，840 人。主产水稻、小麦、杂粮，兼种果树。枣资公路过境，村委会驻岗上。

陈家楼【Chénjiālóu】 以姓氏和建筑物综合命名。因陈姓聚居且村内盖有楼房而得名。1958 年隶属贺湾大队；1984 年隶属贺湾村至今。位于村委会西 1.5 千米。东邻贾家湾，南界王家湾，西至西河，北连随阳管理区高堤村。总面积 0.5 平方千米，耕地面积 18.5 公顷。20 户，80 人。主产水稻、小麦、玉米，兼种果蔬。村落形态呈团状，房屋结构以楼房和平房为主。

陈家湾【Chénjiāwān】 以姓氏命名。因陈姓聚居而得名。1958 年隶属贺湾大队；1984 年隶属贺湾村至今。位于村委会东 1.5 千米。东邻中楼村贺家湾，南界中楼村新湾，西至竹园，北连万楼村万家湾。总面积 0.16 平方千米，耕地面积 7.3 公顷。6 户，30 人。主产水稻、小麦、玉米。村落形态呈团状，房屋结构以楼房和坡房为主。

岗上【Gǎngshàng】 以地形命名。因村建在岗上而得名。1958 年隶属贺湾大队；1984 年隶属贺湾村至今。村委会驻地。东邻贺家湾，南界李庙村草湾，西至刘家湾，北连南新庄。总面积 0.52 平方千米，耕地面积 20.4 公顷。19 户，70 人。主产水稻、小麦、玉米。村落形态呈团状，房屋结构以楼房和平房为主。

贺家湾【Hèjiāwān】 以姓氏命名。因贺姓聚居而得名。1958 年隶属贺湾大队；1984 年隶属贺湾村至今。位于村委会东 500 米。东邻陈家湾，南界李庙村杨家湾，西至岗上，北连竹园。总面积 0.33 平方千米，耕地面积 13.3 公顷。12 户，40 人。主产水稻、小麦、玉米。村落形态呈线状，房屋结构以楼房和平房为主。

贺家西湾【Hèjiāxīwān】 以姓氏和方位综合命名。因贺姓分居相邻两村，此村在西，故名。1958 年隶属贺湾大队；1984 年隶属贺湾村至今。位于村委会东北 2 千米。东邻贺家湾，南界姚湾，西至岗上，北连王家湾。总面积 0.36 平方千米，耕地面积 16.3 公顷。13 户，60 人。主产水稻、小麦、玉米。村落形态呈团状，房屋结构以楼房和平房为主。

贾家湾【Jiǎjiāwān】 以姓氏命名。因贾姓聚居而得名。1958 年隶属贺湾大队；1984 年隶属贺湾村至今。位于村委会西 1 千米。东邻刘垱水库，南界灵庙村周家湾，西至陈家楼，北连贾家楼。总面积 0.12 平方千米，耕地面积 4.07 公顷。44 户，170 人。主产水稻、小麦、玉米，兼种果蔬。村落形态呈线状，房屋结构以楼房和平房为主。

李家湾【Lǐjiāwān】 以姓氏命名。因李姓聚居而得名。1958 年隶属贺湾大队；1984 年隶属贺湾村至今。位于村委会北 1 千米。东邻王家湾，南界贺家湾，西至王家湾，北连贺家西湾。总面积 0.56 平方千米，耕地面积21.6公顷。20户,70人。主产水稻、小麦、玉米,兼种果蔬。村落形态呈线状,房屋结构以楼房和平房为主。

刘家湾【Liújiāwān】 以姓氏命名。因刘姓聚居而得名。1958年隶属贺湾大队;1984年隶属贺湾村至今。位于村委会西南1千米。东邻岗上,南界王家湾,西至周家湾,北连刘挡沟水库。总面积0.47平方千米,耕地面积17公顷。17户,60人。主产水稻、小麦、玉米。村落形态呈团状,房屋结构以坡房和平房为主。

南新庄【Nánxīnzhuāng】 以方位和时间综合命名。因修兴水库时,新建在库南的村庄,故名。1958年隶属贺湾大队;1984年隶属贺湾村至今。位于村委会北500米。东邻竹园,南界岗上,西至刘挡沟水库,北连王家湾。总面积0.14平方千米,耕地面积5.3公顷。5户,20人。主产水稻、小麦、玉米。村落形态呈线状,房屋结构以楼房和平房为主。

王家湾【Wángjiāwān】 以姓氏命名。因王姓聚居而得名。1958年隶属贺湾大队;1984年隶属贺湾村至今。位于村委会北600米。东邻李家湾,南界南新庄,西至刘挡沟水库,北连随阳管理区东岗村南岗。总面积0.5平方千米,耕地面积17.8公顷。18户,20人。主产水稻、小麦、玉米。村落形态呈线状,房屋结构以楼房和平房为主。

姚湾【Yáowān】 以姓氏命名。因姚姓聚居而得名。1958年隶属贺湾大队;1984年隶属贺湾村至今。位于村委会东北2千米。东邻陈楼村车子湾,南界陈家湾,西至竹园,北连贺家西湾。总面积0.22平方千米,耕地面积9.8公顷。8户,30人。主产水稻、小麦、玉米。村落形态呈散状,房屋结构以楼房和平房为主。

周家湾【Zhōujiāwān】 以姓氏命名。因周姓聚居而得名。1958年隶属贺湾大队;1984年隶属贺湾村至今。位于村委会东1.2千米。东邻陈家湾,南界李庙村杨家湾,西至竹园,北连贺家湾。总面积0.31平方千米,耕地面积10公顷。11户,60人。主产水稻、小麦、玉米。村落形态呈团状,房屋结构以楼房和平房为主。

竹园【Zhúyuán】 以植物命名。因村内竹子多而得名。1958年隶属贺湾大队;1984年隶属贺湾村至今。位于村委会东1.1千米。东邻陈家湾,南界贺家湾,西至南新庄,北连随阳管理区东岗村黄家湾。总面积1.22平方千米,耕地面积38.7公顷。44户,130人。主产水稻、小麦、玉米,兼种果蔬。村落形态呈团状,房屋结构以楼房和平房为主。

红花村【Hónghuācūn】

以红花店自然村命名。1958年为红花大队,隶属东风公社;1961年隶属兴隆区;1975年隶属兴隆公社;1984年为红花村,隶属兴隆镇至今。位于镇政府西5千米。东邻杨楼社区,南界大庙村,西至白土社区,北连刘开镇杉树林村。辖17个自然村,总面积4.95平方千米,耕地面积388公顷。383户,1610人。主产水稻、小麦、杂粮。316国道过境,村委会驻316国道520库路口。

操家湾【Cāojiāwān】 以姓氏命名。因操姓聚居而得名。1958年隶属红花大队;1984年隶属红花村至今。位于村委会南500米。东邻侯家湾,南界文家湾,西至胡家湾,北连袁家湾。总面积0.1平方千米,耕地面积 3.2 公顷。5 户，30 人。主产水稻、小麦、玉米，兼种棉花、花生。村落形态呈散状，房屋结构以坡房和平房为主。

陈家湾【Chénjiāwān】 以姓氏命名。因陈姓聚居而得名。1958 年隶属白土大队；1959 年隶属红花大队；1984 年隶属红花村至今。位于村委会北 500 米。东邻 316 国道，南界袁家湾，西至红花铺，北连沈家湾。总面积 0.85 平方千米，耕地面积 80 公顷。65 户，270 人。主产水稻、小麦、玉米，兼种棉花、花生、芝麻。村落形态呈散状，房屋结构以坡房和平房为主。

红花店【Hónghuādiàn】 以店铺和花草综合命名。因村内曾开过饭店，店前植有红花，故名。1958 年隶属红花大队；1984 年隶属红花村至今。位于村委会南 500 米。东邻杨楼社区吴家湾，南界黄家湾，西至侯家湾，北连红花村委会办公室。总面积 0.2 平方千米，耕地面积 10 公顷。15 户，60 人。主产水稻、小麦、玉米，兼种棉花、花生。村落形态呈散状，房屋结构以楼房和平房为主。

红花铺【Hónghuāpù】 以集市命名。因中华人民共和国成立前从兴隆到枣阳必经之路要经过红花铺，故名。1958 年隶属白土大队；1959 年隶属红花大队；1984 年隶属红花村至今。位于村委会西北 1 千米。东邻红花小学，南界黄家湾，西至宋家楼，北连杨家楼。总面积 0.4 平方千米，耕地面积 30 公顷。18 户，120 人。主产水稻、小麦、玉米，兼种棉花、花生、芝麻。村落形态呈散状，房屋结构以坡房和平房为主。

侯家湾【Hóujiāwān】 以姓氏命名。因侯姓聚居而得名。1958 年隶属红花大队；1984 年隶属红花村至今。位于村委会南 500 米。东邻吴家湾，南界黄家湾，西至操家湾，北连村委会。总面积 0.3 平方千米，耕地面积 25.6 公顷。58 户，180 人。主产水稻、小麦、玉米，兼种棉花、花生、油菜。村落形态呈散状，房屋结构以坡房、平房和楼房为主。

胡家湾【Hújiāwān】 以姓氏命名。因胡姓聚居而得名。1958 年隶属红花大队；1984 年隶属红花村至今。位于村委会南 1.2 千米。东邻侯家湾，南界操家湾，西至张家湾，北连袁家湾。总面积 0.4 平方千米，耕地面积 32 公顷。18 户，90 人。主产水稻、小麦、玉米，兼种棉花、花生。村落形态呈散状，房屋结构以坡房和平房为主。

黄家湾【Huángjiāwān】 以姓氏命名。因黄姓聚居而得名。1958 年隶属白土大队；1959 年隶属红花大队；1984 年隶属红花村至今。位于村委会北 2.5 千米。东邻袁家湾，南界红花铺，西至小柏湾，北连 316 国道。总面积 0.35 平方千米，耕地面积 30 公顷。41 户，130 人。主产水稻、小麦、玉米，兼种棉花、花生、芝麻。村落形态呈散状，房屋结构以平房和坡房为主。

李家湾【Lǐjiāwān】 以姓氏命名。因李姓聚居而得名。1958 年隶属白土大队；1959 年隶属红花大队；1984 年隶属红花村至今。位于村委会西 2 千米。东邻宋家楼，南界 520 仓库，西至柏湾村柏家湾，北连白土村上楼。总面积 0.2 平方千米，耕地面积 15 公顷。10 户，30 人。主产水稻、小麦、玉米，兼种棉花、花生、芝麻。村落形态呈散状，房屋结构以楼房和平房为主。

毛家湾【Máojiāwān】 以姓氏命名。因毛姓聚居而得名。1958 年隶属红花大队；1984 年隶属红花村至今。位于村委会南 2 千米。东邻文家湾，南界大庙村张家湾，西至柏湾村黄家寨，北连张家湾。总面积 0.3 平方千米，耕地面积 21 公顷。16 户，80 人。主产水稻、小麦、玉米，兼种果蔬。村落形态呈散状，房屋结构以坡房和平房为主。

神仙凸【Shénxiāntū】 以传说命名。因村建在山的隆起的高处而得名。相传,有一神仙到过此地,凸上有数十平方米的地方无蚊虫,故名。1958年隶属白土大队;1959年隶属红花大队;1984年隶属红花村至今。位于村委会西50米。东邻袁家湾,南界520仓库,西至黄家湾,北连红花小学。总面积0.2平方千米,耕地面积10公顷。12户,40人。主产水稻、小麦、玉米,兼种棉花、花生、芝麻。村落形态呈散状,房屋结构以坡房和平房为主。

沈家湾【Shěnjiāwān】 以姓氏命名。因沈姓聚居而得名。1958年隶属白土大队;1959年隶属红花大队;1984年隶属红花村至今。位于村委会北2.5千米。东邻刘升镇杉树林村杨家湾,南界陈家湾,西至红花村黄家湾,北连杉树林粮库。总面积0.3平方千米,耕地面积24公顷。24户,90人。主产水稻、小麦、玉米。村落形态呈散状,房屋结构以坡房为主。

宋家楼【Sòngjiālóu】 以姓氏和建筑物综合命名。因宋姓聚居且村内建有楼房而得名。1958年隶属白土大队;1959年隶属红花大队;1984年隶属红花村至今。位于村委会西南1.5千米。东邻红花铺,南界黄家湾,西至李家湾,北连白土村上楼。总面积0.3平方千米,耕地面积20公顷。26户,90人。主产水稻、小麦、玉米,兼种棉花、花生。村落形态呈散状,房屋结构以坡房和平房为主。

田家油坊【Tiánjiāyóufáng】 以姓氏和作坊综合命名。因田姓聚居且村内开过油坊而得名。1958年隶属田湾大队(刘升镇);1982年隶属红花大队;1984年隶属红花村至今。位于村委会东北800米。东邻杨楼村徐家湾,南界水帘洞花果山,西至陈家湾,北连徐家油坊。总面积0.2平方千米,耕地面积19公顷。16户,80人。主产水稻、小麦、玉米,兼种棉花、花生、油菜。村落形态呈散状,房屋结构以平房和坡房为主。

文家湾【Wénjiāwān】 以姓氏命名。因文姓聚居而得名。1958年隶属红花大队;1984年隶属红花村至今。位于村委会南800米。东邻侯家湾,南界毛家湾,西至毛家湾,北连操家湾。总面积0.15平方千米,耕地面积10.2公顷。12户,60人。主产水稻、小麦、玉米,兼种棉花、花生。村落形态呈散状,房屋结构以坡房、平房和楼房为主。

小柏湾【Xiǎobǎiwān】 以姓氏命名。因黄姓聚居而得名。1958年隶属白土大队;1959年隶属红花大队;1984年隶属红花村至今。位于村委会西北2.7千米。东邻黄家湾,南界红花铺,西至地毯科技有限公司,北连锦红粉体。总面积0.1平方千米,耕地面积8公顷。4户,20人。主产水稻、小麦、玉米,兼种棉花、花生、芝麻。村落形态呈散状,房屋结构以平房和坡房为主。

徐家油坊【Xújiāyóufáng】 以姓氏和作坊综合命名。因徐姓聚居且村内开过油坊而得名。1958年隶属田湾大队(刘升镇);1982年隶属红花大队;1984年隶属红花村至今。位于村委会北1千米。东邻杨楼村杨楼,南界田家油坊,西至陈家湾,北连刘升镇杉树林村袁家湾。总面积0.2平方千米,耕地面积18公顷。17户,90人。主产水稻、小麦、玉米,兼种棉花、花生、油菜。村落形态呈散状,房屋结构以平房、坡房和楼房为主。

袁家湾【Yuánjiāwān】 以姓氏命名。因袁姓聚居而得名。1958年隶属红花大队;1984年隶属红花村至今。位于村委会东1千米。东邻侯家湾,南界胡家湾,西至520库区,北连小胡家湾。总面积0.2平方千米,耕地面积16公顷。10户,70人。主产水稻、小麦、玉米,兼种棉花、花生、芝麻、果蔬。村落形态呈散状,房屋结构以坡房和平房为主。

张家湾【Zhāngjiāwān】 以姓氏命名。因张姓聚居而得名。1958年隶属红花大队；1984年隶属红花村至今。位于村委会南2千米。东邻胡家湾，南界毛家湾，西至柏湾村黄家寨，北连520库区。总面积0.2平方千米，耕地面积16公顷。16户，80人。主产水稻、小麦、玉米，兼种果蔬。村落形态呈散状，房屋结构以坡房和平房为主。

亢老湾村【Kànglǎowāncūn】

以亢家老湾自然村命名。1958年为亢老湾大队，隶属东风公社；1961年隶属兴隆区；1975年隶属兴隆公社；1984年为亢老湾村，隶属兴隆镇至今。位于镇政府东南6千米。东邻随阳管理区孙湾村，南界随阳管理区高堤村，西至刘畈村，北连兴隆村。辖8个自然村，总面积4.44平方千米，耕地面积167.1公顷。484户，1879人。主产水稻、小麦、杂粮。汉丹铁路、316国道过境，村委会驻亢老湾。

橙子园【Chéngziyuán】 以植物命名。因村内有个橙子园而得名。1958年隶属亢老湾大队；1984年隶属亢老湾村至今。位于村委会东1千米。东邻段家湾，南界大李家湾，西至大李家湾，北连兴隆村畅家湾。总面积0.5平方千米，耕地面积12.7公顷。48户，200人。主产水稻、小麦、玉米，兼种果树。村落形态呈团状，房屋结构以平房和楼房为主。

大李家湾【Dàlǐjiāwān】 以人口和姓氏综合命名。因李姓聚居且人口较多而得名。1958年隶属亢老湾大队；1984年隶属亢老湾村至今。位于村委会东500米。东邻段家湾，南界亢家老湾，西至刘畈村小庄，北连兴隆村畅家湾。总面积0.57平方千米，耕地面积26.7公顷。88户，330人。主产水稻、小麦、玉米，兼种果树。村落形态呈团状，房屋结构以平房和楼房为主。

段家湾【Duànjiāwān】 以姓氏命名。因段姓聚居而得名。1958年隶属亢老湾大队；1984年隶属亢老湾村至今。位于村委会东1.5千米。东邻随阳管理区亢湾村亢湾，南界栗树湾，西至橙子园，北连南李家湾。总面积0.3平方千米，耕地面积10公顷。38户，110人。主产水稻、小麦、玉米。村落形态呈团状，房屋结构以平房和楼房为主。

亢家老湾【Kàngjiālǎowān】 以时间和姓氏综合命名。因亢姓聚居且建村时间较早而得名。1958年隶属亢老湾大队；1984年隶属亢老湾村至今。位于村委会南1.5千米。东邻楸树湾，南界下畈上湾，西至刘畈村小庄，北连大李家湾。总面积0.58平方千米，耕地面积26.7公顷。76户，260人。主产水稻、小麦、玉米，兼种果树。村落形态呈团状，房屋结构以平房和楼房为主。

栗树湾【Lìshùwān】 以植物命名。因村内栗树较多而得名。1958年隶属亢老湾大队；1984年隶属亢老湾村至今。位于村委会东1.4千米。东邻随阳管理区亢湾村亢湾，南界随阳管理区孙湾村孙家湾，西至橙子园，北连段家湾。总面积0.5平方千米，耕地面积10公顷。30户，150人。主产水稻、小麦、玉米，兼种果树。村落形态呈团状，房屋结构以平房和楼房为主。

南李家湾【Nánlǐjiāwān】 以方位和姓氏综合命名。因李姓人分居南、北两个湾，此村在南，故名。1958年隶属亢老湾大队；1984年隶属亢老湾村至今。位于村委会东北1.5千米。东邻随阳管理区刘湾村刘家湾，南界栗树湾，西至橙子园，北连兴隆村东李家湾。总面积0.71平方千米，耕地面积28.4公顷。64

户，250人。主产水稻、小麦、玉米。村落形态呈团状，房屋结构以平房和楼房为主。

楸树湾【Qiūshùwān】 以植物命名。因村内有一棵大楸树而得名。1958年隶属亢老湾大队；1984年隶属亢老湾村至今。位于村委会南2千米。东邻随阳管理区董湾村董湾，南界下畈上湾，西至亢家老湾，北连大李家湾。总面积0.57平方千米，耕地面积24.2公顷。76户，329人。主产水稻、小麦、玉米，兼种果树。村落形态呈团状，房屋结构以平房和楼房为主。

下畈上湾【Xiàfànshàngwān】 以方位和地形综合命名。因村建在两河夹一畈的下部而得名。1958年隶属亢老湾大队；1984年隶属亢老湾村至今。位于村委会南2.5千米。东邻随阳管理区高堤村辛庄，南界柏树村庄口湾，西至柏树村孙家巷，北连楸树湾。总面积0.71平方千米，耕地面积28.4公顷。64户，250人。主产水稻、小麦、玉米，兼种果树。村落形态呈团状，房屋结构以平房和楼房为主。

李庙村【Lǐmiàocūn】

因李姓大户在本村建有一座大寺庙（20世纪50年代被拆除），故名。1958年为李庙大队，隶属伟大公社；1961年隶属资山区；1975年隶属兴隆公社；1984年为李庙村，隶属兴隆镇至今。位于镇政府东南12千米。东邻中楼村，南界王城镇王城社区，西至灵庙村，北连贺湾村。辖23个自然村，总面积7.7平方千米，耕地面积215公顷。247户，992人。主产水稻、小麦、杂粮，兼种果蔬。汉丹铁路过境，村委会驻茂树湾。

蔡家湾【Càijiāwān】 以姓氏命名。因蔡姓聚居而得名。1958年隶属李庙大队；1984年隶属李庙村至今。位于村委会西南2千米。东邻吴家湾，南界冯岗村大蔡家湾，西至灵庙村下老湾，北连崖子湾。总面积0.4方千米，耕地面积13公顷。10户，40人。主产水稻、小麦、玉米。村落形态呈线状，房屋结构以坡房和楼房为主。

草湾【Cǎowān】 以建筑物特点命名。因初建村时都是草屋而得名。1958年隶属李庙大队；1984年隶属李庙村至今。位于村委会东北500米。东邻谢家湾，南界茂树湾，西至李家楼，北连贺湾村岗上。总面积0.3平方千米，耕地面积21公顷。21户，80人。主产水稻、小麦、玉米，兼种果蔬。村落形态呈团状，房屋结构以楼房和坡房为主。

草湾【Cǎowān】 以建筑物特点命名。因初建村时都是草屋而得名。1958年隶属李庙大队；1984年隶属李庙村至今。位于村委会南2千米。东邻王城镇王城社区周家楼，南界大莲花堰，西至杈子树湾，北连彭家湾。总面积0.2平方千米，耕地面积5公顷。8户，30人。主产水稻、小麦、玉米。村落形态呈团状，房屋结构以平房和坡房为主。

杈子树湾【Chāzishùwān】 以植物特点命名。因村内长有很多杈子树而得名。1958年隶属李庙大队；1984年隶属李庙村至今。位于村委会西南2千米。东邻草湾，南界井湾，西至冯岗村大蔡家湾，北连吴家湾。总面积0.2平方千米，耕地面积9公顷。12户，50人。主产水稻、小麦、玉米。村落形态呈线状，房屋结构以楼房和坡房为主。

大莲花堰【Dàliánhuāyàn】 以面积、植物和堰塘综合命名。因村内有口大莲花堰而得名。1958年隶属李庙大队；1984年隶属李庙村至今。位于村委会南2.5千米。东邻王城镇王城社区庙湾，南界王城镇王城社区西寨，西至大莲花堰，北连草湾。总面积0.5平方千米，耕地面积5公顷。6户，20人。主产水稻、小麦、玉米。村落形态呈线状，房屋结构以楼房为主。

家鱼堰【Jiāyúyàn】　以动物和堰塘综合命名。因村内堰塘擅长养家鱼而得名。1958年隶属李庙大队；1984年隶属李庙村至今。位于村委会东1千米。东邻中楼村李家湾，南界王城镇周家楼，西至周家湾，北连谢家湾。总面积0.5平方千米，耕地面积15公顷。19户，70人。主产水稻、小麦、玉米。村落形态呈团状，房屋结构以平房和坡房为主。

井湾【Jǐngwān】　以水井命名。因村内有一眼清水井而得名。1958年隶属李庙大队；1984年隶属李庙村至今。位于村委会西南2.7千米。东邻大莲花堰，南界王城镇王城社区西寨，西至冯岗村南湾，北连权子树湾。总面积0.3平方千米，耕地面积5公顷。8户，30人。主产水稻、小麦、玉米。村落形态呈散状，房屋结构以坡房为主。

李家楼【Lǐjiālóu】　以姓氏和建筑物综合命名。因李姓聚居且村内盖有楼房而得名。1958年隶属李庙大队；1984年隶属李庙村至今。位于村委会北600米。东邻草湾，南界茂树湾，西至王家湾，北连贺湾村刘家湾。总面积0.3平方千米，耕地面积7公顷。7户，30人。主产水稻、小麦、玉米。村落形态呈散状，房屋结构以平房和坡房为主。

栗树湾【Lìshùwān】　以植物命名。因村内有棵大栗树而得名。1958年隶属李庙大队；1984年隶属李庙村至今。位于村委会西南2.2千米。东邻草湾，南界大莲花堰，西至权子树湾，北连吴家湾。总面积0.3平方千米，耕地面积6公顷。6户，20人。主产水稻、小麦、玉米。村落形态呈散状，房屋结构以坡房为主。

刘家湾【Liújiāwān】　以姓氏命名。因刘姓聚居而得名。1958年隶属李庙大队；1984年隶属李庙村至今。位于村委会南600米。东邻土楼子湾，南界彭家湾，西至雀子湾，北连茂树家湾。总面积0.4平方千米，耕地面积7公顷。8户，40人。主产水稻、小麦、玉米。村落形态呈散状，房屋结构以平房和坡房为主。

茂树湾【Màoshùwān】　以植物命名。因村内树木生长茂密而得名。1958年隶属李庙大队；1984年隶属李庙村至今。村委会驻地。东邻周家湾，南界楼子湾，西至灵庙村下老湾，北连松坡湾。总面积0.3平方千米，耕地面积3公顷。8户，40人。主产水稻、小麦、玉米。村落形态呈散状，房屋结构以平房和坡房为主。

彭家湾【Péngjiāwān】　以姓氏命名。因彭姓聚居而得名。1958年隶属李庙大队；1984年隶属李庙村至今。位于村委会南1千米。东邻王城镇王城社区周家楼，南界草湾，西至吴家湾，北连土楼子湾。总面积0.3平方千米，耕地面积12公顷。8户，40人。主产水稻、小麦、玉米。村落形态呈散状，房屋结构以坡房为主。

雀子湾【Quèziwān】　以动物命名。因村内树木茂盛，雀鸟常在此地栖息，故名。1958年隶属李庙大队；1984年隶属李庙村至今。位于村委会西南1千米。东邻刘家湾，南界蔡家湾，西至灵庙村下老湾，北连油坊湾。总面积0.3平方千米，耕地面积17公顷。20户，70人。主产水稻、小麦、玉米。村落形态呈线状，房屋结构以楼房和坡房为主。

松坡湾【Sōngpōwān】 以植物和地形综合命名。因村建在长满松树的岗坡上而得名。1958年隶属李庙大队；1984年隶属李庙村至今。位于村委会北500米。东邻草湾，南界茂树湾，西至油坊湾，北连王家湾。总面积0.3平方千米，耕地面积4公顷。4户，20人。主产水稻、小麦、玉米。村落形态呈散状，房屋结构以平房和坡房为主。

土楼子湾【Tǔlóuziwān】 以建筑物特点命名。因村内的土楼子而得名。1958年隶属李庙大队；1984年隶属李庙村至今。位于村委会南500米。东邻中楼村李家湾，南界彭家湾，西至刘家湾，北连茂树湾。总面积0.2平方千米，耕地面积10公顷。14户，50人。主产水稻、小麦、玉米。村落形态呈团状，房屋结构以平房和坡房为主。

王家湾【Wángjiāwān】 以姓氏物命名。因王姓聚居而得名。1958年隶属李庙大队；1984年隶属李庙村至今。位于村委会西北1.1千米。东邻李家楼，南界油坊湾，西至灵庙村陈家岗，北连贺湾村刘家湾。总面积0.2平方千米，耕地面积10公顷。13户，50人。主产水稻、小麦、玉米。村落形态呈线状，房屋结构以平房和坡房为主。

吴家湾【Wújiāwān】 以姓氏命名。因吴姓聚居而得名。1958年隶属李庙大队；1984年隶属李庙村至今。位于村委会西南1.5千米。东邻家彭家湾，南界权子树湾，西至蔡家湾，北连刘家湾。总面积0.4平方千米，耕地面积4公顷。5户，20人。主产水稻、小麦、玉米。村落形态呈散状，房屋结构以坡房为主。

小莲花堰【Xiǎoliánhuāyàn】 以面积、植物和堰塘综合命名。因莲花种植面积较小而得名。1958年隶属李庙大队；1984年隶属李庙村至今。位于村委会西南2.4千米。东邻大莲花堰，南界王城镇王城社区西寨，西至冯岗村南湾，北连栗树湾。总面积0.3平方千米，耕地面积5公顷。6户，22人。主产水稻、小麦、玉米，兼种果蔬。村落形态呈散状，房屋结构以坡房为主。

谢家湾【Xièjiāwān】 以姓氏命名。因谢姓聚居而得名。1958年隶属李庙大队；1984年隶属李庙村至今。位于村委会东北1千米。东邻杨家湾，南界周家湾，西至草湾，北连贺湾村贺家湾。总面积0.6平方千米，耕地面积17公顷。21户，80人。主产水稻、小麦、玉米，兼种果蔬。村落形态呈团状，房屋结构以楼房和坡房为主。

杨家湾【Yángjiāwān】 以姓氏命名。因杨姓聚居而得名。1958年隶属李庙大队；1984年隶属李庙村至今。位于村委会东北1.5千米。东邻中楼村贺家湾，南界周家湾，西至谢家湾，北连贺湾村竹园。总面积0.4平方千米，耕地面积10公顷。10户，50人。主产水稻、小麦、玉米。村落形态呈线状，房屋结构以楼房和坡房为主。

杨家湾【Yángjiāwān】 以姓氏命名。因杨姓聚居而得名。1958年隶属李庙大队；1984年隶属李庙村至今。位于村委会东北600米。东邻谢家湾，南界周家湾，西至草湾，北连贺湾村岗上。总面积0.2平方千米，耕地面积5公顷。2户，10人。主产水稻、小麦、玉米。村落形态呈散状，房屋结构以楼房和坡房为主。

油坊湾【Yóufángwān】 以作坊命名。因李姓在此开过油坊而得名。1958年隶属李庙大队；1984年隶属李庙村至今。位于村委会西北1千米。东邻松坡湾，南界雀子湾，西至灵庙村上老湾，北连贺湾村新湾。总面积0.3平方千米，耕地面积10公顷。13户，50人。主产水稻、小麦、玉米。村落形态呈团状，房屋结构以楼房和坡房为主。

周家湾【Zhōujiāwān】 以姓氏命名。因周姓聚居而得名。1958年隶属李庙大队；1984年隶属李庙村至今。位于村委会东600米。东邻家鱼堰，南界土楼子湾，西至茂树湾，北连草湾。总面积0.5平方千米，耕地面积15公顷。18户，80人。主产水稻、小麦、玉米。村落形态呈线状，房屋结构以平房和坡房为主。

刘畈村【Liúfàncūn】

以刘家畈自然村命名。1958年为和平大队，隶属东风公社；1961年隶属兴隆区；1975年隶属兴隆公社；1980年为刘畈大队，隶属兴隆公社；1984年为刘畈村，隶属兴隆镇至今。位于镇政府南1.5千米。东邻亢老湾村，南界柏树村，西至大庙村，北连兴隆村。辖5个自然村，总面积2.1平方千米，耕地面积183公顷。300户，1440人。主产水稻、小麦、杂粮。村委会驻上方家湾。

刘家畈【Liújiāfàn】 以姓氏和地形综合命名。因刘姓聚居畈上而得名。1958年隶属和平大队；1980年隶属刘畈大队；1984年隶属李庙村至今。位于村委会西北1千米。东邻刘家小庄，南界下方家湾，西至大庙村孙家湾，北连汉丹铁路。总面积0.7平方千米，耕地面积67.7公顷。84户，380人。主产水稻、小麦、玉米。村落形态呈散状，房屋结构以平房和楼房为主。

刘家小庄【Liújiāxiǎozhuāng】 以姓氏和村规模综合命名。因刘姓聚居且村较小而得名。1958年隶属和平大队；1980年隶属刘畈大队；1984年隶属李庙村至今。位于村委会北500米。东邻亢老湾村海鸿化工厂，南界下方家湾，西至刘家畈，北连兴隆集镇。总面积0.3平方千米，耕地面积28公顷。82户，360人。主产水稻、小麦、玉米。村落形态呈散状，房屋结构以平房和楼房为主。

南河坝小区【Nánhébàxiǎoqū】 2012年因迁村腾地在南河坝旁新建居民而得名。2012年隶属李庙村至今。位于村委会北2千米。东邻亢老湾村大李家湾，南界汉丹铁路，西至兴隆盐矿厂，北连兴隆集镇。总面积0.2平方千米，无耕地。40户，230人。村落形态呈线状，房屋结构以楼房为主。

上方家湾【Shàngfāngjiāwān】 以姓氏和方位综合命名。因方姓聚居相邻两村，此村位北，故名。1958年隶属和平大队；1980年隶属刘畈大队；1984年隶属李庙村至今。村委会驻地。东邻亢老湾村孙家湾，南界下方家湾，西至刘家畈，北连刘家小庄。总面积0.5平方千米，耕地面积49公顷。69户，290人。主产水稻、小麦、玉米。村落形态呈散状，房屋结构以平房和楼房为主。

下方家湾【Xiàfāngjiāwān】 以姓氏和方位综合命名。因方姓聚居，相邻两村，此村位南，故名。1958年隶属和平大队；1980年隶属刘畈大队；1984年隶属李庙村至今。位于村委会西南1.5千米。东邻柏树村孙家巷，南界柏树村下油坊店，西至柏树村张家东湾，北连上方家湾。总面积0.4平方千米，耕地面积38.3公顷。25户，180人。主产水稻、小麦、玉米。村落形态呈散状，房屋结构以平房和楼房为主。

灵庙村【Língmiàocūn】

以传说命名。在本村下岗100米处曾有一座小庙，附近开有茶馆，来往客商为了生意兴隆，很多人在此烧香祈福，据说十分灵验，久而久之人们将其称之为灵庙。1958 年为灵庙大队，隶属伟大公社；1961 年隶属资山区；1975 年隶属兴隆公社；1984 年为灵庙村，隶属兴隆镇至今。位于镇政府东南 7 千米。东邻李庙村，南界冯岗村，西至大西村，北连贺湾村。辖 16 个自然村，总面积 5.3 平方千米，耕地面积 445.51 公顷。490 户，1910 人。主产水稻、小麦、杂粮，兼种果蔬。枣资公路、汉十高铁过境，村委会驻下老湾。

柏湾【Bǎiwān】　以植物命名。因村周围柏树较多而得名。1958 年隶属灵庙大队；1984 年隶属灵庙村至今。位于村委会西北 1.6 千米。东邻上老湾，南界草湾，西至大西村吴家湾，北连汪家湾。总面积 0.15 平方千米，耕地面积 6.34 公顷。5 户，30 人。主产水稻、小麦、玉米，兼种果蔬。村落形态呈散状，房屋结构以平房和楼房为主。

草庄【Cǎozhuāng】　以建筑物特点命名。因原村内全是草房而得名。1958 年隶属灵庙大队；1984 年隶属灵庙村至今。位于村委会北 1 千米。东邻台子湾，南界栎树湾，西至梅家湾，北连柏湾。总面积 0.25 平方千米，耕地面积 20 公顷。20 户，110 人。主产水稻、小麦、玉米，兼种果蔬。村落形态呈散状，房屋结构以坡房和楼房为主。

程家岗【Chéngjiāgǎng】　以姓氏和地形综合命名。因程姓聚居岗上而得名。1958 年隶属灵庙大队；1984 年隶属灵庙村至今。位于村委会北 1.7 千米。东邻新庄，南界上老湾，西至汪家湾，北连贺湾村贾家湾。总面积 0.14 平方千米，耕地面积 13.2 公顷。15 户，50 人。主产水稻、小麦、玉米。村落形态呈散状，房屋结构以平房和楼房为主。

东湾【Dōngwān】　以方位命名。因建于岗东而得名。1958 年隶属灵庙大队；1984 年隶属灵庙村至今。位于村委会西 700 米。东邻下老湾，南界冯岗村西湾，西至大堰村麻杆堰，北连夹湾。总面积 0.04 平方千米，耕地面积 2 公顷。4 户，10 人。主产水稻、小麦、玉米，兼种果蔬。村落形态呈散状，房屋结构以坡房和楼房为主。

夹湾【Jiāwān】　以方位命名。因建于东湾与肖家庄中间而得名。1958 年隶属灵庙大队；1984 年隶属灵庙村至今。位于村委会西 400 米。东邻下老湾，南界东湾，西至姚湾，北连肖家庄。总面积 0.14 平方千米，耕地面积 13.3 公顷。20 户，70 人。主产水稻、小麦、玉米。村落形态呈线状，房屋结构以平房和楼房为主。

栎树湾【Lìshùwān】　以植物命名。因村周围栎树较多而得名。1958 年隶属灵庙大队；1984 年隶属灵庙村至今。位于村委会西北 1 千米。东邻台子湾，南界姚湾，西至孙家湾，北连草湾。总面积 0.2 平方千米，耕地面积 10 公顷。10 户，30 人。主产水稻、小麦、玉米。村落形态呈团状，房屋结构以坡房和平房为主。

罗家冲【Luójiāchōng】　以姓氏和地形综合命名。因罗姓居住冲旁而得名。1958 年隶属灵庙大队；1984 年隶属灵庙村至今。位于村委会西北 2 千米。东邻汪家湾，南界梅家湾，西至大西村辛家湾，北连贺湾村贾家湾。总面积 0.3 平方千米，耕地面积 28 公顷。22 户，80 人。主产水稻、小麦、玉米，兼种果蔬。村落形态呈散状，房屋结构以平房和楼房为主。

梅家湾【Méijiāwān】 以姓氏命名。因梅姓聚居而得名。1958年隶属灵庙大队；1984年隶属灵庙村至今。位于村委会西北1.5千米。东邻草湾，南界孙家湾，西至大西村吴家湾，北连罗家冲。总面积0.19平方千米，耕地面积17.3公顷。25户，90人。主产水稻、小麦、玉米，兼种果蔬。村落形态呈散状，房屋结构以平房和坡房为主。

上老湾【Shànglǎowān】 以地形命名。因谢姓最早聚居岗上而得名。1958年隶属灵庙大队；1984年隶属灵庙村至今。位于村委会东北1千米。东邻李庙村油坊湾，南界下老湾，西至台子湾，北连程家岗。总面积0.3平方千米，耕地面积23.5公顷。21户，88人。主产水稻、小麦、玉米，兼种果蔬。村落形态呈线状，房屋结构以平房和楼房为主。

孙家湾【Sūnjiāwān】 以姓氏命名。因孙姓聚居而得名。1958年隶属灵庙大队；1984年隶属灵庙村至今。位于村委会西北1.3千米。东邻台子湾，南界大堰村柿子园，西至大西村吴家湾，北连梅家湾。总面积0.55平方千米，耕地面积42.6公顷。48户，150人。主产水稻、小麦、玉米，兼种果蔬。村落形态呈散状，房屋结构以平房和楼房为主。

台子湾【Táiziwān】 以地形命名。因村建在较高的台地上而得名。1958年隶属灵庙大队；1984年隶属灵庙村至今。位于村委会北300米。东邻上老湾，南界下老湾，西至孙家湾，北连汪家湾。总面积1.4平方千米，耕地面积138.4公顷。163户，660人。主产水稻、小麦、玉米，兼种果蔬。村落形态呈线状，房屋结构以楼房为主。

汪家湾【Wāngjiāwān】 以姓氏命名。因汪姓聚居而得名。1958年隶属灵庙大队；1984年隶属灵庙村至今。位于村委会北1.6千米。东邻程家岗，南界柏湾，西至罗家冲，北连贺湾村陈家楼。总面积0.17平方千米，耕地面积16.7公顷。13户，50人。主产水稻、小麦、玉米，兼种果蔬。村落形态呈散状，房屋结构以楼房和坡房为主。

下老湾【Xiàlǎowān】 以方位和时间综合命名。因谢姓最早聚居岗下而得名。1958年隶属灵庙大队；1984年隶属灵庙村至今。村委会驻地。东邻李庙村雀子湾，南界冯岗村柿子园，西至夹湾，北连上老湾。总面积0.89平方千米，耕地面积77.2公顷。82户，330人。主产水稻、小麦、玉米，兼种果蔬。村落形态呈线状，房屋结构以楼房为主。

肖家庄【Xiāojiāzhuāng】 以姓氏和地形综合命名。因肖姓聚居而得名。1958年隶属灵庙大队；1984年隶属灵庙村至今。位于村委会西北1千米。东邻台子湾，南界夹湾，西至姚湾，北连草庄。总面积0.08平方千米，耕地面积1.8公顷。3户，7人。主产水稻、小麦、玉米，兼种果蔬。村落形态呈线状，房屋结构以楼房为主。

新庄【Xīnzhuāng】 以时间命名。因1969年新建而得名。1969年隶属灵庙大队；1984年隶属灵庙村至今。位于村委会北1.8千米。东邻贺湾村刘家湾，南界上老湾，西至程家岗，北连贺湾村贾家湾。总面积0.3平方千米，耕地面积26.27公顷。30户，130人。主产水稻、小麦、玉米，兼种果蔬。村落形态呈线状，房屋结构以平房和坡房为主。

姚湾【Yáowān】 以姓氏和地形综合命名。因姚姓聚居而得名。1958年隶属灵庙大队；1984年隶属灵庙村至今。位于村委会西北1.2千米。东邻肖家庄，南界大堰村麻杆堰，西至孙家湾，北连栎树湾。总面积 0.2 平方千米，耕地面积 8.9 公顷。9 户，25 人。主产水稻、小麦、玉米，兼种果蔬。村落形态呈团状，房屋结构以平房和楼房为主。

旗杆村【Qígāncūn】

以西旗杆湾自然村命名。1958 年为前进大队，隶属东风公社；1959 年为旗杆大队；1961 年隶属兴隆区；1975 年隶属兴隆公社；1984 年为旗杆村，隶属兴隆镇至今。位于镇政府西南 6 千米。东邻柏树村，南界大西村，西至冯楼村，北连大庙村。辖 15 个自然村，总面积 4.46 平方千米，耕地面积 323 公顷。270 户，1110 人。主产水稻、小麦、杂粮，兼种花生、果蔬，有养殖业。汉丹铁路过境，村委会驻西旗杆湾。

艾家湾【Àijiāwān】 以姓氏命名。因艾姓聚居而得名。1958 年隶属前进大队；1959 年为旗杆大队；1984 年隶属旗杆村至今。位于村委会东南 2 千米。东邻崔家湾，南界大西村杉树湾，西至乌金村陈家楼，北连旗杆湾。总面积 0.18 平方千米，耕地面积 12 公顷。15 户，70 人。主产水稻、小麦、玉米、花生，兼种果蔬。村落形态呈散状，房屋结构以平房和坡房为主。

陈家湾【Chénjiāwān】 以姓氏命名。因陈姓聚居而得名。1958 年隶属前进大队；1959 年为旗杆大队；1984 年隶属旗杆村至今。位于村委会北 300 米。东邻杨家湾，南界旗杆湾，西至王家湾，北连孙家楼。总面积 0.15 平方千米，耕地面积 10 公顷。9 户，40 人。主产水稻、小麦、玉米、花生，兼种果蔬。村落形态呈散状，房屋结构以平房和坡房为主。

崔家湾【Cuījiāwān】 以姓氏命名。因崔姓聚居而得名。1958 年隶属前进大队；1959 年为旗杆大队；1984 年隶属旗杆村至今。位于村委会东南 2 千米。东邻孙家油坊，南界大西村杉树湾，西至艾家湾，北连旗杆湾。总面积 0.4 平方千米，耕地面积 27 公顷。30 户，120 人。主产水稻、小麦、玉米、花生，兼种果蔬。村落形态呈散状，房屋结构以平房和坡房为主。

冬青树【Dōngqīngshù】 以植物命名。因村内有一棵冬青树而得名。1958 年隶属前进大队；1959 年为旗杆大队；1984 年隶属旗杆村至今。位于村委会西北 2 千米。东邻王家湾，南界张家湾，西至贾家湾，北连刘家湾。总面积 0.51 平方千米，耕地面积 45 公顷。34 户，130 人。主产水稻、小麦、玉米、花生，兼种果蔬。村落形态呈散状，房屋结构以平房和坡房为主。

岗庙【Gǎngmiào】 以地形和建筑物综合命名。因村建在有座小庙的岗头上而得名。1958 年隶属前进大队；1959 年为旗杆大队；1984 年隶属旗杆村至今。位于村委会西南 1.7 千米。东邻廖家湾，南界陈家楼，西至李家湾，北连王家湾。总面积 0.2 平方千米，耕地面积 13 公顷。7 户，40 人。主产水稻、小麦、玉米、花生，兼种蔬菜。村落形态呈散状，房屋结构以平房和坡房为主。

李家湾【Lǐjiāwān】 以姓氏命名。因李姓聚居而得名。1958 年隶属前进大队；1959 年为旗杆大队；1984 年隶属旗杆村至今。位于村委会西南 2.5 千米。东邻岗庙，南界汪家湾，西至吴家湾，北连张家湾。总面积 0.18 平方千米，耕地面积 13 公顷。8 户，30 人。主产水稻、小麦、玉米、花生，兼种蔬菜。村落形态呈散状，房屋结构以平房和坡房为主。

栗树湾【Lìshùwān】 以植物命名。因村内有棵大栗树而得名。1958 年隶属前进大队；1959 年为旗杆大队；1984年隶属旗杆村至今。位于村委会东南2千米。东邻柏树村东旗杆湾，南界崔家湾，西至廖家湾，北连柏树村草湾。总面积0.17平方千米，耕地面积12公顷。12户，50人。主产水稻、小麦、玉米、花生，兼种果蔬。村落形态呈散状，房屋结构以平房和坡房为主。

廖家湾【Liàojiāwān】 以姓氏命名。因廖姓聚居而得名。1958年隶属前进大队；1959年为旗杆大队；1984年隶属旗杆村至今。位于村委会西南1.8千米。东邻艾家湾，南界陈家楼，西至岗庙，北连王家湾。总面积0.25平方千米，耕地面积18公顷。14户，50人。主产水稻、小麦、玉米、花生，兼种果蔬。村落形态呈散状，房屋结构以平房和楼房为主。

孙家楼【Sūnjiālóu】 以姓氏和建筑物综合命名。因孙姓聚居在村内有楼房而得名。1958年隶属前进大队；1959年为旗杆大队；1984年隶属旗杆村至今。位于村委会北800米。东邻大庙村沙窝，南界陈家湾，西至王家湾，北连王家湾。总面积0.28平方千米，耕地面积20公顷。18户，70人。主产水稻、小麦、玉米、花生，兼种蔬菜。村落形态呈散状，房屋结构以平房、坡房和楼房为主。

王家湾【Wángjiāwān】 以姓氏命名。因王姓聚居而得名。1958年隶属前进大队；1959年为旗杆大队；1984年隶属旗杆村至今。位于村委会西北1.5千米。东邻陈家湾，南界廖家湾，西至冬青树，北连刘家湾。总面积0.39平方千米，耕地面积35公顷。12户，60人。主产水稻、小麦、玉米、花生，兼种蔬菜。村落形态呈散状，房屋结构以平房和坡房为主。

西旗杆湾【Xīqígānwān】 以方位和旗杆综合命名。因孙姓分居东、西相邻两村，据传，他们祖辈做过官，门前立过旗杆，此村位西，故名。1958年隶属前进大队；1959年为旗杆大队；1984年隶属旗杆村至今。村委会驻地。东邻叶家湾，南界艾家湾，西至张家湾，北连陈家湾。总面积0.35平方千米，耕地面积18公顷。27户，100人。主产水稻、小麦、玉米、花生，兼种蔬菜。村落形态呈散状，房屋结构以平房、坡房、为主。

小王家湾【Xiǎowángjiāwān】 以姓氏和村规模综合命名。因王姓聚居而村子较小而得名。1958年隶属前进大队；1959年为旗杆大队；1984年隶属旗杆村至今。位于村委会西南2.7千米。东邻岗庙，南界陈家楼，西至吴家湾，北连李家湾。总面积0.2平方千米，耕地面积15公顷。9户，40人。主产水稻、小麦、玉米、花生，兼种蔬菜。村落形态呈散状，房屋结构以平房和坡房为主。

杨家湾【Yángjiāwān】 以姓氏命名。因杨姓聚居而得名。1958年隶属前进大队；1959年为旗杆大队；1984年隶属旗杆村至今。位于村委会北360米。东邻柏树村小柏树园，南界旗杆湾，西至陈家湾，北连孙家楼。总面积0.15平方千米，耕地面积11公顷。8户，30人。主产水稻、小麦、玉米、花生，兼种蔬菜。村落形态呈散状，房屋结构以平房、坡房和楼房为主。

叶家湾【Yèjiāwān】 以姓氏命名。因叶姓聚居而得名。1958年隶属前进大队；1959年为旗杆大队；1984年隶属旗杆村至今。位于村委会东200米。东邻柏树村大柏树园，南界栗树湾，西至旗杆湾，北连杨家湾。总面积0.35平方千米，耕地面积14公顷。22户，90人。主产水稻、小麦、玉米、花生，兼种蔬菜。村落形态呈散状，房屋结构以平房和坡房为主。

张家湾【Zhāngjiāwān】 以姓氏命名。因张姓聚居而得名。1958年隶属前进大队；1959年为旗杆大队；1984年隶属旗杆村至今。位于村委会西2千米。东邻旗杆湾，南界李家湾，西至冯楼村鹅湾，北连冬青树。总面积0.7平方千米，耕地面积60公顷。45户，190人。主产水稻、小麦、玉米、花生，兼种蔬菜。村落形态呈散状，房屋结构以平房和坡房为主。

随阳村【Suíyángcūn】

以随阳店自然村集镇命名。1958年为随阳大队，隶属东风公社；1961年隶属兴隆区；1975年隶属兴隆公社；1984年为随阳村，隶属兴隆镇至今。位于镇政府东8千米。东邻随县唐镇福中村，南界池湾村，西至陈楼村，北连竹林村。辖1个自然村、1个自然集镇，总面积4平方千米，耕地面积113公顷。250户，1150人。主产水稻、小麦、玉米、棉花，兼种果蔬。汉丹铁路、316国道过境，村委会驻随阳店。

狮耳坡【Shī'ěrpō】 以地形命名。因村建在形似狮耳的坡地上而得名。1958年隶属随阳大队；1984年隶属随阳村至今。位于村委会东北500米。东邻随县唐镇福中村东河，南界316国道，西至随阳店，北连竹林村董家湾。总面积0.4平方千米，耕地面积7公顷。9户，30人。主产水稻、小麦、玉米，兼种棉花、油料。村落形态呈散状，房屋结构以平房、坡房和楼房为主。

随阳店【Suíyángdiàn】 以地理位置、隶属关系和店铺综合命名。自然集镇，旧时，随县、枣阳各辖一半，故名。1958年隶属随阳大队；1984年隶属随阳村至今。村委会驻地。东邻狮耳坡，南界汉丹铁路，西至竹林村小王湾，北连竹林村李家湾。总面积3.6平方千米，耕地面积106公顷。241户，1120人。主产水稻、小麦、玉米，兼种杂粮、油料，第三产业有发展。村落形态呈线状，房屋结构以楼房为主。

堂湾村【Tángwāncūn】

以堂子湾自然村命名（2013年已拆迁）。1958年至1962年隶属随阳农场；后又隶属资山区；1960年为堂湾大队；1975年隶属兴隆公社；1984年为堂湾村，隶属兴隆镇至今。位于镇政府东南15千米。东邻随县民一村，南界紫庙村，西至中楼村，北连池湾村。辖11个自然村，总面积2.82平方千米，耕地面积258公顷。182户，725人。主产水稻、小麦、玉米，兼种果蔬。村委会驻柯家湾。

贺家井湾【Hèjiājǐngwān】 以姓氏和水井综合命名。因贺姓聚居且村内有水井而得名。1958年隶属张湾大队；1984年隶属堂湾村至今。位于村委会西500米。东邻柯家湾，南界柿子园，西至中楼村王家岗，北连池湾综合场。总面积0.42平方千米，耕地面积40公顷。12户，50人。主产水稻、小麦、玉米，兼种果蔬。村落形态呈散状，房屋结构以平房和坡房为主。

柯家湾【Kējiāwān】 以姓氏命名。因柯姓聚居而得名。1958年隶属张湾大队；1984年隶属堂湾村至今。村委会驻地。东邻朱家湾，南界移民新村，西至贺家井湾，北连周家湾。总面积0.15平方千米，耕地面积15公顷。15户，50人。主产水稻、小麦、玉米，兼种果蔬。村落形态呈散状，房屋结构以平房和坡房为主。

李家湾【Lǐjiāwān】 以姓氏命名。因李姓聚居而得名。1958年隶属张湾大队；1984年隶属堂湾村至今。位于村委会东南1千米。东邻旗杆湾，南界紫庙村草湾，西至移民新村，北连朱家湾。总面积0.11平方千米，耕地面积 10 公顷。10 户，40 人。主产水稻、小麦、玉米，兼种果蔬。村落形态呈散状，房屋结构以平房和坡房为主。

旗杆湾【Qígānwān】 以旗杆命名。因村内王姓祖辈做过官，门前竖过旗杆，故名。1958 年隶属张湾大队；1984 年隶属堂湾村至今。位于村委会东南 2 千米。东邻随县唐镇民一村杨家湾，南界石家村，西至朱家湾，北连小王家湾。总面积 0.11 平方千米，耕地面积 10 公顷。10 户，35 人。主产水稻、小麦、玉米，兼种果蔬。村落形态呈散状，房屋结构以平房和坡房为主。

石家湾【Shíjiāwān】 以姓氏命名。因石姓聚居而得名。1958 年隶属张湾大队；1984 年隶属堂湾村至今。位于村委会东南 2.2 千米。东邻随县民一村杨家壕，南界紫庙村朱家湾，西至朱家湾，北连旗杆湾。总面积 0.13 平方千米，耕地面积 12 公顷。12 户，40 人。主产水稻、小麦、玉米，兼种果蔬。村落形态呈散状，房屋结构以平房、坡房和楼房为主。

柿子园【Shìziyuán】 以植物命名。因村内有片柿子园而得名。1958 年隶属张湾大队；1984 年隶属堂湾村至今。位于村委会西南 700 米。东邻移民新村，南界紫庙村张家湾，西至中楼村孙家湾，北连贺家井湾。总面积 0.11 平方千米，耕地面积 10 公顷。10 户，40 人。主产水稻、小麦、玉米，兼种果蔬。村落形态呈散状，房屋结构以平房和坡房为主。

谢家湾【Xièjiāwān】 以姓氏命名。因谢姓聚居而得名。1958 年隶属黄冈大队；1984 年隶属堂湾村至今。位于村委会东北 2 千米。东邻随县唐镇桃树村李家湾，南界周家湾，西至池湾村大堰角，北连随县桃树村吴家湾。总面积 0.14 平方千米，耕地面积 12 公顷。11 户，50 人。主产水稻、小麦、玉米，兼种果蔬。村落形态呈散状，房屋结构以平房和坡房为主。

移民新村【Yímínxīncūn】 2010 年为南水北调丹江口市均县镇二房堰村移民新建，故名。2010 年隶属堂湾村至今。位于村委会南 500 米。东邻朱家湾，南界紫庙村张家湾，西至柿子园，北连柯家湾。总面积 0.2 平方千米，耕地面积 17 公顷。30 户，130 人。主产水稻、小麦、玉米，兼种果蔬。村落形态呈散状，房屋结构以楼房和坡房为主。

周家湾【Zhōujiāwān】 以姓氏命名。因周姓聚居而得名。1958 年隶属黄冈大队；1984 年隶属堂湾村至今。位于村委会东 2 千米。东邻随县唐镇民一村杨家寨，南界王家湾，西至周家湾，北连连堂子湾。总面积 0.65 平方千米，耕地面积 60 公顷。20 户，80 人。主产水稻、小麦、玉米，兼种果蔬。村落形态呈散状，房屋结构以平房和坡房为主。

周家湾【Zhōujiāwān】 以姓氏命名。因周姓聚居而得名。1960 年隶属堂湾大队；1984 年隶属堂湾村至今。位于村委会北 500 米。东邻堂子湾，南界柯家湾，西至李家湾，北连夹湾。总面积 0.45 平方千米，耕地面积 42 公顷。27 户，120 人。主产水稻、小麦、玉米，兼种果蔬。村落形态呈散状，房屋结构以平房、坡房和楼房为主。

朱家湾【Zhūjiāwān】 以姓氏命名。因朱姓聚居而得名。1958 年隶属张湾大队；1984 年隶属堂湾村至今。位于村委会东 500 米。东邻旗杆湾，南界李家湾，西至柯家湾，北连周家湾。总面积 0.35 平方千米，耕地面积 30 公顷。25 户，90 人。主产水稻、小麦、玉米，兼种果蔬。村落形态呈散状，房屋结构以平房和坡房为主。

万楼村【Wànlóucūn】

以万家楼自然村命名。1958年为万楼大队，隶属东风公社；1961年隶属兴隆区；1975年隶属兴隆公社；1984年为万楼村，隶属兴隆镇至今。位于镇政府西南10千米。东邻冯楼村，南界吴店镇余畈村，西至吴店镇新庄村，北连柏湾村。辖15个自然村，总面积5.21平方千米，耕地面积306.7公顷。233户，980人。主产水稻、小麦、玉米，另有水产养殖。村委会驻樊家湾。

樊家湾【Fánjiāwān】 以姓氏命名。因樊姓聚居而得名。1958年隶属万楼大队；1984年隶属万楼村至今。村委会驻地。东邻万家楼，南界徐家老湾，西至徐家湾，北连赵家湾。总面积0.3平方千米，耕地面积18.1公顷。15户，60人。主产水稻、小麦、玉米。村落形态呈团状，房屋结构以平房和坡房为主。

耿家湾【Gěngjiāwān】 以姓氏命名。因耿姓聚居而得名。1958年隶属万楼大队；1984年隶属万楼村至今。位于村委会东800米。东邻柿子园，南界万家楼，西至新庄，北连汪家湾。总面积0.3平方千米，耕地面积20公顷。15户，50人。主产水稻、小麦、玉米。村落形态呈团状，房屋结构以平房和坡房为主。

耿家湾【Gěngjiāwān】 以姓氏命名。因耿姓聚居而得名。1958年隶属万楼大队；1984年隶属万楼村至今。位于村委会东北1.4千米。东邻冯楼村柿子园，南界冯楼村唐家老湾，西至新庄，北连汪家湾。总面积0.1平方千米，耕地面积8.1公顷。2户，10人。主产水稻、小麦、玉米。村落形态呈团状，房屋结构以平房和坡房为主。

蛮子湾【Mánziwān】 以特点命名。因从南方迁来的人在此定居而得名。1958年隶属万楼大队；1984年隶属万楼村至今。位于村委会北500米。东邻樊家湾，南界徐家湾，西至吴店镇新庄村椿树湾，北连赵家湾。总面积0.4平方千米，耕地面积22公顷。16户，60人。主产水稻、小麦、玉米。村落形态呈团状，房屋结构以平房和坡房为主。

柿子园【Shìziyuán】 以植物命名。因村内柿子树多而得名。1958年隶属万楼大队；1984年隶属万楼村至今。位于村委会东北900米。东邻冯楼村柏树湾，南界冯楼村唐家老湾，西至耿家湾，北连小耿家湾。总面积0.1平方千米，耕地面积9.1公顷。4户，20人。主产水稻、小麦、玉米。村落形态呈团状，房屋结构以坡房为主。

万家楼【Wànjiālóu】 以姓氏和建筑物综合命名。因万姓聚居且原村内有座炮楼而得名。1958年隶属万楼大队；1984年隶属万楼村至今。位于村委会东300米。东邻耿家湾，南界徐家陈河，西至樊家湾，北连赵家湾。总面积0.8平方千米，耕地面积42.1公顷。28户，130人。主产水稻、小麦、玉米。村落形态呈团状，房屋结构以平房和楼房为主。

汪家湾【Wāngjiāwān】 以姓氏命名。因汪姓聚居而得名。1958年隶属万楼大队；1984年隶属万楼村至今。位于村委会东北1千米。东邻杜家湾，南界耿家湾，西至叶家湾，北连柏湾村庙坡。总面积0.31平方千米，耕地面积30公顷。21户，90人。主产水稻、小麦、玉米。村落形态呈团状，房屋结构以平房和坡房为主。

五姓湾【Wǔxìngwān】 以姓氏命名。因五姓同住一村而得名。1958年隶属万楼大队；1984年隶属万楼村至今。位于村委会西800米。东邻徐家老湾，南界徐家陈河，西至徐家西湾，北连徐家湾。总面积0.2

平方千米，耕地面积 14 公顷。10 户，40 人。主产水稻、小麦、玉米。村落形态呈团状，房屋结构以楼房和坡房为主。

新庄【Xīnzhuāng】 以时间命名。因 1980 年新建村庄而得名。1980 年隶属万楼大队；1984 年隶属万楼村至今。位于村委会东北 700 米。东邻耿家湾，南界万楼村，西至叶家湾，北连汪家湾。总面积 0.2 平方千米，耕地面积 10 公顷。10 户，30 人。主产水稻、小麦、玉米。村落形态呈线状，房屋结构以平房和坡房为主。

徐家陈河【Xújiāchénhé】 以姓氏和河流综合命名。因徐、陈两姓聚居河边而得名。1958 年隶属万楼大队；1984 年隶属万楼村至今。位于村委会西南 1.6 千米。东邻徐家老湾，南界吴店镇新庄村杨家湾，西至徐家西湾，北连五姓湾。总面积 0.2 平方千米，耕地面积 9.1 公顷。5 户，20 人。主产水稻、小麦、玉米。村落形态呈团状，房屋结构以平房和坡房为主。

徐家老湾【Xújiālǎowān】 以姓氏和时间综合命名。因徐姓聚居且建村时间早而得名。1958 年隶属万楼大队；1984 年隶属万楼村至今。位于村委南 600 米。东邻耿桥村徐家东湾，南界吴店镇余畈村杨家湾，西至徐家陈河，北连樊家湾。总面积 0.6 平方千米，耕地面积 40.1 公顷。29 户，130 人。主产水稻、小麦、玉米。村落形态呈线状，房屋结构以平房和坡房为主。

徐家湾【Xújiāwān】 以姓氏命名。因徐姓聚居而得名。1958 年隶属万楼大队；1984 年隶属万楼村至今。位于村委会西 500 米。东邻樊家湾，南界五姓湾，西至吴店镇新庄村椿树湾，北连蛮子湾。总面积 0.3 平方千米，耕地面积 15 公顷。9 户，40 人。主产水稻、小麦、玉米。村落形态呈团状，房屋结构以平房和坡房为主。

徐家西湾【Xújiāxīwān】 以姓氏和方位综合命名。因徐姓聚居在小河西而得名。1958 年隶属万楼大队；1984 年隶属万楼村至今。位于村委西 1.5 千米。东邻五姓湾，南界徐家陈河，西至吴店镇余畈村叶家湾，北连吴店镇新庄村椿树湾。总面积 0.4 平方千米，耕地面积 20 公顷。29 户，100 人。主产水稻、小麦、玉米，兼种果树。村落形态呈线状，房屋结构以平房和坡房为主。

叶家湾【Yèjiāwān】 以姓氏命名。因叶姓聚居而得名。1958 年隶属万楼大队；1984 年隶属万楼村至今。位于村委会北 700 米。东邻汪家湾，南界樊家湾，西至赵家湾，北连吴店镇新庄村槐树岗。总面积 0.6 平方千米，耕地面积 27 公顷。23 户，130 人。主产水稻、小麦、玉米。村落形态呈团状，房屋结构以平房和坡房为主。

赵家湾【Zhàojiāwān】 以姓氏命名。因赵姓聚居而得名。1958 年隶属万楼大队；1984 年隶属万楼村至今。位于村委会北 500 米。东邻叶家湾，南界樊家湾，西至蛮子湾，北连吴店镇新庄村槐树岗。总面积 0.4 平方千米，耕地面积 22.1 公顷。17 户，70 人。主产水稻、小麦、玉米。村落形态呈团状，房屋结构以平房和坡房为主。

乌金村【Wūjīncūn】

以自然集镇乌金店命名。1958 年为乌金大队，隶属东风公社；1961 年隶属兴隆区；1975 年隶属兴隆公社；1984 年为乌金村，隶属兴隆镇至今。位于镇政府西南 9 千米。东邻大西村，南界陈岗村，西至耿桥村，北连冯楼村。辖13个自然村，总面积4.62平方千米，耕地面积325.1公顷。398户，1600人。主产水稻、小麦、玉米、花生，兼种果蔬。枣梁公路过境，村委会驻乌金街。

陈家楼【Chénjiālóu】 以姓氏和建筑物综合命名。因陈姓聚居且村内建有楼房而得名。1958年隶属大西大队；1984年隶属乌金村至今。位于村委会东300米。东邻耿家湾，南界耿桥村徐家陈河，西至樊家湾，北连赵家湾。总面积0.8平方千米，耕地面积42.1公顷。28户，130人。主产水稻、小麦、玉米。村落形态呈团状，房屋结构以平房和楼房为主。

梨树湾【Líshùwān】 以植物命名。因村内有棵大梨树而得名。1958年隶属乌金大队；1984年隶属乌金村至今。位于村委会西1.2米。东邻乌金店，南界陈岗村郭家湾，西至李家湾，北连刘家湾。总面积0.1平方千米，耕地面积6公顷。5户，20人。主产水稻、小麦、玉米，兼种果蔬。村落形态呈散状，房屋结构以平房、坡房和楼房为主。

李家湾【Lǐjiāwān】 以姓氏命名。因李姓聚居而得名。1958年隶属乌金大队；1984年隶属乌金村至今。位于村委会西1.4千米。东邻梨树湾，南界陈岗村郭家湾，西至柿子园，北连姚湾。总面积0.15平方千米，耕地面积10公顷。8户，40人。主产水稻、小麦、玉米，兼种果蔬。村落形态呈散状，房屋结构以平房、坡房和楼房为主。

刘家湾【Liújiāwān】 以姓氏命名。因刘姓聚居而得名。1958年隶属乌金大队；1984年隶属乌金村至今。位于村委会西1.2千米。东邻新庄，南界梨树湾，西至冯楼村新草庄，北连冯楼村王家湾。总面积0.4平方千米，耕地面积37公顷。25户，90人。主产水稻、小麦、玉米，兼种果蔬。村落形态呈散状，房屋结构以平房和坡房为主。

刘王庄【Liúwángzhuāng】 以姓氏命名。因刘、王二姓同住一村而得名。1958年隶属乌金大队；1984年隶属乌金村至今。位于村委会西800米。东邻乌金街，南界陈岗村井湾，西至梨树湾，北连新庄。总面积0.1平方千米，耕地面积5公顷。8户，20人。主产水稻、小麦、玉米，兼种果蔬。村落形态呈散状，房屋结构以平房、楼房和坡房为主。

龙王庙【Lóngwángmiào】 以建筑物命名。因此地原有一庙称龙王庙而得名。1958年隶属赵湖大队；1992年隶属乌金村至今。位于村委会西南2.5千米。东邻陈岗村竹林湾，南界吴店镇赵湖村粉坊，西至耿桥村耿家桥子，北连乌金林场。总面积0.1平方千米，耕地面积5公顷。2户，10人。主产水稻、小麦、玉米，兼种果蔬。村落形态呈散状，房屋结构以平房和坡房为主。

罗家园【Luójiāyuán】 以姓氏命名。因罗姓聚居而得名。1958年隶属乌金大队；1984年隶属乌金村至今。位于村委会东南1千米。东邻大西村，南界张家老湾，西至乌金街，北连陈家楼。总面积0.17平方千米，耕地面积11公顷。17户，60人。主产水稻、小麦、玉米，兼种果蔬。村落形态呈散状，房屋结构以平房、楼房和坡房为主。

柿子园【Shìziyuán】 以植物命名。因村内柿子树多而得名。1958年隶属乌金大队；1992年隶属乌金村至今。位于村委会西1.7千米。东邻李家湾，南界陈岗村郭家湾，西至林村，北连姚湾。总面积0.2平方千米，耕地面积15公顷。9户，40人。主产水稻、小麦、玉米，兼种果蔬。村落形态呈散状，房屋结构以楼房和坡房为主。

乌金店【Wūjīndiàn】 以传说命名。自然集镇，因有供来往客商住宿的店房，东门外有座老鸹山（俗称乌鸦），南门外有金子山，故名。1958年隶属乌金大队；1992年隶属乌金村至今。村委会驻地。东邻陈家楼，南界陈岗村街道，西至新庄，北连吴家湾。总面积1.8平方千米，耕地面积136公顷。234户，930人。主产水稻、小麦、玉米、芝麻，兼种果蔬。村落形态呈线状，房屋结构以楼房、平房和坡房为主。

吴家湾【Wújiāwān】 以姓氏命名。因吴姓聚居而得名。1958年隶属乌金大队；1984年隶属乌金村至今。位于村委会北1.1千米。东邻旗杆村廖家湾，南界乌金街，西至刘家湾，北连旗杆村艾家湾。总面积0.2平方千米，耕地面积14公顷。16户，60人。主产水稻、小麦、玉米，兼种芝麻、果蔬。村落形态呈散状，房屋结构以平房、楼房和坡房为主。

新庄【Xīnzhuāng】 以建村时间命名。因乌金街搬出部分居民在此建村居住而得名。1984年隶属乌金村至今。位于村委会西300米。东邻乌金街，南界刘王庄，西至梨树湾，北连冯楼村鹅湾。总面积0.2平方千米，耕地面积15公顷。23户，110人。主产水稻、小麦、玉米，兼种芝麻、果蔬。村落形态呈散状，房屋结构以平房、楼房和坡房为主。

姚湾【Yáowān】 以姓氏命名。因姚姓聚居而得名。1958年隶属乌金大队；1984年隶属乌金村至今。位于村委会西1.5千米。东邻李家湾，南界李家湾，西至柿子园，北连陈家湾。总面积0.2平方千米，耕地面积13公顷。8户，30人。主产水稻、小麦、玉米，兼种果蔬。村落形态呈散状，房屋结构以平房、楼房和坡房为主。

张家老湾【Zhāngjiālǎowān】 以姓氏和建村时间综合命名。因张姓聚居且建村早而得名。1958年隶属乌金大队；1984年隶属乌金村至今。位于村委会东900米。东邻大西村庙娃湾，南界大西村下寨，西至乌金街，北连乌金街。总面积0.2平方千米，耕地面积16公顷。15户，60人。主产水稻、小麦、玉米，兼种果蔬。村落形态呈散状，房屋结构以平房、楼房和坡房为主。

兴隆村【Xīnglóngcūn】

以兴隆集镇命名。1958年为幸福大队，隶属东风公社；1961年隶属兴隆区；1975年隶属兴隆公社；1980年为兴隆大队，隶属兴隆公社；1984年为兴隆村，隶属兴隆镇至今。位于镇政府北200米。东邻草寺村，南界刘畈村，西至新鑫社区，北连刘升镇杨老湾村。辖6个自然村，总面积3.31平方千米，耕地面积131.86公顷。248户，970人。主产水稻、小麦、玉米，兼种果蔬。省道S272过境，村委会驻兴隆。

畅家湾【Chàngjiāwān】 以姓氏命名。因畅姓聚居而得名。1958年隶属幸福大队；1980年隶属兴隆大队；1984年隶属兴隆村至今。位于村委会东南1千米。东邻亢老湾村李家湾，南界亢老湾村李家湾，西至东河，北连西李家湾。总面积0.3平方千米，耕地面积7.98公顷。14户，60人。主产水稻、小麦、玉米。村落形态呈团状，房屋结构以平房和坡房为主。

东李家湾【Dōnglǐjiāwān】 以方位和姓氏综合命名。因李姓聚居在冲的东边而得名。1958年隶属幸福大队；1980年隶属兴隆大队；1984年隶属兴隆村至今。位于村委会东2.5千米。东邻许家湾，南界亢老湾村栗树湾，西至西李家湾，北连草寺村陈家湾。总面积0.35平方千米，耕地面积24.3公顷。20户，50

人。主产水稻、小麦、玉米。村落形态呈线状，房屋结构以平房和楼房为主。

陡坡【Dǒupō】 以地形命名。因村建在陡坡而得名。1958年隶属幸福大队；1980年隶属兴隆大队；1984年隶属兴隆村至今。位于村委会北1.5千米。东邻草寺村陈家湾，南界河南村，西至杨楼社区王家湾，北连刘升镇杨老湾村壕沟。总面积1.21平方千米，耕地面积37.38公顷。123户，470人。主产水稻、小麦、玉米，另有水面养殖。村落形态呈团状，房屋结构以平房、坡房和楼房为主。

河南【Hénán】 以河流和方位综合命名。因村建在华阳河的南边而得名。1958年隶属幸福大队；1980年隶属兴隆大队；1984年隶属兴隆村至今。位于村委会东1千米。东邻草寺村陈家湾，南界西李家湾，西至东河，北连陡坡。总面积0.37平方千米，耕地面积17.11公顷。31户，140人。主产水稻、小麦、玉米。村落形态呈团状，房屋结构以平房和楼房为主。

西李家湾【Xīlǐjiāwān】 以方位和姓氏综合命名。因李姓聚居在冲的西边而得名。1958年隶属幸福大队；1980年隶属兴隆大队；1984年隶属兴隆村至今。位于村委会东1.8千米。东邻东李家湾，南界亢老湾村小李家湾，西至东河，北连河南。总面积0.82平方千米，耕地面积20.79公顷。54户，240人。主产水稻、小麦、玉米。村落形态呈团状，房屋结构以楼房为主。

许家湾【Xǔjiāwān】 以姓氏命名。因许姓聚居而得名。1958年隶属幸福大队；1980年隶属兴隆大队；1984年隶属兴隆村至今。位于村委会东3千米。东邻随阳管理区刘湾村南家湾，南界随阳管理区刘湾村亢湾，西至东李家湾，北连草寺村陈家湾。总面积0.26平方千米，耕地面积24.3公顷。6户，10人。主产水稻、小麦、玉米。村落形态呈团状，房屋结构以平房和坡房为主。

李楼村【Lǐlóucūn】

以李楼自然村命名。1958年为李家楼大队，隶属东风公社；1961年隶属兴隆区；1975年隶属兴隆公社；1984年为李楼村，隶属兴隆镇至今。位于镇政府西8千米。东邻柏湾村，南界吴店镇新庄村，西至南城街道惠岗村，北连优良社区。辖13个自然村，总面积4.79平方千米，耕地面积432.5公顷。274户，1310人。主产水稻、小麦、玉米，兼种果蔬。村委会驻李家楼。

大施家湾【Dàshījiāwān】 以规模和姓氏综合命名。因施姓聚居且人口较多而得名。1958年隶属李家楼大队；1984年隶属李楼村至今。位于村委会西北1千米。东邻养猪场，南界朱家冲，西至王家畈，北连优良社六岭里湾。总面积0.35平方千米，耕地面积30.6公顷。27户，110人。主产水稻、小麦、玉米，兼种蔬菜。村落形态呈散状，房屋结构以平房和坡房为主。

还建点【Huánjiàndiǎn】 因2013年为原楸树湾拆迁还建而得名。2013年隶属李楼村至今。位于村委会西南1.3千米。东邻柏湾村李家老楼，南界李家楼，西至大施家湾，北连优良社区六岭湾。总面积0.35平方千米，耕地面积32.5公顷。20户，80人。主产水稻、小麦、玉米。村落形态呈团状，房屋结构以平房和楼房为主。

雷家冲【Léijiāchōng】 以姓氏和地形综合命名。因雷姓聚居在冲旁而得名。1958年隶属李家楼大队；1984年隶属李楼村至今。位于村委会东南1.4千米。东邻丁家湾，南界吴店镇新庄村苏家湾，西至前庄，北连五房湾。总面积0.42平方千米，耕地面积40.8公顷。20户，80人。主产水稻、小麦、玉米，兼种果蔬。村落形态呈团状，房屋结构以平房和楼房为主。

李家楼【Lǐjiālóu】 以姓氏和建筑物综合命名。因李姓聚居且原村内建有楼房而得名。1958年隶属李家楼大队；1984年隶属李楼村至今。村委会驻地。东邻五房湾，南界祝家油坊，西至李家西湾，北连优良社区六岭湾。总面积0.5平方千米，耕地面积45.2公顷。26户，160人。主产水稻、小麦、玉米，兼种果蔬。村落形态呈团状，房屋结构以平房和楼房为主。

李家西湾【Lǐjiāxīwān】 以姓氏和方位综合命名。因李姓建村在几个村的西边而得名。1958年隶属李家楼大队；1984年隶属李楼村至今。位于村委会西800米。东邻祝家油坊，南界小西湾，西至优良河，北连朱家冲。总面积0.5平方千米，耕地面积47.3公顷。31户，130人。主产水稻、小麦、玉米，兼种果蔬。村落形态呈团状，房屋结构以平房和楼房为主。

前庄【Qiánzhuāng】 以方位命名。因村建在王家湾南而得名。1958年隶属李家楼大队；1984年隶属李楼村至今。位于村委会东南700米。东邻雷家冲，南界吴店镇新庄村苏家湾，西至王家湾，北连李家楼。总面积0.32平方千米，耕地面积29公顷。16户，80人。主产水稻、小麦、玉米。村落形态呈团状，房屋结构以平房和楼房为主。

楸树湾【Qiūshùwān】 以植物命名。因村内原有棵大楸树而得名。1958年隶属李家楼大队；1984年隶属李楼村至今。位于村委会西南800米。东邻王家湾，南界吴店镇新庄村汤家湾，西至优良河，北连小西湾。总面积0.35平方千米，耕地面积33公顷。29户，120人。主产水稻、小麦、玉米，兼种果蔬。村落形态呈团状，房屋结构以平房和楼房为主。

王家湾【Wángjiāwān】 以姓氏命名。因王姓聚居而得名。1958年隶属李家楼大队；1984年隶属李楼村至今。位于村委会南1.2千米。东邻雷家冲，南界吴店镇新庄村苏家湾，西至楸树湾，北连李家楼。总面积0.35平方千米，耕地面积30.3公顷。18户，90人。主产水稻、小麦、玉米，兼种果蔬。村落形态呈团状，房屋结构以平房和楼房为主。

五房湾【Wǔfángwān】 以排行命名。因李姓五兄弟分家居，老五住此，故名。1958年隶属李家楼大队；1984年隶属李楼村至今。位于村委会东500米。东邻柏湾村竹园，南界雷家冲，西至李家楼，北连楸树湾。总面积0.65平方千米，耕地面积61公顷。36户，170人。主产水稻、小麦、玉米，兼种果蔬。村落形态呈线状，房屋结构以平房和坡房为主。

小西湾【Xiǎoxīwān】 以人口和方位综合命名。因村建于乌金店到枣阳的大路西边而得名。1958年隶属李家楼大队；1984年隶属李楼村至今。位于村委会西南1千米。东邻王家湾，南界楸树湾，西至优良河，北连李家西湾。总面积0.2平方千米，耕地面积12.8公顷。3户，20人。主产水稻、小麦、玉米。村落形态呈团状，房屋结构以平房和楼房为主。

移民点【Yímíndiǎn】 2010年为南水北调丹江口市均县镇二房院村移民新建，故名。2010年隶属李楼村至今。位于村委会西南800米。东邻李家楼，南界楸树湾，西至李家西湾，北连祝家油坊。总面积0.1平方千米，耕地面积9.5公顷。20户，100人。主产水稻、小麦、玉米，兼种果蔬。村落形态呈团状，房屋结构以楼房为主。

朱家冲【Zhūjiāchōng】 以姓氏和地形综合命名。因朱姓聚居冲旁而得名。1958年隶属李家楼大队；

1984年隶属李楼村至今。位于村委会西北900米。东邻楸树湾，南界李家西湾，西至王家畈，北连大施家湾。总面积0.2平方千米，耕地面积16公顷。3户，20人。主产水稻、小麦、玉米。村落形态呈散状，房屋结构以平房为主。

祝家油坊【Zhùjiāyóufáng】 以姓氏和作坊综合命名。因祝姓聚居且村内曾开过油坊而得名。1958年隶属李家楼大队；1984年隶属李楼村至今。位于村委会西500米。东邻李家楼，南界土家湾，西至李家西湾，北连还建点。总面积0.5平方千米，耕地面积44.5公顷。25户，150人。主产水稻、小麦、玉米，兼种果蔬。村落形态呈团状，房屋结构以楼房为主。

中楼村【Zhōnglóucūn】

以中楼自然村命名。1958年为王岗大队，隶属伟大公社；1961年隶属资山区；1975年隶属兴隆公社；1980年为中楼大队；1984年为中楼村，隶属兴隆镇至今。位于镇政府东南13千米。东邻堂湾，南界王城镇王城村，西至李庙村，北连陈楼村。辖11个自然村，总面积4.75平方千米，耕地面积316.64公顷。238户，833人。主产水稻、小麦、杂粮，兼种桃树。台堂路过境，村委会驻枣树林。

陈家湾【Chénjiāwān】 以姓氏命名。因陈姓聚居而得名。1958年隶属王岗大队；1980年隶属中楼大队；1984年隶属中楼村至今。位于村委会南600米。东邻贺家湾，南界粉坊湾，西至贺家湾，北连移民点。总面积0.3平方千米，耕地面积29.6公顷。23户，80人。主产水稻、小麦、玉米，兼种桃树。村落形态呈散状，房屋结构以平房和坡房为主。

粉坊湾【Fěnfángwān】 以作坊命名。因谢姓在村内开过粉坊而得名。1958年隶属王岗大队；1980年隶属中楼大队；1984年隶属中楼村至今。位于村委会南800米。东邻柿子园，南界王城镇英河水库，西至王城镇王城村草湾，北连陈家湾。总面积0.45平方千米，耕地面积43.3公顷。35户，90人。主产水稻、小麦、玉米，兼种桃树。村落形态呈散状，房屋结构以平房和坡房为主。

高家湾【Gāojiāwān】 以姓氏命名。因高姓聚居而得名。1958年隶属王岗大队；1980年隶属中楼大队；1984年隶属中楼村至今。位于村委会北900米。东邻贺湾村李家湾，南界枣树林，西至贺湾，北连陈楼村老鸹窝。总面积0.7平方千米，耕地面积21.3公顷。11户，30人。主产水稻、小麦、玉米。村落形态呈散状，房屋结构以平房和坡房为主。

贺家楼【Hèjiālóu】 以姓氏和建筑物综合命名。因贺姓聚居且村中修有炮楼而得名。1958年隶属王岗大队；1980年隶属中楼大队；1984年隶属中楼村至今。位于村委会西南300米。东邻移民点，南界李家湾，西至李庙村家鱼堰，北连枣树林。总面积0.2平方千米，耕地面积14.9公顷。12户，40人。主产水稻、小麦、玉米，兼种果蔬。村落形态呈散状，房屋结构以平房和坡房为主。

贺家湾【Hèjiāwān】 以姓氏命名。因贺姓聚居而得名。1958年隶属王岗大队；1980年隶属中楼大队；1984年隶属中楼村至今。位于村委会东南600米。东邻紫庙村贺家湾，南界粉坊湾，西至陈家湾，北连移民点。总面积0.3平方千米，耕地面积27公顷。16户，70人。主产水稻、小麦、玉米。村落形态呈散状，房屋结构以平房和坡房为主。

李家湾【Lǐjiāwān】 以姓氏命名。因李姓聚居而得名。1958年隶属王岗大队；1980年隶属中楼大队；1984年隶属中楼村至今。位于村委会西南500米。东邻贺家湾，南界王城镇王城村草湾，西至李庙村家鱼堰，北连贺家楼。总面积0.1平方千米，耕地面积8.5公顷。14户，50人。主产水稻、小麦、玉米，兼种桃树，有养猪场1个。村落形态呈散状，房屋结构以平房和坡房为主。

李家寨【Lǐjiāzhài】 以姓氏和建筑物综合命名。因李姓聚居且村周围修有寨墙而得名。1958年隶属王岗大队；1980年隶属中楼大队；1984年隶属中楼村至今。位于村委会北800米。东邻陈湾村李家湾，南界方家湾，西至贺湾，北连陈楼村老鸹窝。总面积0.8平方千米，耕地面积48.8公顷。23户，80人。主产水稻、小麦、玉米，兼种桃树。村落形态呈散状，房屋结构以平房和坡房为主。

王家岗【Wángjiāgāng】 以姓氏和地形综合命名。因王姓聚居在岗上而得名。1958年隶属王岗大队；1980年隶属中楼大队；1984年隶属中楼村至今。位于村委会东800米。东邻堂湾村贺家井湾，南界紫庙村贺家湾，西至枣树林，北连李家寨。总面积0.5平方千米，耕地面积43.08公顷。27户，83人。主产水稻、小麦、玉米，兼种果蔬。村落形态呈散状，房屋结构以平房和坡房为主。

小柿子园【Xiǎoshìziyuán】 以植物命名。因村较小且村南有片柿子园而得名。1958年隶属王岗大队；1980年隶属中楼大队；1984年隶属中楼村至今。位于村委会东南1.2千米。东邻紫庙村王家湾，南界王城镇王城村马道子，西至粉坊湾，北连孙家湾。总面积0.6平方千米，耕地面积28.5公顷。22户，70人。主产水稻、小麦、玉米，兼种果蔬。村落形态呈散状，房屋结构以平房和坡房为主。

移民点【Yímíndiǎn】 2010年为南水北调丹江口市均县镇二房院村移民新建，故名。2010年隶属中楼村至今。位于村委会南300米。东邻枣树林，南界贺家湾，西至贺家楼，北连枣树林。总面积0.3平方千米，耕地面积16.46公顷。21户，100人。主产水稻、小麦、玉米。村落形态呈散状，房屋结构以平房和坡房为主。

枣树林【Zǎoshùlín】 以植物命名。因村内都是枣树而得名。1958年隶属王岗大队；1980年隶属中楼大队；1984年隶属中楼村至今。村委会驻地。东邻王家岗，南界移民点，西至李庙村谢家湾，北连贺湾村小贺家湾。总面积0.5平方千米，耕地面积45.2公顷。34户，140人。主产水稻、小麦、玉米。村落形态呈散状，房屋结构以平房和坡房为主。

周台村【Zhōutáicūn】

以地名周台命名。1958年为周台大队，隶属卫星公社；1962年隶属吴店区；1975年隶属吴店公社；1984年为周台村，隶属兴隆镇至今。位于镇政府南22千米。东邻大堰村，南界王城镇新店村，西至吴店镇东赵湖村，北连陈岗村。辖7个自然村，总面积1.86平方千米，耕地面积168公顷。248户，1020人。主产水稻、小麦、杂粮，兼种蔬菜。境内有忠义寨城址，郭家庙西周晚期遗址，村委会驻耿家湾。

耿家湾【Gěngjiāwān】 以姓氏命名。因耿姓聚居而得名。1958年隶属周台大队；1984年隶属周台村至今。村委会驻地。东邻刘家岗，南界忠义寨，西至碾棚湾，北连赵家湾。总面积0.25平方千米，耕地面积22公顷。29户，130人。主产水稻、小麦，兼种蔬菜。村落形态呈散状，房屋结构以平房和坡房为主。

郭家台子【Guōjiātáizi】 以姓氏和地形综合命名。因郭姓聚居在地势较高的台子上而得名。1958年隶属周台大队；1984年隶属周台村至今。位于村委会南2千米。东邻大堰村东湾，南界王城镇新店村新店子，西至忠义寨，北连刘家岗。总面积0.31平方千米，耕地面积30公顷。34户，140人。主产水稻、小麦、玉米，兼鱼塘养殖。村落形态呈散状，房屋结构以平房和坡房为主。

刘家岗【Liújiāgǎng】 以名字和建筑物综合命名。因刘姓聚居在岗上而得名。1958年隶属周台大队；1984年隶属周台村至今。位于村委会东1.5千米。东邻周家湾，南界郭家台子，西至赵家湾，北连陈岗村陈家岗。总面积0.29平方千米，耕地面积27公顷。51户，210人。主产水稻、小麦、花生，兼种蔬菜。村落形态呈散状，房屋结构以平房和坡房为主。

碾棚湾【Niǎnpéngwān】 以碾棚命名。因村内有个碾子棚供人们晴雨使用而得名。1958年隶属王岗大队；1984年隶属周台村至今。位于村委会西北800米。东邻赵家湾，南界忠义寨，西至郭家庙，北连陈岗村。总面积0.23平方千米，耕地面积18公顷。35户，130人。主产水稻、小麦、玉米，兼种蔬菜。村落形态呈散状，房屋结构以平房和坡房为主。

赵家湾【Zhàojiāwān】 以姓氏命名。因赵姓聚居而得名。1958年隶属周台大队；1984年隶属周台村至今。位于村委会北800米。东邻刘家岗，南界耿家湾，西至碾棚湾，北连陈岗村陈家岗。总面积0.24平方千米，耕地面积21公顷。37户，160人。主产水稻、小麦、玉米，兼种蔬菜。村落形态呈散状，房屋结构以平房和坡房为主。

忠义寨【Zhōngyìzhài】 以名字和建筑物综合命名。因村内有一财主叫王忠义，在村周围修筑寨墙防匪盗，故名。1958年隶属周台大队；1984年隶属周台村至今。位于村委会南1.5千米。东邻郭家台，南界王城镇新店村廖家老湾，西至吴店镇东赵湖村曹门湾，北连耿家湾。总面积0.29平方千米，耕地面积28公顷。39户，150人。主产水稻、小麦、玉米，兼鱼塘养殖。村落形态呈散状，房屋结构以平房和坡房为主。

周家湾【Zhōujiāwān】 以姓氏命名。因周姓聚居而得名。1958年隶属周台大队；1984年隶属周台村至今。位于村委会东北2.5千米。东邻大堰村谢家河，南界郭家台子，西至刘家岗，北连大西村土楼子湾。总面积0.25平方千米，耕地面积22公顷。23户，100人。主产水稻、小麦、玉米，兼种果树。村落形态呈散状，房屋结构以平房和坡房为主。

竹林村【Zhúlíncūn】

以竹林湾自然村命名。1958年为竹林大队，隶属东风公社；1961年隶属兴隆区；1975年隶属兴隆公社；1984年为竹林村，隶属兴隆镇至今。位于镇政府东北9千米。东邻随县唐镇群中村，南界随阳村，西至随阳管理区，北连草寺村。辖11个自然村，总面积2.83平方千米，耕地面积218.5公顷。480户，1930人。主产水稻、小麦、玉米，蔬菜种植。辖区内有270物资储备局、襄阳石料段。村委会驻大林家湾与赵家湾中。

董家湾【Dǒngjiāwān】 以姓氏命名。因董姓聚居而得名。1958年隶属竹林大队；1984年隶属竹林村至今。位于村委会东南600米。东邻随县唐镇群中村曹家湾，南界随阳村狮耳坡，西至李家湾，北连赵家湾。总面积0.15平方千米，耕地面积10公顷。9户，40人。主产水稻、小麦、玉米，兼种蔬菜。村落形态呈线状，房屋结构以平房、楼房和坡房为主。

关家湾【Guānjiāwān】 以姓氏命名。因关姓聚居而得名。1958年隶属竹林大队；1984年隶属竹林村至今。位于村委会西北2千米。东邻竹林湾，南界林家湾，西至响水垱水库，北连流水沟。总面积0.1平方千米，耕地面积6公顷。28户，120人。主产水稻、小麦、玉米，兼种果蔬。村落形态呈线状，房屋结构以平房、楼房和坡房为主。

李家湾【Lǐjiāwān】 以姓氏命名。因李姓聚居而得名。1958年隶属竹林大队；1984年隶属竹林村至今。位于村委会西南300米。东邻东家湾，南界随阳村随阳街，西至弯堰，北连林家湾。总面积0.3平方千米，耕地面积20公顷。51户，200人。主产水稻、小麦、玉米，兼种果蔬。村落形态呈散状，房屋结构以平房、楼房和坡房为主。

林家湾【Línjiāwān】 以姓氏命名。因原为大小两个林家湾，现合二为一，故名。1958年隶属竹林大队；1984年隶属竹林村至今。位于村委会西100米。东邻赵家湾，南界李家湾，西至随阳农场新庄，北连关家湾。总面积0.3平方千米，耕地面积22公顷。35户，230人。主产水稻、小麦、玉米，兼种蔬菜。村落形态呈散状，房屋结构以平房、楼房和坡房为主。

流水沟【Liúshuǐgōu】 以水沟命名。因村前有条流水沟而得名。1958年隶属竹林大队；1984年隶属竹林村至今。位于村委会北2千米。东邻清水堰，南界竹林湾，西至关家湾，北连大霸山。总面积0.1平方千米，耕地面积7公顷。32户，120人。主产水稻、小麦、玉米，兼种果蔬，有养殖业。村落形态呈线状，房屋结构以楼房和坡房为主。

罗圈【Luóquān】 以姓氏和地形综合命名。因罗姓聚居且湾子四周被水围着而得名。1958年隶属竹林大队；1984年隶属竹林村至今。位于村委会东北3千米。东邻随县唐镇群中村小余家楼，南界随阳村狮耳坡，西至赵家湾，北连竹林。总面积0.1平方千米，耕地面积3公顷。3户，10人。主产水稻、小麦、玉米，兼种果蔬。村落形态呈团状，房屋结构以坡房为主。

马家湾【Mǎjiāwān】 以姓氏命名。因马姓聚居而得名。1958年隶属竹林大队；1984年隶属竹林村至今。位于村委会东北3千米。东邻随县唐镇群中村李家湾，南界清水堰，西至朱家湾，北连刘升镇枣林村南湾湾。总面积0.35平方千米，耕地面积33公顷。74户，200人。主产水稻、小麦、玉米，兼种果蔬。村落形态呈线状，房屋结构以平房、楼房和坡房为主。

清水堰【Qīngshuǐyàn】 以堰和水质综合命名。因村前大堰中的水清澈见底而得名。1958年隶属竹林大队；1984年隶属竹林村至今。位于村委会东北2.5千米。东邻270省道，南界随县唐镇群福村小杨家湾，西至流水沟，北连朱家湾。总面积0.2平方千米，耕地面积19公顷。49户，290人。主产水稻、小麦、玉米，兼种果蔬。村落形态呈线状，房屋结构以楼房和坡房为主。

弯堰【Wānyàn】 以堰的形状命名。因村旁的大堰形似"月牙"而得名。1958年隶属竹林大队；1984年隶属竹林村至今。位于村委会西南1千米。东邻李家湾，南界随阳街，西至316国道，北连关家湾。总面积0.3平方千米，耕地面积20.5公顷。50户，180人。主产水稻、小麦、玉米，兼种果蔬。村落形态呈线状，房屋结构以楼房和坡房为主。

赵家湾【Zhàojiāwān】 以姓氏命名。因赵姓聚居而得名。1958年隶属竹林大队；1984年隶属竹林村至今。位于村委会东 300 米。东邻随县唐镇群中村杨家湾，南界董家湾，西至林家湾，北连竹林湾。总面积 0.43 平方千米，耕地面积 40 公顷。74 户，250 人。主产水稻、小麦、玉米，兼种蔬菜。村落形态呈散状，房屋结构以平房、楼房和坡房为主。

竹林湾【Zhúlínwān】 以植物命名。因村内有片竹园而得名。1958 年隶属竹林大队；1984 年隶属竹林村至今。位于村委会东北 800 米。东邻随县唐镇群中村余家杭，南界赵家湾，西至关家湾，北连流水沟。总面积 0.5 平方千米，耕地面积 38 公顷。75 户，290 人。主产水稻、小麦、玉米，兼种果蔬。村落形态呈线状，房屋结构以楼房和坡房为主。

紫庙村【Zǐmiàocūn】

因村里有座紫色的庙而得名。1958 年为张家湾大队，隶属伟大公社；1961 年隶属资山区；1975 年隶属兴隆公社；1980 年为紫庙大队，隶属兴隆公社；1984 年为紫庙村，隶属兴隆镇至今。位于镇政府东南 1.6 千米。东邻王城镇周湾村，南界王城镇西畈湾，西至中楼村，北连堂湾村。辖 10 个自然村，总面积 3.89 平方千米，耕地面积 155.7 公顷。151 户，680 人。主产水稻、小麦、杂粮，兼种果蔬。村委会驻张家湾。

草湾【Cǎowān】 以建筑物特点命名。因初建村时全是草房而得名。1958 年隶属张湾大队；1980 年隶属紫庙大队；1984 年隶属紫庙村至今。位于村委会东北 1 千米。东邻堂湾村旗杆湾，南界张家湾，西至移民点，北连堂湾村李家湾。总面积 0.17 平方千米，耕地面积 6.7 公顷。4 户，20 人。主产水稻、小麦、玉米。村落形态呈散状，房屋结构以坡房为主。

大张家湾【Dàzhāngjiāwān】 以人口和姓氏综合命名。因张姓聚居且人口较多而得名。1958 年隶属张湾大队；1980 年隶属紫庙大队；1984 年隶属紫庙村至今。位于村委会东 500 米。东邻朱家湾，南界下坡，西至小张家湾，北连堂湾村移民点。总面积 0.78 平方千米，耕地面积 31.3 公顷。30 户，120 人。主产水稻、小麦、玉米，兼种果蔬。村落形态呈散状，房屋结构以平房和坡房为主。

王家湾【Wángjiāwān】 以姓氏命名。因王姓聚居而得名。1958 年隶属张湾大队；1980 年隶属紫庙大队；1984 年隶属紫庙村至今。位于村委会南 600 米。东邻下坡，南界王城镇周湾村西畈湾，西至榨树湾，北连张家湾。总面积 0.94 平方千米，耕地面积 37.7 公顷。35 户，160 人。主产水稻、小麦、玉米，兼种果蔬。村落形态呈散状，房屋结构以平房和坡房为主。

吴家湾【Wújiāwān】 以姓氏命名。因吴姓聚居而得名。1958 年隶属张湾大队；1980 年隶属紫庙大队；1984 年隶属紫庙村至今。位于村委会东 900 米。东邻周家湾，南界王城镇周湾村笆篓湾，西至下坡，北连朱家湾。总面积 0.53 平方千米，耕地面积 21 公顷。21 户，90 人。主产水稻、小麦、玉米，兼种果蔬。村落形态呈散状，房屋结构以平房和坡房为主。

下坡【Xiàpō】 以方位和地形综合命名。因村建在岗坡下而得名。1958 年隶属张湾大队；1980 年隶属紫庙大队；1984 年隶属紫庙村至今。位于村委会东南 700 米。东邻吴家湾，南界王城镇周湾村笆篓湾，西至王家湾，北连张家湾。总面积 0.27 平方千米，耕地面积 10.7 公顷。10 户，50 人。主产水稻、小麦、玉米。村落形态呈散状，房屋结构以平房和坡房为主。

移民点【Yímíndiǎn】 2010年为南水北调丹江口市均县镇二房院村移民新建而得名。2010年隶属紫庙村至今。位于村委会北500米。东邻堂湾村李家湾，南界张家湾，西至堂湾村柿子园，北连堂湾村移民新村。总面积0.31平方千米，耕地面积12公顷。18户，90人。主产水稻、小麦、玉米。村落形态呈线状，房屋结构以平房和楼房为主。

柞树湾【Zhàshùwān】 以植物命名。因村周柞树较多而得名。1958年隶属张湾大队；1980年隶属紫庙大队；1984年隶属紫庙村至今。位于村委会西南700米。东邻王家湾，南界王城镇王城社区新湾，西至中楼村孙家湾，北连堂湾村柿子园。总面积0.31平方千米，耕地面积12.7公顷。10户，60人。主产水稻、小麦、玉米。村落形态呈散状，房屋结构以平房和坡房为主。

张家湾【Zhāngjiāwān】 以姓氏命名。因张姓聚居而得名。1958年隶属张湾大队；1980年隶属紫庙大队；1984年隶属紫庙村至今。村委会驻地。东邻大张家湾，南界王家湾，西至中楼村孙家湾，北连移民点。总面积0.28平方千米，耕地面积11.3公顷。12户，50人。主产水稻、小麦、杂粮。村落形态呈散状，房屋结构以楼房和坡房为主。

周家湾【Zhōujiāwān】 以姓氏命名。因周姓聚居而得名。1958年隶属张湾大队；1980年隶属紫庙大队；1984年隶属紫庙村至今。位于村委会东南1.1千米。东邻大周湾，南界王城镇周湾村笆篓湾，西至下坡，北连朱家湾。总面积0.3平方千米，耕地面积12.3公顷。11户，40人。主产水稻、小麦、杂粮。村落形态呈散状，房屋结构以平房和坡房为主。

第十七章 熊 集 镇

第一节 熊集镇概况

熊集镇【Xióngjízhèn】

因熊姓居此设集而得名。位于市政府西南 22 千米。东邻吴店镇，南界平林镇，西至琚湾镇，北连南城街道。总面积 167.8 平方千米，耕地面积 6377.1 公顷。截至 2014 年，有 13626 户，48931 人。辖 2 个居委会、21 个村。镇政府驻熊集镇大北街 36 号。1956 年归吴店区管辖；1958 年命名为和平公社；1961 年设熊集区；1975 年为熊集公社；1984 年为熊集区；1987 年为熊集镇；2001 年原耿集镇并入熊集镇至今。熊集镇是全国农村小城镇生态环境及基础建设试点镇、省级文明乡镇。境内主要矿产资源有铜矿、磷矿和大理石。农业以种植小麦、水稻、玉米、红薯为主。土特产有橙刺芽、熊河风干鱼。工业以机械加工、食品加工、饰品加工、建筑材料、矿藏开采为主。截至 2014 年全镇有工业企业 97 家，职工 2817 人，年产值千万元以上企业 11 家、百万元以上企业 33 家、十万元以上企业 55 家。个体工商经营户 2145 户，实现经营总额 2.1 亿元。有农贸市场 2 个，摊位 300 个，年成交额 21100 万元。注册工商经营户，112 户，年经营额 9700 万元。信用社 1 家，下辖 1 个信用分社，邮政银行 2 家。镇文化服务中心 1 个，村级文化活动中心 23 个，各类文化专业户，16 个。民间文化活动以舞龙灯、舞狮、旱船、踩高跷为主。境内有幼儿园 5 所、小学 5 所、初中 2 所，教师 323 人。卫生院 2 家、卫生所 2 个、村卫生室 22 个，专业医护人员 110 人，病床 142 张。境内有国家 3A 级景区熊河风景区。交通便利，省道襄洪公路、枣耿公路过境。

第二节 城市社区、居民点

熊集街道社区【Xióngjí Jiēdào Shèqū】

以熊集集镇命名。1986年规划熊集集镇,设立熊集街道办事处,隶属熊集区;1988年为熊集街道居委会,隶属熊集镇;2013年为熊集街道社区,隶属熊集镇至今。位于镇政府西北700米。东邻熊集村,南界熊河村,西至卢岗村,北连熊集村。辖2个居民小区,九条街道。总面积1.1平方千米,无耕地。3081户,7010人。以个体经营为主。枣耿公路过境,居委会驻熊集枣耿北路。

市场小区【Shìchǎngxiǎoqū】 以市场命名。因市场设在小区中间而得名。2005年建立市场小区;1988年隶属熊集街道居委会;2013年隶属熊集街道社区至今。东邻东环路,南界瀴水小区,西至南北大街,北连市场北路。总面积0.45平方千米,无耕地。1237户,2810人。以个体经营为主。房屋结构以楼房为主。

瀴水小区【Yǐngshuǐxiǎoqū】 以建筑物和商场名字综合命名。因小区建在原瀴源商场东侧而得名。1986年建立小区,隶属熊集街道办事处;1988年隶属熊集街道居委会;2013年隶属熊集街道社区至今。东邻熊集村,南界熊河村河湾,西至卢岗村卢冈,北连市场小区。总面积0.65平方千米,无耕地。1844户,4200人。以个体经营为主。房屋结构以楼房为主。

耿集社区【Gěngjí Shèqū】

以自然集镇耿集命名。1989年1月成立耿集街道居委会,隶属耿集镇;2012年为耿集社区,隶属熊集镇至今。东邻九龙村,南界楼子村,西至九龙村,北连耿集村。辖3个居民点,总面积2.5平方千米,无耕地。1329户,5300人。以个体经营为主。居委会驻中华路80号。

教育小区【Jiàoyùxiǎoqū】 以学校命名。因小区建在耿集中学周边而得名。1989年隶属耿集街道居委会;2012年隶属耿集社区居委会至今。位于居委会西600米。东邻市场小区,南界耿集村周家湾,西至耿集村李家畈,北连耿集村梁家畈。总面积0.7平方千米,无耕地。464户,1740人。以个体经营。村落形态呈团状,房屋结构以楼房为主。

民营小区【Mínyíngxiǎoqū】 以小区居民经营性质命名。1989年隶属耿集街道居委会;2012年隶属耿集社区居委会至今。位于居委会东800米。东邻九龙村楼子湾,南界仁河水库,西至市场小区,北连木梓岗。总面积1平方千米,无耕地。521户,2050人。以个体经营为主。村落形态呈团状,房屋结构以平房和楼房为主。

市场小区【Shìchǎngxiǎoqū】 以市场命名。因原耿集镇在此设过集贸市场而得名。1989年隶属耿集街道居委会；2012年隶属耿集社区居委会至今。位于居委会西200米。东邻民营小区，南界耿集村周家湾，西至教育小区，北连耿集村梁家畈。总面积0.8平方千米，无耕地。344户，1510人。以个体经营。村落形态呈团状，房屋结构以楼房为主。

第三节　农村社区（村）自然村、居民点

茶庵村【Chá'āncūn】

以地名茶庵（尼姑庵旁设一饮茶点）命名。1958年为茶庵大队，隶属和平公社；1961年隶属熊集区；1975年隶属熊集公社；1984年为茶庵村，隶属熊集区；1987年隶属熊集镇；2002年原彭冲村并入，隶属熊集镇至今。位于镇政府东南3千米。东邻吴店镇田台村，南界熊河水库，西至熊河村，北连檀湾村。辖45个自然村，总面积14.26平方千米，耕地面积309公顷。393户，1420人。主产玉米、小麦、水稻，且有桃树、核桃、石榴、梨树栽培。村委会驻长冈。

凹子里【Āozilǐ】　以地形命名。因村建在两山间的低凹处而得名。1958年隶属茶庵大队；1984年隶属茶庵村至今。位于村委会西北2千米。东邻新屋场，南界马桥，西至杉树坡，北连黑冲。总面积0.2平方千米，耕地面积8公顷。8户，20人。主产玉米、小麦、水稻。村落形态呈散状，房屋结构以平房为主。

八角堰【Bājiǎoyàn】　以堰塘的形状命名。因村旁有口不规则的八角堰而得名。1958年隶属彭冲大队；1984年隶属彭冲村；2002年隶属茶庵村至今。位于村委会东南4千米。东邻八亩冲，南界吴店镇易仓村小胡家湾，西至田家湾，北连老庄子。总面积0.3平方千米，耕地面积6公顷。5户，20人。主产玉米、小麦、水稻。村落形态呈散状，房屋结构以平房为主。

八亩冲【Bāmǔchōng】　以耕地面积命名。因村建在八亩冲而得名。1958年隶属彭冲大队；1984年隶属彭冲村；2002年隶属茶庵村至今。位于村委会东南5千米。东邻咀子，南界吴店镇易仓村，西至十字坡，北连高树根。总面积0.38平方千米，耕地面积5公顷。12户，40人。主产玉米、小麦、水稻。村落形态呈散状，房屋结构以平房为主。

半乍店【Bànzhàdiàn】　以店铺的特点命名。据传，彭、赵两姓在此设店，因各占一半而得名。1958年隶属彭冲大队；1984年隶属彭冲村；2002年隶属茶庵村至今。位于村委会东南4千米。东邻东湾，南界彭家畈上，西至欧家湾，北连楼底下。总面积0.35平方千米，耕地面积7公顷。11户，30人。主产玉米、小麦、水稻，兼有桃园7公顷。村落形态呈散状，房屋结构以平房为主。

鲍家湾【Bàojiāwān】　以姓氏命名。因鲍姓聚居而得名。1958年隶属彭冲大队；1984年隶属彭冲村；2002年隶属茶庵村至今。位于村委会东3千米。东邻吴店镇田台村田家湾，南界上八字门楼，西至陆家湾，北连中罗家树林。总面积0.4平方千米，耕地面积5公顷。5户，20人。主产玉米、小麦、水稻。村落形态呈散状，房屋结构以平房为主。

椿树湾【Chūnshùwān】　以植物命名。因村内有棵大椿树而得名。1958年隶属彭冲大队；1984年隶属

彭冲村；2002年隶属茶庵村至今。位于村委会南4千米。东邻双门楼，南界吴店镇易仓村，西至熊河水库，北连槐树湾。总面积0.3平方千米，耕地面积6公顷。4户，20人。主产玉米、小麦、水稻。村落形态呈散状，房屋结构以平房为主。

撮箕凹【Cuōjīwā】 以地形命名。因村建在形似撮箕的山洼里而得名。1958年隶属彭冲大队；1984年隶属彭冲村；2002年隶属茶庵村至今。位于村委会南3.6千米。东邻老学校，南界下何家湾，西至熊河水库，北连汪家咀。总面积0.3平方千米，耕地面积6公顷。8户，30人。主产玉米、小麦、水稻。村落形态呈散状，房屋结构以平房为主。

东湾【Dōngwān】 以方位命名。因村建在半乍店东而得名。1958年隶属彭冲大队；1984年隶属彭冲村；2002年隶属茶庵村至今。位于村委会东南3.5千米。东邻南冲，南界彭家畈上，西至半乍店，北连姚家湾。总面积0.3平方千米，耕地面积5公顷。5户，20人。主产玉米、小麦、水稻。村落形态呈散状，房屋结构以平房和坡房为主。

高树根【Gāoshùgēn】 以植物命名。因村里有棵大树水土流失导致根部裸露而得名。1958年隶属彭冲大队；1984年隶属彭冲村；2002年隶属茶庵村至今。位于村委会东南4.5千米。东邻石头寺，南界八亩冲，西至彭家畈上，北连下八字门楼。总面积0.32平方千米，耕地面积8公顷。18户，60人。主产玉米、小麦、水稻。村落形态呈散状，房屋结构以平房为主。

高湾【Gāowān】 以地形命名。因村建在地势高处而得名。1958年隶属茶庵大队；1984年隶属茶庵村至今。位于村委会东2千米。东邻吴店镇田台村，南界半乍店，西至十字坡，北连黄坡。总面积0.25平方千米，耕地面积6公顷。13户，30人。主产玉米、小麦、水稻。村落形态呈散状，房屋结构以坡房为主。

何家湾【Héjiāwān】 以姓氏命名。因何姓聚居而得名。1958年隶属彭冲大队；1984年隶属彭冲村；2002年隶属茶庵村至今。位于村委会南4.5千米。东邻八角堰，南界双门楼，西至十字坡，北连半乍店。总面积0.5平方千米，耕地面积8公顷。12户，50人。主产玉米、小麦、水稻。村落形态呈散状，房屋结构以坡房为主。

槐树湾【Huáishùwān】 以植物命名。因村旁有棵古槐树而得名。1958年隶属彭冲大队；1984年隶属彭冲村；2002年隶属茶庵村至今。位于村委会南3千米。东邻下何家湾，南界椿树湾，西至熊河水库，北连山岗。总面积0.3平方千米，耕地面积5公顷。6户，20人。主产玉米、小麦、水稻。村落形态呈散状，房屋结构以平房为主。

咀子湾【zuǐziwān】 以地形命名。因村建在山咀旁而得名。1958年隶属彭冲大队；1984年隶属彭冲村；2002年隶属茶庵村至今。位于村委会东南5.5千米。东邻吴店镇易仓村，南界八亩冲，西至上八亩冲，北连石头寺。总面积0.2平方千米，耕地面积8公顷。8户，30人。主产玉米、小麦、水稻。村落形态呈散状，房屋结构以平房为主。

老庄子【Lǎozhuāngzi】 以建村时间命名。因赵姓居住且建村早而得名。1958年隶属彭冲大队；1984年隶属彭冲村；2002年隶属茶庵村至今。位于村委会东南5千米。东邻八亩冲，南界八角堰，西至田家湾，北连彭家畈上。总面积0.2平方千米，耕地面积8公顷。7户，30人。主产玉米、小麦、水稻。村落形态呈散状，房屋结构以平房为主。

楼底下【Lóudǐxià】 以建筑物命名。因村中一财主楼房建得高,衬得穷人家破房更加矮小而得名。1958年隶属彭冲大队;1984年隶属彭冲村;2002年隶属茶庵村至今。位于村委会东南2.5千米。东邻豆芽湾,南界半乍店,西至下黄栋连树岗,北连凹子。总面积0.35平方千米,耕地面积5公顷。4户,20人。主产玉米、小麦、水稻。村落形态呈散状,房屋结构以平房为主。

马桥【Mǎqiáo】 以姓氏和桥综合命名。因马姓聚居且村头堰咀上搭有木桥而得名。1958年隶属茶庵大队;1984年隶属茶庵村至今。位于村委会南200米。东邻张家祠堂,南界上垱,西至院墙湾,北连凹子里。总面积0.4平方千米,耕地面积7公顷。10户,30人。主产玉米、小麦、水稻。村落形态呈散状,房屋结构以平房为主。

南屏墙湾【Nánpíngqiángwān】 以建筑物和方位综合命名。因村建在母子山南且村内修有防火防盗的屏墙而得名。1958年隶属茶庵大队;1984年隶属茶庵村至今。位于村委会南3千米。东邻汪家咀,南界田家湾,西至熊河水库,北连母子山。总面积0.3平方千米,耕地面积8公顷。10户,30人。主产玉米、小麦、水稻。村落形态呈散状,房屋结构以平房为主。

欧家湾【Ōujiāwān】 以姓氏命名。因欧姓聚居而得名。1958年隶属彭冲大队;1984年隶属彭冲村;2002年隶属茶庵村至今。位于村委会东南3.5千米。东邻半乍店,南界上横冲,西至熊河水库,北连十字坡。总面积0.3平方千米,耕地面积6公顷。8户,30人。主产玉米、小麦、水稻。村落形态呈散状,房屋结构以坡房为主。

彭家畈上【Péngjiāfànshàng】 以姓氏和地形综合命名。因彭姓建村在平畈上而得名。1958年隶属彭冲大队;1984年隶属彭冲村;2002年隶属茶庵村至今。位于村委会东南2.5千米。东邻高树根,南界八亩冲,西至下横冲,北连半乍店。总面积0.34平方千米,耕地面积5公顷。8户,30人。主产玉米、小麦、水稻。村落形态呈散状,房屋结构以平房为主。

屏墙湾【Píngqiángwān】 以建筑物命名。因村内修有防火防盗的屏墙而得名。1958年隶属茶庵大队;1984年隶属茶庵村至今。位于村委会西北2千米。东邻陈家湾,南界张家湾,西至熊河村半乍山,北连熊河村高家湾。总面积0.4平方千米,耕地面积9公顷。10户,40人。主产玉米、小麦、水稻。村落形态呈散状,房屋结构以平房为主。

杉树坡【Shānshùpō】 以植物和地形综合命名。因建在杉树多的山坡旁而得名。1958年隶属茶庵大队;1984年隶属茶庵村至今。位于村委会西北1.6千米。东邻凹子里,南界马庄,西至熊河村岩子,北连张家湾。总面积0.27平方千米,耕地面积7公顷。7户,20人。主产玉米、小麦、水稻。村落形态呈散状,房屋结构以平房为主。

上八亩冲【Shàngbāmǔchōng】 以地形、方位和面积综合命名。因村建在八亩冲的上方而得名。1958年隶彭冲大队;1984年隶属彭冲村;2002年隶属茶庵村至今。位于村委会东南4.5千米。东邻咀子湾,南界八亩冲,西至下八亩冲,北连高树根。总面积0.3平方千米,耕地面积6公顷。8户,40人。主产玉米、小麦、水稻。村落形态呈散状,房屋结构以平房为主。

上横冲【Shànghéngchōng】 以方位和地形综合命名。因村建在与彭家大冲成垂直的一条小冲旁,地势较高而得名。1958年隶属彭冲大队;1984年隶属彭冲村;2002年隶属茶庵村至今。位于村委会东南3千米。东邻下横冲,南界赵家崖子,西至南屏墙湾,北连半乍店。总面积 0.45 平方千米,耕地面积 7 公顷。9 户,40 人。主产玉米、小麦、水稻。村落形态呈散状,房屋结构以平房为主。

上罗家树林【Shàngluójiāshùlín】 以方位、姓氏和植物综合命名。因罗姓分居相邻三个村都是树木成林,此村位北而得名。1958 年隶属彭冲大队;1984 年隶属彭冲村;2002 年隶属茶庵村至今。位于村委会东 2 千米。东邻吴店镇田台村田家湾,南界中罗家树林,西至腰堰冲,北连檀湾村赵庄。总面积 0.3 平方千米,耕地面积 6 公顷。5 户,20 人。主产玉米、小麦、水稻。村落形态呈散状,房屋结构以平房为主。

双门楼【Shuāngménlóu】 以建筑物命名。因村内有户人家盖了两个门楼而得名。1958 年隶属彭冲大队;1984 年隶属彭冲村;2002 年隶属茶庵村至今。位于村委会南 4.5 千米。东邻四不象,南界吴店镇易仓村,西至槐树湾,北连下何家湾。总面积 0.4 平方千米,耕地面积 8 公顷。7 户,30 人。主产玉米、小麦、水稻。村落形态呈散状,房屋结构以平房为主。

汤家湾【Tāngjiāwān】 以姓氏命名。因汤姓聚居而得名。1958 年隶属茶庵大队;1984 年隶属茶庵村至今。位于村委会北 1.5 千米。东邻余家冲,南界叶家湾,西至黑冲,北连王家槽坊。总面积 0.2 平方千米,耕地面积 5 公顷。3 户,10 人。主产玉米、小麦、水稻。村落形态呈散状,房屋结构以平房为主。

田家湾【Tiánjiāwān】 以姓氏命名。因田姓聚居而得名。1958 年隶属彭冲大队;1984 年隶属彭冲村;2002 年隶属茶庵村至今。位于村委会东南 3.6 千米。东邻老庄子,南界上何家湾,西至南屏墙湾,北连上横冲。总面积 0.2 平方千米,耕地面积 9 公顷。9 户,40 人。主产玉米、小麦、水稻。村落形态呈散状,房屋结构以平房为主。

王家槽坊【Wángjiācáofáng】 以姓氏和作坊综合命名。因王姓聚居以酿酒为业而得名。1958 年隶属茶庵大队;1984 年隶属茶庵村至今。位于村委会北 1.2 千米。东邻枟湾村汪冲,南界汤家湾,西至陈家湾,北连枟湾村枟家湾。总面积 0.2 平方千米,耕地面积 8 公顷。8 户,30 人。主产玉米、小麦、水稻。村落形态呈线状,房屋结构以平房和楼房为主。

下八亩冲【Xiàbāmǔchōng】 以地形、方位和面积综合命名。因村建在八亩冲的下方而得名。1958 年隶属彭冲大队;1984 年隶属彭冲村;2002 年隶属茶庵村至今。位于村委会东南 4 千米。东邻上八亩冲,南界老庄子,西至彭家畈上,北连东湾。总面积 0.3 平方千米,耕地面积 6 公顷。4 户,20 人。主产玉米、小麦、水稻。村落形态呈散状,房屋结构以平房为主。

下八字门楼【Xiàbāzìménlóu】 以方位和门楼形状综合命名。因相邻两村门楼修的像八字,此村位南而得名。1958 年隶属彭冲大队;1984 年隶属彭冲村;2002 年隶属茶庵村至今。位于村委会东南 3.7 千米。东邻南冲,南界高树根,西至姚家湾,北连上八字门楼。总面积 0.4 平方千米,耕地面积 8 公顷。5 户,20 人。主产玉米、小麦、水稻,兼有桃园、梨园 15 公顷。村落形态呈散状,房屋结构以平房为主。

下何家湾【Xiàhéjiāwān】 以姓氏和方位综合命名。因何姓聚居地势较低处而得名。1958 年隶属彭冲大队;1984 年隶属彭冲村;2002 年隶属茶庵村至今。位于村委会南 3.6 千米。东邻上何家湾,南界双门楼,西至槐树湾,北连撮箕凹。总面积 0.3 平方千米,耕地面积 8 公顷。9 户,30 人。主产玉米、小麦、水稻,兼有桃园 15 公顷。村落形态呈散状,房屋结构以平房为主。

下横冲【Xiàhéngchōng】 以方位和地形综合命名。因村建在一条呈南北走向的横冲旁而得名。1958

年隶属茶庵大队；1984年隶属茶庵村至今。位于村委会东800米。东邻余家冲，南界叶家湾，西至黑冲，北连王家槽坊。总面积0.3平方千米，耕地面积7公顷。8户，30人。主产玉米、小麦、水稻。村落形态呈散状，房屋结构以平房为主。

下黄楝树岗【Xiàhuángliànshùgǎng】 以地形、方位和植物综合命名。因村建在岗下且岗上长有许多黄楝树而得名。1958年隶属茶庵大队；1984年隶属茶庵村至今。位于村委会东南2千米。东邻凹子里，南界母子山，西至张家祠堂，北连叶庄。总面积0.5平方千米，耕地面积6公顷。8户，30人。主产玉米、小麦、水稻。村落形态呈散状，房屋结构以平房为主。

新屋场【Xīnwūchǎng】 以建村时间命名。因新建的村庄而得名。1958年隶属茶庵大队；1984年隶属茶庵村至今。位于村委会西北500米。东邻张家竹院，南界马桥，西至马庄，北连汤家湾。总面积0.31平方千米，耕地面积8公顷。10户，30人。主产玉米、小麦、水稻。村落形态呈散状，房屋结构以平房为主。

垭子【Yāzi】 以地形命名。因村建在山垭旁而得名。1958年隶属彭冲大队；1984年隶属彭冲村；2002年隶属茶庵村至今。位于村委会东南3.5千米。东邻下八亩冲，南界八角堰，西至田家湾，北连彭家畈上。总面积0.21平方千米，耕地面积9公顷。7户，30人。主产玉米、小麦、水稻。村落形态呈散状，房屋结构以平房为主。

叶家湾【Yèjiāwān】 以姓氏命名。因叶姓聚居而得名。1958年隶属茶庵大队；1984年隶属茶庵村至今。位于村委会北900米。东邻腰堰冲，南界长岗，西至凹子里，北连汤家湾。总面积0.45平方千米，耕地面积15公顷。34户，120人。主产玉米、小麦、水稻，兼有桃园20公顷。村落形态呈散状，房屋结构以平房为主。

叶咀【Yèzuǐ】 以姓氏和地形综合命名。因叶姓聚居山咀下而得名。1958年隶属彭冲大队；1984年隶属彭冲村；2002年隶属茶庵村至今。位于村委会东南2千米。东邻下罗家树林，南界楼底下，西至叶庄，北连北冲。总面积0.4平方千米，耕地面积8公顷。8户，30人。主产玉米、小麦、水稻。村落形态呈散状，房屋结构以平房为主。

叶庄【Yèzhuāng】 以姓氏命名。因叶姓聚居而得名。1958年隶属茶庵大队；1984年隶属茶庵村至今。位于村委会东1.5千米。东邻叶咀，南界半乍店，西至张家祠堂，北连下横冲。总面积0.3平方千米，耕地面积5公顷。6户，20人。主产玉米、小麦、水稻。村落形态呈散状，房屋结构以坡房为主。

余家冲【Yújiāchōng】 以姓氏和地形综合命名。因余姓聚居冲旁而得名。1958年隶属茶庵大队；1984年隶属茶庵村至今。位于村委会东北1.8千米。东邻腰堰冲，南界叶家湾，西至汤家湾，北连枟湾村汪冲。总面积0.3平方千米，耕地面积5公顷。8户，20人。主产玉米、小麦、水稻。村落形态呈散状，房屋结构以平房为主。

院墙湾【Yuànqiángwān】 以建筑物命名。因村周筑有土墙而得名。1958年隶属茶庵大队；1984年隶属茶庵村至今。位于村委会西1千米。东邻马桥，南界青龙湖村仇坡，西至熊河村咀子，北连马庄。总面积0.4平方千米，耕地面积6公顷。15户，50人。主产玉米、小麦、水稻。村落形态呈散状，房屋结构以平房为主。

张家祠堂【Zhāngjiācítáng】 以姓氏和建筑物综合命名。因张姓在村内立有宗祠而得名。1958年隶属茶庵大队；1984年隶属茶庵村至今。位于村委会南500米。东邻叶庄，南界高湾，西至上垱，北连欧家湾。总面积0.34平方千米，耕地面积7公顷。11户，50人。主产玉米、小麦、水稻，兼有桃园20公顷。村落形态呈散状，房屋结构以坡房为主。

张家湾【Zhāngjiāwān】 以姓氏命名。因张姓聚居而得名。1958年隶属茶庵大队；1984年隶属茶庵村至今。位于村委会西北1.8千米。东邻黑冲，南界杉树坡，西至熊河村高庄，北连屏墙湾。总面积0.21平方千米，耕地面积7公顷。10户，40人。主产玉米、小麦、水稻。村落形态呈散状，房屋结构以平房为主。

长冈【Chánggāng】 以山冈命名。因村建在一条较长的岗上而得名。1958年隶属茶庵大队；1984年隶属茶庵村至今。村委会驻地。东邻新屋场，南界马桥，西至仇坡，北连陈家湾。总面积0.33平方千米，耕地面积9公顷。18户，50人。主产玉米、小麦、水稻。村落形态呈散状，房屋结构以坡房为主。

赵家崖子【Zhàojiāyázi】 以姓氏和地形综合命名。因赵姓居住山崖子上而得名。1958年隶属彭冲大队；1984年隶属彭冲村；2002年隶属茶庵村至今。位于村委会东南3.2千米。东邻彭家畈上，南界垭子，西至上横冲，北连欧家湾。总面积0.3平方千米，耕地面积9公顷。11户，50人。主产玉米、小麦、水稻。村落形态呈散状，房屋结构以平房为主。

中罗家树林【Zhōngluójiāshùlín】 以方位、姓氏和植物综合命名。因罗姓分居的相邻三个村都是树木成林，此村位中而得名。1958年隶属彭冲大队；1984年隶属彭冲村；2002年隶属茶庵村至今。位于村委会东1.94千米。东邻吴店镇田台村田家湾，南界下罗家树林，西至腰堰冲，北连上罗家树林。总面积0.4平方千米，耕地面积8公顷。6户，20人。主产玉米、小麦、水稻。村落形态呈散状，房屋结构以平房为主。

弯堰村【Wānyàncūn】

以十亩大堰命名。1958年为弯堰大队，隶属和平公社；1961年隶属熊集区；1975年隶属熊集公社；1984年为弯堰村，隶属熊集区；1987年隶属熊集镇至今。位于镇政府北3千米。东邻前营村，南界孙冲村，西至吴湾村，北连杜岗村。辖12个自然村，总面积4.22平方千米，耕地面积195公顷。388户，1790人。主产玉米、小麦、水稻。熊杜公路穿村而过，村委会驻弯堰埂。

大潜岗【Dàqiángǎng】 以规模和姓氏综合命名。因潜姓聚居在岗上相邻二村，此村较大而得名。1958年隶属孙冲大队；1979年隶属弯堰大队；1984年隶属弯堰村至今。位于村委会西南1.3千米。东邻杨庄，南界卢岗村百寺堰，西至小潜岗，北连梅庄。总面积0.38平方千米，耕地面积17公顷。38户，170人。主产玉米、小麦、水稻。村落形态呈散状，房屋结构以平房和坡房为主。

梅庄【Méizhuāng】 以姓氏命名。因梅姓聚居而得名。1958年隶属弯堰大队；1984年隶属弯堰村至今。位于村委会西1千米。东邻杨庄，南界大潜岗，西至杨九轩，北连杜岗村陈家堰。总面积0.48平方千米，耕地面积24公顷。60户，260人。主产玉米、小麦、水稻，养猪合作社2个。村落形态呈散状，房屋结构以平房和坡房为主。

潜咀【Qiánzuǐ】 以姓氏和地形综合命名。因潜姓聚居岗咀而得名。1958年隶属弯堰大队；1984年隶属弯堰村至今。位于村委会西南3千米。东邻大潜岗，南界小潜岗，西至王咀，北连杨九轩。总面积0.1平方千米,耕地面积2公顷。3户,10人。主产小麦、水稻。村落形态呈散状,房屋结构以坡房和楼房为主。

弯堰埂【Wānyàngěng】 以堰和堰堤形状综合命名。因村东大堰的堰堤是弧形而得名。1958年隶属弯堰大队;1984年隶属弯堰村至今。村委会驻地。东邻邹庄,南界杨庄,西至梅庄,北连杜岗村下畈。总面积0.46平方千米,耕地面积23公顷。48户,220人。主产玉米、小麦、水稻。村落形态呈散状,房屋结构以平房和坡房为主。

王咀【Wángzuǐ】 以姓氏和地形综合命名。因王姓聚居岗咀而得名。1958年隶属弯堰大队;1984年隶属弯堰村至今。位于村委会西南2.8千米。东邻小潜岗,南界孙冲村新庄,西至孙冲村周家洼子,北连杨九轩。总面积0.15平方千米,耕地面积9公顷。15户,90人。主产小麦、水稻。村落形态呈线状,房屋结构以坡房和楼房为主。

五斗坡【Wǔdǒupō】 以地形和产量综合命名。因建于岗坡,土层薄,从前只能亩产五斗粮,故名。1958年隶属弯堰大队;1984年隶属弯堰村至今。位于村委会南2千米。东邻新杨庄,南界孙冲村新庄,西至大潜岗,北连六一水库。总面积0.1平方千米,耕地面积3公顷。7户,30人。主产小麦、水稻,兼有鱼塘7公顷,养猪场年出栏250头,养鸡场年出5万只。村落形态呈线状,房屋结构以坡房和楼房为主。

小潜岗【Xiǎoqiángǎng】 以规模和姓氏综合命名。因潜姓聚居在岗上相邻二村,此村较小而得名。1958年隶属弯堰大队;1984年隶属弯堰村至今。位于村委会西南1.6千米。东邻大潜岗,南界孙冲村新农村,西至邹家洼子,北连梅庄。总面积0.54平方千米,耕地面积28公顷。43户,170人。主产玉米、小麦、水稻。村落形态呈散状,房屋结构以平房和坡房为主。

新杨庄【Xīnyángzhuāng】 以姓氏和建村时间综合命名。因1964年从杨庄分出建村而得名。1964年隶属弯堰大队;1984年隶属弯堰村至今。位于村委会西南1.7千米。东邻熊集村潜店,南界熊集村尤家台子,西至大潜岗,北连殷家营。总面积0.37平方千米,耕地面积12公顷。30户,130人。主产玉米、小麦、水稻。村落形态呈散状,房屋结构以平房和坡房为主。

杨九轩【Yángjiǔxuān】 以富户的姓名命名。因杨九轩、杨法轩兄弟居住在原上杨家湾和下杨家湾,后二村合并,以老大的名字而得名。1958年隶属弯堰大队;1984年隶属弯堰村至今。位于村委会西1.9千米。东邻梅庄,南界小潜岗,西至孙冲村朱家洼子,北连杜岗村。总面积0.53平方千米,耕地面积27公顷。30户,150人。主产玉米、小麦、水稻,养鸡场年产鸡5万只。村落形态呈散状,房屋结构以平房和坡房为主。

杨庄【Yángzhuāng】 以姓氏命名。因杨姓聚居而得名。1958年隶属弯堰大队;1984年隶属弯堰村至今。位于村委会东南1.3千米。东邻廖店河,南界杨庄,西至汪家巷,北连殷家营。总面积0.36平方千米,耕地面积16公顷。34户,180人。主产玉米、小麦、水稻。村落形态呈散状,房屋结构以平房和坡房为主。

殷家营【Yīnjiāyíng】 以姓氏命名。因殷姓聚居而得名。1958年隶属弯堰大队;1984年隶属弯堰村至今。位于村委会东1.4千米。东邻邹庄,南界杨庄,西至梅庄,北连弯堰埂。总面积0.39平方千米,耕地面积18公顷。43户,220人。主产玉米、小麦、水稻。村落形态呈散状,房屋结构以平房和坡房为主。

邹庄【Zōuzhuāng】 以姓氏命名。因邹姓聚居而得名。1958年隶属弯堰大队;1984年隶属弯堰村至今。位于村委会东 1.5 千米。东邻殷家营，南界五斗坡，西至弯堰埂，北连后营村张庄。总面积 0.36 平方千米，耕地面积 16 公顷。37 户，200 人。主产玉米、小麦、水稻。村落形态呈散状，房屋结构以平房和坡房为主。

楼子村【Lóuzicūn】

1958 年为楼子大队，隶属和平公社；1961 年隶属熊集区；1975 年隶属耿集公社；1984 年为楼子村，隶属耿集区，1987 年隶属耿集镇；2001 年隶属熊集镇；2002 年七里村并入楼子村，隶属熊集镇至今。位于镇政府西南 18 千米。东邻九龙村，南界宜城市板桥镇珍珠村，西至梨园村，北连耿集村。辖 26 个自然村，总面积 14.7 平方千米，耕地面积 99 公顷。139 户，515 人。主产玉米、小麦、水稻，兼有桃树种植和养殖业。村委会驻善家窑。

大夫湾【Dàifuwān】 以职业命名。因村里过去住过一个医生而得名。1958 年隶属七里大队；1984 年隶属七里村；2002 年隶属楼子村至今。位于村委会南 900 米。东邻藕堰，南界黄家凹子，西至南凹子，北连小清水堰。总面积 0.4 平方千米，耕地面积 2.5 公顷。3 户，10 人。主产玉米、小麦、水稻。村落形态呈散状，房屋结构以坡房为主。

大清水堰【Dàqīngshuǐyàn】 以堰和水质综合命名。因村内大古堰塘的水很清而得名。1958 年隶属七里大队；1984 年隶属七里村；2002 年隶属楼子村至今。位于村委会西南 700 米。东邻小清水堰，南界大夫湾，西至南凹子，北连善家窑。总面积 0.5 平方千米，耕地面积 2.6 公顷。4 户，10 人。主产玉米、小麦、水稻。村落形态呈散状，房屋结构以坡房和平房为主。

底下湾【Dǐxiàwān】 以地形命名。因建在水库堤坝下面而得名。1958 年隶属楼子大队；1984 年隶属楼子村至今。位于村委会西南 4 千米。东邻新农村，南界月池堰，西至刘家崖，北连张家畈。总面积 0.5 平方千米，耕地面积 5.4 公顷。5 户，10 人。主产玉米、小麦、水稻。村落形态呈散状，房屋结构以坡房和平房为主。

店子岗【Diànzigǎng】 以店铺和地形综合命名。因村建在岗上且曾开过饭店而得名。1958 年隶属楼子大队；1984 年隶属楼子村至今。位于村委会南 4 千米。东邻赵家湾，南界楼子畈，西至柳家湾，北连新农村。总面积 0.7 平方千米，耕地面积 5 公顷。15 户，50 人。主产玉米、小麦、水稻。村落形态呈散状，房屋结构以坡房和平房为主。

核桃泉【Hétáoquán】 以植物和泉眼综合命名。因村建在种许多核桃树的泉眼旁而得名。1958 年隶属楼子大队；1984 年隶属楼子村至今。位于村委会南 6 千米。东邻梁山村熊家窑，南界十八角盘，西至余家湾，北连赵家湾。总面积 0.7 平方千米，耕地面积 1.4 公顷。5 户，10 人。主产玉米、小麦、水稻。村落形态呈散状，房屋结构以坡房为主。

黑沟【Hēigōu】 以河沟和颜色综合命名。因村旁小河沟两边树木茂盛且相当阴暗而得名。1958 年隶属七里大队；1984 年隶属七里村；2002 年隶属楼子村至今。位于村委会南 2.5 千米。东邻九龙河村仁河，南界梁山村熊家窑，西至黄家凹子，北连竹林子。总面积 0.7 平方千米，耕地面积 4 公顷。7 户，35 人。主产玉米、小麦、水稻。村落形态呈散状，房屋结构以平房和坡房为主。

黄家凹子【Huángjiāwāzi】 以姓氏和地形综合命名。因黄姓聚居山洼而得名。1958年隶属七里大队；1984年隶属七里村；2002年隶属楼子村至今。位于村委会南2千米。东邻黑沟，南界赵家湾，西至新农村，北连大夫湾。总面积0.9平方千米，耕地面积6.5公顷。3户，10人。主产玉米、小麦、水稻，养猪大户1户，年出栏700头；养鸡大户1户，年出栏5000只。村落形态呈散状，房屋结构以坡房为主。

黄楝树咀【Huángliànshùzuǐ】 以植物和地形综合命名。因村建在长有很多黄楝树的岗咀而得名。1958年隶属七里大队；1984年隶属七里村；2002年隶属楼子村至今。位于村委会南1.3千米。东邻仁河村河水畈，南界竹林子，西至大夫湾，北连藕堰。总面积0.7平方千米，耕地面积5.3公顷。7户，30人。主产玉米、小麦、水稻。村落形态呈散状，房屋结构以坡房和平房为主。

老坟坡【Lǎofénpō】 以坟墓和地形综合命名。因村边岗坡上很多坟墓而得名。1958年隶属七里大队；1984年隶属七里村；2002年隶属楼子村至今。位于村委会东南1千米。东邻仁河水库，南界藕堰，西至善家窑，北连耿集村周家湾。总面积0.4平方千米，耕地面积2.5公顷。3户，10人。主产玉米、小麦、水稻。村落形态呈散状，房屋结构以坡房为主。

刘家湾【Liújiāwān】 以姓氏命名。因刘姓聚居而得名。1958年隶属楼子大队；1984年隶属楼子村至今。位于村委会南5.1千米。东邻店子岗，南界罗家湾，西至刘家崖，北连月池堰。总面积0.5平方千米，耕地面积5.6公顷，9户，30人。主产玉米、小麦、水稻。村落形态呈散状，房屋结构以坡房和平房为主。

楼子畈【Lóuzifàn】 以建筑物和地形综合命名。因村周是平畈且村内有座木楼而得名。1958年隶属楼子大队；1984年隶属楼子村至今。位于村委会南4.3千米。东邻鹰儿岩，南界余家湾，西至罗家湾，北连店子岗。总面积0.8平方千米，耕地面积4公顷。3户，10人。主产玉米、小麦、水稻。村落形态呈散状，房屋结构以坡房为主。

罗家湾【Luójiāwān】 以姓氏命名。因罗姓聚居而得名。1958年隶属楼子大队；1984年隶属楼子村至今。位于村委会西南5.2千米。东邻楼子畈，南界代古鼎，西至梨园村钱湾，北连刘家湾。总面积0.6平方千米，耕地面积4公顷。5户，10人。主产玉米、小麦、水稻。村落形态呈散状，房屋结构以坡房和平房为主。

毛狗洞【Máogǒudòng】 以动物巢穴命名。因村建在毛狗洞旁而得名。1958年隶属七里大队；1984年隶属七里村；2002年隶属楼子村至今。位于村委会西1.3千米。东邻善家窑，南界南凹子，西至坡堰，北连梨园村西沟。总面积0.7平方千米，耕地面积5公顷。4户，20人。主产玉米、小麦、水稻。村落形态呈团状，房屋结构以平房和楼房为主。

南凹子【Nánwāzi】 以方位和地形综合命名。因村建在岗洼南边而得名。1958年隶属七里大队；1984年隶属七里村；2002年隶属楼子村至今。位于村委会南1.5千米。东邻大清水堰，南界新屋场，西至坡堰，北连毛狗洞。总面积0.5平方千米，耕地面积3.2公顷。4户，20人。主产玉米、小麦、水稻。村落形态呈线状，房屋结构以平房和坡房为主。

藕堰【Ǒuyàn】 以植物和堰塘综合命名。因村内有口长满藕的堰塘而得名。1958年隶属七里大队；1984年隶属七里村；2002年隶属楼子村至今。位于村委会南1.2千米。东邻仁河水库，南界黄楝树咀，西至大夫湾，北连老坡坟。总面积0.4平方千米，耕地面积3公顷。3户，10人。主产玉米、小麦、水稻。村落形态呈散状，房屋结构以坡房和平房为主。

坡堰【Pōyàn】 以堰塘命名。因村内有一堰塘，不能容水，叫破堰，因"坡"与"破"音近，故名。1958年隶属楼子大队；1984年隶属楼子村至今。位于村委会西3千米。东邻毛狗洞，南界新农村，西至张家畈，北连梨园村阮家湾。总面积0.8平方千米，耕地面积4.3公顷。2户，10人。主产玉米、小麦、水稻，桃树种植13.4公顷。村落形态呈散状，房屋结构以坡房和楼房为主。

善家窑【Shànjiāyáo】 以姓氏和窑综合命名。因善姓建过窑厂而得名。1958年隶属七里大队；1984年隶属七里村；2002年隶属楼子村至今。村委会驻地。东邻仁河水库，南界小清水堰，西至毛狗洞，北连耿集村吴家咀。总面积0.5平方千米，耕地面积3公顷。5户，20人。主产玉米、小麦、水稻。村落形态呈散状，房屋结构以平房和坡房为主。

乌盆窑【Wūpényáo】 以陶器和窑综合命名。因村内有个烧制乌盆的窑而得名。1958年隶属楼子大队；1984年隶属楼子村至今。位于村委会西南3.1千米。东邻大夫湾，南界底下湾，西至张家畈，北连坡堰。总面积0.7平方千米，耕地面积3公顷。8户，30人。主产玉米、小麦、水稻。村落形态呈散状，房屋结构以坡房和楼房为主。

吴家湾【Wújiāwān】 以姓氏命名。因吴姓聚居而得名。1958年隶属楼子大队；1984年隶属楼子村至今。位于村委会西3.3千米。东邻坡堰，南界张家畈，西至梨园村高家湾，北连梨园村阮家湾。总面积0.6平方千米，耕地面积4.5公顷。5户，20人。主产玉米、小麦、水稻。村落形态呈散状，房屋结构以坡房和平房为主。

小清水堰【Xiǎoqīngshuǐyàn】 以堰和水质综合命名。因村内小堰塘的水很清而得名。1958年隶属七里大队；1984年隶属七里村；2002年隶属楼子村至今。位于村委会南600米。东邻仁河水库，南界大夫湾，西至大清水堰，北连善家窑。总面积0.6平方千米，耕地面积2.8公顷。5户，20人。主产玉米、小麦、水稻。村落形态呈散状，房屋结构以坡房和平房为主。

新农村【Xīnnóngcūn】 以建村时间命名。因中华人民共和国成立后新建村庄而得名。1958年隶属楼子大队；1984年隶属楼子村至今。位于村委会西南3.9千米。东邻黄家凹子，南界店子岗，西至底下湾，北连乌盆窑。总面积0.5平方千米，耕地面积3.5公顷。6户，20人。主产玉米、小麦、水稻，兼有水产养殖2.3公顷。村落形态呈散状，房屋结构以坡房为主。

余家湾【Yújiāwān】 以姓氏命名。因余姓聚居而得名。1958年隶属楼子大队；1984年隶属楼子村至今。位于村委会南5.9千米。东邻核桃泉，南界罗家洼，西至梨园村大罗家湾，北连楼子畈。总面积0.6平方千米，耕地面积3公顷。4户，10人。主产玉米、小麦、水稻。村落形态呈散状，房屋结构以坡房为主。

月池堰【Yuèchíyàn】 以堰的形状命名。因村内有口形似月牙的堰塘而得名。1958年隶属楼子大队；1984年隶属楼子村至今。位于村委会西南4.1千米。东邻黄家凹子，南界店子岗，西至刘家崖，北连底下湾。总面积0.4平方千米，耕地面积4公顷。4户，20人。主产玉米、小麦、水稻。村落形态呈散状，房屋结构以坡房为主。

张家畈【Zhāngjiāfàn】 以姓氏和地形综合命名。因张姓聚居平畈而得名。1958 年隶属楼子大队；1984 年隶属楼子村至今。位于村委会西南 3.4 千米。东邻乌盆窑，南界底下湾，西至梨园村小钱湾，北连吴家湾。总面积 0.6 平方千米，耕地面积 4.1 公顷。5 户，20 人。主产玉米、小麦、水稻。村落形态呈散状，房屋结构以坡房为主。

赵家湾【Zhàojiāwān】 以姓氏命名。因赵姓聚居而得名。1958 年隶属楼子大队；1984 年隶属楼子村至今。位于村委会南 4.2 千米。东邻黑沟，南界余家湾，西至柳家湾，北连黄家凹子。总面积 0.4 平方千米，耕地面积 4.4 公顷。11 户，50 人。主产玉米、小麦、水稻。村落形态呈散状，房屋结构以坡房和平房为主。

竹林子湾【Zhúlínziwān】 以植物命名。因村内有片竹林而得名。1958 年隶属七里大队；1984 年隶属七里村；2002 年隶属楼子村至今。位于村委会南 1.6 千米。东邻九龙村糖坊咀，南界黑沟，西至黄家凹子，北连藕堰。总面积 0.4 平方千米，耕地面积 2.4 公顷。4 户，20 人。主产玉米、小麦、水稻。村落形态呈散状，房屋结构以坡房和平房为主。

青龙湖村【Qīnglónghúcūn】

以河流和 3A 级旅游风景区综合命名。1972 年由茶庵大队建场；1976 年为熊集公社综合林场；2006 年为熊河风景区专业村；2018 年为青龙湖村，隶属熊集镇至今。位于镇政府南 3 千米。东邻茶庵村，南界熊河水库，西至熊河水库，北连熊河村。辖个 4 自然村，总面积 4.07 平方千米，耕地面积 52 公顷。132 户，680 人。主产玉米、小麦、水稻，兼有油茶业和旅游业。境内驻有襄阳市熊河风景区管理委员会，村委会驻游乐中心。

仇坡【Qiúpō】 以姓氏和地形综合命名。因仇姓聚居在山坡上而得名。1976 年隶属熊集公社综合林场；1984 年隶属茶场村；2006 年隶属熊河风景区专业村；2018 年隶属青龙湖村至今。位于村委会东 2 米。东邻茶庵村长岗，南界风景区撇子堰，西至风景区烈士陵园，北连茶庵村长岗。总面积 1.07 平方千米，耕地面积 15 公顷。25 户，150 人。主产玉米、小麦、水稻，兼有果园。村落形态呈散状，房屋结构以平房和楼房为主。

梁家湾【Liángjiāwān】 以姓氏命名。因梁姓聚居而得名。1990 年前隶属熊河村；2006 年隶属熊河风景区专业村；2018 年隶属青龙湖村至今。位于村委会西 1.7 千米。东邻熊河水库，南界猴王山茶坊，西至钟湾村熊家湾，北连熊河水库。总面积 1 平方千米，耕地面积 10 公顷。15 户，60 人。主产小麦、水稻，兼有果园。旅游业正在兴起。村落形态呈散状，房屋结构以坡房和楼房为主。

撇子堰【Piēziyàn】 以堰命名。因村旁堰塘浅而得名。1976 年隶属熊集公社综合林场；1984 年隶属茶场村；2006 年隶属熊河风景区专业村；2018 年隶属青龙湖村至今。位于村委会东 2.5 千米。东邻茶庵村长岗，南界熊河水库，西至熊河水库，北连仇坡。总面积 1 平方千米，耕地面积 10 公顷。12 户，60 人。主产玉米、小麦、水稻，兼有桃园。村落形态呈散状，房屋结构以平房和楼房为主。

烟灯岗【Yāndēnggǎng】 以岗命名。因村建在历史上曾设过烽火台的山岗上而得名。1990 年前隶属熊河村；2006 年隶属熊河风景区专业村；2018 年隶属青龙湖村至今。位于村委会北 500 米。东邻茶庵村长岗，南界熊河水库，西至熊河村银月湾，北连熊河村银月湾。总面积1平方千米，耕地面积17公顷。80户，410人。主产玉米、小麦、水稻，兼有果园。村落形态呈线状，房屋结构以楼房为主。

熊河村【Xiónghécūn】

以河流熊河命名。1958年为陈庄大队，隶属和平公社；1961年隶属熊集区；1975年隶属熊集公社；1980年为熊河大队，隶属熊集公社；1984年为熊河村，隶属熊集区；1987年隶属熊集镇至今。位于镇政府南1千米。东邻檀湾村，南界熊河风景区，西至卢岗村，北连熊集村。辖14个自然村，总面积5.84平方千米，耕地面积448公顷。664户，2402人。主产玉米、小麦、水稻，兼有种植业和养殖业。熊八公路穿村而过，村委会驻景区路1号。

半乍山【Bànzhàshān】 以传说命名。据传，当地有座山被雷劈成两半，村建在山下，故名。1958年隶属陈庄大队；1980年隶属熊河大队；1984年隶属熊河村至今。位于村委会东南2千米。东邻茶庵屏墙湾，南界熊河水库，西至高庄，北连枣树林。总面积0.55平方千米，耕地面积50公顷。33户，100人。主产玉米、小麦、水稻。村落形态呈团状，房屋结构以平房和楼房为主。

陈家油坊【Chénjiāyóufáng】 以姓氏和作坊综合命名。因陈姓聚居且曾开过油坊而得名。1958年隶属陈庄大队；1980年隶属熊河大队；1984年隶属熊河村至今。位于村委会西1千米。东邻枣树林，南界熊河，西至刘庄，北连潜源寺。总面积0.7平方千米，耕地面积50公顷。101户，350人。主产玉米、小麦、水稻。村落形态呈线状，房屋结构以平房和楼房为主。

高家湾【Gāojiāwān】 以姓氏命名。因高姓聚居而得名。1958年隶属陈庄大队；1980年隶属熊河大队；1984年隶属熊河村至今。位于村委会东2千米。东邻檀湾村桐树湾，南界半乍山，西至枣树林，北连熊集村赵家湾。总面积0.52平方千米，耕地面积50公顷。30户，90人。主产玉米、小麦、水稻，兼有水产养殖20公顷。村落形态呈线状，房屋结构以平房和楼房为主。

高庄【Gāozhuāng】 以姓氏命名。因高姓聚居而得名。1958年隶属陈庄大队；1980年隶属熊河大队；1984年隶属熊河村至今。位于村委会南500米。东邻半乍山，南界后乡，西至熊河，北连玉皇庙。总面积0.5平方千米，耕地面积50公顷。95户，320人。主产玉米、小麦、水稻，兼有水产养殖13.4公顷。村落形态呈团状，房屋结构以平房和楼房为主。

后乡【Hòuxiāng】 以方位命名。因村建在高庄后面而得名。1958年隶属陈庄大队；1980年隶属熊河大队；1984年隶属熊河村至今。位于村委会南1千米。东邻风景区，南界熊河水库，西至熊河，北连高庄。总面积0.5平方千米，耕地面积35公顷。65户，280人。主产玉米、小麦、水稻。村落形态呈团状，房屋结构以平房和楼房为主。

黄庄【Huángzhuāng】 以姓氏命名。因黄姓聚居而得名。1958年隶属陈庄大队；1980年隶属熊河大队；1984年隶属熊河村至今。位于村委会北1.5千米。东邻熊集村北庙冲，南界枣树林，西至熊集村河湾，北连熊集村熊集。总面积0.3平方千米，耕地面积15公顷。42户，120人。主产玉米、小麦、水稻。村落形态呈团状，房屋结构以平房和楼房为主。

刘家湾【Liújiāwān】 以姓氏命名。因刘姓聚居而得名。1958年隶属陈庄大队；1980年隶属熊河大队；1984年隶属熊河村至今。位于村委会东南3千米。东邻张家湾，南界竹林岗，西至毛榨村倒楼庄，北连潜源寺。总面积0.44平方千米，耕地面积40公顷。41户，130人。主产玉米、小麦、水稻。村落形态呈团状，房屋结构以平房和楼房为主。

刘庄【Liúzhuāng】 以姓氏命名。因刘姓聚居而得名。1958年隶属陈庄大队；1980年隶属熊河大队；1984年隶属熊河村至今。位于村委会西1千米。东邻陈庄，南界熊河，西至卢岗村卢家湾，北连熊集村河湾。总面积0.44平方千米，耕地面积40公顷。60户，260人。主产玉米、小麦、水稻。村落形态呈团状，房屋结构以平房和楼房为主。

前头湾【Qiántóuwān】 以方位命名。因建在后乡前面而得名。1958年隶属陈庄大队；1980年隶属熊河大队；1984年隶属熊河村至今。位于村委会西1千米。东邻后乡，南界熊河水库，西至熊河，北连高庄。总面积0.1平方千米，耕地面积1公顷。5户，12人。主产玉米、小麦、水稻。村落形态呈团状，房屋结构以平房和楼房为主。

潜源寺【Qiányuánsì】 以寺庙命名。因村建在潜源寺旁而得名。1958年隶属陈庄大队；1980年隶属熊河大队；1984年隶属熊河村至今。位于村委会西2千米。东邻陈家油坊，南界张家湾，西至卢岗村卢家湾，北连刘庄。总面积0.55平方千米，耕地面积50公顷。63户，270人。主产玉米、小麦、水稻。村落形态呈线状，房屋结构以平房和楼房为主。

玉皇庙【Yùhuángmiào】 以庙宇命名。因村旁有座小庙称玉皇庙而得名。1958年隶属陈庄大队；1980年隶属熊河大队；1984年隶属熊河村至今。位于村委会东300米。东邻半乍山，南界高庄，西至陈家油坊，北连枣树林。总面积0.1平方千米，耕地面积4公顷。15户，50人。主产玉米、小麦、水稻。村落形态呈团状，房屋结构以平房和楼房为主。

枣树林【Zǎoshùlín】 以植物命名。因村里枣树多而得名。1958年隶属陈庄大队；1980年隶属熊河大队；1984年隶属熊河村至今。位于村委会东1千米。东邻高家湾，南界半乍山，西至玉皇庙，北连黄庄。总面积0.4平方千米，耕地面积8公顷。20户，60人。主产玉米、小麦、水稻。村落形态呈团状，房屋结构以平房和楼房为主。

张家湾【Zhāngjiāwān】 以姓氏命名。因张姓聚居而得名。1958年隶属陈庄大队；1980年隶属熊河大队；1984年隶属熊河村至今。位于村委会东南2.5千米。东邻熊河，南界竹林岗，西至刘家湾，北连林场。总面积0.3平方千米，耕地面积15公顷。42户，120人。主产玉米、小麦、水稻。养鸡大户1户，年出栏1万只。养猪大户1户，年出栏300头。村落形态呈团状，房屋结构以平房和楼房为主。

竹林岗【Zhúlíngǎng】 以植物和地形综合命名。因村建在有片竹林的岗上而得名。1958年隶属陈庄大队；1980年隶属熊河大队；1984年隶属熊河村至今。位于村委会南4千米。东邻熊河，南界熊河水库，西至刘家湾，北连张家湾。总面积0.44平方千米，耕地面积40公顷。53户，240人。主产玉米、小麦、水稻。村落形态呈团状，房屋结构以平房和楼房为主。

挡咀村【Dàngzuǐcūn】

以挡咀自然村命名。1958年为挡咀大队，隶属和平公社；1961年隶属熊集区；1975年隶属耿集公社；1984年为垱咀村，隶属耿集区；1987年隶属耿集镇；2001年隶属熊集镇；2002年原姚湾村并入本村，隶属熊集镇至今。位于镇政府西南14.2千米。东邻钟湾村，南界青峰岭，西至九龙村，北连红土村。辖34个自然村，总面积10.85平方千米，耕地面积338公顷。320户，1920人。主产玉米、小麦、水稻，兼有桃树栽培和养殖业。襄洪公路穿村而过，村委会驻垱咀岗。

白鹤湾【Báihèwān】 以动物命名。因村周林子大且常年有白鹤栖息而得名。1958年隶属姚湾大队；1966年隶属垱咀大队；1985年隶属垱咀村至今。位于村委会东北5.5千米。东邻熊河水库，南界郭家祠，西至新屋湾，北连熊河水库。总面积0.2平方千米，耕地面积8公顷。8户，30人。主产小麦、水稻，桃园8公顷，鱼塘1公顷。村落形态呈散状，房屋结构以平房和坡房为主。

陈家林【Chénjiālín】 以姓氏和植物综合命名。因陈姓聚居且村内有片树林而得名。1958年隶属垱咀大队；1984年隶属垱咀村至今。位于村委会西南6千米。东邻莲花垱，南界黄家湾，西至狮子口，北连麒麟寨。总面积0.5平方千米，耕地面积5公顷。1户，3人。主产玉米、小麦、水稻。村落形态呈散状，房屋结构以坡房为主。

陈家湾【Chénjiāwān】 以姓氏命名。因陈姓聚居而得名。1958年隶属姚湾大队；1984年隶属姚湾村；2002年隶属垱咀村至今。位于村委会西2千米。东邻李家湾，南界马子沟，西至龙头湾，北连庙咀子。总面积0.2平方千米，耕地面积6.66公顷。8户，30人。主产小麦、水稻，养鸡场3个，养猪大户2户。村落形态呈散状，房屋结构以平房和坡房为主。

撮箕洼子【Cuōjīwāzi】 以地形命名。因村建在形似撮箕的山洼而得名。1958年隶属姚湾大队；1984年隶属姚湾村；2002年隶属垱咀村至今。位于村委会西2.1千米。东邻马子沟，南界西庄，西至陈家湾，北连大湾子。总面积0.15平方千米，耕地面积4公顷。3户，10人。主产小麦、水稻。村落形态呈散状，房屋结构以平房和坡房为主。

大井湾【Dàjǐngwān】 以水井命名。因村里有口水井水质好而得名。1958年隶属姚湾大队；1984年隶属姚湾村；2002年并村，隶属垱咀村至今。位于村委会西3千米。东邻李家湾，南界大湾子，西至九龙村仁河，北连红土村张湾。总面积0.35平方千米，耕地面积12公顷。10户，40人。主产玉米、小麦、水稻，兼有桃树栽培和养殖业。桃园6.5公顷，鱼塘6.5公顷，鸡场2个。村落形态呈散状，房屋结构以平房和楼房为主。

大湾子【Dàwānzi】 以村规模命名。因村子较大而得名。1958年隶属姚湾大队；1984年隶属姚湾村；2002年隶属垱咀村至今。位于村委会西2千米。东邻石家湾，南界马子沟，西至花碾盘，北连庙咀。总面积0.25平方千米，耕地面积12公顷。30户，110人。主产玉米、小麦、水稻，兼有桃树栽培和养殖业。桃园3公顷，鱼塘10公顷，养猪场1个。村落形态呈散状，房屋结构以平房和坡房为主。

垱咀【Dàngzuǐ】 以地形命名。因村建在水垱边的岗上而得名。1958年隶属垱咀大队；1984年隶属垱咀村至今。位于村委会南300米。东邻店子，南界冬青坡，西至牛皮冲，北连垱咀岗。总面积0.3平方千米，耕地面积10公顷。10户，30人。主产玉米、小麦、水稻，兼有养殖业。村落形态呈散状，房屋结构以平房和楼房为主。

垱咀岗【Dàngzuǐgǎng】 以地形命名。因村建在垱咀边的岗上而得名。1958年隶属垱咀大队；1984年隶属垱咀村至今。村委会驻地。东邻谭家祠堂，南界垱咀，西至石家湾，北连屏墙湾。总面积0.35平方千米，耕地面积8公顷。30户，110人。主产玉米、小麦、水稻，兼有桃树栽培和养殖业。桃园33公顷，养鸡场1个。村落形态呈散状，房屋结构以平房和楼房为主。

店子【Diànzi】 以店铺命名。因村里开过茶店而得名。1958年隶属垱咀大队；1984年隶属垱咀村至今。位于村委会南800米。东邻岩子，南界钟湾村北湾，西至垱咀，北连屏墙湾。总面积0.7平方千米，耕地面积25公顷。29户，130人。主产玉米、小麦、水稻，兼有桃树栽培和养殖业。桃园40公顷，鱼塘20公顷。村落形态呈线状，房屋结构以坡房和楼房为主。

冬青坡【Dōngqīngpō】 以植物命名。因村旁山坡上长满了冬青树而得名。1958年隶属垱咀大队；1984年隶属垱咀村至今。位于村委会南1千米。东邻店子，南界核桃凹，西至古铜沟，北连垱咀。总面积0.3平方千米，耕地面积12公顷。38户，150人。主产玉米、小麦、水稻，兼有养殖业。村落形态呈线状，房屋结构以平房和楼房为主。

粉白墙【Fěnbáiqiáng】 以建筑物颜色命名。因房屋用白石灰粉刷而得名。1958年隶属垱咀大队；1984年隶属垱咀村至今。位于村委会西南2.5千米。东邻冬青坡，南界石家冲，西至陈家林，北连古铜沟。总面积0.35平方千米，耕地面积5公顷。8户，30人。主产玉米、小麦、水稻，兼有养殖业。村落形态呈散状，房屋结构以坡房和楼房为主。

傅家窝坨【Fùjiāwōtuó】 以姓氏和地形综合命名。因村四面地势较高，像个雀窝，傅姓居住在雀窝里，并且房屋比较靠近，挤在一坨，故名。1958年隶属垱咀大队；1984年隶属垱咀村至今。位于村委会南3千米。东邻钟湾村庙崖子，南界锡洞沟，西至核桃洼，北连冬青坡。总面积0.35平方千米，耕地面积10公顷。13户，50人。主产玉米、小麦、水稻，兼有桃园2公顷，鱼塘7公顷。村落形态呈散状，房屋结构以平房和坡房为主。

岗上【Gǎngshàng】 以地形和方位综合命名。因村建在岗上而得名。1958年隶属垱咀大队；1984年隶属垱咀村至今。位于村委会东800米。东邻钟湾村黎家湾，南界钟湾村北湾，西至垱咀，北连檀家湾。总面积0.55平方千米，耕地面积15公顷。38户，160人。主产玉米、小麦、水稻，兼有桃树栽培和养殖业。村落形态呈散状，房屋结构以平房和坡房为主。

古铜沟【Gǔtónggōu】 以遗址和地形综合命名。因村建在山沟旁且此处过去冶炼过铜而得名。1958年隶属垱咀大队；1984年隶属垱咀村至今。位于村委会西南2千米。东邻冬青坡，南界核桃洼，西至马子沟，北连垱咀。总面积0.5平方千米，耕地面积5公顷。5户，20人。主产玉米、小麦、水稻。养鸡场1个，鱼塘20公顷。村落形态呈散状，房屋结构以坡房为主。

郭家祠【Guōjiācí】 以姓氏和建筑物综合命名。因郭姓聚居村内建有宗祠而得名。1958年隶属郭祠大队；1965年隶属垱咀大队；1984年隶属垱咀村至今。位于村委会东北5千米。东邻熊河水库，南界楼子湾，西至熊河水库，北连熊河水库。总面积0.45平方千米，耕地面积15公顷。38户，160人。主产玉米、小麦、水稻，兼有桃树栽培和养殖业。桃园60公顷，鱼塘3公顷，养鸡场1个。村落形态呈散状，房屋结构以平房和楼房为主。

核桃凹【Hétáowā】 以植物和地形综合命名。因村建在长有核桃树的山洼里而得名。1958年隶属挡咀大队；1984年隶属挡咀村至今。位于村委会南2.5千米。东邻傅家窝坨，南界锡洞沟，西至粉白墙，北连冬青坡。总面积0.35平方千米，耕地面积12公顷。30户，150人。主产玉米、小麦、水稻，兼有桃树栽培和养殖业。桃园3公顷，鱼塘2公顷。村落形态呈散状，房屋结构以平房和楼房为主。

李家湾【Lǐjiāwān】 以姓氏命名。因李姓聚居而得名。1958年隶属挡咀大队；1984年隶属挡咀村至今。位于村委会北2千米。东邻屏墙湾，南界石家湾，西至大堰湾，北连红土村八角街道。总面积0.25平方千米，耕地面积11公顷。14户，50人。主产玉米、小麦、水稻，兼有桃树栽培和养殖业。村落形态呈散状，房屋结构以平房和楼房为主。

龙头湾【Lóngtóuwān】 以传说命名。据传有条龙在此降落，龙头落在该村的堰中，故名。1958年隶属姚湾大队；1984年隶属姚湾村；2002年隶属挡咀村至今。位于村委会西3千米。东邻陈家湾，南界大湾子，西至大井，北连桃树冲。总面积0.2平方千米，耕地面积6.6公顷。16户，60人。主产小麦、水稻。桃园2公顷，鱼塘4公顷。村落形态呈散状，房屋结构以平房和坡房为主。

楼子湾【Lóuziwān】 以建筑物命名。因古有一座土楼而得名。1958年隶属挡咀大队；1984年隶属挡咀村至今。位于村委会东北1.5千米。东邻钟湾村梁家岗，南界钟湾村莫家湾，西至张家湾，北连新仓库。总面积0.5平方千米，耕地面积15公顷。10户，50人。主产玉米、小麦、水稻，兼有桃树种植和养殖业。村落形态呈散状，房屋结构以平房和楼房为主。

马子沟【Mǎzigōu】 以姓氏和地形综合命名。因马姓居住在山涧而得名。1958年隶属姚湾大队；1984年隶属姚湾村；2002年隶属挡咀村至今。位于村委会西2.5千米。东邻石家湾，南界古铜沟，西至东庄，北连大湾子。总面积0.2平方千米，耕地面积4公顷。3户，10人。主产玉米、小麦、水稻，兼有桃树栽培和养殖业。桃园15公顷，鱼塘15公顷，养猪场1个。村落形态呈散状，房屋结构以坡房为主。

庙咀【Miàozuǐ】 以建筑物和地形综合命名。因村建在有座小庙的山咀旁而得名。1958年隶属姚湾大队；1984年隶属姚湾村；2002年隶属挡咀村至今。位于村委会西北3.2千米。东邻李家湾，南界杏子咀，西至大井，北连红土村张家湾。总面积0.15平方千米，耕地面积6公顷。5户，20人。主产小麦、水稻，桃园6公顷，鱼塘5公顷。村落形态呈散状，房屋结构以平房和坡房为主。

屏墙湾【Píngqiángwān】 以建筑物命名。因村周围修有安全防护屏墙而得名。1958年隶属挡咀大队；1984年隶属挡咀村至今。位于村委会东8千米。东邻楼子湾，南界檀家祠堂，西至石家湾，北连郭家祠。总面积0.4平方千米，耕地面积10公顷。3户，10人。主产玉米、小麦、水稻，兼有桃园5公顷。村落形态呈散状，房屋结构以坡房为主。

石家湾【Shíjiāwān】 以姓氏命名。因石姓聚居而得名。1958年隶属挡咀大队；1984年隶属挡咀村至今。位于村委会西500米。东邻屏墙湾，南界冬青坡，西至大堰湾，北连李家湾。总面积0.55平方千米，耕地面积20公顷。20户，90人。主产玉米、小麦、水稻，兼有果蔬种植和养殖业。桃园26公顷，鱼塘3公顷，养鸡场2个。村落形态呈线状，房屋结构以平房和坡房为主。

谭家祠堂【Tánjiācítáng】 以姓氏和建筑物综合命名。因谭姓聚居村中建有祠堂而得名。1958年隶属挡咀大队；1984年隶属挡咀村至今。位于村委会东北500米。东邻谭家湾，南界店子，西至石家湾，北连屏墙湾。总面积 0.35 平方千米，耕地面积 18 公顷。22 户，80 人。主产玉米、小麦、水稻，兼有桃树栽培和养殖业。村落形态呈线状，房屋结构以坡房和楼房为主。

谭天岗【Tántiāngǎng】 以姓氏和地形综合命名。因谭姓聚居在较高的岗上而得名。1958 年隶属郭祠大队；1965 年修熊河水库隶属挡咀大队；1984 年隶属挡咀村至今。位于村委会东北 3 千米。东邻新屋湾，南界楼子湾，西至栎坡洼，北连一溜塝。总面积 0.3 平方千米，耕地面积 10 公顷。10 户，40 人。主产玉米、小麦、水稻，兼有桃树栽培和养鱼。桃园 53 公顷，鱼塘 4 公顷；养鸡场 2 个。村落形态呈散状，房屋结构以坡房和楼房为主。

桃树冲【Táoshùchōng】 以植物和地形综合命名。因村建在种有桃树的山冲旁而得名。1958 年隶属姚湾大队；1984 年隶属姚湾村；2002 年隶属挡咀村至今。位于村委会西北 3.5 千米。东邻庙咀，南界大湾子，西至大井，北连烟气坡。总面积 0.15 平方千米，耕地面积 4 公顷。2 户，10 人。种桃 4 公顷，养鱼 10 亩，兼有养猪场年出栏 80 头。村落形态呈散状，房屋结构以坡房为主。

西庄【Xīzhuāng】 以方位命名。因东西相对有两个村庄，此村位西而得名。1958 年隶属姚湾大队；1984 年隶属姚湾村；2002 年隶属挡咀村至今。位于村委会西 3.5 千米。东邻东庄，南界陈家林，西至七岭寨，北连干冲。总面积 0.2 平方千米，耕地面积 6 公顷。6 户，20 人。主产玉米、小麦、水稻，兼有桃树栽培和养殖业。村落形态呈散状，房屋结构以平房和坡房为主。

锡洞沟【Xīdònggōu】 以天然溶洞命名。因村旁有个溶洞，传说曾开过锡矿，洞口在深沟边，故名。现为一景点。1958 年隶属挡咀大队；1984 年隶属挡咀村至今。位于村委会南 4 千米。东邻钟湾村王集，南界洞沟门上，西至鸡冠朵，北连核桃凹。总面积 0.3 平方千米，耕地面积 5 公顷。4 户，20 人。主产玉米、小麦、水稻。村落形态呈散状，房屋结构以平房和坡房为主。

新屋湾【Xīnwūwān】 以建村时间命名。因此村是 1965 年熊河水库移民搬迁新建村庄，故名。1965 年隶属挡咀大队；1984 年隶属挡咀村至今。位于村委会东北 3.5 千米。东邻熊河水库，南界新仓库，西至谭天岗，北连郭家祠堂。总面积 0.2 平方千米，耕地面积 10 公顷。3 户，10 人。主产玉米、小麦、水稻。村落形态呈散状，房屋结构以平房、坡房和楼房为主。

杏子咀【Xìngzizuǐ】 以植物和地形综合命名。因村建在长有杏树的山咀旁而得名。1958 年隶属姚湾大队；1984 年隶属姚湾村；2002 年并村，隶属挡咀村至今。位于村委会西 2.2 千米。东邻大堰湾，南界麒麟寨，西至观音寺，北连花碾盘。总面积 0.3 平方千米，耕地面积 12 公顷。30 户，120 人。主产玉米、小麦、水稻，兼有养殖业。村落形态呈散状，房屋结构以平房和楼房为主。

岩子【Yánzi】 以地形命名。因村建在山岩下而得名。1958 年隶属挡咀大队；1984 年隶属挡咀村至今。位于村委会东南 900 米。东邻檀家湾，南界钟湾村王集，西至挡咀，北连店子。总面积 0.35 平方千米，耕地面积 10 公顷。10 户，40 人。主产玉米、小麦、水稻，兼有桃树栽培和养殖业。村落形态呈散状，房屋结构以平房和坡房为主。

窑上【Yáoshàng】 因村内建有一砖瓦窑而得名。1958 年隶属挡咀大队；1984 年隶属挡咀村至今。位于村委会南 1.2 千米。东邻仇家湾，南界核桃洼，西至古铜沟，北连挡咀。总面积 0.3 平方千米，耕地面积 5 公顷。3 户，10 人。主产玉米、小麦、水稻，兼有桃树栽培和养殖业。村落形态呈散状，房屋结构以平房和楼房为主。

一溜塝【Yīliūbàng】 以地形命名。因村里房屋顺着冲塝建造而得名。1958年隶属郭祠大队；1965年修熊河水库隶属垱咀大队；1984年隶属垱咀村至今。位于村委会东北3.2千米。东邻新屋湾，南界谭天岗，西至栎坡洼，北连熊河库区。总面积0.3平方千米，耕地面积10公顷。11户，40人。主产玉米、小麦、水稻，兼有桃树栽培和养殖业。桃园100公顷，养鸡场1个年产蛋鸡1万只。村落形态呈散状，房屋结构以坡房和楼房为主。

张家湾【Zhāngjiāwān】 以姓氏命名。因张姓聚居而得名。1958年隶属垱咀大队；1984年隶属垱咀村至今。位于村委会东北1千米。东邻楼子湾，南界檀家湾，西至屏墙湾，北连谭天岗。总面积0.35平方千米，耕地面积16公顷。18户，60人。主产玉米、小麦、水稻，兼有桃树栽培和养殖业。村落形态呈散状，房屋结构以平房和楼房为主。

段营村【Duànyíngcūn】

以段家前营、中营、后营自然村命名。1958年为段营大队，隶属和平公社；1961年隶属熊集区；1975年隶属熊集公社；1984年为段营村，隶属熊集区；1987年隶属熊集镇至今。位于镇政府东5.3千米。东邻吴店镇滚河村，南界檀湾村，西至前营村，北连吴店镇西赵湖村。辖12个自然村，总面积6.8平方千米，耕地面积572.6公顷。525户，1910人。主产玉米、小麦、水稻，兼有桃园。吴熊公路穿村而过，村委会驻岗上。

白鹤湾【Báihèwān】 以动物命名。因村内树大茂密且白鹤常年在此栖息而得名。1958年隶属段营大队；1984年隶属段营村至今。位于村委会东南2千米。东邻吴店镇田台村岭子，南界吴店镇田台村竹园，西至枟湾村姚湾，北连龙盘岗。总面积0.6平方千米，耕地面积32.2公顷。29户，80人。主产玉米、小麦、水稻。水面养殖20公顷，养鸡1.7万只。村落形态呈散状，房屋结构以平房和楼房为主。

柏树下【Bǎishùxià】 以植物命名。因村里有棵柏树，高大参天，浓荫蔽日而得名。1958年隶属段营大队；1984年隶属段营村至今。位于村委会东1千米。东邻吴店镇滚河村肖家湾，南界白鹤湾，西至龙盘岗，北连吴庄。总面积0.4平方千米，耕地面积19.7公顷。27户，90人。主产玉米、小麦、水稻。村落形态呈团状，房屋结构以平房和楼房为主。

段家后营【Duànjiāhòuyíng】 以姓氏和方位综合命名。因附近相邻有三个段营，此村位北，故名。1958年隶属段营大队；1984年隶属段营村至今。位于村委会北1.4千米。东邻吴店镇肖湾村西庄，南界段家中营，西至南城街道李湖村前湖，北连吴店镇西赵湖村李楼。总面积0.6平方千米，耕地面积33.3公顷。44户，170人。主产玉米、小麦、水稻。村落形态呈散状，房屋结构以平房和楼房为主。

段家前营【Duànjiāqiányíng】 以姓氏和方位综合命名。因附近相邻有三个段营，此村居南，故名。1958年隶属段营大队；1984年隶段营村至今。位于村委会东北1千米。东邻龙盘岗，南界岗上，西至李庄，北连段家中营。总面积0.7平方千米，耕地面积47.3公顷。81户，270人。主产小麦、水稻、玉米，兼有果园。村落形态呈团状，房屋结构以坡房和楼房为主。

段家中营【Duànjiāzhōngyíng】 以姓氏和方位综合命名。因附近相邻有三个段营，此村在中间，故名。1958年隶属段营大队；1984年隶属段营村至今。位于村委会北1千米。东邻吴店镇肖湾村关沟，南界段家前营，西至余庄，北连段家后营。总面积0.4平方千米，耕地面积37公顷。41户，180人。主产小麦、水稻、玉米。村落形态呈散状，房屋结构以坡房和楼房为主。

岗上【Gǎngshàng】 以地形和方位综合命名。因村建在岗上而得名。1958年隶属段营大队；1984年隶属段营村至今。位于村委会东300米。东邻龙盘岗，南界枟湾村姚湾，西至李庄，北连段家前营。总面积0.6平方千米，耕地面积32.7公顷。63户，240人。主产小麦、水稻，有桃树栽培。村落形态呈线状，房屋结构以平房和楼房为主。

沟沿【Gōuyán】 以地形命名。因村建在烂泥巴沟东边而得名。1958年隶属段营大队；1984年隶属段营村至今。位于村委会西1.5千米。东邻王河，南界枟湾村庙湾，西至前营村谢庄，北连前营村谢庄。总面积0.6平方千米，耕地面积29.9公顷。47户，150人。主产玉米、小麦、水稻，兼有果园。村落形态呈团状，房屋结构以平房和楼房为主。

李庄【Lǐzhuāng】 以姓氏命名。因李姓聚居而得名。1958年隶属段营大队；1984年隶属段营村至今。位于村委会西500米。东邻岗上，南界枟湾村，西至王河，北连南城街道李湖村后湖。总面积0.5平方千米，耕地面积29.8公顷。44户，160人。主产小麦、水稻，兼有桃树栽培。村落形态呈散状，房屋结构以平房和坡房为主。

龙盘岗【Lóngpángǎng】 以地形命名。因村建在似卧龙缠绕的岗上而得名。1958年隶属段营大队；1984年隶属段营村至今。位于村委会东600米。东邻吴店镇滚河村，南界白鹤湾，西至岗上，北连段家前营。总面积0.6平方千米，耕地面积27.2公顷。42户，170人。主产小麦、水稻，兼有果园。村落形态呈团状，房屋结构以坡房和楼房为主。

桃园【Táoyuán】 以植物园命名。因村内有个桃园而得名。1958年隶属段营大队；1984年隶属段营村至今。位于村委会东南1.5千米。东邻吴店镇滚河村打石窝，南界吴店镇田台村简子沟，西至檀湾村庙湾，北连龙盘岗。总面积0.2平方千米，耕地面积7.3公顷。13户，50人。主产玉米、小麦、水稻。村落形态呈线状，房屋结构以坡房和楼房为主。

王河【Wánghé】 以姓氏和河流综合命名。因王姓聚居在滚河岸上而得名。1958年隶属段营大队；1984年隶属段营村至今。位于村委会西北2千米。东邻李庄，南界枟湾村庙湾，西至前营村谢庄，北连南城街道李湖村后湖。总面积1.1平方千米，耕地面积53.8公顷。71户，250人。主产小麦、水稻、玉米，兼有桃园。村落形态呈团状，房屋结构以坡房和楼房为主。

吴庄【Wúzhuāng】 以姓氏命名。因吴姓聚居而得名。1958年隶属段营大队；1984年隶属段营村至今。位于村委会东1.5千米。东邻吴店镇滚河村李树林，南界柏树下，西至龙盘岗，北连段家中营。总面积0.5平方千米，耕地面积23.6公顷。35户，120人。主产玉米、小麦、水稻。村落形态呈团状，房屋结构以坡房和楼房为主。

后营村【Hòuyíngcūn】

以后姜营自然村命名。1958年为后营大队，隶属和平公社；1961年隶属熊集区；1975年隶属熊集公社；1984年为后营村，隶属熊集区；1987年隶属熊集镇至今。位于镇政府北4千米。东邻前营村，南界弯堰村，西至杜岗村，北连南城街道宋湾社区。辖3个自然村，总面积4平方千米，耕地面积187公顷。345户，1460人。主产玉米、小麦、水稻，兼种果蔬。梁杜公路穿村而过，村委会驻后姜营。

后姜营【Hòujiāngyíng】 以方位和姓氏综合命名。因从前姜营迁来几户住此，位于前姜营西，故名。1958年隶属后营大队；1984年隶属后营村至今。村委会驻地。东邻前营村，南界张庄，西至杜岗村下畈，北连南城街道宋湾社区谢庄。总面积1.7平方千米，耕地面积80公顷。163户，630人。主产玉米、小麦、水稻，养猪大户2户。村落形态呈团状，房屋结构以坡房和楼房为主。

文贾何【Wénjiǎhé】 以姓氏命名。因文、贾、何三姓共聚居而得名。1958年隶属后营大队；1984年隶属后营村至今。位于村委会北1千米。东邻南城街道宋湾社区谢庄，南界后姜营，西至杜岗村前河，北连南城街道宋湾社区张店。总面积0.87平方千米，耕地面积38公顷。64户，310人。主产玉米、小麦、水稻，养猪大户1户。村落形态呈散状，房屋结构以坡房和楼房为主。

张庄【Zhāngzhuāng】 以姓氏命名。因张姓聚居而得名。1958年隶属后营大队；1984年隶属后营村至今。位于村委会南600米。东邻前营村姜营，南界湾堰村邹庄，西至杜岗农科所，北连后姜营。总面积1.43平方千米，耕地面积69公顷。118户，520人。主产玉米、小麦、水稻，兼有水产养殖4公顷。村落形态呈团状，房屋结构以坡房和楼房为主。

前营村【Qiányíngcūn】

以前姜营自然村命名。1958年为前营大队，隶属和平公社；1961年隶属熊集区；1975年隶属熊集公社；1984年为前营村，隶属熊集区；1987年隶属熊集镇至今。位于镇政府东北3.5千米。东邻段营村，南界熊集村，西至后营村，北连南城街道梁集社区。辖个6自然村，总面积6.2平方千米，耕地面积205.6公顷。441户，1770人。主产玉米、小麦、水稻，兼有桃园，另有养殖业。枣耿公路、太山公路穿村而过，村委会驻孙家畈西500米。

陈庄【Chénzhuāng】 以姓氏命名。因陈姓聚居而得名。1958年隶属前营大队；1984年隶属前营村至今。位于村委会南2.7千米。东邻段营村王河，南界檀湾村叶家湾，西至干鱼冲，北连谢庄。总面积0.4平方千米，耕地面积4.6公顷。7户，20人。主产玉米、小麦、水稻。村落形态呈散状，房屋结构以坡房和楼房为主。

干鱼冲【Gānyúchōng】 以地形命名。因此冲是用干鱼换来而得名。1958年隶属前营大队；1984年隶属前营村至今。位于村委会西南1千米。东邻陈庄，南界檀湾村叶家湾，西至熊集村刘庄，北连前姜营。总面积1.6平方千米，耕地面积60公顷。105户，390人。主产玉米、小麦、水稻，兼有桃园6.7公顷、梨园8公顷。村落形态呈散状，房屋结构以坡房和楼房为主。

前姜营【Qiánjiāngyíng】 以方位和姓氏综合命名。原为老姜营，因兄弟两人分家，老二住在后姜营东边而得名。1958年隶属前营大队；1984年隶属前营村至今。位于村委会西1.5千米。东邻滚河，南界干鱼冲，西至后营村后姜营，北连滚河。总面积1.7平方千米，耕地面积58公顷。159户，620人。主产玉米、小麦、水稻，兼种果蔬。另有稻田养虾8.7公顷，养蛋鸡年出栏8000只。村落形态呈散状，房屋结构以平房和楼房为主。

苏庄【Sūzhuāng】 以姓氏命名。因苏姓聚居而得名。1958年隶属前营大队；1984年隶属前营村至今。位于村委会东南2千米。东邻段营村工河，南界谢庄，西至前姜营，北连孙家畈。总面积0.75平方千米，耕地面积19公顷。46户，260人。主产玉米、小麦、水稻，兼种果蔬。村落形态呈散状，房屋结构以坡房和楼房为主。

孙家畈【Sūnjiāfàn】 以姓氏和地形综合命名。因孙姓聚居在平畈上而得名。1958年隶属前营大队；1984年隶属前营村至今。位于村委会东北500米。东邻滚河，南界苏庄，西至前姜营，北连滚河。总面积0.9平方千米，耕地面积36公顷。87户，340人。主产玉米、小麦、水稻。村落形态呈线状，房屋结构以平房和楼房为主。

谢庄【Xièzhuāng】 以姓氏命名。因谢姓聚居而得名。1958年隶属前营大队；1984年隶属前营村至今。位于村委会东南2.5千米。东邻段营村王河，南界檀湾村长岗，西至干鱼冲，北连苏庄。总面积0.85平方千米，耕地面积28公顷。37户，140人。主产玉米、小麦、水稻，兼桃园8.5公顷。村落形态呈散状，房屋结构以平房和楼房为主。

熊集村【Xióngjícūn】

以熊集街而得名。1958年为熊集大队，隶属和平公社；1961年隶属熊集区；1975年隶属熊集公社；1984年为熊集村，隶属熊集区；1987年隶属熊集镇；2002年原高庄村并入，隶属熊集镇至今。位于镇政府东800米。东邻檀树湾村，南界熊河村，西至卢岗村，北连前营村。辖14个自然村，总面积12.23平方千米，耕地面积263公顷。1107户，4320人。主产玉米、小麦、水稻，兼有桃园。枣耿公路、吴熊公路穿村而过，村委会驻熊集街。

北高庄【Běigāozhuāng】 以方位和姓氏综合命名。因高姓建村于熊集街北而得名。1958年隶属高庄大队；1984年隶属高庄村；2002年隶属熊集村至今。位于村委会北1.5千米。东邻东山坡，南界大冲，西至尤家台子，北连廖店。总面积0.75平方千米，耕地面积26公顷。75户，310人。主产玉米、小麦、水稻，兼有水产养殖20公顷，养鸡大户1户，年出栏4万只。村落形态呈团状，房屋结构以平房和楼房为主。

北庙冲【Běimiàochōng】 以方位和寺庙综合命名。因村子建在庙冲北而得名。1958年隶属熊集大队；1984年隶属熊集村至今。位于村委会东南200米。东邻檀湾村刘家湾，南界熊河村枣树林，西至熊集街，北连大冲。总面积0.5平方千米，耕地面积15公顷。45户，180人。主产玉米、小麦、水稻，兼有桃园10公顷。村落形态呈团状，房屋结构以平房和楼房为主。

大冲【Dàchōng】 以地形命名。因村建在一条大冲旁而得名。1958年隶属高庄大队；1984年隶属高庄村；2002年隶属熊集村至今。位于村委会东北1千米。东邻小赵湾，南界北庙冲，西至合家稻场，北连东山坡。总面积0.48平方千米，耕地面积16公顷。50户，200人。主产玉米、小麦、水稻。村落形态呈团状，房屋结构以平房和楼房为主。

大赵湾【Dàzhàowān】 以村规模和姓氏综合命名。因赵姓聚居且村规模较大而得名。1958年隶属熊集大队；1984年隶属熊集村至今。位于村委会东1千米。东邻移民点，南界熊河村高家湾，西至小赵湾，北连前营村干鱼冲。总面积0.45平方千米，耕地面积32公顷。60户，260人。主产玉米、小麦、水稻，兼有桃园50公顷。村落形态呈团状，房屋结构以平房和楼房为主。

东山坡【Dōngshānpō】 以方位和地形综合命名。因村建在熊集东边的山坡上而得名。1958年隶属高庄大队；1984年隶属高庄村；2002年隶属熊集村至今。位于村委会北2.5千米。东邻檀湾村西卢家湾，南界大冲，西至北高庄，北连前营村干鱼冲。总面积0.55平方千米，耕地面积15公顷。46户，190人。主产玉米、小麦、水稻。村落形态呈团状，房屋结构以平房和楼房为主。

合家稻场【Héjiādàochǎng】 以共用稻场命名。因村内几户人家合用稻场而得名。1958年隶属高庄大队；1984年隶属高庄村；2002年隶属熊集村至今。位于村委会北500米。东邻大冲，南界熊河村黄庄，西至熊庄，北连北高庄。总面积0.65平方千米，耕地面积12公顷。82户，320人。主产玉米、小麦、水稻。村落形态呈团状，房屋结构以平房和楼房为主。

河湾【Héwān】 以河流和地形综合命名。因村建在熊河东岸拐弯处而得名。1958年隶属熊集大队；1984年隶属熊集村至今。位于村委会西南700米。东邻熊河村枣树林，南界熊河村陈庄，西至卢岗村许庄，北连熊集街。总面积0.5平方千米，耕地面积11公顷。92户，310人。主产玉米、小麦、水稻。村落形态呈团状，房屋结构以平房和楼房为主。

廖店【Liàodiàn】 以姓氏命名。因廖姓聚居且早年开过茶水店而得名。1958年隶属高庄人队；1984年隶属高庄村；2002年隶属熊集村至今。位于村委会西北3千米。东邻刘庄，南界北高庄，西至湾堰村杨庄，北连刘庄。总面积0.48平方千米，耕地面积15公顷。46户，160人。主产玉米、小麦、水稻。村落形态呈团状，房屋结构以平房和楼房为主。

刘庄【Liúzhuāng】 以姓氏命名。因刘姓聚居而得名。1958年隶属高庄大队；1984年隶属高庄村；2002年隶属熊集村至今。位于村委会东北3千米。东邻前营村干鱼冲，南界北高庄，西至湾堰村杨庄，北连后营村张庄。总面积0.65平方千米，耕地面积26公顷。75户，310人。主产玉米、小麦、水稻，养鸡大户1户，年出栏2万只。村落形态呈团状，房屋结构以平房和楼房为主。

小赵湾【Xiǎozhàowān】 以村规模和姓氏综合命名。因赵姓聚居且村规模较小而得名。1958年隶属熊集大队；1984年隶属熊集村至今。位于村委会东600米。东邻大赵湾，南界北庙冲，西至熊集街，北连东山坡。总面积0.55平方千米，耕地面积27公顷。48户，200人。主产玉米、小麦、水稻，兼有桃园45公顷。村落形态呈线状，房屋结构以平房和楼房为主。

熊集街【Xióngjíjiē】 以姓氏和集市综合命名。因熊姓聚居地设有集市而得名。1958年隶属熊集大队；1984年隶属熊集村至今。村委会驻地。东邻小赵湾，南界熊河村枣树林，西至熊庄，北连合家稻场。总面积5平方千米，耕地面积26公顷。297户，1140人。主产玉米、小麦、水稻。村落形态呈团状，房屋结构以坡房和楼房为主。

熊庄【Xióngzhuāng】 以姓氏命名。因熊姓聚居而得名。1958年隶属高庄大队；1984年隶属高庄村；2002年隶属熊集村至今。位于村委会西1.5千米。东邻合家稻场，南界熊集街，西至卢岗村徐庄，北连尤家台子。总面积 0.6 平方千米，耕地面积 5 公顷。70 户，300 人。主产玉米、小麦、水稻。村落形态呈团状，房屋结构以平房和楼房为主。

移民点【Yímíndiǎn】 2008 年，南水北调工程为丹江口市均县镇岗家沟村移民新建村庄，简称移民点。2008 年隶属熊集村至今。位于村委会东 2.7 千米。东邻檀湾村刘家湾，南界大赵湾，西至大赵湾，北连前营村干鱼冲。总面积 0.42 平方千米，耕地面积 15 公顷。35 户，140 人。主产玉米、小麦、水稻，兼有桃园 10 公顷。村落形态呈团状，房屋结构以平房和楼房为主。

尤家台子【Yóujiātáizi】 以姓氏和地形综合命名。因尤姓聚居在台地上而得名。1958 年隶属高庄大队；1984 年隶属高庄村；2002 年隶属熊集村至今。位于村委会西 2.5 千米。东邻北高庄，南界熊庄，西至卢岗村孙冲，北连湾堰村五斗坡。总面积 0.65 平方千米，耕地面积 22 公顷。86 户，300 人。主产玉米、小麦、水稻。村落形态呈团状，房屋结构以平房和楼房为主。

赵庙村【Zhàomiàocūn】

以赵庙自然村命名。1958 年为赵庙大队，隶属和平公社；1961 年隶属熊集区；1975 年隶属耿集公社；1984 年为赵庙村，隶属耿集区；1987 年隶属耿集镇；2001 年并镇隶属熊集镇至今。位于镇政府西南 11 千米。东邻李湾村，南界梨园村，西至襄州区罗岗村，北连李湾村。辖 17 个自然村，总面积 4.33 平方千米，耕地面积 324 公顷。346 户，1200 人。主产玉米、小麦、水稻。襄洪路穿村而过，村委会驻赵家庙。

东冲湾【Dōngchōngwān】 以地形和方位综合命名。因村建在山冲的东边而得名。1958 年隶属赵庙大队；1984 年隶属赵庙村至今。位于村委会东 3.5 千米。东邻铁刘家湾，南界林场湾，西至石家湾，北连古桥村木刘家湾。总面积 0.25 平方千米，耕地面积 19 公顷。33 户，120 人。主产玉米、小麦、水稻。村落形态呈散状，房屋结构以平房和楼房为主。

高堰埂【Gāoyàngěng】 以建筑物命名。因村口一个堰塘且堰埂特别高而得名。1958 年隶属赵庙大队；1984 年隶属赵庙村至今。位于村委会东南 800 米。东邻耿集村阮家湾，南界耿集村苹果园，西至罗家庄，北连村林场湾。总面积 0.4 平方千米，耕地面积 30 公顷。28 户，80 人。主产玉米、小麦、水稻。村落形态呈散状，房屋结构以平房和楼房为主。

机坊湾【Jīfángwān】 以织布机命名。因村里传统的织布机较多而得名。1958 年隶属赵庙大队；1984 年隶属赵庙村至今。位于村委会东 500 米。东邻椅子湾，南界苏家湾，西至赵家湾，北连古桥村四垭子。总面积 0.4 平方千米，耕地面积 33 公顷。38 户，190 人。主产玉米、小麦、水稻，养猪大户 1 户，年出栏生猪 300 头。村落形态呈散状，房屋结构以坡房和楼房为主。

罗家庄【Luójiāzhuāng】 以姓氏命名。因罗姓聚居而得名。1958 年隶属赵庙大队；1984 年隶属赵庙村至今。位于村委会东南 700 米。东邻高堰埂，南界耿集村苹果园，西至苏家山，北连苏家湾。总面积 0.25 平方千米，耕地面积 19 公顷。15 户，40 人。主产玉米、小麦、水稻。村落形态呈散状，房屋结构以平房和楼房为主。

石家湾【Shíjiāwān】 以姓氏命名。因石姓聚居而得名。1958 年隶属赵庙大队；1984 年隶属赵庙村至今。位于村委会东 2 千米。东邻东冲湾,南界小林扒,西至周家咀,北连刘家湾。总面积 0.16 平方千米,耕地面积 12 公顷。5 户,20 人。主产玉米、小麦、水稻。村落形态呈散状,房屋结构以平房和坡房为主。

苏家山【Sūjiāshān】 以姓氏和地形综合命名。因苏姓聚居在山坡上而得名。1958 年隶属赵庙大队;1984 年隶属赵庙村至今。位于村委会东南 500 米。东邻罗家庄,南界梨园村姜家湾,西至机房湾,北连赵家庙。总面积 0.2 平方千米,耕地面积 15 公顷。18 户,60 人。主产玉米、小麦、水稻。村落形态呈散状,房屋结构以平房和楼房为主。

苏家湾【Sūjiāwān】 以姓氏命名。因苏姓聚居而得名。1958 年隶属赵庙大队;1984 年隶属赵庙村至今。位于村委会东南 300 米。东邻罗家庄,南界梨园村姜家湾,西至赵家寨,北连机房湾。总面积 0.18 平方千米,耕地面积 12 公顷。16 户,50 人。主产玉米、小麦、水稻。村落形态呈散状,房屋结构以坡房和楼房为主。

铁刘家湾【Tiěliújiāwān】 以职业和姓氏综合命名。因以前村中有个姓刘的铁匠而得名。1958 年隶属赵庙大队;1984 年隶属赵庙村至今。位于村委会东 4 千米。东邻李湾村吴家湾,南界林场湾,西至东冲湾,北连古桥村木刘家湾。总面积 0.35 平方千米,耕地面积 25 公顷。25 户,80 人。主产玉米、小麦、水稻。村落形态呈散状,房屋结构以平房和楼房为主。

小林扒【Xiǎolínbā】 以植物命名。因村后山上有一片古老的小树林子而得名。1958 年隶属赵庙大队;1984 年隶属赵庙村至今。位于村委会东南 3.5 千米。东邻耿集村阮家湾,南界耿集村东阮家湾,西至周家咀,北连石家湾。总面积 0.15 平方千米,耕地面积 10 公顷。6 户,20 人。主产玉米、小麦、水稻。村落形态呈散状,房屋结构以平房和楼房为主。

椅子湾【Yǐziwān】 以地形命名。因村建在地形像一把椅子处而得名。1958 年隶属赵庙大队;1984 年隶属赵庙村至今。位于村委会东 1 千米。东邻周家咀,南界林场坊湾,西至机坊湾,北连古桥村王家湾。总面积 0.45 平方千米,耕地面积 35 公顷。25 户,90 人。主产玉米、小麦、水稻,兼有桃园、栗子园 40 公顷。村落形态呈散状,房屋结构以平房和楼房为主。

赵家咀【Zhàojiāzuǐ】 以地形和姓氏综合命名。因赵姓聚居在山咀上而得名。1958 年隶属赵庙大队;1984 年隶属赵庙村至今。位于村委会东北 500 米。东邻机坊湾,南界赵家庙,西至赵家巷,北连古桥村刘家沟。总面积 0.15 平方千米,耕地面积 12 公顷。2 户,10 人。主产玉米、小麦、水稻。村落形态呈散状,房屋结构以平房和坡房为主。

赵家庙【Zhàojiāmiào】 以姓氏和建筑物综合命名。因赵姓聚居在庙旁而得名。1958 年隶属赵庙大队;1984 年隶属赵庙村至今。村委会驻地。东邻机房湾,南界苏家湾,西至赵家湾,北连赵家崖。总面积 0.25 平方千米,耕地面积 19 公顷。22 户,70 人。主产玉米、小麦、水稻。村落形态呈线状,房屋结构以平房和楼房为主。

赵家湾【Zhàojiāwān】 以姓氏命名。因赵姓聚居而得名。1958 年隶属赵庙大队;1984 年隶属赵庙村至今。位于村委会西 100 米。东邻赵家庙,南界赵家寨,西至陈家湾,北连机坊湾。总面积 0.12 平方千米,耕地面积 8 公顷。25 户,60 人。主产玉米、小麦、水稻。村落形态呈散状,房屋结构以平房和坡房为主。

赵家巷【Zhàojiāxiàng】 以姓氏和地形综合命名。因赵姓居住的村像条街巷而得名。1958年隶属赵庙大队；1984年隶属赵庙村至今。位于村委会西1千米。东邻赵家湾，南界赵家寨，西至襄州区黄龙镇小吴岗湾，北连陈家湾。总面积0.15平方千米，耕地面积10公顷。10户，40人。主产玉米、小麦、水稻。村落形态呈散状，房屋结构以平房、坡房和楼房为主。

赵家崖【Zhàojiāyá】 以姓氏和地形综合命名。因赵姓较多居住在一个山崖上而得名。1958年隶属赵庙大队；1984年隶属赵庙村至今。位于村委会东北3千米。东邻赵家咀，南界赵家庙，西至赵家湾，北连古桥村刘家沟。总面积0.32平方千米，耕地面积25公顷。25户，80人。主产玉米、小麦、水稻。村落形态呈散状，房屋结构以平房和楼房为主。

赵家寨【Zhàojiāzhài】 以姓氏和建筑物综合命名。因赵姓居住的村周修有寨而得名。1958年隶属赵庙大队；1984年隶属赵庙村至今。位于村委会西南1千米。东邻赵家湾，南界罗岗水库，西至赵家巷，北连小井湾。总面积0.3平方千米，耕地面积20公顷。29户，100人。主产玉米、小麦、水稻。村落形态呈散状，房屋结构以平房和坡房为主。

周家咀【Zhōujiāzuǐ】 以姓氏和地形综合命名。因周姓聚居在山咀上而得名。1958年隶属赵庙大队；1984年隶属赵庙村至今。位于村委会东2千米。东邻东冲湾，南界耿集村阮家湾，西至椅子湾，北连古桥村刘家湾。总面积0.25平方千米，耕地面积20公顷。24户，90人。主产玉米、小麦、水稻。村落形态呈散状，房屋结构以平房和楼房为主。

梨园村【Líyuáncūn】

以梨园自然村命名（为放水，此村1982年并入上黄家湾）。1958年为梨园大队，隶属和平公社；1961年隶属熊集区；1975年隶属耿集公社；1984年为梨园村，隶属耿集区；1987年隶属耿集镇；2001年并镇隶属熊集镇；2002年原钱湾村并入，隶属熊集镇至今。位于镇政府南12千米。东邻耿集村，南界宜城市板桥镇沙河村，西至襄州区黄龙镇高明村，北连赵庙村。辖31个自然村，总面积5.54平方千米，耕地面积387.9公顷。482户，1640人。主产玉米、小麦、水稻。村委会驻中湾。

曹家湾【Cáojiāwān】 以姓氏命名。因曹姓聚居而得名。1958年隶属钱湾大队；1984年隶属钱湾村；2002年隶属梨园村至今。位于村委会西南2千米。东邻楼子村吴家湾，南界小钱湾，西至钱湾岗，北连上黄家湾。总面积0.2平方千米，耕地面积13公顷。19户，60人。主产玉米、小麦、水稻。村落形态呈散状，房屋结构以平房和坡房为主。

大罗家湾【Dàluójiāwān】 以姓氏和规模综合命名。因罗姓分居相邻二村，此村较大而得名。1958年隶属钱湾大队；1984年隶属钱湾村；2002年隶属梨园村至今。位于村委会西南7.5千米。东邻黄家湾，南界宜城市板桥镇沙河村，西至小罗家湾，北连林家湾。总面积0.3平方千米，耕地面积20公顷。13户，50人。主产玉米、小麦、水稻。村落形态呈散状，房屋结构以平房和坡房为主。

后湾【Hòuwān】 以方位命名。因南北相邻三村，此村位于中湾北而得名。1958年隶属梨园大队；1984年隶属梨园村至今。位于村委会北500米。东邻三里庙，南界中湾，西至朱家湾，北连徐家湾。总面积 0.1 平方千米，耕地面积 5.3 公顷。5 户，10 人。主产玉米、小麦、水稻。村落形态呈散状，房屋结构以坡房为主。

胡家湾【Hújiāwān】 以姓氏命名。因胡姓聚居而得名。1958 年隶属梨园大队；1984 年隶属梨园村至今。位于村委会西 2 千米。东邻村委会，南界阮家咀，西至襄州黄龙镇高明村马家河，北连黄家湾。总面积 0.15 平方千米，耕地面积 10 公顷。12 户，40 人。主产玉米、小麦、水稻。村落形态呈散状，房屋结构以平房和坡房为主。

黄家湾【Huángjiāwān】 以姓氏命名。因黄姓聚居而得名。1958 年隶属梨园大队；1984 年隶属梨园村至今。位于村委会西北 2 千米。东邻朱家湾，南界胡家湾，西至襄州区黄龙镇高明村明湾，北连许家河。总面积 0.21 平方千米，耕地面积 16 公顷。22 户，80 人。主产玉米、小麦、水稻。村落形态呈散状，房屋结构以平房和楼房为主。

黄家湾【Huángjiāwān】 以姓氏命名。因黄姓聚居而得名。1958 年隶属钱湾大队；1984 年隶属钱湾村；2002 年隶属梨园村至今。位于村委会西南 7 千米。东邻楼子村赵家湾，南界大罗家湾，西至赵家湾，北连林家湾。总面积 0.1 平方千米，耕地面积 5.3 公顷。4 户，20 人。主产玉米、小麦、水稻。村落形态呈散状，房屋结构以坡房为主。

姜家湾【Jiāngjiāwān】 以姓氏命名。因姜姓聚居而得名。1958 年隶属梨园大队；1984 年隶属梨园村至今。位于村委会北 1 千米。东邻苹果园，南界徐家湾，西至襄州区黄龙镇高家湾，北连赵庙村赵家寨。总面积 0.3 平方千米，耕地面积 27 公顷。41 户，160 人。主产玉米、小麦、水稻，养猪场 1 个，年出栏 300 头。村落形态呈散状，房屋结构以平房和坡房为主。

蒋家湾【Jiǎngjiāwān】 以姓氏命名。因蒋姓聚居而得名。1958 年隶属钱湾大队；1984 年隶属钱湾村；2002 年隶属梨园村至今。位于村委会西南 5 千米。东邻林家湾，南界张家湾，西至许家湾，北连钱湾岗。总面积 0.21 平方千米，耕地面积 15 公顷。10 户，40 人。主产玉米、小麦、水稻。村落形态呈散状，房屋结构以平房和坡房为主。

靳家湾【Jìnjiāwān】 以姓氏命名。因靳姓聚居而得名。1958 年隶属钱湾大队；1984 年隶属钱湾村；2002 年隶属梨园村至今。位于村委会西南 1 千米。东邻楼子村吴家湾，南界胡家湾，西至钱湾岗，北连张家洼子。总面积 0.4 平方千米，耕地面积 30 公顷。18 户，80 人。主产玉米、小麦、水稻，兼有桃园 4 公顷。村落形态呈线状，房屋结构以楼房和坡房为主。

林家湾【Línjiāwān】 以姓氏命名。因林姓聚居而得名。1958 年隶属钱湾大队；1984 年隶属钱湾村；2002 年隶属梨园村至今。位于村委会西南 6 千米。东邻楼子村罗家湾，南界黄家湾，西至蒋家湾，北连小钱湾。总面积 0.1 平方千米，耕地面积 4 公顷。4 户，10 人。主产玉米、小麦、水稻。村落形态呈散状，房屋结构以坡房为主。

刘家台【Liújiātái】 以姓氏和地形综合命名。因刘姓聚居土台上而得名。1958 年隶属钱湾大队；1984 年隶属钱湾村；2002 年隶属梨园村至今。位于村委会南 6 千米。东邻小罗家湾，南界宜城市板桥镇沙河村莲花堰，西至张家湾，北连刘家湾。总面积 0.15 平方千米，耕地面积 11 公顷。4 户，10 人。主产玉米、小麦、水稻。村落形态呈散状，房屋结构以平房和坡房为主。

刘家湾【Liújiāwān】 以姓氏命名。因刘姓聚居而得名。1958年隶属钱湾大队；1984年隶属钱湾村；2002年隶属梨园村至今。位于村委会西南4千米。东邻赵家湾，南界钱湾岗，西至襄州黄龙镇向湾村阴阳寺，北连张家凹。总面积0.2平方千米，耕地面积14公顷。21户，80人。主产玉米、小麦、水稻。村落形态呈散状，房屋结构以平房和坡房为主。

苹果园【Píngguǒyuán】 以果园命名。因1980年在苹果园旁新建居民点，故名。1984年隶属梨园村至今。位于村委会东北2千米。东邻赵庙村苏家湾，南界三里庙，西至姜家湾，北连赵庙村苏家湾。总面积0.1平方千米，耕地面积4公顷。6户，20人。主产玉米、小麦、水稻。村落形态呈散状，房屋结构以平房和坡房为主。

前湾【Qiánwān】 以方位命名。因南北相邻三村，此村位于中湾南而得名。1958年隶属梨园大队；1984年隶属梨园村至今。位于村委会南300米。东邻小阮家湾，南界上黄家湾，西至胡家湾，北连中湾。总面积0.15平方千米，耕地面积10公顷。11户，40人。主产玉米、小麦、水稻。村落形态呈散状，房屋结构以平房和坡房为主。

钱湾岗【Qiánwāngǎng】 以姓氏和地形综合命名。因钱姓聚居在山岗上而得名。1958年隶属钱湾大队；1984年隶属钱湾村；2002年隶属梨园村至今。位于村委会西南6千米。东邻小钱湾，南界蒋家湾，西至襄州区黄龙镇向湾村阴阳寺，北连刘家湾。总面积0.21平方千米，耕地面积15公顷。29户，110人。主产玉米、小麦、水稻。村落形态呈散状，房屋结构以平房和楼房为主。

阮家咀【Ruǎnjiāzuǐ】 以姓氏和地形综合命名。因阮姓聚居山咀旁而得名。1958年隶属梨园大队；1984年隶属梨园村至今。位于村委会西2.5千米。东邻上黄家湾，南界张家凹，西至襄州黄龙镇向湾村赵岗，北连胡家湾。总面积0.18平方千米，耕地面积12公顷。13户，60人。主产玉米、小麦、水稻。村落形态呈散状，房屋结构以坡房为主。

三里庙【Sānlǐmiào】 以距离和建筑物综合命名。因村旁有座小庙距老耿集街三华里而得名。1958年隶属梨园大队；1984年隶属梨园村至今。位于村委会东2千米。东邻耿集村油坊湾，南界村委会，西至徐家湾，北连赵庙村苏家湾。总面积0.22平方千米，耕地面积18公顷。19户，70人。主产玉米、小麦、水稻。村落形态呈散状，房屋结构以平房和坡房为主。

上黄家湾【Shànghuángjiāwān】 以方位和姓氏综合命名。因黄姓聚居在地势较高处而得名。1958年隶属梨园大队；1984年隶属梨园村至今。位于村委会西南1.5千米。东邻小阮湾，南界张家凹子，西至阮家咀，北连前湾。总面积0.25平方千米，耕地面积22公顷。30户，140人。主产玉米、小麦、水稻。村落形态呈散状，房屋结构以平房和坡房为主。

上湾【Shàngwān】 以地形命名。原称上咀子，因村建在地势较高的岗咀而得名。1958年隶属梨园大队；1984年隶属梨园村至今。位于村委会南1千米。东邻耿集村阮家湾，南界小阮家湾，西至上黄家湾，北连上阮湾。总面积0.1平方千米，耕地面积4公顷。6户，20人。主产玉米、小麦、水稻。村落形态呈散状，房屋结构以坡房为主。

小罗家湾【Xiǎoluójiāwān】 以规模和姓氏综合命名。因罗姓分居相邻二村，此村较小而得名。1958年隶属钱湾大队；1984年隶属钱湾村；2002年隶属梨园村至今。位于村委会西南8千米。东邻大罗家湾，南界宜城板桥镇沙河村莲花堰，西至刘家台，北连赵家湾。总面积 0.15 平方千米，耕地面积 10 公顷。8 户，20 人。主产玉米、小麦、水稻。村落形态呈散状，房屋结构以平房和坡房为主。

小钱湾【Xiǎoqiánwān】 以姓氏和规模综合命名。因钱姓分居相邻二村，此村较小而得名。1958 年隶属钱湾大队；1984 年隶属钱湾村；2002 年隶属梨园村至今。位于村委会西南 4.5 千米。东邻楼子村吴家湾，南界楼子村赵家湾，西至钱湾岗，北连曹家湾。总面积 0.12 平方千米，耕地面积 8 公顷。7 户，20 人。主产玉米、小麦、水稻。村落形态呈散状，房屋结构以坡房为主。

小阮家湾【Xiǎoruǎnjiāwān】 以姓氏和规模综合命名。因阮姓聚居村较小而得名。1958 年隶属梨园大队；1984 年隶属梨园村至今。位于村委会南 500 米。东邻耿集村李家畈，南界上湾，西至上黄家湾，北连前湾。总面积 0.16 平方千米，耕地面积 12 公顷。11 户，30 人。主产玉米、小麦、水稻，兼有桃树栽培。村落形态呈散状，房屋结构以坡房为主。

徐家湾【Xújiāwān】 以姓氏命名。因徐姓聚居而得名。1958 年隶属梨园大队；1984 年隶属梨园村至今。位于村委会北 1 千米。东邻三里庙，南界中湾，西至黄家湾，北连姜家湾。总面积 0.32 平方千米，耕地面积 25 公顷。52 户，180 人。主产玉米、小麦、水稻。村落形态呈散状，房屋结构以平房和坡房为主。

许家河【Xǔjiāhé】 以河流与姓氏综合命名。因许姓聚居在小河边而得名。1958 年隶属梨园大队；1984 年隶属梨园村至今。位于村委会北 2 千米。东邻徐家湾，南界朱家湾，西至襄州黄龙镇高明村，北连姜家湾。总面积 0.35 平方千米，耕地面积 25.3 公顷。44 户，150 人。主产玉米、小麦、水稻。村落形态呈散状，房屋结构以平房和楼房为主。

许家湾【Xǔjiāwān】 以姓氏命名。因许姓聚居而得名。1958 年隶属钱湾大队；1984 年隶属钱湾村；2002 年隶属梨园村至今。位于村委会西南 7.5 千米。东邻蒋家湾，南界张家湾，西至白鹤湾，北连干家冲。总面积 0.11 平方千米，耕地面积 5.7 公顷。34 户，10 人。主产玉米、小麦、水稻。村落形态呈散状，房屋结构以平房和楼房为主。

张家凹子【Zhāngjiāwāzi】 以姓氏和地形综合命名。因张姓聚居冲洼而得名。1958 年隶属钱湾大队；1984 年隶属钱湾村；2002 年隶属梨园村至今。位于村委会西南 2 千米。东邻上黄家湾，南界靳家湾，西至襄州黄龙镇向湾村阴阳寺，北连阮家咀。总面积 0.1 平方千米，耕地面积 5.3 公顷。7 户，30 人。主产玉米、小麦、水稻。村落形态呈散状，房屋结构以平房和坡房为主。

张家湾【Zhāngjiāwān】 以姓氏命名。因张姓聚居而得名。1958 年隶属钱湾大队；1984 年隶属钱湾村；2002 年隶属梨园村至今。位于村委会西南 6.5 千米。东邻王家湾，南界刘家台子，西至襄州黄龙镇向湾村杨家湾，北连许家湾。总面积 0.1 平方千米，耕地面积 9 公顷。7 户，20 人。主产玉米、小麦、水稻。村落形态呈散状，房屋结构以平房和坡房为主。

赵家湾【Zhàojiāwān】 以姓氏命名。因赵姓聚居而得名。1958 年隶属钱湾大队；1984 年隶属钱湾村；2002 年隶属梨园村至今。位于村委会西南 7.5 千米。东邻楼子村罗家湾，南界大罗家湾，西至小罗家湾，北连林家湾。总面积 0.11 平方千米，耕地面积 6 公顷。4 户，10 人。主产玉米、小麦、水稻。村落形态呈散状，房屋结构以平房和坡房为主。

赵家湾【Zhàojiāwān】 以姓氏命名。因赵姓聚居而得名。1958 年隶属钱湾大队；1984 年隶属钱湾村；2002年隶属梨园村至今。位于村委会西南7千米。东邻林家湾，南界小罗家湾，西至蒋家湾，北连钱湾岗。总面积0.12平方千米，耕地面积8公顷。6户，20人。主产玉米、小麦、水稻。村落形态呈散状，房屋结构以楼房和坡房为主。

中湾【Zhōngwān】 以方位命名。因相邻三村，此村位于中间而得名。1958年隶属梨园大队；1984年隶属梨园村至今。村委会驻地。东邻耿集村阮家湾，南界前湾，西至朱家湾，北连后湾。总面积0.15平方千米，耕地面积10公顷。7户，20人。主产玉米、小麦、水稻。村落形态呈散状，房屋结构以平房和坡房为主。

朱家湾【Zhūjiāwān】 以姓氏命名。因朱姓聚居而得名。1958年隶属梨园大队；1984年隶属梨园村至今。位于村委会西1千米。东邻中湾，南界上黄家湾，西至黄家湾，北连许家河。总面积0.12平方千米，耕地面积8公顷。8户，30人。主产玉米、小麦、水稻。村落形态呈散状，房屋结构以坡房为主。

钟湾村【Zhōngwāncūn】

以钟湾自然村命名。1958年为钟湾大队，隶属和平公社；1961年隶属熊集区；1975年隶属耿集公社；1984年为钟湾村，隶属耿集区；1987年隶属耿集镇；2001年隶属熊集镇至今。位于镇政府南10千米。东邻熊河水库，南界车河管理区徐岗村，西至垱咀村，北连猴王山茶场。辖27个自然村，总面积7平方千米，耕地面积328.8公顷。263户，1022人。主产玉米、小麦、水稻，兼有桃园。另有蛋鸡养殖和水面养殖。襄洪路穿村而过，村委会驻王集。

北湾【Běiwān】 以方位命名。因村建在王集北而得名。1958年隶属钟湾大队；1984年隶属钟湾村至今。位于村委会北300米。东邻黄家岗，南界王集，西至垱咀村仇家湾，北连垱咀村檀家湾。总面积0.05平方千米，耕地面积1公顷。1户，2人。主产玉米、小麦、水稻。村落形态呈散状，房屋结构以坡房为主。

陈家湾【Chénjiāwān】 以姓氏命名。因陈姓聚居而得名。1958年隶属钟湾大队；1984年隶属钟湾村至今。位于村委会东北2.5千米。东邻猴王山，南界胡家湾，西至叶家楼子，北连新庄。总面积0.2平方千米，耕地面积7公顷。10户，60人。主产玉米、小麦、水稻，兼有水产养殖4公顷。村落形态呈线状，房屋结构以楼房和坡房为主。

崔家湾【Cuījiāwān】 以姓氏命名。因崔姓聚居而得名。1958年隶属钟湾大队；1984年隶属钟湾村至今。位于村委会东2千米。东邻关家冲，南界杨家河，西至钟家油坊，北连猴王山。总面积0.2平方千米，耕地面积5公顷。8户，30人。主产玉米、小麦、水稻。村落形态呈散状，房屋结构以平房和坡房为主。

大雷家湾【Dàléijiāwān】 以姓氏和规模综合命名。因雷姓聚居且村子面积较大而得名。1958年隶属钟湾大队；1984年隶属钟湾村至今。位于村委会东南500米。东邻小雷庄，南界庙崖子，西至王集，北连黄家岗。总面积0.1平方千米，耕地面积6.8公顷。4户，10人。主产玉米、小麦、水稻，兼有水产养殖6.8公顷。村落形态呈散状，房屋结构以平房和楼房为主。

付家老庄【Fùjiālǎozhuāng】 以姓氏和建村时间综合命名。因付姓最早聚居而得名。1958年隶属钟湾大队；1984年隶属钟湾村至今。位于村委会南2.2千米。东邻黄楝树咀，南界杉树咀，西至青峰岭林场，北连楼子湾。总面积 0.4 平方千米，耕地面积 24 公顷。22 户，90 人。主产玉米、小麦、水稻，兼有水产养殖 4 公顷。村落形态呈线状，房屋结构以楼房和坡房为主。

关家冲【Guānjiāchōng】 以姓氏和地形综合命名。因关姓聚居在田冲旁而得名。1958 年隶属关冲大队；1984 年隶属关冲村；2002 年隶属钟湾村至今。位于村委会东 4.5 千米。东邻胡家老庄，南界石板堰，西至崔家湾，北连中湾。总面积 0.5 平方千米，耕地面积 24 公顷。16 户，60 人。主产玉米、小麦、水稻。村落形态呈散状，房屋结构以楼房和坡房为主。

胡家老庄【Hújiālǎozhuāng】 以姓氏命名。因胡姓最早在此定居而得名。1958 年隶属关冲大队；1984 年隶属关冲村；2002 年隶属钟湾村至今。位于村委会东 6 千米。东邻平林镇黑虎山茶场，南界车河管理区徐岗村徐岗，西至黄楝树咀，北连关家冲。总面积 0.5 平方千米，耕地面积 21 公顷。13 户，50 人。主产玉米、小麦、水稻。村落形态呈散状，房屋结构以坡房为主。

胡家湾【Hújiāwān】 以姓氏命名。因胡姓聚居而得名。1958 年隶属钟湾大队；1984 年隶属钟湾村至今。位于村委会东北 2.5 千米。东邻猴王山，南界崔家湾，西至钟家湾，北连陈家湾。总面积 0.3 平方千米，耕地面积 17 公顷。14 户，60 人。主产玉米、小麦、水稻。村落形态呈线状，房屋结构以平房和楼房为主。

黄家岗【Huángjiāgǎng】 以姓氏和地形综合命名。因黄姓聚居岗上而得名。1958 年隶属钟湾大队；1984 年隶属钟湾村至今。位于村委会东 200 米。东邻钟家湾，南界大雷家湾，西至王集，北连黎家湾。总面积 0.1 平方千米，耕地面积 2 公顷。2 户，10 人。主产玉米、小麦、水稻。村落形态呈散状，房屋结构以坡房为主。

黄楝树咀【Huángliànshùzuǐ】 以植物和地形综合命名。因村建在长有黄楝树的山咀而得名。1958 年隶属关冲大队；1984 年隶属关冲村；2002 年隶属钟湾村至今。位于村委会东南 4 千米。东邻胡家老庄，南界车河管理区徐岗村徐岗，西至付家老庄，北连石板堰。总面积 0.7 平方千米，耕地面积 28 公顷。19 户，70 人。主产玉米、小麦、水稻。村落形态呈散状，房屋结构以平房和楼房为主。

黎家湾【Líjiāwān】 以姓氏命名。因黎姓聚居而得名。1958 年隶属钟湾大队；1984 年隶属钟湾村至今。位于村委会北 500 米。东邻钟家湾，南界黄家岗，西至北湾，北连莫家湾。总面积 0.35 平方千米，耕地面积 17 公顷。15 户，60 人。主产玉米、小麦、水稻，养猪大户 1 户，年出栏 1000 头。水面养殖 6.7 公顷。村落形态呈散状，房屋结构以平房和坡房为主。

梁家岗【Liángjiāgǎng】 以姓氏和地形综合命名。因梁姓聚居岗上而得名。1958 年隶属钟湾大队；1984 年隶属钟湾村至今。位于村委会东北 2.1 千米。东邻新庄，南界叶家楼子，西至莫家湾，北连熊河水库。总面积 0.3 平方千米，耕地面积 8 公顷。15 户，70 人。主产玉米、小麦、水稻，兼有水产养殖 8 公顷。村落形态呈散状，房屋结构以楼房和坡房为主。

楼子湾【Lóuziwān】 以建筑物命名。因村里原有座楼子而得名。1958 年隶属钟湾大队；1984 年隶属钟湾村至今。位于村委会东南 2 千米。东邻新屋场，南界付家老庄，西至青峰岭林场，北连庙崖子。总面积 0.1 平方千米，耕地面积 3 公顷。3 户，10 人。主产玉米、小麦、水稻。村落形态呈散状，房屋结构以平房和楼房为主。

庙崖子【Miàoyázi】 以建筑物和地形综合命名。因村建在有座小庙的崖子边而得名。1958年隶属钟湾大队；1984年隶属钟湾村至今。位于村委会南1千米。东邻新屋场，南界楼子湾，西至王集，北连小雷庄。总面积0.1平方千米，耕地面积2公顷。2户，10人。主产玉米、小麦、水稻。村落形态呈散状，房屋结构以坡房为主。

莫家湾【Mòjiāwān】 以姓氏命名。因莫姓聚居而得名。1958年隶属钟湾大队；1984年隶属钟湾村至今。位于村委会北1.8千米。东邻梁家岗，南界黎家湾，西至挡咀村檀家湾，北连挡咀村楼子湾。总面积0.1平方千米，耕地面积3公顷。3户，10人。主产玉米、小麦、水稻。村落形态呈团状，房屋结构以平房和坡房为主。

杉树咀【Shānshùzuǐ】 以植物和地形综合命名。因村旁岗咀上长满杉树而得名。1958年隶属钟湾大队；1984年隶属钟湾村至今。位于村委会南2.4千米。东邻黄楝树咀，南界青峰岭林场，西至青峰岭林场，北连付家老庄。总面积0.1平方千米，耕地面积1公顷。1户，10人。主产玉米、小麦、水稻。村落形态呈散状，房屋结构以坡房为主。

石板堰【Shíbǎnyàn】 以堰塘特点命名。因原来村子有口堰塘的底是石板而得名。1958年隶属关冲大队；1984年隶属关冲村；2002年隶属钟湾村至今。位于村委会东南3.5千米。东邻胡家老庄，南界黄楝树咀，西至王家湾，北连关家冲。总面积0.6平方千米，耕地面积24公顷。19户，60人。主产玉米、小麦、水稻，兼有水产养殖13.4公顷。村落形态呈散状，房屋结构以楼房和坡房为主。

王集【Wángjí】 以姓氏和集市综合命名。因王姓聚居且设过集市而得名。1958年隶属钟湾大队；1984年隶属钟湾村至今。村委会驻地。东邻大雷家湾，南界庙崖子，西至挡咀村堰角子，北连北湾。总面积0.4平方千米，耕地面积24公顷。16户，20人。主产玉米、小麦、水稻。村落形态呈线状，房屋结构以楼房和坡房为主。

王家湾【Wángjiāwān】 以姓氏命名。因王姓聚居而得名。1958年隶属钟湾大队；1984年隶属钟湾村至今。位于村委会东1.5千米。东邻石板堰，南界黄楝树咀，西至新屋场，北连杨家河。总面积0.2平方千米，耕地面积6公顷。9户，30人。主产玉米、小麦、水稻。村落形态呈散状，房屋结构以平房和坡房为主。

小雷庄【Xiǎoléizhuāng】 以姓氏和规模综合命名。因雷姓聚居且村规模较小而得名。1958年隶属钟湾大队；1984年隶属钟湾村至今。位于村委会东700米。东邻钟家油坊，南界庙崖子，西至大雷家湾，北连钟家湾。总面积0.1平方千米，耕地面积2公顷。4户，20人。主产玉米、小麦、水稻。村落形态呈散状，房屋结构以坡房为主。

新屋场【Xīnwūchǎng】 因中华人民共和国成立初，新迁来几户人家在此建村而得名。1958年隶属钟湾大队；1984年隶属钟湾村至今。位于村委会东南1千米。东邻石板堰，南界付家老庄，西至庙崖子，北连钟家油坊。总面积0.4平方千米，耕地面积18公顷。12户，50人。主产玉米、小麦、水稻。村落形态呈散状，房屋结构以平房和坡房为主。

新庄【Xīnzhuāng】 以建村时间命名。因1958年新建庄子而得名。1958年隶属钟湾大队；1984年隶属钟湾村至今。位于村委会北2千米。东邻陈家湾，南界叶家楼子，西至莫家湾，北连梁家岗。总面积0.2

平方千米，耕地面积19公顷。10户，40人。主产玉米、小麦、水稻。村落形态呈散状，房屋结构以平房和坡房为主。

杨家河【Yángjiāhé】 以姓氏和河流综合命名。因杨姓聚居在河边而得名。1958年隶属钟湾大队；1984年隶属钟湾村至今。位于村委会东1.3千米。东邻关家冲，南界王家湾，西至钟家油坊，北连胡家湾。总面积0.3平方千米，耕地面积21公顷。11户，50人。主产玉米、小麦、水稻。村落形态呈散状，房屋结构以平房和坡房为主。

叶家楼子【Yèjiālóuzi】 以姓氏和建筑物综合命名。因叶姓聚居且村内有座楼子而得名。1958年隶属钟湾大队；1984年隶属钟湾村至今。位于村委会北1千米。东邻陈家湾，南界钟家湾，西至莫家湾，北连梁家岗。总面积0.1平方千米，耕地面积2公顷。2户，10人。主产玉米、小麦、水稻。村落形态呈散状，房屋结构以坡房为主。

中湾【Zhōngwān】 以方位命名。因村建在两个村庄中间而得名。1958年隶属关冲大队；1984年隶属关冲村；2002年隶属钟湾村至今。位于村委会东4.6千米。东邻熊河水库，南界熊河水库，西至关家冲，北连熊河水库。总面积0.1平方千米，耕地面积2公顷。2户，10人。主产玉米、小麦、水稻。村落形态呈散状，房屋结构以坡房为主。

钟家湾【Zhōngjiāwān】 以姓氏命名。因钟姓聚居而得名。1958年隶属钟湾大队；1984年隶属钟湾村至今。位于村委会东500米。东邻钟家油坊，南界大雷家湾，西至黎家湾，北连叶家楼子。总面积0.4平方千米，耕地面积38公顷。26户，110人。主产玉米、小麦、水稻，兼有桃园33.4公顷。村落形态呈散状，房屋结构以楼房和坡房为主。

钟家油坊【Zhōngjiāyóufáng】 以姓氏和作坊综合命名。因钟姓聚居且村里开过油坊而得名。1958年隶属钟湾大队；1984年隶属钟湾村至今。位于村委会东2千米。东邻杨家河，南界新屋场，西至小雷庄，北连钟家湾。总面积0.1平方千米，耕地面积3公顷。4户，10人。主产玉米、小麦、水稻。村落形态呈团状，房屋结构以平房和坡房为主。

杜岗村【Dùgǎngcūn】

以杜岗自然村命名。1958年为杜岗大队，隶属和平公社；1961年隶属熊集区；1975年隶属熊集公社；1984年为杜岗村，隶属熊集区；1987年隶属熊集镇至今。位于镇政府西北4千米。东邻后营村，南界湾堰村，西至琚湾镇吴湾村，北连南城街道耿畈村。辖12个自然村，总面积6.6平方千米，耕地面积306.6公顷。499户，1960人。主产玉米、小麦、水稻，兼有水产养殖和果树种植。村委会驻西井。

杜岗【Dùgǎng】 以姓氏和地形综合命名。因杜姓聚居岗上而得名。1958年隶属杜岗大队；1984年隶属杜岗村至今。村委会驻地。东邻下畈，南界柳树庙，西至西井，北连檀庄。总面积0.5平方千米，耕地面积30公顷。45户，180人。主产玉米、小麦、水稻。养鸡大户1户，年出栏1万只。村落形态呈线状，房屋结构以平房和楼房为主。

胡家湾【Hújiāwān】 以姓氏命名。因胡姓聚居而得名。1958年隶属杜岗大队；1984年隶属杜岗村至今。位于村委会西北 1.2 千米。东邻苗庄，南界西井，西至琚湾镇吴湾村檀湾，北连李家乡。总面积 0.2 平方千米，耕地面积 11 公顷。13 户，80 人。主产玉米、小麦、水稻。村落形态呈线状，房屋结构以平房和楼房为主。

李家乡【Lǐjiāxiāng】 以姓名命名。因早年有个叫李家祥的在此定居后人把"祥"误会成"乡"而得名。1958 年隶属杜岗大队；1984 年隶属杜岗村至今。位于村委会西北 1.5 千米。东邻牤牛寨，南界乌梢垱，西至琚湾镇吴湾村程湾，北连袁庄。总面积 0.3 平方千米，耕地面积 23.5 公顷。38 户，150 人。主产玉米、小麦、水稻。村落形态呈线状，房屋结构以平房和楼房为主。

柳树庙【Liǔshùmiào】 以植物和庙宇综合命名。因村建在种了许多柳树的小庙旁而得名。1958 年隶属杜岗大队；1984 年隶属杜岗村至今。位于村委会东南 1.5 千米。东邻后营村张庄，南界湾堰村湾堰埂，西至湾堰村杨九轩，北连杜岗。总面积 1 平方千米，耕地面积 26.4 公顷。51 户，200 人。主产玉米、小麦、水稻。村落形态呈线状，房屋结构以平房和楼房为主。

牤牛寨【Māngniúzhài】 以动物和寨墙综合命名。原名清河寨，为防匪患整修此寨时累死几头大牤牛，故改名。1958 年隶属杜岗大队；1984 年隶属杜岗村至今。位于村委会北 1.2 千米。东邻尤家河，南界苗庄，西至李家乡，北连滚河。总面积 0.3 平方千米，耕地面积 28 公顷。36 户，140 人。主产玉米、小麦、水稻，养鸡大户 1 户。村落形态呈团状，房屋结构以平房和楼房为主。

苗庄【Miáozhuāng】 以姓氏命名。因苗姓聚居而得名。1958 年隶属杜岗大队；1984 年隶属杜岗村至今。位于村委会北 500 米。东邻檀庄，南界杜岗，西至琚湾镇吴湾村陈湾，北连牤牛寨。总面积 0.2 平方千米，耕地面积 10.6 公顷。22 户，90 人。主产玉米、小麦、水稻。村落形态呈线状，房屋结构以平房和楼房为主。

前河【Qiánhé】 以方位命名。原名猫子山，因建在尤家河前边，故改名。1958 年隶属杜岗大队；1984 年隶属杜岗村至今。位于村委会东北 1.2 千米。东邻后营村文贾何，南界下畈，西至檀庄，北连尤家河。总面积 0.4 平方千米，耕地面积 24 公顷。35 户，120 人。主产玉米、小麦、水稻。村落形态呈团状，房屋结构以平房和楼房为主。

檀庄【Tánzhuāng】 以姓氏命名。因檀姓聚居而得名。1958 年隶属杜岗大队；1984 年隶属杜岗村至今。位于村委会东 500 米。东邻前河，南界杜岗，西至胡家湾，北连后河。总面积 1.2 平方千米，耕地面积 30 公顷。55 户，230 人。主产玉米、小麦、水稻。村落形态呈团状，房屋结构以平房和楼房为主。

西井【Xījǐng】 以方位和水井综合命名。因村西有眼出名的水井而得名。1958 年隶属杜岗大队；1984 年隶属杜岗村至今。位于村委会西南 500 米。东邻杜岗，南界柳树庙，西至琚湾镇吴湾村吴湾，北连胡家湾。总面积 0.5 平方千米，耕地面积 25 公顷。52 户，180 人。主产玉米、小麦、水稻。村落形态呈团状，房屋结构以平房和楼房为主。

下畈【Xiàfàn】 以地势命名。因建在杜岗东边较低的田畈而得名。1958 年隶属杜岗大队；1984 年隶属杜岗村至今。位于村委会东 1.5 千米。东邻后营村姜营，南界后营村张庄，西至杜岗，北连前河。总面积 0.5 平方千米，耕地面积 20.6 公顷。35 户，150 人。主产玉米、小麦、水稻。村落形态呈线状，房屋结构以平房和楼房为主。

尤家河【Yóujiāhé】 以姓氏和河流综合命名。因尤姓建村在河边而得名。1958年隶属杜岗大队；1984年隶属杜岗村至今。位于村委会东北2千米。东邻滚河，南界前河，西至牤牛寨，北连滚河。总面积1.1平方千米，耕地面积50.5公顷。65户，250人。主产玉米、小麦、水稻。村落形态呈线状，房屋结构以平房和楼房为主。

袁庄【Yuánzhuāng】 以姓氏命名。因袁姓聚居而得名。1958年隶属杜岗大队；1984年隶属杜岗村至今。位于村委会西北2千米。东邻南城街道滚河，南界李家乡，西至王湾，北连滚河。总面积0.4平方千米，耕地面积27公顷。52户，190人。主产玉米、小麦、水稻。村落形态呈线状，房屋结构以平房和楼房为主。

毛榨村【Máozhàcūn】

以毛榨自然村命名。1958年为毛榨大队，隶属和平公社；1961年隶属熊集区；1975年隶属耿集公社；1984年为毛榨村，隶属耿集区；1987年隶属耿集镇；2001年隶属熊集镇至今。位于镇政府西4.5千米。东邻卢岗村，南界红土村，西至九龙村，北连李湾村。辖37个自然村，总面积8.28平方千米，耕地面积473公顷。319户，1150人。主产玉米、小麦、水稻。村委会驻毛榨。

矮子冲【Ǎizichōng】 以人物特点和地形综合命名。因村里有个小矮人种有一冲田而得名。1958年隶属毛榨大队；1984年隶属毛榨村至今。位于村委会西南2.5千米。东邻下王家湾，南界红土村新屋子，西至九龙村徐家湾，北连上王家湾。总面积0.1平方千米，耕地面积6公顷。4户，10人。主产玉米、小麦、水稻。村落形态呈散状，房屋结构以平房和坡房为主。

白鹤子湾【Báihèziwān】 以动物命名。因村内常有白鹤栖息而得名。1958年隶属毛榨大队；1984年隶属毛榨村至今。位于村委会西600米。东邻毛榨，南界竹园子，西至槐树湾，北连三口堰。总面积0.1平方千米，耕地面积5公顷。2户，10人。主产玉米、小麦、水稻。村落形态呈散状，房屋结构以平房为主。

半头市【Bàntóushì】 以建筑物命名。从前，一富户想在此建一集市，刚建一半就解放了，故名。1958年隶属毛榨大队；1984年隶属毛榨村至今。位于村委会东北1.2千米。东邻东岗，南界桥子湾，西至张庄，北连罐子窑。总面积0.15平方千米，耕地面积10公顷。7户，30人。主产玉米、小麦、水稻，兼有桃树栽培。村落形态呈散状，房屋结构以平房和楼房为主。

朝门【Cháomén】 以门的朝向命名。因村的房门都向东朝阳而得名。1958年隶属毛榨大队；1984年隶属毛榨村至今。位于村委会北1.4千米。东邻大栗树，南界莫家湾，西至李湾村吴家湾，北连李湾村学校。总面积0.15平方千米，耕地面积10公顷。16户，60人。主产玉米、小麦、水稻，兼有桃树栽培和鱼虾养殖。村落形态呈散状，房屋结构以平房和楼房为主。

大雷庄【Dàléizhuāng】 以姓氏和排序综合命名。因雷姓兄弟分居相邻二村，哥住此村而得名。1958年隶属毛榨大队；1984年隶属毛榨村至今。位于村委会东北1.4千米。东邻卢岗村小雷庄，南界熊河村张庄，西至母猪窝，北连史家庄。总面积0.12平方千米，耕地面积8公顷。7户，20人。主产玉米、小麦、水稻，兼有鱼虾养殖。村落形态呈散状，房屋结构以平房和坡房为主。

大栗树【Dàlìshù】 以植物命名。因村旁有棵大栗树而得名。1958年隶属毛榨大队；1984年隶属毛榨村至今。位于村委会北1.3千米。东邻罐子窑，南界半头寺，西至朝门，北连李湾村桦栎盘。总面积0.18平方千米，耕地面积13公顷。7户，20人。主产小麦、水稻，兼有鱼虾养殖。村落形态呈散状，房屋结构以平房和楼房为主。

东冲【Dōngchōng】 以方位和地形综合命名。因村庄位于通组路的东面而得名。1958年隶属毛榨大队；1984年隶属毛榨村至今。位于村委会西2千米。东邻槐树湾，南界中组，西至朱家湾，北连李湾村吴家湾。总面积0.21平方千米，耕地面积15公顷。4户，20人。主产玉米、小麦、水稻，兼有桃树栽培。村落形态呈散状，房屋结构以平房和坡房为主。

东岗【Dōnggǎng】 以方位和地形综合命名。因村建在史家庄东边岗上而得名。1958年隶属毛榨大队；1984年隶属毛榨村至今。位于村委会东北2千米。东邻杨家湾，南界母猪窝，西至半头寺，北连罐子窑。总面积0.1平方千米，耕地面积5公顷。5户，20人。主产玉米、小麦、水稻，兼有桃树栽培。村落形态呈线状，房屋结构以坡房和楼房为主。

高庄【Gāozhuāng】 以姓氏命名。因高姓聚居而得名。1958年隶属毛榨大队；1984年隶属毛榨村至今。位于村委会东北900米。东邻母猪窝，南界张庄，西至莫家湾，北连大栗树。总面积0.12平方千米，耕地面积8公顷。7户，30人。主产玉米、小麦、水稻，兼有桃树栽培和鱼虾养殖。村落形态呈散状，房屋结构以平房和楼房为主。

罐子窑【Guànziyáo】 以窑和产品综合命名。因村旁有座烧制瓦罐子的窑而得名。1958年隶属毛榨大队；1984年隶属毛榨村至今。位于村委会东北1.7千米。东邻卢岗村梨子树园，南界东岗，西至大栗树，北连卢岗村龙冲湾。总面积0.15平方千米，耕地面积10公顷。8户，20人。主产小麦、水稻，兼有桃树栽培。村落形态呈散状，房屋结构以平房和楼房为主。

旱泥田【Hànnítián】 以土质命名。因村前有片烂泥田而得名。1958年隶属毛榨大队；1984年隶属毛榨村至今。位于村委会东北2千米。东邻卢岗村卢岗，南界大渠，西至柿子园，北连卢岗村尤家台子。总面积0.1平方千米，耕地面积3公顷。4户，10人。主产小麦、水稻。村落形态呈散状，房屋结构以平房和坡房为主。

桦栎盘【Huàlìpán】 以植物命名。因村内有棵大桦栎树而得名。1958年隶属毛榨大队；1984年隶属毛榨村至今。位于村委会西南1.2千米。东邻竹园子，南界红土村小杨家湾，西至瓦子坡，北连徐家庄。总面积0.32平方千米，耕地面积25公顷。13户，40人。主产玉米、小麦、水稻，兼有桃树栽培和养虾。村落形态呈散状，房屋结构以平房和坡房为主。

槐树湾【Huáishùwān】 以植物命名。因村旁槐树多而得名。1958年隶属毛榨大队；1984年隶属毛榨村至今。位于村委会西1千米。东邻白鹤子湾，南界徐家庄，西至东冲，北连李湾村吴家湾。总面积0.3平方千米，耕地面积25公顷。11户，40人。主产玉米、小麦、水稻，兼种桃树，另有鱼虾养殖。村落形态呈散状，房屋结构以平房和坡房为主。

黄连树嘴【Huángliánshùzuǐ】 以植物和地形综合命名。因村边山咀上有棵大黄连树而得名。1958年隶属毛榨大队；1984年隶属毛榨村至今。位于村委会东450米。东邻母猪窝，南界新屋子湾，西至莫家湾，北连朝门。总面积0.12平方千米，耕地面积9公顷。6户，20人。主产玉米、小麦、水稻，兼有桃树栽培和鱼虾养殖。村落形态呈散状，房屋结构以平房和坡房为主。

毛榨【Máozhà】 以姓氏和作坊综合命名。因毛姓聚居且村里开过油坊而得名。1958年隶属毛榨大队；1984年隶属毛榨村至今。村委会驻地。东邻庙岗上，南界进洞口，西至百鹤子湾，北连莫家湾。总面积0.3平方千米，耕地面积25公顷。29户，80人。主产玉米、小麦、水稻，兼有桃树栽培和鱼虾养殖。村落形态呈散状，房屋结构以平房和坡房为主。

毛榨林场【Máozhàlínchǎng】 以村名和林场命名。因村建在原村办林场旁而得名。1958年隶属毛榨大队；1984年隶属毛榨村至今。位于村委会西2.4千米。东邻中组，南界学屋嘴，西至九龙村粉坊湾，北连朱家湾。总面积0.15平方千米，耕地面积10公顷。2户，10人。主产玉米、小麦、水稻。村落形态呈线状，房屋结构平房和楼房。

庙咀子【Miàozuǐzi】 以建筑物和地形综合命名。因村建在有庙的山咀上而得名。1958年隶属毛榨大队；1984年隶属毛榨村至今。位于村委会东400米。东邻破楼子，南界红土村中咀子，西至莫家湾，北连新屋子湾。总面积0.1平方千米，耕地面积6公顷。5户，20人。主产玉米、小麦、水稻，兼有桃树栽培。村落形态呈线状，房屋结构以平房和坡房为主。

莫家湾【Mòjiāwān】 以姓氏命名。因莫姓聚居而得名。1958年隶属毛榨大队；1984年隶属毛榨村至今。位于村委会北700米。东邻高庄，南界堰角子，西至王家湾，北连庙咀子。总面积0.25平方千米，耕地面积18公顷。9户，30人。主产玉米、小麦、水稻，兼有桃树栽培。村落形态呈散状，房屋结构以平房和坡房为主。

母猪窝【Mǔzhūwō】 以地形命名。因村建在形似猪窝的山凹旁而得名。1958年隶属毛榨大队；1984年隶属毛榨村至今。位于村委会东800米。东邻史家庄，南界桥子湾，西至张庄，北连罐子窑。总面积0.2平方千米，耕地面积15公顷。15户，50人。主产玉米、小麦、水稻，兼有桃树栽培和鱼虾养殖。村落形态呈散状，房屋结构以平房、坡房和楼房为主。

破楼子【Pòlóuzi】 以建筑物命名。因村内有座破楼而得名。1958年隶属毛榨大队；1984年隶属毛榨村至今。位于村委会东南700米。东邻阴屋冲，南界熊河水库，西至庙咀上，北连新屋子湾。总面积0.25平方千米，耕地面积17公顷。19户，90人。主产玉米、小麦、水稻，兼有桃树栽培和养鱼。村落形态呈线状，房屋结构以平房和楼房为主。

桥子湾【Qiáoziwān】 以桥命名。因村建在石桥上头而得名。1958年隶属毛榨大队；1984年隶属毛榨村至今。位于村委会东900米。东邻卢岗村卢岗，南界熊河村刘家湾，西至新屋子湾，北连母猪窝。总面积0.1平方千米，耕地面积7.5公顷。8户，20人。主产玉米、小麦、水稻，兼有桃树栽培。村落形态呈团状，房屋结构以平房和坡房为主。

三好家子【Sānhǎojiāzi】 以村民经济状况命名。因村内有三户有钱人家而得名。1958年隶属毛榨大队；1984年隶属毛榨村至今。位于村委会西1.6千米。东邻学屋嘴，南界红土村，西至小弯堰，北连毛榨林场。总面积0.18平方千米，耕地面积12公顷。7户，30人。主产玉米、小麦、水稻，兼有桃树栽培和鱼虾养殖。村落形态呈散状，房屋结构以平房和坡房为主。

三口堰【Sānkǒuyàn】 以堰塘数量命名。因村前三口堰连成一片而得名。1958年隶属毛榨大队；1984年隶属毛榨村至今。位于村委会西800米。东邻莫家湾，南界白鹤子湾，西至槐树湾，北连窑凹。总面积0.2平方千米，耕地面积15公顷。3户，10人。主产玉米、小麦、水稻，兼种桃树。村落形态呈散状，房屋结构以平房和楼房为主。

上王家湾【Shàngwángjiāwān】 以方位和姓氏综合命名。因王姓居住相邻二村，此村居北而得名。1958年隶属毛榨大队；1984年隶属毛榨村至今。位于村委会西2.4千米。东邻大桦栎树，南界下王家湾，西至学屋咀，北连瓦子坡。总面积0.22平方千米，耕地面积17公顷。8户，30人。主产玉米、小麦、水稻，兼有桃树栽培和鱼虾养殖。村落形态呈散状，房屋结构以平房、坡房和楼房为主。

史家庄【Shǐjiāzhuāng】 以姓氏命名。因史姓聚居而得名。1958年隶属毛榨大队；1984年隶属毛榨村至今。位于村委会东北1.5千米。东邻卢岗村小雷庄，南界大雷庄，西至母猪窝，北连柿子园。总面积0.12平方千米，耕地面积10公顷。12户，50人。主产玉米、小麦、水稻，兼有桃树栽培和鱼虾养殖。村落形态呈散状，房屋结构以平房和楼房为主。

柿子园【Shìziyuán】 以植物命名。因村里柿子树多而得名。1958年隶属毛榨大队；1984年隶属毛榨村至今。位于村委会东北1.6千米。东邻旱泥田，南界史家庄，西至半头市，北连罐子窑。总面积0.1平方千米，耕地面积3公顷。2户，10人。主产玉米、小麦、水稻。村落形态呈散状，房屋结构以平房和坡房为主。

瓦子坡【Wǎzipō】 以烂片瓦和地形综合命名。因村东一块坡地有许多烂瓦片而得名。1958年隶属毛榨大队；1984年隶属毛榨村至今。位于村委会西1.2千米。东邻徐家庄，南界小杨家湾，西至学屋嘴，北连中组。总面积0.25平方千米，耕地面积20公顷。12户，40人。主产玉米、小麦、水稻，兼有桃树栽培和鱼虾养殖。村落形态呈散状，房屋结构以坡房为主。

下王家湾【Xiàwángjiāwān】 以方位和姓氏综合命名。因王姓居住相邻二村，此村位南而得名。1958年隶属毛榨大队；1984年隶属毛榨村至今。位于村委会西2.2千米。东邻小弯堰，南界红土村新屋子湾，西至大湾堰，北连上王家湾。总面积0.15平方千米，耕地面积10公顷。4户，30人。主产玉米、小麦、水稻，兼有桃树栽培和鱼虾养殖。村落形态呈散状，房屋结构以平房和楼房为主。

小弯堰【Xiǎowānyàn】 以规模和堰塘形状综合命名。因村较小且村边有口弯堰而得名。1958年隶属毛榨大队；1984年隶属毛榨村至今。位于村委会西2千米。东邻三好家子，南界下王家湾，西至上王家湾，北连新屋子湾。总面积0.25平方千米，耕地面积20公顷。14户，50人。主产玉米、小麦、水稻，兼有桃树栽培和鱼虾养殖。村落形态呈散状，房屋结构以平房、坡房和楼房为主。

新屋子湾【Xīnwūziwān】 以建村时间命名。因此村为中华人民共和国成立后新建，故名。1958年隶属毛榨大队；1984年隶属毛榨村至今。位于村委会东500米。东邻桥子湾，南界破楼子，西至庙岗上，北连黄连树嘴。总面积0.3平方千米，耕地面积22公顷。20户，80人。主产玉米、小麦、水稻，兼有桃树栽培和鱼虾养殖。村落形态呈散状，房屋结构以平房和楼房为主。

学屋嘴【Xuéwūzuǐ】 过去三好家子为了自家孩子读书方便，在这个村建一所私塾，故名。1958年隶属毛榨大队；1984年隶属毛榨村至今。位于村委会西1.8千米。东邻瓦子坡，南界红土村檀家湾，西至三好家子，北连毛榨林场。总面积1.8平方千米，耕地面积10公顷。2户，10人。主产玉米、小麦、水稻。村落形态呈散状，房屋结构以坡房为主。

窑凹【Yáowā】 以窑和地形综合命名。因村建在有砖瓦窑的山洼旁而得名。1958年隶属毛榨大队；1984年隶属毛榨村至今。位于村委会北1.2千米。东邻莫家湾，南界三口堰，西至槐树湾，北连李湾村李湾。总面积0.12平方千米，耕地面积10公顷。8户，30人。主产小麦、水稻。村落形态呈散状，房屋结构以平房和楼房为主。

阴屋冲【Yīnwūchōng】 以传说命名。据传，一渔民用一只鱼鹰换当地村民一冲田，称鹰换冲，后演变成现名。1958年隶属毛榨大队；1984年隶属毛榨村至今。位于村委会东1千米。东邻熊河村刘家湾，南界熊河水库，西至破楼子，北连桥子湾。总面积0.12平方千米，耕地面积8公顷。4户，10人。主产玉米、小麦、水稻，兼有养鱼。村落形态呈散状，房屋结构以坡房和楼房为主。

张庄【Zhāngzhuāng】 以姓氏命名。因张姓聚居而得名。1958年隶属毛榨大队；1984年隶属毛榨村至今。位于村委会东北800米。东邻母猪窝，南界新屋子湾，西至莫家湾，北连高庄。总面积0.15平方千米，耕地面积12公顷。11户，40人。主产玉米、小麦、水稻，兼有桃树栽培和鱼虾养殖。村落形态呈散状，房屋结构以平房和坡房为主。

中组【Zhōngzǔ】 以方位命名。位于本组的中心地段，20世纪60年代生产队把本队分为三个生产小组，故名。1958年隶属毛榨大队；1984年隶属毛榨村至今。位于村委会西1.6千米。东邻槐树湾，南界瓦子坡，西至毛榨林场，北连东冲。总面积0.25平方千米，耕地面积20公顷。12户，40人。主产玉米、小麦、水稻，兼有桃树栽培。村落形态呈散状，房屋结构以坡房为主。

朱家湾【Zhūjiāwān】 以姓氏命名。因朱姓聚居而得名。1958年隶属毛榨大队；1984年隶属毛榨村至今。位于村委会西2.5千米。东邻东冲，南界瓦子坡，西至九龙村徐家湾，北连李湾村梅家湾。总面积0.4平方千米，耕地面积30公顷。10户，30人。主产玉米、小麦、水稻，兼有鱼虾养殖。村落形态呈散状，房屋结构以平房和坡房为主。

竹园子【Zhúyuánzi】 以植物命名。因村子后面有一片竹林而得名。1958年隶属毛榨大队；1984年隶属毛榨村至今。位于村委会东南800米。东邻破楼子，南界夏家湾，西至桦栎盘，北连徐家庄。总面积0.1平方千米，耕地面积3.5公顷。2户，10人。主产玉米、小麦、水稻。村落形态呈线状，房屋结构以坡房为主。

九龙村【Jiǔlóngcūn】

以水利设施命名。九龙渠绕村而过而得名。2002年，由原白果村、仁河村合并为九龙村，隶属熊集镇至今。位于镇政府南10千米。东邻红土村，南界梁山村，西至耿集村，北连毛榨村。辖19个自然村，总面积4.41平方千米，耕地面积286公顷。435户，1790人。主产玉米、小麦、水稻，兼有果园。襄洪路穿村而过，村委会驻白果村。

白果村【Báiguǒcūn】 以植物命名。因村内有一棵白果树而得名。1958年隶属白果大队；1984年隶属白果村；2002年隶属九龙村至今。村委会驻地。东邻木梓岗，南界耿集街道，西至高堰埂，北连老庄子。

总面积 0.2 平方千米，耕地面积 14 公顷。52 户，230 人。主产玉米、小麦、水稻。村落形态呈线状，房屋结构以楼房为主。

白鹤子湾【Báihèziwān】 以动物命名。因村内树木多常有白鹤栖息而得名。1958 年隶属白果大队；1984 年隶属白果村；2002 年隶属九龙村至今。位于村委会南 300 米。东邻红土村蚂蚁沟，南界耿家老湾，西至耿集街道，北连木梓岗。总面积 0.2 平方千米，耕地面积 16 公顷。31 户，120 人。主产玉米、小麦、水稻。村落形态呈散状，房屋结构以平房和楼房为主。

大张湾【Dàzhāngwān】 以姓氏和规模综合命名。因张姓聚居且村较大而得名。1958 年隶属白果大队；1984 年隶属白果村；2002 年隶属九龙村至今。位于村委会北 1 千米。东邻毛榨村吴家冲，南界木梓岗，西至王家湾，北连李湾村梅家湾。总面积 0.32 平方千米，耕地面积 25 公顷。44 户，150 人。主产玉米、小麦、水稻。村落形态呈散状，房屋结构以平房和楼房为主。

东阮家湾【Dōngruǎnjiāwān】 以姓氏和方位综合命名。因阮姓分居相邻两村，此村位东而得名。1958 年隶属白果大队；1984 年隶属白果村；2002 年隶属九龙村至今。位于村委会西北 2 千米。东邻老庄子，南界耿集村梁家畈，西至耿集村西阮家湾，北连赵庙村赵家湾。总面积 0.3 平方千米，耕地面积 20 公顷。28 户，130 人。主产玉米、小麦、水稻。村落形态呈散状，房屋结构以平房和楼房为主。

樊家岗【Fánjiāgǎng】 以姓氏和地形综合命名。因樊姓聚居在岗上而得名。1958 年隶属白果大队；1984 年隶属白果村；2002 年隶属九龙村至今。位于村委会西南 2 千米。东邻楼子湾，南界老耿集政府大院，西至耿集村梁家畈，北连高堰埂。总面积 0.25 平方千米，耕地面积 18 公顷。45 户，150 人。主产玉米、小麦、水稻。村落形态呈散状，房屋结构以坡房和楼房为主。

粉坊【Fěnfáng】 以作坊命名。因村内曾开过粉坊而得名。1958 年隶属白果大队；1984 年隶属白果村；2002 年隶属九龙村至今。位于村委会东北 2 千米。东邻毛榨村学屋咀，南界下大转弯，西至赵家湾，北连上大转弯。总面积 0.3 平方千米，耕地面积 21 公顷。18 户，80 人。主产玉米、小麦、水稻。村落形态呈散状，房屋结构以平房和坡房为主。

高堰埂【Gāoyàngěng】 以堰埂命名。因村口大堰的堰堤高而得名。1958 年隶属白果大队；1984 年隶属白果村；2002 年隶属九龙村至今。位于村委会西 500 米。东邻白果树，南界耿集街道，西至耿集村梁家畈，北连老庄子。总面积 0.2 平方千米，耕地面积 10 公顷。18 户，90 人。主产玉米、小麦、水稻。村落形态呈散状，房屋结构以平房和楼房为主。

耿家老湾【Gěngjiālǎowān】 以姓氏和建村时间综合命名。因耿姓聚居且建村早而得名。1958 年隶属仁河大队；1984 年隶属仁河村；2002 年隶属九龙村至今。位于村委会南 1 千米。东邻红土村蚂蚁沟，南界黎家咀，西至白鹤湾，北连原七里村老坟坡。总面积 0.3 平方千米，耕地面积 12 公顷。35 户，140 人。主产玉米、小麦、水稻，有牛羊养殖，羊年出栏 100 只，牛年出栏 10 头。村落形态呈散状，房屋结构以平房和楼房为主。

观音寺【Guānyīnsì】 以佛教建筑物命名。因村旁有座观音寺而得名。1958 年隶属仁河大队；1984 年隶属仁河村；2002 年隶属九龙村至今。位于村委会东南 5 千米。东邻挡咀村姚湾，南界梁山梁家湾，西至七里村黑沟，北连管家湾。总面积 0.2 平方千米，耕地面积 16 公顷。4 户，20 人。主产玉米、小麦、水稻。

村落形态呈散状，房屋结构以坡房为主。

管家湾【Guǎnjiāwān】 以传说命名。因一官宦人家的管家住此而得名。1958年隶属仁河大队；1984年隶属仁河村；2002年隶属九龙村至今。位于村委会东南3.2千米。东邻罗家冲，南界观音寺，西至河水畈，北连黎家咀。总面积0.2平方千米，耕地面积10公顷。13户，60人。主产玉米、小麦、水稻。村落形态呈散状，房屋结构以平房和楼房为主。

河水畈【Héshuǐfàn】 以水流和地形综合命名。因村建在河畈旁而得名。1958年隶属仁河大队；1984年隶属仁河村；2002年隶属九龙村至今。位于村委会南3千米。东邻管家湾，南界观音寺，西至老坟坡湾，北连黎家咀。总面积0.2平方千米，耕地面积12公顷。3户，10人。主产玉米、小麦、水稻，兼有水产养殖1公顷。村落形态呈线状，房屋结构以平房和坡房为主。

老乡政府【Lǎoxiāngzhèngfǔ】 以原政府机关所在地命名。原耿集镇政府在此而得名。1958年隶属仁河大队；1984年隶属仁河村；2002年隶属九龙村至今。位于村委会东南1.5千米。东邻罗家冲，南界黎家咀，西至耿家老湾，北连红土村蚂蚁沟。总面积0.2平方千米，耕地面积15公顷。9户，40人。主产玉米、小麦、水稻。村落形态呈散状，房屋结构以平房和楼房为主。

老庄子【Lǎozhuāngzi】 以建村时间命名。因耿姓聚居且建村早而得名。1958年隶属白果大队；1984年隶属白果村；2002年隶属九龙村至今。位于村委会北800米。东邻木梓岗，南界白果树，西至阮家湾，北连王家湾。总面积0.2平方千米，耕地面积16公顷。32户，120人。主产玉米、小麦、水稻。养鸡场1个，年产蛋鸡2万只。村落形态呈散状，房屋结构以平房和楼房为主。

黎家咀【Líjiāzuǐ】 以姓氏命名。因黎姓聚居而得名。1958年隶属仁河大队；1984年隶属仁河村；2002年隶属九龙村至今。位于村委会南2.8千米。东邻罗家冲，南界管家湾，西至河水畈，北连耿家老湾。总面积0.3平方千米，耕地面积6公顷。9户，40人。主产玉米、小麦、水稻。村落形态呈线状，房屋结构以平房和楼房为主。

罗家冲【Luójiāchōng】 以姓氏和地形综合命名。因罗姓聚居山冲里而得名。1958年隶属仁河大队；1984年隶属仁河村；2002年隶属九龙村至今。位于村委会东南200米。东邻垱咀村姚湾，南界管家湾，西至耿家老湾，北连红土村蚂蚁沟。总面积0.4平方千米，耕地面积14公顷。20户，80人。主产玉米、小麦、水稻，兼有桃园、梨园4公顷。村落形态呈散状，房屋结构以平房和楼房为主。

庙咀子【Miàozuǐzi】 以地形和建筑物综合命名。因村建在山咀下的小庙旁而得名。1958年隶属白果大队；1984年隶属白果村；2002年隶属九龙村至今。位于村委会东800米。东邻红土村高家湾，南界白鹤子湾，西至木梓岗，北连毛榨村王家湾。总面积0.32平方千米，耕地面积26公顷。35户，150人。主产玉米、小麦、水稻。村落形态呈散状，房屋结构以平房和楼房为主。

木梓岗【Mùzǐgǎng】 以植物命名。因村后岗坡有片木梓树而得名。1958年隶属白果大队；1984年隶属白果村；2002年隶属九龙村至今。位于村委会东200米。东邻庙咀子，南界白鹤子湾，西至白果树，北连大张湾。总面积0.22平方千米，耕地面积14公顷。32户，140人。主产玉米、小麦、水稻。村落形态呈散状，房屋结构以平房和楼房为主。

上大转弯【Shàngdàzhuǎnwān】 以地形和方位综合命名。因相邻两村建在岗上，人们出行要绕弯，本村居北而得名。1958年隶属白果大队；1984年隶属白果村；2002年隶属九龙村至今。位于村委会东北3千米。东邻毛榨村吴家湾，南界下大转弯，西至王家湾，北连梅家湾。总面积0.3平方千米，耕地面积22公顷。20户，90人。主产玉米、小麦、水稻。村落形态呈散状，房屋结构以平房和楼房为主。

王家湾【Wángjiāwān】 以姓氏命名。因王姓聚居而得名。1958年隶属白果大队；1984年隶属白果村；2002年隶属九龙村至今。位于村委会北3千米。东邻上大转弯，南界老庄子，西至阮家湾，北连赵庙村赵家湾。总面积0.2平方千米，耕地面积13公顷。7户，30人。主产玉米、小麦、水稻。村落形态呈散状，房屋结构以平房和坡房为主。

耿集村【Gěngjícūn】

以耿集自然集镇命名。1958年为耿集大队，隶属和平公社；1961年隶属熊集区；1975年隶属耿集公社；1984年为耿集村，隶属耿集区；1987年隶属耿集镇；2001年并镇隶属熊集镇至今。位于镇政府南10千米。东邻九龙村，南界楼子村，西至梨园村，北连赵庙村。辖6个自然村，总面积2平方千米，耕地面积146公顷。379户，1730人。主产玉米、小麦、水稻。襄洪路穿村而过，村委会驻梁家畈。

老街【Lǎojiē】 以街道形成时间命名。因耿集自然镇街道形成清朝时期而得名。1958年隶属耿集大队；1984年隶属耿集村至今。位于村委会西500米。东邻梁家畈，南界李家畈，西至油坊湾，北连栾家岗。总面积0.1平方千米，耕地面积3公顷。6户，20人。主产玉米、小麦、水稻。另有家庭养鸡场1个，年产蛋鸡1.2万只。村落形态呈散状，房屋结构以平房和楼房为主。

李家畈【Lǐjiāfàn】 以姓氏和地形综合命名。因李姓居住在畈上而得名。1958年隶属耿集大队；1984年隶属耿集村至今。位于村委会西南1.5千米。东邻滚水坝，南界楼子村善家窑，西至油坊湾，北连老街。总面积0.3平方千米，耕地面积27公顷。67户，380人。主产玉米、小麦、水稻。村落形态呈散状，房屋结构以平房和楼房为主。

梁家畈【Liángjiāfàn】 以姓氏和地形综合命名。因梁姓居住在平畈上而得名。1958年隶属耿集大队；1984年隶属耿集村至今。村委会驻地。东邻九龙村白果，南界耿集街道，西至栾家岗，北连白果村东阮家湾。总面积0.35平方千米，耕地面积26公顷。75户，350人。主产玉米、小麦、水稻。村落形态呈散状，房屋结构以平房和楼房为主。

西阮家湾【Xīruǎnjiāwān】 以方位和姓氏综合命名。因阮姓居住相邻二村，此村位西而得名。1958年隶属耿集大队；1984年隶属耿集村至今。位于村委会西北500米。东邻栾家岗，南界油坊湾，西至赵庙村高堰埂，北连赵庙村清水岗。总面积0.3平方千米，耕地面积23公顷。65户，280人。主产玉米、小麦、水稻。另有养鸡场1个，年产1万只蛋鸡。村落形态呈散状，房屋结构以平房和楼房为主。

油坊湾【Yóufángwān】 以作坊命名。因村内曾开过油坊而得名。1958年隶属耿集大队；1984年隶属耿集村至今。位于村委会西2千米。东邻老街，南界李家畈，西至梨园村三里庙，北连西阮家湾。总面积0.45平方千米，耕地面积35公顷。95户，330人。主产玉米、小麦、水稻，兼有桃园6公顷。村落形态呈散状，房屋结构以平房和坡房为主。

周家湾【Zhōujiāwān】 以姓氏命名。因周姓聚居而得名。1958年隶属耿集大队；1984年隶属耿集村至今。位于村委会东南1千米。东邻九龙村楼子湾，南界楼子村宋家窑，西至李家畈，北连耿集街道。总面积0.5平方千米，耕地面积32公顷。71户，370人。主产玉米、小麦、水稻。村落形态呈散状，房屋结构以平房和楼房为主。

卢岗村【Lúgǎngcūn】

以卢家岗自然村命名，简称"卢岗"。1958年为卢岗大队，隶属和平公社；1961年隶属熊集区；1975年隶属熊集公社；1984年为卢岗村，隶属熊集区；1987年隶属熊集镇；2003年原孙冲村并入，隶属熊集镇至今。位于镇政府西1千米。东邻熊集村，南界熊河村，西至毛榨村，北连弯堰村。辖22个自然村，总面积11平方千米，耕地面积492公顷。636户，2616人。主产水稻、小麦、玉米，兼有桃树栽培，另有养殖场。枣耿路穿村而过，村委会驻卢家岗。

百寺堰【Bǎisìyàn】 以石砌寺庙堰塘命名。因此地原有口百亩大堰，堰旁有座庙宇叫铁刽寺，故名。1958年隶属孙冲大队；1984年隶属孙冲村；2003年隶属卢岗村至今。位于村委会西北2.5千米。东邻熊集村尤家台子，南界尤家沟，西至新农村，北连新庄。总面积0.4平方千米，耕地面积25公顷。42户，180人。主产水稻、小麦、玉米。养鸡大户1户，年出栏2万只。村落形态呈团状，房屋结构以平房和楼房为主。

北冲里【Běichōnglǐ】 以方位和地形综合命名。因村建于卢家岗北的一条冲边而得名。1958年隶属卢岗大队；1984年隶属卢岗村至今。位于村委会西南1千米。东邻袁庄，南界卢家湾，西至梨子树园，北连孙家湾。总面积0.2平方千米，耕地面积17公顷。13户，80人。主产水稻、小麦、玉米。养鸡大户1户，年出栏1万只。养猪大户1户，年出栏500头。村落形态呈团状，房屋结构以平房和楼房为主。

朝门【Cháomén】 以传说命名。据说，此村原是有钱人家居住，房屋盖的像封建时代的官宦人家，故名。1958年隶属孙冲大队；1984年隶属孙冲村；2003年隶属卢岗村至今。位于村委会西北2.5千米。东邻百寺堰，南界尤家仓，西至尤家湾，北至新农村。总面积0.6平方千米，耕地面积16公顷。23户，80人。主产水稻、小麦、玉米。村落形态呈团状，房屋结构以平房和楼房为主。

梨子树园【Lízishùyuán】 以植物园命名。因村内梨树多而得名。1958年隶属卢岗大队；1984年隶属卢岗村至今。位于村委会西1.3千米。东邻北冲里，南界小雷庄，西至移民点，北连尤家仓。总面积0.4平方千米，耕地面积27公顷。26户，100人。主产水稻、小麦、玉米。村落形态呈团状，房屋结构以平房为主。

卢家岗【Lújiāgǎng】 以姓氏和地形综合命名。因卢姓聚居岗上而得名。1958年隶属卢岗大队；1984年隶属卢岗村至今。位于村委会西南1千米。东邻袁庄，南界卢家湾，西至梨子树园，北连北冲里。总面积0.6平方千米，耕地面积25公顷。37户，160人。主产水稻、小麦、玉米。村落形态呈团状，房屋结构以平房和楼房为主。

卢家湾【Lújiāwān】 以姓氏命名。因卢姓聚居而得名。1958年隶属卢岗大队；1984年隶属卢岗村至今。位于村委会南1.3千米。东邻熊河村陈庄，南界熊河村刘家湾，西至小雷庄，北连袁庄。总面积0.6平方千米，耕地面积 24 公顷。42 户，170 人。主产水稻、小麦、玉米。村落形态呈团状，房屋结构以平房和楼房为主。

罗岗【Luógǎng】 以姓氏和地形综合命名。因罗姓聚居岗上而得名。1958 年隶属卢岗大队；1984 年隶属卢岗村至今。位于村委会东 200 米。东邻徐庄，南界袁庄，西至尤家祖师殿，北连尤家沟。总面积 0.7 平方千米，耕地面积 22 公顷。63 户，280 人。主产水稻、小麦、玉米。村落形态呈线状，房屋结构以平房和楼房为主。

孙家冲【Sūnjiāchōng】 以姓氏和地形综合命名。因孙姓聚居在一条冲旁而得名。1958 年隶属孙冲大队；1984 年隶属孙冲村；2003 年隶属卢岗村至今。位于村委会西北 3.5 千米。东邻新农村，南界龙凤湾，西至万庄，北连邹家凹子。总面积 0.6 平方千米，耕地面积 27 公顷。38 户，140 人。主产水稻、小麦、玉米，兼有水产养殖 4 公顷。村落形态呈团状，房屋结构以平房和楼房为主。

孙家湾【Sūnjiāwān】 以姓氏命名。因孙姓聚居而得名。1958 年隶属孙冲大队；1984 年隶属孙冲村；2003 年隶属卢岗村至今。位于村委会西北 1 千米。东邻尤家沟，南界北冲里，西至尤家仓，北连新农村。总面积 0.5 平方千米，耕地面积 17 公顷。30 户，130 人。主产水稻、小麦、玉米。村落形态呈团状，房屋结构以平房和楼房为主。

万庄【Wànzhuāng】 以姓氏命名。因万姓聚居而得名。1958 年隶属孙冲大队；1984 年隶属孙冲村；2003 年隶属卢岗村至今。位于村委会西北 4.2 千米。东邻孙家冲，南界杨家湾，西至琚湾镇吴湾村石庄，北连琚湾镇吴湾村花园。总面积 0.7 平方千米，耕地面积 22 公顷。27 户，90 人。主产水稻、小麦、玉米。村落形态呈团状，房屋结构以平房和楼房为主。

小雷庄【Xiǎoléizhuāng】 以姓氏和规模综合命名。因雷姓聚居且村庄较小而得名。1958 年隶属卢岗大队；1984 年隶属卢岗村至今。位于村委会西南 1.5 千米。东邻卢家岗，南界熊河村刘家湾，西至毛榨村大雷庄，北连梨子树园。总面积 0.6 平方千米，耕地面积 26 公顷。38 户，110 人。主产水稻、小麦、玉米，兼有果蔬种植。村落形态呈线状，房屋结构以平房和楼房为主。

新农村【Xīnnóngcūn】 以时间命名。因 1965 年新建农村，故称新农村。1965 年隶属孙冲大队；1984 年隶属孙冲村；2003 年隶属卢岗村至今。位于村委会西北 2.2 千米。东邻百寺堰，南界朝门，西至孙家冲，北连湾堰村王嘴。总面积 0.5 平方千米，耕地面积 35 公顷。28 户，130 人。主产水稻、小麦、玉米。村落形态呈团状，房屋结构以平房和楼房为主。

新庄【Xīnzhuāng】 以时间命名。因 1965 年熊河移民搬迁新建的庄子而得名。1984 年隶属孙冲村；2003 年隶属卢岗村至今。位于村委会北 3 千米。东邻熊集村尤家台子，南界百寺堰，西至新农村，北连湾堰村杨庄。总面积 0.4 平方千米，耕地面积 29 公顷。20 户，90 人。主产水稻、小麦、玉米。村落形态呈团状，房屋结构以平房和楼房为主。

徐庄【Xúzhuāng】 以姓氏命名。因徐姓聚居而得名。1958 年隶属卢岗大队；1984 年隶属卢岗村至今。位于村委会东北 1.5 千米。东邻熊集村熊庄，南界熊集村河湾，西至罗岗，北连高庄村小杨庄。总面积 0.3 平方千米，耕地面积 18 公顷。20 户，66 人。主产水稻、小麦、玉米，兼有桃树栽培。村落形态呈团状，房屋结构以平房和楼房为主。

杨家湾【Yángjiāwān】 以姓氏命名。因杨姓聚居而得名。1958年隶属孙冲大队；1984年隶属孙冲村；2003年隶属卢岗村至今。位于村委会西2.5千米。东邻尤家仓，南界尤家祖师殿，西至琚湾镇吴湾村杨庄，北至万庄。总面积0.3平方千米，耕地面积8公顷。15户，80人。主产水稻、小麦、玉米。村落形态呈团状，房屋结构以平房和楼房为主。

移民点【Yímíndiǎn】 2010年因南水北调工程，为丹江口市均县镇岗家沟村移民新建村而得名。2010年隶属卢岗村至今。位于村委会西1.5千米。东邻北冲里，南界梨子树园，西至尤家祖师殿，北至尤家仓。总面积0.5平方千米，耕地面积10公顷。22户，90人。主产水稻、小麦、玉米。村落形态呈线状，房屋结构以平房和楼房为主。

尤家仓【Yóujiācāng】 以姓氏命名。因尤姓初建村时，土地好，粮满仓，故名。1958年隶属孙冲大队；1984年隶属孙冲村；2003年隶属卢岗村至今。位于村委会西北1.5千米。东邻孙家湾，南界移民点，西至杨家湾，北至朝门。总面积0.5平方千米，耕地面积30公顷。19户，80人。主产水稻、小麦、玉米，兼有水产养殖3.5公顷。村落形态呈团状，房屋结构以平房和楼房为主。

尤家沟【Yóujiāgōu】 以姓氏命名。因尤姓聚居而得名。1958年隶属孙冲大队；1984年隶属孙冲村；2003年隶属卢岗村至今。位于村委会北800米。东邻熊集村小杨庄，南界罗岗，西至孙家湾，北至百寺堰。总面积0.6平方千米，耕地面积32公顷。25户，80人。主产水稻、小麦、玉米。村落形态呈团状，房屋结构以平房和楼房为主。

尤家湾【Yóujiāwān】 以姓氏命名。因尤姓聚居而得名。1958年隶属孙冲大队；1984年隶属孙冲村；2003年隶属卢岗村至今。位于村委会西北2千米。东邻朝门，南界尤家祖师殿，西至杨家湾，北至孙家冲。总面积0.2平方千米，耕地面积17公顷。17户，80人。主产水稻、小麦、玉米。村落形态呈团状，房屋结构以平房和楼房为主。

尤家祖师殿【Yóujiāzǔshīdiàn】 以姓氏和建筑物综合命名。因尤姓主修的庙宇，供有祖师爷塑像而得名。1958年隶属孙冲大队；1984年隶属孙冲村；2003年隶属卢岗村至今。位于村委会西2千米。东邻尤家仓，南界毛榨村罐子窑，西至杨家湾，北至尤家湾。总面积0.3平方千米，耕地面积4公顷。6户，40人。主产水稻、小麦、玉米。村落形态呈散状，房屋结构以平房和楼房为主。

袁庄【Yuánzhuāng】 以姓氏命名。因袁姓聚居而得名。1958年隶属卢岗大队；1984年隶属卢岗村至今。位于村委会南300米。东邻熊集村河湾，南界卢家岗，西至北冲里，北连罗岗。总面积0.9平方千米，耕地面积23公顷。65户，270人。主产水稻、小麦、玉米。村落形态呈团状，房屋结构以平房和楼房为主。

邹家凹子【Zōujiāwāzi】 以姓氏和地形综合命名。因邹姓聚居山洼里而得名。1958年隶属孙冲大队；1984年隶属孙冲村；2003年隶属卢岗村至今。位于村委会西北3.8千米。东邻湾堰村王嘴，南界孙家冲，西至琚湾镇吴湾村石庄，北连琚湾镇吴湾村花园。总面积0.6平方千米，耕地面积38公顷。20户，90人。主产水稻、小麦、玉米。村落形态呈线状，房屋结构以平房和楼房为主。

檀湾村【Tánwāncūn】

以檀家湾自然村的简称檀湾命名。1958年为檀湾大队，隶属和平公社；1961年隶属熊集区；

1975 年隶属熊集公社；1984 年为檀湾村，隶属熊集区；1987 年隶属熊集镇至今。位于镇政府东 4 千米。东邻吴店镇田台村，南界茶庵村，西至熊集村，北至段营村。辖 16 个自然湾，总面积 8.4 平方千米，耕地面积 244.2 公顷。417 户，1266 人。主产水稻、小麦、玉米，兼有桃树种植。吴熊公路穿村而过，村委会驻移民点。

北刘家湾【Běiliújiāwān】 以方位和姓氏综合命名。因刘姓建村在刘家湾北而得名。1958 年隶属檀湾大队；1984 年隶属檀湾村至今。位于村委会北 1 千米。东邻北庄，南界西卢家湾，西至熊集村高庄，北至干鱼冲。总面积 0.4 平方千米，耕地面积 2 公顷。1 户，2 人。主产水稻、小麦。村落形态呈线状，房屋结构以平房为主。

吊庄【Diàozhuāng】 以形状命名。此地是主人在原居住村庄以外购买的山场或田地，故名。1958 年隶属檀湾大队；1984 年隶属檀湾村至今。位于村委会东南 3 千米。东邻庙娃山，南界汪冲，西至桐树湾，北连上檀家湾。总面积 0.9 平方千米，耕地面积 27 公顷。27 户，90 人。主产水稻、小麦、玉米。村落形态呈线状，房屋结构以坡房和楼房为主。

东卢家湾【Dōnglújiāwān】 以方位和姓氏综合命名。因东西相邻两个卢家湾，此村在东而得名。1958 年隶属檀湾大队；1984 年隶属檀湾村至今。位于村委会东 800 米。东邻新房子，南界耿架子，西至西卢家湾，北至段营村沟沿。总面积 0.8 平方千米，耕地面积 36.9 公顷。67 户，190 人。主产水稻、小麦、玉米，兼有桃树种植。村落形态呈团状，房屋结构以坡房和平房为主。

耿架子【Gěngjiàzi】 以姓氏人外号命名。据传此村有一姓耿的人，外表富，实际穷，故名。1958 年隶属檀湾大队；1984 年隶属檀湾村至今。位于村委会东南 2 千米。东邻汤家老庄，南界檀家湾，西至刘家湾，北至东卢家湾。总面积 0.5 平方千米，耕地面积 10 亩。2 户，4 人。主产水稻、小麦。村落形态呈线状，房屋结构为坡房和楼房为。

刘家湾【Liújiāwān】 以姓氏命名。因刘姓聚居而得名。1958 年隶属檀湾大队；1984 年隶属檀湾村至今。位于村委会南 500 米。东邻耿架子，南界桐树湾，西至楸树底下，北连移民点。总面积 0.2 平方千米，耕地面积 1 公顷。4 户，10 人。主产水稻、小麦、玉米。养殖七彩山鸡年出栏 2 万只。村落形态呈线状，房屋结构以坡房和楼房为主。

庙湾【Miàowān】 以庙宇命名。因建在泰山庙下边而得名。1958 年隶属檀湾大队；1984 年隶属檀湾村至今。位于村委会东 2.5 千米。东邻段营村林场，南界汤家老庄，西至新房子，北连后李庄。总面积 0.4 平方千米，耕地面积 2 公顷。7 户，30 人。主产水稻、小麦。村落形态呈线状，房屋结构以坡房和楼房为主。

楸树底下【Qiūshùdǐxià】 以植物命名。因村内有棵大楸树而得名。1958 年隶属檀湾大队；1984 年隶属檀湾村至今。位于村委会西南 500 米。东邻余家咀子，南界桐树湾，西至熊集村赵家湾，北连移民点。总面积 0.2 平方千米，耕地面积 11 公顷。6 户，20 人。主产水稻、小麦、玉米，兼有桃园 13.3 公顷。村落形态呈线状，房屋结构以坡房为主。

上檀家湾【Shàngtánjiāwān】 以方位和姓氏综合命名。因檀姓聚居所处地势较高而得名。1958 年隶属檀湾大队；1984 年隶属檀湾村至今。位于村委会东南 2.5 千米。东邻吊庄，南界茶庵余家冲，西至檀家湾，北连汤家老庄。总面积0.1平方千米，耕地面积3公顷。2户，30人。主产水稻、小麦、玉米。村落形态呈团状，房屋结构以坡房和楼房为主。

檀家湾【Tánjiāwān】 以姓氏命名。因檀姓聚居而得名。1958年隶属檀湾大队；1984年隶属檀湾村至今。位于村委会东南2.1千米。东邻上檀家湾，南界茶庵村陈家湾，西至桐树湾，北连耿架子。总面积0.7平方千米，耕地面积15.1公顷。46户，120人。主产水稻、小麦、玉米，兼有桃园，另有水产养殖5.3公顷。村落形态呈团状，房屋结构以坡房和楼房为主。

汤家老庄【Tāngjiālǎozhuāng】 以姓氏和建村时间综合命名。因汤姓最早定居而得名。1958年隶属檀湾大队；1984年隶属檀湾村至今。位于村委会东1.5千米。东邻段营村桃园，南界上檀家湾，西至高家粉坊，北连庙湾。总面积0.6平方千米，耕地面积22.4公顷。37户，120人。主产水稻、小麦、玉米，兼有桃树种植。村落形态呈线状，房屋结构以坡房和楼房为主。

桐树湾【Tóngshùwān】 以植物命名。因村内桐树多而得名。1958年隶属檀湾大队；1984年隶属檀湾村至今。位于村委会南2千米。东邻檀家湾，南界茶庵村陈家湾，西至熊河村高家湾，北连楸树底下。总面积0.9平方千米，耕地面积35.7公顷。62户，170人。主产水稻、小麦、玉米，兼有桃园33.2公顷。村落形态呈散状，房屋结构以坡房和楼房为主。

汪冲【Wāngchōng】 以姓氏和地形综合命名。因汪姓聚居冲旁而得名。1958年隶属檀湾大队；1984年隶属潭湾村至今。位于村委会东南3.7千米。东邻庙娃山，南界茶庵村余家冲，西至茶庵村王家槽坊，北连吊庄。总面积0.8平方千米，耕地面积22公顷。18户，50人。主产水稻、小麦、玉米。村落形态呈线状，房屋结构以坡房为主。

西卢家湾【Xīlújiāwān】 以方位和姓氏综合命名。因东西相邻两个卢家湾，此村在西而得名。1958年隶属檀湾大队；1984年隶属檀湾村至今。位于村委会东200米。东邻东卢家湾，南界刘家湾，西至移民点，北至前营村谢庄。总面积0.8平方千米，耕地面积34.9公顷。86户，230人。主产水稻、小麦、玉米，兼有桃园21.3公顷。村落形态呈线状，房屋结构以坡房和楼房为主。

新房子【Xīnfángzi】 以建村时间命名。因1976年新建村而得名。1976年隶属檀湾大队；1984年隶属檀湾村至今。位于村委会南2.2千米。东邻庙湾，南界耿架子，西至东卢家湾，北至小李庄。总面积0.5平方千米，耕地面积1.5公顷。10户，40人。主产水稻、小麦、玉米。村落形态呈线状，房屋结构以坡房和平房为主。

移民点【Yímíndiǎn】 2011年因南水北调工程，为丹江口市均县镇岗家沟村移民新建村而得名。2011年隶属檀湾村至今。村委会驻地。东邻余家咀子，南界刘家湾，西至熊集村移民点，北连前营村干鱼冲。总面积0.4平方千米，耕地面积19.2公顷。36户，130人。主产水稻、小麦、玉米，兼有桃树种植。村落形态呈团状，房屋结构以坡房和楼房为主。

余家咀子【Yújiāzuǐzi】 以姓氏和地形综合命名。因余姓聚居山咀而得名。1958年隶属檀湾大队；1984年隶属檀湾村至今。位于村委会东南1千米。东邻新房子，南界刘家湾，西至移民点，北连西卢家湾。总面积0.3平方千米，耕地面积1.5公顷。10户，40人。主产水稻、小麦、玉米。村落形态呈线状，房屋结构以坡房和楼房为主。

李湾村【Lǐwāncūn】

以李湾自然村命名。1958年为李湾大队，隶属和平公社；1961年隶属熊集区；1975年隶属耿集公社；1984年为李湾村，隶属耿集区；1987年隶属耿集镇；2001年隶属熊集镇；2002年原古桥村并入，隶属熊集镇至今。位于镇政府西6千米。东邻毛榨村，南界赵庙村，西至襄州区黄龙镇宋咀村，北连琚湾镇曹冲村。辖26个自然湾，总面积17.6平方千米，耕地面积433.1公顷。566户，2160人。主产水稻、小麦、玉米，兼有桃树种植。枣耿路穿村而过，村委会驻李湾。

凹子湾【Wāziwān】 以地形命名。因建在山洼里而得名。1958年隶属古桥大队；1984年隶属古桥村；2002年隶属李湾村至今。位于村委会西北4.9千米。东邻琚湾镇曹冲村梅家二房湾，南界小松坡，西至襄州区黄龙镇宋咀村竹园，北连琚湾镇曹冲村曹家老湾。总面积0.5平方千米，耕地面积30公顷。20户，60人。主产水稻、小麦、玉米。村落形态呈散状，房屋结构以平房和坡房为主。

曹家庄【Cáojiāzhuāng】 以姓氏命名。因曹姓聚居而得名。1958年隶属李湾大队；1984年隶属李湾村至今。位于村委会东北1.4千米。东邻桦栎树，南界庙岗，西至琚湾镇曹冲村翻毛背，北连琚湾镇吴湾村魏庄。总面积1.1平方千米，耕地面积21公顷。30户，130人。主产水稻、小麦、棉花，兼有桃树种植。有养鸡大户1户，年出栏1万只。村落形态呈线状，房屋结构以平房和坡房为主。

陈冲【Chénchōng】 以姓氏和地形综合命名。因陈姓聚居山冲而得名。1958年隶属古桥大队；1984年隶属古桥村；2002年隶属李湾村至今。位于村委会西4千米。东邻刘家湾，南界西坡，西至古桥，北连周家湾。总面积0.5平方千米，耕地面积15公顷。15户，50人。主产水稻、小麦、玉米，兼有玫瑰园4.7公顷。村落形态呈团状，房屋结构以平房和坡房为主。

陈家湾【Chénjiāwān】 以姓氏命名。因陈姓聚居而得名。1958年隶属古桥大队；1984年隶属古桥村；2002年隶属李湾村至今。位于村委会西4.1千米。东邻陈冲，南界古桥，西至刘沟，北连梅家大湾。总面积0.6平方千米，耕地面积17公顷。18户，60人。主产水稻、小麦、玉米。村落形态呈散状，房屋结构以平房和坡房为主。

单庄【Dānzhuāng】 以单数命名。因建村时只有一户而得名。1958年隶属李湾大队；1984年隶属李湾村至今。位于村委会西南1千米。东邻毛榨村朱家湾，南界枣树林，西至汪家湾，北连吴家湾。总面积1.4平方千米，耕地面积21公顷。30户，130人。主产水稻、小麦、棉花，兼有桃树种植。水面养殖7.3公顷。村落形态呈团状，房屋结构以平房和楼房为主。枣耿公路穿村而过。

古桥【Gǔqiáo】 以时间和石桥综合命名。因村内有座历史悠久的桥而得名。1958年隶属古桥大队；1984年隶属古桥村；2002年隶属李湾村至今。位于村委会西南4.4千米。东邻西坡，南界赵庙村周家咀，西至刘沟，北连陈家湾。总面积0.4平方千米，耕地面积9公顷。11户，50人。主产水稻、小麦、玉米。村落形态呈散状，房屋结构以平房和坡房为主。

谷家湾【Gǔjiāwān】 以姓氏命名。因谷姓聚居而得名。1958年隶属古桥大队；1984年隶属古桥村；2002年隶属李湾村至今。位于村委会西北5千米。东邻小松坡，南界油坊湾，西至襄州区黄龙镇宋咀村竹园，北连凹子湾。总面积0.5平方千米，耕地面积4公顷。3户，10人。主产水稻、小麦、玉米。村落形态呈散状，房屋结构以平房和坡房为主。

过桥湾【Guòqiáowān】 以建筑物命名。因此村与梅家大湾间隔条河沟，架座小桥，过桥后就进村内而得名。1958年隶属古桥大队；1984年隶属古桥村；2002年隶属李湾村至今。位于村委会西北3.9千米。东邻汪家湾，南界陈家湾，西至油坊湾，北连梅家大湾。总面积0.3平方千米，耕地面积4公顷。3户，10人。主产水稻、小麦、玉米。村落形态呈散状，房屋结构以平房和坡房为主。

桦栎树【Huàlìshù】 以植物命名。因村前有棵大桦栎树而得名。1958年隶属李湾大队；1984年隶属李湾村至今。位于村委会东北1.6千米。东邻毛榨村朝门，南界庙岗，西至曹家庄，北连琚湾镇吴庄村杨庄。总面积0.8平方千米，耕地面积29.1公顷。40户，130人。主产水稻、小麦、玉米，兼有果蔬种植。村落形态呈散状，房屋结构以平房和楼房为主。

老坟坡【Lǎofénpō】 以老坟和地形综合命名。因村旁山坡的坟墓多而得名。1958年隶属古桥大队；1984年隶属古桥村；2002年隶属李湾村至今。位于村委会西5.8千米。东邻赵咀，南界四垭子，西至襄州区黄龙镇宋咀村，北连襄州区黄龙镇宋咀村赵楼。总面积0.6平方千米，耕地面积7公顷。6户，40人。主产水稻、小麦、玉米。村落形态呈散状，房屋结构以平房和坡房为主。

李湾【Lǐwān】 以姓氏命名。因李姓聚居而得名。1958年隶属李湾大队；1984年隶属李湾村至今。村委会驻地。东邻毛榨村朝门，南界吴家湾，西至琚湾镇曹冲村梅家凹子，北连庙岗。总面积1平方千米，耕地面积37.8公顷。71户，290人。主产水稻、小麦、玉米。村落形态呈团状，房屋结构以平房和楼房为主。

刘沟【Liúgōu】 以姓氏和地形综合命名。因刘姓建村山沟里而得名。1958年隶属古桥大队；1984年隶属古桥村；2002年隶属李湾村至今。位于村委会西5千米。东邻陈家湾，南界王家湾，西至老坟坡，北连油坊湾。总面积0.6平方千米，耕地面积28公顷。44户，190人。主产水稻、小麦、玉米。村落形态呈团状，房屋结构以平房和坡房为主。

刘家湾【Liújiāwān】 以姓氏命名。因刘姓聚居而得名。1958年隶属古桥大队；1984年隶属古桥村；2013年隶属李湾村至今。位于村委会西南3.8千米。东邻竹园子，南界刘家湾，西至西坡，北连陈冲。总面积0.5平方千米，耕地面积11公顷。16户，60人。主产水稻、小麦、玉米。村落形态呈散状，房屋结构以平房和坡房为主。

梅家大湾【Méijiādàwān】 以姓氏和规模综合命名。因梅姓聚居且村较大而得名。1958年隶属古桥大队；1984年隶属古桥村；2002年隶属李湾村至今。位于村委会西北4.2千米。东邻过桥湾，南界陈家湾，西至小松坡，北连凹子湾。总面积1.2平方千米，耕地面积28公顷。30户，100人。主产水稻、小麦、玉米。村落形态呈散状，房屋结构以平房为主。

梅家湾【Méijiāwān】 以姓氏命名。因梅姓聚居而得名。1958年隶属李湾大队；1984年隶属李湾村至今。位于村委会南2千米。东邻毛榨村朱家湾，南界九龙村粉坊湾，西至赵庙村刘家湾，北连枣树林。总面积1平方千米，耕地面积25.6公顷。37户，150人。主产水稻、小麦、玉米，兼有桃树种植。村落形态呈散状，房屋结构以平房和楼房为主。

庙岗【Miàogǎng】 以寺庙和地形综合命名。因建在修有小庙的岗上而得名。1958年隶属李湾大队；

1984年隶属李湾村至今。位于村委会东北700米。东邻桦树湾,南界李湾,西至梅家凹子,北连曹家庄。总面积0.8平方千米,耕地面积20公顷。23户,70人。主产水稻、小麦、玉米。村落形态呈线状,房屋结构以平房和楼房为主。

汪家湾【Wāngjiāwān】 以姓氏命名。因汪姓聚居而得名。1958年隶属古桥大队;1984年隶属古桥村;2002年隶属李湾村至今。位于村委会西2.8千米。东邻吴家湾,南界竹园子,西至周家湾,北连琚湾镇曹冲村梅家凹子。总面积0.6平方千米,耕地面积13公顷。13户,50人。主产水稻、小麦、玉米,兼有桃树种植。村落形态呈散状,房屋结构以平房和坡房为主。

王家湾【Wángjiāwān】 以姓氏命名。因王姓聚居而得名。1958年隶属古桥大队;1984年隶属古桥村;2002年隶属李湾村至今。位于村委会西4.8千米。东邻西坡,南界周家咀,西至刘沟,北连古桥。总面积0.2平方千米,耕地面积3公顷。5户,20人。主产水稻、小麦、玉米。村落形态呈散状,房屋结构以平房和坡房为主。

吴家湾【Wújiāwān】 以姓氏命名。因吴姓聚居而得名。1958年隶属李湾大队;1984年隶属李湾村至今。位于村委会南1千米。东邻毛榨村朝门,南界单庄,西至汪家湾,北连李湾。总面积1.3平方千米,耕地面积36.6公顷。64户,260人。主产水稻、小麦、玉米,兼有果蔬种植。村落形态呈团状,房屋结构以平房和楼房为主。

西坡【Xīpō】 以方位和地形综合命名。因建在陈冲西边岗坡上而得名。1958年隶属古桥大队;1984年隶属古桥村;2002年隶属李湾村至今。位于村委会西南4.3千米。东邻刘家湾,南界周家咀,西至古桥,北连陈冲。总面积0.4平方千米,耕地面积10公顷。10户,50人。主产水稻、小麦、玉米。村落形态呈团状,房屋结构以平房和坡房为主。

小松坡【Xiǎosōngpō】 以植物和地形综合命名。因建在松树坡边村子较小而得名。1958年隶属古桥大队;1984年隶属古桥村;2002年隶属李湾村至今。位于村委会北4.8千米。东邻梅家大湾,南界油坊湾,西至谷家湾,北连凹子湾。总面积0.3平方千米,耕地面积2公顷。2户,10人。主产水稻、小麦、玉米。村落形态呈散状,房屋结构以平房和坡房为主。

油坊湾【Yóufángwān】 以作坊命名。因村里开过油坊而得名。1958年隶属古桥大队;1984年隶属古桥村;2002年隶属李湾村至今。位于村委会西5.2千米。东邻陈家湾,南界刘沟,西至赵咀,北连谷家湾。总面积0.8平方千米,耕地面积13公顷。10户,40人。主产水稻、小麦、玉米,兼有桃树种植。村落形态呈散状,房屋结构以平房为主。

枣树林【Zǎoshùlín】 以植物命名。因村内枣树多而得名。1958年隶属李湾大队;1984年隶属李湾村至今。位于村委会西南1.8千米。东邻毛榨村朱家湾,南界梅家湾,西至竹园子,北连单庄。总面积0.8平方千米,耕地面积13公顷。20户,90人。主产水稻、小麦、玉米,兼有桃树种植。村落形态呈线状,房屋结构以平房和楼房为主。枣耿公路穿村而过。

赵家咀【Zhàojiāzuǐ】 以姓氏和地形综合命名。因赵姓聚居山咀而得名。1958年隶属古桥大队;1984年隶属古桥村;2002年隶属李湾村至今。位于村委会西5.4千米。东邻油坊湾,南界刘沟,西至老坟坡,北连谷家湾。总面积0.5平方千米,耕地面积13公顷。17户,50人。主产水稻、小麦、玉米。村落形态呈散状，房屋结构以平房和坡房为主。

周家湾【Zhōujiāwān】　以姓氏命名。因周姓聚居而得名。1958年隶属古桥大队；1984年隶属古桥村；2002年隶属李湾村至今。位于村委会西3千米。东邻汪家湾，南界刘家湾，西至陈家湾，北连过桥湾。总面积0.5平方千米，耕地面积12公顷。10户，40人。主产水稻、小麦、玉米，兼有桃树种植。村落形态呈线状，房屋结构以平房和坡房为主。

竹园子【Zhúyuánzi】　以植物园命名。因村内有个竹园而得名。1958年隶属古桥大队；1984年隶属古桥村；2013年隶属李湾村至今。位于村委会西南3.5千米。东邻枣树林，南界赵庙村刘家湾，西至刘家湾，北连汪家湾。总面积0.4平方千米，耕地面积10公顷。8户，20人。主产水稻、小麦、玉米。村落形态呈散状，房屋结构以平房和坡房为主。

红土村【Hóngtǔcūn】

以红土店自然村命名，简称红土。1958年为红土大队，隶属和平公社；1961年隶属熊集区；1975年隶属耿集公社；1984年为红土村，隶属耿集区；1987年隶属耿集镇，2001年隶属熊集镇；2002年原老庄村并入隶属熊集镇至今。位于镇政府西南9千米。东邻熊河水库，南界垱咀村，西至九龙村，北连毛榨村。辖11个自然湾，总面积5.9平方千米，耕地面积286.3公顷。430户，1900人。主产水稻、小麦、玉米，兼有桃树种植，另有养殖业。襄洪路穿境，村委会驻桦栎树湾。

八角【Bājiǎo】　以建筑物特点命名。因村前有座八角庙而得名。1958年隶属红土大队；1984年隶属红土村至今。位于村委会南1千米。东邻熊河水库，南界熊河水库，西至桦栎树湾，北连桦栎树湾。总面积0.6平方千米，无耕地。143户，630人。以农副产品加工和服务业。村落形态呈散状，房屋结构以平房和楼房为主。

红土店【Hóngtǔdiàn】　以土质和店铺综合命名。因当地土呈红色且早年设过店而得名。1958年隶属红土大队；1984年隶属红土村至今。位于村委会西北1千米。东邻檀家湾，南界张家湾，西至莫家湾，北连熊庄。总面积0.5平方千米，耕地面积36.4公顷。27户，130人。主产水稻、小麦，兼有桃园6公顷。村落形态呈线状，房屋结构以平房和楼房为主。

桦栎树下【Huàlìshùxià】　以植物命名。因村建在一棵大桦栎树旁而得名。1958年隶属红土大队；1984年隶属红土村至今。村委会驻地。东邻楸树湾，南界八角，西至张家湾，北连檀家湾。总面积0.8平方千米，耕地面积30.5公顷。51户，230人。主产水稻、小麦、杂粮，兼有桃园5公顷。养猪场2个，年出栏150头。村落形态呈散状，房屋结构以平房和坡房为主。

李家湾【Lǐjiāwān】　以姓氏命名。因李姓聚居而得名。1958年隶属熊河大队；1965年隶属老庄大队；1984年隶属老庄村；2002年隶属红土村至今。位于村委会东北3.5千米。东邻架子山熊河管理处，南界熊河水库，西至夏家湾，北连毛榨村破楼子湾。总面积0.5平方千米，耕地面积26.6公顷。24户，110人。主产水稻、小麦、玉米，兼有桃园30公顷。养鸡大户4户。村落形态呈散状，房屋结构以平房和楼房为主。

莫家湾【Mòjiāwān】　以姓氏命名。因莫姓聚居而得名。1958年隶属红土大队；1984年隶属红土村至今。位于村委会西北2.2千米。东邻熊庄，南界红土店，西至九龙村周家湾，北连九龙村西坡。总面积0.5

平方千米，耕地面积18.3公顷。14户，90人。主产水稻、小麦、玉米，兼有桃园30公顷。养鸡场年出栏5000只。村落形态呈散状，房屋结构以平房和坡房为主。

楸树湾【Qiūshùwān】 以植物命名。因村旁有棵大楸树而得名。1958年隶属熊河大队；1965年隶属老庄大队；1984年隶属老庄村；2002年隶属红土村至今。位于村委会北500米。东邻新屋子湾，南界桦栎树湾，西至檀家湾，北连毛榨村十里长岗。总面积0.45平方千米，耕地面积28.7公顷。32户，120人。主产水稻、小麦，兼有桃园40公顷。养鸡大户4户。村落形态呈散状，房屋结构以平房和坡房为主。

檀家湾【Tánjiāwān】 以姓氏命名。因檀姓聚居而得名。1958年隶属红土大队；1984年隶属红土村至今。位于村委会西1千米。东邻楸树湾，南界红土店，西至张家湾，北连毛榨村吴家湾。总面积0.8平方千米，耕地面积41.7公顷。52户，190人。主产水稻、小麦，兼有桃园6公顷。村落形态呈散状，房屋结构以平房和坡房为主。

夏家湾【Xiàjiāwān】 以姓氏命名。因夏姓聚居而得名。1958年隶属熊河大队；1965年隶属老庄大队；1984年隶属老庄村；2002年隶属红土村至今。位于村委会东北3千米。东邻李家湾，南界熊河水库，西至新屋子湾，北连毛榨村破楼子湾。总面积0.55平方千米，耕地面积33公顷。31户，120人。主产水稻、小麦，兼有桃园10公顷。养鸡大户3户。村落形态呈散状，房屋结构以平房和坡房为主。

新屋子湾【Xīnwūziwān】 以建村时间命名。因1965年熊河水库移民迁此建村而得名。1965年隶属老庄大队；1984年隶属老庄村；2002年隶属红土村至今。位于村委会东北1千米。东邻夏家湾，南界熊河水库，西至楸树湾，北连夏家湾。总面积0.5平方千米，耕地面积34.5公顷。27户，110人。主产水稻、小麦，兼有桃园20公顷。养鸡大户4户。村落形态呈散状，房屋结构以平房和坡房为主。

熊庄【Xióngzhuāng】 以姓氏命名。因熊姓聚居而得名。1958年隶属红土大队；1984年隶属红土村至今。位于村委会西北2千米。东邻红土店，南界张家湾，西至莫家湾，北连九龙村西坡。总面积0.3平方千米，耕地面积17.6公顷。12户，80人。主产水稻、小麦，另有桃园10公顷。养猪年出栏100头。村落形态呈散状，房屋结构以平房和坡房为主。

张家湾【Zhāngjiāwān】 以姓氏命名。因张姓聚居而得名。1958年隶属红土大队；1984年隶属红土村至今。位于村委会西1.5千米。东邻桦栎树下，南界姚湾村大井湾，西至糊气坡，北连檀家湾。总面积0.4平方千米，耕地面积19公顷。17户，90人。主产水稻、小麦，兼有桃园3公顷。养鸡大户2个，年出栏4000只。村落形态呈散状，房屋结构以平房和楼房为主。

第十八章 杨垱镇

第一节 杨垱镇概况

杨垱镇【Yángdàngzhèn】

300余年前,一杨姓人家在河边开饭铺,为方便客人,拦河筑一挡坝,俗称杨家垱,后简称杨垱。位于市政府西北31千米。东邻太平镇,南界七方镇,西至襄州区程河镇,北连河南省唐河县苍台镇。总面积140.27平方千米,耕地面积9894.4公顷。截至2014年,有15582万户,64708万人。辖4个居委会、38个村。镇政府驻杨垱镇东风街102号。1956年归太平区管辖;1958年为燎原公社;1961年为杨垱区;1975年撤区并社为杨垱公社;1984年为杨垱镇;2001年原徐寨镇所辖徐寨、张官办事处划入杨垱镇至今。杨垱镇是航天英雄聂海胜的家乡。境内的石台寺泵站"四铺渡槽"为亚洲之最。农业以种植水稻、小麦、玉米、红薯为主,土特产有芝麻叶、绿豆面、红薯粉等,素有"枣阳粮仓"之称。工业主要以化工、粮食加工和建筑材料为主。2014年全镇有工业企业39家,个体工商经营户1100户,3450人。有农贸市场3个,摊位332个,年成交额2134万元。有农行分理处1个、信用社1家,信用社下辖信用分社2个。文化艺术历史悠久,地方文化、民间传说文化丰富多彩,以镇曲剧团为龙头的民间戏剧、曲艺、业余文化体育活动方兴未艾,文化中心户遍布全镇村组。全镇有23所幼儿园、1所镇直属幼儿园、5所小学、2所初中,教师389人。有卫生院2家、村级卫生室42个,专业医护人员108人,病床298张。交通便利,东与寺沙省道相连,南邻316国道。

第二节 城市社区、居民点

余庄社区【Yúzhuāng Shèqū】

以余庄居民点命名。1958年成立交流大队,隶属燎原公社;1960年为姚湾大队,隶属杨垱区;

1975年隶属罗岗公社；1984年为余庄村，隶属罗岗区；1987年隶属徐寨乡；1997年隶属徐寨镇；2000年为余庄中心社区；2001年4月隶属杨垱镇；2003年8月龚营村并入隶属杨垱镇至今。位于镇政府西10千米。东邻桃园村，南界薛场村，西至光寺村，北连刘坡村。辖5个居民点，总面积3.7平方千米，耕地面积337.57公顷。609户，2890人。主产玉米、小麦、旱稻，兼种花生、芝麻、果蔬，兼发展粮食加工业、养殖业。李苍公路穿村而过，村委会驻余庄。

龚营【Gōngyíng】 以姓氏命名。因龚姓聚居而得名。1958年隶属龚营大队；1984年隶属龚营村；2003年隶属余庄社区至今。位于社区南2.5千米。东邻七方镇汪营村汪营，南界七方镇崔岗村新岗，西至徐寨村徐寨，北连郝庄。总面积1.4平方千米，耕地面积130公顷。201户，900人。主产水稻、小麦、旱稻，兼种果蔬。村落形态呈线状，房屋结构以楼房为主。

郝庄【Hǎozhuāng】 以姓氏命名。因郝姓聚居而得名。1958年隶属龚营大队；1984年隶属龚营村；2003年隶属余庄社区至今。位于社区南2千米。东邻薛场村王庄，南界龚营，西至光寺村崔庄，北连姚湾。总面积0.5平方千米，耕地面积48.27公顷。70户，350人。主产水稻、小麦、旱稻，兼种果蔬。村落形态呈线状，房屋结构以楼房为主。

王庄【Wángzhuāng】 以姓氏命名。因王姓聚居而得名。1958年隶属交流大队；1960年隶属姚湾大队；1980年隶属余庄大队；1984年隶属余庄村；2000年隶属余庄中心社区；2003年隶属余庄社区至今。位于社区北1千米。东邻桃园村大桃园，南界余庄，西至光寺村丁王庄，北连刘坡村前廖庄。总面积0.7平方千米，耕地面积61公顷。144户，720人。主产水稻、小麦，兼种果蔬，有经营能力的居民以经商为主业。村落形态呈线状，房屋结构以楼房为主。

姚湾【Yáowān】 以"窑"命名。因此村原砖瓦窑较多，称窑湾。后因同音改为姚湾。1958年隶属交流大队；1960年隶属姚湾大队；1980年隶属余庄大队；1984年隶属余庄村；2000年隶属余庄中心社区；2003年隶属余庄社区至今。位于社区东1千米。东邻薛场村西庄，南界郝庄，西至余庄，北连刘坡村余寨。总面积0.8平方千米，耕地面积73.80公顷。110户，520人。主产水稻、小麦，兼种果蔬。村落形态呈线状，房屋结构以楼房为主。

余庄【Yúzhuāng】 以姓氏命名。因余姓聚居而得名。1958年隶属交流大队；1960年隶属姚湾大队；1980年隶属余庄大队；1984年隶属余庄村；2000年隶属余庄中心社区；2003年隶属余庄社区至今。居委会驻地。东邻姚湾，南界郝庄，西至光寺村丁王庄，北连王庄。总面积0.3平方千米，耕地面积24.5公顷。84户，400人。主产水稻、小麦，兼种果蔬。有经营能力的居民以经商为主业。村落形态呈团状，房屋结构以楼房为主。

中心社区【Zhōngxīn Shèqū】

以地理位置命名。因地处杨垱镇中心而得名。1958年命名中苏大队，隶属燎原公社；1961年为东风大队隶属杨垱区；1975年隶属杨垱公社；1980年为杨垱东风大队；1984年为东街村，隶属杨垱镇；2002年东街村与原居委会合并为杨垱中心社区，隶属杨垱镇至今。位于镇政府西北1千米。东邻杜庄村，南界小河湾村，西至西村，北连杨田村。辖1个居民点，总面积0.35平方千米，耕地面积 28.66 公顷。80 户，290 人。以种植玉米、小麦、水稻，兼种杂粮果蔬。部分居民经商。杨徐路穿村而过，村委会驻杨垱北路 93 号。

杨坡【Yángpō】 以姓氏和地形综合命名。因杨姓聚居岗坡而得名。1958 年隶属中苏大队；1961 年隶属东风大队；1975 年隶属杨垱公社；1980 年隶属东街大队；1984 年隶属东街村；2002 年隶属中心社区至今。位于村委会北 2 千米。东邻杜庄村田庄，南界张庄，西至马庄村王刘庄，北连杨田村简棚。总面积 0.35 平方千米，耕地面积 28.66 公顷。80 户，290 人。主产玉米、小麦、水稻，兼种花生、芝麻等作物。村落形态呈线状，房屋结构以楼房为主。

高店社区【Gāodiàn Shèqū】

以姓氏店铺命名。因高姓聚居且曾开过饭店而得名。1958 年为高店大队，隶属燎原公社；1961 年隶属杨垱区；1975 年隶属杨垱公社；1984 年为高店村，隶属杨垱镇；2004 年为高店社区居委会，隶属杨垱镇至今。位于镇政府东 3 千米。东邻太平镇竹园村，南界黄庄村，西至李庄社区，北连杜庙村。辖 8 个居民点，总面积 3.41 平方千米，耕地面积 211.6 公顷。612 户，2160 人。主产小麦、玉米、水稻，兼发展养殖业。村落形态呈散状，房屋结构以坡房和楼房为主。村委会驻地高店，太王路穿村而过。

高洼【Gāowā】 以姓氏和地形综合命名。因高姓聚居且地势低洼而得名。1958 年隶属高店大队；1984 年隶属高店村；2004 年隶属高店社区居委会至今。位于居委会南 1 千米。东邻杨洼，南界张岗，西至黄河水库，北连高店居委会。总面积 0.71 平方千米，耕地面积 70 公顷。142 户，580 人。主产水稻、小麦、杂粮，兼种果蔬。村落形态呈团状，房屋结构以坡房和楼房为主。

龚庄【Gōngzhuāng】 以姓氏命名。因龚姓聚居而得名。1958 年隶属高店大队；1984 年隶属高店村；2004 年隶属高店社区居委会至今。位于居委会北 200 米。东邻杨岗，南界高店，西至高店，北连杜庙村。总面积 0.2 平方千米，耕地面积 19 公顷。55 户，180 人。主产水稻、小麦、玉米。村落形态呈线状，房屋结构以坡房为主。

杨岗【Yánggǎng】 以姓氏命名。因杨姓聚居岗上而得名。1958 年隶属高店大队；1984 年隶属高店村；2004 年隶属高店居委会至今。位于居委会东北 1 千米。东邻周桥，南界杨洼，西至龚庄，北连杜庙村、杨森垱。总面积 0.4 平方千米，耕地面积 30.3 公顷。77 户，240 人。主产水稻、小麦、玉米。村落形态呈线状，房屋结构以坡房和楼房为主。

杨洼【Yángwā】 以姓氏和地形综合命名。因杨姓聚居且地势低洼而得名。1958 年隶属高店大队；1984 年隶属高店村；2004 年隶属高店社区居委会至今。位于居委会东南 1.1 千米。东邻太平镇竹园村大周岗，南界张岗，西至高洼，北连杨岗。总面积 0.52 平方千米，耕地面积 51 公顷。96 户，360 人。主产水稻、小麦、杂粮，兼种果蔬。村落形态呈团状，房屋结构以坡房和楼房为主。

张岗【Zhānggǎng】 以姓氏和地形综合命名。因张姓聚居岗上而得名。1958 年隶属高店大队；1984 年隶属高店村；2004 年隶属高店社区居委会至今。位于居委会南 1.5 千米。东邻赵庄，南界张楼，西至张楼，北连杨洼。总面积1平方千米，耕地面积30.3公顷。138户，480人。主产水稻、小麦、杂粮，兼种果蔬。村落形态呈线状，房屋结构以坡房和楼房为主。

张楼【Zhānglóu】 以姓氏和建筑物综合命名。因张姓聚居且村中有楼房而得名。1958年隶属高店大队；1984年隶属高店村；2004年隶属高店社区居委会至今。位于居委会西南1千米。东邻张岗，南界黄庄，西至黄河水库，北连杜站。总面积0.4平方千米，耕地面积22公顷。51户，200人。主产水稻、小麦、玉米。村落形态呈线状，房屋结构以平房和楼房为主。

赵庄【Zhānglóu】 以姓氏和地形综合命名。因赵姓聚居而得名。1958年隶属高店大队；1984年隶属高店村；2004年隶属高店社区居委会至今。位于居委会东南1.7千米。东邻孙田村孙田，南界黄庄村张桥，西至张岗，北连杨洼。总面积0.3平方千米，耕地面积18公顷。55户，160人。主产水稻、小麦、杂粮。村落形态呈线状，房屋结构以平房和楼房为主。

周桥【Zhōuqiáo】 以姓氏和建筑物综合命名。因高姓聚居且村南有座小桥而得名。1958年隶属高店大队；1984年隶属高店村；2004年隶属高店社区居委会至今。位于居委会东北1.2千米。东邻太平镇桑园村明水堰，南界北洼，西至杨岗，北连周桥水库。总面积0.4平方千米，耕地面积22公顷。94户，320人。主产水稻、小麦、杂粮，兼种果蔬。村落形态呈线状，房屋结构以平房和楼房为主。

李庄社区【Lǐzhuāng Shèqū】

以李庄居民点命名。1958年为李庄大队，隶属燎原公社；1961年隶属杨垱区；1975年隶属杨垱公社；1984年为李庄村，隶属杨垱镇；2004年为李庄社区居委会，隶属杨垱镇至今。位于镇政府东2千米。东邻高店村，南界河湾村，西至杜庄村、杨垱中心社区，北连杜庙村。辖3个居民点，总面积1.97平方千米，耕地面积193.3公顷。420户，1410人。主产小麦、玉米、杂粮。太王公路穿村而过，村委会设太王公路10公里处。

公路边【Gōnglùbiān】 1998年按照规划，因原来的杜庄、张贵、黄氏和万庄因迁村腾地搬到太王公路边新建了此居民点，故名。1998年隶属李庄村；2004年隶属李庄社区至今。村委会驻地。东邻高店社区高店，南界小黄河水库，西至杜庄村杜庄，北连杜庙村杨森垱。总面积0.76平方千米，耕地面积74.3公顷。250户，630人。主产玉米、小麦、杂粮，兼发展养殖业。村落形态呈线状，房屋结构以楼房为主。

辘轳井【Gūlùjǐng】 以生活用水井命名。因原村内有口辘轳井而得名。1958年隶属李庄大队；1984年隶属李庄村；2004年隶属李庄社区至今。位于村委会北2千米。东邻高店社区龚庄，南界李庄，西至杜庄村杜庄，北连杜庙村杨森垱。总面积0.45平方千米，耕地面积44公顷。50户，260人。主产玉米、小麦、杂粮。村落形态呈团状，房屋结构以平房和楼房为主。

李庄【Lǐzhuāng】 以姓氏命名。因李姓聚居而得名。1984年隶属李庄村；2004年隶属李庄社区至今。位于村委会北1千米。东邻高店社区杨岗，南界高店社区高洼，西至杜庄村杜庄，北连辘轳井。总面积0.76平方千米，耕地面积75公顷。120户，520人。主产玉米、小麦、杂粮。村落形态呈团状，房屋结构以平房和楼房为主。

第三节 农村社区（村）自然村、居民点

长营村【Chángyíngcūn】

以长营自然村命名。1958年命名"七一"大队，隶属燎原公社；1961年更名为长营大队，隶属杨垱区；1975年隶属罗岗公社；1984年为长营村，隶属罗岗区；1987年隶属徐寨乡；1997年隶属徐寨镇；2001年隶属杨垱镇至今。位于镇政府西13千米。东邻光寺村，南界襄州区程河镇中营村，西至肖庄村，北连胡营村。辖3个自然村，总面积2.65平方千米，耕地面积254.57公顷。236户，1260人。主产玉米、小麦、水稻，兼种杂粮果蔬。村委会驻长营。

长营【Chángyíng】 以形状命名。因此村东西较长而得名。1958年隶属"七一"大队；1960年隶属长营大队；1984年隶属长营村至今。村委会驻地。东邻光寺村小庄，南界谢营村中营，西至刘王庄，北连光寺村丁王庄。总面积1.5平方千米，耕地面积145.3公顷。131户，750人。主产玉米、小麦、水稻，兼种杂粮果蔬。村落形态呈线状，房屋结构以楼房为主。

刘王庄【Liúwángzhuāng】 以姓氏命名。因刘、王二姓同住一村而得名。1958年隶属"七一"大队；1960年隶属长营大队；1984年隶属长营村至今。位于村委会西1千米。东邻长营，南界襄州区程河镇谢营村中营，西至三刘家，北连胡营村柏树张。总面积0.5平方千米，耕地面积45.27公顷。45户，220人。主产玉米、小麦、水稻，兼种杂粮果蔬。村落形态呈线状，房屋结构以楼房为主。

三刘家【Sānliújiā】 以数量和姓氏综合命名。因三户刘姓聚居而得名。1958年隶属"七一"大队；1960年隶属长营大队；1984年隶属长营村至今。位于村委会西1.5千米。东邻刘王庄，南界谢营村常营，西至谢营村肖庄，北连胡营村胡李营。总面积0.65平方千米，耕地面积64公顷。60户，290人。主产玉米、小麦、水稻，兼种杂粮果蔬。村落形态呈线状，房屋结构以楼房为主。

陈寨村【Chénzhàicūn】

以大陈寨、小陈寨居民点命名。1958年为廖庄大队，隶属燎原公社；1961年隶属杨垱区；1975年隶属杨垱公社；1980年为陈寨大队；1984年为陈寨村，隶属杨垱镇；1987年隶属徐寨乡；1997年隶属徐寨镇；2001年隶属杨垱镇至今。位于镇政府西北15千米。东邻阎宋村，南界夏庄村，西至聂集村，北连唐河县龙潭镇大何庄村。辖4个居民点，总面积3.4平方千米，耕地面积213.4公顷。350户，1330人。以种植玉米、小麦、水稻，兼种杂粮花生。村委会驻小陈寨。

大陈寨【Dàchénzhài】 以姓氏、规模和建筑物综合命名。因陈姓分居相邻两村，村周都筑有寨墙，此村较大而得名。1958年隶属廖庄大队；1980年隶属陈寨大队；1984年隶属陈寨村至今。村委会西200米。东邻小陈寨，南界邢庄，西至聂集村余宋，北连唐河县龙潭镇郜庄村竹园刘。总面积0.8平方千米，耕

地面积 53.4 公顷。90 户，330 人。主产玉米、小麦、花生，兼种杂粮。村落形态呈线状，房屋结构以平房、坡房和楼房为主。

廖庄【Liàozhuāng】 以姓氏命名。因廖姓聚居而得名。1958 年隶属廖庄大队；1980 年隶属陈寨大队；1984 年隶属陈寨村至今。位于村委会东 200 米。东邻阎宋村刘荣，南界夏庄村二马庄，西至小陈寨，北连唐河县龙潭镇大何庄村裘庄。总面积 0.8 平方千米，耕地面积 53.3 公顷。90 户，320 人。主产玉米、小麦、花生，兼种杂粮果蔬。村落形态呈线状，房屋结构以平房、坡房和楼房为主。

小陈寨【Xiǎochénzhài】 以姓氏、规模和建筑物综合命名。因陈姓分居相邻两村，村周都筑有寨墙，此村较小而得名。1958 年隶属廖庄大队；1980 年隶属陈寨大队；1984 年隶属陈寨村至今。村委会驻地。东邻廖庄，南界邢庄，西至大陈寨，北连唐河县龙潭镇大何庄村竹园刘。总面积 0.7 平方千米，耕地面积 40 公顷。70 户，280 人。主产玉米、小麦、花生，兼种杂粮。村落形态呈线状，房屋结构以平房、坡房和楼房为主。

邢庄【Xíngzhuāng】 以姓氏命名。因邢姓聚居而得名。1958 年隶属廖庄大队；1980 年隶属陈寨大队；1984 年隶属陈寨村至今。位于村委会西南 500 米。东邻夏庄村黑龙庙，南界夏庄村黑龙庙，西至聂集村聂集，北连大陈寨。总面积 1.1 平方千米，耕地面积 66.7 公顷。100 户，400 人。主产玉米、小麦、花生，兼种杂粮。村落形态呈散状，房屋结构以平房、坡房和楼房为主。

代庄村【Dàizhuāngcūn】

以代庄自然村命名。1958 年为代庄大队，隶属燎原公社；1961 年隶属杨垱区；1975 年隶属杨垱公社；1984 年为代庄村，隶属杨垱镇至今。位于镇政府西北 8 千米。东邻官亭村，南界郝店村，西至张庄村，北连郝棚村。辖 1 个自然村，总面积 2.45 平方千米，耕地面积 213 公顷。310 户，1300 人。主产小麦、玉米，兼种旱稻、果蔬。杨石路穿村而过，村委会驻代庄。

代庄【Dàizhuāng】 以姓氏命名。因代姓聚居而得名。1958 年隶属代庄大队；1984 年隶属代庄村至今。村委会驻地。东邻官亭村官亭街，南界郝店村郝店，西至张庄村胡洼，北连郝棚村郝棚。总面积 2.45 平方千米，耕地面积 213 公顷。310 户，1300 人。主产小麦、玉米，兼种果蔬、旱稻。村落形态呈散状，房屋结构以平房和楼房为主。

店子村【Diànzicūn】

以店子街命名。1958 年为店子街大队，隶属燎原公社；1961 年隶属杨垱区；1975 年隶属杨垱公社；1984 年为店子村，隶属杨垱镇至今。位于镇政府北 4 千米。东邻杨田村，南界中心社区，西至马庄村，北连红沙河村。辖 4 个自然村，总面积 4.01 平方千米，耕地面积 300 公顷。531 户，2420 人。主产玉米、小麦、花生。杨石路穿村而过，村委会驻店子街。

店子街【Diànzijiē】 以自然集镇命名。因史上设过集镇，开过很多店铺供来往的客人吃住而得名。1958 年隶属店子街大队；1984 年隶属店子村至今。村委会驻地。东邻宏中，南界郭庄，西至马庄村杨庄，北连前王村庙底。总面积2平方千米，耕地面积146公顷。282户，1340人。主产玉米、小麦、花生。村落形态呈线状，房屋结构以楼房为主。

郭庄【Guōzhuāng】 以姓氏命名。因郭姓聚居而得名。1958年隶属店子街大队；1984年隶属店子村至今。位于村委会南1千米。东邻杨田村简棚，南界中心社区杨坡，西至马庄村二房，北连店子街。总面积0.81平方千米，耕地面积80公顷。114户，510人。主产玉米、小麦、花生。村落形态呈线状，房屋结构以楼房为主。

宏中【Hóngzhōng】 以人名命名。因有个叫杜宏中的人最早在此定居而得名。1958年隶属店子街大队；1984年隶属店子村至今。位于村委会东1千米。东邻杨田村王田，南界杨田村凤仪，西至杨田村张敬家，北连店子街。总面积0.4平方千米，耕地面积23.33公顷。37户，190人。主产玉米、小麦、花生。村落形态呈线状，房屋结构以楼房为主。

孔庄【Kǒngzhuāng】 以姓氏命名。因孔姓聚居而得名。1958年隶属店子街大队；1984年隶属店子村至今。位于村委会北2千米。东邻杨田村张敬家，南界店子街，西至前王村庙底，北连红沙河村小刘庄。总面积0.8平方千米，耕地面积50.67公顷。98户，380人。主产玉米、小麦、花生。村落形态呈线状，房屋结构以楼房为主。

杜庙村【Dùmiàocūn】

以杜庙自然村命名。1958年为杜庙大队，隶属燎原公社；1961年隶属杨垱区；1975年隶属杨垱公社；1984年为杜庙村，隶属杨垱镇至今。位于镇政府东北4千米。东邻太平镇陈河村，南界李庄社区，西至史庄村，北连太平镇付庄村。辖个4自然村，总面积5平方千米，耕地面积293公顷。266户，1115人。主产小麦、杂粮，兼种果树，发展养殖业。村委会驻杜庙。

杜庙【Dùmiào】 以姓氏和建筑物综合命名。因杜姓聚居且村中有座庙而得名。1958年隶属杜庙大队；1984年隶属杜庙村至今。村委会驻地。东邻太平镇陈河村吕家，南界李庄社区辘轳井，西至史庄村杜岗，北连张杨村。总面积1.4平方千米，耕地面积82公顷。70户，330人。主产玉米、小麦，兼种果树，发展养殖业。村落形态呈散状，房屋结构以平房和楼房为主。

胡家【Hújiā】 以姓氏命名。因胡姓聚居而得名。1958年隶属太平区周桥大队；1964年周桥水库兴修，1965年整体搬迁杜庙大队；1984年隶属杜庙村至今。位于村委会南100米。东邻太平镇陈河村，南界杨森垱，西至史庄村杜岗，北连杜庙。总面积0.6平方千米，耕地面积33公顷。36户，130人。主产玉米、小麦、水稻、棉花、花生。村落形态呈散状，房屋结构以平房和楼房为主。

杨森垱【Yángsēndàng】 以人名和垱坝综合命名。因最早定居的人叫杨森在村东修有一垱坝而得名。1958年隶属杜庙大队；1984年隶属杜庙村至今。位于村委会东南1千米。东邻太平镇陈河村吕家，南界李庄社区辘轳井，西至史庄村杜岗，北连杜庙。总面积0.9平方千米，耕地面积55公顷。55户，240人。主产玉米、小麦、杂粮，兼发展养殖业。村落形态呈散状，房屋结构以平房和楼房为主。

张杨【Zhāngyáng】 以姓氏命名。因张姓、杨姓同居此村而得名。1958年隶属杜庙大队；1984年隶属杜庙村至今。位于村委会西北1千米。东邻太平镇陈河村韩庄，南界杜庙，西至红沙河村上五房，北连太平镇付庄村夏庄。总面积2.1平方千米，耕地面积123公顷。105户，415人。主产玉米、小麦，发展养殖业、加工业。村落形态呈散状，房屋结构以平房和楼房为主。

杜庄村【Dùzhuāngcūn】

以杜庄自然村命名。1958年为杜庄大队，隶属燎原公社；1959年隶属杨垱人民公社；1961年隶属杨垱区；1975年隶属杨垱公社；1984年为杜庄村，隶属杨垱镇至今。位于镇政府东北1千米。东邻李庄村，南界小河湾村，西至中心社区，北连史庄村。辖8个自然村，总面积4.1平方千米，耕地面积298.96公顷。562户，2380人。主产玉米、小麦、杂粮，兼种果蔬。太王路和杨石路过境，村委会驻甲保。

杜培方【Dùpéifāng】 以人名命名。因有个叫杜培方的人定居而得名。1958年隶属杜庄大队；1984年隶属杜庄村至今。位于村委会南100米。东邻李庄社区李庄，南界小河湾村小河湾，西至小河湾村，北连甲保。总面积0.4平方千米，耕地面积23.5公顷。66户，300人。主产小麦，兼种杂粮、果蔬。村落形态呈线状，房屋结构以楼房为主。

杜庄【Dùzhuāng】 以姓氏命名。因杜姓聚居而得名。1958年隶属杜庄大队；1984年隶属杜庄村至今。位于村委会北500米。东邻李庄，南界甲保，西至辛庄，北连史马庄。总面积0.6平方千米，耕地面积44.06公顷。78户，310人。主产小麦，兼种杂粮。村落形态呈线状，房屋结构以楼房为主。

甲保【Jiǎbǎo】 以人名命名。因最早定居的人叫甲保而得名。1958年隶属杜庄大队；1984年隶属杜庄村至今。村委会驻地。东邻李庄，南界杜培方，西至中心社区，北连杜庄。总面积0.5平方千米，耕地面积25.8公顷。73户，270人。主产小麦，兼种杂粮、果蔬。村落形态呈线状，房屋结构以楼房为主。

史马庄【Shǐmǎzhuāng】 以姓氏命名。因史姓、马姓聚居而得名。1958年隶属杜庄大队；1984年隶属杜庄村至今。位于村委会北2千米。东邻李庄，南界杜庄，西至杨天贵，北连史庄村杜岗。总面积0.6平方千米，耕地面积54.9公顷。82户，350人。主产小麦、杂粮，兼种蔬菜。村落形态呈线状，房屋结构以楼房为主。

田庄【Tiánzhuāng】 以姓氏命名。因田姓聚居而得名。1958年隶属杜庄大队；1984年隶属杜庄村至今。位于村委会西北1.5千米。东邻易马庄，南界易马庄，西至中心社区杨坡，北连杨天贵。总面积0.6平方千米，耕地面积44.1公顷。65户，280人。主产小麦、杂粮，兼种果树。村落形态呈线状，房屋结构以楼房为主。

辛庄【Xīnzhuāng】 以姓氏命名。因辛姓聚居而得名。1958年隶属杜庄大队；1984年隶属杜庄村至今。位于村委会西500米。东邻杜庄，南界小河湾村杨岗，西至小河湾村杨岗，北连易马庄。总面积0.2平方千米，耕地面积17公顷。36户，150人。主产小麦、杂粮，兼种果蔬。村落形态呈线状，房屋结构以楼房为主。

杨天贵【Yángtiānguì】 以人名命名。因最早定居的人叫杨天贵而得名。1958年隶属杜庄大队；1984年隶属杜庄村至今。位于村委会北2千米。东邻杜庄，南界易马庄，西至田庄，北连史庄村杜岗。总面积0.75平方千米，耕地面积56.3公顷。98户，390人。主产小麦、杂粮，兼发展养牛业。村落形态呈线状，房屋结构以楼房为主。

易马庄【Yìmǎzhuāng】 以姓氏命名。因易姓、马姓聚居而得名。1958年隶属杜庄大队；1984年隶属杜庄村至今。位于村委会西北1千米。东邻辛庄，南界辛庄，西至中心社区，北连杨天贵。总面积0.45平方千米，耕地面积33.3公顷。64户，330人。主产小麦、杂粮，兼种果蔬。村落形态呈线状，房屋结构以楼房为主。

樊庄村【Fánzhuāngcūn】

以樊庄自然村命名。1958年为徐庄大队，隶属燎原公社；1961年隶属杨垱区；1975年隶属杨垱公社；1980年为樊庄大队；1984年为樊庄村，隶属杨垱镇至今。位于镇政府西5千米。东邻赵堂村，南界桃园村，西至郝店村，北连代庄村。辖6个自然村，总面积4.53平方千米，耕地面积328.3公顷。415户，2010人。主产玉米、小麦、杂粮。杨中路过境，村委会驻徐庄和李庄中间。

樊庄【Fánzhuāng】 以姓氏命名。因樊姓聚居而得名。1958年隶属徐庄大队；1980年隶属樊庄大队；1984年隶属樊庄村至今。位于村委会北500米。东邻徐庄，南界李庄，西至肖庄，北连聂庄。总面积0.55平方千米，耕地面积40公顷。52户，260人。主产玉米、小麦、水稻，兼种杂粮。村落形态呈散状，房屋结构以平房和楼房为主。

李庄【Lǐzhuāng】 以姓氏命名。因李姓聚居而得名。1958年隶属徐庄大队；1980年隶属樊庄大队；1984年隶属樊庄村至今。位于村委会南500米。东邻张庄，南界桃园村四方庄，西至肖庄，北连徐庄。总面积0.65平方千米，耕地面积45公顷。55户，260人。主产玉米、小麦、水稻，兼种杂粮。村落形态呈散状，房屋结构以平房、坡房和楼房为主。

聂庄【Nièzhuāng】 以姓氏命名。因聂姓聚居而得名。1958年隶属徐庄大队；1980年隶属樊庄大队；1984年隶属樊庄村至今。位于村委会西北2.8米。东邻樊庄，南界肖庄，西至郝店，北连代庄村代庄。总面积0.9平方千米，耕地面积63公顷。60户，350人。主产玉米、小麦、水稻，兼种杂粮。村落形态呈散状，房屋结构以平房和楼房为主。

肖庄【Xiāozhuāng】 以姓氏命名。因肖姓聚居而得名。1958年隶属徐庄大队；1980年隶属樊庄大队；1984年隶属樊庄村至今。位于村委会西南1.5千米。东邻李庄，南界桃园村新桥，西至郝店村郭庄，北连樊庄。总面积0.6平方千米，耕地面积40公顷。60户，270人。主产玉米、小麦、水稻，兼种杂粮。村落形态呈散状，房屋结构以平房、坡房和楼房为主。

徐庄【Xúzhuāng】 以姓氏命名。因徐姓聚居而得名。1958年隶属徐庄大队；1980年隶属樊庄大队；1984年隶属樊庄村至今。位于村委会东500米。东邻赵堂村赵庄，南界徐庄，西至樊庄，北连官原村官原。总面积1.03平方千米，耕地面积87公顷。120户，520人。主产玉米、小麦、水稻，兼种杂粮。村落形态呈散状，房屋结构以平房、坡房和楼房为主。

张庄【Zhāngzhuāng】 以姓氏命名。因张姓聚居而得名。1958年隶属徐庄大队；1980年隶属樊庄大队；1984年隶属樊庄村至今。位于村委会东南1.5千米。东邻赵堂村夏庄，南界七方镇何湾村何湾，西至李庄，北连徐庄。总面积0.8平方千米，耕地面积53.3公顷。68户，350人。主产玉米、小麦、水稻，兼种杂粮。村落形态呈散状，房屋结构以平房和坡房为主。

光寺村【Guāngsìcūn】

以光寺自然村命名。1958年为光寺大队，隶属燎原公社；1984年为光寺村；1961年隶属杨垱区；1975年隶属罗岗公社；1987年隶属徐寨乡；2001年隶属杨垱镇至今。位于镇政府西南11千米。东邻余庄社区，南界徐寨村，西至长营村，北连胡营村。辖6个自然村，总面积4.8平方千米，耕地面积415公顷。540户，2458人。主产玉米、小麦、水稻，兼种花生、芝麻、果蔬。村委会驻后庄。

崔庄【Cuīzhuāng】 以姓氏命名。因崔姓聚居而得名。1958年隶属光寺大队；1984年隶属光寺村至今。位于村委会东南400米。东邻余庄，南界徐寨，西至小庄，北连光寺。总面积0.65平方千米，耕地面积60公顷。99户，393人。主产玉米、小麦、旱稻。村落形态呈线状，房屋结构以楼房为主。

丁王庄【Dīngwángzhuāng】 以姓氏命名。因丁、王两姓共居一村而得名。1958年隶属光寺大队；1984年隶属光寺村至今。位于村委会北1.5千米。东邻余庄，南界后庄，西至襄州区程河镇西刘村西刘，北连胡营村柏树张。总面积1.6平方千米，耕地面积150公顷。162户，700人。主产玉米、小麦、水稻。村落形态呈线状，房屋结构以楼房为主。

光寺【Guāngsì】 以寺庙命名。因村旁有座寺庙而得名。1958年隶属光寺大队；1984年隶属光寺村至今。位于村委会东500米。东邻余庄村龚营，南界后庄，西至后街，北连余庄社区。总面积0.55平方千米，耕地面积50公顷。73户，320人。主产玉米、小麦、旱稻。村落形态呈线状，房屋结构以楼房为主。

后街【Hòujiē】 以方位和街道综合命名。据传因早年大店街延伸于此而得名。1958年隶属光寺大队；1984年隶属光寺村至今。位于村委会东100米。东邻光寺，南界小庄，西至后庄，北连丁王庄。总面积0.5平方千米，耕地面积31公顷。42户，345人。主产玉米、小麦、旱稻。村落形态呈散状，房屋结构以平房和坡房为主。

后庄【Hòuzhuāng】 以方位命名。因村建于小庄北边而得名。1958年隶属光寺大队；1984年隶属光寺村至今。村委会驻地。东邻后街，南界小庄，西至长营村长营，北连丁王庄。总面积0.7平方千米，耕地面积63公顷。81户，330人。主产玉米、小麦、水稻。村落形态呈线状，房屋结构以楼房为主。

小庄【Xiǎozhuāng】 以面积命名。因村庄面积较小而得名。1958年隶属光寺大队；1984年隶属光寺村至今。位于村委会西南100米。东邻崔王庄，南界徐寨，西至长营村长营，北连后庄。总面积0.8平方千米，耕地面积61公顷。83户，370人。主产玉米、小麦、旱稻。村落形态呈线状，房屋结构以楼房和坡房为主。

官亭村【Guāntíngcūn】

以官亭街命名。1958年为官亭大队，隶属燎原公社；1961年隶属杨垱区；1975年为官亭大队；隶属杨垱公社；1984年为官亭村，隶属杨垱镇至今。位于镇政府西北8千米。东邻仲庄村，南界樊庄村，西至代庄村，北连闫宋村。辖4个居民点，总面积4.34平方千米，耕地面积283.92公顷。471户，1990人。主产小麦、杂粮。杨石公路穿村而过，村委会驻官亭街。

大张【Dàzhāng】 以排行和姓氏综合命名。因张姓的长子最初定居而得名。1958年隶属官亭大队；1984年隶属官亭村至今。位于村委会东北500米。东邻仲庄村后李，南界仲庄村后李，西至王桥，北连闫庄。总面积1.03平方千米，耕地面积67.22公顷。99户，460人。主产玉米、小麦、花生。村落形态呈线状，房屋结构以平房和楼房为主。

官亭街【Guāntíngjiē】 以官方建筑物和街道综合命名。1958年隶属官亭大队；1984年隶属官亭村至今。村委会驻地。东邻仲庄村后李，南界樊庄村聂庄，西至代庄村代庄，北连王桥。总面积1.08平方千米，耕地面积70.7公顷。144户，620人。主产玉米、小麦，兼种果蔬。村落形态呈线状，房屋结构以楼房为主。

王桥【Wángqiáo】 以姓氏和建筑物综合命名。因王姓聚居且村西有座石桥而得名。1958年隶属官亭大队；1984年隶属官亭村至今。位于村委会北200米。东邻大张，南界官亭街，西至郝棚村郝棚，北连闫宋村丁刘庄。总面积0.95平方千米，耕地面积62.4公顷。96户，400人。主产玉米、小麦、花生，兼种果蔬。村落形态呈线状，房屋结构以楼房为主。

堰张【Yànzhāng】 以地形和姓氏综合命名。因张姓聚居且因村旁有口堰塘而得名。1958年隶属官亭大队；1984年隶属官亭村至今。位于村委会东南2千米。东邻孙寨村孙寨，南界樊庄村聂庄，西至官亭街，北连仲庄村仲庄。总面积1.28平方千米，耕地面积83.6公顷。132户，510人。主产玉米、小麦、花生。村落形态呈团状，房屋结构以平房和楼房为主。

郝店村【Hǎodiàncūn】

以郝店自然村命名。1958年为郝店大队，隶属燎原公社；1961年隶属杨垱区；1975年隶属杨垱公社；1984年为郝店村，隶属杨垱镇；1987年隶属徐寨；1997年隶属徐寨镇；2004年隶属杨垱镇至今。位于镇政府西8千米。东邻樊庄村，南界刘坡村，西至张官村，北连代庄村。辖4个居民点，总面积3.52平方千米，耕地面积243.19公顷。459户，2182人。主产玉米、旱稻、小麦，兼发展养殖业。村委会驻崔王庄。

崔王庄【Cuīwángzhuāng】 以姓氏命名。因崔、王两姓聚居一村而得名。1958年隶属郝店大队；1984年隶属郝店村至今。村委会驻地。东邻下郭庄，南界郭王庄，西至张官营，北连张庄村胡洼。总面积0.9平方千米，耕地面积80.46公顷。146户，840人。主产玉米、小麦、杂粮。村落形态呈线状，房屋结构以平房和楼房为主。

郭王庄【Guōwángzhuāng】 以姓氏命名。因郭、王两姓聚居一村而得名。1958年隶属郝店大队；1984年隶属郝店村至今。位于村委会西南800米。东邻下郭庄，南界刘坡村刘坡，西至刘坡村张桥，北连崔王庄。总面积0.48平方千米，耕地面积47.4公顷。95户，406人。主产玉米、小麦、杂粮。村落形态呈线状，房屋结构以平房和坡房为主。

郝店【Hǎodiàn】 以姓氏命名。因郝姓早年开过饭店而得名。1958年隶属郝店大队；1984年隶属郝店村至今。位于村委会北800米。东邻樊庄村聂庄，南界下郭庄，西至崔王庄，北连代庄村代庄。总面积1.6平方千米，耕地面积74.48公顷。141户，569人。主产玉米、小麦、旱稻。村落形态呈线状，房屋结构以平房和楼房为主。

下郭【Xiàguō】 以姓氏和方位综合命名。郭姓分居南北二村，该村在南而得名。1958年隶属郝店大队；1984年隶属郝店村至今。位于村委会东1千米。东邻樊庄村樊庄，南界桃园村大桃园，西至郭王庄，北连郝店。总面积0.54平方千米，耕地面积40.85公顷。77户，367人。主产玉米、小麦、旱稻。村落形态呈线状，房屋结构以平房和楼房为主。

郝棚村【Hǎopéngcūn】

以郝棚自然村命名。1958年为郝棚大队，隶属燎原公社；1961年隶属杨垱区；1975年隶属杨垱公社；1984年为郝棚村，隶属杨垱镇至今。位于镇政府北10千米。东邻闫宋村，南界代庄村，西至夏庄村，北连唐河县龙潭镇大何庄村。辖1个居民点，总面积2.47平方千米，耕地面积198公顷。275户，1150人。主产小麦、玉米、花生。村镇公路穿村而过，村委会驻郝棚。

郝棚【Hǎopéng】 以姓氏和建筑物综合命名。因郝姓初居时全是草棚而得名。1958年为郝棚大队，隶属燎原公社；1961年隶属杨垱区；1975年隶属杨垱公社；1984年改为郝棚村，隶属杨垱镇至今。村委会驻地。东邻闫宋村丁刘，南界代庄村代庄，西至夏庄村二马张，北连唐河县龙潭镇大何庄村。总面积2.47平方千米，耕地面积198公顷。275户，1150人。主产小麦、玉米、花生。村落形态呈团状，房屋结构以平房和楼房为主。

红沙河村【Hóngshāhécūn】

以河流红沙河命名。因村建在红沙河旁而得名。1958年分别成立五房大队、陈庄大队，隶属燎原公社；1961年隶属杨垱区；1975年隶属杨垱公社；1980年分别改为上五房大队和李志方大队；1984年分别改为上五房村和李志方村，隶属杨垱镇；2003年由上五房村与李志方村合并组建红沙河村，隶属杨垱镇至今。位于镇政府北7.5千米。东邻太平镇付庄村，南界杜庙村，西至前王村，北连唐河县龙潭镇钟庄村。辖6个自然村，总面积4.07平方千米，耕地面积353.28公顷。480户，2170人。主产玉米、小麦，兼种中药材。村委会驻廖庄。

柏树坟【Bǎishùfén】 以植物和墓地综合命名。因村后有一偏长满柏树的墓地而得名。1958年隶属五房大队；1980年隶属上五房大队；1984年隶属五房村；2003年隶属红沙河村至今。位于村委会东南2.2千米。东邻五房，南界史庄村牛庄，西至杨田村杨田，北连廖庄。总面积0.13平方千米，耕地面积10公顷。12户，70人。主产玉米、小麦。村落形态呈散状，房屋结构以平房为主。

陈庄【Chénzhuāng】 以姓氏命名。因陈姓聚居而得名。1958年隶属陈庄大队；1980年隶属李志方大队；1984年隶属李志方村；2003年隶属红沙河村至今。位于村委会北1.2千米。东邻唐河县龙潭镇钟庄村胡堰，南界廖庄，西至李志方，北连龙潭镇钟庄村孔庄。总面积0.87平方千米，耕地面积73.33公顷。90户，420人。主产玉米、小麦、杂粮，兼种花生等。村落形态呈线状，房屋结构以楼房为主。

李志方【Lǐzhìfāng】 以人名命名。因有个名叫李志方的人最早定居而得名。1958年隶属陈庄大队；1980年隶属李志方大队；1984年隶属李志方村；2003年隶属红沙河村至今。位于村委会西北2千米。

东邻陈庄，南界杨田村张敬家，西至刘庄，北连龙潭镇钟庄村王槽房。总面积0.3平方千米，耕地面积26.66公顷。25户，140人。主产小麦、杂粮，兼种中药材。村落形态呈团状，房屋结构以平房、坡房和楼房为主。

廖庄【Liàozhuāng】 以姓氏命名。因廖姓聚居而得名。1958年隶属陈庄；1980年隶属李志方大队；1984年隶属李志方村；2003年因上五房村和李志方村合并，隶属红沙河村至今。村委会驻地。东邻五房村，南界杨田村张敬家，西至刘庄，北连陈庄。总面积0.3平方千米，耕地面积23.33公顷。42户，190人。主产小麦、杂粮，兼种中药材。村落形态呈线状，房屋结构以平房、坡房和楼房为主。

刘庄【Liúzhuāng】 以姓氏命名。因刘姓聚居而得名。1958年隶属陈庄；1980年隶属李志方大队；1984年隶属李志方村；2003年因上五房村和李志方村合并，隶属红沙河村至今。位于村委会西北3千米。东邻李志方，南界杨田村张敬家，西至前王村杨庄，北连河南唐河县龙潭吊桥村李庄。总面积0.67平方千米，耕地面积53.3公顷。51户，300人。主产小麦、杂粮，兼种中药材。村落形态呈线状，房屋结构以平房、坡房和楼房为主。

五房【Wǔfáng】 以兄弟排序命名。因杜氏兄弟六人中，老五住此而得名。1958年隶属五房大队；1980年隶属上五房大队；1984年隶属五房村；2003年隶属红沙河村至今。位于村委会东南1.2千米。东邻太平镇付庄村付庄，南界史庄村李庄，西至前王杨庄，北连唐河县龙潭镇钟庄村钟庄。总面积1.8平方千米，耕地面积166.66公顷。260户，1050人。主产小麦、杂粮，兼种中药材。村落形态呈线状，房屋结构以平房、坡房和楼房为主。

胡营村【Húyíngcūn】

以胡营自然村命名。1958年命名胡李营大队，隶属燎原公社；1961年隶属杨垱区；1975年隶属杨垱公社；1984年为胡李营村，隶属杨垱镇；1987年胡李营简称为胡营村，隶属徐寨乡；2001年隶属杨垱镇至今。位于镇政府西15千米。东邻刘坡村，南界光寺村，西至襄州区程河镇西刘村，北连张官村。辖4个自然村，总面积6.4平方千米，耕地面积543.6公顷。592户，2040人。主产玉米、小麦、水稻，兼种杂粮果蔬。通村公路穿境而过，村委会驻柏树张。

柏树张【Bǎishùzhāng】 以姓氏和植物综合命名。因张姓聚居且村内有棵大柏树而得名。1958年隶属胡李营大队；1984年隶属胡李营村；1987年隶属胡营村至今。村委会驻地。东邻后廖庄，南界光寺村丁王庄，西至胡李营，北连蚂蚱郭。总面积1.25平方千米，耕地面积108.3公顷。114户，440人。主产玉米、小麦、水稻，兼种杂粮，发展养殖业。村落形态呈团状，房屋结构以坡房和平房为主。

后廖庄【Hòuliàozhuāng】 以姓氏和方位综合命名。因廖姓在相邻的南北两个村庄居住，该村位北而得名。1958年隶属胡李营大队；1984年隶属胡李营村；1987年隶属胡营村至今。位于村委会东1.8千米。东邻刘坡村张桥，南界后廖庄，西至柏树张，北连张官村小张官营。总面积1.4平方千米，耕地面积116.2公顷。136户，320人。主产玉米、小麦、水稻。村落形态呈团状，房屋结构以坡房和楼房为主。

胡李营【Húlǐyíng】 以姓氏命名。因胡、李两姓聚居而得名。1958年隶属胡李营大队；1984年隶属胡李营村；1987年隶属胡营村至今。位于村委会西南1.8千米。东邻柏树张，南界长营村肖庄，西至襄州区程河镇西刘村西刘,北连三房村三房。总面积3平方千米,耕地面积261公顷。280户,1040人。主产玉米、小麦、水稻,兼种杂粮,发展养殖业。村落形态呈团状,房屋结构以坡房和楼房为主。

蚂蚱郭【Màzhàguō】 以姓氏和动物综合命名。因此原是一片荒地,蚂蚱很多,后郭姓定居而得名。1958年隶属胡李营大队;1984年隶属胡李营村;1987年隶属胡营村至今。位于村委会东北1.6千米。东邻张官村小张官营,南界后廖庄,西至柏树张,北连张官村小林场。总面积0.75平方千米,耕地面积58.1公顷。62户,240人。主产玉米、小麦、水稻。村落形态呈散状,房屋结构以坡房和楼房为主。

黄庄村【Huángzhuāngcūn】

以黄庄自然村命名。1958年为黄庄大队;隶属燎原公社;1961年隶属杨垱区;1975年隶属杨垱公社;1984年为黄庄村,隶属杨垱镇至今。位于镇政府东南4千米。东邻孙田村,南界小黄河村,西至小黄河水库,北连高店社区居委会。辖5个居民点,总面积3.3平方千米,耕地面积254.6公顷。337户,1474人。主产玉米、小麦、杂粮,兼种果蔬。村委会驻黄庄。

大河湾【Dàhéwān】 以河流和地形综合命名。因村庄建在小河的拐弯处且村庄较大而得名。1958年隶属黄庄大队;1984年隶属黄庄村至今。位于村委会西南200米。东邻孙田村操庄,南界黑马庄,西至小黄河水库,北连黄庄。总面积0.9平方千米,耕地面积87公顷。95户,440人。主产玉米、小麦、水稻。村落形态呈团状,房屋结构以平房和楼房为主。

黑马庄【Hēimǎzhuāng】 以传说命名。据传,该村以前有个很出名的人外号叫"黑麻子",故名黑麻子庄,后称"黑马庄"。1958年隶属黄庄大队;1984年隶属黄庄村至今。位于村委会东南400米。东邻孙田村操庄,南界七方镇王岗村王岗,西至小黄河水库,北连黄庄。总面积0.3平方千米,耕地面积25.66公顷。29户,160人。主产玉米、小麦、水稻。村落形态呈散状,房屋结构以平房和坡房为主。

黄庄【Huángzhuāng】 以姓氏命名。因黄姓聚居而得名。1958年隶属黄庄大队;1984年隶属黄庄村至今。位于村委会西北500米。东邻孙田村孙田,南界大河湾,西至小黄河水库,北连农场。总面积0.9平方千米,耕地面积63.6公顷。88户,350人。主产玉米、小麦、水稻。村落形态呈散状,房屋结构以平房和坡房为主。

农场【Nóngchǎng】 1975年杨垱公社在该地办了个农场,因小黄河水库加固移民到此居住,简称农场。1975年隶属黄庄大队;1984年隶属黄庄村至今。位于村委会北800米。东邻高店村赵庄,南界张桥,西至小黄河水库,北连高店居委会张楼。总面积0.3平方千米,耕地面积23.93公顷。31户,160人。主产玉米、小麦、水稻。村落形态呈散状,房屋结构以平房和坡房为主。

张桥【Zhāngqiáo】 以姓氏和建筑物综合命名。因张姓聚居且南河沟上有座小桥而得名。1958年隶属黄庄大队;1984年隶属黄庄村至今。位于村委会东800米。东邻孙田村马桥,南界七方镇王岗,西至小黄河水库,北连农场。总面积0.9平方千米,耕地面积86.7公顷。98户,360人。主产玉米、小麦、水稻。村落形态呈散状,房屋结构以平房和坡房为主。

刘坡村【Liúpōcūn】

以大刘坡、小刘坡自然村命名。1958年为群星大队，隶属燎原公社；1961年为刘坡大队，隶属杨垱区；1975年隶属罗岗公社；1984年为刘坡村，隶属罗岗区；1987年隶属徐寨乡；1997年隶属徐寨镇；2001隶属杨垱镇至今。位于镇政府西北10千米。东邻桃园村，南界余庄社区，西至光寺村，北连郝店村。辖5个自然村，总面积4.29平方千米，耕地面积289公顷。430户，1590人。主产玉米、小麦、水稻，兼种蔬菜、果树。李苍公路穿境而过，村委会驻余寨。

大刘坡【Dàliúpō】 以姓氏和地形综合命名。因刘姓聚居岗坡上且村子较大而得名。1958年隶属群星大队；1984年隶属刘坡村至今。位于村委会东1千米。东邻桃园村新桥，南界桃园村大桃园，西至小刘坡，北连郝店村郝店。总面积0.86平方千米，耕地面积62公顷。98户，340人。主产玉米、小麦、旱稻，兼种果蔬。村落形态呈线状，房屋结构以坡房和楼房为主。

前廖庄【Qiánliàozhuāng】 以方位和姓氏综合命名。因廖姓分居南北两村，该村在南而得名。1958年隶属群星大队；1984年隶属刘坡村至今。位于村委会西2千米。东邻余寨，南界余庄社区，西至光寺村王庄，北连胡营村后廖庄。总面积0.85平方千米，耕地面积61公顷。93户，320人。主产玉米、小麦、旱稻，兼种果蔬。村落形态呈线状，房屋结构以坡房和楼房为主。

小刘坡【Xiǎoliúpō】 以姓氏和地形综合命名。因刘姓聚居岗坡上且村子较小而得名。1958年隶属群星大队；1984年隶属刘坡村至今。位于村委会南0.9千米。东邻大刘坡村，南界桃园村大桃园，西至余寨，北连郝店村郝店。总面积0.48平方千米，耕地面积32公顷。38户，150人。主产玉米、小麦、旱稻，兼种果蔬。村落形态呈线状，房屋结构以坡房和楼房为主。

余寨【Yúzhài】 以姓氏和建筑物综合命名。因余姓聚居且村周围修有土寨而得名。1958年隶属群星大队；1984年隶属刘坡村至今。位于村委会南800米。东邻桃园村大桃园，南界余庄社区王庄，西至前廖庄，北连郝店村郭王庄。总面积1.33平方千米，耕地面积82公顷。126户，490人。主产玉米、小麦、旱稻，兼种果蔬。村落形态呈线状，房屋结构以坡房和楼房为主。

张桥【Zhāngqiáo】 以姓氏和建筑物综合命名。因张姓聚居且因村南有座石桥而得名。1958年隶属群星大队；1984年隶属刘坡村至今。位于村委会西北2千米。东邻郝店村郭王庄，南界前廖庄，西至胡营村后廖庄，北连张官村张官营。总面积0.77平方千米，耕地面积52公顷。75户，290人。主产玉米、小麦、旱稻，兼种果蔬。村落形态呈线状，房屋结构以坡房和楼房为主。

马庄村【Mǎzhuāngcūn】

以马庄自然村命名。1958年为马庄大队，隶属燎原公社；1961年隶属杨垱区；1975年隶属杨垱公社；1984年名为马庄村，隶属杨垱镇至今。位于镇政府西北6千米。东邻店子村，南界孙寨村，西至仲庄村，北连牛庄村。辖3个自然村，总面积2.01平方千米，耕地面积180公顷。270户，1110人。主产小麦、水稻、杂粮。村委会驻大杨庄。

大杨庄【Dàyángzhuāng】 以姓氏和规模综合命名。因杨姓聚居且村子较大而得名。1958年隶属马庄大队;1984年隶属马庄村至今。村委会驻地。东邻前王村中营,南界马庄,西至仲庄村栾庄,北连牛庄村居庄。总面积0.8平方千米,耕地面积70公顷。85户,370人。主产玉米、小麦。村落形态呈线状,房屋结构以楼房为主。

马庄【Mǎzhuāng】 以姓氏命名。因马姓聚居而得名。1958年隶属马庄大队;1984年隶属马庄村至今。位于村委会南1.5千米。东邻店子村郭庄,南界孙寨村贾庄,西至仲庄村线台李,北连大杨庄。总面积0.51平方千米,耕地面积50公顷。90户,390人。主产玉米、小麦。村落形态呈散状,房屋结构以平房和坡房为主。

王刘庄【Wángliúzhuāng】 以姓氏命名。因王、刘两姓聚居而得名。1958年隶属马庄大队;1984年隶属马庄村至今。位于村委会东南2.5千米。东邻中心社区杨坡,南界西村老赵庄,西至孙寨村贾庄,北连店子村郭庄。总面积0.7平方千米,耕地面积60公顷。95户,350人。主产玉米、小麦、水稻。村落形态呈散状,房屋结构以平房和坡房为主。

聂集村【Nièjícūn】

以聂集自然村命名。1958年为聂集大队,隶属燎原公社;1961年隶属杨垱区;1975年隶属杨垱公社;1984年为聂集村,隶属杨垱镇;1987年隶属徐寨乡;1997年隶属徐寨镇;2001隶属杨垱镇至今。位于镇政府西北1.7千米。东邻陈寨村,南界石台寺村,西至唐河县苍台镇赵桥村,北连河南苍台镇五陈村。辖2个自然村,总面积3平方千米,耕地面积272公顷。392户,1570人。主产小麦、玉米、水稻,兼种果蔬。通村公路穿村而过,村委会驻余宋。

聂集【Nièjí】 以姓氏和集镇综合命名。因聂姓最早聚居设集而得名。1958年隶属聂集大队;1984年隶属聂集村至今。位于村委会南500米。东邻陈寨村邢庄,南界石台寺村石台,西至河南苍台镇赵桥村赵桥,北连河南苍台镇五里陈村五里陈。总面积1.5平方千米,耕地面积140公顷。190户,780人。主产玉米、小麦、旱稻,兼种果蔬。村落形态呈线状,房屋结构以楼房为主。

余宋【Yúsòng】 以姓氏命名。因余、宋两姓聚居而得名。1958年隶属聂集大队;1984年隶属聂集村至今。村委会驻地。东邻陈寨村陈寨,南界聂集,西至唐河县苍台镇赵桥村赵桥,北连唐河县苍台镇五里陈村五里陈。总面积1.5平方千米,耕地面积132公顷。202户,790人。主产玉米、小麦、水稻,兼种果蔬。村落形态呈线状,房屋结构以楼房为主。

牛庄村【Niúzhuāngcūn】

以牛庄自然村命名。1958年为牛庄大队,隶属燎原公社;1961年隶属杨垱区;1975年隶属杨垱公社;1984年为牛庄村,隶属杨垱镇至今。位于镇政府西10千米。东邻前王村,南界马庄村,西至闫宋村,北连唐河县龙潭镇吊桥村。辖4个自然村,总面积2.32平方千米,耕地面积160公顷。263户,1105人。主产小麦、杂粮。村委会驻程庄。

程庄【Chéngzhuāng】　以姓氏命名。因程姓聚居而得名。1958年隶属牛庄大队；1984年隶属牛庄村至今。村委会驻地。东邻秦庄，南界仲庄村栾庄，西至牛庄，北连唐河县龙潭镇吊桥村吊桥。总面积0.73平方千米，耕地面积60公顷。105户，470人。主产玉米、小麦、花生。村落形态呈线状，房屋结构以楼房为主。

居庄【Jūzhuāng】　以姓氏命名。因居姓聚居而得名。1958年隶属牛庄大队；1984年隶属牛庄村至今。位于村委会东南500米。东邻前王村前王庄，南界马庄村大杨庄，西至仲庄村仲庄，北连秦庄。总面积0.43平方千米，耕地面积8.7公顷。13户，45人。主产玉米、小麦、花生。村落形态呈线状，房屋结构以楼房为主。

牛庄【Niúzhuāng】　以姓氏命名。因牛姓聚居而得名。1958年隶属牛庄大队；1984年隶属牛庄村至今。位于村委会西500米。东邻程庄，南界官亭村大张，西至闫宋村闫庄，北连唐河县龙潭镇龚庄村龚庄。总面积0.73平方千米，耕地面积58公顷。85户，370人。主产玉米、小麦、花生。村落形态呈线状，房屋结构以楼房为主。

秦庄【Qínzhuāng】　以姓氏命名。因秦姓聚居而得名。1958年隶属牛庄大队；1984年隶属牛庄村至今。位于村委会东500米。东邻前王村杨庄，南界居庄，西至程庄，北连唐河县龙潭镇吊桥村吊桥。总面积0.43平方千米，耕地面积33.3公顷。60户，220人。主产玉米、小麦、花生。村落形态呈线状，房屋结构以楼房为主。

前王村【Qiánwángcūn】

　　以前王自然村命名。1958年为前王大队，隶属燎原公社；1961年隶属杨垱区；1975年隶属杨垱公社；1984年为前王村，隶属杨垱镇至今。位于镇政府北6千米。东邻店子村，南界马庄村，西至牛庄村，北连唐河县龙潭镇大何庄村。辖4个自然村，总面积2平方千米，耕地面积187.4公顷。346户，1140人。主产小麦、杂粮。杨石穿村而过，村委会驻中营。

庙底【Miàodǐ】　以建筑物和方位综合命名。岗上原有一座庙，因村建于庙下而得名。1958年隶属前王大队；1984年隶属前王村至今。位于村委会东400米。东邻店子村前孔，南界中营，西至前王，北连杨庄。总面积0.57平方千米，耕地面积56公顷。99户，330人。主产小麦。村落形态呈线状，房屋结构以楼房为主。

前王【Qiánwáng】　以方位和姓氏综合命名。1950年成立乡政府时，此村位于全乡辖区的最东边，故名。1958年为前王大队，隶属燎原公社；1961年隶属杨垱区；1975年隶属杨垱公社；1984年为前王村；隶属杨垱镇至今。位于村委会南500米。东邻店子村前孔，南界马庄村杨庄，西至牛庄村居庄，北连中营。总面积0.82平方千米，耕地面积81公顷。141户，460人。主产玉米、小麦、杂粮。村落形态呈散状，房屋结构以楼房为主。

杨庄【Yángzhuāng】　以姓氏命名。因杨姓聚居而得名。1958年隶属前王大队；1984年隶属前王村至今。位于村委会北700米。东邻店子村刘庄，南界庙底，西至牛庄村秦庄，北连唐河县龙潭镇大何庄村常庄。总面积0.21平方千米，耕地面积20公顷。36户，120人。主产小麦、杂粮。村落形态呈线状，房屋结构以坡房和楼房为主。

中营【Zhōngyíng】 以方位命名。因建村于前王和庙底中间而得名。1958年隶属前王大队；1984年隶属前王村至今。村委会驻地。东邻店子村店子街，南界前王，西至牛庄村居庄，北连庙底。总面积0.4平方千米，耕地面积30.4公顷。70户，230人。主产小麦、杂粮。村落形态呈团状，房屋结构以楼房为主。

石台寺村【Shítáisìcūn】

以石台寺水利工程命名。1958年为骆王大队，隶属燎原公社；1961年隶属杨垱区；1975年隶属杨垱公社；1984年为骆王村；1987年隶属徐寨乡；1997年隶属徐寨镇；2001年隶属杨垱镇；2003年为石台寺村，隶属杨垱镇至今。位于镇政府西北15千米。东邻夏庄村，南界四铺村，西至唐河县苍台镇赵桥村，北连聂集村。辖1个自然村，总面积1.5平方千米，耕地面积131.1公顷。194户，908人。主产小麦、玉米，兼种果蔬。李苍路穿村而过，村委会驻石台寺。

骆王【Luòwáng】 以传说命名。相传，早年有位王姓人赶着骡车，行此车坏，就在此定居。取名"骡王"，后雅化为"骆王"。1958年隶属骆王大队；1984年隶属骆王村；2003年隶属石台寺村至今。位于村委会北2千米。东邻夏庄村黑龙庙，南界四铺村四铺，西至唐县苍台镇赵桥村，北连聂集村聂集。总面积1.5平方千米，耕地面积131.1公顷。194户，908人。主产小麦、玉米，兼种果蔬。村落形态呈散状，房屋结构以平房和楼房为主。

史庄村【Shǐzhuāngcūn】

以史庄自然村命名。1958年为杜岗大队，隶属燎原公社；1961年隶属杨垱区；1975年隶属杨垱公社；1984年为史庄村，隶属杨垱镇至今。位于镇政府东北3千米。东邻杜庙村，南界杨田村，西至红沙河村，北连杜庄村。辖3个自然村，总面积3.32平方千米，耕地面积114.28公顷。137户，610人。主产玉米、小麦，兼种中药材。杨湖路穿村而过，村委会驻杜岗。

杜岗【Dùgǎng】 以姓氏和地形综合命名。因杜姓聚居在岗上而得名。1958年隶属杜岗大队；1980年隶属史庄大队；1984年隶属史庄村至今。村委会驻地。东邻杜庙村杜庙，南界杜庄村史马庄，西至王庄，北连牛庄村牛庄。总面积1.1平方千米，耕地面积41.6公顷。56户，260人。主产玉米、小麦、花生，兼种中药材。村落形态呈散状，房屋结构以平房、坡房和楼房为主。

牛庄【Niúzhuāng】 以姓氏命名。因牛姓聚居而得名。1958年隶属杜岗大队；1980年隶属史庄大队；1984年隶属史庄村至今。位于村委会西北1.5千米。东邻杜庙村张杨庄，南界王庄，西至杨田村杨田，北连红沙河村五房。总面积1.21平方千米，耕地面积55.6公顷。56户，230人。主产玉米、小麦、花生。村落形态呈散状，房屋结构以坡房和平房为主。

王庄【Wángzhuāng】 以姓氏命名。因王姓聚居而得名。1958年隶属杜岗大队；1980年隶属史庄大队；1984年隶属史庄村至今。位于村委会西1千米。东邻杜岗，南界史庄，西至杨田村王田，北连牛庄村牛庄。总面积1.01平方千米，耕地面积17.08公顷。25户，120人。主产玉米、小麦、花生，兼种中药材。村落形态呈散状，房屋结构以坡房和平房为主。

四铺村【Sìpùcūn】

以四铺自然村命名。1958年为四铺大队，隶属燎原公社；1961年隶属杨垱区；1975年隶属杨垱公社；1984年为四铺村，隶属杨垱镇至今。位于镇政府西15千米。东邻张庄村，南界程河镇张寨村，西至襄州区程河镇石台寺村，北连河南省唐河县赵桥村。辖1个居民点，总面积1.9平方千米，耕地面积87公顷。246户，1090人。主产小麦、玉米、花生，兼种杂粮。杨石路穿村而过，村委会驻四铺。

四铺【Sìpū】 以相传故事命名。相传300年前，王、刘、李、史姓四家人在此开店铺，故名。1958年为四铺大队，隶属燎原公社；1961年隶属杨垱区；1975年隶属杨垱公社；1984年为四铺村，隶属杨垱镇至今。村委会驻地。东邻张庄村，南界程河镇张寨村，西至襄州区程河镇石台寺村，北连河南省唐河县赵桥村。总面积1.9平方千米，耕地面积87公顷。246户，1090人。主产小麦、玉米、花生，兼种杂粮。村落形态呈散状，房屋结构以坡房和楼房为主。

司庄村【Sīzhuāngcūn】

以司庄自然村命名。因司姓聚居而得名。1958年为联盟大队，隶属燎原公社；1961年隶属杨垱区；1970年为司庄大队，隶属杨垱区；1984年为司庄村，隶属杨垱镇至今。位于镇政府南2千米。东邻小黄河水库，南界王庄村，西至孙岗村，北连孙岗村。辖1个自然村，总面积1.4平方千米，耕地面积106.67公顷。212户，786人。主产小麦、玉米、水稻。村镇公路穿村而过，村委会驻司庄。

司庄【Sīzhuāng】 以姓氏命名。因司姓聚居而得名。1958年隶属联盟大队；1970年隶属司庄大队；1984年隶属司庄村。村委会驻地。东邻小黄河水库，南界王庄村王庄，西至孙岗村任庄，北连孙岗村孙岗。总面积1.4平方千米，耕地面积106.67公顷。212户，786人。主产小麦、玉米、水稻。村落形态呈线状，房屋结构以平房和楼房为主。

孙岗村【Sūngǎngcūn】

以孙岗自然村命名。1958年为孙岗大队，隶属燎原公社；1961年隶属杨垱区；1975年隶属杨垱公社；1984年为孙岗村，隶属杨垱镇至今。位于镇政府西1千米。东邻小黄河水库，南界司庄村，西至赵堂村，北连西村。辖2个自然村，总面积1.7平方千米，耕地面积86公顷。175户，640人。主产小麦、玉米、旱稻。太王路穿村而过，村委会驻孙岗。

任庄【Rénzhuāng】 以姓氏命名。因任姓聚居而得名。1958年隶属孙岗大队；1984年隶属孙岗村至今。位于村委会南2千米。东邻司庄村司庄，南界七方镇王庄村王庄，西至赵堂村赵堂，北连孙岗。总面积0.5平方千米，耕地面积16公顷。45户，120人。主产玉米、小麦。村落形态呈团状，房屋结构以坡房和楼房为主。

孙岗【Sūngǎng】 以姓氏和地形综合命名。因孙姓聚居岗地而得名。1958年隶属孙岗大队；1984年隶属孙岗村至今。村委会驻地。东邻东风街，南界任庄，西至赵堂，北连西村。总面积1.2平方千米，耕地面积70公顷。130户，520人。主产玉米、小麦、水稻、花生。村落形态呈线状，房屋结构以楼房为主。

孙田村【Sūntiáncūn】

以孙田自然村命名。1958年为孙田大队，隶属燎原公社；1961年隶属杨垱区；1975年隶属杨垱公社；1984年为孙田村，隶属杨垱镇至今。位于镇政府东南10千米。东邻太平镇竹园村，南界七方镇王岗村，西至黄庄村，北连高店社区。辖3个自然村，总面积2.6平方千米，耕地面积196.6公顷。230户，950人。主产小麦、杂粮。村委会驻操庄。

操庄【Cāozhuāng】 以姓氏命名。因操姓聚居而得名。1958年隶属孙田大队；1984年隶属孙田村至今。村委会驻地。东邻太平镇竹园村李庄，南界马桥，西至黄庄村黄庄，北连孙田。总面积0.9平方千米，耕地面积63公顷。80户，350人。主产小麦、水稻、杂粮，兼种果蔬。村落形态呈线状，房屋结构以坡房和楼房为主。

马桥【Mǎqiáo】 以姓氏和建筑物综合命名。因马姓聚居且村旁小河有座石桥而得名。1958年隶属孙田大队；1984年隶属孙田村至今。位于村委会东南500米。东邻太平镇竹园村李庄，南界七方镇王岗村王岗，西至操庄，北连孙田。总面积0.9平方千米，耕地面积73公顷。80户，340人。主产小麦、水稻、杂粮，兼种果蔬。村落形态呈团状，房屋结构以坡房和楼房为主。

孙田【Sūntián】 以姓氏和特征综合命名。因孙姓聚居且村旁有块良田而得名。1958年隶属孙田大队；1984年隶属孙田村至今。位于村委会东北500米。东邻太平镇竹园村李庄，南界操庄，西至高店社区赵庄，北连太平镇竹园村周岗。总面积0.8平方千米，耕地面积60.6公顷。70户，260人。主产杂粮、小麦、水稻，兼种果蔬。村落形态呈团状，房屋结构以坡房和楼房为主。

孙寨村【Sūnzhàicūn】

以孙寨自然村命名。1958年为孙寨大队，隶属燎原公社；1961年隶属杨垱区；1975年隶属杨垱公社；1984年为孙寨村，隶属杨垱镇至今。位于镇政府西北4千米。东邻西村，南界赵堂村，西至樊庄村，北连马庄村。辖个5居民点，总面积3.2平方千米，耕地面积194.33公顷。352户，2890人。主产玉米、小麦、花生，兼种薄荷。杨中路穿村而过，村委会驻孙寨。

邓家【Dèngjiā】 以姓氏命名。因邓姓聚居而得名。1958年隶属孙寨大队；1984年隶属孙寨村至今。位于村委会北1千米。东邻邓庙，南界孙寨，西至官亭村官亭，北连仲庄村线台李。总面积0.6平方千米，耕地面积32公顷。48户，220人。主产玉米、小麦、花生，兼种薄荷。村落形态呈散状，房屋结构以平房和楼房为主。

邓庙【Dèngmiào】 以姓氏和建筑物综合命名。因邓姓聚居村旁有一座小庙而得名。1958年隶属孙寨大队；1984年隶属孙寨村至今。位于村委会南东500米。东邻贾庄，南界赵堂村赵庄，西至孙寨，北连马庄村马庄。总面积 0.6 平方千米，耕地面积 50 公顷。90 户，420 人。主产玉米、小麦、花生，兼种薄荷。村落形态呈线状，房屋结构以楼房为主。

贾庄【Jiǎzhuāng】 以姓氏命名。因贾姓聚居而得名。1958 年隶属孙寨大队；1984 年隶属孙寨村至今。位于村委会东 2 千米。东邻西村赵庄，南界赵堂村王庄，西至邓庙，北连马庄村二房。总面积 0.4 平方千米，耕地面积 30.22 公顷。43 户，290 人。主产玉米、小麦、花生，兼种薄荷。村落形态呈线状，房屋结构以楼房为主。

孙寨【Sūnzhài】 以姓氏和建筑物综合命名。因孙姓聚居且村周修有寨河而得名。1958 年隶属孙寨大队；1984 年隶属孙寨村至今。村委会驻地。东邻邓庙，南界杨庄，西至徐庄，北连邓家。总面积 1.1 平方千米，耕地面积 61 公顷。138 户，460 人。主产玉米、小麦、花生，兼种薄荷。村落形态呈散状，房屋结构以平房和楼房为主。

杨庄【Yángzhuāng】 以姓氏命名。因杨姓聚居而得名。1958 年隶属孙寨大队；1984 年隶属孙寨村至今。位于村委会南 1 千米。东邻孙寨，南界赵堂村赵庄，西至樊庄村徐庄，北连孙寨。总面积 0.5 平方千米，耕地面积 21 公顷。33 户，1500 人。主产玉米、小麦、花生，兼种薄荷。村落形态呈散状，房屋结构以坡房和楼房为主。

桃园村【Táoyuáncūn】

以大桃园、小桃园自然村命名。1958 年为勇跃大队，隶属燎原公社；1960 年为桃园大队；1961 年隶属杨垱区；1975 年隶属罗岗公社；1980 年为大桃园大队；1984 年为桃园村，隶属罗岗区；1987 年隶属徐寨乡；1997 年隶属徐寨镇；2001 年 4 月隶属杨垱镇至今。位于镇政府西 5 千米。东邻七方镇河湾村，南界薛场村，西至余庄社区，北连刘坡村、樊庄村。辖 4 个自然村，总面积 4.5 平方千米，耕地面积 265 公顷。408 户，1520 人。主产玉米、小麦、旱稻，兼种油料、果蔬、工业辣椒。杨徐路东西过境，村委会驻大桃园。

大桃园【Dàtáoyuán】 以植物和规模综合命名。因相邻有两个桃园自然村，此村较大而得名。1958 年隶属勇跃大队；1960 年隶属桃园大队；1980 年隶属大桃园大队；1984 年隶属桃园村至今。村委会驻地。东邻新桥，南界小桃园，西至余庄社区余庄，北连刘坡村。总面积 2.2 平方千米，耕地面积 116 公顷。202 户，760 人。主产玉米、小麦、旱稻，兼种芝麻、工业辣椒。村落形态呈团状，房屋结构以坡房和楼房为主。

四方庄【Sìfāngzhuāng】 以从四面八方迁来的人在此定居而得名。1958 年隶属勇跃大队；1960 年隶属桃园大队；1980 年隶属大桃园大队；1984 年隶属桃园村至今。位于村委会东 2 千米。东邻七方镇河湾村王桥，南界薛场村杨岗，西至新桥，北连新桥。总面积 0.5 平方千米，耕地面积 27 公顷。34 户，130 人。主产玉米、小麦、旱稻，兼种芝麻、花生、油菜。村落形态呈线状，房屋结构以楼房为主。

小桃园【Xiǎotáoyuán】 以植物和规模综合命名。因相邻有两个桃园自然村，此村较小而得名。1958 年隶属勇跃大队；1960 年隶属桃园大队；1980 年隶属大桃园大队；1984 年隶属桃园村至今。位于村委会南 1 千米。东邻薛场村杨岗，南界薛场村薛场，西至余庄社区余庄，北连大桃园。总面积 1.1 平方千米，耕地面积 59 公顷。88 户，300 人。主产玉米、小麦、旱稻，兼种芝麻、花生。村落形态呈散状，房屋结构以楼房为主。

新桥【Xīnqiáo】 以建桥时间命名。因中华人民共和国成立后村南新修一座石头水泥桥而得名。1958 年隶属勇跃大队；1960 年隶属桃园大队；1980 年隶属大桃园大队；1984 年隶属桃园村至今。位于村委会东 1 千米。东邻四方庄，南界薛场村杨岗，西至大桃园，北连樊庄村樊庄。总面积 0.7 平方千米，耕地面积 63 公顷。84 户，330 人。主产玉米、小麦、旱稻，兼种芝麻、花生。村落形态呈线状，房屋结构以楼房为主。

西村【Xīcūn】

以地理位置命名。因该村位于杨垱街西而得名。1958 年为明星大队，隶属燎原公社；1961 年隶属杨垱区；1975 年隶属杨垱公社；1980 年以驻地杨垱西街命名为西大队；1984 年改为西村，隶属杨垱镇至今。位于镇政府南 20 米。东邻中心社区，南界孙岗村，西至赵堂村，北连马庄村。辖 1 个自然村，总面积 0.29 平方千米，耕地面积 24 公顷。32 户，180 人。主产玉米、小麦、水稻、杂粮，兼种果蔬。村委会驻杨垱东风街。

张庄【Zhāngzhuāng】 以姓氏命名。因张姓聚居而得名。1958 年隶属明星大队；1980 年隶属杨垱西大队；1984 年隶属西村至今。（现张庄剩少部分农户居住，大部分农户迁到杨垱集镇居住。）位于村委会西北 3 千米。东邻中心社区，南界孙岗村孙岗，西至孙寨村贾庄，北连马庄村王刘庄。总面积 0.29 平方千米，耕地面积 24 公顷。32 户，180 人。主产玉米、旱稻、小麦。村落形态呈散状，房屋结构以平房为主。

夏庄村【Xiàzhuāngcūn】

以夏庄自然村命名。1958 年为夏庄大队，隶属燎原公社；1961 年隶属杨垱区；1975 年隶属杨垱公社；1984 年为夏庄村，隶属杨垱镇；1987 年隶属徐寨乡；1997 年隶属徐寨镇；2001 年隶属杨垱镇至今。位于镇政府西北 17 千米。东邻郝棚村，南界张庄村，西至石台寺村，北连陈寨村。辖 3 个自然村，总面积 3.17 平方千米，耕地面积 271 公顷。326 户，1500 人。主产玉米、小麦、水稻。村委会驻夏庄。

二马张【Èrmǎzhāng】 以姓氏和数量综合命名。因建村时两家马姓，一家张姓在此定居，故名。1958 年隶属夏庄大队；1984 年隶属夏庄村至今。位于村委会北 1.6 千米。东邻郝棚村郝棚，南界张庄村张庄，西至夏庄，北连陈寨村廖庄。总面积 1.05 平方千米，耕地面积 100 公顷。110 户，490 人。主产玉米、小麦、旱稻。村落形态呈线状，房屋结构以坡房和楼房为主。

黑龙庙【Hēilóngmiào】 以建筑物命名。因原村里有座黑龙庙而得名。1958 年隶属夏庄大队；1984 年隶属夏庄村至今。位于村委会西 500 米。东邻夏庄，南界张庄村张庄，西至石台寺，北连陈寨村邢庄。总面积 1.1 平方千米，耕地面积 104 公顷。146 户，630 人。主产玉米、小麦、旱稻。村落形态呈线状，房屋结构以坡房和楼房为主。

夏庄【Xiàzhuāng】 以姓氏命名。因夏姓聚居而得名。1958 年隶属夏庄大队；1984 年隶属夏庄村至今。村委会驻地。东邻二马张，南界张庄村张庄，西至黑龙庙，北连陈寨村陈寨。总面积1.02平方千米，耕地面积67公顷。70户，380人。主产玉米、小麦、杂粮。村落形态呈团状，房屋结构以坡房和楼房为主。

小河湾村【Xiǎohéwāncūn】

以小河湾自然村命名。1958年为联谊大队，隶属燎原公社；1961年以杨岗命名杨岗大队，隶属杨垱区；1975年隶属杨垱公社；1980年因重名更名为小河湾大队；1984年小河湾大队改为小河湾村，隶属杨垱镇至今。位于镇政府东南500米。东邻杜庄村，南界黄河水库，西至孙岗村，北连中心社区。辖3个自然村，总面积2.95平方千米，耕地面积74公顷。185户，850人。主产玉米、小麦、水稻、杂粮果蔬，兼发展养殖业、工业。明星街穿村而过，村委会驻杨岗。

陈庄【Chénzhuāng】 以姓氏命名。因陈姓聚居而得名。1958年隶属联谊大队，；1961年隶属杨岗大队；1980年隶属小河湾大队；1984年隶属小河湾村至今。位于村委会西北50米，东、北连杨垱集镇，南界小河湾，西至孙岗村孙岗。总面积1.05平方千米，耕地面积22公顷。73户，330人。主产玉米、小麦、水稻，兼种杂粮果蔬。村落形态呈团状，房屋结构以楼房为主。

辛庄【Xīnzhuāng】 以姓氏命名。因辛姓聚居而得名。1958年隶属联谊大队；1961年隶属杨岗大队；1980年隶属小河湾大队；1984年隶属小河湾村至今。位于村委会东北100米。东邻杜庄村甲保，南界小河湾，西、北连杨垱集镇。总面积1.2平方千米，耕地面积40公顷。74户，330人。主产玉米、小麦，兼种花生、芝麻。村落形态呈团状，房屋结构以楼房为主。

杨岗【Yánggǎng】 以姓氏和地形综合命名。因杨姓聚居岗上而得名。1958年隶属联谊大队；1961年隶属杨岗大队；1980年隶属小河湾大队；1984年隶属小河湾村至今。位于村委会北500米。东邻杜庄村杜庄，南、西、北连杨垱集镇。总面积0.7平方千米，耕地面积12公顷。38户，190人。主产玉米、小麦。村落形态呈团状，房屋结构以楼房为主。

徐寨村【Xúzhàicūn】

以徐寨自然村命名。1958年为龚营大队，隶属燎原公社；1959年改名为徐寨大队，隶属燎原公社；1961年隶属杨垱区；1975年隶属罗岗公社；1984年为徐寨村，隶属罗岗公社；1987年隶属徐寨乡；1997年隶属徐寨镇；2001年隶属杨垱镇至今。位于镇政府西12.5千米。东邻余庄社区，南界七方镇崔岗村，西至襄州区程河镇众营村，北连光寺村。辖1个自然村，总面积1.7平方千米，耕地面积160公顷。168户，990人。主产小麦、玉米、杂粮。李苍公路穿村而过，村委会驻徐寨。

徐寨【Xúzhài】 以姓氏和建筑物综合命名。因徐姓聚居村周筑有寨墙而得名。1958年隶属龚营大队；1959年隶属徐寨大队；1984年隶属徐寨村至今。村委会驻地。东邻余庄社区，南界七方镇崔岗村崔岗，西至襄州区程河镇众营村众营，北连光寺村光寺。总面积1.7平方千米，耕地面积160公顷。168户，990人。主产小麦、玉米、杂粮。村落形态呈团状，房屋结构以楼房为主。

薛场村【Xuēchǎngcūn】

　　以薛场自然村命名。1958年为成立联盟大队，隶属燎原公社；1961年为薛场大队，隶属杨垱区；1975年隶属罗岗社区；1984年为薛场村，隶属罗岗区；1987年隶属徐寨乡；1997年隶属徐寨镇；2001年隶属杨垱镇至今。位于镇政府西南9.6千米。东邻七方镇朱寨村，南界龚营村，西至余庄居委会，北连桃园村。辖5个自然村，总面积6.45平方千米，耕地面积467公顷。612户，2680人。主产玉米、小麦、旱稻。罗徐路穿村而过，村委会驻薛场。

上汪【Shàngwāng】　　以方位和姓氏综合命名。因汪姓居南北，该村在北而得名。1958年隶属联盟大队；1984年隶属薛场至今。位于村委会南1.5千米。东邻七方镇朱寨村朱寨，南界七方镇下汪村下汪，西至余庄社区居委会，北连朱楼。总面积1.1平方千米，耕地面积81公顷。115户，560人。主产玉米、小麦、旱稻。村落形态呈散状，房屋结构以平房和楼房为主。

薛场【Xuēchǎng】　　以姓氏命名。因薛姓聚居且村内原设有饭店和停车场而得名。1958年隶属联盟大队；1984年隶属薛场村至今。村委会驻地。东邻七方镇朱寨村张庄，南界七方镇朱寨村朱寨，西至朱王庄，北连桃园村小桃园。总面积2.55平方千米，耕地面积147公顷。196户，850人。主产玉米、小麦、旱稻。村落形态呈散状，房屋结构以平房和楼房为主。

杨岗【Yánggǎng】　　以姓氏和地形综合命名。因杨姓聚居岗上而得名。1958年隶属联盟大队；1984年隶属薛场村至今。位于村委会东北1.6千米。东邻七方镇何湾村何湾，南界七方镇朱寨村朱寨，西至桃园村小桃园，北连桃园村大桃园。总面积1平方千米，耕地面积87公顷。87户，410人。主产玉米、小麦、旱稻，兼种果蔬。村落形态呈团状，房屋结构以平房和坡房为主。

朱楼【Zhūlóu】　　以姓氏和建筑物综合命名。因朱姓聚居且村内有一座炮楼而得名。1958年隶属联盟大队；1984年隶属薛场村至今。位于村委会西500米。东邻薛场，南界汪营村上汪营，西至朱王庄，北连桃园村小桃园。总面积0.9平方千米，耕地面积76公顷。107户，430人。主产玉米、小麦、旱稻，兼种果蔬。村落形态呈散状，房屋结构以平房和坡房为主。

朱王庄【Zhūwángzhuāng】　　以姓氏命名。因朱、王两姓聚居一村而得名。1958年隶属联盟大队；1984年隶属薛场村至今。位于村委会西500米。东邻薛场，南界汪营村上汪营，西至龚营村郝庄，北连朱楼。总面积0.9平方千米，耕地面积76公顷。107户，430人。主产玉米、小麦、旱稻，兼种果蔬。村落形态呈散状，房屋结构以平房和坡房为主。

闫宋村【Yánsòngcūn】

　　以闫庄、宋庄自然村命名。因闫、宋两姓聚居而得名。1958年成立闫庄大队和宋庄大队，隶属燎原公社；1961年隶属杨垱区；1975年隶属杨垱公社；1984年为闫庄村和宋庄村，隶属杨垱镇；2003年闫庄村和宋庄村合并为闫宋村，隶属杨垱镇至今。位于镇政府西北9千米。东邻牛庄村，南界官亭村，西至郝棚村，北连龚庄村。总面积3.56平方千米，耕地面积201.2公顷。279户，1370人。主产小麦、玉米，兼种旱稻、芝麻、花生等。村委会驻宋庄。

丁刘庄【Dīngliúzhuāng】 以姓氏命名。因丁、刘两姓聚居而得名。1958年隶属宋庄大队；1984年隶属宋庄村；2003年隶属闫宋村至今。位于村委会南300米。东邻官亭村大张，南界官亭村王桥，西至郝棚村郝棚，北连宋庄。总面积0.45平方千米，耕地面积25.6公顷。47户，300人。主产玉米、小麦、旱稻，兼种果蔬。村落形态呈线状，房屋结构以楼房为主。

后张【Hòuzhāng】 以方位和姓氏综合命名。因张姓分居南北两村，此村在北而得名。1958年隶属宋庄大队；1984年隶属宋庄村；2003年隶属闫宋村至今。位于村委会西北3千米。东邻宋庄，南界前张，西、北连唐河县龙潭镇何庄村大何庄。总面积0.51平方千米，耕地面积29.1公顷。29户，140人。主产玉米、小麦、花生。村落形态呈团状，房屋结构以平房为主。

刘荣庄【Liúróngzhuāng】 以人名命名。因一个名叫刘荣的人最早在此定居而得名。1958年隶属宋庄大队；1984年隶属宋庄村；2003年隶属闫宋村至今。位于村委会西400米。东邻宋庄，南界郝棚村郝棚，西至陈寨村陈寨，北连前张。总面积0.56平方千米，耕地面积32公顷。45户，230人。主产玉米、小麦、花生。村落形态呈线状，房屋结构以楼房为主。

前张【Qiánzhāng】 以方位和姓氏综合命名。因张姓分居南北两村，此村在南而得名。1958年隶属宋庄大队；1984年隶属宋庄村；2003年隶属闫宋村至今。位于村委会西北1.2千米。东邻宋庄，南界刘荣，西至陈寨村陈寨，北连后张。总面积0.54平方千米，耕地面积30.5公顷。36户，200人。主产玉米、小麦、花生。村落形态呈团状，房屋结构以楼房为主。

宋庄【Sòngzhuāng】 以姓氏命名。因宋姓聚居而得名。1958年隶属宋庄大队；1984年隶属宋庄村；2003年隶属闫宋村至今。村委会驻地。东邻闫庄，南界丁刘，西至刘荣，北连龚庄村龚庄。总面积0.68平方千米，耕地面积38.7公顷。48户，250人。主产玉米、小麦、旱稻，兼种果蔬。村落形态呈散状，房屋结构以楼房为主。

闫庄【Yánzhuāng】 以姓氏命名。因闫姓聚居而得名。1958年隶属闫庄大队；1984年隶属闫庄村；2003年隶属闫宋村至今。位于村委会东500米。东邻牛庄村牛庄，南界官厅村大张，西至宋庄，北连龚庄村龚庄。总面积1.5平方千米，耕地面积84公顷。122户，500人。主产玉米、小麦、花生，兼种果蔬。村落形态呈线状，房屋结构以平房和楼房为主。

杨田村【Yángtiáncūn】

以杨田自然村命名。1958年为杨田大队，隶属燎原公社；1961年隶属杨垱区；1975年隶属杨垱公社；1984年为杨田村，隶属杨垱镇至今。位于镇政府东北3.5千米。东邻红沙河村，南界史庄村，西至店子村，北连红沙河村。辖5个自然村，总面积2.87平方千米，耕地面积265公顷。412户，1690人。主产玉米、小麦、花生，兼种杂粮果蔬。村委会驻王田。

凤仪【Fèngyí】 以人名命名。因有个叫凤仪的人最早定居而得名。1958年隶属杨田大队；1984年隶属杨田村至今。位于村委会南 1 千米。东邻史庄村王庄，南界杜庄村杨天贵，西至店子村店子街，北连王田。总面积 0.3 平方千米，耕地面积 25 公顷。50 户，170 人。主产玉米、小麦、水稻、花生。村落形态呈散状，房屋结构以平房、坡房和楼房为主。

简棚【Jiǎnpéng】 以姓氏和建筑物综合命名。因这里原是通往河南省的通道，一简姓人家在此盖了几间草棚，借路过客商吃住，故名。1958 年隶属杨田大队；1984 年隶属杨田村至今。位于村委会南 2 千米。东邻史庄村王庄，南界杜庄杜田庄，西至马庄村马庄，北连店子村店子街。总面积 0.41 平方千米，耕地面积 40 公顷。40 户，240 人。主产玉米、小麦、水稻、花生。村落形态呈散状，房屋结构以平房、坡房和楼房为主。

王田【Wángtián】 以姓氏命名。因王姓聚居而得名。1958 年隶属杨田大队；1984 年隶属杨田村至今。村委会驻地。东邻史庄村牛庄，南界凤仪，西至店子街，北至杨田。总面积 0.6 平方千米，耕地面积 43 公顷。90 户，360 人。主产玉米、小麦、水稻、花生。村落形态呈散状，房屋结构以平房、坡房和楼房为主。

杨田【Yángtián】 以姓氏命名。因杨姓聚居而得名。1958 年隶属杨田大队；1984 年隶属杨田村至今。位于村委会东北 1 千米。东邻史庄村牛庄，南界王田，西至店子街，北连张敬家。总面积 0.85 平方千米，耕地面积 83 公顷。120 户，480 人。主产玉米、小麦、水稻、花生。村落形态呈散状，房屋结构以平房、坡房和楼房为主。

张敬家【Zhāngjìngjiā】 以人名命名。因有个叫张敬的人最早定居而得名。1958 年隶属杨田大队；1984 年隶属杨田村至今。位于村委会东北 2 千米。东邻红沙河村五坊，南界杨田，西至店子街，北连红沙河村李志方。总面积 0.71 平方千米，耕地面积 70 公顷。112 户，440 人。主产玉米、小麦、水稻、花生。村落形态呈散状，房屋结构以平房、坡房和楼房为主。

赵堂村【Zhàotángcūn】

以赵堂自然村命名。1958 年为赵堂村，隶属燎原公社；1961 年隶属杨垱区；1975 年隶属杨垱公社；1984 年为赵堂村，隶属杨垱镇至今。位于镇政府西 3 千米。东邻孙岗村，南界七方镇王庄村，西至樊庄村，北连孙寨村。辖 6 个自然村，总面积 4.4 平方千米，耕地面积 277.4 公顷。537 户，2100 人。主产玉米、小麦、杂粮，兼种果蔬。村委会驻王庄。

杜庄【Dùzhuāng】 以姓氏命名。因杜姓聚居而得名。1958 年隶属赵堂大队；1984 年隶属赵堂村至今。位于村委会西 300 米。东邻王庄，南界赵堂，西至夏庄，北连赵庄。总面积 0.73 平方千米，耕地面积 45.8 公顷。82 户，340 人。主产玉米、小麦、水稻，兼种果蔬。村落形态呈线状，房屋结构以坡房和楼房为主。

王庄【Wángzhuāng】 以姓氏命名。因王姓聚居而得名。1958 年隶属赵堂大队；1984 年隶属赵堂村至今。村委会驻地。东邻赵桥，南界赵堂，西至杜庄，北连孙寨村贾庄。总面积 0.62 平方千米，耕地面积 38.2 公顷。65 户，250 人。主产玉米、小麦、水稻，兼种果蔬。村落形态呈散状，房屋结构以坡房和楼房为主。

夏庄【Xiàzhuāng】 以姓氏命名。因夏姓聚居而得名。1958年隶属赵堂大队；1984年隶属赵堂村至今。位于村委会西1千米。东邻杜庄，南界小河湾村河湾，西至樊庄村张庄，北连赵庄。总面积0.26平方千米，耕地面积16.4公顷。32户，120人。主产玉米、小麦、水稻，兼种果蔬。村落形态呈散状，房屋结构以坡房和楼房为主。

赵桥【Zhàoqiáo】 以姓氏和建筑物综合命名。因赵姓聚居且村南小河上有座石桥而得名。1958年隶属赵堂大队；1984年隶属赵堂村至今。位于村委会东北1.2千米。东邻西村赵楼，南界赵堂，西至王庄，北连孙寨村贾庄。总面积0.38平方千米，耕地面积24.2公顷。59户，230人。主产玉米、小麦、水稻，兼种果蔬。村落形态呈散状，房屋结构以坡房和平房为主。

赵堂【Zhàotáng】 以姓氏和建筑物综合命名。因赵姓聚居村内有座祠堂而得名。1958年隶属赵堂大队；1984年隶属赵堂村至今。位于村委会南1千米。东邻孙岗村孙岗，南界七方镇王庄村付棚，西至夏庄，北连王庄。总面积1.73平方千米，耕地面积109.6公顷。225户，860人。主产玉米、小麦、水稻，兼种果蔬。村落形态呈线状，房屋结构以坡房和楼房为主。

赵庄【Zhàozhuāng】 以姓氏命名。因赵姓聚居而得名。1958年隶属赵堂大队；1984年隶属赵堂村至今。位于村委会西北1千米。东邻王庄，南界杜庄，西至樊庄村徐庄，北连孙寨村邓庙。总面积0.68平方千米，耕地面积43.2公顷。74户，300人。主产玉米、小麦、水稻，兼种果蔬。村落形态呈线状，房屋结构以坡房和楼房为主。

张官村【Zhāngguāncūn】

以张官自然村命名。1958年为张官营大队，隶属燎原公社；1961年隶属杨圬区；1975年隶属杨圬公社；1984年为张官村；1987年隶属徐寨乡；1997年隶属徐寨镇；2001年隶属杨圬镇至今。位于镇政府西北10千米。东邻郝店村，南界刘坡村，西至胡营村，北连张庄村。辖4个自然村，总面积10.5平方千米，耕地面积415.5公顷。570户，2140人。主产小麦、玉米、花生，兼种果蔬。李苍路穿村而过，村委会驻聂庄村。

聂庄【Nièzhuāng】 以姓氏命名。因聂姓聚居而得名。1985年隶属张官大队；1984年隶属张官村至今。村委会驻地。东邻代庄村代庄，南界张官营，西至农场，北连张庄村何庄。总面积1.9平方千米，耕地面积53.3公顷。75户，330人。主产玉米、小麦、花生。村落形态呈线状，房屋结构以楼房为主。

农场【Nóngchǎng】 以建筑物命名。此地原是张官营（小公社）的一个农场，故名。1974年隶属张官营村；1984年隶属张官村。位于村委会西1.5千米。东邻张官营，南界胡营村蚂蚱郭，西至四铺村四铺，北连张庄村何庄。总面积1.1平方千米，耕地面积21公顷。24户，110人。主产玉米、小麦、水稻、花生。村落形态呈线状，房屋结构以楼房为主。

小张官营【Xiǎozhāngguānyíng】 以姓氏命名。因清朝初期从张官营迁来几户人家在此居住，村落较小，故名。1958年隶属张官大队；1984年隶属张官村至今。位于村委会西南2千米。东邻郝店村崔王庄，南界刘坡村张桥，西至胡营村蚂蚱郭，北连张官营。总面积1平方千米，耕地面积39.5公顷。43户，180人。主产玉米、小麦、水稻。村落形态呈线状，房屋结构以楼房为主。

张官营【Zhāngguānyíng】 以传说命名。因清朝年间张应科迁徙此地定居，故名。1958年隶属张官大队；1984年隶属张官村至今。位于村委会西南100米。东邻郝店村崔王庄，南界刘坡村张桥，西至胡营村蚂蚱郭，北连聂庄。总面积6.5平方千米，耕地面积301.7公顷。428户，1520人。主产玉米、小麦、水稻，兼种果蔬。村落形态呈线状，房屋结构以楼房为主。

张庄村【Zhāngzhuāngcūn】

以张庄自然村命名。1958年为张庄大队，隶属燎原公社；1961年隶属杨垱区；1975年隶属杨垱公社；1984年为张庄村，隶属杨垱镇；1987年隶属徐寨乡；1997年隶属徐寨镇；2001隶属杨垱镇至今。位于镇政府西北13千米。东邻代庄村，南界张官村，西至四铺村，北连夏庄村。辖3个自然村，总面积2.8平方千米，耕地面积232.66公顷。423户，1950人。主产小麦、玉米、水稻。杨石路穿村而过，村委会驻张庄。

何王庄【Héwángzhuāng】 以姓氏命名。因何、王两姓聚居而得名。1958年隶属张庄大队；1984年隶属张庄村至今。位于村委会西500米。东邻胡洼，南界张官村聂庄，西至四铺村四铺，北连夏庄村黑龙庙。总面积1.15平方千米，耕地面积95.54公顷。169户，780人。主产玉米、小麦、旱稻，兼种果蔬。村落形态呈散状，房屋结构以坡房和楼房为主。

胡洼【Húwā】 以姓氏和地形综合命名。因胡姓居住在地势低洼处而得名。1958年隶属张庄大队；1984年隶属张庄村至今。位于村委会东南400米。东邻代庄村代庄，南界张官营村聂庄，西至何王庄，北连张庄。总面积0.86平方千米，耕地面积71.87公顷。101户，530人。主产玉米、小麦、水稻，兼种果蔬杂粮。村落形态呈散状，房屋结构以坡房和楼房为主。

张卜庄【Zhāngbǔzhuāng】 以姓氏命名。因张、卜两姓聚居而得名。1958年隶属张庄大队；1984年隶属张庄村至今。位于村委会北300米。东邻代庄村代庄，南界胡洼，西至何王庄，北连夏庄村黑龙庙。总面积0.79平方千米，耕地面积65.25公顷。153户，640人。主产玉米、小麦、水稻，兼种果蔬。村落形态呈散状，房屋结构以坡房和楼房为主。

仲庄村【Zhòngzhuāngcūn】

以仲庄自然村命名。1958年为仲庄大队，隶属燎原公社；1961年隶属杨垱区；1975年隶属杨垱公社；1984年为仲庄村，隶属杨垱镇至今。位于镇政府西北7千米。东邻马庄村，南界孙寨村，西至官厅村，北连牛庄村。辖5个自然村，总面积3.37平方千米，耕地面积273.32公顷。838户，1320人。主产玉米、小麦、花生，兼种薄荷，发展养殖业。杨石路穿村而过，村委会驻仲庄。

后李【Hòulǐ】 以姓氏命名。原为侯、李两姓同居，称"侯李"，后侯姓家族衰落，李姓独居，后"侯"改成"后"得此名。1958年隶属仲庄大队；1984年隶属仲庄村至今。位于村委会西北400米。东邻柳庄，南界仲庄，西、北连官厅村大张。总面积0.53平方千米，耕地面积40公顷。200户，210人。主产玉米、小麦、花生。村落形态呈散状，房屋结构以坡房和楼房为主。

柳庄【Liǔzhuāng】 以姓氏命名。因柳姓聚居而得名。1958年隶属仲庄大队；1984年隶属仲庄村至今。位于村委会北200米。东邻仲庄，南界线台李，西至后李，北连闫宋村闫庄。总面积0.5平方千米，耕地面积40公顷。58户，180人。主产玉米、小麦、花生，兼发展水泥业。村落形态呈散状，房屋结构以坡房和楼房为主。

栾庄【Luánzhuāng】 以姓氏命名。因栾姓聚居而得名。1958年隶属仲庄大队；1984年隶属仲庄村至今。位于村委会东500米。东邻马庄村杨庄，南界线台李，西至柳庄，北连牛庄村牛庄。总面积0.87平方千米，耕地面积73.33公顷。90户，350人。主产玉米、小麦、花生，兼发展养殖业、渔业。村落形态呈散状，房屋结构以坡房和楼房为主。

线台李【Xiàntáilǐ】 以姓氏和职业综合命名。东汉时期此地是一个集镇，有家李姓摆摊卖线出名，故名。1958年隶属仲庄大队；1984年隶属仲庄村至今。位于村委会南600米。东邻马庄村马庄，南界孙寨村孙寨，西至官厅村大张，北连仲庄。总面积0.67平方千米，耕地面积53.33公顷。210户，260人。主产玉米、小麦、花生，兼发展养殖业。村落形态呈散状，房屋结构以坡房和楼房为主。

仲庄【Zhòngzhuāng】 以姓氏命名。因仲姓聚居而得名。1958年隶属仲庄大队；1984年隶属仲庄村至今。村委会驻地。东邻栾庄，南界线台李，西至官厅街，北连柳庄。总面积0.8平方千米，耕地面积66.66公顷。280户，320人。主产玉米、小麦、花生，兼种薄荷。村落形态呈散状，房屋结构以坡房和楼房为主。

第三篇　城镇街巷

【Chéngzhèn Jiēxiàng】

第三篇　诚真街巷
【Chengzhen Jiexiang】

第一章 城区街巷

发展大道【Fāzhǎn Dàdào】 寓意枣阳经济、社会快速发展。始建于2010年（改线后的原316国道），东西走向，东起环城街道东郊村新庄，西止316国道蔡阳路口，横跨沙河，长9.5千米，宽80米，沥青路面。与中兴大道、人民路、光武大道相交。为物流通道。

复兴大道【Fùxīng Dàdào】 寓意通往中华民族伟大复兴之路。原称花园路，2010年改扩建后更为现名。东西走向，东起中兴大道，西止西三环路，长4.5千米，宽100米，水泥路面。与中兴大道、人民路相通，为物流通道。

和谐大道【Héxié Dàdào】 寓意城市、社会和谐发展。始建于2010年，东西走向，东起中兴大道，西至光武大道，长810米，宽30米，水泥路面。与中兴大道、人民路、光武大道相交。为物流通道。

光武大道【Guāngwǔ Dàdào】 以历史人物命名。因枣阳为汉光武帝刘秀的故乡，故名。始建于1967年，经先后5次改、扩建。南北走向，北起春陵商场，南止火车站，长5.2千米，宽50米，沥青路面。与复兴大道、和谐大道、316国道、新华路、建设路相交。沿路有水利局、工会、人和小区、中医院、农机学校、看守所、卫校等单位和建筑。为市区通往火车站的主干道，人流、车流量大。

中兴大道【Zhōngxīng Dàdào】 因此路通往"龙飞白水、光武中兴"的发源地吴店镇而得名，寓意新时代的枣阳繁荣昌盛，为福银高速公路连接线。始建于2005年，南北走向，南起福银高速166出口处，北至216省道钟庄，长18.6千米，宽80米，沥青路面。原名东环路，2010年更为现名。与民族路、书院街、建设路、316国道、和谐大道、复兴大道相交，与寺沙省道、福银高速相接。沿道有新地税大楼（综合办公大楼）、国际大酒店、东方明珠城小区、国际商城、一医院（新院）、御景豪庭小区、汉城、百盟等单位和建筑。为辖区外重型货车主通道，市区新中心区域。

襄阳路【Xiāngyáng Lù】 因其为枣阳通往襄阳的出口而得名。始建于1958年，东西走向，东起南关，西止红旗桥，长2.5千米，宽40米，沥青路面。与南阳路、新华路相交。沿路有财富广场、金兰集团、枣阳汽车站、交通局等。人流、车流量大，是交通要道。

建设路【Jiànshè Lù】 寓意城市规模扩大，道路质量提升。始建于1976年（分中、东、西三段），东西走向，西起宋庄，东止中兴大道，长2.47千米，宽30米，水泥路面。与新华路、光武大道、人民路、中兴大道相交。沿路有福田公司、宜都花园小区、第二中学、供电公司等单位和建筑。为市区东西走向交通主干道之一。

新华路【Xīnhuá Lù】 因路过原新华书店而得名。始建于1984年，南北走向，南起人民路，北止科技孵化园，长5.6千米，宽40~60米，沥青路面。与光武大道、建设西路、襄阳路、前进路相交。沿路有广电局、人和国际小区、枣阳市标、第二实验小学、新华桥、万象城、水果大市场、福音堂、牲畜市场等单位和建筑。为市区主干道。

南阳路【Nányáng Lù】 因通往南阳的主干道而得名。始建于1975年，称西关路，1984年扩建，更为现名。南北走向，南起襄阳路，北止羔儿桥，长1.4千米，宽40米，沥青路面。与襄阳路、大西街、民族路、书院街、前进路相交。沿路有地税局、有线电视台、畜牧局、建材大市场等单位和建筑。

人民路【Rénmín Lù】 寓意"人民城市人民建，人民修路为人民"。始建于1985年，先后5次扩建。南北走向，北起书院街，南止复兴大道，长5.6千米，宽32米，沥青路面。与书院街、朝阳路、建设路、新华路、和谐大道、复兴大道相交。沿路有卫计局、国土局、环保局、司法局、人社局、国税局、法院、检察院等单位。为市区主干道，人流、车流量大。

顺城路【Shùnchéng Lù】 因通往顺城居民小区而得名。原称顺城街，1983年改建为水泥路面，1985年北延至民族路。南北走向，南起书院桥西头，北止民族路，长1.35千米，宽20米。与书院街、民族路相交。沿路有特校、电大、一中、实验中学等学校，为教育重点区域。

民族路【Mínzú Lù】 因回族居民聚居而得名。1962年后逐渐改为砂石路，1985年硬化为水泥路，现为沥青路面。东西走向，东起原振动器厂，西止南阳路，长2.5千米，宽30米。与南阳路、顺城路相交。沿路有卫生防疫站、三小、一中、高级中学、蓝带啤酒厂等单位。

园林路【Yuánlín Lù】 因园林局驻此路而得名。始建于1985年，东西走向，东起中医院，西止烈士陵园，长560米，宽15米，水泥路面。与光武大道相交。沿路有中医院、园林局、福利院等单位。为通往烈士陵园的主要道路。

朝阳路【Cháoyáng Lù】 此路为东西走向，寓意向着朝阳升起的地方。始建于1986年，东起人民路，西止沿河东路，长300米，宽12米，沥青路面。与人民路、沿河东路相交。沿路有市委市政府办公大楼、信访局、宏刚超市、滚水法治文化广场等单位和建筑。为市民休闲娱乐、散步锻炼的去处。

前进路【Qiánjìn Lù】 寓意各项事业快速向前发展。始建于1970年，称西园路，1983年、1985年、1992年三次改、扩建。东西走向，东起南阳路，西止茶棚，长3.2千米，宽30米，沥青路面。与南阳路、新华路、上海路相交。沿路有军休所、丽都小区、交通局、住建局、人民银行、开发区管委会等单位和建筑。

民主路【Mínzhǔ Lù】 始建于1975年，原称政法街，因检察院、公安局位于此街，1996年更为现名。东西走向，东起中兴大道，西止新华路，长2.15千米，宽30米，水泥路面。与中兴大道、人民路、光武大道、新华路相交。沿路有保险公司、公安局、烟草公司、工交幼儿园、化肥厂、建筑公司、工商管理局、党校、四中等单位和建筑。为城区东西走向的交通干道。

沿河南路【Yánhé Nánlù】 因位于城区沙河南岸而得名。始建于1997年，东西走向，东起光武桥，西止西环二路，长2.12千米，宽12米，水泥路面。与新华路相交。沿路有建筑公司、石油公司、新华桥等，为市民休闲观光之处。

沿河北路【Yánhé Běilù】 因位于城区沙河北岸而得名。始建于1997年，东西走向，东起光武桥，西止西环二路，长2.02千米，宽9米，水泥路面。与新华路相交。沿路有万象城、公路管理局、新华桥。为市民休闲观光、散步晨练的去处。

沿河东路【Yánhé Dōnglù】 因位于城区沙河东岸而得名。始建于1997年，南北走向，南起光武桥，北止书院桥，长1.87千米，宽12米，沥青路面。与书院街、朝阳路相交。沿路有泜水公园、泜水法治文化广场、泜水小区、星光美食街、龙宫馆等建筑和场所。为市民休闲娱乐、散步锻炼的中心区域。

沿河西路【Yánhé Xīlù】 因位于城区沙河西岸而得名。始建于1998年，南北走向，南起光武桥，北止书院桥，长1.71千米，宽9米，水泥路面。与油坊巷、大东街、书院街相交。沿路有特产局家属院、能源公司、自来水公司等单位和建筑。为市民休闲散步的去处。

西环一路【Xīhuán Yīlù】 为环绕城西的第一环路，故名。2010年扩修南延长线，南北走向，南起复兴大道，北止福田路，长1.5千米，宽40米，水泥路面。与复兴大道和福田路相交。为物流通道。

西环二路【Xīhuán Èrlù】 为环绕城西的第二环路，故名。2010年命名。南北走向，南起建设西路，北止民族西路，长2.6千米，宽42米，水泥路面。与民族西路和建设西路相交，过西三环沙河大桥。为物流通道。

润阳路【Rùnyáng Lù】 寓意太阳滋润万物。始建于2010年，东西走向，东起福田路与西二环交会处，西止发展大道（316国道），长800米，宽40米，水泥路面。与发展大道、新华路相交。为物流通道。

书院街【Shūyuàn Jiē】 为历史老街，因邻近舂陵书院而得名。始建于1958年，经6次改、扩建，东西走向，东起环城街道八里坡，西至新华路，长6.2千米，宽40米，沥青路面。与中兴大道、人民路、沿河路、南阳路、新华路相交。沿街有人武部、行管局、审计局、民政局、财政局、教育局、北城街道办事处、书香苑小区、春晖小区、国际大酒店、国际商城、第七中学等单位和建筑。为市区主干道，人流、车流量大。

大北街【Dàběi Jiē】 因位于老城区南北大街的北部而得名。始建于1953年，1973年、1975年两次扩建。南北走向，南起大十字街，北止北门口，长367米，宽20米，沥青路面。与大南街、大东街、大西街、书院街相交。沿街有供销社、邮电局、北城街道办事处等单位，店铺密集，人流量大。3路、8路公交设站点。

大南街【Dànán Jiē】 因位于老城区南北大街南部而得名。1973年由土路改为柏油路，1985年二次扩修。南北走向，北起大十字街，南止丰源商场，长500米，宽25米，沥青路面。与大北街、大东街、大西街、光武路相交。沿街有粮食局、建设银行、盛源商场、白马商城等单位和建筑。为商贸中心，人流量大。3路、8路公交设站点。

大东街【Dàdōng Jiē】 因位于老城区东西大街东部而得名。始建于1953年，1974年、1985年两次扩建。东西走向，东起朝阳桥，西至大十字街，长260米，宽20米，沥青路面。与大西街、大北街、大南街、沿河西路相交。沿街有商务局、文体局、影剧院等单位和建筑。为市民文化娱乐中心地带。

大西街【Dàxī Jiē】 因位于老城区东西大街西部而得名。始建于1958年，经1974年、1985年两次扩建。东西走向，东起大十字街，西止南阳路，长430米，宽25米，沥青路面。与大东街、大南街、大北街、南阳路相交。沿街有邮电局、一医院（老院）、农业银行等单位。

北关街【Běiguān Jiē】 因位于老城北门出口而得名。始建于1947年，南北走向，北起民族路，南止北门口。长500米，宽8米，沥青路面。与民族路、书院街相交。沿街有九龙菜市场。商铺密集，是果蔬、水产品交易中心，人口流动量大。

南关街【Nánguān Jiē】 因位于老城南出口而得名。初形成于中华人民共和国成立前，1982年改建。东西走向，东起大南街中段，西止南关小学，长300米，宽4米，水泥路面。与大南街、南阳路相交。沿街有康复诊所、南关小学。

商业步行街【Shāngyè Búxíngjiē】 以功能和特点综合命名。2004年市政府招商引资，将原居民区改建为商业、休闲、小吃为主导的步行街。东西走向，东起大南街，西止南阳路，长840米，宽15米，水泥路面。与大南街和南阳路相交。沿街两旁商户密集，建筑统一规划，设计风格各异，装饰精美，以销售品牌商品为主。

东关街【Dōngguān Jiē】 因位于老城区小东门外而得名。形成于中华人民共和国成立前，1982年改扩建。南北走向，北起小东门，南止东关码头，长800米，宽7米，水泥路面。与大东街、沿河西路相交。现为居民休闲散步、果蔬交易的场所。

小南街【Xiǎo Nánjiē】 因平行于大南街而得名。形成于中华人民共和国成立前，1978年改建。南北走向，北起小十字街，南止城关工商所，长400米，宽12米，水泥路面。与大东街、大南街、小北街相交。沿街有水利局（老院）、一实小。店铺以经营学生文体用品和食品为主。

小北街【Xiǎo Běijiē】 因平行于大北街而得名。形成于中华人民共和国成立前，1986年改建。南北走向，南起大东街，北止书院街，与大东街、书院街、小南街相交。沿街有九源宾馆（老一招）、农业局、香港广场、市直一幼等单位和建筑。店铺多以经营鲜花、扎彩车为主。

油坊巷【Yóufáng Xiàng】 因巷内开有多家油坊而得名。1982年改建，东西走向，东起东关街，西止二医院，长275米，宽12米，水泥路面。与大南街、沿河西路相交。巷内设有农贸批发市场，商户众多，以经营果蔬、冷冻食品为主，有日用杂货、渔具专营。

韦家巷【Wéijiā Xiàng】 因中华人民共和国成立前有韦姓居住而得名。初建于1947年，1980年改建。东西走向，东起大北街，西止一医院东外墙（老卫生防疫站），长170米，宽12米，水泥路面。与大北街相交。沿巷有西北街居委会、市博物馆（香草亭）、中百超市（原二招）等单位和建筑。餐饮、服务业、商贸经营居多，人流量大。

清真巷【Qīngzhēn Xiàng】 以清真寺所在地命名。1985年前为土路，后硬化为水泥路。东西走向，东起顺城路，西止西城壕边，长270米，宽6米。与顺城路相交，巷内有清真寺，为回族居民聚居区域和活动的重要场所。

赵家巷【Zhàojiā Xiàng】 因赵姓曾在此巷居住而得名。1975年改建，东西走向，东起小北街，西止供销社，长150米，宽12米，水泥路面。与大北街、小北街相交。巷子两旁多为个体经营门面。

学府巷【Xuéfǔ Xiàng】 因学府花苑小区位于此巷而得名。2010年命名，东西走向，东起沙河边，西止顺城路特校南侧，长600米，宽6米，水泥路面。

益寿巷【Yìshòu Xiàng】 有老干部活动中心坐落，寓意着对年长之人的祝福，故名。始建于1979年，南北走向，南起老干部活动中心，北止保险公司，长206米，宽10米，水泥路面。与民主路、益寿路相交。

益寿路【Yìshòu Lù】 有老干部活动中心坐落，寓意着对年长之人的祝福，故名。始建于1979年，东西走向，东起光武大道，西止新华路，长437米，宽15米，水泥路面。与新华路、光武大道相交。沿路有老干部局、老干部活动中心、农贸市场等单位和建筑。贸易活跃，人流量大。

姑娘巷【Gūniáng Xiàng】 因附近有姑娘村而得名。2010年命名，南北走向，南起民主路四中东侧，北止星光美食街，长500米，宽6米，水泥路面。与民主路和星光美食街相交。沿路多为小吃店铺。

清泉巷【Qīngquán Xiàng】 因临近沙河而得名。始建于1982年10月，东西走向，东起原县油脂公司，西止城关家具厂，长325米，宽10米，水泥路面。与幸福巷和光武大道相交。巷内有原枣阳酒厂、油厂等单位。为酒类营销中心区域。

幸福巷【Xìngfú Xiàng】 寓意居民生活幸福。始建于1986年8月，南北走向，南起劳动人事局，北止原县油脂公司，长293米，宽11米，水泥路面。与清泉巷、民主路相交。有酒类、油脂店铺。

新雅巷【Xīnyǎ Xiàng】 因邻近新雅饭店而得名。始建于1986年，南北走向，南起新雅饭店，北止第三中学。长665米，宽11米，水泥路面。与襄阳路、前进路相交。为特色小吃一条街，餐旅、服务业发展较好。

五金巷【Wǔjīn Xiàng】 因邻近五金工具厂而得名。始建于20世纪80年代，南北走向，南起五金工具厂，北止前进路，长570米，宽7米，水泥路面。与襄阳路、前进路相交。为小商品一条街。

向阳巷【Xiàngyáng Xiàng】 寓意小巷向阳而生，前途光明。2010年命名，东西走向，东起新雅巷巨星信用社南侧，过五金巷、西环一路，西止四海巷，长2.3千米，宽10米，水泥路面。与新雅巷、四海巷相交。巷内分布有居民楼和小商店。

四海巷【Sìhǎi Xiàng】 因毗邻四海公司而得名。2010年命名，南北走向，南起襄阳路四海公司西侧，北止前进路，长1千米，宽6米，水泥路面。与襄阳路、前进路相交。沿巷居民聚居，多经营服务业。

健康巷【Jiànkāng Xiàng】 因邻近健康诊所而得名。2010年命名，南北走向，南起襄阳路金兰集团东侧，北止广源巷，长1.5千米，宽5米，水泥路面。与襄阳路相交。巷内多经营小商品和服务业。

靳庄巷【Jìnzhuāng Xiàng】 因靳庄村而得名。2010年命名，南北走向，南起沿河北路，北止襄阳路，长500米，宽4米，水泥路面。与襄阳路相交。此巷居民聚居，有发展餐饮和零售业。

孔庄巷【Kǒngzhuāng Xiàng】 因孔庄村而得名。2010年命名，南北走向，南起前进路北城法庭东侧，北止茶棚村一组，长1.5千米，宽5米，水泥路面。与前进路相交。有发展餐饮、服务业。

第二章 乡镇街巷

第一节 琚湾镇街巷

人民街【Rénmín Jiē】 寓意"人民集镇人民建,建好集镇为人民"。始建于1984年,后向东西延伸,1987年铺为油渣路面,1995年硬化为水泥路面。1993年命名为人民街。东西走向,东起东河沟,西止原聚金市场西侧,全长1千米,宽34米。与东街巷、复兴街、水厂巷、交通路相交。沿街有广播电视服务中心、农行分理处、邮政支局、琚西社区等单位。街道主要建筑有广播电视大楼和电视高塔。

朝阳街【Cháoyáng Jiē】 寓意人民生活兴旺。1993年命名为朝阳街。东段于中华人民共和国成立前修建,西段于1988年修建,东西走向,东起东街东园桥,西止交通路西侧,长980米,宽20~25米。1992年后逐步整修为水泥路面。沿街有镇中心小学、镇一中、镇政府、卫生院等单位。与东街巷、复兴街、水厂巷、中心街、交通路相交。主要建筑有政府办公楼、卫生院大楼等。

中心街【Zhōngxīn Jiē】 1993年以街道位于集镇中心命名。南北走向,南段建于清初,北段于1984年后逐步延伸为水泥路面。南起滚河桥头,北止沟北交引凤街,长1.35千米,宽15~25米。沿街有住建分局、畜牧兽医服务中心、宏刚超市等单位,主要建筑有原供销社商场。

引凤街【Yǐnfèng Jiē】 为发展工商业,招商引资"垒凤巢"建此街,故名。始建于1992年,东起东街巷,西止沟北交通路,长750米,宽32米,水泥路面。沿街有镇中心学校、计生服务中心、财政所等单位,有财政所办公大楼、计生服务大楼等建筑。

第二节 刘升镇街巷

东兴街【Dōngxīng Jiē】 1992年命名时,选"兴旺昌盛"四字分别与此镇四条主街搭配作专名,以街作通名(下同)。始建于1975年,东西走向,东起刘升小学,西止十字街,长750米,宽29米,硬化路面宽12米。与十字街相交。沿路有刘升小学、原粮管所等单位,有刘升农贸市场。穿越东河,为该镇商贸中心。为刘吴路（随县吴山镇）出入口。

西旺街【Xīwàng Jiē】　始建于1975年，1992年命名。东西走向，东起十字街，西止王湾村石拱河，长950米，宽29米，硬化路面宽12米。与王湾村石拱河相交，沿途有镇政府、财政所、水管站、原供销社、变电所、电信支局、镇初级中学等单位。是为民服务的一条街道。

南盛街【Nánshèng Jiē】　始建于1975年，1992年命名。长940米，宽29米，硬化路面宽12米。与十字街相交。沿途有交管站、派出所、卫生院等单位，汽车站位于中段。此街是刘枣路的出入口。

北昌街【Běichāng Jiē】　始建于1975年，1992年命名。南北走向，南起十字街，北止畜牧站，长1千米，宽29米，硬化路面宽12米。与王湾村五里桥相邻。沿街有粮管所、食品所、农商行、工商所、棉花站、城建办、计划生育服务站、畜牧站等单位。为刘鹿路出入口。

第三节　平林镇街巷

平宋路【Píngsòng Lù】　为平林至宋集的一段路，故名。始建于20世纪50年代，南北走向，南起老烟站，北止平林新大桥，长2.2千米，宽40米，水泥路面。与中心路相交，沿途有镇政府、法庭、派出所、汽车站、农商银行等单位。有家缘超市、农贸市场，街道宽阔，是居民通行的要道。

中心路【Zhōngxīn Lù】　位于平林集镇中心，故名。始建于1984年，东西走向，东起河灌楼，西止平林派出所，长800米，宽30米，水泥路面。与平宋路、商业街相交。沿途有卫生院、财政所、民政办、国土所、文体中心、邮政支局、电信支局等单位。有平林商场、特色小吃店铺，是市民通行主干道。

商业街【Shāngyè Jiē】　此街是平林商贸中心，故名。始建于1986年，南北走向，南起平林住建分局，北止平林汽车站，长700米，宽30米，水泥路面。与平宋路、平林村老大桥相交，沿途有镇中学、住建分局等单位。有服装餐饮、五金日杂，街道宽阔，是居民经商的首选地。

第四节　王城镇街巷

盛隆大道【Shènglóng Dàdào】　民营企业家谢元德靠七把砌刀从王城镇起家，最终在北京成立了盛隆电器集团公司，以此命名作纪念。始建于1959年，东西走向，东起北家岗中心福利院，西止王资路，全长1.7千米，宽28米，沥青路面。与建设路、振兴街相交。沿路有镇政府、中心学校、卫生院、邮政支局、财政所、镇小学、工商分局、供电所、司法所、城建分局、国土所、经管站等单位。该路是王城镇的主干街道，为居民进行商贸活动的中心。

振兴街【Zhènxīng Jiē】　改革开放后兴建的商业街，寓意着振兴经济，故名。始建于1984年，南北走向，南起昆水路，北止盛隆大道，长250米，宽32米。水泥路面。沿路有计生服务中心、广电文化中心、农村商业银行等单位。为王城街逢双日进行农贸交易的场所，街道繁华。

建设南路【Jiànshè Nánlù】 按街道发展规划新建的一条主干道，因位于盛隆大道南端，故名。始建于 2008 年，南北走向，南起王九路，北止盛隆大道中段，长 1.2 千米，宽 27 米，水泥路面。沿路有王城街道社区、幼儿园、文化广场、派出所、人社中心、农技站等单位。居民以经商为主。

王资路【Wángzī Lù】 为王城到资山的出口段（现 272 省道），故名。始建于 1965 年，南北走向，南起安家桥，北止大桥河，盛隆大道节点，长 2.5 千米，宽 32 米，水泥路面。与王九路、荷花街、高速公路入口、王官路相交。沿途有石化加油站、液化气站、农机站、交管站、高速公路收费站、道班、织布厂等单位和企业。为居民通行主干道之一。

第五节　吴店镇街巷

荷花南街【Héhuā Nánjiē】 据史料记载，此处系原吴店护城河，河里种植荷花，因在荷花池南，故名。始建于 1985 年，东西走向，东起吴店镇第一中学，西止省道寺沙路，长 1 千米，宽 20 米，水泥路面。与中兴街相交。沿途有粮管所、供销社、税务分局等单位。为此镇历史名街，也是居民通行要道。

荷花北街【Héhuā Běijiē】 据史料记载，此处系原吴店护城河，河里种植荷花，因在荷花池北，故名。始建于 1985 年，东西走向，东起吴店镇第一中学，西止省道寺沙路，长 1 千米，宽 20 米，水泥路面。与中兴街相交。沿途有吴店卫生院、晓琳药店、城建幼儿园等单位。为此镇历史名街，也是居民通行要道。

皇城路【Huángchéng Lù】 据史料记载，此处是通向刘秀起兵屯兵处皇村的唯一通道，故名。始建于 1950 年，东西走向，东起皇村，西至寺沙路，长 6 千米，宽 15 米，水泥路面。与中兴街相交。沿途有吴店一中、镇中心小学、财政分局、税务分局、中兴农贸市场等。为该镇历史名街，繁华热闹。

白水东路【Báishuǐ Dōnglù】 因是通向历史名胜白水寺风景区的主要道路而得名。始建于 1985 年，东西走向，长 700 米，宽 25 米，沥青路面。东与中兴街相交，西与寺沙路相接。沿途有中心社区、国土所家属院、三资管理中心、原派出所、工贸市场、汽车站等。为居民通行主要道路之一。

白水西路【Báishuǐ Xīlù】 因是通向历史名胜白水寺风景区的主要道路而得名。始建于 1985 年，东西走向，长 1.3 千米，宽 25 米，沥青路面。与寺沙路相接。沿途有中心学校、吴店二中、食品药品管理所、白水高中、白水寺文物管理处等单位。为吴店饮食街、历史名街，繁华热闹，是居民通行的主要道路之一。

金丰路【Jīnfēng Lù】 寓意金色年华、丰产丰收之意。始建于 1998 年，东西走向，东起肖湾五组菜地，西至吴店镇中心幼儿园，长 1 千米，宽 15 米，水泥路面。横穿省道寺沙路，分东、西两段。金丰东路沿途为住户，金丰西路沿途有住户、龙源广场、宇星塑料、吴店派出所、吴店城建综合执法局、吴店法庭、吴店镇中心幼儿园等。为居民通行要道。

第六节　兴隆镇街巷

华阳路【Huáyáng Lù】　因上游有华阳河水库而得名。南北走向，北起华阳河水库，南止星火路，长1.86千米，宽28.6米，水泥路面。与星火路相交。沿途有镇计划生育服务中心、兴隆一中、农业银行、食品所等。

星火路【Xīnghuǒ Lù】　因此路从兴隆镇区通往兴隆火车站，以"兴"改为"星"而得名。东西走向，东起华阳路，西止教育大道，全长2千米，宽35米，沥青路面。与华阳路、教育大道相交。沿路有镇土管所、百事特制衣厂、中盐集团、镇二小。

盐矿路【Yánkuàng Lù】　因此路通向中盐枣阳盐化有限公司而得名。南北走向，北起316国道，南止镇文化墙，长900米，宽30.4米，水泥路面。沿途有镇中心小学、天才幼儿园、智慧幼儿园等。为该镇小吃一条街。

教育大道【Jiāoyù Dàdào】　因通过镇中心学校而得名。南北走向，南起新兴驾校，北止镇中心福利院，长2千米，宽60米，水泥路面。沿途有镇中心福利院、杨楼社区服务中心、华腾电子厂、中心学校、镇法庭、镇中心卫生院、新兴驾校等。

新鑫大道【Xīnxīn Dàdào】　因位于新鑫社区中心地带而得名。南北走向，南起荣新广场，北止镇行政服务中心，长1.2千米，宽50米，水泥路面。沿途有镇行政服务中心、新鑫社区服务中心、镇广播服务中心等。

发展大道【Fāzhǎn Dàdào】　寓意全镇各项事业飞速发展。东西走向，东起亢老湾村，西止红花村，长2.82千米，宽49米，沥青路面。沿途有新荣亚修配厂、镇政府、邮政所、农贸市场、农商行、邮政储蓄银行、万家福超市、交警队、城建服务中心、镇二中等。

第七节　熊集镇街巷

南北大街【Nánběi Dàjiē】　因先有南街，后有北街，合并为一条大街，南北走向，故名。始建于1977年，南起育才路，北止枣耿路，长3千米，宽8米，水泥路面。与向阳路、金融路、市场南路、市场北路、民营路相交。沿途有熊集镇政府、民政所、派出所、文化体育中心、广播电视服务中心、计划生育服务中心等单位。有农贸市场、百货商店、餐饮店铺等。为该镇商贸中心。

瀴源大道【Yíngyuán Dàdào】　因熊河古称瀴水，故名。始建于1992年，南北走向，南起育才路，北止民营路，长2.5千米，宽12米，水泥路面。与向阳路、金融路、市场南路、市场北路、民营路相交。沿途有财政所、国土资源所、住建分局、熊集中学等。

枣耿路【Zǎogěng Lù】　因枣阳至耿集的公路经过此路段而得名。始建于中华人民共和国成立前，南北走向，南起卢岗桥，北止高庄村廖店路口，长3.4千米，宽8米，水泥路面。沿途有熊集镇中心幼儿园、熊集社区办公室、熊集法庭、邮电支局、邮政储蓄银行、供电站、恒生石化加油站等。

第八节　鹿头镇街巷

金鹿街【Jīnlù Jiē】　因以鹿头古镇地名传说命名。始建于1989年，南北走向，南起雕龙啤酒厂，北止龙窝村，长1.1千米，宽22米，水泥路面。与幸福大道、文化街相交。沿途有雕龙啤酒厂、教育总支、农机站、纸箱厂、鹿头社区、集贸市场等。为该镇的历史名街、商贸中心，街道繁华热闹。

文化街【Wénhuà Jiē】　因街内有镇幼儿园、镇小学、镇中学等坐落，故名。始建于1958年。东西走向，东起杨大桥，西止金鹿街，长1.25千米，宽22米，水泥路面。与人民大道、金鹿街、朝阳街相交。沿途有经管站、财产保险公司、镇小学、镇中学、中心学校、超市、集贸市场等。为该镇历史名街、文化中心。

第九节　新市镇街巷

赤眉街【Chìméi Jiē】　以该镇东北部的赤眉山命名。始建于1985年4月，南北走向，北起新大桥，南止三角公园，长3.6千米，宽25～40米，水泥路面。与九龙街、文化街相交。沿途有镇政府、财政所、民政所、工商所、法庭、土管所、供电所等单位，有家万福大型超市、邮政银行、农行、农商行等金融机构。为该镇主要街道之一，繁华热闹。

九龙街【Jiǔlóng Jiē】　位于集镇中心，风水上为九龙聚宝之地而得名。始建于1985年4月，东西走向，东起镇中心小学，西至杏山，长1千米，宽30米，水泥路面。与赤眉街、朝阳街相交。沿途有大型棚式集贸市场、派出所、经管站等。街道两旁多为商铺，为该镇商贸中心。

文化街【Wénhuà Jiē】　因镇小学、中心学校都在此街而得名。始建于20世纪50年代初，东西走向，东起斜坡，西止老店桥头，长1.55千米，宽15米，水泥路面。与赤眉街相交。沿途有镇卫生院、火青小学、火青中学等单位，为该镇主要街道。

朝阳街【Cháoyáng Jiē】　因此街东方迎着太阳升起而得名。始建于1991年，南北走向，北起朝阳北街外环路，南止朝阳南街外环路，长1.1千米，宽22米，水泥路面。与九龙街相交，沿途有住建分局、六福超市等，街道繁华。为居民通行要道之一。

民兴街【Mínxīng Jiē】　因棉花站位于此街，农民卖棉花，该街深得农民高兴而命名。始建于1991年，南北走向，北起外环路，南止棉花站，长1千米，宽15～30米，水泥路面。与文化街相交。沿途有火青小学。为居民通行要道之一。

第十节 太平镇街巷

寺沙路【Sìshā Lù】 为寺沙省道的一部分,故名。始建于1950年,南北走向,南起超限站,北止余堰路口,长2.5千米,宽12米,水泥路面。沿途有市交警五中队、农商银行、文化宫、电信公司、邮政银行、农业银行、国家电网、超限站等单位。

太平大道【Tàipíng Dàdào】 以太平集镇名称命名。始建于1986年,东西走向,东起李岗小学,西止寺沙路,长630米,宽8米,水泥路面。沿途有烟站、土管所、镇政府、经管站、太平广场、李岗小学等。

向阳路【Xiàngyáng Lù】 寓意向着太阳的路。始建于1980年,南北走向,南起太平大道,北止教育路,长800米,宽12米,水泥路面。沿途有农商银行、税务局、住建分局、农贸市场、农机服务中心等。

第十一节 七方镇街巷

中心街【Zhōngxīn Jiē】 因位于七方集镇中心而得名。始建于1987年,南北走向,北起汉孟路,南止七方大道,长950米,宽20米,沥青路面。与春园路、政府街相交。沿街有人民法庭、好邻居超市,街道繁华热闹,是居民购物、通行的主要道路之一。

政府街【Zhèngfǔ Jiē】 因镇政府位于此街而得名。始建于1984年,东西走向,西起邵家巷,东止东风街,长590米,宽20米,沥青路面。与中心街、朝阳路相交。沿途有邮政支局、文化宫、农机修造厂。为居民文化娱乐活动中心。

七方大道【Qīfāng Dàdào】 以七方集镇命名。始建于2011年3月,东西走向,东起派出所,西止西环路,长2.75千米,宽63米,水泥路面。沿路有派出所、人社中心、镇直中心幼儿园、文化法治广场、瑞源超市、骏绮纺织厂等单位。为居民休闲、娱乐、购物的场所。

春园路【Chūnyuán Lù】 因与园林村相连而得名。始建于1987年,东西走向,东起园林村汉孟路连接处,西止卫生院,长1.35千米,宽35米,水泥路面。与中兴街、朝阳路、汉孟路相交。沿途有卫生院、供销社、商贸城等单位。为居民购物、生活的主要场所。

朝阳路【Cháoyáng Lù】 为本地形成最早的街道,寓意人民生活兴旺。始建于1958年,南北走向,北起粮管所,南止五七堰,长1.29千米,宽20米,沥青路面。与汉孟路、政府街、春园路相交。沿路有粮食加工厂、邮政支局、中心学校、财政所、中心小学、宜家福超市等单位。为居民生活、购物、学生上学的主要场所。

第十二节 杨垱镇街巷

东风街【Dōngfēng Jiē】 因此街位于原东风村境内而得名。始建于1958年,东西走向,东起杜庄村甲保,西止孙岗桥,长2.5千米,宽30米,水泥路面。与明星街、五中路相交。沿路有杨垱镇政府、财政所、派出所、卫生院、国土所等单位。有杨垱农贸市场,为该镇商贸中心,街道繁华热闹。

明星街【Míngxīng Jiē】 因此街位于原明星村境内而得名。始建于1958年,南北走向,南起南环路,北止石台寺管理处。长1.1千米,宽30米,水泥路面。与东风街、北环路相交。沿途有司法所、经管站、计生办、中心小学、农商行等。街道繁华热闹。为居民通行要道之一。

北环路【Běihuán Lù】 因位于杨垱集镇北边而得名。始建于1980年,东西走向,东起东环路,西止五中路。长2.2千米,宽25米,水泥路面。与明星街、五中路相交。沿途有海胜中学等。

五中路【Wǔzhōng Lù】 因原有枣阳市第五高中位于此路段而得名。始建于1958年,南北走向,南起东风街,北止东厂桥,长1.5千米,宽40米,水泥路面。与东风街、北环路相交。沿途有变电站、原枣阳市第五中学等。

第十三节 车河管理区街巷

柳阳大道【Liǔyáng Dàdào】 2001年新命名。据史料记载此地为柳阳县旧址,故名。始建于1984年,南北走向,北起平林镇大余咀村杜家西湾,南止车河砖瓦厂南边。长1.5千米,宽30米,主道宽12米,沥青路面。西北与青峰路(襄洪路)相交,中部与莺河路相交,东南与原襄洪路过街出口相交。沿路有柳阳加油站、车河国土资源管理所、车河卫生院、车河粮站、车河管理区政府、车河人社中心、车河财政所、家缘超市、集贸市场。为车河管理区的主街道,也是经济文化中心,人口集中,较为繁华。

青峰路【Qīngfēng Lù】 位于车河街东北。始建于2005年,2009年以青峰岭山命名。南北走向,南起柳阳加油站,北止车河中心小学,长1千米,宽9米,沥青路面。属襄洪公路路段,是车河连接西北的交通要道,也是教育文化中心。

莺河路【Yīnghé Lù】 始建于2005年,2009年因此路西通莺河水库命名。东西走向,东起柳阳大道中段,西止车河幼儿园,长1千米,宽8米,水泥路面。东段为居住区,西段两侧为花卉苗木栽培区,西端为车河幼儿园。为连接西部各社区的主要通道。

第十四节 随阳管理区街巷

杨岗南街【Yánggǎng Nánjiē】 以街名和方位综合命名。因位于杨岗南端而得名。始建于1984年,南北走向，南起随阳管理区机关，北止九龙店中心十字路口，全长600米，宽20米，沥青路面。沿路有随阳管理区卫生院、集贸市场。街道繁华，是广大居民购物的主要场所。

杨岗北街【Yánggǎng Běijiē】 以街名和方位综合命名。因位于杨岗街北端而得名。始建于1984年，南北走向，南起九龙店中心十字路口，北止老畜牧场，长1.2千米，宽20米，沥青路面。沿路有随阳农场老年公寓。

华阳南路【Huáyáng Nánlù】 因北临华阳河水库而得名。始建于1984年，南北走向，南起第二砖瓦厂，北止九龙店中心十字路口，全长800米，宽20米，沥青路面。沿路有随阳畜牧站。

华阳北路【Huáyáng Běilù】 始建于1984年，南北走向，南起九龙店中心十字路口，北止谢寨村杨家湾，全长1.4千米，宽20米，沥青路面。沿路有随阳管理区中心幼儿园、随阳管理区中心小学、随阳粮站。

第四篇　交通运输类地名
【Jiāotōng Yùnshū Lèi Dìmíng】

第一章 道路运输

第一节 公路运输

福银高速【Fúyín Gāosù】 以起止地地名首字命名。"福"指福州,"银"指银川。公路编号G70。2011年全线通车。途经福建、江西、湖北、陕西、甘肃、宁夏等6个省(自治区),全长2485千米。公路由东向西,于王城镇进入枣阳,在琚湾镇西进入襄州区。境内全长55.5千米,双向4车道,路面宽23.5米,时速120千米/时。在王城、吴店、琚湾设3个收费站。

福兰线【Fúlán Xiàn】 以起止地地名首字命名。"福"指福州,"兰"指兰州。公路编号G316。途径福建、江西、湖北、陕西、甘肃五省,全长2915千米。公路由东向西,于兴隆镇随阳管理区进入枣阳,在七方镇常庄村西进入襄州区。境内全长60.76千米,路基宽15/24.5米,双向2车道/4车道,速度80千米/小时。

襄洪线【Xiānghóng Xiàn】 以起止地地名首字命名。"襄"指襄州区,"洪"指随县洪山镇。1997年修建。公路编号X004。境内全长32.86千米,路基宽9米,路面铺沥青混凝土,双车道,速度50千米/小时。

枣鹿线【Zǎolù Xiàn】 以起止地地名首字命名。"枣"指枣阳市,"鹿"指鹿头镇。1973年修建,2006年、2012年先后两次整修。公路编号X047。全长35.5千米,路基宽12米,双车道,速度60千米/小时。

枣耿线【Zǎogěng Xiàn】 以起止地地名首字命名。"枣"指枣阳市,"耿"指熊集镇耿集。1972年修建,2006年、2007年、2008年三次整修。公路编号K046。全长32.07千米,路基宽度20米/9米,4车道/2车道,速度60千米/小时。

枣蔡线【Zǎocài Xiàn】 以起止地地名首字命名。"枣"指枣阳市,"蔡"指琚湾镇蔡阳。1971年修建,2005年、2008年先后两次整修。公路编号K045。全长22.14千米,路基宽9米,双车道,速度50米/小时,主要桥梁4座。

兴唐线【Xīngtáng Xiàn】 以起止地地名首字命名。"兴"指枣阳市兴隆镇,"唐"指枣阳市吴店镇唐店。1972年修建,2006年、2010年两次整修。公路编号X051。全长35.39千米,路基宽9米,双车道,速度 60 千米/小时，主要桥梁 4 座。

鹿钱线【Lùqián Xiàn】 以起止地地名首字命名。"鹿"指枣阳市鹿头镇，"钱"指新市镇钱岗。1973 年修建，1997 年、2010 年两次大修。公路编号 X053。全长 16.97 千米，路基宽 9 米，双车道，速度 60 千米/小时，主要桥梁 2 座。

唐宋线【Tángsòng Xiàn】 以起止地地名首字命名。"唐"指吴店镇唐店，"宋"指平林镇宋集。1974 年修建，2008 年、2013 年两次大修。公路编号 X050。全长 24.43 千米，路基宽 9 米，双车道，速度 50 千米/时。

太王线【Tàiwáng Xiàn】 以起止地地名首字命名。"太"指枣阳市太平镇，"王"指七方镇王岗。1970 年修建，2013 年大修。公路编号 X052。全长 31.64 千米，路基宽 9 米，双车道，速度 60 千米/小时，主要桥梁 13 座。

七蔡线【Qīcài Xiàn】 以起止地地名首字命名。"七"指枣阳市七方镇，"蔡"指琚湾镇蔡阳。1973 年修建，2004 年大修。公路编号 X054。全长 15.28 千米，路基宽 9 米，双车道，速度 50 千米/小时，主要桥梁 3 座。

寺孝线【Sìxiào Xiàn】 寺孝线原为新建高速公路连接线的一段，后因寺沙路改线，将原路线包括火车站路段命名为寺沙线，因线路从寺沙线到孝襄高速公路而得名。1999 年修建，2007 年改建。公路编号 X077420683。全长 14.365 千米，路基宽 15 米，双车道，速度 60 千米/小时，路面铺沥青混凝土。

李古线【Lǐgǔ Xiàn】 以起止地地名首字命名。"李"指七方镇李岗，"古"指琚湾镇古城。1982 年修建。公路编号 X071420683。全长 13.24 千米，路基宽 7 米，双车道，速度 40 千米/小时，路面铺水泥混凝土。

平李线【Pínglǐ Xiàn】 以起止地地名首字命名。"平"指枣阳市平林镇，"李"指车河管理区李楼。1972 年修建，2009 年大修。公路编号 X095。全长 5.06 千米，路基宽 8 米，双车道，速度 40 千米/小时，水泥路面。

草双线【Cǎoshuāng Xiàn】 以起止地地名首字命名。"草"指太平镇草店，"双"指太平镇双河。1972 年修建。公路编号 X048。全长 15.745 千米，路基宽 9 米，双车道，速度 50 千米/小时，路面铺水泥混凝土。

李苍线【Lǐcāng Xiàn】 以起止地地名首字命名。"李"指七方镇李巷，"苍"指唐河县苍台镇。1970 年修建，2007 年大修。公路编号 X070。全长 23.84 千米，路基宽 8 米，双车道，速度 50 千米/小时，主要桥梁 3 座。

七罗线【Qīluó Xiàn】 以起止地地名首字命名。"七"指七方镇，"罗"指七方镇罗岗。1980 年修建，2010 年改建。公路编号 X080420683。全长 9.73 千米，路基宽 11 米，双车道，速度 60 千米/小时，路面为水泥混凝土。

唐店线【Tángdiàn Xiàn】 以起止地地名首字命名。"唐"指唐梓山，"店"指杨垱镇店子。1985 年修建，2013 年整修。公路编号 Y060420683011。全长 15.28 千米，路面铺水泥混凝土。

吉太线【Jítài Xiàn】 以起止地地名首字命名。"吉"指鹿头镇吉河，"太"指太平镇。1971 年修建，公路编号 Y018420683001。全长 13.682 千米，路面为水泥混凝土。

清平线【Qīngpíng Xiàn】 以起止地地名首字命名。"清"指吴店镇清潭，"平"指平林镇。1981 年修建，2015 年整修。公路编号 Y074420683006。全长 14.1 千米，路面为水泥混凝土。

清资线【Qīngzī Xiàn】 以起止地地名首字命名。"清"指吴店镇清潭，"资"指王城镇资山。1978 年修建，2006 年整修。公路编号 Y001420683014。全长 17 千米，路面为水泥混凝土。

寺沙线【Sìshā Xiàn】 以起止地地名首字命名。"寺"指枣阳寺庄，"沙"指沙洋县。公路编号 S216。1999 年修建，寺庄至十八里河段于 2004 年整修，吴店北至洪山段于 2009 年整修，袁庄至吴店北段于 2004 年整修。境内全长 71.43 千米，双向 4 车道，路面宽 12 米，速度 80 千米/小时。

桐枣线【Tóngzǎo Xiàn】 以起止地地名首字命名。"桐"指河南省桐柏县，"枣"指枣阳市。公路编号 S335。K0-K20.578 于 2002 年修建，2008 年改建；K20.585—K55.337 于 1999 年修建，2011 年改建。境内全长 55.337 千米，路宽 12 米，双向 4 车道，速度 60 千米/小时。

麻安高速【Má'ān Gāosù】 以起止地地名首字命名。"麻"指湖北省麻城市，"安"指陕西省安康市。公路编号 G4123。2015 年 11 月 25 日全线通车。途径湖北省、陕西省。路面宽 23.5 米，双向 4 车道，速度 120 千米/小时。高速公路由东向西，于平林镇胡湾村进入枣阳，在平林镇北棚村西出枣阳入宜城市。境内全长 12.15 千米，在宋集设 1 个收费站。

随南线【Suínán Xiàn】 以起止地地名首字命名。"随"指随州市，"南"指南漳县。1999 年修建，2010 年改建。公路编号 S306。境内全长 16.27 千米，路基宽 12 米，双车道，速度 60 千米/小时。

第二节 铁 路 运 输

汉丹线【Hàndān Xiàn】 以起止地地名首字命名。"汉"指武汉市汉口，"丹"指丹江口市。1958 年 10 月动工，1960 年通车，1967 年交付运营。南接京广、武九铁路，在厉山站接小厉线通向宁西铁路小林站，在襄阳与焦柳、襄渝铁路交会，是湖北省中部与西北部的主要交通干线。2001 年 10 月，在第四次大提速中，汉丹线汉襄段作为武汉至成都、重庆铁路的重要组成部分，列车运行时速由 120 千米提升到 140 千米。汉丹线自湖北省武汉市汉西站北咽喉引出，途经武汉市硚口区、东西湖区，过境孝感市汉川市、应城市，纵贯孝感市云梦县、安陆市，横穿随州市曾都区随县，以及襄阳市枣阳市、襄州区、樊城区、老河口市。全长 412 千米。铁路由东向西于 K231+798 处进入枣阳，境内设兴隆集、枣阳、董岗、琚湾四个分站，于 K278+400 处进入襄州区。境内轨道全长 46.6 千米。枣阳站位于 K255+653 处，隶属武汉铁路局襄阳东站，为三等站。

第二章　桥梁运输

八角桥【Bājiǎo Qiáo】　"八角"指八角村。因靠近熊集镇八角村而得名。修建于1968年，于1968年10月5日竣工通车。位于埠黄线K26.693，建设单位为襄樊市公路总段，设计单位为枣阳市公路管理段，施工单位为枣阳市公路管理段，桥梁全长22米，高6米，桥面总宽9米，行车宽度为8米，主桥结构为板拱，跨度组合为2×5米，为双车道二级公路永久性桥梁，设计荷载为汽车－15级，设计速度为60千米/小时，最大载重量为20吨。

当咀桥【Dàngzuǐ Qiáo】　"当咀"指当咀村。因靠近平林镇当咀村而得名。修建于1998年，于1998年10月5日竣工通车。位于埠黄线K28.823，建设单位为襄樊市公路管理处，设计单位为枣阳市公路管理段，施工单位为枣阳市公路管理段，桥梁全长28米，高5.4米，桥面总宽7.6米，行车宽度为7米，主桥结构为实心板梁，跨度组合为2×5米，为双车道二级公路永久性桥梁，设计荷载为汽车－20级，设计速度为60千米/小时，最大载重量为30吨。

兑窝堰桥【Duìwōyàn Qiáo】　"兑窝堰"指兑窝堰村。因靠近兑窝堰村而得名。修建于2003年，于2003年10月5日竣工通车。位于襄洪路K1.358，建设单位为襄樊市公路管理处，设计单位为襄樊市交通规划设计院，施工单位为枣阳市公路管理段，桥梁全长46米，高8米，桥面总宽10米，行车宽度为9米，主桥结构为空心板梁，跨度组合为3×13米，为双车道二级公路永久性桥梁，设计荷载为汽车－20级，设计速度为50千米/小时，最大载重量为30吨。

付鹏桥【Fùpéng Qiáo】　"付鹏"指付鹏村。因靠近付鹏村而得名。修建于1971年，于1971年10月5日竣工通车。位于杨熊线K15+474，建设单位为襄樊市公路总段，设计单位为枣阳市公路管理段，施工单位为枣阳市公路管理段，桥梁全长36.7米，高6.6米，桥面总宽7.6米，行车宽度为7米，主桥结构为板拱，跨度组合为1×20米，为双车道二级公路永久性桥梁，设计荷载为汽车－20级，设计速度为60千米/小时，最大载重量为20吨。

高公桥【Gāogōng Qiáo】　"高公"指高公渠。因桥梁跨越高公渠而得名。修建于1995年，于1995年10月5日竣工通车。位于兴阳线K14+581，建设单位为襄樊市公路总段，设计单位为枣阳市公路段，施工单位为枣阳市公路段，桥梁全长47.5米，高6.5米，桥面总宽15米，行车宽度为14.4米，主桥结构为板拱，跨度组合为2×15米，为双车道二级公路永久性桥梁，设计荷载为汽车－20级，设计速度为80千米/小时，最大载重量为30吨。

高速公路立交桥【Gāosùgōnglù Lìjiāoqiáo】 "高速公路"指高等级公路。"立交桥"指立体交叉桥。以所在高速线路命名，因桥梁横跨汉十高速公路而得名。修建于2011年，于2011年12月30日竣工通车。位于白峪线K11.76，建设单位为襄樊市公路总段，设计单位为枣阳市公路段，施工单位为枣阳市公路段，桥梁全长81米，高10米，桥面总宽12米，行车宽度为11米，主桥结构为空心板梁，跨度组合为4×20米，为双车道二级公路永久性桥梁，设计荷载为汽车－Ⅱ级，设计速度为60千米/小时，最大载重量为40吨。

龚庄桥【Gōngzhuāng Qiáo】 "龚庄"指龚庄村。因靠近龚庄村而得名。修建于1971年，于1971年10月5日竣工通车，2009年改造，于2009年10月10日改造完成。位于新土线K8+760，建设单位为襄樊市公路管理处，设计单位为枣阳市公路管理段，施工单位为枣阳市公路管理段，桥梁全长31米，高7米，桥面总宽7.5米，行车宽度为6.5米，主桥结构为实心板梁，跨度组合为3×6.5米，为双车道二级公路永久性桥梁，设计荷载为汽车－15级，设计速度为60千米/小时，最大载重量为20吨。

顾中冲桥【Gùzhōngchōng Qiáo】 "顾中冲"指顾中冲桥。因跨越顾中冲河而得名。修建于2003年，于2003年10月6日竣工通车。位于兴阳线K70.229，建设单位为襄樊市公路管理处，设计单位为襄樊市交通规划设计院，施工单位为枣阳市公路管理段，桥梁全长44.6米，高5米，桥面总宽12米，行车宽度为11.4米，主桥结构为空心板梁，跨度组合为2×16米，为双车道二级公路永久性桥梁，设计荷载为汽车－20级，设计速度为80千米/小时，最大载重量为30吨。

郭营桥【Guōyíng Qiáo】 "郭营"指郭营村。因靠近鹿头镇郭营村而得名。修建于1994年，于1994年10月16日竣工通车。位于白峪线K26.572，建设单位为襄樊市公路总段，设计单位为枣阳市公路段，施工单位为枣阳市公路段，桥梁全长34.2米，高6米，桥面总宽10米，行车宽度为9.4米，主桥结构为板拱，跨度组合为1×30米，为双车道二级公路永久性桥梁，设计荷载为汽车－20级，设计速度为60千米/小时，最大载重量为30吨。

黑大堰桥【Hēidàyàn Qiáo】 "黑大堰"指黑大堰渠。因跨越黑大堰渠而得名。修建于1969年，于1969年10月5日竣工通车。1998年改造，于1998年11月1日改造完成。位于兴阳线K1+930，建设单位为襄樊市公路总段，设计单位为枣阳市公路段，施工单位为枣阳市公路段，桥梁全长30米，高5.5米，桥面总宽15米，行车宽度为14.4米，主桥结构为板拱，跨度组合为2×8米，为双车道二级公路永久性桥梁，设计荷载为汽车－15级，设计速度为80千米/小时，最大载重量为20吨。

花园桥【Huāyuán Qiáo】 "花园"指花园村。因靠近花园村而得名。修建于2014年，于2014年12月30日竣工通车。位于长同线K1374.466，建设单位为枣阳市公路管理局，设计单位为襄阳市规划设计院，施工单位为枣阳市公路建设有限公司，桥梁全长28米，高8.8米，桥面总宽24.5米，行车宽度23.5米，主桥结构为空心板梁，跨度组合为1×20米，为双车道二级公路永久性桥梁，设计荷载为公路－Ⅰ级，设计速度为80千米/小时，最大载重量为55吨。

黄河水库桥【Huánghéshuǐkù Qiáo】 "黄河水库"指王大桥村黄河水库。因靠近王大桥村黄河水库而得名。建于2012年，位于新市镇王大桥村，建设单位为枣阳市交通局，设计单位为枣阳市交通局，施工单位为枣阳市交通局。桥梁总长86米，高4.5米，桥面总宽6.5米，行车宽度为6米，主桥结构为空心板梁，跨度组合为 4×20 米。为单车道一类桥梁，设计荷载汽车-20 级，设计速度为 30 千米/小时，最大载重量 10 吨。

黄楝树湾桥【Huánglìànshùwān Qiáo】 "黄楝树湾"指黄楝树湾村。因靠近吴店镇黄楝树湾村而得名。修建于 1995 年，于 1995 年 10 月 2 日竣工通车。位于兴阳线 K52.686，建设单位为襄樊市公路总段，设计单位为襄樊市交通规划设计院，施工单位为枣阳市公路管理段，桥梁全长 24.5 米，高 8.5 米，桥面总宽 9 米，行车宽度为 8 米，主桥结构为板拱，跨度组合为 1×20 米，为双车道二级公路永久性桥梁，设计荷载为汽车-20 级，设计速度为 80 千米/小时，最大载重量为 30 吨。

惠湾公跨铁桥【Huìwān Gōngkuà Tiěqiáo】 "惠湾"指惠湾村。"铁桥"指桥梁。因靠近环城街道惠湾村而得名。修建于 2005 年，于 2005 年 10 月 5 日竣工通车。位于兴阳线 K35.238，建设单位为枣阳市公路管理段，设计单位为襄樊交通设计院，施工单位为中天路桥，桥梁全长 91.2 米，高 7.5 米，桥面总宽 24 米，行车宽度为 23 米，主桥结构为空心板梁，跨度组合为 3×28 米，为四车道一级公路永久性桥梁，设计荷载为公路-Ⅱ级，设计速度为 80 千米/小时，最大载重量为 40 吨。

吉河桥【Jíhé Qiáo】 "吉河"指鹿头镇吉河。因靠近鹿头镇吉河而得名。修建于 1993 年，于 1993 年 10 月 16 日竣工通车。于 2009 年改建，2009 年 10 月 8 日改建完工。位于白峪线 K39.191，建设单位为襄樊市公路总段，设计单位为枣阳市公路段，施工单位为枣阳市公路段，桥梁全长 62.5 米，高 5.5 米，桥面总宽 12 米，行车宽度为 9 米，主桥结构为 T 梁，跨度组合为 3×20 米，为双车道二级公路永久性桥梁，设计荷载为汽车-20 级，设计速度为 60 千米/小时，最大载重量为 30 吨。

晋庄桥【Jìnzhuāng Qiáo】 "晋庄"指晋庄村。因靠近晋庄村而得名。修建于 2004 年，于 2006 年 10 月 5 日竣工通车。位于兴阳线 K27+595，建设单位为襄樊市公路管理处，设计单位为襄樊市交通规划设计院，施工单位为枣阳市公路建设有限公司，桥梁全长 21 米，高 5 米，桥面总宽 54 米，行车宽度为 53.4 米，主桥结构为空心板梁，跨度组合为 1×8 米，为四车道一级公路永久性桥梁，设计荷载为公路-Ⅱ级，设计速度为 80 千米/小时，最大载重量为 40 吨。

梁集大桥【Liángjí Dàqiáo】 "梁集"指地名。因靠近梁集而得名。修建于 2000 年，于 2000 年 10 月 5 日竣工通车。位于白峪线 K15.739，建设单位为襄樊市公路总段，设计单位为枣阳市公路段，施工单位为枣阳市公路段，桥梁全长 216 米，高 9 米，桥面总宽 12 米，行车宽度为 9 米，主桥结构为连续 T 梁，跨度组合为 7×30 米，为双车道二级公路永久性桥梁，设计荷载为汽车-20 级，设计速度为 60 千米/小时，最大载重量为 30 吨。类型为公路桥。

梁坡桥【Liángpō Qiáo】 "梁坡"指地名。因桥梁靠近梁坡而得名。修建于 1997 年，于 1997 年 10 月 6 日竣工通车。位于白峪线 K14.527，建设单位为襄樊市公路总段，设计单位为枣阳市公路段，施工单位为枣阳市公路段，桥梁全长 26 米，高 8 米，桥面总宽 12 米，行车宽度为 11.4 米，主桥结构为空心板梁，跨度组合为 1×13 米，为双车道二级公路永久性桥梁，设计荷载为汽车-20 级，设计速度为 60 千米/小时，最大载重量为 30 吨。

柳林河桥【Liǔlínhé Qiáo】 "柳林河"指柳林河村。因靠近吴店镇柳林河村而得名。修建于 1995 年，于 1995 年 10 月 2 日竣工通车。位于兴阳线 K51.801，建设单位为襄樊市公路管理处，设计单位为枣阳市公路管理段，施工单位为枣阳市公路管理段，桥梁全长24.7米，高10米，桥面总宽9米，行车宽度为8米，主桥结构为板拱，跨度组合为1×20米，为双车道二级公路永久性桥梁，设计荷载为汽车－20级，设计速度为80千米/小时，最大载重量为30吨。

平林桥【Pínglín Qiáo】 "平林"指平林街。因靠近平林街而得名。修建于1996年，于1996年10月6日竣工通车。位于襄洪路K9.278，建设单位为襄樊市公路总段，设计单位为枣阳市公路管理段，施工单位为枣阳市公路管理段，桥梁全长52米，高9.8米，桥面总宽12米，行车宽度为11.4米，主桥结构为板拱，跨度组合为3×15米，为双车道二级公路永久性桥梁，设计荷载为汽车－20级，设计速度为50千米/小时，最大载重量为30吨。

沙河大桥【Shāhé Dàqiáo】 "沙河"指河流名。因桥梁跨越沙河而得名。修建于2014年，于2014年9月28日竣工通车。位于长同线K1362.393，建设单位为襄樊市公路管理局，设计单位为襄阳市规划设计局，施工单位为襄阳虹彩路桥公司，桥梁全长259米，高7米，桥面总宽24.5米，行车宽度21.1米，主桥结构为连续箱梁，跨度组合为10×25米，为四车道一级公路永久性桥梁，设计荷载为公路－Ⅰ级，设计速度为80千米/小时，最大载重量为55吨。

沙河一桥【Shāhé Yīqiáo】 "沙河"指河流名。"一"指序号。因桥梁跨越沙河而得名。1986年更名为光武桥。修建于1968年，于1968年10月5日竣工通车。于2009年改建，2009年12月30日改建完工。位于白峪线K53.683，建设单位为襄樊市公路总段，设计单位为枣阳市公路段，施工单位为枣阳市公路段，桥梁全长156米，高8.5米，桥面总宽9.5米，行车宽度为7米，主桥结构为双曲拱，跨度组合为7×20米，为双车道二级公路永久性桥梁，设计荷载为公路－Ⅱ级，设计速度为60千米/小时，最大载重量为40吨。

书院桥【Shūyuàn Qiáo】 此桥是老城区连接沙河以东新城区的控制性工程。位于X047县道枣刘路，中心桩号为K0+716。原来每年枯水季搭一座人行木桥，供行人和板车通过。1973年兴建钢筋混泥土预制圆柱板面桥，11孔，宽5.7米，长64.5米。1983年7月动工废旧建新桥，1986年5月通车。桥身8孔，单孔跨径16米，全长135米，宽12.6米，等级为汽－18，拖－80，是枣阳最大管柱式平桥，也是枣阳城区沙河上兴建的第三座大桥。设计单位为枣阳市公路段，建设单位为襄樊市公路总段。2011年9月至2012年9月，由襄樊市交通规划设计院设计，枣阳市公路建设有限公司施工，对该桥进行改扩建，两侧各加宽6米，采用新老桥结构完全分离，单独受力，改扩建后桥宽24.5米。

太平岗立交桥【Tàipínggǎng Lìjiāoqiáo】 "太平岗"指太平岗村。因桥梁横跨太平岗村而得名。修建于2006年，于2006年11月8日竣工通车。位于白峪线K9.117，建设单位为襄樊市公路总段，设计单位为枣阳市公路段，施工单位为枣阳市公路段，桥梁全长49.4米，高8.5米，桥面总宽10.5米，行车宽度为9.5米，主桥结构为空心板梁，跨度组合为1×20米，为双车道二级公路永久性桥梁，设计荷载为公路－Ⅱ级，设计速度为60千米/小时，最大载重量为40吨。

铁路立交桥【Tiělù Lìjiāoqiáo】 "铁路"指火车道。因桥梁横跨铁路而得名。修建于2003年，于2003年10月5日竣工通车。位于鹿流线K1.499，建设单位为襄樊市公路总段，设计单位为枣阳市公路段，施工单位为枣阳市公路段，桥梁全长39.5米，高13米，桥面总宽10米，行车宽度为9米，主桥结构为空心板梁，跨度组合为 1×16 米，为双车道二级公路永久性桥梁，设计荷载为汽车－20 级，设计速度为 60 千米/小时，最大载重量为 30 吨。

王城桥【Wángchéng Qiáo】 "王城"指地名。因靠近王城而得名。修建于 1969 年，于 1969 年 10 月 5 日竣工通车。位于鹿流线 K11.857，建设单位为襄樊市公路总段，设计单位为枣阳市公路段，施工单位为枣阳市公路段，桥梁全长 36 米，高 13.3 米，桥面总宽 7.6 米，行车宽度为 7 米，主桥结构为空心板梁，跨度组合为 1×15 米，为双车道二级公路永久性桥梁，设计荷载为汽车－15 级，设计速度为 60 千米/小时，最大载重量为 20 吨。

王大桥【Wángdà Qiáo】 "王大桥"指王大桥村。因靠近王大桥村而得名。修建于 1988 年，位于新市镇王大桥村，建设单位为新市镇，设计单位为枣阳市交通局，施工单位为枣阳市交通局。桥梁总长 31 米，高 4.5 米，桥面总宽 11.5 米，行车宽度为 11 米，主桥结构为空心板梁，跨度组合为 6×5 米。为单车道四类桥梁，设计荷载汽车－20 级，设计速度为 30 千米/小时，最大载重量为 10 吨。

吴店高架东桥【Wúdiàn Gāojià Dōngqiáo】 "吴店"指吴店镇。"东"指方位。"高架桥"即跨线桥。因靠近吴店镇且位东而得名。修建于 2004 年，于 2004 年 10 月 15 日竣工通车。位于兴阳线 K42.151，建设单位为湖北省交通厅，设计单位为湖北交通设计院，施工单位为辽宁路桥，桥梁全长 112.6 米，高 6 米，桥面总宽 12 米，行车宽度为 11 米，主桥结构为连续箱梁，跨度组合为 1×20＋1×30＋1×20，为四车道一级公路永久性桥梁，设计荷载为公路－Ⅱ级，设计速度为 80 千米/小时，最大载重量为 40 吨。

吴店高架西桥【Wúdiàn Gāojià Xīqiáo】 "吴店"指吴店镇。"西"指方位。"高架桥"即跨线桥。因靠近吴店镇且位西而得名。修建于 2004 年，于 2004 年 10 月 15 日竣工通车。位于兴阳线 K42.152，建设单位为湖北省交通厅，设计单位为湖北交通设计院，施工单位为辽宁路桥，桥梁全长 110 米，高 6 米，桥面总宽 12 米，行车宽度为 11 米，主桥结构为连续箱梁，跨度组合为 1×20＋1×30＋1×20，为四车道一级公路永久性桥梁，设计荷载为公路－Ⅱ级，设计速度为 80 千米/小时，最大载重量为 40 吨。

吴店桥【Wúdiàn Qiáo】 "吴店"指吴店镇。因位于吴店镇而得名。修建于 2009 年，于 2009 年 5 月 1 日竣工通车。位于兴阳线 K45.301，建设单位为襄樊市公路总段，设计单位为襄樊市交通设计院，施工单位为宜城经天路桥，桥梁全长 126 米，高 7 米，桥面总宽 13 米，行车宽度为 12 米，主桥结构为空心板梁，跨度组合为 6×20 米，为双车道二级公路永久性桥梁，设计荷载为公路－Ⅱ级，设计速度为 80 千米/小时，最大载重量为 40 吨。

新华桥【Xīnhuá Qiáo】 以纪念中华人民共和国的诞生命名。位于新华路中段。1929 年，县城沙河上始建第一座桥，称枣阳大桥，结构为钢筋水泥桥墩、木面，共 30 孔，长 160 米，单行汽车。1939 年被日军烧毁，1949 年修复，1967 年光武桥通车后，此桥废。1982 年在旧址建钢筋水泥结构双曲拱形桥，称沙河二桥，1987 年改称新华桥。桥身 5 孔，单孔跨径 30 米。全长 190.5 米，宽 12 米。承载能力汽 20 吨、平拖 100 吨。

新集二桥【Xīnjí Èrqiáo】 "新集"指平林镇新集街。"二"指序号。因靠近平林镇新集街而得名。修建于 2009 年，于 2009 年 10 月 30 日竣工通车。位于上安线 K78.672，建设单位为襄樊市公路管理处，设计单位为襄樊市交通规划设计院，施工单位为枣阳市公路管理段，桥梁全长 26 米，高 4.5 米，桥面总宽 12

米，行车宽度为 11 米，主桥结构为空心板梁，跨度组合为 1×16 米，为双车道二级公路永久性桥梁，设计荷载为汽车－20 级，设计速度为 60 千米/小时，最大载重量为 30 吨。

新市桥【Xīnshì Qiáo】 "新市"指新市街。因靠近新市街而得名。修建于 2005 年，于 2005 年 10 月 16 日竣工通车。于 2009 年改建，2009 年 11 月 8 日改建完工。位于白峪线 K17.965，建设单位为襄樊市公路总段，设计单位为枣阳市公路段，施工单位为枣阳市公路段，桥梁全长 89.5 米，高 6.5 米，桥面总宽 14.5 米，行车宽度为 13.5 米，主桥结构为空心板梁，跨度组合为 6×13 米，为双车道二级公路永久性桥梁，设计荷载为公路－Ⅱ级，设计速度为 60 千米/小时，最大载重量为 40 吨。

邢川桥【Xíngchuān Qiáo】 "邢川"指邢川水库。因靠近邢川水库而得名。修建于 2002 年，于 2002 年 10 月 20 日竣工通车。位于白峪线 K10.706，建设单位为襄樊市公路总段，设计单位为枣阳市公路段，施工单位为枣阳市公路段，桥梁全长 28.5 米，高 8.2 米，桥面总宽 13 米，行车宽度为 12.4 米，主桥结构为板拱，跨度组合为 1×10 米，为双车道二级公路永久性桥梁，设计荷载汽车－20 级，设计速度为 60 千米/小时，最大载重量为 30 吨。

兴隆东桥【Xīnglóng Dōngqiáo】 "兴隆"指兴隆街，"东"指方位。因建在兴隆街东而得名。修建于 1969 年，于 1969 年 10 月 5 日竣工通车。位于长同线 K1341.604，建设单位为襄樊市公路总段，设计单位为枣阳市公路段，施工单位为枣阳市公路段，桥梁全长 39 米，高 6 米，桥面总宽 18 米，行车宽度为 17 米，主桥结构为双曲拱，跨度组合为 1×20 米，为双车道二级公路永久性桥梁，设计荷载为汽车－20 级，设计速度为 80 千米/小时，最大载重量为 30 吨。

兴隆西桥【Xìnglóng Xīqiáo】 "兴隆"指兴隆街，"西"指方位。因建在兴隆街西而得名。修建于 1969 年，于 1969 年 10 月 16 日竣工通车。位于长同线 K1342.077，建设单位为襄樊市公路总段，设计单位为枣阳市公路段，施工单位为枣阳市公路段，桥梁全长 40 米，高 5.5 米，桥面总宽 18 米，行车宽度为 17.4 米，主桥结构为双曲拱，跨度组合为 1×20 米，为双车道二级公路永久性桥梁，设计荷载为汽车－20 级，设计速度为 80 千米/小时，最大载重量为 30 吨。

熊集桥【Xióngjí Qiáo】 "熊集"指熊集镇。因靠近熊集镇而得名。修建于 1980 年，于 1980 年 10 月 5 日竣工通车。位于白峪线 K20.78，建设单位为襄樊市公路总段，设计单位为枣阳市公路段，施工单位为枣阳市公路段，桥梁全长 87 米，高 6.5 米，桥面总宽 8 米，行车宽度为 7 米，主桥结构为双曲拱，跨度组合为 2×30 米，为双车道二级公路永久性桥梁，设计荷载为汽车－20 级，设计速度为 60 千米/小时，最大载重量为 30 吨。

姚河桥【Yáohé Qiáo】 "姚河"指河流。因跨越姚河而得名。修建于 2010 年，于 2010 年 10 月 16 日竣工通车。位于白峪线 K0.03，建设单位为襄樊市公路总段，设计单位为枣阳市公路段，施工单位为枣阳市公路段，桥梁全长 30 米，高 9 米，桥面总宽 9 米，行车宽度为 8 米，主桥结构为空心板梁，跨度组合为 1×20 米，为双车道二级公路永久性桥梁，设计荷载为公路－Ⅱ级，设计速度为 60 千米/小时，最大载重量为 40 吨。

优良河大桥【Yōuliánghé Dàqiáo】 "优良河"指河的名字。因建在优良河而得名。修建于 1989 年，于 1989 年 10 月 5 日竣工通车。位于长同线 K1353.953，建设单位为襄樊市公路总段，设计单位为枣阳市公路段，施工单位为枣阳市公路段，桥梁全长 36.5 米，高 5.9 米，桥面总宽 18.5 米，行车宽度为 15.5 米，主桥结构为板拱，跨度组合为 1×15 米，为双车道二级公路永久性桥梁，设计荷载为汽车－20 级，设计速度为 80 千米/小时，最大载重量为 30 吨。

余坡桥【Yúpō Qiáo】　"余坡"指余坡村。因靠近余坡村而得名。修建于 2002 年，于 2002 年 10 月 5 日竣工通车。位于杨熊线 K11.79，建设单位为襄樊市公路总段，设计单位为枣阳市公路管理段，施工单位为枣阳市公路管理段，桥梁全长 68 米，高 8 米，桥面总宽 11 米，行车宽度 10 米，主桥结构为空心板梁，跨度组合为 1×13+2×20+1×13 米，为双车道三级公路永久性桥梁，设计荷载为汽车－20 级，设计速度为 50 千米/小时，最大载重量为 30 吨。

中兴桥【Zhōngxìng Qiáo】　"中兴"指中兴大道。因桥梁位于中兴大道上而得名。修建于 2006 年，于 2006 年 10 月 16 日竣工通车。位于兴阳线 K26+448，建设单位为襄樊市公路管理处，设计单位为襄樊市交通规划设计院，施工单位为中天路桥公司，桥梁全长 276 米，高 6 米，桥面总宽 11 米，行车宽度为 10 米，主桥结构为连续 T 梁，跨度组合为 9×30 米，为四车道一级公路永久性桥梁，设计荷载为公路－Ⅱ级，设计速度为 80 千米/小时，最大载重量为 40 吨。类型为公路桥。

第三章 火车站、汽车站、加油站

第一节 火 车 站

武汉铁路局枣阳车站【Wǔhàn Tiělùjú Zǎoyáng Chēzhàn】 "武汉铁路局"指上级管辖单位。"枣阳"指所在行政区域。以上级管辖单位和所在行政区域名称综合命名。是一个汉丹线上的铁路车站，位于湖北省枣阳市南城街道李家桥社区车站路，建于1966年，隶属武汉铁路局，目前为三等站。东邻李家桥社区一组，南界汉丹铁路，西至李家桥六组，北连李家桥社区二组。主体建筑4层，总高度15米，建筑面积2000平方米。该站共设有5股轨道，其中1、2、3股为接发列车轨道，4股为存车道，5股为铁路货场道。日均18列客车停靠，日客运量4000人次，年货物吞吐量100万吨。

第二节 汽 车 站

枣阳汽车站【Zǎoyáng Qìchēzhàn】 以所在行政区、工作性质和职能综合命名。中华人民共和国成立后先后三次对旧汽车站改、扩建。1985年9月至1987年，第三次改建竣工。位于襄阳路37号，占地面积1.58公顷，建筑面积7313平方米，主站楼7层，建筑面积6191平方米，框架结构。运营县乡（镇）级线路17条，日均发车680辆，日客运量6700人次。

第三节 加 油 站

中国石化销售有限公司湖北襄阳枣阳汇金加油站【Zhōngguó Shíhuà Xiāoshòu Yǒuxiàn Gōngsī Húběi Xiāngyáng Zǎoyáng Huìjīn Jiāyóuzhàn】 1993年建成运营至今。位于枣阳市东郊优良村，所在线路为316国道，占地面积6666平方米。

中国石化销售有限公司湖北襄阳枣阳桥头加油站【Zhōngguó Shíhuà Xiāoshòu Yǒuxiàn Gōngsī Húběi Xiāngyáng Zǎoyáng Qiáotóu Jiāyóuzhàn】 1982年底建成运营至今。位于枣阳新华路二桥头，占地面积2358平方米。

中国石化销售有限公司湖北襄阳枣阳西城加油站【Zhōngguó Shíhuà Xiāoshòu Yǒuxiàn Gōngsī Húběi Xiāngyáng Zǎoyáng Xīchéng Jiāyóuzhàn】 1992年底建成运营至今。位于枣阳市西城开发区靳庄社区襄阳路南，占地面积3604平方米。

中国石化销售有限公司湖北襄阳枣阳新华路加油站【Zhōngguó Shíhuà Xiāoshòu Yǒuxiàn Gōngsī Húběi Xiāngyáng Zǎoyáng Xīnhuálù Jiāyóuzhàn】 1993年底建成运营至今。位于枣阳市北关村新华路北侧，占地面积2065平方米。

中国石化销售有限公司湖北襄阳枣阳枣津加油站【Zhōngguó Shíhuà Xiāoshòu Yǒuxiàn Gōngsī Húběi Xiāngyáng Zǎoyáng Zǎojīn Jiāyóuzhàn】 2011年底建成运营至今。位于枣阳市环城街道王寨村361国道，占地面积6666平方米。

中国石化销售有限公司湖北襄阳枣阳前进路加油站【Zhōngguó Shíhuà Xiāoshòu Yǒuxiàn Gōngsī Húběi Xiāngyáng Zǎoyáng Qiánjìnlù Jiāyóuzhàn】 1993年建成营业至今。位于西城开发区茶棚社区，前进路与襄阳路交会处，占地面积2541平方米。

中国石化销售有限公司湖北襄阳枣阳光武加油站【Zhōngguó Shíhuà Xiāoshòu Yǒuxiàn Gōngsī Húběi Xiāngyáng Zǎoyáng Guāngwǔ Jiāyóuzhàn】 1985年底建成运营至今。位于枣阳市南城街道沙店社区五组，占地面积2757平方米。

中国石化销售有限公司湖北襄阳枣阳火车站加油站【Zhōngguó Shíhuà Xiāoshòu Yǒuxiàn Gōngsī Húběi Xiāngyáng Zǎoyáng Huǒchēzhàn Jiāyóuzhàn】 1989年底建成运营至今。位于枣阳市南城街道史岗社区，所在线路为省道，占地面积1332平方米。

中国石化销售有限公司湖北襄阳枣阳霍庄加油站【Zhōngguó Shíhuà Xiāoshòu Yǒuxiàn Gōngsī Húběi Xiāngyáng Zǎoyáng Huòzhuāng Jiāyóuzhàn】 1998年底建成运营至今。位于枣阳市南城街道霍庄社区枣耿路，占地面积1625平方米。

中国石化销售有限公司湖北襄阳枣阳东环路加油站【Zhōngguó Shíhuà Xiāoshòu Yǒuxiàn Gōngsī Húběi Xiāngyáng Zǎoyáng Dōnghuánlù Jiāyóuzhàn】 2009年底建成运营至今。位于枣阳市南城街道沙店社区6组东环路中段汉城旁，占地面积5301平方米。

中国石化销售有限公司湖北襄阳枣阳梁集加油站【Zhōngguó Shíhuà Xiāoshòu Yǒuxiàn Gōngsī Húběi Xiāngyáng Zǎoyáng Liángjí Jiāyóuzhàn】 1993年底建成运营至今。位于枣阳市南城街道梁集社区梁耿路，占地面积3556平方米。

中国石化销售有限公司湖北襄阳枣阳市发展大道加油站【Zhōngguó Shíhuà Xiāoshòu Yǒuxiàn Gōngsī Húběi Xiāngyáng Zǎoyáng Shì Fāzhǎn Dàdào Jiāyóuzhàn】 2013年底建成运营至今。位于枣阳市南城街道王湾村发展大道中段，占地面积5115平方米。

中国石化销售有限公司湖北襄阳枣阳新世纪加油站【Zhōngguó Shíhuà Xiāoshòu Yǒuxiàn Gōngsī Húběi Xiāngyáng Zǎoyáng Xīnshìjì Jiāyóuzhàn】 2002年建成运营至今。位于枣阳市南城街道张湾社区316国道，占地面积1.18公顷。

中国石化销售有限公司湖北襄阳枣阳中南加油站【Zhōngguó Shíhuà Xiāoshòu Yǒuxiàn Gōngsī Húběi Xiāngyáng Zǎoyáng Zhōngnán Jiāyóuzhàn】 2007年建成运营至今。位于枣阳市光武大道，占地面积1958平方米。

中国石化销售股份有限公司枣阳市鄂豫加油站【Zhōngguó Shíhuà xiāoshòu Gǔfèn Yǒuxiàn Gōngsī Zǎoyángshì èyù Jiāyóuzhàn】 1999年建成运营至今。位于枣阳市北城街道北关社区南阳路，占地面积2091平方米。

中国石化销售有限公司湖北襄阳枣阳琚湾加油站【Zhōngguó Shíhuà Xiāoshòu Yǒuxiàn Gōngsī Húběi Xiāngyáng Zǎoyáng Jūwān Jiāyóuzhàn】 1990年底建成运营至今。位于琚湾镇闫家岗村枣蔡路，占地面积1998平方米。

中国石化销售有限公司湖北襄阳枣阳七方加油站【Zhōngguó Shíhuà Xiāoshòu Yǒuxiàn Gōngsī Húběi Xiāngyáng Zǎoyáng Qīfāng Jiāyóuzhàn】 1988年底建成运营至今。位于枣阳市七方镇316国道，占地面积3556平方米。

中国石化销售有限公司湖北襄阳枣阳杨垱加油站【Zhōngguó Shíhuà Xiāoshòu Yǒuxiàn Gōngsī Húběi Xiāngyáng Zǎoyáng Yángdàng Jiāyóuzhàn】 1992年建成运营至今。位于杨垱镇东风街枣杨路，占地面积1998平方米。

中国石化销售有限公司湖北襄阳枣阳太平加油站【Zhōngguó Shíhuà Xiāoshòu Yǒuxiàn Gōngsī Húběi Xiāngyáng Zǎoyáng Tàipíng Jiāyóuzhàn】 1991年建成运营至今。位于枣阳市太平镇南街寺沙路，占地面积3410平方米。

中国石化销售有限公司湖北襄阳枣阳中原加油站【Zhōngguó Shíhuà Xiāoshòu Yǒuxiàn Gōngsī Húběi Xiāngyáng Zǎoyáng Zhōngyuán Jiāyóuzhàn】 1993年底建成运营至今。位于枣阳市太平镇高夏庄，占地面积1.07公顷。

中国石化销售有限公司湖北襄阳枣阳鹿头加油站【Zhōngguó Shíhuà Xiāoshòu Yǒuxiàn Gōngsī Húběi Xiāngyáng Zǎoyáng Lùtóu Jiāyóuzhàn】 1993年底建成运营至今。位于枣阳市鹿头镇西街法庭对面枣桐路，占地面积3470平方米。

中国石化销售有限公司湖北襄阳枣阳刘升加油站【Zhōngguó Shíhuà Xiāoshòu Yǒuxiàn Gōngsī Húběi Xiāngyáng Zǎoyáng Liúshēng Jiāyóuzhàn】 2007年建成运营至今。位于枣阳市刘升镇南昌街枣刘路，占地面积679平方米。

中国石化销售有限公司湖北襄阳枣阳东方加油站【Zhōngguó Shíhuà Xiāoshòu Yǒuxiàn Gōngsī Húběi Xiāngyáng Zǎoyáng Dōngfāng Jiāyóuzhàn】 1992年建成运营至今。位于兴隆镇随阳村316国道，占地面积3217平方米。

中国石化销售有限公司湖北襄阳枣阳兴隆加油站【Zhōngguó Shíhuà Xiāoshòu Yǒuxiàn Gōngsī Húběi Xiāngyáng Zǎoyáng Xīnglóng Jiāyóuzhàn】 1993年底建成运营至今。位于枣阳市兴隆镇316国道，占地面积3357平方米。

中国石化销售有限公司湖北襄阳枣阳王城加油站【Zhōngguó Shíhuà Xiāoshòu Yǒuxiàn Gōngsī Húběi Xiāngyáng Zǎoyáng Wángchéng Jiāyóuzhàn】 1993年底建成运营至今。位于王城镇王城街枣资路，占地面积2844平方米。

中国石化销售有限公司湖北襄阳枣阳九连墩加油站【Zhōngguó Shíhuà Xiāoshòu Yǒuxiàn Gōngsī Húběi Xiāngyáng Zǎoyáng Jiǔliándūn Jiāyóuzhàn】 2014年底建成运营至今。位于枣阳市吴店镇姚岗村省道寺沙路，占地面积4802平方米。

中国石化销售有限公司湖北襄阳枣阳清唐加油站【Zhōngguó Shíhuà Xiāoshòu Yǒuxiàn Gōngsī Húběi Xiāngyáng Zǎoyáng Qīngtáng Jiāyóuzhàn】 2000年底建成运营至今。位于枣阳市吴店镇唐店街寺沙路西，占地面积1066平方米。

中国石化销售有限公司湖北襄阳枣阳吴店加油站【Zhōngguó Shíhuà Xiāoshòu Yǒuxiàn Gōngsī Húběi Xiāngyáng Zǎoyáng Wúdiàn Jiāyóuzhàn】 1990年底建成运营至今。位于枣阳市吴店镇肖湾村寺沙路东侧258号，占地面积3330平方米。

中国石化销售有限公司湖北襄阳枣阳平林加油站【Zhōngguó Shíhuà Xiāoshòu Yǒuxiàn Gōngsī Húběi Xiāngyáng Zǎoyáng Pínglín Jiāyóuzhàn】 2007年底建成运营至今。位于枣阳市平林镇唐宋路，占地面积793平方米。

第五篇　自然地理实体地名
【Zìrán Dìlǐ Shítǐ Dìmíng】

第五篇　自然地理实体地名

[Ziran Dili Shiti Diming]

第一章　陆地地形类——山峰

八万山【Bāwàn Shān】　以传说命名。据《枣阳县志》记载：汉光武帝刘秀，为中兴汉室，曾屯兵八万于此。后秀成帝业，此山而得名"八万山"。位于枣南吴店镇与平林镇交界处，以分水岭为界，东属吴店，西归平林。海拔234.1米，山体面积4平方千米。封山育林后，植被茂密。

霸王山【Bàwáng Shān】　以传说命名。相传楚武王会猎至此，原称武王山，后因在山附近有一霸，欺凌乡里，改称霸王山。此山有一凹处有村民居住，凹南称大霸山，凹北称小霸山。位于兴隆街东北9千米，主峰海拔336.4米。该山矿产资源丰富，有金、银、铁等，花岗岩石材储量大。

赤眉山【Chìméi Shān】　以传说命名。据《枣阳县志》记载：赤眉山在县东八十里（今新市镇东北）。相传西汉末年，赤眉军曾在此行军，故名。此山又称"笔架山"，系一座三峰突出的独山，三个山峰从大到小由南向北依次排列，形似笔架。主峰海拔364米。清朝时山上修有石头寨墙，顶部修有小庙。植被以松、栎、杉树为主。

大阜山【Dàfù Shān】　以谐音演变而得名。原名大父山，明初鹿头街设驿站，名为大阜驿，便更名为大阜山。位于鹿头街东3千米，海拔571.5米，山体面积14平方千米。此山资源丰富，有沙参、桔梗、柴胡等60余种药材，明朝时李时珍曾在此采药，山顶有药王庙、洗药池等遗迹。植被茂密，有松、杉、栎、南竹、果茶树等。山中矿藏丰富，有金红石、钛、铁、石榴子石等。

大尖山【Dàjiān Shān】　以山峰的形状命名。因峰顶有一巨石突起而得名。位于新市镇东北11.5千米，鄂豫两省交界处。主峰海拔750.8米，呈东西走向，地势险要，易守难攻。有野猪、野鸡、山兔。水土流失多，植被覆盖率低。

黑虎山【Hēihǔ Shān】　以传说的动物命名。据传早年此山曾出现过一只黑虎，故名。位于平林街西北5.5千米，山体面积2平方千米，主峰海拔166米。山脚临熊河水库，山上有近5000亩茶园，林木茂密，植被覆盖率高于90%，有野猪、麂子、獾等野生动物。

黑石山【Hēishí Shān】　以石头的颜色而得名。山的石头呈黑色，故名。位于熊集镇耿集街南9.3千米，海拔504米，山体面积1平方千米。野生动物有野猪、野羊、山兔、蛇等。为枣阳市和宜城市的界山。

梁家山【Liángjiā Shān】　以姓氏命名。据传最早山中有梁姓人居住，故名。位于熊集镇耿集街南6.3千米，海拔500米，山体面积1.6平方千米。森林植被全覆盖，有野猪、野羊以及野生中药材。

马鞍山【Mǎ'ān Shān】 以山的形状命名。因远看此山中部低凹，形似马鞍而得名。位于鹿头街南5千米，北连马鞍山水库。山体面积6平方千米，海拔323.5米。植被以人工种植的针、阔叶林为主，有野鸡、山兔等野生动物，有桔梗、蝎子、蜈蚣等中药材，石料储量丰富。

猫子山【Māozi Shān】 以山的形状命名。因山中有形似老虎的石头，曾称石虎山。据《枣阳县志》记载，原称石虎山，后人谈虎色变，故改称猫子山。位于吴店镇清潭街东9千米，山体面积2.5平方千米，主峰海拔316米。山顶植有茶树，山腰山脚灌木丛生，有野鸡、山兔。重金属矿储量丰富。

磨棋山【Mòqí Shān】 "磨"指磨盘，"棋"指棋盘。以形状和传说命名。山峰似磨盘，传说有一石匠在此凿了一块石棋盘，故名。位于熊集镇耿集街西南8.4千米，海拔520米，山体面积2平方千米。野生动物有野猪、野羊、野鸡、蛇等。森林植被茂盛，有多种野生药材。为枣阳市与宜城市的界山。

旗杆山【Qígān Shān】 以山形而得名。因远望此山，主峰似旗杆，次峰从高到低如同旗帜迎风招展，故名。位于刘升镇西北4.5千米，海拔317.1米，是刘升镇最高点。山中有多处石灰岩溶洞（俗称老虎洞），山脚下有多处泉眼，常年有泉水涌流。有野猪、野鸡、山兔，有桔梗、蜈蚣、蝎子等药材。蕴藏有金、铁、锌等矿产。

青峰岭【Qīngfēnglǐng】 因植被茂密而得名。此山挺拔于枣南群山之中，林木稠密，常年绿荫葱葱，故名。位于平林镇西北9.6千米，主峰海拔520米。山中以松树为主，多山楂、山葡萄。有蜈蚣、沙参、桔梗、柴胡等上百种中药材。有金钱豹、野猪、野羊等野生动物。属大洪山余脉。

圣龙山【Shènglóng Shān】 以传说命名。据传，早年武当山祖师到此山修建新道馆，脚一踏上此山，山体便颤动不已，而得名"嫩动山"。唐朝有一和尚在山顶挖一水池，池旁修一庙宇。取名"天池寺"。后又雕刻一条石龙戏水，便改名圣龙山。位于王城镇资山街东南8千米，海拔364.9米，山体面积6平方千米，1974年建场种茶。为枣、随界山，西北坡属枣阳市，东南坡属随县。

十八角盘山【Shíbājiǎopán Shān】 以地形命名。因此山只有一条小道可通入，绕山十八个弯，故名。位于熊集镇耿集街西南7千米，海拔477米。属大洪山余脉，枣阳市和宜城市的界山。有松、杉、栎和灌木等植被，野猪、野羊、麂子、獾等野生动物。

唐梓山【Tángzǐ Shān】 原称唐子山。以传说命名。相传唐朝时，有个叫唐梓的和尚来此游说，经民间募捐、官府资助，在此山建寺庙，山顶修有祖师殿、山腰建有灵官殿、山脚有娘娘殿。每年三月初七举办庙会，香火旺盛。为纪念唐梓，故名。位于枣北26千米，海拔382.7米，盛产大理石、耐火石、矾石等材料。此地为道教圣地。

王家大山【Wángjiā Dàshān】 以姓氏和山体规模综合命名。因山体较大，原为王姓所有，故名。位于刘升街西北3.5千米，山体面积1.5平方千米，海拔299米。植被以松、栎树为主，主要矿藏有金、铁，有野猪、野鸡、山兔等野生动物，有桔梗、蝎子、蜈蚣等中药材。

乌龙观【Wūlóng Guàn】 亦称乌头观，以自然景观命名。因山顶常有云雾笼罩而得名。相传，早年山顶四周筑有四道石城，有南北两个城门，嘉靖元年刘高在此镇守。位于平林镇南17.5千米，主峰海拔499.2米。此山植被茂密，以松、栎、藤本植物为主。有猫獾、野猪、野鸡等动物。属大洪山余脉。

无量山【Wúliàng Shān】 以传说命名。东汉光武帝刘秀五更从八万山起兵,行至此山时天还未亮,命名无亮山,后演变成无量山。位于吴店镇清潭街北10千米,山体面积1.5平方千米,主峰海拔255.1米。有松栎和灌木丛,蕴藏止长石矿约0.8亿吨,为中南五省最大矿源。

歇马岭【Xiēmǎ Lǐng】 以传说命名。相传五代时期,刘金定下南唐时在此歇马而得名。属桐柏山余脉,位于新市街东北12千米,主峰海拔581米。南坡属枣阳市,东为随县,北坡属桐柏县,西接唐河县。有金矿、花岗岩等。东南山腰有一古寺,称竹园禅林寺,门前有两棵千年银杏树,周边有百亩竹林和参天古木,植被茂密,为国家3A级景区。

玉皇顶【Yùhuáng Dǐng】 以传说和建筑综合命名。相传很早前此山顶建有一座玉皇庙,故名。位于新市镇东北12千米,系桐柏山余脉,呈南北走向,主峰为枣阳最高点,海拔778.5米。为鄂豫两省的界山,位于西坡的白竹园寺风景区为国家3A级景区、省级森林公园,以佛教文化为主体,集山、林、寺、石、溪于一体的旅游胜地,森林覆盖面积达90%以上。

紫玉山【Zǐyù Shān】 以传说命名。据传唐朝时,有一工匠将山上一块紫玉雕成供桌,置于峰顶寺内的神像前,故名。位于太平街北10千米,海拔257.6米。为鄂豫两省界山,属桐柏山余脉,蕴藏优质石材。有野鸡、山兔等。

第二章 水系类

第一节 河流

八角河【Bājiǎo Hé】 河流径流地名叫八角的地方,以径流点命名。是熊河的一条支流,发源于姚湾,流经八角,在熊集镇的熊河水库汇入熊河。全长7千米,流域面积16平方千米。

白水寺河【Báishuǐsì Hé】 河流径流白水寺附近,以径流点命名。是滚河的一条小溪流,在吴店镇直接汇入滚河。全长3千米,流域面积6平方千米。

臣子河【Chénzi Hé】 河流径流自然湾臣子湾,以径流点命名。是沙河的一条支流,发源于随县柴家山,流经三合店,注入沙河水库。流域面积60平方千米,主河道长20千米。

陈店河【Chéndiàn Hé】 河流径流自然湾陈店,以径流点命名。是伍河的一条支流,在王城镇的伍河汇入滚河。全长8千米,流域面积20平方千米。

仇家冲河【Qiújiāchōng Hé】 河流径流自然湾仇家冲,以径流点命名。是熊河的一条支流,发源于高老坡,流经石板坞,在平林镇汇入熊河。全长3千米,流域面积5平方千米。

丑河【Chǒu Hé】 因河流不规则而得名。以河流自然形态命名,该地名自命名起,一直沿用至今。位于河南省唐河县南部,流经祁仪乡与枣阳市新市镇邢川水库交接。境内全长8.1千米。径流量为60立方米/秒。

淳河【Chún Hé】 曾用名:瀤水。河流径流自然湾淳家湾,以径流点命名。耿集街(村)境内有2条河流属淳河支流,旧志称瀤水,有3条支流。源出青峰岭的大古顶,经耿集流入襄州区罗岗水库。在枣阳市流域面积有70平方千米,因源出山区,故径流量大。中华人民共和国成立后,兴建仁河寨水库小(一)型,尚有2条小河沟待开发利用。

大板桥河【Dàbǎnqiáo Hé】 河流径流自然湾大板桥,以径流点命名。是滚河中上游一条小的支流,发源于南城办事处的张湾,流经枣阳火车站、梁集街,汇集了2条小溪流,在谢庄入滚河。全长20千米,流域面积51平方千米。1978年冬曾动工修建南郊水库(中型),因经费限制停建。1996年续为小(一)型水库,至此,该流域尚未开发利用。河流类别为内流河、地上河、季节河。

大河湾河【Dàhéwān Hé】 河流径流自然湾大河湾，以径流点命名。是小黄河的一条支流，发源于黑大堰，流经桑园，在杨垱镇汇入小黄河水库。全长25千米，流域面积40平方千米。

东沟河【Dōnggōu Hé】 河流径流自然湾东沟，以径流点命名。是沙河的一条支流，发源于三尖脑，流经东沟，在新市镇的姚棚水库汇入沙河。全长3千米，流域面积5.8平方千米。

董楼河【Dǒnglóu Hé】 河流径流自然湾董楼，以径流点命名。是伍河的一条支流，在王城镇的伍河汇入滚河。全长4千米，流域面积10平方千米。

杜垱河【Dùdàng Hé】 河流径流自然湾杜垱，以径流点命名。是华阳河的一条支流，发源于寡妇山，流经杜垱，在刘升镇的五里桥汇入华阳河。全长3千米，流域面积4平方千米。

范湾河【Fànwān Hé】 河流径流自然湾范湾，以径流点命名。是滚河的一条支流，发源于檀冲，流经六里庙，在琚湾镇汇入滚河干流。全长6千米，流域面积20平方千米。

方寨河【Fāngzhài Hé】 河流径流自然湾方寨，以径流点命名。是黑青河的一条支流，发源于林场，流经方寨，在太平镇的陈寨汇入黑青河。全长3千米，流域面积20平方千米。

付寨河【Fùzhài Hé】 河流径流自然湾付寨，以径流点命名。是英河的一条支流，发源于乔家集，流经柳湾，在王城镇汇入油坊湾水库。全长5千米，流域面积10平方千米。中华人民共和国成立后，兴建了油坊湾水库。

耿桥河【Gěngqiáo Hé】 河流径流自然湾耿桥，以径流点命名。是滚河的一条支流，发源于柿子园，流经耿桥，在吴店镇的东赵湖汇入滚河。全长5千米，流域面积16平方千米。

龚寨河【Gōngzhài Hé】 河流径流自然湾龚寨，以径流点命名。是滚河的一条支流，发源于裘家湾，流经龚寨，在琚湾镇汇入滚河干流。全长5千米，流域面积13平方千米。

沟沿河【Gōuyán Hé】 河流径流自然湾沟沿。以径流点命名。是滚河的一条支流，在熊集镇的李湖汇入滚河。全长3千米，流域面积10平方千米。

古城河【Gǔchéng Hé】 河流径流自然湾古城，以径流点命名。是滚河的一条支流，发源于陈坡，在琚湾镇汇入滚河干流。全长3千米，流域面积5平方千米。

观堂河【Guāntáng Hé】 河流径流自然湾观堂，以径流点命名。是滚河的一条支流，在琚湾镇汇入滚河干流。全长8千米，流域面积18平方千米。

官沟河【Guāngōu Hé】 河流径流自然湾官沟，以径流点命名。发源于枣阳境内七方镇，流经官沟水库（襄州区管）在襄州区境内入滚河。在枣阳市河流长35千米，流域面积77平方千米，由4条小溪流汇合组成，主要1条小干流，故无大的开发利用价值。

滚河【Gǔn Hé】 "滚"与"昆"音近。古称昆河。后以音近，演变成滚河。也有以传说故事而得名。传说刘秀当年被王莽追得走投无路，只得带着剩下不多的子弟兵回自己家乡暂避。这日，他们刚淌过白水，便见王莽亲率大军从后面追赶上来，望着黑压压的追兵，刘秀吓得脑门直冒冷汗，心想今日只怕要落入莽贼之手了。也是刘秀不该路绝，正在这时，他突然记起十年前的一件事来，于是说道："白水呀，你要是滚沸起来就好了。"说时迟，那时快，刘秀话音刚落，河水就像开水锅似的翻腾了，并潮水般地向王莽和追兵扑来。王莽的人马跑到哪里水就滚向哪里，王莽无奈，只好退去，刘秀这才得救。据史志记载，清朝从1644

年至1911年的267年间滚河共发生水灾15次,平均18年一次,而后在中华人民共和国成立前和成立初都曾给沿岸人民带来了灾难。1957年以来,在滚河较大的支流上修建了熊河、华阳河等大型水库2座,中型水库10座,小(一)、小(二)型水库近百座。滚河古称白水、昆水。正源为随州市万福店农场境内,当地称油坊河,向西南流入枣阳境内的油坊湾水库。然后由东向西横穿县境中部,经王城镇、吴店镇、南城办事处、琚湾镇至襄州区境注入唐白河。全长90千米,流域面积2068平方千米,占全市总面积3277平方千米的63.1%。支流分布于南北两大低山丘陵区,北有沙河、优良河、华阳河、大板桥;南有伍河、昆河、熊河;东有英河,下游有官沟。共九大支流,呈扇形向中间汇集,径流集中较快,河床切割较深,年平均总径流量6亿至7亿立方米。滚河水总蕴藏量1.5万千瓦,可开发0.78万千瓦。为枣阳境内最大河流。

韩冲河【Hánchōng Hé】 河流径流自然湾韩冲,以径流点命名。是黑青河的一条支流,发源于李老,流经韩冲,在七方镇汇入黑青河。全长3千米,流域面积7平方千米。

黑清河【Hēiqīng Hé】 曾用名:真陂河。"黑清"指河流的清澈碧绿。黑清河在枣阳市境称泥河,古称真陂河,即镇北河。因宋孟忠襄公镇北将军而得名,俗以字音近之,讹为真陂河。黑清河,《水经注》之南长水也,"板桥水又西南与南长水合,水上承唐子襄乡诸陂散流也"。1959年10月至1964年,在罗桥村建成罗桥水库,拦截泥河主流。1977年在龚营筑滚水坝,建电灌站。黑清河俗称泥河,发源于唐梓山、三尖脑一带。向西南流经双河、太平、草店、罗岗、徐寨至襄阳的双沟汇入唐白河。长50千米,在七方镇境内长9千米,流域面积400平方千米,有大小溪流15条。中华人民共和国成立后,兴建罗桥水库、刘桥水库2座(中型)和10座小(一)型水库(辛庄、马庄、莲花堰、杨庄、洪寨、双河、工联坝、打石场、王坡、石头河),开发利用较好。

红沙河【Hóngshā Hé】 以河沙颜色命名。因河沙呈红色而得名。红沙河源位于龙潭南8千米处,豫鄂两省交界河,发源于唐河县湖阳镇,径流枣阳市杨垱镇,分水岭两条支流,河段长约9千米,河宽15~20米,属于季节河,水量不大,效益利用率低。

后河【Hòu Hé】 河流径流鹿头镇西北方,以径流方向命名。因此河经过鹿头镇西北方流入新市后,居民习惯称西与南为后,故名。后河是沙河的一条支流,发源于李楼岗,流经马庄,在鹿头镇汇入沙河。全长4千米,流域面积8平方千米。

胡垱河【Húdàng Hé】 河流径流自然湾胡垱,以径流点命名。是沙河的一条支流,发源于鸭子山,流经马冲,在鹿头镇的胡庄村汇入沙河。全长8千米,流域面积15平方千米。

胡家冲河【Hújiāchōng Hé】 河流径流自然湾胡家冲,以径流点命名。是沙河的一条支流,发源于杨武冲,流经下武岗,在鹿头镇的吉河水库汇入沙河。全长4千米,流域面积10平方千米。

华阳河【Huáyáng Hé】 "华阳"指华阳山。以发源地命名,因源出大阜山南之华阳山而得名。为北水(滚河)正源。中华人民共和国成立后,兴建了1座大型水库、1座中型水库和4座小型水库,开发利用较好。其中华阳河水库承雨面积138平方千米,总库容1.23亿立方米,有效灌溉面积5.2万亩,水库养鱼水面7500亩。流经刘升、兴隆,在新店与干流汇合。全长40千米,流域面积220平方千米,大、小溪流12条。

黄河【Huáng Hé】 河流径流自然湾黄河，以径流点命名。是沙河的一条支流，发源于老婆石，流经新市，在鹿头境内称为石河，注入沙河。流域面积 82 平方千米，主河道长 20 千米。

贾洼河【Jiǎwā Hé】 河流径流自然湾贾洼，以径流点命名。是黑青河的一条支流，发源于大王庄，流经贾洼，在太平镇的蛮子营汇入黑青河。全长 14 千米，流域面积 22 平方千米。

蒋垱河【Jiǎngdàng Hé】 河流径流自然湾蒋垱，以径流点命名。是沙河的一条支流，发源于袁寨，流经桑庙，在新市镇的高庄村汇入沙河。全长 15 千米，流域面积 17 平方千米。

叫花子河【Jiàohuāzi Hé】 河流径流自然湾叫花子，以径流点命名。是沙河的一条支流，发源于黄皮垱，流经叫花子沟，在鹿头镇的吕家湾汇入沙河。全长 3 千米，流域面积 4 平方千米。

解家畈河【Xièjiāfàn Hé】 河流径流自然湾解家畈，以径流点命名。是滚河的一条支流，发源于三房，在琚湾镇汇入滚河干流。全长 3 千米，流域面积 7 平方千米。

昆河【Kūn Hé】 "昆"指清澈、碧绿。以河流的清澈度命名，因昆河水之色，四季碧绿而得名。源出随州市木马岭，向北流入枣阳市境清潭，在吴店镇皇村南汇入滚河。全长 40 千米，流域面积 300 平方千米、大、小支流 19 条。此河流速快，河床切割较深，但山洪暴发时仍漫岸成灾。中华人民共和国成立后，兴建了清潭水库（中型）、4 处小（一）型水库（浩巴堰、甘家冲、林湾、腰盆井）和 6 座小（二）型水库，基本上根治了洪水灾害。

老虎垱河【Lǎohǔdàng Hé】 河流径流自然湾老虎垱，以径流点命名。是昆河的一条支流，发源于端拱山，流经老虎垱，在吴店镇的李桥汇入昆河。全长 4 千米，流域面积 10 平方千米。

雷垱河【Léidàng Hé】 河流径流自然湾雷垱，以径流点命名。是沙河的一条支流，发源于王胖子岗，流经赵集，在琚湾镇的雷家河湾汇入沙河。全长 8 千米，流域面积 20 平方千米。

李家咀河【Lǐjiāzuǐ Hé】 河流径流自然湾李家咀，以径流点命名。是昆河的一条支流，发源于毛狗洞，流经李家咀，在吴店镇的柳林河汇入昆河。全长 4 千米，流域面积 10 平方千米。

李楼河【Lǐlóu Hé】 河流径流自然湾李楼，以径流点命名。是熊河的一条支流，发源于李楼，在熊集镇的熊河水库汇入熊河。全长 6 千米，流域面积 14 平方千米。中华人民共和国成立后，在此支流与滚河汇入点修建了熊河水库。

梁沟河【Liánggōu Hé】 河流径流自然湾梁沟，以径流点命名。是滚河的一条支流，发源于西赵湖，流经李湖。在南城街道的梁集社区汇入滚河。全长 3 千米，流域面积 8 平方千米。河流类别为内流河、地上河、常年河。

刘寨河【Liúzhài Hé】 河流径流自然湾刘寨，以径流点命名。是黑青河的一条支流，发源于韩岗，流经刘寨，在太平镇的李湖汇入黑青河。全长 8 千米，流域面积 30 平方千米。

龙尾巴沟河【Lóngwěibāgōu Hé】 河流径流地名叫龙尾巴沟的地方，以径流点命名。是熊河的一条支流，发源于青峰岭，流经胡咀，在熊集镇汇入熊河水库。全长 6 千米，流域面积 15 平方千米。

罗畈河【Luófàn Hé】 河流径流自然湾罗畈，以径流点命名。是昆河的一条支流，发源于帽子山，流经唐城，在吴店镇罗畈汇入昆河。流域面积 50 平方千米，主河道长 15 千米。

罗庙河【Luómiào Hé】 河流径流罗庙村,以径流点命名。是昆河的一条支流,发源于石堰寨,流经罗庙,在吴店镇的母猪峡汇入昆河。全长 4 千米,流域面积 18 平方千米。

罗寨河【Luózhài Hé】 河流径流自然湾罗寨,以径流点命名。是华阳河的一条支流,发源于罗寨,在刘升镇的石板河汇入华阳河。全长 3 千米,流域面积 5 平方千米。

猫子冲河【Máozichōng Hé】 河流径流自然湾猫子冲,以径流点命名。是沙河的一条支流,发源于方百堰,流经北关,在城区鱼种场汇入沙河。全长 12 千米,流域面积 25 平方千米。

毛榨河【Máozhà Hé】 河流径流自然湾毛榨,以径流点命名。是熊河的一条支流,发源于顶破天,流经毛榨,在熊集镇汇入熊河。全长 5 千米,流域面积 12 平方千米。

木桥河【Mùqiáo Hé】 河流径流自然湾木桥湾,以径流点命名。是滚河的一条支流,发源于木桥,在琚湾镇汇入滚河干流。全长 12 千米,流域面积 15 平方千米。

牛心寺河【Niúxīnsì Hé】 河流径流地名叫牛心寺的地方,以径流点命名。是三夹河的一条支流,在新市镇的邢川汇入三夹河。全长 5 千米,流域面积 18 平方千米。

七里冲河【Qīlǐchōng Hé】 河流径流自然湾七里冲,以径流点命名。是昆河的一条支流,发源于光秃山,流经七里冲,在吴店镇的黄莲树湾汇入昆河。全长 8 千米,流域面积 20 平方千米。

秦河【Qín Hé】 河流径流自然湾秦庄,以径流点命名。是黑青河的一条支流,发源于双河,流经赵河,在太平镇的高拱桥汇入黑青河。全长 25 千米,流域面积 40 平方千米。

清潭河【Qīngtán Hé】 "清潭"指流经地地名。因该河穿越清潭街道而过,故取名为清潭河。公元 618 年一直沿用至今。发源于木马岭,流经清潭,在吴店镇中合寨汇入昆河,全长 15 千米,流域面积为 40 平方千米。河床宽 12 米,沿岸建有顾家冲大桥、清华桥、清阳桥、清潭桥、清潭高桥、清潭老桥等。

仁河【Rén Hé】 河流径流自然湾仁河,以径流点命名。是淳河水的一条支流,发源于水牛凹子,经耿集流入襄州区罗岗水库。全长 16 千米,流域面积 20 平方千米。

三道河【Sāndào Hé】 河流分为三道小河流,故名。是华阳河的一条支流,发源于犁铧尖,流经黄湾,在刘升镇的高堤村汇入华阳河。全长 8 千米,流域面积 16 平方千米。

三合店河【Sānhédiàn Hé】 "三合店"指随县一地名。因该河流有东、南、北三条支流于三合店西 1 千米处的两山峡谷锁口处汇合,故而得名。此河跨随县吴山镇和枣阳鹿头镇。全长约 18 千米,随县境内长约 14 千米,地处随县西北部。河流源于随县吴山镇与万和镇交界的晃山西麓,经三合店、油坊出随县,最终流入枣阳沙河水库。流域面积 41 平方千米,为三级支流,河流类别为外流河、地上河、常年河。三合店河在王冲以上河道较窄,蜿蜒曲折,落差较大;在王冲至油坊出境口,河道较为笔直,河床稳定,水流平缓,且河流两岸地势平坦,农田较多,土地肥沃,适宜农业生产。

沙河【Shà Hé】 以河床土质命名。沙河,古称淯水;因河床土质为黄沙,元代改称沙河。唐《收襄阳城二首》中"暗发前军连夜战,平明旌旆入襄州。五营飞将拥霜戈,百里僵尸满淯河。"据《枣阳县志》记载:"清嘉庆十七年夏四月""文宗咸丰五月秋七月"及"光绪二十五年己亥三月"均发生洪水泛滥。此河为滚河北岸最大支流,发源于随州市境内的七尖峰和柴家山,在三合店进入枣阳市,经新市、鹿头、环城、北城、南城,在琚湾东汇入滚河。全长 80 千米,流域面积 717 平方千米,上游河床宽约 50 余米,水流湍急，下游河宽有 100 米左右，流速相应变慢。沙河又有 6 条分支流（流域面积约在 50 平方千米以上）26 条小溪流，上游山高坡陡，系太古纪片麻石岩及红砂砾岩，缺乏植被覆盖，风化严重，水土流失严重，致使河床逐年淤高。河流流量变幅较大，枯水季节只有 0.38 立方米/秒，夏季山洪暴发，河水猛涨时，最大可达 1876 立方米/秒。中华人民共和国成立后先后建成马鞍山、姚棚、沙河、大黄河、石梯、北郊、吉河共 7 座中型水库和 10 座小（一）型水库，基本上控制了洪水灾害。

邵沟河【Shàogōu Hé】 河流径流自然湾邵沟，以径流点命名。是滚河的一条支流，发源于姜家湾，流经尹寨。在琚湾镇汇入滚河干流。全长 5 千米，流域面积 13 平方千米。河流类别为内流河、地上河、常年河。

石滚河【Shígǔn Hé】 河流径流自然湾石滚湾，以径流点命名。是华阳河的一条支流，发源于大甘冲，流经石滚河，在刘升镇的刘升村汇入华阳河。全长 4 千米，流域面积 8 平方千米。

石梯河【Shítī Hé】 河流径流自然湾石梯，以径流点命名。为沙河的一条支流，发源于七尖峰，流经随县，注入沙河水库。流域面积 80 平方千米，主河道长 20 千米。

四马桥河【Sìmǎqiáo Hé】 河流径流自然湾四马桥，以径流点命名。是昆河的一条支流，发源于檀山，流经四马桥，在吴店镇的五口堰村汇入昆河。全长 4 千米，流域面积 10 平方千米。

宋集河【Sòngjí Hé】 河流径流自然湾宋集村，以径流点命名。是熊河的一条支流，发源于杉树林，流经宋集，在车河农场的宋集村汇入熊河。全长 10 千米，流域面积 35 平方千米。

宋坡河【Sòngpō Hé】 河流径流自然湾宋坡，以径流点命名。是滚河的一条支流，发源于沈家大坊，在琚湾镇汇入滚河干流。全长 10 千米，流域面积 20 平方千米。

孙冲河【Sūnchōng Hé】 河流径流自然湾孙冲，以径流点命名。是熊河的一条支流，发源于李湾，流经孙冲，在熊集镇汇入熊河。全长 6 千米，流域面积 18 平方千米。

唐城河【Tángchéng Hé】 河流径流自然湾唐城，以径流点命名。是昆河的一条支流，在吴店镇的李桥汇入滚河。全长 5 千米，流域面积 20 平方千米。

唐店河【Tángdiàn Hé】 河流径流自然湾唐店，以径流点命名。是昆河的一条支流，发源于国庆四，流经十月四，在吴店镇的唐店汇入昆河。全长 9 千米，流域面积 20 平方千米。

套楼河【Tàolóu Hé】 河流径流地名叫套楼的地方，以径流点命名。是黑青河的一条支流，发源于马武，流经套楼，在太平镇的夹河汇入黑青河。全长 2.5 千米，流域面积 4 平方千米。

同心河【Tóngxīn Hé】 河流径流自然湾同心寨，以径流点命名。是昆河的一条支流，发源于红河水库，流经同心寨，在吴店镇的同心寨汇入昆河。全长 3 千米，流域面积 8 平方千米。

王寨河【Wángzhài Hé】 河流径流自然湾王寨，以径流点命名。是滚河的一条支流，发源于金堰寨，流经竹楼，在新店汇入滚河。全长 8 千米，流域面积 15 平方千米。中华人民共和国成立后，修建有官沟水库。

吴集河【Wújí Hé】 河流径流自然湾吴集，以径流点命名。是熊河的一条支流，发源于刀坡岭，流经吴集，在车河农场汇入熊河。全长 13 千米，流域面积 35 平方千米。

五口堰河【Wǔkǒuyàn Hé】 河流径流自然湾五口堰村,以径流点命名。是昆河的一条支流,发源于田湾,流经杨庙,在吴店镇的五口堰汇入昆河。全长4千米,流域面积10平方千米。

伍河【Wǔ Hé】 河流径流自然湾伍河,以径流点命名。是滚河东南较大支流,发源于圣龙山,经资山往西北流,汇集6条小溪,在王城下游汇入滚河。全长25千米,流域面积83平方千米。开发利用少。中华人民共和国成立后,兴建了资山水库(中型)和伍河小(一)型水库。

西河【Xī Hé】 河流径流棋杆山西边,以径流点命名。是华阳河的一条支流,发源于旗杆山,流经李老湾,在兴隆镇汇入华阳河。全长13千米,流域面积20平方千米。

下垱桥河【Xiàdàngqiáo Hé】 河流径流自然湾下垱桥,以径流点命名。是沙河的一条支流,发源于张庄寨,流经大朱堰,在鹿头镇的下垱桥汇入沙河。全长12千米,流域面积22平方千米。

小黄河【Xiǎo Huánghé】 "小"指河床狭窄。"黄河"指河水的清澈度较低。河水浑浊。以河流水流状态命名。又称红沙河、苍龙河,河床浅而窄,易发洪灾,1913年5月28日夜,大水冲破杨垱寨门,水齐腰深,房屋冲倒过半。1937年暴雨成灾,何湾冲倒房屋48间。1947年7月1日,河水暴涨何湾倒屋300余间(公社简志)。发源于河南宋山、紫玉山之间,向西流经寺庄、湖河、杨垱,在襄阳程家河以北注入唐河。全长40千米,流域面积258平方千米,有小溪流8条。中华人民共和国成立后,兴建了周桥水库、小黄河水库2座(中型)和2座小(一)型水库(唐梓山、赵桥),开发利用较好。

谢棚河【Xièpéng Hé】 河流径流自然湾谢棚,以径流点命名。是沙河的一条支流,发源于老婆石,流经谢棚村,在新市镇汇入沙河。全长4千米,流域面积8平方千米。

新店河【Xīndiàn Hé】 河流径流自然湾新店,以径流点命名。是滚河的一条支流,发源于金银冲,流经廖庙,在王城镇的新店汇入滚河。全长4千米,流域面积10平方千米。

熊河【Xióng Hé】 "熊"指熊集镇。以流经区域命名,因流经熊集镇而得名。古称瀼水。据《枣阳县志》记载:"公元1906年(清光绪三十二年),5月16日,滚河水暴涨,淹没人畜,冲塌房子无数。6月蛟龙复出,熊家集、梁家集二镇暨韦山镇房屋冲毁、田地沙碛尤甚,两次水患为吾邑之奇灾。"中华人民共和国成立后,兴建了1座大型水库、1座中型水库和3座小型水库,根治了洪水灾害。为滚河南岸最大支流,发源于随州、枣阳、宜城三市相交的乌龙观。向北流经车河、平林、熊集等镇场,在梁集街与滚河汇合。全长45千米,流域面积390平方千米,大、小支流15条,源出山区,由南向北逐渐变成低山丘陵。径流变幅较大,冬季枯流量为0.2立方米/秒,夏季山洪暴发,最大洪水流量达1540立方米/秒。此河流经的熊河水库,位于熊集南3千米处,建于1953年冬,承雨面积314平方千米,总库容量2.45亿立方米。

许家河【Xǔjiā Hé】 河流径流自然湾许家湾,以径流点命名。是淳河水系的一条支流,发源于大古顶,流经梨园,在襄州区罗岗水库的侯家湾汇入淳河。全长10千米,流域面积20平方千米。

杨冲河【Yángchōng Hé】 河流径流自然湾杨冲,以径流点命名。是黑青河的一条支流,发源于七方岗,流经杨冲,在七方镇的李湖汇入黑青河。全长5千米,流域面积10平方千米。

优良河【Yōuliáng Hé】 以水系来源和开发利用程度综合命名。因该水系来源广,河流水质好,开发利用程度较好而得名。此河为滚河北部支流,发源于鸭子山,流经南城办事处的惠岗,吴店镇的二郎,在吴店镇北注入滚河。全长30千米,流域面积130平方千米,大、小支流5条。第1条发源于神仙凸,流经白土坡，在四方堰汇入干流。全长 7 千米；第 2 条发源于银龙山，流经大山坡，汇入东郊水库。全长 10 千米；第 3 条发源于谢湾，流经周家湾，在王寨汇入干流。全长 3 千米；第 4 条发源于黑石山，流经榆树岗，在王寨汇入干流，长 6 千米；第 5 条发源于鸭子山，在赵当汇入东郊水库，长 7 千米。

油坊湾河【Yóufángwān Hé】 河流径流自然湾油坊湾，以径流点命名。是英河的一条支流，发源于石佛寺，流经万福店，在王城镇汇入油坊湾水库。全长 10 千米，流域面积 20 平方千米。中华人民共和国成立后，兴建了油坊湾水库。

余家桥河【Yújiāqiáo Hé】 河流径流自然湾余家桥，以径流点命名。是昆河的一条支流，发源于徐楼，在吴店镇的余家桥汇入昆河。全长 3 千米，流域面积 8 平方千米。

寨沟河【Zhàigōu Hé】 河流径流自然湾龙尾寨，以径流点命名。是沙河的一条支流，发源于七个凸，流经龙尾寨，在鹿头镇的张铁楼汇入沙河。全长 4 千米，流域面积 5 平方千米。

张白河【Zhāngbái Hé】 河流径流自然湾张白庄，以径流点命名。是沙河的一条支流，发源于白塔寺，流经姚棚，注入吉河水库。流域面积 61 平方千米，主河道长 20 千米。

张高河【Zhānggāo Hé】 河流径流自然湾张高庄，以径流点命名。是英河的一条支流，发源于霸山，流经随阳店，在王城镇汇入英河。流域面积 45 平方千米，主河道长 15 千米。

张洼河【Zhāngwā Hé】 河流径流自然湾张洼，以径流点命名。是滚河的一条支流，发源于张洼，在琚湾镇汇入滚河干流。全长 6 千米，流域面积 15 平方千米。

钟湾河【Zhōngwān Hé】 河流径流自然湾钟湾。以径流点命名。是熊河的一条支流，发源于青峰岭，流经钟湾，在熊集镇的板桥村（现已淹没）汇入熊河。全长 4 千米，流域面积 8 平方千米。

周邢庄河【Zhōuxíngzhuāng Hé】 河流径流自然湾周邢庄，以径流点命名。是黑青河的一条支流，发源于大张庄，流经周邢庄，在太平镇的高拱桥汇入黑青河。全长 13 千米，流域面积 25 平方千米。

祝家冲河【Zhùjiāchōng Hé】 河流径流自然湾祝家冲，以径流点命名。是滚河的一条支流，发源于祝家冲，流经龚寨，在琚湾镇汇入滚河干流。全长 6 千米，流域面积 10 平方千米。

第二节 泉

核桃泉【Hétáo Quán】 "核桃"是一种干果。以形状特征命名。泉的形状像核桃，故此而得名。位于熊集镇耿集楼子村的猴娃背、十八盘山脚下，四季出水，有钊头粗。

洪山水泉【Hóngshānshuǐ Quán】 以地理位置命名。此泉位于洪山，故名。位于耿集梁家山南山脚下，水有三钊粗，流入石挡口，后流入宜城市境内。可灌溉 18 公顷耕地。

康河泉【Kānghé Quán】 "康河"指地名康河村，以所在地命名。位于姚岗康河桥下，常年有半部钊的泉水涌出，昔日曾有人在此修"过山钊"，能灌田地 150 亩。

龙王垱泉【Lóngwángdàng Quán】 以地名命名。发源于平林镇吴集村南 400 米处的龙王垱。因有三股经常冒泡的泉水，旧志记载称"三眼泉"。可灌溉耕地面积 50 公顷。

马蹄泉【Mǎxiào Quán】 以地形命名。位于熊集镇耿集七里村银铜山下，泉眼有二剐粗，出水量为 0.04 立方米/秒，可灌溉耕地面积 15 公顷。

泉水寺泉【Quánshuǐsì Quán】 以泉水寺寺名命名。位于太平镇泉水寺门前，水流不断，古时在此修庙宇，名曰"泉水寺"，形成"泉"以寺为名，"寺"以泉而得名。

双眼泉【Shuāngyǎn Quán】 以泉形状命名。因两个泉眼相距 16 米，故名。位于平林镇清水店村二组大山坡脚下。该泉终年流水，能浇灌水田 8 公顷，农闲蓄水可灌溉 80 公顷。

响水天泉【Xiǎngshuǐ Tiānquán】 因泉水发出似瀑布的响声而得名。位于平林镇清水店村马鞍山脚下，经下岩子湾后山岩 15 米高处落下，发出响声。泉水经年旺盛，干旱时更旺。可灌溉耕地面积 6 公顷。

第六篇　纪念地、名胜古迹类地名
【Jìniàndì Míngshènggǔjì Lèi Dìmíng】

第一章 文化遗址古迹

第一节 国家级文物保护单位

雕龙碑遗址【Diāolóngbēi Yízhǐ】 以附近出土的古碑命名。1957年湖北省文物普查发现；1984年列为襄樊市重点文物保护单位；1990—1992年由中国社科院考古研究所主导，先后5次对遗址进行发掘；1993年列为湖北省重点文物保护单位；1996年11月20日，国务院公布为第四批全国重点文物保护单位。位于鹿头镇北3千米武庄村南、沙河与水牛河交汇处的台地上。东邻桐柏山脉，南界鹿头街，西至新市镇钱岗村，北连新市镇。为新石器时代遗址，距今6300—5800年，面积约5万平方米，文化堆积层厚2.5米左右，分早中晚三个时期。在已发掘1500平方米范围内，有3个不同时期的房屋建筑21座、窖穴75处、土坑竖穴墓133座、瓮棺葬63座、动物葬23处，出土石器、陶制生产工具和生活用具等遗物3000余件。国内首次发现推拉式结构屋门的古单元套房屋墓，内有取暖，保存火种卧室、堆放器物、牲畜间的遗迹。是一处典型的、保存完整的原始氏族聚落遗址。专家们论证命名为"雕龙碑文化"，此遗址地处古代南北文化交接地带，融合长江流域大溪文化与黄河流域仰韶文化特征，形成独具特色的新文化类型，对研究黄河流域、长江流域交汇地带的新石器文化的发展，具有重要的科学价值。

九连墩古墓【Jiǔliándūn Gǔmù】 以古墓的墓堆数命名。因有9座墓葬封土堆组成而得名。位于枣阳城东南21千米，分布在吴店镇与兴隆镇交界处的一条南北向土岗上，南起吴店镇东赵湖村唐家祠堂自然村东侧，北至兴隆镇乌金村刘家湾，绵延3千米。1958年第一次文物普查时发现；1984年被列为襄樊市重点文物保护单位；1992年12月列为湖北省重点文物保护单位；2006年列为全国重点文化保护单位。九连墩的传说由来已久。民间流传，古时有个大官被皇帝错杀，特赐金头一个随葬，因怕人盗墓，于是在一夜间修了9个大冢，使人难辨真伪。2002年9月，为配合孝襄高速公路建设，湖北省文物考古研究所组建专班，对1号墩进行抢救发掘，共出土祭器、乐器、燕器、兵器、车马器、工具、敛饰物、丧仪用器等4067件（套）。考古资料分析认定，该古墓群为战国中后期、楚国鼎盛时期墓葬。

第二节 省级文物保护单位

白水寺【Báishuǐ Sì】 以刘秀的传奇故事"龙飞白水"命名。位于吴店镇西南 2 千米的狮子山上,这里树木葱郁,滚河绕流。白水寺在东汉以前称为"山林寺",东汉建成三年(27)改为祭祀刘秀四亲高庙,更名"白水寺",元至正三年(1343)重建,多次维修,现为明清建筑;1985 年又进行全面修葺;21 世纪初重建光武祠、刘秀文化广场等。1992 年列为湖北省重点文物保护单位。主要建筑物有刘秀殿、后殿、娘娘殿、佛爷殿、关公殿、罗汉殿、兵器殿等。院庭内立有民国三十年石碑一块,碑文有"白水重光"四个大字。刘秀殿门联为"九月重阳白水重光阳光重重照白水,三代尚文真人尚武文武尚尚唯真人"。殿宇周围有白水井、丽花园、王莽庙、饮马池、马踏井等诸多景点。诗画廊、碑廊镶嵌雕刻着唐宋以来名人诗词,如诗仙李白《游南阳白水登石激作》吟道:"朝涉白水源,暂与人俗疏。岛屿佳境色,江天涵清虚。目送去海云,心闲游川鱼,长歌尽落日,乘月归田庐。"这里故事传说引人入胜,白水盛名经世不衰。这里空气清新,环境幽静,是休闲游览理想之地。

象弓河遗址【Xiànggōnghé Yízhǐ】 以象弓河自然村命名,又称墓子岗遗址。因村前一条小河形似箭弓,位于新市镇东北 1.2 千米赵庄村,分布象弓河村后。第二次文物普查发现。平台呈长方形,南北长约 800 米,东西宽约 400 米,文化厚层 1.5 米左右。采集有石斧和陶片,新石器时代陶片有石家河文化的夹砂红陶鼎足。东周陶片以泥质灰陶为主,夹砂灰陶次之,纹饰有弦纹、戳印纹,器形有鬲、豆、罐、盆、瓮及筒瓦、板瓦等。汉代陶片有泥质灰陶盆、壶、瓮口沿等。文物专家从已发掘出土文物定为夏代文化遗址,被列为省级文物保护单位。

邱家前湾古村落【Qiūjiāqiánwān Gǔcūnluò】 以姓氏、地形和建筑物综合命名。"邱"指姓,"前湾"指村前的一条小河到此拐了弯,"古村落"指明清古民居。位于新市镇东南 10 千米。东与随县吴山镇相交。村子山清水秀,古朴幽雅,民风淳朴。现有村民 60 余户,250 人。为邱氏家族祖屋,建筑面积 7500 平方米,依山而建,坐西朝东,呈长方形排列,共有 4 排古建筑,每排建筑由 12 个相连的四合院组成,共有房屋 300 余间,房屋大部分为硬山顶,砖木结构,青砖灰瓦,双层墙体,房高 10 余米,兼有一层楼阁。村中有青石小径,路路相通。建筑群屋顶、檐帮、额枋、屋脊、门、窗、栏杆、屏风均饰以绘画、雕刻,屋群图画有诗词,檐帮、额枋等处的雕刻、泥塑以喜鹊、仙鹤、凤凰等吉祥物为主。保存完好的有邱氏宗祠及 30 余间老房屋。依山而建的寨墙、寨门遗迹仍在。据考证,古村建于明朝景泰年间至清康乾年间。是枣阳市重点文物保护单位,立有"旧居落民居"的石碑。2014 年被国家文化部、国家文物局联合公布为第一批列入中央财政支持的中国传统村落名单。

黉学【Hóngxué】 以用途和功能综合命名。黉学指古代的学校,是明清时期县试之地。据《枣阳县志》载:元至元二十七年(1290),创大成殿;元至正三年(1343),建至圣殿。明清两代数次重修。清嘉庆年间,县令刘闰伐李御史坟墓园内柏木,仿北京黉宫式样重修。位于城区大南街东侧粮食局院内,坐北朝南,建筑雄伟,以中轴线布局,占地百余亩,1941 年前后被日军炸毁。今仅存至圣殿一座,为歇山顶砖木结构，五间七架抬梁式结构。每间以四根圆柱分隔，五间相通，四壁砖墙。南门外原有绿釉照壁墙一堵，镶有二龙戏珠砖雕，东西两边分别修有圆门，照壁墙内立有石牌坊二座，上刻"万世师表"和"道冠古今"。往北为状元桥，白玉栏杆，下有荷花池。再往北是大城门楼，门左乡宦祠、门右乡贤祠，门内两侧分列历代臣祠、节孝祠等。中间直达至圣殿，殿门外有阅台。再往北为圣母殿，殿东修有明伦堂。1984年列为襄樊市级文物保护单位，1992年列为湖北省重点文物保护单位。

蔡阳古城遗址【Càiyáng Gǔchéng Yízhǐ】 以地名蔡阳和古城综合命名。1957年全国第一次文物普查发现；1981年、1990年又进行两次复查；1992年，湖北省人民政府公布其为重点文物保护单位。位于琚湾镇翟家古城村一平缓坡地上，东、南、西三面为滚河环绕。城基东西长1千米，南北宽约800米，西缘尚存部分夯土城垣，长约250米，厚约16米，高1~2.5米。城东护城河保存尚好，河宽约10米、深约1米。城北内暴露遗物主要为陶器残片及瓦当、筒瓦残片，陶质以泥质陶为主，灰陶多、红陶少、黑陶偶见。据《枣阳县志》载："秦初始置蔡阳县""蔡阳故城在县西南，汉初，为蔡阳县，属南阳郡，唐省"。从采集标本形制特征及其所在地理位置和文献记载，该遗址应为汉蔡阳县古城城址。唐孟浩然《夕次蔡阳馆》诗曰："日暮马行疾，城荒人住稀。听歌知近楚，投馆忽如归。鲁堰田畴广，章陵气色微。明朝拜嘉庆，须著老莱衣。"诗文可证，唐时蔡阳古城已衰败。

郭家庙墓群【Guōjiāmiào Mùqún】 以郭家庙自然村命名。2002年底，在孝襄高速公路施工工程中发现；随即进行抢救性发掘。位于吴店镇东赵湖村郭家庙自然村北。清理墓葬29座，车马坑1个，车坑2个。墓葬均为长方形竖穴坑木椁墓，2座带墓道，葬具有单椁单棺、单棺。出土随葬器物4000余件，铜器居多，玉石器次之，陶器较少，有部分骨、漆木、金、银器等。所出铜器铭文涉及曾、邓、卫、弦等国。其中"曾伯陭钺的出土表明了该墓墓主应是西周晚期的曾国国君'陭'"，这也使传世的曾伯陭壶找到了出处。该墓群的发现找到了西周晚期至春秋早期的曾国贵族墓地，对研究曾国历史文化及曾、楚关系提供了重要实物资料。

郭营祠堂【Guōyíng Cítáng】 以郭营村郭营自然村命名。为郭氏家族祭祀先人的场所，始建于清光绪十六年（1890），现存古建筑为清代建筑。位于鹿头镇东北2.5千米。东邻沙河水库和大阜山风景区，西至枣桐省道。祠堂建筑坐北朝南，正殿和偏房组成一院落，中轴对称布局，房屋11间，占地约800平方米。殿内原立有郭氏祖先灵牌，房屋建筑古朴典雅，穿枋上雕刻有各种花纹，工艺细腻精湛。大殿开间五间，硬山顶砖木结构，架梁方式为抬梁和穿斗相结合。方砖墁地，抬梁和穿枋上有各种内容的木雕。大殿前檐下有檐廊，约1米宽，月梁是一组木雕，内容有缠枝牡丹、喜鹊登梅等。大殿空间开阔，柱础雕刻精细，图案和形制各异，左侧有一月亮门与后院相通，院内有古井一口，井水清澈。周围田园风光明媚（枣阳市志载：为12处省级文物保护单位之一）。

第三节　市级文物保护点

枣阳市故城遗址【Zǎoyáng Shì Gùchéng Yízhǐ】 以故城地名枣阳而得名。故城遗址指宋代枣阳县城旧址。位于枣阳市北城街道顺城社区。东南为沙河环绕，西、北为开阔地。城基东西宽约400米，南北长

650米。东缘尚存部分夯土城垣,长约100米,宽15米,厚0.5~2米。城西护城河部分河段保存尚好,河宽约25米。据《枣阳县志》记载:枣阳之名始于隋朝仁寿元年(601),枣阳城始筑于南宋,初为土城。明正德七年(1512),创砖城(夯土墙外包砖)。周长四里二分,高二丈一尺,厚一丈八尺,橹四十二,堞一千六百五十门,楼五,设冷辅池广十丈,深六尺。枣阳是古来征战之地,营建城池被历代官府重视。1543年,知县李一龙重修;1573年,知县土应辰、1632年知县金九陛、1727年知县邱彦升等多次复修、补修。文献载:1217年孟宗政暂代枣阳军务时,筑坝积水、修筑城垣。1218年金将完颜赛不率兵攻枣阳城,历时三月,大小70余战,最后金兵败走。1219年金兵再犯,20万步骑围城80余日不能下,最终金兵死3万多人,余众败走。枣阳故城规模甚大,史料详细,对研究古代社会政治、经济、文化具有重要意义。(枣阳市志记载:为襄樊市级文物保护单位)

报恩寺【Bào'ēn Sì】 以故事传说和实体建筑物综合命名。据传:原名太和寺。西汉末年,刘秀起兵反莽,兵败至枣阳城老城区东北隅,莽兵紧追不舍,刘秀见太和寺窗户大开,即越窗入寺。随之,一蜘蛛在窗户上很快结网。莽兵追至寺前,只见寺门落锁,窗上蜘蛛网密布,思忖刘秀不会在此,即转身离去,刘秀得救。后来刘秀当了皇帝,为感谢救命之恩,把太和寺改为报恩寺。位于市区书院街行管局(原市委大院)院内,始建时间不详。"自宋朝以始,居本城东北隅。""金人入汴,高宗南渡,即为兵燹,至元(1264—1294)乙未,僧会源修完。元末复为兵毁。"自1395—1461年,经5次递修,始复旧观。清乾隆四十二年(1777),僧慈海募资重建。道光二十六年(1846),僧复明募资补葺。1913年改建贫民工厂。1915年大部被扒毁。2011年政府拨款进行保护性维修。现存大殿三间,硬山顶,前壁厚下部为砖墙,中开八窗,门窗呈拱券式。东西长17.8米,南北宽15米,砖木结构,殿基石垒高台,顶五脊六兽四面坡,飞檐翘四角(枣阳市志记载:为襄樊市级文物保护单位)。

皇村遗址【Huángcūn Yízhǐ】 以村名皇村而得名。枣阳城东南20千米有一白水村,又曰刘家壕,是汉光武帝刘秀的故居。后人为纪念刘秀,将刘家壕改名为皇村。坐落在滚河与昆河交汇处的断剑山西北坡,东、南、西三面群山环抱,呈龙头虎体之状,形似龙头在饮滚河水,虎尾摆在清潭河里。据《后汉书》记载,光武帝刘秀定都洛阳后,曾多次回故乡,在皇村"祠园庙,因置酒旧宅,大会故人父老"。皇村旧址地面上有许多汉砖、汉瓦及器物残片。在旧址南500米处,有明朝嘉靖年间"重建皇村寺记"碑一块,碑文记载了皇村历史。清廪生王文铣《过皇村诗》曰:"炎运中兴迹尚存,千秋传说汉皇村。树含苍郁征三气,水曜朱光绕寺门。龙种自承高帝后,羊裘姑让客星尊。堂前麦饭谁频荐,下马寻碑剔篆痕。"千百年来,历朝历代文武官员,路经此处皆下马参拜。

舂陵故城遗址【Chōnglíng Gùchéng Yízhǐ】 以故城地名舂陵命名。是汉世祖光武帝刘秀的发祥地,位于吴店镇北3千米的舂陵境内。东、西为岗地,南临滚河,北为平川。该城西汉始建,为侯国,属南阳郡。西汉末年,王莽篡政,各地农民军起义四起。公元22年,刘縯、刘秀兄弟在此拉兵起义,后加入绿林军。公元25年,刘秀统一中国称帝。建武六年(30),刘秀下诏改舂陵乡为章陵县。现故城遗址尚存,城基略成正方形,边长200米,土城基宽17~20米,残高0.7~1.5米,四周护城河宽15~20米。地表有大量汉砖、汉瓦及器物残片。清邑令甘定《遇怀古》曰:"汉代龙兴事已过,舂陵尚剩旧关河。山列清处淹行骑,白水无端促逝波。岑马英雄成寂寞,郁葱佳气镇锁磨,摇便西去隆中近,风土犹待抱膝歌。"

第二章 纪 念 地

第一节 人物纪念地

黄火青故居【Huánghuǒqīng Gùjū】 以人物和建筑物综合命名。指已故的老一辈无产阶级革命家，原最高人民检察院检察长黄火青出生和青少年时期居住的地方。故居位于新市镇火青村石鼓山脚下，风格简朴典雅，后果园周围长满橙刺。黄火青（1900—1999），1926年3月入党，1927年6月至1930年4月赴苏联学习。回国后历任红十四军一团政委兼参谋长、中央巡视员等职。1934年10月参加长征，随西路军远征至新疆，任新疆民众反帝联合会秘书长。1940年延安任中央党校一部主任、秘书长等职。中华人民共和国成立后，曾任天津市委书记，辽宁省委第一书记、辽宁省军区政委。1978年3月任最高人民检察院检察长。是年7月，任"两案"审理小组副组长、特别检察厅厅长。党的十二大当选为中顾委常委。1999年始建黄火青革命事迹陈列馆，又经过2008年和2020年两次改扩建、升级改造，建成故居、陈列馆、烈士陵园等组成的爱国主义教育和廉政文化教育基地。

枣阳革命烈士纪念碑【Zǎoyáng Gémìng Lièshì Jìniànbēi】 以地名枣阳命名。位于市区园林路3号。东邻市光荣院，南界南城街道史岗村，西至霍庄村，北连烈士陵水库。建于1981年，高22.5米，八角形空心台基，长方形碑座，方格形碑身，四面坡屋顶式碑帽，建材大理石。台基和碑座各分上下二层，自下而上各层所占面积从大到小依次递减。白色大理石栏杆。碑身正面镌刻"革命烈士纪念碑"7个大字，背面刻"为人类解放牺牲烈士永垂不朽"13个大字。碑上层正面镌刻前国家主席李先念1988年5月23日亲笔题词"为人民解放事业牺牲在枣阳的先烈永垂不朽"，背面刻徐向前元帅1988年7月书写的题词"缅怀先烈、教育后人"，下层正面楷书阴刻"枣阳革命斗争概略"，其余部分浮雕"枣阳秋收起义""新集突围"的画面。仿北京天安门广场人民英雄纪念碑式样而建，占地面积528平方米。造型肃穆庄严，每年接待众多瞻仰、拜谒者。

刘书贵烈士墓【Liúshūguì Lièshìmù】 以烈士姓名命名。位于枣南平林镇宋集村枣宜公路旁。烈士刘书贵，河北省景县杜桥乡丁马庄村人。1947年秋，随解放大军南下，任宋集区中队武装委员会主任。1948年农历九月的一天深夜，在平林镇宋集王家落山上，带领14名区中队的战士同200多人组成的国民党残余部队及土匪进行战斗，为掩护战友转移，不幸牺牲。村民柴国义悄悄将烈士遗体掩埋在杨家岗的松树堰角。中华人民共和国成立后，又用土漆棺木正式安葬。1988年元月，平林镇政府又将此墓迁至现址，墓地四周装有护栏。南北向，墓前有40平方米草坪，门柱上书写"献身革命烈士名垂千古，悼念英雄不忘先烈遗志"。1992年，刘书贵烈士陵园被枣阳市政府命名为首批"爱国主义教育基地"。村民柴国义因数十年坚持扫墓、护墓，带头捐资修墓，1997年被国家民政部、解放军总政授予"拥军优属模范"荣誉称号。

程克绳故居【Chéngkèshéng Gùjū】 程克绳（1893—1932），原名兴武，又名祖武、常明、锦西，琚湾镇程坡人。生前任鄂豫边革命委员会、军事委员会主席，任中国工农红军第九军26师师长等职。1932年率红26师余部转战于洪山地区开展游击斗争。同年冬，被王明"左倾"路线迫害。中华人民共和国成立后，被追授为革命烈士，其事迹陈列于洪湖鄂西革命烈士祠和湘鄂西革命纪念馆。1960年，贺龙、许光达提名程克绳作为中国人民解放军早期革命将领、鄂北革命根据地的创始人，列入《辞海》。为缅怀和传颂程克绳将领的丰功伟绩，2006年，枣阳市重建"程克绳故居"，位于琚湾镇西北约8千米处的程坡。四间主房，坐西向东，南北侧为厢房，青砖青瓦，东边是围墙和大门，院内矗立着程克绳塑像。居室内墙壁绘有程克绳将领"远渡重洋求真理、受命还乡播火种、农民运动开新天、武装暴动烽火起、英勇卓绝反围剿、强将手下无弱兵、坚贞不屈悍真理、英烈光辉照千秋"等方面的革命事迹图案。村口建有程克绳将军坊，故居临近修建有程坡井（党组织秘密开会之处），村旁立着"程坡革命烈士纪念碑"（程氏十二烈士墓地）。

第二节 宗教纪念地

道教圣地唐梓山【Dàojiào Shèngdì Tángzǐ Shān】 以山命名。一名唐城山，又名西唐山，现名唐梓山，位于太平镇北5千米，海拔328.7米，鄂豫间天然屏墙。据《枣阳县志》记载："唐子山原有唐子亭，山颠有祖师殿，山间有灵官殿，山脚有娘娘殿、伽兰殿，并依山势修筑三道石道防护。"古建筑年久失修，早年消失。1992年修复山顶祖师殿、圣公圣母殿、无量殿、山腰灵官殿、乾銮殿、娘娘殿以及刘秀聚将台、分金亭等景点。此山为道教圣地，明嘉靖年间张三丰《游唐子山诗》曰："白石磷磷绕洞泉，苍松郁郁锁寒烟。碧桃花发朱樱秀，别是人间一洞天。"周边多有乡民到武当山求子，回唐梓山还愿。每年农历三月初七庙会，山上山下烧香拜佛，烟雾缭绕，热闹非凡。

白竹园寺【Báizhúyuán Sì】 以植物和寺庙综合命名。因寺庙门前有两棵千年白果树（银杏），周边有大片竹林，故得此名。寺院坐北朝南，由正殿、偏殿及围墙组成一个单独的廊式院落，占地面积约2000平方米。正殿，硬山顶砖木结构，三间五架梁。内有六根圆柱分隔，三间完全相通，柱基为覆盆式六角形，外檐檐枋雕刻有动物、花卉图案。殿内塑有神像，像前立一大铁鼎式香炉。偏殿七间，通面阔30米，进深4.7米。门楼，呈两柱单楼式，硬山顶、砖墙，拱券式门洞。上端横匾书"竹园禅林"，门前有两棵千年白果树。正殿门前碑刻"传临济正宗第三十五世广学禅老和尚"，背刻"百世流芳"，下为"行圈广老人自叙"，立于乾隆三十九年（1774）。为佛学圣地，每逢庙会，寺内香火缭绕，人声鼎沸，铁铸大钟声震数里。

大仙山【Dàxiān Shān】 以神话传说命名。原名盘龙山，传说有神仙在此显灵而得名。位于城区东9

千米处的环城街道赵垱村境内。2008年出资人出于对道教的热衷与真诚,在原大仙庙旧址处重新修建了通真观,观内建有祖师殿、三清殿、八仙殿、财神殿、钟鼓楼、观景台等,被香客称之为"道教圣地""小武当"。真可谓"万人施万人舍万人同结万人缘,十方米十方去十方同成十方事"。大仙山为市郊制高点,山脚建有安养院。每逢节假期,志愿者、亲友团、观光客、烧香拜佛的人络绎不绝。

第三节 事件纪念地

蔡阳铺起义旧址【Càiyángpù Qǐyì Jiùzhǐ】 以地名蔡阳命名。位于城西南23千米处的琚湾镇蔡阳西街。民国时期为国民党团防局、伪区公所所在地。1930年5月14日,红军游击队和农民自卫军在杨秀仟、余益庵、程国忠、赵英、谢耀武等人的领导下,化装成赶集农民,将武器藏在柴草和行李中,分多路隐蔽接近团防局,采用里应外合的战术,仅用两小时,全歼团防局守敌,缴获长、短枪200余支,子弹万余发。首战告捷后,接着又连续攻下翟家古城和琚家湾两个团防局,创下"日克三镇"的战绩。暴动胜利后,滚河两岸农民纷纷要求参军,红军游击队扩大为200多人。15日,中国工农红军第九军第五总队在琚湾高桥铺正式成立,6月改编为红26师。蔡阳铺起义沉重打击了地方反动势力,为创建襄枣宜苏区和红九军第26师奠定了基础(1984年列为襄樊市文物保护单位)。

四井岗战役纪念地【Sìjǐnggǎng Zhànyì Jìniàndì】 以地名四井岗命名。位于枣阳南平林镇四井岗村境内。此战役发生在1932年10月19日至21日。受王明"左"倾机会主义路线影响,红四方面军未能粉碎国民党军的第四次"围剿",部队主力被迫撤出鄂豫皖苏区实施西征。途经枣阳,在枣南新集境内的四井岗发生的一场激战。1932年6月,蒋介石亲任"剿区"总司令,调集24个师26个旅共30万兵力,对鄂豫皖苏区实施第四次"围剿"。鄂豫皖中央分局书记兼革命军委员会主席张国焘主张不停顿进攻。至10月上旬,国民党军对红军形成合围之势。12日晚,红四方面军2万余人向西突围,在徐向前、王树声、李先念等指挥下,沿途与敌军一路激战,19日晨红军到达四井岗(新集)地区,当日上午战斗开始,"几经苦战,晨暮肉搏"(陈再道上将说)。至21日傍晚,战区是"尸横遍野,血流成河"(王宏坤上将说)。为摆脱危势,徐向前征得张国焘等人同意后下令各师撤出阵地,连夜向西继续突围,经一夜急行军,22日在枣阳城西土桥铺又与围堵敌军交火,经过殊死搏杀,红军终于冲出重围。此战役共毙、伤敌军3000余人,活捉敌旅长1人、团长2人,缴获一批武器弹药,红军亦伤亡千余人。

中共鄂北特委旧址【Zhōnggòng Èběi Tèwěi Jiùzhǐ】 以方位和工作性质综合命名。位于城区西南20千米处的琚湾镇翟家古城。东邻琚湾街,南界滚河,西、北至蔡阳铺。旧址在古城村北端的兴福寺内,原有房屋十几间,1930年被毁,现为民房。1927年党的八七会议后,中央派王一飞来鄂北建立组织,枣阳即为鄂北特委所在地,驻琚湾翟家古城,王一飞任特委书记。12月,省委指定廖划平为书记。至1928年11月,在特委领导下,鄂北地区的人民群众踊跃参加打土豪分田地的革命行动,扩大苏区。1930年9月,鄂北豫西南特委遵照中央指示,在邓县白落堰举行联合会议,成立了鄂豫边特委,鄂北特委宣告解散。1984年,中共鄂北特委旧址列为襄樊市文物保护单位。

第三章 旅游景区

第一节 公　　园

浕水公园【Jìnshuǐ Gōngyuán】 以沙河的古名浕水命名。位于城区沙河之滨，书院街以南，东沿河路以西。东邻市政府，南界光武桥南桥头，西至沙河，北连三坝。占地面积12.2公顷，其中水面6.6公顷，始建于1990年。以植物布局造型景观为主，绿地率95%，按功能特征分为主入口附近的活动区、沿河岸的游览区、南部的小型盆景区三个区域。植有雪松、翠柏、白杨、垂柳等数十种绿树，栽有桂花、梅花、白玉兰、广玉兰等10余种花木，儿童游乐项目20余种。2013年，绿化提档升级，增加体育设施，改革监管方式，强化环卫管理，由封闭经营变为免费向市民开放。经常性举办花展、灯展、动物展、烟火晚会等花事、园事活动，日游人数千。

中兴公园【Zhōngxīng Gōngyuán】 又叫中兴廉政公园，以中兴大道命名。位于市中兴大道中段。东邻汉城广场，南、西界沙店社区，北连御景豪庭小区。占地面积8.67万平方米，始建于2013年。分主入口区、花卉观赏区、湿地植物观赏区、儿童活动区、园林休闲区五部分。配套建设8条园路、6个小型广场。植红枫、国槐等乔灌木植物99个品种，植被植物82种，近5000平方米。园内以光武帝刘秀汉文化相关典故为背景，弘扬勤政廉政文化，设计修建了厚德亭、执手亭、思齐亭、百廉碑、正身镜、严正执行等小品，是具有文化内涵的休闲场所。让市民和游客有观之有物、赏之有景、品之有趣、听之有声之感。

第二节　风景区（点）

熊河风景区【Xiónghé Fēngjǐngqū】 以熊河水库命名。熊河之水，古有万泉之水美称，正源于平林关门山。位于枣阳市西南28千米、熊集镇南3千米。南界大洪山余脉，北连熊集街，中部是熊河水库，山高低起伏，水曲折迂回。规划面积68.42平方千米。东西长15.84千米，南北宽9.54千米。辖青龙山、婴水湖、花果山、野果沟、婴源山5个景区和1个游客服务区。共99个景点、5个全岛、28个半岛、5个度假村、8个生态农业庄园。年接待游客30余万人次。

玫瑰海风景区【Méiguīhǎi Fēngjǐngqū】 以玫瑰湖命名。玫瑰湖原名东郊水库。景区位于环城街道境内，距中心城区3千米。为市政府2013年招商引资项目。依托万亩玫瑰种植基地、玫瑰湖（中型水库）、道教圣地大仙山、千亩荷塘等优势资源，按照4A级景区标准一次性规划，分期建设。景区依山傍水，地貌多姿、生态良好、适宜玫瑰种植。玫瑰研究所建有高科技日光温室，具有苗木繁育、品种试验、技术示范、推广、培训、旅游观光等综合功能。景区由湖北省尚楚旅游开发有限公司投资兴建，以花海、湖水、丘陵的原生态为主体，营造"仙山玫海"胜境，供游人休闲娱乐。

另外，枣阳还有汉城、白水寺、白竹园寺、唐梓山、大仙山、无量台等风景区，因分类而分别归入大型建筑、文保单位、宗教纪念地等章节中介绍。

第七篇　专业部门类地名

【Zhuānyè Bùmén Lèi Dìmíng】

第一章 党政机关

第一节 党群机构

中共枣阳市委办公室【Zhōnggòng Zǎoyáng Shìwěi Bàngōngshì】 为枣阳市委的办事机构。1951年6月设立枣阳县委办公室;1967年2月被夺权;1972年12月重新设立;1988年1月改为中共枣阳市委办公室;设在市委办公大楼二楼,编制49人,内设三室两办六科。负责协调市委各部门,组织贯彻落实市委制定的各项工作目标。

中共枣阳市纪律检查委员会【Zhōnggòng Zǎoyáng Shì Jìlǜ Jiǎnchá Wěiyuánhuì】 为枣阳市委的纪律检查机关。1950年3月成立;1955年12月改称监察委员会;1967年后陷于瘫痪;1978年恢复;1984年1月,改称中共枣阳县纪律检查委员会;同年11月列入同级党委的领导机构,受同级党委和上级纪委双重领导;1988年为中共枣阳市纪律检查委员会。办公室设市委办公大楼一楼,后迁至书院街57号老政府办公楼。

中共枣阳市委组织部【Zhōnggòng Zǎoyáng Shìwěi Zǔzhībù】 为枣阳市委的职能部门。1949年8月设立中共枣阳县委组织部;1967年2月陷入瘫痪;1972年12月,撤销枣阳县革委会政治工作组,恢复中共枣阳县委组织部;1988年更名为中共枣阳市委组织部。设在市委办公大楼三楼。负责全市基层组织建设、干部队伍、党员队伍建设和知识分子工作。

中共枣阳市委宣传部【Zhōnggòng Zǎoyáng Shìwěi Xuānchuánbù】 为枣阳市委的宣传部门。1949年9月成立宣传部;1967年2月陷于瘫痪;1972年12月重新设立;1988年1月更名为中共枣阳市委宣传部。设在市委办公大楼一楼,负责宣传党的路线、方针政策、组织党员和干部学习党的思想理论。

中共枣阳市委统战部【Zhōnggòng Zǎoyáng Shìwěi Tǒngzhànbù】 为市委主管统一战线工作的部门。设立于1953年,为中共枣阳县委统战部;"文革"开始后撤销;1980年1月恢复;1988年1月更名为枣阳市委统战部;1996年12月"枣阳台湾工作办公室""枣阳市民族宗教事务局"为其内设机构;2002年3月,台办和宗教局并入市委统战部,对外保留其牌子。设在市委办公大楼二楼,实有12人。负责对统战对象宣传、联络交流、党外人士工作、对台工作以及民族宗教工作。

中共枣阳市委政法委员会【Zhōnggòng Zǎoyáng Shìwěi Zhèngfǎ Wěiyuánhuì】 为市委主管社会治安综合治理的工作部门。1981年10月设立，为中共枣阳县委政法领导小组；1984年2月，为中共枣阳县委政法委员会；1988年1月更名为中共枣阳市委政法委员会。设在市委办公大楼一楼。负责组织协调政法战线各部门依法严厉打击各种刑事、民事和经济犯罪，化解矛盾，综合治理，促进社会和谐稳定。

枣阳市机构编制委员会办公室【Zǎoyáng Shì Jīgòu Biānzhì Wěiyuánhuì Bàngōngshì】 以工作性质命名。1984年11月从县委组织部分出，设立枣阳县编制委员会办公室；1988年1月，更名为枣阳市编制委员会办公室；1991年12月，更名为枣阳市机构编制委员会办公室；1996年12月，明确为市委、市政府工作部门；2002年3月列入市委机构序列。设在书院街42号4栋3楼。

中共枣阳市委党校【Zhōnggòng Zǎoyáng Shìwěi Dǎngxiào】 以行政区划和工作性质命名。创办于1959年9月。1963年后一度停办；1970年恢复为县革委会"五七干校"；1979年3月停办，恢复党校；1982年迁至民主路23号；1988年1月更名为枣阳市委党校；1994年12月兼办枣阳市行政学校，实行一套机构、两个名称。占地面积2.17公顷，建筑面积1.78万平方米。负责培训全市党员干部、国家公务员、优秀后备干部、入党积极分子等。

枣阳市史志办【Zǎoyáng Shì Shǐzhìbàn】 1980年为枣阳县地方志编纂委员会办公室和中共枣阳县委党史资料征集领导小组办公室；隶属县革委会；1984年，党史办更名为党史资料征集编研办公室，为常设机构，隶属县委办公室；1988年1月为中共枣阳市委党史资料征集编研委员会办公室和枣阳市地方志编纂委员会办公室，为科级事业单位，分别隶属市委、市政协办公室；1996年12月，合并组建中共枣阳市委党史地方志办公室，为市委直属事业单位，归口市委办领导；主要职能负责枣阳党史和地方志资料的征集、编研、宣传工作。位于书院街94号（老政府大院内）。

枣阳市信访局【Zǎoyáng Shì Xìnfǎngjú】 以工作职责命名。负责全市人民来信来访工作。1968年3月设来信来访组；1973年11月改称枣阳县革命委员会办公室信访科；1978年3月更名为中共枣阳县革委会办公室信访科；1983年8月成立中共枣阳县委、枣阳县人民政府信访联合办公室；2002年3月更名为枣阳市信访局，以市委办管理为主。驻朝阳路1号，建筑面积1000平方米，在编13人。

枣阳市保密局【Zǎoyáng Shì Bǎomìjú】 以工作性质命名。1988年10月"枣阳市国家保密工作局"更名为"枣阳市国家保密局"，实行党委、政府共同领导，与保密委员会办公室合署办公，一套班子两块牌子。设在市委办公大楼五楼。负责各级密级文件的保管与处理。

枣阳市机要局【Zǎoyáng Shì Jīyàojú】 以工作性质命名。1990年3月设立，前身为市委办公室的机要科。设在市委办公大楼五楼。主要负责各级的政令畅通、准确无误、安全保密。

枣阳市老干部工作局【Zǎoyáng Shì Lǎogànbù Gōngzuòjú】 以地名和工作性质命名。1984年2月成立枣阳县老干部工作局；1988年更名为枣阳市老干部工作局。位于光武大道寿益巷2号。负责全市老干部管理、待遇、活动、再教育等工作。

枣阳市总工会【Zǎoyáng Shì Zǒnggōnghuì】 以工作职责命名。负责全市的工会工作。1950年4月成立枣阳县工会；1953年改称工会联合会；1959年复称枣阳县总工会；1988年1月改称枣阳市总工会。位于光武大道58号，占地面积0.78公顷，建筑面积2028平方米。在编18人。负责企业的民主管理、职代会在企业中发挥作用、职工劳动竞赛、劳动保护、技术创新等工作。

共青团枣阳市委员会【Gòngqīngtuán Zǎoyáng Shì Wěiyuánhuì】 为青年组织。1949年1月成立枣阳县青年会，4月正式命名为中国新民主主义青年团枣阳县工作委员会；1957年改称中国共产主义青年团枣阳县委员会；1988年改称共青团枣阳市委员会。设在市委办公大楼四楼。主要职责是团结带领全市青年为全面建设小康社会奉献青春。

枣阳市妇女联合会【Zǎoyáng Shì Fùnǚ Liánhéhuì】 以工作职能命名。职责是代表和维护妇女权益，促进男女平等。1949年8月组建县妇女会；1950年更名为县妇女联合会；1955年12月更名为县民主妇女联合会；1958年1月改称县妇女联合会；1988年改称枣阳市妇女联合会。办公室设市委办公大楼三楼，在编6人。

枣阳市科学技术协会【Zǎoyáng Shì Kēxué Jìshù Xiéhuì】 以工作职责命名。1957年设枣阳县科学技术普及协会；1960年3月改称县科学技术协会；1980年4月恢复，与县科委合署办公；1988年1月更名为枣阳市科协；1989年4月单独办公，成立党组。设市政府办公大楼四楼。履行科技培训、推广普及的服务职能。

枣阳市文学艺术界联合会【Zǎoyáng Shì Wénxué Yìshùjiè Liánhéhuì】 以机构职能命名。负责全市文学艺术界日常工作。成立于1986年9月，创办文学周报《枣花》；1991年4月成立枣阳市作家协会；1992年5月成立摄影家协会；1993年4月成立"枣阳书画院"；2003年9月成立"民间文艺家协会"、"戏曲、音乐、舞蹈家协会"。位于书院街57号老政府办公楼一楼，办公面积45平方米，在编5人。

枣阳市残疾人联合会【Zǎoyáng Shì Cánjírén Liánhéhuì】 以工作职责命名。1990年11月成立枣阳市残疾人联合会（副科级，由民政局代管）；1997年11月升为正科级；2002年8月，从民政部门划出，隶属市政府；设书院街79号民政局办公楼一楼。以维护残疾人合法权益、发展残疾人事业、保障残疾人平等参与社会活动为主要职责。

枣阳市工商业联合会【Zǎoyáng Shì Gōngshāngyè Liánhéhuì】 以工作职能命名，其职责是贯彻落实党的统一战线政策，发挥工商联会员参政议政、民主监督、调查研究、建言献策的作用。1987年恢复；1988年4月成立枣阳市工商业联合会；1994年6月增用枣阳市总商会名称，一个机构，两块牌子。位于书院街57号老政府办公楼一楼。在编8人。

中共北城街道党工委【Zhōnggòng Běichéng jiēdào Dǎnggōngwěi】 为中共枣阳市委的派出机构。1953年为城关区委；1956年为城关镇委；1988年为北城街道党委。位于书院街13号，与街道办事处行政机构同楼办公。占地面积350平方米。建筑面积1050平方米。主要负责党的基层组织和党员队伍建设，对域内政治、经济、文化和社会发展实行全面领导。

中共南城街道党工委【Zhōnggòng Nánchéng Jiēdào Dǎnggōngwěi】 1988年3月枣阳由县改市，成立南城街道办事处，设立南城街道党工委，为枣阳市委的派出机构。位于光武大道83号，与街道办事处行政机构同楼办公，占地面积1.8亩，建筑面积730平方米。主要负责党的基层组织和党员队伍建设，对域内政治、经济、文化和社会发展实行全面领导。

中共环城街道党工委【Zhōnggòng Huánchéng Jiēdào Dǎnggōngwěi】 为中共枣阳市委的派出机构。

1954 年为城郊区委；1958 年为国光公社党委；1962 年为环城区委；1975 年为环城公社党委；1987 年为环城乡党委；1988 年为环城街道党工委。位于光武大道 54 号，与街道办事处行政机构同楼办公。占地面积 1300 平方米，建筑面积 760 平方米。主要负责党的基层组织和党员队伍建设，对域内政治、经济、文化和社会发展实行全面领导。

中共鹿头镇委员会【Zhōnggòng Lùtóuzhèn Wěiyuánhuì】 为中国共产党在枣阳市鹿头镇设立的基层党组织。1958 年为鹿头区委；1975 年为鹿头公社党委；1961 年为鹿头区委；1975 年为鹿头公社党委；1984 年为鹿头镇委。位于鹿头镇人民大道 2 号，与镇政府行政机构同楼办公，占地面积 350 平方米，建筑面积 1050 平方米。主要负责党的基层组织和党员队伍建设，对域内政治、经济、文化和社会发展实行全面领导。

中共新市镇委员会【Zhōnggòng Xīnshìzhèn Wěiyuánhuì】 为中国共产党在枣阳市新市镇设立的基层党组织。1958 年为新市公社党委；1961 年为新市区委；1975 年为新市公社党委；1984 年为新市区委；1987 年为新市镇委。位于新市镇赤眉街 306 号，与镇政府行政机构同楼办公，占地面积 360 平方米，建筑面积 1077 平方米。主要负责党的基层组织和党员队伍建设，对域内政治、经济、文化和社会发展实行全面领导。

中共太平镇委员会【Zhōnggòng Tàipíngzhèn Wěiyuánhuì】 为中国共产党在枣阳市太平镇设立的基层党组织。1958 年为太平公社党委；1961 年为太平区委；1975 年为太平公社党委；1984 年为太平镇委。位于太平镇太平大道 3 号，与镇政府行政机构同楼办公，占地面积 1764 平方米，建筑面积 3500 平方米。主要负责党的基层组织和党员队伍建设，对域内政治、经济、文化和社会发展实行全面领导。

中共杨垱镇委员会【Zhōnggòng Yángdàngzhèn Wěiyuánhuì】 为中国共产党在枣阳市杨垱镇设立的基层党组织。1958 年为杨垱公社党委；1961 年为杨垱区委；1975 年为杨垱公社党委；1984 年为杨垱镇委。位于杨垱镇东风街 102 号，与镇政府行政机构同楼办公，占地面积 360 平方米，建筑面积 1256 平方米。主要负责党的基层组织和党员队伍建设，对域内政治、经济、文化和社会发展实行全面领导。

中共七方镇委员会【Zhōnggòng Qīfāngzhèn Wěiyuánhuì】 为中国共产党在枣阳市七方镇设立的基层党组织。1958 年为七方公社党委；1961 年为七方区委；1975 年为七方公社党委；1984 年为七方镇委。位于七方镇政府路 36 号，与镇政府行政机构同楼办公，占地面积 560 平方米，建筑面积 1420 平方米。主要负责党的基层组织和党员队伍建设，对域内政治、经济、文化和社会发展实行全面领导。

中共琚湾镇委员会【Zhōnggòng Jūwānzhèn Wěiyuánhuì】 为中国共产党在枣阳市琚湾镇设立的基层党组织。1958 年为琚湾公社党委；1961 年为琚湾区委；1975 年为琚湾公社党委；1984 年为琚湾镇委。位于琚湾镇朝阳街 79 号，与镇政府行政机构同楼办公，占地面积 0.16 公顷，建筑面积 1860 平方米。主要负责党的基层组织和党员队伍建设，对域内政治、经济、文化和社会发展实行全面领导。

中共熊集镇委员会【Zhōnggòng Xióngjízhèn Wěiyuánhuì】 为中国共产党在枣阳市熊集镇设立的基层党组织。1958 年为熊集公社党委；1961 年为熊集区委；1975 年为熊集公社党委；1984 年为熊集区委；1987 年为熊集镇委。位于熊集镇大北街 36 号，与镇政府行政机构同楼办公，占地面积 540 平方米，建筑面积 1320 平方米。主要负责党的基层组织和党员队伍建设，对域内政治、经济、文化和社会发展实行全面领导。

中共吴店镇委员会【Zhōnggòng Wúdiànzhèn Wěiyuánhuì】 为中国共产党在枣阳市吴店镇设立的基层党组织。1958 年为吴店公社党委；1961 年为吴店区委；1975 年为吴店公社党委；1984 年为吴店镇委。位于吴店镇政府路 38 号，与镇政府行政机构同楼办公，占地面积 465 平方米，建筑面积 1320 平方米。主要负责党的基层组织和党员队伍建设，对域内政治、经济、文化和社会发展实行全面领导。

中共平林镇委员会【Zhōnggòng Pínglínzhèn Wěiyuánhuì】 为中国共产党在枣阳市平林镇设立的基层党组织。1958 年为平林公社党委；1961 年为平林区委；1975 年为平林公社党委；1984 年为平林区委；1987 年为平林镇委。位于平林镇平宋路 25 号，与镇政府行政机构同楼办公，占地面积 10 亩，建筑面积 2000 平方米。主要负责党的基层组织和党员队伍建设，对域内政治、经济、文化和社会发展实行全面领导。

中共兴隆镇委员会【Zhōnggòng Xīnglóngzhèn Wěiyuánhuì】 为中国共产党在枣阳市兴隆镇设立的基层党组织。1958 年为兴隆公社党委；1961 年为兴隆区委；1975 年为兴隆公社党委；1984 年为兴隆镇委。位于兴隆镇汉孟街 95 号，与镇政府行政机构同楼办公，占地面积 1.33 公顷，建筑面积 4600 平方米。主要负责党的基层组织和党员队伍建设，对域内政治、经济、文化和社会发展实行全面领导。

中共王城镇委员会【Zhōnggòng Wángchéngzhèn Wěiyuánhuì】 为中国共产党在枣阳市王城镇设立的基层党组织。1958 年为资山公社党委；1961 年为资山区委；1975 年为资山公社党委；1981 年改为王城公社党委；1984 年为王城区委；1987 年为王城镇委。位于王城镇盛隆大道 273 号，与镇政府行政机构同楼办公，占地面积 2 公顷，建筑面积 6113 平方米。主要负责党的基层组织和党员队伍建设，对域内政治、经济、文化和社会发展实行全面领导。

中共刘升镇委员会【Zhōnggòng Liúshēngzhèn Wěiyuánhuì】 为中国共产党在枣阳市刘升镇设立的基层党组织。1975 年为刘升公社党委；1984 年为刘升区委；1988 年为刘升镇委。位于刘升镇西旺街 1 号，与镇政府行政机构同楼办公，占地面积 348 平方米，建筑面积 628 平方米。主要负责党的基层组织和党员队伍建设，对域内政治、经济、文化和社会发展实行全面领导。

中共随阳管理区委员会【Zhōnggòng Suíyáng Guǎnlǐ Qū Wěiyuánhuì】 为中国共产党在枣阳市随阳管理区设立的基层党组织。1960 年枣阳县综合农场改为枣阳县国营随阳农场，正式组建了随阳农场党委；1973 年 1 月农场党委和行政关系移交襄阳地区农垦局；1984 年 3 月下放地方管理，为区、场合一，设随阳区委；1985 年 10 月撤区设随阳农场党委；1989 年 12 月由襄樊市农垦局管理；2000 年底为随阳农场党委；2004 年 3 月为随阳管理区党委。位于随阳农场朝阳路，占地面积 5600 平方米，建筑面积 600 平方米。负责农场的基层组织和党员队伍建设。

中共车河管理区委员会【Zhōnggòng Chēhé Guǎnlǐ Qū Wěiyuánhuì】 为中国共产党在枣阳市车河管理区设立的基层党组织。1960 年 6 月，从随阳农场划出，成立车河农场，1961 年 6 月建立车河农场党委；1979 年为湖北省国营车河农场党委；1984 年实行区、场合一，设车河区委；1985 年 1 月撤车河区党委；1989 年 12 月由襄樊市农垦局管理，为车河农场党委；；1998 年 8 月设襄樊市车河管理区党委，仍实行区、场合一；2004 年 3 月划归枣阳管理，设枣阳市车河管理区党委。位于车河街柳杨路 223 号，占地面积 0.76 公顷，建筑面积 2211 平方米。负责农场基层组织和党员队伍建设。

中共西城经济技术开发区委员会【Zhōnggòng Xīchéng Jīngjì Jìshù Kāifā Qū Wěiyuánhuì】 为中国共产党在枣阳市西城经济技术开发区设立的基层党组织。1993 年 9 月为西城开发区党委；1995 年 1 月为省管开发区；1999 年 9 月升为副处级；2004 年 7 月为省级开发区。位于前进路 42 号，占地面积 0.67 公顷，建筑面积 2600 平方米。负责党的基层组织和党员队伍建设，对域内政治、经济、文化和社会发展实行全面领导。

第二节 行政机构

枣阳市人大常委会【Zǎoyáng Shì Réndà Chángwěihuì】 是市人民代表大会的常设机构，对本级人民代表大会负责并报告工作。从1954年6月至1987年4月，共召开10届18次会议。1988年撤县改市，召开了枣阳市第一届人民代表大会第一次会议，至2015年12月，共召开七届市人大会议。设市政府办公大楼三楼，主要职责为保证宪法、法律、行政法规在本行政区域内的遵守和执行；讨论决定重大事项；监督"一府两院"工作；任免本级国家机关工作人员。

枣阳市人民政府【Zǎoyáng Shì Rénmín Zhèngfǔ】 以政区和职能命名。1949年8月枣南县与枣阳（北）县合并为枣阳县，成立枣阳县民主政府，10月改称人民政府；1954年7月改称人民委员会；1968年1月成立枣阳县革命委员会；1981年改为县人民政府；1988年1月撤县改市，更名为枣阳市人民政府。驻北城街道朝阳路1号政府综合办公大楼1栋5层，占地面积约1公顷，建筑面积约1万平方米。主要职责为贯彻落实党的方针政策，促进经济、社会全面协调发展。

政协枣阳市委员会【Zhèngxié Zǎoyáng Shì Wěiyuánhuì】 以政区所在地和工作职责命名。是在中国共产党领导下的统一战线组织。1982年11月成立政协枣阳县委员会；1988年1月更名为政协枣阳市委员会。从成立至2015年，先后召开九届政协全会。设在市委办公大楼二楼。主要职责是围绕党委、政府不同时期的各项中心工作，通过政协提案、专题调研、视察考察、民主评议等活动，履行政治协商、民主监督、参政议政的职能。

枣阳市人民法院【Zǎoyáng Shì Rénmín Fǎyuàn】 以地名和工作性质命名。1949年8月枣阳县政府设司法科；1951年司法科改为枣阳县人民法院；文革期间处于瘫痪，1972年恢复；1988年10月更名为枣阳市人民法院。位于人民路19号，占地面积0.95公顷，主体建筑9层，建筑面积8329.7平方米，在编164人。主要履行刑事审判、民事审判、经济审判、行政审判和案件的执行等职责。

枣阳市人民检察院【Zǎoyáng Shì Rénmín Jiǎncháyuàn】 以政区所在地和职能命名。1951年设枣阳县人民检察署；1955年改称枣阳县人民检察院；文革期间处于瘫痪；1978年4月恢复；1988年改称枣阳市人民检察院。位于人民路9号，主体建筑十二层，占地面积0.86公顷，在编110人。主要履行刑事检察、民事行政检察、监所检察、控告申诉检察、渎职侵权犯罪侦查和反贪污贿赂等职责。

枣阳市环境保护局【Zǎoyáng Shì Huánjìng Bǎohùjú】 以政区所在地和职能命名。1984年为枣阳县环境保护监测站；1988年10月为枣阳市环境保护局。位于人民路50号，占地面积0.55公顷，建筑面积1783平方米，在编17人。主管环境监测、环境治理、环境管理等工作。

枣阳市发展和改革局【Zǎoyáng Shì Fāzhǎn Hé Gǎigéjú】 以政区所在地和职能命名。1972年2月成立枣阳县革命委员会计划委员会；1981年更名为枣阳县计划委员会；1988年改称枣阳市计划委员会；2003

年3月为枣阳市计划发展局；2005年为枣阳市发展和改革局，位于市政府办公大楼四楼（东），在编39人。主抓全市国民经济和社会发展规划，投资与基础产业、农村经济、对外经济、财经贸易、经济体制改革、开发区管理等工作。

枣阳市经济和信息化局【Zǎoyáng Shì Jīngjì Hé Xìnxīhuàjú】 以政区所在地和职能命名。1955年4月设枣阳县城镇工作部；1956年为枣阳县工业交通部；1957年更名为枣阳县工业交通办公室；1965年8月更名为枣阳县委工交政治部；1971年为枣阳县工交办公室；1973年为枣阳县委工交政治部；1984年为枣阳县经济委员会；1996年12月为枣阳市经济贸易委员会；2002年3月为枣阳市经济和信息局。位于中兴大道230号，市政府综合办公楼五楼，在编32人。主抓工业企业产、供、销。

枣阳市公安局【Zǎoyáng Shì Gōng'ānjú】 以政区所在地和职能命名。1949年8月枣阳县政府设公安局；文革开始后由地方驻军对公检法实行军事管制，成立中国人民解放军枣阳县公安机关军事管制小组，实行独家办案；1980年1月恢复公检法行使职权；1988年1月改称枣阳市公安局。位于民主路26号，主体建筑9层，民警118人，协警45人。其职责是依法严厉打击各种经济、刑事犯罪，化解各种矛盾，维护社会稳定。

枣阳市民政局【Zǎoyáng Shì Mínzhèngjú】 以政区所在地和职能命名。1959年11月由县人委民政科改称；1988年1月改称枣阳市民政局；1990年11月，枣阳市残联成立，由民政局代管（2002年划出）；2003年10月成立枣阳市最低生活保障局（副科级）。位于书院街5号，占地面积1400平方米，建筑面积1800平方米，在编21人。职责是抓好优抚安置、社会福利、救灾救助、民政管理等工作。

枣阳市司法局【Zǎoyáng Shì Sīfǎjú】 以政区所在地和职能命名。1981年3月成立枣阳县司法局；1988年1月改称枣阳市司法局；1996年12月加挂"枣阳市法制教育培训中心"的牌子；1997年4月，明确为市政府组成部门，市普法工作领导小组办公设在该局。位于人民路53号，占地面积3200平方米，建筑面积2200平方米，在编69人。主要职责是法制宣传、普法教育、人民调解、司法公正、法律服务和依法治理。

枣阳市财政局【Zǎoyáng Shì Cáizhèngjú】 以政区所在地和职能命名。1949年8月成立枣阳县人民政府财政科；1954年5月改称枣阳县财政局；1984年2月，财税机构分设；1988年1月改称枣阳市财政局。位于书院街18号，占地面积0.13公顷，建筑面积8354平方米，在编321人。职责是抓财政增收、稳财政支出、强财政管理、拓财源建设。

枣阳市人力资源和社会保障局【Zǎoyáng Shì Rénlì Zīyuán Hé Shèhuì Bǎozhàngjú】 以政区所在地和职能命名。1973年7月成立枣阳县革委会劳动科；1977年5月更名为枣阳县革委会劳动局；1984年2月与人事局、知青办合并为枣阳县劳动人事局；1988年1月为枣阳市劳动人事局；10月成立枣阳市劳动局；2002年3月为枣阳市劳动和社会保障局。位于人民路41号，占地面积0.21公顷，建筑面积1960平方米，在编45人。负责劳动就业、安全生产与劳动保护、仲裁与监察、社会保险、企业职工工资、公务员管理、专业技术职称评审、人才管理、军转干安置、离退人员待遇、机关、事业单位工资等工作。

枣阳市城乡建设局【Zǎoyáng Shì Chéngxiāng Jiànshèjú】 以政区所在地和职能命名。1976年5月成立枣阳县革命委员会基本建设委员会；1980年11月更名为枣阳县基本建设委员会；1984年2月更名为枣阳县城乡建设环境保护局；1988年10月改为枣阳市城乡建设委员会；1996年12月更名为枣阳市建设委员会；2003年改为建设局；2004年3月更名为枣阳市建设委员会；2010年6月更名为枣阳市城乡建设局。位于前进路75号。职责是参与制定城乡建设整体规划、实施市政建设、城市绿化、旧城改建、公用事业、市容管理、房地产开发等。

枣阳市国家税务局【Zǎoyáng Shì Guójiā Shuìwùjú】 以政区所在地和职能命名。1949年8月成立枣阳县人民政府税务局；1967年10月更名为枣阳县人民收入局；1970年5月由财政、税务、银行合并成立枣阳县革命委员会财政局；1984年2月，财税机构分设，成立枣阳县税务局；1988年改称枣阳市税务局；1994年7月国家实行分税制，枣阳市税务局分为枣阳市国家税务局和枣阳市地方税务局。位于人民路18号，主体建筑9层，建筑面积9300平方米，在编236人。职责是抓好税收收入、税务稽查、税务登记和科技兴税等工作。

枣阳市招商局【Zǎoyáng Shì Zhāoshāngjú】 以政区所在地和职能命名。1994年10月设立枣阳市招商局；1996年12月职能并入枣阳市商务局；2012年11月再设枣阳市招商局；2013年11月挂"枣阳市人民政府经济技术协作办公室"牌子。位于民主路38号，占地面积210平方米，建筑面积5000平方米，在编31人。职责是招商引资、促进对外交流。

枣阳市审计局【Zǎoyáng Shì Shěnjìjú】 以政区所在地和职能命名。1984年1月设立枣阳县审计局；1988年1月更名为枣阳市审计局；隶属市政府办；1997年5月明确为市政府组成部门。位于书院街32号，占地面积460平方米，办公主体建筑4层，建筑面积1680平方米，在编31人。负责国家审计、内部审计和社会审计等工作。

枣阳市交通运输局【Zǎoyáng Shì Jiāotōng Yùnshūjú】 以政区所在地和职能命名。1953年3月组建枣阳县人民政府交通科；1956年1月更名为枣阳县人民委员会交通科；1960年4月更名为枣阳县人民委员会交通局；1970年5月成立枣阳县革命委员会交通邮政管理局；1972年12月，邮政分出，成立枣阳县革委会交通科；1977年5月更名为枣阳县革命委员会交通局；1981年更名为枣阳县交通局；1988年1月更名为枣阳市交通局；2010年8月更名为枣阳市交通运输局。位于前进路111号，占地面积0.76公顷，建筑面积4060平方米，在编16人。主管道路建设、公路运输、路政管理等。

枣阳市工商行政管理局【Zǎoyáng Shì Gōngshāng Xíngzhèng Guǎnlǐjú】 以政区所在地和职能命名。1963年设工商行政管理局；文革期间中断，1973年恢复；1988年1月改称枣阳市工商行政管理局；1999年6月实行垂直管理。位于民主路15号，占地面积0.16公顷，主体建筑4层，建筑面积422平方米，在编337人。主抓企业登记、个体私营经济、市场监督、经济合同、商标、广告的管理等工作。

枣阳市文化体育旅游和新闻出版局【Zǎoyáng Shì Wénhuà Tǐyù Lǚyóu Hé Xīnwén Chūbǎnjú】 以政区所在地和职能命名。1981年2月枣阳县文化教育局分家，设枣阳县文化局；1988年1月改称枣阳市文化局；1997年7月新闻出版局并入；2002年5月与体委合并，组建枣阳市文化体育局（加挂出版局牌子）；2010年8月与旅游局、广电局合并，设立枣阳市文化体育旅游和新闻出版局，加挂文物局、版权局、广电局牌子。位于中兴大道230号市政府综合办公楼三楼，在编26人。主抓文化、体育、新闻出版、旅游等工作。

枣阳市教育局【Zǎoyáng Shì Jiàoyùjú】 以政区所在地和职能命名。1949年县政府设文教科；1956

年3月为教育科，5月改为教育局；1986年为枣阳县教育委员会；1988年为枣阳市教育委员会；2002年更名为枣阳市教育局。位于书院街95号，主体建筑6层。主管教育改革、普通教育、学前教育、成人教育、职业技术教育、特殊教育、师资培训、教学研究、考试与招生等工作。

枣阳市科学技术局【Zǎoyáng Shì Kēxué Jìshùjú】 以政区所在地和职能命名。1957年县政府设枣阳县科学工作委员会；1973年为革命委员会科学技术委员会；1988年1月为枣阳市科学技术委员会；2002年为枣阳市科学技术局；位于市政府办公大楼三楼，在编11人。主抓科技兴市战略、普及科学知识、加大科技投入、科技规划实施等工作。

枣阳市卫生和计划生育局【Zǎoyáng Shì Wèishēng Hé Jìhuà Shēngyùjú】 以政区所在地和职能命名。1956年为枣阳县卫生科；1972年为枣阳县革委会民政卫生科；1979年为枣阳县革委会卫生局；1984年为枣阳县卫生局；1988年为枣阳市卫生局；2014年2月为枣阳市卫生和计划生育局。位于人民路30号，占地面积0.05公顷，建筑面积2000平方米，在编41人。主管卫生体制改革、医疗队伍建设、爱国卫生、卫生防疫、妇幼保健、医学教育与科研、医政药政及人口与计划生育等工作。

枣阳市统计局【Zǎoyáng Shì Tǒngjìjú】 以政区所在地和职能命名。1979年7月成立枣阳县革命委员会统计局；1981年为枣阳县统计局；1988年为枣阳市统计局。位于朝阳路5号，建筑面积650平方，在编30人。负责专业统计、专项调查、大型普查等工作。

枣阳市物价局【Zǎoyáng Shì Wùjiàjú】 以政区所在地和职能命名。1956年7月成立枣阳县物价科；1963年6月为枣阳县物价委员会；1979年7月为枣阳县物价局；1988年1月为枣阳市物价局。位于人民路10号，占地面积0.45公顷，建筑面积9593平方米，在编64人。主要负责价格体制改革、价格管理、价格监督、收费许可证管理、价格评估等工作。

枣阳市行政审批局【Zǎoyáng Shì Xíngzhèng Shěnpījú】 以政区所在地和职能命名。2002年11月成立枣阳市行政服务管理委员会；2013年更名为市人民政府政务服务中心管理办公室；2015年8月为枣阳市行政审批局。位于人民路7号，主体建筑2层，建筑面积1200平方米。在编8人，负责行政审批、建设工程招投标、政府采购、公共资源交易监督等工作。

枣阳市农业局【Zǎoyáng Shì Nóngyèjú】 以政区所在地和职能命名。1977年5月成立枣阳市革委会农业局；1981年为枣阳县农业局；1984年为枣阳县农牧业局；1988年为枣阳市农业局。位于中兴大道230号市政府综合办公大楼四楼。在编43人、负责农田基本建设、粮食作物种植、经济作物栽培、耕作制度改革、优良品种推广、农业产业化和农业执法等工作。

枣阳市林业局【Zǎoyáng Shì Línyèjú】 以政区所在地和职能命名。1963年成立枣阳县林业局；1970年5月为枣阳县革委会农林局；1981年为枣阳县林业局；1988年1月为枣阳市林业局。位于新华路36号，占地面积0.85公顷，建筑面积3143平方米，在编16人。负责林业资源保护、植树造林、林业科技推广应用、林业管理、国有林场建设等工作。

枣阳市水利局【Zǎoyáng Shì Shuǐlìjú】 以政区所在地和职能命名。1950年春县政府设建设科，主管农林水工作；1951年成立水利局；1977年5月为枣阳县革委会水利局；1981年为枣阳县水利局；1988年为枣阳市水利局；1997年7月明确为政府组成部门。位于光武大道32号，负责水利基本建设、防汛抗旱、水利管理与经营、水政监察、渔业资源管理、渔政管理等工作。

枣阳市畜牧局【Zǎoyáng Shì Xùmùjú】 以政区所在地和职能命名。1952年8月设枣阳县家畜保育站；1953年为枣阳县兽医联合会；1956年为枣阳畜牧兽医站；1981年10月，成立枣阳县畜牧特产局；1984年为畜牧特产公司（与畜牧特产局一套班子，两块牌子）；1988年1月改为枣阳市畜牧特产局和枣阳市畜牧特产公司；1993年7月为枣阳市畜牧局；1997年7月明确为市政府直属事业单位。位于南阳路26号，占地面积290平方米，建筑面积980平方米，在编19人。负责域内家畜养殖、品种改良、疫病防治、兽药经营管理、动物检疫等工作。

枣阳市特产局【Zǎoyáng Shì Tèchǎnjú】 1981年10月，设枣阳县畜牧特产局；1984年为畜牧特产公司；1992年9月成立枣阳市特产公司；1993年10月为枣阳市特产局；1996年12月改为事业单位，由市农委管理；2002年3月并入市农业局；是年5月成立枣阳市特产技术服务中心；2003年10月加挂枣阳市特产局牌子；2005年枣阳市特产技术服务中心隶属市农业局管理。位于小北街20号（老农业局院内），负责特产生产和技术服务。

枣阳市气象局【Zǎoyáng Shì Qìxiàngjú】 以政区所在地和职能命名。1958年11月成立枣阳县气象站；1959年8月为枣阳县人民委员会气象科；1971年7月为湖北省枣阳县气象站；1973年12月为枣阳革委会气象科；1977年5月成立枣阳县气象局；1984年5月为枣阳县气象站；1988年1月为枣阳市气象局。位于气象路5号，占地面积2.4公顷，办公楼主体建筑2层，建筑面积650平方米，在编18人。负责天气短、中、长期预报。

枣阳市人民政府机关事务管理局【Zǎoyáng Shì Rénmín Zhèngfǔ Jīguān Shìwù Guǎnlǐjú】 以政区所在地和职能命名。1984年11月成立枣阳县委政府机关行政事务管理局；1988年1月为枣阳市委市政府机关事务管理局；1998年3月为枣阳市人民政府机关事务管理局。位于书院街94号老政府大院，办公楼主体建筑3层，占地面积120平方米，建筑面积350平方米，在编19人，负责政府机关事务管理工作。

枣阳市档案局【Zǎoyáng Shì Dàngànjú】 1959年12月，设枣阳县档案馆，归口县委办；1980年成立枣阳县档案局，隶属枣阳县委；1985年，局、馆一并移交县政府，归口政府办；1988年分别为市档案局，档案馆；1997年11月，局、馆合并，一个机构，两块牌子，隶属市委办，为直属事业单位；负责征集，接受，整理，保护市委、市政府机关及市直单位的重要档案资料。位于朝阳路1号（有独立的办公楼）。

枣阳市城乡规划局【Zǎoyáng Shì Chéngxiāng Guīhuàjú】 以政区所在地和职能命名。1989年7月成立枣阳市城市规划管理处；1990年4月更名为枣阳市城市规划管理局；2010年7月更名为枣阳市城乡规划局，为市政府直属事业单位。位于人民路北2号，占地面积0.04公顷，主体建筑4层，建筑面积1280平方米，在编24人。负责城乡建设总体规划、查处违规建筑。

枣阳市商务局【Zǎoyáng Shì Shāngwùjú】 以政区所在地和职能命名。1979年为枣阳县商业局；1988年为枣阳市商业局；1996年12月为枣阳市商业贸易总公司，保留商业局牌子；2002年3月改为经济实体，隶属市经济贸易局，6月加挂商业贸易行业协会牌子；2005年9月更名为枣阳市商务局。加挂招商局牌子，为政府组成部门，2012年8月招商局单设。位于大东街19号，占地面积0.21公顷，主体建筑4层，建筑面积2346平方米，在编38人。负责化学危险品经营审批、生猪屠宰定点管理、酒类经营、运输审批、饮食服务业经营审批等工作。

枣阳市粮食局【Zǎoyáng Shì Liángshíjú】 以政区所在地和职能命名。1950年2月成立枣阳县粮食局；1972年2月改为枣阳县革委会粮食科；1977年5月为枣阳县革委会粮食局；1981年3月为枣阳县粮食局；1988年1月为枣阳市粮食局；1992年11月成立枣阳市粮油食品（集团）总公司，保留粮食局牌子；1996年12月改为枣阳市粮油贸易总公司；1997年7月为枣阳市粮油食品集团总公司；2002年3月明确为市政府直属事业单位。位于大南街46号，占地面积500平方米，主体建筑5层，建筑面积1420平方米，在编28人。负责粮食购、储、销工作。

枣阳市供销合作社联合社【Zǎoyáng Shì Gòngxiāo Hézuòshè Liánhéshè】 以政区所在地和职能命名。1951年3月，县人民政府设合作科；1953年更名为枣阳县联合总社；1955年3月改为枣阳县供销合作总社；1958年春并入商务局，1961年11月恢复；1970年再次并入商务局；1975年5月恢复；1983年为枣阳县供销合作社联合社；1988年为枣阳市供销合作社联合社。位于大北街赵家巷3号，占地面积450平方米，主体建筑5层，建筑面积1350平方米。负责农副产品购销，为三农服务。

枣阳市食品药品监督管理局【Zǎoyáng Shì Shípǐn Yàopǐn Jiāndū Guǎnlǐjú】 以政区所在地和职能命名。2002年3月设立枣阳市药品监督管理局；2004年5月更名为枣阳市食品、药品监督管理局；2011年8月由地方管理；2014年3月增加监管范围（食品的生产环节、化妆品、酒类等）。位于书院街13号，占地面积0.37公顷，建筑面积1264平方米，在编22人。负责食品药品、化妆品、酒类的质量监督。

枣阳市广电局【Zǎoyáng Shì Guǎngdiànjú】 以政区所在地和职能命名。1980年前仅有枣阳县广播站（有线广播）；1981年8月，成立枣阳县广播事业局；12月枣阳电视差转台建立；1984年9月成立枣阳县广播电视局；1988年为枣阳市广播电视局。位于新华路53号，负责广播、电视服务。

枣阳市城市管理执法局【Zǎoyáng Shì Chéngshì Guǎnlǐ Zhífǎjú】 以政区所在地和职能命名。2004年3月组建枣阳市城市管理行政执法局，隶属市建委；2008年6月，内设4科1室，下设4个执法中队，1个执法大队；2010年8月更名为枣阳市城市管理执法局，为市政府直属事业单位。位于书院东街8号，占地面积0.28公顷，建筑面积2170平方米，核定总编制220人。主要职责为强化城管法规宣传、街景广告管理、查处违规搭建、市容环卫管理等。

北城街道办事处【Běichéng Jiēdào Bànshìchù】 以政区所在地和职能命名。中华人民共和国成立初为城关区政府；1959年为城关镇人民政府；1988年撤销城关镇，设北城街道办事处。位于书院街13号，占地面积350平方米，办公楼主体建筑4层，建筑面积1050平方米，设13个部门，在编50人。主抓工业、城镇建设和社会事业等。

南城街道办事处【Nánchéng Jiēdào Bànshìchù】 以政区所在地和职能命名。1988年3月枣阳县撤县建市时，将原城关镇一分为二，分别设立北城、南城街道办事处。2001年全市乡镇机构改革，将原梁集镇并入南城街道。位于光武大道83号，占地面积0.12公顷，办公楼主体建筑4层，建筑面积730平方米，设3个部门，主抓农业、工业和社会事业等。

环城街道办事处【Huánchéng Jiēdào Bànshìchù】 以政区所在地和职能命名。1954年为城郊区政府；1958年为国光人民公社（后称环城公社）；1961年为环城区政府；1975年为环城人民公社管委会；1984年为环城区公所；1987 年为环城乡人民政府；1988 年 3 月为环城街道办事处。位于光武大道 54 号，占地面积 0.13 公顷，办公楼主体建筑 4 层，建筑面积 760 平方米，在编 30 人。主抓农业、工业和社会事业等。

鹿头镇人民政府【Lùtóuzhèn Rénmín Zhèngfǔ】 以政区所在地和职能命名。1958 年为红旗农场；1961 年为鹿头区政府；1975 年为鹿头人民公社管委会；1984 年为鹿头镇人民政府。位于鹿头镇人民大道 2 号，占地面积 0.7 公顷，办公楼主体建筑 4 层，建筑面积 1903 平方米，在编 50 人。主抓农业、工业和社会事业等。

新市镇人民政府【Xīnshìzhèn Rénmín Zhèngfǔ】 以政区所在地和职能命名。1958 年为火箭人民公社；1961 年为新市区政府；1975 年为新市人民公社管委会；1984 年为新市区政府；1987 年为新市镇政府。位于新市镇赤眉街 306 号，办公楼占地面积 360 平方米，主体建筑 3 层，建筑面积 1077 平方米，在编 44 人。主抓农业、工业和社会事业等。

太平镇人民政府【Tàipíngzhèn Rénmín Zhèngfǔ】 以政区所在地和职能命名。1958 年为灯塔人民公社；1961 年为太平区政府；1975 年为太平人民公社管委会，1984 年为太平镇人民政府。位于太平镇太平大道 3 号，占地面积 0.18 公顷，办公楼主体建筑 3 层，建筑面积 3500 平方米，在编 30 人。主抓农业、工业和社会事业等。

杨垱镇人民政府【Yángdàngzhèn Rénmín Zhèngfǔ】 以政区所在地和职能命名。1958 年为燎原人民公社；1961 年为杨垱区政府；1975 年为杨垱人民公社管委会；1984 年为杨垱镇人民政府。位于杨垱镇东风街 102 号，占地面积 360 平方米，办公楼主体建筑 4 层，建筑面积 1256 平方米，在编 48 人。主抓农业、工业和社会事业等。

七方镇人民政府【Qīfāngzhèn Rénmín Zhèngfǔ】 以政区所在地和职能命名。1958 年为幸福人民公社；1961 年为七方区政府；1975 年为七方人民公社管委会；1984 年为七方镇人民政府。位于七方镇政府路 36 号，占地面积 560 平方米，办公楼主体建筑 3 层，建筑面积 1420 平方米，在编 38 人。主抓农业、工业和社会事业等。

琚湾镇人民政府【Jūwānzhèn Rénmínzhèngfǔ】 以政区所在地和职能命名。1958 年为英雄人民公社；1961 年为琚湾区政府；1975 年为琚湾人民公社管委会；1984 年为琚湾镇人民政府。位于琚湾镇朝阳街 79 号，占地面积 0.16 公顷，办公楼主体建筑 3 层，建筑面积 1860 平方米，在编 53 人。主抓工业、农业和社会事业等。

熊集镇人民政府【Xióngjízhèn Rénmínzhèngfǔ】 以政区所在地和职能命名。1958 年为和平人民公社；1961 年为熊集区政府；1975 年为熊集人民公社管委会；1984 年为熊集区公所；1987 年为熊集镇人民政府。位于熊集镇大北街 36 号，占地面积 540 平方米，办公楼主体建筑 3 层，建筑面积 1320 平方米，在编 35 人。主抓农业、工业和社会事业等。

吴店镇人民政府【Wúdiànzhèn Rénmínzhèngfǔ】 以政区所在地和职能命名。1958 年为卫星人民公社；1961 年为吴店区政府；1975 年为吴店人民公社管委会；1984 年为吴店镇人民政府。位于吴店镇政府路 38 号，占地面积 465 平方米，办公楼主体建筑 3 层，建筑面积 1320 平方米，在编 50 人。主抓工业、农业和社会事业等。

平林镇人民政府【Pínglínzhèn Rénmínzhèngfǔ】 以政区所在地和职能命名。1958年为钢铁人民公社；1961年为平林区政府；1975年为平林人民公社管委会；1984年为平林区公所；1987年为平林镇人民政府。位于平林镇平宋路25号，占地面积0.67公顷，办公楼主体建筑4层，建筑面积2000平方米。在编35人，主抓农业、工业和社会事业等。

王城镇人民政府【Wángchéngzhèn Rénmínzhèngfǔ】 以政区所在地和职能命名。1958年为伟大人民公社；1961年为资山区政府；1975年为资山人民公社管委会；1981年为王城人民公社管委会；1984年为王城区公所；1987年为王城镇人民政府。位于王城镇盛隆大道273号，占地面积2公顷，办公楼主体建筑2层，建筑面积6113平方米，在编42人。主抓农业、工业和社会事业等。

兴隆镇人民政府【Xìnglóngzhèn Rénmínzhèngfǔ】 以政区所在地和职能命名。1958年为东风人民公社；1961年为兴隆区政府；1975年为兴隆人民公社管委会；1984年为兴隆镇人民政府。位于兴隆镇汉孟街95号，占地面积1.33公顷，办公楼主体建筑4层，建筑面积4600平方米，在编44人。主抓农业、工业和社会事业等。

刘升镇人民政府【Liúshēngzhèn Rénmínzhèngfǔ】 以政区所在地和职能命名。1975年成立刘升人民公社管委会；1984年为刘升区公所；1987年为刘升镇人民政府。位于刘升镇西旺街1号，占地面积540平方米，办公楼主体建筑2层，建筑面积482平方米，在编46人，主抓农业、工业和社会事业等。

枣阳市西城经济技术开发区管委会【Zǎoyáng Shì Xīchéng Jīng Jìjìshù Kāifā Qū Guǎn Wěihuì】 以政区所在地和职能命名。1993年4月成立枣阳市西城经济技术开发区管委会（正科级）；1995年1月晋升为省管开发区；1999年4月升格为副处级；2004年7月升为省级开发区。位于前进路42号，占地面积0.67公顷，建筑面积2600平方米。负责招商引资、项目洽谈、新技术研发及社会事业等工作等。

车河管理区委员会【Chēhé Guǎnlǐ Qū Wěiyuánhuì】 以政区所在地和职能命名。1960年冬成立枣阳县国营车河农场管委会；1979年为湖北省国营车河农场管委会；1984年实行区场合一，为枣阳县车河区公所；1989年12月，由襄樊市农工商联合公司直管；1996年6月升格为副县级单位；1999年8月为襄樊市车河管理区委员会；2004年3月移交枣阳市管理，为枣阳市车河管理区委员会，位于车河街柳阳路223号，占地面积0.76公顷，建筑面积2211平方米。主抓农业、工业和社会事业等。

随阳管理区委员会【Suíyáng Guǎnlǐ Qū Wěiyuánhuì】 以政区所在地和职能命名。1954年因场部驻高堤村，称高堤农场；1959年秋为枣阳县国营随阳农场委员会；1973年1月隶属襄阳地区农垦局；1984年3月下放地方管理，为区场合一，设随阳区公所；1985年10月撤销区公所，称湖北省国营随阳农场；1999年为襄樊市随阳农场，升为副县级单位；2004年3月下放枣阳市管理，为随阳管理区委员会。位于随阳农场朝阳路，占地面积0.56公顷，建筑面积600平方米，主抓农业、工业和社会事业等。

第二章 事企业单位

第一节 事业单位

枣阳市第一中学【Zǎoyáng Shì dìyīzhōngxué】 位于北城街道顺城路95号。以所在行政区、序号和职能综合命名。1923年建校,为枣阳县福兴中学,是私立教会学校,也是枣阳历史上第一所中学;1932年9月更名为枣阳县复兴中学;1941年为枣阳县初级中学,是枣阳历史上最早的一所公办中学;1955年改为枣阳县第一中学;1956年秋设立高中部;1986年学校初、高中部分离,为一所全日制普通高中;1988年为枣阳市第一中学。该校是湖北省首批重点高中之一,2009年当选省级示范高中。占地面积0.08平方千米,建筑面积8.8万平方米。现有54个教学班,教职工255人,其中特教8人、高教56人、学科带头人51人,91%的教师具有大学本科学历。正局级事业单位。

枣阳市第二中学【Zǎoyáng Shì Dì'èr Zhōngxué】 位于建设西路13号。以所在行政区、序号和职能命名。1981年10月建校,为城关镇广场学校,俗称"一条龙"学校;1984年6月为枣阳县广场学校,隶属县教育局;1986年8月为枣阳县广场中学,为正局级事业单位,小学部分离出(现枣阳市第二实验小学),开始招收高一新生;1987年11月为枣阳县第二中学;1988年1月为枣阳市第二中学;1993年9月,初中部迁出,仅保留高中部。占地面积0.13平方千米,建筑面积7.9万平方米。现有57个教学班,教职工322人,其中襄阳市名校长1名、襄阳市名师7名、特级教师5名、中高级教师174人。该校是襄阳市示范高中,2014年被评为湖北省最佳文明单位、湖北省学校后勤保障工作"四个创建"先进学校、湖北省普通高中教师网络研修示范单位、课题研究先进单位。

枣阳市高级中学【Zǎoyáng Shì Gāojí Zhōngxué】 位于民族北路50号。以所在行政区和职能综合命名。1956年建校,为湖北省枣阳初级师范学校;1958年为湖北省枣阳师范学校,属襄阳地区和枣阳县双重领导,担负为枣阳轮训在职教师以及为襄阳县、枣阳县、随县培养小学教师的双重职责;1986年定为正局级事业单位;1989年被定为全省保留中等师范学校之一,为湖北省枣阳师范学校,属湖北省、襄樊市、枣阳市领导;1991年被定为副县级事业单位;1999年实行中等师范与普通高中双轨制的办学模式,高中部为枣阳市师范高级中学;2005年改为枣阳市高级中学,隶属市教育局,正科级事业单位。占地面积0.085平方千米，建筑面积4万平方米，教职工196人。

枣阳市白水高级中学【Zǎoyáng Shì Báishuǐ Gāojí Zhōngxué】 位于吴店镇白水路130号。以所在行政区、校区所在地和职能综合命名。1956年建校，为枣阳县第二中学；1975年为枣阳县吴店人民公社中学；1978年被列为县重点中学；1979年变为全日制高级中学；1983年复称枣阳县第二中学；1986年为枣阳县白水高级中学；1988年为枣阳市白水高级中学。占地面积0.07平方千米，建筑面积9955平方米，教职工184人。

枣阳市职教中心学校【Zǎoyáng Shì Zhíjiào zhōngxīn Xuéxiào】 位于人民路34号。以所在行政区和职能综合命名。1985年创办枣阳县职业高级中学；1991年为枣阳市成人中等专业学校；2001年为枣阳市职教中心学校。该校被原国家教委评估为省级重点职业学校，被省教育厅认定为"五一二"工程合格学校，被教育部评估认定为国家级重点中等职业学校。占地面积0.03平方千米，建筑面积4.58万平方米，教职工118人。学校主要为高等职教院校输送人才，为社会发展提供素质较高、掌握一定职业技能的劳动者。

枣阳市实验中学【Zǎoyáng Shì Shíyàn Zhōngxué】 位于北城街道顺城路79号。以所在行政区和职能综合命名。原为枣阳一中初中部，1981年3月被命名为枣阳县顺城中学，隶属枣阳一中；1987年6月从枣阳一中分出，11月更名为枣阳县实验中学；1988年1月为枣阳市实验中学。1991年经省教委评估为副科级事业单位；2002年被确定为湖北省现代教育技术试验学校；2003年被确定为湖北省教学科研实验学校。学校在全市主要起到探索初中教学规律和示范、引领初中学校共同发展的作用。占地面积0.02平方千米，建筑面积3.18万平方米，教职工179人。

枣阳市第三中学【Zǎoyáng Shì Dìsān Zhōngxué】 位于前进路28号。以所在行政区、序号和职能综合命名。1968年创办，为枣阳县五七中学；1981年更名为枣阳县第二中学；1983年为枣阳县西关中学；1988年为枣阳市第三中学至今。占地面积0.03平方千米，建筑面积8232平方米，教职工115人。承担初中阶段义务教育。

枣阳市第四中学【Zǎoyáng Shì Dìsì Zhōngxué】 位于民主路29号。以所在行政区、序号和职能综合命名。1976年创办，为枣阳县城关镇中学；1988年为枣阳市第四中学至今。占地面积0.02平方千米，建筑面积1.6万平方米，教职工102人。承担初中阶段义务教育。

枣阳市第五中学【Zǎoyáng Shì Dìwǔ Zhōngxué】 位于前进路74号。以所在行政区、序号和职能综合命名。1973年创办，为枣阳县环城人民公社红旗桥中学；1988年更名为枣阳市第五中学。占地面积0.07平方千米，建筑面积1.47万平方米，教职工108人。承担初中阶段义务教育。

枣阳市第六中学【Zǎoyáng Shì Dìliù Zhōngxué】 位于建设路2号。以所在行政区、序号和职能综合命名。1993年创办，隶属市教育局，副科级事业单位。占地面积0.07平方千米，建筑面积2.8万平方米，教职工142人。

枣阳市第一实验小学【Zǎoyáng Shì Dìyī Shíyàn Xiǎoxué】 位于小南街61号。以所在行政区、序号和职能综合命名。隶属市教育局，副科级事业单位。1905年12月创办，为枣阳官立高等小学堂；1925年为枣阳县立完全小学；1941年为城关镇中心国民学校；1949年为枣阳县城关小学；1952年为城关镇第一小学；1956年学校附设初中，为枣阳第三中学小学部；1958年与三中分离，为城关镇东南街小学；1959年为城关镇实验小学；1968年为城关镇五七小学；1974年复称城关镇实验小学；1987年为枣阳县第一实验小学；1988年为枣阳市第一实验小学至今。学校在全市起到探索小学教育规律和示范、引领小学共同发展的作用。占地面积0.02平方千米，建筑面积1.51万平方米，教职工154人。

枣阳市第二实验小学【Zǎoyáng Shì Dì'èr Shíyàn Xiǎoxué】 位于新华路65号。以所在行政区、序号和职能综合命名。隶属市教育局，副科级事业单位。1986年8月从枣阳县广场学校分离出，为枣阳县第二实验小学；1988年为枣阳市第二实验小学至今。占地面积0.04平方千米，建筑面积2.8万平方米，教职工157人。学校先后被评为全国小学语文教学指导实验基地学校、"湖北省书画教育试点学校""湖北省现代教育技术试点学校"。

枣阳市第三实验小学【Zǎoyáng Shì Dìsān Shíyàn Xiǎoxué】 位于民族路22号。以所在行政区、序号和职能综合命名。隶属市教育局，副科级事业单位。1950年创办，为枣阳县第一区第二小学；1957年为枣阳师范附属小学；1966年为城关镇北关小学；1981年复称枣阳师范附属小学；2002年为枣阳市第三实验小学至今。占地面积0.02平方千米，建筑面积1.56万平方千米，教职工171人。2009年被中央电教馆授予"全国百佳校园电视台"称号，2013年被教育部、团中央、全国少工委授予"全国优秀少先队集体"称号，被省教育厅授予湖北省"课内比教学，课外访万家"先进学校。

枣阳市直机关幼儿园【Zǎoyáng Shì zhí Jīguān Yòu'éryuán】 位于人民路47号。以所在行政区和职能综合命名。隶属市教育局，副科级事业单位。1957年7月创办，为枣阳县城关幼儿园；1962年为枣阳县直机关幼儿园；1988年1月为枣阳市直机关幼儿园。占地面积0.02平方千米，建筑面积8706平方米，教职工108人。

枣阳市直机关第二幼儿园【Zǎoyáng Shì zhí Jīguān Dì'èr Yòu'éryuán】 位于民主路34号。以所在行政区、序号和职能综合命名。隶属市教育局，副科级事业单位。1979年7月创办，为枣阳县工交幼儿园；1988年为枣阳市工交幼儿园；1993年10月为枣阳市直机关第二幼儿园。占地面积0.01平方千米，建筑面积3638平方米，教职工94人。

南城街道梁集初级中学【Nánchéng Jiēdào Liángjí Chūjí Zhōngxué】 位于宋湾社区99号。以所在行政区、校区所在地和职能综合命名。1972年8月创办，为梁集高中；1980年为梁集镇初级中学；2001年为南城街道梁集初级中学。占地面积0.07平方千米，建筑面积2.06万平方米，教职工60人。承担初中阶段义务教育。

南城街道中心小学【Nánchéng Jiēdào Zhōngxīn Xiǎoxué】 位于民主路39号。以所在行政区和职能综合命名。1950年创办城关镇沙店小学；1988年为南城沙店小学；1990年为南城中心小学至今。占地面积0.02平方千米，建筑面积6625平方米，教职工126人。承担小学阶段义务教育。

枣阳市鹿头镇中学【Zǎoyáng Shì Lùtóuzhèn Zhōngxué】 位于鹿头镇文化街131号。以所在行政区和职能综合命名。1924年创办，为鹿头求实学校；1949年为鹿头小学；1975年开设初中班，1978年小学部分离出，更名为鹿头镇人民公社中学；1981年为鹿头镇中学。占地面积0.05平方千米，建筑面积1.7万平方米，教职工103人。承担初中阶段义务教育。

枣阳市鹿头镇中心小学【Zǎoyáng Shì Lùtóuzhèn Zhōngxīn Xiǎoxué】 位于鹿头镇文化街121号。以

所在行政区和职能综合命名。1975年创办，为鹿头一村小学；1985年为鹿头镇中心小学。占地面积0.04平方千米，房屋面积2.2万平方米，教职工55人。承担小学阶段义务教育。

新市镇火青中学【Xīnshìzhèn Huǒqīng Zhōngxué】 位于新市镇文化街183号。以所在行政区、人名和职能综合命名。1958年创办，为新市中学；1971年为新市高中；1981年为新市镇第一中学；2001年8月为新市镇火青中学至今。占地面积0.04平方千米，建筑面积9224平方米，教职工84人。承担初中阶段义务教育。

新市镇火青小学【Xīnshìzhèn Huǒqīng Xiǎoxué】 位于新市镇文化街257号。以所在行政区、人名和职能综合命名。1903年创办，为新荣小学；1947年为新市小学；1988年为新市镇中心小学；2008年更命名为新市镇火青小学至今。占地面积0.01平方千米，建筑面积6900平方米，教职工53人。承担小学阶段义务教育。

枣阳市太平镇第一初级中学【Zǎoyáng Shì Tàipíngzhèn Dìyī Chūjí Zhōngxué】 位于太平镇教育路17号。以所在行政区、序号和职能综合命名。1956年创办，为枣阳县第四初级中学；1973年为枣阳县太平区高中；1984年为枣阳县太平镇中学；1987年为枣阳市太平镇中学；1997年为枣阳市太平镇第一初级中学。占地面积0.7公顷，建筑面积1.9万平方米，教职工94人。承担初中阶段义务教育。

枣阳市杨垱镇海胜中学【Zǎoyáng Shì Yángdàngzhèn Hǎishèng Zhōngxué】 位于杨垱镇东环路39号。以所在行政区、人名和职能综合命名。1986年创办，为杨垱东街办事处中学；1988年为杨垱镇第二初级中学；2003年7月，杨垱二中与杨垱一中合并为杨垱镇一中；2007年4月更名为杨垱镇海胜中学。占地面积0.06平方千米，建筑面积2.4万平方米，教职工93人。承担初中阶段义务教育。

七方镇初级中学【Qīfāngzhèn Chūjí Zhōngxué】 位于七方镇育才街57号。以所在行政区和职能综合命名。1956年创办，为枣阳县第六中学；1959年为枣阳县七方初级中学；1966年为枣阳县七方中学；1979年为枣阳县七方公社中学；1989年为七方镇第一中学；2009年与原七方镇第二中学合并为七方镇初级中学。占地面积0.11平方千米，建筑面积1.73万平方米，教职工159人。承担初中阶段义务教育。

七方镇中心小学【Qīfāngzhèn Zhōngxīn Xiǎoxué】 位于七方镇育才街66号。以所在行政区和职能综合命名。1934年9月创办，为启智小学；1949年9月为七方镇小学；1987年9月为七方镇中心小学。占地面积0.04平方千米，建筑面积1.9万平方米，教职工105人。承担小学阶段义务教育。

琚湾镇第一中学【Jūwānzhèn Dìyī Zhōngxué】 位于琚湾镇朝阳街68号。以所在行政区、序号和职能综合命名。1956年创办，为琚湾中学，是全县五所中学之一，县直学校；1971年2月改办为高中，称琚湾高中，仍为县直学校；1978年与琚湾公社中学合并为琚湾中学，属社办；1979年8月高中单设，收归县管；1983年8月下放社辖；1984年8月与社中合并，称琚湾镇中学；1989年新建初中，更名为琚湾镇第一中学。占地面积0.03平方千米，建筑面积1.39万平方米，教职工75人。承担初中阶段义务教育。

琚湾镇中心小学【Jūwānzhèn Zhōngxīn Xiǎoxué】 位于琚湾镇朝阳街42号。以所在行政区和职能综合命名。1974年创办，为琚湾建强小学；1978年为琚湾镇东街小学；1991年9月为琚湾镇中心小学。占地面积0.03平方千米，建筑面积3150平方米，教职工30人。承担小学阶段义务教育。

熊集镇中学【Xióngjízhèn Zhōngxué】 位于熊集镇东环路23号。以所在行政区和职能综合命名。

1958年创办,为熊集区小学;1962年为熊集区中学;1978年为熊集公社中学;1980年为熊集镇中学至今。占地面积0.04平房千米,建筑面积1.56万平方米,教职工89人。承担初中阶段义务教育。

吴店镇第一初级中学【Wúdiànzhèn Dìyī Chūjí Zhōngxué】 位于吴店镇荷花街4号。以所在行政区、序号和职能综合命名。1933年创办,为枣阳县第四区区立小学;1942年为吴店乡小学;1969年开设初中班;1978年更名为吴店公社中学;1987年为吴店镇第一初级中学至今。占地面积0.04平方千米,建筑面积2.2万平方米,教职工139人。承担初中阶段义务教育。

吴店镇中心小学【Wúdiànzhèn Zhōngxīn Xiǎoxué】 位于吴店镇皇城路1号。以所在行政区和职能综合命名。1912年创办,为私立白水高等小学;1934年为枣阳县第四区公立小学;1942年为吴店乡小学;1949年为吴店小学;1984年为吴店镇中心小学至今。占地面积0.03平方千米,建筑面积2.28万平方米,教职工108人。承担小学阶段义务教育。

平林镇初级中学【Pínglínzhèn Chūjí Zhōngxué】 位于平林镇商业街112号,以所在行政区和职能综合命名。创办于1950年,1984年为平林镇初级中学。占地面积0.05平方千米,建筑面积1.65万平方米,教职工83人。承担初中阶段义务教育。

王城镇中学【Wángchéngzhèn Zhōngxué】 位于王城镇盛隆大道269号。以所在行政区和职能综合命名。1907年创办,为私立竞智丙等小学;1942年8月为王城乡小学;1956年为枣阳县第八中学;1971年为王城区高中;1984年为王城区农业高中;1989年为王城镇初级中学;2002年为王城镇中学至今。占地面积0.04平方千米,建筑面积2.1万平方米,教职工124人。承担初中阶段义务教育。

王城镇小学【Wángchéngzhèn Xiǎoxué】 位于王城镇盛隆大道151号。以所在行政区和职能综合命名。1953年创办,为王城村小学;1987年为王城镇小学至今。占地面积0.02平方千米,建筑面积4243平方米,教职工54人。承担小学阶段义务教育。

兴隆镇第一初级中学【Xīnglóngzhèn dìyī Chūjí Zhōngxué】 位于兴隆镇发展大道356号。以所在行政区、序号和职能综合命名。1958年创办,为枣阳十中;1970年为兴隆公社中学;1987年为兴隆镇第一初级中学至今。占地面积0.03平方千米,建筑面积2.1万平方米,教职工104人。承担初中阶段义务教育。

兴隆镇中心小学【Xìnglóngzhèn Zhōngxīn Xiǎoxué】 位于兴隆镇盐矿路4号。以所在行政区和职能综合命名。1988年创办兴隆镇中心小学。占地面积0.06平方千米,建筑面积1.67万平方米,教职工89人。承担小学阶段义务教育。

刘升镇初级中学【Liúshēngzhèn Chūjí Zhōngxué】 位于刘升镇西旺街37号。以所在行政区和职能综合命名。1968年9月创办,为刘升公社中学;1971年9月为刘升中学;1978年9月为刘升一中;1988年为刘升镇一中;1992年2月为刘升镇初级中学。占地面积0.03平方千米,建筑面积1.9万平方米,教职工89人。承担初中阶段义务教育。

刘升镇中心小学【Liúshēngzhèn Zhōngxīn Xiǎoxué】 位于刘升镇文化街22号。以所在行政区和职能综合命名。1943年创办,为刘升完全小学;1989年更名为刘升镇中心小学至今。占地面积0.01平方千米,建筑面积6398平方米,教职工27人。承担小学阶段义务教育。

车河管理区中心小学【Chēhé Guǎnlǐ Qū Zhōngxīn Xiǎoxué】 位于车河管理区青峰路148号。以所在行政区和职能综合命名。1951年创办,为李集小学;1985年为车河农场初级中学;2008年为车河管理区中心小学至今。占地面积0.05平方千米,建筑面积3000平方米,教职工26人。承担小学阶段义务教育。

随阳管理区中心小学【Suíyáng Guǎnlǐ Qū Zhōngxīn Xiǎoxué】 位于随阳管理区华阳北路39号。以所在行政区和职能综合命名。1929年创办,为程家祠堂国民小学;1942年为水城国民小学;1962年迁至杨家岗,为杨家岗小学;1975年为湖北省国营随阳农场学校;1989年7月为随阳农场中心小学;2004年为随阳管理区中心小学至今。占地面积0.02平方千米,建筑面积4584平方米,教职工34人。承担小学阶段义务教育。

枣阳市第一人民医院【Zǎoyáng Shì Dìyī Rénmín Yīyuàn】 老院区位于大西街16号,新院区位于中兴大道183号。以所在行政区、序号和职能综合命名。1949年为枣阳县人民政府卫生院;1950年为枣阳县卫生院;1951年为枣阳县人民政府卫生院;1958年为枣阳县人民医院;1988年为枣阳市第一人民医院至今。是一所集医疗、教学、科研、康复、急救为一体的三级乙等综合医院。占地面积0.2平方千米,建筑面积17万平方米,职工1225人,病床1400张,设33个临床科室,11个医技科室。其中输血科、儿科、产科、急诊科、新生儿科是湖北省三级医院临床重点专科,心血管内科、骨科、重症医学科、呼吸内科、肾病内科、医学影像、护理专科等是湖北省县级医院临床重点专科。年门诊77.9万人次,住院患者出院5.88万人次。承担全市及周边130多万人的医疗救治工作。

枣阳市第二人民医院【Zǎoyáng Shì Dì'èr Rénmín Yīyuàn】 位于大南街33号。以所在行政区、序号和职能综合命名。1958年创办,为城关镇卫生院;1988年更名为枣阳市第二人民医院至今。占地面积0.01平方千米,建筑面积1.1万平方米,职工144人。

枣阳市第三人民医院【Zǎoyáng Shì Dìsān Rénmín Yīyuàn】 位于光武大道40号。以所在行政区、序号和职能综合命名。1958年创办,为环城公社卫生院;1988年更名为枣阳市第三人民医院。占地面积5340平方米,建筑面积1.02万平方米,职工246人。设有内科、骨科、妇产科、皮肤科、泌尿科等20多个临床诊疗科室。

枣阳市中医院【Zǎoyáng Shì Zhōngyīyuàn】 位于车站路14号。以所在行政区、类型和职能综合命名。1985年创办,为枣阳县中医院;1988年为枣阳市中医院至今。2014年被评定为"二级甲等中医院"。占地面积0.02平方千米,建筑面积1.9万平方米,职工285人。设内科、外科、妇产科、骨伤科、眼科等32个临床诊疗科室,床位220张。

枣阳市妇幼保健院【Zǎoyáng Shì Fùyòu Bǎojiànyuàn】 位于人民路3号。以所在行政区、服务对象和职能综合命名。1975年创办,为枣阳县妇幼保健院;1988年为枣阳市妇幼保健院至今。占地面积9198平方米,建筑面积1.56万平方米。设8个职能科室、1个门诊部、4个病区、22个临床保健医技科室,床位450张,职工370人。主要为孕妇、产妇、新生儿及幼儿提供医疗服务。

枣阳市疾病预防控制中心【Zǎoyáng Shì Jíbìng Yùfáng Kòngzhì Zhōngxīn】 位于民族路26号。以所在行政区、职能和性质综合命名。1960年3月成立枣阳县卫生防疫站;1988年为枣阳市卫生防疫站;2008年6月为枣阳市疾病预防控制中心至今。占地面积1500平方米,建筑面积6114平方米,职工126人。设疾控科、预防接种门诊、地方病防治科等20个科室。

南城卫生院【Nánchéng Wèishēngyuàn】 老院区位于南城街道梁坡西路 7 号，新院区位于光武路 64 号。以所在行政区和职能综合命名。1958 年创办梁集镇卫生院；2001 年更名为南城卫生院至今。2001 年 9 月在光武路 64 号设立城区部。占地面积 320 平方米，建筑面积 1200 平方米，职工 85 人，床位 120 张。

鹿头镇卫生院【Lùtóuzhèn Wèishēngyuàn】 位于鹿头镇幸福大道 163 号。以所在行政区和职能综合命名。1951 年成立十四区鹿头卫生所；1958 年为鹿头人民公社卫生院；1961 年为鹿头区卫生院；1975 年为鹿头公社中心卫生院；1984 年为鹿头镇卫生院。占地面积 7181 平方米，建筑面积 8567 平方米，职工 88 人。设 13 个临床科室、3 个医技科室，床位 150 张。

新市镇卫生院【Xīnshìzhèn Wèishēngyuàn】 位于新市镇文化街 33 号。以所在行政区和职能综合命名。1958 年成立新市人民公社卫生院；1961 年为新市区卫生院；1975 年为新市公社卫生院；1987 年为新市镇卫生院。占地面积 0.01 平方千米，建筑面积 5300 平方米，职工 78 人。

太平镇中心卫生院【Tàipíngzhèn Zhōngxīn Wèishēngyuàn】 位于太平镇中华路 11 号。以所在行政区和职能综合命名。1953 年成立太平镇卫生所；1975 年为太平公社卫生院；1999 年为太平镇中心卫生院。占地面积 9800 平方米，建筑面积 9000 平方米，职工 105 人。

杨垱镇卫生院【Yángdàngzhèn Wèishēngyuàn】 位于杨垱镇东风街 85 号。以所在行政区和职能综合命名。1958 年为杨垱公社卫生院；1961 年为杨垱区卫生院；1975 年为杨垱公社中心卫生院；1984 年为杨垱镇中心卫生院；1996 年为杨垱镇卫生院。占地面积 0.02 平方千米，建筑面积 4800 平方米，职工 88 人。设 20 个临床科室、6 个医技科室，床位 199 张。

七方镇中心卫生院【Qīfāngzhèn Zhōngxīn Wèishēngyuàn】 位于七方镇春园路 253 号，以所在行政区和职能综合命名。1952 年 8 月成立；1958 年为七方卫生院；2002 年为七方镇中心卫生院。占地面积 2 公顷，建筑面积 1.84 万平方米，业务用房面积 9388 平方米，开放床位 320 张，职工 135 人。承担辖区内医疗保健及公共卫生工作。

七方镇罗岗卫生院【Qīfāngzhèn Luógǎng Wèishēngyuàn】 位于七方镇英武路 11 号。以所在行政区和职能综合命名。1975 年成立罗岗公社卫生院；1988 年为罗岗镇卫生院；2002 年为七方镇罗岗卫生院。占地面积 1.36 公顷，建筑面积 7024 平方米，业务用房面积 3830 平方米，开放床位 80 张，全院职工 43 人。承担辖区内医疗保健及公共卫生工作。

琚湾镇卫生院【Jūwānzhèn Wèishēngyuàn】 位于琚湾镇中心街 153 号。以所在行政区和职能综合命名。1950 年成立琚湾联合诊所；1952 年为琚湾区卫生所；1958 年为琚湾公社卫生院；1975 年为琚湾公社医院；1980 年为琚湾镇中心卫生院；2000 年为枣阳市琚湾镇卫生院至今。占地面积 7000 平方米，建筑面积 1.4 万平方米，职工 105 人。设内科、外科、妇产科、五官科、中医科、放射室、B 超室、公共卫生科等科室。

熊集镇中心卫生院【Xióngjízhèn Zhōngxīn Wèishēngyuàn】 位于熊集镇景区路 38 号。以所在行政区和职能综合命名。1952 年成立区卫生院；1958 年为熊集公社卫生院；1988 年为熊集镇卫生院。占地面积 0.03 平方千米，建筑面积 1.77 万平方米，职工 86 人。设内科、外科、儿科、妇产科等 10 个临床科室，病床 260 张。

吴店镇中心卫生院【Wúdiànzhèn Zhōngxīn Wèishēngyuàn】 位于吴店镇东北街54号。以所在行政区和职能综合命名。1951年创办枣阳县第十区吴店卫生所;1958年为吴店公社卫生院;1978年为吴店公社中心卫生院;1988年为吴店镇中心卫生院。占地面积9811平方米,建筑面积1.1万平方米,职工136人。设内科、外科、妇产科、康复科、外科等17个临床科室,床位280张。

平林镇卫生院【Pínglínzhèn Wèishēngyuàn】 位于平林镇中心路31号。以所在行政区和职能综合命名。1952年创办平林区卫生所;1958年为平林公社卫生院;1961年为平林区卫生院;1975年为平林公社卫生院;1983年为平林区卫生院;1987年为平林镇卫生院。占地面积0.01平方千米,建筑面积1.5万平方米,职工53人。设内科、外科、妇产科、儿科、医技科等15个临床科室,病床158张。

王城镇卫生院【Wángchéngzhèn Wèishēngyuàn】 位于王城镇盛隆大道217号。以所在行政区和职能综合命名。1952年创办资山乡人民政府卫生所;1958年为王城公社卫生院;1987年为王城镇卫生院。占地面积6300平方米,建筑面积2341平方米,职工63人。

兴隆镇中心卫生院【Xīnglóngzhèn Zhōngxīn Wèishēngyuàn】 位于兴隆镇教育大道81号。以所在行政区和职能综合命名。1952年创办兴隆区卫生所;1954年为兴隆联合卫生所;1958年为兴隆公社卫生院。占地面积0.02平方千米,建筑面积1.18万平方米,职工102人。设内科、外科、妇产科、中医康复科等13个临床科室,床位200张。

刘升镇卫生院【Liúshēngzhèn Wèishēngyuàn】 位于刘升镇东兴街3号。以所在行政区和职能综合命名。1976年成立刘升公社卫生院;1988年为刘升镇卫生院。占地面积1200平方米,建筑面积2400平方米,职工63人。

车河管理区卫生院【Chēhé Guǎnlǐ Qū Wèishēngyuàn】 位于车河管理区柳杨街94号。以所在行政区和职能综合命名。1960年成立车河卫生所;1988年为车河农场卫生院;2004年为车河管理区卫生院。占地面积8000平方米,建筑面积2263平方米,职工20人。

随阳管理区卫生院【Suíyáng Guǎnlǐ Qū Wèishēngyuàn】 位于随阳管理区杨岗街73号。以所在行政区和职能综合命名。1959年创办随阳农场卫生院;2004年为随阳管理区卫生院。占地面积3848平方米,建筑面积1982平方米,职工25人。设12个临床科室,病床70张。

第二节 企业单位

中国工商银行股份有限公司枣阳支行【Zhōngguó Gōngshāng Yínháng Gǔfèn Yǒuxiàn Gōngsīzǎoyángzhīháng】 以业务性质和所在行政区综合命名。1985年1月1日,从原枣阳县银行分设枣阳县工商银行;1988年1月,为枣阳市工商银行;2006年3月,为中国工商银行股份有限公司枣阳支行。位于大北街8号,占地面积2200平方米,建筑面积2400平方米,在编25人。为社会提供金融服务。

中国建设银行股份有限公司枣阳支行【Zhōngguó Jiànshè Yínháng Gǔfèn Yǒuxiàn Gōngsī Zǎoyáng Zhīháng】 以业务性质和所在行政区综合命名。为中国人民建设银行襄阳地区中心支行枣阳办事处;1976年升格为枣阳县支行；1988年1月更名为中国人民建设银行枣阳市支行；2004年9月更为现名。位于大南街5号，主体建筑9层，建筑面积4104平方米，在编78人，为社会提供金融服务。

中国银行股份有限公司枣阳支行【Zhōngguó Yínháng Gǔfèn Yǒuxiàn Gōngsī Zǎoyáng zhīháng】 以业务性质和所在行政区综合命名。1988年成立为中国银行枣阳支行；2008年为中国银行股份有限公司枣阳支行。位于人民路28号，主体建筑4层，占地面积407平方米，建筑面积1600平方米，在编55人，为社会提供金融服务。

中国民生银行股份有限公司枣阳小微支行【Zhōngguó Mínshēng Yínháng Gǔfèn Yǒuxiàn Gōngsī Zǎoyáng Xiǎowēi Zhīháng】 此行是由民间资本设立的全国性商业银行。以业务性质和所在行政区综合命名。2015年成立，位于书院街4号，使用面积196平方米，在编19人。为解决民生困难提供金融服务。

中国农业银行股份有限公司枣阳支行【Zhōngguó Nóngyè Yínháng Gǔfèn Yǒuxiàn Gōngsī Zǎoyáng Zhīháng】 以业务性质和所在行政区综合命名。1980年1月成立，沿用至今。位于民主路34号，主体建筑5层，占地面积400平方米，建筑面积1500平方米，总员工213人。重点为"三农"提供金融服务。

中国农业发展银行枣阳市支行【Zhōngguó Nóngyè Fāzhǎn Yínháng Zǎoyáng Shì Zhīháng】 以业务性质和所在行政区综合命名。1997年成立。位于人民路51号，主体建筑4层，占地面积240平方米，建筑面积960平方米，员工22人。主要为"三农"提供金融服务。

中国邮政储蓄银行股份有限公司枣阳市支行【Zhōngguó Yóuzhèng Chǔxù Yínháng Gǔfèn Yǒuxiàn Gōngsī Zǎoyáng Shì Zhīháng】 以业务性质和所在行政区综合命名。2007年3月成立，为中国邮政储蓄银行有限责任公司枣阳市支行；2012年实行股份制改造，更为现名。位于人民路44号，主体建筑2层，建筑面积762平方米，在编79人。为社会提供金融服务。

枣阳市中银富登村镇银行有限公司【Zǎoyáng Shì Zhōngyínfùdēng Cūnzhèn Yínháng Yǒuxiàn Gōngsī】 以业务性质和所在行政区综合命名。2011年成立，名称沿用至今。位于光武大道42号，主体建筑4层，占地面积423平方米，建筑面积1697平方米，在编47人。为改善民生提供金融服务。

湖北枣阳农村商业银行股份有限公司【Húběi Zǎoyáng Nóngcūn Shāngyè Yínháng Gǔfèn Yǒuxiàn Gōngsī】 以业务性质和所在政区综合命名。2014年6月在枣阳市农村信用合作联社改制基础上成立。位于人民路14号，占地面积491平方米，主体建筑2层，建筑面积982平方米，在编116人。重点为"三农"提供金融服务。

枣阳市邮政局【Zǎoyáng Shì Yóuzhèngjú】 1979年，由湖北省枣阳县邮电局改为枣阳县邮电局。实行省、地方双重领导；1984年，实行市管县，由襄樊市邮电局和枣阳县政府双重领导；1988年为枣阳市邮电局；1998年10月，全国邮电分营，分为枣阳邮政局和枣阳电信局；1999年6月，移动通信从电信分离，组建移动通信枣阳分公司；2000年8月，电信局实行公司化运营；2005年，市邮政局辖29个邮政支局，在岗职工294人。电信公司辖7个生产机构，11个农村电信网，职工128人。联通公司下设代理营业机构50个，正式员工17人。位于大西街1号。

国网湖北省电力公司枣阳市供电公司【Guówǎng Húběi Shěng Diànlì Gōngsī Zǎoyáng Shì Gòngdiàn Gōngsī】 以企业性质和所在行政区综合命名。属国有企业。1976年成立枣阳县电力局；1988年4月为枣阳市供电局；2003年12月为湖北省电力公司枣阳市供电公司；2013年6月为现名。位于建设路6号，占地面积1.9公顷，建筑面积5766平方米，在编48人，为地方建设提供电力服务。

湖北金兰首饰集团有限公司【Húběi Jīnlán Shǒushì Jítuán Yǒuxiàn Gōngsī】 以上级行政区和企业性质综合命名。1987年4月建立枣阳县金银首饰厂；1988年5月为枣阳市金银首饰厂；1995年8月为湖北金兰集团，股份制企业。位于襄阳路30号，主体建筑6层，占地面积601平方米，建筑面积3194平方米，职工1700人，年缴利税500多万元。主要产品有黄金首饰、铂金首饰、珠宝首饰、金属镀层流行首饰等。金兰牌金属镀层流行饰品2005年获中国名牌认定，黄金首饰2007年获中国名牌认定。

襄阳艾克特电池科技股份有限公司【Xiāngyáng Àikètè Diànchí Kējì Gǔfèn Yǒuxiàn Gōngsī】 以上级行政区和企业性质综合命名。该企业是一家集研发、生产、销售为一体的锂原电池生产企业。2010年5月建立，注册资本3000万元。位于和谐路艾克特科技园，占地面积3.33公顷，标准厂房3万平方米，员工200人。主要产品有不可充电开电池、原电池及原电池组、电池零部件等。

湖北蓝带啤酒有限公司【Húběi Lándài Píjiǔ Yǒuxiàn Gōngsī】 以上级行政区、企业产品和企业性质综合命名。1984年建厂，为枣阳县啤酒厂，属国企；1988年称枣阳市啤酒厂；1998年与肇庆蓝带啤酒有限公司联营，更名为湖北蓝带啤酒高利有限公司；2006年10月改制，由湖北蓝贝集团全资收购，更为现名。位于民族路84号，职工400人，年产能力10万吨，年创利税6000万元。

枣阳金通运业有限公司【Zǎoyáng Jīntōngyùnyè Yǒuxiàn Gōngsī】 以所在行政区和企业职能综合命名。1970年设立枣阳县汽车队；1980年为枣阳县第二运输公司；1993年为湖北枣阳汽车运输有限公司；2000年8月改制为枣阳金通运业有限公司。位于襄阳路46号，占地面积0.87公顷，建筑面积3990平方米，员工50人。主要职责为运输服务。

枣阳市公共交通总公司【Zǎoyáng Shì Gōnggòng Jiāotōng Zǒnggōngsī】 以所在行政区和企业职能综合命名。1980年1月成立枣阳县公共汽车公司（隶属建委）；1988年更名为枣阳市公共汽车公司；2014年2月隶属交通局；7月更名为枣阳市公共交通总公司。位于襄阳路81号，占地面积0.88公顷，建筑面积9830平方米，职工24人。主要负责公共交通服务。

枣阳市宏兴运输有限公司【Zǎoyáng Shì Hóngxīng Yùnshū Yǒuxiàn Gōngsī】 以所在行政区和企业职能综合命名。1958年建立，称湖北省汽车运输总公司第六车队；1972年更名为襄阳地区汽车运输二队；1984年与县汽车站合并成立枣阳县汽车运输公司；1987年与汽车站分开；1988年为枣阳市汽车运输公司；2003年改为现名，为民营股份制企业。位于襄阳路34号，占地面积700平方米，建筑面积644平方米，职工34人。从事运输服务。

枣阳市供水总公司【Zǎoyáng Shì Gòngshuǐ Zǒnggōngsī】 以所在行政区和企业职能综合命名。1967年城区建自来水厂，日供水千吨；1977年扩建为自来水公司，日供水量1500吨；1982年第一水厂建成，日供水量达1.1万吨，1986年扩建至日供水能力2万吨；1987年兴建二水厂，至1999年日供水能力达11万吨。1997年枣阳市自来水公司更为现名。位于沿河西路114号。

湖北创力药业有限公司【Húběi Chuànglì Yàoyè Yǒuxiàn Gōngsī】 以上级行政区和企业性质综合命名。创建于1992年，前身为枣阳市制药厂（隶属市供销联社）；2003年改制，先后通过3次GMP验证，主产胶囊剂、片剂、颗粒剂、药用辅料；2015年进行新版GMP验证，取得国药准字号产品7个，原辅料5个，医疗器械2个。2015年有员工130人，年产值2000万元，年缴利税100万元。

湖北创鑫聚氨酯材料有限公司【Húběi Chuàngxīn Jù'ānzhǐ Cáiliào Yǒuxiàn Gōngsī】 以上级行政区、产品和企业性质综合命名。2013年注册成立，属私营企业，总投资1.8亿元。位于复兴大道中段，征地2.67公顷，计划建筑厂房面积5000平方米。年生产聚氨酯系列产品6000吨，利税300万元，职工72人。

湖北飞龙摩擦密封材料股份有限公司【Húběi Fēilóng Mócā Mìfēng Cáiliào Gǔfèn Yǒuxiàn Gōngsī】 以上级行政区、产品和企业性质综合命名。1970年建厂，为湖北石棉制品厂；1973年8月更名为湖北枣阳石棉制品厂；1998年2月更名为湖北飞龙摩擦材料股份有限公司；2004年4月改制由金兰集团全资收购更为现名。位于新华路78号，占地面积12.6公顷，建筑面积5363平方米，职工630人。主产刹车片、离合器、进排气管垫等。

湖北福田专用汽车有限公司【Húběi Fútián Zhuānyòng Qìchē Yǒuxiàn Gōngsī】 以上级行政区、产品和企业性质综合命名。1970年6月成立枣阳县农业机械修配厂；1972年1月为枣阳县农业机械修造厂；1984年4月为枣阳县通用机械厂；1987年冠名为湖北汽车车架厂；1994年6月成立湖北汽车车架股份有限公司；2000年7月成立湖北光武汽车车架股份有限公司；2001年6月为枣阳福田汽车车架有限公司；2006年更为现名。位于新华路57号，占地面积50.54公顷，建筑面积13万平方米，职工220人。主产各型汽车车架、挂车、农用车及配件等。

湖北群益汽车配件有限公司【Húběi Qúnyì Qìchē Pèijiàn Yǒuxiàn Gōngsī】 以上级行政区、产品和企业性质综合命名。成立于2002年6月，称枣阳市群益摩擦材料有限公司（民营企业）；位于南城街道王家湾社区西环二路，占地面积2公顷，现有员工300人，2013年实现工业总产值2.5亿元，利税3000万元。2007年被评为"湖北市场质量信誉服务保证企业"。

湖北冠新提花纺织有限公司【Húběi Guànxīn Tíhuā Fǎngzhī Yǒuxiàn Gōngsī】 以上级行政区、产品和企业性质综合命名。成立于2010年。位于南城街道惠湾社区，占地面积11.93公顷，建筑面积5万平方米，职工20人。属民营企业。

枣阳东航塑编彩印有限公司【Zǎoyáng Dōngháng Sùbiān Cǎiyìn Yǒuxiàn Gōngsī】 以所在行政区、产品和企业性质综合命名。创建于2001年3月。位于南城霍庄枣耿路工业园，占地面积6.67公顷，固定资产5800万元，职工327人。主产13扣、18扣多种质量规格全新料编织袋、复合彩印包装袋，是鄂西北最大的包装袋生产基地。

枣阳华润燃气有限公司【Zǎoyáng Huárùn Ránqì Yǒuxiàn Gōngsī】 以所在行政区、经营项目和企业性质综合命名。2008年11月成立枣阳市独家特许经营的天然气企业，注册资本2000万元；2011年上半年完成客户服务中心建设；2012年方湾门站建成点火通气，实现与西二线管道气对接，气源得到保障。属央企，在编70人。暂租赁民主路市委党校教学楼办公。主营天然气管道安装、燃气设备、器具的销售、维护及服务。

枣阳龙翔纺织有限公司【Zǎoyáng Lóngxiáng Fǎngzhī Yǒuxiàn Gōngsī】 以所在行政区、行业和企业性质综合命名。创立于1992年8月。在南城惠湾社区征地3.33公顷，建标准厂房15000平方米，年产白胚布5000万米，产值2亿元，利税3000万元。职工218人。主产无纺布、白胚布、色织布等。

湖北创鑫聚氨酯材料有限公司【Húběi Chuàngxīn Jù'ānzhǐ Cáiliào Yǒuxiàn Gōngsī】 以所在行政区、行业和企业性质综合命名。创建于2001年10月，是国家火炬计划重点高新技术企业。位于南城街道王家湾社区化工园，占地面积0.49公顷，职工13人。主要从事聚氨酯类精细化工的研发、生产和销售。年生产能力2500吨，实现利税150万元。

枣阳市宏成纺织有限公司【Zǎoyáng Shì Hóngchéng Fǎngzhī Yǒuxiàn Gōngsī】 以所在行政区、行业和企业性质综合命名。创办于2008年3月，民营企业。位于万通路与西环二路交会处，占地面积0.8公顷。2000平方米标准化厂房一栋，主产宽幅胚布，提供就业岗位100个，年利税200万元。

枣阳市金鹿化工有限公司【Zǎoyáng Shì Jīnlù Huàgōng Yǒuxiàn Gōngsī】 以所在行政区、行业和企业性质综合命名。创建于1995年，属股份制民办化工企业。位于枣阳市"三金"工业园内。占地面积6.6公顷，有7条生产线，工人140人。主要生产氰化钠、三聚氯氰，年利税250万元。产品广泛用于机械、矿山有色金属和农药、黄金、冶金等行业。

枣阳市金鹏化工有限公司【Zǎoyáng Shì Jīnpéng Huàgōng Yǒuxiàn Gōngsī】 以所在行政区、行业和企业性质综合命名。创建于1999年8月；2007年9月通过引资增加有机硅生产线。位于枣阳董岗火车站北路8号，占地面积9公顷，职工80人。年生产有机硅达3000吨，销售收入过亿元，利税500万元。

枣阳市金铮包装有限公司【Zǎoyáng Shì Jīnzhēng Bāozhuāng Yǒuxiàn Gōngsī】 以所在行政区、行业和企业性质综合命名。创建于2011年。位于南城街道惠湾社区和谐路北，占地面积4公顷，固定资产1亿元，拥有标准化厂房1.5万平方米。设4条生产线，年产纸桶400万个，产值1.5亿元，利税3000万元，提供就业岗位300余个。

枣阳市四达汽车运输有限公司【Zǎoyáng Shì Sìdá Qìchē Yùnshū Yǒuxiàn Gōngsī】 以所在行政区、行业和企业性质综合命名。1962年为枣阳县搬运公司；1985年为枣阳县装卸运输公司；1992年更名为四达汽车运输总公司；2003年企业改制为枣阳市四达汽车运输有限公司。位于民主路22号，占地面积0.5公顷，建筑面积3600平方米，员工600人。为社会提供客运、货运服务。

枣阳市万通棉纺实业有限公司【Zǎoyáng Shì Wàntōng Miánfǎng Shíyè Yǒuxiàn Gōngsī】 以所在行政区、行业和企业性质综合命名。1987年筹建麻棉纺织厂，1988年10月投产，员工480人，年产棉纱千吨。1994年6月与迅达运输公司、荣华纺织经贸公司联合组建枣阳市龙联纺织股份公司；2002年5月企业改制作价1800万元售给广东万众纱业有限公司，组建枣阳市万通棉纺实业有限公司。位于万通路1号，占地面积26.64公顷，建筑面积8.37万平方米，员工900人。年利税一亿元。属民营企业。

枣阳丝源纺纱有限公司【Zǎoyáng Sīyuán Fǎngshā Yǒuxiàn Gōngsī】 以所在行政区、行业和企业性质综合命名。前身为枣阳永兴彩印有限公司，创立于2002年9月；2004年9月投资1700万元转产纺纱；2005年9月、2007年两次投资共6500万元扩产能；2010年投资2.3亿元，新上年产1000万米的特宽幅高档织布设备（该项目位于发展大道南惠湾社区，征地6.5公顷）。位于新华路61号，占地面积2.8公顷，建筑面积4800平方米，员工350人。

枣阳兴亚摩擦材料有限公司【Zǎoyáng Xīngyà Mócā Cáiliào Yǒuxiàn Gōngsī】 以所在行政区、行业和企业性质综合命名。创办于1996年。1999年"兴亚牌"汽车用制动器衬片获"中国摩擦材料推荐品牌";2001年获"中国知名品牌";2003年率先在同行业中开发出"无石棉制动器衬片";2009年"亚新"牌商标被认定为湖北省著名商标。位于车站路17-4号,占地面积6公顷,员工80人。

中国石化销售有限公司湖北襄阳枣阳石油分公司【Zhōngguó Shíhuà Xiāoshòu Yǒuxiàn Gōngsī Húběi Xiāngyáng Zǎoyáng Shíyóu Fēngōngsī】 以所在行政区和隶属关系综合命名。2003年成立湖北襄阳枣阳石油分公司。位于东环路中段汉城旁,占地面积450平方米,建筑面积310平方米,属国企,在编13人。为社会提供能源服务。

湖北枣阳国家粮食储备库【Húběi Zǎoyáng Guójiā Liángshí Chǔbèikù】 以上级行政区、本级行政区和企业性质综合命名。1982年为兴隆火车站粮食中转站;1987年11月为枣阳县粮食局兴隆粮食中转储备库;1992年10月国家粮食储备局首批命名挂牌"湖北枣阳国家粮食储备库"。位于枣阳市兴隆镇兴隆集火车站北侧,占地面积19.7公顷,建筑面积14.5万平方米,员工179人。负责国库粮食安全工作。

中盐枣阳盐化有限公司【Zhōngyán Zǎoyáng Yánhuà Yǒuxiàn Gōngsī】 以所在行政区和企业性质综合命名。1980年兴隆镇办盐厂;1987年创办枣阳市盐硝厂,主产碘盐、工业盐、芒硝,年产20万吨;1989年被国家确定为食盐定点生产企业;2004年改制重组,加入中盐集团。位于兴隆镇,占地面积5.4公顷,建筑面积1.4万平方米,员工208人,年均利税800万元。

湖北贤德面粉有限公司【Húběi Xiándé Miànfěn Yǒuxiàn Gōngsī】 以上级行政区、行业和企业性质综合命名。1988年创办,位于吴店镇寺沙路,注册资本1500万元,占地面积23.33公顷,员工280人。建有8.5万吨粮食储备库,日加工小麦600吨生产线一条,年产8500吨面条生产线一条。通过ISO9001质量管理体系认证,曾获全国粮油企业100强、全国食品工业优秀龙头企业、枣阳市纳税先进单位等称号。

湖北汉光酒业有限公司【Húběi Hànguāng Jiǔyè Yǒuxiàn Gōngsī】 以上级行政区和行业综合命名。2002年创办,为民营企业。位于发展大道19号,占地面积12公顷,建筑面积3.5万平方米,职工78人。

枣阳市华越运输设备有限公司【Zǎoyáng Shì huáyuè Yùnshū Shèbèi Yǒuxiàn Gōngsī】 以所在行政区和行业综合命名。2010年由南城街道从襄樊市引进从事专用车改造的民营企业。位于和谐路西段,占地面积2.33公顷,钢构标准化厂房8000平方米,年改装车600~1000辆,利税300万元,职工30人。

枣阳市三杰麦面有限公司【Zǎoyáng Shì Sānjié Màimiàn Yǒuxiàn Gōngsī】 以所在行政区和行业综合命名。企业理念要把企业发展到三个A,寓意三杰。创办于2002年。位于环城街道袁庄社区寺沙路旁,占地面积5.4公顷,建筑面积6万平方米,职工258人。

湖北泰谷香粮油有限公司【Húběi Tàigǔxiāng Liángyóu Yǒuxiàn Gōngsī】 以上级行政区和行业综合命名。创建于2011年,是一家收、储、加工、销售与一体的粮食加工企业。位于琚湾镇汉十高速出口处,占地面积6.66公顷。有日产300吨大米车间、标准仓库6栋、流转库3栋、立筒库2个,总容量10万吨,职工20人。

枣阳市玉皇粮油有限公司【Zǎoyáng Shì Yùhuáng Liángyóu Yǒuxiàn Gōngsī】 以所在行政区和行业综合命名。创建于1996年7月,是一家集粮食收储、加工、销售于一体的民营企业;2005年通过ISO9001

质量管理体系认证；2008年被指定为国家粮食定点储备仓库。位于吴店镇玉皇庙村唐店街南，占地面积10公顷，建筑面积33万平方米，职工45人。

枣阳市麻纺厂【Zǎoyáng Shì Mátǎngchǎng】 以所在行政区和行业综合命名。始建于1977年10月；1985年6月建立地毯厂，实行两个产业、两块牌子、一套班子。1999年12月增加一条万锭棉纺生产线，实行对外租赁经营。位于新华路64号，占地面积2.2公顷，建筑面积2.2万平方米。

枣阳市米朗科技有限公司【Zǎoyáng Shì Mǐlǎng Kējì Yǒuxiàn Gōngsī】 以所在行政区和投资方综合命名。2007年7月，南城街道引进深圳市米朗科技有限公司投资创办米朗科技工业园区。位于建设西路31号，占地面积13.33公顷，标准化厂房3万平方米，管材生产线25条，电脑注塑机及检测设备150台。中高级技术人员50人，员工500人。

第三章 民间组织

第一节 学术性组织

枣阳市张慕骞红色文化研究会【Zǎoyáng Shì Zhāngmùqiān Hóngsè Wénhuà Yánjiūhuì】 位于枣阳市建设西路8号。该组织是枣阳市红色文化爱好者结成的学术性社团。2019年1月24日批准登记成立，占地面积250平方米，建筑面积210平方米。研究会以张慕骞烈士革命经历为线索，研究、宣传枣阳革命历史和革命事迹、光荣传统，推动红色文化进校园、进社区，弘扬和传承革命精神。

枣阳市工商行政管理学会【Zǎoyáng Shì Gōngshāng Xíngzhèng Guǎnlǐ Xuéhuì】 位于枣阳市民主路15号。该组织是社会各界人士自愿结成的围绕工商行政管理的学术性组织。2012年建成，占地面积240平方米，建筑面积186平方米。承担的服务功能主要为对中国特色社会主义市场监管和行政执法理论与实践的研究。

枣阳市汉刘文化研究会【Zǎoyáng Shì Hànliú Wénhuà Yánjiūhuì】 位于枣阳市中兴大道（寺沙段）648号。该组织是枣阳市汉文化爱好者结成的学术性组织。2014年12月成立。占地面积300平方米，建筑面积230平方米。研究会经常组织学术交流会，为打造帝乡文化和探索中华文化之源，作出了极大的贡献。

枣阳市汉文化研究会【Zǎoyáng Shì Hànwénhuà Yánjiūhuì】 位于枣阳市书院街111号。该组织是枣阳市文化爱好者结成的学术性组织。2015年8月成立，占地面积200平方米，建筑面积175平方米。该组织依托枣阳地方特色，以东汉文化研究为切入点，深入开展汉文化和帝乡文化研究，积极弘扬汉文化及枣阳地方文化，为枣阳经济、社会、文化、旅游事业发展贡献力量。

枣阳市农学会【Zǎoyáng Shì Nóngxuéhuì】 位于枣阳市农业局。是广大农业科技工作者成立的农业综合性和学术性的社会公益性团体。1991年7月成立，占地面积600平方米，建筑面积357平方米。宗旨是开展学术交流，普及农业科学知识及技术咨询，倡导现代农业的服务。

枣阳市水产学会【Zǎoyáng Shì Shuǐchǎn Xuéhuì】 位于枣阳市水利局。是水产工作者组建的群众性学术团体。1991年6月成立，占地面积330平方米，建筑面积276平方米。宗旨是搭建服务平台，促进渔业绿色发展的服务。

枣阳市税务学会【Zǎoyáng Shì Shuìwù Xuéhuì】 位于枣阳市国税局。是致力于税收科学研究的群众性学术团体。2004年10月成立，占地面积400平方米，建筑面积316平方米。其宗旨是发挥税收调控功能、促进现代服务业快速发展。

枣阳市医学会【Zǎoyáng Shì Yīxuéhuì】 位于枣阳市卫生局。该组织是医学科学技术工作者自愿成立的学术性、公益性社团。1991年7月成立，占地面积300平方米，建筑面积246平方米。宗旨是促进医学模式的转变，提高医疗卫生事业的管理水平，提高医疗服务质量的服务。

第二节 服务性组织

枣阳骨科医院【Zǎoyáng Gǔkē Yīyuàn】 位于枣阳市南城新华路64号。成立于2016年4月26日，占地面积0.6公顷，建筑面积3800平方米。是一所集医疗、预防、康复、保健于一体的现代化国家二级骨科医院。

枣阳市安全生产协会【Zǎoyáng Shì Ānquán Shēngchǎn Xiéhuì】 位于枣阳市沿河东路。成立于2004年8月5日，占地面积100平方米，建筑面积30平方米。本会是由相关行业的企事业单位和团体自愿组成的行业性、非营利性社会组织。本协会的宗旨是围绕枣阳市安全生产工作任务，积极开展安全技术服务，强化企业安全生产，当好政府的参谋和助手。为企业和政府部门服务，为枣阳市安全生产形势稳定发展作出贡献。

枣阳市传统文化促进会【Zǎoyáng Shì Chuántǒng Wénhuà Cùjìnhuì】 位于前进路183号。成立于2014年12月，占地面积2000平方米，建筑面积20平方米。协会由与枣阳市经济文化相关的企业事业单位、团体和个人自愿组成的联合性、地方性的非营利性社会团体。协会业务范围：一是积极组织、协调开展枣阳市企业界与文化界的合作、交流、研究与探讨；二是为推动枣阳市经济文化的发展提供相关的信息、咨询、法律、商务等服务。

枣阳市慈善会【Zǎoyáng Shì Císhànhuì】 位于枣阳市书院街。成立于2004年11月24日，占地面积3000平方米，建筑面积25平方米。本会是由枣阳市热心公益慈善事业的公民、企事业单位和社会组织自愿结成的全市性、非营利性、联合性社会团体。本会宗旨是遵守法规政策，发扬人道主义精神，弘扬中华民族扶贫济困、乐善好施的传统美德，帮助社会上困难群体和个人，开展多种形式的社会救助工作。

枣阳市道路运输协会【Zǎoyáng Shì Dàolù Yùnshū Xiéhuì】 位于枣阳市前进路道路运输局院内。成立于2004年4月，占地面积50平方米，建筑面积25平方米。该会是由与道路运输行业相关的人员组建的社会组织。协会宗旨：为政府部门、会员"双向服务"，维护行业和会员的利益，当好参谋和助手，发挥桥梁和纽带作用；保护国家利益，依法维护道路运输行业和会员的合法权益。

枣阳市扶贫开发协会【Zǎoyáng Shì Fúpín Kāifā Xiéhuì】 位于枣阳市汉城园区。成立于2018年4月26日，占地面积2000平方米，建筑面积40平方米。协会的业务范围是围绕市委、市政府扶贫开发工作总体部署，组织动员社会力量参与扶贫开发工作，为企事业单位和爱心人士回报社会搭建平台，提供服务。

枣阳市个体私营经济协会【Zǎoyáng Shì Gètǐ Sīyíng Jīngjì Xiéhuì】 位于枣阳市民主路工商局院内。成立于1991年6月30日，占地面积50平方米，建筑面积25平方米。由全市个体私营经营者组织成立的服务性社会组织。承担着宣传教育、协调引导、咨询服务、技术指导等职责。

枣阳市恒芝学校【Zǎoyáng Shì Héngzhī Xuéxiào】 位于就业路中段。成立于2003年12月11号，占地面积1.2公顷。宗旨是全面贯彻教育方针，全面提高教育质量，实行依法治校，建立自主发展，教学有特点，学校有特色，争创当地一流。

枣阳市环保志愿者协会【Zǎoyáng Shì Huánbǎo Zhìyuànzhě Xiéhuì】 位于枣阳市环城办事处东郊村。成立于2016年12月5日，占地面积500平方米，建筑面积50平方米。协会宗旨是促进环境保护事业的发展，维护公民参与保护环境的合法权益，实现经济、社会、环境三个效益的同步增长，促进人与自然环境和谐和社会的文明与进步。

枣阳市基层法律工作者协会【Zǎoyáng Shì Jīcéng Fǎlǜ Gōngzuòzhě Xiéhuì】 位于枣阳市人民路中段。成立于2015年4月，占地面积4000平方米，建筑面积50平方米。本协会是由枣阳市从事基层法律服务工作的专业人员、管理人员及有关专家、学者和社会团体自愿组成的社会团体。协会宗旨是团结全市基层法律服务组织和基层法律服务工作者，加强行业自律，促进基层法律服务事业的健康发展，为维护社会稳定，建设社会主义法治国家而努力奋斗。

枣阳市琚湾酸浆面饮食协会【Zǎoyáng Shì Jūwān Sānjiāngmiàn Yǐnshí Xiéhuì】 位于枣阳市琚湾镇引凤街26号。成立于2014年10月，占地面积2000平方米，建筑面积30平方米。本协会是由我市从事餐饮业经营的企业单位、团体和经营管理人员自愿组成的非营利性的社会团体。协会宗旨是挖掘、整理和继承琚湾酸浆面饮食传统烹饪技艺及地方特色，培育和发展酸浆面饮食行业名牌产品，促进我市酸浆面饮食协会餐饮经济快速、规范、健康发展。

枣阳市篮球协会【Zǎoyáng Shì Lánqiú Xiéhuì】 位于枣阳市书院东街111号。成立于2008年10月，占地面积500平方米，建筑面积30平方米。是我市喜爱篮球运动的个人自愿结成的非营利性社会团体。协会积极开展丰富的篮球活动，并对教练员、裁判员和会员进行培训，丰富群众的文化生活，增强身体素质。

枣阳市劳动者权益保障促进会【Zǎoyáng Shì Láodòngzhě Quányì Bǎozhàng Cùjìnhuì】 位于枣阳市民主路23号。成立于2011年12月，占地面积50平方米，建筑面积25平方米。该组织为保障劳动者权益而设立的非营利性社会团体。主要职责为引导用人单位建立自我管理、自我约束、自我协调的用工管理制度，完善劳动者权益保障体系。

枣阳市老区建设促进会【Zǎoyáng Shì Lǎoqū Jiànshè Cùjìnhuì】 位于枣阳市朝阳路1号。成立于2005年12月，占地面积100平方米，建筑面积60平方米。枣阳市老区建设促进会由一批离退休老干部、老专家和热心老区建设事业的老同志发起组织，自愿组成，并经主管部门批准非营利性的组织。该协会的宗旨是为了协助党和政府促进老区人民尽快脱贫致富，发展老区两个文明建设事业。

枣阳市明月职业培训学校【Zǎoyáng Shì Míngyuè Zhíyè Péixùn Xuéxiào】 位于枣阳市新华路63号。成立于2003年9月6日。宗旨是遵守国家法律法规，贯彻国家教育方针，遵守社会道德风尚；使参加培训的人员职业技能等方面得到提高，有效地解决当地的就业问题。

枣阳市三三三职业技能培训学校【Zǎoyáng Shì Sānsānsān Zhíyè Jìnéng Péixùn Xuéxiào】 位于枣阳市育才路24号。成立于2015年9月18日，占地面积0.5公顷，建筑面积3900平方米。枣阳市三三三职业技能培训学校是湖北省备案、枣阳市人力资源和社会保障局审批，经枣阳市工商管理局批准注册成立，具有独立法人经营资格的专业人力资源服务机构，也是本地资源最丰富、服务最优质的人力资源机构之一。努力成为全国各地职业介绍、劳务派遣、劳务外包、技能培训、咨询服务和其他专业人才服务一站式服务中心。

枣阳市收藏家协会【Zǎoyáng Shì Shōucángjiā Xiéhuì】 位于枣阳市襄阳东路。成立于2016年8月，占地面积3000平方米，建筑面积100平方米。本协会是枣阳市收藏家自愿组成的非营利性社会组织。协会宗旨是弘扬中华收藏文化，提升社会收藏意识，保护民间收藏品，协助政府规范收藏市场，努力促进收藏活动健康发展。

枣阳市书画家协会【Zǎoyáng Shì Shūhuàjiā Xiéhuì】 位于枣阳市书院街行管局院内。成立于1991年7月，占地面积50平方米，建筑面积25平方米。由全市书画爱好者组成的服务性社会组织，多次举办各种形式的书法展览或比赛，开展书法理论研究，组织学术交流。推动书法教育，培养书法人才，满足人民日益增长的对精神文化的需求。

枣阳市太极拳协会【Zǎoyáng Shì Tàijíquán Xiéhuì】 位于枣阳市小东街15号。协会成立于2012年8月17日，法人是史涛，占地面积60平方米，建筑面积20平方米。该协会是我市太极拳爱好者和热心支持本会活动的各界人士自愿组成的群众性团体。大力宣传"太极拳好"，继承和弘扬中华文化，倡导和普及群众性太极拳运动，推动全民健身运动，增强人民体质，促进社会主义物质文明和精神文明，构建和谐枣阳。

枣阳市消费者委员会【Zǎoyáng Shì Xiāofèizhě Wěiyuánhuì】 位于枣阳市大南街。成立于2012年11月2日，占地面积500平方米，建筑面积40平方米。协会宗旨是对商品和服务进行社会监督，保护消费者的合法权益，引导消费者合理、科学消费，促进社会主义市场经济健康发展。

枣阳市小哈佛幼儿园【Zǎoyáng Shì Xiǎohāfó Yòu'éryuán】 位于枣阳市就业路东段。成立于2007年5月23日，占地面积0.9公顷。教育理念是以童真认识世界，用艺术启迪人生，教育教学立求精心，生活照顾耐心细心。

枣阳市阳光学校【Zǎoyáng Shì Yángguāng Xuéxiào】 位于枣阳市环城袁庄村。成立于2014年11月21日，占地面积8公顷，建筑面积3.9万平方米。学校秉持为学生终身发展服务的教育理念，致力于未来领袖"八大品质"的培养，启动激情教育、分层教育、阳光高效课堂教育模式和学生民主自治管理模式等四大课题研发。枣阳市阳光学校正以坚实的步伐、红日喷薄之态势迈入全省乃至全国名校行列。

枣阳市伊斯兰教协会【Zǎoyáng Shì Yīsīlánjiào Xiéhuì】 位于枣阳市新华路清真寺。成立于2012年11月，占地面积600平方米，建筑面积100平方米。积极开展有利于宗教和睦、民族团结、社会稳定的活动，进行社会主义法治与核心价值观教育，团结和带领穆斯林群众投身改革开放和社会主义现代化建设事业，为国家的稳定和发展大局服务。

枣阳市义工协会【Zǎoyáng Shì Yìgōng Xiéhuì】 位于前进路183号。成立于2014年4月，占地面积2000平方米，建筑面积50平方米。协会是由志愿、无偿为社会提供义工服务的各界人士组成的公益性社会团体，独立法人。协会宗旨是"以民为本，奉献爱心，全方位服务社会，传播慈善文明"。协会成立五年以来，先后筹措慈善资金达50余万元，救助各类贫困学生和贫困家庭100多家。

枣阳市育才学校【Zǎoyáng Shì Yùcái Xuéxiào】 位于五金巷42号。成立于2005年3月20日，占地面积0.96公顷，建筑面积8400平方米。是经市教育局审核批准成立的一所集幼儿园、小学、高中于一体，寄宿与走读相结合的全日制民办学校。

枣阳市志愿者协会【Zǎoyáng Shì Zhìyuànzhě Xiéhuì】 位于光武路79号。成立于2013年11月13日，占地面积100平方米，建筑面积20平方米。协会由志愿服务组织、志愿者以及关心和支持志愿服务事业的单位或组织自愿组成，组织开展志愿服务活动，营造我为人人、人人为我的社会氛围。协会成立五年以来，先后筹措慈善资金达100余万元，救助各类贫困学生和贫困家庭200多家。

枣阳市作家协会【Zǎoyáng Shì Zuòjiā Xiéhuì】 成立于1991年4月23日，枣阳市文联是其主管机构，经民政部门批准登记成立的非营利性社团组织，在市文联内办公。组织和引导广大文学爱好者开展文学创作和交流，培养各类创作人才，创作出了一大批优秀文学作品。

枣阳泰兴医院【Zǎoyáng Tàixīng Yīyuàn】 位于枣阳市北城南阳路66号。成立于2013年6月6日，占地面积2公顷。泰兴医院是2013年由襄阳市卫生局批准成立的襄阳地区首家二级综合性医院。医院倡导以人为本、科技兴院、诚信经营、优质服务的发展观念，贯彻人性化、精致化、科学化、规范化的服务理念。

第四章 水利、电力设施

第一节 小（一）型水库

八坊湾水库【Bāfángwān Shuǐkù】 以所在地八坊湾命名。1965年10月开工，1967年3月竣工。2002年冬，新建非常溢洪道，使水库达到现有防洪标准。位于刘升镇李老湾村，拦截滚河北支西河，承雨面积9.5平方千米，高程基准面为黄海高程系。主坝坝型为均质土坝，坝顶高程设计164.8米，现有164.9米，最大坝高18.1米，坝顶长611米，坝顶宽5米。防渗型式是齿槽黏土回填。总库容778万立方米，灌溉面积573公顷，养鱼水面790亩。可抗御100年一遇洪水。

白合山水库【Báihéshān Shuǐkù】 以水库所在地位于白合山附近命名。1967年10月开工，1968年5月竣工。位于刘升镇黄湾村，拦截华阳河支流，承雨面积1.5平方千米，高程基准面为黄海高程系。主坝坝型为均质土坝，坝顶高程设计182.41米，现有182.39米，最大坝高13.9米，坝顶长105米，坝顶宽3.5米。防渗型式是齿槽黏土回填。总库容115万立方米，灌溉面积80公顷，养鱼水面11公顷。可抗御433年一遇洪水。

打石场水库【Dǎshíchǎng Shuǐkù】 因库旁有个石匠庄，以传统的采石场命名。1963年11月开工，1964年5月竣工。位于太平镇三户刘村，拦截泥河支流，承雨面积3.7平方千米。高程基准面为黄海高程系。主坝坝型为均质土坝，坝顶高程设计217.86米，最大坝高14米，坝顶长300米，坝顶宽4米。防渗型式是齿槽黏土回填。总库容192万立方米，现有灌溉面积73.33公顷，养鱼水面11公顷。可抗御1000年一遇洪水。

丁庄水库【Dīngzhuāng Shuǐkù】 以水库所在地丁庄命名。1971年10月开工，1972年5月竣工。位于新市镇西李湾村，拦截丑河支流，承雨面积2.3平方千米，高程基准面为吴淞口高程系。主坝坝型为均质土坝，坝顶高程设计200.41米，现有200.8米，最大坝高15米，坝顶长170米，坝顶宽4米。防渗型式是黏土回填。总库容118.8万立方米，灌溉面积147公顷。可抗御500年一遇洪水。

东沟水库【Dōnggōu Shuǐkù】 以水库所在地东沟命名。1969年10月开工，1970年10月竣工。位于太平镇崔垱村，拦截沙河漳白河支流，承雨面积2.8平方千米，高程基准面为黄海高程系。主坝坝型为均质土坝，坝顶高程设计 222.01 米，现有 222.3 米，最大坝高 25 米，坝顶长 212 米，坝顶宽 4 米。防渗型式是齿槽黏土回填。总库容 159 万立方米，灌溉面积 107 公顷，养鱼水面 12 公顷。可抗御 1160 年一遇洪水。

甘家冲水库【Gānjiāchōng Shuǐkù】 以所在地甘家冲命名。1976 年 8 月开工，1977 年 7 月竣工。位于王城镇李桥村，拦截滚河南支昆河，承雨面积 3 平方千米，高程基准面为黄海高程系。主坝坝型是均质土坝，坝顶高程设计 145.5 米，现有 145.5 米，最大坝高 13.3 米，坝顶长 220 米，坝顶宽 4 米。防渗型式是齿槽黏土回填。总库容 154 万立方米，灌溉面积 66 公顷。可抗御 500 年一遇洪水。

工联坝水库【Gōngliánbà Shuǐkù】 以水库泄洪区所在位置工联坝命名。1970 年 10 月开工，1971 年 11 月竣工。位于太平镇肖毛村，拦截泥河支流，承雨面积 8.1 平方千米，高程基准面为吴淞口高程系。主坝坝型为均质土坝，坝顶高程设计 153.5 米，现有 153.5 米，最大坝高 8.1 米，坝顶长 600 米，坝顶宽 4 米。副坝一座，坝顶高程设计 153.5 米，最大坝高 5.5 米，坝顶长 1150 米，坝顶宽 4 米。防渗型式是齿槽黏土回填。总库容 92 万立方米，灌溉面积 266 公顷，养鱼面积 30 公顷。可抗御 500 年一遇洪水。

浩巴堰水库【Hàobāyàn Shuǐkù】 以水库所在地浩巴堰命名。1966 年 10 月开工，1967 年 2 月竣工。位于吴店镇李楼村，拦截滚河支流昆河，承雨面积 4.8 平方千米，高程基准面为黄海高程系。主坝坝型为均质土坝，坝顶高程设计 127.35 米，现有 127.35 米，最大坝高 12.2 米，坝顶长 320 米，坝顶宽 4 米。防渗型式是齿槽黏土回填。总库容 180 万立方米，现有灌溉面积 130 公顷，养鱼水面 20 公顷。可抗御 100 年一遇洪水。

洪寨水库【Hóngzhài Shuǐkù】 以水库所在地洪寨村命名。1978 年 1 月开工，1978 年 10 月竣工。位于七方镇洪寨村，拦截泥河支流，承雨面积 6.16 平方千米，高程基准面为黄海高程系。主坝坝型为均质土坝，坝顶高程设计 110.24 米，现有 110 米，最大坝高 11.5 米，坝顶长 800 米，坝顶宽 8 米。防渗型式是齿槽黏土回填。总库容 317 万立方米，灌溉面积 366 公顷。可抗御 73 年一遇洪水。

胡垱水库【Húdàng Shuǐkù】 以水库所在地胡垱命名。1966 年 10 月开工，1967 年 6 月竣工。位于鹿头镇马冲村，拦截沙河东支，承雨面积 13.5 平方千米，高程基准面为吴淞口高程系，属马鞍山水库管理处管理。主坝坝型是黏土心墙代料坝，坝顶高程设计 156.2 米，现有 157 米，最大坝高 20.2 米，坝顶长 280 米，坝顶宽 5 米。防渗型式是齿槽黏土回填。总库容 978 万平方米。可抗御 500 年一遇洪水。灌溉面积在马鞍山水库之内，养鱼水面 7 公顷。

黄沟水库【Huánggōu Shuǐkù】 以水库所在地黄沟命名。1966 年 10 月开工，1969 年 5 月竣工。位于新市镇付家湾村，拦截沙河上游另一北支，承雨面积 5.5 平方千米，高程基准面为吴淞口高程系。主坝坝型为均质土坝，坝顶高程设计 235.4 米，现有 235.4 米，最大坝高 23.7 米，坝顶长 320 米，坝顶宽 6 米。防渗型式是齿槽黏土回填。总库容 324.7 万立方米，灌溉面积 333 公顷，养鱼水面 25 公顷。可抗御 500 年一遇洪水。

吉河滚水坝【Jíhégǔn Shuǐbà】 以水库所在地吉河滚命名。1958 年冬动工，1962 年秋扩建竣工。位于鹿头镇吉河二村，拦截沙河，承雨面积 2 平方千米。主坝长 270 千米，其中过水部分长 126 米（即溢洪道），最大坝高 9.6 米，其中滚水坝高 6.2 米，副坝两座总长 3328 米，主坝坝顶宽 4 米，副坝 3 米。主、副坝坝型为均质土坝，过水部分为土心石皮。主、副坝坝顶高程设计 137.6 米。防渗型式是齿槽黏土回填。总库容570万立方米，与吉河水库同灌区，有养鱼水面53公顷。

贾岗水库【Jiǎgǎng Shuǐkù】 以水库所在地贾岗命名。1977年10月开工，1978年2月竣工。位于七方镇大桃园村，拦截泥河支流，承雨面积1平方千米，高程基准面为吴淞口高程系。主坝坝型为均质土坝，坝顶高程设计101.5米，现有101.5米，最大坝高6.5米，坝顶长400米，坝顶宽4米。副坝两座，紧接主坝两头，坝型是均质土坝，坝顶高程设计101.50米，最大坝高5米，总长1千米，坝顶宽4米。防渗型式是齿槽黏土回填。总库容142万立方米，灌溉面积400公顷。可抗御1000年一遇洪水。

金峡水库【Jīnxiá Shuǐkù】 以水库所在地金峡村命名。1971年8月开工，1972年5月竣工。位于刘升镇金峡村，拦截华阳河支流，承雨面积8平方千米，高程基准面为吴淞口高程系。主坝坝型为均质土坝，坝顶高程设计173.8米，现有173.8米，最大坝高20.8米，坝顶长380米，坝顶宽3米。防渗型式是齿槽黏土回填。总库容248万立方米，现有灌溉面积220公顷，养鱼水面20公顷。可抗御300年一遇洪水。

莲花堰水库【Liánhuāyàn Shuǐkù】 以水库所在地莲花堰命名。1950年冬进行整修，1951年春进行扩建，1957年冬至1958年春进行第二次扩建达到小（一）型水库标准。位于太平镇司岗村，拦截泥河支流，承雨面积1平方千米，高程基准面为黄海高程系。主坝坝型为均质土坝，坝顶高程设计143.9米，现有144米，最大坝高7米，坝顶长630米，坝顶宽5米。防渗型式是齿槽黏土回填。总库容109.6万立方米，灌溉面积533公顷，养鱼水面20公顷。可抗御500年一遇洪水。

莲子山水库【Liánzishān Shuǐkù】 以水库所在地莲子山命名。1976年10月开工，1978年11月竣工。位于刘升镇李老湾村，拦截滚河北支优良河，承雨面积2.8平方千米，高程基准面为黄海高程系。主坝坝型为均质土坝，坝顶高程设计174.5米，现有174.5米，最大坝高15米，坝顶长550米，坝顶宽4米。防渗型式是齿槽黏土回填。总库容209万立方米，灌溉面积166公顷。可抗御1560年一遇洪水。

林湾水库【Línwān Shuǐkù】 以水库所在地林湾命名。1973年10月开工，1975年5月竣工。位于吴店镇旗杆湾村，拦截滚河南支昆河，承雨面积5平方千米，高程基准面为黄海高程系。主坝坝型是均质土坝，坝顶高程设计153.29米，现有154米，最大坝高18.9米，坝顶长220米，坝顶宽4米。防渗型式是齿槽黏土回填。总库容173万立方米，现有灌溉面积200公顷。可抗御100年一遇洪水。

刘垱沟水库【Liúdànggōu Shuǐkù】 以水库水源刘垱沟河命名。1968年9月开工，1969年3月竣工。2011年为解决水库未达防洪标准问题，进行了除险加固工程。位于兴隆镇贺湾村，拦截滚河北支刘垱沟河，承雨面积9平方千米，总库容264万立方米，是一座以灌溉，兼顾防洪养殖等综合效益的水利工程。水库枢纽工程包括大坝、溢洪道、输水管等。大坝为均质土坝，坝顶高程设计135.8米，最大坝高8.7米，坝顶长390米，坝顶宽8米。溢洪道为开敞式宽明渠，坝顶高程设计133米，堰顶净宽16米。最大泄量1.2立方米/秒。防洪标准是50年一遇设计，500年一遇校核。现有灌溉面积200公顷。

刘老庄水库【Liúlǎozhuāng Shuǐkù】 以水库所在地刘老庄命名。1973年10月开工，1974年5月竣工。位于刘升镇谢湾村，拦截滚河北支优良河，承雨面积3.33平方千米，高程基准面为黄海高程系。主坝坝型为均质土坝，坝顶高程设计175.93米，现有176米，最大坝高11.5米，坝顶长530米，坝顶宽3米。防渗型式是齿槽黏土回填。总库容163万立方米，现有灌溉面积166公顷，养鱼水面20公顷。可抗御1200年一遇洪水。

六十亩地水库【Liùshímǔdì Shuǐkù】 以水库所在地六十亩地自然村命名。1977年12月开工，1979年5月竣工。位于新市镇孟子坪村，拦截沙河北支，承雨面积3.75平方千米，高程基准面为吴淞口高程系。主坝坝型为黏土心墙坝，坝顶高程设计236.2米，现有236.8米，最大坝高18.5米，坝顶长258米，坝顶宽6米。防渗型式是齿槽黏土回填。总库容330万立方米，灌溉面积400公顷，养鱼水面20公顷。可抗御500年一遇洪水。

龙断桥水库【Lóngduànqiáo Shuǐkù】 以水库所在地龙断桥命名。1970年7月开工，1972年12月竣工。位于新市镇王老庄村，拦截沙河支流黄河，承雨面积2平方千米，高程基准面为吴淞口高程系。主坝坝型为均质土坝，坝顶高程设计225.42米，现有225.42米，最大坝高14米，坝顶长350米，坝顶宽5米。防渗型式是黏土回填。总库容140万立方米，灌溉面积90公顷。可抗御200年一遇洪水。

吕冲水库【Lǚchōng Shuǐkù】 以水库所在地吕冲命名。1977年11月开工，1978年5月竣工。位于新市镇火青村，拦截沙河支流黄河上游，承雨面积3.75平方千米，高程基准面为吴淞口高程系。主坝坝型为均质土坝，坝顶高程设计217.5米，现有216.5米，最大坝高16米，坝顶长250米，坝顶宽6米。防渗型式是齿槽黏土回填。总库容223.9万立方米，现有160公顷灌溉面积。可抗御500年一遇洪水。

马庄水库【Mǎzhuāng Shuǐkù】 以水库所在地马庄命名。1974年10月开工，1979年12月竣工。位于太平镇余垱村，拦截泥河支流，承雨面积5.3平方千米，高程基准面为吴淞口高程系。主坝坝型为均质土坝，坝顶高程设计133.94米，现有134米，最大坝高9.1米，坝顶长1千米，坝顶宽4米。副坝一座，坝型是均质土坝，坝顶高程设计134米，最大坝高4米，坝顶长400米，坝顶宽4米。防渗型式是齿槽黏土回填。总库容255万立方米，现有200公顷灌溉面积，养鱼水面14公顷。可抗御1000年一遇洪水。

仁河寨水库【Rénhézhài Shuǐkù】 以水库所在地仁河寨命名。1959年10月开工，1965年10月竣工，2003年坝顶新建一道防浪墙。位于熊集镇耿集村，拦截汉江支流淳河，承雨面积14平方千米，高程基准面为黄海高程系，隶属于枣阳水利局。主坝坝型是均质土坝，坝顶高程设计155.5米，防浪墙顶高程156.3米，最大坝高21.5米，坝顶长290米，坝顶宽3米。防渗型式是齿槽黏土回填。总库容911万立方米，有效灌溉面积466公顷，养鱼水面60公顷。可抗御300年一遇洪水。

三道河水库【Sāndàohé Shuǐkù】 "三道河"指三条河流交汇。以三道河流交汇命名。1956年7月开工，1957年4月竣工。位于刘升镇油坊村，拦截滚河北支华阳河，承雨面积9.3平方千米，高程基准面为黄海高程系。主坝坝型为黏土心墙代料坝，坝顶高程设计193.89米，现有193.89米，最大坝高20.69米，坝顶长180米，坝顶宽2米。防渗型式是齿槽黏土回填。总库容605万立方米，现有灌溉面积185公顷，养鱼水面17公顷。可抗御300年一遇洪水。

三里岗水库【Sānlǐgǎng Shuǐkù】 以水库所在地三里岗命名。1972年11月开工，1973年2月竣工。位于平林镇宋集村，拦截熊河上游，承雨面积2.61平方千米，高程基准面为黄海高程系。主坝坝型为均质土坝，坝顶高程设计170.6米，现有170.6米，最大坝高10.8米，坝顶长500米，坝顶宽4米。防渗型式是齿槽黏土回填。总库容164万立方米，现有灌溉面积100公顷。可抗御100年一遇洪水。

三里桥水库【Sānlǐqiáo Shuǐkù】 以水库附近有座三里桥命名。1974年10月开工，1975年5月竣工。位于刘升镇榆树村，拦截优良河上游，承雨面积4平方千米，高程基准面为吴淞口高程系。主坝坝型为均质土坝，坝顶高程设计181.28米，现有181.5米，最大坝高16.51米，坝顶长220米，坝顶宽3米。防渗型式是齿槽黏土回填。总库容280万立方米，现有灌溉面积386公顷，养鱼水面26公顷。可抗御2000年一遇洪水。

莘庄水库【Xīnzhuāng Shuǐkù】 以水库所在地莘庄村命名。1971年10月开工，1972年12月竣工。位于太平镇莘庄村，拦截泥河支流，承雨面积8平方千米，高程基准面为吴淞口高程系。主坝坝型为均质土坝，坝顶高程设计153.8米，现有154米，最大坝高16.5米，坝顶长920米，坝顶宽5米。防渗型式是黏土回填。总库容392万立方米，灌溉面积140公顷，养鱼面积20公顷。可抗御1280年一遇洪水。

石板堰水库【Shíbǎnyàn Shuǐkù】 以原石板堰堰名命名。1976年10月开工，1977年1月竣工。位于吴店镇施楼村，拦截滚河南支，承雨面积1.17平方千米。高程基准面为黄海高程系。主坝坝型是均质土坝，坝顶高程设计127.2米，最大坝高13米，坝顶长170米，坝顶宽5米。防渗型式是齿槽黏土回填。总库容120万立方米，现有灌溉面积33公顷，养鱼水面12公顷。可抗御500年一遇洪水。

石头河水库【Shítóuhé Shuǐkù】 以水库的水源石头河命名。1971年12月开工，1974年5月竣工。位于太平镇北张庄村，拦截泥河支流，承雨面积4.2平方千米，高程基准面为吴淞口高程系。主坝坝型为均质土坝，坝顶高程设计191.4米，现有191.4米，最大坝高14米，坝顶长400米，坝顶宽4米。防渗型式是齿槽黏土回填。总库容182万立方米，灌溉面积70公顷，养鱼水面17公顷。可抗御10年一遇洪水。

双河水库【Shuānghé Shuǐkù】 以水库所在地双河村命名。1976年10月开工，1977年1月竣工。位于太平镇双河村，拦截泥河支流，承雨面积2.5平方千米，高程基准面为吴淞口高程系。主坝坝型为均质土坝，坝顶高程设计192.14米，现有192.4米，最大坝高12.5米，坝顶长400米，坝顶宽5米。防渗型式是齿槽黏土回填。总库容151万立方米，灌溉面积133公顷，养鱼面积21公顷。

宋坡水库【Sòngpō Shuǐkù】 以水库所在地宋坡命名。1963年10月开工，1968年2月竣工。位于琚湾镇余咀村，拦截滚河北支，承雨面积6平方千米，高程基准面为黄海高程系。主坝坝型是均质土坝，坝顶高程设计98.6米，现有100.8米，最大坝高11.8米，坝顶长505米，坝顶宽4米。防渗型式是齿槽黏土回填。总库容373万立方米，灌溉面积66公顷。

唐梓山水库【Tángzǐshān Shuǐkù】 以水库所在地唐梓山命名。1976年10月开工，1978年1月竣工。位于太平镇翟庄村，拦截泥河支流，承雨面积7.5平方千米，高程基准面为吴淞口高程系。主坝坝型为均质土坝，坝顶高程设计160.73米，现有161米，最大坝高13.6米，坝顶长830米，坝顶宽5米。副坝两座，坝型是均质土坝，坝顶高程设计158.5米，最大坝高6米，坝顶长1900米，坝顶宽5米。防渗型式是齿槽黏土回填。总库容572万立方米。现有灌溉面积1000公顷，养鱼水面40公顷。防洪标准是50年一遇设计，500年一遇校核。

王坡水库【Wángpō Shuǐkù】 以水库所在地王坡命名。1971年9月开工，1972年5月竣工。位于七方镇三官村，拦截泥河支流，承雨面积1.45平方千米。大岗坡泵站南干渠经该库大坝上向刘桥和罗桥水库输水。高程基准面为吴淞口高程系。主坝坝型是均质土坝，坝顶高程设计125.7米，现有125.7米，最大坝高11米，坝顶长430米，坝顶宽10米。防渗型式是齿槽黏土回填。总库容191.5万立方米。设计灌溉面积66公顷，养鱼水面15公顷。

吴家湾水库【Wújiāwān Shuǐkù】 以水库所在地吴家湾命名。1956年10月开工，1977年大坝修到7米多高时停工，1994年进行了加固处理，至1996年1月，大坝达到小（一）型水库标准。位于兴隆镇杨楼村，拦截滚河北支流，承雨面积5.5平方千米，属华阳河水库管理处管理，高程基准面为吴淞口高程系。主坝坝型是均质土坝，坝顶高程设计143米，现有143米，最大坝高9.9米，坝顶长245米，坝顶宽4米，防渗型式是齿槽黏土回填。库容112万立方米，灌溉面积80公顷。

五里桥水库【Wǔlǐqiáo Shuǐkù】 以坝址所在地命名。1966年9月开工，1967年5月竣工。位于刘升镇王湾村五里桥自然村北，拦截华阳河上游一支流，承雨面积7平方千米。高程基准面为黄海高程系。主坝坝型是均质土坝，坝顶高程设计174.42米，最大坝高19米，坝顶长216米，坝顶宽3米。防渗型式是齿槽黏土回填。总库容224万立方米，现有灌溉面积120公顷，养鱼水面11公顷。可抗御5000年一遇洪水。

伍河水库【Wǔhé Shuǐkù】 以所在地伍河村命名。1959年10月开工，1960年5月竣工。位于王城镇伍河村，拦截滚河南支艾家河，承雨面积64平方千米，高程基准面为吴淞口高程系。主坝坝型是均质土坝，坝顶高程设计115.4米，现有117.04米，最大坝高16.64米，坝顶长180米，坝顶宽6米。防渗型式是齿槽黏土回填。副坝一座，长1090米，最大坝高5米，坝顶宽2米，坝顶高程设计117.04米，主坝型为均质土坝。总库容406万立方米，现有200公顷灌溉面积，已除险加固。

西郊水库【Xījiāo Shuǐkù】 以水库所在地环城办事处西郊命名。1957年12月开工，1958年4月竣工。位于环城街道办事处西郊村，拦截沙河支流，承雨面积14平方千米，高程基准面为黄海高程系。隶属吉河水库管理。主坝坝型是均质土坝，坝顶高程设计122米，现有122米，最大坝高11.5米，坝顶长450米，坝顶宽4米。副坝一座，坝型是均质土坝，坝顶高程设计122米，最大坝高7米，坝顶长400米，坝顶宽4米。防浪墙顶高程122.7米，防浪墙长850米，墙高0.7米。防渗型式是齿槽黏土回填。总库容590万立方米，有效灌溉面积800公顷。可抗御500年一遇洪水。

响水垱水库【Xiǎngshuǐdàng Shuǐkù】 以该水库临近兴隆镇竹林村和水利设施名称综合命名。1972年10月开工，1973年3月竣工。2011年，进行了除险加固工程。位于兴隆镇竹林村，承雨面积2平方千米，拦截滚河北支华阳河。该库总库容117万立方米，是一座以灌溉，兼顾防洪、养殖等综合效益的水利工程。水库枢纽工程包括大坝、溢洪道、输水管等。大坝为均质土坝，坝顶高程设计171.7米，最大坝高9米，坝顶长360米，坝顶宽3.5米。防洪标准按20年一遇洪水设计，100年一遇校核。现有灌溉面积400公顷。

响水潭水库【Xiǎngshuǐtán Shuǐkù】 以水库附近的响水潭命名。1959年10月开工，1960年4月竣工。位于新市镇谢棚村，拦截沙河北支，承雨面积8平方千米，高程基准面为吴淞口高程系。主坝坝型为均质土坝，坝顶高程设计245.5米，现有245.5米，最大坝高16.5米，坝顶长470米，坝顶宽4米。防渗型式是齿槽黏土回填。总库容270万立方米，设计灌溉面积266公顷，有效面积200公顷，养鱼水面25公顷。防洪标准为50年一遇设计，500年一遇校核。

闫岗水库【Yángǎng Shuǐkù】 以水库所在地闫岗命名。1955年9月开工，1956年9月竣工，2001年在大坝内新建了一道浆砌石挡土墙。现隶属高庵水库管理处。水库位于琚湾镇马岗村，拦截滚河另一北支，承雨面积14平方千米。主坝坝型是均质土质，坝顶高程设计108.3米，现有108.8米，最大坝高16米，坝顶长870米，坝顶宽5米，副坝一处长380米，最大坝高6米，坝顶宽4米。防渗型式是齿槽黏土回填。总库容840万立方米，设计灌溉面积700公顷，养鱼水面70公顷。

杨岗水库【Yánggǎng Shuǐkù】 以水库所在地杨岗命名。1967年10月开工，1968年2月竣工。位于杨垱镇薛场村，拦截泥河支流，承雨面积1平方千米，高程基准面为吴淞口高程系。主坝坝型为均质土坝，坝顶高程设计100.84米，现有101米，最大坝高6.3米，坝顶长830米，坝顶宽4米。副坝两座，紧接主坝两头，坝型是均质土坝，坝顶高程设计101米，最大坝高4米，总长1350米，坝顶宽4米。防渗型式是齿槽黏土回填。总库容290万立方米，设计灌溉面积566公顷，养鱼水面20公顷。防洪标准为50年一遇设计，500年一遇校核。

杨庄水库【Yángzhuāng Shuǐkù】 以水库所在地大杨庄村而命名。1970年10月开工，1971年2月竣工。位于太平镇杨庄村，拦截泥河支流，承雨面积9平方千米，高程基准面为吴淞口高程系。主坝坝型为均质土坝，坝顶高程设计163.7米，现有163.7米，最大坝高14米，坝顶长220米，坝顶宽5米。防渗型式是齿槽黏土回填。总库容268万立方米，现有灌溉面积420公顷，养鱼水面45公顷。洪水标准是20年一遇设计，100年一遇校核，现有460年标准。

腰盆井水库【Yāopénjǐng Shuǐkù】 以水库所在地腰盆井命名。1973年10月开工，1975年5月竣工。位于吴店镇唐家老湾村，拦截滚河南支昆河，承雨面积4.25平方千米，高程基准面为黄海高程系。主坝坝型为黏土心墙代料坝，坝顶高程设计93米，现有176.5米，最大坝高22米，坝顶长147米，坝顶宽6米。防渗型式是齿槽黏土回填。总库容497万立方米，设计灌溉面积470公顷，现有270公顷。防洪标准为50年一遇设计，500年一遇校核。

友谊水库【Yǒuyì Shuǐkù】 以希望寓意命名，寓意着友谊长存。1975年10月开工，1976年5月竣工。位于琚湾镇侯岗村南，拦截滚河北支，承雨面积3.4平方千米，高程基准面为黄海高程系。主坝坝型是均质土坝，坝顶高程设计119.38米，现有119.4米，最大坝高7.6米，坝顶长400米，坝顶宽4米。防渗型式是齿槽黏土回填。总库容137万立方米，有效灌溉面积53公顷。

余家畈水库【Yújiāfàn Shuǐkù】 以水库所在地余家畈命名。1952年10月开工，1953年2月竣工。位于吴店镇余家畈村，拦截滚河北支优良河，承雨面积34平方千米。高程基准面为黄海高程系。主坝坝型为均质土坝，坝顶高程设计116.8米，最大坝高10.8米，坝顶长200米，坝顶宽4米。防渗型式是齿槽黏土回填。总库容148万立方米，现有灌溉面积433公顷，养鱼水面20公顷。可抗御100年一遇洪水。

张家垱水库【Zhāngjiādàng Shuǐkù】 以水库所在地张家垱命名。1976年9月开工，1977年2月竣工。2011年，进行了除险加固工程。位于兴隆镇陈楼村，拦截滚河北支流，承雨面积8.1平方千米，总库容402万立方米，是一座以灌溉、兼顾防洪、养殖等综合效益的水利工程。设计灌溉面积320公顷，防汛公路4千米。大坝为均质土坝，坝顶高程设计140米，最大坝高9米，坝顶长500米，坝顶宽3.5米。防洪标准为50年一遇设计，500年一遇校核。

张洼水库【Zhāngwā Shuǐkù】 以水库所在地张洼命名。1968年10月开工，1969年5月竣工。位于琚湾镇赵岗村蔡西村，拦截滚河支流，承雨面积4平方千米，高程基准面为黄海高程系。主坝坝型为均质土坝，坝顶高程设计97.19米，现有97米，最大坝高10.19米，坝顶长290米，坝顶宽4米。防渗型式是齿槽黏土回填。总库容110万立方米，有效灌溉面积400公顷，现有330公顷。该水库未达到防洪标准，目前已纳入国家小型水库除险加固专项计划，正在进行安全鉴定和初步设计。

张湾水库【Zhāngwān Shuǐkù】 以水库所处地张湾命名。1976年10月开工，1977年5月竣工。位于新市镇鸿雁河村，拦截沙河北支，承雨面积2.5平方千米，高程基准面为黄海高程系。主坝坝型为黏土心墙代料坝，坝顶高程设计214.7米，现有214.8米，最大坝高18.5米，坝顶长254米，坝顶宽6米。防渗型式是齿槽黏土回填。总库容126万立方米，灌溉面积90公顷，养鱼水面8公顷。可抗御940年一遇洪水。

张湾水库【Zhāngwān Shuǐkù】 以水库所在地张湾命名。1967年10月开工，1968年4月竣工。2002年冬，大坝加高达到现有防洪标准。位于熊集镇红土村，拦截熊河西支，承雨面积5平方千米，高程基准面为黄海高程系。主坝坝型是均质土坝，坝顶高程设计150米，现有150米，最大坝高15米，坝顶长225米，坝顶宽3米。防渗型式是齿槽黏土回填。总库容134万立方米，灌溉面积133公顷。可抗御300年一遇洪水。

赵桥水库【Zhàoqiáo Shuǐkù】 以水库所在地赵桥命名。1976年10月开工，1977年5月竣工。位于杨垱镇赵堂村，拦截小黄河支流，承雨面积24平方千米，高程基准面为吴淞口高程系。主坝坝型为均质土坝，坝顶高程设计98.95米，现有99米，最大坝高8.5米，坝顶长380米，坝顶宽5米。副坝两座，坝顶高程设计99米，最大坝高5米，总长2千米，坝顶宽4米。防渗型式是齿槽黏土回填。总库容148万立方米，灌溉面积200公顷，养鱼27公顷。可抗御600年一遇洪水。

郑庄水库【Zhèngzhuāng Shuǐkù】 以水库所在地郑庄命名。1976年10月开工，1977年5月竣工。位于新市镇钱垱村，拦截沙河北支，承雨面积1.5平方千米，高程基准面为吴淞口高程系。主坝坝型为均质土坝，坝顶高程设计220米，现有220米，最大坝高17米，坝顶长232.5米，坝顶宽8米。防渗型式是齿槽黏土回填。总库容291万立方米，灌溉面积66公顷。可抗御300年一遇洪水。

周家湾水库【Zhōujiāwān Shuǐkù】 以水库所在地周家湾命名。1973年10月开工，1974年3月竣工。位于刘升镇榆树村，拦截滚河北支优良河，承雨面积3.35平方千米，高程基准面为黄海高程系。主坝坝型为均质土坝，坝顶高程设计169.87米，现有169.85米，最大坝高12.4米，坝顶长350米，坝顶宽3米。防渗型式是齿槽黏土回填。总库容132万立方米，现有灌溉面积207公顷。可抗御462年一遇洪水。

竹林水库【Zhúlín Shuǐkù】 以水库所在地竹林村命名。1968年12月开工，1969年2月竣工。2008年，进行了除险加固工程。位于兴隆镇竹林村，拦截滚河北支华阳河，承雨面积3.5平方千米，高程基准面为吴淞口高程系。总库容112万立方米，是一座以灌溉，兼顾防洪、养殖等综合效益的水利工程。设计灌溉面积133公顷。大坝为均质土坝，坝顶高程设计173.2米，最大坝高13米，坝顶长233米，坝顶宽3.5米，防洪标准按30年一遇设计，300年一遇校核。

第二节 中型水库

北郊水库【Běijiāo Shuǐkù】 以地处枣阳城区北边命名。1973年开工，1974年4月基本竣工，以后又进行了续建与煞尾，于1976年全部完工。1977年国家投资70万元进行除险加固。位于枣阳市城区北4千米处的环城街道办事处叶庄村，拦截沙河支流猫子冲河，承雨面积27平方千米，其中含拦截吉河水库高干渠11平方千米，地震基本烈度小于Ⅵ度，高程基准面为吴淞口高程系。该水库是一座以枣阳城区供水，兼顾防洪、灌溉、水产养殖等综合开发利用的中型水利工程。有主坝、副坝各一座，主坝坝型是均质土坝，最大坝高18米，坝顶高程设计138米，坝顶长1164米，坝顶宽5米；副坝坝型是均质土坝，最大坝高6米，坝顶高程设计138米，坝顶长480米，坝顶宽5米。1997年水库除险加固时新做防浪墙长1644米，高0.5米，坝顶防浪墙高程138.5米。总库容1979万立方米。达到"50年一遇设计，1000年一遇校核"的防洪标准。设计灌溉面积2333公顷。1986—2005年年均向城区供水1537万立方米。库区淹没耕地面积272公顷，房屋1042间，迁移1170人。

大黄河水库【Dàhuánghé Shuǐkù】 以该水库临近水域名称命名。1966年10月开工，因"文革"人员变动大，持续到1970年4月基本完成枢纽工程。位于枣阳市区东北31千米处的新市镇熊岗村，系吉河水库上游的梯级水库，与沙河水库同一灌区，隶属于沙河水库管理处。水库拦截沙河支流黄河主流，承雨面积66平方千米，地震基本烈度小于Ⅵ度，高程基准面为吴淞口高程系。该水库是一座以灌溉、防洪、兼有水产养殖等综合效益的中型水库，水库枢纽地貌单元主要有低山丘陵、山前平原、河漫滩等。该水库有主、副坝各一座，主坝坝型是均质土坝，坝顶高程设计176.2米，最大坝高18.5米，坝顶长1842米，坝顶宽6.5米；副坝坝型是均质土坝，坝顶高程设计176.5米，最大坝高5米，副坝长920米，坝顶宽6.5米。总库容3780万立方米，调洪库容1365万立方米，兴利库容2389万立方米，灌溉死库容8万立方米。该库防洪能力为2000年一遇标准。库区淹没耕地面积375公顷，房屋1359间，迁移2920人。与沙河水库是同一灌区，共同承担11200公顷农田的灌溉任务。

吉河水库【Jíhé Shuǐkù】 以水库所在地吉河命名。1973年10月开工，1977年5月竣工。1980年春在坝外又做了压渗台与1100米长的导渗沟。1995年国家投资80万元对水库进行彻底除险加固。1975年成立吉河水库管理处，统一管理吉河水库、西长渠渠首（即吉河滚水坝小（一）型水库）、北郊中型水库、西郊小（一）型水库。水库位于枣阳市城区东北鹿头镇张庄村，距城区16千米，拦截滚河支流沙河，承雨面积105平方千米，地震基本烈度小于Ⅵ度，高程基准面为吴淞口高程系。该水库是一座以防洪、灌溉，兼有水产养殖、向北郊水库补充城区供水的不足等综合效益的中型水库。该水库有主坝、副坝各一座，主坝坝型是均质土坝，最大坝高16米，坝顶高程设计148.5米，坝顶长340米，坝顶宽5米；副坝坝型是均质土坝，最大坝高9.5米，坝顶高程设计148.5米，坝顶长4000米，坝顶宽5米。总库容4782万立方米，有效灌溉面积5000公顷，养鱼水面400公顷。水库启用非常溢洪道可抗御2000年一遇洪水。库区淹没耕地面积420公顷，房屋2360间，迁移3245人。干渠两条共长113千米，配套建筑物400处。

烈士陵水库【Lièshìlíng Shuǐkù】 以水库所在地理位置靠近烈士陵墓命名。1974年10月开工，1976年2月竣工。位于枣阳市城区东北新市镇邢川村，距城区46千米，拦截丑河的另一分支邢川河，承雨面积17平方千米，地震基本烈度小于Ⅵ度，高程基准面为吴淞口高程系。该水库是一座以灌溉，兼有防洪、养殖等综合利用的中型水利工程。坝型是均质土坝，坝顶高程设计211米，最大坝高24.5米，坝顶长1000米，坝顶宽6米。总库容1178万立方米，调洪库容194万立方米，兴利库容961万立方米，死库容23万立方米。库区淹没耕地面积120公顷，迁移850人。设计灌溉面积1070公顷，有效面积670公顷。防洪标准按 50 年一遇设计，1000 年一遇校核。

刘桥水库【Liúqiáo Shuǐkù】 以水库所在村庄名称命名。1970 年 10 月开工，1972 年 5 月枢纽工程基本竣工，1974—1976 年又进行扩建。位于枣阳市环城街道办事处西北 10 千米的刘桥村，拦截黑青河（泥河）的支流十八里河，承雨面积 76 平方千米，地震基本烈度小于Ⅵ度，高程基准面为吴淞口高程系。该水库是一座以农业灌溉、城市供水、兼有防洪和水产养殖等综合效益的中型水利工程。有主坝、副坝各一座，主坝坝型是均质土坝，最大坝高 20 米，坝顶高程设计 124 米，坝顶长 1050 米，坝顶宽 5 米。坝基防渗型式是齿槽黏土回填。副坝坝型是均质土坝，最大坝高 7 米，坝顶高程设计 124 米，坝顶长 980 米，坝顶宽 5 米。总库容 3322 万立方米，调洪库容 1557 万立方米，兴利库容 1660 万立方米，死库容 105 万立方米。设计灌溉 2666 公顷，有效灌溉 2000 公顷，年均向市区供水 692 万立方米。库区淹没耕地面积 310 公顷，房屋 1690 间，迁移 1857 人。

罗桥水库【Luóqiáo Shuǐkù】 以水库所在地罗桥村命名。1959 年 10 月开工，1960 年 12 月枢纽工程基本竣工。于 1960 年建立罗桥水库管理所，属七方区管理；1961 年改为罗桥水库管理处，隶属枣阳市水利局管辖。位于枣阳市城区西北 14 千米处的七方镇的罗桥村，拦截唐白河支流泥河（黑青河在枣阳境内称泥河），承雨面积 114.3 平方千米，地震基本烈度小于Ⅵ度。高程基准面为吴淞口高程系。该水库是一座以防洪、农业灌溉，兼有水产养殖等综合开发利用的中型水库。有主、副坝各一座，主坝坝型是均质土坝，坝顶高程设计 122 米，最大坝高 20 米，坝顶长 1600 米，坝顶宽 6 米；副坝坝型也是均质土坝，坝顶高程设计 122.00 米，最大坝高 6 米，坝顶宽 4 米，坝顶长 2800 米。总库容 5048 万立方米，调洪库容 2814 万立方米，兴利库容 2126 万立方米，死库容 108 万立方米。设计灌溉面积 9.5 万亩，有效灌溉面积 3333 公顷。目前可抗御万年一遇洪水。库区淹没耕地面积 402 公顷，房屋 4115 间，迁移 1915 人。

马鞍山水库【Mǎ'ānshān Shuǐkù】 以水库所在地马鞍山命名。1956 年 12 月开工，1957 年 5 月竣工。1974 年在水库南侧建了引水工程。1976 年翻修了大坝内护坡石，历史上共加固过两次。于 2000 年 12 月被水利部和湖北省水利厅鉴定为三类坝，列入 2004 年第三批病险水库除险加固投资计划内，于 2005 年 11 月 16 日开工，施工日期为二年。水库管理处于 1957 年 8 月建立，位于枣阳市城区东北鹿头镇小王庄村的张铁炉庄旁，距市区 15 千米，拦截沙河支流马鞍山河，承雨面积 36 平方千米，地震基本烈度小于Ⅵ度，高度基准面为吴淞口高程系。其坝型是均质土坝，最大坝高 29.15 米，坝顶高程设计 160.2 米，坝长 560 米，顶宽 6 米。坝基防渗型式是齿槽黏土回填。总库容 1725 万立方米。有效灌溉面积 1900 公顷。防洪能力达到 1000 年一遇洪水。库区淹没耕地面积 126 公顷，房屋 421 间，移民 705 人；设计干渠一条长 33 千米，支渠 8 条长 18 千米，配套建筑物 328 处。

玫瑰湖【Méiguī Hú】 曾用名：东郊水库。以该水库位于环城街道办事处东郊村命名，后因此地种植大片玫瑰花，逐渐形成景色美丽的湖泊，更名为玫瑰湖。1959 年 10 月开工，1960 年 4 月基本完成枢纽工程。水库于 1960 年建立管理所，由水利局代管，1963 年成立东郊水库管理处为市水利局二级单位，2013 年 3 月更名为玫瑰湖。玫瑰湖距城区 4 千米，拦截滚河支流优良河，承雨面积 76 平方千米，地震基本烈度小于Ⅵ度，高程基准面为吴淞口高程系。该工程是一座以防洪、灌溉，兼顾养殖、旅游等综合利用的中型水库。坝型是均质土坝，最大坝高 24 米，坝顶高程设计 139 米，坝长 1338 米，顶宽 10 米。总库容 4998 万立方米，调洪库容1898万立方米，兴利库容3020万立方米，灌溉死库容80万立方米。有效灌溉面积3533公顷。可抵御1000年一遇洪水。水库淹没耕地面积354公顷，房屋1754间，迁移1447人。

清潭水库【Qīngtán Shuǐkù】 以水库所在地清潭街命名。1978年9月开工，1980年7月枢纽工程基本竣工。1980年建立清潭水库管理处。1986年和1987年，续挖西干渠。1989年4月处理大坝渗漏。1991年至1992年6月处理大坝渗水。位于吴店镇的清潭社区，距枣阳市城区45千米，拦截滚河支流昆河，承雨面积25平方千米，地震基本烈度小于Ⅵ度，高程基准面为黄海高程系。该水库是一座以灌溉、防洪，兼有水产养殖、发电、集镇供水等综合效益的中型水库。坝型是黏土心墙代料坝，坝顶高程设计159.00米，最大坝高22米，坝长230米，顶宽7米，内坡为干砌块石护坡，外坡为草皮护坡，坝脚设有堆石反滤坝。坝基防渗型式是齿槽黏土回填。总容1179万立方米，装机2台75千瓦，从1982年至1987年（以后仅管理处用电）共发电8.8万度，有效灌溉面积2330公顷。目前水库可抗御100年一遇洪水。库区淹没耕地面积100公顷，房屋1310间，移民1170人。

沙河水库【Shāhé Shuǐkù】 以水库拦截水域名称命名。1958年10月1日开工，1959年5月枢纽工程基本竣工，完成了主坝、涵管，并开挖了临时溢洪道，以防汛期洪水。2003年投资4045万元进行除险加固。位于枣阳市城区东北部鹿头镇郭营村，距枣阳市城区26千米，拦截汉江流域唐白河水系滚河支流沙河干流，承雨面积125平方千米（不包括上游石梯水库承雨面积76平方千米），是滚河支流沙河综合治理的骨干水利工程之一，是沙河梯级开发的二级（石梯水库是一级开发）水库。地震基本烈度小于Ⅵ度，高程基准面为吴淞口高程系。该水库是一座以灌溉防洪，兼顾水产养殖、发电、城镇供水等综合效益的中型水库。此坝河床段未清基直接建在砂砾石地基上。有主、副坝各一座，主坝坝型是均质土坝，坝顶高程设计173.8米，最大坝高23.3米，坝顶长1577米，坝顶宽5米；副坝坝型是均质土坝，坝顶高程设计173.8米，最大坝高8.5米，坝顶长520米，坝顶宽4.7米。坝基防渗型式是黏土铺盖。总库容7050万立方米，调洪库容1903万立方米，兴利库容5067万立方米，灌溉死库容80万立方米。有效灌溉面积11000公顷，设计干渠5条长153千米，支渠18条长153千米，配套建筑物707处。现已达到1000年一遇校核洪水的能力。库区淹没耕地面积790公顷，移民6450人。

石梯水库【Shítī Shuǐkù】 以水库临近地石梯村命名。1966年7月开工，1967年4月竣工，1976年水电站开建，1977年扩建溢洪道，2000年除险加固。位于枣阳市城区东北的鹿头镇石梯村，距枣阳市城区32千米，拦截滚河支流沙河上游，承雨面积76平方千米，是沙河流域骨干水利工程之一，即沙河梯级开发最上一级水利工程，地震基本烈度小于Ⅵ度，高程基准面为吴淞口高程系。该水库是一座以灌溉、防洪，兼有水产养殖、发电等综合效益的中型水库，隶属沙河水库管理处。大坝坝型为黏土心墙坝，坝顶高程设计203.33米，坝顶长560米，坝顶宽5米，最大坝高31米，坝底最宽151.8米。总库容6206万立方米，调洪库容1321万立方米，兴利库容4783万立方米，灌溉总库容102万立方米。与沙河水库属同一灌区，直接灌溉面积333公顷，现达到1000年一遇校核洪水的要求。库区淹没耕地面积222公顷，移民1894人。

西河水库【Xīhé Shuǐkù】 以水库拦截水域名称命名。1959年10月开工，1960年4月枢纽工程基本竣工。水库位于兴隆镇北3千米处，坝址在刘升镇龚陈村，拦截滚河支流华阳河分支西河，承雨面积25平方千米，地震基本烈度小于Ⅵ度，高程基准面为吴淞口高程系。该水库是一座以灌溉、防洪，兼有水产养殖等综合效益的中型水库。坝型为均质土坝，最大坝高19米，坝顶高程设计141.00米，坝顶长440米，坝顶宽6米。总库容1271万立方米，调洪库容534万立方米，兴利库容635万立方米，死库容102万立方米。灌溉面积800公顷。防洪标准按50年一遇设计，2000年一遇校核。库区淹没耕地面积148公顷，移民1359人。

邢川水库【Xíngchuān Shuǐkù】 以水库所在地邢川村命名。1965年8月开工，1966年4月枢纽工程基本竣工。位于枣阳市城区东北新市镇邢川村，距城区45千米，拦截丑河，承雨面积23平方千米，地震基本烈度小于Ⅵ度，高程基准面为吴淞口高程系。该水库是一座以灌溉，兼有防洪、养殖等综合利用的中型水利工程。坝型是黏土心墙代料坝，坝顶高程设计208米，最大坝高22米，坝顶长536米，坝顶宽6米。坝基防渗型式是齿槽黏土回填。总库容1368万立方米，调洪库容278万立方米，兴利库容1045万立方米，死库容45万立方米。设计灌溉面积1866公顷，有效面积1333公顷。防洪标准为50年一遇设计，500年一遇校核。库区淹没耕地面积98.5公顷，房屋172间，迁移1428人。

徐咀水库【Xúzuǐ Shuǐkù】 以水库的水源地徐家咀自然村命名。1966年10月开工，1970年5月基本竣工。1971年冬开始进行渠道配套，开挖3条干渠和部分配套建筑物。1972年四井岗隧洞（陈家湾隧道）建成通水。1972年元月建立徐咀水库管理处。1974年又打通了唐坊湾隧洞。1976—1977年完成溢洪道扩宽、内坡护石翻新和进库公路。水库位于平林镇新集街南7千米处的范湾村，距枣阳市城区70千米，拦截熊河上游吴集河主流，承雨面积20平方千米，地震基本烈度小于Ⅵ度，高程基准面为吴淞高程系。该水库是一座以灌溉、防洪，兼顾水产养殖等综合效益的中型水库。有主坝一座，坝型为均质土坝，坝顶高程设计195.7米，最大坝高23.5米，主坝顶长852米，坝顶宽4米，坝内坡为干砌块石护坡，外坡为草皮护坡，外坡脚设有堆石反滤坡。主坝坝基防渗型式是齿槽黏土回填。副坝两座，分布于主坝两头，坝型为均质土坝，坝顶高程设计195.7米，最大坝高2.6米，坝顶长268米，坝顶宽4米，内坡是干砌块石护坡，外坡是草皮护坡。总库容1167万立方米，有效灌溉面积1200公顷。目前仅能抗御20年一遇洪水。库内淹没耕地面积68公顷，房屋255间，移民333人。

姚棚水库【Yáopéng Shuǐkù】 以水库所在地姚棚村命名。1957年10月开工，1958年2月整个工程基本完工。1964年5月坝外坡进行导渗排水处理，沿坝脚修主导渗管5条，支管7支，排水沟一条757米。1964年冬至1965年春，又进行了一次彻底的扩渠、清淤和新修，维修了部分建筑物。水库于2000年12月被鉴定为三类坝，被湖北省发改委、湖北省水利厅列入2004年第三批病险水库除险加固投资计划，已于2005年12月16日开工。位于枣阳市城区东北部新市镇姚棚村，距城区30千米，拦截沙河支流漳白河，承雨面积37平方千米，地震基本烈度小于Ⅵ度，高程基准面为吴淞口高程系。该水库是一座以灌溉，兼有防洪和水产养殖等综合效益的中型水库。有主坝一座，其坝型是均值土坝，最大坝高26.06米，坝顶高程设计179.8米，坝顶长868米，坝顶宽6.5米。坝基防渗型式是齿槽黏土回填。总库容1986万立方米，设计灌溉面积2000公顷，有效面积1900公顷。防洪标准为100年一遇设计，1000年一遇校核。库区淹没耕地面积226公顷，房屋445间，迁移734人。

油坊湾水库【Yóufángwān Shuǐkù】 以水源河名和所在地村名综合命名。初建于1959年冬，为小（一）型水库，同年成立油坊湾水库管理所，1960年基本竣工。1966年新建南库，并扩建北库，升级为中型水库。1967年开挖南高干渠。1972年开挖南低干渠。1976—1977年完成溢洪道衬砌，开通两库连接桥，使南北两库为一体。位于枣阳城区东南王城镇付寨村，距城区45千米，拦截滚河上游油坊河，承雨面积25平方千米，地震基本烈度小于Ⅵ度，高程基准面为吴淞口高程系。大坝为均质土坝，坝顶高程设计142.5米，最大坝高15.5米，坝顶宽3.5米，分南北两坝组成，坝顶总长1058米，其中北坝长700米，南坝长358米。总库容1851万立方米，设计灌溉面积1700公顷，有效灌溉面积1600公顷。防洪标准为50年一遇设计，1000年一遇校核。库区淹没耕地面积166公顷，移民696人。

周桥水库【Zhōuqiáo Shuǐkù】 以水库所在地周桥村命名。1965年10月开工，1966年2月枢纽工程基本竣工。位于杨垱镇周桥村，距城区30千米，拦截泥河支流苍龙河（也叫小黄河），承雨面积61.7平方千米，地震基本烈度小于Ⅵ度，高程基准面为吴淞口高程系。该水库是一座以灌溉、防洪，兼有水产养殖等综合效益的中型水库。主坝坝型为均质土坝，最大坝高20.3米，主坝顶高程设计127.4米，主坝长1360米，坝顶宽5米。主坝坝基防渗型式是齿槽黏土回填。总库容3019万立方米，调洪库容929万立方米，兴利库容2040万立方米，死库容50万立方米。设计灌溉面积3330公顷，有效灌溉面积2000公顷。防洪标准定为100年一遇设计，1000年一遇校核。水库淹没耕地面积295公顷，房屋2015间，迁移1005人。

资山水库【Zīshān Shuǐkù】 以水库所在地资山命名。1978年9月始建，1980年5月枢纽工程基本竣工。1987年对大坝做压肩石和接开西干渠新开挖19千米，共21千米全部开挖完，达到设计长度及建筑物配套。1999年对工程进一步除险加固。位于王城镇资山村，资山街南1千米处，距枣阳市城区40千米，拦截滚河支流伍河分支艾家河，承雨面积16平方千米，地震基本烈度小于Ⅵ度，高程基准面为吴淞口高程系。该水库是一座以灌溉、防洪，兼有水产养殖、城镇供水等综合效益的中型水库。主坝坝型是黏土心墙代料坝，坝顶高程设计156.5米，最大坝高26.2米，坝顶长380米，坝顶宽6米，内坡为干砌块石护坡，外坡为草皮护坡，坝脚设有堆石反滤坝。坝基防渗型式是齿槽黏土回填。副坝长90米，最大坝高14.5米，坝顶高程设计156.50米，坝顶宽6米，坝型为均质土坝。总库容1506万立方米，有效灌溉面积1400公顷。目前水库仅可抗御20年一遇洪水，待加固除险。库区淹没耕地面积76公顷，房屋733间，移民796人。

高庵水库【Gāo'ān Shuǐkù】 以水库所在地高庵命名。于1959年冬开工，1960年春基本竣工，为小（一）型水库。1975年扩建开工，1977年竣工，升为中型水库。1960年成立高庵水库管理所，隶属琚湾公社。1988年8月移交枣阳水利管理局，更名为高庵水库管理处。位于琚湾镇高庵村，距枣阳市城区22千米，拦截滚河支流高庵河主流，承雨面积26平方千米，地震基本烈度小于Ⅵ度，高程基准面为吴淞高程系。该水库是一座以灌溉、防洪，兼顾水产养殖等综合效益的中型水库，有主、副坝各一座，主坝坝型为均质土质，坝顶高程设计108米，最大坝高16.6米，坝顶长887米，坝顶宽5米，主坝坝基防渗型式是齿槽黏土；副坝坝型是均质土坝，坝顶高程设计108米，最大坝高4米，坝顶长677米。主、副坝内坡为块石护坡，外坡为草皮护坡。总库容1749万立方米，有效灌溉面积1333公顷。可抗御2000年一遇洪水。

小黄河水库【Xiǎohuánghé Shuǐkù】 以该水库邻近水域名称命名。1959年开工建设，1960年春竣工。1964年开挖溢洪道并衬砌。由于本库水源好，库容小，罐区大，于1974年开始用外帮坡方式，大坝加高4米，扩建一直持续到1977年才全部竣工。位于杨垱镇司庄村，距城区40千米，拦截唐白河水系泥河支流小黄河（也称苍龙河），承雨面积58平方千米，高程基准面为吴淞口高程系。该水库是一座以灌溉、防洪，兼有水产养殖等综合效益的中型水利工程。主坝坝型为均质土坝，最大坝高17米，坝顶高程108.5米，坝顶长 1520 米，坝顶宽 5 米。库总库容 2938 万立方米，调洪库容 661 万立方米，兴利库容 994 万立方米。死库容 94 万立方米。设计灌溉面积 2666 公顷，有效灌溉面积 1000 公顷。防洪标准为 100 年一遇设计，1000 年一遇校核。库区淹没耕地面积 278 公顷，迁移 1945 人。

第三节　大型水库

华阳河水库【Huáyánghé Shuǐkù】　以拦截河流的名称命名。1958 年 8 月开工，1963 年竣工，兴建为中型水库。1965 年冬扩建开工，于 1966 年 4 月扩建竣工成为大型水库。位于兴隆集镇北 3 千米处的兴隆村王家陡坡，拦截滚河支流华阳河，承雨面积 138.5 平方千米，地震基本烈度小于 Ⅵ 度，高程基准面为吴淞口高程系。该水库以灌溉、防洪，兼顾水产养殖、城镇供水等综合效益的大型水库。大坝坝型为均质土坝，坝顶高程设计 149.5 米，最大坝高 33.5 米，坝顶长 522 米，坝顶宽 6 米。总库容 12300 万立方米，其中调洪库容 5080 万立方米，兴利库容 7077 万立方米，死库容 143 万立方米。1974 年核定防洪能力为 500 年一遇，校核标准为万年一遇，开挖干渠 3 条共 47 千米，支渠 21 条共 81 千米。设计灌溉面积 5000 公顷，最大实灌 5050 公顷。库区淹没耕地面积 700 公顷，房屋 2385 间，移民 3650 人。

熊河水库【Xiónghé Shuǐkù】　以大坝所在地村名和拦截河流名称综合命名。1953 年冬开工，于 1954 年 6 月 20 日竣工为中型水库。1965 年 9 月扩建，至 1966 年 6 月完成扩建任务，由中型水库升为大型水库，隶属襄阳市水利局。1969 年 11 月进行加固；1976 年 4 月第二次除险加固。位于城区南 25 千米熊集镇熊河村，拦截滚河支流熊河，承雨面积 314.5 平方千米，地震基本烈度小于 Ⅵ 度，高程基准面为吴淞口高程系。该水库是一座以防洪、灌溉，兼有发电、养殖等综合效益的大型水库，有主坝一座、副坝三座。主坝坝型为均质土坝，坝顶高程设计 130.9 米，最大坝高 32.1 米，坝顶长 1373 米，坝顶宽 6 米。坝基防渗型式是齿槽黏土回填。副坝 3 座，总长 445 米，最大坝高 105 米，坝顶宽 5 米。总库容 19590 万立方米，其中调洪库容 6000 万立方米，兴利库容 11590 万立方米，灌溉死库容 2000 万立方米。1983 年枣阳灌溉面积达 6700 公顷，平均年灌溉面积 5000 公顷。库内淹没耕地面积 1589 公顷，淹房 11166 间，移民 9200 人。该库干渠分为东西两条，西干渠主灌溉襄阳县，东干渠主灌溉枣阳。防洪标准按 100 年一遇洪水设计，1000 年一遇校核。库区内现有国家 3A 级旅游风景区、省级风景名胜区和省级湿地公园。

第四节　大型泵站

大岗坡泵站【Dàgǎngpō Bèngzhàn】　以襄州区双沟镇大岗坡村命名。位于枣阳市和襄州区接壤地区，泵站分二级，一级站位于襄州区双沟镇大岗坡村，二级站位于枣阳市七方镇大店村。两级提水扬程为 31.5 米，提水流量均为 15.6 立方米/秒，装机均为 12 台×630 千瓦，总装机容量 15120 千瓦。于 1970 年 9 月动工兴建，1975 年竣工。输水主干渠 2 条长 34 千米，干渠 2 条长 19 千米，支渠 14 条长 220 千米，最大拱涵长 470 米（邓岗），隧洞长 640 米（王家花园）。灌溉渠道连接刘桥、罗桥、小黄河、高庵 4 处中型水库和 8 处小（一）型水库，主灌七方、琚湾、环城、罗岗、姚岗等乡镇。设计灌溉面积 42.5 万亩（其中襄州区 3.11 万亩），年均灌溉 20 万亩，1979 年高达 41 万亩。此泵站工程施工高峰期投入民工 8 万人，共完成土石方 912 万立方米，标工 1047 万个，国家投资 1222 万元，购置生产工具和民工生活补助均由生产队承担。由枣阳市水利局设计并组织施工。

石台寺泵站【Shítáisì Bèngzhàn】 以襄州区埠口乡石台寺村命名。地处湖北、河南两省，在枣阳、襄阳、唐河、新野四县（市区）交界处，是一座以提唐河水与灌区水库调蓄相结合来保证灌溉的供水工程，由四级五站、28 千米干渠和两座中型（周桥、小黄河）水库组成，总扬程为 105.68 米。总装机 23 台，容量 10840 千瓦，提水流量 10.4 立方米/秒，年提水能力 1 亿立方米，设计灌溉襄阳、枣阳耕地面积 30.5 万亩，同时可向枣阳市区调节供水，为枣北地氟病区 10 万人提供饮用水源。此工程以湖北省水利水电科学研究所（现更名为湖北省水利水电科学研究院）为主，由襄樊、枣阳两市水利设计院协作完成勘测设计任务，日本国际协力事业团进行了可行性调研。由湖北水利二团承担土建工程任务，襄樊市泵站测试中心、供电局、枣阳排灌总站、供电局负责机电安装。工程于 1989 年 11 月 20 开工，1993 年 6 月竣工。完成土石方 322.8 万立方米，混凝土 9.3 万立方米，浆砌块石 6.2 万立方米。国内总投资 1.31 亿元，日本援助机电设备总金额 16.35 亿日元。

第五章 建 筑 物

第一节 大型标志性建筑物

枣阳市标（龙飞白水）【Zǎoyáng Shì Biāo】 以龙图腾作为枣阳市标，寓意县改市后的枣阳似龙腾飞，再创辉煌。枣阳是汉光武帝刘秀的故乡，在吴店镇的皇村、白水寺等都有"龙飞白水"的传说。1988年12月，在市区新华路、光武路、车站路交叉的十字路中间，建成一座主体高9米（含基座）、体长13米、高4米、重40吨的铜铸腾飞龙"龙飞白水"市标，时为国内最大的一尊铜质飞龙。

汉城【Hàn Chéng】 因仿汉代皇宫风格建造而得名。始建于2012年，位于市政府东南2千米。占地面积126.67公顷，投资22亿元，总建筑面积80万平方米。其中汉城建筑面积11万平方米，包括朝殿区、内宫、御花园和外城，大型商业综合体建筑面积11万平方米，小型商业街区2.7万平方米；文化广场占地200亩，花岗岩地面；影视中心、光武大剧院、博物馆和城市印象馆四大文化建筑2.43万平方米。以青铜刘秀塑像为核心，设"光武省亲、昆阳搬兵、真定喜宴、二十八宿"四组大型雕塑。报恩寺复原后建筑面积2.7万平方米，汉风美墅建筑面积2.6万平方米。有汉文化商业公园占地300亩、市民游园占地100余亩等。

御景豪庭小区【Yùjǐng Háotíng Xiǎoqū】 以憧憬和现实结合综合命名。寓意安居豪宅，向往美好。占地面积10.7公顷，总建筑面积40万平方米，2000套高档住宅。一期工程2013年开盘，二期工程2015年开盘。位于南城街道沙店社区境内，中兴大道中段。小区地段优越，南北通透，开窗见绿，设施齐全。以中小型户型为主，全明设计，封闭落地阳台、超大外飘窗、欧式风格，典雅气派。

万象城【Wànxiàng Chéng】 以功能命名。寓意服务功能齐全、包罗万象。是枣阳首发的超大型集吃、喝、玩、购、商务办公、酒店、居住于一体，一站式服务的多功能、多业态、复合型的大型城市综合体。由北龙建设集团投资18亿元打造。占地面积7.47公顷，总建筑面积36万平方米，其中住宅20万平方米，商业用房12万平方米。地处枣阳市中心（枣阳卷烟厂旧址）。东邻光武大道，南至长500米的沙河景观带，西至新华路，北连商业大厦。

第二节 亭、台、碑、塔

关公石像【Guāngōng Shíxiàng】 采用白色大理石雕刻，由像身和基座组成，高 0.95 米，基座呈长方形。关公像端坐于石条凳上，面部严肃，不怒自威。其肩宽 0.4 米，头戴盔，身穿甲，两腿自然分开，双手分置于两胯之上，双肩及胸部刻一兽石纹，背刻铭文："弘治十五年十月初一日舍财造像。关王店、父赵贵、妻赵氏、杨氏、男赵华、赵仲良、赵思政。"字为行书，阴刻。距今 500 余年，据考，原为关帝庙供奉正身（杨垱镇官厅街北），1956 年前后被毁，1984 年石像从塘中捞起。

无量台【Wúliàng Tái】 又名飞云台，以传说命名。一说是无梁殿，民间传说是姑嫂比赛一夜建成，天亮时未来得及盖顶，所以无梁。二因祭祀光武，传说台址原是刘秀的点将台。此台因年久失修，1966 年因墙裂被拆。2012 年 3 月 23 日原址举行重建开工仪式。位于吴店镇二郎村与春陵村交界处，占地面积 20 公顷，包括圣地广场、圣地门楼、圣地无量台、圣地农家山庄、扳倒井、许愿台、姑嫂桥及大小殿宇 10 座：关公殿、光武殿、祖师殿、观音殿、财神殿、娘娘殿、老君殿、转运殿、土地庙、祖师庙。此景区旅游配套设施完备，为国家 3A 级景区。

香草亭【Xiāngcǎo Tíng】 古县署所在地，位于老城区原政府招待所（现中百超市）院内。始建于元至正二年（1342），现为清代建筑。由台基和亭阁组成，砖木结构，歇山顶，亭前有 4 根朱红大柱，柱上雕龙画凤。亭前壁是木雕格扇合围，屋顶飞檐挑脚，凌空而起。门上方匾书阴刻小篆"香草亭"。1981 年列为县（市）级重点文物保护单位。此亭原称谯楼，1546 年知县李一龙改修为勤民楼，1671 年知县刘嗣熙改修为据胜楼，又曰笑鹤亭。1747 年知县徐房桂改修为梦奎楼。1762 年知县甘定遇改修为香草亭，沿用至今。1985 年市政府拨款大修，恢复原貌。清康熙年间，邑人钱经帮《集据胜楼诗》曰：高卷冰帘百尺楼，人惊笑语出云头。窗垂霞绮勾陈近，怀落蟾光曲槛秋。灰劫苍茫入代速，土花斑驳石碑留。休将吊古萦心绪，且作槽邱汗漫游。

枣阳县界碑【Zǎoyáng Xiàn Jièbēi】 位于太平镇寺庄街北端，系青石质，分碑身及碑座两部分。碑身呈长方形，顶端浑圆，长 1.25 米，宽 0.58 米，厚 0.14 米。碑身周边阴刻缠枝花纹，内侧上端刻云纹，中部竖书"枣阳县界"四字，左侧款为"明万历三十三年壬寅春吉旦"（1605 年），为楷书，阴刻。是湖北、河南两省地界划分的重要依据，为研究明代枣阳疆域提供了重要佐证。1981 年公布为枣阳县重点文物保护单位。

正堂石示碑【Zhèngtángshí Shìbēi】 位于吴店镇清潭铜鼓桥附近路旁。石碑系青石质，长方形，高 1.61 米，宽 0.8 米，厚 0.15 米。是清光绪年间枣阳县正堂颁布的一整饬地方风纪的告示，因勒文于石碑之上，故名。正面上端横书"枣阳县正堂石示"，下刻石示全文；背面上端横书"团练首士公议"，下刻序文及十条公议条款，字为楷书，阴刻。2001 年立于白水寺门前。

第三节　广场、体育场

洰水法治文化广场【Jìnshuǐ Fǎzhì Wénhuà Guǎngchǎng】　以所在地河流的古名和功能综合命名。"洰水"为沙河古称。位于朝阳路与沿河东路交会处，始建于2001年，2014年提档升级改造，长400米，宽80米，场内建有8个方柱、3个宣传橱窗、5块法律卷轴、12块小型法治文化宣传牌、20块法治文化宣传石。重点宣传韩非子、孟子、管仲等古代名人及党和国家领导人的法治名言，并宣传宪法、刑法、民法、行政法、经济法等法律的有关内容。该法治文化广场被湖北省司法厅、湖北省普法办联合命名为全省首批"五星法治文化建设示范点"。东邻人民路，南界冷水沟，西至沿河东路洰水公园，北连市委市政府办公区。

枣阳市体育场【Zǎoyáng Shì Tǐyùchǎng】　1999年6月动工，12月2日竣工，为露天体育场。位于光武路51号第六中学对面。占地面积3.15万平方米（其中看台及场地占2.35万平方米），总投资840万元，座位11426个（其中有顶棚座位328个）。70米×100米足球场一个（塑坪），400米标准跑道8条及部分配套体育器材。能承办省级项目比赛，甲A级足球比赛、大型文艺演唱会、大型集会和大型商贸展销活动。曾先后举办过枣阳市第四届（1999年12月）、第五届（2004年10月）运动会，湖北省首届体育先进乡镇运动会（2001年4月）、枣阳市"中盐"杯家庭运动会（2005年6月）、大型网络歌手演唱会（2006年8月），连续举办10届枣阳市小学生田径运动会。

第六章　经济开发区和工业功能区

第一节　经济开发区

西城经济技术开发区【Xīchéng Jīngjì Jìshù Kāifāqū】　因地处枣阳城区西部，以招商引资、技术开发为职责而得名。位于市政府西3千米。东邻北城街道，南界南城街道，西、北连环城街道。占地面积6.53平方千米，耕地面积141公顷。截至2014年，有7304户，2.3万人。辖4个居委会。开发区管委会驻前进路42号。1993年4月，枣阳市西城经济技术开发区管理委员会成立，为正科级行政机构，隶属市政府领导。1995年1月经湖北省政府批准，晋升为省管开发区。1996年4月，市政府将北城街道所属的西园、靳庄两村和环城街道所属的茶棚村划归开发区管辖。1999年9月经襄樊市编委批准升格为副处级。2004年7月，湖北省政府批准升格为省级开发区。截至2014年，全区工业以化工、纺织、服装、汽车配件、电子信息为主。有工业企业58家，其中区属工业企业26家，职工1.38万人，固定资产净增30亿元，年产值千万元以上企业31家、百万元以上企业58家。全区个体工商经营户926户，5435人，实现销售收入21000万元。新增民营经济大户12户，其中新增个体工商户6户，新增私营企业6家，新增固定资产投资1亿元。有农贸市场2个，占地面积3000平方米，摊位380个，年成交额7800万元。有中行分理处1家、建行分理处1家、农行分理处1家、工行分理处1家、邮政储蓄银行2家、信用社1家（辖3个储蓄所）。有2所村级小学、1所中心小学、1所中心幼儿园，在校学生3292人，教师131人，拥有卫生院1家、社区卫生服务中心1家、社区卫生服务站5个，专业医护人员65人，病床71张。4个居委会均有舞龙队、舞狮队、军乐队、剧团、电影院、旱船、唢呐班等。1999年开发区组队参加全市第四届运动会，获"精神文明代表队"称号和门球项目冠军。2002年参加全市农运会，获象棋项目冠军。2005年参加全市第五届运动会，获象棋项目、1000米赛跑项目和4×100米接力项目冠军。交通便利，316国道、寺沙省道穿境而过。

第二节　工业功能区

枣阳丹阳工业园【Zǎoyáng Dānyáng Gōngyèyuán】　以地名寓意和功能综合命名。"丹阳"寓意企业如初升的太阳一般红火。始建于2014年，为湖北省重点项目，由枣阳市政府招商引资。园区总体规划占地62公顷，项目总投资18亿元，引领朝阳产业，主打节能照明和汽车零部件两大板块。至2020年全部建成后可容纳100余家企业入驻，全部投产后可提供近万个工作岗位，实现年产值40亿元以上，成为汽车零部件、节能照明、机械加工等产业的配套与服务的聚集区和示范区，位于枣阳市复兴大道东端。

枣阳吴店工业园【Zǎoyáng Wúdiàn Gōngyèyuán】　以地名和职能综合命名。位于市政府南11千米。占地面积13平方千米。2002年批准成立，2005年为省管副县级工业园区；2011年纳入枣阳市大园区统一规划、投资、建设；2013年定位为食品工业园区，主要引进农副食品深加工和食品加工项目；2016年命名为"襄阳市农产品深加工产业园"。入驻企业168家，规模以上工业企业36家，从业人员2.03万人。企业主要产品达68类，800多个花色品种，年创产值过百亿，其中米面加工企业10家、食品罐头企业10家，为中部地区最大的粮食加工和罐头加工集散地。中兴绿色技术产业园区、贤德面粉、六和饲料、金栗面粉、汉武中兴酒业等农副产品深加工企业健康发展。

第八篇　地域特色品牌

【Dìyù Tèsè Pǐnpái】

第一章 农林业品牌

第一节 果 木

梨【Lí】 枣阳为白梨系统和沙梨系统交替产区,品种资源丰富,栽培历史悠久。据《中国果树志·梨树篇》记载,枣阳产梨已有3000多年历史。2004年栽培面积达2240公顷,年产量2.37万吨。主要品种有楚北香、芝麻酥、麻瓢、二宫白、康德梨等。

马尾松【Mǎwěisōng】 主要分布枣南丘陵山区。四季常青、耐脊瘦、抗逆性强。材质好,是民间制作家具和建房的好树种。

泡桐【Pàotóng】 境内各地均有种植。为速生优质用材树种之一,民间有"泡桐像把伞,三年能成椽,五年能做板"之说。主要品种有毛泡桐、白花泡桐、兰考泡桐、山明桐等。

苹果【Píngguǒ】 枣阳有"湖北水果之乡"的美称,也是"苹果树南移"较早的区域。清同治四年(1865)县志已有记载。1928年鹿头后庄陈道武建有苹果园。1934年新市杨庄村黄山农建有苹果园。1949年前,全县年产万余斤。1958年后发展迅速,至2005年种植面积340公顷,年产量达1500吨。主要品种有金帅、辽伏、伏帅、伏矮生等。

桃【Táo】 桃树在枣阳栽培历史悠久,清同治四年(1865)县志就有记载。民国时期,太平的陈家园和新市的杨庄、白露等地均有种植。1949年全县有800余亩,至2005年种植面积达13594公顷,年产量19.89万吨。主要品种有糙白桃、大白桃、油桃等。

银杏树【Yínxìngshù】 又名白果树,为落叶大乔木,树干作材,叶、果可入药,经济价值较高。境内分布较多,山沟、山坡、公园及庭院均适应生存。白竹园寺庙前两棵古银杏树龄600年,树高26米,胸径137厘米,冠幅27米。1990年10月,市一届人大常委会第二十一次会议作出决议,确定银杏为枣阳市树。

枣【Zǎo】 枣是枣阳重要的土特产之一,也有枣阳县名称来历之说。境内以枣命名的自然村有近30个。早在三国时期,此地就有"枣乡"之称。《枣阳县志》记载:"枣树高大、身多刺……土人多树之。"境内大小村庄、房前屋后均有种植。收获后大部分晒制成干红枣食用或药用。1985年产鲜枣785吨。优良品种有马牙枣、大滚枣、木朗枣等。

第二节 经济林

防护林【Fánghùlín】 1984年冬，枣北防护林工程启动。滚河以北的20个乡镇开展营造农田防护林建设，利用近10年时间，建主林带11条，总长349千米，副林带15条，总长246千米，农田林网网格1052个，防护面积2.87万公顷。营造护路、堤、渠林带1060千米，环村林2833公顷，共植杨树4019万株。产生了巨大的经济、社会和生态效益。

速生林【Sùshēnglín】 1984年，枣阳开始在耿集、琚湾、熊集、资山、清潭等乡镇联营建设速生丰产用材林基地，累计造林1500余公顷。1995年，利用世行贷款长江水资源综合开发项目，至1999年累计投资700余万元，造速生林1600余公顷。2005年启动日元贷款造林，封山育林3000余公顷。2002年启动退耕还林，4年累计退耕还林、坡地造林2600公顷。主要树种有湿地松、火炬松、杉木等。

第三节 药材花卉

半枝莲【Bànzhīlián】 也叫大花马齿苋，为一年生草本植物。境内各地均适应栽培，质地优良，年收购量10余吨，内销、出口皆有。

桔梗【Jiégěng】 别名土人参、白药，多年生草本植物。本县种植历史悠久，且以优质闻名。境内多有种植，新市、清潭、耿集等地的产品个大色白、根茎粗壮，内含菊花蕊，常年产量10多吨，除供国内药用外，还远销东南亚。

玫瑰【Méiguī】 原产地中国。蔷薇科落叶灌木，枝干多针刺。2013年，本市招商引资在环城街道的侯井村、东郊村种植万亩玫瑰示范园，投资建设玫瑰研究所，利用高科技日光温室，对玫瑰苗木繁育、品种试验和深度开发进行探索，打造现代化休闲观光农业。主要栽培品种有丰花、紫枝、大马士革等优质食用品种。

生地【Shēngdì】 别名生地黄、野地黄，多年生直立草本植物。早生地在清明至谷雨播种，霜降后采收；晚生地5～6月播种，冬至前后采收。鲜生地烤干后即可药用。鹿头、刘升、琚湾等地的产品粗壮、质洁，加工后块大、体重、色乌黑、药效好。常年产量百吨。国内畅销，部分外销。

月季【Yuèjì】 被称为花中皇后，又称"月月红"，是常绿、半常绿低矮灌木，四季开花，为红色或粉色，偶有白色和黄色。近年在境内种植较多。1990年10月市一届人大常委会第二十一次会议作出决定，月季为枣阳市花。

第四节 经济作物

茶叶【Cháyè】 中华人民共和国成立前,茶叶在境内有少量种植。20世纪70年代,枣南部分乡镇开始规模种植,至1985年茶园面积达933公顷。1994年达1456公顷,总产398吨。主要栽培品种有福鼎大白茶、鸠坑和福鼎大毫。毛茶以炒青绿茶,兼有少量红茶和乌龙茶。李寨茶场和清潭西茶场等4个茶场样品茶曾获全国名优茶金奖,17个获省级名优茶特等奖。

棉花【Miánhuā】 是枣阳主要经济作物。枣阳是湖北省重要产棉县,向以面积大、产量高、质量优著称。1937年《平汉铁路老河口计划支线经济调查报告》中载:枣阳种棉之田,约占田地面积十分之七,所产棉花绒长,在湖北棉产中居第二位。本县棉花茬口安排有春花、麦茬花、豆茬花、油菜茬花。栽培技术上引进地膜覆盖、两膜棉、营养钵育苗移栽、旱地化学除草,使用助壮素、缩节胺等。主要品种为鄂沙28、中棉10号、鄂荆1号、中棉29双抗杂交棉等。种植面积逐年减少,单产逐年提高,1979年面积27.19千公顷,公顷单产皮棉302千克;2005年种植面积12.99千公顷,公顷单产949千克。

烟叶【Yānyè】 民国初年,城关就有毛烟加工作坊,之前多为民间自种烟叶,晾晒消费。20世纪70年代,随着卷烟业兴起,烟叶逐步成为重要经济作物之一。1978年被列为全省优质烤烟基地,1982年列为全县"多种经营四大支柱"之首,县政府下达种植计划10万亩,最高年份收购烤烟7500吨。境内适宜种烟耕地面积4万公顷,各地均有种植。主要品种有白肋烟、香料烟、马里兰烟和晒烟等。1994年后,烟叶种植改为指导性计划后,种植规模和产量逐年呈下降趋势。

第二章 禽畜业品牌

第一节 禽 业

地方鸡【Dìfāngjī】 俗称"土鸡",以农村散养为主,境内各地有分布。毛色呈多样性,生长缓慢,有"一月菜,百日鸡"一说,成鸡重3~5斤,公鸡打鸣,母鸡年产蛋70~100个,肉质耐煮,味鲜美。

麻鸭【Máyā】 本地饲养的主要品种,各地均有分布。此品种母鸭声洪亮,年产蛋130~180个,不孵化,传统孵化与鸡同窝,成鸭重2.5斤。公鸭声沙哑,成鸭重2.5~3斤左右。散养与圈养均有,以养母鸭产蛋为主。

第二节 畜 牧 业

大尾绵羊【Dàwěimiányáng】 又称枣北大尾绵羊,因尾肥大而得名。属脂尾型肉用羊,脂尾均重1.85千克,此种羊性格温驯,多为白色,头细长,鼻隆起,耳似桃叶下垂,公羊有角,母羊多无角,公羊约重59千克,母羊约重38千克,多分布在枣北、枣中,1959年载入《湖北省地方家畜良种》一书。

黄牛【Huángniú】 因色泽而得名。亦称"枣北黄牛",主要分布在七方、杨垱、太平、新市、鹿头等地。1959年列为本省地方优良黄牛品种。1981年载入《湖北省畜禽品种》一书。此种牛体型结构匀称,皮薄坚韧,毛短光滑,骨骼粗壮,肌肉发达,腹圆背平,多为红、淡黄、草白色。一般成年公牛身高1.27米,体重402千克;母牛身高1.15米,体重304千克。母牛2岁进入生殖期,多为三年两胎。

山羊【Shānyáng】 此种羊体型较小且灵巧,奔跑、爬山速度快,故名。多为白色,少有杂色,角有髯,成羊重20~30千克。成年公羊争强好斗,多被羊把式选为绵羊群的领头羊。

水牛【Shuǐniú】 因习性喜水而得名。分布平林、吴店、熊集、王城等地。此种牛躯体粗短,肌肉丰满,胸深而宽,腹大腿粗,蹄质坚实似木碗,性情温驯,毛短光滑,多为褐色,公牛最大挽力478千克,母牛挽力326千克。

第三章 传统食品和产品

第一节 传统食品

鹿头地封黄酒【Lùtóu Dìfēng Huángjiǔ】 鹿头镇位于枣阳市东北部，自酿黄酒的民俗由来已久。据传，公元41年汉光武帝刘秀回故乡宴请乡亲时就曾用鹿头黄酒。2016年3月列为省级非物质文化遗产。传承人之一魏兆合探索出一套独特工艺，即三次发酵法：第一次蒸熟糯米，加入甜酒曲、黄酒曲拌匀、打窝，棉被保温发酵；第二次是在发酵好的糯米中加入适量麦曲，拌匀后投缸、封缸再发酵；第三次是成熟的酒用木榨压出清酒，过滤后储藏继续发酵。三次发酵后加入果脯糖浆，经过滤、灭菌即可饮用。此产品品质独特，清亮透明，酒味甘醇绵长，略带苦味，营养成分丰富，酒性温和，刺激性低，不伤胃。民间有"黄酒醉不了，出门见风倒"的说法。

琚湾酸浆面【Jūwān Suānjiāngmiàn】 琚湾地处汉江支流滚河、沙河交汇处，这里的彭氏祖先，清嘉靖年间从黄陂迁居琚湾。彭氏先人采用琚湾的食材创建了酸浆面小吃。此食品2012年入选"湖北省首届食文化名食"。2013年琚湾酸浆面制作技艺入选湖北省非物质文化遗产名录。该食品选用上等小麦精粉手工擀切成面条；酸浆制作是关键，采用白菜和芹菜于陶缸中浸泡，水温、时间、比例均要拿捏准确，泡出鲜味纯正的酸浆；臊子选用的是猪板油、葱白、精瘦肉、豆瓣等材料，经炒制、焖炖数小时而成。每年4月至10月为食用佳期，因此时酸菜发酵快、浆水酸度高，味道也就格外鲜美。

平林大米【Pínglín Dàmǐ】 平林位于枣阳市南部，由于这里独特的气候、丰富的水源、肥沃的土壤，加之良种良法栽培，平林镇盛产优质大米，素有"鱼米之乡"和"枣阳粮仓"的美誉。"平林镇"牌大米以天然无污染、无公害、爽口，兼具营养保健功能，成为湖北省枣阳市名牌产品，现已在国家市场监督管理总局注册，并获得省有关部门颁发的认证证书，成为枣阳历史上第一个以地方名字命名的优质农产品品牌。

四井岗油桃【Sìjǐnggǎng Yóutáo】 四井岗位于枣阳市平林镇，这里是鄂西北最大的油桃之乡，油桃种植面积达万余亩，年产量达2500万公斤。四井岗油桃皮薄肉厚，果肉呈白色，肉质细嫩松脆，酸甜适口。四井岗油桃已成为枣阳地理标志性产品。

枣北黄牛肉【Zǎoběi Huángniúròu】 出产于枣阳北部的黄牛，体型结构匀称，皮薄坚韧，毛短光滑，骨骼粗壮，肌肉发达，黄牛肉肉质细密紧致鲜嫩，味道鲜美，营养丰富，在当地久负盛名，市场前景广阔。"枣北黄牛""枣北黄牛肉"成功注册为地理标志商标。

第二节 传统产品

金兰首饰【Jīnlán Shǒushì】 由枣阳金兰首饰集团生产。始创 1986 年，主要品种有黄金首饰、铂金首饰、珠宝首饰、金属镀层流行饰品等，产品造型优美，制作精细。金兰牌金属镀层流行饰品 2005 年被认定为中国名牌，金兰牌黄金首饰 2007 年荣获中国名牌产品称号。

隆中牌刹车片【Lóngzhōngpái Shāchēpiàn】 由湖北飞龙摩擦密封材料股份有限公司生产。公司始建于 1970 年 4 月，占地面积 12.6 万平方米，主要产品为汽车用鼓式刹车片、盘式刹车片、制动蹄总成、气压盘式制动器等四大类产品两万多个品种。公司自主研发的隆中牌刹车片被评为中国畅销品牌、湖北名牌产品、全国"质量信得过"产品，隆中商标荣获"中国驰名商标"称号。公司先后荣获全省工业企业综合实力 500 强、中国摩擦材料行业综合实力 21 强企业，东风纳德公司、一汽、中国重汽优秀供应商称号。公司产品通过 ISO/TS 16949：2002 国际质量认证，2010 年公司通过欧盟 ECER90 认证，成为唯一一家进入欧洲拖挂车 OE 市场的中国生产厂家。与中国重汽、福田、江淮等 20 多个厂家配套，是大规模生产无石棉环保产品的企业。

第四章 非物质品牌

第一节 民间手工艺

太平面塑【Tàipíngmiànsù】 俗称面花、礼馍、捏面人，是在民间做面花食品的基础上发展起来的。用精面粉、糯米粉、盐、防腐剂等原料制作的各种人物或动植物形象，是一种家喻户晓的民间艺术。捏面艺人根据所需随手取材，经捏、搓、揉、掀，用小竹刀灵巧地点、切、刻、划，塑成身、手、头面，拨上发饰和衣裳，栩栩如生的艺术形象便产生了。面塑造型抽象，形态生动，朴实简练，染色明朗大方。

百布堂【Bǎibùtáng】 系采用劳动人民世代沿用的一种纯棉手工织品，民间俗称"棉布头"，由原始的木质脚踏机精心纺织而成。制作过程极其复杂，从采棉纺线到上机织布，需经轧花、纺线、染线、浆线、牵机、上机、织布、染布等17道主要工序才能完成。产品质地柔软，爽身舒适，不起褶皱，还有不褪色、不起球、耐水洗、无静电等特点。夏季吸湿沥汗，冬季贴身保暖。2017年7月2日，湖北省人民政府公布"枣阳粗布制作技艺"为湖北省省级非物质文化遗产。8月在枣阳汉城建立第一个百布堂"枣阳粗布制作技艺"非物质文化遗产传承基地。

第二节 民间文艺

鹿头皮影戏【Lùtóu Píyǐngxì】 此种曲艺在民间流行较广，鹿头皮影戏远近闻名。有专业皮影戏班子，"影人"为牛皮剪制，用油灯作光源。每班4~6人，一人掌"影人"并担任主唱，其余人操打乐器，演出不需搭台，只在地上围以箔子，以白细布作影幕即可演唱。多在夏秋两季演出。冬春多为红白喜事表演。剧目主要有《杨家将》《七侠五义》《薛刚反唐》等。

白竹园寺的传说【Báizhúyuánsì De Chuánshuō】 白竹园寺又名竹园禅林，隐在崇山峻岭、茂林修竹中，因"天效其灵，地呈其瑞"，流传着一个个传奇故事，令人神往。有"古槐救主"的传说。当年刘秀被王莽大军追至寺庙下边的古槐下，已无退路。刘秀仰天长叹：难道天要亡我？突然，古槐树树干裂开一道缝，刘秀躲藏进去，树干旋即又合拢。追兵到此找不到刘秀就到别处去了，树干又裂开，刘秀谢过古槐救命之恩后又去征战。古槐树历经沧桑，树缝再未复原。有"贞洁井"的爱情故事。相传山下住有白、李两家，两家夫人同时怀孕，并指腹为婚。后白家生一女，李家生一男，两小青梅竹马，长大后亦情投意合。而附近一财主的公子对白家姑娘垂涎三尺，强逼其为妾，白家姑娘宁死不从，投井自尽。这口井后被人称为"贞洁井"。李生听闻后悲痛欲绝，一气之下杀了财主家公子，在井旁修建寺庙，削发为僧，终日守在井旁吃斋诵佛。某夜，白姑娘化作一根白竹，抚缠李生，后白竹长成大片竹林，寺庙被后人反复扩修，终成今日规模。2013年白竹园寺的传说入选湖北省非物质文化遗产名录。

刘秀传说【Liúxiù Chuánshuō】　　枣阳是东汉开国皇帝刘秀的故乡，其传说内容丰富，历史悠久，流传广泛，异文多样。2013年成功被列入省级非物质文化遗产名录。这充分肯定了刘秀传说的历史文化价值和社会价值，进一步将刘秀传说推进公众视野，并以不同的方式和渠道与当代社会接轨。传说中"王莽撵刘秀"的故事在民间遍地开花。比如刘秀被王莽军追的人困马乏之时，遇到大槐树裂口让刘秀躲藏，后有了"古槐救主"的传说。也有追至某村时，王莽军驻村东，刘秀人马驻村西，恰好村西的鸡鸣时间早于村东半个时辰，刘秀又逃过一劫，后有了"鸡鸣寺"的故事。在皇村追至一河边，刘秀望着河水长叹：难道今日天要亡我？此时河水消减，刘秀率人马刚渡河至对岸，河水立马上涨，波涛滚滚，延滞了王莽军的追杀，从此又有了滚河的名称由来。王莽撵刘秀至大和寺，刘秀越窗入内，蜘蛛即在窗上结网，刘秀幸免于难。后刘秀登基，重修大和寺并把此寺改名为报恩寺，今日为市级文物保护单位。

威风锣鼓【Wēifēng Luógǔ】　　在本地流行甚广，历史悠久。其表演形式多样，内容丰富，融音乐、舞蹈、鼓艺于一体。表演者多强悍矫健、粗犷豪放、朝气蓬勃。常见的表演有花鼓、腰鼓、转身鼓等，也有以鼓、锣、铙、镲等多种乐器组合成合奏形式表演民间传统打击乐。多在庆典、集会和年节时表演。南城街道表演更为精彩。

大头和尚戏柳翠【Dàtóu Héshàng Xì Liǔcuì】　　此舞的创作者为枣阳"万子戏班"的汉调艺人。清光绪五年（1879）春节，付田昌、蔡茂生将万子戏《月明和尚戏柳翠》改变成高跷舞上街表演，很受欢迎。从此该舞就在枣阳境内代代相传。据传说，很早前深山里有座古寺，寺庙内长棵大柳树。经千年修炼柳树变成一俊俏姑娘，取名柳翠。她渐渐爱上了庙里一个大头小和尚。一天，庙里仅有小和尚看家，这柳翠便装作香客挑逗小和尚，使他忘了佛门戒律，与她尽情嬉闹玩耍。碰巧一樵夫路过，见庙内有女子笑声，扒在墙头一看，见小和尚与一姑娘在打情骂俏，忍俊不禁，双手一松便掉下墙头。后来樵夫将此事讲给众人听。有个社火头儿将其编成了社火表演，男女老少都爱看。从此"大头和尚戏柳翠"就流传开了。该舞为哑剧舞蹈，由二人脚踩高跷表演，有民间打击乐伴奏，节奏顿挫分明，幽默风趣。2006年被列入枣阳市第一批非物质文化遗产名录，襄阳市非物质文化遗产保护工作授予杜建璜（兴隆镇人）为《大头和尚戏柳翠》的优秀文化传承人。

第九篇　地名艺文
【Dìmíng Yìwén】

第一章 地名诗词

第一节 古代诗词

游南阳白水登石激作
唐·李白

朝涉白水源，暂与人俗疏。
岛屿佳境色，江天涵清虚。
目送去海云，心闲游川鱼。
长歌尽落日，乘月归田庐。

赠从兄襄阳少府皓
唐·李白

结发未识事，所交尽豪雄。
却秦不受赏，救赵宁为功。
托身白刃里，杀人红尘中。
当朝揖高义，举世钦英风。
小节岂足言，退耕舂陵东。
归来无产业，生事如转蓬。
一朝乌裘敝，百镒黄金空。
弹剑徒激昂，出门悲路穷。
吾兄青云士，然诺闻诸公。
所以陈片言，片言贵情通。
棣华倘不接，甘与秋草同。

上云乐（节选）
唐·李白

中国有七圣，半路颓洪荒。
陛下应运起，龙飞入咸阳。
赤眉立盆子，白水兴汉光。
叱咤四海动，洪涛为簸扬。
举足蹋紫微，天关自开张。
老胡感至德，东来进仙倡。

夕次蔡阳馆
唐·孟浩然

日暮马行疾，城荒人住稀。
听歌知近楚，投馆忽如归。
鲁堰田畴广，章陵气色微。
明朝拜家庆，须著老莱衣。

齿坐呈山南诸隐
唐·孟浩然

习公有遗坐，高在白云陲。
樵子不见识，山僧赏自知。
以余为好事，携手一来窥。
竹露闲夜滴，松风清昼吹。
从来抱微尚，况复感前规。
于此无奇策，苍生奚以为。

题广昌馆
唐·韩愈

白水龙飞已几春，偶逢遗迹问耕人。
丘坟发掘当官道，何处南阳有近亲。

北眺舂陵
唐·骆宾王
总辔疲宵迈，驱马倦晨兴。
既出封泥谷，还过避雨陵。
山行明照上，豀宿密云蒸。
登高徒欲赋，词殚独抚膺。

道次舂陵怀古二首（其一）
宋·宋庠
郁郁舂陵旧帝家，黍离千古此兴嗟。
萧王何事为天子，本爱金吾与丽华。

舂陵怀古
宋·冯炳时
舂陵遥望郁葱葱，故里犹存汉帝宫。
文叔平生原谨厚，昆阳一战见英雄。
投戈讲艺资神略，闭境息兵保大功。
三十三年勋业懋，天留近属王蚕丛。

光武台
金·元好问
东南地上游，荆楚兵四冲。
游子十月来，登高送长鸿。
当年赤帝孙，提剑起蒿蓬。
一顾潢水断，再顾新都空。
雷霆万万古，青天看飞龙。
巍然此遗台，落日荒烟重。
谁见经纶初，指挥走群雄。
白水日夜东，石麟几秋风。
空余广武叹，无复云台功。

经光武帝故居
明·伍希儒

红旆凌风上古台，碧云黄雾一时开。
已闻白水真人远，却唤青州从事来。
许国有心惭未补，忧民无策恨非才。
山花檐鸟知人意，也向幽岩避世猜。

过寺庄
明·张廷谏

骢马长安道，秋声度枣阳。
可怜负鼎客，相遇接舆狂。
剑舞鱼肠古，茶烹雀舌香。
真人钟秀地，应有卧龙冈。

椒山梵宇
明·张廷谏

古殿巍峨耸碧岑，石坛松老鹤偏寻。
凉生禅榻当窗竹，光射维摩布地金。
塔上铃敲终古韵，钵中莲漏六时心。
我来瞻眺徘徊久，鸟解留人作好音。

唐梓山
明·张三丰

白石磷磷绕涧泉，苍松郁郁锁寒烟，
碧桃花发朱英秀，别是人间一洞天。

夕阳馆
清·钱振邦

好句传千古，阳春和者稀。
江山留客住，花鸟劝人归。
市接楼台近，城连灯火微。
挥鞭早投宿，莫使露沾衣。

寄怀唐石虎明经
清·柯耸

春陵旧游处，忆尔出群才。
最喜论文数，时能载酒来。
地深王粲井，天远楚王台。
他日飞腾去，无令老鬓催。

春陵怀古
清·甘定遇

汉代龙兴事已过，春陵尚剩旧关河。
青山到处淹行骑，白水无端促逝波。
岑马英雄成寂寞。郁葱佳气镇销磨。
摇鞭西去隆中近，风土犹传抱膝歌。

夏日登青峰山
清·刘峨

西北多平衍，东南美溪山。
兹峰最突兀，矗立青云端。
群山如拱立，罗列而巑岏。
其阴有习洞，石泉听潺湲。
吾性嗜山水，支筇屡跻攀。
足力觉已疲，小憩盘石闲。
凭高极瞻瞩，履险愁心颜。
好风从西来，飘飘六月寒。
吹我毛髦动，愁绝葛衣单。
欲去心夷犹，言随飞鸟还。

自唐县镇至红花铺口占
清·张开东

唐河东渡日西斜，暮宿荒村卖酒家。
醉过随阳三十里，桃林一路到红花。

枣阳夜行至草店口占
清·张开东

枣阳夜发气萧疏,草店行来霜未除。
自爱空山生寂静,一轮明月一轮车。

过太平镇
清·张开东

太平关外路茫茫,唐梓山头别楚疆。
此去洛阳多旧友,天涯犹得比同乡。

资山道中
清·窦欲峻

一层香稻一层山,几处人家傍水湾。
水曲山幽真太古,桃园犹似在人间。

题花山柳耆青墓
清·史策先

章陵轶事说清明,都向花山拜柳卿。
残月晓风何处岸,荒烟蔓草此间茔。
红牙共唱销魂曲,金掌偏留吊古情。
独醒一编真据在,从今两地不须争。

白水寺谒光武帝祠集唐十二律（选）
清·史策先

一

白水龙飞已几春（韩愈），
凤楼回首落花频（李郢）。
曾闻转战平坚寇（杨巨源），
重与江山作主人（张籍）。
片石孤峰窥色相（李颀），
荒祠古墓对荆榛（刘禹锡）。
相逢莫话金銮事（韩偓），
鲁酒那堪醉近臣（鲍防）。

二

水态含青近若空（苏颋），
栖鸾树杪出行宫（苏颋）。
行人莫问当年事（许浑），
圣主偏知汉将功（韩翃）。
几处园林萧瑟里（杜甫），
数声鸡犬翠微中（刘威）。
三千年后知谁在（罗隐），
一体君臣祭祀同（杜甫）。

皇村怀古
清·鹿启烈

茅舍低烟乱石旁，行人指点说皇庄。
中兴事业昭前史，一代山河剩此乡。
古利梵声仍白水，荒祠鸦影自斜阳。
当年望气称葱郁，感慨消沉古战场。

过马鞍山
清·黎家惠

茆屋鸡鸣梦不留，马鞍山下雾初收。
重关古道千峰峻，翳日连云万木稠。
虎豹巉岩牵客袂，笙簧鸟语间溪流。
挥鞭未觉行程晚，一抹斜阳度驿楼。

再过舂陵有感
清·高铨

百年世事总浮沉，眼底兴衰感客心。
曾记巷门多服马，谁怜燕子半巢林。
上游烽火连川陕，野戍星河动古今。
旧日亲交寥落甚，那堪独此对春深。

过瓦子岗
清·储嘉珩

芦陂堰畔柳含霜，八万山头日色黄。
行尽重岗九十九，枣阳西去是襄阳。

经白水村
清·高福滂
策马春陵道,经行白水村。
秋风生老树,落日淡荒原。
帝里名犹著,真人庙仅存。
园林湮已久,谁与荐苹蘩。

登枣阳城楼
清·高福滂
七年书剑此淹流,望远频登百尺楼。
天际山连随郢出,城边水接汉襄流。
风摇红树曛残照,露冷黄花送晚秋。
作客那堪逢岁暮,凭栏顿起故园愁。

寺庄晚眺
清·孙毖
小市枕山头,苍茫一望收。
寒风凄草木,落日下羊牛。
地忆汉兵过,天连楚水流。
兴亡无限意,过眼白云浮。

湖河镇即事
清·王谦
荒关也自戍兵戎,跨蓼连随尽汉东。
溪水终朝摇碧柳,寒山十里醉丹枫。
千家烟火存唐俗,一市喧嚣杂楚风。
何事游民频聚啸,寨前霹雳夜鸣弓。

白水村
清·汤右曾
风俗东都记,文章西鄂存。
赤符千岁历,白水数家村。
铜马知何帝,苍龙尚有孙。
原陵萧瑟久,里社荐盘飧。

寺庄怀古
清·卫瞻淇
落日宜秋聚，停鞭问古风。
几家连部伍，一见得英雄。
地静烽烟息，年深壁垒空。
丹枫林外树，犹似战旗红。

游石鼓山咏仙人床
清·吕庭栩
拨尽石涧万种愁，真仙疑与白云游。
戏堆怪石支床脚，笑借飞花作枕头。
慨尔蜉蝣临赤壁，依然蝴蝶化庄周。
醉眠甲子都忘却，为问沧桑曾不变？

光武帝故里
清·钱淳
何处郁葱佳气浮，千秋胜迹信难留。
村烟遥幕青山暮，锦浪层翻白水流。
霞蔚云蒸豪杰窟，龙飞虎啸帝王州。
数椽今复嗟寥落，地以人传成古邱。

舂陵怀古（选）
清·蔡作桂
角逐英雄苦战争，舂陵聚义业垂成。
河山久已归周索，父老依然拱汉京。
井底有谋空草率，关中无命漫纵横。
凭谁扫却烟尘道，八万山高瑞霭盈。

过光武故里
清·张问陶
白水遗龙种，舂陵郁帝基。
南阳新将相，司隶旧威仪。
大树悲荒宅，神鸦澹古祠。
英雄攀附地，下马拜残碑。

魁星阁
清·艾自馨

高并层云列嶂回，清光入望洞然开。
四郊已涌中牟异，十日频沾河朔怀。
泮水芹香随昼永，枫廷丹诏戴星来。
欣瞻棨戟腾佳气，信说文章映上台。

琉璃井
民国·谢鸿举

我来刘升店，一窥琉璃井。
波光宜鉴人，逼视不见影。
铿然一石投，玉声戛俄顷。
乃知韬光深，有人徒引领。
我闻新井口，梦入亭长冷。
又闻旧井湮，火固诸葛炳。
今我两不然，欲汲无修绠。
思入水晶域，临深切曾省。
何方可化身，飘泊如萍梗。
幻为子阳蛙，坐观此奇境。

咏晒药台
民国·谢鸿举

捣尽元霜昨夜声，怕零玉露湿金茎。
壶中日月调元气，世外山川正晓晴。
应有野人来献曝，便从此地学长生。
炼丹颇笑神仙术，尚待秋阳以暴成。

霸山道中
民国·邱东阳

孤峰遥峙汉江东，九九重岗驿路通。
山势自连桐柏脉，村声不断梓楸风。
傍岩梵宇辉金壁，背岭花枝绽紫红。
欲问楚王行猎处，霸图零落晚烟中。

第二节 现当代诗词

水晶帘·还故乡
黄火青

去时麦如丝,归来果满枝。
战天斗地五十年,旧地一切新相识,醉米汁。
秃岭穿新装,河水奔上岗。
乌云妖雾齐消散,桃李万株竞艳香,还故乡。

重访春陵
胡久明

故城迹犹存,残垣却冷清。
堪惜古胜迹,复建待后人。

唐梓山
邢玉玺

帝乡北望第一山,紫气郁郁入云端。
闻得晨钟暮鼓声,漫话仙家出此山。

流水尚能西
孙永庆

初夏登唐梓,岩坡绿草齐。
苹比飞紫燕,翠柳隐黄鹂。
石起高低路,禾摇远近畦。
攀峰无老意,流水尚能西。

雕龙碑
赵志海

像一位刚健、警觉的执勤战士
矗立在聚落的南侧、沙河的北岸
守望着这生金产银的河流和土塬

守望着附近的村庄的人气和炊烟
守望着深埋脚下的亡灵和瓮棺……
不,她不是战士
而是一座年代久远的石碑
她身上没有刀矛
只是一条洁白如玉的龙
惟妙惟肖活灵活现
她没有动听的华丽语言
却有独特的思想内涵……
雕龙的人
早已歇息
或许成神成仙
我猜想,雕龙碑
不仅仅是守望土地,守望人烟
还有原始文化遗产
他们雕龙
不仅仅是讲美观,颂祖先
还有"乡魂"的代代相传
回望来路
我看见
——人流不断……

浪淘沙·沙河

葛昌永

桥外水潺潺,正堪凭栏,
渔翁歌止猛回船。
故地不知何处去,换了人间。

云霞上攀天

葛昌永

雾重风寒,星移斗转见时难。
闻道昆明池水浅,几处江山。

题吴店
吴祥明

白水西流绕古镇,群山沃野护春陵。
古迹名胜随时见,刘秀传说遍地闻。
古朴街衢传统美,新颖楼宇现代情。
园区百业勃勃起,璀璨新星别样明。

树头村抒怀
吴祥明

白水滔滔万古流,东来西去绕树头。
龙飞白水明君起,凤舞古泊紫气收。
难忘孝亲祠祖庙,更怀故里化乡愁。
千古美谈道不尽,而今佳话满山丘。

临江仙·赞石台寺提水工程
马永荣

赤日炎炎枯稼禾,龙王岂奈魃何。
年年盼雨真若渴,良田千顷,穷煞总相磨。
帝乡人民齐拼搏,沉睡石台复活。
人造飞龙通天河,廪实仓满,共奏致富乐。

卧牛石
毛庆炎

卧牛古石意若何?
欲飞却还落,
苔侵千年皱,
寒苍苍,
根扎山坡。
何不归去,
光武龙帐,
应无田中活,
功成不求显,
真乃老牛品格。

念奴娇·登临白水寺
杜本文

雄狮山上，望天低，指看舂陵遗地。
借问红光高照处，人道皇村庄里。
往事千年，南封北上，反莽兵戈起。
中原逐鹿，漫天皆是豪气。
刘秀脱颖而出，救亡扶困，把义军维系。
十数骑赢敌万万，旧殿雪随汤去。
解放奴隶，宽驰刑律，夜户何须闭。
轻徭薄赋，中兴堪称民意。

醉花阴·白水源抒怀
刘志业

龙飞白水中兴叹，明君万代赞。
白水歌经年，无缘水端，今临乐如愿。
滚滚浪涛拍两岸，源浚流悠远。
浪痕印礁石，历历可观，感江山娇艳。

雕龙碑遗址
刘正文

五千年前先人居，犹闻单元房内嬉。
遥想彼时情与景，男狩女织忙生计。

寻蔡阳县城遗址
李明

沙河滚河交汇口，秦设郡县已为城。
水丰田肥牛马壮，水通陆达连四方。
蔡阳古名因何得？几任知州几人知？
舂陵真龙章陵潜，东蔡西蔡亦有时。
曾经歌舞蔡阳馆，如今瓦砾无踪寻。
志书遗墨百余字，断壁残垣九尺高。
九百年间故事多，何故沦落失城郭？
沧海桑田星换移，一捧黄土是非过。

唐梓山
陈胜

唐梓山高峰连天，鄂豫两界白屏障。
当年真武遗胜迹，今日名山喜重光。

永遇乐·游汉城赞刘秀
肖天秀

宫殿重修，辉煌再现，多少风雨。
起义春陵，骑牛拼杀，看滚河龙舞。
绿林好汉，赤眉壮士，转眼皆为尘土。
善谋略，昆阳大捷，更将险关飞度。
天相神佑，挫败王莽，东汉兴隆无阻。
金风珍稀，丽华难得，专一传千古。
励精图治，光武中兴，甚得世人称许。
莫轻笑，草民刘秀，赫然霸主。

长相思·陵园早春
肖天秀

三月风，四月风。
吹到陵园百木中，南郊点点红。
雨浓浓，情浓浓。
烈士身躯堆作峰。墓园思几重？

青峰岭
齐长钧

顶峰一上吾畅怀，极处摩天乐高台。
放眼警觉原野小，千山万岭雾中来。

魂系枣阳
程国达

丽日清风口水游，枣阳美景不胜收。
舟钻芦苇车穿柳，沙卧鸳鸯水戏鸥。
牧笛柳杨萦碧野，书声顿挫绕黉楼。
将军挥手南禅寺，席卷风雷鄂豫州。

帝乡枣阳

张承明

巍巍玉皇，滔滔汉江。
千古帝乡枣阳，文明灿烂辉煌。
光武中兴从此发祥，
海胜飞天从此启航。
雕龙遗址古韵悠长，
汉城白水汉风华章。
煌煌玫都，灼灼桃乡。
生态美丽枣阳，走向幸福小康。
改革开放百业兴旺，
城乡巨变跻身百强。
熊河沙河碧波荡漾，
唐梓竹寺秀美风光。

前湾赋

张承明

鄂北前湾村，国宝古居落。北枕桐柏，南濒滧水，东毗随州，西通唐河。邱氏先民，肇启营丘，脉延西江，明末徙兹，拓荒躬勤，耕读传家，稼酿薪药，农兴商绅。起楼院渐成村，始于明兴于清；六百春秋沧桑，风韵依旧如歌。靠山面河嘉堪舆，负阴抱阳聚太极，楼榭宅院比肩立，村衢石巷向阡陌。两进三开四合院，粉墙黛瓦马头墙，雕梁画栋靓木阁，重檐斗拱鸟饯角。天井甘露入水网，堰塘粼粼水清澈。三门寨墙石垒高，秀揖南山显巍峨。石坊雄标拱日月，古井水车映星河。外修内敛，四季景美：春则花草葳蕤，云淡鎏岚；夏则竹木葱茏，葛藟桃果；秋则村野尽染，金黄满坡；冬则玉域琼花，银装素裹。民风淳朴，德垂懿范，世遵族礼，崇信仁义，懋穆古俗，人气谐咏。绍遗风，胄裔乡贤葺故里；扬文化，各界同心复村郭。巍巍兮桐柏，峰峦叠翠；汤汤兮滧水，荡漾碧波。悠悠兮文脉，传承恒昌；熠熠兮前湾，美名远播。

四井岗战斗

江月

一九三二年的秋天
枣南的天空阴云弥漫
崇山峻岭中血腥的杀机忽隐忽现
蒋介石纠集七个师
在襄枣宜布下个密不透风的口袋

事先把关门山刀破岭战略高地抢占
妄图将徐向前部一举围歼

徐向前执行上级的调遣
火速撤离鄂豫皖根据地
刚入枣南，就陷入敌人的包围圈
敌众我寡，敌人数倍于我
战略高地交通要塞都被敌军抢先

徐向前没有畏惧没有胆寒
调兵遣将，重修作战方案
一路佯攻关门山
一路佯攻刀破岭
主力在四井岗与敌决战

刀光剑影，火光冲天
腥风肆虐，血流成河
战士们三天两夜没合眼
迂回包抄，围点打援
单兵袭扰，众兵攻坚
终于在四井岗
把敌人的口袋撕烂
歼敌三千多，缴获无数枪支粮弹
跳出包围圈，挺进川陕边
让革命的火种在大江南北漫延

大仙山歌行

姜法素

大仙山、大仙山，昔有名字无有仙。
今日诸仙来相会，一起降临大仙山。
站在大仙山上望，惊得诸仙交口赞。
千亩桃花红艳艳，胜似武陵桃花源。
万亩玫瑰花似海，情侣同心把手牵。
汉宫巍峨平地起，光武辇车归故园。

狮子山下起烽烟，舂陵子弟崛垄间。
昆阳大战泣鬼神，奠定东汉二百年。
山北有座雕龙碑，原始人们住单元。
六千年前推拉门，引领潮流到今天。
山南有座曾侯墓，已有笔墨书纪元。
枣阳历史要改写，补上曾国这一环。
欲找刘公聊一聊，中兴之策百姓安。
欲找海胜谈一谈，羲和欲学御飞船。
欲和吴刚说说话，键码一按就实现。
欲和嫦娥见见面，屏幕一刷到眼前。
科技发展日千里，就是神仙也茫然。
祖师也觉很无奈，电脑怎也玩不转。
吕祖也想过把瘾，拿着手机傻了眼。
果老弃驴想开车，把握不住方向盘。
众仙宝物都落伍，欲施法力重钻研。
如今高楼竹拔节，幢幢矗立入云端。
沙河两岸风光带，一步一景展画卷。
纵横街衢直又宽，绿树花带镶彩边。
车水马龙人接踵，少男少女舞蹁跹。
白天处处人喧闹，夜晚霓虹比星灿。
长虹引来沧浪水，濯缨濯足灌园田。
铁路公路织成网，高铁送你入秦关。
朝饮九朵玫瑰露，晚赴光武还乡宴。
今人古人来对话，中华复兴梦正圆。
仙人凡人共一体，仙即是人人亦仙。
山美水美人更美，诸仙定居大仙山。

枣阳城

杨林凡

枣阳城里漫天游，满目风光眼底收。
百业待兴徵盛世，千帆竞发喜飞舟。
高楼林立街如画，贾市星罗客似流。
物阜民康家园美，人间正道写春秋。

枣阳放歌

史振灏

骄阳，红得像火，
朝霞，红得像火，
血，红得像火，
花，红得还像火，
我们枣阳的旗帜啊，
红得更像火。

火就是枣阳，
枣阳就是一团熊熊燃烧的火！
新一届市委市政府的大手笔，
点燃了枣阳"盛誉之都"的圣火。
"全省粮食生产先进县（市）"的最美佳绩，
"全国食品工业强市"的丰硕成果，
"全国生猪调出大县"的美名美誉，
"全国果菜无公害生产十强县（市）"的光辉闪烁。
"中部百强县（市）"的褒奖殊荣，
"中国桃之乡"的大美赞歌。
锦旗猎猎迎风飘扬，
金杯盏盏闪耀银河。
枣阳——一个桃花盛开的地方，
掀起美誉枣阳的时代大波。

火就是枣阳，
枣阳就是一团催人奋进的火，
新一届市委市政府的大气魄，
吹响进军"襄阳副都"的冲锋号角。
六纵四横的城市架构，
五十万人口发展的规模，
一路一色彩的亮丽风景，
一街一景观的都市骨骼，
绿化、亮化、美化三位一体，

自然景观与人文景观印烙心窝,
造城与造人相映美,
环境育人同人育环境相融合。
枣阳——一个正在崛起的现代都市,
高唱着美丽枣阳的英雄赞歌。

火就是枣阳,
枣阳就是一团照亮前程的火,
新一届市委市政府的大目标,
燃烧起"招商之都"的进军之火。
玫瑰产业芬芳飘香,
飘逸着中国"玫瑰之都"的浪漫欢歌,
大冶有色金属集团金光闪闪,
闪耀着"中国钛都"的锦绣山河,
福田汽车车轮滚滚,
跑出了"中国汽车都城"的高山巍峨,
中国汉城拔地而起,
展示着枣阳"中兴之都"的大气磅礴。
枣阳——一个筑巢引凤的新枣阳,
向着工业强市的幸福枣阳引吭高歌。

火就是枣阳,
枣阳就是一团红彤彤的火,
新一届市委市政府的大眼光,
掘开了"旅游之都"的历史长河。
一条大河波浪宽——枣阳沙河,
它就是枣阳的幸福水,造福人民的金沙河;
一个古文化遗址——距今六千年的雕龙碑,
反映了母系氏族,长江黄河两大文明的大融合;
一个战国古墓群——楚墓九连墩,
展示了荆楚文化的魅力和洒脱;
一个国家级森林公园——白竹园寺,
群山环抱,滴翠闪烁;
一条条高速路,

横贯枣阳与四方珠联璧合；
一个中国桃之乡——枣阳，
满坡遍野桃花盛开，就是对枣阳赞美讴歌；
一个皇帝——十大历史明君之一的刘秀，
描绘出"光武中兴"的伟业闪耀史册；
一位航天英雄——帝乡之子聂海胜，
雄鹰展翅登天问月笑傲中国；
枣阳——一个美丽的旅游目的地，
向世人展示着古帝乡的神秘传奇和不朽魂魄。

火就是枣阳，
枣阳就是一团熊熊燃烧的火，
新一届市委市政府的大战略，
幸福枣阳建设更加红红火火。
工业、农业、商业，齐头并进，
更新、更亮、更美，唱响园林城市的嘹亮高歌，
文雅、文化、文明，铸就枣阳人的品位品格，
心声、掌声、呐喊声，声声同音，声声同贺。
在坚强的市委指引下，万众一心庄严承诺：
在百舸争流中永居一流，
在再创辉煌中永远辉煌，
在与时俱进中永远奋进，
在高奏凯歌中永奏凯歌。
枣阳，枣阳，我爱您——鲜红的太阳永不落！

手握青铜的民族
——献给枣阳九连墩的颂诗

李红平

在深厚的泥土中
我们开始寻找
人的足迹
可是那里没有
点燃火把

我们开始分辨
第一个人的面孔
可是那里没有
在滚满石头的山坡
我们开始挖掘
第一件武器
可是那里没有
在无止无休的怒涛中
我们开始倾听
先人的呼吸
可是那里没有
我们走向古老的乡村
我们奔向寂谧的九连墩
面对万古恒空
人的烁烁生命烙印在
创造的每一座建筑上
烙印在
子孙万代澎湃的血液中
烙印在
祖国不朽的颂歌铸造的青铜里
铸造青铜的武器
是手是黄色的手
这一只只黄色的手
像钢琴一样生长着五个琴键
我相信这五个琴键
在大地的胸脯上
能弹奏出比钢琴更动听的音乐
这支传唱千古的音乐
是从陵墓中飞出的燕子
飞越沙河
飞越滚河
飞越唐梓山
飞进九连墩

飞进英雄们从未死去的梦里
飞进青铜剑刃闪烁的冷光中
支离破碎的青铜战车上
飘荡着委婉的凯歌
远去的荣耀
随风传送
陶俑紧闭的双唇
仿佛要说出
民族的忧伤和梦想
我的民族
是一只手握青铜的民族
我的民族怀着深深的梦想
犹如我坐在窗下
用诗来构建
我的王国
我的民族怀着深深的梦想
雄鹰飞越祖国的蓝天
火把照不出它的深邃的思想
我的民族怀着深深的梦想
就像我的子孙永远不会把梦遗落一样
我的民族怀着深深的梦想

第二章 散　文

第一节　古代散文

光武祠碑文
元·王泰来

帝王肇兴，盛德者必百世祀。在汉中叶，新室窃柄，呼号者连响，撄城者相望。光武天锡义勇，神运机智，戡定祸乱，削平天下，海内蒙恩，德至渥也。是以三辅吏士见司隶僚属，皆欢欣不自胜，故老或垂涕曰："不图今日复见汉官威仪！"其拯民水火之功，为何如哉？舆情推戴，虽百世可也，况故乡乎？原其初，舂陵节侯买，实封于零陵舂陵乡。因厌地蒸湿，乞移内郡，由是邑乎县之白水，地灵人杰，笃生贤哲，果有以验苏伯阿望气之谶。及帝握赤符乘六龙，十有七年，乃过故里，修园庙，祠旧宅，观田庐，置酒作乐，大会宗戚，改县为章陵焉。帝心之眷乎兹土者，审矣！民之报效者，礼固宜然。古城距白水十里余，故宅有庙，后废。有元混一区宇，诏天下名山大川，圣帝明王特举祀典。于是里之耆宿，慨焉鼎新祀事。遂以至正三年三月三日，征土工、木工、石工，修器备用，来会祠下。斫枝干，砻柱础，陶瓦甓，筑垣墉，恢复旧制，克获就绪。以侑祷祠祭祀，如响斯答。是能易歉为穰，易冷为和，沾被惠泽者，乃复铲石为炉，辇来于庭，以久供养。民心之眷眷于帝，亦云至矣。民之仰帝也如是。帝之念民也如彼。交契于冥冥之中，祠之所以作也。惜乎！事之首末，缺焉未纪。秦只率领众耆，属为文纪之。余嘉其居帝里而能笃崇报之意，以示不朽。爰述大概，俾岁时奉祀，时以便观览焉。

祭光武庙文
明·安邦

自哀平不竞，汉业中颠，王莽染指大鼎，群雄糜沸中原。太阿倒持而谁挈其柄，天下嗷嗷，而谁雪其冤。九庙几不血食，一脉不绝如弦，故天意预培植于仁祖，自道州迁徙于楚川，改舂陵于白水，实水绕而山环。贞元会合，正气盘旋。有南顿君者，生帝于其间。恢郭大度，智勇兼全。愤莽贼之篡逆，恨群丑之隳喧。自春陵以首事，乃绛衣而大冠。破昆阳而莽随授首，巡河北而摘伏除奸。芟群凶而故墟恢复，访儒雅而斯道以延。是辟乾坤于再造，揭日月于中天。奇勋伟绩，青史流传。某官斯土，仰止高山。躬临遗址，抚景凄然。山枕寒流，古今如旧。烟铺碧落，玉叶凋残。鬼火青而寒风夜袭，黍离怨而秋雨汛澜。风云剑戟，泉溜渊闻。蓬蒿满眼，攀附无缘。一觞敬奠，聊罄诚虔。尚飨。

（摘自明万历《襄阳府志》（三）第49卷，又据清同治《枣阳县志》校定。）

修砖城记
明·李源

城邑非先王之制乎？《易》曰："王公设险，以守其国。"《礼》曰："城郭沟池以为固。"盖民之所聚，必有所恃，而后暴可御，生可保焉。故曰：城，所以盛民也。《春秋》：凡城之志必讥。楚令尹孙叔敖城沂，沂亦邑也。《左传》备言其本末次第，以为天下后世使民之法，岂非先王之制所不废也哉！汉初，令天下县邑，特复嬴秦隳坏之旧，非创为之。唐颜鲁公守平原，策安禄山反，预修浚其城隍，先时而为之备也。宋侬智高反南方，寇平，余公始城桂州，后时而欲其往也。以藩郡视邑，虽有大小之殊，然均于不得已而用民力。揆之《春秋》之意，皆不悖焉耳。

枣阳，襄之属邑，当随、郢、宛、蔡之冲，地重物英，名著古昔。正德庚午，确山安侯来为令，明年辛未，政举赋平，民眈绥和。会河南盗起，所过残灭。邑旧有城，土垣而瓦覆之；梯之可乘，穴之可穿，不足以支一日之变。侯乃乘冬之隙，平板干，称畚筑，培址增陴，加于旧者三之七。又明年壬申春，盗渡河而南侵，毁顿州县四十余区，先锋来薄城下，将雄噬焉。侯分僚佐，募勇敢画地而守，相拒二十七昼夜，盗觇其不可攻也，遂舍去，邑赖以完。侯乃又息其民，且度其心有所儆，而知奋力以自卫。始谋甓以坚壁，益久求虞后之计。爰请于抚治都宪袁公、郡守刘公、抚民宪副金陵张公、分守亚参武进白公、郡守西川李公，咸报之可。凡用甓以数计之二百五十万有奇，用人力以工计之八千一百。以是岁五月肇事，至七月而讫，言言仡仡，藩屏永固，远迩创建，岿然四达间一锁钥也。盖始之为计，得颜公之先见；后之为计，得余公之远虑。故费虽大，劳虽众，而人莫或以为怨。其体险本诸《易》，掌故征诸《礼》，使民之有法，不戾于《传》，一役而众善具焉，众慼不与。是宜有记也。

邑人侍御袁公良辅、李公尚宾、介乡进士罗君以成、庠生钱沧，求取文，勒之石。余闻城之筑也仅两阅月而被围，惟夫危堞之可凭，严扉之可键，故效死者不肯出，冒死者不能入，是益信城郭之足恃矣。然非侯之非素孚于民，其不委而去之者几希。独不观诸一时旁邑之长使乎？非无城郭之可守也，或死或遁，民亦随之，而溃亡者何耶。噫！荆公谓城郭者，先王之有，而非所恃以为存，并是观之。《春秋》议列国诸侯不务德政，而徒事筑城以劳民者，良有以哉！经今而往，凡可以固结人心者，必如设险之可恃，师坚之不可攻而致力焉。则兹城之葺，阃内外，时启闭，严稽察，限侵轶，而固以众志。庶几于先王之制，岂不益备矣乎？不然内携而外叛，不若折柳之樊圃矣。侯名邦，字维藩，河南人，戊午乡进士。维时终始而协力者，县丞桂林莫君测，主簿钧阳古君原德，邑人缙绅士民，或输财，或董役，例得并书者，悉勒碑阴。

勤民楼记
明·李一龙

勤民楼，枣邑谯楼也。而曰"勤民"者何？盖楼置刻漏，揭气候，俾民作事，以不违乎时。亦政教之一端也。按：《志》，元至元二年，邑尹王公、监邑清卿公始筑台建楼。及楼废，惟台岿然。仅存更鼓，击于县厅，声闻不及百步之外，昏晓惟视日之出入。嘉靖癸卯，予莅是邑，见台穿焉一隅，乃命吏治阶除秽。越日登焉，视邑近郊周匝一带，可三十里许。高陆隐起，环合如盘，县治若居盘中。既而登城，徘徊眺望，山川悉在指顾，惟黉宫梵宇与民居鳞次，县治则杂于阛阓，居城之西偏，惟荒台隐现，而楼独废，乃叹曰："斯楼也，不仅为县治大观，更所以置漏刻，揭气候，教民出入作息不迷于旦晚者也。废而不修，何以裨政教、勤民事乎？"修复固不可已矣，顾举赢补绌，敛财劳民，非宜也。乃熟计默虑，日积月累。若木，若石，若涂暨，若甓砌；复者，障者，阶而升者，槛而杆者，工役资以食其力者。区画周悉，乃肇工于嘉靖甲辰之冬，越一月而工成。乃与诸缙绅燕饮以落之。惟时二三，毪土洗爵，次第起为予寿。钱生万选及时生兆、靳生美进，而请曰："美哉斯楼！制不侈而还旧，民不扰而事集，诚盛举也。宜记之，垂示将来。"因叙其事，以授二三子勒诸石。

重建清凉寺记
明·杨瑛

枣阳西南龙凤岗，有寺曰清凉，莫详其立名之意，盖古刹也。宣德间，山西闻喜僧人性真持盂钵云游至此，因寄寓焉。睹瓦砾之满地，慨遗址之就湮，锐志兴复。适有富峪卫归老，千户毛祥主其事，假以畚锸，斩草莽，疏沮洳，于以结茅菴数椽。阅二年，乃立殿宇，建方丈，门墙毕备，树木成林。数年之后，其徒继忠幸地势之爽垲，园林之茂密，沙河旋绕，青山拱列，有平田广土，长途突阜，映带左右，谓非崇其栋宇，不足以壮观瞻。于是积材鸠工，增建前殿，高三丈有奇，纵横深阔倍之，环以廊庑，陈其钟鼓，装饰法相。复以后殿弗称，已历久，复撤而新之。视前殿之高广更有加焉。

予尝巡视斯土，假息其中，继忠再拜，乞文记之，以示来兹。余喜继忠之善承其业，故不拒其请，为之详叙其颠末，以见修废举坠赖有其人，而继忠之光大其先业，并可为世之为人子孙者告也。成化辛卯九月朔，知枣阳县事河南杨瑛记。

新建舂陵书院记
清·钱振邦

舂陵为光武龙兴之地，所谓"曜朱光于白水"。名贤世胄，炳耀史册，流风余韵，至今犹烈。明季洊历兵燹，城郭人民，化为灰烬，典章文物之旧，亦荡然无复存。我国家覃敷文教，于兹百年，山陬海澨，莫不沾濡。百里之区，十室之邑，皆能掇科第，致显荣。而枣邑殊觉寥寥，盖《诗》《书》之不讲，久矣。邑侯徐公，以闽中硕儒来尹兹土。凡不便于民者，悉行革除。簿书之暇，尤以振兴文教于己任。董率师儒，时勤考课。数年来，学者翕然向化。丁卯秋闱，公奉檄充同考官，枣阳中式二人。公立新其丽谯，更颜之曰梦魁，志喜也。

邑旧有沧浪、青山二书院，沧桑之后，尽付之荒烟蔓草。公慨然以兴废为念，捐俸首倡，邑人亦乐输以助。因规其地，鸠工庀材，不三月而事竣。由大门、仪门、大堂、讲堂，以至书楼、斋厨，莫不备具，恢弘壮丽，为吾邑百余年来未有之巨观也。公据苏伯阿佳气郁葱之语，名之曰春陵书院。择邑中子弟聪明茂美者，延师教督。膏火之资，薪水之费，皆次第措置。公之用心，可谓至周极备，而劳苦兼之矣。自我朝乐育人才，命各直省建设书院，当路下其事于州县，吾邑迟之又久。则是开百年文运之功，其原不可没也。枣之人将百世诵公于不朽，而况亲炙其光者乎！

振邦奉公命，得共襄厥事。今喜其成，拜手而为之记。

青山书院碑记

清·田耜传

春陵，古龙飞地，广表仅百里，佳气郁葱，夙称名胜。考《前志》：城东里许，有沧浪书院，旧名濯缨亭，不详其创自何代，旧址无存。阆中刘公以戊申岁来尹兹土。居官廉正，庶事厘新，所尤加意者，惟人文是重。尝征邑学科名，自前明洪武以来，士之登贤书捷南宫者，济济绳绳，后先相望；而近今落落晨星，士气消沮矣。公惶然念曰："纯钩之出冶也，不拭以华阴之土，则光芒终汶。邑有良材，而淬砺不先，非余之责乎？"爰择胜于宣圣宫之东，旧所谓射圃者，新建青山书院，复建奎楼于书院之巽方，与南城文昌阁相望，俨然文坛旗帜也。公以锦江剑阁之奇，毓为文章，发为政事。邑人士一受甄陶，应自奋砺科名，安知不复如曩时之盛乎？忆文翁治蜀，广仁爱，敦教化，遣相如东受经训士，而蜀学遂比于齐、鲁。公蜀人，稔知蜀事，其有造于邑士，功当不在文翁下也。是为记。

枣阳县梦魁楼记

清·徐芳桂

署之仪门外有谯楼焉，昉于元之至正。明嘉靖间，知县李君一龙，改额勤民楼。康熙十年，刘君嗣煦，又改名据胜。兹更易为梦魁。似觉前之名楼意有所属，而今之名楼不免邻于幻也。抑知事必有几，几者动之微，吉之先见者也，几无不应，梦其吉之先见与？

枣邑隶襄郡，稽之前代，名臣英哲辈出。我朝定鼎百余年，《菁莪》《棫朴》之化，烝烝日上，而斯土科甲无闻，心窃忧之。丁卯仲春夜，案牍劳形，倦而就枕，恍坐公堂之上，遥见谯楼中有光荧然。俄一人冉冉下，立于庭阶，高唱："枣阳中式二人。"余方亟询姓名，为墙外柝声惊觉，因默记之，知梦之有因也。是秋，余奉调入闱，填榜之夕，闻堂上唱枣阳廪生黄嘉瑞名，诸同事揖予称贺。予曰："未也。"未几，吏复以李为柯名唱。诸公欢询，因为述前梦之征，咸叹异之，且曰："今国家值昌明之会，僻壤遐陬，胥沐文教，当必有联翩继起、羽翼升平者。"则吉之先见，而几无不应，皆可于是梦卜之也。兹适葺治斯楼，爰易其额曰梦魁，因述其异而志喜云。

建修枣阳县护城堤工记

清·周培

枣阳县城之东，濒于沙河，旧有护城土堤，屡筑屡圮，洪流直啮城趾。盖由河源远流百七十里至城东北，忽离故道，渐折而西，而城适当其冲。夏秋盛涨，汹涌荡激，宜土堤之不足恃也。

癸丑秋，余奉调摄县篆，巡视形势，堤不即修，则三面受水，城将日坏。於是谋诸邑众，即日鸠工。向之土，尽易以石，且增高焉。抵湍激汛溢之水，俾之直冲东州。循故道刷沙而南。堤之首尾，直据地势最高处，不使游波乘凹灌入。其堤基尽用长大松桩；堤身之土必辇自城北，附近疏浮之沙砾不用也。又多立石矶，以杀水势。于是有输工者，有捐费者，皆士民中好义而终事者也。始于癸丑十一月望日，至次年五月一日堤成。昔之转徙洄漩陂陀倾仄之势，今则如砥如掌，完固无虞矣。昔之瞻顾杌陧皇然忧惧之境，今则从容俯仰恬然相庆矣。在事绅耆咸喜相颂曰："修废除害，一劳永逸，皆使君之赐也。"余则以为，此乃邦人士输助之力，余何功之有焉？顾余窃思之，余方系职均阳，得与枣人共谋此举，且得历久，以有成功，殆冥冥中有默为相之者与？是则成之也非偶，抑且增修也无替。固此金汤，永为一方捍患，其欢愉为何如也！

至于兴修之在昔，踵作之在今，或已详邑乘与夫琐而不胜纪者，概略而不赘云。

第二节 当代散文

依依浕水河

邢玉玺

蓝天白云下，一条河从桐柏山间向西再向南流到我居住的小城，又从北流向南再向西折去。一条河给城市增添了一道美丽温情的风景线，给居住的人们以快乐和幸福。原本缺水的地方，对水有着深深的挚爱，因为那是生存的源泉，那是幸福的甘甜，更是美好惬意的礼赞。

在春的傍晚，晚霞染红的西边，黄昏正在慢慢落下，我漫步河边。碧绿的河水飘荡着少男少女的游船，传出阵阵欢声笑语。岸边新铺就的水泥步砖，造型精美的护坡，两岸的水泥路面，更有岸边新添的丝丝柳，织成一幅美丽画卷。林荫石凳前，早来的情侣依偎细谈。好一个闹中取静、清幽雅致的去处，徜徉其间的人们，共享欢愉的居民，创造幸福的人民将文明向前推进。

站在昔时熟悉的河岸，举目望河上下，水面湛蓝，两岸装点似画。我不禁说，浕水母亲河，您变了，变得充满生气活力，变得年轻丰满，变得青碧一新。整治后焕发出一派新姿，圆了小城人民的企盼，结了决策者的心愿，值得为之歌颂的绿水柳岸，挥洒下建设者的劳动汗水，为母亲河的改变，建设者以苦为甜。

曾记否，全国严重缺水的城市我们位列第十四，因为缺水，制约了城市的发展。从农业化向工业化迈进的这些年，城市人口的急剧膨胀，废水污物的处理不当，使母亲河遭受了严重的污染。负载着极大痛苦的母亲河，似乎无力浇灌两岸良田，疲惫病痛的身体已无乳汁哺育沿岸儿女，稻田绝收引起官司纠缠；水质有害，引起疾病高发。母亲河在痛苦中呻吟，儿女们在焦躁中呼唤，领导者策划改变。紧急动员，说干就干，因为这是生命之源，这是人民的企盼，几代人的企盼与奋斗就在飞速向前的今天，设计者着眼长远，建设者加班加点，不负人民的希望让母亲河在短时间焕发青春的容颜。

而今旧时模样已不见了，变质发臭的水变得清清甜甜，坑坑凹凹的河岸已变成绿地花园，大道环绕为居民提供休闲。春来赏景，夏来晨练，秋里散步，冬时踏雪岸边。这是沭水河的改变，是历史的改变，走进2000年新的年轮，带去梦想成真的实现。

站在河岸，借着夕阳的梦幻，让思绪飞越千年，告诉光武皇帝，可否还乡视察一番，我敢说今日之变，城市容颜令他惊叹。往事越千年，帝王会感慨家乡发生的沧桑巨变。

我站在河岸，沐着晚来的春风，渐渐地醉了，醉在辛勤建设后的河岸，醉在红霞万朵的傍晚。暮色渐渐抖开，落在城市，落在河岸，落在四周蛙鸣一片的田野。灯火放出城市的华彩，倒映在明净的水面。游船驶过将平静水面荡漾，无数灯火，晃动在波光一片的水面上，勾画出任何画家都难以画出的美丽奇异的画面。

城市里传出清丽的歌声，夜色真美好，寻找幽静的人们依然在窃窃细语。灯火下的母亲河也该歇息了。她哺育了一代代儿女，记下这座城市和人民在历史长河中走过的艰难岁月，她更关注着历史沧桑的变化。虽然沭水不再是樯橹云集、商船来往，昔日的东关码头一派繁华景象早已不复存在，取而代之的是宽阔平整的公路，以及先进的现代交通运输工具。母亲河，您不必忧伤，温厚慈祥的母亲令儿女们不忘，眷偎在您的身旁。

星星映在水中，随波摇荡，摇荡得波光灿灿。我的心在摇曳，河岸旁的树在摇曳，春的晚风在轻唱，夜色下的静动美和谐一片。

一条河，一条赖以生存的河，儿女们依恋母亲河，愿您永远清明，永远年轻。

遐思青峰顶

曾元忠

枣阳南面，群山连绵，中有一山，名青峰顶。山名起得清秀，山势却十分雄奇。县志记载：青峰顶乃"青山之主峰"，青山"在县西南八十里，气势雄远，峰峦簇簇，直抵汉滨"。而青峰顶则四顾环山，有名字的就有五座，如雷神观、鸡冠垛、麒麟山、摩旗山、梁家山，它们席地而坐，围成一个花篮，让青峰顶"青出于蓝，一支独秀，拔乎其萃地耸入云间"。清朝刘峨赞曰："西北多平衍，东南美溪山。兹峰最突兀，矗立青云端。"可见其是清秀与雄奇兼而有之了。

阳春三月，择一崎岖山路侧攀鸡冠山，从北直趋青峰顶。一路上，蓝色的勿忘我小花静谧开放，似乎是曼歌轻唱，又似乎是小诗低吟，别有幽趣；而热烈的杜鹃花则在山径石道上娇艳艳地、火辣辣地绽放，像大山里的野妹子，大胆地展示着她那红扑扑的气质美。在目不暇接、浮想联翩中，山顶的空旷已来到了脚下。再翘首一望，高达百尺的孤陡孤峭的崖石已站在了自己的头顶上了，危如累卵，近于悬空，只青灰色一体，像大自然垂直它的巨笔滴着墨作画，疙疙瘩瘩，重重叠叠，而又显得那么鬼斧神工，险韵独具。世人常说："宁为鸡首，不为凤尾。"其实到了这里，才知生活中还有比"鸡首"更高的地方，那就是"鸡冠"。于是三五结伴，手拉手，在或粗糙或溜光的崖石间小心谨慎地攀援半个多小时，始登上了鸡冠山。

鸡冠山顶上全是巨石垒砌，宽不过五六尺，最险处三尺不足，长百五十米、东西走向，像一只雄鸡面向旭日引颈高歌，鸡冠上所有的部位都似乎在风中微微颤动。北崖临风呼啸，风吹草动变成一片弱不禁风的枯叶，从鸡冠上飘然坠落；探头俯视，则崖深千尺，手脚皆怵，直不起腰来。由此看来，"鸡冠"上并不是任何一个人都可以稳坐的地方，世人都愿当"鸡头"，殊不知，没有超人的胆魄、过人的勇气，从鸡头上跌下来，结果恐怕会更悲惨。

鸡冠山南面则春光明媚，四里开外有一巨峰，绿意葱茏、较鸡冠山仿佛又高出百余米，有知情者告知：上有青竹、古井和寺庙遗址，其下40米处有一圈旧战壕，是贺龙当年率领红军部队长征时战斗的遗迹，那就是青峰顶。

于是从鸡冠山西探身爬着下去，穿过一段茂密的枣林和旱芦苇，沿弧形山脊，在松荫柏影中，穿行一个小时，抵达青峰顶半山腰，此时再往上看，觉山头还有300米高，再奋力攀登，歇息三次，始到峰顶。

山顶方宽三四百平方米，青翠欲滴的水竹，叶子极暗极绿，绕寨一周；一眼幽幽的石井口一两米的水位，不由令人暗暗称奇，而寺庙的屋基根墙清晰可见，断砖碎瓦满地皆是，可以想象当时寺庙的宏大规模和最后匪徒们掳掠时的残酷了：宁静被打破，僧人被驱逐，"山大王"们占山为王，险要地势，山下抢掠，山上狂欢，上演了多少匪夷所思的愚昧故事，最后又由于某个原因，他们终于待不下去了，临走时放火一把，从此庙宇不复存在，四周一片寂然暗哑，烧香的路上从此杂草丛生。伫立在这一片瓦砾场上，我漫无边际地思想着、揣测着，心里说不出是遗憾还是愤怒。历史上，文明总是那样步履艰难，而野蛮却能够大踏步地践灭着善良与柔弱，当一切都归于尽的时候，惨局摆在了后人的面前，我们能闭上眼睛说没有看见吗？我们能睁开眼睛而又淡然视之吗？而这里的幽幽绿竹和光滑石井又分明在提醒着我们，这里本是一个可以恬静生活的所在，是一个可以"一览众山小"而又置于孤高寂寞的好去处，是一个略加修缮便可西与孟浩然隐居的鹿门山一样"结庐在人境"相抵掌而谈了，东与白水寺的高僧大佛们参禅静悟了。

一面想着，忽闻松涛阵阵，不绝于耳，如海啸如泣诉，有时又如激昂的钢琴演奏，放眼一望，青峰顶的四面千山万壑皆是松柏，而远处，在外围则是千顷方塘万亩良田了。在近处，在青峰顶与鸡冠山中间的山谷地带，野桃花花红似海，如锦似画，美不胜收，像陶渊明《桃花源记》所记述的一样，于是决定下山，迷一回路做一回梦。从青峰顶西北坡侧下，沿着早已模糊了的古道缓缓而下，穿林而走，愈近谷底，则植物种类愈其繁多，层层叠叠，像一本打开的自然百科全书，植物的叶片造型各异，极其罕见，难以形容，接近谷底时，则叶片愈发嫩弱，大概是因为日照时间太短的缘故吧，叶片多呈淡青色，用手一掐，感觉薄如蝉翼，伸手再看，则两指汪汪，皆已沾满了汁水。

来到谷底，见一石洞，洞口四四方方，足足有二层楼那么高，洞深不见底。洞内干燥，气温宜人。传说此洞西通巴蜀，古时一贩盐老翁经此直达四川，可免受地面上的战乱之苦。这就是有名的习洞。习洞外台阶下是一小石潭，半亩许，无名，水极清极净极爽，掬之入口则甜冽透心，静看潭面，蓝天碧树倒映水中，碧绿如珠，文静若女。潭东是十几亩的麦地和油菜地，种满了庄稼，绿油油的十分苗壮。一洞、一潭、十余亩田地，足够一个诸葛亮式的人物来此躬耕垄亩、逍遥隐居的了。于是我想起了一个十分了不起的人物，他叫习凿齿，襄阳人，博学洽闻，富有才学，以文笔著称于世，曾官至西晋主簿，相当于现在的秘书长，当时荆州刺史桓温觊觎皇位已久，他就著《汉晋春秋》以资劝谏，结果为温所不容，大怒，遂被贬官，后虽又曾出任太守，终因足疾而辞官返归故里，此后栖隐山林，发愤著书，所著《汉晋春秋》54卷，多为后来的历代史学家所引用，所著《襄阳耆旧记》73卷，裴松之注《三国志》时引用也颇多，他还写了《逸人高士传》8卷，习洞就是习凿齿曾经隐居著书的地方，并以其姓命名。观其一生，他也像历代许许多多的逸人高士一样，因秉公写实而"命多坎坷"，徒有卧龙之吟、凤雏之声，又因不屈服于命运的安排，遂转而栖隐山林，幽居山洞，闭门著书，将满腹的才学垒砌成一座文化的丰碑。

就在我的飘飘飞思中，我走出了青峰山谷，在路边一个小小山村里，我突然发现了一块不大醒目的招牌——青峰顶留影处。我的眼眶不由一热，心想：青峰顶啊，青峰顶，她在竭力挣脱一切，正以自己的内在美逐步走向人间，而一定也有为数不少的人们在开始摒弃一切陈见与狭隘，走近了青峰顶。这是两个不同的过程，但我相信它们在不久的将来必将交汇，燃起旺盛的崇尚真美的火焰，就像那漫谷的桃、满山的红杜鹃一样历久而不衰。

浕水情思

莘乐安

我对河有一种特别的感情，我爱河，我崇拜河，特别是我家乡的那一条弯弯长长的河。她犹如一条弯弯长长的缎带，不知被一种什么强大的力量，把她从桐柏山脉的千山万壑中抖落出来。抖落在起起伏伏的山丘岗洼里，抖落在广袤无垠的沃野里。她用迷人的秀美驱走了旷古的僻壤荒寂，她走出了一条弯弯长长的路，又成为一条永不消失的彩虹，发出山川的长鸣。我最了解她，那清清的河水，是她锤炼已久的情操；那终年流淌不息的溪流是她倾吐无尽的深情。她的伟岸、她的娇娆在鄂北大地的激荡声中可以寻找，在来去变化的风云中巍立。她文静，她洒脱，她悄然而来；她朴实，她执着，她又奔腾而去，一直奔向那浩阔无极的大海。这就是浕水，是我永远难以忘怀的浕水。

我虽然知道她从来不奢求颂扬，文人墨客们也未曾对她留意走笔，可她用无私的情怀从这里铺出了一条光明和希望的路。回头去看，有多少历史从这里走过，有多少精英被她哺育。也许那漫漫黄沙，记载的都是那往事沧桑。我生在浕水的怀抱里，我也成长在浕水的怀抱里。浕水给予我的教诲、熏陶太多，我怎么也不敢有妄自的推测、褒贬。我只想尽情地从浕水河中打捞起历史的船帆，从那沉积的底层找出她那酣畅的呼唤；找到她已经久藏的悲壮长啸，依傍着她的伟大，磨砺出我的品格，找出延续在我身上的血脉。

我从最遥远的呼唤里遥望浕水飞溅的火花，仿佛有过龙的劲舞，仿佛有过山崖岩石下磨砺石斧、石刀的声音。这也许就是水与龙的拓冶，这也许就是从久远久远走下来的路。浕水长久地孕育了"雕龙碑"，她用她的爱写成这泥土的华章，"雕龙碑"把浕水那久远的笑颜音貌固塑了下来，献给上苍，告慰这里的山川厚土。这是浕水对荒古冲涤后的创立；是生于此土，长于此土的"浕水文化"的绝唱。也或许自有浕水源以来，就有绝唱悠悠存。这绝唱与"半坡文化"一样的优美、一样的高亢。我抓起一把黑黏的泥土，从心里涌起一种自豪的震荡：啊！浕水，从栲姥山下，从水牛河处，从那群山万壑中走过来的足迹也有那样的辉煌。她用艰辛的苦履，承担重负，撑起从这里走过的华夏舟楫。有人说：浕水没有黄河长江那样阔远，也没有黄河长江那样宏魄，也更没有它们那样汹涌澎湃。可我清楚地知道：浕水也有浕水的伟大，浕水也有壮举，自豪地顶起了一片蓝天。是她在那遥远的时代，把雕龙碑的文化、把这里的文明，传到了遥远的地方。只要在天下唱和时，都会感觉来到。

我对沙水的憧憬，是我对沙水长久的追逐。因为我的心在同她的脉搏一起跳动。她对沙水儿女慈祥的爱，她对沙水儿女的哺育，该付出的，都竭力地付出了。她用她那甜润的乳汁，把这里的热土变成亘古不衰的摇篮，刘秀从这里脱颖而出，他成了"汉室中兴"的一代天骄，他的根也在这沙水的热土里。他虽有"白水"之说，但沙水与白水合二归一后，从未有过分离。沙水也曾为他多次开怀畅饮。人们并说，在沙水欢快时，还能听到阴丽华的笑声。那沙水源处的白竹园寺，满山青竹是她的靓影。在青山嶙峋处亭亭玉立，送走一个又一个夕阳，接来一个又一个星辰。她仿佛在眺望刘秀金戈铁马的归来，眺望沙水河畔的秀色佳景，眺望那一浪推一浪的后秀来者。

我挈起沙水古往今来的长卷，一起一落的风云，一代代的人物，似振臂已去，又似呼之欲出。沙水静静的观，朗朗的笑，沙水无言。但我懂得，这风姿，这壮景都是沙水的浪漫。她把那水变成了墨，那江山、风流、人才有的被墨淹没，有的被墨装点。我试图从这里挖掘，找出了那沙水的真正风流。风风火火的沙水在这块土地上撒出自己的种子，生长出无数的风风火火的人物。邓艾是从这里生长从这里走出去的，他把威名从沙水带到了西蜀，震撼了三国的朝野，似乎沙水的枝叶也把三国的群雄给压倒了。岑文本是沙水把他泡出来的，他也从沙水走了出去，他把沙水赋予他的才气，献给了大唐，六十卷经论文章似乎全是沙水的激扬文字，字句里面几乎装满了沙水的灵气。似乎唐太宗也特别看重岑文本的才气，看重沙水的墨笔，他似乎要借岑文本的才气，查阅沙水的风骚；把岑文本随同那六十卷经论永远伴他在昭陵。至今昭陵在，岑文本同他的经论在，沙水的灵气也在。

每当我从沙水滩上走过时，那沙的嚓嚓声，似乎不时脚下弹出南宋疆场的尘烟。我顿时记起了孟氏父子曾从这沙水滩上驱走了完颜氏，逐走了烽火狼烟的笼罩。沙水的戍守，沙水的坚强，沙水振起的怒、立起的威，都在那孟氏父子的刀矛上。那高垒的功勋已压在沙水的身子下面，都铭记在沙水的脊梁间。

沙水呐喊，沙水抗争，一步一步地走到今天，点起了光明的火炬。黄火青和那些热血的青年，踏着沙水的脊梁从这里站立，从这里指点江山，干出惊天动地的业绩。沙水的沙，沙水的水，仿佛都在那共和国的基业里。

我看到了沙水负重的高尚，也看到了累累果实飘香时，水泛起的欣喜和惬意。白沙岗的苹果、大阜山南坡与那30里姚岗的大白桃，太平、吉河、环城的大红枣、黑葡萄，琚湾那圆溜溜的大西瓜，似乎把对沙水的深情都敞露出来，把它们诱人的瓜果之香撒在沙水河畔的百里长廊里。这也许是对沙水的一种回报，也许是对沙水长久夙愿的礼拜。

沙水，有人说她是终年流淌不息的甘泉，有人说她流淌的是乳汁，但也有人说沙水如酒。她那浓郁的醇香最令人心醉、令人豪爽。灵鹿黄酒、蓝带、帝王泉啤酒、汉光粮液、松梓湖酒，都是沙水献出的醇香。人们或开怀畅饮或对酒当歌，留下的都是难忘的甜、痴痴的醉，醉的是与沙水同渡风雨的山山水水。每当春风杨柳时、中秋赏月时、宾朋欢聚时，那尽情地醉与尽情地歌总是表达在向往沙水、赞美沙水的同一个激情里。人们告诉我：南来的商人，北来的客，都是缘着沙水酒香来，载着酽酽醉意去。

我知道沙水从未有过畏难的经历，也从未有过依赖的惰性。沙水的滋润、灿烂，过去、昨天和今天都是奋进的铸就。今日之枣阳看沙水，沙水早已把信心、力量化为开拓、拼搏、攀登的支撑。那"红宝花""华荣"香烟、"金兰"首饰，那"龙联"银丝，那厢式车的奔驰……撑起了沙水岸边的轮轮明月和满天繁星。沙水涌起的那商潮，掀起的那浪涛是沙水灿烂的光晕。有成百上千的明珠，从这里悄然升起。沙水把它们编织成缤纷的彩虹，通向九衢，联起那外面的精彩世界。

我是沙水的儿子，我从来未离开过她的怀抱。有多少个寒天酷暑，她就给我过多少慈爱。在我撒娇、沮丧、奋进时，我总是吻着她那慈祥的面颊，感受她那铿锵的回荡。她微笑时，总是绽出谦恭的示意；她咏唱时，又总是给人一种奋进的勉励，这也许是她的情怀。我爱沙水，我对沙水总有一种敬仰之情。我的根已深深扎在沙水的泥土里。我要对沙水深深地鞠一躬，这里的山水，这里的人民播下的、传颂的都是她的深情。

早春四井岗

李军

三月上旬的一天，阳光明媚，大地辉映，柳绿樱白。

枣阳南端，平林镇的四井岗，春意荫荫，岚雾迷蒙。东与南，云峰山、大洪山遥遥相望，西与北，青峰岭、青龙山隐隐作屏。

群山怀抱中的四井岗，岗岭纵横，沟通坡连，土呈褐红。道路、集镇、村庄及其相伴的大大小小树木，于这氤氲的岗岭沟坡间，或显露，或隐藏，或半隐半藏，描绘出一幅幅神秘莫测的奇异景象。

昔日的一条备战路——襄（阳）洪（山）公路，从这里沿着岗脊坡岭蜿蜒地游走，枝杈般连接着四乡八邻的乡村公路。近年新修的麻（城）安（康）高速，于南面的边境穿越，并设有便利出入的高速出口。

这是一片神奇的红色土地，这是一处红色的革命苏区。

登高而望，四野的红色岗岭坡地上，全部栽种着桃树、梨树，间杂以杏树、柿树，还有一些犹如点缀式的松柏与冬青等常青树。

枣阳是全国的桃之乡。四井岗是平林镇的一个油桃基地，也是国土资源部定点的"高标准基本农田土地整理项目"示范区，面积两万亩。

岗连岗、坡连坡的红土地上，初春的桃林，枝头新芽初绽，桃花含苞待放。

近年来，每当桃花盛开的时节，平林镇都要举办"桃花节"盛会。届时，满岗遍野的桃花，鲜艳夺目，燿灿绚丽，与明媚的春光相映成趣。成千上万的远近游人纷至沓来，男的女的老的少的都有，如同赶庙会，一时就让这里成了花海与人海相互交织的欢闹世界。

桃花满岗满坡，人们川流不息，持续的时间可达月余。

那是春天的盛会，那是桃花的盛会，那是人海的盛会。其盛况景象还上了中央电视台的新闻频道。

自然，盛会时的赏花人，在品尝四井岗桃花烂漫天地艳的时候，也会想到80多年前在这里发生过的一场著名战役。

那是一场红四方面军生死存亡的决战，那是一场与国民党顽军的鏖战。

让我们回溯到1932年的秋天，白色恐怖，笼罩在鄂豫皖大地。

在这里坚持斗争多年的红四方面军，面对恐怖形势，不得不率红十、十一、十二、七十三师等，和少共国际团一起两万多人，在总指挥徐向前、政委陈昌浩的率领下，开始向西转移，时任中央分局领导人的张国焘随行。当红军越过平汉铁路继续西进时，不幸被敌人发现。蒋介石闻讯后，马上调集了第一、十、四十四、八十、八十三、五十一师和独立三十四旅等，加上原在襄枣宜地区的六十五、六十七等近9个师的兵力，从东、南、北三个方向向红军实行夹击包剿，并有飞机助战，妄图一举把红四方面军歼灭在襄枣宜交界地区。

10月19日晨，红四方面军行至枣南新集一带，稍事休息准备吃早饭时，围剿前来的东面之敌抢先追了上来，并及时占领了新集及其以南的制高点乌龙观，与我断后部队遭遇接火。面对十倍于我的有备来犯之敌，红军指战员在总指挥徐向前的沉着机智指挥下，勇敢地与敌战斗。红军指战员奋力拼杀，以一当十，苦战三天两夜，打退了敌人一次次猛烈进攻。

21日夜，红军乘隙突围向北转移，翌日上午行至枣阳城西的土桥铺，又遭据守沙河北岸两个敌师的堵截。徐向前分析敌情后，迅速决定强行突围，一举冲破堵截。然后继续向西北前进，实现了红四方面军的战略大转移。

新集、土桥铺的两次战斗，是红军战史上以少胜多、以弱胜强的一场大鏖战，共毙伤敌3000余，活捉敌旅长1人，团长2人，缴获大量的武器弹药，使蒋介石在襄枣宜地区歼灭红四方面军的阴谋彻底破产。此役，红军伤亡千余人，牺牲团长2人；负伤师政委1人，团长、政委4人。负轻伤营以上干部随队，其余伤员发10块大洋留下，安排在当地群众家里或山洞里。后大部分伤员被敌人杀害，与战斗中牺牲的烈士们一起，长眠在了四井岗等地。

这次战役，红四方面军军史称为"新集大鏖兵"，亦称"四井岗战斗"。

如今，当年红四方面军在四井岗战斗过的地方——襄洪公路的北边，矗立着一座由枣阳市人民政府竖立的新集战斗纪念碑，四周松柏相护。纪念碑坐北面南，两侧为题词，背面为介绍。东侧的题词为国家原主席李先念题写的"为人民解放事业牺牲在枣阳的先烈永垂不朽"，西侧的题词为当年四井岗战斗的总指挥徐向前元帅题写的"缅怀先烈，教育后人"。

革命先烈的精神，光照后人，绩存天地。

我来到一处枝杆粗壮、树形如伞的桃园里，遇到一名30多岁的年轻男子。此时，他正在修剪桃树。他的个头不高，平头，圆脸，说话面带微笑，给人一种甜蜜祥和的感觉。打过招呼，几经问询，知道他种植了20多亩的桃园，目前的树龄已有十年了，我问他桃园的收入时，他轻松地笑道："不多，每年的毛收入也就十几万元吧，除去各种投入和一家四口的花销，纯收入也就五六万元的样子。"至于家中的其他收入，他笑而不答，于我就成了一个小小的秘密了。

望着眼前这个时带笑容的男子，让我似乎看到了此地人的一种自信，也让我看到了这片红土地上的未来希望。

此时此刻，放眼而望，行人还不多，游者也少有。然而我似乎已经看到了，那千万棵桃树下的红色土地，那红土地上生长的片片桃林，正孕育着春天的盎然生机，不日将会展现出烂漫如霞、游人如织的盛大节日景象。

早春的四井岗哟，让我注目难忘。

一座一模一样的城

（一）

汉城是从洛阳搬来的吗？

这巍峨的城池，让人不得不驻足仰望。

从洛阳出发，目的地，家乡枣阳。

省亲的队伍，吹吹打打，汉光武帝刘秀和他的爱人阴丽华，还在向每一个碰面的乡亲拱手，致敬，探问今年的收成。

走了一千多里，他们也不觉得劳累；走了近两千年，他们还在帝乡的阡陌行走，那连绵的桃林是云的根吗？那一抹羞红，可是当年留在故乡的爱情种子发出的芽儿？

滚河，沙河，光明沦陷。可是他梦里的黄河？

唐梓山，狮子山，是他一生忏拜的思想高地？

枣南大米枣北芝麻叶，是他一生最爱的口味？

那踩在沙地嘎吱的声音，会是童年的感觉吗？

想着，想着，内心就长出来一座一模一样的城。

天下独一无二的城。一个个汉人进进出出，一声声汉语字正腔圆，一首首汉诗成为最朴素的招魂曲。"归来，归来……"在汉城里相亲，相爱，白头偕老，不负如来不负卿。

四门的石狮威武，口含日月，镇守着枣阳的安宁祥和。青衣花旦唱着流水，整座城池披上了银辉。

和汉城为邻，每一个人心中，都有一座属于自己的汉城。

汉城的高度，挺立在各自的世界屋脊。一顾倾城，再顾倾国。以汉城为背景，我和爱人幸福地笑，月光倾城。

夜深了，护城河的一声声蛙鸣，把汉城叫得更加的辽阔，更加的古老。

（二）

刘秀还乡的队伍，就是一只行走的唢呐，抑扬顿挫，响了两千年；两千年之后，还是那么动听与优雅。

刘秀不是为了显摆，而是让全天下的人都知道，他的根在民间，在皇天后土之中发芽。

刘秀知道，他就是那一只飞在天空的风筝，那根牵线，还系黄土。

那遍地的桃花，年年守望，是如此的忠贞与美好；那滚河沙河边的牧歌如此的遥远与亲近，梦里梦外都是春陵的山山水水飘出的好看云朵。

这个从枣阳走出的好儿郎，他的肩上扛着呀，咱老百姓的万里江山；他的心里，装着全天下人的家。

他走遍天下，还记得，他是枣阳乡里土里滚出来的一个泥娃娃。

两千年后的今天，刘秀的家乡枣阳，复建了汉城，把这个四海为家的游子，风风光光请回了家。让全天下黄皮肤黑头发的汉人找到了目的地。

日日夜夜呀，还能听到那醉人醉月醉太阳的吹吹打打。

汉城虽瘦，但故事丰满。夜里还能听见黄土插枝发芽开花，城门开了又关，关了又开，二十八宿就是我们的守护神。而汉城，则是我们的精神大庙。

而一生勤勉的刘秀，是我们心目中的神。他的光芒，平复了一切沟沟坎坎的欲望。

而跟随刘秀身后形影不离的阴丽华，激动地对夫君说：三郎，我们到家啦！

（三）

借刘秀一道圣旨。让春天的桃红柳绿为乡村买单。

花香铺天盖地，从东到西，从南到北，把沙河充塞得满满当当。

自家的小燕子从汉赋唐诗中飞出。一派真山水，呢喃爱人。

在春天，许多愿望都可满足，许多梦都在飞翔。

走出白水寺的牡丹。一夜之间成了两岸人家的闺女，她们在流水中擦洗青春、爱情和忧伤。

要把冬天和春天洗出两个白。把自己还给自己。

她们转身，笑靥如妃子。怀抱中的婴儿，是这世界最美的江山。

（四）

刘秀故里。

人们把两千年前的汉城从地下挖掘出来，明黄黄的城墙、庙宇、街市。

天子的仪仗威风凛凛，后面跟着母仪天下的皇后，两边站着他的二十八宿。

御林军面目狰狞，而当地的市民没有一丁点的惧惮；

有人对那英俊的将军与漂亮的宫女，编出一串串新的后汉故事。

白天这里产品展销会、文艺研讨会、相亲会；

晚上这里载歌载舞，一招一式尽显汉服的飘逸；

不知疲倦的鸟儿扭动华尔兹，在夜空啄开远古的汉字；

地上的槐花和天上的星，手拉手，拉成了一段神话；

蛐蛐的欢唱，汹涌了汉赋的蔚蓝，也把深宫的剑影舔舐；

被桃花玫瑰包裹的抒情，把一个个梦衔去，挂在宫阙之上，也就把死去的前朝后世倾国倾城地贩卖。

一块石头，吟诵着夏商周的诗行。

一群汉城的孩子是幸福的，脚下的风火轮，轻轻地一滑，就滑进了历史的天空。

人世天堂如果有，应推汉城小国家！

这座江山，比两千年前的稳固。

雨中游汉城

肖天秀

新春佳节之际，到处还弥漫着浓浓的年味，非常高兴和亲朋好友一起游览了新建成的汉城。天空正淅淅沥沥下着小雨，远远望去这座仿照古东汉的宫殿，散落一片。朦朦胧胧，隐隐约约，似是蓬莱仙境，又如海市蜃楼般令人神往。它坐落在枣阳城东，占地1800亩，投资22个亿，从2012年开始修建，陆续建起了大小宫殿十几个，亭台楼阁数十处，俨然一座小城市。

从枣阳城中兴大道中段进入西门，首先映入眼帘的是两座高耸入云的汉阙，接着是大广场，这里是全市居民休闲娱乐的重要场所。唱戏跳舞、打拳练剑、演出竞技，好不热闹！有时也作贸易展销和交易场所。集聚方圆千里乃至全国各地的货物特产，琳琅满目，应接不暇。

广场周围有当年东汉皇帝、大将功臣以及护驾卫士的雕像上百尊，既彰显了汉光武帝刘秀乘坐玉辇的恢宏气势，也再现了皇后阴丽华冠盖簇拥的壮观场面。这栩栩如生的场面，重现了东汉时期的盛世辉煌。再往东上几十级台阶，又是一个小广场：莲池喷泉，歌舞升平，吹埙奏笙，飞带扭腰的雕像散落池中，活灵活现。四周是几个行宫大殿，朝南的德阳殿、和宫殿改造成的现代城市印象馆，朝北的宫殿作为汉城影院。再往前北面是历史博物馆，南面的作为汉城剧院。这些宫殿都是一色的黄瓦红墙，重檐飞角，古色古香。再向南是外观古色楼阁、内部现代化设备的四星级汉城酒店。每年春节，这里住满了外地回家过年的成功人士。

还往东行进，不多时就见一堵高大夯实的城墙。沿护城河向南再向东，可见坐北朝南的宫殿群落。这里是正门，是平城门，两边有石狮子把门。厚实的城墙大约有几丈高。即使两副梯子连接架起来，也难上得去，据说东汉那时的城墙要高得多，这新建的还是缩小很多比例的。往北进入宫内，一眼就看见能容纳几万人的大院子。此时院子里，正上演《刘秀还乡》《昆阳搬兵》《皇帝嫁女》等大戏。汉服男女，高头大马，悠悠从眼前身边游过。他们旁若无人地前行，简直无视我的存在。我也如同穿越东汉，融入其中。近在咫尺，也不能彼此搭讪。

再向北，一个大宫殿矗立面前，它是广阳门，是大臣们待君早朝的场所。巍峨雄壮，门前有几个人环抱的大石柱，气势磅礴。殿后一片红色石柱子，令人眼花缭乱。东面是名堂辟雍，是皇家私人祭祀地方。西面是灵台，是东汉学者研究天文科技的场所。中间天街御道，是上朝经过的地方。

穿过御道，西面是一个长长的凉亭，亭子下面种有奇花异草。再上百步台阶，又是一个大殿，外面黄瓦红墙，雕梁玉砌。有两根长柱子支起大门楼阁屋檐。进门是金碧辉煌的大殿，东面一个高台上是皇帝宝座，雕刻盘龙的龙椅镶满金色。整个殿内有两排金色柱子，每根柱子上都有精美细致的雕刻。

激动人心的时刻到来了。隆重的古乐响起来。皇帝即将上朝，在浩浩荡荡的御林军护驾下，东汉光武帝刘秀从南大门缓缓步入。只见他头戴金冠，身披黄袍，腰系缓带，足登金靴，高昂着头，盛气凌人，威武雄壮。洒脱的一掀龙袍，顺势坐定。大臣们一个个呈上奏章，皇帝声音洪亮，商议国事。这一幕幕，形象逼真，庄严的气势一下子就慑服全场，感染着在场的每个人。围观群众肃立殿侧，仿佛都是皇帝子民，面色凝重，虔诚恭顺。

处理完国事,然后是外国使臣陆续觐见。朝鲜、鲜卑、高丽等外国使节一一朝拜,敬送各国特色礼品。同时奏起器乐,献歌献舞,古乐声声,彩带飘飘。异域风采,赏心悦目。

出门向东,又是上百个红色柱子围成长长的走廊。往南两里路,再往东三里路,是仿古的影视基地。站在高坡上,俯视东面,仿佛是挖地三尺在斜坡低洼处建起的一片古代老街,让人不由自主地想起明清旧居。也宛若秦淮酒家,酒旗灯笼随风摇摆。红枫银杏,惟妙惟肖。青砖灰瓦在蒙蒙细雨中更有一种古色古香的神韵。这里曾是张艺谋和邓超拍摄电影《影》的地方。

走马观花在汉城溜了一圈,被厚重的汉文化和气势雄伟的汉宫建筑群所折服。深受感染,心潮澎湃,感慨万千,纵有神笔也难描心中的敬仰之情。雨中的汉城别有韵味,只是时间仓促,其实还有诸多地方没来得及走访。期待再次拜访,铿锵的古乐留驻心中。这座复古的汉城,永远如明珠般闪耀在历史的天空。

第三章 地名掌故

第一节 地名史迹

蔡阳铺暴动及其历史意义

马永谦

蔡阳铺是枣阳西部边境的重要集镇，土地革命初期，这里是枣阳秋暴的策源地之一。1930年5月，此地又发生了震惊鄂北的农民暴动，为开辟襄枣宜苏区打响了第一枪。

1930年4月，鄂北特委第二次扩大会结束后，湖北省委执行委员聂洪钧曾深入枣阳进行巡视、指导，并亲自参加县委扩大会议，讨论布置全县暴动工作。聂回到光化县（特委驻地）以后，即由特委会决定张纪曾到枣阳指挥暴动。杨秀阡协同枣阳县委首先进行发动群众的工作，指导各支部建立和扩大农民自卫队。除动员贫苦农民入队以外，还吸收过去参加过工农革命军和赤卫队的老战友为自卫队的骨干力量。1941年1月1日《聂鸿钧自传》中称："在准备暴动的一个多月中，枣阳在防匪的名义下，成立了千余人的农民自卫队。"

四月中旬，杨秀阡、余益庵召开军事干部和各区负责人会议，研究起暴地点问题。开始，大家摆出琚家湾、七方岗、蔡阳铺三个起暴点。到底先从哪里行动为好？经分析研究，多数同志认为：蔡阳铺虽为敌人防务重点，兵力较强，守备严密，且寨墙高、碉堡坚固，不易攻打，但这里原为我党革命基地，党组织和群众基础较好，是被革命势力包围的一座孤城。团防局内有的团丁过去曾参加过革命，有可能争取作为内应。最后一致决定先从蔡阳铺下手，打开蔡阳铺，附近其他团防局即可唾手而得。

会后，党派徐光恩负责以蔡阳铺团防局为目标，作瓦解敌军的工作。局丁徐朝龙和吴成林在大革命时期参加过共产党，1928年革命失败后被捕，因未暴露身份于1929年释放回家。徐朝龙过去在唐生智部下当过兵，遂被地方推荐到蔡阳铺团防局当了班长，吴成林当了团总的护兵。徐光恩通过蔡阳铺祖传眼科名医、党的同情分子徐尊三搭桥，同徐朝龙、吴成林取得联系。经过几次交往以后，徐光恩了解到他们都还留恋和倾向革命，就分别引他们和余益庵见面。余益庵代表党组织向他们介绍了全国革命形势和洪湖地区贺龙领导红军创建大片革命根据地的胜利局面以及以枣阳为中心的鄂北革命发展情况，并表示欢迎他们回到党的怀抱。徐、吴二人激动地表示愿意回到革命队伍中来，跟党继续干革命。余益庵就把分化瓦解敌人和随时向我方传递敌人内部情报的任务，交给徐、吴二人。

5月13日，吴成林到事先约好的联络点（龚家寨龚德广家里），与余益庵接头，透露了团防局刚运回大批枪弹及部分局丁出差的情况。该团防局有100多人，团总余继良为多吃空缺，就把人员减为80人，多余枪支造册发给街上商民去组织商团，不发粮饷，需要时又可调动使用。为此，与另一团总方有之分赃不均，方赌气带两个班回他的老家瓦子岗"出差"去了。寨内只剩六个班，其中两个班由徐朝龙和吴成林带着。余益庵得知此情后，立即与杨秀阡商定："乘此时机，攻打蔡阳，夺取枪支。"当天通知各支部带自卫队到解家畈集合，余益庵亲自往襄东泰山庙找谢耀武调人。晚上，杨秀阡、余益庵、程国忠、赵瑛、谢耀武等召开战前会议，决定第二天乘蔡阳铺热集，我方武装力量一部分守外围，一部分化装混进城里，抓住团丁吃饭的时机，里应外合，一举拿下蔡阳铺。

5月14日凌晨，从黄龙垱、惠家岗、土桥铺、马岗等远地赶来的农民武装、以"打匪"为名，在蔡阳铺附近村庄集结待命。太阳刚出，四乡赶集人流即向蔡阳铺涌进。红军游击队和部分农民自卫队扮成赶集农民，暗藏刀、矛、枪、弹。杨秀阡、阮荣汉带一个班由西门进，直逼团防局，余益庵、谢耀武带翟邦才、李治帮两个班从东门进。枪支由关嗡嗡等捆在高粱秆里担进城。

游击队进寨时，团防局刚开早饭，徐朝龙说："今天天气闷热，我们到前面院子里吃饭吧！"吴成林马上表示赞成，带头把菜盆从屋里端出来，接着，大家都跟着往院里吃饭，只安排一人在门口放哨。此时，进入西门的杨秀阡，率队机智地拔掉岗哨，冲进团防局。正在吃饭的团丁，顿时大乱。徐朝龙、吴成林嚷道："共产党来了，快跑！"众团丁顾不得进屋拿枪，一哄而散，各自逃命。守在寨外的自卫队，听到枪声，从四面八方涌进寨内。进入东门的余益庵，率队围抄团总余继良的家，不料余已逃走，只缴获手枪和商团枪支登记册，遂按册逐户收缴枪支。

这次暴动，共缴获长、短枪110多支，子弹万余发。暴动后枣阳临时县委对红军游击总队进行整编，杨秀阡任总队长，谢耀武任副总队队长，余益庵任党代表，阮荣汉任参谋长。下设三个大队：13大队长李治帮，14大队长翟邦才，15大队长杨永崇，共160多人。当天下午，又连续攻下了翟家古城和琚家湾两个团防局。这就是鄂北闻名的"一日破三关"的枣阳县蔡阳铺农民暴动。

蔡阳铺暴动摧垮了敌人，夺取了枪支，壮大了武装力量，建立了苏维埃政权，实现了工农武装割据，打开了鄂北革命的新局面，是一次成功的暴动。蔡阳铺暴动成功，是鄂北特委、枣阳县委贯彻执行党的六大路线所取得的胜利成果。

暴动后，建立了苏维埃政权，使武装斗争和建立政权紧密结合，巩固了暴动的胜利成果。蔡阳铺暴动体现了襄枣人民在中国共产党的领导下，不屈不挠、前赴后继的斗争精神和卓越的革命胆识，为创建襄枣宜苏区、红九军第二十六师奠定了重要基础，对鄂北革命斗争起到了很大的鼓舞和促进作用，也给地方反动势力以沉重的打击。

雾访白水源

葛昌永

荆楚这块热土，因悠久的历史和辈出的人物，每一方土地都有极其浓厚的文化沉淀。这不，我们几个文友今天要去的地方，是李白写《游南阳白水登石激作》中称道的白水源，河左不远便是光武皇帝布衣时的村居，现在叫皇村。

不巧，恰逢大雾，雾浓浓地遮住前程，是不是我们要去看的地方碍于岁月的剥蚀羞见于我等，抑或它销声匿迹于千年之后安于淡泊不肯再直面自己的往昔？

白水源，今日荒郊一平淡去处也，但它的往昔确实是辉煌的。就从这河畔曾经飞起了一条真龙，开辟了华夏一代圣朝，漫漫的文明历史苍茫的神州大地有几个地方诞生过开国皇帝？沿着河畔的小路，曾经踽踽独行过一代诗仙。诗仙的诗作千首万首，有几个地方使他能长歌直到落日、乘月方肯归去？郦道元《水经注》有记载，白水源在皇村西南二里处；太白那时招赘在安陆，在白兆山一住十年，其间常访隐居在襄阳鹿门山的孟浩然，君不闻"吾爱孟夫子，风流天下闻"乎？自安陆到襄阳要途经皇村一带，这地方又是皇帝的故里，最宜引发诗人感慨。

车破雾而行，出枣阳吴店，便颠簸在乡村之间。雾太浓，我们不得不时常停车问路。路旁，坐落在两河交汇处的旧皇村已经迁移，荡荡的残垣只能依稀辨得，青青的禾苗抹去了喧嚣的过去。新皇村迁移到离旧皇村不远的丘陵上，算是中国最普遍的山村了；房舍散疏地布局在山坡上，新旧院落参差不齐，小塘旁菜园边的树木已经凋零，拴在舍外的牛儿悠闲地反刍，鸡鸭猪羊散见于村舍周围。皇村早已随俗，诸事花逝烟灭，怎不使人顿生沧桑之感慨！再前行，问白水源却无人知晓。一友人提醒那地方俗名叫响水潭，果见村民们挥手指道"前面下坡便是"。目睹乡人们知响水潭而不知白水源，犹如柴桑人知五柳先生而不知陶渊明一般，我们又是一番唏嘘。

顺着村民们指示的方向，我们面对茫茫的白雾忽然在似有似无中听到隐隐的响声，很远很淡很缥缈，浅浅地悠悠得像豪壮的歌声隔山隔海地飘来，影子一样天籁一般在耳际柔柔地渲染成一种氛围，那是一种被雾阻挡着从雾的浓密的分子间渗透出来的声音，纤细得仅仅是一种感觉，但却让人感觉到那声音之本源是多么雄烈多么豪迈多么凝重。我们寻着声音走去，声音越大，我们离白水源也就越近了。

雾依然很浓。待我们看清瀑布时，我们彼此说话的声音便已听不清楚了。瀑布落差并不很大，只是经过人为处理后水从很宽的长堤上飞流直下，很有些气势。瀑布之上一望茫茫的是雾中似乎无边的平湖。悬空而下的水经过一番惊吓，汇成几股急流，慌慌张张在下游河滩处的石丛间躲躲闪闪地流窜。石丛多由那些黝黑硬犟奇形怪状的巨石组成，河马一般列阵阻挡飞逝的流水，在李白所指的佳景色的岛屿四周流过，又拐过一道河弯，执拗地东水西流而去。河的左岸，雾中依稀辨得是刀削剑劈的绝壁，猛抬头惊得我们一跳。瀑布声就从那河壁上撞开来，扩了音般地轰鸣。鹭鸶野鸭河鸥什么的不时冷不丁飞起，我们只听到声响却看不见它们。

我想放眼看看，便攀到河侧的石矶上。我看到了：河里的石头用周围布局了成群的游鱼，岛屿上长满了郁郁葱葱的松柏，周围开遍了耀目的鲜花。松柏间露出了层叠的琼楼玉阁，阁楼上伸下一串串灯笼，袅袅的轻风吹起飘香的酒旗,并有潺潺的笙歌从深深的庭院之中缓缓地飞起,飞到了对岸,飞到了皇村。对岸的百尺河壁挂满了青蔓,丝丝缕缕垂帘一般,无数的水滴在青蔓之上闪光如珍珠。千年古木倚天而立,树冠堆云耸翠显现一片苍茫本色。高蹈的鹤群在建筑群里栖鸣,稀有的凤凰在其间翱翔,而皇村,蓬莱仙阁一般闪现在雾中,村舍之间正响起欢快的乡乐,吹吹打打迎接衣锦还乡的光武皇帝,耀目的华盖下滚动着升腾的龙云。这边岸上,踯躅着一位风流倜傥气宇轩昂的谪仙人,他牵着马儿从遥远的碎叶城从青莲乡从白兆山向不远的鹿门山或长安古道而去,在这凝聚王气的地方,被瑰丽的风光和浓郁的酒香所惑,竟久久地立在那里。风弄卷他的衣襟,飘起他长长的缨带。他忽而似在举杯,像是邀月,忽而似在舞剑,直击玉壶。我明明听着他朗朗吟道:

朝涉白水源,暂与人俗疏。
岛屿佳景色,江天涵清虚。
目送去海云,心闲游川鱼。
长歌尽落日,乘月归田庐。

那声音平静淡泊,比起宫中的清平调来,便少了许多的油腻味儿。他这样吟诵着,仰天大笑着,飘飘然向我走来,却不在乎皇村那边喧闹的村乐。

其实,向我走来的,是雾中的幻影。我揉揉眼睛,眼前只有飞飞扬扬的雾,它借助浓淡给我幻现一种怪象来。于是,我觉得雾又是一种好东西,凡事看穿了看透了,也就无所谓也就没意思了,你说是吧?

翟家古城

翟兴国

天赋其骄,地孕其美。枣阳东北远望绵延千里、山峻谷险的桐柏山系,东南紧邻山青林密、养生天堂的大洪山脉。发源于大洪山和桐柏山脉,流经枣阳境内的最大河流滚河(白水)及其支流沙河(浕水),挟东西南北、四面八方的灵气和精华,蜿蜒南北,在枣西南的琚家湾如约而至,深情交汇,融为一体,西行数公里后,突然向回折转,在北岸形成了一个几乎闭合而又规整的巨大的回水湾,仿佛是对这片土地的深情回望,后又眷恋不舍,缓缓西流,汇入古老浩瀚的汉水。

这水连着天与地,诉说着古与今,清纯灵动而又意气风发。

很早的时候,在滚河这个巨大回水湾的下游北岸,就形成了一个古老的人居村落,一个以翟姓人氏为主的自然村落——翟家古城。

当年,翟氏三兄弟伴随着浩浩荡荡的南下移民队伍,从山西大槐树下集结出发,历尽千辛万苦,千里跋涉,一路向南寻觅生命的家园和归宿,最终选择在这方膏腴之地定居下来。翟氏兄弟在翟家古城耕作生息,繁衍生育,后开枝散叶成三个门头。后世族人为缅怀这三个门头,便在修建城墙时,留了南门、北门和西门三个寨门,整个村落也渐渐地形成了上城、中城和下城,但实际上又是一个紧密相连的很大的自然村落。

翟家古城名字的由来,除却是翟氏族人集中聚居之地之外,据有关文史人员考证,翟氏族人聚居地与秦时设立的蔡阳县城遗址相连,或是其本身就有城墙、城门建制,且历史渊源古远有很大的关联。即便是现在,翟家古城西200米处之地表仍依稀可见古代夯土城垣的残迹,东面护城河故道遗址也留存尚好,古村落遗风依然尚存。

现在看来，当年翟氏兄弟择此地栖居，至少应有两个缘由。首先是得交通便利。这里与蔡阳县故城址相连，交通四通八达，可得商旅驿传之便。再一个是得水利之惠。在古代，枣阳境内的滚河及其支流沙河是两条重要的水运通道，是枣阳人由水路西进襄渝，东达汉沔买卖东西的"高速路"。实际上，位于滚河之上下游的吴家店和琚家湾，很早就是两个重要的水路码头。有古语云"买不空的吴家店，填不满的琚家湾"，足见当年商贸物流集散八方的繁华景象。

翟氏先人傍水筑城，水的灵性，水的清澈，渗透到翟家古城人的灵魂之中，他们被水滋养，被水赋予灵动的丰姿。

遥想当年，居住在繁忙水道之畔的翟家古城人，生活的是多么惬意与安适。初春的河滩，清流如镜，岸芷汀兰，清香四溢；深秋的时节，芦花摇曳，帆影点点，水天一色。浣溪妇女的笑声，无忧顽童的嬉闹，袅袅炊烟的静谧，构成了一道河水清晏、富裕和谐的美丽风景。

天赋异禀，天道酬勤。独特的地理位置，加上这里人们的勤劳和智慧，使翟家古城在历史的演进中不断发展，人丁在富裕中衍生发散。

有后人推算，翟家古城的传说可上溯至距今700多年前的南宋末期，而有字可考的历史则至少起源于百年之前，即1916的翟氏"门户碑记"。据载，当时翟家古城的翟姓人氏已有1000余人，已形成了一个较大的村落。1957年，全国第一次文物普查时，翟家古城遗址被发现并列入名录，1981年被枣阳县人民政府列为"重点文物保护单位"，现已成为湖北省"重点文物保护单位"。时至今日，起源于翟家古城，分流于周边各地的翟姓人氏已逾数千人之多，在当地已成为人口众多的一大姓氏。

家教让族姓绵延和家风传承。如何使家族更具名望和凝聚力，其中最重要的是培养教育后代，使他们能够获得闯荡世界、安身立命的本领。居住在古城的族人很明白其中的道理，他们以耕读传家，袖雨袂风，筚路蓝缕，精诚勤勉，赢得了家族兴盛和家风发扬光大。

居住于此的人们，既厚道淳朴，勤劳苦干，又敢于担当，坚韧不拔。家国与共，是他们割舍不去的情怀。当家族遇困之时，他们会合心聚力，休戚与共；当国难当头之际，他们会挺身而出，舍生取义，因此成就了家兴族旺，留下了忠孝美名。

翟家古城是一片红色的土地，现已成为红色旅游的景点和革命传统教育的基地。这里是湖北枣阳境内著名的红色苏区和革命根据地，这里曾是第一、二次国内革命战争时期豫鄂边区革命斗争的策源地和大本营，这里是中共鄂北特别委员会、鄂豫边区特委和革命委员会、枣阳县苏维埃政府的诞生地，这里也曾是工农革命第九军第二十六师师部和枣阳县革命委员会所在地。

大革命期间和过去血雨腥风的年代，这里的革命英烈为了坚持真理，解民倒悬，父母可离，夫妻可分，儿女可别，生命可舍，唯革命气节不可侮，铮铮铁骨不可摧，崇高信仰不可撼，用鲜血和生命迎来了人间春色，古城新颜。

在《枣阳县志》收录记载的20余位翟姓英烈中，有多名系中国共产党早期党员。其中翟邦才、翟正彦、翟兴贵参加过著名的"蔡阳铺暴动"，他们三人和其他人员的英勇事迹分别被收入《枣阳县志》人物传和烈士英名录，翟邦才、翟兴贵革命事迹被枣阳市革命烈士纪念馆收藏展览。他们的革命事迹可歌可泣，感召日月。

翟家古城的历史沧桑而厚重，翟家古城的将来崭新而美好。

牵着先人和先烈的衣袂，我们更当不忘初心，继续前行。

郭营祠堂

张承明

郭营祠堂位于枣阳鹿头镇北一千米处的郭营村，由郭氏族人于清光绪十六年（1890）集资兴建，是湖北省重点文物保护单位。

郭氏宗祠坐北朝南，由门楼、正殿和偏房组成，呈中轴对称布局，现存房屋11间，占地约800平方米。殿内原立有郭氏祖先灵牌，穿枋上雕刻有各种花纹和图案，寓意吉祥、和睦与幸福，诠释中国的孝道文化。工艺细腻精湛，整个建筑保存完好，是典型的宗祠建筑形式。房屋建筑采用的是青色与灰白交织的朴素色彩，古朴典雅，古色古香。

祠堂大殿的开间五间，硬山顶砖木结构，五间大殿为一根独木通脊，架梁方式采用抬梁和穿斗相结合。方砖墁地，抬梁和穿枋上有各种内容的木雕，可惜有些雕刻在"文革"中被铲掉或拆除。大殿前檐下有檐廊，宽约1米，月梁是一组木雕，非常精美，内容有缠枝牡丹、喜鹊登梅等。大殿空间开阔，柱础雕刻精细，图案和形制各有不同。大殿左侧有一月亮门与后院相通，偏房在正殿前10米处，东西各三间，前墙中间开门，左右侧各开一窗。门楼是用砖紧接东、西偏房南山墙垒砌而成，院内有一口古井，至今有水。

郭营祠堂与其他祠堂一样有自己的堂号，其堂号叫"福寿堂"，福寿堂三字用篆书雕刻在门楼的石质匾额上，堂号下面有"义路礼门"四字。孟子说："夫义，路也，礼，门也，惟君子能由是路，出入是门也。""义路礼门"体现了孟子的儒家学说，意味深长。

宗祠就是家庙，祠堂有多种用途。郭营祠堂的大殿左右山墙内面离地2米处各嵌有一通记事碑。左面一通石碑记载郭家宗谱延续情况："郭姓氏居东北乡，不知始自何代，来于何人宗庙……明末李自成扰乱，人户稀少，其迁居郭楼等处者，有明万历天启二碑可考。"此碑至少可以说在明代就有郭氏迁徙到枣阳。右面山墙处的一通石碑上内容是郭氏十条族规，落款为"光绪十六年二月上浣立"。从这个合族公议规则，可以看到郭氏家族议事程序、教育奖励、家族管理等方面的制度，特别倡导"富者便于学问，贫者不废诗书"。郭营祠堂除了"崇宗祀祖"之用外，各房子孙办理婚、丧、寿、喜等人生大事时，便利用宽敞的祠堂作为活动场所。另外，族亲们为了商议族内的重要事务，也利用祠堂作为聚会场所。祠堂又是族长行使族权的地方，凡族人违反族规的，则要在这里接受处罚，直至逐出宗祠，所以祠堂也可以说是封建道德的法庭。祠堂也可以作为家族的社交场所。据说郭营祠堂旁边原来还附设宗祠学校，供族人子弟上学读书。

郭氏族人历经世代繁衍，郭营、郭楼、双河三地的族人现已达2000多人，其中有不少仁人志士和社会贤达，为国家、民族和家族作出过重要贡献。郭营祠堂历经百余年沧桑，三次险遭损毁，尤其是经受了20世纪60年代末红卫兵"破四旧"风暴的破坏和70年代末拆祠堂建学校风波的严峻考验，幸得族人们保护和多次修缮，方完好保存至今。由于年久失修，为了保护文物，2005年由在族人中德高望众的郭成让首倡对祠堂进行维修，郭欣、郭德一、郭成让、郭泽群、郭泽林、郭长进、郭静、郭宪宜等带领族人为此做了大量工作，这种保护文物、弘扬宗祠文化、以资教育后人的精神是难能可贵的。

据说，著名的革命老前辈黄火青少时曾在这里读书。中华人民共和国成立后，祠堂就成了村里的小学，后来又改做村委会的办公场所。2003年，按照保护文保单位的要求，村委会才搬到别处办公。郭营祠堂建筑讲究雄伟壮观、雕绘精美、功能齐全，是华中宗祠文化的一个缩影。

圣龙山与天池

张承明

圣龙山位于枣阳王城镇的东南部和大洪山西麓，据《乾隆枣阳县志》记载："圣龙山，县东南八十里，山上有寺，寺前有池，水甘美不竭者。有天池禅师驻锡于此因名，池为天池。"《资山志》也载："唐朝时代，有一祖师爷至此山顶建一庙宇，并在庙前挖一池子，此后池中水清甘美，常年不竭，被称为圣水。祖师爷又在庙门顶上用木质雕刻四条龙，龙头朝向池中，从此便称为圣龙山。"圣龙山是枣阳的文化名山之一。

圣龙山主峰是枣东南的制高点，周围山连山，重重叠叠，蜿蜒起伏，山势呈扇形从北向西、南、东南方延伸。主峰分为北峰和南峰，两峰之间呈马鞍形，北峰略低于南峰，两峰都被石头墙以山就势地围着，这就是该山古山寨。寨墙保留得比较好，是从主峰的西南角到西边，再到东北角，把峰顶围起来，山寨东面和南面的外边基本上是悬崖峭壁，只有几段豁口处筑有石墙。墙高因地势高低不等而不同，一般在3米多高。

站在主峰上居高临下，可尽览方圆美景。俯视山的西面，寨墙外边由于坡度不很大，土层又较厚，大部分山坡开发成了梯田式的茶园。北峰下往北2公里的地方，叫界岭，是枣阳与随县的分界岭。这里清代立有一块石头界碑，碑的两面各刻两个字，碑西刻着"枣阳"，碑东刻着"随县"，两县以此为界。这碑是枣阳资山人、清咸丰年间进士、光禄大夫孙长绂所立。

北峰和南峰的东坡是随县环潭的地盘，从界岭到这北峰、南峰，南至上杨家老湾的南山，再到清潭的猫子山，这一线是随枣分界线和分水岭。岭以东的水，流入随县环潭的涢水，经安陆、云梦后入汉江；岭以西的水流入枣阳滚河，至琚湾与沙河交汇，在襄州汇入唐白河，至襄阳市区注入汉江。

南峰顶上，地势平坦开阔，比北峰顶上面积大，除了长着一片片茂密的乔木和灌木外，还遗留一些古迹。在山顶平地的中央，有一片乱石残砖和依稀可见的房屋根基，这就是天池寺遗址，该寺在抗日战争时期毁于兵火。民国《枣阳县志》载："天池寺在县东南八十里圣龙山颠，寺前有池，水甘美不竭。相传，昔有天池禅师驻锡于此因名，池为天池。"原天池寺殿宇平面布局呈南北长于东西宽，接近正方形，砖石垒墙，立柱抬梁架构，重檐歇山顶，四脊戗角，雕梁画栋，朱白彩绘。殿内丹柱素壁，殿外青瓦赭墙。规模不大，却显大唐气象。此殿特殊之处在于，是东、北、西面三向开门；殿内分为四个单元，东西南北方向分别供奉着观音、释迦牟尼、文殊、弥勒佛塑像等，殿四壁供奉着五百罗汉，神态各异，栩栩如生。

天池寺遗址的东北处，即原天池寺的东门之左、北门之右，是圣龙山最神奇最有名的天池，天池有5米见方，四壁均由山石砌成。深度分为两部分，垂直下至5米在北壁和西壁下有天然的山石平台，西壁有2米宽的10级石台阶，通向池中这个平台上，东壁和南壁下是一眼圆形的泉水井。秋冬枯水季节，池水降至平台下，人们可顺着石阶下到平台上，近距离看到池水清澈见底。据传，春夏多雨露，池水不溢；秋冬少雨雪，池水不竭；长期干旱时，从未干涸。昔时避难时曾供数百人生活用水，庙会时有更多的人在此饮过水，但不管上山多少人饮用，这天池里一泓清水从没有干过。人们在春夏秋季的早晨，从山下能看到圣龙山顶冒着白雾,除了因山高植被好,就是与天池水有关。同时,山峰云雾缭绕,恍若仙境,才长出了好茶叶。另外,圣龙山顶的云雾变化,还是当地人的天气变换晴雨表。这些现象,印证了清代诗人谢鸿举在《天池铭》中所言"山上有泽,其象为咸,二气攸感,以虚能函。……谓天象乾,谓池象坎,天泽气通,风云来撼。"圣龙山四季景美,气象独特;天池水清不竭,环境幽静,草木荟蔚,云气氤氲,远市廛而绝尘嚣,面寥廓而负峥嵘,由此使当地人深感神奇和自豪。

前湾:让时光倒流六百年的古寨

牛合群

借斑驳的古道风吹,借四十里的桃花指引,借殷勤的鸟语引路,我进入了桐柏山的一个小兄弟——大马山的领地,进入了清明,进入了枣阳市新市镇前湾村——这个湖北襄阳地区唯一入选第一批中国传统古村落名录的山寨,一个让时光倒流了600年的小地儿。

站在老黄历一样的村头,阅读热情的犬吠,阅读静静的花开,阅读依山势而建的人家,阅读还未倒塌的寨墙,一条小河从村子的脚下出发,蜿蜒到南面的天际。阅读坐在门前的那些似乎古旧得如树桩的人,眯缝起并不迟钝的双眼打量很远很远的阡陌和睁开双眼的树丛,还有篱笆墙脚的婆婆丁、牵牛花、红叶石楠的私语……阅读春天里的一幅山水画。

前湾,一个被三座山围成的小山坳,一个住着60多户,200多人的小村庄,一个散落着大大小小300余间古建筑的寨子。这些建筑,错落有致,都为典型的明清时期徽派建筑,青砖灰瓦,飞檐画栋。屋顶龙形的雕饰,历经多年仍旧栩栩如生,古韵流彩,好似要在云彩之间腾空而起。最显眼的当属邱家祠堂,石狮把门,巍峨大气,雾岚映日,声音绕梁,两道高高的门槛,让人顿生敬畏之心;进院,但见那四扇精致又高大的大门洞开,那些悬挂在中央的字画,多是歌功颂德之词。古老的门楣与裸露的寨墙都有烧焦的痕迹,可以想象,这里当年曾经历了无数次的战火洗礼,空空蒙蒙的山歌或俚曲总是带着一丝腥味,一直隐隐约约地跟踪到所有脚印的后头,如追寻一脉春水,汩汩不绝。

这个寨子的人几乎都姓邱。600年前,他们的祖先从江西经麻城,千里跋涉到前湾定居。他们依山而建,坐西朝东,呈长方形排列,共有四排古建筑,每排建筑由12个相连的四合院组成,房屋大部分为硬山顶,砖木结构,青砖灰瓦,双层墙体,高达10余米,兼有一层楼阁。建筑群屋顶、檐帮、额枋、屋脊、门、窗、栏杆、屏风均饰以绘画、雕刻、诗词,檐帮、额枋等处的雕刻、泥塑以喜鹊、松树、仙鹤、凤凰等吉祥物为主题。柿子树、泡桐树掩映下的村中青石小径,路路相通,运动自如;沟沟相连,排水通畅。

他们最不忘记的就是修筑了4米多高的寨墙。过去土匪曾多次攻打村寨都没有打下来,而附近的村子甚至连枣阳城都一度沦陷。前湾村由此在枣阳出了名。附近一些地主和大户为了躲避土匪,纷纷到村里来避难。当时,族长定了一个规矩,凡来投靠的人,有枪要上缴到村里建立统一的武装,另外还要交钱购买弹药及维持自治武装。这样,村里的住户越来越多,到同治年间,村里有村民400多人,人丁兴旺。

随便走进一家还住有村民的房屋和院落,可以看到,天井院里,正房屋两层小楼,内设木质楼梯,堂屋中间神龛上,供奉着不同的神灵和自己的先人。窗花镂空,浮雕雕刻,墙上挂着串串通红的干辣椒,仿佛串起的颗颗珠玑,让人久久回味。墙角堆着劈好的木柴,木柴下那毛茸茸的苔藓不知爬过了几多岁月的齿痕，其苍凉的青绿每每唤起你重重的回忆；躲在木柴后面的还有那些老酒坛子，有的循环利用了上百年，有些成了文物贩子眼中的宝物；这里酿制的米黄酒，至今已有5000多年历史，是世界上最古老的酒类之一，它与枣阳南面的大米饭、西面的酸浆面、北面的糊汤面，如今成当地大名鼎鼎的"四大美女"（美食佳肴）。

那站在古槐树下、古井旁的喂奶女子，正在羞怯地把你张望。只要你搭腔，她会露出一口白牙，说，这口井的年龄和村子一般老。在她的不远处，有一块刻有"国恩旌表"字样的古碑。这块古碑介绍的是清朝到民国年间，村民邱亨铎的夫人何氏守寡70年的故事。

前湾，给你的印象，总是一些美丽的片段。

在她的前面，就发掘了距今6000年的雕龙碑古人类遗址，使埋藏于地下数千年的遗迹和遗物一层层、一件件重现光彩，特别令人惊叹的是我们祖先居住的建筑，已经使用了石灰、类似水泥的建筑材料，将房屋建成单元式结构，并使用推拉式结构的房屋门。这是史前考古学中未曾有过的重大发现。在她的后面，还走出了曾任最高人民检察院检察长等重要职务的黄火青……

一前一后，成了前湾人心中的一种文化精神力量。到前湾去，不知不觉中，你会细细地体谅到一种不事张扬的文化传统的力量。

走进前湾，智慧的族长早已走远，还有谁想成为掌门？不知魏晋的人们，还在桃花源里耕田，一株株草，是他们遗留在村子里的语言，成为镶嵌在时间间隙的嫩黄。

枣阳古城墙

李军

说起枣阳的城墙，我们就不能不说说枣阳城了，因为最早的枣阳城，可以追溯到北魏时期的道武帝登国年间（386—396）。不过，当时的县城名称不叫枣阳，而叫广昌。同时，据后来的考据家们说，当时县城的地点不是沙河西岸，而是位于沙河的东岸地带——现在的市政府及以北一带，沙店村与东园村交界的地方。

由于南北朝时期与隋初之际是一个战乱频仍的年代，到了隋文帝仁寿元年（601），"为避太子杨广讳，改广昌县为枣阳县"时，据说位于东岸的县城部分街巷基本成为一片瓦砾之地了。因此，在广昌县城变为枣阳县城的那个时期，主城区便逐渐移向我们现在所看到的沙河西岸了。

从这一点来说，真正的枣阳县，是应该从隋文帝那个时期算起的。

城墙是指旧时农耕民族为应对战争，使用土木、砖石等材料，在都邑四周建起的用作防御的障碍性建筑。中国古代城市的城墙从结构和功能分，主要由墙体、女墙、垛口、城楼、角楼、城门和瓮城等部分构成，绝大多数城墙外围还有护城河。从建筑的原材料讲，分为版筑夯土墙、土坯垒砌墙、青砖砌墙、石砌墙和砖石混合砌筑多种类型。枣阳的城墙始建于南宋，为知州吴柔胜所建，版筑夯土墙。吴知州建城墙的主要目的，就是防御敌人的入侵。我们知道，北宋靖康之变后，宋徽宗、宋钦宗被金国所俘，北宋灭亡了。宋徽宗第九子康王赵构在北宋应天府南京继承皇位，后迁都临安，过起了偏安江南的小朝廷生活，史称南宋。当时的南宋军力较弱，金兵驻扎淮河以北，时常南犯，襄阳、枣阳等地也就成了抗金的前沿阵地。为了有效地抗击金兵，高宗绍兴十二年（1142），枣阳由县升为军（相当于州或府）。为了少受损失，后来随州知州吴柔胜便令孟宗政组织当地军民，将县城的四周夯筑了土城墙，用以防御敌人的进攻。有了这样的土城墙，敌人再来侵犯时，当地军民就可以凭借城墙之险与敌人对抗周旋。

嘉定十年（1217）四月，金兵进犯襄阳、枣阳等地。可想而知，当时要不是有了土城墙的挡护，枣阳城内军民不知道会受到什么样的打击。然而因为土城墙作为屏障，金兵只能于城外围而攻之，虽攻击强烈，却不能够攻下。时间持续月余，转眼到了五月。荆湖制置使赵方率领孟宗政等将领迎敌。孟宗政与统治扈再兴、陈祥分兵三路，于襄阳境内埋伏三处，然后按约定时间同时出击，金兵大败。后孟宗政按赵方之命，乘胜挥师枣阳，一举解除枣阳的围困金兵。孟宗政随任知枣阳军。

翌年（1218）二月，金兵号称十万围攻枣阳。知枣阳军孟宗政率领当地军民，凭借城墙之险，与敌人周旋三月有余，大小战斗70余次，几乎每天都有一场战斗。最终，孟宗政等人以其果敢的军事才能，将貌似强大的金兵击退。之后，为了较好地与金兵进行对抗，他率领本地军民，对枣阳城原来的土城墙进行了扩建、加固与增高，由此提高了城墙防御外敌入侵的保障能力。

最为艰苦的岁月大概要算是1219年的春天了，金将完颜讹可率步骑20万对枣阳进行了围攻。一时间，枣阳城的四周，沙河两岸，到处搭建着金兵的临时帐篷，遍地施放着金兵的高大战马。

好在坚守枣阳的知军孟宗政是一位久经沙场的战将，自幼随军转战南北，练就了过硬的战场应对本领。面对强大的金兵攻势，他没有惊慌失措，而是沉着应战，指挥有方。敌人先用云梯攻城，他就用炮火轰击敌人，用箭射击敌人；敌人掘地道进击，他就用毒烟熏烤敌人，用烈火焚烧敌人；敌人于外围临时休整，他就让城中军民轮流休息，以逸待劳做好迎敌的准备；等等。金兵仗着人多势众，接连不断地向枣阳城发起攻击，但一次次经过激烈交战后，又一次次地败下阵去。

整个的战斗持续了80余日，炮火不断，敌我双方为此都付出了惨重的代价。但枣阳城军民在孟宗政的统一指挥下，誓死捍卫，凭着城墙的屏障，硬是没让金兵攻进到城内半步。不久，赵方派来了援兵，孟宗政看准时机，然后内外一夹击，使久战不下而有些人困马乏的金兵溃不成军，乱作一团，一时死伤三万有余，余众尽作鸟兽散。如此一仗，打出了孟宗政的名声，也打出枣阳军民的威风。以后多年，金兵不敢轻易前来枣阳侵犯。

土城墙在战争年代是有功之臣，这一点我们是不能否认的。不过有一点，枣阳当时筑起的土城墙，是没有城门设置的。没有城门的城墙，战争时期就需要士兵白天黑夜守护在城门处，需要时刻注视着护城河外的敌人动向。这就为守护城门及守城增添了难度，同时也显得不够雅观。

因此，到了明代，宪宗成化七年（1471），知县杨瑛开始建筑城门，到成化二十二年（1486），先后共建成了五座城门。所建的城门，大东门名寅宾，小东门名阜成，南城门名向明，西城门名西成，北城门名观光。孝宗弘治六年（1493），知县王显又于城门上建立门楼，使各城门显得威武雄壮。武宗正德七年（1512），知县安邦改土城为砖城。

至此，枣阳的城墙才进入到基本定型的时期，也显得壮观漂亮。当时的城墙，周长2公里，高3.66米（万历年间又增2米），厚6米，城墙外面设有25米宽的护城河。这样的规模，于一个县级的城墙建筑史上，应当是一个值得称道的事情。因为就现存的一些县级（如四川的松潘县城、北京的苑平县城）的城墙来说，无论是就其所围的面积，还是就其所筑的高度、厚度，能达到枣阳城墙规模的实不多见。

明万历元年（1573），知县王应辰以南城门（向明）逼近文庙，便在南门以东的地方新辟一门，题曰崇文门，即后来我们习惯称之的小南门。从此后，枣阳城的城门，共计有六个，其中有四个主城门（东门、西门、南门和北门）和两个偏城门（小东门和小南门），一直延续到中华人民共和国成立初期。

随着时代的发展，城墙于现代战争中渐渐失去了往日的应有作用。因此，现代的城墙，多数情况下只是作为一种历史遗迹进行着保护，而于战争的需要方面则放在了次要的地位。像枣阳这样的地方，城墙似乎连史料的价值也没有了。因为自20世纪四五十年代开始，往日坚固的枣阳城墙，一次次地受到摧毁，又一次次地被拆除，然后便没有再进行修补。以至于到了现在除了于东街下坡向南的一条城墙巷和顺城湾向北的西边还留有些许城墙残迹外，其他地方只能从护城河的布局上进行着城墙的辨认了。但我们有理由相信，虽然没有了古城墙的标志，没有了古城墙的痕迹，但枣阳城的未来一样会变得更加美丽。

古刹白水寺

檀翱申

白水寺位于枣阳城南20公里的吴店镇西南1000米处的狮子山上，是汉世祖光武帝的发祥地，是枣阳市重要文物古迹之一。

白水寺建筑宏伟，规模较大。周围有一道石砌城墙，长730米，寺院面积1693平方米，城墙内有一道城壕。东、西、北三面有3个大城门。寺内原有关公、释迦牟尼、观音、罗汉、刘秀等8个大殿，6个天井院，40余间房屋。坐北朝南分布在狮子山顶，门厢上面写着"白水寺"3个大字。一进大门是前殿，正中供着关羽塑像，两边立着周苍与关平。穿过前殿往里走，过天井院升阶七级，是大雄宝殿。此殿是白水寺中最大的一个殿，面积有165平方米。殿中供着释迦牟尼佛像及教徒四大金刚的塑像。前殿和大雄宝殿之间是一个长方形的天井院，天井院两头各有两间小屋，是钟鼓楼，有来敬香者即击鼓鸣钟。穿过大雄宝殿再往后走，又过天井院，是观音殿，殿中供着观音菩萨。第二道天井院的东西两边各有房屋五间，西边是罗汉殿，东边的五间最早不知道供着什么神像。据老人讲，到了清末和民国时期，是作客厅用的，墙上挂着名人字画。

罗汉殿的西边是刘秀殿，坐北朝南有前后两殿，殿中塑有汉光武帝刘秀及东汉二十八宿塑像。前后殿与两边的小厢房又构成一个单独的天井院。刘秀殿西南侧20米处紧靠路南方一小池，中华人民共和国成立后，因建筑取石，小池逐渐扩大，东西长13米，南北宽8米，该池原是光武帝在此屯兵时用的洗马池。

距大雄宝殿东山墙3米处有一口井，是过去为僧人饮水而挖掘的。井边有棵石榴树，每年夏初开花，红花绿叶把寺院点缀得十分美丽、壮观。

寺庙门外有一条公路，东接通往山区的公路，西与白云山茶场相连，是游览白水寺的出入口，路宽7米，两旁的苍松翠柏高矮一致，绿荫如带。

白水寺始建于何时，因年代久远，旧有碑碣俱失，庙祠年月也无从稽考。据有关资料推测和传说，它分两期建成。第一期始建于东汉以前，距今有2000多年，主要建筑大概是前殿、大雄宝殿、娘娘殿及东西两边的厢房；第二期始建于东汉光武帝驾崩之后，距今1900多年。因东汉张衡的《东京赋》中有龙飞白水的记载，过去在上山处有一块大碑，上刻"白水脚下展卧龙"7个大字。唐代诗仙李白曾游南阳白水登石激作诗曰"朝涉白水源，暂与人俗疏。岛屿佳境色，江天涵清虚。目送去海云，心闲游川鱼。长歌尽落日，乘月归田庐。"韩愈、杜甫、元好问都写过诗歌颂刘秀发迹于白水的胜迹。再从寺庙的设置来看，白水寺（除刘秀殿外）是一个完整的古庙建筑。它开始并没有设想建刘秀殿，所以刘秀殿属于第二期工程，大概是光武帝晏驾后，因其曾起兵、屯兵于此，功绩卓著，后人为报功颂德，选择狮子山这个优美的地方，在白水寺古刹西侧修建刘秀殿，以利四时祭拜。刘秀殿的建成从政治上和文物上给此寺增添了历史价值。历代政府对白水寺这个具有悠久历史的名胜非常重视，曾多次进行维修，明嘉靖戊戌年（1538）、清乾隆二年（1737）、嘉庆二十年（1815）、道光九年（1829）都曾拨款维修。

民国三十年（1941）夏，红帮山主马瑞堂倡议枣阳县绅商各界集资维修白水寺，竣工之日，竖石碑一块，正面书刻"白水重光"4个大字，背面刻写碑文（重修白水寺序）如下：枣阳为汉世祖光武发祥地，苏白阿之望气所称郁乎苍苍，张衡东京赋所谓龙飞白水者是也，吾枣古迹莫重于此，先贤功业尤宜崇拜，惟以旧有碑碣年远代湮，保存乏人，遂使庙宇年月无从稽考，复以国家多故，殿宇倾颓，久失修茸，览胜考古之士登临斯山者甚惋惜焉。今幸有马公瑞堂慨然于汉世祖之伟业未可遗忘，名胜古迹之不宜淹没，遂倡议捐资鸠工庀材从事重修，庙貌一新是举也，报功崇德存汉室之馨香，寻胜访山水之情趣，用勒贞珉以昭来许。是为序。

蒙汉鞑子冲

赵凤选

鞑子，古时汉族对北方各游牧民族的统称，元代指东蒙古人。枣阳南边就有个鞑子冲。说起鞑子冲，还有一段来历。

1279年，元世祖忽必烈灭南宋统一中国，建立元朝。为巩固政权，元朝政府实行民族歧视政策，把中国人分为四个等级：蒙古人、汉人、南人、色目人。不同等级的人们，其政治和经济待遇迥然不同。

元朝初期，朝廷大小官员几乎是非蒙古人莫属，地方各级长官都由蒙古人担任，一切权利归蒙古人。为了防止汉人造反，他们实行了一系列苛刻而残酷的管制。如：一村只准用一个火种，五户只准用一把菜刀，不准人们随便走亲串友，不准三五成群交头接耳，红白喜事不准大宴宾客。尤其野蛮的是，汉人结婚新娘子要跟蒙古官先睡三晚上。哪里有压迫，哪里就有反抗。到了元朝中后期，大江南北农民起义此起彼伏，元鞑子的统治岌岌可危。

花开两朵，各表一枝。某年派到枣南当管教的是蒙古人哈里格。他出生在蒙古包里，曾是一个孤儿，受了不少欺辱，但却读了不少诗书，尤其精通汉文。长大成人后，他在元朝当了大官。哈里格希望民族团结，国家安定，经济发展，人民幸福。他每每上奏皇帝要搞民族团结，启用汉人，学习汉文等，多次惹怒朝廷。今年贬，明年贬，一直把他贬到枣阳当了一个小管教。他上任到枣南以后，住在七里冲里面一个小湾子里。在那里，他不但尊重当地风俗习惯，而且让家家户户有火种不加限制，叫人们随随便便购买菜刀不加约束，跟人们一起过年过节与民同乐，还协助人们办理红白喜事，更不去跟谁家新娘子睡觉。此外，他不但不收贿赂、接受吃请，还用他们北方的医术为当地百姓治病，经常资助老弱病残者。到后来，他还把自己的资财全部用于当地百姓。因此，哈里格深得人心，德高望重，人们亲切地叫他"鞑子爷"。

转眼几十年过去了，枣阳的小环境是绿洲一块，神州大环境却乌云滚滚。元朝统治越来越腐败，民族压迫越来越残酷无情。出现了文官不会治国，只会贪赃枉法玩弄权术；武将不能安邦，只会横行霸道大搞肆虐。不少官员除俸禄外，还要向下收常例钱；下级去见上级要纳拜见钱，官来官往要迎送钱；打官司要公事钱；拘留人要赏发钱；逢年过节要追节钱；什么事儿没有要撒花钱；等等。他们俸禄根本不动，吃喝使用靠送，建房制田纳贡，藏金埋巧弄。这个钱，那个钱，奢侈浪费花样惊人，迫使人们流离失所，背井离乡，在水深火热中挣扎。天长日久，终于酿成了元末农民大起义。

1351年，刘福通领导的白莲教反元复宋农民大起义，波及全国席卷九州。人们纷纷相约在八月十五那天用送月饼的方式传递消息，起义杀鞑子。枣阳境内其他地方也不例外。外地的鞑子杀光了，唯有七里冲的老鞑子哈里格被当地人保护起来。明朝建立初期，号召扫除元朝的残余势力，当地人主动上书官衙，陈述老鞑子哈里格的处事为人情况，要求另当别论，得以恩准。为此，哈里格安度晚年，一直活到90多岁寿终正寝。为了纪念他，当地人便把七里冲里面哈里格居住的那个无名冲取名叫"鞑子冲"，让世代人不忘记这个民族团结的功臣。

第二节 古街风采

吴店荷花街

刘正文

枣阳市吴店镇是东汉光武帝刘秀的故里。古时候，这里就是生意兴隆、物资集散的好地方。而今，改革开放和农村商品经济的发展，使古老的吴店镇焕发了青春。从那条新辟的具有诗情画意的荷花街，就可看到今日吴店繁荣的景象。

日前，我出差到吴店镇，逛了一趟荷花街。这条街果然不同凡响：中间是条东西长约两公里、宽10余米的堰塘，静静的清水折射出太阳的光辉。镇委的同志告诉我，到了夏季，满塘荷叶舞姿、莲花放香，其情其景其味妙不能言。堰塘两岸一字儿排开的晴雨棚下，都是个体商贩摊位，是一个壮观、整齐的集贸市场！

荷花街分两片，生意各不相同。靠北边的半爿街，很有秩序地划分为三段，分别为蔬菜类、食品类、豆制品类；靠南边的半爿街，分为禽蛋野味类、肉食类、手工艺品类等。

在北半爿街上，我遇到一位卖豆制品的老汉。问他豆皮咋卖？他答："六分五一张。"接着，他告诉我，他家就在街边住，每天起早贪黑磨豆腐，一年四季闲不着，总要落个千把块。从荷花街中段往前走，两旁的货架如两条彩色的长龙，大多挂的是款式新颖、色调各异的时装。年轻的姑娘和媳妇们，挑了这件看那件，有些眼花了，有位40多岁的妇女，在同伴的参谋之下，总算为未过门的儿媳买了套西服。

此景此情，不禁使我想到：改革，不仅使广大农民走上了脱贫致富之路，而且使他们具有了商品经济观念，带来了他们的经济、思想、文化的飞跃。

填不满的琚家湾

杨俊

枣西琚家湾是个人杰地灵、物产丰富、商贸活跃、美丽而富饶的地方，那里有着许许多多美丽的传说和故事，广为流传的"填不满的琚家湾"就是其中一个。

众所周知，枣阳境内有两条大河：沙河和滚河。它们由东向西，流经琚湾相汇并为一河，奔向西南流入汉江。

相传很久以前，一日沙河龙王和滚河龙王不约而同在巡视各自辖区，小晌午时两龙在两河交汇处的琚湾街东头不期而遇。二龙王好久不见，遇之彼此客气一番，便并驾齐驱在琚湾街东头水域转悠了一圈，而后翘首相送，转身返回各自水域。说来也怪，就在那二龙驾水并行转悠转身的地方（就在如今的琚湾街东边）形成了一个大深潭，而后河水拐弯再由东向西流去。后来人们叫那个深潭为"回龙潭"。当时回龙潭西边，河流北面住了不少琚氏居民，于是，这个地方因河有弯又是琚氏居住地而得名"琚家湾"。

琚家湾水美人好，被天上一小龙发现，如获珍宝，喜出望外。一日它悄悄离开天庭，来到回龙潭，并经常出没人间。那小龙初到人间，性本善良，没有什么恶迹，后来结交了一些妖魔鬼怪：妖怂恿它嫖，魔教会它赌，鬼诱惑它奸，怪唆使它恶。于是小龙高兴时，东游西逛，戏弄水族；郁闷时，沉睡潭底；发怒时，呼风唤雨，搅水泛滥，淹没琚湾；撒野时，变人上岸嫖赌奸恶。日子一久，当地百姓都知道回龙潭有恶龙作祟，但谁也没办法，只好望潭兴叹。

琚湾人万般无奈，为求太平，便在潭边修庙，祭祀烧香免灾，还定每年正月十五玩龙灯，以安抚潭中小龙。

谁知那恶龙欲壑难填，人们烧香拜求还不行，后又要求：每年送它一个童男一个童女，不然随时水淹琚湾。当地百姓怕有事端，只好照办。送去的童男被它吃掉，童女则成了它的妃子，供它玩乐。时间一长，那恶龙贪心膨胀，又传出话来，要百姓逢年过节也送童男童女，百姓们怨声载道。

恶龙的行为，被当地一个得道成仙的琚大仙得知，状告给玉帝，玉帝派杨二郎下凡调查。杨二郎来到琚湾，使用法术变出了许多对童男童女，让人们今天送，明天送，不知送了多少，恶龙还不满足，仍然兴风作浪，祸害琚湾。二郎神回天庭奏明玉帝："那恶龙作恶多端，我变了许多童男童女送给它仍不满足，仍然无恶不作，真是填不满的琚家湾回龙潭啊。"玉帝听后，若有所思，嘴里唠唠叨叨："填不满的琚家湾……"他那声音由低到高，由高渐低，站在天庭上的两班天神只听了玉帝重复唠叨："填不满的琚家湾。"却没听清楚后面的"回龙潭"3个字。以后这话又被琚大仙从天上传到了人间，便家喻户晓了。

不久，杨二郎领玉帝圣旨惩治了恶龙，琚湾百姓得救了。人们为感谢杨二郎，在琚湾西建了"杨氏庙"，以示纪念。

随着社会的发展，琚湾成了水旱码头，商贾云集，终年热热闹闹，商品贸易十分活跃，驰名百里之外，不管东西南北中的什么物品，只要到了琚家湾都脱手而出，销售一空。慢慢地，"填不满的琚家湾"便成了商品集散的代名词。

刘升心善留美名

刘世相　刘玉萍

相传，很久以前，现在的刘升镇还是一片荒坡。在离此地往西北约十里远的地方，有座山叫贺尔寨。贺尔寨南面山脚下猫耳洞里住着一个叫刘升的穷孩子。刘升的父母去世早，撇下刘升一人孤苦伶仃，上无片瓦，下无寸土，全靠东家一口饭西家一口水养大。

渐渐地，刘升长大成人，以打柴为生。他白天上山打柴，夜晚就在猫耳洞栖身。别看刘升一贫如洗，心地却很善良，人也勤快。他起早贪黑，每天都挑着比自己个头高出很多的柴捆子下山，换来吃的东西，还常常给那些缺吃少穿的大爷大娘送去一些。有时东西太少，他宁愿自己饿肚子，也不忘记帮助别人。

有一天傍晚，天上飘着鹅毛大雪，地上白茫茫的一片。刘升在回家的路上，忽然看见前面雪地里卧着一位白发银须老爷爷。老爷爷已冻得满面青紫，奄奄一息，怀里抱着一只破碗和一根打狗棍。刘升赶忙放下担子，抱起老爷爷，为老爷爷拂去头上脸上的落雪，焦急地大声呼喊："老爷爷，你醒醒，醒醒呀！"老爷爷睁开眼睛，呼了一口气，又昏迷过去。刘升连忙背起老爷爷就往自己栖身的山洞跑。回到洞里，刘升找来些干草，铺成地铺，把老爷爷放在上面，又在不远处燃起一堆火，把老爷爷的湿衣服脱下来烘烤，并不住地为老爷爷搓擦身子，还往老爷爷嘴里喂一些热粥。慢慢地，老爷爷的面色渐渐红润起来，说话也有力气了。刘升高兴地说："老爷爷，你这么大年纪，以后不要去讨饭了，就住在这儿，我养活你。"老爷爷哈哈笑了，说："好孩子，谢谢你救了我！我要报答你，你无论想要什么，我都能够满足你的要求，你想要什么？"刘升赶忙摇摇手，说："不！救人是我该做的事，我什么也不要，我凭一双手劳动就很快乐。"老爷爷点点头，说："好吧！你随我来。"老爷爷站起身来，出了山洞，健步往东南方向走去，刘升一溜小跑紧随其后。

走了大约十里路，来到一片荒山坡前，老爷爷停下脚步，对刘升说："年轻人，这里就是你的家了，记住你说的话，凭双手劳动去创造美好的生活。"说完，一闪身就不见了。刘升大吃一惊，正在诧异，忽见刚才还空空如也的雪地上，出现了三间茅草屋，里面锅碗瓢盆俱全，有一缸粮食，还有一些桌凳等家什。刘升感动得热泪盈眶，跪在雪地上朝着老爷爷刚才站的地方拜了几拜。然后，搬进茅草屋住下来。

第二天，太阳出来了，冰雪开始融化，刘升的茅屋前来来往往的人很多，有挎着草筐走亲戚的，有挑着担子做生意的，有赶驴子的，还有推独轮车的。刘升一打听，才知道此处是个交通要道口，蜿蜒的小路往东可到随州吴山，往西可到枣阳城，往南可去随阳、兴隆，往北可去河南。过往行人、客商都要到刘升的茅屋里坐一坐，有的要歇歇脚，有的要喝点水，有的要买点饭菜，也有远道而来路过此地要求住宿的。这样，刘升就忙了起来，不再上山打柴，开始做一些简单的饭菜生意，后来生意越做越好，就开起了酒馆、客栈。刘升也不再是孤身一人，他娶回了一个能干贤惠的妻子，帮他打理生意，为他生儿育女。

年长月久，父传子，子传孙，刘升的家族人口越来越多。后来别的人也搬到这里来，经营餐饮、买卖、加工等行业。做生意的人越来越多，店子越开越多，规模越来越大，渐渐地，这里就形成了一个小集镇，人们为了纪念刘升这个开埠人的功绩，把这里取名为"刘升店"。

刘升那种扶危救难、乐善好施、凭诚实劳动致富、靠自己双手营造幸福生活、福荫子孙后代的美德一直被人们所传颂、所敬仰、所发扬。

乌金店
檀翱申

乌金店位于吴店东 7000 米处，坐落在一条南北长岗上，东西门外地势略低，南北门外一片平坦，一望无垠。镇中街道较宽，五六米，有东西南北四门。抗日战争以前，四门都有城门炮楼，有土城墙和护城河。

北门外还有一条新街，多是亦工亦商亦农户，北门外面东还有一条草街，多是饭店骡马店。繁荣的工商贸易，在四门内的正街上。乌金店总长约二里许，20 世纪 70 年代前在农村还算得上是一个中上等集镇。

乌金店与西 7000 米的吴家店和北 7000 米的槐树岗呈对三角形，商贸互有来往，工商贸易也较繁荣，仅次于吴家店。历史上，乌金店还是枣阳到随县、漯潭等地来往客商的必经之地，这也是构成乌金店商贸繁荣昌盛的重要因素之一。在 20 世纪上半个世纪尤其在 50 年代前后工商贸易呈鼎盛时期，打铁、榨油、刨坊、染坊、药铺、豆腐坊、粮行、猪行、牛行及百杂货，各类商铺近 200 家。为满足城乡百姓需求，许多坐商和流动小贩常往来于吴家店、乌金店打对集，逢双日到吴家店，逢单日到乌金店，生意兴隆。

乌金店还是一个盐业矿产基地，地下资源丰富。抗日战争中期，国民政府曾募集食盐股金，开采盐矿，但由于日寇不断扫荡枣阳，未能实施开采计划。

20 世纪 70 年代初，在枣阳县委、县政府的领导下，成立了盐矿开采指挥部。翌年，食盐生产就保证了枣阳人民的食盐供应。现在生产的食盐，不仅满足了附近十数县市人民的食盐供应，还畅销东北三省和广西桂林等地。盐业生产的不断发展，也促进了乌金店工商贸易的更加繁荣昌盛。

乌金店始建于何时，何时又续建新街草街，又因何定名"乌金"二字，尚无查到史据。传说乌金店建镇后，民间称吴家店为吴家大店，称乌金店为乌金小店。建设乌金集镇是在吴家店之后，但为什么要在此岗建设乌金店集镇？从古时候的建镇沿革推测，大概是为了方便百姓买卖和城乡物资交流，古时根据人口稀稠，地理条件（如山地、平地）都是以十里或十五里建设一个集镇，乌金店西有吴家店，北有槐树岗，东南有王家城，东北有兴隆集，乌金店这条岗居四镇之中都相距 7 千米，为了方便农民买卖消费，是当然在此建镇的重要因素。

乌金店也是一个悠久历史的文化古镇，但一直没有留下史志记载，这是一个较大的遗憾。

马武店
王烈诚

据说七方马武店原来的名字叫马姑店。

那里过去有个开烧鸡店的女老板叫马姑，本人姓吉。因她开店服务一流，信誉好，加上她有一手褪鸡毛的绝活，所以人们戏称她吉（鸡）毛。因她丈夫家姓马，大家又叫她马姑，所以这烧鸡店也就顺理成章地叫成马姑店。

这女子虽出身农家，却堪称小家碧玉，不但人生得标致，且悟性好，书读得不多，却有文墨，在当地也称得上出类拔萃之人。

时逢刘秀起兵讨伐王莽，马武等一批好汉也揭竿而起，紧紧追随。起兵伊始，立足未稳，王莽就四处悬赏捉拿反叛之人。一日落难的马武偶来马姑店，吉毛见之非但不报官，还大摆鸡宴盛情款待，并把新婚丈夫马宗送到马武帐下，让其为中兴汉室效犬马之力，使得马武对她赞不绝口。

建武六年（30），刘秀颁旨，改春陵乡为章陵县。马宗奉旨还乡传旨，顺路还家省亲。

新婚别离，弹指十载。马宗归心似箭，星夜兼程，不日便回到马姑店。待他见到吉毛时，已是物是人非，二人都不敢相认了。吉毛见到店前的客官，似曾相识，但又不知他是何许人也，就客气地搭话："客官，你是公干，还是就餐？"

马宗心想，她既然不敢认我，我就试探试探："我要吃鸡。"

于是吉毛连连应道："有，有，公鸡、母鸡、童子鸡，清炖、红烧、白斩鸡，你要哪种？"

马宗说："我要吃你养了十年的那只鸡。"

吉毛听后心里一沉，心想：他这人真怪，点着要吃我养了十年的那只鸡，它可是我的命根子啊！没有这只鸡，我也不会活活守寡到今天。"客官，你要的这号鸡，小店没有，请你另选高门吧。"吉毛应声而答。

这时马宗想了想，当年她养的那只鸡，兴许早就不在了："大嫂，没那只鸡，我要见吉毛。"

"鸡毛？有，有，黑的、白的、黄的、花的……要多少？"

"我要见叫吉毛的女子！"

一听马宗要找叫吉毛的女子，吉毛多了个心眼，推说这儿没有此人。为什么？因为马宗一走十年杳无音信，不少人都认为他战死沙场，外人都把她当成了小寡妇，有劝她择门改嫁的，更有那些非分之人想占她便宜的，今日来店里是位有权有势之人，她不得不严加防范，寡妇门前是非多，无事防有事。

至此马宗无奈，只得报出自己的名字，看她到底是不是自己的爱妻。可吉毛呢，仍不敢贸然相认。她怕有人冒充，又怕错失良机，就想起当年劝夫从军时的临别赠言，便问道："你要是马宗，当年……"

不等吉毛说下去，马宗就急不可耐地说："新婚之夜，你当着马武将军的面，劝我从军反莽，并指着一只刚刚孵成的小雏鸡口咏一首小诗。"

这时候吉毛按捺不住性子了，抢口念道："愿君常思千里妾，莫恋玉堂万户侯。"

"待到反莽凯旋日，烹鸡相贺等郎君。"马宗对答无误。

二人对上"暗号"，紧紧地相拥相抱。

接着，吉毛兑现诺言，杀了那只鸡，犒赏夫君。席间，二人诉不完的别离情，说不尽的相思苦。吉毛一个妇道人家开店之苦、之累难以言表，她要马宗解甲还乡，夫唱妇和，养老哺幼，共享天伦之乐。

爱妻的一席话，说得马宗热血沸腾，他何尝不想与家人团聚呢？不久，他随马武回宫复命后，就把吉毛的恳求如实向马武作了禀报，马武将军深感吉毛深明大义，劝夫从军；留鸡候夫，言而有信，忠贞可嘉；生活艰辛，确属实情，同意还乡，还用自己的名字为烧鸡店的店号为赠，表彰四方，以为荫泽。择日奏明皇上，刘秀应允。

马宗解甲还乡后，夫妻二人把"马武店"三字特请高人制作上品匾额高悬于店门，从此生意兴隆，人丁兴旺。

斗转星移，朝代更迭，虽然烧鸡店时兴时衰，但马武店三字却一直沿用至今。

心血垦绿造七方

王烈诚

这里原本是一片广袤的黄土岗，下雨遍地流黄水，天旱地面就咧嘴，鸟不落，兔不住，拉屎苍蝇都不繁蛆，真是荒无人烟。

记不清是哪朝哪代了，有一位中年汉子来到了这里安家，看到了七条黄土岗，夹着六条大洼，心想，只要有力气，不愁这黄土岗上长不出庄稼来。于是这汉子就带着妻儿，在岗顶上搭起了草棚，开荒种地。他们在洼地处筑坝蓄水、垒埂造田；在岗坡上平土修地，种了庄稼。一年四季，精心耕作，终于在年终收到了粮食，得到了土地的回报。

由于环境恶劣，一遇大雨天，岗上流下的黄水挟带着泥沙，冲垮田埂，冲毁庄稼，令庄稼汉挠心焦肺，还有那吞噬庄稼的虫子，更叫人无能为力。这些事一直困扰着庄稼汉。他日思夜想，终于想出一个办法。他带领着儿子们在岗顶上植树造林，通过几年的不懈努力，大片大片的树林郁郁葱葱，春有花，夏有荫，秋有果，树茂粮丰。闲暇无事，汉子漫步在树林中，一股特有的清新空气扑面而来，顿觉清香入鼻，沁人心脾，怡然自得。更令他高兴的是，岗上的雨水再也不会冲毁田园，树林引来的鸟雀，捕捉了田地里的害虫，收入明显增加。尝到了甜头后，汉子与家人约法三章：不准乱砍树木；不准打鸟；冬天里，用瘪谷碎米喂鸟。谁违反了家规就拿谁是问。

通过他们的精心耕作，日子一天一天好起来。这个汉子共有七个儿子，其中六个儿子都先后娶妻生子，成家立业，分别在另外六条岗顶上盖起了独家小院。庄稼佬，就恋小，老汉跟第七个小儿子一起过。随着收成的丰盈，他们把吃不完的粮食蔬菜摆在家门口场地上，卖给远近的群众，慢慢地形成了小市场，老汉又操心为小儿子也娶了媳妇。转眼间，小儿媳妇也要十月分娩，乐得老汉心里像灌了蜜似的。可万万没想到的是，小儿媳妇生的儿子得了脐风，当时的医疗条件太差了，全家人围着奄奄一息的婴儿，束手无策。后来老七看到孩子救活无望，不忍心让孩子死在他娘怀里，就把孩子抱走，丢在屋后岗顶上，听天由命去了。谁知患这脐风病的孩子一挨上土就有了生气，孩子慢慢苏醒了过来。那时正是三伏天，别说饥渴了，就是那毒辣辣的太阳也会把孩子蒸死，真是吉人自有天相，只见一大群鸟雀呼啦啦地飞了过来，把日头遮得严严实实，几只喜鹊还落在孩子的身旁，扇动着双翅，为孩子降温，更令人称奇的是几只母兔雌狐还轮番为孩子喂奶。

再说孩子的爷爷，见小儿子把孩子抱走后，心虽总不是滋味，弃之难舍呀。他身不由己地来到屋后岗顶上，远远看见一大群飞禽走兽转着孩子，还以为它们要分食死婴，急忙赶了前去。待他看到真实情况后，不由得老泪纵横，口中不住高叫谢天谢地，赶忙把孩子抱了回去。从此，全家人更加珍惜这岗上的一草一木、雀鸟狐兔。

光阴似箭，转眼间，汉子已是八十高寿的老翁了。在他的八十寿诞宴会上，亲朋好友齐夸他家置业有成，人丁兴旺，由一家人发展成一个村庄。根据老汉有七房儿子所占有的地形地貌，大家就把这岗上的村子叫七房岗，后又叫七方岗。

杨垱人重唱杨垱歌

马安玉

一首富有时代特色、距今已有 32 年历史的自编歌曲——《我们杨垱乡》，又在湖北省枣阳市杨垱镇广大农村重新传唱开来，成了杨垱人民热爱家乡、建设家乡和坚定社会主义信念的一部有声教材。

这首歌的歌词内容如下：

> 我们杨垱乡，
> 平原好地方，
> 土地辽阔肥又壮；
> 渠道百里长，
> 党委领导建农庄，
> 六万大军上战场，
> 文呀么文化宫，
> 高呀么高数丈，
> 油漆门玻璃窗，
> 电灯放银光。
> 新花被子帐子床，
> 男女老少喜洋洋，那个喜洋洋。
> ……

这首歌是 1958 年杨垱人自己编词谱曲的。当时杨垱的社会主义建设取得了可喜成绩，国家领导人包尔汉、赛福鼎和省委负责人王任重等先后到杨垱视察，并给予高度评价。1959 年，中央新闻电影制片厂拍摄的纪录片《杨垱新村》在全国放映，《我们杨垱乡》成了《杨垱新村》的主题歌，随之传唱全国。

第三节　地　名　传　说

白露村的来历

枣阳北方流传一首谚语："金鹿头，银寺庄，赶不上白露的好田庄。"提起白露村，枣阳曾流传着一个神奇的故事。

很久以前，枣北迎驾山上古木参天，鸟语花香。山脚下，有一个数十户人家的村庄，村前一马平川，田野禾苗青青，村边荷花飘香，村里鸡鸭成群，全村人过着安居乐业的生活。

可是好景不长，不知何时从殷家山里爬出一条凶恶的蟒蛇，常常糟蹋庄稼，吞吃牲畜，甚至残害无辜的顽童。为了制服大害虫，一些青年小伙子进山捕捉蟒蛇，结果有去无回。以后人们又从外地运来一车车石头，在村外砌道围墙，却被凶猛的蟒蛇轧得粉碎，人们不泄气，还是一个劲地运石头，砌围墙，一下感动了上帝，派来了山神，把迎驾山变成秃山，那蟒蛇难以藏身，悄悄地逃走了，人们又过着安居乐业的生活。原来被蟒蛇轧碎的石粉，人们就把它撒在村里大路上，好像雪白的霜露，它记下了前人的勇敢精神和纯洁的心灵，以后人们就把这个庄取名叫白露村。

（讲述者：张秀莲　搜集整理：赵万爽　唐玉志）

卧龙街——湖河镇

枣阳北乡唐梓山以西5千米处，有个名叫"湖河"的小镇，传说过去曾叫"卧龙街"。

1000多年前的一天中午，晴朗的天空突然乌云翻滚，下起了倾盆大雨，在一阵呼啸声中，降下来一个庞然大物，形似巨蟒，浑身鳞甲，一对犄角，四只鳞爪，伏卧在湖北、河南两省分界的红沙河里，人们大声惊呼："河里落龙了！""白龙现身了！"很快惊动了成千上万的人来看稀奇，连日来川流不息，连那些跑江湖、做买卖的也赶来凑热闹，搭棚摆摊的、舍茶卖饭的、相命算卦的、玩猴耍刀的都有。一时间，这一片郊野河畔却成了会场。

到了第七天清早，一仗大雾过后，这银甲白龙突然不见了。有的人说它上了天，有的说它入了地，也有的说它回东海龙宫了。白龙虽说飞走了，四方观奇的人还是一阵一阵地往这来，尽管没有看到白龙，就是亲眼看看龙卧过的地方也算三生有幸。还有人想到，若居住在逗龙之地，或许能图个"吉祥如意""百世安乐"。有的人抢先到这里买地盘、盖房屋、开店铺、做生意等。没几年，红沙河两岸建成了两条街，一条叫"北卧龙街"，一条叫"南卧龙街"。

十年、二十年过去了，两边街道又不断向河心扩展，滚滚的红河成了涓涓细流。两省的官府怕以后发生纠葛，为保持边界分明，双方商定在河心建造一座演戏楼台，作为永久标记。从此，两街房屋相连，成为一个小镇，因属两省共管，便把南北卧龙街合称为"湖河镇"。中华人民共和国成立后，此镇划归湖北枣阳管辖。

直到现在，靠红沙河两岸一带的群众，还流传着一首节约之意的歇后语："湖河镇的戏楼——两省"。

（讲述者：郭其明　搜集整理：杜仁富、赵万爽）

柳永流落枣阳

张承明

柳永是北宋著名词人，有《乐章集》传世，他不是枣阳人，为何会流落到枣阳呢？这要从他的生平和游历说起。柳永原名三变，后改名永，字耆卿，因排行第七，又称柳七。祖籍山西省河东，后因其祖上宦游入闽，定居福建省崇安。柳永约于雍熙元年（984）出生在其父柳宜任县令的京东路济州任城县。淳化元年（990），柳宜升任全州通判，按宋制不许带家眷前往，他就将妻子和柳永等送回崇安老家居住，直到至道三年（997）他迁任国子博士时，柳永才回到汴京。柳永一生曾游历了许多地方，他与枣阳县的渊源在于晚年游历到枣阳时病卒，并葬于枣阳。由于他生性放荡不羁，加之多写俗词，备受上流阶层鄙视和打压，以致《宋史》未给他立传，仅凭后人的笔记、小说语焉不详的零星记载，故其生卒年限、事迹、卒葬地等问题传闻各异、说法不一。柳永的卒葬地就有四种说法，即湖北襄阳说、枣阳花山说、镇江北固山说、扬州仪征说。其中，后两种说法无确切证据而不可信，前两种说法即襄阳说和枣阳说实为一回事，因为枣阳在历史上就归襄阳管辖，襄阳说没指定具体地点，襄阳说实际即是枣阳说，枣阳说的依据充分、切实具体，比较可信。据《枣阳县志》载："宋词人柳耆卿（即柳永）墓在枣阳县兴隆镇西花山。"宋曾达臣（敏行）《独醒志》载："柳耆卿风流俊迈，闻于一时。既死，葬于枣阳县花山。远近之人，每遇清明，多载酒肴，饮于耆卿墓侧，谓之吊柳会。"元陈元靓在《岁时广记》中亦载：柳耆卿"掩骸僧舍，京西（枣阳在宋代隶属京西路）妓者鸠钱葬于枣阳县花山，其后遇清明日，游人多狎饮坟墓之侧，谓之吊柳七"。

柳永恐怕没有想到，一是自己作为官宦世家子弟，本欲科举入仕建功立业，流芳百世，却屡试不中，成为一代词宗，在中国文学史上占据重要位置；二是没有死在长期栖身的繁华京都，也没死在家乡崇安，却死在东汉开国皇帝刘秀的故乡枣阳，并且是由歌妓们凑钱安葬的。

柳永青少年时期主要是在京都汴京度过的，他天资聪慧，博学多才，擅长词曲；加之爱好游历，到过许多地方，熟悉民间流行曲调，因此写了颇多脍炙人口的歌词，流传很广，据一西夏归朝官云："凡有井水饮处，即能歌柳词。"柳永像封建时代的大多数读书人一样，是把科举入仕作为人生第一目标。柳永约于31岁时即宋真宗大中祥符八年（1015）第一次在京都参加科举考试，他踌躇满志，自信"定然魁甲登高第"，谁知却落榜了。3年后，第二次开科他又没考上，于是忍不住满腹牢骚，便写了那首著名的《鹤冲天·黄金榜上》。他没考上不好好地反省，就是背地调侃一下也行，他却写歌词公开大发牢骚，说什么我有才华，落第只是偶然；声名早传于市井，暂时落榜，又何必凄伤？考不上也同样被社会承认，我就是一个不穿官服的官；要那些虚名干什么，还不如把它换了喝酒唱歌。他这首歌词很快在社会上传开了，并且传到了宫里，宋仁宗一听大为恼火，在心里打下了烙印。柳永又等了5年，第三次参加科考，好不容易考试过关，但最后由皇帝圈点放榜时，仁宗把柳三变这个名字抹掉了，并在旁朱批道："此人风前月下，且去浅斟低唱，何要浮名？"在这打击之下，柳永就转身沉于烟花巷陌、青楼歌馆，做起了专职的流行歌词作家，许多歌妓因唱柳词而走红。柳永时常得到歌妓们的经济资助，而无衣食之虞。

柳永科场失意，但在青楼歌馆里却如鱼得水，成就了他。他通过与歌妓们的交往，了解歌妓们的心声和市民阶层的娱乐需求，激发了他的创作热情，淋漓酣畅地发挥才华，吸收民间词和文人词的长处，以市井俗语入词，情感坦白率直，一反唐五代词人含蓄雕琢习气，改变了词坛上小令一统天下的格局，创用了许多长调词调，扩充了词的表现容量，创作了大量通俗的大众流行歌词，词名日隆。可谓是少了宦海一卒，多了文曲一星。

青楼酒肆终不是柳永想要的归宿，他几度宦游，仍未获得一官半职，前途渺茫，他只好再次把希望寄托在科考上。于是把自己的名字由"三变"改为"永"，第四次参加科举考试，可不幸的是他再次名落孙山。直到他50岁时即景祐元年（1034），仁宗亲政，对历届科场沉沦之士的录取放宽条件，颁布诏书："凡年五十，进士五举，诸科六举，虽试文不合格，毋罢黜。"柳永因此资历获赐进士出身，从此踏上仕途做了个小官。他先后任睦州推官、泗州判官、余杭县令，又因政绩突出入朝为官，先后任著作郎、太常博士、屯田员外郎，故世称"柳屯田"。

到晚年，柳永的漫游和创作的热情仍然不减。皇祐五年（1053）秋，他和红颜知己谢玉英开始了汉江流域之旅。谢玉英是枣阳县兴隆谢家湾人，早年随经商的父亲流寓江州（今九江），后来父亲生意失败，父母双亡，谢玉英不幸坠入青楼。她色佳才秀，最爱唱柳永的词，还将流行的柳词收录起来，用蝇头小楷抄写汇成一册"柳七新词"，常常演唱，渐渐成了江州名歌妓。当年她与柳永在江州相遇，二人一读知心，才情相配，两情相悦，后来在汴京便如夫妇一般生活。柳永写赞美她的词达6首之多，如《两同心·嫩脸修蛾》《玉女摇仙佩·佳人》等，可见他们的感情之深。这次他们到了地处"随枣走廊"的枣阳县，这里是汉光武帝刘秀的故乡，也是谢玉英魂牵梦萦的家乡。陪心爱的人回到桑梓之地，圆了谢玉英渴望的回乡梦，也遂了柳永多年的心愿。柳永在谢玉英的家乡枣阳，所见所闻勾起了他对儿时乃至人生往事的回忆，感觉自己一直在旅途、在奔波、在奋斗，虽然不时倚红偎翠、仕途升迁，但终归内心孤寂、作为有限，感叹人生苦短、岁月如歌，于是写下《阳台路》一词："楚天晚。坠冷枫败叶，疏红零乱。冒征尘、匹马驱驱，愁见水遥山远。追念少年时，正恁凤帏，倚香偎暖。嬉游惯。又岂知、前欢云雨分散。此际空劳回首，望帝里、难收泪眼。暮烟衰草，算暗锁、路歧无限。今宵又、依前寄宿，甚处苇村山馆。寒灯畔。夜厌厌、凭何消遣。"

在枣阳盘桓一段时间后，柳永因旧疾复发而病故。谢玉英和一班歌妓念其才学和情痴，凑钱将他安葬在枣阳兴隆镇西花山上。谢玉英为他披麻戴重孝，歌妓们轮流到寺庙里为他戴孝守丧。出殡时，满城歌妓都赶来为他送行，半城缟素，一片哀声。谢玉英痛不欲生，哀伤过度，两月后也去世了。歌妓们念她情重，便将她葬于柳永墓之侧。据《枣阳文史资料》及《兴隆镇志》记载，20世纪70年代，兴隆开展土地平整期间，曾在花山挖出柳永墓碑一块，村民运去用作小桥的桥板，后遗失。清京畿道监察御史、一代帝师史策先写有《柳永墓》一诗："章陵（花山所在地域，枣阳属地）轶事说清明，都向花山拜柳卿。残月晓风何处岸，荒烟蔓草此间茔。红牙共唱销魂曲，金掌偏留吊古情。独醒一编真据在，从今两地不须争。"

青龙山传奇

黄攀　夏仁平

枣阳城西南22千米处，有一名山，叫青龙山，说来有一段传奇经历。

相传，在一年一度的蟠桃盛会上，玉皇大帝和王母娘娘照例要召见各路神仙、土地公公、四海龙王、灶王、树王等，前来品尝那9000年一开花、9000年一结果的蟠桃。

盛会上，诸神仙纷纷向玉帝禀报各地的丰硕成果。这一次东海龙王抢先说道："分管各地的龙将们都忠于职守，按时发雨布风，民间各地风调雨顺，丰衣足食……"玉帝听后喜笑颜开，对龙王大大夸奖一番，龙王此时已飘飘然了。

当东海龙王兴冲冲回到龙宫时，刚进门就有人给他报喜：龙王夫人给他添了个三太子。龙王情不自禁地抱起三太子一看，不禁"啊"地叫了一声，原来三太子全身发青，尾巴少了一截（成了秃尾巴龙）。他脸一沉，愠怒地问夫人："是病了吗？为什么尾巴不齐全？"龙夫人怕鱼妈妈说漏嘴，忙接过话来，骗龙王说："生他的时候难产，全身发青是憋的，尾巴是鱼妈妈手术时不小心刀子划掉了。"龙王听后又惊异又心疼，便安慰夫人道："我不在你身边，叫你受苦了！"这时，龙王夫人才松了口气。

其实，三太子的尾巴没了是有缘故的。十月怀胎，龙王夫人从腹中不正常的胎动，预感这孩子出世后可能无法无天。于是，她就背着龙王和鱼妈妈商量：生下来之后就用刀子割掉小尾巴。当时鱼妈妈不敢斗胆这样做。龙王夫人解释说，她也不忍心如此做，但想到孩子如果生性顽劣，就会危害人间，只有将他尾巴去掉，以减少能量。鱼妈妈才依计而行了。

三太子出世后果然手舞足蹈，眼睛像灯笼，嘴巴一张就哭得全身发青，因此得青龙之名。他神情、举止非同一般，就决定了他今后的命运了。三太子降落在熊河边，化作青龙山，为百姓提供美景和丰富的物产，造福一方，这就是青龙山的来历。

白竹园寺的传说

牛合群

白竹园寺国家森林公园位于枣阳市东北部新市的深山老林中，是以佛教文化为主体，集山、林、石、寺于一体的旅游和休闲去处。公园内有竹园禅林、贞节井、蝴蝶石、塔林、槐荫救主树、玉皇顶、牛心石、财神殿、观景台、石林、保安寨等30多个景点，两座水库、八个峡谷，沟壑纵横，松竹叠翠，流水抚琴，候鸟飞云，气清雾岚，更有"竹园禅林"寺院隐在崇山峻岭、茂林修竹之中，因"天效其灵，地呈其瑞"，前环后镇，古人曾发出"岂非天造地设"之赞叹。寺院门侧有左雌右雄两棵白果树，高八丈，胸径三人合抱有余，枝繁叶茂，荫盖两亩多地，天晴日不晒，细雨不湿衣，大树下可容1000余人。

距今有1900多年历史的竹园禅寺，秀丽动人。真可谓：三春花满香如海，深冬冰雪秀孤松；林海深处仙人游，观音洞里听春声。虽然这里的自然景观雄奇秀美，但是她的人文景观更是璀璨悠久，令人神往。

你看那古槐，远远地，正在向你招手致意。当你一脚踏入山门，就能看到热情的君子树——古槐树。

古槐树身有两人合抱那么粗，虽然空心，仍然枝繁叶茂。此树与当年叱咤风云的人物刘秀有着一段佳缘，留下了"古槐救主"的传说。

树能救人？且听我慢慢道来：当年，势单力薄的刘秀和王莽大军在这一带交战，由于莽军人多势众，刘秀交战时寡不敌众，夺路而逃，逃至古槐树下，已无退路。刘秀仰天长叹：难道天要灭我？

突然，古槐树干"嘎嘎嘎"地自开了一道裂缝；刘秀听着那撕心裂肺的呻吟，像是母亲的召唤，他急忙躲藏进去，树干旋即又轻轻合拢。莽军追到古槐树下，不见刘秀身影，就继续往前追。追兵走后，树干又裂开，刘秀在谢过古槐树救命之恩后，又去征战。他心里时刻铭记民众，终于成了一代明君。

古槐树历经沧桑，但那道裂缝再没有复原，实乃天工造就，人饰而成，像一尊端坐莲台的菩萨，面带微笑，庄严肃穆，提示过往，真是一颗"绿树净瓶慈惠心"呀。

有风过顶，似有隐隐的啜泣，就见林海之中盘踞的贞节井，井边亭亭玉立的人儿，白衣素裹，似神仙下凡。

相传山下住有白、李两户人家，两家夫人同时怀孕，遂指腹为婚。结果白家生位美女，李家生位俊男。两个孩子青梅竹马，长大后情投意合，而附近一财主的公子对白姑娘的美貌垂涎三尺，强逼白姑娘为妾，白姑娘宁死不从，忠贞不渝，投井自尽。这口井后人取名为"贞节井"。李生听说后悲痛欲绝，一气之下，杀死财主的公子，烧毁庄园，在贞节井旁修建了寺庙，削发为僧，终日厮守在井旁。一天夜里，白姑娘化为一根白竹，在李生的身后抚摸、缠绕、相恋。白竹后来就在井周围逐步发展成现在这样大的竹林。李生所建的寺庙，被后人反复翻修，就成了现在的白竹园寺。

人们不忘这见证一曲忠贞不渝爱情的白竹、老井、禅寺。山风吹过，竹枝随风婆娑起舞，还有许多山盟海誓的语言掩藏在这如大海的波涛之间，一波一波向远处翻滚、奔涌，浩浩荡荡。是传说？还是神话故事？当地的人民更愿意相信，这就是他们先人的真实、爱情的真实、凄美的真实。

白竹园寺还有"暴雨池""营救神牛"等诸多传说，和优美的景色连在一起，目光所及之处全是让人心醉的绿色传说。这些美丽的传说，让这个千年古寺一下子活了起来，让每一个游客有了登临的愿景，想看一看，那棵历经千年的树、神奇的树，今天的模样；那口井，忠贞的井，是不是还"咕咕"地冒着爱情的甘泉？

走远了，还在回头，回头找寻，找寻那黛青色的山峦，山峦里、薄薄的云雾之内，缭绕的传说，与蓝天相融、与远古相携的故事，朦朦胧胧，飘飘欲仙，而又心驰神往。

隆兴寺与戏楼

王烈诚

在枣阳，隆兴寺小有名气。这要归功于寺院前过厅上的戏楼。

过去，隆兴寺只是建在官路旁的一座小寺院，只有逢年过节才有人前来求神祭祀，香火不旺。寺院门前，有个专卖香、蜡、纸、炮的残疾人，家住隆兴寺西邱家大房，自幼得了小儿麻痹症，不能干农活，因此就靠这小本生意谋生。别看他腿脚不方便，脑瓜子却灵活的很，坐在货摊前整天地苦思冥想：庙里的神灵既没有保佑自己的双腿康复，也没能使蝇头小利变成财源滚滚。要想赚钱必须有人来买，要想招徕人，必须有招人的招数。

他想了一个好主意：请戏班子唱大戏、开庙会。为招徕人，他游说了一些卖百货的、开小茶馆的等，集资在寺院前盖起了戏楼，定好在三月十八逢集日唱大戏。他们还通过各种渠道把消息传到四乡八里。大戏，过去大家从来没看过，就是听说过的人也为数不多，所以都觉得特别新奇，都在热切地盼望着唱戏的这一天。

众人期盼的一天终于到了。开戏这天，站在戏楼上四下一看，哇呀！人们扯串成线从四面八方流向隆兴寺：大姑娘小媳妇打洋伞穿新衣，叽叽喳喳笑声不断；庄稼汉小伙子挑担提包说说笑笑，看戏带做买卖；还有那白胡子老头、尖尖脚的老奶奶拉孙牵女紧相随。再看那街上场上，一路凉棚遮天蔽日，凉粉凉面凉粽子，热饭热馍热饺子，麻花果子糖支摊，上面还挂着欢喜团；权箳扫帚牛笼嘴，洋布缎绸丝线袜，就连那京广杂货、江西瓷瓶也被远道的客商运了过来。看货的、购物的、走路的，人挤人，满街万头攒动，不侧身往前挤，别想挪一步。更让人惊叹的是，戏楼前面早已挤满了看客。

开台锣鼓响了，那一双双瞪大的眼睛，长钩带刺，死死盯着戏台上：龙袍凤冠靠子旗，蓝衫锦袖梅子衣；生旦净末丑，神仙老虎狗；鼓板丝弦，唱念做打；伸手呼风唤雨，仗剑除妖降魔；奸臣枭雄祸国殃民令人深恶痛绝，忠臣良将尽忠保国叫人荡气回肠；贞女烈妇感天动地，父慈子孝令人神往……有人看得入了迷，一连三天连轴转。那各条路上，看夜戏的人们举的灯笼火把，更是一道道亮丽风景。原来预订的三天戏，唱了五天还收不了场。

一台大戏搅活了市场。顺口溜说得好：唱了几天戏，人人都得利，会了好亲戚，屎尿肥了地。大家尝到了甜头，就把三月十八定为每年的庙会，年年唱大戏。

再说邱跛子老家邱家大房，有个叫邱紫阳的，是太学生，住在京城。他听说隆兴寺的庙会盛况后，就写了折子呈递给了康熙皇帝。康熙也是历史上一代名君，他正采取各种办法富国强民，看到"庙会上的大戏搞活了市场"的折子后，心中大喜，就撰写了副对联：尧舜禹汤武净恒文旦丑古今来尽为子弟，日月镜云雾幔风雷鼓板天地间乃大好戏，用来褒奖戏曲在市场上所发挥的功绩。邱紫阳亲自把这副对联刻写在隆兴戏楼上。这样，就把隆兴寺带活了，隆兴寺从此出名了。

九龙戏金盆

赵万爽　张承明

据《枣阳县志》《枣阳县地名志》记载，枣阳境内自然形成的丘陵漫岗，绵亘层叠，无处不岗，尤其较大的有黄龙岗、青龙岗、黑龙岗、韩家岗、惠家岗、史家岗、董家岗、王家岗、鸦雀岭等九条岗系伸向老城区而止，四周高城区低，就像九条龙戏金盆，故素有"九龙戏金盆"之说。又因枣阳起伏的低岗众多，故历史上又称"九十九岗"。正如宋朝邢居实诗曰："春仲赋南征，岁暮复北走。歧路剧羊肠，重岗九十九。"清朝储家珩亦云："芦陂堰畔柳含霜，八万山头日色黄，行尽重岗九十九，枣阳西去是襄阳。"

在枣阳市鹿头镇以北，黄河与沙河汇合形成的河叫泻水，元代改名叫沙河。两河口陇起的大片台地，有人说这好比"双龙戏珠"，里面一定有宝。后来，来一些探宝人，挖出了6000年前古人的生产生活工具和居住遗址，说这是"雕龙碑文化"，当地还流传着美妙神奇的传说。

上古时，这里是一片汪洋大海。这海里有条沙龙，玩着一颗宝珠，闪出红光，想逗引哪家龙王小姐前来陪伴。有天夜里，雷鸣电闪，风狂雨大，天外飞来一条黄龙。这黄龙本是东海老龙王九女，偷偷飞到这里，一见沙龙就亮出金盆，"嗵"一声把沙龙的宝珠吸入金盆，双龙结下良缘。他俩赶沙推土，准备在这修座黄沙宫。东海龙王知道这事，气得吹胡子瞪眼，忙派牛头夜叉召唤小姐回宫，黄龙至死不走。老龙王使出绝招，一口气吸干了这里海水，露出一片黄沙，被日头晒得滚烫，想惩治沙龙，逼回女儿。双龙死不拆伴，停留在刚陇起的台地上，一些打猎的、捕鱼的人赶来，没伤害他们，还给他俩送吃食、灌水喝，驱赶蚊蝇，双龙得救活命。

双龙恢复体力后力大无穷，他俩想向地下找水，一来有个归宿，二来报答恩人。于是，沙龙头向东山，用角钻，用爪刨，开出来沙河。黄龙头朝北山，开出了小黄河。从此，双龙开水源，荒原变良田，土地变宝地，引来外乡人在这里安居乐业。龙和人相依为命，人们生儿育女，龙也繁衍后代。以后，黄龙生下九条小龙，还没长大，就在小黄河里乱翻腾。渐渐的，小龙长大，小黄河再也容不下他们了，黄龙就拿出金盆，教他们扒着它往下边大沙河去游，小家伙们高兴地游起来。

后来，东海龙王过3000岁大寿，四海龙王、五湖蟠蛟，都要前去祝寿，这时老龙王想起九女，忙派水神设法请回九小姐。黄龙问水神，让不让沙龙去东海？水神说沙龙心地善良，又有造化，也该去吧！沙龙说我倒想去，可这珠宝台谁照看？黄龙说你那宝贝呢？沙龙心领神会，随口吐出宝珠，化作一道红圈，围着这块宝地，它能降妖镇邪，又防洪水猛兽。沙龙又问："我们走了，小龙怎么办？"黄龙说等会自有安排。双龙顺水而下，找到正在戏弄金盆的小龙，大伙玩得浪花飞溅。黄龙交代小龙："你们还小，经不住江涛海浪，又都在这儿土生土长，该留下来，为人们造福，等外公6000岁大寿再去吧！"小龙依依不舍，黄龙流着眼泪，化作细雨，腾云东去。沙龙不会飞腾，回头望着小龙，慢吞吞地顺水而下，小龙正要追赶，河水渐渐回落，金盆搁滩，小龙停游，忽然一声巨响，天翻地覆，金盆变成一座城，小龙化作九条岗，似乎仍延续着九龙戏金盆的游戏。

龙归大海，胜迹尚存。当年开出的河水千古流长，泽润两岸，哺育众生。后人在这沙河上游的龙聚之地竖座石碑，上雕"双龙献宝珠"，下刻"九龙戏金盆"。从此，枣阳九龙戏金盆的说法，就慢慢地流传开了。

金鹿头的来历

李明

从前，大阜山向西有一个小集镇上住着一个猎户，以打猎养家糊口。

一天，猎户布置好陷阱，只等次日天亮去取猎物。第二天一大早，猎人向陷阱处走去，远远看到有一对浑身金黄金黄的鹿，正着急地徘徊在陷阱边。再走近一看，只见一对鹿，一公一母，用凄切的目光望着他，嘴里还不时发出悲婉的鸣叫，见猎人走来，它们无奈地慢慢离去。那猎人望着雌雄黄鹿离去，迷惑不解地往陷阱里一看，原来井下网住一只小鹿，腿已受伤，血流不止。于是猎人把小鹿带回家。

镇上一有钱人听说猎户逮住小鹿，想出大价钱买去，宰杀剥皮，喝鹿血，泡鹿茸酒。猎人想到一对老鹿凄切的眼光，没有为钱动心，还买了些药物，治好了小鹿的伤。一次猎户又进山时，看见那对老鹿远远地望着他，并跟随着他，还不断发出祈求之声。此情此景令猎户动了善心，就把小鹿从家里带到山上放还给老鹿。那对老鹿见到自己的孩子，高兴得活蹦乱跳，还不时向猎人频频点头致谢。看看这一家团聚之乐的样子，猎人心里非常高兴。

猎户住的地方缺水，集镇上人也挖了不少井，不是没水，就是水咸喝不成，每天吃水要到很远的河里去挑。不知怎么的，一天猎户门前突然出现一个小坑，小坑一天比一天深。猎户感到很奇怪，晚上不睡觉，偷偷看是怎么回事。原来是那对鹿在用鹿角刨坑，找水。果然，坑里出现了清亮亮的水，喝一口甜爽爽的。于是人们顺着坑挖下去，挖出了水眼，鼓了一口井。人们便给这口井取名叫鹿井。

又年夏天，雨水特别大，老天爷一连下了半个多月雨。一日晚上，电闪雷鸣，风雨交加，人们躲在屋里早早歇息了。半夜三更时，有一对鹿鸣叫着，用头猛撞猎户和各家的门，直到把人们叫醒。人们出门一看，山洪夹着泥石顺流而下，铺天盖地来势凶猛，这时人们不顾一切地逃命。

待风停雨住天亮时，猎户和人们回到集镇上，只见房屋、树木、家什，全被泥石流埋没了，众人庆幸得以逃生。这时，人们都想感谢那对叫门的鹿，却到处也找不到它们了。

后来人们清理路面，在街东头大路上发现一对鹿被泥石流埋没而死去，只露出金黄色的鹿头，在太阳光的映照下，熠熠生辉。鹿用头感恩救人的故事就传说开来。人们为了感谢鹿的救命之恩，自愿捐钱雕刻了一对石鹿，放在镇东门口，逢年过节还给石鹿披上金黄的袍子，以示纪念。人们为了记住鹿头的功绩，小镇也改名叫鹿头镇。

后来鹿头镇逐渐富裕起来，远近闻名，人们誉称"金鹿头"。

现有石鹿为证，那对石鹿如今还在鹿头西门，那口鹿井现在还在镇中心，供全镇人们饮水，井水甘甜爽口，过往之人忍不住都要尝一尝。

塔湾的传说
李明

塔湾位于枣阳城东北25千米处的大阜山下。正南1000米并排有三座小山，东为石牛山，中为扁担山，西为椒山，均是大阜山的余脉。根据三山形象，人们附会传说：古时某人担山逐日，因扁担折断，故三山遗此。

相传，宋朝元祐年间，为了展示太平，在椒山北1000米处修建一寺，名曰椒山寺。后有贫苦夫妇偕一女讨饭在庙栖身，此女秃头麻面丑陋不堪，但却经常念叨："天皇皇，地皇皇，朝廷接我当娘娘。"别人听到笑她妄想。不久朝廷下旨各地选送美女，地方官察访至此，丑女飞跑去看热闹，不慎跌倒，起来后秃头麻面皆换，变成一位绝妙美女。地方官当即把她选送到京，果然封为娘娘。

椒娘娘进宫后不忘旧地，请求皇帝批准重修椒山寺。该寺建成后，东西宽220米，南北长400米，前后三层大殿，两侧各有旁殿，外围僧人经堂、净室、斋舍等，共有房屋300多间。山门外一对石狮分立两旁，各重2000斤。有一个可容10人共坐的大钟和一个可容4人共坐的小钟，还有一口一次可煮米300斤的大锅。禅师、僧徒共100多人。田地千亩，周围十里内的山水林木尽为寺有。各种佛像800多尊，寺内外石碑60多座。铜香炉10个，各重100斤，还有小香炉72个，终日香烟缭绕。晨昏击钟，声闻数十里。规模宏伟，十分壮观。尚存明代永乐八年石碑一座，记叙该寺了慎禅师事迹，究系第几代禅师无可考。该寺自明末开始衰颓，至清代后期，山林田地，庙宇房产，均为附近几家豪强侵夺无余。各种塑像至1940年几乎拆毁殆尽，只剩后殿佛祖丈二金身存至1945年。

该寺禅师及僧人圆寂后，即在墓上建塔以志纪念。禅师墓塔青砖砌成六级，每级高6尺，各级间有人工凿就石板一层，全高约为4丈。据传，清末有高塔24座，可能是24代禅师之墓。一般僧徒死后即用山上青石垒塔，高为7尺或一丈不等。此种石塔有50多座。至中华人民共和国成立前夕，墓塔全部颓废，只有一些墓基时有发现。这墓塔园的附近住着一些看塔的人，后来到此居住的人多了，形成了一个村庄，就取名叫塔湾，此即塔湾名称的来历。

第四节　著名历史人物（以出生时间为序）

刘秀（前5—57），字文叔，今枣阳吴店皇村人，著名政治家，东汉王朝建立者。9岁丧父，寄养叔父家。新朝天凤年间（14—19），刘秀到长安，学习《尚书》，略通大义。地皇三年（22）十月，刘秀与李通从弟李轶等人从宛城起兵，招新市、平林、下江等农民军编为六部，击杀王莽南阳守将。更始三年（25）六月，刘秀在众将拥戴下，于河北鄗城（今河北省邢台市柏乡县固城店镇）的千秋亭即皇帝位，改元建武。为表重兴汉室之意，刘秀仍使用"汉"的国号，史称后汉、东汉。刘秀为汉世祖。建武元年十月，刘秀进入洛阳，定都于此。自建武元年至建武十二年（36），刘秀登基后用了十二年的时间使中国再次归于一统。为巩固政权，光武帝多次下令释放奴婢和禁止残害奴婢，限制豪强霸占土地，减轻赋税和徭役，兴修水利，对官吏实行考察黜除，罢贪官任良吏，精简官员，裁并400余县。在中央加强尚书职权，在地方废除掌握军权的都尉，以加强中央集权的政治体制。光武帝在位期间，偃武习文，励精图治，使战乱之后的社会生产得到恢复，史称"光武中兴"。

刘玄（？—25），即更始帝，南阳蔡阳（今枣阳西南）人，是西汉皇族，东汉光武帝刘秀的族兄。新莽地黄三年（22）参加陈牧等领导的平林起义军。这时刘秀及其长兄刘縯也在春陵起兵，诸部合兵而进。地皇四年（23）正月，打败甄阜、梁丘赐率领的王莽军，刘玄为更始将军。这时军众虽多但没有统一的指挥，各将领就共同商议立刘玄为天子。二月初一日，刘玄即皇帝位，大赦天下，建年号为更始元年，史称更始帝。五月，刘縯、刘秀兄弟攻下宛城。六月，更始帝入都宛城，更始帝嫉妒刘縯的威名，便把刘縯杀死，以光禄勋刘赐为大司徒。更始二年（24）二月，更始帝自洛阳向西而进，迁都长安。更始帝纳赵萌的女儿赵氏为夫人，很是宠爱，便把政事委托赵萌处理，自己日夜与妇人在后庭饮酒取乐。群臣有事想上奏于他，更始帝常常因喝醉了酒而不能接见。更始三年（25）正月，平陵人方望立前西汉末帝孺子婴（刘婴）为天子。九月，赤眉军入城，更始帝投降。十月被缢杀。

刘珍（？—约126），又名刘宝，字秋孙，一作秘孙，南阳蔡阳（今枣阳西南）人。东汉史学家。少年好学，永初年间（107—113），担任谒者仆射。邓太后下诏派他与校书马融及五经博士在东观校书。永宁元年（120），邓太后又命刘珍与刘䮞骍作《建武以来名臣传》，转任侍中、越骑校尉。延光四年（125），官居宗正。第二年，转任卫尉，在任上去世。刘珍著作颇多，曾著《建武以来名臣传》，又撰《东观汉记》二十二篇，《释名》三十篇，以辩万物之称号，为训诂学专著。另著有诔、颂、连珠凡七篇，原有集二卷，已佚，今存《东观汉记光武叙》《章帝叙》等。

宋忠（一作衷），字仲子。东汉末学者。南阳章陵（今枣阳）人。建安中，荆州牧刘表立学官，曾受命与学者綦毋闿（字广明）共同编撰《五经章句》，为汉末魏晋时期律学的发展作出一定的贡献。刘表死后，他曾代表刘表继承人刘琮和大将蔡瑁（字德珪）等人向曹操上降表，在返回途中，路过新野，为关羽所获，刘备方得知刘琮已降曹操一事。刘备在斥责宋忠后将其释放。宋忠后在魏，其子（野史中名字为宋良，动画片《苍天航路》中名为宋度）因魏讽（字子京）谋反案牵连被杀。求儒士，王肃、尹默、李撰、潘濬等曾先后从宋忠受学。又著有《太玄经注》九卷、《法言注》十三卷。蜀谏议大夫尹默（字思潜）、魏卫将军王肃（字子雍）、学者李撰（字钦仲）、吴太常潘濬（字承明）都曾师从于他。

孟珙（1195—1246），字璞玉，号无庵居士。随州枣阳（今湖北省枣阳市）人。南宋中后期军事家，民族英雄，左武卫将军孟宗政第四子。他早年随父于枣阳抗金，在父死后接管忠顺军，累官京西兵马钤辖。1230年，以京西第五路正将之职统兵驻枣阳。抗金抗蒙屡建奇功，1246年孟珙病逝于抗蒙前线。

张廷谏（1535—1607），字进举，湖北省枣阳市人，诗人。明朝万历年间曾任四川成都布政使，后进升任朝廷谏议大夫。写有《过寺庄》《椒山梵宇》《客星井》等诗。其长子张秉赤，官至罗田知县；次子张秉纪，曾任黄梅教谕，后迁任陕西渭南县知县。枣阳旧志上记载有他们兄弟的忠勇故事。

袁炎，字蔚每，号参岚。明末官吏，枣阳双河镇人。炎少年时即聪慧颖悟，勤奋好学，通晓经史，尤晓畅兵事。十五岁即应童子试。悬念管勋登奇其才，首先选拔他，并时常对人说："假使此人生在建安时候，也仅次于王粲、陈琳。"有识之士唐梅臣修建意中亭，大集名流，请大家为修建意中亭作一篇记述的文章。炎拿起笔来一挥而就。是时座客像竟陵谭元春等，交口称赞，自愧不如。炎从此知名。顺治二年（1645），察举避世隐居之人，以袁炎为江夏县知县。在任数年，很有政声。后辞官归里，建别墅于东山，致力于著书，直到逝世。遗著有《鹿门草》《续蝉吟》《二陟堂诗文集》等。

史策先（1808—1872），字吟舟，枣阳唐城史家大湾人。生于嘉庆年间，道光十三年（1833）进士，曾担任皇子奕詝（咸丰皇帝）的古文老师，封中宪大夫，任京畿道监察御史，后任广平知府，不久又调任正定知府。咸丰二年（1852），洪秀全领导的农民起义军进入湖南、湖北，清廷惶恐，特颁严旨，命徐广缙为钦差大臣整顿军备，凡是失陷城池，临阵逃跑，贻误军机者，一面向皇上奏闻，一面即以军法从事。然而徐广缙督师不力，拖延时日，起义军于旬日之间，入岳州，陷汉阳，围武昌。史策先上疏弹劾徐广缙和湖广总督程矞采的迁延罪。咸丰末年辞官回乡，一直任春陵、墨池、鹿门书院讲习。史策先性倜傥洒脱，不受世俗礼法拘束，喜欢谈论兵事。幼年时即仰慕陈同甫之为人。老年讲学，为人师表，言语行动，一丝不苟。一生中致力于著述。他著有《寄云馆诗钞》《射艺详说》《梦余偶钞》《思有济斋文集》《兵法集鉴》《枣阳县志》和《随州志》等书。

马瑞堂（1875—1947），字福祥，枣阳城关镇人。早期参加哥老会、同盟会，是鄂北洪帮头目。幼时家贫，稍长出外当兵。光绪三十三年（1907），入保定陆军将弁学堂学习，宣统元年（1909），任新军混成协二标一营见习队官，常与盟友串联士兵加入同盟会。宣统三年（1911），在陕西和同盟会员、哥老会首领等号称三十六兄弟，他们多次在大雁塔密会，商讨反清起义。当武昌首义后，西安省城四门紧闭，戒备森严。马不顾个人安危，仅带一随员，坐一马车直奔城下，投名片，请开门入城，求见制台（总督）。经过一番周折见到制台后，马理直气壮地慷慨陈词道："当今全国形势人心所向，反清浪潮势不可当，陕西一隅，焉能以卵击石？"制台被劝降，西安响应武昌首义。后于军政建制中任军政部副部长。陕西全境光复后，马以反清起义告成，退出政坛，先后在北京、武汉居住，广交朋友，从事帮会活动。日军侵占武汉前，马携眷回到枣阳，住吴店白水寺，自称九龙山主。因与军政界同仁联系甚广，故较有威望，县、乡官绅多前去攀附。1941年夏，马向枣阳绅商界倡议集资修缮白水寺，并竖立"白水重光"石碑一块。

程克绳（1893—1932），原名兴武，又名祖武、长明、锦西，枣阳市琚湾镇程坡村人，著名军事家、早期革命将领。1919年赴法国勤工俭学，结识了周恩来等革命志士。1922年在法国加入中国共产党。1923年赴苏联学习。1924年从莫斯科回国。1925年，创建了襄阳地区第一个中共组织——程坡党小组，1926年秋，任中共枣阳县委第一任书记。1927年9月，任枣阳县秋收暴动总指挥部军委书记，10月，他领导并参加了随枣边"红枪会"暴动，成立了枣阳县第一支革命武装"枣阳县农民赤卫队"，后改编为中国工农红军鄂北总队。历任红九军第二十六师师长等职，是鄂北党、政、军组织主要创建者和领导人之一。1932年冬误划为"改组派"，被害于大洪山六房咀田家台子，时年39岁。1960年，贺龙、许光达提名程克绳为中国人民解放军早期军事将领、鄂北革命武装根据地创始人，列入《辞海》。程的事迹，陈列于洪湖湘鄂西苏区革命烈士祠及湘鄂西苏区革命纪念馆。

谢远定（1899—1928），字伯定，号伯平，枣阳随阳店谢家老湾人。1916年考入湖北省立中学，次年转入武昌中华大学附中，开始接受革命思想，投入五四爱国运动。1920年夏考入南京高等师范，1922年加入中国共产党，1923年10月任南京城里上海地委第六党小组组长。1924年秋回武汉，以私立武昌共进中学教师的身份作掩护，进行革命串联，次年春任共青团武汉第十二支部书记。1925年夏返鄂北，任省立第十中学校监兼襄阳省立第二师范教师，建立中共襄阳特支并任书记，发展党团组织工作。1926年2月返武汉，后到广州参加北伐军，任第四军十二师政治部秘书长。后任国民党汉口特别市党部宣传秘书，主编《汉声周报》。后再回鄂北，先后任中共随县县委书记、鄂北特委宣传部长。1928年夏到武汉向省委汇报，在汉口甲子旅社被捕，后被杀于汉口大智门火车站外。

余益庵（1900—1979），原名余开谦，化名王有才，外号"余聋子"，枣阳吴店余畈人，红二十六师创始人之一。1926年，在枣阳熊集组织农民协会，打击土豪劣绅。1927年入党。1928年8月，任中共襄枣宜县委委员、枣西区委书记。1930年5月14日参加"蔡阳铺暴动"。1931年4月任红九军第二十六师师长。9月率红二十六师在宜城与贺龙率领的部队会师。1937年9月后，历任襄枣宜县委书记、随枣地委书记。1945年11月，任鄂北专署专员。1946年6月随新四军五师突围，先后任信阳、陕南行署专员。中华人民共和国成立后，历任襄阳专署专员、湖北省民政厅厅长、中国聋哑协会主任、政协湖北省副主席。第二届和第三届全国人大代表。

黄火青（1901—1999），曾用名贤佑、明孚。枣阳新市杨庄（今火青村）人。1926年1月参加共产主义青年团，同年3月转为中国共产党党员。1927年6月至1930年4月，赴苏联学习，并先后任东方大学中国特别军事政治训练班连长、支部干事，步兵学校中国连行政班长、党支部书记。1930年4月回国后，先后任红十四军一团政治委员兼参谋长，上海法南区区委委员、工人纠察队特派员，江南省委军委兵运书记，中央巡视员。1931年11月进入江西中央苏区后，任工农红军学校总支书记，国家保卫局特派员。同年12月任红五军团十四军政委兼政治部主任。1932年5月，任工农红军学校政治营政委。1933年秋，以潘汉年秘书的名义，在福建人民政府做统战工作。1934年春，任红军第一方面军第九军团政治部主任。同年10月，参加长征。1937年12月任新疆民众反帝联合会秘书长。1939年5月，任阿克苏专区行政长。1940年10月回延安，先后任军政学院副院长，中央党校一部主任、秘书长。1949年1月至1958年6月，先后任天津市委副书记兼市委组织部长、市总工会主席、全国总工会委员，天津市委第一书记、市长、市政协主席、天津警备区政委，第一届全国人民代表大会常务委员会委员。1958年6月任辽宁省委第一书记、省军区政委、省政协主席、东北局书记处书记。1978年3月起，担任中央政法小组副组长，中央政法委员会委员，最高人民检察院检察长、党组书记。1979年7月任"两案"审理领导小组副组长、最高人民检察院特别检察厅厅长，直接领导对"两案"的审查起诉工作。中共第七、八、十二、十三次全国代表大会代表，中共第十四次全国代表大会特邀代表，中共第八届中央委员会候补委员、第十一届中央委员会委员。在党的第十二次全国代表大会上当选为中央顾问委员会常务委员。

田维扬（1906—1977），别名文扬，中国人民解放军开国中将，枣阳吴店皇村人。出身于贫苦农家，自幼给地主放牛，成人后当长工。1928年在大冶钢铁厂当工人，1929年10月带领数十名工人参加贺龙领导的部队，次年3月入党。历任班长、排长、连长，1934年任红七军五师十三团营长，参加二万五千里长征。

后任陕甘宁边区十五军团骑兵团长。抗战期间赴苏联学习军事知识，参加苏联反法西斯侵略战争。回国后任苏鲁豫支队参谋长，八路军一一五师教导旅副旅长。解放战争时期，任辽宁省第一军分区司令员、辽北省军区骑兵师师长、第四野战军十一师师长。中华人民共和国成立后历任四十一军副军长、军长兼粤东军区司令员、中南军区工程部队司令员（1955年被授予中将军衔）、贵州省军区司令员、昆明军区副司令员等职；中共第七次、第九次全国代表大会代表，第四届全国人大代表。

张慕骞（1908—1940），原名宗让，又名慕谦，化名润东，枣阳太平大张庄人。1924年秋考入襄阳鄂北中学，参加了襄阳学潮。1925年秋加入中国共产主义青年团，冬季转为中国共产党党员。1926年春，回枣北开展农民运动，发展张地山、李缵卿等10多名党员，成立枣北第一个党组织，即大张庄党小组，任组长。当年秋被派到武昌农民运动讲习所学习。次年初回枣阳，同张抱扑等在太平开办两期农民训练班，培养革命骨干，组建了枣北战斗区区委，任组织委员。八七会议后，鄂北特委成立，张慕骞任特委交通。1928年夏，任中共枣阳县第三区区委书记。1930年7月，任枣阳县苏维埃主席。1930年10月初，鄂北、豫西南两特委合并成鄂豫边特委，张慕骞任特委执行委员。1931年4月，任红九军第二十六师政委。6月，任鄂豫边分特委书记。1932年，任鄂豫边临时省委执委和省苏维埃成员；2月22日，红九军总指挥部成立，张慕骞任总指挥；5月中旬，因抵制"左"倾机会主义，被调任鄂北山南游击队指挥部政委；5月底，担任省军委会参谋长，后因反对执行"左"倾机会主义路线，前往武汉、上海等地找上级组织汇报。1934年冬，经马伯援和黄山农介绍，东渡日本留学。1937年，抗日战争爆发后回国，参加了周恩来、郭沫若组织的干部培训。1940年春，被党中央派往国民党第一二八师任政治部主任，做统战工作。不久，张慕骞随部队行至汉江边，在日军飞机狂轰滥炸下，他在掩护战友时不幸中弹牺牲。

唐克威（1913—1943），原名徐德乾，号延明，唐克威为参加革命后化名。湖北枣阳罗岗徐桥人。中共水东地委书记。1932年考入北平大学法商系。1934年加入中国共产党。1935年在"一二·九"学生运动中遭逮捕，后被营救获释。1938年5月入延安抗日军政大学学习，毕业后分配到中共中央组织部工作。1939年9月，任中共冀南区委党校校长。1940年，先后任冀鲁豫边区八路军办事处主任、中共豫北地委书记兼军分区政委。1942年，相继任冀鲁豫五分区和八分区中共地委书记兼军分区政委，在极其艰难险恶的环境中，发动群众，多次粉碎日寇"扫荡"，巩固并发展根据地，被誉为"开荒（即善于开辟根据地新区）干部"。同年12月，任中共水东地区地委书记兼水东独立团政委。曾率部奔袭数百里，抢在日军之前占领并控制陇海铁路，打开水东地区抗日工作局面。1943年1月27日，水东地区遭日军重兵抄袭，在率部突围中壮烈牺牲，时年30岁。1944年8月，上级党组织决定将水东地区杞县北部和开封、民权、兰考、睢县、宁陵等县的部分地区划立为"克威县"，以示纪念。1987年9月，开封市委市政府隆重举行迁葬仪式，将其墓由太康迁至水东烈士陵园。烈士的生前战友，时任中共中央政治局委员、中国人民解放军总参谋长杨得志题词："唐克威烈士永垂不朽"。

第十篇　地名管理

【Dìmíng Guǎnlǐ】

第一章　地名管理实施

第一节　地名法规

地名管理条例

(2021年9月1日国务院第147次常务会议修订通过　2022年5月1日起施行)

第一章　总则

第一条　为了加强和规范地名管理，适应经济社会发展、人民生活和国际交往的需要，传承发展中华优秀文化，制定本条例。

第二条　中华人民共和国境内地名的命名、更名、使用、文化保护及其相关管理活动，适用本条例。

第三条　本条例所称地名包括：

（一）自然地理实体名称；

（二）行政区划名称；

（三）村民委员会、居民委员会所在地名称；

（四）城市公园、自然保护地名称；

（五）街路巷名称；

（六）具有重要地理方位意义的住宅区、楼宇名称；

（七）具有重要地理方位意义的交通运输、水利、电力、通信、气象等设施名称；

（八）具有重要地理方位意义的其他地理实体名称。

第四条　地名管理应当坚持和加强党的领导。县级以上行政区划命名、更名，以及地名的命名、更名、使用涉及国家领土主权、安全、外交、国防等重大事项的，应当按照有关规定报党中央。

地名管理应当有利于维护国家主权和民族团结，有利于弘扬社会主义核心价值观，有利于推进国家治理体系和治理能力现代化，有利于传承发展中华优秀文化。

地名应当保持相对稳定。未经批准，任何单位和个人不得擅自决定对地名进行命名、更名。

第五条　地名的命名、更名、使用、文化保护应当遵守法律、行政法规和国家有关规定，反映当地地理、历史和文化特征，尊重当地群众意愿，方便生产生活。

第六条　县级以上人民政府应当建立健全地名管理工作协调机制，指导、督促、监督地名管理工作。

第七条　国务院民政部门（以下称国务院地名行政主管部门）负责全国地名工作的统一监督管理。

国务院外交、公安、自然资源、住房和城乡建设、交通运输、水利、文化和旅游、市场监管、林业草原、语言文字工作、新闻出版等其他有关部门，在各自职责范围内负责相关的地名管理工作。

县级以上地方人民政府地名行政主管部门负责本行政区域的地名管理工作。县级以上地方人民政府其他有关部门按照本级人民政府规定的职责分工，负责本行政区域的相关地名管理工作。

第八条　县级以上地方人民政府地名行政主管部门会同有关部门编制本行政区域的地名方案，经本级人民政府批准后组织实施。

第二章　地名的命名、更名

第九条　地名由专名和通名两部分组成。地名的命名应当遵循下列规定：

（一）含义明确、健康，不违背公序良俗；

（二）符合地理实体的实际地域、规模、性质等特征；

（三）使用国家通用语言文字，避免使用生僻字；

（四）一般不以人名作地名，不以国家领导人的名字作地名；

（五）不以外国人名、地名作地名；

（六）不以企业名称或者商标名称作地名；

（七）国内著名的自然地理实体名称，全国范围内的县级以上行政区划名称，不应重名，并避免同音；

（八）同一个省级行政区域内的乡、镇名称，同一个县级行政区域内的村民委员会、居民委员会所在地名称，同一个建成区内的街路巷名称，同一个建成区内的具有重要地理方位意义的住宅区、楼宇名称，不应重名，并避免同音；

（九）不以国内著名的自然地理实体、历史文化遗产遗址、超出本行政区域范围的地理实体名称作行政区划专名；

（十）具有重要地理方位意义的交通运输、水利、电力、通信、气象等设施名称，一般应当与所在地地名统一。

法律、行政法规对地名命名规则另有规定的，从其规定。

第十条　地名依法命名后，因行政区划变更、城乡建设、自然变化等原因导致地名名实不符的，应当及时更名。地名更名应当符合本条例第九条的规定。

具有重要历史文化价值、体现中华历史文脉的地名，一般不得更名。

第十一条　机关、企业事业单位、基层群众性自治组织等申请地名命名、更名应当提交申请书。申请书应当包括下列材料：

（一）命名、更名的方案及理由；

（二）地理实体的位置、规模、性质等基本情况；

（三）国务院地名行政主管部门规定应当提交的其他材料。

行政区划的命名、更名，应当按照《行政区划管理条例》的规定，提交风险评估报告、专家论证报告、征求社会公众等意见报告。其他地名的命名、更名，应当综合考虑社会影响、专业性、技术性以及与群众生活的密切程度等因素，组织开展综合评估、专家论证、征求意见并提交相关报告。

第十二条　批准地名命名、更名应当遵循下列规定：

（一）具有重要历史文化价值、体现中华历史文脉以及有重大社会影响的国内著名自然地理实体或者涉及两个省、自治区、直辖市以上的自然地理实体的命名、更名，边境地区涉及国界线走向和海上涉及岛屿、岛礁归属界线以及载入边界条约和议定书中的自然地理实体和村民委员会、居民委员会所在地等居民点的命名、更名，由相关省、自治区、直辖市人民政府提出申请，报国务院批准；无居民海岛、海域、海底地理实体的命名、更名，由国务院自然资源主管部门会同有关部门批准；其他自然地理实体的命名、更名，按照省、自治区、直辖市人民政府的规定批准；

（二）行政区划的命名、更名，按照《行政区划管理条例》的规定批准；

（三）本条第一项规定以外的村民委员会、居民委员会所在地的命名、更名，按照省、自治区、直辖市人民政府的规定批准；

（四）城市公园、自然保护地的命名、更名，按照国家有关规定批准；

（五）街路巷的命名、更名，由直辖市、市、县人民政府批准；

（六）具有重要地理方位意义的住宅区、楼宇的命名、更名，由直辖市、市、县人民政府住房和城乡建设主管部门征求同级人民政府地名行政主管部门的意见后批准；

（七）具有重要地理方位意义的交通运输、水利、电力、通信、气象等设施的命名、更名，应当根据情况征求所在地相关县级以上地方人民政府的意见，由有关主管部门批准。

第十三条　地名命名、更名后，由批准机关自批准之日起15日内按照下列规定报送备案：

（一）国务院有关部门批准的地名报送国务院备案，备案材料径送国务院地名行政主管部门；

（二）县级以上地方人民政府批准的地名报送上一级人民政府备案，备案材料径送上一级人民政府地名行政主管部门；

（三）县级以上地方人民政府地名行政主管部门批准的地名报送上一级人民政府地名行政主管部门备案；

（四）其他有关部门批准的地名报送同级人民政府地名行政主管部门备案。

第十四条　按照本条例规定，县级以上人民政府或者由县级以上地方人民政府地名行政主管部门批准的地名，自批准之日起15日内，由同级人民政府地名行政主管部门向社会公告；县级以上人民政府其他有关部门批准的地名，自按规定报送备案之日起15日内，由同级人民政府地名行政主管部门向社会公告。

第三章　地名使用

第十五条　地名的使用应当标准、规范。

地名的罗马字母拼写以《汉语拼音方案》作为统一规范，按照国务院地名行政主管部门会同国务院有关部门制定的规则拼写。

按照本条例规定批准的地名为标准地名。

标准地名应当符合地名的用字读音审定规范和少数民族语地名、外国语地名汉字译写等规范。

第十六条　国务院地名行政主管部门统一建立国家地名信息库，公布标准地名等信息，充分发挥国家地名信息库在服务群众生活、社会治理、科学研究、国防建设等方面的积极作用，提高服务信息化、智能化、便捷化水平，方便公众使用。

第十七条　县级以上地方人民政府地名行政主管部门和其他有关部门之间应当建立健全地名信息资源共建共享机制。

第十八条　下列范围内必须使用标准地名：

（一）地名标志、交通标志、广告牌匾等标识；

（二）通过报刊、广播、电视等新闻媒体和政府网站等公共平台发布的信息；

（三）法律文书、身份证明、商品房预售许可证明、不动产权属证书等各类公文、证件；

（四）辞书等工具类以及教材教辅等学习类公开出版物；

（五）向社会公开的地图；

（六）法律、行政法规规定应当使用标准地名的其他情形。

第十九条　标准地名及相关信息应当在地名标志上予以标示。任何单位和个人不得擅自设置、拆除、移动、涂改、遮挡、损毁地名标志。

第二十条　县级以上地方人民政府应当加强地名标志的设置和管理。

第二十一条　直辖市、市、县人民政府地名行政主管部门和其他有关部门应当在各自职责范围内，依据标准地名编制标准地址并设置标志。

第二十二条　标准地名出版物由地名机构负责汇集出版。其中行政区划名称，由负责行政区划具体管理工作的部门汇集出版。

第四章　地名文化保护

第二十三条　县级以上人民政府应当从我国地名的历史和实际出发，加强地名文化公益宣传，组织研究、传承地名文化。

第二十四条　县级以上人民政府应当加强地名文化遗产保护，并将符合条件的地名文化遗产依法列入非物质文化遗产保护范围。

第二十五条　县级以上地方人民政府地名行政主管部门应当对本行政区域内具有重要历史文化价值、体现中华历史文脉的地名进行普查，做好收集、记录、统计等工作，制定保护名录。列入保护名录的地名确需更名的，所在地县级以上地方人民政府应当预先制定相应的保护措施。

第二十六条　县级以上地方人民政府应当做好地名档案管理工作。地名档案管理的具体办法，由国务院地名行政主管部门会同国家档案行政管理部门制定。

第二十七条　国家鼓励公民、企业和社会组织参与地名文化保护活动。

第五章　监督检查

第二十八条　上级人民政府地名行政主管部门应当加强对下级人民政府地名行政主管部门地名管理工作的指导、监督。上级人民政府其他有关部门应当加强对下级人民政府相应部门地名管理工作的指导、监督。

第二十九条　县级以上人民政府地名行政主管部门和其他有关部门应当依法加强对地名的命名、更名、使用、文化保护的监督检查。

县级以上人民政府应当加强地名管理能力建设。

第三十条　县级以上人民政府地名行政主管部门和其他有关部门对地名管理工作进行监督检查时，有权采取下列措施：

（一）询问有关当事人，调查与地名管理有关的情况；

（二）查阅、复制有关资料；

（三）对涉嫌存在地名违法行为的场所实施现场检查；

（四）检查与涉嫌地名违法行为有关的物品；

（五）法律、行政法规规定的其他措施。

县级以上人民政府地名行政主管部门和其他有关部门依法行使前款规定的职权时，当事人应当予以协助、配合，不得拒绝、阻挠。

第三十一条　县级以上人民政府地名行政主管部门和其他有关部门在监督检查中发现地名的命名、更名、使用、文化保护存在问题的，应当及时提出整改建议，下达整改通知书，依法向有关部门提出处理建议；对涉嫌违反本条例规定的有关责任人员，必要时可以采取约谈措施，并向社会通报。

第三十二条　县级以上人民政府地名行政主管部门和其他有关部门可以委托第三方机构对地名的命名、更名、使用、文化保护等情况进行评估。

第三十三条　任何单位和个人发现违反本条例规定行为的，可以向县级以上地方人民政府地名行政主管部门或者其他有关部门举报。接到举报的部门应当依法处理。有关部门应当对举报人的相关信息予以保密。

第六章　法律责任

第三十四条　县级以上地方人民政府地名批准机关违反本条例规定进行地名命名、更名的，由其上一级行政机关责令改正，对该批准机关负有责任的领导人员和其他直接责任人员依法给予处分。

第三十五条　县级以上地方人民政府地名批准机关不报送备案或者未按时报送备案的，由国务院地名行政主管部门或者上一级人民政府地名行政主管部门通知该批准机关，限期报送；逾期仍未报送的，对直接责任人员依法给予处分。

第三十六条　违反本条例第四条、第九条、第十条、第十二条规定，擅自进行地名命名、更名的，由有审批权的行政机关责令限期改正；逾期不改正的，予以取缔，并对违法单位通报批评。

第三十七条　违反本条例第十八条规定，未使用或者未规范使用标准地名的，由县级以上地方人民政府地名行政主管部门或者其他有关部门责令限期改正；逾期不改正的，对违法单位通报批评，并通知有关主管部门依法处理；对违法单位的法定代表人或者主要负责人、直接负责的主管人员和其他直接责任人员，处2000元以上1万元以下罚款。

第三十八条　擅自设置、拆除、移动、涂改、遮挡、损毁地名标志的，由地名标志设置、维护和管理部门责令改正并对责任人员处1000元以上5000元以下罚款。

第三十九条 第三方机构对地名的命名、更名、使用、文化保护等情况出具虚假评估报告的,由县级以上地方人民政府地名行政主管部门给予警告,有违法所得的,没收违法所得;情节严重的,5年内禁止从事地名相关评估工作。

第四十条 公职人员在地名管理工作中有滥用职权、玩忽职守、徇私舞弊行为的,依法给予处分。

第七章 附则

第四十一条 各国管辖范围外区域的地理实体和天体地理实体命名、更名的规则和程序,由国务院地名行政主管部门会同有关部门制定。

第四十二条 纪念设施、遗址的命名、更名,按照国家有关规定办理。

第四十三条 国务院地名行政主管部门可以依据本条例的规定,制定具体实施办法。

第四十四条 本条例自2022年5月1日起施行。

地名管理条例实施细则

民行发【1996】17号

(1996年6月18日发布,2010年12月27日修改)

第一章 总则

第一条 根据《地名管理条例》(以下简称《条例》)的规定,制定本实施细则。

第二条 凡涉及地名的命名与更名、地名的标准化处理、标准地名的使用、地名标志的设置,地名档案的管理等行为,均适用本细则。

第三条 《条例》所称自然地理实体名称,包括山、河、湖、海、沙滩、岬角、海湾、水道、地形区等名称;行政区划名称,包括各级行政区域和各级人民政府派出机构所辖区域名称;居民地名称,包括城镇、区片、开发区、自然村、片村、农林牧渔点及街、巷、居民区、楼群(含楼、门号码)、建筑物等名称;各专业部门使用的具有地名意义的台、站、港、场等名称,还包括名胜古迹、纪念地、游览地等名称。

第四条 地名管理的任务是:依据国家关于地名管理的方针、政策和法规,通过地名管理的各项行政职能和技术手段,逐步实现国家地名标准化和国内外地名译写规范化,为社会主义建设和国际交往服务。

第五条 国家对地名实行统一管理、分级负责制。

第六条 民政部是全国地名管理的主管部门。其职责是:指导和协调全国地名管理工作;制定全国地名工作规划;审核地名的命名和更名;审定并组织编纂全国性标准地名资料和工具图书;指导、监督标准地名的推广使用;管理地名标志和地名档案;对专业部门使用的地名实行监督和协调管理。

第七条 县级以上民政管理部门(或地名委员会)主管本行政区域的地名工作。其职责是:贯彻执行国家关于地名工作的方针、政策、法律、法规;落实全国地名工作规划;审核、承办本辖区地名的命名、更名;推行地名的标准化、规范化;设置地名标志;管理地名档案;完成国家其他地名工作任务。

第二章 地名的命名与更名

第八条 地名的命名除应遵循《条例》第四条的规定外,还应遵循下列原则:

（一）有利于国家统一、主权和领土完整。

（二）反映当地人文或自然地理特征。

（三）使用规范的汉字或少数民族文字。

（四）不以外国人名、地名命名我国地名。

（五）人民政府不驻在同一城镇的县级以上行政区域名称，其专名不应相同。一个省、自治区、直辖市行政区域内，较重要的自然地理实体名称不应重名；上述不应重名范围内的地名避免使用同音字。

一个县（市、区）内的乡、镇、街道办事处名称，一个乡、镇内自然村名称，一个城镇内的街、巷、居民区名称，不应重名；

国内著名的自然地理实体名称不应重名；

一个省、自治区、直辖市行政区域内，较重要的自然地理实体名称不应重名；上述不应重名范围内的地名避免使用同音字。

（六）不以著名的山脉、河流等自然地理实体名称作行政区域专名；自然地理实体的范围超出本行政区域的，亦不以其名称作本行政区域专名。

（七）县、市、市辖区不以本辖区内人民政府非驻地村镇专名命名。

（八）乡、镇、街道办事处一般应以乡、镇人民政府驻地居民点和街道办事处所在街巷名命名。

（九）新建和改建的城镇街巷、居民区应按照层次化、序列化、规范化的要求予以命名。

第九条　地名更名除应遵循《条例》第五条的规定外，凡不符合本细则第八条（四）、（五）、（七）、（八）项规定的地名，原则上也应予以更名。需要更改的地名，应随着城乡发展的需要，逐步进行调整。

第十条　地名命名、更名的审批权限按照《地名管理条例》第六条（一）至（七）项规定办理。

第十一条　申报地名的命名、更名时，应将命名、更名的理由及拟采用的新名的含义、来源等一并加以说明。

第十二条　地名的命名、更名由地名管理部门负责承办。行政区划名称的命名、更名，由民政部门承办。

专业部门使用的具有地名意义的名称，其命名、更名由该专业部门负责承办，但应事先征得当地地名管理部门的同意。

第三章　地名的标准化处理

第十三条　凡符合《地名管理条例》规定，并经县级以上人民政府或专业主管部门批准的地名为标准地名。

第十四条　标准地名原则上由专名和通名两部分组成。通名用字应反映所称地理实体的地理属性（类别）。不单独使用通名词组作地名。具体技术要求，以民政部制定的技术规范为准。

第十五条　汉语地名中的方言俗字，一般用字音（或字义）相同或相近的通用字代替。对原有地名中带有一定区域性或特殊含义的通名俗字，经国家语言文字工作委员会审音定字后，可以保留。

第十六条　少数民族自治地方及民族乡名称，一般由地域专名、民族全称包括（"族"字）和相应自治区域通名组成。由多个少数民族组成的民族自治区地方名称，少数民族的称谓至多列举三个。

第十七条 少数民族语地名的译写

（一）少数民族语地名，在各自民族语言、文字的基础上，按其标准（通用）语音，依据汉语普通话读音进行汉字译写。对约定俗成的汉字译名，一般不更改。

（二）多民族聚居区的地名，如不同民族有不同的称谓并无惯用汉语名称时，经当地地名管理部门征得有关少数民族的意见后，选择当地使用范围较广的某一语种称语进行汉字译写。

（三）少数民族语地名的汉字译写，应尽可能采用常用字，避免使用多音、贬义和容易产生歧义的字词。

（四）有文字的少数民族语地名之间的相互译写，以本民族和他民族规范化的语言文字为依据，或者以汉语拼音字母拼写的地名为依据。

（五）少数民族语地名译写的具体技术要求，以民政部商同国务院有关部门制定的或经民政部审定的有关规范为依据。

第十八条 国外地名的汉字译写

（一）国外地名的汉字译写，除少数惯用译名外，以该国官方语言文字和标准音为依据；有两种以上官方语言文字的国家，以该地名所属语区的语言文字为依据。国际公共领域的地理实体名称的汉字译写，以联合国有关组织或国际有关组织颁布的标准地名为依据。

（二）国外地名的汉字译写，以汉语普通话读音为准，不用方言读音。尽量避免使用多音字、生僻字、贬义字。

（三）国外地名专名实行音译，通名一般实行意译。

（四）对国外地名原有的汉译惯用名采取"约定俗成"的原则予以保留。

（五）国外地名译写的具体技术要求，以国家地名管理部门制定的外国地名译名规范为依据。国外地名的译名以国家地名管理部门编纂或审定的地名译名手册中的地名为标准化译名。

第十九条 中国地名的罗马字母拼写

（一）《汉语拼音方案》是使用罗马字母拼写中国地名的统一规范。它不仅运用于汉语和国内其他少数民族语，同时也通用于英语、法语、德语、西班牙语、世界语等罗马字母书写的各种语文。

（二）汉语地名按《中国地名汉语拼音字母拼写规则（汉语地名部分）》拼写。

（三）少数民族的族称按国家技术监督局制定的《中国各民族名称的罗马字母拼写法和代码》的规定拼写。

（四）蒙、维、藏语地名以及惯用蒙、维、藏语文书写的少数民族语地名，按《少数民族语地名汉语拼音字母音译转写法》拼写。

（五）其他少数民族语地名，原则上以汉译名称按《中国地名汉语拼音字母拼写规则（汉语地名部分）》拼写。

（六）台湾省和香港、澳门地区的地名，依据国家有关规定进行拼写。

（七）地名罗马字母拼写具体规范由民政部商同国务院有关部门负责修订。

第四章 标准地名的使用

第二十条 各级地名管理部门和专业主管部门，应当将批准的标准地名及时向社会公布，推广使用。

第二十一条　各级地名管理部门和专业管理部门，负责编纂本行政区域或本系统的各种标准化地名出版物，及时向社会提供法定地名。其他部门不得编纂标准化地名工具图书。

第二十二条　机关、部队、团体、企业、事业单位的公告、文件、证件、影视、商标、广告、牌匾、地图以及出版物等方面所使用的地名，均应以正式公布的标准地名（包括规范化译名）为准，不得擅自更改。

第二十三条　对尚未公布规范汉字译写的外国地名，地名使用单位应根据国家地名管理部门制定的译名规则进行汉字译写。

第五章　地名标志的设置

第二十四条　行政区域界位、城镇街巷、居民区、楼、院、自然村屯、主要道路和桥梁、纪念地、文物古迹、风景名胜、台、站、港、场和重要自然地理实体等地方应当设置地名标志，一定区域内的同类地名标志应当力求统一。

第二十五条　地名标志的主要内容包括：标准地名汉字的规范书写形式；标准地名汉语拼音字母的规范拼写形式。在习惯于用本民族文字书写地名的民族自治区域，可依据民族区域自治法有关文字书写规定，并列该民族文字规范书写形式。

第二十六条　地名标志的设置和管理，由当地地名管理部门负责。其中街、巷、楼、门牌统一由地名主管部门管理，条件尚不成熟的地方，地名主管部门应积极取得有关部门的配合，共同做好标志的管理工作，逐步实现统一管理，专业部门使用的具有地名意义的名称标志，由地名管理部门协调有关专业部门设置和管理。

第二十七条　地名标志的设置和管理所需费用，当地人民政府根据具体情况，可由财政拨款，也可采取受益单位出资或工程预算费列支等方式筹措。

第六章　地名档案的管理

第二十八条　全国地名档案工作由民政部统一指导，各级地名档案管理部门分级管理。地名档案工作在业务上接受档案管理部门的指导、监督。

第二十九条　各级地名档案管理部门保管的地名档案资料，应不少于本级人民政府审批权限规定的地名数量。

第三十条　地名档案的管理规范，应执行民政部和国家档案局制定的有关规定。

第三十一条　各级地名档案管理部门，要在遵守国家保密规定原则下，积极开展地名信息咨询服务。

第七章　奖励与惩罚

第三十二条　各级地名管理部门应当加强地名工作的管理、监督和检查。对擅自命名、更名或使用不规范地名的单位和个人，由地名主管部门按照国家有关规定处理。

第三十三条　地名标志为国家法定的标志物。对损坏地名标志的，地名管理部门责令其赔偿；对偷窃、故意损毁擅自移动地名标志的，地名管理部门报请有关部门，依据《中华人民共和国治安管理处罚法》的规定予以处罚；情节恶劣、后果严重构成犯罪的，依法追究刑事责任。

第三十四条　当地人民政府对推广使用标准地名和保护地名标志作出贡献的单位和个人，应当给予表彰和奖励。

第八章 附则

第三十五条 各省、自治区、直辖市人民政府可根据本细则,制定本行政区域的地名管理办法。

第三十六条 本细则由民政部负责解释。

第三十七条 本细则自发布之日起施行。

襄阳市地名管理办法

第一章 总则

第一条 为规范地名管理工作,根据国务院《地名管理条例》、民政部《地名管理实施细则》和《湖北省地名管理办法》,结合本市实际,制定本办法。

第二条 本市行政区域内地名的管理,适用本办法。

第三条 本办法所指地名,包括:

(一)山、河、湖、岛、泉、洞、洲、湿地、水道、滩涂、地形区等自然地理实体名称;

(二)县(市、区)、乡、镇、街道办事处等行政区划名称;

(三)村委会、社区居委会等基层群众自治组织区域名称;

(四)小区(含门、幢、楼牌号)、大楼、公寓、商厦、别墅等住宅区,具有地名意义的大型建筑物名称;

(五)城市道路(含桥梁、隧道)等市政交通设施名称;

(六)矿区、农林牧渔场等专业区域名称;

(七)公路、港口、车站、机场、水库、闸坝、电站等专业设施名称;

(八)广场、公园、纪念地、游览地、风景名胜、文物古迹、自然保护区、公共文化体育场馆等公共场所、设施名称;

(九)其他具有地名意义的名称。

第四条 市、县(市、区)人民政府和开发区管委会要加强对地名管理工作的领导。

市民政部门是本市地名行政主管部门,县(市、区)民政部门具体负责辖区内的地名管理工作。

发改、规划、公安、建设、房管、水利、国土、交通、文体新、城管、工商、旅游、邮政等部门应当按照各自职责做好地名管理相关工作。

乡镇人民政府、街道办事处应当配合做好辖区内的地名管理工作。

第五条 地名管理工作经费以及由政府有关部门负责设置、维护的地名标志的管理维护经费,列入同级财政预算。

第二章 地名命名、更名与销名

第六条 地名的命名和更名,应当按照国家、省和本办法的规定办理。未经批准,任何单位和个人不得擅自进行命名和更名。

第七条 地名的命名应遵循下列原则:

（一）尊重当地居民习惯意愿，符合城乡规划，反映当地历史、地理、文化和经济特征，名实相符，含义健康；

（二）地名用字应当规范，通俗易懂，避免使用生僻字、异体字。同一县（市、区）内的乡、镇、街道办事处等行政区划名称，同一城镇的城市道路、住宅区、建筑物名称，同一乡、镇的村委会、社区居委会等群众自治组织名称，不应重名，并避免同音；

（三）一般不以人名作地名，禁止用国家领导人的名字和外国人名、外国地名作地名；

（四）不得采用有损国家尊严、妨碍民族团结、违背社会公德、格调低俗以及易产生误解或歧义的词语；

（五）专业设施的专名一般应当与所在地地名一致。

第八条　地名由专名和通名两部分组成，专名反映地名的个体属性，通名反映地名的类别属性，不得使用通名词组命名地名。具体技术要求，以民政部制定的技术规范为准。

第九条　自然地理实体的名称，除依法应当由国家、省或者上级有关部门批准的外，只涉及一个县（市、区）的，由所在地乡镇人民政府、街道办事处提出申请，经县（市、区）地名行政主管部门审核，并组织专家论证后，报同级人民政府批准；涉及两个以上县（市、区）的，由有关县（市、区）人民政府协商后共同提出申请，经市地名行政主管部门审核，并组织专家论证后，报市人民政府批准。

第十条　县（市、区）、乡、镇、街道办事处等行政区划名称，按照国家、省有关规定报请批准。

第十一条　村、社区的名称，由乡镇人民政府或者街道办事处向县（市、区）地名行政主管部门提出命名申请，经县（市、区）地名行政主管部门审核后，由同级人民政府批准。

第十二条　住宅区、具有地名意义的大型建筑物的名称，建设单位或者产权所有人应当在项目立项前，向所在县（市、区）地名行政主管部门提出命名申请。

第十三条　城市道路（含桥梁、隧道）等市政交通设施的名称，除依法应当由国家、省或者上级有关部门批准的外，由所在地县（市、区）地名行政主管部门根据规划部门提供的相关道路规划资料负责命名，市区范围内的，经市地名行政主管部门审核，由市人民政府审批；县（市）范围内的，报同级人民政府批准。

第十四条　专业区域、设施和公共场所、设施的名称，除依法应当由国家、省或者上级有关部门批准的外，由有关单位向其专业主管部门提出命名申请，由专业主管部门报同级人民政府批准。

第十五条　地名要保持相对稳定，一旦确定，原则上不予更名。确需更名的，按照地名命名的权限和程序办理。

第十六条　申请地名命名、更名的，应当提出书面申请，说明地理实体的性质、位置（附示意图）、规模、命名或更名理由及有关方面的意见等相关材料，报地名行政主管部门或有关专业主管部门审核。地名行政主管部门或有关专业主管部门一般应当自受理地名的命名、更名申请之日起20个工作日内办结审核手续。涉及公众利益的，应当通过报纸或网络等媒体征求公众意见，需要征求有关方面意见并进行协调的，地名行政主管部门或有关专业主管部门应当自受理申请之日起60个工作日内办结审核手续。

第十七条　地名实体发生变化，有下列情形之一的，应当注销：

（一）因行政区划变更、地名更名或自然变化消失的，由该地名的批准机关依法注销。

（二）因城乡建设消失的，由建设单位报县（市、区）地名行政主管部门依法注销。

第十八条　经批准命名、更名和注销的地名，批准机关应当自批准之日起 10 个工作日内向社会公布，并通知有关部门。

第十九条　经专业主管部门审核命名、更名和注销的地名，批准机关应当自批准之日起 15 个工作日内报同级地名行政主管部门备案。

第二十条　地名行政主管部门应当建立地名档案和地名数据库，及时更新、公布地名信息；应当与发改、规划、公安、建设、房管、水利、国土、交通、文体新、城管、工商、旅游、邮政等部门及时互通相关信息，实现资源共享。

第三章　标准地名使用

第二十一条　符合地名管理规定，并依法批准的地名为标准地名。

本办法实施前，已由地名行政主管部门编入地名工具书，仍在使用的地名，视为标准地名。

第二十二条　下列事项涉及地名的，应当使用标准地名：

（一）机关、部队、团体、企业、事业单位制发的公告、文件、文书、证照；

（二）公共场所、公共设施的地名标识；

（三）报刊、广播、影视、互联网中的新闻用语；

（四）公开发行的地图和地名出版物；

（五）牌匾、广告。

第二十三条　标准地名应当按照国家规范汉字书写。地名的罗马字母拼写，以国家规定的汉语拼音方案和拼写规则为标准。

第二十四条　地名行政主管部门负责编纂本行政区域的标准地名出版物，向社会提供标准地名。

第四章　地名标志设置与管理

第二十五条　本办法第三条第（三）项至第（八）项所列地名，应当设置地名标志。其他地名，可以根据实际需要和环境条件设置地名标志。

地名标志的制作和设置应当符合国家标准及有关技术规范。地名标志上的地名，应当使用标准地名，并按规范书写汉字和汉语拼音。

第二十六条　地名标志按照下列分工设置和管理：

（一）村、社区地名标志由乡镇人民政府、街道办事处负责。

（二）城市道路的地名标志由建设部门负责。

（三）门、幢、楼牌标志由公安部门负责。

（四）其他地名标志按照管理权限由管理单位、建设单位或者产权人负责，或者由市、县（市、区）人民政府指定的部门负责。地名标志的设置或者管理单位应当及时修缮、更新地名标志，保持地名标志的完好。

第二十七条　本办法第三条第（四）项、第（五）项、第（七）项和第（八）项中广场、公园、公共文化体育场馆的地名标志，应当在工程竣工时设置完成。

第二十八条　地名行政主管部门发现有下列情形之一的，应当及时通知地名标志的设置或者管理单位在60个工作日内完成地名标志的设置、维护或者更换：

（一）应当设置而未设置地名标志的；

（二）不符合国家标准及有关技术规范的；

（三）已更名和予以注销的地名，地名标志未改变的；

（四）地名标志破损、字迹不清或者残缺不全的；

（五）设置位置不当的。

第二十九条　任何单位和个人不得涂改、污损、遮挡、覆盖地名标志。需要移动、拆除地名标志的，应当经地名标志管理单位同意。

第五章　历史文化地名保护

第三十条　历史文化地名保护应当坚持使用为主、注重传承的原则，与历史文化名城保护规划相结合。

第三十一条　县（市、区）地名行政主管部门应当对辖区内的历史文化地名进行普查，建立历史文化地名档案。市地名行政主管部门应当建立历史文化地名评价体系，制定历史文化地名保护名录，报市人民政府批准后公布。

第三十二条　列入历史文化地名保护名录且仍在使用的地名，原则上不得更名。确需更名的，应当由地名行政主管部门向社会公开征求意见，召开专家论证会、听证会后，报同级人民政府决定。列入历史文化地名保护名录但未使用的地名，应当采取挂牌、立碑等措施加以保护。

第三十三条　对列入历史文化地名保护名录的地名涉及的地理实体，需要进行拆除或者迁移的，除依法办理有关手续外，建设行政主管部门还应当会同同级地名行政主管部门制订地名保护方案。

第六章　奖励与惩罚

第三十四条　违反本办法规定的地名命名、更名原则和审批权限、程序，擅自对地名命名、更名的，由上级地名行政主管部门提出处理意见，报同级政府或送有关主管部门责成下级政府或部门改正。对不使用标准地名和不按规定译、拼写地名的，由地名机构给予批评教育，并责成其改正。上述行为引起民族、民事纠纷，造成后果的，应追究有关人员的行政责任。

第三十五条　地名标志为国家法定的标志物。对损坏地名标志的，地名行政主管部门责令其赔偿；对偷窃、故意损毁擅自移动地名标志的，地名行政主管部门报请有关部门，依据《中华人民共和国治安管理处罚法》的规定予以处罚；情节恶劣、后果严重触犯刑律的，依法追究刑事责任。

第七章　附则

第三十六条　市民政局应当会同相关部门依据本办法制定相关实施细则。

第三十七条　本办法由市民政局负责解释。

第三十八条　本办法自发布之日起施行，有效期五年。

第二节　地名管理工作

地名是重要的基础信息资源和最常用的社会公共信息。地名管理是政府公共服务和社会治理的重要内容。随着枣阳城镇化建设的快速发展，地名工作迫切需要逐步完善以地名规范、地名规划、地名设标等为主要内容的地名公共服务，切实发挥地名公共服务工程为民服务的作用。

一、地名法规建设

先后制定了《枣阳市地名管理办法》《枣阳市街路巷标志和门户牌设置规范》《关于实施地名公共服务工程的实施方案》《枣阳市城市地名总体规划》等法规规章，并以市政府办文件形式下发全市执行，对地名的命名、更名审批管理等进行了规范，为依法开展地名管理工作提供了制度保障。

二、地名标准化工作

为适应城市建设的需要，依据地名管理相关规定办法，遵循地名命名原则，2012—2014年民政局对新建的中兴大道、襄阳东路、建设东路等80多条道路街巷按照程序进行了命名更名，所拟定道路名称大多选用影响力较大的历史地名、重要事件等为道路命名，有利于提升城市知名度和影响力，传播地名文化。

开展清理整治不规范地名，对地名中存在"大、洋、怪、重"和"有地无名，一地多名，有名无实，重名同音"等问题，实施清理整顿，进一步规范地名，基本实现了城乡规范标准地名标志全覆盖，使全市地名管理工作走上科学化、规范化轨道。

三、地名标志设置

在地名标志专项事务方面，为了提升城市形象，方便群众出行，本着"先主后次，逐步完善"的原则，2014年，我们先后对城区中兴大道、发展大道、人民路南延长线、光武大道、复兴大道、襄阳路等27条主要道路制作安装了68块不锈钢标志牌（其中不锈钢灯箱式双立柱路牌40块、不锈钢单立柱28块）。同时，制作和完善了全市路牌示意图。2015年，按照《襄阳市地名管理办法》第二十六条中关于地名标志分工设置和管理的相关要求，城市道路的地名标志交由建设部门负责。门、幢、楼牌标志由公安部门负责。截至2020年，全市城区已命名道路街巷的入口、出口及十字路口处全部树立了道路指示牌，方便居民出行，利于传播地名文化。

四、地名公共服务

一是盛世编修史志，传承历史文化。枣阳地名办公室先后编写出版了1983年版《枣阳县地名志》、2020版《枣阳市地名志》《枣阳地名故事》等。枣阳地方志办公室于1984年出版了《枣阳人物》等。各部门先后编辑出版了部门志书，各镇、区、办事处也先后编辑出版镇志、村志等。二是开发地名文化，打造地名品牌。切实把地名文化与枣阳产品融合，让地名文化通过产品走出枣阳，走向全国。在枣阳产品品牌方面，以枣阳地名命名的产品商标品牌丰富多彩。如章陵面条、皇村御液、汉光粮液、雕龙碑黄酒、新市仙桃、琚湾酸浆面、圣龙山茶、帝乡瓜子、帝乡小磨油、平林香米、四井岗油桃等，部分产品已成为全国全省的名优产品。三是大力发展枣阳地名文化特色的旅游文化。以枣阳地名命名的大小景区就有十几处。如白水寺风景名胜区、白竹园寺风景区、唐梓山风景区、熊河风景区、大仙山风景区、无量台风景区、玫瑰海风景区、枣阳古石雕大观园、观音洞风景区、凤鸣山楚文化园、石鼓山红色文化园、前湾古民居等。一批以枣阳地名为代表的美丽乡村，正在蓬勃兴起，如春陵村、肖湾、火青村、亢老湾村、枣树林村等；更有一大批以枣阳地名命名的农庄、山庄等。近几年，每年在枣阳各地旅游观光游客300万人（次）以上。以枣阳地名文化为标志的旅游文化活动，使枣阳地名文化得到了生动的彰显，提升了枣阳的人气和知名度。四是利用地名文化遗产给道路、建筑物、居民小区等命名。市民政局在开展地名公共服务工作中，注重保护和传承历史地名文化，道路名称如中兴大道、蔡阳大道、襄乡路、广昌路、小张庄路、蒋庄路等；建筑物名称如光武桥、书院桥、㴇水大桥、章陵大酒店、白水源宾馆等；居民小区名称如南城花苑小区、帝乡华府小区、惠岗小区、韩家岗小区、白水龙居等。这些命名增加了人们对古地名的记忆，较好地保护、利用和传承了枣阳地名文化。

第二章 地名普查

枣阳市地名普查工作自 2014 年启动以来，按照全省地名普查工作规程，制定了《枣阳市第二次全国地名普查工作实施方案》，及时召开全市第二次地名普查工作会议，全面启动和部署第二次全国地名普查工作。按照"先点后面、统一标准、规范作业、注重质量、促进应用"的思路和要求，采取切实有效的工作措施，扎实推进地名普查各阶段工作。

我市预登记地名信息 11 大类 11004 条，经过反复筛选，最终确定 9936 条入库信息。

一、早部署，加强领导，强化责任落实

地名普查工作是一项责任巨大的系统工程，技术要求高，工作难度大，离不开强有力的组织领导和高效的工作机构。一是领导重视，全力支持。我市地名普查工作得到省普查办和襄阳市普查办的大力支持和关心，襄阳市民政局领导多次来我市调研指导。为扎实做好地名普查工作，枣阳市委、市政府下发《关于开展第二次全国地名普查工作的通知》《枣阳市第二次全国地名普查工作领导小组》和《枣阳市第二次全国地名普查工作实施方案》等文件，相继召开了专题会议，把第二次全国地名普查工作列入各级政府和部门工作重要议事日程，进行任务分解、职责明确。二是组建专班，经费保障。成立了以分管民政工作的市领导为组长，市财政、教育、文化、卫生、水利等二十个部门为成员的"枣阳市第二次全国地名普查领导小组"，负责全市地名普查工作的业务指导和督促检查。各镇（办、区）也相应成立了领导小组，由分管民政的领导担任组长，领导和协调基层的具体工作。我们通过公开招投标，确定武汉市中地数码科技有限公司作为外业协作单位，组建普查办公室，抽调人员具体承担地名普查任务。三年多来，中央、省共下拨枣阳经费 102 万元，本市财政安排 287 万元专项经费，确保了我市地名普查工作顺利开展。三是注重宣传，营造氛围。大力宣传国务院和省政府关于开展第二次全国地名普查一系列文件精神，宣传国务院《地名管理条例》、湖北省和襄阳市《地名管理办法》，联合电视台宣讲"第二次全国地名普查"的重要性和紧迫性。发挥地名普查领导小组的作用，各成员单位定期张贴"搞好地名普查，服务地方发展""要规范地名管理，传承、保护和弘扬优秀的传统地名文化""积极响应国家号召，认真搞好地名普查"等宣传口号。借宣传"光武中兴文化"的契机，营造了我市地名普查的良好氛围，受到社会各界的高度关注和支持，从而提高了我市二普工作的认知度。四是加强联动，通力协作。为进一步加强我市第二次全国地名普查工作，健全枣阳市第二次全国地名普查领导小组各成员单位之间的协调联动机制，做到普查工作难点早发现、出现问题早处置，为普查实施创

造良好的工作环境，结合实际情况，制定了《市地名普查办关于成员单位协同联动工作制度》，定期或不定期召开工作会议。五是制订计划，稳步推进。2014—2017年分年度制订计划，让我市地名普查工作在计划中运行，在计划中推进。

二、巧配合，部门协作，创新普查方式

一是试点先行，以点带面。为提高普查效率，我们选择了吴店镇作为试点乡镇，村村配备普查员，制定联系制度，严肃工作纪律。对吴店镇的实施方案、领导小组、任务分解、责任划分进行了科学合理的调配，形成了镇长亲自抓，相关部门配合的工作格局。二是加大培训，提升业务水平。由于本次地名普查工作难度大，涉及的部门多，技术含量高，根据地名普查的工作要求，我们在每个镇办区、市直成员单位和非成员单位召开了共计21场次的地名普查业务培训会，全市近700名地名普查员参加了培训，系统地讲授了第二次全国地名普查工作规程和地名信息预填表的填写。通过培训，大家了解和掌握了我市普查的工作方法和技术要领。三是因地制宜，多措并举。一是以村为责任单位开展普查。普查资料下发至各村，由各村普查员填报登记表，镇、街道审核、汇总。二是以镇（办区）为主，村（社区）配合开展普查。镇（办、区）抽调人员组成工作专班，填写地名信息登记表，深入村（社区）进行现场核对、补充。三是镇、村分工合作，共同完成。镇负责道路、河流、镇级层面的地名调查；村负责本区域内其他地名的调查。普查人员普遍做到"一查二看三问"，翻看资料，实地察看，访问座谈，努力提高地名普查的数量和质量。四是建立了地名普查QQ群，各个市直单位、镇（办区）和村（社区）近600名普查员加入QQ群，遇到普查中的难题，及时进行咨询解答，方便普查工作顺利开展。

三、重人文，专家论证，深挖地名文化

收集整理地名及相关资料，包括各地历年地名命名更名文件和资料；地名志、地名录、地名词典、地图、地方志、文史资料及有关古籍等；党政机关和各专业部门相关普查资料与数据；基础地理数据与遥感影像数据等；特别是要充分利用第一次全国地名普查以及地名补查与资料更新的成果。为了挖掘地名文化，保护地名文化遗产，我们在外协公司的协助下，成立地名文化挖掘、编撰小组（特别聘请湖北省政府政研室前处长沈祖瑞先生、中国地质大学湖北自然历史文化研究中心齐睿副教授、原枣阳人大常委会主任赵正鹏等），其中聘请的2名地名文化专家在普查办坐班办公；18个镇办区共聘请72名熟知当地历史地名文化的老同志针对当地地名文化，进行了认真的挖掘和梳理。我市普查办聘请的原师苑高中的杜本文副校长，为了更加准确查清我市的历史沿革，从自己家中带来珍藏多年的历史书籍，为我市各类地名的历史沿革提供了真实可靠的第一手资料。此次地名普查，我市地名文化挖掘总条数为3000条，其中居民点条数为2580条，群众自治组织条数为420条，文化挖掘占比为居民点类46%、群众自治组织类74%。完成《地名中的枣阳》（暂定名）书稿的编纂和微电影《枣阳地名文化宣传》《传古耀今·中兴之城》等拍摄制作工作。

四、讲配合，严格把关，确保质量过硬

地名普查工作，少不了与外业单位的密切合作。在开展地名普查工作中，我们既当运动员，又当裁判

员，普查办既是配合单位，又是核查单位。为此，我们把思想高度统一，共同努力把枣阳市地名普查工作开展好。

为加强我市第二次全国地名普查质量管理，确保地名普查质量，根据湖北省第二次全国地名普查有关政策法规和规定，我市普查办制定印发了《枣阳市第二次全国地名普查补查与资料更新质量管理规定》，并成立质量检查监督小组，对地名普查各个环节开展不间断检查，定期对《地名普查登记表》进行审核。

在整个地名普查过程中，我们全程参与监督，采取内、外业相结合100％全检的方式进行监督。检查时建立检查数据库和检查记录表，若成果存在质量问题，质检组将在检查数据库中标注未达标内容的所在位置、问题类型，并在检查表上记录检查结果，检查结束后将检查数据库返回作业单位，作业单位根据检查数据库中的检查记录进行修改，修改完成后交质检组复查，复查达标后视为第一次检查完成，若未达标则由作业单位再次修改，直到达标为止。

为保证地名普查数据安全，我们严格执行保密制度。一是专门设置保密办公室，并按照要求安装防盗窗和保密柜等；二是制定了《枣阳市第二次全国地名普查保密工作方案》和保密管理措施管理办法，将责任落实到人；三是建立保密台账，任何涉密数据使用都必须记录在案；四是与外业单位签订了保密协议，并与参与地名普查工作的单位签订责任状（含保密内容）；五是在涉密电脑上设置了开机密码，安装了杀毒软件和防火墙，并在涉密电脑机箱处贴上封条和涉密标志；六是要求涉密数据的存储、处理和传输等过程都要符合《第二次全国地名普查涉密数据管理办法》的规定，对光盘、移动硬盘、U盘等存储介质的使用、保管都严格管理，确保数据安全。

在省地名普查办和襄阳市普查办的正确领导和大力支持下，我市地名普查工作于2017年4月21日通过市级检查验收，于2017年6月9日通过省级检查验收。

第三章 管理机构职责

第一节 机构设置

1989年，枣阳市地名办公室设在枣阳市民政局；1991年7月，局机关科室设有行政区划地名管理科，同年8月，行政区划地名管理科与枣阳市地名办公室合署办公；2002年5月，枣阳市实行机构改革，局机关设有基层政权区划地名科（与地名办公室合署办公）；2014年，基层政权与区划地名工作分开办公，各成立独立的科室，同时全市成立了枣阳市第二次地名普查领导小组，办公室设在民政局，负责组织开展全市第二次地名普查工作。

第二节 职责范围

区划地名科具体职能包括：贯彻执行有关地名管理和行政区划管理的法律、法规、规章；负责辖区内地名的命名、更名工作；监督管理标准地名的使用；承办行政区划的设立、撤销、命名、变更和政府驻地迁移的审核报批工作；组织与毗邻县（市、区）行政区域界限勘定工作；承办辖区内乡（镇、街道）级边界争议的调处工作，并向市政府提出仲裁建议。

第十一篇　附录篇
【Fùlù Piān】

一、小（二）型水库列表

名称	拼音	库址	建库时间	拦截河流	坝高、坝长	总库容（万立方米）
敖坡水库	Áopō Shuǐkù	七方镇敖坡村	1976年	无	坝高7米，长200米	18
白水寺水库	Báishuǐsì Shuǐkù	吴店镇滚问村	1960年4月	无	坝高11米，长130米	130
白银坝水库	Báiyínbà Shuǐkù	熊集镇当咀村	1978年	无	坝高12.9米，长140米	31
保丰水库	Bǎofēng Shuǐkù	琚湾镇刘岗村	1964年	无	坝高3.4米，长350米	13
北高庄水库	Běigāozhuāng Shuǐkù	太平镇高庄村	1971年	无	坝高11.7米，长450米	54
炳墙湾水库	Bǐngqiángwān Shuǐkù	兴隆镇冯岗村	1977年4月	无	坝高8.5米，长229米	13
曹营水库	Cáoyíng Shuǐkù	七方镇大店村	1958年	无	坝高5.1米，长400米	30
朝王庙水库	Cháowángmiào Shuǐkù	吴店镇喻家咀村	1972年	无	坝高11米，长110米	20
陈家岗水库	Chénjiāgǎng Shuǐkù	吴店镇史家祠村	1976年5月	无	坝高6米，长98米	17
祠堂洼子水库	Cítángwāzi Shuǐkù	吴店镇双湾村	1975年	无	坝高12米，长100米	20
大官堰水库	Dàguānyàn Shuǐkù	随阳农场谢寨村	1959年	华阳河支流	坝高10.7米，长450米	65
大林子水库	Dàlínzi Shuǐkù	平林镇宋集八村	1974年	无	坝高16米，长140米	31
大寺沟水库	Dàsìgōu Shuǐkù	刘升镇杨湾村	1968年	无	坝高13米，长80米	34
灯塔水库	Dēngtǎ Shuǐkù	兴隆镇大堰村	1960年5月	无	坝高4.6米，长242米	21
刁家湾水库	Diāojiāwān Shuǐkù	刘升镇赵老湾村	1977年	无	坝高13米，长200米	30
东冲水库	Dōngchōng Shuǐkù	吴店镇树头村	1982年	无	坝高12米，长115米	33
东湖水库	Dōnghú Shuǐkù	吴店镇周寨村	1968年	无	坝高10.6米，长300米	29
董家湾水库	Dǒngjiāwān Shuǐkù	王城镇罗汉村	1975年	无	坝高10.8米，长160米	39
陡当水库	Dǒudàng Shuǐkù	王城镇付楼村	1957年	无	坝高8.5米，长170米。	63
陡沟水库	Dǒugōu Shuǐkù	琚湾镇文庄村	1973年	无	坝高10.9米，长260米	26
陡堰水库	Dǒuyàn Shuǐkù	吴店镇田台村	1965年2月	无	坝高10.6米，长300米	20
杜垱水库	Dùdàng Shuǐkù	刘升镇杜垱村	1970年	无	坝高11米，长113米	20
杜家当水库	Dùjiādàng Shuǐkù	王城镇董楼村	1956年	无	坝高11米，长115米	62
杜湾水库	Dùwān Shuǐkù	王城镇杜湾村	1958年	无	坝高8米，长264米	46
段冲水库	Duànchōng Shuǐkù	七方镇段冲村	1972年	无	坝高8.8米，长760米	72
段沟水库	Duàngōu Shuǐkù	刘升镇生铁炉村	1979年	无	坝高12米，长16米	21

续表

名称	拼音	库址	建库时间	拦截河流	坝高、坝长	总库容（万立方米）
方寨北水库	Fāngzhàiběi Shuǐkù	七方镇方寨村	1978年	无	坝高10.8米，长300米	37
方寨南水库	Fāngzhàinán Shuǐkù	七方镇方寨村	1958年	无	坝高6米，长350米	24
冯冲水库	Féngchōng Shuǐkù	七方镇沈家大房村	1978年	无	坝高10.6米，长370米	43
甘冲水库	Gānchōng Shuǐkù	平林镇新集二村	1968年	无	坝高18.5米，长100米	53
高家湾水库	Gāojiāwān Shuǐkù	熊集镇高湾村	1958年	无	坝高7.1米，长200米	68
高老庄水库	Gāolǎozhuāng Shuǐkù	平林镇宋集二村	1966年	无	坝高10米，长100米	20
共青水库	Gòngqīng Shuǐkù	平林镇平林二村	1958年	无	坝高4.3米，长80米	16
关冲水库	Guānchōng Shuǐkù	七方镇赵岗村	1976年	无	坝高10.7米，长300米	40
关当水库	Guāndàng Shuǐkù	平林镇新集五村	1961年	无	坝高10.8米，长280米	55
官庄水库	Guānzhuāng Shuǐkù	七方镇大店村	1978年	无	坝高10.5米，长700米	27
过路堰水库	Guòlùyàn Shuǐkù	平林镇宋集一村	1965年	熊河上支流	坝高9.8米，长220米	24
何湾水库	Héwān Shuǐkù	吴店镇史家大湾村	1975年	无	坝高11米，长135米	137
红河水库	Hónghé Shuǐkù	吴店镇同心村	1958年	无	坝高10.8米，长200米	88
胡庄水库	Húzhuāng Shuǐkù	环城街道玉皇村	1966年	无	坝高4.8米，长400米	17
花沟水库	Huāgōu Shuǐkù	鹿头镇王庄村	1977年	无	坝高12.5米，长300米	20.5
胡叉子水库	Húcházi Shuǐkù	熊集镇八角村	1975年	无	坝高10.8米，长300米	25
加工垱水库	Jiāgōngdàng Shuǐkù	车河农场王畈村	1966年	熊河上支流	坝高8米，长90米	78
吉庄水库	Jízhuāng Shuǐkù	鹿头镇吉庄村	1975年	无	坝高7米，长300米	18
简庄水库	Jiǎnzhuāng Shuǐkù	鹿头镇郭营村	1973年	无	坝高16.5千米，长98米	73
叫花子沟水库	Jiàohuāzi Shuǐkù	新市镇吕湾村	1964年	无	坝高15.5米，长80米	20
金鱼水库	Jīnyú Shuǐkù	王城镇罗庙村	1959年	无	坝高8.5米，长90米	43
井盘高水库	Jǐngpángāo Shuǐkù	太平镇井盘高村	1973年	无	坝高11.4米，长1100米	108
九龙泉水库	Jiǔlóngquán Shuǐkù	琚湾镇祝冲村	1979年	无	坝高8.2米，长320米	52
九龙洼水库	Jiǔlóngwā Shuǐkù	随阳农场油坊湾村	1954年	无	坝高11米，长242米	44
坎子垱水库	Kǎnzidàng Shuǐkù	车河农场李楼村	1964年	熊河上支流	坝高7米，长270米	48
裤裆堰水库	Kùdāngyàn Shuǐkù	吴店镇吴店村	1983年	无	坝高13.5米，长96米	21
老龙峡水库	Lǎolóngxiá Shuǐkù	新市镇周楼村	1962年	无	坝高20米，长80米	20
老母沟水库	Lǎomǔgōu Shuǐkù	太平镇三官村	1973年	无	坝高8.5米，长500米	25

续表

名称	拼音	库址	建库时间	拦截河流	坝高、坝长	总库容（万立方米）
梁家老湾水库	Liángjiālǎowān Shuǐkù	平林镇平林六村	1965年	熊河上支流	坝高13.7米，长60米	21
林庄水库	Línzhuāng Shuǐkù	刘升镇高堤村	1983年	无	坝高10米，长284米	99
灵庙水库	Língmiào Shuǐkù	刘升镇刘湾村	1971年	无	坝高9.6米，长98米	13
刘沟水库	Liúgōu Shuǐkù	新市镇谢棚村	1985年	无	坝高10米，长95米	24
刘坡水库	Liúpō Shuǐkù	七方镇老街村	1958年	无	坝高10.5米，长200米	20
刘咀水库	Liúzuǐ Shuǐkù	吴店镇旗杆湾村	1972年2月	无	坝高15米，长101米	49
柳垱水库	Liǔdàng Shuǐkù	王城镇陈庙村	1961年	无	坝高10米，长90米	46
柳堰水库	Liǔyàn Shuǐkù	王城镇耿湾村	1975年	无	坝高6.8米，长290米	61
六三水库	Liùsān Shuǐkù	南城街道王湾村	1976年	无	坝高8.5米，长200米	24
六一水库	Liùyī Shuǐkù	熊集镇熊集村	1968年	熊河支流	坝高10.7米，长180米	24
楼子冲水库	Lóuzichōng Shuǐkù	王城镇李桥村	1966年	无	坝高12米，长80米	20
芦家挡水库	Lújiādǎng Shuǐkù	王城镇官营村	1966年	无	坝高7.2米，长130米	21
罗堰水库	Luóyàn Shuǐkù	吴店镇凉水村	1977年	无	坝高16.9米，长250米	83
蔴杆堰水库	Mágǎnyàn Shuǐkù	兴隆镇大堰村	1972年2月	无	坝高7米，长263米	15
猫子堰水库	Máoziyàn Shuǐkù	吴店镇黄家庙村	1965年2月	无	坝高5.5米，长300米	12
庙儿山水库	Miàorshān Shuǐkù	兴隆镇优良社区	1977年4月	无	坝高6.2米，长140米	38
明星水库	Míngxīng Shuǐkù	王城镇黄楼村	1975年	无	坝高6米，长160米	38
磨石堰水库	Móshíyàn Shuǐkù	吴店镇旗杆湾村	1973年4月	无	坝高10米，长147米	44
木桥水库	Mùqiáo Shuǐkù	七方镇木桥村	1978年	无	坝高10.6米，长330米	32
南城烈士陵水库	Nánchénglièshìlíng Shuǐkù	南城街道霍庄村	1977年	无	坝高5米，长250米	35
南山沟水库	Nánshāngōu Shuǐkù	平林镇宋集八村	1965年	无	坝高14.6米，长145米	56
南阳沟水库	Nányánggōu Shuǐkù	王城镇白水村	1960年	无	坝高18米，长60米	25
碾盘当水库	Niǎnpándàng Shuǐkù	王城镇高庙村	1956年	无	坝高6.6米，长200米	26
碾子湾水库	Niǎnziwān Shuǐkù	王城镇陈店村	1976年	无	坝高7.2米，长200米	41
藕堰水库	Ǒuyàn Shuǐkù	吴店镇达子村	1977年	无	坝高14米，长101米	26
七岭寨水库	Qīlǐngzhài Shuǐkù	熊集镇姚湾村	1984年	熊河支流	坝高13.6米，长63米	23
前进水库	Qiánjìn Shuǐkù	环城街道赵垱村	1959年	无	坝高10米，长200米	70

续表

名称	拼音	库址	建库时间	拦截河流	坝高、坝长	总库容（万立方米）
千沟水库	Qiāngōu Shuǐkù	新市镇谢棚村	1971年	无	坝高23米，长250米	105
青峰一水库	Qīngfēngyī Shuǐkù	熊集镇当咀村	1976年	熊河支流	坝高13.4米，长100米	38
阮咀水库	Ruǎnzuǐ Shuǐkù	平林镇新集八村	1970年	无	坝高10.5米，长90米	45
上甘冲水库	Shànggānchōng Shuǐkù	平林镇新集二村	1966年	熊河上支流	坝高13.2米，长140米	28
上刘沟水库	Shàngliúgōu Shuǐkù	新市镇上刘沟村	1969年	无	坝高7.3米，长150米	26
尚湾水库	Shàngwān Shuǐkù	新市镇谢棚村	1967年	无	坝高15米，长170米	90
杉树林水库	Shānshùlín Shuǐkù	平林镇宋集村	1987年	熊河上支流	坝高21米，长70米	75
圣龙峡水库	Shènglóngxiá Shuǐkù	王城镇茶场村	1959年	无	坝高15米，长100米	22
石板垱水库	Shíbǎndàng Shuǐkù	平林镇余咀村	1973年	熊河上支流	坝高11.1米，长60米	90
十八亩冲水库	Shíbāmǔchōng Shuǐkù	熊集镇楼子村	1973年	无	坝高11米，长176米	27
十里沟水库	Shílǐgōu Shuǐkù	新市镇周楼村	1964年	无	坝高17米，长150米	67
舒庙水库	Shūmiào Shuǐkù	南城街道舒家庙村	1959年	无	坝高5.5米，长280米	24
松坡洼水库	Sōngpōwā Shuǐkù	熊集镇钟湾村	1975年	无	坝高11米，长145米	50
苏家湾水库	Sūjiāwān Shuǐkù	吴店镇舒庙村	1977年	无	坝高6.9米，长260米	30
孙家大洼	Sūnjiādàwā Shuǐkù	刘升镇李老湾村	1965年	无	坝高9米，长70米	29
潭湾水库	Tánwān Shuǐkù	熊集镇潭湾村	1957年	无	坝高5.1米，长158米	15
唐湾水库	Tángwān Shuǐkù	吴店镇黄家庙村	1958年	无	坝高10.7米，长330米	66
铜铃岗水库	Tónglínggǎng Shuǐkù	熊集镇钱湾村	1979年	无	坝高17米，长86米	57
同心水库	Tóngxīn Shuǐkù	熊集镇赵庙村	1978年	无	坝高5.2米，长247米	69
同心垱水库	Tóngxīndàng Shuǐkù	吴店镇同心村	1979年	无	坝高9米，长130米	47
土楼子湾水库	Tǔlóuziwān Shuǐkù	王城镇长冲村	1976年	无	坝高7米，长150	27
万庄水库	Wànzhuāng Shuǐkù	七方镇高集村	1978年	无	坝高4米，长400米	11
王岗水库	Wánggǎng Shuǐkù	七方镇王岗村	1958年	无	坝高5米，长400米	37
汪家湾水库	Wāngjiāwān Shuǐkù	兴隆镇灵庙村	1976年4月	无	坝高7米，长300米	28
魏庄水库	Wèizhuāng Shuǐkù	鹿头镇魏庄村	1975年	沙河支流	坝高7米，长1125米	24
五坊水库	Wǔfáng Shuǐkù	杨垱镇五坊村	1977年5月	无	坝高11米，长400米	59

续表

名称	拼音	库址	建库时间	拦截河流	坝高、坝长	总库容（万立方米）
五棵树水库	Wǔkēshù Shuǐkù	王城镇三门村	1976年	无	坝高10.5米，长150米	64
五口堰水库	Wǔkǒuyàn Shuǐkù	环城街道包庄村	1975年9月	沙河北支流	坝高5.5米，长370米	14
吴庄水库	Wúzhuāng Shuǐkù	环城街道孙井村	1977年	无	坝高10.8米，长600米	88
西陈岗水库	Xīchéngǎng Shuǐkù	南城街道西陈岗村	1960年3月	滚河北支流	坝高7米，长200米	43
西沟水库	Xīgōu Shuǐkù	新市镇吕垸村	1964年2月	沙河	坝高18米，长95米	20
下桥水库	Xiàqiáo Shuǐkù	刘升镇田湾村	1978年11月	华阳河西支流	坝高4.2米，长216米	21
向阳水库	Xiàngyáng Shuǐkù	杨垱镇牛庄村	1978年4月	无	坝高10.77米，长260米	73
小坝山水库	Xiǎobàshān Shuǐkù	刘升镇枣林村	1979年1月	华阳河支流	坝高11.5米，长264米	20
小北郊水库	Xiǎoběijiāo Shuǐkù	环城街道上河村	1976年	无	坝高10.7米，长420米	32
小高庄水库	Xiǎogāozhuāng Shuǐkù	太平镇荣光村	1976年2月	小黄河支流	坝高6.5米，长1000米	40
小官堰水库	Xiǎoguānyàn Shuǐkù	随阳农场谢寨村	1965年4月	滚河北支流	坝高5.4米，长344米	71
小贾家湾水库	Xiǎojiǎjiāwān Shuǐkù	兴隆镇冯楼村	1979年2月	无	坝高7米，长257米	51
小松坡水库	Xiǎosōngpō Shuǐkù	熊集镇李湾村	1980年	无	坝高10.8米，长300米	35
谢家湾水库	Xièjiāwān Shuǐkù	兴隆镇李庙村	1957年3月	无	坝高5.4米，长256米	22
新庄水库	Xīnzhuāng Shuǐkù	吴店镇新庄村	1965年1月	滚河支流	坝高10.8米，长170米	20
徐岗水库	Xúgǎng Shuǐkù	车河农场徐岗村	1987年12月	熊河西支流	坝高8米，长200米	37
徐家湾水库	Xújiāwān Shuǐkù	兴隆镇万楼村	1978年2月	无	坝高8.5米，长220米	21
薛庄水库	Xuēzhuāng Shuǐkù	刘升镇姜湾村	1977年12月	华阳河支流	坝高20米，长124米	74
鸦雀坡水库	Yāqiǎopō Shuǐkù	车河农场李楼村	1968年3月	熊河西支流	坝高12.3米，长150米	25

续表

名称	拼音	库址	建库时间	拦截河流	坝高、坝长	总库容（万立方米）
鸭子河水库	Yāzihé Shuǐkù	环城街道张当村	1955年3月	优良河支流	坝高11亩，长200米	35
闫家洼水库	Yánjiāwā Shuǐkù	南城街道闫家洼村	1961年2月	滚河北支流	坝高7米，长260米	20
杨沟水库	Yánggōu Shuǐkù	刘升镇刁湾村	1979年4月	华阳河支流	坝高10米，长134米	22
杨集水库	Yángjí Shuǐkù	平林镇新集九村	1965年5月	熊河支流	坝高9米，长200米	27
杨田水库	Yángtián Shuǐkù	杨垱镇杨田村	1976年12月	无	坝高10.76米，长450米	63
杨堰水库	Yángyàn Shuǐkù	平林镇宋集村	1965年4月	熊河上支流	坝高7米，长190米	54
姚岗水库	Yáogǎng Shuǐkù	吴店镇姚岗村	1978年5月	无	坝高6.5米，长300米	27
姚沟水库	Yáogōu Shuǐkù	刘升镇姚沟村	1976年5月	沙河南支流	坝高15米，长156米	67
叶湾水库	Yèwān Shuǐkù	熊集镇后营村	1967年	无	坝高10.7米，长580米	21
迎水湾水库	Yíngshuǐwān Shuǐkù	琚湾镇郭庄村	1979年5月	滚河南支流	坝高13米，长450米	62
余咀水库	Yúzuǐ Shuǐkù	平林镇余咀村	1963年12月	熊河支流	坝高10.9米，长150米	26
园林水库	Yuánlín Shuǐkù	七方镇林场村	1958年5月	黑青河支流	坝高11.6米，长350米	80
张冲水库	Zhāngchōng Shuǐkù	七方镇张冲村	1958年4月	官沟河支流	坝高10.6米，长300米	41
张桥水库	Zhāngqiáo Shuǐkù	杨垱镇孙田村	1977年2月	无	坝高7.7米，长375米	34
张寺水库	Zhāngsì Shuǐkù	新市镇大堰村	1967年1月	沙河北支流	坝高16米，长180米	28
张庄水库	Zhāngzhuāng Shuǐkù	吴店镇西赵湖村	1958年3月	无	坝高10.7米，长320米	42
赵家湾水库	Zhàojiāwān Shuǐkù	吴店镇高峰村	1965年1月	无	坝高10.5米，长200米	67
朱家湾水库	Zhūjiāwān Shuǐkù	兴隆镇堂湾村	1977年5月	无	坝高5.09米，长284米	56
竹园水库	Zhúyuán Shuǐkù	刘升镇罗寨村	1966年4月	华阳河支流	坝高8.5米，长240米	74

续表

名称	拼音	库址	建库时间	拦截河流	坝高、坝长	总库容（万立方米）
郑家湾水库	Zhèngjiāwān Shuǐkù	刘升镇李老湾村	1953年12月	优良河东支流	坝高8米，长80米	12
钟湾水库	Zhōngwān Shuǐkù	吴店镇钟湾村	1975年2月	无	坝高16.5米，长125米	68
钻子沟水库	Zuànzigōu Shuǐkù	吴店镇双湾村	1965年3月	无	坝高12米，长120米	36

二、历史地名一览表（消失地名）

车河农场

序号	名称	所属行政村	消失原因
1	枣树凹	李楼村	1980年搬迁
2	王家湾	李楼村	1985年并入糖坊
3	油坊湾	碾子台村	1980年合并
4	楸树湾	碾子台村	1960年合并
5	徐家湾	孙畈村	1979年并入杨家老湾
6	石马岗	孙畈村	1988年并入杨家老湾
7	罗家湾	孙畈村	1980年并入桥岗
8	西郭家湾	王畈村	20世纪90年代并入东郭家湾
9	下梁家岗	王畈村	20世纪90年代并入教官湾
10	上大堰角	王畈村	2000年并入南冲

平林镇

序号	名称	所属行政村	消失原因
1	刀坡岭	吴集村	20世纪80年代末并入余家洼子
2	柳树湾	吴集村	20世纪80年代并入干冲，现已无人居住
3	杨树湾	吴集村	20世纪80年代并入干冲，现已无人居住
4	三间瓦房	吴集村	20世纪90年代初搬迁，现已无人居住
5	戴家湾	新集街村	1982年分别迁至中心湾和新集
6	围墙湾	新集街村	1979年迁至盘龙树
7	竹林湾	新集街村	1963年迁至跑马岗
8	谭家老湾	方家湾村	20世纪搬迁
9	刘家老湾	方家湾村	20世纪搬迁

续表

序号	名称	所属行政村	消失原因
10	角尺堰	方家湾村	2010年前后已无人居住
11	龙井	方家湾村	1980年后搬迁，现已无人居住
12	刘咀	方家湾村	2010年后搬迁
13	木梓冲	方家湾村	2011年后搬迁
14	中湾	方家湾村	2012年后搬迁

北城街道

序号	名称	所属行政村	消失原因
1	小朱庄	东园社区	2012年因拆迁消失
2	花园	东园社区	1984年并入李家花园
3	大朱庄	东园社区	1984年并入刘庄
4	李庄	东园社区	1984年并入钟庄
5	晋庄	东园社区	1985年并入钟庄

南城街道

序号	名称	所属行政村	消失原因
1	王庄	惠湾社区	1995年小庄并入大庄消失
2	陈庄	惠湾社区	2010年因新修发展大道拆迁消失
3	翻身庄	惠湾社区	2011年因建设工业园区拆迁消失
4	王家油坊	惠湾社区	2011年因建设工业园区拆迁消失
5	吴家湾	惠湾社区	2013年因建设工业园区拆迁消失
6	陈家湾	惠湾社区	2013年因建设工业园区拆迁消失
7	小吴家湾	惠湾社区	2013年因建设工业园区拆迁消失
8	惠井	惠湾社区	2011年因建设工业园区拆迁消失
9	惠家湾	惠湾社区	2011年因建设工业园区拆迁消失
10	上陈家湾	惠湾社区	2011年因建设工业园区拆迁消失
11	张庄	霍庄社区	2012年拆迁，还建金牛山小区
12	丁庄	李桥社区	1985年小庄并入大庄消失
13	马庄	李桥社区	2016年棚改拆迁消失
14	李庄	沙店社区	并入李家湾
15	张庄	沙店社区	并入童庄
16	张家竹园	沙店社区	2008年征用建还建地
17	周庄	沙店社区	并入杨庄

续表

序号	名称	所属行政村	消失原因
18	陈岗	沙店社区	2015年8月拆迁
19	宋庄	沙店社区	并入童庄
20	小葛家湾	张湾村	2012年征地拆迁，迁至还建小区
21	梁小庄	张湾村	2013年征地拆迁，迁至还建小区
22	张岗	宋湾社区	2013年拆迁并入其他村
23	段岗	宋湾社区	2013年拆迁并入其他村
24	史岗	史岗社区	2013年拆迁消失
25	王家湾	惠湾社区	2013年拆迁消失
26	张冲	李桥社区	2013年拆迁消失
27	谢庄村	村民自治组织	2003年并入宋湾社区
28	郑洼村	村民自治组织	2001年并入陈岗村

杨垱镇

序号	名称	所属行政村	消失原因
1	史庄	史庄村	2000年后迁至杨石路、杨湖路两侧，保留户籍、耕地
2	杜庄	李庄村	1998年因迁村腾地消失
3	张贵	李庄村	1999年因迁村腾地消失
4	黄氏	李庄村	2000年因迁村腾地消失
5	万庄	李庄村	2001年因迁村腾地消失
6	赵楼	西村	1995年迁街改地，现已无人居住
7	赵庄	西村	1995年迁街改地，现已无人居住
8	新庄	西村	1974年建村，1980年迁街，现已无人居住
9	老杨垱	西村	1980年后迁街，现已无人居住
10	居庄	小河湾村	10年前迁至街上，户籍保留在本村
11	小河湾	小河湾村	10年前迁至街上，户籍保留在本村
12	朱王庄	司庄村	20世纪90年代末并入司庄

琚湾镇

序号	名称	所属行政村	消失原因
1	后七方湾	车站村	2008年搬迁，现已无人居住
2	李家长岗	车站村	20世纪80年代迁入楼子村
3	白龙岗	车站村	2008年迁入八房湾，现已无人居住
4	小裴湾	祝冲村	1984年并入庙娃岗

续表

序号	名称	所属行政村	消失原因
5	小张湾	祝冲村	2016年拆迁并入猫子冲
6	孙家竹园	祝冲村	2010年拆迁并入黄湾
7	单庄	祝冲村	20世纪80年代并入黄家竹园
8	新庄	祝冲村	2016年拆迁改地并入李庄

刘升镇

序号	名称	所属行政村	消失原因
1	龙登冲	大河村	1987年后因交通不便迁至三房湾
2	乌盆窑	高堰堤村	1987年因拆迁消失
3	余家冲	高堰堤村	1987年因拆迁消失
4	煤炭沟	黄家湾村	1990年因交通不便并入黄湾
5	岭上	黄家湾村	1993年村庄规划并入碾子湾
6	唐家湾	黄家湾村	住户少，1994年并入张家湾
7	晏家湾	金峡村	2000年3户村民迁至土门
8	高家湾	金峡村	1987年1户居民迁至土门
9	朱家沟	金峡村	2001年2户居民迁至高家冲
10	上庄	刘湾村	1999年与中龙王山合并
11	糖坊	马寨村	1970年后迁至新庄
12	畜牧场	马寨村	1980年后逐步迁出，现已无人居住
13	龚家小庄	田家湾村	1975年与陈家湾合并
14	徐家油坊	田家湾村	1980年修建吴家湾水库，1982年划入兴隆镇杨楼村和红花村
15	徐家干冲	田家湾村	1980年修建吴家湾水库，1983年划入兴隆镇杨楼村和红花村
16	徐家老湾	田家湾村	1980年修建吴家湾水库，1984年划入兴隆镇杨楼村和红花村
17	田家油坊	田家湾村	1980年修建吴家湾水库，1985年划入兴隆镇杨楼村和红花村
18	上五里桥	王湾村	1985年后逐渐与下五里桥合并成一村
19	鲁家湾	王湾村	1992年逐渐迁至同组汪家湾
20	龙头桥	王湾村	1990年后逐渐与同组大石滚河合并成一村
21	龙王山	王湾村	2012年拆迁改地，现已无人居住
22	油坊	王湾村	原为村企业，1986年后停办消失
23	陈新庄	习湾村	2016年拆迁改地
24	杨树湾	杨湾村	1990年迁村腾地
25	阔气庄	杨湾村	1984年迁村腾地
26	窑上	杨湾村	1992年迁村腾地

续表

序号	名称	所属行政村	消失原因
27	吕家湾	杨湾村	1986年迁村腾地
28	小东庄	杨湾村	1968年与大东庄合并
29	杨家湾	杉树林村	2009年迁村腾地
30	新庄	杉树林村	2013年迁村腾地
31	小周家湾	杉树林村	1986年与周家湾自然合并成一村

吴店镇

序号	名称	所属行政村	消失原因
1	桑树湾	唐家老湾村	1990年搬迁
2	林家冲	唐家老湾村	1991年搬迁
3	张家湾	唐家老湾村	1992年搬迁
4	樊家湾	同心村	并入松树湾
5	幸福岗	同心村	并入黄家湾
6	老油坊	徐寨村	2002年后搬迁
7	横湾	徐寨村	2002年后搬迁
8	河湾	徐寨村	2002年后搬迁
9	下楼湾	徐寨村	2002年后搬迁
10	台子湾	徐寨村	2002年后搬迁
11	柿子树园	徐寨村	1999年迁村改地
12	楼子湾	徐寨村	2002年后搬迁
13	寨湾	徐寨村	2002年后搬迁
14	垭子湾	徐寨村	20世纪80年代搬迁
15	上楼湾	徐寨村	2010年自迁
16	上王家湾	徐寨村	20世纪80年代搬迁
17	下王家湾	徐寨村	2015年土地增减挂钩，改地
18	曹家垭子	徐寨村	20世纪80年代搬迁
19	小王家湾	西赵湖村	并入赵湖
20	叉子树	西赵湖村	拆迁改地
21	破堰冲	西赵湖村	已无人居住
22	张家台子	达子村	1985年小河改道，迁至一组五亩岗
23	居凹子	达子村	1990年2户迁至五亩岗
24	新屋子湾	达子村	并入五亩岗
25	蔡家湾	达子村	2013年迁村腾地，2户迁入仇家湾

续表

序号	名称	所属行政村	消失原因
26	田家庄	达子村	2013年迁村腾地
27	竹林湾	达子村	2000年迁至沙店
28	余家湾	春陵村	迁至胡家湾
29	沈庄	春陵村	迁至小胡湾
30	尤家岗	春陵村	迁至喇叭堰
31	刘庄	春陵村	迁至刘家湾
32	高坡老	白马堰村	1970年搬迁
33	谢家湾	白马堰村	1970年搬迁
34	唐家咀	白马堰村	1970年搬迁
35	白马堰	白马堰村	1970年搬迁
36	陈家湾	白马堰村	1970年搬迁
37	虱子河	白马堰村	1970年搬迁
38	背湾	长里岗村	20世纪70—80年代搬迁改地
39	罗家湾	皇村	1975年并入东岗
40	长湖	皇村	迁至长岗
41	周家湾	皇村	迁至长岗
42	唐家湾	皇村	迁至长岗
43	堰角	皇村	迁至长岗
44	庙娃咀	蒋家畈村	20世纪80年代并入朱家湾
45	中湾	蒋家畈村	并入塑编厂
46	垭子湾	蒋家畈村	并入塑编厂
47	向阳岗	蒋家畈村	改迁驾校
48	施家楼	施楼村	2014年拆迁腾地
49	双堰	李寨村	1965年因修蒿坝堰搬迁
50	袁家湾	李寨村	2012年迁至上王家湾
51	龚家湾	李寨村	1965年拆迁
52	大唐庄	圣庙村	2012年因高速公路发生爆炸事故迁至小唐庄
53	下何庄	圣庙村	与上何庄合并成一村
54	丰家凹子	井湾村	20世纪70年代迁至新湾
55	上丰家咀	井湾村	20世纪80年代迁至上场
56	狮子湾	井湾村	2011年拆迁腾地
57	王家湾	井湾村	20世纪70年年代迁至新农村岗

续表

序号	名称	所属行政村	消失原因
58	史家大湾	井湾村	2013年拆迁腾地
59	后马庄	肖湾村	无人居住
60	西庄	肖湾村	无人居住
61	小马庄	肖湾村	无人居住
62	毛家湾	肖湾村	无人居住
63	彭庄	肖湾村	无人居住
64	周家寨	周寨村	无人居住

鹿头镇

序号	名称	所属行政村	消失原因
1	何家苇园	翟庙村	1975年并入黄庄
2	周家苇园	翟庙村	1977年因修建吉河水库迁至翟庙
3	柿子湾	楼子庄村	2010年并入石梯
4	彭庄	楼子庄村	2010年并入岳庄
5	冯庄	楼子庄村	2010年并入熊坡
6	凸上	楼子庄村	2010年并入尹沟
7	雷家冲	楼子庄村	被石梯水库淹没搬迁
8	门路沟	楼子庄村	1984年并入新市镇新集村
9	韦庄	蒋庄村	20世纪90年代与张庄合并成一个村

七方镇

序号	名称	所属行政村	消失原因
1	段庄	三官村	2010年后并入肖庄
2	柯庄	三官村	20世纪90年代并入柳树套
3	贺岗	刘寨社区	1995年后逐步迁至刘寨街
4	崔家	彭家村	20世纪90年代与彭家合并
5	胡庄	张桥村	1986年并入严庄
6	郭庄	张桥村	1986年并入严庄
7	申庄	邓寨村	20世纪90年代与高庄合并
8	杨庄	大付庄村	2008年并入大付庄

新市镇

序号	名称	所属行政村	消失原因
1	窑沟	周楼村	20世纪90年代搬迁

续表

序号	名称	所属行政村	消失原因
2	老坟地	周楼村	20世纪90年代搬迁
3	挡马树	周楼村	20世纪90年代搬迁
4	潘庄	邢川村	20世纪90年代搬迁

太平镇

序号	名称	所属行政村	消失原因
1	郝庄	桃园村	因工程建设搬迁
2	雷达站	西张庄村	并入朱庄

兴隆镇

序号	名称	所属行政村	消失原因
1	王家湾	周台村	20世纪70年代并入刘家岗
2	上坡湾	紫庙村	2012年迁村腾地
3	贺家湾	紫庙村	2013年迁村腾地
4	小王湾	竹林村	1998年前后并入弯堰
5	夏家湾	竹林村	1998年前后并入弯堰
6	朱家湾	竹林村	20世纪90年代并入清水堰
7	乔家湾	竹林村	2000年并入流水沟
8	孙家湾	中楼村	10年前并入小柿子园
9	柿子园	中楼村	20世纪90年代逐步搬迁
10	周家湾	中楼村	10年前并入王家岗
11	陈家湾	堂湾村	2013年拆迁
12	王家湾	堂湾村	2013年拆迁
13	袁墙湾	堂湾村	2013年拆迁
14	彭家湾	红花村	20世纪80年代自迁改地
15	袁家湾	红花村	20世纪90年代迁入陈家湾
16	苏家湾	耿桥村	2012年迁村腾地
17	小中湾	冯楼村	2016年搬迁
18	松坡湾	冯岗村	2013年迁村腾地
19	毛狗子湾	大庙村	1988年并入方家湾
20	刘家湾	大庙村	1992年因交通不便迁至杨家湾
21	雷家湾	大庙村	1992年因交通不便迁至杨家湾
22	王家坡湾	大庙村	2012年迁村腾地

续表

序号	名称	所属行政村	消失原因
23	徐家湾	陈岗村	因交通不便迁至杨家湾
24	姚堰	陈岗村	2012年迁村腾地
25	魏家湾	草寺村	20世纪80年代因交通不便迁至北岗湾
26	黎家湾	草寺村	20世纪80年代因交通不便迁至新湾
27	上油坊店	柏树村	1982年并入下油坊店
28	草湾	柏树村	1983年并入粉坊
29	椿树湾	柏树村	1983年并入东旗杆湾
30	陶家湾	柏树村	1983年并入粉坊
31	杨凹	白土社区	2013年迁村腾地
32	叶家湾	白土社区	2013年迁村腾地

王城镇

序号	名称	所属行政村	消失原因
1	独庄	周湾村	1985年并入曾家湾
2	马家湾	周湾村	1998年迁村腾地
3	官庄	周湾村	1992年迁村腾地
4	官家壕	周湾村	1990年迁村腾地
5	杨家西湾	雨坛村	2016年迁村腾地
6	八亩地	雨坛村	2016年迁村腾地
7	庙坎	雨坛村	2014年迁村腾地
8	孙家湾	雨坛村	2014年迁村腾地
9	潘家湾	王城街道社区	1994年迁至黄家凹
10	新村	王城街道社区	20世纪90年代迁回街上
11	八字门楼	王城街道社区	1994年改地,迁至黄家洼
12	左家湾	王城街道社区	1994年改地,迁至城街
13	金斗湾	王桥村	20世纪90年代搬迁
14	叶家湾	新店村	2002年并入新店子
15	糖坊	新店村	2002年搬迁
16	袁家湾	伍河村	20世纪90年代并入谢家湾
17	竹林湾	伍河村	20世纪90年代并入谢家湾
18	包子湾	伍河村	2004年并入伍家湾

续表

序号	名称	所属行政村	消失原因
19	半乍壕	伍河村	合并为伍河新岗
20	山边	伍河村	
21	高堰堤	伍河村	
22	东学	伍河村	
23	前湾	伍河村	
24	下湾	伍河村	
25	南园	伍河村	
26	罗家湾	三门寨村	20世纪80年代迁至老坟坡
27	小西冲	三门寨村	2015年迁村腾地
28	陡垱	三门寨村	2016年迁至昆阳小区，改址
29	窑湾	三门寨村	1983年因交通不便迁至城区
30	小耿家湾	石堰村	2005年搬迁
31	小黄家湾	石堰村	2000年搬迁
32	杨家冲	石堰村	原址被黄龙水库淹没
33	孙家湾	石堰村	2012年搬迁改地
34	十堰湾	石堰村	2000年搬迁改地
35	蔡家湾	石堰村	并入石堰寨
36	轿湾	胜龙村	1980年因交通不便迁至半乍林
37	小姚家湾	胜龙村	1985年因交通不便迁至万家湾
38	山冲	柳湾村	1998年因交通不便迁至雷家湾
39	侯家湾	柳湾村	2003年因交通不便迁至小新湾
40	小上湾	柳湾村	2003年因交通不便迁至翻坡湾
41	高家湾	柳湾村	2003年因交通不便迁至梨园岗
42	金银冲	罗庙村	2003年搬迁
43	上王家垱	罗庙村	2008年搬迁
44	罐子窑	罗庙村	2007年搬迁
45	粉坊湾	螺丝岗村	2013年拆迁改地
46	柏树湾	螺丝岗村	2013年拆迁改地
47	施家湾	螺丝岗村	2013年拆迁改地
48	李家湾	螺丝岗村	2013年拆迁改地
49	北干堰冲	螺丝岗村	2013年拆迁改地
50	蚌坡	螺丝岗村	20世纪90年代自迁

续表

序号	名称	所属行政村	消失原因
51	陈家岗	金银村	2016 年自迁
52	常家湾	黄楼村	1989 年因交通不便迁至庙庄
53	王家湾	黄楼村	2007 年并入冯家楼
54	中湾	黄楼村	2003 年自然消失
55	院墙湾	古岭村	1985 年因交通不便迁至梅园
56	朱家湾	古岭村	1985 年因交通不便迁至郭家湾
57	李家冲	古岭村	1990 年并入景阳岗
58	孙家湾	古岭村	2005 年搬迁
59	耿家壕	高庙村	1980 年并入张岗街
60	叶家壕	高庙村	
61	魏家壕	高庙村	
62	肖家壕	高庙村	
63	墩子湾	耿湾村	2000 年因交通不便迁至柳家寨
64	卢家湾	耿湾村	2000 年迁村腾地
65	赵家湾	付楼村	2000 年迁村腾地
66	小王家湾	付楼村	2014 年迁村腾地
67	栗树湾	付楼村	2014 年迁村腾地
68	大王家湾	付楼村	1989 年并入刘家湾
69	南独庄	付寨村	20 世纪 60 年代迁村改地
70	老坟坡	付寨村	20 世纪 60 年代迁村改地
71	桐树湾	付寨村	20 世纪 80 年代迁村改地
72	柿子冲	端公村	1979 年被水库淹没
73	上栗树湾	端公村	2014 年迁村改地
74	桐树湾	端公村	2014 年迁村改地
75	九亩冲	端公村	2014 年迁村改地
76	横冲凹	端公村	2014 年迁村改地
77	上畈上	端公村	20 世纪 80 年代并入驴子坑，改田
78	胡家湾	长冲村	2014 年并入岗上湾
79	刘家湾	长冲村	2012 年因修建高速公路并入岗上湾

熊集镇

序号	名称	所属行政村	消失原因
1	庙娃岗	红土村	1986 年与柳树湾合并

续表

序号	名称	所属行政村	消失原因
2	码榔沟	红土村	1988年与莫家湾合并
3	高家湾	红土村	1987年并入红土店
4	八亩冲	红土村	1986年并入八角
5	杨家湾	红土村	1989年并入楸树湾
6	张家湾	红土村	1989年并入夏家湾
7	梁家湾	红土村	1989年并入檀家湾
8	柳树湾	红土村	1989年并入桦栎树下
9	下店子	红土村	1986年并入八角
10	倒屋场	红土村	1986年并入八角
11	西坡	红土村	1989年并入桦栎树下
12	东坡	红土村	1989年并入桦栎树下
13	塝上	红土村	1986年并入八角
14	中咀子	红土村	1980年并入楸树湾
15	十里长岗	红土村	1980年并入楸树湾
16	黄树咀	红土村	1980年并入新屋子湾
17	廖家巷	红土村	1980年并入新屋子湾
18	崖子	红土村	1980年并入新屋子湾
19	荆树湾	红土村	1995年并入夏家湾
20	桦树湾	红土村	1989年并入桦栎树下
21	河夹坡	熊河村	1983年并入后乡
22	大堰凹	熊河村	1980年并入黄庄
23	学校里	李湾村	1980年迁至李湾
24	咀子上	李湾村	1981年并入汪家湾
25	双庙湾	李湾村	1975年并入油坊湾
26	李家湾	李湾村	1972年并入梅家大湾
27	白马垱	檀楼村	2015年迁村腾地
28	赵庄	檀楼村	2015年迁村腾地
29	黄庄	檀楼村	2015年迁村腾地
30	姚湾	檀楼村	2008年并入檀家湾
31	黄老庄	檀楼村	2015年迁村腾地
32	长岗	檀楼村	1998年并入新房子
33	黄荆垭	檀楼村	2004年并入耿架子

续表

序号	名称	所属行政村	消失原因
34	周家洞	九龙村	2012 年拆迁腾地
35	大桦栎树	九龙村	1960 年自然消失
36	工家冲	九龙村	2012 年拆迁腾地
37	金树湾	九龙村	2012 年拆迁腾地
38	糖坊咀	九龙村	2012 年拆迁腾地
39	梨娃冲	九龙村	2005 年自迁改地
40	黄家坳	九龙村	2012 年拆迁腾地
41	桦栎棚	九龙村	1983 年自迁
42	食堂	九龙村	2012 年拆迁改地
43	荒冲	九龙村	2005 年自迁
44	腰子岗	九龙村	1986 年自迁
45	下大转弯	九龙村	1989 年自迁
46	赵家塝	九龙村	2012 年拆迁改地
47	栾家岗	耿集村	2015 年 340 人迁至耿集街
48	张家湾	耿集村	2015 年迁村改地
49	吴家咀	耿集村	1974 年余下 2 户自迁
50	陷泥巴堰	耿集村	1981 年余下 2 户自迁
51	西沟	耿集村	1985 年余下 2 户自迁
52	大碑湾	毛榨村	20 世纪 90 年代因交通不便自迁
53	葡萄树	毛榨村	20 世纪末与张湾合并
54	尤家湾	毛榨村	20 世纪 70 年代自迁
55	山洞	毛榨村	20 世纪 90 年代因交通不便自迁
56	陶家湾	毛榨村	20 世纪 70 年代并入大雷庄
57	大弯堰	毛榨村	20 世纪 90 年代自迁
58	杨家湾	毛榨村	20 世纪 90 年代自然消失
59	双竹园	毛榨村	20 世纪 90 年代自然消失
60	曹凹	杜岗村	1983 年因琚湾镇修建排灌站占用土地，已划归琚湾镇
61	王湾	杜岗村	
62	乌堰垱	杜岗村	1984 年并入胡家湾
63	毛家湾	杜岗村	1984 年并入西井
64	猫子山	杜岗村	改名为前河
65	杨树井	钟湾村	2006 年因修堰搬迁

续表

序号	名称	所属行政村	消失原因
66	梁家垱	钟湾村	1980年因扩建熊河水库搬迁
67	三亩冲	钟湾村	1992年划归猴王山茶场
68	换相林	钟湾村	1992年划归猴王山茶场
69	长亩冲	钟湾村	1992年划归猴王山茶场
70	梨园	梨园村	1982年为便于放水，并入上黄家湾
71	下咀子	梨园村	2013年拆迁改地
72	中咀子	梨园村	1995年并入阮家湾
73	张家湾	梨园村	20年前并入张家洼子
74	大钱湾	梨园村	2014年并入钱岗湾，改地
75	王家湾	梨园村	1985年并入蒋家湾，改地
76	西坡	赵庙村	2002年前后自迁改地
77	枣树林	赵庙村	2005年前后因交通不便自迁改地
78	叶家湾	熊集村	1996年并入小赵湾
79	梁家大堰	熊集村	1996年并入东山坡
80	余庄	段营村	1989年迁至段家后营
81	宋坡	湾堰村	1987年并入杨庄
82	汪家巷	湾堰村	1988年并入梅庄
83	花碾盘	茶庵村	1982年并入大井
84	东湾	茶庵村	1985年因交通不便自迁
85	干冲	茶庵村	1985年因交通不便自迁
86	莲花垱	垱咀村	1970年自迁
87	黄家湾	垱咀村	1960年自迁
88	林湾	垱咀村	1970年自迁
89	牛皮冲	垱咀村	1970年因交通不便自迁
90	新仓库	垱咀村	1980年自迁
91	栎坡洼	垱咀村	1970年自迁
92	谭家湾	垱咀村	1970年因交通不便自迁
93	东庄	垱咀村	1970年因交通不便自迁
94	汪家洼	垱咀村	1990年因交通不便自迁
95	石家冲	垱咀村	1980年因交通不便自迁
96	草屋子	垱咀村	1970年因交通不便自迁
97	仇家湾	垱咀村	1960年被青峰水库淹没

续表

序号	名称	所属行政村	消失原因
98	堰角子	垱咀村	1970年因交通不便自迁
99	鸡冠朵	垱咀村	1970年因交通不便自迁
100	锡洞门上	垱咀村	1970年因交通不便自迁
101	刘家湾	楼子村	1980年因交通不便迁至柳家湾
102	学屋	楼子村	1990年因交通不便迁至罗家湾
103	梁家湾	楼子村	1994年并入核桃泉
104	张家湾	楼子村	1994年并入核桃泉
105	七里	楼子村	1988年并入黄楝树咀
106	泉源	楼子村	1990年并入黄家凹子
107	高庄	楼子村	1987年因交通不便迁至竹林子
108	赵家咀	楼子村	2002年并入坡堰
109	新屋场	楼子村	2015年并入坡堰
110	杨家湾	楼子村	1980年并入柳家湾
111	刘家崖	楼子村	1992年并入月池堰

编 后 记

根据国务院第二次全国地名普查领导小组办公室《关于印发〈第二次全国地名普查成果转化规划(2015—2020年)〉的通知》和《湖北省县市区地名志编纂规范》精神，经多方协调配合，共同努力，《湖北省枣阳市地名志》终于与读者见面了。

该志书本着实事求是、详今略古的思想方针，全面、客观、系统地记录了境内地名、地情，基本上达到了文风端正严谨，用词准确无误，文字言简意赅，内容详略得当，层次清楚分明等行文要求。

与1983出版发行的《枣阳县地名志》相比，本次地名志的编撰工作有三个显著特点：第一是责任主体不同。第二次地名普查及成果转化工作实行政府采购的方式，由武汉中地数码科技有限公司中标承揽，我方（枣阳市民政局）予以配合；第二是志书内容增加。全书共设10篇46章，收录词条9920条，计180余万字，且每个地名均具备名、音、意、革、址、文、他七要素，可为读者提供多种信息服务；第三是环境发生了变化。自1983年第一次地名普查至今，正值我国改革开放大潮汹涌时期，农村改革、国企改制、机构重组、乡镇合并、村庄迁村并点、移民搬迁、县改市、城镇化进程加速，都给地名管理工作赋予了新的内涵。

本市第二次地名普查和地名志的编纂过程大致分为基础信息收集、资料筛选形成初稿和审核定稿三个阶段。为避免承包公司对枣阳市情、乡情缺乏深入了解的缺陷，枣阳市地名普查办先后聘请当地知名文化人士，对地名志内容进行了严格的把关审校。参与第一阶段工作的领导和专家有高东双、高锦华、胡定清、惠峰、杜本文、郭荣斌，杜本文同志还为地名艺文篇提供了大量素材。参与第二阶段工作的人员有王怀志、高锦华、胡定清、王振华、马耀明、郑叶龙、郭荣斌等。郑叶龙同志以编写市、乡镇、街道办事处（区）政区概况、历史沿革、地名的起源与境域变动、道路运输、事业单位、民间组织、地名艺文、凡例及部分乡镇的村、自然村为主。马耀明同志编修七方镇基本情况。郭荣斌同志以编写地名形成规律与特点、大事记、城镇街巷、山峰、桥梁、河流、水库、纪念地、名胜古迹类、党政机关、建筑物、地域特色品牌及部分乡镇村、自然村为主。胡定清、王振华同志以编写地名管理、附录为主，并负责上传下达、内外联络、疑点解析等工作。参与第三阶段工作的人员有王怀志、翟兴国、杜建勇、王振华、柯德荣、张承明、郭荣斌。郭荣斌、张承明同志参与全面审核工作，张承明同志还重点对地名大事记、区划沿革、地名艺文、名胜古迹等内容进行校核。翟兴国、杜建勇、王振华、柯德荣同志对审核的问题逐条复核校正。武汉中地数码科技有限公司郭明晶、欧阳剑等同志参与了文字编辑、印刷出版等工作。

《湖北省枣阳市地名志》的问世，得到了市地名普查领导小组各成员单位的大力支持，相关市直单位、各镇（办、区）分管领导、联络员做了大量基础工作，财政部门及时提供了资金支持，省民政厅地名处、襄阳市民政局地名科给予了关怀和指导，在此一并表示感谢。

由于大部分编者是首次参与地名修志，加之水平有限，书中错漏不足之处在所难免，敬请各位学者专家、修志同仁和广大读者批评指正，以便再修时纠谬补遗。

枣阳市地名志编纂委员会　枣阳市民政局

2020 年 8 月